国家出版基金项目
NATIONAL PUBLICATION FOUNDATION

“十三五”国家重点图书出版规划项目

国家社会科学基金西部项目“四川县级档案馆藏
民国档案数字化处理与研究”优秀结项成果

民国
璧山司法档案
案卷提要

民事卷 一

陈廷湘　吕毅　刘明琴　著

西南大学出版社

图书在版编目(CIP)数据

民国璧山司法档案案卷提要. 民事卷 / 陈廷湘，吕毅，刘明琴著. — 重庆 ：西南大学出版社，2022.1
ISBN 978-7-5697-0001-5

Ⅰ. ①民… Ⅱ. ①陈… ②吕… ③刘… Ⅲ. ①司法档案—内容提要—汇编—重庆—民国 Ⅳ. ①Z89:D929.6

中国版本图书馆 CIP 数据核字(2021)第 244490 号

民国璧山司法档案案卷提要·民事卷

MINGUO BISHAN SIFA DANG'AN ANJUAN TIYAO MINSHI JUAN

陈廷湘　吕毅　刘明琴　著

出 品 人：张发钧
策划组稿：卢渝宁　黄　璜
责任编辑：卢渝宁　黄丽玉　杨　萍　万珊珊　畅　洁
　　　　　黄　璜　段小佳　唐　倩　赖晓玥
装帧设计：观止堂_未氓
排　　版：吴秀琴
出版发行：西南大学出版社(原西南师范大学出版社)
　　　　　地址：重庆市北碚区天生路 2 号
　　　　　邮编：400715
　　　　　市场营销部电话：023-68868624
印　　刷：重庆升光电力印务有限公司
幅面尺寸：185mm×260mm
印　　张：140.75
插　　页：10
字　　数：3155 千字
版　　次：2022 年 1 月　第 1 版
印　　次：2022 年 1 月　第 1 次印刷
书　　号：ISBN 978-7-5697-0001-5

定　　价：1860.00 元(全五册)

作者简介

陈廷湘

陈廷湘，四川大学历史文化学院教授，博士生导师，四川大学中国西南文献信息中心主任。中国现代史学会副会长，四川省学术和技术带头人，国家社科基金重大项目首席专家，长期从事中国近现代史等领域的研究。出版学术专著10多部，在《中国社会科学》《历史研究》《近代史研究》《中国史研究》等期刊及台湾《中国文化月刊》等重要学术刊物发表论文80余篇。

吕毅

吕毅，中国人民公安大学犯罪学学院在站博士后，就职于四川大学历史文化学院，任四川大学中国西南文献信息中心办公室主任。研究方向为中国近现代史、中国西南地方社会区域史、民国时期西南地区县级档案整理与研究。教育部哲学社会科学研究重大课题攻关项目“三线建设历史资料搜集整理与研究”子课题负责人；作为主研参与国家社科基金重大项目“清代巴县衙门档案整理与研究”、国家社科基金西部项目“四川县级档案馆藏民国档案数字化处理与研究”；“十二五”国家重点图书出版规划项目、国家出版基金资助项目“民国乡村建设：晏阳初华西实验区档案”丛书第二主编。

刘明琴

刘明琴，四川大学历史学博士，研究方向为中国近现代史、历史文献学。参与国家社科基金重大项目“巴蜀全书”子项目《廖平全集》《平定两金川方略》的点校与整理工作，参与编著“十二五”国家重点图书出版规划项目、国家出版基金资助项目“民国乡村建设：晏阳初华西实验区档案”丛书，合著有《华西实验区乡村工业建设实验研究》等。

序

璧山县是长江上游历史悠远、文化昌明之区。清代璧山县隶重庆府，民国时期属四川第三行政督察区。抗战军兴，重庆成为战时首都之际，众多国家机构迁驻于此，大批政界、学界名人暂居于斯，璧山县实为战时首都要地。著名平民教育家晏阳初乡村改造实验因日本侵略受阻于华北后，曾以璧山为中心创设中华平民教育会华西实验区，重启乡村建设。无论从何种角度审视，璧山都是民国时期举足轻重的县份。

璧山县的特殊地位决定了以璧山为个案研究民国时期中国，尤其是中国西南基层社会历史，具有不可替代的意义。而能够为民国时期璧山基层社会生活史研究提供最重要史料支撑者，非璧山司法档案莫属。民国璧山县法院始建于 1931 年 10 月 1 日，此前实行司法行政合一制，由县知事兼理司法。县法院设置后，始有专门司法机关审理全县民刑案件。1937 年 10 月 1 日，国民政府撤法院改设县司法处，1939 年 9 月又撤司法处设地方法院。民国时期，中国司法制度尚处于现代转型之期。为促进法制现代转型，国民政府内迁重庆后继续推行司法改革。1942 年 5 月 1 日，璧山实验地方法院组建即是当时司法改革最重要的举措之一。璧山实验地方法院运行至 1946 年 1 月 1 日重新恢复为地方法院，一直存在到重庆解放。

璧山留存的民国司法档案共约 2.1 万卷。档案包括县知事兼理司法时期的司法文书，最早形成于 1916 年（之前未见保存，原因不得而知），但直至 1937 年，所存档案均为数不多。其绝大部分形成于 1937 年以后。实验地方法院的司法文书保存规范、完整、细致，因而数量占比较大。仅从璧山司法档案文书数量变化就可看出，民国时期中国司法现代转型很大程度上要靠中央政府推动。国民政府迁重庆后，作为战时首都构成部分的璧山县政府工作直接受到中央政府的指导，这对该县司法改革显然产生了积极的推动作用，案件处理程序趋于规范，文书保存趋于完整，数量也就大幅增加。因此，研究璧山司法档案对研究民国时期法制现代转型的众多问题，如地方法制现代转型与中央政府和民众的关系，地方法制现代转型的历史进程、存在问题与成败得失等都具有十分重要的意义。

与此同时，由于璧山县属于文化昌明之区，加之处于近代以来因开埠而开化较早较快的重庆地区，其经济发展程度相对较高，社会关系、社会问题相对更复杂，因而是转型时期社会文化史研究中具有独特价值的论域。民国璧山司法档案中保存了数量极大的反映民间社会生活状况的资料。当时下层民众的经济状况、生存境遇、生活样态、家庭关系、社会关系、矛盾冲突，以及他们对生存境遇、生存状态的认知与采取的生存策略等在档案中都有大量记载。由于民国司法对庭讯采取当场记录归档的文书保存方式，在其他文献中处于失语状况的下层民众的说话方式也能在档案中生动呈现。这些特点决定了民国璧山司法档案对已成为当今史学热点的下层民众生活史研究而言是不可多得的资料宝库。

民国璧山司法档案卷帙浩繁，尽管内容丰富，深受学人所好，但实际上使用难度很大。要从近 2.1 万卷、110 多万页档案中选出具体研究对象，需翻遍全部档案始可放心确定论题。智能高者翻阅部分档案或可选出一题，但继而研究亦需翻阅全部档案。如此研究，言有大海捞针之难虽有所过，但亦相差无几。因此，为每卷档案编著提要十分必要。本书即是对民国璧山司法档案分卷著成提要之作。《提要》在研读案卷内容的基础上编写出大体能提示每卷内容的标题，同时对卷内每个案件每份文书的主体、对象和事由加以简要介绍。全书共 500 余万字，编成 9 册，部头尽管仍然较大，但较之档案原件数量之大已不可同日而语。研究者可通过翻阅简明提要，发现何种问题在档案中有较多记载，较易地确定研究论题。且可获得有关案件完整处理过程的资料，或可获得所选问题需要的特殊资料。这对利用民国璧山司法档案进行学术研究无疑是十分便捷之途。本《提要》的编著旨在进一步把民国璧山司法档案改造为人文社会科学学术研究的公器，便利学者对该部重要历史档案的发掘与利用，为民国时期司法改革和下层民众生活史等方向的研究做些微薄贡献。如能达此目标，则编著者之幸事，亦学术发展之幸事!

陈廷湘

2020 年 12 月 10 日于四川大学

凡例

一、民国璧山司法档案原件藏于重庆市璧山区档案馆，共约 2.1 万卷，110 余万页。2012 年，四川大学中国西南文献中心完成民国璧山司法档案原件数字化扫描。在进行该档案数字化工作时，依据档案原件案卷顺序、号码及卷内档案原顺序依次扫描、编号，最终形成民国璧山司法档案数字化版本。

二、民国璧山司法档案数字化版本分别保存于四川大学中国西南文献中心和重庆市璧山区档案馆，由四川大学中国西南文献中心根据该数字化版本著录成本书。民国璧山司法档案原件没有进行过系统整理，卷内档案形成时间、内容顺序多有混乱，为保持档案原件原貌，民国璧山司法档案数字化版本编号、顺序及内容与原件相对应。

三、民国璧山司法档案分为民事、刑事和公文三个部分，分别包含在第 12、第 13 两个全宗内。比如编号方式为 12-1-3，其中 12 代表全宗号，1 代表目录号，3 代表卷号。其中民事部分在第 12 全宗内有 19 个目录号，从 1 开始依次编号，每个目录号下从卷号 1 开始依序成卷。刑事部分在第 12 全宗内有 29 个目录号，从 1 开始依次编号，每个目录号下从卷号 1 开始依序成卷。公文部分在第 12 和第 13 全宗内都有包含，但只有一个目录号，编号即为 12-1-× 或 13-1-×。

四、由于民事、刑事和公文三部分内容在第 12、第 13 全宗内交叉出现，在编著案卷提要时必须加以区别，同时合理划分案卷提要。在编写案卷提要时首先区分民事、刑事、公文三大部分，之后根据目录号划分民事、刑事全宗项下部分，形成章节。如民事部分章节表达形式为“民事一”，“民事”即民事部分，“一”为目录号，刑事部分也如此划分和编写。公文部分在两个全宗中均只有一个目录号，就以全宗号划分章节，编为“公文一”“公文二”。

五、案卷提要编写分为题目和内容两个部分。按以下原则编写：

1. 题目部分由序号、裁判主体、案由、案件数量和案卷编号组成。案卷中出现的裁判主体全部写入；案由全部或部分写入；案件数量照实表述；案卷编号按照“三”的要求表述，卷号根据原档案案卷号照录。表述形式为“序号+裁判主体+审理+案由+案件数量+案卷编号”，下画线上即为著录内容。

2. 提要内容部分表述形式为：“时间+裁判主体+关于+案由的文书，包括+文书种类+诉讼程序”。下画线上即为著录内容。涉及当事人姓名时，人名照录。

3. 时间为案卷内档案最早形成时间段和最晚形成时间段，用公历书写，根据实际情况尽量保留至月份，如1921年5月至1936年9月。

4. 裁判主体、当事人及案由每一案件分开表述，信息尽量著录。文书种类全部著录。

5. 如果案卷中出现与卷内主要案件无关的其他案件的极少量文书或其他杂件，则根据这些文书的内容和种类单独表述。

目录

民事一

1. 四川高等法院第一分院、璧山县政府审理经界纠葛并引发的伤害罪上诉一案 12—1—1

1930年12月至1932年9月，四川高等法院第一分院、璧山县政府关于陈永森等告杨南煊越界霸争的经界纠葛并引发的伤害罪上诉一案的文书，包括民事诉状副状、训令、审讯单、验伤单、民事续诉状、璧山县政府民事判决书等。

2. 四川高等审判分庭审理押银纠葛上诉一案　12—1—1（2）

1917年3月至1917年6月，四川高等审判分庭关于达平之与吴汝霖田业押银纠葛涉讼的抗告上诉一案的文书，包括民事上诉状、璧山县堂讯决定抄件、四川高等审判分庭训令、璧山县知事意见书、民事保状等。

3. 四川高等法院第一分院、巴县地方法院、璧山县政府审理债务纠葛等五案 12—1—1—4

1931年10月至1935年8月，四川高等法院第一分院、巴县地方法院、璧山县政府关于江文章与江罗氏等因家产纠葛引起的债务涉讼案、王孟卿与朱秉权等伙贸债务纠葛案、蔡季良与绸缎商刘泽沛债务纠葛案、张绍武与雷雨江纱布买卖纠葛债务涉讼案、吴焕文与吴平周伙贸纠葛产生的债务涉讼案五案的文书，包括民事保状、民事展限状、民事诉状、民事辩诉状、民事催呈状、审理笔录、报告、民事执行状、指令、往来公函、牌告、契约等。

4. 四川高等法院第一分院审理伙贸纠葛一案　12—1—2

1930年12月至1931年3月，四川高等法院第一分院关于吴焕文与吴平周伙贸纠葛债务涉讼一案的文书，包括民事上诉状、训令、公函、报告、民事委任状、审理笔录、四川高等法院第一分院民事第二审判决书等。

5. 四川高等审判分庭审理押银纠葛上诉一案　12—1—2（2）

1920 年 8 月至 1922 年 7 月，四川高等审判分庭关于达平之与吴徐氏押银纠葛上诉一案的文书，包括公函、点名单、民事上诉状、副状等。

6. 璧山县司法档案杂卷　12—1—3

本卷主要为 1924 年彭登级《家音全集》。另有 1920 年 8 月达平之等押银涉讼案民事上诉状一份、1930 年 7 月彭焕宗与张贵新田土房屋租佃契约一份。

7. 四川高等法院第一分院审理伙贸债务纠葛上诉案尾卷　12—1—3（2）

1930 年 12 月至 1936 年 11 月，四川高等法院第一分院关于吴平周与吴焕文伙贸债务纠葛上诉案尾卷的文书，包括训令、民事上诉状副状、民事保状、四川陆军第三师司令部训令、结状、民事诉状、璧山县政府朱谕等。

8. 璧山县知事公署审理租佃押银纠葛一案　12—1—4

1924 年 12 月至 1925 年 7 月，璧山县知事公署关于江远志与刘敬之等租佃押银纠葛涉讼一案的文书，包括民事原诉状、民事保状、民事公证状、民事辩诉状、佃约、民事委任状等。

9. 璧山县知事公署审理窃契变产一案　12—1—4（2）

1930 年 4 月至 1930 年 7 月，璧山县知事公署关于周子文与周雷氏因族内家业纠葛引发的窃契变产涉讼一案的文书，包括民事原诉状及副状、审讯单、报告、民事保状、契约、民事上诉状等。

10. 四川第一高等审判分庭审理承继及家产纠葛一案　12—1—5

1925 年 3 月至 1926 年 2 月，四川第一高等审判分庭关于李元富与李炳全等承继及家产纠葛涉讼一案的文书，包括民事具限状、报告、审理笔录、民事原诉状、民事保状、民事缴状、训令、民事上诉状、民事辩诉状等。

11. 最高法院、四川高等法院第一分院、巴县地方法院等审理经界纠葛一案　12—1—5（2）

1933 年 4 月至 1937 年 10 月，最高法院、四川高等法院第一分院、巴县地方法院等关于邱辑五与刘清源经界纠葛一案的文书，包括民事诉状、往来公函、报告、训令、最高法院民事裁定书、四川高等法院第一分院民事判决书、民事请执行状、民事具呈状、审理笔录、璧山县政府民事判决书、民事上诉状、巴县地方法院民事裁定书、民事缴状、呈件、民事委任状等。

12. 四川高等法院第一分院、巴县地方法院、璧山县法院等审理债务纠葛等案 12－1－5－8

1927年5月至1939年8月，四川高等法院第一分院、巴县地方法院、璧山县法院等关于因债务纠葛涉讼及不服该县拍卖声明的抗告案、借款债务纠葛及其执行案、因产业买卖纠葛引起藐法背约的债务涉讼案、租佃纠葛上诉案等案的文书，包括报告、民事反诉状、民事保状、民事执行状、民事诉状、指令、训令、借约、点名单、往来公函、审理笔录、璧山县知事公署委任令、璧山县政府牌示、民事展限状、债务纠葛、刑事诉状、刑事辩状、刑事侦查笔录、刑事保状等。

13. 璧山县政府审理殴毙一案 12－1－6

1927年5月至1930年10月，璧山县政府关于王辅臣等控告伍善良及其媳妇、儿子共同殴毙伍江氏一案的文书，包括刑事诉状副状、璧山县政府及其与璧山县城防司令部的往来公函、点解单等。

该卷另有璧山县县立职业学校包工契据一份。

14. 最高法院、四川高等法院第一分院、璧山县政府审理家产纠葛及其上诉一案 12－1－6（2）

1932年11月至1934年9月，最高法院、四川高等法院第一分院、璧山县政府关于何白氏状告何绍卿欺孤霸产，何绍卿反告何白氏局谋强取意图瓜分家产的纠葛及其上诉一案的文书，包括民事原诉状附产业租谷数目清单一件、民事保状、报告、民事辩诉状附遗嘱一份、审理笔录、民事展限状、民事公证状、民事假扣押状、民事续诉状、璧山县政府民事判决书、民事上诉状、刑事抗告状、训令、往来公函、最高法院民事判决书、四川高等法院第一分院民事判决书、民事执行状等。

15. 璧山县知事公署审理霸揹绝生、租谷纠纷两案 12－1－7

1929年10月至1930年11月，璧山县知事公署关于黄开玉因家产纠纷状告黄永兴等霸揹绝生案、胡伯君状告张春德等霸占产业侵吞租谷案两案的文书，包括民事诉状、民事辩诉状、往来公函、报告、领状、收款证、传票等。

16. 巴县地方法院、璧山县知事公署审理租谷及账项纠葛一案 12－1－8

1929年11月至1931年9月，巴县地方法院、璧山县知事公署关于江国蕃与景炳坤等因租谷及账项纠葛涉讼一案的文书，包括民事辩诉状、征收通知单、训令、传票、民事诉状、往来公函、巴县地方法院民事第二审判决书、庭审笔录等。

17. 璧山县知事公署审理黄开玉状告黄永兴霸捐产业绝生一案　12—1—9

1929年9月至1929年10月，璧山县知事公署关于黄开玉状告黄永兴霸捐产业绝生一案的文书，包括民事诉状、审讯单、呈文、往来公函等。

18. 巴县地方法院、璧山县法院审理遗赠产业纠葛等三案　12—1—9—11

1930年7月至1933年11月，巴县地方法院、璧山县法院关于张杨氏等遗赠产业纠葛、周雷氏等家产田屋纠葛、蒋饶氏因夫死家产分割引发的生活费纠纷三案的文书，包括民事诉状、审理笔录、民事请结状、民事辩诉状、往来公函、庭审笔录、训令、报告等。

19. 璧山县知事公署审理租佃押银纠纷上诉一案　12—1—10

1918年4月至1918年12月，璧山县知事公署关于达平之等租佃押银纠葛上诉一案的文书，包括点名单、审理笔录、民事辩诉状、往来公函、训令、民事公证状等。

20. 璧山县知事公署审理家庭债务纠葛一案　12—1—11

1928年6月，璧山县知事公署关于周张氏等人因家庭事务引起的债务纠葛涉讼一案的文书，包括刑事上诉状、往来公函、公证状等。

21. 四川高等法院第一分院、璧山县知事公署审理家务分产及抚子纠葛一案　12—1—12

1929年8月至1929年9月，四川高等法院第一分院、璧山县知事公署关于杨代氏等人家务分产及抚子纠葛涉讼一案的文书，包括民事辩诉状、往来公函、四川高等法院第一分院民事判决书、训令等。

22. 最高法院民事第三庭、四川高等法院第一分院、璧山县法院审理伙贸债务纠葛上诉一案　12—1—12—14

1931年10月至1937年3月，最高法院民事第三庭、四川高等法院第一分院、璧山县法院关于吴平周等人伙贸债务纠葛上诉一案的文书，包括民事上诉状、民事保状、民事反诉状、民事展限状、报告、训令、往来公函、四川高等法院第一分院民事判决书、最高法院第三庭民事裁定书、民事执行状、民事抗告状、牌告等。

该卷附有彭顺吉等葬坟经界纠葛案的刑事自诉状一份、刘泽沛等会务纠葛涉讼案保状一份。

23. 四川高等法院第一分院、璧山县法院、璧山县政府审理葬坟经界纠葛、会务纠纷等三案　12—1—12—14（2）

1931 年 10 月至 1937 年 8 月，四川高等法院第一分院、璧山县法院、璧山县政府关于彭顺吉等葬坟经界纠葛案、刘泽沛等会务纠葛涉讼案、刘泽沛等田业买卖引起的粮税纠葛案三案的文书，包括刑事侦查笔录、刑事保状、刑事原诉状、刑事被诉状、民事辩诉状、璧山县法院民事判决书、民事续诉状、往来公函、璧山县政府兼理司法事务民事判决书、民事执行状等。

该卷另有胡师化等租佃及赔偿涉讼案、周朱氏等解除租佃契约及退还押银涉讼案、达秉衡与唐松乔等会款涉讼案三案的民事判决书。

24. 璧山县法院审理租佃纠葛涉讼的执行上诉一案　12—1—15

1931 年 10 月至 1932 年 1 月，璧山县法院关于江刘氏与景炳坤因租佃纠葛涉讼的执行上诉一案的文书，包括民事上诉状、民事辩诉状、点名单等。

民事二

1. 四川高等法院第一分院、璧山县政府审理债务纠葛一案　12—2—1

1932年9月至1935年10月，四川高等法院第一分院、璧山县政府关于王夔廷状告张国勋因伙贸债务纠葛要求查封其产业偿债，张国勋之母张江氏反对拍卖其祖产，而谭邹氏因曾借洋给张家母子要求共同享受债权，拍卖过程中又因久未卖出要求减价拍卖，产业拍卖间又产生买卖纠纷一案的文书，包括民事原诉状、民事展限状、民事辩诉状、训令、查封牌告、产业调查报告、民事代诉状、民事反诉状、民事具呈状、抗告意见书、民事呈买状、报告、审理笔录、民事保状、四川高等法院第一分院民事判决书等。

2. 巴县地方法院、璧山县政府审理会款纠葛等案　12—2—2—4

1932年1月至1934年12月，巴县地方法院、璧山县政府关于会款纠葛、因田业买卖引起的债务纠纷等案的文书，包括民事原诉状、民事辩诉状、民事保状、点名单附判决、审判笔录、送达回证、巴县地方法院民事第二审判决书、会员名单、公益会序言、文约、往来公函、巴县地方法院指令、民事上诉状等。

该卷附有璧山县正兴乡中心学校分校支出凭证簿第三册一份。

3. 最高法院、四川高等法院第一分院、璧山县政府审理房界纠葛及其上诉一案　12—2—5

1932年12月至1934年5月，最高法院、四川高等法院第一分院、璧山县政府关于邱辑五诉刘清源因房屋经界纠葛涉讼及其上诉一案的文书，包括民事原诉状、点名单附判决、审理笔录、民事辩诉状、民事存查状、传票、民事展限状、民事回复状、璧山县政府民事判决书、民事上诉状、往来公函、民事抗告状、最高法院民事裁定书、意见书、四川高等法院第一分院裁定书等。

4. 最高法院、四川高等法院第一分院、璧山县政府审理遗产纠葛及其上诉一案 12—2—6

1932年10月至1934年9月，最高法院、四川高等法院第一分院、璧山县政府关于何白氏与何绍卿等遗产纠葛及其上诉一案的文书，包括民事原诉状附产业清单、民事保状、承发吏报告、民事辩诉状附遗嘱、点名单、审理笔录、民事展限状、民事公证状、民事请扣押状、璧山县政府咨文、璧山县政府民事判决书、民事上诉状、民事抗告状及副状、四川高等法院第一分院训令、最高法院公函、最高法院民事判决书、四川高等法院第一分院民事判决书、民事执行状、民事辩诉状等。

5. 璧山县政府、璧山地方法院审理会款纠葛等四案 12—2—7—10

1932年6月至1942年6月，璧山县政府、璧山地方法院关于会款纠葛、会银债务纠纷、会银纠纷、因出卖田业妨害租佃而请撤销买卖四案的文书，包括民事原诉状、点名单、审理笔录、璧山县政府民事堂谕代判、呈状、民事请执行状、承发吏报告、再请执行状、璧山县政府签票、民事辩诉状、民事保状、民事展限状、民事答辩状、民事委任状、璧山地方法院民事判决书等。

6. 璧山县政府审理婚姻纠纷、债务纠纷、族产债务纠纷三案 12—2—11—13

1930年8月至1943年3月，璧山县政府关于请求同居调解的婚姻纠纷、商业买卖的债务纠纷、族产债务纠纷三案的文书，包括民事调解笔录、民事续诉状、民事言辞辩论笔录、民事请差押状、请查封状、承发吏报告、民事原诉状、点名单、审理笔录、璧山县政府咨文、民事辩诉状、民事领状、民事保状、调查报告、牌告、执达员报告、训令、璧山县政府民事裁定书、璧山县政府民事堂谕代判、璧山县政府签票、民事公证状、分约、璧山县司法处查勘笔录、璧山县政府关牌等。

7. 最高法院、四川高等法院第一分院、璧山县政府审理立嗣纠葛、会款执行两案 12—2—14—15

1931年3月至1939年9月，最高法院、四川高等法院第一分院、璧山县政府关于立嗣纠葛、会款执行两案的文书，包括训令、往来公函、四川高等法院第一分院民事判决书、最高法院民事裁定书、民事存查状、供单、民事诉状、司法处女子继承权提议案、审讯单、璧山县政府民事判决书、璧山县政府牌示、遗嘱抱约、民事请执行状、执达员报告、送达证书、点名单等。

8. 璧山县司法案件杂卷 12—2—15

1929年9月至1938年11月，璧山县司法案件杂卷，包括汪炳洲买卖枪支纠葛的民事具状、李炳全族产纠葛的民事辩诉状;最高法院关于杨朱氏等诉杨吴氏等分产同居及返还租谷纠葛民事判决书;四川高等法院第一分院关于债务执行案的民事裁定书;巴县地方法院关于租谷利谷及押银纠葛民事第二审判决书;璧山县政府关于向权盛诉谢泽均在修成渝铁路之际因工人伙食费的款项纠葛的处分书、民事辩诉状,离婚、再嫁的存查状,租佃债务纠葛、会款纠葛、押金执行案、通奸案的判决书、审理笔录等。

9. 四川高等法院第一分院、璧山县法院审理略诱罪上诉案等三案。 附其他案件判决书卷　12—2—16—19

1932年1月至1934年3月,四川高等法院第一分院、璧山县法院关于刘海林诉吴炳臣略诱罪上诉案、巴县政府函请查封邓文轩产业拍卖以抵偿烟商祥丰烟款案、黎汉臣等会银债务纠葛案三案的文书,包括训令、政警报告、往来公函、巴县县政府咨文、璧山县政府训令、牌告、审理笔录、民事展限状、民事辩诉状、民事申明状、民事保状等。

另附1932年10月至1935年11月,四川高等法院第一分院、巴县地方法院、璧山县政府的判决书卷,包括借银债务、粮款纠葛、会银债务纠葛、会项纠葛、租佃纠葛、抵当会款纠葛、佃银纠葛、产业典当纠葛、押银执行纠葛、赠予纠纷、给付租谷纠纷、货账纠纷等案的民事判决、民事堂谕代判、民事裁定等。

10. 四川高等法院第一分院、巴县地方法院、璧山县政府审理贷款债务纠葛一案 12—2—20—21

1931年8月至1936年5月,四川高等法院第一分院、巴县地方法院、璧山县政府关于郭志高诉廖倬云因棉纱买卖引起的货款债务纠葛一案的文书,包括往来公函、民事告诉状、公函、民事声请状、报告、点名单、民事保状、民事执行状、民事展限状、民事辩诉状、审理笔录、送达回证、传票、牌告等。

11. 四川高等法院第一分院、璧山县政府审理立嗣纠葛一案　12—2—22

1931年8月至1932年1月,四川高等法院第一分院、璧山县政府关于甘义先诉甘刘氏的立嗣纠葛一案的文书,包括璧山县政府呈文、四川高等法院第一分院裁决、训令、民事展限状、民事保状、民事委任状、问供单、四川高等法院第一分院民事判决书、民事原诉状、民事公证状等。

12. 四川高等法院第一分院、巴县地方法院、璧山县政府审理债务纠葛及其执行抗告进而产生买卖纠葛一案　12—2—23

1932年5月至1935年5月,四川高等法院第一分院、巴县地方法院、璧山县政府关于严鑫荣等诉凌瑞卿因债务纠葛涉讼要求拍卖产业偿债，凌抗告执行并阻耕拍卖进而产生买卖纠葛一案的文书，包括民事诉状、往来公函、训令、点名单、民事辩诉状、民事保状、民事请执行状、审理笔录、民事承买状、民事领状等。

13. 四川高等法院第一分院、璧山县政府审理债务纠葛两案　12—2—24—25

1932 年 1 月至 1935 年 12 月，四川高等法院第一分院、璧山县政府关于凌瑞卿等的货款债务纠葛抗拍卖执行案、王志华诉曹清成的借银债务纠葛案两案的文书，包括典契、指令、民事诉状、民事保状、民事具呈状、璧山县政府签票、点名单、报告、民事原诉状、四川高等法院第一分院民事裁定书、呈文、传票、民事辩诉状、审理笔录、民事领状、牌告、民事展限状等。

14. 巴县地方法院、璧山县政府审理债务暨租佃纠葛及其上诉一案　12—2—26

1932 年 5 月至 1937 年 4 月，巴县地方法院、璧山县政府关于张渭滨诉徐叔陶借洋债务纠葛一案后，徐拍卖产业偿债进而引发与佃户张治清的租佃纠葛及其上诉一案的文书，包括民事原诉状、借约、报告、传票、审理笔录、民事保状、点名单、璧山县政府民事判决书、民事辩诉状、民事声请状、牌告、佃约、璧山县政府民事堂谕代判、往来公函、训令、民事领状等。

15. 四川高等法院第一分院、巴县地方法院、璧山县政府审理租佃纠葛等两案　12—2—27

1932 年 6 月至 1933 年 8 月，四川高等法院第一分院、巴县地方法院、璧山县政府关于袁位三诉王汉清租佃纠葛案、江刘氏诉景炳坤租佃暨搬迁交业纠葛并进而引起伤害罪的上诉案两案的文书，包括民事原诉状、点名单、看守所报告、审理笔录、民事保状、训令、呈件、民事请执行状、政警报告、民事撤诉状等。

16. 最高法院、四川高等法院第一分院、巴县地方法院、璧山县政府审理债务纠纷、租佃纠纷、祖产纠纷等六案　12—2—28—34

1931 年 6 月至 1939 年 9 月，最高法院、四川高等法院第一分院、巴县地方法院、璧山县政府关于陈志嘉等诉刘泽沛等的借洋债务纠葛案、刘继高诉唐松乔因经商的借洋债务纠葛案、曾仲权诉曾赵氏等的租佃纠葛案、周子文等诉周雷氏的族产典当暨管理权纠葛上诉案进而引起与黄森荣的租佃纠葛及租佃执行案、李炳荣诉辛树全的祖产纠葛案、戴耀庭诉龙志霄的欠款债务及其抗告案六案的文书，包括民事原诉状、点名单、民事保状、审理笔录、借约、牌告、训令、承发吏报告、传票、民事展限状、四川高等法院第一分院民事判决书、民事领状、民事续诉状、民事辩诉状、民事请执行状、抗告理由书等。

17. 四川高等法院第一分院、璧山县政府审理租佃暨债务纠葛等五案　12－2－35－38

1932年3月至1933年3月，四川高等法院第一分院、璧山县政府关于连行义等租佃暨债务纠葛、刘泽沛等债务暨田业买卖纠葛、刘敬之等典约纠葛、汪文浩等田产纠葛、吴汝成等会银纠葛五案的文书，包括民事辩诉状、点名单、审理笔录、民事诉状、报告、四川高等法院第一分院裁决、训令、民事上诉状、问供笔录、民事答辩状、呈件、收条、佃约、凭票、国民革命军第二十一军司令部训令、民事保状、璧山县政府民事堂谕代判等。

18. 璧山县法院等审理山场买卖纠葛一案。附其他判决书卷、存查卷、杂卷　12－2－39－41

1932年4月至1941年9月，璧山县法院等关于蒋众权等诉刘五云等因山场买卖纠葛引起的赔偿损害上诉一案的文书，包括璧山地方法院民事判决、民事不服判决理由书、民事上诉状等。

判决书卷：璧山县政府关于布款纠纷、会款纠葛的民事堂谕代判以及盗匪的刑事判决书；巴县地方法院关于货款纠葛的民事裁定书；四川高等法院第一分院关于龙赵氏货款纠葛、因债务撤销查封并返还证物、赔偿损害的民事裁定书；最高法院关于刘敬之等典约纠葛的民事裁定等。

存查卷：夫遗田产存查、离婚存查、产业存查、妻子被诱拐、卖业偿债、子媳盗业逃匿、僧女还俗、再醮、妻子卷财逃匿、烟债、租佃、债务、厂房遭水灾账务被毁、家产遗嘱存查附遗嘱、房土买卖契约丢失、禁治产业、私章丢失、会银、借洋、抵押、妻诉妾犯奸、被骗为妾等案的存查状等。

杂卷：国民革命军第二十一军司令部关于汪文浩等田产纠葛的指令、会款纠葛的诉状、沈德三抢劫嫌疑保释申请状、合伙炭厂经营辩诉状、牌告、募兵纠纷的保状等。

19. 最高法院、四川高等法院第一分院、璧山县法院审理立嗣、会款、家产、债务纠葛四案　12－2－42－46

1932年6月至1932年11月，最高法院、四川高等法院第一分院、璧山县法院关于甘刘氏等的立嗣纠葛、刘伯孚诉刘谢氏等的会款纠葛、杨朱氏与媳妇杨吴氏等的家产纠葛、谢尊三与黄新齐等因代运烟土的货款债务纠葛四案的文书，包括往来公函、民事辩诉状、最高法院民事裁定书、追加理由诉状、民事答辩状、最高法院民事判决书、民事原诉状、点名单、送达回证、审理笔录、民事保状、析产文约、民事声明状、训令、承发吏报告、咨文、大足县知事公署关票、民事诉状等。

20. 四川高等法院第一分院、璧山县政府审理会款、典当佃银纠葛等四案　12—2—47

1933年3月至1936年3月，四川高等法院第一分院、璧山县政府关于会款纠葛案、典当佃银纠葛案、押佃纠葛执行上诉案、布匹贸易债务纠葛案四案的文书，包括送达回证、民事诉状、点名单、民事辩状、承发吏报告、民事保状、审理笔录、往来公函、四川高等法院第一分院民事判决书、璧山县政府民事堂谕代判、牌告等。

21. 璧山县政府审理遗产纠葛一案　12—2—48

1932年8月至1934年11月，璧山县政府关于江陈氏诉陈雨舒的祖遗家产纠葛一案的文书，包括民事原诉状、民事委状、讼费救助申请状、民事辩诉状、点名单、审理笔录、民事上诉状、璧山县政府民事堂谕代判、民事请执行状、承发吏报告、公函、巴县地方法院与璧山县政府的往来公函等。

22. 璧山县政府审理债务纠葛三案　12—2—49

1932年11月至1933年2月，璧山县政府关于雷雨钦等会洋债务、杨维山等田产债务、谷静三等借款债务三案的文书，包括民事原诉状、民事辩诉状、民事请执行状、训令、牌告、催呈状、诉状副状、公函等。

23. 四川高等法院第一分院、璧山县政府审理离婚纠葛及其上诉一案　12—2—50

1930年4月至1935年6月，四川高等法院第一分院、璧山县政府关于彭大贤之妾与其离婚纠葛及其上诉一案的文书，包括民事原诉状、民事反诉状附和约、点名单、审理笔录、民事保状、璧山县政府民事堂谕代判、训令、往来公函、承发吏报告、四川高等法院第一分院民事判决书、刑事诉状、刑事公证状等。

24. 璧山地方法院审理债务、典当、给付伙食费纠葛三案　12—2—51

1932年5月至1948年3月，璧山地方法院关于债务抵押纠葛、典当交业纠葛、给付伙食费纠葛三案的文书，包括民事原诉状附云集炭厂红银以作利息数目表、民事诉状、承发吏报告、民事承领状、点名单、审理笔录、民事保状、民事辩诉状、璧山地方法院民事判决书、民事言辞辩论笔录等。

25. 璧山县法院审理债务抵押纠葛等案。另附璧山县法院司法档案杂卷、存查卷　12—2—52

1932年1月至1932年12月，璧山县法院关于债务抵押纠葛、蔡季良诉刘泽沛债务纠葛、罗世臣强盗罪、廖陈氏等会项纠葛等案的文书，包括民事原诉状、承领状、民事续诉状、璧山县法院民事判决书、问供笔录、往来公函、训令、民事诉状等。

该卷附有彭敬修等产业买卖和解书一份、四川高等法院第一分院检察处关于禁烟局禁吸科科员尹瑞图等因公款被盗的诬告抗告案的公函一份。

另有关于撤销婚约、拉夫、契约被盗、拐驮布匹、拉夫伤害、断绝父子关系等案的存查状数份。

26. 璧山县政府审理典当纠葛、田业买卖纠葛等三案　12－2－53

1931年10月至1932年9月，璧山县政府关于萧金玉与刘敬之的典当纠葛、江罗氏与刘江合等的田业买卖纠葛、刘向璧与唐松乔的房产买卖纠葛三案的文书，包括民事诉状、民事辩诉状、承发吏报告、点名单、审理笔录、领状、民事反诉状、民事续诉状、呈件、训令、民事申明状等。

27. 巴县地方法院、璧山县政府审理借债纠葛及其上诉一案　12－2－54

1932年9月至1933年3月，巴县地方法院、璧山县政府关于谷静三与朱群之的借款债务纠葛及其上诉一案的文书，包括巴县地方法院与璧山地方法院往来公函、训令、巴县地方法院民事判决书、民事原诉状、民事展限状、点名单、审理笔录、民事保状、民事诉状、璧山县政府民事堂谕代判、信件、收条等。

28. 四川高等法院第一分院、璧山县政府审理会款纠葛及其上诉一案　12－2－55

1932年4月至1933年8月，四川高等法院第一分院、璧山县政府关于黎玉成与黎汉臣等会款纠葛及其上诉一案的文书，包括璧山县政府民事判决书、四川高等法院第一分院训令、公函、民事诉状、四川高等法院第一分院民事裁决书、点名单、审理笔录、民事保状、民事公证状等。

29. 璧山县政府审理遗产捐施纠葛一案　12－2－56

1932年4月至1934年6月，璧山县政府关于罗国福与叶遐龄等因遗产中有一部分捐给慈善团而引起的产业纠葛一案的文书，包括国民革命军第二十一军司令部训令、诉状抄件、民事诉状、璧山县政府公函训令、报告等。

30. 璧山县法院存查卷　12－2－57

1932年1月至1932年11月，璧山县法院存查卷，包括再醮、霸伐、账务、押佃、断绝父子关系、妻子盗财脱逃、买卖契约、家庭纠纷、妨害建筑工作要求赔偿、私章被窃、拐逃、逆子、盗窃、宗祧、会项、产业拍卖、佃权、熟土买卖、买卖单据被盗、脱离婚姻关系、典产、诈欺、破产、遗弃等案的存查状数份。

该卷另杂有谷物被盗、田业买卖的呈件两份，票据失效的牌示一份。

31. 璧山县政府审理妨碍田地、会项债务纠纷两案　12—2—58

1932 年 9 月至 1933 年 6 月，璧山县政府关于壅塞河流妨碍田地案、会项债务纠纷案两案的文书，包括民事存查状、训令、指令、政府文稿、签票、调解书、合约书、送达回证等。

32. 璧山县政府、璧山县法院审理债务纠纷两案　12—2—59

1930 年 8 月至 1932 年 10 月，璧山县政府、璧山县法院关于陈昆三等借款债务纠葛案、江罗氏等田产买卖暨借债纠葛两案的文书，包括璧山县政府民事堂谕代判、审理笔录、民事诉状、民事辩诉状、点名单、借约、假扣押牌告、民事领状、报告、训令、璧山县法院民事判决书等。

33. 巴县地方法院、璧山县政府审理家产纠纷、债务纠纷两案　12—2—60

1932 年 6 月至 1936 年 12 月，巴县地方法院、璧山县政府关于吴曾氏等家产纠纷案、黄秋元等布款债务纠纷案两案的文书，包括卖约红契收条、民事诉状、民事辩诉状、和解书、点名单、审理笔录、璧山县政府民事堂谕代判、民事上诉状、送达回证、报告、巴县地方法院与璧山县政府的往来公函、民事请执行状等。

34. 四川高等法院第一分院、巴县地方法院、璧山县政府审理租佃等纠纷一案　12—2—61

1932 年 12 月至 1938 年 2 月，四川高等法院第一分院、巴县地方法院、璧山县政府关于张本正与许仁三等租佃及租谷买卖纠纷，担保人万海泉要求赔偿损害及其上诉一案的文书，包括民事诉状、民事辩诉状、点名单、审理笔录、报告、民事公证状、民事保状、送达回证、民事续诉状、璧山县政府民事判决书、训令、往来公函、民事执行状、民事抗告书、四川高等法院第一分院民事裁定、收条等。

35. 巴县地方法院、璧山县政府审理会项暨租佃纠葛及其上诉一案　12—2—62

1932 年 9 月至 1933 年 8 月，巴县地方法院、璧山县政府关于陈进修等与张治安、邱合顺等人间的会项暨抵押租佃纠葛及其上诉一案的文书，包括民事原诉状、承发吏报告、点名单、审理笔录、民事展限状、告发状、呈件、公证状、送达回证、往来公函、训令、民事保状、牌告、民事缴状、典契、璧山县政府民事堂谕代判等。

36. 最高法院、四川高等法院第一分院、璧山县政府审理伙贸账目纠葛及其上诉一案　12—2—63

1933 年 1 月至 1937 年 5 月，最高法院、四川高等法院第一分院、璧山县政府关于龙子榆与冷春熙等伙贸账目纠葛及其上诉一案的文书，包括往来公函、训令、民事诉状、报告、最高法院民事裁定书、点名单、民事请执行状、审理笔录、四川高等法院第一分院民事裁定书、民事保状、璧山县政府民事裁定书等。

37. 巴县地方法院、璧山县政府审理伙贸纠葛、债务纠葛两案　12—2—63（2）

1931年8月至1933年4月，巴县地方法院、璧山县政府关于龙子榆与冷春熙等伙贸账目纠葛、龙至霄与戴耀定债务纠葛两案的文书，包括民事诉状、点名单、审理笔录、送达回证、民事辩诉状、往来公函、民事再诉状、账册等。

38. 四川高等法院第一分院、巴县地方法院、璧山县法院审理租佃纠纷、会项纠葛及其上诉两案　12—2—64

1931年11月至1934年6月，四川高等法院第一分院、巴县地方法院、璧山县法院关于达平之与唐松乔等租佃纠纷案、达秉衡与唐松乔会项纠葛及其上诉案两案的文书，包括民事诉状、民事辩诉状、点名单、审理笔录、训令、民事展限状、诉状副状、巴县地方法院民事第二审判决书、巴县地方法院民事再审判决书、四川高等法院第一分院民事抗告裁决书、账册、借约等。

39. 璧山县知事公署审理会银纠纷一案　12—2—64（2）

1922年3月至1927年9月，璧山县知事公署关于达秉衡与唐松乔等会银纠纷一案的文书，包括民事诉状、缴状、往来公函、店保状、承发吏报告、结状、璧山县知事公署训令、审讯单、民事辩诉状、民事公证状附伙会账单、呈词等。

40. 璧山县知事公署审理会银债务纠纷一案　12—2—64（3）

1925年5月至1927年6月，璧山县知事公署关于达秉衡与唐松乔等会银债务纠纷一案的文书，包括民事诉状、民事公证状、复讯单、璧山县知事公署公函、璧山县商会公函、民事展限状、民事保状、民事上诉状、民事和解状等。

民事三

1. 四川高等法院第一分院、璧山县政府审理非法拘禁、会款纠纷等三案　12－3－1－3

1932年11月至1937年10月，四川高等法院第一分院、璧山县政府关于张泽林诉张青云等恃其时任副保长期间因租田纠葛私自拘禁、刘何氏与汪汉臣等会款纠纷、罗荣三与胡海全会款纠纷三案的文书，包括民事诉状、点名单、审讯笔录、璧山县政府签票、送达证书、民事辩诉状、宣告判决笔录、往来公函、民事领状、传票存根、四川高等法院第一分院民事裁决书、审理笔录、院训令等。

2. 四川高等法院第一分院、巴县地方法院、璧山县政府审理经界纠纷及其上诉一案　12－3－4

1933年4月至1933年10月，四川高等法院第一分院、巴县地方法院、璧山县政府关于张家齐等诉何保荣因经界纠纷伪造文书并毁堰损车妨害水利及其上诉一案的文书，包括往来公函、训令、民事原诉、民事判决书、巴县地方法院民事裁决、民事展限状、四川高等法院第一分院刑事裁定、点名单、传票、民事保状、民事申请状、民事请执行状、巴县地方法院民事第二审判决、四川高等法院第一分院民事第三审判决、璧山县建设局呈文、璧山县政府刑事裁定、送达证书等。

3. 四川高等法院第一分院、璧山县政府审理债务纠纷等四案　12－3－5－8

1933年7月至1934年3月，四川高等法院第一分院、璧山县政府关于唐淮周与王莺谷兑洋债务纠纷案、钟胡氏与钟邬氏等因析产纠纷引发的假扣押上诉案、任光溢与杨维三等分产契约的债务纠纷案、王玉廷交予王月波代管财务放息引起的债务纠纷案四案的文书，包括民事原诉状、点名单、审理笔录、传票、民事请扣押状、训令、民事辩诉状、民事答辩状、应讯人到场报告单、送达回证、璧山县政府公函、民事保状、调解意见书、四川高等法院第一分院民事裁定书等。

4. 四川高等法院第一分院、巴县地方法院、璧山县司法处审理押佃纠葛、重婚等五案　12—3—9—14

1933年9月至1939年6月，四川高等法院第一分院、巴县地方法院、璧山县司法处关于谢重光与张鸿发押佃纠葛案、柯玉生诉柯石氏重婚案、白义之诉刘全安等房屋买卖的押佃分契案、刘目荣与何白氏等租谷纠纷上诉案、龙张氏与龙绍廷借洋债务纠葛案五案的文书，包括民事诉状、民事抗告状、四川高等法院第一分院民事裁定书、民事保状、借约、应讯人到场报告单、案件审理笔录、报诉、四川高等法院第一分院训令、送达笔录、呈文等。

5. 璧山县政府审理债务纠纷、会款纠纷等五案　12—3—15—19

1932年6月至1936年5月，璧山县政府关于邓尧卿与徐张氏借洋债务纠葛、谭炳章等人与谭平成会款纠葛、唐汪氏诉汪雨亭等损毁住宅盗伐树木损坏田苗、曾培光与张润森押佃纠纷、江鹤林诉谭合钦股本买卖债务纠纷五案的文书，包括民事诉状、民事保状、点名单、应讯人到场报告单、审理笔录、送达证书存根、传票、传唤报告、验尸报告等。

6. 璧山县法院审理解除婚姻、垫款纠纷两案　12—3—20—21

1933年9月至1937年12月，璧山县法院关于廖文彬诉叶时初重婚并要求解除婚约、姜生荣状请张西平之妻张刘氏归还垫款押银两案的文书，包括民事诉状、传票、案件执行报告、民事执行状、应讯人到场报告单、呈文、拍卖牌告等。

7. 巴县地方法院、璧山县政府审理租佃纠纷、会款债务纠纷两案　12—3—22

1933年11月至1936年4月，巴县地方法院、璧山县政府关于佃客白洪兴诉佃主尹克昌等倒卖其所佃得田地并要求返还押银、白子渊诉尹树清会款债务纠纷两案的文书，包括民事诉状、点名单、巴县地方法院民事判决、训令、具保申请、应讯人到场报告单、审理笔录、民事保状、送达回证、案件执行报告、民事原诉、民事辩诉状、民事申请状、民事领状、借款字据、民事存查状、传票等。

8. 璧山县政府审理借款债务纠纷一案　12—3—22（2）

1933年3月至1935年6月，璧山县政府关于罗益安与杨荣发等借款债务纠纷一案的文书，包括传票、民事诉状、点名单、审理笔录、民事保状、民事堂谕代判书、送达回证、民事上诉状、借条、璧山县政府公函、巴县地方法院公函、签饬、诉愿书、收条等。

9. 四川高等法院第一分院、璧山县司法处审理押银债务纠纷一案　12—3—23

1933年4月至1938年9月，四川高等法院第一分院、璧山县司法处关于尹树安与张泽林等押银债务纠纷一案的文书，包括意见书、民事诉状、民事传票回证、点名单、领条、重庆地方法院公函、民事领状、璧山县司法处公函、民事声请书、民事续状、民事保状、传票存根、民事堂谕代判书、璧山县政府文稿、送达回证、四川高等法院第一分院训令、民事执行状、民事辩诉状、审理笔录、报告、民事缴状、呈文、民事声明、民事请求、璧山县司法处执行命令等。

10. 四川高等法院第一分院、璧山县司法处审理押银债务纠纷抗告一案　12—3—23（2）

1933年3月至1939年8月，四川高等法院第一分院、璧山县司法处关于尹树安等人与张洪发等人押银债务纠纷抗告一案的文书，包括呈文、意见书、四川高等法院第一分院训令、民事诉状、璧山县司法处训令、报告、民事辩诉状、民事领状、民事续状、点名单、民事声请书、民事传票回证、民事缴状、收条、民事保状、重庆地方法院公函等。

11. 璧山县政府审理借款债务纠纷、会项债务纠纷两案　12—3—24—28

1933年11月至1934年11月，璧山县政府关于严鑫荣与严敦五等借款债务纠纷、王庶康与袁治安间会项债务纠纷两案的文书，包括民事诉状、点名单、审理笔录、民事展限状、民事公证状、民事保状、送达回证、民事辩诉状、民事判决书、民事债诉状、民事补充判决书、民事反诉状、民事声明、民事查谕代判书、民事执行状、民事续诉状等。

12. 四川高等法院第一分院、璧山县政府审理会项纠纷等四案　12—3—24—28（2）

1932年9月至1935年7月，四川高等法院第一分院、璧山县政府关于王庶康与袁治安等的会项纠纷案、德康祥与朱斗恒等的担保债项纠纷案、江文章与江屏清等经界纠纷案、杨南轩等与陈永森等经界纠纷执行上诉案四案的文书，包括璧山县政府公函、璧山县政府训令、巴县地方法院公函、民事执行状、点名单、传票、四川高等法院第一分院训令、民事上诉状、民事诉状、审理笔录、民事保状、民事原诉状、送达回证、报告、民事领状、签票等。

13. 巴县地方法院、璧山县政府审理买卖欠款债务纠纷一案　12—3—29

1933年11月至1934年8月，巴县地方法院、璧山县政府关于张汉清与严海权等买卖欠款债务纠纷一案的文书，包括二审民事判决书、民事诉状、民事公证状、璧山县政府训令、牌告、点名单、送达回证、民事认买状、民事领状、债务票据、传票等。

14. 四川高等法院第一分院、巴县地方法院、璧山县政府审理租佃纠纷及其抗告一案　12－3－30

1933年12月至1938年8月，四川高等法院第一分院、巴县地方法院、璧山县政府关于龙桂卿、龙志霄等与龙张季华等租佃纠纷及其抗告一案的文书，包括巴县地方法院公函、璧山县政府公函、四川高等法院第一分院训令、报告、璧山县政府训令、声明书、四川高等法院第一分院民事裁定书、送达回证、传票、民事执行状、民事抗告书、民事声请书、巴县地方法院民事判决书、点名单、民事保状、民事自诉状、民事抗告状、缮本、传票回证等。

15. 四川高等法院第一分院、璧山县政府审理家产纠纷、借款债务纠纷、租佃纠纷及其上诉案三案　12－3－31－33

1932年1月至1936年12月，四川高等法院第一分院、璧山县政府关于杨吴氏等与杨光昭等的家产纠纷案、王炳章与易英豪等借款债务纠纷案、黄大禄与蔡廷鉴等租佃纠纷及其上诉案三案的文书，包括存查状、民事执行状、收条、民事诉状、点名单、民事保状、传票、审理笔录、报告、四川高等法院第一分院训令、璧山县政府公函、巴县地方法院公函、送达回证等。

16. 最高法院、四川高等法院第一分院、璧山县政府审理婚约纠纷、借款债务纠纷等三案　12－3－34－36

1932年5月至1937年9月，最高法院、四川高等法院第一分院、璧山县政府关于余素卿与吴子家间的婚约纠葛案、王述廷与徐张氏间的借款债务纠纷案、甘刘氏与甘义先间的立嗣纠纷及其上诉案三案的文书，包括民事诉状、点名单、审理笔录、领条、民事堂谕代判书、送达回证、民事执行状、司法印纸费存照、报告、民事和解书、债务收据、传票、借条、四川高等法院第一分院训令、公函、璧山县政府呈文、最高法院民事第二庭书记科公函、最高法院民事判决书等。

17. 四川高等法院第一分院、璧山县政府审理立嗣纠纷、婚约纠纷、债务纠纷三案　12－3－34－36（2）

1932年5月至1933年12月，四川高等法院第一分院、璧山县政府关于甘刘氏与甘义先间的立嗣纠纷、余素卿与吴子家间的婚约纠纷、彭元吉与李申之间借款债务纠纷三案的文书，包括结文、点名单、审理笔录、民事上诉状、四川高等法院第一分院民事判决书、四川高等法院第一分院训令、和解书、借条、拘票、领条等。

18. 璧山县政府审理租佃纠纷、布款债务纠纷、会银纠纷三案　12—3—37—39

1933 年 4 月至 1935 年 1 月，璧山县政府关于周银钦与周树廷等的租佃纠纷、贺人弘与胡章甫等的布款债务纠纷、罗世民等与雷诲云间会银纠纷三案的文书，包括民事诉状、点名单、审理笔录、民事上诉状、送达回证、巴县地方法院公函、璧山县政府公函、意见书、民事保状、民事辩诉状、欠条、账目清单等。

19. 巴县地方法院、璧山县政府审理会银纠纷、租佃纠纷及其上诉、借款债务纠纷三案　12—3—40

1933 年 3 月至 1935 年 3 月，巴县地方法院、璧山县政府关于黄玉清等与彭敬臣等会银纠纷、周树廷等与周银钦间租佃纠纷及其上诉案、吴叶氏与吴希尧间借款债务纠纷三案的文书，包括民事诉状 、民事辩诉状、点名单、审理笔录、保状、民事执行状、璧山县政府训令、呈文、民事声明、民事保状、传票、送达回证、诉愿书、缮本、诉讼证据物品书、璧山县政府公函、巴县地方法院公函、报告、巴县地方法院民事裁定书等。

20. 璧山县政府审理借款债务纠纷、租佃纠纷两案　12—3—41—43

1933 年 11 月至 1934 年 5 月，璧山县政府关于徐树辉等与谢朝林等借款债务纠纷、向洪盛与徐文安等租佃纠纷两案的文书，包括民事诉状、璧山县政府公函、送达回证、账目清单、点名单、传票、签票、诉讼证据物品书、民事堂谕代判书、民事保状、民事辩诉状、审理笔录等。

21. 璧山县政府审理布款债务纠纷、借款债务纠纷两案　12—3—41—43（2）

1933 年 7 月至 1936 年 8 月，璧山县政府关于龚季良与张兴发等布款债务纠纷、吴宪章与徐树辉间借款债务纠纷两案的文书，包括民事诉状、传票存根、点名单、审理笔录、民事辩诉状、收条、保状、送达回证、璧山县政府牌告、训令、民事声明状、民事抗告书、官契、民事反诉状等。

22. 璧山县政府审理借贷债务纠纷一案　12—3—44

1933 年 2 月至 1935 年 4 月，璧山县政府关于徐张氏与刘绍伯等借贷债务纠纷一案的文书，包括巴县地方法院公函、璧山县政府公函、民事执行状、点名单、民事报告、民事保状、领状、民事缴状、民事抗告状、审理笔录、民事诉状、传票存根、民事反诉状、送达回证、呈文等。

23. 四川高等法院第一分院、巴县地方法院、璧山县政府审理债务纠纷、租赁纠纷两案　12—3—45

1932年8月至1934年5月，四川高等法院第一分院、巴县地方法院、璧山县政府关于刘继高与唐松乔等债务纠纷、向洪盛与张瀛洲间租赁纠纷两案的文书，包括巴县地方法院公函、璧山县政府文稿、四川高等法院第一分院训令、璧山县政府呈文、璧山县政府公函、民事声请书、璧山县政府牌告、传票、租佃典契、证据物品书等。

24. 巴县地方法院、璧山县政府审理租佃纠纷、返还产业两案　12—3—46

1933年8月至1935年2月，巴县地方法院、璧山县政府关于朱泽霖等与朱海廷等租佃纠纷、向周明等返还产业两案的文书，包括点名单、民事声明、民事声请书、借银契约、民事自诉状、审理笔录、账目清单、巴县地方法院公函、璧山县政府公函、牌告、民事请批状等。

另有1946年1月璧山地方法院关于张正乾等与连金山等交还典产及返还收益案的民事判决书。

25. 璧山县政府审理租佃纠纷、婚约纠纷等案　12—3—47

1933年12月至1935年7月，璧山县政府关于罗林山与娄贯之等租佃纠纷、甘示武与李全三解除婚约等案的文书，包括民事诉状、民事辩诉状、点名单、审理笔录、送达回证、传票、签票、报告、诉愿书、收条等。

26. 璧山县政府审理借款债务纠纷等四案　12—3—48

1933年1月至1937年1月，璧山县政府关于王清廷与李森芝等的借款债务纠纷案、周席珍与陈汉书等的租佃纠纷案、饶子荣等因债务纠纷达成调解决定申请存查案、饶子荣等与丁炳之等货款债务纠纷案四案的文书，包括民事诉状、借银契约、点名单、呈文、店保状、报告、送达回证、民事上诉状、传票、民事存查状、璧山县政府朱谕、收条、璧山县政府签票、民事自诉状、民事原诉状、审理笔录等。

27. 四川高等法院第一分院、璧山县政府审理布款债务纠纷、租佃纠纷及其上诉案两案　12—3—49

1933年11月至1937年7月，四川高等法院第一分院、璧山县政府关于范海清等与李天富间布款债务纠纷案、周席珍与陈汉书等租佃纠纷及其上诉案两案的文书，包括民事诉状、民事辩诉状、民事保状、传票、呈文、点名单、送达回证、四川高等法院第一分院训令、报告、四川高等法院第一分院民事裁定书等。

28. 璧山县政府审理拍卖产业欠款纠纷、会项纠纷两案　12－3－50

1932 年 7 月至 1937 年 10 月，璧山县政府关于杨陈氏等与陈昆山等拍卖产业偿还欠款、罗熊氏等与杨陈氏间会项纠纷两案的文书，包括点名单、领状、呈文、民事诉状、民事声请状、存查状、审理笔录、璧山县政府民事堂谕代判书、送达回证、民事执行状等。

29. 璧山县政府审理佃银纠纷一案　12－3－51

1932 年 8 月至 1934 年 9 月，璧山县政府关于苏国政等与王载阳等佃银纠纷一案的文书，包括民事诉状、点名单、审理笔录、璧山县政府训令、呈文、民事保状、送达回证、收条、民事续诉状、司法印纸费存照等。

30. 璧山县政府审理欠款债务纠纷、债务执行等三案　12－3－52

1932 年 7 月至 1933 年 3 月，璧山县政府关于杨陈氏等与陈昆山间等拍卖产业偿还债务、蔡季良与刘泽沛间声请执行债务纠纷判决、陈巫氏与钟保山间债务执行三案的文书，包括民事诉状、点名单、审理笔录、民事保状、收条、民事自诉状、民事存查状、送达回证、民事执行状、传票、司法印纸费存照、民事和解书、四川高等法院第一分院书记室公函等。

31. 璧山县政府审理借款债务纠纷一案　12－3－53

1933 年 10 月至 1934 年 10 月，璧山县政府关于李青云等与张汉臣等借款债务纠纷一案的文书，包括民事诉状、司法印纸费存照、点名单、审理笔录、呈文、民事保状、送达回证、民事诉愿书、报告、璧山县政府收案单、保状等。

32. 巴县地方法院、璧山县政府审理借款债务纠纷及其抗告一案　12－3－54

1933 年 10 月至 1935 年 7 月，巴县地方法院、璧山县政府关于邓维翰与曾陈氏等借款债务纠纷及其抗告一案的文书，包括民事诉状、司法印纸费存照、借银契约、民事辩诉状、审理笔录、送达回证、民事执行状、报告、点名单、民事保状、民事领状、巴县地方法院公函、璧山县政府公函、抗告理由书等。

33. 璧山县政府审理借婚敛财一案　12－3－55

1932 年 1 月至 1933 年 4 月，璧山县政府关于张顺之等诉郭少阳借婚敛财一案的文书，包括民事诉状、司法印纸费存照、点名单、民事辩诉状、审理笔录、民事委任状、借项账单、民事堂谕代判书、送达回证、呈文、传票等。

34. 四川高等法院第一分院、巴县地方法院、璧山县政府、璧山实验地方法院审理债务纠纷、买卖纠纷、租佃纠纷等八案　12—3—56—62

1933 年 11 月至 1943 年 6 月,四川高等法院第一分院、巴县地方法院、璧山县政府、璧山实验地方法院关于邹亚光与邹泽膏间给付债款纠纷案、向沛霖与李伯瑜间借贷债务纠纷案、李克动与白英芬等买卖纠纷案、王崇禄与曾子章间坟山争执及其上诉案、龚仲烈与唐相玲间租佃纠纷案、朱炳全等与李海林间求偿债务纠葛再审案、付青云与付国清间承继纠葛上诉案、王乡若与黎时雍间会账纠纷案八案的文书,包括四川高等法院第一分院公函、四川高等法院第一分院书记室公函、璧山实验地方法院书记室公函、点名单、报告、民事诉状、巴县地方法院公函、璧山县政府公函、审理笔录、璧山县政府训令、呈文、民事续诉状、民事保状、送达回证、民事声请执行状、民事原诉状、巴县地方法院关于朱炳全等与李海林间求偿债务纠葛案的民事裁定书、四川高等法院第一分院关于付青云与付国清间承继纠葛上诉案的民事裁定书、四川高等法院第一分院训令等。

35. 璧山县政府审理佃权纠纷一案　12—3—63

1933 年 1 月至 1935 年 11 月,璧山县政府关于张荣鑫等与叶枝生等佃权纠葛一案的文书,包括民事诉状、点名单、审理笔录、传票、民事保状、送达回证、民事辩诉状、报告、民事抗告状、司法印纸费存照等。

36. 璧山县政府审理租佃及债务纠葛一案　12—3—64

1933 年 11 月至 1934 年 9 月,璧山县政府关于龚上达等与尹海廷等租佃及债务纠葛一案的文书,包括民事原诉状、司法印纸费存照、抵借文约、民事辩诉状、璧山县政府公粮拨粮单、账目清单、点名单、审理笔录、送达回证、民事执行状、民事续诉状、民事声请、民事领状、典契、官契、传票、民事保状、璧山县政府朱谕、璧山县政府牌告、呈文、民事缴状、报告等。

37. 璧山县政府审理租佃纠纷、担保纠纷等四案　12—3—65—68

1933 年 3 月至 1937 年 6 月,璧山县政府关于王树亭与王三吉等租佃纠纷、王九臣与袁绍全等担保纠纷、罗登如与王炳荣等会银纠纷、雷黄氏等与雷淑端等家产纠纷四案的文书,包括民事诉状、点名单、呈文、璧山县政府训令、送达回证、传票、民事辩诉状、审理笔录、民事原诉状、民事执行状、报告、民事自诉状、民事反诉状、民事保状、巴县地方法院公函、民事判决书、和解状、民事堂谕代判书、民事上诉状等。

38. 璧山县政府审理经界纠纷等五案　12—3—69—72

1933年3月至1937年5月，璧山县政府关于龙长永等与邱玉顺间的经界纠纷、罗炳之因会项纠纷涉案被铜梁县政府传讯拒不到、柯愈生等与付罗氏等的婚姻纠葛、黄桂廷与邬森之间会项纠纷、董李氏与董义章间的家产纠纷五案的文书，包括民事诉状、司法印纸费存照、点名单、审理笔录、民事和解笔录、送达回证、璧山县政府签饬、民事续状、民事堂谕代判书、铜梁县政府咨文、传票、收条、民事辩诉状、民事保状、民事公证状、呈文、哀恳状、判决书、民事声请书、报告、民事执行状、民事控告状等。

39. 璧山县政府审理家产纠葛一案　12—3—73

1933年12月至1934年5月，璧山县政府关于丈夫罗湘浦诉其媳妇李罗氏骗取婆婆存款的家产纠葛一案的文书，包括民事诉状、司法印纸费存照、民事辩诉状、点名单、璧山县政府训令、审理笔录、账目单、呈文、传票、民事保状、送达回证、民事上诉状等。

40. 最高法院、四川高等法院第一分院、璧山实验地方法院审理领押交业纠纷及其上诉一案　12—3—74

1942年8月至1946年10月，最高法院、四川高等法院第一分院、璧山实验地方法院关于徐大维等与郑海清等终止租约领押交业纠纷及其上诉一案的文书，包括璧山实验地方法院书记室公函、民事上诉状、民事缴状、民事理由书、民事答辩状、民事委任状、言辞辩论笔录、宣示判决笔录、四川高等法院第一分院民事判决书、四川高等法院第一分院书记室公函、四川高等法院第一分院民事裁定书、最高法院书记室公函、送达证书、民事辩诉状、最高法院民事判决书、璧山实验地方法院民事判决书、审判笔录、民事宣判笔录、璧山实验地方法院民事裁定书等。

41. 巴县地方法院、璧山县政府审理抵押担保债务纠纷及其抗告一案　12—3—75

1934年12月至1936年3月，巴县地方法院、璧山县政府关于陈刘氏等与陈迹先等抵押担保债务纠纷及其抗告一案的文书，包括民事诉状、点名单、审理笔录、送达回证、巴县地方法院公函、璧山县政府公函、巴县地方法院民事裁定书、民事声请状、璧山县政府朱谕、璧山县政府咨文、全衔牌告、报告、璧山县征收局公函、璧山县政府牌告、民事辩诉状、记普利田园会序等。

42. 巴县地方法院、璧山县政府审理家产纠葛及其上诉一案　12—3—76

1933年1月至1936年4月，巴县地方法院、璧山县政府关于彭良光与彭良朝等祖遗田产的家产纠葛及其上诉一案的文书，包括民事诉状、传票、点名单、璧山县政府训令、呈文、报告、民事判决书、送达回证、签票、收条、民事公证状、民事参加状、民事保状、民事裁定书等。

43. 璧山县政府审理欠款债务纠纷一案　12—3—77

1933年5月至1936年5月，璧山县政府关于罗益安等与杨荣发间欠款债务纠纷一案的文书，包括呈文、哀恳状、民事执行状、民事诉状、璧山县政府咨文、点名单、具保状、诉愿书、送达回证、传票、璧山县政府公函、民事保状、巴县地方法院公函、收条、审理笔录等。

44. 四川高等法院第一分院、璧山县政府审理田业买卖纠纷及其上诉一案　12—3—77（2）

1933年12月至1935年11月，四川高等法院第一分院、璧山县政府关于白鸿兴与冯炳三等典当田业纠纷及其上诉一案的文书，包括民事诉状、司法印纸费存照、民事续诉状、呈文、点名单、审理笔录、璧山县征收局公函、民事上诉状、民事辩诉状、送达回证、民事缴状、四川高等法院第一分院训令、领条、民事抗告状、四川高等法院第一分院民事裁定书、巴县地方法院公函、璧山县政府公函、民事执行状、民事申请差押书、璧山县政府民事裁定书等。

45. 璧山县政府审理借款债务纠纷一案　12—3—78

1933年4月至1933年8月，璧山县政府关于谷静山与朱华清等借款债务纠纷一案的文书，包括民事诉状、民事声请状、司法印纸费存照、传票、点名单、审理笔录、报告、民事抗告状等。

46. 四川高等法院第一分院、巴县地方法院、璧山县政府审理租佃纠纷及其上诉案、坟山纠纷及其上诉案两案　12—3—79—80

1933年1月至1935年1月，四川高等法院第一分院、巴县地方法院、璧山县政府关于唐鉴臣与黄永湘等租佃纠纷及其上诉案、张树轩等与张少伯等坟山争执纠纷及其上诉案两案的文书，包括民事诉状、民事公禀状、点名单、审理笔录、民事辩诉状、民事申诉状、司法印纸费存照、报告、收条、传票、送达回证、呈文、民事保状、巴县地方法院公函、巴县地方法院民事裁定书、缮本、四川高等法院第一分院训令、民事执行状、刑事诉状、刑事辩诉状、刑事保状、巴县地方法院刑事附带民事堂谕代判书、契纸、争执地界图纸、刑事执行状、账单、证据物品书、四川高等法院第一分院指令等。

47. 四川高等法院第一分院、璧山县政府审理离婚纠纷上诉一案　12—3—81

1933年11月至1935年1月,四川高等法院第一分院、璧山县政府关于叶宗甫与叶林氏离婚纠纷上诉一案的文书,包括呈文、民事上诉状、司法印纸费存照、四川高等法院第一分院训令、四川高等法院第一分院裁定书、民事缴状、璧山县政府民事判决书、送达证书、传票回证、调查笔录、公开笔录、宣告判决笔录、四川高等法院第一分院民事判决书等。

48. 巴县地方法院、璧山县政府审理加佃妨害债权上诉案、借款债务纠纷两案　12—3—82

1933年4月至1936年8月,巴县地方法院、璧山县政府关于龙志霄与戴耀庭等因加佃妨害债权上诉案、伍银章与董庆丰等借款债务纠纷两案的文书,包括璧山县政府公函、民事诉状、民事保状、巴县地方法院公函、点名单、呈文、传票、璧山县政府朱谕、璧山县政府牌告、审理笔录、璧山县司法处布告、民事声明、缮本、传票回证、司法印纸费存照、民事辩诉状、送达回证、民事执行状、民事合息状、巴县地方法院民事调解书、借银文约、收据、四川高等法院第一分院训令等。

49. 璧山县政府审理会款债务纠葛一案　12—3—85—86

1933年11月至1934年10月,璧山县政府关于贺人弘与张绍轩等会款债务纠纷一案的文书,包括民事诉状、司法印纸费存照、呈文、报告书、璧山县政府咨文、点名单、审理笔录、收条、民事保状等。

50. 璧山县政府审理债务纠葛、会项纠纷等六案　12—3—85—86（2）

1933年4月至1937年2月,璧山县政府关于张绍轩等与贺人弘等债务纠葛、戴泽林等与刘海清等的会项纠纷、张炳成等与彭瑞清等的借款债务纠纷、贺金山等与张慧云间会款纠纷、张治良与罗清林等买卖债务纠纷、罗炳兴等与龙炳三间借款债务纠纷六案的文书,包括民事诉状、民事保状、点名单、审理笔录、传票、民事辩诉状、报告书、司法印纸费存照、璧山县政府饬签、公益会相关资料、送达回证、收条、民事执行状、民事申送状、民事声明状、巴县地方法院公函、民事抗告状等。

51. 璧山县政府审理会款纠纷、租佃纠纷等四案　12—3—87—90

1933年11月至1937年6月,璧山县政府关于陈国才与胡叶荣清等会款纠纷、车云发等与江罗氏等租佃纠纷、李金山与黄洁清等租佃纠纷、黄继修与万锡之等租佃纠纷四案的文书,包括民事诉状、民事保状、点名单、审理笔录、司法印纸费存照、民事辩诉状、送达回证、民事执行状、呈文、租佃合约、签票、民事续状、传票、民事堂谕代判书、民事答辩状、璧山县政府训令、收条、民事和解状等。

52. 四川高等法院第一分院、璧山县政府审理税卡纠纷、租佃纠纷两案　12—3—91—92

1932 年 9 月至 1934 年 8 月，四川高等法院第一分院、璧山县政府关于温斗山与张彬然等合伙承包马路税卡纠纷及其上诉案、周树林与董克明间租佃纠纷两案的文书，包括民事诉状、璧山县政府签票、点名单、审理笔录、璧山县政府公函、司法印纸费存照、民事保状、收条、税卡账目、收据、璧山县政府民事判决书、璧山县政府民事补充判决书、四川高等法院第一分院民事判决书、报告、送达回证等。

53. 璧山县政府审理借款债务纠纷、拍卖存查案两案　12—3—93

1933 年 10 月至 1937 年 10 月，璧山县政府关于田春山与龙登五等借款债务纠纷、龙沛长等拍卖遗产申请存查两案的文书，包括借据、民事诉状、司法印纸费存照、点名单、民事堂谕代判书、收条、呈文、送达回证、民事保状、签票、传票、审理笔录、公签、领状等。

54. 巴县地方法院、璧山县政府审理会项纠纷及其上诉一案　12—3—94

1933 年 1 月至 1937 年 11 月，巴县地方法院、璧山县政府关于张炎阳与杨茂林等会项纠纷及其上诉一案的文书，包括民事诉状、民事答辩状、司法印纸费存照、民事声明状，点名单、审理笔录、璧山县政府签票、民事辩诉状、民事保状、璧山县政府民事堂谕代判书、报呈、民事凭票、民事参加状、璧山县政府签饬、民事执行状、送达回证、传票、传票回证等。

55. 四川高等法院第一分院、巴县地方法院、璧山县政府审理债务纠纷、会项纠纷、坟地纠纷三案　12—3—95—97

1933 年 1 月至 1937 年 7 月，四川高等法院第一分院、巴县地方法院、璧山县政府关于朱华清等与谷静山等债务纠葛上诉案、张黄氏等与何裕兴等会项纠纷案、冯锡周与凌达沧坟地纠葛案三案的文书，包括呈文、璧山县政府公函、民事上诉状、司法印纸费存照、送达回证、缮本、借约、收约、账单、民事诉状、传票、点名单、审理笔录、民事续状、璧山县政府民事堂谕代判书、江津县政府咨文、民事声请书、四川高等法院第一分院训令、巴县地方法院公函、民事保状、巴县地方法院民事代判书等。

56. 最高法院、四川高等法院第一分院、璧山县政府审理佃银纠纷、典当纠纷等四案　12—3—98—99

1932 年 3 月至 1933 年 12 月，最高法院、四川高等法院第一分院、璧山县政府关于傅银合与刘炳臣等佃银纠纷案、刘敬之与萧金玉间的典当纠纷、江罗氏与江文章等的拍卖产业偿还债务上诉案、赵树林与赵炳章等的会项纠纷案四案的文书，包括民事诉状、司法印纸费存照、民事辩诉状、传票、点名单、审理笔录、巴县地方法院公函、指令、遗嘱、璧山县政府呈文、四川高等法院第一分院训令、民事保状、送达回证、四川高等法院第一分院公函等。

57. 巴县地方法院、璧山县政府审理家产纠葛、租佃纠纷五案　12－3－100

1933年6月至1934年7月，巴县地方法院、璧山县政府关于钟胡氏等与钟邬氏等的家产纠葛、张吴氏与陈合清等的租佃纠纷、何玉清与吴汝臣等的会项债务纠纷、周金山与周德臣间的租佃纠纷、刘春轩与程治清等借款债务纠纷五案的文书，包括巴县地方法院判决书、民事诉状、点名单、民事保状、璧山县政府朱谕、璧山县政府牌告、民事续愿状、审理笔录、民事声请状、璧山县政府签票、报告、传票存根、民事委任状、民事辩诉状等。

58. 四川高等法院第一分院、璧山县政府审理离婚存查等案　12－3－101

1933年4月至1933年12月，四川高等法院第一分院、璧山县政府关于陈冉氏等离婚存查、虞锡山等因正当嫁娶申请存查、龚治清等与向吉安等的通奸、刘吴氏等申请存查、刘余氏申请再嫁存查、罗益安等为预防不测申请存查、张义生房屋失火契约烧毁申请存查、黄平之因负债过重申请免除佃银存查、汪侯氏丈夫失踪家贫改嫁申请存查、张时可等申请和解撤诉、戴汉升为说明买卖经过避免重累申请存查、徐绥荣诬告等案的文书，包括民事存查状、司法印纸费存照、民事诉状、民事保状、璧山县政府训令、璧山县政府呈文、点名单、刑事诉状、刑事保状、民事领状、送达证书等。

59. 四川高等法院第一分院、璧山县政府审理买卖纠纷、借款债务纠纷等六案　12－3－102

1933年5月至1935年7月，四川高等法院第一分院、璧山县政府关于张秉轩等与陈耀廷间的买卖纠纷、黄海清等与张树清借款债务纠纷、白云卿等领取被窃赃物、陈瑞荣等因会款纠纷申请存查、况荣华等与周德成间的会项纠纷、杨汉光等与徐春山等请求返还礼物上诉案六案的文书，包括申请书、民事保状、审讯笔录、民事诉状、民事执行状、点名单、收条、审理笔录、四川高等法院第一分院训令、呈文、送达证书等。

60. 最高法院、四川高等法院第一分院、璧山县政府审理各类存查等十六案 12—3—103

1932年7月至1933年8月，最高法院、四川高等法院第一分院、璧山县政府关于张荣武等刑满释放申请存查、杨李氏等因房东提高房租申请存查、刘罗氏因丈夫失踪申请存查、胡炳文因妻子不守妇道带走业契申请存查、吴王氏因丈夫外出不归家贫改嫁申请存查、黄清隆因夫妻不合申请存查、张介臣申请破产存查、张王氏申请离异存查、任炳轩因儿子受人唆使离家申请存查、吴海涛因执照挂失申请存查、周世隆申请失物存查、简国海因失女申请存查、萧罗氏因夫死再嫁申请存查、曾张氏因丈夫亡故申请存查、萧金玉与刘敬之间的典当纠葛及其上诉案、连行义不服和解抗告案十六案的文书，包括民事存查状、民事诉状、民事答辩状、司法印纸费存照、公函、送达证书、训令等。

61. 四川高等法院第一分院、巴县地方法院、璧山县政府及璧山实验地方法院审理借款债务纠纷、婚姻纠纷等十五案 12—3—104

1932年8月至1946年5月，四川高等法院第一分院、巴县地方法院、璧山县政府及璧山实验地方法院关于刘继高与唐松乔间的借款债务纠纷及其上诉案、杨朱氏与杨光裕等的分产及抚育纠纷及其上诉案、刘铁樵请求返还黄谷纠纷案、彭万钟等人贸易欠款债务纠纷案、尹华文等人遗产分割纠纷案、杨金山等人婚姻纠葛案、彭海云盗窃案、刘子才等拐掣案、向和兴等伤害案、江叔元等杀人案、傅罗氏等重婚案、张吉荣等人田业债务纠纷案、雷汉成等人租佃纠纷案、张廖氏等人间的债务纠葛案、王治安申请破产案十五案的文书，包括璧山县政府民事判决书、巴县地方法院民事第二审判决书、四川高等法院第一分院民事判决书、璧山县政府民事堂谕代判书、璧山实验地方法院民事判决书、璧山地方法院民事判决书、璧山县政府刑事判决书、点名单、刑事处分书、民事诉状、呈文、报告等。

62. 四川高等法院第一分院、巴县地方法院、璧山县政府审理债务纠葛、房屋租赁纠纷等三案 12—3—105

1933年2月至1936年5月，四川高等法院第一分院、巴县地方法院、璧山县政府关于牟融光与刘泽钧等契约债务纠葛、王守正等与璧山汽车公司间房屋租赁纠纷上诉案、罗叙伦与李炳章等买卖债务纠纷及其上诉案三案的文书，包括民事诉状、民事辩诉状、点名单、审理笔录、璧山县政府民事堂谕代判书、传票、送达证书、申请书、民事保状、巴县地方法院民事代判书、收据、收条、璧山县政府训令、报告等。

63. 璧山县政府审理会银纠纷、声请破产、债务纠纷三案　12－3－106

1933 年 5 月至 1938 年 9 月，璧山县政府关于徐质彬等与吴述乡等会银纠纷、吴成均声请破产、陈耀廷与张秉轩间欠款债务纠纷三案的文书，包括民事诉状、民事辩诉状、审理笔录、民事执行状、民事请愿书、会账证据、债务表、契约收据、民事声请状、破产报告书、法院文稿、传票回证、民事判决书、民事保状、点名单、呈文、报告、民事裁定书、查封笔录、拍卖布告、牌告等。

64. 最高法院、四川高等法院第一分院、璧山县政府审理租佃债务纠纷、抵押纠纷、典当田业纠纷及其上诉三案　12－3－107

1932 年 11 月至 1935 年 12 月，最高法院、四川高等法院第一分院、璧山县政府关于胡辉光等与徐鸿恩等的租佃债务纠纷案、龙明廷等与龙平安等的抵押纠纷案、连张氏与张玉卿间的典当田业纠纷及其上诉案三案的文书，包括债务目录、民事诉状、判决书、民事和解书、司法印纸费存照、民事裁定书、点名单、民事声明、民事委任状、璧山县政府训令、牌告、朱谕、送达回证等。

65. 最高法院、四川高等法院第一分院、璧山县政府、璧山实验地方法院审理租佃纠纷、会银纠纷等十案　12－3－108

1931 年 7 月至 1943 年 9 月，最高法院、四川高等法院第一分院、璧山县政府、璧山实验地方法院关于廖左氏与徐金山等的租佃纠纷案、凌作舟与张凌氏等的会银纠纷案、江刘氏等因欠租犯伤害罪及其上诉案、何汉臣与王绍元等田地纠纷及其抗告案、郑树青等因家产被媳妇拐掣声请存查案、庞树柏等因被抢劫声请存查案、戴胡氏婚姻纠纷存查案、蒋庆云与景海泉等的侵害名誉案、王灵轩等与吴侯氏等的家产纠纷案、林胡氏申请再嫁存查案十案的文书，包括刑事诉状、刑事判决书、民事诉状、璧山实验地方法院呈文、意见书、四川高等法院第一分院民事裁定书、四川高等法院第一分院书记室公函、璧山实验地方法院公函、案件进行期间表、司法印纸费存照、最高法院裁定书、判决书、佃约、民事声请、借约账单、刑事保状、民事存查状、被抢所失格物清单、缉票、民事保状、教育科呈文等。

66. 璧山县政府及璧山实验地方法院审理会款纠葛、遗产争夺等八案　12－3－109

1933 年 3 月至 1945 年 3 月，璧山县政府及璧山实验地方法院关于张达等会款纠葛案、杜谭氏与杜璧光等的遗产争夺案、潘李氏诉潘海江等杀人案、黄汉乡盗窃抢劫案、胡吉周等业价纠纷案、夏炳荣等犯抢劫罪案、尹桂廷等与方炳文的会银纠纷上诉案、毛生群等与喻毛氏等请求买卖契约无效案八案的文书，包括刑事诉状、审理笔录、巴县地方法院公函、民事判决书、律师函、呈文、传票、四川高等法院第一分院训令、璧山县政府呈文、四川高等法院第一分院检察处训令、报告、受传唤人或通知人名单、民事宣判笔录、民事裁定书、民事诉状等。

67. 璧山县政府审理追赔损失一案　12－3－110

1932年7月至1933年5月，璧山县政府关于黄和谦等与萧树藩等因毁损慈善会财物要求赔偿一案的文书，包括呈文、刑事诉状、物品损失清单、巴县县政府公函、璧山县政府公函、国民革命军第二十一军司令部训令、璧山县政府训令、璧山县政府通知书、供词、审讯笔录、送达回证、点名单、审理笔录、讯单、刑事提状、收据、传票等。

68. 四川高等法院第一分院、璧山县政府审理租佃纠纷及其上诉一案　12－3－111

1934年9月至1935年7月，四川高等法院第一分院、璧山县政府关于叶玉廷等与熊承宗等租佃纠纷及其上诉一案的文书，包括司法印纸费存照、民事诉状、刑事诉状、刑事保状、关票、训令、传票、报告、公签、璧山县政府呈文、璧山县政府咨文、往来公函、送达回证、点名单、审理笔录、璧山县政府民事堂谕代判书、民事声请等。

69. 四川高等法院第一分院、巴县地方法院、璧山县政府审理会款纠纷等六案　12－3－112－114

1933年1月至1933年4月，四川高等法院第一分院、巴县地方法院、璧山县政府关于罗世臣强盗案、廖陈氏与邓永朝等会款纠纷案、郭炳全婚姻纠纷存查案、邓云程与邓九皋间佃银纠纷案、姜蕙仙借款债务纠纷存查案、何俊聪与何范乡间的会项纠纷及其上诉案六案的文书，包括民事诉状、收所证、点名单、审理记录、民事保状、民事原诉状、民事上诉状、司法印纸费存照、璧山县政府民事堂谕代判书、缮本、传票、往来公函等。

70. 璧山县政府审理声请存查、债务纠纷等案　12－3－115

1933年1月至1935年10月，璧山县政府关于曾海林等人借款债务纠纷存查案、江流藻因债过重无法变产归还存查案、唐用达等为声明抵借转移佃权声请存查案、曾培元与汪梁氏等的卖产偿债纠纷案、何树动等卖女求荣存查案、杨罗氏因夫失踪申请再嫁存查案、杨龚氏婚姻纠纷存查案、石刘氏等因丈夫去世申请再嫁存查案、张向氏等变卖遗产接济燃眉存查案、江汉清买卖田业存查案、沈少康会务纠纷存查案、王陈氏因贫困申请救助存查案、谭王氏等与谭炳云等分家析产纠纷案、李承宪等人口拐带案、郑贤明等解除婚约存查案、朱国林票据被窃声请存查案、陈良生失券声请存查案、甘氏夫妇收养外姓之子存查案、夏竹钧代行职务声请存查案、陈炳轩等会项纠纷存查案、靳胡氏声请再嫁存查案、何贡廷声请招佃存查案、王月枢等违约拖欠声请存查案、吴叶氏婚姻纠纷存查案、张余氏因丈夫去世申请改嫁存查案、张绍林等租佃成立申请存查案、王官兴发请求发还契纸案、吴治清与周申之等租佃纠纷案、吴云清等与周树安等婚姻纠葛案等案的文书，包括民事诉状、司法印纸费存照、账单、点名单、训令、关票、收条、呈文、璧山县政府咨文、报告、民事保状、民事领状等。

71. 四川高等法院第一分院、巴县地方法院、璧山县政府及璧山实验地方法院审理租佃纠纷等九案　12－3－116

1932 年 11 月至 1943 年 7 月，四川高等法院第一分院、巴县地方法院、璧山县政府及璧山实验地方法院关于段朝海与胡师化间的租佃纠纷案、李炳臣因被违法羁押声请停止羁押案、贺海洲等杀人罪案、邱玉顺与龙汉中等的田业纠纷上诉案、吕芳林与李治臣间的借款债务纠纷案、唐吉山等与黄勇湘等的抵押担保纠纷案、陈昆山与雷尉太等的欠款债务纠葛案、向素卿与雷在善等的返还洋碱纠纷及其上诉案、贺人弘等与罗明光间的商业诈骗案九案的文书，包括呈文、民事诉状、司法印纸费存照、民事参加状、刑事声请书、通缉书、刑事保状、判决书、刑事诉状、民事申请书、收所证、送达证书、公函、训令、点名单、审理笔录、送达回证、民事执行状、报告、缮本等。

72. 四川高等法院第一分院、璧山县政府审理会项纠纷上诉案、抵押田地纠纷两案　12－3－117

1922 年 12 月至 1935 年 12 月，四川高等法院第一分院、璧山县政府关于徐现龙等与邓高轩间会项纠纷上诉案、黄金盏等诉胡济氏承佃普利田园会庄首名下抵押田地发生纠纷两案的文书，包括民事诉状、四川高等法院第一分院训令、四川高等法院第一分院指令、璧山县政府公函等。

民事四

1. 璧山县政府审理家产纠纷一案　12—4—1—3（1）

1928年7月至1937年6月，璧山县政府关于伍江氏等与伍董氏等家产纠纷一案的文书，包括民事诉状、民事展限状、训令、传票、点名单、审理笔录、账册、民事辩诉状、民事声请状、民事反诉状、往来公函、报告、民事保状、民事声明状等。

2. 四川高等法院第一分院、巴县地方法院、璧山县政府审理家产纠纷及其上诉案等三案　12—4—1—3（2）

1934年10月至1936年1月，四川高等法院第一分院、巴县地方法院、璧山县政府关于伍回澜等与伍茂廷等经理家产纠纷及其上诉案、徐文星等与王炳兴等会款纠纷及其上诉案、杨鲁山与冉培之间的借款债务担保纠纷及其上诉案三案的文书，包括民事诉状、训令、诉愿书、公函、民事代诉状、民事申请状、审理笔录、借据、信件、民事答辩状、点名单、民事保状、民事判决书、民事上诉状、缮本、呈文、民事裁定书等。

3. 巴县地方法院、璧山县政府审理租佃纠纷、借款及会项纠纷等三案　12—4—4—9（1）

1935年10月至1937年7月，巴县地方法院、璧山县政府关于刘汉清与曹治轩间的租佃纠纷案、罗应堂与金万氏等间的借款及会项纠纷案、张王氏与杨秀山间等会款纠纷及其上诉案三案的文书，包括民事诉状、审理笔录、送达回证、传票、训令、民事判决书、签票、公函、呈文、点名单、诉愿书、民事缴状、民事执行状、民事裁定书、民事保状等。

4. 重庆地方法院、巴县地方法院、璧山县政府审理买卖纠纷、会项纠纷等四案　12—4—4—9（2）

1935年9月至1938年6月，重庆地方法院、巴县地方法院、璧山县政府关于李谷氏等与严鑫荣等人间的买卖纠纷案、张王氏与杨秀山等人间的会项纠纷上诉案、团委会与冯子辉间的粮税纠纷案、罗应堂与娄邦庆等间的会项纠纷案四案的文书，包括点名单、民事查封状、全衔朱谕、报告、拍卖布告、民事诉状、民事保状、审理笔录、送达回证、民事裁定书、民事判决书、传票、租佃房屋土地文约、训令、公函、呈文、民事辩诉状、诉愿书、民事声明书等。

5. 巴县地方法院、璧山县政府审理会款纠纷及其上诉案等四案　12—4—10—13

1935年2月至1936年3月，巴县地方法院、璧山县政府关于朱泽霖与黄西林等间的会款纠纷及其上诉案、刘渭南等与罗廷芝等间的租佃纠纷及其上诉案、谭杨氏与杨洪安等间的借款债务纠纷案、彭银山与彭金廷间的借款债务纠纷案四案的文书，包括民事诉状、民事裁定书、民事执行状、审理笔录、送达回证、传票、宣告判决笔录、民事辩诉状、民事保状、民事判决书、公函、借据、牌告、报告、刑事自诉状、刑事领状等。

6. 四川高等法院第一分院、重庆地方法院、璧山县政府审理买卖田业纠纷上诉案、会款纠纷及其上诉案两案　12—4—14—15

1935年11月至1937年8月，四川高等法院第一分院、重庆地方法院、璧山县政府关于黄德昌与黄清元等间的买卖田业纠纷上诉案、邬锐分与陈少闻间的会款纠纷及其上诉案两案的文书，包括民事诉状、民事保状、民事声明状、审理笔录、送达回证、传票、训令、民事证明状、牌告、民事申请执行状、公函、点名单、报告、民事执行状、民事添传状、民事申卷、呈文、民事公证状、保结、民事声请书、民事反诉状、民事判决书等。

7. 最高法院、四川高等法院第一分院、璧山县政府审理典当纠纷及其上诉案、离婚纠纷上诉案两案　12—4—16—24（1）

1933年9月至1935年12月，最高法院、四川高等法院第一分院、璧山县政府关于刘敬之与萧全玉间的典当纠纷及其上诉案、叶宗甫与叶林氏间的离婚纠纷上诉案两案的文书，包括民事诉状、民事保状、民事委任状、审理笔录、送达回证、传票、公函、训令、民事判决书、审讯笔录、呈文、调查笔录、民事上诉状、点名单、民事裁定书等。

8. 四川高等法院第一分院、巴县地方法院、璧山县政府审理离婚纠纷、借款债务纠纷等六案　12—4—16—24（2）

1935年11月至1936年12月，四川高等法院第一分院、巴县地方法院、璧山县政府关于叶宗甫与叶林氏间离婚纠纷上诉案、罗金廷与杨银山间借款的债务纠纷案、严海明等与尹仲全等间的挖掘坟墓纠纷案、甘刘氏与周荣清的租佃纠纷案、王伯告与黄绍基间的会项纠纷案、雷仲镕与谭合清间的货款债务纠纷案六案的文书，包括民事诉状、民事保状、审理笔录、送达回证、传票、训令、牌示、民事判决书、宣判笔录、指令、公函、民事理由书、点名单、司法印纸费存照、民事声请书、报告等。

9. 璧山县政府、巴县地方法院审理借款债务纠纷及其上诉案等四案　12—4—25—26

1935年1月至1936年9月，璧山县政府、巴县地方法院关于谢增辉与谢振华间的借款债务纠纷及其上诉案、王微心与陈治宽等间的会项纠纷及其抗告案、邓汉卿与邓煜林间的借款债务纠纷案、万海全与许敬修等间的货款债务纠纷案四案的文书，包括民事诉状、民事保状、民事声明状、审理笔录、民事申请状、民事上诉状、巴县地方法院公函、民事声请执行状、璧山县政府公函、报告、送达回证、司法印纸费存照、点名单、民事辩诉状、民事领状、民间和解书、传票、公函、抗告理由书等。

10. 四川高等法院第一分院、璧山县政府审理会务纠葛抗告案、债务纠葛上诉案等九案　12—4—27—31

1934年12月至1937年2月，四川高等法院第一分院、璧山县政府关于张陈氏等会务纠葛抗告案、王树亭等买卖田业引起的债务纠葛上诉案、伍江氏等会项纠葛申请租谷假扣押案、黄西林等因抵押纠纷请求返还押金案、章志永等因放贷纠葛请求清偿债务案、尹连山等返还会款案、蒋光耀等请求偿还借银案、蔡生之等因租佃纠葛请求领押交业、龚炳轩等请求返还借洋案九案的文书，包括公函、民事抗告状、抗告意见书、训令、四川高等法院第一分院民事裁定书、民事上诉状、收据、民事诉状、报告、审理笔录、民事申请状、民事答辩状、民事理由状、全衔朱谕、民事催状、民事自诉状、民事保状、民事执行状、民事领状、借约等。

11. 璧山县政府审理盗窃赔偿纠葛、通奸等四案　12—4—32

1934年5月至1937年5月，璧山县政府关于吴治云等盗窃赔偿纠葛、伍炳清等因长媳通奸提起刑事诉讼、龚焕成等因债务纠葛请求扣押新谷、杨李氏因家道零落请求再嫁存查四案的文书，包括刑事保状、刑事诉状、审理笔录、收据、刑事辩诉状、刑事续状、民事存查状等。

12. 巴县地方法院、璧山县司法处审理财产假扣押、返还田业两案　12—4—33

1935年9月至1938年9月，巴县地方法院、璧山县司法处关于李仲祥等因债务纠葛请求财产假扣押、李永桂等因分约纠葛请求返还田业两案的文书，包括公函、民事诉状、巴县地方法院民事判决书、民事执行状、朱谕、牌告、报告、民事委任状、民事辩诉状、民事委状、执行命令、训令、查封笔录、拍卖布告、民事申请状、民事拍卖状、民事续呈状等。

13. 四川高等法院第一分院、璧山县政府审理偿还借款及其上诉案、红契纠葛及其上诉案两案　12—4—34—35

1934年5月至1937年11月，四川高等法院第一分院、璧山县政府关于徐万发等偿还借款及其上诉案、何绍卿等由债务引起的红契纠葛及其上诉案两案的文书，包括民事诉状、民事委状、借约、训令、审理笔录、报告、民事保状、契约、民事再审状、民事上诉状、意见书、民事申请状、债额数目、公函、民事公证状、朱谕、指令、民事抗告状、民事展限状、民事辩诉状、民事声明状、民事续呈状、民事自诉状、签饬、账单等。

14. 璧山县司法处审理清偿买卖布匹债务一案　12—4—36—38

1935年3月至1938年7月，璧山县司法处关于张九兆等申请清偿买卖布匹债务一案的文书，包括民事诉状、账单、审理笔录、民事保状、公函、签呈、报告、朱谕、民事委任状、民事反诉状、全衔咨文、口供单、民事判决书等。

15. 四川高等法院第一分院、璧山县政府审理偿还借银纠葛上诉案、返还借款及其上诉案两案　12—4—39

1935年5月至1936年7月，四川高等法院第一分院、璧山县政府关于钱雅修等借银纠葛上诉案、王复盛等请求返还借款及其上诉案两案的文书，包括民事上诉状、公函、训令、四川高等法院第一分院民事裁定书、审理笔录、报告、民事理由状、调查笔录、宣告判决笔录、民事辩诉状、申请查封状、朱谕、民事声明状、账单、牌告、民事展限状、民事答辩状、民事保状、公开辩论笔录等。

16. 四川高等法院第一分院、巴县地方法院等审理返还会款及其上诉一案　12—4—40

1935年1月至1936年11月，四川高等法院第一分院、巴县地方法院等关于李海林等请求返还会款及其上诉一案的文书，包括民事诉状、审理笔录、偿还数目单、会簿、契约、公函、民事执行状、民事抗告状、报告、巴县地方法院民事裁定书、民事缴状、民事上诉状等。

17. 四川高等法院第一分院、璧山县政府审理返还会款及其上诉案、偿还债务两案　12—4—41

1935年11月至1939年1月，四川高等法院第一分院、璧山县政府关于李海林等请求返还会款及其上诉案、甘徐氏等因买卖田业纠葛请求偿还债务两案的文书，包括公函、抗告意见书、民事申请状、朱谕、民事领状、查封笔录、牌告、布告、民事认买状、民事缴状、清界笔录、民事执行状、账单、算账笔录、民事理由状、民事诉状、契约、审理笔录、璧山县政府民事判决书等。

18. 四川高等法院第一分院、璧山县政府审理返还会款等三案　12－4－42

1934年11月至1936年11月，四川高等法院第一分院、璧山县政府关于李海林等请求返还会款、蔡徐氏等由债务引起的田业抵押纠葛、杨东山等因租佃纠葛请求返还押银三案的文书，包括审理笔录、民事辩诉状、民事保状、民事申请状、民事执行状、契约、民事委任状、训令、报告、民事公证状等。

19. 璧山县政府审理偿还会债等七案　12－4－43

1935年5月至1936年4月，璧山县政府关于何文清等请求偿还会债、荣元兴等请求偿还会款、萧张氏等请求偿还借款、舒星五请求破产偿债、曾兴之等请求返还会款、周汉臣等因租佃纠葛请求返还押金、钟平安请求破产还债七案的文书，包括民事诉状、审理笔录、民事辩诉状、报告、民事声明状、民事保状、民事自诉状、民事答辩状、债约、民事和解状、押账单、公函、契约等。

20. 四川高等法院第一分院、璧山县政府审理返还会款等六案　12－4－44－55

1935年1月至1936年12月，四川高等法院第一分院、璧山县政府关于张银安等请求返还会款案、马荣山等请求偿还公益会会款案、唐海江等因借债担保纠葛请求赔偿损害案、李祝三等请求偿还买卖布匹的货款案、谭汝舟等请求偿还借款案、吴罗氏等会款纠葛及其上诉案六案的文书，包括民事诉状、账单、民事保状、收据、公函、契约、咨文、报告、璧山县政府关牌、审理笔录、训令、民事辩诉状、民事上诉状、尝思会会簿、欠条等。

21. 四川高等法院第一分院、璧山县政府等审理领押交业等三案　12－4－56－58

1934年12月至1936年11月，四川高等法院第一分院、璧山县政府等关于周维荣等因租佃纠葛请求领押交业案、张陈氏等因租佃纠葛请求搬迁交业及其上诉案、严敦五等借款纠纷上诉案三案的文书，包括民事诉状、民事辩诉状、审理笔录、民事申请状、民事执行状、民事保状、报告、契约、公函、巴县地方法院民事裁定书、民事自诉状、训令、关票、民事上诉状、民事声明状、调查笔录、结文、民事催呈状、民事公证状、公开辩论笔录、四川高等法院第一分院民事判决书等。

22. 巴县地方法院、璧山县政府审理搬迁等十二案　12－4－59－65

1935年1月至1937年9月，巴县地方法院、璧山县政府关于搬迁、分割家产、偿还借款、会款纠葛、因租佃纠葛请求终止租约上诉案、生活费纠葛上诉案、会款纠葛上诉案、会洋纠纷、偿还借银纠葛、租佃引起的领押交业纠葛、偿还会款、因租佃纠纷请求禁止抢割稻谷十二案的文书，包括民事诉状、审理笔录、璧山县政府民事判决书、民事保状、训令、民事存查状、借约、会账、民事展限状、民事辩诉状、刑事诉状、四川高等法院第一分院民事裁定书、签饬、民事缴状、民事领状、报告、民事再审状、民事委任状、公函等。

23. 四川高等法院第一分院、璧山县政府审理搬迁交租等七案　12－4－66－70

1935年1月至1936年6月，四川高等法院第一分院、璧山县政府关于温辑五等因租佃纠纷请求搬迁交租、吴茂森等请求返还会款、林恕五等因会项纠葛请求返还会款、罗荣甫等请求返还会款执行、林显生等买卖食谷纠葛请求偿还债务、汪恒太等租佃纠葛请求返还抢割稻谷、邹鸿章等请求偿还借银七案的文书，包括民事诉状、民事辩诉状、民事保状、审理笔录、民事判决书、公函、牌告、契约、账单、民事反诉状、民事续状、训令、报告、刑事诉状、查理姓名单、供词、刑事公证状、刑事辩诉状、债权人姓名数目单等。

24. 四川高等法院第一分院、璧山县政府审理分割继承地产上诉案等六案　12－4－71－76

1935年2月至1937年4月，四川高等法院第一分院、璧山县政府关于徐明文等请求分割继承地产上诉案、徐湘澄请求破产偿债案、伍冯氏等因通奸生子纠葛请求赔偿损害及其上诉案、汪克明等请求返还会款案、刘徐氏等因买卖田业纠葛请求返还业价案、冯子林等因债务纠葛请求回赎田业上诉案六案的文书，包括民事上诉状、训令、公函、民事和解状、和解文约、收据、契约、民事申请状、民事辩诉状、民事续状、民事保状、民事执行状、报告、民事撤回状、民事调解状、抗告意见书、民事抗告状、意见书、审理笔录等。

25. 四川高等法院第一分院、璧山县政府审理返还会款抗告案等三案　12－4－77－81

1934年4月至1939年1月，四川高等法院第一分院、璧山县政府关于周席珍等返还会款抗告案、温斗山等因伙包税卡求偿垫款及押金纠葛案、张季华等因租佃纠葛请求给付租谷及其上诉案三案的文书，包括民事再审状、训令、公函、四川高等法院第一分院民事裁定书、民事抗告状、意见书、命令、民事上诉状、抗告意见书、民事再抗告状、民事诉状、民事救助状、民事保状、民事答辩状、四川高等法院第一分院民事判决书、契约等。

26. 璧山县政府审理返还会款等六案　12—4—82—87

1935年1月至1937年5月，璧山县政府关于陈昆山等请求返还会款、邹鸿章等请求偿还借洋、邹尹民等请求返还借款、朱海波等租佃纠葛请求押银、周生之等因租佃纠葛请求给付押银、胡何氏等租佃纠葛请求给付租谷六案的文书，包括民事诉状、民事辩诉状、审理笔录、报告、契约、训令、民事补诉状、民事保状、璧山县政府兼理司法处民事判决书、账单、收据、借据、璧山县政府民事判决书、民事执行状等。

27. 巴县地方法院、璧山县政府审理借款纠纷一案　12—4—88

1935年1月至1936年3月，巴县地方法院、璧山县政府关于尹光源请求偿还借款一案的文书，包括往来公函、民事诉状、民事声明状、民事判决书、账单等。

28. 四川高等法院第一分院、璧山县政府审理返还会款上诉一案　12—4—89

1934年1月至1935年10月，四川高等法院第一分院、璧山县政府关于周孝达等请求返还会款上诉一案的文书，包括民事判决书、璧山县政府民事堂谕代判书、民事上诉状、公函、训令、报告等。

29. 璧山县政府审理偿还会款、偿还垫款两案　12—4—90

1935年1月至1935年11月，璧山县政府关于周钟氏等请求偿还会款、王汉臣等请求偿还垫款两案的文书，包括民事诉状、审理笔录、民事保状、民事判决书、民事辩诉状、证明书、公益会账目一览表、公益会历年一览表、民事声明状、民事抗告状、刑事诉状等。

30. 四川高等法院第一分院、璧山县政府审理偿还借款、债务执行上诉两案　12—4—91

1932年3月至1937年12月，四川高等法院第一分院、璧山县政府关于周恒丰等请求偿还借款案、徐万发等债务执行上诉案两案的文书，包括公函、训令、民事诉状、民事展限状、言辞辩论笔录、借约、凭票等。

该卷另附璧山县政府民事堂谕代判书、巴县地方法院民事判决书、巴县地方法院民事裁定书、璧山县政府民事判决书、最高法院民事裁定书、四川高等法院第一分院民事裁定书，内容包括会银、合伙贸易、租佃、债务等。

31. 璧山县司法档案民事判决书卷　12—4—92

1933年2月至1939年2月，璧山县司法档案民事判决书卷，主要有四川高等法院第一分院民事裁定书、最高法院民事裁定书、最高法院民事判决书、璧山县司法处民事判决书、四川高等法院第一分院民事判决书、璧山县政府民事判决书、巴县地方法院民事裁定书、巴县地方法院民事判决书，内容涉及债务、会款、抵押、食宿费、租佃、买卖田业、婚约、继承、离婚、合伙贸易等。

32. 四川高等法院第一分院、璧山县政府审理租佃纠纷一案　12－4－93

1929年2月至1935年6月，四川高等法院第一分院、璧山县政府关于萧尚林等因租佃纠葛申请给付借款及租谷一案的文书，包括民事申请状、签呈、审理笔录、通知书、诊断书、四川省第五区立法委员选举票等。

33. 四川高等法院第一分院、璧山县政府审理搬迁交房案、赔偿损害上诉案两案　12－4－94

1934年10月至1945年9月，四川高等法院第一分院、璧山县政府关于姜生荣等因租佃纠葛请求搬迁交房案、杨炳光等合伙贸易纠葛请求赔偿损害上诉案两案的文书，包括民事诉状、签呈、报告、民事执行状、公函、训令、民事委任状、公开笔录、民事上诉状等。

该卷另附四川高等法院第一分院民事判决书、四川高等法院民事裁定书、璧山实验地方法院执行命令、璧山实验地方法院民事和解笔录、口供单、1919年公益会结算单、公益会1919年起历年一览表、结文，内容涉及债务、租佃、会款等。

34. 四川高等法院第一分院、璧山县政府审理追还会款等三案　12－4－95

1929年1月至1944年12月，四川高等法院第一分院、璧山县政府关于钱雅修等申请追还会款、林恕五等因租佃纠葛请求搬迁交业、王汉臣等请求卷款出逃存查三案的文书，包括民事诉状、民事展限状、伙簿、账项花单、民事辩诉状、民事答辩状、民事声明状、结状、审理笔录、民事缴状、民事保状、律师通知书、民事公证状、民事自诉状、诉愿书等。

该卷另附登记通知书、收据、巴县地方法院民事裁定书，内容涉及产业所有权、债务等。

35. 四川高等法院第一分院、璧山县政府、巴县地方法院审理租谷假扣押及其上诉案等三案　12－4－96－100

1935年10月至1939年10月，四川高等法院第一分院、璧山县政府、巴县地方法院关于白鸿兴等因租佃纠葛请求租谷假扣押及其上诉案、邬文芳等因买卖庙产纠葛请求偿还债务案、张席珍请求给付生活费上诉案三案的文书，包括公函、巴县地方法院民事第二审判决书、巴县地方法院民事判决书、巴县地方法院民事裁定书、民事诉状、民事答辩状、审理笔录、璧山县政府兼理司法处民事判决书、民事执行状、民事申请状、牌告、训令、民事催呈状、收据、契约等。

该卷另附最高法院民事判决书、璧山县政府民事判决书、巴县地方法院民事判决书、璧山县政府民事裁定书，内容涉及私造文书、抵押、地界、债务等。

36. 四川高等法院第一分院、璧山县政府审理布匹买卖债务纠纷等四案　12－4－101－102（1）

1933年11月至1935年8月，四川高等法院第一分院、璧山县政府关于李仲祥等布匹买卖债务纠纷案、蔡简雍等借款纠纷上诉案、王聘之等请求返还借洋案、况荣华等请求返还会款案四案的文书，包括民事诉状、审理笔录、民事辩诉状、民事保状、训令、民事自诉状、民事委任状、民事抗告状、公函、璧山县政府民事判决书、契约、四川高等法院第一分院民事裁定书、民事上诉状、收据、民事续状、报告等。

37. 四川高等法院第一分院、璧山县政府审理查封产业偿债、偿还会款上诉案两案　12－4－101－102（2）

1934年3月至1935年11月，四川高等法院第一分院、璧山县政府关于周德成等请求查封产业偿债案、郭敬兴等请求偿还会款上诉案两案的文书，包括民事事保状、民事诉状、审理笔录、刑事诉状、牌告、报告、契约、收据、民事判决书、诉愿书、民事上诉状等。

38. 四川高等法院第一分院、璧山县政府审理违抗路政等四案　12－4－103－106（1）

1935年10月至1936年5月，四川高等法院第一分院、璧山县政府关于周光宗等违抗缴纳摊派的修路员工食米、张强林因童养媳被拐请求赔偿损害、温辑五等请求偿还会款、荣鸿泰等请求返还会款四案的文书，包括饬令查璧山镇第八保组长王永福等是否抗命的公函、璧山县第一区区署九月份工作概况、指令、训令、民事申请函、饬派两万名民工彻底速修公路公函、璧山县各镇（乡）应缴民工摊派表、民事诉状、契约、民事保状、失物单、民事辩诉状、欠债姓名数目单、审理笔录、民事裁定书、报告等。

39. 四川高等法院第一分院、璧山县政府审理偿还借贷款项等三案　12－4－103－106（2）

1936年1月至1937年2月，四川高等法院第一分院、璧山县政府关于杨万春等请求偿还借贷款项案、温辑五等因会项纠葛请求增加典价案、白义之等因会借抵押纠葛请求返还押产上诉案三案的文书，包括民事辩诉状、公函、报告、牌告、民事自诉状、账单、民事保状、签呈、民事诉状、会项往来数目单、签票、签饬、朱谕、民事执行状、审理笔录、领状、收据、民事抗告状等。

40. 璧山县政府审理返还会款、赔偿损害两案　12—4—107—109

1935年10月至1937年2月，璧山县政府关于郑铨盛等请求返还会款、胡树煊等因债务纠葛请求赔偿损害两案的文书，包括民事诉状、民事保状、诉愿书、账单、报告、收据、公函、契约、民事辩诉状、审理笔录、民事执行状、民事公证状等。

41. 四川高等法院第一分院、璧山县政府审理赔偿损害、偿还借银两案　12—4—107—109（2）

1935年1月至1936年10月，四川高等法院第一分院、璧山县政府关于胡树煊等因债务纠葛请求赔偿损害案、张吴氏等请求偿还借银及其上诉案两案的文书，包括民事诉状、报告、民事自诉状、民事保状、审理笔录、公函、签饬、借约、民事上诉状等。

42. 巴县地方法院、璧山县政府等审理返还会款等四案　12—4—110—113

1935年1月至1937年4月，巴县地方法院、璧山县政府等关于吴禄齐等申请返还会款案、徐增锎等请求分割遗产及其上诉案、毛佑之等因租借采石场纠葛请求给付租金案、徐均安等请求返还会款案四案的文书，包括民事诉状、民事辩诉状、审理笔录、民事续状、民事缴状、巴县地方法院民事裁定书、公函、契约、报告、重庆地方法院民事裁定书、训令、巴县地方法院民事判决书、民事执行状、民事息状、民事保状、借据等。

43. 巴县地方法院、璧山县政府审理偿还债务等七案　12—4—114—119

1935年5月至1936年8月，巴县地方法院、璧山县政府关于李杨氏等请求偿还债务案、李庶绩等买卖田业纠葛请求偿还债务案、陈耀廷等因租佃纠葛请求给付租谷案、徐昌永等申请析分家产案、徐正修等因租佃纠葛请求赔偿租谷损失及其上诉案、舒海全等请求偿还借银案、罗鸿江等申请偿还借款案七案的文书，包括公函、民事诉状、巴县地方法院民事裁定书、民事申请状、民事保状、契约、民事辩诉状、民事和解状、民事自诉状、债权人名单、借账清单、报告、审理笔录、民事执行状、璧山县政府民事判决书、借约等。

44. 巴县地方法院、璧山县政府审理赔偿损害上诉案等三案　12—4—120—122

1935年11月至1937年3月，巴县地方法院、璧山县政府关于龙绍修等因砍树纠葛请求赔偿损害上诉案、邱玉顺等地界纠葛案、朱泽霖等因租佃纠葛请求给付租谷案三案的文书，包括公函、巴县地方法院民事判决书、民事续状、民事诉状、诉讼费用单、民事停止执行状、民事执行状、周炳山等请求偿还会款、报告、审理笔录、签饬、璧山县政府民事判决书、民事诉愿状、巴县地方法院民事裁定书、执行损害单、签票、民事存查状、民事辩诉状等。

45. 四川高等法院第一分院、璧山县政府审理债务纠纷等五案　12—4—123—128

1935年1月至1936年5月，四川高等法院第一分院、璧山县政府关于凌汉清等羊皮买卖债务纠纷案、牟海林等因租佃纠葛请求给付租谷案、王树廷等搬迁交业抗告案、陈芳若等返还会款上诉案、汪罗氏等因继承纠纷请求析分家产及其上诉案五案的文书，包括民事诉状、审理笔录、刑事保状、公函、民事抗告状、训令、执达员试题、报告、指令、通知书、四川高等法院第一分院民事裁定书、民事委任状、申请书、民事展限状、调查笔录、民事辩诉状、民事公证状、公开笔录、所有财产单、宣告判决笔录、民事缴状、民事上诉状等。

46. 四川高等法院第一分院、璧山县政府审理脱离婚姻关系存查等三案　12—4—129—131

1935年4月至1936年4月，四川高等法院第一分院、璧山县政府关于徐明文请求与徐季氏脱离婚姻关系存查案、邱际隆等请求偿还借款案、王维五等因借银纠纷请求拍卖产业抵债及其上诉案三案的文书，包括民事存查状、民事申请状、民事自诉状、审理笔录、民事声明状、璧山县政府民事判决书、训令、公函、收条、牌告、民事呈状、债权人名单、报告、民事执行状、民事辩诉状、民事保状、民事上诉状、李坤世系图及其说明等。

47. 四川高等法院第一分院、璧山县政府审理拍卖产业偿债等五案　12—4—132—137（1）

1934年12月至1937年2月，四川高等法院第一分院、璧山县政府关于杨洪安等请求拍卖产业偿债、吴辅仁等申请偿还借款、赵怀清因被赵吉安擅自拘捕、陈溢中等申请偿还借银、张席珍等因租佃纠葛请求赔偿损害五案的文书，包括民事自诉状、账单、民事保状、报告、抄录存据、璧山县政府民事判决书、公函、产业价值单、借约、训令、指令、刑事诉状、刑事辩诉状、失物单、民事执行状、民事续状、诉讼费用单等。

该卷另附巴县地方法院关于会务纠葛案、垫款纠葛案的民事判决书；四川高等法院第一分院关于债务执行纠葛案、继承纠葛上诉案、确认优先承卖权案、确认契约案的民事裁定书；璧山县政府关于债务纠葛案、教唆杀人案、会款纠葛案、继承纠葛案、离婚案的判决书；司法行政部关于取得开采铜矿权力手续的训令；等等。

48. 四川高等法院第一分院、璧山县政府审理赔偿损害上诉案等六案　12—4—132—137（2）

1934年12月至1937年1月，四川高等法院第一分院、璧山县政府关于周恒泰等因租佃纠葛要求赔偿损害上诉案、朱张氏因朱泽霖浪费无度申请家产存查案、何宪章等请求偿还会款案、张荣卿等要求返还会款案、罗利辉等因租佃街房纠葛请求偿还债务案、王炳兴等申请返还借款案六案的文书，包括审理笔录、民事上诉状、民事申请存查状、遗嘱、账单、刑事诉状、民事答辩状、报告、诉愿书、民事公证状、收据、膳款单、来往会洋清单、契约、民事执行状、领状等。

49. 巴县地方法院、璧山县政府审理偿还货款抗告案等案　12—4—138—143（1）

1932年5月至1936年9月，巴县地方法院、璧山县政府关于李清明等因买卖纱布纠葛请求偿还货款的抗告案、借洋纠纷案、拐骗妇女纠葛案、会项纠葛及其上诉案等案的文书，包括公函、民事抗告状、抗告理由书、民事执行状、报告、民事诉状、欠条、审理笔录、民事保状、民事展限状、训令、刑事诉状、民事辩诉状、五福会会簿、评判书等。

50. 巴县地方法院、璧山县政府审理会项纠葛及其上诉案等四案　12—4—138—143（2）

1935年7月至1936年5月，巴县地方法院、璧山县政府关于会项纠葛及其上诉案、买卖纱布纠葛案、借洋纠葛案、会银纠纷案四案的文书，包括民事执行状、民事保状、民事领状、民事诉状、审理笔录、咨文、签呈、报告、璧山县政府民事判决书、欠条、借约、民事辩诉状、契约、民事补状等。

51. 四川高等法院第一分院、璧山县政府审理租佃押银纠葛、借款纠纷等三案　12—4—144—147（1）

1935年1月至1936年9月，四川高等法院第一分院、璧山县政府关于租佃押银纠葛案、借款纠纷及其上诉案、伪造收条案三案的文书，包括审理笔录、民事诉状、契约、收据、民事辩诉状、训令、公函、报告、民事判决书、民事上诉状等。

该卷另附璧山县政府职工1938年领粮食名册若干份。

52. 四川高等法院第一分院、璧山县政府审理租佃纠葛、分割家产纠葛等三案　12—4—144—147（2）

1934年11月至1938年5月，四川高等法院第一分院、璧山县政府关于租佃纠葛案、分割家产纠葛及其上诉案、服刑保外治病案三案的文书，包括公函、收据、民事诉状、训令、审理笔录、璧山县政府民事判决书、刑事诉状、报告、璧山县司法处民事判决书、民事上诉状等。

53. 璧山县政府审理偿还借款、返还业价两案　12－4－148－149（1）

1935年3月至1935年12月，璧山县政府关于雷松廷请求偿还借款、胡何氏等因买卖田业要求返还业价两案的文书，包括民事诉状、债权人姓名数目单、民事答辩状、抄录存据、审理笔录、牌告、报告、咨文、民事保状、账单、签饬、粮单等。

54. 四川高等法院第一分院、璧山县政府及司法处审理返还业价及其抗告案、偿还借款两案　12－4－148－149（2）

1936年3月至1939年5月，四川高等法院第一分院、璧山县政府及司法处关于胡何氏等因买卖田业纠葛返还业价及其抗告案、张陈氏等请求偿还借款案两案的文书，包括民事诉状、契约、公函、民事保状、民事抗告状、账单、抗告理由书、审理笔录、训令、报告、四川高等法院第一分院民事裁定书、民事执行状、璧山县司法处民事判决书、璧山县政府民事判决书等。

55. 四川高等法院第一分院、璧山县政府等审理产业假扣押、返还会款及其上诉案等三案　12－4－150－156（1）

1935年4月至1936年4月，四川高等法院第一分院、璧山县政府等关于张吴氏等因租谷纠纷申请产业假扣押案、周子昭请求返还会款及其上诉案、曾华封等要求确认买约无效案三案的文书，包括公函、抗告理由书、民事诉状、民事保状、民事领状、报告、民事辩诉状、审理笔录、契约、民事上诉状、公益会会簿等。

56. 四川高等法院第一分院、璧山县政府及璧山实验地方法院审理确认买约无效等五案　12－4－150－156（2）

1934年11月至1945年4月，四川高等法院第一分院、璧山县政府及璧山实验地方法院关于曾华封等要求确认买约无效案、蔡朝林等申请偿还借银及其上诉案、杨森禄等因租佃纠葛请求返还田土的分关契约案、周子昭请求返还会款及其上诉案、谭汉清等请求返还会款案五案的文书，包括司法印纸联单、公函、璧山实验地方法院民事判决书、训令、民事诉状、四川高等法院第一分院民事判决书、四川高等法院第一分院民事裁定书、璧山县政府民事判决书、审理笔录、诉愿书、报告、民事辩诉状、璧山县政府签票等。

57. 四川高等法院第一分院、璧山县政府等审理给付生活费等八案　12－4－157－165

1934年10月至1941年2月，四川高等法院第一分院、璧山县政府等关于朱雷氏因被朱召南遗弃申请给付生活费案、易炳山因刘正林等借债不偿要求财产假扣押案、蔡锡洲等申请偿还借款案、黄大庸等请求分割家产及其上诉案、龙绍益等因龙炳山等盗卖遗产请求析分家产案、陈汉清申请破产偿债存查案、周国钧等因租佃纠葛请求支付租谷案、蒋赤南等请求偿还借款上诉案八案的文书,包括民事诉状、账单、民事续状、借约、报告、民事判决书、审理笔录、民事保状、公函、民事展限状、民事执行状、巴县地方法院民事裁定书、民事和解状、和解文约、民事存查状、训令、指令、民事上诉状、申请执行状、璧山县政府民事判决书、璧山县司法处民事判决书等。

58. 璧山县政府未批准的存查等案件　12－4－166－172(1)

1935年3月至1935年9月,徐任氏因夫死债多请求再嫁存查、杨银山等因货款纠葛请求撤销差押、杨炳兴要求其子给付生活费、钟龙氏因继子钟世标浪荡申请禁止其治理产业之权、傅银盛请求与继室及其子女断绝关系存查、傅姚氏因丈夫外出不归申请再嫁存查、李炳辉等达成偿债办法申请备案存查、白荣青等请求解除婚约存查、钱邦桢因已年迈申请遗嘱存查、龙汉江因预防合伙开办煤矿纠葛请求备案存查、罗冯氏因夫死请求备案存查、陈汪氏请求脱离婚姻关系存查、刘张氏请求再嫁存查、谢莹谷因永佃炭铜请求存查、罗刘氏请求防止女人受虐待存查、张万臣因被诬陷盗窃申请存查、邓邹氏因私生子无权治产存查、何安廷等申请经商违约存查、舒君辅等因典当房屋纠葛请求搬迁交房、瞿正安因被打重伤申请验伤结果存查、王海洲等因地界纠纷请求勘验、王青山等因竹子归属纠纷打架请求勘验、曾维三等要求偿还会款、罗吴氏因被遗弃请求给付生活费、曾林氏因夫死请求再嫁、陶张氏申请再嫁存查、徐戴氏申请破产偿债存查等案的文书,包括民事存查状、民事诉状、民事自诉状、遗嘱、契约、放佃文约、报告、审理笔录、衣物首饰单、账单等。

59. 四川高等法院第一分院、璧山县政府审理会款纠葛及其上诉案、祠款纠葛抗告案等四案　12－4－166－172(2)

1935年6月至1937年8月,四川高等法院第一分院、璧山县政府关于会款纠葛及其上诉案、祠款纠葛抗告案、借贷纠葛案、合伙贸易纠葛案四案的文书,包括民事诉状、签饬、民事辩诉状、审理笔录、民事申请执行状、民事自诉状、朱谕、璧山县政府民事判决书、民事上诉状、训令、往来公函、指令、民事保状、民事续诉状、报告、民事展限状等。

60. 巴县地方法院、璧山县政府审理给付租谷一案　12－4－173－176(1)

1935年1月至1937年1月,巴县地方法院、璧山县政府关于陈和兴等因租佃纠葛请求给付租谷一案的文书,包括民事诉状、契约、审理笔录、账单、公函、民事上诉状、璧山县政府民事判决书、民事自诉状、民事执行状、报告、收据、民事申请状、民事抗告状、抗告理由书、民事缴状等。

61. 巴县地方法院、璧山县政府等审理给付租谷等八案　12—4—173—176（2）

1934年7月至1944年12月，巴县地方法院、璧山县政府等关于陈和兴等因租佃纠葛请求给付租谷、谭荣森等请求分割遗产、万江廷因万银山等擅携合伙经营款项潜逃请求依法讯追、吴汉臣申请偿还借洋、刘蔡氏诉其儿子盗卖仓谷、王肇卿等因租佃纠纷请求赔偿损害、徐焕章等因租佃纠葛请求退还押银、吴鸿昇等偿还借款执行八案的文书，包括报告、收据、民事保状、民事诉状、审理笔录、民事辩诉状、刑事诉状、璧山地方法院民事判决书、民事执行命令等。

该卷另附璧山县政府民事判决书、四川高等法院第一分院民事裁定书，内容涉及会项、债务、租佃、祠产账目纠纷、买卖羊皮债务、行会账单纠葛、押银、人身伤害、纱款纠葛等。

62. 璧山县政府审理返还会款等六案　12—4—177—184（1）

1935年8月至1935年11月，璧山县政府关于刘国华等因会项纠葛要求返还会款、龙全盛等因租佃纠纷请求交业搬移、张江氏等申请偿还借款、林治安等会项纠葛、李杨氏等请求偿还生洋、蔡纯卿等请求清偿借款六案的文书，包括民事诉状、报告、民事辩诉状、审理笔录、民事公证状、民事判决书、借约、民事保状、民事执行状等。

63. 四川高等法院第一分院、璧山县政府审理清偿银洋及其抗告案、偿还会款等四案　12—4—177—184（2）

1935年7月至1940年4月，四川高等法院第一分院、璧山县政府关于蔡纯卿等请求清偿银洋及其抗告案、叶锡昭等请求偿还会款、胡明德等要求返还会款、张治成等请求返还房屋抗告案四案的文书，包括民事申明状、民事保状、民事执行状、民事抗告状、民事诉状、审理笔录、报告、训令、民事悔逼状、民事领状、账单、拘提票、签票、民事辩诉状、四川高等法院第一分院民事裁定书、公函等。

64. 璧山县政府审理破产偿债存查等案　12—4—185—189（1）

1935年1月至1935年10月，璧山县政府关于破产偿债存查、买卖田业债务纠葛、押银纠纷、租佃纠葛、脱离亲属关系存查、变产还债存查、再嫁存查、遗嘱存查、偿还会款办法存查、打死人存查、分期偿还债务存查、遭遗弃存查、认捐地方公益存查、涂改契约无效、夫死再嫁存查、被盗契约遗失存查、婚约无效存查、撤销婚约、请求偿还会款等案的文书，包括审理笔录、民事存查状、民事诉状、契约、账单、民事备查状、协商偿债办法、遗嘱、债权人姓名单、民事展限状、签呈、训令、报告、谕饬、牌告、收据、大衍会单、民事判决书等。

65. 璧山县政府审理租佃纠葛等案　12—4—185—189（2）

1935 年 1 月至 1935 年 10 月，璧山县政府关于租佃纠葛、典当祖业还债存查、买卖粮食纠纷、租佃存查、脱离母子关系存查、变产偿债存查、借约存查、再嫁存查、遗嘱存查、出资参加田园会存查、遭抢劫存查、乡民呈报趁夜抢劫、抱养童养媳存查、分期还债存查、遭夫遗弃存查、呈报拐逃罪改为认捐地方公益存查、涂改会约申请原契约存查、夫死改嫁存查、契约被盗申请存查、破产偿债存查、婚约纠葛、会款纠葛、租佃纠纷等案的文书，包括民事诉状、审理笔录、民事存查状、契约、会议商议还债办法、遗嘱、债权人姓名单、民事申请状、民事展限状、签呈、训令、指令、报告、谕饬、牌告、收据、呈文、大衍会笔录、民事判决书等。

66. 四川高等法院第一分院、璧山县政府审理查封纠葛等案　12—4—190—193

1934 年 12 月至 1938 年 12 月，四川高等法院第一分院、璧山县政府关于借款引起的查封纠葛、毁损什物纠葛、偿还袈裟等法器纠葛、租佃街房纠葛、租佃纠纷上诉案、由借款引起的伤害纠葛、遗产纠葛抗告案、家产纠葛、借款纠葛、买卖田业纠葛、江炳林等买卖坟地纠葛及其上诉案等案的文书，包括谕、审理笔录、民事保状、呈文、被损毁物品单、债务清单、训令、收据、谕饬、往来公函、牌告、签饬、民事诉状、报告、民事呈状、民事上诉状、刑事诉状、契约、民事抗告状、通知书、遗嘱、遗产一览表、民事声明状、诉愿书、民事辩诉状、失物清单、璧山县政府民事判决书、涉案地图、民事展限状、电报、民事领状等。

该卷另有租佃契约、破产摊账、破产偿债、抵押接管会务、子媳分居、再嫁、分割家产、借贷不遂、违背婚约等存查案；四川高等法院第一分院关于曹重光债务纠葛、曹仲林等担保会款纠葛、徐瀛洲等会款纠葛案的民事裁定书；璧山县政府关于会银纠葛、何玉清等雇佣纠葛、王寿堂等债务纠葛案的民事判决书等。

67. 巴县地方法院、璧山县政府审理借款纠葛等案　12—4—194—201

19351 年至 1936 年 7 月，巴县地方法院、璧山县政府关于借款纠葛、借银洋纠葛、破产偿债、担保借款纠纷、租佃纠葛、借生洋纠纷、会款纠葛上诉案等案的文书，包括民事诉状、借约、报告、呈文、账单、契约、谕、审理笔录、训令、收据、璧山县政府民事判决书、诉愿书、民事执行状、民事保状、往来公函、民事自诉状、民事领状、民事辩诉状、汇款单、民事反诉状等。

68. 四川高等法院第一分院、璧山县政府审理坟地所有权纠葛上诉案、债务纠葛等五案　12—4—202—205

1934年11月至1936年12月，四川高等法院第一分院、璧山县政府关于坟地所有权纠葛上诉案、颜料买卖的债务纠葛、租佃纠葛、经界纠纷上诉案、盗窃建房用土石纠葛五案的文书，包括往来公函、民事上诉状、通知书、收据、四川高等法院第一分院裁定书、民事委任状、申请书、江津县政府呈文、民事诉状、契约、刑事诉状、报告、呈文、民事保状、审理笔录、民事自诉状、账单、民事执行状、民事缴状、诉讼损害计算书、训令、指令、刑事保状、刑事辩诉状、璧山县政府刑事判决书、刑事诉愿书、民事辩诉状、涉案地图、朱谕等。

69. 四川高等法院第一分院、璧山县政府等审理偿还借款纠纷抗告案、会项纠葛等案　12—4—206—214

1935年2月至1936年3月，四川高等法院第一分院、璧山县政府等关于借款纠纷抗告案、会项纠葛案、借银纠葛案、巴县地方法院函请璧山县政府代送龙悦卿等财产假扣押案裁定书、因小孩割草毁损麦苗被扣押的隐藏幼女案、会款纠葛及其上诉案等案的文书，包括往来公函、民事抗告状、民事上诉状、训令、契约、民事诉状、民事辩诉状、审理笔录、呈文、和解文约、报告、账单、牌告、谕饬、诉愿书、璧山县政府民事判决书等。

70. 璧山县政府审理分析遗产等五案　12—4—215—218

1935年1月至1936年1月，璧山县政府关于陈吴氏等请求分析遗产、江汝楫等因租佃纠葛请求返还押银、买卖布匹纠纷、罗述安等请求偿还借银、清偿借款五案的文书，包括诉愿书、审理笔录、民事判决书、借据、民事辩诉状、报告等。

71. 巴县地方法院、璧山县政府审理会款纠葛等案　12—4—219

1935年8月至1936年2月，巴县地方法院、璧山县政府关于唐海洲等会款纠葛及其上诉案、张恒安等借款纠葛等案的文书，包括呈文、民事辩诉状、审理笔录、往来公函、璧山县政府民事判决书、诉愿书、凭票、群贤会簿、民事诉状、账单、民事保状、民事申请状、和解文约等。

72. 巴县地方法院、璧山县政府审理会洋纠葛及其上诉案等案　12—4—220—223

1935年1月至1936年11月，巴县地方法院、璧山县政府关于苏瑞卿等会洋纠葛及其上诉案等案的文书，包括呈文、民事辩诉状、谕、审理笔录、往来公函、民事诉状、璧山县政府民事判决书、诉愿书、民事保状、凭票、群贤会簿、账单、民事申请状、和解文约等。

73. 璧山县政府审理会款纠葛、借款纠葛两案　12－4－224

1935 年 1 月至 1935 年 12 月，璧山县政府关于张齐昭等要求返还会款、邓廖氏等请求偿还借款两案的文书，包括报告、审理笔录、民事展限状、民事诉状、民事辩诉状、民事委任状等。

74. 四川高等法院第一分院、璧山县政府及璧山地方法院审理借款纠葛、祠产纠葛等案　12－4－225－229

1935 年 7 月至 1949 年 4 月，四川高等法院第一分院、璧山县政府及璧山地方法院关于徐少钦等借款纠葛、张元林等祠产纠葛、胡玉汝等租佃纠葛及其上诉案等案的文书，包括民事诉状、民事辩诉状、谕、审理笔录、民事保状、璧山县政府民事判决书、借约、民事自诉状、民事执行状、往来公函、抗告意见书、民事抗告状、通知书、账单、民事缴状、收据、民事委任状、言辞辩论笔录、民事宣判笔录、璧山地方法院民事判决书、民事上诉状、璧山地方法院民事裁定书、四川高等法院民事判决书等。

75. 四川高等法院第一分院、璧山县政府审理会项纠葛等案　12－4－230－233

1935 年 6 月至 1937 年 10 月，四川高等法院第一分院、璧山县政府关于唐鸿藻等会项纠葛案、汪杜氏等家产纠纷及其上诉案、蔡金廷等婚约纠葛案等案的文书，包括民事诉状、民事辩诉状、报告、民事判决书、审理笔录、民事申请状、账单、民事上诉状、民事附带声明状、遗嘱、训令、谕、全衔牌告、朱谕、查封笔录、民事呈状、民事领状、谕饬、分关遗嘱、来往书信、借约、民事保状等。

76. 四川高等法院第一分院、璧山县政府审理会项纠纷等案　12－4－234－243

1935 年 4 月至 1936 年 3 月，四川高等法院第一分院、璧山县政府关于徐子高等会项纠纷、文子云等会款纠纷、陈金廷等租佃纠纷等案的文书，包括民事诉状、报告、审理笔录、民事答辩状、收据、民事保状、民事判决书、民事自诉状、全衔牌告、往来公函、民事执行状、民事上诉状、涉案地图、民事辩诉状、谕、呈文、璧山县政府签票、契约等。

77. 四川高等法院第一分院、璧山县政府审理借款纠葛等案　12－4－244－250

1933 年 6 月至 1936 年 5 月，四川高等法院第一分院、璧山县政府关于余文彬等借款纠葛案、李吉祥生等借款纠葛案、何禹锡等会项纠葛案、温斗山等由会项引起的借款纠纷案、何玉清等债务引起的查封财产纠葛上诉案、龙平安等借款纠葛及其上诉案等案的文书，包括民事诉状、民事辩诉状、璧山县政府民事判决书、审理笔录、民事自诉状、谕、报告、民事续状、朱谕、往来公函、民事申请状、训令、四川高等法院第一分院民事裁定书、民事上诉状、保状、账单、契约、民事展限状、指令等。

78. 巴县地方法院、璧山县政府等审理租佃纠葛等案　12－4－251－255

1934 年 12 月至 1939 年 3 月，巴县地方法院、璧山县政府等关于罗炳章等租佃纠葛、刘封氏等借洋纠纷、连甫什携款参加行会存查等案的文书，包括民事诉状、往来公函、报告、审理笔录、诉愿书、民事判决书、民事辩诉状、民事领状、收据、签票、签饬、契约、民事抗告状、训令、民事申请状、呈文、借约、账单、民事续状、谕、牌告、查封笔录、民事自诉状、民事申请执行状、朱谕、民事更正状等。

79. 四川高等法院第一分院、璧山县政府等审理债务纠葛借洋纠纷等七案　12－4－256－262

1935 年 1 月至 1936 年 4 月，四川高等法院第一分院、璧山县政府等关于何荣发等租佃引起的债务纠葛案、周光普等借洋纠纷案，以及其他会项纠葛案、借银纠纷及其上诉案、遗弃引起的生活费纠葛案、租佃债务纠葛案、会项纠葛案七案的文书，包括往来公函、民事呈状、民事缴状、抗告意见书、民事诉状、民事辩诉状、审理笔录、诉愿书、民事答辩状、报告、契约、民事上诉执行状、民事自诉状、刑事展限状、刑事辩诉状、刑事续状、谕、民事保状、璧山县政府民事判决书、民事和息状、和解文约等。

80. 璧山县政府审理增加押佃及其上诉一案　12－4－263

1934 年 9 月至 1935 年 2 月，璧山县政府关于徐敬修等因租佃纠葛请求增加押佃及其上诉一案的文书，包括民事自诉状、审理笔录、训令、民事申请状、民事辩诉状、民事判决书、民事上诉状、民事申送停止状、诉愿书等。

81. 四川高等法院第一分院及重庆地方法院等审理会项纠葛及其抗告一案　12－4－264

1935 年 1 月至 1937 年 8 月，四川高等法院第一分院及重庆地方法院等关于荣天伟等会项纠葛及其抗告一案的文书，包括民事诉状、谕、审理笔录、债务单、契约、诉愿书、民事保状、领状、四川高等法院第一分院民事裁定书、重庆地方法院民事裁定书、民事呈状、训令、往来公函、民事执行状、朱谕、报告、民事辩诉状、民事再审状、民事缴状、民事申请状、民事抗告状等。

82. 巴县地方法院、璧山县政府审理会款纠葛等三案　12－4－265－269

1935 年 1 月至 1938 年 3 月，巴县地方法院、璧山县政府关于邱思齐等会款纠葛案、蒋光耀等借款纠葛及其上诉案、曹俊卿等借款纠葛案三案的文书，包括民事诉状、谕、审理笔录、民事保状、诉愿书、民事展限状、民事申请委任状、民事申请状、签饬、民事辩诉状、民事判决书、报告、呈文、民事自诉状、训令、诉讼费用清单等。

该卷另附璧山县政府关于邓汉臣等债务纠葛、朱海波等租佃纠葛、孙穆轩等债务纠纷、刘体泉等债务纠葛、罗绍清等租佃纠葛、熊良臣等货账纠葛、何宗阳等债务纠葛、肖树廷等租佃纠纷、冷三才等债务纠葛、侯陞三等租佃纠葛、刘荣奎等地契纠葛案的民事判决书；巴县地方法院关于陈芳若等会款纠葛案的民事判决书；四川高等法院第一分院关于陈芳若等会款纠葛、邬步云等会款纠葛案的民事裁定书。

83. 四川高等法院第一分院、璧山县政府审理租佃纠葛及其上诉等三案　12－4－270－274

1935 年 1 月至 1938 年 12 月，四川高等法院第一分院、璧山县政府关于苏汉云等租佃纠葛及其上诉案、马光廷等会款纠葛、孙玉臣等租佃纠纷及其上诉案三案的文书，包括往来公函、呈文、谕、报告、民事诉状、民事保状、民事执行状、审理笔录、刑事诉状、璧山县政府刑事判决书、民事自诉状、债务单、民事辩诉状、收据、诉愿书、和解文约、训令、民事补诉状、朱谕、涉案地图、民事申请状等。

84. 璧山县政府审理借款纠葛、会款纠葛等案　12－4－275－280

1934 年 2 月至 1936 年 2 月，璧山县政府关于毛世茂等借款纠葛、张王氏等会款纠葛、邹萧氏等租佃纠葛、刘张氏等会款纠葛、郭绍清等租佃纠葛、毛次元等借款纠葛等案的文书，包括民事保状、民事诉状、账单、民事判决书、民事和解状、审理笔录、民事执行状、诉愿书、呈文、民事抗告状、朱谕、民事续状、报告、民事存查状、契约、牌告、谕、民事辩诉状、民事自诉状、公益会清单、公益会会簿、借约等。

该卷另附璧山县政府关于李海之等伤害案的刑事判决书、巴县地方法院检查处关于张本贵等侵占案的处分书。

85. 璧山县政府审理缴纳罚款等十四案　12－4－281

1934 年 11 月至 1935 年 6 月，璧山县政府关于魏恒发要求缴纳因其商店诈欺的罚款、偿还借款、偿还盐款、算明账目、会款纠葛、家产纠葛、返还押银、因债务请求查封产业、犯人保外就医、刑期已满申请释放、请求提审抢劫犯、给付租谷、抢夺租谷、偿还卖骡马欠款等十四案的文书，包括刑事执行状、民事保状、诉愿书、民事诉状、审理笔录、民事自诉状、刑事申请函、刑事诉状等。

86. 璧山县政府审理租佃纠葛、会款纠纷及其上诉案两案　12－4－282－288（2）

1935 年 4 月至 1936 年 9 月，璧山县政府关于贺应之等租佃纠葛、潘绍臣等会款纠纷及其上诉案两案的文书，包括民事声明状、收据、诉愿书、管业郑存根、民事诉状、布告、报告、审理笔录、会簿、谕、璧山县政府民事判决书、民事上诉状等。

87. 巴县地方法院、璧山县知事公署审理分析家产等四案　12—4—282—288

1929年6月至1936年1月，巴县地方法院、璧山县知事公署关于杨吴氏等分析家产、凌瑞卿等因债务引起的伤害纠葛、蔡钦先等债务纠葛及其上诉案、贺人宏等借款纠葛及其上诉案四案的文书，包括往来公函、巴县地方法院指令、训令、民事诉状、签饬、民事保状、民事执行状、刑事诉状、审理笔录、报告、口供单、刑事诉愿书、刑事保状、失物清单、保状、民事辩诉状、璧山县政府民事判决书、民事上诉状、抗告理由书、民事领状、民事申请状、谕、收据、诉愿书等。

88. 四川高等法院第一分院、璧山县政府审理借款纠葛及其上诉一案　12—4—289—290（1）

1935年2月至1938年10月，四川高等法院第一分院、璧山县政府关于贺人宏等借款纠葛及其上诉一案的文书，包括民事诉状、民事保状、民事辩诉状、审理笔录、民事上诉状、借约、璧山县政府民事判决书、领条、往来公函、抗告理由书、训令、朱谕、牌告、布告、凭票、民事认买状、民事申辩状、民事缴状、民事领状等。

89. 四川高等法院第一分院、璧山县政府审理借款纠葛及其上诉案、分析家产上诉两案　12—4—289—290（2）

1935年7月至1937年5月，四川高等法院第一分院、璧山县政府关于易海全等借款纠葛及其上诉案、何百氏等分析家产上诉两案的文书，包括民事执行状、民事辩诉状、民事诉状、报告、民事保状、训令、往来公函、民事申请状、四川高等法院第一分院民事裁定书、最高法院民事裁定书、民事展限状、审理笔录、民事领状、民事催状等。

该卷附四川高等法院第一分院关于贺平之诈欺案的刑事判决书、裁定书各一份。

90. 璧山县政府审理会款纠葛等十七案　12—4—291—296（1）

1933年7月至1935年12月，璧山县政府关于会款纠葛、谭学渊等离婚协约存查、胡楚材申请分家存查、王金山申请不守妇道存查、越界侵占田业、罗荣钦遗失契约存查、张赖氏申请诱拐妇女潜逃存查、分割家产给养女存查、龚银臣申请无力偿债存查、刘宝三媳妇被拐备查、黄荣廷申请限期还款存查、徐炳卿申请拖欠会款存查、胡辉先等请求变产偿债存查、伪造行会文书、杨印氏申请分割家产存查、张帅氏申请再嫁存查、租佃纠葛十七案的文书，包括民事诉状、呈文、民事存查状、契约、刑事诉状、刑事自诉状、民事续状、刑事存查状、分管契约、债务清单、民事备查状、账单、会款数目单、报告、民事辩诉状等。

91. 四川高等法院第一分院、璧山县政府审理租佃纠葛及其上诉案等三案　12—4—291—296（2）

1935年4月至1937年6月，四川高等法院第一分院、璧山县政府关于租佃纠葛及其上诉案、债务纠葛、清算并返还田产及其上诉案三案及永川县政府函请璧山县政府到期代为传讯租佃纠葛案证人李希伯的文书，包括民事辩诉状、往来公函、民事诉状、家产分管契约、民事委任状、谕、审理笔录、民事呈状、诉愿书、民事展限状、民事上诉状、报告、训令、最高法院民事判决书、借约等。

92. 四川高等法院第一分院、璧山县政府审理房屋地基所有权纠葛及其上诉案等五案　12—4—297—302（1）

1935年1月至1936年2月，四川高等法院第一分院、璧山县政府关于房屋地基所有权纠葛及其上诉案、生活费纠葛、悔婚纠纷、租佃纠葛引起的伤害案、田土经界纠葛五案的文书，包括往来公函、民事上诉状、民事上诉答辩状、最高法院民事裁定书、报告、民事诉状、咨文、关票、民事呈状、呈文、公证状、答辩状、刑事诉状、损毁什物单、契约、审理笔录、刑事保状、刑事申请状、训令、民事缴状、民事辩诉状、民事续状、璧山县政府民事判决书等。

93. 璧山县政府审理田土经界纠葛等三案　12—4—297—302（2）

1935年5月至1936年8月，璧山县政府关于田土经界纠葛、破坏佛教的庙产纠葛、借款纠葛三案的文书，包括民事执行状、民事诉状、呈文、诉愿书、往来公函、训令、审理笔录、领条、指令、璧山县政府行政决定书、保管文约、证明书、借约、民事保状等。

该卷附璧山县私立光璧小学校董会聘书一份。

94. 璧山县政府审理租佃纠葛等三案　12—4—303—308（1）

1934年12月至1935年9月，璧山县政府关于租佃纠葛、阴地买卖债务纠葛、会款纠葛三案的文书，包括民事诉状、民事自诉状、审理笔录、谕、民事保状、民事和解状、契约、报告、民事续状、拘提票、民事答辩状、应填会人名单等。

95. 璧山县政府审理借款纠葛及其抗告案等三案　12—4—303—308（2）

1935年1月至1936年12月，璧山县政府关于借款纠葛及其抗告案、租佃纠葛、借洋纠纷三案的文书，包括民事自诉状、民事辩诉状、民事保状、民事判决书、审理笔录、谕、呈文、收据、牌告、朱谕、民事抗告状、民事领状、报告、民事上诉状、抄录存根、诉愿书等。

96. 四川高等法院第一分院、璧山县政府审理会项存查等八案　12—4—309—315

1935年3月至1936年11月，四川高等法院第一分院、璧山县政府关于钟卫萱申请抵押接会存查、李树钧等买卖田业纠葛、蒋成之等租佃纠葛、郭敬兴等会款纠葛、尚子华等租佃纠纷、冯适均等租佃纠葛上诉案、曾炳安等买卖布匹纠葛及其上诉案、杨冯氏等借款纠葛八案的文书，包括民事存查状、训令、衡记集利田园会会簿、民事诉状、咨文、民事和解状、契约、报告、民事保状、璧山县政府民事判决书、诉愿书、民事委任状、民事辩诉状、往来公函、民事上诉状、借约、民事执行状、牌告、呈文等。

97. 璧山县政府审理债务纠葛一案　12—4—316—323（1）

1935年11月至1937年9月，璧山县政府关于邹万盛等由租佃引起的债务纠葛一案的文书，包括谕、审理笔录、往来公函、民事公证状、民事呈状、民事诉状、签呈、报告、民事保状、来往信件、签饬、民事执行状、民事缴状、债务一览表、民事领状、收据、签票、民事补状、民事判决书、契约、朱谕等。

98. 巴县地方法院、璧山县政府审理借款纠葛抗告等五案　12—4—316—323（2）

1934年8月至1936年6月，巴县地方法院、璧山县政府关于借款纠葛抗告案、申请破产偿债及其上诉案、租佃纠葛、买卖布匹欠款纠葛、会款纠五案的文书，包括往来公函、民事抗告状、抗告意见书、谕、审理笔录、训令、民事诉状、民事执行状、最高法院民事裁定书、指令、四川高等法院第一分院民事裁定书、牌告、账单、民事辩诉状、民事上诉状、报告、民事声明状、民事领状、刑事呈状、保状、民事存查状、签饬、民事和解状、签票等。

99. 四川高等法院第一分院、璧山县政府审理租佃纠葛及其上诉案等四案　12—4—324—327

1933年2月至1936年9月，四川高等法院第一分院、璧山县政府关于吴李氏等租佃纠葛及其上诉案、张树清等借款纠葛、吴汉臣等借款纠葛、王树清等租佃纠葛四案的文书，包括民事诉状、谕、审理笔录、报告、诉愿书、民事保状、民事执行状、民事申请状、契约、训令、呈文、璧山县政府民事判决书、民事声明状、债务单、民事自诉状、账单、往来公函、签饬、民事上诉状、收税执据等。

100. 四川高等法院第一分院、璧山县政府审理离婚上诉一案　12—4—328—329

1934年11月至1937年12月，四川高等法院第一分院、璧山县政府关于蔡仕之请求离婚上诉一案的文书，包括往来公函、训令、民事上诉状、调查笔录、民事申请状、四川高等法院第一分院民事判决书、指令、四川高等法院第一分院民事裁定书、民事诉状、公开笔录、宣告判决笔录等。

另有璧山县政府关于白叶氏等会款纠葛、程新甫等租佃纠葛案的民事和解笔录;璧山县政府关于高玉书等会款纠葛、张陈氏等租佃纠纷、朱东璧等债务纠葛、凌云飞等租佃纠葛、吴海廷等会款纠葛、胡焕章等租佃纠纷、钟丙章等租佃纠葛、王辉安等租佃纠葛、毛炳钦等会账纠葛、张义生等债务纠葛、郑炳清等租佃纠葛、龚贤成等会款纠葛、王金山等租佃纠纷、袁相臣等会款纠葛、凌鸿富等租佃纠纷、舒谭氏等会款纠纷、张兴富等押银纠葛、王兆祥等租佃纠葛、龙俊仙等祠款纠葛、杨海山等租佃纠纷、叶冷氏等债务纠葛、张炳安等会账纠葛、曾兴发等债务纠葛、刘汉清等租佃纠纷、龙青云等借款纠葛、钱雅修等会款纠葛、周海清等垫款纠葛、戴文照等会银纠纷、李治钦等会款纠纷、朱泽霖等租佃纠葛、陈仲山等债务纠葛、马玉山等会款纠葛、王志章等货款纠葛、罗楚之等租佃纠纷的民事判决;璧山县政府兼理司法事务处关于易炳山等租佃纠葛案的民事判决书。

附有巴县地方法院关于高玉书等会款纠葛案的民事和解笔录、巴县地方法院关于张兴富等押银纠葛、许才明等给付押银、胡吴氏等债务纠葛、张三杰等租赁纠葛等案的民事裁定书、判决书;重庆地方法院关于陈金山等债务纠葛案的民事裁定书。

101. 四川高等法院第一分院、璧山县政府审理会款纠纷等四案　12－4－330－331

1935 年 3 月至 1939 年 2 月,四川高等法院第一分院、璧山县政府关于会款纠纷、遗产纠葛上诉案、买卖货物引起的债务纠葛、借款纠葛四案的文书,包括民事诉状、民事执行状、照抄异议状、民事申请状、训令、通知书、民事辩诉状、往来公函、收据、民事上诉状、呈文、谕、审理笔录、诉愿书、民事证明状、民事保状、民事续状等。

该卷附璧山县政府关于租佃纠葛、会银纠纷的民事判决书;巴县地方法院关于租佃纠纷、会款纠葛的民事判决书,债务纠葛的民事裁定书;四川各院、处造报各项统计月表补充说明、民事判决书各一份。

102. 四川高等法院第一分院、璧山县政府审理会款会项纠葛等六案　12－4－332－337

1933 年 11 月至 1935 年 12 月,四川高等法院第一分院、璧山县政府关于会款会项纠葛、巴县地方法院函请璧山县政府代为查封拍卖胡志杰产业、遗嘱纠纷、会款纠葛及其上诉案、会项纠葛、婚姻纠葛六案的文书,包括璧山县丁家镇调解委员会判词、民事判决书、民事诉状、借约、审理笔录、谕、保状、收据、呈文、往来公函、签饬、训令、民事公证状、牌告、报告、账单、签票、民事保状、民事辩诉状、民事上诉状、群贤会簿、民事添传状、民事申请状、会款担保人名单等。

103. 四川高等法院第一分院、璧山县政府审理债务纠葛等三案　12—4—338—340

1935年4月至1936年10月，四川高等法院第一分院、璧山县政府关于买卖熟土债务纠葛、会款纠葛、分析遗产上诉案三案的文书，包括民事诉状、谕、契约、民事自诉状、璧山县政府民事判决书、收据、审理笔录、报告、民事执行状、往来公函、训令、四川高等法院第一分院民事裁定书、民事更正状、民事抗告状、抗告理由书、指令、民事保状、诉愿书等。

104. 四川高等法院第一分院、璧山县政府审理抢夺及其上诉案等三案　12—4—341—343

1935年1月至1936年5月，四川高等法院第一分院、璧山县政府关于徐栋梁等由租佃引起的抢夺及其上诉案、徐国兴等会款纠葛、潘良臣等借款纠葛三案的文书，包括刑事诉状、训令、审理笔录、货物单、刑事展限状、呈文、契约、刑事保状、公证书、报告、刑事辩诉状、收据、刑事抗告状、刑事呈状、谕、往来公函、签票、调解会原供词、民事诉状、民事答辩状、诉愿书、保状、民事执行状、璧山县政府民事判决书等。

105. 巴县地方法院、璧山县政府审理粮款纠葛等三案　12—4—344—346

1935年1月至1938年1月，巴县地方法院、璧山县政府关于陈仲权等由租佃引起的粮款纠葛、李见中等合伙贸易纠葛及其上诉案、周德普等借款纠葛及其上诉案三案的文书，包括诉愿书、训令、呈文、审理笔录、刑事保状、刑事诉状、粮款数目单、璧山县政府刑事裁定书、报告、民事诉状、签饬、刑事辩诉状、调解笔录、记录单、签票、往来公函、谕、民事保状、借约、民事执行状等。

106. 璧山县政府审理借款纠葛等四案　12—4—347—350

1935年2月至1942年6月，璧山县政府关于敬海屏等由抵押田业引起的借款纠葛、甘炳成等借款纠葛、娄友钦等会款纠葛、舒明格等遗产纠葛四案的文书，包括民事诉状、报告、审理笔录、民事辩诉状、民事保状、民事判决书、民事申请状、民事缴状、训令、签、往来公函、谕、朱谕、牌告、签票、诉愿书、契约、民事执行状、呈文、签饬、涉案地图、刑事自诉状、和解文约、民事领状、领条、讯问笔录等。

107. 四川高等法院第一分院、璧山县政府等审理债务纠葛等四案　12—4—351—354

1933年10月至1937年2月，四川高等法院第一分院、璧山县政府等关于曹傅氏等借款纠葛、李曹氏等租佃纠葛、刘青云等由合伙贸易引起的债务纠葛、万李氏等会款纠葛四案的文书，包括民事诉状、民事判决书、审理笔录、申请上诉状、往来公函、训令、民事辩诉状、璧山县政府民事堂谕代判、谕、民事申请状、民事执行状、四川高等法院第一分院民庭判决书、诉讼费用单、牌告、契约、民事展限状、民事认买状、所用费用单、收据、民事领状、民事抗告状、巴县地方法院民事判决书、重庆地方法院民事裁定书、账单、结状、民事自诉状等。

108. 四川高等法院第一分院、璧山县政府审理赔偿损害案等七案　12－4－355－361

1934 年 12 月至 1937 年 1 月，四川高等法院第一分院、璧山县政府关于尚炳林等由垫付会款纠葛要求赔偿损害案、周大纯等租佃纠纷、李金盛等会款纠葛、周鸿顺等借款纠葛、韦仁甫等水渠经界纠纷及其上诉案、谢徐氏等由租佃引起的伤害案、邱辑五等由买卖房屋引起的赔偿损害上诉案七案的文书，包括报告、朱谕、呈文、审理笔录、民事诉状、民事续状、民事辩诉状、民事保状、民事答辩状、涉案地图及其说明、诉愿书、民事上诉状、训令、刑事诉状、最高法院民事判决书、民事委任状、申请书、调查笔录、公开辩论笔录、宣告判决笔录等。

109. 四川高等法院第一分院、璧山县政府等审理债务纠葛等四案　12－4－362－365

1934 年 12 月至 1942 年 12 月，四川高等法院第一分院、璧山县政府等关于张陈氏等买卖洋纱债务纠葛、李治钦等会款纠葛、钟邬氏等终止租约上诉案、戴文照等会款纠葛四案的文书，包括民事诉状、民事展限状、民事辩诉状、谕、民事保状、训令、民事委任状、往来公函、审理笔录、璧山县政府民事裁定书、报告、朱谕、民事续状、民事反诉状、璧山县政府民事判决书、民事上诉状、民事执行状、民事申请书、璧山实验地方法院刑事判决书、璧山实验地方法院民事判决书、审判笔录、会款账单等。

该卷附璧山县政府关于雷天泽等会款纠葛、蒋惠廷丹凤租佃纠纷、吴仲家等债务纠纷案的民事判决书；巴县地方法院关于徐万顺等会款纠葛案的民事判决书。

110. 四川高等法院第一分院、璧山县政府等审理吸食鸦片等六案　12－4－366－372

1933 年 12 月至 1946 年 11 月，四川高等法院第一分院、璧山县政府等关于兵丁余炳如等吸食鸦片、王贯之等虐待遗弃上诉案、张汉臣等借款纠葛、张江氏等借款纠纷、邹嘉木等租佃纠葛、张春荣等会款纠葛六案的文书，包括谕、审理笔录、收据、往来公函、训令、诉愿书、刑事保状、报验单、民事上诉状、璧山县政府民事判决书、民事执行状、报告、借约、民事辩诉状、民事自诉状、牌告、璧山县政府民事裁定书等。

该卷附璧山地方法院关于景亮钧等申请给付代理费案的民事判决书；最高法

院关于胡师化等赔偿损害案的民事判决书、裁定书；四川高等法院第一分院关于胡师化等赔偿损害案的民事判决书。

111. 璧山县政府审理拖欠民团款等六案　12—4—373—378

1934年12月至1936年2月，璧山县政府关于拖欠民团款、自治经费及代丁费等公款、江遵荣等借款纠葛、僧性全等向僧人借款引起的债务纠葛、何永高等租佃纠葛、杨海山等租佃押银纠纷六案的文书，包括呈文、往来公函、审理笔录、民事诉状、借约、民事保状、谕、民事判决书、报告、民事执行状、民事缴状、民事和解状、民事自诉状、民事答辩状、民事辩诉状、契约、收据等。

112. 四川高等法院第一分院、巴县地方法院、璧山县政府审理会项纠葛等五案　12—4—379—384

1934年12月至1937年12月，四川高等法院第一分院、巴县地方法院、璧山县政府关于会项纠葛、罗四维等租谷纠纷上诉案、借洋纠葛、张汉臣等会款纠纷、离婚上诉案五案的文书，包括民事诉状、契约、谕、审理笔录、民事保状、民事执行状、往来公函、民事自诉状、巴县地方法院民事裁定书、训令、璧山县政府民事判决书、民事续状、诉愿书、民事辩恳状、账单、民事领状、会款推算数目单、民事辩诉状、民事上诉状、指令、诉讼费用单等。

113. 四川高等法院第一分院、璧山县政府审理租佃纠葛及其上诉案等案　12—4—385—390

1935年2月至1938年4月，四川高等法院第一分院、璧山县政府关于租佃纠葛及其上诉案、搬迁交业等案的文书，包括民事自诉状、谕、审理笔录、呈文、申请上诉状、契约、往来公函、训令、四川高等法院第一分院民事裁定书、民事执行状、民事和解状、璧山县政府民事判决书、报告、民事诉状、诉愿书、民事领状、领条、民事保状等。

114. 璧山县政府等审理买卖坟地纠葛等三案　12—4—385—390—2

1935年1月至1942年9月，璧山县政府等关于买卖坟地纠葛、会项纠葛、借款纠纷三案的文书，包括民事诉状、训令、乡公所呈文、民事辩诉状、报告、往来公函、谕、审理笔录、诉愿书、民事判决书、申请执行状、签饬、保状、民事反诉状等。

115. 四川高等法院第一分院、璧山县政府审理会款会项纠葛等四案　12—4—391—396

1935年1月至1936年7月，四川高等法院第一分院、璧山县政府关于会款会项纠葛、借款纠葛、家产纠葛及其上诉案、贪污四案的文书，包括民事诉状、报告、刑事诉状、刑事辩诉状、刑事呈状、改良公平田园会簿、民事辩诉状、审理笔录、璧山县政府民事判决书、呈文、谕、民事保状、民事自诉状、往来公函、检举事实、朱谕、民事上诉状等。

116. 四川高等法院第一分院、璧山县政府等审理租佃纠葛等五案　12－4－397－404

1935年1月至1937年7月，四川高等法院第一分院、璧山县政府等关于租佃纠葛、借款纠葛及其上诉案、买卖田业纠纷、会款纠葛及其上诉案、解除典当田业契约上诉案五案的文书，包括民事诉状、民事展限状、报告、审理笔录、呈文、民事缴状、民事领状、契约、民事自诉状、璧山县政府民事判决书、民事申请状、往来公函、谕、民事辩诉状、诉愿书、会款推算清单、民事和解状、收据等。

117. 璧山实验地方法院等审理盗窃一案　12－4－405－409

1935年1月至1945年3月，璧山实验地方法院等关于检察官检举白登高入室盗窃衣物一案的文书，包括朱谕、察官起诉书、往来公函、刑事审判笔录、刑事宣判笔录、刑事判决书等。

该卷另附会簿及账单若干，但文书残破。

118. 巴县地方法院、璧山县政府及璧山实验地方法院等审理借款纠葛及其抗告案等三案　12－4－405－409－2

1935年3月至1945年3月，巴县地方法院、璧山县政府及璧山实验地方法院等关于借款纠葛及其抗告案、叶王氏等会项纠葛、白登高盗窃三案的文书，包括民事诉状、审理笔录、诉愿书、账单、民事辩诉状、民事申请状、民事缴状、报告、契约、往来公函、抗告理由书、璧山县政府民事判决书、谕、检察官起诉书、通知书、璧山实验地方法院刑事判决书等。

119. 四川高等法院第一分院、璧山县政府审理租佃纠纷、田产纠葛上诉案两案　12－4－410－412

1935年5月至1937年4月，四川高等法院第一分院、璧山县政府关于易炳山等租佃纠纷、陈大蓬等共有田产纠葛上诉案两案的文书，包括民事诉状、谕、审理笔录、呈文、诉愿书、契约、往来公函、民事上诉状、抗告理由书、民事声明状、民事委任状、训令、四川高等法院第一分院民事裁定书、璧山县政府民事判决书、签、民事结状、报告、签票等。

120. 巴县地方法院、璧山县政府审理租佃纠纷上诉案、会项纠葛上诉案两案 12－4－410－412（2）

1935 年 4 月至 1938 年 3 月，巴县地方法院、璧山县政府关于易炳山等租佃纠纷上诉案、会项纠葛上诉案两案的文书，包括往来公函、报告、民事执行状、民事诉状、民事辩诉状、谕、审理笔录、民事理由状、签、民事公证状、呈文、民事领状、领条、签票、民事申请上诉状等。

121. 四川高等法院第一分院、璧山县政府审理分析家产及其抗告一案 12－4－413－414

1935 年 4 月至 1938 年 3 月，四川高等法院第一分院、璧山县政府关于陈大蓬等分析家产及其抗告一案的文书，包括往来公函、训令、民事诉状、指令、谕、批示、民事辩诉状、民事领状、民事申请状、契约、签饬、账单、民事公证状等。

122. 四川高等法院第一分院、璧山县政府等审理分析家产上诉一案 12－4－413－414－2

1935 年 8 月至 1939 年 2 月，四川高等法院第一分院、璧山县政府等关于陈大蓬等分析家产上诉一案的文书，包括往来公函、民事诉状、民事辩诉状、签饬、契约、谕、训令、申请扣押状、扣押笔录、四川高等法院第一分院民事裁定书、审理笔录、民事声明状、民事缴状、报告、民事保状、民事申请状、呈文等。

123. 璧山县政府审理账目纠葛、借款纠纷两案 12－4－415－418

1935 年 5 月至 1936 年 6 月，璧山县政府关于布匹买卖账目纠葛、借款纠纷两案的文书，包括训令、民事诉状、账单、呈文、谕、理由书、收据、审理笔录、民事判决书、报告、民事申请状、契约等。

124. 璧山县政府审理会项纠葛、侵吞布款等三案 12－4－415－418－2

1935 年 4 月至 1936 年 5 月，璧山县政府关于会项纠葛、会款纠葛、侵吞布款三案的文书，包括民事诉状、民事辩诉状、民事保状、谕、审理笔录、签饬、报告、收条、和解笔录、诉愿书、契约、收据等。

125. 巴县地方法院、璧山县政府审理会款纠葛、分割家产上诉案两案 12－4－419－421

1935 年 8 月至 1937 年 9 月，巴县地方法院、璧山县政府关于会款纠葛、分割家产上诉案两案的文书，包括民事保状、往来公函、民事诉状、巴县地方法院民事裁定书、民事执行状、签饬、报告、民事辩诉状、刑事诉状、谕、审理笔录、刑事辩诉状、签、契约、收据等。

126. 四川高等法院第一分院、璧山县政府等审理会款纠葛及其上诉案、会款纠纷两案　12—4—419—421—2

1935年1月至1939年3月，四川高等法院第一分院、璧山县政府等关于萧张氏等会款纠葛及其上诉案、刘绍伯等会款纠纷两案的文书，包括往来公函、训令、民事执行状、签饬、谕、民事诉状、契约、报告、民事再执行状、推算账单、审理笔录、民事辩诉状、民事上诉状、新式公益会券、璧山县政府民事判决书等。

127. 璧山县政府审理解除婚约等五案　12—4—422—428

1935年7月至1935年12月，璧山县政府关于解除婚约、江达三等会款纠葛、江树林等会款纠纷、谢廷中等租佃纠葛、赖方谷等借款纠葛五案的文书，包括民事诉状、刑事诉状、刑事领状、签饬、报告、签票、谕、民事辩诉状、契约、呈文、审理笔录、训令、账单、民事展限状等。

128. 四川高等法院第一分院、璧山县政府审理会款等三案　12—4—422—428（2）

1935年6月至1939年3月，四川高等法院第一分院、璧山县政府关于江献卿等会款纠葛、温达荣等撤销婚约及其上诉案、钟炳容等租佃纠葛三案的文书，包括民事诉状、谕、审理笔录、报告、民事判决书、签饬、往来公函、训令、诉愿书、民事保状、民事执行状、收据、民事反诉状、民事上诉状、民事续状、契约等。

129. 璧山县政府审理粮税纠葛、借款纠纷两案　12—4—429—430

1935年3月至1936年5月，璧山县政府关于粮税纠葛、借款纠纷两案的文书，包括呈文、训令、民事诉状、诉愿书、审讯单、审理笔录、指令、往来公函、报告、民事辩诉状、账单、谕、民事判决书、民事呈状、民事保状、民事执行状等。

130. 璧山县政府及地方法院审理租佃债务纠葛等案　12—4—431—433

1934年8月至1941年5月，璧山县政府及地方法院关于租佃债务纠葛、押银纠葛等案的文书，包括谕、报告、诉愿书、朱谕、训令、民事诉状、领条、呈文、民事辩诉状、民事执行状、民事自诉状、保状、言辞辩论笔录、民事宣判笔录、民事答辩状、璧山地方法院民事判决书、审理笔录、收据等。

该卷附璧山县政府关于借款纠葛、会款纠纷、押银纠葛、买卖产业、债务纠葛案的民事判决书；璧山地方法院关于股份及垫款纠葛案的民事判决书；四川高等法院第一分院关于买卖田业纠葛、解除租佃契约案的民事判决书;最高法院关于货款纠葛案的民事裁定书。

131. 四川高等法院第一分院、璧山县政府等审理租佃纠葛等案　12—4—434—437(1)

1935年1月至1940年9月,四川高等法院第一分院、璧山县政府等关于租佃纠葛、合伙贸易债务纠葛、借款纠葛上诉案、债务纠葛、商会账目纠纷、分析家产、会项纠葛、会款纠葛及其抗告案、遗产纠葛、押银纠纷等案的文书,包括民事答辩状、民事诉状、民事缴状、四川高等法院第一分院民事裁定书、往来公函、训令、呈文、审理笔录、民事自诉状、民事辩诉状、民事保状、民事抗告状、收据、民事和解状等。

该卷附璧山县政府关于债务纠葛、田业抵押案的民事判决书;巴县地方法院关于支付红利及欠款案的民事判决书。

132. 璧山县政府审理寡妇通奸等案　12—4—434—437(2)

1935年1月至1935年9月,璧山县政府关于寡妇通奸、冯熵甫等会款纠葛、重婚及伤害纠葛、酒账纠葛、合伙经营煤矿纠葛、撬壁盗窃、借款纠葛、因借款纠纷而私自羁押、生活费纠纷、会款纠纷等案的文书,包括刑事诉状、民事诉状、民事和解状、刑事保状、刑事自诉状、呈文、失物单、诉愿书、公证状、民事保状、审理笔录、债务账目单等。

该卷附璧山县政府关于夏海廷等会款债务、江定芳等债务纠葛案的民事判决书。

133. 四川高等法院第一分院、璧山县政府审理破产偿债及其上诉案等七案　12—4—438—444

1935年7月至1939年12月,四川高等法院第一分院、璧山县政府关于破产偿债及其上诉案、幼子上学途中遭诱拐失踪、买卖布匹债务纠葛、膳食田业存查、借款纠葛、押金纠葛上诉案、巫陈氏等破产偿债七案的文书,包括民事诉状、民事缴状、债权人姓名一览表、民事抗告申请状、抗告理由书、训令、四川高等法院第一分院民事裁定书、刑事诉状、审理笔录、供词、呈文、刑事辩诉状、公证状、寻人启事、所学课文、民事撤回状、民事存查状、言辞辩论笔录、民事委任状、往来公函、民事抗告状、再抗告意见书、契约、账单、朱谕、报告、璧山县政府民事裁定书等。

134. 璧山县政府审理借洋纠纷一案　12—4—445

1935年2月至1935年4月,璧山县政府关于郭炳辉等申请偿还借洋一案的文书,包括民事诉状、报告、民事申请状、民事辩诉状等。

135. 巴县地方法院、璧山县政府审理破产偿债、偿还债务及其上诉案两案 12—4—446—448（1）

1935年2月至1936年4月，巴县地方法院、璧山县政府关于谢鼎三等因债多难还申请破产偿债、甘茂轩等买卖房屋纠葛请求偿还债务及其上诉案两案的文书，包括民事申请状、账单、谕饬、点名单、民事裁定书、朱谕、牌告、报告、产业清单、民事声明状、契约、审理笔录、民事辩诉状、抄录存根、民事上诉状等。

136. 巴县地方法院、璧山县政府审理买卖房屋引起的债务纠葛及其上诉案、会款纠葛两案 12—4—446—448（2）

1935年3月至1936年7月，巴县地方法院、璧山县政府关于甘茂轩等由买卖房屋引起的债务纠葛及其上诉案、林绍辉等请求返还会款两案的文书，包括民事自诉状、契约、民事诉状、全御签呈、民事和解状、璧山县政府民事判决书、抄录交单、民事辩诉状、审理笔录、民事保状、民事反诉状、债权人姓名数目单、训令、民事缴状、凭票、民事押追状、报告、民事上诉状、公函、民事执行状等。

137. 巴县地方法院、璧山县政府审理租佃纠纷等五案 12—4—449—453

1935年1月至1938年11月，巴县地方法院、璧山县政府关于王辉安等租佃纠纷、刘体泉等借款纠葛、罗绍清等租佃纠纷、孙穆轩等借款纠葛、李奎光等会项纠葛及其抗告五案的文书，包括民事诉状、契约、民事辩诉状、民事保状、谕、民事判决书、民事自诉状、债务单、凭票、民事声明状、公益会会规、签饬、报告、民事续状、所保管的契约清单、民事抗告状、签票、往来公函、抗告意见书、民事领状、收据等。

138. 四川高等法院第一分院及重庆分院、璧山县政府等审理收养公证等案 12—4—454—464

1934年8月至1949年5月，四川高等法院第一分院及重庆分院、璧山县政府等关于收养公证、货款纠葛抗告案、租佃纠葛抗告案、会项纠葛上诉案、借款纠葛和解备案、借款纠葛等案的文书，包括往来公函、民事诉状、训令、抗告理由书、四川高等法院第一分院民事判决书残卷、民事抗告状、四川高等法院第一分院民事裁定书、报告、四川高等法院第一分院民事判决书、呈文、民事备案状、和解文约、审理笔录、谕、签饬、诉愿书、民事保状、民事执行状、民事缴状、凭票、公证讯问笔录、公证书等。

139. 四川高等法院第一分院、璧山县政府审理债务纠葛等五案 12—4—465—468

1934年6月至1936年1月，四川高等法院第一分院、璧山县政府关于买卖房屋债务纠葛、会项纠葛、租佃纠纷、雇工致残的生活费纠纷、担保债务纠葛上诉案五案的文书，包括民事诉状、民事辩诉状、民事呈状、诉愿书、民事声明状、民事保状、民事判决书、审理笔录、谕、刑事诉状、刑事辩诉状、账单、往来公函、领状、缴状、公证状、训令、四川高等法院第一分院民事裁定书、民事执行状、呈文、民事申请状、民事上诉状、通知书、民事抗告状、调查笔录、宣示判决笔录等。

140. 璧山县政府审理破产偿债等四案　12—4—469—470（1）

1935年9月至1938年6月，璧山县政府关于钟长安申请破产偿债、冷春熙等申请偿还借洋、赵周氏等申请确定土地的经界、夏周氏等申请偿还借款四案的文书，包括民事诉状、债权人姓名数目单、民事申请状、报告、民事裁定书、朱谕、牌告、查封笔录、璧山县政府谕、民事和解状、民事辩诉状、谕饬、往来公函、涉案地图及其说明、审理笔录、民事判决书、民事执行状、民事缴状、民事领状、契约等。

141. 巴县地方法院、璧山县政府审理偿还借款上诉案、会款及租佃纠葛两案　12—4—469—470（2）

1934年11月至1936年7月，巴县地方法院、璧山县政府关于夏周氏等申请偿还借款上诉案、徐伯瑜等会款及租佃纠葛两案的文书，包括民事判决书、民事上诉状、借据、契约、往来公函、民事执行状、民事缴状、民事领状、民事诉状、报告、民事驳回书、审理笔录、呈文、诉愿书、收据、璧山县政府民事判决书、巴县地方法院民事判决书等。

142. 璧山县政府审理债务纠葛、赔偿纠纷两案　12—4—471

1935年10月至1938年2月，璧山县政府关于借款纠葛、因盗伐树木的赔偿纠纷两案的文书，包括民事诉状、民事保状、审理笔录、民事辩诉状、账单、契约、谕、朱谕、查封清单、查封笔录、牌告、民事缴状、民事领状、管业证存根、报告、民事声明状、刑事诉状、保状、收据等。

143. 巴县地方法院、璧山县政府审理重婚遗弃等三案　12—4—472—474

1935年1月至1936年6月，巴县地方法院、璧山县政府关于重婚遗弃、因租佃纠葛引起的伤害案、会款纠葛上诉三案的文书，包括民事诉状、契约、训令、呈文、刑事诉状、报告、刑事辩诉状、刑事结状、审理笔录、签饬、往来公函、收据、法医鉴定书、刑事保状、离婚契约、民事判决书、朱谕、刑事声明状、民事申请状等。

144. 璧山县政府审理会项纠葛一案　12—4—475—476

1935年9月至1937年9月，璧山县政府关于吴青山等会项纠葛一案的文书，包括呈文、民事诉状、民事辩诉状、报告、审理笔录、会款账单、谕、诉愿书、民事判决书、民事申请状、牌告、民事裁定书、民事声明状、民事抗告状等。

145. 四川高等法院第一分院、璧山县政府等审理债务抵押纠葛上诉案、会项纠葛两案　12－4－475－476（1）

1934年12月至1939年2月，四川高等法院第一分院、璧山县政府等关于何玉清等债务抵押纠葛上诉案、吴青山等会项纠葛两案的文书，包括往来公函、民事诉状、债务人会议决定、谕、审理笔录、训令、呈文、收据、民事和解状、指令、民事申请状、借据、收入支出表、牌告、民事领状、签、被告、民事辩诉状等。

146. 四川高等法院第一分院、璧山县政府审理监护财产账目纠葛等四案　12－4－477－479

1935年8月至1936年5月，四川高等法院第一分院、璧山县政府关于监护财产账目纠葛、买卖布匹债务纠葛抗告案、终止收养关系存查、借款纠葛四案的文书，包括往来公函、民事抗告状、民事上诉状、训令、民事展限状、四川高等法院第一分院民事裁定书、民事理由状、结文、审理笔录、民事委任状、民事申请书、理由书、民事存查状、民事辩诉状、民事保状等。

147. 四川高等法院第一分院、璧山县政府审理给付抚养费一案　12－4－480

1934年1月至1936年1月，四川高等法院第一分院、璧山县政府关于叶张氏请求给付抚养费一案的文书，包括借银文约、审理笔录、民事诉状、证据文件等。

该卷附璧山县政府民事判决书、璧山县政府民事堂谕代判书、巴县地方法院民事判决书、四川高等法院第一分院民事裁定书、四川高等法院第一分院饬令办事的训令、四川高等法院第一分院民事判决书，内容涉及租佃纠葛、会项、债务、会款、合伙贸易等。

148. 璧山县政府土地登记申请的文书　12－4－481

1947年，璧山县政府关于土地登记申请的文书，包括保证书、土地标示等。

149. 璧山县政府审理离婚纠葛已经和息申请存查等七案　12－4－482

1935年2月至1935年6月，璧山县政府关于姜载堃等离婚纠葛已经和息申请存查、贺大顺等因儿媳被拐申请备查、卢赵氏因生活无着请求离婚存查、李厚臣参加集贤会缴纳会款请求备案存查、吴子恕等申请上缴公益会会款存查、郭云鹏申请家产分割存查、徐华台请求解除婚约存查七案的文书，包括民事申请状、脱离家庭关系文约、刑事申请状、民事存查状、民事领状、契约、公函等。

150. 巴县地方法院、璧山县政府审理借银纠纷上诉一案　12－4－483

1935 年 11 月至 1936 年 5 月，巴县地方法院、璧山县政府关于陈万宗等请求偿还借银上诉一案的文书，包括往来公函、民事调解状等。

151. 璧山县政府审理脱离夫妻关系存查等三案　12－4－484

1933 年 2 月至 1935 年 7 月，璧山县政府关于陈宏远等请求脱离夫妻关系存查、黄大禄等申请偿还借款上诉案、吴越先因客栈房屋的红契遗失请求存查三案的文书，包括民事存查状、契约、训令、公函、民事发回状、璧山县政府朱饬、袁洪春订立普利田园会协议请求备案备查等。

该卷附四川高等法院第一分院民事裁定书、四川高等法院第一分院民事判决书、璧山县政府民事判决书、巴县地方法院民事裁定书、巴县地方法院民事判决书，内容为涉及债务、会款、会项等。

152. 璧山县政府审理搬迁交业、退还押银两案　12－4－485

1935 年 1 月至 1935 年 6 月，璧山县政府关于黄雨膏等因租佃纠葛请求搬迁交业、戴宏猷等因租佃纠葛请求退还押银两案的文书，包括公函、民事撤回状、民事诉状、训令、民事申请状、民事保状、民事辩诉状等。

该卷附璧山县政府关于姚瑞卿等租佃纠葛案的民事判决书、巴县地方法院关于龙汝霖等会款纠葛案的民事判决书。

153. 巴县地方法院、璧山县政府审理租佃纠葛、会款纠葛及其上诉案两案　12－4－486－487

1935 年 2 月至 1937 年 10 月，巴县地方法院、璧山县政府关于租佃纠葛、会款纠葛及其上诉案两案的文书，包括诉愿书、呈文、审理笔录、民事诉状、民事展限状、账目、民事辩诉状、民事保状、民事判决书、谕、签饬、报告、收条、民事执行状、民事抗告状、会簿等。

154. 四川高等法院第一分院、璧山县政府司法处等审理会款纠葛及其上诉一案　12－4－486－487（2）

1937 年 3 月至 1938 年 8 月，四川高等法院第一分院、璧山县政府司法处等关于郑汉江等会款纠葛及其上诉一案的文书，包括会簿、审理笔录、民事答辩状、璧山县政府司法处民事判决书、报告、民事申请状、往来公函、抗告理由书、抗告意见书、民事诉状、重庆地方法院民事裁定书、四川高等法院第一分院民事裁定书、民事上诉状、民事辩诉状、民事委任状、结文、训令、民事和解状、收据等。

155. 璧山县政府审理会款纠葛、借款纠纷两案　12—4—488—493

1935年7月至1936年10月，璧山县政府关于会款纠葛、借款纠纷两案的文书，包括民事诉状、契约、群贤会会簿、审理笔录、民事保状、民事辩诉状、签饬、民事执行状、谕、民事缴状、账单、民事领状、领条、签票、借约、诉愿书、宣告破产的产业界限、呈文等。

156. 四川高等法院第一分院、璧山县政府审理遗产纠葛等四案　12—4—488—493（2）

1933年5月至1937年2月，四川高等法院第一分院、璧山县政府关于陈大勋等遗产纠葛、周泽沛等借款纠纷、张席珍等由婚姻纠葛引起的伤害及其上诉案、吴春廷等租佃纠葛四案的文书，包括民事诉状、民事判决书、谕、签饬、民事执行状、朱谕、报告、往来公函、训令、指令、呈文、刑事诉状、四川高等法院第一分院民事判决书、四川高等法院第一分院民事裁定书、最高法院民事判决书、民事辩诉状等。

157. 四川高等法院第一分院、璧山县政府审理债务纠葛等五案　12—4—494—500

1935年2月至1937年6月，四川高等法院第一分院、璧山县政府关于谢治云等租佃街房的债务纠葛、薛阳修等会项纠葛及其上诉案、王树廷等由会款引起的租佃纠葛及其上诉案、周树清等诱拐妻女纠葛、何新陆等过失致死五案的文书，包括民事诉状、借约、报告、丹凤镇调解委员会评判词、谕、审理笔录、民事保状、民事上诉状、民事执行状、民事自诉状、民事更正状、民事辩诉状、民事判决书、损失费用单、四川高等法院第一分院民事裁定书、契约、往来公函、刑事诉状、解票、刑事诉愿书、咨文、签饬、牌告等。

该卷另附铜梁县政府函请璧山县政府查办五炳林等入室行凶纠葛案的往来公函。

158. 四川高等法院第一分院、璧山县政府审理租佃纠葛上诉一案　12—4—501（1）

1935年2月至1937年2月，四川高等法院第一分院、璧山县政府关于杨贵发等租佃纠葛上诉一案的文书，包括往来公函、训令、四川高等法院第一分院民事裁定书、民事撤销状、民事上诉状、通知书、民事辩诉状、言辞辩论笔录、四川高等法院第一分院民事判决书、宣告判决笔录、报告、指令、民事抗告状、民事保状等。

159. 四川高等法院第一分院、璧山县政府审理租佃纠葛及其上诉一案　12—4—501（2）

1934年9月至1938年1月，四川高等法院第一分院、璧山县政府关于杨贵发等租佃纠葛及其上诉一案的文书,包括民事声明状、民事诉状、报告、民事辩诉状、谕、民事和解状、呈文、签、来往信件、四川高等法院第一分院民事判决书、审理笔录、民事保状、璧山县政府民事判决书、民事上诉状等。

160. 四川高等法院第一分院、璧山县政府审理借款纠葛等案　12—4—502—510

1935年3月至1936年5月,四川高等法院第一分院、璧山县政府关于借款纠葛、离婚上诉案、家产账目纠葛、会款纠葛上诉案等案的文书,包括民事诉状、借约、谕、审理笔录、往来公函、训令、诉愿书、四川高等法院第一分院民事判决书、民事保状、呈文、民事存查状、报告、债权人清单、民事辩诉状、民事抗告状、各房账目单、璧山县政府民事判决书、民事注销状、和好文约、会账、民事呈状等。

161. 巴县地方法院、璧山县政府审理会款纠葛等五案　12—4—511—515

1935年3月至1936年11月,巴县地方法院、璧山县政府关于吴张氏等会款纠葛、邓仲宣等借款纠葛、胡汉荣等由租佃引起的债务纠葛及其上诉案、刘渭南等债务纠葛案诉讼费用纠葛、孙炳安等租佃纠纷及其上诉五案的文书,包括民事诉状、借约、报告、民事和解状、往来公函、扣押笔录、牌告、签饬、民事辩诉状、璧山县政府民事判决书、审理笔录、民事上诉状、巴县地方法院民事判决书、诉讼费用计算表、民事执行状、谕、民事自诉状、呈文、账单、收据、签票等。

该卷附巴县地方法院函请璧山县政府扣押张九华等人产业的往来公函。

162. 璧山县政府及司法处审理会款纠葛等三案　12—4—516—517

1935年9月至1939年7月,璧山县政府及司法处关于会款纠葛、借款纠葛、拍卖街房偿还借款三案的文书,包括民事诉状、报告、民事辩诉状、谕、审理笔录、民事判决书、民事执行状、民事保状、回庭书、民事自诉状、涉讼损害支出单、民事裁定书、会簿、账单、牌告、朱谕、查封笔录、契约、收据等。

163. 四川高等法院第一分院、璧山县政府审理债务纠葛及其上诉案、会款纠葛两案　12—4—518—5221

1935年9月至1937年10月,四川高等法院第一分院、璧山县政府关于曹刘氏等申请偿还借款及其上诉案、董海廷等会款纠葛两案的文书,包括民事诉状、审理笔录、璧山县政府民事判决书、民事保状、往来公函、民事上诉状、训令、民事执行状、民事辩诉状、朱谕、牌告、民事申请状、债权团通知、民事续呈状等。

164. 四川高等法院第一分院、璧山县政府审理会款纠葛等三案　12－4－518－522（2）

1935年1月至1938年7月，四川高等法院第一分院、璧山县政府关于董海廷等会款纠葛、朱洪章等租佃纠葛、何陈德贞申请田业等财产登记三案的文书，包括审理笔录、民事申请状、民事执行状、民事领状、呈文、借据、验换证、民事辩诉状、报告、民事反诉状、民事诉状、训令、分管产业分约、申请登记状、牌告等。

165. 璧山县政府审理债务纠葛等六案　12－4－523－529（1）

1935年1月至1936年7月，璧山县政府关于万建章等申请偿还借洋、龙赵氏等申请偿还货款(未说明)、陈清河等要求偿还借款、王李氏等合伙贸易纠葛、胡济膏等由拉丁引起的诈财案、袁天成等租佃纠葛六案的文书，包括呈文、训令、报告、往来公函、民事诉状、民事辩诉状、审理笔录、璧山县政府签票、刑事呈状、收据、刑事公证状、刑事保状、民事自诉状、诉愿书、契约、民事判决书、民事执行状等。

166. 璧山县政府审理租佃纠葛、押佃纠葛两案　12－4－523－529（2）

1935年4月至1938年3月，璧山县政府关于袁天成等租佃纠葛、张相武等押佃纠葛两案的文书，包括契约、收据、民事保状、诉愿书、训令、往来公函、民事诉状、民事自诉状、刑事诉状、签呈、报告、呈文、谕、璧山县政府签票、民事辩诉状、审理笔录等。

167. 璧山县政府审理偿还借款等三案　12－4－530－532

1935年1月至1938年1月，璧山县政府关于罗吉云等申请偿还借洋、杨银山等会项纠葛、甘泽民申请破产偿债三案的文书，包括民事诉状、民事续状、民事保状、审理笔录、民事判决书、报告、民事执行状、佃约、诉愿书、债权人姓名数目单、民事申请执行状、民事补状、训令、收条、呈文、民事声明状、民事自诉状、契约、往来公函、牌告、签饬、民事呈状、债权姓名本利率表等。

168. 巴县地方法院、璧山县政府审理会项纠葛等三案　12－4－533－537

1935年1月至1935年12月，巴县地方法院、璧山县政府关于刘怀一等会项纠葛、姜周氏等由口角引起的伤害案、钱万才等会款纠葛及其上诉案三案的文书，包括民事诉状、民事自诉状、民事展限状、报告、呈文、刑事诉状、审理笔录、刑事保状、训令、民事辩诉状、民事保状、民事申请状、五庄公益会簿、往来公函、民事执行状等。

169. 璧山县政府审理债务纠葛等三案　12—4—533—537（2）

1935年1月至1937年2月，璧山县政府关于罗薛氏等申请偿还借款、许炳清等租佃纠葛、罗炳全等租佃纠葛三案的文书，包括点名单、呈文、审理笔录、民事申请状、民事保状、民事诉状、民事辩诉状、报告、诉愿书、往来公函、查封清单、牌告、训令、民事判决书等。

170. 巴县地方法院、璧山县政府审理债务纠葛及其上诉案、会项纠葛两案　12—4—538—541

1934年12月至1936年10月，巴县地方法院、璧山县政府关于张怀德等申请偿还借款及其上诉案、刘春三等会项纠葛两案的文书，包括民事诉状、报告、民事辩诉状、审理笔录、民事上诉状、诉愿书、借约、往来公函、训令、民事和解状、和解文约、民事保结状、呈文、民事保状、连带证明、民事执行状、所欠会银姓名单、民事再审状、契约等。

171. 四川高等法院第一分院、璧山县政府、璧山实验地方法院审理债务纠葛等三案　12—4—538—541

1935年7月至1943年7月，四川高等法院第一分院、璧山县政府、璧山实验地方法院关于刘克忠要求胡德昌等偿还借洋、陶荣成等由债务纠纷引起的妨害自由抗告案、荣元亨等申请将犯人保外就医三案的文书，包括民事诉状、报告、全衔咨文、民事保状、民事续状、民事申请状、来往电报、借约、关票、呈文、刑事抗告状、四川高等法院第一分院刑事判决书、四川高等法院第一分院刑事裁定书、保状、收条、刑事申请状等。

172. 巴县地方法院、璧山县政府审理会款纠葛及其上诉案、教唆私逃两案　12—4—540—546（1）

1935年1月至1935年6月，巴县地方法院、璧山县政府关于谢雨膏等会款纠葛及其上诉案、何绍全等由婚约纠葛引起的教唆私逃两案的文书，包括往来公函、呈文、民事诉状、民事辩诉状、审理笔录、借约、民事公证状、民事保状、收据、民事上诉状、公益会簿、契约、刑事诉状等。

173. 四川高等法院第一分院、璧山县政府审理教唆私逃等三案　12—4—540—546（2）

1935年1月至1936年10月，四川高等法院第一分院、璧山县政府关于何绍全等由婚约纠葛引起的教唆私逃、黄平之等租佃抵押纠葛抗告案、刘云吉等由租佃纠葛引起的侵占案三案的文书，包括刑事点名单、审理笔录、刑事诉状、提讯单、刑事证明状、往来公函、抗告理由书、训令、四川高等法院第一分院民事裁定书、民事抗告状、报告、诉愿书、签饬、刑事续状、契约、会簿等。

174. 巴县地方法院、璧山县政府审理租佃纠葛等四案　12－4－547－551（1）

1934 年 9 月至 1936 年 3 月，巴县地方法院、璧山县政府关于陈滋如等租佃纠葛、合伙贸易布匹纠葛及其抗告案、变造租佃契约、债务纠葛四案的文书，包括民事诉状、民事保状、账单、民事缴状、朱谕、审理笔录、报告、牌告、民事补呈状、民事抗告状、往来公函、抗告理由书、刑事诉状、契约、民事诉讼状等。

175. 四川省第三区行政督察专员公署、璧山县政府等审理申请拍卖产业偿还欠款、包庇出售鸦片烟灯两案　12－4－547－551（2）

1935 年 10 月至 1936 年 7 月，四川省第三区行政督察专员公署、璧山县政府等关于罗纯青申请拍卖产业偿还欠款、禁烟专员潘永清包庇出售鸦片烟灯两案的文书，包括民事诉状、账单、往来公函、国民政府军事委员会委员长行营训令、呈文、讯问笔录、刑事呈状、刑事诉状、报到单、快邮代电、禁烟委员会委任令、报告、证明书、刑事恳状、四川省政府指令、军事委员会指令等。

176. 巴县地方法院、璧山县政府审理租佃纠葛及其上诉案、给付租谷及其上诉案两案　12－4－552－554（1）

1935 年 1 月至 1936 年 7 月，巴县地方法院、璧山县政府关于程新甫等租佃纠葛及其上诉案、罗炳臣等申请给付租谷及其上诉案两案的文书，包括民事诉状、契约、民事辩诉状、璧山县政府刑事处分书抄电、报告、民事上诉状、呈文、民事领状、民事和解笔录、民事自诉状、审理笔录、民事续状、民事判决书、收据、训令、往来公函、签饬等。

177. 巴县地方法院、璧山县政府审理给付租谷及其上诉案、租佃押银纠葛两案　12－4－552－554（2）

1935 年 10 月至 1938 年 5 月，巴县地方法院、璧山县政府关于罗炳臣等申请给付租谷及其上诉案、李春林等租佃押银纠葛两案的文书，包括往来公函、璧山县政府签票、民事诉状、民事判决书、报告、收据、审理笔录、民事保状、签呈、呈文、保状、恳状、连年租谷清单、朱谕、牌告、民事异议状、拍卖布告、民事续诉状等。

178. 璧山县政府审理借款纠葛上诉案等六案　12－4－555－560

1935 年 4 月至 1935 年 12 月，璧山县政府关于熊伯卿等借款纠葛上诉案、郭何氏等分析家产纠葛、叶钟氏等申请偿还借洋、姜荣璧等因遗弃引起的抚养费纠葛、何张氏等分家后的生活费用纠纷及其上诉案、刘春暄等借款纠葛六案的文书，包括训令、往来公函、朱谕、布告、民事诉状、借约、审理笔录、民事保状、呈文、民事和解状、民事辩诉状、民事判决书、刑事诉状、契约、刑事辩诉状、刑事上诉状、民事执行状、收据、账单等。

179. 四川高等法院第一分院、璧山县政府审理租佃纠葛等六案　12－4－561－566

1934年1月至1936年2月，四川高等法院第一分院、璧山县政府关于黄大禄等租佃纠葛抗告案、周煜南等会项纠葛、毛炳钦等会款纠纷、张陈氏等租佃纠葛、胡明德等申请偿还借款、胡焕章等租佃纠纷六案的文书，包括民事抗告状、训令、往来公函、抗告理由书、四川高等法院第一分院民事裁定书、民事上诉状、民事再恳状、民事诉状、审理笔录、璧山县政府民事判决书、民事续呈状、民事辩诉状、报告、诉愿书、民事执行状、民事保状、契约等。

180. 巴县地方法院、璧山县政府审理债务纠葛等五案　12－4－567－572

1935年2月至1937年9月，巴县地方法院、璧山县政府关于朱东璧要求朱正荣等偿还借款、巴县地方法院函请璧山县政府传讯曾海云并函复审讯笔录、李栋才等申请偿还借债、钟炳章要求吴用之等返还借款、舒吉辉等搬迁交业纠葛五案的文书，包括民事诉状、民事辩诉状、审理笔录、民事申请状、往来公函、巴县地方法院民事裁定书、借约、报告、民事答辩状、欠条、信件原文、抄录存根、呈文、谕、契约、民事自诉状、民事和解状、民事证明状、民事判决书、训令、民事保状、签饬、收据、签票等。

181. 巴县地方法院、璧山县政府审理会款纠葛及其上诉案、债务纠葛两案　12－4－573－576（1）

1935年2月至1935年12月，巴县地方法院、璧山县政府关于高玉书等会款纠葛及其上诉案、王志藩要求罗肇荣偿还借款两案的文书，包括往来公函、民事诉状、呈文、民事和解状、民事辩诉状、审理笔录、民事上诉状、借据、诉愿书、民事保状、收据等。

182. 四川高等法院第一分院、璧山县政府等审理债务纠葛等八案　12－4－573－576（2）

1935年7月至1938年3月，四川高等法院第一分院、璧山县政府等关于王志藩要求罗肇荣偿还借款、伍子杰等要求吴海全等偿还所借生洋、陶俊卿等申请偿还借款、蒋光耀等借款纠葛、尹连三等会款纠葛、谢增辉等债务纠葛及其上诉案、龚位高等债务纠葛、黄廷之等会款纠纷八案的文书，包括民事点名单、民事诉状、报告、最高法院民事裁定书、璧山县政府民事判决书、审理笔录、民事执行状、民事保状、借约、收据、训令、巴县地方法院民事裁定书等。

183. 四川高等法院第一分院、璧山县政府等审理奸淫罪上诉一案　12—4—577

1935 年 5 月至 1941 年 7 月，四川高等法院第一分院、璧山县政府等关于罗焕廷等奸淫罪上诉一案的文书，包括往来公函、指令、训令、报告、刑事保状、法院证明单等。

184. 璧山县政府审理破产偿债等四案　12—4—578

1935 年 7 月至 1936 年 4 月，璧山县政府关于刘志荣申请破产偿债、龚焕成等债务押典纠葛、袁天成等租佃纠葛、蒋松山等申请偿还借款四案的文书，包括民事申请状、朱谕、民事保状、民事诉状、民事公证状、报告、训令、民事自诉状、押洋账单、借约、民事委任状、审理笔录、民事辩诉状、民事判决书等。

185. 璧山县政府审理债务纠葛一案　12—4—579

1935 年 4 月至 1935 年 11 月，璧山县政府关于冯元兴等由会款引起的债务纠葛一案的文书，包括民事诉状、民事辩诉状、审理笔录、诉愿书、民事保状、签饬、报告、民事补呈状等。

186. 四川高等法院第一分院、璧山县政府审理因租佃纠葛要求搬迁等三案 12—4—580—582

1935 年 4 月至 1937 年 12 月，四川高等法院第一分院、璧山县政府关于凌云飞等因租佃纠葛要求搬迁、皮森荣等请求偿还会款、安蒋氏等申请返还借款三案的文书，包括民事诉状、余黄氏的世系图及其说明、诉愿书、民事保状、民事判决书、审理笔录、报告、签票、训令、公函、签饬、民事和解状、朱谕、民事缴状、民事领状、民事辩诉状、借据、收据等。

187. 四川高等法院第一分院、璧山县政府审理因租佃纠葛请求搬迁、申请再嫁谋生存查两案，附判决书卷　12—4—583

1931 年 12 月至 1937 年 1 月，四川高等法院第一分院、璧山县政府关于江罗氏等因租佃纠葛请求搬迁、萧秦氏申请再嫁谋生存查两案的文书，包括民事辩诉状、报告、民事存查状等。

该卷附璧山县政府关于田海清等债务纠葛、薛隆田等会款纠葛、洪启常等买卖田土房屋纠葛、娄才仕等申请偿还借款、陈仲达等会款纠葛、蔡锡洲等垫付丧葬费纠葛、向回生等租佃押银纠葛、杜义兴等借款纠纷、马祺生等人身伤害案的民事判决书、刑事判决书;璧山县政府兼理司法事务关于张杨氏等买卖房土纠葛的民事判决书。

巴县地方法院关于张杨氏等买卖不动产及生活费案的民事判决书、债务纠葛的和解笔录;重庆地方法院关于债务纠葛案的民事判决书、四川高等法院第一分院关于张杨氏等买卖不动产及生活费案的民事判决书。

188. 四川高等法院第一分院、璧山县政府审理偿还借款等三案　12－4－584

1934年12月至1935年9月,四川高等法院第一分院、璧山县政府关于李绍成等请求偿还借款、周恒泰等布款纠纷上诉案、荣西旺等申请撤销副乡长兼粮长职务三案的文书,包括民事委任状、诉愿书、报告、审理笔录、民事执行状、民事辩诉状、民事上诉状、公函、训令、民事申请函、牌告、犯罪记录简明表、璧山县政府布告、执凭等。

189. 四川高等法院第一分院、璧山县政府审理发掘坟墓纠葛等四案　12－4－585

1934年8月至1935年12月,四川高等法院第一分院、璧山县政府关于发掘坟墓纠葛、偿还债务上诉案、犯人保外就医、土地经界纠纷四案的文书,包括刑事诉状、公函、审理笔录、刑事辩诉状、刑事保状、刑事领状、报告、坟地争执图及其说明、训令、最高法院民事判决书、民事诉状、刑事申请函、璧山县政府民事判决书、民事执行状、民事保状等。

190. 四川高等法院第一分院、璧山县政府等审理扣押财产等六案　12－4－586－587

1934年6月至1945年10月,四川高等法院第一分院、璧山县政府等关于张定国等因会款纠葛请求扣押财产、朱益三等不服判决请求偿还借银、陈坤山等因租佃纠葛请求赔偿损毁房屋、江建国等杀人未遂、王守正等欠款纠纷及其上诉案、邬王氏等领押交业六案的文书,包括民事申请状、朱谕、报告、民事诉状、审理笔录、收据、民事保状、公函、刑事诉状、民事上诉状、民事请追状、四川高等法院第一分院民事判决书、民事声明状、民事执行命令、接收单等。

191. 四川高等法院第一分院及重庆分院、璧山县政府等审理贩卖人口等四案　12－4－588－592

1935年9月至1949年11月,四川高等法院第一分院及重庆分院、璧山县政府等关于贩卖人口、搬迁交业、会款纠纷、借款纠纷四案的文书,包括刑事呈报函、民事诉状、民事辩诉状、民事判决书、审理笔录、借约抄录存根、公函、讯问笔录等。

192. 四川高等法院第一分院、璧山县政府等审理要求赔偿损害等三案　12－4－593－595

1935 年 4 月至 1945 年 4 月，四川高等法院第一分院、璧山县政府等关于张正玉因张树辉等伪造账目要求赔偿损害、郭春发等因租佃纠葛请求交业纳租、吴朝海等请求析分家产及其上诉案三案的文书，包括民事诉状、契约、报告、民事保状、民事委任状、民事反诉状、阅卷申请书、民事变更状、民事言辞辩论笔录、证人结文、民事宣判笔录、璧山实验地方法院民事判决书、最高法院民事判决书、璧山县政府民事判决书、民事上诉状、民事答辩状等。

193. 巴县地方法院、璧山县政府审理偿还会款及其上诉一案　12－4－596

1934 年 12 月至 1936 年 1 月，巴县地方法院、璧山县政府关于李绍卿等请求偿还会款及其上诉一案的文书，包括审理笔录、民事诉状、民事保状、民事声明状、民事抗告状、借约、民事执行状、民事公证状、民事委任状、报告、民事判决书、民事上诉状、巴县地方法院民事判决书等。

194. 璧山县政府审理租佃债务纠纷、会项纠纷等三案　12－4－597－600（1）

1935 年 9 月至 1936 年 7 月，璧山县政府关于刘四合等与张平安等间的租佃债务纠纷、王珂臣等与谭桂三等间的会项纠纷、杨春普等与范炳云间伪造炭票诈取钱财纠纷三案的文书，包括民事诉状、训令、呈文、复讯单、民事保状、审理笔录、点名单、报告、送达回证、租佃文约、传票、诉愿状等。

195. 巴县地方法院、璧山县政府审理伪造炭票诈取钱财纠纷上诉案、租佃纠纷等三案　12－4－597－600（2）

1935 年 1 月至 1935 年 11 月，巴县地方法院、璧山县政府关于陈谦德等与杨春普等伪造炭票诈取钱财纠纷上诉案、周尊三等与陈安治等间的租佃纠纷、许炳芹与陈海州间的地钞敷水纠纷三案的文书，包括民事诉状、审理笔录、点名单、公函、训令、报告、传票、民事保状、送达回证、民事判决书、牌告等。

196. 四川高等法院第一分院、巴县地方法院、璧山县政府审理借款债务纠纷等三案　12－4－601－603

1935 年 1 月至 1937 年 8 月，四川高等法院第一分院、巴县地方法院、璧山县政府关于胡秉中等与刘顺清等间的借款债务纠纷、钱辉堂与钱桂林等间的会项纠纷及其上诉案、匡茂林等与吴兴一间的租佃纠纷及其上诉案三案的文书，包括点名单、民事诉状、民事保状、审理笔录、送达回证、报告、谕令、朱谕、传票、民事辩诉状、民事和解书、公函、诉讼费用清单、训令、呈文、指令等。

197. 巴县地方法院、璧山县政府审理租佃纠纷及其上诉案等四案　12－4－604－607

1935年7月至1936年7月,巴县地方法院、璧山县政府关于张绍林等与龙俊才间的租佃纠纷及其上诉案、张义生等与王林章间的借款债务纠纷、郑炳清等与周银清间的租佃纠纷、龚贤成等与荣元兴等间的会项纠纷四案的文书,包括民事诉状、报告、民事上诉状、民事保状、审理笔录、送达回证、传票、呈文、往来公函、训令、点名单、借据等。

198. 最高人民法院、四川高等法院第一分院、璧山县政府审理请求确认立嗣无效上诉案等四案　12－4－608－613(1)

1935年6月至1936年5月,最高人民法院、四川高等法院第一分院、璧山县政府关于甘刘氏与甘义光等请求确认立嗣无效上诉案、伍海荣与胡泽如间的货款纠纷、杨全盛与赖汉江等间的借款债务纠纷、王忠华等声请破产四案的文书,包括民事诉状、民事保状、审理笔录、送达回证、传票、往来公函、电报、民事裁定书、点名单、诉愿书、借款凭证、债权人名单、契纸等。

199. 巴县地方法院、璧山县政府审理会项纠纷及其上诉案等三案　12－4－608－613(2)

1935年1月至1936年10月,巴县地方法院、璧山县政府关于王忠华等呈请破产债务案、谢兴发等与曹俊卿间的会项纠纷、周玉山与张炳林间的会款纠纷及其上诉案三案的文书,包括官契、契格、训令、卖田土房屋文约、民事诉状、民事保状、诉愿书、点名单、审理笔录、民事辩诉状、璧山县政府判决书、送达回证、传票、公函、民事上诉状等。

200. 巴县地方法院、璧山县政府审理租佃纠纷等五案　12－4－614－617(1)

1934年12月至1936年10月,巴县地方法院、璧山县政府关于封谢氏等与吴云林间的租佃纠纷、黄张氏与张邓氏间的租佃纠纷、黄金廷等擅入他人房屋进行搜索银券首饰案、黄金廷等间的租佃纠纷及其上诉案、李荣案等与蒲银安间的借款债务纠纷五案的文书,包括民事诉状、民事辩诉状、民事保状、审理笔录、民事判决书、点名单、饬签、训令、押佃洋之账单、报告、民事领状、送达回证、传票、公函、账单、刑事自诉状、民事上诉状等。

201. 巴县地方法院、璧山县政府审理借款债务纠纷及其上诉案等三案　12－4－614－617（2）

1935年2月至1936年1月，巴县地方法院、璧山县政府关于李荣案与蒲银安等间的借款债务纠纷、罗相之与邬文芳等间的借款债务纠纷及其上诉案、陈明钦等声请破产拍卖三案的文书，包括点名单、呈文、民事诉状、审理笔录、借据、凭票、民事查请代判书、民事辩诉状、送达回证、传票、壁民事上诉状、民事和解书、公函、收条、遗嘱等。

202. 四川高等法院第一分院、巴县地方法院、璧山县政府审理借款债务纠纷及其抗告案等三案　12－4－618－620

1935年3月至1937年5月，四川高等法院第一分院、巴县地方法院、璧山县政府关于黄学五与全盛恒求偿货款及垫付会款的债务纠纷及其上诉案、朱有辉与袁治安等间的借款债务纠纷及其抗告案、吉庆祥与孙治臣等间的买卖纠纷及其抗告案三案的文书，包括民事诉状、巴县地方法院和解笔录、点名单、审理笔录、送达回证、传票、公函、璧山县政府牌告、呈文、民事声明书、朱谕、饬签、训令、报告、民事领状、不服抗告意见书、民事调解书、缮本等。

203. 四川高等法院第一分院、四川省政府、璧山县政府等审理会项纠纷及其上诉案等三案　12－4－621－622

1935年1月至1939年2月，四川高等法院第一分院、四川省政府、璧山县政府等关于谷高轩与刘益山等间的会项纠纷及其上诉案、薛平章等因负债过巨无力偿还为由声请破产案、征收局与周炳泰间的征收粮款纠纷及其上诉案三案的文书，包括民事诉状、民事辩诉状、点名单、民事和解笔录、民事保状、审理笔录、送达回证、传票、训令、布告、牌告、民事执行状、缮本、报告、民事和解书、执据、公函、收条、诉愿书、呈文、指令等。

204. 四川省政府、璧山县政府审理侵吞粮款纠纷、债务纠纷两案　12－4－623－624

1935年1月至1935年9月，四川省政府、璧山县政府关于王清廷诉周炳泰侵吞粮款纠纷、戴品三与曾树山间的债务纠纷两案的文书，包括民事诉状、训令、审讯单、复讯单、呈文、流水账单、收据、审理笔录、指令、传票、批示、公函等。

205. 四川高等法院第一分院、巴县地方法院、璧山县政府审理买卖纠纷及其抗告案等五案　12－4－625－627

1935年5月至1936年4月，四川高等法院第一分院、巴县地方法院、璧山县政府关于何同盛长与夏溶波的买卖纠纷及其抗告案、陈仲山与萧刘氏等间的借款债务纠纷、杨特武与王守正间的租赁纠纷上诉案、陈万民与陈俊良间的买卖纠纷上诉案、李顺清与杨树山等间的会项纠纷五案的文书，包括民事诉状、点名单、民事保状、审理笔录、报告、民事执行状、呈文、民事抗告状、送达回证、传票、公函、签票、抗告理由书、训令、咨文、关票、送达证书、宣告判决笔录、民事判决书、民事上诉声明书等。

206. 璧山县政府审理请领存款案等三案　12－4－628

1928 年 7 月至 1935 年 2 月，璧山县政府关于刘德三间等请领存款案、邬德成与罗文廷等间的会银纠纷案、潘泽之等与陈庶康等间的借款债务纠纷三案的文书，包括民事诉状、诉愿书、民事领状、民事保状、审理笔录、征收通知单、提讯单、民事公证状、缺判单、执行单、呈文、借据、送达回证、牌示、报告、领银单、公函等。

207. 四川高等法院第一分院、璧山县政府审理租佃纠纷等六案　12－4－629－632

1934 年 11 月至 1936 年 2 月，四川高等法院第一分院、璧山县政府关于封金奎与张栋成等间的租佃纠纷、王填氏与吴建三等间的租佃纠纷、王田氏与吴何氏间的租佃纠纷、陈吕氏与张子贤间的租佃纠纷、凌云清与简洪盛等间的会款纠纷、张炳安等不服假扣押裁定上诉案六案的文书，包括民事诉状、点名单、报告、民事保状、审理笔录、民事辩诉状、饬签、签票、送达回证、传票、公函、训令、民事裁定书、通知书、送达据、抗告意见书、抗告命令理由书等。

208. 重庆地方法院、巴县地方法院、璧山县政府审理地界纠纷上诉案等四案　12－4－633－636

1935 年 1 月至 1937 年 9 月，重庆地方法院、巴县地方法院、璧山县政府关于代合川县锁押罪犯程文明等案、吴炳煊与陶青山等间的地界纠纷上诉案、唐见初与唐巨川间的借款债务纠纷、邓见龙因负债甚巨无法偿还而申请破产四案的文书，包括民事诉状、民事保状、审理笔录、民事声请执行状、民事声请书、民事判决书、民事裁定书、送达回证、传票、公函、咨文、呈文、点名单、计算书、报告、民事参加诉讼声请书、合约、破产声请书等。

209. 巴县地方法院、璧山县政府审理借款债务担保纠纷等五案　12－4－637

1935 年 7 月至 1937 年 1 月，巴县地方法院、璧山县政府关于马冀之与罗肇荣等间的借款债务担保纠纷、吴清泉等与陈泽三等间的会款纠葛、刘兴贵与徐全廷等因违约骗婚引起的婚姻纠葛、江流高与傅呈祥间的买卖坟地纠纷上诉案、秦炳全等请求归还票据五案的文书，包括民事诉状、点名单、诉愿书、民事保状、审理笔录、送达回证、传票、公函、报告、民事和解笔录、领条、朱谕、民事领状等。

210. 四川高等法院第一分院及重庆分院、璧山地方法院、璧山县政府等审理借款债务纠纷等五案　12－4－638（1）

1935年1月至1949年10月，四川高等法院第一分院及重庆分院、璧山地方法院、璧山县政府等关于任炳光与凌云清间的租谷纠纷、尹焕章与尹连三间的借款债务纠纷、荣叙五与江献乡间的黄谷纠纷上诉案、范继淹等与谢汉乡等的经界纠纷上诉案、邓佐臣与邱玉顺等的押银租谷纠纷及其上诉案五案的文书，包括民事诉状、民事保状、民事执行声请书、点名单、言辞辩论笔录、审理笔录、送达回证、传票、训令、公函、书记室通知、民事上诉声请书、缮本、呈文等。

211. 四川高等法院第一分院、璧山县政府审理租佃纠纷等九案　12－4－638（2）

1935年1月至1937年1月，四川高等法院第一分院、璧山县政府关于邓佐臣与邱玉顺等的租佃纠纷、何明章与叚长盛等间的会项纠纷、伍董氏与伍江氏等间的继承纠纷、陈正荣离婚存查案、伍萧氏与伍陶氏间的家庭纠纷存查案、江流泽与江胡氏间的骗押纠纷存查案、罗树臣等与曹仲林等间的会项纠纷、萧文彬等与徐利贞间的家庭财产纠纷及其上诉案、刘汉清等与蔡述荣间的借款债务纠纷九案的文书，包括民事诉状、点名单、民事保状、报告、审理笔录、送达回证、传票、租佃土地房屋文约、公函、民事判决书、民事上诉声请书、呈文等。

212. 四川高等法院第一分院、璧山县政府审理拖欠纱款债务纠纷等八案　12－4－639

1934年12月至1937年8月，四川高等法院第一分院、璧山县政府关于郑炳清与陈义卿间的拖欠纱款债务纠纷、王荣氏因口角致人伤害案、戴胡氏因生活困苦申请改嫁存查案、张时可等间的买卖纠纷、汪树廷与刘长泰间的借款债务纠纷、刘春山与黄珍安等间的会款纠纷、罗荣安与徐子高等间的借款债务纠纷及其上诉案、何斌等伤害他人致死案八案的文书，包括民事诉状、民事保状、点名单、审理笔录、刑事判决书、民事执行声请书、送达回证、民事申请状、传票、签票、收条、公函、牌示、谕知书、民事缴状、呈文、训令等。

213. 四川高等法院第一分院、璧山县政府审理家产纠纷及其上诉案等三案　12－4－640

1934年4月至1936年7月，四川高等法院第一分院、璧山县政府关于吴星耀与伍曾氏等间的分配家产纠纷及其上诉案、彭良光与彭良方等间的家产纠纷、陈良三等与彭良朝间的房屋土地纠纷等三案的文书，包括民事诉状、民事裁定书、点名单、民事辩诉状、民事保状、审理笔录、收条、传票、公函、民事领状、报告、民事公证状等。

214. 璧山县政府等审理会项纠纷一案　12—4—641

1935 年 5 月至 1944 年 1 月，璧山县政府等关于钱守成等与娄荣盛间的会项纠纷一案的文书，包括点名单、审理笔录、训令、通知书、呈文等。

该卷附有 1944 年 1 月璧山实验地方法院诉讼结果登记簿一份。

215. 四川高等法院第一分院、璧山县政府审理合伙债务纠纷及其上诉案、纳妾申请存查两案　12—4—642

1935 年 10 月至 1935 年 12 月，四川高等法院第一分院、璧山县政府关于张彬然等与温斗山间的合伙债务纠纷及其上诉案、江汉清纳妾申请存查两案的文书，包括民事诉状、民事保状、审理笔录、点名单、报告、诉愿书、民事存查状等。

216. 四川高等法院第一分院、璧山县政府审理遗产纠纷、会款纠纷及其上诉案两案　12—4—643

1935 年 10 月至 1937 年 8 月，四川高等法院第一分院、璧山县政府关于赖刘氏与赖汉章等间的遗产纠纷、邬瑶阶与罗聚玉间的会款纠纷及其上诉案两案的文书，包括民事诉状、遗嘱、民事辩诉状、民事公证状、民事保状、审理笔录、点名单、送达回证、传票、训令、民事裁定书、报告、呈文、指令等。

217. 璧山县政府审理借款债务纠纷一案　12—4—644

1935 年 4 月至 1937 年 1 月，璧山县政府关于张志永与陈仲桢借款债务纠纷一案的文书，包括民事执行声请书、报告、点名单、诉愿书、民事诉状、民事保状、民事公证声明状、牌告、训令、呈文、民事呈请书、牌示、朱谕、民事声明状、民事具缴状、审理笔录、送达回证、传票、公函等。

218. 四川高等法院第一分院、璧山县政府等审理借款债务纠纷及其上诉案等九案 12—4—645—647

1935 年 4 月至 1940 年 12 月，四川高等法院第一分院、璧山县政府等关于陈锡周与刘相五的借款债务纠纷及其上诉案、甘明蜀申请通缉纵火犯案、通缉掳人勒索罪犯冉尧阶案、牟月樵重婚伤害诈欺遗产案、金万氏与楼靖国间的会项纠纷、吕成五借贷纠纷申请存查案、郑崇山已付会款声明案、王伟达与钱雅修等间的会款纠纷、张邵文被判窃盗罪上诉案九案的文书，包括民事诉状、民事保状、点名单、审理笔录、璧山县政府民事裁定书、送达回证、传票、公函、呈文、训令、民事裁定书、民事存查状等。

219. 四川高等法院第一分院、重庆地方法院、巴县地方法院、璧山县政府等审理求偿借款债务纠纷及其上诉案一案　12－4－648

1935 年 6 月至 1939 年 6 月，四川高等法院第一分院、重庆地方法院、巴县地方法院、璧山县政府等关于蔡清洲与刘治平等求偿借款债务纠纷及其上诉一案的文书，包括训令、报告、呈文、民事判决书、民事裁定书、民事诉状、民事保状、点名单、审理笔录、民事续状、送达回证、传票、公函、拘票、缮本、公益会资料等。

220. 璧山县政府审理声请破产一案　12－4－649

1935 年 11 月至 1936 年 3 月，璧山县政府关于舒尹氏负债甚巨不能偿还申请破产一案的文书，包括民事声请状、各债权等姓名数目单、呈文、训令、审理笔录、民事具领状、民事裁定书等。

民事五

1. 四川高等法院第一分院、璧山县政府及军法处等审理租佃纠葛等七案　12—5—1—5

1934年1月至1945年8月，四川高等法院第一分院、璧山县政府及军法处等关于租佃纠葛、债务、欠款、会款、鸦片、重婚虐待、夫死改嫁存查七案的文书，包括诉状、判决书、保状、处分书、存状、点名单等。

2. 璧山县政府等审理债务纠葛等八案　12—5—6—8

1934年3月至1940年12月，璧山县政府等关于债务、会款纠纷、租佃、禁卖产业、分摊诉讼费用额、田房买卖契约、回赎典产、清算合伙营商账目八案的文书，包括民事裁定书、判决书、训令、公函、诉状、点名单、笔录、保状、辩状等。

3. 璧山县政府审理借款纠葛等五案　12—5—9—13

1934年1月至1935年7月，璧山县政府关于借款纠葛、教唆诬告、宿娼轮奸、债务纠葛及其抗告、作伪证及债务执行五案的文书，包括民事存查、民事诉状、行政诉状、刑事声明、刑事诉状、点名单、审理笔录、票据、辩诉、训令、民事保状、刑事保状、送达回证、公函、通令、收条、提讯单、民事裁定书、收费存照、传票等。

4. 四川高等法院第一分院及重庆分院、璧山县政府等审理请求偿还借款纠葛等十二案　12—5—14—16

1934年7月至1949年11月，四川高等法院第一分院及重庆分院、璧山县政府等关于窃占及妨害自由、请求偿还借款纠葛、诬告及附带民诉案、租佃纠葛引发的窃占案、黄谷收买导致诈欺案、烟毒、债务、煤炭厂煤渣造成农田收成受损的赔偿损害及排除侵害案、购买耕牛欠款被控诈欺案、求偿典业之赔修费、租佃纠葛、会款纠葛十二案的文书，包括刑事判决书、民事判决书、公函、检察官不起诉处分书、民事自诉书、民事原诉、民事申明书、民事抗告书、民事辩状、点名单、审理笔录、民事续诉状、民事保状等。

该卷附有四川省政府、璧山县政府、璧山地方法院看守所等关于“寄禁军事人贩主副食费”的代电、指令、往来公函、稿、移送已决军事人犯一览表、已决军事犯案由及移禁日期清单等文书，内容完备。另附有璧山县不动产登记证明书存根，璧山县警察局直辖派出所所长、警花名单，璧山地方法院俸薪表，璧山县政府关于土地产权登记的公告，璧山地方法院公证处函请协助宣导公证制度的公函，璧山地方法院看守所拟人升充的呈件及公务员履历表，璧山县农业税存粮表，璧山县1943年年度地方岁入概算书和岁出览视书等文书。

5. 巴县地方法院、璧山县政府审理家产纠葛、会款纠葛两案　12—5—17—18

1934年4月至1935年10月，巴县地方法院、璧山县政府关于家产纠葛、会款纠葛两案的文书，包括刑事原诉书、物证人证、刑事保状、民事申请书、收费存照、民事辩状、点名单、民事公证状、民事诉状、民事保状、判决书、送达回证、往来公函、民事裁定书、民事起诉书、民事被告状、审理笔录、民事上诉书、民事执行状、报告等。

6. 最高法院民事第三庭、四川高等法院第一分院、巴县地方法院、璧山县政府等审理租佃纠葛等三案　12—5—19—22

1934年10月至1939年4月，最高法院民事第三庭、四川高等法院第一分院、巴县地方法院、璧山县政府等关于租佃纠葛、因账项及垫款的债务纠葛、会款纠葛三案的文书，包括民事恳状及恳状缮本、物证人证、训令、民事判决书、民事诉状、民事辩诉状、民事保状、点名单、审理笔录、稿、往来公函、民事裁定书、民事执行诉状、报告及其缮本、传票及其回证、民事声明书、民事请执行状、拘票、民事呈请书、查封笔录、拍卖报告、牌告、诉讼费收据等。

7. 四川高等法院第一分院、璧山县政府、芦山县政府审理担保借款等债务纠葛、租佃纠葛两案　12—5—23—27

1934年9月至1938年7月，四川高等法院第一分院、璧山县政府、芦山县政府关于担保借款等债务纠葛、租佃纠葛两案的文书，包括往来咨文、审理笔录、收条、呈文、公函、训令、刑事诉状、民事诉状、民事执行诉状、民事自诉状及其缮本、签票、民事保状、借据、送达证书、刑庭公函、民事辩状、民事反诉附控状、民事执行具状等。

8. 巴县地方法院、璧山县政府审理租佃纠葛等七案　12—5—28

1931年8月至1937年2月，巴县地方法院、璧山县政府关于租佃纠葛、入室抢劫伤害罪、遗弃虐待、家务膳款纠葛、会项会款纠葛、债务纠葛、伤害罪等七案的文书，包括民事告状、民事被告状、审理笔录、民事具状，民事保状、民事辩诉状、送达回证、民事领状、民事判决书、欠条、案奉、声明、供单、计抄原失单、刑事堂谕代判、签票、备案存查具状、民事裁定书、公函、刑事判决书、通知书等。

9. 四川高等法院第一分院、璧山县政府等审理租佃纠葛一案　12－5－29－31

1931年10月至1935年10月，四川高等法院第一分院、璧山县政府等关于段朝海违背与胡师化的租佃合约，砍伐出租农田里成熟的桑枝等树木，造成重大损失的赔偿一案的文书，包括高一院令璧山县法院和政府呈送该案件的相关文件，以及通知当事人参加庭审的训令、案奉、上联传票等。

10. 璧山县政府审理盗窃等三案　12－5－32

1934年5月至1935年4月，璧山县政府关于盗窃、和诱通奸、谷物抵押债务纠葛三案的文书，包括刑事诉状、刑事再诉状、恳求保释呈状、囚犯暴病身亡请验明掩埋的呈文、验尸具报、点名单、刑事辩诉状、刑事存查状等。

11. 巴县地方法院、璧山县政府、璧山县司法处等审理债务执行一案　12－5－33

1935年8月至1939年8月，巴县地方法院、璧山县政府、璧山县司法处等关于债务执行一案的文书，包括往来公函、民事诉状、民事判决书、民事请执行状、查封产业拍卖抵押的稿、牌告、执行调查报告、民事委任诉状、民事辩诉状、执行命令、训令、查封笔录、拍卖布告、民事拍卖认买呈状、民事拍卖认买续呈状等。此案历时较长，缘起债务人李仲祥因贩卖布业拖欠债务，判决拍卖其产业以抵押债务，而执行期间拍卖价格过高久未能执行，屡经债权人上诉，要求修改拍卖价格以偿还债务等。

12. 四川高等法院第一分院、璧山县政府审理债务纠葛执行、分析家产抗告两案　12－5－34－35

1934年5月至1935年9月，四川高等法院第一分院、璧山县政府关于债务纠葛执行、分析家产抗告两案的文书，包括民事原诉状、民事辩诉状、民事具状、民事反诉状、民事诉状、民事再审诉状、民事委任状、借条、训令、审理笔录、调查报告、民事保状、呈文、民事申请状、民事公证书、民事裁定书、民事自诉书、账目名单等。

13. 巴县地方法院、璧山县政府审理债务纠葛等四案　12－5－36－41

1934年1月至1935年3月，巴县地方法院、璧山县政府关于债务纠葛、会款会项纠葛、押佃租谷纠葛、货款借债纠葛四案的文书，包括民事诉状、民事反诉状、民事保状、民事辩诉状、审理笔录、借条、民事判决书、民事原诉状、刑事原诉状、传票、往来公函、稿、签票等。

附有璧山县政府受理申请破产偿债存查一案的存查令、产业契据单、债权人名单、产业及佃户一览表、诉愿书等。

14. 最高法院、四川高等法院第一分院、璧山地方法院等审理租佃纠葛等六案 12—5—42—48

1933 年 10 月至 1945 年 3 月，最高法院、四川高等法院第一分院、璧山地方法院等关于租佃纠葛、佃银赔偿、债务纠葛、债务执行抗告案、请求交还产业上诉案、产业买卖纠葛六案的文书，包括民事诉状、民事备查状、审理笔录、民事反诉状、民事原诉状、产业卖契、押银收据、遗嘱、民事判决书、民事裁定书、往来公函、民事答辩状、民事保状、和解字据、调查报告、债务清单等。

15. 璧山县政府审理会项纠葛等三案 12—5—49—51

1934 年 1 月至 1935 年 3 月，璧山县政府关于黄玉书等会项纠葛、邓伯垣等租佃纠葛、王掤云等买卖债务纠葛三案的文书，包括民事辩诉状、民事展限状、点名单、审理笔录、民事保状、民事添传状、账目单、民事委任状、璧山县县政府民事堂谕代判、民事公证状、报告、呈状、民事申请状、送达回证等。

16. 巴县地方法院、璧山县政府等审理会款纠葛涉讼案等三案 12—5—52

1933 年 11 月至 1943 年 1 月，巴县地方法院、璧山县政府等关于彭香泉等会款纠葛涉讼案、赵乾林等吸食鸦片、郭树之等借款债务纠葛三案的文书，包括往来公函、报告、民事诉状、民事辩状、点名单、审理笔录、民事保状、三合会行簿、璧山县政府兼理军法判决书、川东区禁烟处指令、借据、账单等。

17. 璧山县政府审理土地租佃纠纷、会项纠纷两案 12—5—53

1934 年 1 月至 1935 年 12 月，璧山县政府关于土地租佃纠纷、会项纠纷两案的文书，包括民事诉状、民事辩状、点名单、审理笔录、判决书、送达回证、璧山县政府签票等。

该卷附有重庆公泰与同福永宝号的商业往来单据数张。

18. 璧山县政府等审理不赡养父母的违伦案、会项纠纷两案 12—5—54—58

1933 年 12 月至 1934 年 12 月，璧山县政府等关于不赡养父母的违伦案、会项纠纷两案的文书，包括民事诉状、民事辩状、民事保状、传票、点名单、审理笔录、民事判决书、送达回证等。

19. 四川高等法院第一分院、璧山县政府审理租赁纠纷等案 12—5—59

1934 年 2 月至 1934 年 3 月，四川高等法院第一分院、璧山县政府关于租赁纠纷、赔偿纠纷、债务纠纷等案的文书，包括民事诉状、民事辩状、民事具状、法院传票、点名单、律师声请书、审理笔录、民事判决书、送达回证、法院训令（发给璧山县县长）等。

20. 璧山县政府审理租佃纠纷等案　12－5－60－64

1934年11月至1934年12月，璧山县政府关于租佃纠纷、债务纠纷等案的文书，包括刑事诉状、民事诉状、民事保状、法院传票、点名单、审理笔录、送达回证、收费存照、案件费用数目单、证物记录、璧山县政府牌告等。

21. 璧山县政府审理债务纠纷等四案　12－5－65－71

1934年4月至1935年5月，璧山县政府关于债务纠纷、租佃纠纷、会款纠纷、会项纠纷四案的文书，包括民事诉状、民事辩状、民事保状、典契、传票、点名单、送达回证、证人物证记录单、璧山县政府签票等。

22. 璧山县政府审理租佃纠纷等六案　12－5－72－80

1934年4月至1935年1月，璧山县政府关于租佃纠纷、婚姻矛盾、会项纠纷、债务纠纷、家务纠纷、分产纠纷六案的文书，包括民事诉状、民事辩状、点名单、审讯笔录、当事人出示的借据、璧山县政府公函等。

23. 璧山县政府审理拉兵等五案　12－5－81－87

1934年10月至1935年5月，璧山县政府关于拉兵、债务纠纷、租佃纠纷、买卖纠葛、会项纠纷五案的文书，包括民事诉状、民事反诉状、民事抗告状、刑事保状、璧山县政府委任令、公函、朱谕、街邻证明等。

24. 璧山县政府审理租佃纠纷等四案　12－5－88－89

1934年4月至1936年6月，璧山县政府关于租佃纠纷、产业纠纷、债务纠纷、会项纠纷四案的文书，包括民事原诉状、民事被诉状、民事执行状、刑事执行状、执照、审讯笔录、民事判决书等。

25. 璧山县政府审理债务纠纷一案　12－5－91

1934年2月，璧山县政府关于周金山上诉周德成债务纠纷一案的文书，包括民事原诉状、送达回证、点名单、民事传票回证等。

26. 璧山县政府审理债务纠纷等四案　12－5－92－97

1934年12月至1938年1月，璧山县政府关于债务纠纷、会项纠纷、典当纠纷、会款纠纷四案的文书，包括民事诉状、民事保状、点名单、审理笔录、往来公函等。

27. 巴县地方法院、璧山县政府审理债务纠纷等五案　12—5—98—101

1934 年 4 月至 1934 年 11 月，巴县地方法院、璧山县政府关于债务纠纷、婚约诈骗、租谷纠纷、会款纠纷、租佃纠纷五案的文书，包括民事诉状、民事辩状、民事和解记录、民事保状、审理笔录、公函等。

28. 巴县地方法院、璧山县政府审理会项纠纷、租佃纠纷等案　12—5—102—107

1934 年 1 月至 1935 年 7 月，巴县地方法院、璧山县政府关于会项纠纷、租佃纠纷、债务纠纷、会款纠纷等案的文书，包括民事诉状、民事辩状、璧山县政府训令、璧山县政府民事判决书、点名单、审理笔录、巴县地方法院民事裁决书、送达回证等。

29. 巴县地方法院、璧山县政府审理贷款纠纷等五案　12—5—108—111

1934 年 9 月至 1939 年 1 月，巴县地方法院、璧山县政府关于租押纠纷、租佃纠纷、贷款纠纷、债务纠纷、伙贸纠纷五案的文书，包括县政府民事判决书、民事诉状、审理笔录、巴县地方法院检察处文件、巴县地方法院民事裁定书等。

30. 四川高等法院第一分院、璧山县政府审理押金诈骗及其上诉案一案　12—5—112

1934 年 8 月至 1938 年 11 月，四川高等法院第一分院、璧山县政府关于吴余氏押金诈骗及其上诉一案的文书，包括民事诉状、民事保状、诉愿书、审理笔录、点名单、璧山县政府委任令、朱谕、璧山县政府与四川高等法院第一分院的往来公函等。

31. 璧山县政府审理抵押纠纷、侵占坟山纠纷两案　12—5—113

1935 年 9 月至 1938 年 7 月，璧山县政府关于租押纠纷、侵占坟山两案的文书，包括民事声请状、减价拍卖记录、民事诉状、审理笔录、传票与点名单等。

32. 巴县地方法院、璧山县政府审理货款纠纷等四案　12—5—114—119

1934 年 7 月至 1935 年 5 月，巴县地方法院、璧山县政府关于货款纠纷、赔偿纠纷、会项会款纠纷、债务纠纷四案的文书，包括民事诉状、刑事保状、民事辩状、璧山县政府训令、璧山县政府民事判决书、审理笔录、四川高等法院第一分院训令、巴县地方法院民事裁定书等。

该卷附有璧山县政府在押人犯日报表。

33. 四川高等法院第一分院、璧山县政府审理会项纠纷、债务纠纷两案　12－5－120－123

1934年8月至1938年12月，四川高等法院第一分院、璧山县政府关于会项纠纷、债务纠纷两案的文书，包括民事诉状、审理笔录、凭票、璧山县政府民事裁决书、巴县地方法院公函、四川高等法院第一分院训令、四川高等法院第一分院民事裁定等。

34. 四川高等法院第一分院、巴县地方法院、璧山县政府审理会项纠纷等三案　12－5－124－126

1934年10月至1937年2月，四川高等法院第一分院、巴县地方法院、璧山县政府关于会项纠纷、卖米货款纠纷、租佃纠纷三案的文书，包括民事诉状、审理笔录、璧山县政府民事判决书、民事保状、往来公函、训令、拘提票、诉讼证据物品书类封套等。

35. 巴县地方法院、璧山县政府审理债务纠纷等三案　12－5－127－129

1934年7月至1936年1月，巴县地方法院、璧山县政府关于债务纠纷、租佃纠纷、婚姻纠纷三案的文书，包括民事诉状、民事公证、民事答辩状、执照、巴县地方法院公函、四川省政府典契、和解笔录等。

36. 璧山县政府审理债务纠纷等案　12－5－130－132

1934年1月至1935年7月，璧山县政府关于债务纠纷等案的文书，包括民事诉状、民事声请、传票、民事执行状、巴县地方法院公函、抗告书、债务收据、诉讼费用计算单等。

37. 四川高等法院第一分院审理伙贸纠纷上诉一案　12－5－133

1934年5月至1937年5月，四川高等法院第一分院关于龙子榆上诉冷春熙伙贸纠纷一案的文书，包括民事诉状、审理笔录、巴县地方法院呈四川高等法院第一分院的公函、送达据、四川高等法院第一分院裁定、训令、送达证书等。

38. 最高法院民事第三庭、四川高等法院第一分院审理伙贸债务纠纷上诉一案　12－5－134

1934年5月至1937年5月，最高法院民事第三庭、四川高等法院第一分院关于龙子榆上诉冷春熙伙贸债务纠纷上诉一案的文书，包括送达证书、最高法院民事第三庭书记科函稿、最高法院民事裁定等。

39. 四川高等法院第一分院、璧山县政府审理抵押纠纷等三案　12—5—135—139

1934 年 7 月至 1936 年 12 月，四川高等法院第一分院、璧山县政府关于抵押纠纷、会款纠纷、债务纠纷三案的文书，包括民事诉状、民事辩状、审理笔录、政府传票、民事判决书、训令、指令、送达回证等。

40. 璧山县政府审理拖欠借款一案　12—5—140

1934 年 12 月至 1936 年 4 月，璧山县政府关于李荣楼拖欠借款一案的文书，包括民事诉状、刑事诉状、民事保状、诉愿书、点名单、审理笔录、关票、璧山县政府签票、因讼损失数目单等。

41. 四川高等法院第一分院、璧山县政府审理债务纠纷等八案　12—5—141—146

1934 年 11 月至 1936 年 7 月，四川高等法院第一分院、璧山县政府关于债务纠纷、典当纠纷、婚姻纠纷、担保纠纷、生活费纠纷、租谷纠纷、赔偿纠纷、会务纠纷八案的文书，包括民事诉状、民事辩状、审理笔录、送达回证、四川高等法院第一分院通知书、璧山县政府民事判决书、璧山县政府谕等。

42. 璧山县政府审理会款纠纷等三案　12—5—147—151

1937 年 7 月至 1938 年 8 月，璧山县政府关于会款纠纷、抵押纠纷、债务纠纷三案的文书，包括民事诉状、诉讼损失计算书、民事裁定书、四川高等法院第一分院训璧山县政府执行令、送达回证、审理笔录等。

43. 璧山县政府审理债务纠纷等四案　12—5—152—156

1937 年 4 月至 1938 年 6 月，璧山县政府关于债务纠纷、会务纠纷、典当纠纷、租佃纠纷四案的文书，包括民事诉状、民事反诉状、民事保状、点名单、审理笔录、送达回证等。

44. 四川高等法院第一分院、璧山县政府审理债务纠纷、租佃纠纷两案　12—5—157

1937 年 10 月至 1938 年 4 月，四川高等法院第一分院、璧山县政府关于债务纠纷、租佃纠纷两案的文书，包括民事诉状、民事抗告状、四川高等法院第一分院检察处训令、点名单、审理笔录、璧山县政府民事判决书等。

45. 四川高等法院第一分院、璧山县政府审理租佃纠纷、债务纠纷两案　12—5—158—159

1936 年 3 月至 1937 年 7 月，四川高等法院第一分院、璧山县政府关于租佃纠纷、债务纠纷两案的文书，包括民事诉状、民事保状、点名单、审理笔录、送达回证等。

46. 四川高等法院第一分院、璧山县政府审理租佃纠纷等四案　12—5—160

1937年5月至1937年11月，四川高等法院第一分院、璧山县政府关于借款纠纷、租佃纠纷、破产、继承纠纷四案的文书，包括民事诉状、传票、点名单、审理笔录、民事裁定书、四川高等法院第一分院审理单、送达证书等。

47. 最高法院民事第三庭、四川高等法院第一分院、巴县地方法院、璧山县政府审理继承纠纷等案　12—5—161—164

1937年11月至1938年7月，最高法院民事第三庭、四川高等法院第一分院、巴县地方法院、璧山县政府关于继承纠纷、货款纠纷、会项纠纷、债务纠纷等案的文书，包括送达证书、点名单、声请书、审理笔录、四川高等法院第一分院民庭公函、最高法院送达证书、璧山县政府民事判决书、巴县地方法院民事裁定书等。

48. 璧山县政府等审理典权纠纷、借款纠纷两案　12—5—165

1937年5月至1940年1月，璧山县政府等关于典权纠纷、借款纠纷两案的文书，包括民事诉状、民事辩状、民事保状、点名单、审理笔录、璧山县政府训令等。

49. 璧山县政府审理凌仲清借款纠纷一案　12—5—166—168

1936年6月至1938年6月，璧山县政府关于凌仲清借款纠纷一案的文书，包括民事诉状、璧山县政府传票、点名单、民事委任状、审理笔录、民事和解笔录等。

50. 璧山县政府审理典当纠纷等三案　12—5—169

1937年8月至1938年3月，璧山县政府关于典当纠纷、会款纠纷、租佃纠纷三案的文书，包括民事诉状、点名单、审理笔录、璧山县政府民事判决、送达回证、传票回证、四川高等法院第一分院训令等。

51. 璧山县政府审理会款纠纷等三案　12—5—170—173

1937年3月至1937年6月，璧山县政府关于会款纠纷、借款纠纷、典当纠纷三案的文书，包括民事诉状、民事反诉状、民事声请、点名单审理笔录、送达回证等。

52. 四川高等法院第一分院、璧山县政府审理拒付生活费纠纷一案　12—5—174

1937年10月至1939年4月，四川高等法院第一分院、璧山县政府关于杨谭氏拒付生活费一案的文书，包括卷宗总目、点名单、训令、民事诉状、民事辩状、审理笔录、民事执行、民事裁定书、被告向四川高等法院第一分院提出抗告的文书等。

53. 最高法院民事第三庭、四川高等法院第一分院审理拒付生活费纠纷一案 12—5—175

1937年6月至1938年7月，最高法院民事第三庭、四川高等法院第一分院关于杨谭氏拒付生活费纠纷一案的文书，包括通告书回证、点名单、民事诉状、民事委任状、审理笔录、四川高等法院第一分院民事裁定书、四川高等法院第一分院公函、送达证书等。

54. 四川高等法院第一分院、璧山县政府审理会款纠纷等三案 12—5—176—179

1937年6月至1938年10月，四川高等法院第一分院、璧山县政府关于会款纠纷、声请破产、阴地纠纷三案的文书，包括民事辩状、训令、点名单、民事公证、璧山县政府查封笔录、四川高等法院第一分院民事判决书、送达回证等。

55. 四川高等法院第一分院、璧山县政府等审理强奸、债款纠纷两案 12—5—180

1936年12月至1940年8月，四川高等法院第一分院、璧山县政府等关于强奸、债款纠纷两案的文书，包括刑事答辩状、审理笔录、民事诉状、民事补诉状、民事答辩状、训令、四川高等法院训令、民事再抗告状、民事裁定书等。

56. 四川高等法院第一分院、璧山县政府审理债款纠纷、抵押借款纠纷两案 12—5—181—183

1937年12月至1938年6月，四川高等法院第一分院、璧山县政府关于债款纠纷、抵押借款纠纷两案的文书，包括民事抗告、民事诉状、民事参加状、璧山县查封笔录、璧山县布告等。

57. 四川高等法院第一分院、璧山县政府审理债务纠纷一案 12—5—184

1938年4月至1938年10月，四川高等法院第一分院、璧山县政府关于冉文林债务纠纷一案的文书，包括民事裁定书、民事委任状、送达证书、审理笔录、民事答辩、宣告判决笔录、四川高等法院第一分院民事判决书等。

该卷另附有璧山县犯人保释状、璧山县管狱署送呈人犯合于保外服役姓名表、重庆地方法院检察处公函、审核保外服役人犯报告书等多种文书。

58. 四川高等法院第一分院审理破产等三案 12—5—185—189

1936年12月至1937年8月，四川高等法院第一分院关于破产、担保纠纷、会款纠纷三案的文书,包括民事诉状、民事裁定书、民事补诉状、审理笔录、宣告判决笔录、民事判决书、送达书证等。

59. 四川高等法院第一分院、璧山县政府审理债务纠纷、会款纠纷两案　12－5－190－191

1937年3月至1938年1月,四川高等法院第一分院、璧山县政府关于债务纠纷、会款纠纷两案的文书,包括民事诉状、刑事被拘状、刑事诉状、审理笔录、璧山县传票、四川高等法院第一分院裁定、民事答辩等。

60. 璧山县政府审理租谷纠纷等三案　12－5－192

1936年9月至1938年4月,璧山县政府关于刘执中租谷纠纷、刘执中会款纠纷、曾荣鲁押银纠纷三案的文书,包括民事裁决书、训令、璧山县政府传票、民事原诉状、审理笔录、民事续诉状、民事保状、民事抗告状等。

61. 璧山县政府审理继承纠纷、债务纠纷两案　12－5－193－194

1937年6月至1937年12月,璧山县政府关于继承纠纷、债务纠纷两案的文书,包括民事诉状、审理笔录、民事判决书、送达回证等。

62. 璧山县政府司法档案杂卷　12－5－195

1935－1936年间,璧山县非司法档案相关文书,包括璧山县政府训令(民政、财政)、指令(民政、财政)、密令、通令、公函、工作报告等。另有各市县屯局救济机关调查表、各地方救济院规则。

璧山县救济院提案书、救济院救济人数表、救济院所属职员不吸食鸦片烟及毒品总表、救济院职员录、救济院工作报告表、救济院主干人员略历一览表、月份支出计算书、1936年支出决算书、请款凭单、年度收支对照表、单据粘存簿用法说明、单据粘存簿式样、璧山县各机关学校领支经费暨编制预计决算书暂行办法。

民国二十五年(1936年)十月三十一日蒋公寿辰四川省各界献机纪念和命名的意义,国民政府接受赠送飞机执照。党员守则十二条、党员守则与军人读训之讲读办法、总理纪念周仪规。璧山县联保办公处建议案,委员长行营禁烟特派员办公处、四川省政府第三区督检委员、璧山县县政府训令,检举党政军服务人员吸食鸦片烟暨毒品施行办法,四川省节约运动施行简则,医院治疗病人表,四川省各县二十五年植树节纲要,等。

63. 璧山县政府司法档案杂卷 12－5－195－(2)

1935－1936年间,璧山县非司法档案相关文书,包括璧山县新运服务团各组工作区段，璧山县县政府训令、指令、抄清单，璧山县医院调查表、管理医院规则，修正剿匪区内惩治土豪劣绅条例、修正剿匪区内收毁伪硬钞币办法、编查保甲户口总动员办法，升降国旗须知、中国国民党党歌，四川省政府审查公务员住用资格标准暂行条例、公务员资格审查表等。

64. 四川高等法院第一分院、璧山县政府等审理租佃纠纷等五案　12－5－196－201

1937 年 1 月至 1948 年 6 月，四川高等法院第一分院、璧山县政府等关于租赁纠纷、租佃纠纷、赔偿纠纷、押金纠纷、债务纠葛五案的文书，包括民事诉状、民事保状、民事理由书、审理笔录、送达回证、民事声请状、四川高等法院第一分院裁定书、璧山县政府民事裁决书、宣告判决笔录、四川高等法院第一分院民事判决书等。

65. 四川高等法院第一分院、璧山县政府审理租佃纠纷等三案　12－5－202－206

1937 年 2 月至 1937 年 8 月，四川高等法院第一分院、璧山县政府关于租佃纠纷、债务纠纷、会银纠纷三案的文书，包括民事诉状、民事领状、璧山县政府收条、民事委任状、审理笔录、民事保状、送达回证、璧山县政府执行命令等。

66. 璧山县政府审理婚姻存查等三案　12－5－207

1937 年 8 月至 1937 年 10 月，璧山县政府关于婚姻存查、债务纠纷、会款纠纷三案的文书，包括民事诉状、民事保状、审理笔录、民事委状、民事判决书、璧山县司法处签等。

67. 四川高等法院第一分院、璧山县政府审理租佃纠纷、债务纠纷两案　12－5－208

1937 年 2 月至 1938 年 6 月，四川高等法院第一分院、璧山县政府关于租佃纠纷、债务纠纷两案的文书，包括民事诉状、审理笔录、民事续诉状、璧山县司法处呈文、报告、谕、四川高等法院第一分院裁定书、训令、璧山县政府民事裁定书等。

68. 四川高等法院第一分院、璧山县政府等审理租佃纠纷、回赎田产两案　12－5－209－213

1937 年 3 月至 1942 年 10 月，四川高等法院第一分院、璧山县政府等关于租佃纠纷、回赎田产两案的文书，包括民事诉状、四川高等法院第一分院训令、民事领状、债券清单、四川高等法院第一分院书记处公函、璧山县政府民事判决书、民事催呈等。

69. 璧山县政府审理债款纠纷、家产纠纷两案　12－5－214－215

1937年10月至1938年5月，璧山县政府关于债款纠纷、家产纠纷两案的文书，包括民事诉状、证人见证单、民事辩状、审理笔录、民事保状、璧山县政府训令、民事判决书、璧山县司法处谕等。

70. 最高法院民事第三庭、四川高等法院第一分院审理抵押优先权纠纷一案 12－5－216－217

1934年9月至1935年11月，最高法院民事第三庭、四川高等法院第一分院关于任春山抵押优先权纠纷一案的文书，包括卷宗总目、民事诉状、四川高等法院第一分院训令、民事裁定书、民事委任状、审理笔录、宣告判决笔录、最高法院民事裁定书、送达回证等。

71. 璧山县政府审理债务纠纷、盗匪两案　12－5－218

1934年3月至1935年3月，璧山县政府关于债务纠纷、盗匪两案的文书，包括民事诉状、审理笔录、民事保状、诉愿书、呈贡单、缴获盗匪物品清单、刑事审讯笔录、璧山县政府收条、刑事公证等。

72. 璧山县政府审理债务纠纷一案　12－5－219

1933年9月至1934年10月，璧山县政府关于赖怀清等人债务纠纷一案的文书，包括民事诉状、审理笔录、民事保状、璧山县政府查封产业租佃数目表、璧山县县政府训令、民事补诉状、璧山县县政府签票等。

73. 璧山县政府审理租息纠纷等四案　12－5－220－224

1934年5月至1937年10月，璧山县政府关于租息纠纷、伙贸纠纷、债务纠纷、会项纠纷四案的文书，包括民事自诉状、审理笔录、民事保状、璧山县县政府签票等。

74. 四川高等法院第一分院、璧山县政府审理家产纠纷等五案　12－5－225－230

1934年6月至1936年10月，四川高等法院第一分院、璧山县政府关于家产纠纷、解除婚约、债务纠纷、租佃纠纷、会项纠纷五案的文书，包括民事诉状，审理笔录，民事辩诉状，卷宗总目，民事缴状，四川高等法院第一分院裁定书、训令、民事判决书，民事委任状，宣告判决笔录，民事声请状，理由书等。

75. 璧山县政府审理债务纠纷、会项纠纷两案　12－5－231－233

1934年10月至1938年9月，璧山县政府关于债务纠纷、会项纠纷两案的文书，包括民事诉状、审理笔录、民事保状、民事声请状、民事判决书、璧山县政府朱谕、民事辩状、璧山县政府签票等。

76. 璧山县政府审理离婚等五案　12－5－234－238

1934年6月至1935年3月，璧山县政府关于离婚、会项纠纷、债务纠纷、咨解人犯、租佃纠纷五案的文书，包括民事诉状、审理笔录、民事保状、民事公证、民事判决书、民事续诉状、送达回证等。

77. 璧山县政府审理会项纠纷等三案　12－5－239－243

1934年5月至1935年5月，璧山县政府关于会项纠纷、经界纠纷、土地纠纷三案的文书，包括民事诉状、审理笔录、璧山县政府朱谕、璧山县政府牌告、凭票、璧山县政府训令、民事辩状、民事判决书等。

78. 璧山县政府审理租佃纠纷等三案　12－5－244

1934年8月至1935年8月，璧山县政府关于租佃纠纷、债务纠纷、家产纠纷三案的文书，包括民事诉状、民事辩状、审理笔录、债务人名数目单、民事执行、证人证词、民事保状、领会银约等。

79. 璧山县政府审理债务纠纷一案　12－5－245

1937年4月至1937年10月，璧山县政府关于周邦彦等债务纠纷一案的文书，包括民事诉状、民事保状、璧山县政府谕、璧山县政府执行命令、外账单、送达回证等。

80. 璧山县政府审理债务纠纷、地痞滋事两案　12－5－246

1937年3月至1937年6月，璧山县政府关于债务纠纷、地痞滋事两案的文书，包括县政府签票、璧山县政府呈文等。

该卷另有照物原失单、璧山县县政府报告、保甲证明、璧山县格毙盗匪及夺获枪械报告表等文书。

81. 巴县地方法院、璧山县政府审理会项纠纷、租押纠纷两案　12－5－247－248

1934年12月至1936年9月，巴县地方法院、璧山县政府关于会项纠纷、租押纠纷两案的文书，包括民事诉状、审理笔录、原告损失清单、民事辩状、民事声请、诉愿书、典契、民事保状、璧山县政府民事判决书、璧山县政府公函、民事和解书、四川高等法院第一分院训令等。

82. 璧山县政府审理会项纠纷等三案　12—5—249—252

1934年10月至1935年6月,璧山县政府关于会项纠纷、买卖纠纷、债务纠纷三案的文书,包括民事诉状、审理笔录、民事保状、民事辩诉状、民事判决书、璧山县政府朱谕、璧山县政府训令、诉讼证据物品书类、送达回证等。

83. 四川高等法院第一分院、璧山县政府审理损害赔偿一案　12—5—253—254

1931年10月至1934年6月,四川高等法院第一分院、璧山县政府关于胡师化损害赔偿一案的文书,包括民事诉状、训令、审理笔录、胡师化寄往四川高等法院第一分院的信件、四川高等法院第一分院通知书等。

84. 璧山县政府审理债务纠纷等案　12—5—255

1934年2月至1935年11月,璧山县政府关于三宗债务纠纷案的文书,包括民事辩状、审理笔录、民事保状、证人证词、江北县县政府寄往巴县地方法院的公函、璧山县县政府公函、民事续诉状等。

85. 四川高等法院第一分院、巴县地方法院、璧山县政府审理债务纠纷及其上诉一案　12—5—256

1932年8月至1934年7月,四川高等法院第一分院、巴县地方法院、璧山县政府关于彭正扬等债务纠纷及其上诉一案的文书,包括民事诉状,璧山县县政府公函、查封令、牌告、往来公函、审理笔录,彭正扬、秦胡氏呈交的报告、民事保状、民事辩诉状、各债权人姓名及所欠数目表、借款本利单、训令等。

86. 四川高等法院第一分院、巴县地方法院、璧山县政府审理租佃纠纷、会项纠纷两案　12—5—257

1934年9月至1935年11月,四川高等法院第一分院、巴县地方法院、璧山县政府关于租佃纠纷、会项纠纷两案的文书,包括民事诉状、民事保状、审理笔录、刑事保状、己巳年改良田园会书、璧山县政府民事判决书、往来公函、训令、璧山县政府签票等。

87. 璧山县政府审理会项纠纷等三案　12—5—258—260

1934年10月至1935年6月,璧山县政府关于会项纠纷、租佃纠纷等三案的文书,包括民事诉状、审理笔录、璧山县政府公函、民事委任状、璧山县政府签票、诉愿书、租佃凭证等。

88. 最高法院民事第五庭、四川高等法院第一分院、璧山县政府审理租佃纠纷等三案　12－5－261－266

1934年1月至1935年10月，最高法院民事第五庭、四川高等法院第一分院、璧山县政府关于债务纠纷、租佃纠纷、经界纠纷三案的文书，包括民事原诉状、民事保状、审理笔录、诉愿书、张泽之遗产租佃数目及住耕佃户姓名表、训令、往来公函等。

89. 四川高等法院第一分院、巴县地方法院、璧山县政府审理债务纠纷等三案　12－5－267－269

1934年1月至1936年7月，四川高等法院第一分院、巴县地方法院、璧山县政府关于债务纠纷、会项纠纷、租佃纠纷三案的文书，包括永川县县政府公函及其他往来公函，民事诉状，训令、民事裁定书、审理笔录、民事保状、刑事续诉状等。

90. 璧山县政府审理债务纠纷、商业纠纷两案　12－5－270

1934年8月至1937年4月，璧山县政府关于债务纠纷、商业纠纷两案的文书，包括民事诉状、审理笔录、民事保状、民事执行、民事查封、牌告、民事拍卖、民事声明状、账目清单、诉愿书、璧山县政府朱谕等。

91. 璧山县政府审理租佃纠纷、债务纠纷、漏税等三案　12－5－ 271－283

1934年2月至1934年10月，璧山县政府关于租佃纠纷、债务纠纷、漏税三案的文书，包括民事诉状、原告供词、审理笔录、璧山县政府签票、民事保状、璧山县政府公函等。

92. 璧山县政府审理债务纠纷等四案　12－5－284

1934年8月至1935年8月，璧山县政府关于债务纠纷、租押纠纷、会项纠纷、伤害案四案的文书，包括民事保状、民事诉状、当事人借据、审理笔录、刑事起诉状等。

93. 璧山县政府审理拖欠借款一案　12－5－285

1934年1月至1934年5月，璧山县政府关于张义卿拖欠借款一案的文书，包括民事告状、点名单、审理笔录、民事保状、送达回证、民事执行状等。

94. 巴县地方法院、璧山县政府审理债务纠纷等四案　12－5－286

1934年9月至1935年12月，巴县地方法院、璧山县政府关于债务纠纷、会项纠纷、会务纠纷、租佃纠纷四案的文书，包括刑事诉状、民事辩状、民事保状、民事告状、审理笔录、璧山县政府民事判决书、璧山县政府民事和解笔录、巴县地方法院民事和解笔录等。

95. 璧山县政府审理债务纠纷、家庭财产纠纷两案　12—5—287

1934 年 8 月至 1934 年 10 月，璧山县政府关于债务纠纷、家庭财产纠纷两案的文书，包括民事辩状、审理笔录、民事判决书、民事诉状等。

96. 璧山县政府审理债务纠纷等八案　12—5—288

1934 年 2 月至 1934 年 10 月，璧山县政府关于债务纠纷、合股营业纠纷、会项纠纷、租佃纠纷、拐逃妇女存查、改嫁存查、自身未遂存查、患病身亡存查八案的文书，包括民事存查状、证人证词、璧山县政府民事判决书、民事存案状等。

97. 四川高等法院第一分院、巴县地方法院、璧山县政府审理债务纠纷等七案　12—5—289—294

1933 年 5 月至 1934 年 11 月，四川高等法院第一分院、巴县地方法院、璧山县政府关于债务纠纷、买卖土地纠纷、伤害风化、解除婚约、经界纠纷、租佃纠纷、重婚案七案的文书，包括民事保状、民事诉状、审理笔录、璧山县政府民事判决书、璧山县政府牌告、璧山县政府不起诉处分书、朱谕、四川高等法院第一分院民事判决书、四川高等法院第一分院民事裁定书、四川高等法院第一分院刑事第二审判决书、巴县地方法院民事再审判决书等。

98. 璧山县政府审理租佃纠纷、继承家产纠纷两案　12—5—295—299

1935 年 11 月至 1936 年 1 月，璧山县政府关于周荣发租佃纠纷、龙作霖继承家产纠纷两案的文书，包括民事原诉状、民事被诉状、民事辩诉状、审理笔录、民事公证状等。

99. 四川高等法院第一分院、璧山县法院审理会项纠纷等四案　12—5—300

1934 年 8 月至 1935 年 1 月，四川高等法院第一分院、璧山县法院关于会项纠纷、谋杀案、债务抵押纠纷、坟界纠纷四案的文书，包括民事诉状、民事答辩状、民事辩诉状、审理笔录、朱谕、民事保状、刑事原诉状、刑事保状、刑事诉讼状、刑事辩诉状、刑事展限状、民事抗告状、民事理由状、璧山县政府关牌、四川高等法院第一分院训令等。

100. 四川高等法院第一分院、巴县地方法院、璧山县法院等审理欠款纠纷等四案 12—5—301—304

1933 年 9 月至 1938 年 4 月，四川高等法院第一分院、巴县地方法院、璧山县法院等关于欠款纠纷、租佃纠纷、债务纠纷、押银纠纷四案的文书，包括巴县地方法院与璧山县县政府的往来公函、刑事公证状、刑事保状、民事诉状、璧山县政府训令、民事领状、民事保状、璧山县政府民事判决书、巴县地方法院民事判决书、四川高等法院第一分院训令、审理笔录等。

101. 四川高等法院第一分院、璧山县法院审理会项纠纷等六案 12—5—305—308

1934 年 1 月至 1935 年 6 月，四川高等法院第一分院、璧山县法院关于会项纠纷、赡养纠纷、婚约财产纠纷、盗窃、租佃纠纷、债务纠纷六案的文书，包括民事诉状、民事缴状、民事领状、璧山县政府民事堂谕代判、审理笔录、民事声请状、四川高等法院第一分院训令、民事存查状、璧山县政府刑事判决书、民事保状、训令、民事执行状等。

102. 四川高等法院第一分院、巴县地方法院、璧山县法院审理会项纠纷等三案 12—5—309—314

1934 年 4 月至 1935 年 12 月，四川高等法院第一分院、巴县地方法院、璧山县法院关于会项纠纷、债务纠纷、租佃纠纷三案的文书，包括民事诉状、审理笔录、璧山县政府牌告、璧山县政府签票、民事辩状、民事保状、巴县地方法院民事判决书、巴县县政府与璧山县县政府的往来咨文、四川高等法院第一分院训令等。

103. 四川高等法院第一分院、巴县地方法院、璧山县法院审理债务纠纷、会项纠纷两案 12—5—315—317

1934 年 8 月至 1936 年 5 月，四川高等法院第一分院、巴县地方法院、璧山县法院关于债务纠纷、会项纠纷两案的文书，包括民事和解状、民事诉状、审理笔录、民事辩状、当事人提供的借据、证人证词、巴县地方法院公函、四川高等法院第一分院训令、巴县地方法院民事判决书等。

104. 巴县地方法院、璧山县法院审理债务纠纷、会项纠纷两案 12—5—318—321

1934 年 2 月至 1934 年 11 月，巴县地方法院、璧山县法院关于债务纠纷、会项纠纷两案的文书，包括民事诉状、审理笔录、民事保状、债务数目表、璧山县政府民事判决书、民事公证书、民事恳状、巴县地方法院与璧山县县政府往来公函、刑事原诉状、璧山县政府签票等。

105. 璧山县法院审理债务纠纷、侵占药品两案　12—5—322—326

1934年6月至1935年11月，璧山县法院关于债务纠纷、侵占药品两案的文书，包括审理笔录、证人证词、民事复诉状、民事保状、璧山县政府谕、刑事诉状、刑事保状、民事诉状等。

106. 巴县地方法院、璧山县法院审理债务纠纷、租佃纠纷两案　12—5—327—330

1934年1月至1935年3月，巴县地方法院、璧山县法院关于债务纠纷、租佃纠纷两案的文书，包括民事原诉状、民事辩诉状、审理笔录、璧山县政府民事堂谕代判、民事执行状、民事保状、民事恳状、巴县地方法院与璧山县政府往来公函、民事展限令等。

107. 四川高等法院第一分院、巴县地方法院、璧山地方法院等审理债务纠纷等三案　12—5—331—333

1931年8月至1943年10月，四川高等法院第一分院、巴县地方法院、璧山地方法院等关于债务纠纷、经界纠纷、侵占土地三案的文书，包括民事诉状、民事续诉状、审理笔录、璧山县政府签票、领状、四川高等法院第一分院训令、往来公函、四川高等法院第一分院民事判决书、巴县地方法院民事再审判决书、民事保状、民事辩诉状等。

108. 四川高等法院第一分院、巴县地方法院、璧山县法院审理会项纠纷等三案　12—5—334—338

1934年8月至1936年1月，四川高等法院第一分院、巴县地方法院、璧山县法院关于会项纠纷、经界纠纷、租佃纠纷三案的文书，包括民事原诉状、民事辩诉状、审理笔录、民事保状、巴县地方法院公函、四川省新契纸、训令、指令、诉愿书、民事和解状、民事续诉状、璧山县政府民事判决书、领状等。

109. 巴县地方法院、璧山县法院审理会项纠纷等四案　12—5—339—342

1934年1月至1935年3月，巴县地方法院、璧山县法院关于会项纠纷、租佃纠纷、请求赡养费、婚姻诈骗四案的文书，包括民事诉状、审理笔录、公函、巴县地方法院民事裁定书、民事展限状、民事声情状、领状、刑事保状等。

110. 四川高等法院第一分院、巴县地方法院、璧山县法院等审理债务纠纷等三案　12—5—343—348

1934年1月至1937年4月，四川高等法院第一分院、巴县地方法院、璧山县法院等关于债务纠纷、租佃纠纷、会项纠纷三案的文书，包括民事诉状、审理笔录、借据、民事保状、民事和解状、训令、民事执行令、四川高等法院第一分院民事裁定书、诉愿书、璧山县政府与巴县地方法院往来公函等。

111. 最高法院民事第一庭、四川高等法院第一分院、璧山县法院审理损害赔偿等三案　12－5－349－352

1934 年 1 月至 1936 年 6 月，最高法院民事第一庭、四川高等法院第一分院、璧山县法院关于损害赔偿、债务纠纷、会项纠纷三案的文书，包括往来公函、最高法院民事裁定书、四川高等法院第一分院训令、民事具状、民事委任状、民事起诉状、民事展限状、审理笔录等。

112. 四川高等法院第一分院、璧山县法院审理债务纠纷、租佃纠纷两案　12－5－353－358

1934 年 3 月至 1935 年 1 月，四川高等法院第一分院、璧山县法院关于石荣甫债务纠纷、王树清租佃纠纷两案的文书，包括民事诉状、审理笔录、璧山县县政府咨文、铜梁县县政府咨文、民事声明书、民事保状、民事抗告状、璧山县政府与巴县地方法院的往来公函、训令、关牌等。

113. 璧山县法院审理会款纠纷、赔偿损害两案　12－5－359

1934 年 12 月至 1935 年 12 月，璧山县法院关于王保卿会款纠纷、唐海江索求赔偿损害两案的文书，包括民事原诉状、民事辩状、审理笔录、民事保状、璧山县政府民事裁决书等。

114. 璧山县法院审理债务纠纷、租佃纠纷两案　12－5－360

1934 年 2 月至 1936 年 9 月，璧山县法院关于姜光辉债务纠纷案、刘洪章租佃纠纷案两案的文书，包括民事原告状、民事自诉状、审理笔录、民事保状、民事辩状、璧山县政府朱谕、璧山县政府签票等。

115. 璧山县法院审理会项纠纷、拖欠布匹货款两案　12－5－361－363

1934 年 1 月至 1936 年 10 月，璧山县法院关于张俊德会项纠纷、段洪章拖欠布匹货款两案的文书，包括民事原诉状、璧山县政府公函、审理笔录、民事辩状等。

116. 四川高等法院第一分院、巴县地方法院、璧山地方法院等审理地权纠纷等三案　12－5－364－369

1934 年 6 月至 1944 年 10 月，四川高等法院第一分院、巴县地方法院、璧山地方法院等关于地权纠纷、拒还押银、租佃纠纷三案的文书,包括民事诉状、民事辩状、审理笔录、璧山县政府签票、璧山实验地方法院民事判定书、四川高等法院第一分院民事判决书、璧山县政府公函、巴县地方法院公函等。

117. 璧山县法院审理拖欠会款一案　12—5—370

1934年12月至1936年4月,璧山县法院关于周谢氏拖欠会款一案的文书,包括民事诉状、民事保状、审理笔录、证人证词、民事催状、账目单、璧山县政府民事判决书等。

118. 四川高等法院第一分院、巴县地方法院、璧山县法院审理债务纠纷、侵占坟地两案　12—5—371—375

1934年4月至1935年7月,四川高等法院第一分院、巴县地方法院、璧山县法院关于债务纠纷、侵占坟地两案的文书,包括民事原诉状、民事执行状、民事保状、四川高等法院第一分院训令、璧山县政府民事判决书、巴县地方法院民事判决书、审理笔录、璧山县政府与巴县地方法院的往来公函、民事辩状、签票、朱谕等。

119. 四川高等法院第一分院、巴县地方法院、璧山县法院审理债务纠纷等三案　12—5—376—380

1934年3月至1936年1月,四川高等法院第一分院、巴县地方法院、璧山县法院关于债务纠纷、会项纠纷、租佃纠纷三案的文书,包括民事诉状、民事保状、审理笔录、民事辩状、租佃文约、巴县地方法院与璧山县县政府往来公函、民事和解状、璧山县政府朱谕、饬签、证据地契、四川高等法院第一分院训令等。

该卷附有1943年璧山县政府代粮食部仓库工程管理处价购新建集中仓库基地议价会议记录、第二次会议记录。

120. 巴县地方法院、璧山县法院审理会项纠纷等四案　12—5—381—387

1934年1月至1935年4月,巴县地方法院、璧山县法院关于会项纠纷、买卖纠纷、债务纠纷、曹万氏遭夫家欺压四案的文书,包括民事诉状、证人证词、审理笔录、璧山县政府民事堂谕代判、民事保状、巴县地方法院与璧山县政府的往来公函、民事辩状等。

121. 最高法院、四川高等法院第一分院、四川泸县县政府、璧山地方法院等审理田产买卖纠纷等三案　12—5—388—391

1934年4月至1941年3月,最高法院、四川高等法院第一分院、四川泸县县政府、璧山地方法院等关于田产买卖纠纷、债务纠纷、谷物摊派不公三案的文书，包括民事声请状、审理笔录、民事诉状、民事执行状、璧山县县政府朱谕、刑事被告状、刑事申送状、民事原诉状、民事保状、璧山县政府训令、最高法院民事裁定书、四川泸县县政府传票、训令、民事抗告书、刑事催状、四川高等法院第一分院检察处训令、四川高等法院第一分院刑事裁定书、刑事催呈状等。

122. 四川高等法院第一分院、巴县地方法院、璧山县法院审理债务纠纷等四案 12－5－392－394

1934 年 1 月至 1935 年 4 月，四川高等法院第一分院、巴县地方法院、璧山县法院关于债务纠纷、会款纠纷、货款纠纷、租佃纠纷四案的文书，包括四川高等法院第一分院训令、巴县地方法院民事裁定书、巴县地方法院与璧山县政府的往来公函、民事被诉状、民事被委状、民事辩诉状、笔录、民事诉状、审理笔录、璧山县县政府训令等。

123. 最高法院民事第三庭、四川高等法院第一分院、巴县地方法院等审理债务纠纷、请求赔偿两案 12－5－395－396

1934 年 5 月至 1935 年 4 月，最高法院民事第三庭、四川高等法院第一分院、巴县地方法院等关于杨德炳等债务纠纷、胡师化请求赔偿两案的文书，包括民事原诉状、审理笔录、璧山县县政府谕、民事保状、璧山县政府与巴县地方法院的往来公函、民事缴状、民事辩诉状、璧山县政府朱谕、璧山县政府牌告、民事拍卖状、民事和解书、民事领状、诉愿书、璧山县政府训令、四川高等法院第一分院公函、最高法院民事裁定、民事答辩状等。

124. 璧山县法院审理债务纠纷等四案 12－5－397

1934 年 1 月至 1935 年 1 月，璧山县法院关于债务纠纷、会项纠纷、租佃纠纷、会款纠纷四案的文书，包括判决书、民事诉状、民事声请书、民事堂谕代判等。

125. 贵州高等法院、四川高等法院第一分院、璧山地方法院等审理债务纠纷等六案 12－5－398－403

1934 年 4 月至 1940 年 8 月，贵州高等法院、四川高等法院第一分院、璧山地方法院等关于债务纠纷、索要赔偿、租佃纠纷、买卖土地纠纷、会款纠纷、请求禁治产业六案的文书，包括审理笔录、江津县政府关牌、江津县政府发往璧山县政府的咨文、民事诉状、往来公函、民事判决书、民事展限状、民事撤诉状、民事辩状、民事声请状、璧山县政府训令、刑事诉状、贵州高等法院发往璧山县政府的公函、民事保状等。

126. 巴县地方法院、璧山县法院审理债务纠纷等三案　12－5－404－408

1934年4月至1937年8月，巴县地方法院、璧山县法院关于债务纠纷、会款纠纷、请求析分家产等三案的文书，包括璧山县政府与巴县地方法院的往来公函、民事诉状、民事领状、审理笔录、民事辩诉状、民事执行书、民事添传状、民事保状、民事差押状、璧山县政府民事和解笔录、民事减价书、刑事诉状、璧山县政府民事判决书等。

127. 巴县地方法院、璧山县法院审理租谷纠纷案、会项纠纷案两案　12－5－409－410

1934年3月至1936年4月，巴县地方法院、璧山县法院关于租谷纠纷案、会项纠纷案两案的文书，包括璧山县政府与巴县地方法院的往来公函、巴县地方法院民事判决书、民事原诉状、诉愿书、民事声请书、璧山县政府训令、璧山县政府牌告、民事保状、民事抗告书、审理笔录等。

128. 巴县地方法院、璧山县法院审理经界纠纷一案　12－5－411

1934年5月至1935年7月，巴县地方法院、璧山县法院关于曾木三经界纠纷一案的文书，包括民事诉状、刑事保状、刑事公证书、审理笔录、民事公证书、刑事诉状、民事保状、璧山县政府民事判决书、璧山县政府与巴县地方法院的往来公函、民事抗告书、巴县地方法院民事裁定书、民事辩诉状、诉愿书等。

129. 巴县地方法院、璧山地方法院等审理债务纠纷、请求终止租约两案　12－5－412－414

1934年5月至1944年9月，巴县地方法院、璧山地方法院等关于债务纠纷、请求终止租约两案的文书，包括民事诉状、民事辩诉状、民事执行状、民事声请书、璧山地方法院民事判决书、璧山实验地方法院执行命令书、璧山县政府训令、璧山县政府民事判决书、审理笔录、巴县地方法院与璧山县政府的往来公函、诉愿书等。

130. 璧山县法院审理会项纠纷两案　12－5－415－416

1934年9月至1936年5月，璧山县法院关于张九龄等会项纠纷案、郭敬兴等会项纠纷案两案的文书，包括民事诉状、民事辩状、民事再诉状、审理笔录、民事保状、诉愿书、民事执行状、刑事保状、民事申诉状、民事抗告书等。

131. 璧山县法院审理会项纠纷等四案　12－5－417－421

1934年4月至1935年4月，璧山县法院关于会项纠纷、租佃纠纷、债务纠纷、索要生活费用等四案的文书,包括民事诉状、民事公证书、璧山县政府民事判决书、审理笔录、民事首呈状、璧山县政府签票、民事保状、民事添传状、诉愿书、民事辩诉状等。

132. 璧山县法院审理欺骗租佃费、债务纠纷两案　12—5—422—424

1934 年 11 月至 1937 年 5 月,璧山县法院关于钟银安等欺骗租佃费、李卓奎等债务纠纷两案的文书,包括民事诉状、审理笔录、民事保状、民事执行状、诉愿书、民事续状、民事辩状等。

133. 巴县地方法院、璧山县法院审理债务纠纷等三案　12—5—425—429

1934 年 6 月至 1937 年 2 月,巴县地方法院、璧山县法院关于债务纠纷、会项纠纷、货款纠纷三案的文书,包括民事诉状、审理笔录、民事保状、璧山县政府民事判决书、巴县地方法院与璧山县政府的往来公函、巴县地方法院民事和解笔录、璧山县县法院检察官起诉书等。

134. 璧山县法院审理债务纠纷等五案　12—5—430—434

1931 年 12 月至 1934 年 11 月,璧山县法院关于婚姻诈骗、债务纠纷、会项纠纷、货款纠纷、土地买卖纠纷五案的文书,包括县政府刑事堂谕代判、璧山县政府民事堂谕代判、璧山县政府民事判决书、民事声请书、民事诉状、璧山县政府训令、刑事保状、刑事存查书、民事存状、审理笔录、民事执行状、民事辩诉状、民事裁定书等。

135. 最高法院、四川高等法院第一分院、璧山县司法处等审理债务纠纷等四案　12—5—435—438

1934 年 7 月至 1938 年 3 月,最高法院、四川高等法院第一分院、璧山县司法处等关于债务纠纷、会项纠纷、求偿货款及其上诉案、家产纠纷上诉案四案的文书,包括民事诉状、审理笔录、民事委任状、璧山县政府民事判决书、民事执行状、四川高等法院第一分院训令、四川高等法院第一分院民事裁定书、最高法院民事裁定、诉愿书、璧山县政府牌告、民事续状、璧山县政府朱谕、民事领状、民事声明书、民事声请书等。

136. 巴县地方法院、璧山县法院审理债务纠纷等案　12—5—439—443

1934 年 1 月至 1936 年 7 月,巴县地方法院、璧山县法院关于债务纠纷等案的文书,包括民事保状、民事签饬状、民事辩状、审理笔录、民事委任状、璧山县政府牌告、璧山县政府朱谕、往来公函、民事声请书、璧山县政府签票、民事备案状、璧山县法院布告等。

137. 四川高等法院第一分院、璧山县法院审理会项纠纷等三案　12－5－444－449

1933年7月至1935年2月，四川高等法院第一分院、璧山县法院关于会项纠纷、租佃纠纷、债务纠纷三案的文书，包括民事诉状、民事辩状、审理笔录、四川高等法院第一分院训令、璧山县政府谕、民事保状、民事反诉状、民事委任状、民事公证书、民事代诉状、民事领状、璧山县政府签票等。

该卷附有八允会流年推算表、八允会首会利息审查表、八允会办会违规表等。

138. 四川高等法院第一分院、巴县地方法院、璧山县法院等审理租佃纠纷两案　12－5－450－453

1934年1月至1938年5月，四川高等法院第一分院、巴县地方法院、璧山县法院等关于租佃纠纷、抢夺金钱两案的文书，包括民事诉状、民事辩状、审理笔录、民事保状、巴县地方法院与璧山县政府的往来公函、四川高等法院第一分院训令、民事执行状、刑事诉状、璧山县政府训令、璧山县政府民事堂谕代判等。

139. 巴县地方法院、璧山县法院审理会项纠纷等三案　12－5－454－458

1934年1月至1935年12月，巴县地方法院、璧山县法院关于会项纠纷、债务纠纷、庙产纠纷三案的文书，包括民事诉状、审理笔录、民事辩状、璧山县政府与巴县地方法院的往来公函、刑事诉状、刑事保状、刑事被拘令、指令、供词呈诉、四川省佛教会与璧山县政府的往来公函、民事保状、诉愿书等。

140. 四川高等法院第一分院、巴县地方法院、璧山县法院审理债务纠纷、租佃纠纷案　12－5－459－461

1934年1月至1936年12月，四川高等法院第一分院、巴县地方法院、璧山县法院关于债务纠纷、租佃纠纷两案的文书，包括民事诉状、证人证词、民事辩状、审理笔录、巴县地方法院与璧山县政府的往来公函、巴县地方法院民事判决书、民事执行令、民事保状、指令、训令、巴县地方法院民事裁定书、诉愿书、民事声请书、璧山县政府牌告、璧山县政府谕等。

141. 巴县地方法院、璧山县法院审理债务纠纷、租佃纠纷案　12－5－462－464

1934年5月至1936年3月，巴县地方法院、璧山县法院关于债务纠纷、租佃纠纷两案的文书，包括民事诉状、审理笔录、民事执行令、璧山县政府朱谕、民事存查令、民事领状、陆军第二十一军司令部训令、璧山县政府与巴县地方法院的往来公函、民事再请状、璧山县政府牌告、民事抗告书、璧山县政府抄录存据、民事辩状、璧山县政府民事判决书、民事保状、诉愿书、璧山县政府签票等。

142. 四川高等审判分庭、璧山县法院等审理债务纠纷等三案　12—5—465—470

1919 年 3 月至 1935 年 5 月，四川高等审判分庭、璧山县法院等关于会项纠纷、债务纠纷、租佃纠纷三案的文书，包括民事诉状、审理笔录、民事执行令、璧山县政府签票、民事保状、民事辩状、四川高等分庭咨文、民事续呈状等。

143. 巴县地方法院、璧山县法院审理租佃纠纷等五案　12—5—471—477

1934 年 8 月至 1935 年 2 月，巴县地方法院、璧山县法院关于租佃纠纷、会项纠纷、债务纠纷、债款纠纷、宣告死亡五案的文书，包括民事呈状、民事辩诉状、民事保状、审理笔录、璧山县政府朱谕、公函、巴县地方法院民事简易庭判决书、民事声请书、民事展限状、民事公证书、民事存查状等。

144. 璧山县法院审理债务纠纷等三案　12—5—478—479

1934 年 7 月至 1937 年 4 月，璧山县法院关于债务纠纷、承继家产纠纷、请求解除婚约三案的文书，包括民事诉状、民事保状、审理笔录、民事反诉状、民事声明书、民事声请书、民事辩状、民事执行令、诉愿书、民事展限状等。

145. 巴县地方法院、璧山县法院等审理债务纠纷、违反婚约两案　12—5—480—482

1934 年 4 月至 1939 年 8 月，巴县地方法院、璧山县法院等关于债务纠纷、违反婚约两案的文书，包括民事诉状、民事辩诉状、审理笔录、民事保状、璧山县政府民事判决书、民事执行令、朱谕、牌告、璧山县司法处牌告、璧山县政府与巴县地方法院的往来公函、训令等。

146. 巴县地方法院、璧山县法院审理会项纠纷等三案　12—5—483—485

1934 年 1 月至 1935 年 9 月，巴县地方法院、璧山县法院关于会项纠纷、家产存查、债务纠纷三案的文书，包括民事诉状、审理笔录、民事保状、璧山县政府与巴县地方法院的往来公函、民事上诉状、璧山县政府签票、民事存查状等。

147. 四川高等法院第一分院、巴县地方法院、璧山县法院审理债务纠纷一案 12—5—483—485—2

1933 年 12 月至 1935 年 1 月，四川高等法院第一分院、巴县地方法院、璧山县法院关于潘良臣债务纠纷一案的文书，包括民事凭证、审理笔录、民事保状、刑事保状、侦讯笔录、璧山县法院与巴县地方法院的往来公函、四川高等法院第一分院训令、巴县地方法院民事裁定书等。

148. 巴县地方法院、璧山县法院审理会项纠纷等三案　12－5－486－489

1933年5月至1934年12月，巴县地方法院、璧山县法院关于会项纠纷、债务纠纷、租佃纠纷三案的文书，包括民事诉状、审理笔录、民事执行令、民事保状、民事判决书、巴县地方法院与璧山县政府的往来公函、民事存查状等。

149. 璧山县法院审理会项纠纷、债务纠纷两案　12－5－490－492

1934年7月至1938年2月，璧山县法院关于会项纠纷、债务纠纷两案的文书，包括民事诉状、民事保状、审理笔录、民事展限状、民事反诉状、民事委任状、民事声请状、民事抗告、民事裁定等。

150. 最高法院、四川高等法院第一分院、巴县地方法院、璧山县法院审理房屋经界纠纷、遗产纠纷两案　12－5－493－496

1934年5月至1936年6月，最高法院、四川高等法院第一分院、巴县地方法院、璧山县法院关于房屋经界纠纷案、遗产纠纷案两案的文书，包括民事诉状、民事展限状、民事公证、审理笔录、民事判决书、璧山县政府朱谕、璧山县政府与巴县地方法院的往来公函、四川高等法院第一分院训令、最高法院民事裁定等。

151. 四川高等法院第一分院、巴县地方法院、璧山县法院审理租佃纠纷等三案　12－5－497－502

1934年1月至1935年7月，四川高等法院第一分院、巴县地方法院、璧山县法院关于租佃纠纷、买卖纠葛、债务纠纷三案的文书，包括民事诉状、审理笔录、民事辩状、璧山县政府与巴县地方法院的往来公函、巴县地方法院民事裁定书、四川高等法院第一分院训令等。

152. 四川高等法院第一分院、巴县地方法院、璧山县法院审理会项纠纷等三案　12－5－503－508

1934年1月至1935年5月，四川高等法院第一分院、巴县地方法院、璧山县法院关于会项纠纷、膳谷纠纷、债务纠纷三案的文书，包括民事诉状、审理笔录、民事保状、民事辩诉状、民事缴状、璧山县政府与巴县地方法院的往来公函、民事首状、四川高等法院第一分院民事法庭审讯记录、四川高等法院第一分院训令、四川公路总局公函、民事声请书等。

153. 巴县地方法院、璧山县法院审理债务纠纷、土地经界纠纷两案　12－5－509－511

1934年4月至1937年5月，巴县地方法院、璧山县法院关于债务纠纷、土地经界纠纷两案的文书，包括审理笔录、璧山县政府朱谕、民事诉状、璧山县政府关票、璧山县政府签票、刑事诉状、巴县地方法院与璧山县政府的往来公函、刑事执行状、民事执行状等。

154. 四川高等法院第一分院、璧山县法院审理债务纠纷等三案　12－5－512－514

1934年5月至1937年7月，四川高等法院第一分院、璧山县法院关于胡炳文虐待妻子案、张银洲破产案、刘元茂债务纠纷案三案的文书，包括民事诉状、审理笔录、民事保状、民事辩状、璧山县政府牌告、四川高等法院第一分院训令、璧山县政府训令、璧山县政府朱谕、四川高等法院第一分院和解笔录、民事执行状、民事和解状等。

155. 四川高等法院第一分院、巴县地方法院、璧山县法院审理会款纠纷等三案　12－5－515－521

1934年1月至1937年8月，四川高等法院第一分院、巴县地方法院、璧山县法院关于会款纠纷、租佃纠纷、债务纠纷三案的文书，包括民事诉状、刑事存查状、审理笔录、璧山县政府朱谕、四川高等法院第一分院民事判决书、璧山县政府签票、璧山县政府训令、民事保状、璧山县政府与巴县地方法院的往来公函、巴县地方法院民事裁定、民事执行状等。

156. 璧山县法院审理租佃纠纷等三案　12－5－521－524

1934年8月至1936年9月，璧山县法院关于租佃纠纷、债务纠纷、担保纠葛三案的文书，包括民事诉状、民事保状、民事委任状、审理笔录、民事辩状、璧山县政府民事判决书、璧山县政府民事裁定、璧山县政府牌告、刑事续诉状等。

157. 四川高等法院第一分院、巴县地方法院、璧山县法院审理债务纠纷等四案　12－5－525－531

1933年4月至1935年4月，四川高等法院第一分院、巴县地方法院、璧山县法院关于债务纠纷、租佃纠纷、会项纠纷、土地纠纷四案的文书，包括民事诉状、审理笔录、璧山县政府民事判决书、璧山县政府牌告、民事声请书、巴县地方法院与璧山县政府的往来公函、民事保状、民事领状、民事查封令、四川高等法院第一分院训令、巴县地方法院民事判决书、刑事诉状、璧山县政府朱谕等。

158. 巴县地方法院、璧山县法院审理债务纠纷两案　12－5－532－534

1934年6月至1936年9月，巴县地方法院、璧山县法院关于债务纠纷、会项纠纷两案的文书，包括民事诉状、审理笔录、民事保状、璧山县政府与巴县地方法院的往来公函、璧山县政府朱谕、璧山县政府民事判决书、民事执行状、刑事诉状等。

159. 四川高等法院第一分院、巴县地方法院、璧山县法院审理债务纠纷等三案　12－5－535－540

1934年10月至1937年6月，四川高等法院第一分院、巴县地方法院、璧山县法院关于债务纠纷、租佃纠纷、会项纠纷三案的文书，包括民事诉状、璧山县政府与巴县地方法院的往来公函、民事和解书、四川高等法院第一分院训令、璧山县政府民事判决书、民事执行书、民事保状、审理笔录、民事抗告书、民事申明等。

160. 四川高等法院第一分院、巴县地方法院、璧山地方法院等审理债务纠纷等案　12－5－541－547

1934年3月至1945年8月，四川高等法院第一分院、巴县地方法院、璧山地方法院等关于债务纠纷等案的文书，包括璧山县政府与巴县地方法院的往来公函、璧山县政府与四川高等法院第一分院的往来公函、璧山县法院民事裁定书、民事声请书、璧山县法院执行命令、辩论笔录、民事执行令、和解笔录、刑事声请书等。

161. 四川高等法院第一分院、璧山地方法院等审理买卖纠纷等三案　12－5－548－552

1934年5月至1945年11月，四川高等法院第一分院、璧山地方法院等关于买卖纠纷、欠款纠纷、盗匪劫财三案的文书，包括民事调解书、辩论笔录、民事辩状、民事执行令、璧山县法院看守所呈文、民事抗告书、四川高等法院第一分院训令、四川高等法院第一分院裁定书、审理笔录、刑事诉状等。

162. 璧山县法院等审理盗匪劫财等案　12－5－548－552（2）

1934年5月至1934年10月，璧山县法院等关于盗匪劫财等案的文书，包括璧山县政府发往铜梁县政府的咨文、审理笔录、璧山县政府刑事判决书、陆军第二十一军司令部指令、刑事保状、关票等。

163. 四川高等法院第一分院、巴县地方法院、璧山县法院等审理租佃纠纷等五案 12－5－553－558

1934 年 4 月至 1937 年 12 月，四川高等法院第一分院、巴县地方法院、璧山县法院等关于租佃纠纷、经界纠纷、债务纠纷、离异、贪污五案的文书，包括民事诉状、审理笔录、璧山县政府咨文、讯问笔录、璧山县政府民事代判书、璧山县政府民事判决书、璧山县政府朱谕、民事存查书、诉愿书、四川高等法院第一分院民事判决书、巴县地方法院民事裁定书、民事和解笔录等。

164. 四川高等法院第一分院、璧山地方法院等审理债务纠纷等三案 12－5－559－563

1933 年 11 月至 1946 年 11 月，四川高等法院第一分院、璧山地方法院等关于债务纠纷、典当纠纷、租赁纠纷三案的文书，包括璧山县政府民事判决书、璧山县政府训令、审理笔录、刑事诉状、璧山县法院民事执行命令、四川高等法院第一分院民事判决书等。

165. 四川高等法院第一分院、璧山县法院审理租佃纠纷等四案 12－5－564－567

1934 年 9 月至 1936 年 12 月，四川高等法院第一分院、璧山县法院关于租佃纠纷、经界纠纷、会项纠纷、货款纠纷四案的文书，包括四川高等法院第一分院训令、民事恳状、民事委状、审理笔录、民事理由书、民事诉状、民事存查书、民事和解书等。

166. 巴县地方法院、璧山县法院审理租佃纠纷等三案 12－5－568－571

1934 年 3 月至 1936 年 10 月，巴县地方法院、璧山县法院关于租佃纠纷、债务纠纷、会项纠纷三案的文书，包括巴县地方法院与璧山县政府的往来公函、民事诉状、民事声请书、审理笔录、民事保状、民事执行状、璧山县政府朱谕。

167. 最高法院、四川高等法院第一分院、璧山县法院审理会项纠纷、债务纠纷两案 12－5－572－577

1934 年 2 月至 1936 年 12 月，最高法院、四川高等法院第一分院、璧山县法院关于会项纠纷、债务纠纷两案的文书，包括民事诉状、民事辩状、审理笔录、璧山县政府民事裁决书、民事保状、民事执行书、刑事展限状、民事再抗告书、四川高等法院第一分院公函等。

168. 四川高等法院第一分院、巴县地方法院、璧山县法院审理债务纠纷等三案 12－5－578－580

1932年10月至1935年1月，四川高等法院第一分院、巴县地方法院、璧山县法院关于债务纠纷案、抵押纠纷案、拖欠赡养费案三案的文书，包括璧山县政府与巴县地方法院的往来公函、民事执行状、民事诉状、四川高等法院第一分院训令、刑事诉状、审理笔录、璧山县政府朱谕等。

169. 四川高等法院第一分院、巴县地方法院、璧山县法院审理债务纠纷等三案 12－5－581－584

1934年9月至1935年9月，四川高等法院第一分院、巴县地方法院、璧山县法院关于债务纠纷、租佃纠纷、会项纠纷三案的文书，包括审理笔录、民事诉状、璧山县政府训令、民事辩状、民事保状、四川高等法院第一分院指令、巴县地方法院与璧山县政府的往来公函、民事声请书、民事抗告书等。

170. 四川高等法院第一分院、巴县地方法院、璧山县法院等审理债务纠纷一案 12－5－585

1934年11月至1938年12月，四川高等法院第一分院、巴县地方法院、璧山县法院等关于周申之债务纠纷一案的文书，包括民事抗告书、四川高等法院第一分院民事裁定书、巴县地方法院与璧山县政府的往来公函、巴县地方法院民事裁定书、璧山县政府朱谕、璧山县政府牌告、璧山县政府训令、四川高等法院第一分院训令、重庆地方法院公函、民事保状、民事诉状、民事声明、民事缴状、民事委状等。

171. 最高法院、四川高等法院第一分院、巴县地方法院、璧山县法院审理债务纠纷等四案 12－5－586

1934年10月至1935年7月，最高法院、四川高等法院第一分院、巴县地方法院、璧山县法院关于债务纠纷、离婚、家产纠纷、租佃纠纷四案的文书，包括民事诉状、民事辩状、刑事公证、璧山县政府训令、巴县地方法院与璧山县政府的往来公函、四川高等法院第一分院训令、最高法院民事裁定书、最高法院民事判决书、四川高等法院第一分院发往最高法院的公函、审理笔录、民事和解书、民事声请书等。

172. 巴县地方法院、璧山县法院审理租佃纠纷等三案 12－5－587－591

1934年3月至1938年11月，巴县地方法院、璧山县法院关于租佃纠纷、抵押纠纷、布款纠纷三案的文书，包括巴县地方法院与璧山县政府的往来公函、民事诉状、民事理由、审理笔录、璧山县政府民事判决书、民事保状、璧山县政府朱谕、璧山县政府牌告等。

173. 最高法院、四川高等法院第一分院、巴县地方法院、璧山县法院审理会项纠纷等三案　12—5—592—596

1934年1月至1936年7月，最高法院、四川高等法院第一分院、巴县地方法院、璧山县法院关于会项纠纷、买卖纠纷、伙贸纠纷三案的文书，包括民事诉状、审理笔录、璧山县政府训令、刑事诉状、璧山县政府民事判决书、刑事抗告书、最高法院民事裁定书、四川高等法院第一分院民事裁定、四川高等法院第一分院训令、民事保状等。

174. 璧山县司法处等审理会项纠纷、押银纠葛两案　12—5—597

1937年8月至1938年6月，璧山县司法处等关于黄海林会项纠纷、周德臣押银纠葛两案的文书，包括璧山县政府民事判决书、民事诉状、民事执行令、民事委状、民事声明、民事缴状、民事申报书、民事领状、民事抗告书等。

175. 璧山县法院审理债务纠纷一案　12—5—598

1934年9月，璧山县法院关于陈昆山债务纠纷一案的文书，包括民事抗告书、民事领状等。

176. 璧山县法院审理家产纠纷一案　12—5—599

1934年2月至1935年1月，璧山县法院关于彭良朝家产纠纷一案的文书，包括璧山县政府签票、民事保状、民事执行状、民事诉状、民事族证、民事辩状等。

177. 璧山县法院审理会项纠纷等三案　12—5—600

1933年11月至1934年10月，璧山县法院关于会项纠纷、家产纠葛、租佃纠纷三案的文书，包括民事诉状、审理笔录、民事辩状、民事委任状、民事保状、璧山县政府刑事判决书、刑事诉状、璧山县政府签票等。

178. 璧山县法院审理抵押纠纷一案　12—5—601

1934年10月，璧山县法院关于李星北等抵押纠纷一案的文书，包括民事诉状、民事辩状、民事委任状、民事展限书、审理笔录、送达回证等。

179. 璧山县法院审理债务纠纷两案　12—5—602—603

1934年10月至1935年11月，璧山县法院关于邓汉卿债务纠纷案、王洪章债务纠纷案两案的文书,包括民事诉状、民事辩状、民事保状、审理笔录、民事声请状、民事执行状、民事回复、民事和解书等。

180. 璧山县法院审理债务纠纷、租佃纠纷两案　12－5－604

1934 年 7 月至 1935 年 1 月,璧山县法院关于邓汉卿债务纠纷案、陈昆山租佃纠纷案两案的文书,包括璧山县政府民事判决书、民事诉状等。

民事六

1. 璧山县政府及司法处审理借洋纠纷等三案　12－6－1－3

1936年12月至1939年7月，璧山县政府及司法处关于借洋纠纷、租佃纠纷、会款执行案三案的文书，包括民事诉状、审理笔录、执达员提交县长的报告、璧山县政府兼理司法事务民事判决书、璧山县司法处意见书、民事声请书、民事领状、璧山县司法处民事和解笔录、民事缴状等。

2. 最高法院、四川高等法院第一分院、巴县地方法院、璧山县政府审理会款纠纷等六案　12－6－4－8

1928年7月至1937年4月，最高法院、四川高等法院第一分院、巴县地方法院、璧山县政府关于曾有光会款纠纷、吴焕文借洋纠纷、冯集云借洋纠纷、罗金廷会款纠纷、张荣之析分家产纠纷、凌德钦婚姻纠纷六案的文书，包括民事诉状、最高法院民事裁定、民事存查状、民事保状、审理笔录、璧山县政府签票、四川高等法院第一分院训令等。

3. 四川高等法院第一分院、璧山县政府及司法处审理析分家产纠纷等三案　12－6－9－11

1936年8月至1937年12月，四川高等法院第一分院、璧山县政府及司法处关于王远辉析分家产纠纷、周天枢借洋纠纷、王作周要求龙张乾支付报酬案三案的文书，包括璧山县政府提交四川高等法院第一分院的呈文、民事诉状、四川高等法院第一分院训令、调查笔录、民事公证状、民事委任状、民事辩状、四川高等法院第一分院民事判决书、四川高等法院第一分院裁定、审理笔录、民事保状、璧山县司法处执行命令、璧山县司法处民事判决书等。

4. 四川高等法院第一分院、璧山县司法处等审理租佃纠纷等六案　12－6－12－17

1936年1月至1939年6月，四川高等法院第一分院、璧山县司法处等关于钱绍元租佃纠纷、何德馨租佃纠纷、陈大蓬析分家产纠纷、周俊臣借洋纠纷、张绍基借洋纠纷、姜银廷抵押土地纠纷等六案的文书，包括民事诉状、璧山县政府训令、民事辩状、审理笔录、民事恳状、民事声请书、四川高等法院第一分院训令、璧山县司法处民事判决书、四川高等法院第一分院民事判决书等。

5. 四川高等法院第一分院、璧山县法院审理分割遗产纠纷等四案　12—6—18—19

1936年1月至1937年8月，四川高等法院第一分院、璧山县法院关于王文氏分割遗产纠纷、杨武臣会款纠纷、罗青林借洋纠纷、罗寿康借洋纠纷四案的文书，包括璧山县政府提交四川高等法院第一分院的呈文、四川高等法院第一分院训令、四川高等法院第一分院裁定、民事诉状、民事委任状、调查笔录、民事展限状、民事辩状、民事领状、四川高等法院第一分院民事判决书、四川高等法院第一分院民事裁定、璧山县政府与巴县地方法院的往来公函、民事抗告书等。

6. 四川高等法院第一分院、璧山县法院等审理会款纠纷等四案　12—6—22—26

1936年1月至1939年2月，四川高等法院第一分院、璧山县法院等关于刘绍伯会款纠纷、王寿堂借洋纠纷、李福君借洋纠纷、彭鸿章借洋纠纷四案的文书，包括民事抗告书、四川高等法院第一分院训令、巴县地方法院抗告意见书、璧山县政府提交四川高等法院第一分院的呈文、民事诉状、审理笔录、民事反诉状、璧山县政府兼理司法事务民事判决书、四川高等法院第一分院裁定等。

7. 四川高等法院第一分院、璧山县法院审理会款纠纷等六案　12—6—27—32

1935年11月至1937年7月，四川高等法院第一分院、璧山县法院关于朱炳兴会款纠纷、邓荣华借洋纠纷、钟凌云借洋纠纷、魏春林会款纠纷、王文氏要求赔偿损失案、合川县政府咨请扣押周陈氏产业案六案的文书，包括民事诉状、执达员提交县长的报告、璧山县政府与巴县地方法院的往来公函、民事辩状、审理笔录、民事保状、刑事抗告书、四川高等法院第一分院训令、民事执行状、民事领状、璧山县政府兼理司法事务民事判决书、合川县政府发往璧山县政府的咨文、璧山县政府牌告等。

8. 璧山县政府及司法处审理借洋纠纷两案　12—6—33—34

1936年8月至1939年3月，璧山县政府及司法处关于郭佐臣借洋纠纷、王兆祥土地押金及借款纠纷两案的文书，包括民事诉状、民事辩状、审理笔录、璧山县政府训令、民事委任状、璧山县政府朱谕、璧山县政府兼理司法事务民事判决书、民事声请书、璧山县司法处民事判决书等。

9. 四川高等法院第一分院、璧山县法院等审理借洋纠纷等三案　12－6－35－36

1936年10月至1938年2月，四川高等法院第一分院、璧山县法院等关于周子佩借洋纠纷、万继修申请法院救助案、陈益章租佃纠纷三案的文书。万继修因妻万张氏挥霍无度而与之离婚，其妻向万继修索要生活费，万继修因经济困难而申请法院给予司法救助。该卷文书包括璧山县政府提交四川高等法院第一分院的呈文、四川高等法院第一分院裁定、四川高等法院第一分院训令、四川高等法院第一分院民事裁定、民事诉状、璧山县政府民事判决书、审讯笔录等。

10. 四川高等法院第一分院、璧山县政府、璧山地方法院等审理租赁房屋纠纷等三案　12－6－37

1936年5月至1941年4月，四川高等法院第一分院、璧山县政府、璧山地方法院等关于向金盛租赁房屋纠纷、邓刘氏伪造土地佃约案、邓刘氏租佃土地纠纷三案的文书，包括民事诉状、民事辩状、审理笔录、璧山县政府民事判决书、民事保状、民事执行状、璧山县政府签票、刑事诉状、侦查笔录、璧山地方法院民事判决书、璧山地方法院与四川高等法院第一分院的往来公函、四川高等法院第一分院民事判决书等。

11. 四川高等法院第一分院、璧山县法院等审理析分家产纠纷等六案　12－6－38－42

1936年1月至1938年9月，四川高等法院第一分院、璧山县法院等关于傅青云析分家产纠纷、李宏恩妨害他人家庭案、罗涛清会款纠纷、江孙氏借洋纠纷、何靖之要求给付生活费案、周孝达借洋纠纷六案的文书，包括民事诉状、民事辩状、审理笔录、四川高等法院第一分院训令、璧山县政府刑事判决书、璧山县政府提交四川高等法院第一分院的呈文、四川高等法院第一分院裁定、四川高等法院第一分院民事裁定、民事反诉状、巴县地方法院与璧山县政府的往来公函、民事保状、民事展限状、璧山县政府签票等。

12. 四川高等法院第一分院、璧山县法院审理债款执行案等七案　12－6－43－49

1936年4月至1937年10月，四川高等法院第一分院、璧山县法院关于李刘氏债款执行案、全汉清租佃纠纷、陈昆山债务纠纷、李云臣会款纠纷、邓国栋要求张义生赔偿会款案、罗树辉申请撤销包办婚姻案、龙张乾析分家产纠纷七案的文书，包括璧山县政府提交四川高等法院第一分院的呈文、四川高等法院第一分院训令、四川高等法院第一分院裁定、民事催状、民事诉状、审理笔录、民事保状、民事辩状、璧山县政府兼理司法事务民事判决书、民事领状、四川高等法院第一分院民事判决书等。

13. 四川高等法院第一分院、璧山县法院等审理债务纠纷等四案　12—6—50—54

1935年4月至1937年12月,四川高等法院第一分院、璧山县法院等关于张良成借洋纠纷、张义生会款纠纷、严方成借洋纠纷、陈治宽会款纠纷四案的文书,包括民事诉状、民事再诉状、审理笔录、民事辩状、璧山县政府与巴县地方法院的往来公函、民事领状、四川高等法院第一分院裁定、四川高等法院第一分院训令等。

该卷档案附有关于司法部门送审程序的文书,包括司法行政部训令、司法官荐署荐补审查程序办法、军法人员转任司法官审查成绩规则、璧山县广普乡各保国民学校1947年度职员具领生活补助费名册等。

14. 四川高等法院第一分院、璧山县法院审理租佃纠纷等五案　12—6—55—59

1936年3月至1937年7月,四川高等法院第一分院、璧山县法院关于龙罗氏租佃纠纷、易炳山借洋纠纷、朱长兴债务纠纷、黄庆云借洋纠纷、钟国良会款纠纷五案的文书,包括民事诉状、民事辩状、审理笔录、璧山县政府提交四川高等法院第一分院的呈文、四川高等法院第一分院训令、执达员提交县长的报告、民事声请书、璧山县政府民事裁定、四川高等法院第一分院民事裁定等。

15. 四川高等法院第一分院、璧山县政府及司法处审理债务纠纷两案　12—6—60—61

1936年10月至1938年5月,四川高等法院第一分院、璧山县政府及司法处关于胡汉荣因无力偿还债务申请破产案、尚志功借洋纠纷两案的文书,包括民事声请书、璧山县政府训令、民事续诉状、民事缴状、民事诉状、民事声明状、民事领状、璧山县司法处谕、璧山县政府提交四川高等法院第一分院的呈文、四川高等法院第一分院训令、四川高等法院第一分院裁定等。

16. 四川高等法院第一分院、璧山县法院审理遗产继承纠纷等四案　12—6—62—65

1936年5月至1937年4月,四川高等法院第一分院、璧山县法院关于江流芳遗产继承纠纷、曹耀先租佃纠纷、蒲青云侵占蒲辉银田产案、鲍瑞堂会款纠纷四案的文书,包括民事领状、民事诉状、民事反诉状、民事委状、审理笔录、民事缴状、执达员提交县长的报告、民事答辩状、四川高等法院第一分院训令、璧山县政府提交四川高等法院第一分院的呈文、四川高等法院第一分院民事第二审判决书等。

17. 最高法院、四川高等法院第一分院、璧山县法院等审理借洋纠纷等五案　12—6—66—71

1936年3月至1938年8月,最高法院、四川高等法院第一分院、璧山县法院等关于朱万氏借洋纠纷、蔡金盛租佃纠纷、张治清土地押金纠纷、曾海钦借洋纠纷、廖王氏会款纠纷五案的文书，包括璧山县政府提交四川高等法院第一分院的呈文、四川高等法院第一分院训令、璧山县政府与最高法院的往来公函、四川高等法院第一分院民事判决书、璧山县政府与巴县地方法院的往来公函、民事声明书、四川高等法院第一分院民事裁定、民事抗告书、民事辩状、最高法院民事裁定、民事公证状、最高法院民事判决书等。

18. 四川高等法院第一分院、巴县地方法院、璧山县法院等审理债务纠纷等五案　12－6－72－76

1933年4月至1938年6月，四川高等法院第一分院、巴县地方法院、璧山县法院等关于罗肇荣借洋纠纷、刘雷氏申请离婚案、龙子榆要求龙辉堂赔偿损失案、蒋炳煊要求罗春英履行婚约案、罗万发租谷纠纷五案的文书，包括民事抗告书、四川高等法院第一分院训令、璧山县政府提交四川高等法院第一分院的呈文、巴县地方法院抗告意见书、四川高等法院第一分院裁定、刑事诉状、民事答辩状、审理笔录、民事委任状、四川高等法院第一分院民事判决书、璧山县政府训令、民事保状、璧山县政府朱谕等。

19. 最高法院、四川高等法院第一分院、璧山县政府及司法处审理会款纠纷等五案　12－6－77－81

1935年7月至1937年12月，最高法院、四川高等法院第一分院、璧山县政府及司法处关于张承绪会款纠纷、陈国江土地押金纠纷、龙光辉会款纠纷、苏万盛借洋纠纷、蒋刘氏借洋纠纷五案的文书，包括民事缴状、璧山县政府饬签、审理笔录、民事辩状、璧山县政府与巴县地方法院的往来公函、抗告意见书、民事诉状、璧山县司法处民事判决书、四川高等法院第一分院裁定、四川高等法院第一分院训令、四川高等法院第一分院民事第二审判决书、最高法院民事裁定、璧山县政府民事判决书等。

20. 四川高等法院第一分院、璧山县法院等审理会款纠纷等四案　12－6－82－85

1936年6月至1939年6月，四川高等法院第一分院、璧山县法院等关于向炳清会款纠纷、吴炳辉要求吴少伯赔偿布匹案、蔡金盛买卖谷物纠纷、甘有德买卖田房纠纷四案的文书，包括璧山县第三区区长提交璧山县政府的呈文、民事具状、审理笔录、民事保状、民事诉状、璧山县政府与巴县地方法院的往来公函、民事辩状、民事委任状、璧山县政府民事判决书、四川高等法院第一分院训令、四川高等法院第一分院裁定、璧山县政府朱谕等。

21. 四川高等法院第一分院、璧山县法院审理借洋纠纷等五案　12－6－86－90

1934年7月至1937年6月，四川高等法院第一分院、璧山县法院关于江友三申请救助案、周程氏借洋纠纷、陈杨氏析分家产纠纷、蔡金盛买卖谷物纠纷、张雷氏会银纠纷五案的文书。江友三身负债务无力偿还，蒋光耀要求江还债，江因此向法院申请救助。该卷文书包括民事声请书、璧山县政府提交四川高等法院第一分院的呈文、四川高等法院第一分院训令、四川高等法院第一分院裁定、四川高等法院第一分院民事裁定、民事诉状、民事辩状、审理笔录、民事公证状、璧山县政府民事判决书、民事保状等。

22. 璧山县法院审理债务纠纷一案　12－6－91

1936年10月至1937年3月，璧山县法院关于陈荣发债务纠纷一案的文书，陈荣发以邓维周拖欠借款为由提起诉讼，要求其偿还债务。该卷文书包括民事诉状、民事辩状、审理笔录、执达员提交审判官的报告等。

23. 四川高等法院第一分院、璧山县政府及司法处审理债务纠纷一案　12－6－92

1936年10月至1939年6月，四川高等法院第一分院、璧山县政府及司法处关于张书元债务纠纷一案的文书。张书元以王照容拖欠借款为由提起诉讼，要求王偿还债务。该卷文书包括民事诉状、民事反诉状、审理笔录、璧山县政府民事判决书、四川高等法院第一分院训令、民事委状、四川高等法院第一分院民事判决书、璧山县司法处民事判决书等。

24. 璧山县政府及司法处审理借洋纠纷、析分家产纠纷两案　12－6－93－94

1936年8月至1939年1月，璧山县政府及司法处关于王青山借洋纠纷、李荣林析分家产纠纷两案的文书，包括民事诉状、审理笔录、民事辩状、璧山县政府兼理司法事务民事判决书、民事执行状、民事声明状、民事反诉状、璧山县政府与璧山县征收局的往来公函、民事缴状、民事和解书等。

25. 四川高等法院第一分院、璧山县法院等审理租佃纠纷等六案　12－6－95－100

1935年12月至1938年5月，四川高等法院第一分院、璧山县法院等关于陈跃渊租佃纠纷、何德馨租佃纠纷、周俊臣借洋纠纷、何玉成抵押土地纠纷、黄国宣借洋纠纷、贺述武会款纠纷六案的文书，包括巴县地方法院提交四川高等法院第一分院的呈文、民事诉状、四川高等法院第一分院训令、四川高等法院第一分院裁定、璧山县政府提交四川高等法院第一分院的呈文、民事保状、璧山县政府与巴县地方法院的往来公函、民事和解书、民事辩状、审理笔录、民事执行状、四川高等法院第一分院民事裁定等。

26. 璧山县法院审理会款存查案等十四案　12－6－101

1936 年 1 月至 1936 年 2 月，璧山县法院关于宋孔章会款存查案、马合太家产存查案、曹海轩借款存查案、杨胡氏再嫁存查案、彭海全伙贸存查案、雷罗氏再嫁存查案、黄遵灿离婚存查案、张严氏控告张炳荣虐待案、王治成析分家产存查案、杨开文借款存查案、江子南继承家产存查案、周荣氏会款存查案、毛曹氏再嫁存查案、杨文氏再嫁存查案十四案的文书，包括民事诉状、刑事存查状、马嘶乡联保主任提交璧山县政府的呈文、刑事诉状、巴县地方法院发往璧山县法院的公函等。

27. 璧山县法院审理借洋纠纷等四案　12－6－102－104

1935 年 9 月至 1936 年 11 月，璧山县法院关于彭瑞清借洋纠纷、贺金山会款纠纷、罗清林借洋纠纷、罗炳兴借洋纠纷四案的文书，包括民事答辩状、民事执行状、民事诉状、民事保状、民事抗告书、审理笔录等。

28. 璧山县法院审理借洋纠纷等三案　12－6－105

1935 年 8 月至 1937 年 8 月，璧山县法院关于何兴武借洋纠纷、马绍成借洋纠纷、王炳南租佃纠纷三案的文书，包括民事诉状、璧山县政府谕、民事声明状、民事辩状、璧山县政府与巴县地方法院的往来公函、民事执行状等。

29. 璧山县法院审理租佃纠纷、会款纠纷两案　12－6－106

1936 年 9 月至 1936 年 11 月，璧山县法院关于周献富租佃纠纷、王兆祥会款纠纷的文书，包括民事诉状、审理笔录、民事辩状等。

30. 四川高等法院第一分院、璧山县法院审理债务纠纷一案　12－6－107

1936 年 12 月至 1937 年 10 月，四川高等法院第一分院、璧山县法院关于王树廷拖欠众多债务，债权团要求拍卖其产业偿债一案的文书，包括民事诉状、民事声明状、民事缴状、民事抗告书、四川高等法院第一分院训令、璧山县政府提交四川高等法院第一分院的呈文等。

31. 四川高等法院第一分院、璧山县法院等审理买卖田业纠纷、借洋纠纷两案　12－6－108

1936 年 4 月至 1938 年 2 月，四川高等法院第一分院、璧山县法院等关于杨志仁买卖田业的价格纠纷、黄鹏安借洋纠纷两案的文书，包括民事诉状、四川高等法院第一分院训令、四川高等法院第一分院裁定、璧山县政府朱谕、四川高等法院第一分院民事裁定、民事委状等。

32. 璧山县法院审理借洋执行案、租佃纠纷两案　12—6—109

1936年11月至1937年1月，璧山县法院关于张春山借洋执行案、张子贤租佃纠纷两案的文书，包括民事保状、民事执行状、民事声请书、璧山县政府朱谕、民事缴状、民事诉状等。

33. 璧山县法院审理破产存查案等九案　12—6—110

1934年8月至1936年12月，璧山县法院关于郭志高破产存查案、傅荣氏析分家产存查案、胡晓岚借洋纠纷、吴长江继承遗产存查案、龚吉臣借款存查案、甘颜氏申请法院禁止其子处理家产案、彭大联借款存查案、张炳安会款存查案、王海清租佃纠纷等九案的文书，包括民事存查状、民事诉状、民事保状、民事辩状、审理笔录、诉愿书、璧山县政府朱谕等。

34. 璧山县法院审理租佃纠纷一案　12—6—111

1936年10月至1936年12月，璧山县法院关于陈光武租佃纠纷的文书，包括民事诉状、诉愿书、民事辩状、审理笔录、民事参加状、璧山县政府民事判决书等。

35. 四川高等法院第一分院、璧山县法院审理债款纠纷一案　12—6—112

1932年10月至1936年10月，四川高等法院第一分院、璧山县法院关于朱秉权等债款纠纷的文书，包括四川高等法院第一分院训令、璧山县政府提交四川高等法院第一分院的呈文、民事领状、民事诉状、审理笔录、刑事展限状等。

36. 巴县地方法院、璧山县法院审理借款纠纷一案　12—6—113

1935年9月至1936年5月，巴县地方法院、璧山县法院关于何星武等借款纠纷的文书，包括民事诉状、璧山县政府牌告、璧山县政府与巴县地方法院的往来公函、巴县地方法院民事裁定、璧山县政府朱谕等。

37. 四川高等法院第一分院审理家产纠纷一案　12—6—114

1936年12月至1937年3月，四川高等法院第一分院关于陈国风等家产纠纷的文书，包括璧山县政府提交四川高等法院第一分院的呈文、四川高等法院第一分院裁定、四川高等法院第一分院民事裁定、四川高等法院第一分院训令等。

38. 四川高等法院第一分院、重庆地方法院、巴县地方法院、璧山县政府及司法处、璧山地方法院审理债务纠纷等十二案　12—6—115

1936 年 4 月至 1940 年 9 月，四川高等法院第一分院、重庆地方法院、巴县地方法院、璧山县政府及司法处、璧山地方法院关于债务纠纷、借款担保纠纷、要求赔偿案、租佃纠纷、会款纠纷、渎职案、盗窃案、析分家产纠纷、要求交还田业案、宣告破产案、房屋所有权纠纷、申请离婚案十二案的文书，包括巴县地方法院民事裁定、璧山县政府民事和解笔录、重庆地方法院民事裁定、璧山县政府民事判决书、璧山县司法处民事判决书、璧山地方法院刑事判决书、四川高等法院第一分院民事裁定、四川高等法院第一分院民事第二审判决书、巴县地方法院民事判决书、审理笔录等。

39. 璧山县法院审理拐卖民女案等六案　12—6—116

1936 年 9 月，璧山县法院关于拐卖民女案、驾车伤人案、申请破产案、申请再嫁案、租佃纠纷、盗匪抢劫案六案的文书，包括璧山县城东乡联保办公处提交璧山县政府的呈文、会兴乡联保主任提交璧山县政府的呈文、丁家镇联保办公处提交璧山县政府的呈文、璧山县第二区区长提交璧山县政府的呈文等。

40. 璧山县法院审理借款纠纷一案　12—6—117

1935 年 5 月至 1935 年 7 月，璧山县法院关于何子光等借款纠纷的文书，包括民事诉状、民事保状、审理笔录、民事声请书等。

41. 四川高等法院第一分院、璧山县法院等审理拖欠公粮案、借洋纠纷两案 12—6—118

1936 年 3 月至 1939 年 12 月，四川高等法院第一分院、璧山县法院等关于韩绍武等人拖欠公粮案、陈杨氏借洋纠纷两案的文书，包括璧山县征收局拘签、民事呈状、璧山县征收局与璧山县政府的往来公函、璧山县政府布告、四川高等法院第一分院训令、四川高等法院第一分院裁定、民事再审状、民事缴状、民事委状、璧山县政府提交四川高等法院第一分院的呈文等。

42. 巴县地方法院、璧山县法院审理借洋纠纷两案　12—6—119

1936 年 8 月至 1937 年 6 月，巴县地方法院、璧山县法院关于王勤操借洋纠纷、陆林辉借洋纠纷的文书，包括民事诉状、审理笔录、璧山县政府训令、福禄镇联保主任提交璧山县政府的呈文、民事保状、民事声请书、璧山县政府与巴县地方法院的往来公函、巴县地方法院民事裁定等。

43. 璧山县法院等审理交付土地纠纷等三案 12－6－120

1935年12月至1940年5月，璧山县法院等关于洪启常要求张杨氏交付土地案、钟陈氏申请法院宣告罗银安死亡案、夏海林申请调查陈海云死亡案三案的文书，包括民事声请书、璧山县政府牌告、民事呈状等。

44. 璧山县法院审理婚姻诈骗一案 12－6－121

1936年9月至1936年10月，璧山县法院关于梁焕廷婚姻诈骗一案的文书。梁焕廷等人以婚配为名将文氏介绍给王田氏，骗取了王田氏的钱财后，又将文氏拐走，王田氏提起诉讼要求法院维权。该卷文书包括刑事诉状、兴隆乡联保主任提交璧山县县长的呈文、审理笔录、刑事保状、刑事辩状、刑事添传状等。

45. 璧山县法院审理诈骗他人钱财一案 12－6－122

1935年3月至1936年3月，璧山县法院关于刘步舟诈骗他人钱财一案的文书，刘成武以刘步舟等人伪造佃约诈骗佃银为由提起诉讼，要求法院维护自身利益，包括刑事诉状、璧山县政府训令、刑事展限状、审理笔录、刑事辩状、刑事保状、刑事反诉状等。

46. 璧山县法院审理借洋纠纷、会款纠纷两案 12－6－123

1936年11月至1936年12月，璧山县法院关于陈博渊借洋纠纷、王炳荣会款纠纷两案的文书，包括民事诉状、执达员提交璧山县县长的报告、民事联名状、广兴乡联保主任提交璧山县县长的呈文等。

47. 四川高等法院第一分院、璧山县法院审理会款纠纷一案 12－6－124

1936年12月至1937年2月，四川高等法院第一分院、璧山县法院关于王执中会款纠纷的文书，包括璧山县政府提交四川高等法院第一分院的呈文、民事诉状、四川高等法院第一分院训令、四川高等法院第一分院裁定、璧山县政府民事判决书等。

48. 四川高等法院第一分院、璧山县法院等审理租佃纠纷一案 12－6－125

1936年11月至1938年2月，四川高等法院第一分院、璧山县法院等关于王海洲租佃纠纷的文书，包括民事诉状、民事展限状、审理笔录、民事执行状、民事辩状、璧山县政府朱谕、诉愿书、璧山县政府训令、刑事诉状、正心镇联保主任提交璧山县县长的呈文、刑事辩状、四川高等法院第一分院训令等。

49. 四川高等法院第一分院、璧山县法院等审理租谷纠纷等六案　12－6－126－129

1933 年 9 月至 1945 年 6 月，四川高等法院第一分院、璧山县法院等关于刘王氏租谷纠纷、毛华安会款纠纷、伍回澜伤人致死案、彭炳南借洋纠纷、张定国会款纠纷、朱有辉会款纠纷六案的文书，包括民事抗告书、四川高等法院第一分院发往最高法院的公函、四川高等法院第一分院抗告意见书、民事辩状、审理笔录、刑事诉状、四川高等法院第一分院训令、民事声明状、璧山县政府牌告、民事委状、璧山县政府提交四川高等法院第一分院的呈文、四川高等法院第一分院民事判决书等。

50. 四川高等法院第一分院、璧山县法院审理要求赔偿损失案、租佃纠纷两案　12－6－130－131

1936 年 2 月至 1936 年 12 月，四川高等法院第一分院、璧山县法院关于贺海廷诉罗焕廷与其妻通奸并拐走家产要求赔偿损失案、周席珍租佃纠纷两案的文书，包括民事诉状、四川高等法院第一分院裁定、民事救助状、四川高等法院第一分院民庭谕、四川高等法院第一分院民事裁定、民事辩状、审理笔录等。

51. 璧山县法院审理伙贸股金收益纠纷一案　12－6－132

1936 年 9 月至 1937 年 6 月，璧山县法院关于曾海钦伙贸股金收益纠纷的文书，包括民事诉状、审理笔录、民事保状、民事再诉状、璧山县政府与宜宾县商会的往来公函、执达员提交璧山县县长的报告等。

52. 璧山县法院审理会款纠纷等六案　12－6－133

1936 年 11 月至 1937 年 1 月，璧山县法院关于会款纠纷、租谷纠纷、租佃纠纷、借洋纠纷、借款担保纠纷、买卖田房纠纷六案的文书，包括璧山县政府民事判决书、璧山县政府支付命令、璧山县政府民事和解笔录等。

53. 四川高等法院第一分院、璧山县法院审理会款纠纷、田产所有权纠纷两案　12－6－134－135

1936 年 4 月至 1936 年 12 月，四川高等法院第一分院、璧山县法院关于邹仲文会款纠纷、郑治清田产所有权纠纷两案的文书，包括民事抗告书、民事诉状、民事展限状、执达员提交璧山县县长的报告、民事和解书、四川高等法院第一分院训令、璧山县政府提交四川高等法院第一分院的呈文等。

54. 璧山县法院审理伤人案、借洋纠纷两案　12－6－136

1935 年 9 月至 1936 年 12 月，璧山县法院关于官茂林拒绝缴纳军饷的伤人案、谭树青借洋纠纷两案的文书，包括刑事诉状、刑事辩状、刑事缴状、刑事公证状、审理笔录、刑事领状、民事保状等。

55. 璧山县法院审理会款纠纷一案　12－6－137

1936年1月至1936年12月，璧山县法院关于钟国良会款纠纷的文书，包括璧山县政府与巴县地方法院的往来公函、民事执行状、民事诉状、民事保状、民事抗告书、民事领状、民事续诉状等。

56. 四川高等法院第一分院、璧山县法院、璧山地方法院等审理申请离婚案等五案　12－6－138

1936年2月至1946年11月，四川高等法院第一分院、璧山县法院、璧山地方法院等关于申请离婚案、买卖纠纷、要求损害赔偿案、会款纠纷、借洋纠纷五案的文书，包括璧山县政府民事判决书、四川高等法院第一分院民事裁定、璧山地方法院发往本院检察官的公函、璧山地方法院刑事庭发往本院检察处的公函等。

57. 四川高等法院第一分院、重庆地方法院、巴县地方法院、璧山县法院等审理会款纠纷等七案　12－6－139

1936年4月至1944年5月，四川高等法院第一分院、重庆地方法院、巴县地方法院、璧山县法院等关于会款纠纷、借洋纠纷、利谷纠纷、买卖田房纠纷、租佃纠纷、田产典价纠纷、要求给付毛铁案七案的文书，包括璧山县政府民事判决书、重庆地方法院民事裁定、巴县地方法院民事裁定、四川高等法院第一分院民事判决书、璧山县政府民事和解笔录、璧山地方法院与四川高等法院第一分院的往来公函、民事委状、辩论笔录、四川高等法院第一分院民事和解笔录等。

58. 璧山县法院等审理租谷纠纷、租谷纠纷两案　12－6－140

1936年12月至1946年7月，璧山县法院等关于赵璧辉租谷纠纷、曾养志租谷纠纷的文书，包括民事诉状、审理笔录等。

该卷附有关于璧山县农村建设问题的文书，包括璧山县丹凤乡农会提交璧山县县长的呈文、借款申请书、担保品记载表、借款分配明细表、璧山县临江乡乡长提交县长的呈文、璧山县水利委员会提交县长的呈文、璧山县农业推广所发往中国农民银行办理处的公函、璧山县河边乡农会发往璧山县农推所的公函、璧山县政府训令、四川省政府训令等。

59. 四川高等法院第一分院、璧山县法院审理租谷纠纷等六案　12－6－141

1936年2月至1937年2月，四川高等法院第一分院、璧山县法院关于江怀林租谷纠纷、杨宏敷逼死他人案、张玉琳土地所有权纠纷、罗海廷租佃纠纷、吴曾氏争夺家产案、李炳清租谷纠纷六案的文书，包括民事诉状、民事辩状、璧山县政府刑事判决书、四川高等法院第一分院检察处处分书、审理笔录、四川高等法院第一分院民事判决书、民事缴状、四川高等法院第一分院指令、四川高等法院第一分院训令、璧山县政府发往四川高等法院第一分院的呈文、四川高等法院第一分院民事裁定等。

60. 璧山县法院审理会款纠纷等五案　12－6－142

1934年8月至1937年3月，璧山县法院关于会款纠纷、借洋纠纷、膳谷纠纷、房屋租金纠纷、要求给付生活费纠纷五案的文书，包括民事呈状、璧山县政府民事判决书、刑事保状、审理笔录、陆军二十一军司令部驻渝办事处发往璧山县政府的公函、民事执行状、民事参加状、民事辩状、民事和解状、执达员提交县长的报告等。

61. 璧山县法院审理纱款纠纷一案　12－6－143

1933年4月至1936年7月，璧山县法院关于张陈氏要求伍兆臣给付纱款一案的文书，包括中兴镇镇长提交璧山县县长的呈文、民事诉状、刑事辩状、刑事保状等。

62. 璧山县法院审理借洋纠纷两案　12－6－144－145

1933年10月至1936年1月，璧山县法院关于罗纯青借洋纠纷、贺仁弘借洋纠纷两案的文书，包括民事呈状、民事保状、民事诉状、璧山县政府牌告、民事领状、民事催呈状、璧山县政府朱谕、民事声明状等。

63. 巴县地方法院、璧山县法院审理欠款纠纷等三案　12－6－144－145（2）

1933年12月至1937年9月，巴县地方法院、璧山县法院关于张自清等棉纱欠款纠纷、罗吴氏房产所有权纠纷、毛修五货款纠纷三案的文书，包括民事诉状、民事辩状、审理笔录、璧山县政府民事判决书、民事保状、璧山县政府与巴县地方法院的往来公函、刑事告状、璧山县政府朱谕、重庆地方法院发往璧山县政府的公函、巴县地方法院民事判决书、璧山县政府处分书等。

64. 四川高等法院第一分院、巴县地方法院、璧山县法院等审理租佃纠纷、伙贸纠纷两案　12－6－146－149

1936年4月至1938年4月，四川高等法院第一分院、巴县地方法院、璧山县法院等关于陈源青租佃纠纷、杨炳光伙贸纠纷两案的文书，包括璧山县政府与巴县地方法院的往来公函、训令、璧山县政府提交四川高等法院第一分院的呈文、民事诉状、民事辩状、审理笔录、璧山县政府牌告、巴县地方法院民事裁定、四川高等法院第一分院发往最高法院的公函等。

65. 最高法院、四川高等法院第一分院、璧山县法院审理伙贸纠纷等四案　12－6－146－149（2）

1935年10月至1937年8月，最高法院、四川高等法院第一分院、璧山县法院关于杨炳光伙贸纠纷、郭雨金借洋纠纷、王汉卿租谷纠纷、罗可仁会银纠纷四案的文书，包括四川高等法院第一分院发往最高法院的公函、民事诉状、民事申请状、最高法院民事裁定、民事辩状、审理笔录、民事委状、璧山县政府民事判决书、民事保状、璧山县政府提交四川高等法院第一分院的呈文、四川高等法院第一分院训令、四川高等法院第一分院裁定、民事参加状、调查笔录、民事反诉状、璧山县第三区区署提交璧山县政府的呈文、璧山县政府兼理司法事务民事判决书等。

66. 四川高等法院第一分院、璧山县法院审理债务纠纷等四案　12－6－150－153

1936年6月至1937年10月，四川高等法院第一分院、璧山县法院关于罗可仁会银纠纷、汪罗氏争夺家产案、尹金廷借洋纠纷、王海臣会款纠纷四案的文书，包括民事诉状、审理笔录、民事执行状、四川高等法院第一分院裁定、四川高等法院第一分院训令、民事公证状、民事缴状、璧山县政府提交四川高等法院第一分院的呈文、民事委任状、民事展限状、民事辩状等。

67. 四川高等法院第一分院、璧山县法院及司法处审理借洋纠纷、会款纠纷两案　12－6－154－160

1936年9月至1939年5月，四川高等法院第一分院、璧山县法院及司法处关于徐炳之借洋纠纷、徐瀛洲会款纠纷两案的文书，包括审理笔录、民事诉状、民事保状、民事声请书、民事执行状、民事辩状、璧山县司法处民事判决书、璧山县政府民事和解笔录、四川高等法院第一分院训令、璧山县司法处提交四川高等法院第一分院的呈文、四川高等法院第一分院裁定、民事续状、璧山县司法处民事裁定等。

68. 最高法院、四川高等法院第一分院、璧山县法院审理会款纠纷等八案　12－6－154－160（2）

1936年3月至1939年1月，最高法院、四川高等法院第一分院、璧山县法院关于叶树风会款纠纷、娄荣盛会款纠纷、伍陶氏争夺家产案、王刘氏申请离婚案、万张氏要求万继修履行扶养义务案、吴长发会款纠纷、徐炳之会款纠纷、徐炳之债务纠纷八案的文书，包括民事诉状、民事和解书、民事辩状、审理笔录、执达员提交县长的报告、公函、民事抗告书、四川高等法院第一分院抗告意见书、最高法院民事裁定等。

69. 四川高等法院第一分院、巴县地方法院、璧山县法院审理会款纠纷等三案 12—6—161—164

1936年7月至1937年12月，四川高等法院第一分院、巴县地方法院、璧山县法院关于杨鲁三会款纠纷、何灿章借洋纠纷、杨特武会款纠纷三案的文书，包括民事抗告书、往来公函、巴县地方法院民事裁定、民事诉状、四川高等法院第一分院训令、璧山县政府提交四川高等法院第一分院的呈文、四川高等法院第一分院抗告意见书、审理笔录、诉愿书、民事缴状、四川高等法院第一分院裁定、四川高等法院第一分院民事判决书等。

70. 璧山县法院审理借洋纠纷等三案 12—6—161—164（2）

1936年1月至1937年11月，璧山县法院关于钟湘帆借洋纠纷、熊树清借洋纠纷、潘绍臣房产所有权及会款纠纷三案的文书，包括民事诉状、审理笔录、民事保状、民事执行状、三教乡调解委员会提交璧山县政府的呈文、璧山县政府与巴县地方法院的往来公函、璧山县政府朱谕、巴县地方法院民事裁定、民事声明状、城北乡联保办公处提交璧山县政府的呈文等。

71. 璧山县法院等审理申请破产案等七案 12—6—167—173

1936年1月至1938年7月，璧山县法院等关于卢灿云申请破产案、郭刘氏要求郭雨霖履行赡养义务案、杨银廷申请破产案、郭绍卿租佃纠纷、张春荣租赁纠纷、杨黄氏会款纠纷、欧清银会款纠纷七案的文书，包括民事声请书、璧山县政府朱谕、璧山县政府牌告、民事诉状、诉愿书、民事催状、审理笔录、民事保状、民事执行状、璧山县政府民事裁定、民事辩状、璧山县政府与巴县地方法院的往来公函等。

72. 四川高等法院第一分院、璧山县法院等审理土地抵押权纠纷等四案 12—6—174—180（1）

1936年5月至1938年6月，四川高等法院第一分院、璧山县法院等关于土地抵押权纠纷、舒福安土地押金纠纷、杨志材债务纠纷、陈相尧借洋纠纷四案的文书，包括璧山县政府提交四川高等法院第一分院的呈文、四川高等法院第一分院裁定、民事诉状、训令、璧山县司法处提交四川高等法院第一分院的呈文、四川高等法院第一分院民事裁定、审理笔录、璧山县政府民事判决书、民事答辩状、往来公函等。

73. 璧山县政府及司法处、璧山实验地方法院等审理借洋纠纷等四案 12—6—174—180（2）

1936年5月至1946年5月，璧山县政府及司法处、璧山实验地方法院等关于陈相尧借洋纠纷、徐金山租谷纠纷、张福泰借洋纠纷、周柏青债款执行案四案的文书，包括审理笔录、民事保状、民事诉状、民事辩状、民事续诉状、璧山县政府训令、璧山县第一区联保办公处提交璧山县政府的呈文、训令、民事执行状、璧山地方法院民事和解笔录、璧山实验地方法院民事执行命令等。

74. 四川高等法院第一分院、璧山县法院、璧山实验地方法院等审理债务执行案等四案　12－6－181－184

1935 年 11 月至 1946 年 5 月，四川高等法院第一分院、璧山县法院、璧山实验地方法院等关于罗成之债款执行案、曹烈勋借洋纠纷、周学之会款纠纷、陈海林会款纠纷四案的文书，包括璧山实验地方法院民事执行命令、璧山地方法院执行处通知书、璧山实验地方法院民事裁定、呈文、四川高等法院第一分院训令、四川高等法院第一分院裁定、民事诉状、民事辩状、审理笔录、民事保状、诉愿书、璧山县政府民事判决书、往来公函、民事声请书、民事领状、民事缴状等。

75. 璧山县法院审理租佃纠纷一案　12－6－185

1936 年 5 月至 1936 年 9 月，璧山县法院关于陈次元租佃纠纷一案的文书，包括民事诉状、璧山县政府朱谕、民事辩状、审理笔录、民事声明状、璧山县政府牌告、民事执行状等。

76. 四川高等法院第一分院、璧山县法院等审理会款纠纷两案　12－6－186－187

1936 年 7 月至 1939 年 8 月，四川高等法院第一分院、璧山县法院等关于徐子贤会款纠纷、张德贵会款纠纷两案的文书，包括璧山县政府提交四川高等法院第一分院的呈文、民事诉状、四川高等法院第一分院训令、审讯笔录、民事公证状、民事答辩状、审理笔录、民事执行状等。

77. 四川高等法院第一分院、璧山县法院等审理土地经界纠纷、会款纠纷两案　12－6－188－189

1936 年 3 月至 1938 年 10 月，四川高等法院第一分院、璧山县法院等关于土地经界纠纷、会款纠纷两案的文书，包括璧山县政府与巴县地方法院的往来公函、民事诉状、重庆地方法院民事裁定、民事执行状、民事保状、审理笔录、璧山县政府民事判决书、璧山县政府朱谕、民事辩状、民事声请书、四川高等法院第一分院训令、璧山县政府提交四川高等法院第一分院的呈文等。

78. 璧山县法院等审理租佃纠纷等三案　12－6－190－192

1936 年 4 月至 1938 年 9 月，璧山县法院等关于租佃纠纷、租谷纠纷、借洋纠纷三案的文书，包括民事诉状、民事辩状、审理笔录、民事反诉状、璧山县政府民事判决书、璧山县政府与巴县地方法院的往来公函、民事委状、璧山县征收局与璧山县政府的往来公函、民事声请书、璧山县政府朱谕、民事领状等。

79. 璧山县法院审理债务纠纷等五案　12－6－193

1936 年 8 月至 1937 年 1 月，璧山县法院关于债务纠纷、租佃纠纷、继承遗产纠纷、婚约纠纷、伙贸账目纠纷五案的文书，包括各案的判决书等。

80. 四川高等法院第一分院、璧山县法院审理会款纠纷等五案　12－6－194－198

1936 年 3 月至 1937 年 3 月，四川高等法院第一分院、璧山县法院关于会款纠纷、膳银纠纷、婚约纠纷、借洋纠纷、侵占山林案五案的文书，包括民事诉状、民事辩状、审理笔录、璧山县政府民事判决书、公函、四川高等法院第一分院裁定、民事答辩状、呈文、训令、民事缴状、审讯笔录等。

81. 四川高等法院第一分院、璧山县政府及司法处等审理借洋纠纷等四案　12－6－199－202

1936 年 7 月至 1939 年 3 月，四川高等法院第一分院、璧山县政府及司法处等关于张炳安借洋纠纷、王升猷伙贸纠纷、叶锡昭借洋纠纷、龙廷坤会款纠纷四案的文书，包括璧山县政府提交四川高等法院第一分院的呈文、四川高等法院第一分院训令、民事诉状、民事保状、审理笔录、民事声请书、璧山县司法处意见书、民事执行状、四川高等法院第一分院民事裁定、璧山县司法处与重庆地方法院的往来公函、四川高等法院第一分院民事第二审判决书、民事委任状、诉愿书等。

82. 四川高等法院第一分院、巴县地方法院、璧山县法院审理借洋纠纷等六案　12－6－203－208

1936 年 2 月至 1938 年 7 月，四川高等法院第一分院、巴县地方法院、璧山县法院关于胡炳章借洋纠纷、龙廷坤会款纠纷、龙海清会款纠纷、王月波会款纠纷、熊洪钧土地佃权纠纷、陈汉周会款纠纷六案的文书，包括璧山县政府与巴县地方法院的往来公函、璧山县政府训令、呈文、四川高等法院第一分院训令、民事声请书、民事领状、民事辩状、民事保状、民事抗告书、审理笔录、民事执行状、民事和解状、四川高等法院第一分院裁定、民事缴状、刑事诉状等。

83. 最高法院、四川高等法院第一分院、璧山县法院等审理土地经界纠纷等四案　12－6－209－213

1936 年 6 月至 1938 年 11 月，最高法院、四川高等法院第一分院、璧山县法院等关于土地经界纠纷、租佃纠纷、土地押金与田业拍卖纠纷、要求退换聘礼案四案的文书，包括民事诉状、审理笔录、民事辩状、民事声请书、公函、最高法院民事裁定、四川高等法院第一分院民事裁定、璧山县政府提交四川高等法院第一分院的呈文、民事抗告书、训令等。

84. 璧山县法院、璧山实验地方法院等审理寄物纠葛的赔偿执行案等七案　12－6－214－221（1）

1936年5月至1946年5月，璧山县法院、璧山实验地方法院等关于寄物纠葛的赔偿执行案、吸食鸦片案、违反兵役法、坟地经界纠纷、非法拉丁案、贪污公款案、会款纠纷七案的文书，包括民事执行状、璧山县政府训令、澄江镇联保主任提交璧山县县长的公函、民事保状、民事领状、璧山实验地方法院检察官发往璧山县政府的公函、七塘乡乡队部提交璧山县县长的呈文、重庆卫戍区第三分区司令部指令、永荣师管区司令部快邮代电、四川省第三区行政督察专员兼保安司令公署训令、永荣师管区司令部指令、八塘乡乡公所提交璧山县政府的呈文、璧山县政府朱谕等。

85. 四川高等法院第一分院、璧山县法院审理会款纠纷等三案　12－6－214－221（2）

1934年10月至1937年3月，四川高等法院第一分院、璧山县法院关于会款纠纷、借洋纠纷、租佃纠纷三案的文书，包括巴县地方法院民事裁定、民事诉状、民事辩状、民事缴状、审理笔录、民事保状、民事和解书、璧山县政府提交四川高等法院第一分院的呈文、四川高等法院第一分院训令、四川高等法院第一分院裁定、民事展限状、璧山县政府民事判决书等。

86. 四川高等法院第一分院、璧山县法院审理会款纠纷等七案　12－6－222－230（1）

1935年5月至1937年6月，四川高等法院第一分院、璧山县法院关于会款纠纷、租佃纠纷、借洋纠纷、买卖树木纠纷、陈治宽遭其看押的犯人殴打要求惩治、租谷纠纷、典当产业存查七案的文书，包括民事诉状、民事注销状、璧山县第二区调解委员会调解书、审理笔录、马嘶镇调解委员会主任提交璧山县县长的呈文、民事反诉状、刑事诉状、璧山县政府朱谕、璧山县政府训令、璧山县管狱署提交璧山县政府的呈文、四川高等法院第一分院训令、璧山县政府提交四川高等法院第一分院的呈文、四川高等法院第一分院民事判决书等。

87. 四川高等法院第一分院、璧山县法院审理土地所有权纠纷一案　12－6－222－230（2）

1936年6月至1937年12月，四川高等法院第一分院、璧山县法院关于吴兴盛土地所有权纠纷的文书，包括民事诉状、民事辩状、审理笔录、民事保状、璧山县政府兼理司法事务民事判决书、璧山县政府提交四川高等法院第一分院的呈文、四川高等法院第一分院训令、四川高等法院第一分院民事裁定等。

88. 四川高等法院第一分院、璧山县法院审理借款担保纠纷等四案　12－6－231－234（1）

1936 年 7 月至 1937 年 7 月，四川高等法院第一分院、璧山县法院关于叶仿勋借款担保纠纷、谢义顺借洋纠纷、徐茂林借洋纠纷、杨鲁三会款纠纷四案的文书，包括民事诉状、审理笔录、民事申请状、璧山县政府与巴县地方法院的往来公函、四川高等法院第一分院训令、璧山县政府提交四川高等法院第一分院的呈文、民事辩状、民事恳状、民事抗告书、民事保状、四川高等法院第一分院民事裁定等。

89. 璧山县司法处等审理会款纠纷一案　12－6－231－234（2）

1937 年 10 月至 1938 年 12 月，璧山县司法处等关于杨鲁三会款纠纷的文书，包括民事诉状、璧山县司法处饬签、民事反诉状、民事声请书、民事辩状、民事委任状、民事执行状等。

90. 四川高等法院第一分院、璧山县法院审理债务纠纷等案　12－6－235－237（1）

1936 年 3 月至 1937 年 7 月，四川高等法院第一分院、璧山县法院关于债务纠纷、会款纠纷等案的文书，包括民事诉状、民事和解状、璧山县政府朱谕、四川高等法院第一分院训令、璧山县政府与巴县地方法院的往来公函、璧山县政府提交四川高等法院第一分院的呈文、民事保状、审理笔录、璧山县政府训令等。

91. 璧山县法院审理会款纠纷一案　12－6－235－237（2）

1936 年 5 月至 1937 年 10 月，璧山县法院关于刘绍伯会款纠纷的文书，包括民事公证状、璧山县政府朱谕、民事诉状、审理笔录、璧山县政府兼理司法事务民事判决书等。

92. 最高法院、四川高等法院第一分院、重庆地方法院、璧山县政府及司法处审理股款纠纷等五案　12－6－238－242

1936 年 3 月至 1938 年 6 月，最高法院、四川高等法院第一分院、重庆地方法院、璧山县政府及司法处关于股款纠纷、租谷纠纷、成都地方法院函请璧山县政府调查龚罗氏之子死亡案、会款纠纷、借洋纠纷五案的文书，包括璧山县政府提交四川高等法院第一分院的呈文、四川高等法院第一分院训令、四川高等法院第一分院裁定、民事抗告书、四川高等法院第一分院民事裁定、重庆地方法院民事裁定、民事诉状、民事保状、审理笔录、璧山县政府民事判决书、民事辩状、训令、福禄镇联保办公处提交璧山县司法处的呈文、成都地方法院检察处与璧山县政府的往来公函、最高法院民事裁定、民事续状等。

93. 最高法院、四川高等法院第一分院、璧山县法院等审理租谷纠纷等案　12－6－243－247

1935年7月至1938年8月，最高法院、四川高等法院第一分院、璧山县法院等关于租谷纠纷、借洋纠纷、会款纠纷、申请夫妻别居等案的文书，包括民事诉状、审理笔录、璧山县政府民事判决书、民事和解状、璧山县政府与巴县地方法院的往来公函、璧山县政府朱谕、璧山县政府提交四川高等法院第一分院的呈文、四川高等法院第一分院裁定、民事辩状、民事缴状、四川高等法院第一分院民事和解笔录、四川高等法院第一分院民事判决书、四川高等法院第一分院发往最高法院的公函、最高法院民事判决书等。

94. 四川高等法院第一分院、璧山县法院等审理借洋纠纷等三案　12－6－248－250

1936年10月至1938年4月，四川高等法院第一分院、璧山县法院等关于吴全安借洋纠纷、李新峰会款纠纷、冯行之会款纠纷三案的文书，包括民事诉状、审理笔录、民事声请书、民事执行状、璧山县司法处提交四川高等法院第一分院的呈文、四川高等法院第一分院训令、四川高等法院第一分院民事裁定、民事保状、璧山县政府兼理司法事务民事判决书、璧山县政府民事判决书等。

95. 璧山县法院审理借洋纠纷、会款纠纷两案　12－6－251－253

1936年5月至1937年12月，璧山县法院关于借洋纠纷、会款纠纷两案的文书，包括民事诉状、璧山县政府训令、审理笔录、民事辩状、民事执行状、民事保状、民事续诉状、璧山县政府民事判决书、璧山县政府朱谕等。

96. 巴县地方法院、璧山县法院等审理租佃纠纷等案　12－6－254－261

1936年4月至1939年2月，巴县地方法院、璧山县法院等关于租佃纠纷、借洋纠纷、典当田房纠纷、拖欠学费案等案的文书，包括璧山县政府与巴县地方法院的往来公函、巴县地方法院民事裁定、民事呈状、福禄镇联保主任提交璧山县政府的呈文、璧山县政府民事判决书、民事诉状、民事和解状、审理笔录、民事辩状等。

97. 璧山县法院审理借洋纠纷、会款纠纷两案　12－6－261－264

1935年12月至1936年11月，璧山县法院关于借洋纠纷、会款纠纷两案的文书，包括民事诉状、民事领状、民事认买状、璧山县政府民事判决书、审理笔录、民事保状、民事辩状、民事公证状、璧山县政府朱谕等。

98. 璧山县法院审理债务纠纷、借洋纠纷两案　12—6—261—264（1）

1936年2月至1937年1月，璧山县法院关于先映奎债务纠纷、张静亭借洋纠纷两案的文书，包括民事诉状、民事辩状、审理笔录、民事保状、民事声请书、璧山县政府饬签、民事公证状、璧山县政府民事判决书、璧山县政府朱谕、璧山县政府牌告等。

99. 四川高等法院第一分院、璧山县法院审理租佃纠纷等案　12—6—265—268

1934年10月至1936年7月，四川高等法院第一分院、璧山县法院关于租佃纠纷、借洋纠纷、会款纠纷等案的文书，包括诉愿书、民事辩状、民事执行状、审理笔录、民事诉状、往来公函、四川高等法院第一分院训令、璧山县县长提交四川高等法院第一分院的呈文、四川高等法院第一分院裁定、民事催状、四川高等法院第一分院民事裁定、民事委状、四川高等法院第一分院民事判决书等。

100. 四川高等法院第一分院、璧山县法院审理申请破产案等五案　12—6—269—274

1935年5月至1937年4月，四川高等法院第一分院、璧山县法院关于申请破产案、借洋纠纷、租佃纠纷、争夺家产案、会款纠纷五案的文书，包括璧山县政府提交四川高等法院第一分院的呈文、四川高等法院第一分院训令、四川高等法院第一分院裁定、民事诉状、民事委状、审理笔录、四川高等法院第一分院民事裁定、民事展限状、民事抗告书、民事辩状、璧山县政府朱谕等。

101. 璧山县法院审理会款纠纷等四案　12—6—275

1934年8月至1936年11月，璧山县法院关于张树清会款纠纷、周显厚借洋纠纷、冉秉文租佃纠纷、薛成章会款纠纷四案的文书，包括民事辩状、审理笔录、民事诉状、民事保状、民事声请书等。

102. 四川高等法院第一分院、巴县地方法院、璧山县法院审理四起会款纠纷　12—6—275—278

1936年1月至1937年11月，四川高等法院第一分院、巴县地方法院、璧山县法院关于四起会款纠纷的文书，包括璧山县政府提交四川高等法院第一分院的呈文、民事诉状、四川高等法院第一分院训令、审讯笔录、四川高等法院第一分院民事判决书、璧山县政府与巴县地方法院的往来公函、民事保状、民事抗告书、巴县地方法院抗告意见书、民事辩状、审理笔录等。

103. 最高法院、四川高等法院第一分院、璧山县政府及司法处审理借洋纠纷两案 12－6－279－280

1936年7月至1939年8月，最高法院、四川高等法院第一分院、璧山县政府及司法处关于段赵氏借洋纠纷、李紫阳借洋纠纷两案的文书，包括璧山县政府提交四川高等法院第一分院的呈文、民事辩状、四川高等法院第一分院训令、民事声请书、四川高等法院第一分院民事裁定、最高法院民事裁定、民事抗告书、刑事申请状、民事领状、璧山县司法处训令、四川高等法院第一分院裁定、审理笔录、四川高等法院第一分院民事判决书等。

104. 四川高等法院第一分院、璧山县法院审理会款纠纷等三案 12－6－281－283（1）

1936年7月至1937年11月，四川高等法院第一分院、璧山县法院关于张献之会款纠纷、申请破产案、夏荣盛会款纠纷三案的文书，包括民事诉状、四川高等法院第一分院训令、四川高等法院第一分院裁定、璧山县政府提交四川高等法院第一分院的呈文、璧山县政府民事裁定、民事声请书、四川高等法院第一分院民事裁定、民事答辩状等。

105. 璧山县政府及司法处审理租佃纠纷、因家庭纠纷而斗殴两案 12－6－281－283（2）

1935年9月至1938年9月，璧山县政府及司法处关于尚志功租佃纠纷、王雨康因家庭纠纷殴打王曾氏案两案的文书，包括审理笔录、民事保状、民事执行状、民事诉状、璧山县司法处训令、城南乡联保主任提交璧山县司法处的呈文、刑事诉状、刑事辩状等。

106. 最高法院、璧山县法院审理借洋纠纷等五案 12－6－284－287

1936年3月至1937年5月，最高法院、璧山县法院关于王林章借洋纠纷、甘绍文会款纠纷、袁金山租谷纠纷、贺曾氏会款纠纷、江永清财产所有权纠纷五案的文书，包括民事诉状、民事辩状、审理笔录、民事执行状、刑事诉状、民事保状、最高法院民事判决书等。

107. 璧山县法院审理会款纠纷一案 12－6－288

1936年7月至1937年6月，璧山县法院关于李炳生会款纠纷的文书，包括诉愿书、民事诉状、民事展限状、审理笔录、民事辩状、璧山县政府兼理司法事务民事判决书等。

108. 四川高等法院第一分院、璧山县法院审理要求履行扶养义务案等三案　12—6—289

1936 年 5 月至 1936 年 9 月，四川高等法院第一分院、璧山县法院关于张钟氏要求张海洲等履行扶养义务案、任德宣租佃纠纷、黄鹏安借洋纠纷三案的文书，包括民事诉状、审理笔录、诉愿书、民事辩状、璧山县政府提交四川高等法院第一分院的呈文、四川高等法院第一分院训令、民事委任状等。

109. 四川高等法院第一分院、璧山县法院审理租佃纠纷、会款纠纷两案　12—6—290

1936 年 7 月至 1937 年 4 月，四川高等法院第一分院、璧山县法院关于租佃纠纷、会款纠纷两案的文书，包括民事诉状、民事和解状、璧山县政府提交四川高等法院第一分院的呈文、四川高等法院第一分院训令、四川高等法院第一分院民事判决书、审理笔录、民事辩状等。

110. 璧山县法院审理借洋纠纷等四案　12—6—291

1933 年 10 月至 1936 年 12 月，璧山县法院关于借洋纠纷、土地押银纠纷、租谷纠纷、会款纠纷四案的文书，包括民事诉状、正心镇联保主任提交璧山县政府的呈文、民事委状、审讯笔录、梓潼乡联保办公处提交璧山县县长的呈文、民事保状、璧山县政府民事判决书等。

111. 璧山实验地方法院等审理债务纠纷等五案　12—6—292

1933 年 3 月至 1943 年 12 月，璧山实验地方法院等关于借洋纠纷、租佃纠纷、故意伤人案、行贿案、申请离婚及抚养费五案的文书，包括提讯供单、璧山县第二区区署提交璧山县政府的呈文、民事保状、刑事保释状、刑事诉状、璧山县政府训令、刑事辩状、璧山实验地方法院检察官起诉书、民事声明、四川高等法院第一分院训令、民事恳状、民事展限状、审理笔录等。

112. 璧山地方法院等审理债务纠纷等四案　12—6—293

1936 年 8 月至 1940 年 4 月，璧山地方法院等关于张书元遗弃妻子案、吴炳清借洋纠纷、周席珍租佃纠纷、廖理明典当纠纷四案的文书，包括民事诉状、民事辩状、审理笔录、璧山县政府训令、正心镇联保主任提交璧山县政府的呈文、璧山县政府朱谕、来凤镇联保主任提交璧山县政府的呈文、四川高等法院第一分院训令、诉愿书、璧山地方法院民事裁定、璧山县政府提交四川高等法院第一分院的呈文等。

113. 璧山县法院审理会款纠纷一案　12－6－294

1936年12月至1937年2月，璧山县法院关于殷福兴会款执行一案的文书，包括民事保状、民事执行状、璧山县政府民事判决书等。

114. 四川高等法院第一分院审理会款纠纷一案　12－6－295

1936年12月至1937年5月，四川高等法院第一分院关于陈文林会款纠纷的文书，包括民事诉状、四川高等法院第一分院训令、璧山县政府提交四川高等法院第一分院的呈文、四川高等法院第一分院民事裁定、刑事诉状、民事保状等。

115. 四川高等法院第一分院审理诬告一案　12－6－296

1936年11月至1936年12月，四川高等法院第一分院关于黄海山诬告罗尊国妨碍家庭婚姻及帮助盗卖布匹一案的文书，包括刑事诉状、上诉理由书、四川高等法院第一分院训令、璧山县政府提交四川高等法院第一分院的呈文、审理笔录等。

116. 璧山地方法院等审理借洋纠纷等四案　12－6－297

1936年至1945年7月，璧山地方法院等关于尹森荣借洋纠纷、秦清杀人未遂案、欧树荣抵押土地纠纷、谭汪氏租佃纠纷四案的文书，包括民事诉状、审理笔录、四川高等法院第一分院检察官训令、讯问笔录、璧山地方法院检察官起诉书、璧山县政府民事判决书、璧山地方法院民事判决书等。

117. 璧山地方法院等审理要求赔偿树价一案　12－6－298

1939年10月至1939年12月，璧山地方法院等关于蔡炳辉要求赔偿树价一案的文书，包括民事续诉状、璧山地方法院民事判决书、辩论笔录、嘉陵江三峡乡村建设实验区澄江镇保长提交璧山地方法院的呈文、璧山地方法院民事裁定等。

118. 璧山县法院审理会款纠纷一案　12－6－299

1934年8月至1935年11月，璧山县法院关于徐荣廷会款纠纷的文书，包括民事辩状、民事申明状、民事执行状、民事保状、民事诉状、民事委状、审理笔录等。

119. 四川高等法院第一分院、巴县地方法院、璧山县政府及司法处、璧山地方法院等审理会款纠纷等六案　12－6－300

1936年3月至1947年3月，四川高等法院第一分院、巴县地方法院、璧山县政府及司法处、璧山地方法院等关于会款纠纷、抵押纠纷、租佃纠纷、借洋纠纷、借谷纠纷、土地押银纠纷六案的文书，包括巴县地方法院民事裁定、璧山县政府民事判决书、璧山县司法处民事裁定、四川高等法院第一分院民事裁定、璧山县政府兼理司法事务民事判决书、四川高等法院第一分院民事判决书、璧山地方法院民事判决书、璧山县政府民事和解笔录等。

120. 璧山县政府及司法处、璧山地方法院等审理会银纠纷等五案　12－6－301

1935年12月至1940年6月，璧山县政府及司法处、璧山地方法院等关于尹炳章会银纠纷、江流芳继承权纠纷、张炳安会款纠纷、张江氏借洋纠纷、周学之会款纠纷五案的文书，包括民事诉状、民事辩状、审理笔录、民事保状、璧山县司法处民事判决书、璧山地方法院民事执行裁定、璧山县政府民事判决书等。

121. 璧山县法院审理诈骗钱财一案　12－6－302

1936年12月至1937年7月，璧山县法院关于江秋浦诈骗蒋哲夫钱财一案的文书，包括民事诉状、璧山县政府训令、四川第三区行政督察专员公署训令等。

122. 四川高等法院第一分院、重庆地方法院、巴县地方法院、璧山县法院审理债务纠纷等四案　12－6－303－305

1935年4月至1938年3月，四川高等法院第一分院、重庆地方法院、巴县地方法院、璧山县法院关于债务纠纷、会款纠纷、租佃纠纷、租赁房屋纠纷四案的文书，包括民事诉状、审理笔录、璧山县政府民事裁定、巴县地方法院民事判决书、璧山县政府民事判决书、巴县地方法院民事裁定、四川高等法院第一分院民事裁定、重庆地方法院民事判决书等。

123. 璧山县法院审理借洋纠纷一案　12－6－303－305（2）

1936年3月至1937年1月，璧山县法院关于邓成安借洋纠纷的文书，包括民事诉状、民事声请状、璧山县政府民事裁定、民事保状、审理笔录、民事执行状、璧山县政府朱谕、璧山县政府牌告、民事辩状等。

124. 四川高等法院第一分院、璧山县法院审理借洋纠纷等案　12－6－306－310（1）

1936年8月至1937年5月，四川高等法院第一分院、璧山县法院关于胡泽儒借洋纠纷、三起会款纠纷等案的文书，包括民事诉状、民事和解状、审理笔录、民事反诉状、来凤镇联保办公处提交璧山县县长的呈文、民事委任状、璧山县政府提交四川高等法院第一分院的呈文、四川高等法院第一分院训令、四川高等法院第一分院裁定、民事辩状等。

125. 四川高等法院第一分院、璧山县法院审理会款纠纷等案　12－6－306－310（2）

1936年10月至1937年1月，四川高等法院第一分院、璧山县法院关于会款纠纷、借洋纠纷、给付酬金等案的文书，包括审理笔录、璧山县政府提交四川高等法院第一分院的呈文、四川高等法院第一分院训令、四川高等法院第一分院民事判决书、民事诉状、民事答辩状、璧山县第二区区民调解委员会调解书等。

126. 四川高等法院第一分院、璧山县法院审理借洋纠纷等六案　12－6－311－315

1935年2月至1937年11月，四川高等法院第一分院、璧山县法院关于周席珍借洋纠纷、伍益权会款纠纷、叶王氏借洋纠纷、许仁山借洋纠纷、瞿学良申请确认婚约无效案、王鸿修争夺家产案六案的文书，包括四川高等法院第一分院训令、民事诉状、巴县地方法院发往四川高等法院第一分院的公函、民事抗告书、四川高等法院第一分院民事裁定、重庆地方法院提交四川高等法院第一分院的呈文、四川高等法院第一分院裁定、刑事答辩状、璧山县政府提交四川高等法院第一分院的呈文、民事委任状、璧山县政府兼理司法事务民事判决书、四川高等法院第一分院民事判决书、璧山县政府与重庆地方法院的往来公函、璧山县政府朱谕等。

127. 璧山县法院审理会款纠纷等四案　12－6－316－322（1）

1936年5月至1937年6月，璧山县法院关于苏茂林会款纠纷、张海河会款纠纷、王庆三申请破产案、郑何氏借洋纠纷四案的文书，包括民事诉状、民事展限状、民事辩状、审理笔录、璧山县政府与巴县地方法院的往来公函、四川高等法院第一分院训令、璧山县政府提交四川高等法院第一分院的呈文、民事呈状等。

128. 四川高等法院第一分院审理借洋纠纷、会款纠纷两案　12－6－316－322（2）

1936年10月至1937年8月，四川高等法院第一分院关于郑何氏借洋纠纷、蒋蔡氏会款纠纷两案的文书，包括审理笔录、民事诉状、璧山县政府提交四川高等法院第一分院的呈文、四川高等法院第一分院训令、四川高等法院第一分院民事裁定、民事展限状、民事保状、四川高等法院第一分院民事判决书等。

129. 四川高等法院第一分院、璧山县法院审理申请离婚案等五案　12－6－323－327

1936年1月至1937年12月，四川高等法院第一分院、璧山县法院关于胡锡光申请离婚案、袁海廷会款纠纷、袁金山租佃纠纷、刘郭氏租谷纠纷、钱雅修借洋纠纷五案的文书，包括璧山县政府提交四川高等法院第一分院的呈文、四川高等法院第一分院训令、民事诉状、四川高等法院第一分院裁定、民事答辩状、民事委任状、四川高等法院第一分院民事裁定、审理笔录、民事保状等。

130. 四川高等法院第一分院及重庆分院、璧山地方法院等审理会款纠纷等四案 12—6—328

1936年6月至1949年4月，四川高等法院第一分院及重庆分院、璧山地方法院等关于江津县政府函请璧山县政府拘提帅光明案、陈云中借洋纠纷、胡荣忠会款纠纷、向君齐申请转移管辖案四案的文书，包括江津县政府发往璧山县政府的公函、民事诉状、刑事声请书、四川高等法院第一分院及重庆分院刑事裁定等。

131. 四川高等法院第一分院、璧山县法院审理租佃纠纷等六案 12—6—329—334

1936年1月至1937年4月，四川高等法院第一分院、璧山县法院关于唐海江租佃纠纷、陈云中债务纠纷、胡林甫债务纠纷、严金山借洋纠纷、王海清借洋纠纷、戴维星因家族矛盾伤人案六案的文书，包括民事诉状、审理笔录、四川高等法院第一分院民事判决书、璧山县政府提交四川高等法院第一分院的呈文、民事声请状、四川高等法院第一分院训令、璧山县政府签票、巴县地方法院提交四川高等法院第一分院的呈文、四川高等法院第一分院裁定、民事保状、璧山县政府朱谕、四川高等法院第一分院民事裁定、刑事诉状、刑事答辩状等。

132. 四川高等法院第一分院、璧山县法院审理申请破产案等五案 12—6—335—339

1936年6月至1938年6月，四川高等法院第一分院、璧山县法院关于杜贤安申请破产案、万世荣遭人抢劫案、谢陈氏借洋纠纷、龙子榆要求赔偿诉讼费案、邓升元借洋纠纷五案的文书，包括民事呈状、璧山县政府朱谕、璧山县政府民事裁定、民事声请书、永川县政府发往泸县县政府的咨文、璧山县政府提交四川高等法院第一分院的呈文、四川高等法院第一分院训令、四川高等法院第一分院裁定、民事缴状、审讯笔录、民事辩状、民事委状、四川高等法院第一分院民事试行和解笔录等。

133. 四川高等法院第一分院、璧山县法院等审理借洋纠纷等六案 12—6—340—345

1931年5月至1938年8月，四川高等法院第一分院、璧山县法院等关于胡金泉借洋纠纷、徐万兴会款纠纷、张清云租佃纠纷、娄海林会款纠纷、曾有为租佃纠纷、秦赵氏家产纠纷六案的文书，包括民事诉状、民事和解状、永川县政府发往璧山县政府的公函、民事辩状、审理笔录、讯问笔录、璧山县政府提交四川高等法院第一分院的呈文、四川高等法院第一分院训令、刑事诉状、刑事声请书、璧山县政府朱谕、璧山县司法处训令、执行笔录、民事答辩状等。

134. 璧山县政府及司法处审理会款纠纷等案　12－6－346－348（1）

1936年6月至1939年2月，璧山县政府及司法处关于会款纠纷、争夺产业买权等案的文书，包括民事诉状、审理笔录、璧山县司法处民事裁定、四川高等法院第一分院训令、璧山县政府提交四川高等法院第一分院的呈文、璧山县司法处民事判决书等。

135. 璧山县政府及司法处审理会款纠纷一案　12－6－346－348（2）

1936年12月至1938年10月，璧山县政府及司法处关于杨秀山会款纠纷的文书，包括民事诉状、民事反诉状、审理笔录、民事辩状、民事展限状、监算笔录等。

136. 四川高等法院第一分院、重庆地方法院、巴县地方法院、璧山县政府及司法处审理借洋纠纷等三案　12－6－349－352（1）

1936年2月至1938年8月，四川高等法院第一分院、重庆地方法院、巴县地方法院、璧山县政府及司法处关于借洋纠纷、申请破产、会款纠纷三案的文书，包括民事抗告书、训令、重庆地方法院提交四川高等法院第一分院的呈文、民事呈状、璧山县司法处提交四川高等法院第一分院的呈文、四川高等法院第一分院民事裁定、璧山县政府朱谕、璧山县政府民事裁定、民事诉状、民事反诉状、民事辩状、往来公函、重庆地方法院民事裁定、璧山县政府提交四川高等法院第一分院的呈文、巴县地方法院民事裁定等。

137. 璧山县法院审理借洋纠纷一案　12－6－349－352（2）

1937年3月至1937年11月，璧山县政府关于徐仲华借洋纠纷一案的文书，包括民事认买状、民事诉状、璧山县政府牌告、民事缴状、璧山县政府朱谕、民事抗告书、审理笔录等。

138. 璧山县法院审理借款纠纷一案　12－6－353

1936年3月至1936年5月，璧山县法院关于何安廷等借款纠纷的文书，包括审理笔录、璧山县政府民事判决书、民事保状、璧山县政府民事裁定、民事诉状、民事声请书等。

139. 璧山县法院审理会款纠纷、借洋纠纷两案　12－6－354－355

1936年3月至1937年2月，璧山县法院关于会款纠纷、借洋纠纷两案的文书，包括民事诉状、审理笔录、民事辩状、璧山县政府与巴县地方法院的往来公函、民事续诉状、璧山县政府民事裁定等。

140. 璧山县法院审理会款纠纷一案　12－6－356－360（1）

1935年10月至1937年3月，璧山县法院关于蒲海荣会款纠纷的文书，包括璧山县政府提交四川高等法院第一分院的呈文、民事诉状、璧山县政府与巴县地方法院的往来公函、四川高等法院第一分院训令、民事保状、审理笔录、璧山县政府民事裁定等。

141. 四川高等法院第一分院、璧山县法院审理会款纠纷等三案　12－6－356－360（2）

1936年2月至1937年9月，四川高等法院第一分院、璧山县法院关于会款纠纷、申请离婚、借洋纠纷三案的文书，包括民事委任状、民事诉状、审理笔录、四川高等法院第一分院民事裁定、四川高等法院第一分院训令、璧山县政府提交四川高等法院第一分院的呈文、四川高等法院第一分院裁定等。

142. 璧山县法院、璧山地方法院等审理食谷纠纷等六案　12－6－361

1936年7月至1949年1月，璧山县法院、璧山地方法院等关于食谷纠纷、侵占伪钞案、诬告他人诱拐妇女案、会款纠纷、借洋纠纷、祀产纠纷六案的文书，包括璧山地方法院支付命令、永川地方法院发往璧山地方法院的公函、璧山地方法院刑事判决书、璧山地方法院犯罪人数月报表、审理笔录、诉愿书、民事保状、民事诉状、民事辩状、璧山地方法院民事判决书等。

143. 四川高等法院第一分院、璧山县法院、璧山地方法院等审理借洋纠纷等五案　12－6－362

1935年1月至1948年8月，四川高等法院第一分院、璧山县法院、璧山地方法院等关于张南甫借洋纠纷、罗锡三借洋纠纷、刘大钰借洋纠纷、瞿刘氏借洋纠纷、王海臣会款纠纷五案的文书，包括民事诉状、民事答辩状、民事委任状、辩论笔录、璧山地方法院民事判决书、璧山地方法院民事裁定、四川高等法院第一分院民事和解笔录、审理笔录、民事保状、四川高等法院第一分院训令、璧山县政府提交四川高等法院第一分院的呈文、民事和解状等。

144. 璧山县法院审理租佃存查案等十一案　12－6－363

1936年6月至1937年12月，璧山县法院关于调戏民女案、租佃存查案、抵押谷物存查案、借款存查案、儿媳盗窃存查案、会款纠纷、买卖唱片纠纷、婚约存查案、遗嘱存查案、债务纠纷、租谷纠纷十一案的文书，包括刑事诉状、民事存查状、民事保状、民事续诉状、民事声请书、民事诉状、审理笔录等。

145. 璧山县政府审理再嫁存查案等十案　12－6－364

1936年3月至1936年8月，璧山县政府关于无名死尸案、再嫁存查案、析分家产存查案、租佃存查案、丢失枪支存查案、丢失借据存查案、租佃纠纷、丢失财产存查案、债务纠纷、抵押田业纠纷十案的文书，包括璧山县第二区区署提交璧山县政府的呈文、璧山县第三区区署提交璧山县政府的呈文、民事存查状、刑事存查状、民事续诉状、璧山县政府民事裁定、刑事诉状、璧山县政府牌告等。

146. 四川高等法院第一分院、璧山县法院等审理借洋纠纷一案　12－6－365

1935年12月至1937年1月，四川高等法院第一分院、璧山县法院等关于张炳安借洋纠纷的文书，包括民事诉状、诉愿书、审理笔录、民事答辩状、民事公证状、璧山地方法院与重庆地方法院的往来公函、民事保状、四川高等法院第一分院裁定、四川高等法院第一分院训令等。

147. 璧山县政府及司法处审理会款纠纷等三案　12－6－366

1936年3月至1939年1月，璧山县政府及司法处关于邹锡安会款纠纷、王炳荣租佃纠纷、陈平安会款纠纷三案的文书，包括民事诉状、审理笔录、民事保状、民事辩状、璧山县司法处民事和解笔录、民事和解书等。

148. 四川高等法院第一分院、璧山县法院、璧山地方法院等审理申请破产案、交还田业案两案　12－6－367

1936年11月至1947年12月，四川高等法院第一分院、璧山县法院、璧山地方法院等关于申请破产案、交还田业案两案的文书，包括民事抗告书、民事诉状、辩论笔录、民事委状、民事答辩状、宣判笔录、璧山地方法院民事判决书等。

149. 四川高等法院第一分院、重庆地方法院、巴县地方法院、璧山县法院审理诱拐妇女案等十案　12－6－368

1931年6月至1939年6月，四川高等法院第一分院、重庆地方法院、巴县地方法院、璧山县法院关于诱拐妇女案、争夺家产案、债务纠纷、要求履行婚约案、租佃纠纷、膳银纠纷、会银纠纷、求偿田价案、典当产业纠纷、押银纠纷十案的文书，包括四川高等法院第一分院刑事判决书、璧山县政府民事判决书、四川高等法院第一分院民事判决书、四川高等法院第一分院民事裁定、巴县地方法院民事裁定、璧山县政府民事堂谕代判书、巴县地方法院民事判决书、璧山县政府朱谕、璧山县政府民事和解笔录、重庆地方法院民事裁定、巴县地方法院民事简易庭和解笔录、四川高等法院第一分院训令、四川高等法院第一分院裁定等。

150. 四川高等法院第一分院、璧山县法院审理要求生活费案等七案　12—6—369

1933年7月至1936年12月，四川高等法院第一分院、璧山县法院关于陈张氏要求生活费案、龙子榆要求赔偿案、徐胡氏会银纠纷、彭明氏债务存查案、张君禄布款纠纷、陈海廷租谷纠纷、谭春暄债务存查案七案的文书，包括审理笔录、民事呈状、民事保状、民事领状、民事续诉状、四川高等法院第一分院裁定、四川高等法院第一分院训令、民事存查状、璧山县政府指令等。

151. 璧山县法院审理借款纠纷一案　12—6—370

1936年11月至1936年12月，璧山县法院关于陈海川等因借款纠纷案的诉讼费一案的文书，包括民事诉状、民事保状、民事辩状、审理笔录、执达员提交县长的报告等。

152. 最高法院、四川高等法院第一分院、璧山县法院审理争夺家产案、盗窃两案　12—6—371

1936年7月至1937年8月，最高法院、四川高等法院第一分院、璧山县法院关于争夺家产、盗窃两案的文书，包括民事诉状、最高法院与四川高等法院第一分院的往来公函、民事答辩状、民事补状、最高法院民事判决书、刑事诉状、刑事辩状、审理笔录等。

153. 四川高等法院第一分院、璧山县政府及司法处审理土地经界纠纷等三案　12—6—372—377（1）

1933年3月至1938年5月，四川高等法院第一分院、璧山县政府及司法处关于土地经界纠纷、租谷纠纷、借洋纠纷三案的文书，包括民事诉状、审理笔录、民事声请书、民事委状、璧山县司法处民事判决书、璧山县政府训令、四川高等法院第一分院训令、璧山县政府提交四川高等法院第一分院的呈文、四川高等法院第一分院裁定、民事辩状、璧山县政府民事判决书等。

154. 四川高等法院第一分院、璧山县政府及司法处审理借洋纠纷等四案　12—6—372—377（2）

1936年1月至1939年7月，四川高等法院第一分院、璧山县政府及司法处关于龚世臣借洋纠纷、林中泉借洋纠纷、荣祥林会款纠纷、王荣富土地押金纠纷四案的文书，包括民事执行状、民事诉状、民事辩状、璧山县政府提交四川高等法院第一分院的呈文、四川高等法院第一分院训令、四川高等法院第一分院民事第二审判决书、民事保状、璧山县政府朱谕等。

155. 四川高等法院第一分院、璧山县法院、璧山实验地方法院等审理给付膳谷案等三案　12－6－378－380

1936年4月至1945年6月，四川高等法院第一分院、璧山县法院、璧山实验地方法院等关于给付膳谷案、会款纠纷、债务执行案三案的文书，包括刑事诉状、刑事辩状、审理笔录、刑事保状、刑事委状、璧山县政府兼理司法事务刑事处分书、民事诉状、民事辩状、璧山县政府兼理司法事务民事判决书、璧山县政府提交四川高等法院第一分院的呈文、四川高等法院第一分院训令、四川高等法院第一分院民事判决书、四川高等法院第一分院民事裁定、民事执行状、璧山实验地方法院支付命令、璧山实验地方法院民事执行命令等。

156. 四川高等法院第一分院、重庆地方法院、巴县地方法院、璧山县法院审理抵押土地纠纷等四案　12－6－381－383

1936年1月至1937年4月，四川高等法院第一分院、重庆地方法院、巴县地方法院、璧山县法院关于抵押土地纠纷、申请假释案、会款纠纷、争夺遗产案四案的文书，包括民事诉状、民事辩状、民事声请书、诉愿书、来凤镇商会提交璧山县县长的呈文、审理笔录、民事呈状、刑事保状、璧山县政府提交四川高等法院第一分院的呈文、四川高等法院第一分院训令、四川高等法院第一分院民事裁定、巴县地方法院民事裁定、璧山县政府与巴县地方法院的往来公函、重庆地方法院民事裁定等。

157. 四川高等法院第一分院、璧山县法院等审理会银纠纷、债务纠纷两案　12－6－384－385

1936年11月至1938年5月，四川高等法院第一分院、璧山县法院等关于会银纠纷、债务纠纷两案的文书，包括璧山县政府提交四川高等法院第一分院的呈文、四川高等法院第一分院裁定、四川高等法院第一分院训令、民事诉状、审讯笔录、民事辩状、四川高等法院第一分院民事判决书、璧山县政府牌告、民事认买状、民事缴状、民事领状等。

158. 璧山县政府及司法处审理债务纠纷等四案　12－6－386－389

1935年12月至1938年7月，璧山县政府及司法处关于债务纠纷、会款纠纷、会银纠纷、膳谷纠纷四案的文书，包括民事诉状、审理笔录、民事执行状、民事辩状、民事保状、民事结状、璧山县司法处民事裁定、民事声明等。

159. 四川高等法院第一分院、璧山县法院审理债务纠纷等五案　12－6－390－396

1936年3月至1938年8月，四川高等法院第一分院、璧山县法院关于刘吉中财产纠纷、张炳钦会银纠纷、罗荣清债务纠纷、永川县函请代传严炳林案、尹春林债务纠纷五案的文书，包括民事保状、璧山县城西乡办公处提交璧山县政府的呈文、刑事公证状、民事诉状、审理笔录、四川高等法院第一分院训令、璧山县政府提交四川高等法院第一分院的呈文、永川县政府与璧山县政府的往来公函、民事委任状、四川高等法院第一分院民事判决书等。

160. 璧山县法院审理借洋纠纷两案　12－6－390－396（2）

1936 年 1 月至 1936 年 12 月，璧山县法院关于罗乾茂借洋纠纷、伍程氏借洋纠纷两案的文书，包括民事诉状、民事辩状、审理笔录、诉愿书、璧山县政府训令等。

161. 四川高等法院第一分院、巴县地方法院、璧山县政府、璧山地方法院、璧山实验地方法院等审理经界纠纷等八案　12－6－397

1930 年 1 月至 1944 年 2 月，四川高等法院第一分院、巴县地方法院、璧山县政府、璧山地方法院、璧山实验地方法院等关于经界纠纷、债务纠纷、会款纠纷、膳银纠纷、租佃纠纷、争夺家产纠纷、非法拘禁他人案、故意伤人案八案的文书，包括四川高等法院第一分院民事裁定、巴县地方法院民事裁定、璧山县政府民事判决书、四川高等法院第一分院民事判决书、四川高等法院第一分院刑事判决书、璧山地方法院民事判决书、璧山县政府兼理司法事务民事判决书、璧山地方法院刑事判决书、璧山实验地方法院民事裁定等。

162. 四川高等法院第一分院、巴县地方法院、璧山县政府及司法处审理债务纠纷等四案　12－6－398

1935 年 12 月至 1937 年 11 月，四川高等法院第一分院、巴县地方法院、璧山县政府及司法处关于债务纠纷、租佃纠纷、会款纠纷、要求赔偿因撤销买卖纠纷带来的经济损失案四案的文书，包括民事答辩状、宣告判决笔录、璧山县司法处提交四川高等法院第一分院的呈文、四川高等法院第一分院民事判决书、民事保状、璧山县政府民事判决书、民事诉状、民事声请书、刑事诉状、璧山县司法处刑事判决书、巴县地方法院民事裁定等。

163. 四川高等法院第一分院、璧山县法院审理借洋纠纷一案　12－6－399

1936 年 8 月至 1937 年 4 月，四川高等法院第一分院、璧山县法院关于郭锡三借洋纠纷的文书，郭锡三以郭炳辉拖欠债款为由提起诉讼，要求其偿还债务，包括民事诉状、审理笔录、诉愿书、民事保状、民事执行状、璧山县政府提交四川高等法院第一分院的呈文、四川高等法院第一分院训令、四川高等法院第一分院民事判决书、民事续状、璧山县政府朱谕等。

164. 璧山县法院审理债务纠纷、土地及耕牛押金纠纷两案　12－6－400

1936 年 10 月至 1937 年 3 月，璧山县法院关于陈正芳债务纠纷、袁天成土地及耕牛押金纠纷两案的文书，包括璧山县政府提交四川高等法院第一分院的呈文、四川高等法院第一分院训令、民事诉状、民事辩状、审理笔录、民事执行状等。

165. 璧山县法院审理布款纠纷、四川省第三区行政督察专员公署代传当事人两案　12－6－401

1935 年 11 月至 1936 年 12 月，璧山县法院关于戴宏猷布款纠纷、四川省第三区行政督察专员公署代传黎海云案两案的文书，包括民事诉状、诉愿书、审理笔录、民事恳状、璧山县政府提交四川省第三区行政督察专员公署的呈文、四川省第三区行政督察专员公署训令等。

166. 四川高等法院第一分院审理争夺家产一案　12－6－402

1937 年 6 月至 1938 年 1 月，四川高等法院第一分院关于李发林争夺家产一案的文书，包括民事诉状、四川高等法院第一分院训令、民事委任状、璧山县政府提交四川高等法院第一分院的呈文、民事展限状、民事答辩状、审理笔录、宣告判决笔录、四川高等法院第一分院民事判决书等。

167. 璧山县法院审理租佃纠纷、会款纠纷两案　12－6－403

1936 年 8 月至 1936 年 11 月，璧山县法院关于龙汝洲租佃纠纷、刘申之会款纠纷两案的文书，包括民事辩状、民事诉状、审理笔录、民事反诉状等。

168. 璧山县法院审理债款纠纷等九案　12－6－404－413

1936 年 3 月至 1937 年 2 月，璧山县法院关于萧树康债款纠纷、谢洪顺佃银纠纷、吴海清会款纠纷、四川公路局函请拘禁邓文轩案、吴章林申请破产案、郭洪章申请破产案、何锡五破产案、江连奎破产案、黄桂廷纺织机租金纠纷等九案的文书，包括民事诉状、民事辩状、审理笔录、璧山县政府训令、来凤镇联保办公处提交璧山县政府的呈文、四川公路局发往璧山县政府的公函、普兴镇联保办公处提交璧山县政府的呈文、璧山县政府朱谕、民事声请书、璧山县政府牌告、民事续状、璧山县政府民事判决书、民事保状等。

169. 四川高等法院第一分院、璧山县法院审理继承遗产纠纷等三案　12－6－414－420

1936 年 1 月至 1937 年 8 月，四川高等法院第一分院、璧山县法院关于继承遗产纠纷、会款纠纷、债务纠纷三案的文书，包括璧山县政府提交四川高等法院第一分院的呈文、四川高等法院第一分院裁定、四川高等法院第一分院训令、四川高等法院第一分院民事裁定、民事诉状、审理笔录、民事保状、璧山县政府民事判决书等。

170. 璧山县法院审理债务纠纷等六案　12－6－414－420（2）

1936 年 2 月至 1937 年 10 月，璧山县法院关于田治臣债务纠纷、安树臣布款纠纷、张德安会款纠纷、邓桂堂会款纠纷、杜璧光会款纠纷、江流芳争夺家产纠纷六案的文书，包括民事诉状、璧山县政府训令、兴隆乡联保办公处提交璧山县政府的呈文、审理笔录、璧山县政府民事判决书、民事保状、执达员提交县长的报告等。

171. 四川高等法院第一分院、璧山县法院审理要求赔偿货款案等九案　12－6－421－428

1933 年 6 月至 1937 年 3 月，四川高等法院第一分院、璧山县法院关于罗寿康要求赔偿货款案、方炳周债务纠纷、谭炳章借洋纠纷、白长兴遗弃妻子案、朱刘氏债务纠纷、王绍修押银纠纷、赵朝宗借洋纠纷、龙文琦租佃纠纷、杨炳轩租谷纠纷九案的文书，包括四川高等法院第一分院训令、璧山县政府提交四川高等法院第一分院的呈文、民事抗告书、民事诉状、四川高等法院第一分院民事裁定、民事辩状、审理笔录、璧山县政府牌告、合川县司法处发往璧山县政府的咨文等。

172. 最高法院、四川高等法院第一分院、璧山县政府及司法处审理家产纠纷等三案　12－6－429－431

1936 年 2 月至 1939 年 2 月，最高法院、四川高等法院第一分院、璧山县政府及司法处关于蒋宏达家产纠纷、舒桂林会款纠纷、蒋蔡氏会款纠纷三案的文书，包括最高法院与四川高等法院第一分院的往来公函、璧山县司法处提交四川高等法院第一分院的呈文、最高法院民事判决书、四川高等法院第一分院训令、四川高等法院第一分院民事判决书、民事诉状、璧山县政府民事判决书、审理笔录、民事声明、民事委状、民事辩状等。

173. 四川高等法院第一分院、璧山县法院审理借洋纠纷等五案　12－6－432－436

1936 年 4 月至 1937 年 6 月，四川高等法院第一分院、璧山县法院关于王宇康借洋纠纷、周席珍租佃纠纷、黄治安会款纠纷、曹国卿租佃纠纷、张陈氏要求扶养费案五案的文书，包括民事诉状、审理笔录、璧山县政府与巴县地方法院的往来公函、刑事诉状、民事抗告书、璧山县政府牌告、璧山县政府朱谕、璧山县政府与重庆地方法院的往来公函、民事保状、璧山县政府提交四川高等法院第一分院的呈文、四川高等法院第一分院训令、四川高等法院第一分院民事裁定、民事补状等。

174. 四川高等法院第一分院、巴县地方法院、璧山县法院审理婚约纠纷等四案 12—6—437—440

1936年8月至1937年10月，四川高等法院第一分院、巴县地方法院、璧山县法院关于履行婚约案、债务纠纷、租赁机器纠纷、会款纠纷四案的文书，包括民事诉状、四川高等法院第一分院训令、璧山县政府提交四川高等法院第一分院的呈文、审理笔录、民事答辩状、四川高等法院第一分院民事判决书、四川高等法院第一分院民事裁定、璧山县政府与巴县地方法院的往来公函、巴县地方法院民事判决书、民事恳状等。

175. 四川高等法院第一分院、璧山县法院等审理借洋纠纷等八案 12—6—441—448

1936年5月至1939年6月，四川高等法院第一分院、璧山县法院等关于陈先甲借洋纠纷、张陶氏借洋纠纷、罗惠圣与妻子因琐事不和案、张荣臣争夺家产案、巴县地方法院函请代送王敬修裁定案、陈国武要求返还田契案、陈锡钧租谷纠纷、王明昭借洋纠纷八案的文书，包括民事诉状、民事辩状、璧山县政府提交四川高等法院第一分院的呈文、四川高等法院第一分院训令、四川高等法院第一分院裁定、四川高等法院第一分院民事裁定、民事委任状、审理笔录、四川高等法院第一分院民事判决书、巴县地方法院与璧山县政府的往来公函、民事展限状等。

176. 四川高等法院第一分院、璧山县法院、璧山地方法院等审理债务纠纷等六案 12—6—449—451

1936年9月至1947年4月，四川高等法院第一分院、璧山县法院、璧山地方法院等关于程克笃债务纠纷、姜寿廷土地租佃权纠纷、龙廷坤会款纠纷、刘会和要求法院确认和约无效案、罗长品要求交还田房案、曾方成要求增加给付案六案的文书，包括民事诉状、审理笔录、民事辩状、民事委状、民事保状、璧山县政府与璧山县征收局的往来公函、璧山县政府兼理司法事务民事判决书、民事抗告书、民事和解书、四川高等法院第一分院训令、璧山县政府提交四川高等法院第一分院的呈文、四川高等法院第一分院民事第二审判决书、璧山地方法院民事判决书等。

177. 最高法院、四川高等法院第一分院、璧山县法院审理会款纠纷等三案 12—6—452—455

1936年5月至1938年4月，最高法院、四川高等法院第一分院、璧山县法院关于借洋纠纷、遗产纠纷、会款纠纷三案的文书，包括民事诉状、民事辩状、审理笔录、民事保状、璧山县政府兼理司法事务民事判决书、璧山县司法处谕、璧山县政府提交四川高等法院第一分院的呈文、四川高等法院第一分院训令、四川高等法院第一分院裁定、民事调解状、最高法院民事裁定、四川高等法院第一分院民事判决书、民事展限状等。

178. 四川高等法院第一分院、巴县地方法院、璧山县法院审理会款纠纷等六案 12－6－456－460

1936 年 2 月至 1937 年 11 月，四川高等法院第一分院、巴县地方法院、璧山县法院关于黄同永买卖产业纠纷、王明廷会款纠纷、黄荣卿借洋纠纷、郭敬兴会款纠纷、龙吉臣会款纠纷、姜生荣会款纠纷六案的文书，包括签票、璧山县政府提交四川高等法院第一分院的呈文、四川高等法院第一分院训令、四川高等法院第一分院裁定、民事缴状、民事补状、民事诉状、民事辩状、民事保状、审理笔录、璧山县政府与巴县地方法院的往来公函、巴县地方法院民事裁定、璧山县政府训令、璧山县政府朱谕等。

179. 四川高等法院第一分院、璧山县政府及司法处审理借洋纠纷等五案 12－6－461－467

1936 年 4 月至 1939 年 8 月，四川高等法院第一分院、璧山县政府及司法处关于借洋纠纷、申请破产、买卖土地纠纷、经界纠纷、遗产纠纷五案的文书，包括民事呈状、民事辩状、民事诉状、审理笔录、民事证结状、民事声请书、璧山县政府朱谕、璧山县政府民事裁定、璧山县政府牌告、民事委任状、民事保状、璧山县司法处提交四川高等法院第一分院的呈文、训令、四川高等法院第一分院民事判决书、璧山县政府与巴县地方法院的往来公函、璧山县政府兼理司法事务民事判决书等。

180. 璧山实验地方法院等审理非法持有炸药案等四案 12－6－468－473

1944 年 1 月至 1949 年 3 月，璧山实验地方法院等关于非法持有炸药、侵占祠产案、返还侵占的家具等财产、解除土地租约四案的文书，包括璧山实验地方法院检察官起诉书、璧山实验地方法院刑事判决书、璧山实验地方法院发往本院检察官的公函、璧山实验地方法院与大足县司法处的往来公函、刑事诉状、刑事撤诉状、民事诉状、民事委任状、辩论笔录、民事声请书、璧山实验地方法院民事判决书等。

181. 四川高等法院第一分院、璧山县法院审理要求解除土地租约等五案 12－6－468－473（2）

1935 年 11 月至 1937 年 6 月，四川高等法院第一分院、璧山县法院关于俞凤堂要求解除土地租约、徐秉维祠产纠纷、徐均安会款纠纷、姜银轩申请离婚、王青三债务纠纷五案的文书，包括民事诉状、四川高等法院第一分院训令、璧山县政府提交四川高等法院第一分院的呈文、四川高等法院第一分院裁定、民事缴状、调查笔录、民事答辩状、四川高等法院第一分院民事判决书、刑事诉状、民事续状、审理笔录、四川高等法院第一分院民事裁定等。

182. 四川高等法院第一分院、璧山县法院审理债务纠纷等六案　12－6－474－478

1936年3月至1939年3月，四川高等法院第一分院、璧山县法院关于债务纠纷、黄治安会款纠纷、罗继周会款纠纷、刘申之会款纠纷、许明财会款纠纷、王文轩会款纠纷六案的文书，包括璧山县政府提交四川高等法院第一分院的呈文、四川高等法院第一分院训令、四川高等法院第一分院裁定、民事诉状、民事缴状、民事抗告书、四川高等法院第一分院发往最高法院的公函、江苏反省院与璧山县政府的往来公函、璧山县政府谕、民事辩状、民事撤诉状、民事领状、四川高等法院第一分院民事判决书、巴县地方法院发往璧山县政府的公函等。

183. 璧山县法院审理再嫁存查案等十案　12－6－474－478（2）

1936年3月，璧山县法院关于再嫁存查案、申请破产案、债务纠纷、离婚存查案、订立婚约存查案、析分家产存查案、租佃纠纷、要求给付抚养费案、债务存查案、盗伐他人树木案十案的文书，包括民事存查状、民事声请状、民事诉状、诉愿书、江津县政府发往璧山县政府的公函等。

184. 璧山县法院审理债务纠纷等四案　12－6－479－484

1936年1月至1937年2月，璧山县法院关于债务纠纷、租佃纠纷、会款纠纷、申请破产四案的文书，包括民事诉状、民事辩状、审理笔录、民事保状、民事和解状、民事声请书、璧山县政府朱谕、璧山县政府牌告、民事恳状等。

185. 璧山县法院审理租佃纠纷等三案　12－6－479－484（2）

1936年5月至1937年11月，璧山县法院关于租佃纠纷、继承遗产纠纷、支付赡养费三案的文书，包括民事领状、民事辩状、民事诉状、璧山县政府民事判决书、民事执行状、璧山县司法处谕、民事抗告书、审理笔录、民事保状等。

186. 璧山县政府及司法处审理债务纠纷等四案　12－6－485－490

1936年8月至1939年5月，璧山县政府及司法处关于白成厚借洋纠纷、蒋光耀债务纠纷、江友三会款纠纷、曹坤廷借洋纠纷四案的文书，包括审理笔录、民事诉状、民事辩状、璧山县政府民事判决书、民事执行状、璧山县司法处训令、璧山县司法处查封笔录、璧山县司法处拍卖布告、璧山县司法处牌告、民事催呈状等。

187. 四川高等法院第一分院、璧山县法院审理侵占公款案等三案　12－6－485－490（2）

1936 年 2 月至 1937 年 5 月，四川高等法院第一分院、璧山县法院关于侵占公款案、田业押银纠纷、借洋纠纷三案的文书，包括刑事诉状、璧山县政府训令、诉愿书、璧山县第二区区署提交县长的呈文、审理笔录、璧山县政府提交四川高等法院第一分院的呈文、四川高等法院第一分院训令、民事抗告书、抗告意见书、民事执行状、民事辩状、璧山县政府朱谕等。

188. 四川高等法院第一分院、璧山县政府审理租谷纠纷等案　12－6－491－494

1936 年 5 月至 1937 年 8 月，四川高等法院第一分院、璧山县政府关于租谷纠纷、债务纠纷等案的文书，包括民事诉状、四川高等法院第一分院训令、璧山县政府提交四川高等法院第一分院的呈文、四川高等法院第一分院裁定、审理笔录、四川高等法院第一分院民事判决书、四川高等法院第一分院民事裁定、民事反诉状、民事委任状、民事保状、璧山县政府与巴县地方法院的往来公函等。

189. 四川高等法院第一分院、璧山县法院审理业价纠纷等五案　12－6－495－499

1935 年 12 月至 1937 年 11 月，四川高等法院第一分院、璧山县法院关于胡何氏业价纠纷、王绍成借洋纠纷、严方成借洋纠纷、王厚卿借洋纠纷、况海清会银纠纷五案的文书，包括呈文、四川高等法院第一分院训令、四川高等法院第一分院裁定、民事诉状、璧山县政府民事裁定、民事辩状、审理笔录、民事续诉状、民事缴状、璧山县政府牌告、民事声请状、刑事诉状、民事抗告书等。

190. 四川高等法院第一分院、璧山县政府及司法处审理租佃纠纷等五案　12－6－500－504

1936 年 6 月至 1937 年 11 月，四川高等法院第一分院、璧山县政府及司法处关于龚洪轩租佃纠纷、蒋洪昌会款纠纷、戴全发租佃纠纷、张陈氏租佃纠纷、刘张氏家产纠纷五案的文书，包括民事诉状、审理笔录、璧山县政府兼理司法事务民事判决书、璧山县政府提交四川高等法院第一分院的呈文、四川高等法院第一分院裁定、四川高等法院第一分院训令、民事辩状、民事委任状、四川高等法院第一分院民事判决书、民事保状、永川县政府发往璧山县政府的公函、民事执行状等。

191. 四川高等法院第一分院、璧山县政府及司法处审理租佃纠纷、家产纠纷两案　12－6－500－504（2）

1936 年 9 月至 1939 年 4 月，四川高等法院第一分院、璧山县政府及司法处关于龚洪轩租佃纠纷、刘张氏家产纠纷两案的文书，包括民事诉状、审理笔录、璧山县政府民事判决书、民事保状、民事声请书、璧山县政府训令、民事辩状、璧山县政府提交四川高等法院第一分院的呈文、四川高等法院第一分院裁定、四川高等法院第一分院训令、璧山县司法处与四川高等法院第一分院的往来公函等。

192. 璧山县法院审理债务纠纷一案　12－6－505－508

1936 年 10 月至 1937 年 12 月，璧山县法院关于景镜堂债务纠纷的文书，包括民事诉状、民事缴状、璧山县政府民事裁定、民事申诉状、璧山县政府牌告、审理笔录、璧山县政府兼理司法事务民事判决书、民事辩状、璧山县政府朱谕、民事再审状等。

193. 四川高等法院第一分院、璧山县政府及司法处审理借洋纠纷等四案　12－6－505－508（2）

1936 年 2 月至 1938 年 5 月，四川高等法院第一分院、璧山县政府及司法处关于景镜堂借洋纠纷、张炳安借洋纠纷、萧吉之会款纠纷、李顺清会款纠纷四案的文书，包括民事呈状、审理笔录、璧山县司法处执行命令、民事辩状、璧山县司法处拍卖布告、璧山县司法处民事判决书、民事执行状、璧山县政府提交四川高等法院第一分院的呈文、四川高等法院第一分院训令、璧山县政府民事判决书、往来公函等。

194. 四川高等法院第一分院、璧山县法院、璧山地方法院等审理租佃纠纷等三案　12－6－509－512

1936 年 1 月至 1940 年 10 月，四川高等法院第一分院、璧山县法院、璧山地方法院等关于租佃纠纷、阴地纠纷、借洋纠纷三案的文书，包括诉愿书、民事诉状、审理笔录、璧山县政府民事判决书、民事执行状、民事保状、民事辩状、民事抗告书、民事委任状、民事声明状、璧山县政府朱谕、璧山地方法院民事裁定、四川高等法院第一分院民事裁定等。

195. 最高法院、四川高等法院第一分院、璧山县法院等审理租佃纠纷等六案　12－6－513－518

1935 年 2 月至 1939 年 2 月，最高法院、四川高等法院第一分院、璧山县法院等关于苏汉云租佃纠纷、罗源清借洋纠纷、胡鼎臣借洋纠纷、曾永清会款纠纷、巴县检察处函请饬交牟吴氏卷宗案、江远林财产所有权纠纷六案的文书，包括璧山县征收局发往璧山县政府的公函、民事诉状、民事辩状、审理笔录、民事公证状、璧山县政府与巴县地方法院的往来公函、璧山县政府提交四川高等法院第一分院的呈文、四川高等法院第一分院训令、巴县地方法院检察处与璧山县政府的往来公函、璧山县政府训令、最高法院民事裁定、四川高等法院第一分院民事判决书等。

196. 四川高等法院第一分院、璧山县法院审理债务纠纷等三案　12－6－519－524

1936 年 6 月至 1938 年 8 月，四川高等法院第一分院、璧山县法院关于陈绍文债务纠纷、胡师化债务纠纷、朱静修申请破产案三案的文书，包括民事抗告书、四川高等法院第一分院民事裁定、四川高等法院第一分院训令、璧山县政府提交四川高等法院第一分院的呈文、民事诉状、民事展限状、审理笔录、民事保状、民事声请书、璧山县政府朱谕等。

197. 四川高等法院第一分院、璧山县法院审理租谷纠纷等四案　12－6－519－524（2）

1935 年 1 月至 1937 年 12 月，四川高等法院第一分院、璧山县法院关于周绍清租谷纠纷、蔡金盛借洋纠纷、刘相五债务纠纷、陈绍文借洋纠纷四案的文书，包括璧山县政府提交四川高等法院第一分院的呈文、四川高等法院第一分院裁定、四川高等法院第一分院训令、民事缴状、审理笔录、民事声请状、民事展限状、四川高等法院第一分院民事判决书、民事保状、四川高等法院第一分院民事裁定等。

198. 璧山县法院审理伙贸纠纷等三案　12－6－525－532

1936 年 3 月至 1937 年 5 月，璧山县法院关于张晋安伙贸纠纷、曹建咸债务纠纷、王合顺会款纠纷三案的文书，包括民事诉状、璧山县政府与自贡地方法院的往来公函、刑事保状、自贡地方法院民事判决书、审理笔录、民事辩状、民事执行状等。

199. 四川高等法院第一分院、璧山县法院审理会款纠纷等五案　12－6－525－532（2）

1932 年 2 月至 1937 年 10 月，四川高等法院第一分院、璧山县法院关于魏春林会款纠纷、彭竟成借洋纠纷、严方成借洋纠纷、陶青山土地经界纠纷、张文彬借洋纠纷五案的文书，包括璧山县政府提交四川高等法院第一分院的呈文、四川高等法院第一分院裁定、四川高等法院第一分院训令、重庆地方法院与璧山县政府的往来公函、审理笔录、民事诉状、四川高等法院第一分院民事第二审判决书、民事声请状、四川高等法院民事裁定等。

200. 四川高等法院第一分院、璧山县法院等审理债务纠纷两案　12－6－533－537

1936 年 8 月至 1938 年 5 月，四川高等法院第一分院、璧山县法院等关于温炳云债务纠纷、梁述廷债务纠纷两案的文书，包括民事辩状、审理笔录、民事保状、民事诉状、璧山县政府牌告、民事执行状、璧山县司法处布告、四川高等法院第一分院民事判决书、璧山县政府提交四川高等法院第一分院的呈文、四川高等法院第一分院训令等。

201. 四川高等法院第一分院、璧山县法院审理借洋纠纷等四案　12－6－533－537（2）

1936年8月至1938年2月，四川高等法院第一分院、璧山县法院关于龙张乾借洋纠纷、王树章借洋纠纷、吴式凭典权纠纷、卢温氏借洋纠纷四案的文书，包括民事诉状、民事辩状、民事保状、审理笔录、民事执行状、璧山县政府提交四川高等法院第一分院的呈文、四川高等法院第一分院训令、民事和解状、四川高等法院第一分院裁定、四川高等法院第一分院民事裁定等。

202. 四川高等法院第一分院、璧山县政府等审理土地经界纠纷等四案　12－6－538－542

1936年10月至1938年2月，四川高等法院第一分院、璧山县政府等关于土地经界纠纷、租佃纠纷、会款纠纷、债务纠纷四案的文书，包括民事诉状、民事续状、审理笔录、璧山县政府提交四川高等法院第一分院的呈文、四川高等法院第一分院训令、四川高等法院第一分院民事裁定、民事抗告书、民事缴状、民事辩状、四川高等法院第一分院民事判决书等。

203. 重庆地方法院、璧山县政府及司法处审理会款纠纷等三案　12－6－538－542（2）

1935年12月至1937年12月，重庆地方法院、璧山县政府及司法处关于张恒之会款纠纷、徐增键产业所有权纠纷、陶青山经界纠纷三案的文书，包括民事诉状、诉愿书、民事保状、审理笔录、民事辩状、巴县地方法院与璧山县政府的往来公函、璧山县政府朱谕、刑事诉状、重庆地方法院民事裁定、璧山县司法处民事裁定、民事执行状等。

204. 四川高等法院第一分院、璧山县法院审理债务纠纷等八案　12－6－543－551

1936年1月至1937年7月，四川高等法院第一分院、璧山县法院关于赵克成债务纠纷、彭良光家产纠纷、陈新伯借洋纠纷、何兴武借洋纠纷、仇钧山借洋纠纷、蔡登镒借洋纠纷、巴县地方法院函请查封产业拍卖案、张钧谱债务纠纷八案的文书，包括四川高等法院第一分院训令、璧山县政府提交四川高等法院第一分院的呈文、民事诉状、璧山县政府与巴县地方法院的往来公函、民事执行状、民事抗告书、四川高等法院第一分院民事裁定、审理笔录、璧山县政府朱谕等。

205. 四川高等法院第一分院、璧山县法院审理借洋纠纷两案　12－6－552－553

1936年5月至1937年11月,四川高等法院第一分院、璧山县法院关于朱金山借洋纠纷、杨维三借洋纠纷两案的文书,包括民事诉状、民事辩状、民事保状、审理笔录、民事抗告书、四川高等法院第一分院民事裁定、四川高等法院第一分院训令、璧山县政府牌告、民事执行状、民事声请书等。

206. 四川高等法院第一分院、璧山县政府及司法处审理借洋纠纷一案　12－6－554(1)

1936年10月至1939年6月,四川高等法院第一分院、璧山县政府及司法处关于陈中林借洋纠纷的文书,包括璧山县司法处提交四川高等法院第一分院的呈文、四川高等法院第一分院训令、民事诉状、璧山县司法处训令、民事声明状、民事保状、璧山县司法处查封笔录、四川高等法院第一分院民事裁定、审理笔录等。

207. 璧山县政府及司法处审理借洋纠纷一案　12－6－554(2)

1936年12月至1938年8月,璧山县政府及司法处关于陈中林借洋纠纷的文书,包括民事诉状、审理笔录、璧山县政府兼理司法事务民事判决书、民事声请书、民事辩状、民事保状等。

208. 四川高等法院第一分院、璧山县法院审理租佃纠纷等五案　12－6－555－559(1)

1936年1月至1936年12月,四川高等法院第一分院、璧山县法院关于郭肇猷租佃纠纷、张树清土地押金纠纷、张伍氏家产纠纷、袁金山会款纠纷、吴炳钦债务纠纷五案的文书,包括民事诉状、民事辩状、审理笔录、诉愿书、民事公证状、民事恳状、民事保状、璧山县政府提交四川高等法院第一分院的呈文、四川高等法院第一分院训令、四川高等法院第一分院民事和解笔录等。

209. 璧山县法院审理债务纠纷等四案　12－6－555－559(2)

1936年3月至1938年9月,璧山县法院关于吴炳钦债务纠纷、冯美具会款纠纷、黄清山要求给付毛铁案、杨辅臣租谷纠纷四案的文书,包括民事诉状、审理笔录、民事保状、璧山县政府朱谕、民事执行状、璧山县政府牌告、民事扣押状、璧山县政府训令等。

210. 四川高等法院第一分院、璧山县政府及司法处审理田业所有权纠纷一案　12－6－560－561（1）

1936年12月至1937年11月，四川高等法院第一分院、璧山县政府及司法处关于王复盛田业所有权纠纷的文书，包括四川高等法院第一分院训令、璧山县政府提交四川高等法院第一分院的呈文、璧山县政府牌告、民事诉状、民事缴状、璧山县政府朱谕、民事辩状、民事展限状、民事保状、审理笔录等。

211. 四川高等法院第一分院、璧山县政府及司法处审理田业所有权纠纷、租谷纠纷两案　12－6－560－561（2）

1936年10月至1938年6月，四川高等法院第一分院、璧山县政府及司法处关于王复盛田业所有权纠纷、周煜南租谷纠纷两案的文书，包括民事诉状、民事执行状、刑事请拘状、民事辩状、审理笔录、璧山县政府训令、璧山县政府朱谕、四川高等法院第一分院民事判决书、四川高等法院第一分院训令、璧山县司法处提交四川高等法院第一分院的呈文、璧山县政府兼理司法事务民事判决书等。

212. 四川高等法院第一分院、璧山县法院审理租谷纠纷等七案　12－6－562－568

1936年3月至1937年8月，四川高等法院第一分院、璧山县法院关于张华山租谷纠纷、巫奎臣租谷纠纷、僧定国庙产纠纷、敬李氏债务纠纷、祝炳章虐待妻子案、陶乾三债务纠纷、戴荣富买卖山林纠纷七案的文书，包括民事诉状、民事展限状、民事辩状、审理笔录、璧山县政府民事判决书、四川高等法院第一分院训令、璧山县政府牌告、璧山县政府训令、璧山县政府朱谕、民事领状、四川高等法院第一分院民事裁定、璧山县政府提交四川高等法院第一分院的呈文、民事保状等。

213. 四川高等法院第一分院、璧山县法院、璧山实验地方法院等审理债务纠纷等七案　12－6－569－574

1934年12月至1942年9月，四川高等法院第一分院、璧山县法院、璧山实验地方法院等关于陈润周债务纠纷、朱绍丕要求确认买卖田产契约无效案、张银钦债务纠纷、张质彬会款纠纷、袁福三会款纠纷、雷树廷会款纠纷、郭敬舆会款纠纷等七案的文书，包括民事诉状、民事辩状、审理笔录、民事保状、民事缴状、璧山实验地方法院与四川高等法院第一分院的往来公函、辩论笔录、民事委任状、四川高等法院第一分院民事判决书、民事公证状、民事反诉状、四川高等法院第一分院训令、璧山县政府提交四川高等法院第一分院的呈文等。

214. 璧山县法院审理债务纠纷等三案　12－6－575－582（1）

1936年3月至1937年11月，璧山县法院关于杨罗氏债务纠纷、张聘之债务纠纷、刘雨可租佃纠纷三案的文书，包括刑事诉状、民事诉状、审理笔录、民事辩状、民事保状等。

215. 璧山县法院审理租佃纠纷等五案　12－6－575－582（2）

1936年1月至1937年5月，璧山县法院关于刘雨可租佃纠纷、汪洪发契约烧毁存查案、侯荣森债务纠纷、龙子榆债务纠纷、陈荣顺租佃纠纷五案的文书，包括民事撤销状、民事领状、民事呈状、璧山县政府训令、璧山县征收局与璧山县政府的往来公函、民事诉状、诉愿书、刑事诉状、刑事续诉状、民事辩状等。

216. 四川高等法院第一分院、璧山县法院审理债务纠纷等七案　12－6－583－589

1936年1月至1937年6月，四川高等法院第一分院、璧山县法院关于陈涧苹债务纠纷、陈治安租佃纠纷、何裕兴会款纠纷、吴海青租佃纠纷、张福荣债款纠纷、何绍卿公债利息纠纷的债务案、朱泽霖纱款纠纷七案的文书，包括璧山县政府提交四川高等法院第一分院的呈文、四川高等法院第一分院训令、民事抗告书、四川高等法院第一分院民事裁定、民事反诉状、审理笔录、四川高等法院第一分院裁定、诉愿书、璧山县政府民事判决书等。

217. 璧山县政府及司法处审理租谷纠纷、借款纠纷两案　12－6－590－595（1）

1936年8月至1939年8月，璧山县政府及司法处关于孙国材租谷纠纷、杨冯氏借款纠纷两案的文书，包括民事诉状、审理笔录、民事执行状、民事领状、璧山县政府朱谕、璧山县政府与巴县地方法院的往来公函、民事辩状、璧山县司法处训令、璧山县司法处拍卖布告等。

218. 四川高等法院第一分院、璧山县法院审理债务纠纷等五案　12－6－590－595（2）

1936年6月至1937年9月，四川高等法院第一分院、璧山县法院关于杨冯氏债务纠纷、徐金廷违约骗婚案、陈绍文债务纠纷、郭含章债务纠纷、雷在南债务纠纷五案的文书，包括巴县地方法院提交四川高等法院第一分院的呈文、四川高等法院第一分院训令、四川高等法院第一分院裁定、审理笔录、民事答辩状、璧山县政府提交四川高等法院第一分院的呈文、四川高等法院第一分院民事判决书、四川高等法院第一分院发往最高法院的公函、民事保状、民事扣押状、璧山县政府民事裁定、璧山县政府牌告、四川高等法院第一分院民事裁定等。

219. 四川高等法院第一分院、璧山县法院审理会款纠纷等四案　12—6—596—599

1936年5月至1937年1月，四川高等法院第一分院、璧山县法院关于尚志功会款纠纷、凌德钦要求徐光达履行婚约、向洪盛债务纠纷、王禹汲会款纠纷四案的文书，包括民事诉状、审理笔录、四川高等法院第一分院训令、璧山县政府发往四川高等法院第一分院的公函、四川高等法院第一分院民事裁定、民事声请书、民事展限状、民事保状、璧山县政府朱谕、民事答辩状、巴县地方法院民事判决书、璧山县政府与巴县地方法院的往来公函等。

220. 璧山县法院等审理借款纠纷、买卖田业款项纠纷两案　12—6—600—601（1）

1936年5月至1938年4月，璧山县法院等关于向洪盛借款纠纷、冯世禄买卖田业款项纠纷两案的文书，包括璧山县政府与巴县地方法院的往来公函、民事执行状、民事保状、民事声请书、璧山县政府训令、民事辩状、璧山县政府朱谕、民事和解状、审理笔录等。

221. 四川高等法院第一分院、璧山县政府及司法处审理买卖田业款项纠纷一案　12—6—600—601（2）

1936年11月至1939年3月，四川高等法院第一分院、璧山县政府及司法处关于冯世禄买卖田业款项纠纷一案的文书，包括民事诉状、民事辩状、民事缴状、民事抗告书、璧山县政府提交四川高等法院第一分院的呈文、四川高等法院第一分院训令、审理笔录、四川高等法院第一分院民事裁定、抗告意见书、民事执行状、璧山县司法处提交四川高等法院第一分院的呈文等。

222. 璧山县法院审理会款纠纷一案　12—6—602（1）

1936年2月至1936年10月，璧山县法院关于张黄氏会款纠纷的文书，包括民事诉状、璧山县政府牌告、四川高等法院第一分院训令、审理笔录、璧山县政府提交四川高等法院第一分院的呈文、民事缴状、民事恳状等。

223. 最高法院、四川高等法院第一分院、璧山县政府及司法处审理会款纠纷一案　12—6—602（2）

1936年11月至1938年12月，最高法院、四川高等法院第一分院、璧山县政府及司法处关于张黄氏会款纠纷的文书，包括民事领状、民事诉状、四川高等法院第一分院训令、璧山县政府提交四川高等法院第一分院的呈文、民事执行状、璧山县征收局与璧山县政府的往来公函、最高法院民事裁定、四川高等法院第一分院民事裁定、璧山县司法处布告等。

224. 四川高等法院第一分院、璧山县法院等审理会款纠纷等四案　12－6－603－607

1936年8月至1939年8月，四川高等法院第一分院、璧山县法院等关于胡宪章会款纠纷、张青云申请破产、张德三会款纠纷、罗焕廷重婚四案的文书，包括民事诉状、民事辩状、审理笔录、璧山县政府民事和解笔录、民事执行状、民事认买状、璧山县司法处训令、四川高等法院第一分院训令、璧山县政府提交四川高等法院第一分院的呈文、四川高等法院第一分院民事判决书、民事声明状等。

225. 四川高等法院第一分院、璧山县法院等审理会款纠纷等三案　12－6－608－610

1936年3月至1937年12月，四川高等法院第一分院、璧山县法院等关于四川高等法院第一分院函请代传陈汉卿案、曾银轩会款纠纷、刘作霖租佃纠纷三案的文书，包括四川高等法院第一分院训令、璧山县政府提交四川高等法院第一分院的呈文、民事诉状、审理笔录、民事辩状、民事执行状、璧山县政府与巴县地方法院的往来公函等。

226. 璧山县法院审理祀产纠纷一案　12－6－611－612（1）

1936年7月至1937年1月，璧山县法院关于何绍卿宗族共有财产的祀产纠纷的文书，包括民事诉状、民事执行状、璧山县政府牌告、审理笔录、民事辩状、璧山县政府民事裁定、民事缴状、民事催呈状、江津县司法处发往璧山县政府的公函等。

227. 巴县地方法院、璧山县政府及司法处审理会款纠纷两案　12－6－611－612（2）

1936年4月至1938年6月，巴县地方法院、璧山县政府及司法处关于蔡金盛会款纠纷、周谢氏会款纠纷两案的文书，包括巴县地方法院发往璧山县政府的往来公函、巴县地方法院民事判决书、民事执行状、民事异议状、民事抗告书、璧山县司法处布告、民事缴状、民事领状、璧山县司法处民事裁定等。

228. 璧山县法院等审理虐待妻子案等四案　12－6－613－616

1936年3月至1939年7月，璧山县法院等关于虐待妻子、伤人案、债务纠纷、押金纠纷四案的文书，包括民事呈状、审理笔录、民事领状、民事声明状、刑事诉状、刑事撤诉状、璧山县政府民事和解笔录、民事执行状、民事辩状、璧山县政府训令、璧山县政府朱谕、璧山县政府民事判决书等。

229. 璧山县法院审理会款纠纷等三案　12—6—617—621（1）

1935年4月至1936年12月，璧山县法院关于胡云程会款纠纷、谭时雨债务纠纷、冯尚文会款纠纷三案的文书，包括民事辩状、审理笔录、民事诉状、璧山县政府与巴县地方法院的往来公函、民事执行状、民事和解状、民事保状等。

230. 重庆地方法院、璧山县法院审理债务纠纷、会款纠纷两案　12—6—617—621（2）

1935年12月至1938年1月，重庆地方法院、璧山县法院关于冉志成永债务纠纷、胡云程会款纠纷两案的文书，包括民事诉状、审理笔录、民事呈状、民事领状、民事执行状、民事保状、四川高等法院第一分院训令、重庆地方法院民事裁定等。

231. 璧山县法院审理会款纠纷一案　12—6—622

1936年12月至1938年8月，璧山县法院关于帅海廷会款纠纷的文书，包括民事保状、民事恳状、民事辩状、民事抗告书、审理笔录、民事执行状、民事答辩状等。

232. 四川高等法院第一分院、璧山县法院审理买卖竹树纠纷、伙贸股款纠纷两案　12—6—623

1936年6月至1940年2月，四川高等法院第一分院、璧山县法院关于张子中买卖竹树纠纷、黄鹏安伙贸股款纠纷两案的文书，包括璧山地方法院提交四川高等法院第一分院的呈文、民事抗告书、四川高等法院第一分院民事裁定、民事诉状、审理笔录、民事委任状、璧山县政府提交四川高等法院第一分院的呈文、四川高等法院第一分院民事判决书等。

233. 璧山县法院审理会款纠纷、土地押银纠纷两案　12—6—624

1936年5月至1937年2月，璧山县法院关于朱敬修会款纠纷、张烈清土地押银纠纷两案的文书，包括民事诉状、民事辩状、审理笔录等。

234. 璧山县政府、璧山实验地方法院等审理要求赔偿汽车修理费案、要求返还布匹案两案　12—6—625

1933年11月至1944年7月，璧山县政府、璧山实验地方法院等关于杨特武要求王守正赔偿汽车修理费案、张绍文要求返还布匹案两案的文书，包括民事诉状、四川高等法院第一分院训令、璧山县政府提交四川高等法院第一分院的呈文、民事委任状、璧山县政府牌告、璧山县政府与巴县地方法院的往来公函、审理笔录、民事保状、民事展限状、璧山实验地方法院民事判决书等。

235. 璧山县法院审理债务纠纷、会款纠纷两案　12－6－626

1935年4月至1937年8月，璧山县法院关于冉志成永债务纠纷、罗登如会款纠纷两案的文书，包括民事恳状、四川高等法院第一分院训令、民事诉状、民事代诉状、审理笔录、民事保状等。

236. 璧山县法院审理会款纠纷、布款纠纷两案　12－6－627

1936年2月至1937年8月，璧山县法院关于曹傅氏会款纠纷、王月波布款纠纷两案的文书，包括璧山县政府与巴县地方法院的往来公函、民事诉状、民事保状、审理笔录、璧山县政府牌告、民事辩状、民事声请书、璧山县政府朱谕等。

237. 四川高等法院第一分院、璧山县法院审理借款纠纷等八案　12－6－628

1934年8月至1936年11月，四川高等法院第一分院、璧山县法院关于借款纠纷、担保纠纷、布款纠纷、再婚存查案、租谷纠纷、祠款纠纷、诱拐妇女案、会款纠纷八案的文书，包括民事恳状、民事诉状、璧山县政府训令、民事保状、四川高等法院第一分院训令、四川高等法院第一分院民事裁定、璧山县政府提交四川高等法院第一分院的呈文、刑事诉状、审理笔录等。

238. 四川高等法院第一分院、璧山县法院审理债务纠纷等五案　12－6－629

1933年5月至1936年9月，四川高等法院第一分院、璧山县法院关于王月波押银及租谷纠纷、杨陈氏债务纠纷、罗寿康布款纠纷、郭炳辉租佃纠纷、江克明借款纠纷五案的文书，包括四川高等法院第一分院训令、民事诉状、民事执行状、民事辩状、璧山县政府牌告、璧山县政府朱谕、民事抗告书、四川高等法院第一分院裁定、璧山县政府提交四川高等法院第一分院的呈文、审理笔录等。

239. 璧山县法院审理会款纠纷两案　12－6－630

1934年11月至1935年11月，璧山县法院关于罗德安会款纠纷、吴志凌会款纠纷两案的文书，包括审理笔录、民事诉状、璧山县政府朱谕、璧山县政府牌告、民事声明、民事辩状、民事和解状、民事保状等。

240. 璧山县法院等审理租佃纠纷等四案　12－6－631

1933年9月至1942年1月，璧山县法院等关于邱海清租佃纠纷、刘雨可押银纠纷、蔡黄氏买卖田业纠纷、尹金廷会款纠纷四案的文书，包括民事诉状、审理笔录、民事保状、璧山县政府民事判决书、民事声请书、民事执行状、民事展限状、民事抗告书等。

241. 璧山县法院审理债务纠纷等七案　12—6—632

1931年12月至1936年4月，璧山县法院关于债务纠纷、会款纠纷、析分家产存查案、租佃存查案、李苏氏遭儿媳打伤案、申请破产案、再嫁存查案七案的文书，包括民事诉状、民事呈状、民事声请书等。

242. 四川高等法院第一分院、璧山县法院审理租佃纠纷等四案　12—6—633

1936年7月至1937年12月，四川高等法院第一分院、璧山县法院关于买卖田谷纠纷、租佃纠纷、债务纠纷、会款纠纷四案的文书，包括民事诉状、民事执行状、民事辩状、民事恳状、璧山县政府牌告、民事保状、四川高等法院第一分院训令、巴县地方法院提交四川高等法院第一分院的呈文、四川高等法院第一分院裁定等。

243. 璧山县法院审理租谷纠纷等四案　12—6—634

1935年6月至1936年12月，璧山县法院关于赵朱氏租谷纠纷、江定方布款纠纷、易炳三会款纠纷、李兴隆租佃纠纷四案的文书，包括璧山县政府朱谕、璧山县政府牌告、民事诉状、民事声请书、诉愿书、民事缴状、民事恳状、民事辩状、审理笔录等。

244. 璧山县法院审理财产所有权纠纷一案　12—6—635

1937年7月至1937年8月，璧山县法院关于罗龚氏夿银财产所有权纠纷的文书，包括民事委状、民事答辩状、审理笔录、璧山县政府兼理司法事务民事和解笔录等。

245. 璧山县法院等审理借款纠纷等三案　12—6—636

1935年7月至1938年3月，璧山县法院等关于邓吉安会款纠纷、黄秋元土地押银及租谷纠纷、王蜀康借款纠纷三案的文书，包括民事诉状、审理笔录、民事执行状、民事声明、璧山县政府牌告等。

246. 璧山县法院审理债务纠纷、夿银所有权两案　12—6—637

1936年9月至1937年6月，璧山县法院关于石财兴债务纠纷、罗龚氏夿银所有权纠纷两案的文书，包括民事诉状、审理笔录、民事执行状、璧山县政府朱谕、民事保状等。

247. 四川高等法院第一分院、璧山县法院审理债务纠纷等六案　12—6—638

1933年3月至1936年12月，四川高等法院第一分院、璧山县法院关于徐茂林债务纠纷、黄何氏田产所有权纠纷、江远林田业所有权纠纷、吴刘氏再嫁存查、黄徐氏再嫁存查、龙子榆要求赔偿六案的文书，包括民事答辩状、璧山县政府提交四川高等法院第一分院的呈文、审讯笔录、民事续诉状、民事声请书、民事公证状、四川高等法院第一分院民事判决书、民事存查状、璧山县政府兼理司法事务民事判决书等。

248. 四川高等法院第一分院、璧山县法院等审理祠产纠纷等三案　12—6—639

1936年5月至1942年6月，四川高等法院第一分院、璧山县法院等关于龙辉堂祠产纠纷、杨文清买卖田业纠纷、张慧云会款纠纷三案的文书，包括民事诉状、审理笔录、民事委任状、民事执行状、璧山地方法院训令、执行笔录、执行命令、民事缴状、璧山县政府与巴县地方法院的往来公函、民事保状等。

249. 璧山县政府审理租佃纠纷等四案　12—6—640

1919年10月至1936年11月，璧山县政府关于张汉清租佃纠纷、许成之债务纠纷、王绍成会款纠纷、叶宗甫租佃纠纷四案的文书，包括民事诉状、民事辩状、审理笔录、民事声请书、民事委任状、训令、民事领状等。

250. 璧山县法院审理会款纠纷等三案　12—6—641

1934年1月至1937年4月，璧山县法院关于会款纠纷、租佃纠纷、借款纠纷等三案的文书，包括璧山县政府提交四川高等法院第一分院的呈文、民事诉状、审理笔录、民事辩状、民事执行状、民事委任状等。

251. 璧山县法院审理要求抚养费案等六案　12—6—642（1）

1936年8月至1936年10月，璧山县法院关于要求扶养费案、土地所有权纠纷、拖欠税款案、会款纠纷、申请破产案、债务纠纷六案的文书，包括民事诉状、刑事诉状、丁家镇联保办公处、普兴镇联保办公处提交璧山县政府的呈文等。

252. 璧山县法院审理申请破产案等六案　12—6—642（2）

1932年8月至1936年10月，璧山县法院关于申请破产案、再嫁存查案、伤人案、房屋租金纠纷、离婚存查案、租佃纠纷六案的文书，包括民事存查状、刑事诉状、民事诉状、三教乡保长提交璧山县县长的呈文、审理笔录、四川高等法院第一分院训令、璧山县政府提交四川高等法院第一分院的呈文等。

253. 四川高等法院第一分院、璧山县法院、璧山地方法院等审理虐待妻子案等四案　12－6－643

1936年3月至1940年8月，四川高等法院第一分院、璧山县法院、璧山地方法院等关于袁治云虐待妻子案、钱雅修会款纠纷、胡师化要求赔偿案、尹焕伦要求邱治云返还织布机案四案的文书，包括民事诉状、审理笔录、民事和解状、民事委任状、民事辩状、四川高等法院第一分院训令、璧山县政府提交四川高等法院第一分院的呈文、四川高等法院第一分院民事判决书、民事续呈状、璧山地方法院民事判决书等。

254. 四川高等法院第一分院、璧山县法院审理租佃纠纷等案　12－6－644

1936年9月至1937年2月，四川高等法院第一分院、璧山县法院关于曾云昌租佃纠纷、巫奎臣租谷纠纷、王俊杰诬告黄鲁清贩卖硫磺案等案的文书，包括民事诉状、四川高等法院第一分院训令、璧山县政府提交四川高等法院第一分院的呈文、四川高等法院第一分院裁定、四川高等法院第一分院民事判决书、审理笔录、璧山县政府民事判决书、刑事辩状等。

255. 四川高等法院第一分院、璧山县法院审理货款纠纷等四案　12－6－645

1935年10月至1938年7月，四川高等法院第一分院、璧山县法院关于安树臣货款纠纷、雷天泽借款纠纷、张国安田业押金纠纷、石吉祥租佃纠纷四案的文书，包括璧山县政府提交四川高等法院第一分院的呈文、四川高等法院第一分院训令、四川高等法院第一分院裁定、璧山县司法处提交四川高等法院第一分院的呈文、民事诉状、民事保状、民事执行状、审理笔录、民事辩状等。

256. 四川高等法院第一分院、璧山县法院、璧山地方法院等审理要求返还坟地案等六案　12－6－646

1936年8月至1947年6月，四川高等法院第一分院、璧山县法院、璧山地方法院等关于要求返还坟地案、会款纠纷、债务纠纷、租佃纠纷、买卖田产纠纷、租谷纠纷六案的文书，包括民事诉状、丁家镇联保办公处提交璧山县政府的呈文、中兴镇联保办公处提交璧山县政府的呈文、审理笔录、刑事诉状、四川高等法院第一分院训令、璧山地方法院民事执行命令、璧山地方法院民事裁定、四川高等法院第一分院民事判决书等。

257. 四川高等法院第一分院、璧山县法院、璧山地方法院等审理租佃纠纷等三案 12－6－647

1935年11月至1940年4月，四川高等法院第一分院、璧山县法院、璧山地方法院等关于黄罗氏被逼再嫁案、龙桂廷租佃纠纷、钟世成债务纠纷三案的文书，包括民事存查状、璧山县政府朱谕、四川高等法院第一分院民事裁定、民事呈状、永川县政府发往璧山县政府的咨文、民事诉状、审理笔录等。

258. 璧山县法院审理债务纠纷等三案 12－6－648

1933年10月至1936年11月，璧山县法院关于王清廷债务纠纷、李炳清会款纠纷、张克愈离婚案三案的文书，包括民事保状、民事执行状、璧山县政府朱谕、璧山县政府牌告、民事诉状、审理笔录、刑事诉状等。

259. 四川高等法院第一分院、璧山县法院、璧山实验地方法院等审理债务纠纷等五案 12－6－649

1936年2月至1944年2月，四川高等法院第一分院、璧山县法院、璧山实验地方法院等关于王清廷债务纠纷、龙全发会款纠纷、张王氏申请离婚案、任春山租佃纠纷、郭炳安租谷纠纷五案的文书，包括璧山县政府牌告、民事诉状、民事辩状、璧山实验地方法院与四川高等法院第一分院的往来公函、四川高等法院第一分院民事和解笔录、璧山实验地方法院民事判决书等。

260. 四川高等法院第一分院、重庆地方法院、巴县地方法院、璧山县政府及司法处、璧山地方法院审理会款纠纷等十二案 12－6－650

1929年4月至1946年9月，四川高等法院第一分院、重庆地方法院、巴县地方法院、璧山县政府及司法处、璧山地方法院关于会款纠纷、租佃纠纷、债务纠纷、要求履行担保契约案、要求抚养费案、拖欠粮款案、货账纠葛、重婚案、擅卖业谷案、吸食鸦片、渎职侵占、堰水纠纷十二案的文书，包括巴县地方法院民事裁定、璧山地方法院检察官不起诉处分书、璧山县政府民事判决书、璧山县政府民事和解笔录、巴县地方法院民事判决书、重庆地方法院民事裁定、四川高等法院第一分院民事裁定、璧山县司法处民事判决书、璧山县政府兼理司法事务民事判决书、四川高等法院第一分院刑事裁定、璧山地方法院刑事判决书、执行笔录、四川高等法院第一分院刑事判决书等。

261. 最高法院、四川高等法院第一分院、重庆地方法院、巴县地方法院、璧山县政府及司法处、璧山地方法院等审理债务纠纷等九案 12－6－651－652

1932年2月至1943年12月，最高法院、四川高等法院第一分院、重庆地方法院、巴县地方法院、璧山县政府及司法处、璧山地方法院等关于债务纠纷、要求确认租赁契约有效案、会款纠纷、租佃纠纷、抵押纠纷、买卖不动产纠纷、抢夺他人财产案、要求返还钢厂器具案、租谷纠纷九案的文书,包括巴县地方法院抗告意见书、民事抗告书、璧山县政府提交四川高等法院第一分院的呈文、四川高等法院第一分院训令、璧山实验地方法院民事判决书、璧山县政府民事判决书、四川高等法院第一分院民事判决书、璧山县政府民事裁定、重庆地方法院民事判决书、璧山县政府兼理司法事务不起诉处分书、巴县地方法院民事判决书、璧山县司法处民事判决书、最高法院民事裁定等。

262. 璧山县法院审理虐待妇女案等五案　12－6－653

1931 年 10 月至 1936 年 10 月,璧山县法院关于巴县法院函请押送犯人刘兆如案、谭邓氏遭夫家虐待案、巴县法院函请押送犯人姚超群案、福禄镇申请璧山县政府通缉无名匪徒案、刘绍华诱奸妇女案五案的文书,包括巴县地方法院发往璧山县政府的咨文、璧山县政府发往永川县政府的咨文、刑事诉状、璧山县政府训令、刑事保状、璧山县政府解票、刑事公证状、审理笔录等。

263. 璧山县法院审理债务纠纷、申请破产两案　12－6－654

1936 年 7 月至 1937 年 1 月,璧山县法院关于罗文廷债务纠纷、王方城申请破产案两案的文书,包括诉愿书、民事呈状、民事展限状、审理笔录、民事声请书、璧山县政府朱谕、璧山县政府民事裁定等。

264. 璧山县法院审理租谷纠纷一案　12－6－655

1936 年 7 月至 1936 年 11 月,璧山县法院关于王复盛租谷纠纷的文书,包括民事保状、中兴镇联保办公处提交璧山县政府的呈文、诉愿书、审理笔录、璧山县政府训令、民事辩状、民事呈状、璧山县政府牌告等。

265. 四川高等法院第一分院、璧山县法院审理会款纠纷等四案　12－6－656－659

1936 年 6 月至 1938 年 6 月,四川高等法院第一分院、璧山县法院关于孙恒泰会款纠纷、陈懋德拖欠税款案、杨炳光伙贸股款纠纷、萧鼎三会款纠纷四案的文书,包括民事诉状、璧山县政府提交四川高等法院第一分院的呈文、四川高等法院第一分院训令、民事执行状、民事保状、民事委任状、审讯笔录、民事补诉状、四川高等法院第一分院民事裁定等。

266. 四川高等法院第一分院、璧山县法院审理会款纠纷等五案　12－6－660－669

1936年1月至1937年3月，四川高等法院第一分院、璧山县法院关于何玉清会款纠纷、张绍先土地押金纠纷、向洪章土地押金纠纷、李象皋租佃纠纷、彭李氏会款纠纷五案的文书，包括四川高等法院第一分院发往最高法院的公函、民事抗告书、四川高等法院第一分院抗告意见书、诉愿书、民事诉状、审理笔录、民事领状、民事辩状、民事保状等。

267. 四川高等法院第一分院、璧山县法院审理会款纠纷等六案　12－6－666－669（2）

1936年2月至1937年5月，四川高等法院第一分院、璧山县法院关于彭李氏会款纠纷、巴县地方法院函请查封张恒益财产案、邓学贤缴纳罚金案、朱泽霖租佃纠纷、刘泰瑞产业所有权纠纷、冯树家债务纠纷六案的文书，包括审理笔录、民事诉状、民事保状、巴县地方法院与璧山县政府的往来公函、璧山县政府训令、璧山县政府牌告、璧山县政府朱谕、四川高等法院第一分院训令、璧山县政府提交四川高等法院第一分院的呈文、四川高等法院第一分院裁定、民事辩状、四川高等法院第一分院民事判决书等。

268. 四川高等法院第一分院、璧山县法院审理租谷纠纷等四案　12－6－670－677（1）

1936年1月至1937年11月，四川高等法院第一分院、璧山县法院关于叶张氏要求扶养费案、周金廷租谷纠纷、杨武臣会款纠纷、周子佩债务纠纷四案的文书，包括四川高等法院第一分院训令、璧山县政府提交四川高等法院第一分院的呈文、刑事诉状、民事缴状、民事诉状、审理笔录、民事保状、民事抗告书、民事辩状等。

269. 四川高等法院第一分院、璧山县法院等审理债务纠纷等五案　12－6－670－677（2）

1936年2月至1938年4月，四川高等法院第一分院、璧山县法院等关于周子佩债务纠纷、徐仲华押金纠纷、萧仲轩货款纠纷、周炳林要求赔偿田价案、张治臣债务纠纷五案的文书，包括审理笔录、民事保状、四川高等法院第一分院训令、璧山县司法处提交四川高等法院第一分院的呈文、四川高等法院第一分院民事裁定、璧山县政府训令、璧山县政府提交四川高等法院第一分院的呈文等。

270. 璧山县法院审理债务纠纷等四案　12－6－678－685（1）

1936年9月至1937年1月，璧山县法院关于雷敬业会款纠纷、曾洪安家产纠纷、刘有顺债务纠纷、董森元债务纠纷四案的文书，包括民事诉状、璧山县政府与巴县地方法院的往来公函、民事辩状、刑事诉状、璧山县丹凤镇联保调解委员会评判书、审理笔录、民事公证状、民事保状、璧山县政府民事判决书等。

271. 璧山县法院审理债务纠纷等五案　12－6－678－685（2）

1936年2月至1937年3月，璧山县法院关于董森元债务纠纷、邱治荣会款纠纷、钟世维租佃纠纷、朱友之债务纠纷、左善之债务纠纷五案的文书，包括审理笔录、民事诉状、四川高等法院第一分院训令、民事辩状等。

272. 四川高等法院第一分院、璧山县法院审理会款纠纷等三案　12－6－686－688（1）

1934年1月至1937年4月，四川高等法院第一分院、璧山县法院关于欧炳钦会款纠纷、柯朝宗会银纠纷、尹炳荣债务纠纷三案的文书，包括民事诉状、民事辩状、审理笔录、璧山县政府与巴县地方法院的往来公函、民事保状、四川高等法院第一分院训令、璧山县政府提交四川高等法院第一分院的呈文、民事执行状、璧山县政府牌告、璧山县政府朱谕、四川高等法院第一分院民事裁定、璧山县政府民事堂谕代判书等。

273. 璧山县政府及司法处审理会款纠纷一案　12－6－686－688（2）

1936年3月至1938年1月，璧山县政府及司法处关于唐鸿藻等会款纠纷的文书，包括璧山县政府提交四川高等法院第一分院的呈文、璧山县政府与巴县地方法院的往来公函、重庆地方法院发往璧山县政府的公函、民事诉状、审理笔录、璧山县司法处朱谕、璧山县司法处牌告、民事抗告书、民事辩状、民事执行状、民事保状等。

274. 四川高等法院第一分院、璧山县法院审理债务纠纷等四案　12－6－689－692

1936年2月至1937年2月，四川高等法院第一分院、璧山县法院关于彭树才债务纠纷、印炳安租谷纠纷、徐普川要求张萧氏履行婚约案、唐鸿藻会款纠纷四案的文书，包括民事诉状、审理笔录、民事保状、民事辩状、丁家镇联保办公处提交璧山县政府的呈文、四川高等法院第一分院训令、璧山县政府提交四川高等法院第一分院的呈文、四川高等法院第一分院民事判决书、四川高等法院第一分院民事裁定等。

275. 四川高等法院第一分院、璧山县法院审理租佃纠纷一案　12－6－693－695（1）

1935年3月至1937年2月，四川高等法院第一分院、璧山县法院关于喻平安租佃纠纷的文书，包括民事诉状、审理笔录、璧山县政府训令、民事保状、民事执行状、四川高等法院第一分院训令、四川高等法院第一分院民事判决书、民事领状等。

276. 四川高等法院第一分院、璧山县法院审理租佃纠纷等三案 12－6－693－695（2）

1935年12月至1938年11月，四川高等法院第一分院、璧山县法院关于罗炳全布款纠纷、邹子良析分家产纠纷、喻平安租佃纠纷三案的文书，包括民事诉状、民事保状、审理笔录、民事声请书、璧山县政府与巴县地方法院的往来公函、四川高等法院第一分院民事判决书、璧山县政府朱谕等。

277. 璧山县法院审理会款纠纷等六案 12－6－696－700（1）

1933年12月至1937年2月，璧山县法院关于何明章会款纠纷、郭义和会款纠纷、杨耀山租佃纠纷、罗万顺会款纠纷、郭汉江债务纠纷、周绍先会款纠纷六案的文书，包括民事诉状、民事辩状、审理笔录、民事保状等。

278. 璧山县法院审理会款纠纷一案 12－6－696－700（2）

1936年4月至1938年3月，璧山县法院关于周绍先会款纠纷的文书，包括民事诉状、民事声请书、民事领状、审理笔录、璧山县政府朱谕、民事认买状、璧山县政府民事判决书等。

279. 四川高等法院第一分院、璧山县法院审理会款纠纷等四案 12－6－701－707（1）

1935年2月至1936年9月，四川高等法院第一分院、璧山县法院关于张汉臣会款纠纷、江永清租谷纠纷、陈懋德债务纠纷、李成之会款纠纷四案的文书，包括璧山县政府与巴县地方法院的往来公函、民事执行状、民事保状、民事诉状、四川高等法院第一分院民事裁定、四川高等法院第一分院训令、璧山县政府提交四川高等法院第一分院的呈文、璧山县政府训令、璧山县征收局与璧山县政府的往来公函、审理笔录、民事答辩状等。

280. 四川高等法院第一分院、璧山县法院审理会款纠纷等四案 12－6－701－701（2）

1935年4月至1937年4月，四川高等法院第一分院、璧山县法院关于李成之会款纠纷、曹国卿租佃纠纷、王月波会款纠纷、徐子高债务纠纷四案的文书，包括审理笔录、民事保状、民事诉状、璧山县政府提交四川高等法院第一分院的呈文、四川高等法院第一分院训令、四川高等法院第一分院裁定、民事展限状、四川高等法院第一分院民事裁定等。

281. 璧山县法院审理借洋纠纷等四案　12—6—708—710（1）

1936年9月至1936年12月，璧山县法院关于何京辉借洋纠纷、龙桂廷土地押金纠纷、曾银洲借洋纠纷、郭炳辉析分家产纠纷四案的文书，包括四川高等法院第一分院训令、璧山县政府提交四川高等法院第一分院的呈文、江津县政府发往璧山县政府的公函、民事诉状、民事再审状、民事声请书、璧山县政府民事判决书、璧山县政府朱谕、审理笔录等。

282. 璧山县政府、璧山地方法院等审理会款纠纷等六案　12—6—708—710（2）

1935年1月至1947年5月，璧山县政府、璧山地方法院等关于郭炳辉析分家产纠纷、龙子榆会款纠纷、蔡德辉交还田业纠纷、张雨初田房所有权纠纷、张国安会款纠纷、毛炳钦会款纠纷六案的文书，包括民事答辩状、审理笔录、民事保状、民事声请书、璧山地方法院民事和解笔录、刑事诉状等。

283. 四川高等法院第一分院、璧山县法院、璧山实验地方法院等审理债务纠纷等六案　12—6—708—710（2）（1）

1936年3月至1946年7月，四川高等法院第一分院、璧山县法院、璧山实验地方法院等关于饶左氏债务纠纷、吴曾氏家产纠纷、杨炳光债务纠纷、张志良债务纠纷、刘铁樵胁迫他人案、张兰亭会款纠纷六案的文书，包括民事诉状、审理笔录、璧山县政府兼理司法事务民事判决书、民事声请书、民事保状、民事执行状、民事展限状、铜梁县政府发往璧山县政府的咨文、璧山县政府训令、璧山县政府提交四川高等法院第一分院的呈文、四川高等法院第一分院训令、璧山地方法院与四川高等法院第一分院的往来公函、璧山实验地方法院刑事判决书、璧山县政府与巴县地方法院的往来公函等。

284. 最高法院、四川高等法院第一分院、璧山县法院审理要求抚养费案、会款纠纷两案　12—6—711—713（1）

1935年2月至1937年2月，最高法院、四川高等法院第一分院、璧山县法院关于叶张氏要求扶养费案、邱际隆会款纠纷两案的文书，包括民事诉状、四川高等法院第一分院训令、璧山县政府提交四川高等法院第一分院的呈文、四川高等法院第一分院裁定、审理笔录、四川高等法院第一分院民事判决书、四川高等法院第一分院与最高法院的往来公函、最高法院民事判决书、民事保状等。

285. 四川高等法院第一分院、巴县地方法院、璧山县法院等审理会款纠纷等三案 12—6—711—713（2）

1936年1月至1939年2月，四川高等法院第一分院、巴县地方法院、璧山县法院等关于邱际隆会款纠纷、王万镒土地经界纠纷、彭庸章买卖田业纠纷三案的文书，包括民事诉状、璧山县政府发往巴县地方法院的公函、璧山县政府与重庆地方法院的往来公函、四川高等法院第一分院训令、民事执行状、民事委任状、刑事辩状、审理笔录、璧山县政府民事判决书、巴县地方法院民事判决书、四川高等法院第一分院民事裁定等。

286. 四川高等法院第一分院、璧山县法院等审理伙贸纠纷等五案 12—6—714—717（1）

1935年6月至1938年3月，四川高等法院第一分院、璧山县法院等关于张晋安伙贸纠纷、何东旭会款纠纷、方隆泉会款纠纷、吴子章买卖房屋纠纷、左旭辉债务纠纷五案的文书，包括民事诉状、民事保状、璧山县政府发往自贡地方法院的咨文、审理笔录、璧山县政府兼理司法事务民事判决书、民事辩状、四川高等法院第一分院训令等。

287. 最高法院、四川高等法院第一分院、巴县地方法院、璧山县政府审理债务纠纷等八案 12—6—714—717（2）

1935年2月至1939年1月，最高法院、四川高等法院第一分院、巴县地方法院、璧山县政府关于债务纠纷、田房所有权纠纷、会款纠纷、要求抚养费案、经界纠纷、坟山纠纷、押银纠纷、伤人案八案的文书，包括审理笔录、四川高等法院第一分院布告、民事辩状、民事诉状、璧山县政府兼理司法事务民事判决书、璧山县政府民事判决书、巴县地方法院民事判决书、四川高等法院第一分院民事裁定、最高法院民事裁定、四川高等法院第一分院民事判决书等。

288. 璧山县政府及司法处审理借洋纠纷执行一案 12—6—718

1936年12月至1938年7月，璧山县政府及司法处关于谭洪章借洋纠纷执行一案的文书，周恒丰要求法院扣押谭的房屋以便其还债，包括民事执行状、民事保状、璧山县政府牌告、民事诉状、璧山县司法处布告、璧山县政府民事裁定、审理笔录等。

289. 四川高等法院第一分院、璧山县政府、璧山实验地方法院审理租谷纠纷等五案　12—6—719

1933年3月至1943年7月，四川高等法院第一分院、璧山县政府、璧山实验地方法院关于要求优先承买土地权案、损毁他人财产案、租谷纠纷、建设榨房存查案、要求禁止治产五案的文书，包括四川高等法院第一分院民事判决书、璧山实验地方法院刑事判决书、民事诉状、执行笔录、璧山实验地方法院训令、璧山地方法院执行命令等。

290. 四川高等法院第一分院、巴县地方法院、璧山县政府审理债务纠纷等四案　12—6—723

1936年2月至1936年12月，四川高等法院第一分院、巴县地方法院、璧山县政府关于秦为智要求生活费案、何京辉债务纠纷、尚海滨押银纠纷、王可臣会款纠纷四案的文书，包括民事诉状、审理笔录、民事辩状、民事声明状、四川高等法院第一分院民事裁定、巴县地方法院民事判决书、民事保状等。

291. 璧山县政府审理租佃纠纷等四案　12—6—724

1936年1月至1937年4月，璧山县政府关于租佃纠纷、要求给付生活费案、债务纠纷、押银纠纷四案的文书，包括璧山县政府民事判决书、审理笔录、民事诉状、刑事诉状、民事执行状、民事委状等。

292. 巴县地方法院、璧山县政府审理会款纠纷等四案　12—6—726

1935年5月至1936年11月，巴县地方法院、璧山县政府关于邓文宣会款纠纷、赖荣财租佃纠纷、张国安会款纠纷、严方成租谷纠纷四案的文书，包括民事诉状、民事执行状、诉愿书、民事辩状、审理笔录、民事保状、巴县地方法院民事判决书等。

293. 四川高等法院第一分院、重庆地方法院、璧山县政府、璧山实验地方法院审理债务纠纷等六案　12—6—727

1936年1月至1945年6月，四川高等法院第一分院、重庆地方法院、璧山县政府、璧山实验地方法院关于给付膳谷、债务纠纷、赠予财产存查、申请离婚、押银纠纷、要求交还田业六案的文书，包括民事诉状、民事辩状、璧山县政府民事判决书、诉愿书、四川高等法院第一分院民事裁定、重庆地方法院民事判决书、四川高等法院第一分院民事判决书、民事声明状、璧山实验地方法院民事裁定、辩论笔录、璧山实验地方法院与四川高等法院第一分院的往来公函等。

294. 四川高等法院第一分院、璧山县政府审理经济问题纠纷案、债务纠纷两案 12－6－728－729（1）

1936年1月至1937年4月，四川高等法院第一分院、璧山县政府关于陈徐氏与其丈夫因经济问题产生纠纷、刘学典债务纠纷两案的文书，包括璧山县政府提交四川高等法院第一分院的呈文、四川高等法院第一分院指令、民事抗告书、四川高等法院第一分院训令、四川高等法院第一分院裁定、民事声请书、四川高等法院第一分院民事裁定、璧山县政府指令、审理笔录、民事声明状等。

295. 璧山县政府及司法处审理债务纠纷一案 12－6－728－729（2）

1937年1月至1938年2月，璧山县政府及司法处关于刘学典债务纠纷的文书，包括民事声明状、璧山县政府牌告、审理笔录、民事诉状、民事声请书、璧山县司法处拍卖布告、璧山县司法处民事判决书等。

296. 四川高等法院第一分院、璧山县政府及司法处审理会款纠纷两案 12－6－730

1936年1月至1939年7月，四川高等法院第一分院、璧山县政府及司法处关于王青山会款纠纷、杨武臣会款纠纷两案的文书，包括民事诉状、民事答辩状、民事抗告书、审理笔录、璧山县政府提交四川高等法院第一分院的呈文、四川高等法院第一分院训令、璧山县政府兼理司法事务处分书、四川高等法院第一分院民事判决书、民事保状、民事执行状、璧山县司法处民事执行裁定等。

297. 四川高等法院第一分院、璧山县政府审理债务纠纷等六案 12－6－731

1936年8月至1937年3月，四川高等法院第一分院、璧山县政府关于债务纠纷、会款纠纷、伪造租约案、订立遗嘱存查案、租佃存查案、要求赔偿案六案的文书，包括民事呈状、四川高等法院第一分院检察官处分书、民事诉状、民事声请书、民事声明状、城东乡联保主任提交璧山县县长的呈文、刑事保状、刑事诉状、璧山县政府提交四川高等法院第一分院的呈文等。

298. 最高法院、四川高等法院第一分院、璧山县政府审理租佃纠纷等五案 12－6－732

1936年8月至1937年8月，最高法院、四川高等法院第一分院、璧山县政府关于租佃纠纷、申请破产案、会款纠纷、伤人案、债务纠纷等五案的文书，包括民事诉状、审理笔录、民事续诉状、民事执行状、永川县政府发往璧山县政府的咨文、璧山县政府解票、巴县政府与璧山县政府的往来公函、璧山县政府兼理司法事务刑事判决书、民事恳状、四川高等法院第一分院民事裁定、最高法院民事裁定等。

299. 巴县地方法院、璧山县政府审理会款纠纷等六案　12－6－733

1925年9月至1937年4月，巴县地方法院、璧山县政府关于会款纠纷、债务纠纷、担保纠纷、析分家产纠纷、虐待妇女案、交还田业纠纷六案的文书，包括巴县地方法院民事裁定、璧山县政府兼理司法事务民事判决书、民事诉状、民事执行状、民事保状、璧山县政府民事判决书、璧山县政府朱谕、璧山县政府与巴县地方法院的往来公函、民事辩状、审理笔录、民事续状等。

300. 璧山县法院、四川高等法院第一分院等审理因监护事件涉讼等案　12－6－734

1936年11月至1938年3月，璧山县法院、四川高等法院第一分院等关于因监护事件涉讼、因生死不明请求判别真相、债权纠纷等案的文书，包括民事诉状、民事裁定书、民事判决书、训令、审理笔录、民事和解笔录、往来公函、刑事诉状、点名单、民事上诉状、民事存查状、民事原诉状、民事具诉状、璧山县政府朱谕等。

该卷另附其他案件民事判决书、民事裁定书多份。

301. 璧山县政府审理离婚纠葛、债务纠葛两案　12－6－735

1936年8月至1936年10月，璧山县政府关于债务纠葛、离婚纠葛两案的文书，包括点名单、审理笔录、民事诉状、送达回执、刑事原诉状、四川省政府指令等。

302. 璧山县政府、四川高等法院第一分院审理家产纠纷、收回产业清偿外债请求备查两案　12－6－736

1936年1月至1936年7月，璧山县政府、四川高等法院第一分院关于家产纠纷、收回产业清偿外债请求备查两案的民事存查的文书。包括四川高等法院第一分院训令、往来公函、民事存查状、政府收入清单、送达证书、民事诉状等。

303. 四川高等法院第一分院、璧山县政府审理侵占坟地案、遗产纠葛两案　12－6－737－738

1935年11月至1936年10月，四川高等法院第一分院、璧山县政府关于侵占坟地案、遗产纠葛两案的文书，包括民事诉状、公函报告、训令、审理笔录、民事判决书等。

另此卷含有巴县地方法院关于侵占坟地案件的民事裁定书一份。

304. 四川高等法院第一分院、璧山县政府审理离婚租赁纠葛上诉案等四案　12－6－739

1936年4月至1947年5月，四川高等法院第一分院、璧山县政府审理关于租赁纠葛上诉案、离婚、领证、赔偿损害四案的文书，包括训令、民事诉状、民事判决书、民事领状、审理笔录、裁定书、点名单等。

305. 四川高等法院第一分院、璧山县政府审理会项纠葛等五案　12－6－740

1933年9月至1938年1月，四川高等法院第一分院、璧山县政府关于张石渠等会项纠葛、段朝海要求胡师化赔偿买卖田业内被砍的桑树、曾炳云因合伙贸易引起的债务纠葛、任光溢等由遗产分割引起的债务纠葛、彭瑞卿等会款纠葛五案的文书，包括民事诉状、审理笔录、民事判决书、呈、领条、契约、训令、公函、报告、不服抗告理由书等。

内附胡泽如等伪造法币案的刑事处分书一份。

306. 璧山县政府审理给付公费一案　12－6－741

1929年10月至1936年11月，璧山县政府关于蒋宏达要求蒋海舟给付公费（律师代理费）一案的文书，包括契约、民事诉状、聘书、支付命令、民事裁定书、民事判决书等。

附刘康民等继承纠葛、周光成等会项纠葛案的民事判决书。

307. 璧山县法院等审理给付租金一案　12－6－742

1929年至1936年6月，璧山县法院等关于黄开玉因租佃纠葛要求张春德给付租谷一案的文书，包括民事诉状、朱谕、审理笔录等。

民事七

1. 璧山县司法处审理离婚一案　12—7—1

1938年5月，璧山县司法处关于傅黄氏申请与傅海清离婚一案的文书，包括民事诉状、报告、民事裁定书等。

2. 四川高等法院第一分院、璧山县司法处审理分割家产及其上诉一案　12—7—2

1938年3月至1939年7月，四川高等法院第一分院、璧山县司法处关于刘居之等申请分割家产及其上诉一案的文书，包括训令、往来公函、民事呈状、报告、民事执行状、民事展限状、民事委任状、领条、四川高等法院第一分院民事判决书等。

3. 四川高等法院第一分院审理偿还借款上诉一案　12—7—3

1938年1月至1938年6月，四川高等法院第一分院关于刘象乾要求毛善夫偿还借款上诉一案的文书，包括公函、民事裁定书、民事上诉状、审讯笔录、民事委任状、宣告判决笔录、民事缴状等。

4. 璧山县法院审理赔偿损失一案　12—7—4

1937年1月至1937年2月，璧山县法院关于黄三合等因买卖杉树纠葛的赔偿损失一案的文书，包括民事诉状、审理笔录、民事辩诉状、民事判决书、契约等。

5. 四川高等法院第一分院、璧山县司法处审理拍卖地皮偿债的上诉一案　12—7—5

1937年12月至1938年2月，四川高等法院第一分院、璧山县司法处关于陈仲桢等因债务纠葛请求拍卖地皮偿债的上诉一案的文书，包括民事抗告状、训令、往来公函、意见书、民事裁定书、全衔指令等。

6. 四川高等法院第一分院、璧山县司法处审理返还肉税上诉一案　12—7—6

1938年2月至1938年4月，四川高等法院第一分院、璧山县司法处关于白基熙要求钟其蔚返还肉税上诉一案的文书，包括往来公函、意见书、民事裁定书、民事理由状、训令等。

7. 四川高等法院第一分院、璧山县司法处审理债务纠葛及其上诉一案　12—7—7

1937 年 1 月至 1937 年 12 月，四川高等法院第一分院、璧山县司法处关于瞿龙斌等要求偿还借银及其上诉一案的文书，包括民事再审状、往来公函、训令、民事催状、审讯笔录、民事委任状、阅卷申请书、宣告判决笔录、民事申请状、四川高等法院第一分院民事裁定书、民事上诉状、借约、民事证明状、结文、民事抗告状、四川高等法院第一分院民事判决书等。

8. 四川高等法院第一分院、璧山县司法处审理拍卖尾基偿债及其上诉一案　12—7—8

1937 年 8 月至 1939 年 4 月，四川高等法院第一分院、璧山县司法处关于吴平周等因垫款纠葛要求拍卖屋基偿债及其上诉一案的文书，包括民事判决书、民事执行状、往来公函、训令、民事抗告状、民事诉状、报告、牌告、民事认买状、民事缴状、屋基产业界单、收据、领条、民事领状、民事答辩状等。

9. 璧山县司法处审理会款纠葛一案　12—7—9

1937 年 12 月至 1938 年 9 月，璧山县司法处关于温海山等要求返还会款一案的文书，包括民事诉状、账单、审理笔录、谕、往来公函、民事和解笔录、民事判决书、报告、民事裁定书等。

10. 四川高等法院第一分院、璧山县司法处审理要求领取典银交出田业及其上诉一案　12—7—10

1937 年 8 月至 1938 年 1 月，四川高等法院第一分院、璧山县司法处关于戴均廷等因典当纠纷要求领取典银交出田业及其上诉一案的文书，包括民事诉状、民事辩诉状、民事判决书、审理笔录、民事上诉状、公函、往来公函、民事领状、训令、四川高等法院第一分院民事裁定书等。

11. 巴县地方法院、璧山县法院审理会款纠葛及其上诉一案　12—7—11

1935 年 11 月至 1936 年 5 月，巴县地方法院、璧山县法院关于徐化龙等要求偿还会款及其上诉一案的文书，包括民事诉状、民事辩诉状、报告、民事判决书、审理笔录、民事上诉状、往来公函等。

12. 璧山县法院审理请求交业一案　12—7—12

1937年9月至1937年10月，璧山县法院关于胡连城等因租佃纠葛请求交业一案的文书，包括民事诉状、审理笔录、民事辩诉状、民事补诉状、民事判决书等。

13. 四川高等法院第一分院、璧山县司法处审理会款纠纷抗告一案　12—7—13

1937年6月至1937年12月，四川高等法院第一分院、璧山县司法处关于吴海云等要求偿还会款抗告一案的文书，包括往来公函、抗告意见书、民事抗告状、四川高等法院第一分院民事裁定书、训令、民事缴状等。

14. 璧山县司法处审理买卖业价纠葛一案　12—7—14

1937年11月至1938年9月，璧山县司法处关于张永祯等因买卖田土房屋引起的业价纠葛一案的文书，包括民事诉状、收据、审理笔录、民事辩诉状、往来公函、存据、借约、民事判决书、民事再审状、报告、民事执行状、信件等。

15. 璧山县司法处审理追回押银一案　12—7—15

1937年12月至1939年6月，璧山县司法处关于汪金城等因租佃纠纷申请追回押银一案的文书，包括民事诉状、报告、审理笔录、民事辩诉状、训令、往来公函、和约、民事判决书等。

16. 璧山县法院审理给付租谷、返还会款两案　12—7—16—17

1937年1月至1937年5月，璧山县法院关于吴蔡氏等因租佃纠葛请求给付租谷、何刘氏等申请返还会款两案的文书，包括民事诉状、民事辩诉状、审理笔录、民事和解笔录、报告、往来公函等。

17. 璧山县司法处审理领押交业一案　12—7—18

1937年12月至1938年6月，璧山县司法处关于龙福田等因租佃纠葛申请领押交业一案的文书，包括民事诉状、民事展限状、报告、审理笔录、民事和息状、和息文约等。

18. 四川高等法院第一分院审理典当纠纷上诉一案　12—7—19

1937年8月至1937年12月，四川高等法院第一分院关于曾健民等典当纠纷上诉一案的文书，包括训令、送达证书、往来公函、民事裁定书等。

19. 璧山县司法处审理担保纠葛一案　12—7—20

1938 年 5 月，璧山县司法处关于王君昭因提供担保要求孙样氏等上缴会款以免旁累一案的文书，包括民事诉状、民事声明状、民事声请状、送达证书、点名单、审理笔录、传票回证等。

20. 璧山县司法处审理田业假扣押一案　12—7—21

1937 年至 1939 年 12 月，璧山县司法处关于王焰逵因货款纠纷申请将王兆祥等的田业假扣押一案的文书，包括民事声明状、民事诉状、民事裁定书、送达证书、扣押笔录、传票回证、点名单等。

21. 四川高等法院第一分院、璧山县政府审理会款纠纷一案　12—7—22

1937 年 3 月至 1937 年 5 月，四川高等法院第一分院、璧山县政府关于陈张代玉等因王绍卿等不遵遗嘱申请返还会款一案的文书，包括民事诉状、民事辩诉书、点名单、审理笔录、送达回证、申请书、传票、民事裁定书等。

22. 璧山县司法处审理返还押银一案　12—7—23

1937 年 12 月至 1938 年 3 月，璧山县司法处关于龙汝霖等因租佃纠纷请求返还押银一案的文书，包括民事诉状，民事和解书、报告等。

23. 四川高等法院第一分院、璧山县司法处审理善堂财产纠葛及其上诉一案 12—7—24

1936 年 9 月至 1939 年 10 月，四川高等法院第一分院、璧山县司法处关于潘绍臣等因陈文林等侵吞善堂财产申请依法讯追及其上诉一案的文书，包括民事抗告状、布告、训令、往来公函、抗告理由书、民事上诉呈请状、民事上诉补呈状、民事再呈状、送达证书等。

24. 四川高等法院第一分院、璧山县政府审理遗嘱存查等三案　12—7—25—27

1937 年 1 月至 1938 年 4 月，四川高等法院第一分院、璧山县政府关于蒋伍氏申请遗嘱存查、徐兴顺等上诉请求租佃和债务纠纷案再审、周冕等因借贷纠葛请求公布利率三案的文书，包括民事存查状、遗嘱原文、往来公函、意见书、训令、民事诉愿书、送达证书等。

25. 璧山县政府审理离婚并给付抚养费一案　12—7—28

1937 年 8 月至 1938 年 2 月，璧山县政府关于钟刘氏请求离婚并给付抚养费一案的文书，包括民事诉状、点名单、审理笔录、牌告、民事判决书、报告、送达回证、传票回证、传票等。

26. 璧山县政府审理借洋纠纷一案　12—7—29

1937年5月至1939年7月，璧山县政府审理蔡均林要求杜海林等偿还借洋一案的文书，包括民事诉状、报告、保书、点名单、审理笔录、送达回证、民事保状、拘票、拍卖布告、拍卖牌告、债权单、民事和解书等。

27. 四川高等法院第一分院审理析分家产上诉一案　12—7—30

1938年3月至1938年8月，四川高等法院第一分院关于李蓝氏等申请析分家产上诉一案的文书，包括往来公函、民事诉状、民事裁定书、民事展限状、民事公证状、公开笔录、结文、宣告判决笔录、民事判决书、送达文书、民事执行状等。

28. 四川高等法院第一分院、璧山县政府审理请求返还会款上诉、债务纠纷两案　12—7—31

1937年5月至1939年11月，四川高等法院第一分院、璧山县政府关于王治全等请求返还会款上诉、谢张氏等因买卖田业纠纷申请偿还债务两案的文书，包括往来公函、民事诉愿书、点名单、民事诉状、审理笔录、民事判决书、送达回证、报告、呈文、借据等。

29. 璧山县政府审理脱离父子关系存案备查一案　12—7—32

1937年9月，璧山县政府关于徐赵顺申请与徐发荣脱离父子关系存案备查一案的文书，包括存查状等。

30. 四川高等法院第一分院、璧山县政府等审理债务纠纷及其抗告一案　12—7—33

1937年1月至1937年12月，四川高等法院第一分院、璧山县政府等关于陈仲桢等因债务纠纷申请拍卖产业偿债及其抗告一案的文书，包括往来公函、抗告意见书、民事领状、训令、报告、民事诉状、签呈、审理笔录、民事诉愿书、民事辩诉状、民事保状、民事认买状、谕、民事抗告状、民事缴状等。

31. 璧山县政府审理分割遗产、债务纠葛两案　12—7—34

1937年12月至1938年3月，璧山县政府关于曹贤卿等申请分割遗产、周泽沛等请求偿还借款两案的文书，包括民事声明状、民事声请状、民事诉状、点名单、民事续状等。

32. 璧山县司法处、四川高等法院第一分院审理请求确认和解字约有效一案 12－7－35

1937 年 5 月至 1938 年 8 月，璧山县司法处、四川高等法院第一分院关于吴谢氏等请求确认和解字约有效一案的文书，包括往来公函、呈文、四川高等法院第一分院裁定书、送达证书、训令等。

33. 璧山县政府审理领押交业一案 12－7－36

1937 年 8 月至 1937 年 11 月，璧山县政府关于罗明高等因典当田土房屋纠葛请求领押交业一案的文书，包括民事诉状、民事辩诉状、审理笔录、往来公函、民事判决书、民事饬签、报告、民事上诉状、民事执行状、请调证据状、民事申请状等。

34. 璧山县政府及司法处审理申请处分家产备案存查、返还树木两案 12－7－37－39

1937 年 1 月至 1938 年 6 月，璧山县政府及司法处关于刘正君申请处分家产备案存查、邱映先等因买卖田土房屋纠葛申请返还树木两案的文书，包括民事存查状、民事诉状、民事辩诉状、点名单、审理笔录、朱谕、传票等。

35. 璧山县政府审理破产还债、给付佃银两案 12－7－40－41

1937 年 5 月至 1937 年 10 月，璧山县政府关于汪汉臣申请破产还债、黄海泉等因租佃纠纷等要求给付佃银两案的文书，包括民事申请函、账单、民事诉状、点名单、审理笔录、民事判决书、民事执行状、诉讼费用单、报告、送达回证、收据、契约、账簿等。

36. 璧山县政府、四川高等法院第一分院审理解除租佃契约上诉一案 12－7－42

1937 年 7 月至 1938 年 5 月，璧山县政府、四川高等法院第一分院关于雷张氏等因租佃纠葛申请解除租佃契约上诉一案的文书，包括往来公函、四川高等法院第一分院裁定书、民事声明状、账单、民事上诉状、民事答辩状、点名单、审问笔录、四川高等法院第一分院民事判决书、传票回证、送达回证等。

37. 璧山县司法处审理因买卖街房纠纷要求偿还债务一案 12－7－43

1937 年 11 月至 1938 年 11 月，璧山县司法处关于张玉林等因买卖街房纠纷要求偿还债务一案的文书，包括民事诉状、镇公所调解会评词、民事辩诉状、往来公函、点名单、审理笔录、账单、传票回证、民事和解书、民事保状、呈文、拍卖布告等。

38. 璧山县政府审理会款纠纷一案　12—7—44

1937年4月至1937年8月,璧山县政府关于陶炳盛等要求张绍卿等偿还会款一案的文书,包括民事诉状、民事辩诉状、点名单、审理笔录、保状、报告、民事执行状、民事和解状、送达回证、传票等。

39. 璧山县司法处审理搬迁交业、申请偿还借款两案　12—7—45—46

1937年11月至1937年12月,璧山县司法处关于刘绍金等因租佃纠纷请求搬迁交业、张舜臣等申请偿还借款两案的文书,包括民事诉状、借据、呈文、民事辩诉状、报告等。

40. 璧山县司法处审理不服判决申请存查以便再审一案　12—7—47

1938年6月至1939年1月,璧山县司法处关于蒋刘氏因不服债务纠葛案判决申请存查以便再审一案的文书,包括民事存查状、点名单、民事判决书、牌告、送达回证、送达证书、民事存案状等。

41. 璧山县司法处审理会款纠葛一案　12—7—48

1937年8月至1938年5月,璧山县司法处关于陈树德要求陈有巇返还会款一案的文书,包括民事诉状、报告、民事辩状、审理笔录、民事结状、训令、账单、送达回证、民事判决书、往来公函、算账笔录、牌告等。

42. 璧山县司法处审理返还押银再审一案　12—7—49

1937年5月至1937年12月,璧山县司法处关于谢章武等因租佃纠纷申请返还押银再审一案的文书,包括民事诉状、民事辩诉状、民事保状、审问笔录、报告、点名单等。

43. 重庆地方法院、璧山县政府等审理给付租谷抗告一案　12—7—50

1937年3月至1939年6月,重庆地方法院、璧山县政府等关于赵玉琮等因租佃纠纷请求给付租谷抗告一案的文书,包括点名单、往来公函、训令、报告、重庆地方法院裁定书、传票等。

44. 四川高等法院第一分院、璧山县政府及司法处审理墓地所有权纠纷等九案　12—7—51

1937年3月至1940年6月,四川高等法院第一分院、璧山县政府及司法处关于墓地所有权纠纷、贩卖人口、租佃纠纷、被匪抢劫存查、悔过存查、再嫁存查、租佃纠葛引起的人身伤害、借贷纠纷、返还会款上诉九案的文书,包括民事诉状、契约、刑事诉状、报告、点名单、审理笔录、民事辩诉状、民事存查状、被抢财物单、悔过书、伤单、借据、四川高等法院第一分院判决书、民事保状等。

45. 四川高等法院第一分院、璧山县政府及司法处审理返还会款上诉、租赁纠纷上诉两案　12—7—52

1937 年 5 月至 1937 年 12 月,四川高等法院第一分院、璧山县政府及司法处关于吴长发等请求返还会款上诉、谢海山与谢章武租赁纠纷上诉两案尾卷的文书,包括往来公函、抗告意见书、点名单、训令、四川高等法院第一分院民事裁定书、民事诉状、谕、呈文、签呈、报告等。

46. 四川高等法院第一分院、璧山县司法处审理返还押银及其上诉一案　12—7—53

1937 年 4 月至 1938 年 4 月,四川高等法院第一分院、璧山县司法处关于谢海山等因租佃纠纷请求返还押银及其上诉一案的文书,包括往来公函、点名单、训令、审理笔录、璧山县司法处民事判决书、签饬、四川高等法院第一分院民事判决书、报告、民事领状等。

47. 四川高等法院第一分院、璧山县政府审理给付押银及其上诉一案　12—7—54

1937 年 1 月至 1937 年 11 月,四川高等法院第一分院、璧山县政府关于谢章武等因租佃纠纷要求给付押银及其上诉一案的文书,包括往来公函、民事辩诉状、民事公证状、训令、民事执行状、民事缴状、呈文、报告、民事诉状、签呈等。

48. 璧山县政府审理偿还借贷一案　12—7—55

1936 年 11 月至 1937 年 8 月,璧山县政府关于邓三槐因萧树清伪造收约文书要求偿还借贷一案的文书,包括民事自诉状、往来公函、民事保状、点名单、民事判决书、审理笔录、送达回证、呈文等。

49. 璧山县政府审理会款纠纷一案　12—7—56

1937 年 7 月至 1938 年 6 月,璧山县政府关于龙吉臣要求欧陈氏返还会款一案的文书,包括呈文、民事领状、收据、民事诉状、民事申请状、界址单、报告、点名单、民事认缴状、全衔牌告、民事保状等。

该卷另附:四川高等法院第一分院关于曾次咸等请求返还会款上诉案的民事判决书。

50. 璧山县政府审理会款纠纷一案　12—7—57

1937年1月至1937年11月，璧山县政府关于余治平等因会项纠纷申请返还会款一案的文书，包括民事诉状、点名单、审理笔录、报告、民事辩诉状、呈文、民事保状、账单等。

51. 璧山县司法处审理偿还借债纠纷一案　12—7—58

1937年12月至1938年2月，璧山县司法处关于宋华庭等要求殷发级等偿还借债纠纷一案的文书，包括民事诉状、账单、点名单、审理笔录、民事判决书、民事裁定书、民事执行状、民事领状、报告、收据、借约、民事传票回证、民事传票等。

52. 四川高等法院第一分院、璧山县政府审理退押偿债等八案　12—7—59

1937年1月至1938年7月，四川高等法院第一分院、璧山县政府关于蓝焕廷因债多难偿要求刘子云退租佃碗厂的押银以便偿债、王治华等因买卖田业纠葛申请清偿债务、江治柏等请求偿还会款、租佃纠葛、贷款纠纷、违约欠租、拍卖产业偿还会款、偿还纱款八案的文书，包括民事申明状、账单、民事诉状、民事调解状、点名单、签呈、民事展限状、往来公函、民事答辩状、审理笔录、四川高等法院第一分院民事裁定书、民事委任状、民事自诉状等。

53. 四川高等法院第一分院、璧山县政府审理会款纠纷及其上诉一案　12—7—60

1937年3月至1937年6月，四川高等法院第一分院、璧山县政府关于张承绪要求陈少闻等返还会款一案的文书，包括民事诉状、报告、点名单、审理笔录、民事判决书、民事审理笔录、送达证书、训令等。

54. 四川高等法院第一分院、璧山县政府审理赔偿损害上诉、分割遗产两案　12—7—61

1937年5月至1937年7月，四川高等法院第一分院、璧山县政府关于杨汉光等因婚约纠葛要求赔偿损害上诉、唐何氏等申请分割遗产两案的文书，包括刑事上诉状、购物账单、往来公函、送达证书、民事辩诉状、点名单、审讯笔录、报告、民事判决笔录、四川高等法院第一分院民事裁定书等。

55. 璧山县政府审理偿还会款、会款纠纷两案　12—7—62

1936年11月至1937年9月，璧山县政府关于张慧云等申请偿还会款、何汉江等因串骗而引起的会款纠纷两案的文书，包括民事保状、点名单、民事判决书、审理笔录、送达回证、民事执行状、民事答辩状、报告、民事自诉状、往来公函等。

56. 璧山县政府审理骗财骗婚存案备查等四案　12－7－63

1935 年 2 月至 1937 年 9 月，璧山县政府关于周克江申请骗财骗婚存案备查、何绍臣会款纠纷、李炳荣侵占坟地、唐何氏家产纠纷四案的文书，包括民事存状、点名单、审理笔录、民事和解笔录、民事判决书、民事保状、往来公函等。

57. 四川高等法院第一分院、璧山县政府审理欠款纠纷上诉一案　12－7－64

1937 年 7 月至 1938 年 1 月，四川高等法院第一分院、璧山县政府关于王汉州要求邓泽膏偿还欠款纠纷上诉一案尾卷的文书，包括往来公函、训令、民事催状等。

58. 璧山县政府审理要求偿还借款、申请偿还借银两案　12－7－65

1936 年 9 月至 1937 年 2 月，璧山县政府关于钟其蔚要求唐松乔偿还借款、王邹氏等申请偿还借银两案的文书，包括民事保状、民事讼书、送达回证、民事执行状、报告、点名单、往来公函、审理笔录、民事委任状等。

该卷附刘执中等会款纠葛案民事判决书一份。

59. 璧山县政府审理借洋纠葛一案　12－7－66

1937 年 3 月至 1937 年 8 月，璧山县政府关于汪汉臣要求邬德成等偿还借洋一案的文书，包括民事诉状、保状、点名单、审理笔录、民事执行状等。

60. 璧山县政府审理会银纠纷一案　12－7－67

1937 年 5 月至 1937 年 6 月，璧山县政府关于谭华安等要求邬德成返还会银纠纷一案的文书，包括民事诉状、民事辩诉状、保状、点名单、审理笔录、民事传票等。

61. 璧山县政府审理借债纠纷一案　12－7－68

1937 年 7 月至 1937 年 11 月，璧山县政府关于何信初等要求杨鲁三等偿还借债一案的文书，包括民事诉状、民事保状、民事辩诉状、点名单、民事传票、审理笔录、民事判决书、送达回证等。

62. 四川高等法院第一分院审理赔偿损害上诉一案　12－7－69

1937 年 1 月至 1938 年 1 月，四川高等法院第一分院关于鲍璧协等因坟地纠纷申请赔偿损害上诉一案的文书，包括民事申请状、民事请状、民事裁定书、送达证书、点名单、民事辩诉状、审理笔录、送达回证、民事和解笔录等。

63. 璧山县政府审理偿还纹银一案　12－7－70

1937 年 3 月至 1938 年 1 月，璧山县政府关于徐克诚要求黄德言偿还纹银一案的文书，包括民事诉状、点名单、审理笔录、民事执行状、公证状、民事保状、报告、验断书、民事判决书、送达回证、往来公函等。

64. 璧山县司法处审理会款纠葛一案　12—7—71

1937年12月至1938年10月，璧山县司法处关于罗炳清要求石汉兴等退还会款一案的文书，包括民事诉状、点名单、民事辩诉状、报告、民事传票回证、审理笔录、民事保状、民事判决书、送达回证、民事执行状等。

65. 璧山县司法处审理遗嘱存查、债务纠纷两案　12—7—72

1938年1月至1938年10月，璧山县司法处关于蔡启元申请遗嘱存查、徐克诚要求黄德言等偿还借洋两案的文书，包括民事声请状、遗嘱、民事诉状、民事讼愿书、保状、训令、民事裁定书、点名单、民事传票回证、布告、民事传票、公证状、民事和解状等。

66. 璧山县司法处审理会款纠纷一案　12—7—73

1937年11月至1938年10月，璧山县司法处关于谢炳章等申请返还会款一案的文书，包括民事诉状、点名单、审理笔录、送达回证、往来文书、报告、民事传票回证、民事保状等。

67. 璧山县政府审理搬迁赔偿一案　12—7—74

1937年6月至1937年8月，璧山县政府关于胡泗海等因坟地纠葛申请搬迁赔偿一案的文书，包括民事诉状、民事传票、民事传票回证、送达回证、报告、点名单、审理笔录、契约、地图等。

68. 璧山县政府审理破产偿债一案　12—7—75

1937年4月至1937年9月，璧山县政府关于张炳林因债多难偿申请破产偿债一案的文书，包括民事诉状、保状等。

69. 璧山县司法处审理债务纠纷一案　12—7—76

1937年12月至1939年2月，璧山县司法处关于荣仲侠要求徐海廷偿还借洋一案的文书，包括民事诉状、审理笔录、民事判决书，送达回证、辩诉状、点名单、民事保状、结文、保状、民事裁定书、民事传票回证、训令等。

70. 四川高等法院第一分院审理返还会款上诉一案　12—7—77

1937 年 9 月至 1937 年 11 月，四川高等法院第一分院关于陈瑞云等申请返还会款上诉一案的文书，仅包括判决书及裁定书数量统计表。

71. 璧山县政府及司法处审理会银纠纷一案　12—7—78

1937 年 1 月至 1938 年 4 月，璧山县政府及司法处关于朱家富等申请返还拖欠的会银纠一案的文书，包括民事诉状、审理笔录、点名单、报告、民事判决书、民事保状、送达回证、民事抗告状、民事续状等。

72. 四川高等法院第一分院、璧山县政府审理会款纠纷上诉一案　12—7—79

1937 年 6 月至 1938 年 8 月，四川高等法院第一分院、璧山县政府关于何青云要求何海廷等退还会款上诉一案的文书，包括民事上诉状、民事传票、训令、民事执行状、民事传票回证、点名单、民事保状、往来公函、执行命令等。

73. 璧山县政府审理会款纠纷及其上诉一案　12—7—80

1937 年 2 月至 1937 年 5 月，璧山县政府关于徐于贤等因会项纠葛申请返还会款及其上诉一案的文书，包括民事诉状、民事辩诉状、点名单、审理笔录、民事答辩状、民事判决书、送达回证、民事上诉状等。

74. 璧山县政府审理会款纠葛一案　12—7—81

1937 年 8 月至 1937 年 11 月，璧山县政府关于刘良臣等申请返还会款一案的文书，包括民事诉状、报告、呈文、点名单、审理笔录、保状、民事保状、民事辩诉书、民事判决书等。

75. 四川高等法院第一分院、璧山县政府审理会款纠纷一案　12—7—82

1937 年 9 月至 1938 年 11 月，四川高等法院第一分院、璧山县政府关于何炳兴要求张瀛洲退还会款一案的文书，包括往来公函、璧山县政府民事判决书、训令、民事诉状、民事和解状等。

76. 四川高等法院第一分院、璧山县司法处审理借债纠纷上诉一案　12—7—83

1938 年 3 月至 1938 年 7 月，四川高等法院第一分院、璧山县司法处关于何茂昭要求鲁戴氏偿还借债上诉一案的文书，包括往来公函、四川高等法院第一分院民事裁定书、送达回证、训令、民事诉状等。

77. 璧山县司法处、四川高等法院第一分院审理家产纠纷上诉一案　12—7—84

1937年9月至1938年10月，璧山县司法处、四川高等法院第一分院关于伍江氏等申请析分家产上诉一案的文书，包括往来公函、呈文、民事上诉状、训令、民事委任状、审理笔录、民事执行状、送达回证、点名单、送达证书、申请书、民事答辩状、通告、破产产业表、民事诉状、四川高等法院第一分院民事判决书等。

78. 璧山县司法处审理债务纠纷一案　12—7—85

1937年11月至1937年12月，璧山县司法处关于林恕五要求蔡黎氏等偿还借银一案的文书，包括民事诉状、民事辩诉状、点名单、审理笔录、民事委任状、民事判决书、民事传票回证等。

79. 璧山县司法处审理搬迁一案　12—7—86

1937年10月至1937年12月，璧山县司法处关于熊泽周等因租佃纠葛申请搬迁一案的文书，包括民事申请状、民事续诉状、往来公函、训令、点名单、审理笔录、送达回证、民事判决书、账单等。

80. 四川高等法院第一分院、璧山县政府审理债务纠纷上诉一案　12—7—87

1937年8月至1937年10月，四川高等法院第一分院、璧山县政府关于林恕五等申请偿还借银上诉一案的文书，包括往来公函、民事上诉状、训令、审讯笔录、民事委任状、宣告判决笔录等。

81. 璧山县司法处审理代送刘陈氏等处分书一案　12—7—88

1937年10月至1937年12月，璧山县司法处关于重庆地方法院监察处呈请璧山县政府代送刘陈氏等处分书一案的文书，包括往来公函等。

82. 璧山县政府审理返还押银一案　12—7—89

1937年2月至1937年8月，璧山县政府关于曾德之等因租佃纠纷申请返还押银一案的文书，包括民事诉状、民事保状、点名单、审理笔录、送达回证、民事执行状、报告、往来公函、训令、民事和解书、民事传票等。

83. 璧山县政府审理申请破产偿债一案　12—7—90

1937年2月至1938年1月，璧山县政府关于龙江廷因申请破产偿债一案的文书，包括民事诉状、账单、往来公函、训令、民事声请书、民事呈状、点名单、朱谕等。

84. 璧山县政府及司法处审理会款纠纷一案　12—7—91

1937 年 3 月至 1938 年 7 月，璧山县政府及司法处关于张鸿卿等申请偿还会款一案的文书，包括民事诉状、民事辩诉状、报告、审理笔录、民事保状、呈文、民事续状、民事判决书、点名单、送达回证、传票回证、拘票、民事传票等。

85. 四川高等法院第一分院、璧山县政府及司法处等审理借贷纠纷及其抗告一案　12—7—92

1936 年 8 月至 1939 年 8 月，四川高等法院第一分院、璧山县政府及司法处等关于李曹氏等因借贷纠纷申请偿还及其抗告一案的尾卷的文书，包括璧山县政府民事堂谕判决书、民事诉状、民事抗告书、往来公函、不服抗告理由书、签、民事自诉状、报告、民事公证状、民事抗告状、朱谕、民事领状、训令、刑事诉状、保状、民事执行状、审理笔录等。

86. 璧山县司法处审理申请破产偿债一案　12—7—93

1937 年 11 月至 1938 年 5 月，璧山县司法处关于娄荣成申请破产偿债一案的文书，包括民事申请状、账单、报告、点名单、送达回证、保状、民事裁定书、往来公函、布告等。

87. 璧山县司法处审理交租交产、给付租谷两案　12—7—94

1937 年 11 月至 1938 年 11 月，璧山县司法处关于周桂氏等因租佃纠纷申请交租交产、姜玉山等因租佃纠葛申请给付租谷两案的文书，包括民事诉状、往来公函、民事辩诉状、民事和解状、报告、民事传票、民事判决书等。

88. 四川高等法院第一分院审理会项纠葛上诉一案　12—7—95

1936 年 2 月至 1937 年 1 月，四川高等法院第一分院关于张海河等因会项纠葛请求返还会款上诉一案的文书，包括民事诉状、往来公函、训令、民事答辩状、呈文、送达回证等。

89. 璧山县政府审理债务纠纷一案　12—7—96

1936 年 12 月至 1937 年 4 月，璧山县政府关于王维三等因会保借款纠葛要求担保人偿还借款一案的文书，包括民事诉状、民事辩诉状、民事保状、点名单、审理笔录、民事判决书、民事领状、送达回证、民事执行状等。

90. 璧山县政府审理债务纠葛一案　12—7—97

1937年1月至1937年6月,璧山县政府关于廖兴发等申请偿还借银一案的文书,包括送达回证、民事诉状、民事保状、点名单、审理笔录、民事判决书等。

91. 璧山县政府审理会款纠葛一案　12—7—98

1937年8月至1937年12月,璧山县政府关于蒋昌荣等人申请返还会款一案的文书,包括民事诉状、民事辩诉状、民事执行状、契约、民事委任状、点名单、报告、送达回证、审理笔录、往来公函等。

92. 璧山县法院等判决书、裁定书、和解笔录卷　12—7—99

1936年6月至1939年2月,包括四川高等法院第一分院民事判决书、重庆地方法院民事裁定书、璧山县政府民事和解书、璧山县政府民事判决书、巴县地方法院民事裁定书、四川高等法院第一分院民事裁定书、璧山县法院刑事二审判决书、民事判决书、璧山县政府刑事判决书、点名单、送达回证等。内容涉及:借款、遗产、耕牛、妆奁、买卖树木、庙产、会款、买卖食谷、妨害水利、买卖田业、窝赃及人身伤害等。

93. 璧山县政府审理交业一案　12—7—100

1937年1月至1937年3月,璧山县政府关于邓三槐等人因租佃纠纷申请交业一案的文书,包括民事诉状、点名单、审理笔录、送达回证等。

94. 璧山县政府审理偿还借款一案　12—7—101

1937年7月至1937年11月,璧山县政府关于朱化成契约李陈氏等人偿还借款一案的文书,包括民事诉状、民事保状、民事辩诉状、点名单、审理笔录、民事公证状、往来公函、训令、报告、民事传票回证、民事传票等。

95. 四川高等法院第一分院、璧山县政府审理债务纠葛抗告一案　12—7—102

1937年9月至1939年6月,四川高等法院第一分院、璧山县政府关于张树柏要求张炳安等人偿还借款抗告一案的文书,包括训令、民事续状、民事抗告状、往来公函、呈文、送达回证、民事诉状等。

96. 四川高等法院第一分院、璧山县政府审理分割家产纠纷及其上诉一案　12—7—103

1936年10月至1937年4月,四川高等法院第一分院、璧山县政府关于彭陈氏等人申请分割家产纠纷及其上诉一案的文书，包括往来公函、呈文、训令、四川高等法院第一分院民事裁定书、民事诉状、咨文、璧山县政府民事判决书、民事上诉状、民事保状、报告、审理笔录、点名单、送达回证等。

97. 璧山县司法处审理会款纠纷一案　12—7—104

1937年12月至1937年12月，璧山县司法处关于胡合成要求陈周宇等人返还会款纠纷一案的文书，包括民事诉状、报告、点名单、审理笔录、传票回证等。

98. 璧山县司法处审理给租交业一案　12—7—105

1937年12月至1938年5月，璧山县司法处关于龙丁氏等人因租佃纠纷请求给租交业一案的文书，包括民事诉状、民事保状、点名单、审理笔录、民事传票、民事传票回证、民事辩诉状等。

99. 璧山县司法处审理搬迁交业一案　12—7—106

1937年11月至1937年12月，璧山县司法处关于陈炳南等人因租佃纠葛申请搬迁交业一案的文书，包括民事诉状、民事上诉状、点名单、民事保状、往来公函、审理笔录、民事判决书、民事传票回证、送达回证等。

100. 四川高等法院第一分院审理债务纠葛上诉一案　12—7—107

1937年7月至1938年8月，四川高等法院第一分院关于黄国轩等申请偿还借款上诉一案的文书，包括民事声请书、民事声明书、民事诉状、四川高等法院第一分院民事裁定书、往来公函等。

101. 璧山县政府审理请求偿还借款两案　12—7—108—109

1937年4月至1937年10月，璧山县政府关于蒋礼廷等申请偿还借款、银品三因胡炳彝借债不还请求偿还两案的文书，包括民事缴费状、证人证物表、报告、收据、契约、拘提票、签呈单、点名单、审理笔录、公函、民事诉状、传票回证等。

102. 四川高等法院第一分院、璧山县政府审理破产偿债一案　12—7—110（1）

1933年10月至1938年10月，四川高等法院第一分院、璧山县政府关于张育之请求刘执甫等破产偿还会款债务一案的文书，包括证人证物表、内外欠各记金额列表、民事存查状、负债权数目表、民事缴状、债权登记表、宣示存查牌告、查封张育之狮子镇产业笔录、查封张育之多子山产业笔录、呈衔牌告、声明存查状、民事申请状、朱谕、训令、往来公函、民事执行状、报告、民事保状、民事委任状、抄应付债权数目、应收各记数目、传票、连年来往花数账单、抄会项来往数目、审理笔录等。

103. 璧山县政府审理偿还会银及其上诉一案　12－7－110（2）

1925年3月至1944年5月，璧山县政府关于刘执甫等因票据纠葛请求偿还会银及其上诉一案的文书，包括审理笔录、点名单、民事诉状、证人证物表、争执一览表、民事证明状、法院批示、账单声明书、民事自诉状、送达回证、历年来往账单、连年来往花数账单、接票、征收通知单、民事辩诉状、民事限诉状、民事理由书、审讯单、民事保状、民事上诉状、民事领状、复讯单、民事委任状、民事存查状、民事和解状、训令、收据等等。

104. 四川高等法院第一分院、璧山县政府审理田业假扣押及其上诉一案　12－7－111（1）

1936年9月至1938年10月，四川高等法院第一分院、璧山县政府关于敬作之等因会款纠葛申请将抵押的田业假扣押及其上诉一案的文书，包括民事诉状、抄江津县呈词、报告、民事申请状、往来公函、审理笔录、民事辩诉状、民事判决书、申请执行状、批示、债权姓名金额一览表、训令、民事上诉状、报告收据、璧山县政府民事判决书、四川高等法院第一分院民事裁定书等。

105. 四川高等法院第一分院、璧山县政府审理田业假扣押及其上诉一案　12－7－111（2）

1937年3月至1937年11月，四川高等法院第一分院、璧山县政府关于敬作之等因会款纠葛申请将抵押的田业假扣押及其上诉一案的文书，包括民事诉状、民事委任状、民事呈状、训令、四川高等法院第一分院民事裁定书、债权人姓名表、契约、民事续状、璧山县政府民事判决书、审理笔录、民事执行状、民事上诉状、民事抗告状、民事申请状、民事自诉状、往来公函、民事申诉状、案准、庭审笔录、报告等。

106. 璧山县政府、江津县政府审理分割遗产一案　12－7－112

1936年5月至1937年3月，璧山县政府、江津县政府关于曾祥金等申请分割遗产一案的文书，包括民事诉状、民事辩诉状、民事和解状、抄和解文约、民事诉状副状、契约、报告书、司法事务笔录、江津县政府民事裁定书、抄债务人请凭筹商协议允单等。

107. 四川高等法院第一分院、璧山县政府审理会款纠葛及其上诉一案　12－7－113

1937年1月至1938年12月，四川高等法院第一分院、璧山县政府关于廖国清等申请退还会款及其上诉一案的文书，包括法院往来公函、璧山县政府民事判决书、报告、牌告、训令、民事诉状、民事执行状、民事保状、民事缴状、四川高等法院第一分院民事裁定书等。

108. 四川高等法院第一分院、璧山县政府审理押银纠葛及其抗告一案 12—7—114

1938年7月至1938年11月，四川高等法院第一分院、璧山县政府关于邓学义等因押银纠葛申请拍卖产业偿还及其抗告一案的文书，包括高分院训令、民事抗告状、批示、往来公函、意见书、民四川高等法院第一分院事裁定书等。

109. 璧山县政府审理会银纠纷一案 12—7—115

1937年1月至1937年6月，璧山县政府关于陈子君要求陈子君返还会银一案的文书，包括民事辩诉状、民事诉状、证人证物表、审理笔录、送达回证、报告、点名单。

110. 璧山县政府审理请求债务纠葛一案 12—7—116

1937年1月至1937年6月，璧山县政府关于徐华台要求邓学贤偿还借款一案的文书，包括民事诉状、证人证物表、报告、民事担保状、民事传票回证、司法处签呈等。

111. 四川高等法院第一分院、璧山县政府等审理偿还借款及其上诉一案 12—7—117

1937年9月至1937年12月，四川高等法院第一分院、璧山县政府等关于杨廷银要求王励军等偿还借款及其上诉一案的文书，包括四川省第三区行政督察专员公署训令、刑事诉状、四川铜梁县司法处咨文、训令、四川高等法院第一分院刑事裁定书、报告、往来公函、刑事保状、批示、诉愿书、签呈、璧山县政府兼理司法处刑事判决书等。

112. 璧山县政府审理借款抵押存查等六案 12—7—118

1936年10月至1937年12月，璧山县政府关于曾华风请求借款抵押存查、徐昌玟等因会账纠葛请求给付租谷、张正玉因张绍文等诬告防火要求赔偿损害、郑汉江等因货款纠葛申请扣押产业、曾淮清等请求返还会银、罗四维等债务纠葛申请降低拍卖产业价格以便能出售偿债六案的文书，包括民事存查状、证人证物表、民事诉状、民事申请状、费用单、民事辩诉状等。

113. 璧山县政府审理收回查封成命一案 12—7—119

1937年6月至1937年7月，璧山县政府关于钟在明等因家产纠葛请求收回查封成命一案的文书，包括民事诉状、民事辩诉状、审理笔录、民事委任状、民事判决书、五子会会规收、押佃文约等。

114. 璧山县政府审理扣押田业一案　12—7—120

1937年7月至1937年10月，璧山县政府关于龚简能等因债务纠纷申请扣押田业一案的文书，包括民事诉状、债银文约、民事辩诉状、审理笔录、收据、民事判决书、报告等等。

115. 璧山县政府审理照市价典当一案　12—7—121

1937年10月至1937年11月，璧山县政府关于戴德祥等因典当田业纠葛请求照市价典当一案的文书，包括民事诉状、鹿鸣乡联保办公处公函、传票回证等。

116. 四川高等法院第一分院、璧山县政府审理支付劳务费上诉一案　12—7—122

1937年9月至1937年11月，四川高等法院第一分院、璧山县政府关于张槐堂要求张炳安支付劳务费上诉一案的文书，包括往来公函、最高法院民事判决书、训令、民事申请状、审理笔录、宣告判决笔录等。

117. 璧山县政府审理算明账目一案　12—7—123

1938年6月至1938年7月，璧山县政府关于王文中因甘从周等因伙贸纠葛请求算明账目一案的文书，包括民事诉状、点名单、审理笔录、账单表、送达回证、司法处训令等。

118. 四川高等法院第一分院、璧山县政府审理债务纠葛一案　12—7—124

1937年1月至1937年3月，四川高等法院第一分院、璧山县政府关于严方成等申请偿还借款一案的文书，包括四川高等法院第一分院民事裁定书、法院训令、送达回证、司法印纸等。

119. 璧山县政府审理给付租谷抗告一案　12—7—125

1937年11月，璧山县政府关于龙宝善等等因租佃纠葛请求给付租谷抗告一案的文书，包括民事抗告状、证人证物表等。

120. 四川高等法院第一分院、璧山县政府审理债务纠葛上诉一案　12—7—126

1937年7月至1938年2月，四川高等法院第一分院、璧山县政府关于王汉州申请偿还借款上诉一案的文书，包括璧山县政府呈、四川高等法院第一分院民事裁定书、法院训令、民事上诉状、往来公函、审理笔录、民事委任状、答辩附带上诉状、阅卷申请书、笔录、四川高等法院第一分院民事判决书等。

121. 璧山县政府审理请求离婚一案　12—7—127

1937年2月至1937年3月，璧山县政府关于刘保卿因刘雷氏通奸请求离婚一案的文书，包括卷宗目录、民事诉状、证人证物表、点名单、审理笔录、收条等。

122. 四川高等法院第一分院、璧山县政府审理债务纠葛一案　12—7—128

1938年4月至1938年8月，四川高等法院第一分院、璧山县政府关于何泽汇因与刘子凡发生债务纠葛提起诉讼一案的文书，包括往来公函、民事裁定书、法院训令、民事诉状、证人证物表、送达证明书等。

123. 四川高等法院第一分院、璧山县政府审理请求偿还债务上诉一案　12—7—129

1937年10月至1938年1月，四川高等法院第一分院、璧山县政府关于戴均廷等因典当田业纠葛请求偿还债务上诉一案的文书，包括往来公函、民事上诉状、证人证物表、四川高等法院第一分院民事裁定书、送达证明书、卷宗目录、通告书回证等。

124. 璧山县政府审理家产纠纷一案　12—7—130

1937年1月至1937年7月，璧山县政府关于李元顺等申请分析家产一案的文书，包括民事诉状、财产清单、民事辩诉状、民事注销状、审理笔录、民事抗告状、民事判决书等。

125. 璧山县政府审理给付欠租一案　12—7—131

1937年12月至1938年12月，璧山县政府关于罗刘氏等因租佃纠葛请求给付欠租一案的文书，包括民事诉状、民事反诉状、民事委任状、审理笔录、司法处谕、民事补状、民事诉愿状、民事保状、保存租谷账单、民事辩诉状、报告、保存合同、收据、民事展限状、佃田土房屋文约一张等。

126. 璧山县政府审理会账纠葛及其上诉一案　12—7—132

1937年1月至1938年4月，璧山县政府关于蔡炳章等申请算明会账及其上诉一案的文书，包括民事诉状、证人证物表、审理笔录、报告、民事保状、民事判决书、送达回证、民事上诉状等。

127. 璧山县政府审理窃谷一案　12—7—133

1937年1月至1937年3月，璧山县政府关于吴元章等因窃谷嫌疑提起诉讼一案的文书,包括往来公函、口供、原报告、刑事诉状、和解证明、民事委任状、审理笔录、璧山县政府兼理司法事务处分书等。

128. 璧山县政府审理算明账目一案　12—7—134

1938年3月至1938年5月,璧山县政府关于冷春熙等因伙贸纠葛申请算明账目一案的文书,包括民事和解笔录、民事诉状、报告、审理笔录、民事反诉状、证明书、司法处谕、撤伙文约、民事辩诉状等。

129. 璧山县政府审理返还债务一案　12—7—135

1937年1月,璧山县政府关于刘炳光等要求刘海全等返还债务一案的文书,包括民事诉状、证人证物表、点名单、审理笔录、传票等。

130. 璧山县政府审理追缴租谷一案　12—7—136

1937年5月至1938年1月,璧山县政府关于刘子修等因租佃纠纷请求追缴租谷一案的文书,包括民事诉状、审理笔录、民事保状、民事自诉状、借银文约、司法处谕、民事申请状、报告、民事执行状、民事续状、司法处训令、司法处公函、民事和解笔录、欠条等。

131. 璧山县政府审理给付租谷调解一案　12—7—137

1937年10月至1939年1月,璧山县政府关于冷全盛等因租佃纠葛申请给付租谷调解一案的文书,包括民事诉状、民事申请状、报告、证明书、审理笔录、民事辩诉状、收押佃文约、司法处训令、破产讨论典价书、借银文约、往来公函、群贤会会规等。

132. 四川高等法院第一分院、璧山县政府审理偿还借款上诉一案　12—7—138

1937年3月至1938年12月,四川高等法院第一分院、璧山县政府关于王炳林等因货款纠纷请求偿还借款上诉一案的文书,包括往来公函、民事上诉状、四川高等法院第一分院民事判决书、法院训令、四川高等法院第一分院民事裁定书、民事执行状、报告、来往米账等。

133. 璧山县政府审理偿还债务一案　12—7—139

1937年12月至1938年3月,璧山县政府关于王炳林等因贩米纠葛申请偿还债务一案的文书,包括民事诉状、报告、民事辩诉状、审理笔录、民事保状、结文、抄第三区署评判书、民事判决书、民事申请状等。

134. 璧山县政府审理遗产纠纷一案　12－7－140

1937 年 7 月至 1937 年 8 月，璧山县政府关于王苏氏等请求分析遗产一案的文书，包括民事诉状、证人证物表、审理笔录、民事判决书、送达回证、报告、经单部式本(宗教方面的文书)等。

135. 璧山县政府审理返还押银一案　12－7－141

1937 年 10 月至 1937 年 11 月，璧山县政府关于刘渭南等因租佃纠葛请求返还押银一案的文书，包括民事诉状、证人证物表、民事辩诉状、点名单、审理笔录、民事判决书、收据、民事续状，该卷另附佃约一张等。

136. 璧山县政府审理请求撤销借约担保一案　12－7－142

1937 年 2 月，璧山县政府关于何玉成等因借款纠葛请求撤销借约担保一案的文书，包括民事诉状、证人证物表等。

137. 四川高等法院第一分院、璧山县政府审理按市价买卖及其上诉一案　12－7－143

1937 年 2 月至 1937 年 6 月，四川高等法院第一分院、璧山县政府关于李黄氏等因买卖田业纠葛请求按市价买卖及其上诉一案的文书，包括民事上诉状、往来公函、法院训令、审理笔录、民事展限状、民事辩诉状、仝衔指令、仝衔训令。

138. 璧山县政府审理偿还债务一案　12－7－144

1937 年 11 月至 1938 年 10 月，璧山县政府关于蒋云皋等因垫付酒席费纠葛请求偿还债务一案的文书，包括民事诉状、民事反诉状、五庄公益会账单、审理笔录、民事委任状、民事催状、民事裁定书、司法处训令、算账笔录、民事判决书、民事声明状等。

139. 四川高等法院第一分院、璧山县政府审理债务执行抗告一案　12－7－145

1936 年 7 月至 1939 年 7 月，四川高等法院第一分院、璧山县政府关于徐邬氏等申请偿还借款执行抗告一案的文书，包括四川高等法院第一分院民事裁定书、点名单、法院训令、民事诉状、民事申请状缮本、司法处训令、往来公函、意见书、民事抗告状等。

140. 璧山县政府审理搬迁交业一案　12－7－146

1937 年 11 月至 1937 年 12 月，璧山县政府关于朱蔚卿等因租佃纠葛请求搬迁交业一案的文书，包括民事诉状、证人证物表、报告、点名单、审理笔录、佃约、全衔朱谕等。

141. 璧山县政府审理撤销典当契约一案　12—7—147

1937年11月至1938年1月，璧山县政府关于柯朱氏等因典当纠纷申请撤销典当契约一案的文书，包括民事申请状、证人证物表、司法处训令、民事续诉状等。

142. 璧山县政府审理退还会款一案　12—7—148

1937年12月，璧山县政府关于程永昌因杨春普等请求退还会款一案的文书，包括民事诉状、证人证物表、民事证明状、民事保状等。

143. 璧山县政府审理不服借款纠葛判决提起反诉一案　12—7—149

1937年3月，璧山县政府关于萧仲宣不服借款纠葛判决提起反诉一案的文书，包括民事反诉状、证人证物表、点名单、审理笔录、司法处咨文、璧山县政府传票等。

144. 璧山县政府审理返还债务一案　12—7—150

1937年6月至1938年5月，璧山县政府关于尚学伍等因抵押田业纠葛请求返还债务一案的文书，包括民事自诉状、账单、审理笔录、民事辩诉状、民事续状、各债务人银列表、民事判决书、报告、民事申请状等。

145. 四川高等法院第一分院、璧山县政府审理债务纠葛上诉一案　12—7—151

1973年9月至1937年12月，四川高等法院第一分院、璧山县政府关于郭佐臣等申请偿还借款上诉一案的文书，包括卷宗目录、司法处公函、法院训令、四川高等法院第一分院民事判决书、民事诉状、证人证物表等。

146. 四川高等法院第一分院、璧山县政府审理债务纠纷上诉一案　12—7—152

1937年12月至1938年8月，四川高等法院第一分院、璧山县政府关于陈树元等请求返还借款上诉一案的文书，包括往来公函、四川高等法院第一分院民事裁定书、民事上诉状、证人证物表、笔录、四川高等法院第一分院民事判决书、传票、法院训令、送达证明书等。

147. 璧山县政府审理扣押利谷一案　12—7—153

1937年2月至1937年6月，璧山县政府关于董巫氏等因借款纠葛申请扣押利谷一案的文书，包括民事诉状、审理笔录、民事申请状、往来公函、交接凭据、报告、民事辩诉状、民事判决书、照抄原报告、执行应领账目、民事保状、民事声明状、民事领状、收据、璧山县政府朱谕、借生洋文约等。

148. 四川高等法院第一分院、璧山县政府审理退还会款及其上诉一案　12—7—154

1937 年 9 月至 1939 年 3 月，四川高等法院第一分院、璧山县政府关于陈林山要求陈有徽退还会款及其上诉一案的文书，包括民事诉状、掌放账单、民事公证状、民事辩诉状、徽记田园会会员名单、审理笔录、普利田园会单、司法处签呈、报告、民事申请状、民事执行状、民事抗告状、法院训令、璧山县政府民事判决书、司法处训令、推算陈林山与陈有徽熟会单、民事声明状、表格报告单、璧山县政府民事裁定书、民事上诉状等。

149. 璧山县政府审理搬迁一案　12—7—155

1937 年 9 月至 1937 年 10 月，璧山县政府关于李琢之等因租佃纠葛请求搬迁一案的文书，包括民事诉状、证人证物表、点名单、审理笔录、璧山县政府传票等。

150. 璧山县政府审理解除租约一案　12—7—156

1937 年 12 月至 1938 年 3 月，璧山县政府关于曹养志等因租佃纠葛请求解除租约一案的文书，包括民事诉状、民事缴状、报告、审理笔录、民事申请状、民事裁定书、往来公函、司法处牌告、民事判决书等。

151. 璧山县政府审理请求领足余押一案　12—7—157

1937 年 9 月至 1938 年 3 月，璧山县政府关于邹柏林等因租佃纠纷申请领足余押一案的文书，包括民事诉状、民事辩诉状、报告、审理笔录、欠条、民事判决书、民事申请状、诉讼费用数目单、往来公函、民事执行状、诉讼损失数目单、民事裁定书、民事抗告状、司法处谕、收据、领条、押佃市洋文约等。

152. 璧山县政府审理退还会款一案　12—7—158

1937 年 6 月，璧山县政府关于陈滋如要求龚吉成退还会款一案的文书，包括民事辩诉状、证人证物表、报告、璧山县政府传票等。

153. 四川高等法院第一分院、璧山县政府审理赔偿损害、给付生活费及其上诉两案　12—7—159

1936 年 2 月至 1937 年 7 月，四川高等法院第一分院、璧山县政府关于陈方林等因婚约纠葛请求赔偿损害、王田氏因王刘氏等断绝其食谷请求给付生活费及其上诉两案的文书，包括刑事诉状、往来公函、报告、审理笔录、民事申请状、民事上诉状等。

154. 四川高等法院第一分院、璧山县政府等审理请求确认买卖无效一案　12—7—160

1935年4月至1937年7月，四川高等法院第一分院、璧山县政府等关于王田氏等因买卖租谷纠葛申请确认买卖无效一案的文书，包括民事存查状、四川高等法院第一分院民事裁定书、往来公函、民事保状、民事诉状、璧山县政府民事判决书、全衔公函、法院训令、照抄收据、民事公证状、佃户押银租谷数目单、刑事诉状、巴县地方法院民事裁定书、亲属会议参加人名单、民事委任状、佃户姓名押银数目表、全衔监护人委任令、民事执行状等。

155. 璧山县政府审理偿还会款一案　12—7—161

1937年2月至1937年4月，璧山县政府关于傅贤儒要求谭月阳等偿还会款一案的文书，包括民事诉状、审理笔录、民事辩诉状、司法处训令、民事自诉状、第二次审理笔录、民事判决书、瀛洲会摇骰上泽单、瀛洲会会单、瀛洲会摇接人名列表等。

156. 四川高等法院第一分院、璧山县政府审理债务纠葛及其上诉一案　12—7—162

1937年2月至1938年10月，四川高等法院第一分院、璧山县政府关于旷海清要求黄张氏偿还借款及其上诉一案的文书，包括往来公函、法院训令、报告、法院指令、民事和解状、民事诉状、审理笔录、璧山县政府民事判决书、借生洋文约、民事上诉状、四川高等法院第一分院民事裁定书等。

157. 四川高等法院第一分院、璧山县政府审理返还借款上诉一案　12—7—163

1937年7月至1937年12月，四川高等法院第一分院、璧山县政府关于程炳兴等要求陈仲常返还借款上诉一案的文书，包括卷宗目录、往来公函、四川高等法院第一分院民事裁定书、送达证明书、法院训令等。

158. 璧山县政府审理赔偿损害一案　12—7—164

1937年1月，璧山县政府关于尹文彬等因租佃纠葛请求赔偿损害一案的文书，包括民事诉状、证人证物表、民事和解状、璧山县政府传票等。

159. 璧山县政府审理给付生活费、分割遗产两案　12—7—165

1934年12月至1937年12月，璧山县政府关于王杜氏因要求王金堂等给付生活费、王刘氏等申请分割遗产两案的文书，包括民事诉状、证人证物表、民事保状、刑事诉状、刑事保状、照抄契约物件清单等。

160. 璧山县政府审理请求分割遗产、通奸霸产两案　12—7—166

1934 年 12 月至 1937 年 12 月，璧山县政府关于汪明志等请求分割遗产、王田氏因王刘氏等通奸霸占提起诉讼两案的文书，包括民事诉状、司法处训令、报告、刑事诉状、审理笔录、续清各物列表、民事申请状、来往文书、民事裁定书等。

161. 璧山县政府审理请发支付命令履行债务以保权利一案　12—7—167

1937 年 7 月，璧山县政府关于蔡淮仲因吴绍明不偿还借款请求发支付命令履行债务以保权利一案的文书，包括民事申请状、证人证物表等。

162. 璧山县政府审理退还会款一案　12—7—168

1937 年 10 月至 1937 年 11 月，璧山县政府关于石海舟要求蔡淮仲等退还会款一案的文书，包括民事诉状、证人证物表、点名单、审理笔录、民事辩诉状、司法处训令、借生洋文约等。

163. 璧山县政府审理追缴会款一案　12—7—169

1937 年 11 月至 1938 年 1 月，璧山县政府关于曹绍明等请求追缴会款一案的文书，包括民事诉状、证人证物表、民事诉愿书、璧山县政府民事案件点名单等。

164. 璧山县政府审理领押并解除租约一案　12—7—170

1937 年 7 月至 1937 年 11 月，璧山县政府关于江位臣等因租佃纠葛请求领押并解除租约一案的文书，包括民事诉状、民事委任状、审理笔录、民事判决书、民事代诉状、报告、民事辩诉状、民事保状、司法处谕、佃田土文约等。

165. 璧山县政府审理讯追会银一案　12—7—171

1937 年 1 月至 1938 年 4 月，璧山县政府关于饶康荣等申请讯追魏治清拖欠的会银一案的文书，包括民事诉状、证人证物表、民事辩诉状、点名单、审理笔录、传票、民事和解笔录、送达回证等。

166. 四川高等法院第一分院、璧山县政府审理确认继承权上诉一案　12—7—172

1937 年 9 月至 1937 年 10 月，四川高等法院第一分院、璧山县政府关于谢荣贵等因家产纠葛请求确认继承权上诉一案的文书，包括往来公函、意见书、民事辩诉状、证人证物表、卷宗目录、四川高等法院第一分院民事裁定书、法院训令、送达证明书等。

167. 四川高等法院第一分院、璧山县政府审理家产纠葛上诉一案　12－7－173

1936年12月至1937年3月，四川高等法院第一分院、璧山县政府关于刘作霖等申请分析家产上诉一案的文书，包括璧山县政府传票、璧山县政府敕饬签、往来公函、法院训令、送达证明书等。

168. 璧山县政府审理偿还借谷一案　12－7－174

1937年7月至1938年5月，璧山县政府关于蒋哲夫因江求浦等不执行判决请求偿还借谷执行一案的文书，包括民事诉状、报告、民事诉愿书、民事判决书、审理笔录、四川省第三区行政督察专员公署指令、民事保状、往来公函等。

169. 璧山县政府审理请求返还欠款一案　12－7－175

1937年9月至1937年11月，璧山县政府关于蔡焕臣等因买卖食谷纠纷申请返还欠款一案的文书，包括民事诉状、证人证物表、民事案件点名单、审理笔录、民事辩诉状、民事保状等。

170. 璧山县政府、巴县地方法院审理拍卖财产一案　12－7－176

1936年11月至1937年1月，璧山县政府、巴县地方法院关于谢公肃等因债务纠葛申请拍卖财产一案的文书，包括往来公函、巴县地方往来公函、璧山县政府朱谕、全衔牌告、查封财产笔录、报告等。

171. 璧山实验地方法院审理请求给付黄谷一案　12－7－177

1944年5月，璧山实验地方法院关于汪玉林等因租佃纠葛请求给付黄谷一案的文书，包括文件目录表、民事诉状、证人证物表、民事委任状、案件审理单、送达证明书、言辞辩论笔录、民事宣判笔录、民事判决书等。

172. 四川高等法院第一分院、璧山县政府审理请求划分坟界及其上诉一案　12－7－178

1936年5月至1937年7月，四川高等法院第一分院、璧山县政府关于鲍占廷等请求划分坟界及其上诉一案的文书，包括民事诉状、证人证物表、民事上诉状、送达回证、传票、法院训令、审理笔录、点名单、民事委任状、民事答辩状、往来公函、民事裁定书等。

173. 四川高等法院第一分院、璧山县政府审理立嗣存查一案　12－7－179

1938年3月，四川高等法院第一分院、璧山县政府关于蒋承绪与前妻无子请求抱子立嗣存查一案的文书,包括民事存查状、证人证物表、抄蒋芩氏允许抱子文约、法院训令、送达证明书等。

174. 四川高等法院第一分院、璧山县政府等审理破产偿债及其上诉一案　12—7—180

1937 年 1 月至 1937 年 12 月,四川高等法院第一分院、璧山县政府等关于刘汉清等债多难偿申请破产偿还及其上诉一案的文书,包括民事声明状、民事申请状、往来公函、民事诉状、巴县地方法院民事裁定书、民事上诉状、审讯笔录、民事委任状、四川高等法院第一分院民事裁定书、民事抗告状等。

该卷另附 1945 年 5 月关于窃物拐逃的刑事诉状一张。

175. 四川高等法院第一分院、璧山县政府(实验地方法院)审理租谷扣押等三案　12—7—181

1937 年 1 月至 1943 年 7 月,四川高等法院第一分院、璧山县政府关于罗文廷等因租佃纠葛申请扣押租谷、杨中润因杨中福等窃盗提起诉讼、朱刘氏因与朱洪发离异请求给付膳食并赔偿损害三案的文书,包括民事诉状、往来公函、司法处全衔朱谕、报告、民事辩诉状、司法处训令、璧山县政府刑事判决书、审理笔录、璧山实验地方法院支付命令、报告收据等。

176. 璧山县政府审理请求偿还债务、优先抵押两案　12—7—182

1937 年 2 月至 1937 年 10 月,璧山县政府关于王治平要求李华轩偿还借银、何子元等因租佃纠葛请求优先抵押两案的文书,包括民事诉状、审理笔录、民事判决书、送达回证等。

177. 璧山县政府审理请求退还会款一案　12—7—183

1937 年 10 月至 1938 年 1 月,璧山县政府关于刘作霖要求刘光烈等退还会款一案的文书,包括民事反诉状、证人证物表、收会员单、收据、民事诉状、往来公函、司法处训令、审理笔录、点名单等。

178. 璧山县政府审理请求退还会款、交业执行两案　12—7—184

1937 年 4 月至 1937 年 9 月,璧山县政府关于陈浩然等申请退还会款、成荣富等因租佃纠葛请求交业执行两案的文书,包括民事诉状、报告、审理笔录、点名单、民事判决书、照抄调解限约、民事申请状等。

179. 璧山县政府审理终止租约及其上诉一案　12—7—185

1936 年 12 月至 1937 年 2 月，璧山县政府关于黄大禄等因租佃纠葛请求终止租约及其上诉一案的文书，包括民事保状、证人证物表、送达回证、民事上诉状、民事诉状、执行报告、审理笔录、点名单等。

180. 璧山县政府审理交还田业一案　12—7—186

1937 年 10 月，璧山县政府关于苏炳林等因租佃纠葛请求交还田业一案的文书，包括民事诉状、证人证物表、救助证明书等。

181. 璧山县政府审理追缴会款一案　12—7—187

1937 年 12 月，璧山县政府关于张大兴等请求从严追缴会款一案的文书，包括民事诉状、证人证物表等。

182. 四川高等法院第一分院、璧山地方法院审理交房执行及其上诉一案　12—7—188

1947 年 10 月至 1948 年 5 月，四川高等法院第一分院、璧山地方法院关于钟王氏等因租佃纠葛申请交房执行及其上诉一案的文书，包括民事诉状、民事委任状、送达证明书、言辞辩论笔录、民事宣判笔录、璧山县政府民事判决书、往来公函、民事上诉状、四川高等法院第一分院民事裁定书、民事理由状，该卷另附雇佣契约一张等。

183. 四川高等法院第一分院、璧山县政府审理返还典物及其上诉一案　12—7—189

1937 年 12 月至 1938 年 5 月，四川高等法院第一分院、璧山县政府关于代金山等因典当田业纠纷申请返还典物及其上诉一案的文书，包括卷宗目录、民事诉状、证人证物表、民事辩诉状、抄征收局初次堂谕、点名单、审理笔录、璧山县政府民事判决书、送达回证、民事上诉状、往来公函、法院训令等。

184. 璧山县政府审理偿还借款一案　12—7—190

1937 年 1 月至 1938 年 5 月，璧山县政府关于张德乾要求徐定智偿还借款一案的文书，包括收据、民事诉状、借生洋文约、报告、民事辩诉状、审理笔录、证明书、民事申请状、民事呈状、结文、民事证明状、民事诉愿书、民事答辩状等。

185. 四川高等法院第一分院、璧山县政府审理退还会款上诉一案　12—7—191

1937 年 9 月至 1938 年 3 月，四川高等法院第一分院、璧山县政府关于陈进修要求吴海云退还会款上诉一案的文书,包括往来公函、法院训令、四川高等法院第一分院民事裁定书、民事上诉状、审讯笔录、民事委任状、民事答辩状、宣告判决笔录、四川高等法院第一分院民事判决书等。

186. 璧山县政府审理债务纠葛一案　12—7—192—193

1937 年 4 月至 1937 年 9 月,璧山县政府关于高伯卿请求偿还贷款的债务纠葛一案的文书,包括高分院训令、往来公函、民事申请函等。

该卷附四川高等法院第一分院令饬送达张陈氏与胡宾南租佃案民事裁定的来往文书。

187. 璧山县政府审理申请返还借款两案　12—7—194—195

1937 年 8 月至 1937 年 10 月,璧山县政府关于彭超然申请返还借款、印焕廷要求印吉源偿还借款两案的文书,包括民事诉状、收押佃洋文约、报告、证人证物表、民事展限状、司法处批示、民事注销状、民事和解状等。

188. 璧山县政府审理偿还债务两案　12—7—196—197

1937 年 8 月至 1938 年 11 月,璧山县政府关于唐继书与刘炳全因买烟纠葛请求偿还债务、尹长兴要求尹汉偿还借洋两案的文书,包括民事诉状、点名单、司法处牌告、传票、审理笔录、传票回证、民事判决书、往来公函、借生洋文约等。

189. 四川高等法院第一分院、璧山县政府审理返还田业及其上诉一案　12—7—198

1936 年 11 月至 1938 年 11 月,四川高等法院第一分院、璧山县政府关于牟骏声等因租佃纠葛申请返还田业及其上诉一案的文书,包括民事诉状、民事委任状、审理笔录、报告书、璧山县政府民事判决书、民事上诉状、民事领状、法院训令、往来公函等。

190. 璧山地方法院审理确认租约继续有效一案　12—7—199

1947 年 4 月,璧山地方法院关于张鸣钟等因租佃纠葛请求确认租约继续有效一案的文书,包括送达证明书、民事委任状、证人证物表、通知人名单、民事言辞辩论笔录、证人结文、民事诉状、民事审判笔录、民事判决书、佃约等。

191. 璧山县政府审理收款偿债一案　12—7—200

1937 年 8 月至 1937 年 9 月,璧山县政府关于刘作霖请求收回会款以偿债一案的文书,包括民事诉状、证人证物表、民事案件点名单、审理笔录两份等。

192. 四川高等法院第一分院、璧山县政府审理偿还会款上诉一案 12—7—201

1937年6月至1938年7月，四川高等法院第一分院、璧山县政府关于荣炳洲要求蒋清银偿还会款上诉一案的文书，包括往来公函、四川高等法院第一分院民事判决书、法院训令、证人证物表、民事上诉状、民事保状等。

193. 璧山地方法院审理租谷调解一案 12—7—202

1947年6月，璧山地方法院关于荣天璋等因租佃纠葛请求租谷调解一案的文书，包括民事诉状、送达证明书、证人证物表等。

194. 璧山县政府审理破产偿债一案 12—7—203

1937年5月至1937年9月，璧山县政府关于徐肇修申请破产偿债一案的文书，包括民事申请状、证人证物表、璧山县政府全衔训令、往来公函等。

195. 璧山县政府审理债务纠葛一案 12—7—204

1937年2月至1937年10月，璧山县政府关于雷在崇等要求钟舒氏等偿还借款一案的文书，包括民事保状、报告书、民事执行状、司法处全衔牌告、往来公函、查封房屋笔录、民事认买状、收据、民事申请状、诉讼费列表、管业证存根、民事领状等。

196. 四川高等法院第一分院、璧山县政府审理分析家产及其上诉一案 12—7—205

1936年10月至1938年12月，四川高等法院第一分院、璧山县政府关于何李氏等申请分析家产及其上诉一案的文书，包括民事诉状、往来公文、民事上诉状、民事辩诉状、审理笔录、璧山县政府民事判决书、璧山县政府民事补充判决书、法院训令、均分财产及订售棺木本银列表等。

197. 四川高等法院第一分院、璧山县司法处等审理债务纠葛一案 12—7—206

1937年12月至1939年3月，四川高等法院第一分院、璧山县司法处等关于张炳安要求张树柏偿还借款债务一案的文书，包括往来公函、民事执行状、证人证物表、传票回证、点名单、民事保状、法院训令等。

198. 璧山县政府审理交业执行一案 12—7—207

1937年5月至1937年11月，璧山县政府关于蓝焕廷等因租佃纠葛请求交业执行一案的文书，包括民事诉状、证人证物表、点名单、审理笔录、报告、民事保状、民事诉愿书、债务数目列表、债务数目姓名详细列单、拘票等。

199. 璧山地方法院处审理债务纠纷一案　12－7－208

1947年2月至1947年6月,璧山地方法院关于石荣华要求戴炳森偿还借款一案的文书,包括卷宗文件目录、民事诉状、证人证物表、报告、送达证明书、民事言辞辩论笔录、民事宣判笔录、民事判决书等。

200. 璧山地方法审理增加给付一案　12－7－209

1947年4月,璧山地方法关于胡维华因余世长等拖欠债款请求增加给付一案的文书,包括卷宗文书目录、民事诉状、证人证物表、民事委任状、送达证明书、民事言辞辩论笔录、证人结文、民事和解笔录等。

201. 璧山地方法审理债务调解一案　12－7－210

1947年3月,璧山地方法关于马济良等因抵押借款纠纷请求债务调解一案的文书,包括卷宗目录、民事调解状、证人证物表、民事委任状、送达证明书、民事言辞辩论笔录等。

202. 璧山地方法审理搬迁交业一案　12－7－211

1947年3月至1947年4月,璧山地方法关于向祥高等因租佃纠葛申请搬迁交业一案的文书,包括卷宗文书目录、民事诉状、证人证物表、送达证明书、往来公函、法院通知书等。

203. 璧山地方法院审理交业执行一案　12－7－212

1947年7月至1947年12月,璧山地方法院关于孙曾令全等因租佃纠纷申请交业执行一案的文书,包括民事诉状、民事辩诉状、璧山鹿鸣乡调解委员会调解笔录、民事言辞辩论笔录、民事宣判笔录、民事判决书、收据、佃约等。

204. 璧山地方法院审理返还遗产一案　12－7－213

1947年4月,璧山地方法院关于刘海荣要求陈杰等返还遗产一案的文书,包括卷宗文书目录、民事诉状、证人证物表、民事辩诉状、送达证明书、民事言辞辩论笔录等。

205. 璧山地方法院审理请求赔偿损害一案　12－7－214

1947年1月至1947年4月,璧山地方法院关于江淑德等因婚约纠葛要求赔偿损害一案的文书,包括民事诉状、证人证物表(相片四张、估索木器单一张)、出阁借入支出利息损失费用表、言辞辩论笔录、证人结文、往来公函、民事反诉状、璧山县妇女会公函、民事宣判笔录、民事判决书、民事申请书等。

206. 璧山地方法院审理财产假扣押、租谷假扣押两案　12—7—215—216

1947年7月至1949年7月，璧山地方法院关于王朝玺等因遗产纠葛请求财产假扣押、黄唐氏等因租佃纠纷要求租谷假扣押两案的文书，包括卷宗文书目录、民事申请状、证人证物表、民事裁定书、送达证明书、租佃田土房屋文约等。

207. 璧山地方法院审理请求借约认证一案　12—7—217

1947年10月，璧山地方法院关于邓善良等请求借约认证一案的文书，包括卷宗文书目录、公证申请书、公证事项、借黄谷契约、公证通知书、送达证明书、民事展限状等。

208. 璧山地方法院审理请求返还押金调解一案　12—7—218

1947年5月，璧山地方法院关于张鼎元等因租佃纠葛请求返还押金调解一案的文书，包括卷宗文书目录、民事申请状、证人证物表、司法印纸联单、送达证明书等。

209. 璧山地方法院审理交业执行、租佃认证两案　12—7—219—220

1947年10月至1947年11月，璧山地方法院关于钱志章等因租佃田屋纠葛请求交业执行、王陞华等申请租佃认证两案的文书，包括卷宗文书目录、民事诉状、证人证物表、送达证明书、民事撤回状、法院通知书、公证讯问笔录、公证通知书、认证方法表、收押佃黄谷文约等。

210. 璧山地方法院审理增加租谷给付一案　12—7—221

1947年12月至1948年2月，璧山地方法院关于张曹氏等因租佃纠葛申请比照谷价增加租谷给付一案的文书，包括卷宗文书目录、民事申请状、证人证物表、送达证明书、言辞辩论笔录、民事补诉状、民事宣判笔录、民事裁定书等。

211. 璧山地方法院审理偿还借款异议一案　12—7—222

1947年11月至1948年1月，璧山地方法院关于邓禹辉等偿还借款异议一案的文书，包括卷宗文书目录、民事诉状、证人证物表、言辞辩论笔录、送达证明书、证人结文、民事宣判笔录、民事判决书、照抄债务单、凭票等。

212. 璧山地方法院审理给付瓦租一案　12—7—223

1947年11月至1947年12月，璧山地方法院关于何子益等因租瓦契约纠葛要求给付瓦租一案的文书，包括卷宗文书目录、民事诉状、证人证物表、民事委任状、送达证明书、言辞辩论笔录、民事代理状等。

213. 四川高等法院第一分院、璧山地方法院审理请求确定土地经界及其上诉一案　12—7—224

1947年2月至1948年4月，四川高等法院第一分院、璧山地方法院关于江流贞等因请求确定土地经界及其上诉一案的文书，包括民事诉状、民事委任状、法院训令、接龙乡乡公所呈、言辞辩论笔录、民事宣判笔录、民事判决书、涉案地图、民事申请状、收据、民事上诉状、民事裁定书、民事申请书、民事答辩状、履勘笔录、履勘费用表、民事领状等。

214. 四川高等法院第一分院、璧山地方法院审理搬迁交业上诉一案　12—7—225

1947年3月至1947年4月，四川高等法院第一分院、璧山地方法院关于陈文宇等因租佃纠葛申请搬迁交业上诉一案的文书，包括卷宗文书目录、往来公函、璧山地方法院民事判决书等。

215. 璧山地方法院、永川地方法院审理分割遗产一案　12—7—226

1947年9月至1947年12月，璧山地方法院、永川地方法院关于朱勤文等请求分割遗产一案的文书，包括民事诉状、证人证物表、往来公函、送达证明书、言辞辩论笔录、民事宣判笔录、民事判决书等。

216. 璧山地方法院审理交业执行一案　12—7—227

1947年10月至1947年11月，璧山地方法院关于蔡辉普等因租佃期纠葛请求交业执行一案的文书，包括卷宗文书目录、民事诉状、证人证物表、送达证明书、言辞辩论笔录、民事宣判笔录、民事判决书，该卷另附佃约一张等。

217. 璧山地方法院审理确认分约无效一案　12—7—228

1947年11月至1948年7月，璧山地方法院关于邹张氏等因家产纠葛申请确认分约无效一案的文书，包括民事诉状、言辞辩论笔录、民事委任状、送达证明书、民事宣判笔录、民事判决书、证物（原诉状、信件）、民事补诉状、民事申请状、民事领据等。

218. 璧山地方法院审理请求返还熟土一案　12—7—229

1947年11月，璧山地方法院关于朱相林等因土地纠葛请求返还熟土一案的文书，包括卷宗文书目录、民事诉状、证人证物表、司法印纸联单、送达证明书等。

219. 璧山地方法院审理请求交业一案　12－7－230

1947年1月至1947年10月，璧山地方法院关于钱安邦等因遗产纠葛请求交业一案的文书，包括卷宗文书目录、民事诉状、证人证物表、民事申请状、民事委任状、送达证明书、言辞辩论笔录等。

220. 璧山地方法院审理给付借款一案　12－7－231

1947年10月至1947年12月，璧山地方法院关于江明清要求江流柏给付借款一案的文书，包括卷宗文书目录、民事诉状、证人证物表、送达证明书、言辞辩论笔录、民事宣判笔录、民事判决书、凭票等。

221. 重庆地方法院、璧山地方法院审理债务纠葛一案　12－7－232

1947年1月至1947年7月，重庆地方法院、璧山地方法院关于金汝舟等因会款纠葛申请偿还债务一案的文书，包括卷宗文书目录、民事诉状、证人证物表往来公函、民事委任状、审理笔录、送达证明书、民事声明状、审问笔录、民事裁定书等。

222. 重庆地方法院、璧山地方法院审理债务纠葛一案　12－7－233

1947年8月至1947年12月，重庆地方法院、璧山地方法院关于金汝舟等因会款纠葛申请偿还债务一案的文书，包括卷宗文书目录、往来公函、证明书、报告、送达证明书、民事申请状、证人证物表等。

223. 四川高等法院第一分院、璧山地方法院审理赔偿黄谷及其上诉一案　12－7－234

1947年9月至1948年9月，四川高等法院第一分院、璧山地方法院关于潘炳林等因租佃纠纷请求赔偿黄谷及其上诉一案的文书，包括民事委任状、卷宗文书目录、证人证物表、送达证明书、言辞辩论笔录、民事诉状、民事宣判笔录、璧山县政府民事判决书、借据、收据、借法币文约、押佃文约、往来公函、民事上诉状、四川高等法院第一分院民事裁定书、民事答辩状等。

224. 璧山地方法院审理请求返还借款一案　12－7－235

1947年12月至1948年1月，璧山地方法院关于胡金城要求李绍清返还借款一案的文书，包括民事诉状、证人证物表、送达证明书、言辞辩论笔录、民事宣判笔录、民事判决书等。

225. 璧山地方法院审理确认买卖无效一案　12－7－236

1947 年 6 月，璧山地方法院关于石书籍等因买卖田土纠葛请求确认买卖无效一案的文书，包括民事诉状、证人证物表、送达证明书、言辞辩论笔录、证人结文、民事委任状等。

226. 璧山地方法院审理赔偿会款一案　12－7－237

1947 年 7 月，璧山地方法院关于卢洪顺要求夏张氏按会规赔偿会款一案的文书，包括民事诉状、证人证物表、民事答辩状、送达证明书、言辞辩论笔录、民事辩诉函等。

227. 璧山地方法院审理赔偿损害一案　12－7－238

1947 年 4 月至 1948 年 5 月，璧山地方法院关于陈文炯等因清除淤积沙石纠葛请求赔偿损害一案的文书，包括民事诉状、证人证物表、民事委任状、民事答辩状、送达证明书、言辞辩论笔录、法院通知书、查履笔录、民事申请状、法院训令、阅卷申请书、民事裁定书、息事合同等。

228. 璧山地方法院审理债务纠纷一案　12－7－239

1947 年 8 月至 1947 年 10 月，璧山地方法院关于刘洁秋要求曾树元等偿还借款一案的文书，包括民事诉状、证人证物表、民事委任状、送达证明书、言辞辩论笔录、民事宣判笔录、民事判决书、凭票、存款折等。

229. 璧山地方法院审理高分院函请调卷一案　12－7－240

1947 年 8 月至 1947 年 10 月，璧山地方法院关于四川高等法院第一分院函请调阅刘黄氏因与胡海洲“确认所有权”案卷宗的文书，包括卷宗文书目录、法院间的往来公函等。

230. 四川高等法院第一分院、璧山地方法院审理止约交业及其上诉一案　12－7－241

1947 年 7 月至 1947 年 9 月，四川高等法院第一分院、璧山地方法院关于龚文明等因租佃纠葛请求止约交业及其上诉一案的文书，包括民事诉状、证人证物表、民事委任状、送达证明书、言辞辩论笔录、民事宣判笔录、璧山地方法院民事判决书、民事申请状、民事补充判决书、往来公函、民事上诉状、四川高等法院第一分院民事裁定书、田土房屋佃约等。

231. 璧山地方法院审理搬迁交业一案　12—7—242

1947年11月,璧山地方法院关于杨向氏等因租佃纠葛请求搬迁交业一案的文书,包括卷宗文书目录、民事诉状、证人证物表、司法印纸联单、送达证明书、言辞辩论笔录等。

232. 璧山地方法院审理止约交业一案　12—7—243

1947年9月至1947年11月,璧山地方法院关于李鼎臣等因租佃纠纷申请止约交业一案的文书,包括卷宗文书目录、民事诉状、证人证物表、司法印纸联单、送达证明书、来风乡乡公所调解会员号呈、法院指令等。

233. 璧山地方法院、四川高等法院第一分院审理确认买卖契约无效上诉一案　12—7—244

1945年7月至1947年4月,璧山地方法院、四川高等法院第一分院关于罗同庆等因买卖田产纠葛申请确认物买卖契约无效上诉一案的文书,包括卷宗目录、往来公函、证物目录、民事上诉状、证人证物表、四川高等法院第一分院民事裁定书、送达证明书、最高法院民事判决书等。

234. 璧山地方法院审理契纸遗失申请备查一案　12—7—245

1946年1月,璧山地方法院关于任邓氏等因契纸遗失申请备查一案的文书,包括卷宗文书目录、民事诉状、证人证物表、司法印纸联单、法院登记处批示、送达证明书等。

235. 璧山县政府审理债务纠葛一案　12—7—246

1937年3月至1937年10月,璧山县政府关于陈昆山要求刘文星等偿还借款一案的文书,包括卷宗目录、民事自诉状、证人证物表、民事答辩状、审理笔录、民事保状、失借条文约、民事判决书、报告、借洋文约等。

236. 四川高等法院第一分院、璧山县政府审理请求退还会款上诉一案　12—7—247

1937年9月至1948年4月,四川高等法院第一分院、璧山县政府关于傅松岩要求傅乔松退还会款上诉一案的文书,包括卷宗文书总目、法院往来公函、四川高等法院第一分院民事裁定书、送达证明书等。

237. 璧山县政府审理赔偿损害一案　12—7—248

1937年11月,璧山县政府关于龙玉安等因伐树纠葛要求赔偿损害一案的文书,包括民事诉状、证人证物表、璧山县政府训令等。

238. 四川高等法院第一分院、璧山县政府审理搬迁上诉一案　12—7—249

1937 年 3 月至 1937 年 10 月，四川高等法院第一分院、璧山县政府关于李兴隆等因租佃纠葛请求搬迁上诉一案的文书，包括往来公函、法院训令、民事诉状、证人证物表、民事补费状、报告、司法处全衔朱谕、司法处谕、民事和解笔录等。

239. 璧山县政府审理请求退还会款一案　12—7—250

1937 年 5 月至 1938 年 7 月，璧山县政府关于彭荣廷要求梁质彬退还会款一案的文书，包括卷宗目录、民事诉状、民事辩诉状、证明书、照抄付账列表、审理笔录、民事判决书、民事上诉状、借洋文约等。

240. 璧山县政府审理破产偿债一案　12—7—251

1937 年 7 月至 1937 年 8 月，璧山县政府关于陈云中因债巨莫偿申请破产偿债一案的文书，包括民事诉状、照抄会款人民数目列表、证人证物表、司法处全衔训令等。

241. 璧山县政府审理破产偿债一案　12—7—252

1937 年 3 月至 1937 年 6 月，璧山县政府关于伍傅氏因负债过重无力纳粮请求破产偿债一案的文书，包括民事诉状、证人证物表、司法处全衔牌示、往来公函、查封伍傅氏产业全股列表、司法处牌告、璧山县政府朱谕等。

242. 四川高等法院第一分院、璧山县政府审理债务纠葛上诉一案　12—7—253

1937 年 8 月至 1937 年 12 月，四川高等法院第一分院、璧山县政府关于韦用宾要求郑荣新偿还借款上诉一案的文书，包括卷宗目录、往来公函、四川高等法院第一分院民事裁定书、法院训令、送达证明书等。

243. 四川高等法院第一分院、璧山县政府审理会款纠葛上诉一案　12—7—254

1937 年 11 月至 1938 年 4 月，四川高等法院第一分院、璧山县政府关于杨玉廷要求李荣轩偿还会款案上诉一案的文书，包括民事抗告状、证人证物表、四川高等法院第一分院民事裁定书、法院训令、民事再审状、民事缴状、往来公函、送达证明书等。

244. 璧山县政府审理债务纠葛再审一案　12—7—255

1937 年 12 月，璧山县政府关于郭佐臣要求段朝海偿还借款再审一案的文书，包括民事再审状、证人证物表等。

245. 四川高等法院第一分院、璧山县政府审理拍卖产业偿债及其上诉一案　12—7—256（1）

1936年11月至1939年2月，四川高等法院第一分院、璧山县政府关于张时可等因借款纠葛请求拍卖产业偿债及其上诉一案的文书，包括民事诉状、证人证物表、牌告、民事认买状、民事申请状、民事缴状、收据、民事保状、璧山县政府权利转移书、民事领状、司法处朱谕、往来公函、审理笔录、报告、照抄原佃约、抄录存据、璧山县政府民事判决书、法院训令等。

246. 四川高等法院第一分院、璧山县政府审理拍卖产业偿债及其上诉一案　12—7—256（2）

1937年3月至1938年10月，四川高等法院第一分院、璧山县政府关于请求张时可等因借款纠葛请求拍卖产业偿债及其上诉一案的文书，包括民事缴状、证人证物表、民事诉状、民事申请状、民事委任状、审理笔录、璧山县政府民事判决书、民事上诉状、收押佃银文约、放佃田土房屋文约、放佃田土房屋山林竹木文约、往来公函、民事抗告状、四川高等法院第一分院民事裁定书、意见书、司法处全衔训令、公开笔录、宣告判决笔录、民事答辩状等。

247. 四川高等法院第一分院、璧山县政府审理拍卖产业偿债及其上诉一案　12—7—256（3）

1934年1月至1937年6月，四川高等法院第一分院、璧山县政府关于张时可等因借款纠葛请求拍卖产业偿债及其上诉一案的文书，包括民事上诉状、证人证物表、抄录通知书、法院训令、往来公函、民事附带上诉状、四川高等法院第一分院民事裁定书、放佃田土房屋文约、民事诉状、报告、民事辩诉状、民事答辩状、审理笔录、民事保状、璧山县政府民事判决书、民事申请状、司法处牌告等。

248. 四川高等法院第一分院、璧山县政府审理退还会款及其上诉一案　12—7—257

1937年10月至1938年9月，四川高等法院第一分院、璧山县政府关于晏曹氏要求晏锡林退还会款及其上诉一案的文书，包括往来公函、意见书、法院训令、四川高等法院第一分院民事裁定、民事诉状、证人证物表审理笔录、报告、璧山县政府民事判决书、民事辩诉状、民事执行状、民事保状、民事缴状、民事抗告状等。

249. 四川高等法院第一分院、璧山县政府审理停止给付生活费及其上诉一案　12—7—258

1936年4月至1939年8月，四川高等法院第一分院、璧山县政府关于叶百年要求与叶张氏脱离同居关系并停止给付生活费及其上诉一案的文书，包括往来公函、意见书、民事自诉状、证人证物表、法院训令、四川高等法院第一分院民事裁定书、报告、璧山县政府民事和解笔录、司法处履勘笔录、民事诉状、法院通知书、解除同居合同、四川高等法院第一分院民事判决书等。

250. 四川高等法院第一分院、璧山县政府审理债务纠葛上诉一案　12—7—259

1937年8月至1938年3月，四川高等法院第一分院、璧山县政府关于段朝海银等申请偿还借银上诉一案的文书，包括民事上诉状、往来公函、法院训令、民事裁定书、审讯笔录、民事诉状、民事委任状、宣告判决笔录、民事再审状、阅卷申请书等。

251. 璧山县政府审理给付欠款上诉一案　12—7—260

1937年9月至1937年11月，璧山县政府关于王清廷等因买卖粮食纠纷申请给付欠款上诉一案的文书，包括璧山县政府公函、往来公函、法院监察处指令、四川第三区行政督察署专员训令、璧山县政府传票等。

252. 璧山县政府审理退还会款一案　12—7—261

1937年6月至1937年7月，璧山县政府关于傅陈氏等要求陈文言等退还会款一案的文书，包括卷宗目录、民事诉状、证人证物表、点名单、审理笔录、民事保状等。

253. 璧山县政府审理回赎典产一案　12—7—262

1937年12月，璧山县政府关于曾金发因曾玉泰等因典当田土房屋纠葛请求回赎典产一案的文书，包括证人证物表、民事诉状、民事辩诉状，该卷另附永当和约一张等。

254. 璧山县政府审理分析家产一案　12—7—263

1937年2月至1938年8月，璧山县政府关于江殷氏等申请分析家产一案的文书，包括民事辩诉状、证人证物表、民事撤销状、点名单、民事执行状、司法处训令、罢黜和息文约、民事诉状、民事声明状、报告等。

255. 四川高等法院第一分院、璧山县政府等审理债务纠葛上诉一案　12—7—264

1936年11月至1938年2月，四川高等法院第一分院、璧山县政府等关于陈海川等赔偿贷款本息损失纠葛上诉一案的文书，包括法院训令、往来公函、璧山县政府传票、报告、法院指令、点名单、传票回证、璧山县政府饬签等。

256. 四川高等法院第一分院、璧山县政府审理给付租金及其抗告一案　12—7—265

1937年5月至1938年1月，四川高等法院第一分院、璧山县政府关于陈子钧等因租赁缝纫机纠纷申请给付租金及其抗告一案的文书，包括往来公函、民事抗告状、收条、民事执行状、法院训令、审理笔录、民事诉状、报告、民事保状、司法处朱谕、司法处牌告、查封陈添寿产业笔录、民事反诉状、民事认状、民事缴状、借洋凭票、司法处谕、保管屋基房屋田土界址单、民事拍卖状等。

257. 四川高等法院第一分院、璧山县政府审理给付租金上诉一案　12—7—266

1938年4月至1938年6月，四川高等法院第一分院、璧山县政府关于龙平安等因租赁房屋纠葛请求给付租金上诉一案的文书，包括往来公函、四川高等法院第一分院民事裁定书、民事上诉状、证人证物表、民事声明状等。

258. 四川高等法院第一分院、璧山县政府审理债务纠葛一案　12—7—267

1937年11月至1938年6月，四川高等法院第一分院、璧山县政府关于何相群等要求江文德等偿还借款一案的文书，包括民事诉状、证人证物表、报告、审理笔录、璧山县政府民事判决书、民事领状、司法处牌告、璧山县政府刑事判决书、往来公函等。

259. 四川高等法院第一分院、璧山县政府审理请求解除借约及其上诉一案　12—7—268

1938年3月至1938年12月，四川高等法院第一分院、璧山县政府关于陈泽霖等因借款纠葛请求解除借约及其上诉一案的文书，包括往来公函、民事裁定书、民事上诉状、证人证物表、民事自状、审理笔录、民事答辩状、借据、民事判决书、法院训令、民事解释状等。

260. 璧山县政府审理请求偿还借洋一案　12—7—269

1937年7月至1937年8月，璧山县政府关于龚冉氏等申请偿还借洋一案的文书，包括民事诉状、证人证物表、点名单、照抄借约、审理笔录、民事辩诉状、报告、民事判决书、送达证明书、传票，该卷另附借生洋文约一张等。

261. 璧山县政府审理请求退还会款一案　12—7—270

1937年8月至1937年12月，璧山县政府关于周沛霖等要求罗树臣等退还会款一案的文书，包括民事自诉状、证人证物表、点名单、审理笔录、民事保状、民事声明状、推算应上会款数目表、报告、照抄信函、照抄诉欺账目、民事辩诉状、司法处训令、民事缴状、协意息讼文约、收据等。

262. 四川高等法院第一分院、璧山县政府审理给付生活费及其上诉一案　12－7－271

1938年6月至1938年9月，四川高等法院第一分院、璧山县政府关于张曹氏等因家产纠葛请求给付生活费及其上诉一案的文书，包括民事判决书、民事诉状、证人证物表、往来公函、法院训令、民事裁定书、民事和解状、民事上诉、佃田土房屋文约、公盖会会规、各会姓名、开接会耒银列表、各棚耒洋列表、生熟各棚耒洋列表、会员列表等。

263. 璧山县政府审理请求讯追会款一案　12－7－272

1937年2月至1938年1月，璧山县政府关于曾元堂等请求讯追会款一案的文书，包括报告、民事诉状、证人证物表、审理笔录、民事执行状、收条、民事保状、收据等。

264. 璧山县政府审理产业假扣押一案　12－7－273

1937年7月至1937年8月，璧山县政府关于汪克明等因租佃纠葛请求产业假扣押一案的文书，包括民事诉状、证人证物表、民事裁定书等。

265. 璧山县政府审理请求存查一案　12－7－274

1938年5月，璧山县政府关于朱友三因朱海辉合伙贸易被骗难以甘心请求存查一案的文书，包括民事存查状、证人证物表、批示等。

266. 璧山县政府审理请求厘清债款一案　12－7－275

1937年4月至1937年8月，璧山县政府关于龙永昌等因龙柏东等欠财抗不清算请求厘清债款一案的文书，包括民事诉状、证人证物表、民事答辩状、点名单、审理笔录、传票、保全祀产合同等。

267. 四川高等法院第一分院、璧山县政府审理请求搬迁交业上诉一案　12－7－276

1936年11月至1937年1月，四川高等法院第一分院、璧山县政府关于王俊德等因租佃纠葛请求搬迁交业上诉一案的文书，包括往来公函、法院训令、报告、民事诉状、民事辩诉状、借生洋文约、佃田土房屋文约、审理笔录、民事抗告状等。

268. 四川高等法院第一分院、璧山县政府审理退还会款一案　12－7－277

1936年12月至1938年12月，四川高等法院第一分院、璧山县政府关于徐德生要求罗凯君等退还会款一案的文书，包括民事诉状、民事辩诉状、审理笔录、民事和解笔录、报告、民事申请状、司法处训令、往来公函、司法处查封笔录、司法处拍卖布告、司法处牌告等。

269. 四川高等法院第一分院、璧山县政府审理给付会款上诉一案　12—7—278

1938年4月至1938年9月，四川高等法院第一分院、璧山县政府关于林恕五等申请给付会款上诉一案的文书，包括往来公函、民事裁定书、送达证明书等。

270. 璧山县政府审理财产假扣押一案　12—7—279

1937年10月至1938年2月，璧山县政府关于张国安等因借款纠葛请求财产假扣押一案的文书，包括民事证明状、民事判决书、审理笔录、民事续呈状、布告、民事申请状、民事诉状、借银文约、民事裁定书、司法处牌告、司法处朱谕、民事辩诉状等。

271. 四川高等法院第一分院、璧山县政府审理退还会款一案　12—7—280

1937年9月至1937年11月，四川高等法院第一分院、璧山县政府关于邬德成等申请退还会款上诉一案的文书，包括民事上诉状、证人证物表、法院训令、布告、送达证明书、通告书回证、民事展限状等。

272. 璧山县政府审理赔偿讼费一案　12—7—281

1934年8月，璧山县政府关于陈静辉等因租佃纠葛涉讼申请赔偿讼费一案的文书，包括民事诉状、司法处批示、证人证物表等。

273. 四川高等法院第一分院、璧山县政府审理会款纠葛上诉一案　12—7—282

1937年3月至1937年4月，四川高等法院第一分院、璧山县政府关于明廷要求王金廷等退还会款上诉一案的文书，包括民事诉状、证人证物表、法院训令、民事上诉状等。

274. 璧山县政府审理请求破产偿债等四案　12—7—283

1937年10月，璧山县政府关于温谢氏因被债权人所逼请求破产偿债存查、巫姜氏申请赡养办法存查、何刘氏出佃土地存查、彭元集等分析遗产存查四案的文书，包括民事申请状、证人证物表、民事存查状、互相杜患合同、债款名数单等。

275. 璧山县政府审理请求备案存查等四案　12—7—284

1936年10月至1937年1月，璧山县政府关于龚炳章等申请撤销被误伤控告、王炳林申请脱离婚姻关系存查、曾张氏因媳刁子坏请求备案存查、巫张氏等申请解除婚约存查四案的文书,包括往来公函、民事呈状、福禄镇联保办公处公函、抄王炳灿失物表、民事存查状、证人证物表、民事保状、刑事保状、照抄胡树章及徐余氏失物单等。

276. 璧山县政府民事存查总卷　12－7－285

1936 年 12 月至 1937 年 1 月,璧山县政府关于父亲被谋杀、携款潜逃、借款、偿还会款办法、婚约、共用家具、分析家产、发现女尸、协商偿债办法、分割家产、借款纠葛和约无效、再嫁、分家产、再婚、票据失误上交、损毁器物、典当田业房屋、分家产契约、盗窃追赃、禁治产、靛青造假、破产偿债、会议决定偿债办法、住宿者病死客栈、遗嘱、注销借约、病死监狱、穿墙盗窃、买卖田业、抱子立嗣文约、遗失契约、雇工病死、买卖熟土存查,包括民事诉状、往来公函、民事存查状、报告、抄债权单、证人证物表、解除婚姻并脱离夫娣关系合同、借银文约、筹偿办法、售业假银抵押单、民事自诉状、曹兴武悔过书、债权人姓名及数目单、债权列表、民事备查状、民事申请状、照抄债账等。

277. 四川高等法院第一分院、璧山县政府审理给付会款上诉一案　12－7－286

1937 年 3 月至 1938 年 6 月,四川高等法院第一分院、璧山县政府关于萧鼎要求朱友辉给付会款上诉一案的文书,包括卷宗目录、往来公函、法院训令、四川高等法院第一分院民事裁定书、送达证明书等。

278. 璧山县政府审理破产还债一案　12－7－287

1937 年 4 月,璧山县政府关于蔡陞福请求宣告破产还债一案的文书,包括民事诉状、证人证物表、抄拍卖产业之地点等。

279. 璧山县政府审理债款纠葛、判决书存查两案　12－7－288

1935 年 2 月至 1937 年 5 月,璧山县政府关于周惠安要求何浚湘偿还借款、张少卿申请会款纠葛案判决书存查两案的文书,包括民事续诉状、审理笔录、民事判决书、民事诉状、民事保状、报告、往来公函、民事执行状等。

280. 四川高等法院第一分院、璧山县政府等审理返还押金及其上诉一案　12－7－289

1937 年 12 月至 1938 年 12 月,四川高等法院第一分院、璧山县政府等关于王金城等因租佃纠葛请求返还押金及其上诉一案的文书,包括民事诉状、证人证物表、审理笔录、民事答辩状、民事保状、民事声明状、报告、收据、璧山县司法处民事判决书、民事执行状、法院训令、往来公函、四川高等法院第一分院民事裁定书等。

281. 璧山县政府审理妻子被拐申请备案存查一案　12—7—290

1937年12月，璧山县政府关于詹德彰因妻子被拐申请备案存查一案的文书，包括刑事诉状、证人证物表、刑事案件点名单、刑事保状、结婚证书等。

282. 璧山县政府审理债务纠葛一案　12—7—291

1937年7月，璧山县政府关于周帅氏等请求偿还借款一案的文书，包括民事诉状、证人证物表等。

283. 璧山县政府审理会款纠纷一案　12—7—292

1937年7月至1937年8月，璧山县政府关于陈张氏等要求吴钧之等退还会款一案的文书，包括民事诉状、证人证物表、保结状、民事辩诉状、点名单、审理笔录、民事判决书、送达回证、传票等。

284. 璧山县政府审理请求退还会款一案　12—7—293

1937年4月，璧山县政府关于徐良生等因申请退还会款一案的文书，包括民事诉状、证人证物表、报告、往来公函、璧山县政府传票等。

285. 重庆地方法院、璧山县政府等审理债务纠葛一案　12—7—294

1937年4月至1937年12月，重庆地方法院、璧山县政府等关于严方成要求薛成章偿还借款再审一案的文书，包括往来公函、诉讼证据物品书类封套、传票回证等。

286. 璧山县政府审理债务纠葛一案　12—7—295

1937年3月至1937年11月，璧山县政府关于陈正方要求曾贯一偿还借款的债务执行一案的文书，包括民事执行状、证人证物表、往来公函、民事诉状、同甘愿了事文约、报告、民事保状、司法处谕等。

287. 四川高等法院第一分院、璧山县政府审理给付租谷执行一案　12—7—296

1936年12月至1938年8月，四川高等法院第一分院、璧山县政府关于蔡荣先等因租佃纠葛请求给付租谷执行一案的文书，包括民事展限状、往来公函、法院训令、民事裁定书、民事执行状、民事声明状、报告、民事判决书、民事诉状、审理笔录、民事自诉状、民事上诉状等。

288. 四川高等法院第一分院、璧山县政府审理请求给付押金一案　12－7－297

1937年10月至1939年4月，四川高等法院第一分院、璧山县政府关于张玉臣等因租佃纠葛申请给付押金一案的文书，包括法院训令、民事上诉状、往来公函、民事诉状、审理笔录、民事判决书、报告、民事执行状、出佃田土房屋文约、普利田园会序、会规、田园会行簿、收据、四川高等法院第一分院民事裁定书、民事辩诉状、民事委任状、宣示判决笔录等。

289. 四川高等法院第一分院、璧山县政府审理退还会款及其上诉一案　12－7－298

1937年1月至1937年3月，四川高等法院第一分院、璧山县政府关于王刘氏要求王正森等退还会款及其上诉一案的文书，包括民事诉状、民事委任状、审理笔录、民事保状、法院训令、民事上诉状、往来公函、报告、群贤会单、十三贤会单、立会当文约等。

290. 四川高等法院第一分院、璧山县政府审理会款纠葛上诉一案　12－7－299

1937年11月至1938年12月，四川高等法院第一分院、璧山县政府关于袁福三等申请退还会款上诉一案的文书，包括往来公函、法院训令、四川高等法院第一分院民事裁定书、民事申请状、证人证物表、民事声明状等。

291. 璧山县政府审理退还会款一案　12－7－300

1937年11月至1937年12月，璧山县政府关于袁福三要求袁天成退还会款一案的文书，包括点名单、审理笔录、民事判决书、报告、送达回证、民事上诉状、收据、欠条等。

该卷另附璧山地方法院看守所附设监狱在押与工作人员日报表一张。

292. 四川高等法院第一分院、璧山县政府审理租佃纠纷上诉一案　12－7－301

1937年10月至1938年8月，四川高等法院第一分院、璧山县政府关于刘周氏等租佃纠纷上诉一案的文书，包括卷宗目录、往来公函、四川高等法院第一分院民事裁定书、送达证明书等。

293. 四川高等法院第一分院、璧山县政府审理请求退还借约上诉一案　12－7－302

1938年1月至1938年8月，四川高等法院第一分院、璧山县政府关于蒋伯铨等因借约纠纷申请退还借约上诉一案的文书，包括往来公函、四川高等法院第一分院民事裁定书、法院训令、刑事诉状、送达证明书等。

294. 璧山县政府审理赔偿损害一案　12－7－303

1937年3月至1937年4月，璧山县政府关于谢龙恩等因租佃纠葛请求赔偿损害一案的文书，包括民事诉状、证人证物表、原案注销状、善堂佃约等。

295. 璧山县政府审理返还遗产一案　12－7－304

1937年11月至1937年12月，璧山县政府关于曹贤卿等请求返还遗产一案的文书，包括民事诉状、证人证物表、点名单、审理笔录、民事辩诉状等。

296. 四川高等法院第一分院、璧山县政府审理债务纠葛上诉、交业执行抗告两案　12－7－305

1937年12月至1938年8月，四川高等法院第一分院、璧山县政府关于谭李氏要求杨谭氏等偿还借款上诉、龙桂廷等因租佃纠葛请求交业执行抗告两案的文书，包括卷宗目录、往来公函、四川高等法院第一分院民事裁定书、法院训令、甘愿和解合同文约、民事抗告状、证人证物表、民事追加状、民事缴费状、送达证明书等。

297. 璧山县政府审理请求搬迁交业一案　12－7－306

1937年11月至1937年12月，璧山县政府关于黄保全等因租佃纠纷请求搬迁交业一案的文书，包括民事诉状、证人证物表、点名单、审理笔录、民事判决书、报告、送达回证、传票等。

298. 四川高等法院第一分院、璧山县政府审理破产偿债抗告一案　12－7－307

1937年10月至1938年6月，四川高等法院第一分院、璧山县政府关于曹重光等破产偿债抗告一案的文书，包括往来公函、民事抗告诉状、证人证物表、民事申请状、保管产业佃户姓名租额及实收数目表、四川高等法院第一分院民事裁定书、四川高等法院第一分院再抗告裁定书、法院训令、意见书、送达证明书等。

299. 四川高等法院第一分院、璧山县政府审理请求偿还会款上诉一案　12－7－308

1938年1月至1939年1月，四川高等法院第一分院、璧山县政府关于李发林要求李何氏偿还会款上诉一案的文书，包括卷宗总目、民事再审状、证人证物表、法院训令、四川高等法院第一分院民事裁定书、往来公函、全衔指令、送达证明书等。

300. 四川高等法院第一分院、璧山县政府审理返还押银上诉一案　12－7－309

1938年5月至1938年11月，四川高等法院第一分院、璧山县政府关于徐廖氏等因租佃纠葛请求返还押银上诉一案的文书，包括卷宗总目、往来公函、民事裁定书、法院训令、送达证明书等。

301. 璧山县政府审理请求退还会款一案　12—7—310

1937年8月至1938年1月，璧山县政府关于陈吴氏等申请退还会款一案的文书，包括民事诉状、证人证物表、点名单、审理笔录、报告、民事判决书、送达回证、民事执行状等。

302. 璧山县政府审理典款存查以免计骗一案　12—7—311

1938年6月，璧山县政府关于杨特武等因中间人邹鸿章等拖欠典款存查以免计骗一案的文书，包括民事存查状、证人证物表等。

303. 璧山县政府及地方法院审理偿还会银、分割遗产两案　12—7—312

1937年1月至1948年6月，璧山县政府及地方法院关于袁福三要求袁天成偿还会银、胡延钦因等请求分割遗产两案的文书，包括卷宗目录、民事诉状、证人证物表、照抄欠条、往来公函、民事判决书等。

304. 璧山县政府审理请求偿还会银申请再审一案　12—7—313

1937年1月至1937年9月，璧山县政府关于袁天成要求袁福三偿还会银申请再审一案的文书，包括民事自诉状、证人证物表、审理笔录、全衔朱谕、往来公函、民事诉状、司法处训令、报告、调解会将到场人姓名单等。

305. 璧山县政府审理债务纠纷一案　12—7—314

1937年12月至1938年8月，璧山县政府关于曾德江等请求偿还借款一案的文书，包括民事诉状、证人证物表、照抄原约、民事辩诉状、审理笔录、民事保状、民事领状、民事和解笔录、借约、收据等。

306. 璧山县政府审理请求返还押金、债务纠葛两案　12—7—315

1937年2月至1937年4月，璧山县政府关于陈楚伯等因租佃纠葛请求返还押金、王习林等申请偿还借款两案的文书，包括民事诉状、往来公函、证人证物表、抄供单、点名单、审理笔录、收条、刑事判决书、报告书等。

该卷另附民国三十八年璧山地方法院指令、三十五年通知书、公函若干等。

307. 璧山县政府等审理返还祠产、会款纠葛两案　12—7—316

1937年3月至1938年1月，璧山县政府等关于龙汝贤等申请返还祠产、何东旭等申请退还会款两案的文书，包括民事诉状、证人证物表、接龙乡第三保呈、出佃田土房屋文约、保状、审理笔录、送达回证、民事执行状等。

该卷另附四川璧山地方法院关于毁损案的刑事附带民事判决书、四川璧山地方法院关于伤害案的刑事判决书、有关租佃纠葛案的往来公函、四川高等法院第一分院关于会项纠葛案的民事判决书、四川璧山地方法院关于迁坟案的执行命令、四川高等法院关于专设公证处的训令、关于派人执行迁坟的报告。

308. 璧山县政府审理返还押金一案　12—7—317

1937 年 12 月至 1940 年 5 月，璧山县政府关于陈德舟等因租佃纠葛请求返还押金一案的文书，包括民事诉状、证人证物表、审理笔录、司法处训令、民事缴状、民事领状、收据、民事具领状、民事保状，该卷另附民国三十八年民事判决书一张等。

309. 璧山县政府审理债务纠纷一案　12—7—318（1）

1937 年 10 月至 1938 年 8 月，璧山县政府关于曹贯一要求陈正芳等偿还借款一案的文书，包括民事诉状、证人证物表、民事辩诉状、审理笔录、民事判决书、民事裁定书、民事执行状、往来公函、司法处查封报告、查封笔录、司法处布告、民事申请状、民事认买状、民事具领状、借银及诉讼费清单、民事缴状、报告等。

310. 璧山县政府审理债务纠纷一案　12—7—318（2）

1938 年 8 月至 1939 年 8 月，璧山县政府关于曹贯一要求陈正芳等偿还借款的债务执行一案的文书，包括民事执行状、民事领状、司法处训令、产业估定时价笔录、司法处拍卖布告、司法处牌告、民事缴状、收据、查算笔录、司法处通知书等。

311. 四川高等法院第一分院、璧山县政府审理退还会款及其上诉一案　12—7—319

1938 年 6 月至 1939 年 3 月，四川高等法院第一分院、璧山县政府关于何文清等申请退还会款及其上诉一案的文书，包括民事诉状、证人证物表、法院训令、往来公函、璧山县政府民事判决书、民事执行状、民事保状、民事上诉状、民事自诉状、布告、民事复状、民事调解状等。

312. 璧山县政府审理解除租约一案　12—7—320

1937 年 1 月至 1938 年 9 月，璧山县政府关于陈松林等因租佃纠葛请求解除租约案的文书，包括民事诉状、证人证物表、民事辩诉状、审理笔录、民事执行状、民事续状、司法处布告、司法处牌告、民事和解状、布告、民事申请状、抄录各债权数目表、全衔朱谕、查封笔录、牌告、拍卖布告、朱谕、领会洋文约等。

313. 璧山县政府审理会款纠葛一案　12—7—321

1937年5月至1937年12月，铜梁县政府关于咨请璧山县政府执行杨文明等会款纠葛案判决一案的文书，包括往来公函、报告、咨文、民事声明状、收据等。

314. 四川高等法院第一分院、璧山县政府审理债务纠葛上诉等四案　12—7—322

1937年3月至1938年3月，四川高等法院第一分院、璧山县政府关于杨维三等申请偿还借款上诉、殷兴福等因租佃纠葛申请搬迁交业、曾健明等因买卖田业纠纷请求交业、苏汉云请求偿还借款四案的文书，包括民事上诉状、证人证物表、训令、意见书、四川高等法院第一分院民事裁定书、璧山县政府民事和解笔录、璧山县政府民事判决书、民事申请状、民事诉状、民事辩诉状、出佃文约、分管文约、报告、审理笔录、民事委任状、言辞辩论笔录等。

315. 四川高等法院第一分院、璧山县政府审理给付租谷一案　12—7—323

1937年4月至1937年6月，四川高等法院第一分院、璧山县政府关于蓝海舟等因租佃纠葛申请给付租谷再审一案的文书，包括民事诉状、证人证物表、点名单、审理笔录、往来公函、见条、佃权合同、押佃生洋文约、出佃田土房屋文约、传票等。

316. 璧山县政府审理会款纠纷一案　12—7—324

1937年9月至1937年10月，璧山县政府关于郑张氏请求唐用达退还会款一案的文书，包括民事自诉状、证人证物表、报告、审理笔录、民事判决书、民事申请状、普利田园会会书等。

317. 璧山县政府审理会款纠纷一案　12—7—325

1936年12月至1938年3月，璧山县政府关于毛炳廷等请求追缴会款一案的文书，包括民事诉状、证人证物表、民事证明状、报告、民事答辩状、审理笔录、收条、应上远会洋姓名单、司法处谕等等。

318. 四川高等法院第一分院、璧山县政府审理会款纠纷及其上诉一案　12—7—326

1937年10月至1938年12月，四川高等法院第一分院、璧山县政府关于罗炳煊等要求曾炳安退还会款及其上诉一案的文书，包括民事诉状、审理笔录、报告、民事保状、民事判决书、民事执行状、往来公函、法院训令、民事声明状、民事裁定书、民事上诉状、民事委任状、言辞辩论笔录、民事答辩状等。

319. 四川高等法院第一分院、璧山县政府等审理会款纠纷抗告一案　12－7－327

1936 年 7 月至 1937 年 12 月，四川高等法院第一分院、璧山县政府等关于胡治安等返还会款抗告一案的文书，包括往来公函、意见书、训令、巴县地方法院民事裁定书、民事领状、民事抗告状、民事保状、报告、璧山县政府判决书、民事公证状等。

320. 璧山县政府审理债务纠葛一案　12－7－328

1937 年 10 月至 1937 年 12 月，璧山县政府关于杨火廷因唐三兴等拖欠会款申请抵押其田业偿债一案的文书，包括民事诉状、审理笔录、民事辩诉状、司法处训令、民事申请状等。

321. 璧山县政府审理红契被窃请求备案存查一案　12－7－329

1937 年 9 月，璧山县政府关于江璧华因红契被窃请求备案存查一案的文书，仅包括璧山县第三区接办乡乡办公处公函等。

322. 璧山县政府审理再嫁存查一案　12－7－330

1937 年 6 月，璧山县政府关于何吴氏请求再嫁存查一案的文书，包括民事诉愿书、证人证物表等。

323. 璧山县政府审理债务纠葛一案　12－7－331

1937 年 5 月至 1937 年 7 月，璧山县政府关于江炳林等申请偿还借款执行一案的文书，包括民事诉状、证人证物表、借生洋文约、点名单、审理笔录、民事辩诉状、筹议偿还债务办法、报告、民事保状、司法处公函、传票等。

324. 璧山县政府审理请求议定买卖产业价格存查一案　12－7－332

1937 年 3 月至 1937 年 4 月，璧山县政府关于朱泽霖等请求议定买卖产业价格存查一案的文书，包括民事申请状、证人证物表、司法处全衔牌告等。

325. 璧山县政府审理债务纠纷一案　12－7－333

1937 年 3 月至 1937 年 12 月，璧山县政府关于萧树安等申请偿还借洋一案的文书，包括民事诉状、审理笔录、民事判决书、训令、民事执行状、报告、民事续状、司法处签呈、出借生洋文约等。

326. 璧山县政府审理脱离收养关系存查等三案　12－7－334

1937 年 4 月至 1937 年 9 月，璧山县政府关于祥泰与周梁氏脱离收养关系存查、徐述平请求自耕田存查、刘宪章缴纳公款存查三案的文书，包括民事申请函、照抄存查状原词、抄自愿脱离收养关系文约、民事存查状、证人证物表等。

327. 璧山县政府审理请求清偿借款一案　12－7－335

1937年8月至1937年12月，璧山县政府关于赖学三请求清偿借款一案的文书，包括民事诉状、报告、来往信件、民事催状等。

328. 璧山县政府审理请求退还会款一案　12－7－336

1937年1月至1937年2月，璧山县政府关于黄荣廷请求退还会款一案的文书，包括民事诉状、证人证物表、民事辩诉状、点名单、审理笔录、传票等。

329. 璧山县政府审理请求撤销买卖契约一案　12－7－337

1937年3月至1937年5月，璧山县政府关于周显厚等因买卖田业纠纷请求撤销买卖契约一案的文书，包括民事诉状、审理笔录、民事辩诉状、民事抗告状、报告、民事判决书、民事缴状等。

330. 璧山县政府审理撤销买卖一案　12－7－338

1937年9月至1937年12月，璧山县政府关于彭徐氏等因买卖田业的价格纠纷请求撤销买卖一案的文书，包括民事诉状、证人证物表、民事销案状等。

331. 璧山县政府审理分割遗产一案　12－7－339

1937年10月至1937年11月，璧山县政府关于陈邓氏等请求分割遗产一案的文书，包括民事诉状、证人证物表、点名单、审理笔录、民事和解笔录、送达回证、民事辩诉状等。

332. 璧山县政府审理搬迁交业并赔偿损害一案　12－7－340

1937年11月至1938年2月，璧山县政府关于王仑高等因租佃纠葛申请搬迁交业并赔偿损害一案的文书，包括民事诉状、证人证物表、往来公函、照抄欠条、收据、传票回证、点名单、审理笔录、民事判决书、报告等。

333. 璧山县政府审理请求租谷假扣押一案　12－7－341

1937年9月至1938年4月，璧山县政府关于邓树昌等因租佃纠葛请求租谷假扣押一案的文书，包括民事诉状、借据、民事辩诉状、审理笔录、民事判决书、司法处签呈、民事执行状、证明状、报告、民事补诉状、民事缴状、收据、民事委任状、民事保状、司法处谕、划界笔录、民事申请状、民事抗告状等。

334. 四川高等法院第一分院、璧山县政府审理请求搬迁及其上诉一案　12—7—342

1937 年 8 月至 1938 年 8 月，四川高等法院第一分院、璧山县政府关于宋源盛等因租佃纠纷请求搬迁及其上诉一案的文书，包括民事诉状、民事辩诉状、审理笔录、司法处朱谕、民事声明状、报告、民事抗告状、民事上诉状、佃田土房屋文约、四川高等法院第一分院民事判决书、往来公函、法院训令、璧山县政府朱谕等。

335. 璧山县政府审理产业假扣押一案　12—7—343

1937 年 4 月至 1938 年 7 月，璧山县政府关于钟炳章等因借债纠葛请求产业假扣押一案的文书，包括民事诉状、证人证物表、点名单、出借银文约、审理笔录、保状、民事执行状、送达回证、传票回证、民事判决书等。

336. 璧山县政府、重庆地方法院审理给付货款一案　12—7—344

1938 年 5 月至 1939 年 1 月，璧山县政府、重庆地方法院关于林子云等请求给付买卖枪支货款一案的文书，包括民事诉状、证人证物表、民事申请状、审理笔录、民事委任状、结文、民事辩诉状、照抄收据二张、报告、往来公函、收据等。

337. 璧山县政府审理返还业价一案　12—7—345

1938 年 6 月至 1938 年 7 月，璧山县政府关于代高氏等因典当田业房屋纠葛请求返还业价一案的文书，包括民事诉状、民事辩诉状、审理笔录、往来公函、民事自诉状、报告、民事和解状等。

338. 璧山县政府审理领押交业一案　12—7—346

1937 年 6 月至 1937 年 7 月，璧山县政府关于胡兴全等因租佃纠葛请求领回押银交还田业一案的文书，包括民事诉状、证人证物表、民事辩诉状、报告书等。

339. 四川高等法院第一分院、璧山县政府审理确定土地经界抗告一案　12—7—347

1937 年 8 月至 1939 年 7 月，四川高等法院第一分院、璧山县政府关于邱辑五等申请确定土地经界抗告一案的文书，包括往来公函、四川高等法院第一分院民事判决书、法院训令、民事诉状、报告、民事展限状、民事抗告状、民事委任状、司法处训令、民事执行状、民事缴状等。

340. 璧山县政府审理偿还会款上诉一案　12－7－348

1937 年 6 月至 1938 年 2 月，璧山县政府关于李炳辉等申请偿还会款上诉一案的文书，包括报告、民事领状、审理笔录、民事上诉状、民事辩诉状、交押佃市洋文约等。

341. 璧山县政府审理返还会银一案　12－7－349

1937 年 1 月，璧山县政府关于刘伯明要求鲍有才返还会银一案的文书，包括民事诉状、证人证物表、点名单、审理笔录、鲍有才担保账目、民事辩诉状、送达回证、传票等。

342. 四川高等法院第一分院、璧山县政府审理债务纠葛一案　12－7－350

1937 年 6 月至 1938 年 12 月，四川高等法院第一分院、璧山县政府关于刘钟霖等申请偿还借款一案的文书，包括民事诉状、审理笔录、民事辩诉状、璧山县政府民事判决书、保状、民事申请状、往来公函、法院训令、民事执行状、收据、签呈单、璧山县警察所审讯单、报告书、民事保状、璧山县警察分驻所审讯单、借银文约等。

343. 四川高等法院第一分院、璧山县政府审理请求债务上诉一案　12－7－351

1937 年 10 月至 1938 年 11 月，四川高等法院第一分院、璧山县政府关于龙宝善等因租佃纠葛请求债务上诉一案的文书，包括往来公函、意见书、民事执行状、法院训令、民事理由状、民事声明状等。

344. 璧山县政府审理典当纠纷一案　12－7－352

1937 年 10 月至 1938 年 2 月，璧山县政府关于王林麟等因典当田房价格纠纷请求按市价典当一案的文书，包括民事诉状、证人证物表、民事辩诉状、点名单、审理笔录、民事判决书、送达回证、民事领状、市价等。

345. 璧山县政府审理退还会款一案　12－7－353

1937 年 12 月至 1938 年 2 月，璧山县政府关于刘海清要求白九云等退还会款一案的文书，包括点名单、送达回证、民事和解笔录、报告、民事诉状、证人证物表等。

346. 四川高等法院第一分院、璧山县政府审理债务纠葛抗告一案　12－7－354

1937 年 7 月至 1937 年 8 月，四川高等法院第一分院、璧山县政府关于周程氏等因借款纠纷申请查封产业偿债抗告一案的文书，包括四川高等法院第一分院民事裁定书、卷宗总目、往来公函、意见书、民事抗告状、送达证明书等。

347. 璧山县政府审理偿还借债执行一案　12—7—355

1937年1月至1937年8月，璧山县政府关于傅罗氏等请求偿还借债执行一案的文书，包括民事自诉状、证人证物表、民事辩诉状、点名单、审理笔录、民事和息状、甘心罢讼和息文约、收据等。

348. 璧山县政府审理会款纠葛一案　12—7—356

1937年8月，璧山县政府关于毛万兴要求毛品发等退还会款执行一案的文书，包括民事诉状、证人证物表、民事和解状等。

349. 四川高等法院第一分院、璧山县政府审理确定经界上诉一案　12—7—357

1938年6月至1938年9月，四川高等法院第一分院、璧山县政府关于雷佑之等因买卖遗产纠葛申请经界上诉一案的文书，包括往来公函、四川高等法院第一分院民事裁定书、法院通知书、法院训令、送达证明书、民事上诉状、证人证物表、民事诉状、民事和解状等。

350. 璧山县政府审理给付租银一案　12—7—358

1937年10月至1939年4月，璧山县政府关于刘尊高等因租佃纠纷请求给付租银一案的文书，包括民事诉状、民事辩诉状、审理笔录、民事反诉状、谕、报告、往来公函、民事委任状、民事判决书、民事裁定书等。

351. 四川高等法院第一分院、璧山县政府审理给付租银上诉一案　12—7—359

1939年4月至1939年5月，四川高等法院第一分院、璧山县政府关于刘尊高等租佃纠葛请求给付租银上诉一案的文书，包括送达证明书、同心文约、往来公函、民事上诉状、民事裁定书等。

352. 璧山县政府审理给付租银、分割遗产两案　12—7—360

1938年1月至1939年5月，璧山县政府关于刘尊高等租佃纠葛请求给付租银、张陈氏等申请分割遗产两案的文书，包括民事诉状、民事判决书、往来公函、法院训令、民事裁定书、信函、受遗产权分别说明、甘愿遵判息事合同文约等。

353. 璧山县政府审理分割遗产一案　12—7—361

1937年12月至1939年2月，璧山县政府关于张陈氏等申请分割遗产一案的文书,包括民事诉状、报告、民事公证状、遗产亲属会议决议书、民事申请状、审理笔录、民事抗告状等。

354. 四川高等法院第一分院、璧山县政府审理债务纠纷一案　12—7—362

1937年8月至1938年6月,四川高等法院第一分院、璧山县政府关于姜张氏要求舒纯昌偿还借款一案的文书,包括民事诉状、民事保状、报告、审理笔录、民事申请状、民事执行状、法院训令。

355. 四川高等法院第一分院、璧山县政府审理会款纠葛上诉一案　12—7—363

1937年10月至1938年4月,四川高等法院第一分院、璧山县政府关于谢词兴等申请退还会款上诉一案的文书,包括往来公函、四川高等法院第一分院民事裁定书、民事上诉状、民事委任状、审理笔录、宣告判决笔录、民事再审状、法院训令、民事理由状、通知书回证等。

356. 四川高等法院第一分院、璧山县政府审理退还会款上诉一案　12—7—364

1938年6月至1938年10月,四川高等法院第一分院、璧山县政府关于晏曹氏申请退还会款上诉一案的文书,包括往来公函、意见书、四川高等法院第一分院民事裁定书、法院训令、送达证明书等。

357. 璧山县政府审理讯追会款一案　12—7—365

1937年5月至1938年1月,璧山县政府关于周玉祥申请讯追胡维高等应上会款一案的文书,包括民事诉状、证人证物表、点名单、审理笔录、保状、民事判决书等。

358. 璧山县政府审理给付租谷一案　12—7—366

1937年10月至1938年1月,璧山县政府关于滕玉太等因租佃纠纷请求给付租谷一案的文书,包括民事诉状、证人证物表、民事辩诉状、审理笔录、民事判决书、民事催请状、收据等。

359. 璧山县政府审理请求搬迁一案　12—7—367

1937年12月至1938年2月,璧山县政府关于邹万盛等因租佃纠葛申请搬迁一案的文书,包括民事诉状、证人证物表、点名单、审理笔录、司法处谕、报告、传票回证等。

360. 四川高等法院第一分院、璧山县政府审理债务纠葛一案　12—7—368

1937年1月至1938年4月，四川高等法院第一分院、璧山县政府关于冷绍奎要求叶青山清偿借款一案的文书，包括民事诉状、借银文约、审理笔录、民事辩诉状、民事保状、民事判决书、民事执行状、民事申请状、往来公函、法院训令、报告、民事和解状、法院指令等。

361. 璧山县政府审理给付租谷一案　12—7—369

1937年1月至1937年3月，璧山县政府关于黄廷钧等因租佃纠纷请求给付租谷一案的文书，包括民事诉状、出佃田土房屋文约、证人证物表、点名单、审理笔录、报告、送达回证、传票等。

362. 四川高等法院第一分院、璧山县政府审理给付欠租及其上诉一案　12—7—370

1937年3月至1938年2月，四川高等法院第一分院、璧山县政府关于何白氏等因租佃纠葛申请给付欠租上诉一案的文书，包括往来公函、民事执行状、训令、民事申请状、民事辩诉状、民事上诉状等。

363. 璧山县政府审理解除租约并赔偿损害一案　12—7—371

1937年11月，璧山县政府关于陈映廷等因租佃纠纷请求解除租约并赔偿损害一案的文书，包括民事诉状、证人证物表、司法处训令等。

364. 璧山县政府审理请求领女抚养及其上诉一案　12—7—372

1937年7月至1937年12月，璧山县政府关于谷朱氏诉被徐述平诱奸怀孕请求领女抚养及其上诉一案的文书，包括民事诉状、证人证物表、民事缴状、点名单、审理笔录、收条、民事判决书、送达回证、刑事保状、民事上诉状等。

365. 璧山县政府审理返还产业上诉一案　12—7—373

1938年6月至1938年12月，璧山县政府关于郑文钦等因典当田业纠葛申请返还产业上诉一案的文书，包括卷宗目录、往来公函、四川高等法院第一分院民事裁定书、送达证明书、法院训令、民事诉状、证人证物表等。

366. 璧山县政府审理请发支付命令一案　12—7—374

1937年10月至1937年12月，璧山县政府关于李国藩等因借款纠葛请发支付命令一案的文书，包括民事诉状、收据、民事展限状、民事辩诉状、审理笔录、民事反诉状、民事判决书、民事保状、民事申请状等。

367. 璧山县政府审理债务纠葛及其上诉一案　12—7—375

1937年5月至1937年7月，璧山县政府关于张同福永要求丁炳之偿还借款及其上诉一案的文书，包括民事诉状、照抄张同福永耒货去款单、审理笔录、报告、民事判决书、民事辩诉状、民事申请状、民事保状、民事上诉状等。

368. 四川高等法院第一分院、璧山县政府审理债务纠葛及其上诉一案　12—7—376

1937年6月至1938年1月，四川高等法院第一分院、璧山县政府关于张同福永要求丁炳之偿还借款及其上诉一案的文书，包括往来公函、四川高等法院第一分院民事判决书、法院训令、民事执行状、执行诉讼费用数目单等。

369. 四川高等法院第一分院、璧山县政府审理会款纠葛上诉一案　12—7—377

1937年9月至1938年4月，四川高等法院第一分院、璧山县政府关于林恕五要求董元清退还会款上诉一案的文书，包括往来公函、法院训令、民事执行状、诉讼费用单、证人证物表、点名单、审理笔录、结文等。

370. 璧山县政府审理退还会款一案　12—7—378—379

1937年7月至1937年10月，璧山县政府关于龚秉林请求退还会款一案的文书，包括民事诉状、点名单、审理笔录、收条、民事辩诉状、民事领状、送达回证、传票、收据等。

371. 璧山县政府审理赔偿损害一案　12—7—380

1937年6月至1937年12月，璧山县政府关于林恕五等因会款纠葛申请赔偿损害一案的文书，包括民事诉状、证人证物表、民事辩诉状、点名单、审理笔录、照抄讼费单、报告、民事判决书等。

372. 璧山县政府审理退还会款一案　12—7—381

1937年9月至1937年12月，璧山县政府关于龙罗氏要求蒋张氏退还会款一案的文书，包括民事诉状、证人证物表、报告、审理笔录、民事判决书、聚贤会簿等。

373. 四川高等法院第一分院、璧山县政府审理请求交业及其上诉一案　12—7—382

1937年6月至1938年12月，四川高等法院第一分院、璧山县政府关于唐瑞棋等因租佃纠葛请求交业及其上诉一案的文书，包括往来公函、民事诉状、民事判决书、司法处谕、报告、法院训令、民事执行状、民事保状、民事申请状、民事辩诉状、民事催呈状、审理笔录、民事领状、收据、民事扣押状、文约、民事参加状、全衔训令、刑事自诉状、民事上诉状、民事异议状、民事和解笔录、执行命令、训令等。

374. 四川高等法院第一分院、璧山县政府审理赔偿纠葛抗告案、清偿租谷两案　12—7—383

1937年8月至1938年9月，四川高等法院第一分院、璧山县政府关于贺国臣等由盗窃引起的赔偿纠葛抗告案、龙玉臣因龙炳洲等因租佃纠葛请求清偿租谷两案的文书，包括往来公函、法院训令、四川高等法院第一分院民事裁定书、民事抗告状、民事诉状等。

375. 璧山县政府审理确认买卖无效一案　12—7—384

1937年3月至1937年4月，璧山县政府关于李海舟等因买卖遗产纠葛请求确认买卖无效一案的文书，包括民事诉状、证人证物表、民事辩诉状、民事补呈状、民事案件点名单、审理笔录等。

376. 璧山县政府审理退还会款一案　12—7—385

1937年11月至1938年1月，璧山县政府关于杨建农要求杨鲁三退还会款一案的文书，包括民事诉状、证人证物表、抵押字约、往来公函、点名单、审理笔录、民事裁定书等。

377. 四川高等法院第一分院、璧山县政府审理诈骗财产上诉一案　12—7—386

1937年2月至1937年6月，四川高等法院第一分院、璧山县政府关于陈国才等诈骗财产上诉一案的文书，包括法院训令、保状、报告、司法处指令、往来公函、民事诉状、证人证物表、点名单等。

378. 璧山县政府审理分析财产协议存查一案　12—7—387

1937年3月至1938年4月，璧山县政府关于杨印氏请求分析财产协议存查一案的文书，包括司法处全衔牌告、民事存查状、证人证物表、分管文约等。

379. 璧山县政府审理领押立约一案　12—7—388

1937年9月至1937年10月，璧山县政府关于吴秀卿等因租佃纠纷请求领押立约一案的文书，包括民事诉状、证人证物表、点名单、审理笔录、民事判决书、送达回证、传票等。

380. 璧山县政府审理给付租谷一案　12—7—389

1937 年 4 月至 1937 年 6 月，璧山县政府关于徐静思因与孙树山等发生租佃纠葛申请给付租谷一案的文书，包括民事诉状、证人证物表、民事辩诉状、审理笔录、民事判决书、报告、送达回证、佃约等。

381. 四川高等法院第一分院、璧山县政府审理债务纠葛及其上诉一案　12—7—390

1937 年 5 月至 1938 年 9 月，四川高等法院第一分院、璧山县政府关于曾子才要求龙陈氏等偿还借款及其上诉一案的文书，包括民事诉状、民事辩诉状、民事展限状、审理笔录、报告、连年欠款单、璧山县政府民事判决书、往来公函、民事上诉状、意见书、法院训令、民事执行状、四川高等法院第一分院民事判决书等。

382. 璧山县政府审理给付租谷一案　12—7—391

1937 年 8 月，璧山县政府关于龙治河等因租佃纠纷申请给付租谷一案的文书，包括民事诉状、证人证物表、民事反诉状、经理本祠收租谷并售支付表、点名单、审理笔录等。

383. 璧山县政府审理租佃纠葛请求调解一案　12—7—392

1937 年 10 月至 1938 年 10 月，璧山县政府关于巫奎臣因与黄英灿发生租佃纠葛请求调解一案的文书，包括民事诉状、审理笔录、司法处训令、往来公函、民事判决书等。

384. 四川高等法院第一分院、璧山县政府审理恢复借贷关系上诉一案　12—7— 393

1938 年 3 月至 1938 年 4 月，四川高等法院第一分院、璧山县政府关于江国林等因借贷纠纷请求恢复借贷关系上诉一案的文书，包括民事申请状、证人证物表、四川高等法院第一分院民事裁定书、往来公函等。

385. 四川高等法院第一分院、璧山县政府审理退还会款上诉一案　12—7—394

1938 年 5 月至 1938 年 11 月，四川高等法院第一分院、璧山县政府关于张炳安请求退还会款上诉一案的文书，包括往来公函、法院训令、四川高等法院第一分院民事判决书、传票回证、收款证、送达回证、传票等。

386. 四川高等法院第一分院、璧山县政府审理债务纠葛及其上诉一案　12—7—395

1937 年 5 月至 1938 年 7 月，四川高等法院第一分院、璧山县政府关于秦杨氏等申请偿还借款及其上诉一案的文书,包括往来公函、法院训令、四川高等法院第一分院民事裁定书、民事诉状、审理笔录、民事辩诉状、报告、璧山县政府民事判决书、民事执行状、收款文约、会项本利表、借生洋文约等。

387. 璧山县政府审理分产离居请求备案存查等三案　12－7－396

1937年9月,璧山县政府关于朱森茂因分产离居请求备案存查、罗宗然等声明佃权优先请求存查、赵海云等妻子拐物外逃存查三案的文书,包括民事存查状、证人证物表等。

388. 四川高等法院第一分院、璧山县政府审理退还会款及其上诉一案　12－7－397

1937年6月至1938年1月,四川高等法院第一分院、璧山县政府关于张继良要求曾会嘉等退还会款及其上诉一案的文书,包括民事诉状、审理笔录、璧山县政府民事判决书、民事申请状、民事上诉状、借据、大衍会规章十一条、各会局姓名单、民事保状、民事辩诉状、四川高等法院第一分院民事判决书、往来公函、法院训令等。

389. 四川高等法院第一分院、璧山县政府审理婚约纠葛及其上诉一案　12－7－398

1937年7月至1938年8月,四川高等法院第一分院、璧山县政府关于巫荣芳等申请维持婚姻关系的婚约纠葛及其上诉一案的文书,包括民事诉状、报告、民事辩诉状、审理笔录、璧山县政府民事判决书、民事上诉状、往来公函、法院训令、涉案各物列表等。

390. 璧山县政府审理赔偿损害一案　12－7－399

1936年5月至1937年9月,璧山县政府关于汪杜氏因汪罗氏不交租谷请求赔偿损害一案的文书,包括民事诉状、证人证物表、点名单、民事判决书等。

391. 四川高等法院第一分院、璧山县政府审理会款纠葛上诉一案　12－7－400

1937年3月至1938年3月,四川高等法院第一分院、璧山县政府关于毛华安等申请退还会款上诉一案的文书,包括璧山县政府民事判决书、传票、璧山县政府饬签、往来公函、民事注销状、法院训令、证人证物表等。

392. 璧山县政府审理退还会款执行一案　12－7－401

1937年1月至1937年4月,璧山县政府关于邱思齐等要求柯从先等退还会款执行一案的文书,包括报告、民事诉状、民事执行状、民事辩诉状、审理笔录、民事判决书等。

393. 璧山县政府审理请求扣押买卖田业现款一案　12－7－402

1937 年 7 月，璧山县政府关于曹尊三等因会款纠葛请求扣押买卖田业现款一案的文书，包括民事诉状、民事辩诉状、点名单、审理笔录、应上会款列表、民事撤回状、和息了讼文约、民事判决书等。

394. 四川高等法院第一分院、璧山县政府审理退还会款一案　12－7－403

1937 年 5 月至 1938 年 1 月，四川高等法院第一分院、璧山县政府关于王明廷要求王俊卿等退还会款一案的文书，包括民事辩诉状、报告、民事诉状、往来公函、法院训令等。

395. 璧山县政府审理退还公款一案　12－7－404

1936 年 11 月至 1937 年 6 月，璧山县政府关于陈江氏等因伙食费纠葛请求退还公款一案的文书，包括扣押请托借银文约、璧山县第一区河边镇联保办公处签复、借据、承付利谷文约、收据、民事反诉状、承包伙食文约、往来公函、诉愿书、审理笔录等。

396. 璧山县政府审理会款纠葛抗告一案　12－7－405

1937 年 1 月至 1937 年 9 月，璧山县政府关于郭绍卿等申请退还会款抗告一案的文书，包括民事抗告状、证人证物表、民事委任状、民事辩诉状、民事执行状、报告、全衔朱谕等。

397. 四川高等法院第一分院、璧山县政府审理布款纠纷一案　12－7－406

1937 年 2 月至 1937 年 8 月，四川高等法院第一分院、璧山县政府关于王厚卿要求曾炳钦返还布款一案的文书，包括往来公函、民事领状、报告、领条、民事自诉状、法院训令、民事保状等。

398. 四川高等法院第一分院、璧山县政府审理扣押田业租谷上诉一案　12－7－407

1937 年 9 月至 1937 年 11 月，四川高等法院第一分院、璧山县政府关于汪罗氏等因家产纠葛申请扣押田业租谷上诉一案的文书，包括往来公函、意见书、法院训令、民事诉状、证人证物表、保状、甘愿央请调解文约等。

399. 四川高等法院第一分院、璧山县政府审理离婚上诉一案　12－7－408

1937 年 3 月至 1937 年 7 月，四川高等法院第一分院、璧山县政府关于刘雷氏与刘保卿离婚上诉一案的文书，包括往来公函、民事判决书、法院训令、传票等。

400. 璧山县政府及司法处、四川高等法院第一分院等判决书、裁定书卷　12—7—409

1936年7月至1939年1月，璧山县政府及司法处民事判决书、璧山县政府民事判决书、四川高等法院第一分院民事裁定书、璧山县政府兼理司法处民事判决书、四川高等法院第一分院民事判决书、璧山县政府民事裁定书，涉及保管膳银、借款、会款担保、会银、租佃、买卖布匹、婚姻及婚约、祠款、会款、租佃押银、破产偿债、存款、典当田土房屋、生活费、会账等。

401. 璧山县政府审理会银纠纷一案　12—7—410

1937年7月，璧山县政府关于胡国宾要求向全安退还拖欠的会银一案的文书，包括民事诉状、报告、送达回证、传票回证、民事传票等。

402. 璧山县政府审理财产假扣押等七案　12—7—411

1933年11月至1937年7月，璧山县政府关于刘绍伯因王兆祥等因债务纠葛声请财产假扣押、龙江廷等因租佃纠葛请求返还押银、王青山等人买卖田业申请存查、任春山等因买卖田房纠纷申请完清买卖手续、周海廷等因租佃纠纷请求返还押金、吴希特要求王制君偿还粮款、周金山等因租佃纠纷请求讯追租谷七案的文书，包括民事声请状、账单、点名单、往来公函、民事诉状、凭票、报告、审理笔录、民事执行状、呈文、送达回证、民事判决书、契约、民事辩诉状等。

403. 璧山县政府、四川高等法院第一分院审理限制治产权等三案　12—7—412

1937年4月，璧山县政府、四川高等法院第一分院关于刘彭氏等因刘学武浪费金钱申请限制其治产权、黄鹏安等人因租佃纠纷申请给付租谷、僧惠缘等申请返还产业上诉三案的文书，包括民事声请状、契约、民事领状、民事诉状、民事执行状、四川高等法院第一分院民事判决书、送达回证、训令、往来公函等。

404. 璧山地方法院等审理返还押银一案　12—7—413

1937年2月至1940年2月，璧山地方法院等关于郭炳云等因租佃纠葛申请返还押银一案的文书，包括璧山在乡军人会代电、往来公函、言辞辩论笔录、民事宣判笔录、民事判决书、送达证书等。

405. 璧山县司法处审理返还会银一案　12—7—414

1937年11月至1938年4月，璧山县司法处关于鲁在舟要求江荫民等人返还会银一案的文书，包括民事诉状、民事辩诉状、报告、民事委任状、点名单、审理笔录、传票回证、民事传票等。

406. 四川高等法院第一分院、璧山县政府审理债务纠纷及其上诉一案　12－7－415

1936年5月至1938年1月，四川高等法院第一分院、璧山县政府关于陈韦氏要求蔡春归还借款及其上诉一案的文书，包括民事诉状、民事辩诉状、账单、点名单、审理笔录、往来公函、训令、呈文、民事原诉状、民事判决书、送达回证、报告、民事执行状、朱谕、牌告、借据、四川高等法院第一分院民事裁定书等。

407. 四川高等法院第一分院、璧山县政府等审理借债纠纷等六案　12－7－416

1937年1月至1938年7月，四川高等法院第一分院、璧山县政府等关于江海帆要求陈复兴偿还借债、王黄氏等因租佃纠纷申请返还押银、蔡观贤等典当田业纠葛请求交业执行、彭锦光申请破产偿债、吴钟氏等人申请家产分割、王俭明等因借据真伪纠纷申请偿还借款六案的文书，包括民事执行状、民事诉状、报告、璧山县司法处民事判决书、民事再诉状、财产清单、点名单、审理笔录、民事辩诉状、借约等。

该卷附四川高等法院第一分院关于抵押执行异议案、争田业案的民事裁定书及判决书，璧山县政府关于家产纠葛案、租佃纠葛案、租佃与欠款案、债务纠葛案的民事判决书，重庆四川高等法院关于债务执行案的民事裁定书，重庆地方法院关于偿还借款案的民事判决书。

408. 四川高等法院第一分院、璧山县政府审理缴纳租谷及其上诉一案　12－7－417

1937年8月至1939年1月，四川高等法院第一分院、璧山县政府关于宋海林等因租佃纠纷申请缴纳租谷及其上诉一案的文书，包括民事诉状、民事辩诉状、民事公证状、民事委任状、民事上诉、往来公函、点名单、审理笔录、璧山县政府民事判决书、送达回证、民事传票、四川高等法院第一分院民事裁定书等。

409. 璧山县政府审理再嫁备案存查一案　12－7－418

1937年12月，璧山县政府关于胡吴氏夫死申请再嫁存查一案的文书，包括民事声请状、民事诉状等。

410. 四川高等法院第一分院、璧山县司法处审理返还押银及其上诉一案　12－7－419

1937年11月至1938年5月，四川高等法院第一分院、璧山县司法处关于徐廖氏等因租佃纠葛请求返还押银及其上诉一案的文书，包括点名单、审理笔录、民事传票、传票回证、训令、四川高等法院第一分院民事裁定书、民事诉状、民事申请状、庭审单、呈文、结文、璧山县政府民事判决书等。

411. 璧山县政府审理债务纠葛一案　12—7—420

1937年3月至1938年4月,璧山县政府关于刘元昌要求曹俊卿偿还借洋本息一案的文书,包括民事传票、点名单、民事诉状、借据、审理笔录、报告、结状等。

412. 璧山县政府审理退还押银一案　12—7—421

1937年12月至1938年2月,璧山县政府关于谢荣发等因租佃纠纷申请退还押银一案的文书,包括民事诉状、民事辩诉状、报告、点名单、审理笔录、传票回证、民事判决书、民事声请状等。

413. 璧山县政府审理返还会款一案　12—7—422

1937年2月至1937年3月,璧山县政府关于林古征要求冷清和等人返还会款一案的文书,包括民事诉状、民事辩诉状、点名单、审理笔录、民事原诉状、借据等。

414. 璧山县政府审理请求退还会银一案　12—7—423

1937年12月至1938年5月,璧山县政府关于周海全等人申请退还会银一案的文书,包括民事诉状、往来公函、报告、民事传票、传票回证、点名单、审理笔录、公函等。

415. 璧山县政府审理伙贸债务纠葛一案　12—7—424

1937年10月至1937年12月,璧山县政府关于杨鲁三等伙贸引起的债务纠葛一案的文书,包括民事诉状、民事辩诉状、民事委任状、审理笔录、民事自诉状、训令、往来公函等。

416. 璧山县政府审理债务纠纷一案　12—7—425

1937年1月至1937年3月,璧山县政府关于僧远伦要求陈远福等人偿还借洋及利谷一案的文书,包括民事诉状、民事辩诉状、点名单、审理笔录、民事自诉状、往来公函等。

417. 璧山县司法处审理偿还借款一案　12—7—426

1938年4月至1938年9月,璧山县司法处关于张树清要求吴荣臣偿还借款一案的文书,包括民事诉状、报告、点名单、审理笔录、民事拘提票、传票回证、民事和解笔录、送达证书、民事执行状等。

418. 璧山县政府审理破产还债一案　12—7—427

1937 年 1 月至 1937 年 5 月，璧山县政府关于吴寿增因债务分配难均声请破产摊偿一案的文书，包括民事声请状、往来公函、呈文、民事续状、报告、民事辩诉状、点名单、审理笔录、民事判决书、送达回证等。

419. 璧山县司法处审理祠堂财产纠纷一案　12—7—428

1937 年 12 月至 1938 年 4 月，璧山县司法处关于郑邓氏等申请分配祠堂财产一案的文书，包括民事诉状、保状、往来公函、报告、谕、民事撤诉状、契约等。

420. 四川高等法院第一分院、璧山县司法处审理借款纠纷及其上诉一案　12—7—429

1937 年 9 月至 1938 年 9 月，四川高等法院第一分院、璧山县司法处关于王兆先要求雷松庭陈借款及其上诉一案的文书，包括往来公函、呈文、训令、四川高等法院第一分院民事裁定书、公开笔录、宣告判决笔录、民事诉状、送达证书、四川高等法院第一分院第二审民事判决书、点名单、凭票、审理笔录、通告书回证、璧山县司法处民事判决书、民事上诉状、报告、送达回证、民事执行状、民事保状、民事领状、民事缴状等。

421. 四川高等法院第一分院、璧山县政府审理债务纠纷上诉、借债纠葛两案　12—7—430（1）

1937 年 12 月至 1938 年 3 月，四川高等法院第一分院、璧山县政府关于唐怀清要求晏绍珍偿还借款上诉、周德源等申请返还借债两案的文书，包括往来公函、四川高等法院第一分院民事裁定书、送达证书、民事委任状、民事上诉状、审讯笔录、宣告判决笔录、点名单、审理笔录、通告书回证、民事诉状、报告、璧山县政府民事判决书、民事执行状、呈文、民事拘票等。

422. 璧山县司法处审理偿还借银一案　12—7—430（2）

1938 年 1 月至 1939 年 8 月，璧山县司法处关于甘和林要求周德源偿还借银一案的文书，包括点名单、民事保状、民事续呈状、传票回证、民事执行状、报告、呈文、民事续状等。

423. 四川高等法院第一分院、璧山县政府审理债务纠纷及其上诉一案　12—7—431（1）

1937 年 9 月至 1938 年 5 月，四川高等法院第一分院、璧山县政府关于刘志荣、瞿龙氏二人债务纠纷及其上诉一案的文书，包括训令、审理笔录、点名单、民事执行状、璧山县政府民事裁定书、送达回证、报告、民事诉状、四川高等法院第一分院民事判决书、民事上诉状、传票回证、民事传票、民事辩诉状等。

424. 四川高等法院第一分院、璧山县政府审理债务纠纷及其上诉一案　12—7—431（2）

1936年12月至1938年8月，四川高等法院第一分院、璧山县政府关于刘志荣要求瞿龙氏偿还借款及其上诉一案的文书，包括民事委任状、民事传票、传票回证、点名单、审理笔录、民事执行状、民事领状、收据、呈文、往来公函、训令、四川高等法院第一分院民事判决书、民事再审状、送达回证、民事诉状、民事辩诉状等。

425. 四川高等法院第一分院、璧山县政府审理债务纠纷及其上诉一案　12—7—432

1937年6月，四川高等法院第一分院、璧山县政府关于周光远因借银纠葛申请偿还本息及其上诉一案的文书，包括民事诉状、璧山县政府民事判决书、点名单、审理笔录、民事辩诉状、民事保状、报告、借约、往来公函、训令、民事公证状、民事委任状、民事上诉状、送达回证、民事传票等。

426. 璧山县政府审理返还押银及其上诉一案　12—7—433

1937年3月至1938年4月，璧山县政府关于僧远仑等因租佃纠葛请求返还押银及其上诉一案的文书，包括往来公函、训令、送达证书、民事上诉状、四川高等法院第一分院民事裁定书、民事诉状、四川高等法院第一分院民事判决书、通告书回证、呈文、公开审理笔录等。

427. 四川高等法院第一分院、璧山县政府审理追加利息上诉案等四案　12—7—434

1937年1月至1937年11月，四川高等法院第一分院、璧山县政府关于徐文钦等因担保会款纠葛申请追加利息上诉案、陈文签要求王旭辉偿还借债上诉案、胡锡钧等垫付税款纠葛和解存查、杨吴氏等因租佃纠葛给付租谷四案的文书，包括民事声请状、呈文、往来公函、训令、四川高等法院第一分院民事裁定书、民事诉状、刑事诉状、咨文、璧山县政府解票、审理笔录、民事判决书、报告、点名单、民事和解笔录、送达回证、民事答辩状、审讯笔录、民事传票、传票回证、民事上诉状等。

428. 四川高等法院第一分院、璧山县政府审理债务纠纷及其上诉一案　12—7—435

1937年1月至1937年11月，四川高等法院第一分院、璧山县政府关于王志藩要求雷在南等偿还借约及其上诉一案的文书，包括民事诉状、民事辩诉状、借据、点名单、审理笔录、璧山县政府民事判决书、送达回证、民事上诉状、往来公函、训令、报告等。

429. 璧山县司法处审理请求查封资产拍卖偿还一案　12－7－436

1937 年 6 月至 1939 年 7 月，璧山县司法处关于周润清等因会款纠葛申请查封资产拍卖偿还一案的文书，包括报告、送达回证、民事执行状、民事上诉状、民事判决书、点名单、审理笔录、谕、布告、查封笔录、民事传票、民事声请状、拍卖布告、签呈、民事领状、收据、传票回证等。

430. 璧山县政府审理退还会款一案　12－7－437

1937 年 5 月至 1937 年 9 月，璧山县政府关于田明轩要求赵子舟退还会款一案的文书，包括民事诉状、审理笔录、民事判决书、讼费单、保状、民事申请状、赵子舟所欠各债姓名数目单、民事执行状、借据等。

431. 璧山县政府审理会款纠葛一案　12－7－438

1936 年 12 月至 1937 年 5 月，璧山县政府关于罗元锡金要求刘可敖退还会款以维持生活一案的文书，包括民事诉状、点名单、民事保状、审理笔录、民事辩诉状、报告、民事申请状等。

432. 四川高等法院第一分院、璧山县政府审理赔偿损失上诉一案　12－7－439

1937 年 12 月至 1938 年 7 月，四川高等法院第一分院、璧山县政府关于江炳林等因买卖阴地纠葛请求赔偿损失上诉一案的文书，包括往来公函、四川高等法院第一分院民事裁定书、民事上诉状、四川高等法院第一分院民事判决书、证人证物表、送达证明书等。

433. 四川高等法院第一分院、璧山县政府审理典当纠葛一案　12－7－440

1937 年 12 月至 1938 年 6 月，四川高等法院第一分院、璧山县政府关于罗涛清等土地典当后闲置荒芜一案的文书，包括民事上诉状、往来公函、民事辩诉状、民事裁定书、法院训令民事缴状、调查笔录等。

434. 璧山县政府审理惩治贪污一案　12－7－441

1937 年 1 月至 1937 年 3 月，璧山县政府关于陈汉周等因会项纠葛请求惩治贪污一案的文书，包括民事诉状、证人证物表、审理笔录、报告、民事委任状等。

435. 四川高等法院第一分院、璧山县政府审理债务纠纷上诉一案　12－7－442

1937 年 1 月至 1939 年 1 月，四川高等法院第一分院、璧山县政府关于江友三要求蒋光耀返还借款上诉一案的文书，包括往来公函、民事申送状、法院训令、民事辩诉状、民事申请状、民事催状、四川高等法院第一分院民事裁定书、民事委任状、民事执行状、所欠债权人姓名数目单、民事声明状、公益会簿等。

436. 四川高等法院第一分院、璧山县政府审理讯追会款及其上诉一案　12—7—443

1937年8月至1938年12月，四川高等法院第一分院、璧山县政府关于吴君之等请求讯追拖欠的会款及其上诉一案的文书，包括民事诉状、民事辩诉状、审理笔录、民事委任状、报告、璧山县政府民事判决书、民事上诉状、往来公函、民事执行状、法院训令、四川高等法院第一分院民事裁定书、民事结状等。

437. 四川高等法院第一分院、璧山县政府审理会款纠葛一案　12—7—444

1937年5月至1938年10月，四川高等法院第一分院、璧山县政府关于王制君等申请追偿会款并赔偿损失一案的文书，包括民事诉状、审理笔录、璧山县政府民事判决书、民事执行状、民事领状、民事自诉状、民事辩诉状、谕、民事参加状、报告、司法处训令、债额及分配数目逐一列表、往来公函、法院训令、足收押佃生洋文约、拨生洋文约等。

438. 璧山县政府审理债务纠葛一案　12—7—445（1）

1937年3月至1938年7月，璧山县政府关于龚成周要求欧阳安清偿借款一案的文书，包括民事诉状、凭票、报告、点名单、审理笔录、送达回证、民事申请状、民事诉愿书、民事执行状、民事保状等。

439. 璧山县政府审理债务纠葛一案　12—7—445（2）

1937年3月至1938年9月，璧山县政府关于龚成周要求欧阳安清偿借款一案的文书，包括报告、民事保状、民事执行状、民事诉状、司法处训令、往来公函、司法处查封笔录、司法处拍卖布告、民事续状、民事判决书等。

440. 璧山县政府审理领押交业一案　12—7—446

1937年8月至1937年9月，璧山县政府关于王张氏等因租佃纠纷请求领押交业一案的文书，包括民事诉状、报告、民事辩诉状、审理笔录、民事判决书等。

441. 司法行政部常务次长视察司法卷的政府公文 12—7—447

1937年，包括四川高等法院第一分院公函、璧山县政府公函、填表须知、兼理司法政府人员一览表、个机关备各项簿册名目清单、璧山县政府二十六年案件简表。

442. 四川高等法院第一分院审理确定经界上诉一案　12－7－448

1939年2月,四川高等法院第一分院关于蔡清周等因地界纠葛申请确定经界上诉一案的文书,包括卷宗总目、民事上诉状、证人证物表、民事裁定书、送达证明书等。

443. 璧山县政府审理返还田谷及其上诉一案　12－7－449

1937年3月至1938年10月,璧山县政府关于钱敬德堂等因土地归属纠葛请求返还田谷及其上诉一案的文书,包括民事诉状、审理笔录、民事判决书、报告、民事上诉状、民事执行状、民事自诉状、刑事诉状、民事保状、刑事保状、司法处全衔训令、全衔朱谕、往来公函、分管合同文约等。

444. 璧山县政府审理退还会款一案　12－7－450

1937年1月至1937年2月,璧山县政府关于张治益要求龙林氏等退还会款一案的文书,包括民事诉状、证人证物表、民事辩诉状、报告、民事保状、点名单、审理笔录、民事执行状、民事领状、民事和解笔录、存条、和解条据等。

445. 璧山县政府审理返还田业一案　12－7－451

1934年3月至1937年8月,璧山县政府关于曹国卿等因租佃纠葛请求返还田业一案的文书,包括民事诉状、证人证物表、点名单、审理笔录、足收押生银文约、璧山县政府指令等。

446. 四川高等法院第一分院、璧山县政府审理债款纠纷上诉一案　12－7－452

1937年3月至1938年8月,四川高等法院第一分院、璧山县政府关于袁少修要求黄庆云清偿借款上诉一案的文书,包括往来公函、四川高等法院第一分院民事裁定书、全衔训令、送达证明书等。

447. 璧山县政府审理财产假扣押一案　12－7－453

1937年11月至1938年4月,璧山县政府关于徐高氏等因借款纠葛请求财产假扣押一案的文书,包括民事诉状、证人证物表、审理笔录、司法处训令、民事续呈状、照抄收条、保状、报告等。

448. 四川高等法院第一分院、璧山县政府审理婚约纠葛上诉一案　12－7－454

1937年9月至1938年7月,四川高等法院第一分院、璧山县政府关于巫劳芳因曾恒春悔婚的婚约纠葛上诉一案的文书，包括往来公函、四川高等法院第一分院民事裁定书、民事上诉状、审讯笔录、民事答辩状、宣告判决笔录、法院训令、四川高等法院第一分院民事二审判决书等。

449. 四川高等法院第一分院、璧山县政府审理支付抚养费上诉一案 12－7－455

1937年1月至1937年12月，四川高等法院第一分院、璧山县政府关于陈雨初等因离婚申请支付抚养费上诉一案的文书，包括往来公函、四川高等法院第一分院民事裁定书、民事上诉状、民事公证状、法院训令、审理笔录、民事辩诉状、宣告判决笔录、全衔指令、四川高等法院第一分院民事判决书等。

450. 四川高等法院第一分院、璧山县政府审理给付租谷上诉一案 12－7－456

1937年5月至1938年5月，四川高等法院第一分院、璧山县政府关于江永清等因租佃纠纷请求给付租谷上诉一案的文书，包括往来公函、民事上诉状、民事理由状、四川高等法院第一分院判决书、民事诉状、四川高等法院第一分院民事裁定书、民事上诉状副状等。

451. 四川高等法院第一分院、璧山县政府审理返还田业及其上诉一案 12－7－457

1937年8月至1938年3月，四川高等法院第一分院、璧山县政府关于何松美等因买卖田业纠葛请求返还田业及其上诉一案的文书，包括往来公函、法院训令、民事领状、四川高等法院第一分院民事二审判决书、民事诉状、契约、请中证文约、收银文约、审理笔录、民事答辩状、民事保状、民事续状、民事上诉状、璧山县政府民事判决书等。

452. 璧山县政府审理债务纠葛一案 12－7－458

1936年5月至1937年12月，璧山县政府关于甘茂轩要求甘太顺履行偿还借款义务一案的文书，包括报告、民事诉状、证人证物表、借洋字约、民事和解笔录、抄原收条、收据、点名单、璧山县政府刑事不起诉处分书、审理笔录等。

453. 四川高等法院第一分院、璧山县政府审理偿还会款、退还会款两案 12－7－459

1937年3月至1937年7月，四川高等法院第一分院、璧山县政府关于石荣甫要求彭玉书偿还会款、任海安等要求吴鸿钧等退还会款两案的文书，包括民事诉状、点名单、审理笔录、民事和解笔录、民事辩诉状、报告、全衔训令、涉案各账目单、公益会账单、往来公函等。

454. 璧山县政府审理偿债办法存查、破产存查两案　12—7—460

1937 年 6 月至 1937 年 9 月，璧山县政府关于刘长林等兄弟申请协商偿还债务办法备案存查、罗廷之请求破产偿债存查两案的文书，包括民事存查状、证人证物表、债权人数目单、债权人及债务人姓名单等。

455. 璧山县政府审理拍卖偿债一案　12—7—461

1937 年 4 月至 1937 年 11 月，璧山县政府关于周润卿因周全福等欠债不偿请求拍卖其产业摊债一案的文书，包括民事辩诉状、照抄所欠各债单、报告、审理笔录、民事判决书、民事反诉状、证明书、往来公函、民事诉状、证人证物表等。

456. 四川高等法院第一分院、璧山县政府审理退还会款及其上诉一案　12—7—462

1937 年 1 月至 1938 年 7 月，四川高等法院第一分院、璧山县政府关于杨玉廷要求李荣轩等退还会款及其上诉一案的文书，包括连年应上账单、公益会簿、民事诉状、证人证物表、审理笔录、民事保状、往来公函、民事辩诉状、报告、璧山县政府民事判决书、民事上诉状、法院训令、四川高等法院第一分院民事裁定书等。

457. 四川高等法院第一分院、璧山县政府审理搬迁执行等三案　12—7—463

1935 年 7 月至 1937 年 8 月，四川高等法院第一分院、璧山县政府关于龙海河等因租佃纠纷请求搬迁执行、黄复先分析家产存查、刘庆源等为预防执行偿债困难请求将温斗山等人的产业假扣押三案的文书，包括证人证物表、报告、璧山县政府传票、往来公函、民事诉状、民事申请状、见票，该卷另附债务纠葛、租佃纠葛判决书各一份等。

458. 璧山县政府审理债务纠葛一案　12—7—464

1934 年 7 月至 1937 年 7 月，璧山县政府关于邓文轩要求杨进才清偿借洋执行一案的文书，包括往来公函、民事保状、点名单、审理笔录、民事诉状、民事诉愿书、欠各债数目人名单、民事辩诉状、全衔朱谕、民事声明状、民事缴状、民事领状、民事判决书、民事上诉状等。

459. 璧山县政府审理退还会款、分析家产两案　12—7—465

1937 年 1 月至 1938 年 2 月，璧山县政府关于陈少闻等要求陈治宽等退还会款、蒋戴荣等请求分析家产两案的文书，包括民事诉状、报告、民事辩诉状、审理笔录、民事判决书、合同了息文约、契约等。

460. 四川高等法院第一分院、璧山县政府审理偿还借银及其上诉一案　12—7—466（1）

1938年1月至1939年3月，四川高等法院第一分院、璧山县政府关于杨鲁三等申请偿还借银及其上诉一案的文书，包括民事诉状、通知书、往来公函、民事声明状、法院训令、璧山县政府民事判决书、四川高等法院第一分院民事裁定书、民事理由状、调查笔录、民事公证状、民事上诉状、民事申请状、民事委任状、公开笔录、宣告判决笔录等。

461. 璧山县政府审理偿还借银一案　12—7—466（2）

1938年7月至1939年2月，璧山县政府关于陈振声要求杨鲁三偿还借银一案的文书，包括往来公函、民事诉状、诉讼费用计算列表、民事展限状、民事再审状、民事保状、民事执行状、收据、报告、民事抗告状、司法处训令等。

462. 四川高等法院第一分院、璧山县政府审理偿还借银一案　12—7—467（1）

1937年12月至1940年1月，四川高等法院第一分院、璧山县政府关于陈振声要求杨鲁三偿还借银一案的文书，包括民事诉状、四川高等法院第一分院民事裁定书、民事请委状、审理笔录、法院训令、民事抗告状、民事声明状、民事上诉状、借据、往来公函、民事委任状、民事执行状、报告书、民事保状等。

463. 四川高等法院第一分院、璧山地方法院审理拍卖产业偿债一案　12—7—467（2）

1939年1月至1940年8月，四川高等法院第一分院、璧山地方法院关于陈振声申请拍卖杨鲁三产业以清偿债务一案的文书，包括民事申请状、往来公函、法院训令、民事诉状、民事缴状、报告、璧山县政府民事判决书、训令、拍卖布告、民事辩诉状、民事认买状、借据、民事撤销状等。

464. 璧山县政府审理返还借款、偿还本利两案　12—7—468

1937年10月至1938年2月，璧山县政府关于萧永清等要求万利生等返还借银、杨克孝等因借洋纠葛申请偿还本利两案的文书，包括民事诉状、点名单、审理笔录、民事辩诉状、报告、民事自诉状、借生洋文约、民事保状、民事领状、民事执行状、利息及讼费单等。

465. 璧山县政府审理分产存查等四案　12—7—469

1936年12月至1937年5月，璧山县政府关于赵正魁因子女分田产存查、彭孙氏请求改嫁存查、黄春发等婚约纠葛、刘谭氏等因租佃纠葛请求搬迁四案的文书，包括民事存查状、证明书、点名单、司法处全衔朱谕、司法处全衔牌告、民事诉状、往来公函、报告、审理笔录、民事辩诉状等。

466. 璧山县政府审理拍卖田产纠葛一案　12—7—470

1936年11月至1938年5月，璧山县政府关于全盛恒因陈次元欠债不还请求拍卖田产偿债一案的文书，包括民事诉状、民事保状、全衔牌告、民事续状、拍卖布告等。

467. 璧山县政府审理典当纠葛、拍卖善堂偿债两案　12—7—471

1937年5月至1938年1月，璧山县政府关于汪百禄等因典当屋基纠葛申请增加典价、潘汉臣等因债务纠葛请求拍卖善堂偿债两案的文书，包括民事诉状、民事再诉状、民事辩诉状、审理笔录、民事判决书、布告、往来公函、全衔朱谕、善堂共有人名单等。

468. 四川高等法院第一分院、璧山县政府审理确认买卖无效等三案　12—7—472

1937年1月至1939年4月，四川高等法院第一分院、璧山县政府关于傅海廷等因买卖田业纠葛请求确认买卖无效、龙明廷等因买卖田业请求领价交业、甘平林等因典当田业上诉三案的文书，包括民事诉状、民事自诉状、司法处训令、民事注销状、甘愿了息文约、民事答辩状、审理笔录、报告、璧山县政府饬签、往来公函、法院训令、民事诉状等。

469. 四川高等法院第一分院、璧山县政府审理债务纠葛上诉一案　12—7—473

1937年7月至1938年9月，四川高等法院第一分院、璧山县政府关于刘文星要求陈昆山偿还借款上诉一案的文书，包括往来公函、法院训令、四川高等法院第一分院民事裁定书、民事辩诉状、贴单呈签、民事上诉状、四川高等法院第一分院民事判决书、报告等。

470. 四川高等法院第一分院、璧山县政府审理债务纠葛及其上诉一案　12—7—474

1937年3月至1939年7月，四川高等法院第一分院、璧山县政府关于舒福安申请偿还借洋及其上诉一案的文书，包括往来公函、法院训令、民事诉状、璧山县政府民事判决书、审理笔录、四川高等法院第一分院民事裁定书、民事执行状、民事保状、应偿诉讼费及子金本洋数目单、报告等。

471. 璧山县政府审理分析家产及其上诉一案　12—7—475

1938年1月至1938年4月，璧山县政府关于刘树声等申请分析家产及其上诉一案的文书,包括民事保状、民事辩诉状、审理笔录、璧山县政府民事判决书、民事诉状、应付账单、继祖产文约、借据、民事上诉状等。

472. 四川高等法院第一分院、璧山县政府审理分析家产及其上诉一案　12—7—475(2)

1937年10月至1939年2月,四川高等法院第一分院、璧山县政府关于刘树声等申请分析家产及其上诉一案的文书,包括四川高等法院第一分院民事裁定书、训令、往来公函、民事上诉状、民事委任状、审理笔录、璧山县政府民事判决书、四川高等法院第一分院民事判决书、证明书、报告、民事诉状、所有收入支出各项家费单等。

473. 重庆地方法院、璧山县政府审理给付租谷执行一案　12—7—476

1936年1月至1938年8月,重庆地方法院、璧山县政府关于毛致荣等因租佃纠葛请求给付租谷执行一案的文书,包括民事诉状、民事辩诉状、民事保状、民事续状、璧山县政府民事判决书、审理笔录、重庆地方法院民事裁定书、往来公函、抗告呈词、民事申请状等。

474. 四川高等法院第一分院、璧山县政府审理追回聘礼并解除婚约、离婚上诉两案　12—7—477

1937年2月至1937年12月,四川高等法院第一分院、璧山县政府关于杨汉光等因婚约纠纷请求追回聘礼并解除婚约、李炳荣因与李熊氏感情不合请求离婚上诉两案的文书,包括民事诉状、纳聘礼单、民事反诉状、审理笔录、民事申送状、聘书、往来公函、法院训令、璧山县政府民事判决书、四川高等法院第一分院民事裁定书等。

475. 四川合川县司法处、璧山县政府审理债务纠葛一案　12—7—478

1937年2月至1937年5月,四川合川县司法处、璧山县政府关于谢洪发要求罗显文偿还借款一案的文书,包括民事诉状、证人证物表、民事判决书、民事辩诉状、民事保状、民事执行状、民事诉追状、往来公函等。

476. 四川高等法院第一分院、璧山县政府审理给付担保租谷一案　12—7—479

1937年2月至1938年3月,四川高等法院第一分院、璧山县政府关于谢同兴等因租佃担保纠葛请求给付担保租谷一案的文书,包括民事诉状、审理笔录、民事判决书、往来公函、法院训令、报告、民事申请状、民事保状、民事领状等。

477. 璧山县政府审理追偿租谷一案　12—7—480

1937年9月至1937年10月，璧山县政府关于张银廷等因租佃纠葛申请追偿租谷一案的文书，包括民事诉状、证人证物表、审理笔录、民事声明状、民事判决书、报告、足收押佃生洋文约等。

478. 璧山县政府审理会银纠纷一案　12—7—481

1937年6月至1937年12月，璧山县政府关于李廖氏等申请退还会银一案的文书，包括民事诉状、往来公函、报告、民事辩诉状、点名单、审理笔录、呈文、公函、民事判决书等。

479. 四川高等法院第一分院、璧山县政府审理债务纠纷及其上诉一案　12—7—482

1937年4月至1937年11月，四川高等法院第一分院、璧山县政府关于张吉安要求徐自荣等偿还借款及其上诉一案的文书，包括民事诉状、点名单、审理笔录、璧山县政府民事判决书、送达回证、民事上诉状、民事反诉状、民事辩诉状、民事证明状、民事被诉状、会规、传票回证、训令、收据、收票回证、四川高等法院第一分院民事裁定书等。

480. 四川高等法院第一分院审理子女抚养纠纷上诉一案　12—7—483

1938年3月至1938年4月，四川高等法院第一分院关于徐述平等因通奸生育女申请给付抚养费上诉一案的文书，包括四川高等法院第一分院民事裁定书、训令、民事上诉状、往来公函、呈文、送达证书、点名单、审理笔录、四川高等法院第一分院民事判决书等。

481. 四川高等法院第一分院、璧山县政府审理债务纠纷上诉等四案　12—7—484

1937年2月至1937年9月，四川高等法院第一分院、璧山县政府关于江友三等申请偿还借款上诉、石国清要求周炳云偿还买田业债务、郑维洲要求徐金廷偿还借银、王之藩等人因会款纠纷请求清偿债务四案的文书，包括往来公函、四川高等法院第一分院民事裁定书、送达证书、训令、呈文、报告、传票回证、民事诉状、点名单、审理笔录、民事和解笔录、朱谕、借约等。

482. 璧山县政府审理债务纠纷一案　12—7—484（2）

1937年5月至1937年10月，璧山县政府关于何浚湘要求曾次咸等偿还借款本息一案的文书，包括民事诉状、点名单、往来公函、报告、审理笔录、民事判决书、民事声请状、民事传票、送达回证等。

483. 璧山县政府审理瞒税等四案　12—7—485

1937年4月至1938年3月，璧山县政府关于璧山县征收局因唐张氏瞒税提起公诉、雷建侯等人因借约纠纷申请废除约定、陈建之因陈相五等人擅自砍伐树木请求撤销典当契约、王崇德等因佃权纠纷申请给付押银四案的文书，包括往来公函、民事诉状、点名单、民事判决书、审理笔录、契约、送达回证、民事自状、民事辩诉状、报告、传票回证等。

484. 璧山县政府审理会银纠纷一案　12—7—486

1937年1月至1937年3月，璧山县政府关于张绍轩要求彭曾氏返还会银一案的文书，包括民事诉状、点名单、审理笔录、民事判决书、民事自诉状等。

485. 璧山县政府审理会款纠纷、家产纠纷两案　12—7—488

1937年1月至1937年12月，璧山县政府关于潘邵臣等要求陈文林偿还田业会银、张执中等请求分析家产两案的文书，包括民事诉状、呈文、报告、点名单、审理笔录、传票回证等。

486. 四川高等法院第一分院、璧山县政府审理债务纠纷、借债纠纷及其上诉两案　12—7—489

1937年3月至1938年5月，四川高等法院第一分院、璧山县政府关于杨银山要求陈刘氏偿还借银、黄国清等人申请偿还借款本息及其上诉两案的文书，包括民事诉状、契约、民事辩诉状、点名单、审理笔录、民事判决书、民事声请状、民事理由状、送达回证、报告、训令、佃户名单、民事执行状、民事上诉状、四川高等法院第一分院民事裁定书、往来公函等。

487. 四川高等法院第一分院、璧山县政府审理返还押银及其上诉一案　12—7—490

1937年4月，四川高等法院第一分院、璧山县政府关于李兴隆等因租佃纠葛要求向刘氏返还田产押银及其上诉一案的文书，包括民事诉状、民事上诉状、训令、往来公函、四川高等法院第一分院民事和解笔录、送达证书、审理笔录、结文等。

488. 璧山县政府审理会款纠纷等三案　12—7—491

1937年8月至1938年6月，璧山县政府关于谢荣成要求戴鸿程返还逾期会款、谢荣廷等申请退回会款、陈桂兴因陈森荣等人伪造票据请求返还会款三案的文书，包括民事诉状、报告、保状、民事辩诉状、点名单、审理笔录、送达回证、民事调解状、传票回证、民事拘票、民事和解笔录、送达证书等。

489. 四川高等法院第一分院、璧山地方法院审理领状交业等三案　12—7—492

1937 年 3 月至 1940 年 5 月，四川高等法院第一分院、璧山地方法院关于唐炳三等人因租佃纠纷申请领状交业、江朝英等人声请确认遗嘱、杨谭氏要求谭李氏等偿还借款及其上诉案三案的文书，包括璧山地方法院民事裁定书、契约、民事诉状、报告、点名单、审理笔录、民事辩诉状、民事证明状、送达回证、民事上诉状、四川高等法院第一分院民事判决书等。

490. 四川高等法院第一分院、璧山县司法处审理会款纠纷上诉等四案　12—7—493

1937 年 7 月至 1937 年 12 月，四川高等法院第一分院、璧山县司法处关于刘静奎要求刘怀清退还会款上诉、任海安等申请偿还借款抗告、刘静奎等申请会款纠纷案再审、何刘氏等因会项纠纷请求返还会款四案的文书，包括四川高等法院第一分院民事裁定书、训令、民事上诉状、送达证书、点名单、审讯笔录、呈文、民事答辩状、宣告判决笔录、抗告意见书等。

491. 四川高等法院第一分院审理会款纠纷及其上诉一案　12—7—494

1938 年 4 月至 1938 年 12 月，四川高等法院第一分院关于袁天成要求袁福三等人返还会款及其上诉一案的文书，包括送达证书、呈文、训令、四川高等法院第一分院民事裁定书、民事自诉状、民事上诉状、民事辩诉状、点名单、审理笔录、民事判决笔录、民事声明状、民事传票、抄录通知书等。

492. 璧山县政府审理领押交业一案　12—7—495

1937 年 8 月至 1937 年 9 月，璧山县政府关于龚贤成等人因田房买卖纠纷申请领押交业一案的文书，包括民事诉状、民事反诉状、点名单、审理笔录、民事传票、民事判决书、送达回证等。

493. 四川高等法院第一分院、璧山县政府审理给付租谷上诉一案　12—7—496

1937 年 3 月至 1937 年 6 月，四川高等法院第一分院、璧山县政府关于杨辅臣等因租佃纠葛请求给付租谷上诉一案的文书，包括训令、往来公函、民事传票、公函、四川高等法院第一分院民事判决书、民事执行状、传票回证、点名单、审理笔录、报告等。

494. 四川高等法院第一分院、璧山县政府审理请求支付会款上诉一案　12—7—497

1937 年 10 月至 1937 年 11 月，四川高等法院第一分院、璧山县政府关于王崇高要求杨特武支付会款上诉一案的文书，包括往来公函、训令、四川高等法院第一分院民事裁定书、民事上诉状、送达证书、民事声请状、点名单、审理笔录、民事辩诉状、民事续状、宣告判决笔录等。

495. 璧山县政府审理交业一案　12—7—498

1937年7月至1937年12月，璧山县政府关于巫仲清因与蔡王氏发生抵押房屋纠纷申请交业一案的文书，包括民事诉状、点名单、审理笔录、往来公函、训令、民事传票等。

496. 四川高等法院第一分院审理债务纠葛上诉、支付货款上诉两案　12—7—499

1937年9月至1938年4月，四川高等法院第一分院关于丁炳之要求张同福永偿还借款上诉、丁简氏等因买卖颜料纠葛申请支付货款上诉两案的文书，包括往来公函、民事裁定书、民事上诉状、民事理由状、送达证书、训令、民事辩诉状、点名单、审理笔录、宣告判决笔录、民事声请状、民事判决书等。

497. 四川高等法院第一分院、璧山县政府审理分析家产及其上诉一案　12—7—500

1937年4月至1939年1月，四川高等法院第一分院、璧山县政府关于李发林因与李何氏离婚申请分析家产及其上诉一案的文书，包括民事诉状、民事证明状、民事辩诉状、点名单、审理笔录、璧山县政府民事判决书、民事上诉状、训令、往来公函、报告、四川高等法院第一分院民事裁定书、送达证书等。

498. 璧山县政府审理债务纠葛一案　12—7—501

1937年6月，璧山县政府关于黄金竹等因借款逾期申请偿还本息一案的文书，包括民事诉状、报告等。

499. 四川高等法院第一分院、璧山县政府审理赔偿损失及其抗告一案　12—7—502

1937年5月至1937年8月，四川高等法院第一分院、璧山县政府关于徐栋梁因商铺被迫停业要求曾仲和赔偿损失及其抗告一案的文书，包括训令、民事抗告状、往来公函、抗告意见书、指令、公函、民事裁定书等。

500. 四川高等法院第一分院、璧山县政府审理债务纠葛抗告一案　12—7—503

1937年9月至1938年7月，四川高等法院第一分院、璧山县政府关于邓树昌因张达勋借款不还申请抵押其财产偿债抗告一案的文书，包括意见书、往来公函、民事抗告状、民事声请状、训令、四川高等法院第一分院事裁定书、民事和解状等。

501. 四川高等法院第一分院、璧山县法院审理会款纠纷及其上诉一案　12－7－504

1937年1月至1937年11月，四川高等法院第一分院、璧山县法院关于任海安等因会项纠纷申请退还会款及其上诉一案的文书，包括训令、民事诉状、民事辩诉状、点名单、审理笔录、送达回证、民事上诉状等。

502. 四川高等法院第一分院、璧山县司法处审理债务纠纷及其上诉一案　12－7－505

1938年1月至1939年5月，四川高等法院第一分院、璧山县司法处关于姚际虞等因买卖田业纠葛申请偿还债务及其上诉一案的文书，包括训令、往来公函、意见书、民事诉状、传票回证、四川高等法院第一分院民事裁定书、拍卖布告、牌告、民事声明状、民事任买状、璧山县司法处民事判决书、民事执行状等。

503. 璧山县司法处等审理支付租谷一案　12－7－506

1937年11月至1941年9月，璧山县司法处等关于甘胡国荣等因租佃纠纷申请支付租谷一案的文书，包括民事诉状、民事自诉状、呈文、验断书等。

504. 四川高等法院第一分院、璧山县司法处审理财产假扣押及其上诉案　12－7－507

1937年12月至1939年8月，四川高等法院第一分院、璧山县司法处关于张炳扬因杨进才等人借债不还申请财产假扣押及其上诉一案的文书，包括民事声请状、报告、往来公函、意见书、璧山县政府民事判决书、民事诉状、训令、四川高等法院第一分院民事裁定书、民事执行状、传票回证、点名单、民事辩诉状、民事拘票、民事担保状等。

505. 璧山县政府及司法处审理会款纠纷一案　12－7－508

1937年1月至1938年8月，璧山县政府及司法处关于邓文周要求邓文堂等退还会款一案的文书，包括民事诉状、点名单、审理笔录、报告、民事辩诉状、民事保状、民事互控状、传票回证、民事判决书、民事再审状、送达证书等。

506. 四川高等法院第一分院、璧山县政府审理会款纠纷及其上诉一案　12－7－509

1936年8月至1937年7月，四川高等法院第一分院、璧山县政府关于曾刘氏要求曾维三返还会款及其上诉一案的文书，包括往来公函、民事传票、训令、民事诉状、民事参加状、契约、谕、点名单、审理笔录、报告、民事保状、民事上诉状、民事答辩状、民事执行状、璧山县政府民事判决书、送达回证、收据等。

507. 四川高等法院第一分院、璧山县政府审理会款纠纷及其上诉一案　12—7—509(2)

1936年8月至1937年6月，四川高等法院第一分院、璧山县政府关于曾刘氏要求曾维三返还会款及其上诉一案的文书，包括民事诉状、报告、民事领状、呈文、点名单、审理笔录、民事声明状、民事委任状、民事传票、民事和解状、璧山县政府民事判决书、四川高等法院第一分院民事裁定书、牌告、朱谕、送达回证等。

508. 璧山县政府审理分割家产等七案　12—7—510

1937年1月至1937年11月，璧山县政府关于分割家产、张孝莲要求罗焕廷等偿还借款、何银山等申请偿还借款、租佃纠葛、拍卖产业、张治卿等要求冉书廷偿还借款、买卖田土房屋纠葛七案的文书，包括民事诉状、送达回证、报告、契约、传票、民事领状等。

509. 璧山县政府等审理破产偿债等三案　12—7—511

1937年2月至1944年8月，璧山县政府等关于殷发级等申请破产偿债、陈永森等因地界纠纷申请返还粮食收益、苏南轩等因租佃纠葛申请领押交业三案的文书，包括谕、民事诉状、民事申请状、民事保状、民事呈状、民事救助状、报告、审理笔录、民事领状、朱谕、审判笔录、民事判决书、民事执行状、民事委任状、往来公函、收据、执行命令、民事和解笔录等。

510. 璧山县政府审理返还挪款等三案　12—7—512

1935年12月至1937年8月，璧山县政府关于董巫氏等因王文彬等伪造账目申请返还挪款、王显误等申请偿还借款、何青云要求何锡修等返还会款三案的文书，包括刑事诉状、民事诉状、委任辅佐状、报告、保状、民事审理判决书、民事执行状、账单、刑事辩诉状、刑事判决书、民事辩诉状等。

511. 璧山县政府审理会款纠葛一案　12—7—513

1937年3月至1937年4月，璧山县政府关于甘发禄等申请返回会款一案的文书，包括民事诉状、欠款单、审理笔录、民事保状、民事判决书、报告等。

512. 璧山县政府审理强拉壮丁等七案　12—7—514

1934年10月至1938年11月，璧山县政府关于何禹级强拉壮丁、董秋蓝等请求拖欠会款存查、吴静安申请撤销婚约存查、张树清等要求破产偿债存查、甘文炳等媳妇泼辣申请防患存查、王玉安请求付清工资存查、陈曹氏等申请再嫁存查七案的文书，包括民事申请函、收据、堂讯供单、民事存查状、账单、刑事存查状等。

513. 四川高等法院第一分院、璧山县政府审理减价拍卖以偿债及其抗告等三案 12—7—515

1937年2月至1938年7月，四川高等法院第一分院、璧山县政府关于冯姚氏等因租佃纠葛请求减价拍卖以偿债及其抗告、王继善等因抵押田土房屋借款纠葛申请搬迁交业、王绍修等因租佃纠葛申请搬迁交业三案的文书，包括民事诉状、拍卖布告、布告、民事缴状、训令、往来公函、清界笔录、朱谕、牌告、民事声明状、契约、抗告意见书、呈文等。

514. 四川高等法院第一分院、璧山县政府审理返还田谷及其抗告一案 12—7—516

1937年10月至1938年3月，四川高等法院第一分院、璧山县政府关于江雷氏等因遗产纠葛请求返还田谷及其抗告一案的文书，包括民事诉状、报告、民事判决书、审理笔录、民事申请状、民事辩诉状、民事添诉状、民事抗告状、训令、契约、民事催状、民事委任状等。

515. 四川高等法院第一分院、璧山县政府审理租佃存查等三案 12—7—517

1937年12月至1938年8月，四川高等法院第一分院、璧山县政府关于徐贡章申请租佃存查、杨君禄等指控徐均辉等使用伪券及其上诉案、戴光辅等因典当田土房屋纠葛请求依法转卖三案的文书，包括民事存查状、刑事理由状、往来公函、刑事声明状、指令、训令、上诉理由书、民事诉状、民事辩诉状、审理笔录、璧山县政府民事判决书、民事自诉状等。

516. 璧山县政府审理分析家产及其上诉、给租交业两案 12—7—518

1937年10月至1938年8月，璧山县政府关于谢学周等分析家产及其上诉、涂蒋氏等因租佃纠葛申请给租交业两案的文书，包括民事诉状、民事辩诉状、审理笔录、训令、民事委任状、往来公函、璧山县政府民事判决书等。

517. 璧山县政府审理终止租约等三案 12—7—519

1937年4月至1944年10月，璧山县政府关于戴合清等因租佃纠葛申请终止租约、江怀林等因租佃纠纷要求搬迁交业、陈刘氏等因租佃纠葛申请撤销田业拍卖三案的文书，包括民事诉状、审理笔录、民事辩诉状、训令、往来公函、拍卖布告、民事和解状、民事委任状、民事缴状、朱谕、中证名单、契约、民事判决书等。

518. 璧山县政府审理返还会银一案　12－7－520

1937年4月至1937年6月，璧山县政府关于张禹钧要求陈月清等返还会银一案的文书，包括民事诉状、审理笔录、呈文、民事判决书、契约等。

519. 璧山县政府审理返还会款、偿还会款两案　12－7－521

1937年10月至1938年3月，璧山县政府关于吴保之等申请返还会款、曹焕钦等要求黄有仁偿还会款两案的文书，包括民事诉状、审理笔录、民事辩诉状、民事判决书、契约、报告、民事申请状、民事展限状等。

520. 璧山县政府审理偿还借款、偿还借银两案　12－7－522

1937年11月至1937年12月，璧山县政府关于宋华亭等申请偿还借款、王文良等要求殷发良偿还借银两案的文书，包括民事诉状、账单、民事缴状等。

521. 璧山县政府审理借洋文约存查四案　12－7－523

1937年8月至1938年4月，璧山县政府关于龚学良申请借洋文约存查、刘怀三等申请租佃存查、刘李氏因儿子受虐待要求剥夺其治产权存查、杨焕云等偿清债务申请存查四案的文书，包括民事存查状、借约、租约、民事差押状等。

522. 四川高等法院第一分院、璧山县政府审理破产偿债等案　12－7－524

1937年1月至1937年9月，四川高等法院第一分院、璧山县政府关于魏还成申请破产偿债、温永清等因买卖猪毛纠葛申请偿还欠款、龙子榆等申请返还祠谷上诉一案等案的文书，包括民事申请状、训令、民事辩诉状、往来公函、报告、呈文、审理笔录、民事委任状、民事裁定书、民事判决书、契约、民事自诉状、失物单等。

523. 四川高等法院第一分院、璧山县政府审理偿还借款及其上诉等三案　12－7－525

1937年3月至1937年8月，四川高等法院第一分院、璧山县政府关于罗曾氏等要求曾淮江等偿还借款及其上诉、周甘氏等请求偿还借洋、周裕祥等因借银纠葛请求偿还本息三案的文书，包括民事诉状、报告、呈文、审理笔录、民事辩诉状、民事诉愿书、民事上诉状、刑事诉状、训令、刑事续状、领状、借约、璧山县政府民事判决书、民事申请状、民事抗告状、民事缴状等。

524. 四川高等法院第一分院、璧山县政府审理会款纠葛及其上诉两案　12－7－526

1937年5月至1937年9月，四川高等法院第一分院、璧山县政府关于刘何氏等要求胡屏藩等返还会款及其上诉、陈文言要求傅松岩返还会款两案的文书，包括民事诉状、审理笔录、民事执行状、账单、民事上诉状、璧山县政府民事判决书、报告、契约等。

525. 璧山县政府审理分析遗产等六案　12－7－527

1937 年 1 月至 1938 年 1 月，璧山县政府关于何占云等申请分析遗产、徐祝齐申请破产偿债、刘炳全等因货款纠葛请求追加拖延利息、刘治发等因租佃纠葛申请赔偿损害、朱福安等因买卖田业纠葛申请予以返还、曾吉安等因租佃纠葛请求返还押金六案的文书，包括民事诉状、往来公函、申请书、审理笔录、民事辩诉状、账单、诉讼费用单、民事保状、民事判决书、公证书、民事续状等。

526. 四川省政府、璧山县政府审理赔偿损害及其上诉一案　12－7－528

1936 年 1 月至 1936 年 11 月，四川省政府、璧山县政府关于僧永康等因买卖庙产纠葛申请赔偿损害及其上诉一案的文书，包括训令、民事诉愿书、璧山县政府决定书、契约、公证状、往来公函、四川省政府诉愿决定书、民事诉状、指令、报告、刑事诉状等。

527. 四川高等法院第一分院、璧山县政府审理返还会款及其上诉一案　12－7－529

1937 年 3 月至 1937 年 10 月，四川高等法院第一分院、璧山县政府关于胡孔章等申请返还会款及其上诉一案的文书，包括民事诉状、审理笔录、报告、璧山县政府民事判决书、民事保状、账单、往来公函、训令、四川高等法院第一分院民事判决书等。

528. 四川高等法院第一分院、璧山县政府等审理赔偿损害及其上诉一案　12－7－530

1937 年 11 月至 1939 年 5 月，四川高等法院第一分院、璧山县政府等关于僧永康等因买卖庙产纠葛请求赔偿损害及其上诉一案的文书，包括民事诉状、审理笔录、民事缴状、报告、民事诉愿书、民事保状、四川省政府民政厅诉愿决定书、璧山县政府民事判决书、民事自诉状、民事申请状、训令、民事辩诉状、意见书、往来公函、民事续诉状等。

529. 四川高等法院第一分院、璧山县政府审理押银纠葛上诉一案　12－7－531

1938 年 1 月至 1938 年 7 月，四川高等法院第一分院、璧山县政府关于余白元等由租佃引起的押银纠葛上诉一案的文书，包括民事上诉状、训令、呈文、往来公函、四川高等法院第一分院民事裁定书、民事诉状等。

530. 四川高等法院第一分院、璧山县政府审理借款纠葛及其上诉一案　12—7—532

1937年4月至1938年7月，四川高等法院第一分院、璧山县政府关于程炳兴等借款纠葛及其上诉一案的文书，包括往来公函、训令、民事领状、璧山县政府民事判决书、四川高等法院第一分院民事裁定书、民事诉状、谕、审理笔录、契约、报告、民事上诉状等。

531. 四川高等法院第一分院、璧山县政府审理押银纠葛及其上诉一案　12—7—533

1937年12月至1938年12月，四川高等法院第一分院、璧山县政府关于罗成章等由租佃引起的押银纠葛及其上诉一案的文书，包括民事诉状、民事辩诉状、谕、审理笔录、往来公函、民事保状、报告、刑事判决书、呈文、民事申请抗告状、民事执行状、调解笔录、意见书、训令、四川高等法院第一分院民事裁定书、民事续状、民事上诉状等。

532. 璧山县政府审理家产纠葛一案　12—7—534

1936年12月至1937年4月，璧山县政府关于李尹凤等家产纠葛一案的文书，包括民事诉状、民事判决书、民事保状、民事辩诉状、账单、谕、报告、民事执行状等。

533. 璧山县政府审理家产纠葛等三案　12—7—535

1937年1月至1939年9月，璧山县政府关于李罗氏等由抱子立嗣引发的家产纠葛案、王恒益等租佃纠葛案、蒋四隆等租佃纠葛案三案的文书，包括民事诉状、谕、审理笔录、民事领状、训令、报告、证明书、民事辩诉状等。

534. 璧山县政府审理会款纠葛等四案　12—7—536

1937年4月至1937年12月，璧山县政府关于张绍轩等会款纠葛、彭曾氏等会款纠葛涉讼案的诉讼费纠纷、侯太发被土匪绑架要求赎人的借款纠葛、刘彬由土匪绑架引起的羁押误会四案的文书，包括民事存查状、谕、收条、呈文、民事保状、民事申请状、审理笔录、往来公函、损失费用单等。

该卷附璧山县政府处理分析家产、聚赌误会、盗窃等存查案。

535. 璧山县政府审理租佃纠葛两案　12—7—537

1937年5月至1937年12月，璧山县政府关于杨肃雍等租佃纠葛、宋华廷等租佃纠纷两案的文书，包括点名单、谕、审理笔录、民事诉状、民事声明状、牌告、民事认买状、民事缴状、民事抗告状、民事申请状、朱谕、民事辩诉状等。

该卷附璧山县政府处关于何相群等嫁妆费纠葛、孙维藩等借款纠葛、李长发等租佃纠纷、黄炳轩等债务纠葛、孙锡之等会款纠纷、晏曹氏等会款纠葛案的民事判决书。

536. 四川高等法院第一分院、璧山县政府审理货款纠葛上诉一案　12—7—538

1937年12月至1938年7月，四川高等法院第一分院、璧山县政府关于杨鲁三等由合伙经营洋纱引起的货款纠葛上诉一案的文书，包括往来公函、民事上诉状、讯问笔录、民事委任状、民事诉状、言辞辩论笔录、民事领状等。

537. 璧山县政府审理借款纠纷一案　12—7—539

1937年12月至1938年8月，璧山县政府关于周光华等借款纠纷一案的文书，包括民事自诉状、谕、审理笔录、训令、民事保状、往来公函、民事判决书、报告、民事执行状、牌告等。

538. 璧山县政府审理给付欠租一案　12—7—540

1937年1月至1937年10月，璧山县政府关于胡俊良等要求罗臣章给付欠租一案的文书，包括民事诉状、民事保状、民事判决书、审理笔录、报告、民事辩诉状、佃纳粮条例等。

539. 璧山县政府审理租佃纠葛一案　12—7—541

1937年9月至1937年10月，璧山县政府关于夏伯森等租佃纠葛一案的文书，包括民事诉状、民事辩诉状、谕、审理笔录、民事和解状、和解字约等。

540. 四川高等法院第一分院、璧山县政府审理会款纠葛上诉一案　12—7—542

1938年4月至1938年9月，四川高等法院第一分院、璧山县政府关于张述之等会款纠葛上诉一案的文书，包括往来公函、四川高等法院第一分院民事裁定书、呈文、讯问笔录、民事委任状、宣告判决笔录、民事答辩状、民事上诉状、四川高等法院第一分院民事判决书、民事再审状、训令、民事抗告状等。

541. 四川高等法院第一分院、璧山县政府审理抵押会款纠葛一案　12—7—543

1937年6月至1937年8月，四川高等法院第一分院、璧山县政府关于王复盛等抵押会款纠葛一案的文书，包括民事诉状、谕、审理笔录、璧山县政府民事判决书、报告、民事上诉状、民事领状等。

542. 璧山县政府审理租佃纠纷一案　12—7—544

1937年11月,璧山县政府关于万海堂等租佃纠纷一案的文书,包括民事申请状、训令等。

543. 最高法院、璧山县政府审理交还财产上诉一案　12—7—545

1937年1月至1938年7月,最高法院、璧山县政府关于王泽膏等由遗产引起的交还财产上诉一案的文书,包括往来公函、民事上诉状、民事缴状、民事答辩状、呈文、民事呈请状、最高法院民事判决书等。

544. 四川高等法院第一分院、璧山县政府审理家产纠葛及其上诉一案　12—7—546

1936年12月至1937年7月,四川高等法院第一分院、璧山县政府关于张泰英等家产纠葛及其上诉一案的文书,包括民事诉状、报告、民事辩诉状、谕、审理笔录、民事判决书、民事上诉状、往来公函、训令、四川高等法院第一分院民事裁定书等。

545. 璧山县政府审理借银纠纷一案　12—7—547

1937年9月至1937年11月,璧山县政府关于谭周氏等借银纠纷一案的文书,包括民事诉状、审理笔录、呈文、民事辩诉状、民事判决书报告、契约等。

546. 四川高等法院第一分院审理会款纠葛上诉一案　12—7—548

1938年1月至1938年8月,四川高等法院第一分院关于蒋赤南等会款纠葛上诉一案的文书,包括往来公函、民事裁定书、民事诉状、民事缴状、民事上诉状、民事判决书、民事保状等。

547. 四川高等法院第一分院、璧山县政府审理借款纠葛上诉一案　12—7—549

1938年1月至1938年4月,四川高等法院第一分院、璧山县政府关于谢鼎三等借款纠葛上诉一案的文书,包括往来公函、民事上诉状、讯问笔录、民事委任状、民事答辩状等。

548. 四川高等法院第一分院、璧山县政府审理借洋纠纷及其上诉一案　12—7—550

1937年1月至1938年7月,四川高等法院第一分院、璧山县政府关于张殿卿等借洋纠纷及其上诉一案的文书,包括民事诉状、报告、谕、审理笔录、民事判决书、民事申请状、民事保状、民事裁定书、朱谕、产业单、民事呈状、保管条、训令、四川高等法院第一分院民事裁定书、民事执行状、民事委任状、民事和解状、四川高等法院第一分院民事判决书等。

549. 四川高等法院第一分院、璧山县政府审理借款纠纷及其上诉一案　12—7—551

1937 年 11 月至 1938 年 9 月，四川高等法院第一分院、璧山县政府关于龙汝霖等借款纠纷及其上诉一案的文书，包括璧山县政府民事判决书、往来公函、民事诉状、训令、民事申请状、四川高等法院第一分院民事裁定书、民事执行状、民事辩诉状、保管、民事呈状、审理笔录、谕、民事上诉状、借约等。

550. 璧山县政府审理租佃纠葛一案　12—7—552

1937 年 11 月至 1938 年 1 月，璧山县政府关于丁协昌等租佃纠葛一案的文书，包括民事诉状、民事辩诉状、账单、谕、审理笔录、民事判决书、民事上诉状等。

551. 璧山县政府审理借款纠葛一案　12—7—553

1937 年 5 月至 1937 年 11 月，璧山县政府关于袁炳林等借款纠葛一案的文书，包括民事诉状、谕、审理笔录、民事判决书、民事执行状、借约等。

552. 四川高等法院第一分院、璧山县政府审理坟地纠葛上诉一案　12—7—554

1937 年 7 月至 1937 年 9 月，四川高等法院第一分院、璧山县政府关于邓海彬等坟地纠葛上诉一案的文书，包括往来公函、四川高等法院第一分院民事裁定书、民事上诉状、训令、民事缴状、民事答辩状、四川高等法院第一分院民事判决书、审讯笔录、指定收受阴地地点、宣告判决笔录等。

553. 四川高等法院第一分院、璧山县政府审理会款纠葛上诉一案　12—7—555

1937 年 8 月至 1938 年 5 月，四川高等法院第一分院、璧山县政府关于邬德成等会款纠葛上诉一案的文书，包括往来公函、训令、四川高等法院第一分院民事裁定书、民事上诉状、审讯笔录、民事委任状、民事辩诉状、阅卷申请书、宣告判决笔录等。

554. 四川高等法院第一分院、璧山县政府审理借款纠葛上诉一案　12—7—556

1937 年 12 月至 1937 年 12 月，四川高等法院第一分院、璧山县政府关于冯宪章等借款纠葛上诉一案的文书，包括往来公函、四川高等法院第一分院民事裁定书、公开笔录、民事展限状、训令等。

555. 四川高等法院第一分院、璧山县政府审理会款纠葛上诉一案　12—7—557

1937 年 12 月至 1937 年 9 月，四川高等法院第一分院、璧山县政府关于蔡钦先等会款纠葛上诉一案的文书，包括往来公函、四川高等法院第一分院民事裁定书、民事上诉状、审讯笔录、训令等。

556. 璧山县政府审理会款纠纷一案　12—7—558

1938年5月至1938年9月，璧山县政府关于王寿堂等会款纠纷一案的文书，包括谕、审理笔录、民事诉状、民事辩诉状、民事保状、民事判决书、报告、契约、账单等。

557. 四川高等法院第一分院、璧山县政府等审理借款纠纷及其上诉一案　12—7—559（3）

1935年6月至1937年3月，四川高等法院第一分院、璧山县政府等关于易锡山等借款纠纷及其上诉一案的文书，包括民事诉状、呈文、谕、训令、民事保状、民事自诉状、审理笔录、璧山县政府民事判决书、报告、民事上诉状、往来公函、呈状抄件、收据、关票、民事公证状等。

558. 四川高等法院第一分院、璧山县政府审理借款纠葛及其上诉一案　12—7—559

1934年12月至1937年11月，四川高等法院第一分院、璧山县政府关于易锡山等借款纠纷及其上诉一案的文书，包括往来公函、民事执行状、谕、民事和解状、欠条、民事诉状、民事自诉状、审理笔录、民事保状、咨文、民事诉愿书、收据、呈文、报告、民事辩诉状、训令、账单、签饬等。

559. 璧山县政府审理借款纠葛一案　12—7—560

1937年7月至1937年10月，璧山县政府关于饶国忠等借款纠葛一案的文书，包括呈文、报告、全衔咨文、民事和解状、往来公函、关票等。

560. 四川高等法院第一分院、璧山县司法处审理债务纠葛及其上诉一案　12—7—561

1937年10月至1938年6月，四川高等法院第一分院、璧山县司法处关于江文理等由有价票据过期不取引起的债务纠葛及其上诉一案的文书，包括民事诉状、票据执照、民事辩诉状、运炭撮个子订购单、审理笔录、民事判决书、报告、民事上诉状、往来公函、训令等。

561. 璧山县司法处审理租佃纠葛一案　12—7—562

1937年12月至1939年7月，璧山县司法处关于邓炳安等租佃纠葛一案的文书，包括民事诉状、民事辩诉状、谕、审理笔录、民事判决书、往来公函等。

562. 璧山县司法处审理查封产业一案　12－7－563

1937年10月至1939年7月，璧山县司法处关于江尊荣等因借款纠葛申请查封产业一案的文书，包括民事诉状、民事辩诉状、谕、审理笔录、民事申请状、民事声明状、民事保状、执行命令、查封笔录、拍卖布告、布告、牌告、民事执行状、契约、领条、民事判决书等。

563. 四川高等法院第一分院、璧山县司法处审理会款纠葛上诉一案　12－7－564

1937年12月至1938年11月，四川高等法院第一分院、璧山县司法处关于张继良等会款纠葛上诉一案的文书，包括往来公函、民事上诉状、训令、四川高等法院第一分院民事裁定书、审讯笔录、民事答辩状、民事委任状、宣告判决笔录、民事再审状、民事诉状、阅卷申请书、审理笔录、民事申请状、四川高等法院第一分院民事判决书等。

564. 四川高等法院第一分院、璧山县司法处审理租佃纠葛及其上诉一案　12－7－565

1937年11月至1938年3月，四川高等法院第一分院、璧山县司法处关于张炳光等租佃纠葛及其上诉一案的文书，包括民事自诉状、民事辩诉状、审理笔录、民事判决书、民事上诉状、往来公函、训令、四川高等法院第一分院等二审民事判决书等。

565. 璧山县司法处审理租佃纠葛上诉一案　12－7－566

1938年1月至1938年2月，璧山县司法处关于张炳光等租佃纠葛上诉一案的文书，包括往来公函、四川高等法院第一分院民事裁定书、民事缴状、审理笔录、宣告判决笔录、民事理由状、民事上诉状、训令、四川高等法院第一分院第二审民事判决书等。

566. 四川高等法院第一分院、璧山县法院审理债务纠葛及其抗告一案　12－7－567

1934年8月至1937年1月，四川高等法院第一分院、璧山县法院关于周席珍等由担保借款引起的债务纠葛及其抗告一案的文书，包括民事领状、缴状、领条、民事诉状、审理笔录、民事辩诉状、朱谕、璧山县政府民事判决书、保状、民事执行状、谕、民事保状、民事声明状、民事抗告状、民事存查状等。

567. 四川高等法院第一分院、璧山县法院等审理债务纠葛及其抗告一案　12—7—567（2）

1937年1月至1938年12月，四川高等法院第一分院、璧山县法院等关于周席珍等由担保借款引起的债务纠葛及其抗告一案的文书，包括账单、契约、往来公函、抗告理由书、重庆地方法院民事裁定书、民事执行状、民事辩诉状、民事抗告状、报告、谕、民事领状、诉讼费清单、璧山县政府民事裁定书、意见书、四川高等法院第一分院民事裁定书等。

568. 四川高等法院第一分院、璧山县法院等审理会款纠葛抗告一案　12—7—568

1934年7月至1938年11月，四川高等法院第一分院、璧山县法院等关于张承绪等会款纠葛抗告一案的文书，包括抗告理由书、呈文、谕、民事保状、训令、往来公函、审讯单、民事呈状、四川高等法院第一分院民事裁定书等。

569. 四川高等法院第一分院、璧山县法院审理借款纠葛及其上诉一案　12—7—569

1936年12月至1937年9月，四川高等法院第一分院、璧山县法院关于冯树家等借款纠葛及其上诉一案的文书，包括往来公函、报告、民事执行状、训令、民事诉状、契约、谕、审理笔录、璧山县政府民事判决书、民事上诉状等。

570. 四川高等法院第一分院、璧山县司法处审理会款纠纷、借款纠葛及其上诉案两案　12—7—570

1937年1月至1939年4月，四川高等法院第一分院、璧山县司法处关于张照祥等会款纠纷案、潘绍臣等借款纠葛及其上诉案两案的文书，包括民事诉状、民事辩诉状、审理笔录、民事保状、账单、民事判决书、报告、民事上诉状、布告、民事执行状、四川高等法院第一分院民事裁定书、朱谕、谕、饬签、民事声明状等。

571. 四川高等法院第一分院、璧山县司法处等审理租佃纠葛及其上诉一案　12—7—571

1937年6月至1939年3月，四川高等法院第一分院、璧山县司法处等关于周席珍等租佃纠葛及其上诉一案的文书，包括往来公函、民事追诉状、民事申请状、训令、民事诉状、审理笔录、四川高等法院第一分院民事裁定书、民事执行状、报告、璧山县政府民事判决书、民事诉愿书、指令、重庆地方法院民事判决书等。

572. 四川高等法院第一分院、璧山县司法处等审理会项纠葛及其上诉一案　12—7—572

1936年12月至1938年12月，四川高等法院第一分院、璧山县司法处等关于陈金廷等会项纠葛及其上诉一案的文书，包括往来公函、璧山县政府民事判决书、民事执行状、训令、民事诉状、四川高等法院第一分院民事裁定书、领条、民事自诉状、谕、审理笔录、借约、报告、民事上诉状、江苏会会簿等。

573. 四川高等法院第一分院、璧山县政府审理会款纠葛上诉一案　12－7－573

1937年6月至1938年7月，四川高等法院第一分院、璧山县政府关于李炳生等会款纠葛上诉一案的文书，包括往来公函、四川高等法院第一分院民事裁定书、民事缴状、民事上诉状、民事辩诉状、民事委任状、民事诉状、审理笔录、四川高等法院第一分院民事判决书、民事补诉状、璧山县政府民事判决书等。

574. 璧山县政府审理会款纠葛一案　12－7－574

1937年3月至1939年7月，璧山县政府关于曾洪发等会款纠葛一案的文书，包括民事诉状、谕、审理笔录、民事辩诉状、报告、民事判决书等。

575. 巴县地方法院、璧山县政府等审理赔偿损害及其上诉一案　12－7－575

1934年10月至1937年5月，巴县地方法院、璧山县政府等关于万海泉等由羁押导致商业损失申请赔偿损害及其上诉一案的文书，包括往来公函、呈文、谕、报告、民事诉状、损失计算单、民事保状、民事自诉状、民事辩诉状、审理笔录、民事续状、民事执行状、民事上诉状、签票、账单、巴县地方法院民事判决书等。

576. 璧山县政府审理租佃纠葛一案　12－7－576

1937年1月至1937年4月，璧山县政府关于陈戴氏等租佃纠葛一案的文书，包括民事诉状、契约、谕、审理笔录、民事判决书、报告、民事执行状、诉讼费用单、民事辩诉状、民事保状、凭票等。

577. 四川高等法院第一分院、璧山县政府审理债务纠葛上诉一案　12－7－577

1937年12月至1938年7月，四川高等法院第一分院、璧山县政府关于杨鲁三等债务纠葛上诉一案的文书，包括民事诉状、往来公函、四川高等法院第一分院民事裁定书、民事补诉状等。

578. 四川高等法院第一分院、璧山县政府审理债务纠葛抗告一案　12－7－578

1937年8月至1938年2月，四川高等法院第一分院、璧山县政府关于潘绍臣等由善堂财产纠葛引起的债务纠葛抗告一案的文书，包括训令、民事抗告状、往来公函、民事执行状、民事诉状、报告、四川高等法院第一分院民事裁定书、民事声明状、谕、查封布告等。

579. 四川高等法院第一分院、璧山县政府审理债务纠葛一案　12—7—579

1937年9月至1937年11月，四川高等法院第一分院、璧山县政府关于赵泽三等借款债务纠葛一案的文书，包括民事诉状、审理笔录、报告、民事保状、民事和解状、和息文约等。

580. 璧山县司法处审理会款纠葛一案　12—7—580

1937年12月至1938年5月，璧山县司法处关于张炳安等会款纠葛一案的文书，包括民事诉状、报告、谕、审理笔录、民事催呈状、民事补呈状、民事判决书、牌告、民事申请状、改良田园会会簿等。

581. 四川高等法院第一分院、璧山县政府审理租佃纠纷、借款纠款上诉案两案 12—7—581

1937年9月至1938年12月，四川高等法院第一分院、璧山县政府关于邹梓卿等租佃纠纷、许璧林等借款纠葛上诉案两案的文书，包括民事诉状、谕、审理笔录、民事辩诉状、契约、报告、璧山县政府民事判决书、民事领状、往来公函、训令、四川高等法院第一分院民事裁定书、民事上诉状、民事委任状、审讯笔录、宣告判决笔录、四川高等法院第一分院民事判决书等。

582. 四川高等法院第一分院、璧山县司法处审理借款纠葛上诉一案　12—7—582

1938年5月至1938年10月，四川高等法院第一分院、璧山县司法处关于许璧林等借款纠葛上诉一案的文书，包括往来公函、四川高等法院第一分院民事裁定书、训令、民事再审状、审讯笔录、宣告判决笔录、民事委任状、四川高等法院第一分院民事判决书、民事诉状、民事抗告状等。

583. 璧山县政府等审理租佃纠纷等四案　12—7—583

1937年3月至1938年4月，璧山县政府等关于李兴发等租佃纠纷、张选卿等租佃纠葛、罗吉荣等租佃纠纷、熊辉南等租佃纠葛四案的文书，包括民事诉状、审理笔录、报告、民事答辩状、民事判决书、谕、往来公函、民事自诉状等。

584. 四川高等法院第一分院、璧山县政府等审理租佃纠葛一案　12—7—584

1937年3月至1938年2月，四川高等法院第一分院、璧山县政府等关于胡绍镐等租佃纠葛一案的文书，包括民事诉状、契约、训令、谕、璧山县政府民事判决书、报告、民事上诉状、民事辩诉状、民事执行状、民事申请状、民事诉愿书、民事保状、往来公函等。

585. 四川高等法院第一分院、璧山县政府审理租佃纠葛及其上诉一案　12—7—585

1937 年 3 月至 1938 年 6 月，四川高等法院第一分院、璧山县政府关于李庆三等租佃纠葛及其上诉一案的文书，包括往来公函、训令、璧山县政府民事判决书、四川高等法院第一分院民事判决书、民事执行状、民事诉状、报告等。

586. 四川高等法院第一分院、璧山县司法处审理借款纠葛上诉一案　12—7—586

1938 年 5 月至 1938 年 10 月，四川高等法院第一分院、璧山县司法处关于祝启贤等借款纠葛上诉一案的文书，包括往来公函、训令、四川高等法院第一分院民事裁定书等。

587. 璧山县司法处审理债务纠葛一案　12—7—587

1937 年 6 月至 1938 年 7 月，璧山县司法处关于杨旭初等借款纠葛一案的文书，包括民事诉状、报告、谕、审理笔录、民事申请状、牌告、民事判决书、民事领状等。

588. 璧山县司法处等审理会款纠葛一案　12—7—588

1937 年 1 月至 1938 年 4 月，璧山县司法处等关于罗元清等会款纠葛一案的文书，包括民事诉状、报告、谕、审理笔录、民事判决书、民事理由状、民事申请状、民事辩诉状、签、民事保状、民事呈状等。

589. 四川高等法院第一分院、璧山县法院等审理借款纠葛及其上诉一案　12—7—589

1937 年 1 月至 1939 年 3 月，四川高等法院第一分院、璧山县法院等关于方炳文等借款纠葛及其上诉一案的文书，包括往来公函、审理笔录、谕、债务单、民事申请状、牌告、民事声明状、训令、民事申请执行状、民事辩诉状、璧山县政府民事判决书、四川高等法院第一分院民事裁定书、民事诉状、报告、民事自诉状、拍卖布告、布告等。

590. 四川高等法院第一分院、璧山县法院等审理借款纠葛及其上诉一案　12—7—589（2）

1937 年 7 月至 1938 年 5 月，四川高等法院第一分院、璧山县法院等关于方炳文等借款纠葛及其上诉一案的文书，包括民事诉状、朱谕、财产单、审理笔录、训令、牌告、民事执行状、民事辩诉状、查封布告、报告、民事保状、拍卖布告、民事认买状、领条、民事声明状、民事缴状、民事呈状、账单、所卖田业房屋界址、民事领状、诉讼费用单、民事自诉状、民事抗告状、执行命令、债务人及佃户会议记录、璧山县政府民事裁定书等。

591. 璧山县司法处审理租佃纠葛一案　12－7－590

1937年10月至1938年6月，璧山县司法处关于邹耀廷等租佃纠葛一案的文书，包括民事诉状、报告、审理笔录、民事判决书等。

592. 四川高等法院第一分院、璧山县政府司法档案报告书卷　12－7－590（2）

1938年7月至1946年8月，四川高等法院第一分院、璧山县政府司法档案报告书卷，包括何贵邦、林树轩关于烟案的报告；汪铨森等诈骗保证金案的报告；段长盛关于盗匪嫌疑案的报告；押犯邹开祥关于开释就医的报告；毛栋梁、曹海江、张文华、蔡封氏因鸦片案在押申请无法改服劳役的报告；钟天柱因吸食鸦片在押申请保外就医的报告；在押犯人吴健因病申请假释治疗的报告；在押犯人李远修申请照常起居以免影响身体的报告；押犯袁炳荣等因狱中寒冷申请从家里寄棉被的报告；段长盛申请告知假释手续的报告；因鸦片涉案在押的刘纪元申请保外处理租佃纠纷的报告；犯人全体成员因监狱饭食不如意申请自领粮食自做的报告；李国成因窃盗罪在押申请调服劳役的报告等。

593. 四川璧山地方法院审理遗产纠葛一案　12－7－591

1940年7月至1940年8月，四川璧山地方法院关于罗袁氏等遗产纠葛一案的文书，包括民事诉状、民事委任状、民事答辩状、审判笔录、证人结文、往来公函、报告等。

594. 璧山县法院等审理典当田业纠葛上诉等六案　12－7－592

1936年12月至1937年12月，璧山县法院等关于舒张氏申请脱离婚姻关系存查、尹茂林等典当田业纠葛上诉、戴张氏等典当田业纠葛、温炳荣申请破产偿债、赵正发等租佃纠葛、廖锡元等会款纠葛六案的文书，包括民事存查状、离婚书、往来公函、四川高等法院第一分院民事裁定书、民事和解状、训令、民事诉状、报告、璧山县政府民事判决书、民事申请状、各处产业单、民事续呈状、朱谕、谕、呈文、民事辩诉状、审理笔录、民事自诉状、会款账单等。

595. 璧山县司法档案判决书卷　12－7－593

1934年4月至1938年11月，璧山县司法档案判决书卷，包括璧山县司法处关于张炳光等租佃纠葛、陈曹氏等借款纠葛、江文理等票款纠葛、陈少开等会款纠葛、周惠安等债务纠葛、黄竹轩等会款纠纷、舒星武等租佃纠葛、白义兴等借款纠葛案的民事判决书。璧山县政府关于梁述廷等债务纠葛、邓国栋等会款纠纷、王汉清等租佃纠葛、曾刘氏等货款纠葛、邹耀廷等解除租佃契约案的民事判决书。璧山县政府兼理司法事务关于王辉五等抵押权纠葛、陈张代玉等会银纠葛、张赖文珍等货款纠纷、钱学中等垫款纠葛、杨树清等会银纠葛、牟治钦等租佃纠纷、周世隆等债务纠纷、朱大龙等借款纠葛、周炳林等债务纠葛、白谭氏等债务纠葛案的民事判决书。

四川高等法院第一分院关于梁述廷等债务纠葛、邓学义等租佃纠葛、郭绍卿等给付租谷、余培生等货款纠纷、刘荣卿等解除租佃契约、彭兴全等押银纠葛案的民事判决书、裁定书。

另有谢张绍卿等担保债务纠葛及其上诉案、王孔昭等货款纠葛及其上诉案、白义之等抵押权纠纷及其上诉案、黄鹏安等租佃纠纷及其上诉案、尹香翘等搬迁交业纠纷及其上诉案的璧山县司法处、璧山县政府、巴县地方法院、四川高等法院第一分院、最高法院的民事判决书、裁定书。

596. 璧山县政府司法档案判决书卷　12－7－594

1932 年 12 月至 1940 年 12 月，璧山县政府司法档案判决书卷，包括璧山县政府案关于周海廷等租佃纠纷、梁炳枢等租佃纠葛、龙国章等堰水纠葛、吴炳银等债务纠葛、刘勋元等债务纠葛、蒋赤南等债务纠葛、黄和谦等租佃纠纷案的民事判决书。璧山县司法处关于张陈氏等会款纠葛、林恕五等兑款纠葛案的民事判决书。璧山县政府兼理司法事务关于陈建之等典权纠葛、雷伯辉等债务纠纷、傅贤儒等会务纠葛、谭铨修等租佃纠葛、钟在明等债务纠纷、刘泽沛等拨粮纠葛案的民事判决书。

另有四川高等法院第一分院关于潘绍臣等债务纠葛、殷登荣等租佃纠葛、董元清等借款纠纷、汪罗氏等生活费纠纷、曹奇勋等会款纠葛、冷春熙等伙贸账目纠葛、梁炳枢等给付租谷、徐荣华等会款纠葛、罗维周等货款纠纷、刘申之等会款纠纷案的民事判决书、裁定书。

附有四川高等法院第一分院、璧山县政府兼理司法事务关于龙子榆等赔偿损害案的民事判决书、训令、往来公函、民事申请状等。

597. 璧山县法院等审理借洋纠葛一案　12－7－595

1937 年 3 月至 1947 年 4 月，璧山县法院等关于龚钟氏等借洋纠葛一案的文书，包括民事诉状、民事答辩状、牌告、契约、谕、审理笔录、民事判决书、报告、民事领状、领条、借约、民事存查状等。

该卷附四川璧山地方法院关于赖朝清等租佃纠葛案的民事判决书两份。

598. 四川高等法院第一分院、璧山县法院审理典当田业纠葛等五案　12—7—596

1936 年 12 月至 1937 年 10 月，四川高等法院第一分院、璧山县法院关于戴张氏等典当田业纠葛、张福泰等债务纠葛、王仪廷等申请会产转移存查、尹伯楷等地基纠葛上诉、吴何氏等夜宿引起的通奸嫌疑纠葛五案的文书，包括民事诉状、报告、民事反诉状、谕、审理笔录、璧山县政府民事判决书、往来公函、训令、契约、呈文、保状等。

599. 四川高等法院第一分院、璧山县法院审理诈欺一案　12—7—597

1937 年 5 月至 1937 年 11 月，四川高等法院第一分院、璧山县法院关于周明章等由买卖谷子引起的诈欺案一案的文书，包括民事诉状、报告、民事辩诉状、呈文、民事委任状、谕、审理笔录、收据、民事判决书、民事申请状、各项用费单、朱谕、牌告、押银笔录、民事执行状、民事声明状、训令等。

600. 四川高等法院第一分院、璧山县司法处等审理给付租谷等三案　12—7—598

1937 年 8 月至 1939 年 3 月，四川高等法院第一分院、璧山县司法处等关于张全盛要求林海全给付租谷、杨旭初等借款纠葛上诉案、王九臣等借银纠纷三案的文书，包括民事呈状、谕、审理笔录、收据、往来公函、训令、璧山县政府民事判决书、民事诉状、报告等。

601. 四川高等法院第一分院、璧山县法院等审理会款纠葛等四案　12—7—599

1936 年 12 月至 1938 年 2 月，四川高等法院第一分院、璧山县法院等关于任银洲要求凌文安返还会款、谢增辉等会款纠纷、陈王氏等会款纠葛、荣天伟等会款纠纷上诉四案的文书，包括民事诉状、民事辩诉状、谕、审理笔录、训令、账单、呈文、借约、担保账单、往来公函、和息文约、四川高等法院第一分院民事裁定书等。

602. 璧山县法院等审理会款纠葛一案　12—7—600

1937 年 4 月至 1938 年 3 月，璧山县法院等关于秦银安等会款纠葛一案的文书，包括民事诉状、审理笔录、往来公函、民事判决书、契约、报告、申请书、续状等。

603. 璧山县司法处审理租佃纠葛一案　12—7—601

1938 年 4 月至 1938 年 8 月，璧山县司法处关于陈仲山等租佃纠葛一案的文书，包括民事执行状、报告、往来公函、民事诉状、训令、呈文、保状、收据等。

604. 四川高等法院第一分院、璧山地方法院审理押银借款纠葛抗告一案　12－7－602

1939年10月至1940年3月，四川高等法院第一分院、璧山地方法院关于魏黄氏等由典当田业引起的押银借款纠葛抗告一案的文书，包括往来公函、抗告意见书、民事缴状、报告、训令、四川高等法院第一分院民事裁定书、民事申请状、民事领状、契约、民事呈状等。

605. 四川高等法院第一分院、璧山县法院等审理财产假扣押等七案　12－7－603

1936年10月至1938年1月，四川高等法院第一分院、璧山县法院等关于杨炳清等由借款纠纷引起的财产假扣押案、叶辉武等借款纠葛、刘治荣由租佃纠葛申请禁治产、江德培申请破产偿债、胡廷钦等申请分割遗产、王田氏申请撤销王刘氏等人的监护权上诉、文银廷等借款纠葛七案的文书，包括民事诉状、民事裁定书、牌告、谕、呈文、借约、民事申请状、训令、账单、收据、往来公函、最高法院民事裁定书、报告等。

606. 四川高等法院第一分院、璧山县法院审理赔偿损害上诉等四案　12－7－604

1937年1月至1937年10月，四川高等法院第一分院、璧山县法院关于龙子榆等申请赔偿损害上诉、王德三等债务纠葛上诉、张振权等买卖田产纠葛上诉、冯作之等租佃纠葛四案的文书，包括璧山县政府民事判决书、往来公函、签、报告、民事诉状、民事和解状、和息文约等。

该另附四川高等法院第一分院关于任海安等债务纠葛案的民事判决书、裁定书。

607. 璧山县司法处审理米款纠葛一案　12－7－605

1937年12月至1938年10月，璧山县司法处关于谢树荣等由买米引起的米款纠葛一案的文书，包括民事自诉状、谕、审理笔录、民事申请状、账单、民事保状、民事和解笔录、拍卖布告、报告、牌告等。

608. 璧山县司法档案杂卷　12－7－606

1937年2月至1940年12月，璧山县司法档案杂卷，包括璧山地方法院与四川高等法院第一分院关于曾志模等交业案、张春廷等回赎典产、温辑五等返还押金、张九兆等债务纠葛、江美成等返还红契案的往来公函等。

四川璧山地方法院关于周荣氏伤害案的刑事判决书；四川璧山县司法处关于张海廷等租佃纠葛案的民事判决书。重庆地方法院关于邹玉堂等会款纠葛、杨宝三等欠租纠葛案的民事判决书。四川高等法院第一分院关于邹玉堂等会款纠葛上诉案、殷云隆等给付欠租、刘申之等会款纠葛案的民事判决书、裁定书。

609. 璧山县司法处审理会款纠葛一案　12—7—607

1937年11月至1939年5月，璧山县司法处关于孙锡之等会款纠葛一案的文书，包括点名单、会款账单、民事诉状、报告书、保状、民事判决书、民事辩诉状、民事保状、民事执行状等。

610. 璧山县司法处审理搬迁交业等四案　12—7—608

1937年11月，璧山县司法处关于张世伦等租佃纠纷、萧大海等由租佃引起的搬迁交业案、孙云合等申请确定田业的沟渠经界、邓国民要求张子光赔偿因延期取款被匪抢去损害四案的文书，包括民事诉状、训令、民事申请状、往来公函等。

611. 四川高等法院第一分院、璧山县法院等审理确认抵押田房借款纠葛上诉一案　12—7—609

1937年8月至1937年10月，四川高等法院第一分院、璧山县法院等关于王复盛等由抵押田房借款纠葛上诉一案的文书，包括民事上诉状、训令、往来公函、民事展限状、审讯笔录、民事辩诉状、宣告判决笔录等。

612. 四川高等法院第一分院、璧山县法院审理租佃、借款纠葛等三案　12—7—610

1935年3月至1937年11月，四川高等法院第一分院、璧山县法院关于彭安东等租佃纠葛、蒲余氏申请烂赌浪荡存查、周陈氏等借款纠葛上诉三案的文书，包括民事辩诉状、谕、审理笔录、民事补诉、民事诉状、民事呈状、民事判决书、民事申请状、法院通知书、撤回存查状等。

613. 四川高等法院第一分院、璧山县法院审理借款纠葛抗告一案　12—7—611

1936年10月至1937年6月，四川高等法院第一分院、璧山县法院关于张福太等借款纠葛抗告一案的文书，包括璧山县政府民事判决书、往来公函、抗告意见书、报告、朱谕、四川高等法院第一分院民事裁定书、训令、民事执行状、民事申请状、债务单、牌告、民事抗告状等。

614. 璧山县法院审理租佃纠葛一案　12—7—612

1936年12月至1937年4月，璧山县法院关于温树臣等租佃纠葛一案的文书，包括民事诉状、民事和解状、和息文约、民事领状、民事呈状、民事续状、诉讼费损失单、收据、民事保状、谕、民事申请状等。

615. 璧山县法院审理押银纠纷一案　12—7—613

1936年12月至1937年4月，璧山县法院关于温树臣等由租佃引起的押银纠纷一案的文书，包括民事诉状、民事和解状、和息文约、民事领状、民事呈状、民事续状、诉讼费损失单、民事保状、谕、民事申请状等。

616. 四川高等法院第一分院审理离婚上诉两案　12—7—614

1938年2月至1940年8月，四川高等法院第一分院关于陈方策等申请离婚上诉案、胡克模等申请离婚上诉案两案的文书，包括往来公函、民事诉状、民事上诉状、审讯笔录、民事上诉理由状等。

617. 四川高等法院第一分院、璧山县司法处审理买卖田业纠葛上诉一案　12—7—615

1937年10月至1938年2月，四川高等法院第一分院、璧山县司法处关于何松美等买卖田业纠葛上诉一案的文书，包括民事上诉状、训令、往来公函、民事催呈状、审讯笔录、民事理由状、宣告判决笔录等。

618. 璧山县法院审理会银纠葛一案　12—7—616

1937年3月至1937年9月，璧山县法院关于陈银廷等会银纠葛一案的文书，包括民事诉状、谕、审理笔录、报告、民事辩诉状、民事保状、呈文、情况说明、签、民事判决书、民事申请上诉状等。

619. 璧山县司法处审理债务纠葛一案　12—7—617

1937年10月至1938年1月，璧山县司法处关于丁银盛等由伙贸布匹引起债务纠葛的一案的文书，包括民事诉状、民事反诉状、账单、审理笔录、训令、民事续状、签饬、报告、同意和息文约等。

620. 璧山县法院审理借洋纠葛一案　12—7—618

1937年9月至1937年10月，璧山县法院关于董青云等借洋纠葛一案的文书，包括民事诉状、民事和解状、报告等。

621. 四川高等法院第一分院、璧山县司法处审理债务纠葛上诉一案　12—7—619

1937年12月至1938年6月，四川高等法院第一分院、璧山县司法处关于王合江等债务纠葛上诉一案的文书，包括往来公函、四川高等法院第一分院民事裁定书、训令、指令等。

622. 四川高等法院第一分院、璧山县法院等审理租佃纠葛及其上诉一案　12－7－620

1937年7月至1938年11月,四川高等法院第一分院、璧山县法院等关于邓汉清等租佃纠葛及其上诉一案的文书,包括契约、民事诉状、报告、民事辩诉状、谕、审理笔录、民事保状、训令、往来公函、民事判决书、领状、民事呈状、四川高等法院第一分院民事裁定书、民事缴状等。

623. 四川高等法院第一分院、璧山县法院等审理典当田业纠葛及其上诉一案　12－7－621

1937年9月至1938年5月,四川高等法院第一分院、璧山县法院等关于罗鸣皋等典当田业纠葛及其上诉一案的文书,包括往来公函、璧山县政府民事判决书、训令、民事执行状、民事辩诉状、保状、民事诉状、民事缴状、领条、民事续状、民事抗告状等。

624. 四川高等法院第一分院、璧山县法院等审理租佃纠葛、确认租赁契约有效上诉两案　12－7－622

1937年7月至1942年5月,四川高等法院第一分院、璧山县法院等关于彭席珍等租佃纠葛、雷在全等确认租赁契约有效上诉两案的文书,包括民事诉状、民事反诉状、审理笔录、报告、往来公函等。

625. 璧山县法院审理利谷纠葛一案　12－7－623

1937年1月至1937年2月,璧山县法院关于周光烈等由借款引起的利谷纠葛一案的文书,包括民事诉状、报告、民事变诉状、呈文、民事辩诉状等。

626. 四川高等法院第一分院、璧山县司法处审理会款纠葛上诉一案　12－7－624

1939年3月至1939年7月,四川高等法院第一分院、璧山县司法处关于巫奎臣等会款纠葛上诉一案的文书,包括呈文、民事上诉状、训令、往来公函、审讯笔录、民事上诉辩诉状、宣告判决笔录、会款账单、四川高等法院第一分院民事判决书等。

627. 璧山县法院等审理垫款纠葛一案　12－7－624－2

1937年3月至1938年8月,璧山县法院等关于钱学中等买卖粮食的垫款纠葛一案的文书,包括民事诉状、审理笔录、民事判决书、民事辩诉状、民事证明状、民事上诉状、民事保状、结文、诉讼费用单、民事裁定书、报告等。

628. 四川高等法院第一分院、璧山县司法处审理买卖田业纠葛一案　12—7—625

1937 年 12 月至 1938 年 4 月，四川高等法院第一分院、璧山县司法处关于张曹氏由其夫擅卖遗产田业引起的买卖田业纠葛一案的文书，包括民事诉状、民事辩诉状、契约、遗嘱、审理笔录、训令、民事续状等。

629. 璧山县司法处审理借款纠葛上诉一案　12—7—626

1937 年 10 月至 1939 年 3 月，璧山县司法处关于刘海山等借款纠葛一案的文书，包括民事诉状、呈文、审理笔录、民事判决书、民事辩诉状、民事执行状、民事保状、报告、谕、查封笔录、拍卖布告、契约等。

630. 璧山县司法处审理诈欺一案　12—7—627

1938 年 4 月至 1938 年 9 月，璧山县司法处关于检察官因刘标中由租佃纠葛案作伪证诈欺提起公诉一案的文书，包括往来公函、诉愿书、审理笔录等。

631. 璧山县司法处审理会款纠葛一案　12—7—628

1938 年 2 月至 1938 年 3 月，璧山县司法处关于何炳兴要求张瀛洲偿还会款一案的文书，包括报告、民事申请上诉状、民事执行状等。

632. 四川高等法院第一分院、璧山县法院审理会款纠葛一案　12—7—629

1937 年 2 月至 1937 年 8 月，四川高等法院第一分院、璧山县法院关于蒋汇廷等会款纠葛上诉一案的文书，包括往来公函、训令、民事诉状、群贤会账单、审理笔录、谕、报告等。

633. 四川高等法院第一分院、璧山县法院等审理会款纠葛及其上诉一案　12—7—630

1937 年 4 月至 1937 年 12 月，四川高等法院第一分院、璧山县法院等关于黄海廷等会款纠葛及其上诉一案的文书，包括往来公函、训令、民事诉状、会款账单、审理笔录、璧山县政府民事判决书、报告、民事上诉状、呈文、四川高等法院第一分院民事判决书等。

634. 璧山县法院审理会款纠葛一案　12—7—631

1937 年 3 月至 1937 年 10 月，璧山县法院关于刘绍伯等会款纠葛一案的文书，包括民事诉状、审理笔录、民事判决书报告、民事辩诉状、民事保状、问事单、民事执行状、民事抗告状、民事呈状、凭票等。

635. 璧山县政府审理租佃纠纷、会款纠葛两案　12—7—632

1936 年 10 月至 1937 年 7 月，璧山县政府关于周席珍等租佃纠纷、蒋汇廷要求蒋洪昌等返还会款两案的文书，包括民事诉状、欠条、审理笔录、谕、报告、呈文、朱谕、民事和解笔录、民事辩诉状、民事判决书、民事申请上诉状、收据、账单、尝思会会簿等。

636. 璧山县政府审理破产偿债、租佃纠纷两案　12—7—633

1937 年 10 月至 1938 年 2 月，璧山县政府关于陈荣辉申请破产偿债、陈仲山等租佃纠纷两案的文书，包括民事诉状、债务单、谕、报告、民事裁定书、牌告、拍卖布告、民事辩诉状、审理笔录、民事委任状、民事和解笔录、民事执行状、民事申请状等。

637. 璧山县政府审理破产偿债一案　12—7—633（2）

1938 年 1 月至 1938 年 4 月，璧山县政府关于陈荣辉申请破产偿债一案的文书，包括民事诉状、报告、民事执行状、谕、民事保状、民事申请状、执行命令、伤单、审理笔录、民事自诉状等。

638. 四川高等法院第一分院、璧山县政府审理会款、租佃纠葛等五案　12—7—634

1937 年 1 月至 1937 年 10 月，四川高等法院第一分院、璧山县政府关于仇茂林等会款纠葛、牟治钦等租佃纠纷、钱戴甫等买卖运输队骡马纠纷、谢银安等由租佃引起的押银纠葛上诉、严鑫荣等买卖田业纠葛五案的文书，包括民事诉状、民事辩诉状、审理笔录、契约、报告、民事和解状、训令等。

该卷附川康绥靖主任公署步兵独立第三团第一营营部转三连排长郭青云关于彭银州等立嗣纠葛案的证明。

639. 四川高等法院第一分院、璧山县政府审理会款纠纷及其上诉一案　12—7—635

1936 年 9 月至 1937 年 12 月，四川高等法院第一分院、璧山县政府关于邬德成要求刘何氏等偿还会款及其上诉一案的文书，包括民事诉愿书、民事诉状、谕、审理笔录、璧山县政府民事辩诉状、契约、群贤会单、民事判决书、群贤会会簿、往来公函、训令、四川高等法院第一分院民事判决书等。

640. 四川高等法院第一分院、璧山县政府审理会款纠葛上诉一案　12—7—636

1938 年 2 月至 1939 年 4 月，四川高等法院第一分院、璧山县政府关于江达五等会款纠葛上诉一案的文书，包括往来公函、璧山县政府民事判决书、训令、四川高等法院第一分院民事判决书等。

641. 四川高等法院第一分院、璧山县政府审理缴纳粮税纠葛上诉一案　12—7—637

1937年8月至1937年12月,四川高等法院第一分院、璧山县政府关于龙汉江等缴纳粮税纠葛上诉一案的文书,包括往来公函、四川高等法院第一分院民事裁定书、训令等。

642. 璧山县政府审理票据纠葛一案　12—7—638

1937年12月至1939年1月,璧山县政府关于蒋云皋等由过期不取导致有价票据失效引起的票据纠葛一案的文书,包括民事诉状、审理笔录、民事辩诉状、民事判决书、五庄公益会会规、报告、民事执行状、民事公证状、民事保状、民事催呈状、民事缴状等。

643. 四川高等法院第一分院、璧山县政府审理借款纠纷抗告一案　12—7—639

1937年7月至1938年4月,四川高等法院第一分院、璧山县政府关于邱权清等借款纠葛抗告一案的文书,包括民事抗告状、训令、往来公函、牌告、指令、损失账单、民事呈状、四川高等法院第一分院民事裁定书等。

644. 四川高等法院第一分院、璧山县政府审理终止租约上诉一案　12—7—640

1937年7月至1938年4月,四川高等法院第一分院、璧山县政府关于王徐氏等因租佃纠葛申请终止租约上诉一案的文书,包括民事申请状、言辞辩论笔录、训令、乡公所呈、往来公函、四川高等法院第一分院民事裁定书、民事上诉状、民事委任状、审判笔录、民事上诉辩诉状、宣告判决笔录等。

645. 璧山县政府审理婚约纠葛一案　12—7—641

1938年5月,璧山县政府关于赵锡恩等申请婚约调解一案的文书,包括民事申请状、言辞辩论笔录、民事诉状等。

646. 四川高等法院第一分院、璧山县政府审理重婚一案　12—7—641(2)

1937年9月至1937年10月,四川高等法院第一分院、璧山县政府关于张映堂等指控王银廷蓄意重婚一案的文书,包括刑事诉状、报告、训令、往来公函等。

647. 璧山实验地方法院审理申请租佃调解一案　12—7—642

1945年7月,璧山实验地方法院关于张道纲等申请租佃调解一案的文书,包括民事申请状、点名单等。

648. 璧山县政府审理借款纠葛一案　12—7—642（2）

1937年1月至1937年6月，璧山县政府关于杨雷氏等借款纠葛一案的文书，包括民事诉状、民事辩诉状、审理笔录、民事保状、民事判决书、借据、民事自诉状、民事执行状、谕等。

该卷附四川高等法院第一分院关于尚志功等借款纠葛案的民事裁定书。

649. 璧山县政府审理会款纠葛一案　12—7—643

1937年11月至1938年5月，璧山县政府关于江建五等会款纠葛一案的文书，包括民事诉状、民事反诉状、审理笔录、契约、民事保状、民事判决书、报告、民事申请上诉状、账单等。

650. 璧山县政府审理米款纠纷一案　12—7—644

1937年3月至1938年11月，璧山县政府关于周世隆等由赊账引起米款纠纷一案的文书，包括民事诉状、签呈单、报告、审理笔录、民事判决书、保状、民事申请状等。

651. 四川高等法院第一分院、璧山县政府审理押银纠葛及其上诉一案　12—7—645

1937年3月至1938年4月，四川高等法院第一分院、璧山县政府关于张元兴等因租佃引起的押银纠葛及其上诉一案的文书，包括民事诉状、民事呈状、账单、民事辩诉状、往来公函、训令、民事申请状、四川高等法院第一分院民事裁定书、刑事诉状、民事声明状、璧山县政府民事判决书、报告等。

652. 璧山县政府审理会款纠葛一案　12—7—646

1937年11月至1938年11月，璧山县政府关于吕树昌等会款纠葛一案的文书，包括民事诉状、审理笔录、民事辩诉状、报告、了息文约等。

653. 四川高等法院第一分院、璧山县政府审理会款纠葛、债务纠葛及其上诉两案　12—7—647

1937年1月至1938年3月，四川高等法院第一分院、璧山县政府关于王远荣等会款纠葛、何京辉等由伙贸引起的债务纠葛及其上诉两案的文书，包括民事执行状、报告、往来公函、民事诉状、恳状、保状、照抄账单等。

654. 四川高等法院第一分院、璧山县政府审理分析家产上诉一案　12—7—648

1937年5月至1937年12月，四川高等法院第一分院、璧山县政府关于何荣安等由会款纠葛引起的分析家产上诉案一案的文书，包括报告、民事诉状、民事上诉状、民事理由状、谕、审理笔录、呈文、收据、往来公函、四川高等法院第一分院民事裁定书等。

该卷附璧山县政府兼理司法事务关于王青云等窃盗案的刑事判决书。

655. 四川高等法院第一分院、璧山县政府审理会款纠葛等三案　12－7－649

1937年1月至1938年6月，四川高等法院第一分院、璧山县政府关于陈银山等会款纠葛、张炳钦等会款纠葛及其上诉、白义之等由债务引起的拍卖田业纠葛上诉三案的文书，包括民事诉状、民事答辩状、收据、审理笔录、民事辩诉状、民事保状、民事执行状、民事上诉状、报告、民事抗告状、账单等。

该卷附四川高等法院第一分院关于刘周氏等租佃纠葛案的民事裁定书。

656. 璧山县政府审理租佃纠葛一案　12－7－650

1937年1月至1937年8月，璧山县政府关于牟治钦等租佃纠葛一案的文书，包括民事诉状、契约、民事保状、民事判决书、审理笔录、报告、民事申请状、朱谕、牌告等。

657. 璧山县政府审理借款纠葛、借银纠纷两案　12－7－651

1937年8月至1937年10月，璧山县政府关于郑蒋氏等借款纠葛、廖克成等借银纠纷两案的文书，包括民事诉状、民事判决书、审理笔录、报告、借约、民事辩诉状、账单等。

658. 璧山县政府及地方法院审理确认买卖田业契约有效等六案　12－7－652

1936年12月至1940年10月，璧山县政府及地方法院关于陈明镛等确认买卖田业契约有效、赵治臣等会款纠葛上诉、张慧云等会款纠纷、沈长清等会款纠葛、江克明等租佃纠葛、陈树清等伤害案六案的文书，包括民事诉状、审判笔录、证人结文、宣判笔录、民事判决书、往来公函、查封布告、案奉、查封笔录、拍卖布告、谕、收据、呈文、民事执行状、报告、民事保状、乡公所呈、刑事撤回状、检察官不起诉处分书等。

该卷附丹凤乡、中兴乡乡公所呈报刘先贵填户口登记及两乡按天然界限划归辖区以便管理存查的往来公函；璧山县第一届鉴定塾师；四川高等法院第一分院关于江永清等返还财产案的民事判决书。

659. 璧山县政府审理遗产纠葛等三案　12－7－653

1937年4月至1938年4月，璧山县政府关于李长华等遗产纠葛、王绍全等租佃纠葛、徐宗兴要求何炳顺等返还会款三案的文书,包括民事诉状、民事判决书、民事辩诉状、照抄第三区署屡次评判书、民事和解状、证明书、朱谕、报告、审理笔录、民事保状等。

660. 璧山县政府审理会银纠葛一案　12－7－654

1937 年 7 月至 1937 年 11 月,璧山县政府关于谢张氏等会银纠葛一案的文书,包括民事诉状、担保亲笔条、民事辩诉状、谕、审理笔录、契约、民事反诉状、民事执行状、呈文、民事公证状、民事判决书、民事申请上诉状、股东会议录等。

661. 四川高等法院第一分院、璧山县政府审理租佃纠葛及其抗告一案　12－7－655

1937 年 6 月至 1938 年 3 月,四川高等法院第一分院、璧山县政府关于王复盛等租佃纠葛及其抗告一案的文书,包括民事诉状、民事执行状、训令、往来公函、抗告意见书、拘票、朱谕、报告、费用单、收据、租谷数目单、审理笔录、民事委任状、璧山县政府民事判决书等。

662. 璧山县政府审理借款纠纷、偿还借银两案　12－7－656

1937 年 8 月至 1937 年 10 月,璧山县政府关于郑蒋氏等借款纠纷、廖克成要求刘李氏等偿还借银两案的文书,包括民事诉状、民事判决书、审理笔录、报告、契约、民事辩诉状、账单等。

663. 四川高等法院第一分院、璧山县政府审理分析家产抗告一案　12－7－657

1937 年 8 月至 1938 年 8 月,四川高等法院第一分院、璧山县政府关于何绍卿等申请分析家产抗告一案的文书,包括往来公函、民事抗告状、意见书、最高法院民事裁定书、契约等。

664. 璧山县政府审理为还会款执行一案　12－7－658

1937 年 12 月至 1939 年 3 月,璧山县政府关于黄炳轩要求王尊五等返还会款执行一案的文书,包括民事执行状、民事诉状、训令、民事扣押状、呈文等。

665. 四川高等法院第一分院、璧山县政府审理业价纠葛及其抗告一案　12－7－659

1937 年 4 月至 1938 年 4 月,四川高等法院第一分院、璧山县政府关于廖永禄等典当田业引起的业价纠葛及其抗告一案的文书,包括民事自诉状、民事辩诉状、民事公证状、审理笔录、璧山县政府民事判决书、往来公函、民事缴状、民事呈状、契约、训令、民事抗告状、谕、布告、民事领状、收据、领条等。

666. 璧山县政府审理搬迁交业一案　12—7—660

1937 年 7 月至 1938 年 3 月，璧山县政府关于周德普等因租佃纠葛申请搬迁交业一案的文书，包括民事诉状、谕、审理笔录、报告、民事判决书、民事辩诉状、民事执行状、案奉、查封笔录、拍卖布告、契约、民事撤销状、借据等。

667. 四川高等法院第一分院、璧山县政府审理买卖房屋纠葛及其上诉一案　12—7—661

1936 年 12 月至 1938 年 8 月，四川高等法院第一分院、璧山县政府关于张治成等买卖房屋纠葛及其上诉一案的文书，包括往来公函、训令、四川高等法院第一分院民事判决书、民事诉状、呈文、民事执行状、账单、璧山县政府民事裁定书、签、报告、饬签、民事抗告状、民事领状、领条、璧山县政府民事判决书、审理笔录等。

668. 四川高等法院第一分院、璧山县政府审理买卖纠葛上诉一案　12—7—662

1937 年 7 月至 1938 年 7 月，四川高等法院第一分院、璧山县政府关于欧文亮等买卖屋基纠葛上诉一案的文书，包括往来公函、四川高等法院第一分院民事裁定书、民事上诉状、呈文、民事申请状等。

669. 四川高等法院第一分院、璧山县政府审理会款纠葛上诉一案　12—7—663

1937 年 8 月至 1938 年 3 月，四川高等法院第一分院、璧山县政府关于白鸿兴等会款纠葛上诉一案的文书，包括往来公函、四川高等法院第一分院民事裁定书、训令、案奉等。

670. 璧山县政府审理支付工资一案　12—7—664

1937 年 1 月至 1937 年 3 月，璧山县政府关于刘兴堂等申请支付同春炭厂工作的工资一案的文书，包括民事诉状、谕、审理笔录、民事保状、民事辩诉状等。

671. 四川高等法院第一分院、璧山县政府审理会款纠纷及其上诉一案　12—7—665

1937 年 12 月至 1939 年 7 月，四川高等法院第一分院、璧山县政府关于黄泽清要求巫奎臣等返还会款及其上诉一案的文书，包括往来公函、民事诉状、训令、璧山县政府民事判决书、契约、民事辩诉状、审理笔录、呈文、照抄原呈、报告、会簿等。

672. 璧山县政府审理债务纠葛一案　12—7—666

1937 年 8 月至 1937 年 10 月，璧山县政府关于董小波要求帅海云偿还借款一案的文书，包括民事诉状、报告等。

673. 巴县地方法院、璧山县政府审理借款纠葛抗告一案　12—7—667

1934年8月至1934年11月，巴县地方法院、璧山县政府关于曾荣康等借款纠葛抗告一案的文书，包括往来公函、呈文、意见书、信件等。

674. 璧山县政府审理会款纠葛一案　12—7—668

1936年12月至1937年3月，璧山县政府关于邹国钦等会款纠葛一案的文书，包括民事诉状、谕、审理笔录、民事答辩状、五庄公益会簿、欠条、账单、民事保状、民事判决书、民事申请上诉状、欠款本利推算单等。

675. 四川高等法院第一分院审理会款纠纷上诉一案　12—7—669

1937年7月至1938年6月，四川高等法院第一分院关于邓国栋等会款纠纷上诉一案的文书，包括民事诉状、训令、往来公函、民事裁定书、报告、呈文等。

676. 璧山县政府审理借银纠葛一案　12—7—670

1937年12月至1938年12月，璧山县政府关于陈宝珍等借银纠葛一案的文书，包括民事诉状、借约、报告、审理笔录、民事呈状、和解文约、民事保状、民事辩诉状等。

677. 璧山县政府审理借银纠葛一案　12—7—670（2）

1938年12月至1939年5月，璧山县政府关于陈宝珍等借银纠葛一案的文书，包括审理笔录、民事委任状、民事和解笔录、民事上诉状、欠租数目单、民事执行状、民事申请状、民事辩诉状、报告等。

678. 四川高等法院第一分院、璧山县政府等审理借款纠葛及其上诉一案　12—7—671

1937年1月至1938年7月，四川高等法院第一分院、璧山县政府等关于叶王氏等借款纠葛及其上诉一案的文书，包括民事诉状、谕、审理笔录、民事保状、民事判决书、往来公函、训令、民事执行状、报告、签、饬签、民事和解状、重庆地方法院民事裁定书、借约、债务单等。

679. 四川高等法院第一分院、璧山县政府审理典当田业抵债纠葛及其上诉一案　12—7—672

1936年6月至1938年4月，四川高等法院第一分院、璧山县政府关于谢鸿钧等由借款引起的典当田业抵债纠葛及其上诉一案的文书，包括往来公函、谕、民事执行状、收据、民事诉状、报告、民事保状、信件、债务单、尝思会会簿、民事自诉状、民事抗告状、民事辩诉状、璧山县政府民事判决书、审理笔录、民事上诉状、借约等。

680. 璧山县政府审理破产偿债、会款纠葛两案　12—7—673

1936年10月至1937年10月，璧山县政府关于汪汉臣申请破产偿债、谢春林等会款纠葛两案的文书，包括民事申请状、债务单、遗嘱、民事诉状、谕、审理笔录、民事保状、民事辩诉状、民事判决书、民事执行状、报告、呈文、朱谕、牌告、民事委任状、民事自诉状、民事答辩状、领条等。

681. 四川高等法院第一分院、璧山县政府审理给付租谷一案　12—7—674

1938年3月至1938年4月，四川高等法院第一分院、璧山县政府关于高华山要求罗吉荣给付租谷一案的文书，包括往来公函、四川高等法院第一分院民事裁定书、训令、呈文、审理笔录等。

682. 四川高等法院第一分院、璧山县政府审理租佃纠葛一案　12—7—675

1937年11月至1938年2月，四川高等法院第一分院、璧山县政府关于高华山等租佃纠葛一案的文书，包括民事诉状、民事辩诉状、审理笔录、民事判决书、民事上诉状、民事执行状等。

683. 四川高等法院第一分院、璧山县政府审理借款纠葛及其上诉一案　12—7—676

1936年12月至1937年6月，四川高等法院第一分院、璧山县政府关于尚吉轩等借款纠葛及其上诉一案的文书，包括往来公函、训令、四川高等法院第一分院民事裁定书、民事诉状、借约、民事辩诉状、璧山县政府民事判决书、民事申请上诉状等。

684. 璧山县政府审理租佃纠纷一案　12—7—677

1937年10月，璧山县政府关于徐利贞等租佃纠纷一案的文书，包括民事诉状、民事和解状等。

685. 璧山县政府审理租佃纠葛一案　12—7—678

1937年10月，璧山县政府关于徐张氏等租佃纠葛一案的文书，包括民事诉状、报告、往来公函、信件等。

686. 四川高等法院第一分院、璧山县政府审理返还田业上诉、债务纠葛两案 12—7—679

1937年4月至1938年4月，四川高等法院第一分院、璧山县政府关于欧显淞等因遗产纠葛申请返还田业上诉、谭沈氏等饭店赊账的伙食费纠葛两案的文书，包括民事上诉状、往来公函、四川高等法院第一分院民事裁定书、报告、民事诉状、指令、民事缴状、审理笔录、呈文、民事上诉辩诉状、公开笔录、宣告判决笔录、民事请示状、训令、谕、辩诉状、璧山县政府民事判决书等。

687. 璧山县政府审理租佃纠纷一案 12—7—680

1937年5月，璧山县政府关于邓文周等租佃纠纷一案的文书，包括民事诉状、契约、民事辩诉状、谕、审理笔录、民事和解状、报告、领条等。

688. 四川高等法院第一分院、璧山县政府审理会银纠葛上诉一案 12—7—681

1936年12月至1937年3月，四川高等法院第一分院、璧山县政府关于鲍瑞堂要求钟静斋返还会银上诉一案的文书，包括往来公函、训令、四川高等法院第一分院民事裁定书、民事上诉状、审讯笔录、民事答辩状、民事委任状、宣告判决笔录、民事追呈状、四川高等法院第一分院第二审民事判决书等。

689. 璧山县政府审理会款纠葛一案 12—7—682

1938年5月至1938年6月，璧山县政府关于江泽海等会款纠葛一案的文书，包括民事诉状、民事反诉状、审理笔录、民事缴状、民事辩诉状、结文、公益会会规及分红办法、欠条等。

690. 四川高等法院第一分院、璧山县政府审理租佃纠葛上诉一案 12—7—683

1937年5月至1938年7月，四川高等法院第一分院、璧山县政府关于白鸿兴等租佃纠葛上诉一案的文书，包括往来公函、民事上诉状、训令、四川高等法院第一分院民事裁定书、民事催呈状、审讯笔录、民事辩诉状、宣告判决笔录等。

691. 璧山县政府审理买卖田房纠葛一案 12—7—684

1936年6月至1937年11月，璧山县政府关于杨卢氏等由遗产引起的买卖田房纠葛一案的文书，包括往来公函、民事执行状、民事诉状、呈文、谕、报告、民事委任状、审理笔录、民事辩诉状、朱谕、涉案地图、民事判决书等。

692. 四川高等法院第一分院、璧山县政府审理租佃纠葛上诉、分析家产上诉两案 12—7—685

1937年7月至1938年5月,四川高等法院第一分院、璧山县政府关于邹绍卿等租佃纠葛上诉、何绍卿等申请分析家产上诉两案的文书,包括往来公函、意见书、四川高等法院第一分院民事裁定书、训令、民事申请状、民事诉状等。

693. 璧山县政府审理借款纠葛一案 12—7—686

1937年4月至1937年12月,璧山县政府关于刘保卿等借款纠葛一案的文书,包括民事诉状、借约、报告、呈文、民事判决书、审理笔录、谕、民事辩诉状、民事诉愿书、收据等。

694. 璧山县政府审理会款纠葛一案 12—7—687

1937年8月至1937年10月,璧山县政府关于邓国栋要求王制君等返还会款一案的文书,包括呈文、笔录、民事判决书、审理笔录等。

695. 四川高等法院第一分院、璧山县政府审理会款纠纷及其上诉一案 12—7—688

1937年3月至1938年11月,四川高等法院第一分院、璧山县政府关于孙麟璧等会款纠纷及其上诉一案的文书,包括往来公函、训令、民事诉状、报告、民事辩诉状、谕、审理笔录、牌告、民事展限状、璧山县政府民事判决书、民事上诉状、四川高等法院第一分院民事裁定书等。

696. 璧山县政府审理会项纠葛一案 12—7—689

1935年8月至1937年6月,璧山县政府关于龙春山等会项纠葛一案的文书,包括民事诉状、契约、民事辩诉状、审理笔录、民事判决书、报告、谕、民事再审状等。

697. 璧山县政府审理租佃纠纷一案 12—7—690

1937年12月至1938年3月,璧山县政府关于谢章武等租佃纠纷一案的文书,包括民事诉状、审理笔录、报告、民事和解状、和解契约等。

698. 四川高等法院第一分院、璧山县政府审理会款纠葛上诉一案 12—7—691

1937年12月至1938年11月,四川高等法院第一分院、璧山县政府关于张述之等会款纠葛上诉一案的文书,包括民事声明状、训令、四川高等法院第一分院民事判决书、民事申请执行状、民事辩诉状、民事保状、四川高等法院第一分院民事裁定书、往来公函、民事呈状、璧山县政府民事判决书、会款账单、收据等。

699. 四川高等法院第一分院、璧山县政府审理会款纠葛上诉一案　12—7—691（2）

1937年11月至1938年4月，四川高等法院第一分院、璧山县政府关于张述之等会款纠葛上诉一案的文书，包括民事诉状、民事辩诉状、审理笔录、璧山县政府民事判决书、呈文、民事执行状、民事上诉状、民事申请状、群贤会行簿、往来公函、璧山县政府民事裁定书等。

700. 四川高等法院第一分院、璧山县政府审理租佃纠葛及其上诉一案　12—7—692

1938年4月至1938年12月，四川高等法院第一分院、璧山县政府关于曾养志等租佃纠葛及其上诉一案的文书，包括往来公函、训令、民事诉状、审理笔录、报告、刑事宣判笔录、民事抗告状、民事结状、饬签、民事保状、赴庭申请、谕、民事缴状、收据等。

701. 璧山县政府审理租佃纠葛、领押交业两案　12—7—693

1936年12月至1938年1月，璧山县政府关于曾养志等租佃纠葛、徐述平等由租佃引起的领押交业案两案的文书，包括呈文、调解姓名单、城西乡调解委员会通知、往来公函、签、报告、民事诉状、来往信件、契约、普通调查表、四川省璧山县乡镇户口调查表等。

702. 璧山县政府审理租佃纠葛一案　12—7—694

1937年3月至1937年4月，璧山县政府关于谭铨修等租佃纠葛一案的文书，包括审理笔录、民事反诉状、民事判决书、民事诉状、谕、收据、民事辩诉状等。

703. 璧山县政府审理搬迁交业一案　12—7—695

1936年10月至1937年7月，璧山县政府关于王刘氏等因租佃纠葛申请搬迁交业一案的文书，包括民事诉状、民事辩诉状、谕、审理笔录、呈文、全衔签、报告、民事保状、民事公证状、民事展限状、往来公函、民事判决书、民事诉愿书等。

704. 璧山县政府审理押银纠葛、债务纠葛两案　12—7—696

1937年2月至1937年4月，璧山县政府关于白谭氏等由租佃引起的押银纠葛、余永和等由租佃引起的债务纠葛两案的文书，包括民事保状、民事诉状、审理笔录、民事判决书等。

705. 四川高等法院第一分院、璧山县政府审理押银纠葛一案　12—7—697

1937年1月至1937年3月，四川高等法院第一分院、璧山县政府关于王学光等由租佃引起的押银纠葛一案的文书，包括民事诉状、民事辩诉状、报告、批示、审理笔录等。

706. 璧山县政府审理债务纠葛一案　12—7—698

1937 年 1 月至 1937 年 12 月，璧山县政府关于陈邬氏等借款纠葛一案的文书，包括民事诉状、审理笔录、民事委任状、谕、民事辩诉状、报告、呈文、民事公证状、民事判决书、民事上诉状、十全公益田园会会簿、契约等。

707. 璧山县政府审理借款纠葛等九案　12—7—699

1937 年 5 月至 1937 年 12 月，璧山县政府关于孙维藩等借款纠葛、罗海林等租佃纠葛、谭九成等典当田业纠纷、杨启明申请打球故意伤人存查、余建廷等遗产纠葛、谭银山等申请通缉不知名的土匪深夜持枪抢劫、陈忠良申请脱离亲属关系存查、郑仿云等租佃纠葛、尹桂廷等借款纠葛九案的文书，包括民事补诉状、审理笔录、民事判决书、民事诉状、民事缴状、签、报告、谕、饬签、民事存查状、训令、刑事诉状、失物单、民事申请状、账单、通知书等。

708. 四川高等法院第一分院、璧山县政府审理典当纠葛上诉、申请回避而上诉两案　12—7—700

1938 年 5 月至 1938 年 10 月，四川高等法院第一分院、璧山县政府关于罗鸣高等典当纠葛上诉、审判官陈有徽因陈林山等解散行会纠葛案由利益关系申请回避而上诉两案的文书，包括往来公函、意见书、四川高等法院第一分院民事裁定书、民事抗告状、训令、民事诉状等。

709. 璧山县司法处审理租佃纠葛一审及再审一案　12—7—701

1938 年 1 月至 1939 年 8 月，璧山县司法处关于蓝海舟与李曹氏等租佃纠葛一审及再审案的文书，包括民事诉状及缮本、法院训令、民事判决书、民事执行状、传票回证、点名单附批示、民事声请状、报告、司法处收款证等。

710. 璧山县法院审理买卖涉讼一案　12—7—702

1937 年 4 月至 1937 年 6 月，璧山县法院关于陈注江与凌治钦等买卖涉讼案的文书，包括民事诉状、和息报告、送达回证、传票等。

711. 璧山县法院审理债务纠葛一案　12—7—703

1936 年 11 月至 1937 年，璧山县法院关于周程氏与白绥之债务纠葛案的文书，包括卷宗总目、民事诉状、点名单(附判决)、审理笔录、民事辩诉状、送达回证等。

712. 璧山县司法处审理租赁纠葛一案　12—7—704

1937年10月,璧山县司法处关于杨允升与覃永芝的电力厂设备租赁纠葛案的文书,包括民事诉状、点名单附批示、审理笔录、民事辩诉状、民事传票回证等。

713. 璧山县司法处审理债务纠葛一案　12—7—705

1937年10月,璧山县司法处关于黄少芬与戴康林债务纠葛案的文书,仅包括民事诉状一份。

714. 璧山县司法处审理债务纠葛涉讼一案　12—7—706

1937年12月至1938年1月,璧山县司法处关于唐祖铭与彭云仙因债务纠葛涉讼一案的文书,包括民事诉状、点名单附批示、审理笔录、民事传票回证等。

715. 璧山县司法处等审理租赁纠葛一案　12—7—707

1937年1月至1939年1月,璧山县司法处等关于牟治钦与尚海滨因租赁纠葛涉讼的文书,包括法院呈文、法院训令、报告、民事声请状、民事裁定、民事执行状、民事传票回证、民事传票、点名单、民事诉状附缮本、民事委状附缮本等。

716. 璧山县法院审理会银纠葛一案　12—7—708

1937年1月至1937年3月,璧山县法院关于方炳文与徐湘澄等因会银纠葛涉讼的文书,包括卷宗总目、民事起诉状、保状、点名单、审理笔录、民事判决、送达回证、报告、民事被诉状等。

717. 璧山县司法处等审理会银纠葛一案　12—7—709

1936年12月至1939年8月,璧山县司法处等关于冯美具与邹林轩因会银纠葛涉讼的文书,包括民事判决、传票、点名单、卷宗总目、法院训令、报告、法院指令等。

718. 璧山县政府审理会款纠葛等十案　12—7—710

1937年2月至1938年1月,璧山县政府关于李树轩与杨灿辉等因会款涉讼、钱栋梁与杨鲁山债务纠葛、龚冉氏因被丈夫抛弃状请改嫁存查、毛钦荣与毛李氏离异请存查、刘兴安声请破产存查、廖海银等因田土荒芜受损严重声请存查、徐巫氏将幼子过继他人请存查、何刘氏孤苦一人声请备查、傅雨春与黄洪清等租谷纠葛、陈宝珍与伍建忠田谷纠葛十案的文书,包括传票、审理笔录、民事诉状、报告、民事原诉状、民事声明状、债权姓名数目列表、民事存查状(附法院批示)、抄呈离婚约、计开各债权存洋、民事辩诉状、物证等。

719. 璧山县政府审理会款纠葛等三案　12—7—711

1937年4月至1938年1月,璧山县政府关于周润清与朱大龙等因会款涉讼、杨秀山等声请租谷假扣押、刘尊三与刘文之因债务纠葛涉讼三案的文书,包括民事诉状、民事声请状附批示、民事裁定、报告、民事被告状等。

720. 璧山县政府审理会款纠葛一案　12—7—712

1937年1月至1937年12月,璧山县政府关于李树轩与杨灿辉等因会款涉讼的文书,包括民事自诉状、民事告诉状、民事辩诉状、点名单、审理笔录、训令、民事续诉状、民事声请状、报告、送达回证、民事保状、民事呈状、民事裁定、民事异议状、传票回证、传票、民事判决书等。

721. 四川高等法院第一分院、璧山县法院审理债务纠葛及其上诉案　12—7—713

1937年1月至1937年11月,四川高等法院第一分院、璧山县法院关于李兴隆与向银河等因债务纠葛涉讼、荣叙五与汪克明等因债务纠葛涉讼、戴世永与陈子淑等因骗婚涉讼、陈礼荣与印玉林等因债务纠葛涉讼、雷海彬与谭荣甫等因婚姻问题涉讼五案的文书,包括民事续诉状、报告、民事判决、送达回证、民事上诉状、点名单、审理笔录、民事理由状、民事公证状、送达证书、民事执行状、民事执行传票回证、执行笔录、民事声请状附批示、民事领状、刑事诉状等。

722. 璧山县政府及地方法院审理解除婚约请存查等十一案　12—7—714

1937年10月至1940年8月,璧山县政府及地方法院关于唐祖文因被媒人所骗状请解除婚约存查、汪树荣为防陈伯卿借款后逃脱请存查、杨明良因被媒人所骗状请解除婚约存查、吴寿曾与雷张氏租佃纠葛、刘陈氏请领簿据、余大川声请租谷假扣押请存查、王明轩等因曾学良携公款潜逃请存查、潘成周借款请存查、郭淑元因夫死再嫁请存查、彭育昌因彭青山意图骗取借款请存查、张兰亭立遗嘱请存查十一案的文书,包括民事存查状附法院批示、借据、计抄遗嘱、佃田土房屋文约等。

723. 璧山县政府审理会款纠葛、田业纠葛两案　12—7—715

1937年3月至1937年12月,璧山县政府关于杨汉林等与谢增辉会款纠葛、罗永兴等与罗海林田业纠葛两案的文书,包括民事原诉状、报告、民事辩诉状、民事委状、民事代诉状、点名单、审理笔录、民事声请状、物证等。

724. 璧山县政府审理债务纠葛等四案　12—7—716

1936 年 9 月至 1937 年 12 月，璧山县政府关于张刘氏与张国安债务纠葛存查、何洪涛等与张国安等业权纠葛声请假扣押、陈瑞卿与江怀林等抵当业产纠葛、何李氏与何怀章婚姻纠葛四案的文书，包括民事诉状附批示、民事告诉状、民事声请状、民事抗告状、民事诉状、送达回证、民事自诉状、点名单、刑事诉状、民事声明状、民事上诉状、调查笔录、民事证状、物证等。

725. 璧山县政府审理产业纠葛一案　12—7—717

1936 年 10 月至 1937 年 2 月，璧山县政府关于龚银安等与肖银山等产业纠葛一案的文书，包括民事再请状、点名单、报告、民事证明状、审理笔录、刑事保状、璧山县政府朱谕、民事诉状等。

726. 璧山县政府审理会款纠葛、堰水纠葛两案　12—7—718

1937 年 6 月至 1938 年 5 月，璧山县政府关于吴三益与曾继周会款纠葛、刘保三状告冉青云霸占堰水两案的文书，包括民事原诉状、点名单、审理笔录、民事诉状、民事添传状、县政府民事判决、报告、民事执行状、传票回证、民事被告状、民事辩诉状、图例、县政府传票、民事声请状等。

727. 璧山县政府审理债务纠葛及其抗告一案　12—7—719

1936 年 11 月至 1937 年 9 月，璧山县政府关于罗涛清与刘海云债务纠葛及其抗告一案的文书，包括高一分院公函、县政府传票、抗告意见书、高一分院训令、民事原告状、点名单、民事缴呈状、报告、高等法院第一分院民事裁定、民事诉状、民事辩诉状、审理笔录、民事证明状、物证等。

728. 四川高等法院第一分院审理债务纠葛上诉一案　12—7—720

1938 年 6 月至 1938 年 7 月，四川高等法院第一分院关于罗炳清与蔡吉山债务纠葛上诉案的文书，包括璧山县司法处呈文、四川高等法院第一分院民事裁定、四川高等法院第一分院训令、民事答辩状、报告、送达证书等。

729. 璧山县政府、璧山县司法处审理租佃纠葛及其上诉一案　12—7—721

1937 年 2 月至 1939 年 10 月，璧山县政府、璧山县司法处关于邓佐臣等与蒲世英租佃纠葛及其上诉一案的文书，包括四川高等法院第一分院公函、四川高等法院第一分院训令、民事再执行状、民事原诉状、点名单、审理笔录、民事答辩状、民事声请状、民事理由状、民事缴状、璧山县司法处民事判决、报告、送达证书、民事执行状、璧山县司法处民事裁定、民事诉状、民事参加状、民事催状、璧山县政府兼理司法事务民事判决、璧山县征收局公函、典契物证等。

730. 璧山县政府审理租佃纠葛暨变造私文书及其上诉一案　12—7—722

1937 年 5 月至 1938 年 7 月，璧山县政府关于周云汉等与连行义租佃纠葛暨变造私文书及其上诉案和尾卷的文书，包括民事原诉状、民事委状、县政府传票、收据、民事辩诉状、点名单、审理笔录、民事保状、璧山县政府兼理司法事务民事判决、报告、送达证书、省政府典契、四川高等法院第一分院公函、训令、刑事告诉状、刑事委状、刑事保状、刑事上诉状、璧山县政府兼理司法事务刑事判决等。

731. 璧山县政府审理垫款纠葛一案　12—7—723

1937 年 2 月至 1937 年 10 月，璧山县政府关于冯尚文与冯祖根垫款纠葛一案的文书，包括民事诉状、点名单、审理笔录、民事辩诉状、报告、民事续诉状等。

732. 璧山县政府审理会款纠葛一案　12—7—724

1937 年 9 月至 1937 年 11 月，璧山县政府关于张厚全与胡宪章会款纠葛一案的文书，包括民事自诉状、民事辩诉状、点名单、民事和解笔录、县政府民事判决、送达证书、诉讼费用清单、民事声请状、审理笔录等。

733. 璧山县政府审理债务纠葛一案　12—7—725

1937 年 9 月至 1938 年 1 月，璧山县政府关于李少成与戴湘浦债务纠葛一案的文书，包括民事起诉状、报告、点名单、审理笔录、民事和解笔录等。

734. 璧山县政府审理债务纠葛一案　12—7—726

1937 年 9 月至 1938 年 7 月，璧山县政府关于甘炳臣等与黄金盛等债务纠葛一案的文书，包括民事诉状、报告、点名单、审理笔录、民事判决、送达回证、民事执行状、民事辩诉状及其缮本、县政府传票等。

735. 璧山县政府审理债务纠葛及其上诉一案　12—7—727

1937 年 2 月至 1939 年 6 月，璧山县政府关于曾焕钦与张自清债务纠葛及其上诉案和尾卷的文书，包括四川高等法院第一分院函文、民事执行状、训令、高等法院第一分院民事裁定、点名单、民事保状、民事证据状、物证、民事原诉状、璧山县政府朱谕、产业列表、报告、民事自诉状、司法处布告、民事声请状、民事催呈状及缮本、收款通知证等。

736. 璧山县政府审理会款纠葛及其上诉尾卷案　12—7—728

1937年7月至1937年12月，璧山县政府关于彭荣廷与梁质彬会款纠葛及其上诉尾卷案的文书，包括四川高等法院第一分院函文、四川高等法院第一分院训令、民事调解状、抄录合约、高等法院第一分院民事裁定等。

737. 璧山县政府审理买卖业权纠葛一案　12—7—729

1937年4月至1937年5月，璧山县政府关于欧文亮与陈新怡买卖业权纠葛一案的文书，包括民事诉状、民事辩诉状、传票回证、点名单、审理笔录、民事判决、送达回证、民事上诉状等。

738. 璧山县司法处审理会款纠葛一案　12—7—730

1937年12月至1938年5月，璧山县司法处关于何文清与龚海洲等会款纠葛一案的文书，包括民事自诉状、点名单、民事诉状、审理笔录、民事声明状等。

739. 璧山县征收局审理逃匿税款一案　12—7—731

1937年2月至1937年4月，璧山县征收局关于蒲青云等状告蒲辉银逃匿税款一案的文书，包括征收局函文、报告、民事辩诉状、初讯单、民事答辩状、复讯单、征收局传签、更审单等。

740. 璧山县政府审理因诬告状请赔偿损害一案　12—7—732

1937年4月至1937年6月，璧山县政府关于蒲辉银因蒲青云诬告其漏税状请赔偿损害一案的文书，包括民事诉状、报告、征收局公函、民事理由状、传票等。

741. 璧山县政府审理产业纠葛一案　12—7—733

1937年10月至1937年12月，璧山县政府关于李登玉与李春洪等产业纠葛一案的文书，包括民事原诉状、民事辩诉状、点名单、审理笔录、传票回证等。

742. 璧山县司法处审理债务纠葛一案　12—7—734

1937年11月，璧山县司法处关于周松林与刘益熙抵押担保债务纠葛一案的文书，仅有民事诉状、报告。

743. 璧山县司法处审理租佃纠葛一案　12—7—735

1937年10月，璧山县司法处关于熊寿廷与彭王氏等租佃纠葛一案的文书，包括民事原诉状、点名单、审理笔录、民事辩诉状、传票回证等。

744. 四川高等法院第一分院审理家产纠葛上诉一案　12—7—736

1937年10月至1937年11月，四川高等法院第一分院关于何灿章与何纯修家产纠葛上诉一案的文书，包括璧山县政府兼理司法事务民事判决等。

745. 璧山县司法处审理会款纠葛一案　12—7—737

1937年11月至1937年12月，璧山县司法处关于张之林与陈傅氏会款纠葛一案的文书，包括民事诉状、报告等。

746. 璧山县政府审理会款纠葛上诉一案　12—7—738

1937年6月至1937年7月，璧山县政府关于陈汉周与彭青安会款纠葛上诉一案的尾卷文书，包括四川高等法院第一分院训令、报告、传票等。

747. 璧山县政府审理祀产继承纠葛上诉一案　12—7—739

1937年2月至1937年9月，璧山县政府关于何绍卿与何白氏祀产继承纠葛上诉案尾卷的文书，包括四川高等法院第一分院函文、传票、四川高等法院第一分院训令、报告、送达证书、四川高等法院第一分院民事判决、高等法院第一分院民事裁定等。

该卷附1939年11月璧山地方法院关于谭岐山与王定三等石料纠葛一案的民事判决。

748. 四川高等法院第一分院审理租赁纠葛上诉一案　12—7—740

1937年12月至1943年8月，四川高等法院第一分院关于杨汉臣与唐瑞祺租赁纠葛上诉一案的文书，包括四川高等法院第一分院裁定、送达证书、通告书回证、民事上诉状、点名单、审理笔录、传票、民事原诉状、民事参加状、宣告判决笔录、报告、四川高等法院第一分院民事判决、训令等。

749. 璧山县政府审理会款纠葛一案　12—7—741

1937年10月至1938年11月，璧山县政府关于吴彭氏与雷济辉会款纠葛一案的文书，包括民事诉状、点名单、审理笔录、民事自诉状、报告、传票回证、民事原诉状、民事判决、民事执行状、民事抗告状、收据、民事缴状、民事保状、收款证明等。

750. 璧山县政府审理债务纠葛一案　12—7—742

1937年11月至1938年1月，璧山县政府关于傅光世与郑恕刚借银债务纠葛一案的文书，包括民事原诉状、物证、点名单、审理笔录、民事判决、报告、诉愿书、收票回证等。

751. 璧山县司法档案的判决书、裁定书卷　12—7—743

1934年6月至1946年6月，璧山实验地方法院、璧山县政府及司法处关于何汉江与何银廷会款纠葛、黄治安与余银廷买卖数目纠葛、徐佑远与徐秉维会款纠葛、邬梓卿与郭马氏粪池纠葛、肖鼎山与朱友辉会账纠葛、何京辉与罗德安债务纠葛、朱徐氏与邓碧云等房屋及田权纠葛、胡孔章与龚世臣会款纠葛等案的民事判决书；卓炳荣与廖理明等赎典纠葛案的民事裁定书；李曾氏状告曹国钦等诈欺的刑事判决书。

巴县地方法院关于何同盛与罗德安债务纠葛、陈耀渊与陈朱氏租佃纠葛案的民事判决；郭少阳与郭孔嘉给付会款纠葛、欧炳钦与陈金洲债务纠葛的民事裁定。

四川高等法院第一分院关于肖鼎山与朱友辉会账纠葛上诉、徐述平请求认领谷朱氏非婚生子上诉、何京辉与罗德安债务纠葛上诉、何同盛与罗德安债务纠葛上诉、雷张氏与吴寿曾租赁契约纠葛上诉、胡孔章与龚世臣会款纠葛上诉等案的民事判决；徐普川与张肖氏等婚约纠葛上诉、何同盛与罗德安债务纠葛上诉案的民事裁定。

最高法院关于徐述平请求认领谷朱氏非婚生子上诉的民事判决书。

752. 璧山县政府审理会务纠葛等三案　12—7—744

1935年8月至1938年1月，璧山县政府关于尹香翘状告尹万盛霸佃不迁、蔡嵩龄与吴叙伦会务纠葛、刘何氏与汪汉臣田权纠葛等三案的文书，包括民事辩诉状、点名单、审理笔录、民事判决、民事原诉状、报告等。

753. 璧山县司法处审理债务纠葛上诉一案　12—7—745

1937年1月至1938年12月，璧山县司法处关于蒋赤南与魏春林债务纠葛上诉案尾卷的文书，包括四川高等法院第一分院公函、传票回证、四川高等法院第一分院训令、民事诉状及缮本、报告、点名单、民事和解笔录、民事执行状、收据等。

754. 四川高等法院第一分院、璧山县政府审理债务纠葛、佃约纠葛上诉两案　12—7—746

1936年7月至1938年4月，四川高等法院第一分院、璧山县政府关于张钟氏与张海洲债务纠葛、邬德成与汪汉臣等典约纠葛上诉案两案的文书，包括刑事起诉状、点名单、报告、民事保状、四川高等法院第一分院指令、审理笔录、民事执行状、收款证、民事被告状、四川高等法院第一分院训令、四川高等法院第一分院民事判决、民事诉状、四川高等法院第一分院民事裁定等。

该卷另有四川高等法院第一分院关于任海安与王德三债务纠葛上诉、刘镜全与刘怀青会款纠葛上诉、李炳荣与李熊氏离婚纠葛上诉、王徐氏与张世荣租约纠葛上诉四案的民事裁定书;秦赵氏与赵治臣会款纠葛上诉、段朝海与郭佐臣债务纠葛上诉、陈雨初与陈唐云清奁金纠葛上诉四案的民事判决书。

755. 璧山县政府审理再嫁存查等三案　12—7—747

1937 年 5 月至 1937 年 9 月,璧山县政府关于胡雷氏因夫逃匿外出不归请再嫁存查、张万发因媳妇状似癫狂声请脱离翁媳关系存查、龙况氏请求确定阴地地点存查三案的文书,包括民事存查状附法院批示、璧山县政府训令、物证等。

756. 巴县地方法院、璧山县政府审理会款纠葛、会项纠葛及其上诉两案　12—7—748

1933 年 3 月至 1937 年 11 月,巴县地方法院、璧山县政府关于张陈氏与陈子羽等会款纠葛、胡海全与罗青山等会项纠葛及其上诉案两案的文书,包括民事诉状、审理笔录、县政府民事裁定、民事代判书、巴县地方法院民事判决等。

757. 璧山县政府审理会款纠葛一案　12—7—749

1937 年 5 月至 1939 年 1 月,璧山县政府关于杨旭初与杨陈氏等会款纠葛一案的文书,包括民事原诉状、民事委状、审理笔录、点名单、民事辩诉状、民事声请状、璧山县司法处训令、民事请委状、民事判决、送达证书、报告、民事执行状、民事缴状、物证等。

758. 四川高等法院第一分院、璧山县政府审理债务纠葛及其上诉一案　12—7—750

1935 年 4 月至 1937 年 3 月,四川高等法院第一分院、璧山县政府关于王复盛等与石金山债务纠葛及其上诉一案的文书,包括民事答辩状、县政府民事判决、送达证书、民事委状、民事辩诉状、民事上诉状、开卷声请书、点名单、审理笔录、收据、调查笔录、物证、宣示判决笔录、四川高等法院第一分院训令、四川高等法院第一分院裁定、报告等。

另有璧山县政府关于曾元堂与陈银泰会银纠葛案的民事和解笔录。

759. 四川高等法院第一分院审理债务纠葛上诉一案　12—7—751

1938 年 1 月至 1938 年 5 月,四川高等法院第一分院关于邓文轩与张炳扬债务纠葛上诉一案的文书,包括四川高等法院第一分院训令、民事抗告意见书、民事抗告状、四川高等法院第一分院民事裁定、送达证书、民事诉状等。

760. 四川高等法院第一分院审理债款纠葛上诉一案　12—7—752

1937年11月至1938年3月，四川高等法院第一分院关于谢张少卿与张赖文珍债款纠葛上诉一案的文书，包括璧山县政府呈文、四川高等法院第一分院民事裁定、送达证书、四川高等法院第一分院训令等。

761. 四川高等法院第一分院审理租谷纠葛上诉一案　12—7—753

1937年8月至1938年3月，四川高等法院第一分院关于赵子益与蔡荣光租谷纠葛上诉一案的文书，包括璧山县政府呈文、民事辩诉状、四川高等法院第一分院民事裁定、民事上诉状、四川高等法院第一分院训令、报告、送达证书等。

762. 四川高等法院第一分院审理会款纠葛上诉一案　12—7—754

1937年12月至1938年3月，四川高等法院第一分院关于曹尊三与曹奇勋会款纠葛上诉一案的文书，包括璧山县司法处呈文、四川高等法院第一分院民事裁定、民事委状、民事上诉状、民事传票、送达证书、点名单、讯问笔录、民事辩诉状、宣告判决笔录、四川高等法院第一分院民事判决、四川高等法院第一分院训令等。

763. 璧山县政府审理债务纠葛一案　12—7—755

1937年4月至1939年8月，璧山县政府关于任子章与佘赵氏等债务纠葛一案的文书，包括璧山县政府呈文、点名单、审理笔录、民事判决、报告、民事辩诉状、计抄业价收支列表、民事原诉状、民事保状、送达回证、民事诉状、民事执行状、民事和解笔录、民事抗告状、民事恳状及其缮本、物证等。

764. 璧山县政府审理债务纠葛一案　12—7—756

1937年8月至1938年9月，璧山县政府关于龙月卿与尹汉钦借洋债务纠葛一案的文书，包括民事告诉状、民事辩诉状、债权人员列表、民事保状、报告、送达回证、民事判决、民事声明状、民事执行状、点名单、审理笔录、民事抗告状、民事自诉状、璧山县司法处执行命令、民事证明状及缮本等。

765. 璧山县司法处审理借洋债款纠葛一案　12—7—757

1937年11月至1939年7月，璧山县司法处关于陈正芳与陈湘林等借洋债款纠葛一案的文书，包括民事原诉状、计抄借约、点名单、审理笔录、民事判决、报告、送达回证、民事执行状及其缮本等。

766. 四川高等法院第一分院审理求偿债款纠葛一案　12－7－758

1937 年 9 月至 1938 年 2 月，四川高等法院第一分院关于陈韦氏与蔡春如求偿债款纠葛一案的文书，包括璧山县政府呈文、四川高等法院第一分院民事裁定、四川高等法院第一分院训令、送达证书等。

767. 璧山县政府审理求偿债款纠葛一案　12－7－759

1937 年 3 月至 1938 年 2 月，璧山县政府关于龙泽高与龙云程等求偿债款纠葛一案的文书，包括民事原诉状、点名单、审理笔录、民事判决、送达回证、民事执行状、民事诉状、璧山县司法处训令等。

768. 四川高等法院第一分院、璧山县政府审理债务纠葛、会款纠葛上诉两案　12－7－760

1937 年 4 月至 1938 年 8 月，四川高等法院第一分院、璧山县政府关于龙泽高与龙云程债务纠葛、江远五与王焰奎会款纠葛上诉两案的文书，包括物证、具领证明、传票回证、传票、璧山县政府呈文、四川高等法院第一分院民事裁定、四川高等法院第一分院训令、民事上诉状、民事缴状、送达证书、点名单、审理笔录、民事诉状、民事理由状、审讯笔录、证人结文、民事声明状、宣告判决笔录、四川高等法院第一分院民事判决等。

769. 璧山县司法处审理租佃纠葛抗告一案　12－7－761

1937 年 1 月至 1939 年 4 月，璧山县司法处关于黄治安与吴奎臣租佃纠葛抗告案尾卷的文书，包括四川高等法院第一分院训令、民事原诉状、点名单、审理笔录、民事抗告意见书、报告、高等法院第一分院民事裁定、民事自诉状、高等法院第一分院民事判决、传票、民事诉状、璧山县政府公函、收据、传票回证等。

770. 四川高等法院第一分院审理债务纠葛上诉一案　12－7－762

1935 年 11 月至 1936 年 4 月，四川高等法院第一分院关于黄玉成与王燮廷债务纠葛上诉一案的文书，包括璧山县政府呈文、四川高等法院第一分院训令、四川高等法院第一分院民事裁定、民事声请状、送达证书等。

771. 四川高等法院第一分院审理债务纠葛上诉一案　12－7－763

1938 年 5 月至 1938 年 9 月，四川高等法院第一分院关于张国安等与何洪畴等债务纠葛上诉一案的文书，包括璧山县司法处呈文、四川高等法院第一分院民事裁定、民事上诉状、民事参加状、送达证书、民事诉状、点名单、调查笔录、民事代诉状、民事委状、讯问笔录、宣告判决笔录、四川高等法院第一分院民事判决等。

772. 璧山县政府审理借洋债务纠葛一案　12—7—764

1937年3月至1938年3月，璧山县政府关于甘荣卿与甘银臣借洋债务纠葛一案的文书，包括民事被告状、点名单、报告、审理笔录、璧山县司法处训令、民事执行状、传票回证、民事和解笔录、传票等。

773. 璧山县司法处审理会款纠葛上诉一案　12—7—760

1937年12月至1939年4月，璧山县司法处关于陈元三等与牟荣章等会款纠葛上诉案尾卷的文书，包括璧山县司法处民事判决、高等法院第一分院训令、高等法院第一分院民事判决、民事和解状、照抄和解息讼约及其缮本、民事执行状及其缮本、报告、传票回证、点名单等。

774. 四川高等法院第一分院审理坟地所有权纠葛上诉一案　12—7—766

1938年1月至1938年9月，四川高等法院第一分院关于黄秉均与周忠贵坟地所有权纠葛上诉一案的文书，包括璧山县司法处呈文、四川高等法院第一分院民事裁定、民事委状、点名单、审讯笔录、民事辩诉状、收款通知证、民事诉状、宣告判决笔录、四川高等法院第一分院训令、送达证书、民事上诉状、民事具诉状、四川高等法院第一分院民事判决等。

775. 璧山县政府审理婚姻纠葛一案　12—7—767

1937年5月至1939年8月，璧山县政府关于龙杨波强迫邱张氏与其同居婚姻纠葛一案的文书，包括民事诉状、报告、刑事辩诉状、点名单、审理笔录、刑事判决、送达回证、刑事声请状、刑事上诉状、传票、宣判笔录、拘票等。

776. 四川高等法院第一分院审理买卖煤炭票款纠葛上诉一案　12—7—768

1937年6月至1938年6月，四川高等法院第一分院关于覃永芝与江远元买卖煤炭票款纠葛上诉一案的文书，包括民事理由状、璧山县司法处呈文、送达证书、民事和解状、四川高等法院第一分院民事裁定、四川高等法院第一分院训令、报告、点名单、审理笔录等。

777. 璧山县司法处审理租佃纠葛一案　12—7—769

1937年11月至1938年4月，璧山县司法处关于周炳太与赵昌泉租佃纠葛一案的文书，包括民事原诉状、民事诉状、点名单、审理笔录、民事判决、送达回证、民事声请状、物证等。

778. 四川高等法院第一分院审理家产纠葛上诉一案　12—7—770

1935 年 11 月至 1936 年 2 月，四川高等法院第一分院关于刘蔡氏与刘文彬家产纠葛上诉一案的文书，包括巴县地方法院呈文、四川高等法院第一分院训令、四川高等法院第一分院民事裁定、民事上诉状、民事缴状、报告、送达证书等。

779. 四川高等法院第一分院、璧山县政府审理会款债务纠葛及其上诉一案　12—7—771

1937 年 5 月至 1938 年 2 月，四川高等法院第一分院、璧山县政府关于姜生荣与蔡钦先会款债务纠葛及其上诉一案的文书，包括民事原诉状、往来账目清单、报告、点名单、审理笔录、民事辩诉状、民事判决、送达回证、民事上诉状、四川高等法院第一分院训令等。

780. 最高法院、四川高等法院第一分院审理纱款债务纠葛上诉一案　12—7—772

1935 年 10 月至 1937 年 8 月，最高法院、四川高等法院第一分院关于王兆祥与黄鹏安纱款债务纠葛上诉的文书，包括往来公函、四川高等法院第一分院训令、璧山县政府呈文、报告、最高法院公函、送达证书、最高法院民事判决、民事委状、民事辩诉状、讯问笔录、点名单、民事上诉状、四川高等法院第一分院民事判决、民事领状等。

781. 四川高等法院第一分院审理租约纠葛上诉一案　12—7—773

1937 年 9 月至 1938 年 8 月，四川高等法院第一分院关于张叔达等与罗云清租约纠葛上诉一案的文书，包括民事抗告状、四川高等法院第一分院训令、民事声请状、报告、民事诉状、送达证书等。

782. 璧山县司法处审理盗窃上诉一案　12—7—774

1937 年 11 月至 1938 年 3 月，璧山县司法处关于张建勋状告张银轩盗窃上诉案尾卷文书，包括具领证明、四川高等法院第一分院训令、报告等。

783. 四川高等法院第一分院审理树株纠葛上诉一案　12—7—775

1925 年 10 月至 1928 年 4 月，四川高等法院第一分院关于刘子经与王霭堂树株纠葛上诉一案的文书，包括民事上诉状、民事保状、民事抗告状及其副状、四川高等法院第一分院训令、传票存根、物证、民事辩诉状及其副状、民事委状、传票等。

784. 璧山县政府审理买卖瓦桷纠葛等三案　12—7—776

1937 年 3 月至 1937 年 12 月，璧山县政府关于何益周与何先辉买卖瓦桷纠葛、彭向臣等状告宋良臣盗窃菜油、蒲青云状告李少修匿价短税三案的文书，包括民事执行状、报告、收条、警察所审讯单、民事保状、民事诉状、审理笔录、点名单、民事判决、民事缴状、璧山县司法处训令、民事原诉状等。

785. 四川高等法院第一分院、重庆地方法院、璧山县政府审理会款纠葛上诉案等十二案　12—7—777

1935 年 12 月至 1937 年 12 月，四川高等法院第一分院、重庆地方法院、璧山县政府关于徐胡氏与李锡清会款纠葛上诉案、袁海廷与谢刘氏债款纠葛案、余树三等盗匪案、罗晓芳状告蔡心芳伤害案、何益周与何先辉搬迁产业纠葛案、张何氏与牟集成会洋纠葛案、李子君与罗冕轩佃约纠葛案、向义兴与何永昌债务纠葛案、陈耀渊与陈朱氏租佃纠葛案、胡兴全与程益周租佃纠葛案、龙桂廷等与黄鹏安账务纠葛案、杨美堂与宋相廷债务纠葛案十二案的文书，包括民事上诉状、民事判决、送达证书、传票、璧山县司法处谕函、送达回证、民事自诉状、刑事诉状、检验证明、点名单、审理笔录等。

另有罗成伟状告张松柏妨害权利，周梁氏状告周显禄伤害两案的受理公函，主体不详。

786. 璧山县政府审理会款纠葛等四案　12—7—778

1937 年 3 月至 1938 年 2 月，璧山县政府关于刘海清与何银山会款纠葛、刘文钦与杨义宣会银纠葛、何明祥与何子高租佃契约纠葛、肖刘氏与肖金玉典当田业纠葛四案的文书，包括民事保状、点名单、审理笔录、民事原诉状、民事反诉状、民事续诉状、璧山县第二区区署呈文、民事判决、送达回证、传票等。

787. 四川高等法院第一分院、璧山县政府审理租佃纠葛、债务纠葛上诉案两案　12—7—779

1936 年 11 月至 1937 年 2 月，四川高等法院第一分院、璧山县政府关于谢银安与谢章五租佃纠葛、郭树芝与张炳安债务纠葛上诉案两案的文书，包括民事诉状、民事辩诉状、计抄区署评判词、公证状、民事续诉状、点名单、审理笔录、璧山县政府民事判决、送达回证、民事声请状、四川高等法院第一分院训令、民事上诉状、调查笔录、民事答辩状、报告、宣告判决笔录、四川高等法院第一分院民事判决等。

788. 四川高等法院第一分院、璧山县政府审理债务纠葛案等四案　12－7－780

1936年12月至1940年3月，四川高等法院第一分院、璧山县政府关于四起债务纠葛案的文书，包括璧山县政府呈文、民事理由状及其缮本、四川高等法院第一分院民事裁定、民事缴状、送达证书、报告、民事诉状、收据、传票、民事原诉状、点名单、审理笔录、民事保状、璧山县政府民事判决、公函、民事抗告状、抗告意见书、重庆地方法院公函、训令、民事执行状、民事声诉状、民事和解状、民事声请状及其缮本等。

789. 四川高等法院第一分院、璧山县政府审理婚姻纠葛、债务纠葛等五案　12－7－781

1935年7月至1937年12月，四川高等法院第一分院、璧山县政府关于李炳荣状告曹贞寄等婚约纠纷、伍炳荣与周明忠住宿栈费纠葛上诉案、郭炳辉与周兴茂债务纠葛、任春山与罗树臣债权纠葛、江远林与江永清财产纠葛五案的文书，包括民事辩诉状、民事原诉状、点名单、民事声明状、民事判决、报告、传票回证、刑事诉状、民事保状、民事诉状、物证等。

790. 璧山县政府审理会银纠葛一案　12－7－782

1936年12月至1937年5月，璧山县政府关于蔡宗周状告刘绍伯欺骗会银一案的文书，包括民事原诉状、刑事告诉状、点名单、审理笔录、民事领状、具领证明等。

791. 最高法院、四川高等法院第一分院、璧山县政府审理庙产纠葛及其上诉一案　12－7－783

1937年12月至1939年3月，最高法院、四川高等法院第一分院、璧山县政府关于僧永康与汪石芝等庙产纠葛及其上诉一案的文书，包括民事原诉状、四川高等法院第一分院公函、璧山县司法处民事判决、民事催呈状、训令、报告、璧山县司法处签文、四川高等法院第一分院民事判决、最高法院民事判决、四川高等法院第一分院民事裁定、民事执行状、点名单、民事上诉状、诉讼费收据、民事保状等。

792. 璧山县政府审理诈骗婚姻一案　12－7－784

1937年1月至1937年7月，璧山县政府关于詹锡光等状告高文光等诈骗婚姻一案的文书，包括刑事原诉状、计开物品清单、民事原诉状、物证、民事辩诉状、点名单、审理笔录、送达回证、民事上诉状、四川高等法院第一分院训令、璧山县政府传票等。

793. 璧山县政府审理家产纠葛一案　12－7－785

1937年6月至1937年7月，璧山县政府关于薛张氏与薛青涛家产纠葛一案的文书，包括民事原诉状、报告、璧山县丁家镇张氏同宗会呈文、传票等。

794. 四川高等法院第一分院审理堰水纠葛上诉一案　12－7－786

1937年12月至1938年3月，四川高等法院第一分院关于罗少文与周受岐堰水纠葛上诉一案的文书，包括璧山县司法处呈文、四川高等法院第一分院训令、四川高等法院第一分院民事裁定、民事缴状、民事上诉状、民事委状、送达证书、高一分院传票、点名单、审理笔录、宣告判决笔录、四川高等法院第一分院民事判决、民事声明状、堰塘图例等。

795. 四川高等法院第一分院、璧山县政府审理住店账务纠葛及其上诉一案　12－7－787

1937年6月至1938年3月，四川高等法院第一分院、璧山县政府关于杨银山与李宝臣等住店账务纠葛及其上诉一案的文书，包括民事原诉状、诉愿书、点名单、审理笔录、民事辩诉状、计开债务清单、报告、送达回证、收据、民事上诉状、璧山县政府民事判决、四川高等法院第一分院训令、四川高等法院第一分院民事裁定等。

796. 璧山县政府审理租佃纠葛一案　12－7－788

1937年10月至1938年3月，璧山县政府关于薛锡周与向张氏租佃纠葛一案的文书，包括马嘶镇联保办公处呈文、璧山县司法处签文、报告等。

797. 四川高等法院第一分院、璧山县政府审理贷款纠葛、纱款纠葛上诉案两案　12－7－789

1937年10月至1937年12月，四川高等法院第一分院、璧山县政府关于张德明与张申之贷款纠葛、朱举贤与朱海廷纱款纠葛上诉案两案的文书，包括重庆地方法院公函、报告、四川高等法院第一分院训令、计开产业清单、民事原诉状、璧山县司法处布告、民事领状、民事诉状、物证、收据等。

798. 四川高等法院第一分院、璧山县政府审理通奸及其上诉一案　12－7－790

1937年1月至1937年11月，四川高等法院第一分院、璧山县政府关于成树吉状告王金山与成黄氏通奸及其上诉一案的文书，包括刑事自诉状、刑事原诉状、刑事撤销状、刑事反诉状、点名单、审理笔录、刑事辩诉状、刑事判决、刑事上诉状、布告、送达回证、四川高等法院第一分院训令、四川高等法院第一分院刑事判决、传票等。

799. 璧山县政府司法档案杂卷　12－7－791

1943年5月至1945年12月，璧山县政府司法档案杂卷，包括送达证书4份，涉及曾国章与谢春林返还房屋纠葛、吴炳章等租谷纠葛、庞恒林与彭城回复原状案、检察官诉肖礼门诈欺。往来公函13份，涉及李王合祥与李舒氏领价交业纠葛、罗吉庆与刘原禄等佃约纠葛、张冷氏与连友孚有关执行异议、石炳亭与陈桂林返还房屋纠葛、罗荣圣与凌三吉赎业纠葛、罗荣耀与谢青山领押交业纠葛、上元会与孙子钊等所有权纠葛、彭树青与杨天才等给付欠租纠葛、雷伯高与陈汉忠给付典价纠葛、舒张氏与张辉如返还遗产纠葛上诉、左黄氏与刘申荣确认买卖纠葛、颜秋辉等结伙盗窃。

附有璧山县筹募同盟胜利公债经收债款临时收据12份；璧山田赋粮食管理处发往璧山实验地方法院检查处有关粮食管理处处长到职日期公函、四川省立璧山医院发往璧山实验地方法院检查处公函、璧山县参议会发往青年远征军第201师有关查获枪械的公函及国民学校及中心国民学校规则。

800. 璧山县政府审理存查案等六案　12－7－792

1937年5月至1937年9月，璧山县政府关于范长天声请析分家产备查、吴金廷为防坟地被他人占用请备查、甘刘氏拥有熟土山林一幅请备查、肖杨玉书停止放租产业请备查、蒋李氏请领故夫遗业备查、曾吴氏请求裁定析分家产存查六案的文书，包括民事存查状附批示、民事声请状附批示等。

801. 璧山县政府审理会款纠葛等四案　12－7－793

1937年7月至1938年1月，璧山县政府关于会款纠葛、押银纠葛、借款纠葛、债务纠葛抗告案四案的文书，包括民事参加状、民事展限状、点名单、审理笔录、民事辩诉状、民事原诉状、璧山县司法处训令、民事自诉状、报告、四川高等法院第一分院训令、璧山县司法处民事判决、抗告意见书、收据等。

另有1942年6月至1943年8月最高法院、四川高等法院第一分院、璧山实验地方法院关于白碧玉与周席珍堰塘典权纠葛及其上诉案的民事判决、民事裁定。

802. 璧山县政府审理抚养权纠葛等十案　12－7－794

1937年3月至1938年3月，璧山县政府关于汪杜氏与汪罗氏女儿抚养权纠葛、龙江廷等与王崇高等会务纠葛、陈炳林等与欧文亮等田业纠葛、付雨春状告蓝焕廷等损坏房屋、熊炳华与刘海洲借款纠葛、蒋仲华与江达三借款纠葛、王远荣与刘新之会款纠葛、况源泰与李四彬等地产纠葛、赵曾氏等因押债交迫为维生计声请备查、钟张荣德因夫诈离婚声请备查十案的文书，包括民事执行状、民事诉状、四川高等法院第一分院训令、民事辩诉状、点名单、审理笔录、民事声请状、民事公证状、民事原诉状、房屋损失列表、报告、民事证明状、民事答辩状、送达回证、民事存查状、民事存案状附批示等。

803. 璧山县政府审理偷税漏税等十五案　12－7－795（1）

1937年2月至1938年8月，璧山县政府关于白徐大贞因夫不务正业沦落乞讨致死故声请再嫁存查、毛光谦因其子不务正业将田产抵押声请抵押无效存查、陈许氏等继承祖业声请存查、袁洪春等因遗失抵押票据声请备查、李树清因典当田业未获声请另行出售田业存查、韦王氏韦张氏等因夫亡生活无着落声请变卖产业存查、何银山与刘海清债务纠葛、郑心善与郑陈氏佃约纠葛、罗松廷声请破产备查、吴克雄等与龙志霄抵押田业纠葛声请存查、罗张氏因与尹光煜抵押产业纠葛声请备查、王洪杰等因田业假扣押声请暂缓执行查封、娄爵一因其状告肖荣高等毁损神龛案经和解成立声请撤回存查、唐张氏等状告唐何氏等偷税漏税、唐青云等与毛华安会款纠葛十五案的文书，包括民事存查状附批示、民事续状、计抄债券人员名单、璧山县司法处训令、报告、璧山县司法处民事裁定、物证、民事陈明状、刑事声请状、刑事辩诉状、民事原诉状、民事原告状、点名单等。

804. 璧山县政府审理债务纠葛等九案　12－7－795（2）

1937年3月至1937年12月，璧山县政府关于彭树德与刘烈元债务纠葛、郑荣新与韦用宾债务纠葛、熊荣华与刘海洲债务纠葛、黄洪清与蓝焕廷等债权纠葛、毛华安与毛文礼债务纠葛、张代林与张裕辉典当田业纠葛、黄少卿与胡林甫债务纠葛、戴宣成与曾建明典约纠葛、邬俊亭与雷长修债务纠葛九案的文书，包括报告、往来公函、民事诉状、县政府传票、民事反诉状、点名单、审理笔录、民事自诉状、璧山县政府民事判决、民事保状、民事执行状、送达回证、民事上诉状、璧山县司法处民事判决、民事辩诉状、民事和解状等。

805. 璧山地方法院、璧山县政府审理会债纠葛、声请假释两案　12－7－796

1937年4月至1940年4月，璧山地方法院、璧山县政府关于唐治清与毛华安会债纠葛、押犯张吉成因刑期过半声请假释两案的文书，包括民事保状、民事续诉状、物证、审理笔录、公会会序、点名单、璧山县管狱署呈文、璧山地方法院检察处公函、民事缴状等。

806. 璧山县政府审理违法征收肉税一案　12－7－797

1936年10月至1937年6月，璧山县政府关于陈仲贞等状告周永光违法征收肉税一案的文书，包括刑事原诉状、报告、民事声请状、点名单、璧山县政府民事判决、送达回证、民事上诉状、刑事具诉状、刑事续状、璧山县缴收局公函、刑事辩诉状、审理笔录、民事诉状、民事委状等。

807. 四川高等法院第一分院、璧山县政府审理债务纠葛等五案　12—7—798

1937年4月至1937年11月，四川高等法院第一分院、璧山县政府关于江永清与江远林财产纠葛、李兴隆与向银河等借款纠葛上诉、全永和与胡汉荣业权纠葛、吴克雄等声请债权全额登记、王汉青与郭少卿租谷纠葛五案的文书，包括民事诉状、民事续诉状、诉讼费用单、报告、送达回证、民事声请状附批示、民事执行状、点名单、民事参加状、民事声明状、民事抗告状、民事辩诉状等。

808. 璧山县政府审理家产纠葛、诈欺离婚两案　12—7—799

1937年3月至1937年6月，璧山县政府关于刘居之与刘蒋氏家产纠葛、苏柯氏状告苏平安诈欺离婚两案的文书，包括民事自诉状、报告、民事声明状、民事辩诉状、点名单、审理笔录、璧山县政府民事判决、民事声请状、送达回证、民事抗告状、璧山县政府传票、璧山县政府处分书、刑事诉状、刑事反诉状等。

809. 璧山县政府审理会款纠葛一案　12—7—800

1937年1月至1937年6月，璧山县政府关于罗树臣与任春山会款纠葛一案的文书，包括民事自诉状、点名单、审理笔录、民事执行状、送达回证、报告、民事声明状、县政府传票等。

810. 璧山县司法处审理借款债务纠纷一案　12—7—801

1937年10月至1938年7月，璧山县司法处关于吴张氏诉吴克明借款未还一案的文书，包括民事告诉状、凭票、送达证书、璧山县司法处训令、审理笔录、报告、民事传票、点名单、民事传票回证、民事缴状、领状等。

811. 四川高等法院第一分院、璧山县司法处审理返还耕牛纠纷一案　12—7—802

1937年10月至1938年6月，四川高等法院第一分院、璧山县司法处关于蒋伯昌诉成玉昌等返还耕牛一案的文书，包括民事诉状、点名单、报告、审理笔录、民事判决书、送达回证、民事上诉状、民事呈请执行状、民事声明、收款证、传票回证、拘票、和解书等。

812. 璧山县司法处审理备案存查等四案　12—7—803

1937年9月至1937年12月，璧山县司法处关于虞刘氏请求离婚备案存查案、杨海林等声请枪杀伤害存案备查案、李谷之因抵押借约被窃请求存案备查案、仇荣昌借约纠纷备查案四案的文书，包括丁家联保办公处呈件、民事存查状等。

813. 四川高等法院第一分院、璧山县司法处审理假扣押等三案　12—7—804

1937年8月至1939年2月，四川高等法院第一分院、璧山县司法处关于汪树清上诉申请撤销假扣押裁定案、徐均安等会款纠纷及其上诉案、曾建明与戴宣成间典权纠纷及其上诉案三案的文书，包括民事上诉状、民事缴状、训令、璧山县司法处呈件、抗告人意见书、四川高等法院第一分院民事裁定书、送达证书、巴县县政府咨文、点名单、璧山县司法处民事裁定、传票、璧山县政府兼理司法事务民事判决书、呈件等。

814. 璧山县司法处审理会款纠纷等三案　12—7—805

1937年4月至1938年1月，璧山县司法处关于王寿堂等诉龙江建等延不给付会款声请假扣押案、柯朝宗与王崇高的会款纠纷案、胡林甫因病声请将其与黄绍清的欠款纠葛案延展讯期三案的文书，包括民事诉状、点名单、审理笔录、民事辩诉状、民事抗告状、传票等。

815. 璧山县司法处审理强制执行等六案　12—7—806

1937年7月至1943年1月，璧山县司法处关于蒋仲华诉江达三等延不付给声请催票传审讯判偿案、蒋光耀诉江达三等延不付给声请催票传审讯判偿案、欧有成等协请注销田业债务纠纷案、吴杨氏声请强制执行吴王氏归还养膳田房案、龚银洲声请强制执行判决书案、周炳太等声请将租佃纠纷调解书备查六案的文书，包括民事诉状、马嘶镇联保办公处呈件、璧山县征收局公函、民事执行状、点名单、民事答辩状等。

816. 璧山县司法档案民事和解笔录、裁定书、判决书卷　12—7—807

1936年10月至1939年6月，璧山县司法处关于会款纠纷案、租佃纠纷案、债务纠纷案、确认押银事件再审案、买卖田土纠纷案、求偿欠款案、解除婚约案、会项纠葛案的民事判决书，确定债务纠纷案诉讼费用额、声请赔偿诉讼费用、声请假扣押案的裁定书、债务纠纷、伙贸纠纷的民事和解笔录。

四川高等法院第一分院关于债务纠纷上诉案的民事裁定书，租谷纠纷上诉案、求偿欠款上诉案的、解除婚约上诉案的民事判决书。重庆地方法院关于请求确认押银事件上诉案的民事判决书。

817. 璧山县司法档案民事和解笔录、裁定书、判决书卷　12—7—808

1936年12月至1944年6月，璧山县司法处关于会款纠纷案、租赁纠纷案、租谷纠纷案的民事和解笔录，确认险地所有权案、债务纠葛案、租谷纠纷案、会帐纠葛案、求偿会款案、借款纠纷案的民事判决书。

四川高等法院第一分院关于租佃纠纷案的民事和解笔录，请求给付欠租上诉案、确认坟地所有权案、确认抵押权上诉案的民事判决书、求偿债款上诉案、执行债务抗告案、债务纠纷上诉案、典权纠纷上诉案的民事裁定书。重庆地方法院关于会款执行案的民事裁定书。巴县地方法院关于求偿会银案、租谷纠纷案的民事判决书。

818. 璧山县司法档案民事裁定书、判决书卷　12—7—809

1937年3月至1943年5月，璧山县司法处关于因股本纠葛声请假扣押案的民事裁定书，关于会项纠纷案、债务纠纷案、求偿会款案、求偿押银案、买卖纠纷案、租赁纠纷案、典权纠纷案、借款纠纷案的民事判决书。

璧山实验地方法院关于给付养赡费纠纷案的民事判决书。另有四川高等法院第一分院针对张树柏办案偏颇失察所作的训令、呈文、公函。

819. 璧山县司法档案文书杂卷　12—7—810

1937年1月至1938年7月，璧山县司法处关于阻耕纠纷案的公证书、借款纠纷案的民事和解书、给付黄谷案的民事判决书、骗婚案的刑事辩诉状、会款纠纷案的民事自诉状、因债权纠纷存查案的民事存查状、呈文等。

820. 璧山县司法档案民事和解笔录、裁定书、判决书卷　12—7—811

1936年10月至1939年1月，璧山县司法处关于租佃纠纷案、妨害耕种纠纷案、借款债务纠纷案、偿还会银纠纷案、加公业押金纠纷案、坟地纠纷案、离婚纠纷案、声请撤销查封拍卖案、确认继承权纠纷案、抵押债款纠纷案、家产纠纷案的民事判决书，典业纠纷案、租赁镶牙器具纠纷案、会款纠纷案、租谷纠纷案、求析遗产案的民事和解笔录，驳回声请回复原状的民事裁定书。

四川高等法院第一分院关于给付会款纠纷上诉案、求偿婚嫁款及债务纠纷案、租谷纠纷抗告案、请求给付存款上诉案的民事判决书，迁坟纠纷案的民事和解笔录，继承纠纷上诉案、债务执行抗告案的民事裁定书。

821. 璧山县司法档案民事裁定书、判决书卷　12—7—812

1936年3月至1938年8月，璧山县司法处关于继承遗产纠纷案、会款纠纷案、柴山争执纠纷案、货款债务纠纷案的民事判决书。

四川高等法院第一分院关于租谷纠纷上诉案、婚约纠纷上诉案、求偿货款纠纷上诉案的民事判决书，求偿会款纠纷上诉案、确认典权有效上诉案、债务执行抗告案、租谷纠纷上诉案、求偿欠租及押银纠纷上诉案、借款债务纠纷上诉案、婚约纠纷上诉案的民事裁定书。

最高法院关于求偿会款纠纷抗告案的民事裁定书。

822. 璧山县法院审理借款纠纷一案　12—7—813

1935年3月至1937年9月，璧山县法院关于蒲至轩借款纠纷一案的文书，仅有咨文等。

823. 最高法院、四川高等法院第一分院、璧山县司法处审理祠产纠纷等四案　12—7—814

1937年4月至1939年6月，最高法院、四川高等法院第一分院、璧山县司法处关于龙银轩与龙长淮间确认祠产分约无效及退还祠谷纠纷上诉案、王三吉等与杨金才间欠租纠纷案、邓兴邦申请破产案、李炳生与李邓氏会项纠纷案四案的文书，包括呈文、训令、民事第二审判决书、最高法院民事裁定书、民事领状、民事自诉状、民事辩诉状、点名单、审理笔录、报告、送达回证、传票、民事和解笔录、负债名单等。

824. 四川高等法院第一分院、璧山县司法处审理抵押纠纷一案　12—7—815

1937年9月至1938年12月，四川高等法院第一分院、璧山县司法处关于李绪也等诉陈泽霖违反借款涉及的抵押纠纷一案的文书，包括民事诉状、民事辩诉状、公证状、委任状、点名单、审理笔录、民事反诉状、民事缴状、民事上诉状、领状、来文、民事判决书、呈文、训练、咨文、报告、借条字约、送达回证、传票、传票回证等。

825. 四川高等法院第一分院、璧山县司法处审理会务纠纷等七案　12—7—816

1937年2月至1938年3月，四川高等法院第一分院、璧山县司法处关于邬森茂等与张海河等间的会务纠纷上诉案、李荣光放火罪上诉案、曾次咸与张继良等会款纠纷案、郑平康等与张银廷等间的典佃纠纷案、李廖氏与邬炳楼等间的会务纠纷案、范益泰由于破产偿债入不敷出声请存案备查案、声请强制执行债权案七案的文书，包括文稿、训令、民事上诉状、审理笔录、刑庭押票回证、送达证书、送达回证、报告、民事撤回状、民事诉状、民事声请书等。

826. 四川高等法院第一分院、璧山县法院审理会款纠纷等三案　12—7—817

1937年1月至1937年9月，四川高等法院第一分院、璧山县法院关于泰赵氏等与赵治臣间会款纠纷案、邱思齐与柯从先等间会项纠纷案、罗荣清与邱权清间田产纠纷强制执行案三案的文书,包括民事委任状、点名单、宣告判决笔录、送达回证、审讯笔录、民事诉状、民事息状等。

827. 四川高等法院第一分院、璧山县司法处审理祠产纠葛上诉案等四案　12—7—818

1937 年 6 月至 1938 年 4 月,四川高等法院第一分院、璧山县司法处关于祠产纠葛上诉案、买卖田土纠纷、佃业纠纷、遗产继承纠纷四案的文书,包括四川高等法院第一分院裁定书、训令、民事缴状、点名单、审理笔录、民事诉状、民事上诉状、宣告判决笔录、民事第二审判决、呈文、送达证书、公证书、民事判决书、传票、民事反诉状、报告、民事答辩状、民事辩诉状、收条等。

828. 四川高等法院第一分院、璧山县司法处审理会银纠纷上诉等十一案　12—7—819

1936 年 1 月至 1938 年 5 月,四川高等法院第一分院、璧山县司法处关于会银纠纷上诉案、租佃纠纷案、租佃纠纷执行案、代为料理家务声请备案存查案、抵押及典当纠纷、转佃田业纠纷案、祠谷纠纷案、借款债务纠纷上诉案、请求变卖典物案、为声明卖业关系声请存案备查案、为破产偿债开具清册请予存案备查案十一案的文书,包括民事驳回裁定书、训令、呈文、送达证书、民事保状、报告、送达回证、民事诉状、点名单、审理笔录、民事辩诉状、民事存查状、四川高等法院第一分院民事裁定书等。

829. 璧山县法院审理债务纠纷两案　12—7—820

1937 年 3 月至 1937 年 11 月,璧山县法院关于罗金廷与杨银山间声请强制执行债务纠纷判决书案、朱作服与林保之间担保债务纠纷案两案的文书,包括民事诉状、呈文、点名单、民事反诉状、报告、审理笔录、民事判决书、传票等。

830. 璧山县司法处审理会款纠纷等五案　12—7—821

1937 年 1 月至 1938 年 11 月,璧山县司法处关于许壁林与何光德等间会款纠纷案、黄五福与黄元廷间给付会银纠纷案、龙江廷与罗如渊间押银纠葛案、声请扣押批示案、王锡山与何龙民间会款纠纷案等五案的文书,包括民事诉状、点名单、审理笔录、报告、文稿、公函、传票回证、训令、民事裁定书、民事执行状、计开损失单、缮本、计开花账单、民事判决书,送达证书等。

831. 四川高等法院第一分院、璧山县司法处审理借款债务纠纷两案　12—7—822

1937年6月至1939年5月，四川高等法院第一分院、璧山县司法处关于瞿刘氏与欧吴氏等间借款债务纠纷案、许壁林等与杨兴太等间借款纠纷及其上诉案两案的文书，包括民事自诉状、民事反诉状、来文、牌告、送达回证、点名单、审理笔录、民事判决书、报告、民事和解书、民事裁定书、各债务人姓名数目、民事辩诉状、民事上诉状、呈文、训令、公函等。

832. 璧山县司法处审理会款纠纷等六案　12—7—823

1937年4月至1938年12月，璧山县司法处关于因租佃纠纷声请备案存查案、会款纠纷案、声请保外就医案、会项纠纷案、租佃纠纷案、继承权纠纷六案的文书，包括民事存查状、民事判决书、报告、民事反诉状、民事委任状、审理笔录、传票回证、民事保状、民事辩诉状、民事和解笔录、传票等。

833. 四川高等法院第一分院、璧山县司法处审理离婚存查案等三案　12—7—824

1937年4月至1938年6月，四川高等法院第一分院、璧山县司法处关于离婚存查案、谢解除婚姻案、租谷纠纷上诉案三案的文书，包括呈文、民事自诉状、民事辩诉状、点名单、审理笔录、民事判决书、送达回证、传票、训令、来文、民事裁定书、民事委任状、宣告判决笔录等。

834. 四川高等法院第一分院、璧山县法院审理租佃纠纷两案　12—7—825

1936年12月至1937年6月，四川高等法院第一分院、璧山县法院关于蔡清盛与赵金盛等间租佃纠纷案、杨含光与陈海川间损害赔偿纠纷上诉案两案的文书，包括民事诉状、民事辩诉状、点名单、审理笔录、传票、民事缴状、训令、民事审讯笔录、传票回证、送达证书、宣告判决笔录、全衔指令、民事判决书等。

835. 璧山县司法处审理借款债务纠纷一案　12—7—826

1937年10月至1937年12月，璧山县司法处关于周雷氏与邬何氏间借款债务纠纷一案的文书，包括民事诉状、借条、民事辩诉状、点名单、审理笔录、训令、民事反诉状、传票回证等。

836. 璧山县法院审理离婚纠纷返还嫁妆调解一案　12—7—827

1937年2月至1937年5月，璧山县法院关于钟永芳与荣廷良等间离婚纠纷返还嫁妆调解一案的文书，包括民事声请书、请求返还各物清单、民事催呈书、送达证书、调解笔录、证人结文等。

837. 璧山县司法处审理请求生活费及退还嫁妆费用一案　12—7—828

1937年8月至1938年3月，璧山县司法处关于胡克模与殷明德间因请求生活费及退还嫁妆费用一案的文书，包括民事诉状、报告、民事辩诉状、合约、审理笔录、来文、训令、传票、调解人员名单、借条、民事判决书、点名单、送达回证、民事声明书、呈文等。

838. 四川高等法院第一分院、巴县地方法院、璧山县司法处审理押银及租谷纠纷及其抗告一案　12—7—829

1934年6月至1939年5月，四川高等法院第一分院、巴县地方法院、璧山县司法处关于徐邬氏等与徐仲华等间押银及租谷纠纷及其抗告一案的文书，包括训令、呈文、民事声请书、缮本、传票回证、民事判决书、民事执行书、点名单、庭审笔录、公函、报告、领单、收款通知等。

839. 璧山县司法档案民事判决书、裁定书卷　12—7—830

1937年1月至1938年5月，璧山县司法处关于会款纠纷案、确认婚约无效案、会银纠纷案、偿还欠款纠纷案、解除婚姻纠纷案、偿还借款纠纷案、抵押纠纷案、典当纠纷案、欠租纠纷案、请求终止租佃契约案、抬兑款项纠纷案的民事判决书，欠租及赔偿纠纷案、会款纠纷案、的民事和解笔录、因债务纠葛声请假扣押的民事裁定书。

四川高等法院第一分院关于会款纠纷上诉案、请求返还定婚礼物上诉案的民事判决书，补正债务纠纷上诉案诉讼费用、驳回求偿借款纠纷上诉案上诉的民事裁定书。

840. 璧山县法院审理会项存查一案　12—7—831

1937年2月至1937年3月，璧山县法院关于万镜明与凌炳钦之间会项存查一案的文书，包括民事存查状、销当条约等。

841. 四川高等法院第一分院、璧山县司法处审理求偿买货欠款纠纷一案　12—7—832

1937年6月至1938年5月，四川高等法院第一分院、璧山县司法处关于雷声麟与钱学求偿买货欠款纠纷的文书，包括民事诉状、欠条、民事保状、诉愿书、点名单、审理笔录、民事判决书、报告、送达回证、民事上诉状、传票、训令、民事执行书、呈件等。

842. 璧山县法院审理典当产业纠纷一案　12—7—833

1937年6月至1937年7月，璧山县法院关于张凤岐与何周宇间典当产业纠纷一案的文书，包括民事诉状、报告、点名单、审理笔录、民事判决书、送达回证等。

843. 璧山县司法处审理分析祠产纠纷一案　12—7—834

1937年6月至1938年7月，璧山县司法处关于龙银轩与龙长淮间分析祠产纠葛一案的文书，包括来文、训令、公函、民事诉状等。

844. 四川高等法院第一分院、璧山县司法处审理会款纠纷一案　12—7—835

1936年11月至1938年3月，四川高等法院第一分院、璧山县司法处关于邓善之与夏荣林等间会款纠纷一案的文书，包括来文、传票、训令、民事裁定书、送达证书、民事诉状、民事辩诉状、点名单、审理笔录、报告、应收应欠债名籍说明单、民事判决书、民事申请书、民事上诉状、送达回证等。

845. 四川高等法院第一分院审理给付黄谷纠纷上诉一案　12—7—836

1937年2月至1937年7月，四川高等法院第一分院关于白楚衡与张文灿给付黄谷纠纷上诉一案的文书，包括公函、民事上诉状、民事裁定书、民事委任状、言辞辩论笔录、民事判决书、送达证书、声明书等。

另有1945年9月12日璧山实验地方法院关于赵元清等妨害自由案的检察官起诉书、刑事判决书。

846. 四川高等法院第一分院、璧山县司法处审理借款纠纷等七案　12—7—837

1937年1月至1938年2月，四川高等法院第一分院、璧山县司法处关于假借路款敛财及霸吞借谷纠纷案、押银纠纷案、租谷合同的保证责任纠纷案、破产债务纠纷案、租谷纠纷案、侵蚀祭款案、借款纠纷案七案的文书，包括送达回证、民事自诉状、报告、鹿鸣乡联保办公处呈文、点名单、审理笔录、民事判决书、民事强制执行声请书、诉讼费用单、民事领状、民事上诉状、太和乡联保主任呈文、民事辩诉状、训令、指令、呈件、民事证状、诉愿书、朱赞成所欠债务清单、传票等。

847. 四川高等法院第一分院审理确认抵押权一案　12—7—838

1937年9月至1939年1月，四川高等法院第一分院关于王复盛与张宝文裕间确认抵押权一案的文书，包括训令、来文等。

848. 璧山县司法处审理押银纠纷一案　12—7—839

1937年10月至1938年4月，璧山县司法处关于胡德三与何集贤间伪造契约诈骗押银纠纷一案的文书，包括民事诉状、民事辩诉状、点名单、审理笔录、民事判决书、民事声请书、呈件、民事执行状、传票回证等。

849. 四川高等法院第一分院、璧山县司法处审理会款纠纷一案　12—7—840

1937年3月至1939年3月，四川高等法院第一分院、璧山县司法处关于雷炳荣等与倪海洲等间偿还会款一案的文书，包括呈文、民事判决书、训令、缮本、民事上诉状、民事裁定书、送达证书、民事缴状、点名单、公开笔录、宣告判决笔录、审理笔录、民事保状、民事诉状、民事反诉状、报告、民事声请书、民事执行书等。

850. 四川高等法院第一分院审理借款债务纠纷一案　12—7—841

1937年2月至1937年4月，四川高等法院第一分院关于何李氏等与何纯修等间借款债务纠纷一案的文书，包括传票回证、训令、民事上诉状、民事委状、点名单、结文、公开笔录等。

851. 璧山县司法处审理经界纠纷一案　12—7—842

1937年12月至1938年12月，璧山县司法处关于王焕然等与张和安间经界纠纷一案的文书，包括民事诉状、民事反诉状、点名单、审理笔录、领条、谕令、传票回证、民事判决书、报告、送达回证、民事领状等。

852. 四川高等法院第一分院、璧山县司法处审理欠款纠纷上诉案、追缴押金案两案　12—7—843

1937年11月至1938年3月，四川高等法院第一分院、璧山县司法处关于钱学中与雷声麟欠款纠纷上诉案、徐治华诉何焕文等间因勒收骗押构成犯罪附带声请追缴押金案的文书，包括呈文、民事裁定书、训令、民事诉状、送达证书、点名单、公开笔录、宣告判决笔录、民事判决书、刑事告诉状、刑事答辩状、传票、审理笔录等。

853. 璧山县司法处、璧山实验地方法院审理租佃纠纷等七案　12—7—844

1937年1月至1943年11月，璧山县司法处、璧山实验地方法院关于租佃纠纷案、返还骗取财物案、会项纠纷案、债务纠纷案、借款纠纷案等七案的文书，包括民事诉状、训令、民事执行声请书、缮本、谕令、所有申报各债权人一览表、点名单、执行命令、主任审判官呈文、收条、民事辩诉状、审理笔录、民事保状、报告、送达证书、言辞辩论笔录、民事案件审理单、民庭宣判笔录、民事判决书、领条、传票回证等。

854. 最高法院、四川高等法院第一分院、璧山县司法处审理伙贸债务纠纷及其上诉一案　12—7—845

1937年12月至1940年1月，最高法院、四川高等法院第一分院、璧山县司法处关于陈饶民等与陈子卿间伙贸债务纠纷及其上诉一案的文书，包括呈文、民事上诉状、点名单、指令、查封布告、谕令、诉愿书、民事声请执行书、民事裁定书、命令、报告、送达证书、民事判决书、朱谕、书记室公函等。

另有四川高等法院第一分院关于张四维妨害秩序案的文书，包括报告、刑事裁定书、送达证书等。

855. 璧山县司法处、璧山地方法院审理欠粮款纠纷等三案　12—7—846

1937年3月至1939年12月，璧山县司法处、璧山地方法院关于征收局与邓览先间的欠粮款纠纷案、傅饶秋等与邓览先间的房屋田土产业案、邓陈氏等控唐志文以诈欺方式希图占买邓览先房产案三案的文书，包括训令、咨文、全衔公函、牌告、呈文、全衔公甬、诉愿书、批文、城南乡保长联合办公处呈文、传票、报告、审讯笔录、点名单、副呈、处分书、指令、检察官公函、不起诉处分书、收条等。

856. 四川高等法院第一分院、璧山县司法处审理会款纠纷及其上诉一案　12—7—847

1937年8月至1938年4月，四川高等法院第一分院、璧山县司法处关于陈少闻等与张承绪间的会款纠纷及其上诉一案的文书，包括呈文、裁定书、训练、民事诉状、民事委任状、点名单、讯问笔录、民事上诉状、宣告判决笔录、送达证书、民事判决书等。

857. 四川高等法院第一分院、璧山县法院审理租谷纠纷案、会款纠纷及其上诉案两案　12—7—848

1937年3月至1937年10月，四川高等法院第一分院、璧山县法院关于刘锡山与方敬修等间租谷纠纷案、杜荣安与周文轩等间会款纠纷及其上诉案两案的文书，包括民事诉状、报告、传票、呈文、民事判决书、训令、关票、民事辩诉状、点名单、审理笔录、咨文、民事保状、诉愿书、送达回证等。

858. 璧山县司法处审理借款债务纠纷及其上诉一案　12—7—849

1937年12月至1938年8月，璧山县司法处关于冯炳山与尹王氏等间借款债务纠纷及其上诉一案的文书，包括民事诉状、民事执行状、缮本、点名单、民事上诉声明书、收款证、审理笔录、传票回证、民事保状、民事判决书、民事辩诉状、送达回证、报告、民事上诉状等。

859. 最高法院、四川高等法院第一分院、璧山县司法处审理租谷纠纷及其上诉一案　12—7—850

1937年4月至1939年5月，最高法院、四川高等法院第一分院、璧山县司法处关于江永清等与江太安等间的租谷纠纷及其上诉一案的文书，包括呈文、民事判决书、训令、民事诉状、报告、传票、民事裁定书、送达证书、传票回证等。

860. 璧山县司法处审理租佃纠纷一案　12—7—851

1937 年 10 月至 1937 年 12 月，璧山县司法处关于胡连城与周荣清等间租佃纠纷一案的文书，包括民事判决书、民事声请执行书、报告、送达回证、点名单、民事诉状、诉讼费用表、谕令、民事裁定书等。

861. 四川高等法院第一分院审理分家析产纠纷上诉一案　12—7—852

1938 年 2 月至 1938 年 7 月，四川高等法院第一分院关于罗兆熊与罗高氏间分家析产纠纷上诉一案的文书，包括呈文、审判官意见书、训令、全衔指令、民事裁定书、传票、送达回证等。

862. 四川高等法院第一分院、璧山县法院审理会款纠纷及其上诉一案　12—7—853

1937 年 3 月至 1937 年 9 月，四川高等法院第一分院、璧山县法院关于曾谢氏等与谢同兴等间会款纠纷及其上诉一案的文书，包括民事诉状、审理笔录、点名单、民事执行声请书、民事上诉状等。

863. 璧山县司法处审理会款纠纷一案　12—7—854

1937 年 11 月至 1939 年 8 月，璧山县司法处关于冯作之与冯泽厚等间会款纠纷一案的文书，包括民事诉状、会银收支表、民事答辩状、报告、传票回证、点名单、审理笔录、训令、普兴镇联保办公处呈文、算账笔录、民事判决书、送达证书、历年谷价表等。

864. 四川高等法院第一分院、璧山县司法处审理租佃纠纷及其上诉一案　12—7—855

1936 年 10 月至 1938 年 12 月，四川高等法院第一分院、璧山县司法处关于张世荣与王徐氏等间租佃纠纷及其上诉一案的文书，包括呈文、训令、传票、民事声请执行书、点名单、民事判决书、民事保状、缮本、民事和解书、民事领状、民事诉状、民事辩诉状、审理笔录、民事续愿状、民事声请调解书、送达回证、民事上诉状等。

865. 璧山县法院审理借款债务纠纷等三案　12—7—856

1936 年 7 月至 1937 年 7 月，璧山县法院关于房产抵押纠纷、借款债务纠纷、产业继承纠纷三案的文书，包括民事诉状、民事反诉状、点名单、审理笔录、民事声明书、民事领状、报告、民事判决书、送达回证、民事声请执行书等。

民事八

1. 璧山县司法处审理家产租谷纠葛一案　12—8—1

1938 年 5 月至 1938 年 7 月，璧山县司法处关于黄开玉状告黄用乐借口代管其父遗田谷估不交换一案的文书，包括民事告状、点名单、审理笔录、民事答辩状、供词、民事诉状、报告、璧山县司法处民事判决书等。

2. 四川高等法院第一分院、璧山县司法处审理租佃纠葛一案　12—8—2

1938 年 7 月至 1939 年 4 月，四川高等法院第一分院、璧山县司法处关于秦赵氏与董吉安租佃纠葛一案的文书，包括训令、民事续诉状、民事申请状、民事诉状及其缮本、领条、审理笔录、点名单、四川高等法院第一分院民事裁决书、璧山县司法处民事判决书、传唤报告、送达回执单等。

3. 四川高等法院第一分院、璧山县司法处审理租佃纠葛上诉一案　12—8—2（2）

1937 年 12 月至 1938 年 11 月，四川高等法院第一分院、璧山县司法处关于董吉安因不服璧山县政府审理与秦赵氏租佃纠葛的判决结果而上诉一案的文书，包括卷宗目录、四川高等法院第一分院裁定书、民事诉状、审理笔录、民事展限状、璧山县司法处民事判决书等。

4. 璧山县司法处审理债务纠纷、抢婚两案　12—8—3

1938 年 7 月至 1938 年 11 月，璧山县司法处关于唐松乔等债务纠纷、曹安氏等抢婚案的文书，包括民事保状、点名单、报告、刑事辩诉状、民事诉状书、四川政府典契等。

5. 璧山县司法处审理租谷纠葛一案　12—8—4

1938 年 12 月至 1939 年 4 月，璧山县司法处关于杨维宵求偿租谷一案的文书，包括申请书、送达证书 、璧山县司法处民事裁定书、民事诉状、传票、审理笔录、璧山县民事判决书、璧山县司法处民事判决书、往来公函、点名单等。

6. 璧山县司法处审理租佃纠葛一案　12－8－5

1938年7月至1938年12月，璧山县司法处关于刘东林与黄玉佩租佃纠葛一案的文书，包括民事诉状、点名单、报告、传票、审理记录 、民事执行、裁决书等。

7. 璧山县司法处审理因汇款执行而提出异议一案　12－8－6

1938年1月至1938年10月，璧山县司法处关于温谢氏与周谢氏汇款执行一案中，周谢氏将温谢氏等母亲膳田一并拍卖提出异议一案的文书，包括裁定书 、送达证书 、审理录本、民事异议状、往来公函等。

8. 璧山县政府审理欠款债务纠纷一案　12－8－7

1938年8月至1938年12月，璧山县政府关于胡邓氏与胡炳章、胡鼎三、胡相臣三人之间欠款债务纠纷一案的文书，包括民事起诉状、民事辩诉状、传票、点名单、审理笔录等。

9. 璧山县司法处审理债务纠纷一案　12－8－8

1938年8月至1939年1月，璧山县司法处关于徐华一、李银安二人之间债务纠纷一案的文书，包括民事起诉状、民事辩诉、传票、点名单、审理笔录等。

10. 璧山县司法处审理债务纠纷提起诉讼一案　12－8－9

1938年12月至1939年5月，璧山县司法处关于张国恩、张荣盛因刘德生等人欠其债务而提起诉讼一案的文书，包括民事起诉状、传票、事件点名单、审理笔录、判决书、送达证书等。

11. 璧山县司法处审理会款纠纷一案　12－8－10

1938年1月至1938年4月，璧山县司法处关于何忠庸等人会款纠葛一案的文书，包括民事起诉状、审理笔录、民事答辩状、民事保状、报告、往来公文、传票、点名单、送达证书、民事和解笔录等。

12. 璧山县司法处审理欠款纠葛一案　12－8－11

1938年12月至1939年1月，璧山县司法处关于谭青云与王遂阳等人的欠款纠葛一案的文书，包括报告、事件点名单、民事诉讼状、传票、审理笔录、训令等。

13. 璧山县司法处审理会款纠纷一案　12－8－12

1938年3月至1938年12月，璧山县司法处关于吴三益与周熊氏等人会款纠葛一案的文书,包括民事诉状、点名单、审理笔录、传票、民事保状、民事辩诉状、报告、往来公文、送达证书、民事执行、民事调解书等。

14. 璧山县司法处审理欠款纠纷一案　12—8—13

1938年5月至1938年7月,璧山县司法处关于王维三等人欠款纠纷一案的文书,包括民事诉状、传票、点名单、审理笔录、民事领状等。

15. 璧山县司法处审理逃婚存查一案　12—8—14

1938年7月,璧山县司法处关于刘西城唆使其女逃婚存查一案的文书,包括民事起诉状、民事存查状等。

16. 璧山县司法处审理租债纠葛一案　12—8—15

1938年11月至1938年12月,璧山县司法处关于邓寿山等人与李树之租债纠葛一案的文书,包括民事起诉状、传票、报告、呈书等。

17. 璧山县司法处审理债务纠纷一案　12—8—16

1938年12月至1939年2月,璧山县司法处关于吴正金与唐权祖二人之间约据债务纠纷一案的文书,包括民事诉状、传票、事件点名单、审理笔录、民事和解笔录、文件送达证书等。

18. 璧山县司法处审理粮款纠纷一案　12—8—17

1938年11月,璧山县司法处关于蔡金盛与赵子一、蔡荣光等人因租佃引起的粮款纠纷一案的文书,包括民事诉状、审理笔录、送达证书、事件点名单等。

19. 四川高等法院第一分院、璧山县司法处审理粮款纠纷上诉一案　12—8—18

1938年12月至1939年3月,四川高等法院第一分院、璧山县司法处关于蔡荣光因不服璧山县政府对于其与蔡金盛因粮款纠葛的判决结果而上诉的文书,包括民事诉状、送达证书、点名单、民事上诉状、审理笔录等。

20. 璧山县司法处审理粮款纠纷一案　12—8—19

1938年11月至1939年3月,璧山县司法处关于蔡荣光与蔡金胜因粮款代垫款项引起的涉讼一案的文书,包括训令、往来公函等。

21. 璧山县司法处审理会款纠纷一案　12—8—20

1938年7月至1938年12月,璧山县司法处关于杨建农与雷孔遗会款纠纷一案的文书，包括民事诉状、庭单、审理笔录、传票、民事辩诉状、和解笔录、民事执行状、申请、民事保状等。

22. 四川高等法院第一分院、璧山县司法处审理会款纠葛上诉一案　12—8—21

1937年5月至1939年8月，四川高等法院第一分院、璧山县司法处关于曾次咸不服璧山县政府对于其与张继良因会款纠葛的判决结果而上诉一案的文书，包括呈书、一审判决书、训令、指令、往来公函、民事领状、二审判决书、送达证书等。

23. 璧山县司法处审理押银纠葛一案　12—8—22

1938年10月至1938年12月，璧山县司法处关于兰银州、兰锡之父子等人串图否认押银，意图欺骗吴袁氏而引起的押银纠葛一案的文书，包括民事诉状、民事委状、民事辩诉状、往来公函、传票、事件点名单、审理笔录、报告等。

24. 璧山县司法处审理申请破产一案　12—8—23

1938年1月至1938年7月，璧山县司法处关于伍建中因无力偿还债务而申请破产一案的文书，包括民事申请状、往来公函、传票、点名单、民事缴状、处理笔录、领条等。

25. 四川高等法院第一分院、璧山县司法处审理债务纠纷一案　12—8—24

1938年1月至1939年1月，四川高等法院第一分院、璧山县司法处关于伍秉衡因夏与珙未能如期偿还其债务而提起诉讼一案的文书，包括民事判决书、训令、民事诉状、点名单、传票、民事保状、领状等。

26. 璧山县司法处审理债务纠纷等三案　12—8—25

1938年7月至1938年11月，璧山县司法处关于收价纠纷、婚姻纠纷、家庭纠纷三案的文书，包括民事辩诉状、往来公函、传票、事件点名单、审理笔录、民事诉状等。

27. 璧山县司法处审理租佃及押银纠葛一案　12—8—26

1936年11月至1938年6月，璧山县司法处关于曾明修等租佃及押银纠葛一案的文书，包括呈书、呈文、报告收条、民事诉状缮本、领状等。

28. 璧山县司法处审理会款纠纷、押银纠葛两案　12—8—27

1938年3月至1938年6月，璧山县司法处关于会款纠纷、租佃押银纠葛两案的文书，包括报告、民事诉状、呈文、申请、审理笔录、民事辩诉状、民事执行等。

29. 璧山县司法处审理债务纠纷一案　12－8－28

1938年10月至1939年7月，璧山县司法处关于周炳泰等人因吴海舟借其款到期未还而提起诉讼一案的文书，包括事件点名单、审理笔录、传票、民事诉状、往来公函、和解笔录、送达证书、扣押笔录、民事执行等。

30. 璧山县司法处审理债务纠纷一案　12－8－29

1938年2月至1938年8月，璧山县司法处关于吴金山与周泽沛因生意引起债务纠纷一案的文书，包括民事诉讼状、民事辩诉状、事件点名单、审理笔录、传票、判决书、呈书等。

31. 璧山县司法处审理会款纠纷一案　12－8－30

1938年4月至1938年5月，璧山县司法处关于雷天泽与陈刘氏等人因普利田园会会款纠纷一案的文书，包括民事诉讼状、传票、点名单、审理笔录、报告、训令等。

32. 璧山县司法处审理房屋典权纠纷一案　12－8－31

1938年9月，璧山县司法处关于张炳奎与罗陈氏等人房屋典权纠葛一案的文书，包括民事诉状及其缮本、点名单、审理笔录等。

33. 璧山县司法处审理租佃及债款涉讼一案　12－8－32

1938年10月至1939年3月，璧山县司法处关于罗银华与袁王氏租佃及债款涉讼一案的文书，包括璧山县司法处民事判决书、送达证书、民事执行状、民事保状、民事诉状、民事和解书等。

34. 璧山县司法处审会款、租佃、债务涉讼反诉一案　12－8－32（2）

1938年3月至1938年10月，璧山县司法处关于袁王氏等会款、租佃、债务涉讼反诉一案的文书，包括民事反诉状、点名单、审理笔录、训令、民事保诉状、结文单、民事原诉状等。

35. 璧山县司法处审理遗产分配存查一案　12－8－33

1938年2月至1938年8月，璧山县司法处关于周佑樵与周吴氏等人遗产分配存查一案的文书，包括民事存查状及其缮本等。

36. 璧山县司法处审租佃押银纠葛一案　12—8—34

1938年9月至1938年12月，璧山县司法处关于张恒发等租佃押银纠葛一案的文书，包括民事原诉状及其缮本、点名单、审理笔录、回庭报告、璧山县司法处训令等。

37. 璧山县司法处审理借款债务纠葛涉讼一案　12—8—35

1938年6月至1938年12月，璧山县司法处关于萧绍寿等借款债务纠葛涉诉一案的文书，包括民事原诉状、点名单、审理笔录、璧山县司法处民事判决书、四川高等法院第一分院民事裁定书、民事反诉状、送达证书等。

38. 四川高等法院第一分院、璧山地方法院处审理会款再审一案　12—8—36

1940年1月至1940年4月，四川高等法院第一分院、璧山地方法院关于商宗良等会款再审一案的文书，仅包括几份往来公函。

39. 四川高等法院第一分院、璧山县司法处等审理产业买卖及田产收益纠纷上诉一案　12—8—37

1939年3月至1940年4月，四川高等法院第一分院、璧山县司法处等关于张彩琳等人产业买卖及田产收益纠葛上诉一案的文书，包括璧山地方法院检察官起诉书、璧山县司法处民事判决书、训令、往来公函等。

40. 四川高等法院第一分院、璧山县司法处审理业权纠葛一案　12—8—38

1938年11月至1929年4月，四川高等法院第一分院、璧山县司法处关于曾子才等确认耕地优先承买权的业权纠葛一案的文书，包括训令、往来公函、四川高等法院第一分院民事判决书、呈文等。

41. 璧山县司法处审理申请变产存查一案　12—8—39

1938年6月，璧山县司法处关于邓王氏因生活困苦申请准予变产以偿债务存查一案的文书，包括民事申请状、训令等。

42. 璧山县司法处审理假扣押租谷一案　12—8—40

1938年8月至1939年3月，璧山县司法处关于蒋仲华等因债务事件申请假扣押租谷一案的文书，包括民事请扣押状、璧山县司法处民事裁定书、往来公函、执行命令、扣押笔录、训令等。

43. 璧山县司法处审理租佃纠纷一案　12—8—41

1938年3月至1938年7月,璧山县司法处关于周济安等租佃纠葛一案的文书,包括民事恳状、审理笔录、和解笔录、民事续呈、往来公函、送达证书、民事执行状等。

44. 四川高等法院第一分院、璧山县司法处审理债务涉讼上诉一案　12—8—42

1938年11月至1939年4月,四川高等法院第一分院、璧山县司法处关于张树伯等债务涉讼上诉一案的文书,包括训令、民事起诉及其缮本、往来公函、民事执行状等。

45. 四川高等法院第一分院、璧山县司法处等审理租佃纠纷一案　12—8—43

1939年1月至1939年12月,四川高等法院第一分院、璧山县司法处等关于吴邦伟不服璧山地方法院对于其与吴杨氏等人田业纠纷判决结果而申请再抗告以资救济的文书,包括民事抗诉状、训令、往来公函、民事判决书、呈文等。

46. 璧山县司法处审理债务纠纷一案　12—8—44

1938年11月至1939年7月,璧山县司法处关于万明源因金万氏之夫未按借贷契约如数付给其债利涉讼一案的文书,包括民事诉状、点名单、审理笔录、传票、民事申请状 裁定书、送达证书、民事执行、民事保状、民事辩答状等。

47. 璧山县司法处审理再婚存查、假扣押两案　12—8—45

1938年11月至1938年12月,璧山县司法处关于周传氏再婚存查、万明源因债务涉讼一案的申请假扣押两案的文书,包括民事存查状、借条、璧山县司法处民事判决书等。

48. 四川高等法院第一分院、璧山县司法处审理债务涉讼上诉一案　12—8—46

1938年1月至1939年4月,四川高等法院第一分院、璧山县司法处关于黎效元等债务涉讼上诉一案的文书,包括训令、往来公函、四川高等法院第一分院民事判决书、报告等。

49. 璧山县司法处审理债务纠葛一案　12—8—47

1938年1月至1938年7月,璧山县司法处关于黎效元因董志祥未偿还其债利维护债权一案的文书,包括民事起诉状、点名单、审理笔录、民事反诉状、传票、民事自诉状、证明状、结文、报告、民事救状、送达证书等。

50. 璧山县司法处审理离异存查一案　12—8—48

1938年7月至1938年8月，璧山县司法处关于赖钱氏因张子彬不务正业滥吸鸦片提出撇清关系并已再醮而存查一案的文书，包括民事存查状及其缮本等。

51. 璧山县司法处审理公款纠纷一案　12—8—49

1938年6月至1938年11月，璧山县司法处关于曾淮州等人会款纠纷一案的文书，包括民事诉状及其缮本、点名单、审理笔录、传票、报告、送达证书等。

52. 璧山县司法处审理田产所有权纠葛的债务涉讼一案　12—8—50

1938年11月至1939年6月，璧山县司法处关于何锡三等因田产所有权纠葛的债务涉讼一案的文书，包括民事申明书、传票、审理笔录、民事辩诉状、民事诉状、点名单、璧山县司法处民事判决书、送达证书、领状等。

53. 四川高等法院第一分院、璧山县司法处审理租赁押金纠葛及其上诉一案　12—8—51

1938年2月至1939年4月，四川高等法院第一分院、璧山县司法处关于曾银州等租赁押金纠葛及其上诉一案的文书，包括训令、往来公函、四川高等法院第一分院民事裁定书、民事诉讼状、传票、点名单、民事保状、民事续状、报告等。

54. 璧山县司法处审理租谷纠纷一案　12—8—52

1938年10月至1939年7月，璧山县司法处关于谢重光等人与晏树廷等人因租谷纠纷一案的文书，包括民事告状、点名单、审理笔录、传票、民事保状、民事上诉状、民事判决书、送达证书等。

55. 璧山县司法处审理租佃纠纷一案　12—8—53

1938年8月至1938年11月，璧山县司法处关于刘呈安与刘四源等人租佃纠葛一案的文书，包括报告、传票、点名单、审理笔录、送达证书等。

56. 四川高等法院第一分院、璧山县司法处审理押银纠纷一案　12—8—54

1938年8月至1939年8月，四川高等法院第一分院、璧山县司法处关于李焕章等因租谷涉讼事件引起的押银纠纷一案的文书，包括训令、往来公函、四川高等法院第一分院民事裁定书、民事执行状、传票、报告、民事保状、民调判决书等。

57. 四川高等法院第一分院、璧山县司法处审理租谷及押银涉讼一案　12—8—55

1938年8月至1939年8月，四川高等法院第一分院、璧山县司法处关于胡绍镐等租谷及押银涉讼一案的文书，包括训令、往来公函、四川高等法院第一分院民事裁定书、民事执行状、传票、报告、民事委任状、宣告判决笔录、四川高等法院第一分院民事判决书等。

58. 璧山县司法处审理因夫失踪申请再婚存查一案　12—8—56

1938年11月，璧山县司法处关于周胡氏因丈夫外出失踪无嗣申请再婚存查一案的文书，包括民事存查状及其缮本、证明书等。

59. 璧山县司法处审理申请假扣押一案　12—8—57

1938年9月至1939年1月，璧山县司法处关于张刘氏因业权债务事件而申请假扣押一案的文书，包括民事交状、典契、璧山县司法处民事裁定书、民事起诉状、民事保状、报告、审理笔录、民事诉状等。

60. 璧山县司法处审理遗产典当纠纷的涉讼一案　12—8—58

1938年11月至1938年12月，璧山县司法处关于李永杰与李永柱因先人遗产典当纠葛的涉诉一案的文书，包括民事诉状、民事公证、审理笔录、和解笔录、传票、民事辩诉状、点名单、往来账目公证书等。

61. 璧山县司法处审理会款纠纷一案　12—8—59

1938年3月至1938年5月，璧山县司法处关于董李民等会款纠葛一案的文书，包括民事原诉状、审理笔录、民事保状、民事上诉状、民事被告状、报告等。

62. 璧山县司法处审理债务纠纷一案　12—8—60

1938年2月至1938年5月，璧山县司法处关于黄绍卿为欠款纠葛具诉胡甫林，和解解决后，绍卿故意支匿诈骗涉诉一案的文书，包括民事起诉状、点名单、民事反诉状、审理笔录、民事保状、民事呈书、民事执行状、民事委状等。

63. 璧山县司法处审理债务纠葛、租佃纠葛两案　12—8—61

1938年5月至1938年7月，璧山县司法处关于许天伦因垫款涉讼案误笔多判请予调阅案、许敬修等租佃纠葛两案的文书，包括民事陈明状、巴县地方法院民事判决书、民事起诉状、传票、点名单、民事保状等。

64. 璧山县司法处审理膳银保管纠葛一案　12－8－62

1938年1月至1938年5月，璧山县司法处关于吕树云与吕德云因求保管吕陈氏膳银事件涉讼一案的文书，包括民事补诉、送达证书、民事起诉状、民事催诉状、璧山县司法处民事判决书、审理笔录等。

65. 四川高等法院第一分院、璧山县司法处审理不服债务纠纷判决结果而提起上诉一案　12－8－63

1938年8月至1938年12月，四川高等法院第一分院、璧山县司法处关于黎效元因不服璧山县司法处对于其与董致祥的债务纠纷一案的判决结果而提起上诉一案的文书，包括民事上诉状、裁定书、送达证书、民事理由状、审讯笔录、民事辩诉状、民事委状、民事公证、通告书回证、结文、判决笔录等。

66. 四川高等法院第一分院、璧山县司法处审理债务纠纷一案　12－8－64

1938年9月至1938年11月，四川高等法院第一分院、璧山县司法处关于王傅成兄弟因价不敷债请准参加加债权以资取债一案的文书，包括民事诉状、点名单、审理笔录、传票、和解笔录、民事自诉状、报告、送达证书、民事具状等。

67. 四川高等法院第一分院、璧山县司法处审理债务纠纷两案　12－8－65

1936年12月至1938年1月，四川高等法院第一分院、璧山县司法处关于债务纠纷、田佃纠葛两案的文书，包括民事申请书、训令、民事具领状、民事参加书、民事执行状、点名单、民事被诉状等。

68. 四川高等法院第一分院、璧山地方法院等审理抗丁不交涉诉一案　12－8－66

1940年3月至1942年12月，四川高等法院第一分院、璧山地方法院等关于杨海清抗丁不交涉诉一案的文书，包括往来公函、诉愿书、训令、报告、审理笔录、通知单等。

69. 四川高等法院第一分院、璧山县司法处审理藐令阻耕毁损农器、田佃纠葛两案　12－8－67

1938年5月至1938年8月，四川高等法院第一分院、璧山县司法处关于藐令阻耕毁损农器、田佃纠葛两案的文书，包括民事诉状、往来公函、刑事自诉状、报告、执行命令、民事具状、民事自诉状、审理笔录、刑事上诉状、训令等。

70. 四川高等法院第一分院、璧山县法院等审理田佃典契纠葛、生活费涉讼两案 12—8—67（2）

1936年5月至1938年，四川高等法院第一分院、璧山县法院等关于汪罗氏等关于田佃典契纠葛，汪罗氏生活费涉讼两案的文书，包括民事诉状、民事保状、扣押笔录、民事抗告状、刑事自诉状、刑事执行状、民事和解书、刑事处分书、训令、点名单、审理笔录等。

71. 四川高等法院第一分院、璧山县司法处审理生活费涉诉一案 12—8—67（3）

1936年3月至1938年8月，四川高等法院第一分院、璧山县司法处关于汪罗氏因不服因生活费涉讼一案判决结果提出抗告申请一案的文书，包括审理笔录、民事判决书、民事上诉状、民事裁定书、民事自诉状、训令、民事抗告状、民事抗诉状、民事执行状、民事保状等。

72. 璧山县政府、璧山地方法院审理烟款债务纠葛一案 12—8—68

1937年5月至1939年12月，璧山县政府、璧山地方法院关于龚季康等因欠烟账涉讼的债务纠纷一案的文书，包括往来公函、民事诉状、收条、报告、民事请执行状、民事辩诉状、民事呈诉状、审理笔录、璧山县司法处谕、璧山地方法院执行命令、璧山地方法院执行证书、璧山县政府行政裁定书等。

73. 四川高等法院第一分院审理债务纠纷上诉一案 12—8—69

1937年5月至1937年12月，四川高等法院第一分院关于冷少金等债务纠纷上诉一案的文书，包括训令、送达证书、四川高等法院第一分院民事裁定书等。

74. 四川高等法院第一分院、璧山县法院审理货账纠葛一案 12—8—70

1936年1月至1936年12月，四川高等法院第一分院、璧山县法院关于尚志功与罗炳全货账纠葛一案的文书，包括民事判决书、往来公函、民事裁定书、民事二审判决书、和解笔录等。

75. 璧山县法院审理借银债务纠葛涉讼一案 12—8—71

1933年1月至1937年2月，璧山县法院关于张炳轩因杨海清等人借银债务纠葛涉讼一案的文书，包括训令、民事起诉状、民事保状、审理笔录、报告、璧山县政府兼理司法处民事判决书、民事存查状等。

76. 四川高等法院第一分院、璧山县司法处审理申请假扣押涉讼案、个人财产存查备案两案　12－8－72

1936年2月至1938年11月,四川高等法院第一分院、璧山县司法处关于因债款纠纷的申请假扣押涉讼案、个人财产存查备案两案的文书,包括民事续诉状、点名单、民事诉状、璧山县司法处训令、查封笔录、拍卖布告、牌告、民事存查状等。

77. 璧山县司法处审理债务纠纷一案　12－8－73

1936年9月,璧山县司法处关于王万钱因王吴氏等人蓄意估骗其债权而提起上诉一案的文书,包括民事起诉状、民事补费书、民事委任状、点名单、审理笔录等,

78. 四川高等法院第一分院、璧山县法院审理租佃纠葛涉讼一案　12－8－74

1936年10月至1936年11月,四川高等法院第一分院、璧山县法院关于刘国辉等租佃纠葛涉讼一案的文书,包括民事自诉状、民事诉状、民事原诉状、审理笔录等。

79. 璧山县政府审理会款纠纷一案　12－8－75

1936年3月,璧山县政府关于李炳臣会款纠纷的文书,包括民事诉状、民事辩状、审理笔录等。

80. 璧山县法院审理债务纠纷一案　12－8－76

1936年2月至1936年3月,璧山县法院关于朱青山债务纠纷一案的文书。冯尚文以朱青山等人拖欠借款为由提起诉讼,要求其偿还债务,后双方私下和解。该卷文书包括民事诉状、审理笔录、民事结状、璧山县司法处执达员提交审判官的报告等。

81. 四川高等法院第一分院审理抵押纠纷抗告一案　12－8－77

1936年8月至1937年1月,四川高等法院第一分院关于尚志功抵押纠纷抗告一案的文书,包括璧山县政府提交四川高等法院第一分院的呈文、四川高等法院第一分院训令、四川高等法院第一分院裁定书、民事缴状、四川高等法院第一分院民事裁定等。

82. 璧山县法院审理妨害农田一案　12－8－78

1936年5月至1936年6月,璧山县法院关于王聘之妨害农田一案的文书。王聘之破坏了张玉轩等人的农田,张提起诉讼要求王恢复其农田原貌并赔偿损失,后双

方经人调解和解。该卷文书包括民事诉状、璧山县法院执达员提交审判官的报告等。

83. 璧山县法院审理债务纠纷一案　12—8—79

1936年5月,璧山县法院关于廖源深债务纠纷一案的文书。廖源深以曾绍先等拖欠借款为由提起诉讼,要求曾偿还借款与利息。该卷文书包括民事诉状等。

84. 璧山县司法处审理债务纠纷一案　12—8—80

1936年1月至1936年3月,璧山县司法处关于李达之债务纠纷一案的文书。李达之以钟照临等人拖欠借款为由提起诉讼,要求钟等偿还债务。该卷文书包括民事诉状、民事辩状、审理笔录等。

85. 四川高等法院第一分院审理会款纠葛一案　12—8—81

1937年1月至1938年5月,四川高等法院第一分院关于吴清山会款纠葛一案的文书,包括民事声请书、四川高等法院第一分院训令、璧山县司法处提交四川高等法院第一分院的呈文、四川高等法院第一分院民事裁定等。

86. 四川高等法院第一分院、巴县地方法院、璧山县司法处审理会项纠纷一案　12—8—82

1936年6月至1938年5月,四川高等法院第一分院、巴县地方法院、璧山县司法处关于曾有为会项纠纷的文书,包括璧山县政府与巴县地方法院的往来公函、民事保状、四川高等法院第一分院训令、巴县地方法院民事裁定、民事执行状、璧山县司法处执达员提交审判官的报告、民事再审状、审理笔录、民事诉状、璧山县政府训令等。

87. 四川高等法院第一分院审理租佃纠纷一案　12—8—83

1936年9月至1937年10月,四川高等法院第一分院关于龙桂廷租佃纠纷的文书,包括民事抗告书、四川高等法院第一分院训令、璧山县政府提交四川高等法院第一分院的呈文、民事呈请状、民事声请书等。

88. 璧山县法院审理租佃纠纷一案　12—8—84

1936年11月至1936年12月,璧山县法院关于文昌明租佃纠纷一案的文书。吴有怀将房屋等租赁与文昌明,后文昌明拒绝按约定给付租金,吴提起诉讼要求文支付租金。该卷文书包括民事诉状、审理笔录等。

89. 四川高等法院第一分院审理租佃纠纷一案　12—8—85

1937年1月至1938年2月，四川高等法院第一分院关于尚海滨租佃纠纷的文书，包括璧山县政府提交四川高等法院第一分院的呈文、四川高等法院第一分院训令、四川高等法院第一分院裁定、四川高等法院第一分院民事裁定等。

90. 四川高等法院第一分院审理会银纠葛一案　12—8—87

1937年2月至1937年9月，四川高等法院第一分院关于雷敬修会银纠葛一案的文书，包括重庆地方法院提交四川高等法院第一分院的呈文、四川高等法院第一分院训令、四川高等法院第一分院裁定、民事展缓状、四川高等法院第一分院民事裁定、璧山县县长提交四川高等法院第一分院的呈文等。

91. 璧山县法院审理欠款纠纷一案　12—8—88

1936年11月至1936年12月，璧山县法院关于袁述康欠款纠纷一案的文书。郑炳清以袁述康拒绝偿还借款为由提起诉讼，要求其偿还债务。该卷文书包括民事诉状、审理笔录、民事辩状、民事保状等。

92. 璧山县法院审理债务纠纷一案　12—8—89

1936年3月至1937年1月，璧山县法院关于彭吉廷债务纠纷的文书，包括璧山县政府与巴县地方法院的往来公函、民事声请书、璧山县司法处执达员提交县长的报告、民事声明、璧山县政府饬签、民事反诉状、审理笔录、民事保状、璧山县政府训令、接龙乡联保主任提交璧山县县长的呈文、民事诉状、璧山县政府民事判决书等。

93. 璧山县法院审理租佃纠纷一案　12—8—90

1936年11月至1937年6月，璧山县法院关于刘绍勋租佃纠纷的文书，包括民事诉状、璧山县司法处执达员提交审判官的报告、审理笔录、民事交状、璧山县政府朱谕、民事领状等。

94. 璧山县法院审理垫款纠纷一案　12—8—91

1936年9月至1937年6月，璧山县法院关于张吉成垫款纠纷一案的文书。张吉成替江达三代付了会银，后江达三拒绝偿还，张提起诉讼要求张偿还垫款。该卷文书包括民事诉状、璧山县司法处执达员提交审判官的报告、民事保状、审理笔录等。

95. 璧山县法院审理债务纠纷一案　12—8—92

1936年11月至1936年12月，璧山县法院关于李熙台债务纠纷一案的文书。李熙台以李敬德拖欠借款为由提起诉讼，要求李偿还债务。该卷文书包括民事诉状、民事辩状、璧山县司法处执达员提交审判官的报告、审理笔录、民事保状等。

96. 璧山县法院审理会款纠纷一案　12—8—93

1936年12月至1937年1月，璧山县法院关于李绍荣会款纠纷一案的文书。刘东林等人以李绍荣拖欠会款为由提起诉讼，要求李返还会款。该卷文书包括民事诉状、审理笔录等。

97. 璧山县法院审理会银纠纷一案　12—8—94

1936年9月至1936年12月，璧山县法院关于王九臣会银纠纷一案的文书。王九臣以何治清等未能履行约定为由提起诉讼，要求其返还会银。该卷文书包括民事诉状、审理笔录、璧山县司法处执达员提交审判官的报告等。

98. 璧山县法院审理债务纠纷一案　12—8—95

1936年5月至1937年1月，璧山县法院关于吴仲家债务纠纷一案的文书。吴仲家以陈淮光等人拖欠借款为由提起诉讼，要求其偿还债务。该卷文书包括民事诉状、璧山县司法处执达员提交审判官的报告、审理笔录、民事执行状等。

99. 璧山县法院审理债务纠纷一案　12—8—96

1936年9月至1936年11月，璧山县法院关于黄森荣债务纠纷一案的文书。黄森荣以龙世光恶意拖欠借款为由提起诉讼，要求龙偿还债务，后双方经人调解和解。该卷文书包括民事诉状、民事辩状、璧山县司法处执达员提交审判官的报告、审理笔录、中兴镇联保主任提交璧山县县长的呈文等。

100. 璧山县法院审理会银纠纷一案　12—8—97

1935年11月至1936年5月，璧山县法院关于潘绍臣会银纠纷一案的文书。潘绍臣以邬明煊诈骗会银为由提起诉讼，要求邬返还会银。该卷文书包括民事诉状、民事辩状、审理笔录等。

101. 璧山县司法处审理申请存查一案　12—8—98

1938年7月，璧山县司法处关于李吉生申请存查一案的文书。由于欠有债务，李吉生在李直翔的介绍下将土地典当，但李吉生认为李直翔有欺骗嫌疑，故向法院申请将此备案存查。该卷文书包括民事声请书等。

102. 璧山县司法处审理税款纠纷一案　12—8—99

1938年3月至1938年6月，璧山县司法处关于郑学良税款纠纷一案的文书。荣仲燮承包一肉场的征税业务，商户郑学良一直拒绝缴纳税款，荣提起诉讼要求郑缴纳肉税。该卷文书包括民事诉状、审理笔录、璧山县司法处执达员提交审判官的报告、民事保状等。

103. 璧山县司法处审理继承纠纷一案　12—8—100

1938年6月至1940年4月，璧山县司法处关于蔡黄氏继承纠纷一案的文书。蔡黄氏丈夫死后，其夫与前妻之子阻挠其继承遗产，蔡黄氏提起诉讼要求继承遗产。该卷文书包括民事诉状、审理笔录、民事续呈状、璧山县司法处执达员提交审判官的报告等。

104. 璧山县司法处审理租佃纠纷一案　12—8—101

1938年5月至1938年11月，璧山县司法处关于李典德租佃纠纷的文书。李典德与蔡黄氏等达成土地租佃协议，蔡黄氏又拒绝履行约定，李提起诉讼要求法院维护自身利益。该卷文书包括民事诉状、民事展限状、审理笔录、璧山县司法处民事裁定、民事撤销状、璧山县司法处训令等。

105. 璧山县司法处审理家产纠纷一案　12—8—102

1938年3月至1938年12月，璧山县司法处关于蔡黄氏家产纠纷的文书，包括民事诉状、民事辩状、审理笔录、民事委状、民事公证、璧山县司法处民事和解笔录、民事补状、璧山县司法处执达员提交审判官的报告、民事和解书、璧山县司法处训令等。

106. 璧山县司法处审理债务执行一案　12—8—103

1939年5月至1939年7月，璧山县司法处关于张绍基债务执行一案的文书。景镜堂以张绍基拒绝履行法院判决、偿还债务为由提出声请，要求法院强制执行。该卷文书包括璧山县司法处执达员提交审判官的报告、民事执行状、民事领状、璧山县司法处训令、民事展限状等。

107. 璧山县司法处审理债务纠纷一案　12—8—104

1938年10月至1939年5月，璧山县司法处关于冷春熙债务纠纷的文书，包括民事诉状、审理笔录、璧山县司法处民事判决书、璧山县司法处执达员提交审判官的报告、璧山县司法处训令等。

108. 四川高等法院第一分院、璧山县司法处审理借款纠纷一案　12－8－105

1938 年 7 月至 1939 年 3 月，四川高等法院第一分院、璧山县司法处关于刘永丰借款纠纷的文书，包括民事诉状、嘉陵江三峡乡村建设实验区澄江镇联保主任提交璧山县司法处的呈文、审理笔录、民事辩状、民事添传状、民事保状、璧山县司法处民事判决书、璧山县司法处提交四川高等法院第一分院的呈文、四川高等法院第一分院训令等。

109. 四川高等法院第一分院审理债务纠纷一案　12－8－106

1938 年 8 月至 1939 年 1 月，四川高等法院第一分院关于王兆光债务纠纷的文书，包括璧山县司法处提交四川高等法院第一分院的呈文、民事声请书、四川高等法院第一分院裁定、四川高等法院第一分院训令、四川高等法院第一分院民事裁定等。

110. 璧山县司法处审理债务纠纷一案　12－8－107

1938 年 9 月至 1939 年 1 月，璧山县司法处关于戴安邦债务纠纷的文书，包括民事诉状、审理笔录、璧山县司法处民事和解笔录、民事保状、民事缴状、民事续状、璧山县司法处民事判决书等。

111. 璧山县司法处审理租佃纠纷一案　12－8－108

1938 年 4 月至 1938 年 9 月，璧山县司法处关于周德盛租佃纠纷的文书，包括民事诉状、审理笔录、璧山县司法处民事和解笔录、璧山县司法处执达员提交审判官的报告、民事执行状、民事保状等。

112. 璧山县司法处审理唐万盛申请扣押王黄氏财产一案　12－8－109

1938 年 11 月，璧山县司法处关于唐万盛申请扣押王黄氏财产一案的文书。王黄氏拖欠唐万盛借款，唐万盛向法院提出申请要求扣押唐万盛的财产以便其偿还债务。该卷文书包括民事声请书、民事缴状、璧山县司法处民事裁定等。

113. 璧山县司法处审理会款纠纷异议一案　12－8－110

1938 年 12 月至 1939 年 6 月，璧山县司法处关于林恕五会款纠纷异议一案的文书。林恕五与廖国清等人因会款发生纠纷，法院判决林偿还会款，林不服判决提出异议。该卷文书包括民事异议书、审理笔录、民事委状、璧山县司法处执达员提交审判官的报告等。

114. 璧山县司法处审理会款纠纷一案　12－8－111

1938 年 5 月至 1938 年 6 月，璧山县司法处关于王安清会款纠纷一案的文书，王安清以张荣程拖欠会款为由提起诉讼，要求其偿还会银。该卷文书包括民事诉状、审理笔录等。

115. 最高法院审理周恒泰要求确认优先购买权一案　12－8－112

1937 年 9 月至 1938 年 7 月，最高法院关于周恒泰要求确认优先购买权一案的文书，包括四川高等法院第一分院发往最高法院的公函、民事声请书、民事诉状、民事答辩状、璧山县政府朱谕、最高法院民事裁定、最高法院民事判决书等。

116. 璧山县司法处审理会银纠纷一案　12－8－113

1938 年 4 月至 1938 年 10 月，璧山县司法处关于彭杨氏会银纠纷一案的文书，包括民事诉状、审理笔录、民事辩状、璧山县司法处民事和解笔录、璧山县司法处执达员提交审判官的报告、民事执行状等。

117. 璧山县司法处审理家产纠纷一案　12－8－114

1938 年 4 月，璧山县司法处关于彭方民家产纠纷一案的文书，彭方民认为家庭在分配家产时存在不公，故将彭方滋告上法庭，要求法院秉公处理。该卷文书包括民事诉状等。

118. 璧山县司法处审理债务纠纷异议一案　12－8－115

1938 年 9 月至 1938 年 10 月，璧山县司法处关于邱汪氏债务纠纷异议一案的文书，邱汪氏之夫兄拖欠陈新伯的纱款，法院判决此债务邱汪氏连带偿还，邱汪氏对此提出异议。该卷文书包括民事异议状、审理笔录、民事诉状、璧山县司法处民事判决书等。

119. 璧山县司法处审理债务纠纷一案　12－8－116

1938 年 4 月至 1938 年 10 月，璧山县司法处关于胡汝玉债务纠纷一案的文书，胡汝玉以苏关氏等人拖欠借款为由提起诉讼，要求其偿还债务。该卷文书包括民事诉状、审理笔录、民事辩状、璧山县司法处算账笔录、璧山县司法处民事判决书、民事执行状等。

120. 四川高等法院第一分院审理租佃纠纷上诉一案　12—8—117

1938 年 8 月至 1939 年 5 月，四川高等法院第一分院关于罗鸣高租佃纠纷上诉一案的文书，包括民事续状、民事诉状、璧山县司法处提交四川高等法院第一分院的呈文、四川高等法院第一分院训令、四川高等法院第一分院民事裁定、民事保状、璧山县司法处民事裁定等。

121. 四川高等法院第一分院、璧山县司法处审理买卖产业纠纷执行、家产纠纷两案　12—8—118

1938 年 5 月至 1939 年 6 月，四川高等法院第一分院、璧山县司法处关于曾养志买卖产业纠纷执行案、何白氏家产纠纷两案的文书，包括璧山县司法处执达员提交审判官的报告、璧山县司法处提交四川高等法院第一分院的呈文、审判官意见书、四川高等法院第一分院训令、四川高等法院第一分院民事裁定、民事执行状、璧山县司法处训令、民事委状等。

122. 璧山县司法处审理申请存查一案　12—8—119

1938 年 11 月，璧山县司法处关于罗泽甫申请存查一案的文书，罗泽甫购买了罗晏氏的土地房屋后罗晏氏仍旧寻找借口向罗泽甫要钱，罗泽甫为防日后出现纠纷特向法院申请将此备案存查。该卷文书包括民事呈状等。

123. 璧山县司法处审理申请存查一案　12—8—120

1938 年 11 月至 1938 年 12 月，璧山县司法处关于何长一申请存查一案的文书，何长一购买了荣树芬的土地房产，但担心荣树芬对外仍负有债务，为防不测故向法院申请调查此事。该卷文书包括民事呈状、璧山县司法处训令等。

124. 璧山县司法处审理契约纠纷一案　12—8—121

1938 年 10 月至 1938 年 11 月，璧山县司法处关于罗庆云契约纠纷一案的文书，罗庆云等人认为石怀章利用契约诈骗布匹，故向法院提起诉讼要求法院维护自身利益。该卷文书包括民事诉状、民事答辩状、审理笔录、璧山县司法处训令等。

125. 四川高等法院第一分院审理会款纠纷一案　12—8—122

1939 年 2 月至 1939 年 6 月，四川高等法院第一分院关于李少卿会款纠纷一案的文书，李少卿以蒋光耀等人未能履行约定为由提起诉讼，要求其返还会款。该卷文书包括璧山县司法处提交四川高等法院第一分院的呈文、四川高等法院第一分院训令、四川高等法院第一分院民事判决书等。

126. 最高法院、四川高等法院第一分院审理析分家产一案　12－8－123

1937 年 10 月至 1939 年 1 月，最高法院、四川高等法院第一分院关于蒋宏达申请析分家产一案的文书，蒋宏达认为其家庭在分配家产时存在不公，要求法院维护其自身利益。该卷文书包括民事理由书、民事诉状、民事答辩状、四川高等法院第一分院发往最高法院的公函、最高法院民事判决书等。

127. 四川高等法院第一分院、璧山县司法处审理典当纠纷一案　12－8－124

1938 年 11 月至 1939 年 10 月，四川高等法院第一分院、璧山县司法处关于张辅廷典当纠纷一案的文书，包括民事诉状、民事请状、审理笔录、璧山县司法处民事判决书、民事领状、讯问笔录、民事保证、璧山县司法处提交四川高等法院第一分院的呈文、民事声请书、四川高等法院第一分院裁定、四川高等法院第一分院训令、民事理由书、民事答辩状、民事委状、宣告判决笔录、四川高等法院第一分院民事判决书等。

128. 四川高等法院第一分院、璧山县司法处审理家产纠纷一案　12－8－125

1938 年 1 月至 1938 年 11 月，四川高等法院第一分院、璧山县司法处关于江流芳家产纠纷一案的文书，包括璧山县司法处提交四川高等法院第一分院的呈文、民事声请书、民事诉状、四川高等法院第一分院民事裁定等。

129. 四川高等法院第一分院、璧山县司法处审理家产纠纷一案　12－8－126

1938 年 5 月至 1938 年 12 月，四川高等法院第一分院、璧山县司法处关于江流芳家产纠纷一案的文书，包括民事诉状、璧山县司法处执达员提交审判官的报告、审理笔录、璧山县司法处民事判决书、璧山县司法处提交四川高等法院第一分院的呈文、四川高等法院第一分院民事裁定、四川高等法院第一分院训令、民事委状、民事理由状、民事缴状、民事声请书等。

130. 四川高等法院第一分院、璧山县司法处审理产业纠纷一案　12－8－127

1938 年 8 月至 1939 年 2 月，四川高等法院第一分院、璧山县司法处关于万张氏产业纠纷一案的文书，包括民事诉状、民事答辩状、审理笔录、璧山县司法处训令、城西乡联保主任提交璧山县司法处的呈文、河边镇联保主任提交璧山县司法处的呈文、璧山县司法处民事判决书、璧山县司法处提交四川高等法院第一分院的呈文、四川高等法院第一分院训令等。

131. 四川高等法院第一分院、璧山县司法处审理债务纠纷一案　12－8－128

1938 年 1 月至 1939 年 9 月，四川高等法院第一分院、璧山县司法处关于张国安债务纠纷一案的文书，包括璧山县司法处提交四川高等法院第一分院的呈文、四川高等法院第一分院训令、民事执行状、民事缴状、民事委状、璧山县司法处执达员提交审判官的报告、璧山县司法处民事判决书、民事和解书、四川高等法院第一分院民事判决书等。

132. 璧山县司法处审理经界纠纷一案　12－8－129

1938年5月至1938年12月，璧山县司法处关于安栋梁经界纠纷一案的文书，安栋梁等人以安合清等人的田地侵占其家族墓地为由提起诉讼，要求法院维护自身利益。该卷文书包括民事诉状、审理笔录、民事辩状、民事声明、璧山县司法处民事判决书等。

133. 四川高等法院第一分院、璧山县司法处审理典当纠纷及其上诉一案　12－8－130

1938年9月至1939年11月，四川高等法院第一分院、璧山县司法处关于刘明高典当纠纷及其上诉一案的文书，包括民事诉状、鹿鸣乡联保主任提交司法处的呈文、民事辩状、民事声请书、审理笔录、璧山县司法处民事判决书、四川高等法院第一分院训令、四川高等法院第一分院民事判决书、民事领状、璧山县司法处提交四川高等法院第一分院的呈文等。

134. 四川高等法院第一分院审理典当纠纷及其上诉一案　12－8－131

1939年1月至1939年6月，四川高等法院第一分院关于刘明高典当纠纷及其上诉一案的文书，包括璧山县司法处提交四川高等法院第一分院的呈文、民事诉状、四川高等法院第一分院训令、四川高等法院第一分院裁定、民事问诉状、民事缴状、民事理由书、民事答辩状、民事委状、审理笔录、宣告判决笔录、四川高等法院第一分院民事判决书等。

135. 璧山县司法处审理债务担保纠纷一案　12－8－132

1938年4月至1938年9月，璧山县司法处关于郑治清债务担保纠纷一案的文书，张瀛洲在借款时请郑治清作担保，后张瀛洲借口无力偿还债务，郑治清将张告上法庭要求法院维护自身利益。该卷文书包括民事诉状、审理笔录、璧山县司法处民事和解笔录、民事执行状、民事辩状等。

136. 璧山县司法处审理申请存查一案　12－8－133

1938年4月，璧山县司法处关于刘青云申请存查案一案的文书，刘青云将土地租佃与张信孚后张屡次拖欠租金，为防意外刘申请法院将此备案存查。该卷文书包括民事存查状等。

137. 璧山县司法处审理债务纠纷一案　12－8－134

1938 年 9 月，璧山县司法处关于林植纲债务纠纷一案的文书，林张氏拖欠林植纲等人借款，如今林张氏申请破产，为防意外林植纲等人向法院申请成立债权人团以维护自身利益。该卷文书包括民事诉状等。

138. 璧山县司法处审理房屋纠纷申请存查一案　12－8－135

1938 年间，璧山县司法处关于福禄祥申请存查一案的文书，徐代发将房屋土地典当与福禄祥，但其房屋质量存在严重问题，福禄祥将房屋修整后为防日后出现纠纷特向法院申请将此备案存查。该卷文书包括民事存查状等。

139. 璧山县司法处审理债务纠纷一案　12－8－136

1938 年 8 月至 1938 年 11 月，璧山县司法处关于李罗氏债务纠纷一案的文书，李罗氏以万徐氏等人拖欠借款为由提起诉讼，要求其偿还债务。该卷文书包括民事诉状、借款凭证、璧山县司法处执达员提交审判官的报告、审理笔录、璧山县司法处民事判决书等。

140. 最高法院、四川高等法院第一分院审理认领非婚生子女一案　12－8－137

1938 年 5 月至 1938 年 11 月，最高法院、四川高等法院第一分院关于谷朱氏请求认领非婚生子女一案的文书，包括四川高等法院第一分院发往最高法院的公函、民事诉状、最高法院民事裁定、最高法院民事判决书等。

141. 四川高等法院第一分院、璧山县司法处审理家产纠纷上诉一案　12－8－138

1937 年 10 月至 1938 年 10 月，四川高等法院第一分院、璧山县司法处关于李紫阳家产纠纷上诉一案的文书，包括璧山县司法处提交四川高等法院第一分院的呈文、璧山县司法处民事判决书、民事执行状、四川高等法院第一分院训令、四川高等法院第一分院民事判决书、民事辩状、民事声请书、民事追诉状等。

142. 璧山县司法处审理债务纠纷一案　12－8－139

1938 年 3 月至 1938 年 5 月，璧山县司法处关于何明安债务纠纷一案的文书，舒甘氏以何明安等拖欠债款为由提起诉讼，要求何等偿还债务。该卷文书包括璧山县司法处执达员提交审判官的报告、民事诉状等。

143. 璧山县司法处审理债务纠纷、租赁纠纷等案　12－8－140

1938年2月至1938年10月，璧山县司法处关于债务纠纷、租赁纠纷等案的文书，包括民事诉状、璧山县司法处执达员提交审判官的报告、审理笔录、璧山县司法处民事判决书、璧山县司法处民事裁定、璧山县司法处执行命令、奉令扣押何荣氏等管有产业笔录、璧山县司法处第一次报告、璧山县司法处办理民刑诉讼补充办法、大路镇联保主任提交璧山县司法处的呈文、民事执行状、四川高等法院第一分院训令、璧山县司法处提交四川高等法院第一分院的呈文等。

144. 璧山县司法处审理债款纠纷一案　12－8－141

1938年1月，璧山县司法处关于曾培卿债款纠纷一案的文书，曾尧康以曾培卿拖欠借款为由提起诉讼，要求曾培卿偿还债务。该卷文书包括民事具状、璧山县司法处谕、璧山县司法处执达员提交审判官的报告等。

145. 璧山县司法处审理会款纠纷一案　12－8－142

1938年10月至1938年12月，璧山县司法处关于雷天泽会款纠纷一案的文书，雷天泽声称陈刘氏之夫拖欠会款，要求其尽快偿还，陈刘氏认为雷天泽有欺骗之嫌疑，故提起上诉要求法院查明此事。该卷文书包括璧山县司法处执达员提交审判官的报告、民事诉状等。

146. 璧山县司法处审理典当纠纷等三案　12－8－143

1937年4月至1938年7月，璧山县司法处关于曾金发典当纠纷、江殷氏家产纠纷、曾维周会款纠纷三案的文书，包括民事诉状、民事注销状、璧山县司法处执达员提交审判官的报告、审理笔录、璧山县政府兼理司法事务民事判决书、璧山县司法处民事判决书、民事执行状等。

147. 璧山县司法处审理会款纠纷执行一案　12－8－144

1938年7月至1938年9月，璧山县司法处关于吴三益会款纠纷执行一案的文书，吴三益拖欠曾继周的会款不还，曾提起诉讼要求法院强制执行。该卷文书包括民事执行状、民事展限状、璧山县司法处执达员提交审判官的报告、民事保状等。

148. 璧山县司法处审理会款纠纷、账项纠纷两案　12－8－145

1937年1月至1938年12月，璧山县司法处关于刘海清会款纠纷、谢增辉账项纠纷两案的文书，包括民事诉状、璧山县司法处民事判决书、审理笔录、璧山县司法处执达员提交审判官的报告、民事声请书、民事辩状、民事补呈状等。

149. 璧山县司法处审理债务纠纷一案　12－8－146

1938年9月至1938年12月，璧山县司法处关于何子敬债务纠纷一案的文书，吴树轩拖欠何子敬借款，约定要以租佃的土地来偿还债务，后吴又拒绝履行约定，何子敬提起诉讼要求吴偿还债务。该卷文书包括民事诉状、审理笔录、璧山县司法处民事判决书等。

150. 四川高等法院第一分院审理租佃纠纷一案　12－8－147

1938年6月至1938年9月，四川高等法院第一分院关于龙全盛租佃纠纷一案的文书，包括璧山县司法处提交四川高等法院第一分院的呈文、民事委任状、民事诉状、审理笔录、四川高等法院第一分院民事裁定、四川高等法院第一分院训令等。

151. 四川高等法院第一分院、璧山县司法处审理债务纠纷及其抗告一案　12－8－148

1935年11月至1938年3月，四川高等法院第一分院、璧山县司法处关于谢森荣债务纠纷及其抗告一案的文书，包括审判官意见书、璧山县司法处提交四川高等法院第一分院的呈文、璧山县司法处谕、民事诉状、民事辩状、璧山县政府民事判决书、诉愿书、民事执行状、司法处执达员提交璧山县县长的报告、民事保状、璧山县司法处朱谕、司法处查封布告、民事声明、民事声请书、民事抗告书等。

152. 四川高等法院第一分院审理债务纠纷抗告一案　12－8－149

1938年3月至1938年10月，四川高等法院第一分院关于谢森荣债务纠纷抗告一案的文书，包括四川高等法院第一分院训令、四川高等法院第一分院民事裁定、民事执行状、璧山县司法处执达员提交审判官的报告、民事缴状、民事保状等。

153. 璧山县司法处审理存查一案　12－8－150

1938年12月，璧山县司法处关于徐子贤申请存查一案的文书，徐子贤之父徐荣华年老体衰，故召开家族会议平分家产、交代后事，由于徐荣华曾经经营过会务，徐子贤特向法院声明如今自己开始清理父亲的会项与债务，要求法院将此备案存查。该卷文书包括民事存查状等。

154. 璧山县司法处审理确认遗嘱无效一案　12－8－151

1938年8月至1938年9月，璧山县司法处关于刘学武请求法院确认遗嘱无效一案的文书，刘学武的妻子与儿子逼迫刘学武立下遗嘱析分家产，刘学武提起诉讼要求法院确认此遗嘱无效。该卷文书包括民事具状、民事声明等。

155. 璧山县司法处审理要求赔偿一案　12－8－152

1938年12月至1939年3月，璧山县司法处关于杨天材要求赔偿一案的文书，杨天材以吴兴周等人拖欠借款为由提起上诉，要求其偿还债务并赔偿诉讼费用。该卷文书包括民事声请书、民事诉状、璧山县司法处民事裁定、民事具状、审理笔录等。

156. 璧山县司法处审理伤害一案　12－8－153

1938年9月至1938年10月，璧山县司法处关于黄光明伤害一案的文书，仇荣昌因家庭琐事遭到女婿黄光明等人的殴打，故提起上诉要求法院惩处黄等人。该卷文书包括刑事诉状、伤单、民事辩状、审理笔录、正心镇联保主任提交璧山县司法处的呈文、璧山县司法处刑事判决书等。

157. 四川高等法院第一分院审理买卖纠纷抗告一案　12－8－154

1938年9月，四川高等法院第一分院关于张永桢买卖纠纷抗告一案的文书，张谢氏与张永桢在买卖过程中要求张永桢支付部分业价，璧山县司法处判决张谢氏胜诉，张永桢不服判决提出抗告。该卷文书包括璧山县司法处提交四川高等法院第一分院的呈文、璧山县司法处审判官意见书、民事抗告书、四川高等法院第一分院民事裁定等。

158. 四川高等法院第一分院、璧山县司法处审理会款纠纷上诉一案　12－8－155

1938年5月至1939年6月，四川高等法院第一分院、璧山县司法处关于王志凡会款纠纷上诉一案的文书，包括璧山县司法处民事判决书、民事诉状、璧山县司法处执达员提交审判官的报告、四川高等法院第一分院训令、璧山县司法处提交四川高等法院第一分院的呈文、四川高等法院第一分院指令、四川高等法院第一分院民事裁定、民事执行状、璧山县司法处训令、司法处查封笔录、民事和解状等。

159. 璧山县司法处审理会款纠纷一案　12－8－156

1938年12月，璧山县司法处关于蔡荣光会款纠纷一案的文书，蔡荣光认为任海安通过伪造假账诬告他拖欠任的会款，故提起上诉要求法院查明此事。该卷文书包括民事诉状、审理笔录、民事辩状、璧山县司法处训令等。

160. 璧山县司法处审理借款担保纠纷一案　12－8－157

1938年10月至1938年11月，璧山县司法处关于李金才借款担保纠纷一案的文书，刘龙章在李金才的担保下借款给他人，结果借款人失踪，刘提起诉讼要求李金才偿还债务。该卷文书包括民事诉状、审理笔录、民事辩状、璧山县司法处训令等。

161. 璧山县司法处审理债款纠纷一案　12－8－158

1938年1月至1938年6月，璧山县司法处关于印玉林债款纠纷一案的文书，包括民事诉状、审理笔录、民事声明书、璧山县司法处训令、八塘镇联保主任提交璧山县司法处的呈文、民事委状、璧山县司法处民事判决书等。

162. 璧山实验地方法院审理租佃纠纷一案　12－8－159

1944年8月，璧山实验地方法院关于杨四合租佃纠纷一案的文书，杨四合租佃王培华的土地耕种，后王要求增加租谷数，杨提起诉讼要求法院维护自身利益。该卷文书包括民事声请书、璧山实验地方法院批示等。

163. 四川高等法院第一分院、璧山县司法处审理欠款纠纷一案　12－8－160

1937年6月至1938年10月，四川高等法院第一分院、璧山县司法处关于丁炳之欠款纠纷一案的文书，包括璧山县司法处提交四川高等法院第一分院的呈文、璧山县政府兼理司法事务民事判决书、四川高等法院第一分院训令、四川高等法院第一分院民事判决书、民事执行状、民事保状、璧山镇十三保保长提交司法处的呈文、民事诉状、民事恳状、民事声请书等。

164. 璧山县司法处审理典当纠纷抗告一案　12－8－161

1938年4月至1938年10月，璧山县司法处关于郑文钦典当纠纷抗告一案的文书，包括民事诉状、审理笔录、民事辩状、璧山县司法处民事判决书、民事抗告书、璧山县司法处执达员提交审判官的报告等。

165. 璧山县司法处审理债款纠纷一案　12－8－162

1938年1月至1938年11月，璧山县司法处关于王守廷债款纠纷一案的文书，包括民事诉状、审理笔录、民事辩状、民事保状、璧山县司法处民事判决书、民事声请书、民事缴状、民事领状、璧山县司法处民事裁定、民事执行状、司法处执达员提交审判官的报告等。

166. 四川高等法院第一分院、璧山县司法处审理典当纠纷抗告一案　12－8－163

1938年5月至1938年12月，四川高等法院第一分院、璧山县司法处关于郑文钦典当纠纷抗告一案的文书，包括璧山县司法处提交四川高等法院第一分院的呈文、四川高等法院第一分院训令、民事领状、四川高等法院第一分院民事裁定、璧山县司法处民事判决书等。

167. 璧山县司法处审理遗弃一案　12－8－164

1938年1月至1938年3月，璧山县司法处关于曾前徽遗弃一案的文书，罗德馨在媒人的说合下与曾前徽结婚，婚后不久即遭曾抛弃，生活费用也没有了着落，罗提起诉讼要求曾提供生活费用。该卷文书包括民事诉状、民事声请书、民事辩状、审理笔录、民事撤销状等。

168. 璧山县司法处审理返还谷款纠纷一案　12－8－165

1938年11月至1939年1月，璧山县司法处关于王荣卿要求返还谷款一案的文书，王荣卿与徐胡氏等在买卖谷物时发生纠纷，王提起诉讼要求徐返还货款。该卷文书包括民事诉状、审理笔录、璧山县司法处执达员提交审判官的报告等。

169. 璧山县司法处审理押银纠纷一案　12－8－166

1938年3月至1938年4月，璧山县司法处关于董良臣押银纠纷一案的文书，甘刘氏租佃董良臣的土地时缴纳了押银，后双方解除租佃关系，董良臣一直扣留部分押银，甘刘氏提起诉讼要求董返还全部押银。该卷文书包括民事诉状、审理笔录等。

170. 璧山县司法处审理债务纠纷一案　12－8－167

1938年9月，璧山县司法处关于黄鱼明债务纠纷一案的文书，黄鱼明以杨森荣等拖欠借款为由提起诉讼，要求杨等偿还债务。该卷文书包括民事诉状、璧山县司法处训令等。

171. 璧山县司法处审理债务纠纷一案　12－8－168

1938年4月，璧山县司法处关于刘绍伯债务纠纷一案的文书，王三吉拖欠刘绍伯等人债款，其破产后所有产业被王兆祥变卖，之后王兆祥私吞钱财、拒绝支付债款给刘绍伯等债权人，刘绍伯向法院申请拘传王兆祥。该卷文书包括民事诉状、民事呈状、审理笔录等。

172. 最高法院、四川高等法院第一分院审理租谷纠纷抗告一案　12－8－169

1937年9月至1938年12月，最高法院、四川高等法院第一分院关于周少卿租谷纠纷抗告一案的文书，包括璧山县司法处提交四川高等法院第一分院的呈文、审判官意见书、民事呈状、民事保状、民事诉状、民事反诉状、四川高等法院第一分院训令、四川高等法院第一分院民事裁定、四川高等法院第一分院民事判决书、民事声请书、民事辩状、民事展限状、民事催呈状、民事扣押状、最高法院民事裁定、民事委状、民事续状、民事参加状等。

173. 璧山县司法处审理债务纠纷一案　12—8—170

1938年7月至1938年8月，璧山县司法处关于曹宪章债务纠纷一案的文书，包括民事诉状、民事呈状、审理笔录、璧山县司法处执达员提交审判官的报告、民事委状、璧山县司法处民事和解笔录、送达证书等。

174. 璧山县司法处审理会款纠纷一案　12—8—171

1938年6月至1938年7月，璧山县司法处关于尚华轩会款纠纷一案的文书，尚孔模等人以尚华轩未能履行会务为由提起诉讼，要求尚偿还会款。该卷文书包括民事诉状、审理笔录、璧山县司法处民事判决书、民事辩状等。

175. 璧山县司法处审理经界纠纷一案　12—8—172

1938年1月至1938年12月，璧山县司法处关于雷炳森经界纠纷一案的文书，包括民事诉状、民事辩状、民事公证、审理笔录、璧山县司法处民事判决书、民事声请书、民事执行状、四川高等法院第一分院训令、璧山县司法处提交四川高等法院第一分院的呈文、民事领状等。

176. 四川高等法院第一分院、璧山县司法处审理债务纠纷一案　12—8—173

1934年3月至1938年12月，四川高等法院第一分院、璧山县司法处关于何京辉债务纠纷一案的文书，包括四川高等法院第一分院刑庭发往本院民庭的公函、四川高等法院第一分院训令、璧山县司法处提交四川高等法院第一分院的呈文、璧山县司法处审判官意见书、民事诉状、四川高等法院第一分院裁定、民事理由书、民事辩状、审理笔录、璧山县政府民事判决书、民事保状、民事申请状、璧山县政府谕、巴县地方法院与璧山县政府的往来公函等。

177. 四川高等法院第一分院审理债务纠纷一案　12—8—174

1938年6月至1938年8月，四川高等法院第一分院关于陈秉衡债务纠纷一案的文书，包括璧山县司法处提交四川高等法院第一分院的呈文、四川高等法院第一分院训令、四川高等法院第一分院裁定、民事答辩状等。

178. 四川高等法院第一分院审理债务纠纷声请一案　12—8—175

1938年8月，四川高等法院第一分院关于陈秉衡债务纠纷声请一案的文书，陈秉衡与王炳林产生债务纠纷,向法院提出诉讼救助。该卷文书包括民事声请书、四川高等法院第一分院民事裁定等。

179. 四川高等法院第一分院审理债务纠纷抗告一案　12－8－176

1938年10月至1938年11月,四川高等法院第一分院关于陈秉衡债务纠纷抗告一案的文书,陈秉衡因不服璧山县司法处的判决而提出抗告。该卷文书包括民事抗告书、四川高等法院第一分院民事裁定等。

180. 璧山县司法处审理抵押纠纷一案　12－8－177

1938年5月,璧山县司法处关于邓治安抵押纠纷一案的文书,邓治安将布匹抵押与胡占奎之处,不料胡已经将布匹卖出,邓提起诉讼要求胡赔偿自己的损失。该卷文书包括民事呈状、璧山县司法处训令等。

181. 璧山县司法处审理押银纠纷一案　12－8－178

1938年5月至1938年11月,璧山县司法处关于洪锐安押银纠纷一案的文书,洪锐安与徐述平在土地租佃过程中发生纠纷,洪提起诉讼要求徐将押银返还并解除二人的租佃关系。该卷文书包括民事诉状、璧山县司法处民事裁定等。

182. 璧山县司法处审理会款纠纷一案　12－8－179

1938年10月至1939年1月,璧山县司法处关于王辉武会款纠纷一案的文书,包括民事诉状、审理笔录、民事辩状、璧山县司法处执达员提交审判官的报告、璧山县司法处民事判决书等。

183. 璧山县司法处审理会款纠纷一案　12－8－180

1938年9月至1938年12月,璧山县司法处关于谢春林会款纠纷一案的文书,谢春林以石金山未能履行会务为由提起诉讼,要求石偿还会款。该卷文书包括民事诉状、审理笔录、民事辩状、璧山县司法处民事判决书、民事领状等。

184. 璧山县司法处审理买卖纠纷一案　12－8－181

1938年4月至1938年5月,璧山县司法处关于张子清买卖纠纷一案的文书,张子清购买罗元清的生猪后发现存在质量问题,要求罗赔付货款。该卷文书包括民事诉状、民事辩状、审理笔录、璧山县司法处民事和解笔录等。

185. 璧山县司法处审理请求返还契约一案　12－8－182

1938年10月至1939年1月,璧山县司法处关于彭云仙请求返还契约一案的文书，彭云仙要求彭廷恺返还关于会务的契约。该卷文书包括民事诉状、民事展限状、璧山县司法处执达员提交审判官的报告、民事和解状等。

186. 四川高等法院第一分院审理会项纠纷抗告一案　12－8－183

1937年12月至1938年5月，四川高等法院第一分院关于陈有徽会项纠纷抗告一案的文书，包括璧山县司法处提交四川高等法院第一分院的呈文、审判官意见书、四川高等法院第一分院民事裁定、四川高等法院第一分院训令、送达证书等。

187. 四川高等法院第一分院审理债务纠纷一案　12－8－184

1938年6月至1939年6月，四川高等法院第一分院关于张九兆债务纠纷一案的文书，包括璧山县司法处提交四川高等法院第一分院的呈文、四川高等法院第一分院裁定、四川高等法院第一分院训令、民事诉状、民事添传状、民事委状、调查笔录、民事辩状、民事恳状、宣告判决笔录、四川高等法院第一分院民事判决书等。

188. 璧山县司法处审理租佃纠纷一案　12－8－185

1938年9月至1938年10月，璧山县司法处关于陈淮安租佃纠纷一案的文书，包括民事诉状、司法处执达员提交审判官的报告等。

该卷另附有1938年12月，璧山县政府与璧山县学校的文书，包括璧山县政府提交四川省政府的呈文、璧山县立河边小学财产数目表、接龙乡联合区学董提交璧山县县长的呈文、璧山县立河边小学校长提交璧山县县长的呈文等。

189. 璧山县司法处审理债务纠纷一案　12－8－186

1938年9月，璧山县司法处关于李吉生债务纠纷一案的文书，包括江津地方法院与璧山县司法处的往来公函、璧山县司法处执行命令、璧山县司法处假扣押笔录、马嘶实验乡乡长提交璧山县司法处的呈文、璧山县司法处训令等。

190. 璧山县司法处审理声请破产一案　12－8－187

1938年7月，璧山县司法处关于何泽汇声请破产一案的文书，何泽汇无力偿还债务故向法院提出破产申请。该卷文书包括民事破产状、债权人姓名数目列表、璧山县司法处训令、璧山县第二区平安乡联保主任提交璧山县司法处的呈文等。

191. 璧山县司法处审理会款纠纷一案　12－8－188

1938年3月至1939年5月，璧山县司法处关于冯双璧会款纠纷一案的文书，冯双璧等人以谢维清未能履行会务为由提起诉讼，要求谢返还会款。该卷文书包括璧山县司法处民事判决书、民事诉状、民事呈状、璧山县司法处发往江津地方法院的公函等。

192. 璧山县司法处审理租赁纠纷一案　12－8－189

1938年7月，璧山县司法处关于罗涛兴租赁纠纷一案的文书，罗涛兴将织布机租赁给吴登荣，吴登荣却将该机器变卖，罗涛兴提起诉讼要求吴支付租金、赔偿机器。该卷文书包括民事诉状、租赁凭证、审理笔录、璧山县司法处民事判决书、送达证书等。

193. 最高法院、四川高等法院第一分院、璧山县司法处审理典当纠纷一案　12－8－190

1937年11月至1939年8月，最高法院、四川高等法院第一分院、璧山县司法处关于钟华林典当纠纷一案的文书，包括璧山县司法处提交四川高等法院第一分院的呈文、璧山县司法处民事判决书、四川高等法院第一分院训令、民事执行状、四川高等法院第一分院民事裁定、最高法院民事裁定、四川高等法院第一分院裁定等。

194. 四川高等法院第一分院审理业价纠纷一案　12－8－192

1938年3月至1938年4月，四川高等法院第一分院关于钟华林业价纠纷一案的文书，包括民事诉状、璧山县第二区丁家镇联保主任提交四川高等法院第一分院的呈文、四川高等法院第一分院民事裁定、四川高等法院第一分院训令等。

195. 最高法院、四川高等法院第一分院审理债务纠纷一案　12－8－193

1938年6月至1939年6月，最高法院、四川高等法院第一分院关于钟华林债务纠纷一案的文书，包括四川高等法院与最高法院民事第三庭书记科的公函、最高法院民事裁定、四川高等法院第一分院训令、四川高等法院第一分院民事裁定、璧山县司法处提交四川高等法院第一分院的呈文等。

196. 最高法院、四川高等法院第一分院审理业价纠纷一案　12－8－194

1938年6月至1938年11月，最高法院、四川高等法院第一分院关于钟华林业价纠纷一案的文书，包括四川高等法院第一分院发往最高法院的公函、民事抗告书、四川高等法院第一分院审判官的裁定书、最高法院民事裁定等。

197. 璧山县司法处审理生活费纠纷一案　12－8－195

1938年1月至1938年4月，璧山县司法处关于邹王氏要求生活费一案的文书，邹王氏以丈夫邹开举拒绝提供生活费为由提起诉讼，要求邹给付生活费用。该卷文书包括民事诉状、民事辩状、审理笔录、璧山县司法处执达员提交审判官的报告等。

198. 璧山县司法处审理会款纠纷一案　12－8－196

1938 年 9 月，璧山县司法处关于张宦臣会款纠纷一案的文书，张宦臣以李洪恩未能履行约定为由提起诉讼、要求李返还会款。该卷文书包括民事诉状、审理笔录、民事辩状、璧山县司法处民事判决书、送达证书等。

199. 璧山县司法处审理变卖家产存查一案　12－8－197

1938 年 10 月，璧山县司法处关于冯李氏申请存查一案的文书，冯李氏丈夫外出多年杳无音讯，为维持生活冯李氏欲变卖家产，但冯李氏为防日后出现不测故向法院申请将此备案存查。该卷文书包括民事存查状等。

200. 最高法院、四川高等法院第一分院、璧山县司法处审理典当及租佃纠纷两案　12－8－198

1937 年 10 月至 1938 年 3 月，最高法院、四川高等法院第一分院、璧山县司法处关于钟华林典当及租佃纠纷、黄鹏安租佃纠纷两案的文书，包括民事诉状、民事辩状、审理笔录、璧山县司法处民事判决书、司法处执达员提交审判官的报告、四川高等法院第一分院发往最高法院的公函、民事声请书、四川高等法院第一分院审判官意见书、最高法院民事裁定等。

201. 璧山县司法处审理租谷纠纷一案　12－8－199

1938 年 5 月至 1938 年 12 月，璧山县司法处关于龙桂卿租谷纠纷一案的文书，龙桂卿承佃龙况氏的土地，双方约定了每年的租谷数，但龙况氏等人要求增加租谷数。该卷文书包括民事声明、审理笔录、民事和解状等。

202. 璧山县司法处审理再嫁存查一案　12－8－200

1938 年 7 月，璧山县司法处关于晏彭氏再嫁存查一案的文书，晏彭氏丈夫病故数年，晏彭氏无依无靠准备再嫁以维持生计，但为防日后发生变故特向法院申请将此备案存查。该卷文书包括民事存查状等。

203. 四川高等法院第一分院审理申请离婚一案　12－8－201

1938 年 12 月至 1939 年 1 月，四川高等法院第一分院关于张代如申请离婚一案的文书，包括璧山县司法处提交四川高等法院第一分院的呈文、民事诉状、四川高等法院第一分院裁定、四川高等法院第一分院民事裁定、送达证书等。

204. 四川高等法院第一分院、璧山县司法处审理要求生活费纠葛一案　12－8－202

1938年5月至1939年3月，四川高等法院第一分院、璧山县司法处关于张代如要求生活费一案的文书，包括四川高等法院第一分院民事裁定、璧山县司法处民事判决书、璧山县司法处提交四川高等法院第一分院的呈文、四川高等法院第一分院训令、民事执行状、民事诉状、审理笔录等。

205. 璧山县司法处审理会款纠纷一案　12－8－203

1938年2月至1939年4月，璧山县司法处关于曾源堂会款纠纷一案的文书，包括民事诉状、审理笔录、民事辩状、璧山县司法处算账笔录、璧山县司法处民事判决书、送达证书、璧山县司法处民事裁定等。

206. 四川高等法院第一分院审理会款纠纷一案　12－8－204

1939年7月，四川高等法院第一分院关于曾源堂会款纠纷一案的文书，包括四川高等法院第一分院民事判决书等。

207. 四川高等法院第一分院审理会款纠纷一案　12－8－205

1939年4月至1939年7月，四川高等法院第一分院关于曾源堂会款纠纷一案的文书，包括璧山县司法处提交四川高等法院第一分院的呈文、民事诉状、四川高等法院第一分院训令、审判笔录、民事委任状、四川高等法院第一分院民事判决书等。

208. 璧山县司法处审理会款纠纷一案　12－8－206

1938年6月至1939年7月，璧山县司法处关于黎时雍会款纠纷一案的文书，包括民事诉状、审理笔录、民事委状、璧山县司法处执达员提交审判官的报告、璧山县司法处民事判决书、民事保状、四川高等法院训令、璧山县司法处提交四川高等法院第一分院的呈文、民事被拘状、璧山县司法处民事裁定、璧山县司法处训令等。

209. 四川高等法院第一分院审理债务纠纷一案　12－8－207

1938年5月至1938年10月，四川高等法院第一分院关于刘李氏债务纠纷一案的文书，包括璧山县司法处提交四川高等法院第一分院的呈文、民事诉状、四川高等法院第一分院裁定、四川高等法院第一分院训令、四川高等法院第一分院民事裁定、送达证书等。

210. 璧山县司法处审理会款纠纷一案　12－8－208

1939年3月至1939年6月,璧山县司法处关于刘廷堂会款纠纷一案的文书,包括璧山县司法处民事判决书、璧山县司法处提交四川高等法院第一分院的呈文、四川高等法院第一分院训令等。

211. 四川高等法院第一分院审理会款纠纷一案　12－8－209

1939年8月,四川高等法院第一分院关于黄银轩会款纠纷一案的文书,曾源堂等人以黄银轩未能履行会务为由提起诉讼,要求黄偿还会款。该卷文书包括民事诉状等。

212. 璧山县司法处审理租佃纠纷一案　12－8－210（1）

1938年12月至1939年8月,璧山县司法处关于何王氏租佃纠纷一案的文书,包括民事诉状、璧山县司法处执达员提交审判官的报告、民事拘状、民事答辩状、民事强制执行状、民事声明、民事保状、民事抗告书、民事请求书、璧山县司法处饬签、璧山县司法处训令等。

213. 璧山县司法处审理租佃纠纷一案　12－8－210（2）

1938年4月至1938年12月,璧山县司法处关于何王氏租佃纠纷一案的文书,包括民事诉状、审理笔录、民事展限状、民事辩状、清平乡联保主任提交璧山县司法处的呈文、璧山县司法处民事和解笔录、司法处执达员提交审判官的报告、民事录状、民事续诉状、璧山县司法处训令、璧山县马嘶实验乡乡长提交司法处的呈文、民事保状等。

214. 四川高等法院第一分院、璧山县司法处审理债务纠纷一案　12－8－211

1938年11月至1939年4月,四川高等法院第一分院、璧山县司法处关于田治臣债务纠纷一案的文书,包括民事诉状、民事声请书、审理笔录、民事反诉状、璧山县司法处民事判决书、送达证书、璧山县司法处民事裁定、璧山县司法处提交四川高等法院第一分院的呈文、四川高等法院第一分院训令、四川高等法院第一分院民事裁定等。

215. 璧山县司法处审理会务纠纷一案　12－8－212

1938年7月至1938年10月,璧山县司法处关于曾贯一会务纠纷一案的文书,包括民事诉状、审理笔录、民事声明、璧山县司法处民事判决书、送达证书、民事保状等。

216. 璧山县司法处审理会款纠纷一案　12－8－213

1938年11月至1939年1月,璧山县司法处关于周昌荣会款纠纷一案的文书,包括民事诉状、审理笔录、璧山县司法处执达员提交审判官的报告、普兴镇联保主任提交璧山县司法处的呈文等。

217. 璧山县司法处审理会款纠纷一案　12－8－214

1938年11月至1939年3月,璧山县司法处关于陈新伯会款纠纷一案的文书,包括民事诉状、审理笔录、民事委状、璧山县司法处民事判决书、璧山县司法处民事裁定、送达证书等。

218. 四川高等法院第一分院审理债务纠纷一案　12－8－215

1939年3月至1939年6月,四川高等法院第一分院关于陈新伯债务纠纷一案的文书,陈素兮以陈新伯等人未能履行会务为由要求陈等偿还会款。该卷文书包括璧山县司法处与四川高等法院第一分院的往来公函、四川高等法院第一分院民事裁定等。

219. 重庆地方法院函请璧山县司法处代查封拍卖田业一案　12－8－216

1937年12月至1939年5月,重庆地方法院函请璧山县司法处代查封拍卖冯彭氏田业一案的文书,包括重庆地方法院与璧山县司法处的往来公函、璧山县司法处执行命令、璧山县司法处执达员提交审判官的报告、璧山县司法处查封不动产笔录、璧山县第三区七塘镇联保主任提交璧山县司法处的呈文、璧山县司法处拍卖布告、民事诉状、璧山县司法处牌告、民事呈状、民事缴状、璧山县司法处训令、璧山县司法处清界笔录等。

220. 璧山县司法处审理债务纠纷一案　12－8－217

1938年11月至1939年2月,璧山县司法处关于陈昌伟债务纠纷一案的文书,包括民事诉状、临江乡联保主任提交璧山县司法处的呈文、审理笔录、民事辩状、司法处执达员提交审判官的报告、璧山县司法处民事判决书、司法处民事裁定等。

221. 四川高等法院第一分院审理经界纠纷一案　12－8－218

1939年1月至1939年4月,四川高等法院第一分院关于徐笃辉经界纠纷一案的文书,包括璧山县司法处提交四川高等法院第一分院的呈文、四川高等法院第一分院训令、四川高等法院第一分院民事裁定等。

222. 四川高等法院第一分院审理经界纠纷一案　12－8－219

1938 年 10 月至 1939 年 3 月，四川高等法院第一分院关于徐笃辉经界纠纷一案的文书，包括璧山县司法处提交四川高等法院第一分院的呈文、民事诉状、四川高等法院第一分院裁定、四川高等法院第一分院训令、四川高等法院第一分院民事裁定等。

223. 璧山县司法处审理会款纠纷一案　12－8－220

1938 年 12 月至 1939 年 1 月，璧山县司法处关于田炳清会款纠纷一案的文书，田炳清以徐四合未能履行会务为由提起诉讼，要求徐返还会银。该卷文书包括民事诉状、审理笔录等。

224. 璧山县司法处审理押银纠纷一案　12－8－221

1938 年 3 月，璧山县司法处关于徐湘廷押银纠纷一案的文书，徐湘廷租佃徐银舟的土地耕种，后徐银舟私下将土地转租于他人，徐湘廷提起诉讼要求徐银舟退还土地押金。该卷文书包括民事诉愿书等。

225. 璧山县司法处审理债务纠纷一案　12－8－222

1938 年 9 月至 1939 年 3 月，璧山县司法处关于夏文彬债务纠纷一案的文书，包括民事申请状、民事声请书、璧山县司法处民事裁定、送达证书、民事执行状、民事诉状、司法处执达员提交审判官的报告等。

226. 璧山县司法处审理租佃纠纷一案　12－8－223

1938 年 7 月，璧山县司法处关于熊泽周租佃纠纷一案的文书，熊泽周将土地租佃与陈先甲后要求增加押银，遭到陈的拒绝后提起诉讼，要求陈给付押银。该卷文书包括璧山县司法处民事判决书、民事辩状、审理笔录、民事续诉状、送达证书等。

227. 四川高等法院第一分院、璧山县司法处及璧山地方法院审理遗产纠纷等案　12－8－224

1936 年 4 月至 1941 年 1 月，四川高等法院第一分院、璧山县司法处、璧山地方法院关于遗产纠纷、要求膳银、会银纠纷、债务纠纷、妨害自由、租佃纠纷等案的文书，包括璧山地方法院民事判决书、四川高等法院第一分院民事裁定、四川高等法院第一分院民事判决书、璧山县政府民事判决书、璧山县司法处刑事判决书、璧山县司法处提交四川高等法院第一分院的呈文、璧山地方法院检察官不起诉处分书、民事声请书、民事诉状等。

228. 璧山县司法处审理虐待遗弃一案　12－8－225

1938年4月至1938年6月，璧山县司法处关于邹王氏遭遗弃虐待一案的文书，邹王氏遭到丈夫及其家人的虐待与遗弃，故提起上诉要求其赔偿损失。该卷文书包括民事诉状、审理笔录、民事和解书等。

229. 璧山县司法处审理债务纠纷一案　12－8－226

1938年5月至1939年8月，璧山县司法处关于陈复兴债务纠纷一案的文书，包括民事诉状、民事执行状、璧山县司法处训令、民事声请书、中兴镇联保主任提交璧山县司法处的呈文、司法处执达员提交审判官的报告、民事保状、璧山县司法处执行命令、司法处扣押笔录等。

230. 四川高等法院第一分院、璧山县司法处审理会款纠纷一案　12－8－227（1）

1936年9月至1938年3月，四川高等法院第一分院、璧山县司法处关于任三合会款纠纷一案的文书，包括民事诉状、民事保状、审理笔录、司法处执达员提交县长的报告、民事辩状、璧山县司法处民事判决书、璧山县司法处牌告、四川高等法院第一分院训令等。

231. 四川高等法院第一分院、璧山县司法处审理会款纠纷一案　12－8－227（2）

1938年4月至1939年6月，四川高等法院第一分院、璧山县司法处关于任三合会款纠纷一案的文书，包括璧山县司法处提交四川高等法院第一分院的呈文、四川高等法院第一分院训令、民事委任状、民事诉状、讯问笔录、宣告判决笔录、璧山县司法处民事判决书、民事声请书、四川高等法院第一分院民事判决书、璧山县司法处民事裁定、民事执行状、民事声明、司法处执达员提交审判官的报告等。

232. 四川高等法院第一分院审理租佃纠纷一案　12－8－228

1938年6月至1938年11月，四川高等法院第一分院关于刘春暄租佃纠纷一案的文书，包括璧山县司法处提交四川高等法院第一分院的呈文、四川高等法院第一分院裁定、四川高等法院第一分院训令、民事诉状、民事委任状、调查笔录、民事缴状、民事拒绝书、宣告判决笔录、民事理由书、四川高等法院第一分院民事判决书等。

233. 璧山县司法处审理债务纠纷等两案　12－8－229

1938年2月至1938年6月，璧山县司法处关于苏汉云状告郑凤麟案、雷雨钦债务纠纷两案的文书，包括讯问笔录、民事执行状、璧山县司法处提交四川高等法院第一分院的呈文、四川高等法院第一分院训令、司法处执达员提交审判官的报告、民事诉状等。

234. 璧山县司法处审理经界纠纷一案　12－8－230

1938年7月至1938年9月，璧山县司法处关于徐泽栋经界纠纷一案的文书，包括民事诉状、璧山县司法处训令、查勘讯问笔录、民事呈状、审理笔录、民事续状、璧山县司法处民事判决书等。

235. 四川高等法院第一分院、璧山县司法处审理会款纠纷一案　12－8－231

1938年8月至1938年12月，四川高等法院第一分院、璧山县司法处关于温海山会款纠纷一案的文书，包括璧山县司法处提交四川高等法院第一分院的呈文、民事诉状、四川高等法院第一分院裁定、四川高等法院第一分院训令、民事声请书、民事委任状、民事辩状、审讯笔录、宣告判决笔录、四川高等法院第一分院民事判决书、璧山县司法处民事判决书等。

236. 璧山县司法处审理产业所有权纠纷一案　12－8－232

1938年11月至1939年2月，璧山县司法处关于龙况氏产业所有权纠纷一案的文书，包括民事诉状、璧山县司法处执达员提交审判官的报告、审理笔录、民事辩状、璧山县司法处民事判决书、璧山县司法处民事裁定、送达证书等。

237. 璧山县司法处审理租谷纠纷一案　12－8－233

1938年3月至1938年11月，璧山县司法处关于邓炳林租谷纠纷一案的文书，包括民事诉状、审理笔录、民事展限状、民事辩状、璧山县司法处民事和解笔录、司法处执达员提交审判官的报告等。

238. 璧山县司法处审理声请破产一案　12－8－234

1938年3月，璧山县司法处关于范国贞声请破产一案的文书，包括民事声请书、璧山县第一区河边镇第十四保长提交璧山县司法处的呈文、债权人姓名数目列表、璧山县司法处谕、璧山县司法处执达员提交审判官的报告等。

239. 璧山县司法处审理会款纠纷一案　12－8－235

1938年8月至1938年12月，璧山县司法处关于钱见文会款纠纷一案的文书，包括民事诉状、璧山县司法处执达员提交审判官的报告、审理笔录、民事呈状、民事辩状、民事和解书、民事凭证等。

240. 璧山县司法处审理租佃纠纷一案　12－8－236

1938 年 6 月至 1938 年 11 月，璧山县司法处关于何禹贤租佃纠纷一案的文书，包括民事诉状、审理笔录、璧山县司法处执达员提交审判官的报告、民事和解书、民事委状、送达证书等。

241. 璧山县司法处审理伙贸纠纷一案　12－8－237

1938 年 1 月至 1938 年 2 月，璧山县司法处关于胡鼎臣伙贸纠纷一案的文书，胡鼎臣与何法在合伙做生意的过程中产生债务纠纷，胡鼎臣提起诉讼要求何偿还债务。该卷文书包括民事诉状、璧山县司法处谕、璧山县司法处执达员提交审判官的报告等。

242. 璧山县司法处审理债款纠纷一案　12－8－238

1938 年 3 月至 1938 年 5 月，璧山县司法处关于周裕祥债款纠纷一案的文书，周裕祥以毛用之等人拖欠借款为由提起诉讼，要求其偿还债务。该卷文书包括民事诉状、审理笔录、璧山县司法处民事和解笔录、民事缴状等。

243. 璧山县司法处审理会款纠纷一案　12－8－239

1938 年 6 月至 1939 年 3 月，璧山县司法处关于冷晓晖会款纠纷一案的文书，冷晓晖以袁治清未能履行会务为由提起诉讼，要求袁偿还会款，后双方经人调节和解。该卷文书包括民事诉状、璧山县司法处执达员提交审判官的报告等。

244. 璧山县司法处审理债务纠纷一案　12－8－240

1938 年 9 月至 1939 年 4 月，璧山县司法处关于何子敬债务纠纷一案的文书，包括民事诉状、民事答辩状、审理笔录、璧山县司法处民事判决书、璧山县司法处民事裁定、送达证书、借款凭证等。

245. 璧山县司法处审理债务纠纷一案　12－8－241

1938 年 9 月至 1939 年 8 月，璧山县司法处关于陈大钟债务纠纷一案的文书，包括民事诉状、民事委状、民事声请书、璧山县司法处民事裁定、审理笔录、民事反诉状、民事抗告书、民生查封状、璧山县司法处算账笔录、民事续诉状、民事辩状、璧山县司法处与潼南县司法处的往来公函、民事保状、璧山县司法处扣押笔录、民事催状、璧山县司法处发往双流县政府第二区的公函、璧山县司法处民事判决书等。

246. 璧山县司法处审理押银纠纷一案　12—8—242

1938年4月，璧山县司法处关于冯绍贤押银纠纷一案的文书，包括璧山县司法处发往江津县司法处的公函、璧山县司法处关票等。

247. 璧山县司法处审理买卖纠纷、押银纠纷两案　12—8—243

1938年3月至1938年6月，璧山县司法处关于罗士镛买卖纠纷、冯绍贤押银纠纷两案的文书，包括民事诉状、民事保状、审理笔录、璧山县司法处执达员提交审判官的报告、璧山县司法处发往江津县司法处的公函、普兴镇联保主任提交璧山县司法处的呈文等。

248. 璧山县司法处审理租佃纠纷一案　12—8—244

1938年7月至1939年1月，璧山县司法处关于徐银山租佃纠纷一案的文书，包括民事诉状、璧山县司法处民事裁定、民事限状、审理笔录、民事续诉状、民事辩状、大佛乡联保主任提交璧山县司法处的呈文、璧山县司法处民事和解笔录、民事补呈状等。

249. 四川高等法院第一分院、璧山县司法处审理会款纠纷一案　12—8—245

1939年1月至1939年7月，四川高等法院第一分院、璧山县司法处关于王洪山会款纠纷一案的文书，包括璧山县司法处民事判决书、璧山县司法处提交四川高等法院第一分院的呈文、四川高等法院第一分院训令、四川高等法院第一分院民事裁定、民事执行状、璧山县政府签、璧山县司法处执达员提交审判官的报告等。

250. 璧山县司法处审理债务纠纷一案　12—8—246

1938年11月至1938年12月，璧山县司法处关于曾兴全债务纠纷一案的文书，曾兴全以曾兴禄拖欠借款为由提起诉讼，要求曾偿还债务。该卷文书包括民事诉状、民事辩状、审理笔录、民事保状、璧山县司法处民事判决书等。

251. 璧山县司法处审理典当纠纷一案　12—8—247

1938年8月至1939年1月，璧山县司法处关于张治良典当纠纷一案的文书，包括民事诉状、丹凤镇联保主任提交璧山县司法处的呈文、璧山县司法处民事裁定、司法处执达员提交审判官的报告等。

252. 璧山县司法处审理垫款纠纷一案　12—8—248

1938年8月至1938年10月，璧山县司法处关于毛佑之垫款纠纷一案的文书，包括民事诉状、审理笔录、璧山县政府与璧山县征收局的往来公函、民事辩状、民事保状、璧山县司法处民事和解笔录、送达证书等。

253. 四川高等法院第一分院审理押金纠纷一案　12－8－249

1938年7月至1938年11月，四川高等法院第一分院关于罗冕轩押金纠纷一案的文书，包括璧山县司法处提交四川高等法院第一分院的呈文、民事诉状、四川高等法院第一分院裁定、四川高等法院第一分院训令、四川高等法院第一分院民事裁定等。

254. 四川高等法院第一分院、璧山县司法处审理租佃纠纷一案　12－8－250

1938年4月至1938年12月，四川高等法院第一分院、璧山县司法处关于罗荣高租佃纠纷一案的文书，包括民事诉状、民事辩状、审理笔录、马嘶镇调解委员提交璧山县司法处的呈文、马嘶镇实验乡乡长提交璧山县司法处的呈文、璧山县司法处民事判决书、民事执行状、璧山县司法处提交四川高等法院第一分院的呈文、四川高等法院第一分院训令、四川高等法院第一分院民事裁定等。

255. 璧山县司法处审理债务纠纷一案　12－8－251

1938年1月至1938年4月，璧山县司法处关于夏云臣债务纠纷一案的文书，夏云臣以苏位高拖欠债款为由提起诉讼，要求苏等人偿还债务。该卷文书包括民事诉状、审理笔录、璧山县司法处民事和解笔录、民事执行状、民事声明等。

256. 四川高等法院第一分院审理家产纠纷一案　12－8－252

1938年9月至1939年6月，四川高等法院第一分院关于黄开玉家产纠纷一案的文书，包括璧山县司法处提交四川高等法院第一分院的呈文、四川高等法院第一分院训令、民事诉状、璧山县司法处训令、民事执行状等。

257. 四川高等法院第一分院审理押银纠纷不服庭谕一案　12－8－253

1938年7月至1938年11月，四川高等法院第一分院关于邓学义不服庭谕一案的文书，邓学义与王相南因押银纠纷打过官司，邓不服判决提出抗告。该卷文书包括民事抗告书、四川高等法院第一分院训令、璧山县司法处提交四川高等法院第一分院的呈文、璧山县司法处审判官意见书、四川高等法院第一分院民事裁定等。

258. 四川高等法院第一分院审理会款纠纷一案　12－8－254

1937年12月至1938年12月，四川高等法院第一分院关于陈万周会款纠纷一案的文书,包括璧山县来凤小学校长提交璧山县县长的呈文、璧山县司法处提交四川高等法院第一分院的呈文、四川高等法院第一分院裁定、四川高等法院第一分院训令、四川高等法院第一分院民事裁定等。

259. 璧山县司法处审理债务纠纷一案　12－8－255

1938 年 5 月,璧山县司法处关于王锡山债务纠纷一案的文书,王锡山以王树之拖欠债款为由提起诉讼,要求王树之偿还债务,该卷文书包括民事诉状、民事和解书、璧山县司法处执达员提交审判官的报告等。

260. 璧山县司法处审理请求返还业价一案　12－8－256

1938 年 10 月至 1938 年 12 月,璧山县司法处关于孙宗荣请求返还业价一案的文书,包括民事诉状、审理笔录、民事保状、璧山县司法处民事和解笔录、民事辩状、送达证书、民事声请书等。

261. 璧山县司法处审理债务纠纷一案　12－8－257

1938 年 4 月至 1938 年 7 月,璧山县司法处关于徐述平债务纠纷一案的文书,包括民事诉状、民事声请书、璧山县司法处民事裁定、审理笔录、民事辩状、民事续诉状、民事再诉状、璧山县司法处民事判决书、司法处执达员提交审判官的报告等。

262. 璧山县司法处审理典权纠纷一案　12－8－258

1938 年 7 月至 1938 年 10 月,璧山县司法处关于王启良典权纠纷一案的文书,包括民事诉状、审理笔录、民事辩状、太和乡联保主任提交璧山县司法处的呈文、璧山县司法处民事判决书、送达证书、民事声请书等。

263. 璧山县司法处审理债务纠纷一案　12－8－259

1938 年 9 月至 1939 年 3 月,璧山县司法处关于黄焕廷债务纠纷一案的文书,包括民事诉状、璧山县司法处执达员提交审判官的报告、审理笔录、璧山县司法处民事判决书、送达证书、民事保状等。

264. 璧山县司法处审理租赁纠纷一案　12－8－260

1938 年 11 月至 1939 年 2 月,璧山县司法处关于刘群英租赁纠纷一案的文书,刘群英租佃洪子达等人的土地后洪多次要求提高押银数目并欺骗刘的租谷,最后洪又将土地私下佃与他人,刘提起诉讼要求法院维护自身利益。该卷文书包括澄江镇调解委员提交璧山县县长的呈文、民事诉状、璧山县司法处执达员提交审判官的报告等。

265. 璧山县司法处审理债款纠纷一案　12—8—261

1938年11月至1939年1月，璧山县司法处关于周显门债款纠纷一案的文书，周显门以张子高等人拖欠债款为由提起诉讼，要求张等偿还债务。该卷文书包括民事诉状、民事辩状、审理笔录、民事反诉状、璧山县司法处民事和解笔录、送达证书等。

266. 璧山县司法处审理租赁纠纷一案　12—8—262

1938年9月，璧山县司法处关于林乾初租赁纠纷一案的文书，叶作舟租赁林乾初的房屋多年，却未按约定给付租金，林提起诉讼要求叶偿还租金。该卷文书包括民事诉状、璧山县司法处执达员提交审判官的报告等。

267. 璧山县司法处审理租谷纠纷一案　12—8—263

1938年9月至1938年10月，璧山县司法处关于龙汉江租谷纠纷一案的文书，包括民事异议状、审理笔录、民事辩状、璧山县司法处民事判决书、送达证书等。

268. 璧山县司法处审理业价纠纷一案　12—8—264

1938年2月至1938年3月，璧山县司法处关于陈锡珍业价纠纷一案的文书，陈锡珍与邓正发共同为一桩田业买卖作担保，后邓正发终止买卖并侵吞业价费，陈提起诉讼要求邓偿还业价费。该卷文书包括民事诉状、璧山县司法处民事判决书、审理笔录等。

269. 璧山县司法处审理债务纠纷一案　12—8—265

1938年11月至1939年3月，璧山县司法处关于江炳林债务纠纷一案的文书，包括民事诉状、审理笔录、民事辩状、璧山县司法处民事判决书、璧山县司法处民事裁定、送达证书等。

270. 璧山县司法处审理家产纠纷一案　12—8—266

1938年7月至1938年11月，璧山县司法处关于谷周氏家产纠纷一案的文书，谷周氏丈夫谷学渊不务正业且欠有债务，谷周氏请求法院将其家产分成数份，使自己和子女免受谷学渊拖累。该卷文书包括民事诉状、璧山县司法处民事裁定等。

271. 四川高等法院第一分院审理债务纠纷一案　12—8—267

1937年12月至1938年6月，四川高等法院第一分院关于邓佐臣债务纠纷一案的文书，包括民事诉状、民事委状、璧山县司法处提交四川高等法院第一分院的呈文、四川高等法院第一分院裁定、四川高等法院第一分院训令、审讯笔录、民事辩状、宣告判决笔录、四川高等法院第一分院民事判决书、民事展限状等。

272. 四川高等法院第一分院、璧山县司法处审理债务纠纷一案　12－8－268

1938 年 1 月至 1938 年 11 月，四川高等法院第一分院、璧山县司法处关于罗德安债务纠纷一案的文书，包括四川高等法院第一分院训令、民事具状、璧山县司法处提交四川高等法院第一分院的呈文、璧山县司法处审判官意见书、诉愿书、民事诉状、璧山县司法处民事裁定、四川高等法院第一分院民事裁定等。

273. 四川高等法院第一分院审理账目纠纷一案　12－8－269

1938 年 10 月至 1939 年 3 月，四川高等法院第一分院关于罗寿康账目纠纷一案的文书，包括民事抗告书、四川高等法院第一分院训令、重庆地方法院提交四川高等法院第一分院的呈文、重庆地方法院审判官意见书、四川高等法院第一分院民事裁定、璧山县司法处提交四川高等法院第一分院的呈文、民事申送状等。

274. 四川高等法院第一分院审理租佃纠纷一案　12－8－270

1938 年 7 月至 1939 年 5 月，四川高等法院第一分院关于孙温氏租佃纠纷一案的文书，包括民事救助状、四川高等法院第一分院裁定、四川高等法院第一分院民事裁定、四川高等法院第一分院训令、民事反诉状、璧山县六塘乡联保主任提交四川高等法院第一分院民二庭的呈文、璧山县司法处提交四川高等法院第一分院的呈文等。

275. 璧山县司法处审理声请扣押财产一案　12－8－271

1938 年 9 月至 1939 年 5 月，璧山县司法处关于李海清声请扣押王元臣财产一案的文书，李海清与王因会款问题发生纠葛，李要求法院扣押王的财产以便其偿还会款。该卷文书包括民事声请书、民事辩状、璧山县司法处民事裁定等。

276. 璧山县司法处审理业权纠纷一案　12－8－272

1938 年 7 月，璧山县司法处关于戈发林业权纠纷一案的文书，戈发林将土地典当与李海林等人，李却拒绝付给戈全部押金，戈发林提起诉讼，要求李等偿还押金。该卷文书包括民事诉状、民事和解书等。

277. 璧山县司法处审理租赁纠纷一案　12－8－273

1938 年 1 月至 1938 年 3 月，璧山县司法处关于王荣华租赁纠纷一案的文书，王荣华在租赁土地时被龙平安等人诈骗押银，故提起上诉要求其返还押银。该卷文书包括民事诉状、审理笔录、民事辩状、璧山县司法处民事判决书、民事申请状等。

278. 璧山县司法处审理继承纠纷一案　12－8－274

1938年12月至1939年5月，璧山县司法处关于江朝英继承纠纷一案的文书，包括民事诉状、接龙乡第五保保长提交璧山县司法处的呈文、璧山县司法处训令、民事展限状、审理笔录、民事辩状、司法处执达员提交审判官的报告、璧山县司法处民事判决书、民事领状等。

279. 璧山县司法处审理典当纠纷一案　12－8－275

1938年7月，璧山县司法处关于杨苏氏典当纠纷一案的文书，杨苏氏将谷物典当与江鲜三数年后欲赎回谷物出卖，遭到江的阻挠，杨苏氏提起诉讼要求赎回谷物。该卷文书包括民事呈状、审理笔录等。

280. 璧山县司法处审理债款纠纷一案　12－8－276

1939年4月至1939年6月，璧山县司法处关于陈新伯债款纠纷一案的文书，包括民事诉状、民事声请书、四川高等法院第一分院训令、璧山县司法处提交四川高等法院第一分院的呈文、审判官意见书、司法处执达员提交审判官的报告、民事申诉状等。

281. 璧山县司法处审理债务纠纷一案　12－8－277

1938年3月至1938年6月，璧山县司法处关于陈浩然债务纠纷一案的文书，魏国臣以陈浩然拖欠借款为由提起诉讼，要求陈偿还债务。该卷文书包括民事诉状、审理笔录、普兴镇联保主任提交璧山县司法处的呈文、璧山县司法处执达员提交审判官的报告等。

282. 璧山县司法处审理会款纠纷一案　12－8－278

1938年2月至1938年6月，璧山县司法处关于黄肇芬会款纠纷一案的文书，黄肇芬以朱习之未能履行约定为由提起诉讼，要求朱偿还会款。该卷文书包括民事诉状、审理笔录、民事辩状、璧山县司法处民事和解笔录、民事执行状等。

283. 璧山县司法处审理会款纠纷一案　12－8－279

1938年4月至1939年7月，璧山县司法处关于董元清会款纠纷一案的文书，董元清以蔡洪光未能履行会务为由提起诉讼，要求蔡返还会款。该卷文书包括民事诉状、司法处执达员提交审判官的报告、审理笔录、璧山县司法处民事和解笔录、民事执行状等。

284. 四川高等法院第一分院审理租谷纠纷一案　12－8－280

1939 年 5 月至 1939 年 8 月，四川高等法院第一分院关于滕裕泰租谷纠纷一案的文书，包括璧山县司法处提交四川高等法院第一分院的呈文、四川高等法院第一分院训令、四川高等法院第一分院民事裁定、民事领状等。

285. 璧山县司法处审理赔偿损失一案　12－8－281

1938 年 9 月至 1938 年 11 月，璧山县司法处关于吴怀三要求赔偿损失一案的文书，吴怀三购买雷松廷等人木料，不料木料遭到雷等人的破坏，吴要求雷赔偿损失。该卷文书包括民事诉状、审理笔录、璧山县司法处民事判决书、送达证书等。

286. 四川高等法院第一分院、璧山县司法处审理产业纠纷、会银纠纷两案　12－8－282

1938 年 8 月至 1939 年 2 月，四川高等法院第一分院、璧山县司法处关于张永桢产业纠纷、龙汝霖会银纠纷两案的文书，包括璧山县司法处提交四川高等法院第一分院的呈文、审判官意见书、民事执行状、民事声明、璧山县司法处牌告、民事诉状、璧山县司法处算账笔录、司法处执达员提交审判官的报告、四川高等法院第一分院民事裁定、民事续状、四川高等法院第一分院训令、四川高等法院第一分院民事判决书等。

287. 璧山县司法处审理声请再嫁存查一案　12－8－283

1938 年 10 月，璧山县司法处关于蔡张氏声请存查一案的文书，蔡张氏丈夫蔡大银外出多年杳无音讯，为维持生活蔡张氏向法院申请再嫁，要求法院将此备案存查。该卷文书包括民事声请书等。

288. 璧山县司法处审理债务纠纷一案　12－8－284

1938 年 8 月至 1938 年 12 月，璧山县司法处关于钟海涛债务纠纷一案的文书，邓泽高以钟海涛等人拖欠借款为由提起诉讼，要求钟等偿还债务。该卷文书包括民事诉状、民事辩状、审理笔录、民事保状、民事声请书、璧山县司法处民事判决书等。

289. 四川高等法院第一分院审理债务纠纷一案　12—8—285

1938年12月至1939年2月，四川高等法院第一分院关于曾松廷债务纠纷一案的文书，包括璧山县司法处提交四川高等法院第一分院的呈文、民事声请书、四川高等法院第一分院训令、审理笔录、民事诉状、宣告判决笔录、四川高等法院第一分院民事判决书等。

290. 四川高等法院第一分院、璧山县司法处审理债务纠纷一案　12—8—286

1938年10月至1939年4月，四川高等法院第一分院、璧山县司法处关于刘海滨债务纠纷一案的文书，包括璧山县司法处提交四川高等法院第一分院的呈文、四川高等法院第一分院训令、民事诉状、审理笔录、民事答辩状、璧山县司法处民事判决书、借款凭证等。

291. 璧山县司法处审理债务纠纷一案　12—8—287

1938年1月至1938年7月，璧山县司法处关于杨才茂债务纠纷一案的文书，包括民事恳状、民事诉状、审理笔录、清平乡联保主任提交璧山县司法处的呈文、璧山县司法处民事和解笔录、送达证书等。

292. 四川高等法院第一分院审理债务纠纷抗告一案　12—8—288

1938年11月至1938年12月，四川高等法院第一分院关于杨鲁三债务纠纷抗告一案的文书，包括民事执行状、司法处审判官意见书、民事抗告书、四川高等法院第一分院民事裁定、送达证书等。

293. 璧山县司法处审理诬告一案　12—8—289

1938年4月至1938年10月，璧山县司法处关于唐巨川诬告案一案的文书，包括民事诉状、璧山县政府第二区区长提交璧山县司法处的呈文、民事展限状、司法处法警提交审判官的报告、审理笔录、民事追加状等。

294. 璧山县司法处审理债务纠纷一案　12—8—290

1938年7月至1939年6月，璧山县司法处关于蒋维钦债务纠纷一案的文书，包括民事声请书、璧山县司法处支付命令、民事补费状、民事辩状、审理笔录、民事催呈状、璧山县司法处民事裁定、送达证书等。

295. 四川高等法院第一分院审理庙产纠纷一案　12－8－291

1938 年 5 月至 1938 年 11 月，四川高等法院第一分院关于僧永康庙产纠纷一案的文书，包括璧山县司法处提交四川高等法院第一分院的呈文、民事诉状、四川高等法院第一分院裁定、四川高等法院第一分院训令、审讯笔录、四川高等法院第一分院民事裁定、民事声明、民事缴状、民事委任状、宣告判决笔录、四川高等法院第一分院民事判决书等。

296. 四川高等法院第一分院审理债务纠纷一案　12－8－292

1938 年 10 月至 1938 年 12 月，四川高等法院第一分院关于杨鲁三债务纠纷一案的文书，包括民事诉状、四川高等法院第一分院训令、璧山县司法处提交四川高等法院第一分院的呈文、四川高等法院第一分院民事裁定等。

297. 璧山县司法处审理申请存查一案　12－8－293

1938 年 11 月，璧山县司法处关于冷光熵申请存查一案的文书，冷光熵借给其长子冷举贤金钱供其做生意，冷举贤拒绝偿还债务，冷光熵请求法院将此备案存查。该卷文书包括民事声明等。

298. 璧山县司法处审理会款纠纷一案　12－8－294

1938 年 2 月至 1938 年 12 月，璧山县司法处关于蒋光耀会款纠纷一案的文书，包括民事诉状、审理笔录、民事辩状、司法处执达员提交审判官的报告、璧山县司法处民事判决书、民事被传状等。

299. 四川高等法院第一分院审理婚约纠纷一案　12－8－295

1938 年 8 月至 1938 年 11 月，四川高等法院第一分院关于田松柏婚约纠纷一案的文书，包括璧山县司法处提交四川高等法院第一分院的呈文、民事续状、四川高等法院第一分院裁定、四川高等法院第一分院训令、民事和解书、四川高等法院第一分院指令等。

300. 璧山县司法处审理租佃纠纷一案　12－8－296

1938 年 3 月至 1938 年 4 月，璧山县司法处关于邓新烈租佃纠纷一案的文书，包括民事诉状、民事辩状、审理笔录、璧山县司法处民事和解笔录、四川高等法院第一分院检察处指令等。

301. 璧山县司法处审理债务纠纷一案　12－8－297

1938年10月至1938年11月，璧山县司法处关于王俊德债务纠纷一案的文书，王俊德以易海臣拖欠借款为由提起诉讼，要求易偿还债务。该卷文书包括民事诉状、借款凭证、龙溪乡联保主任提交璧山县司法处的呈文、司法处执达员提交审判官的报告等。

302. 璧山县司法处审理会款纠纷一案　12－8－298

1938年12月至1939年3月，璧山县司法处关于王治云会款纠纷一案的文书，包括璧山县司法处民事判决书、璧山县司法处民事裁定、民事诉状、审理笔录、民事辩状、民事呈状等。

303. 璧山县司法处审理业权纠纷一案　12－8－299

1939年1月至1939年8月，璧山县司法处关于张周氏业权纠纷一案的文书，包括民事诉状、民事辩状、审理笔录、璧山县司法处民事判决书、送达证书、民事领状等。

304. 四川高等法院第一分院、璧山县司法处审理会款纠纷一案　12－8－300

1936年8月至1939年5月，四川高等法院第一分院、璧山县司法处关于龙汝霖会款纠纷一案的文书，包括璧山县司法处提交四川高等法院第一分院的呈文、四川高等法院第一分院训令、四川高等法院第一分院民事裁定、民事执行状、民事保状、民事声明、民事声请书、璧山县司法处民事判决书、司法处执达员提交审判官的报告、民事诉状、民事辩状等。

305. 四川高等法院第一分院、璧山县司法处审理会款纠纷一案　12－8－301

1936年9月至1938年11月，四川高等法院第一分院、璧山县司法处关于龙汝霖会款纠纷一案的文书，包括民事诉状、司法处执达员提交审判官的报告、审理笔录、民事辩状、民事抗告书、璧山县司法处提交四川高等法院第一分院的呈文、四川高等法院第一分院裁定、四川高等法院第一分院训令、四川高等法院第一分院民事裁定等。

306. 四川高等法院第一分院审理债务纠纷一案　12－8－302

1938年11月至1939年3月，四川高等法院第一分院关于杨旭初债务纠纷一案的文书，杨旭初以李绪也拖欠债款为由提起诉讼，要求李偿还债务。该卷文书包括璧山县司法处提交四川高等法院第一分院的呈文、四川高等法院第一分院训令、四川高等法院第一分院民事判决书等。

307. 璧山县司法处审理会款纠纷一案　12—8—303

1938年5月至1939年1月，璧山县司法处关于张纯一会款纠纷一案的文书，包括民事诉状、民事辩状、审理笔录、民事参加状、璧山县司法处民事判决书、司法处执达员提交审判官的报告、民事执行状等。

308. 四川高等法院第一分院审理追还田产一案　12—8—304

1943年5月至1943年10月，四川高等法院第一分院关于吴俊良追还田产一案的文书，包括民事诉状、四川高等法院第一分院民事裁定、四川高等法院第一分院与璧山实验地方法院的往来公函、民事缴状、民事撤回书等。

309. 璧山县司法处审理遗产纠纷一案　12—8—305

1938年7月至1938年8月，璧山县司法处关于徐印氏遗产纠纷一案的文书，徐印氏以徐成元等人阻挠其继承遗产为由提起诉讼，要求法院维护自身利益。该卷文书包括民事诉状、璧山县司法处执达员提交审判官的报告、民事辩状、璧山县第二区大佛乡联保主任提交司法处的呈文等。

310. 璧山县司法处审理会款纠纷、借款纠纷两案　12—8—306

1938年1月至1938年6月，璧山县司法处关于刘新之会款纠纷、钟其蔚借款纠纷两案的文书，包括民事抗告书、民事执行状等。

311. 璧山县司法处审理债务纠纷、盗窃仓谷案两案　12—8—307

1938年1月至1940年4月，璧山县司法处关于黄绍清债务纠纷、梁金廷盗窃仓谷两案的文书，包括民事诉状、民事声请书、审理笔录、璧山县司法处训令、会兴乡联保主任提交璧山县司法处的呈文、璧山县第二区区署训令、璧山县政府指令、民事保状等。

该卷附四川省政府民政厅关于曾炳南等控告联保主任及保长勒派公款包庇兵役吸食鸦片的饬令及往来公函、四川省禁烟督办公署关于通缉拐逃公枪子弹的逃犯张朝宗的训令。

312. 璧山县司法处审理契约纠纷、搬迁交业两案　12—8—308

1937年1月至1938年3月，璧山县司法处关于李华轩契约纠纷、搬迁交业两案的文书,包括诉愿书、民事领状、璧山县司法处发往四川高等法院第一分院的公函、司法处执达员提交审判官的报告、最高法院发往璧山县司法处的公函等。

313. 最高法院、四川高等法院第一分院、璧山县司法处及璧山实验地方法院审理债务纠纷等案　12—8—309

1935年9月至1943年2月,最高法院、四川高等法院第一分院、璧山县司法处、璧山实验地方法院关于债务纠纷、会款纠纷、迁移坟墓、重婚等案的文书,包括民事诉状、民事辩状、四川高等法院第一分院民事判决书、四川高等法院第一分院训令、璧山县司法处提交最高法院民事第三庭的呈文、民事续状、璧山县司法处民事判决书等。

314. 璧山县司法处审理债务纠纷一案　12—8—310

1938年6月至1939年8月,璧山县司法处关于王志藩债务纠纷一案的文书,包括民事保状、民事诉状、璧山县司法处执达员提交审判官的报告、璧山县司法处执行证书等。

315. 璧山县司法处审理买卖庙产纠纷、会款纠纷两案　12—8—311

1937年2月至1938年8月,璧山县司法处关于刘何氏买卖庙产纠纷、邬登彬会款纠纷两案的文书,包括民事领状、民事诉状、民事抗告书、民事执行状、四川高等法院第一分院训令、璧山县司法处饬签、民事保状、民事声请书等。

316. 四川高等法院重庆分院审理要求增加给付押金一案　12—8—312

1948年1月至1948年8月,四川高等法院重庆分院关于周大升要求张良方增加给付押金一案的文书,包括璧山地方法院与四川高等法院重庆分院的往来公函、民事诉状、璧山地方法院民事裁定、四川高等法院重庆分院民事裁定等。

317. 四川高等法院第一分院、璧山县司法处审理赔偿诉讼费用、会款纠纷两案　12—8—313

1938年3月至1938年10月,四川高等法院第一分院、璧山县司法处关于罗绍文要求周宗岐等人赔偿诉讼费用、温海山会款纠纷两案的文书,包括四川高等法院第一分院民事判决书、四川高等法院第一分院民事裁定、璧山县司法处民事和解笔录、璧山县司法处民事判决书等。

318. 璧山县司法处审理债务纠纷、会款执行两案　12—8—314

1938年7月至1938年12月,璧山县司法处关于陈安廷债务纠纷、邬德成会款执行两案的文书,包括民事诉状、民事辩状、审理笔录、璧山县司法处执达员提交审判官的报告等。

319. 四川高等法院第一分院审理遗产纠纷一案　12－8－315

1938年9月至1938年10月,四川高等法院第一分院关于黄开玉遗产纠纷一案的文书,包括璧山县司法处提交四川高等法院第一分院的呈文、民事诉状、四川高等法院第一分院训令等。

320. 璧山县司法处审理租谷纠纷一案　12－8－316

1938年7月至1938年11月,璧山县司法处关于杨武臣租谷纠纷一案的文书,包括民事诉状、民事具状、审理笔录、民事保状、司法处执达员提交审判官的报告、民事辩状、民事声明、璧山县司法处民事判决书、民事声请书等。

321. 璧山县司法处审理遗产纠纷一案　12－8－317

1938年5月至1939年2月,璧山县司法处关于黄开玉遗产纠纷一案的文书,黄开玉与黄永乐因争夺家庭遗产走上法庭,要求法院判定遗产继承权。该卷文书包括璧山县司法处提交四川高等法院第一分院的呈文、民事诉状等。

322. 四川高等法院第一分院、巴县地方法院、璧山县法院审理赔偿纠纷一案　12－8－318(1)

1936年3月至1937年6月,四川高等法院第一分院、巴县地方法院、璧山县法院关于罗德安赔偿纠纷一案的文书,包括璧山县政府与巴县地方法院的往来公函、民事诉状、四川高等法院第一分院训令、民事执行状、巴县地方法院民事裁定、四川高等法院第一分院民事裁定、璧山县政府牌告、民事保状、民事声明、民事恳状、民事认状、璧山县政府朱谕等。

323. 四川高等法院第一分院、璧山县司法处审理赔偿纠纷一案　12－8－318(2)

1937年7月至1938年1月,四川高等法院第一分院、璧山县司法处关于罗德安赔偿纠纷一案的文书,包括民事呈状、民事诉状、璧山县政府朱谕、民事声明、司法处执达员提交县长的报告、民事续状、璧山县司法处谕、四川高等法院第一分院训令、司法处执达员提交审判官的报告、诉愿书等。

324. 四川高等法院第一分院、璧山县司法处审理债务纠纷一案　12－8－319

1938年5月至1939年3月,四川高等法院第一分院、璧山县司法处关于杨旭初债务纠纷一案的文书,包括璧山县司法处提交四川高等法院第一分院的呈文、民事诉状、四川高等法院第一分院裁定、民事理由书、民事委状、民事答辩状、审理笔录、宣告判决笔录、四川高等法院第一分院民事判决书、四川高等法院第一分院训令等。

325. 璧山县司法处审理债务纠纷一案　12－8－320

1938 年 5 月,璧山县司法处关于王兆祥债务纠纷一案的文书,杨森禄等人以王兆祥借破产之名拒付借款为由提起诉讼,要求王偿还债务。该卷文书包括民事声请书、民事诉状等。

326. 四川高等法院第一分院审理债务纠纷一案　12－8－321

1938 年 10 月至 1939 年 12 月,四川高等法院第一分院关于胡汝玉债务纠纷一案的文书,包括璧山县司法处提交四川高等法院第一分院的呈文、四川高等法院第一分院训令、四川高等法院第一分院民事判决书、民事诉状、民事保状等。

327. 璧山县司法处审理债务纠纷一案　12－8－322

1938 年 4 月,璧山县司法处关于许敬修债务纠纷一案的文书,许敬修等人以杨和清拖欠债款为由提起诉讼,要求杨等偿还债务。该卷文书包括民事诉状等。

328. 璧山县司法处审理要求赔偿会款一案　12－8－323

1938 年 5 月至 1938 年 6 月,璧山县司法处关于蔡金盛要求周谢氏赔偿会款一案的文书,蔡金盛以周谢氏未能履行约定为由提起诉讼,要求周赔偿会款。该卷文书包括民事诉状、审理笔录、璧山县司法处民事裁定、民事执行状、璧山县政府朱谕等。

329. 璧山县司法处审理债务纠纷一案　12－8－324（1）

1938 年 6 月至 1938 年 10 月,璧山县司法处关于温谢氏债务纠纷一案的文书,包括民事诉状、璧山县司法处执达员提交审判官的报告、审理笔录、民事委状、民事呈状、民事领状、璧山县司法处训令、司法处交业笔录等。

330. 四川高等法院第一分院、璧山县司法处审理债务纠纷一案　12－8－324（2）

1938 年 10 月至 1939 年 8 月,四川高等法院第一分院、璧山县司法处关于温谢氏债务纠纷一案的文书,包括民事诉状、民事领状、民事呈状、璧山县司法处训令、民事补状、四川高等法院第一分院训令、民事抗告书、璧山县司法处提交四川高等法院第一分院的呈文等。

331. 璧山县司法处审理申请公证一案　12—8—325

1938年5月，璧山县司法处关于周孝达申请公证一案的文书，周孝达祖上留有田产，其族人周张云急欲将其侵占，趁周孝达等人不在之时骗取田契，周孝达等请求法院发布牌示公告此事。该卷文书包括民事声请书等。

332. 四川高等法院第一分院审理债务纠纷一案　12—8—326

1938年7月至1939年2月，四川高等法院第一分院关于王照先债务纠纷一案的文书，包括璧山县司法处提交四川高等法院第一分院的呈文、四川高等法院第一分院训令、四川高等法院第一分院民事裁定、民事反诉状等。

333. 璧山县司法处审理租谷纠纷一案　12—8—327

1938年12月至1939年6月，璧山县司法处关于曾子章租谷纠纷一案的文书，包括民事诉状、审理笔录、璧山县司法处民事判决书、送达证书、民事辩状、司法处执达员提交审判官的报告等。

334. 四川高等法院第一分院、璧山县司法处审理押金纠纷上诉一案　12—8—328

1938年7月至1939年7月，四川高等法院第一分院、璧山县司法处关于温辑五押金纠纷上诉一案的文书，包括民事异议状、璧山县司法处执达员提交审判官的报告、审理笔录、璧山县征收局发往璧山县司法处的公函、民事诉状、璧山县司法处提交四川高等法院第一分院的呈文、四川高等法院第一分院训令、民事领状、四川高等法院第一分院民事裁定等。

335. 四川高等法院第一分院审理押金纠纷上诉一案　12—8—329

1938年12月至1939年4月，四川高等法院第一分院关于温辑五押金纠纷上诉一案的文书，包括璧山县司法处提交四川高等法院第一分院的呈文、民事诉状、四川高等法院第一分院裁定、四川高等法院第一分院训令、四川高等法院第一分院民事裁定等。

336. 璧山县司法处审理申请存查一案　12—8—330

1938年11月，璧山县司法处关于荣树芬申请存查一案的文书，荣树芬为偿还债务将自己的房产卖给他人，为防日后产生纠纷特请求法院将此备案存查。该卷文书包括民事存查状等。

337. 璧山县司法处审理声请扣押一案　12—8—331

1938年4月至1938年5月，璧山县司法处关于凌云卿声请扣押一案的文书，凌云卿与周海廷存在会款纠葛，凌向法院声请扣押周海廷之财产，以便周偿还债务。该卷文书包括民事声请书、审理笔录、民事辩状等。

338. 璧山县司法处审理申请存查一案　12—8—332

1938年11月，璧山县司法处关于甘刘氏申请存查一案的文书，甘刘氏加入董良臣等人创办的公益会后，为防被人欺骗钱财特向法院申请将此备案存查。该卷文书包括民事存查书等。

339. 四川高等法院第一分院审理会款纠纷再审一案　12—8—333

1938年10月至1939年4月，四川高等法院第一分院关于高宗良会款纠纷再审一案的文书，包括璧山县司法处提交四川高等法院第一分院的呈文、四川高等法院第一分院训令、四川高等法院第一分院民事裁定、四川高等法院第一分院民事判决书等。

340. 璧山县司法处审理租佃纠纷一案　12—8—334

1938年10月至1939年5月，璧山县司法处关于李戴氏租佃纠纷一案的文书，包括民事诉状、审理笔录、民事辩状、民事委状、民事声请书、璧山县司法处训令、定林乡联保主任提交璧山县司法处的呈文等。

341. 璧山县司法处审理请求存查一案　12—8—335

1938年9月，璧山县司法处关于黄双全请求存查一案的文书，黄双全遭到妻子打骂，为防不测请求法院将此备案存查。该卷文书包括澄江镇联保主任提交璧山县司法处的呈文等。

342. 璧山县司法处审理请求存查一案　12—8—336

1938年12月，璧山县司法处关于刘子仪请求存查一案的文书，刘子仪被盗匪抢劫，家中账据均被焚毁，故向法院申请存查。该卷文书包括璧山县政府第三区区署与璧山县司法处的往来公函等。

343. 四川高等法院第一分院、璧山县司法处审理债务纠纷再审一案　12—8—337

1938年4月至1939年1月，四川高等法院第一分院、璧山县司法处关于何泽汇债务纠纷再审一案的文书，包括璧山县司法处提交四川高等法院第一分院的呈文、四川高等法院第一分院民事判决书、民事诉状、民事续诉状、四川高等法院第一分院训令、四川高等法院第一分院民事裁定、司法处执达员提交审判官的报告、民事保状、璧山县司法处训令、司法处查封笔录、民事展限状、民事公证、司法处拍卖布告等。

344. 璧山县司法处审理债务纠纷一案　12－8－338

1938年11月至1938年12月，璧山县司法处关于廖翰卿债务纠纷一案的文书，徐璧武以廖翰卿恶意拖欠借款为由提起诉讼，要求廖偿还债务。该卷文书包括民事诉状、民事辩状、审理笔录、璧山县司法处民事和解笔录、送达证书等。

345. 璧山县司法处审理债务纠纷一案　12－8－339

1938年10月至1938年12月，璧山县司法处关于江万中债务纠纷一案的文书，江万中以胡炳全拖欠借款为由提起诉讼，要求胡偿还债务。该卷文书包括民事诉状、审理笔录、璧山县司法处民事和解笔录、送达证书、民事续状等。

346. 璧山县司法处审理债务纠纷一案　12－8－340

1938年7月至1938年8月，璧山县司法处关于江海林债务纠纷一案的文书，包括民事诉状、司法处执达员提交审判官的报告、审理笔录、璧山县司法处民事判决书、送达证书、民事凭证等。

347. 璧山地方法院审理典权纠纷一案　12－8－341

1939年10月，璧山地方法院关于叶清林典权纠纷一案的文书，廖德馨将土地典当与叶清林后拒绝迁出，叶清林提起诉讼要求廖尽快迁出以便自己耕种，后双方经人调解和解。该卷文书包括民事诉状、民事和解书等。

348. 璧山县司法处审理债务纠纷一案　12－8－342

1938年7月，璧山县司法处关于蔡金泉债务纠纷一案的文书，杨春林拒绝偿还其拖欠蔡金泉的债务，蔡金泉声请法院查封杨春林的不动产。该卷文书包括民事声请书等。

349. 璧山县司法处审理要求生活费一案　12－8－343

1938年11月，璧山县司法处关于江陈玉昌要求生活费一案的文书，江陈玉昌与江建恒结婚后遭到虐待，且江建恒未能履行给付江陈玉昌生活费的约定，故江陈玉昌提起诉讼要求生活费用。该卷文书包括民事诉状、司法处执达员提交审判官的报告、民事和解书等。

350. 四川高等法院第一分院、璧山县司法处审理会务纠纷一案　12－8－344

1938年10月至1939年2月，四川高等法院第一分院、璧山县司法处关于吴柏林会务纠纷一案的文书，包括璧山县司法处提交四川高等法院第一分院的呈文、民事声明、四川高等法院第一分院裁定、四川高等法院第一分院训令、民事诉状、审理笔录、民事委状、宣告判决笔录、四川高等法院第一分院民事判决书等。

351. 四川高等法院第一分院、璧山县司法处审理会款纠纷一案　12－8－345

1938年9月至1939年7月，四川高等法院第一分院、璧山县司法处关于张鸿卿会款纠纷一案的文书，包括民事诉状、民事声请书、审理笔录、璧山县司法处民事判决书、送达证书、璧山县司法处提交四川高等法院第一分院的呈文、四川高等法院第一分院训令、司法处执达员提交审判官的报告等。

352. 璧山县司法处审理债务纠纷一案　12－8－346

1937年11月，璧山县司法处关于祝云浦债务纠纷一案的文书，包括璧山县司法处发往永川县司法处的公函、司法处法警提交璧山县县长的报告等。

353. 璧山县司法处审理家产纠纷一案　12－8－347

1938年5月至1938年12月，璧山县司法处关于谢伍氏家产纠纷一案的文书，谢伍氏丈夫亡故后其族人拒绝分给谢伍氏家产，谢提起诉讼要求继承家产维持生活。该卷文书包括民事诉状、民事声请状、民事辩状等。

354. 璧山县司法处审理遗产纠纷一案　12－8－348

1938年12月，璧山县司法处关于李蒋氏遗产纠纷一案的文书，李蒋氏丈夫亡故后留有遗产，其夫与前妻之子李咸一阻挠李蒋氏继承遗产，李蒋氏因此提起诉讼要求法院保护自身权益。该卷文书包括民事诉状、璧山县司法处训令等。

355. 四川高等法院第一分院、璧山县司法处审理租佃纠纷一案　12－8－349

1938年1月至1938年8月，四川高等法院第一分院、璧山县司法处关于吴刘氏租佃纠纷一案的文书，包括璧山县司法处提交四川高等法院第一分院的呈文、四川高等法院第一分院裁定、四川高等法院第一分院训令、民事诉状、民事委任状、民事执行状、审理笔录、璧山县司法处民事判决书、民事缴状、四川高等法院第一分院民事第二审判决书、民事声请书等。

356. 璧山县司法处审理声请存查一案　12—8—350

1938年12月，璧山县司法处关于吴吕氏声请存查一案的文书，吴吕氏自丈夫亡故后生活艰难，想要变卖家中田产维生，但田产的另一个所有者吴月虫失踪多年，故吴吕氏请求法院将此备案存查，以便日后变卖田产。该卷文书包括民事声请书等。

357. 璧山县司法处审理要求给付工资一案　12—8—351

1938年12月至1939年4月，璧山县司法处关于钟其蔚要求给付工资一案的文书，包括璧山县司法处公示、璧山县司法处民事判决书、司法处执达员提交审判官的报告、审理笔录、民事诉状等。

358. 璧山县司法处审理债务纠葛一案　12—8—352

1938年10月至11月，璧山县司法处关于白海全债务纠葛一案的文书，白海全以白银发拖欠借款为由提起诉讼，要求白等人偿还债款。该卷文书包括民事诉状、审理笔录、璧山县司法处民事和解笔录、送达证书等。

359. 璧山县司法处审理债务纠纷一案　12—8—353

1938年2月至1938年11月，璧山县司法处关于郭季璜债务纠纷一案的文书，包括审理笔录、璧山县司法处训令、民事诉状、司法处执达员提交审判官的报告、民事呈状、民事反诉状、璧山县司法处民事裁定、民事参加状等。

360. 璧山县司法处审理会款纠纷执行一案　12—8—354

1939年6月至1939年7月，璧山县司法处关于伍怀良会款纠纷执行一案的文书，包括司法处执达员提交审判官的报告、审判官意见书、审理笔录、民事保状、四川高等法院第一分院训令、民事诉状、民事续呈状等。

361. 璧山县司法处审理声请破产一案　12—8—355

1938年11月，璧山县司法处关于张焕臣声请破产一案的文书，张焕臣因无力偿还债务而向法院提出破产申请。该卷文书包括民事声请书等。

362. 璧山县司法处审理债务纠纷一案　12—8—356

1938年3月至1938年5月，璧山县司法处关于伍怀良债务纠纷一案的文书，包括民事诉状、城东乡联保主任提交璧山县司法处的呈文、审理笔录、民事辩状、璧山县司法处民事判决书、司法处执达员提交审判官的报告等。

363. 最高法院、四川高等法院第一分院审理买卖纠纷再审一案　12－8－357

1938年12月至1939年9月，最高法院、四川高等法院第一分院关于李金泉买卖纠纷再审一案的文书，包括民事诉状、民事催状、四川高等法院第一分院民事裁定、四川高等法院第一分院训令、璧山县司法处提交四川高等法院第一分院的呈文、民事再审状、审理笔录、最高法院刑事第五庭发往四川高等法院第一分院的公函等。

364. 璧山县司法处审理债务纠纷一案　12－8－358

1937年11月至1938年1月，璧山县司法处关于王凤周债务纠纷一案的文书，包括民事诉状、民事委状、审理笔录、民事辩状、璧山县司法处民事判决书、司法处执达员提交审判官的报告等。

365. 四川高等法院第一分院、璧山县司法处审理借款纠纷、声请破产两案　12－8－359

1935年12月至1939年3月，四川高等法院第一分院、璧山县司法处关于王凤周借款纠纷、谢鼎三声请破产两案的文书，包括璧山县司法处提交四川高等法院第一分院的呈文、璧山县司法处民事判决书、四川高等法院第一分院训令、民事执行状、民事保状、璧山县司法处民事裁定等。

366. 璧山县司法处审理抗告案、会款纠纷等两案　12－8－360

1936年12月至1938年9月，璧山县司法处关于白羲之等抗告案、陈银山会款纠纷两案的文书，包括民事催状、四川高等法院第一分院训令、城北乡联保主任提交璧山县政府第一区区署的呈文、审理笔录、民事辩状等。

367. 四川高等审判庭审理债款纠纷一案　12－8－361

1919年2月至1920年1月，四川高等审判庭关于许成之债款纠纷一案的文书，许成之以陈北海等人拖欠借款为由提起诉讼，要求陈等人偿还债务。该卷文书包括民事诉状、四川高等审判庭训令、民事辩状等。

368. 璧山县司法处、璧山地方法院等审理伙贸纠纷等案　12－8－362

1938年11月至1948年7月，璧山县司法处、璧山地方法院等关于伙贸纠纷、债务纠纷、诬告、盗窃、侵占他人财产等案的文书，包括民事声请书、璧山地方法院与四川高等法院第一分院的往来公函、审理笔录、民事诉状、璧山县司法处训令、璧山地方法院训令、璧山地方法院检察官不起诉处分书、璧山地方法院刑事判决书等。

369. 璧山县司法处、璧山实验地方法院等审理租谷纠纷等案　12－8－363

1938年7月至1949年5月，璧山县司法处、璧山实验地方法院等关于租谷纠纷、损毁他人财物、诈骗钱财、窃占他人财产等案的文书，包括城东乡联保主任提交璧山县司法处的呈文、审理笔录、民事呈状、司法处法警提交璧山县县长的报告、璧山地方法院民事判决书、璧山实验地方法院刑事判决书等。

370. 璧山县司法处审理会款纠纷一案　12－8－364

1938年5月至1938年9月，璧山县司法处关于董秩南会款纠纷一案的文书，包括民事保状、民事诉状、审理笔录、璧山县司法处民事和解笔录、民事呈状、司法处执达员提交审判官的报告、民事续状、民事恳状等。

371. 璧山县司法处审理会款纠纷一案　12－8－365

1937年7月至1938年3月，璧山县司法处关于蒋清银会款纠纷一案的文书，包括璧山县司法处提交四川高等法院第一分院的呈文、四川高等法院第一分院裁定、四川高等法院第一分院训令、民事诉状、讯问笔录、民事辩状、宣告判决笔录等。

372. 璧山县司法处审理债务纠纷抗告一案　12－8－366

1938年7月至1939年4月，璧山县司法处关于毛柯氏债务纠纷抗告一案的文书，雷雨钦借给毛柯氏丈夫金钱，如今毛柯氏丈夫去世，雷要求毛柯氏偿还债务，毛柯氏不服判决提出抗告。该卷文书包括民事诉状、民事和解书等。

373. 璧山县司法处审理会款纠纷一案　12－8－367

1937年12月至1939年1月，璧山县司法处关于陈银山会款纠纷一案的文书，包括民事呈状、司法处执达员提交审判官的报告、民事诉状、璧山县司法处谕、民事保状、民事恳状、民事执行状、璧山县司法处民事判决书等。

374. 璧山县法院审理债务纠纷、要求搬迁两案　12－8－368

1936年11月至1937年2月，璧山县法院关于徐茂林债务纠纷、僧能星要求龚炳坤搬迁两案的文书，包括民事诉状、司法处执达员提交审判官的报告、民事呈状、审理笔录、璧山县法院民事判决书等。

375. 璧山县司法处审理会款纠纷一案　12—8—369

1938年7月至1939年1月，璧山县司法处关于袁树容会款纠纷一案的文书，曾德江以袁树容等人未能履行会务为由提起诉讼，要求袁返还会银。该卷文书包括民事缴状、民事诉状、民事辩状、璧山县司法处训令、司法处执达员提交审判官的报告等。

376. 璧山县司法处审理申请再嫁一案　12—8—370

1938年3月，璧山县司法处关于张陈氏申请再嫁一案的文书，张陈氏在丈夫病故后衣食无着，故向法院申请再嫁。该卷文书包括民事存查状等。

377. 四川高等法院第一分院、璧山县司法处审理租佃纠纷一案　12—8—371

1938年1月至1938年9月，四川高等法院第一分院、璧山县司法处关于胡绍镐租佃纠纷一案的文书，包括璧山县司法处提交四川高等法院第一分院的呈文、璧山县司法处民事判决书、四川高等法院第一分院训令、四川高等法院第一分院民事判决书、民事执行状等。

378. 璧山县司法处审理押银纠纷一案　12—8—372

1938年6月至1938年7月，璧山县司法处关于李焕章押银纠纷一案的文书，包括民事诉状、民事反诉状、审理笔录、璧山县司法处民事判决书、民事抗告书、司法处执达员提交审判官的报告、送达证书、民事凭证等。

379. 璧山县司法处审理家产纠纷一案　12—8—373

1938年3月至1939年3月，璧山县司法处关于彭绍伦家产纠纷一案的文书，包括民事诉状、民事缴状、审理笔录、司法处执达员提交审判官的报告、民事委状、民事辩状、璧山县司法处民事和解笔录、民事保状等。

380. 最高法院、四川高等法院第一分院、璧山县司法处审理欠款纠纷一案　12—8—374

1937年2月至1938年8月，最高法院、四川高等法院第一分院、璧山县司法处关于严敦五欠款纠纷一案的文书，包括四川高等法院第一分院与最高法院的往来公函、最高法院民事裁定、民事救助状、璧山县政府与最高法院民事第三庭的往来公函、民事抗告书、民事声请书等。

381. 璧山县司法处审理会款纠纷异议一案　12－8－375

1937 年 11 月至 1938 年 9 月，璧山县司法处关于高宗良会款纠纷异议一案的文书，包括民事诉状、审理笔录、四川高等法院第一分院民事判决书、民事执行状、璧山县司法处民事判决书、送达证书、司法处执达员提交审判官的报告、司法处牌告、民事声明等。

382. 璧山县司法处审理争夺遗产纠纷一案　12－8－376

1938 年 7 月至 1938 年 9 月，璧山县司法处关于王敬氏争夺遗产纠纷一案的文书，包括民事诉状、审理笔录、民事声请书、民事辩状、民事缴状、璧山县司法处民事判决书、送达证书等。

383. 璧山县司法处审理债务纠纷一案　12－8－377

1938 年 8 月至 1938 年 10 月，璧山县司法处关于刘实甫债务纠纷一案的文书，刘实甫以张孙氏恶意拖欠借款为由提起诉讼，要求张偿还债务。该卷文书包括民事诉状、审理笔录、民事辩状、民事保状、璧山县司法处民事判决书、民事凭证等。

384. 璧山县司法处审理租佃纠纷一案　12－8－378

1938 年 8 月至 1938 年 9 月，璧山县司法处关于何白氏租佃纠纷一案的文书，何白氏以周绍卿拒付租谷为由提起诉讼，要求法院扣押周的谷物以便偿还自己。该卷文书包括民事诉状、民事凭证、璧山县司法处训令、璧山镇联保主任提交璧山县司法处的呈文等。

385. 璧山县司法处审理租佃纠纷一案　12－8－379

1938 年 7 月至 1939 年 4 月，璧山县司法处关于黄英灿租佃纠纷一案的文书，包括璧山县司法处提交四川高等法院第一分院的呈文、民事诉状、四川高等法院第一分院裁定、民事理由书、审讯笔录、民事辩状、兴隆乡第三保保长提交四川高等法院第一分院的呈文、宣告判决笔录、四川高等法院第一分院民事判决书等。

386. 璧山县司法处审理租佃纠纷一案　12－8－380

1938 年 6 月至 1938 年 9 月，璧山县司法处关于王龚氏租佃纠纷一案的文书，王龚氏将土地租佃与刘俊卿，刘却拒绝缴纳租谷，王提起诉讼要求法院惩罚刘的诈骗行为。该卷文书包括民事声请书、民事辩状、民事展限状、民事委任状、审理笔录、民事执行状、民事催呈状等。

387. 璧山县司法处审理债务纠纷一案　12—8—381

1938年5月至1938年10月，璧山县司法处关于任海安债务纠纷一案的文书，包括民事诉状、民事反诉状、审理笔录、璧山县司法处民事和解笔录、送达证书、民事执行状、司法处执达员提交审判官的报告、民事领状等。

388. 璧山县司法处审理会款纠纷一案　12—8—382

1938年12月至1939年2月，璧山县司法处关于冯绍贤会款纠纷一案的文书，冯万氏以冯绍贤等未能履行会务为由提起诉讼，要求其偿还会银。该卷文书包括民事诉状、民事委状、审理笔录、璧山县司法处民事判决书、送达证书等。

389. 璧山县司法处审理会款纠纷一案　12—8—383

1938年6月，璧山县司法处关于张炳安会款纠纷一案的文书，张炳安以朱级武未能履行约定为由提起诉讼，要求法院扣押朱的财产以便其偿还会款。该卷文书包括民事呈状、璧山县司法处训令、民事抗告书等。

390. 璧山县司法处审理租佃纠纷一案　12—8—384

1938年1月，璧山县司法处关于甘炳臣租佃纠纷一案的文书，甘炳臣将土地租佃给吴海全等人，后吴等拒绝支付租谷，甘提起诉讼要求吴海全支付租谷。该卷文书包括民事诉状、璧山县司法处签等。

391. 璧山县司法处审理债务纠纷一案　12—8—385

1938年12月至1939年2月，璧山县司法处关于朱正伦债务纠纷一案的文书，朱正伦以杨之定等人故意拖欠借款为由提起诉讼，要求杨等人偿还债务。该卷文书包括民事诉状、民事呈状、审理笔录、璧山县司法处民事判决书、送达证书等。

392. 璧山县司法处审理租赁纠纷一案　12—8—386

1938年8月至1938年11月，璧山县司法处关于向炳章租赁纠纷一案的文书，包括民事诉状、审理笔录、民事辩状、璧山县司法处民事和解笔录、送达证书、民事执行状等。

393. 璧山县司法处审理会款纠纷一案　12—8—387

1938年1月，璧山县司法处关于李厚成会款纠纷一案的文书，李厚成以李南舟拖欠会款为由提起诉讼，要求李南舟返还会款。该卷文书包括民事诉状等。

394. 四川高等法院第一分院、璧山县司法处审理布款纠纷抗告一案　12－8－388

1936年12月至1939年7月,四川高等法院第一分院、璧山县司法处关于罗德安布款纠纷抗告一案的文书,包括四川高等法院第一分院民事裁定、民事诉状、璧山县司法处提交四川高等法院第一分院的呈文、审判官意见书等。

395. 璧山县司法处审理典当纠纷一案　12－8－389

1938年8月至1938年11月,璧山县司法处关于唐张氏典当纠纷一案的文书,包括民事诉状、司法处执达员提交审判官的报告、民事辩状、审理笔录、璧山县司法处民事裁定、民事声请书、璧山县司法处民事判决书、送达证书、民事存查状等。

396. 璧山县司法处审理欠款纠纷一案　12－8－390

1938年10月至1939年2月,璧山县司法处关于冯子良欠款纠纷一案的文书,冯子良以钟正宽等人拖欠借款为由提起诉讼,要求其偿还债务。该卷文书包括民事诉状、审理笔录、民事辩状等。

397. 璧山县司法处审理离婚存查一案　12－8－391

1938年8月至1938年10月,璧山县司法处关于徐田氏离婚存查一案的文书,徐田氏以自己常遭丈夫殴打、夫妻感情破裂为由提起诉讼,要求法院将此备案存查。该卷文书包括民事存查书、刑事诉状等。

398. 璧山县司法处审理租赁纠纷一案　12－8－392

1938年11月至1938年12月,璧山县司法处关于陈少闻租赁纠纷一案的文书,包括民事诉状、民事反诉状、审理笔录、璧山县司法处民事和解笔录、民事领状、送达证书等。

399. 四川高等法院第一分院审理债务纠纷一案　12－8－393

1938年7月至1939年2月,四川高等法院第一分院关于杨旭初债务纠纷一案的文书,包括璧山县司法处提交四川高等法院第一分院的呈文、民事声请书、四川高等法院第一分院训令、四川高等法院第一分院裁定、民事委任状、审理笔录、民事诉状、民事辩状、宣告判决笔录、四川高等法院第一分院民事判决书等。

400. 璧山县司法处审理声请破产一案　12－8－394

1938年4月至1939年7月,璧山县司法处关于王兆祥声请破产一案的文书,包括民事声请书、璧山县司法处训令、璧山县司法处民事裁定、民事呈状、璧山县司法处民事破产办法、民事意见书、司法处执达员提交审判官的报告、民事缴状、民事领状、民事诉状、丹凤镇联保主任提交司法处的呈文、民事认摊状、民事辩状等。

401. 璧山县政府、璧山县司法处、璧山地方法院审理会款纠纷等案　12—8—395

1933年11月至1940年5月，璧山县政府、璧山县司法处、璧山地方法院关于会款纠纷、债务纠纷、租佃纠纷、盗窃、赌博、卷款潜逃、诈骗、妨害自由、妨害风化等案的文书，包括四川高等法院第一分院民事判决书、璧山县政府兼理司法事务民事判决书、璧山县政府民事堂谕代判书、璧山县政府行政民事和解笔录、璧山县司法处刑事判决书、璧山地方法院刑事裁定等。

402. 璧山县司法处审理伙贸纠纷一案　12—8—396

1937年9月至1938年6月，璧山县司法处关于陈述清伙贸纠纷一案的文书，包括原被告提交璧山县政府的呈文、司法处执达员提交审判官的报告、审理笔录、民事公证、璧山县司法处民事和解笔录、送达回证等。

403. 璧山县司法处审理会银纠纷一案　12—8—397

1937年11月至1938年6月，璧山县司法处关于王蜀康会银纠纷一案的文书，王蜀康以程元发等人拖欠会银为由提起诉讼，要求程等人返还会银。该卷文书包括民事续状、审理笔录、民事保状、民事辩状、璧山县司法处训令、民事诉状等。

404. 璧山县法院审理租佃纠纷、债务纠纷两案　12—8—398

1934年10月至1935年6月，璧山县法院关于洪金山租佃纠纷、黎维新债务纠纷两案的文书，包括民事诉状、璧山县政府饬签、丹凤镇镇长提交璧山县县长的呈文、民事凭证、审理笔录、诉愿书、民事声明、璧山县政府训令、城南乡乡长提交璧山县县长的呈文等。

405. 四川高等法院第一分院、璧山县司法处审理会款纠纷一案　12—8—399

1937年4月至1938年2月，四川高等法院第一分院、璧山县司法处关于陈敬修会款纠纷一案的文书，包括璧山县司法处提交四川高等法院第一分院的呈文、审判官意见书、四川高等法院第一分院训令、璧山县政府兼理司法事务民事判决书等。

406. 四川高等法院第一分院、璧山县司法处审理会款纠纷等案　12—8—400

1936年5月至1938年8月，四川高等法院第一分院、璧山县司法处关于会款纠纷、债务纠纷、会账纠纷、继承纠纷等案的文书，包括璧山县政府提交四川高等法院第一分院的呈文、璧山县政府民事判决书、民事恳状、民事诉状、四川高等法院第一分院训令、民事领状、四川高等法院第一分院民事第二审判决书、司法处执达员提交审判官的报告等。

407. 璧山县司法处审理债务纠纷两案　12－8－401

1937 年 5 月至 1937 年 10 月，璧山县司法处关于黄绍钦债务纠纷、甘伟银债务纠纷两案的文书，包括民事诉状、司法处执达员提交审判官的报告、民事委任状、审理笔录等。

408. 四川高等法院第一分院审理买卖田业纠纷一案　12－8－402

1937 年 5 月至 1938 年 3 月，四川高等法院第一分院关于周显厚买卖田业纠纷一案的文书，包括四川高等法院第一分院训令、璧山县司法处提交四川高等法院第一分院的呈文、民事恳状、民事抗告书、四川高等法院第一分院裁定、民事诉状、民事公证、民事委状、讯问笔录、民事辩状、宣告判决笔录、四川高等法院第一分院民事判决书等。

409. 四川高等法院第一分院、璧山县司法处审理债务纠纷、买卖田业纠纷两案　12－8－403

1937 年 2 月至 1938 年 8 月，四川高等法院第一分院、璧山县司法处关于张聘之债务纠纷、周显厚买卖田业纠纷两案的文书，包括民事诉状、民事凭证、审理笔录、司法处执达员提交审判官的报告、璧山县政府兼理司法事务民事判决书、璧山县司法处提交四川高等法院第一分院的呈文、四川高等法院第一分院训令等。

410. 璧山县法院审理经界纠纷一案　12－8－404

1937 年 4 月至 1937 年 5 月，璧山县法院关于鲍俊卿经界纠纷一案的文书，鲍俊卿以欧连三侵占自家土地且砍伐其竹林为由提起诉讼，要求法院维护自身利益。该卷文书包括民事诉状、民事展限状、民事辩状、审理笔录等。

411. 璧山县司法处审理会款纠纷、典当纠纷两案　12－8－405

1937 年 12 月至 1938 年 1 月，璧山县司法处关于何刘氏会款纠纷、甘炳臣典当纠纷两案的文书，包括民事诉状、民事辩状等。

412. 四川高等法院第一分院、璧山县司法处审理租谷纠纷、租佃纠纷两案　12—8—406

1937年3月至1937年12月，四川高等法院第一分院、璧山县司法处关于王月波租谷纠纷、胡陈氏租佃纠纷两案的文书，包括民事诉状、司法处执达员提交审判官的报告、审理笔录、民事续诉状、四川高等法院第一分院训令、讯问笔录、宣告判决笔录等。

413. 璧山县法院审理债务纠纷一案　12—8—407

1937年7月，璧山县法院关于胡林甫债务纠纷一案的文书，黄绍清以胡林甫拖欠债款为由提起诉讼，要求胡偿还债务。该卷文书包括诉愿书、民事保状、璧山县政府兼理司法事务民事判决书、民事辩状、审理笔录等。

414. 璧山县司法处审理会银纠纷一案　12—8—408

1937年12月至1938年6月，璧山县司法处关于刘炳林会银纠纷一案的文书，刘炳林以赖克昌等人未能履行会务为由提起诉讼，要求其返还会银。该卷文书包括民事诉状、审理笔录、璧山县司法处民事和解笔录、民事辩状、民事凭证等。

415. 璧山县司法处审理租佃纠纷执行一案　12—8—409

1938年4月至1938年7月，璧山县司法处关于王海洲租佃纠纷执行一案的文书，包括民事执行状、司法处执达员提交审判官的报告、民事呈状、璧山县司法处训令、民事保状等。

416. 四川高等法院第一分院、璧山县司法处审理押银纠纷等三案　12—8—410

1938年1月至1938年4月，四川高等法院第一分院、璧山县司法处关于欧树成押银纠纷、江国林债务纠纷、张继良会款纠纷等三案的文书，包括民事诉状、民事领状、鹿鸣乡联保主任提交璧山县司法处的呈文、四川高等法院第一分院民事裁定、璧山县司法处提交四川高等法院第一分院的呈文、四川高等法院第一分院裁定、四川高等法院第一分院训令、四川高等法院第一分院民事第二审判决书等。

417. 四川高等法院第一分院、璧山县司法处审理债务纠纷等案　12—8—411

1937年11月至1938年3月，四川高等法院第一分院、璧山县司法处关于债务纠纷、租佃纠纷、会项纠纷等案的文书，包括四川高等法院第一分院民事判决书、四川高等法院第一分院民事第二审判决书、璧山县司法处民事判决书、璧山县司法处民事和解笔录等。

418. 璧山县司法处审理会款纠纷一案　12－8－412

1939 年 4 月，璧山县司法处关于汪南轩会款纠纷一案的文书，包括民事执行状、璧山县司法处饬签等。

419. 璧山县司法处审理会款纠纷一案　12－8－413

1938 年 12 月至 1939 年 2 月，璧山县司法处关于汪南轩会款纠纷一案的文书，汪南轩等人认为李王氏未能履行约定，提起诉讼要求李偿还会银。该卷文书包括民事诉状、审理笔录、民事辩状、璧山县司法处民事和解笔录等。

420. 四川高等法院第一分院、璧山县司法处审理债务纠纷、会银纠纷两案　12－8－414

1937 年 5 月至 1938 年 1 月，四川高等法院第一分院、璧山县司法处关于李银安债务纠纷、郑蔡氏会银纠纷两案的文书，包括民事诉状、马嘶镇联保主任提交璧山县司法处的呈文、民事反诉状、璧山县司法处训令、四川高等法院第一分院训令、璧山县司法处提交四川高等法院第一分院的呈文等。

421. 璧山县司法处审理典当纠纷、债务纠纷两案　12－8－415

1938 年 1 至 4 月，璧山县司法处关于曹孙氏典当纠纷、刘锡三债务纠纷两案的文书，包括民事诉状、璧山县司法处牌告、璧山县司法处谕等。

该档案还包括 1938 年 11 月，福禄镇普济寺初级小学校长、来凤镇八柏村初级小学校长等人与璧山县县长关于校歌的公函等。

422. 四川高等法院第一分院、璧山县司法处审理债务纠纷一案　12－8－416

1938 年 12 月至 1939 年 5 月，四川高等法院第一分院、璧山县司法处关于甘炳安债务纠纷一案的文书，包括璧山县司法处提交四川高等法院第一分院的呈文、四川高等法院第一分院训令、璧山县司法处与四川高等法院第一分院书记室的往来公函、璧山县司法处民事判决书、司法处执达员提交审判官的报告等。

423. 四川高等法院第一分院审理债务纠纷一案　12－8－417

1938 年 11 月至 1939 年 3 月，四川高等法院第一分院关于刘实甫债务纠纷一案的文书，刘实甫以张孙氏拖欠借款为由提起诉讼，要求张偿还债务。该卷文书包括璧山县司法处提交四川高等法院第一分院的呈文、四川高等法院第一分院训令、四川高等法院第一分院民事判决书等。

424. 璧山县司法处审理请求存查等三案　12—8—418

1938年5月至1939年4月，璧山县司法处关于江贯之请求存查案、汪南轩会款纠纷、贺炳森债务纠纷三案的文书，包括民事存查书、璧山县司法处训令、司法处执达员提交审判官的报告、四川高等法院第一分院民事裁定、璧山县司法处民事判决书等。

425. 璧山县司法处审理债务纠纷一案　12—8—419

1938年3月至1938年11月，璧山县司法处关于胡云清债务纠纷一案的文书，包括民事诉状、民事保状、审理笔录、璧山县司法处民事和解笔录、民事声请书、司法处执达员提交审判官的报告、澄江镇第一保保长提交司法处的呈文等。

426. 璧山县司法处审理债务纠纷一案　12—8—420

1938年6月至1939年4月，璧山县司法处关于王九成债务纠纷一案的文书，包括民事诉状、璧山县司法处支付命令、司法处执达员提交审判官的报告、民事异议状、民事执行状、审理笔录、璧山县司法处民事判决书、璧山县司法处牌告、民事保状等。

427. 璧山县司法处审理债务执行一案　12—8—421

1938年12月至1939年5月，璧山县司法处关于张绍基债务执行一案的文书，包括民事执行状、司法处执达员提交审判官的报告、民事声请书、璧山县司法处牌告、民事认状、民事缴状、璧山县司法处训令、民事诉状等。

428. 璧山县司法处审理债务纠纷一案　12—8—422

1938年10月至1938年12月，璧山县司法处关于刘海廷债务纠纷一案的文书，刘海廷以林炳章等人故意拖欠借款为由提起诉讼，要求林等人偿还债务。该卷文书包括民事诉状、民事答辩状、审理笔录、璧山县司法处民事判决书、民事凭证等。

429. 四川高等法院第一分院审理佃权纠纷一案　12—8—423

1938年10月至1939年1月，四川高等法院第一分院关于王启良佃权纠纷一案的文书，包括璧山县司法处提交四川高等法院第一分院的呈文、民事诉状、四川高等法院第一分院训令、四川高等法院第一分院裁定、民事缴状、审理笔录、宣告判决笔录、四川高等法院第一分院民事判决书等。

430. 璧山县司法处审理要求赔偿一案　12－8－424

1938年5月至1938年9月，璧山县司法处关于龙长发要求赔偿一案的文书，龙长发曾与郑文钦等人在鱼塘、土地租佃问题上产生纠纷并诉诸法庭，如今龙长发要求郑等人赔偿其因诉讼而损失的费用。该卷文书包括民事诉状、审理笔录、民事呈状、璧山县司法处训令、来凤镇联保主任提交璧山县司法处的呈文等。

431. 四川高等法院第一分院审理租佃纠纷上诉一案　12－8－425

1938年8月至1938年10月，四川高等法院第一分院关于胡绍镐租佃纠纷上诉一案的文书，包括民事再审状、四川高等法院第一分院裁定、四川高等法院第一分院训令、璧山县司法处提交四川高等法院第一分院的呈文、民事诉状、四川高等法院第一分院民事裁定等。

432. 四川高等法院第一分院审理租谷纠纷一案　12－8－426

1938年3月至1938年7月，四川高等法院第一分院关于胡绍镐租谷纠纷一案的文书，包括璧山县司法处提交四川高等法院第一分院的呈文、四川高等法院第一分院训令、四川高等法院第一分院裁定、民事诉状、审讯笔录、民事委状、宣告判决笔录、四川高等法院第一分院民事判决书、民事抗告书等。

433. 璧山县司法处审理债权纠纷一案　12－8－427

1938年9月至1939年1月，璧山县司法处关于刘鸿群债权纠纷一案的文书，包括民事诉状、审理笔录、民事保状、璧山县司法处民事判决书、送达证书、司法处执达员提交审判官的报告、民事执行状、民事凭证等。

434. 璧山县司法处审理债务纠纷一案　12－8－428

1938年10月至1939年5月，璧山县司法处关于张金盛债务纠纷一案的文书，包括张金盛提交璧山县县长的呈文、司法处执达员提交审判官的报告、审理笔录、璧山县司法处民事判决书、送达证书等。

435. 璧山县司法处审理租佃纠纷一案　12－8－429

1938年10月至1939年1月，璧山县司法处关于刘天培租佃纠纷一案的文书，刘尊三认为刘天培在租佃土地给自己的时候有欺骗押金的嫌疑，故提起上诉要求刘天培偿还押银。该卷文书包括被告刘天培提交璧山县第三区区长的呈文、原告刘尊三提交璧山县第三区区长的呈文等。

436. 璧山县司法处审理典当纠纷一案　12－8－430

1938 年 7 月至 1938 年 10 月，璧山县司法处关于陈炳兴典当纠纷一案的文书，包括民事诉状、民事补状、民事辩状、审理笔录、送达证书、璧山县司法处训令等。

437. 璧山县司法处审理申请存查一案　12－8－431

1938 年 9 月，璧山县司法处关于沈周氏申请存查一案的文书，沈周氏为防止自己的财产被人侵夺而向法院申请备案存查。该卷文书包括民事存查状等。

438. 最高法院、四川高等法院第一分院审理求偿债务并声请诉讼救助一案　12－8－432

1938 年 3 月至 1938 年 8 月，最高法院、四川高等法院第一分院关于曹重光求偿债务并声请诉讼救助一案的文书，包括民事声请书、四川高等法院第一分院民事裁定、四川高等法院第一分院训令、璧山县司法处提交四川高等法院第一分院的呈文、四川高等法院第一分院发往最高法院的公函、最高法院民事裁定等。

439. 璧山县司法处审理债务纠纷一案　12－8－433

1938 年 9 月至 12 月，璧山县司法处关于谭海云债务纠纷一案的文书，丁银舟以谭海云拖欠债款为由提起诉讼，要求谭偿还债务。该卷文书包括丁银舟提交璧山县司法处的呈文、审理笔录、司法处执达员提交审判官的报告等。

440. 四川高等法院第一分院审理债务纠纷一案　12－8－434

1939 年 1 月至 1939 年 6 月，四川高等法院第一分院关于何子敬债务纠纷一案的文书，包括璧山县司法处提交四川高等法院第一分院的呈文、四川高等法院第一分院训令、四川高等法院第一分院民事裁定、民事诉状、司法处执达员提交审判官的报告等。

441. 最高法院、四川高等法院第一分院审理债务执行一案　12－8－435

1938 年 12 月至 1940 年 1 月，最高法院、四川高等法院第一分院关于严鑫荣债务执行一案的文书，包括四川高等法院第一分院训令、最高法院民事裁定、民事领状等。

442. 璧山县司法处审理会款纠纷一案　12－8－436

1938 年 12 月至 1939 年 4 月，璧山县司法处关于陈建侯会款纠纷一案的文书，包括民事诉状、民事答辩状、审理笔录、送达证书、璧山县司法处民事和解笔录、民事执行状、民事抗告书、璧山县司法处民事判决书、璧山县司法处民事裁定书等。

443. 璧山县司法处审理要求赔偿一案　12－8－437

1938年11月至1939年1月，璧山县司法处关于周裕祥要求赔偿一案的文书，周裕祥曾与贺特生等人因会款纠纷一事打过官司，如今周要求贺等人赔偿自己因诉讼而造成的经济损失。该卷文书包括民事诉状、璧山县司法处民事裁定等。

444. 璧山县司法处审理会款纠纷一案　12－8－438

1938年11月至1939年3月，璧山县司法处关于陈正芳会款纠纷一案的文书，包括民事诉状、民事扣押状、民事辩状、审理笔录、璧山县司法处民事判决书、送达证书、璧山县司法处民事裁定书等。

445. 璧山县司法处审理业价纠纷一案　12－8－439

1938年3月至1938年7月，璧山县司法处关于虞建臣业价纠纷一案的文书，虞建臣与张谢氏在做买卖过程中因业价产生纠纷。该卷文书包括民事诉状、民事展限状、司法处执达员提交审判官的报告、民事辩状、审理笔录、璧山县司法处民事和解笔录、民事抗告书、璧山县司法处民事判决书、送达证书等。

446. 璧山县司法处审理押银纠纷一案　12－8－440

1938年1月至1938年4月，璧山县司法处关于张树明押银纠纷一案的文书，张树明借给张海云金钱时由陈怀山做担保人，后张海云外出不归，张树明向陈怀山索要押银遭拒后提起诉讼。该卷文书包括民事诉状、审理笔录、璧山县司法处民事判决书等。

447. 璧山县司法处审理盗窃寄藏赃物并诈骗一案　12－8－441

1938年9月至1938年10月，璧山县司法处关于严银光等人盗窃寄藏赃物并诈骗一案的文书，包括璧山县司法处公函、民事保状、审理笔录、民事诉状、民事抗告书、璧山县司法处民事判决书、送达证书等。

448. 璧山县司法处审理债务纠纷一案　12－8－442

1938年12月至1939年8月，璧山县司法处关于朱银康债务纠纷一案的文书，包括民事诉状、民事辩状、审理笔录、璧山县司法处训令、兴隆乡联保主任提交璧山县司法处的呈文、民事续状等。

449. 四川高等法院第一分院审理租佃纠纷一案　12－8－443

1938年6月至1938年10月，四川高等法院第一分院关于张德荣租佃纠纷一案的文书，包括璧山县司法处提交四川高等法院第一分院的呈文、四川高等法院第一分院民事裁定、四川高等法院第一分院训令、民事诉状、民事附带诉状、审理笔录等。

450. 四川高等法院第一分院审理会款纠纷一案　12－8－444

1938年8月至1938年11月，四川高等法院第一分院关于王德三会款纠纷一案的文书，包括璧山县司法处提交四川高等法院第一分院的呈文、民事诉状、四川高等法院第一分院裁定、四川高等法院第一分院训令、民事理由书、讯问笔录、宣告判决笔录、四川高等法院第一分院民事判决书等。

451. 璧山县司法处、璧山实验地方法院等审理债务纠纷、会款纠纷两案　12－8－445

1937年12月至1947年5月，璧山县司法处、璧山实验地方法院等关于刘天培等与璧山县银行债务纠纷、周海林会款纠纷两案的文书，包括璧山实验地方法院民事判决书、审理笔录、民事辩状等。

452. 四川高等法院第一分院审理租佃纠纷一案　12－8－446

1938年8月至1938年11月，四川高等法院第一分院关于杨汉臣租佃纠纷一案的文书，包括璧山县司法处提交四川高等法院第一分院的呈文、四川高等法院第一分院训令、四川高等法院第一分院裁定、民事诉状、民事辩状、审理笔录、四川高等法院第一分院民事裁定等。

453. 四川高等法院第一分院、璧山县司法处审理租佃纠纷一案　12－8－447

1936年2月至1939年4月，四川高等法院第一分院、璧山县司法处关于杨汉臣租佃纠纷一案的文书，包括民事诉状、审理笔录、民事保状、民事执行状、民事辩状、璧山县司法处民事判决书、民事声请书、璧山县司法处提交四川高等法院第一分院的呈文、四川高等法院第一分院训令、四川高等法院第一分院民事裁定、司法处执达员提交审判官的报告等。

454. 璧山县司法处审理典当纠纷一案　12－8－448

1938年7月，璧山县司法处关于陈蔡氏典当纠纷一案的文书，包括民事诉状、正心镇第十七保保长提交璧山县司法处的呈文、审理笔录、民事和解书等。

455. 璧山县司法处审理业权纠纷一案　12－8－449

1938 年 7 月至 1938 年 10 月，璧山县司法处关于彭海全业权纠纷一案的文书，包括民事诉状、民事辩状、审理笔录、三教乡联保主任提交璧山县司法处的呈文、璧山县司法处民事裁定、送达证书、璧山县司法处民事和解笔录等。

456. 四川高等法院第一分院审理产业纠纷一案　12－8－450

1938 年 11 月至 1939 年 3 月，四川高等法院第一分院关于邱汪氏产业纠纷一案的文书，包括璧山县司法处提交四川高等法院第一分院的呈文、民事声请书、四川高等法院第一分院训令、四川高等法院第一分院裁定、四川高等法院第一分院民事裁定等。

457. 四川高等法院第一分院审理会款纠纷一案　12－8－451

1939 年 3 月至 1939 年 4 月，四川高等法院第一分院关于陈正芳会款纠纷一案的文书，包括璧山县城南乡乡公所训令、璧山县司法处提交四川高等法院第一分院的呈文、民事诉状、四川高等法院第一分院民事裁定等。

458. 璧山县司法处审理会款纠纷一案　12－8－452

1938 年 12 月至 1939 年 3 月，璧山县司法处关于张金城会款纠纷一案的文书，张金城等人以周席珍未能履行会务为由提起诉讼，要求周返还会款。该卷文书包括民事诉状、审理笔录、民事辩状、司法处执达员提交审判官的报告等。

459. 四川高等法院第一分院审理押银纠纷一案　12－8－453

1938 年 5 月至 1938 年 9 月，四川高等法院第一分院关于严方全押银纠纷一案的文书，包括璧山县司法处提交四川高等法院第一分院的呈文、四川高等法院第一分院训令、四川高等法院第一分院民事裁定等。

460. 最高法院、四川高等法院第一分院、璧山县司法处审理要求确认分约无效及退换祠谷一案　12－8－454

1937 年 11 月至 1938 年 12 月，最高法院、四川高等法院第一分院、璧山县司法处关于龙银轩要求确认分约无效及退换祠谷一案的文书，包括四川高等法院第一分院与最高法院的往来公函、民事诉状、四川高等法院第一分院裁定、民事理由书、四川高等法院第一分院训令、民事救助状、民事催请状、璧山县司法处提交四川高等法院第一分院的呈文、民事答辩状、最高法院民事裁定等。

461. 四川高等法院第一分院、璧山县司法处审理押银纠纷一案　12－8－455

1938年12月至1939年6月，四川高等法院第一分院、璧山县司法处关于陈万盛押银纠纷一案的文书，包括璧山县司法处提交四川高等法院第一分院的呈文、四川高等法院第一分院训令、四川高等法院第一分院民事裁定、民事诉状、审理笔录、璧山县司法处民事判决书等。

462. 四川高等法院第一分院审理押银纠纷一案　12－8－456

1939年3月至1939年4月，四川高等法院第一分院关于陈万盛押银纠纷一案的文书，包括璧山县司法处提交四川高等法院第一分院的呈文、民事诉状、四川高等法院第一分院民事裁定等。

463. 四川高等法院第一分院、璧山县司法处审理租佃纠纷及其上诉一案　12－8－457

1938年4月至1939年1月，四川高等法院第一分院、璧山县司法处关于徐福荣租佃纠纷及其上诉一案的文书，包括璧山县司法处提交四川高等法院第一分院的呈文、民事诉状、四川高等法院第一分院训令、四川高等法院第一分院裁定、四川高等法院第一分院民事裁定、璧山县司法处民事和解笔录、民事声请书、民事辩状、审理笔录、民事公证、璧山县司法处民事判决书等。

464. 铜梁县司法处函请璧山县司法处代传钱杨氏等一案　12－8－458

1938年2月，铜梁县司法处函请璧山县司法处代传钱杨氏等一案的文书，包括铜梁县司法处与璧山县司法处的往来公函等。

465. 巴县地方法院、璧山县司法处审理会款纠纷一案　12－8－459

1938年1月至1938年8月，巴县地方法院、璧山县司法处关于雷天泽会款纠纷一案的文书，包括民事诉状、审理笔录、民事委任状、民事辩状、民事保状、司法处执达员提交审判官的报告、璧山县司法处算账笔录、民事和解书、巴县地方法院民事裁定等。

466. 璧山县司法处审理会款再审一案　12－8－460

1938年10月至1939年1月，璧山县司法处关于冯万氏会款再审一案的文书，包括民事诉状、审理笔录、民事辩状、司法处书记官提交审判官的报告、璧山县司法处核对笔录、民事领状、璧山县司法处民事判决书、送达证书等。

467. 璧山县司法处审理会款纠纷一案　12－8－461

1938年3月，璧山县司法处关于凌秉之会款纠纷一案的文书，凌秉之参加了凌炳钦所办的公益会，之后凌炳钦退出该会外出经商，公益会由凌秉之管理，如今凌炳钦返回家乡要求凌秉之给付会银，凌秉之因此提起诉讼要求法院维护自身利益。该卷文书包括民事诉状等。

468. 璧山县司法处审理典当纠纷一案　12－8－462

1938年8月至1938年9月，璧山县司法处关于邓郑氏典当纠纷一案的文书，包括民事呈状、审理笔录、民事辩状、璧山县司法处民事判决书、送达证书民事领状等。

469. 璧山县司法处审理会款纠纷一案　12－8－463

1938年9月至1938年10月，璧山县司法处关于周谢氏会款纠纷一案的文书，周谢氏以蔡金盛未能履行约定为由提起诉讼，要求蔡返还会款。该卷文书包括民事诉状、审理笔录、民事辩状、璧山县司法处民事判决书、送达证书等。

470. 璧山县司法处审理典当纠纷一案　12－8－464

1938年12月至1939年1月，璧山县司法处关于刘兴安典当纠纷一案的文书，包括民事诉状、璧山镇第七保保长提交璧山县司法处的呈文、璧山县司法处民事裁定、送达证书等。

471. 四川高等法院第一分院审理押金纠纷一案　12－8－465

1938年8月至1939年1月，四川高等法院第一分院关于曾银洲押金纠纷一案的文书，包括璧山县司法处提交四川高等法院第一分院的呈文、民事诉状、四川高等法院第一分院裁定、四川高等法院第一分院训令、审讯笔录、民事委状、宣告判决笔录、四川高等法院第一分院民事裁定等。

472. 璧山县司法处审理租赁押金纠纷一案　12－8－466

1938年2月至1938年9月，璧山县司法处关于曾银洲租赁押金纠纷一案的文书，包括民事诉状、民事辩状、司法处执达员提交审判官的报告、审理笔录、民事公证、民事委状、璧山县司法处民事判决书、送达证书、民事呈状等。

473. 璧山县司法处审理债务执行一案　12－8－467

1938年5月至1938年7月，璧山县司法处关于殷李氏债务执行一案的文书，包括民事诉状、审理笔录、璧山县司法处民事和解笔录、民事缴状、司法处执达员提交审判官的报告、送达证书等。

474. 璧山县司法处审理会款纠纷两案　12—8—468

1938年12月至1939年6月,璧山县司法处关于巫维周会款纠纷、张纯一会款纠纷两案的文书,包括民事诉状、审理笔录、司法处执达员提交审判官的报告、璧山县司法处民事判决书、送达证书等。

475. 璧山县司法处审理析产存查一案　12—8—469

1938年12月,璧山县司法处关于吴彭氏析产存查一案的文书,吴彭氏将自己财产分割,其中一份留给将要出嫁的女儿,为防日后引发家庭纠纷,特向法院申请将此备案存查。该卷文书包括民事存查书等。

476. 四川高等法院第一分院、璧山县司法处审理债务纠纷一案　12—8—470

1937年6月至1938年4月,四川高等法院第一分院、璧山县司法处关于郭佐臣债务纠纷一案的文书,包括四川高等法院第一分院训令、璧山县司法处提交四川高等法院第一分院的呈文、璧山县政府兼理司法事务民事判决书、四川高等法院第一分院民事判决书等。

477. 璧山县司法处审理会款纠纷一案　12—8—471

1938年10月至1938年12月,璧山县司法处关于高清云会款纠纷一案的文书,包括民事诉状、司法处执达员提交审判官的报告、民事辩状、审理笔录、璧山县司法处民事和解笔录、送达证书等。

478. 璧山县司法处审理佃权纠纷一案　12—8—472

1938年8月至1938年12月,璧山县司法处关于雷在中佃权纠纷一案的文书,包括民事诉状、司法处执达员提交审判官的报告、民事辩状、审理笔录、璧山县司法处民事判决书、送达证书等。

479. 璧山县司法处审理要求赔偿损失一案　12—8—473

1938年9月至1938年11月,璧山县司法处关于萧炳轩要求吴克勤赔偿损失一案的文书,吴克勤因与萧发生租佃纠纷而毁坏其农田、家产,萧提起诉讼要求吴赔偿损失。该卷文书包括民事诉状、审理笔录、民事辩状、民事证明书等。

480. 璧山县司法处审理租谷纠纷一案　12－8－474

1938年11月至1939年2月，璧山县司法处关于罗王氏租谷纠纷一案的文书，包括民事诉状、审理笔录、民事反诉状、民事公证状、璧山县司法处训令、璧山县第一区蒲元乡联保主任提交璧山县司法处的呈文、租佃凭证等。

481. 璧山县司法处审理典当纠纷一案　12－8－475

1938年5月至1938年8月，璧山县司法处关于甘平林典当纠纷一案的文书，包括民事诉状、民事辩状、审理笔录、临江乡联保主任提交璧山县司法处的呈文、民事理由书、璧山县司法处民事判决书、送达证书等。

482. 璧山县司法处及地方法院审理会款纠纷等案　12－8－476

1935年9月至1948年10月，璧山县司法处及地方法院关于会款纠纷、租佃纠纷、押银纠纷、债务纠纷、婚姻纠葛等案的文书，包括璧山地方法院民事判决书、璧山县政府民事判决书、审理笔录、璧山县农业推广所指令等。

483. 四川高等法院第一分院、璧山县司法处审理租佃纠纷一案　12－8－477

1938年7月至1940年11月，四川高等法院第一分院、璧山县司法处关于向金盛租佃纠纷一案的文书，包括璧山县司法处提交四川高等法院第一分院的呈文、民事诉状、四川高等法院第一分院训令、四川高等法院第一分院裁定、民事答辩状、四川高等法院第一分院民事判决书、审理笔录、宣告判决笔录、璧山县司法处民事判决书等。

484. 璧山县司法处审理债务纠纷一案　12－8－478

1938年11月至1939年1月，璧山县司法处关于汪林轩债务纠纷一案的文书，汪林轩以王炳清等人拖欠借款为由提起诉讼，要求王等人偿还债务。该卷文书包括民事诉状、审理笔录、民事辩状、璧山县司法处训令等。

485. 璧山县司法处审理租谷纠纷一案　12－8－479

1938年12月至1939年5月，璧山县司法处关于周炳辉租谷纠纷一案的文书，周炳辉将土地佃与戴炳全，但戴炳全拖欠租谷，故周炳辉提起诉讼要求戴缴纳租谷。该卷文书包括民事诉状、审理笔录、民事续状、璧山县司法处民事判决书、璧山县司法处民事裁定等。

486. 璧山县司法处审理声请破产一案　12—8—480

1938年7月,璧山县司法处关于赵炳荣声请破产一案的文书,赵炳荣因无力偿还债务而向法院提出破产申请。该卷文书包括民事声请书、债权人姓名数目列表等。

487. 璧山县司法处审理债务纠纷一案　12—8—481

1938年8月至1939年5月,璧山县司法处关于甘栋臣债务纠纷一案的文书,包括民事诉状、民事辩状、审理笔录、民事恳状、璧山县司法处训令、民事续状、璧山县司法处民事判决书、送达证书、璧山县司法处民事裁定等。

488. 璧山县司法处审理声请破产一案　12—8—482

1938年4月,璧山县司法处关于蒋广渊声请破产一案的文书,蒋广渊以无力偿还债务为由提出破产申请。该卷文书包括民事诉状、民事辩状、审理笔录等。

489. 四川高等法院第一分院、璧山县司法处审理债权纠纷等三案　12—8—483

1937年9月至1938年11月,四川高等法院第一分院、璧山县司法处关于徐述平债权纠纷、姜生荣债务纠纷、李炳生会款纠纷三案的文书,包括民事辩状、民事诉状、璧山县司法处训令、会兴乡联保主任提交璧山县司法处的呈文、璧山县司法处牌告、民事声请书、四川高等法院第一分院训令、司法处执达员提交审判官的报告、民事缴状等。

490. 四川高等法院第一分院、璧山县司法处、璧山地方法院审理会款纠纷等三案　12—8—484

1938年1月至1942年5月,四川高等法院第一分院、璧山县司法处、璧山地方法院关于龙廷坤会款纠纷、冯辉先遗弃原配案、李炳生会款纠纷三案的文书,包括民事诉状、璧山地方法院检察官不起诉处分书、璧山县司法处执达员提交审判官的报告、璧山县司法处提交四川高等法院第一分院的呈文、四川高等法院第一分院训令等。

491. 四川高等法院第一分院审理租佃纠纷一案　12—8—485

1938年9月至1938年11月,四川高等法院第一分院关于邹有光租佃纠纷一案的文书,包括民事诉状、民事委任状、四川高等法院第一分院训令、璧山县司法处提交四川高等法院第一分院的呈文、审理笔录等。

492. 璧山县司法处审理租佃纠纷、债务纠纷两案　12—8—486

1936年9月至1938年7月,璧山县司法处关于徐述平租佃纠纷、李森之债务纠纷两案的文书,包括民事诉状、璧山县司法处谕、民事具状、民事续诉状、璧山县政府朱谕、诉愿书等。

493. 璧山县司法处审理会款纠纷一案　12—8—487

1938年3月至1938年12月,璧山县司法处关于刘新之会款纠纷一案的文书,包括民事诉状、审理笔录、璧山县司法处民事和解笔录、司法处执达员提交审判官的报告、民事保状、民事添传状、民事执行状等。

494. 璧山县司法处审理会款纠纷执行一案　12—8—488

1938年12月至1939年3月,璧山县司法处关于林恕五会款纠纷执行一案的文书,林恕五以蔡黎氏等人未能履行会务为由提起诉讼,要求其偿还会款,法院判定蔡黎氏尽快偿还后蔡等人借故拖延,林恕五要求法院强制执行。该卷文书包括司法处执达员提交审判官的报告、民事诉状等。

495. 四川高等法院第一分院、璧山县司法处审理租金纠纷、租佃纠纷两案　12—8—489

1937年12月至1938年8月,四川高等法院第一分院、璧山县司法处关于黄桂廷租金纠纷、刘荣清租佃纠纷两案的文书,包括民事缴状、璧山县司法处提交四川高等法院第一分院的呈文、四川高等法院第一分院训令、四川高等法院第一分院裁定、民事诉状、民事催状、民事展限状、司法处执达员提交审判官的报告等。

496. 璧山县司法处审理会款纠纷两案　12—8—490

1938年7月至1938年8月,璧山县司法处关于邓田氏会款纠纷、王蜀康会款纠葛两案的文书,包括民事保状、民事执行状、民事和解书等。

497. 璧山县司法处审理会款纠纷一案　12—8—491

1938年7月至1939年4月,璧山县司法处关于江国辉会款纠纷一案的文书,包括民事诉状、民事委任状、审理笔录、民事辩状、民事被传状、璧山县司法处民事判决书、璧山县司法处民事裁定、送达证书等。

498. 四川高等法院第一分院、璧山县司法处审理会款纠纷一案　12—8—492

1938年8月至1938年10月,四川高等法院第一分院、璧山县司法处关于谷静山会款纠纷一案的文书，包括璧山县司法处提交四川高等法院第一分院的呈文、审判官意见书、民事抗告书、四川高等法院第一分院民事裁定、四川高等法院第一分院训令等。

499. 四川高等法院第一分院审理债务纠纷一案　12－8－493

1938 年 9 月至 1939 年 1 月，四川高等法院第一分院关于谢春林债务纠纷一案的文书，包括璧山县司法处提交四川高等法院第一分院的呈文、民事诉状、四川高等法院第一分院裁定、四川高等法院第一分院训令、四川高等法院第一分院民事裁定等。

500. 璧山县司法处审理债务纠纷一案　12－8－494

1938 年 1 月至 1939 年 1 月，璧山县司法处关于刘炳泰债务纠纷一案的文书，包括民事诉状、审理笔录、璧山县司法处民事判决书、司法处执达员提交审判官的报告、民事执行状、民事请查封状、璧山县司法处训令、璧山县司法处查封笔录等。

501. 璧山县司法处审理租佃纠纷一案　12－8－495

1938 年 7 月至 1938 年 8 月，璧山县司法处关于黄锡林租佃纠纷一案的文书，包括民事诉状、民事辩状、审理笔录、璧山县司法处民事判决书、送达证书、租佃凭证等。

502. 璧山县司法处审理债务纠纷一案　12－8－496

1938 年 11 月至 1939 年 1 月，璧山县司法处关于黄玉成债务纠纷一案的文书，包括民事诉状、司法处执达员提交审判官的报告、璧山县司法处牌告、审理笔录、民事呈状、璧山县司法处民事判决书、送达证书等。

503. 璧山县司法处审理申请存查一案　12－8－497

1938 年 1 月，璧山县司法处关于温辑五申请存查一案的文书，温辑五租佃姜子均土地时缴纳了数百元押金，为防欺诈特申请法院立案备查。该卷文书包括民事声请书等。

504. 璧山县司法处审理佃银纠纷一案　12－8－498

1938 年 3 月至 1938 年 12 月，璧山县司法处关于赵荣安佃银纠纷一案的文书，赵荣安租佃冯银宣等人的土地时遭到欺骗，押银被冯等人扣留，赵提起诉讼要求冯返还押银。该卷文书包括民事诉状、审理笔录、璧山县司法处民事判决书、送达证书等。

505. 最高法院、四川高等法院第一分院审理争夺优先承买权一案　12－8－499

1938年7月至1939年1月，最高法院、四川高等法院第一分院关于宋海林优先承买权纠纷一案的文书，包括璧山县司法处与四川高等法院第一分院的往来公函、最高法院民事判决书、四川高等法院第一分院训令、四川高等法院第一分院民事判决书等。

506. 四川高等法院第一分院、璧山县司法处审理经界纠纷一案　12－8－500

1938年9月至1940年2月，四川高等法院第一分院、璧山县司法处关于罗绍文经界纠纷一案的文书，包括民事诉状、四川高等法院第一分院民事判决书、审理笔录、民事辩状、璧山县司法处民事和解笔录、民事公证、璧山县司法处民事判决书、璧山县司法处民事裁定、璧山县司法处与四川高等法院第一分院的往来公函等。

507. 四川高等法院第一分院、璧山县司法处、璧山地方法院审理争夺水堰所有权一案　12－8－500－2

1939年2月至1940年3月，四川高等法院第一分院、璧山县司法处、璧山地方法院关于周受岐、罗绍文争夺水堰所有权一案的文书，包括四川高等法院第一分院与璧山地方法院的往来公函、民事再审状、四川高等法院第一分院民事裁定、四川高等法院第一分院民事判决书、民事诉状、四川高等法院第一分院训令、民事申诉状、民事附带上诉状、璧山县司法处提交四川高等法院第一分院的呈文、审理笔录、民事陈述书等。

508. 璧山县司法处审理典权纠纷一案　12－8－501

1938年6月至1938年7月，璧山县司法处关于王复盛典权纠纷一案的文书，包括民事反诉状、石龙乡联保主任提交璧山县司法处的呈文、审理笔录、民事诉状、璧山县司法处民事判决书、送达证书、司法处执达员提交审判官的报告等。

509. 四川高等法院第一分院审理房产纠纷抗告一案　12－8－502

1938年9月至1938年11月，四川高等法院第一分院关于李蓝氏房产纠纷抗告一案的文书，包括璧山县司法处提交四川高等法院第一分院的呈文、审判官意见书、民事抗告书、四川高等法院第一分院民事裁定、送达证书等。

510. 璧山地方法院审理押金纠纷一案　12－8－503

1940年5月至1940年6月，璧山地方法院关于朱泽舟押金纠纷一案的文书，包括璧山地方法院民事判决书、民事诉状、民事委任状、民事辩状、璧山县第二区会兴联保调解委员会提交地方法院的呈文、审理笔录、宣判笔录、民事声请书、璧山县司法处扣押裁定等。

511. 璧山县司法处审理会款纠纷一案　12－8－504

1938年6月至1938年8月，璧山县司法处关于蒋光耀会款纠纷一案的文书，江柏春以蒋光耀未能履行会务为由提起诉讼，要求蒋偿还会银。该卷文书包括民事诉状、审理笔录、民事辩状、民事委状等。

512. 璧山县司法处审理申请宣告失踪一案　12－8－505

1938年4月至1938年6月，璧山县司法处关于三余堂申请宣告失踪一案的文书，胡俊良等兄弟因生计艰难欲将父辈留下的土地典当，但因其三弟外出多年杳无音讯，故典当手续无法办理，胡等请求法院宣告其弟已经失踪，以便顺利办理典当手续。该卷文书包括民事声请书、璧山县司法处训令、河边镇联保主任提交司法处的呈文、司法处牌告等。

513. 璧山县司法处审理申请存查一案　12－8－506

1938年8月，璧山县司法处关于刘良善申请存查一案的文书，刘良善不慎遗失手中持有的一份契约，该契约可以证明其对祖上遗产的所有权，故刘申请法院将此备案存查，以防意外。该卷文书包括八塘镇联保主任提交璧山县政府的呈文一等。

514. 璧山县司法处审理声请破产一案　12－8－507

1938年5月至1938年7月，璧山县司法处关于邓均廷声请破产一案的文书，邓均廷无力偿还巨额债务故向法院申请破产。该卷文书包括民事诉状、璧山县司法处训令、债权人姓名数目列表、普兴镇联保主任提交璧山县司法处的呈文等。

515. 璧山县司法处审理货款纠纷一案　12－8－508

1938年7月至1938年8月，璧山县司法处关于徐银山货款纠纷一案的文书，徐银山以晏炳全诈骗货款为由提起诉讼，要求其尽快付清货款。该卷文书包括民事诉状、永川县第一区九龙乡联保主任提交璧山县司法处的呈文、审理笔录、司法处执达员提交审判官的报告、民事领状等。

516. 璧山县司法处审理请求存查一案　12－8－509

1938年8月，璧山县司法处关于尹伯高请求存查一案的文书，尹伯高借与皮宪书银钱数十元供其还赌债，后尹伯高担心皮宪书无意偿还债务而请求法院将此备案存查。该卷文书包括民事声请书等。

517. 璧山县司法处审理债务纠纷一案　12—8—510

1938年8月，璧山县司法处关于何荣廷债务纠纷一案的文书，何荣廷以吴周氏拖欠债款为由提起诉讼，要求法院扣押吴周氏的财产以便偿还债务。该卷文书包括民事诉状、璧山县司法处民事裁定、送达证书、璧山县司法处执行命令等。

518. 璧山县司法处审理债务纠纷一案　12—8—511

1938年6月至1938年7月，璧山县司法处关于程绍林债务纠纷一案的文书，程绍林以程荣盛等人恶意拖欠债款为由提起诉讼，要求其偿还债务。该卷文书包括民事诉状等。

519. 璧山县司法处审理祠产纠纷一案　12—8—512

1938年8月至1938年10月，璧山县司法处关于邓新周祠产纠纷一案的文书，邓新周家中的宗祠土地被邓春廷侵夺，邓新周提起诉讼要求法院维护自身利益，后双方经人调解和解。该卷文书包括民事诉状、民事辩状、审理笔录、司法处执达员提交审判官的报告、广兴乡联保主任提交璧山县司法处的呈文等。

520. 璧山县司法处审理要求膳银一案　12—8—513

1938年8月至1939年7月，璧山县司法处关于吕马氏要求膳银一案的文书，吕马氏家人遗留的膳银被族人吕玉章冒领贪污，吕马氏提起诉讼要求吕玉章返还膳银。该卷文书包括民事诉状、审理笔录、民事辩状、璧山县司法处民事判决书、送达证书、民事执行状、璧山县司法处饬签等。

521. 璧山县司法处审理典当纠纷一案　12—8—514

1938年7月至1938年8月，璧山县司法处关于伍炳荣典当纠纷一案的文书，包括民事诉状、民事公证、审理笔录、民事恳状等。

522. 璧山县司法处审理典当纠纷一案　12—8—515

1938年9月至1939年4月，璧山县司法处关于伍炳荣典当纠纷一案的文书，包括民事诉状、审理笔录、璧山县司法处民事和解笔录、民事执行状、民事续状等。

523. 四川高等法院第一分院、璧山县司法处审理债务纠纷一案　12－8－516

1938 年 8 月至 1939 年 7 月，四川高等法院第一分院、璧山县司法处关于冉曾氏债务纠纷一案的文书，包括璧山县司法处与四川高等法院第一分院的往来公函、审判官意见书、民事执行状、四川高等法院第一分院民事判决书等。

524. 四川高等法院第一分院、璧山县司法处审理债务纠纷一案　12－8－517

1938 年 5 月至 1939 年 3 月，四川高等法院第一分院、璧山县司法处关于冉曾氏债务纠纷一案的文书，包括璧山县司法处提交四川高等法院第一分院的呈文、四川高等法院第一分院训令、四川高等法院第一分院民事判决书、民事执行状、民事声请书、民事保状、审理笔录、民事再审状、璧山县司法处民事和解笔录、民事缴状、民事领状、民事抗告书等。

525. 璧山县司法处审理继承产业纠纷一案　12－8－518

1938 年 8 月至 1938 年 11 月，璧山县司法处关于刘培厚继承产业纠纷一案的文书，刘培厚兄弟在继承父亲遗留的财产时遭到刘自刚的阻挠与抢夺，刘培厚提起诉讼要求法院维护自身利益。该卷文书包括民事诉状、璧山县司法处民事裁定等。

526. 璧山县司法处审理租赁纠纷一案　12－8－519

1938 年 8 月至 1938 年 12 月，璧山县司法处关于李述宗租赁纠纷一案的文书，包括民事诉状、审理笔录、民事辩状、民事委任状、民事呈状、璧山县司法处民事和解笔录、民事领状等。

527. 四川高等法院第一分院、璧山县司法处审理会款纠纷一案　12－8－520

1939 年 3 月至 1939 年 7 月，四川高等法院第一分院、璧山县司法处关于江国辉会款纠纷一案的文书，包括璧山县司法处提交四川高等法院第一分院的呈文、四川高等法院第一分院训令、璧山县司法处民事判决书等。

528. 璧山县司法处审理会银纠纷一案　12－8－521

1938 年 4 月至 1939 年 1 月，璧山县司法处关于王制君会银纠纷一案的文书，王制君以吴希特拖欠会银为由提起诉讼，要求吴偿还会银。该卷文书包括民事诉状、璧山县司法处民事判决书、璧山县司法处民事裁定、民事辩状、民事执行状等。

529. 四川高等法院第一分院审理债务纠纷一案　12－8－522

1938 年 7 月至 1939 年 1 月，四川高等法院第一分院关于石金山债务纠纷一案的文书，包括璧山县司法处提交四川高等法院第一分院的呈文、四川高等法院第一分院训令、四川高等法院第一分院民事裁定等。

530. 四川高等法院第一分院、璧山县司法处审理债务纠纷一案 12—8—523

1938 年 7 月至 1938 年 9 月，四川高等法院第一分院、璧山县司法处关于石金山债务纠纷一案的文书，包括民事诉状、民事辩状、审理笔录、民事保状、民事续诉状、璧山县司法处民事判决书、送达证书、民事续状等。

531. 璧山县司法处审理妨害耕种一案 12—8—524

1937 年 12 月至 1938 年 12 月，璧山县司法处关于朱福安妨害耕种一案的文书，万金城与朱福安在租佃土地的过程中发生矛盾，朱福安借故妨害万耕种土地，万金城提起诉讼要求法院保护自己的利益。该卷文书包括民事诉状、审理笔录、璧山县司法处民事判决书等。

532. 璧山县司法处审理遗产纠葛一案 12—8—525

1938 年 12 月至 1939 年 2 月，璧山县司法处关于曾张氏遗产纠葛一案的文书，包括民事诉状、审理笔录、司法处执达员提交审判官的报告、璧山县司法处民事判决书、民事领状等。

533. 璧山县司法处审理债务纠纷一案 12—8—526

1938 年 8 月至 1938 年 9 月，璧山县司法处关于杨旭初债务纠纷一案的文书，杨旭初以陈振声拖欠借款为由提起诉讼，要求陈偿还债务。该卷文书包括民事异议状、民事诉状、民事委状、审理笔录等。

534. 璧山县司法处审理申请存查一案 12—8—527

1938 年 4 月，璧山县司法处关于胡明高申请存查一案的文书，胡明高与张敏中合伙做生意后协议分开，胡担心日后张敏中要其承担债务等责任，为防不测而向法院申请备案存查。该卷文书包括民事存查状、民事凭证等。

535. 璧山县司法处审理请求维护业权一案 12—8—528

1938 年 11 月，璧山县司法处关于李调五请求维护业权一案的文书，李调五为维护业权申请司法处派人调解，不料被告王德安等拒绝调解，李等人申请法院饬签制裁王德安等人。该卷文书包括石龙乡联保主任提交璧山县司法处的呈文等。

536. 璧山县司法处审理债务纠纷一案　12—8—529

1937年12月至1938年4月，璧山县司法处关于毛黄氏债务纠纷一案的文书，包括民事恳状、璧山县司法处训令、普兴镇联保主任提交璧山县司法处的呈文、审理笔录、民事辩状、民事续诉状、民事保状、司法处执达员提交审判官的报告等。

537. 四川高等法院第一分院、璧山县司法处审理租赁纠纷一案　12—8—530

1938年4月至1939年8月，四川高等法院第一分院、璧山县司法处关于王荣华租赁纠纷一案的文书，包括璧山县司法处提交四川高等法院第一分院的呈文、四川高等法院第一分院训令、四川高等法院第一分院民事裁定、民事执行状、司法处执达员提交审判官的报告、璧山县司法处执行证书等。

538. 璧山县司法处审理会款纠纷一案　12—8—531

1938年4月至1938年6月，璧山县司法处关于蒋光耀会款纠纷一案的文书，苏荣轩以蒋光耀未能履行约定为由，要求其偿还会款。该卷文书包括民事诉状、民事辩状、审理笔录等。

539. 最高法院、四川高等法院第一分院审理请求撤销买卖契约及确认先买权一案　12—8—532

1938年9月至1939年1月，最高法院、四川高等法院第一分院关于蒲海云请求撤销买卖契约及确认先买权一案的文书，包括民事诉状、民事公证书、四川高等法院第一分院发往最高法院的公函、民事答辩状、最高法院民事判决书、送达证书等。

540. 四川高等法院第一分院、璧山县司法处审理租佃纠纷一案　12—8—533

1938年6月至1939年5月，四川高等法院第一分院、璧山县司法处关于巫奎臣租佃纠纷一案的文书，包括璧山县司法处提交四川高等法院第一分院的呈文、司法处民事判决书、四川高等法院第一分院训令、四川高等法院第一分院民事裁定、民事执行状、民事公证等。

541. 璧山县司法处等审理债务纠纷等案　12—8—534

1937年4月至1948年12月，璧山县司法处等关于债务纠纷、房屋搬迁纠纷、租谷纠纷、家产纠纷等案的文书，包括司法处执达员提交审判官的报告、民事和解书、民事领状、四川高等法院第一分院民事裁定、璧山地方法院民事判决书、民事诉状、璧山县政府饬签、丹凤镇联保主任提交璧山县司法处的呈文、民事声请书、璧山县司法处民事裁定等。

542. 璧山县司法处审理会款纠纷一案　12－8－535

1938年10月至1938年12月，璧山县司法处关于张银洲会款纠纷一案的文书，张银洲以郑治清未能履行约定为由提起诉讼，要求郑返还会银。该卷文书包括民事诉状、审理笔录、民事辩状、璧山县司法处民事和解笔录、送达证书等。

543. 璧山县司法处审理会款纠纷一案　12－8－536

1938年4月至1938年5月，璧山县司法处关于刘汉清会款纠纷一案的文书，刘汉清以蔡徐氏等人未能履行会务为由提起诉讼，要求蔡等人偿还会款。该卷文书包括民事声明、司法处执达员提交审判官的报告等。

544. 璧山县司法处审理借款纠纷、会款纠纷两案　12－8－537

1938年1月至1939年7月，璧山县司法处关于陈保珍借款纠纷、刘汉卿会款纠纷两案的文书，包括民事诉状、民事声请书、民事委任状、审理笔录、璧山县司法处民事判决书、民事保状、民事续状、民事领状等。

545. 璧山县司法处审理会款纠纷、债务纠纷两案　12－8－538

1937年3月至1938年11月，璧山县司法处关于杨伍氏会款纠纷、苏汉云债务纠纷两案的文书，包括借款凭证、璧山县政府兼理司法事务民事判决书、民事诉状、璧山县司法处民事判决书、送达证书等。

546. 最高法院、璧山县司法处审理遗产纠纷等案　12－8－539

1938年1月至1941年5月，最高法院、璧山县司法处关于遗产纠纷、优先购买权纠纷、债务纠纷等案的文书，包括民事诉状、最高法院民事裁定、审理笔录、璧山县司法处民事裁定、璧山县司法处民事判决书等。

547. 璧山县司法处审理债务纠纷一案　12－8－540

1938年5月至1938年7月，璧山县司法处关于王兆祥、龙江廷债务纠纷一案的文书，包括民事声请书、民事诉状、民事执行状、司法处执达员提交审判官的报告、民事抗告书、民事保状等。

548. 四川高等法院第一分院、璧山县司法处审理债务纠纷、会款纠葛两案　12－8－541

1937年11月至1939年8月，四川高等法院第一分院、璧山县司法处关于陈昌伟债务纠纷、曾子才会款纠葛两案的文书，包括璧山县司法处提交四川高等法院第一分院的呈文、四川高等法院第一分院训令、四川高等法院第一分院民事裁定、民事执行状、民事诉状、璧山县司法处训令、璧山县司法处查封笔录、司法处拍卖布告、公开笔录、民事缴状等。

549. 璧山县司法处审理债务纠纷等案　12—8—542

1937年8月至1938年11月，璧山县司法处关于债务纠纷、租佃纠纷、会项纠纷、会款纠纷等案的文书，包括民事诉状、民事具状、民事执行状、六塘乡联保主任提交璧山县司法处的呈文等。

550. 四川高等法院第一分院、璧山县司法处审理租谷纠纷等三案　12—8—543

1937年12月至1938年5月，四川高等法院第一分院、璧山县司法处关于曾炳荣租谷纠纷、杨秀山债务纠纷、苏汉云请求赔偿业价三案的文书，包括四川高等法院第一分院民事判决书、民事诉状、四川高等法院第一分院训令等。

551. 璧山县司法处审理押银纠纷一案　12—8—544

1938年1月至1938年5月，璧山县司法处关于张春山押银纠纷一案的文书，包括民事诉状、司法处执达员提交审判官的报告、马嘶乡乡长提交璧山县司法处的呈文、审理笔录、民事呈状、马嘶镇调解委员提交璧山县司法处的呈文等。

552. 璧山县司法处审理请求脱离同居关系一案　12—8—545

1938年1月至1938年5月，璧山县司法处关于叶百年请求脱离同居关系一案的文书，叶百年曾与张蕙茂姘居，后双方协议分开，叶给付张生活费用，如今叶向法院提起诉讼要求与张彻底脱离关系并停付生活费。该卷文书包括璧山县政府训令、民事诉状、审理笔录、民事呈状、民事凭证等。

553. 璧山县司法处审理会款纠纷一案　12—8—546

1938年3月至1939年7月，璧山县司法处关于刘汝林会款纠纷一案的文书，刘汝林以陈万一未能履行约定为由提起诉讼，要求陈返还会款。该卷文书包括民事诉状、审理笔录、民事保状、司法处执达员提交审判官的报告、璧山县司法处民事判决书、送达证书等。

554. 璧山县司法处审理债务纠纷一案　12—8—547

1938年11月，璧山县司法处关于朱正伦债务纠纷一案的文书，朱正伦以杨定芝恶意拖欠债款为由提起诉讼，要求法院扣押杨的财产以偿还债务。该卷文书包括民事声请书等。

555. 四川高等法院第一分院审理优先购买权纠纷一案　12－8－548

1937年12月至1938年10月，四川高等法院第一分院关于宋海林优先购买权纠纷一案的文书，包括璧山县司法处提交四川高等法院第一分院的呈文、四川高等法院第一分院裁定、四川高等法院第一分院训令、民事诉状、民事声请书、审讯笔录、民事参加状、民事委状、民事证明书、四川省政府发往四川高等法院第一分院的公函、民事辩状、宣告判决笔录、四川高等法院第一分院民事裁定等。

556. 四川高等法院第一分院、璧山县司法处审理产业纠纷一案　12－8－549

1937年11月至1938年6月，四川高等法院第一分院、璧山县司法处关于曹叔才产业纠纷一案的文书，包括四川高等法院第一分院训令、四川高等法院第一分院民事裁定、民事抗告书、司法处执达员提交审判官的报告、璧山县司法处提交四川高等法院第一分院的呈文、民事续状、民事执行状、审判官意见书等。

557. 四川高等法院第一分院、璧山县司法处审理债务纠纷上诉一案　12－8－550

1937年7月至1938年5月，四川高等法院第一分院、璧山县司法处关于王寿堂债务纠纷上诉一案的文书，包括璧山县司法处提交四川高等法院第一分院的呈文、璧山县政府兼理司法事务民事判决书、民事诉状、民事执行状、四川高等法院第一分院训令等。

558. 四川高等法院第一分院、璧山县司法处审理产业纠纷抗告一案　12－8－551

1938年3月至1938年9月，四川高等法院第一分院、璧山县司法处关于曹叔才产业纠纷抗告一案的文书，包括民事抗告书、赵韵伯提交四川高等法院第一分院的呈文、四川高等法院第一分院训令、璧山县司法处提交四川高等法院第一分院的呈文、审判官意见书、民事补呈状、四川高等法院第一分院民事裁定、送达证书等。

559. 璧山县司法处审理债务纠纷再审一案　12－8－552

1938年8月至1938年9月，璧山县司法处关于江曾氏债务纠纷再审一案的文书，江曾氏以江明亮拖欠债款为由提起诉讼，要求其偿还债务。该卷文书包括民事再审状、审理笔录、民事诉状、璧山县司法处民事判决书、送达证书等。

560. 璧山县司法处审理请求存查一案　12－8－553

1938年11月，璧山县司法处关于廖永成请求存查一案的文书，廖永成与其兄弟将父辈留下的土地租佃与他人，但他担心其余兄弟贪图利益排挤自己，故向法院提出申请将此备案存查。该卷文书包括民事存查状等。

561. 璧山县司法处审理声请破产一案　12—8—554

1938 年 4 月，璧山县司法处关于荣何氏声请破产一案的文书，荣何氏无力偿还其欠下的巨额债务，故向法院提出破产申请，要求法院查封其财产还债。该卷文书包括民事声请书、债权人姓名数目列表等。

562. 璧山县司法处审理债务纠纷及其执行一案　12—8—555

1938 年 1 月至 1938 年 8 月，璧山县司法处关于萧哲卿债务纠纷及其执行一案的文书，包括璧山县政府民事调解笔录、民事执行状、民事异议状、司法处执达员提交审判官的报告、审理笔录、民事诉状、民事抗告书等。

563. 璧山县司法处审理典当纠纷一案　12—8—556

1938 年 10 月至 1938 年 12 月，璧山县司法处关于周宗永典当纠纷一案的文书，包括民事诉状、审理笔录、璧山县司法处民事和解笔录、民事和解状、送达证书、民事领状等。

564. 璧山县司法处审理祠产纠纷一案　12—8—557

1939 年 3 月至 1939 年 4 月，璧山县司法处关于陈如心祠产纠纷一案的文书，陈如心掌管宗祠的产业，陈锡光串通外人欲霸占该产业，陈如心提起诉讼要求法院保护其权益。该卷文书包括民事诉状、民事展限状、民事息状、司法处执达员提交审判官的报告等。

565. 最高法院、四川高等法院第一分院、璧山县司法处审理债务纠纷及其执行一案　12—8—558

1937 年 12 月至 1939 年 2 月，最高法院、四川高等法院第一分院、璧山县司法处关于杨维三债务纠纷及其执行一案的文书，包括璧山县司法处民事判决书、四川高等法院第一分院训令、民事诉状、最高法院民事裁定、四川高等法院第一分院民事裁定、璧山县司法处提交四川高等法院第一分院的呈文、民事申请书、民事展限状、民事续状、民事和解书、璧山县政府朱谕、县政府签票等。

566. 璧山县司法处审理债务纠纷一案　12—8—559

1938 年 3 月至 1938 年 6 月，璧山县司法处关于江鼎文债务纠纷一案的文书，江鼎文认为朱善宣借款不还有诈骗之嫌疑，故向法院提起诉讼，要求朱偿还债款。

该卷文书包括民事诉状、审理笔录、璧山县司法处民事和解笔录、民事声请书、司法处执达员提交审判官的报告等。

567. 璧山县司法处审理声请破产一案　12—8—560

1938年8月，璧山县司法处关于徐昆泉声请破产一案的文书，徐昆泉因无力偿还债务故向法院提出破产申请。该卷文书包括民事声请书、璧山县司法处训令、债权人姓名数目列表、收据等。

568. 璧山县司法处审理会款纠纷一案　12—8—561

1938年5月至1939年3月，璧山县司法处关于彭刘氏会款纠纷一案的文书，包括民事诉状、民事辩状、审理笔录、民事委任状、司法处执达员提交审判官的报告、民事执行状、民事声请书、民事抗告书、璧山县司法处民事判决书等。

569. 璧山县司法处审理债务纠纷一案　12—8—562

1938年7月至1939年2月，璧山县司法处关于李鸿恩债务纠纷一案的文书，包括民事诉状、审理笔录、民事辩状、璧山县司法处民事和解笔录、送达证书、民事执行状、民事保状、民生查封状、民事缴状等。

570. 四川高等法院第一分院审理租谷纠纷一案　12—8—563

1938年7月至1938年8月，四川高等法院第一分院关于李曹氏租谷纠纷（案情不明）一案的文书，包括璧山县司法处提交四川高等法院第一分院的呈文、四川高等法院第一分院裁定、四川高等法院第一分院训令等。

571. 四川高等法院第一分院、璧山县司法处审理买卖纠纷、会款纠纷两案　12—8—564

1938年6月至1938年10月，四川高等法院第一分院、璧山县司法处关于徐化成买卖纠纷、李龚氏会款纠纷两案的文书，包括璧山县司法处提交四川高等法院第一分院的呈文、民事声请书、四川高等法院第一分院裁定、四川高等法院第一分院训令、四川高等法院第一分院民事裁定、民事扣押状、璧山县司法处民事判决书等。

572. 璧山县司法处审理请求存查一案　12—8—565

1938年10月，璧山县司法处关于毛华安请求存查一案的文书，毛华安将自己的财产分为数份以便自己死后由家人继承，毛请求法院将自己的请求备案存查。该卷文书包括民事存查状、分割财产协议书等。

573. 璧山县司法处审理租佃纠纷一案　12—8—566

1938 年 2 月至 1938 年 8 月，璧山县司法处关于刘星安租佃纠纷一案的文书，包括民事诉状、审理笔录、民事辩状、璧山县司法处与璧山县第三区区署的往来公函、民事呈状、璧山县司法处民事和解笔录、民事凭证等。

574. 璧山县司法处审理会款纠纷一案　12—8—567

1938 年 9 月至 1938 年 10 月，璧山县司法处关于徐湘生会款纠纷一案的文书，徐湘生以周相臣未能按时给付会款为由提起诉讼，要求周偿还会款。该卷文书包括民事诉状、民事辩状、审理笔录、璧山县司法处民事和解笔录、民事保状等。

575. 璧山县司法处审理债务纠纷一案　12—8—568

1938 年 9 月至 1939 年 2 月，璧山县司法处关于杨西城债务纠纷一案的文书，杨西城以邱映先拖欠债务为由提起诉讼，要求其偿还债务。该卷文书包括民事诉状、审理笔录、璧山县司法处民事和解笔录、民事再审状、民事执行状等。

576. 璧山县司法处审理押银纠纷一案　12—8—569

1938 年 1 月至 1938 年 3 月，璧山县司法处关于郭荣卿押银纠纷一案的文书，包括民事诉状、民事反诉状、审理笔录、七塘镇村民董庆丰提交司法处审判官的呈文、璧山县司法处训令等。

577. 璧山县司法处审理债务纠纷一案　12—8—570

1938 年 10 月至 1939 年 1 月，璧山县司法处关于谢洪钧债务纠纷一案的文书，包括民事诉状、审理笔录、民事展限状、司法处执达员提交审判官的报告、璧山县司法处民事和解笔录等。

578. 璧山县司法处审理薪金纠纷一案　12—8—571

1938 年 2 月至 1938 年 5 月，璧山县司法处关于钱德彬薪金纠纷一案的文书，包括民事诉状、审理笔录、璧山县司法处民事判决书、民事声明、民事辩状、接龙乡柏树湾初级小学校长提交县长的呈文、民事执行状等。

579. 璧山县司法处审理典当纠纷一案　12—8—572

1938 年 5 月至 1938 年 9 月，璧山县司法处关于孙温氏典当纠纷一案的文书，包括民事诉状、司法处执达员提交审判官的报告、民事展限状、审理笔录、民事续呈状、璧山县司法处民事判决书、司法处执行命令、司法处训令、民事声请书、璧山县司法处民事裁定、六塘乡联保主任提交璧山县司法处的呈文等。

580. 璧山县司法处审理会款纠纷一案　12—8—573

1938 年 12 月至 1939 年 6 月，璧山县司法处关于戴松林会款纠纷一案的文书，包括民事诉状、审理笔录、民事续诉状、璧山县司法处民事判决书、民事执行状、民事公证等。

581. 璧山县司法处审理债务纠纷一案　12—8—574

1938 年 2 月至 1938 年 4 月，璧山县司法处关于祝启贤债务纠纷一案的文书，包括民事诉状、民事辩状、审理笔录、璧山县司法处民事判决书等。

582. 四川高等法院第一分院、璧山县司法处审理债务纠纷、遗产纠纷两案　12—8—575

1938 年 3 月至 1940 年 9 月，四川高等法院第一分院、璧山县司法处关于祝启贤债务纠纷、张德勋遗产纠纷两案的文书，包括璧山县司法处提交四川高等法院第一分院的呈文、璧山县司法处民事判决书、四川高等法院第一分院训令、四川高等法院第一分院民事裁定等。

583. 璧山县司法处审理会款纠纷一案　12—8—576

1938 年 12 月至 1939 年 2 月，璧山县司法处关于周玉成会款纠纷一案的文书，甘春农以周玉成等人未能履行会务为由提起诉讼，要求其偿还会款，后双方经人调解和解。该卷文书包括民事诉状、司法处执达员提交审判官的报告、审理笔录、临江乡联保主任提交璧山县司法处的呈文等。

584. 璧山县司法处审理债务纠纷一案　12—8—577

1938 年 7 月至 1938 年 8 月，璧山县司法处关于邓晏氏债务纠纷一案的文书，邓晏氏以曾志丹等人拖欠债款为由提起诉讼，要求其偿还债务，后双方经人调解和解。该卷文书包括民事诉状、司法处执达员提交审判官的报告、审理笔录、民事辩状、民事委任状等。

585. 璧山县司法处审理要求生活费一案　12—8—578

1938 年 10 月至 1938 年 11 月，璧山县司法处关于冯何氏要求生活费一案的文书，冯何氏之夫不务正业拒绝为其提供生活费用，故提起上诉要求丈夫冯尚文给付生活费。该卷文书包括民事诉状、审理笔录、民事反诉状等。

586. 四川高等法院第一分院、璧山县司法处审理典当纠纷及其上诉一案　12—8—579

1938年3月至1938年9月，四川高等法院第一分院、璧山县司法处关于冷汉清典当纠纷及其上诉一案的文书，包括璧山县司法处提交四川高等法院第一分院的呈文、四川高等法院第一分院训令、四川高等法院第一分院民事判决书、璧山县司法处民事和解笔录等。

587. 四川高等法院第一分院、璧山县司法处审理典当纠纷及其上诉一案　12—8—580

1938年2月至1938年8月，四川高等法院第一分院、璧山县司法处关于冷汉清典当纠纷及其上诉一案的文书，包括民事诉状、审理笔录、璧山县司法处民事和解笔录、璧山县司法处民事判决书、四川高等法院第一分院民事判决书等。

588. 璧山县司法处审理肉税纠纷一案　12—8—581

1938年6月，璧山县司法处关于萧海帆肉税纠纷一案的文书，萧海帆与白海云立下协议，由萧为白等人代缴肉税，但事后白海云等人拒绝偿还萧缴纳的税费，萧海帆提起诉讼要求其偿还债务。该卷文书包括民事诉状、司法处执达员提交审判官的报告等。

589. 璧山县司法处审理会款纠纷一案　12—8—582

1938年10月至1938年12月，璧山县司法处关于徐洪发会款纠纷一案的文书，徐洪发以周兴茂等人未能履行会务为由提起诉讼，要求周等人返还会款。该卷文书包括民事诉状、审理笔录、民事辩状、璧山县司法处民事判决书、送达证书等。

590. 璧山县司法处审理请求存查一案　12—8—583

1938年12月，璧山县司法处关于杨旭初请求存查一案的文书，杨旭初之儿媳不守妇道与人通奸，杨旭初请求法院将此案存查以备以后调查判决。包括民事存查状等。

591. 璧山县司法处审理申请再婚一案　12—8—584

1938年5月，璧山县司法处关于龙陈氏申请再婚一案的文书，龙陈氏之夫因生活困难外出做工，但多年来杳无音讯生死不明，为维持生计龙陈氏请求法院允许其再婚。该卷文书包括民事存查状等。

592. 四川高等法院第一分院、璧山县司法处审理侵占田产等案　12—8—585

1937年5月至1938年11月，四川高等法院第一分院、璧山县司法处关于侵占田产案、抵押纠纷、债务纠纷等案的文书，包括民事诉状、四川高等法院第一分院民事裁定、城北乡联保主任提交璧山县政府的呈文、四川高等法院第一分院训令、璧山县司法处提交四川高等法院第一分院的呈文、南川县县长提交四川高等法院第一分院的呈文等。

593. 璧山县司法处审理债务纠纷一案　12—8—586

1938年5月至1938年12月，璧山县司法处关于杨之定债务纠纷一案的文书，杨之定以杨允升拒绝还债为由提起诉讼，要求其偿还债款。该卷文书包括杨之定提交璧山县司法处的呈文、民事诉状等。

594. 四川高等法院第一分院审理抵押纠纷一案　12—8—587

1937年12月至1938年10月，四川高等法院第一分院关于牟骏声抵押纠纷一案的文书，包括璧山县司法处提交四川高等法院第一分院的呈文、四川高等法院第一分院训令、四川高等法院第一分院裁定等。

595. 璧山县司法处审理会款纠纷一案　12—8—588

1939年3月，璧山县司法处关于冯作之会款纠纷(案情不明)一案的文书，包括璧山县司法处与江津地方法院的往来公函等。

596. 璧山县司法处审理债务纠纷一案　12—8—589

1938年1月至1938年7月，璧山县司法处关于刘光烈债务纠纷一案的文书，包括审理笔录、璧山县司法处谕、河边镇联保主任与司法处执达员提交司法处审判官的报告、民事诉状、璧山县司法处民事判决书等。

597. 璧山地方法院等审理典当纠纷一案　12—8—590

1940年4月至1940年5月，璧山地方法院等关于左黄氏典当纠纷一案的文书，左黄氏想要赎回之前典当给刘斐然的土地房屋，遭到刘的拒绝后提起诉讼，要求法院维护其经济利益。该卷文书包括璧山地方法院公告、民事声请书、调查员提交璧山地方法院不动产登记处的报告、璧山地方法院命令等。

598. 璧山县司法处审理会款纠纷一案　12—8—591

1938年3月至1940年1月，璧山县司法处关于吴东成会款纠纷一案的文书，包括民事诉状、审理笔录、民事执行状、民事参加状、民事答辩状、荣天文提交璧山县司法处的呈文、民事委任状、民事查封状、璧山县司法处训令、司法处查封笔录、司法处拍卖布告、司法处牌告、民事缴状、民事领状等。

599. 璧山县司法处审理租佃纠纷一案　12—8—592

1938年10月，璧山县司法处关于曾有光租佃纠纷一案的文书，朱玉廷以曾有光拖欠租谷为由提起诉讼，要求曾给付租谷。该卷文书包括民事诉状、审理笔录、璧山县司法处民事和解笔录、送达证书等。

600. 四川高等法院第一分院审理债务纠纷一案　12—8—593

1938年10月至1939年2月，四川高等法院第一分院关于朱占成债务纠纷一案的文书，包括璧山县司法处提交四川高等法院第一分院的呈文、民事诉状、四川高等法院第一分院训令、四川高等法院第一分院裁定、民事声请书、四川高等法院第一分院民事裁定等。

601. 璧山县司法处审理租佃纠纷一案　12—8—594

1938年11月至1938年12月，璧山县司法处关于王复盛租佃纠纷一案的文书，王复盛将土地租佃与徐文渊等人，徐等却拖欠租谷，王提起诉讼要求徐文渊等给付租谷。该卷文书包括民事诉状、审理笔录、执达员提交审判官的报告、民事和解书等。

602. 璧山县司法处审理期票纠纷一案　12—8—595

1938年3月至1938年4月，璧山县司法处关于傅继周期票纠纷一案的文书，刘青山等人答应以期票形式偿还所欠傅继周的债务，但长期拖欠，傅将其告上法庭要求还债，后双方经人调解和解。该卷文书包括民事诉状、执达员提交审判官的报告、来凤镇联保主任提交司法处的呈文等。

603. 四川高等法院第一分院审理妨害风化一案　12—8—596

1938年11月至1939年11月，四川高等法院第一分院关于李海泉等人妨害风化一案(案情不明)的文书，包括四川高等法院第一分院训令、璧山县司法处提交四川高等法院第一分院的呈文等。

604. 四川高等法院第一分院审理租谷纠纷再审一案　12—8—597

1938年11月至1939年1月，四川高等法院第一分院关于李曹氏租谷纠纷再审一案的文书，包括民事再审状、璧山县政府民事判决书、四川高等法院第一分院训令、璧山县司法处提交四川高等法院第一分院的呈文、四川高等法院第一分院民事判决书等。

605. 四川高等法院第一分院审理会款纠纷一案　12—8—598

1939年2月至1939年6月,四川高等法院第一分院关于陈建侯会款纠纷一案的文书,陈建侯以曾学良未能履行会务为由提起诉讼,要求曾返还会款。该卷文书包括璧山县司法处与四川高等法院第一分院的往来公函、四川高等法院第一分院民事裁定等。

606. 璧山县司法处审理家庭纠纷一案　12—8—599

1938年6月至1938年9月,璧山县司法处关于张树轩家庭纠纷一案的文书,张树轩离婚后分出部分家产给了原配,其原配张王氏要求法院保护自己的财产以免日后张树轩夺取。该卷文书包括民事存查书、民事声请书、璧山县司法处牌告等。

607. 四川高等法院第一分院、璧山县司法处审理会款纠葛一案　12—8—600

1938年11月至1939年1月,四川高等法院第一分院、璧山县司法处关于雷霁晖会款纠葛一案的文书,包括璧山县司法处提交四川高等法院第一分院的呈文、民事诉状、四川高等法院第一分院裁定、四川高等法院第一分院训令、审讯笔录等。

608. 四川高等法院第一分院、璧山县司法处审理租佃纠纷一案　12—8—601

1937年12月至1938年8月,四川高等法院第一分院、璧山县司法处关于尹万盛租佃纠纷一案的文书,包括璧山县司法处提交四川高等法院第一分院的呈文、四川高等法院第一分院训令、四川高等法院第一分院民事裁定、璧山县司法处民事裁定等。

609. 璧山县司法处审理债款纠纷一案　12—8—602

1938年1月至1939年3月,璧山县司法处关于薛金庭债款纠纷一案的文书,包括民事诉状、民事呈状、审理笔录、执达员提交审判官的报告、民事声请书、璧山县司法处民事判决书、民事执行状、民事保状、民事续状、民事添传状等。

610. 璧山县司法处审理债务纠纷一案　12—8—603

1939年7月至1939年8月,璧山县司法处关于甘栋臣债务纠纷一案的文书,甘栋臣因李清云等人拖欠债款提起诉讼要求其偿还债务,后双方经人调解和解。

该卷文书包括璧山县司法处提交四川高等法院第一分院的呈文、四川高等法院第一分院训令、民事注销书等。

611. 四川高等法院第一分院审理债务纠纷一案及其他文书　12－8－604

1938 年 10 月至 1939 年 2 月，四川高等法院第一分院关于钟武章债务纠纷一案的文书，包括璧山县司法处提交四川高等法院第一分院的呈文、民事诉状、四川高等法院第一分院裁定、四川高等法院第一分院训令、四川高等法院第一分院民事裁定等。

该档案后半部分为 1940 年 7 月至 8 月，璧山县政府派令、璧山县政府训令、璧山县政府与璧山县第三区龙汉乡乡公所、第二区定林乡乡公所、第二区丁家镇公所、第一区城东乡乡公所、第二区梓潼乡乡公所、第二区正兴乡乡公所的往来公函等。

612. 璧山县司法处审理租佃纠纷一案　12－8－605

1938 年 5 月至 1938 年 10 月，璧山县司法处关于朱玉廷租佃纠纷一案的文书，包括民事诉状、民事辩状、审理笔录、民事覆讯状、马嘶实验乡乡长提交璧山县司法处的呈文、民事续诉状、璧山县司法处民事和解笔录等。

613. 四川高等法院第一分院、璧山县司法处审理诈骗一案　12－8－606

1938 年 5 月至 1939 年 5 月，四川高等法院第一分院、璧山县司法处关于朱树清诈骗一案的文书，包括民事诉状、审理笔录、民事辩状、璧山县司法处民事判决书、送达证书、民事执行状、璧山县司法处提交四川高等法院第一分院的呈文、四川高等法院第一分院训令、四川高等法院第一分院民事裁定等。

614. 璧山县司法处审理典当纠纷一案　12－8－607

1938 年 7 月至 1938 年 8 月，璧山县司法处关于周李氏典当纠纷一案的文书，周李氏将谷物典当与萧兰成，后因物价变化向萧索要补贴，被萧拒绝后提起诉讼。该卷文书包括民事诉状、民事声请书、审理笔录、璧山县司法处民事判决书等。

615. 四川高等法院第一分院审理典当纠纷上诉一案　12－8－608

1938 年 10 月至 1939 年 6 月，四川高等法院第一分院关于周李氏典当纠纷上诉一案的文书，包括璧山县司法处提交四川高等法院第一分院的呈文、四川高等法院第一分院训令、四川高等法院第一分院发往璧山县司法处的公函等。

616. 四川高等法院第一分院审理会款纠纷一案　12－8－609

1939 年 1 月至 1939 年 7 月，四川高等法院第一分院关于伍玉枢会款纠纷一案的文书，包括璧山县司法处与四川高等法院第一分院的往来公函、四川高等法院第一分院训令、民事执行状、民事保状、民事声明等。

617. 璧山县司法处审理会款纠纷一案　12－8－610

1938 年 9 月至 1938 年 12 月，璧山县司法处关于伍玉枢会款纠纷一案的文书，包括民事诉状、审理笔录、民事呈状、民事声明、璧山县司法处与铜梁县司法处的往来公函、璧山县司法处与江北地方法院的往来公函、璧山县司法处民事判决书等。

618. 璧山县司法处审理声请破产一案　12－8－611

1938 年 9 月，璧山县司法处关于张怀安声请破产一案的文书，张怀安因无力偿还债务而向法院申请破产。该卷文书包括民事声请书、璧山县司法处训令、丁家镇联保主任提交司法处审判官的文书等。

619. 四川高等法院第一分院审理债务纠纷一案　12－8－612

1938 年 10 月至 1938 年 11 月，四川高等法院第一分院关于张炳轩债务纠纷一案（案情不明）的文书，包括璧山县司法处提交四川高等法院第一分院的呈文、四川高等法院第一分院训令、执达员提交审判官的报告等。

620. 四川高等法院第一分院审理买卖纠纷一案　12－8－613

1938 年 8 月至 1939 年 2 月，四川高等法院第一分院关于虞建臣买卖纠纷一案的文书，包括璧山县司法处提交四川高等法院第一分院的呈文、四川高等法院第一分院训令、四川高等法院第一分院民事裁定、民事抗告书等。

621. 四川高等法院第一分院、璧山县司法处审理租佃纠纷一案　12－8－614

1937 年 12 月至 1939 年 8 月，四川高等法院第一分院、璧山县司法处关于张承绪租佃纠纷一案的文书，包括璧山县司法处提交四川高等法院第一分院的呈文、璧山县司法处民事判决书、四川高等法院第一分院训令、四川高等法院第一分院民事判决书、民事执行状、民事诉状、执达员提交审判官的报告、民事委任状等。

622. 璧山县司法处审理欠款纠纷一案　12－8－615

1938 年 1 月，璧山县司法处关于孙玉椿欠款纠纷一案的文书，孙玉椿以王鑢山拒绝还债为由提起诉讼，要求其偿还借款。该卷文书包括民事诉状、璧山县司法处训令等。

623. 璧山县司法处审理会款纠纷一案　12－8－616

1938年6月至1939年4月，璧山县司法处关于陈森荣会款纠纷一案的文书，包括民事诉状、民事公诉状、民事执行状、民事公证、审理笔录、执达员提交审判官的报告、璧山县司法处民事和解笔录、民事缴状、民事抗告书、民事声请书等。

624. 璧山县司法处审理声请破产一案　12－8－617

1938年7月，璧山县司法处关于何泽伍声请破产一案的文书，何泽伍无力偿还债务故向法院申请破产。该卷文书包括民事声请书、债权人姓名数目列表、璧山县司法处训令等。

625. 璧山县司法处审理会项纠纷一案　12－8－618

1938年2月至1938年6月，璧山县司法处关于何绰章会项纠纷一案的文书，何绰章以何文周等人未能履行会务为由提起诉讼要求返还会款，后双方经人调解和解。该卷文书包括民事诉状、审理笔录、璧山县司法处民事和解笔录等。

626. 璧山县司法处审理债款纠纷一案　12－8－619

1938年1月至1938年2月，璧山县司法处关于张锡林债款纠纷一案的文书，张锡林以孙炳才等人拖欠借款为由提起诉讼要求其偿还债务。该卷文书包括民事诉状、借款凭证、民事辩状、审理笔录、璧山县司法处民事判决书等。

627. 四川高等法院第一分院审理债务纠纷一案　12－8－620

1939年2月至1939年7月，四川高等法院第一分院关于钟海涛债务纠纷一案的文书，邓泽膏以钟海涛等人拖欠债款为由提起诉讼，要求钟等人尽快还债。该卷文书包括璧山县司法处提交四川高等法院第一分院的呈文、四川高等法院第一分院训令、四川高等法院第一分院民事判决书、借款凭证等。

628. 四川高等法院第一分院审理要求产业所有权一案　12－8－621

1937年12月至1938年12月，四川高等法院第一分院关于陈饶氏要求产业所有权一案的文书，包括璧山县司法处提交四川高等法院第一分院的呈文、四川高等法院第一分院民事裁定、四川高等法院第一分院训令、民事诉状、审理笔录、民事答辩状、民事缴状、四川高等法院第一分院民事判决书等。

629. 璧山县司法处审理会款纠纷一案　12－8－622

1938 年 11 月至 1938 年 12 月，璧山县司法处关于江玉林会款纠纷一案的文书，江玉林以蒋光耀等人未能履行会务为由提起诉讼要求其返还会款。该卷文书包括民事诉状、审理笔录、民事辩状、璧山县司法处民事判决书、送达证书等。

630. 璧山县司法处审理债务纠纷一案　12－8－623

1938 年 3 月至 1938 年 11 月，璧山县司法处关于周炳泰债务纠纷一案的文书，包括民事诉状、执达员提交审判官的呈文、审理笔录、璧山县司法处民事判决书、璧山县司法处牌告、民事执行状、民事委状、借款凭证等。

631. 四川高等法院第一分院、璧山县司法处审理租佃纠纷一案　12－8－624

1937 年 12 月至 1938 年 8 月，四川高等法院第一分院、璧山县司法处关于丁协昌租佃纠纷一案的文书，包括民事续诉状、四川高等法院第一分院训令、四川高等法院第一分院民事裁定、璧山县司法处提交四川高等法院第一分院的呈文、民事执行状、民事和解状、璧山县司法处民事判决书等。

632. 璧山县司法处审理债务纠纷一案　12－8－625

1938 年 12 月至 1939 年 3 月，璧山县司法处关于张清河债务纠纷一案的文书，包括民事诉状、执达员提交审判官的呈文、审理笔录、璧山县司法处民事和解笔录、民事执行状、借款凭证等。

633. 江津县司法处函请璧山县司法处代传债务纠纷一案　12－8－626

1938 年 1 月，江津县司法处函请璧山县司法处代传杨树森等人债务纠纷（案情不明）一案的文书，包括江津县司法处与璧山县司法处的往来公函等。

634. 璧山县司法处审理会款纠纷一案　12－8－627

1938 年 6 月至 1938 年 10 月，璧山县司法处关于徐述平会款纠纷一案的文书，徐述平以朱占成未能履行会务为由提起诉讼要求其赔偿损失。该卷文书包括民事声请书、审理笔录、璧山县司法处民事裁定、民事执行状等。

635. 璧山县司法处审理请求扣押一案　12－8－628

1938 年 9 月，璧山县司法处关于江陈玉昌请求扣押一案的文书，江陈玉昌与江建恒结婚后遭到虐待，后江建恒欲逃匿，江陈玉昌请求法院扣押江建恒之财产（租谷）以维持自己生活。该卷文书包括民事扣押状等。

636. 四川高等法院第一分院、璧山县司法处审理要求赔偿纱款一案　12－8－629

1938年8月至1940年2月，四川高等法院第一分院、璧山县司法处关于张九兆要求赔偿纱款一案的文书，包括璧山县司法处提交四川高等法院第一分院的呈文、民事诉状、四川高等法院第一分院裁定、四川高等法院第一分院训令、民事缴状、民事理由书、民事辩状、民事声请书、讯问笔录、宣告判决笔录、四川高等法院第一分院民事判决书等。

637. 四川高等法院第一分院审理会款纠纷一案　12－8－630

1939年1月至1939年6月，四川高等法院第一分院关于吴明山会款纠纷一案的文书，包括璧山县司法处提交四川高等法院第一分院的呈文、四川高等法院第一分院训令、民事保状、四川高等法院第一分院发往璧山县司法处的公函、四川高等法院第一分院民事裁定等。

638. 四川高等法院第一分院审理债务纠纷一案　12－8－631

1938年6月至1938年9月，四川高等法院第一分院关于龙汝霖债务纠纷一案的文书，包括璧山县司法处提交四川高等法院第一分院的呈文、四川高等法院第一分院裁定、四川高等法院第一分院训令、四川高等法院第一分院民事裁定等。

639. 璧山县司法处审理欠款纠纷一案　12－8－632

1938年11月至1939年1月，璧山县司法处关于尹桂廷欠款纠纷一案的文书，尹煜安以尹桂廷等人拖欠债款为由提起诉讼要求其偿还债务。该卷文书包括民事诉状、丹凤镇第十四保保长提交璧山县司法处的呈文、璧山县司法处民事裁定等。

640. 璧山县司法处审理债务执行一案　12－8－633

1938年9月至1939年5月，璧山县司法处关于龙汝霖债务执行一案的文书，包括四川高等法院第一分院民事裁定、民事诉状、民事声请书、民事异议书、民事执行状、璧山县司法处训令等。

641. 璧山县司法处审理股款纠纷一案　12－8－634

1938年7月至1939年1月，璧山县司法处关于周子昭股款纠纷一案的文书，周子昭与赵炳云等人合伙做生意约定每年给付股息，后赵炳云拒绝付给周金钱，周提起诉讼要求获得股息。该卷文书包括民事诉状、审理笔录、璧山县司法处民事和解笔录、民事中证书、璧山县司法处训令等。

642. 璧山县司法处审理会款纠纷一案　12－8－635

1938年11月至1938年12月，璧山县司法处关于袁合廷会款纠纷一案的文书，袁合廷以袁银廷等人未能履行会务为由提起诉讼要求其给付会款。该卷文书包括民事诉状、执达员提交审判官的报告、民事和解书等。

643. 四川高等法院第一分院、璧山县司法处审理佃权纠纷及撤诉一案　12－8－636

1939年3月至1940年2月，四川高等法院第一分院、璧山县司法处关于蔡清盛佃权纠纷及撤诉一案的文书，包括民事诉状、璧山县司法处提交四川高等法院第一分院的呈文、四川高等法院第一分院训令、讯问笔录、民事理由书、民事证状、梓潼乡联保主任提交四川高等法院第一分院的呈文等。

644. 四川高等法院第一分院、璧山县司法处等审理租佃纠纷一案　12－8－637

1938年10月至1942年5月，四川高等法院第一分院、璧山县司法处等关于蔡荣光租佃纠纷一案的文书，包括民事诉状、审理笔录、民事恳状、民事辩状、璧山县司法处民事判决书、民事执行状、璧山县司法处民事裁定、送达证书、租佃凭证、民事领状、璧山地方法院提交四川高等法院第一分院的呈文、四川高等法院第一分院训令等。

645. 璧山县司法处审理欠款纠纷一案　12－8－638

1938年3月至1938年4月，璧山县司法处关于董北海欠款纠纷一案的文书，董黄氏以董北海等人拖欠债款为由提起诉讼要求其偿还债务，后经他人调解而撤诉。该卷文书包括民事诉状、执达员提交审判官的报告、八塘镇联保主任提交县长的呈文等。

646. 璧山县司法处审理申请破产一案　12－8－639

1938年4月至1938年10月，璧山县司法处关于张怀安申请破产一案的文书，张怀安无力偿还债务，故向法院申请破产。该卷文书包括民事声请书、佃借会各项数目表、璧山县司法处训令、丁家镇联保主任提交司法处审判官的呈文等。

647. 璧山县司法处审理会款纠纷一案　12－8－640

1938年9月至1938年11月，璧山县司法处关于吴明山会款纠纷一案的文书，包括民事诉状、民事反诉状、执达员提交审判官的报告、审理笔录、璧山县司法处民事判决书等。

648. 璧山县司法处审理债务纠纷一案　12－8－641

1938年2月至1938年12月，璧山县司法处关于贺治平债务纠纷一案的文书，包括璧山县司法处民事判决书、审理笔录、执达员提交审判官的报告、璧山县司法处与重庆地方法院的往来公函、民事诉状等。

649. 璧山县司法处审理债务纠纷一案　12－8－642

1938年6月至1939年4月，璧山县司法处关于谭玉发债务纠纷一案的文书，包括民事诉状、执达员提交审判官的报告、璧山县司法处与永川县地方法院的往来公函、审理笔录、璧山县司法处民事判决书等。

650. 四川高等法院第一分院、璧山县司法处审理会款纠纷一案　12－8－643

1938年6月至1939年3月，四川高等法院第一分院、璧山县司法处关于雷春山会款纠纷一案的文书，包括璧山县司法处提交四川高等法院第一分院的呈文、四川高等法院第一分院训令、四川高等法院第一分院民事裁定、民事诉状、审理笔录、璧山县司法处民事裁定、璧山县司法处民事判决书等。

651. 四川高等法院第一分院、璧山县司法处审理租谷纠纷一案　12－8－644

1938年9月至1939年2月，四川高等法院第一分院、璧山县司法处关于王文清租谷纠纷一案的文书，包括璧山县司法处提交四川高等法院第一分院的呈文、民事诉状、四川高等法院第一分院训令、四川高等法院第一分院裁定、四川高等法院第一分院民事裁定、审理笔录、璧山县司法处民事判决书等。

652. 璧山县司法处审理债务纠纷一案　12－8－645

1938年1月至1938年5月，璧山县司法处关于冉曹氏债务纠纷一案的文书，包括民事诉状、民事反诉状、审理笔录、民事辩状、执达员提交审判官的报告、璧山县司法处牌告、民事续状、璧山县司法处民事判决书等。

653. 璧山县司法处审理离婚一案　12－8－646

1938年6月，璧山县司法处关于罗浩然离婚一案的文书，罗浩然与罗贺氏结婚后因生活琐事发生冲突，罗贺氏装疯损毁家产并打伤罗浩然母亲，罗浩然提起诉讼要求法院为其主持公道。该卷文书包括民事存查状等。

654. 四川高等法院第一分院、璧山县司法处审理债权纠纷及其上诉一案　12－8－647

1938年8月至1939年3月，四川高等法院第一分院、璧山县司法处关于冉钦和债权纠纷及其上诉一案的文书，包括璧山县司法处提交四川高等法院第一分院的呈文、四川高等法院第一分院训令、四川高等法院第一分院民事判决书、执达员提交审判官的报告、民事异议状、璧山县司法处民事裁定、民事诉状、审理笔录、璧山县司法处民事判决书等。

655. 璧山县司法处审理典当纠纷一案　12－8－648

1938年10月至1938年11月，璧山县司法处关于朱伯卿典当纠纷一案的文书，朱伯卿将谷物典当与朱朝旭，后因物价变动朱伯卿向朱朝旭索要价格补贴。该卷文书包括民事诉状、璧山县司法处民事判决书、会兴乡第五保保长提交司法处审判官的呈文等。

656. 四川高等法院第一分院审理优先承买权纠纷一案　12－8－649

1938年10月至1939年4月，四川高等法院第一分院关于向洪盛优先承买权纠纷一案的文书，包括璧山县司法处提交四川高等法院第一分院的呈文、民事诉状、四川高等法院第一分院民事裁定、四川高等法院第一分院训令、民事答辩状、审理笔录、宣告判决笔录、四川高等法院第一分院民事判决书、民事申送状、民事理由书等。

657. 四川高等法院第一分院审理债务纠纷一案　12－8－650

1937年6月至1938年10月，四川高等法院第一分院关于陈礼荣债务纠纷一案的文书，包括璧山县司法处提交四川高等法院第一分院的呈文、民事诉状、民事申请书、民事展限状、审讯笔录、四川高等法院第一分院训令、民事委任状、宣告判决笔录、四川高等法院第一分院民事判决书等。

658. 璧山县司法处审理租谷纠纷、会款纠纷两案　12－8－651

1937年12月至1938年4月，璧山县司法处关于魏金山租谷纠纷、曾绍钦会款纠纷两案的文书，包括民事诉状、审理笔录、丁家镇联保主任提交璧山县司法处的呈文、司法处执达员提交审判官的报告、民事呈状、璧山县司法处民事判决书、民事申诉状、民事请求书等。

659. 璧山县司法处审理债务纠纷一案　12－8－652

1938年3月至1938年8月，璧山县司法处关于陈鼎乾债务纠纷一案的文书，包括永川县司法处与璧山县司法处的往来公函、司法处执达员提交审判官的报告等。

660. 四川高等法院第一分院、璧山县司法处审理债务纠纷一案　12－8－653

1938年4月至1938年9月，四川高等法院第一分院、璧山县司法处关于谢鼎臣债务纠纷一案的文书，包括重庆地方法院与璧山县司法处的往来公函、司法处执达员提交审判官的报告、璧山县司法处提交四川高等法院第一分院的呈文等。

661. 璧山县司法处审理会款纠纷一案　12－8－654

1937年12月至1939年1月，璧山县司法处关于陈益中会款纠纷一案的文书，包括审理笔录、璧山县司法处民事判决书、民事再审状、民事诉状、司法处执达员提交审判官的报告、民事保状、璧山县司法处训令等。

662. 璧山县法院审理会款纠纷一案　12－8－655

1934年7月至1934年8月，璧山县法院关于张承绪会款纠纷一案的文书，包括民事诉状、审理笔录、璧山县政府训令、民事反诉状、璧山县公安局局长提交县长的呈文、承发吏提交县长的报告等。

663. 四川高等法院第一分院、璧山县司法处审理申请查封拍卖财产等三案　12－8－656

1938年12月至1941年5月，四川高等法院第一分院、璧山县司法处关于王合江申请查封拍卖财产案、姜炳山要求赔偿损害案、王俊卿会款纠纷三案的文书，包括民事领状、璧山县司法处提交四川高等法院第一分院的呈文、民事诉状、四川高等法院第一分院裁定、四川高等法院第一分院训令、民事缴状、民事委任状等。

664. 四川高等法院第一分院、璧山县司法处审理债务纠纷等两案　12－8－657

1938年2月至1938年10月，四川高等法院第一分院、璧山县司法处关于凯南勋债务纠纷、董元清兑款纠纷两案的文书，包括民事执行状、璧山县司法处提交四川高等法院第一分院的呈文等。

665. 巴县地方法院、璧山县司法处审理债务纠纷等案　12－8－658

1935年7月至1941年6月，巴县地方法院、璧山县司法处关于债务纠纷、租佃纠纷、申请破产、租赁纠纷、会款纠纷、伙贸纠纷等案的文书，包括璧山县司法处民事裁定、璧山县政府民事判决书、璧山县司法处民事和解笔录、璧山县司法处发往嘉陵江三峡乡村建设实验区的公函、巴县地方法院民事判决书、民事存查状、民事诉状、审理笔录等。

666. 璧山县司法处审理买卖欺诈等三案　12—8—659

1938年1月至1939年3月，璧山县司法处关于龙泽全买卖欺诈、杨治安债务纠纷、郑凤麟债务纠纷三案的文书，包括民事诉状、鹿鸣乡第一保保长提交审判官的呈文、璧山县司法处谕、司法处执达员提交审判官的报告、民事辩状、璧山县司法处民事判决书、民事执行状、民事声请书等。

667. 璧山县司法处审理租佃纠纷一案　12—8—660

1938年10月至1939年6月，璧山县司法处关于李海荣租佃纠纷一案的文书，包括民事诉状、璧山县司法处民事裁定、审理笔录、民事声请书、民事执行状、司法处执达员提交审判官的报告书、民事续状、璧山县司法处训令等。

668. 重庆地方法院、璧山县司法处审理租佃纠纷、租金纠纷两案　12—8—661

1937年7月至1938年7月，重庆地方法院、璧山县司法处关于钟林煊租佃纠纷、陈子君租金纠纷两案的文书，包括民事诉状、审理笔录、丁家镇第二十保甲长提交璧山县司法处的呈文、璧山县司法处民事和解笔录、重庆地方法院民事裁定等。

669. 四川高等法院第一分院、璧山县司法处审理租金纠纷一案　12—8—662

1937年5月至1938年12月，四川高等法院第一分院、璧山县司法处关于陈子君租金纠纷一案的文书，包括四川高等法院第一分院训令、璧山县司法处提交四川高等法院第一分院的呈文、民事诉状、璧山县司法处谕、民事恳状、民事保状、民事执行状、四川高等法院第一分院民事裁定、民事声请书、民事呈状、民事声明等。

670. 璧山县司法处审理会款纠纷一案　12—8—663

1938年11月至1938年12月，璧山县司法处关于邹吉祥会款纠纷一案的文书，邹吉祥以邹玉堂等人未能履行会务为由提起诉讼要求其偿还会款。该卷文书包括民事诉状、民事辩状、审理笔录、璧山县司法处民事和解笔录、送达证书等。

671. 璧山县司法处审理债务纠纷一案　12—8—664

1938年6月，璧山县司法处关于李绪也债务纠纷(案情不明)一案的文书，包括民事诉状等。

672. 璧山县司法处审理要求膳银等三案　12－8－665

1938年6月至1938年12月，璧山县司法处关于杨旭初要求膳银、罗汉武典当纠纷、刘炳全债务纠纷三案的文书，包括民事诉状、民事委状、审理笔录、璧山县司法处民事判决书、璧山县司法处民事和解笔录等。

673. 璧山县司法处审理典当纠纷一案　12－8－666

1938年12月，璧山县司法处关于刘治安典当纠纷一案的文书，刘徐氏等人将房屋典当给刘治安后拒绝搬出，刘治安提起诉讼要求刘徐氏搬离房屋。该卷文书包括民事诉状等。

674. 巴县地方法院、璧山县司法处审理会款纠纷一案　12－8－667

1935年12月至1938年2月，巴县地方法院、璧山县司法处关于陈德盛会款纠纷一案的文书，包括璧山县政府与巴县地方法院的往来公函、巴县地方法院民事判决书、民事执行状、民事诉状、执达员提交璧山县长的报告、璧山县政府饬令、民事缴状、民事领状、民事声明、民事续状、璧山县司法处民事判决书、民事抗告书等。

675. 四川高等法院第一分院、重庆地方法院、璧山县司法处审理会款纠纷抗告一案　12－8－668

1935年10月至1938年9月，四川高等法院第一分院、重庆地方法院、璧山县司法处关于陈德盛会款纠纷抗告一案的文书，包括璧山县司法处提交四川高等法院第一分院的呈文、审判官意见书、民事续诉状、民事展限状、四川高等法院第一分院指令、重庆地方法院民事裁定、民事诉状、民事辩状、民事保状、审理笔录、璧山县政府签票、璧山县司法处民事裁定等。

676. 璧山县司法处审理申请变卖房产一案　12－8－669

1938年11月，璧山县司法处关于连钟瑶卿申请变卖房产一案的文书，连氏丈夫常年在外做工但未给付连氏任何生活费用，为维持生计连氏申请法院允许其变卖家中房产。该卷文书包括民事存查状等。

677. 璧山县司法处审理要求履行婚约一案　12－8－670

1938年10月至1939年2月，璧山县司法处关于王昌余要求李汉臣履行婚约一案的文书，包括民事诉状、审理笔录、民事展限状、民事辩状、璧山县司法处与万县地方法院的往来公函、民事声明状、执达员提交司法处的报告、民事续状、璧山县司法处民事判决书等。

678. 璧山县司法处审理债务纠纷一案　12－8－671

1938年3月至1938年7月，璧山县司法处关于钟宝山债务纠纷一案的文书，何银廷以钟宝山拖欠借款为由提起诉讼要求钟偿还债务。该卷文书包括民事诉状、审理笔录、璧山县司法处民事和解笔录、民事声请书、民事恳状等。

679. 璧山县司法处审理会款纠纷一案　12－8－672

1938年8月至1938年12月，璧山县司法处关于龙子清会款纠纷一案的文书，包括民事诉状、审理笔录、民事声请书、民事呈状、璧山县司法处民事判决书、送达证书等。

680. 璧山县司法处审理债务执行一案　12－8－673

1938年8月至1939年2月，璧山县司法处关于何明章债务执行一案的文书，包括民事诉状、司法处执达员提交审判官的呈文、民事保状、民事执行状、民事委状、民事辩状等。

681. 璧山县司法处审理会务纠纷一案　12－8－674

1938年5月，璧山县司法处关于荣西明会务纠纷一案的文书，荣西明以荣绪廷未能履行会务为由提起诉讼，要求荣绪廷履行会务给付会银。该卷文书包括民事存查书等。

682. 璧山县司法处审理会款纠纷一案　12－8－675

1938年1月至1938年5月，璧山县司法处关于王志凡会款纠纷一案的文书，包括民事诉状、璧山县司法处执达员提交审判官的呈文、民事辩状、审理笔录、璧山县司法处民事判决书等。

683. 璧山县司法处审理租佃纠纷一案　12－8－676

1938年12月，璧山县司法处关于陈吴氏租佃纠纷一案的文书，陈吴氏与陈孙氏在租赁土地过程中产生经济纠纷，陈吴氏提起诉讼要求陈孙氏给付租金。该卷文书包括民事诉状、司法处执达员提交审判官的呈文等。

684. 璧山县司法处审理典当纠纷一案　12－8－677

1938年7月至1938年10月，璧山县司法处关于张松林典当纠纷一案的文书，包括正心镇联保主任提交璧山县司法处的呈文、审理笔录、民事声请书、民事诉状、璧山县司法处牌告等。

685. 璧山县司法处审理请求医治病妻一案　12－8－678

1938年7月至1938年8月，璧山县司法处关于傅镜秋请求医治病妻一案的文书，傅妻患有精神病，傅镜秋请求法院允许自己关押妻子进行治疗。该卷文书包括民事存查状、民事呈状等。

686. 璧山县司法处审理租佃纠纷一案　12－8－679

1938年1月，璧山县司法处关于叶祖武租佃纠纷一案的文书，叶祖武在租赁土地过程中与谢国良发生矛盾，叶提起诉讼要求谢国良给清租金并尽快搬迁。该卷文书包括民事诉状、璧山县司法处谕、司法处执达员提交审判官的呈文等。

687. 璧山县司法处审理欠款纠纷一案　12－8－680

1938年7月至1939年3月，璧山县司法处关于杨武臣欠款纠纷一案的文书，包括民事诉状、民事辩状、民事委状、民事展限状、璧山县司法处执达员提交审判官的呈文、审理笔录、璧山县司法处民事判决书、民事呈状等。

688. 璧山县司法处审理租佃纠纷一案　12－8－681

1938年7月，璧山县司法处关于王天才与徐顺钦租佃纠纷（案由不明）一案的文书，包括民事存查状等。

689. 璧山县司法处审理债务纠纷一案　12－8－682

1938年5月至1938年6月，璧山县司法处关于张炳奎债务纠纷一案的文书，张炳奎以朱正明欠债不还为由提起诉讼要求朱偿还债务，后双方经人调解和解。该卷文书包括民事诉状、民事和解状等。

690. 四川高等法院第一分院、璧山县司法处审理租佃纠纷、声请破产两案　12－8－683

1937年12月至1939年1月，四川高等法院第一分院、璧山县司法处关于朱大龙租佃纠纷、周青云声请破产两案的文书，包括璧山县司法处提交四川高等法院第一分院的呈文、民事执行状、璧山县征收局提交璧山县司法处的呈文、璧山县司法处训令、城南乡主任提交璧山县司法处的呈文、民事催状、四川高等法院第一分院民事判决书、璧山县司法处民事判决书、民事声请书等。

691. 四川高等法院第一分院、璧山县司法处审理租佃纠纷一案　12－8－683（2）

1937年11月至1938年8月，四川高等法院第一分院、璧山县司法处关于朱大龙租佃纠纷一案的文书，包括民事诉状、民事辩状、审理笔录、璧山县司法处民事判决书、璧山县司法处提交四川高等法院第一分院的呈文、四川高等法院第一分院训令、民事执行状、四川高等法院第一分院民事判决书、民事续状等。

692. 四川高等法院第一分院、璧山县司法处审理债务抗告一案　12－8－684

1938年5月至1939年1月，四川高等法院第一分院、璧山县司法处关于刘汉清债务抗告一案的文书，包括民事诉状、璧山县司法处提交四川高等法院第一分院的呈文、司法处审判官意见书、四川高等法院第一分院训令、民事抗告书、四川高等法院第一分院民事裁定等。

693. 四川高等法院第一分院、璧山县司法处审理租佃纠纷一案　12－8－685

1938年3月至1939年6月，四川高等法院第一分院、璧山县司法处关于钟治轩租佃纠纷一案的文书，包括璧山县司法处提交四川高等法院第一分院的呈文、四川高等法院第一分院训令、四川高等法院第一分院民事判决书、四川高等法院第一分院发往璧山县司法处的公函、民事诉状、民事辩状、审理笔录、民事保状、璧山县司法处民事判决书等。

694. 璧山县司法处审理租佃纠纷一案　12－8－686

1938年7月至1938年10月，璧山县司法处关于周青云租佃纠纷一案的文书，包括民事声请书、璧山县司法处民事裁定、福禄镇联保主任提交璧山县司法处的呈文、璧山县司法处训令、民事辩状、司法处扣押笔录、城南乡保长联合办公处提交璧山县司法处的呈文、璧山县征收局与璧山县司法处的往来公函、民事呈状、民事参加状等。

695. 璧山县司法处审理佃权纠纷一案　12－8－687

1938年12月至1939年5月，璧山县司法处关于汪金城佃权纠纷一案的文书，包括民事诉状、审理笔录、璧山县司法处民事和解笔录、民事声请书、民事执行状等。

696. 最高法院审理欠款纠纷一案　12－8－688

1938年7月至1938年12月，最高法院关于严鑫荣欠款纠纷一案的文书，严敦五以严鑫荣拖欠债款为由告上法庭要求其偿还债务。该卷文书包括民事声请书、最高法院民事裁定、送达证书等。

697. 四川高等法院第一分院、璧山县司法处审理债务纠纷一案　12—8—689

1938年6月至1939年4月，四川高等法院第一分院、璧山县司法处关于曹金洲债务纠纷一案的文书，包括民事诉状、民事辩状、审理笔录、民事声明、璧山县司法处民事判决书、璧山县司法处执达员提交审判官的报告、璧山县司法处提交四川高等法院第一分院的呈文、四川高等法院第一分院训令等。

698. 四川高等法院第一分院、璧山县司法处审理欠款纠纷及其上诉一案　12—8—690

1938年8月至1939年4月，四川高等法院第一分院、璧山县司法处关于曹金洲欠款纠纷及其上诉一案的文书，包括璧山县司法处提交四川高等法院第一分院的呈文、民事诉状、四川高等法院第一分院裁定、四川高等法院第一分院训令、璧山县司法处执达员提交审判官的报告等。

699. 璧山县司法处审理债务纠纷一案　12—8—691

1938年8月至1938年12月，璧山县司法处关于刘青云债务纠纷一案的文书，包括民事诉状、审理笔录、璧山县司法处执达员提交审判官的报告、璧山县司法处民事和解笔录、送达证书、民事执行状、民事缴状等。

700. 四川高等法院第一分院令饬璧山县司法处调查诬告一案　12—8—692

1938年1月，四川高等法院第一分院令饬璧山县司法处调查李少渊诬告一案的文书，包括四川高等法院第一分院训令、璧山县司法处执达员提交审判官的报告、璧山县司法处提交四川高等法院第一分院的呈文等。

701. 璧山县司法处审理债务纠纷一案　12—8—693

1938年4月至1938年7月，璧山县司法处关于何开文债务纠纷一案的文书，包括民事诉状、借据、审理笔录、民事保状、民事声请书、民事执行状等。

702. 四川高等法院第一分院审理债务纠纷上诉一案　12—8—694

1938年8月至9月，四川高等法院第一分院关于何开文债务纠纷上诉一案的文书，包括璧山县司法处提交四川高等法院第一分院的呈文、审判官意见书、四川高等法院第一分院训令、四川高等法院第一分院民事裁定、民事抗告书等。

703. 璧山县司法处审理会款纠纷一案　12－8－694（2）

1938年8月至1939年7月，璧山县司法处关于石金山会款纠纷一案的文书，包括民事诉状、审理笔录、司法处执达员提交审判官的报告、民事补状、民事辩状、民事续状、璧山县司法处民事判决书、民事执行状等。

704. 璧山县司法处审理业价纠纷一案　12－8－695

1938年11月至1939年1月，璧山县司法处关于周显门业价纠纷一案的文书，包括民事诉状、审理笔录、民事展限状、城南乡保长联合办公处发往璧山县司法处的呈文等。

705. 璧山县司法处审理会银纠纷一案　12－8－696

1938年10月，璧山县司法处关于王昌尧会银纠纷一案的文书，王昌尧叔父生前曾加入董银洲所办的公益会并缴纳了会款，其叔父死后董拒接返还会银。王昌尧提起诉讼要求董返还会银，该卷文书包括民事存查书等。

706. 璧山县司法处审理会款纠纷一案　12－8－697

1938年3月至1938年6月，璧山县司法处关于李春鸿会款纠纷一案的文书，包括民事诉状、审理笔录、璧山县司法处执达员提交审判官的报告、民事续诉状、璧山县司法处牌等。

707. 四川高等法院第一分院、璧山县司法处审理债务纠纷一案　12－8－698

1938年11月至1939年2月，四川高等法院第一分院、璧山县司法处关于刘永丰债务纠纷一案的文书，包括四川高等法院第一分院民事诉讼标的核定单、璧山县司法处提交四川高等法院第一分院的呈文、民事呈状、四川高等法院第一分院裁定、四川高等法院第一分院训令、民事和解书等。

708. 璧山县司法处审理要求赔偿损害一案　12－8－699

1938年12月至1939年4月，璧山县司法处关于陈杨氏要求赔偿损害一案的文书，包括民事诉状、审理笔录、民事委状、民事呈状、璧山县司法处民事判决书、送达证书、民事声请书等。

709. 璧山县司法处审理声请破产一案　12－8－700

1938年4月至1938年5月，璧山县司法处关于龙李氏声请破产一案的文书，龙李氏负有债务无力偿还故向法院申请破产。该卷文书包括民事声请书、债权人姓名数目表、璧山县司法处训令等。

710. 最高法院、四川高等法院第一分院审理契约纠纷一案　12－8－701

1939年4月至1941年4月,最高法院、四川高等法院第一分院关于田治臣契约纠纷一案的文书,包括四川高等法院第一分院发往最高法院的公函、民事诉状、四川高等法院第一分院裁定、送达证书、最高法院民事裁定等。

711. 四川高等法院第一分院、璧山县司法处审理继承家产纠纷一案　12－8－702

1938年12月至1939年6月,四川高等法院第一分院、璧山县司法处关于赵德裕继承家产纠纷一案的文书,包括民事诉状、民事证明书、审理笔录、璧山县司法处民事判决书、送达证书、民事执行状、璧山县司法处提交四川高等法院指令的呈文、四川高等法院第一分院训令等。

712. 璧山县司法处审理请求转移管业证一案　12－8－703

1938年7月至1938年8月,璧山县司法处关于罗涛清请求转移管业证一案的文书,罗涛清负有债务无力偿还,故请求法院允许其转移管业证以偿债。该卷文书包括民事声请书、借银文约、审理笔录、璧山县司法处训令等。

713. 璧山县司法处审理要求法院确认离婚一案　12－8－704

1938年11月,璧山县司法处关于杜焕堂要求法院确认其女离婚一案的文书,杜焕堂之女嫁于廖家,但因婚后生活窘迫,双方签订协议离婚,后廖家欲反悔该协议,杜焕堂便提起诉讼要求法院确认其女已经离婚。该卷文书包括民事诉状、璧山县司法处民事裁定、送达证书、证人证词等。

714. 璧山县司法处审理租佃纠纷一案　12－8－705

1938年5月至1938年7月,璧山县司法处关于谭国珍租佃纠纷一案的文书,谭国珍因祝继明拖欠租佃费提起诉讼,要求其给付租佃费用。该卷文书包括民事声请书、民事诉状、璧山县司法处执达员提交审判官的报告、民事和解书等。

715. 璧山县司法处、璧山实验地方法院审理债务纠纷等三案　12－8－706

1938年6月至1943年5月,璧山县司法处、璧山实验地方法院关于尹煜安债务纠纷、蒋光耀会款纠纷、周良才债务纠纷三案的文书,包括民事凭证、民事诉状、璧山县司法处民事判决书、璧山实验地方法院民事裁定等。

716. 四川高等法院第一分院、璧山县司法处审理会款纠纷等案　12－8－707

1933年12月至1938年12月，四川高等法院第一分院、璧山县司法处关于会款纠纷、租赁纠纷、租佃纠纷、债务纠纷、申请离婚等案的文书，包括四川高等法院第一分院民事判决书、璧山县司法处民事判决书、璧山县政府民事堂谕代判书、四川高等法院第一分院民事裁定等。

717. 璧山县司法处审理租佃纠纷一案　12－8－708

1937年12月至1938年3月，璧山县司法处关于刘树荣租佃纠纷一案的文书，包括民事诉状、民事辩状、璧山县司法处执达员提交审判官的报告、审理笔录、璧山县司法处谕等。

718. 四川高等法院第一分院、璧山县司法处审理抵押土地纠纷等两案　12－8－709

1938年2月至1938年8月，四川高等法院第一分院、璧山县司法处关于陈新伯抵押土地纠纷、朱家富会款纠纷两案的文书，包括民事诉状、四川高等法院第一分院训令、璧山县司法处提交四川高等法院第一分院的呈文等。

719. 四川高等法院第一分院审理业价纠纷一案　12－8－710

1937年10月至1938年9月，四川高等法院第一分院关于苏汉云业价纠纷一案的文书，包括民事声请再审状、民事缴状、四川高等法院第一分院训令、璧山县司法处提交四川高等法院第一分院的呈文、四川高等法院第一分院裁定、民事诉状、民事辩状、审理笔录、宣告判决笔录等。

720. 四川高等法院第一分院、璧山县司法处审理会款、租佃纠纷两案　12－8－711

1938年5月至1939年1月，四川高等法院第一分院、璧山县司法处关于朱家富会款纠纷、邓耀先租佃纠纷两案的文书，包括璧山县司法处提交四川高等法院第一分院的呈文、审判官意见书、四川高等法院第一分院裁定、四川高等法院第一分院训令、民事诉状、民事辩状等。

721. 四川高等法院第一分院、璧山县司法处审理债务纠纷一案　12－8－712

1938年7月至1939年2月，四川高等法院第一分院、璧山县司法处关于张玉林债务纠纷一案的文书，包括民事诉状、借据、审理笔录、民事反诉状、璧山县司法处民事判决书、璧山县司法处提交四川高等法院第一分院的呈文、四川高等法院第一分院训令、四川高等法院第一分院裁定、宣告判决笔录、四川高等法院第一分院民事判决书等。

722. 四川高等法院第一分院、璧山县司法处审理税契纠纷一案　12—8—713

1938年3月至1939年2月，四川高等法院第一分院、璧山县司法处关于李占廷税契纠纷一案的文书，包括璧山县司法处提交四川高等法院第一分院的呈文、四川高等法院第一分院训令、司法处执达员提交审判官的报告、四川高等法院第一分院指令、四川高等法院第一分院民事裁定、民事诉状、审理笔录、璧山县司法处牌告、民事辩状、璧山县司法处民事判决书、民事声请书、民事呈状等。

723. 璧山县法院审理请求改嫁等案　12—8—714

1932年7月至1932年8月，璧山县法院关于请求改嫁、诈骗布匹、租佃纠纷、债务纠纷、继承家产纠纷等案的文书，包括民事存查状、登凤乡乡长提交璧山县政府的呈文、民事声请书等。

724. 四川高等法院第一分院、璧山县司法处审理业价纠纷一案　12—8—715

1938年5月至1938年8月，四川高等法院第一分院、璧山县司法处关于苏汉云等求偿业价一案的文书，包括民事声明理由执行状、民事领状、璧山县司法处提交四川高等法院第一分院的呈文、四川高等法院第一分院民事裁定、民事参加状等。

725. 璧山县司法处审理会款纠葛等两案　12—8—716

1937年12月至1938年4月，璧山县司法处关于谭友元会款纠葛、江永清家产纠葛两案的文书，包括民事委任状、民事诉状等。

726. 四川高等法院第一分院、璧山县司法处审理租佃纠纷一案　12—8—717

1938年1月至1938年11月，四川高等法院第一分院、璧山县司法处关于钟国梁租佃纠纷一案的文书，包括民事诉状、民事辩状、民事展限状、审理笔录、民事呈状、司法处执达员提交审判官的报告、璧山县司法处民事判决书、璧山县司法处提交四川高等法院第一分院的呈文、四川高等法院第一分院裁定、四川高等法院第一分院训令、四川高等法院第一分院民事裁定等。

727. 四川高等法院第一分院、璧山县司法处审理伙贸纠纷再审一案　12—8—718

1937年6月至1938年5月，四川高等法院第一分院、璧山县司法处关于唐淮清伙贸纠纷再审一案的文书，包括民事诉状、民事辩状、审理笔录、民事续呈状、璧山县司法处民事判决书、送达回证、民事续诉状、民事保状、民事声诉状、民事声请书、民事执行状、司法处执达员提交审判官的报告、四川高等法院第一分院训令、四川高等法院第一分院民事判决书等。

728. 璧山县司法处审理债务纠纷一案　12－8－719

1938年8月，璧山县司法处关于胡树林债务纠纷一案的文书，荣志先以胡树林等人故意拖欠债款为由提起诉讼要求胡等人偿还债务。该卷文书包括民事诉状、民事反诉状、审理笔录、送达证书等。

729. 璧山县司法处审理债务纠纷一案　12－8－720

1938年9月至1939年12月，璧山县司法处关于徐兴荣债务纠纷一案的文书，包括璧山县司法处民事判决书、民事诉状、审理笔录、送达证书、民事执行状、司法处执达员提交司法处的呈文、执达员提交审判官的报告、民事保状、民事申请书等。

730. 璧山县司法处审理声请查封一案　12－8－721

1938年2月至1938年3月，璧山县司法处关于谭银山声请查封一案的文书，谭银山身负债务无力偿还故向法院声请查封拍卖其财产以还债。该卷文书包括民事声请书、璧山县司法处执行命令、璧山县司法处布告等。

731. 璧山县司法处审理经济纠纷一案　12－8－722

1938年9月至1938年12月，璧山县司法处关于张永桢经济纠纷一案的文书，张永桢与张象异发生经济矛盾后，张象异阻挠张永桢耕作，因此张永桢声请法院阻止张象异妨害其耕作的行为。该卷文书包括民事声请书、璧山县司法处训令等。

732. 四川高等法院第一分院、璧山县司法处审理做假账骗取财产等两案　12－8－723

1938年3月至1938年7月，四川高等法院第一分院、璧山县司法处关于谢伍氏做假账骗取财产案、晏绍珍债务纠纷两案的文书，包括四川高等法院第一分院民事判决书、民事诉状等。

733. 璧山县司法处审理借款纠纷一案　12－8－724

1938年7月至1939年5月，璧山县司法处关于陈巫氏借款纠纷一案的文书，包括民事诉状、审理笔录、璧山县司法处民事判决书、司法处执达员提交审判官的呈文、借款凭证、送达证书等。

734. 璧山县司法处审理声请破产一案　12－8－725

1938年6月,璧山县司法处关于夏文彬声请破产一案的文书,夏文彬背负巨额债务无力偿还故向法院提出破产申请。该卷文书包括民事声请书等。

735. 璧山县司法处审理离婚一案　12－8－726

1938年7月,璧山县司法处关于戴向氏离婚一案的文书,戴向氏因经济纠纷生活困窘而申请离婚。该卷文书包括民事存查书等。

736. 璧山县司法处审理请求变卖土地一案　12－8－727

1938年7月,璧山县司法处关于巫国芳请求变卖土地一案的文书,巫国芳的伯父因欠债故将土地抵押给巫国芳等人,巫国芳想要变卖土地偿还债务故向法院提出申请要求确认其对土地的所有权。该卷文书包括民事声请书等。

737. 璧山县司法处审理债务纠纷一案　12－8－728

1938年7月,璧山县司法处关于廖义顺债务纠纷一案的文书,廖义顺之弟与廖述臣存在债务纠葛,廖述臣逼迫廖义顺代弟偿还债务,廖义顺拒绝还债并提起诉讼,要求法院保护自己的经济利益免受侵害。该卷文书包括民事存查书等。

738. 璧山县司法处审理要求生活费一案　12－8－729

1938年7月,璧山县司法处关于喻孙素文要求生活费一案的文书,喻孙素文之夫外出做工音讯全无家中生活十分窘迫,喻请求法院寻找丈夫并索取生活费用。该卷文书包括民事声请书等。

739. 璧山县司法处审理申请破产一案　12－8－730

1938年7月至1938年8月,璧山县司法处关于王作周申请破产一案的文书,王作周身负巨额债务无力偿还,故向法院申请破产。该卷文书包括民事诉状、璧山县司法处训令等。

740. 璧山县司法处审理债务纠纷一案　12－8－731

1938年2月至1938年4月,璧山县司法处关于龙张乾债务纠纷一案的文书,包括民事诉状、审理笔录、璧山县司法处民事和解笔录、璧山县司法处饬签、司法处执达员提交审判官的呈文、送达回证等。

741. 璧山县司法处审理会款纠纷一案　12—8—732

1938年12月至1939年5月，璧山县司法处关于傅斗坦会款纠纷一案的文书，包括民事诉状、审理笔录、民事答辩状、璧山县司法处民事判决书、送达证书等。

742. 璧山县司法处审理租赁纠纷一案　12—8—733

1938年12月至1939年5月，璧山县司法处关于杨武臣租赁纠纷一案的文书，杨武臣因何树林拒付租谷而提起诉讼要求何树林等人给付租谷。该卷文书包括民事诉状、民事反诉状、审理笔录、民事委状等。

743. 四川高等法院第一分院、璧山县司法处审理会款纠纷一案　12—8—734

1938年7月至1938年12月，四川高等法院第一分院、璧山县司法处关于邓四明会款纠纷一案的文书，包括璧山县司法处提交四川高等法院第一分院的呈文、四川高等法院第一分院训令、四川高等法院第一分院民事判决书、璧山县司法处民事判决书等。

744. 璧山县司法处审理债务纠纷一案　12—8—735

1939年1月，璧山县司法处关于张芝林债务纠纷一案的文书，张芝林以王怀甫拖欠债款为由提起诉讼要求其偿还债务。该卷文书包括璧山县司法处执达员提交审判官的呈文等。

745. 璧山县司法处审理租谷纠纷一案　12—8—736

1938年5月至1939年4月，璧山县司法处关于王绍臣租谷纠纷一案的文书，包括四川高等法院第一分院训令、璧山县司法处提交四川高等法院第一分院的呈文、重庆地方法院发往璧山县司法处的公函、民事执行状、璧山县司法处牌告、民事认状、民事声明、璧山县司法处民事判决书等。

746. 璧山县司法处审理租佃纠纷一案　12—8—737

1938年8月，璧山县司法处关于陈汉周租佃纠纷一案的文书，陈在租佃土地过程中与牟章荣发生经济纠纷，陈提起诉讼要求牟给付租谷。该卷文书包括民事备查状等。

747. 璧山县司法处审理请求离异一案　12—8—738

1938年8月，璧山县司法处关于曾树华请求离异一案的文书，曾树华曾与丈夫达成协议离婚,后欲再嫁,担心之前的离婚文约不能成立,便请求法院确认文约的合法性。该卷文书包括民事呈状、离婚文约等。

748. 璧山县司法处审理要求解除婚约等两案　12—8—739

1938年5月至1938年11月,璧山县司法处关于冯忠南要求解除婚约案、何明章债务纠纷两案的文书,冯忠南童年时期由父母做主与薛家订立婚约,后薛家搬迁音讯全无,冯要求法院将此婚约解除。该卷文书包括民事存查书、司法处执达员提交审判官的呈文、民事抗告书等。

749. 璧山县司法处审理会款纠纷一案　12—8—740

1938年7月至1939年6月,璧山县司法处关于王文清会款纠纷一案的文书,包括民事诉状、璧山县司法处训令、民事续控状、璧山县司法处民事裁定、民事续呈状、司法处执达员提交审判官的呈文、民事委任状、民事反诉状等。

750. 璧山县司法处审理租佃纠纷一案　12—8—741

1938年4月,璧山县司法处关于周云清租佃纠纷一案的文书,王鑫益要求以佃户资格优先购买周云清的土地,被拒绝后便阻挠周云清卖地,因此周云清将王告上法庭,要求法院维护自身买卖权利。该卷文书包括民事诉状、璧山县司法处训令。

751. 璧山县司法处审理会款纠纷一案　12—8—742

1938年1月至1938年8月,璧山县司法处关于徐德生会款纠纷一案的文书,包括民事诉状、民事答辩状、司法处执达员提交审判官的呈文、审理笔录、定林乡调解委员提交璧山县司法处的呈文等。

752. 璧山县司法处审理会款纠纷一案　12—8—743

1938年1月至1938年5月,璧山县司法处关于陈万全会款纠纷一案的文书,包括民事诉状、璧山县司法处谕、司法处执达员提交审判官的呈文、审理笔录、民事辩状、璧山县司法处民事和解笔录等。

753. 璧山县司法处审理会款纠纷一案　12—8—744

1938年5月至1938年8月,璧山县司法处关于刘庆云会款纠纷一案的文书,刘庆云以江柏春未能履行会务为由提起上诉,要求江返还会款。该卷文书包括璧山县司法处民事和解笔录、民事诉状、审理笔录、民事催状、司法处执达员提交审判官的呈文等。

754. 四川高等法院第一分院审理会款纠纷一案　12－8－745

1938年8月至1938年11月，四川高等法院第一分院关于邓吉安会款纠纷一案的文书，包括璧山县司法处提交四川高等法院第一分院的呈文、审判官意见书、民事抗告书、四川高等法院第一分院裁定、四川高等法院第一分院训令、四川高等法院第一分院民事裁定等。

755. 四川高等法院第一分院审理债款纠纷一案　12－8－746

1938年5月至1938年8月，四川高等法院第一分院关于蒋松山债款纠纷一案的文书，包括璧山县司法处提交四川高等法院第一分院的呈文、司法处审判官意见书、民事抗告书、四川高等法院第一分院民事裁定、四川高等法院第一分院训令等。

756. 璧山县司法处审理债务纠纷一案　12－8－747

1938年7月，璧山县司法处关于吴海云债务纠纷一案的文书，朱戈氏因吴海云故意拖欠债款而提起上诉要求其偿还债务，后经吴吉安等人调解而撤诉。该卷文书包括民事诉状、璧山县司法处执达员提交审判官的报告等。

757. 璧山县司法处审理债款纠纷一案　12－8－748

1938年2月至1939年4月，璧山县司法处关于龙长发债款纠纷一案的文书，包括民事诉状、璧山县司法处执达员提交审判官的报告、民事展限状、审理笔录、来凤镇联保主任提交司法处审判官的呈文、璧山县司法处民事和解笔录、民事声请书、璧山县司法处民事裁定、司法处牌告、司法处训令、司法处扣押笔录、民事恳状、鹿鸣乡联保主任提交司法处审判官的呈文、民事执行书等。

758. 璧山县司法处审理会款纠纷一案　12－8－749

1938年3月至1938年4月，璧山县司法处关于何银安会款纠纷一案的文书，何银安认为叶树风等人未能履行会务要求其返还会银。该卷文书包括民事诉状、民事声请书、民事催状、审理笔录、民事和解书、民事领状等。

759. 璧山县司法处审理债权纠纷一案　12－8－750

1938年8月，璧山县司法处关于黄荣廷债权纠纷一案的文书，黄荣廷身负高额债务无力偿还，请求法院允许其四子分摊偿还。该卷文书包括民事存查书、析分家产的协议等。

760. 璧山县司法处审理债务纠纷一案　12－8－751

1936年5月至1938年3月,璧山县司法处关于江海帆债务纠纷一案的文书,江海帆因张刘氏等人拖欠债款而提起上诉。该卷文书包括民事诉状、民事辩状、审理笔录、璧山县司法处民事判决书等。

761. 璧山县司法处审理债务纠纷一案　12－8－752

1938年9月至1938年10月,璧山县司法处关于刘琼英债务纠纷一案的文书,刘琼英认为刘黎氏等人恶意拖欠借款故提起上诉要求其偿还债务。该卷文书包括民事诉状、审理笔录、璧山县司法处民事和解笔录等。

762. 四川高等法院第一分院审理租佃纠纷一案　12－8－753

1938年8月至1938年11月,四川高等法院第一分院关于吴希特租佃纠纷一案的文书,包括璧山县司法处提交四川高等法院第一分院的呈文、民事诉状、四川高等法院第一分院裁定、民事和解书、四川高等法院第一分院训令等。

763. 四川高等法院第一分院、璧山县司法处审理会款纠纷一案　12－8－754

1938年4月至1939年8月,四川高等法院第一分院、璧山县司法处关于张德安会款纠纷一案的文书,包括民事诉状、民事委状、审理笔录、璧山县司法处民事判决书、璧山县司法处执达员提交审判官的报告、民事执行书、民事声明、民事抗告书、四川高等法院第一分院训令等。

764. 璧山县司法处审理债务纠纷一案　12－8－755

1938年8月,璧山县司法处关于庞逢源借款债务纠纷一案的文书,包括民事诉状、民事委状、璧山县司法处执达员提交审判官的报告、民事和解书等。

765. 璧山县司法处审理自愿破产案等案　12－8－756

1937年12月至1938年3月,璧山县司法处关于自愿破产、要求生活费、申请离婚、要求遗产、屋界纠纷、会款纠纷、典当纠纷等案的文书,包括民事申请书、民事存查书、民事诉状、民事声请书、民事被查状、重庆地方法院发往璧山县司法处的公函、璧山县司法处发往合川县司法处的公函等。

766. 四川高等法院第一分院、璧山县司法处审理要求返还黄谷等两案　12－8－757

1938年5月至1939年1月,四川高等法院第一分院、璧山县司法处关于万银廷要求王复盛返还黄谷、吴彭氏要求赔偿经济损失两案的文书，包括璧山县司法处提交四川高等法院第一分院的呈文、四川高等法院第一分院训令、四川高等法院第一分院裁定、民事缴状、民事辩状、民事诉状、审理笔录、四川高等法院第一分院民事判决书、璧山县司法处民事判决书、璧山县政府朱谕等。

767. 璧山县司法处审理会款纠纷一案　12—8—758

1937 年 12 月至 1938 年 4 月，璧山县司法处关于孙宪章会款纠纷一案的文书，包括太和乡联保主任提交璧山县司法处的呈文、民事诉状、璧山县司法处执达员提交审判官的报告、民事辩状、审理笔录、璧山县司法处谕等。

768. 璧山县司法处审理要求赔偿经济损失一案　12—8—759

1937 年 5 月至 1938 年 5 月，璧山县司法处关于白鸿兴要求赔偿经济损失一案的文书，包括民事诉状、民事辩状、审理笔录、璧山县司法处民事判决书、璧山县司法处执达员提交审判官的报告等。

769. 璧山县司法处审理会款纠纷一案　12—8—760

1936 年 12 月至 1937 年 11 月，璧山县司法处关于晏绍珍会款纠纷一案的文书，包括民事诉状、璧山县司法处执达员提交县长的报告、民事辩状、民事反诉状、民事和解书、审理笔录、民事保状、民事执行状、民事展限状、民事公证等。

770. 璧山县司法处审理债务纠纷一案　12—8—761

1938 年 4 月至 1938 年 11 月，璧山县司法处关于伍秉衡债务纠纷一案的文书，包括民事诉状、民事声请书、民事反诉状、审理笔录、璧山县司法处训令、嘉陵江三峡乡村建设实验区澄江镇联保主任提交璧山县司法处的呈文、民事呈状、璧山县司法处民事判决书等。

771. 璧山县司法处审理再婚存查一案　12—8—762

1938 年 4 月，璧山县司法处关于戴罗氏再婚存查一案的文书，戴罗氏丈夫常年吸食鸦片后又离家出走杳无音讯，戴罗氏申请再嫁。该卷文书包括民事声请书、婚约等。

772. 璧山县司法处审理押银纠纷一案　12—8—763

1938 年 3 月至 1938 年 4 月，璧山县司法处关于罗吕氏押银纠纷一案的文书，包括民事诉状、璧山县司法处执达员提交审判官的报告、璧山县司法处民事裁定等。

773. 璧山县政府审理债务存查一案　12－8－764

1938年4月，璧山县政府关于成在中债务存查一案的文书，成在中为偿还债务而变卖家产，为防以后产生纠纷成在中申请法院将此备案存查。该卷文书包括丁家镇联保主任提交璧山县县长的呈文等。

774. 璧山县司法处审理申请存查一案　12－8－765

1938年4月，璧山县司法处关于袁正云申请存查一案的文书，袁正云之妻袁刘氏外出多年音讯全无，为防以后产生纠纷袁正云申请法院将此备案存查。该卷文书包括民事存查状等。

775. 璧山县司法处审理债务存查一案　12－8－766

1938年6月，璧山县司法处关于蒋明初债务存查一案的文书，蒋明初身负债务为防以后产生纠纷，蒋申请司法处将此备案存查。该卷文书包括璧山县第三区转龙乡联保主任提交璧山县司法处的呈文等。

776. 璧山县司法处审理中介存查一案　12－8－767

1938年7月，璧山县司法处关于吴炳林中介存查一案的文书，吴炳林作为中介参与了李树青等人的典当事务，为防以后产生纠纷吴申请司法处将此备案存查。该卷文书包括民事存查状、璧山县司法处训令等。

777. 璧山县司法处审理家产纠纷一案　12－8－768

1938年11月至1939年1月，璧山县司法处关于蒋春林家产纠纷一案的文书，包括民事诉状、民事辩状、审理笔录、民事续状、璧山县司法处民事判决书等。

778. 璧山县司法处审理债务纠纷一案　12－8－769

1938年9月至1938年12月，璧山县司法处关于冷春熙债务纠纷一案的文书，包括民事诉状、审理笔录、民事辩状、璧山县司法处民事判决书等。

779. 璧山县司法处审理要求禁止治产业一案　12－8－770

1938年5月，璧山县司法处关于郭胡氏要求司法处禁止郭浚明治产业一案的文书，郭浚明私自侵夺、变卖家产，郭胡氏申请司法处禁止郭浚明的侵害行为。该卷文书包括民事声请书等。

780. 璧山县司法处审理离婚存查一案　12—8—771

1938年3月,璧山县司法处关于钟世禄离婚存查一案的文书,钟世禄与妻子协议离婚后为防以后出现纠纷,特想司法处申请将此备案存查。该卷文书包括丁家镇联保主任提交璧山县县长的呈文等。

781. 璧山县司法处审理要求赔偿损害一案　12—8—772

1938年8月至1938年12月,璧山县司法处关于徐合廷要求徐邹氏赔偿损害一案的文书,包括民事诉状、审理笔录、璧山县司法处民事裁定、璧山县司法处民事判决书等。

782. 璧山县司法处审理债务纠纷一案　12—8—773

1938年7月至1939年4月,璧山县司法处关于陈新伯债务纠纷一案的文书,包括四川高等法院第一分院训令、民事诉状、民事缴状、民事领状、璧山县司法处牌告、民事执行状、璧山县司法处训令、民事认状、璧山县司法处清界笔录、民事保状等。

783. 璧山县司法处审理会款纠纷一案　12—8—774

1938年12月至1939年3月,璧山县司法处关于伍德辉会款纠纷一案的文书,包括民事诉状、璧山县司法处执达员提交审判官的报告、审理笔录、璧山县司法处民事判决书等。

784. 璧山县司法处审理典当纠纷一案　12—8—775

1938年12月至1939年2月,璧山县司法处关于蔡德辉典当纠纷一案的文书,包括民事声请书、民事展限状、民事委状、审理笔录、璧山县司法处民事判决书、民事和解书等。

785. 璧山县司法处审理典权纠纷一案　12—8—776

1938年7月至1938年9月,璧山县司法处关于罗海林典权纠纷一案的文书,包括民事诉状、民事辩状、民事确认状、审理笔录、璧山县司法处民事判决书等。

786. 四川高等法院第一分院审理租佃纠纷一案　12—8—777

1938年9月至1939年1月,四川高等法院第一分院关于王克武租佃纠纷一案的文书,包括璧山县司法处提交四川高等法院第一分院的呈文、民事诉状、四川高等法院第一分院裁定、四川高等法院第一分院训令、审理笔录、四川高等法院第一分院民事判决书、四川高等法院第一分院民事裁定等。

787. 璧山县司法处审理破产一案　12－8－778

1938年9月至1939年7月，璧山县司法处关于王三级破产一案的文书，包括民事诉状、民事委状、民事辩状、审理笔录、璧山县司法处训令、民事保状等。

788. 璧山县司法处审理债务纠纷一案　12－8－779

1938年7月，璧山县司法处关于蓝辉林债务纠纷一案的文书，包括民事诉状、民事辩状、审理笔录、璧山县司法处民事和解笔录、璧山县司法处执达员提交审判官的报告等。

789. 璧山县司法处审理租佃存查一案　12－8－780

1938年5月，璧山县司法处关于夏绍邦租佃存查一案的文书，夏绍邦租佃夏李氏的土地后为防以后产生纠纷，特向司法处曰请将此备案存查。该卷文书包括民事存查状等。

790. 璧山县司法处、璧山地方法院审理会款纠纷执行等案　12－8－781（1）

1938年7月至1940年3月，璧山县司法处、璧山地方法院关于会款纠纷执行案、债务纠纷、要求给付黄谷案、会款纠纷等案的文书，包括民事执行状、审理笔录、民事诉状、璧山县司法处执行命令、璧山县司法处查封笔录、璧山县司法处拍卖布告、民事领状、璧山县司法处牌告、璧山地方法院民事和解笔录、辩论笔录、璧山地方法院民事判决书等。

791. 璧山县司法处审理租赁纠纷一案　12－8－781（2）

1938年7月至1938年8月，璧山县司法处关于向新盛租赁纠纷一案的文书，包括民事诉状、审理笔录、民事辩状、璧山县司法处民事判决书等。

792. 璧山县司法处审理债务纠纷一案　12－8－782（1）

1939年1月至1939年6月，璧山县司法处关于杨维三债务纠纷一案的文书，包括民事诉状、民事委任状、民事辩状、审理笔录、璧山县司法处与雅安地方法院的往来公函、璧山县司法处民事判决书等。

793. 四川高等法院第一分院审理租赁纠纷上诉一案　12－8－782（2）

1938年9月至1938年12月，四川高等法院第一分院关于向新盛租赁纠纷上诉一案的文书,包括璧山县司法处提交四川高等法院第一分院的呈文、民事声请书、四川高等法院第一分院民事裁定、四川高等法院第一分院训令等。

794. 璧山县司法处、璧山地方法院审理会款纠纷等两案　12—8—783

1932 年 11 月至 1940 年 3 月,璧山县司法处、璧山地方法院关于胡维高会款纠纷、高荣臣经界纠纷两案的文书,包括四川高等法院第一分院指令、璧山县司法处民事和解笔录、民事诉状、民事委任状、审理笔录、璧山地方法院与四川高等法院第一分院的往来公函、璧山地方法院民事判决书、民事缴状等。

795. 璧山县司法处审理会款纠纷一案　12—8—784

1938 年 11 月至 1939 年 1 月,璧山县司法处关于魏海全会款纠纷一案的文书,包括民事诉状、审理笔录、璧山县司法处执达员提交审判官的报告、普兴镇联保主任提交璧山县司法处的呈文等。

796. 璧山县司法处审理抵押纠纷一案　12—8—785

1938 年 3 月至 1938 年 4 月,璧山县司法处关于何成之抵押纠纷一案的文书,包括民事诉状、审理笔录、璧山县司法处民事和解笔录、璧山县司法处执达员提交审判官的报告、送达回证等。

797. 璧山县司法处审理债务纠纷一案　12—8—786

1937 年 12 月至 1938 年 7 月,璧山县司法处关于陈炳南债务纠纷一案的文书,包括民事诉状、审理笔录、民事领状、璧山县司法处民事判决书、民事执行状、璧山县司法处执达员提交审判官的报告、璧山县司法处谕、证人证言等。

798. 四川高等法院第一分院、璧山县司法处审理会款纠纷一案　12—8—787

1938 年 9 月至 1939 年 1 月,四川高等法院第一分院、璧山县司法处关于王明廷会款纠纷一案的文书,包括四川高等法院第一分院民事诉讼标的核定单、璧山县司法处提交四川高等法院第一分院的呈文、民事诉状、四川高等法院第一分院裁定、民事委状、审讯笔录、宣告判决笔录、四川高等法院第一分院民事判决书等。

799. 璧山县司法处审理租佃纠纷一案　12—8—788

1938 年 1 月至 1938 年 3 月,璧山县司法处关于王志藩租佃纠纷一案的文书,包括民事诉状、璧山县司法处谕、璧山县司法处执达员提交审判官的报告、民事续状、审理笔录、金钱收据、璧山县司法处民事和解笔录、送达回证、租佃凭证等。

800. 璧山县司法处审理会项纠纷一案　12—8—789

1938年2月至1938年5月，璧山县司法处关于蒋在荣会项纠纷一案的文书，包括民事诉状、民事辩状、审理笔录、民事公证、璧山县司法处民事判决书、民事声请书、金钱收据、璧山县司法处执达员提交审判官的报告、送达回证等。

801. 璧山县司法处审理押银纠纷一案　12—8—790

1938年3月至1938年9月，璧山县司法处关于舒吉安押银纠纷一案的文书，包括民事诉状、审理笔录、民事呈状、璧山县司法处民事和解笔录、民事执行状、送达回证、璧山县司法处执达员提交审判官的报告等。

802. 璧山县司法处审理债务纠纷一案　12—8—791

1938年8月至1938年9月，璧山县司法处关于张炳轩债务纠纷一案的文书，包括民事诉状、审理笔录、民事反诉状、璧山县司法处民事判决书、送达回证、借款字据等。

803. 璧山县司法处审理债务纠纷及撤诉一案　12—8—792

1938年4月至1938年12月，璧山县司法处关于简桂轩债务纠纷及撤诉一案的文书，简桂轩因唐焕然拖欠债款而提起诉讼，后因唐还债而撤诉。该卷文书包括民事诉状、璧山县司法处执达员提交审判官的报告等。

804. 四川高等法院第一分院、璧山县司法处审理债务纠纷一案　12—8—793

1938年8月至1938年9月，四川高等法院第一分院、璧山县司法处关于黄廷章债务纠纷一案的文书，包括璧山县司法处提交四川高等法院第一分院的呈文、定林乡联保主任提交璧山县司法处的呈文、证人证词、四川高等法院第一分院训令、四川高等法院第一分院民事裁定等。

805. 璧山县司法处审理债款纠纷一案　12—8—794（1）

1938年3月至1938年8月，璧山县司法处关于黄叶氏债款纠纷一案的文书，包括四川高等法院第一分院训令、民事诉状、民事展状、璧山县司法处执达员提交审判官的报告、民事具状、审理笔录、璧山县司法处民事判决书、定林乡联保主任提交璧山县司法处的呈文等。

806. 璧山县司法处审理债款纠纷一案　12—8—794（2）

1938年3月至1938年8月，璧山县司法处关于黄叶氏债款纠纷一案的文书。该卷文书仅包括江津县志的一部分。

807. 璧山县司法处审理债务纠纷一案　12—8—795

1938年7月至1938年12月，璧山县司法处关于陈张氏债务纠纷一案的文书，包括民事诉状、审理笔录、陈张氏提交璧山县司法处的呈文、璧山县司法处执达员提交审判官的报告、璧山县司法处训令、永川地方法院发往璧山县司法处的公函、璧山县司法处民事判决书等。

808. 璧山县司法处审理会款纠纷一案　12—8—796

1938年5月至1938年6月，璧山县司法处关于周伯尧会款纠纷一案的文书，周伯尧因龙树青等人未能执行会务而提起诉讼要求龙返还会银。该卷文书包括民事诉状、审理笔录、璧山县司法处执达员提交审判官的报告等。

809. 璧山县司法处审理租赁纠纷一案　12—8—797

1938年12月至1939年6月，璧山县司法处关于陈春如租赁纠纷一案的文书，包括民事诉状、审理笔录、民事辩状、璧山县司法处民事判决书、送达回证等。

810. 璧山县司法处审理呈请法律解释一案　12—8—798

1938年3月，璧山县司法处关于徐栋呈请法律解释一事的文书，包括徐栋提交璧山县司法处的呈文、璧山县司法处提交四川高等法院的呈文等。

811. 璧山县司法处审理租赁纠纷一案　12—8—799

1938年6月至1938年9月，璧山县司法处关于李银安租赁纠纷一案的文书，包括民事声请书、审理笔录、璧山县司法处训令、丁家镇联保主任提交璧山县司法处的呈文、民事诉状、民事呈请书、璧山县司法处民事判决书等。

812. 璧山县司法处审理租赁纠纷一案　12—8—800

1938年10月至1938年11月，璧山县司法处关于曾刘氏租赁纠纷一案的文书，包括民事诉状、民事辩状、审理笔录、璧山县司法处民事判决书、租佃凭证等。

813. 四川高等法院第一分院、璧山县司法处审理租赁纠纷一案　12—8—801

1938年12月至1939年4月，四川高等法院第一分院、璧山县司法处关于曾刘氏租赁纠纷一案的文书，包括璧山县司法处提交四川高等法院第一分院的呈文、四川高等法院第一分院训令、四川高等法院第一分院民事裁定等。

814. 璧山县司法处审理债务纠纷一案　12—8—802（1）

1938 年 7 月至 1939 年 8 月，璧山县司法处关于赵炳荣债务纠纷一案的文书，包括民事诉状、审理笔录、璧山县司法处执达员提交审判官的报告、璧山县司法处民事判决书、民事执行状、民事领状、璧山县司法处训令等。

815. 璧山县司法处审理债务纠纷一案　12—8—802（2）

1938 年 7 月至 1939 年 8 月，璧山县司法处关于赵炳荣债务纠纷一案的文书，包括璧山县司法处执达员提交审判官的报告、民事诉状、民事声请书、璧山县司法处民事裁定、审理笔录、民事辩状、璧山县司法处民事判决书、民事扣押状、民事执行状、璧山县司法处训令等。

816. 四川高等法院第一分院、璧山县司法处审理租赁纠纷一案　12—8—803

1938 年 4 月至 1939 年 9 月，四川高等法院第一分院、璧山县司法处关于张德荣租赁纠纷一案的文书，包括民事诉状、租佃凭证、审理笔录、民事声请书、璧山县司法处民事判决书、送达回证、民事恳状、四川高等法院第一分院民事裁定、四川高等法院第一分院训令、璧山县司法处提交四川高等法院第一分院的呈文等。

817. 四川高等法院第一分院审理租佃纠纷抗告一案　12—8—804

1935 年 9 月至 1936 年 2 月，四川高等法院第一分院关于朱级武租佃纠纷抗告一案的文书，包括民事抗告书、巴县地方法院提交四川高等法院第一分院的呈文、四川高等法院第一分院训令等。

818. 四川高等法院第一分院、巴县地方法院、璧山县司法处审理债务纠纷等案　12—8—805

1935 年 10 月至 1938 年 3 月，四川高等法院第一分院、巴县地方法院、璧山县司法处关于债务纠纷、生活费纠纷、租佃纠纷、租谷纠纷、离婚、会银纠纷、伙贸纠纷等案的文书，包括璧山县司法处民事判决书、巴县地方法院民事裁定、四川高等法院第一分院民事裁定、四川高等法院第一分院第二审判决书、璧山县政府民事判决书、巴县地方法院民事判决书等。

819. 璧山县司法处审理会银纠纷一案　12—8—806

1938 年 4 月至 1938 年 7 月，璧山县司法处关于王治安会银纠纷一案的文书，包括民事诉状、璧山县司法处训令、清平乡联保主任提交璧山县司法处的呈文、审理笔录、民事保状、璧山县司法处民事判决书等。

820. 四川高等法院第一分院、璧山县司法处审理债务纠纷一案　12－8－807

1938年1月至1939年3月，四川高等法院第一分院、璧山县司法处关于邱玉林债务纠纷一案的文书，包括璧山县司法处提交四川高等法院第一分院的呈文、四川高等法院第一分院训令、璧山县司法处执达员提交审判官的报告、四川高等法院第一分院民事判决书、民事执行状、民事展限状、民事保状等。

821. 四川高等法院第一分院、璧山县司法处审理债务纠纷一案　12－8－808

1938年5月至1938年8月，四川高等法院第一分院、璧山县司法处关于胡维高债务纠纷一案的文书，包括璧山县司法处执达员提交审判官的报告、民事诉状、审理笔录、璧山县司法处民事和解笔录、民事执行状、四川高等法院第一分院训令、璧山县司法处提交四川高等法院第一分院的呈文等。

822. 四川高等法院第一分院、璧山县司法处审理会款纠纷一案　12－8－809

1937年2月至1939年1月，四川高等法院第一分院、璧山县司法处关于张承绪会款纠纷一案的文书，包括璧山县司法处签票、璧山县司法处提交四川高等法院第一分院的呈文、璧山县政府民事判决书、民事诉状、四川高等法院第一分院训令、民事缴状、四川高等法院第一分院民事判决书、民事重声状、璧山县政府朱谕等。

823. 璧山县司法处审理会款纠葛、债务纠纷两案　12－8－810

1938年4月至1939年1月，璧山县司法处关于王治君会款纠葛、雷江氏债务纠纷两案的文书，包括民事呈状、民事声请书、民事保状、民事抗告书、民事续诉状、四川高等法院第一分院训令、璧山县司法处提交四川高等法院第一分院的呈文、四川高等法院第一分院指令等。

824. 璧山县司法处审理会款纠纷、租佃纠纷两案　12－8－811

1937年3月至1938年7月，璧山县司法处关于沈学之会款纠纷、田全安租佃纠纷两案的文书，包括民事抗告书、民事辩状、民事诉状、司法处执达员提交璧山县政府的呈文、民事声明、民事缴状、民事领状等。

825. 四川高等法院第一分院、璧山县司法处及璧山实验地方法院等审理租赁纠纷等三案　12－8－812

1938年6月至1949年6月，四川高等法院第一分院、璧山县司法处、璧山实验地方法院等关于胡济安租赁纠纷、萧曹氏杀人、周海荣伪造文书三案的文书，包括民事诉状、司法处执达员提交审判官的报告、民事领状、四川高等法院第一分院发往璧山地方法院的公函、四川高等法院第一分院检察处训令、璧山地方法院刑事判决书等。

826. 璧山县司法处审理会款纠纷一案　12－8－813

1938年4月至1938年6月，璧山县司法处关于何炳顺会款纠纷一案的文书，包括民事保状、司法处执达员提交审判官的报告、民事和解状、民事诉状、审理笔录、民事恳状、民事委任状、民事辩状等。

827. 璧山县司法处审理债务纠纷、押金纠纷两案　12－8－814

1933年3月至1938年6月，璧山县司法处关于傅雨春债务纠纷、熊德芳押金纠纷两案的文书，包括民事诉状、审理笔录、民事续诉状、璧山县司法处民事判决书等。

828. 璧山县司法处审理财产分割、田界纠纷两案　12－8－815

1938年5月至1938年12月，璧山县司法处关于王赵氏请求分割财产、张季康田界纠纷两案的文书，包括民事诉状、太和乡保长提交璧山县司法处的呈文、审理笔录、民事辩状、璧山县司法处民事和解笔录等。

829. 璧山县司法处审理租佃纠纷再审一案　12－8－816

1938年4月，璧山县司法处关于杨汉臣租佃纠纷再审一案的文书，杨汉臣与唐瑞祺在租佃土地过程中产生纠纷，杨提起诉讼要求维护自身的土地耕种权。该卷文书包括民事诉状等。

830. 璧山县司法处审理押银纠纷、债务纠纷两案　12－8－817

1938年1月至1938年3月，璧山县司法处关于郭辉轩押银纠纷、蒋松山债务纠纷两案的文书，包括民事恳状、民事续诉状、民事声请书、璧山县司法处谕、璧山县司法处民事裁定等。

831. 最高法院、四川高等法院第一分院、璧山县司法处审理债务、典权纠纷两案　12－8－818

1937年11月至1938年8月，最高法院、四川高等法院第一分院、璧山县司法处关于汪炳臣债务纠纷、甘炳臣典权纠纷两案的文书，包括民事诉状、璧山县司法处签票、最高法院民事第五庭发往四川高等法院第一分院的公函、民事呈状、审理笔录、民事辩状、璧山县司法处提交四川高等法院第一分院的呈文等。

832. 璧山县司法处审理会款纠纷、债务纠纷两案　12－8－819

1936年5月至1938年11月,璧山县司法处关于罗登如会款纠纷、汪炳臣债务纠纷两案的文书,包括璧山县政府民事判决书、送达证书、民事恳状、民事诉状、审理笔录、民事续诉状等。

833. 璧山县司法处审理债务纠纷一案　12－8－820

1938年11月至1938年12月,璧山县司法处关于汪炳臣债务纠纷一案的文书,包括民事续状、民事证状、审理笔录、民事声请书、司法处执达员提交司法处审判官的报告书等。

834. 璧山县司法处审理债务纠纷一案　12－8－821

1938年10月至1938年11月,璧山县司法处关于李紫阳债务纠纷一案的文书,包括民事呈状、审理笔录、民事诉状、民事答辩状、证人证言、璧山县司法处民事判决书、送达证书等。

835. 璧山县司法处审理租赁纠纷一案　12－8－822

1938年7月至1938年11月,璧山县司法处关于王炳荣租赁纠纷一案的文书,包括民事诉状、民事辩状、审理笔录、民事缴状、璧山县司法处民事判决书、送达证书、民事领状等。

836. 四川高等法院第一分院、璧山县司法处审理租谷及押银纠纷一案　12－8－823

1938年3月至1938年6月,四川高等法院第一分院、璧山县司法处关于高华山租谷及押银纠纷一案的文书,包括璧山县司法处与四川高等法院第一分院的往来公函、民事诉状、四川高等法院第一分院训令等。

837. 四川高等法院第一分院、璧山县司法处审理请求确认离婚字约无效一案　12－8－824

1938年8月至1939年7月,四川高等法院第一分院、璧山县司法处关于张雷仲华请求确认离婚字约无效一案的文书,包括四川高等法院第一分院训令、璧山县司法处提交四川高等法院第一分院的呈文、民事诉状、四川高等法院第一分院指令、民事声请书、璧山县司法处民事判决书、送达回证、璧山县司法处布告、璧山县司法处书记室通知书、民事保状等。

838. 璧山县司法处审理押银纠纷一案　12—8—825

1939年1月至1939年3月，璧山县司法处关于胡伯君押银纠纷一案的文书，包括民事诉状、审理笔录、璧山县司法处民事判决书、送达回证等。

839. 璧山县司法处审理租佃纠纷一案　12—8—826

1938年3月至1938年4月，璧山县司法处关于程洪发租佃纠纷一案的文书，黄廷辉因租佃土地与程洪发等人产生矛盾，黄提起诉讼要求程等人返还粮款。该卷文书包括民事诉状、民事辩状、审理笔录、璧山县司法处民事判决书等。

840. 璧山地方法院审理赔偿松树一案　12—8—827

1939年12月至1940年4月，璧山地方法院关于张西茂要求郭炳然赔偿松树一案的文书，包括民事诉状、言辞辩论笔录、民事辩状、民事委任状、璧山地方法院民庭审讯点名单、民事声请书等。

841. 璧山县司法处审理声请破产一案　12—8—828

1938年7月至1938年9月，璧山县司法处关于吴冉氏声请破产一案的文书，包括民事呈状、璧山县司法处训令、璧山县第一区城西乡联保主任提交璧山县司法处的呈文、债权人名数目表等。

842. 璧山地方法院审理债务纠纷一案　12—8—829

1939年10月至1940年1月，璧山地方法院关于李克源债务纠纷一案的文书，包括民事诉状、民事辩状、言辞辩论笔录、璧山地方法院民事和解笔录等。

843. 四川高等法院第一分院审理会款纠纷一案　12—8—830

1938年6月至1938年10月，四川高等法院第一分院关于张炳安会款纠纷一案的文书，包括璧山县司法处提交四川高等法院第一分院的呈文、四川高等法院第一分院裁定、四川高等法院第一分院训令、民事催缴状、民事诉状、讯问笔录、民事委任状、民事补状、民事辩状、宣告判决笔录、四川高等法院第一分院民事判决书等。

844. 璧山县司法处审理租佃纠纷一案　12—8—831

1938年6月至1939年3月，璧山县司法处关于谢锡周租佃纠纷一案的文书，包括民事诉状、审理笔录、璧山县司法处民事和解笔录、璧山县司法处执行命令、司法处监视收割笔录、会兴乡联保主任提交璧山县政府的呈文、民事执行状、民事续状、璧山县司法处训令、璧山县司法处执达员提交司法处审判官的报告书等。

845. 璧山县司法处审理会款纠纷一案　12—8—832

1938年6月至1938年7月，璧山县司法处关于高银安会款纠纷一案的文书，包括民事诉状、民事调解状、璧山县司法处执达员提交司法处审判官的报告书等。

846. 璧山县司法处关于申请收养孤女一案　12—8—833

1938年6月，璧山县司法处关于杜希文申请收养孤女一案的文书，杜希文见一孤儿生活可怜而心生收养之意，要求法院确认其收养权。该卷文书包括杜希文提交璧山县司法处的呈文等。

847. 璧山县司法处审理会款纠纷一案　12—8—834

1938年9月至1939年3月，璧山县司法处关于王庆云会款纠纷一案的文书，包括民事诉状、民事反诉状、审理笔录、璧山县司法处执达员提交司法处审判官的报告书等。

848. 璧山县司法处审理会款纠纷一案　12—8—835

1937年11月至1939年4月，璧山县司法处关于吴东成会款纠纷一案的文书，包括民事诉状、审理笔录、璧山县司法处民事判决书、璧山县司法处牌告、民事执行状、民事保状、民事缴状、司法处执达员提交司法处审判官的报告书、璧山县司法处笔录、民事续诉状等。

849. 璧山县司法处审理家庭纠纷一案　12—8—836

1938年11月，璧山县司法处关于李黄氏家庭纠纷一案的文书，李黄氏之子不务正业、糟蹋家产，李黄氏请求法院处理此事以免自己再受拖累。该卷文书包括民事存查状等。

850. 璧山县司法处审理债务纠纷一案　12—8—837

1938年9月，璧山县司法处关于张殿乡债务纠纷一案的文书，张殿乡因江张氏拖欠债款而提起诉讼，后因江张氏还债而撤诉。该卷文书包括民事诉状、张殿乡提交璧山县司法处的撤诉呈文等。

851. 璧山县司法处审理会款纠纷一案　12—8—838

1938年10月至1939年7月，璧山县司法处关于朱海林会款纠纷一案的文书，包括民事诉状、审理笔录、证人证言、璧山县司法处民事判决书、民事保状、司法处执达员提交司法处审判官的报告书等。

852. 四川高等法院第一分院、璧山县司法处审理会款纠纷一案　12－8－839

1938年11月至1938年12月，四川高等法院第一分院、璧山县司法处关于杨武臣会款纠纷一案的文书，包括璧山县司法处提交四川高等法院第一分院的呈文、璧山县司法处审判官意见书、民事声请书、四川高等法院第一分院民事裁定、送达回证等。

853. 璧山县司法处审理契约纠纷一案　12－8－840

1938年7月，璧山县司法处关于黄庆云契约纠纷一案的文书，包括民事诉状、来凤镇联保主任提交璧山县司法处的呈文、司法处执达员提交司法处审判官的报告书等。

854. 璧山县司法处请求重庆地方法院代传一案　12－8－841

1938年6月至1938年7月，璧山县司法处请求重庆地方法院代传刘希仲一案的文书，包括璧山县司法处与重庆地方法院的往来公函、璧山县司法处提交四川高等法院第一分院的呈文等。

855. 四川高等法院第一分院、璧山县司法处审理债务纠纷一案　12－8－842

1938年6月至1939年8月，四川高等法院第一分院、璧山县司法处关于周俊臣债务纠纷一案的文书，包括璧山县司法处提交四川高等法院第一分院的呈文、璧山县司法处民事补充判决书、四川高等法院第一分院训令、四川高等法院第一分院民事判决书、民事执行状、民事保状、民事辩状等。

856. 四川高等法院第一分院、璧山县司法处审理押银纠纷一案　12－8－843

1938年3月至1939年6月，四川高等法院第一分院、璧山县司法处关于李有成押银纠纷一案的文书，包括民事诉状、民事辩状、璧山县司法处与四川高等法院第一分院的往来公函、审理笔录、民事公证、璧山县司法处与重庆地方法院的往来公函、民事保状、民事执行状、璧山县司法处训令等。

857. 璧山县司法处审理会款纠纷一案　12－8－844

1938年11月至1938年12月，璧山县司法处关于龚位高会款纠纷一案的文书，包括民事诉状、民事辩状、审理笔录、璧山县第一区河边镇联保主任提交璧山县司法处的呈文、璧山县司法处民事和解笔录、送达回证等。

858. 璧山县司法处审理典当纠纷一案　12—8—845

1938年10月至1939年1月，璧山县司法处关于伍元青典当纠纷一案的文书，王赵氏认为伍元青在为自己办理土地典当时存在欺诈要求其赔偿经济损失。该卷文书包括民事诉状、璧山县司法处民事裁定、送达回证等。

859. 璧山县司法处审理租佃纠纷一案　12—8—846

1938年8月，璧山县司法处关于梅利亨租佃纠纷一案的文书，包括民事诉状、民事辩状、审理笔录、璧山县司法处民事判决书、租佃凭证等。

860. 四川高等法院第一分院审理债务纠纷一案　12—8—847

1938年5月至1938年10月，四川高等法院第一分院关于刘明安债务纠纷一案的文书，包括璧山县司法处提交四川高等法院第一分院的呈文、四川高等法院第一分院训令、四川高等法院第一分院裁定、民事诉状、讯问笔录、宣告判决笔录、四川高等法院第一分院民事判决书等。

861. 四川高等法院第一分院、璧山县司法处审理典当纠纷一案　12—8—848

1938年5月至1939年3月，四川高等法院第一分院、璧山县司法处关于罗鸣皋典当纠纷一案的文书，包括璧山县司法处提交四川高等法院第一分院的呈文、四川高等法院第一分院训令、四川高等法院第一分院指令、四川高等法院第一分院民事裁定、民事续状、民事领状、民事声明等。

862. 璧山县司法处审理租赁纠纷一案　12—8—849

1938年7月至1939年4月，璧山县司法处关于钟海涛租赁纠纷一案的文书，包括民事诉状、审理笔录、民事辩状、定林乡联保主任提交璧山县司法处的呈文、璧山县司法处训令、民事补状等。

863. 璧山县司法处审理债务纠纷存查一案　12—8—850

1938年8月，璧山县司法处关于张银钦债务纠纷存查一案的文书，包括民事存查状、张银钦提交璧山县司法处的呈文等。

864. 璧山县司法处审理债务纠纷一案　12—8—851

1938年5月至1938年6月，璧山县司法处关于杨相臣债务纠纷一案的文书，包括璧山县司法处执达员提交司法处审判官的呈文、璧山县司法处与铜梁县司法处的往来公函、民事诉状等。

865. 璧山县司法处审理租赁纠纷一案　12－8－852

1938年9月至1938年10月,璧山县司法处关于刘俊卿租赁纠纷一案的文书,包括民事诉状、民事辩状、审理笔录、司法处执达员提交司法处审判官的呈文、民事和解书等。

866. 四川高等法院第一分院、璧山县司法处审理会务纠纷、会款纠纷两案　12－8－853

1937年12月至1939年7月,四川高等法院第一分院、璧山县司法处关于谢同兴会务纠纷、朱家富会款纠纷两案的文书,包括四川高等法院第一分院训令、璧山县司法处提交四川高等法院第一分院的呈文、民事执行状、民事诉状、四川高等法院第一分院民事判决书、四川高等法院第一分院民事裁定、民事续诉状、民事保状、民事声请书、民事抗告书、民事拘提书、璧山县司法处民事裁定等。

867. 四川高等法院第一分院、璧山县司法处审理请求确认离婚字约无效一案　12－8－854

1938年2月至1938年8月,四川高等法院第一分院、璧山县司法处关于张雷仲华请求确认离婚字约无效一案的文书,包括民事诉状、民事辩状、民事展限状、民事委状、审理笔录、民事声请书、民事公证、四川高等法院第一分院训令、璧山县司法处意见书、民事恳状等。

868. 四川高等法院第一分院审理会款纠纷一案　12－8－855

1938年7月至1938年12月,四川高等法院第一分院关于尚华轩会款纠纷一案的文书,包括璧山县司法处提交四川高等法院第一分院的呈文、民事诉状、四川高等法院第一分院裁定、四川高等法院第一分院训令、民事缴状、民事声请书、审理笔录、四川高等法院第一分院民事判决书、宣告判决笔录等。

869. 四川高等法院第一分院、璧山县司法处审理债务纠纷一案　12－8－856

1935年8月至1939年8月,四川高等法院第一分院、璧山县司法处关于刘治平债务纠纷一案的文书,包括民事诉状、民事辩状、审理笔录、璧山县司法处民事判决书、重庆地方法院民事判决书、巴县地方法院民事判决书、璧山县司法处提交四川高等法院第一分院的呈文、四川高等法院第一分院训令、四川高等法院第一分院民事判决书、民事理由书、审讯笔录、宣告判决笔录等。

870. 璧山县司法处审理声请破产一案　12－8－857

1938年1月至1938年12月，璧山县司法处关于陈国明声请破产一案的文书，包括民事声请书、债权人姓名数目单、璧山县司法处谕、民事原告状、司法处执达员提交司法处审判官的报告、璧山县司法处训令、璧山县司法处拍卖布告、璧山县司法处布告、司法处牌告、审理笔录等。

871. 璧山县司法处审理会款纠纷一案　12－8－858

1938年8月至1938年10月，璧山县司法处关于吴彭氏会款纠纷一案的文书，包括民事诉状、民事辩状、审理笔录、璧山县司法处民事判决书、送达证书等。

872. 璧山县司法处审理抱孙承祧一案　12－8－859

1938年12月至1939年9月，璧山县司法处关于张罗氏抱孙承祧一案的文书，包括民事存查状、璧山县司法处训令、璧山县第一区丹凤镇联保办公处提交璧山县司法处的呈文、民事领状、司法处执达员提交司法处审判官的报告、讯问笔录等。

873. 璧山县司法处审理债务纠纷一案　12－8－860

1938年5月至1938年8月，璧山县司法处关于胡平安债务纠纷一案的文书，胡平安因伍在源拖欠借款而提起诉讼要求其尽快还债。该卷文书包括民事诉状、审理笔录、璧山县司法处训令等。

874. 璧山县司法处审理债务纠纷一案　12－8－861

1938年10月至1938年11月，璧山县司法处关于李得清债务纠纷一案的文书，包括民事诉状、审理笔录、璧山县司法处民事和解笔录、民事保状、送达回证等。

875. 璧山县司法处审理会项纠纷一案　12－8－862

1938年11月至1938年12月，璧山县司法处关于张国安会项纠纷一案的文书，张国安因何正芬未能履行会务而提起诉讼要求其返还会银。该卷文书包括民事诉状、审理笔录、璧山县司法处民事判决书等。

876. 四川高等法院第一分院、璧山县司法处审理租谷纠纷一案　12－8－863

1938年5月至1938年9月，四川高等法院第一分院、璧山县司法处关于魏金山租谷纠纷一案的文书，包括璧山县司法处提交四川高等法院第一分院的呈文、四川高等法院第一分院裁定、四川高等法院第一分院训令、四川高等法院第一分院民事裁定等。

877. 四川高等法院第一分院、璧山县司法处审理要求赔偿损失一案　12—8—864

1938年9月至1939年7月，四川高等法院第一分院、璧山县司法处关于贺国才要求赔偿损失一案的文书，包括民事诉状、璧山县司法处民事判决书、四川高等法院第一分院训令、璧山县司法处提交四川高等法院第一分院的呈文、民事申诉状、四川高等法院第一分院裁定、审理笔录等。

878. 四川高等法院第一分院、璧山县司法处审理债务纠纷一案　12—8—865（1）

1938年9月至1939年2月，四川高等法院第一分院、璧山县司法处关于吴周氏债务纠纷一案的文书，包括璧山县司法处提交四川高等法院第一分院的呈文、民事诉状、四川高等法院第一分院裁定、四川高等法院第一分院训令、民事理由书、四川高等法院第一分院民事裁定、讯问笔录、民事委状、宣告判决笔录等。

879. 四川高等法院第一分院、璧山县司法处审理债务纠纷一案　12—8—865（2）

1938年7月至1939年2月，四川高等法院第一分院、璧山县司法处关于吴周氏债务纠纷一案的文书，包括璧山县司法处民事裁定、璧山县司法处民事判决书、民事诉状、审理笔录、民事辩状、民事声请书、民事委任状、璧山县司法处提交四川高等法院第一分院的呈文、四川高等法院第一分院训令、四川高等法院第一分院民事裁定等。

880. 璧山县司法处审理声请查封家产一案　12—8—866

1938年9月，璧山县司法处关于邓德章声请查封家产一案的文书，包括民事声请书、璧山县司法处训令、璧山县第二区清平乡联保办公处提交璧山县司法处的呈文等。

881. 璧山县司法处审理租谷纠纷一案　12—8—867

1938年9月至1938年11月，璧山县司法处关于汪汝贤声请法院阻止汪淑君等争夺租谷一案的文书，包括民事声请、璧山县司法处训令、正心镇联保主任提交璧山县司法处的呈文等。

882. 四川高等法院第一分院、璧山县司法处审理婚约及会银纠纷一案　12—8—868

1938年3月至1938年10月，四川高等法院第一分院、璧山县司法处关于萧杨氏婚约及会银纠纷一案的文书，包括民事诉状、审理笔录、璧山县司法处民事判决书、司法处执达员提交司法处审判官的报告、璧山县司法处提交四川高等法院第一分院的呈文、四川高等法院第一分院训令、四川高等法院第一分院民事裁定等。

883. 璧山县司法处审理解除婚约存查一案　12－8－869

1938年2月，璧山县司法处关于唐宗贞因幼年配夫吸食鸦片等要求解除婚约的存查一案的文书，包括马嘶镇联保主任提交璧山县政府的呈文附批示。该卷附有三份租佃契约。

884. 四川高等法院第一分院、重庆地方法院、璧山县司法处审理债务纠纷一案　12－8－870（1）

1938年9月至1939年4月，四川高等法院第一分院、重庆地方法院、璧山县司法处关于陈秉衡债务纠纷一案的文书，包括民事诉状、审理笔录、民事续状、璧山县司法处民事判决书、璧山县司法处提交四川高等法院第一分院的呈文、四川高等法院第一分院裁定、四川高等法院第一分院训令、四川高等法院第一分院民事裁定、重庆地方法院民事判决书、当事人提供的账簿等。

885. 四川高等法院第一分院、重庆地方法院、璧山县司法处审理债务纠纷一案　12－8－870（2）

四川高等法院第一分院、重庆地方法院、璧山县司法处关于陈秉衡债务纠纷一案的文书，该档案仅有一份账单。

886. 四川高等法院第一分院、重庆地方法院、璧山县司法处审理债务纠纷一案　12－8－870（3）

四川高等法院第一分院、重庆地方法院、璧山县司法处关于陈秉衡债务纠纷一案的文书，该档案仅有一份账单。

887. 璧山县司法处审理典当纠纷一案　12－8－871

1938年4月至1938年7月，璧山县司法处关于黄德言典当纠纷一案的文书，包括民事声明、璧山县司法处民事裁定、民事缴状、审理笔录、民事诉状、璧山县司法处民事判决书、民事领状、璧山县司法处执达员提交司法处审判官的报告等。

888. 璧山县司法处审理佃银纠纷一案　12－8－872

1938年3月至1939年7月，璧山县司法处关于龙国章佃银纠纷一案的文书，包括民事诉状、民事辩状、审理笔录、民事再诉状、民事展限状、送达回证等。

889. 璧山县司法处审理租佃纠纷一案　12－8－873

1938 年 9 月至 1939 年 1 月，璧山县司法处关于曹巫氏租佃纠纷一案的文书，包括民事诉状、审理笔录、璧山县司法处民事和解笔录、璧山县司法处饬签、民事执行状等。

890. 四川高等法院第一分院、璧山县司法处审理会款纠纷一案　12－8－874

1938 年 6 月至 1938 年 11 月，四川高等法院第一分院、璧山县司法处关于尚华轩会款纠纷一案的文书，包括璧山县司法处民事判决书、璧山县司法处提交四川高等法院第一分院的呈文、四川高等法院第一分院训令等。

891. 璧山县司法处审理租谷纠纷一案　12－8－875

1938 年 8 月至 1938 年 9 月，璧山县司法处关于姚合兴租谷纠纷一案的文书，包括民事诉状、民事声明、审理笔录、璧山县司法处民事判决书、送达证书等。

892. 四川高等法院第一分院、璧山县司法处审理债务纠纷执行一案　12－8－876

1938 年 7 月，四川高等法院第一分院、璧山县司法处关于陈雷氏债务纠纷执行一案的文书，包括璧山县司法处提交四川高等法院第一分院的呈文、司法处执达员提交璧山县司法处审判官的报告书等。

893. 璧山县司法处审理押银纠纷一案　12－8－877

1938 年 8 月至 1938 年 11 月，璧山县司法处关于潘炳荣押银纠纷一案的文书，潘炳荣因冯泽厚拒还租佃押银而提起诉讼要求冯返还押金。该卷文书包括民事诉状、璧山县司法处民事裁定、送达证书等。

894. 璧山县司法处审理税款纠葛一案　12－8－878

1937 年 4 月至 1938 年 11 月，璧山县司法处关于朱泽霖税款纠葛一案的文书，包括四川省政府训令、诉愿书、璧山县政府提交四川省政府的呈文、四川省政府指令、司法院训令、财政部批文、民事执行状、民事声请书、民事委任状等。

895. 四川高等法院第一分院、璧山县司法处审理租佃纠纷一案　12－8－879

1938 年 2 月至 1938 年 8 月，四川高等法院第一分院、璧山县司法处关于尹万盛租佃纠纷一案的文书，包括璧山县司法处提交四川高等法院第一分院的呈文、四川高等法院第一分院训令、四川高等法院第一分院民事裁定等。

896. 四川高等法院第一分院、璧山县司法处审理税款纠纷一案　12－8－880

1937年9月至1937年11月，四川高等法院第一分院、璧山县司法处关于曾相臣税款纠纷一案的文书，包括璧山县政府提交四川高等法院第一分院的呈文、四川高等法院第一分院训令、四川高等法院第一分院裁定、民事诉状、民事委状、审讯笔录、民事追加状等。

897. 四川高等法院第一分院、璧山县司法处审理会款纠纷一案　12－8－881

1937年8月至1938年2月，四川高等法院第一分院、璧山县司法处关于谢同兴会款纠纷一案的文书，包括璧山县政府提交四川高等法院第一分院的呈文、璧山县政府兼理司法事务民事判决书、四川高等法院第一分院训令、四川高等法院第一分院民事判决书、民事诉状、璧山县司法处民事裁定等。

898. 四川高等法院第一分院、璧山县司法处审理会银纠纷一案　12－8－882

1938年5月至1938年7月，四川高等法院第一分院、璧山县司法处关于朱家富会银纠纷一案的文书，包括璧山县司法处提交四川高等法院第一分院的呈文、璧山县司法处意见书、民事诉状、四川高等法院第一分院训令、四川高等法院第一分院民事裁定、璧山县政府民事判决书等。

899. 璧山县法院审理债务纠纷一案　12－8－883

1937年7月至1937年9月，璧山县法院关于陈吴氏债务纠纷一案的文书，包括民事诉状、璧山县政府裁定书、民事辩状、璧山县政府民事裁定、送达回证等。

900. 四川高等法院第一分院、璧山县司法处审理会款纠纷等三案　12－8－884

1937年2月至1940年12月，四川高等法院第一分院、璧山县司法处关于张海河会款纠纷、曾海钦案(案由不明)、王炳轩借款纠纷三案的文书，包括民事抗告书、璧山县政府提交四川高等法院第一分院的呈文、普兴县联保主任提交璧山县政府的呈文、审理笔录、璧山地方法院民事和解笔录等。

901. 四川高等法院第一分院、巴县地方法院、璧山县司法处审理债务纠纷等案　12－8－885

1935年3月至1938年5月，四川高等法院第一分院、巴县地方法院、璧山县司法处关于债务纠纷、坟山纠纷、会账纠纷、要求继承权案、妨害名誉案、盗窃案、抢夺及伤害案、家产纠葛案、伤害案、租佃纠纷、担保纠纷、会项纠纷、土地房屋所有权纠纷、典权纠纷等案的文书，包括璧山县政府民事判决书、璧山县政府兼理司法事务刑事判决书、璧山县政府兼理司法事务刑事处分书、四川高等法院第一分院裁定、四川高等法院第一分院刑事判决书、四川高等法院第一分院民事裁定、巴县地方法院民事判决书等。

902. 四川高等法院第一分院、璧山县司法处审理租赁纠纷等案　12－8－886（1）

1938年5月至1939年7月，四川高等法院第一分院、璧山县司法处关于租赁纠纷、盗窃案、会款纠纷、要求赡养费案、请求解除婚约案、债务纠纷、租谷纠纷、租佃纠纷等案的文书，包括民事诉状、民事存查状、审理笔录、接龙乡联保主任提交璧山县司法处的呈文、璧山县司法处训令、璧山县司法处民事判决书、四川高等法院第一分院训令、民事执行状等。

903. 璧山县司法处审理妨害婚姻自由等案　12－8－886（2）

1937年10月至1938年1月，璧山县司法处关于妨害婚姻自由案、杀人案、会款纠纷、买卖田产纠纷等案的文书，包括民事诉状、曹安氏供词、城东乡联保主任提交璧山县政府的呈文、刑事领状、刑事结状、审理笔录、民事和解书等。

904. 四川高等法院第一分院、璧山县法院审理债务纠葛一案　12－8－887（1）

1931年12月至1932年2月，四川高等法院第一分院、璧山县法院关于陈吕氏债务纠葛一案的文书，包括民事诉状、民事辩状、民事委任状、审理笔录、璧山县法院民事判决书、璧山县法院提交四川高等法院第一分院的呈文、璧山县法院牌示等。

905. 四川高等法院第一分院、璧山县法院审理债务纠葛一案　12－8－887（2）

1932年3月至1935年2月，四川高等法院第一分院、璧山县法院关于陈吕氏债务纠葛一案的文书，包括民事辩状、民事存查状、四川高等法院第一分院训令、民事诉状、璧山县司法处提交四川高等法院第一分院的呈文、四川高等法院第一分院指令、四川高等法院第一分院民事判决书等。

906. 四川高等法院、璧山县司法处审理租佃纠纷等案　12－8－888

1937年11月至1938年2月，四川高等法院、璧山县司法处关于达平之租佃纠纷、张利华盗窃等案的文书，包括璧山县司法处提交四川高等法院的呈文、民事诉状、司法行政部指令、四川高等法院指令、刑事呈状等。

907. 璧山县司法处、四川高等法院第一分院审理债务纠纷一案　12－8－889

1938年5月至1938年7月，璧山县司法处、四川高等法院第一分院关于胡伯君债务纠纷一案的文书,包括民事诉状、四川高等法院第一分院训令、璧山县司法处谕、司法行政部指令、四川高等法院第一分院裁定、璧山县司法处提交四川高等法院第一分院的呈文等。

908. 璧山县司法处审理租谷纠纷一案　12—8—890

1937年1月至1938年6月,璧山县司法处关于蓝海舟租谷纠纷一案的文书,包括民事诉状、民事反诉状、民事保状、审理笔录、璧山县司法处民事判决书等。

909. 璧山县司法处审理债务纠纷一案　12—8—891

1938年4月至1938年5月,璧山县司法处关于刘光远债务纠纷一案的文书,包括民事诉状、审理笔录、璧山县司法处民事裁定、璧山县司法处执行命令、璧山县司法处假扣押笔录等。

910. 四川高等法院第一分院、巴县地方法院、璧山县司法处审理会款纠纷等案　12—8—892

1935年9月至1938年9月,四川高等法院第一分院、巴县地方法院、璧山县司法处关于会款纠纷、会务纠纷、典当纠纷等案的文书,包括璧山县司法处民事判决书、巴县地方法院民事判决书、四川高等法院第一分院民事裁定、四川高等法院第一分院训令、四川高等法院第一分院裁定、璧山县司法处提交四川高等法院第一分院的呈文、民事呈状、审理笔录、民事委状、宣告判决笔录等。

911. 四川高等法院第一分院、璧山县司法处审理债务纠纷一案　12—8—893

1938年4月至1939年5月,四川高等法院第一分院、璧山县司法处关于蒋仲华债务纠纷一案的文书,包括四川高等法院第一分院训令、民事催状、审理笔录、民事辩状、璧山县司法处民事判决书、民事执行状、民事声请书、璧山县司法处饬签、民事呈状、民事保状等。

912. 璧山县司法处审理会款纠葛一案　12—8—894

1938年3月至1938年7月,璧山县司法处关于何银廷会款纠葛一案的文书,包括民事领状、审理笔录、民事补呈状、璧山县司法处民事判决书等。

913. 璧山县司法处审理债务纠纷一案　12—8—895

1938年3月至1938年4月,璧山县司法处关于甘太顺债务纠纷一案的文书,甘太顺因刘云丰等人拒绝还债而提起诉讼,要求刘尽快偿还借款。该卷文书包括民事续呈状、民事和解书、民事保状、民事凭证等。

914. 璧山县司法处审理押银纠纷、会项纠纷两案　12—8—896

1938年2月至1938年7月，璧山县司法处关于何松美押银纠纷、邹海云会项纠纷两案的文书，包括民事恳状、民事诉状、审理笔录等。

915. 四川高等法院第一分院、璧山县司法处审理买卖产业纠纷一案　12—8—897

1938年5月至1938年8月，四川高等法院第一分院、璧山县司法处关于刘芳铨买卖产业纠纷一案的文书，包括民事执行状、民事声请书、民事领状、璧山县司法处民事和解笔录、璧山县司法处训令、四川高等法院第一分院训令等。

916. 四川高等法院第一分院、璧山县司法处审理买卖产业纠纷、租佃纠纷两案　12—8—898

1938年2月至1938年11月，四川高等法院第一分院、璧山县司法处关于刘芳铨买卖产业纠纷、雷张氏租佃纠纷两案的文书，包括民事诉状、四川高等法院第一分院训令、璧山县司法处民事裁定、璧山县司法处训令、民事声请书、四川高等法院第一分院民事判决书等。

917. 璧山县司法处审理会务纠纷一案　12—8—899

1938年12月，璧山县司法处关于冯万氏会务纠纷一案的文书，冯绍贤等人认为冯万氏蓄意拒绝还债故将其告上法庭要求尽快偿还债款。该卷文书包括审理笔录、民事委状、民事诉状、民事抗告书等。

918. 璧山县司法处审理典当纠纷一案　12—8—900

1938年7月，璧山县司法处关于胡荣三典当纠纷一案的文书，胡荣三认为胡元三等人在其典当土地时有欺诈行为要求法院保护其经济利益。该卷文书包括审理笔录、民事诉状等。

919. 璧山县司法处审理债务纠纷一案　12—8—901

1938年11月至1939年3月，璧山县司法处关于胡银山债务纠纷一案的文书，包括民事诉状、审理笔录、民事证书、民事复讯状、璧山县司法处民事判决书、璧山县司法处民事裁定等。

920. 璧山县司法处审理争夺田产所有权一案　12—8—902

1938年9月至1939年1月，璧山县司法处关于金泽彬争夺田产所有权一案的文书，包括民事诉状、璧山县司法处训令、丁家镇联保主任提交璧山县司法处的呈文、璧山县司法处民事裁定等。

921. 璧山县司法处审理坟界纠纷一案 12－8－903

1938年2月，璧山县司法处关于叶树声坟界纠纷一案的文书，叶树声认为韩维康等人故意侵占其坟地，要求法院保护其坟界免受侵害。该卷文书包括民事诉状、民事缴费、民事调解书等。

922. 最高法院、四川高等法院第一分院、璧山县司法处审理会款纠纷一案 12－8－904

1938年6月至1938年10月，最高法院、四川高等法院第一分院、璧山县司法处关于徐湘臣会款纠纷一案的文书，包括璧山县司法处发往四川高等法院第一分院的呈文、璧山县司法处意见书、民事辩状、民事声明、四川高等法院第一分院训令、四川高等法院第一分院裁定、民事抗告书、四川高等法院第一分院民事裁定、民事呈请书、最高法院发往四川高等法院第一分院的公函等。

923. 重庆地方法院函托璧山县司法处代为执行债务纠纷一案 12－8－905

1938年7月至1938年9月，重庆地方法院函托璧山县司法处代为执行何荣华债务纠纷一案的文书，包括重庆地方法院与璧山县司法处的往来公函、民事执行状、民事辩状、民事公证等。

924. 璧山县司法处审理声请扣押房屋一案 12－8－906

1938年6月至1938年9月，璧山县司法处关于胡子钧声请扣押黄玉成房屋一案的文书，包括璧山县司法处训令、民事诉状、璧山县司法处民事裁定、璧山县司法处执行命令、璧山县司法处假扣押笔录、璧山县司法处牌告等。

925. 四川高等法院第一分院、璧山县司法处审理租佃纠纷一案 12－8－907

1938年5月至1938年8月，四川高等法院第一分院、璧山县司法处关于周青云租佃纠纷一案的文书，包括璧山县司法处提交四川高等法院第一分院的呈文、四川高等法院第一分院裁定、民事诉状、审讯笔录、宣告判决笔录、四川高等法院第一分院民事判决书等。

926. 璧山县司法处审理债务纠纷一案 12－8－908

1938年11月，璧山县司法处关于何光楷债务纠纷一案的文书，何朝宗认为何光楷恶意拖欠债款，故将其告上法庭要求尽快还债。该卷文书包括民事诉状、审理笔录等。

927. 璧山县司法处审理租佃纠纷一案　12—8—909

1938年1月至1938年4月,璧山县司法处关于钟永太租佃纠纷一案的文书,石占魁在租佃土地过程中与钟永太发生矛盾要求钟返还押银。该卷文书包括民事诉状、民事辩状、审理笔录、民事和解状等。

928. 最高法院、四川高等法院第一分院、璧山县法院审理争夺遗产一案　12—8—910

1933年4月至1937年8月,最高法院、四川高等法院第一分院、璧山县法院关于王柯氏争夺遗产一案的文书,包括四川高等法院第一分院发往最高法院的公函、民事诉状、璧山法院民事判决书、四川高等法院第一分院民事判决书、最高法院民事判决书等。

929. 璧山县司法处审理债务纠纷一案　12—8—911

1938年8月,璧山县司法处关于袁治安债务纠纷一案的文书,王继元认为袁治安故意拖欠借款故将其告上法庭要求其尽早还债。该卷文书包括民事存查状等。

930. 重庆地方法院、璧山县司法处审理业价纠纷一案　12—8—912

1938年12月至1939年3月,重庆地方法院、璧山县司法处关于陈文树业价纠纷一案的文书,包括民事诉状、审理笔录、璧山县司法处与重庆地方法院的往来公函、民事答辩状、璧山县司法处民事判决书、民事证状等。

931. 江津县司法处函请璧山县司法处代传讯一案　12—8—913

1938年1月至1938年2月,江津县司法处函请璧山县司法处代传讯凌瑞清一案的文书,凌瑞清在与刘腾辉合伙做生意时产生矛盾被刘告上江津县法庭,随后江津县要求璧山县司法处协助办案。该卷文书包括江津县司法处与璧山县司法处的往来公函。

932. 璧山县司法处审理借款纠纷一案　12—8—914

1938年12月至1939年3月,璧山县司法处关于刘达三借款纠纷一案的文书,包括民事诉状、民事辩状、审理笔录、璧山县司法处民事裁定、民事保状、璧山县司法处民事和解笔录等。

933. 四川高等法院第一分院、璧山县政府、璧山县司法处审理会款纠纷一案　12—8—915

1937年8月至1938年9月，四川高等法院第一分院、璧山县政府、璧山县司法处关于刘栋臣会款纠纷一案的文书，包括璧山县司法处提交四川高等法院第一分院的呈文、璧山县政府兼理司法事务民事判决书、四川高等法院第一分院训令、民事诉状、民事保状等。

934. 璧山县司法处审理会款纠纷一案　12—8—916

1938年11月，璧山县司法处关于杨炳辉会款纠纷一案的文书，许全兴认为杨炳辉未能履行会务将其告上法庭要求返还会款。该卷文书包括民事诉状、审理笔录等。

935. 最高法院、四川高等法院第一分院、璧山县司法处审理租谷纠纷一案　12—8—917

1934年11月至1939年3月，最高法院、四川高等法院第一分院、璧山县司法处关于江永清租谷纠纷一案的文书，包括最高法院民事判决书、四川高等法院第一分院训令、民事诉状、璧山县司法处提交四川高等法院第一分院的呈文、民事委状、审理笔录、宣告判决笔录、四川高等法院第一分院民事判决书、璧山县司法处民事判决书等。

936. 璧山县司法处审理债务纠纷一案　12—8—918

1938年4月至1938年5月，璧山县司法处关于张子高债务纠纷一案的文书，高宗良认为张子高恶意拖欠借款故将其告上法庭要求尽快还债。该卷文书包括民事诉状、民事反诉状、审理笔录、璧山县司法处民事判决书等。

937. 最高法院、四川高等法院第一分院审理争夺抵押权一案　12—8—919

1937年6月至1938年12月，最高法院、四川高等法院第一分院关于朱级武争夺抵押权一案的文书，包括四川高等法院第一分院发往最高法院的公函、民事交状、民事缴状、民事诉状、民事答辩状、最高法院民事判决书等。

938. 四川高等法院第一分院、璧山县司法处审理债务纠纷一案　12—8—920

1938年6月至1939年6月，四川高等法院第一分院、璧山县司法处关于尹煜安债务纠纷一案的文书，包括璧山县司法处提交四川高等法院第一分院的呈文、璧山县司法处民事判决书、民事诉状、四川高等法院第一分院训令、四川高等法院第一分院民事裁定、民事保状、审理笔录等。

939. 四川高等法院第一分院、璧山县司法处审理要求解除婚约一案　12－8－921

1938年4月至1938年11月,四川高等法院第一分院、璧山县司法处关于陈圣贤要求解除婚约一案的文书,包括璧山县司法处提交四川高等法院第一分院的呈文、四川高等法院第一分院训令、四川高等法院第一分院指令、璧山县司法处民事判决书、审理笔录、民事辩状、民事诉状、民事反诉状等。

940. 璧山县司法处审理家庭不和一案　12－8－922

1938年4月,璧山县司法处关于唐华国家庭不和一案的文书,唐华国与儿媳存在生活经济方面的纠葛,请求法院允许自己与儿媳分开生活。该卷文书包括民事存查状等。

941. 璧山县司法处审理借款纠纷一案　12－8－923

1938年3月至1938年4月,璧山县司法处关于何泽汇借款纠纷一案的文书,何泽汇与刘子凡等人因债款问题产生矛盾要求刘等人尽快还债。该卷文书包括民事诉状、民事委状、民事辩状、审理笔录等。

942. 璧山县司法处审理会款纠纷一案　12－8－924

1937年8月至1938年1月,璧山县司法处关于陶明生会款纠纷一案的文书,包括民事诉状、审理笔录、民事反诉状、璧山县政府兼理司法事务民事判决书、民事执行状等。

943. 四川高等法院第一分院、璧山县司法处审理税款纠纷一案　12－8－925

1937年12月至1939年1月,四川高等法院第一分院、璧山县司法处关于钟其蔚税款纠纷一案的文书,包括璧山县司法处提交四川高等法院第一分院的呈文、璧山县司法处意见书、四川高等法院第一分院训令、四川高等法院第一分院民事裁定、民事诉状、民事呈状、民事催告书、审理笔录、民事声明等。

944. 四川高等法院第一分院、璧山县司法处审理押金纠纷一案　12－8－926

1938年4月至1938年10月,四川高等法院第一分院、璧山县司法处关于罗成章押金纠纷一案的文书,包括璧山县司法处民事判决书、提交四川高等法院第一分院的呈文、璧山县司法处意见书、四川高等法院第一分院民事裁定、四川高等法院第一分院训令、民事诉状等。

945. 璧山县司法处审理土地所有权纠纷、债务纠纷两案　12—8—927

1938 年 12 月至 1939 年 4 月，璧山县司法处关于李元林土地所有权纠纷、何海荣债务纠纷两案的文书，包括民事诉状、审理笔录、璧山县司法处民事和解笔录、民事辩状、璧山县司法处民事判决书等。

946. 璧山县司法处审理诬告及侵害名誉一案　12—8—928

1938 年 9 月，璧山县司法处关于廖述臣诬告、侵害廖义顺名誉一案的文书，廖义顺认为廖述臣诬告其侵吞他人财产损伤了其名誉，要求法院洗刷其不白之冤。该卷文书包括刑事诉状等。

947. 最高法院、四川高等法院第一分院审理返还田地一案　12—8—929

1938 年 1 月至 1938 年 6 月，最高法院、四川高等法院第一分院关于欧显松要求返还田地一案的文书，包括四川高等法院第一分院发往最高法院的公函、民事抗告书、民事缴状、最高法院民事裁定书等。

948. 四川高等法院第一分院、璧山县司法处审理会务纠纷一案　12—8—930（1）

1938 年 11 月至 1939 年 10 月，四川高等法院第一分院、璧山县司法处关于冯绍贤会务纠纷一案的文书，包括璧山县司法处民事和解笔录、璧山县司法处提交四川高等法院第一分院的呈文、四川高等法院第一分院训令、四川高等法院第一分院民事判决书、民事诉状、审理笔录、璧山县司法处民事裁定、民事保状、民事声请书、民事反诉状等。

949. 四川高等法院第一分院、璧山县司法处审理会务纠纷一案　12—8—930（2）

1938 年 12 月至 1939 年 8 月，四川高等法院第一分院、璧山县司法处关于冯绍贤会务纠纷一案的文书，包括审理笔录、民事诉状、璧山县司法处民事判决书、民事呈状、民事委状、民事辩状、宣告判决笔录、四川高等法院第一分院民事判决书、璧山县司法处民事和解笔录等。

950. 璧山县司法处审理押银纠纷一案　12—8—931

1938 年 12 月至 1939 年 7 月，璧山县司法处关于宋海林押银纠纷一案的文书，包括民事诉状、审理笔录、民事辩状、璧山县司法处民事判决书、民事执行状等。

951. 四川高等法院第一分院、璧山县司法处审理会款纠纷一案　12—8—932

1937 年 1 月至 1939 年 3 月，四川高等法院第一分院、璧山县司法处关于何汉江会款纠纷一案的文书,包括民事缴状、四川高等法院第一分院训令、民事诉状、审理笔录、民事展状、民事陈明书、民事理由书、民事续诉状、璧山县政府兼理司法事务民事判决书、民事恳状等。

952. 璧山县司法处审理争夺家产一案　12－8－933

1938年7月至1938年12月,璧山县司法处关于周金山争夺家产一案的文书,包括民事诉状、璧山县司法处通知书、璧山县司法处民事裁定、民事续诉状、审理笔录等。

953. 璧山县司法处审理债务纠纷一案　12－8－934

1938年12月至1939年1月,璧山县司法处关于刘学尧债务纠纷一案的文书,胡甘伟等人与刘学尧因债款产生纠纷,胡要求刘尽快偿还债务。该卷文书包括民事诉状、审理笔录、璧山县司法处民事判决书等。

954. 璧山县司法处审理债务纠纷一案　12－8－935

1938年4月至1938年5月,璧山县司法处关于温璧清债务纠纷一案的文书,温璧清认为周谢氏故意拖欠借款而将其告上法庭要求周尽快偿还债款。该卷文书包括民事诉状、审理笔录、璧山县司法处民事判决书、朱谕等。

955. 四川高等法院第一分院、璧山县司法处审理会款纠纷一案　12－8－936

1938年9月至1938年12月,四川高等法院第一分院、璧山县司法处关于高宗良会款纠纷一案的文书,包括四川高等法院笋一分院民事诉讼标的核定单、璧山县司法处提交四川高等法院第一分院的呈文、民事诉状、民事声请书等。

956. 四川高等法院第一分院、璧山县司法处审理变卖土地、会款纠纷两案　12－8－937

1938年9月至1939年3月,四川高等法院第一分院、璧山县司法处关于邓时龙请求变卖土地、江定方会款纠纷两案的文书,包括民事存查状、四川高等法院第一分院民事诉讼标的核定单、璧山县司法处提交四川高等法院第一分院的呈文、民事诉状、四川高等法院第一分院裁定等。

957. 四川高等法院第一分院、璧山县司法处审理会款纠纷上诉一案　12－8－938

1938年4月至1939年3月,四川高等法院第一分院、璧山县司法处关于江定方会款纠纷上诉一案的文书,包括璧山县司法处民事判决书、璧山县司法处提交四川高等法院第一分院的呈文、四川高等法院第一分院训令、四川高等法院第一分院民事裁定、民事诉状、审理笔录、民事辩状等。

958. 四川高等法院第一分院、璧山县司法处审理会款纠纷一案　12—8—939（1）

1938年6月至1939年4月，四川高等法院第一分院、璧山县司法处关于谭志才会款纠纷一案的文书，包括民事诉状、审理笔录、民事证状、璧山县司法处民事裁定、璧山县司法处民事判决书、四川高等法院第一分院民事裁定等。

959. 四川高等法院第一分院、璧山县司法处审理会款纠纷一案　12—8—939（2）

1937年10月至1939年4月，四川高等法院第一分院、璧山县司法处关于谭志才等会款纠纷一案的文书，包括四川高等法院第一分院训令、璧山县司法处民事和解笔录、四川高等法院第一分院与璧山县司法处的往来公函、民事申诉状、四川高等法院第一分院裁定书、民事诉状、民事辩状、审理笔录、民事保状、民事执行状、民事缴状等。

960. 璧山县司法处审理申请抚养费纠葛两案　12—8—940

1938年1月至1938年6月，璧山县司法处关于汪杜氏要求抚养费、傅周氏要求抚养费两案的文书，包括璧山县司法处民事裁定书、民事备查状等。

961. 璧山县司法处审理申请破产一案　12—8—941

1938年4月至1938年8月，璧山县司法处关于尚张氏申请破产一案的文书，包括民事声请书、璧山县司法处训令、接龙乡联保主任提交璧山县司法处的呈文、收支账目表等。

962. 四川高等法院第一分院审理家产纠葛一案　12—8—942

1936年7月至1938年1月，四川高等法院第一分院关于蒋宏达请求分割家产一案的文书，包括民事诉状、四川高等法院第一分院训令、民事委状、审讯笔录、民事补费书、民事声明、宣告判决笔录、四川高等法院第一分院民事判决书、四川高等法院第一分院裁定等。

963. 璧山县司法处、四川高等法院第一分院审理田地补贴纠葛一案　12—8—943

1938年7月至1939年4月，璧山县司法处、四川高等法院第一分院关于王敬氏要求田地补贴一案的文书，包括璧山县司法处提交四川高等法院第一分院的呈文、璧山县司法处民事判决书、四川高等法院第一分院训令、四川高等法院第一分院民事裁定等。

964. 四川高等法院第一分院审理产业纠纷一案　12－8－944

1938年11月至1939年2月，四川高等法院第一分院关于王宗全产业纠纷一案的文书，包括璧山县司法处提交四川高等法院第一分院的呈文、民事诉状、四川高等法院第一分院民事裁定等。

965. 璧山县司法处审理押银纠纷一案　12－8－945

1938年9月，璧山县司法处关于戴巨卿押银纠纷一案的文书，戴巨卿认为皮洪兴侵吞其押银而提起诉讼要求皮返还押银。该卷文书包括民事诉状、民事辩状、审理笔录、璧山县司法处训令等。

966. 璧山县司法处审理押金纠纷一案　12－8－946

1938年9月至1938年10月，璧山县司法处关于许仁山押金纠纷一案的文书，包括民事诉状、审理笔录、民事辩状、司法处民事和解笔录、民事凭证、送达回证等。

967. 璧山县司法处审理赡养费纠纷一案　12－8－947

1938年6月，璧山县司法处关于陈孙氏要求赡养费一案的文书，陈孙氏要求在外做生意的丈夫提供生活费用。该卷文书包括民事诉状等。

968. 四川高等法院第一分院、璧山县司法处审理会款纠纷抗告一案　12－8－948

1938年7月至1938年9月，四川高等法院第一分院、璧山县司法处关于曾子才会款纠纷抗告一案的文书，包括璧山县司法处提交四川高等法院第一分院的呈文、璧山县司法处对曾子才因不服庭谕而抗告的意见书、四川高等法院第一分院民事裁定、四川高等法院第一分院训令等。

969. 璧山县司法处审理遗产纠纷一案　12－8－949

1938年7月至1938年10月，璧山县司法处关于江伍氏遗产纠纷一案的文书，江伍氏与江殷氏因遗产继承问题产生纠葛，要求法院判定遗产继承权的归属，该卷文书包括民事诉状、审理笔录、民事辩状等。

970. 璧山县司法处审理土地所有权纠纷一案　12－8－950

1938年11月至1938年12月，璧山县司法处关于曹培之土地所有权纠纷一案的文书，曹曾氏与曹培之因土地归属问题产生矛盾要求法院判定土地之归属。该卷文书包括民事诉状、审理笔录、司法处民事和解笔录等。

971. 璧山县司法处审理押金纠纷一案　12－8－951

1938年7月至1938年10月，璧山县司法处关于杨子林押金纠纷一案的文书，段长盛认为杨子林侵吞其押金而将杨子林等告上法庭要求返还押银。该卷文书包括民事诉状、审理笔录、民事辩状、租佃凭证等。

972. 璧山县司法处审理债务纠纷一案　12－8－952

1938年3月至1938年8月，璧山县司法处关于江明亮债务纠纷一案的文书，包括民事诉状、审理笔录、民事保状、璧山县司法处民事判决书、民事声明、民事声请书、民事执行状、司法处执行命令等。

973. 璧山县司法处审理典权纠纷一案　12－8－953

1938年4月至1939年9月，璧山县司法处关于蒋含章典权纠纷一案的文书，包括璧山县司法处民事和解笔录、璧山县司法处民事判决书、民事和解状、四川高等法院第一分院与璧山县司法处的往来公函、四川高等法院第一分院民事裁定等。

974. 璧山县司法处审理离婚一案　12－8－954

1938年3月至1938年4月，璧山县司法处关于于西江申请离婚一案的文书，于西江因与妻子感情不和生活中多有矛盾而要求离婚。该卷文书包括乡邻证明、转龙乡联保主任提交璧山县政府的呈文等。

975. 璧山县司法处审理利谷纠纷一案　12－8－955

1938年4月至1938年6月，璧山县司法处关于王兴盛利谷纠纷一案的文书，王兴盛与傅海清因利谷数额问题产生纠纷，王要求傅按照契约给付利谷。该卷文书包括民事诉状、审理笔录等。

976. 璧山县司法处审理会款纠纷一案　12－8－956

1938年1月，璧山县司法处关于刘廷堂会款纠纷一案的文书，刘廷堂因未能履行会务被唐吉山告上法庭，唐要求其返还会款。该卷文书包括民事诉状、民事辩状、审理笔录等。

977. 璧山县司法处审理借款纠纷一案　12－8－957

1938年3月，璧山县司法处关于冯光华借款纠纷一案的文书，冯光华因邱炳全恶意拖欠借款而将其告上法庭要求其尽快还债。该卷文书包括民事被传状、审理笔录、收据等。

978. 璧山县司法处审理租佃纠纷一案　12—8—958

1938年7月至1938年11月，璧山县司法处关于熊金山租佃纠纷一案的文书，包括民事诉状、审理笔录、民事反诉状、璧山县司法处民事判决书、送达回证等。

979. 璧山县司法处审理离婚一案　12—8—959

1938年3月，璧山县司法处关于田见龙离婚一案的文书，田见龙因家庭纠纷而要求离婚。该卷文书包括民事存查状等。

980. 璧山县司法处审理债务纠纷一案　12—8—960

1938年9月，璧山县司法处关于覃永之债务纠纷一案的文书，覃永之因无力偿还债务而要求商会调查证明其经济状况。该卷文书包括璧山县商会提交璧山县政府的呈文等。

981. 璧山县司法处审理典当纠纷一案　12—8—961

1938年11月至1939年5月，璧山县司法处关于廖理明典当纠纷一案的文书，包括民事诉状、审理笔录、诉愿书、民事续状、璧山县司法处公函、璧山县财务委员会公函、司法处训令、司法处民事判决书等。

982. 璧山县司法处审理借款纠纷一案　12—8—962

1938年5月，璧山县司法处关于熊德才借款纠纷一案的文书，熊德才因李汉卿拒付借款而将其告上法庭。该卷文书包括民事诉状、审理笔录、民事和解书等。

983. 璧山县司法处审理租佃纠纷一案　12—8—963

1938年2月至1938年8月，璧山县司法处关于罗涛清租佃纠纷一案的文书，罗涛清在租佃土地过程中与罗森明产生经济纠纷，罗森明要求罗涛清赔偿经济损失。该卷文书包括民事起诉状、审理笔录、民事续呈状、璧山县司法处训令等。

984. 四川高等法院第一分院审理债务纠纷一案　12—8—964

1939年5月至1938年6月，四川高等法院第一分院关于何子敬债务纠纷一案的文书，何子敬因胡兴顺恶意拖欠借款而将其告上法庭。该卷文书包括四川高等法院第一分院训令、四川高等法院第一分院民事判决书等。

985. 璧山县司法处审理债务纠纷等案　12－8－965

1937年2月至1938年4月，璧山县司法处关于债务纠纷、租佃纠纷、押银纠纷等案的文书，包括民事诉状、民事理由书、民事辩状、审理笔录、璧山县司法处民事判决书、璧山县司法处训令等。

986. 璧山县司法处审理越界、房田纠纷两案　12－8－966

1938年7月至1939年1月，璧山县司法处关于李元顺伐木越界、尚子华拍卖房田纠纷两案的文书，包括民事起诉状、审理笔录、璧山县司法处训令、司法处调解笔录、民事声明、民事领状等。

987. 四川高等法院第一分院、璧山县司法处审理王炳荣婚姻纠纷等两案　12－8－967

1936年12月至1938年9月，四川高等法院第一分院、璧山县司法处关于王炳荣婚姻纠纷、张郭氏请求脱离家属关系两案的文书，包括民事诉状、璧山县司法处谕、民事执行状、四川高等法院第一分院民事和解笔录、民事辩状等。

988. 四川高等法院第一分院、璧山县司法处审理租佃纠纷等三案　12－8－968

1937年3月至1938年11月，四川高等法院第一分院、璧山县司法处关于万金周租佃纠纷、吴宪章会项纠纷、李兴隆租佃纠纷三案的文书，包括民事诉状、审理笔录、民事和解书、四川高等法院第一分院审讯笔录等。

989. 璧山县司法处审理抵押纠纷等三案　12－8－969

1938年2月至1938年9月，璧山县司法处关于冉志成抵押纠纷、罗涛清申请认买房屋、罗焕廷债务纠纷三案的文书，包括民事认状、璧山县司法处训令、民事缴状、民事领状、民事诉状、璧山县司法处执行命令、司法处查封笔录、司法处拍卖布告、司法处布告、民事声请、司法处民事裁定等。

990. 四川高等法院第一分院、璧山县司法处等审理债务纠纷等三案　12－8－970

1937年7月至1943年12月，四川高等法院第一分院、璧山县司法处等关于冯宪章债务纠纷、冯炳山租佃纠纷、刘绍光盗窃三案的文书，包括民事声请书、民事和解书、四川高等法院第一分院训令、四川高等法院第一分院民事裁定书、璧山县司法处谕、四川高等法院第一分院民事判决书、璧山县司法处民事裁定、璧山县司法处检察官起诉书、璧山县司法处刑事判决书、刑事声请书等。

991. 璧山县司法处审理抵押纠纷、债务纠纷两案　12—8—971

1935年9月至1938年4月，璧山县司法处关于张国安抵押纠纷、王文中债务纠纷两案的文书，包括民事诉状、民事委任状、审理笔录、民事反诉状、民事保状、璧山县政府牌告、璧山县征收局训令等。

992. 最高法院、璧山县司法处审理会项纠纷两案　12—8—972

1935年3月至1939年3月，最高法院、璧山县司法处关于高忠良会项纠纷、陈昆山会项纠纷两案的文书，包括民事诉状、民事委任状、审理笔录、璧山县司法处民事判决书、最高法院民事判决书等。

993. 璧山县司法处审理争夺家产一案　12—8—973

1938年7月至1939年7月，璧山县司法处关于荣廷芳等争夺家产一案的文书，包括民事诉状、审理笔录、民事辩状、民事声请书、民事声明、民事和解书等。

994. 四川高等法院第一分院、璧山县司法处审理押银纠纷一案　12—8—974

1937年10月至1938年6月，四川高等法院第一分院、璧山县司法处关于张炳兴押银纠纷一案的文书，包括民事诉状、审理笔录、民事公证书、璧山县司法处民事判决书、民事执行书、民事证明书、四川高等法院第一分院训令、四川高等法院第一分院指令、四川高等法院第一分院民事裁定、民事保状等。

995. 璧山县司法处审理申请离婚一案　12—8—975

1938年7月，璧山县司法处关于王德荣申请离婚一案的文书，王德荣因感情不合请求离婚。该卷文书包括民事存查书等。

996. 璧山县司法处审理会款纠纷一案　12—8—976

1938年3月至1938年4月，璧山县司法处关于郭彭氏会款纠纷一案的文书，包括民事诉状、审理笔录、璧山县司法处民事和解笔录、民事声请书等。

997. 璧山县司法处关于遗失证章一案　12—8—977

1939年2月，璧山县司法处关于龙裔杰遗失证章一案的文书，龙裔杰不慎丢失公章，璧山县政府特将此事公告民众以防有人趁机招摇撞骗。该卷文书包括璧山县司法处牌告等。

998. 四川高等法院第一分院审理欠款纠纷一案　12—8—978

1938年6月至1938年8月，四川高等法院第一分院关于张理荣欠款纠纷一案的文书，包括民事辩状、四川高等法院第一分院民事裁定书、四川高等法院第一分院训令、民事补正书等。

999. 四川高等法院第一分院、璧山县司法处审理会款纠纷、欠款纠纷两案　12—8—979

1938年5月至1939年4月，四川高等法院第一分院、璧山县司法处关于陈正芳会款纠纷、张理荣欠款纠纷两案的文书，包括璧山县司法处民事判决书、璧山县司法处与四川高等法院第一分院的往来公函、四川高等法院第一分院民事裁定书等。

1000. 璧山县司法处审理债务纠纷一案　12—8—980

1934年7月至1939年5月，璧山县司法处关于陈迹先等债务纠纷一案的文书，包括民事领状、民事诉状、民事声请书、璧山县司法处民事裁定、审理笔录、民事保状等。

1001. 四川高等法院第一分院、璧山县司法处审理债务纠纷等案　12—8—981

1933年7月至1938年4月，四川高等法院第一分院、璧山县司法处关于债务纠纷、产业纠纷、会项纠纷等案的文书，包括民事存查状、民事辩状、四川高等法院会计室发往璧山县司法处的公函、四川高等法院第一分院民事裁定、训令、宣告判决笔录、民事诉状等。

1002. 璧山县司法处审理债务纠纷两案　12—8—982

1938年4月至1938年9月，璧山县司法处关于江海帆债务纠纷、许杨氏债务纠纷两案的文书，包括民事执行状、民事保状、民事诉状、四川铜梁地方法院发往璧山地方法院的公函、璧山县司法处牌告等。

1003. 四川高等法院第一分院、璧山县司法处审理借款纠纷等案　12—8—983

1938年7月至1939年2月，四川高等法院第一分院、璧山县司法处关于借款纠纷、租佃纠纷、会款纠纷、声请禁治产、伤害赔偿等案的文书，包括民事诉状、审理笔录、璧山县司法处民事判决书、民事救助状、四川高等法院第一分院训令、民事辩状、四川高等法院第一分院民事裁定、民事恳状、民事声请书、四川高等法院第一分院刑事判决书等。

1004. 四川高等法院第一分院、璧山县司法处审理买卖寺田纠纷等案　12－8－984

1937年10月至1938年12月,四川高等法院第一分院、璧山县司法处关于买卖寺田纠纷、会项纠纷、破产偿债、变造私文书、过失致人死亡等案的文书,包括民事诉状、民事执行状、民事续诉状、民事辩状、审理笔录、四川省政府训令、四川第三区行政督察专员公署训令、四川省政府指令、璧山县司法处民事裁定、四川高等法院第一分院训令、四川高等法院第一分院检察处训令、璧山县司法处提交四川高等法院第一分院的呈文、民事保状等。

1005. 璧山县司法处审理会款纠纷、租佃纠纷两案　12－8－985

1938年4月至1938年12月,璧山县司法处关于江泽海会款纠纷、伍华林租佃纠纷两案的文书,包括民事诉状、审理笔录、民事领状、璧山县司法处民事判决书、民事委状、璧山县政府第三区区署公函、民事保状等。

1006. 璧山县司法处审理买卖房屋、土地纠纷一案　12－8－986

1938年12月至1939年2月,璧山县司法处关于周恒太买卖房屋、土地纠纷一案的文书,包括民事确认书、审理笔录、民事辩状、民事呈状、璧山县司法处民事判决书等。

1007. 璧山县司法处审理田产纠纷、债务纠纷两案　12－8－987

1938年8月至1938年11月,璧山县司法处关于龙江廷田产纠纷、王合江债务纠纷两案的文书,包括民事声请书、民事诉状等。

1008. 璧山县司法处审理田产纠纷、会项纠纷两案　12－8－988

1937年12月至1938年11月,璧山县司法处关于龙江廷田产纠纷、罗海廷会项纠纷两案的文书,包括民事声请书、民事诉状、民事辩状、审理笔录、民事催呈状、璧山县司法处民事判决书等。

1009. 璧山县司法处审理会项纠纷一案　12－8－989

1938年11月至1939年7月,璧山县司法处关于胡荣山会项纠纷一案的文书,包括民事诉状、民事辩状、民事声请书、民事保状、民事恳状、民事续状等。

1010. 四川高等法院第一分院、璧山县司法处审理典权纠纷等三案　12－8－990

1937年12月至1938年12月,四川高等法院第一分院、璧山县司法处关于曾建明典权纠纷、江流芳请求确认继承权、张书元拒付生活费三案的文书，包括四川高等法院第一分院民事判决书、璧山县司法处发往四川高等法院第一分院的呈文、民事诉状、民事保状等。

1011. 四川高等法院第一分院、璧山县司法处审理会项纠纷一案　12—8—991

1938 年 7 月至 1938 年 11 月，四川高等法院第一分院、璧山县司法处关于龚宝臣会项纠纷一案的文书，包括民事委任状、宣告判决笔录、四川高等法院第一分院民事判决书、民事辩状、四川高等法院第一分院裁定、璧山县司法处发往四川高等法院第一分院的呈文、民事展限状、民事诉状、四川高等法院第一分院训令等。

1012. 四川高等法院第一分院、璧山实验地方法院等审理贪污、租佃纠纷两案　12—8—992

1937 年 12 月至 1944 年 11 月，四川高等法院第一分院、璧山实验地方法院等关于周柏青贪污、汪罗氏租佃纠纷两案的文书，包括璧山地方法院不动产登记调查表、四川高等法院训令、成都地方法院不动产登记与成都市政府成都征收局华阳征收局田房税契互助办法、军政部军需署第一织布厂发往璧山地方法院的公函、四川高等法院指令、璧山地方法院检察官起诉书、民事声请书、民事执行状、民事诉状、民事抗告书、四川高等法院第一分院民事裁定书等。

1013. 璧山县司法处审理租佃与债务纠纷一案　12—8—993

1938 年 4 月至 1938 年 7 月，璧山县司法处关于朱蔚卿租佃与债务纠纷一案的文书，包括民事执行状、民事诉状、民事续状、璧山县司法处笔录、璧山县司法处民事判决书等。

1014. 璧山县司法处审理债务纠纷一案　12—8—994

1938 年 10 月至 1938 年 11 月，璧山县司法处关于甘炳安债务纠纷一案的文书，包括民事诉状、审理笔录、璧山县司法处与璧山县第三区署的往来公函、民事保状、璧山县司法处民事判决书等。

1015. 璧山县司法处审理会款纠纷一案　12—8—995

1938 年 6 月至 1939 年 3 月，璧山县司法处关于方炳文会款纠纷一案的文书，包括璧山县司法处发往四川高等法院第一分院的呈文、四川高等法院第一分院训令、四川高等法院第一分院民事裁定书、民事具状、民事诉愿书、民事领状、民事和解书、民事声请书等。

1016. 璧山县司法处审理离婚声请一案　12—8—996

1938年7月,璧山县司法处关于黄永祯声请离婚一案的文书,黄永祯因遭受虐待而要求离婚,该卷文书包括民事具状、司法处执达员提交给审判官的报告等。

1017. 璧山县司法处审理租佃纠纷一案　12—8—997

1938年1月至1938年3月,璧山县司法处关于张永源租佃纠纷一案的文书,张永源在租佃土地过程中因契约与袁金华等人产生矛盾,袁金华要求张赔付经济损失。该卷文书包括民事诉状、审理笔录、璧山县司法处民事判决书等。

1018. 璧山县司法处审理申请确认房地所有权一案　12—8—998

1938年12月至1939年8月,璧山县司法处关于廖德永申请确认房地所有权一案的文书,包括民事诉状、民事辩状、审理笔录、璧山县司法处民事判决书等。

1019. 璧山县司法处审理声请破产一案　12—8—999

1938年8月至1938年11月,璧山县司法处关于赵炳荣声请破产一案的文书,包括民事具状、民事呈诉状、债权人姓名数目列表、璧山县太和乡联保主任提交给璧山县司法处的公文、璧山县司法处训令等。

1020. 璧山县司法处审理会款纠纷一案　12—8—1000

1938年9月,璧山县司法处关于杜海臣会款纠纷一案的文书,杜海臣因杜银廷未能履行会务要求而将其告上法庭,要求杜银廷赔付会款。该卷文书包括民事诉状、璧山县司法处执达员提交给司法处主任的报告等。

1021. 璧山县司法处审理破坏庙产一案　12—8—1001

1938年9月,璧山县司法处关于张鸿奎破坏庙产一案的文书,张鸿奎恶意破坏寺庙房产土地,被告上法庭要求其赔偿损失。该卷文书包括民事声请书等。

1022. 四川高等法院第一分院、璧山县司法处审理债款纠纷一案　12—8—1002

1937年8月至1938年6月,四川高等法院第一分院、璧山县司法处关于毛善夫债款纠纷一案的文书,包括璧山县政府兼理司法事务民事判决书、民事原状、四川高等法院第一分院训令、四川高等法院第一分院民事第二审判决书、四川高等法院第一分院民事裁定、民事辩状、审理笔录、民事执行状、璧山县司法处查封布告等。

1023. 四川高等法院第一分院、璧山县司法处审理会款纠纷一案　12—8—1003

1938年2月至1939年5月，四川高等法院第一分院、璧山县司法处关于舒汉清会款纠纷一案的文书，包括四川高等法院第一分院训令、民事执行状、四川高等法院第一分院指令、璧山县司法处民事判决书、四川高等法院第一分院民事裁定书、民事保状、审理笔录、璧山县司法处发往四川高等法院第一分院的呈文等。

1024. 璧山县司法处审理债务纠纷、骗押两案　12—8—1004

1937年1月至1938年10月，璧山县司法处关于叶南轩债务纠纷、方元臣骗押两案的文书，包括民事诉状、诉愿书、审理笔录、民事保状、璧山县司法处牌告、民事辩状等。

1025. 璧山县司法处审理会款纠纷一案　12—8—1005

1938年1月，璧山县司法处关于张世昌会款纠纷一案的文书，张世昌等人未能履行会务要求，被旷海清告上法庭要求赔偿会款。该卷文书包括民事诉状等。

1026. 璧山县司法处审理借款纠纷一案　12—8—1006

1937年12月至1938年9月，璧山县司法处关于叶南轩借款纠纷一案的文书，包括民事诉状、审理笔录、璧山县司法处民事判决书、四川高等法院第一分院训令、民事和解书、民事声请书等。

1027. 璧山县司法处审理债务纠纷一案　12—8—1007

1938年9月至1939年8月，璧山县司法处关于江明亮债务纠纷一案的文书，包括民事领状、民事撤销状、民事保状、璧山县司法处查封笔录、司法处拍卖布告、司法处牌告、民事缴状等。

1028. 璧山县司法处审理辛树权要求甘刘氏赔偿遭伐树木一案　12—8—1008

1938年1月，璧山县司法处关于辛树权要求甘刘氏赔偿遭伐树木一案的文书，辛树权因甘刘氏蓄意过界砍伐其树木而提起诉讼要求赔偿损失。该卷文书包括民事原状等。

1029. 璧山县司法处审理土地经界纠纷一案　12—8—1009

1938年3月至1938年12月，璧山县司法处关于辛树权土地经界纠纷一案的文书，包括民事诉状、民事辩状、民事委任状、审理笔录、民事公证、民事声请书、民事催判状、璧山县司法处民事和解笔录、民事领状等。

1030. 四川高等法院第一分院、璧山县司法处审理抵押纠纷及其上诉案、债务纠纷两案　12－8－1010（1）

1937年6月至1939年2月，四川高等法院第一分院、璧山县司法处关于何东瀛抵押纠纷及其上诉一案、李培根债务纠纷两案的文书，包括璧山县司法处民事判决书、四川高等法院第一分院训令、四川高等法院第一分院指令、四川高等法院第一分院民事判决书、民事领状、民事声请书、民事反诉状、民事辩状、审理笔录、民事执行状等。

1031. 璧山县司法处审理何东瀛抵押纠纷、债务纠纷两案　12－8－1010（2）

1933年11月至1938年1月，璧山县司法处关于何东瀛抵押纠纷、何东瀛债务纠纷两案的文书，包括审理笔录、璧山县司法处民事判决书、民事诉状、民事声明书、璧山县政府民事堂谕代判书、民事执行状等。

1032. 四川高等法院第一分院、璧山县司法处审理抵押纠纷一案　12－8－1010（3）

1937年8月至1938年9月，四川高等法院第一分院、璧山县司法处关于何东瀛抵押纠纷一案的文书，包括民事诉状、璧山县司法处发往四川高等法院第一分院的呈文、四川高等法院第一分院裁定书、民事缴状、民事展限状、审讯笔录、民事委任状、民事辩状、民事理由书、宣告判决笔录、四川高等法院第一分院训令等。

1033. 璧山县司法处审理会款纠纷一案　12－8－1011

1938年9月至1938年11月，璧山县司法处关于宋海林会款纠纷一案的文书，包括民事诉状、审理笔录、璧山县司法处民事和解笔录、民事执行书、送达回证等。

1034. 璧山县司法处审理拖欠纱款一案　12－8－1012

1938年1月至1938年6月，璧山县司法处关于邓泽高拖欠纱款一案的文书，包括民事起诉状、民事展限书、审理笔录、民事答辩状、调证笔录、璧山县司法处民事判决书等。

1035. 四川高等法院第一分院、璧山县司法处审理债务纠纷一案　12－8－1013

1937年5月至1938年10月，四川高等法院第一分院、璧山县司法处关于向全盛债务纠纷一案的文书，包括民事执行书、民事领状、民事证明书、璧山县政府兼理司法事务处分书、璧山县司法处发往四川高等法院第一分院的呈文等。

1036. 璧山县司法处审理解除担保责任、债务纠纷两案　12－8－1014

1938年6月至1939年1月，璧山县司法处关于凌云卿请求解除担保责任、凌云卿债务纠纷两案的文书，包括民事诉状、民事辩状、审理笔录、璧山县司法处民事判决书、民事执行状等。

1037. 璧山县司法处审理拒付膳谷一案　12－8－1015

1938年8月至1938年10月，璧山县司法处关于江流荣拒付父亲膳谷一案的文书，包括民事诉状、审理笔录、民事覆讯、璧山县司法处民事判决书、送达证书等。

1038. 璧山县司法处审理提高典当利息剥削客户一案　12－8－1016

1938年10月至1938年11月，璧山县司法处关于汪东平提高典当利息剥削客户一案的文书，包括诉愿书、璧山县丁家镇发往璧山县政府的信件、审理笔录等。

1039. 璧山县司法处审理抛弃妻子一案　12－8－1017

1938年7月至1938年9月，璧山县司法处关于万金田抛弃妻子一案的文书，包括民事诉状、审理笔录、民事辩状、民事结状、璧山县司法处民事和解笔录等。

1040. 最高法院、四川高等法院第一分院审理债务纠纷一案　12－8－1018

1938年5月至1938年10月，最高法院、四川高等法院第一分院关于江国林债务纠纷一案的文书，包括最高法院民事第三庭发往四川高等法院第一分院民事庭的公函、民事抗告书、四川高等法院第一分院民事裁定书等。

1041. 璧山县司法处审理债务纠纷两案　12－8－1019

1938年1月至1938年6月，璧山县司法处关于杨秀山等债务纠纷、贺炳森等债务纠纷两案的文书，包括审理笔录、民事诉状、民事保状、璧山县司法处民事判决书等。

1042. 璧山县司法处审理离婚一案　12－8－1020

1938年2月，璧山县司法处关于李昌祥离婚一案(案由不明)的文书，包括民事存查书等。

1043. 璧山县司法处审理卖业纠纷、债务纠纷两案　12－8－1021

1938年6月至1939年7月，璧山县司法处关于周玉顺等卖业纠纷、王相南等债务纠纷两案的文书,包括审理笔录、璧山县司法处民事和解笔录、璧山县司法处牌告、民事保状、民事执行书、民事声请书、民事诉状等。

1044. 四川高等法院第一分院、璧山县司法处审理债务纠纷一案　12—8—1022

1938 年 3 月至 1938 年 12 月,四川高等法院第一分院、璧山县司法处关于周少怀债务纠纷一案的文书,包括璧山县监狱提交璧山县司法处的呈文、巴县政府发往四川高等法院第一分院检察处的咨文、四川高等法院指令、四川高等法院第一分院训令、四川高等法院训令等。

1045. 四川高等法院第一分院、璧山县司法处审理会款纠纷等案　12—8—1023

1938 年 2 月至 1938 年 11 月,四川高等法院第一分院、璧山县司法处关于会款纠纷、债务纠纷等案的文书,包括民事声请书、璧山县司法处发往四川高等法院第一分院的呈文、四川高等法院第一分院训令、璧山县司法处民事判决书、民事续诉状、民事诉状等。

1046. 璧山县司法处审理胡伯君请求返还借据一案　12—8—1024

1938 年 12 月,璧山县司法处关于胡伯君请求返还借据一案的文书,胡伯君因他人恶意拒还借据而提起诉讼,要求对方返还借据。该卷文书包括民事诉状、审理笔录、璧山县司法处民事判决书等。

1047. 四川高等法院第一分院、璧山县司法处审理会款纠葛一案　12—8—1025

1938 年 6 月至 1939 年 6 月,四川高等法院第一分院、璧山县司法处关于蒋光耀会款纠葛一案的文书,包括璧山县司法处发往四川高等法院第一分院的呈文、民事辩状、四川高等法院第一分院训令、四川高等法院第一分院民事判决书、民事执行状、民事保状、民事请委状等。

1048. 璧山县司法处审理债务纠葛一案　12—8—1026

1938 年 2 月,璧山县司法处关于王绍轩债务纠葛一案的文书,王绍轩因他人蓄意拖欠其借款而提起诉讼要求对方尽快还债。该卷文书包括民事自诉状、民事息状等。

1049. 四川高等法院第一分院、璧山县司法处审理押金纠纷一案　12—8—1027

1938 年 9 月至 1938 年 11 月,四川高等法院第一分院、璧山县司法处关于刘汉卿押金纠纷一案的文书,包括璧山县司法处发往四川高等法院第一分院的呈文、璧山县司法处意见书、民事抗告书、璧山县丹桥镇发往四川高等法院第一分院的公函等。

1050. 四川高等法院第一分院审理租佃纠纷上诉一案　12－8－1028

1938年11月至1939年1月，四川高等法院第一分院关于杨武臣租佃纠纷上诉一案的文书，包括民事诉状、四川高等法院第一分院民事裁定、民事呈明书等。

1051. 璧山县司法处审理租佃纠纷一案　12－8－1029

1938年8月至1938年10月，璧山县司法处关于杨武臣租佃纠纷一案的文书，包括民事诉状、民事辩状、民事委任状、审理笔录、民事声请书、璧山县司法处民事判决书、租佃凭证等。

1052. 璧山县司法处审理产业纠纷一案　12－8－1030

1938年6月至1938年7月，璧山县司法处关于李江士产业纠纷一案的文书，李江士因他人夺取其土地房屋所有权而提起诉讼。该卷文书包括民事诉状、民事辩状、审理笔录等。

1053. 璧山县司法处审理盗窃等案　12－8－1031

1938年1月至1938年9月，璧山县司法处关于盗窃、收养孤女、债务纠纷等案的文书，包括民事存查状、民事被存状、民事声请书、审理笔录、民事辩状、民事反诉状等。

1054. 璧山县司法处审理诈骗等案　12－8－1032

1938年7月至1943年2月，璧山县司法处关于诈骗、诬告、租赁纠纷等案的文书，包括民事反诉状、审理笔录、璧山实验地方法院刑事判决书、民事保状、璧山县司法处民事判决书等。

1055. 四川高等法院第一分院、璧山县司法处审理会款纠葛一案　12－8－1033

1937年3月至1938年7月，四川高等法院第一分院、璧山县司法处关于刘华轩等会款纠葛一案的文书，包括璧山县司法处提交四川高等法院第一分院的呈文、民事执行状、四川高等法院第一分院训令等。

1056. 四川高等法院第一分院、璧山县司法处审理债务纠纷一案　12－8－1034

1937年11月至1938年8月，四川高等法院第一分院、璧山县司法处关于鲁载舟债务纠纷一案的文书,包括璧山县司法处提交四川高等法院第一分院的呈文、四川高等法院第一分院训令、四川高等法院第一分院民事裁定、民事诉状、民事展限状、审理笔录、璧山县司法处民事判决书、民事辩状等。

1057. 四川高等法院第一分院、璧山县司法处审理买卖树株纠纷、盗窃两案 12—8—1035

1938年2月至1938年5月,四川高等法院第一分院、璧山县司法处关于徐化成买卖树株纠纷、徐炳宣盗窃两案的文书,包括民事诉状、四川高等法院第一分院指令、民事续状、璧山县司法处刑事判决书等。

1058. 四川高等法院第一分院、璧山县司法处审理租佃纠纷一案 12—8—1036

1938年12月至1939年5月,四川高等法院第一分院、璧山县司法处关于杨维霄等租佃纠纷一案的文书,包括璧山县司法处提交四川高等法院第一分院的呈文、四川高等法院第一分院训令、四川高等法院第一分院指令等。

1059. 璧山县司法处审理借款纠纷一案 12—8—1037

1938年12月至1939年1月,璧山县司法处关于谢增辉借款纠纷一案的文书,谢增辉因有人恶意拖欠其借款而提起诉讼。该卷文书包括民事诉状、审理笔录、民事委任状等。

1060. 四川高等法院第一分院、璧山县司法处审理会款纠纷一案 12—8—1038

1938年8月至1938年12月,四川高等法院第一分院、璧山县司法处关于陈树德会款纠纷一案的文书,包括璧山县司法处提交四川高等法院第一分院的呈文、四川高等法院第一分院训令、四川高等法院第一分院民事裁定等。

1061. 璧山县司法处审理赵五常租佃纠纷一案 12—8—1039

1938年9月至1938年10月,璧山县司法处关于赵五常租佃纠纷一案的文书,赵五常因不满租佃收入欲终止租佃关系而向法院提起诉讼。该卷文书包括民事声请书、审理笔录、璧山县司法处民事判决书等。

1062. 四川高等法院第一分院、璧山县司法处审理租佃纠纷一案 12—8—1040

1938年9月至1939年9月,四川高等法院第一分院、璧山县司法处关于赵五常租佃纠纷一案的文书,包括民事诉状、民事辩状、四川高等法院第一分院训令、璧山县司法处递交四川高等法院第一分院的呈文、璧山县司法处民事判决书、四川高等法院第一分院民事裁定书等。

1063. 璧山县司法处审理窃印票据一案　12—8—1041

1938年12月,璧山县司法处关于何云鹏窃印票据一案的文书,何云鹏因贪图利益而伪造商铺票据被人发现后告上法庭。该卷文书包括民事存查状等。

1064. 璧山县司法处审理租谷纠纷一案　12—8—1042

1938年7月至1938年10月,璧山县司法处关于王鹏程租谷纠纷一案的文书,包括民事诉状、审理笔录、璧山县司法处民事和解笔录、民事执行书、民事保状、民事和息状等。

1065. 璧山县司法处审理债务纠纷一案　12—8—1043

1938年5月,璧山县司法处关于秦致轩债务纠纷一案的文书,包括正心镇联保主任发往璧山县司法处的信件、秦致轩发往正心镇联保办公处的信件等。

1066. 璧山县司法处审理工资纠纷一案　12—8—1044

1938年5月至1938年8月,璧山县司法处关于陈炳衡工资纠纷一案的文书,陈秉衡与雇用单位因工资待遇产生纠葛要求经济赔偿。该卷文书包括和解笔录、民事诉状、审理笔录、璧山县司法处查勘笔录等。

1067. 璧山县司法处审理租佃纠纷一案　12—8—1045

1938年9月至1938年10月,璧山县司法处关于张俊良租佃纠纷一案的文书,包括民事诉状、审理笔录、民事辩状、璧山县司法处民事判决书、民事和解状等。

1068. 璧山县司法处审理林张氏声请破产一案　12—8—1046

1938年8月至1938年9月,璧山县司法处关于林张氏因债务问题而声请破产一案的文书,包括民事声请状、原告提供的债权姓名数目表、璧山县司法处训令等。

1069. 璧山县司法处审理离婚一案　12—8—1047

1938年8月至1938年9月,璧山县司法处关于甘维伦离婚一案的文书,甘维伦因与家庭产生经济纠纷要求离婚,包括民事诉状、民事和解书、因双方和解而报请注销案件的报告等。

1070. 四川高等法院第一分院、璧山县司法处审理会款纠纷一案　12—8—1048

1938年8月至1939年1月,四川高等法院第一分院、璧山县司法处关于廖顺义等会款纠纷一案的文书，包括民事诉状、审理笔录、璧山县司法处民事判决书、训令、民事辩状、民事公证状、四川高等法院第一分院民事判决书等。

1071. 最高法院、四川高等法院第一分院、璧山县司法处审理债务纠纷等案

12－8－1049

1938 年 2 月至 1938 年 9 月，最高法院、四川高等法院第一分院、璧山县司法处关于债务纠纷、买卖产业纠纷、典当纠纷三案的文书，包括民事呈明书、审理笔录、民事诉状、民事和解书、四川高等法院第一分院发往最高法院的公函等。

1072. 四川高等法院第一分院、璧山县司法处审理遗弃、田地买卖纠纷两案

12－8－1050

1937 年 4 月至 1938 年 3 月，四川高等法院第一分院、璧山县司法处关于吴海钧遗弃、王月波田地买卖纠纷两案的文书，包括璧山县司法处检察官公函、审理笔录、刑事诉状、民事诉状、民事保状、民事执行状、民事辩状、四川高等法院第一分院训令、民事呈请搬迁状、璧山县政府朱谕、民事抗告书等。

国家出版基金项目
NATIONAL PUBLICATION FOUNDATION

“十三五”国家重点图书出版规划项目
国家社会科学基金西部项目“四川县级档案馆藏民国档案数字化处理与研究”优秀结项成果

民国璧山司法档案案卷提要

民事卷 二

陈廷湘 吕毅 刘明琴 著

西南大学出版社

民事九

1. 璧山地方法院审理债务纠葛一案　12—9—1

1939 年 11 月至 1939 年 12 月，璧山地方法院关于谭时雄等借款的债务纠葛一案的文书，包括民事诉状、人证、物证、民事辩诉状、辩论笔录、民事续诉状、民事宣判笔录、判决书、民事判决书、驳回原告之诉状判决书、民事裁定书、诉讼物品证明书、欠条、兑票等。

2. 璧山地方法院审理价金执行一案　12—9—2

1939 年 12 月至 1939 年 12 月，璧山地方法院关于张绍基等人借款抵押纠葛的价金执行一案的文书，包括民事诉状、民事执行状、民事执行传票等。

3. 璧山县司法处审理债务纠葛一案　12—9—3

1939 年 2 月至 1939 年 6 月，璧山县司法处关于景镜塘等债务纠葛引起的债务执行一案的文书，包括训令、往来公函、意见书、民事抗告状、批示等。

4. 璧山县司法处审理蓄谋杀人一案　12—9—4

1939 年 1 月至 1939 年 2 月，璧山县司法处关于唐学栋因与被害人雷芳德不和蓄谋杀人一案的文书，包括审理笔录、侦查庭押票回证、刑事具诉状、验断书、检查处庭期单、刑事传票回证、庭训、侦查厅提票回证等。

5. 璧山县司法处审理婚姻纠纷一案　12—9—5

1937 年 11 月至 1938 年 5 月，璧山县司法处关于邓永贤与樊银婚姻纠纷一案的文书，包括司法民事状、民事诉状、民事传票回证、民事展限状、公庭报告、传票、批示等。

6. 璧山县司法处审理婚姻纠纷一案　12—9—6

1937 年 8 月至 1937 年 10 月，璧山县司法处关于邓永贤请求与樊银解除婚姻一案的文书，包括民事诉状、批示、执达报告、往来公函等。

7. 璧山地方法院审理请求确认买卖契约无效、再嫁备案两案　12—9—7

1939年10月至1939年11月，璧山地方法院关于王石芝与曾永康确认买卖田产契约无效、万国贵夫死财尽申请再嫁备案两案的文书，包括民事诉状、民事存查状、往来公函、批示、民事执行状、民事判决书等。

8. 璧山地方法院审理经界诉讼一案　12—9—8

1939年2月至1940年1月，璧山地方法院关于唐用达因侵占巷道而引起的经界诉讼一案的文书，包括民事诉状、民事再诉状、物证、往来公函、再审文书、民事裁定书等。

9. 璧山县司法处审理债务纠纷诉讼费用一案　12—9—9

1939年1月至1939年8月，璧山县司法处关于王尊五、王况氏等确定债务纠纷诉讼费用一案的文书，包括民事诉状及其缮本、往来公函、诉讼各费列表、物证、收费存照、民事裁定书等。

10. 璧山县司法处审理损害赔偿一案　12—9—10

1937年5月至1939年7月，璧山县司法处关于赵璧辉因妨害他人自由引起的请求损害赔偿一案的文书，包括民事诉状、人证、物证、审理笔录、民事传票回证、民事判决书等。

11. 璧山县司法处审理典当纠葛一案　12—9—11

1939年3月至1939年8月，璧山县司法处关于王代有等因田产契约引起的典当纠葛一案的文书，包括民事判决书、民事诉状、民事裁定书、往来公函、民事理由状、民事具缴状、案件审理单、民事传票、民事委任状、审理笔录、判决笔录、训令等。

12. 璧山地方法院审理债务纠葛一案　12—9—12

1939年9月至1939年11月，璧山地方法院关于段裕昌等借贷债务纠葛一案的文书，包括民事诉状、送达证书、点名单、询问笔录、民事宣判书、物证、民事宣判笔录、民事判决书等。

13. 璧山地方法院审理债务纠葛一案　12—9—13

1939年10月至1939年11月，璧山地方法院关于王炳安等借贷债务纠葛一案的文书，包括民事诉状、民事庭训书、报告、民事裁定书、送达证书等。

14. 璧山地方法院审理债务执行一案　12—9—14

1939年1月至1939年12月，璧山地方法院关于王尊五、王况氏拖欠债务的债务执行一案的文书，包括民事执行状、传票回证、民事保状、民事诉状、民事领状、民事申请状、往来公函、民事请求状、批文、民事和解书等。

15. 四川高等法院第一分院、璧山县司法处审理会款纠纷、返还织布机、租赁纠葛三案　12—9—15

1938年1月至1939年4月，四川高等法院第一分院、璧山县司法处关于张兰芬等人会款纠纷、返还织布机、租赁纠葛三案的文书，包括会款单、四川高等法院第一分院民事判决书、民事再审状、民事再审裁定书、往来公函、训令、民事诉状、报告、民庭审讯、民事委任状、民事和解书、民事审讯笔录等。

16. 四川高等法院第一分院、璧山县司法处审理会款纠葛一案　12—9—15（2）

1938年1月至1939年6月，四川高等法院第一分院、璧山县司法处关于彭玉新、张兴犹等因租赁抵押引起的会款纠葛一案的文书，包括民事诉状、民事判决书、民事报告、牌告、民事续诉状、训令、往来公函、民事执行状、民事保状等。

17. 璧山县司法处审理诉讼费用纠葛一案　12—9—16

1939年7月，璧山县司法处关于甘炳臣、甘永茂因诉讼费用未交引起的诉讼费用纠葛一案的文书，包括民事诉状、往来公函、批示、诉讼费用花目、诉讼费用手册等。

18. 璧山县司法处审理会款纠葛一案　12—9—17

1939年1月至1939年5月，璧山县司法处关于荣汉周等因追债引起的会款纠葛一案的文书，包括民事告状、民事诉状、往来公函、审理笔录、民事反诉状、民事裁定书等。

19. 璧山县司法处审理假扣押一案　12—9—18

1939年4月至1939年5月，璧山县司法处关于刘元恒因会款纠葛而申请假扣押一案的文书，包括民事具诉状、物证等。

20. 四川高等法院第一分院、璧山地方法院审理确认抵押债权纠葛一案　12—9—19

1939年10月至1940年2月，四川高等法院第一分院、璧山地方法院关于江文章侵买抵押债品的确认抵押债权一案的文书，包括往来公函、报告、民事申请状、民事裁定书、民事上诉状、审理笔录、呈文、言辞辩论笔录、宣示判决笔录、民事判决书、民事公证书、民事续诉状等。

21. 璧山县司法处审理租赁契约纠葛一案　12—9—20

1939年3月至1939年6月，璧山县司法处关于孙平周等人请求终止租赁契约纠葛的典当诉讼一案的文书，包括民事执行状及其缮本、报告、审理笔录、民事诉状、民事委任状、民事辩诉状等。

22. 璧山县司法处审理妆奁纠葛一案　12—9—21

1939年1月至1939年3月，璧山县司法处关于罗代洲、罗建安妆奁纠葛的离婚一案的文书，包括民事告状、审理笔录、民事展限状及其缮本、往来公函、民事辩诉状、民事判决书等。

23. 璧山实验地方法院等审理会款执行一案　12—9—22

1939年7月至1949年11月，璧山实验地方法院等关于刘铁桥、胡屏藩等偿还会款期限过期的会款执行一案的文书，包括民事诉状、送达证书、点名单、往来公函、民事保状等。

24. 四川高等法院第一分院、璧山县司法处审理债务纠葛一案　12—9—23

1937年11月至1939年10月，四川高等法院第一分院、璧山县司法处关于蔡吉山因拖欠田谷不还的债务纠葛一案的文书，包括民事和解书、民事领状、民事诉状、璧山县司法处民事判决书、往来公函、四川高等法院第一分院民事裁定书、民事保状、民事申请状等。

25. 四川高等法院第一分院、璧山县司法处审理债务执行一案　12—9—23—2

1937年11月至1939年6月，四川高等法院第一分院、璧山县司法处关于刘文星等借款纠纷的债务执行一案的文书，包括四川高等法院第一分院民事裁定书、民事诉状、民事判决书、往来公函等。

26. 璧山县司法处审理蔡吉山债务纠葛一案　12—9—24

1939年2月至1939年11月，璧山县司法处关于蔡吉山因不服债务纠葛原判决而上诉一案的文书，包括呈文、查封笔录、民事抗告状、民事裁定书、原民事诉讼状、物证、民事反诉状、人证、民事委任状、原审理笔录、原民事判决书、原民事申请状、民事上诉状、原民事执行状、原民事保状、民事诉状、往来公函等。

27. 璧山县司法处审理抵借纠葛一案　12－9－25

1939年1月至1939年4月，璧山县司法处关于陈玉良因不满抵物大衣高额利息引起的抵借纠葛一案的文书，包括呈文、审理笔录、点名单、送达文书、民事传票回证、民事具诉状等。

28. 璧山地方法院审理会款执行纠葛一案　12－9－26

1939年1月至1940年1月，璧山地方法院关于吴明山等因会款纠葛诉讼数年引起的会款执行一案的文书，包括民事诉状、民事辩诉状、人证物证、往来公函、民事执行状、民事保状、收款通知证、民事告状、领收物件证等。

29. 璧山地方法院审理经界纠葛一案　12－9－27

1939年10月至1939年11月，璧山地方法院关于罗森荣等侵占土地的经界纠葛一案的文书，包括民事告状、询问笔录、民事辩诉状、民事证明等。

30. 璧山县司法处审理租佃纠葛一案　12－9－28

1939年6月，璧山县司法处关于潘怀棣拖欠房租的租佃纠葛一案的文书，包括民事诉状、人证物证、审理笔录、往来公函、民事报告、民事调解状、欠租单等。

31. 璧山县司法处审理租赁纠葛一案　12－9－29

1939年5月至1939年6月，璧山县司法处关于马卓章因租限未满违约撤佃引起的租赁纠葛一案的文书，包括民事状告状、物证、民事报告、民事传票回证等。

32. 四川高等法院第一分院、璧山地方法院审理租佃纠葛一案　12－9－30

1939年10月至1939年12月，四川高等法院第一分院、璧山地方法院关于李元廷因常年欠租引起的租佃纠葛一案的文书，包括民事逐搬状、人证物证、民事辩论笔录、民事答辩状、民事诉状、民事委任状、民事理由书、审讯笔录、收据、呈文、民事宣判笔录、民事判决书、民事裁定书等。

33. 璧山地方法院审理代文备案一案　12－9－31

1939年9月，璧山地方法院关于杨周因丈夫在渝与好友合伙经营土业没有资金贷款，代文备案一案的文书，包括民事申请状、借约抄呈两张等。

34. 璧山地方法院审理契约被窃申请备案一案　12－9－32

1939年10月，璧山地方法院关于陈梁氏因年迈孤苦无依、无钱修葺早已倒塌的房屋以致被盗贼入室盗窃衣物器具并田面契约引起的契约被窃申请备案一案的文书,包括民事具诉状等。

35. 璧山地方法院审理债务纠葛一案　12—9—33

1939年10月至1940年6月,璧山地方法院关于沈金城、陈子云因房屋田产债务求偿事件的债务纠葛一案的文书,包括民事裁定书、往来公函、民事委任状、院御命令、院御布告、民事报告、扣押笔录、民事执行状、物证、执行笔录、民事诉状、民事判决书、搬迁笔录、民事具诉状、民事保状等。

36. 璧山地方法院审理竹树交付纠葛一案　12—9—34

1939年8月至1940年1月,璧山地方法院关于张九华因买卖山林竹树契约到期未履行引起的竹树交付纠葛一案的文书,包括民事执行状、民事裁定书、民事展限、民事命令、民事报告、往来公函、民事判决书等。

37. 璧山地方法院审理不愿赡养备案纠葛一案　12—9—35

1939年12月,璧山地方法院关于杨叔厚因不愿赡养妻子徐杨开芳引起的不愿赡养备案纠葛一案的文书,包括民事存状、送达证书等。

38. 璧山县司法处审理使用伪券纠葛一案　12—9—36

1939年5月至1939年7月,璧山县司法处关于张治勋在买卖山柴中使用伪券纠葛一案的文书,包括往来公函、民事报告、供词等。

39. 璧山地方法院审理伪造假币纠葛一案　12—9—37

1939年12月至1940年1月,璧山地方法院关于彭三盛在买卖山柴中使用伪券的伪造假币一案的文书,包括往来公函、刑事起评书、法律文书、刑事报告、刑事审判笔录、刑事判决书等。

40. 璧山县司法处审理债务纠葛一案　12—9—38

1939年3月至1939年7月,璧山县司法处关于王熊氏等借银未还的债务纠葛一案的文书,包括民事诉状、物证、民事辩诉状、民事委任状、呈文、审理笔录等。

41. 璧山地方法院审理产业执行纠葛一案　12—9—39

1939年12月,璧山地方法院关于江树森因房屋田产产权没有遵照司法局和解条款按期执行引起的产业执行纠葛一案的文书,包括民事执行状、民事执行传票回证、民事执行处点名单等。

42. 璧山地方法院审理债务执行纠葛一案　12—9—40

1939年10月至1940年4月，璧山地方法院关于段朝海与甘四辅、郭雨金等因伪债事件引起的债务执行纠葛一案的文书，包括民事诉状、物证、询问笔录、院御命令、民事报告、往来公函、民事委任状、民事执行命令、民事保状、训令、布告、查封不动产笔录、鉴定人鉴定书、民事申请状、执行笔录、公告等。

43. 四川高等法院第一分院、璧山地方法院审理诉讼费用执行纠葛一案　12—9—41

1939年12月至1940年1月，四川高等法院第一分院、璧山地方法院关于杨鲁山因债务赔偿事件的诉讼费用执行一案的文书，包括民事和解笔录、民事诉状、民事缴呈状、物证、往来公函、民事领状等。

44. 璧山地方法院审理债务执行纠葛一案　12—9—42

1939年12月至1940年1月，璧山地方法院关于张冯氏因借款未还引起的债务执行纠葛一案的文书，包括民事告状、民事执行传票回证、民事执行处点名单等。

45. 璧山地方法院审理债务执行纠葛一案　12—9—43

1939年11月至1939年12月，璧山地方法院关于龙平安、刘四合因王荣华拖欠租赁押金不还引起的债务执行纠葛一案的文书，包括民事判决书、民事续诉状、人证物证、民事报告、送达证书等。

46. 璧山地方法院审理婚姻事件纠葛一案　12—9—44

1939年10月，璧山地方法院关于罗星位因其女婿出征不能完婚引起的婚姻事件纠葛一案的文书，包括民事申请状、送达证书等。

47. 璧山县司法处审理找贴纠葛一案　12—9—45

1939年5月至1939年6月，璧山县司法处关于简国顺因拒绝赎买早年典当物什的纠葛一案的文书，包括民事诉状、人证、缮本、民事证明状、民事裁定书、民事报告等。

48. 四川高等法院第一分院、璧山地方法院审理债务执行纠葛一案　12—9—46

1939年10月至1939年11月，四川高等法院第一分院、璧山地方法院关于张邬氏等因赔偿债款而拍卖房屋田产产权引起的债务执行纠葛一案的文书，包括往来公函、民事抗告状、民事抗告意见书、民事裁判书等。

49. 璧山地方法院审理执行抚养纠葛一案　12—9—47

1939年10月至1940年3月，璧山地方法院关于张宗忍不愿抚养妻子张周氏的抚养纠葛一案的文书，包括民事告状、往来公函、辩论笔录、院御命令、呈文、民事判决书等。

50. 璧山地方法院审理债务执行异议一案　12—9—48

1939年12月至1940年3月，璧山地方法院关于天华、曾裕成因账簿账目清算债款不确定引起的执行异议一案的文书，包括民事异议状、民事裁定书、民事诉状、往来公函、辩论笔录、民事判决书等。

51. 璧山地方法院审理拍卖田产纠葛一案　12—9—49

1939年9月至1939年11月，璧山地方法院关于江凤祥因债务引起的拍卖田产纠葛一案的文书，包括民事诉状、民事领状、询问笔录、民事缴状、民事委任状、往来公函、民事执行状、批示、执行命令、呈文、案奉等。

52. 璧山县司法处审理盗窃纠葛一案　12—9—50

1939年3月至1939年5月，璧山县司法处关于罗荣光因深夜盗窃衣物引起的盗窃纠葛一案的文书，包括物证、往来公函、民事领状、民事判决书、民事保状、宣判笔录、审理笔录等。

53. 四川高等法院第一分院、璧山地方法院等审理租赁纠葛、盗窃两案　12—9—51

1939年3月至1945年9月，四川高等法窕第一分院、璧山地方法院等关于向金城因租赁不还房屋押金引起的租赁纠葛、沈树华因盗取他人财物的盗窃罪两案的文书，包括呈文、往来公函、案奉、训令、意见书、民事领状、起诉书、物证、民事诉状、民事报告、民事告状等。

该卷另有张宗忍抚养纠葛一案的民事裁定书一份。

54. 璧山县司法处审理赔偿纠葛一案　12—9—52

1939年5月至1939年6月，璧山县司法处关于王寿安因田产租赁关系终止时未及时发放耕作费用引起的赔偿纠葛一案的文书，包括民事诉状、司法处民事传票、点名单、询问笔录等。

55. 四川高等法院第一分院、璧山地方法院等审理返还租款执行一案　12—9—53

1939年12月至1943年8月，四川高等法院第一分院、璧山地方法院关于李胡氏因拖欠租谷引起的返还租款执行一案的文书，包括民事申请状、民事判决书、执行命令、民事报告、民事保状、往来公函等。

56. 四川高等法院第一分院、璧山地方法院审理会款纠葛一案　12—9—54

1939年1月至1939年11月，四川高等法院第一分院、璧山地方法院关于江炳林因姜炳荣求偿会款引起的会款纠葛一案的文书，包括案奉、往来公函、民事判决书等。

57. 璧山县司法处审理异议一案　12—9—55

1939年2月至1939年6月，璧山县司法处关于杨涌泉因私自更改交收合单引起的异议一案的文书，包括民事诉状、人证物证、审理笔录、往来公函、民事报告、民事执行状、呈文、民事和解笔录等。

58. 璧山县司法处审理会款纠葛一案　12—9—56

1939年1月，璧山县司法处关于钱临五等因拖欠抵押会款未交引起的会款纠葛一案的文书，包括民事告状、往来公函、民事裁定书、送达证书等。

59. 四川高等法院第一分院、璧山地方法院审理债务纠葛一案　12—9—57

1939年10月至1940年4月，四川高等法院第一分院、璧山地方法院关于陈大钟因商店经理陈秀村侵占权利私自篡改账目引起的债务纠葛一案的文书，包括往来公函、民事上诉状、民事裁定书、人证物证、询问辩论笔录、民事委任状、民事追加状、民事展限状、民事声明状、报告、民事答辩状、民事判决书等。

60. 璧山地方法院审理盗窃执行纠葛一案　12—9—58

1939年12月，璧山地方法院关于尹吉昌、何惠卿因盗窃贫民工厂细纱贩卖引起的盗窃执行纠葛一案的文书，包括往来公函、刑事判决书、刑事报告、侦查笔录等。

61. 四川高等法院第一分院、璧山县司法处审理债务求偿纠葛一案　12—9—59

1939年2月至1939年7月，四川高等法院第一分院、璧山县司法处关于邓泽高因李小鲁不满为其父早年以合伙经营之由借取的钱款偿还引起的债务求偿纠葛一案的文书，包括呈文、民事声明状、民事上诉状、民事裁定书、民事诉状、物证、民事理由状、询问笔录、宣示判决笔录、民事判决书等。

62. 璧山地方法院审理会款执行纠葛一案　12—9—60

1939 年 11 月至 1940 年 3 月，璧山地方法院关于简占林因狡赖拖骗会款引起的会款执行纠葛一案的文书，包括民事诉状、询问笔录、民事上诉状、民事执行状、民事报告、往来公函、民事和解书等。

63. 四川高等法院第一分院、璧山县司法处审理会款纠葛一案　12—9—61

1938 年 7 月至 1939 年 2 月，四川高等法院第一分院、璧山县司法处关于王志凡因罗相之连年累积不交会款引起的会款纠葛一案的文书，包括民事诉状、物证、往来公函、民事上诉状、民事裁定书、民事委任状、呈文、案奉、命令、审理笔录、民事答辩状、民事判决书等。

64. 璧山地方法院审理返还田产执行一案　12—9—62

1939 年 11 月至 1940 年 1 月，璧山地方法院关于汪石芝因拖欠田产租金和诉讼费用引起的返还田产执行一案的文书，包括民事诉状及其缮本、民事委任状、往来公函、询问笔录、民事执行状等。

65. 璧山地方法院审理租谷执行纠葛一案　12—9—63

1939 年 12 月至 1940 年 1 月，璧山地方法院关于王湘全因拖欠租谷、粮税引起的租谷执行纠葛一案的文书，包括民事诉状、民事和解笔录、民事执行处传票回证、民事执行处点名单、执行命令、民事报告等。

66. 璧山地方法院审理债务执行纠葛一案　12—9—64

1939 年 12 月至 1940 年 1 月，璧山地方法院关于张国安、刘炳林因拖欠抵押借款不还引起的债务执行纠葛一案的文书，包括民事调解状、民事执行处传票回证、民事执行处点名单等。

67. 璧山地方法院审理会款纠葛一案　12—9—65

1939 年 11 月至 1940 年 1 月，璧山地方法院关于佘祥安因拖欠多年会款未交的会款纠葛一案的文书，包括民事告状、辩论笔录、民事宣判笔录、民事判决书、民事申请状等。

68. 璧山地方法院审理杀人未遂一案　12—9—66

1940 年 2 月，璧山县地方关于吴桂林图财害命的杀人未遂一案的文书，该卷仅有往来公函一份。

69. 璧山地方法院审理继承纠葛一案　12－9－67

1939 年 9 月至 1940 年 1 月，璧山地方法院关于欧吴氏因吴世禄控告其已出嫁多年因而不得继承吴友山财产引起的继承纠葛一案的文书，包括民事告状、人证、民事诉状、民事辩诉状、民事和解状、民事报告等。

70. 璧山实验地方法院审理终止租约执行一案　12－9－68

1943 年 10 月至 1943 年 11 月，璧山实验地方法院关于蒋树堂因租赁契约过期的终止租约执行一案的文书，包括民事告状、民事判决书、民事执行命令、案奉、报告等。

71. 璧山县司法处审理继承纠葛一案　12－9－69

1939 年 7 月，璧山县司法处关于欧吴氏、欧海云等因妨害霸占继承权利引起的继承纠葛一案的文书，包括民事告状、审理笔录、民事委任状、民事具公证状、民事辩诉状、人证等。

72. 璧山地方法院等审理租佃纠葛一案　12－9－70

1938 年 9 月至 1939 年 11 月，璧山地方法院等关于王海涛因违背租佃契约、拖欠租谷引起的租佃纠葛一案的文书，包括民事告状、民事和解书、民事辩诉状、人证、询问笔录、民事和解状、物证、民事报告、执行命令等。

73. 璧山县司法处审理债务纠葛一案　12－9－71

1939 年 4 月至 1939 年 6 月，璧山县司法处关于张翰君因购买棺木没有结清账目引起的欠款纠葛一案的文书，包括民事诉状、民事告状、审理笔录、民事续诉状、往来公函等。

74. 四川高等法院第一分院审理会款纠葛上诉一案　12－9－72

1939 年 1 月至 1939 年 4 月，四川高等法院第一分院关于李绍卿因江荣臣不满璧山县司法处求偿垫款事件的判决，提起上诉的会款纠葛一案的文书，包括呈文、民事上诉状、民事裁定书、民事理由状、民事答辩状、询问笔录、宣示判决笔录、民事判决书等。

75. 璧山地方法院审理租佃执行纠葛一案　12－9－73

1939 年 11 月至 1940 年 10 月，璧山地方法院关于尚张氏因藐违庭训拒不交纳租谷引起的租佃执行纠葛一案的文书,包括民事执行状、物证、询问笔录、民事委任状、民事诉状等。

76. 四川高等法院第一分院审理租佃纠葛一案　12—9—74

1939年11月至1943年1月,四川高等法院第一分院关于尚张氏因不服原判拒不交纳租谷引起的租佃纠葛一案的文书,包括往来公函、民事诉状、物证、原民事判决书、民事裁定书、呈文、民事抗告意见书、民事执行状、院御命令、报告等。

77. 璧山县司法处审理租佃纠葛一案　12—9—75

1938年8月,璧山县司法处关于尚张氏因故夫尚海兵连年欺骗租谷引起的租佃纠葛一案的文书,包括民事诉状、人证物证、审理笔录、民事判决书、原民事判决书等。

78. 四川高等法院第一分院审理租佃纠葛上诉一案　12—9—76

1938年11月至1939年8月,四川高等法院第一分院关于朱泽霖因张海廷不服庭训大佃及粮税纠葛事件的判决而上诉一案的文书,包括往来公函、意见书、民事执行状、民事报告书、民事抗告状、物证、民事诉状等。

79. 璧山县司法处审理租佃纠葛一案　12—9—77

1938年5月至1939年6月,璧山县司法处关于陈雨舒、徐仲常等因把租住房屋转租给他人引起的租佃纠葛一案的文书,包括物证、审理笔录、民事和解笔录、民事执行状、人证、民事缴状等。

80. 璧山地方法院审理租佃执行纠葛一案　12—9—78

1939年10月至1939年11月,璧山地方法院关于陈雨舒、徐仲常等搬迁并终止租约引起的租佃执行纠葛一案的文书,包括民事续诉状、民事告状等。

81. 璧山县司法处审理折产生活费纠葛一案　12—9—79

1939年1月至1939年2月,璧山县司法处关于陈寿君因儿子陈乃龙沾染社会恶习而影响他,并辱骂毒打其妻陈袁氏引起的折产生活费纠葛一案的文书,包括民事诉状、民事辩诉状、人证、审理笔录等。

82. 璧山地方法院审理申请救助纠葛一案　12—9—80

1942年3月至1942年4月,璧山地方法院关于许泽林因向徐敬修诉请终止其母签订的田谷田产租约但无力缴纳裁判费用引起的申请救助纠葛一案的文书，包括民事起诉状、人证物证、证明书等。

83. 璧山地方法院审理离婚纠葛一案　12—9—81

1939年11月，璧山地方法院关于罗炳全因罗刘氏被其拐卖诱骗数月且其被司法处查处引起的离婚纠葛一案的文书，包括民事诉状、证明书、呈文、民事裁定书、往来公函等。

84. 璧山地方法院审理寄监执行纠葛一案　12—9—82

1939年12月，璧山地方法院关于李刘氏等四人因调阅疏散而被押运至大足县政府调查执行引起的寄监执行纠葛一案的文书，包括往来公函等。

85. 璧山地方法院审理注销具控纠葛一案　12—9—83

1939年10月，璧山地方法院关于杨金顺、杨正和因璧山县第三区普兴镇联保办公处注销魏祯之控告其虚征兵役引起的注销具控纠葛一案的文书，包括往来公函等。

86. 璧山地方法院审理雇佣契约纠葛一案　12—9—84

1939年10月至1939年11月，璧山地方法院关于刘沧波因中途单方终止雇佣契约而妨碍雇主周合清雇佣他人引起的雇佣契约纠葛一案的文书，包括民事告状、询问笔录、民事呈状、民事裁定书等。

87. 璧山地方法院审理租赁纠葛一案　12—9—85

1939年9月至1939年11月，璧山地方法院关于刘江氏欠租霸居且在租住处经营娼赌烟等非法活动影响恶劣而要求解约迁让房屋一案的文书，包括民事呈状、人证物证、民事裁定书等。

88. 璧山地方法院审理侵占公土上诉一案　12—9—86

1939年11月至1939年12月，璧山地方法院关于甘明德因不满其侵占公土事件的判决引起的上诉纠葛一案的文书，包括刑事上诉状、人证物证、缮本、民事执行处传票回证、民事执行处点名单等。

89. 璧山县司法处审理债务执行纠葛一案　12—9—87

1939年6月至1939年7月，璧山县司法处关于王兆祥因故意东躲西藏不愿偿还借款引起的债务纠葛执行一案的文书，包括民事执行状、物证、民事执行处传票回证、民事执行处点名单等。

90. 璧山地方法院审理债务执行纠葛一案　12—9—88

1939年12月至1940年1月，璧山地方法院关于陈云中、张国安因拖延偿还债款过期且藐不遵缴执行引起的债务执行纠葛一案的文书，包括民事催呈状、民事委任状、民事缴状、民事保状、民事报告、民事执行状、民事领状等。

91. 四川高等法院第一分院、璧山实验地方法院审理租谷纠葛一案　12—9—89

1944年3月至1944年5月，四川高等法院第一分院、璧山实验地方法院关于毛海合因未按契约多收缴租谷引起的返还租谷一案的文书，包括往来公函、民事上诉状、原民事裁定书、民事委任状、呈文、民事判决书等。

92. 璧山县司法处审理会款纠葛一案　12—9—90

1938年9月至1939年1月，璧山县司法处关于张明廷等因伪造红单条策谋欺骗获取会款引起的会款纠葛一案的文书，包括民事告状、民事判决书、民事上诉状、往来公函等。

93. 四川高等法院第一分院审理定金返还纠葛一案　12—9—91

1940年1月至1940年2月，四川高等法院第一分院关于景其祥因钱庶绩不服璧山地方法院关于返还定金赔偿损失事件的判决而上诉一案的文书，包括往来公函、民事和解笔录、民事执行处传票回证等。

94. 璧山地方法院审理债务纠葛一案　12—9—92

1939年9月至1939年11月，璧山地方法院关于周邦彦、周宋氏、周锡扬因粮税未纳催缴再迫而向周炳太借款未还引起的债务纠葛一案的文书，包括民事诉状、人证物证、民事报告等。

95. 璧山地方法院审理渎职伤害纠葛一案　12—9—93

1940年4月至1940年10月，璧山地方法院关于周元廉因在胡明德债务诉讼一案审讯时滥用刑讯、枉法虐待引起的渎职伤害纠葛一案的文书，包括民事上诉状、往来公函、民事起诉书、民事判决书等。

96. 璧山县司法处审理会款执行纠葛一案　12—9—94

1939年4月至1939年7月，璧山县司法处关于叶白氏、周兴茂等因仗势扯毁会款账簿、推卸责任拒交会款引起的会款执行纠葛一案的文书，包括民事执行状及其缮本、报告、民事保状、民事缴状等。

97. 璧山县司法处审理租佃纠葛一案　12—9—95

1939 年 3 月，璧山县司法处关于蒋树堂因租佃其兄弟蒋玉堂的地但不按租佃契约缴纳租谷引起的租佃纠葛一案的文书，包括民事诉状、审理笔录、民事和解笔录、往来公函等。

98. 璧山地方法院等审理会款执行纠葛一案　12—9—96

1939 年 4 月至 1939 年 12 月，璧山地方法院等关于叶白氏、周兴茂等因拒不缴纳会款引起的会款执行纠葛一案的文书，包括民事执行处传票回证、民事执行处点名单、报告等。

99. 璧山县司法处审理债务执行纠葛一案　12—9—97

1939 年 3 月至 1939 年 7 月，璧山县司法处关于伍茂亭因霸押伍江氏父兄富绅伍善良过世时遗留家产引起的债务执行纠葛一案的文书，包括民事诉状及其缮本、物证、民事判决书等。

100. 璧山地方法院等审理租佃执行纠葛一案　12—9—98

1939 年 10 月至 1943 年 2 月，璧山地方法院等关于林炳章因与何王氏债务诉讼纠葛被法院判决查封拍卖田产引起的租佃执行纠葛一案的文书，包括往来公函、民事申请状等。

101. 璧山地方法院审理再嫁备案纠葛一案　12—9—99

1939 年 12 月，璧山地方法院关于伍吉山因丈夫出门在外多年杳无音讯，申请再嫁备案一案的文书，包括民事存查状、送达证书等。

102. 璧山地方法院审理契约执行纠葛一案　12—9—100

1939 年 9 月至 1939 年 12 月，璧山地方法院关于唐邓氏等因没有遵照法院和解笔录拍卖家产引起的契约执行纠葛一案的文书，包括民事执行状、送达证书、民事执行处点名单、民事辩诉状、物证等。

103. 璧山县司法处审理离婚存查一案　12—9—101

1939 年 3 月，璧山县司法处关于钟萧氏因丈夫不务正业、滥吸毒且常去钟萧氏家寻衅闹事引起的离婚存查一案的文书,包括民事存查状、物证、离婚婚约、送达证书等。

104. 璧山县司法处审理工资纠葛一案　12—9—102

1939年2月,璧山县司法处关于荣万盛因拖欠织布缝衣工人李海涛的工资引起的工资纠葛一案的文书,包括民事诉状、审理笔录、民事执行处传票回证、民事执行处点名单、送达证书等。

105. 璧山县司法处审理破产纠葛一案　12—9—103

1939年1月至1939年5月,璧山县司法处关于朱海辉因生意扩大拉借太多且田产股权价值跌落引起的破产纠葛一案的文书,包括民事存查状及其缮本、往来公函、审理笔录等。

106. 四川高等法院第一分院审理会款纠葛一案　12—9—104

1939年4月至1939年6月,四川高等法院第一分院关于陈建侯等因曾杨氏、曾学良等不服璧山县司法处关于汇款诉讼案件的判决而引起的会款上诉纠葛一案的文书,包括往来公函、民事诉状、民事裁定书等。

107. 璧山地方法院审理交付竹树纠葛执行一案　12—9—105

1939年11月至1940年1月,璧山地方法院关于张九华等因不按照契约定期交付竹树引起的交付竹树执行一案的文书,包括往来公函、意见书、民事裁定书等。

108. 璧山地方法院审理欠款执行纠葛一案　12—9—106

1939年12月,璧山地方法院关于邓云青因欠官茂林会款且已由法院判决和解,但邓云青逾期仍不按和解笔录偿还债款引起的欠款执行纠葛一案的文书,包括民事执行状、民事诉状及其缮本、民事保状、民事领状、物证、呈文等。

109. 璧山地方法院审理庙产纠葛执行一案　12—9—107

1939年至1940年5月,璧山地方法院关于卓炳荣因与教育员谭庚先暗通,使得虎蜂仙所有庙山产业典期未满便被赎回引起的庙产纠葛执行一案的文书,包括民事申请状、物证、民事具诉状、往来公函、民事执行笔录等。

110. 璧山县司法处审理诉讼费用赔偿纠葛一案　12—9—108

1939年2月至1939年3月,璧山县司法处关于郭炳辉等与王月波、王君临等因借款契约到期,王月波等抵押的店铺和两处田产被查封,并需交纳租谷用以抵押借款引起的诉讼费用赔偿纠葛一案的文书,包括民事执行状、物证、诉讼费用清单等。

111. 璧山县司法处审理返还会款一案　12—9—109

1939 年 3 月至 1939 年 6 月,璧山县司法处关于冯万氏因肖海江给骗莫何请求返还会款一案的文书,包括司法状纸、民事诉状、证人证物表、点名单、审理笔录、民事判决书、送达证书、报告等。

112. 璧山县司法处审理制止财产浪费一案　12—9—110

1939 年 4 月至 1939 年 6 月,璧山县司法处关于刘江氏因刘玉林纵妄遗妻浪费绝生请求制止财产浪费一案的文书,包括民事诉状、证人证物表、民事裁定书、审理笔录、结文、民事保状、民事判决书、双方合同文约等。

113. 璧山县司法处审理防患存查一案　12—9—111

1939 年 3 月,璧山县司法处关于陈海山等因兄早逝,嫂陈冉氏行为浪荡,为防患于未然请求备案存查一案的文书,包括司法状纸、民事申请状、证人证物表等。

114. 璧山县司法处审理搬迁一案　12—9—112

1939 年 2 月至 1939 年 7 月,璧山县司法处关于谢芳兰因彭秉乾痞赖盘踞请求搬迁一案的文书,包括民事诉状、证人证物表、佃街房文约、民事辩诉状、审理笔录、民事判决书、民事申请状、报告等。

115. 四川高等法院第一分院、璧山地方法院审理伤害案件通缉一案　12—9—113

1939 年 12 月,四川高等法院第一分院、璧山地方法院关于尹清和被打伤逃跑请求通缉一案的文书,包括卷宗总目、四川高等法院第一分院检察官训令、通缉书等。

116. 璧山县司法处审理杜患存查一案　12—9—114

1939 年 3 月,璧山县司法处关于吴光权因与吴王氏订婚结婚未成年,为杜将来纠纷,请求备案存查以杜后患一案的文书,包括司法状纸、民事备案状、证人证物表等。

117. 璧山县司法处审理返还会款一案　12—9—115

1939 年 1 月至 1939 年 8 月,璧山县司法处关于傅帅氏因彭俊卿等局揹会款奸拖莫何请求返还会款一案的文书，包括民事诉状、点名单、审理笔录、往来公函、报告、民事判决书、民事裁定书、甘愿承执合同文约等。

118. 四川高等法院第一分院、璧山县司法处审理返还会款再审一案　12－9－116

1939年8月至1939年10月，四川高等法院第一分院、璧山县司法处关于彭俊卿等因不服与傅帅氏涉讼判决上诉请求返还会款再审一案的文书，包括往来公函、司法状纸、民事上诉状、证人证物表、民事裁定书、送达证明书等。

119. 四川高等法院第一分院、璧山地方法院审理返还会款执行一案　12－9－117

1939年10月，四川高等法院第一分院、璧山地方法院关于傅帅氏因与彭俊卿等发生会款纠葛请求返还会款执行一案的文书，包括卷宗总目、往来公函、民事裁定书书、民事诉状、证人证物表等。

120. 璧山地方法院审理返还债务一案　12－9－118

1939年至1940年1月，璧山地方法院关于朱银康因巫赖氏抗不偿债请求返还债务一案的文书，包括送达证明书、证人结文、民事辩诉状、点名单、言辞辩论笔录、民事宣判笔录、民事判决书、民事裁定书、借银文约等。

121. 璧山地方法院审理申请诉讼救助一案　12－9－119

1939年10月至1939年11月，璧山地方法院关于李志高因与朱泽林等业价事件涉讼无力遵缴申请诉讼救助一案的文书，包括民事诉函、璧山地方法院谕、报告民事裁定书、送达证明书等。

122. 璧山县司法处审理协议存查一案　12－9－120

1939年6月，璧山县司法处关于甘颜氏因债重难偿变卖产业偿债请求变产协议条件存查一案的文书，包括司法状纸、民事申请状、证人证物表等。

123. 璧山县司法处审理再嫁备案一案　12－9－121

1938年4月至1939年8月，璧山县司法处关于张曹氏因张百昌分家生活无着携子再嫁请求备案存查一案的文书，包括卷宗总目、司法状纸、民事存查状、证人证物表、民事存查状缮本、原离婚民事判决书等。

124. 璧山县司法处审理借款纠纷一案　12－9－122

1939年3月至1939年6月，璧山县司法处关于范炳臣因往外地贸易罗炳臣乘机给骗请求偿还借款一案的文书，包括民事诉状、报告、民事传票回证、民事裁定书、传票、送达证明书等。

125. 璧山地方法院审理债务纠纷一案　12－9－123

1939年9月至1939年11月，璧山地方法院关于周俊臣等因王明廷等债务拖延逾期过久请求偿还债务一案的文书，包括民事执行状、证人证物表、民事催状、民事催状誊本、送达证明书、点名单、传票回证、民事和解笔录等。

126. 璧山县司法处审理债务纠纷一案　12－9－124

1937年10月至1939年6月，璧山县司法处关于罗张氏等借款债务纠纷一案的文书，包括民事诉状、证人证物表、送达证明书、案件审理单、审理笔录、民事判决书、民事裁定书、司法处查封笔录等。

127. 四川高等法院第一分院、璧山县司法处审理返还债务上诉案　12－9－125

1939年1月至1939年3月，四川高等法院第一分院、璧山县司法处关于陈张氏因不服与陈雷氏涉讼判决请求返还债务再审一案的文书，包括卷宗目录、往来公函、司法状纸、民事上诉状、证人证物表、民事裁定书、送达证明书等。

128. 四川高等法院第一分院、璧山县司法处等审理偿还债务再审一案　12－9－126

1939年7月至1940年1月，四川高等法院第一分院、璧山县司法处等关于张泽辉因不服与张栋臣等涉讼裁定提起抗告请求再审偿还债务一案的文书，包括卷宗目录、往来公函、民事抗告状、证人证物表、意见书、民事裁定书、送达证明书等。

129. 璧山县司法处审理返还会款一案　12－9－127

1939年4月至1939年7月，璧山县司法处关于张树清因彭廷章估骗会款久给无着请求返还会款一案的文书，包括民事诉状、证人证物表、点名单、审理笔录、传票回证、往来公函、报告、民事和解笔录、送达回证等。

130. 璧山县司法处审理租佃纠葛一案　12－9－128

1939年2月至1939年3月，璧山县司法处关于骆春林等因租佃纠葛请求返还租谷一案的文书，包括司法状纸、民事诉状、民事辩诉状、审理笔录、公函等。

131. 璧山县司法处审理租佃纠葛一案　12－9－129

1939年9月，璧山县司法处关于王德宣等因租佃纠葛请求解除租约并给付租谷一案的文书，包括民事诉状、佃田土房屋文约、民事撤回状等。

132. 璧山地方法院审理会款执行一案　12—9—130

1939年9月至1940年2月，璧山地方法院关于连三级等因会款纠葛请求会款执行一案的文书，包括民事执行状、讯问笔录、民事保状、民事声明状、民事委任状、民事缴状、民事领状、领收证、民事和解状等。

133. 璧山县司法处审理宣告死亡存查一案　12—9—131

1939年3月至1939年4月，璧山县司法处关于曾蒋氏因蒋森荣失踪已超十年请求宣告死亡存查一案的文书，包括训令、璧山县第一区狮子镇联保办公处呈、司法处牌告、民事申请状等。

134. 璧山地方法院审理租佃纠葛一案　12—9—132

1939年11月至1939年12月，璧山地方法院关于蓝海清等因租佃纠葛请求交房一案的文书，包括民事诉状、言辞辩论笔录、民事辩诉状、民事宣判笔录、民事判决书等。

135. 璧山县司法处审理债务执行一案　12—9—133

1939年1月至1939年2月，璧山县司法处关于张俊卿、萧维清等债务纠葛的债务执行一案的文书，包括民事诉状、报告、璧山县司法处公示送达书等。

136. 璧山县司法处审理给付租谷一案　12—9—134

1939年1月至1939年3月，璧山县司法处关于陈淑达等因租佃纠葛请求给付租谷一案的文书，包括民事诉状、审理笔录、报告、民事注销状等。

137. 璧山县司法处审理给付生活费一案　12—9—135

1939年8月至1939年12月，璧山县司法处关于李蓝氏因被遗弃请求给付生活费一案的文书，包括民事判决书、民事诉状、民事辩诉状、民事展限状、民事委状、审理笔录、训令、报告等。

138. 璧山县司法处审理离异存查一案　12—9—136

1939年8月，璧山县司法处关于邓明德与王永发离异请求备案存查以杜后患一案的文书，包括民事申请状、证人证物表等。

139. 四川高等法院第一分院、璧山地方法院审理经界纠葛上诉一案　12—9—137

1939 年 3 月至 1939 年 10 月，四川高等法院第一分院、璧山地方法院关于刘文光与邱辑五经界纠葛一案的文书，包括公函、民事再审状、四川高等法院第一分院民事裁定书、训令、民事上诉状、民事委任状、审讯笔录、四川高等法院第一分院民事判决书等。

140. 四川高等法院第一分院、璧山地方法院审理会款执行一案　12—9—138

1939 年 10 月至 1940 年 2 月，四川高等法院第一分院、璧山地方法院关于杨秀山等因会款纠葛请求会款执行一案的文书，包括公函、民事再审状、民事裁定书等。

141. 四川高等法院第一分院、璧山县司法处审理返还会款一案　12—9—139

1938 年 12 月至 1939 年 12 月，四川高等法院第一分院、璧山县司法处关于胡廷昌因与杨秀山因会款纠葛请求返还会款一案的文书，包括公函、民事诉状、璧山县司法处民事判决书、训令等。

142. 璧山地方法院审理会款执行一案　12—9—140

1939 年 10 月至 1940 年 2 月，璧山地方法院关于张王氏等因会款纠葛请求会款执行一案的文书，包括民事认状、民事执行状、民事委任状、报告书、训令、交收笔录等。

143. 四川高等法院第一分院、璧山县司法处审理按时价出典上诉一案　12—9—141

1938 年 9 月至 1939 年 7 月，四川高等法院第一分院、璧山县司法处关于萧兰成等因典当纠葛上诉请求按时价出典一案的文书，包括公函、民事上诉状、四川高等法院第一分院民事裁定书、训令、通知书、讯问笔录、民事答辩状、民事委任状、宣示判决笔录、四川高等法院第一分院民事判决书等。

144. 璧山地方法院审理会款执行一案　12—9—142

1939 年 10 月至 1940 年 12 月，璧山地方法院关于伍玉枢等因印笃光等不执行判决请求会款执行一案的文书，包括民事执行状、民事委任状、讯问笔录、民事声明状、民事申请状、命令、报告、查封笔录、法院布告、收据、民事和解状、和息文约、法院公告等。

145. 四川高等法院第一分院、璧山县司法处审理债务执行一案　12—9—143

1939 年 7 月至 1939 年 8 月，四川高等法院第一分院、璧山县司法处关于蒋维钦因债务纠葛抗告请求债务执行一案的文书，包括公函、民事抗告状、璧山县司法处民事判决书、意见书、四川高等法院第一分院民事裁定书等。

146. 四川高等法院第一分院审理偿还会款上诉一案　12－9－144

1939年4月，四川高等法院第一分院关于刘拱成等因发生会项纠葛请求偿还会款一案的文书，包括民事上诉状、民事裁定书等。

147. 四川高等法院第一分院、璧山县司法处审理会款执行及其上诉一案　12－9－145

1938年11月至1939年4月，四川高等法院第一分院、璧山县司法处关于印笃光等会款纠葛一案的文书，包括公函、民事上诉状、四川高等法院第一分院民事裁定书、民事缴状等。

148. 璧山县司法处审理给付抚养费一案　12－9－146

1939年7月至1939年8月，璧山县司法处关于张周氏被张宗忍遗弃请求给付抚养费一案的文书，包括民事诉状、证明书、审理笔录等。

149. 四川高等法院第一分院、璧山县司法处审理返还会款一案　12－9－147

1938年12月至1939年7月，四川高等法院第一分院、璧山县司法处关于蒋中立等因会款纠葛请求返还会款一案的文书，包括民事诉状、民事上诉状、公函、民事答辩状、民事委任状、公开笔录、宣示判决笔录、四川高等法院第一分院民事判决书、训令、存会银单、民事反诉状、璧山县司法处民事判决书、收条等。

150. 璧山地方法院审理给付租谷执行、会款执行两案　12－9－148

1939年9月至1939年11月，璧山地方法院关于陈雨舒等因租佃纠葛的给付租谷执行案、钱北海等因会款纠葛的会款执行案两案的文书，包括民事申请状、报告、执行命令、收据、命令民事诉状、民事执行状等。

151. 璧山地方法院审理拍卖田业偿债一案　12－9－149（1）

1939年10月至1940年5月，璧山地方法院关于江献卿等因债务纠葛请求拍卖田业偿债一案的文书，包括报告、讯问笔录、民事保状、民事诉状、民事执行状、命令、查封拍卖笔录、鉴定人鉴定书、法院布告、收据、民事声明状、执行笔录、民事缴状等。

152. 璧山地方法院审理拍卖田业偿债一案　12—9—149（2）

1940年5月至1942年3月，璧山地方法院关于江献卿等因债务纠葛请求拍卖田业偿债一案的文书，包括执行笔录、法院布告、收据、民事辩诉状、民事诉状、民事申请状、民事陈述状、民事领状等。

153. 巴县地方法院、璧山县司法处审理返还会款及其上诉一案　12—9—150（1）

1936年5月至1939年7月，巴县地方法院、璧山县司法处关于李海清等因会款纠葛请求返还会款上诉一案的文书，包括民事执行状、报告、民事辩诉状、公函、巴县地方法院民事判决书、民事保状、民事陈明状等。

154. 璧山县法院审理家产分割纠纷一案　12—9—150（2）

1935年10月至1937年10月，璧山县法院关于李蓝氏等因家产纠葛请求分割家产一案的文书，包括审理笔录、民事答辩状、民事执行状、民事公证状、民事判决书、口述状、民事申请状等。

155. 璧山县司法处、巴县地方法院审理债务纠纷两案　12—9—151

1937年4月至1939年4月，璧山县司法处、巴县地方法院关于朱仿周因与石金山的借款债务纠葛、王禹门等货款债务纠纷两案的文书，包括佃约、璧山县政府牌告、朱谕、民事诉状、民事续状、公函、拍卖布告、报告书、巴县地方法院民事判决书等。

156. 璧山县司法处、巴县地方法院审理债务执行一案　12—9—151（1）

1936年7月至1939年10月，璧山县司法处、巴县地方法院关于石金山等因买卖田业纠葛要求债务执行一案的文书，包括民事续状、命令、训令、璧山地方法院民事和解笔录、巴县地方法院民事判决书、讯问笔录、民事执行状等。

157. 璧山地方法院审理会款纠纷一案　12—9—152

1939年12月至1940年6月，璧山地方法院关于徐有孚等因与龙超州等请求返还会款一案的文书，包括民事诉状、证人证物表、通知书、送达证明书等。

158. 璧山地方法院审理准予自行变卖产业一案　12—9—153

1939年12月至1940年1月，璧山地方法院关于王廖氏因与亲族发生产业纠葛请求准予自行变卖产业一案的文书，包括民事诉状、证人证物表、分关文约、送达证明书等。

159. 璧山地方法院审理破产偿债一案　12—9—154

1939年12月，璧山地方法院关于杨春林因债多难偿申请破产偿债一案的文书，包括民事诉状、证人证物表、民事裁定书、送达证明书等。

160. 四川高等法院第一分院、璧山县司法处审理会款纠纷执行一案　12—9—155

1939年4月至1939年7月，四川高等法院第一分院、璧山县司法处关于雷孔遗因与杨廷农会款纠纷执行一案的文书，包括民事执行状、报告、争执笔录、签饬、民事抗告状、民事上诉状、四川高等法院第一分院民事裁定书等。

161. 璧山地方法院审理返还黄谷一案　12—9—156

1947年7月至1947年8月，璧山地方法院关于陈碧香等因租佃纠葛请求返还黄谷一案的文书，包括璧山地方法院民事裁定书、法院训令、法院公告、报告、假扣押笔录等。

162. 璧山地方法院审理会款执行一案　12—9—157

1939年11月至1940年2月，璧山地方法院关于货银州等会款执行一案的文书，包括民事执行状及其缮本、讯问笔录、报告书、民事辩诉状、民事保状等。

163. 璧山地方法院审理租谷假扣押一案　12—9—158

1947年4月至1947年7月，璧山地方法院关于彭陈碧秀等因租佃纠葛请求租谷假扣押一案的文书，包括民事申请状、民事判决书、证人证物表、民事裁定书、送达证明书等。

164. 璧山地方法院审理申请假执行一案　12—9—159

1939年12月至1940年2月，璧山地方法院关于张伯源等因买卖纠葛申请依照支付命令假执行一案的文书，包括民事诉状、证人证物表、民事裁定书、送达证明书等。

165. 璧山地方法院审理给付租谷一案　12—9—160

1939年11月至1940年2月，璧山地方法院关于黄济生等因租佃纠葛请求给付租谷一案的文书，包括民事诉状、证人证物表、讯问笔录、民事委任状、民事宣判笔录、民事判决书、契约等。

166. 璧山地方法院审理清算账目一案　12—9—161

1939年12月至1940年1月，璧山地方法院关于陈安廷因与张海元等因债务纠葛请求清算账目一案的文书，包括民事诉状、言辞辩论笔录、民事宣判笔录、民事判决书等。

167. 璧山地方法院审理债务执行一案　12—9—162

1939年9月至1940年1月，璧山地方法院关于周炳太等因债务纠葛请求债务执行一案的文书，包括民事诉状、法院牌告、民事执行状、民事缴状、民事领状、契约等。

168. 璧山地方法院审理受赠田业备案一案　12—9—163

1939年11月，璧山地方法院关于沈蔡氏赠子女田业请求备案以杜后患一案的文书，包括民事备案状、证人证物表、文约、送达证明书等。

169. 璧山县司法处审理确认会款一案　12—9—164

1939年3月至1939年6月，璧山县司法处关于刘封氏等申请确认会款所有权一案的文书，包括民事诉状、审理笔录、民事判决书等。

170. 璧山县司法处审理返还欠款一案　12—9—165

1938年12月至1939年3月，璧山县司法处关于赵荫伯等因债务纠葛请求返还欠款一案的文书，包括民事诉状、民事裁定书、民事补诉状、民事辩诉状、报告、讯问笔录、民事判决书等。

171. 四川高等法院第一分院、璧山地方法院审理返还会款一案　12—9—166

1939年9月至1939年11月，四川高等法院第一分院、璧山地方法院关于王治全等请求返还会款一案的文书，包括民事诉状、公函、民事上诉状、言辞辩论笔录、宣示判决笔录、四川高等法院第一分院民事判决书、民事委任状等。

172. 璧山地方法院审理偿还借银一案　12—9—167

1939年9月至1940年3月，璧山地方法院关于胡炳全要求钟炳荣等偿还借银的债务执行一案的文书，包括民事诉状、证人证物表、民事执行状、讯问笔录、报告书等。

173. 璧山地方法院审理会款执行一案　12—9—168

1939年12月至1940年1月,璧山地方法院关于吴生香因与邹耀廷会款执行一案的文书,包括民事执行状、证人证物表、送达证明书、民事保状、点名单等。

174. 璧山地方法院审理给付租谷一案　12—9—169

1939年9月至1939年11月,璧山地方法院关于张银钦等因租佃纠葛请求给付租谷一案的文书,包括民事诉状、证人证物表、讯问笔录、民事和解笔录、送达证明书等。

175. 璧山县司法处审理典当备案存查一案　12—9—170

1939年1月至1939年6月,璧山县司法处关于曾黄氏等因债务纠葛请求典当财产备案存查一案的文书,包括民事备案状、民事裁定书、民事诉状、公函、审理笔录、民事判决书、典约等。

176. 璧山县司法处审理给付欠款一案　12—9—171

1939年3月,璧山县司法处关于张全盛与张清廷发生债务纠葛请求给付欠款一案的文书,包括民事诉状、审理笔录、民事判决书信件、收据、借据等。

177. 四川高等法院第一分院、璧山县司法处审理返还会款一案　12—9—172

1938年8月至1939年6月,四川高等法院第一分院、璧山县司法处关于杨建农等请求返还会款一案的文书,包括璧山县司法处民事和解笔录、公函、意见书、民事执行状、四川高等法院第一分院民事裁定书、民事再审状、审理笔录、民事公证状、璧山县司法处民事裁定书、生熟会人员名单等。

178. 璧山地方法院审理交业执行一案　12—9—173

1939年9月至1939年11月,璧山地方法院关于张惠孟因与叶百年发生租佃纠葛请求交业执行一案的文书,包括民事诉状、证人证物表、送达证明书、点名单等。

179. 璧山地方法院审理撤销会款纠纷和解要求再审一案　12—9—174

1939年11月至1940年1月,璧山地方法院关于杨建农等请求撤销会款纠纷和解要求再审一案的文书,包括民事诉状、民事委任状、审理笔录、民事判决书等。

180. 璧山县司法处审理债务纠葛再审一案　12－9－175

1939年4月至1939年5月,璧山县司法处关于萧海全等请求返还债务再审一案的文书,包括民事诉状、押佃交收合单、证明书、审理笔录、民事判决书、民事裁定书等。

181. 璧山地方法院审理请求撤销典约一案　12－9－176

1939年9月至1939年11月,璧山地方法院关于邹文义等因典当纠葛请求撤销典约一案的文书,包括民事诉状、民事委任状、言辞辩论笔录、民事判决书等。

182. 璧山县司法处审理家产假扣押一案　12－9－177

1939年8月,璧山县司法处关于江朝英与江朝彬等发生因家产纠葛请求家产假扣押一案的文书,包括民事裁定书、民事申请状、民事保状、凭票等。

183. 璧山地方法院审理请求给付租谷一案　12－9－178

1939年9月至1939年10月,璧山地方法院关于王有余因与张庚堂因租佃纠葛请求给付租谷一案的文书,包括民事诉状、证人证物表、民事诉状缮本、民事申请状等。

184. 璧山县司法处审理清偿欠款一案　12－9－179

1939年4月至1939年6月,璧山县司法处关于邓治安因与王泽民因债务纠葛请求清偿欠款一案的文书,包括民事诉状、公函、审理笔录、民事判决书等。

185. 璧山实验地方法院审理搬迁交业一案　12－9－180

1944年9月至1944年10月,璧山实验地方法院关于邓银辉因与毛春宣因租佃纠葛请求搬迁交业一案的文书,包括民事诉状、案件审理单、送达证明书、通知书等。

186. 璧山县司法处审理财产假扣押一案　12－9－181

1939年5月至1939年11月,璧山县司法处关于陈博渊等因债务纠葛请求财产假扣押一案的文书,包括民事诉状、民事缴状、契约、民事裁定书、垫付一切损害列表等。

187. 璧山地方法院审理搬迁交业一案　12－9－182

1939年10月,璧山地方法院关于杨武臣等因租佃纠葛请求搬迁交业一案的文书,包括民事执行状、命令、报告书、民事续状、训令、执行命令、报告案奉、执行笔录等。

188. 璧山地方法院审理会款执行一案　12—9—183

1939年9月至1939年12月,璧山地方法院关于雷孔遗等因会款纠葛请求会款执行一案的文书,包括民事执行状、民事执行状缮本、民事辩诉状、讯问笔录、民事保状、民事申请状、民事缴状等。

189. 璧山地方法院审理请求撤销遗产卖约一案　12—9—184

1939年10月,璧山地方法院关于陈永初等因与陈元良等请求撤销遗产卖约一案的文书,包括民事诉状、民事诉状副本、民事委任状、合同了息文约等。

190. 璧山地方法院审理给付租谷一案　12—9—185

1939年9月至1939年11月,璧山地方法院关于刘光烈等因租佃纠葛请求给付租谷一案的文书,包括民事诉状、讯问笔录、民事辩诉状、民事和解笔录等。

191. 璧山地方法院审理家产分割备案一案　12—9—186

1939年10月,璧山地方法院关于李白氏因与李树舟等分割家产请求分产备案一案的文书,包括民事诉状、证人证物表、法院批示、送达证明书等。

192. 璧山县司法处审理扣押佃银一案　12—9—187

1939年2月至1939年3月,璧山县司法处关于王复盛因与郭炳辉等因债务纠葛请求扣押佃银一案的文书,包括民事扣押状、证人证物表、民事裁定书、送达证书等。

193. 璧山地方法院审理借款债务执行一案　12—9—188

1939年10月至1939年11月,璧山地方法院关于杨志任等借款债务执行一案的文书,包括民事委任状、民事诉状、审判笔录、民事辩诉状、民事申请状、民事判决书、借洋文约等。

194. 璧山县司法处审理债务执行一案　12—9—189

1939年1月至1939年2月,璧山县司法处关于刘怀之等要求偿还借款的债务执行一案的文书,包括民事执行状、证人证物表、民事案件点名单、送达回证等。

195. 璧山地方法院审理清偿债务一案　12－9－190

1939年5月至1940年4月,璧山地方法院关于甘克成等因债务纠纷请求清偿债务一案的文书,包括民事诉状、执行命令、报告、命令、民事申请状、训令、布告、查封不动产笔录、鉴定人鉴定文、收据、公告、民事和解笔录、审理笔录、民事委任状等。

196. 璧山县司法处审理解除租佃契约一案　12－9－191

1936年11月至1939年6月,璧山县司法处关于牟治钦等因租佃纠葛请求解除租佃契约一案的文书,包括民事诉状、报告、审理笔录、民事判决书、民事申请状、契约等。

197. 四川高等法院第一分院、璧山县司法处审理撤销买卖契约执行及其上诉一案　12－9－192

1938年9月至1939年7月,四川高等法院第一分院、璧山县司法处关于谢伍氏等因家产纠葛请求撤销买卖契约执行一案的文书,包括民事执行状、司法处饬令、报告、签令、公函、意见书、民事抗告状、民事上诉状、四川高等法院第一分院民事裁定书、民事诉状、审理笔录、民事辩诉状、民事自诉状、璧山县司法处民事判决书等。

198. 四川高等法院第一分院、璧山县司法处审理解除租约一案　12－9－193

1939年3月至1939年8月,四川高等法院第一分院、璧山县司法处关于曾云凡等请求解除街房租约一案的文书,包括民事诉状、民事证明状、饬签、公函、言辞辩论笔录、民事反诉状、璧山联保办公处调解笔录、璧山县司法处民事和解笔录等。

199. 璧山地方法院审理债务执行一案　12－9－194

1939年10月至1940年3月,璧山地方法院关于冷春熙等请求返还借款的债务执行一案的文书,包括民事诉状、证人证物表、法院命令、报告书、执行证书存根等。

200. 璧山县司法处审理请求领回佃约一案　12－9－195

1939年10月,璧山县司法处关于戴雷氏请求领回租佃纠葛呈庭证据的佃约的文书,包括民事领状、证人证物表、讯问笔录、领收证等。

201. 璧山地方法院审理假扣押执行一案　12－9－196

1939年9月至1940年1月，璧山地方法院关于天元亨等因租佃纠葛请求房子田业假扣押执行一案的文书，包括民事诉状、民事委任状、审理笔录、民事宣判笔录、民事判决书等。

202. 璧山地方法院审理给付煤炭一案　12－9－197

1939年10月至1939年11月，璧山地方法院关于连德仁等因煤炭买卖纠葛请求给付煤炭一案的文书，包括民事诉状、证人证物表、民事和解状、报告、送达证明书等。

203. 璧山县司法处审理备案存查等十五案　12－9－198

1937年6月至1939年7月，璧山县司法处关于张殿卿因与张席儒等脱离家属关系请求备案存查、赖刘氏因改嫁请求再嫁存查、张陈氏因不改嫁无以为生请求再嫁存查、胡吴氏因夫死生活无着请求再嫁存查、杨冯氏因分家产请求分产存查、严源廷因儿子赌博盗窃请求备案存查、官茂林等请求解除婚姻关系存查、杨君执借条遗失请求备案存查、王汝谦等因请求离婚存查、曾祥麟因未婚妻久去不回请求解除婚约存查、冯韩氏抱子立嗣请求办案存查、邓杨氏因丈夫病故请求与其家人脱离亲属关系存查、李培修因信教不拘尘世请求备案存查、王治明为防患请求婚约存查、戴杨氏夫去无踪请求再嫁存查十五案的文书，包括民事存查状、民事诉状、批示、训令、契约、牌告、民事备案状、甘愿脱离关系文约、遗嘱托等。该卷为璧山县政府兼理司法事务处的存查卷。

204. 四川高等法院第一分院、璧山县司法处审理确认抵押权及其上诉一案　12－9－199

1938年10月至1939年3月，四川高等法院第一分院、璧山县司法处关于伍荣廷等因会款纠葛请求确认房产抵押权及其上诉一案的文书，包括公函、民事上诉状、四川高等法院第一分院民事裁定书、收条、璧山县司法处民事判决书、审讯笔录、民事委任状、宣告判决笔录、民事申请状、四川高等法院第一分院民事判决书、凭票、契约、群贤会簿等。

205. 四川高等法院第一分院、璧山县司法处审理赔偿损害及其等上诉一案　12－9－200

1939年1月至1939年9月，四川高等法院第一分院、璧山县司法处关于苏瑞远等因婚约纠葛请求赔偿损害一案的文书，包括公函、训令、四川高等法院第一分院民事判决书、民事诉状、聘礼单、民事上诉状、审理笔录、民事辩诉状、民事委任状、璧山县司法处民事判决书、璧山县司法处民事裁定书、讯问笔录等。

206. 璧山地方法院审理债务执行一案　12－9－201

1939年1月至1940年1月，璧山地方法院关于王学初等因借款纠葛请求债务执行一案的文书，包括民事诉状、报告、审理笔录、民事保状、民事和解笔录、公函、民事执行状等。

207. 璧山地方法院审理确定诉讼费用一案　12－9－202

1939年2月至1940年3月，璧山地方法院关于张辉山等因租佃纠纷案请求确定诉讼费用一案的文书，包括民事诉状、诉费及损害单、民事裁定书、言辞辩论笔录、民事和解笔录等。

208. 四川高等法院第一分院、璧山县司法处审理分割遗产上诉一案　12－9－203

1939年2月至1939年3月，四川高等法院第一分院、璧山县司法处关于田治臣等分割遗产纠纷上诉一案的文书，包括公函、民事上诉状、民事委任状、民事答辩状、审讯笔录、佃约、宣告判决笔录、四川高等法院第一分院民事判决书、收据等。

209. 璧山县司法处审理领押交业一案　12－9－204

1939年2月，璧山县司法处关于余三合因与朱青云发生租佃纠葛请求领押交业一案的文书，包括司法状纸、民事诉状、证人证物表等。

210. 璧山县司法处审理给付诉讼费用一案　12－9－205

1939年6月，璧山县司法处关于王复盛因与张宝文裕因田业抵押纠纷请求给付诉讼费用一案的文书，包括民事执行状、为张宝文裕诉讼费用单等。

211. 璧山县司法处审理返还会款执行一案　12－9－206

1939年1月至1939年7月，璧山县司法处关于王杨氏等因会款纠葛请求返还会款执行一案的文书，包括民事判决书、民事申请状、民事保状、民事诉状、报告等。

212. 四川高等法院第一分院、璧山县司法处审理返还押银及其上诉一案　12－9－207

1938年3月至1939年11月，四川高等法院第一分院、璧山县司法处关于贺宾氏等因租佃纠葛请求返还押银一案的文书，包括公函、民事上诉状、训令、四川高等法院第一分院民事裁定书、民事诉状、审理笔录、民事领状、报告、结文、璧山县司法处民事判决书、璧山县司法处民事裁定书等。

213. 璧山地方法院审理请求领回契约一案　12－9－208

1939年11月至1939年12月,璧山地方法院关于胡伯均等请求领回呈庭为证契约一案的文书,包括民事注销状、证人证物表、和解文约、讯问笔录、民事领状等。

214. 璧山地方法院审理偿还借银执行一案　12－9－209

1939年9月至1940年2月,璧山地方法院关于万胡氏等申请偿还借银执行一案的文书,包括民事诉状、证人证物表、法院牌告、法院布告、法院公告等。

215. 璧山地方法院审理返还米款一案　12－9－210

1939年5月至1939年12月,璧山地方法院关于夏渭璜等因买卖纠葛请求返还米款一案的文书,包括民事诉状、言辞辩论笔录、民事委任状、民事缴状、民事宣判笔录、民事判决书、证人证物表、审理笔录、民事调解状等。

216. 璧山县司法处审理给付诉讼费用一案　12－9－211

1939年1月至1939年5月,璧山县司法处关于王青山等因会款纠葛涉讼的诉讼费用一案的文书,包括民事诉状、起诉费用单、收据、民事裁定书等。

217. 璧山地方法院审理债务执行一案　12－9－212

1939年10月,璧山地方法院关于陈振声因与杨鲁三法师债务纠葛请求债务执行一案的文书,包括民事诉状、证人证物表等。

218. 四川高等法院第一分院、璧山地方法院审理返还会款一案　12－9－213

1939年11月至1940年1月,四川高等法院第一分院、璧山地方法院关于谷海初等因会款纠纷请求返还会款一案的文书,包括公函、四川高等法院第一分院民事裁定书、民事和解状等。

219. 四川高等法院第一分院、璧山县司法处审理返还会款及其上诉一案　12－9－214

1939年5月至1939年7月,四川高等法院第一分院、璧山县司法处关于杨树维因与陈刘氏等请求返还会款及其上诉一案的文书,包括公函、民事诉状、民事上诉状、训令、审讯笔录、民事答辩状、宣示判决笔录、四川高等法院第一分院民事判决书等。

220. 四川高等法院第一分院、璧山地方法院审理返还押银执行一案　12—9—215

1938 年 1 月至 1940 年 2 月，四川高等法院第一分院、璧山地方法院关于李焕章等因租佃纠葛请求返还押银执行一案的文书，包括民事诉状、民事请委状、报告、民事保状、民事执行状、命令、民事委任、收据、执行命令、四川高等法院第一分院民事判决书等。

221. 璧山地方法院审理偿还债务一案　12—9—221

1939 年 9 月至 1939 年 11 月，璧山地方法院关于李成之等因买卖田业纠纷请求偿还债务一案的文书，包括民事诉状、讯问笔录、民事和解笔录、民事答辩状、民事委任状等。

222. 四川高等法院第一分院、璧山地方法院审理返还会款上诉一案　12—9—222

1939 年 11 月至 1939 年 12 月，四川高等法院第一分院、璧山地方法院关于陈昆山因与高宗良等发生会款纠葛请求返还会款上诉一案的文书，包括公函、璧山地方法院民事裁定书等。

223. 璧山县司法处审理返还会款异议一案　12—9—223

1939 年 1 月至 1939 年 6 月，璧山县司法处关于陈刘氏等因会款纠葛的返还会款异议一案的文书，包括民事诉状、民事请委状、审理笔录、民事申请状、民事领状、讼费花费单、民事声明状、应上会账目单等。

224. 璧山县司法处审理债务纠葛再审一案　12—9—224

1939 年 7 月，璧山县司法处关于张泽辉因与张栋臣等因债务纠葛请求再审一案的文书，包括民事诉状、证人证物表、民事证明状等。

225. 璧山地方法院审理声明投佃无效存查一案　12—9—225

1939 年 12 月，璧山地方法院关于彭兴源等因租佃纠葛请求声明投佃无效的存查一案的文书，包括民事存查状、法院批示、证人证物表等。

226. 璧山地方法院审理会款执行一案　12—9—226

1939 年 5 月至 1939 年 12 月，璧山地方法院关于殷福兴等因会款纠葛请求会款执行一案的文书，包括民事诉状、证人证物表、民事和解笔录、民事判决书等。

227. 璧山地方法院等审理返还田业一案　12—9—227

1939年5月至1944年7月，璧山地方法院等关于黄开玉等因遗产纠葛请求返还田业一案的文书，包括公函、璧山地方法院民事判决书、领证言辞辩论笔录、民事诉状、璧山地方法院民事裁定书、民事申请状、报告、言辞辩论笔录、民事委任状、民事辩诉状、民事宣判笔录等。

228. 璧山县司法处审理领押交业一案　12—9—228

1939年4月，璧山县司法处关于王汝霖等因租佃纠葛请求领押交业一案的文书，包括民事诉状、证人证物表、证明书、审理笔录、民事裁定书、亲笔当约等。

229. 四川高等法院第一分院、璧山县司法处审理返还欠款一案　12—9—229

1939年3月至1939年7月，四川高等法院第一分院、璧山县司法处关于杨维霄因与杨武臣发生债务纠葛请求返还欠款一案的文书，包括公函、训令等。

230. 四川高等法院第一分院、璧山县司法处审理经界一案　12—9—230

1939年3月至1939年12月，四川高等法院第一分院、璧山县司法处关于汪炳臣因与汪克明发生地界纠葛请求经界一案的文书，包括咨文、民事上诉状、责任文约、四川高等法院第一分院民事裁定书、公函、公开辩论笔录、结文、民事委任状、璧山县司法处民事判决书、四川高等法院第一分院民事判决书、民事诉状、审理笔录、履勘辩论、报告、契约等。

231. 璧山县司法处审理赔偿损害一案　12—9—231

1939年1月至1939年4月，璧山县司法处关于杨明清因与王励军发生拖欠食谷债务纠葛请求赔偿损害一案的文书，包括民事诉状、审理笔录、民事判决书等。

232. 璧山县司法处审理返还会款一案　12—9—232

1939年1月至1939年4月，璧山县司法处关于程味丹等因会款纠纷请求返还会款一案的文书，包括民事诉状、证人证物表、审理笔录、报告、连年拖欠会款单、民事判决书等。

233. 璧山县司法处审理增加抵押价一案　12—9—233（1）

1938年7月至1939年8月，璧山县司法处关于甘炳臣等因抵押纠葛请求增加抵押价一案的文书，包括借款项目单、民事诉状、收据、审理笔录、民事保状、报告书、民事辩诉状等。

234. 四川高等法院第一分院、璧山县司法处等审理债务纠纷及其上诉一案　12－9－233（2）

1938年3月至1940年4月，四川高等法院第一分院、璧山县司法处等关于何子元等借款债务纠纷及其上诉一案的文书，包括公函、意见书、报告、训令、查封不动产笔录、鉴定人鉴定文、民事缴状、民事抗告状、公告、民事领状、民事和解状、四川高等法院第一分院民事裁定书、民事诉状、璧山地方法院执行命令、布告、民事声明状、审理笔录、璧山县司法处民事判决书等。

235. 四川高等法院第一分院、璧山县司法处审理债务执行及其一案　12－9－233（3）

1937年5月至1938年7月，四川高等法院第一分院、璧山县司法处关于何子元等借款债务执行及其上诉一案的文书，包括民事执行状、四川高等法院第一分院民事判决书、报告、契约、民事辩诉状、审理笔录、璧山县司法处民事判决书、民事上诉状、公函、民事诉状、训令等。

236. 璧山县司法处审理暂缓还债存查一案　12－9－234

1939年1月，璧山县司法处关于刘甘氏因债务多逼迫断绝生活请求暂缓还债的存查一案的文书，包括民事诉状、证人证物表、所欠债务数目姓名单等。

237. 璧山地方法院审理申请租谷假扣押一案　12－9－235

1939年12月至1939年，璧山地方法院关于伍江氏因与伍茂廷因租佃纠纷请求租谷假扣押一案的文书，包括民事诉状、证人证物表、送达证书等。

238. 璧山地方法院审理返还会款一案　12－9－236

1939年9月至1939年12月，璧山地方法院关于吴东成等因会款纠葛请求返还会款一案的文书，包括民事诉状、民事催状、公函、民事委任状、言辞辩论笔录、民事宣判笔录、民事判决书等。

239. 四川高等法院第一分院审理指定管辖产业一案　12－9－237

1932年11月至1932年12月，四川高等法院第一分院关于贺海洲因在服刑中请求指定管辖产业一案的文书，包括刑事诉状、证人证物表、刑事裁定书、送达证明书等。

240. 璧山地方法院审理会款执行一案　12－9－238

1939年12月，璧山地方法院关于周谢氏因与巫赖氏发生会款纠葛请求会款执行一案的文书,包括民事诉状、证人证物表、传票回证、民事案件点名单等。

241. 璧山县司法处审理返还契约一案　12－9－239

1939年6月至1939年7月,璧山县司法处关于颜永芳等请求返还典当纠纷案的契约一案的文书,包括民事诉状、证人证物表、审理笔录、民事辩诉状、民事辩诉状缮本等。

242. 璧山地方法院审理欠款执行一案　12－9－240

1939年1月至1940年1月,璧山地方法院关于徐化成等买卖鸦片纠葛的欠款执行一案的文书,包括执行命令、公函、命令、民事诉状、民事展限状、修缮用款单、审理笔录、民事和解笔录、民事执行状、报告等。

243. 璧山县司法处审理解除租约并搬迁交业一案　12－9－241

1939年2月至1939年3月,璧山县司法处关于吴平安因与伍何氏发生租佃纠纷请求解除租约并搬迁交业一案的文书,包括民事诉状、民事调解状、报告等。

244. 璧山县司法处审理继承产业存查一案　12－9－242

1939年1月至1939年2月,璧山县司法处关于谢伍氏因抱子继承产业请求备案存查一案的文书,包括司法状纸、民事诉状、证人证物表、民事存查状等。

245. 璧山县司法处审理领押搬迁交业一案　12－9－243

1939年3月至1939年4月,璧山县司法处关于邹元隆因与邹李氏等发租佃纠葛请求领押搬迁交业一案的文书,包括民事诉状、证人证物表、审理笔录、民事反诉状等。

246. 璧山县司法处审理给付修缮费一案　12－9－244

1939年3月,璧山县司法处关于牟集修因与石鸣廷等发生租佃房屋纠葛请求给付修缮费一案的文书,包括民事诉状、证人证物表、民事辩诉状、审理笔录等。

247. 璧山地方法院审理返还会款再审一案　12－9－245

1939年11月至1939年12月,璧山地方法院关于何辉先因与何富臣发生会项纠葛请求返还会款再审一案的文书,包括刑事抗告状、证人证物表、刑事裁定书等。

248. 四川高等法院第一分院、璧山县司法处审理返还会款一案　12－9－246

1939年7月至1939年12月,四川高等法院第一分院、璧山县司法处关于雷殿英因与陈刘氏发生会款纠葛请求返还会款一案的文书，包括民事判决书、公函、四川高等法院第一分院民事裁定书等。

249. 璧山县司法处审理破产偿债一案　12－9－247

1938 年 2 月至 1938 年 4 月，璧山县司法处关于蔡洪光等债多难偿请求破产偿债一案的文书，包括民事诉状、债权人姓名数目单、司法处谕、报告、司法处调查笔录等。

250. 璧山县司法处审理清偿债务一案　12－9－248

1939 年 5 月至 1939 年 7 月，璧山县司法处关于甘栋臣因与李清云发生债务纠葛请求清偿债务一案的文书，包括公函、民事申请状、证人证物表、法院通知书等。

251. 璧山地方法院审理脱离家庭关系备查一案　12－9－249

1939 年 11 月，璧山地方法院关于蒋绍唐因蒋理源等忤逆请求脱离家庭关系备查一案的文书，包括民事备查状、证人证物表、和息文约等。

252. 璧山县司法处审理搬迁交业一案　12－9－250

1939 年 8 月，璧山县司法处关于何元亨等因租佃纠葛请求搬迁交业一案的文书，包括民事诉状、证人证物表、审理笔录、民事和解笔录、民事答辩状等。

253. 璧山地方法院审理给付租谷一案　12－9－251

1939 年 11 月至 1940 年 3 月，璧山地方法院关于江云屏等因租佃纠葛请求给付租谷一案的文书，包括民事诉状、言辞辩论笔录、民事裁定书、佃约等。

254. 璧山县司法处审理给付租粮一案　12－9－252

1939 年 1 月至 1939 年 2 月，璧山县司法处关于周沛霖因与李林五发生租佃纠纷请求给付租粮一案的文书，包括民事诉状、证人证物表、审理笔录、民事辩诉状等。

255. 四川高等法院第一分院、璧山县司法处审理给付租粮纠纷一案　12－9－253

1939 年 2 月至 1939 年 3 月，四川高等法院第一分院、璧山县司法处关于周沛霖因与李林五发生租佃纠纷请求给付租粮再议一案的文书，包括公函、四川高等法院第一分院检察官处分书、指令等。

256. 璧山县司法处审理丧葬费纠葛一案　12—9—254

1939年1月至1939年4月，璧山县司法处关于杨福荣的女儿嫁给徐银祥后不久死亡引发的丧葬费纠葛一案的文书，包括刑事自诉状及其缮本、被告、审理笔录、刑事证明状、刑事辩诉状、刑事保状、刑事缴状等。

257. 四川高等法院第一分院、璧山县司法处审理返还庙产一案　12—9—255

1939年3月至1939年4月，四川高等法院第一分院、璧山县司法处关于汪石芝因与僧永康请求返还庙产一案的文书，包括公函、意见书、民事抗告状、四川高等法院第一分院民事裁定书等。

258. 璧山县司法处审理货款执行一案　12—9—256

1939年8月至1939年11月，璧山县司法处关于杨鲁三等因货借债务纠葛请求货款执行一案的文书，包括民事申请状、民事请委状、讯问笔录、民事缴状、训令、民事销案状、民事领状、领收证等。

259. 四川高等法院第一分院、璧山地方法院审理领押交业一案　12—9—257

1939年11月至1940年3月，四川高等法院第一分院、璧山地方法院关于江明亮等因租佃纠葛请求领押交业一案的文书，包括训令、公函、民事抗告意见书、报告、划界笔录、民事诉状、四川高等法院第一分院民事裁定书、民事申请状、民事缴状、民事领状等。

260. 四川高等法院第一分院、璧山县司法处审理借款债务纠葛一案　12—9—258

1939年3月至1939年6月，四川高等法院第一分院、璧山县司法处关于何子敬等借款债务纠葛一案的文书，包括公函、民事上诉状、训令、民事辩诉状、民事答辩状、言辞辩论笔录、民事理由状、宣示判决笔录、四川高等法院第一分院民事判决书等。

261. 璧山地方法院审理返还契约一案　12—9—259

1939年12月至1940年1月，璧山地方法院关于萧谢氏因与萧张氏请求返还抱子立嗣契约一案的文书，包括民事诉状、证人证物表、契约件数单、民事委任状、言辞辩论笔录、民事裁定书等。

262. 四川高等法院第一分院、璧山县司法处等审理返还拍卖款执行一案　12－9－282

1939年3月至1940年1月，四川高等法院第一分院、璧山县司法处等关于邱银甫等因房屋基址拍卖纠葛请求返还拍卖款执行一案的文书，包括公函、意见书、民事抗告状、四川高等法院第一分院批稿、民事催状等。

263. 四川高等法院第一分院、璧山县司法处审理清偿债务及其上诉一案　12－9－283

1939年7月至1940年2月，四川高等法院第一分院、璧山县司法处关于朱友三等请求清偿债务及其上诉一案的文书，包括公函、民事诉状、民事上诉状、言辞辩论笔录、民事委任状、宣示判决笔录、四川高等法院第一分院民事判决书等。

264. 璧山县司法处审理返还侵占树木一案　12－9－284

1939年6月至1939年8月，璧山县司法处关于龚淑平等因树木纠葛请求返还侵占树木一案的文书，包括民事诉状、契约、审理笔录、民事裁定书等。

265. 璧山县司法处审理会款纠纷一案　12－9－285

1939年5月，璧山县司法处关于何禹贤因与何国思等请求返还会款一案的文书，包括司法状纸、民事异议状、证人证物表等。

266. 璧山地方法院等审理偿还债务一案　12－9－286

1939年1月至1939年12月，璧山地方法院等关于王中民因与王炳安请求偿还债务一案尾卷的文书，仅包括璧山地方法院民事裁定书两份。

267. 四川高等法院第一分院、璧山地方法院审理终止租约一案　12－9－287

1941年10月至1942年2月，四川高等法院第一分院、璧山地方法院关于罗银山因与罗代洲因租佃纠葛请求终止租约一案的文书，包括往来公函、璧山地方法院民事判决书等。

268. 璧山县司法处审理会款执行一案　12－9－288

1939年1月至1939年3月，璧山县司法处关于江万中因与胡炳全请求会款执行一案的文书，包括民事诉状、证人证物表、报告、传票回证等。

269. 璧山县司法处审理返还会款一案　12－9－289

1938年11月至1939年8月，璧山县司法处关于周青山等因与刘森发请求返还会款一案的文书，包括民事诉状、民事辩诉状、审理笔录、民事判决书、民事和解状、凭票、民事和解笔录等。

270. 璧山地方法院审理返还洋纱一案　12－9－290

1949年8月至1949年10月，璧山地方法院关于杨泽生因与徐富成等因洋纱纠葛请发支付命令返还洋纱一案的文书，包括民事诉状、证人证物表、司法印纸联单、支付命令通知书等。

271. 四川高等法院第一分院、璧山县司法处审理给付租谷一案　12－9－291

1939年5月至1940年3月，四川高等法院第一分院、璧山县司法处关于刘春暄因与藩义合发生租佃纠葛请求给付租谷一案的文书，包括公函、民事上诉状、证人证物表、言辞辩论笔录、宣示判决笔录、四川高等法院第一分院民事判决书等。

272. 璧山实验地方法院审理退还田土房屋异议一案　12－9－292

1944年9月，璧山实验地方法院关于黄永兴等因租佃纠葛请求退还田土房屋异议一案的文书，包括民事抗告状、证人证物表、民事判决书等。

273. 四川高等法院第一分院、璧山县司法处审理解除典约一案　12－9－293

1939年5月至1939年7月，四川高等法院第一分院、璧山县司法处关于曾黄氏因与曾陈氏发生典当田业纠葛请求解除典约一案的文书，包括公函、民事上诉状、证人证物表、四川高等法院第一分院民事裁定书等。

274. 璧山地方法院审理会款执行一案　12－9－294

1939年12月至1940年2月，璧山地方法院关于吴炳轩等请求会款执行一案的文书，包括民事执行状、证人证物表、诉讼费用单、民事保状、民事缴状、民事领状、领收证、民事和解状等。

275. 璧山县司法处审理返还会款一案　12－9－295

1939年1月至1939年4月，璧山县司法处关于巫炳臣等请求返还会款一案的文书，包括民事诉状、民事辩诉状、审理笔录、结文、民事申请状、公益会账单、民事判决书、民事裁定书等。

276. 四川高等法院第一分院、璧山地方法院审理烟刀买卖一案　12－9－296

1940 年 1 月至 1940 年 3 月，四川高等法院第一分院、璧山地方法院关于蔡荣林等因买卖烟刀纠葛请求给付烟刀执行一案的文书，包括公函、民事宣判笔录、璧山地方法院民事判决书、民事诉状、璧山地方法院民事裁定书、契约等。

277. 璧山地方法院审理烟刀买卖的债务纠葛一案　12－9－297

1939 年 12 月至 1940 年 1 月，璧山地方法院关于蔡荣林等因买卖烟刀引发的债务纠纷一案的文书，包括民事诉状、证人证物表、民事裁定书、言辞辩论笔录、民事委任状等。

278. 璧山地方法院审理赔偿损害一案　12－9－298

1939 年 10 月，璧山地方法院关于娄田氏因被娄仿钦等打伤请求赔偿损害一案的文书，包括刑事诉状、证人证物表、刑事诉状缮本等。

279. 璧山县司法处审理解除租约一案　12－9－299

1939 年 2 月至 1939 年 3 月，璧山县司法处关于江缉熙等请求解除租约并给付租谷一案的文书，包括民事诉状、审理笔录、民事辩诉状等。

280. 四川高等法院第一分院、璧山实验地方法院审理经界纠葛一案　12－9－300

1944 年 6 月至 1944 年 8 月，四川高等法院第一分院、璧山实验地方法院关于黄永兴因申请确定土地经界一案的文书，仅包括往来公函。

281. 四川高等法院第一分院、璧山县司法处审理确定诉讼费一案　12－9－301

1939 年 1 月至 1939 年 6 月，四川高等法院第一分院、璧山县司法处关于周裕辉等请求偿还会款案的诉讼费用纠葛一案的文书，包括公函、意见书、训令、四川高等法院第一分院民事裁定书、报告、民事诉状等。

282. 璧山地方法院审理赔偿损害一案　12－9－302

1939 年 10 月至 1940 年 1 月，璧山地方法院关于刘镜涵等因租佃纠葛请求赔偿损害一案的文书，包括民事诉状、民事辩诉状、言辞辩论笔录、证人结文、民事和解笔录等。

283. 四川高等法院第一分院、璧山地方法院审理返还会款一案　12－9－303

1939 年 11 月至 1940 年 3 月，四川高等法院第一分院、璧山地方法院关于王治山等请求返还会款一案的文书，包括民事判决书、民事诉状、民事辩诉状、言辞辩论笔录、契约、民事请委状、民事宣判笔录、四川高等法院第一分院裁定书、民事上诉状等。

284. 四川高等法院第一分院、璧山地方法院审理押佃执行一案　12—9—304

1939年1月至1939年12月，四川高等法院第一分院、璧山地方法院关于曾德江等请求押佃执行一案的文书，包括民事执行状、证人证物表、民事委任状、璧山地方法院民事判决书、四川高等法院第一分院民事裁定书等。

285. 璧山地方法院审理清偿债务一案　12—9—305

1939年10月至1939年12月，璧山地方法院关于尚志功等请求清偿债务一案的文书，包括民事诉状、民事辩诉状、言辞辩论笔录、民事宣判笔录、民事判决书、借约等。

286. 璧山地方法院审理搬迁交业一案　12—9—306

1939年9月至1940年1月，璧山地方法院关于僧能星等因租佃纠葛请求搬迁交业一案的文书，包括民事诉状、讯问笔录、证人结文、言辞辩论笔录、民事宣判笔录、民事判决书、庙公物单、民事销案状等。

287. 璧山地方法院审理请求分析产业一案　12—9—307

1939年11月至1939年12月，璧山地方法院关于徐宗耀等因遗产纠纷请求分析产业一案的文书，包括民事诉状、民事公证状、言辞辩论笔录、民事裁定书、民事辩诉状、契约、民事宣判笔录、民事判决书等。

288. 四川高等法院第一分院、璧山县司法处审理返还会款上诉一案　12—9—308

1939年4月至1939年6月，四川高等法院第一分院、璧山县司法处关于王炳山等请求返还会款上诉一案的文书，包括公函、民事申请状、四川高等法院第一分院民事裁定书、民事调解状等。

289. 璧山地方法院处审理会款执行一案　12—9—309

1939年11月至1939年12月，璧山地方法院关于易炳山等请求会款执行一案的文书，包括民事执行状、证人证物表、民事缴状、民事领状等。

290. 璧山地方法院审理返还会款一案　12—9—310

1939年10月至1939年11月，璧山地方法院关于李树棠因与赵国辅等请求返还会款一案的文书，包括民事诉状、言辞辩论笔录、民事辩诉状、民事宣判笔录、民事判决书等。

291. 璧山地方法院审理执票被窃备案存查一案　12—9—311

1939年10月，璧山地方法院关于陈子卿因执票被窃请求备案存查一案的文书，包括民事存查状、证人证物表等。

292. 璧山地方法院审理债务执行一案　12—9—312

1939年5月至1940年1月，璧山地方法院关于郑香廷等请求债务执行一案的文书，包括民事诉状、命令、报告、公函、民事执行命令、民事判决书等。

293. 璧山县司法处审理返还会款一案　12—9—313

1939年5月至1939年6月，璧山县司法处关于宋定忠等因与王袁氏请求返还会款一案的文书，包括民事诉状、证人证物表、报告、民事和解文约等。

294. 璧山县司法处审理返还田产一案　12—9—314

1939年4月至1939年12月，璧山县司法处关于曾黄氏等因典当纠葛请求返还田产一案的文书，包括璧山县司法处民事判决书、训令、公函、民事诉状、四川高等法院第一分院民事裁定书、报告等。

295. 璧山县司法处审理借约存查一案　12—9—315

1939年3月，璧山县司法处关于陈锡三等为借债防患请求借约存查一案的文书，包括民事存查状、证人证物表、批示、民事存查状缮本等。

296. 璧山地方法院审理给付押银执行一案　12—9—316

1939年10月至1939年12月，璧山地方法院关于魏黄氏等因拍卖产业纠葛请求给付押银执行一案的文书，包括民事续状、牌告、民事缴状、投标书、民事诉状、民事切结状、民事声明状、民事委任状等。

297. 璧山地方法院审理债务执行一案　12—9—317

1939年6月至1940年3月，璧山地方法院关于杨治安等请求债务执行一案的文书，包括民事判决书、民事执行状、民事答辩状、民事委任状、民事和解状等。

298. 璧山地方法院审理解除租约一案　12—9—318

1939年11月至1939年12月，璧山地方法院关于曾刘氏因与刘徽典等请求解除租约一案的文书,包括民事诉状、证人证物表、传票回证、点名单等。

299. 璧山县司法处等审理领价交业执行一案　12—9—319

1938年12月至1940年2月,璧山县司法处等关于毅有堂等因租佃纠葛请求领价交业执行一案的文书,包括民事诉状、讯问笔录、公函、报告、民事执行状、璧山县司法处民事判决书、四川高等法院第一分院民事裁定书、民事领状、训令等。

300. 璧山地方法院审理返还产业一案　12—9—320

1939年10月至1940年1月,璧山地方法院关于白曹氏等因典当纠葛请求返还产业再审一案的文书,包括民事诉状、审理笔录、民事委任状、言辞辩论笔录、证人结文、民事和解笔录、民事领状等。

301. 璧山县司法处审理返还产业一案　12—9—321

1939年3月至1939年8月,璧山县司法处关于白曹氏等因典当纠葛请求返还产业一案的文书,包括民事申请状、民事缴状、民事委任状、民事辩诉状、审理笔录、结文、民事补呈状、报告、民事调解笔录等。

302. 璧山地方法院审理返还产业等两案　12—9—322

1939年11月至1939年12月,璧山地方法院关于白曹氏等因典当纠葛请求返还产业、张子昭等租佃房屋纠葛的文书,包括民事诉状、讯问笔录、送达证书、通知书等。

303. 璧山地方法院等审理清偿债务纠葛一案　12—9—323

1939年6月至1939年12月,璧山地方法院等关于程天祥等请求清偿借款债务一案的文书,包括民事裁定书、送达回证、民事诉状、报告、点名单等。

304. 璧山地方法院审理返还会款一案　12—9—324

1939年12月至1940年4月,璧山地方法院关于印炳南等请求返还会款一案的文书,包括民事诉状、民事辩诉状、言辞辩论笔录、民事委任状、公函等。

305. 璧山地方法院审理给付租金一案　12—9—325

1939年12月至1940年1月,璧山地方法院关于黄桂廷因与陈政举因租赁缝纫机纠葛请求给付租金一案的文书,包括民事执行状、证人证物表、送达回证批示等。

306. 璧山地方法院审理赔偿执行一案　12—9—326

1939 年 12 月至 1940 年 3 月，璧山地方法院关于徐秉枢因与刘永昌发生松树纠葛请求赔偿执行一案的文书，包括公函、民事判决书、报告书、传票回证、执行证书存根等。

307. 璧山县政府、璧山地方法院审理会款执行一案　12—9—327

1936 年 9 月至 1940 年 1 月，璧山县政府、璧山地方法院关于张承绪因与刘新之等请求会款执行一案的文书，包括民事诉状、讯问笔录、民事申请状、账单、璧山县政府民事判决书等。

308. 璧山地方法院审理返还会款一案　12—9—328

1939 年 12 月，璧山地方法院关于苏汉卿因与林蜀康等请求返还会款一案的文书，包括民事诉状、证人证物表、报告、送达回证、言辞辩论笔录等。

309. 璧山县司法处审理返还会款一案　12—9—329

1939 年 7 月至 1939 年 8 月，璧山县司法处关于苏汉清因与林蜀康请求返还会款一案的文书，包括民事诉状、证人证物表、报告书、民事案件点名单、审理笔录等。

310. 璧山地方法院审理赔偿房屋一案　12—9—330

1939 年 9 月至 1939 年 11 月，璧山地方法院关于郭季璜等请求赔偿房屋一案的文书，包括民事诉状、证人证物表、言辞辩论笔录、民事和解笔录等。

311. 四川高等法院第一分院审理分割遗产一案　12—9—331

1939 年 4 月，四川高等法院第一分院关于王文氏等因与王柯氏请求分割遗产一案的文书，包括民事上诉状、证人证物表、民事裁定书等。

312. 璧山地方法院审理债务执行一案　12—9—332

1939 年 9 月至 1940 年 2 月，璧山地方法院关于福兴隆等请求返还借款执行一案的文书，包括民事诉状、民事执行状、报告、讯问笔录、执行命令、民事领状、民事申请状、公函、民事缴状、民事委任状、民事和解状、和息文约、璧山地方法院民事执行处分配表等。

313. 璧山县司法处审理妨害风化一案　12—9—333

1939 年 5 月至 1939 年 6 月，璧山县司法处关于张志廷因苏瑞中冒充军人强奸妇女提起妨害风化诉讼一案的文书,包括公函、刑事诉状、审理笔录、宣判笔录、刑事判决书、通知书、验伤单等。

314. 璧山地方法院审理再嫁备案一案　12—9—334

1939年9月,璧山地方法院关于李王氏因夫死后无依靠请求再嫁备案存查一案的文书,包括民事存查状、批示、证人证物表、送达回证等。

315. 璧山地方法院审理返还会款一案　12—9—335

1939年11月,璧山地方法院关于王因清因与吴明儒请求返还会款一案的文书,包括民事裁定书、言辞辩论笔录、民事案件点名单等。

316. 璧山地方法院审理返还会款一案　12—9—336

1939年10月至1940年3月,璧山地方法院关于陈金廷等请求返还会款一案的文书,包括民事诉状、民事辩诉状、民事展限状、言辞辩论笔录、民事委任状、民事缴状、证人结文、民事注销函、借约、大衍会规、集义公益会书等。

317. 四川高等法院第一分院、璧山县司法处等审理请求领回约据、扣押田房偿债及其上诉案两案　12—9—337

1938年9月至1940年1月,四川高等法院第一分院、璧山县司法处等关于罗炳清等请求领回呈庭买阴地契约及借据、蔡银钦等因债务纠葛请求扣押田房偿债及其上诉案两案的文书,包括民事领状、批示、领收证、民事保状、璧山县司法处民事判决书、公函、训令、民事上诉状、民事声明状、民事诉状、审理笔录、民事辩诉状、璧山县司法处民事裁定书、四川高等法院第一分院民事裁定书、公开笔录、结文、民事委状、宣示判决笔录、四川高等法院第一分院民事判决书、民事再审状、民事催状等。

318. 璧山县司法处审理给付生活费一案　12—9—338

1939年6月至1939年7月,璧山县司法处关于萧戴氏等请求给付生活费一案的文书,包括民事诉状、审理笔录、民事和解状、和息文约等。

319. 璧山县司法处审理债务执行一案　12—9—339

1939年8月,璧山县司法处关于唐李氏等因债务纠葛请求债务执行一案的文书,包括民事申请状、审理笔录、民事辩诉状、民事和解笔录等。

320. 四川高等法院第一分院、璧山县政府审理返还会款一案　12—9—340

1935年12月至1939年2月，四川高等法院第一分院、璧山县政府关于邱际隆等请求返还会款一案的文书，包括民事上诉状、璧山县政府民事判决书、公函、意见书、民事抗告状、四川高等法院第一分院民事裁定书等。

321. 璧山县司法处审理返还押银一案　12—9—341

1939年1月至1939年6月，璧山县司法处关于刘玉山等请求返还押银一案的文书，包括民事诉状、民事辩诉状、审理笔录、账单等。

322. 璧山县司法处审理返还会款一案　12—9—342

1939年1月至1939年3月，璧山县司法处关于罗志希等请求返还会款一案的文书，包括收据、民事诉状、保款条据、审理笔录、报告、民事注销函、息讼文约等。

323. 璧山地方法院审理返还工资一案　12—9—343

1939年11月至1939年12月，璧山地方法院关于罗森荣因张杰齐拖欠工资请求返还工资一案的文书，包括民事委托状、言辞辩论笔录、民事判决书等。

324. 璧山地方法院审理赔偿诉讼费一案　12—9—344

1939年10月至1940年3月，璧山地方法院关于巫志临等因买卖纠葛案请求赔偿诉讼费一案的文书，包括民事申请状、证人证物表、收据、计算书、民事裁定书等。

325. 璧山县司法处审理会款纠葛一案　12—9—345

1939年1月至1939年6月，璧山县司法处关于何国恩等请求返还会款一案的文书，包括审理笔录、公函、和息文约、民事诉状、诉讼费单等。

326. 璧山县司法处审理会款执行一案　12—9—346

1939年2月至1939年4月，璧山县司法处关于张承绪等请求会款执行一案的文书，包括民事诉状、民事申诉状、民事申请状、公函等。

327. 璧山地方法院审理会款纠葛一案　12—9—347

1939年12月至1940年7月，璧山地方法院关于余治平等请求会款执行一案的文书，包括民事诉状、证人证物表、传票回证、民事执行状、执行笔录等。

328. 璧山县司法处审理典当存查一案　12－9－348

1939年7月，璧山县司法处关于甘德轩等请求典当田产存查一案的文书，包括民事存查状、批示、证人证物表等。

329. 璧山县司法处审理领押交业一案　12－9－349

1938年12月至1939年4月，璧山县司法处关于刘彭氏等租佃纠葛请求领押交业一案的文书，包括民事执行状、民事声明状、民事诉状、民事饬签、民事保状审理笔录、民事辩诉状、民事和解笔录等。

330. 璧山地方法院审理会款纠葛一案　12－9－350

1939年9月至1939年11月，璧山地方法院关于陈昆山等请求会款执行一案的文书，包括民事诉状、证人证物表、民事裁定书等。

331. 璧山地方法院审理经界纠葛一案　12－9－351

1939年12月至1940年3月，璧山地方法院关于江木青等请求确定经界一案的文书，包括民事申请状、言辞辩论笔录、民事辩诉状、民事和解笔录、详细界址图、契约等。

332. 璧山县司法处审理解除租约一案　12－9－352

1939年4月至1939年5月，璧山县司法处关于王维新等因租赁街房纠葛请求解除租约一案的文书，包括民事诉状、证人证物表、佃约、退押收据、审理笔录、民事和解笔录等。

333. 璧山县司法处审理赔偿损害一案　12－9－353

1938年2月至1939年9月，璧山县司法处关于罗光明等因租佃纠葛请求赔偿损害一案的文书，包括民事诉状、讯问笔录、报告书、民事执行状、审理笔录、公函、牌告、民事判决书、收据等。

334. 四川高等法院第一分院、璧山地方法院审理给付租金上诉一案　12－9－354

1939年7月至1940年3月，四川高等法院第一分院、璧山地方法院关于陈春如等因租赁矿洞纠葛请求给付租金一案的文书，包括公函、民事上诉状、四川高等法院第一分院民事裁定书、民事答辩状、言辞辩论笔录、民事委任状等。

335. 璧山县司法处审理经界纠葛一案　12—9—355

1939 年 1 月至 1939 年 7 月，璧山县司法处关于邹万盛等请求确定经界一案的文书，包括民事诉状、训令、公函、民事辩诉状、审理笔录、结文、涉案地图、涉案照片等。

336. 璧山县司法处审理借约遗失存查一案　12—9—356

1939 年 2 月，璧山县司法处关于荣炳元因借约遗失请求备案存查一案的文书，包括民事存查状、批示、证人证物表、借银数目单等。

337. 璧山县司法处审理确认会款归属一案　12—9—357

1939 年 1 月至 1939 年 6 月，璧山县司法处关于杨鲁三等请求确认会款归属一案的文书，包括民事确认状、审理笔录、报告等。

338. 璧山县司法处审理债务纠葛一案　12—9—358

1939 年 5 月，璧山县司法处关于向驰远等因拖欠货款请求返还债务一案的文书，包括民事诉状、证人证物表、契约、点名单、审理笔录等。

339. 璧山县司法处审理返还欠款一案　12—9—359

1939 年 5 月至 1939 年 6 月，璧山县司法处关于萧海江等因会款纠葛请求返还欠款一案的文书，包括民事诉状、证人证物表、点名单、审理笔录等。

340. 璧山实验地方法院审理请发支付命令一案　12—9—360

1944 年 3 月，璧山实验地方法院关于段瑜思因汪勋成等拖欠律师代理公费请发支付命令一案的文书，包括民事申请状、证人证物表、法院支付命令、送达证书等。

341. 璧山实验地方法院审理请发支付命令一案　12—9—361

1944 年 3 月，璧山实验地方法院关于李锦章因杨仲轩不偿还食谷请发支付命令一案的文书，包括民事申请状、证人证物表、法院支付命令等。

342. 四川高等法院第一分院、璧山县司法处审理会款纠葛一案　12—9—362

1938 年 10 月至 1939 年 7 月，四川高等法院第一分院、璧山县司法处关于张伯安等请求会款执行一案的文书，包括四川高等法院第一分院民事判决书、民事执行状、民事保状、民事申请状、报告、璧山县司法处民事裁定书等。

343. 璧山地方法院审理给付生活费一案　12—9—363

1939年11月至1939年12月，璧山地方法院关于徐陈氏等因离婚请求给付生活费一案的文书，包括民事诉状、民事存查状、民事请委状、言辞辩论笔录、报告等。

344. 璧山地方法院审理偿还债务一案　12—9—364

1939年12月，璧山地方法院关于何登级等因律师代理诉讼费用纠葛请求偿还债务一案的文书，包括民事裁定书、送达证书等。

345. 璧山地方法院审理返还股款一案　12—9—365

1939年9月至1940年3月，璧山地方法院关于王文中等因发生合伙股份款纠葛请求返还股款一案的文书，包括民事诉状、言辞辩论笔录、民事宣判笔录、民事判决书、凭票等。

346. 璧山地方法院审理罚金执行一案　12—9—366

1939年12月，璧山地方法院关于因张宗忍伤害他人身体的罚金执行一案的文书，包括公函、报告书等。

347. 四川高等法院第一分院、璧山县司法处等审理增加押银及其上诉一案　12—9—367

1939年2月至1940年3月，四川高等法院第一分院、璧山县司法处等关于龙上清等因租佃纠葛请求增加押银及其上诉一案的文书，包括公函、意见书、璧山县司法处民事判决书、训令、民事辩诉状、民事上诉状、四川高等法院第一分院民事裁定书、息讼文约、民事诉状、审理笔录、民事反诉状、调解合约、四川高等法院第一分院民事判决书、结文、契约等。

348. 璧山地方法院审理遗产纠纷一案　12—9—368

1939年10月至1939年12月，璧山地方法院关于唐徐氏等请求分割遗产一案的文书，包括民事诉状、民事辩诉状、言辞辩论笔录、民事裁定书等。

349. 璧山地方法院审理扣押契约一案　12—9—369

1939年11月，璧山地方法院关于王蔡氏等因确定经界案诉讼费纠葛请求扣押契约一案的文书，包括民事诉状、证人证物表等。

350. 璧山地方法院审理返还食谷一案　12－9－370

1939年11月，璧山地方法院关于黄仲达等因借谷纠葛请求返还食谷一案的文书，包括民事诉状、证人证物表等。

351. 璧山地方法院审理会款纠葛一案　12－9－371

1939年11月，璧山地方法院关于周德普等因会款纠葛请求扣押会款一案的文书，包括民事诉状、证人证物表等。

352. 璧山县司法处审理会款纠葛一案　12－9－372

1939年4月，璧山县司法处关于龚焕成等请求会款执行一案的文书，包括民事诉状、证人证物表、点名单等。

353. 璧山县司法处审理会款纠葛一案　12－9－373

1938年12月至1939年1月，璧山县司法处关于雷凯龙等请求返还会款一案的文书，包括民事诉状、审理笔录、民事辩诉状、民事判决书等。

354. 四川高等法院第一分院、璧山地方法院审理返还借款一案　12－9－374

1939年10月至1940年2月，四川高等法院第一分院、璧山地方法院关于徐郭氏等请求返还借款一案的文书，包括公函、民事上诉状、四川高等法院第一分院民事裁定书、民事诉状、璧山地方法院民事判决书、言辞辩论笔录、民事宣判笔录、借约等。

355. 四川高等法院第一分院、璧山县司法处审理会款纠葛上诉一案　12－9－375

1939年7月至1939年9月，四川高等法院第一分院、璧山县司法处关于陈玉河等请求给付会款一案的文书，包括民事上诉状、公函、民事证明状、审讯笔录、结文、宣告判决笔录、四川高等法院第一分院民事判决书等。

356. 璧山地方法院审理再嫁备案一案　12－9－376

1939年9月，璧山地方法院关于吴徐氏因丈夫漂泊无依靠请求再嫁备案一案的文书，包括民事备案状、批示、证人证物表等。

357. 璧山县司法处审理离婚存查一案　12－9－377

1939年8月，璧山县司法处关于甘政华请求离婚存查一案的文书，包括民事诉状、证人证物表等。

358. 璧山地方法院审理返还账款一案　12－9－378

1939 年 12 月，璧山地方法院关于李奎全因李茂盛等欠账不还请求返还账款一案的文书，包括民事裁定书、公函等。

359. 璧山地方法院审理解除典约一案　12－9－379

1939 年 7 月至 1940 年 1 月，璧山地方法院关于苏君辅等因典当纠葛请求解除典约一案的文书，包括公函、民事诉状、审理笔录等。

360. 四川高等法院第一分院、璧山地方法院审理借款纠葛一案　12－9－380

1939 年 7 月至 1940 年 2 月，四川高等法院第一分院、璧山地方法院关于况海清等请求返还借款一案的文书，包括璧山地方法院民事裁定书、四川高等法院第一分院民事裁定书、公函、借据、报告等。

361. 璧山县司法处审理缴清租谷存查一案　12－9－381

1939 年 7 月，璧山县司法处关于彭德安已缴清租谷请求存查一案的文书，包括民事存查状、批示、证人证物表等。

362. 四川高等法院第一分院、璧山县司法处审理烟账纠葛一案　12－9－382

1938 年 12 月至 1939 年 2 月，四川高等法院第一分院、璧山县司法处关于吴树轩等因烟账纠葛请求偿还债务一案的文书，包括公函、民事答辩状、四川高等法院第一分院民事裁定书、训令等。

363. 璧山地方法院审理返还全额欠款一案　12－9－383

1939 年 9 月至 1939 年 12 月，璧山地方法院关于龙树辉等因典当纠葛请求返还全额欠款一案的文书，包括民事诉状、民事委任状、言辞辩论笔录、民事宣判笔录、民事判决书等。

364. 璧山县司法处审理契约存查一案　12－9－384

1939 年 1 月，璧山县司法处关于张炳兴等请求买业契约存查一案的文书，包括民事存查状、批示、证人证物表、民事存查状缮本等。

365. 璧山地方法院审理会款纠葛一案　12－9－385

1939 年 11 月至 1939 年 12 月，璧山地方法院关于荣汉周等会款扣押异议一案的文书，包括民事诉状、证人证物表、言辞辩论笔录、民事裁定书等。

366. 璧山地方法院审理给付租谷一案　12—9—386

1939年11月至1939年12月，璧山地方法院关于杨武臣等因租佃纠葛请求给付租谷一案的文书，包括民事执行状、证人证物表、传票回证、点名单等。

367. 璧山县司法处审理借会款存查一案　12—9—387

1938年12月，璧山县司法处关于田汉洲等请求借会款存查一案的文书，包括民事存查状、证人证物表、民事存查状缮本等。

368. 四川高等法院第一分院、璧山县司法处审理债务纠葛、租谷假扣押两案　12—9—388

1938年2月至1939年5月，四川高等法院第一分院、璧山县司法处关于尚学伍等请求债务执行、刘芳铨等租佃纠葛请求租谷假扣押两案的文书，包括璧山县司法处民事判决书、意见书、民事诉状、公函、民事声明状、四川高等法院第一分院民事裁定书等。

369. 四川高等法院第一分院、璧山县司法处等审理交业执行一案　12—9—389

1939年7月至1940年7月，四川高等法院第一分院、璧山县司法处等关于蒲辉银等因买卖田业纠葛请求交业执行一案的文书，包括公函、四川高等法院第一分院民事裁定书、训令、民事诉状、民事上诉状、民事申请状等。

370. 璧山地方法院审理会款纠葛一案　12—9—390

1939年9月至1939年11月，璧山地方法院关于徐质彬等请求返还会款一案的文书，包括民事自诉状、公函、言辞辩论笔录、民事宣判笔录、民事判决书、收据、契约等。

371. 璧山地方法院审理给付押金一案　12—9—391

1939年9月至1939年11月，璧山地方法院关于祥合云等因租佃纠葛请求给付押金一案的文书，包括民事诉状、证人证物表、送达回证、报告等。

372. 璧山县司法处审理搬迁交业一案　12—9—392

1938年6月至1939年3月，璧山县司法处关于张锡三等因租佃纠纷请求搬迁交业一案的文书，包括民事诉状、饬签、公函、报告、民事申请状、佃约、收据、民事缴状、审理笔录、民事辩诉状、民事查勘笔录、民事判决书、民事声明状等。

373. 璧山地方法院审理领契约一案　12—9—393

1939 年 12 月，璧山地方法院关于陈翰请求领回涉讼呈庭房屋契约一案的文书，包括民事领状、证人证物表、点名单、领收证等。

374. 璧山地方法院审理撤销查封产业一案　12—9—394

1939 年 11 月至 1940 年 1 月，璧山地方法院关于萧兴教等请求撤销因债务纠葛的查封产业一案的文书，包括民事诉状、民事委任状、民事答辩状、言辞辩论笔录、民事缴状、民事理由状、民事裁定书、民事宣判笔录、民事判决书、契约等。

375. 璧山地方法院审理增加押金一案　12—9—395

1939 年 9 月至 1939 年 11 月，璧山地方法院关于曾银州等因租佃纠葛请求增加押金一案的文书，包括民事诉状、讯问笔录、民事保状、报告、收据等。

376. 璧山地方法院审理再嫁备案一案　12—9—396

1939 年 9 月，璧山地方法院关于曾万氏因丈夫生死不明请求再嫁备案一案的文书，包括民事申请状、批示、证人证物表等。

377. 璧山县司法处审理终止租约一案　12—9—397

1939 年 1 月至 1939 年 2 月，璧山县司法处关于刘银山等因租佃纠葛请求终止租约一案的文书，包括民事诉状、审理笔录、民事判决书等。

378. 璧山地方法院审理遗失契约存查一案　12—9—398

1939 年 10 月，璧山地方法院关于王银章等因契约被盗请求备案存查一案的文书，包括民事存查状、批示、证人证物表、证明员文约等。

379. 璧山地方法院审理债务纠葛一案　12—9—399

1939 年 9 月至 1939 年 10 月，璧山地方法院关于宋杨氏等请求偿还借款执行一案的文书，包括民事认买状、民事和解状、民事诉状、讯问笔录、报告等。

380. 璧山县司法处审理偿还债务一案　12—9—400

1939 年 7 月至 1939 年 8 月，璧山县司法处关于杨汉臣等因货款纠葛请求偿还债务一案的文书，包括民事诉状、证人证物表、审理笔录等。

381. 璧山地方法院审理债务纠葛一案　12－9－401

1939 年 10 月至 1939 年 11 月，璧山地方法院关于曾焕钦等因拍卖田业纠纷请求债务执行一案的文书，包括民事领状、讯问笔录、领收证等。

382. 璧山地方法院审理罚金执行一案　12－9－402

1939 年 11 月至 1940 年 2 月，璧山地方法院关于凤祥银楼等违反印花税法罚金执行一案的文书，包括公函、民事裁定书、民事缴状、收据等。

383. 璧山县司法处审理不守妇道存查一案　12－9－403

1939 年 1 月，璧山县司法处关于邹张氏因媳妇不守妇道请求备案存查以防后患一案的文书，包括民事存查状、证人证物表、民事存查状缮本等。

384. 璧山县司法处审理撤销产业查封一案　12－9－404

1939 年 1 月至 1939 年 4 月，璧山县司法处关于董海合等请求撤销因债务纠葛的产业查封一案的文书，包括民事诉状、民事续状、民事裁定书、民事理由状、审理笔录、民事辩诉状、训令、契约等。

385. 璧山地方法院审理会款纠葛一案　12－9－405

1939 年 8 月至 1940 年 3 月，璧山地方法院关于江献卿等请求返还会款一案的文书，包括民事诉状、民事裁定书、民事补缴状、言辞辩论笔录、报告、证人结文、民事宣判笔录、民事判决书、收据、借约、训令等。

386. 璧山地方法院审理返还债务纠葛借约一案　12－9－406

1939 年 10 月至 1939 年 11 月，璧山地方法院关于王伯英等请求返还债务纠葛借约一案的文书，包括民事诉状、报告、法院谕、证明书、民事裁定书等。

387. 璧山地方法院审理赔偿损害一案　12－9－407

1939 年 11 月至 1940 年 2 月，璧山地方法院关于徐炳林等因被抢劫请求赔偿损害一案的文书，包括民事诉状、结文、言辞辩论笔录、民事辩诉状、民事宣判笔录、民事判决书民、事裁定书等。

388. 璧山县司法处、重庆地方法院审理租佃纠葛、确认会款酬金数额两案　12－9－408

1939 年 6 月至 1939 年 11 月，璧山县司法处、重庆地方法院关于周席珍等请求解除租约、王治云等确认会款酬金数额两案的文书，包括公函、审理笔录、重庆地方法院民事裁定书、言辞辩论笔录、民事诉状等。

389. 璧山地方法院审理会款纠葛一案　12－9－409

1939年7月至1940年2月，璧山地方法院关于陈文林等请求会款执行一案的文书，包括民事诉状、民事执行状、执行笔录等。

390. 璧山县司法处审理赔偿损害一案　12－9－410

1939年4月至1939年5月，璧山县司法处关于张舒氏等因会款纠葛请求赔偿损害一案的文书，包括民事诉状、账单、证人证物表、审理笔录等。

391. 四川高等法院第一分院、璧山县司法处审理给付生活费一案　12－9－411

1939年3月至1939年5月，四川高等法院第一分院、璧山县司法处关于冯何氏等因婚姻纠葛请求给付生活费一案的文书，包括训令、公函、民事和解状、解除同居关系文约、报告等。

392. 璧山地方法院审理损害赔偿一案　12－9－412

1939年12月至1939年4月，璧山地方法院关于刘洁秋等因松树纠葛请求损害赔偿一案的文书，包括民事诉状、契约、言辞辩论笔录、民事辩诉状、民事和解笔录等。

393. 四川高等法院第一分院、璧山地方法院审理返还借款一案　12－9－413

1939年11月至1939年12月，四川高等法院第一分院、璧山地方法院关于江凤祥等请求返还借款一案的文书，包括公函、民事抗告状、抗告意见书、四川高等法院第一分院民事裁定书等。

394. 璧山县司法处审理返还押银一案　12－9－414

1939年2月至1939年7月，璧山县司法处关于刘遵三等因租佃纠葛请求返还押银一案的文书，包括民事诉状、报告、审理笔录、民事辩诉状、公函、民事判决书、民事续状等。

395. 璧山县司法处审理离婚存查一案　12－9－415

1939年6月，璧山县司法处关于萧期程等因离婚请求备案存查一案的文书，包括民事存查状、证人证物表、民事存查状缮本、甘愿脱离夫妇关系文约等。

396. 璧山县司法处审理搬迁交房一案　12－9－416

1939 年 3 月至 1939 年 6 月，璧山县司法处关于万海棠等因租佃纠葛请求搬迁交房一案的文书，包括民事诉状、公函、报告、审理笔录、民事判决书等。

397. 璧山地方法院审理确认优先承买权一案　12－9－417

1939 年 12 月至 1940 年 1 月，璧山地方法院关于郑高氏等因租佃纠葛请求确认优先承买权一案的文书，包括民事诉状、民事辩诉状、言辞辩论笔录、民事宣判笔录、民事判决书等。

398. 四川高等法院第一分院、璧山县司法处审理偿还借款及其上诉一案　12－9－418

1939 年 3 月至 1939 年 6 月，四川高等法院第一分院、璧山县司法处关于姜炳安等请求偿还借款及其上诉一案的文书，包括民事上诉状、法院训令、公函、民事申请状、民事诉状、讯问笔录、民事委任状、宣示判决笔录、璧山县司法处民事裁定书等。

399. 璧山地方法院审理请发支付命令一案　12－9－419

1939 年 11 月，璧山地方法院关于张伯源等因买卖田土房屋纠葛请发支付命令完结买卖手续一案的文书，包括民事申请状、证人证物表、法院支付命令、送达证书等。

400. 璧山地方法院审理领契约一案　12－9－420

1939 年 12 月至 1940 年 2 月，璧山地方法院关于徐泽栋请求领回经界案呈庭契约一案的文书，包括民事领状、证人证物表、送达证书等。

401. 四川高等法院第一分院审理押款纠葛上诉一案　12－9－421

1939 年 9 月，四川高等法院第一分院关于周席珍等押款纠葛上诉一案的文书，包括民事诉愿书、民事裁定书、证人证物表等。

402. 璧山地方法院审理返还货款一案　12－9－422

1939 年 11 月至 1940 年 4 月，璧山地方法院关于杨旭初等因买卖纠葛请求返还货款一案的文书，包括民事诉状、言辞辩论笔录、民事裁定书、通知书、民事委任状、契约、民事判决书等。

403. 璧山地方法院审理赔偿损害一案　12－9－423

1939 年 11 月，璧山地方法院关于张舒氏等因会款纠葛请求赔偿损害一案的文书，包括言辞辩论笔录、民事反诉状、会款单、民事宣判笔录、民事判决书等。

404. 四川高等法院第一分院、璧山地方法院审理会款纠葛一案　12－9－424

1940 年 3 月至 1940 年 6 月，四川高等法院第一分院、璧山地方法院关于何青云等请求会款执行一案的文书，包括公函、意见书、四川高等法院第一分院民事裁定书、公告、执行笔录、民事委任状等。

改卷另有璧山县中兴乡第四保民国学校高级毕业学生名册一份。

405. 四川高等法院第一分院、璧山地方法院等审理返还业款及其上诉一案　12－9－425

1939 年 5 月至 1939 年 12 月，四川高等法院第一分院、璧山地方法院等关于巫赖氏等因田业买卖纠葛请求返还业款及其上诉一案的文书，包括璧山地方法院民事判决书、民事诉状、民事请委状、言辞辩论笔录、民事宣判笔录、收据、璧山地方法院民事裁定书、公函、民事上诉状、民事缴状、宣示判决、四川高等法院第一分院民事判决书、账单、凭票等。

406. 四川高等法院第一分院、璧山地方法院审理返还债务一案　12－9－426

1939 年 10 月至 1939 年 12 月，四川高等法院第一分院、璧山地方法院关于赵恒生等因会款纠葛请求返还债务一案的文书，包括公函、璧山地方法院民事裁定书、民事诉状等。

407. 璧山地方法院审理搬迁交业一案　12－9－427

1939 年 11 月至 1940 年 1 月，璧山地方法院关于杨武臣等租佃纠葛请求搬迁交业一案的文书，包括民事诉状、证人证物表、言辞辩论笔录、民事和解状、民事裁定书等。

408. 璧山地方法院审理会款执行一案　12－9－428

1939 年 10 月至 1940 年 1 月，璧山地方法院关于朱家富等会款执行一案的文书，包括民事诉状、报告、民事请委状、民事申请状等。

409. 璧山地方法院审理地界纠葛及其上诉一案　12－9－429

1939 年 3 月至 1940 年 3 月，璧山地方法院关于杨文辉等地界纠纷及其上诉一案的文书，包括璧山地方法院民事判决书、公函、四川高等法院第一分院民事判决书、民事诉状、民事委任状、民事辩诉状、审理笔录、民事答辩状、涉案地图、训令、查勘笔录、结文、民事领状等。

410. 四川高等法院第一分院审理偿还布款上诉一案　12—9—430

1939 年 10 月，四川高等法院第一分院关于罗德安等因买卖纠葛请求偿还布款上诉一案的文书，包括民事声明状、民事裁定书等。

411. 璧山县司法处审理注销拍卖一案　12—9—431

1939 年 2 月至 1939 年 8 月，璧山县司法处关于吴东成等债务纠葛请求注销拍卖一案的文书，包括民事声明状、审理笔录、民事诉状、民事辩诉状等。

412. 璧山地方法院审理买卖堰塘纠葛一案　12—9—432

1939 年 9 月至 1940 年 1 月，璧山地方法院关于杨文辉等请求确认堰塘所有权及买卖契约无效一案的文书，包括民事诉状、讯问笔录、民事缴状、言辞辩论笔录、民事宣判笔录、民事判决书、民事裁定书等。

413. 璧山县司法处审理给付诉讼费一案　12—9—433

1939 年 1 月，璧山县司法处关于柯朝宗等请求给付债务涉讼案诉讼费一案的文书，包括民事诉状、诉讼损失一览表等。

414. 璧山地方法院审理偿还货款一案　12—9—434

1939 年 11 月至 1939 年 12 月，璧山地方法院关于张紫垣等因买卖纸张纠葛请求偿还货款一案的文书，包括民事诉状、言辞辩论笔录、民事宣判笔录、民事判决书、契约等。

415. 四川高等法院第一分院、璧山县司法处审理返还会款上诉一案　12—9—435

1939 年 3 月至 1939 年 5 月，四川高等法院第一分院、璧山县司法处关于王海州等请求返还会款上诉一案的文书，包括璧山县司法处民事裁定书、民事理由状、公函、训令、审讯笔录、民事宣判笔录、四川高等法院第一分院民事判决书等。

416. 璧山县司法处审理赔偿损害执行一案　12—9—436

1939 年 1 月至 1939 年 2 月，璧山县司法处关于高映晖等抢劫伤人纠葛请求赔偿损害执行一案的文书，包括民事执行状、证人证物表、公函、民事续状、拍卖产业笔录等。

417. 璧山县司法处审理刑满释放一案　12—9—437

1939 年 8 月至 1939 年 11 月，璧山县司法处关于廖吉成等因盗窃及买卖赃物一案期满予以释放的文书，包括刑事判决书、侦查笔录、报告、公函、点名单等。

418. 璧山县司法处审理盗窃一案　12—9—438

1939 年 5 月至 1939 年 6 月，璧山县司法处关于丹凤场联保处对廖吉成等盗窃案提起公诉一案的文书，包括刑事诉状函、被窃失物单、公函、审理笔录、报告书等。

419. 璧山县司法处审理盗窃及买卖赃物一案　12—9—439

1939 年 6 月至 1939 年 8 月，璧山县司法处关于廖吉成等盗窃及买卖赃物涉讼一案的文书，包括公函、审理笔录、刑事诉状、刑事保状、刑事判决书等。

420. 璧山地方法院审理离婚一案　12—9—440

1939 年 11 月至 1939 年 12 月，璧山地方法院关于郭张氏请求依法离婚一案的文书，包括民事诉状、侦查笔录、检察官处分书等。

421. 璧山地方法院审理给付生活费一案　12—9—441

1939 年 4 月至 1939 年 12 月，璧山地方法院关于刘何氏等请求给付生活费一案的文书，包括民事判决书、民事诉状、民事辩诉状、言辞辩论笔录、民事委任状、民事宣判笔录、民事裁定书、民事自诉状、民事答辩状、审理笔录、训令、民事续状等。

422. 璧山县司法处审理债务纠葛一案　12—9—442

1939 年 4 月至 1939 年 5 月，璧山县司法处关于刘勋元等借款债务纠葛一案的文书，包括民事诉状、报告、审理笔录、民事和解笔录等。

423. 璧山地方法院审理返还货款一案　12—9—443

1939 年 7 月至 1939 年 12 月，璧山地方法院关于徐秉枢等因松木纠葛请求返还货款一案的文书，包括民事判决书、民事诉状、言辞辩论笔录、民事宣判笔录、审理笔录等。

424. 璧山县司法处审理搬迁一案　12—9—444

1939 年 6 月至 1939 年 8 月，璧山县司法处关于刘维新堂等因租佃纠葛请求搬迁一案的文书，包括民事诉状、审理笔录、民事辩诉状、报告等。

425. 四川高等法院第一分院、璧山地方法院审理追偿会款及其上诉一案　12—9—445

1939年7月至1940年5月，四川高等法院第一分院、璧山地方法院关于李陈氏等请求追偿会款及其上诉一案的文书，包括民事诉状、民事反诉状、审理笔录、璧山地方法院民事判决书、公函、四川高等法院第一分院民事裁定书、言辞辩论笔录、民事宣判笔录、契约等。

426. 璧山县司法处审理解除婚约存查一案　12—9—446

1939年4月，璧山县司法处关于吴文吉等因解除婚约请求备案存查一案的文书，包括民事存查函等。

427. 璧山地方法院审理协助通缉杀人犯一案　12—9—447

1939年11月至1939年12月，璧山地方法院关于四川高等法院检察官因郑福生杀人函请协助通缉一案的文书，包括四川高等法院第一分院训令、公函等。

428. 四川高等法院第一分院、璧山地方法院审理赔偿损害一案　12—9—448

1939年12月至1940年5月，四川高等法院第一分院、璧山地方法院关于安锡臣因被何开基等人打伤请求赔偿损害一案的文书，包括刑事诉状、侦讯笔录、结文、刑事保状、璧山地方法院检察官不起诉处分书、指令、四川高等法院第一分院检察官不起诉处分书等。

429. 璧山县司法处审理偿还债务一案　12—9—449

1939年1月至1939年7月，璧山县司法处关于汪李氏等因货款纠葛请求偿还债务一案的文书，包括民事诉状、民事裁定书、审理笔录、民事判决书、民事申请状、民事执行状、拖累各费用单等。

430. 璧山地方法院审理宣告停止继承权利一案　12—9—450

1939年10月至1939年11月，璧山地方法院关于吴刘氏因儿子浪荡破家请求宣告停止继承权利一案的文书，包括民事申请状、证人证物表、民事裁定书等。

431. 璧山县司法处审理会款纠葛一案　12—9—451

1939年4月至1939年7月，璧山县司法处关于王德成等请求返还会款一案的文书，包括民事判决书、民事辩诉状、民事诉状、审理笔录、民事裁定书、民事和解状等。

432. 璧山县司法处审理增加典价一案　12—9—452

1938 年 12 月至 1939 年 3 月，璧山县司法处关于张孙氏等因典田谷当纠葛请求增加典价一案的文书，包括民事诉状、审理笔录、民事续状、民事判决书等。

433. 璧山县司法处审理确定诉讼费用一案　12—9—453

1939 年 7 月至 1939 年 8 月，璧山县司法处关于徐述平等请求确定押金纠葛案的诉讼费用一案的文书，包括收据、民事申请状、证人证物表、诉讼及损害费用清单、民事裁定书等。

434. 璧山县司法处审理查封产业异议一案　12—9—454

1939 年 3 月至 1939 年 7 月，璧山县司法处关于陈文品等因债务纠葛案的请求查封产业异议一案的文书，包括民事异议状、民事裁定书、报告、民事请委状、审理笔录、民事辩诉状、抄佃约、民事判决书等。

435. 璧山县司法处审理离婚存查一案　12—9—455

1939 年 3 月，璧山县司法处关于邓智源等因离婚备案存查一案的文书，包括民事存查函、离婚书、公函等。

436. 璧山县司法处审理解除同居关系存查一案　12—9—456

1939 年 8 月，璧山县司法处关于吴华周与其妾龙吉贞解除同居关系请求备案存查一案的文书，包括民事存查状、证人证物表、解除同居关系文约等。

437. 璧山地方法院审理返还稻谷一案　12—9—457

1939 年 9 月至 1940 年 2 月，璧山地方法院关于胡炳奎等因租佃纠葛请求返还稻谷一案的文书，包括民事诉状、讯问笔录、言辞辩论笔录、民事反诉状、民事宣判笔录、民事判决书、民事裁定书、借约等。

438. 璧山地方法院审理产业假扣押一案　12—9—458

1939 年 12 月至 1940 年 1 月，璧山地方法院关于杨汉臣等因借款纠葛请求产业假扣押一案的文书，包括民事诉状、证人证物表、民事裁定书、送达证书等。

439. 四川高等法院第一分院、璧山县司法处审理婚约纠葛一案　12—9—459

1939 年 5 月至 1939 年 7 月，四川高等法院第一分院、璧山县司法处关于何绍平等请求确认婚姻有效一案的文书，包括民事申请函、民事上诉状、证人证物表、四川高等法院第一分院民事裁定书公函等。

440. 璧山县司法处审理会款纠葛一案　12—9—460（1）

1938年10月至1940年7月，璧山县司法处关于刘钦樵等返还会款执行一案的文书，包括民事执行状、民事反诉状、民事辩诉状、民事声明状、会单、算账清单、民事续状、言辞辩论笔录、民事宣判笔录、民事判决书等。

441. 璧山县司法处审理会款纠葛一案　12—9—460(2)

1938年8月至1939年8月，璧山县司法处关于刘钦樵等返还会款执行一案的文书，包括审理笔录、民事声明状、民事反诉状、民事辩诉状、民事诉状、公函、民事和解笔录、民事执行状、民事续状等。

442. 四川高等法院第一分院、璧山县司法处审理会款纠葛及其上诉案　12—9—461

1939年1月至1939年4月，四川高等法院第一分院、璧山县司法处关于舒汉江等请求返还会款及其上诉一案的文书，包括公函、璧山县司法处民事判决书、训令、四川高等法院第一分院民事和解笔录、民事诉状、集贤会簿、欠条、收据、民事上诉状、审讯笔录、民事委任状、民事辩诉状、集贤会账单、审理笔录等。

443. 四川高等法院第一分院、璧山县司法处审理执行罚金上诉一案　12—9—462

1939年5月至1939年9月，四川高等法院第一分院、璧山县司法处关于随园等商号因违反印花税法被罚款的上诉一案的文书，包括公函、意见书、四川高等法院第一分院民事裁定书、刑事抗告状、训令等。

444. 璧山地方法院审理经界纠葛一案　12—9—463

1939年11月至1940年3月，璧山地方法院关于邹万盛等因地界涉讼请求确定经界一案的文书，包括民事判决书、民事诉状、民事辩诉状、契约、涉案地图、公函、言辞辩论笔录、审判笔录、证人结文、民事宣判笔录等。

445. 璧山实验地方法院审理杉树纠葛一案　12—9—464

1945年8月至1946年3月，璧山实验地方法院关于熊明甫等返还杉树执行一案的文书，包括民事诉状、民事委任状、民事申请状、报告、执行命令、收据等。

446. 璧山地方法院审理返还定金及赔偿损害一案　12—9—465

1939年9月至1940年1月，璧山地方法院关于景其祥等因买卖田业纠纷请求返还定金及赔偿损害一案的文书,包括民事诉状、收据、审讯笔录、结文、民事宣判笔录、民事判决书、民事裁定书等。

447. 璧山县司法处审理确认婚姻无效一案　12－9－466

1939年4月,璧山县司法处关于董谭氏等因婚约纠葛请求确认婚姻无效一案的文书,包括民事诉状、民事诉状缮本、民事和解状等。

448. 璧山地方法院审理借款纠葛一案　12－9－467

1939年11月至1939年12月,璧山地方法院关于任海安等请求返还借款一案的文书,包括民事诉状、言辞辩论笔录、民事宣判笔录、民事判决书、借约等。

449. 璧山地方法院审理离婚备案一案　12－9－468

1939年10月,璧山地方法院关于张胡氏等离婚备案存查一案的文书,包括民事存查状、证人证物表、离婚文约等。

450. 璧山地方法院审理给付租谷一案　12－9－469

1939年11月至1939年12月,璧山地方法院关于巫奎臣等因租佃纠纷请求给付租谷一案的文书,包括民事诉状、言辞辩论笔录、民事辩诉状、民事裁定书、民事声明状等。

451. 四川高等法院第一分院、璧山县司法处审理赔偿损害及其上诉一案　12－9－470

1939年1月至1939年6月,四川高等法院第一分院、璧山县司法处关于雷洪殿因被打伤要求赔偿损害及其上诉一案的文书,包括公函、民事上诉状、民事和解状、和解文约、领状、民事申请状、佃约、审理笔录、民事展限状、收据、璧山县司法处民事判决书、璧山县司法处民事裁定书等。

452. 四川高等法院第一分院、璧山地方法院审理婚约纠纷及其上诉一案　12－9－471

1939年8月至1940年2月,四川高等法院第一分院、璧山地方法院关于张雷仲华等因婚姻纠葛请求确认离婚字约无效及其上诉一案的文书,包括训令、公函、四川高等法院第一分院民事判决书、民事诉状、民事辩诉状、民事委任状、言辞辩论笔录、民事宣判笔录、璧山地方法院民事判决书、璧山地方法院裁定书等。

453. 璧山地方法院审理确认买卖契约有效一案　12—9—472

1939年12月至1940年4月，璧山地方法院关于曾子才等因买卖田业纠葛请求确认买卖契约有效一案的文书，包括民事诉状、言辞辩论笔录、民事答辩状、契约、民事裁定书、民事辩诉状、民事宣判笔录、民事判决书等。

454. 璧山县司法处审理交业执行一案　12—9—473

1939年1月至1939年4月，璧山县司法处关于张永祯等因买卖田房纠葛请求交业执行一案的文书，包括民事执行状、民事领状、饬签、公函、训令、契约、民事判决书等。

455. 四川高等法院第一分院、璧山县司法处审理生活费纠葛上诉一案　12—9—474

1939年2月至1939年4月，四川高等法院第一分院、璧山县司法处关于冯尚文等请求给付生活费上诉一案的文书，包括璧山县司法处民事裁定书、训令、民事上诉状等。

456. 四川高等法院第一分院、璧山县司法处审理返还债务执行一案　12—9—475

1938年10月至1939年6月，四川高等法院第一分院、璧山县司法处关于蒋顺成等申请返还会款的债务执行一案的文书，包括四川高等法院第一分院民事判决书、民事执行状、民事诉状、报告书、公函等。

457. 璧山县司法处审理给付租谷一案　12—9—476

1939年5月至1939年7月，璧山县司法处关于周炳泰等因租佃纠葛请求给付租谷一案的文书，包括民事诉状、报告、审理笔录、民事判决书、契约等。

458. 璧山地方法院审理典价纠葛一案　12—9—477

1939年10月至1940年1月，璧山地方法院关于陈张氏等因典当田业纠葛请求付足典价一案的文书，包括民事诉状、民事反诉状、言辞辩论笔录、民事宣判笔录、民事判决书、民事裁定书等。

459. 璧山县司法处审理限制权利存查一案　12—9—478

1939年1月至1939年2月，璧山县司法处关于甘英氏因儿子神经丧失请求限制治理产业权利的存查一案的文书，包括民事申请状、证人证物表、训令等。

460. 四川高等法院第一分院、璧山县司法处审理粮税、债务纠葛及其上诉案两案 12—9—479

1938年2月至1939年11月，四川高等法院第一分院、璧山县司法处关于鲁荣卿等因粮税纠葛请求拨清粮食、蒋顺成等因兑换银币纠葛请求债务执行及其上诉案两案的文书，包括民事诉状、公函、训令、四川高等法院第一分院民事判决书、审理笔录、民事保状、结文、璧山县司法处民事判决书、民事上诉状、四川高等法院第一分院民事裁定书、讯问笔录、宣告判决笔录等。

461. 璧山县司法处审理遗产存查一案 12—9—480

1939年1月，璧山县司法处关于陈徐氏遗产备案存查一案的文书，包括民事存查状、证人证物表等。

462. 璧山地方法院审理产业纠葛请求返还债务一案 12—9—481

1939年9月至1939年10月，璧山地方法院关于李树煊等因买卖产业纠葛请求返还债务一案的文书，包括民事诉状、证人证物表、报告、民事和解状等。

463. 璧山地方法院审理会款纠葛一案 12—9—482

1939年11月至1940年4月，璧山地方法院关于董致祥等请求会款执行一案的文书，包括民事执行状、讯问笔录、训令、报告、查封不动产笔录、鉴定人鉴定文、布告、拍卖投标书、拍卖笔录、执行笔录、民事缴状、民事领状、民事委任状等。

464. 四川高等法院第一分院、璧山地方法院审理会款纠葛上诉一案 12—9—483

1939年3月至1940年2月，四川高等法院第一分院、璧山地方法院关于冯双璧等返还会款上诉一案的文书，包括公函、民事上诉状、四川高等法院第一分院民事裁定书、民事追加状、民事委任状、言辞辩论笔录等。

465. 四川高等法院第一分院、璧山地方法院审理回赎典产及其上诉一案 12—9—484（1）

1939年10月至1941年3月，四川高等法院第一分院、璧山地方法院关于达王氏等因典当田业纠葛请求回赎典产及其上诉一案的文书，包括璧山地方法院民事诉状、民事判决书、民事委任状、言辞辩论笔录、民事执行状、证人结文、民事辩诉状、民事宣判笔录、璧山地方法院民事裁定书、公函、四川高等法院第一分院民事判决书、民事申请状、四川高等法院第一分院民事裁定书、报告、民事上诉状等。

466. 四川高等法院第一分院、璧山地方法院审理回赎典产及其上诉一案　12－9－484（2）

1940年11月至1943年7月，四川高等法院第一分院、璧山地方法院关于达王氏等请求回赎典当田产及其上诉一案的文书，包括四川高等法院第一分院民事裁定书、公函、民事催状、民事追加状、民事辩诉状、四川高等法院第一分院民事判决书、言辞辩论笔录、民事申请状、民事参加状、民事委任状、民事申请书、宣示判决笔录等。

467. 四川高等法院第一分院、璧山地方法院审理经界纠葛上诉一案　12－9－485

1940年4月至1944年10月，四川高等法院第一分院、璧山地方法院关于李全三等请求划定经界上诉一案的文书，包括民事判决书、公函、收据、民事申请状、民事诉状、证人证物表等。

468. 四川高等法院第一分院、璧山县司法处审理会款纠葛上诉一案　12－9－486

1939年1月至1939年8月，四川高等法院第一分院、璧山县司法处关于殷福兴等请求给付会款上诉一案的文书，包括公函、民事领状、训令、四川高等法院第一分院民事裁定书、收据、四川高等法院第一分院民事判决书等。

469. 璧山县司法处审理债务纠纷一案　12－9－487

1939年2月至1939年4月，璧山县司法处关于蔡清周等鸦账债务纠纷一案的文书，包括民事反诉状、报告、审理笔录、民事辩诉状、民事和解状等。

470. 璧山地方法院审理返还货款一案　12－9－488

1939年10月至1939年11月，璧山地方法院关于郭绍猷等因合伙经营纠葛请求返还合伙木料生意货款一案的文书，包括民事诉状、言辞辩论笔录、民事辩诉状、民事判决书等。

471. 四川高等法院第一分院、璧山县司法处审理返还债务上诉一案　12－9－489

1939年4月，四川高等法院第一分院、璧山县司法处关于冉曹氏等因租佃纠葛的返还债务上诉一案的文书，包括公函、意见书、民事诉状、四川高等法院第一分院民事裁定书等。

472. 璧山地方法院审理会款执行一案　12－9－490

1939年9月至1939年12月，璧山地方法院关于殷福兴要求荣汉周等偿还会款执行一案的文书,包括民事执行状、讯问笔录、民事缴状、民事领状、领收证等。

473. 璧山地方法院审理领押交业一案　12－9－491

1939年11月至1939年12月,璧山地方法院关于违王氏等租佃纠葛请求领押交业一案的文书,包括民事诉状、证人证物表、民事裁定书等。

474. 四川高等法院第一分院、璧山县司法处审理家产纠葛及其上诉一案　12－9－492

1939年6月至1939年12月,四川高等法院第一分院、璧山县司法处关于张雷氏等请求分割家产及其上诉一案的文书,包括公函、民事诉状、证人证物表、民事上诉状、民事申请状、璧山县司法处民事判决书、璧山县司法处民事裁定书、训令、民事委任状、代理律师意见书、言辞辩论笔录、民事宣判笔录、四川高等法院第一分院民事判决书等。

475. 璧山县司法处审理增加股本一案　12－9－493

1939年3月至1939年7月,璧山县司法处关于朱友三等因合伙经营纠葛请求增加股本一案的文书,包括民事再审状、民事裁定书、报告、凭票、民事诉状、审理笔录、民事申请状、民事辩诉状、账单、民事判决书等。

476. 璧山地方法院审理借款纠葛一案　12－9－494

1939年9月至1939年11月,璧山地方法院关于杨炳清等请求偿还借款执行一案的文书,包括民事执行状、证人证物表、讯问笔录、民事和解状等。

477. 璧山县司法处审理赔偿损害一案　12－9－495

1939年1月至1939年5月,璧山县司法处关于龚兴成等因诈骗钱财纠纷请求赔偿损害一案的文书,包括刑事诉状、审理笔录、刑事附带民事判决书等。

478. 璧山县司法处审理赔偿损害一案　12－9－496

1939年2月至1939年3月,璧山县司法处关于张述安因被傅贤儒等抢劫请求赔偿损害一案的文书,包括刑事诉状、刑事诉愿书、审理笔录等。

479. 璧山县司法处审理确定诉讼费一案　12－9－497

1936年9月至1939年8月,璧山县司法处关于陈正芳等请求确定借债纠葛案诉讼费一案的文书,包括民事申请状、借款本息清单、诉讼费计算书、民事裁定书、报告、通知书、领状、民事诉状、借约、审理笔录、民事辩诉状、民事保状等。

480. 四川高等法院第一分院、璧山县司法处审理查封产业执行一案　12—9—498

1939年6月至1939年7月，四川高等法院第一分院、璧山县司法处关于蒋光耀等请求终止会款纠葛案的查封产业执行一案的文书，包括训令、通知书、公函、意见书、民事抗告状、四川高等法院第一分院民事裁定书等。

481. 璧山地方法院审理布款纠葛一案　12—9—499

1939年12月至1940年11月，璧山地方法院关于石金山等请求布款执行一案的文书，包括民事续状、训令、布告、查封不动产笔录、鉴定人鉴定文、结文、抵债文约、民事执行状、收据、讯问笔录、强制管理命令、命令、公函、执行命令、民事补诉状、民事销案状、公告等。

482. 璧山县司法处审理布款纠葛一案　12—9—500

1936年2月至1939年6月，璧山县司法处关于石金山等因买卖纠葛请求返还布款一案的文书，包括民事诉愿书、民事辩诉状、来往存款单、审理笔录、报告、民事保状、民事判决书、民事上诉状、收据、契约等。

483. 璧山地方法院审理经界纠葛一案　12—9—501

1939年6月至1939年12月，璧山地方法院关于董维周等请求确立经界一案的文书，包括民事诉状、审理笔录、民事辩诉状、报告等。

484. 四川高等法院第一分院、璧山实验地方法院审理赔偿损失上诉一案　12—9—502

1943年5月至1944年7月，四川高等法院第一分院、璧山实验地方法院关于张焱钦差等买卖菜饼纠葛请求赔偿损失上诉一案的文书，包括公函、民事抗告状、四川高等法院第一分院民事裁定书等。

485. 璧山县司法处审理返还借银一案　12—9—503

1938年8月，璧山县司法处关于周吉廷请求返还借银一案的文书，包括民事诉状、借银文约、审理笔录、民事裁定书、民事和解笔录等。

486. 璧山地方法院审理偿还借款一案　12—9—504

1939年11月至1939年12月，璧山地方法院关于邓吉臣等请求偿还借款一案的文书，包括民事申请函、民事裁定书、送达证书等。

487. 璧山地方法院审理典当企业纠葛一案　12—9—505

1939 年 11 月,璧山地方法院关于张郑培等因典当田业纠葛一案的文书,包括民事裁定书、送达证书等。

488. 璧山地方法院审理典当纠葛一案　12—9—506

1939 年 11 月至 1940 年 2 月,璧山地方法院关于官蓝氏等因典当纠葛请求增加业价一案的文书,包括民事诉状、报告、讯问笔录、言辞辩论笔录、民事裁定书、民事辩诉状、典物单等。

489. 四川高等法院第一分院、璧山地方法院审理抵押拍卖异议及其上诉一案　12—9—507

1939 年 9 月至 1940 年 3 月,四川高等法院第一分院、璧山地方法院关于温谢氏等因债务纠葛的拍卖产业异议及其上诉一案的文书,包括民事诉状、民事辩诉状、言辞辩论笔录、证人结文、四川高等法院第一分院民事裁定书、璧山地方法院民事裁定书、契约等。

490. 璧山地方法院审理会款纠葛一案　12—9—508

1939 年 7 月至 1940 年 3 月,璧山地方法院关于王竹轩等请求返还会款一案的文书,包括言辞辩论笔录、民事续呈状、会项文约、审判笔录、民事诉状、民事宣判笔录、民事判决书、契约、集贤会单、审理笔录、民事答辩状、报告等。

491. 璧山地方法院审理给付租谷执行一案　12—9—509

1939 年 9 月至 1939 年 11 月,璧山地方法院关于王青山等因租佃纠纷请求给付租谷执行一案的文书,仅包括民事续状两份。

492. 璧山地方法院审理债务执行一案　12—9—510

1939 年 9 月至 1940 年 1 月,璧山地方法院关于何海荣等租佃纠葛请求债务执行一案的文书,包括民事诉状、证人证物表、公函、民事执行状、民事委任状等。

493. 璧山地方法院审理会款执行异议一案　12—9—511

1939 年 5 月至 1939 年 12 月,璧山地方法院关于殷福兴等会款执行异议一案的文书,包括民事再审状、会洋收据、讯问笔录、民事和解笔录、报告、原民事判决书等。

494. 璧山地方法院审理撤销契约一案　12—9—512

1939年11月至1940年2月，璧山地方法院关于黎炳兴等因租佃纠葛申请撤销契约一案的文书，包括民事诉状、言辞辩论笔录、民事裁定书、民事辩诉状、契约、检察官处分书等。

495. 璧山县司法处审理借债执行一案　12—9—513

1939年1月至1939年6月，璧山县司法处关于李得清等请求借债执行一案的文书，包括民事执行状、报告书、公函、饬签等。

496. 璧山县司法处审理债务纠纷一案　12—9—514

1938年12月至1939年6月，璧山县司法处关于戴德怀等请求返还借款一案的文书，包括民事诉状、审理笔录、民事和解笔录、报告等。

497. 璧山县司法处审理会款纠葛一案　12—9—515

1939年1月，璧山县司法处关于龚焕成等请求返还会款一案的文书，包括民事诉状、账单、审理笔录、民事判决书等。

498. 璧山地方法院审理四川高等法院第一分院函请协助拘捕杀人犯一案　12—9—516

1939年8月至1939年12月，璧山地方法院关于四川高等法院第一分院函请协助拘捕杀人犯王在初一案的文书，包括公函、报告书等。

499. 璧山地方法院审理生活费纠纷一案　12—9—517

1940年1月，璧山地方法院关于张帅氏等请求给付生活费一案的文书，包括民事诉状、证人证物表、民事辩诉状、言辞辩论笔录、民事宣判笔录、民事判决书等。

500. 璧山地方法院审理借款执行一案　12—9—518

1939年9月至1940年4月，璧山地方法院关于陶义三等借款执行一案的文书，包括民事执行状、民事委任状、报告、讯问笔录、执行命令、命令、民事展限状等。

501. 璧山地方法院审理确定业价一案　12—9—519

1937年5月至1940年3月，璧山地方法院关于曾成志等因买卖田业纠葛请求确定业价一案的文书，包括民事诉状、契约、讯问笔录、民事辩诉状、民事申请状、言辞辩论笔录、证人结文、民事裁定书、原民事判决书等。

502. 璧山县司法处审理经界纠纷一案　12—9—520

1939年7月至1939年8月，璧山县司法处关于高祥中等请求确定地界一案的文书，包括民事诉状、审理笔录、案奉、履勘笔录等。

503. 四川高等法院第一分院、璧山地方法院等审理偿还会款上诉一案　12—9—521

1939年7月至1939年12月，四川高等法院第一分院、璧山地方法院等关于龚绍周等请求偿还会款上诉一案的文书，包括公函、民事上诉状、契约、训令、四川高等法院第一分院民事裁定书、报告等。

504. 璧山县司法处、巴县地方法院等审理债务纠葛一案　12—9—522

1936年3月至1940年1月，璧山县司法处、巴县地方法院等关于甘春浓等因借款涉讼及讼费损失赔偿的债务纠纷一案的文书，包括民事续呈状、审理笔录、民事辩诉状、训令、公函、民事诉状、民事保状、璧山县司法处民事判决书、报告、民事自诉状、借款及损害数目表、查封笔录、拍卖布告、民事申请状、牌告、民事补呈状、巴县地方法院民事判决书、璧山县政府民事判决书、传达费及日期表、收据、借约等。

505. 四川高等法院第一分院、璧山县司法处审理债务纠纷一案　12—9—523

1939年5月至1939年8月，四川高等法院第一分院、璧山县司法处关于吴平周等返还借款执行一案的文书，包括公函、意见书、民事领状、训令等。

506. 璧山地方法院审理债务纠纷一案　12—9—524

1939年11月至1940年3月，璧山地方法院关于吴平周等返还借款执行一案的文书，包括民事诉状、讯问笔录、民事声明状、账单、民事执行状、报告书、民事领状、领收证、民事辩诉状、民事保状、民事缴状、执行笔录、民事判决书等。

507. 璧山县司法处等审理会款纠葛一案　12—9—525（1）

1937年6月至1940年1月，璧山县司法处等关于刘兴河等请求会款执行一案的文书，包括民事诉状、民事领状、领收证、民事申请状、账单、训令、契约、民事辩诉状、审理笔录、民事自诉状、民事判决书、签呈、报告等。

508. 璧山县司法处审理会款纠葛一案　12—9—525（2）

1937年12月至1938年8月，璧山县司法处关于刘兴河等请求会款执行一案的文书，包括命令、报告、拍卖布告、牌告、民事诉状、民事辩诉状、审理笔录、民事保状、民事判决书、三庄群贤会簿、借据等。

509. 四川高等法院第一分院、璧山县司法处审理会款纠葛及其上诉一案　12－9－526（1）

1937年9月至1939年4月，四川高等法院第一分院、璧山县司法处关于李福三等请求会款执行及其上诉一案的文书，包括民事判决书、民事执行状、报告书、民事保状、民事缴状、通知书、民事领状、训令、公函等。

510. 四川高等法院第一分院、璧山县司法处审理会款纠葛及其上诉案　12－9－526（2）

1937年12月至1939年7月，四川高等法院第一分院、璧山县司法处关于李福三等请求会款执行及其上诉一案的文书，包括训令、公函、四川高等法院第一分院民事裁定书、民事执行状、民事保状、民事申请状、欠款姓名数目一览表、民事自诉状、审理笔录等。

511. 四川高等法院第一分院、璧山县司法处审理会款纠葛及其上诉一案　12－9－526（3）

1938年1月至1938年10月，四川高等法院第一分院、璧山县司法处关于李福三等请求会款执行及其上诉一案的文书，包括民事辩诉状、审理笔录、民事保状、司法处谕、报告、璧山县司法处民事判决书、民事上诉状、四川高等法院第一分院民事裁定书、训令等。

512. 四川高等法院第一分院、璧山县司法处审理债务纠葛上诉一案　12－9－527

1939年4月至1939年11月，四川高等法院第一分院、璧山县司法处关于吴焕文等买卖屋基引起的债务纠葛上诉一案的文书，包括公函、意见书、民事抗告状、四川高等法院第一分院民事裁定书、训令、民事催状等。

513. 四川高等法院第一分院、璧山地方法院审理撤销假扣押抗告一案　12－9－528

1939年8月至1940年1月，四川高等法院第一分院、璧山地方法院关于黄英灿等因租佃纠葛请求撤销假扣押抗告一案的文书，包括民事抗告状、公函、四川高等法院第一分院民事裁定书等。

514. 璧山地方法院审理借款纠纷一案　12－9－529

1939年9月至1940年1月，璧山地方法院关于陈昆山等返还借款执行一案的文书,包括民事诉状、讯问笔录、民事保状、民事和解笔录、民事和解状、收据、借约等。

515. 璧山地方法院审理拍卖街房执行一案　12—9—530

1939 年 9 月至 1939 年 12 月,璧山地方法院关于尹春林等因债务纠葛的拍卖街房执行一案的文书,包括民事催状、民事诉状、民事执行状、报告等。

516. 璧山县司法处审理给付租谷一案　12—9—531

1939 年 3 月,璧山县司法处关于刘清云等因租佃纠葛引起的请求给付租谷一案的文书,包括民事诉状、审理笔录、民事和解笔录等。

517. 璧山地方法院审理撤销会洋假扣押一案　12—9—532

1939 年 12 月至 1940 年 1 月,璧山地方法院关于冯绍贤等因会款纠葛请求撤销会洋假扣押一案的文书,包括民事执行状、证人证物表、民事裁定书等。

518. 四川高等法院第一分院、璧山县司法处审理债务纠葛上诉一案　12—9—533

1938 年 12 月至 1939 年 1 月,四川高等法院第一分院、璧山县司法处关于王金安等由会款引起的债务纠葛上诉一案的文书,包括公函、意见书、民事上诉状、四川高等法院第一分院民事裁定书等。

519. 璧山县司法处审理娶妻备案存查一案　12—9—534

1939 年 3 月,璧山县司法处关于杨永福因娶再嫁妇女为妻请求备案存查一案的文书,包括民事申请状、证人证物表等。

520. 璧山地方法院审理解除同居关系备案存查一案　12—9—535

1939 年 10 月,璧山地方法院关于黄克明等请求解除同居关系备案存查一案的文书,包括民事存查状、证人证物表、甘愿解除同居关系文约等。

521. 璧山地方法院审理返还失物一案　12—9—536

1939 年 11 月至 1940 年 1 月,璧山地方法院关于杨志华等因寄存箱子时物品丢失请求返还失物一案的文书,包括民事诉状、民事裁定书、言辞辩论笔录、民事宣判笔录、民事判决书等。

522. 璧山地方法院审理离婚一案　12—9—537

1939 年 10 月至 1939 年 11 月,璧山地方法院关于龙黄氏因前夫刑期将满请求离婚一案的文书,包括民事诉状、证人证物表、民事裁定书等。

523. 璧山地方法院审理租赁调解一案　12－9－538

1939 年 12 月至 1940 年 1 月,璧山地方法院关于邓文才等发生租赁房屋纠葛请求租赁调解一案的文书,包括民事诉状、证人证物表、民事裁定书、言辞辩论笔录等。

524. 璧山地方法院审理返还遗产一案　12－9－539

1939 年 11 月至 1940 年 1 月,璧山地方法院关于冷晴初等因买卖田业纠葛请求返还遗产一案的文书,包括民事诉状、民事答辩状、言辞辩论笔录、民事宣判笔录、民事判决书等。

525. 璧山县司法处审理家产存查一案　12－9－540

1939 年 4 月,璧山县司法处关于陈昌熙等请求分配家产存查一案的文书,包括民事存查状、证人证物表等。

526. 璧山地方法院审理会款纠纷一案　12－9－541

1939 年 12 月,璧山地方法院关于曾焕章等请求返还会款执行一案的文书,包括民事诉状、证人证物表、送达证书等。

527. 璧山地方法院审理会款纠纷一案　12－9－542

1939 年 12 月,璧山地方法院关于尚志功等请求会款执行一案的文书,包括民事执行状、证人证物表、送达证书等。

528. 四川高等法院第一分院、璧山地方法院审理赔偿损害一案　12－9－543

1939 年 10 月,四川高等法院第一分院、璧山地方法院关于邱谢氏诉保长伍良才等借拉丁为题聚众伤害并损失期票、钢笔、法币等而要求赔偿损害一案的文书,包括公函、审判笔录、刑事诉状、刑事判决书等。

529. 璧山县司法处审理债务纠葛一案　12－9－544

1939 年 5 月至 1939 年 7 月,璧山县司法处关于余炳清等借款债务纠葛一案的文书,包括民事申请函、账单、报告、审理笔录等。

530. 巴县地方法院、璧山地方法院等审理赔偿损害一案　12－9－545

1936 年 3 月至 1940 年 4 月,巴县地方法院、璧山地方法院等关于甘春浓等因垫付借债纠葛请求赔偿损害一案的文书，包括民事续状、审判笔录、证人结文、民事宣判笔录、璧山地方法院民事判决书、璧山县司法处民事判决书、巴县地方法院民事判决书等。

531. 璧山地方法院审理会款纠葛一案　12—9—546

1939年10月至1939年12月，璧山地方法院关于廖树臣等返还会款执行一案的文书，包括民事诉状、民事辩诉状、言辞辩论笔录、民事委任状、民事宣判笔录、民事判决书、借约等。

532. 璧山地方法院审理给付租谷执行一案　12—9—547

1939年8月至1940年4月，璧山地方法院关于伍江氏等因租佃纠葛给付租谷执行一案的文书，包括民事申请状、民事判决书、民事委任状、讯问笔录、命令、民事执行状、报告、投佃到场人姓名单、问事单等。

533. 璧山县司法处审理盗窃、赔偿损害两案　12—9—548

1939年1月至1939年2月，璧山县司法处关于大佛乡联保处因邓吉川盗窃提起刑事公诉、邓海银等因口角伤人要求赔偿损害两案的文书，包括刑事申请公函、审理笔录、刑事判决书、验伤单、刑事诉状等。

534. 璧山地方法院审理遗产存查一案　12—9—549

1939年12月，璧山地方法院关于吴友三等遗产备案存查一案的文书，包括民事存查函、法院指令等。

535. 四川高等法院第一分院、璧山县司法处审理会款纠纷上诉一案　12—9—550

1939年4月至1939年8月，四川高等法院第一分院、璧山县司法处关于陈剑拨等返还会款上诉一案的文书，包括公函、训令、四川高等法院第一分院民事裁定书等。

536. 璧山地方法院审理偿还债务执行一案　12—9—551

1939年10月至1940年6月，璧山地方法院关于邹耀廷等因买卖房产纠葛的债务执行一案的文书，包括民事诉状、讯问笔录、民事执行状、民事缴状、领收证、民事领状、民事申请状、执行笔录、原民事裁定书等。

537. 璧山地方法院审理债务纠葛一案　12—9—552

1939年12月，璧山地方法院关于朱海林等债务执行一案的文书，包括卷宗总目、送达证书、点名单等。

538. 四川高等法院第一分院、璧山县司法处等审理经界纠葛及其上诉一案　12－9－553

1938年11月至1940年5月，四川高等法院第一分院、璧山县司法处等关于王春生等因院坝界址纠葛请求确定经界及其上诉一案的文书，包括民事领状、公函、民事上诉状、四川高等法院第一分院民事裁定书、审理笔录、结文、宣示判决笔录、四川高等法院第一分院民事判决书、民事抗告状、涉案地图、民事理由状、民事执行状、民事辩诉状、训令、报告、璧山县司法处民事判决书、领收证等。

539. 四川高等法院第一分院、璧山地方法院审理妨害公务执行上诉一案　12－9－554

1940年2月至1941年11月，四川高等法院第一分院、璧山地方法院关于雷伯高因矿权纠纷涉案而妨害公务执行上诉一案的文书，包括公函、训令、四川高等法院第一分院刑事判决书、刑事申请状、璧山地方法院检察官申请书、璧山地方法院刑事裁定书、报告等。

540. 璧山地方法院审理返还欠款一案　12－9－555

1939年8月至1939年12月，璧山地方法院关于张紫垣等请求返还卖业欠款一案的文书，包括民事诉状、民事判决书等。

541. 四川高等法院第一分院、璧山地方法院审理给付租谷一案　12－9－556

1939年9月至1940年2月，四川高等法院第一分院、璧山地方法院关于汪金城等因租佃纠葛请求给付租谷一案的文书，包括训令、公函、四川高等法院第一分院民事判决书、民事领状等。

542. 璧山县司法处审理偿还债务一案　12－9－557

1939年1月至1939年11月，璧山县司法处关于鲍瑞堂等因会款纠葛请求偿还债务一案的文书，包括民事诉状、民事辩诉状、审理笔录、民事判决书、民事执行状、公函、账单、民事申请状、民事缴状、民事抗告状、五庄公益会簿、讯问笔录、报告、领收证等。

543. 璧山地方法院审理租谷执行一案　12－9－558

1939年9月至1940年5月，璧山地方法院关于江永清等因租佃纠纷请求租谷执行一案的文书，包括民事诉状、命令、民事委任状、执行命令、报告、训令、布告、证明书、查封不动产笔录、鉴定人鉴定文、收据、执行笔录、民事展限状等。

544. 璧山县司法处审理解除租约一案　12－9－559

1938年11月至1939年4月，璧山县司法处关于刘李氏等因租佃纠葛请求解除租约一案的文书，包括民事诉状、审理笔录、民事判决书、民事上诉状、民事执行状、民事和解状、报告、契约等。

545. 四川高等法院第一分院、璧山地方法院审理给付租谷及其上诉一案　12－9－560

1939年7月至1939年10月，四川高等法院第一分院、璧山地方法院关于何银洲等因租佃纠葛请求给付租谷及其上诉一案的文书，包括民事缴状、公函、民事诉状、训令、民事上诉状、公开辩论笔录、宣告判决笔录、四川高等法院第一分院民事判决书等。

546. 璧山地方法院审理债务纠葛一案　12－9－561

1939年9月至1940年5月，璧山地方法院关于陈罗氏等返还借款的债务执行一案的文书，包括民事执行状、讯问笔录、执行命令、训令、查封不动产笔录、鉴定人鉴定文、报告、收据、执行笔录等。

547. 璧山地方法院审理返还被盖一案　12－9－562

1939年12月至1940年1月，璧山地方法院关于王合轩等租佃纠纷请求返还被盖一案的文书，包括民事诉状、言辞辩论笔录、民事答辩状、民事判决书、契约等。

548. 四川高等法院第一分院、璧山县司法处审理解除租约及其上诉一案　12－9－563

1939年5月，四川高等法院第一分院、璧山县司法处关于巫奎臣等因租佃纠葛请求解除租约及其上诉一案的文书，包括公函、意见书、民事抗告状等。

549. 四川高等法院第一分院、璧山县司法处审理给付租谷上诉一案　12－9－564

1939年5月至1939年8月，四川高等法院第一分院、璧山县司法处关于张彩林等因租佃纠葛请求给付租谷上诉一案的文书，包括公函、民事上诉状、报告、四川高等法院第一分院民事裁定书、民事答辩状等。

550. 璧山县司法处审理罚金执行一案　12－9－565

1939年5月，璧山县司法处关于天元堂等因违反印花税法被执行罚款一案的文书，包括民事申请函、违反印花税法案件移送表、刑事裁定书等。

551. 四川高等法院第一分院、璧山县司法处审理返还债务一案　12－9－566

1938年12月至1939年8月，四川高等法院第一分院、璧山县司法处关于杨维霄等因货款纠葛请求返还债务一案的文书，包括公函、民事诉状、四川高等法院第一分院民事裁定书、训令、民事上诉状、民事保状、通函口录等。

552. 璧山县司法处审理会款执行一案　12－9－567

1939年1月至1939年7月，璧山县司法处关于高忠良等会款执行一案的文书，包括原民事诉状、民事判决书、民事保状、公函等。

553. 璧山地方法院审理赔偿损害一案　12－9－568

1939年9月至1939年11月，璧山地方法院关于杨均平等因租佃纠葛请求赔偿损害一案的文书，包括民事诉状、民事委任状、讯问笔录、民事和解笔录等。

554. 璧山地方法院审理撤销查封拍卖一案　12－9－569

1939年9月至1939年10月，璧山地方法院关于李仲祥等请求撤销因债务纠葛的查封拍卖一案的文书，包括民事诉状、讯问笔录等。

555. 璧山地方法院审理典权登记一案　12－9－570

1939年10月，璧山地方法院关于许文周等请求支付典价取得典权登记一案的文书，包括民事申请状、典约等。

556. 璧山地方法院审理返回会款一案　12－9－571

1939年11月至1940年4月，璧山地方法院关于黄银江等请求返还会款一案的文书，包括民事诉状、言辞辩论笔录、民事自诉状、民事和解笔录等。

557. 四川高等法院第一分院、璧山地方法院审理租佃执行上诉一案　12－9－572

1938年11月至1940年4月，四川高等法院第一分院、璧山地方法院关于牟章荣等租佃执行上诉一案的文书，包括民事判决书、公函、意见书、四川高等法院第一分院民事裁定书等。

558. 四川高等法院第一分院、璧山地方法院审理经界纠纷上诉一案　12－9－573

1940年3月至1940年10月，四川高等法院第一分院、璧山地方法院关于邹万盛等经界纠纷上诉一案的文书，包括璧山地方法院民事判决书、公函、通知书、训令、四川高等法院第一分院民事判决书等。

559. 璧山地方法院审理偿还会款一案　12—9—574

1937年6月至1940年4月，璧山地方法院关于何青云等请求偿还会款一案的文书，包括璧山县司法处民事判决书、四川高等法院第一分院民事判决书、民事诉状、讯问笔录、民事执行状、执行命令、训令、布告、报告案奉、查封不动产笔录、鉴定人鉴定书、结文、民事保状等。

560. 璧山地方法院、重庆地方法院审理确定婚期一案　12—9—575

1939年1月至1940年1月，璧山地方法院、重庆地方法院关于李陈氏等请求确定婚期的婚约纠葛一案的文书，包括民事诉状、布告、审理笔录、公函、民事判决书等。

561. 璧山县司法处审理返还会款一案　12—9—576

1939年1月至1939年3月，璧山县司法处关于何世源等请求返还会款一案的文书，包括民事诉状、民事辩诉状、审理笔录、布告、公函、契约等。

562. 璧山地方法院审理偿还布款一案　12—9—577

1939年11月至1939年12月，璧山地方法院关于罗德安等请求偿还买卖纠葛布款一案的文书，包括民事声明状、训令、检察官不起诉处分书、通知书、检察官起诉书、民事撤销状、四川高等法院第一分院民事判决书、四川高等法院第一分院民事裁定书等。

563. 璧山地方法院审理停止田产割界交业一案　12—9—578

1939年12月至1940年1月，璧山地方法院关于江李氏等因遗产纠纷请求停止田产割界交业一案的文书，包括民事诉状、契约、民事委任状、言辞辩论笔录、民事和解笔录等。

564. 璧山县司法处审理修缮房屋一案　12—9—579

1939年7月至1939年8月，璧山县司法处关于郭季璜等因租佃纠葛请求修缮房屋一案的文书，包括民事诉状、审理笔录等。

565. 四川高等法院第一分院、璧山地方法院审理会款执行一案　12—9—580

1939年10月至1940年3月，四川高等法院第一分院、璧山地方法院关于吴王氏等请求会款执行一案的文书，包括民事申请状、民事请委状、民事保状、民事执行状、报告书、民事和解状、公函、四川高等法院第一分院民事裁定书、检察官上诉书、璧山地方法院刑事判决书等。

566. 四川高等法院第一分院、璧山县司法处审理返还会款及其上诉案　12—9—581

1939 年 1 月至 1939 年 10 月，四川高等法院第一分院、璧山县司法处关于王清廷等返还会款及其上诉一案的文书，包括民事诉状、审理笔录、民事辩诉状、通知书、民事反诉状、民事续状、民事委任状、算账笔录、民事缴状、璧山县司法处民事判决书、民事申请状、契约、常思会簿、四川高等法院第一分院民事裁定书、公函等。

567. 四川高等法院第一分院、璧山地方法院审理债务执行及其上诉一案　12—9—582

1939 年 10 月至 1940 年 10 月，四川高等法院第一分院、璧山地方法院关于萧商芬等请求债务执行及其上诉一案的文书，包括民事诉状、公函、抗告意见书、民事领状、民事认买状、四川高等法院第一分院民事裁定书、民事保状、收据、执行命令、民事上诉状、报告、界址、命令、民事执行状、资料、搬迁交业笔录、民事续状、民事申请状、民事辩诉状、民事请委状、执行笔录等。

568. 四川高等法院第一分院、璧山地方法院审理确定经界一案　12—9—583

1939 年 8 月至 1940 年 1 月，四川高等法院第一分院、璧山地方法院关于邱辑五等请求确定经界一案的文书，包括公函、四川高等法院第一分院民事判决书、民事领状等。

569. 四川高等法院第一分院、璧山县司法处审理赔偿损害一案　12—9—584

1939 年 4 月至 1939 年 11 月，四川高等法院第一分院、璧山县司法处关于朱秉乾等因兵役担保纠葛请求赔偿损害一案的文书，包括民事诉状、损失单、民事辩诉状、审理笔录、民事请委状、璧山县司法处民事判决书、四川高等法院第一分院民事和解笔录、公函、民事上诉状、训令、言辞辩论笔录等。

570. 四川高等法院第一分院、璧山地方法院审理返还借债执行及其上诉一案　12—9—585

1938 年 11 月至 1940 年 2 月，四川高等法院第一分院、璧山地方法院关于凌仲清等返还借债执行及其上诉一案的文书，包括民事诉状、民事认买状、民事自诉状、讯问笔录、民事委任状、璧山地方法院民事判决书、璧山地方法院民事裁定书、民事领状、民事执行状、收据、训令、查封笔录、拍卖布告、民事申请状、公函、民事上诉状、四川高等法院第一分院民事裁定书等。

571. 璧山县司法处审理遗产买卖权纠纷一案　12—9—586

1939年2月至1939年8月，璧山县司法处关于张曹氏等因遗产纠葛引发的请求确认无权买卖遗产权一案的文书，包括民事诉状、报告、审理笔录、契约、民事参加状、民事判决书、民事裁定书等。

572. 璧山县司法处审理赔偿损害一案　12—9—587

1939年4月至1939年6月，璧山县司法处关于王绍卿等因债务纠葛请求赔偿损害一案的文书，包括民事诉状、报告、审理笔录等。

573. 璧山地方法院审理领押搬迁一案　12—9—588

1939年10月至1939年11月，璧山地方法院关于杨鲁三等因租佃纠葛请求领押搬迁一案的文书，包括民事申请状、民事裁定书等。

574. 璧山地方法院审理粮款纠葛一案　12—9—589

1939年4月至1939年10月，璧山地方法院关于鲁荣卿等请求偿还粮款一案的文书，包括民事领状、讯问笔录、公函、民事诉状、民事委任状、民事辩诉状、报告、审理笔录、民事判决书、信件等。

575. 四川高等法院第一分院、璧山实验地方法院审理领押交业一案　12—9—590

1943年10月至1944年3月，四川高等法院第一分院、璧山实验地方法院关于罗徐氏等因租佃纠葛请求领押交业一案的文书，包括公函、璧山实验地方法院民事判决书等。

576. 璧山县司法处审理房产纠纷执行一案　12—9—591

1938年1月至1939年3月，璧山县司法处关于彭元青等房产纠纷执行一案的文书，包括民事执行状、民事公证状、民事领状、民事诉状、审理笔录、民事辩诉状、民事续状、训令、公函、勘查略图、民事判决书等。

577. 四川高等法院第一分院、璧山地方法院等审理交业执行上诉一案　12—9—592

1939年5月至1939年10月，四川高等法院第一分院、璧山地方法院等关于吴春材等因田业典当纠纷引起的交业执行上诉一案的文书，包括公函、意见书、四川高等法院第一分院民事裁定书、民事抗告状、训令等。

578. 璧山县司法处审理赔偿损害一案　12—9—593

1939年8月，璧山县司法处关于汪季氏等因货款纠葛请求赔偿损害一案的文书，包括民事诉状、被累费用单、收据、民事申请状、民事裁定书等。

579. 四川高等法院第一分院、璧山地方法院审理交业执行抗告一案　12—9—594

1940年1月至1940年3月，四川高等法院第一分院、璧山地方法院关于吴春材等因田业典当纠纷引起的交业执行抗告一案的文书，包括民事执行状、证人证物表、公函、意见书等。

580. 四川高等法院第一分院、璧山地方法院审理债务纠纷一案　12—9—595

1939年8月至1940年3月，四川高等法院第一分院、璧山地方法院关于陈德盛等请求偿还借银一案的文书，包括璧山地方法院民事判决书、民事诉状、言辞辩论笔录、公函、民事宣判笔录、报告、借约、审理笔录、四川高等法院第一分院民事和解笔录等。

该卷另附1937年1月至1941年璧山县政府民事一造辩论判决书、璧山县司法处民事判决书、璧山地方法院民事判决书、四川高等法院第一分院民事判决书、四川高等法院第一分院民事裁定书，内容包括会款纠葛、债务纠葛等。

581. 璧山地方法院审理偿还借款执行一案　12—9—596

1939年9月至1940年1月，璧山地方法院关于邓泽膏等偿还借款执行一案的文书，包括民事申请状、执行命令、民事执行状、报告、命令、民事保状、民事缴状等。

582. 璧山县司法处审理返还会款一案　12—9—597

1939年3月至1939年7月，璧山县司法处关于蒋兴发等返还会款一案的文书，包括民事申请状、民事诉状、审理笔录、收据、民事判决书、民事裁定书等。

583. 璧山地方法院审理交业执行一案　12—9—598

1939年9月至1939年10月，璧山地方法院关于孙显国等因典当纠葛请求交业执行一案的文书，包括民事诉状、民事领状、讯问笔录等。

584. 璧山地方法院审理买卖田房价额存查一案　12—9—599

1939年11月，璧山地方法院关于孙广顺等请求买卖田房价额存查一案的文书，包括民事申请状、证人证物表等。

585. 璧山地方法院审理遗产继承纠葛一案　12—9—600

1939年9月，璧山地方法院关于陶罗氏等遗产继承纠葛一案的文书，包括民事诉状、民事息状等。

586. 璧山地方法院审理返还衣物并赔偿损害一案　12—9—601

1939年9月至1939年11月，璧山地方法院关于黄李氏等因离异请求返还衣物并赔偿损害一案的文书，包括民事诉状、言辞辩论笔录、民事撤回状、民事辩诉状等。

587. 璧山地方法院审理返还产业一案　12—9—602

1939年11月至1940年1月，璧山地方法院关于黄十全等买卖田业遗产纠纷请求返还产业一案的文书，包括民事诉状、契约、民事辩诉状、言辞辩论笔录、民事和解笔录等。

588. 四川高等法院第一分院、璧山县司法处审理返还会款一案　12—9—603

1938年1月至1939年7月，四川高等法院第一分院、璧山县司法处关于雷殿英等请求返还会款一案的文书，包括民事诉状、报告、审理笔录、民事判决书、普利田园会会簿、民事执行状、训令、公函、收据等。

该卷另附璧山地方法院公务员役及其眷属请领平价米人数异动清册一份。

589. 璧山地方法院审理给付租谷补判一案　12—9—604

1941年1月至1941年2月，璧山地方法院关于王树章等因租佃纠葛请求给付租谷补判一案的文书，包括民事申请状、证人证物表、民事裁定书等。

590. 璧山地方法院审理交清房地执行一案　12—9—605

1939年12月，璧山地方法院关于曾养志等因租佃纠葛引起的交清房地执行一案的文书，包括民事诉状、命令、报告、领收笔录等。

591. 四川高等法院第一分院、璧山地方法院审理返还会款上诉一案　12—9—606

1939年8月至1939年11月，四川高等法院第一分院、璧山地方法院关于雷殿英等返还会款上诉一案的文书，包括民事上诉状、四川高等法院第一分院民事裁定书、公函等。

592. 璧山地方法院审理产业假扣押一案　12—9—607

1939 年 12 月，璧山地方法院关于黄克生等因货款纠葛请求产业假扣押一案的文书，包括民事申请状、证人证物表等。

593. 璧山县司法处审理会款执行一案　12—9—608

1939 年 4 月至 1939 年 8 月，璧山县司法处关于陈昆山等会款执行一案的文书，包括民事判决书、民事执行状、民事保状、民事诉状、民事辩诉状、报告等。

594. 璧山地方法院审理借款偿还执行一案　12—9—609

1939 年 9 月至 1940 年 2 月，璧山地方法院关于张树柏等借款偿还执行一案的文书，包括民事续状、民事执行状、民事展限状、民事判决书、民事保状、民事缴状、民事领状等。

595. 璧山县司法处审理返还会款一案　12—9—610

1939 年 2 月至 1939 年 5 月，璧山县司法处关于杨昆山等请求返还会款一案的文书，包括民事诉状、审理笔录、公函、民事判决书、民事申请状等。

596. 璧山地方法院审理迁坟调解、返还会款两案　12—9—611

1939 年 1 月至 1940 年 1 月，璧山地方法院关于邱际隆等因坟地纠葛请求迁坟调解、张鸿卿等请求返还会款两案的文书，包括民事诉状、讯问笔录、民事委任状、民事裁定书、审理笔录等。

597. 四川高等法院第一分院、璧山县司法处审理返还借债执行及其上诉一案　12—9—612

1939 年 3 月至 1939 年 6 月，四川高等法院第一分院、璧山县司法处关于陈九思等返还借债执行及其上诉一案的文书，包括民事诉状、讼费单、契约、公函、训令、四川高等法院第一分院民事裁定书、审理笔录、璧山县司法处民事判决书、璧山县司法处民事裁定书、民事上诉状等。

598. 璧山县司法处审理返还借款一案　12—9—613

1938 年 9 月至 1938 年 12 月，璧山县司法处关于陈练伯等请求返还借款一案的文书，包括民事诉状、凭票、民事辩诉状、审理笔录、报告、民事委任状、民事判决书等。

599. 璧山地方法院审理破产存查一案　12—9—614

1936年9月至1937年9月，璧山地方法院关于张叔达等因债务纠葛请求破产存查一案的文书，包括民事存查状、民事申请状、不动产列表、公函、民事裁定书、各债金额数目说明书、牌告、朱谕、查封笔录、民事诉状、指令等。

600. 璧山县司法处审理债务纠葛一案　12—9—615

1939年2月至1939年5月，璧山县司法处关于陈练伯等债务纠葛一案的文书，包括民事执行状、法院训令、璧山县司法处财产目录、民事保状等。

601. 璧山地方法院审理赔偿损害一案　12—9—616

1939年9月至1940年2月，璧山地方法院关于何子元等田业典当纠葛请求赔偿损害一案的文书，包括民事诉状、赔偿诉讼费单、民事裁定书等。

602. 璧山地方法院审理租额公证一案　12—9—617

1948年11月至1949年1月，璧山地方法院关于叶炳银租额公证一案的文书，包括公证笔录、公证事项、收据等。

603. 四川高等法院第一分院、璧山实验地方法院审理伪造文书一案　12—9—618

1942年8月至1942年11月，四川高等法院第一分院、璧山实验地方法院关于徐戴氏因曾道全伪造房屋买卖契约文书提起诉讼一案的文书，包括公函、四川高等法院第一分院刑事判决书、讯问笔录、收据、刑事保领状等。

604. 璧山地方法院审理债务执行一案　12—9—619

1939年6月至1940年2月，璧山地方法院关于周德源等借款债务执行一案的文书，包括民事执行状、四川高等法院第一分院民事裁定书、原执行命令、报告书等。

605. 璧山实验地方法院审理请发支付命令一案　12—9—620

1943年5月，璧山实验地方法院关于王超凡等因借债纠葛请发支付命令一案的文书，包括民事申请状、证人证物表、支付命令等。

606. 璧山地方法院审理扣押房产一案　12—9—621

1939年11月至1940年1月，璧山地方法院关于李蓝氏等因抚养费纠葛请求扣押房产一案的文书，包括民事诉状、契约、民事裁定书等。

607. 璧山实验地方法院审理偿还借款一案　12－9－622

1943年6月，璧山实验地方法院关于王超凡等请求偿还借款一案的文书，包括民事声明状、证人证物表、言辞辩论笔录、证人结文等。

608. 璧山县司法处审理放弃继承权存查一案　12－9－623

1939年2月，璧山县司法处关于陈遵德请求放弃继承权存查一案的文书，包括民事声明状、证人证物表等。

609. 璧山地方法院审理给付典价一案　12－9－624

1939年12月至1940年1月，璧山地方法院关于简国顺等典当田业纠葛请求给付典价一案的文书，包括民事诉状、民事辩诉状、言辞辩论笔录、民事和解笔录、民事委任状、民事领状等。

610. 璧山县司法处审理盗窃存查一案　12－9－625

1939年5月，璧山县司法处关于彭杨鸿兰因所抱立嗣的儿子盗窃家产出逃请求备案存查一案的文书，包括民事存查状、证人证物表等。

611. 四川高等法院第一分院、璧山地方法院审理返还债务上诉一案　12－9－626

1939年10月至1939年12月，四川高等法院第一分院、璧山地方法院关于沈柯氏等因田业押银纠葛请求返还债务上诉一案的文书，包括公函、民事抗告状、抗告、意见书、四川高等法院第一分院民事裁定书等。

612. 四川高等法院第一分院、璧山地方法院审理财产假扣押上诉一案　12－9－627

1939年9月至1940年1月，四川高等法院第一分院、璧山地方法院关于沈金城等债务纠葛请求财产假扣押上诉一案的文书，包括公函、通知书、四川高等法院第一分院民事裁定书等。

613. 璧山县司法处审理偿还借款一案　12－9－628

1937年7月至1939年11月，璧山县司法处关于叶辉武等请求偿还借款一案的文书，包括公函、民事诉状、讯问笔录、报告、言辞辩论笔录、契约等。

614. 璧山县司法处审理排除妨害耕作一案　12－9－629

1939年1月，璧山县司法处关于程宗良等典当田业纠葛请求排除妨害耕作一案的文书，包括民事诉状、训令等。

615. 璧山地方法院审理产业假扣押一案　12—9—630

1939年9月，璧山地方法院关于沈金成等因买卖猪毛纠葛请求产业假扣押一案的文书，包括民事诉状、收据、民事裁定书、民事领状等。

616. 璧山县司法处审理偿还借款一案　12—9—631

1939年7月至1939年8月，璧山县司法处关于叶辉武等请求偿还借款一案的文书，包括民事诉状、借约、报告等。

617. 璧山地方法院审理分割遗产一案　12—9—632

1939年11月至1939年12月，璧山地方法院关于张元龙等请求分割遗产一案的文书，包括民事诉状、侦查笔录、检察官处分书、指令、公函等。

618. 四川高等法院第一分院、璧山县司法处审理领回押银案　12—9—633

1937年10月至1939年12月，四川高等法院第一分院、璧山县司法处关于钟治轩等因回赎典当田产纠葛请求领回押银一案的文书，包括民事申请状、璧山地方法院民事裁定书、公函、民事上诉状、通知书、训令、四川高等法院第一分院民事判决书等。

619. 璧山地方法院审理给付赔偿损害一案　12—9—634

1938年12月至1939年12月，璧山地方法院关于钟治轩等回赎典当田产纠葛请求赔偿损害一案的文书，包括民事诉状、民事执行状、报告、民事申请状、四川高等法院第一分院民事判决书等。

620. 四川高等法院第一分院、璧山县司法处审理赔偿损害一案　12—9—635（1）

1938年1月至1939年4月，四川高等法院第一分院、璧山县司法处关于张永祯等因窃树纠葛请求赔偿损害一案的文书，包括刑事诉状、训令、公函、报告、审理笔录、刑事保状、璧山县司法处刑事判决书等。

621. 四川高等法院第一分院、璧山县司法处等审理赔偿损害一案　12—9—635（2）

1938年6月至1940年4月，四川高等法院第一分院、璧山县司法处等关于张永祯等因窃树纠葛请求赔偿损害一案的文书，包括刑事诉状、审理笔录、训令、公函、查勘笔录、报告、璧山县司法处刑事判决书、四川高等法院第一分院刑事判决书、报告书、侦查笔录、刑事保状等。

622. 四川高等法院第一分院审理确认膳产上诉一案　12－9－636

1938年11月至1939年11月，四川高等法院第一分院关于陈饶氏等生活费纠葛请求确认膳产上诉一案的文书，包括公函、民事上诉状、四川高等法院第一分院民事裁定书、民事诉状等。

623. 璧山县司法处审理会款执行一案　12－9－637

1937年12月至1939年5月，璧山县司法处关于张济林等请求会款执行一案的文书，包括民事诉状、民事辩诉状、应欠会款姓名数目表、饬签、报告、民事保状等。

624. 璧山县司法处、璧山地方法院审理返还寄存物、会款两案　12－9－638

1936年11月至1939年12月，璧山县司法处、璧山地方法院关于唐继书等请求返还寄存物、舒海元等请求返还会款两案的文书，包括民事申请函、民事裁定书、民事诉状、报告、审理笔录、签呈、各熟会应上会银单、民事声明状、民事判决书等。

625. 四川高等法院第一分院、璧山地方法院审理返还会款上诉一案　12－9－639

1939年8月至1939年12月，四川高等法院第一分院、璧山地方法院关于冯作之等请求返还会款上诉一案的文书，包括璧山地方法院民事判决书、公函、四川高等法院第一分院民事和解笔录、契约、言辞辩论笔录、璧山地方法院民事裁定书、凭票等。

626. 璧山县司法处审理返还遗产一案　12－9－640

1939年4月至1939年8月，璧山县司法处关于冷晴初等请求返还遗产一案的文书，包括司法行政部会计处训令、国民政府主计处任免所属各会计统计处人员清单、刑事诉状、审理笔录、民事辩诉状、训令等。

627. 璧山县司法处审理调解存查一案　12－9－641

1939年2月，璧山县司法处关于陶赵氏等买卖纠葛调解存查一案的文书，包括民事存查状、证人证物表等。

628. 璧山地方法院审理给付租谷一案　12－9－642

1939年10月至1940年3月，璧山地方法院关于向周朋等因租佃纠葛请求给付租谷一案的文书，包括民事诉状、民事辩诉状、言辞辩论笔录、民事委任状、契约、民事缴状、民事声明状、民事宣判笔录、民事判决书等。

629. 璧山县司法处审理童养媳备案存查一案　12—9—643

1939年8月，璧山县司法处关于周合清等因童养媳屡逃请求备案存查一案的文书，包括民事存查状、证人证物表等。

630. 璧山县司法处审理变产偿债存查一案　12—9—644

1939年1月至1939年3月，璧山县司法处关于罗张氏请求变产偿债存查一案的文书，包括民事存查状、证人证物表等。

631. 璧山县司法处审理借约文约存查一案　12—9—645

1939年4月至1939年5月，璧山县司法处关于郭春林等借洋文约存查一案的文书，包括民事存查状、证人证物表、训令等。

632. 四川高等法院第一分院、璧山地方法院审理返还债务上诉一案　12—9—646

1939年12月，四川高等法院第一分院、璧山地方法院关于何俊贤等返还债务上诉一案的文书，包括公函、四川高等法院第一分院民事裁定书等。

633. 四川高等法院第一分院、璧山县司法处审理给付租谷及其上诉一案　12—9—647

1939年5月至1939年12月，四川高等法院第一分院、璧山县司法处关于熊志刚等因租佃纠葛请求给付租谷及其上诉一案的文书，包括民事自诉状、民事辩诉状、民事委任状、审理笔录、璧山县司法处民事判决书、民事上诉状、四川高等法院第一分院民事裁定书、公函、民事申送状、言辞辩论笔录、结文等。

634. 璧山地方法院审理会项纠葛等案　12—9—648

1935年3月至1940年1月，璧山地方法院关于会项纠葛、债务纠葛、租佃纠葛、租约纠葛、典当纠纷、货款纠葛等案的文书，包括璧山县政府民事判决书、巴县地方法院民事判决书、最高法院民事判决书、四川高等法院第一分院民事判决书、巴县地方法院裁定书、四川高等法院第一分院民事裁定书等。

635. 四川高等法院第一分院、璧山地方法院审理返还货款、赔偿寄存物及其上诉案两案　12—9—649

1939年4月至1939年11月，四川高等法院第一分院、璧山地方法院关于向松廷等请求返还货款、李钟氏等请求赔偿寄存物及其上诉案两案的文书，包括璧山地方法院民事判决书、民事诉状、报告、审理笔录、四川高等法院第一分院民事判决书、讯问笔录、民事保状、民事宣判笔录等。

636. 璧山县司法处审理给付租谷一案　12—9—650

1937 年 1 月至 1937 年 11 月，璧山县司法处关于刘荣安等因租佃纠葛引发的请求给付租谷一案的文书，包括民事撤回状、民事诉状、审理笔录、训令、民事补呈状、公函、民事保状、报告、收据等。

637. 璧山县司法处审理兵役纠纷一案　12—9—651

1939 年 3 月至 1939 年 8 月，璧山县司法处关于邱谢氏诉伍良才等因派送壮丁的兵役纠纷打伤其夫要求赔偿损害，伍等则反诉其伪伤逃避兵役拖累保甲人员一案的文书，包括刑事诉状、审理笔录、验伤单、报告、公函、民事保状、刑事反诉状、呈件等。

638. 璧山地方法院审理诉讼费纠纷一案　12—9—652

1939 年 12 月至 1940 年 1 月，璧山地方法院关于江明亮等债务纠葛案诉讼费纠纷一案的文书，包括民事申请状、赔偿诉讼损害费用表、民事裁定书等。

639. 璧山县司法处审理偿还借款一案　12—9—653

1939 年 1 月，璧山县司法处关于陈建章等请求偿还借款一案的文书，包括民事诉状、借约、报告等。

640. 璧山县法院审理分割遗产一案　12—9—654

1936 年 6 月至 1936 年 9 月，璧山县法院关于蒋宏达等请求分割遗产一案的文书，包括民事诉状、民事保状、契约、民事诉愿书、审理笔录、民事辩诉状、账单、收据、民事判决书等。

641. 四川高等法院第一分院审理遗产析分上诉一案　12—9—655

1938 年 11 月至 1939 年 2 月，四川高等法院第一分院关于蒋宏达等遗产析分上诉一案的文书，包括最高法院民事判决书、民事上诉状、民事更审状、讯问笔录、民事宣判笔录、四川高等法院第一分院民事判决书等。

642. 璧山地方法院审理给付租佃执行一案　12—9—656

1939年9月至1939年11月，璧山地方法院关于周炳太等因租佃纠葛引起的给付租佃执行一案的文书，包括民事执行状、证人证物表、报告等。

643. 璧山县司法处审理坟地纠纷一案　12—9—657

1939年1月至1939年3月，璧山县司法处关于梁固等请求禁止侵占坟地一案的文书，包括刑事自诉状、报告、审理笔录、公函、契约等。

644. 四川高等法院第一分院审理伤害上诉一案　12—9—658

1945年3月至1945年7月，四川高等法院第一分院关于姜理中等由琐事引起的伤害上诉一案的文书，包括训令、四川高等法院第一分院刑事判决书、刑事催状、民事申请状、通知书等。

645. 四川高等法院第一分院、璧山县司法处审理婚约有效上诉一案　12—9—659

1939年5月至1939年8月，四川高等法院第一分院、璧山县司法处关于何治平等请求确认婚姻有效上诉一案的文书，包括公函、训令、四川高等法院第一分院民事裁定书等。

646. 璧山县司法处审理赔偿损害一案　12—9—660

1939年5月至1939年6月，璧山县司法处关于冉世英等因被喻慎恐吓妨害自由请求赔偿损害一案的文书，包括刑事诉状、刑事撤回状、报告等。

647. 四川高等法院第一分院、璧山县司法处审理赔偿损害及其上诉一案　12—9—661

1939年8月至1939年12月，四川高等法院第一分院、璧山县司法处关于陈振声等因债务纠纷请求赔偿损害及其上诉一案的文书，包括公函、四川高等法院第一分院民事和解笔录、民事上诉状、四川高等法院第一分院民事裁定书、言辞辩论笔录、民事委任状、民事诉状、再审及查封费用单、审理笔录、璧山县司法处民事判决书等。

648. 璧山地方法院审理偿还业价并赔偿损失一案　12—9—662

1939年12月至1940年2月，璧山地方法院关于汪石芝等因田业买卖纠纷请求偿还业价并赔偿损失一案的文书，包括民事诉状、各项费用单、民事委任状、言辞辩论笔录、证人结文、民事宣判笔录、民事判决书等。

649. 四川高等法院第一分院、璧山地方法院审理返还田产及其上诉一案　12—9—663

1939年11月至1941年1月，四川高等法院第一分院、璧山地方法院关于李仕连等买卖田产纠葛请求返还田业及其上诉一案的文书，包括民事诉状、言辞辩论笔录、民事辩诉状、民事委任状、民事宣判笔录、民事判决书、讯问笔录、宣示判决笔录、四川高等法院第一分院民事判决书、民事上诉状、涉案地图、民事领状等。

650. 璧山县司法处审理会款执行一案　12—9—664

1939年1月至1939年6月，璧山县司法处关于陈少国等请求会款执行一案的文书，包括民事诉状、报告、点名单等。

651. 四川高等法院第一分院、璧山地方法院审理查封产业上诉一案　12—9—665

1939年6月至1939年11月，四川高等法院第一分院、璧山地方法院关于刘子凡等因债务纠葛请求查封产业上诉一案的文书，包括公函、民事上诉状、四川高等法院第一分院民事裁定书、训令等。

652. 四川高等法院第一分院、璧山地方法院审理赔偿损害上诉一案　12—9—666

1939年8月至1940年2月，四川高等法院第一分院、璧山地方法院关于王青山等因租佃纠葛请求赔偿损害上诉一案的文书，包括璧山地方法院民事裁定书、公函、意见书、四川高等法院第一分院民事裁定书、民事续状、言辞辩论笔录等。

653. 璧山县司法处审理赔偿损害一案　12—9—667

1939年4月至1939年7月，璧山县司法处关于谷朱氏等因非婚生子纠葛请求赔偿损害一案的文书，包括民事诉状、收据、三审所受损害表、公函、民事辩诉状、审理笔录、民事裁定书等。

654. 璧山县司法处、四川高等法院第一分院审理债务纠葛上诉一案　12—9—669

1938年12月至1939年4月，璧山县司法处、四川高等法院第一分院关于夏兴璜等因谷物买卖引起的债务纠葛上诉一案的文书，包括民事上诉状、训令、民事裁定书、民事缴费状、公函、结文、讯问笔录、民事委任状、民事宣判笔录、民事判决书等。

655. 璧山县司法处审理给付租谷一案　12—9—670

1939年2月至1939年8月，璧山县司法处关于王青山等租佃纠葛请求给付租谷并赔偿诉讼费一案的文书，包括民事诉状、诉讼费用单、民事裁定书、审理笔录等。

656. 璧山县司法处审理赔偿损害一案　12－9－671

1939年1月至1939年6月，璧山县司法处关于冷春熙等因借债涉讼诉讼费纠葛请求赔偿损害一案的文书，包括民事诉状、收据、计算表册、民事裁定书、民事缴状等。

657. 璧山县司法处审理确定经界一案　12－9－672

1939年4月至1939年8月，璧山县司法处关于何长一等因地界纠纷请求确定经界一案的文书，包括民事诉状、涉案地图、审理笔录、民事辩诉状、训令、查封笔录、拍卖布告、契约、民事委任状、民事陈明状、民事判决书等。

658. 璧山县司法处审理偿还借债一案　12－9－673

1939年1月至1939年3月，璧山县司法处关于李自禄等请求偿还借债一案的文书，包括民事诉状、审理笔录、报告等。

659. 四川高等法院第一分院、璧山县司法处审理会款执行及其上诉一案　12－9－674

1938年12月至1940年3月，四川高等法院第一分院、璧山县司法处关于吴王氏等会款执行及其上诉一案的文书，包括公函、意见书、报告、民事催呈状、民事抗告状、民事上诉状、四川高等法院第一分院民事裁定书、民事申请状、饬签、审理笔录、民事参加状、民事委任状、璧山县司法处民事和解笔录、公益会簿等。

660. 璧山县司法处审理返还借洋一案　12－9－675

1939年6月至1939年8月，璧山县司法处关于徐焱炉等请求返还借洋一案的文书，包括民事诉状、审理笔录、民事辩诉状、契约、报告、公函等。

661. 璧山地方法院审理偿还借款一案　12－9－676

1939年9月至1939年11月，璧山地方法院关于官茂林等请求偿还借款一案的文书，包括民事和解笔录、民事诉状、民事辩诉状、言辞辩论笔录等。

662. 璧山地方法院审理会款执行一案　12－9－677

1938年3月至1939年11月，璧山地方法院关于温海山等会款执行一案的文书，包括民事执行状、报告、民事判决书、民事和解状、璧山县司法处民事和解笔录等。

663. 璧山县司法处审理给付生活费一案　12—9—678

1938年12月至1939年3月，璧山县司法处关于冯何氏等请求给付生活费一案的文书，包括民事诉状、证明书、民事裁定书、民事抗告状、报告、审理笔录、民事判决书等。

664. 璧山地方法院审理借款偿还执行一案　12—9—679

1939年9月至1940年1月，璧山地方法院关于冉曾氏等借款偿还执行一案的文书，包括民事执行状、讯问笔录、公函、民事领状、领收证等。

665. 璧山地方法院审理给付租谷一案　12—9—680

1939年11月至1940年3月，璧山地方法院关于罗庆云等因租佃纠纷请求给付租谷一案的文书，包括民事诉状、报告、审判笔录、通知书等。

666. 璧山地方法院审理债务纠葛、给付租谷两案　12—9—681

1939年4月至1939年12月，璧山地方法院关于黄治云等请求给付欠款的债务纠葛、罗庆云等因租佃纠葛请求给付租谷两案的文书，包括民事申请函、言辞辩论笔录、民事判决书、民事诉状、审理笔录等。

667. 璧山地方法院审理租佃执行一案　12—9—682

1939年9月至1939年12月，璧山地方法院关于蓝海舟等因租佃纠葛请求租佃执行一案的文书，包括民事执行状、讯问笔录、报告书、民事保状、执行命令、民事反诉状、民事申请状、收据、民事缴状、民事领状、执行证书等。

668. 四川高等法院第一分院、璧山县司法处审理返还租谷及其上诉一案　12—9—683（1）

1939年4月至1939年8月，四川高等法院第一分院、璧山县司法处关于蒋伍氏等因租佃纠葛请求返还租谷及其上诉一案的文书，包括报告、公函、饬签、意见书、民事诉状、民事执行状、民事续状、民事保状、训令、四川高等法院第一分院民事裁定书、民事上诉状、民事催状等。

669. 四川高等法院第一分院、璧山县司法处审理返还租谷及其上诉一案　12—9—683（2）

1939年1月至1939年8月，四川高等法院第一分院、璧山县司法处关于蒋伍氏等因租佃纠葛请求返还租谷及其上诉一案的文书，包括公函、四川高等法院第一分院民事裁定书、民事诉状、审理笔录、民事答辩状、民事申请状、民事保状、璧山县司法处民事判决书、饬签、民事上诉状、民事申送状、璧山县司法处民事裁定书等。

670. 璧山地方法院审理偿还借款一案　12－9－684

1939年10月至1940年2月，璧山地方法院关于石金山等请求偿还借款一案的文书，包括民事判决书、民事诉状、民事辩诉状、账单、言辞辩论笔录、民事宣判笔录、民事裁定书、借约等。

671. 四川高等法院第一分院、璧山县司法处审理会款执行一案　12－9－685

1938年12月至1939年2月，四川高等法院第一分院、璧山县司法处关于杨允升等返还会款执行一案的文书，包括公函、意见书、民事诉状、民事申请状等。

672. 四川高等法院第一分院、璧山地方法院审理偿还借款上诉一案　12－9－686

1940年4月，四川高等法院第一分院、璧山地方法院关于石金山等偿还借款上诉一案的文书，仅包括法院往来公函。

673. 四川高等法院第一分院、璧山县司法处审理偿还租谷上诉一案　12－9－687

1939年3月至1939年6月，四川高等法院第一分院、璧山县司法处关于滕裕泰等因租佃纠葛引起的偿还租谷上诉一案的文书，包括公函、民事上诉状、四川高等法院第一分院民事裁定书、训令、璧山县司法处民事裁定书等。

674. 四川高等法院第一分院、璧山地方法院审理偿还借款上诉一案　12－9－688

1939年4月至1940年2月，四川高等法院第一分院、璧山地方法院关于王海鑫等请求偿还借款上诉一案的文书，包括公函、民事上诉状、民事委任状、民事答辩状、言辞辩论笔录、证人结文、宣示判决笔录、四川高等法院第一分院民事判决书等。

675. 四川高等法院第一分院、璧山县司法处审理返还会款上诉一案　12－9－689

1939年3月至1939年4月，四川高等法院第一分院、璧山县司法处关于徐湘臣等返还会款上诉一案的文书，包括公函、意见书、民事抗告状、四川高等法院第一分院民事裁定书等。

676. 璧山县司法处审理返还欠款一案　12－9－690

1939年5月至1939年6月，璧山县司法处关于贺保全等因学款纠葛请求返还欠款一案的文书，包括民事诉状、指令、证人证物表等。

677. 璧山县司法处审理选定监护人一案　12—9—691

1939年4月，璧山县司法处关于彭杨玉清因彭纯仁精神耗弱请求禁止治产并选定监护人一案的文书，包括民事申请状、证人证物表等。

678. 四川高等法院第一分院、璧山县司法处审理撤销拍卖上诉一案　12—9—692

1939年7月至1939年8月，四川高等法院第一分院、璧山县司法处关于徐湘澄等因会款纠葛请求撤销拍卖上诉一案的文书，包括公函、民事抗告状、证人证物表等。

679. 璧山地方法院审理租佃执行一案　12—9—693

1939年8月至1940年5月，璧山地方法院关于杨维霄等因租佃纠葛请求租佃执行一案的文书，包括报告、公函、训令、民事声明状、民事诉状、报告书、执行命令、璧山县县库收入总存款收支日报表、民事执行状、执行笔录等。

680. 璧山县司法处审理偿还欠款一案　12—9—694

1939年6月至1939年8月，璧山县司法处关于罗森荣等因工费火饷纠葛而请求偿还欠款一案的文书，包括民事诉状、报告、审理笔录等。

681. 璧山县司法处审理撤销典权一案　12—9—695

1939年1月至1939年2月，璧山县司法处关于罗生发等因典当田业纠葛请求撤销典权一案的文书，包括民事诉状、审理笔录、民事和解笔录等。

682. 四川高等法院第一分院、璧山地方法院审理搬迁交业上诉一案　12—9—696

1939年11月，四川高等法院第一分院、璧山地方法院关于曾忠恕等因典当街房纠葛请求搬迁交业上诉一案的文书，包括公函、民事申请状、证人证物表等。

683. 璧山县司法处审理返还会款一案　12—9—697

1939年1月至1939年3月，璧山县司法处关于王昌尧等请求返还会款一案的文书，包括民事诉状、证人证物表、审理笔录、民事判决书、民事申请状、民事裁定书等。

684. 璧山地方法院审理入室盗窃一案　12—9—698

1939年11月，璧山地方法院关于联保主任刘德轩转呈舒荣臣家被入室盗窃一案的文书，包括公函、失物单、侦查笔录等。

685. 璧山县司法处审理偿还借洋一案　12－9－699

1939年4月至1939年8月，璧山县司法处关于胡佐勋等请求偿还借洋一案的文书，包括民事自诉状、审理笔录、民事辩诉状、民事判决书、民事裁定书、借据等。

686. 四川高等法院第一分院、璧山地方法院审理偿还借洋上诉一案　12－9－700

1939年8月至1939年11月，四川高等法院第一分院、璧山地方法院关于何兴发等要求偿还借洋上诉一案的文书，包括民事上诉状、公函、训令、言辞辩论笔录、宣告判决笔录、四川高等法院第一分院民事判决书等。

687. 璧山地方法院审理会款执行一案　12－9－701

1939年12月至1940年3月，璧山地方法院关于殷福兴等请求会款执行一案的文书，包括民事执行状、报告书、点名单等。

688. 璧山县司法处审理确定经界一案　12－9－702

1939年7月至1939年8月，璧山县司法处关于蔡炳辉等因熟土争执请求确定经界一案的文书，包括民事诉状、审理笔录等。

689. 四川高等法院第一分院、璧山县司法处审理会款执行上诉一案　12－9－703

1939年1月至1939年5月，四川高等法院第一分院、璧山县司法处关于王昌尧等会款执行上诉一案的文书，包括公函、璧山县司法处民事判决书、训令等。

690. 四川高等法院第一分院、璧山县司法处审理确定经界一案　12－9－704

1939年3月至1939年8月，四川高等法院第一分院、璧山县司法处关于叶应贵等因买卖田土纠葛请求确定经界一案的文书，包括民事诉状、四川高等法院第一分院民事判决书、借约、审理笔录、报告等。

691. 璧山地方法院审理偿还借款执行一案　12－9－705

1939年11月至1940年2月，璧山地方法院关于谢张氏等偿还借款执行一案的文书，包括民事执行状、报告、民事辩诉状、账单、刑事判决书、训令等。

692. 璧山地方法院审理妨害自由诉讼一案　12－9－706

1939年10月至1939年11月，璧山地方法院关于向锡山等因阻止买卖树木纠葛提起妨害自由诉讼一案的文书，包括刑事诉状、证人证物表、侦查笔录、检察官处分书等。

693. 璧山县司法处审理搬迁交业一案　12—9—707

1939 年 7 月至 1939 年 8 月，璧山县司法处关于祥合云等因租赁街房纠纷请求搬迁交业一案的文书，包括民事诉状、审理笔录、民事和解笔录等。

694. 四川高等法院第一分院、璧山县司法处审理偿还会款上诉一案　12—9—708

1939 年 3 月至 1939 年 11 月，四川高等法院第一分院、璧山县司法处关于王昌尧等偿还会款上诉一案的文书，包括公函、民事诉状、民事上诉状、言辞辩论笔录、训令、民事委任状、审讯笔录、结文、宣示判决笔录、四川高等法院第一分院民事判决书等。

695. 四川高等法院第一分院、璧山地方法院等审理会款执行及其上诉案、返还押银两案　12—9—709

1938 年 3 月至 1940 年 5 月，四川高等法院第一分院、璧山地方法院等关于徐述平等会款执行及其上诉案、曾德江等因租佃纠葛请求返还押银两案的文书，包括意见书、四川高等法院第一分院民事裁定书、民事领状、报告、执行笔录、民事诉状、借约、讯问笔录、契约、民事申请状、民事辩诉状、训令、公函、民事缴状、收据、民事声明状、民事执行状、璧山县政府民事判决书、璧山县司法处民事判决书等。

696. 璧山地方法院审理偿还借款一案　12—9—710

1939 年 9 月至 1939 年 11 月，璧山地方法院关于邬华煊等请求偿还借款一案的文书，包括民事诉状、垫付各款单、民事辩诉状、言辞辩论笔录、民事宣判笔录、民事判决书等。

697. 璧山县司法处审理赔偿损害一案　12—9—711

1939 年 3 月至 1939 年 6 月，璧山县司法处关于张纯一等因借款纠葛请求赔偿损害一案的文书，包括意见书、民事诉状、诉讼费单、审理笔录、璧山县司法处民事判决书、璧山县政府民事判决书等。

698. 四川高等法院第一分院、璧山县司法处审理返还会款上诉一案　12—9—712

1939 年 7 月至 1939 年 9 月，四川高等法院第一分院、璧山县司法处关于蒋兴发等返还会款上诉一案的文书，包括公函、训令、四川高等法院第一分院民事裁定书等。

699. 璧山地方法院审理撤销和解一案　12—9—713

1936年7月至1940年12月，璧山地方法院关于王有为等因租佃纠葛案诉讼费用纠葛请求撤销和解继续审理一案的文书，包括民事诉状、审理笔录等。

该卷另附四川高等法院第一分院民事裁定书、璧山县政府判决书、四川高等法院第一分院二审民事判决书，内容涉及买卖契约纠纷、典当纠葛、租佃纠纷、会款纠葛等。

700. 璧山地方法院审理交还房产执行一案　12—9—714

1939年9月至1939年12月，璧山地方法院关于万海棠等因租赁纠葛引起的交还房产执行一案的文书，包括民事诉状、证人证物表、讯问笔录、训令、报告、交收切结证等。

701. 四川高等法院第一分院、璧山地方法院审理扣押业价及其上诉一案　12—9—715

1939年9月至1940年4月，四川高等法院第一分院、璧山地方法院关于周子昭等因租佃纠葛请求扣押业价及其上诉一案的文书，包括民事申请状、璧山地方法院民事假扣押裁定书、公函、民事抗告状、四川高等法院第一分院民事裁定书、抗告意见书等。

702. 璧山地方法院审理债务执行一案　12—9—716

1939年9月至1939年12月，璧山地方法院关于何元亨等因房屋租赁纠葛的债务执行一案的文书，包括民事诉状、证人证物表、民事和解笔录等。

703. 璧山地方法院审理债务纠纷一案　12—9—717

1938年12月至1939年12月，璧山地方法院关于江炳荣等偿还借款执行一案的文书，包括民事续状、讯问笔录、训令、报告、查封笔录、布告、民事执行状、民事和解状、民事领状、收据等。

704. 璧山县司法处审理给付诉讼费一案　12—9—718

1939年2月，璧山县司法处关于王复盛等因借款纠葛案请求给付诉讼费一案的文书，包括民事执行状、证人证物表、诉讼费用单等。

705. 四川高等法院第一分院、璧山地方法院审理赔偿损害上诉一案　12—9—719

1940年3月至1940年4月，四川高等法院第一分院、璧山地方法院关于许炳林等赔偿损害上诉一案的文书，包括公函、送达证书等。

706. 璧山地方法院审理债务纠葛一案　12－9－720

1939年9月至1940年3月，璧山地方法院关于伍炳衡等给付欠款执行一案的文书，包括民事执行状、讯问笔录、命令、报告、到处人名单、执行笔录等。

707. 四川高等法院第一分院、璧山地方法院审理债务纠纷上诉一案　12－9－721

1939年8月至1939年10月，四川高等法院第一分院、璧山地方法院关于吴平周等偿还借款执行上诉一案的文书，包括训令、四川高等法院第一分院民事裁定书、报告、公函、统收表、来往信函等。

708. 四川高等法院第一分院、璧山县司法处等审理交业执行一案　12－9－722

1938年6月至1940年7月，四川高等法院第一分院、璧山县司法处等关于罗鸿皋等因租佃纠葛请求交业执行一案的文书，包括公函、民事诉状、民事缴状、民事执行状、民事领状、饬签、报告、训令、通知书、民事委任状等。

709. 四川高等法院第一分院、璧山县司法处审理给付会款及其上诉一案　12－9－723

1937年8月至1939年8月，四川高等法院第一分院、璧山县司法处关于邹术耀等给付会款及其上诉一案的文书，包括公函、训令、指令、四川高等法院第一分院民事裁定书、民事声明状等。

710. 四川高等法院第一分院、璧山地方法院审理给付租谷上诉一案　12－9－724

1939年6月至1939年10月，四川高等法院第一分院、璧山地方法院关于刘春暄等因租佃纠葛请求给付租谷上诉一案的文书，包括公函、意见书、民事抗告状、四川高等法院第一分院民事判决书等。

711. 璧山地方法院审理会款执行一案　12－9－725

1939年9月至1939年11月，璧山地方法院关于胡宪章等会款执行一案的文书，包括民事诉状、民事委任状、讯问笔录、民事撤销状、债权人名单等。

712. 四川高等法院第一分院、璧山地方法院审理租谷执行上诉一案　12－9－726

1939年10月至1939年11月，四川高等法院第一分院、璧山地方法院关于曾养志等因租佃纠葛引起的租谷执行上诉一案的文书，包括公函、四川高等法院第一分院民事判决书、民事委任状等。

713. 四川高等法院第一分院、璧山县司法处审理会款执行上诉一案　12—9—727

1939年2月至1939年8月，四川高等法院第一分院、璧山县司法处关于方炳文等会款执行上诉一案的文书，包括公函、意见书、训令、四川高等法院第一分院民事裁定书、收据、通知书、报告等。

714. 四川高等法院第一分院、璧山实验地方法院审理交房执行上诉一案　12—9—728

1944年9月至1944年11月，四川高等法院第一分院、璧山实验地方法院关于张柏林等因租赁纠葛引发的交房执行上诉一案的文书，包括意见书、公函等。

715. 四川高等法院第一分院、璧山县司法处审理确定所有权上诉一案　12—9—729

1938年12月至1939年3月，四川高等法院第一分院、璧山县司法处关于刘居之等因买卖田产纠葛引发的确定所有权上诉一案的文书，包括公函、民事再审状、训令、四川高等法院第一分院民事裁定书等。

716. 四川高等法院第一分院、璧山实验地方法院审理租谷执行一案　12—9—730

1944年7月至1946年2月，四川高等法院第一分院、璧山实验地方法院关于荣祯祥等因租佃纠纷请求租谷执行一案的文书，包括公函、民事裁定书、命令、民事执行状、通知书、报告案奉、民事管结状、民事申请状、收据等。

717. 四川高等法院第一分院、璧山地方法院审理返还田土房屋上诉一案　12—9—731

1942年3月至1942年7月，四川高等法院第一分院、璧山地方法院关于刘倬霖等因分家纠葛引发的返还田土房屋上诉一案的文书，包括民事上诉状、公函、言辞辩论笔录、民事委任状、民事答辩状、四川高等法院第一分院民事和解笔录等。

718. 四川高等法院第一分院、璧山县司法处等审理给付租谷执行一案　12—9—732

1939年6月至1940年11月，四川高等法院第一分院、璧山县司法处等关于曾养志等因租佃纠葛引发的给付租谷执行一案的文书，包括公函、意见书等。

该卷另附璧山地方法院民事和解笔录、璧山地方法院民事判决书，内容涉及确认所有权纠葛、租佃纠葛。

719. 璧山地方法院审理确认所有权一案　12—9—733

1939年11月至1940年3月，璧山地方法院关于张锡安等因土地争夺因请求确认所有权一案的文书，包括民事诉状、民事辩诉状、证人结文、言辞辩论笔录、报告、出差旅费报表、涉案地图、民事和解笔录、契约等。

720. 四川高等法院第一分院、璧山县司法处审理返还会款上诉一案　12—9—734

1939年4月至1939年7月，四川高等法院第一分院、璧山县司法处关于殷福兴等返还会款上诉一案的文书，包括民事上诉状、公函、民事诉状、训令、讯问笔录、民事答辩状、民事委任状、宣告判决笔录、四川高等法院第一分院民事判决书等。

721. 璧山地方法院审理请发支付命令一案　12—9—735

1939年11月至1939年12月，璧山地方法院关于江张氏等因生活费纠葛请发膳谷支付命令一案的文书，包括民事申请状、证人证物表、支付命令等。

722. 璧山县司法处审理分割遗产一案　12—9—736

1939年3月至1939年5月，璧山县司法处关于陈秀村等因申请分割遗产一案的文书，包括民事确认状、家具什物估价表、民事辩诉状、审理笔录、民事和解笔录等。

723. 璧山地方法院审理确定诉讼费用一案　12—9—737

1939年12月至1940年8月，璧山地方法院关于殷兴福等因货款涉讼案请求确定诉讼费用一案的文书，包括民事诉状、证人证物表、诉讼损失用费单、民事裁定书等。

724. 璧山地方法院等审理给付租谷等三案　12—9—738

1939年3月至1947年8月，璧山地方法院等关于向周朋等因租佃纠纷请求给付租谷、巫缘兴等因欺诈纠葛请求返还衣物款项、万福安等因租佃纠葛请求解除租约三案的文书，包括刑事诉状、刑事答辩状、刑事申请状、契约、民事保状等。

725. 四川高等法院第一分院、璧山县司法处审理拍卖抵押物偿债上诉一案　12—9—739

1939年6月至1939年8月，四川高等法院第一分院、璧山县司法处关于罗张氏等因借债纠葛请求拍卖抵押物偿债上诉一案的文书，包括民事诉状、公函、民事上诉状、训令、民事辩诉状、审讯笔录、民事委任状、宣告判决笔录、四川高等法院第一分院民事判决书等。

726. 四川高等法院第一分院、璧山县司法处审理返还会款上诉一案　12—9—740

1939年1月至1939年3月，四川高等法院第一分院、璧山县司法处关于陈有徽等返还会款上诉一案的文书，包括民事上诉状、四川高等法院第一分院民事裁定书、契约、公函等。

727. 璧山地方法院审理确定经界一案　12—9—741

1939年12月至1940年1月，璧山地方法院关于江玉书等因界址纠葛涉讼一案的文书，包括刑事诉状、刑事辩诉状、通知书、审判笔录、刑事裁定书等。

728. 璧山地方法院审理返还产业执行一案　12—9—742

1939年10月至1940年1月，璧山地方法院关于张玉卿等典当纠葛引起的返还产业执行一案的文书，包括民事诉状、民事委任状、命令、报告、查封不动产笔录、鉴定人鉴定文等。

729. 璧山县司法处审理搬迁交业执行一案　12—9—743

1939年1月至1939年7月，璧山县司法处关于杨武臣等因租赁纠葛请求搬迁交业执行一案的文书，包括民事执行状、报告、饬签、训令等。

730. 四川高等法院第一分院、璧山县司法处审理返还会款上诉一案　12—9—744

1939年7月至1939年11月，四川高等法院第一分院、璧山县司法处关于姜炳荣等请求返还会款上诉一案的文书，包括公函、民事申请状、民事上诉状、言辞辩论笔录、宣示判决笔录、四川高等法院第一分院民事判决书、民事辩诉状、民事委任状等。

731. 四川高等法院第一分院、璧山地方法院审理返还产业上诉一案　12—9—745

1939年9月至1940年4月，四川高等法院第一分院、璧山地方法院关于甘颜氏等请求返还产业上诉一案的文书，包括公函、民事辩诉状、四川高等法院第一分院民事裁定书、民事上诉状、民事委任状、言辞辩论笔录、结文、准备言辞辩论笔录、民事答辩状、民事公证状、证人结文、宣示判决笔录、四川高等法院第一分院民事判决书等。

732. 璧山县司法处审理偿还债务一案　12—9—746

1939年4月至1939年6月，璧山县司法处关于何禹级等因租赁黄包车纠葛请求偿还债务一案的文书，包括民事诉状、报告、审理笔录、民事辩诉状、民事和解笔录收据、凭票等。

733. 璧山县司法处审理偿还借款一案　12—9—747

1939 年 4 月至 1939 年 5 月，璧山县司法处关于林生辉等请求偿还借款一案的文书，包括民事诉状、报告、民事执行状等。

734. 璧山地方法院审理给付租谷一案　12—9—748

1939 年 9 月至 1939 年 12 月，璧山地方法院关于王荣华等因租佃纠葛请求给付租谷一案的文书，包括民事诉状、民事续状、言辞辩论笔录、民事和解笔录等。

735. 璧山县司法处审理清偿借款一案　12—9—749

1939 年 4 月至 1939 年 5 月，璧山县司法处关于石金山等请求清偿借款一案的文书，包括民事诉状、审理笔录、民事判决书、民事执行状、报告、凭票等。

736. 四川高等法院第一分院审理返还会款上诉一案　12—9—750

1939 年 5 月，四川高等法院第一分院关于徐湘澄等返还会款上诉一案的文书，包括民事抗告状、证人证物表、民事裁定书等。

737. 璧山地方法院审理粮款纠纷涉讼一案　12—9—751

1939 年 12 月至 1940 年 1 月，璧山地方法院关于何俊贤等因粮款纠纷涉讼一案的文书，包括民事诉状、言辞辩论笔录等。

738. 璧山县司法处审理搬迁交业一案　12—9—752

1939 年 6 月至 1939 年 8 月，璧山县司法处关于华兴琚等因租佃纠纷请求搬迁交业一案的文书，包括公函、报告等。

739. 璧山地方法院审理给付生活费一案　12—9—753

1939 年 10 月至 1939 年 11 月，璧山地方法院关于黄廷章因被遗弃请求给付生活费一案的文书，包括刑事诉状、公函、报告、刑事判决书、刑事辩诉状等。

740. 璧山地方法院审理会款执行一案　12—9—754

1939 年 4 月至 1940 年 1 月，璧山地方法院关于王涨水等请求会款执行一案的文书,包括民事执行状、民事申请状、命令、报告、执行笔录、民事诉状、债务人姓名数目单、民事答辩状、民事委任状、审理笔录、民事和解笔录等。

741. 璧山地方法院审理给付欠款一案　12—9—755

1939 年 11 月至 1941 年 5 月,璧山地方法院关于唐贡金等请求给付欠款一案的文书,包括民事执行状、民事委任状、民事声明状、讯问笔录、执行命令、民事缴状、报告、查封笔录、布告、执行笔录、民事催状、公告、查封不动产笔录、鉴定人鉴定文、结文、民事管结状、收据、借约、民事和解状等。

742. 四川高等法院第一分院、璧山县司法处审理返还会款上诉一案　12—9—756

1939 年 3 月,四川高等法院第一分院、璧山县司法处关于陈新伯等返还会款上诉一案的文书,包括公函、民事上诉状、四川高等法院第一分院民事裁定书等。

743. 璧山地方法院审理偿还欠款一案　12—9—757

1939 年 10 月至 1939 年 12 月,璧山地方法院关于刘青云等因买卖煤油纠葛请求偿还欠款一案的文书,包括民事诉状、公函、民事裁定书、报告等。

744. 璧山地方法院审理返还牛款一案　12—9—758

1939 年 11 月至 1940 年 4 月,璧山地方法院关于蔡荣光等买卖黄牛纠葛请求返还牛款一案的文书,包括民事诉状、审理笔录、言辞辩论笔录、民事续状、证人结文、民事宣判笔录、民事判决书、民事和解状等。

745. 璧山地方法院等审理返还债务等三案　12—9—759

1938 年 1 月至 1944 年 10 月,璧山地方法院等关于徐炳枢等买卖木料纠葛请求返还债务、沈春海请求领回呈庭产业分约、陈润洲等请求偿还借款三案的文书,包括民事诉状、民事领状、法院批示、言辞辩论笔录、民事辩诉状、审理笔录、民事和解笔录、民事保状等。

746. 璧山县司法处审理返还借款执行一案　12—9—760

1939 年 1 月至 1939 年 5 月,璧山县司法处关于陈润洲等请求返还借款执行一案的文书,包括民事执行状、报告、训令、查封笔录、拍卖布告、收据、执行笔录等。

747. 四川高等法院第一分院、璧山县司法处审理给付租谷及其上诉案、偿还会款两案　12—9—761

1939 年 4 月至 1939 年 7 月,四川高等法院第一分院、璧山县司法处关于周炳辉等因租佃纠葛请求给付租谷及其上诉案、殷兴福等请求偿还会款两案的文书,包括公函、民事上诉状、璧山县司法处民事裁定书、训令、言辞辩论笔录、宣示判决笔录、四川高等法院第一分院民事裁定书、审理笔录、民事诉状、民事反诉状、结文、璧山县司法处民事判决书等。

748. 璧山县司法处审理偿还会款等两案　12—9—762

1938 年 11 月至 1939 年 7 月,璧山县司法处关于殷兴福等请求偿还会款、巫荣甫等请求支付拖欠会款两案的文书,包括民事续状、民事诉状、账单、审理笔录、民事和解笔录等。

749. 璧山县司法处审理会款执行一案　12—9—763

1939 年 2 月至 1939 年 6 月,璧山县司法处关于巫荣甫等请求会款执行一案的文书,包括民事执行状、饬签、民事保状、报告等。

750. 璧山地方法院审理借款执行一案　12—9—764

1939 年 9 月至 1940 年 2 月,璧山地方法院关于罗元盛等偿还借款执行一案的文书,包括民事诉状、报告、讯问笔录、执行命令等。

751. 璧山县司法处审理偿还债务一案　12—9—765

1938 年 7 月,璧山县司法处关于罗元盛等请求偿还借款一案的文书,包括民事诉状、证人证物表、借约、审理笔录等。

752. 璧山县司法处审理债务纠葛、借款借据纠纷两案　12—9—766

1937 年 7 月至 1939 年 4 月,璧山县司法处关于曹银安等因客栈伙食费引起的债务纠葛案、廖成章等借款借据纠纷两案的文书,包括民事诉状、民事申请状、四川省政府代电、报告、审理笔录、收据、训令、公函、民事判决书、民事和息状、契约等。

753. 璧山县司法处审理确定经界一案　12—9—767

1939 年 4 月至 1939 年 6 月,璧山县司法处关于何见臣等因堰塘纠葛请求确定经界一案的文书,包括民事诉状、审理笔录、训令、民事辩诉状、公函、民事和解笔录等。

754. 四川高等法院第一分院、璧山县司法处审理经界纠纷及其上诉一案　12—9—768

1938 年 4 月至 1939 年 10 月,四川高等法院第一分院、璧山县司法处关于蒋含章等因典业引起的经界纠纷及其上诉一案的文书，包括公函、民事上诉状、四川高等法院第一分院民事裁定书、民事诉状、审理笔录、民事申请状、民事答辩状、报告、民事拘提状、执行命令、民事辩诉状、民事展限状、刑事拘状、刑事催状、训令、璧山县司法处查勘笔录、璧山县司法处民事和解笔录、民事抗告状、民事续状、璧山县司法处民事判决书、璧山县司法处民事裁定书、契约等。

755. 璧山县司法处审理偿还借款执行一案　12—9—769

1938 年 12 月至 1939 年 2 月，璧山县司法处关于汪林轩等偿还借款执行一案的文书，包括原民事和解笔录、民事执行状、民事保状、报告等。

756. 璧山地方法院审理领押交业一案　12—9—770

1939 年 11 月至 1940 年 1 月，璧山地方法院关于王克明等因租佃纠葛请求领押交业一案的文书，包括民事诉状、言辞辩论笔录、证人结文、民事宣判笔录、公函、民事判决书、契约等。该案民事判决书可见卷 12—9—771。

757. 璧山地方法院审理返还搜存物、领押交业两案　12—9—771

1939 年 11 月至 1940 年 1 月，璧山地方法院关于范炳臣等请求返还搜存物、王克明等因租佃纠葛请求领押交业两案的文书，包括公函、民事裁定书、民事判决书、民事诉状、证人证物表等。

758. 璧山地方法院审理撤销婚约一案　12—9—772

1939 年 11 月至 1940 年 1 月，璧山地方法院关于黄海泉等请求撤销婚约一案的文书，包括民事诉状、民事辩诉状、言辞辩论笔录、民事宣判笔录、民事判决书等。

759. 四川高等法院第一分院、璧山实验地方法院审理返还田土上诉一案　12—9—773

1943 年 4 月至 1944 年 2 月，四川高等法院第一分院、璧山实验地方法院关于魏永清等返还田土上诉一案的文书，包括民事申请书、批示、公函、收据等。

760. 璧山县司法处审理租谷假扣押一案　12—9—774

1939 年 7 月至 1939 年 8 月，璧山县司法处关于巫奎臣等因租佃纠葛请求租谷假扣押一案的文书，包括民事诉状、民事申请状、民事判决书、民事裁定书等。

761. 璧山地方法院审理遗产纠葛一案　12—9—775

1939年12月至1940年1月,璧山地方法院关于黄开玉等请求买卖遗产田业无效的遗产纠葛一案的文书,包括民事诉状、民事保状、公函、报告、民事裁定书、民事申请状等。

762. 四川高等法院第一分院、璧山地方法院审理返还会款上诉一案　12—9—776

1939年10月至1939年12月,四川高等法院第一分院、璧山地方法院关于袁王氏等返还会款上诉一案的文书,包括民事委托状、民事委任状、讯问笔录、训令、民事上诉状、公函、四川高等法院第一分院民事裁定书等。

763. 四川高等法院第一分院、璧山县司法处等审理给付租谷执行等三案　12—9—777

1935年4月至1939年12月,四川高等法院第一分院、璧山县司法处等关于曾养志等因租佃纠葛引起的给付租谷执行案、徐海廷等请求偿还借款案、王邹氏等返还借款执行案三案的文书,包括璧山县司法处民事判决书、四川高等法院第一分院民事判决书、民事执行状、公函、租谷账单、总账一览表、案奉、收据、通知、凭票、契约、璧山地方法院民事裁定书、民事辩诉状、民事诉状、审理笔录等。

764. 璧山县司法处审理偿还借款一案　12—9—778

1939年6月至1939年7月,璧山县司法处关于徐海廷等请求偿还借款一案的文书,包括民事诉状、借约、训令等。

765. 璧山县司法处审理遗嘱存查一案　12—9—779

1939年8月,璧山县司法处关于刘朱氏请求备案遗嘱存查一案的文书,包括民事存查状、证人证物表、遗嘱等。

766. 四川高等法院第一分院、璧山县司法处审理返还会款　12—9—780

1938年7月至1939年8月,四川高等法院第一分院、璧山县司法处关于朱槐卿等请求返还会款执行一案的文书,包括四川高等法院第一分院民事裁定书、民事执行状、民事保状、报告、案奉、算钱笔录、璧山县司法处民事和解笔录、民事上诉状、公函、训令、民事诉状、审理笔录、璧山县司法处民事判决书、民事申请状、新九州会簿等。

767. 璧山县司法处、璧山地方法院审理会款执行等六案　12—9—781

1938年7月至1940年1月，璧山县司法处、璧山地方法院关于李奎光等请求会款执行、汪汉臣等请求返还会款、刘何氏等请求偿还会款、董海合等请求偿还借款、印子熙等因货款纠葛请求破产偿债、温毛氏离婚存查六案的文书，包括民事执行状、民事调解状、审理笔录、训令、案奉、查封笔录、拍卖布告、民事领状、民事诉状、牌告、饬签、言辞辩论笔录、民事和解笔录、民事宣判笔录、璧山地方法院民事判决书、民事存查状、契约等。

768. 璧山县司法处审理赔偿损害一案　12—9—782

1939年1月至1939年6月，璧山县司法处关于杨治安等因债务纠葛请求赔偿损害一案的文书，包括民事诉状、借约、民事委任状、民事保状、审理笔录、公函、调查笔录、结文、账单、民事判决书等。

769. 四川高等法院第一分院、璧山县司法处、璧山地方法院等审理返还会款等三案　12—9—783

1932年11月至1940年3月，四川高等法院第一分院、璧山县司法处、璧山地方法院等关于余治平等请求返还会款、高荣臣等因田土纠葛请求确定经界、高祥中等因遗产纠葛请求确认所有权三案的文书，包括指令、民事和解笔录、民事诉状、民事委任状、言辞辩论笔录、公函、民事判决书、契约、证人结文、民事缴状、民事宣判笔录等。

770. 璧山县司法处、璧山地方法院审理偿还典价等五案　12—9—784

1937年6月至1939年11月，璧山县司法处、璧山地方法院关于曹许氏等因典当田业纠葛请求偿还典价、殷兴福等请求返还会款、徐衡玑等因货款纠葛请求撤销查封、雷天泽等债务纠葛、雷森林等因盗窃赃物纠葛请求赔偿损害五案的文书，包括民事诉状、报告、法院谕、讯问笔录、民事裁定书、民事证明状、审理笔录、民事认买状、民事辩诉状、收会银及还会人名单、民事声明状、契约、民事申请状、拍卖布告、刑事公禀状、公函、民事拍卖状、未领物品单等。

771. 四川高等法院第一分院、璧山地方法院审理返还会款及其上诉一案　12—9—785

1939年9月至1940年4月，四川高等法院第一分院、璧山地方法院关于伍怀良等返还会款及其上诉一案的文书，包括执行主文、公函、意见书、四川高等法院第一分院民事裁定书、民事回避状、民事委任状、民事抗告状、民事执行状、布告、讯问笔录、民事保状等。

772. 璧山县司法处审理债务纠葛一案　12—9—786

1939年1月至1939年7月,璧山县司法处关于江炳荣等借款债务纠葛一案的文书,包括民事诉状、公函、审理笔录、报告书、民事判决书、民事裁定书等。

773. 四川高等法院第一分院、璧山县司法处审理给付租谷上诉一案　12—9—787

1939年3月至1939年4月,四川高等法院第一分院、璧山县司法处关于向洪盛等因租佃纠葛引起的给付租谷上诉一案的文书,包括民事上诉状、民事委任状、审判笔录、宣示判决笔录、公函、四川高等法院第一分院民事判决等。

774. 璧山地方法院审理偿还衣物、偿还债务等三案　12—9—788

1939年6月至1940年3月,璧山地方法院关于张书元等请求返还衣物、陈乾候等请求偿还借债、江杨氏等请求给付会款三案的文书,包括民事诉状、公函、四川高等法院第一分院民事裁定书、民事辩诉状、民事补状、言辞辩论笔录、民事委任状、璧山地方法院民事判决书、民事保状、报告等。

775. 璧山县司法处审理返还会款一案　12—9—789

1939年4月至1939年7月,璧山县司法处关于龙连山等返还会款执行一案的文书,包括民事执行状、民事保状、报告书、民事和解状等。

776. 璧山县司法处审理偿还借款一案　12—9—790

1938年10月至1939年8月,璧山县司法处关于罗元盛等请求偿还借款一案的文书,包括民事保状、审理笔录、结文、民事判决书、民事执行状、报告、公函、收据等。

777. 璧山县司法处审理返还会款一案　12—9—791

1937年1月至1939年1月,璧山县司法处关于余治平等请求返还会款一案的文书,包括民事诉状、证人证物表、报告等。

778. 四川高等法院第一分院、璧山县司法处审理赔偿损害上诉案一案　12—9—792

1939年3月至1939年7月,四川高等法院第一分院、璧山县司法处关于徐君辉等因行使伪币请求赔偿损害上诉一案的文书,包括公函、言辞辩论笔录、训令、报告、刑事申请状、证明书等。

779. 璧山县司法处审理返还会款一案　12—9—793

1939年1月至1939年4月，璧山县司法处关于龙连三等请求返还会款一案的文书，包括民事自诉状、民事辩诉状、审理笔录、民事委任状、民事和解笔录等。

780. 四川高等法院第一分院、璧山县司法处审理交业执行上诉一案　12—9—794

1939年6月至1939年10月，四川高等法院第一分院、璧山县司法处关于罗孔修等买卖田业纠葛引起的交业执行上诉一案的文书，包括公函、民事申请函、四川高等法院第一分院民事裁定书、民事上诉状等。

781. 四川高等法院第一分院、璧山县司法处审理终止收养关系上诉一案　12—9—795

1939年3月至1939年9月，四川高等法院第一分院、璧山县司法处关于尹张氏等请求终止收养关系并收回财产上诉一案的文书，包括民事上诉状、公函、璧山县司法处民事裁定书、民事委任状、民事申请状等。

782. 四川高等法院第一分院、璧山县司法处审理返还会款上诉一案　12—9—796

1939年5月至1939年11月，四川高等法院第一分院、璧山县司法处关于胡廷昌等返还会款上诉一案的文书，包括公函、训令、民事委任状、言辞辩论笔录、民事申请状、民事辩护状、民事公证状、民事声明状、民事宣判笔录、民事领状、四川高等法院第一分院民事判决书、民事诉状等。

783. 四川高等法院第一分院、璧山县司法处审理返还会款上诉一案　12—9—797

1939年3月至1939年4月，四川高等法院第一分院、璧山县司法处关于胡廷昌等请求返还会款上诉一案的文书，包括民事上诉状、民事辩诉状、言辞辩论笔录、民事委任状、训令等。

784. 四川高等法院第一分院审理返还会款一案　12—9—798

1939年2月至1939年3月，四川高等法院第一分院关于杨秀山等请求返还会款一案的文书，包括民事缴状、民事申请状、训令、公函、民事上诉状等。

785. 四川高等法院第一分院、璧山地方法院审理给付租谷、确定监护人两案　12—9—799

1939年11月至1939年12月，四川高等法院第一分院、璧山地方法院关于赵璧辉等因租佃纠葛请求给付租谷、江永清等请求确定监护人两案的文书，包括言辞辩论笔录、民事和解笔录、四川高等法院第一分院民事裁定书、民事申请状等。

786. 璧山地方法院审理会款、确认土地所有权两案　12—9—800

1939年2月至1942年9月，璧山地方法院关于蒋兴发等请求算清会款、张春辉等因地界纠葛请求确认土地所有权两案的文书，包括民事抗告状、民事领状、民事诉状、民事委任状、审判笔录、证人结文、民事声明状、民事审理笔录、民事宣判笔录、民事判决书等。

787. 璧山县司法处等审理返还会款一案　12—9—801

1939年1月至1939年9月，璧山县司法处等关于江献卿等请求返还会款一案的文书，包括公函、民事请委状、民事保状、民事展限状、民事诉状等。

该卷另有四川高等法院第一分院函请璧山地方法院公示蒋正祥过失致人死亡第三审判决书、璧山地方法院公示。

788. 璧山县司法处审理算明会款存查、罚金执行等三案　12—9—802

1939年4月至1939年9月，璧山县司法处关于陈益中等因会款纠葛请求算明会款存查、甘汉章因吸食鸦片的罚金执行、刘王氏等因买卖田业纠葛引发的交业执行案三案的文书，包括民事存查状、证人证物表、报告、保状、民事执行状、军法案件判决书、民事声明状、民事诉愿书、公函、讯问笔录等。

789. 四川高等法院第一分院、璧山县司法处审理返还会款等三案　12—9—803

1937年11月至1939年8月，四川高等法院第一分院、璧山县司法处关于江献卿等请求返还会款、周恒泰等因租佃纠葛请求租谷假扣押上诉案、杨进才等因买卖纠葛请求确认优先认买权及其上诉案三案的文书，包括审理笔录、公函、训令、四川高等法院第一分院民事裁定书、民事差押状、璧山县司法处民事裁定书、报告、实施假扣押笔录、民事诉状、民事声明状、璧山县司法处民事判决书、四川高等法院第一分院民事判决书、民事执行状、民事赔价状、诉讼费用表、民事异议状、收据等。

790. 璧山地方法院等审理会款纠纷等案　12—9—804

1937年8月至1947年6月，璧山地方法院等关于会款纠纷上诉案、租谷纠纷、因债务纠葛的假扣押、因诱拐妇女的赔偿损害执行案、借款债务纠纷等案的文书，包括公函、四川高等法院第一分院民事裁定书、民事上诉状、民事缴状、璧山地方法院民事和解笔录、璧山地方法院民事裁定书、刑事公证状、审理笔录、璧山县司法处刑事判决书、民事领状、民事辩诉状等。

该卷另附监狱犯人出入人数报表、监狱人犯年龄报告表、璧山地方法院看守所附设监狱月报表、训令、关于报表工作公函等，内容较为杂乱。

791. 璧山县司法处审理清偿会款本息一案　12—9—805

1939年1月至1939年5月，璧山县司法处关于江献卿等请求清偿会款本息一案的文书，包括民事诉状、审理笔录、报告、通知书、民事和解笔录等。

792. 璧山县司法处审理换立租约等六案　12—9—806

1936年6月至1939年12月，璧山县司法处关于雷江氏等因租佃纠葛请求换立租约、蒋仲镛请求商定的偿债办法存查、钱庶绩等因伙食费纠葛请求赔偿损害上诉案、忠恕堂等因租佃纠葛请求领押交业、李曾氏等请求偿还借款、蒋光宗等因会款纠葛请求算明账款六案的文书，包括民事领状、民事抗告状、民事存查状、民事上诉状、民事保状、收据、民事执行状、报告、民事诉状、公函、领条等。

793. 璧山县司法处审理租谷扣押等三案　12—9—807

1939年1月至1939年6月，璧山县司法处关于向洪盛等因典当纠葛请求租谷扣押、张书元等因婚约纠葛请求返还奁物、曾德江等因租佃纠葛请求偿还押银三案的文书，包括规划、民事上诉状、训令、饬签、报告、民事诉状、契约、民事辩诉状、民事续执行状、奁物单、衣服单子、民事申请状、民事执行状等。

794. 四川高等法院第一分院、璧山地方法院审理偿还借款等六案　12—9—808

1936年12月至1940年4月，四川高等法院第一分院、璧山地方法院关于杨绍安等请求偿还借款、胡维高等请求返还会款、徐钧安等请求清偿会款、江云屏等请求增加押银无效、杨君禄等因收买伪券请求纠辨事实、冯泽厚等请求偿还借债六案的文书，包括公函、审理笔录、贡献前方将士学生实际活动计划表、契约、民事保状、民事声明状、训令、民事领状、民事诉状、民事催状、民事上诉状等。

795. 璧山县司法处审理偿还会款、返还会款两案　12—9—809

1939年5月至1939年7月，璧山县司法处关于陈云中等请求偿还会款、李大章等请求返还会款两案的文书，包括民事诉续状、报告、民事保状、收据、民事诉状等。

796. 四川高等法院第一分院、璧山地方法院审理租谷假扣押等案　12—9—810

1938年1月至1940年6月，四川高等法院第一分院、璧山地方法院关于巫奎臣等因租佃纠葛请求租谷假扣押的抗告案、龙江廷等因债务纠葛请求撤销田土拍卖、印玉林等因债务纠葛请求返还借款、郭季璜请求领回债务纠葛案缴纳信金、张元之等返还产业纠葛上诉案、周德普等请求提供偿还会款担保等案的文书，包括民事抗告状、公函、布告、训令、收据、民事诉状、民事委任状、民事领状、领条、民事上诉状、民事续状、冯泽厚上诉债务案四川高等法院第一分院民事裁定书、民事申请状等。

797. 璧山县司法处审理确定优先权一案　12－9－811

1939 年 7 月至 1939 年 8 月，璧山县司法处关于曾子才等田业买卖纠纷请求确定优先权一案的文书，包括民事申请状、证人证物表、民事裁定书等。

798. 璧山县司法处审理返还产业一案　12－9－812

1939 年 5 月，璧山县司法处关于萧琢之等典当纠葛请求返还产业一案的文书，包括公函、审理笔录、民事诉状、公证状等。

该卷另附璧山县司法处检查处簿册若干份。

799. 四川高等法院第一分院、璧山地方法院审理返还借款上诉案、返还保银两案　12－9－813

1939 年 2 月至 1940 年 1 月，四川高等法院第一分院、璧山地方法院关于朱友三等请求返还借款上诉案、彭廷尧等抓丁纠葛请求返还保银案两案的文书，包括公函、四川高等法院第一分院民事判决书、民事诉状、证人证物表、审理笔录等。

800. 璧山县司法处审理返还借款、给付租谷两案　12－9－814

1938 年 2 月至 1939 年 7 月，璧山县司法处关于周曾氏等请求返还借款、李曹氏等因租佃纠纷引起的给付租谷两案的文书，包括民事保状、民事判决书、民事诉状、证人证物表、审理笔录、民事和解状等。

801. 璧山地方法院等审理租佃纠葛等案　12－9－815

1932 年 7 月至 1945 年 2 月，璧山地方法院等关于租佃纠葛、债务纠葛、盗窃、返还金首饰、贪污、帐被纠葛、诉讼费用纠纷、租赁纠葛、典当纠纷、租约纠纷、会款纠葛、离婚纠纷、欺诈事件、失物纠纷、强奸案、人身伤害、遗产纠葛等案的文书，包括璧山地方法院民事判决书、璧山县司法处民事判决书、璧山县政府军法判决书、通知书、公函、璧山地方法院民事裁定书、四川高等法院第一分院民事裁定书、璧山县政府民事判决书、审理笔录、璧山县政府民事堂谕代判、最高法院民事裁定书、璧山地方法院检察官处分书、巴县地方法院民事判决书、璧山县政府笔录、重庆地方法院民事裁定书、四川高等法院第一分院民事判决书、璧山地方法院刑事判决书、璧山地方法院刑事裁定书、璧山县地方法支付命令等。

该卷另附1937年11月20日全盛公司与仁利炭庄之炭业协定。

802. 四川高等法院第一分院、璧山地方法院审理返还定银一案　12—9—816

1939年11月至1940年3月，四川高等法院第一分院、璧山地方法院关于刘吴氏等因租佃纠葛引起的返还定银一案的文书，包括璧山地方法院民事判决书、公函、四川高等法院第一分院民事裁定书、民事申请状、民事诉状、言辞辩论笔录、民事委任状、民事宣判笔录等。

803. 四川高等法院第一分院、璧山县司法处审理终止租约、赔偿损害上诉两案　12—9—817

1938年11月至1939年10月，四川高等法院第一分院、璧山县司法处关于钟炳荣等因租佃纠纷引起的终止租约案、任德昌等因人身伤害纠葛引发的赔偿损害上诉两案的文书，包括民事诉状、报告、讯问笔录、公函、民事执行状、民事证明状、审理笔录、民事保状、璧山县司法处民事和解笔录、璧山县司法处刑事判决书、训令、四川高等法院第一分院刑事判决书等。

804. 璧山地方法院审理赔偿损害一案　12—9—818

1939年10月至1939年12月，璧山地方法院关于王文彬等因租佃纠纷请求赔偿损害一案的文书，包括民事诉状、民事委任状、民事和解笔录、言辞辩论笔录等。

805. 四川高等法院第一分院、璧山县司法处审理撤销典约及其上诉一案　12—9—819

1939年4月至1939年12月，四川高等法院第一分院、璧山县司法处关于胡银辉等撤销典约及其上诉一案的文书，包括民事诉状、审理笔录、结文、训令、璧山县司法处民事判决书、璧山县司法处民事裁定、契约、民事上诉状、民事辩诉状、言辞辩论笔录、宣示判决笔录、四川高等法院第一分院民事判决书等。

806. 璧山地方法院审理诉讼费纠葛一案　12—9—820

1939年12月至1940年2月，璧山地方法院关于王春生等因变造契约案引发的诉讼费纠葛一案的文书，包括民事诉状、诉讼费用单、言辞辩论笔录、民事裁定书、收据等。

807. 璧山县司法处审理丁家镇联保处呈报何梁氏杀人一案　12—9—821

1939年3月，璧山县司法处关于丁家镇联保处呈报何梁氏杀人一案的文书，仅有呈报公函。

808. 四川高等法院第一分院、璧山地方法院审理寄托物品丢失上诉一案　12—9—822

1939 年 11 月至 1940 年 3 月，四川高等法院第一分院、璧山地方法院关于李吉臣等因寄托的物品丢失要求返还金饰物及其上诉一案的文书，包括公函、四川高等法院第一分院民事判决书、民事诉状、言辞辩论笔录、璧山地方法院民事裁定书、民事宣判笔录、璧山地方法院民事判决书、藏物单、民事上诉状、民事答辩状、民事委任状、勘验点名单、审理笔录等。

809. 璧山地方法院审理交付押银一案　12—9—823

1939 年 3 月至 1939 年 11 月，璧山地方法院关于左海林等因租佃纠葛请求交付押银一案的文书，包括民事诉状、通知书、保状等。

810. 巴县地方法院、璧山地方法院审理偿还借款一案　12—9—824

1939 年 9 月至 1939 年 12 月，巴县地方法院、璧山地方法院关于陈金山等请求偿还借款一案的文书，包括民事诉函、报告、公函、民事裁定书等。

811. 四川高等法院第一分院、璧山县司法处审理确定典当无效涉讼一案　12—9—825

1938 年 8 月至 1939 年 3 月，四川高等法院第一分院、璧山县司法处关于甘平林等请求确定田业典当无效涉讼一案的文书，包括公函、民事申请状、民事上诉状、四川高等法院第一分院民事裁定书、民事缴状、审讯笔录、民事委任状、调查笔录等。

812. 璧山地方法院等审理返还会款及其上诉一案　12—9—826

1939 年 1 月至 1939 年 12 月，璧山地方法院等关于陈刘氏等返还会款及其上诉一案的文书，包括民事反诉状、账单、审理笔录、民事辩诉状、民事委任状、璧山县司法处民事判决书、公函、民事抗告状、意见书、四川高等法院第一分院民事裁定书等。

813. 四川高等法院第一分院、璧山地方法院审理撤销买卖契约及其上诉一案 12—9—827

1940 年 3 月至 1942 年 5 月，四川高等法院第一分院、璧山地方法院关于张全益等因遗产纠葛引发的撤销买卖契约及其上诉一案的文书，包括民事诉状、民事委任状、言辞辩论笔录、证人结文、民事辩诉状、审判笔录、民事补诉状、民事讯问笔录、民事宣判笔录、民事裁定书、民事判决书、民事上诉状、民事和解状、报告、和息文约等。

814. 璧山县司法处审理给付欠租一案　12－9－828

1939 年 2 月至 1939 年 4 月，璧山县司法处关于蒋寿征等因租佃纠葛请求给付欠租一案的文书，包括报告、审理笔录、民事判决书等。

815. 璧山县司法处审理债务纠纷一案　12－9－829

1939 年 3 月，璧山县司法处关于饶国忠因等借款债务纠纷一案的文书，仅包括民事诉状。

816. 璧山县司法处、巴县地方法院审理债务纠葛一案　12－9－830

1935 年 10 月至 1939 年 12 月，璧山县司法处、巴县地方法院关于谢春林等借债债务纠纷执行一案的文书，包括民事诉状、民事申请状、民事执行状、民事辩诉状、讯问笔录、和解文约、民事续状、公函、报告、巴县地方法院民事判决书、朱谕、审理笔录、民事保状、签呈、契约、所欠账单等。

817. 璧山地方法院审理借款执行一案　12－9－831

1939 年 12 月至 1940 年 1 月，璧山地方法院关于朱银康因巫赖氏不还借款请求借款执行一案的文书，包括民事执行状、证人证物表等。

818. 璧山地方法院、四川合川地方法院审理拍卖田房异议一案　12－9－832

1939 年 9 月至 1940 年 2 月，璧山地方法院、四川合川地方法院关于王洪杰等债务纠葛引发的拍卖田房异议一案的文书，包括民事委任状、民事诉状、民事保状、公判笔录、民事裁定书、公函、民事申请状、言辞辩论笔录、民事宣判笔录、民事判决书等。

819. 璧山地方法院审理确认典物所有权一案　12－9－833

1939 年 9 月至 1939 年 11 月，璧山地方法院关于周江氏等因典当田土房屋纠葛请求确认典物所有权一案的文书，包括民事反诉状、言辞辩论笔录、民事诉状、民事和解状等。

820. 四川高等法院第一分院、璧山地方法院审理盗窃上诉一案　12－9－834

1940 年 1 月至 1940 年 2 月，四川高等法院第一分院、璧山地方法院关于李学良等因不服与熊质彬等的盗窃案判决提起上诉一案的文书，包括璧山地方法院检察官处分书、公函、四川高等法院第一分院检察官处分书民事诉状等。

821. 璧山地方法院审理赔偿损害一案　12—9—835

1939年9月至1940年1月，璧山地方法院关于李学良诉熊质彬等因其家庭夫妻关系不和诬告其妹盗窃而要求赔偿损害一案的文书，包括刑事诉状、侦查笔录、结文、璧山地方法院检察官不起诉处分书等。

822. 璧山县司法处审理返还会款一案　12—9—836

1938年1月至1938年3月，璧山县司法处关于朱治诚等请求返还会款一案的文书，包括民事诉状、审理笔录、民事判决书等。

823. 四川高等法院第一分院、璧山地方法院审理田业假扣押、羁押两案　12—9—837

1939年6月至1941年7月，四川高等法院第一分院、璧山地方法院关于王香普等因田业买卖引起的假扣押上诉案、萧鼎三诉萧先盈诱骗拐逃要求羁押两案的文书，包括璧山地方法院民事裁定书、公函、刑事申请状等。

824. 四川高等法院第一分院、璧山地方法院审理返还田土、拍卖无效并返还田业两案　12—9—838

1940年2月至1942年5月，四川高等法院第一分院、璧山地方法院关于王香圃等因买卖纠葛引起的返还田土案、王香普等因债务纠葛引发的拍卖无效并返还田业案两案的文书，包括公函、最高法院民事判决书等。

825. 璧山地方法院、合川地方法院审理撤销拍卖一案　12—9—839

1939年11月，璧山地方法院、合川地方法院关于许克明等因债务纠葛涉讼案而要求撤销拍卖一案的文书，包括民事申请状、证人证物表、民事裁定书、公函等。

826. 四川高等法院第一分院审理确认和解契约无效一案　12—9—840

1945年5月至1945年9月，四川高等法院第一分院关于曹叔才因田业买卖纠葛上诉申请和解契约无效一案的文书，包括民事上诉状、民事裁定书、民事缴状、民事答辩状等。

827. 四川高等法院第一分院、璧山地方法院审理债务执行上诉一案　12—9—841

1939年8月至1939年12月，四川高等法院第一分院、璧山地方法院关于罗益安等因押银纠葛引起的债务执行上诉一案的文书,包括公函、民事抗告状、意见书、四川高等法院第一分院民事裁定书等。

828. 璧山地方法院审理返还押银执行一案　12－9－842

1939年10月,璧山地方法院关于王焰逵等返还押银执行一案的文书,包括民事诉状、证人证物表、璧山县司法处民事破产办法等。

829. 四川高等法院第一分院、璧山地方法院审理债务执行上诉一案　12－9－843

1940年5月至1940年6月,四川高等法院第一分院、璧山地方法院关于邹耀廷等债务执行上诉一案的文书,包括公函、四川高等法院第一分院民事判决书等。

830. 璧山县司法处审理租约无效一案　12－9－844

1939年8月,璧山县司法处关于王洪杰等因租佃纠葛请求租约无效一案的文书,包括民事诉状、证人证物表、民事缴状等。

831. 璧山县司法处审理返还会款一案　12－9－845

1939年1月至1939年6月,璧山县司法处关于龙绍宗等请求返还会款一案的文书,包括民事诉状、会借两项清单、报告、清算会单、审理笔录、民事证明状、民事裁定书、民事判决书等。

832. 璧山地方法院审理诉讼费纠葛等三案　12－9－846

1939年8月至1940年1月,璧山地方法院关于江永清等因监护人涉讼案引发的诉讼费纠葛、傅斗垣等会款执行、甘宗良等因租佃纠纷请求给付租谷等三案的文书,包括民事诉状、命令、报告、执行命令、民事判决书刑事暨附带民事判决书、审理笔录、民事和解笔录、民事辩诉状、民事委任状、言辞辩论笔录等。

833. 四川高等法院第一分院、璧山地方法院审理清纳租谷、返还借款两案　12－9－847

1939年4月至1940年3月,四川高等法院第一分院、璧山地方法院关于徐全兴等因租佃纠纷请求清纳租谷、杨治安等请求返还借款两案的文书,包括民事诉状、璧山地方法院民事裁定书、言辞辩论笔录、民事宣判笔录、民事判决书、民事展限状、公函、训令、民事委任状、结文、民事追加状、民事答辩状、民事上诉状、民事证明状、民事续状、宣示判决笔录、四川高等法院第一分院民事判决书等。

834. 璧山地方法院等审理债务纠葛等三案　12—9—848

1939 年 3 月至 1940 年 2 月，璧山地方法院等关于罗德安等由买卖布匹引起的债务纠葛、蒲海荣等买卖田业纠纷案的诉讼费纠葛、朱西屏等买卖田业引发的所有权纠纷三案的文书，包括公函、民事抗告状、意见书、四川高等法院第一分院民事裁定书、民事执行状、四川高等法院第一分院民事判决书、诉讼费账目、璧山县司法处民事裁定书等。

该卷另附 1945 年璧山地方法院检察官因胡定芳拐卖妇女案的公诉书一份。

835. 璧山地方法院审理地界纠纷等四案　12—9—849

1939 年 4 月至 1940 年 1 月，璧山地方法院关于郭炳然等地界纠纷、周雷氏等因租佃租谷纠葛、江贞荣等因买卖食谷纠葛、李成之等因租佃押银纠葛四案的文书，包括民事执行状、民事诉状、命令、报告、饬签、审理笔录、民事辩诉状、契约、民事判决书、民事裁定书、凭票、言辞辩论笔录、账单、民事宣判笔录、民事申请状、民事和解笔录等。

836. 璧山地方法院审理借款债务纠葛等五案　12—9—850

1939 年 10 月至 1940 年 1 月，璧山地方法院关于怡康因陈练伯等借款债务纠葛、罗益安等因租佃纠葛请求租约有效、周青云等请求返还会款、周荣钦等请求偿还会款、谭周氏等租佃押银纠葛五案的文书，包括民事辩诉状、言辞辩论笔录、民事诉状、报告、民事裁定书、民事调解状、借约、民事反诉状、借会款账单、证人结文、民事宣判笔录、民事判决书、大衍会会簿等。

837. 四川高等法院第一分院、璧山县司法处审理会款、田业纠纷两案　12—9—851

1938 年 11 月至 1939 年 8 月，四川高等法院第一分院、璧山县司法处关于连德仁等请求返还会款、江石芝等因买卖田业纠葛请求分割田业两案的文书，包括报告、民事诉状、民事上诉状、公函、民事申请状、四川高等法院第一分院民事裁定书、训令、民事答辩状、最高法院民事判决书等。

838. 四川高等法院第一分院、璧山县司法处等审理拍卖田房偿债等四案　12—9—852

1939 年 5 月至 1940 年 2 月，四川高等法院第一分院、璧山县司法处等关于王洪杰等侵吞货款请求拍卖田房偿债案、黄明盛等因租佃纠纷请求给付租谷上诉案、徐文安等请求返还借粮案、林占先狱中函请钟德云偿还借款案四案的文书，包括民事诉状、侦讯单、公函、侦讯笔录、检察官不起诉处分书、民事上诉状、民事答辩状、言辞辩论笔录、四川高等法院第一分院民事裁定书、民事申请函等。

839. 璧山县司法处审理返还会款执行等五案　12－9－853

1936年12月至1939年7月，璧山县司法处关于龚位高返还会款执行案、蒋赤南等偿还会款上诉案、监犯连又生因胃病沉重请求保外治疗、左四合等商号负责人因税收纠葛的妨害公务再审案、刘汉州等请求偿还借款五案的文书，包括民事诉执行状、清单、饬签、报告、公函、刑事辩诉状、审理笔录、宣判笔录、刑事判决书、民事和解笔录等。

840. 四川高等法院第一分院、璧山地方法院审理分割遗产等三案　12－9－854

1939年1月至1939年12月，四川高等法院第一分院、璧山地方法院关于王德元等家产纠纷请求分割遗产、张芝林等请求偿还借款、刘春暄等因租佃纠葛请求给付租谷三案的文书，包括民事诉状、民事裁定书、言辞辩论笔录、借据、民事和解笔录、公函、训令、契约、收据、民事辩诉状、审理笔录、民事判决书等。

841. 四川高等法院第一分院、璧山县司法处审理会款纠葛两案　12－9－855

1939年3月至1939年8月，四川高等法院第一分院、璧山县司法处关于陈昆山等给付会款纠葛案、黄炳轩返还会款执行上诉案两案的文书，包括民事诉状、民事保状、饬签、报告、公函、证明书、讯问笔录、民事请委状、民事辩诉状、审理笔录、算账笔录、璧山县司法处民事判决书、璧山县政府民事判决书、意见书、民事抗告状、四川高等法院第一分院民事裁定书等。

842. 四川高等法院第一分院、璧山地方法院审理违反兵役法等五案　12－9－855（2）

1937年4月至1940年3月，四川高等法院第一分院、璧山地方法院关于罗光国违反兵役法、陈文树等因遗产纠葛的赔偿业价上诉案、曾子才申请领回确定买卖优先权案呈庭佃约、陈汉周等请求偿还借款、刘德全等请求分割遗产五案的文书，包括往来公函、失物单、民事上诉状、四川高等法院第一分院民事裁定书、民事领状、领收证、言辞辩论笔录、民事展限状、民事宣判笔录、璧山地方法院民事判决书、民事诉状、调解契约、民事辩诉状民事缴状、璧山地方法院民事裁定书等。

存查卷：璧山县第一区河边镇呈报胡时雍之妻胡周氏拐女携物潜逃请求备案存查、璧山县第一区梓潼乡呈报安云楼之妇携物逃匿备案存查、璧山县城西乡联保处呈报保长潘仲镛因碉楼被窃申请备案、璧山县石龙乡联保处呈报熟膏店被窃而疑犯逃脱请求备案存查、璧山县石龙乡联保处呈报张怀德因其养鸭雇工窃蛋盗鸭请求存查、璧山县第一区梓潼乡联保主任呈报林罗氏与陈海清的盗窃纠纷案撤回诉讼请求备案存查、璧山县第一区丹凤镇办公处呈报林炳刚等被盗备案存查、璧山县第三区依凤乡呈报在太平桥发现无名死尸存查、璧山县接龙乡办公处函报江璧华因私章损害另刻共用申请备案、璧山龙溪乡报称在河中发现无名死尸存查、璧山第二区平安乡呈报胡周氏与何树廷串通藏匿案调解存查等。

843. 四川高等法院第一分院、璧山地方法院审理押银纠葛上诉、返还田业两案 12—9—856

1939 年 5 月至 1940 年 3 月，四川高等法院第一分院、璧山地方法院关于徐仲华等因买卖田业的押银纠葛上诉案、张质彬因抱子立嗣纠纷请求返还田业两案的文书，包括公函、意见书、民事申请状、民事上诉状、四川高等法院第一分院民事裁定书、言辞辩论笔录、民事宣判笔录、璧山给付地方法院民事判决书、民事反诉状等。

844. 四川高等法院第一分院、璧山县司法处审理请求返还会款等四案 12—9—857

1936 年 10 月至 1939 年 12 月，四川高等法院第一分院、璧山县司法处关于吴明三等请求返还会款案、陈泽安等为防后患申请租佃关系存查、周德普等借款纠纷上诉案、傅成祥等因买卖阴地纠葛请求赔偿损害四案的文书，包括民事诉状、公函、民事裁定书、民事申请状、意见书、民事抗告状、四川高等法院第一分院民事裁定书、璧山县司法处民事判决书、璧山县政府饬签、训令、重庆地方法院民事判决书、璧山县司法处民事裁定书、民事和解状、和息文约等。

845. 四川高等法院第一分院、璧山县司法处等审理借款纠纷及其上诉一案 12—9—858

1936 年 10 月至 1940 年 3 月，四川高等法院第一分院、璧山县司法处等关于陈杨氏等借款纠纷及其上诉一案的文书，包括训令、公函、执行笔录、民事领状、存条、报告、朱谕、四川高等法院第一分院民事判决书、民事保状、布告、民事抗告状、璧山县司法处民事判决书、民事执行状、民事声明状、民事诉状、民事辩诉状、民事续状、审理笔录、民事结状、民事申请状、民事上诉状、借约等。

846. 璧山地方法院审理搬迁交业执行一案 12—9—859

1939 年 12 月至 1940 年 1 月，璧山地方法院关于张郑氏等因租赁房屋纠纷请求搬迁交业执行一案的文书，包括民事执行状、民事领状、璧山县司法处民事判决书等。

847. 璧山县司法处审理返还押银一案　12—9—860

1939年1月至1939年2月，璧山县司法处关于郭炳辉等因租佃纠葛请求返还押银一案的文书，包括民事诉状、借据、契约、民事领状、审理笔录、公函等。

848. 璧山县司法处审理返还押金一案　12—9—861

1939年4月至1939年7月，璧山县司法处关于雷泽君等因租佃纠葛请求返还押金一案的文书，包括民事申请状、审理笔录、民事请委状、民事和解笔录、民事诉状等。

849. 璧山县司法处审理租谷假扣押一案　12—9—862

1939年1月至1939年2月，璧山县司法处关于刘芳铨等因租佃纠葛请求租谷假扣押一案的文书，包括民事裁定书、民事诉状、民事声明状等。

850. 璧山地方法院等审理返还押金、搬迁交业两案　12—9—863

1939年5月至1939年12月，璧山地方法院等关于杨钧平等因租佃纠葛请求返还押金、何辉先等因租佃纠葛请求搬迁交业两案的文书，包括民事判决书、契约、民事诉状、审理笔录、民事委任状、民事和解笔录、民事申请状、民事保状、报告、讯问笔录等。

851. 璧山县司法处审理遗嘱备案存查等九案　12—9—864

1939年2月至1939年7月，璧山县司法处关于江流芳请求遗嘱备案存查、邓声林请求均分家产存查、王炳辉因房子被轰炸遗失契约申请备案存查、毛修五等请求分配家产存查、秦炳权等申请公开摊偿借债存查、廖德宣等请求破产偿债存查、秦胡氏申请分家预立遗嘱存查、高银安等请求借银文约存查、吴华周等申请娶妾续嗣存查九案的文书，包括民事存查状、证人证物表、契约、债权人姓名数目单、训令、预立遗嘱等。

852. 璧山地方法院审理赔偿损害一案　12—9—865

1939年12月至1940年3月，璧山地方法院关于张代福等因嫁给周合清的童养媳失踪请求赔偿损害一案的文书，包括刑事诉状、妆奁清单、侦查笔录、刑事辩诉状、侦讯笔录、结文民事保状、检察官起诉书、刑事公证状等。

853. 璧山县司法处审理搬迁给租一案　12—9—866

1939年1月至1939年11月，璧山县司法处关于杨鲁三等因租佃纠葛涉讼请求搬迁给租一案的文书，包括民事诉状、契约、民事委任状、审理笔录、民事判决书、民事执行状、民事续状、训令、民事申请状、报告等。

854. 璧山地方法院审理拖骗会款等四案　12－9－867

1939 年 1 月至 1939 年 12 月，璧山地方法院关于陈剑拔等状告杨树为等拖骗会款、陈仁三等请求返还会款、黄绍清等请求返还聚贤会会款、简占林等要求凌荣卿等偿还会款四案的文书，包括民事诉状、审理笔录、报告书、民事判决书、民事裁定书、契约、民事辩诉状、民事和解笔录等。

855. 四川高等法院第一分院、璧山地方法院审理会款纠葛两案　12－9－867（2）

1939 年 4 月至 1939 年 11 月，四川高等法院第一分院、璧山地方法院关于简占林等要求凌荣卿等偿还会款、蒋光耀等请求返还会款上诉两案的文书，包括审理笔录、通知书、算账笔录、讯问笔录、言辞辩论笔录、璧山地方法院民事判决书、璧山地方法院民事裁定书、公函、民事上诉状、民事缴状、审判笔录、民事宣判笔录、四川高等法院第一分院民事判决书等。

856. 四川高等法院第一分院、璧山县司法处审理给付会款及其上诉一案　12－9－868

1937 年 2 月至 1939 年 8 月，四川高等法院第一分院、璧山县司法处关于张明亭请求给付会款及其上诉一案的文书，包括公函、训令、民事诉状、报告、四川高等法院第一分院民事判决书、民事保状、民事缴状、领条等。

857. 璧山地方法院审理赔偿损害一案　12－9－869

1939 年 12 月至 1940 年 1 月，璧山地方法院关于张荣成等砍伐树木纠葛请求赔偿损害一案的文书，包括刑事诉状、刑事请委状、通知书、审判笔录、刑事答辩状等。

858. 璧山县司法处审理脱离父子关系存查一案　12－9－870

1939 年 3 月，璧山县司法处关于邓金山等因抱养子出逃请求脱离父子关系存查一案的文书，包括民事存查状、证人证物表等。

859. 四川高等法院第一分院、璧山县司法处审理违反印花税法被罚款一案　12－9－871

1939 年 3 月至 1939 年 12 月，四川高等法院第一分院、璧山县司法处关于民众书报社等商号因违反印花税法被罚款一案的文书，包括公函、四川高等法院第一分院刑事裁定书、刑事缴状、具缴罚金状、侦查笔录、收据、刑事诉状、璧山县司法处刑事裁定书、意见书、签余、刑事抗告状、财政部四川区川东税务管理所查获违法印花税法案件清单、报告、刑事申请状等。

860. 四川高等法院第一分院、璧山县司法处审理撤销田业买卖契约上诉一案 12—9—872

1939年1月至1939年4月,四川高等法院第一分院、璧山县司法处关于宋海林等请求撤销田业买卖契约上诉一案的文书,包括最高法院民事判决书、四川高等法院第一分院民事裁定书、公函、民事上诉状、言辞辩论笔录、民事委任状、审讯笔录、民事宣判笔录、四川高等法院第一分院民事判决书等。

861. 璧山地方法院审理领回涉讼呈庭田业契约一案 12—9—873

1939年12月至1940年3月,璧山地方法院关于汪汉臣申请领回会款涉讼呈庭田业契约一案的文书,包括民事申请状、民事领状等。

862. 璧山地方法院审理延迟利息执行一案 12—9—874

1939年12月至1940年3月,璧山地方法院关于张纯一等因借款纠葛涉讼请求延迟利息执行一案的文书,包括民事执行状、延迟利息及诉讼费用单、原民事判决书、命令、报告、查封不动产笔录、鉴定人鉴定文、布告、民事缴状、民事领状等。

863. 璧山地方法院审理伤害一案 12—9—875

1939年9月至1939年11月,璧山地方法院关于曾俊良等由拐骗妇女引起的伤害一案的文书,包括刑事诉状、侦讯笔录、检察官处分书、结文等。

864. 璧山县司法处审理离婚一案 12—9—876

1939年2月至1939年6月,璧山县司法处关于田古氏因被田应祥遗弃请求离婚一案的文书,包括民事诉状、证人证物表、公函、讯问笔录等。

865. 璧山县司法处审理返还田业一案 12—9—877

1938年12月至1939年4月,璧山县司法处关于张质彬等因变卖祀田涉讼请求返还田业一案的文书,包括民事诉状、民事续状、报告、民事裁定书等。

866. 璧山地方法院审理请发支付命令一案 12—9—878

1939年11月至1939年12月,璧山地方法院关于徐华台因杨文彬拖欠借款请发支付命令一案的文书,包括民事申请状、证人证物表、支付命令等。

867. 璧山县司法处审理赔偿押银损害一案　12—9—879

1939 年 3 月至 1939 年 4 月，璧山县司法处关于韩炳臣等租佃纠葛请求赔偿押银损害一案的文书，包括民事诉状、证人证物表、民事辩诉状、契约、审理笔录、民事委任状、民事判决书民事公证状、民事判决书等。

868. 四川高等法院第一分院、璧山县司法处审理伤害涉讼等三案　12—9—880

1933 年 9 月至 1939 年 4 月，四川高等法院第一分院、璧山县司法处关于何世光等伤害涉讼、范金山因被曾夔臣打伤请求刑拘并赔偿损害案、陈清合等因租佃纠葛涉讼请求给付租谷三案的文书，包括公函、刑事诉状、口供单、审理笔录、民事保状、民事辩诉状、账单、契约等。

869. 四川高等法院第一分院、璧山县司法处等审理支付租谷一案　12—9—881

1935 年 11 月至 1944 年 11 月，四川高等法院第一分院、璧山县司法处等关于吴寿增等因租佃纠葛涉讼请求支付租谷一案的文书，包括民事诉状、债权人姓名银数利率单、民事保状、民事反诉状、契约、璧山县司法处民事判决书、报告、璧山县政府民事判决书、公函等。

该卷另有会款纠纷、借款纠葛、人身伤害、租佃纠葛、继承纠纷、坟界纠纷等案的判决书数份。

870. 四川高等法院第一分院、璧山县司法处审理债务执行上诉一案　12—9—882

1939 年 3 月至 1939 年 5 月，四川高等法院第一分院、璧山县司法处关于陈滋如等借款债务执行上诉一案的文书，包括公函、意见书、民事抗告状、四川高等法院第一分院民事裁定书、训令等。

871. 四川高等法院第一分院、璧山地方法院审理借款纠葛、典当纠纷上诉两案　12—9—883

1937 年 5 月至 1940 年 5 月，四川高等法院第一分院、璧山地方法院关于王彭氏等借款纠葛案、谭玉辉等典当纠纷上诉案两案的文书，包括民事执行状、民事诉状、民事和解笔录、公函、四川高等法院第一分院民事判决书等。

该卷另附璧山地方法院关于陈汉祥等借款纠葛案的民事判决书、璧山县城西乡第八保国民学校实到学生名册、璧山县城西乡第八保国民学校教员表、四川省政府关于盗窃疑犯回籍要求璧山县政府调查的咨文、四川高等法院关于就任职务咨文、四川高等法院关于李士琦候补员名额的训令等。

872. 四川高等法院第一分院、璧山地方法院审理土地所有权纠纷上诉、搬迁交业两案　12—9—884

1939年1月至1940年1月，四川高等法院第一分院、璧山地方法院关于荣佩玉等因出卖尚在租佃中的田业而引起土地所有权纠纷上诉案、伍华林等因租佃纠葛请求搬迁交业两案的文书，包括公函、民事上诉状、四川高等法院第一分院民事裁定书、民事辩诉状、言辞辩论笔录、刑事判决书、四川高等法院第一分院民事判决书、报告、民事申请状、民事执行状、饬签、回庭状等。

873. 四川高等法院第一分院、璧山地方法院等审理赔偿损害等六案　12—9—885

1938年10月至1946年12月，四川高等法院第一分院、璧山地方法院等关于王映奎等因租佃纠葛涉讼请求赔偿损害、陈干侯等请求偿还借款、朱绍学等因社会琐事引起的伤害案、徐廖祖贤等请求领回"确认所有权案"的和解笔录、杨荣安等因租佃纠葛涉讼请求给付押银、王福全因租房者不知何故留物在租赁房屋内而人私逃六案的文书，包括民事申请函、调解笔录、询单、抗告意见书、民事声明状、关于王斯良被选为理事的公函、接受物件册、民事和解状、检察官不起诉处分书、公函、民事申请状、民事诉状、遗存器物清单、侦讯笔录等。

874. 璧山地方法院等文书杂卷　12—9—886

1939年至1944年11月，璧山地方法院关于张辉山等产业纠葛案的函复、四川高等法院第一分院关于李元廷等租佃纠葛案的公函、四川高等法院第一分院关于蒋赤南等纱款纠葛案的民事裁定书、璧山地方法院警丁补报家属请领平价米人数清册、璧山县政府关于周席珍等祠产纠葛案的公函、璧山县政府关于何绍卿等管理家产案的训令等；

璧山县政府关于转函查办张辉山等案的公函、四川粮储处第二十五仓库代电、关于机关学校人事变动的通知、璧山县政府关于文昌宫垣墙倒塌死伤人民的指令、第二次县政府会议记录、璧山县电话管理所奉令到职的公函、璧山县政府关于承领钤记（印章）启用的训令、璧山县政府关于启用钤记日期暨印模备查的指令等；

陆军第十四师司令部关于原第九补训处改为陆军十四军的公函、璧山国民兵团部关于调查外侨的公函、调查外侨注意事项、璧山县警察局关于启用钤记的公函、重庆卫戍区第四司令部关于呈报启用钤记的代电、中国航空建设协会四川省分会1944年度征求会员运动实施办法、中国航空建设协会四川省分会璧山县征求中队1944年度应征会员人数会费表、璧山县警察局关于注销钤记的指令等。

875. 四川高等法院第一分院、璧山地方法院等审理算给红利上诉等四案　12—9—887

1938 年 10 月至 1940 年 2 月，四川高等法院第一分院、璧山地方法院等关于戴先平等因租约纠纷涉讼请求算给红利的上诉案、陈正邦等因租佃纠葛涉讼请求补给押银案、宋荣山等因田业界畔不明涉讼请求确定经界案、连三级等返还会款执行案四案的文书，包括四川高等法院第一分院民事裁定书、民事诉状、审理笔录、民事注销状、言辞辩论笔录、民事宣判笔录、璧山地方法院民事判决书、民事执行状、璧山县司法处民事判决书、公函、饬签、报告、民事领状、契约等。

876. 璧山地方法院等审理偿还会款一案　12—9—888

1939 年 5 月至 1939 年 12 月，璧山地方法院等关于陈银山等请求偿还会款一案的文书，包括民事诉状、契约、审理笔录、民事辩诉状、民事答辩状、讯问笔录、宣示判决笔录、民事判决书、民事委任状、言辞辩论笔录、民事抗告状、璧山县司法处民事判决书、收会洋账单等。

877. 四川高等法院第一分院、璧山县司法处审理租房存查、借银纠纷等三案　12—9—889

1939 年 1 月至 1939 年 8 月，四川高等法院第一分院、璧山县司法处关于毛清华等请求出租祖房以维持家庭生活的存查案、陈伯勋等借银纠纷上诉案、钱治云等请求分割田业的家产纠葛案三案的文书，包括民事申请状、牌告、公函、民事上诉状、四川高等法院第一分院民事裁定书、训令、民事答辩状、审讯笔录、审理笔录、契约、报告等。

878. 四川高等法院第一分院、璧山县司法处审理给付押银上诉、返还会款纠纷两案　12—9—890

1939 年 1 月至 1939 年 8 月，四川高等法院第一分院、璧山县司法处关于王克武等因租佃纠葛涉讼的给付押银上诉案、陈树德等请求返还会款两案的文书，包括民事上诉状、四川高等法院第一分院民事裁定书、公函、民事再审状、民事诉状、民事缴状、民事领状等。

879. 璧山县司法处审理租佃存查等三案　12—9—891

1938 年 11 月至 1939 年 10 月，璧山县司法处关于赵国卿等请求用慈善会基金租佃田业存查案、欧阳清等因合买木料纠纷请求返还货款、甘子华等由口角引起的人身伤害纠葛三案的文书，包括公函、民事存查函、民事诉状、亲笔欠条、审理笔录、民事展限状、验伤单、报告、民事辩诉状、民事判决书、宣判笔录等。

880. 璧山县司法处审理离婚备案存查、赔偿诉讼费等三案　12—9—892

1939年1月至1939年8月，璧山县司法处关于刘银谱等因身染痼疾双方甘愿离婚请求备案存查、袁天成等因会款涉讼请求赔偿诉讼费、陈徐氏等因家产争执涉讼请求撤销家产查封三案的文书，包括民事存查状、民事诉状、诉讼费用单、审理笔录、民事领状、民事判决书、报告、收据等。

881. 璧山县司法处审理偿还借款一案　12—9—893

1938年8月，璧山县司法处关于何荣廷等请求偿还借款一案的文书，包括民事判决书、民事诉状等。

882. 璧山地方法院等审理借款纠葛等案　12—9—894

1939年12月至1947年3月，璧山地方法院等关于借款纠葛、买卖火炯纠葛、租佃押银纠葛、盗窃等案的文书，包括璧山县地方民事裁定书、璧山地方法院民事判决书、璧山地方法院民事和解笔录、璧山地方法院刑事判决书、璧山地方法院刑事附带民事判决书等。

883. 璧山县司法处等审理返还押银一案　12—9—895

1936年12月至1940年2月，璧山县司法处等关于于学渊等因租佃纠葛请求返还押银一案的文书，包括民事诉状、民事和解笔录、牌告、民事和解状、命令、报告、审理笔录、执行命令、查封笔录、拍卖布告、契约等。

884. 四川高等法院第一分院、璧山县司法处审理偿还借银及其上诉一案　12—9—896（1）

1938年11月至1939年10月，四川高等法院第一分院、璧山县司法处关于叶苾芬等请求偿还借银及其上诉一案的文书，包括民事执行状、讯问笔录、民事保状、领收证、民事领状、借据、公函、训令、四川高等法院第一分院民事判决书、契约、审理笔录、民事辩诉状等。

885. 四川高等法院第一分院、璧山县司法处审理偿还借银及其上诉一案　12—9—896（2）

1939年1月至1939年7月，四川高等法院第一分院、璧山县司法处关于叶苾芬等请求偿还借银及其上诉一案的文书，包括审理笔录、民事申请状、璧山县司法处民事判决书、报告、璧山县司法处裁定书、借约、公函、民事上诉状、民事辩诉状、讯问笔录、民事委任状、宣示判决笔录、四川高等法院第一分院民事判决书等。

886. 璧山地方法院、璧山县政府审理注销借约存查等三案　12－9－897

1936年10月至1939年12月，璧山地方法院、璧山县政府关于注销粮款垫付借约存查、因租佃纠葛引起的赔偿损害等三案的文书，包括民事诉状、民事执行状、民事裁定书、民事缴状、民事辩诉状、公函、刑事诉状、报告、审理笔录、璧山县政府刑事处分书等。

887. 四川高等法院第一分院、璧山地方法院审理租谷假扣押、赔偿损害上诉、分割家产等三案　12－9－898

1938年12月至1940年2月，四川高等法院第一分院、璧山地方法院关于周绍清等因租佃纠葛引起的租谷假扣押上诉、杨沧兰等因婚约纠葛请求赔偿损害上诉、吴欧氏等请求分割家产三案的文书，包括公函、民事上诉状、四川高等法院第一分院民事裁定书、民事理由状、审讯笔录、民事委任状、宣示判决笔录、四川高等法院第一分院民事判决书、民事诉状、佃户姓名及应纳租谷单、讯问笔录、璧山地方法院民事裁定书、言辞辩论笔录、璧山地方法院民事判决书等。

民事十

1. 四川高等法院第一分院、璧山地方法院审理请求别居及生活费纠纷上诉一案 12－10－1

1940年2月至1940年3月，四川高等法院第一分院、璧山地方法院关于刘何氏请求别居及生活费纠纷上诉一案的文书，包括民事诉状、辩诉状、印纸单、往来公函、传票、言辞辩论笔录、民事裁定书等。

2. 四川高等法院第一分院审理买卖中拖延给付食谷上诉一案 12－10－2

1940年11月至1943年7月，四川高等法院第一分院关于张生甫在食谷买卖中拖延给付食谷上诉一案的文书，包括璧山地方法院向高等法院第一分院呈文、璧山地方法院判决书、往来公函、民事传票等。

3. 璧山县司法处、璧山地方法院审理遗产继承纠纷一案 12－10－3

1938年12月至1940年11月，璧山县司法处及璧山地方法院关于何仲卿遗产继承纠纷一案的文书，包括民事诉状、答辩状、审理单、送达证书、点名单、答辩和辩论笔录、具缴状、委任律师状、辩诉状、续呈状、审判笔录、宣判笔录、判决书、璧山县司法处民事判决书等。

4. 璧山地方法院审理撤销买卖契约二审一案 12－10－4

1940年8月至1940年11月，璧山地方法院关于刘帆轩撤销买卖契约二审一案的文书，包括民事诉状、审理单、送达证书、辩诉状、审理点名单、审判笔录、印纸单、传票、宣判笔录、判决书等。

5. 璧山地方法院审理撤销典当契约 12－10－5

1940年11月至1940年12月，璧山地方法院关于王成章撤销典当契约一案的文书，包括民事诉状、委任状、审理单、送达证书、具辩诉状、审理点名单、审判笔录、证人结文、宣判点名单、宣判笔录、民事判决书、证物袋(附政府点契一张)等。

6. 璧山地方法院审理请领红契的批查文件一案　12—10—6

1940 年 4 月，璧山地方法院关于邱辑五与刘清源在 1922 年经界事件判决未实行，1930 年经相互让步达成和解，因此请求发还前缴街房红契的批查文件，包括具领状、送达证书两件。

7. 四川高等法院第一分院审理撤销典当契约一案　12—10—7

1940 年 1 月至 1941 年 5 月，四川高等法院第一分院关于王成章撤销典当契约一案的文书，包括璧山地方法院上呈文、原判决书、往来公函、四川高等法院第一分院裁定书等。

8. 璧山地方法院审理撤销典权一案　12—10—8

1940 年 5 月至 1940 年 8 月，璧山地方法院关于蒋彤城撤销典权一案的文书，包括辩诉状、原告追加呈文、参加人具文、送达证书、审理点名单、审判笔录、证人结文、委任书、具状书、裁定书、判决书、宣判笔录等。

9. 最高法院、四川高等法院第一分院、璧山地方法院审理撤销典权一案　12—10—8（2）

1940 年 5 月至 1940 年 12 月，最高法院、四川高等法院第一分院、璧山地方法院关于蒋彤城撤销典权一案的文书，包括璧山地方法院原判决书、往来公函、四川高等法院第一分院判决书、最高法院裁定书、具呈书、原诉书、印纸单、委任状、言辞辩论笔录、证人结文、送达证书、判决笔录、原当文约、原诉讼状、四川高等法院第一分院民事裁定、最高法院书记科查询单、原审判笔录等。

10. 璧山地方法院审理拖欠谷银一案　12—10—9

1940 年 1 月至 1940 年 2 月，璧山地方法院关于刘东藩与刘舒氏拖欠谷银一案的文书，包括民事催呈状、送达证书、审讯点名单、言辞辩论笔录、宣判笔录、判决书、法院送民事执行处函片、裁定书等。

11. 璧山地方法院审理债务纠葛一案　12—10—10

1940 年 7 月至 1940 年 9 月，璧山地方法院关于蒋明高借款债务纠葛一案的文书，包括民事诉状、通知书、送达证书、审理点名单、审判笔录、声明状、辩诉状、审理笔录、证人结文、宣判笔录、判决书等。

该卷另有邬吉受等违反兵役法一案的文书，包括起诉书、审理单、通知书、点名单、往来函件、检察官撤回起诉书等。

12. 璧山地方法院审理再嫁备案存查一案　12—10—11

1940年3月至1940年3月，璧山地方法院关于邱周氏因丈夫外出不返，为维持母女生计再嫁而请求备案存查一案的文书，包括具声请状、送达证书等。

13. 璧山地方法院审理债务纠纷一案　12—10—12

1940年3月至1940年6月，璧山地方法院关于张福太与王合江债务纠纷一案的文书，包括法院布告、民事执行传票回证、通知书收受单、点名单、拒不报告书、执行草录、和解状、法院公告等。

14. 璧山地方法院审理分产执行一案　12—10—13

1940年3月至1940年5月，璧山地方法院关于吴德基推诿分产执行一案的文书，包括申请执行状、民事和解笔录、执行传票回证、点名单、报告书、民事执行处拘票、法院训令、印纸单等。

15. 璧山地方法院审理摊偿债务一案　12—10—14

1940年2月至1940年2月，璧山地方法院关于江定方声请主持提存变产价金摊偿债务一案的文书，包括应讯状、送达证书等。

16. 四川高等法院第一分院、璧山地方法院及政府审理债务执行一案　12—10—15

1937年4月至1940年1月，四川高等法院第一分院、璧山地方法院及政府关于石财兴债务执行一案的文书，包括执行传票回证、点名单、和解状、执行报告书、民事诉状、借据、辩诉状、审理笔录、承保状、续诉状、判决书、璧山县政府兼理司法事务司判决书、璧山县政府民事裁定书、具声请扣押状、声明状、具抗告状、反诉讼状、送达回证、四川高等法院第一分院训令、指令、民事裁定书、具执行状、具呈状、往来公函等。

17. 璧山地方法院审理祀产交还执行一案　12—10—16

1940年8月至1940年9月，璧山地方法院关于唐治云因遗产继承案中唐王氏应交还祀产而声请执行一案的文书，包括声请执行状、执行传票回证、点名单等。

18. 璧山地方法院审理欠款给付执行一案　12—10—17

1939年12月至1940年1月，璧山地方法院关于毛安之欠款给付执行一案的文书，包括声请执行状、判决书、执行传票回证、点名单、和解状等。

19. 四川高等法院第一分院、璧山地方法院审理发还契约一案　12－10－18

1939 年 1 月至 1940 年 12 月，四川高等法院第一分院、璧山地方法院关于曾合普声请发还契约一案的文书，包括具领状、具保结领状、送达证书、点名单、上诉状、四川高等法院第一分院训令、委任状、讯问笔录、具委状、具答辩状、判决笔录、判决书、往来公函、璧山地方法院民事判决书、裁定书诉状、辩诉状、民事传票回证、审理笔录、具续呈原告状、请委代诉人状、具原告状等。

20. 璧山地方法院审理借约归还一案　12－10－19

1940 年 1 月至 1940 年 2 月，璧山地方法院关于吴希特了清债务却不还借约一案的文书，包括原诉状、送达证书、点名单、言辞辩论笔录、民事和解笔录等。

21. 璧山地方法院审理孙儿不孝存查一案　12－10－20

1940 年 8 月至 1940 年 8 月，璧山地方法院关于陶乾三由于孙儿不孝声请存查以杜后患一案的文书，包括存查声状、送达证书等。

22. 璧山地方法院审理食谷买卖纠纷一案　12－10－21

1940 年 9 月至 1940 年 11 月，璧山地方法院关于廖永怀等食谷买卖纠纷一案的文书，包括民事诉状、审理单、点名单、审判笔录、送达证书、辩诉状、通知书等。

23. 璧山地方法院审理佃权纠纷一案　12－10－22

1939 年 1 月至 1940 年 11 月，璧山地方法院关于田治成等佃权纠纷一案的文书，包括民事诉状、判决书、执行传票回证、执行事录、法院训令、法院布告、执达报告、送达证书、查封不动产笔录、鉴定人鉴定书、点名单、执行笔录、收款通知证、法院公告等。

24. 璧山地方法院审理请求赎回典产一案　12－10－23

1940 年 2 月至 1940 年 4 月，璧山地方法院关于黄刘氏于黄董氏请求赎回典产一案的文书，包括民事诉状、收条、传票、点名单、言辞辩论笔录、印纸单、审理单、送达证书、反诉状、宣判笔录、判决书、裁定书等。

25. 四川高等法院第一分院审理回赎典产上诉一案　12－10－24

1940 年 5 月至 1940 年 6 月，四川高等法院第一分院关于刘运财反诉黄董氏请求回赎典产上诉一案的文书，包括璧山地方法院呈文、民事诉状、往来公函、璧山地方法院裁定书、送达证书等。

26. 璧山地方法院审理会款纠纷再审一案　12—10—25

1940年2月至1940年5月,璧山地方法院关于高宗良等会款纠纷再审一案的文书,包括四川高等法院第一分院原民事裁定书、璧山地方法院审理单、送达证书、民事诉状、反诉状、点名单、言辞辩论笔录、璧山地方法院裁定书等。

27. 四川高等法院第一分院审理租赁纠纷再审一案　12—10—26

1940年7月至1940年11月,四川高等法院第一分院关于王海洲等租赁纠纷再审一案的文书,包括民事诉状、印纸单、往来公函、民事判决书、具再审理由状等。

28. 四川高等法院第一分院审理遗产继承纠纷一案　12—10—27

1940年8月至1940年11月,四川高等法院第一分院关于黄开玉就黄永荣继承遗产声请假扣押及其抗告一案的文书,包括璧山地方法院民事裁定书、黄开玉抗告意见书、四川高等法院第一分院民事裁定等。

29. 璧山地方法院审理屋价纠葛案判决执行一案　12—10—28

1940年1月至1940年3月,璧山地方法院关于宋春生声请张周氏等屋价纠葛案判决执行一案的文书,包括申请执行状、原案判决书、执行命令、执行报告、管收票回证、执行传票回证、点名单、执行笔录、执行证书存根、送达证书等。

30. 璧山地方法院审理赔偿案判决执行一案　12—10—29

1940年1月至1940年3月,璧山地方法院关于贺国才声请万刘氏等就赔偿案判决执行一案的文书,包括声请执行状、执行报告、执行传票回证、收费单、点名单、委任状、送达证书、传票等。

31. 璧山地方法院审理地基纠纷案照判决执行一案　12—10—30

1940年1月至1940年2月,璧山地方法院关于王泗海声请王忠衡等就地基纠纷案照判决执行一案的文书,包括声请执行状等。

32. 璧山地方法院审理会款纠纷案判决执行一案　12—10—31

1940年1月至1940年4月,璧山地方法院关于廖树臣等声请廖刘氏等会款纠纷案判决执行一案的文书,包括声请执行状、原案判决书、执行传票回证、点名单、送达证书、执行命令、执行证书存根等。

33. 璧山地方法院审理返还账款案和解执行一案　12—10—32

1940 年 1 月至 1940 年 4 月，璧山地方法院关于徐炳枢声请黄锡林返还账款案的和解执行一案的文书，包括声请执行状、执行命令、执行报告、执行笔录、执行传票回证、点名单等。

34. 璧山地方法院审理会款纠纷判决执行一案　12—10—33

1940 年 1 月至 1940 年 3 月，璧山地方法院关于刘舒氏声请其亡夫刘东藩与蒋中立等会款纠纷照判决执行一案的文书，包括声请执行状、执行传票回证、点名单、送达证书等。

35. 璧山地方法院审理欠款案判决执行一案　12—10—34

1940 年 2 月至 1940 年 5 月，璧山地方法院关于蒋维钦声请刘舒氏欠款照判决执行一案的文书，包括璧山地方法院民事执行函片、民事判决书、执行传票回证、点名单、委任状、执行报告、民事执行处拘票、执行命令、传送证书、法院训令、法院布告、法院通知书、查封笔录、民事和解状等。

36. 璧山地方法院审理典当赔偿一案　12—10—35

1940 年 5 月至 1940 年 6 月，璧山地方法院关于徐炳荣要求张合廷就典当桃林和田谷等事赔偿一案的文书，包括诉讼状、审理单、送达证书、声请和解状等。

37. 璧山地方法院审理违反典当条约一案　12—10—36

1940 年 5 月至 1940 年 7 月，璧山地方法院关于钟树林在典当中违反条约要求照约履行一案的文书，包括民事诉状、送达证书、点名单、审判笔录、辩诉状、宣判笔录、判决书、裁定书等。

38. 璧山地方法院审理继承声请备案一案　12—10—37

1940 年 3 月至 1940 年 4 月，璧山地方法院关于郑林山娶妻就继子继承宗祧声请备查一案的文书，包括声请状、审理单、送达证书等。

39. 璧山地方法院审理返还股款执行一案　12—10—38

1940 年 6 月，璧山地方法院关于王树德等因返还股款案引起的查封不动产执行一案的文书，包括往来公函、法院训令、法院布告、查封报告、送达证书、查封不动产笔录、鉴定书、点名单等。

40. 璧山地方法院审理谷物拖欠一案　12—10—39

1940年1月至1940年4月，璧山地方法院关于王春山租谷买卖拖欠谷物要求返还押银一案的文书，包括民事诉状、送达证书、点名单、言辞辩论笔录、民事答辩状、民事裁定书等。

41. 璧山地方法院审理就解除租佃关系加给押银执行一案　12—10—40

1940年9月，璧山地方法院关于原案被告人程治钦声请解除租佃关系案判决原告王玉光等加给押银执行一案的文书，包括声请状等。

42. 四川高等法院第一分院就借款案函请璧山地方法院代执行判决一案　12—10—41

1940年3月至1940年6月，四川高等法院第一分院关于孙桂全借款一案函请璧山地方法院判决代执行一案的文书，包括往来公函、四川高等法院第一分院判决书、执行报告书、执行传票回证等。

43. 璧山地方法院审理请求解除典约一案　12—10—42

1940年2月至1940年5月，璧山地方法院关于甘汝林请求解除典约一案的文书，包括送达证书、点名单、民事裁定书、具缴状、传票回证、民事辩诉状、典约、民事和解笔录、民事判决书、典价合同、审判笔录等。

44. 四川高等法院第一分院审理胡明兴侵占业界上诉一案　12—10—43

1940年2月至1940年3月，四川高等法院第一分院关于胡明兴侵占业界案不服判决而补具理由上诉一案的文书，包括民事上诉状、言辞辩论笔录、法院呈文、民事诉状、宣示判决笔录、民事判决书、送达证书、委任状、民事具诉状等。

45. 璧山地方法院审理胡明兴等侵占业界一案　12—10—44

1940年1月至1940年2月，璧山地方法院关于胡明兴等侵占业界一案的文书，包括民事上诉状、委任状等。

46. 璧山地方法院审理就租佃纠纷案判决声明异议一案　12—10—45

1940年1月至1940年2月，璧山地方法院关于张子中对租佃纠纷涉讼请求赔偿的执行之标的及方法声明异议一案的文书，包括民事声明状、民事裁断书、送达证书等。

47. 璧山地方法院审理给付食谷案请执行一案　12－10－46

1940年11月至1940年12月，璧山地方法院关于曾清烟等因给付食谷案请照和解笔录强制执行一案的文书，包括具请执行状、执行传票回证、点名单、执行笔录等。

48. 璧山地方法院审理给付欠钞案呈请执行一案　12－10－47

1940年9月至1940年11月，璧山地方法院关于李绍荣因给付欠钞案呈请执行一案的文书，包括民事声请执行状、送达证书、民事续诉状、执行传票回证、民事判决书、民事裁定书、点名单、委任状、民事执行报告书、民事执行处拘票、执行笔录、民事具保状等。

49. 四川高等法院第一分院审理回赎典产案上诉一案　12－10－48

1940年5月至1940年7月，四川高等法院第一分院关于邓国栋因回赎典产案不服判决而上诉一案的文书，包括法院呈文、民事上诉状、民事裁定书、往来公函等。

50. 四川高等法院第一分院审理租佃纠纷案上诉一案　12－10－49

1938年6月至1940年2月，四川高等法院第一分院关于王海州与向全盛租佃纠纷上诉一案的文书，包括法院呈文、璧山地方法院民事裁决书、抗告意见书、具抗告状、四川高等法院第一分院民事裁定书、送达证书等。

51. 璧山地方法院审理债务清偿执行一案　12－10－50

1939年10月至1941年2月，璧山地方法院关于陈李氏债务清偿执行一案的文书，包括民事和解状、民事具声请状、送达证书、执行传票回证、点名单、执行笔录、民事声明状、民事具声明状、民事执行报告、执行命令等。

52. 四川高等法院第一分院审理家产继承纠纷上诉一案　12－10－51

1938年10月至1939年2月，四川高等法院第一分院关于江流芳与江雷氏家产继承纠纷上诉一案的文书，包括璧山县司法处呈文、意见书、民事诉状、法院训令、民事裁定、民事声请状、民事判决书、报告书、送达证书、璧山县司法处假处分笔录、璧山县政府民事裁决书、民事抗告状等。

53. 璧山地方法院检查处审理伪造损毁及盗窃案件判决书一案　12－10－52

1940年5月，璧山地方法院检查处关于江朝英等伪造损毁及盗窃案件判决书一案的文书，包括民事具呈状、民事判决书、送达证书等。

54. 璧山地方法院审理重庆地方法院检察处请求送达传票一案　12—10—53

1940年6月至1940年7月，璧山地方法院关于重庆地方法院检察处请送达钱绍初过失杀人案传票由一事的文书，包括信件、法院公函等。

55. 四川高等法院第一分院审理租佃纠纷案上诉一案　12—10—54

1940年10月至1940年12月，四川高等法院第一分院关于张仲书因不服与李荣臣租佃纠纷案之判决而上诉一案的文书，包括法院呈文、往来公函、民事裁定书等。

56. 璧山地方法院及司法处审理债务拖欠一案　12—10—55

1937年10月至1940年3月，璧山地方法院及司法处关于王荣氏等拖欠债务一案的文书，包括送达证书、点名单、执行报告、民事执行传票回证、民事诉状、审理笔录、璧山县司法处民事判决书、民事辩诉书、债务数目表、民事请执行状、查封布告、执行命令、拍卖布告、借据等。

57. 璧山地方法院审理买业纠纷执行产业返还一案　12—10—56

1940年5月至1940年9月，璧山地方法院关于龙春山等买业纠纷请求执行产业返还一案的文书，包括民事执行状、民事执行传票回证、点名单、续民事执行状、民事辩诉状、执行笔录、委任状、法院训令、督饬交接笔录等。

58. 璧山地方法院审理以借款存欺诈为由提出反诉一案　12—10—57

1940年1月至1940年2月，璧山地方法院关于罗成普以陈罗氏借款存欺诈为由提出反诉讼一案的文书，包括民事诉状、民事裁定书、送达证书等。

59. 璧山地方法院审理终止租佃案判决执行一案　12—10—58

1940年10月至1941年1月，璧山地方法院关于何银洲给纳租谷交还田房终止租约案的判决执行一案的文书，包括民事执行状、民事执行传票回证、点名单、法院训令、民事声明状、执行笔录、法院布告、往来公函、送达证书、查封不动产笔录、鉴定书、具诉状、民事裁决书、民事裁定书等。

60. 璧山实验地方法院审理租谷给付执行一案的文书　12—10—59

1943年11月至1944年2月，璧山实验地方法院关于李荣清租谷给付案判决执行一案的文书，包括声请民事执行状、审理单、送达证书、委任书、执行命令、四川高等法院第一分院民事判决书、璧山实验地方法院民事判决书等。

61. 璧山地方法院审理终止租佃契约一案　12－10－60

1940 年 8 月至 1940 年 12 月，璧山地方法院关于黄德明恳请终止租佃契约一案的文书，包括民事裁定、送达证书、审理单、民事具辩诉状、委任状、点名单、审判笔录、往来公函、民事辩诉状、宣判笔录、民事判决等。

62. 璧山地方法院审理给租交业执行一案　12－10－61

1940 年 7 月至 1940 年 9 月，璧山地方法院关于原告就周少清租佃终止案而请求给租交业执行一案的文书，包括具民事续呈状、民事判决书、四川高等法院第一分院民事判决书、民事执行传票回证、点名单、执行笔录等。

63. 璧山地方法院审理家产纠纷执行交产、租佃纠纷执行交纳租谷两案　12－10－62

1940 年 1 月至 1940 年 6 月，璧山地方法院关于何绍卿就家产纠纷案判决请何白氏等交产执行、何绍卿等请周少清就租佃纠纷案判决执行租谷交纳两案的文书，包括民事执行状、委任状、民事执行传票回证、点名单、民事判决书、四川高等法院第一分院民事裁定书、执行报告、民事执行处拘票、送达证书民事诉状、法院训令、民事具声明状、送达证书、执行笔录、意见书、往来公函、民事具诉状、民事催呈状等。

64. 四川高等法院第一分院审理提存典价尾数上诉一案　12－10－63

1940 年 3 月至 1940 年 4 月，四川高等法院第一分院关于陈张氏就请求提存典价尾数上诉一案的文书，包括璧山地方法院原民事判决书、往来公函、民事判决、民事裁定等。

65. 璧山地方法院审理偿还债务拍卖执行一案　12－10－63（2）

1939 年 11 月至 1940 年 3 月，璧山地方法院关于曾素灵偿还债务拍卖执行一案的文书，包括往来公函、法院牌告、法院布告、民事诉状、送达证书、点名单、执行笔录、执行报告、民事执行处拘票、民事执行传票回证等。

66. 璧山地方法院审理借约领回一案　12－10－64

1940 年 12 月至 1941 年 1 月，璧山地方法院关于何泽武就去年债务案上缴分管之借约请领回一案的文书，包括民事具领状、送达证书等。

67. 璧山地方法院审理债务执行一案　12－10－64（2）

1939 年 9 月，璧山地方法院关于周子钦等债务执行一案的文书。

68. 璧山县司法处审理返还所有物以维主权一案　12－10－65（1）

1938 年 8 月至 1939 年 4 月，璧山县司法处关于周海昌在曾连城与周子钦因合伙贸易涉讼中声明异议并请求曾连城返还所有物以维主权一案的文书，包括民事诉状、民事具声明状、民事声请状、点名单、审理笔录、委任状、执据、璧山县司法处民事裁决、送达证书、红契、碑拓等。

69. 四川高等法院第一分院审理合伙贸易涉讼上诉一案　12－10－65（2）

1936 年 2 月至 1938 年 6 月，四川高等法院第一分院关于曾连城与周子钦因合伙贸易涉讼上诉一案的文书，包括地方法院呈文、往来公函、民事诉状、民事声明异议状、民事具呈状、委任状、审理笔录、点名单、璧山县司法处民事判决、田赋公债收据等。

70. 四川高等法院第一分院、璧山县司法处审理借款拖欠、债务涉讼上诉两案　12－10－66

1938 年 8 月至 1940 年 4 月，四川高等法院第一分院、璧山县司法处关于罗海涛借款拖欠、曾连城与周子钦因合伙债务涉讼而上诉两案的文书，包括民事诉状、点名单、送达证书、押票回证、言辞辩论笔录、往来公函、执据、璧山县司法处查封笔录、璧山县司法处拍卖布告、民事反诉状、民事声明状、璧山县司法处民事裁定。璧山县司法处假扣押笔录、执达报告、民事传票、民事具保状、民事执行传票回证等。

71. 璧山地方法院审理分析财产纠纷一案　12－10－67

1940 年 5 月至 1940 年 9 月，璧山地方法院关于伍元卿与伍向氏等为分析兄弟财产纠纷一案的文书，包括民事诉状、民事反诉状、送达证书、委任状、民事具证明状、点名单、言辞辩论笔录等。

72. 璧山地方法院审理侮辱及伤害要求赔偿一案　12－10－68

1940 年 7 月至 1940 年 9 月，璧山地方法院关于吴汉臣告李子谿侮辱及伤害要求赔偿一案的文书，包括刑事附带民事裁定书、刑事判决书、点名单、送达证书、审判笔录、民事裁定书等。

73. 璧山地方法院审理交纳租谷一案　12－10－69

1940 年 9 月至 1941 年 1 月，璧山地方法院关于周少清交纳租谷一案的文书，包括民事异议状、委任状、意见书、民事声请状、民事执行传票回证、点名单、民事执行状、执行笔录、民事承保状、审理单、往来公函、民事具声明状、民事具证明状、民事具催请执行状、执行报告书、民事执行处拘票、民事退保状等。

74. 四川高等法院第一分院、璧山地方法院审理返还产业一案　12－10－70

1940 年 2 月至 1940 年 5 月，四川高等法院第一分院、璧山地方法院关于张永臣返还产业一案的文书，包括意见书、民事抗告状、民事裁定书、民事诉状、委任状、审理单、送达证书、点名单、言辞辩论笔录、民事反诉状、民事具呈状、审判笔录等。

75. 璧山地方法院审理依法赎回典产业权一案　12－10－71

1940 年 10 月至 1941 年 1 月，璧山地方法院关于朱绍文请求依法赎回典产业权一案的文书，包括民事诉状、审理单、送达证书、审判笔录、点名单、民事具缴状、民事具答辩状、民事声请状、委任状、言辞辩论笔录、证人结文、宣判笔录、民事判决书等。

76. 璧山地方法院审理撤销优先留买权一案　12－10－72

1940 年 12 月，璧山地方法院关于王用余请求撤销朱绍文在典产诉讼中之优先留买权一案的文书，包括民事诉状、委任状、民事裁定书、送达证书、民事判决书等。

77. 璧山地方法院审理禁治产用资存查一案　12－10－73

1940 年 8 月，璧山地方法院关于印黄氏因长子妄图霸占已故次子产业，声请禁治产用资存查一案的文书，包括具声请状、审理单、民事裁定书、送达证书等。

78. 四川高等法院第一分院审理赔偿损害一案　12－10－74

1940 年 3 月至 1940 年 4 月，四川高等法院第一分院关于蒋广渊以吴荣卿等妨害行使开矿权利要求赔偿损害一案的文书，包括民事判决书、答辩状、刑庭函片、审理单、往来公函、送达证书、委任状、言辞辩论笔录、具请托状、宣判笔录等。该案文书缺原告民事诉状。

79. 璧山地方法院审理变卖产业备案一案　12－10－75

1940 年 4 月，璧山地方法院关于万魏氏等因夫外出杳无音讯自身度日艰困而声请变卖产业备案一案的文书，包括民事声请状、送达证书等。

80. 璧山地方法院关于确认买卖契约并赔偿损失一案　12－10－76

1940 年 7 月至 1940 年 9 月，璧山地方法院关于孙恒丰声请确认买卖契约并要求赔偿损失一案的文书，包括民事诉状、审理单、送达证书、点名单、审判笔录、民事反诉状、民事具状、宣判笔录、民事判决书、民事裁定书、交收单等。

81. 璧山地方法院审理拖骗借款一案　12－10－77

1940 年 3 月，璧山地方法院关于龙树宣拖骗借款不偿一案的文书，包括民事诉状、审理单、民事和解状、和解文约等。

82. 四川高等法院第一分院审理租田纠葛上诉一案　12－10－78

1940 年 8 月至 1940 年 11 月，四川高等法院第一分院关于张仲书因不服与李荣臣租田纠葛案判决上诉一案的文书，内含璧山地方法院审理租佃案的完整文书，包括送达证书、往来公函、民事声明状、民事反诉状、民事裁定书、民事诉状、审理单、民事具辩诉状、点名单、言辞辩论笔录、宣判笔录、璧山地方法院民事判决书、佃约等。

83. 璧山地方法院审理借款纠葛一案　12－10－79

1940 年 4 月至 1940 年 5 月，璧山地方法院关于徐和林借款逃避未还一案的文书，包括民事诉状、传票回证、民事辩诉状、点名单、证明书、民事裁定书、送达证书、审判笔录、宣判笔录、民事判决书等。

84. 四川高等法院第一分院审理给付纸张涉讼上诉一案　12－10－80

1940 年 7 月至 1940 年 11 月，四川高等法院第一分院关于郭茂初因张紫垣给付纸张涉讼上诉一案的文书，包括往来公函、民事裁定、送达证书等。

85. 璧山地方法院审理养膳支付一案　12－10－81

1940 年 8 月，璧山地方法院关于蒋赵氏因养膳纠纷声请按最高法院判决发给支付命令一案的文书，包括民事声请状、最高法院民事判决书、璧山地方法院民事裁定书、送达证书等。

86. 璧山地方法院审理领回红契一案　12－10－82

1940 年 11 月至 1940 年 12 月，璧山地方法院关于彭张氏声请领回因原租佃执行案中上缴之先祖买业红契一案的文书，包括民事具领状、送达证书、民事具保状、点名单等。

87. 璧山地方法院审理会款纠纷执行一案　12—10—83

1940年2月至1940年4月，璧山地方法院关于薛汉章声请徐陈氏等会款纠纷遵判决执行一案的文书，包括民事声请执行状、执行传票回证、点名单、法院训令、法院布告、法院通知书、执达报告、送达证书、查封不动产笔录、鉴定书、具保管结文、民事辩诉状、民事具和解状、和解文约等。

88. 璧山地方法院审理租赁纠纷一案　12—10—84

1940年9月至1940年12月，璧山地方法院关于邓陈氏与唐德庆租赁纠纷一案的文书，包括民事诉状、璧山县政府处分书、民事判决书、审理单、送达证书、点名单、委任状、审判笔录、法院通知书等。

89. 璧山地方法院审理会款纠纷一案　12—10—85

1940年2月，璧山地方法院关于蔡申福等会款纠纷一案的文书，包括送达证书、民事传票、点名单、民事执行传票回证、民事执行传票等。

90. 璧山地方法院审理给付租谷执行一案　12—10—86

1940年12月，璧山地方法院关于刘洪举声请按原和解笔录约定罗树清给付租谷执行一案的文书，包括民事和解笔录、民事声请执行状、民事执行传票回证、点名单、具声明状等。

91. 璧山地方法院审理给付租谷一案　12—10—87

1940年8月至1940年9月，璧山地方法院关于吴欧氏请求吴德基给付租谷一案的文书，包括民事诉状、审理单、送达证书、民事答辩状、点名单、审判笔录、民事裁定书等。

92. 四川高等法院第一分院审理赔偿损失上诉一案　12—10—88

1940年2月至1940年4月，四川高等法院第一分院关于许炳林等赔偿买卖赃物的损失上诉一案的文书，包括法院呈文、民事具声诉状、具上诉缴费理由状、璧山地方法院民事裁定书、往来公函、送达证书、民事辩诉状、言辞辩论笔录、宣示判决笔录、民事判决书等。

93. 璧山地方法院审理债务纠纷一案　12—10—89

1940年3月至1940年4月，璧山地方法院关于严敦五等债务纠纷一案的文书，包括法院布告、地方联保办公处呈文、和解文约、法院指令等。

94. 璧山地方法院审理债务执行一案　12—10—90

1940年2月至1940年3月，璧山地方法院关于陈子卿声请陈汉中因债务执行而查封拍卖一案的文书，包括民事声请状、法院训令、法院布告、执达报告、民事执行状、地方联保主任呈文、法院指令、和解笔录、民事和解状等。

95. 璧山地方法院审理请求赎回典产一案　12—10—91

1940年7月至1940年10月，璧山地方法院关于张春庭等请求赎回典产一案的文书，包括民事诉状、审理单、送达证书、点名单、审判笔录、民事辩诉状、委任状、民事反诉状、宣判笔录、民事判决书、典约等。

96. 璧山地方法院审理押银纠纷执行一案　12—10—92

1940年1月至1940年3月，璧山地方法院关于朱占成押银纠纷执行一案的文书，包括地方法院呈文、意见书、民事具领状、民事执行传票回证、点名单、往来公函、四川高等法院第一分院民事裁定书、民事诉状、民事具呈状、民事声请执行状等。

97. 璧山地方法院审理请接收债款一案　12—10—93

1940年10月至1941年5月，璧山地方法院关于何明目请求何田氏接收借款一案的文书，包括民事起诉状、委任状、审理单、送达证书、点名单、法院通知书等。

98. 四川高等法院第一分院审理请求赎回典产上诉一案　12—10—94

1940年12月至1941年1月，四川高等法院第一分院关于叶同荣因不服张春庭请求赎回典产一审的判决而上诉一案的文书，包括地方法院呈文、民事诉状、璧山地方法院民事裁定书、送达证书、具上诉状、委任状、往来公函、民事具呈状、言辞辩论笔录、宣示判决笔录、民事判决书等。

99. 璧山地方法院审理请求撤销买卖契约一案　12—10—95

1938年至1940年7月，璧山地方法院关于陈荣升请求撤销买卖契约一案的文书，包括民事具诉状、审理单、送达证书、委任状、民事答辩状、民事声请状、点名单、审判笔录、言辞辩论笔录、复代理委任书、证人结文、宣判笔录、民事判决书、负责约、买卖契约等。

100. 四川高等法院第一分院审理租佃纠纷上诉一案　12—10—96

1940 年 4 月，四川高等法院第一分院关于洪宪章因租佃纠纷上诉一案的文书，包括璧山地方法院民事判决书、法院呈文、往来公函、四川高等法院第一分院民事判决书、送达证书等。

101. 四川高等法院第一分院审理交业纠纷上诉一案　12—10—97

1940 年 10 月，四川高等法院第一分院关于曾致模不服与曾双盛等交业纠纷的判决而上诉一案的文书，包括四川高等法院第一分院呈文、璧山地方法院民事裁定书、送达证书等。

102. 最高法院、四川高等法院第一法院审理财产监护权纠纷上诉一案　12—10—98

1938 年 2 月至 1939 年 3 月，最高法院、四川高等法院第一法院关于江远林与江永清财产监护权纠纷上诉一案的文书，包括往来公函、民事申请上诉状、民事具诉状、最高法院民事裁定书、送达证书等。

该卷杂有 1940 年 10 月曾致模与曾双盛等交业纠纷的民事上诉状。

103. 璧山地方法院审理给付食谷执行案、四川高等法院第一分院给付食谷执行案、不服给付食谷执行案判决抗告案两案　12—10—99

1940 年 11 月至 1941 年 9 月，璧山地方法院关于巫良臣给付食谷执行案、四川高等法院第一分院关于朱炳臣因不服给付食谷执行案判决抗告两案的文书，包括地方法院呈文、意见书、往来公函、民事诉状、民事请抗告状、民事裁定书、送达证书、民事声请执行状、民事执行传票回证、点名单、执行笔录、执行报告书、拘票、民事具保状、民事再请执行状、地方保长办公处呈文、四川高等法院第一分院民事裁定书、民事具诉续请执行状等。

104. 璧山县司法处审理交还房产执行一案　12—10—100

1937 年 10 月，璧山县司法处关于周作之声请周云汉交还房产执行一案的文书，包括民事声请执行状、和解笔录、民事执行文稿、法院民事执行命令、交业笔录等。

105. 璧山地方法院审理会款债务纠纷一案　12—10—101

1939 年 12 月至 1940 年 4 月，璧山地方法院关于王荣光等会款债务纠纷一案的文书，包括民事诉状、审理单、民事反诉状、送达证书、点名单、言辞辩论笔录、宣判笔录、民事判决书、民事领状、会约等。

106. 璧山县司法处审理地产业权侵害一案　12—10—102

1938年8月至1938年9月，璧山县司法处关于苏治轩请求维护地产业权一案的文书，包括具和解状、和解文约、民事诉状、点名单、审理笔录、民事传票回证等。

107. 最高法院审理抵押权纠纷上诉一案　12—10—103

1939年2月，最高法院关于朱级五等上诉声请更正抵押权纠纷判决一案的文书，包括民事声请状、民事裁定书等。

108. 四川高等法院第一分院审理债务纠纷上诉一案　12—10—104

1939年5月至1939年7月，四川高等法院第一分院关于何海荣因不服与李元林债务案判决而上诉一案的文书，包括璧山县司法处呈文、民事上诉状、民事裁定书、送达证书等。

109. 四川高等法院第一分院审理债务纠纷上诉一案　12—10—105

1938年11月至1939年4月，四川高等法院第一分院关于张荣岐因不服与刘实甫债务纠纷案判决而上诉一案的文书，包括呈文、民事诉状、审理单、法院训令、往来公函、送达证书、点名单、讯问笔录、民事反上诉状、宣告判决笔录、民事判决书等。

110. 璧山地方法院审理房屋买卖纠纷一案　12—10—106

1940年2月至1940年4月，璧山地方法院关于李大钧与邱海清房屋买卖纠纷一案的文书，包括民事诉状、送达证书、点名单、言辞辩论笔录、民事和解笔录等。

111. 璧山县司法处审理会款债务纠纷一案　12—10—107

1938年9月至1939年6月，璧山县司法处关于王桂清等会款债务纠纷一案的文书，包括民事诉状、民事证明状、送达证书、点名单、审判笔录、民事传票回证、璧山县司法处民事判决书、民事执行状、民事反诉状、民事具保状、执达报告、司法处拘票等。

112. 四川高等法院第一分院、璧山地方法院审理确认找补契约有效暨令被告受领业价及其上诉一案　12—10—108

1940年12月至1941年3月，四川高等法院第一分院、璧山地方法院关于四合永要求确认找补契约有效暨令被告受领业价及其上诉一案的文书，包括民事判决书、璧山地方法院呈文、往来公函、民事具诉状、审理单、送达证书、委任状、点名单、民事反诉状、讯问笔录、言辞辩论笔录、民事辩诉状、证据、民事上诉状、璧山地方法院民事裁定书、民事具声请状、四川高等法院第一法院民事裁定书等。

113. 四川高等法院第一分院、璧山地方法院审理给付黄谷、租佃纠纷上诉两案 12－10－109

1940 年 12 月至 1945 年 1 月，四川高等法院第一分院、璧山地方法院关于江朝元给付黄谷一案、王俊雄等因租佃纠纷上诉一案的文书，包括民事诉状、送达证书、审理单、点名单、言辞辩论笔录、民事宣判笔录、民事判决书、委任状、往来公函、民事和解笔录等。

114. 四川高等法院第一分院、璧山地方法院审理返还铺房及其上诉一案 12－10－110

1941 年 3 月至 1941 年 4 月，四川高等法院第一分院、璧山地方法院关于姚作善要求姚辉五返还铺房及其上诉一案的文书，包括地方法院呈文、民事上诉状、璧山地方法院民事判决书、璧山地方法院民事裁定书、送达证书、缴状、往来公函、民事声请状、委任状、民事答辩状、言辞辩论笔录、四川高等法院民事裁定书、璧山地方法院检察官不起诉处分书等。

115. 璧山地方法院审理会款债务纠纷执行一案 12－10－111

1940 年 1 月至 1940 年 4 月，璧山地方法院关于龚海舟会款债务纠葛执行一案的文书，包括民事执行传票回证、点名单、民事执行传票、送达证书、民事执行处拘票、执行报告书等。

116. 四川高等法院第一分院审理租佃纠纷上诉一案 12－10－112

1940 年 8 月至 1940 年 10 月，四川高等法院第一分院关于何白氏与周少清租佃纠纷上诉一案的文书，包括地方法院呈文、民事抗告状、意见书、民事裁定书、送达证书等。

117. 璧山地方法院审理终止租佃契约一案 12－10－113

1940 年 8 月至 1940 年 9 月，璧山地方法院关于杨锡荣终止租佃契约一案的文书，包括民事诉状、审理单、送达证书民事辩诉状、委任状、点名单、审判笔录、民事宣判笔录、民事再审诉状、民事判决书等。

118. 四川高等法院第一分院审理解除典地契约纠纷上诉一案 12－10－114

1940 年 5 月至 1941 年 4 月，四川高等法院第一分院关于冷春图与张时可解除典地契约纠纷上诉一案的文书，包括地方法院呈文、往来公函等。

119. 璧山地方法院审理借款纠纷执行一案　12－10－115

1940年1月至1940年3月，璧山地方法院关于何禹级借款纠纷执行一案的文书，包括民事声请白呈、民事执行传票回证、点名单、执行报告等。

120. 璧山地方法院审理遗产继承纠纷一案　12－10－116

1939年12月至1940年3月，璧山地方法院关于伍树清等与伍海清遗产继承纠纷一案的文书，包括民事诉状、送达证书、点名单、民事辩诉状、审理单、民事和解笔录等。

121. 璧山地方法院审理留耕押佃备案一案　12－10－117

1940年2月，璧山地方法院关于王义兴声请留耕押佃备案一案的文书，包括民事声请备案状、送达证书等。

122. 四川高等法院第一分院、璧山地方法院审理交业纠纷及其上诉一案　12－10－118

1940年8月至1941年1月，四川高等法院第一分院、璧山地方法院关于曾维忠交业纠纷及其上诉一案的文书，包括民事诉状、书信、四川高等法院民事裁定书、往来公函、送达证书、审理单、民事辩诉状、点名单、审理笔录、民事宣判笔录、璧山地方法院民事判决书等。

123. 璧山地方法院审理分业遗嘱存查一案　12－10－119

1940年8月至1940年9月，璧山地方法院关于李龚氏声请牌示宣告分业遗嘱以免后患一案的文书，包括民事存状、遗嘱文约、送达证书等。

124. 璧山地方法院审理田业经界纠纷一案　12－10－120

1940年4月，璧山地方法院关于王陈氏与陈希圣田业经界纠纷一案的文书，包括民事诉状、审理单、传票回证、点名单、具和解状、送达证书等。

125. 璧山地方法院审理选任破产管理人一案　12－10－121

1940年12月，璧山地方法院关于王玉廷声请选任破产管理人接收应属破产财团之财产一案的文书，唯有民事具声请状。

126. 璧山地方法院审理请求偿还并假扣押一案　12—10—122

1940 年 6 月至 1940 年 7 月，璧山地方法院关于孙良臣因铁厂纠纷请求偿还并假扣押一案的文书，包括民事声请状、兑借条、民事裁定书、送达证书、民事具担保状、缴呈文、民事执行处覆片等。

127. 四川高等法院第一分院、璧山地方法院审理会款债务纠葛及其上诉一案　12—10—123

1940 年 3 月至 1940 年 5 月，四川高等法院第一分院、璧山地方法院关于陈汉祥与陈鸿卿会款债务纠葛及其上诉一案的文书，包括地方法院民事判决书、法院呈文、往来公函、四川高等法院第一分院民事裁定书、民事诉状、民事辩诉状、送达证书、委任状、点名单、言辞辩论笔录、证人结文、传票回证、审判笔录、民事宣判笔录、璧山地方法院民事裁定书等。

128. 四川高等法院第一分院审理会款债务纠葛上诉一案　12—10—124

1940 年 5 月，四川高等法院第一分院关于陈汉祥因与陈鸿卿求偿会款债务纠葛的上诉一案的文书，包括地方法院呈文、民事上诉状、民事裁定书、送达证书等。

129. 璧山地方法院审理刘午桥请领红契一案　12—10—125

1940 年 7 月，璧山地方法院关于刘午桥声请领回前因与洪宪章租佃纠纷上缴之红契一案的文书，包括民事具领状、送达证书、呈文等。

130. 璧山地方法院审理转负肉税备案一案　12—10—126

1940 年 1 月，璧山地方法院关于赵璧和等声请为彭仙云甘愿转负肉税备案一案的文书，包括民事具存查状、包税立约、送达证书等。

131. 璧山地方法院审理搬迁交业执行一案　12—10—127

1940 年 3 月至 1940 年 4 月，璧山地方法院关于刘子修与张玉林因租佃纠纷请求搬迁交业执行一案的文书，包括送达证书、点名单、民事执行传票回证、民事声请状、执行笔录、民事保状等。

132. 璧山地方法院审理债款偿还执行一案　12—10—128

1939 年 11 月至 1940 年 2 月，璧山地方法院关于蔡春和请求陈韦氏等欠债偿还执行一案的文书，包括民事诉状、执达报告、拘票、送达证书、点名单、命令、法院命令、民事执行传票回证、执行证书存根等。

133. 四川高等法院第一分院审理返还典田押银上诉一案　12—10—129

1940年6月至1940年11月，四川高等法院第一分院关于朱泽舟要求叙述平返还典田押银上诉一案的文书，包括璧山地方法院呈文、民事上诉状、法院文稿、往来公函、送达证书、原告呈文、委任状、民事具上诉状、押佃契约、言辞辩论笔录、证人结文、民事证明状、民事声明状、宣示判决笔录、四川高等法院第一分院民事判决书、璧山地方法院民事判决书、四川高等法院第一分院民事裁定书等。

134. 四川高等法院第一分院审理债务纠纷上诉一案　12—10—130

1939年3月至1939年6月，四川高等法院第一分院关于周子钦偿还债务上诉一案的文书，包括往来公函、璧山县司法处民事判决书、呈文、四川高等法院第一分院民事裁定书、执达报告、押佃文约、训令、涉案人书信等。

135. 璧山地方法院审理租佃纠纷一案　12—10—131

1939年8月至1940年2月，璧山地方法院关于刘午桥与洪宪章租佃纠纷一案的文书，包括送达证书、点名单、民事传票、审判笔录、璧山地方法院民事判决书、法院训令、璧山地方法院民事裁定书、证据等。

136. 璧山地方法院审理领回买契一案　12—10—132

1940年6月，璧山地方法院关于周海昌声请领回在周子钦债务案牵涉中上缴之买契一案的文书，包括民事具领状、送达证书、证明书等。

137. 四川高等法院第一分院审理终止租佃契约上诉一案　12—10—133

1940年11月至1941年2月，四川高等法院第一分院关于杨锡荣等终止租佃契约上诉一案的文书，包括民事具上诉状、租佃文约、璧山地方法院民事判决书、呈文、璧山地方法院民事裁定书、送达证书、往来公函、委任状、民事具辩诉理由状、讯问笔录、结文、宣判笔录、四川高等法院第一分院民事裁定书等。

138. 璧山地方法院审理粮款债务纠纷执行一案　12—10—134

1940年5月，璧山地方法院关于刘玉春请求吴刘氏粮款债务纠纷执行一案的文书，包括民事执行状、民事执行传票回证、点名单、民事判决书等。

139. 璧山地方法院审理租谷执行一案　12—10—135

1940年6月至1940年7月，璧山地方法院关于何奎光等声请王大兴等租谷执行一案的文书，包括民事具执行状、民事执行传票回证、点名单、法院训令、执达报告、收条、四川高等法院第一法院民事判决书、璧山地方法院民事判决书等。

140. 璧山地方法院审理撤销买卖契约一案　12—10—136

1940 年 12 月，璧山地方法院关于刘定元等要求张代贵等撤销买卖契约一案的文书，包括民事诉状、委任状、民事裁定书、送达证书往来公函、审理单、点名单、言辞辩论笔录等。

141. 四川高等法院第一分院审理撤销买卖契约上诉一案　12—10—137

1940 年 10 月至 1940 年 12 月，四川高等法院第一分院关于罗均恩等撤销买卖契约上诉一案的文书，包括法院呈文、民事上诉状、璧山地方法院民事裁定书、送达证书、四川高等法院第一法院民事裁定书、往来公函等。

142. 璧山地方法院审理租谷假扣押一案　12—10—138

1940 年 8 月，璧山地方法院关于江胡氏就回赎典产事件声请对租谷实行假扣押一案的文书，包括民事具呈状、民事裁定书、送达证书等。

143. 璧山地方法院审理债务偿付一案　12—10—139

1940 年 1 月，璧山地方法院关于杨旭初债务偿付一案的文书，包括民事诉状、审理单、送达证书、民事和解状等。

144. 璧山地方法院审理声请假扣押一案　12—10—140

1940 年 7 月，璧山地方法院关于达王氏为回赎典产声请对王汉清实行假扣押一案的文书，包括民事声请状、审理单、民事裁定书、送达证书等。

145. 璧山地方法院审理声请扣押偿付借款一案　12—10—141

1940 年 1 月至 1940 年 2 月，璧山地方法院关于钟海涛等声请扣押偿付借款一案的文书，包括民事声请状、民事裁定书、送达证书、民事具缴状等。

146. 璧山地方法院审理提存业价一案　12—10—142

1940 年 7 月至 1940 年 8 月，璧山地方法院关于赵承裕因与江粲周买卖田产声请提存业价一案的文书，包括民事声请状、民事裁定书、送达证书等。

147. 璧山地方法院审理租佃债务执行一案　12—10—143

1940 年 1 月至 1940 年 3 月，璧山地方法院关于龙傅氏请求租佃债务执行一案的文书,包括民事执行传票回证、民事声请执行状、点名单、民事答辩状、执达报告、民事执行处拘票、民事保状、送达证书等。

148. 璧山地方法院审理租谷偿付执行一案　12－10－144

1940年12月至1941年2月,璧山地方法院关于李锡嘏请求何卜斋租谷偿付执行一案的文书,包括民事声请执行状、民事执行传票回证、执达报告、民事执行处拘票、点名单、执行笔录、民事和解笔录等。

149. 四川高等法院第一分院审理终止租佃关系并领取押银上诉一案　12－10－145

1940年7月至1940年9月,四川高等法院第一分院关于终止租佃关系并领取押银上诉一案的文书,包括委任状、送达证书、民事具辩诉状、言辞辩论笔录、民事上诉状、宣示判决笔录、民事判决书等。

150. 璧山实验地方法院审理债务偿付执行一案　12－10－146

1944年9月,璧山实验地方法院关于景亮钧请求胡开斗债务偿付执行一案的文书,包括民事声请执行状、法院支付命令、审理单、民事声请状、送达证书等。

151. 璧山地方法院审理赔偿农田损失一案　12－10－147

1940年11月,璧山地方法院关于龙凌云要求邹树林等赔偿农田损失一案的文书,包括民事诉状、审理单、送达证书点名单、民事声请撤诉状等。

152. 璧山县司法处审理租佃纠纷一案　12－10－148

1939年1月至1939年7月,璧山县司法处关于王荣华与刘炳山租佃纠纷一案的文书,包括民事诉状、民事辩解状、民事传票回证、点名单、审理笔录、璧山县司法处训令、地方联保办公处呈文、文约、讯问笔录等。

153. 璧山地方法院审理稻谷买卖纠纷一案　12－10－149

1940年12月至1941年1月,璧山地方法院关于张伯怀与赵炳全稻谷买卖纠纷一案的文书,包括民事起诉状、审理单、送达证书、民事辩诉状、点名单、言辞辩论笔录、民事和解笔录等。

154. 璧山地方法院审理声请缴款假扣押一案　12－10－150

1940年2月至1940年4月,璧山地方法院关于张树柏声请在与张炳安债务纠纷案中所缴款项实行假扣押以免朦领一案的文书,包括民事具扣押款项状、民事裁定书、送达证书、璧山地方法院呈文等。

155. 璧山地方法院审理租谷纠纷一案　12—10—151

1940年12月至1941年4月，璧山地方法院关于朱长兴与曾吉成租谷纠纷一案的文书，包括民事诉状、租佃文约、审理单、送达证书、民事具辩诉状、点名单、审判笔录、民事补陈状、证据票件、言辞辩论笔录、证人结文、民事宣判笔录、民事判决书等。

156. 最高法院、四川高等法院第一分院、璧山地方法院等审理申请撤销买卖契约及其上诉一案　12—10—152

1940年10月至1944年11月，最高法院、四川高等法院第一分院、璧山地方法院等关于郭海林等申请撤销买卖契约及其上诉一案的文书，包括民事诉状、审理单、送达证书、点名单、璧山地方法院民事裁定书、民事具辩诉状、审理笔录、民事具原诉状、言辞辩论笔录、璧山地方法院民事判决书、璧山地方法院呈文、民事上诉状、委任状、往来公函、证人结文、宣示判决笔录、四川高等法院第一法院民事判决书、璧山县征收局收据、文约、文契、四川高等法院第一法院民事裁定书、最高法院民事裁定书、法院训令等。

157. 璧山地方法院审理请发佃租支付命令一案　12—10—153

1940年9月，璧山地方法院关于周向朋等声请发给佃租支付命令一案的文书，包括民事声请状、民事裁定书、送达证书等。

158. 璧山地方法院审理请领借约一案　12—10—154

1940年12月，璧山地方法院关于曾次咸请领回因债务纠纷上缴之借约一案的文书，包括民事具领状、送达证书等。

159. 璧山地方法院审理婚约履行一案　12—10—155

1940年10月至1940年12月，璧山地方法院关于廖中涵要求萧润芝等履行婚约涉讼一案的文书，包括民事诉状、送达证书点名单、民事撤诉状等。

160. 璧山地方法院及司法处审理会款债务执行一案　12—10—156

1939年12月至1940年1月，璧山地方法院及司法处关于肖海江等会款债务执行一案的文书，包括执达报告、民事执行传票回证、民事判决书、法院执行命令、民事撤诉状等。

161. 璧山地方法院审理借款不还一案　12－10－157

1940 年 3 月至 1940 年 4 月，璧山地方法院关于蒋固华等借款不还一案的文书，包括送达证书、民事诉状、欠条、点名单、言辞辩论笔录、民事和解笔录等。

162. 璧山地方法院审理请求妻子返家执行一案　12－10－158

1940 年 11 月至 1940 年 11 月，璧山地方法院关于邹开禄请求邹张氏返家同居执行一案的文书，包括民事执行状、民事执行传票回证、点名单、执行笔录、证明书、民事声明状等。

163. 四川高等法院第一分院审理回赎典产纠纷上诉一案　12－10－159

1940 年 10 月至 1941 年 3 月，四川高等法院第一分院关于陈国武与陈博渊因回赎典产纠纷上诉一案的文书，包括璧山地方法院呈文、民事上诉声请状、璧山地方法院民事裁定书、送达证书、民事具状、四川高等法院第一分院民事裁定书、往来公函、委任状、言辞辩论笔录、民事辩诉状、证人结文、宣示判决笔录、四川高等法院第一分院民事判决书等。

164. 四川高等法院第一分院、璧山地方法院审理声请假扣押、回赎典产两案　12－10－160

1940 年 4 月至 1940 年 10 月，四川高等法院第一分院、璧山地方法院关于张树柏声请假扣押、陈博渊回赎典产两案的文书，包括璧山地方法院呈文、意见书、民事具声请抗告状、四川高等法院第一分院民事裁定书、往来公函、送达证书、璧山地方法院民事判决书、民事诉状、审理单、点名单、审判笔录、委任状等。

165. 璧山地方法院审理租佃纠纷调解一案　12－10－161

1940 年 10 月至 1940 年 11 月，璧山地方法院关于周汉银声请解除租佃契约调解一案的文书，包括民事声请状、委任状、审理单、往来公函、送达证书、民事辩诉状、点名单、审判笔录、民事调解笔录等。

166. 四川高等法院第一分院审理买卖契约纠纷上诉一案　12－10－162

1940 年 9 月至 1940 年 11 月，四川高等法院第一分院关于徐世之为确认买卖契约有效而上诉一案的文书，包括璧山地方法院呈文、民事上诉声请状、璧山地方法院民事判决书、民事缴状、璧山地方法院民事裁定书、往来公函、送达证书、民事辩诉状、委任状等。

167. 璧山地方法院审理处分负债人产业一案　12－10－163

1940年1月,璧山地方法院关于张齐昭因偿还债务声请处分负债人李国珍产业一案的文书,包括民事请示状、送达证书等。

168. 璧山地方法院审理调查交货涉讼一案　12－10－164

1940年5月,璧山地方法院关于铜梁地方法院嘱托调查高云汉与李宣猷等交货纠纷涉讼一案的文书,包括往来公函、审理单、送达证书等。

169. 四川高等法院第一分院审理确认经界所有权上诉一案　12－10－165

1943年12月至1944年1月,四川高等法院第一分院关于江雨酥等要求确认经界所有权上诉一案的文书,包括民事上诉状、民事裁定书、往来公函、送达证书等。

170. 璧山地方法院审理确定赔偿诉讼费用一案　12－10－166

1940年7月,璧山地方法院关于陈洪卿声请确定赔偿诉讼费用一案的文书,包括民事具声请状、附粘损失单、审理单、民事裁定书、送达证书等。

171. 璧山地方法院审理赔偿损害一案　12－10－167

1940年6月至1940年7月,璧山地方法院关于雷天成因杀人事件赔偿损害一案的文书,包括刑事附带民事裁定书、刑事判决书、审理单、送达证书、民事辩诉状、提票报告书、提票回证、提票、点名单、审判笔录、民事裁定书等。

172. 璧山地方法院审理买卖交业执行一案　12－10－168

1940年7月至1940年12月,璧山地方法院关于萧炳轩等因田房买卖纠纷要求薛贺氏遵判决交业执行一案的文书,包括民事具状、民事执行传票回证、点名单、民事再执行状、收款通知证、法院训令、执达报告、执行笔录、证明、民事再声请执行状、民事判决书等。

173. 璧山地方法院审理债务查封拍卖执行一案　12－10－169

1940年8月至1940年11月,璧山地方法院关于罗成甫债务查封拍卖执行一案的文书,包括民事诉状、民事执行传票回证、点名单、执行笔录、拘提报告书、民事执行处拘票、法院管收票回证、民事原缴状、收款通知证、民事领状、民事申请撤销查封状、法院公告等。

174. 璧山地方法院审理诉讼费用执行一案　12—10—170

1940年5月至1940年7月,璧山地方法院关于追缴江远林诉讼费用执行一案的文书,包括民事声请状、民事裁定书、民事执行传票回证、点名单、民事具保状、收款通知证、执行笔录、委任状、证明、民事具缴状、民事具领状等。

175. 璧山地方法院审理债务执行一案　12—10—171

1940年1月至1940年5月,璧山地方法院关于舒汉清等债务执行一案的文书,包括民事执行状、民事执行传票回证、点名单、民事具恳状、法院训令、法院布告、执达报告、查封不动产笔录、鉴定书、证人结文、具保管结文、民事和息状、息讼文约、法院公告等。

176. 璧山地方法院审理租佃纠纷一案　12—10—172

1940年3月至1940年5月,璧山地方法院关于邹玉堂与邹耀廷等租佃纠纷一案的文书,包括民事诉状、传票回证、点名单、送达证书、审判笔录、宣判笔录、民事判决书等。

该卷杂有1939年陈罗氏与尹海山债务一案的民事和解笔录、璧山县司法处民事判决两件文书。

177. 璧山地方法院审理赔偿损害执行一案　12—10—173

1940年4月至1940年5月,璧山地方法院关于冯宣要求罗萧氏赔偿损害执行一案的文书,包括法院函片、民事判决书、法院训令、执达报告、收款通知证等。

178. 四川高等法院第一分院、璧山地方法院审理交业纠纷及其上诉案、返还钢铁木炭执行两案　12—10—174

1940年2月至1942年7月,四川高等法院第一分院、璧山地方法院关于王绍周与王文杰等因租佃交业纠纷及其上诉案、黄金廷返还钢铁木炭执行案两案的文书,包括往来公函、委任状、言辞辩论笔录、民事上诉状、押佃文约、民事执行状等。

179. 璧山地方法院审理领取会书一案　12—10—175

1940年11月,璧山地方法院关于陈仁山声请领取前因会款纠纷上缴之行坐会书一案的文书,包括民事领状、送达证书、证明等。

180. 璧山地方法院审理要求搬迁交房一案　12—10—176

1940年11月至1941年5月,璧山地方法院关于叶时初请求叶廖氏搬迁交房一案的文书,包括民事诉状、民事裁定书、送达证书审理单、民事具声请状、点名单、法院通知书等。

181. 璧山地方法院审理田地经界纠纷一案　12—10—177

1940年11月至1940年12月,璧山地方法院关于张永祯等与张执中等田地经界纠纷一案的文书,包括民事诉状、审理单、送达证书、点名单、审判笔录、民事裁定书、民事声请状等。

182. 璧山地方法院审理遗产返还、确认遗产所有权两案　12—10—178

1940年11月至1940年12月,璧山地方法院关于王陈萧氏要求返还遗产、何氏请求确认遗产所有权两案的文书,包括民事判决书、璧山地方法院呈文、往来公函、民事诉状等。

183. 璧山地方法院审理撤销买卖契约一案　12—10—179

1940年12月至1941年1月,璧山地方法院关于王何氏为确认所有权暨撤销买卖契约一案的文书,包括委任状、审理单、送达证书、民事具辩诉状、点名单、审判笔录、民事具参加状、借债单、民事声请和解状、和解文约等。

184. 璧山地方法院审理偿还债务一案　12—10—180

1940年11月至1940年12月,璧山地方法院关于周林氏偿还债务一案的文书,包括民事诉状、审理单、送达证书、点名单、审判笔录等。

185. 四川高等法院第一分院、璧山地方法院审理终止契约及领取押银上诉一案　12—10—181

1940年6月,四川高等法院第一分院、璧山地方法院关于张同德因刘明安等终止契约及领取押银上诉一案的文书,包括地方法院民事裁定书、璧山地方法院呈文、民事具上诉状等。

186. 璧山地方法院审理分配卖房价金以偿债务一案　12—10—182

1940年2月,璧山地方法院关于易炳山声请分配卖房价金以偿债务一案的文书,包括民事声请状、送达证书等。

187. 四川高等法院第一分院审理确认买卖契约有效上诉一案　12—10—183

1940年8月至1940年12月,四川高等法院第一分院关于徐世之就孙恒丰要求确认买卖契约有效涉讼上诉一案的文书,包括地方法院民事判决书、璧山地方法院呈文、往来公函、四川高等法院第一法院民事判决书、四川高等法院第一法院民事裁定书等。

188. 璧山地方法院审理会款债务执行一案　12—10—184

1940年3月至1940年4月，璧山地方法院关于胡廷昌要求杨秀山会款债务执行一案的文书，包括四川高等法院第一法院民事判决书、四川高等法院第一法院民事裁定书、民事执行传票回证、民事具声明委托状、执行报告书、民事执行处拘票、点名单、法院训令、民事诉状、执达报告、民事暂缓执行状等。

189. 璧山地方法院审理制止出卖产业一案　12—10—185

1940年7月至1940年9月，璧山地方法院关于张荣成等请求制止张吉亨等出卖产业一案的文书，包括民事具声请状、民事具声明状、审理单、送达证书、点名单、审判笔录、民事诉状、民事和解笔录等。

190. 璧山地方法院审理请求发还字约一案　12—10—186

1940年4月，璧山地方法院关于刘戴氏请求发还此前呈案字约一案的文书，包括民事具领状、送达证书等。

191. 四川高等法院第一分院审理给付会款上诉一案　12—10—187

1940年11月至1941年4月，四川高等法院第一分院关于余治平请求吴裕斋给付会款上诉一案的文书，包括地方法院民事判决书、璧山地方法院呈文、往来公函、四川高等法院第一法院民事判决书等。

192. 璧山地方法院审理债款清偿执行一案　12—10—188

1940年6月至1940年7月，璧山地方法院关于李文安请求李九林债款清偿执行一案的文书，包括民事执行状、民事执行传票回证、点名单、执行报告、民事执行处拘票、民事和解状等。

193. 璧山地方法院审理声请宣告破产一案　12—10—189

1939年12月至1940年4月，璧山地方法院关于李华成等因债务不能清偿声请宣告破产一案的文书，包括民事裁定书、民事声请状、负债权表、财产状况说明书、送达证书、具声明状、委任状、点名单、言辞辩论笔录等。

194. 璧山地方法院审理粮款清偿执行一案　12—10—190

1940年11月，璧山地方法院关于江海帆要求钟其蔚清偿粮款执行一案的文书，包括民事声请执行状、民事判决书、民事执行传票回证、点名单、民事声请暂缓执行状等。

195. 璧山地方法院审理归还坟地执行一案　12－10－191

1940 年 1 月，璧山地方法院关于张全盛等请求赵国发等归还坟地执行一案的文书，包括民事执行状、委任状等。

196. 璧山地方法院审理返还田产执行一案　12－10－192

1940 年 6 月至 1940 年 10 月，璧山地方法院关于尹张氏请求尹从德终止养子关系暨返还田产执行一案的文书，包括民事声请执行状、民事声明状、民事执行传票回证、委任状、点名单、执行笔录、法院训令、执达报告、民事具和解状、送达证书等。

197. 璧山地方法院审理租佃纠纷一案　12－10－193

1940 年 3 月，璧山地方法院关于郑刘氏与郑昌明租佃纠纷一案的文书，包括民事诉状、民事反诉状、审理单、送达证书、点名单、言辞辩论笔录、证人结文等。

198. 璧山地方法院、璧山县政府审理扶养问题及给付教育费一案　12－10－194

1939 年 1 月至 1940 年 11 月，璧山地方法院、璧山县政府关于陈文树等以扶养问题及给付教育费起诉陈文炯等一案的文书，包括送达证书、民事辩诉状、璧山县政府民事判决书、点名单、审判笔录、民事和解笔录等。

199. 璧山地方法院审理给付合股欠款执行一案　12－10－195

1940 年 1 月至 1941 年 1 月，璧山地方法院关于王文中请求甘从周给付合股欠款执行一案的文书，包括民事请执行状、民事判决书、民事执行传票回证、点名单、执达报告、民事执行处拘票、民事具保状、执行笔录、民事执行命令、提票回证、民事声请状、法院训令、法院布告、法院通知书、查封不动产笔录、鉴定书、具保管结文、民事具呈状、民事执行传票、民事具诉状、民事执行拍卖报告书、民事执行状、拘票、证明等。

200. 璧山县司法处审理佃租交纳一案　12－10－196

1939 年 3 月至 1939 年 5 月，璧山县司法处关于甘克成请求甘发成等交纳佃租一案的文书，包括民事诉状、执达报告、司法处民事传票回证、司法处民事传票、地方保长调解呈文等。

201. 璧山地方法院审理承典产业存查一案　12－10－197

1940年9月，璧山地方法院关于印梓纯声请承典产业存查一案的文书，包括民事声请执行状、送达证书、负责文约等。

202. 璧山地方法院审理勘定林界并赔偿树木一案　12－10－198

1940年3月至1940年7月，璧山地方法院关于刘金盛等请求勘定林界并赔偿树木一案的文书，包括民事起诉状、卖青山文约、委任状、审理单、送达证书、民事具声请展限状、点名单、言辞辩论笔录、民事具缴状、民事具诉状、民事辩诉状、民事具催状、旺铺园所绘草图说明、宣判笔录、民事判决书、法院通知书、民事具领状、民事裁定书、证据即王璞园与龙占猷宣统时产业文契二件等。

203. 璧山地方法院审理返还押金一案　12－10－199

1940年2月至1940年4月，璧山地方法院关于温辑五因佃价纠纷要求返还押金一案的文书，包括民事诉状、民事判决书、民事辩诉状、审理单、送达证书、点名单、言辞辩论笔录、宣判笔录、民事判决书、民事裁定书等。

204. 四川高等法院第一分院、璧山地方法院审理就宣告破产事抗告一案　12－10－200

1940年4月，四川高等法院第一分院、璧山地方法院关于李华成等就声请宣告破产事抗告一案的文书及尾卷，包括地方法院民事裁定书、璧山地方法院呈文、往来公函、四川高等法院第一法院民事裁定书等。

205. 璧山地方法院审理收养关系成立备查一案　12－10－201

1940年7月，璧山地方法院关于李光炜声请备查成立收养关系一案的文书，包括民事声请状、主抱文约等。

206. 璧山地方法院审理交业纠纷一案　12－10－202

1940年9月，璧山地方法院关于曾志模与曾维忠交业纠纷一案的文书尾卷，包括民事判决书、呈文、往来公函、收款通知书、收款证等。

本卷杂有璧山县警察局稽查烟贩的相关文书，包括警察局呈文、证明单等。

207. 四川高等法院第一分院审理补给谷价纠纷上诉一案　12－10－203

1940年7月至1940年9月，四川高等法院第一分院关于李绍云等为晏焕奎求补给谷价纠纷而上诉一案的文书，包括地方法院呈文、民事上诉状、民事裁定书、送达证书等。

208. 璧山地方法院审理偿还欠款执行一案　12－10－204

1940 年 12 月至 1941 年 4 月，璧山地方法院关于杨鲁三声请张子钊偿还欠款执行一案的文书，包括民事具执行状、民事判决书、民事执行传票回证、委任状、法院训令、法院布告、执达报告、送达证书、查封不动产笔录、鉴定书、具保管结文、点名单、民事声请状、法院公告等。

209. 四川高等法院第一分院审理补给谷价上诉一案　12－10－205

1940 年 6 月，四川高等法院第一分院关于晏焕奎请求补给谷价上诉一案的文书及尾卷，包括地方法院民事判决书、璧山地方法院呈文、往来公函、四川高等法院第一法院民事裁定书等。

210. 四川高等法院第一分院审理会款债务执行抗告一案　12－10－206

1940 年 7 月至 1943 年 1 月，四川高等法院第一分院关于朱级武就张炳安会款债务执行抗告一案的文书，包括民事抗告状、意见书、民事裁定书、送达证书、璧山地方法院呈文等。

211. 璧山地方法院审理会款债务纠纷一案　12－10－207

1940 年 9 月至 1940 年 11 月，璧山地方法院关于吴裕斋等会款债务纠纷一案的文书，包括民事诉状、审理单、送达证书、点名单、审判笔录、法院训令、镇公所呈文、宣判笔录、民事判决书等。

212. 四川高等法院第一分院审理就宣告破产事抗告一案　12－10－208

1940 年 4 月，四川高等法院第一分院关于李华成就请求宣告破产事抗告一案的文书，包括地方法院呈文、意见书、民事抗告状、四川高等法院第一法院民事裁定书、送达证书等。

213. 四川高等法院第一分院、璧山地方法院审理撤销买卖契约上诉一案　12－10－209

1940 年 12 月至 1942 年 12 月，四川高等法院第一分院、璧山地方法院关于陈荣陞请求撤销买卖契约上诉一案的文书尾卷，包括璧山地方法院呈文、璧山地方法院民事判决书、往来公函、四川高等法院第一法院民事判决书等。

214. 璧山地方法院审理遗产纠纷执行一案　12－10－210

1940 年 11 月至 1941 年 7 月，璧山地方法院关于邹树章请求邹丽华分给遗产执行一案的文书，包括民事声请状行状、民事执行传票回证、委任状点名单、收款通知证、执行笔录、民事具领状、具领状证明、收款证、民事和解笔录、民事裁定书等。

215. 璧山地方法院审理偿还借款一案　12—10—211

1940 年 8 月至 1940 年 9 月，璧山地方法院关于王朝辅请求杨鲁三偿还借款一案的文书，包括民事具诉状、借据、审理单、送达证书、委任状、民事答辩状、点名单、审理笔录、审判笔录、证人结文、宣判笔录、民事判决书等。

216. 璧山地方法院审理偿还借款一案　12—10—212

1940 年 4 月至 1940 年 5 月，璧山地方法院关于李文安请求李九林偿还借款一案的文书，包括民事诉状、送达证书、民事判决书、委任状点名单、审判笔录、宣判笔录、借据等。

217. 四川高等法院第一分院审理返还织机及借款上诉一案　12—10—213

1940 年 9 月至 1940 年 11 月，四川高等法院第一分院关于邱治云返还织机及借款的上诉一案的文书，包括地方法院呈文、民事上诉状、璧山地方法院民事裁定书、民事答辩上诉状、送达证书、言辞辩论笔录、民事和解笔录等。

本卷杂有璧山县警察局禁烟文书，包括训令、县长命令等。

218. 璧山地方法院审理返还押银执行一案　12—10—214

1940 年 10 月至 1940 年 12 月，璧山地方法院关于蔡庆云请求吴郘氏返还押银执行一案的文书，包括函片、民事判决书、民事执行传票回证、点名单、收款通知证、执行笔录、执达报告、民事领状、具领证明等。

219. 璧山地方法院审理对租谷假扣押执行一案　12—10—215

1940 年 9 月至 1940 年 12 月，璧山地方法院关于吴郘氏请求对蔡荣甫等租谷假扣押执行一案的文书，包括函片、民事裁定书、民事缴费状、收款通知证、执行命令、执达报告、扣押笔录、具保管证明、民事具领状、民事执行传票回证、点名单、领据等。

220. 璧山地方法院审理给付租谷执行一案　12—10—216

1940 年 8 月至 1940 年 11 月，璧山地方法院关于张银钦等请求邓炳安给付租谷执行一案的文书，包括民事执行状、民事执行传票回证、点名单、执行笔录、管收票回证、执达报告、收据、民事和解笔录等。

221. 璧山地方法院及司法处审理声请破产一案　12—10—217

1940 年 3 月至 1940 年 4 月，璧山地方法院及司法处关于娄荣成声请破产一案的文书，包括民事裁定书、法院布告、民事具声请状、联保办公处呈文、民事具和解状、民事执行传票回证、往来公函、民事诉状等。

222. 四川高等法院第一分院审理典权纠纷抗告一案　12—10—218

1940 年 4 月至 1940 年 5 月，四川高等法院第一分院关于白曹氏典权纠纷抗告一案的文书，包括地方法院呈文、抗告意见书、民事抗告状、民事裁定书等。

223. 璧山地方法院审理会款债务执行一案　12—10—219

1940 年 1 月至 1940 年 8 月，璧山地方法院关于彭俊卿会款债务执行一案的文书，包括民事执行状、民事判决书、四川高等法院第一法院民事裁定书、民事执行传票回证、点名单、民事具呈状、执达报告、民事保状、民事具缴状、收款通知证、民事具领状、领收证明、执行笔录、民事执行传票、法院执行命令、执行交款笔录、息诉文约、民事续状等。

224. 璧山地方法院审理声请破产一案　12—10—220

1939 年 3 月至 1940 年 5 月，璧山地方法院关于赵徐氏因负债难偿声请破产一案的文书，包括民事声请状、财产状况说明书、璧山县司法处训令、民事呈状、地方联保呈文等。

225. 璧山地方法院审理偿还债务执行一案　12—10—221

1939 年 12 月，璧山地方法院关于贺国才偿还债务执行一案的文书，包括法院执行命令、执达报告、原告呈文等。

226. 璧山地方法院审理对查封执行提出异议一案　12—10—222

1940 年 3 月，璧山地方法院关于王恢光对查封执行提出异议一案的文书，包括民事声明异议状、民事裁定书、送达证书等。

227. 璧山地方法院审理赔偿树木一案　12—10—223

1940 年 8 月至 1941 年 1 月，璧山地方法院关于蒋众权等因刘五云等越界焚毁树木而要求赔偿一案的文书，包括民事诉状、审理单、送达证书、委任状、点名单、审判笔录、民事具状、言辞辩论笔录、证人结文、法院通知书、法院训令、请勘地界说明书、民事续状、产业分管文约、杜卖产业文契、经界地图、民事补呈状、经界勘察报告并图、法院差旅费报表、宣判笔录、民事判决书等。

228. 璧山地方法院审理领取因会款纠纷上缴之会簿、会款纠纷两案　12－10－224

1939 年 7 月至 1940 年 4 月，璧山地方法院关于薛汉章请求领取会款纠纷上缴之会簿、薛汉章会款纠纷两案的文书，包括民事具领状、送达证书、领收证明、点名单、审判笔录、民事诉状、联保办公处呈文、言辞辩论笔录、宣判笔录、民事判决书、民事传票回证、审理笔录、训令等。

229. 璧山地方法院审理声请对涉讼田产假扣押、田产买卖纠纷两案　12－10－225

1939 年 12 月至 1940 年 7 月，璧山地方法院关于黄开玉声请对涉讼田产假扣押、张桂林与张荣泰等田产买卖纠纷两案的文书，包括民事声请状、四川高等法院第一法院民事判决书、璧山地方法院民事裁定书、送达证书等。

230. 璧山地方法院审理确认田产买约有效一案　12－10－226

1940 年 1 月至 1940 年 2 月，璧山地方法院关于张桂林请求确认田产买约有效一案的文书，包括民事诉状、审理单、点名单、言辞辩论笔录、委任状、民事反诉状、民事答辩状、送达证书、民事和解笔录等。

231. 璧山地方法院审理对错误查封提起异议一案　12－10－227

1940 年 4 月至 1940 年 7 月，璧山地方法院关于潘良臣对错误查封提起异议一案的文书，包括民事声请状、民事裁定书、送达证书、执达报告、民事传票、点名单、审判笔录、委任状、往来公函、民事具呈状、宣判笔录、民事判决书等。

232. 璧山地方法院审理租赁纠纷判决执行一案　12－10－228

1940 年 5 月，璧山地方法院关于刘玉山与吴习之等租赁纠纷判决执行一案的文书，包括民事执行传票回证、点名单、执行笔录、执行报告、民事执行处拘票、执达报告、管收票回证、法院训令、强制搬迁笔录、民事执行状等。

233. 四川高等法院第一分院、璧山地方法院审理返还押银及其上诉一案　12－10－229

1940 年 11 月至 1940 年 12 月，四川高等法院第一分院、璧山地方法院关于张德沛要求朱四平返还押银暨赔偿损失及其上诉一案的文书，包括民事判决书、璧山地方法院呈文、往来公函等。

234. 璧山地方法院审理因回赎典产声请对租谷假扣押一案　12－10－230

1940 年 8 月，璧山地方法院关于王治华因与王炳南请求回赎典产事件声请对其租谷假扣押一案的文书，包括民事具呈状、审理单、民事裁定书、送达证书等。

235. 四川高等法院第一分院审理树价赔偿上诉一案　12－10－231

1939 年 12 月至 1940 年 2 月，四川高等法院第一分院关于蔡炳辉要求杨炳荣等树价赔偿上诉一案的文书，包括地方法院呈文、民事上诉状、往来公函、送达证书、民事裁定书等。

236. 最高法院、四川高等法院第一分院和璧山地方法院审理偿债抵押铺房交业强制执行及其抗告一案　12－10－232

1939 年 9 月至 1942 年 12 月，最高法院、四川高等法院第一分院和璧山地方法院关于段德盛祥要求邱银甫偿债抵押铺房交业强制执行及其抗告一案的文书，包括委任状、民事具声请状、往来公函、璧山地方法院呈文、民事具诉状、最高法院民事裁定书、意见书、执达报告、执行命令、收据、民事领状、民事具领状、民事声请撤诉状、民事执行状、送达证书、四川高等法院第一分院民事裁定书、璧山地方法院民事裁定书等。

237. 璧山地方法院审理因终止租约请求搬迁交房一案　12－10－233

1940 年 3 月至 1940 年 4 月，璧山地方法院关于陈仲达等与刘程氏因终止租约请求搬迁交房一案的文书，包括民事诉状、送达证书、民事具辩诉状、点名单、言辞辩论笔录、宣判笔录、民事判决书等。

本卷附有张文清请求领价交业投佃一案的民事判决书二份。

238. 璧山地方法院审理领回典价交业一案　12－10－234

1940 年 3 月至 1940 年 4 月，璧山地方法院关于张文清请求领回典价交业一案的文书，包括民事诉状、委任状民事具辩诉状、送达证书点名单言辞辩论笔录、宣判笔录等。

239. 璧山地方法院审理领回分约一案　12－10－235

1940 年 3 月，璧山地方法院关于陈国鑫请领回前因侵界纠纷缴呈之分约一案的文书，包括民事具领状、送达证书、领收证明等。

240. 四川高等法院第一分院审理终止租佃契约上诉一案　12—10—236

1940 年 10 月至 1941 年 4 月，四川高等法院第一分院关于赵克刚请求终止租佃契约暨领回押银交业上诉一案的文书尾卷，包括地方法院民事判决书、璧山地方法院呈文、往来公函、四川高等法院第一法院民事判决书等。

241. 璧山地方法院审理欠款执行一案　12—10—237

1940 年 2 月至 1940 年 4 月，璧山地方法院关于周玉成欠款执行一案的文书，包括函片、民事判决书、民事执行传票回证、点名单联保办公处呈文、民事执行状、法院指令等。

242. 璧山地方法院审理租约终止及搬迁交业执行一案　12—10—238

1940 年 1 月至 1940 年 4 月，璧山地方法院关于汪炳辉租约终止及搬迁交业执行一案的文书，包括函片、民事判决书、法院训令、执达报告、收据、民事执行传票回证、点名单等。

243. 四川高等法院第一分院审理解除租佃关系上诉一案　12—10—239

1940 年 10 月至 1941 年 1 月，四川高等法院第一分院关于杨锡云等请求解除租佃关系上诉一案的文书，包括地方法院民事判决书、璧山地方法院呈文、往来公函等。

244. 璧山地方法院审理给付烟刀执行一案　12—10—240

1940 年 9 月至 1941 年 5 月，璧山地方法院关于钱雨膏等给付烟刀执行一案的文书，包括民事请执行状、民事执行传票回证、点名单、执行笔录、法院执行命令、执达报告、领收据、民事执行处拘票、璧山地方法院民事判决书、四川高等法院第一法院民事判决书等。

245. 璧山地方法院审理请发支付典价命令一案　12—10—241

1940 年 4 月，璧山地方法院关于周子昭等声请发支付典价之命令一案的文书，包括民事声请状、民事裁定书、送达证书等。

246. 四川高等法院第一分院、璧山地方法院等审理返还田谷及其上诉一案　12—10—242

1940 年 10 月至 1943 年 3 月，四川高等法院第一分院、璧山地方法院等关于周玉堂就王辉武等返还田谷及其上诉一案的文书，包括地方法院呈文、璧山地方法院民事判决书、往来公函等。

247. 四川高等法院第一分院、璧山地方法院审理确认遗产继承权的抗告及其上诉一案　12—10—243

1940 年 8 月至 1941 年 4 月,四川高等法院第一分院、璧山地方法院关于邹丽华请求确认遗产继承权的抗告及其上诉一案的文书,包括地方法院民事判决书、璧山地方法院呈文、往来公函、民事上诉状、审理单、言辞辩论笔录、证人结文、委任状、民事具附带上诉状、送达证书、宣示判决笔录、四川高等法院第一法院民事判决书、四川高等法院第一法院民事裁定书、点名单、审判笔录、民事具辩诉状、民事宣判笔录、证据(残损)、璧山地方法院民事裁定书、承包合同文约、民事抗告状、抗告意见书、民事诉状、传票回证、民事辩诉状、璧山地方法院民事和解笔录、民事声请撤销和解状、书信、民事起诉状等。

248. 四川高等法院第一分院、璧山地方法院等审理确认买卖契约有效及其上诉一案　12—10—244

1941 年 1 月至 1943 年 12 月,四川高等法院第一分院、璧山地方法院等关于张代贵请求确认买卖契约有效及其上诉一案的文书尾卷,包括地方法院民事判决书、璧山地方法院呈文、往来公函、送达证书、收据通知人名单等。

249. 璧山地方法院审理回赎典产一案　12—10—245

1940 年 5 月至 1940 年 6 月,璧山地方法院关于黎炳兴回赎典产一案的文书,包括民事诉状、审理单、送达证书、委任状、点名单、审判笔录、民事和解笔录等。

250. 四川高等法院第一分院审理确认经界及赔偿损害上诉一案　12—10—246

1940 年 5 月至 1940 年 12 月,四川高等法院第一分院关于林云程等确认经界及赔偿损害上诉一案的文书,包括地方法院呈文、民事声请上诉状、民事具缴状、璧山地方法院民事裁定书、民事具上诉状、往来公函、送达证书、民事具答辩状、言辞辩论笔录、委任状、宣示判决笔录、四川高等法院第一法院民事判决书等。

251. 四川高等法院第一分院、璧山地方法院审理确认经界暨赔偿损害及其上诉一案　12—10—247

1940 年 4 月至 1940 年 9 月,四川高等法院第一分院、璧山地方法院关于邓康宁等请求确认经界和赔偿损害及其上诉一案的文书,包括地方法院民事判决书、璧山地方法院呈文、往来公函、四川高等法院第一法院民事判决书等。

252. 璧山地方法院审理债务执行一案　12－10－248

1940 年 3 月至 1940 年 4 月，璧山地方法院关于曾松廷债务执行一案的文书，包括送达证书、民事传票、点名单、法院训令、法院布告、法院通知书、执达报告、民事执行传票回证、民事执行传票等。

253. 璧山地方法院审理回赎典产一案　12－10－249

1940 年 9 月至 1940 年 12 月，璧山地方法院关于曾方氏回赎典产一案的文书，包括民事诉状、审理单、送达证书、点名单、审判笔录、民事声请状、民事答辩状、委任状、民事撤诉状等。

254. 璧山地方法院审理伪造遗嘱及毁损窃盗一案　12－10－250（1）

1939 年 4 月至 1940 年 11 月，璧山地方法院关于伪造遗嘱及毁损窃盗一案的文书，包括传票回证、点名单、审判笔录、民事诉状、民事具辩诉状、委任状、民事声请状、送达证书、函片、审理单、临终遗嘱、自诉人呈文、刑事诉状、刑事宣判笔录、刑事判决书、刑事具上诉状、公函、刑事具反诉状、刑事传票回证、押票回证、四川高等法院第一法院训令、璧山地方法院呈文、讯问笔录等。

255. 璧山地方法院审理伪造遗嘱及毁损、确认遗嘱继承有效两案　12－10－250（2）

1939 年 3 月至 1940 年 8 月，璧山地方法院关于伪造遗嘱及毁损、确认遗嘱继承有效两案的文书，包括刑事具保状、书信、刑事声请状、刑事诉状、联保办公处呈文、联保主任呈文、自白书、点名单、审理笔录、刑事保状、刑事具状、传达报告、刑事传票回证、刑事具证明状、押票回证、公函、刑事起诉状、刑事答辩状、民事诉状、民事裁定书、执达报告、送达证书、委任状等。

256. 四川高等法院第一分院、璧山地方法院审理确认遗嘱继承有效一案　12－10－250（3）

1940 年 9 月至 1941 年 5 月，四川高等法院第一分院、璧山地方法院关于确认遗嘱继承有效一案的文书，包括委任状、点名单、审理笔录、民事辩诉状、宣判笔录、璧山地方法院民事判决书、送达证书、璧山地方法院刑事判决书、临终遗嘱、遗嘱抱子文约、承领文约、璧山地方法院呈文、往来公函、民事上诉状、璧山地方法院民事裁定书、民事具理由状、言辞辩论笔录、四川高等法院第一法院民事裁定书、民事答辩状等。

257. 璧山地方法院审理会款债务执行一案　12—10—251

1939年12月至1940年3月，璧山地方法院关于朱级五等会款债务执行一案的文书，包括民事执行状、民事执行传票回证、点名单、执达报告、民事执行处拘票、民事具领状、送达证书、执行笔录、民事执行处和解笔录等。

258. 璧山实验地方法院审理买田债务纠纷交业执行一案　12—10—252

1944年7月至1944年8月，璧山实验地方法院关于买田债务纠纷交业执行一案的文书，包括民事执行状、和解笔录、委任状、审理单、民事执行文稿、通知人名单、执行报告、执行命令、管收票回证、提票回证、民事具保状、民事具缴状、收款通知证、民事具领状等。

259. 璧山地方法院审理买田纠纷一案　12—10—253

1940年7月至1940年8月，璧山地方法院关于买田纠纷一案的文书，包括委任状、民事答辩状、审理记录、民事起诉状、呈文、乡农会呈文、农会职员表、农会会议录、农会会员登记名册、审理单、送达证书、点名单、审判笔录、送达公示等。

260. 璧山地方法院审理确定诉讼费用一案　12—10—254

1940年7月，璧山地方法院关于陈栋良声请确定诉讼费用一案的文书，包括民事具声请状、审理单、民事裁定书、送达证书等。

261. 璧山地方法院审理请领契纸一案　12—10—255

1940年8月，璧山地方法院关于邱辑五声请领回前缴契纸一案的文书，包括民事呈状、送达证书、领收证明等。

262. 璧山地方法院审理声请准予再嫁一案　12—10—256

1940年8月，璧山地方法院关于石吴氏声请准予再嫁一案的文书，包括民事声请状、送达证书等。

263. 璧山地方法院审理牛只被牵存查、解除租佃契约两案　12—10—257

1940年9月至1940年11月，璧山地方法院关于曾璧辉声请牛只被牵存查、王俊雄请求解除租佃契约两案的文书，包括民事具声请状、民事判决书等。

264. 四川高等法院第一分院、璧山地方法院等审理偿还债务及其上诉、请领红契两案　12－10－258（1）

1933 年 5 月至 1941 年 1 月，四川高等法院第一分院、璧山地方法院等关于偿还债务及其上诉案、声请领回红契两案的文书，包括民事具领状、送达证书、民事具保状、领收证明、民事诉状、收据、镇长呈文、点名单、审理笔录、民事辩诉状、璧山县政府民事代判书、县政府传票、申告表、佃约、抵押借条、契纸、民事上诉状等。

265. 璧山县法院审理偿还债务执行一案　12－10－258（2）

1934 年 4 月至 1935 年 7 月，璧山县法院关于谭理阳偿还债务执行一案的文书，包括公函、民事执行状、点名单、审理笔录、民事辩诉状、呈文、查封笔录、民事自诉状、民事诉状等。

266. 璧山地方法院审理终止租佃契约执行一案　12－10－259

1940 年 12 月至 1941 年 3 月，璧山地方法院关于张荣辉请求终止租佃契约执行一案的文书，包括民事请执行状、民事判决书、民事执行传票回证、点名单、执行报告书、民事执行处拘票、执行笔录、法院训令、执达报告、交业字据、民事具领状、领收证明等。

267. 四川高等法院第一分院审理领价交业执行抗告及其上诉一案　12－10－260

1941 年 7 月至 1942 年 12 月，四川高等法院第一分院关于赖兼善等就领价交业执行的抗告及其上诉一案的文书，包括呈文、民事抗告状、抗告意见书、民事上诉状、四川高等法院第一法院民事裁定书、送达证书等。

268. 璧山地方法院审理交业执行一案　12－10－261

1940 年 11 月，璧山地方法院关于余左氏交业执行一案的文书，包括民事请执行状、送达证书、民事判决书等。

269. 四川高等法院第一分院审理确定诉讼费用抗告一案　12－10－262

1940 年 2 月，四川高等法院第一分院关于蒋惠廷为确定诉讼费用而抗告一案的文书，包括地方法院呈文、往来公函、四川高等法院第一法院民事裁定书、送达证书等。

270. 四川高等法院第一分院、璧山地方法院及司法处审理给付租谷的上诉及其执行一案　12—10—263

1939年10月至1940年9月,四川高等法院第一分院、璧山地方法院及司法处关于终止租约交还田房暨给付租谷的上诉及其执行一案的文书,包括璧山地方法院呈文、往来公函、四川高等法院第一法院民事裁定书、送达证书、民事具声请状、民事判决书、四川高等法院第一法院民事判决书、民事执行传票回证、点名单民事缴状、收款通知证、民事具领状、领收证明、民事执行状等。

271. 四川高等法院第一分院审理给付租谷上诉一案　12—10—264

1940年6月至1940年9月,四川高等法院第一分院关于何银洲因终止租约交还田房暨给付租谷上诉一案的文书,包括地方法院呈文、民事具上诉状、民事具呈状、民事裁定书、来往账单等。

272. 璧山地方法院审理会款纠葛声请核查依法回复原状一案　12—10—265

1940年3月,璧山地方法院关于汪荣华等因会款纠葛声请核查依法回复原状一案的文书,包括民事自诉状、民事裁定书、送达证书等。

273. 璧山地方法院审理退还业价一案　12—10—266

1940年10月至1940年12月,璧山地方法院关于邱海清要求退还业价暨赔偿损害一案的文书,包括民事诉状、审理单、送达证书、点名单、审判笔录、责任文约、宣判笔录、民事判决书等。

274. 璧山地方法院审理终止租佃契约一案　12—10—267

1940年10月至1940年11月,璧山地方法院关于张炳云等请求张锡清等终止租佃契约暨搬迁交业一案的文书,包括民事诉状、审理单、送达证书、民事具答辩状、委任状、点名单、审判笔录、宣判笔录、民事判决书等。

275. 璧山地方法院审理给付田价执行一案　12—10—268

1940年10月,璧山地方法院关于严芳成给付田价执行一案的文书,包括民事具声请执行状、法院训令、账单、送达证书等。

276. 璧山地方法院审理给付租谷执行一案　12—10—269

1940年12月至1941年4月,璧山地方法院关于印鸿章终止租佃领押交业暨给付租谷执行一案的文书,包括民事诉状、民事执行传票回证、民事辩诉状、点名单、执行笔录、法院训令、执达报告、民事撤诉状、送达证书、民事判决书等。

277. 璧山地方法院审理偿还借款执行一案　12—10—270

1940年5月至1940年7月，璧山地方法院关于杨允升等偿还借款执行一案的文书，包括民事执行状、民事执行传票回证、点名单、委任状、法院训令、民事具呈状、民事具缴状、收款通知证、民事具领状、具领证明、执达报告、送达证书、四川高等法院第一分院民事判决书、璧山地方法院民事判决书等。

278. 璧山地方法院审理终止租约执行一案　12—10—271

1940年5月至1940年7月，璧山地方法院关于雷凯龙终止租赁契约执行一案的文书，包括民事执行状、璧山地方法院民事判决书、法院训令、民事声请状、租房文约、执达报告、点名单、四川高等法院第一分院民事判决书等。

279. 璧山地方法院审理返还租佃押银再审一案　12—10—272

1939年12月，璧山地方法院关于委仿陶返还租佃押银再审一案的文书，包括民事具声请状等。

280. 璧山地方法院审理会款纠纷一案　12—10—273

1940年1月，璧山地方法院关于陈锡均与吴维臣会款纠纷一案的文书，包括民事诉状、送达证书、点名单、言辞辩论笔录、宣判笔录、民事判决书等。

281. 四川高等法院第一分院审理会款纠葛暨给付租谷上诉一案　12—10—274

1940年2月至1940年4月，四川高等法院第一分院关于王银安与刘荣光会款纠葛暨给付租谷上诉一案的文书，包括地方法院呈文、民事上诉状、璧山地方法院民事裁定书、往来公函、送达证书、民事具辩诉状、调查笔录、四川高等法院第一分院民事和解笔录等。

282. 四川高等法院第一分院、璧山地方法院审理返还押银及其上诉一案　12—10—275

1940年12月至1941年1月，四川高等法院第一分院、璧山地方法院关于李成之返还押银暨给付修缮费及其上诉一案的文书，包括民事判决书、璧山地方法院呈文、往来公函等。

283. 四川高等法院第一分院审理诉讼费纠葛抗告一案　12—10—276

1940年1月至1940年3月，四川高等法院第一分院关于王青山因纠纷诉讼费用而抗告一案的文书，包括地方法院呈文、意见书、民事具请申抗告状、往来公函、民事裁定书、送达证书等。

284. 璧山地方法院审理赔偿损害执行一案　12—10—277

1940 年 1 月至 1940 年 3 月，璧山地方法院关于王励军赔偿损害执行一案的文书，包括民事具执行状、民事判决书、法院执行命令、执达报告等。

285. 璧山地方法院审理借款纠葛再审一案　12—10—278

1940 年 1 月至 1940 年 3 月，璧山地方法院关于邓泽高等借款纠葛再审一案的文书，包括民事诉状、委任状、送达证书、民事具状、点名单、言辞辩论笔录、宣判笔录、民事判决书等。

286. 四川高等法院第一分院审理回赎典产上诉一案　12—10—279

1940 年 4 月至 1940 年 11 月，四川高等法院第一分院关于王绍修与达王氏等回赎典产上诉一案的文书，包括地方法院呈文、民事上诉状、民事具上诉状、往来公函、璧山地方法院民事裁定书、民事具声请状、送达证书、民事具诉状、委任状、收款通知书、言辞辩论笔录、宣示判决笔录、四川高等法院第一分院民事判决书等。

287. 璧山地方法院审理会款债务执行一案　12—10—280

1940 年 1 月，璧山地方法院关于殷福兴等会款债务执行一案的文书，包括民事具执行状、民事和解笔录、报告、执达员呈文、民事执行传票回证、点名单、民事具保状、民事具缴状等。

288. 璧山地方法院审理赔偿执行一案　12—10—281

1940 年 1 月至 1940 年 2 月，璧山地方法院关于曾子章等赔偿执行一案的文书，包括执达员报告、民事诉状、民事执行传票回证、点名单等。

289. 璧山地方法院审理确认佃权一案　12—10—282

1940 年 9 月至 1940 年 12 月，璧山地方法院关于钟维州诉赖汉州勒加租谷而请求确认佃权一案的文书，包括民事诉状、审理单、送达证书、民事具反诉状、点名单、审判笔录、呈文、民事反诉状、租佃文约、收押佃银文约、典契、民事判决书、宣判笔录、法院训令等。

290. 璧山地方法院审理交业执行一案　12—10—283

1939 年 10 月至 1940 年 1 月，璧山地方法院关于徐福荣等因典业纠纷引起的交业执行一案的文书,包括民事具呈状、民事执行传票回证、点名单、民事具执行状、送达证书等。

291. 璧山地方法院审理检送产权提约一案　12—10—284

1940年9月,璧山地方法院关于唐绍伯请求检送前因遗产纠纷上缴之产权提约一案的文书,唯存一份民事声请状。

292. 璧山地方法院审理返还押银及修缮费一案　12—10—285

1940年12月至1941年1月,璧山地方法院关于李成之等返还押银及修缮费一案的文书,包括民事起诉状、委任状、审理单、送达证书、点名单、言辞辩论笔录、民事答辩状、审判笔录、宣判笔录、民事判决书、押佃银文约等。

293. 璧山地方法院审理租谷假扣押一案　12—10—286

1940年8月,璧山地方法院关于江朝英等声请对涉讼田业租谷假扣押一案的文书,包括民事声请状、民事裁定书、送达证书等。

294. 璧山地方法院审理领取押银收约一案　12—10—287

1940年6月,璧山地方法院关于邹梓材声请领取前因稻谷纠纷上缴之押银收约一案的文书,包括民事具领状、送达证书、具领证明等。

295. 璧山地方法院审理租佃押银纠纷再审一案　12—10—288

1940年6月,璧山地方法院关于连行义与龙上清等因租佃押银纠纷请求再审一案的文书,包括民事再审状附批示、送达证书等。

296. 璧山地方法院审理谷价纠纷一案　12—10—289

1940年4月至1940年6月,璧山地方法院关于巫南廷等买谷价格纠纷一案的文书,包括民事判决书、民事诉状、民事具声请状、送达证书、民事具辩诉状、点名单、审判笔录、宣判笔录、民事裁定书等。

297. 璧山地方法院审理回赎典产一案　12—10—290

1940年9月至1941年3月,璧山地方法院关于谢访桃撤销典契暨回赎典产纠纷一案的文书,包括民事诉状、审理单、送达证书、点名单、审理笔录、委任状、调解供词、请发典约原呈、传票回证、言辞辩论笔录、证人结文、民事辩诉状、宣判笔录、民事判决书等。

298. 璧山地方法院审理领回契约一案　12—10—291

1940年8月，璧山地方法院关于江定方请求领回上缴之铺房买约一案的文书，包括民事具领状附批示、送达证书等。

299. 璧山地方法院审理终止租佃契约上诉一案　12—10—292

1940年12月至1943年4月，璧山地方法院关于刘何氏终止租佃契约即给付业价及租谷的上诉一案的文书，包括地方法院呈文、璧山地方法院民事判决书、往来公函、审理笔录等。

300. 璧山地方法院审理给付漂精一案　12—10—293

1940年9月至1940年10月，璧山地方法院关于欧银河等给付漂精(造纸用的漂白粉剂)一案的文书，包括民事诉状、委任状、审理单、送达证书、民事和息状等。

301. 璧山地方法院审理司法机关公务员考绩、电报挂号两案　12—10—294

1940年5月至1941年，璧山地方法院关于司法机关公务员考绩、电报挂号两案的文书，包括检察处公务员考绩法说明、公务员总名册、检察官指令、公务员考绩表、考绩分数表、法院训令、呈文、往来公函高等法院指令等。

302. 璧山地方法院审理优先留买等三案　12—10—295

1940年8月至1943年2月，璧山地方法院关于王绍元请求优先留买、终止契约搬迁交业、给付食谷欠款三案的文书，包括检察官公函、检察处公函、送达证书、合伙约、民事具状、璧山县知事呈文、四川高等法院第一分院法院训令、点名单、审判笔录、宣判笔录、民事判决书、往来公函、法院训令、法院通知书、民事裁定书、民事诉状等。该卷文书残缺杂乱，且杂有1929年刘育之伪造文书及侮辱和1947年王德懿等贪污两案的多份公函等。

303. 最高法院、四川高等法院第一分院审理确认继承权上诉一案　12—10—296

1938年12月至1940年3月，最高法院、四川高等法院第一分院关于江流芳请求确认继承权上诉一案的文书，包括往来公函、民事上诉状、四川高等法院第一分院民事裁定书、送达证书、民事声请状、结证说明、璧山县司法处民事裁定书、查询单、最高法院民事裁定书等。

304. 璧山地方法院审理私章遗失备查一案　12—10—297

1940年6月，璧山地方法院关于周树风因私章遗失声请备查一案的文书，包括地方联保呈文、法院指令等。

305. 璧山地方法院审理解除租佃契约一案　12—10—298

1940 年 12 月，璧山地方法院关于罗少康解除租佃契约暨领押交业一案的文书，包括民事判决书、法院呈文、往来公函、民事诉状、佃约、璧山地方法院民事裁定书、审理单、民事辩诉状、送达证书、点名单、宣判笔录等。

306. 璧山地方法院审理再嫁备案一案　12—10—299

1940 年 3 月，璧山地方法院关于蔡赵氏因丈夫贫困远出务工声请再嫁备案一案的文书，包括民事诉状、送达证书等。

307. 璧山地方法院审理租佃债务执行一案　12—10—300

1940 年 2 月至 1940 年 9 月，璧山地方法院关于龚杨氏租佃债务执行一案的文书，包括送达证书、民事具诉状、点名单、执行笔录、委任状、法院执行命令、法院训令、执达报告、查封不动产笔录、鉴定书、具保管结文、法院布告、民事执行传票回证、法院强制管理命令、督饬受理产业受益笔录、法院管收票回证、民事诉状、民事声请状、法院提票回证、民事具保状等。

308. 璧山地方法院审理给付食谷执行一案　12—10—301

1940 年 12 月至 1941 年 1 月，璧山地方法院关于吴德基给付食谷执行一案的文书，包括民事声请执行状、委任状、民事执行传票回证、点名单、执行笔录、民事具保状、民事执行状、民事具缴状、法院训令、执达报告、民事和解笔录等。

309. 璧山地方法院审理赔偿竹木、交清佃业两案　12—10—302

1940 年 4 月至 1940 年 5 月，璧山地方法院关于赔偿竹木、交清佃业两案的文书，包括民事判决书、民事诉状、送达证书、民事辩诉状、点名单、审判笔录、民事裁定书、宣判笔录、佃约等。

310. 璧山地方法院审理会款纠纷一案　12—10—303

1940 年 6 月至 1941 年 5 月，璧山地方法院关于任海安会款纠纷一案的文书，包括民事具状、审理单、送达证书、点名单、民事诉状、审判笔录、法院通知书等。

311. 璧山地方法院审理履行婚约一案　12—10—304

1940 年 12 月至 1941 年 1 月，璧山地方法院关于柯瞿氏请求张银江等履行婚约一案的文书，包括民事诉状、民事裁定书、送达证书、审理单、点名单、言辞辩论笔录、民事辩诉状、审判笔录、民事具声明状、宣判笔录、民事判决书等。

312. 璧山地方法院审理交清佃业一案　12－10－305

1940年5月，璧山地方法院关于王锡宾等要求黄济生等交清佃业一案的文书，包括民事诉状、审理单、送达证书、点名单、审判笔录、宣判笔录、民事判决书等。

313. 四川高等法院第一分院审理给租搬迁上诉一案　12－10－306

1940年6月至1940年9月，四川高等法院第一分院关于魏金三给租搬迁上诉一案的文书，包括地方法院呈文、民事上诉状、送达证书、璧山地方法院民事裁定书、意见书、民事声请状等。

314. 最高法院、四川高等法院第一分院审理撤销买卖契约上诉一案　12－10－307

1940年5月至1941年5月，最高法院、四川高等法院第一分院关于黄开玉等撤销买卖契约上诉一案的文书，包括地方法院呈文、民事上诉状、璧山地方法院民事判决书、往来公函、送达证书、委任状、言辞辩论笔录、宣示判决笔录、四川高等法院第一分院民事判决书、民事辩诉状、最高法院民事判决书、民事答辩状等。

315. 璧山地方法院审理交还租佃契据调解一案　12－10－308

1940年11月，璧山地方法院关于周兴之等交还租佃契据调解一案的文书，包括民事声请状、审理单、送达证书、民事辩诉状、点名单、审判笔录、往来公函、民事调解笔录、佃约等。

316. 璧山地方法院审理租谷假扣押一案　12－10－309

1940年8月，璧山地方法院关于袁陈氏声请对涉讼租谷假扣押一案的文书，包括民事具呈状、民事裁定书、送达证书等。

317. 璧山地方法院审理返还熟土一案　12－10－310

1941年8月至1941年11月，璧山地方法院关于荣廷泽要求返还熟土一案的文书，包括地方法院民事判决书、璧山地方法院呈文、往来公函等。

318. 璧山地方法院审理终止租佃契约执行一案　12－10－311

1940年12月，璧山地方法院关于高永积终止契约暨给付押银交业执行一案的文书，包括民事执行状、民事判决书、民事执行传票回证、点名单、执行笔录、民事声明状等。

319. 璧山地方法院审理典当纠葛一案 12－10－312

1939年9月至1940年2月，璧山地方法院关于甘汝霖典当纠葛一案的文书，包括民事诉状、民事判决书、送达证书、点名单、言辞辩论笔录、委任状、民事具缴状、证人结文、宣判笔录、民事具呈状、民事裁定书、典当文约、典当文契等。

320. 四川高等法院第一分院审理确认优先承买权再审一案 12－10－313

1940年4月至1940年5月，四川高等法院第一分院关于向洪盛请求确认优先承买权再审一案的文书，包括训令、民事再审状、民事裁定书、往来公函、送达证书等。

321. 最高法院审理请求宣告拍卖无效并返还田亩上诉一案 12－10－314

1940年5月至1940年8月，最高法院关于王香普等请求宣告拍卖无效并返还田亩上诉一案的文书，包括民事具缴状、委任状、民事上诉状、往来公函、送达证书、最高法院民事判决书、民事答辩状、最高法院民事裁定书等。

322. 四川高等法院第一分院、璧山地方法院审理返还田谷及其上诉一案 12－10－315

1940年8月至1941年1月，四川高等法院第一分院、璧山地方法院关于王辉武等返还田谷及其上诉一案的文书，包括民事诉状、审理单、送达证书、点名单、审判笔录、民事辩诉状、言辞辩论笔录、委任状、宣判笔录、璧山地方法院民事判决书、璧山地方法院呈文、民事上诉状、璧山地方法院民事裁定书、往来公函等。

323. 璧山实验地方法院审理给付松板执行一案 12－10－316

1945年7月，璧山实验地方法院关于戴汉卿等给付松板继续执行一案的文书，包括民事声请状、送达证书、传唤名单等。

324. 四川高等法院第一分院、璧山地方法院审理终止租佃契约上诉一案 12－10－317

1940年8月至1941年1月，四川高等法院第一分院、璧山地方法院关于秦华轩终止租佃契约暨领押交业及其上诉一案的文书，包括民事诉状、审理单、交业数目证明、佃约、送达证书、委任状、民事辩诉状、审判笔录、民事答辩状、宣判笔录、璧山地方法院民事判决书、四川高等法院第一分院民事判决书、璧山地方法院呈文、民事上诉状、璧山地方法院民事裁定书、往来公函、言辞辩论笔录等。

325. 璧山地方法院审理给付稻谷执行一案　12－10－318

1940 年 1 月至 1940 年 2 月，璧山地方法院关于李有成等给付稻谷执行一案的文书，包括民事执行状、民事判决书、民事执行传票回证、点名单、法院执行命令、执达报告、民事具领状、收款通知证、领收证明等。

326. 四川高等法院第一分院、重庆地方法院审理因债务执行一案　12－10－319

1940 年 2 月至 1940 年 7 月，四川高等法院第一分院、重庆地方法院关于王辉武等为偿还债务即拍卖执行一案的文书，包括地方法院呈文、民事具抗告状、意见书、民事抗告状、委任状、四川高等法院第一法院民事裁定书、往来公函、送达证书、养膳文约、重庆地方法院民事裁定书、民事具状等。

327. 四川高等法院第一分院审理分产纠纷上诉一案　12－10－320

1941 年 2 月至 1941 年 5 月，四川高等法院第一分院关于徐宗耀等分产纠纷上诉一案的文书，包括地方法院呈文、往来公函等。

328. 四川高等法院第一分院审理给付食谷及价金上诉一案　12－10－321

1941 年 2 月至 1941 年 11 月，四川高等法院第一分院关于左任氏给付食谷及价金上诉一案的文书，包括地方法院民事判决书、璧山地方法院呈文、往来公函等。

329. 最高法院、四川高等法院第一分院审理给付食谷及价金一案　12－10－322

1945 年 4 月至 1945 年 5 月，最高法院、四川高等法院第一分院关于左任氏给付食谷及价金一案的文书，包括最高法院民事判决书、往来公函、送达证书、委任状、民事答辩状、民事上诉状、证人结文、地方甲长申明书、言辞辩论笔录、宣示判决笔录、四川高等法院第一分院民事判决书等。

330. 四川高等法院第一分院审理为履行婚约上诉一案　12－10－323

1941 年 1 月至 1941 年 5 月，四川高等法院第一分院关于张银江等履行婚约上诉一案的文书，包括地方法院民事判决书、璧山地方法院呈文、往来公函等。

331. 璧山地方法院审理偿还债务执行一案　12－10－324

1940 年 1 月，璧山地方法院关于何京辉偿还债务执行一案的文书，包括民事执行传票回证、点名单、民事执行传票等。

332. 璧山地方法院审理借款偿还执行一案　12—10—325

1940年6月至1940年11月，璧山地方法院关于杨君执借款偿还执行一案的文书，包括民事诉状、委任状、民事执行传票回证、点名单、执行笔录、民事声请展限状、民事执行处拘票、拘提报告、执达报告、民事具声请状、法院训令、法院布告、查封不动产笔录、送达证书、法院查封笔录、鉴定书、具保管结文、收据、民事缴状、民事销案状、四川高等法院第一分院民事判决书等。

333. 璧山地方法院审理会款债务执行一案　12—10—326

1940年1月，璧山地方法院关于江玉林等会款债务执行一案的文书，包括民事执行状、委任状、民事执行传票回证、点名单、民事保状、民事具诉状、民事具缴状、收款通知证、民事具领状、具领证明等。

334. 璧山地方法院审理诉讼费用支付执行一案　12—10—327

1940年1月，璧山地方法院关于何俊贤诉讼费用支付执行一案的文书。

335. 璧山地方法院审理会款偿还债务执行一案　12—10—328

1940年1月至1940年4月，璧山地方法院关于吴东成等会款偿还债务执行一案的文书，包括民事声请状、民事续状、收款通知证、民事催请状、民事执行处通知书、送达证书、民事领状、委任状、代领证明等。

336. 璧山地方法院审理撤销查封一案　12—10—329

1939年11月至1940年1月，璧山地方法院关于贺海廷请求撤销查封及领回分关约一案的文书，包括民事诉状、民事具领状、民事执行传票回证、点名单、具领证明等。

337. 璧山地方法院审理垫款债务支付执行一案　12—10—330

1940年1月，璧山地方法院关于甘泽民等垫款债务及讼费支付执行一案的文书，包括民事执行状、民事执行传票回证、点名单等。

338. 璧山地方法院审理回赎典产及解除租佃契约一案　12—10—331

1940年8月至1940年11月，璧山地方法院关于吴周氏回赎典产及解除租佃契约一案的文书，包括民事诉状、审理单、送达证书、点名单、审判笔录、民事辩诉状、民事具展限状、证人结文、宣判笔录、民事续呈状、民事判决书、典约等。

339. 璧山地方法院审理借款偿还执行一案　12—10—332

1940年1月至1940年3月，璧山地方法院关于段裕昌借款偿还执行一案的文书，包括民事诉状、民事判决书、民事执行传票回证、点名单、执行笔录、委任状、执行命令、送达证书、存根等。

340. 璧山地方法院审理返还押银执行一案　12—10—333

1940年5月至1940年10月，璧山地方法院关于邹梓材等返还押银执行一案的文书，包括民事执行状、四川高等法院第一分院民事和解笔录、璧山地方法院民事和解笔录、民事执行传票回证、点名单、执行笔录、训令、布告、法院通知书、执达报告、送达证书、查封不动产笔录、鉴定书、具保管结文、民事声请执行状、民事和息状、民事诉状、公告等。

341. 璧山实验地方法院审理给付食谷及价金上诉一案　12—10—334

1945年3月，璧山实验地方法院关于左任氏给付食谷及价金上诉一案的文书，仅有封面及目录页，文书遗失空缺。

342. 璧山地方法院审理给付食谷及价金纠纷一案　12—10—335

1940年12月至1941年3月，璧山地方法院关于王天才买谷纠纷暨左任氏给付食谷及价金纠纷一案的文书，包括民事起诉状、民事裁定书、送达证书、审理单、点名单、审判笔录、民事反诉状、证人结文、委任状、言辞辩论笔录、宣判笔录、民事判决书等。

343. 四川高等法院第一分院、璧山地方法院审理回赎典产及其上诉一案　12—10—336

1940年至1941年1月，四川高等法院第一分院、璧山地方法院关于张华廷回赎典产及其上诉一案的文书，包括地方法院民事判决书、璧山地方法院呈文、往来公函、民事诉状、审理单、送达证书、民事声请委任状、点名单、审判笔录、言辞辩论笔录、民事辩诉状、证人结文、宣判笔录、民事声请状等。

344. 璧山地方法院审理请求解除典约一案　12—10—337

1940年3月至1940年4月，璧山地方法院关于冷春图等请求解除典约一案的文书，包括民事诉状、审理单、送达证书、委任状、声请函、民事辩诉状、点名单、言辞辩论笔录、民事判决书、宣判笔录、民事裁定书等。

345. 璧山地方法院审理终止典约暨交还产业执行一案　12—10—338

1940年12月，璧山地方法院关于江美成等请求钟良臣等终止典约暨交还产业执行一案的文书，包括民事执行状、送达证书等。

346. 璧山地方法院审理借款偿还执行一案　12—10—339

1939年12月至1940年1月，璧山地方法院关于朱俊良偿还借款执行一案的文书，包括民事诉状、送达证书、点名单、民事具和解状等。

347. 璧山地方法院审理声请变佃还债备查一案　12—10—340

1940年1月，璧山地方法院关于戴邓氏声请变佃还债备查一案的文书，包括民事声请状、法院公函、县政府提票回证、呈文等。

348. 璧山地方法院审理欠款纠纷一案　12—10—341

1940年6月至1940年10月，璧山地方法院关于林元亨欠款纠纷一案的文书，包括民事诉状、送达证书、审理单、民事辩诉状、联保办公处呈文、点名单、审判笔录、委任状、宣判笔录、民事和解状、调解息讼合约合同、应交房屋器具花单、民事判决书等。

349. 璧山地方法院审理请领取判决书正本一案　12—10—342

1940年3月，璧山地方法院关于李子阳等声请领取判决书正本一案的文书，包括民事具领状、送达证书等。

350. 璧山地方法院审理请领回佃约及欠租条一案　12—10—343

1940年10月，璧山地方法院关于滕玉太声请领回佃约及欠租条一案的文书，包括民事声请状、送达证书等。

351. 璧山地方法院审理请求传讯饬令赔偿损害一案　12—10—344

1940年8月，璧山地方法院关于正兴乡乡长请求传讯饬令伍士良赔偿损害一案的文书，唯有正兴乡乡公所呈文。

352. 璧山地方法院审理给付生活费执行一案　12—10—345

1940年1月，璧山地方法院关于冯尚文给付冯何氏生活费执行一案的文书，包括民事执行状、民事执行传票回证、点名单、民事具保状、送达证书等。

353. 璧山地方法院审理请求确认买卖树木契约无效一案　12—10—346

1940 年 5 月，璧山地方法院关于吴朝碧请求确认买卖树木契约无效一案的文书，包括民事诉状、委任状等。

354. 璧山地方法院审理请领回契约一案　12—10—347

1940 年 4 月至 1940 年 6 月，璧山地方法院关于彭顺吉声请领回上缴之契约一案的文书，包括民事具领状、送达证书、民事声请状等。

355. 璧山地方法院审理领押交业一案　12—10—348

1940 年 10 月至 1940 年 12 月，璧山地方法院关于郭海林请求吴佐卿领押交业一案的文书，包括民事诉状、审理单、送达证书、民事呈状、点名单、审判笔录、宣判笔录、民事判决书、民事具声明状、佃约等。

356. 璧山地方法院审理给付扶养费执行一案　12—10—349

1940 年 4 月至 1940 年 9 月，璧山地方法院关于张宗忍给付扶养费执行一案的文书，包括民事声请状、民事判决书、法院训令、执达报告、点名单、民事诉状、法院布告、扶养通知书、送达证书、查封不动产笔录、鉴定书、具保管结文、执行笔录、执行命令、强制管理命令、督饬投佃笔录、民事注销诉状、民事执行传票回证等。

357. 璧山县司法处审理解除租佃契约并追缴欠租一案　12—10—350

1938 年 5 月至 1939 年 8 月，璧山县司法处关于杨维宵请求解除租佃契约并追缴欠租一案的文书，包括民事诉状、民事具状、点名单、审理笔录、民事传票回证、民事辩诉状、璧山县司法处训令、民事判决书、送达证书、民事声请状、执达报告、民事反诉状、民事述状、委任状、璧山县司法处饬签、民事保状、凭票、璧山县司法处算账笔录、民事续状等。

358. 璧山地方法院审理请领字约一案　12—10—351

1940 年 8 月，璧山地方法院关于陈耀庭请领之前所缴之字约一案的文书，包括申明具条、民事领状、送达证书等。

359. 四川高等法院第一分院审理请求返还定金及赔偿损害上诉一案　12—10—352

1940 年 2 月，四川高等法院第一分院关于景其祥请求返还定金及赔偿损害上诉一案的文书，包括民事上诉状、璧山地方法院呈文、送达证书、璧山地方法院民事判决书、往来公函、民事答辩状等。

360. 璧山地方法院审理返还帐被执行一案　12－10－353

1940 年 4 月至 1940 年 5 月，璧山地方法院关于刘子钊返还帐被执行一案的文书，包括请领呈文、民事执行状、民事执行传票回证、点名单、法院命令、执达报告、法院训令等。

361. 璧山地方法院审理请领账簿一案　12－10－354

1940 年 9 月，璧山地方法院关于陈芝甫请求领回账簿一案的文书，包括民事声请状、送达证书、执行报告等。

本卷另杂有数份法院录事招聘考试试卷。

362. 璧山地方法院审理交业执行一案　12－10－355

1940 年 9 月，璧山地方法院关于罗海林等交业执行一案的文书，包括民事声请执行状、民事判决书、法院训令、执达报告、具交业结文等。

363. 璧山地方法院审理给付会款执行一案　12－10－356

1940 年 9 月至 1940 年 10 月，璧山地方法院关于杨全才等给付会款执行一案的文书，包括民事执行状、民事判决书、民事执行传票回证、点名单、执行笔录、拘提报告书、民事执行处拘票、具领证明等。

364. 璧山地方法院审理给付米款执行一案　12－10－357

1940 年 9 月，璧山地方法院关于郭季璜给付米款执行一案的文书，包括民事执行状、民事执行传票回证、点名单、民事声明状、民事具缴状、民事具领状、具领证明、民事判决书等。

365. 璧山地方法院审理租谷债务执行、业价债务纠纷两案　12－10－358

1939 年 10 月至 1940 年 7 月，璧山地方法院关于龙桂卿租谷债务执行、龙况氏业价债务纠纷两案的文书，包括民事声请状、收款通知证、璧山地方法院民事裁定书、民事执行传票回证、点名单、民事缴状、民事具声请和解状、领收证明、民事执行状、送达证书、执达报告、民事判决书等。

366. 璧山地方法院审理损害赔偿执行一案　12－10－359

1940 年 1 月，璧山地方法院关于杨鲁山损害赔偿执行一案的文书，包括民事诉状、民事执行传票回证、点名单、收款通知证、民事具领状、领收证明等。

367. 璧山地方法院审理立契约领价执行一案　12－10－360

1940年9月，璧山地方法院关于李蓝氏立契约领价执行一案的文书，包括民事声请执行状、民事执行传票回证、点名单、执行报告、领收证明等。

368. 四川高等法院第一分院、璧山地方法院审理扶养费支付纠纷一案　12－10－361

1940年1月至1940年4月，四川高等法院第一分院、璧山地方法院关于李紫阳扶养费支付纠纷一案的文书，包括函片、璧山地方法院民事判决书、民事执行传票回证、点名单、执行报告、民事执行处拘票、委任状、法院训令、法院通知书、民事具缴状、收款通知证、送达证书、查封不动产笔录、鉴定书、具保管结文、法院公告、民事具领状、四川高等法院第一分院民事和解笔录等。

369. 璧山地方法院审理会款纠纷再审一案　12－10－362

1940年3月至1940年4月，璧山地方法院关于殷福兴与张舒氏会款纠纷再审一案的文书，包括民事再审状、民事裁定书、执达报告、送达证书等。

370. 璧山地方法院审理回赎典产执行一案　12－10－363

1940年11月，璧山地方法院关于白鸿猷回赎典产执行一案的文书，包括民事声请执行状、送达证书、璧山地方法院民事判决书、四川高等法院第一分院民事判决书等。

371. 璧山地方法院审理返还契纸一案　12－10－364

1940年2月至1940年4月，璧山地方法院关于刘龙章等返还契纸一案的文书，包括民事诉状、民事裁定书、送达证书等。

372. 璧山地方法院审理租佃押银纠葛一案　12－10－365

1940年2月，璧山地方法院关于龙上清等租佃押银纠葛再审一案的文书，包括民事再审状、送达证书等。

373. 璧山地方法院审理回赎典业一案　12－10－366

1940年3月至1940年4月，璧山地方法院关于冯罗氏等回赎典业一案的文书，包括民事诉状、审理单、送达证书、点名单、民事和解状等。

374. 璧山地方法院审理租谷纠纷一案　12－10－367

1940年10月至1940年11月，璧山地方法院关于曾炳荣租谷纠纷一案的文书，包括民事诉状、租佃文约、审理单、送达证书、民事具辩诉状、点名单、审判笔录、民事宣判笔录、民事判决书等。

375. 四川高等法院第一分院、璧山地方法院审理会款债务纠纷、债务执行两案 12－10－368

1938年6月至1940年3月，四川高等法院第一分院、璧山地方法院关于伍怀良会款债务纠纷及其上诉案、债务执行两案的文书，包括地方法院呈文、四川高等法院第一分院训令、四川高等法院第一分院民事裁定书、民事诉状、送达证书、审理笔录、民事缴状、民事具诉状、委任状点名单、四川高等法院第一分院民事判决书、对抗告意见书、民事抗告状、往来公函等。

376. 璧山地方法院审理会款债务纠纷执行一案　12－10－369

1939年11月至1940年3月，璧山地方法院关于江杨氏等会款债务纠纷执行一案的文书，包括民事诉状、送达证书、点名单、执达报告、民事执行传票回证、执行笔录、民事具诉状、民事执行处拘票、民事缴状、收款通知证、民事具领状等。

377. 四川高等法院第一分院审理因生活费执行纠纷抗告一案　12－10－370

1940年3月，四川高等法院第一分院关于冯尚文因生活费执行纠纷而抗告一案的文书，包括地方法院呈文、就抗告意见书、民事抗告状、四川高等法院第一分院民事裁定书、送达证书等。

378. 四川高等法院第一分院审理诬告上诉一案　12－10－371

1940年7月至1941年1月，四川高等法院第一分院关于左光荣因遗产纠纷伤人的诬告上诉一案的文书，包括送达证书地方法院检察处呈文、四川高等法院第一分院检察处指令、刑事声请状、检察处传票回证、点名单、璧山地方法院检察官调查笔录、民事具保状、璧山地方法院检察官起诉书、说明附图、民事上诉状、审理单、往来公函、审判笔录、证人结文、委任状、宣示判决笔录、四川高等法院第一分院民事判决书等。

379. 璧山地方法院审理请领佃约买契一案　12－10－372

1940年9月，璧山地方法院关于何松美请领取佃约买契一案的文书，包括民事领状、送达证书、领收证明等。

380. 璧山地方法院审理申请假处分以维生活一案　12—10—373

1940年1月,璧山地方法院关于冉廖氏诉冉俊卿纳妾抛弃妻子申请假处分以维生活一案的文书,包括民事诉状、送达证书等。

381. 四川高等法院第一分院审理撤销买卖契约上诉一案　12—10—374(1)

1940年10月至1941年3月,四川高等法院第一分院关于张青云等撤销买卖契约上诉一案的文书,包括地方法院民事判决书、璧山地方法院呈文、往来公函、四川高等法院第一分院民事判决书、民事上诉状、璧山地方法院民事裁定书、送达证书、民事声请状、民事具辩诉状、委任状、民事具状、言辞辩论笔录、宣示判决笔录等。

382. 璧山地方法院审理撤销买卖契约一案　12—10—374(2)

1940年9月至1940年11月,璧山地方法院关于张青云等撤销买卖契约一案的文书,包括民事诉状、审理单、送达证书、民事具状、委任状、点名单、审判笔录、民事宣判笔录、民事判决书、欠条、借约等。

383. 璧山地方法院审理请领会簿一案　12—10—375

1940年4月,璧山地方法院关于李廖氏等请领因会款纠纷上缴之会簿一案的文书,包括民事具领状、送达证书、领收证明等。

384. 璧山地方法院审理借约备查等三案　12—10—376

1940年7月至1940年11月,璧山地方法院关于邬南廷等声请借约备查、邱银甫交屋执行、徐万发债务执行三案的文书,包括民事声请存案状、民事声请执行状、民事执行传票回证、点名单、执行笔录、委任状、民事声明异议状、法院执行命令、执达报告、和解合约、送达证书、民事裁定书等。

385. 璧山地方法院审理交屋执行一案　12—10—377

1940年10月至1940年11月,璧山地方法院关于邱银甫交屋执行一案的文书,包括民事声请执行状、点名单、执行笔录、委任状、民事声明异议状、法院执行命令、民事执行传票回证、和解合约、送达证书、民事裁定书等。

386. 璧山地方法院审理交还庙业执行一案　12—10—378

1940年7月,璧山地方法院关于卓炳荣交还庙业执行一案的文书,包括民事声请执行状、民事判决书、民事执行传票回证、执行笔录等。

387. 璧山地方法院审理交业执行一案　12－10－379

1940 年 9 月至 1940 年 11 月，璧山地方法院关于甘汝霖交业执行一案的文书，包括民事执行状、民事执行传票回证、点名单、委任状、民事声请展限状、法院训令、执达报告、执行笔录、具领收证明、民事具状、民事呈状、法院执行命令、民事判决书等。

388. 璧山地方法院审理会款债务执行一案　12－10－380

1940 年 3 月至 1940 年 4 月，璧山地方法院关于杨治高等会款债务执行一案的文书，包括民事声请执行状、民事和解笔录、民事执行传票回证、点名单等。

389. 四川高等法院第一分院、璧山地方法院审理偿还借款及其上诉一案　12－10－381

1940 年 8 月至 1940 年 11 月，四川高等法院第一分院、璧山地方法院关于郭明宣请求偿还借款及其上诉一案的文书，包括民事上诉状、璧山地方法院民事判决书、璧山地方法院民事裁定书、璧山地方法院呈文、送达证书、民事具和解状、民事诉状、审理单、民事具辩诉状、审判笔录、点名单、民事宣判笔录、证人结文、负责字约等。

390. 璧山地方法院审理偿还债务执行一案　12－10－382

1939 年 12 月至 1940 年 1 月，璧山地方法院关于江友三偿还债务执行一案的文书，包括民事催呈状、法院布告、民事具缴状、点名单、收款通知证、拍卖笔录、民事执行状、民事具和解状、民事领状、领收证明、认买书等。

391. 璧山地方法院审理声请登记典权一案　12－10－383

1940 年 7 月，璧山地方法院关于周宗永声请登记典权一案的文书，包括不动产登记声请书、法院公告、法院命令、民事呈状、送达证书、执达报告、调查不动产绘图、登记通知书、收据等。

392. 璧山地方法院审理返还奁物一案　12－10－384

1940 年 12 月至 1941 年 1 月，璧山地方法院关于谭周氏返还奁物一案的文书，包括民事具诉状、审理单、送达证书、点名单、言辞辩论笔录、委任状、民事具辩诉状、审判笔录、证人结文、民事宣判笔录、民事判决书等。

393. 璧山地方法院审理偿还债务执行一案　12－10－385

1940年4月至1940年7月，璧山地方法院关于陈滋如偿还债务执行一案的文书，包括民事执行状、民事判决书、法院训令、法院布告、法院通知书、执达报告、送达证书、查封不动产笔录、鉴定书、具保管结文、民事执行传票回证、点名单、民事辩诉状、民事执行处拘票、民事具保状、民事缴状、收款通知证、执行笔录、领收证明、存根、法院公告等。

394. 璧山地方法院审理声请检卷申送上诉一案　12－10－386

1940年9月，璧山地方法院关于陈述之因典业纠纷声请检卷申送上诉一案的文书，包括民事声请上诉状、民事裁定书、送达证书等。

395. 璧山地方法院审理返还押金一案　12－10－387

1940年4月至1940年5月，璧山地方法院关于黄玉佩返还押金一案的文书，包括民事诉状、民事传票回证、点名单、民事和息状、和息文约、送达证书、民事裁定书等。

396. 璧山地方法院审理请领分约一案　12－10－388

1940年1月，璧山地方法院关于刘光烈声请领回前缴分约一案的文书，包括民事领状、送达证书、领收证明等。

397. 璧山地方法院审理请求确认契约有效一案　12－10－389

1941年9月，璧山地方法院关于李树林请求确认契约有效一案的文书，包括民事具诉状、民事撤诉状、送达证书等。

398. 璧山地方法院审理回赎典业执行一案　12－10－390

1940年5月，璧山地方法院关于胡何氏回赎典业执行一案的文书，包括民事诉状、民事判决书、民事执行传票回证、点名单、执行说明、委任状、执行笔录、民事执行处和解笔录、送达证书、民事执行状等。

399. 璧山地方法院审理回赎棉絮纠葛一案　12－10－391

1940年9月至1940年10月，璧山地方法院关于汪廷辉等赎回抵押棉絮纠葛一案的文书，包括民事诉状、审理单、送达证书、审判笔录、民事宣判笔录、民事判决书等。

400. 璧山地方法院审理撤销租佃契约、煤窑纠纷两案　12－10－392

1940年7月至1940年7月，璧山地方法院关于白齐氏等撤销租佃契约、蒋治安等煤窑纠纷两案的文书，包括地方法院呈文、璧山地方法院民事判决书、往来公函、民事诉状、委任状、送达证书、点名单、审判笔录、民事具诉状、调解记录、民事催状、公函、民事声明状、证人结文民事宣判笔录、佃约、璧山地方法院民事裁定书等。

401. 四川高等法院第一分院、璧山地方法院审理返还奁物及其上诉一案　12－10－393

1940年12月至1941年1月，四川高等法院第一分院、璧山地方法院关于谭周氏要求返还奁物及其上诉一案的文书尾卷，包括民事判决书、璧山地方法院呈文、往来公函等。

402. 四川高等法院第一分院审理谷价纠纷上诉一案　12－10－394

1940年4月，四川高等法院第一分院关于蒋维钦谷价纠纷上诉一案的文书尾卷，包括地方法院呈文、往来公函、四川高等法院第一分院民事判决书等。

403. 璧山地方法院审理退屋搬迁执行一案　12－10－395

1940年2月至1940年3月，璧山地方法院关于蓝林氏退屋搬迁执行一案的文书，包括民事声请执行状、民事判决书、法院训令、执达报告、强制搬迁交收切结、强制搬迁笔录、搬迁什物名单等。

404. 璧山地方法院审理确认买卖契约有效一案　12－10－396

1940年12月至1941年1月，璧山地方法院关于张代贵请求确认买卖契约有效一案的文书，包括民事诉状、委任状、审理单、送达证书、点名单、言辞辩论笔录、阅卷声请书、证人结文、民事宣判笔录、民事判决书等。

405. 四川高等法院第一分院审理给付生活费上诉一案　12－10－397

1940年2月，四川高等法院第一分院关于冯尚友给付生活费上诉一案的文书，包括地方法院呈文、就抗告意见书、点名单、璧山地方法院民事和解笔录、往来公函、四川高等法院第一分院民事裁定书等。

406. 璧山地方法院审理离婚纠葛一案　12－10－398

1940年1月至1940年4月，璧山地方法院关于周永清离婚纠葛一案的文书，包括民事诉状、送达证书民事传票、民事裁定书、言辞辩论笔录、往来公函、执达报告、点名单、民事判决书等。

407. 璧山地方法院审理扣押业价一案　12－10－399

1940年1月，璧山地方法院关于周德普声请扣押业价一案的文书，包括民事诉状、民事裁定书、送达证书等。

408. 璧山地方法院审理搬迁交业执行及其上诉一案　12－10－400（1）

1940年1月至1940年5月，璧山地方法院关于柯樊氏搬迁交业执行及其上诉一案的文书尾卷，包括民事诉状、民事执行传票回证、点名单、收款通知证、民事执行状、往来公函、民事具补缴状、民事具缴状、手绘地图、司法处查封笔录、民事传票等。

409. 璧山县法院等审理租佃纠纷一案　12－10－400（2）

1935年3月至1939年5月，璧山县法院等关于刘遐龄租佃纠纷一案的文书，包括民事诉状、执达报告、民事传票回证、点名单、审理笔录、公证状、民事具保状、诉愿书、民事辩诉状、璧山县政府民事判决书、送达回证、欠条、璧山县司法处牌告等。

410. 璧山地方法院审理给付押银执行一案　12－10－401

1940年11月，璧山地方法院关于吴鸿昇给付押银执行一案的文书，包括民事执行状、民事执行传票回证、点名单、执行笔录、报告书、民事判决书、民事拘票等。

411. 璧山地方法院审理赔偿损害执行一案　12－10－402

1940年10月至1940年11月，璧山地方法院关于张洪周等赔偿损害执行一案的文书，包括函片、民事判决书、点名单、收款通知证、民事诉状、民事具诉状、执行笔录、具领证明等。

412. 璧山地方法院审理解除契约调解一案　12－10－403

1940年2月至1940年4月，璧山地方法院关于敬福煌声请解除契约调解一案的文书，包括民事声请状、往来公函、送达证书、民事辩诉状、点名单、言辞辩论笔录等。

413. 璧山地方法院审理会款债务执行一案　12－10－404

1940年3月至1940年4月，璧山地方法院关于吴维臣会款债务执行一案的文书，包括民事执行状、民事执行传票回证、点名单、民事判决书、委任状、民事具保状、民事具缴状、收款通知证、民事承领状、领收证明等。

414. 璧山地方法院审理离婚备查一案　12－10－405

1940 年 11 月，璧山地方法院关于凌天国夫妇合意离婚备查一案的文书，包括民事具状、送达证书等。

415. 璧山地方法院审理确定诉讼费用一案　12－10－406

1940 年 11 月，璧山地方法院关于曾焕章等声请确定经界纠纷案的诉讼费用一案的文书，包括民事声请状、民事裁定书、送达证书等。

416. 四川高等法院第一分院审理回赎典产上诉一案　12－10－407

1940 年 4 月至 1940 年 5 月，四川高等法院第一分院关于张郑培回赎典产上诉一案的文书，包括地方法院呈文、民事声请上诉状、四川高等法院第一分院民事裁定书、往来公函、送达证书等。

417. 四川高等法院第一分院、璧山地方法院审理确认财产纠葛上诉一案　12－10－408

1940 年 2 月至 1940 年 7 月，四川高等法院第一分院、璧山地方法院关于张权达等由离婚引起的财产纠葛上诉一案的文书，包括民事上诉状、执达报告、送达证书、委任状、阅卷声请、言辞辩论笔录、审理单、展期声请、民事传票、四川高等法院第一分院民事裁定书、往来公函等。

418. 璧山地方法院审理赔偿树木一案　12－10－409

1940 年 4 月，璧山地方法院关于郑康宁请求确认经界及林云程等赔偿树木一案的文书，唯存民事判决书。

419. 璧山地方法院审理确认典权一案　12－10－410

1940 年 10 月，璧山地方法院关于余绍舟请求确认典权一案的文书，包括不动产登记声请书、手绘地图、法院公告、法院命令、执达报告、调查田土房屋笔录、登记通知书、具领收证明、送达证书等。

420. 璧山地方法院审理债务执行一案　12－10－411

1939 年 12 月至 1940 年 1 月，璧山地方法院关于夏泽高债务执行一案的文书，包括法院执行命令、执达报告、法院命令、民事执行传票回证、民事执行传票、点名单、送达证书、民事执行处拘票、存根等。

421. 璧山地方法院审理租谷纠纷一案　12－10－412

1940 年 1 月至 1940 年 6 月，璧山地方法院关于何银洲租谷纠纷一案的文书，包括民事诉状、民事辩诉状、审理单、送达证书、点名单、言辞辩论笔录、民事裁定书、民事执行状、民事宣判笔录、民事判决书等。

422. 璧山地方法院审理声请改嫁存查一案　12－10－413

1940 年 11 月，璧山地方法院关于刘罗氏声请改嫁存查一案的文书，包括民事声请存查状、送达证书等。

423. 四川高等法院第一分院、璧山地方法院审理赔偿损害及其上诉一案　12－10－414

1940 年 8 月至 1941 年 4 月，四川高等法院第一分院、璧山地方法院关于王赵氏租佃纠纷暨赔偿损害及其上诉一案的文书，包括地方法院民事判决书、璧山地方法院呈文、民事具诉状、送达证书、往来公函、四川高等法院第一分院民事判决书、审理单、民事具辩诉状、点名单、审判笔录、委任状、民事宣判笔录、民事声请上诉状、璧山地方法院民事裁定书、民事上诉状、言辞辩论笔录、民事具补诉状等。

424. 璧山地方法院审理返还借铁一案　12－10－415

1940 年 5 月至 1940 年 7 月，璧山地方法院关于王天开返还借铁一案的文书，包括民事诉状、审理单、送达证书、点名单、审判笔录、民事裁定书、民事宣判笔录等。

425. 四川高等法院第一分院审理返还借铁上诉一案　12－10－416

1940 年 9 月至 1940 年 11 月，四川高等法院第一分院关于王天开返还借铁上诉一案的文书，包括地方法院呈文、民事上诉状、民事具声请状、璧山地方法院民事判决书、民事具缴状、往来公函、送达证书、民事具和解状、和解文约等。

426. 璧山地方法院审理撤销查封一案　12－10－417

1940 年 8 月，璧山地方法院关于张少五等偿清债务请求撤销查封一案的文书，包括民事声请状、民事具状、民事执行传票回证、点名单等。

427. 璧山地方法院审理偿还借款执行一案　12－10－418

1940 年 7 月至 1940 年 8 月，璧山地方法院关于娄帅氏偿还借款执行一案的文书，包括民事诉状、民事执行传票回证、民事执行传票、提票回证、点名单、管收票回证、民事判决书等。

428. 璧山地方法院审理给付会款执行一案　12—10—419

1940 年 7 月至 1940 年 8 月，璧山地方法院关于吴成章给付会款执行一案的文书，包括民事声请执行状、民事执行传票回证、点名单等。

429. 璧山地方法院审理偿还借款执行一案　12—10—420

1940 年 8 月，璧山地方法院关于金玉成偿还借款执行一案的文书，包括民事执行状、民事执行传票回证、点名单、执行笔录、委任状等。

430. 四川高等法院第一分院、璧山地方法院审理租赁纠纷及其上诉一案　12—10—421

1940 年 8 月至 1941 年 1 月，四川高等法院第一分院、璧山地方法院关于萧华丰等租赁纠纷及其上诉一案的文书，包括民事诉状、审理单、送达证书、民事具诉状、点名单、审判笔录、民事宣判笔录、璧山地方法院民事判决书、璧山地方法院呈文、往来公函、四川高等法院第一分院民事判决书、民事上诉状、璧山地方法院民事裁定书、言辞辩论笔录、宣示判决笔录、民事具辩诉状、委任状等。

431. 璧山地方法院审理请求领价交谷一案　12—10—422

1940 年 12 月至 1941 年 1 月，璧山地方法院关于吴奎楼等请求领价交谷一案的文书，包括民事诉状、审理单、执达报告、送达证书、点名单、言辞辩论笔录、民事宣判笔录、民事判决书等。

432. 璧山地方法院审理撤销买卖契约一案　12—10—423

1940 年 2 月至 1940 年 3 月，璧山地方法院关于刘龙章等请求撤销买卖契约一案的文书，包括民事诉状、委任状、民事辩诉状、民事具诉状、审理单、送达证书、点名单、言辞辩论笔录、民事宣判笔录、民事判决书等。

433. 璧山地方法院审理交业执行一案　12—10—424

1940 年 1 月至 1940 年 3 月，璧山地方法院关于江流芳等交业执行一案的文书，包括民事声请状、委任状、民事执行传票回证、点名单、民事诉状、民事执行处通知书、送达证书等。

434. 璧山地方法院审理声请假扣押、请求领回亲女两案　12—10—425

1940 年 2 月，璧山地方法院关于冯祖祥声请假扣押、冯尚文请求领回亲女两案的文书，包括民事声请状、民事裁定书、送达证书、民事诉状等。

435. 璧山地方法院审理给付租谷一案　12－10－426

1940年3月至1940年4月，璧山地方法院关于何宏基请求给付租谷一案的文书，包括民事诉状、委任状、送达证书、点名单、审判笔录、民事宣判笔录、民事判决书等。

436. 四川高等法院第一分院、璧山地方法院审理买卖田业纠纷及其上诉一案　12－10－427

1940年7月至1940年11月，四川高等法院第一分院、璧山地方法院关于田业买卖纠纷及其上诉一案的文书，包括地方法院呈文、往来公函、民事上诉状、璧山地方法院民事裁定书、送达证书、璧山地方法院民事判决书、言辞辩论笔录、委任状、宣示判决笔录、四川高等法院第一分院民事判决书、民事诉状、审理单、点名单、审判笔录、民事宣判笔录、证人结文等。

437. 四川高等法院第一分院审理因声请假扣押不获抗告一案　12－10－428

1940年6月至1940年7月，四川高等法院第一分院关于三胜元因声请假扣押不获而抗告一案的文书，包括地方法院呈文、民事抗告状、就抗告意见书、四川高等法院第一分院民事裁定书、往来公函、送达证书等。

438. 璧山地方法院审理迁让房土一案　12－10－429

1940年1月至1940年2月，璧山地方法院关于王克明请求迁让房土一案的文书，包括函片、民事判决书、法院执行命令、执达报告、了结文约等。

439. 四川高等法院第一分院审理货款执行抗告一案　12－10－430

1940年12月，四川高等法院第一分院关于邱银甫因货款执行不服提起抗告一案的文书，包括地方法院呈文、民事抗告状、就抗告意见书、四川高等法院第一分院民事裁定书、送达证书等。

440. 四川高等法院第一分院、璧山地方法院审理撤销租佃契约及其上诉一案　12－10－431

1940年11月至1941年12月，四川高等法院第一分院、璧山地方法院关于谢原基请求撤销租佃契约及其上诉一案的文书尾卷，包括地方法院民事判决书、璧山地方法院呈文、往来公函、委任状、民事诉状、民事声请执行状、执达报告、璧山地方法院训令、点名单、执行笔录等。

441. 璧山地方法院审理声请佃约被毁存查一案　12－10－432

1940年8月，璧山地方法院关于周锡斋因佃约被炸毁声请存查一案的文书，包括民事声请状、损失物单、送达证书等。

442. 四川高等法院第一分院审理撤销买卖契约上诉一案　12－10－433

1940年11月至1941年2月，四川高等法院第一分院关于撤销买卖契约上诉一案的文书，包括民事上诉状、璧山地方法院呈文、送达证书、民事具上诉理由缴费状、往来公函、执达报告、民事证人传票、言辞辩论笔录、证人结文、民事答辩状、信件、委任状、民事具证明人辩诉状、分关文约、宣示判决笔录、四川高等法院第一分院民事判决书等。

443. 璧山地方法院审理债务执行一案　12－10－434

1940年5月至1940年10月，璧山地方法院关于甘泽民债务执行一案的文书，包括民事声请状、民事执行传票回证、点名单、民事声请展限状、执行笔录、委任状等。

444. 璧山地方法院审理分析产业纠纷一案　12－10－435

1940年3月，璧山地方法院关于分析产业纠纷一案的文书，包括民事诉状、送达证书、民事辩诉状、提票回证、点名单、审判笔录、民事和解笔录等。

445. 璧山地方法院审理租赁纠纷、会银假扣押两案　12－10－436

1940年1月至1940年5月，璧山地方法院关于娄仿陶租赁纠纷、杨建农声请对会银假扣押两案的文书，包括民事诉状、民事裁定书、送达证书、民事判决书、民事声请状等。

446. 四川高等法院第一分院、璧山地方法院审理债务纠纷及其上诉、会款执行两案　12－10－437

1938年11月至1940年11月，四川高等法院第一分院、璧山地方法院关于杨汉臣债务纠纷及其上诉案、杨汉臣会款债务执行案两案的文书，包括民事具声请展限状、民事声请执行状、送达证书、点名单、执行笔录、执行命令、民事声请注销执行状、收据、执达报告、法院命令、民事具存查状、和解文约、璧山地方法院呈文、民事上诉状、四川高等法院第一分院民事裁定书、璧山县司法处民事判决书、法院训令、往来公函、民事传票回证、民事具辩诉状、民事诉状、抵押文约、审理笔录、璧山县司法处民事裁定书等。

447. 璧山地方法院审理租谷假扣押一案　12－10－438

1940 年 9 月，璧山地方法院关于陈平之声请对租谷假扣押一案的文书，包括民事声请状、民事裁定书、送达证书等。

448. 璧山地方法院审理终止租约执行一案　12－10－439

1940 年 12 月，璧山地方法院关于杨治荣终止租约执行一案的文书，包括民事声请执行状、民事执行传票回证、点名单、执达报告、拘票、刑事宣判笔录、刑事判决书、送达证书、执行笔录、委任状等。

449. 四川高等法院第一分院审理会款纠纷上诉一案　12－10－440

1939 年 12 月至 1940 年 2 月，四川高等法院第一分院关于简占林会款纠纷上诉一案的文书，包括地方法院呈文、民事上诉状、四川高等法院第一分院民事裁定书等。

450. 璧山地方法院审理撤销租佃契约一案　12－10－441

1940 年 11 月至 1940 年 12 月，璧山地方法院关于谢厚基请求撤销租佃契约一案的文书，包括民事诉状、审理单、送达证书、委任状、民事辩诉状、审判笔录、点名单、言辞辩论笔录、民事宣判笔录、民事判决书、民事声明状、佃约等。

451. 璧山地方法院审理会款债务执行一案　12－10－442

1940 年 7 月至 1940 年 8 月，璧山地方法院关于胡俊良会款债务执行一案的文书，包括民事声请执行状、民事执行传票回证、点名单、执行笔录、执达报告、收款通知证、送达证书。民事具领状、领收证明等。

452. 四川高等法院第一分院审理赔偿黄谷上诉、宗祠押租金给付执行异议上诉两案　12－10－443

1940 年 3 月至 1940 年 5 月，四川高等法院第一分院关于刘学武等因赔偿黄谷事件而上诉、周席珍等宗祠押租金给付执行异议上诉案两案的文书，包括地方法院呈文、民事声请上诉状、往来公函、民事上诉状、送达证书、民事具呈状、委任状、言辞辩论笔录、璧山地方法院民事判决书、四川高等法院第一分院民事裁定书等。

453. 璧山地方法院审理宗祠押租金给付执行异议一案　12－10－444

1940 年 2 月至 1940 年 4 月，璧山地方法院关于周席珍宗祠押租金给付执行异议一案的文书，包括民事判决书、民事异议状、民事裁定书、送达证书、点名单、言辞辩论笔录、民事宣判笔录等。

454. 四川高等法院第一分院、璧山地方法院审理嫁娶纠纷、给付高粱两案 12—10—445

1940年3月，四川高等法院第一分院、璧山地方法院关于李文明因强迫迎娶声请备案、祝选皋上诉请求给付高粱两案的文书，包括民事声请备查状、璧山地方法院民事裁定书、送达证书、璧山地方法院呈文、四川高等法院第一分院民事裁定书、民事声请状等。

455. 璧山地方法院审理声请提存业价一案 12—10—446

1940年9月至1940年10月，璧山地方法院关于徐代清声请提存业价一案的文书，包括民事声请状、民事裁定书、送达证书、民事呈状等。

456. 最高法院审理请求偿还会款上诉一案 12—10—447

1939年1月至1940年3月，最高法院关于江达五请求偿还会款上诉一案的文书，包括四川高等法院第一分院呈文、往来公函、民事上诉状、四川高等法院第一分院民事裁定书、送达证书、民事具辩诉状、民事具缴费状、最高法院民事判决书等。

457. 四川高等法院第一分院、璧山地方法院审理交业纠纷再审、交业暨撤销买卖契约两案 12—10—448

1940年5月至1940年8月，四川高等法院第一分院、璧山地方法院关于甘汝霖交业纠纷再审案、向高魁交业暨撤销买卖契约两案的文书，包括民事声请再审状、四川高等法院第一分院民事裁定书、璧山地方法院呈文、往来公函、璧山地方法院民事判决书、送达证书等。

458. 四川高等法院第一分院审理树价赔偿纠纷上诉一案 12—10—449

1940年8月至1940年10月，四川高等法院第一分院关于树价赔偿纠纷上诉一案的文书，包括地方法院呈文、璧山地方法院民事裁定书、民事上诉状、送达证书、往来公函、委任状、民事具上诉理由状、言辞辩论笔录、证人结文、四川高等法院第一分院民事裁定书、四川高等法院第一分院民事和解笔录等。

459. 璧山地方法院审理请求变更利息以赔偿损害一案 12—10—450

1940年8月至1940年11月，璧山地方法院关于王和轩请求变更利息以赔偿损害一案的文书，包括民事诉状、审理单、送达证书、民事辩诉状、委任状、点名单、审判笔录、民事宣判笔录、民事判决书、民事和解状、和解文约等。

460. 璧山地方法院审理确定诉讼费用一案　12－10－451

1940 年 3 月，璧山地方法院关于张邱氏等声请确定诉讼费用一案的文书，包括民事声请状、费用账目、民事裁定书、送达证书等。

461. 璧山地方法院审理租谷纠纷一案　12－10－452

1940 年 1 月至 1940 年 4 月，璧山地方法院关于刘顺达租谷纠纷一案的文书，包括民事诉状、审理单、民事辩诉状、佃约、送达证书、点名单、民事和解状等。

462. 璧山地方法院审理执行异议、赔偿损害执行两案　12－10－453

1940 年 1 月至 1940 年 7 月，璧山地方法院关于陈王氏田产假扣押执行纠纷、孙炳安因田业纠纷而诉赔偿损害执行两案的文书，包括民事诉状、审理单、送达证书、民事答辩状、点名单、言辞辩论笔录、民事裁定书、证人结文、审判笔录、民事宣判笔录、民事判决书、佃约、脱离母子关系文约、民事声请状、璧山地方法院呈文、函片、公函、执达报告、法院执行命令、假扣押笔录、具保管结文等。

463. 璧山地方法院审理请发支付命令一案　12－10－454

1940 年 2 月，璧山地方法院关于杨维霄声请发支付命令一案的文书，包括民事声请状、训令、委任状、送达证书、点名单、执行笔录、民事执行传票回证、民事执行处拘票等。

464. 璧山地方法院审理会款纠纷一案　12－10－455

1940 年 5 月，璧山地方法院关于胡俊良会款纠纷一案的文书，包括民事诉状、民事具呈状、执达报告、送达证书、民事传票、点名单、审判笔录、民事辩诉状、民事宣判笔录、民事判决书等。

465. 璧山地方法院审理请求确认经界一案　12－10－456

1940 年 5 月，璧山地方法院关于周受岐请求确认经界一案的文书，包括民事诉状、审理单、送达证书、点名单、言辞辩论笔录、调解委员呈文、审判笔录、民事宣判笔录、民事判决书、民事裁定书等。

466. 璧山地方法院审理赔偿会款执行一案　12－10－457

1940 年 1 月至 1940 年 4 月，璧山地方法院关于冯万氏等赔偿会款执行一案的文书，包括函片、民事执行传票回证、点名单、民事执行处拘票、执行笔录、委任状民事执行状等。

467. 四川高等法院第一分院、璧山地方法院审理为交付房屋并受领业价上诉一案 12—10—458

1940年6月至1940年11月，四川高等法院第一分院、璧山地方法院关于朱陈氏请求交付房屋并受领业价上诉一案的文书，包括地方法院呈文、民事上诉状、送达证书、璧山地方法院民事裁定书、往来公函、言辞辩论笔录、委任状、宣誓判决笔录、民事答辩状、民事证明状、四川高等法院第一分院民事判决书、四川高等法院第一分院民事裁定书等。

468. 璧山地方法院审理请求偿还欠款一案 12—10—459

1940年8月，璧山地方法院关于吴纯武请求偿还欠款一案的文书，包括民事诉状、民事续诉状、审理单、传票回证、点名单、审判笔录、民事宣判笔录、民事判决书、送达证书、民事声请上诉状、民事裁定书等。

469. 四川高等法院第一分院审理回赎典产上诉一案 12—10—460

1940年9月至1940年10月，四川高等法院第一分院关于余永登请求回赎典产上诉一案的文书，包括地方法院民事判决书、璧山地方法院呈文、往来公函、四川高等法院第一分院民事裁定书等。

470. 四川高等法院第一分院、璧山地方法院审理租谷假扣押执行、求偿典价抗告两案 12—10—461

1940年8月至1940年9月，四川高等法院第一分院、璧山地方法院关于江远林请求执行租谷假扣押案、徐邬氏等求偿典价抗告案两案的文书，包括函片、民事裁定书、往来公函、四川高等法院第一分院民事裁定书、送达证书、民事具缴状、收款通知证、法院执行命令、执达报告、假扣押笔录、具保管结文等。

471. 四川高等法院第一分院审理继承权纠纷上诉一案 12—10—462

1940年7月至1940年11月，四川高等法院第一分院关于萧张氏请求确认继承权上诉一案的文书，包括地方法院民事裁定书、民事上诉状、璧山地方法院呈文、往来公函、送达证书、言辞辩论笔录、委任状、民事辩诉状、宣示判决笔录、四川高等法院第一分院民事判决书等。

472. 四川高等法院第一分院、璧山地方法院审理抱子立嗣契约纠葛及其上诉一案 12—10—463

1940年1月至1940年11月，四川高等法院第一分院、璧山地方法院关于萧谢氏等抱子立嗣契约纠葛及其上诉一案的文书,包括民事诉状、抱子文约、审理单、送达证书、民事声请状、点名单、言辞辩论笔录、壁山地方法院民事裁定书、壁山地方法院呈文、抗告意见书、民事抗告状、四川高等法院第一分院民事裁定书、往来公函、壁山地方法院民事判决书、四川高等法院第一分院民事判决书等。

473. 最高法院、壁山地方法院审理撤销买卖契约及其上诉一案 12－10－467

1940 年 9 月至 1940 年 10 月,最高法院、壁山地方法院关于王敬氏等请求撤销买卖契约及其上诉一案的文书,包括地方法院民事判决书、壁山地方法院呈文、往来公函、最高法院民事判决书、民事诉状、审理单、送达证书、民事辩诉状、点名单、审判笔录、民事宣判笔录等。

474. 壁山地方法院审理缴纳价金纠纷而抗告一案 12－10－465

1940 年 1 月,壁山地方法院关于朱杰三在产业拍买中因价金纠纷而抗告一案的文书,包括地方法院呈文、民事抗告状、抗告意见书、四川高等法院第一分院民事裁定书、送达证书等。

475. 四川高等法院第一分院审理押银纠纷抗告一案 12－10－466

1940 年 4 月,四川高等法院第一分院关于徐述平押银纠纷抗告一案的文书,包括地方法院呈文、抗告意见书、民事声请抗告状、民事裁定书、民事判决书、四川高等法院第一分院民事裁定书、送达证书等。

476. 壁山地方法院审理存业价声请公示催告一案 12－10－467

1940 年 5 月,壁山地方法院关于巫志昭提存业价声请公示催告一案的文书,包括民事缴款状、民事裁定书、送达证书等。

477. 壁山地方法院审理修复水路一案 12－10－468

1940 年 5 月,壁山地方法院关于萧海江请求判令李建之修复被破坏的水路一案的文书,包括民事诉状、送达证书、点名单、民事声请和解状、和解文约等。

478. 四川高等法院第一分院、壁山地方法院审理给付货款、返还物件上诉两案 12－10－469

1939 年 9 月至 1940 年 2 月,四川高等法院第一分院、壁山地方法院关于易致诚请求给付货款、黄金廷请求返还物件而上诉两案的文书,包括民事诉状、民事辩诉状、送达证书、点名单、言辞辩论笔录、民事证明状、民事宣判笔录、壁山地方法院民事判决书、壁山地方法院民事裁定书、壁山地方法院呈文、民事上诉状、四川高等法院第一分院民事裁定书、往来公函等。

479. 四川高等法院第一分院审理返还物件上诉一案　12－10－470

1940年2月，四川高等法院第一分院关于黄金廷请求返还物件上诉一案的文书尾卷，包括地方法院呈文、民事辩诉状、和解文约、送达证书、往来公函、四川高等法院第一分院民事裁定书等。

480. 璧山地方法院审理领回账簿及佃约一案　12－10－471

1940年6月，璧山地方法院关于吴李氏声请领回账簿及佃约一案的文书，包括民事领状、送达证书、领收证明等。

481. 璧山地方法院审理继承财产备案一案　12－10－472

1940年7月，璧山地方法院关于张蔡大绪等声请继承财产备案一案的文书，包括民事声请存查状、送达证书等。

482. 璧山地方法院审理求典价偿还执行一案　12－10－473

1940年6月至1940年7月，璧山地方法院关于高尹氏请求典价偿还执行一案的文书，包括审判笔录、民事声请执行状、民事执行传票回证、点名单、民事和解笔录等。

483. 四川高等法院第一分院审理为确认租约有效上诉一案　12－10－474

1940年9月至1940年10月，四川高等法院第一分院关于吴远龙为确认租约有效上诉一案的文书，包括地方法院呈文、民事上诉状、往来公函、民事答辩状、言辞辩论笔录、委任状、送达证书、民事供述状、民事具切结状、宣示判决笔录、四川高等法院第一分院民事判决书等。

484. 璧山地方法院审理给付连纸一案　12－10－475

1940年7月，璧山地方法院关于张茂堂给付连纸一案的文书，包括民事具呈状、审理单、送达证书、委任状、民事诉状、点名单、审判笔录、民事宣判笔录、民事判决书、民事裁定书等。

485. 璧山地方法院审理赎典纠纷一案　12－10－476

1940年11月至1941年3月，璧山地方法院关于安登五赎典纠纷一案的文书，包括民事诉状、民事裁定书、往来公函、送达证书、审理单、点名单、审判笔录、民事辩诉状、言辞辩论笔录、民事宣判笔录、民事判决书等。

486. 四川高等法院第一分院审理分割家产纠纷上诉一案　12－10－477

1940年2月至1940年5月，四川高等法院第一分院关于徐宗嗣因分割家产纠纷上诉一案的文书，包括地方法院呈文、民事上诉状、四川高等法院第一分院民事裁定书、送达证书、审理单、往来公函、言辞辩论笔录、被告信件、证人结文、宣誓判决笔录、四川高等法院第一分院民事判决书等。

487. 璧山地方法院审理请禁治产一案　12－10－478

1940年6月，璧山地方法院关于万雷氏因丈夫痴迷游荡声请禁其治产一案的文书，包括民事声请状、送达证书、收据等。

488. 璧山地方法院审理声请典权登记一案　12－10－479

1940年11月，璧山地方法院关于陈同福声请典权登记一案的文书，包括不动产登记声请书、手绘地图、法院公告、法院命令、执达报告、典权登记笔录、登记通知书、送达证书、领收证明等。

489. 璧山地方法院审理声请典权登记一案　12－10－480

1940年11月，璧山地方法院关于陈世昌声请典权登记一案的文书，包括不动产登记声请书、手绘地图、法院公告、法院命令、执达报告、典权登记笔录、登记通知书、送达证书、领收证明、收据等。

490. 璧山地方法院审理缓期清偿债务一案　12－10－481

1940年11月，璧山地方法院关于李占廷声请因子服兵役请求缓期清偿债务一案的文书，包括民事声请状、送达证书等。

491. 璧山地方法院审理交还房屋一案　12－10－482

1940年3月，璧山地方法院关于陈刘氏交还房屋一案的文书，包括民事诉状、送达证书、民事辩诉状、点名单、审判笔录、民事宣判笔录、民事判决书、民事续呈状等。

492. 四川高等法院第一分院审理终止租佃契约上诉一案　12－10－483

1940年10月至1940年12月，四川高等法院第一分院关于王俊雄等终止租佃契约上诉一案的文书，包括地方法院民事判决书、璧山地方法院呈文、往来公函、四川高等法院第一分院民事和解笔录、民事上诉状、璧山地方法院民事裁定书、送达证书、言辞辩论笔录、民事辩诉状、委任状等。

493. 璧山地方法院审理返还房屋执行一案　12—10—484

1940 年 7 月，璧山地方法院关于谢学初返还房屋执行一案的文书，包括民事声请执行状、民事判决书、民事执行传票回证、点名单、法院训令、执达报告、收条等。

494. 璧山地方法院审理交还青山木桷执行一案　12—10—485

1940 年 9 月，璧山地方法院关于吴维臣等交还青山木桷执行一案的文书，包括民事执行状、送达证书等。

495. 璧山地方法院审理请确定诉讼费用一案　12—10—486

1940 年 3 月至 1940 年 8 月，璧山地方法院关于王青山声请确定诉讼费用一案的文书，包括民事续呈状、民事具状、民事裁定书、送达证书等。

496. 四川高等法院第一分院审理会款纠纷抗告一案　12—10—487

1940 年 9 月至 1941 年 1 月，四川高等法院第一分院关于邹玉堂会款纠纷抗告一案的文书，包括地方法院呈文、民事抗告状、对抗告意见书、四川高等法院第一分院民事裁定书、往来公函、送达证书、民事具状等。

497. 璧山地方法院审理声请变卖产业捐作战费一案　12—10—488

1940 年 5 月至 1940 年 6 月，璧山地方法院关于吴牟氏声请变卖产业捐作战费一案的文书，包括民事诉状、送达证书等。

498. 四川高等法院第一分院、璧山地方法院审理会款给付执行及其抗告一案　12—10—489

1940 年 8 月至 1941 年 1 月，四川高等法院第一分院、璧山地方法院关于邹玉堂给付会款执行及其抗告一案的文书，包括往来公函、璧山地方法院呈文、对抗告意见书、民事执行传票回证、点名单、收款通知证、民事和解状、四川高等法院第一分院民事裁定书、民事具领状、收据、执行笔录、璧山地方法院民事判决书、民事执行状、民事具保状、民事抗告状、委任状、声请展限状、送达证书等。

499. 四川高等法院第一分院审理会款纠纷上诉一案　12—10—490

1939 年 12 月至 1940 年 2 月，四川高等法院第一分院关于蒋兴发等会款纠纷上诉一案的文书，包括地方法院呈文、民事上诉状、往来公函、送达证书、民事答辩状、言辞辩论笔录、宣誓判决笔录、四川高等法院第一分院民事判决书等。

500. 璧山地方法院审理押银纠葛一案　12－10－491

1940 年 3 月至 1940 年 5 月，璧山地方法院关于张怀安押银纠葛一案的文书，包括法院布告、民事诉状、民事执行传票回证、点名单、收款通知证、法院公告、民事具领状、民事保状、领收证明等。

501. 璧山地方法院审理违反兵役法一案　12－10－492

1940 年 11 月，璧山地方法院关于黎治全违反兵役法一案的文书，包括检察官公函、检察官起诉书、审理单、法院通知书、传票回证、刑事具辩诉状、点名单、审判笔录、证人结文、刑事具保状、刑事判决书、送达证书等。

502. 璧山地方法院审理会款纠纷上诉一案　12－10－493

1939 年 11 月至 1940 年 1 月，璧山地方法院关于谷海初等会款纠纷上诉一案的文书，包括地方法院呈文、民事上诉状、四川高等法院第一分院民事裁定书、往来公函、送达证书等。

503. 璧山地方法院审理声请发支付命令一案　12－10－494

1940 年 4 月，璧山地方法院关于朱泽周声请发支付命令一案的文书，包括民事声请状、佃约、民事裁定书、送达证书等。

504. 璧山地方法院审理棉纱价金偿付执行一案　12－10－495

1942 年 3 月，璧山地方法院关于卢海林偿付被盗卖的棉纱价金执行一案的文书，该卷仅有民事诉状。

505. 璧山地方法院审理声请准予变卖当产一案　12－10－496

1940 年 7 月，璧山地方法院关于蒋明初声请准予变卖当产一案的文书，包括民事声请状、认当约、送达证书等。

506. 璧山地方法院审理会款偿还执行一案　12－10－497

1940 年 10 月至 1940 年 11 月，璧山地方法院关于冯万氏偿还会款执行一案的文书，包括民事诉状、民事执行传票回证、点名单、执行笔录、民事声请状、民事再审判决书等。

507. 璧山地方法院审理交业移居一案　12－10－498

1940 年 10 月至 1940 年 12 月，璧山地方法院关于张李氏等交业移居一案的文书，包括民事诉状、审理单、送达证书、民事答辩状、点名单、审判笔录、委任状、民事参加状、证人结文、民事声明状、负责售业文约、言辞辩论笔录、民事宣判笔录、民事判决书、提款杜祸文约等。

508. 璧山地方法院审理会款追缴执行一案　12－10－499

1940 年 2 月至 1940 年 3 月，璧山地方法院关于张舒氏追缴会款执行一案的文书，包括民事声请执行状、民事执行传票回证、点名单、执达报告、民事和解笔录等。

509. 璧山地方法院审理债务执行一案　12－10－500

1940 年 4 月，璧山地方法院关于巫赖氏债务执行一案的文书，包括民事执行状、民事执行传票回证、点名单、璧山地方法院民事判决书、四川高等法院第一分院民事判决书等。

510. 四川高等法院第一分院审理连粉纸给付纠纷一案　12－10－501

1940 年 9 月至 1940 年 10 月，四川高等法院第一分院关于张茂堂等给付连粉纸(纸名)纠纷上诉一案的文书，包括地方法院呈文、民事上诉状、璧山地方法院民事判决书、四川高等法院第一分院民事裁定书、往来公函、送达证书等。

511. 四川高等法院第一分院、璧山地方法院审理领价交业纠纷及其上诉一案　12－10－502

1940 年 10 月至 1940 年 12 月，四川高等法院第一分院、璧山地方法院关于郑公昱请求领价交业及其上诉一案的文书，包括地方法院民事判决书、璧山地方法院呈文、往来公函、民事具领状、领收证明等。

512. 璧山地方法院审理交业退佃纠纷一案　12－10－503

1940 年 11 月至 1940 年 12 月，璧山地方法院关于邹邱氏请求交业退佃一案的文书，包括民事诉状、审理单、送达证书、点名单、审判笔录、民事辩诉状、言辞辩论笔录、民事宣判笔录、民事判决书等。

513. 璧山地方法院审理赔偿高粱一案　12－10－504

1940 年 12 月至 1941 年 1 月，璧山地方法院关于徐宪文赔偿高粱一案的文书，包括法院通知书、送达证书、民事诉状、审理单、执达报告、点名单等。

514. 璧山地方法院审理租谷给付执行一案　12－10－505

1940 年 3 月至 1940 年 4 月，璧山地方法院关于曾焕轩租谷给付执行一案的文书，包括民事执行状、民事判决书、执达报告、法院训令、民事执行传票回证、点名单等。

515. 璧山地方法院审理返还押银执行一案　12－10－506

1940年11月至1940年12月，璧山地方法院关于谢元禄返还押银执行一案的文书，包括民事声请执行状、民事执行传票回证、点名单执达报告、民事执行处拘票、执行笔录、民事保状、民事具缴状、收款通知证、领收证明等。

516. 璧山地方法院审理偿还食谷执行一案　12－10－507

1940年11月，璧山地方法院关于祝行光偿还食谷执行一案的文书，包括民事执行状、民事执行传票回证、点名单、执行笔录、执行报告书、民事执行处拘票、民事声请状、民事保状、县政府公函等。

517. 璧山地方法院审理终止租约一案　12－10－508

1940年7月至1940年9月，璧山地方法院关于伍江氏请求追收租谷终止租约一案的文书，包括民事诉状、委任状、审理单、送达证书、点名单、审判笔录、民事宣判笔录、民事判决书等。

518. 璧山地方法院审理租佃纠纷执行一案　12－10－509

1939年8月至1940年4月，璧山地方法院关于林炳章租佃纠纷执行一案的文书，包括执达报告、凭票、文约、司法处训令、司法处签饬、民事诉状、民事执行传票回证、点名单、讯问笔录、委任状、民事声请执行状、法院训令、法院布告、查封不动产笔录、鉴定书、收据等。

519. 璧山地方法院审理终止租约一案　12－10－510

1940年8月至1940年9月，璧山地方法院关于王裕光终止租约一案的文书，包括民事和解笔录、民事诉状、通知书、送达证书、民事辩诉状、点名单、审理笔录、委任状等。

520. 四川高等法院第一分院审理会款执行抗告一案　12－10－511

1940年1月，四川高等法院第一分院关于杨建农会款执行抗告一案的文书，包括民事执行状、往来公函、四川高等法院第一分院民事裁定书等。

521. 璧山地方法院审理会款纠葛执行一案　12－10－512

1940年7月至1940年11月，璧山地方法院关于杨建龙会款纠葛执行一案的文书，包括民事执行状、民事执行传票回证、点名单、执行笔录、民事具领状、拘提报告、民事执行处拘票、民事具和解状、合约、领收证明等。

522. 璧山地方法院审理经界纠纷一案　12－10－513

1939 年 8 月至 1940 年 4 月，璧山地方法院关于李全三经界纠纷一案的文书，包括民事辩诉状、民事诉状、送达证书点名单、言辞辩论笔录、审理单、刑事裁定书、民事判决书、委任状、执达报告、法院庭谕、民事具缴状、经界绘图、传票回证、民事展限状、审判笔录、证人结文、赔偿文约、传票、民事宣判笔录、璧山地方法院呈文、履勘笔录等。

523. 璧山地方法院审理买卖纠纷再审一案　12－10－514

1940 年 1 月，璧山地方法院关于张周氏等买卖纠纷再审一案的文书，包括民事诉状、民事裁定书、送达证书、点名单、言辞辩论笔录等。

524. 璧山地方法院审理请求确认婚约无效一案　12－10－515

1940 年 1 月，璧山地方法院关于萧光盈等请求确认婚约无效一案的文书，包括送达证书、点名单、言辞辩论笔录、民事宣判笔录、民事判决书等。

525. 璧山地方法院审理请求别居一案　12－10－516

1940 年 2 月至 1940 年 4 月，璧山地方法院关于曾王氏请求别居一案的文书，包括民事诉状、委任状、民事辩诉状、送达证书、点名单、言辞辩论笔录、审理单、民事和解笔录等。

526. 四川高等法院第一分院审理撤销买卖契约上诉一案　12－10－517

1940 年 7 月至 1940 年 12 月，四川高等法院第一分院关于罗袁氏请求撤销买卖契约上诉一案的文书，包括地方法院民事判决书、璧山地方法院呈文、民事具和息状、息诉文约、往来公函、四川高等法院第一分院民事裁定书等。

527. 四川高等法院第一分院、璧山地方法院审理请求领价交猪及其上诉一案　12－10－518

1940 年 12 月至 1941 年 3 月，四川高等法院第一分院、璧山地方法院关于马青云等请求领价交猪及其上诉一案的文书，包括民事诉状、审理单、送达证书、委任状、民事答辩状、点名单、审判笔录、证人结文、民事宣判笔录、璧山地方法院民事判决书、璧山地方法院呈文、民事上诉状、璧山地方法院民事裁定书、往来公函、言辞辩论笔录、四川高等法院第一分院民事和解笔录等。

528. 四川高等法院第一分院、璧山地方法院审理经界纠纷及其上诉、窃盗两案 12－10－519

1939 年 5 月至 1940 年 4 月，四川高等法院第一分院、璧山地方法院关于曾焕章等经界纠纷及其上诉案、曾焕章等窃盗两案的文书，包括地方法院呈文、民事声请上诉状、璧山地方法院民事判决书、往来公函、送达证书、委任状、民事具呈状、言辞辩论笔录、宣誓判决笔录、四川高等法院第一分院民事判决书、民事自诉状、民事辩诉状、手绘地图、执达报告、刑事传票回证、点名单、审理笔录、民事具诉状等。

529. 璧山地方法院审理经界纠纷一案 12－10－519（2）

1939 年 6 月至 1940 年 2 月，璧山地方法院关于曾焕章经界纠纷一案的文书，包括委任状、送达证书、点名单、言辞辩论笔录、民事具缴状、法院训令、手绘地图、民事宣判笔录、民事判决书、民事诉状、民事裁定书、分关文约、民事辩诉状、审理笔录等。

530. 璧山地方法院审理赔偿诉讼费一案 12－10－520

1940 年 10 月至 1940 年 11 月，璧山地方法院关于邱谢氏要求赔偿因口角纠葛涉讼案的诉讼费一案的文书，包括民事诉状、送达证书、民事辩诉状、点名单、审判笔录等。

531. 璧山地方法院审理出典产业备案一案 12－10－521

1940 年 2 月，璧山地方法院关于龙辉堂声请出典产业备案一案的文书，包括民事存查状、送达证书、承当文约等。

532. 璧山地方法院审理终止租佃契约一案 12－10－522

1940 年 10 月至 1940 年 12 月，璧山地方法院关于李海钦请求终止租佃契约一案的文书，包括民事诉状、委任状、审理单、送达证书、点名单、审判笔录、民事答辩状、民事宣判笔录、民事判决书、民事声请状等。

533. 璧山地方法院审理会款假扣押一案 12－10－523

1940 年 3 月，璧山地方法院关于江杨氏声请对会款纠纷中所缴款项实行假扣押一案的文书，包括民事声请状、民事裁定书、送达证书等。

534. 四川高等法院第一分院审理租谷纠纷上诉一案 12－10－524

1940 年 10 月，四川高等法院第一分院关于租谷纠纷上诉一案的文书，包括往来公函、璧山地方法院民事判决书、璧山地方法院呈文等。

535. 璧山地方法院审理返还押银执行一案　12—10—525

1940 年 11 月,璧山地方法院关于僧永康返还押银执行一案的文书,包括民事声请执行状、民事执行传票回证、点名单、民事判决书、执行笔录、民事裁定书等。

536. 璧山地方法院审理返还牛只一案　12—10—526

1940 年 5 月,璧山地方法院关于何绍卿返还牛只一案的文书,包括民事诉状、民事辩诉状、送达证书、点名单、审判笔录、委任状、民事裁定书等。

537. 璧山地方法院审理产业继承纠纷一案　12—10—527

1940 年 7 月至 1940 年 9 月,璧山地方法院关于蔡祥模产业继承纠纷一案的文书,包括民事诉状、审理单、送达证书、点名单、审判笔录、民事辩诉状、民事声明状等。

538. 璧山地方法院审理诉讼费用执行一案　12—10—528

1940 年 9 月至 1940 年 10 月,璧山地方法院关于李钟氏诉讼费用执行一案的文书,包括民事执行状、民事执行传票回证、点名单、拘提报告、民事执行处拘票、民事具缴状、收款通知证、民事具领状、领收证明、璧山地方法院民事裁定书、民事判决书、四川高等法院第一分院民事判决书等。

539. 璧山地方法院审理会款偿还执行一案　12—10—529

1940 年 6 月至 1940 年 9 月,璧山地方法院关于邹耀庭偿还会款执行一案的文书,包括民事执行状、民事执行传票回证、点名单、执达报告等。

540. 四川高等法院第一分院审理会款纠纷上诉中声请救助一案　12—10—530

1940 年 9 月至 1940 年 10 月,四川高等法院第一分院关于陈昆山在会款纠纷上诉中声请救助一案的文书,包括民事声请救助状、四川高等法院第一分院民事裁定书、往来公函、送达证书等。

541. 璧山地方法院审理会款偿还债务一案　12—10—531

1940 年 2 月,璧山地方法院关于胡何氏会款偿还债务一案的文书,唯存民事具领状一份。

542. 璧山地方法院审理撤销买卖契约一案　12—10—532

1940 年 4 月至 1940 年 5 月,璧山地方法院关于朱绍文撤销买卖契约一案的文书，包括民事诉状、审理单、送达证书、民事具辩诉状、点名单、言辞辩论笔录、证人结文等。

543. 璧山地方法院审理请领契约一案　12—10—533

1940 年 11 月，璧山地方法院关于吴海舟请领契约一案的文书，包括民事具领状、民事判决书、送达证书、民事具保状、点名单、民事裁定书、民事宣判笔录、领收证明等。

544. 璧山地方法院审理生活费给付执行一案　12—10—534

1940 年 3 月至 1940 年 4 月，璧山地方法院关于刘卓霖给付生活费执行一案的文书，包括民事声请执行状、民事执行传票回证、点名单、执达报告、交业完结文约等。

545. 四川高等法院第一分院审理会款执行纠纷抗告一案　12—10—535

1940 年 2 月，四川高等法院第一分院关于杨建农对会款执行纠纷抗告一案的文书，包括地方法院呈文、民事声请抗告状、四川高等法院第一分院民事裁定书、送达证书等。

546. 璧山县司法处、璧山地方法院审理回赎典产及其上诉、偿还债务执行两案　12—10—536

1938 年 6 月至 1940 年 10 月，璧山县司法处、璧山地方法院关于白曹氏回赎典产及其上诉案、刘遐龄偿还债务执行两案的文书，包括往来公函、送达证书、民事诉状、民事答辩状、点名单、审判笔录、委任状、民事宣判笔录、民事具声请状、璧山地方法院民事判决书、民事申请上诉状、璧山地方法院民事裁定书、民事备案状、民事具撤回上诉状、民事传票回证、民事执行状、民事具呈状、璧山县司法处执行命令、执达报告、璧山县司法处拍卖布告、璧山县司法处牌告等。

547. 四川高等法院第一分院、璧山地方法院审理执行异议上诉一案　12—10—537

1940 年 4 月至 1940 年 6 月，四川高等法院第一分院、璧山地方法院关于潘良臣在产业纠纷中对查封执行异议而上诉一案的文书，包括地方法院民事判决书、往来公函、璧山地方法院呈文、四川高等法院第一分院民事判决书等。

548. 璧山地方法院审理声请离婚备案一案　12—10—538

1940 年 1 月，璧山地方法院关于邹正域等声请离婚备案一案的文书，包括民事声请存查状、送达证书等。

549. 璧山地方法院审理伪造私文书一案　12—10—539

1940年3月至1940年5月，璧山地方法院关于潘光贵伪造私文书一案的文书，包括检察官公函、检察官起诉书、刑事诉状、审理单、传票回证、刑事具辩诉状、信函抄件、点名单、审判笔录、刑事声明状、法院通知书、刑事判决书、送达证书地方法院呈文等。

550. 璧山地方法院审理会款债务执行一案　12—10—540

1940年2月，璧山地方法院关于周德普等会款债务执行一案的文书，包括民事具领状、民事诉状、民事执行传票回证等。

551. 璧山地方法院审理返还原物一案　12—10—541

1940年4月，璧山地方法院关于刘体乾请求返还被私自典押的物品一案的文书，包括民事诉状、送达证书等。

552. 四川高等法院第一分院审理租谷纠纷上诉一案　12—10—542

1940年1月，四川高等法院第一分院关于黄明胜租谷纠纷上诉一案的文书尾卷，包括地方法院呈文、往来公函、四川高等法院第一分院民事判决书等。

553. 璧山地方法院审理偿还债务执行一案　12—10—543

1939年11月至1940年5月，璧山地方法院关于陈昆山偿还债务执行一案的文书，包括送达证书、点名单、法院执行命令、民事诉状、法院训令、法院布告、执达报告、查封不动产笔录、鉴定书、具保管结人、民事申明状、借约、拍卖笔录、民事具诉状、收款通知证、领收证明等。

554. 璧山地方法院审理声请撤销中止裁定一案　12—10—544

1940年12月，璧山地方法院关于伍恒太等声请撤销中止裁定一案的文书，包括民事声请状、刑事判决书、民事裁定书、送达证书等。

555. 璧山地方法院审理请求确认产业所有权一案　12—10—545

1940年7月至1940年9月，璧山地方法院关于何占云请求确认产业所有权一案的文书，包括民事诉状、审理单、送达证书、民事辩诉状、点名单、审理笔录、民事具公证状、审判笔录、证人结文、委任状、民事宣判笔录、民事判决书等。

556. 四川高等法院第一分院、璧山地方法院审理会款债务执行及其抗告一案　12－10－546

1940年1月至1941年3月，四川高等法院第一分院、璧山地方法院关于杨武臣会款债务执行及其抗告一案的文书，包括往来公函、民事执行状、民事执行传票回证、点名单、民事辩诉状、执达报告、法院执行命令、民事抗告状、执行笔录、拘票、送达证书、拘提报告、法院训令等。

557. 最高法院、璧山地方法院审理请求撤销佃约及其抗告一案　12－10－547

1940年10月至1940年11月，最高法院、璧山地方法院关于陈文氏请求撤销佃约及其抗告一案的文书尾卷，包括往来公函、璧山地方法院民事判决书、最高法院民事裁定书等。

558. 璧山地方法院审理交业执行一案　12－10－548

1940年1月至1940年7月，璧山地方法院关于魏焴梁交业执行一案的文书，包括民事执行状、民事判决书、法院执行命令、执达报告、交收房屋田土切结、民事执行传票回证、点名单、执行笔录、民事执行处拘票、拘提报告、委任状等。

559. 璧山地方法院审理债务执行一案　12－10－549

1940年3月，璧山地方法院关于马玉山债务执行一案的文书，包括点名单、执达报告、送达证书、民事传票等。

560. 璧山地方法院审理会款债务执行一案　12－10－550

1940年4月至1940年7月，璧山地方法院关于陈刘氏会款债务执行一案的文书，包括民事声请执行状、民事执行传票回证、点名单、民事执行处拘票、拘提报告、执行笔录、存根、送达证书、四川高等法院第一分院民事裁定书、璧山地方法院民事判决书等。

561. 璧山地方法院审理终止租约执行一案　12－10－551

1940年6月，璧山地方法院关于安炳禄等终止租约执行一案的文书，包括民事执行状、民事执行传票回证、点名单、执行笔录、法院训令、执达报告、收条、四川高等法院第一分院民事裁定书等。

562. 四川高等法院第一分院、璧山地方法院审理买谷纠纷及其上诉一案　12－10－552

1940年5月,四川高等法院第一分院、璧山地方法院关于朱炳臣买谷纠纷及其上诉一案的文书尾卷,包括地方法院民事判决书、璧山地方法院呈文、往来公函、四川高等法院第一分院民事判决书等。

563. 四川高等法院第一分院、璧山地方法院审理买谷纠纷上诉一案　12－10－553

1940年6月至1940年9月,四川高等法院第一分院、璧山地方法院关于朱炳臣买谷纠纷上诉一案的文书,包括地方法院呈文、民事上诉状、璧山地方法院民事裁定书、往来公函、送达证书、言辞辩论笔录、民事声请展限状、民事辩诉状、宣示判决笔录、四川高等法院第一分院民事判决书、民事声请状等。

564. 最高法院、璧山地方法院审理确认界址及其上诉一案　12－10－554

1940年11月至1940年12月,最高法院、璧山地方法院关于张德义祥请求确认界址及其上诉一案的文书,包括民事诉状、审理单、送达证书、点名单、言辞辩论笔录、民事辩诉状、乡公所呈文、证人结文、民事宣判笔录、民事声明状、璧山地方法院民事判决书、璧山地方法院呈文、往来公函、最高法院民事裁定书等。

565. 璧山地方法院审理声请确定诉讼费用一案　12－10－555

1940年8月,璧山地方法院关于王吉臣声请确定诉讼费用一案的文书,包括民事声请状、民事裁定书、送达证书、收款证等。

566. 四川高等法院第一分院、璧山地方法院审理债务纠纷及其上诉等三案　12－10－556

1939年7月至1940年5月,四川高等法院第一分院、璧山地方法院关于谭天锡借款偿还纠纷及其上诉案、徐邬氏请求偿还典价及修理费抗告案、吴陈氏声请解除婚姻备查三案的文书,包括地方法院民事判决书、璧山地方法院呈文、往来公函、四川高等法院第一分院民事判决书、民事声请上诉状、民事具缴上诉费缴状、送达证书民事具上诉状、言辞辩论笔录、民事具诉状、宣示判决笔录、民事诉状、执达报告、对抗告意见书、民事抗告状、四川高等法院第一分院民事裁定书、民事声请状等。

567. 璧山地方法院审理债务纠纷一案　12－10－557

1939年9月至1940年3月,璧山地方法院关于张德诚借款债务纠纷一案的文书，包括民事诉状、执达报告、送达证书、民事传票、点名单、言辞辩论笔录、委任状、民事保状、民事宣判笔录、民事判决书、民事辩诉状、民事裁定书、借约等。

568. 璧山地方法院审理会款纠纷一案　12—10—558

1940 年 1 月至 1940 年 3 月，璧山地方法院关于田张氏等会款纠纷一案的文书，包括民事诉状、民事裁定书、送达证书等。

569. 璧山县司法处审理债务纠纷一案　12—10—559

1937 年 11 月至 1939 年 8 月，璧山县司法处关于杨尚安债务纠纷一案的文书，包括民事具呈状、点名单、审理笔录、璧山县司法处民事判决书、执达报告、送达回证、民事执行状、民事传票回证、司法处训令、民事诉状、璧山县司法处执行证书、送达证书、借约等。

570. 璧山地方法院审理请求偿还典价及修理费一案　12—10—560

1940 年 5 月，璧山地方法院关于徐郘氏请求偿还典价及修理费一案的文书，包括民事诉状、民事裁定书、送达证书等。

571. 璧山地方法院审理会款纠纷一案　12—10—561

1940 年 5 月，璧山地方法院关于尚怀廷等会款纠纷一案的文书，包括民事诉状、送达证书、委任状、点名单、审判笔录、证人结文、民事判决书等。

572. 璧山地方法院审理声请离婚备查一案　12—10—562

1940 年 4 月，璧山地方法院关于冉荣禄夫妇声请离婚备查一案的文书，包括民事声请状、民事裁定书、离婚文约、送达证书等。

573. 璧山地方法院审理交业执行一案　12—10—563

1940 年 1 月至 1940 年 2 月，璧山地方法院关于张锡山等交业执行一案的文书，包括民事诉状、民事判决书、法院执行命令、执达报告、交收切结证等。

574. 璧山地方法院审理返还房屋一案　12—10—564

1940 年 4 月，璧山地方法院关于王忠衡等返还房屋一案的文书，包括民事诉状、审理单、送达证书、点名单、民事具和解状等。

575. 璧山地方法院审理经界纠纷一案　12—10—565

1940 年 10 月至 1941 年 1 月，璧山地方法院关于彭顺吉经界纠纷一案的文书尾卷，包括地方法院呈文、往来公函、民事判决书、民事反诉状、审理单、送达证书、民事辩诉状、点名单、审判笔录、民事诉状、委任状、民事宣判笔录、民事裁定书、民事声请状、言辞辩论笔录等。

576. 璧山地方法院审理回赎典产纠纷一案　12－10－566

1940 年 10 月至 1940 年 11 月，璧山地方法院关于严世凤回赎典产纠纷一案的文书，包括民事裁定书、民事诉状、审理单、送达证书、民事辩诉状、委任状、点名单、审判笔录等。

577. 四川高等法院第一分院审理债务纠纷上诉一案　12－10－567

1940 年 1 月至 1940 年 3 月，四川高等法院第一分院关于杨允升等债务纠纷上诉一案的文书，包括地方法院呈文、民事声请状、民事申请上诉状、民事具呈状、四川高等法院第一分院民事裁定书、往来公函、送达证书、民事具缴状、言辞辩论笔录、宣誓判决笔录、四川高等法院第一分院民事判决书等。

578. 璧山地方法院审理会款纠纷一案　12－10－568

1940 年 1 月至 1940 年 4 月，璧山地方法院关于吴式凭会款纠纷一案的文书，包括民事诉状、审理单、送达证书、点名单、言辞辩论笔录、民事辩诉状、委任状、民事传票回证、审判笔录、民事宣判笔录、民事判决书、民事具领状、剪报等。

579. 璧山地方法院审理声请典权登记一案　12－10－569

1940 年 9 月，璧山地方法院关于唐光德声请典权登记一案的文书，包括不动产登记声请书、手绘地图、法院公告、法院命令、民事声请状、送达证书、执达报告、登记通知证、往来公函、领收证明、收据等。

580. 璧山地方法院审理诉讼费用执行一案　12－10－570

1940 年 4 月，璧山地方法院关于蒋惠廷诉讼费用执行一案的文书，包括民事执行状、法院训令、执达报告等。

581. 璧山地方法院审理树价纠纷调解一案　12－10－571

1940 年 11 月，璧山地方法院关于宋海荣等声请树价纠纷调解一案的文书，包括民事声请状、往来公函、送达证书、民事声请展限状、点名单、审判笔录、卖树文约等。

582. 璧山地方法院审理罚金执行一案　12－10－572

1940年4月，璧山地方法院关于傅陈氏因伤害案处的罚金执行一案的文书，包括检察官公函、刑事判决书、法院执行命令、执达报告、法院公函等。

583. 最高法院、四川高等法院第一分院、璧山地方法院审理押银纠纷及其上诉等三案　12－10－573

1940年10月至1941年8月，最高法院、四川高等法院第一分院、璧山地方法院关于夏戴氏等押银纠纷及其上诉案、夏铨普请求领回证件、夏青估为禁止扣押上诉案三案的文书，包括地方法院民事判决书、璧山地方法院呈文、民事具领状、领收证明、送达证书、民事诉状、审理单、民事辩诉状、点名单、审判笔录、证人结文、民事宣判笔录、民事上诉状、璧山地方法院民事裁定书、往来公函、委任状、言辞辩论笔录、四川高等法院第一分院民事判决书、查询单、最高法院民事裁定书等。

584. 璧山地方法院审理管理庙产执行一案　12－10－574

1940年6月，璧山地方法院关于僧吉安声请庙产管理执行一案的文书，包括民事声请执行状、民事执行传票回证、点名单、执行笔录、法院训令、执达报告、四川高等法院第一分院民事判决书、四川高等法院第一分院民事裁定书等。

585. 璧山地方法院审理借款偿还执行一案　12－10－575

1940年1月至1940年3月，璧山地方法院关于罗绍荣等偿还借款执行一案的文书，包括民事诉状、民事执行传票回证、点名单、执达报告、送达证书、民事传票、存根璧山县县政府民事判决书等。

586. 璧山地方法院审理租谷纠纷一案　12－10－576

1940年10月至1940年12月，璧山地方法院关于吴熊氏租谷纠纷一案的文书，包括民事诉状、审理单、送达证书、点名单、审判笔录、民事辩诉状、委任状、民事宣判笔录、民事判决书、佃约等。

587. 璧山实验地方法院审理请求返还洋纱一案　12－10－577

1944年7月，璧山实验地方法院关于罗源清请求返还洋纱一案的文书，包括民事诉状、审理单、送达证书、民事答辩状、委任状、通知人名单、言辞辩论笔录、民事宣判笔录、民事判决书等。

588. 璧山地方法院审理声请确定诉讼费用一案　12－10－578

1940年1月，璧山地方法院关于王恒清声请确定诉讼费用一案的文书，包括民事诉状、费用单、民事裁定书、送达证书等。

589. 璧山地方法院审理回赎典产一案　12－10－579

1940年8月至1940年10月，璧山地方法院关于龙长荣等回赎典产一案的文书，包括民事诉状、审理单、送达证书、民事辩诉状、点名单、言辞辩论笔录、民事宣判笔录、民事判决书等。

590. 璧山地方法院审理请求让与典产一案　12－10－580

1940年11月至1941年1月，璧山地方法院关于张吴氏请求让与典产一案的文书，包括民事诉状、民事裁定书、送达证书、审理单、点名单、审判笔录、民事具辩诉状、民事声请状、民事宣判笔录、民事判决书、典当文约不动产登记簿证明书等。

591. 四川高等法院第一分院、璧山地方法院审理赔偿损害及其上诉一案　12－10－581

1940年12月，四川高等法院第一分院、璧山地方法院关于余绍文等因窃盗财物被诉赔偿损害及其上诉一案的文书，包括往来公函、璧山地方法院呈文、民事诉状、损害清单、委任状、审理单、送达证书、提票回证、点名单、审判笔录、民事辩诉状、押票回证、民事宣判笔录、璧山地方法院民事判决书、民事上诉状、璧山地方法院民事裁定书、四川高等法院第一分院民事裁定书等。

592. 璧山地方法院审理声请登记典权一案　12－10－582

1940年5月至1940年7月，璧山地方法院关于蔡镜清等声请登记典权一案的文书，包括不动产登记声请书、法院公告、法院命令、执达报告、调查不动产登记笔录、手绘地图、登记通知书、送达证书、民事声请状、不动产登记出函片、民事执行处公函、领收证明等。

593. 璧山地方法院审理会款债务纠纷及其执行一案　12－10－583

1939年6月至1940年2月，璧山地方法院关于朱泽周会款债务纠纷及其执行一案的文书，包括民事执行状、民事声请展限状、民事执行传票回证、点名单、民事和解状、执达报告、民事执行处拘票、民事具辩诉状、民事传票回证、审理笔录、民事判决书、送达证书、四庄公益会序、收据等。

594. 璧山地方法院审理请求确定借债利息一案　12－10－584

1940年11月至1940年12月，璧山地方法院关于蒲世英请求确定借债利息一案的文书，包括民事诉状、委任状、审理单、送达证书、点名单、审判笔录、利息表、民事申请状、执达报告、法院训令、调查情形笔录等。

595. 四川高等法院第一分院审理请求给付布款上诉一案　12－10－585

1940年7月至1940年10月，四川高等法院第一分院关于罗一德请求给付布款上诉一案的文书，包括四川高等法院第一分院民事判决书、璧山地方法院呈文、民事上诉状、民事具缴费状、往来公函、四川高等法院第一分院民事裁定书、送达证书、言辞辩论笔录、证人结文、民事声请状、宣誓判决笔录等。

596. 四川高等法院第一分院审理抚养费纠纷上诉一案　12－10－586

1940年4月，四川高等法院第一分院关于李紫阳等抚养费纠纷上诉一案的文书，包括地方法院呈文、往来公函、四川高等法院第一分院民事和解笔录、送达证书等。

597. 璧山地方法院审理返还租谷及押银一案　12－10－587

1940年11月至1941年1月，璧山地方法院关于甘汝霖返还租谷及押银一案的文书尾卷，包括民事判决书、璧山地方法院呈文、往来公函等。

598. 璧山地方法院审理交业执行一案　12－10－588

1940年4月，璧山地方法院关于王文氏等交业执行一案的文书，包括民事执行状、民事续执行状、送达证书等。

599. 璧山地方法院审理赔偿租谷执行一案　12－10－589

1940年4月，璧山地方法院关于段泽之赔偿租谷执行一案的文书，包括民事执行状、民事执行传票回证、点名单、执行笔录、民事判决书、民事诉状、民事裁定书、送达证书等。

600. 璧山地方法院审理声请确定诉讼费用、返还金饰两案　12－10－590

1940年7月，璧山地方法院关于王吉臣声请确定诉讼费用、王吉臣返还金饰两案的文书，包括民事诉状、费用计算单、璧山地方法院民事裁定书、送达证书、民事再审状、四川高等法院第一分院民事裁定书、璧山地方法院呈文、往来公函等。

601. 璧山地方法院审理给付租谷执行一案　12－10－591

1940 年 10 月至 1940 年 12 月，璧山地方法院关于伍拱裳给付租谷执行一案的文书，包括法院民事庭函片、民事判决书、民事执行传票回证、点名单、民事呈状、执行笔录、委任状、执达报告、民事执行处拘票、民事具缴状、收款通知证、法院执行命令、民事抗告状、法院训令、佃约等。

602. 璧山地方法院审理声请领回会书及总簿一案　12－10－592

1940 年 7 月，璧山地方法院关于陈昆山声请领回会书及总簿一案的文书，包括民事具领状、送达证书、领收证明等。

603. 璧山地方法院审理借款偿还执行一案　12－10－593

1940 年 2 月，璧山地方法院关于李王氏偿还借款执行一案的文书，包括民事执行状、民事判决书、民事执行传票回证、点名单、法院执行命令、送达证书、存根等。

604. 璧山地方法院审理交付树木一案　12－10－594

1940 年 7 月至 1941 年 1 月，璧山地方法院关于张银山交付所卖树木一案的文书，包括民事诉状、审理单、送达证书、点名单、审判笔录、民事具状、证人结文、民事宣判笔录、民事判决书等。

605. 四川高等法院第一分院审理借款纠纷上诉一案　12－10－595

1940 年 1 月至 1940 年 3 月，四川高等法院第一分院关于巫赖氏借款纠纷上诉一案的文书，包括地方法院呈文、民事上诉状、璧山地方法院民事裁定书、往来公函、言辞辩论笔录、民事辩诉状、送达证书、宣示判决笔录、四川高等法院第一分院民事判决书等。

606. 璧山地方法院审理给付利谷执行一案　12－10－596

1940 年 11 月，璧山地方法院关于林乾初给付利谷执行一案的文书，包括民事声请执行状、民事执行传票回证、点名单、拘提报告、民事执行处拘票、执行笔录、民事具保状等。

607. 璧山实验地方法院审理赔偿损失执行一案　12－10－597

1943 年 6 月至 1943 年 7 月，璧山实验地方法院关于徐海山等因窃盗树木被诉赔偿损失执行一案的文书，包括民事声请状、民事判决书、四川高等法院第一分院民事判决书、审理单、送达证书、点名单、执行辩论笔录、法院执行命令、报告、执行力夫名单等。

608. 璧山地方法院审理声请领回契约一案　12－10－598

1940年6月，璧山地方法院关于邱厚堂等声请领回契约一案的文书，包括民事具领状、送达证书等。

609. 璧山地方法院审理偿还债务执行一案　12－10－599

1940年11月，璧山地方法院关于彭张氏偿还债务执行一案的文书，包括民事和解状、民事续呈状、法院公告、送达证书等。

610. 璧山地方法院审理请求确认先买权一案　12－10－600

1940年12月至1941年3月，璧山地方法院关于刘曾氏请求确认先买权一案的文书，包括民事诉状、民事判决书、审理单、送达证书、点名单、审判笔录、民事具呈状、悔过书、言辞辩论笔录、民事辩诉状、民事具证明状、签呈等。

611. 璧山地方法院审理会款债务执行一案　12－10－601

1940年2月，璧山地方法院关于余祥安会款债务执行一案的文书，包括民事诉状、民事执行传票回证、点名单、民事和解笔录、民事保状等。

612. 四川高等法院第一分院、璧山地方法院审理请阅卷宗等三案　12－10－602

1940年8月，四川高等法院第一分院、璧山地方法院关于滕玉太声请阅览租佃纠纷诉讼卷宗、滕玉太声请回复原状判决上诉案、滕树清声请领回分约三案的文书，包括民事声请状、送达证书、民事抗告状、四川高等法院第一分院民事裁定书、往来公函、民事具领状等。

613. 四川高等法院第一分院审理请求解除典约上诉一案　12－10－603

1940年5月至1940年6月，四川高等法院第一分院关于冷春圃等请求解除典约上诉一案的文书，包括地方法院呈文、民事申请上诉状、民事具状、审理单、往来公函、送达证书、委任状、民事答辩状、言辞辩论笔录、民事上诉状、宣誓判决笔录、四川高等法院第一分院民事判决书等。

614. 璧山地方法院审理交还帐被执行一案　12－10－604

1940年2月，璧山地方法院关于王合轩交还帐被执行一案的文书，包括民事具呈状、民事判决书、民事执行传票回证、点名单、执达报告等。

615. 璧山地方法院审理佃约纠纷抗告一案　12－10－605

1941 年 4 月至 1941 年 6 月，璧山地方法院关于江赖藩等确认佃约抗告一案的文书，包括往来公函、民事抗告状、璧山地方法院民事裁定书、对抗告意见书、最高法院民事裁定书、送达证书、璧山地方法院民事判决书等。

616. 璧山地方法院审理租谷给付执行一案　12－10－606

1940 年 4 月至 1941 年 2 月，璧山地方法院关于胡光辉给付租谷执行一案的文书，包括民事执行状、民事执行传票回证、点名单、委任状、法院训令、执达报告、执行笔录、拘提报告、民事执行处拘票、民事具诉状、民事具保状、收款通知证、民事声请状、民事具呈状、送达证书、民事具抗告状等。

617. 璧山地方法院审理租佃纠纷一案　12－10－607

1940 年 8 月至 1940 年 11 月，璧山地方法院关于冯与义租佃纠纷一案的文书，包括民事诉状、审理单、送达证书、民事答辩状、委任状、点名单、民事讯问笔录、民事声请展限状、审判笔录、民事宣判笔录、民事判决书等。

618. 璧山地方法院审理会款纠纷一案　12－10－608

1940 年 4 月，璧山地方法院关于王制君会款纠纷一案的文书，包括民事诉状、传票回证、点名单、审判笔录、民事宣判笔录、民事判决书、送达证书、璧山县县政府兼理司法事务民事判决书、借约等。

619. 璧山地方法院审理交业执行一案　12－10－609

1940 年 10 月至 1941 年 2 月，璧山地方法院关于陈树元交业执行一案的文书，包括民事和解笔录、民事执行状、民事具公证状、收款通知证、民事执行传票回证、点名单、民事声请缓执行状、民事具诉状、执行笔录、法院训令、执达报告、拘票、送达证书等。

620. 璧山地方法院审理请确定诉讼费用一案　12－10－610

1940 年 1 月，璧山地方法院关于冉曾氏声请确定诉讼费用一案的文书，包括民事诉状、诉讼费用单、送达证书等。

621. 四川高等法院第一分院审理请求赔偿树价上诉一案　12－10－611

1940 年 11 月至 1940 年 12 月，四川高等法院第一分院关于刘金盛请求赔偿树价上诉一案的文书，包括民事上诉状、往来公函、送达证书、言辞辩论笔录、宣誓判决笔录、委任状、四川高等法院第一分院民事判决书等。

622. 四川高等法院第一分院审理偿还会款上诉一案　12－10－612

1940年6月至1940年12月，四川高等法院第一分院关于陈昆山请求偿还会款上诉一案的文书，包括地方法院呈文、民事上诉状、送达证书、往来公函、民事声请展限状、民事调查笔录、民事答辩状、委任状、言辞辩论笔录、四川高等法院第一分院民事裁定书、民事具公证状、通知书等。

623. 四川高等法院第一分院审理回赎典产上诉一案　12－10－613

1940年9月，四川高等法院第一分院关于邓季周回赎典产上诉一案的文书，包括地方法院呈文、往来公函、送达证书、典当文约等。

624. 璧山地方法院审理妨害民风及伤害上诉一案　12－10－614

1940年10月至1940年11月，璧山地方法院关于苏端中因强奸引起的妨害民风及伤害上诉一案的文书，包括地方法院呈文、往来公函、四川高等法院第一分院刑事裁定书、送达证书、刑事上诉状、辩护人通知书复函、辩护书、审判笔录、宣誓判决笔录、四川高等法院第一分院刑事判决书等。

625. 璧山地方法院审理租谷假扣押一案　12－10－615

1940年12月，璧山地方法院关于祝叶氏声请对租谷假扣押一案的文书，包括民事声请状、民事裁定书、送达证书等。

626. 璧山地方法院审理偿还铁板一案　12－10－616

1940年6月至1940年7月，璧山地方法院关于王天开偿还铁板一案的文书，包括民事判决书、璧山地方法院呈文、往来公函、法院训令、执达报告等。

627. 璧山地方法院审理典当纠纷一案　12－10－617

1940年2月至1940年4月，璧山地方法院关于黄绍芬典当纠纷一案的文书，包括民事诉状、民事辩诉状、送达证书、点名单、审判笔录、民事裁定书、民事宣判笔录、民事判决书、遗嘱分关文约等。

628. 璧山地方法院审理请求给付租谷一案　12－10－618（1）

1940年7月至1940年8月，璧山地方法院关于周向朋请求给付租谷一案的文书,包括民事诉状、审理单、送达证书、民事参加诉讼状、点名单、审判笔录、委任状、民事宣判笔录、民事判决书、佃约、民事辩诉状、四川高等法院第一分院民事裁定书等。

629. 四川高等法院第一分院审理给付租谷上诉一案　12－10－618(2)

1940年9月至1941年6月,四川高等法院第一分院关于胡先才给付租谷上诉一案的文书,包括民事诉状、民事宣判笔录、璧山地方法院民事判决书、送达证书、璧山地方法院呈文、民事上诉状、璧山地方法院民事裁定书、往来公函、言辞辩论笔录、民事具辩诉状、四川高等法院第一分院民事和解笔录、委任状等。

630. 璧山地方法院审理请求给付租谷一案　12－10－619

1940年1月,璧山地方法院关于曾子林请求给付租谷一案的文书,包括民事诉状、审理单、送达证书、执达报告、点名单、民事和解状等。

631. 璧山地方法院审理查账清算利益一案　12－10－620

1940年3月至1940年4月,璧山地方法院关于刘伯尊请求查账清算利益一案的文书,包括民事诉状、送达证书、民事辩诉状、点名单、言辞辩论笔录、民事裁定书等。

632. 四川高等法院第一分院审理债务执行异议上诉一案　12－10－621

1940年4月,四川高等法院第一分院关于张树柏因洋纱贸易纠纷引起的债务执行异议上诉一案的文书,包括民事上诉状、四川高等法院第一分院民事裁定书、送达证书、璧山地方法院民事判决书、璧山地方法院呈文、往来公函等。

633. 四川高等法院第一分院审理提存典价尾数纠纷上诉一案　12－10－622

1940年2月,四川高等法院第一分院关于刘张氏请求提存典价尾数纠纷上诉一案的文书,包括地方法院呈文、民事上诉状、民事缴状、往来公函、送达证书、民事具呈状、委任状、言辞辩论笔录、宣誓判决笔录、四川高等法院第一分院民事判决书等。

634. 璧山地方法院审理债务执行一案　12－10－623(1)

1938年4月至1940年4月,璧山地方法院关于邱权清债务执行一案的文书,包括民事执行传票回证、点名单、民事具呈状、执达报告、拘票、民事诉状、提票回证、押票回证、法院执行命令、送达证书、法院训令、法院布告、查封不动产笔录、鉴定书、具保管结文、璧山地方法院民事判决书、执行笔录、管收票回证、执行证书存根、璧山地方法院呈文、民事执行状、璧山县政府牌告、民事传票回证、民事自诉状、民事保状、民事并案状等。

635. 四川高等法院第一分院、璧山县司法处审理债务执行及其抗告一案　12－10－623（2）

1936年9月至1939年2月，四川高等法院第一分院、璧山县司法处关于邱权清债务执行及其抗告一案的文书，包括点名单、民事传票回证、民事声明状、四川高等法院第一分院训令、四川高等法院第一分院民事裁定书、民事诉状、民事具呈状、民事执行续状、璧山县政府民事裁定书、璧山县政府牌告、璧山县政府朱谕、璧山县司法处拘票、委任状、收款通知证、执达报告、民事自诉状、民事具辩诉状、民事具保状、审理笔录等。

636. 四川高等法院第一分院、璧山县司法处审理债务纠纷及其抗告一案　12－10－623（3）

1936年10月至1938年3月，四川高等法院第一分院、璧山县司法处关于邱权清债务纠纷及其抗告一案的文书，包括璧山县政府民事判决书、送达回证、民事执行状、民事辩诉状、点名单、民事诉状、执达报告、民事具诉状、璧山县政府民事裁定书、民事声明状、四川高等法院第一分院训令、民事抗告状、四川高等法院第一分院民事裁定书、审理笔录、民事具代表状、民事传票回证等。

637. 璧山地方法院审理声请确认典权一案　12－10－624

1940年10月，璧山地方法院关于郑荣新声请确认典权一案的文书，包括不动产登记声请书、手绘地图、法院训令、法院公告、执达报告、法院命令、调查及典权登记笔录、民事辩诉状、送达证书、往来公函、登记通知书、领收证明、收据等。

638. 璧山地方法院审理私造分关文约等案的移交登记册 12－10－625

本卷为一个谭薛氏私造分关文约等案件移交登记册，包括声请已结案件目录、声请未结案件目录、易字已结案件目录、易字未结案件目录、尾卷案件目录等文件。

639. 璧山地方法院审理清偿债务执行一案　12－10－626

1940年9月至1941年3月，璧山地方法院关于李炳发等清偿债务执行一案的文书，包括民事执行状、执达报告、民事执行传票回证、点名单、执行笔录、法院执行命令、法院训令、法院布告、送达证书、查封不动产笔录、鉴定书、具保管结人、民事声请状、执行证书等。

640. 璧山地方法院审理租佃纠葛一案　12－10－627

1940年7月至1941年8月，璧山地方法院关于安炳禄等租佃纠葛一案的文书，包括民事声请执行状、民事执行传票回证、点名单、法院训令、执达报告、民事续诉状、收款通知证、民事补诉状、民事执行处拘票、执行笔录、民事判决书、领收证明等。

641. 璧山地方法院审理服装买卖纠葛一案　12－10－628

1940年8月至1940年10月，璧山地方法院关于胡九江等服装买卖纠葛一案的文书，包括民事诉状、审理单、送达证书、点名单、民事审讯笔录、民事辩诉状、审判笔录、言辞辩论笔录、证人结文、民事宣判笔录、民事判决书等。

642. 四川高等法院第一分院、璧山地方法院审理返还膳产等三案　12－10－629

1940年4月至1940年11月，四川高等法院第一分院、璧山地方法院关于谢忠义等返还膳产、张炳堂等坟山经界纠纷、白曹氏因典业纠纷声请继续审判三案的文书，包括民事诉状、证人结文、送达证书、民事宣判笔录、民事传票回证、点名单、审判笔录、手绘地图、联保办公处呈文、言辞辩论笔录、民事声请状、璧山地方法院呈文、对抗告意见书等。

643. 璧山地方法院审理回赎典产一案　12－10－630

1940年9月至1941年2月，璧山地方法院关于邓季周回赎典产一案的文书，包括民事诉状、审理单、送达证书、点名单、审判笔录、民事答辩状、委任状、民事续状、言辞辩论笔录、民事宣判笔录、民事判决书等。

644. 璧山地方法院审理返还押金执行一案　12－10－631

1940年11月，璧山地方法院关于王崇德返还押金执行一案的文书，唯存民事声请执行状。

645. 璧山地方法院审理返还遗产一案　12－10－632

1940年9月至1940年11月，璧山地方法院关于萧治国返还遗产一案的文书，包括民事诉状、审理单、送达证书等。

646. 璧山地方法院审理抢夺农器一案　12－10－633

1940年10月，璧山地方法院关于罗正全抢夺农器一案的文书，包括刑事诉状、法院检察处传票回证、点名单、检察官侦查笔录、刑事具保状、刑事答辩状、检察官起诉书、送达证书等。

647. 璧山地方法院审理业价偿付执行一案　12—10—634

1940年2月至1940年3月，璧山地方法院关于蒲海云偿付业价执行一案的文书，包括民事执行状、民事执行传票回证、点名单、民事缴状、收款通知证、民事诉状、民事具领状等。

648. 璧山地方法院审理请领契约两案　12—10—635

1940年5月，璧山地方法院关于周受歧请领契约、罗少文请领契约两案的文书，包括民事具领状、送达证书、领收证明等。

649. 璧山地方法院审理给付押银执行、交业搬迁执行两案　12—10—635（2）

1940年11月，璧山地方法院关于徐述平给付押银执行案、温辑五交业搬迁执行案两案的文书，包括民事执行传票回证、点名单、民事具领状、执行笔录、讯问笔录、领收证明、送达证书、民事声请状等。

650. 璧山地方法院审理偿还会款执行一案　12—10—636

1940年11月至1941年1月，璧山地方法院关于李邓氏偿还会款执行一案的文书，包括民事执行状、民事执行传票回证、点名单、执行笔录、民事具保状、民事具和解状、民事判决书、四川高等法院第一分院民事判决书等。

651. 璧山地方法院审理给付货款执行一案　12—10—637

1940年11月，璧山地方法院关于王熊氏给付货款执行一案的文书，包括民事执行状、委任状、四川高等法院第一分院民事判决书、民事执行传票回证、点名单、执行笔录、民事执行处拘票、民事具和解销案状等。

652. 璧山地方法院审理租谷纠纷一案　12—10—638

1940年11月至1941年4月，璧山地方法院关于李辉廷租谷纠纷一案的文书，包括民事诉状、审理单、送达证书、点名单、审判笔录、民事辩诉状、委任状、民事呈请展限状、证人结文、言辞辩论笔录、民事宣判笔录、民事判决书、佃约等。

653. 璧山地方法院审理给付借款执行一案　12—10—639

1940年10月，璧山地方法院关于凌世君给付借款执行一案的文书，包括函片、民事判决书、民事执行传票回证、点名单、民事诉状、民事声请和解状、执行笔录等。

654. 璧山地方法院审理租谷假扣押一案　12－10－640

1940年8月，璧山地方法院关于冷春熙声请对租谷假扣押一案的文书，包括民事声请状、送达证书等。

655. 璧山地方法院审理请领契约一案　12－10－641

1940年8月，璧山地方法院关于张树柏请领契约一案的文书，包括民事具领状、送达证书、领收证明等。

656. 璧山地方法院审理私章遗失存查一案　12－10－642

1940年8月，璧山地方法院关于胡德光声请私章遗失存查一案的文书，包括民事声请存查状、送达证书等。

657. 璧山地方法院审理拍卖抵押品以偿债款一案　12－10－643

1940年7月至1940年10月，璧山地方法院关于尹庆福声请拍卖抵押品以偿债款一案的文书，包括民事声请状、委任状、审理单、送达证书、点名单、审判笔录、民事裁定书、民事具领状、领收证明等。

658. 璧山地方法院审理债务纠纷及偿还执行一案　12－10－644

1938年12月至1940年3月，璧山地方法院关于王海金债务纠纷及偿还执行一案的文书，包括法院执行命令、法院命令、民事执行状、民事执行传票回证、点名单、委任状、法院训令、法院布告、执达报告、查封不动产笔录、鉴定书、民事具和解状、法院公告、和解文约、民事诉状、民事声请状、审理笔录、民事传票回证、民事保状、璧山县司法处民事和解笔录、送达证书等。

659. 最高法院、四川高等法院第一分院、璧山地方法院审理买卖契约纠纷的抗告及其上诉一案　12－10－645

1940年11月至1941年3月，最高法院、四川高等法院第一分院、璧山地方法院关于江陈氏撤销买卖契约的抗告及其上诉一案的文书，包括地方法院民事判决书、璧山地方法院呈文、往来公函、民事诉状、审理单、送达证书、点名单、审判笔录、民事答辩状、委任状、言辞辩论笔录、民事辩诉状、民事宣判笔录、佃约、遗嘱合同分居文约、民事抗告状、对抗告意见书、最高法院民事裁定书、民事声请状、四川高等法院第一分院民事裁定书、民事上诉状、璧山地方法院民事裁定书等。

660. 璧山地方法院审理请领分关文约一案　12—10—646

1941 年 4 月，璧山地方法院关于娄仿陶请领回分关文约一案的文书，包括民事具领状、点名单、领收证明等。

661. 四川高等法院第一分院审理租赁纠纷再审一案　12—10—647

1940 年 4 月，四川高等法院第一分院关于娄仿陶租赁纠纷再审一案的文书，包括民事再审状、四川高等法院第一分院民事裁定书、送达证书、往来公函等。

662. 璧山地方法院审理给付田价一案　12—10—648

1940 年 7 月至 1940 年 8 月，璧山地方法院关于严芳臣给付田价一案的文书，包括民事诉状、审理单、送达证书、点名单、审判笔录、证人结文、民事辩诉状、民事宣判笔录、民事判决书、凭票等。

663. 四川高等法院第一分院审理给付田价上诉一案　12—10—649

1940 年 10 月至 1940 年 11 月，四川高等法院第一分院关于严芳臣给付田价上诉一案的文书，包括地方法院呈文、璧山地方法院民事判决书、民事上诉状、送达证书、往来公函、言辞辩论笔录、证人结文、民事答辩状、宣誓判决笔录、四川高等法院第一分院民事判决书等。

664. 璧山地方法院审理立约领价执行一案　12—10—650

1940 年 2 月，璧山地方法院关于邱海清立约领价执行一案的文书，包括民事诉状、民事和解笔录、送达证书、点名单、民事执行传票回证等。

665. 璧山地方法院审理田价给付执行一案　12—10—651

1940 年 5 月至 1940 年 6 月，璧山地方法院关于张荣泰给付田价执行一案的文书，包括民事声请执行状、民事执行传票回证、点名单、收款通知证、执行笔录等。

666. 璧山地方法院审理赔偿树木一案　12—10—652

1940 年 8 月至 1940 年 11 月，璧山地方法院关于张云清等赔偿树木一案的文书，包括民事诉状、审理单、送达证书、点名单、审判笔录、民事辩诉状、委任状、民事声明状、法院通知书、民事判决书、典约等。

667. 璧山地方法院审理押银执行一案　12—10—653

1940 年 2 月至 1940 年 5 月，璧山地方法院关于徐仲华押银执行一案的文书，包括送达证书、委任状、点名单、执行笔录、民事执行传票回证、领收证明、执达报告、民事具领状、法院执行命令、民事执行状、存根等。

668. 四川高等法院第一分院、璧山地方法院审理回赎典产及其上诉一案　12－10－654

1940年5月至1940年7月,四川高等法院第一分院、璧山地方法院关于瞿凤初请求回赎典产及其上诉一案的文书,包括地方法院民事判决书、民事诉状、送达证书、点名单、审判笔录、执达报告、民事宣判笔录、璧山地方法院呈文、民事上诉状、四川高等法院第一分院民事裁定书等。

669. 璧山地方法院审理典约查对调解一案　12－10－655

1940年11月至1940年12月,璧山地方法院关于宋定忠查对典约调解一案的文书,包括民事具呈状、审理单、送达证书、民事辩诉状、典当文约、委任状、点名单、调解笔录等。

670. 璧山地方法院审理回赎典产一案　12－10－656

1940年10月至1941,1,璧山地方法院关于陈可棣回赎典产一案的文书,包括民事诉状、委任状、审理单、送达证书、民事辩诉状、点名单、民事裁定书、言辞辩论笔录、民事宣判笔录、民事判决书、典当文约、璧山地方法院呈文、往来公函等。

671. 璧山地方法院审理解除租佃契约一案　12－10－657

1940年7月至1940年8月,璧山地方法院关于廖郑氏解除租佃契约一案的文书,包括民事诉状、审理单、送达证书、点名单、审判笔录、证人结文、民事和解笔录等。

672. 璧山地方法院审理会款纠纷一案　12－10－658

1940年1月,璧山地方法院关于甘春浓会款纠纷一案的文书,包括民事诉状、民事续呈状、送达证书、点名单、言辞辩论笔录、民事宣判笔录、民事裁定书、民事判决书等。

673. 璧山地方法院审理租佃纠纷一案　12－10－659

1940年5月至1940年6月,璧山地方法院关于张同德租佃纠纷一案的文书,包括民事诉状、佃约、送达证书、民事辩诉状、委任状、点名单、审判笔录、民事续呈状、民事宣判笔录、民事判决书、民事裁定书等。

674. 璧山地方法院及政府审理家产纠纷、声请诉讼救助两案　12－10－660

1938年7月至1940年2月，璧山地方法院及政府关于叶百年家产纠纷、叶钟世全声请诉讼救助两案的文书，包括送达证书、点名单、言辞辩论笔录、审理单、民事裁定书、民事声请状、民事证明状、民事诉状、委任状、执达报告、民事传票回证、审理笔录、民事反诉状、璧山县政府民事判决书、民事具呈状、璧山县司法处训令、往来公函、民事答辩状、民事声明状、民事声请展限状等。

675. 璧山地方法院审理偿还会款债务执行一案　12－10－661

1940年1月至1940年3月，璧山地方法院关于凌云青等偿还会款债务执行一案的文书，包括民事执行状、民事执行传票回证、点名单、送达证书、民事执行处拘票等。

676. 璧山地方法院审理确定会款纠纷的抗告时间一案　12－10－662

1940年9月，璧山地方法院关于殷福兴等请求确定诉讼费用额及确定会款纠纷的抗告时间一案的文书，包括民事抗告状、民事裁定书、送达证书等。

677. 璧山地方法院审理会款债务执行一案　12－10－663

1940年5月，璧山地方法院关于杨秀山会款债务执行一案的文书，包括民事执行状、民事执行传票回证、点名单、执行笔录、执达报告、四川高等法院第一分院民事判决书等。

678. 璧山地方法院审理假处分一案　12－10－664

1940年5月，璧山地方法院关于贺龙松因侵占田产纠纷声请对王辉武等假处分一案的文书，包括民事诉状、审理单、民事裁定书、送达证书等。

679. 璧山地方法院审理声请确定诉讼费用一案　12－10－665

1940年1月至1940年2月，璧山地方法院关于曹国卿声请确定诉讼费用一案的文书，包括民事裁定书、往来公函、四川高等法院第一分院民事裁定书、送达证书等。

680. 璧山地方法院审理迁让房屋执行一案　12－10－666

1940年1月至1940年2月，璧山地方法院关于甘克成迁让房屋执行一案的文书，包括函片、民事判决书、法院训令、执达报告等。

681. 璧山地方法院审理解除买卖契约一案　12－10－667

1940年8月,璧山地方法院关于赵先图解除买卖契约一案的文书,包括民事诉状、审理单、送达证书等。

682. 璧山地方法院审理赔偿笋价一案　12－10－668

1940年6月,璧山地方法院关于姜春林赔偿被揢诈的笋价一案的文书,包括民事诉状、审理单、送达证书、点名单、审判笔录、民事裁定书等。

683. 璧山地方法院审理声请发给坟地管业证书一案　12－10－669

1940年8月,璧山地方法院关于谢石氏声请发给坟地管业证书一案的文书,包括民事声请存查状、送达证书等。

684. 四川高等法院第一分院审理赔偿损害一案　12－10－670

1940年4月,四川高等法院第一分院关于谢文彬等因典当纠纷被上诉赔偿损害一案的文书,包括地方法院呈文、民事上诉状、四川高等法院第一分院民事裁定书、送达证书等。

685. 四川高等法院第一分院、璧山地方法院审理赔偿损害及其上诉一案　12－10－671

1940年1月至1940年4月,四川高等法院第一分院、璧山地方法院关于谢文彬等因典当纠纷被诉赔偿损害及其上诉一案的文书,包括民事判决书、民事诉状、民事辩诉状、送达证书、点名单、言辞辩论笔录、证人结文、民事宣判笔录、民事判决书、民事裁定书、璧山地方法院呈文、往来公函、四川高等法院第一分院民事裁定书等。

686. 四川高等法院第一分院审理终止租约及其上诉一案　12－10－672

1939年12月至1940年4月,四川高等法院第一分院关于龚茂臣等迁让终止租约及其上诉一案的文书,包括对上诉意见书、民事申请上诉状、璧山地方法院呈文、四川高等法院第一分院民事裁定书、往来公函、送达证书等。

687. 璧山地方法院审理返还房屋一案　12－10－673

1940年9月至1940年10月,璧山地方法院关于朱银安返还房屋一案的文书,包括民事判决书、民事诉状、审理单、送达证书、点名单、审判笔录、民事具诉状、民事宣判笔录、璧山地方法院呈文、往来公函等。

688. 璧山实验地方法院审理声请给付办案代理费一案　12－10－674

1945 年 1 月至 1945 年 2 月，璧山实验地方法院关于李鹏律师声请给付办案代理费一案的文书，包括送达证书、言辞辩论笔录、民事声请调解状等。

689. 四川高等法院第一分院、璧山地方法院审理债务执行异议一案　12－10－675

1940 年 2 月至 1940 年 3 月，四川高等法院第一分院、璧山地方法院关于张树柏因洋纱贸易纠纷引起的债务执行异议一案的文书，包括民事判决书、民事异议状、民事具诉状、送达证书、点名单、言辞辩论笔录、民事宣判笔录、民事诉状、民事缴状、民事裁定书、剪报、璧山县政府民事判决书、四川高等法院第一分院民事裁定书、璧山县政府兼理司法事务刑事处分书、赠予文约、主当文约等。

690. 四川高等法院第一分院审理返还房屋上诉一案　12－10－676

1940 年 12 月至 1941 年 4 月，四川高等法院第一分院关于朱银安返还房屋上诉一案的文书，包括地方法院呈文、民事上诉状、璧山地方法院民事裁定书、送达证书、往来公函、言辞辩论笔录、民事答辩状、证人结文、四川高等法院第一分院民事和解笔录等。

691. 四川高等法院第一分院、璧山地方法院审理租谷给付执行及其抗告一案　12－10－677

1940 年 8 月，四川高等法院第一分院、璧山地方法院关于王海洲租谷给付执行及其抗告一案的文书，包括民事执行状、民事执行传票回证、点名单、言辞辩论笔录、收款通知证、执行笔录、璧山地方法院呈文、对抗告意见书、往来公函、委任状、民事抗告状、四川高等法院第一分院民事裁定书、送达证书等。

692. 璧山县司法处等审理给付租利谷、假扣押两案　12－10－678

1939 年 7 月至 1940 年，璧山县司法处等关于徐述平请求给付租利谷、徐述平声请假扣押两案的文书，包括民事诉状、送达证书、点名单、言辞辩论笔录、民事判决书、民事声请状、借洋文约、审理笔录、璧山县司法处民事裁定书、联保办公处呈文、往来公函、民事再审状、四川高等法院第一分院民事裁定书等。

693. 璧山地方法院审理受领债款返还业契执行一案　12－10－679

1940 年 9 月至 1940 年 10 月，璧山地方法院关于邓佐臣受领债款返还业契执行一案的文书，包括民事执行状、民事具状、民事执行传票回证、点名单、执行笔录、委任状等。

694. 璧山地方法院审理强奸一案　12－10－680

1940年6月至1940年8月，璧山地方法院关于苏瑞中强奸一案的文书，包括往来公函、审理单、传票、传票回证、点名单、提票回证、审判笔录、押票回证、法院通知书、送达证书、证人结文、刑事保状、联保办公处呈文、刑事宣判笔录、刑事判决书等。

695. 璧山地方法院审理请求交业投佃一案　12－10－681

1940年9月至1940年11月，璧山地方法院关于邹宇知请求交业投佃一案的文书，包括民事诉状、委任状、审理单、送达证书、民事声请状、点名单、审判笔录、民事宣判笔录、民事判决书等。

696. 四川高等法院第一分院、璧山地方法院等审理典当纠纷及其上诉、请领典约两案　12－10－682

1928年6月至1940年4月，四川高等法院第一分院、璧山地方法院等关于王桂臣典当纠纷及其上诉案、王文彬请领典约两案的文书，包括民事诉状、执达报告、民事传票回证、民事声请展限状、民事辩诉状、点名单、审理笔录、璧山县司法处民事判决书、送达证书、璧山地方法院呈文、法院训令、四川高等法院第一分院民事判决书、民事具声明状、领收证明、审判笔录、民事具领状等。

697. 璧山地方法院审理押银假扣押一案　12－10－683

1940年8月，璧山地方法院关于张德沛等因租佃纠纷声请对押银假扣押一案的文书，包括民事声请状、民事裁定书、送达证书等。

698. 璧山地方法院审理租赁纠纷一案　12－10－684

1940年2月，璧山地方法院关于陈原青租赁纠纷一案的文书，包括民事诉状、民事辩诉状、审理单、送达证书、点名单、民事和解笔录、凭票等。

699. 璧山地方法院审理偿还债务执行一案　12－10－685

1939年12月至1940年1月，璧山地方法院关于董树云偿还债务执行一案的文书，包括民事执行状、法院牌告、民事和解笔录、民事具缴状、收款通知证、民事执行传票回证、点名单、民事具领状等。

700. 四川高等法院第一分院审理请求交业上诉一案　12－10－686

1940年3月至1940年4月，四川高等法院第一分院关于甘汝霖请求交业上诉一案的文书,包括地方法院呈文、民事上诉状、民事缴状、往来公函、送达证书、民事具辩诉状、委任状、言辞辩论笔录、宣誓判决笔录、四川高等法院第一分院民事判决书等。

701. 璧山地方法院审理诉讼费用给付执行一案　12－10－687

1940 年 9 月,璧山地方法院关于向洪盛诉讼费用给付执行一案的文书,包括民事声请执行状、送达证书、点名单、民事声明状、民事执行传票回证、讯问笔录等。

702. 璧山地方法院审理请求撤销租佃契约一案　12－10－688

1940 年 10 月至 1940 年 11 月,璧山地方法院关于陈文氏等请求撤销租佃契约一案的文书,包括民事诉状、委任状、审理单、送达证书、民事辩诉状、点名单、审判笔录、言辞辩论笔录、民事判决书等。

703. 璧山地方法院审理声请领回契约一案　12－10－689

1940 年 7 月,璧山地方法院关于张星临声请领回契约一案的文书,包括民事声请状、送达证书等。

704. 璧山地方法院审理债务偿付执行一案　12－10－690

1940 年 3 月,璧山地方法院关于伍建中债务偿付执行一案的文书,包括送达证书,点名单、执行笔录、民事具缴状、收款通知证、民事具领状、领收证明、民事具和解状等。

705. 璧山地方法院审理洋纱皂力费给付执行一案　12－10－691

1940 年 4 月,璧山地方法院关于张槐堂等洋纱皂力费给付执行一案的文书,包括往来公函、民事执行传票回证、执行笔录、民事执行状、点名单、执达报告、法院执行命令、民事声请状等。

706. 璧山地方法院审理脱离家属关系执行一案　12－10－692

1940 年 8 月,璧山地方法院关于蓝凤贤脱离家属关系执行一案的文书,包括民事声请执行状、民事执行传票回证、点名单、执行笔录等。

707. 璧山地方法院审理投佃执行一案　12－10－693

1940 年 5 月至 1940 年 8 月,璧山地方法院关于王桂臣投佃执行一案的文书,包括民事执行状、民事执行传票回证、点名单、执行笔录、民事声请状、委任状等。

708. 璧山地方法院审理遗产继承纠纷一案　12－10－694

1940 年 9 月,璧山地方法院关于祝继武请求继承遗产一案的文书,包括民事诉状、审理单、送达证书、民事声请状、点名单、民事审讯笔录、民事裁定书等。

709. 璧山地方法院审理解除租赁契约执行一案　12－10－695

1940 年 3 月至 1940 年 4 月,璧山地方法院关于黄金廷等解除租赁契约执行一案的文书,包括民事执行状、民事执行传票回证、点名单、民事执行处拘票等。

710. 璧山地方法院审理欠款偿还、货款假扣押两案　12－10－696

1940 年 1 月至 1940 年 6 月,璧山地方法院关于谢泽孚欠款偿还、谭洪清等声请对货款假扣押两案的文书,包括民事诉状、送达证书、点名单、言辞辩论笔录、委任状、民事声请状、审理单、民事裁定书等。

711. 璧山地方法院审理请求确定诉讼费用及其抗告一案　12－10－697

1940 年 2 月,璧山地方法院关于冉曾氏请求确定诉讼费用及其抗告一案的文书,包括地方法院民事裁定书、璧山地方法院呈文、往来公函、高低压民事裁定书、送达证书、民事声请状、对抗告意见书、民事抗告状等。

712. 四川高等法院第一分院审理领价交业上诉一案　12－10－698

1941 年 7 月至 1941 年 9 月,四川高等法院第一分院关于江南辉领价交业上诉一案的文书尾卷,包括地方法院呈文、往来公函、民事上诉状、璧山地方法院民事判决书、法院训令、执达报告等。

713. 璧山地方法院审理撤销买卖契约执行一案　12－10－699

1940 年 9 月,璧山地方法院关于陈春林撤销买卖契约执行一案的文书,包括民事执行状、民事具诉状、民事声请状、民事执行传票回证、点名单等。

714. 最高法院、四川高等法院第一分院审理确认抵押权上诉一案　12－10－700

1938 年 1 月至 1938 年 10 月,最高法院、四川高等法院第一分院关于张贤文裕请求确认抵押权上诉一案的文书,包括民事具缴状、往来公函、民事上诉状、送达证书、高低压民事裁定书、委任状、民事阅卷声请书、信件、法院通知书、最高法院民事判决书、民事答辩状等。

715. 四川高等法院第一分院审理偿还债务上诉一案　12－10－701

1940 年 3 月至 1940 年 6 月，四川高等法院第一分院关于钱荣盛因烟刀买卖纠纷而请求偿还债务上诉一案的文书，包括地方法院呈文、民事申请上诉状、民事具上诉理由状、送达证书、证人传票、言辞辩论笔录、证人结文、民事辩诉状、往来公函、四川高等法院第一分院民事判决书、宣誓判决笔录、委任状、璧山地方法院民事判决书、四川高等法院第一分院民事裁定书、民事再审状等。

716. 璧山地方法院审理给付烟刀执行一案　12－10－702

1940 年 5 月至 1940 年 8 月，璧山地方法院关于钱荣盛给付烟刀执行一案的文书，包括民事声请执行状、民事执行传票回证、民事声请状、收款证、委任状、点名单、民事执行处拘票、法院执行命令、送达证书、执行笔录、执达报告、提票回证、存根、璧山地方法院民事判决书、四川高等法院第一分院民事判决书等。

717. 璧山地方法院审理领取会书收约一案　12－10－703

1940 年 2 月，璧山地方法院关于张国安声请领取会书收约一案的文书，唯存民事具领状一份。

718. 四川高等法院第一分院、璧山地方法院审理请领分关文约等三案　12－10－704

1940 年 3 月至 1940 年 7 月，四川高等法院第一分院、璧山地方法院关于何锡三等请领分关文约、江达三欠款偿付执行、王淮臣等引发公共危险罪三案的文书，包括民事执行状、领收证明、讯问笔录、璧山地方法院呈文、刑事申请上诉状、往来公函、送达证书、委任状、法院通知书、审判笔录、刑事辩诉状、刑事展限状、宣誓判决笔录、四川高等法院第一分院刑事判决书等。

719. 璧山地方法院审理拍卖抵押物执行一案　12－10－705

1940 年 8 月至 1940 年 10 月，璧山地方法院关于尹文仲拍卖抵押物执行一案的文书，包括璧山地方法院兼理司法事务民事判决书、民事声请状、民事判决书、委任状、法院训令、法院布告、民事声请撤销查封状、执达报告、送达证书、查封不动产笔录、鉴定书、具保管结人、民事执行传票回证、点名单、执行笔录、民事具和解状、和解文约等。

720. 璧山地方法院审理请求终止租约及迁让一案　12－10－706

1939 年 11 月，璧山地方法院关于龚茂臣等请求终止租约及迁让一案的文书，包括送达证书、点名单、讯问笔录、民事宣判笔录、民事判决书、佃约等。

721. 四川高等法院第一分院、璧山地方法院审理请求给付租谷及其上诉一案 12－10－707

1941年12月至1942年8月，四川高等法院第一分院、璧山地方法院关于龚焕成请求给付租谷及其上诉一案的文书，包括地方法院呈文、往来公函、四川高等法院第一分院民事判决书、民事上诉状、送达证书、委任状、言辞辩论笔录、宣示判决笔录、民事诉状、点名单、审理单、审理笔录、民事辩诉状、璧山地方法院民事判决书、璧山地方法院民事裁定书等。

722. 璧山县司法处审理声请变产存查一案　12－10－708

1938年7月，璧山县司法处关于罗宗五声请变产存查一案的文书，包括民事具呈状等。

723. 璧山地方法院审理会款债务执行一案　12－10－709

1940年1月至1940年4月，璧山地方法院关于龚海舟会款债务执行一案的文书，包括民事判决书、民事执行传票回证、提票回证、点名单、管收票回证、法院执行命令、送达证书、民事执行状、民事声请状、民事具保状、执达报告、民事具领状、领收证明等。

724. 璧山地方法院审理搬迁交业执行一案　12－10－710

1940年11月，璧山地方法院关于吴祥安搬迁交业执行一案的文书，包括民事执行状、民事执行传票回证、点名单等。

725. 最高法院、四川高等法院第一分院审理请求偿还款项及红息及其上诉一案 12－10－711

1940年7月至1940年12月，最高法院、四川高等法院第一分院关于陈大钟等请求偿还在商店经营中被侵占的款项及红息及其上诉一案的文书，包括民事上诉状、往来公函、四川高等法院第一分院民事裁定书、璧山地方法院呈文、送达证书、民事缴状、民事上诉理由状、民事辩诉状、最高法院民事判决书、最高法院民事裁定书等。

726. 璧山地方法院审理交业执行一案　12－10－712

1940年12月，璧山地方法院关于梅青合等要求清算租佃租金交业执行一案的文书，包括民事执行状、民事执行传票回证、点名单、民事判决书等。

727. 四川高等法院第一分院、璧山地方法院审理抵押纠葛及其上诉一案　12—10—713

1940年11月至1940年12月，四川高等法院第一分院、璧山地方法院关于汪廷辉等抵押棉絮纠葛及其上诉一案的文书，包括璧山地方法院民事裁定书、璧山地方法院呈文、往来公函、民事上诉状、送达证书、言辞辩论笔录、宣示判决笔录、四川高等法院第一分院民事判决书、民事补呈理由状等。

728. 璧山地方法院审理再嫁存查一案　12—10—714

1940年12月，璧山地方法院关于刘杨氏声请再嫁存查一案的文书，包括民事声请状、送达证书等。

729. 四川高等法院第一分院、璧山地方法院审理请求赔偿树木及其上诉一案　12—10—715

1940年6月，四川高等法院第一分院、璧山地方法院关于刘金盛等请求照价赔偿被盗伐树木及其上诉一案的文书，包括地方法院呈文、民事判决书、往来公函等。

730. 璧山地方法院审理请求领取债款一案　12—10—716

1940年6月，璧山地方法院关于仇海清请求领取债款一案的文书，包括民事具领状、点名单、领收证明等。

731. 璧山地方法院审理庙款给付执行等十案　12—10—717

1940年3月至1940年10月，璧山地方法院关于张海清庙款给付执行、陈乾元妨害自由及诬告、赖银清夫妇妨害婚姻、曹达中侵占赃物、罗开国伤害人身、吴王氏伤害人身、张治成伤害人身、周泽沛诬告、周锡清遗弃、赵德明渎职十案的文书，包括民事执行状、民事执行传票回证、点名单、法院训令、执达报告、交收笔录、民事判决书、乡民代表会会议记录、璧山县财务委员会呈文、经济部训令、民事具呈状、往来公函、刑事判决书等。

732. 璧山地方法院裁定书、判决书卷　12—10—718

1940年11月至1941年3月，璧山地方法院关于确认典约无效、请求返还业价上诉案、确认找价承买、撤销买卖契约、押银纠纷、给付欠款、停止滥用监护权、终止租佃契约、返还遗产、声请宣告死亡、确认田土山场、撤销婚姻、返还驼牛、给付利息、回赎典产、确认租约、返还行李书籍、返还木料、返还夽物、返还押银、返还铺房、赔偿损害、履行保证债务、返还产业、确认继承权、确认买卖契约有效、给付欠谷、履行婚约、确认找贴契约、领价交谷、返还利谷、确认佃约、搬迁交业、分割遗产、终止租约补充判决、为确认售谷发票部分无效假扣押、偿还借款、转佃、确认界址、给付食谷反诉、教育用品供给合作社书价纠纷、确定诉讼费用额、迁让房产、债务纠纷、迁让租屋、交业纠纷、返还田土、押银纠纷等案的文书,包括民事判决书、民事裁定书。各案唯存判决书或裁定书。

733. 四川高等法院第一分院、璧山地方法院审理请求找贴典业价金等三案 12－10－719

1940年3月至1940年8月,四川高等法院第一分院、璧山地方法院关于杨吴氏请求找贴典业价金、贺银周会款纠纷、吴朝碧确认买卖契约无效上诉案三案的文书,包括民事辩诉状、民事诉状、审理单、送达证书、点名单、审判笔录、民事裁定书、民事执行传票回证、民事具领状、领收证明、璧山地方法院呈文、民事上诉状、委任状、言辞辩论笔录、宣示判决笔录、四川高等法院第一分院民事判决书等。

734. 四川高等法院第一分院、璧山地方法院审理押银纠纷等四案 12－10－720

1938年2月至1940年12月,四川高等法院第一分院、璧山地方法院关于余世元押银纠纷上诉、罗一德声请领回账簿、曾志模交业纠纷、张周氏请求赔偿业价四案的文书,包括地方法院呈文、民事抗告状、四川高等法院第一分院民事裁定书、送达证书、民事具领状、往来公函、民事辩诉状、璧山地方法院民事裁定书等。

735. 璧山地方法院等审理请求赔偿损害等四案 12－10－721

1940年3月至1929年8月,璧山地方法院等关于刘茂林因典当纠纷请求赔偿损害、曾隆先声请领回优待证、汪玉祥声请再嫁存查、尹焕轮请求返还织机及欠款抗告案等四案的文书,包括民事诉状、送达证书、委任状、民事具领状、民事声请存查状、离婚文约、民事抗告状、对抗告意见书、民事辩诉状、审理单、民事传票回证等。

736. 四川高等法院第一分院、璧山地方法院审理请领买契等三案 12－10－722

1940年1月至1940年9月,四川高等法院第一分院、璧山地方法院关于赖树陶请领买契、潘文光侵占、张玉林借款纠纷上诉三案的文书,包括民事具领状、送达证书、往来公函、检察官起诉书、法院指令、民事具保状、民事上诉状、对抗告意见书、四川高等法院第一分院民事裁定书等。

737. 璧山地方法院审理霸占财物等五案 12－10－723

1940年10月,璧山地方法院关于萧治国霸占财物、张炳堂等因租佃纠纷请求恢复原状、徐世之请求确认田业买卖契约上诉案、邹君迪询问还债批示、邹宇知请求交业投佃五案的文书，包括民事诉状、点名单、审判笔录、民事辩诉状、民事展期状、言辞辩论笔录、宣示判决笔录、四川高等法院第一分院民事判决书、民事具状、民事判决书等。

738. 璧山地方法院审理解除典约等五案　12－10－724

1940年8月，璧山地方法院关于刘茂林请求解除典约、王正荣债务纠纷、甘泽民债务纠纷、谢张氏请求返还房产、赵国才经界纠纷五案的文书，包括民事答辩状、送达证书、点名单、审判笔录、民事具缴状、民事宣判笔录、民事判决书、民事声明状、抵借文约、民事声请状、收款通知证、民事诉状、审理单、证人结文、民事和解状、和解文约等。

739. 璧山地方法院等审理赔偿损害等三案　12－10－725

1936年1月至1940年3月，璧山地方法院等关于邓康宁请求照价赔偿窃伐树木、李克禄会款纠纷上诉案、卓炳荣请求回赎典产再审三案的文书，包括民事诉状、审判笔录、送达证书、璧山地方法院民事裁定书、民事再审状、民事具缴状、民事传票回证、点名单、民事辩诉状、言辞辩论笔录、民事宣判笔录等。

740. 璧山地方法院审理债务纠纷等三案　12－10－726

1940年9月，璧山地方法院关于邹玉堂债务纠纷、吴锡之押银纠葛、荣天伟会款纠纷三案的文书，包括民事诉状、民事具状、送达证书、执达报告、法院训令、县长兼理司法事务呈文等。

741. 四川高等法院第一分院、璧山地方法院等审理租谷给付执行及其上诉等九案　12－10－727

1933年7月至1941年12月，四川高等法院第一分院、璧山地方法院等关于胡光才上诉租谷给付执行、吴朝璧请求确认买卖契约无效、叶六合声请领回契纸、印子熙等请求偿还会款、冯兴益请求终止租佃契约、钟邬氏家产纠葛、杨维三上诉请求撤销物权转移契约、陈玉兴窃占不服判决上诉、杨维三上诉请求交还红契九案的文书，包括民事执行状、民事上诉状、送达证书、四川高等法院第一分院民事裁定书、往来公函、点名单、言辞辩论笔录、民事宣判笔录、民事声请状、查询笔录、璧山地方法院民事裁定书、璧山地方法院呈文、民事诉状、民事辩诉状、典约、析产文约、定价请中文约、典当产业文约、四川高等法院第一分院民事判决书、四川高等法院第一分院刑事附带民事判决书、璧山地方法院民事判决书、四川高等法院第一分院民事和解笔录、出卖产业文约等。

742. 璧山地方法院等审理会款纠纷、回赎典产两案 12—10—728

1939年3月至1940年2月，璧山地方法院等关于殷福兴会款纠纷、张郑培回赎典产两案的文书，包括民事诉状、民事裁定书、送达证书、民事具缴状、点名单、言辞辩论笔录、审理单、民事传票、民事声请状、委任状、证人结文、民事答辩状、民事具诉状、民事宣判笔录、民事判决书等。

743. 四川高等法院第一分院、璧山地方法院等审理终止租约等四案 12—10—729

1937年3月至1940年11月，四川高等法院第一分院、璧山地方法院等关于僧慧缘等上诉请求交还产业终止租约、周孝达上诉请求偿还债务、蔡祥模上诉回赎典产、张荣泰确认买约有效四案的文书，包括四川高等法院第一分院民事判决书、璧山县政府训令、璧山地方法院呈文、民事请申上诉状、璧山地方法院民事裁定书、民事上诉状、送达证书、往来公函、执达报告、民事具缴状、民事具保领状等。

744. 最高法院、四川高等法院第一分院、璧山地方法院及政府审理退还业价暨赔偿损害、典业纠纷等十二案 12—10—730

1940年3月至1940年12月，最高法院、四川高等法院第一分院、璧山地方法院及政府关于邱海清请求退还业价暨赔偿损害、周席珍上诉请求迁让典业、周向朋请求确认典约有效、王月波债务执行及其抗告、张吴氏请求偿还债务、张育之请求偿还债务、周元廉渎职及伤害、黄银江会款纠纷、熊永义长请求确认买卖契约有效、谢访桃撤销典约、刘荣华请求增加给付、王永成会银纠纷十二案的文书，包括地方法院民事判决书、信件、民事展限状、四川高等法院第一分院民事和解笔录、璧山地方法院民事判决书、通知书、传讯单、送达证书、点名单、佃约、最高法院民事裁定书、璧山县政府刑事判决书、往来公函、民事诉状、审理笔录、璧山地方法院刑事判决书、璧山地方法院民事和解笔录、存根、乡公所呈文、讯问笔录、璧山县政府民事判决书等。

745. 四川高等法院第一分院、璧山地方法院及政府审理交付田房纠纷等十八案 12—10—731

1940年1月至1942年1月，四川高等法院第一分院、璧山地方法院及政府关于徐贡章上诉交付田房纠纷、范炳臣请求返还搜查缴获之赃物、马敬氏租佃纠纷、刘茂林请求赔偿损害及撤销典约、江汪氏请求终止租佃契约、刘文璧请求领押交业、黄裕洲请求解除租佃契约、张时可请求撤销租谷扣押、冷春普请求解除典约、郭茂初请求交付货物再审、晏朝冈请求返还产业、刘龙章请求撤销买卖契约、熊永义长请求确认买卖契约有效、尹庆福债权抵押纠纷、李子溪侮辱及伤害附带民事诉讼、王绍光请求优先留买、薛通典请求部分买卖契约无效、宋海林请求偿还借款十八案的文书,包括民事传票、言辞辩论笔录、四川高等法院第一分院民事判决书、民事催呈状、送达证书、点名单、璧山地方法院民事判决书、民事宣判笔录、审理单、检察官不起诉处分书、领收证明、民事传票回证、法院公告、法院通知书、璧山地方法院民事裁定书、璧山县政府民事判决书等。

746. 四川高等法院第一分院、璧山地方法院、璧山县政府审理欺诈等十二案 12—10—732

1940 年 3 月至 1941 年 1 月,四川高等法院第一分院、璧山地方法院、璧山县政府关于周少怀等欺诈、谢增辉请求偿还会款、蔡祥模回赎典产、蔡荣光声请变更利息、潘良臣执行异议、曾志模上诉请求交业、罗一德请求给付布款、江永清租店纠纷、尹焕伦返还织机抗告、陈秀村请求偿还债务及红息上诉、吴长盛抢夺及诬告、何宏基请求给付租谷十二案的文书,包括民事具保状、军法处传票回证、审判笔录、点名单、送达证书、璧山地方法院刑事判决书、卖业文契、璧山地方法院民事判决书、不动产登记簿证书、民事宣判笔录、璧山地方法院民事裁定书、佃约、四川高等法院第一分院民事裁定书、往来公函、民事上诉状、璧山地方法院呈文、抗告意见书、璧山县政府民事判决书、报告书、民事诉状、四川高等法院第一分院民事判决书等。

747. 璧山地方法院审理诉讼费执行一案 12—10—733

1940 年 5 月,璧山地方法院关于李曹氏等诉讼费执行一案的文书,包括民事执行状、民事执行传票回证、点名单、报告书、民事执行处拘票、收款通知证、法院通知书、民事请领状、领收证明、送达证书等。

748. 璧山地方法院审理诉讼费纠纷一案 12—10—734

1939 年 9 月至 1939 年 12 月,璧山地方法院关于李曹氏等因终止租赁契约暨给付押银租谷案的诉讼费纠纷而抗告一案的文书,包括民事执行状、送达证书、四川高等法院第一分院民事裁定书、点名单、讯问笔录、法院训令、执达报告、查封笔录、民事声请状、在营服役证明书、法院布告等。

749. 璧山地方法院审理租佃纠纷及领押交业执行一案 12—10—735

1939 年 11 月,璧山地方法院关于周克光等租佃纠纷及领押交业执行一案的文书,包括点名单、审判笔录、民事宣判笔录、民事声请状、民事判决书、送达证书、民事辩诉状等。

750. 璧山县司法处审理请求确认契约无效等三案　12－10－736

1938年10月，璧山县司法处关于夏李氏请求确认契约无效、徐述平认领私生子、印子熙等上诉会款纠纷三案的文书，包括民事辩诉状、失落负担文约、璧山县司法处民事判决书、执达报告、送达证书、璧山县司法处民事裁定书、民事具保状等。

751. 璧山地方法院审理追租交业一案　12－10－737

1940年7月至1942年4月，璧山地方法院关于江进辉追租交业一案的文书，包括往来公函、执达报告、调查产业笔录、民事辩诉状、民事执行传票回证、点名单、执行笔录、民事执行状、民事执行处拘票、法院训令、收田土房屋具结等。

752. 璧山地方法院审理会款债务执行一案　12－10－738

1940年3月，璧山地方法院关于罗恺君会款债务执行一案的文书，包括民事声明状、法院布告、点名单、民事具缴状、收款通知证、民事执行传票回证、拍卖笔录、民事呈状、法院执行命令、民事具领状、领收证明、执达报告、民事声请状、执行笔录、拍卖投标书等。

753. 璧山地方法院审理迟延利息给付执行一案　12－10－739

1940年3月至1940年6月，璧山地方法院关于吴明山迟延利息给付执行一案的文书，包括民事执行状、民事执行传票回证、点名单、执行笔录、法院训令、执达报告、管收票回证、民事具保状、民事辩诉状、送达证书、民事具缴状、四川高等法院第一分院民事判决书、璧山县政府民事判决书等。

754. 璧山地方法院审理赔偿损害房屋执行一案　12－10－740

1940年8月至1940年9月，璧山地方法院关于姜炳山照价赔偿损害房屋执行一案的文书，包括民事执行状、民事执行传票回证、点名单、执行笔录、民事执行处拘票、领收证明等。

755. 璧山地方法院审理租谷及迁让纠纷、请求保证偿还债务两案　12－10－741

1940年5月至1940年9月，璧山地方法院关于娄仿陶租谷及迁让纠纷、邹炳轩请求保证偿还债务两案的文书，包括地方法院民事裁定书、抗告意见书、璧山地方法院呈文、民事诉状、往来公函、民事宣判笔录、璧山地方法院民事判决书、送达证书、民事具保状、借食谷文约等。

756. 璧山地方法院审理请求偿还谷利、借款纠葛两案　12－10－742

1940 年 8 月，璧山地方法院关于邹炳轩请求偿还谷利、黄仕臣等借款纠葛两案的文书，包括民事诉状、审理单、送达证书、点名单、审判笔录、借约等。

757. 四川高等法院第一分院审理租佃纠纷上诉一案　12－10－743

1940 年 1 月至 1940 年 4 月，四川高等法院第一分院关于李元廷租佃纠纷上诉一案的文书，包括地方法院民事裁定书、璧山地方法院呈文、民事上诉状、璧山地方法院民事判决书、往来公函、委任状、送达证书、民事展限状、言辞辩论笔录、宣示判决笔录、四川高等法院第一分院民事判决书等。

758. 四川高等法院第一分院、璧山地方法院审理业价偿还及其执行异议上诉一案　12－10－744

1939 年 11 月至 1940 年 3 月，四川高等法院第一分院、璧山地方法院关于杨进才业价偿还及其执行异议上诉一案的文书，包括地方法院呈文、往来公函、四川高等法院第一分院民事裁定书、送达证书、民事催状、点名单、言辞辩论笔录、璧山地方法院民事裁定书、民事传票回证、民事具领状、民事宣判笔录、璧山地方法院民事判决书、民事上诉状、民事声请状、审理笔录、执达报告、民事调解状等。

759. 最高法院、四川高等法院第一分院、璧山地方法院审理确认拍卖无效并返还田亩及其上诉一案　12－10－745

1940 年 3 月至 1940 年 11 月，最高法院、四川高等法院第一分院、璧山地方法院关于王香普等请求确认拍卖无效及返还田亩上诉一案的文书，包括民事上诉状、民事具缴状、璧山地方法院呈文、往来公函、委任状、送达证书、言辞辩论笔录、宣示判决笔录、民事声请状、四川高等法院第一分院民事判决书、最高法院民事判决书、民事答辩状、执达报告、乡公所呈文、四川高等法院第一分院民事裁定书等。

760. 四川高等法院第一分院审理偿还债款上诉一案　12－10－746

1940 年 11 月至 1941 年 1 月，四川高等法院第一分院关于张九兆请求偿还债款上诉一案的文书，包括往来公函、璧山地方法院呈文、送达证书、言辞辩论笔录、宣示判决笔录、委任状、四川高等法院第一分院民事裁定书等。

761. 璧山地方法院审理交业执行、偿还债务抗告两案　12－10－747

1939 年 8 月至 1940 年 1 月，璧山地方法院关于曹叔才等交业执行、曹重光偿还债务抗告两案的文书，包括民事执行状、璧山地方法院民事和解笔录、四川高等法院第一分院民事裁定书、往来公函、分管文约、四川省政府官契、璧山地方法院呈文、抗告意见书、民事诉状等。

762. 璧山地方法院审理债务执行一案　12－10－748

1940年3月至1940年8月，璧山地方法院关于曹重光等债务执行一案的文书，包括民事执行状、民事执行传票回证、点名单、法院训令、执达报告、强制搬迁笔录、民事具保状、民事具缴状、收款通知证、民事声请状、民事具状等。

763. 四川高等法院第一分院审理确认典权期限上诉一案　12－10－749

1940年3月至1940年4月，四川高等法院第一分院关于谭玉辉请求确认典权期限上诉一案的文书，包括地方法院呈文、民事申请上诉状、璧山地方法院民事裁定书、往来公函、民事上诉状、民事答辩状、送达证书、委任状、言辞辩论笔录、宣示判决笔录、四川高等法院第一分院民事判决书、民事声请状等。

764. 最高法院审理确认典权期限上诉一案　12－10－750

1940年7月至1930年1月，最高法院关于谢仲芳确认典权期限上诉一案的文书，包括民事具交状、往来公函、民事上诉状、四川高等法院第一分院民事裁定书、璧山地方法院呈文、送达证书、最高法院民事判决书等。

765. 璧山地方法院审理红利纠纷一案　12－10－751（1）

1940年6月至1940年7月，璧山地方法院关于蔡德辉等红利纠纷一案的文书，包括民事诉状、送达证书、点名单、审判笔录、民事裁定书、委任状、民事辩诉状、民事宣判笔录、民事判决书、璧山地方法院呈文、往来公函等。

766. 四川高等法院第一分院审理红利纠纷上诉一案　12－10－751（2）

1940年8月至1940年11月，四川高等法院第一分院关于蔡德辉红利纠纷上诉一案的文书，包括往来公函、民事声请状、委任状、民事上诉状、送达证书、璧山地方法院支付命令、言辞辩论笔录、宣示判决笔录、四川高等法院第一分院民事判决书、璧山地方法院民事裁定书、璧山地方法院呈文、四川高等法院第一分院民事裁定书等。

767. 璧山地方法院审理借款给付利谷执行一案　12－10－752

1940年4月至1940年6月，璧山地方法院关于江达三借款给付利谷执行一案的文书，包括民事具领状、委任状、民事执行传票回证、点名单、执行笔录、民事判决书、民事执行处拘票、执达报告、管收票回证、民事具诉状、提票回证、民事具缴状、收款通知证等。

768. 璧山地方法院审理声请破产一案　12—10—753

1940年1月至1940年5月，璧山地方法院关于谢石氏等声请破产一案的文书，包括民事声请状、委任状、送达证书、点名单、言辞辩论笔录、传票回证、民事裁定书、借约、遗嘱文约等。

769. 璧山地方法院审理会款债务执行一案　12—10—754

1940年4月，璧山地方法院关于廖含章会款债务执行一案的文书，包括民事执行状、民事执行传票回证、点名单、收款通知证、执行笔录、领收证明、送达证书、民事判决书、民事裁定书等。

770. 璧山地方法院审理领回红契一案　12—10—755

1940年8月，璧山地方法院关于向泽厚声请领回红契一案的文书，包括民事具领状、送达证书等。

771. 璧山地方法院审理借款偿还执行、伤害人身两案　12—10—756

1940年10月，璧山地方法院关于吴银安借款偿还执行、何国恩因故伤害人身两案的文书，包括民事执行状、民事执行传票回证、点名单、民事判决书、刑事判决书、解票、往来公函、押票回证等。

772. 璧山地方法院审理会款债务执行一案　12—10—757

1940年6月，璧山地方法院关于黄家泽会款债务执行一案的文书，包括民事执行状、民事执行传票回证、点名单、提票回证、执达报告等。

773. 璧山地方法院审理确认买卖契约一案　12—10—758

1940年2月，璧山地方法院关于孙显章请求确认买卖契约一案的文书，包括民事诉状、委任状、送达证书、言辞辩论笔录、往来公函、审理单、民事和解笔录、民事具呈状、领收证明等。

774. 四川高等法院第一分院、璧山地方法院审理押银和租谷纠纷及其上诉一案　12—10—759

1940年6月至1941年1月，四川高等法院第一分院、璧山地方法院关于李元廷等押银和租谷纠纷及其上诉一案的文书，包括民事诉状、审理单、送达证书、委任状、点名单、审判笔录、法院训令、地方区署呈文、民事反诉状、民事宣判笔录、璧山地方法院民事判决书、璧山地方法院民事裁定书、往来公函、璧山地方法院呈文、民事上诉状、民事辩诉状、言辞辩论笔录、宣示判决笔录、四川高等法院第一分院民事判决书、四川高等法院第一分院民事裁定书等。

775. 四川高等法院第一分院、璧山地方法院审理偿还会款声请假扣押及其上诉一案　12－10－760

1940年5月,四川高等法院第一分院、璧山地方法院关于雷霁晖因求偿会款声请假扣押及其上诉一案的文书,包括地方法院民事裁定书、送达证书、璧山地方法院呈文、抗告意见书、民事抗告状、四川高等法院第一分院民事裁定书、往来公函、民事声请状等。

776. 璧山地方法院审理返还房屋一案　12－10－761

1940年9月至1941年1月,璧山地方法院关于姚辉五返还房屋一案的文书,包括民事声请状、审理单、送达证书、民事诉状、点名单、审判笔录、民事辩诉状、往来公函、审讯笔录、民事宣判笔录、民事判决书、璧山地方法院呈文等。

777. 璧山地方法院审理撤销典约一案　12－10－762

1940年10月至1940年12月,璧山地方法院关于李映旸撤销典约一案的文书,包括民事诉状、审理单、送达证书、委任状、点名单、审判笔录、民事答辩状、典约、民事宣判笔录、民事判决书等。

778. 璧山实验地方法院审理返还黄谷一案　12－10－763

1944年6月至1944年7月,璧山实验地方法院关于叶炳林返还黄谷一案的文书尾卷,包括往来公函。

779. 璧山地方法院审理终止租佃契约一案　12－10－764

1940年9月至1940年10月,璧山地方法院关于黄玉光请求终止租佃契约一案的文书,包括民事诉状、审理单、送达证书、点名单、民事撤诉状等。

780. 四川高等法院第一分院审理确认承买田业上诉一案　12－10－765

1940年11月至1940年12月,四川高等法院第一分院关于杨吴氏请求确认承买田业上诉一案的文书,包括地方法院呈文、民事上诉状、璧山地方法院民事判决书、璧山地方法院民事裁定书、送达证书、四川高等法院第一分院民事裁定书、往来公函等。

781. 璧山地方法院审理窃盗撤销诉讼一案　12—10—766

1940年10月，璧山地方法院关于杜明高窃盗撤销诉讼一案的文书，包括检察官起诉书、民事声请状、往来公函、信件、检察官撤回起诉书、送达证书等。

782. 四川高等法院第一分院审理行使伪造货币上诉一案　12—10—767

1940年2月至1940年3月，四川高等法院第一分院关于唐玉山行使伪造货币上诉一案的文书，包括地方法院呈文、璧山地方法院刑事判决书、检察官上诉理由书、往来公函、调查笔录、审判笔录、送达证书、刑事传票、宣示判决笔录、四川高等法院第一分院刑事判决书等。

783. 璧山地方法院审理遗弃儿媳一案　12—10—768

1940年7月，璧山地方法院关于江美臣等遗弃儿媳一案的文书，包括往来公函、检察官起诉书、审理单、传票回证、刑事诉状、点名单、审判笔录、刑事答辩状、刑事宣判笔录、刑事判决书、送达证书等。

784. 璧山地方法院审理抱孙承继备案一案　12—10—769

1940年1月，璧山地方法院关于汪叶氏抱孙承继备案一案的文书，包括民事声请存查状、送达证书等。

785. 四川高等法院第一分院审理请求赔偿损失上诉一案　12—10—770

1940年1月至1940年3月，四川高等法院第一分院关于姜炳山请求赔偿损失上诉一案的文书，包括民事上诉状、往来公函、送达证书、民事声请展限状、四川高等法院第一分院民事裁定书、言辞辩论笔录、委任状、宣示判决笔录、四川高等法院第一分院民事判决书、璧山地方法院呈文等。

786. 四川高等法院第一分院审理给付买卖的纸张上诉一案　12—10—771

1940年5月，四川高等法院第一分院关于郭茂初要求给付买卖的纸张上诉一案的文书，包括地方法院呈文、抗告意见书、民事抗告状、四川高等法院第一分院民事裁定书、往来公函等。

787. 璧山地方法院审理会款纠纷一案　12—10—772

1940年4月，璧山地方法院关于杨秀山会款纠纷一案的文书，包括送达证书、民事诉状、点名单、委任状、民事执行处拘票、民事执行传票回证、法院训令、执达报告、交收笔录、执行笔录、存根、民事辩诉状、承担债务文约、民事具保状、璧山县政府民事判决书、审理笔录、民事声明状、往来公函、民事裁定书、民事执行状、民事具诉状、司法处谕令、民事声请状、司法处牌告等。

788. 璧山地方法院审理分割遗产执行一案　12－10－773

1946年4月至1946年5月，璧山地方法院关于张维三等分割遗产执行一案的文书，包括民事执行状、法院执行命令、执达报告、手绘地图、民事续状、送达证书、拘票、四川高等法院第一分院民事判决书、璧山地方法院民事判决书等。

789. 璧山地方法院审理债务执行一案　12－10－774

1946年5月，璧山地方法院关于张之仲债务执行一案的文书，包括民事执行状、法院执行文稿、执达报告、法院执行命令等。

790. 四川高等法院第一分院审理撤销买卖契约抗告一案　12－10－775

1940年12月，四川高等法院第一分院关于刘定元等撤销买卖契约抗告一案的文书，包括地方法院呈文、抗告意见书、往来公函、送达证书等。

791. 四川高等法院第一分院、璧山地方法院审理债务纠纷等九案　12－10－776

1940年8月，四川高等法院第一分院、璧山地方法院关于白银木等债务纠纷、周炳荣上诉经界纠纷、甘泽民伤害人身、周王氏伤害人身、何占云熟土业权纠纷、谭周氏请求偿还借款、李尹凤雏家产及买卖纠纷上诉、邬德成群贤会会项纠葛、胡俊良粮款纠葛九案的文书，包括民事诉状、言辞辩论笔录、民事答辩状、委任状、民事上诉状、往来公函、璧山地方法院呈文、璧山地方法院刑事判决书、璧山地方法院民事判决书、检察官起诉书、四川高等法院第一分院民事裁定书、璧山县政府兼理司法事务民事判决书、法院训令、民事辩诉状、点名单、侦查笔录、检察官处分书、执行笔录等。

792. 璧山地方法院审理会款债务给付执行、扣押卖业价金两案　12－10－12－1－777

1940年3月，璧山地方法院关于马君如等会款债务给付执行、蔡元贞等声请扣押马君如卖业价金两案的文书，包括往来公函、民事执行状、委任状、民事执行传票回证、点名单、执行笔录、民事执行处拘票、法院执行命令、送达证书、存根、璧山地方法院民事判决书、璧山县政府民事判决书、璧山地方法院民事和解笔录、民事声请状、言辞辩论笔录等。

793. 璧山地方法院审理赔偿损害一案　12—10—778

1940年10月至1940年11月，璧山地方法院关于杨鲁山因退佃纠葛被伤害请求赔偿损害一案的文书，包括刑事附带民事诉讼裁定书、刑事判决书、审理单、送达证书、民事销案状等。

794. 璧山地方法院审理请领会簿一案　12—10—779

1940年10月，璧山地方法院关于张和良声请领回会簿一案的文书，包括民事具领状、送达证书、领收证明等。

795. 璧山地方法院审理赔偿损害执行一案　12—10—780

1940年7月，璧山地方法院关于龚荣顺赔偿损害执行一案的文书，包括民事执行状、民事执行传票回证、点名单、执行笔录、民事执行处拘票、民事和解笔录等。

796. 璧山地方法院审理声请找补典业价金一案　12—10—781

1940年12月，璧山地方法院关于邹移风声请找补典业价金一案的文书，包括民事声请状、民事裁定书、送达证书等。

797. 璧山地方法院审理给付生活费执行一案　12—10—782

1940年12月，璧山地方法院关于吴星龄给付生活费执行一案的文书，包括民事声请执行状、民事执行传票回证、点名单、执行笔录等。

798. 四川高等法院第一分院审理债务纠纷上诉一案　12—10—783

1940年2月至1940年3月，四川高等法院第一分院关于谭时雄债务纠纷上诉一案的文书，包括地方法院呈文、民事执行传票回证、点名单、往来公函、送达证书、民事反诉状、民事上诉状、言辞辩论笔录、宣示判决笔录、四川高等法院第一分院民事判决书等。

799. 四川高等法院第一分院审理欠租纠纷上诉一案　12—10—784

1941年8月至1942年2月，四川高等法院第一分院关于蔡继贤欠租纠纷上诉一案的文书尾卷，包括地方法院呈文、往来公函等。

800. 璧山地方法院审理声请伙友携去纱厂号章备查一案　12—10—785

1940年5月，璧山地方法院关于罗纪明等声请伙友携去纱厂号章备查一案的文书，包括地方联保办公处呈文、法院命令等。

801. 璧山地方法院审理交业纠纷一案　12—10—786

1941年5月，璧山地方法院关于刘炳林交业纠纷一案的文书，包括民事诉状、送达证书、点名单、言辞辩论笔录、民事辩诉状、委任状、往来公函、审判笔录、民事具领状、民事判决书等。

802. 璧山地方法院审理偿还会款债务执行一案　12—10—787

1940年5月，璧山地方法院关于谭时雄偿还债务执行一案的文书，包括民事执行状、民事声请上诉状、民事具保状、民事具缴状、收款通知证、民事具领状、领收证明、点名单等。

803. 璧山地方法院审理偿还债务执行一案　12—10—788

1939年12月至1940年3月，璧山地方法院关于苏万盛偿还会款债务执行一案的文书，包括民事执行状、送达证书、点名单、民事执行传票回证、存根等。

804. 四川高等法院第一分院审理会款债务执行上诉一案　12—10—789

1940年11月，四川高等法院第一分院关于苏万盛会款债务执行上诉一案的文书，包括往来公函、四川高等法院第一分院民事裁定书、重庆地方法院民事判决书、送达证书等。

805. 璧山地方法院审理给付会款执行一案　12—10—790

1940年11月，璧山地方法院关于胡济高等给付会款执行一案的文书，包括民事执行状、民事判决书、民事执行传票回证、点名单、执行笔录、民事执行处拘票、收款通知证、存根、送达证书、民事具领状、讯问笔录、领收证明等。

806. 璧山地方法院审理收粮纠纷上诉案、偿还会款两案　12—10—791

1940年12月至1941年2月，璧山地方法院关于陈永森等收粮纠葛上诉案、胡济高等偿还会款两案的文书，包括地方法院呈文、璧山地方法院民事判决书等。

807. 璧山地方法院审理罚金执行一案　12—10—792

1940年7月至1940年10月，璧山地方法院关于孙戴漫霞因伤害案件被处罚金而被诉执行一案的文书，包括往来公函、法院训令、法院布告、执达报告、查封笔录、鉴定书、具保管结人、民事声请状、送达证书、民事具呈状等。

808. 四川高等法院第一分院审理会款纠纷抗告一案　12—10—793

1940 年 1 月，四川高等法院第一分院关于陈昆山会款纠纷抗告一案的文书，包括地方法院呈文、民事声请状、四川高等法院第一分院民事裁定书、送达证书、往来公函、民事抗告状等。

809. 最高法院第一分院审理请求偿还会款上诉一案　12—10—794

1940 年 4 月至 1940 年 5 月，最高法院第一分院关于江达五请求偿还会款上诉一案的文书，包括往来公函、最高法院民事判决书、送达证书、民事上诉状、言辞辩论笔录、四川高等法院第一分院民事和解笔录等。

810. 璧山地方法院审理租谷纠纷一案　12—10—795

1940 年 10 月至 1940 年 12 月，璧山地方法院关于张少岩租谷纠纷一案的文书，包括佃约、民事诉状、审理单、送达证书、点名单、审判笔录、民事声请状、民事宣判笔录、民事判决书等。

811. 璧山地方法院审理租佃押银纠纷、债务执行两案　12—10—796

1939 年 10 月，璧山地方法院关于杨汉臣租佃押银纠纷、龙子榆债务执行两案的文书，包括民事诉状、送达证书、点名单、讯问笔录、民事具缴状、民事具保状、言辞辩论笔录、民事判决书、民事裁定书、民事声请救助状、审理笔录、民事具呈状、民事执行传票回证、法院训令、执行笔录、地方联保办公处呈文、执达报告、提票回证等。

812. 四川高等法院第一分院审理请求赔偿损害一案　12—10—797

1940 年 11 月，四川高等法院第一分院关于陈永森因熟土纠纷而上诉请求赔偿损害一案的文书，包括民事上诉状、送达证书、璧山地方法院民事裁定书、往来公函、言辞辩论笔录、宣示判决笔录、四川高等法院第一分院民事判决书、官契等。

813. 四川高等法院第一分院审理合伙贸易债务纠纷抗告一案　12—10—798

1939 年 11 月，四川高等法院第一分院关于冷春熙合伙贸易的债务纠纷抗告一案的文书，包括抗告意见书、民事抗告状、送达证书、四川高等法院第一分院民事裁定书等。

814. 璧山地方法院审理为给付红利声请对熟铁假扣押一案　12—10—799

1940 年 6 月，璧山地方法院关于蔡德辉为给付红利声请对熟铁假扣押一案的文书，包括民事声请状、民事裁定书、送达证书等。

815. 璧山地方法院审理声请交业调解一案　12－10－800

1940年2月，璧山地方法院关于胡诚康声请交业调解一案的文书，包括民事声请状、审理单、送达证书、点名单、言辞辩论笔录、民事调解笔录等。

816. 璧山地方法院审理声请指定遗产管理人一案　12－10－801

1940年9月，璧山地方法院关于吴继刚等声请指定遗产管理人一案的文书，包括民事声请状、送达证书等。

817. 最高法院审理请求偿还债款执行再抗告一案　12－10－802

1940年4月至1940年5月，最高法院关于邱银甫请求偿还债款执行再抗告一案的文书，包括往来公函、民事抗告状、抗告意见书、四川高等法院第一分院民事裁定书、璧山地方法院民事裁定书、送达证书、最高分院民事裁定书等。

818. 四川高等法院第一分院审理返还租谷上诉一案　12－10－803

1940年2月，四川高等法院第一分院关于唐瑞祺返还租谷上诉一案的文书，包括地方法院民事判决书、璧山地方法院呈文、往来公函等。

819. 四川高等法院第一分院审理返还租谷上诉一案　12－10－804

1940年2月，四川高等法院第一分院关于唐瑞琪返还租谷上诉一案的文书，包括地方法院呈文、民事上诉状、四川高等法院第一分院民事裁定书、往来公函、送达证书等。

820. 璧山地方法院等审理迁让房屋执行一案　12－10－805

1929年6月至1940年1月，璧山地方法院等关于王田氏迁让房屋执行一案的文书，包括民事执行状、民事执行传票回证、点名单、法院训令、民事催呈状、执达报告、往来公函、民事和解笔录等。

821. 璧山地方法院审理违约金给付执行一案　12－10－806

1940年4月，璧山地方法院关于张寿康违约金给付执行一案的文书，包括民事声请执行状、民事执行传票回证、民事声请撤回执行状、送达证书等。

822. 璧山地方法院审理损害赔偿执行一案　12－10－807

1940年5月，璧山地方法院关于周受歧等因水堰纠纷而诉损害赔偿执行一案的文书，包括民事声请执行状、民事执行传票回证、点名单等。

823. 璧山地方法院审理声请宣告死亡、确认佃权两案　12－10－808

1940年9月，璧山地方法院关于李茂林等声请宣告死亡、刘树林请求确认佃权两案的文书，包括民事声请状、民事判决书、民事裁定书、送达证书、重庆警备司令部训令等。

824. 璧山地方法院审理声请产业假扣押一案　12－10－809

1940年8月，璧山地方法院关于黄开玉声请产业假扣押一案的文书，包括民事声请状、民事裁定书、送达证书等。

825. 璧山地方法院审理声请假扣押铁厂物资一案　12－10－910

1940年12月，璧山地方法院关于协生昌等声请假扣押铁厂物资一案的文书，包括民事声请状、民事裁定书等。

826. 四川高等法院第一分院审理请求终止租约上诉一案　12－10－811

1940年11月，四川高等法院第一分院关于伍江氏请求终止租约上诉一案的文书，包括四川高等法院第一分院民事裁定书、璧山地方法院呈文、民事声请上诉状、璧山地方法院民事判决书、璧山地方法院民事裁定书、送达证书等。

827. 四川高等法院第一分院、璧山地方法院审理声请宣布禁止治产等三案 12－10－812

1940年10月，四川高等法院第一分院、璧山地方法院关于吴式凭声请宣布禁止吴李氏治产、谭时雄上诉请求偿还债务、赖长发等声请指定遗产管理人三案的文书，包括民事声请状、四川高等法院第一分院民事判决书、璧山地方法院民事判决书、送达证书等。

828. 四川高等法院第一分院、璧山地方法院审理利谷给付执行及其抗告一案 12－10－813

1940年4月至1940年9月，四川高等法院第一分院、璧山地方法院关于苏万盛等利谷给付执行及其抗告一案的文书，包括民事执行状、民事执行传票回证、点名单、执行笔录、民事诉状、璧山地方法院呈文、抗告意见书、往来公函、璧山地方法院民事判决书、民事请申抗告状、四川高等法院第一分院民事裁定书、送达证书等。

829. 四川高等法院第一分院、璧山地方法院审理债务纠纷及其抗告一案　12－10－814

1940年6月，四川高等法院第一分院、璧山地方法院关于陈汉周因偿还债务事件声请回复原状及其抗告一案的文书，包括审判笔录、点名单、送达证书、审理单、四川高等法院第一分院民事裁定书、往来公函、璧山地方法院呈文、抗告意见书、璧山地方法院民事裁定书等。

830. 四川高等法院第一分院审理返还押金上诉一案　12—10—815

1940年4月至1940年6月，四川高等法院第一分院关于温辑五返还押金上诉一案的文书，地方法院呈文、民事上诉状、璧山地方法院民事裁定书、委任状、往来公函、送达证书、民事答辩状、言辞辩论笔录、四川高等法院第一分院民事裁定书、四川高等法院第一分院民事判决书等。

831. 璧山地方法院审理清偿会款执行一案　12—10—816

1940年9月至1940年10月，璧山地方法院关于胡廷禹清偿会款执行一案的文书，包括民事声请执行状、民事执行传票回证、点名单、法院训令、执达报告、民事判决书等。

832. 璧山地方法院审理撤销买卖契约一案　12—10—817

1940年12月至1940年12月，璧山地方法院关于增祥光请求撤销买卖契约一案的文书，包括民事诉状、审理单、送达证书、民事辩诉状、民事答辩状、点名单、言辞辩论笔录、民事宣判笔录、民事判决书等。

833. 璧山地方法院审理确定诉讼费用一案　12—10—818

1940年5月，璧山地方法院关于朱登高声请确定诉讼费用一案的文书，包括民事声请状、民事裁定书、送达证书等。

834. 四川高等法院第一分院审理伤害及妨害自由上诉一案　12—10—819

1939年12月至1940年5月，四川高等法院第一分院关于龙飞等因宿怨引发的伤害及妨害自由上诉一案的文书，包括刑事上诉状、璧山地方法院刑事判决书、往来公函、送达证书、审判笔录、委任状、宣示判决笔录、四川高等法院第一分院刑事判决书、四川高等法院第一分院民事裁定书等。

835. 璧山地方法院审理确定诉讼费用一案　12—10—820

1940年1月，璧山地方法院关于张彩林声请确定诉讼费用一案的文书，包括地方法院呈文、民事催请查卷状、民事裁定书、送达证书等。

836. 璧山地方法院审理请领约据一案　12－10－821

1940年4月，璧山地方法院关于刘炳臣声请领回约据一案的文书，包括民事具领状、送达证书、领收证明等。

837. 璧山地方法院审理确定诉讼费用一案　12－10－822

1940年1月，璧山地方法院关于张彩林等声请确定诉讼费用一案的文书，包括民事裁定书、璧山地方法院呈文、送达证书、往来公函等。

838. 最高法院、四川高等法院第一分院、璧山地方法院审理撤销典约及其上诉一案　12－10－823

1940年3月至1941年12月，最高法院、四川高等法院第一分院、璧山地方法院关于王伍氏等撤销典约及其上诉一案的文书，包括地方法院民事判决书、璧山地方法院呈文、往来公函、最高法院民事判决书、民事上诉状、民事具缴状、送达证书、言辞辩论笔录、民事答辩状、委任状、宣示判决笔录、四川高等法院第一分院民事判决书、璧山地方法院民事裁定书、民事判决书、四川高等法院第一分院民事裁定书、民事催呈状、民事诉状、点名单、审判笔录、民事宣判笔录等。

839. 璧山地方法院审理债务执行抗告一案　12－10－824

1940年7月，璧山地方法院关于何青云债务执行抗告一案的文书，包括地方法院呈文、民事抗告状、抗告意见书、四川高等法院第一分院民事裁定书等。

840. 四川高等法院第一分院、璧山地方法院审理借款纠纷、会款执行抗告两案　12－10－825

1940年3月，四川高等法院第一分院、璧山地方法院关于舒华安等借款纠纷、徐荣华会款执行抗告两案的文书，包括民事诉状、借约、审理单、送达证书、民事声请撤诉状、璧山地方法院呈文、抗告意见书、民事抗告状、四川高等法院第一分院民事裁定书等。

841. 四川高等法院第一分院审理请求偿还债款上诉一案　12－10－826

1940年2月，四川高等法院第一分院关于杨维霄请求偿还债款上诉一案的文书，包括民事上诉状、往来公函、璧山地方法院呈文、送达证书、民事缴状、四川高等法院第一分院民事裁定书、民事声明状、民事声请展限状、言辞辩论笔录、宣示判决笔录、四川高等法院第一分院民事判决书等。

842. 四川高等法院第一分院、璧山地方法院审理假处分抗告、假处分两案　12—10—827

1940年8月至1940年9月，四川高等法院第一分院、璧山地方法院关于王树廷因终止买卖契约纠纷引起的假处分抗告案、王三级因终止买卖契约纠纷而声请假处分两案的文书，包括地方法院呈文、民事抗告状、抗告意见书、四川高等法院第一分院民事裁定书、送达证书、璧山地方法院民事裁定书、民事声请状、函片等。

843. 璧山县法院审理偿还债务一案　12—10—828

1937年6月，璧山县法院关于何明章请求偿还债务一案的文书，包括民事声请展限状、执达报告、民事保状、点名单、审理笔录、民事执行状、民事诉状、送达证书等。

844. 四川高等法院第一分院、璧山地方法院审理假处分、假处分抗告两案　12—10—829

1940年7月，四川高等法院第一分院、璧山地方法院关于王三级因终止买卖契约纠纷声请假处分、王树廷因终止买卖契约纠纷被假处分抗告两案的文书，包括地方法院民事裁定书、抗告意见书、璧山地方法院呈文、往来公函、四川高等法院第一分院民事裁定书等。

845. 璧山地方法院审理确定诉讼费用一案　12—10—830

1940年7月，璧山地方法院关于荣佩玉声请确定诉讼费用一案的文书，包括民事声请状、民事裁定书、送达证书等。

846. 璧山县司法处等审理债务执行及其抗告一案　12—10—831

1939年4月至1940年，璧山县司法处等关于陈滋如债务执行及其抗告一案的文书，包括地方法院呈文、抗告意见书、民事诉状、璧山县司法处拘票、执达报告、法院训令、点名单、民事保状、民事执行状、民事传票、委任状、民事执行传票回证、法院执行证书、送达证书等。

847. 璧山地方法院审理赔偿树价执行一案　12—10—832

1940年9月，璧山地方法院关于钟长禄赔偿树价执行一案的文书，包括民事执行状、送达证书等。

848. 璧山地方法院审理谷银给付执行一案　12—10—833

1940年7月，璧山地方法院关于徐中华谷银给付执行一案的文书，包括往来公函、民事执行状、送达证书、民事执行传票回证、点名单、执行笔录、拘票等。

849. 璧山地方法院审理声请认买、债务执行上诉两案　12－10－834

1940 年 2 月，璧山地方法院关于三合永声请认买、徐邬氏等上诉债务执行两案的文书，包括民事认买状、具保管结人、法院布告、往来公函、民事上诉状、送达证书、法院通知书等。

850. 璧山地方法院审理两起债务执行案　12－10－835

1940 年 7 月，璧山地方法院关于王辉武债务执行、甘泽明债务执行两案的文书，包括民事执行状、民事声请状、民事具领状、法院训令、查封不动产笔录、鉴定书、民事声明状等。

851. 璧山地方法院审理债务执行异议声请假扣押一案　12－10－836

1940 年 5 月，璧山地方法院关于三胜元因债务执行异议声请假扣押一案的文书，包括民事裁定书、民事诉状、送达证书、往来公函等。

852. 璧山地方法院审理确认婚姻有效执行一案　12－10－837

1940 年 1 月，璧山地方法院关于黄开兴请求确认婚约有效的执行一案的文书，包括民事声请执行状、民事和解笔录等。

853. 璧山地方法院审理终止租佃暨交业一案　12－10－838

1940 年 9 月，璧山地方法院关于彭海堂终止租佃暨交业一案的文书，包括民事诉状、审理单、送达证书、民事辩诉状、点名单、审判笔录、委任状、民事宣判笔录、民事判决书等。

854. 璧山地方法院审理撤销买卖契约一案　12－10－839

1940 年 12 月，璧山地方法院关于江灿周请求撤销买卖契约一案的文书，包括民事诉状、审理单、送达证书、民事答辩状、委任状、点名单、言辞辩论笔录、民事裁定书、民事具诉状等。

855. 璧山地方法院审理终止租佃契约一案　12－10－840

1940 年 10 月至 1940 年 12 月，璧山地方法院关于张石渠请求终止租佃契约一案的文书，包括遗嘱合同分管文约、民事诉状、审理单、送达证书、点名单、审判笔录、委任状、民事声请状、法院通知书等。

856. 璧山地方法院审理回赎典产一案　12—10—841

1940 年 11 月至 1940 年 12 月，璧山地方法院关于徐永林回赎典产一案的文书，包括民事诉状、审理单、送达证书、点名单、审判笔录、民事答辩状、委任状、民事声请状、民事宣判笔录、民事判决书等。

857. 四川高等法院第一分院审理经界纠纷上诉一案　12—10—842

1940 年 4 月至 1940 年 10 月，四川高等法院第一分院关于邹万盛经界纠纷上诉一案的文书，包括地方法院呈文、民事上诉状、往来公函、送达证书、民事答辩状、言辞辩论笔录、民事具呈状、民事具缴状、手绘地图、委任状、宣示判决笔录、四川高等法院第一分院民事判决书等。

858. 璧山地方法院审理会款执行异议一案　12—10—843

1940 年 6 月，璧山地方法院关于朱级武会款执行异议一案的文书，包括法院训令、民事声请状、璧山地方法院呈文、抗告意见书、送达证书、璧山地方法院民事执行裁定书等。

859. 四川高等法院第一分院审理撤销买卖契约上诉一案　12—10—844

1940 年 12 月至 1941 年 3 月，四川高等法院第一分院关于陈荣升请求撤销买卖契约上诉一案的文书，包括往来公函、送达证书、四川高等法院第一分院民事判决书、璧山地方法院呈文、民事诉状、璧山地方法院民事裁定书、民事缴状、委任状、民事阅卷申请书、言辞辩论笔录、民事上诉状、宣示判决笔录、乡公所呈文等。

860. 璧山地方法院审理财产假扣押一案　12—10—845

1940 年 8 月，璧山地方法院关于彭诚因连粉纸给付纠纷声请对张茂堂产业假扣押一案的文书，包括民事声请状、审理单、民事裁定书、送达证书等。

861. 璧山地方法院审理赔偿牛只一案　12—10—846

1940 年 9 月至 1940 年 11 月，璧山地方法院关于龚杨氏因耕牛被借后倒卖而请求赔偿一案的文书，包括民事诉状、审理单、送达证书、点名单、审判笔录、乡公所呈文、民事宣判笔录、民事判决书等。

862. 璧山地方法院审理请领会簿一案　12—10—847

1940 年 2 月，璧山地方法院关于杨昆仑等请领因会款纠纷涉案上缴之会簿一案的文书，包括民事具领状、民事执行传票回证、点名单等。

863. 璧山地方法院审理确定诉讼费用一案　12—10—848

1940年6月，璧山地方法院关于高忠良等声请确定诉讼费用一案的文书，包括民事声请状、法院检察官训令、民事裁定书、送达证书等。

864. 璧山地方法院审理租赁纠纷一案　12—10—849

1940年1月，璧山地方法院关于蒋光耀租赁纠纷一案的文书，包括民事诉状、审理单、送达证书、点名单、言辞辩论笔录、民事和解笔录等。

865. 璧山地方法院审理赔偿损害执行一案　12—10—850

1940年7月，璧山地方法院关于钟光宇等因侵占案引起的赔偿损害执行一案的文书，包括检察处公函、民事执行传票回证、点名单、民事执行处拘票、收款通知证等。

866. 四川高等法院第一分院、璧山地方法院审理给付食谷及其上诉一案　12—10—851

1940年10月至1941年6月，四川高等法院第一分院、璧山地方法院关于张至文请求给付食谷及其上诉一案的文书，包括民事诉状、审理单、送达证书、民事辩诉状、点名单、言辞辩论笔录、民事宣判笔录、委任状、璧山地方法院民事判决书、往来公函、璧山地方法院呈文、四川高等法院第一分院民事判决书等。

867. 璧山地方法院审理债务执行一案　12—10—852

1940年4月，璧山地方法院关于贾炳章债务执行一案的文书，包括民事执行传票回证、点名单、拘票、送达证书、拘提报告书、执行笔录、民事判决书等。

868. 璧山地方法院等审理返还遗产等三案　12—10—853

1920年1月至1940年12月，璧山地方法院等关于陈春如返还遗产、许成之债务纠纷、曹兴山会款债务纠纷三案的文书，包括点名单、审理笔录、民事保状、民事和解状、法院训令、民事具领状、收款通知证、民事执行传票回证、执行笔录等。

869. 璧山地方法院审理赔偿树价执行一案　12—10—854

1940年11月，璧山地方法院关于钟长禄赔偿树价执行一案的文书，包括民事执行状、四川高等法院第一分院民事判决书、民事执行传票回证、点名单、执行笔录、民事缴状、民事具领状、领收证明、收款通知证等。

870. 四川高等法院第一分院、璧山地方法院审理赔偿树价及其上诉、经界确认执行两案　12—10—855

1940 年 2 月，四川高等法院第一分院、璧山地方法院关于张伯怀请求赔偿树价及其上诉、赵国发等声请经界确认执行两案的文书，包括四川高等法院第一分院民事判决书、璧山地方法院民事判决书、民事声请状等。

871. 璧山地方法院审理返还堰池执行一案　12—10—856

1940 年 6 月，璧山地方法院关于胡明兴返还堰池执行一案的文书，唯存民事执行状一份。

872. 璧山地方法院审理给付食谷一案　12—10—857

1940 年 11 月至 1940 年 12 月，璧山地方法院关于张生甫给付食谷一案的文书，包括民事诉状、民事裁定书、送达证书、审理单、民事辩诉状、点名单、审判笔录、民事宣判笔录、民事判决书等。

873. 璧山地方法院审理撤销买卖契约及其上诉一案　12—10—858

1940 年 11 月至 1941 年 1 月，璧山地方法院关于刘露卿请求撤销买卖契约及其上诉一案的文书，包括民事上诉状、璧山地方法院民事裁定书、送达证书、璧山地方法院民事判决书、民事诉状、卖产文约、往来公函、委任状等。

874. 璧山地方法院审理改嫁备案、撤销买卖契约上诉两案　12—10—859

1940 年 2 月至 1941 年 2 月，璧山地方法院关于石周氏声请改嫁备案、刘渭南上诉撤销买卖契约两案的文书，包括民事声请状、送达证书、执达报告、言辞辩论笔录等。

875. 璧山地方法院审理偿还欠款执行一案　12—10—860

1940 年 9 月，璧山地方法院关于孙桂全偿还欠款执行一案的文书，包括法院公函、法院训令、执行笔录、执达报告、具结证明等。

876. 璧山地方法院审理提存典价一案　12—10—861

1940 年 1 月，璧山地方法院关于钟治轩声请提存典价一案的文书，包括民事声请状、民事裁定书、送达证书等。

877. 璧山地方法院审理垫款偿还执行一案　12－10－862

1940 年 7 月，璧山地方法院关于甘泽民垫款偿还执行一案的文书，包括检察处公函、民事具领状、领收证明、点名单、执行笔录等。

878. 璧山地方法院审理交还产业执行一案　12－10－863

1940 年 7 月，璧山地方法院关于荣仲夔等交还产业执行一案的文书，唯有民事声请执行状一份，带批示。

879. 璧山地方法院审理租谷假扣押一案　12－10－864

1940 年 9 月，璧山地方法院关于吴郐氏声请租谷假扣押一案的文书，包括民事声请状、民事裁定书、送达证书、民事执行处函片等。

880. 璧山地方法院审理债款执行异议一案　12－10－865

1940 年 1 月，璧山地方法院关于周席珍债款执行异议一案的文书，包括民事异议状、送达证书等。

881. 璧山地方法院审理确定诉讼费用一案　12－10－866

1940 年 10 月，璧山地方法院关于王文彬因租佃纠纷案涉讼而声请确定诉讼费用一案的文书，包括民事声请状、民事裁定书、送达证书等。

882. 璧山地方法院审理请求领取判决书、解除婚约两案　12－10－867

1940 年 12 月至 1941 年 1 月，璧山地方法院关于印玉林请求领取判决书、张龚氏等请求解除婚约两案的文书，包括民事具领状、送达证书、领收证明、民事诉状、审理单、民事声请状、点名单、审判笔录、民事反诉状、委任状、民事宣判笔录、民事判决书等。

883. 四川高等法院第一分院、璧山地方法院审理会款执行、请求赔偿聘礼上诉两案　12－10－868

1940 年 2 月至 1941 年 4 月，四川高等法院第一分院、璧山地方法院关于冯泽厚会款执行、罗长禄上诉请求赔偿聘礼两案的文书，包括民事执行状、民事执行传票回证、点名单、民事诉状、民事具呈状、民事执行处拘票、执达报告、管收票回证、执行笔录、法院训令、法院布告、法院通知书、查封不动产笔录、鉴定书、具保管结人、委任状、民事缴状、收款通知证、存根、民事具领状、领收证明、民事上诉状、璧山地方法院呈文、往来公函、璧山地方法院民事裁定书、言辞辩论笔录、宣示判决笔录、四川高等法院第一分院民事判决书等。

884. 最高法院、四川高等法院第一分院、璧山地方法院等审理终止租约、契书遗失备查两案　12－10－869

1940 年 6 月至 1944 年 3 月，最高法院、四川高等法院第一分院、璧山地方法院等关于张少岩上诉请求终止租约、张谢氏等因契书遗失声请备查两案的文书，包括地方法院呈文、民事上诉状、送达证书、往来公函、言辞辩论笔录、委任状、民事抗告状、四川高等法院第一分院民事裁定书、鉴定书、最高法院民事裁定书、民事缴状、最高法院民事判决书、宣示判决笔录、四川高等法院第一分院民事判决书、璧山地方法院检察官不起诉处分书、民事声请状等。

885. 璧山地方法院审理确定诉讼费用一案　12－10－870

1940 年 11 月，璧山地方法院关于曾焕章等因境界纠纷涉讼而声请确定诉讼费用一案的文书，包括民事声请状、送达证书、民事裁定书、往来公函、璧山地方法院呈文、民事传票等。

886. 四川高等法院第一分院、璧山地方法院审理请求解除契约暨给付炭价、会款纠纷两案　12－10－871

1940 年 7 月至 1940 年 9 月，四川高等法院第一分院、璧山地方法院关于邓大椿请求解除契约暨给付炭价、苏荣轩上诉请求偿还会款两案的文书，包括地方法院民事判决书、民事诉状、委任状、审理单、往来公函、送达证书、点名单、审判笔录、民事反诉状、民事传票回证、民事辩诉状、民事宣判笔录、四川高等法院第一分院民事判决书等。

887. 四川高等法院第一分院审理请求偿还会款上诉一案　12－10－872

1940 年 1 月至 1940 年 9 月，四川高等法院第一分院关于苏荣轩请求偿还会款上诉一案的文书，包括民事上诉状、璧山地方法院呈文、往来公函、送达证书、委任状、民事辩诉状、言辞辩论笔录、宣示判决笔录、四川高等法院第一分院民事判决书等。

888. 四川高等法院第一分院审理偿还会款上诉一案　12－10－873

1940 年 1 月至 1940 年 9 月，四川高等法院第一分院关于苏荣轩请求偿还会款上诉一案的文书，包括四川高等法院第一分院民事判决书、往来公函、民事上诉状、璧山地方法院呈文、送达证书等。

889. 四川高等法院第一分院审理请求迁让及给付欠租上诉一案　12－10－874

1940 年 3 月至 1940 年 4 月，四川高等法院第一分院关于洪宪章请求迁让及给付欠租上诉一案的文书，包括民事缴状、委任状、璧山地方法院呈文、民事上诉状、送达证书、民事展限状、民事辩诉状、言辞辩论笔录、民事具领状、宣示判决笔录、四川高等法院第一分院民事判决书等。

890. 璧山地方法院审理请求偿还借款一案　12－10－875

1940 年 3 月，璧山地方法院关于旷纯西请求偿还借款一案的文书，包括恳请救助呈文、执达报告、送达证书、民事传票、点名单、通知书等。

891. 璧山地方法院审理请求解除婚约及赔偿聘礼一案　12－10－876

1940 年 12 月至 1941 年 1 月，璧山地方法院关于张龚氏等请求解除婚约及赔偿聘礼一案的文书尾卷，包括民事判决书、璧山地方法院呈文、往来公函等。

892. 最高法院、四川高等法院第一分院审理确认买卖契约无效上诉一案　12－10－877

1940 年 4 月至 1941 年 3 月，最高法院、四川高等法院第一分院关于甘顾氏等请求确认买卖契约无效上诉一案的文书，包括民事缴状、民事上诉状、委任状、法院通知书、阅卷声请、民事答辩状、借银文约、送达证书、最高法院民事判决书、往来公函、四川高等法院第一分院民事裁定书、民事声请状等。

893. 璧山地方法院审理声请假扣押一案　12－10－878

1940 年 8 月，璧山地方法院关于周玉堂因返还田业纠纷声请假扣押一案的文书，包括民事声请状、民事裁定书、送达证书等。

894. 四川高等法院第一分院、璧山地方法院审理给付会款一案　12－10－879

1938 年 3 月至 1939 年 10 月，四川高等法院第一分院、璧山地方法院关于陈有徽请求给付会款的上诉及其执行一案的文书，包括民事催诉状、送达证书、点名单、讯问笔录、民事保状、民事具领状、民事执行传票回证、委任状、收款通知证、民事执行状、领收证明、四川高等法院第一分院民事裁定书、宣告判决笔录、四川高等法院第一分院民事判决书、民事诉状、民事辩诉状、民事传票回证、审理笔录、璧山县司法处民事判决书、璧山地方法院呈文、法院训令、执达报告、拘票等。

895. 璧山地方法院审理返还租用车辆及给付欠租执行一案　12－10－880

1940 年 6 月，璧山地方法院关于吴玉梁等申请返还租用车辆及给付欠租执行一案的文书，包括民事声请状、民事执行传票回证、点名单、法院训令、执达报告、民事保状、法院提票、提票回证、民事执行处拘票、执行笔录、民事执行状、民事恳状、民事诉状、送达证书、民事判决书等。

896. 璧山县司法处审理拖欠粮税一案　12－10－881

1939 年 1 月至 1939 年 10 月，璧山县司法处关于刘玉春欠缴粮税一案的文书，包括民事诉状、送达证书、点名单、言辞辩论笔录、往来公函、民事宣判笔录、民事判决书、审理笔录、民事具诉状、民事传票回证、民事缴状、佃约等。

897. 四川高等法院第一分院、璧山地方法院审理请求返还遗产及其上诉一案　12－10－882

1940 年 11 月至 1941 年 2 月，四川高等法院第一分院、璧山地方法院关于戴陈氏等请求返还遗产及其上诉一案的文书，包括地方法院呈文、民事上诉状、璧山地方法院民事判决书、璧山地方法院民事裁定书、送达证书、四川高等法院第一分院民事裁定书、往来公函、民事诉状、委任状、审理单、点名单、审判笔录、民事声请状、民事传票、展期申请、言辞辩论笔录、民事答辩状、民事宣判笔录等。

898. 璧山地方法院审理借款偿还执行一案　12－10－883

1940 年 5 月，璧山地方法院关于吴希特借款偿还执行一案的文书，包括函片、民事判决书、民事执行传票回证、点名单等。

899. 璧山地方法院审理押银给付执行一案　12－10－884

1940 年 3 月至 1940 年 4 月，璧山地方法院关于周德成等押银给付执行一案的文书，包括民事执行状、委任状、执达报告、民事执行传票回证、点名单、执行笔录等。

900. 璧山地方法院审理请领契约一案　12－10－885

1940 年 1 月，璧山地方法院关于曾陈氏声请领回契约一案的文书，唯有民事具领状一份，诉状有批示。

901. 璧山地方法院审理租谷假扣押一案　12－10－886

1940 年 8 月，璧山地方法院关于张荣甫等声请租谷假扣押一案的文书，包括民事声请状、审理单、民事裁定书、送达证书等。

902. 璧山地方法院审理领押交业执行一案　12—10—887

1940 年 10 月，璧山地方法院关于郑高氏领押交业执行一案的文书，包括民事执行状、送达证书等。

903. 最高法院、四川高等法院第一分院、璧山地方法院审理典业纠纷及其上诉一案　12—10—888

1940 年 3 月至 1940 年 11 月，最高法院、四川高等法院第一分院、璧山地方法院关于汪水廷等请求确定培修费数额并交还典业及其上诉一案的文书，包括地方法院呈文、民事申请上诉状、璧山地方法院民事裁定书、委任状、往来公函、送达证书、民事辩诉状、言辞辩论笔录、宣示判决笔录、四川高等法院第一分院民事判决书、典当文约、四川高等法院第一分院民事裁定书、民事诉状、点名单、民事传票回证、审判笔录、民事宣判笔录、璧山地方法院民事判决书、最高法院民事判决书等。

904. 璧山地方法院审理交业执行一案　12—10—889

1940 年 6 月，璧山地方法院关于娄仿陶交业执行一案的文书，包括民事声请状、民事执行传票回证、民事辩诉状、点名单、执行笔录、征收局公函等。

905. 璧山地方法院审理会款偿还执行一案　12—10—890

1940 年 3 月至 1940 年 5 月，璧山地方法院关于陈星北会款偿还执行一案的文书，包括民事执行状、民事执行传票回证、民事具呈状、点名单、法院执行命令、执达报告、民事保状、交收具结等。

906. 璧山地方法院审理终止租约暨交还产业一案　12—10—891

1940 年 7 月，璧山地方法院关于刘远请求终止租约暨交还产业一案的文书，包括民事诉状、审理单、送达证书、审判笔录、民事宣判笔录、民事判决书等。

907. 四川高等法院第一分院审理使用合买耕牛上诉一案　12—10—892

1940 年 9 月至 1940 年 10 月，四川高等法院第一分院关于王武荣等请求共同使用合买耕牛上诉一案的文书，包括地方法院呈文、民事上诉状、送达证书、璧山地方法院民事裁定书、言辞辩论笔录、委任状、民事答辩状、宣示判决笔录、四川高等法院第一分院民事判决书等。

908. 璧山地方法院审理会款纠纷、使用合买耕牛上诉两案　12—10—893

1940 年 4 月，璧山地方法院关于舒吉辉等会款纠纷、王武荣等上诉请求共同使用合买耕牛两案的文书,包括民事反诉状、送达证书、点名单、审判笔录、民事诉状、民事和解笔录、往来公函、民事上诉状等。

909. 璧山地方法院审理租谷给付执行一案　12－10－894

1940年6月至1940年11月,璧山地方法院关于蒋青云租谷给付执行一案的文书,包括民事执行状、民事执行传票回证、委任状、执行笔录、法院训令、民事辩诉状、执达报告、点名单、民事保状、民事公证状、民事具呈状、存根、送达证书、民事具领状、四川高等法院第一分院民事和解笔录、民事判决书等。

910. 璧山地方法院审理离婚存查一案　12－10－895

1940年8月,璧山地方法院关于王远碧声请离婚存查一案的文书,包括民事声请状、送达证书等。

911. 璧山地方法院审理饬令给付食谷一案　12－10－896

1940年8月,璧山地方法院关于马嘶乡长张朝田请饬唐洞庭给付食谷一案的文书,包括乡长呈文、法院指令等。

912. 璧山地方法院审理确认财产继承权一案　12－10－897

1940年10月,璧山地方法院关于第二区署声请确认苏吴氏财产继承权一案的文书,包括区署呈文、法院指令等。

913. 璧山地方法院审理债款偿还执行一案　12－10－898

1940年3月至1940年4月,璧山地方法院关于吴行云借款偿还执行一案的文书,包括民事执行状、民事执行传票回证、点名单、民事执行处拘票、执行笔录、民事保状、民事缴状、民事具领状、四川高等法院第一分院民事和解笔录等。

914. 璧山地方法院审理会款纠纷一案　12－10－899

1940年1月至1940年5月,璧山地方法院关于苏荣轩会款纠纷一案的文书,包括民事诉状、委任状、送达证书、点名单、言辞辩论笔录、民事辩诉状、民事更正状、民事传票回证、民事宣判笔录、民事判决书等。

915. 璧山地方法院审理债务纠纷等三案　12－10－900

1940年1月至1940年12月,璧山地方法院关于马其生借款债务纠纷、吴湘成等拐骗他人妻子妨害风化、雷树元请求交业等三案的文书,包括民事诉状、审理单、检察处传票回证、检察官不起诉处分书、送达证书、点名单、审判笔录、民事续呈状、民事辩诉状、民事宣判笔录、民事判决书等。

916. 四川高等法院第一分院、璧山地方法院审理遗失私章备查等四案　12－10－901

1940年4月至1940年10月，四川高等法院第一分院、璧山地方法院关于彭敬修因遗失私章声请备查、蔡荣光声请裁减过重利谷、张吉成请求返还典押的被盖、张治成请求重审经界纠葛案共四案的文书，包括区署呈文、法院指令、民事声请状、璧山地方法院民事裁定书、送达证书、民事诉状、四川高等法院第一分院民事裁定书、往来公函、璧山地方法院呈文等。

917. 四川高等法院第一分院、璧山地方法院审理投佃纠纷及其上诉等五案　12－10－902

1940年1月至1940年10月，四川高等法院第一分院、璧山地方法院关于罗五全上诉投佃纠纷、何道燧请领分关文约、黄洪氏等回赎典产执行、黄照之等上诉租佃纠纷、周炳林上诉买卖纠纷五案的文书，包括地方法院民事判决书、璧山地方法院呈文、四川高等法院第一分院民事裁定书、民事具领状、民事执行状、民事执行传票回证、民事诉状、点名单、执行笔录、法院训令、执达报告、四川高等法院第一分院民事判决书、委任状、民事执行处拘票等。

918. 璧山地方法院审理租谷纠纷等四案　12－10－903

1940年6月至1940年10月，璧山地方法院关于江汪氏租谷纠纷、彭四海赎典纠纷、杨旭初债务纠纷、廖赵氏给付祠款执行四案的文书，包括地方法院呈文、璧山地方法院民事判决书、往来公函、民事诉状、审理单、送达证书、民事执行状、民事执行传票回证、点名单、执行笔录等。

919. 璧山地方法院审理欠租谷执行及其抗告、赔偿租谷两案　12－10－904

1940年10月，璧山地方法院关于张声汝租谷执行及其抗告、巫三合请求赔偿租谷两案的文书，包括民事执行状、民事声请状、民事执行传票回证、执行笔录、领收证明、民事保状、璧山地方法院呈文、抗告意见书、璧山地方法院民事和解笔录、点名单、往来公函、四川高等法院第一分院民事裁定书、民事诉状、审理单、送达证书、民事审理笔录、民事答辩状、璧山地方法院民事裁定书等。

920. 四川高等法院第一分院、璧山地方法院审理解除契约暨给付炭价等三案　12－10－905

1940年7月，四川高等法院第一分院、璧山地方法院关于邓大椿上诉请求解除契约暨给付炭价、谢周氏因借款纠纷涉讼而声请确定诉讼费用、杨允升因请求偿还账款声请假扣押等三案的文书,包括地方法院民事判决书、璧山地方法院呈文、往来公函、民事上诉状、璧山地方法院民事裁定书、送达证书、民事声请状、审理单、四川高等法院第一分院民事裁定书、委任状等。

921. 璧山地方法院审理分析遗产执行、返还租谷上诉两案　12—10—906

1940年4月,璧山地方法院关于何绍卿分析遗产执行案、万益林请求返还租谷上诉案两案的文书,包括民事辩诉状、璧山县政府民事判决书、民事执行传票回证、点名单、执行笔录、委任状、民事声请状、民事缴状、民事上诉状、璧山地方法院呈文、审理单、往来公函、送达证书、言辞辩论笔录、民事和息状等。

另此卷附有财政部支付书通知联数件。

922. 璧山地方法院审理改嫁存查等四案　12—10—907

1940年6月至1940年9月,璧山地方法院关于郭刘氏声请改嫁存查、陈方策请求离婚、彭四海赎典纠纷、钟海涛借款纠纷四案的文书,包括民事声请状、执达报告、民事诉状、审理单、送达证书、点名单、审判笔录、民事答辩状、民事宣判笔录、民事判决书、民事裁定书、委任状、民事传票回证、民事辩诉状等。

923. 璧山地方法院审理请求赔偿损害、返还业价两案　12—10—908

1940年7月至1940年12月,璧山地方法院关于匡国清等请求赔偿损害、杨旭初请求返还业价两案的文书,包括送达证书、民事上诉状、民事续诉状、审理单、点名单、审判笔录、民事宣判笔录、民事判决书、委任状、民事辩诉状、民事声请状、民事补诉状等。

924. 璧山地方法院审理返还分关借约执行等三案　12—10—909

1940年2月至1941年1月,璧山地方法院关于李林五返还分关借约执行、胡先盛典权登记、协生昌请求返还押银及存款三案的文书,包括函片、民事判决书、民事执行传票回证、民事保状、不动产登记声请书、法院命令、法院公告、执达报告、手绘地图、登记通知书、送达证书、领收证明、民事诉状、民事声请状、审理单、民事辩诉状、点名单、言辞辩论笔录、法院公函、民事宣判笔录等。

925. 璧山地方法院审理确认售谷票部分无效、返还半股耕牛两案　12—10—910

1940年5月至1940年11月,璧山地方法院关于杨霞仙请求确认售谷票部分无效、周朱氏等请求返还半股耕牛两案的文书,包括民事诉状、审理单、送达证书、民事辩诉状、委任状、点名单、审判笔录、民事宣判笔录、民事判决书、民事裁定书、言辞辩论笔录等。

926. 四川高等法院第一分院、璧山地方法院审理返还会款及其上诉一案　12－10－911

1940年1月至1940年3月，四川高等法院第一分院、璧山地方法院关于雷霁辉请求返还会款及其上诉一案的文书，包括地方法院民事判决书、璧山地方法院呈文、往来公函、四川高等法院第一分院民事判决书、民事诉状、民事答辩状、审理单、委任状、送达证书、点名单、言辞辩论笔录、民事宣判笔录、璧山地方法院民事裁定书等。

927. 四川高等法院第一分院、璧山地方法院审理请领判决正本等三案　12－10－912

1940年4月至1940年8月，四川高等法院第一分院、璧山地方法院关于黄至精请领判决正本、吴东成上诉返还会款、罗五全投佃纠纷及其上诉案三案的文书，包括民事声请状、领收证明、送达证书、璧山地方法院呈文、民事上诉状、璧山地方法院民事裁定书、往来公函、言辞辩论笔录、民事辩诉状、四川高等法院第一分院民事判决书、宣示判决笔录、委任状、民事具结证声明状、民事答辩状、审理单、审判笔录、民事宣判笔录、璧山地方法院民事判决书、四川高等法院第一分院民事裁定书等。

928. 璧山地方法院审理给付会款执行两案　12－10－913

1940年8月至1940年12月，璧山地方法院关于蒋陈氏给付会款执行、吴刘氏给付会款执行两案的文书，包括民事执行状、民事执行传票回证、点名单、管收票回证、提票回证、领收证明、民事缴状、民事具领状、民事判决书、执行笔录、民事执行处拘票、执达报告、收款通知证、送达证书等。

929. 四川高等法院第一分院、璧山地方法院审理请求偿还会款上诉等三案　12－10－914

1939年12月至1940年4月，四川高等法院第一分院、璧山地方法院关于任海安上诉请求偿还会款、周德普上诉请求偿还会款、陈汉祥会款偿还执行三案的文书，包括地方法院呈文、民事上诉状、民事缴状、往来公函、送达证书、言辞辩论笔录、委任状、四川高等法院第一分院民事裁定书、佃约、领会银文约、民事答辩状、宣示判决笔录、四川高等法院第一分院民事判决书、民事声请状、民事执行传票回证、点名单、收款通知证、领收证明等。

930. 四川高等法院第一分院、璧山地方法院审理会款纠纷等三案　12－10－915

1940年1月至1940年12月，四川高等法院第一分院、璧山地方法院关于王作周会款纠纷、周万发请求返还核桃、周德普会款纠纷及其上诉案三案的文书，包括民事诉状、送达证书、点名单、民事声请状、法院通知书、审理单、璧山地方法院民事判决书、璧山地方法院呈文、往来公函、四川高等法院第一分院民事裁定书、民事辩诉状、审判笔录、民事宣判笔录、言辞辩论笔录、璧山地方法院民事裁定书等。

931. 璧山地方法院审理交业纠纷等三案　12－10－916

1940 年 4 月至 1940 年 10 月，璧山地方法院关于刘文璧请求领押交业、江汪氏请求终止契约领押交业、唐炳三请求交业三案的文书，包括民事宣判笔录、民事判决书、送达证书、民事诉状、委任状、审理单、往来公函、点名单、审判笔录、民事补诉状、民事辩诉状、言辞辩论笔录、民事宣判笔录、审理笔录等。

932. 璧山地方法院审理树价给付纠纷、债务执行两案　12－10－917

1940 年 9 月至 1940 年 12 月，璧山地方法院关于何诞敷因代卖树木引起的树价给付纠纷、张绍基拍卖抵偿债务执行两案的文书，包括民事诉状、委任状、审理单、送达证书、点名单、审判笔录、往来公函、民事辩诉状、阅卷声请书、民事宣判笔录、民事判决书、民事执行状、民事具诉状、民事具领状等。

933. 璧山地方法院审理确认不动产所有权等三案　12－10－918

1940 年 10 月至 1941 年 1 月，璧山地方法院关于孙萧氏等请求确认不动产所有权、王明中等请求确认不动产所有权、张源清请求交付食谷三案的文书，包括民事诉状、审理单、送达证书、点名单、审判笔录、民事缴状、民事具呈状、民事答辩状、民事裁定书、拘票、执达报告、往来公函等。

934. 四川高等法院第一分院、璧山地方法院审理赔偿损害、赔偿树木两案 12－10－919

1940 年 1 月至 1941 年 1 月，四川高等法院第一分院、璧山地方法院关于匡国清等上诉赔偿损坏的竹笋、罗涛兴祥因侵伐霸占事件请求赔偿树木两案的文书，包括地方法院呈文、民事上诉状、璧山地方法院民事裁定书、送达证书、往来公函、言辞辩论笔录、委任状、宣示判决笔录、四川高等法院第一分院民事判决书、民事展限状、卖产文约、佃约、民事诉状、审理单、点名单、民事具和解状等。

935. 璧山地方法院审理请领红契等四案　12－10－920

1940 年 4 月至 1940 年 11 月，璧山地方法院关于曾焕章声请领回红契、宋荣山请领红契、胡炳奎等请领佃收约、邓祥麟等侵吞赃物四案的文书，包括民事具领状、送达证书、民事保状、点名单、领收证明、民事具声明状、璧山县政府兼理司法事务刑事判决书等。

936. 四川高等法院第一分院、璧山地方法院审理债款纠纷上诉等三案　12—10—921

1939年7月至1940年10月，四川高等法院第一分院、璧山地方法院关于蒋赤南上诉债款纠纷、冯焯然借款支付执行、冯焯然借款纠纷三案的文书，包括缴费凭单、往来公函、四川高等法院第一分院民事判决书、民事上诉状、四川高等法院第一分院民事裁定书、璧山地方法院呈文、送达证书、民事辩诉状、最高法院民事判决书、民事执行传票回证、点名单、执达报告、拘票、民事诉状、法院支付命令、借据、审理笔录、民事传票回证、民事声请状、璧山县司法处民事判决书、民事执行状、民事保状等。

937. 四川高等法院第一分院、璧山地方法院审理投佃纠纷等三案　12—10—922

1940年9月至1940年11月，四川高等法院第一分院、璧山地方法院关于罗五全投佃纠纷、尹海洲请求终止租佃契约、张声汝租佃纠纷上诉三案的文书，包括地方法院民事判决书、璧山地方法院呈文、往来公函、民事诉状、审理单、送达证书、民事辩诉状、点名单、审判笔录、民事宣判笔录、民事声请抗告状、抗告意见书、四川高等法院第一分院民事裁定书等。

938. 四川高等法院第一分院、璧山地方法院审理返还租赁物执行等三案　12—10—923

1940年6月至1940年12月，四川高等法院第一分院、璧山地方法院关于邱治云返还租赁的房屋器具执行案、罗德安上诉请求撤销租谷扣押执行案、罗德安返还租谷执行三案的文书，包括民事声请状、民事判决书、民事执行传票回证、点名单、委任状、执行笔录、四川高等法院第一分院民事裁定书、行会账目、民事执行状、民事展限状、民事辩诉状等。

939. 璧山地方法院审理典权登记等三案　12—10—924

1940年8月至1940年11月，璧山地方法院关于钱夏九典权登记、吴张氏声请再嫁存查、罗严氏声请再嫁存查三案的文书，包括不动产登记声请书、手绘地图、法院公告、法院命令、执达报告、登记通知书、送达证书、领收证明、民事具呈状、民事声请状等。

940. 璧山地方法院审理典权登记一案　12—10—925

1940年8月，璧山地方法院关于李树煊典权登记一案的文书，包括不动产登记声请书、法院公告、法院命令、执达报告、手绘地图、登记通知书、领收证明、送达证书等。

941. 四川高等法院第一分院、璧山地方法院审理解除租佃契约及其抗告案、给付租谷上诉两案　12－10－926

1940年11月,四川高等法院第一分院、璧山地方法院关于刘兴业请求解除租佃契约及其抗告案、舒吉辉请求给付租谷上诉案两案的文书,包括地方法院民事判决书、璧山地方法院呈文、往来公函、法院通知书、四川高等法院第一分院民事判决书、民事抗告状、璧山地方法院民事裁定书、民事缴状、言辞辩论笔录、宣示判决笔录、送达证书、审理单、民事诉状、点名单、审判笔录、委任状、佃约等。

942. 四川高等法院第一分院审理给付欠租上诉一案　12－10－927

1940年4月至1944年5月,四川高等法院第一分院关于万长安请求给付欠租上诉一案的文书,包括地方法院呈文、璧山地方法院民事裁定书、民事上诉状、民事具缴状、民事声请救助状、四川高等法院第一分院民事裁定书、送达证书、民事附带上诉状、言辞辩论笔录、往来公函等。

943. 四川高等法院第一分院、璧山地方法院等审理给付欠租和垫款上诉、解除佃约两案　12－10－928

1939年8月至1944年7月,四川高等法院第一分院、璧山地方法院等关于万长安请求给付欠租和垫款上诉、江远林请求解除佃约两案的文书,包括宣示判决笔录、四川高等法院第一分院民事判决书、送达证书、民事诉状、民事答辩状、点名单、言辞辩论笔录、民事具缴状、民事反诉状、委任状、民事具诉状、押佃文约、民事宣判笔录、璧山地方法院民事判决书、璧山地方法院民事裁定书、璧山地方法院呈文、往来公函、审理笔录等。

944. 四川高等法院第一分院审理租佃纠纷上诉一案　12－10－929

1944年4月,四川高等法院第一分院关于吴王氏租佃纠纷上诉一案的文书,包括璧山实验地方法院呈文、民事上诉状、民事裁定书、送达证书、往来公函、委任状、言辞辩论笔录、民事声请状、民事追诉状、宣示判决笔录、四川高等法院第一分院民事判决书、民事具缴状等。

945. 四川高等法院第一分院、璧山地方法院审理赎典纠纷及其上诉一案　12－10－930

1940年12月至1941年1月,四川高等法院第一分院、璧山地方法院关于蔡鸿章赎典纠纷及其上诉一案的文书,包括地方法院民事判决书、璧山地方法院呈文、往来公函、四川高等法院第一分院民事裁定书、民事诉状、审理单、送达证书、点名单、审判笔录、委任状、民事辩诉状、言辞辩论笔录、民事宣判笔录、法院通知书、饮膳食居文约、璧山地方法院民事裁定书等。

946. 璧山地方法院审理债务纠葛一案　12－10－931

1940年1月至1940年5月，璧山地方法院关于张仕义等借款债务纠葛一案的文书，包括法院支付命令、民事执行传票回证、执达报告、存根、送达证书、民事传票、民事诉状、点名单、审理笔录、民事执行状等。

947. 璧山县司法处、璧山县政府审理借债纠纷一案　12－10－932

1938年5月至1938年12月，璧山县司法处、璧山县政府关于胡玉良借债纠纷一案的文书，包括执达报告、民事执行传票回证、点名单、民事诉状、民事传票回证、审理笔录、璧山县司法处民事和解笔录、送达证书、借银文约、民事声请状、民事辩诉状、璧山县政府民事判决书、民事保状、璧山县政府民事裁定书、民事执行状、委任状、璧山县司法处查封布告、司法处执行命令、民事具领状、司法处拍卖布告、民事催诉状等。

948. 璧山地方法院审理债务纠纷一案　12－10－933

1939年7月至1940年3月，璧山地方法院关于徐明富借款债务纠纷一案的文书，包括送达证书、点名单、言辞辩论笔录、审理单、民事诉状、审判笔录、法院通知书、民事传票、审理笔录等。

949. 四川高等法院第一分院、璧山县司法处审理会款纠纷上诉两案　12－10－934

1939年7月至1940年3月，四川高等法院第一分院、璧山县司法处关于朱洪发等上诉会款纠纷、张树柏上诉请求偿还会款两案的文书，包括地方法院呈文、往来公函、四川高等法院第一分院民事判决书、送达证书、民事诉状、民事声请状、民事续呈状、执达报告、审理笔录、点名单、民事辩诉状、民事反诉状、民事参加状、璧山县司法处民事判决书、会簿、民事上诉状、四川高等法院第一分院民事裁定书、言辞辩论笔录、委任状、四川高等法院第一分院民事和解笔录等。

950. 四川高等法院第一分院、璧山地方法院审理买卖田业纠纷及其上诉一案　12－10－935

1940年11月，四川高等法院第一分院、璧山地方法院关于曹叔才等租佃暨买卖田业纠纷及其上诉一案的文书，包括地方法院民事裁定书、抗告意见书、璧山地方法院呈文、四川高等法院第一分院民事裁定书、民事声明状、民事抗告状、送达证书、民事声请状等。

951. 璧山地方法院审理脱逃、欠租执行两案　12－10－936

1940年5月，璧山地方法院关于王治春等脱逃、龚育之欠租执行两案的文书，包括法院训令、存根、法院命令、刑事判决书、民事执行状、法院指令等。

另本卷包含大量不同案件的法院收银存根。

952. 四川高等法院第一分院、璧山地方法院审理交业纠纷上诉等七案　12－10－937

1940年2月，四川高等法院第一分院、璧山地方法院关于解送诈欺及妨害自由案犯陈兴发、甘汝霖上诉交业纠纷、罗功勖等杀人、向坤山等妨害农事、周开镛请求终止租佃契约、周克光租佃纠纷、范良成诈骗七案的文书，包括检察官处分书、联保办公处呈文、往来公函、民事诉状、佃约、民事执行状、四川高等法院第一分院民事裁定书、四川高等法院第一分院刑事二审判决书、送达证书、请款书、支付命令、璧山地方法院民事裁定书、璧山地方法院民事判决书、刑事诉状、点名单、检察官侦查笔录等。

953. 璧山地方法院审理妨害婚姻上诉等四案　12－10－938

1940年7月，璧山地方法院关于陈万才上诉妨害婚姻、孙良臣声请宣告铁板偿付假执行、邹耀庭债务执行抗告案、杨正容声请典权登记四案的文书，包括地方法院呈文、往来公函、民事诉状、璧山地方法院民事裁定书、送达证书、民事抗告状、抗告意见书、四川高等法院第一分院民事裁定书、不动产登记声请书、法院命令、法院公告、执达报告、手绘地图、民事声明状、登记通知书等。

954. 璧山地方法院审理撤销典当契约及其上诉等三案　12－10－939

1940年9月至1941年10月，璧山地方法院关于谢访桃请求撤销典当契约及其上诉案、钟良臣租佃纠纷、曾鸿安请求撤销分约及返还田产三案的文书，包括地方法院呈文、璧山地方法院民事判决书、往来公函、法院通知书、送达证书、点名单、领证辩论笔录、领收证明、民事反诉状、委任状、民事诉状、审理笔录、璧山地方法院民事裁定书、佃约、民事答辩状、言辞辩论笔录、遗嘱等。

955. 璧山地方法院审理请求优先留买权、撤销和解两案　12－10－940

1940年4月，璧山地方法院关于陈春林请求优先留买权、陈树元请求撤销和解两案的文书，包括民事诉状、送达证书、民事答辩状、点名单、审判笔录、民事和解笔录、民事声请状、民事具诉状、审理单、民事宣判笔录、民事判决书等。

956. 四川高等法院第一分院、璧山地方法院审理撤销出卖祀产契约上诉等三案 12－10－941

1939年8月至1940年12月，四川高等法院第一分院、璧山地方法院关于张成禄等请求撤销出卖祀产契约上诉案、刘欧氏因祭田纠纷声请恢复原状、李邓氏会款偿还三案的文书，包括四川高等法院第一分院民事裁定书、璧山地方法院呈文、往来公函、送达证书、民事诉状、言辞辩论笔录、民事辩诉状、民事缴状、四川高等法院第一分院民事判决书、委任状、宣示判决笔录、执达报告、租赁文约、乡公所呈文、法院指令等。

957. 四川高等法院第一分院、璧山地方法院审理扣押黄牛存查、撤销出卖祀产契约抗告两案 12－10－942

1940年10月，四川高等法院第一分院、璧山地方法院关于依凤乡乡公所为鲁香浦与钟云高因购纸纠葛扣押黄牛声请存查、张成禄等请求撤销出卖祀产契约抗告案两案的文书，包括乡公所呈文、法院指令、璧山地方法院呈文、民事抗告状、抗告意见书、四川高等法院第一分院民事裁定书、往来公函、送达证书等。

958. 璧山地方法院审理请求转佃等三案 12－10－943

1940年11月，璧山地方法院关于邹邱氏请求转佃、曾黄氏声请再嫁存查、甘宗良请领典约三案的文书，包括民事判决书、璧山地方法院呈文、往来公函、民事声请状、民事具领状、送达证书等。

959. 璧山地方法院审理典权登记等三案 12－10－944

1940年5月，璧山地方法院关于庆余唐声请典权登记、李政轩声请典权登记、刘彭城堂声请典权登记三案的文书，包括不动产登记声请书、法院公告、法院命令、执达报告、不动产调查笔录、手绘地图、登记通知书、领收证明、送达证书、民事异议状等。

960. 四川高等法院第一分院、璧山地方法院审理撤销不动产登记上诉等三案 12－10－945

1940年4月至1940年12月，四川高等法院第一分院、璧山地方法院关于徐成钲上诉请求撤销不动产登记、廖树臣请求偿还会款声请产业假扣押、江建安因田土房屋所有权纠纷引起的执行异议上诉案三案的文书，包括地方法院呈文、民事声请申送上诉状、璧山地方法院民事判决书、民事上诉状、往来公函、送达证书、点名单、民事辩诉状、言辞辩论笔录、宣示判决笔录、四川高等法院第一分院民事判决书、委任状、民事声请状、璧山地方法院民事裁定书、执达报告等。

961. 璧山地方法院审理盗窃及妨害家庭一案　12－10－946

1940年2月至1940年9月，璧山地方法院关于龚惠良等盗窃及诱拐他人之女妨害家庭一案的文书，包括往来公函、检察官起诉书、审理单、传票回证、点名单、审判笔录、执达报告、刑事判决书、送达证书、刑事诉状、民事具诉状、检察官侦查笔录、刑事具保状等。

962. 四川高等法院第一分院、璧山地方法院审理给付食谷及其上诉一案　12－10－947

1940年12月，四川高等法院第一分院、璧山地方法院关于汪炳六等因买谷纠纷请求给付食谷及其上诉一案的文书，包括地方法院民事判决书、璧山地方法院呈文、往来公函、四川高等法院第一分院民事和解笔录、民事上诉状、璧山地方法院民事判决书、璧山地方法院民事裁定书、送达证书、民事具公证状、民事答辩状、委任状、言辞辩论笔录、民事诉状、审理单、点名单、民事宣判笔录等。

963. 四川高等法院第一分院、璧山地方法院审理租佃纠纷上诉等六案　12－10－948

1940年2月至1940年12月，四川高等法院第一分院、璧山地方法院关于吴熊氏上诉租佃纠纷、何保全伤害、雷天成杀人、连行义租佃纠葛、汪类藩租佃纠纷、周子昭请求给付租谷及其上诉案六案的文书，包括地方法院呈文、民事诉状、璧山地方法院民事判决书、往来公函、四川高等法院第一分院民事裁定书、璧山地方法院刑事判决书、点名单、民事具保状、民事上诉状、送达证书、审判笔录、民事宣判笔录、璧山地方法院民事裁定书等。

964. 璧山地方法院审理盗窃上诉、撤销出卖祀产契约两案　12－10－949

1940年5月，璧山地方法院关于张德厚因盗窃树木纠纷而上诉、张成禄等上诉撤销出卖祀产契约两案的文书，包括法院训令、民事上诉状、璧山地方法院刑事裁定书、送达证书、璧山地方法院呈文、抗告意见书、往来公函等。

965. 四川高等法院第一分院、璧山地方法院审理债务纠纷上诉、债务执行两案　12－10－950

1940年3月，四川高等法院第一分院、璧山地方法院关于杨建裳等上诉借款债务纠纷、王申猷债务执行两案的文书，包括地方法院呈文、往来公函、四川高等法院第一分院民事判决书、送达证书、民事具领状、领收证明等。

966. 璧山地方法院审理押金给付执行等四案　12—10—951

1940 年 2 月，璧山地方法院关于杨旭初押金给付执行、郭永明给付押银执行、周席珍请领契纸、杨兰谷借款纠纷四案的文书，包括民事执行状、送达证书、民事销案状、民事执行传票回证、点名单、执行笔录、民事具领状、领收证明、审理单、刑事上诉状、民事答辩状、言辞辩论笔录、民事判决书等。

967. 璧山地方法院审理会款债务执行、膳谷给付执行两案　12—10—952

1940 年 4 月至 1940 年 6 月，璧山地方法院关于钱相臣等会款债务执行、江凤翔膳谷给付执行两案的文书，包括民事声请状、民事执行传票回证、点名单、民事执行处拘票、执达报告、销案切结、民事判决书、民事执行状、民事裁定书、委任状、民事声明状、民事保状、民事具和解状、法院支付命令、执行讯问笔录、执行笔录等。

968. 璧山地方法院审理提存典价备查、找补典价两案　12—10—953

1940 年 1 月至 1940 年 12 月，璧山地方法院关于甘宗良声请提存典价备查、张吴氏请求找补典价两案的文书，包括民事诉状、璧山地方法院呈文、往来公函、送达证书等。

969. 璧山地方法院审理交还产业等三案　12—10—954

1940 年 4 月至 1945 年 9 月，璧山地方法院关于娄才桂请求交还产业、彭陈氏因其儿替人当差时淹死请求赔偿损害、王制君因买业纠纷请求赔偿损害三案的文书，包括民事诉状、送达证书、民事声明状、言辞辩论笔录、委任状、民事裁定书、民事声请状、点名单、民事辩诉状、审判笔录等。

970. 璧山地方法院审理返还产业两案　12—10—955

1940 年 7 月，璧山地方法院关于晏朝冈等请求返还产业、刘远请求返还产业两案的文书尾卷，包括地方法院呈文、民事裁定书、民事判决书等。

971. 四川高等法院第一分院、璧山地方法院审理会款执行等三案　12—10—956

1940 年 6 月至 1940 年 10 月，四川高等法院第一分院、璧山地方法院关于罗刘氏会款执行、贺特生会款执行、邹玉堂会款纠纷及其上诉案三案的文书，包括民事执行状、民事执行传票回证、点名单、民事诉状、执行笔录、执行命令、执达报告、调查笔录、民事具保状、民事具领状、领收证明、送达证书、璧山地方法院民事判决书、璧山县政府兼理司法事务民事判决书、往来公函、四川高等法院第一分院民事裁定书等。

972. 璧山地方法院审理离婚备查案等四案　12—10—957

1940年3月至1940年11月，璧山地方法院关于曾俊良声请离婚备查案、李陈氏请领借约及判决正本、雷霁晖等会款纠纷、袁天成清偿会款执行四案的文书，包括民事诉状、审理单、送达证书、点名单、审判笔录、民事声请状、离婚文约、民事具领状、璧山地方法院呈文、往来公函、民事执行状、民事执行传票回证、执行笔录等。

973. 璧山地方法院审理押银纠纷等三案　12—10—958

1940年3月，璧山地方法院关于郭炳云等押银纠纷、余治平上诉会款纠纷、邹江氏请求解除佃约三案的文书，包括民事再审状、送达证书、璧山地方法院民事裁定书、璧山地方法院呈文、民事上诉状、民事具缴状、往来公函、言辞辩论笔录、委任状、璧山地方法院民事判决书等。

974. 璧山地方法院审理两起回赎典产案　12—10—959

1940年4月至1940年10月，璧山地方法院关于钟树林上诉回赎典产、袁陈氏等回赎典产两案的文书，包括地方法院呈文、民事上诉状、往来公函、送达证书、言辞辩论笔录、民事答辩状、委任状、民事具领状、宣示判决笔录、四川高等法院第一分院民事判决书、璧山地方法院民事判决书等。

975. 四川高等法院第一分院、璧山地方法院审理确认典约无效等三案　12—10—960

1940年8月，四川高等法院第一分院、璧山地方法院关于谢世江请求确认典约无效、王炳南回赎典产、龙泽宣租佃纠纷三案的文书，包括民事诉状、委任状、审理单、送达证书、点名单、审判笔录、法院训令、调查报告、璧山地方法院民事裁定书、民事答辩状、璧山地方法院民事判决书、民事宣判笔录、民事再审状、佃约、言辞辩论笔录、民事和解笔录、璧山地方法院呈文、民事上诉状、民事辩诉状、宣示判决笔录、四川高等法院第一分院民事判决书等。

976. 璧山地方法院审理声请租赁纠纷调解等三案　12—10—961

1940年1月，璧山地方法院关于刘茂林声请租赁纠纷调解、尚玉章违反所得税法及利得税法、彭秉乾终止租佃执行三案的文书，包括民事声请状、审理单、送达证书、点名单、言辞辩论笔录、民事辩诉状、委任状、往来公函、刑事裁定书、民事执行传票回证、执达报告、具交切结、法院训令等。

977. 璧山地方法院审理撤销卖产上诉等五案　12—10—962

1940年4月至1940年9月，璧山地方法院关于张成禄因撤销出卖祀产纠纷而上诉、周再兴声请订立抱养文约存查、泰海云抗告请求补给本息、何松美上诉请求返还田房、江荣臣借款给付纠纷的执行案五案的文书，包括民事上诉状、璧山地方法院民事裁定书、送达证书、民事备查状、抱养文约、璧山地方法院呈文、抗告意见书、往来公函、言辞辩论笔录、民事执行状、民事执行传票回证、点名单等。

978. 璧山地方法院审理典当纠纷上诉等四案　12－10－963

1940 年 2 月至 1940 年 12 月，璧山地方法院关于黄洪氏等上诉典当纠纷、刘露卿等上诉撤销买卖契约、何诞敷请求赔偿树价、胡何氏回赎典产四案的文书，包括地方法院呈文、璧山地方法院民事判决书、往来公函、民事诉状、送达证书、点名单、言辞辩论笔录、民事缴状、委任状、民事辩诉状、民事宣判笔录、典约等。

979. 璧山地方法院审理租谷给付执行等四案　12－10－964

1940 年 1 月至 1940 年 6 月，璧山地方法院关于张彩林等租谷给付执行、张献之请领契纸、周受歧请领契约、杨汉臣请领执照红票等四案的文书，包括民事执行状、民事声请状、送达证书、民事具领状、领收证明等。

980. 璧山地方法院审理给付生活费及其上诉一案　12－10－965

1940 年 2 月至 1940 年 4 月，璧山地方法院关于曾兴智等请求给付生活费及其上诉一案的文书，包括地方法院呈文、往来公函、璧山地方法院民事判决书、最高法院民事裁定书、民事诉状、送达证书点名单、言辞辩论笔录、委任状、民事宣判笔录、璧山地方法院民事裁定书等。

981. 璧山地方法院审理赎典纠纷及再审一案　12－10－966

1940 年 11 月，璧山地方法院关于袁陈氏赎典纠纷及再审一案的文书，包括民事再审状、往来公函、送达证书、民事判决书、民事诉状、点名单、审判笔录、请中文约、典当文约、民事宣判笔录、民事裁定书等。

982. 四川高等法院第一分院、璧山地方法院审理交业执行、租谷纠纷上诉两案　12－10－967

1940 年 1 月，四川高等法院第一分院、璧山地方法院关于陈刘氏交业执行、刘春暄上诉租谷纠纷两案的文书，包括民事执行状、民事执行传票回证、往来公函、民事上诉状、送达证书、璧山地方法院呈文四川高等法院第一分院民事判决书等。

983. 璧山地方法院审理确认买约有效上诉、确认所有权两案　12－10－968

1940 年 5 月至 1940 年 11 月，璧山地方法院关于张汉荣请求确认买约有效上诉案、何冕堂请求确认所有权两案的文书，包括地方法院呈文、民事上诉状、送达证书、民事辩诉状、委任状、言辞辩论笔录、四川高等法院第一分院民事和解笔录、民事诉状、审理单、点名单、审判笔录、民事宣判笔录、璧山地方法院民事判决书等。

984. 四川高等法院第一分院审理给付生活费上诉一案　12－10－969

1940 年 5 月，四川高等法院第一分院关于蒋海滨请求给付生活费上诉一案的文书，包括地方法院呈文、民事上诉状、送达证书、言辞辩论笔录、委任状、民事答辩及附带上诉状、民事声请状、四川高等法院第一分院民事裁定书、乡公所公函、服兵役证明书等。

985. 璧山地方法院审理返还租谷上诉等四案　12－10－970

1940 年 1 月至 1940 年 8 月，璧山地方法院关于向洪盛等请求返还租谷上诉案、陈定国请求撤销买卖契约、刘道五请求确认所有权暨回赎典产、张同德租佃纠纷四案的文书，包括往来公函、璧山地方法院呈文、璧山地方法院民事判决书、法院训令、民事辩诉状等。

986. 璧山地方法院审理会款纠纷上诉等三案　12－10－971

1939 年 10 月，璧山地方法院关于陈刘氏上诉会款纠纷、冯兴益请求终止租约、张德勋遗产纠纷三案的文书，包括民事诉状、往来公函、四川高等法院第一分院民事裁定书、送达证书、璧山地方法院呈文、抗告意见书、璧山地方法院民事判决书、民事声请状等。

987. 璧山地方法院审理赔偿损害等五案　12－10－972

1940 年 1 月至 1941 年 1 月，璧山地方法院关于蒋众权堂请求赔偿损害、徐永森赎典纠纷、龚茂臣因终止租约纠纷请求回复原状、张春庭赎典纠纷、黄德明租佃纠纷五案的文书，包括地方法院呈文、往来公函、民事诉状、送达证书、璧山地方法院民事判决书等。

988. 最高法院、璧山地方法院审理回赎典产及其上诉一案　12－10－973

1940 年 5 月至 1941 年 6 月，最高法院、璧山地方法院关于祝叶氏回赎典产及其上诉一案的文书，包括民事判决书、璧山地方法院呈文、往来公函、最高法院民事裁定书等。该案文书不甚完整。

989. 最高法院、四川高等法院第一分院、璧山地方法院等审理诈骗等二十二案 12—10—974

1937年至1940年，最高法院、四川高等法院第一分院、璧山地方法院等关于诈骗、抢劫、伤害、解除租佃契约、妨害所有权、确认所有权、撤销租谷扣押、收受赃物、赔偿损害、妨害自由及诬告、返还押金、租金纠纷、估骗、脱逃、借款纠纷、押租纠纷、监护不法、分割共有物纠纷、给付租谷、债务纠纷抗告、债务纠纷再抗告、家产及买卖纠纷上诉二十二案的文书，包括民事诉状、执达报告、检察官处分书、璧山地方法院刑事判决书、璧山地方法院民事判决书、民事执行传票回证、点名单、执行笔录、法院布告、民事具保状、民事缴状、民事具领状、拘票、璧山地方法院民事裁定书、璧山地方法院民事和解笔录、四川高等法院第一分院民事裁定书、最高法院民事裁定书、璧山地方法院第一次报告、嘱托送达文件登记簿、法院命令等。

990. 重庆地方法院、璧山地方法院审理妨害婚姻及家庭、诱拐潜逃、会款纠纷上诉等二十八案 12—10—975

1940年2月至1940年12月，重庆地方法院、璧山地方法院关于妨害婚姻及家庭、诱拐潜逃、邹玉堂会款纠纷上诉、刘治国盗窃、杨吴氏等损毁侮辱、唐学栋伤害致死、王海云盗窃、廖青云盗窃、陈正芳侵占、傅兴全等盗窃、孙炳安请求赔偿损害、黄开玉请求偿还田价、巫奎臣妨害自由、谭洪卿请求偿还欠款、萧炳斋请求返还纸厂、王德光请求交还遗产、曹达中收受赃物、王青山请求终止租佃契约给付欠租、沈发云请求撤销婚姻暨赔偿损害、江宗华会款纠纷、田治成请求返还押佃、杨炳全请求回赎典产、甘锡成请求领价交业、高海林请求偿还借款、李蓝氏扶养纠纷、吴远龙请求确认租约有效、王明中请求确认不动产物权、江汪氏妨害自由二十八案的文书，包括法院指令、检察官起诉书、刑事判决书、巴县地方法院民事判决书、往来公函、民事判决书、民事裁定书等。

991. 璧山地方法院审理离婚存查一案 12—10—976

1940年10月，璧山地方法院关于胡炳炉声请离婚存查一案的文书，包括民事声请状、送达证书、离婚文约等。

992. 璧山地方法院审理上诉撤销买卖契约一案 12—10—977

1940年12月，璧山地方法院关于刘渭南等上诉撤销买卖契约一案的文书，唯有地方法院呈文一份。

民事十一

1. 璧山地方法院审理因请求返还国币及买契交单上诉一案　12—11—1

1941 年 9 月，璧山地方法院关于刘元盛要求喻启厚等请求返还国币及买契交单上诉案的文书，仅有民事诉状一份、判决书一份且页面破损。

2. 璧山地方法院审理典权纠纷一案　12—11—2

1941 年 2 月至 1941 年 5 月，璧山地方法院关于陈昌贤等典权纠纷一案的文书，包括民事诉状、民事委任状、民事具状、审理笔录、民事辩诉状、民事裁决书等。

3. 璧山地方法院审理收回遗产一案　12—11—3

1941 年 11 月，璧山地方法院关于郑肖氏申请收回分给子女的遗产一案的文书，包括传唤书、送达证书等。

4. 璧山地方法院审理返还扣押利谷一案　12—11—4

1941 年 12 月，璧山地方法院关于叶柄清请求偿还银行借款利息返还扣押利谷一案的文书，包括民事诉状、民事反诉状、民事审判笔录、民事申请状、送达证书等。

5. 四川高等法院第一分院、璧山地方法院审理撤销租佃契约及其上诉一案　12—11—5

1941 年 7 月至 1942 年 4 月，四川高等法院第一分院、璧山地方法院关于廖昌银等申请撤销租佃契约及其上诉案的文书，包括民事委任状、民事辩诉状、审理笔录、民事判决书、物证、民事缴状、民事答辩状等。

6. 璧山实验地方法院审理继承权纠纷一案　12—11—6

1943 年 2 月至 1943 年 8 月，璧山实验地方法院关于张尹氏等继承权纠纷一案的文书，包括民事补诉状、民事委任状、民事告诉状、审理笔录、证人结文、民事答辩笔录、民事宣判笔录、民事判决书、物证等。

7. 四川高等法院第一分院、璧山地方法院审理终止租约及其上诉一案　12－11－7

1941 年 7 月至 1942 年 1 月，四川高等法院第一分院、璧山地方法院关于陈森林等申请终止租约及其上诉案的文书，包括审理笔录、民事判决书、民事裁定、物证、民事上诉状等。

8. 璧山地方法院审理返还田业一案　12－11－8

1941 年 4 月至 1941 年 10 月，璧山地方法院关于王洪杰等返还因债查封的田业一案的文书，包括民事诉状两份。

附陈森林等租佃纠葛案的民事判决书。

9. 四川高等法院第一分院、璧山地方法院审理终止租赁及其上诉一案　12－11－9（1）

1941 年 7 月至 1943 年 6 月，四川高等法院第一分院、璧山地方法院关于雷则鸣等终止租赁及其上诉案的文书，包括民事诉状、物证、民事委状、民事辩状、审理笔录、民事判决书、民事裁定、往来公函、民事答辩状、民事声请等。

10. 四川高等法院第一分院审理终止租赁一案　12－11－9（2）

1943 年 10 月至 1945 年 1 月，四川高等法院第一分院关于雷则鸣等因租佃纠葛而申请终止租赁一案的文书，包括民事委状、民事声请状、往来公函、民事委任状、民事判决书、物证、民事上诉状、民事裁定等。

11. 璧山地方法院审理回赎田房一案　12－11－10

1941 年 12 月至 1942 年 3 月，璧山地方法院关于邓树昌等回赎典当田房一案的文书，包括民事诉状、民事委任状、民事辩诉状、审理笔录、物证、民事判决书等。

12. 四川高等法院第一分院、璧山地方法院审理终止租约及其上诉一案　12－11－11

1941 年 11 月至 1942 年 11 月，四川高等法院第一分院、璧山地方法院关于蒋洪发等终止租约及其上诉案的文书，包括民事起诉状、民事委任状、民事辩诉状、审理笔录、民事判决书、民事上诉状、往来公函、民事裁定、民事答辩状、送达文书等。

13. 璧山地方法院审理给付黄谷一案　12－11－12

1941 年 12 月，璧山地方法院关于何光楷等因买卖黄谷纠葛而申请给付黄谷一案的文书，包括民事起诉状、送达证书、点名单等。

14. 璧山地方法院审理请领证物一案　12—11—13

1941 年 11 月,璧山地方法院关于四合永申请领回呈庭证物佃约一案的文书,仅包括民事声请状一份。

15. 四川高等法院第一分院、璧山地方法院审理租佃契约纠葛上诉一案　12—11—14

1940 年 10 月至 1941 年 1 月,四川高等法院第一分院、璧山地方法院关于邓刘氏等因租佃纠葛而请求终止租约上诉一案的文书,包括民事执行状、四川高等法院第一分院民事判决书、点名单等。

16. 璧山地方法院审理申请交业一案　12—11—15

1941 年 9 月至 1941 年 11 月,璧山地方法院关于朱海廷等因遗产纠葛而申请交业一案的文书,包括民事声请状、民事委状、送达证书、民事判决书、审理笔录、人证物证等。

17. 璧山地方法院审理给付租谷执行一案　12—11—16

1941 年 5 月至 1941 年 7 月,璧山地方法院关于熊有成等申请给付租谷执行一案的文书,包括民事声请状、审理笔录、法院训令、执行命令等。

18. 璧山地方法院审理给付田房一案　12—11—17

1941 年 10 月至 1942 年 1 月,璧山地方法院关于赵海贤等因租佃纠葛而申请给付田房一案的文书,包括民事诉讼、民事委任状、民事诉状、审理笔录、民事声请状、民事声明状、民事裁定、物证等。

19. 四川高等法院第一分院审理租谷执行上诉一案　12—11—18

1941 年 7 月至 1941 年 12 月,四川高等法院第一分院关于钟衡萱请求租谷执行上诉一案的文书,包括民事上诉状、往来公函、民事裁定、送达文书等。

20. 璧山地方法院审理给付租谷执行一案　12—11—19

1941 年 5 月至 1941 年 8 月,璧山地方法院关于曾克五等请求给付租谷执行一案的文书,包括法院训令、审理笔录、民事保状、民事和解状、民事判决书等。

21. 璧山地方法院审理给付租谷再审一案　12—11—20

1941 年 3 月至 1941 年 11 月,璧山地方法院关于杨海清给付租谷再审一案的文书，包括民事续呈、民事催呈、审理笔录、民事裁定、民事抗告意见书、往来公函、民事抗告、物证和原审相关材料等。

22. 四川高等法院第一分院审理撤销租约上诉一案　12－11－21

1941 年 1 月至 1941 年 12 月，四川高等法院第一分院关于白世昌等申请撤销租约上诉一案的文书，包括原审相关材料（包括民事判决书、民事裁定）、民事上诉状、民事缴状、往来公函、民事委任状、审理笔录、民事答辩状等。

23. 璧山地方法院审理赎产纠葛一案　12－11－22

1941 年 12 月至 1942 年 3 月，璧山地方法院关于江远星等赎产纠葛一案的文书，包括民事告诉状、送达证书、审理笔录、民事委状、民事判决书、物证、民事上诉状、往来公函等。

24. 四川高等法院第一分院审理买树纠纷上诉一案　12－11－23

1941 年 10 月至 1942 年 1 月，四川高等法院第一分院关于冯树家等买树纠纷上诉一案的文书，包括原审相关材料（包括民事判决）、民事上诉状、民事缴状、审理笔录、民事答辩状、民事委状、往来公函、民事公证状、宣誓判决笔录、民事判决书、物证等。

25. 四川高等法院第一分院审理终止租约上诉一案　12－11－24

1941 年 1 月至 1942 年 8 月，四川高等法院第一分院关于黄德明终止租约上诉一案的文书，包括民事上诉状、原审相关材料（民事判决书、民事裁定）、审理笔录、往来公函、民事委任状、民事辩状、民事证明书、民事补诉状、言辞辩论笔录、宣誓判决笔录、送达证书等。

26. 璧山地方法院审理公产纠葛提起诉讼一案　12－11－25

1941 年 12 月，璧山地方法院关于胡执中等因房屋被充公而提起诉讼一案的文书，包括民事告诉状、民事讯问笔录、往来公函、审理笔录、民事辩诉状、民事判决书等。

27. 四川高等法院第一分院、璧山地方法院审理欠款纠葛及其上诉一案　12－11－26

1941 年 7 月至 1941 年 12 月，四川高等法院第一分院、璧山地方法院关于白楚珩欠款纠葛及其上诉案的文书，包括往来公函、民事判决书、民事上诉状、民事裁定、收条文约、和解状、言辞辩论笔录、宣示判决笔录、民事委任状、民事起诉状、民事辩诉状、民事宣判笔录等。

28. 最高法院、四川高等法院第一分院、璧山地方法院等审理回赎典产纠葛上诉一案　12－11－27

1941年10月至1943年7月，最高法院、四川高等法院第一分院、璧山地方法院等关于胡邬氏等回赎典产纠葛上诉一案的文书，包括最高法院、四川高等法院第一分院、璧山地方法院之间的往来公函等。

29. 四川高等法院第一分院、璧山地方法院审理妨害自由一案　12－11－28

1941年1月至1941年3月，四川高等法院第一分院、璧山地方法院关于任银章等因租佃纠葛侵入住宅妨害自由一案的文书，包括检察官训令、检察官案件进行单、刑事自诉状、刑事判决书等。

30. 璧山地方法院审理离异纠葛一案　12－11－29

1941年9月，璧山地方法院关于陈永义离异纠葛一案的文书，包括民事诉状、传唤记录等。

31. 四川高等法院第一分院、璧山地方法院等审理买卖田业契约异议及其上诉一案　12－11－30

1941年11月至1942年11月，四川高等法院第一分院、璧山地方法院等关于郑伯良等买卖田业契约异议及其上诉一案的文书，包括民事委任状、民事辩诉状、审理笔录、民事诉状、民事判决书、民事裁定、往来公函等。

32. 璧山地方法院审理给付租谷一案　12－11－31

1941年10月至1941年12月，璧山地方法院关于张凤新等给付租谷一案的文书，包括民事诉状、民事答辩状、民事委状、案件审理单、审理笔录、民事判决书、物证等。

33. 璧山地方法院审理变造田土房屋契约一案　12－11－32

1941年6月至1941年11月，璧山地方法院关于曾国荣变造买卖田土房屋契约一案的文书，包括往来公函、刑事判决书、送达证书等。

34. 璧山地方法院审理确认买卖田业所有权一案　12－11－33

1941年6月至1941年9月，璧山地方法院关于向奎材等请求确认买卖田业所有权一案的文书，包括民事声请状、民事辩诉状、审理笔录、民事诉讼、和解笔录等。

35. 璧山地方法院审理迁让纠纷一案　12－11－34

1941年8月至1942年3月，璧山地方法院关于蒋慎先等因租佃纠葛而申请迁让一案的文书，包括民事起诉状、民事委任状、民事反诉、审理笔录、民事判决书、民事裁定、民事补充、物证等。

36. 璧山地方法院审理解除租佃关系一案　12－11－35

1941年7月至1941年8月，璧山地方法院关于彭献荣等申请解除租佃关系一案的文书，包括民事诉讼、民事委任状、民事辩诉状、民事诉状、审理笔录、民事判决书等。

37. 璧山地方法院审理赎产纠葛一案　12－11－36

1941年7月至1941年11月，璧山地方法院关于王惠远赎产纠纷一案的文书，包括民事起诉状、民事辩诉状、审理笔录、民事宣判笔录、民事上诉状、民事判决书等。

38. 璧山地方法院审理交还押金一案　12－11－37

1941年6月至1941年8月，璧山地方法院关于鲍正发等因租佃纠葛而申请交还押金一案的文书，包括民事诉状、物证、送达文书、审理笔录、民事和解笔录等。

39. 璧山地方法院审理交还矿权一案　12－11－38

1941年9月，璧山地方法院关于熊炳发等交还矿权一案的文书，包括民事执行、民事委任等。

40. 璧山地方法院审理交还押金一案　12－11－39

1941年7月，璧山地方法院关于邓书亮与陈萧氏因租佃纠葛而申请交还押金一案的文书，包括民事诉状、送达文书、民事声明状、民事辩诉状等。

41. 璧山地方法院审理赔偿股本一案　12－11－40

1941年12月，璧山地方法院关于李德云赔偿股本一案的文书，包括民事诉状、审理笔录等。

42. 璧山地方法院审理交铺执行一案　12－11－41

1941年2月，璧山地方法院关于朱陈氏等因租赁街铺纠葛而申请交铺执行一案的文书，包括民事诉状、审理笔录、法院训令、民事执行笔录等。

43. 四川高等法院第一分院审理领押交房上诉一案　12－11－42

1941 年 2 月至 1941 年 7 月，四川高等法院第一分院关于陈述轩等领押交房上诉一案的文书，包括原审相关材料（包括民事判决书、民事诉状、审理笔录等）、民事裁定、往来公函、民事声请状、民事委任状、民事辩诉状、审理笔录、宣誓判决笔录等。

44. 璧山地方法院审理赔偿损失一案　12－11－43

1941 年 9 月，璧山地方法院关于丁子君要求等赔偿违反租约的损失一案的文书，包括审理笔录、点名单、民事宣判笔录、民事诉状等。

45. 璧山地方法院审理稻草买卖纠葛一案　12－11－44

1941 年 10 月至 1941 年 11 月，璧山地方法院关于邓云成等稻草买卖纠葛一案的文书，包括民事诉讼、民事审理笔录、民事辩诉状、民事判决书、物证等。

46. 璧山实验地方法院审理返还产业一案　12－11－45

1942 年 10 月至 1942 年 11 月，璧山实验地方法院关于甘华迁等因遗产纠葛而申请返还产业一案的文书，包括民事诉状、审理笔录、民事辩状、民事补诉状等。

47. 四川高等法院第一分院审理交业执行上诉一案　12－11－46

1941 年 9 月，四川高等法院第一分院关于李子溪等因买卖田业纠葛而申请交业执行上诉一案的文书，包括原审相关材料（民事执行、民事委状、点名单、民事声请等）、往来公函、民事抗告状、民事裁定等。

48. 璧山地方法院审理租谷纠葛一案　12－11－47

1941 年 9 月至 1941 年 10 月，璧山地方法院关于刘治清租谷纠葛一案的文书，包括民事诉状、点名单、审理笔录、法院和解笔录等。

49. 璧山地方法院审理确认坟权一案　12－11－48

1941 年 9 月至 1941 年 10 月，璧山地方法院关于李荣丰等申请确认坟地所有权一案的文书，包括民事诉状、传票回证、点名单、民事审理笔录、民事判决书等。

50. 四川高等法院第一分院审理交业纠纷上诉一案　12－11－49

1941 年 12 月至 1942 年 1 月，四川高等法院第一分院关于何宏基等因租佃纠葛而申请交业纠纷上诉一案的文书，包括民事抗告、民事裁定、原审相关材料（包括民事催呈、民事催状、民事抗告、民事执行笔录、民事执行、民事催请、法院训令、民事委任状、民事领状）等。

51. 璧山地方法院审理解除租佃一案　12－11－50

1941 年 8 月至 1941 年 9 月，璧山地方法院关于张宦成等解除租佃关系一案的文书，包括民事诉状、民事和解状、传票回证等。

52. 四川高等法院第一分院审理租佃纠葛上诉一案　12－11－51

1941 年 5 月至 1941 年 6 月，四川高等法院第一分院关于徐郑氏等租佃纠葛上诉一案的文书，包括民事上诉状、民事判决书、原审相关材料（民事裁定等）、往来公函等。

53. 璧山地方法院审理交业纠纷一案　12－11－52

1941 年 6 月至 1941 年 8 月，璧山地方法院关于张德吉等因典当田业纠葛而申请交业一案的文书，包括民事诉状、物证、民事辩诉状、言辞辩论笔录、民事审理笔录、民事宣判笔录、民事判决书、民事裁定等。

54. 四川高等法院第一分院审理赎典纠葛上诉一案　12－11－53

1941 年 12 月，四川高等法院第一分院关于张德吉等赎典纠葛上诉一案的文书，包括民事缴状、民事声请状、民事辩诉状、民事委状、民事理由、往来公函、民事和解笔录等。

55. 璧山地方法院审理继承产业假扣押一案　12－11－54

1941 年 11 月，璧山地方法院关于黄开玉等因无权继承而申请将产业假扣押一案的文书，包括民事声请状、民事裁定、抗告意见书等。

56. 四川高等法院第一分院审理租谷假扣押上诉一案　12－11－55

1939 年 2 月，四川高等法院第一分院关于王复盛声请租谷假扣押上诉一案的文书，包括原审相关材料（民事声请状、物证、民事诉状、民事自诉、民事上诉状、民事辩诉状、民事裁定等）、民事裁定、法院训令等。

57. 璧山地方法院审理妨害婚姻及家庭一案　12－11－56

1941 年 4 月至 1941 年 5 月，璧山地方法院关于薛阳修等通奸妨害婚姻及家庭一案的文书，包括民事诉状、物证、点名单、审理笔录、民事保状、民事声明状等。

58. 四川高等法院第一分院审理请求回赎典产上诉一案　12－11－57

1941年10月至1941年11月,四川高等法院第一分院关于娄彦之请求回赎典产上诉一案的文书,包括民事上诉状、原审相关材料(民事裁定)、审理笔录、往来公函等。

59. 璧山地方法院审理优先承买租佃田业执行异议一案　12－11－58

1941年8月至1941年9月,璧山地方法院关于蒲世英等优先承买租佃田业执行异议一案的文书,包括民事异议、民事委任状、民事委状、民事审理笔录、民事答辩等。

60. 璧山地方法院审理领押交业一案　12－11－59

1941年10月至1942年1月,璧山地方法院关于曾有为等申请领押交业一案的文书,包括民事诉状、物证、审判笔录、民事裁定、民事宣判笔录、民事声请状等。

61. 最高法院审理止约领押交业上诉一案　12－11－60

1945年5月至1945年10月,最高法院关于雷伯高等止约领押交业上诉一案的文书,包括一审相关材料(民事诉状、民事委状、言辞辩论笔录、审理笔录、民事判决书、民事裁定、物证等)、二审相关材料(民事委状、民事上诉状、民事缴状、民事答辩状、言辞辩论笔录)、往来公函、民事判决书等。

62. 四川高等法院第一分院审理领押交业上诉一案　12－11－61(1)

1942年7月至1942年9月,四川高等法院第一分院关于李舒氏等领押交业上诉一案的文书,包括原审相关材料(民事委状、审理笔录、民事辩诉状、民事诉状、民事判决书等)、民事声请状、言辞辩论笔录等。

63. 最高法院审理领押交业上诉一案　12－11－61(2)

1943年5月至1945年12月,最高法院关于李舒氏等领押交业上诉一案的文书,包括往来公函、民事诉状、民事裁定、民事上诉状、民事辩诉状、原审相关材料、物证、民事判决书等。

64. 璧山地方法院审理完纳粮谷一案　12－11－62

1941年12月至1942年1月,璧山地方法院关于江文德完纳粮谷一案的文书,包括民事起诉状、点名单、审判笔录、民事辩诉状、民事委任状、物证、民事裁定等。

65. 四川高等法院第一分院、璧山地方法院审理交付水牛执行案及其上诉一案 12—11—63

1941年1月，四川高等法院第一分院、璧山地方法院关于王金山要求周朱氏所返还的水牛执行一案及其上诉案的文书，包括民事诉状、证词、执行传票回证、点名单、送达证书、民事判决书等。

66. 璧山地方法院审理解除租佃一案 12—11—64

1941年6月至1941年7月，璧山地方法院关于赖李乾谟因李乾贵抗不给租付押而要求解除租佃一案的文书，包括民事起诉状、物证、庭审笔录、民事和解笔录等。

67. 最高法院审理请求确认买卖契约无效一案 12—11—65

1941年3月至1941年5月，最高法院关于刘渭南等因买卖田业纠葛而请求确认买卖契约无效案上诉一案的文书，包括民事抗告状、往来公函、送达证书、最高法院民事裁定书等。

68. 璧山地方法院审理抗佃不迁而请求交业一案 12—11—66

1941年6月至1941年7月，璧山地方法院关于周绍堂因苏荣安抗佃不迁而请求交业一案的文书，包括案件审理单、证词、审判笔录、民事诉状、民事判决书等。

69. 璧山地方法院审理借款纠葛一案 12—11—67

1941年6月至1941年7月，璧山地方法院关于江银舟状告崇新木厂到期不偿还借款一案的文书，包括民事审判笔录、人证、和解请呈等。

70. 璧山地方法院审理返还借款一案 12—11—68

1941年2月至1941年3月，璧山地方法院关于彭春台要求钟荣生返还借款一案的文书，包括民事诉状、物证、审理笔录、民事判决书、往来公函、民事宣判笔录等。

71. 璧山地方法院审理租佃纠葛一案 12—11—69

1941年9月至1941年12月，璧山地方法院关于李仲祥、李云卿骗租估佃不服调解一案的文书，包括民事询问笔录、民事辩诉状、民事委任状、民事判决书、物证等。

72. 璧山地方法院审理追租交业搬迁一案　12－11－70

1941 年 3 月至 1941 年 4 月，璧山地方法院关于温相卿因陈海清据佃骗租而请求追租交业搬迁一案的文书，包括民事告状、言辞辩论笔录、民事宣判笔录、民事判决书、物证等。

73. 璧山地方法院审理返还田业一案　12－11－71

1941 年 6 月至 1941 年 11 月，璧山地方法院关于钱树清因钱汉臣霸占遗产而请求返还田业一案的文书，包括民事诉状、民事审判笔录、点名单、民事宣判、民事辩诉状、证词、私信等。

74. 璧山地方法院审理领押还业纠葛一案　12－11－72

1941 年 8 月至 1942 年 1 月，璧山地方法院关于罗炳权因罗涛清恶佃霸占不肯交还而请求领押还业一案的文书，包括物证、民事委任状、民事审理笔录、民事审判笔录、民事调解书等。

75. 璧山地方法院审理交业搬迁一案　12－11－73

1941 年 10 月至 1942 年 2 月，璧山地方法院关于李海林等因租佃纠纷而申请交业搬迁一案的文书，包括民事诉讼状、民事审理笔录、民事答辩状、民事补诉状、民事判决书、民事裁定书、物证等。

76. 璧山地方法院审理欠款纠葛一案　12－11－74

1941 年 5 月，璧山地方法院关于曾荣清因何典泉负限逾期追债无着而请求返还欠款一案的文书，包括证词、送达文书、宣判笔录、民事判决书等。

77. 璧山地方法院审理交业一案　12－11－75

1941 年 9 月至 1941 年 11 月，璧山地方法院关于向荣生诉赵银安恶佃欺主恳请传追逐交业一案的文书，包括民事起诉状、民事辩诉状、审理笔录、民事理由、民事请委、民事宣判笔录、民事判决书、民事裁定书等。

78. 璧山地方法院审理租佃纠葛一案　12－11－76

1941 年 5 月至 1944 年 1 月，璧山地方法院关于徐海林等人因徐金祥不经产业主权人同意妄自主张解除租佃关系一案的文书，包括民事起诉状、民事声请状、言辞辩论笔录、民事续诉状、民事公证状、证词、民事委任状、点名单、法院民庭通知书等。

79. 最高法院审理确认买卖田业契约无效上诉一案　12－11－77

1941 年 1 月至 1941 年 2 月，最高法院关于李汉周请求确认买卖田业契约无效上诉一案的文书，包括民事缴收、往来公函、原审相关材料（民事诉状、民事裁定等）、民事上诉状、民事判决书等。

80. 璧山地方法院审理领押交业调解一案　12－11－78

1941 年 2 月至 1941 年 3 月，璧山地方法院关于刘达清因买卖田业纠葛而申请领押交业调解一案的文书，包括民事声请状、证词、点名单等。

81. 最高法院审理租谷纠纷一案　12－11－79

1947 年 12 月至 1948 年 4 月，最高法院关于胡绍镐上诉毛群普等租谷纠纷一案的文书，包括往来公函、民事上诉状、原审相关材料（民事裁定）、送达证书、民事缴费、民事撤销等。

82. 璧山地方法院审理申请查找遗失票据一案　12－11－80

1941 年 6 月至 1941 年 8 月，璧山地方法院关于谷安信因遗失未盖章无效之凭票据而申请查找一案的文书，包括民事呈状、书状笔录、送达证书等。

83. 璧山地方法院审理分割遗产存查一案　12－11－81

1941 年 12 月，璧山地方法院关于谢雨清声请分割遗产存查一案的文书，包括往来公文等。

84. 璧山地方法院审理声请救助一案　12－11－82

1941 年 11 月，璧山地方法院关于杨国安因无资力缴纳诉讼费用声请救助一案的文书，包括民事声请状、民事保状、民事裁定、书状目录等。

85. 璧山地方法院审理偿金声请提存一案　12－11－83

1941 年 11 月，璧山地方法院关于张德成祥因价金难于给付而声请提存一案的文书，包括民事提存申请状、书状目录等。

86. 璧山地方法院审理抵押借款请予备案存查一案　12－11－84

1941 年 11 月，璧山地方法院关于刘陈光裕因抵押借款请予备案存查一案的文书，包括民事声请状、书状目录等。

87. 璧山地方法院审理典产变更备查一案　12－11－85

1941 年 11 月,璧山地方法院关于曾代贤因丈夫外不归生活无着欲将典业变更而申请存查备案的文书,包括民事声请状等。

88. 璧山地方法院审理确定诉讼费用额一案　12－11－86

1941 年 8 月,璧山地方法院关于邓刘氏、向全盛等声请确定诉讼费用额一案的文书,包括民事声请状、诉讼费用计算书等。

89. 璧山地方法院审理借物备查一案　12－11－87

1941 年 10 月,璧山地方法院关于黄正荣因借款无据申请备查一案的文书,包括民事存查、书状目录等。

90. 璧山地方法院审理因妻子出逃而申请备查以杜后患一案　12－11－88

1941 年 9 月,璧山地方法院关于李银丰因妻子出逃而申请备查以杜后患一案的文书,包括民事备案、书状目录等。

91. 璧山地方法院审理典权纠葛一案　12－11－89

1941 年 4 月,璧山地方法院关于吴玉发典权纠葛一案的文书,包括法院命令、物证、法院公告、民事诉状、书状目录、往来公函、民事声请状、登记通知书等。

92. 璧山地方法院审理业价纠葛案及请领证书一案　12－11－90

1941 年 3 月至 1941 年 4 月,璧山地方法院关于连玉廷、巫永祥等人买卖价格纠葛涉讼及请领证书案的文书,包括民事诉状、民事辩诉状、民事委任状、证词、审理笔录、民事宣判笔录、民事判决书、民事领状、具领条等。

93. 璧山地方法院审理财产管理人请备查一案　12－11－91

1941 年 8 月,璧山地方法院关于陈夔堂、陈凤武就财产管理人申请备查一案的文书,包括民事证明书、证词等。

94. 四川高等法院第一分院、璧山地方法院审理婚约纠葛一案　12－11－92

1941 年 1 月至 1941 年 5 月,四川高等法院第一分院、璧山地方法院关于张银江等申请履行婚约一案的文书,包括民事诉状、民事判决书、民事裁定、呈文、送证、印币、信片、公函、审理笔录、宣誓判决笔录、委状等。

95. 璧山地方法院审理所有权移转登记一案　12－11－93

1941 年 7 月至 1941 年 12 月，璧山地方法院关于转龙乡田土房屋所有权移转登记一案的文书，包括不动产登记卷宗、不动产登记声请函、命令、报告、调查笔录、法院公告、登记通知书、民事具诉状、收据、田土房屋图等。

96. 四川高等法院第一分院、璧山地方法院审理祭产纠葛一案　12－11－94

1941 年 4 月至 1942 年 10 月，四川高等法院第一分院、璧山地方法院关于张炳奎等祭产纠葛一案的文书，包括民事诉状、呈文、民事判决书、民事裁定、传票、言辞辩论笔录、刑事委任状、民事声请状、民事阅卷声请书、宣示判决笔录、民事委任状、民事证明书、送证、公函等。

97. 璧山地方法院审理租谷纠葛一案　12－11－95

1941 年 4 月至 1941 年 6 月，璧山地方法院关于曾告成等租谷纠葛一案的文书，包括民事执行、民事判决书、呈文、传票回证、点名单等。

98. 璧山地方法院审理回赎田产一案　12－11－96

1941 年 11 月至 1942 年 1 月，璧山地方法院关于王炳南等回赎田产一案的文书，包括民事诉状、案件审理单、送达证书、点名单、民事审判笔录、民事委状等。

99. 璧山地方法院审理会款纠葛一案　12－11－97

1941 年 10 月至 1942 年 1 月，璧山地方法院关于任海安等会款纠葛一案的文书，包括民事原诉、案件审理单、送达证书、点名单等。

100. 璧山地方法院审理赎产纠葛一案　12－11－98

1941 年 4 月至 1941 年 7 月，璧山地方法院关于娄彦之等回赎田房纠葛一案的文书，包括民事起诉状、民事答辩状、民事委任状、审理笔录、民事宣判笔录、民事判决书、物证等。

101. 璧山地方法院审理债务纠葛一案　12－11－99

1940 年 2 月，璧山地方法院关于张齐昭等债务纠葛一案的文书，包括印纸、送达证书、点名单、法院传票等。

102. 璧山地方法院审理生活费纠纷一案　12－11－100

1941 年 6 月至 1941 年 12 月，璧山地方法院关于凌天国等生活费纠纷一案的文书，包括民事自诉、案件审理单、送达证书、点名单、审判笔录、民事答辩状、民事诉状、民事审理笔录等。

103. 四川高等法院第一分院、璧山地方法院审理欠款纠葛一案　12－11－101

1941年9月至1942年3月，四川高等法院第一分院、璧山地方法院关于彭根元请求偿还欠款一案的文书，包括民事诉状、送达证书、点名单、民事审理笔录、民事判决书、民事裁定、呈文、民事和解状、合约、民事上诉状、公函等。

104. 璧山地方法院审理确认租佃契约无效一案　12－11－102

1941年3月至1941年6月，璧山地方法院关于甘锡成等请求确认租佃契约无效案的文书，包括民事诉状、民事声请状、审理笔录、法院公函、民事判决书等。

105. 璧山地方法院审理解除买卖契约一案　12－11－103

1941年8月至1942年4月，璧山地方法院关于谢鸿彬请求解除买卖契约一案的文书，包括民事告诉状、民事补诉状、民事委状、民事辩诉状、审理笔录、民事诉状、民事证明书、物证、民事判决书等。

106. 四川高等法院第一分院、璧山地方法院审理终止租约一案　12－11－104

1941年2月，四川高等法院第一分院、璧山地方法院关于罗少康请求终止租约一案的文书，包括呈文、民事上诉状、民事判决书、民事裁定等。

107. 四川高等法院第一分院、璧山地方法院审理变产摊偿伙贸债务备查一案　12－11－105

1941年2月至1941年10月，四川高等法院第一分院、璧山地方法院关于胡柄全申请变产摊偿伙贸债务备查一案的文书，包括民事声请状、物证、书状目录、往来公函、民事判决书等。

108. 四川高等法院第一分院、璧山地方法院审理交业上诉一案　12－11－106

1941年2月至1941年10月，四川高等法院第一分院、璧山地方法院关于李华建等因买卖田土房屋纠葛而请求交业上诉一案的文书，包括民事诉状、言辞辩论笔录、民事缴状、民事判决书、往来公函、民事理由书、民事上诉状、审理笔录、民事委状等。

109. 四川高等法院第一分院、璧山地方法院审理请求交业纠葛一案　12－11－107

1941年11月至1942年4月，四川高等法院第一分院、璧山地方法院关于刘世齐请求交业一案的文书，包括民事上诉状、民事裁定、言辞辩论笔录、送达证书、往来公函、宣判笔录、民事判决书等。

110. 璧山地方法院审理典产纠葛一案　12－11－108

1941年11月，璧山地方法院关于万柯氏等回赎典产纠葛一案的文书，包括民事声请状、民事判决书、点名单、审理笔录、民事执行状等。

111. 最高法院审理请求确认堰塘所有权一案　12－11－109

1940年5月至1941年4月，最高法院关于胡明兴等请求确认堰塘所有权一案的文书，包括民事上诉状、往来公函等、民事缴状、民事诉状、民事辩诉状、民事裁定等。

112. 璧山地方法院审理返还树枝一案　12－11－110

1941年10月至1941年12月，璧山地方法院关于何冕堂等申请返还越界窃伐树枝一案的文书，包括民事诉讼、案件审理单、点名单、审理笔录等。

113. 璧山地方法院审理租谷纠葛一案　12－11－111

1941年9月至1941年10月，璧山地方法院关于戴恒昌等租谷纠葛一案的文书，包括民事答辩状、民事委任状、民事缴状、民事委状、审理笔录、民事判决书、宣判笔录、物证等。

114. 璧山地方法院审理给租交业纠葛一案　12－11－112

1941年10月至1941年11月，璧山地方法院关于何银建等给租交业纠葛一案的文书，包括民事起诉状、民事委任状、民事辩诉状、审理笔录、民事判决书、物证等。

115. 四川高等法院第一分院、璧山地方法院审理给付租谷折价及其上诉一案 12－11－113

1941年8月至1941年12月，四川高等法院第一分院、璧山地方法院关于冉映泉等给付租谷折价及其上诉一案的文书，包括一审相关材料（民事判决书、民事原诉、民事答辩状、审理笔录、民事裁定等）、往来公函、物证、二审相关材料（民事上诉状、民事诉状）等。

116. 璧山地方法院审理领押交业纠葛一案　12－11－114

1941年11月至1941年12月，璧山地方法院关于李荣华领押交业纠葛一案的文书，包括民事起诉状、民事辩诉状、审理笔录、民事声请状、民事判决书、物证等。

117. 璧山地方法院审理欠款纠葛一案　12－11－115

1941年7月至1941年9月，璧山地方法院关于蒋彤城欠款纠葛一案的文书，包括民事委任状、点名单、审理笔录、民事和解状、物证等。

118. 璧山地方法院审理给付食谷一案　12－11－116

1941年11月至1942年5月，璧山地方法院关于戈桂林等给付食谷一案的文书，包括民事委任状、审理笔录、案件审理单、民事裁定、民事辩诉状、物证、民事判决书等。

119. 四川高等法院第一分院、璧山地方法院审理租谷及其上诉一案　12－11－117

1941年11月至1942年5月，四川高等法院第一分院、璧山地方法院关于钟杨林租谷及其上诉案的文书，包括一审相关材料（民事起诉状、审理笔录、民事辩诉状、物证、民事判决书等）、往来公函、民事判决书、民事上诉状、言辞辩论笔录、宣示判决笔录、民事诉状等。

120. 璧山地方法院审理终止租约一案　12－11－118

1941年8月至1941年11月，璧山地方法院关于张定远等因租佃纠葛申请终止租约一案的文书，包括民事诉状、审理笔录、民事申请、民事辩诉状、民事委任状、民事判决书、物证等。

121. 四川高等法院第一分院、璧山地方法院审理欠租纠葛一案　12－11－119

1941年6月至1941年7月，四川高等法院第一分院、璧山地方法院关于王海涛等欠租纠葛一案的文书，包括呈文、民事上诉状、民事裁定、民事诉状、民事委状、审理笔录、民事和解笔录等。

122. 璧山地方法院审理租赁纠葛一案　12－11－120

1941年12月至1942年2月，璧山地方法院关于郑道书租赁纠葛一案的文书，包括民事起诉状、民事委任状、民事声请状、审理笔录、民事判决书、物证等。

123. 璧山地方法院审理和解无效要求租佃纠葛再审一案　12－11－121

1941年9月至1941年11月，璧山地方法院关于鲍正发等申请和解无效并要求租佃纠葛再审一案的文书，包括民事起诉状、送达证书、点名单、民事审判笔录等。

124. 璧山地方法院审理请领证物一案　12－11－122

1941 年 12 月，璧山地方法院关于何熙平请领证物一案的文书，包括民事具领状、物证、领条等。

125. 璧山地方法院审理撤销婚约一案　12－11－123

1941 年 6 月，璧山地方法院关于江建辉等申请撤销婚约案的文书，包括民事诉状、点名单等。

126. 四川高等法院第一分法院、璧山地方法院审理确认买卖田业契约有效、确认先买权两案　12－11－124（1）

1941 年 11 月至 1942 年 4 月，四川高等法院第一分法院、璧山地方法院关于娄贵卿等因租佃纠葛请求确认买卖田业契约有效、娄贵卿等请求确认优先购买佃产权两案的文书，包括民事上诉状、书状目录、原审相关材料（民事裁定、民事声请状、民事判决）、往来公函、物证、民事辩诉状、民事委任状、言辞辩论笔录、民事缴状、民事判决书等。

127. 璧山地方法院审理请求确认买卖契约有效一案　12－11－124（2）

1941 年 11 月至 1942 年 4 月，璧山地方法院关于娄贵卿请求确认买卖契约有效一案的文书，包括审理笔录、民事委任状、法院训令、调查笔录、民事催状、物证、民事宣判笔录、民事判决书等。

128. 四川高等法院第一分法院、璧山县政府、璧山地方法院及司法处等审理债务纠纷等三案　12－11－125（1）

1937 年 12 月至 1946 年 11 月，四川高等法院第一分法院、璧山县政府、璧山地方法院及司法处关于周陈氏等请求因偿还借款、孙辉瑶诉贺辉廷遗弃、张彩林等请求给付租谷三案的文书，包括民事诉状、点名单、民事声请状、民事裁定、书状目录、物证、民事判决书、政府训令、往来公函、刑事案件诉讼条例等。

附《保重人民身体自由办法》《保重人民身体自由办法实施事项》《中华民国境内外人出入及居留规则》《特种刑事案件诉讼条例》《违警印纸规则》《警察机关没入物品处分规则》，璧山县立登凤乡登凤初级小学教职员一览表、公务员生活补助费数额表等。

129. 璧山县政府审理租佃纠葛一案　12－11－125（2）

1933 年 9 月至 1934 年 3 月，璧山县政府关于何海建与曾万顺等解除租佃关系一案的文书，包括政府传票、政府训令、警察局训令、调度司法警察条例、审理笔录、民事诉状、民事辩诉状、点名单、民事添传状等。

130. 四川高等法院第一分院、璧山地方法院审理给付押银并赔偿损害及其上诉一案　12－11－126

1940年2月至1941年4月，四川高等法院第一分院、璧山地方法院关于张德沛等因租佃纠葛而申请给付押银并赔偿损害及其上诉一案的文书，包括民事上诉状、民事裁定、往来公函、送达文书、言辞辩论笔录、民事具公证状、民事追加状、民事委任状、民事缴状、民事和解状等。

131. 璧山地方法院审理请求偿还会款一案　12－11－127

1941年6月至1942年2月，璧山地方法院关于巫俊良等请求偿还会款一案的文书，包括民事答辩状、民事起诉状、点名单、民事再传状、审判笔录、民事审理笔录、民事判决书、法院公示等。

132. 四川高等法院第一分院、璧山地方法院审理撤回买卖契约及其上诉一案　12－11－128

1941年3月至1942年1月，四川高等法院第一分院、璧山地方法院关于向得之等请求撤回买卖契约及其上诉案的文书，包括民事诉状、民事委状、审理笔录、往来公函、民事上诉状、民事裁定、民事缴状、民事辩诉状、民事宣判笔录、民事判决书、物证等。

133. 四川高等法院第一分院、璧山地方法院审理回赎典产纠纷一案　12－11－129

1940年7月至1941年4月，四川高等法院第一分院、璧山地方法院关于廖陈氏与何西屏回赎典产纠纷一案的文书，包括民事判决书、往来公函、民事缴状、民事裁定、民事上诉状、物证、民事诉状、案件审理单、审判笔录、民事续诉状等。

134. 璧山地方法院审理申请勘验一案　12－11－130

1941年8月，璧山地方法院关于刘嘉缙函讯勘验刘树华情形一案的文书，刘树华为刘嘉缙侄子，任璧山防御炮教导总队管理员，一月二十一日遭传达兵叶永青打击头部，受伤较重致死，刘嘉缙函请法院检察官勘验伤情，以备追究。

135. 璧山县政府审理渎职一案　12－11－131

1941年6月，璧山县政府关于城东乡春厂坝罗涛清具控六塘乡保长程德尊浮派勒征侵蚀军谷私营商业的渎职案的文书，包括璧山县政府第三区署上报公文、罗涛清具状文书等。

136. 璧山地方法院审理租谷执行纠葛一案　12－11－132

1941年6月至1941年12月，璧山地方法院关于叚朝海诉李元廷租谷执行一案的文书。李元廷为叚朝海佃户，双方因租佃纠葛到诉，经两审判决后执行遇阻，叚朝海两次声请强制执行并给付租谷返还契约。包括叚朝海两次请求照判执行民事具状等，该具状有照判执行的批示。

137. 四川高等法院第一分院审理交业纠葛上诉一案　12－11－133

1941年2月至1941年3月，四川高等法院第一分院关于张李氏等交业纠葛上诉一案的文书，包括民事上诉状、原审相关材料（民事裁定、民事判决）、民事委任状、往来公函、言辞辩论笔录、民事答辩状、民事判决书、民事领状、物证等。

138. 四川高等法院第一分院审理会款纠葛上诉一案　12－11－134

1941年1月至1941年6月，四川高等法院第一分院关于何青云等会款纠葛上诉一案的文书，包括民事抗告意见书、民事抗告状、原审相关材料（民事裁定、民事判决）、民事起诉状、言辞辩论笔录、民事辩诉状等。

139. 璧山地方法院审理欠款纠葛一案　12－11－135

1941年7月至1941年8月，璧山地方法院关于杨锡光与贺德成欠款纠葛一案的文书，贺德成向杨锡光借款逾期不还致杨锡光两次提起诉讼要求返还欠款，包括民事诉状、点名单、民事审判笔录、民事和解笔录、书状目录、物证等。

140. 璧山地方法院审理交押搬迁执行一案　12－11－136

1941年2月至1941年5月，璧山地方法院关于郭洪顺交押搬迁执行案的文书，包括民事声请状、附抄录民事和解笔录、点名单、法院训令、民事辩诉状、物证、收款通知证等。

141. 璧山地方法院审理返还借款一案　12－11－137

1941年11月至1941年12月，璧山地方法院关于邓海洲等申请返还借款一案的文书，包括民事诉状、点名单、民事和解状、书状目录等。

142. 璧山地方法院审理终止契约一案　12－11－138

1941年6月至1941年11月，璧山地方法院关于胡光才终止契约一案的文书，包括民事契约、民事辩诉状、民事声请状、民事告状、民事声明状、民事诉状、民事续诉状、民事审理笔录、和解笔录等。

143. 四川高等法院第一分院审理赎典交业一案　12－11－139

1941年8月至1941年12月，四川高等法院第一分院关于安文氏等赎典交业一案的文书，包括民事上诉状、往来公函、民事委任状、和解销案状等。

144. 璧山地方法院审理请领裁费一案　12－11－140

1941年11月至1942年1月，璧山地方法院关于汪炳荣等请领裁费一案的文书，汪炳荣与江宪文因确认租约上诉被驳回并申领发还裁判费，包括民事领状、璧山地方法院公函、领收证明等。

145. 四川高等法院第一分院审理交业纠葛及其上诉一案　12－11－141

1941年1月至1941年3月，四川高等法院第一分院关于邓邱氏等交业纠葛及其上诉一案的文书，包括民事上诉状、原审相关材料（民事判决书、民事裁定）、往来公函、送达文书、民事委任状、言辞辩论笔录、民事和解笔录等。

146. 璧山地方法院审理发还典契及遗失存查一案　12－11－142

1941年7月，璧山地方法院关于蒋维祺申请发还典契及遗失存查一案的文书，包括为声明遗失恳予存查并恳发还典约的存查状等，状后有具体法院处理批示。

147. 璧山地方法院审理申请提存押洋一案　12－11－143

1941年12月，璧山地方法院关于陈徐氏请指定提存佃户徐双发押洋一案的文书。状因徐双发租佃陈徐氏田屋，逾期不缴租谷，陈徐氏因请法院制定提取押洋以完备退佃手续。包括民事声请状、书状目录等。

148. 璧山地方法院审理租佃纠葛调解一案　12－11－144

1941年4月至1941年5月，璧山地方法院关于马相白等解除租佃申请调解一案的文书。后因传讯期双方均为到案，法院终止诉讼程序。包括民事调解状、终止文书、点名单等。

149. 璧山地方法院审理租谷假扣押一案　12－11－145

1941年11月至1941年12月，璧山地方法院关于罗国材等租谷假扣押一案的文书。案由罗国材和罗汪氏争执产业一案已经上诉，请求假扣押租谷以免将来执行困难。包括民事声请状、民事裁定、书状目录等。

150. 四川高等法院第一分院、璧山实验地方法院审理债务纠葛一案　12－11－146

1942年6月至1942年8月，四川高等法院第一分院、璧山实验地方法院关于张金铸申请撤销买卖典当田业契约并清偿借款一案的文书，包括往来公函、民事上诉状、民事缴状、民事声请状等。

151. 璧山地方法院审理租佃事件转请核示一案　12－11－147

1941年6月，璧山地方法院关于戴和平与罗锡林租佃事件转请核示一案的文书，包括为据转征戴和平以具书声请罗锡林一词请予核示事由状、声请书等。

152. 璧山地方法院审理继承纠纷一案　12－11－148

1941年10月至1942年6月，璧山地方法院关于罗汪氏等继承纠纷一案的文书，包括民事诉状、民事辩诉状、民事声请状、点名单、民事委任状、书状目录、案件审理单、民事答辩状、民事审理笔录、民事判决书、物证等。

153. 璧山地方法院审理房产假扣押一案　12－11－149

1941年9月至1941年10月，璧山地方法院关于罗瞿氏与罗汪璧如因产业租赁收入纠纷请求假扣押房产以防备将来危害原告利益一案的文书，包括民事告诉状、民事裁定、书状目录、送达证书等。

154. 璧山地方法院审理再醮备查一案　12－11－150

1941年6月至1941年7月，璧山地方法院关于曾张氏由于母子生活无着落而再醮申请备查一案的文书，包括民事查存状、书状目录等。

155. 璧山地方法院审理再醮备查一案　12－11－151

1941年4月，璧山地方法院关于马嘶乡为据陈张氏生活无着落再醮备查一案的文书，璧山地方法院以该案件系司法案件转批璧山县第二区马嘶乡乡公所办理，包括为据请鉴核备查由状、璧山县第二法院批转公文、书状目录等。

156. 璧山地方法院审理请领证物一案　12－11－152

1941年5月，璧山地方法院关于何宗棠请领证物一案的文书，缘由何宗棠被舒明夏诉窃占坟山，何宗棠胜诉后请求发还相关契书以资保存。包括民事领状、书状目录等。

157. 璧山地方法院审理返还票款一案　12—11—153

1941年10月,璧山地方法院关于刘占胜与邓光耀等因租佃纠纷诉请求返还票款一案的文书,包括民事和解笔录、民事诉状、民事声请状、民事辩诉状、民事传票、点名单、民事审理笔录、书状目录等。

158. 璧山地方法院审理给付欠租一案　12—11—154

1941年8月至1941年9月,璧山地方法院关于万逢昌与唐海平因租佃纠纷请求给付欠租一案的文书。该案因讯期双方当事人均不到案被法院判定终止诉讼程序。包括民事诉状、民事委状、点名单、民事展期具状等。

159. 璧山地方法院审理契约调解一案　12—11—155

1941年11月至1941年12月,璧山地方法院关于曾许氏、刘裕昌等担保借款契约失平而申请调解一案的文书,包括民事诉状、民事代诉、点名单、民事审理笔录等,并批注调节不成立等。

160. 璧山地方法院审理撤回终止租约上诉一案　12—11—156

1941年5月,璧山地方法院关于靳大全与靳春和申请撤回终止租约上诉一案的文书,包括四川高等法院第一分院书记室与璧山地方法院往来公函等。

161. 璧山地方法院审理交业纠葛调解一案　12—11—157

1941年4月,璧山地方法院关于刘祖源与张树洲交业纠葛调解案的文书,包括民事调解声请状、物证、民事辩诉状、往来公函、点名单等。

162. 璧山地方法院审理送达判决一案　12—11—158

1941年4月,璧山地方法院关于永川地方法院函嘱送达徐栋臣判决一案的文书,包括永川地方法院及璧山地方法院往来公函等。

163. 璧山地方法院审理离异备查一案　12—11—159

1941年4月,璧山地方法院关于龙绍卿与龙谢氏离异备查一案的文书。该请求被以于法无据为由不准备案。包括民事声请状、书状目录等。

164. 璧山地方法院审理给付租谷一案　12—11—160

1941年5月至1941年7月,璧山地方法院关于邱松建给付租谷一案的文书,包括民事起诉状、民事委任状、民事辩诉状、审判笔录、点名单、民事宣判笔录、民事判决书、书状目录等。

165. 璧山地方法院审理租佃纠纷一案　12－11－161

1941年8月至1941年9月，璧山地方法院关于罗三太与胡金泉等因租佃纠纷案请求解决租佃本息一案的文书。该案因讯期双方均为到案被法院判定终止诉讼程序。包括民事诉状、点名单等。

166. 璧山地方法院审理再醮存查一案　12－11－162

1941年4月，璧山地方法院关于吴刘氏为丈夫生死不明而申请再醮存查一案的文书。所请被法院以于法无据为由，未被允准，详见批示。该卷文书包括民事声请状、送达证书等。

167. 璧山地方法院审理再醮存查一案　12－11－163

1941年1月至1941年2月，璧山地方法院关于李龚氏丈夫外出五年未归拟改嫁而申请存查一案的文书。所请被法院以李龚氏丈夫李绍渊外出五年，但婚姻关系尚未终结不得任意改嫁为由，未被允准，详见批示。包括民事声请状、执达员报告、书状目录等。

168. 四川高等法院第一分院、璧山地方法院等审理确认先买权及山林所有权一案　12－11－164

1941年12月至1943年6月，四川高等法院第一分院、璧山地方法院等关于伍襄平申请确认优先承买遗产权及山林所有权一案的文书，包括民事告诉状、点名单、民事审理笔录、璧山地方法院民事判决书、书状目录、物证、民事上诉状、民事缴状、言辞辩论笔录、往来公函、民事上诉申请状、民事补呈状、民事委任状、第一分院民事判决书等。

169. 璧山地方法院审理给付稻谷假执行一案　12－11－165

1941年4月至1941年5月，璧山地方法院关于胡正炎与刘祖原等因债务纠纷请求给付稻谷假执行一案的文书，包括民事声请状、民事裁定、送达证书等。

170. 璧山地方法院审理返还借款一案　12－11－166

1941年10月至1941年11月，璧山地方法院关于赖汉洲要求陈仲全返还借款一案的文书，包括案件审理单、民事告诉状、点名单、民事审理笔录、民事判决书、书状目录、物证等。

171. 璧山地方法院审理字约损失存查一案　12—11—167

1941年9月,璧山地方法院关于何炳荣字约损失声请存查一案的文书。所请被法院以于法无据为由,未被准允。该卷文书包括民事声请状、送达证书等。该案资料较为简单,内容完备。

172. 璧山地方法院审理赔偿窃盗损失一案　12—11—168

1941年9月至1942年4月,璧山地方法院关于杨均平要求谢树先等赔偿窃盗损失一案的文书,包括民事诉状、民事补诉状、案件审理单、点名单、民事审理笔录、民事答辩状、民事判决书、书状目录、民事裁定、往来公函、物证等。

173. 璧山地方法院审理交还田业纠葛一案　12—11—169

1941年7月至1941年9月,璧山地方法院关于白培高等交还田业纠葛一案的文书,包括民事起诉状、民事补诉状、民事证明状、点名单、民事审理笔录、民事判决书、书状目录等。

174. 璧山地方法院审理交业执行一案　12—11—170

1941年5月至1941年7月,璧山地方法院关于张仲书等交业执行一案的文书,包括民事执行状、民事委任状、点名单、执行笔录、民事声明状、璧山地方法院民事裁定、收款通知单、民事诉状、四川高等法院第一分院民事裁定、民事辩诉状等。

175. 璧山地方法院审理确认借谷欠款一案　12—11—171

1941年3月至1941年6月,璧山地方法院关于陈泽霖确认借谷欠款一案的文书,包括民事具确认状、点名单、璧山县第三区龙溪乡乡公所呈文、民事委任状等。

176. 四川高等法院第一分院审理偿还借款一案　12—11—172(1)

1941年8月至1941年10月,四川高等法院第一分院关于刘薛氏要求陈海刚偿还借款一案的文书,包括民事上诉状、民事委任状、往来公函、民事补陈状、言辞辩论笔录、宣誓判决笔录、四川高等法院第一分院民事判决书、物证、审理笔录等。

177. 璧山地方法院审理迁让纠葛一案　12—11—172(2)

1941年4月至1941年5月,璧山地方法院关于王连清与胡登高因租赁纠纷请求迁让一案的文书,包括民事起诉状、民事委任状、点名单、民事撤诉声请状、送达证书等。

178. 璧山地方法院审理膳养纠纷一案　12—11—173

1941年5月，璧山地方法院关于蔡钧林与蔡张氏因父母养膳纠纷请求还谷一案的文书，包括民事起诉状、民事辩诉状、民事委任状、点名单、言辞辩论笔录、民事判决书、书状目录等。

179. 璧山地方法院审理为遗失支票声请公告一案　12—11—174（1）

1941年5月至1941年12月，璧山地方法院关于蔡德辉为遗失支票声请公告一案的文书，包括民事声请状、民事裁定、凭票、催告法院公示具状、法院公示催告等。

180. 璧山地方法院审理给付租谷执行一案　12—11—174（2）

1941年10月，璧山地方法院关于僧德馨与赵安氏因租佃纠纷请求执行给付租谷一案的文书，包括民事被诉状、民事和解笔录、法院训令、收据等，地方法院批示派员执行等。

181. 璧山地方法院审理搬迁交业赔偿损失一案　12—11—175

1941年7月至1941年9月，璧山地方法院关于汪李氏与朱俊才因租赁纠纷请求迁让产业赔偿损失一案的文书，包括民事告诉状、物证、点名单、民事审理笔录、民事被诉状、民事声请状、民事和解笔录、书状目录等。

182. 最高法院审理请求撤销买卖契约及确认先买权上诉一案　12—11—176

1939年7月至1941年5月，最高法院关于宋海林等请求撤销买卖契约及确认先买权上诉一案的文书，包括往来公函、民事诉状、四川高等法院第一分院裁定、训令、璧山县司法处送达证书、查询单、民事裁定等。

183. 璧山地方法院审理业价纠葛一案　12—11—177

1941年8月至1941年9月，璧山地方法院关于何俊聪与何巫氏因房屋买卖纠纷请求返还业价一案的文书，包括民事起诉状、点名单、民事审理笔录、民事判决书、书状目录、证人结文等。

184. 最高法院、四川高等法院第一分院、璧山地方法院审理交业纠葛及其上诉一案　12—11—178

1941年1月至1942年1月，最高法院、四川高等法院第一分院、璧山地方法院关于黄洪氏交业纠葛及其上诉案的文书，包括民事执行状、书状目录、民事声请状、法院训令、民事执行处通知书、点名单、执行笔录、民事异议状、法院执行命令、报告书、讯问笔录、民事保状、璧山地方法院民事判决书、四川高等法院第一分院民事裁定、最高法院民事判决书等。

185. 璧山地方法院审理搬迁交业一案　12－11－179

1941年4月至1941年11月，璧山地方法院关于肖万邦与杨国安终止租约搬迁交业一案的文书，包括民事庭函、民事判决书、法院训令、点名单、审理笔录、物证等。

186. 璧山地方法院审理分割遗产纠葛一案　12－11－180

1941年4月至1941年5月，璧山地方法院关于谢宝珊与谢冉氏分割遗产纠葛一案的文书，包括民事诉状、民事声请状、点名单、言辞辩论笔录、民事裁定、书状目录、民事撤回状等。

187. 最高法院审理请求确认界址一案　12－11－181

1941年4月至1941年7月，最高法院关于徐栋梁与张德义祥请求确认界址一案的文书，包括最高法院书记室公函、民事抗告状、四川高等法院第一分院意见书、第一分院民事裁定、民事补状、民事裁定、送达证书等。

188. 璧山地方法院审理终止收养关系存查一案　12－11－182

1941年6月，璧山地方法院关于蒋陈氏与蒋荣太因终止收养关系而声请存查一案的文书。所请被法院以不能单方面终止关系为由驳回。包括民事存查状附法院批示、书状目录等。

189. 最高法院审理请求放赎典物及返还租赁物纠纷一案　12－11－183

1940年12月至1941年8月，最高法院关于张少岩等放赎典物及返还租赁物纠纷一案的文书，包括民事抗告状、最高法院裁定意见书、民事裁定、书记室公函等。

190. 璧山地方法院审理止约交业纠葛一案　12－11－184

1941年8月至1941年10月，璧山地方法院关于李昌平等因租佃纠葛请求终止租约一案的文书，包括民事执行状附法院批示、书状目录、民事判决书等。

191. 璧山地方法院审理撤销典当契约一案　12－11－185

1941年5月至1941年9月，璧山地方法院关于黄家齐申请撤销遗产田业的典当契约以便继承一案的文书，包括民事侵害状、民事辩诉状、民事诉状、民事委任状、点名单、民事审判笔录、民事判决书、民事告诉状等。

192. 璧山地方法院审理欠款纠葛一案　12—11—186

1941 年 9 月至 1942 年 6 月，璧山地方法院关于张金铸等欠款纠葛一案的文书，包括民事诉状、民事委任状、点名单、审判笔录、证人结文、民事辩诉状、案件审理单、民事声请状、书状目录、民事审理笔录、送达证书、民事判决书、民事裁定、物证等。

193. 四川高等法院第一分院审理会款纠葛一案　12—11—187

1941 年 1 月至 1941 年 10 月，四川高等法院第一分院关于蒋光耀会款纠葛一案的文书，包括民事再审状、民事裁定、往来公函、送达文书、民事缴状、言辞辩论笔录、证人结文、民事委任状、璧山地方法院书记室公函、民事辩诉状、民事补呈状、民事证明状、审理笔录、民事判决书等。

194. 璧山地方法院审理交业及给付租谷一案　12—11—188

1941 年 10 月至 1942 年 2 月，璧山地方法院关于邹炳安等交业及给付租谷一案的文书，包括民事告诉状、民事委任状、民事辩诉状、民事声明状、案件审理单、点名单、审判笔录、民事讯问笔录、民事裁定、书状目录等。

195. 四川高等法院第一分院、璧山地方法院审理终止租债、请求转佃及其上诉案两案　12—11—189

1940 年 12 月至 1941 年 8 月，四川高等法院第一分院、璧山地方法院关于终止租赁、请求转佃及其上诉案两案的文书，包括民事诉状、民事委状、书状目录、民事答辩状、民事委任状、点名单、民事审理笔录、民事宣判笔录、民事判决书、收据、物证、第一分院民事和解笔录、往来公函等。

196. 四川高等法院第一分院、璧山地方法院审理解除租约及其上诉一案　12—11—190

1941 年 7 月至 1941 年 11 月，四川高等法院第一分院、璧山地方法院关于高茂林等请求解除租约及其上诉一案的文书，包括民事判决书、往来公函、民事上诉状、民事裁定、书状目录、民事具公证状、言辞辩论笔录、民事辩诉状、民事委任状、民事和解笔录、点名单、民事诉状、民事审理笔录、民事宣判笔录等。

197. 璧山县政府审理典当交业纠葛一案　12—11—191

1941 年 2 月，璧山县政府关于吴素卿与向荣盛等典当交业纠葛一案的文书，包括璧山县政府公函(附吴素卿呈诉向洪盛原卷一宗)、案件审理单等。

198. 璧山地方法院审理会款债务纠纷一案　12－11－192

1941 年 11 月,璧山地方法院关于张治国诉戈成章不履行会款债务纠纷一案的文书,包括民事起诉状、案件审理单、点名单、民事撤销状附法院批示等。

199. 四川高等法院第一分院、璧山地方法院审理迁坟及其上诉一案　12－11－193

1941 年 3 月至 1942 年 1 月,四川高等法院第一分院、璧山地方法院关于程洪发迁坟及其上诉案的文书,包括民事诉状、民事辩诉状、点名单、言辞辩论笔录、民事审理笔录、民事审判笔录、民事宣判笔录、民事判决书、书状目录、往来公函、民事缴状、民事上诉状、民事委任状等。

200. 璧山地方法院审理确认契约无效及返还田业一案　12－11－194

1941 年 5 月至 1941 年 7 月,璧山地方法院关于刘庆休等确认契约无效及返还田业一案的文书,包括民事诉状、民事委任状、民事辩诉状、物证、点名单、民事审理笔录、民事宣判笔录、民事声请状、民事判决书等。

201. 璧山地方法院审理解除租佃关系一案　12－11－195

1941 年 5 月至 1941 年 9 月,璧山地方法院关于张泽三、张长林因租佃纠纷请求解除租佃关系一案的文书,包括民事诉状、点名单、民事审理笔录、民事展限状、民事声请状、案件审理单、送达证书等。

202. 璧山地方法院审理妨害婚姻一案　12－11－196

1941 年 3 月,璧山地方法院关于万银臣状告曾少怀妨害婚姻一案的文书,包括刑事告诉状附法院批示等。

203. 璧山地方法院审理欺诈一案　12－11－197

1941 年 9 月,璧山地方法院关于周雷氏状告何荣成因案赔钱私了不成而欺诈一案的文书,包括刑事具诉状附法院批示、送达文件等。

204. 璧山地方法院审理伪造文书一案　12－11－198

1941 年 6 月,璧山地方法院关于曾彭氏状告曾国荣伪造文书一案的文书,仅包括检察官公函一份。

205. 璧山地方法院审理妨害家庭一案　12—11—199

1941年4月,璧山地方法院关于李在元状告夏杨氏妨害家庭一案的文书,包括检察官公函、检察官起诉书、书状目录等。

206. 璧山地方法院审理侵占房屋一案　12—11—200

1941年1月,璧山地方法院关于胡祥兴状告刘成均等因租佃纠葛侵占房屋一案的文书,包括刑事诉状、检查处传票回证、点名单、侦察笔录、不起诉处分书、书状目录等。

207. 璧山地方法院审理田业所有权纠纷一案　12—11—201

1942年1月至1943年2月,璧山地方法院关于张德成祥等田业所有权纠葛一案的文书,包括不动产登记处通知、书状目录、民事具声请状附批示、法院命令、法院公告、物证、登记通知书、民事声请状、法院批示、民事判决书等。

208. 璧山地方法院等审理毁损苗渠、侮辱人格一案　12—11—202

1941年5月至1941年6月,璧山地方法院等关于陈树云等状告陈春林等因租佃纠葛毁损苗渠侮辱人格一案的文书,包括刑事告诉状、传票回证、点名单、侦讯笔录、案件审理单、证人结文、不起诉处分书、书状目录等。

209. 四川高等法院第一分院、璧山地方法院审理妨害自由一案　12—11—203

1941年11月至1942年3月,四川高等法院第一分院、璧山地方法院关于吴维高等因雇工受伤纠葛状告唐根伯等擅自逮捕妨害自由一案的文书,包括法警报告书、点名单、检察官侦察笔录、刑事补呈状、刑事告诉状、璧山县政府公函、传票回证、案件进行单、璧山地方法院不起诉处分书、检察官指令、四川高等法院第一分院检察官处分书、案件进行期间表等。

210. 璧山地方法院审理窃卖田业一案　12—11—204

1941年11月,璧山地方法院关于蔡王氏状告向炳等因租佃纠葛窃卖田业一案的文书,包括刑事告诉状、刑事辩诉状、案件进行单、传票回证、点名单、侦察笔录、检察官通知书(停止侦察,以民事诉讼结)、书状目录等。

211. 璧山地方法院审理私章遗失备查一案　12—11—205

1941年10月,璧山地方法院关于万国祥私章遗失申请备查一案的文书,包括民事声请状附法院批示一份。

212. 璧山地方法院审理摊偿债务备查一案　12－11－206

1941年10月,璧山地方法院关于曾兆扬摊偿债务备查一案的文书,包括民事存查状附法院批示、附债主姓名单等。

213. 璧山地方法院审理窃盗一案　12－11－207

1941年,璧山地方法院关于郭青山状告郭建玉窃盗一案的文书,包括检察官公函一份。

214. 四川高等法院第一分院审理侵占田业一案　12－11－208

1941年7月至1941年10月,四川高等法院第一分院关于曹云林诉曹明轩侵占田业一案的文书,包括刑事上诉状、检察官函片、刑事撤回状等。

215. 四川高等法院第一分院审理典当产业一案　12－11－209

1940年11月至1941年1月,四川高等法院第一分院关于王守一典当产业一案的文书,包括民事上诉状、原审相关材料(民事裁定)、书状目录、民事具委状、往来公函、送达文书等。

216. 璧山地方法院审理遗嘱备查一案　12－11－210

1941年8月,璧山地方法院关于王戴氏因王兴富丧失继承权申请遗嘱备查一案的文书,包括民事声请状附法院批示、物证等。

217. 璧山地方法院审理租谷纠葛一案　12－11－211

1941年9月,璧山地方法院关于江青云等租谷纠葛一案的文书,包括民事诉状、民事辩诉状、民事委任状、点名单、民事审判笔录、民事和解笔录、书状目录等。

218. 璧山地方法院审理撤销买卖契约一案　12－11－212

1941年12月至1942年3月,璧山地方法院关于黎海林等申请撤销买卖契约一案的文书,包括民事起诉状、民事诉状、点名单、民事审理笔录、证人结文、民事委任状、民事判决书、书状目录等。

219. 璧山地方法院审理租佃纠纷一案　12－11－213

1941年9月至1941年11月,璧山地方法院关于黄德洲与黄雨顺等租佃纠纷一案的文书,包括民事声请状、民事辩诉状、点名单、民事审理笔录、民事催状、民事和解笔录、书状目录等。

220. 璧山地方法院审理赎典纠纷一案　12－11－214

1941年10月,璧山地方法院关于石怀友与孙光彩等赎典纠纷一案的文书,包括民事诉状、点名单等。

221. 璧山地方法院审理终止租约一案　12－11－215

1941年7月至1941年9月,璧山地方法院关于李伯川等申请终止租约一案的文书,包括民事起诉状、物证、民事声请状、点名单、民事审判笔录、民事宣判笔录、民事判决书、书状目录等。

222. 璧山地方法院审理返还垫款一案　12－11－216

1941年9月,璧山地方法院关于张树臣要求谭炳章返还垫付租佃押金一案的文书,包括民事起诉状、点名单、民事审讯笔录、民事和解笔录、书状目录等。

223. 璧山地方法院审理离异一案　12－11－217

1941年9月至1941年10月,璧山地方法院关于何恒德等申请离异一案的文书,包括民事原诉状、物证、点名单、民事审判笔录、民事答辩状、民事委任状、民事裁定、书状目录等。

224. 璧山地方法院审理返还押银执行一案　12－11－218

1941年2月至1941年7月,璧山地方法院关于李季芳等申请返还押银执行一案的文书,包括法院民事庭函片、民事判决书、点名单、民事声请状、民事委任状、报告书等。

225. 璧山地方法院审理回赎产业一案　12－11－219

1941年11月至1942年4月,璧山地方法院关于熊东山请求按价赎回产业一案的文书,包括民事起诉状、民事请委状、点名单、民事审判笔录、民事声明状、民事辩诉状、民事催请状、民事审理笔录、案件审理单、民事委任状、民事判决书、物证等。

226. 璧山地方法院审理欠款纠葛一案　12－11－220

1941年4月至1941年7月,璧山地方法院关于刘治清等欠款纠葛一案的文书,包括民事起诉状、民事委任状、民事辩诉状、点名单、言辞辩论笔录、民事请委状、书状目录、审判笔录、民事判决书、民事裁定、物证等。

227. 璧山地方法院审理终止租赁契约一案　12－11－221

1941年5月至1941年8月，璧山地方法院关于黄次颜等申请终止租赁契约一案的文书，包括往来公函、民事具状、点名单、民事声明状、民事审判笔录、民事辩诉状、民事判决书、物证等。

228. 四川高等法院第一分院、璧山县司法处审理要求偿还夜金上诉一案　12－11－222

1938年1月至1938年11月，四川高等法院第一分院、璧山县司法处关于胡克模与殷明德请求偿还夜金上诉一案的文书，包括地方法院呈文、高院裁定、送达证书、案件审理单、高法训令、民事委状、审理笔录、宣告判决笔录、点名单、高院民事裁定、高院民事判决书等。

229. 璧山地方法院审理再嫁一案　12－11－223

1941年10月，璧山地方法院关于夏张氏因生活无着落请再嫁一案的文书，包括民事声请状附法院批示、书状目录等。

230. 四川高等法院第一分院、璧山地方法院审理买卖纠纷及其上诉一案　12－11－224

1938年8月至1940年3月，四川高等法院第一分院、璧山地方法院关于张治成与姜柄山买卖纠纷及其上诉一案的文书，包括民事具状、呈文、民事诉状、民事委任状、点名单、审理笔录、民事辩诉状、璧山地方法院民事判决书、送达证书、璧山地方法院民事裁定、高院民事裁定、物证、民事声请状等。

231. 四川高等法院第一分院、璧山地方法院审理确认神龛所有权一案　12－11－224（2）

1941年1月至1942年6月，四川高等法院第一分院、璧山地方法院关于张治成等因继承纠葛而申请确认神龛所有权一案的文书，包括民事异议状、案件审理单、点名单、民事辩诉状、言辞辩论笔录、民事审判笔录、民事宣判笔录、璧山地方法院民事判决书、书状目录、璧山地方法院民事裁定、物证、四川高等法院第一分院民事判决书、民事上诉状、往来公函等。

232. 璧山地方法院审理解除租赁及迁让一案　12－11－225

1941年7月至1941年8月，璧山地方法院关于袁楚材请求解除租赁及迁让一案的文书，包括民事诉状、民事委任状、民事辩诉状、物证、点名单、民事审理笔录、民事判决书等。

233. 四川高等法院第一分院、璧山地方法院审理租约纠纷一案　12－11－226

1941年7月至1941年12月，四川高等法院第一分院、璧山地方法院关于王安荣与谭银舟租约纠纷一案的文书，包括往来公函、四川高等法院第一分院民事判决书、璧山地方法院民事判决书、民事上诉状、璧山地方法院民事裁定、书状目录、物证、言辞辩论笔录、民事委任状、民事辩诉状、宣示判决笔录、民事诉状、民事审理笔录、民事宣判笔录、民事补诉状等。

234. 四川高等法院第一分院、璧山地方法院审理确认买卖契约有效及其上诉一案　12－11－227

1941年1月至1941年11月，四川高等法院第一分院、璧山地方法院关于陈五志等申请确认买卖契约有效及其上诉案的文书，包括民事起诉状、物证、民事委任状、点名单、言辞辩论笔录、法院训令、民事辩诉状、案件审理单、民事缴状、证人结文、民事宣判笔录、璧山地方法院民事判决书、书状目录、民事上诉状、四川高等法院第一分院民事裁定、往来公函等。

235. 璧山地方法院审理领押交业执行一案　12－11－228

1940年12月至1941年1月，璧山地方法院关于刘文壁等领押交业执行一案的文书，包括民事执行状、传票回证、点名单、民事委任状、民事判决书等。

236. 璧山地方法院审理返还业权一案　12－11－229

1941年11月至1941年12月，璧山地方法院关于蒋乔全等因租佃纠葛而申请返还业权一案的文书，包括民事声请状、物证、民事和解状附法院批示等。

237. 璧山地方法院审理生活费纠纷一案　12－11－230

1941年6月至1941年9月，璧山地方法院关于董聂氏与董泽荣生活费纠纷一案的文书，包括民事起诉状、点名单、民事审判笔录、民事声请状附法院批示、书状目录等。

238. 璧山地方法院审理返还仓板一案　12－11－231

1941年10月，璧山地方法院关于雷柄建等状告雷绍海要求返还仓板一案的文书，包括民事告诉状、点名单等。

239. 璧山地方法院审理交付食米一案　12－11－232

1941年7月至1941年9月，璧山地方法院关于张汉三要求尹张氏交付买卖的食米一案的文书，包括民事诉状、点名单、民事反诉状、民事和解状附法院批示、书状目录等。

240. 最高法院审理债务纠葛上诉一案　12－11－233

1941年1月至1941年9月，最高法院关于蒋赤南与张九兆债务纠葛上诉一案的文书，包括往来公函、民事上诉状、原审相关材料（四川高等法院第一分院民事裁定、民事判决）、民事裁定、送达证书、审判费缴纳凭单等。

241. 璧山地方法院审理请发还证件一案　12－11－234

1941年7月，璧山地方法院关于李海钦申请发还证件一案的文书，包括民事声请状附法院批示、送达证书、书状目录、点名单、民事审理笔录等。

242. 璧山地方法院审理声请发布支付命令一案　12－11－235

1941年2月至1941年3月，璧山地方法院关于景和佛声请法院发布支付命令一案的文书，包括民事声请状、民事裁定、书状目录等。

243. 璧山地方法院审理终止租约一案　12－11－236

1941年11月至1942年1月，璧山地方法院关于张权一公清明会与张朱氏等申请终止租约一案的文书，包括民事诉状、民事委任状、民事声辩状、案件审理单、点名单、审判笔录、民事答辩状、民事裁定、书状目录、物证等。

244. 璧山地方法院审理租谷纠葛一案　12－11－237

1941年6月至1941年8月，璧山地方法院关于肖纯修与朱仲良租谷纠葛一案的文书，包括民事诉状、点名单、审判笔录、民事辩诉状、民事自诉状、民事审理笔录、民事判决书、书状目录等。

245. 璧山地方法院审理赎产纠葛调解一案　12－11－238

1941年8月至1941年9月，璧山地方法院关于罗元珍与罗元焕因赎产纠葛申请调解一案的文书，包括民事诉状、点名单、民事调解笔录等。

246. 璧山地方法院审理欠款纠葛一案　12－11－239

1941年8月至1941年9月，璧山地方法院关于肖常之与罗育英欠款纠葛一案的文书，包括民事起诉状、民事反诉状、点名单、民事审判笔录、民事和解笔录、书状目录等。

247. 璧山地方法院审理赔偿损害一案　12－11－240

1941年10月至1942年2月，璧山地方法院关于邓曾氏因物价高涨要求朱银安赔偿典当房屋损害一案的文书，包括民事诉状、民事辩诉状、点名单、民事审理笔录、民事补诉状、民事审判笔录、民事宣判笔录、民事判决书、书状目录等。

248. 四川高等法院第一分院审理欠款纠葛一案　12－11－241

1941年12月至1942年1月，四川高等法院第一分院关于娄荣盛要求何刘氏偿还借款一案的文书，包括民事声请状、原审相关材料(民事判决)、民事裁定等。

249. 璧山地方法院审理清偿本息执行一案　12－11－242

1941年1月至1941年2月，璧山地方法院关于王炳轩与苏泽林因清偿本息纠葛申请执行一案的文书，包括民事执行状、传票回证、点名单、民事声请状、报告书、原审相关材料(民事和解笔录)等。

250. 璧山地方法院审理偿还毛铁一案　12－11－243

1941年8月至1941年10月，璧山地方法院关于杨培炎请求偿还毛铁一案的文书，包括民事诉状、凭条、点名单、民事审理笔录、民事判决书、书状目录等。

251. 璧山地方法院审理终止租约一案　12－11－244

1941年12月至1942年1月，璧山地方法院关于张文江与柯玉安等申请终止租约一案的文书，包括民事诉状、案件审理单、点名单、民事撤诉状等。

252. 四川高等法院第一分院、璧山地方法院审理交谷纠葛一案　12－11－245

1941年6月至1942年5月，四川高等法院第一分院、璧山地方法院关于晏维山要求范长顺交还代为保管的食谷一案的文书，包括民事原诉状、点名单、民事审判笔录、民事诉状、民事辩诉状、法院民事庭公鉴、民事声明状、民事宣判笔录、璧山地方法院民事判决书、书状目录、璧山地方法院民事裁定、民事上诉状、四川高等法院第一分院民事裁定、往来公函等。

253. 璧山地方法院审理离婚纠葛一案　12－11－246

1941年3月，璧山地方法院关于吴海钧因吴王氏浪荡不归而申请判决离婚一案的文书，包括民事具状、民事声请状、点名单等。

254. 璧山实验地方法院审理租谷纠葛一案　12－11－247

1941年6月至1942年11月，璧山实验地方法院关于温相卿与陈海清租谷纠葛一案的文书，包括民事声请状、民事执行命令、报告、民事执行状、传票回证、点名单、执行笔录、法院训令、报告书、民事辩诉状、民事保状等。

255. 璧山地方法院审理遗产纠葛一案　12－11－248

1941年12月至1942年4月，璧山地方法院关于沈曾氏与沈银安分割遗产纠葛一案的文书，包括民事原诉状、点名单、民事审理笔录、民事辩诉状、民事委任状、案件审理单、证人结文、民事意见状、民事判决书、书状目录、民事请求状、不起诉处分书等。

256. 璧山地方法院审理返还松树熟土纠葛一案　12－11－249

1941年12月至1942年3月，璧山地方法院关于伍襄平与伍九成返还松树熟土纠葛一案的文书，包括民事原诉状、照抄四川高等法院第一分院刑事附带民事判决书、法院训令等。

257. 璧山地方法院审理租谷纠葛一案　12－11－250

1941年10月至1941年3月，璧山地方法院关于梁泽林与江武臣等租谷纠葛一案的文书，包括民事执行状、法院训令、报告、传票回证、点名单、执行笔录、报告书、民事执行命令、书状目录、民事判决书等。

258. 璧山地方法院审理租佃纠葛经调和请备查一案　12－11－251

1941年4月，璧山地方法院关于龚银安租佃纠葛经调和后声请备查一案的文书，包括民事存查状附法院批示、书状目录等。

259. 璧山地方法院审理返还谷利纠葛一案　12－11－252

1941年5月至1941年12月，璧山地方法院关于张德盛与周光普等返还谷利纠葛一案的文书，包括民事具诉状、民事委代诉状、点名单、言辞辩论笔录、民事辩诉状、民事委任状、民事声请状、民事诉状、民事反诉状等。

260. 璧山地方法院审理租佃纠葛一案　12－11－253

1941年5月至1941年8月，璧山地方法院关于曾蒋氏与蒋洪发等申请解除租佃收回田权一案的文书，包括民事声请状、点名单、言辞辩论笔录、民事宣判笔录、民事裁定、书状目录、民事判决书、民事委任状、民事和解笔录、民事辩诉状、民事补呈状、民事抗告状等。

261. 璧山地方法院审理撤销租佃契约一案　12－11－254

1941 年 7 月至 1941 年 8 月,璧山地方法院关于王孔昭等请求撤销租佃契约一案的文书,包括民事诉状、民事答辩状、民事声请状、点名单等。

262. 四川高等法院第一分院审理返还佽物上诉一案　12－11－255

1941 年 2 月至 1941 年 4 月,四川高等法院第一分院关于荣德璧诉谭周氏请返还佽物上诉案的文书,包括民事上诉状、原审相关材料(民事判决书、民事裁定)、往来公函、民事理由状、法院公鉴、民事辩诉状、民事委任状、言辞辩论笔录、宣示判决笔录等。

263. 璧山地方法院审理确认七塘典权一案　12－11－256

1941 年 5 月,璧山地方法院关于郭良海确认七塘典权一案的文书,包括法院登记处函片、法院命令、报告、物证、法院公告、书状目录、收据等。

该卷另附有张德盛与周光荣租谷纠葛一案的民事判决及相关物证。

264. 璧山地方法院审理诈骗成婚请维女权一案　12－11－257

1941 年 9 月,璧山地方法院关于王巫氏诉王明光诈骗成婚而请维女权一案的文书,包括民事起诉状、点名单、送达文件等。

265. 璧山地方法院审理终止租赁搬迁交业一案　12－11－258

1941 年 7 月至 1941 年 11 月,璧山地方法院关于王定中状请终止租赁搬迁交业一案的文书,包括民事诉状、送达文书、点名单、民事辩诉状、民事声请状、案件审理单、民事审理笔录、民事委任状、民事证明状、书状目录、民事判决书、民事裁定、物证等。

266. 四川高等法院第一分院审理撤销租约及其上诉一案　12－11－259

1941 年 1 月至 1941 年 5 月,四川高等法院第一分院关于熊炳发等声请撤销租佃契约及其上诉案一案的文书,包括民事声请状、往来公函、民事具状、原审相关材料(民事裁定)、民事上诉状、书状目录、民事委任状、言辞辩论笔录、民事辩诉状等。

267. 璧山地方法院审理终止租约领押还业执行一案　12－11－260

1941 年 5 月,璧山地方法院关于曾子张诉周青云终止租约领押交业执行一案的文书，包括民事执行状、传票回证、点名单、民事执行处批示、民事委任状、民事告诉状等。

268. 四川高等法院第一分院、璧山地方法院审理确认买卖契约无效一案　12－11－261

1941年7月至1941年11月，四川高等法院第一分院、璧山地方法院关于尹王氏诉尹余氏诈欺套卖请求确认买卖契约无效一案的文书，包括民事判决书、民事告诉状、民事答辩状、民事委任状、民事审理笔录、证人结文、璧山地方法院民事判决书、书状目录、璧山地方法院民事裁定、物证、往来公函、民事上诉状、四川高等法院第一分院民事裁定等。

269. 四川高等法院第一分院、璧山地方法院审理领押搬迁并交还契约一案　12－11－262

1941年3月至1941年9月，四川高等法院第一分院、璧山地方法院关于刘杨氏状诉蔡金盛领押搬迁并交还契约一案的文书，包括往来公函、四川高等法院第一分院民事判决书、民事上诉状、民事理由状、言辞辩论笔录、宣示判决笔录、点名单、民事诉状、物证、审判笔录、璧山地方法院民事判决书、书状目录、璧山地方法院民事裁定、民事领状等。

270. 璧山地方法院审理申请传案执行一案　12－11－263

1941年9月至1941年10月，璧山地方法院关于甘宗良与甘汝霖因交契纠纷申请传案执行一案的文书，包括民事执行状、原民事判决书、法院训令、报告、点名单附法院批示、执行笔录等。

271. 璧山实验地方法院审理诈欺财产、妨害兵役两案　12－11－264

1941年9月至1944年11月，璧山实验地方法院关于刘树林等借款不还诈欺财产、肖森荣妨害兵役两案的文书，包括刑事起诉状（附法院批示—转民事庭核办）、书状目录、刑事判决书、法院函片、刑事裁定等。

272. 璧山地方法院审理返还棉絮一案　12－11－265

1941年7月至1941年8月，璧山地方法院关于何淑怀要求郑海荣返还租赁的棉絮一案的文书，包括民事诉状、点名单等。

273. 璧山地方法院审理诈欺一案　12－11－266

1941年3月至1941年4月，璧山地方法院关于林大有等买卖街房涉嫌诈欺一案的文书,包括刑事自诉状、刑事辩诉状、法院检察官函片、传票回证、点名单、审判笔录、刑事判决书、书状目录等。

274. 璧山地方法院审理借款纠葛一案　12－11－267

1941年10月至1941年12月,璧山地方法院关于朱伯楷与朱德安借款纠葛一案的文书,包括民事告诉状、点名单、民事撤回状等。

275. 四川高等法院第一分院、璧山地方法院等审理赎产纠葛一案　12－11－268

1941年8月至1942年7月,四川高等法院第一分院、璧山地方法院等关于黄家荣与黄金盛赎产纠葛一案的文书,包括民事起诉状、民事委任状、璧山地方法院民事判决书、书状目录、往来公函、点名单、民事审理笔录、民事宣判笔录、民事公证状、民事原告状、民事缴状、璧山地方法院民事裁定、民事上诉状、言辞辩论笔录、宣誓判决笔录、四川高等法院第一分院民事判决书等。

276. 璧山地方法院审理离婚一案　12－11－269

1941年12月,璧山地方法院关于高杨氏因高国清恶意遗弃而状请离婚一案的文书,包括民事起诉状、民事和解状附法院批示等。

277. 璧山地方法院审理抱子承祧申请存查一案　12－11－270

1941年5月,璧山地方法院关于张海清抱子承祧申请存查一案的文书,包括民事存查状附法院批示、书状目录等。

278. 璧山地方法院审理撤销租赁契约一案　12－11－271

1941年8月至1941年9月,璧山地方法院关于卫云程因张茂林违反租赁契约状请撤销契约一案的文书,包括民事判决书、民事诉状、民事辩诉状、民事委任状、点名单(附当庭宣判)、民事审理笔录、民事理由状、书状目录、民事裁定、物证等。

279. 璧山地方法院审理清偿布款一案　12－11－272

1941年12月至1942年1月,璧山地方法院关于黄克明因张锡光违约衍期而状请清偿布款一案的文书,包括民事起诉状、物证、案件审理单、点名单、民事审理笔录、民事判决书、书状目录等。

280. 璧山地方法院审理租谷纠葛一案　12－11－273

1941年8月至1941年9月,璧山地方法院关于冉炳华与马汉清租谷纠葛一案的文书，包括民事诉状、点名单（附案件判决手写本）、民事审理笔录等。

281. 璧山地方法院审理租谷纠葛一案　12—11—274

1941年8月至1942年2月，璧山地方法院关于王银三与陈海建租谷纠葛一案的文书，包括民事执行状附法院批示、书状目录、原民事判决书、法院训令、报告、物证等。

282. 璧山地方法院审理回赎典产纠葛一案　12—11—275

1941年9月至1941年11月，璧山地方法院关于彭陈氏等因彭文兴违背合同状请以原价回赎典产一案的文书，包括民事诉讼状、民事答辩状、民事委任状、点名单、审判笔录、民事裁定、民事宣判笔录、民事判决书、书状目录、物证等。

283. 璧山地方法院审理交还房屋一案　12—11—276

1941年8月至1941年11月，璧山地方法院关于王文杰等因买卖房土纠葛而申请交还房屋一案的文书，包括民事告状、点名单、民事审判笔录、民事委状、民事委任状、民事催呈状等。

284. 璧山地方法院审理领押交业停止执行一案　12—11—277

1941年11月，璧山地方法院关于靳春和等申请领押交业停止执行一案的文书，包括民事声请状附法院批示、书状目录等。

285. 璧山地方法院审理领押解佃交业一案　12—11—278

1941年6月至1941年7月，璧山地方法院关于刘开发因刘兴发违反租约状请领押解佃交业一案的文书，包括民事原诉状、案件审理单、民事答辩状、点名单、言辞辩论笔录、民事判决书、书状目录、物证等。

286. 璧山地方法院审理赔偿损害一案　12—11—279

1941年4月至1942年4月，璧山地方法院关于凌树荣状告廖明中侵界砍树妨害业权而要求赔偿损害一案的文书，包括民事诉状、民事委任状、点名单、言辞辩论笔录、民事续诉状、民事辩诉状、民事审理笔录、民事声请状、民事和解状、物证等。

287. 四川高等法院第一分院、璧山地方法院审理给付食谷纠葛一案　12—11—280

1941年2月至1941年3月，四川高等法院第一分院、璧山地方法院关于张笙谱与徐树轩等给付食谷纠葛一案的文书，包括往来公函、原审相关材料附本（民事声请状、民事裁定、书状目录)、民事缴状、言辞辩论笔录、民事委任状、宣誓判决笔录、民事判决书等。

288. 璧山地方法院审理确认契约无效一案　12－11－281

1941年8月至1942年3月,璧山地方法院关于王敬修状请确认契约无效一案的文书,包括民事诉状、民事原诉状、点名单、民事审理笔录、民事委状、民事委任状、民事公证状、民事答辩状、民事声请状、民事判决书、书状目录、民事裁定、物证等。

289. 璧山地方法院审理租佃纠葛一案　12－11－282

1941年11月至1942年1月,璧山地方法院关于蒋水建与王定中因租佃纠葛申请调解一案的文书,包括民事声请状、民事委任状、案件审理单、点名单(附法院宣判)等。

290. 璧山地方法院审理还屋执行一案　12－11－283

1941年3月,璧山地方法院关于姚作善等因租赁纠葛而申请交还房屋执行一案的文书,包括民事声请状附法院批示、书状目录等。

291. 璧山地方法院审理交业纠葛一案　12－11－284

1941年10月至1942年3月,璧山地方法院关于吴仲潘与吴汉清交业纠葛一案的文书,包括民事诉状、点名单、民事审判笔录、民事宣判笔录、民事判决书、书状目录、民事裁定等。

292. 最高法院审理借款纠葛上诉一案　12－11－285

1939年7月至1941年3月,最高法院关于肖兰成与周永昌等借款纠葛上诉一案的文书,包括往来公函、四川高等法院第一分院民事裁定、四川高等法院第一分院二审相关材料(民事申请状、民事上诉状、送达证书)、书记科查询单、民事裁定等。

293. 璧山地方法院审理给付食谷执行一案　12－11－286

1941年1月至1941年4月,璧山地方法院关于罗鹤鸣声请给付食谷执行一案的文书,包括民事声请状、和解笔录、点名单(附法院宣判)、民事执行状、传票回证、报告等。

294. 最高法院、四川高等法院第一分院、璧山地方法院等审理返还契纸一案 12—11—287

1941年2月至1943年12月，最高法院、四川高等法院第一分院、璧山地方法院等关于肖谢氏请求返还契纸一案的文书，包括地方法院与高等法院第一分院往来公函、最高法院民事判决书等。

295. 璧山地方法院审理返还树木一案 12—11—288

1941年1月至1941年9月，璧山地方法院关于周受歧等因地界纠葛窃伐而申请返还树木一案的文书，包括民事原告状、物证、点名单、审判笔录、民事声请状、民事辩诉状、言辞辩论笔录、民事理由书、民事展限状、民事审理笔录、报告、书状目录、民事审判笔录、民事裁定等。

该卷另附有璧山地方法院关于晏陈氏与朱绍奎有关确认买卖契约纠葛案的民事裁定一份。

296. 璧山地方法院审理私酿酒一案 12—11—289

1941年11月至1942年1月，璧山地方法院关于冉钦河私自酿酒一案的文书，包括点名单、检察官侦察笔录、刑事保状、刑事具状、传票回证、县政府公函、检察官起诉书、书状目录等。

297. 璧山地方法院审理返还国币买契一案 12—11—290

1941年3月至1941年8月，璧山地方法院关于刘元盛状告喻启厚请求返还国币买契一案的文书，包括民事起诉状、民事委任状、点名单、言辞辩论笔录、审判笔录、证人结文、民事判决书、民事裁定、书状目录、物证等。

298. 璧山地方法院审理丹凤乡赌博专案 12—11—291

1941年7月至1941年10月，璧山地方法院关于丹凤乡赌博专案的文书，包括警备班长报告、军警团督察处公函、保结书、丹凤乡乡公所呈文等。

该卷另附有璧山地方法院关于邓学熙因伤害致死案件的检察官不起诉处分书。

299. 璧山地方法院审理交业纠葛一案 12—11—292

1941年6月至1941年11月，璧山地方法院关于赵克刚与绕树声交业纠葛一案的文书，包括民事声请状、传票回证、点名单、执行笔录、法院训令、报告、民事申请状、原民事判决书、收款通知、民事和解状附法院批示、书状目录、民事承领状、讯问笔录等。

300. 璧山地方法院审理交业纠葛一案　12—11—293

1941 年 7 月至 1941 年 9 月，璧山地方法院关于刘成林等与刘世齐交业纠葛一案的文书，包括民事起诉状、民事答辩状、点名单、民事审判笔录、民事宣判笔录、民事委任状、民事判决书、书状目录、言辞辩论笔录等。

301. 四川高等法院第一分院、璧山地方法院审理确认典权纠葛一案　12—11—294

1941 年 2 月至 1941 年 9 月，四川高等法院第一分院、璧山地方法院关于蔡光朝与陈昌贤等典权纠葛一案的文书，包括往来公函、璧山地方法院民事判决书、民事申请状、民事上诉状、书状目录、璧山地方法院民事裁定、四川高等法院第一分院民事裁定、报告等。

302. 璧山地方法院审理交业纠葛、变造典当田业契约两案　12—11—295

1941 年 6 月至 1941 年 9 月，璧山地方法院关于谢胡氏等与石荣甫等交业纠葛、谢胡氏状告石荣甫变造典当田业契约两案的文书，包括民事告诉状、案件审理单、点名单、民事审理笔录、民事答辩状、民事请委状、民事裁定、书状目录、物证、往来公函、刑事判决书、刑事自诉状、刑事答辩状、刑事委任状、刑事审判笔录、刑事宣判笔录等。

303. 四川高等法院第一分院、璧山地方法院等审理耕地租赁纠葛一案　12—11—296

1941 年 11 月至 1942 年 7 月，四川高等法院第一分院、璧山地方法院等关于张应超与张洪元耕地租赁纠葛一案的文书，包括民事起诉状、民事委任状、案件审理单、点名单、民事调解笔录、审判笔录、璧山地方法院民事判决书、书状目录、民事缴状、往来公函、民事上诉状、民事委状、四川高等法院第一分院民事和解笔录、民事声请状、民事声请状附法院批示等。

304. 最高法院、四川高等法院第一分院、璧山地方法院等审理租赁纠葛一案　12—11—297

1941 年 4 月至 1943 年 3 月，最高法院、四川高等法院第一分院、璧山地方法院等关于黄明光与邓海林租赁纠葛一案的文书，包括民事起诉状、民事辩诉状、书状目录、点名单、言辞辩论笔录、民事宣判笔录、璧山地方法院民事判决书、物证、民事领状附法院批示、民事声请状、四川高等法院第一分院民事裁定、往来公函、民事注销状、民事理由状、民事上诉状、民事证明状、宣示判决笔录等。

305. 璧山地方法院审理另嫁存查一案　12—11—298

1941年5月，璧山地方法院关于张巫氏因生活断绝状请另嫁申请存查一案的文书，包括民事存查状附法院批示、书状目录等。

306. 璧山地方法院审理返还黄谷一案　12—11—299

1941年8月至1941年10月，璧山地方法院关于尹文光要求尹树彬返还寄存黄谷一案的文书，包括民事诉状、点名单、审判笔录、民事辩诉状、物证、民事公证状等。

307. 四川高等法院第一分院审理请求确认息讼文约无效一案　12—11—300

1941年12月至1942年1月，四川高等法院第一分院关于邱麟远请求确认息讼文约无效一案的文书，包括往来公函、民事上诉状、原审相关材料（地方法院民事裁定）、民事裁定、声明上诉状缮本等。

308. 璧山地方法院审理黄谷纠葛一案　12—11—301

1941年8月至1941年10月，璧山地方法院关于彭耀光与陈主伯黄谷纠葛一案的文书，包括民事执行状、民事判决书、法院训令、民事和解状、报告、书状目录等。

309. 璧山地方法院审理解除婚约存查一案　12—11—302

1941年1月，璧山地方法院关于邓树成因陈明初违背婚期而申请解除婚约存查一案的文书，包括民事告诉状附法院批示、书状目录等。

310. 璧山地方法院审理租约纠葛一案　12—11—303

1941年3月至1942年4月，璧山地方法院关于巫王氏与巫永康等租约纠葛一案的文书，包括民事告诉状、民事辩诉状、点名单、民事委任状、民事审理笔录、民事和解笔录、书状目录等。

311. 璧山地方法院审理欠租纠葛一案　12—11—304

1941年6月至1941年10月，璧山地方法院关于荣庆尧公祠与胡致祥欠租纠葛一案的文书，包括民事告诉状、民事辩诉状、点名单、民事讯问笔录、民事声请状、民事诉状、民事审理笔录、民事委任状、民事和解状、民事请领证物笔录、民事判决书等。

312. 璧山地方法院审理地租纠葛一案　12－11－305

1941 年 11 月至 1941 年 12 月，璧山地方法院关于僧明星与杨鲁山等地租纠葛一案的文书，包括民事告诉状、案件审理单、点名单、民事审理笔录、民事判决书、书状目录、物证等。

313. 璧山地方法院审理请补租及迁让以维佃权一案　12－11－306

1941 年 9 月至 1941 年 12 月，璧山地方法院关于刘懋昭因尚金安欠租状请补租及迁让以维佃权一案的文书，包括民事诉状、民事辩诉状、点名单、民事讯问笔录、民事委任状、案件审理单、民事审理笔录、民事判决书、民事声明状、物证、书状目录、民事裁定等。

314. 璧山地方法院审理请领证物一案　12－11－307

1941 年 4 月至 1941 年 6 月，璧山地方法院关于汪金城请领证物一案的文书，包括民事领状附法院批示、书状目录、点名单等。

315. 璧山地方法院审理赔诉讼费一案　12－11－308

1939 年 9 月，璧山地方法院关于陶青山等与吴丙寅因经界纠葛涉讼状请赔偿诉讼费一案的文书，包括民事执行状附法院批示等。

316. 四川高等法院第一分院审理交还熟土纠葛一案　12－11－309

1941 年 7 月至 1941 年 8 月，四川高等法院第一分院关于李成之与荣廷泽交还熟土纠葛一案的文书，包括民事上诉状、民事裁定书、往来公函等。

317. 璧山地方法院审理基地纠葛一案　12－11－310

1941 年 5 月至 1941 年 10 月，璧山地方法院关于曾木三与欧柳氏等基地纠葛一案的文书，包括民事自诉状、民事辩诉状、点名单、审判笔录等。

318. 璧山地方法院审理赔偿药品一案　12－11－311

1941 年 9 月至 1941 年 10 月，璧山地方法院关于白璧康要求陈代隆赔偿打架损毁药品一案的文书，包括民事诉状、民事和解状、点名单等。

319. 璧山地方法院审理请发支付命令一案　12－11－312

1941 年 11 月，璧山地方法院关于李马士杰因陈顺义余价不领而请发支付命令一案的文书，包括民事声请状附法院批示、书状目录等。

320. 璧山地方法院审理抱子立嗣保产备查一案　12－11－313

1941 年 3 月，璧山地方法院关于李世璞等为维持家产声请抱子立嗣备查一案的文书，包括民事存查状附法院批示、书状目录等。

321. 四川高等法院第一分院、璧山地方法院审理借款纠葛上诉一案　12－11－314

1941 年 2 月至 1941 年 6 月，四川高等法院第一分院、璧山地方法院关于李毅支等借款纠葛上诉一案的文书，包括民事委状、法院布告、民事抗告状、传票回证、点名单、执行笔录、民事声请状、往来公函、四川高等法院第一分院民事裁定等。

322. 璧山地方法院审理确认买卖松树契约有效一案　12－11－315

1941 年 5 月至 1942 年 2 月，璧山地方法院关于曾和平状告杨海廷等请求确认买卖松树契约有效一案的文书，包括民事起诉状、民事委任状、点名单、言辞辩论笔录、民事审理笔录、民事委状、民事审判笔录、民事宣判笔录、民事判决书、书状目录、民事裁定、物证等。

323. 璧山地方法院审理租谷假扣押纠葛一案　12－11－316

1940 年 12 月至 1941 年 1 月，璧山地方法院关于张兰波与熊有成租谷假扣押纠葛一案的文书，包括民事声请状、民事裁定、书状目录等。

324. 璧山地方法院审理借款纠葛一案　12－11－317

1941 年 7 月至 1942 年 2 月，璧山地方法院关于汪荷芝与朱俊良借款纠葛一案的文书，包括点名单、民事审判笔录、民事原告状、民事委任状、报告民事诉状、法院公示、民事判决书、书状目录等。

325. 四川高等法院第一分院、璧山地方法院审理耕牛纠葛一案　12－11－318

1941 年 7 月至 1941 年 12 月，四川高等法院第一分院、璧山地方法院关于张洪洲与陈海建耕牛纠葛一案的文书，包括民事诉讼状、点名单、民事审理笔录、民事告状、证人结文、璧山地方法院民事判决书、书状目录、璧山地方法院民事裁定、物证、往来公函、民事上诉状、四川高等法院第一分院民事裁定等。

326. 璧山地方法院审理佃权纠葛一案　12－11－319

1941 年 3 月至 1941 年 4 月，璧山地方法院关于刘尊三与周泽山等佃权纠葛一案的文书，包括民事原诉状、点名单、言辞辩论笔录、民事辩诉状、民事和解笔录、民事宣判笔录、书状目录、物证等。

327. 四川高等法院第一分院、璧山地方法院审理搬迁交业一案　12－11－320

1941 年 3 月至 1941 年 10 月，四川高等法院第一分院、璧山地方法院关于李汉彬因任银章霸耕而状请迁让一案的文书，包括民事声请状、四川高等法院第一分院民事判决书、璧山地方法院民事判决书、点名单、民事审理笔录、民事宣判笔录、物证等。

328. 四川高等法院第一分院审理确认离婚契约返还财产管理权一案　12－11－321

1942 年 3 月至 1942 年 5 月，四川高等法院第一分院关于张叔达与雷仲华确认离婚契约返还财产管理权一案的文书，包括民事上诉状、民事声请状、往来公函、民事声明状、民事判决书、法院书记室公函、和解文书、送达证书等。

329. 四川高等法院第一分院审理租佃纠葛及其上诉一案　12－11－322

1941 年 10 月至 1942 年 3 月，四川高等法院第一分院关于任银章与孙子钊租佃纠葛及其上诉一案的文书，包括往来公函、民事上诉状、璧山地方法院民事裁定、书状目录、民事声请状、民事答辩状、民事委任状、言辞辩论笔录、民事委状、宣示判决笔录、民事判决书、璧山地方法院刑事判决书、物证、法院书记室公函等。

330. 璧山地方法院审理状请迁让一案　12－11－323

1941 年 9 月，璧山地方法院关于李汉彬因任银章霸耕而状请迁让一案的文书，包括民事判决书、璧山地方法院与高等法院第一分院往来公函、证物目录等。

331. 璧山地方法院审理交业纠葛一案　12－11－324

1941 年 8 月，璧山地方法院关于刘杨氏与蔡全盛交业纠葛一案的文书，包括民事执行状附法院批示、书状目录。

332. 璧山地方法院审理返还房屋纠葛一案　12－11－325

1941 年 6 月至 1941 年 10 月，璧山地方法院关于陈绍彬与陈刘氏返还房屋纠葛一案的文书，包括民事执行状附法院批示、传票回证、点名单、法院训令、收据等。

333. 璧山地方法院审理交业纠葛一案　12－11－326

1941 年 8 月至 1941 年 9 月，璧山地方法院关于罗德福与罗成普交业纠葛一案的文书，包括民事执行状附法院批示、书状目录、民事声请状等。

334. 四川高等法院第一分院、璧山地方法院审理交业纠葛一案　12－11－327

1941年5月至1942年2月，四川高等法院第一分院、璧山地方法院关于何宏基与何白氏交业纠葛一案的文书，包括抗告意见书、民事催呈状、四川高等法院第一分院书记室公函、高院民事裁定、璧山地方法院民事判决书等。

335. 最高法院审理典产纠葛及其上诉一案　12－11－328

1941年4月至1941年12月，最高法院关于陈国武与陈萧氏典产纠葛及其上诉一案的文书，包括往来公函、民事声请状、原审相关材料（地方法院民事判决书、四川高等法院第一分院民事裁定）、民事裁定、送达证书等。

336. 璧山地方法院审理宣告死亡一案　12－11－329

1941年2月，璧山地方法院关于张郑氏声请宣告张炳清死亡一案的文书，包括民事声请状、璧山地方法院民事裁定、书状目录等。

337. 璧山地方法院审理再嫁存查一案　12－11－330

1941年6月，璧山地方法院关于刘罗氏因夫故无依而声请再嫁存查一案的文书，包括民事存查状附法院批示、书状目录等。

338. 璧山地方法院审理返还租额一案　12－11－331

1941年10月至1942年1月，璧山地方法院关于龙海廷因龙余氏违法收租而状请返还租额一案的文书，包括民事起诉状、民事声请状、案件审理单、点名单、审判笔录、民事裁定、民事宣判笔录、民事辩诉状、书状目录等。

339. 璧山地方法院审理请领证物一案　12－11－332

1941年11月，璧山地方法院关于张泽涵与龙寿山等因典当纠葛诉讼案结而请领证物一案的文书，包括民事领状附法院批示等。

340. 四川高等法院第一分院、四川璧山地方法院审理租谷纠纷及其上诉一案　12－11－333

1941年12月至1942年2月，高等法院第一分院、璧山地方法院关于许敬修等租谷纠纷及其上诉一案的文书，包括民事抗告状附法院批示、民事声请状附法院批示、邮呈、送达证书等。

341. 四川高等法院第一分院、璧山地方法院审理侵占物权一案　12－11－334

1940 年 11 月至 1941 年 8 月，四川高等法院第一分院、璧山地方法院关于郭海林状告吴邓氏侵占物权一案的文书，包括刑事告诉状、传票回证、点名单、检察官侦讯笔录、刑事保状附法院批示、检察官起诉书、送达证书、四川高等法院第一分院民事判决书、璧山地方法院民事判决书等。

342. 璧山地方法院审理经界纠葛一案　12－11－335

1941 年 9 月，璧山地方法院关于徐栋梁与张德义祥经界纠葛一案的文书，包括民事申请状附法院批示、送达证书等。

343. 璧山地方法院审理兵役纠葛一案　12－11－336

1941 年 3 月，璧山地方法院关于张耀堂等兵役纠葛一案的文书，包括点名单、侦讯笔录等。

344. 璧山地方法院审理借贷契约纠葛一案　12－11－337

1941 年 8 月至 1941 年 10 月，璧山地方法院关于邓治清与龙建坤等借贷契约纠葛一案的文书，包括民事起诉状、民事申请状、点名单、民事审理笔录、民事和解笔录、送达证书等。

345. 璧山地方法院审理给付食谷一案　12－11－338

1941 年 8 月至 1942 年 1 月，璧山地方法院关于张云鹏等因租佃纠葛而申请给付食谷一案的文书，包括民事执状附法院批示、法院训令、报告、民事执行状、传票回证、点名单、执行笔录、送达证书等。

346. 最高法院审理确认财产管理权纠葛一案　12－11－339

1941 年 2 月至 1942 年 4 月，最高法院关于张雷仲华与张叔达财产管理权纠葛一案的文书，包括四川高等法院第一分院书记室公函、民事抗告状、原审相关材料（璧山地方法院检察官处分书、四川高等法院第一分院民事裁定、意见书）、民事裁定、往来公函、送达证书等。

347. 璧山地方法院审理确认迁让执行一案　12－11－340

1941 年 5 月至 1941 年 9 月，璧山地方法院关于罗森荣状请强制执行迁让一案的文书,包括民事执行状、传票回证、点名单、法院训令、报告、执行笔录、民事诉状、民事执行笔录、收据等。

348. 璧山地方法院审理买卖契约纠葛一案　12－11－341

1941年1月至1942年1月,璧山地方法院关于何庆云与伍雷氏买卖契约纠葛一案的文书,包括民事声请状、案件审理单、点名单、言辞辩论笔录、民事缴状、送达证书、民事委任状、民事补诉状、报告、民事审判笔录、民事判决书等。

349. 璧山地方法院审理债务执行以维权利一案　12－11－342

1941年5月至1942年1月,璧山地方法院关于张鸿洲声请债务执行以维权利一案的文书,包括民事执行状、原民事判决书、送达证书、传票回证、点名单、执行笔录、法院训令、报告、民事委状、报告书、民事保状、民事和解状等。

350. 璧山地方法院审理赎产纠葛一案　12－11－343

1941年8月至1941年11月,璧山地方法院关于张林氏与张柏林赎产纠葛一案的文书,包括民事诉状、民事答辩状、民事委任状、点名单、民事审判笔录、民事判决书、民事宣判笔录、送达证书、物证、民事原诉状等。

351. 璧山地方法院审理债务纠葛一案　12－11－344

1941年3月至1941年5月,璧山地方法院关于李毅交与张雷仲华债务纠葛一案的文书,包括民事执行状、民事委任状、传票回证、点名单、法院训令、民事声请状、送达证书、报告通知书、查赎不动产笔录、鉴定书等。

352. 四川高等法院第一分院、璧山地方法院审理租约纠葛一案　12－11－345

1941年7月至1941年10月,四川高等法院第一分院、璧山地方法院关于李袁氏与李文中租约纠葛一案的文书,包括往来公函、璧山地方法院民事抗告意见书、民事抗告状、四川高等法院第一分院民事裁定、民事诉状、物证、民事审判笔录、璧山地方法院民事裁定、送达证书等。

353. 四川高等法院第一分院、璧山地方法院审理债务纠葛一案　12－11－346

1941年5月至1941年9月,四川高等法院第一分院、璧山地方法院关于杨鲁山与李绪也债务纠葛一案的文书,包括往来公函、民事抗告状、民事声明状、璧山地方法院民事裁定、四川高等法院第一分院民事裁定等。

354. 四川高等法院第一分院审理欠租纠葛上诉一案　12－11－347

1941年8月至1941年10月，四川高等法院第一分院关于蔡继贤与邱洪举欠租纠葛上诉一案的文书，包括民事上诉状、往来公函、言辞辩论笔录、宣示判决笔录、四川高等法院第一分院民事判决书、民事声请状等。

355. 璧山地方法院审理声请假扣押一案　12－11－348

1941年5月至1941年6月，璧山地方法院关于杨鲁山因李绪也欠债不还而声请假扣押一案的文书，包括民事声请状、民事裁定、送达证书、抗告意见书、四川高等法院第一分院书记室公函等。

356. 璧山地方法院审理确认租佃契约有效一案　12－11－349

1941年9月至1941年11月，璧山地方法院关于韩模发等申请确认租佃契约有效一案的文书，包括民事诉状、民事辩诉状、点名单、审判笔录、民事委任状、民事裁定、民事判决书、送达证书、物证等。

357. 璧山地方法院审理租谷纠葛一案　12－11－350

1941年10月至1941年12月，璧山地方法院关于娄明轩与娄银臣租谷纠葛一案的文书，包括民事诉讼状、案件审理单、点名单、民事和解状附法院批示等。

358. 璧山地方法院审理请禁治产一案　12－11－351

1941年5月至1942年5月，璧山地方法院关于赵王氏因赵海贤患精神病而请禁其治产一案的文书，包括民事声请状、民事证明状、民事委任状、点名单、民事审理笔录、言辞辩论笔录、案件审理单、法院公函、审理笔录、报告、送达证书、民事裁定、四川高等法院第一分院书记室公函、民事补诉状等。

359. 璧山地方法院审理会款纠葛一案　12－11－352

1941年2月，璧山地方法院关于苏荣轩与蒋光耀会款纠葛一案的文书，包括民事声请状附法院批示、民事裁定、书状目录等。

360. 璧山地方法院审理买卖纠葛一案　12－11－353

1941年7月至1941年12月，璧山地方法院关于张汪氏与张炳奎买卖纠葛一案的文书，包括民事执行状附法院批示、民事声请状附法院批示、送达证书、民事判决书等。

361. 璧山地方法院审理终止租约一案　12－11－354

1941年11月至1941年12月，璧山地方法院关于邱松建与胡树荣终止租约一案的文书，包括民事起诉状、案件审理单、点名单、民事审理笔录、民事判决书、法院函片、送达证书、物证等。

362. 璧山地方法院审理伪造典约一案　12－11－355

1941年2月至1941年3月，璧山地方法院关于伍程氏状告伍致军与伍刘氏等伪造典约一案的文书，包括刑事告诉状、刑事辩诉状、传票回证、点名单、检察官侦查笔录、证人结文、不起诉处分书、送达证书等。

363. 璧山地方法院审理赔偿损害一案　12－11－356

1941年8月至1942年3月，璧山地方法院关于赖枢云与黄康林因经界纠葛而状请赔偿损害一案的文书，包括民事原诉状、物证、民事催状、传票回证、点名单、民事审理笔录、民事委任状、民事辩诉状、案件审理单、民事诉状、证人结文、民事公证状、民事证明书、民事审判笔录、民事添传状、民事和解状等。

364. 璧山地方法院审理租佃纠葛一案　12－11－357

1941年7月至1941年9月，璧山地方法院关于秦建章与钟长泰租佃纠葛一案的文书，包括民事诉状、民事委任状、民事声请状、点名单、民事审理笔录、民事辩诉状、民事补诉状、民事异议状、民事请委状、民事判决书、送达证书、物证等。

365. 四川高等法院第一分院、璧山地方法院审理租赁契约纠葛及其上诉一案　12－11－358

1941年5月至1941年11月，四川高等法院第一分院、璧山地方法院关于何润堂与王德轩租赁契约纠葛及其上诉一案的文书，包括地方法院民事判决书、往来公函、民事上诉状、审理笔录、四川高等法院第一分院民事和解笔录、民事委任状、民事和解笔录、民事起诉状、案件审理单、点名单、言辞辩论笔录、物证等。

366. 四川高等法院第一分院、璧山地方法院审理租谷纠葛及其上诉一案　12－11－359

1941年3月至1941年7月，四川高等法院第一分院、璧山地方法院关于吴张氏与冯荣辉租谷纠葛及其上诉一案的文书，包括民事诉状、民事委任状、点名单、言辞辩论笔录、民事宣判笔录、璧山地方法院民事判决书、民事撤回状、送达证书、物证、往来公函、民事上诉状、璧山地方法院民事裁定、四川高等法院第一分院民事裁定等。

367. 璧山地方法院审理欠谷纠葛一案　12－11－360

1941年8月至1941年10月，璧山地方法院关于伍平安与汪典全欠谷纠葛一案的文书，包括民事诉状、民事声明状、传票回证、点名单、民事审理笔录、民事判决书、送达证书、物证等。

368. 四川高等法院第一分院、璧山地方法院审理赔偿损害及其上诉一案　12－11－361

1941年6月至1942年1月，四川高等法院第一分院、璧山地方法院关于柯瞿氏因婚约纠葛要求张银江赔偿损害及其上诉一案的文书，包括地方法院民事判决书、往来公函、四川高等法院第一分院民事判决书、民事上诉状、民事诉状、言辞辩论笔录、宣示判决笔录、民事答辩状、民事委任状、传票回证、送达证书、民事宣判笔录、民事展限状、民事辩诉状、璧山地方法院民事裁定等。

369. 璧山地方法院审理赔偿损害一案　12－11－362

1941年4月至1941年6月，璧山地方法院关于周云鹏因借款纠葛被胁迫还债而要求雷向东赔偿损害一案的文书，包括民事起诉状、镇公所呈文、点名单、民事声请状、审判笔录、民事委任状、民事判决书、送达证书等。

370. 璧山地方法院审理租谷纠葛一案　12－11－363

1941年12月至1942年4月，璧山地方法院关于吴微之与黄维之等租谷纠葛一案的文书，包括民事诉状、物证、民事辩诉状、城南乡第九保保办公室呈文、点名单、民事审理笔录、案件审理单、证人结文、民事判决书、送达证书等。

371. 璧山地方法院审理会款纠葛一案　12－11－364

1941年2月至1941年3月，璧山地方法院关于蒋光耀与伍怀良会款纠葛一案的文书，包括民事声请状、民事委任状、点名单、言辞辩论笔录、案件审理单等。

372. 璧山地方法院审理买卖契约纠葛一案　12－11－365

1941年6月至1941年10月，璧山地方法院关于刘定元等与张代贵等买卖契约纠葛一案的文书，包括民事诉状、点名单、民事委任状、言辞辩论笔录、民事宣判笔录、民事判决书、送达证书、民事裁定等。

373. 璧山地方法院审理租佃契约纠葛一案　12－11－366

1941年8月至1942年1月，璧山地方法院关于江祝三与邹伯林押银租谷等租佃契约纠葛一案的文书，包括民事起诉状、民事答辩状、民事委任状、民事诉状、查讯结果笔录、点名单、民事审判笔录、民事声请状、民事宣判笔录、民事判决书、送达证书、民事声明状、物证等。

374. 璧山实验地方法院审理请领证物一案　12－11－367

1942 年 5 月至 1942 年 8 月，璧山实验地方法院关于罗元焕因盗窃私文书一案结束后请领证物（典约）一案的文书，包括民事声请状、收据等。

375. 璧山地方法院审理租约纠葛一案　12－11－368

1941 年 10 月至 1941 年 11 月，璧山地方法院关于鲍茂盛与邓友山等租约纠葛一案的文书，包括民事告诉状、民事和解状附法院批示、点名单等。

376. 璧山地方法院审理返还红洋纠葛一案　12－11－369

1941 年 9 月至 1941 年 12 月，璧山地方法院关于柯朝宗等因买谷纠葛而申请返还红洋纠葛一案的文书，包括民事诉状、民事起诉状、民事辩诉状、通知、点名单、审判笔录（附手抄判决结果），该案以原告柯朝宗自愿撤销诉讼结等。

377. 最高法院审理债务纠葛上诉一案　12－11－370

1940 年 12 月至 1941 年 10 月，最高法院关于王三级因企业破产拍卖田业偿债上诉一案的文书，包括四川高等法院第一分院与最高法院往来公函、民事抗告状、四川高等法院第一分院意见书、最高法院民事裁定、送达证书等。

378. 最高法院、璧山地方法院审理赎产纠葛及其上诉一案　12－11－371

1941 年 3 月至 1942 年 4 月，最高法院、璧山地方法院关于杨绍轩与杨王氏赎产纠葛及其上诉一案的文书，包括民事辩诉状、民事声请状、民事请委状、点名单、言辞辩论笔录、璧山地方法院民事判决书、璧山地方法院民事裁定、往来公函、民事上诉状、四川高等法院第一分院民事裁定、民事诉状、最高法院民事判决书、卷宗目录、民事变诉状、证人结文、宣示判决笔录、四川高等法院第一分院民事判决书、送达证书等。

379. 璧山地方法院审理典产纠葛一案　12－11－372

1941 年 10 月至 1942 年 6 月，璧山地方法院关于胡思诚与胡邬氏典产纠葛一案的文书，包括民事起诉状、民事委任状、民事担保状、送达证书、点名单、民事审理笔录、民事答辩状、民事声请状、民事推举状、法院调解书、补呈文、民事判决书、民事裁定等。

380. 璧山地方法院审理改嫁备查一案　12－11－373

1941 年 2 月，璧山地方法院关于陈李氏因丈夫外出杳无音讯而申请改嫁备查一案的文书，包括民事存查状附法院批示、送达证书等。

381. 璧山地方法院审理妨害自由执行一案　12－11－374

1941 年 3 月至 1942 年 1 月，璧山地方法院关于王鼎毕妨害自由执行一案的文书，包括法院函片、检察官公函、传票回证、点名单、报告附法院批示、县政府公函等。

382. 璧山地方法院审理欠租纠葛一案　12－11－375

1941 年 8 月，璧山地方法院关于钱刘氏与刘王氏等欠租纠葛一案的文书，包括民事诉状、点名单、民事审理笔录、民事宣判笔录、民事判决书、送达证书、物证等。

383. 璧山地方法院审理押金纠葛一案　12－11－376

1941 年 4 月至 1941 年 10 月，璧山地方法院关于叶同荣与张春建押金纠葛一案的文书，包括民事答辩状、民事执行状、点名单、审判笔录、民事委任状、案件审理单、民事声请状、民事审理笔录、民事和解状、物证等。

384. 璧山地方法院审理租约纠葛一案　12－11－377

1941 年 6 月至 1941 年 10 月，璧山地方法院关于张樊阳与周席珍租约纠葛一案的文书，包括民事诉状、民事反诉状、送达证书、点名单、民事审判笔录、法院呈文、民事请求状、民事起诉状、民事声明状、民事申辩状、物证等。

385. 璧山地方法院审理买卖契约纠葛一案　12－11－378

1941 年 10 月至 1942 年 5 月，璧山地方法院关于泰顺祥与杨维三买卖契约纠葛一案的文书，包括民事告诉状、点名单、民事审判笔录、民事展限状、民事委任状、民事答辩状、案件审理单、送达证书、证人结文、民事判决书、民事裁定等。

386. 璧山地方法院审理请求赔偿典当田业损害一案　12－11－379

1940 年 6 月至 1941 年 1 月，璧山地方法院关于蔡炳章等因物价高涨要求陈昌贤赔偿典当田业损害一案的文书，包括民事判决书、四川高等法院第一分院与地方法院往来公函等。

387. 璧山地方法院审理典约调解一案　12－11－380

1941 年 1 月，璧山地方法院关于周海澄等因典当田业纠葛而申请典约调解一案的文书，包括民事声请状、案件审理单、报告、点名单等。

388. 璧山地方法院审理补充判决一案　12－11－381

1940 年 12 月至 1941 年 1 月，璧山地方法院关于周清荣等因租佃纠葛而声请补充判决一案的文书，包括民事补充状、民事裁定、送达证书等。

389. 璧山地方法院审理交业纠葛一案　12－11－382

1941 年 2 月至 1941 年 4 月，璧山地方法院关于协成永与唐宗泉交业纠葛一案的文书，包括民事诉状、案件审理单、点名单、民事和解状、送达证书等。

390. 璧山实验地方法院审理债务执行一案　12－11－383

1944 年 1 月至 1944 年 12 月，璧山实验地方法院关于李鹏与高森荣等债务执行一案的文书，包括民事执行状、民事裁定、案件审理单、法院民事执行文稿、报告民事保状、民事撤销状、法院民事执行命令、法院通知、送达文件等。

391. 璧山地方法院审理给付会款执行一案　12－11－384

1941 年 1 月至 1941 年 2 月，璧山地方法院关于雷张氏与胡文周给付会款执行一案的文书，包括民事领状、传票回证、点名单、执行笔录、民事执行状、物证等。

392. 四川高等法院第一分院、璧山地方法院审理租约纠葛及其上诉一案　12－11－385

1941 年 7 月至 1941 年 11 月，四川高等法院第一分院、璧山地方法院关于谭炳章与张树成租约纠葛及其上诉一案的文书，包括民事上诉状、往来公函、传票、民事理由状、言辞辩论笔录、民事意见书、宣示判决笔录、民事委任状、四川高等法院第一分院民事判决书、民事答辩状、乡公所呈文、卷宗目录、民事诉状、民事辩诉状、民事宣判笔录、民事声请状、民事自诉状、璧山地方法院民事判决书、物证等。

393. 璧山地方法院审理债务执行纠葛一案　12－11－386

1941 年 4 月至 1941 年 5 月，璧山地方法院关于范海山与张若汤债务执行纠葛一案的文书，包括民事执行状、传票回证、点名单(上附案件当庭宣判结果)、乡公所呈文、自述单等。

394. 璧山地方法院审理验伤一案　12－11－387

1941年4月至1941年10月，璧山地方法院关于廖荣发与廖海荣因家庭琐事打架而请求验伤一案的文书，包括卷宗目录、法院检查处法警报告书、点名单、检察官侦查笔录、验伤单、刑事告诉状、传票回证、处分书、送达证书等。

395. 四川高等法院第一分院审理请禁治产上诉一案　12－11－388

1941年8月至1941年10月，四川高等法院第一分院关于赵王氏因赵海贤患精神病而请禁治产上诉一案的文书，包括抗告意见书、民事补诉状、民事裁定等。

396. 璧山地方法院审理返还黄包车一案　12－11－389

1941年3月至1941年4月，璧山地方法院关于朱万顺要求李银盛返还租赁的黄包车一案的文书，包括卷宗总目、民事起诉状、民事委任状、案件审理单、璧山地方法院与重庆地方法院往来公函、民事声请状、点名单、言辞辩论笔录、民事宣判笔录、民事判决书、送达证书、报告等。

397. 璧山地方法院审理租谷纠葛一案　12－11－390

1941年10月至1941年11月，璧山地方法院关于杨世荣与张兴太租谷纠葛一案的文书，包括民事起诉状、民事辩诉状、点名单、民事审理笔录、民事具状、和解笔录、送达证书等。

398. 四川高等法院第一分院、璧山地方法院审理伪造典当田业契约及其上诉一案　12－11－391

1941年5月至1941年7月，四川高等法院第一分院、璧山地方法院关于朱俊明诉黄玉清伪造典当田业契约及其上诉一案的文书，包括民事告诉状、卷宗总目、传票回证、点名单、检察官侦查笔录、证人结文、璧山地方法院检察官不起诉处分书、送达证书、四川高等法院第一分院检察官不起诉处分书等。

399. 璧山地方法院审理租约纠葛一案　12－11－392

1941年9月至1941年11月，璧山地方法院关于江宏远与余汉清租约纠葛一案的文书，包括民事诉状、民事委任状、点名单、民事审判笔录、物证等。

400. 四川高等法院第一分院、璧山地方法院审理交谷纠葛及其上诉一案　12－11－393

1941年5月至1941年12月，四川高等法院第一分院、璧山地方法院关于邓云程与杨文彬交谷纠葛及其上诉一案的文书，包括往来公函、璧山地方法院民事判决书、民事诉讼状、璧山地方法院民事裁定、送达证书、言辞辩论笔录、证人结文、案件审理单、民事辩诉状、民事审理笔录、民事宣判笔录等。

401. 璧山地方法院审理确认田业所有权一案　12－11－394

1941年1月至1941年4月，璧山地方法院关于黄垣坪与李茂林因租佃纠葛而申请确认田业所有权一案的文书，包括民事诉状、案件审理单、点名单、言辞辩论笔录、传票回证、民事委任状、民事辩诉状、物证、法院训令、民事声请状、民事反诉状、民事宣判笔录、民事判决书、送达证书等。

402. 四川高等法院第一分院审理请求回赎典产上诉一案　12－11－395

1941年8月至1942年1月，四川高等法院第一分院关于郑炳林请求回赎典产上诉一案的文书，包括卷宗目录、民事缴状、民事委任状、原审相关材料（地方法院民事判决书、民事裁定）、送达证书、民事上诉状、往来公函、审理笔录、证人结文、民事理由状、宣示判决笔录、民事判决书等。

403. 璧山地方法院审理欠租纠葛一案　12－11－396

1941年5月至1941年9月，璧山地方法院关于雷树轩与雷朝良欠租纠葛一案的文书，包括民事诉状、民事答辩状、点名单、宣判笔录、言辞辩论笔录、民事证状、民事审理笔录、证人结文、民事判决书、送达证书、物证等。

404. 璧山地方法院审理请求判决离婚一案　12－11－397

1941年12月至1942年4月，璧山地方法院关于叶佩华因徐德秀生死不明已逾三年而请求判决离婚一案的文书，包括民事诉状、案件审理单、点名单、民事审理笔录、湖北利川地方法院与璧山地方法院往来公函、讯问笔录、法院公示、民事判决书、法院布告、送达证书等。

405. 璧山地方法院审理状请传案执行一案　12－11－398

1941年6月，璧山地方法院关于刘汉卿因龚润生抗不遵判而状请传案执行一案的文书，包括民事执行状附法院批示、送达证书等。

406. 四川高等法院第一分院审理欠款纠葛申请债务执行一案　12－11－399

1941年5月至1941年7月，四川高等法院第一分院关于张庆恩与李毅之因欠款纠葛而申请债务执行一案的文书，包括地方法院呈文、民事执行状、民事抗告状、民事裁定、往来公函、民事声明状、卷宗目录等。

407. 璧山实验地方法院审理垫款纠葛一案　12－11－400

1944 年 10 月，璧山实验地方法院关于朱辉五与叶遐龄垫款纠葛一案的文书，包括卷宗文书目录、璧山县正兴乡乡长呈文、法院指令等。

408. 璧山地方法院审理解除婚约备查一案　12－11－401

1941 年 2 月，璧山地方法院关于邓树成因与陈明初解除婚约而状请备查一案的文书，包括民事具呈状附法院批示、案件审理单、点名单、言辞辩论笔录、送达证书、法院批示等。

409. 璧山地方法院审理债务执行一案　12－11－402

1941 年 4 月，璧山地方法院关于唐富华等因与张树洲等债务纠葛而状请执行一案的文书，包括民事执行状附法院批示、传票回证、点名单(附法院宣判)等。

410. 璧山地方法院审理租谷执行一案　12－11－403

1941 年 4 月至 1941 年 9 月，璧山地方法院关于曾忠恕堂因与雷相甫租谷纠葛而状请执行一案的文书，包括民事声请状、传票回证、点名单、民事执行状、法院训令、送达证书、民事请状、执行笔录、高等法院第一分院民事判决书等。

411. 璧山地方法院审理声请执行搬迁一案　12－11－404

1941 年 4 月至 1941 年 5 月，璧山地方法院关于张兰亭等声请执行搬迁一案的文书，包括民事诉状、原审材料(璧山地方法院民事和解笔录)、传票回证、点名单(附案件审理结果)等。

412. 璧山地方法院审理买卖契约纠葛一案　12－11－405

1941 年 4 月至 1941 年 8 月，璧山地方法院关于张鸿泽与龚焕章等买卖契约纠葛一案的文书，包括民事诉状、民事委任状、民事辩诉状、送达证书、点名单、审判笔录、证人结文、民事判决书、民事领状、民事审理笔录、物证等。

413. 璧山地方法院审理交业纠葛一案　12－11－406

1941 年 5 月至 1941 年 7 月，璧山地方法院关于程发焕与江南辉交业纠葛一案的文书，包括民事诉状、民事委任状、民事辩诉状、审判笔录、点名单、民事判决书、送达证书、民事裁定、四川高等法院第一分院书记室公函、收据等。

414. 璧山地方法院审理租佃假扣押纠葛一案　12－11－407

1941年10月至1941年12月，璧山地方法院关于李汉彬与任银章租佃假扣押纠葛一案的文书，包括民事差押状、民事裁定、送达证书、民事缴状、凭票等。

415. 璧山地方法院审理债务纠葛一案　12－11－408

1941年11月，璧山地方法院关于陈步云与蒋慎先债务纠葛一案的文书，包括民事诉状、点名单、民事审理笔录、送达文件等。

416. 璧山地方法院审理祭产纠葛一案　12－11－409

1941年1月至1941年4月，璧山地方法院关于张执中与张炳奎祭产纠葛一案的文书，包括民事诉状、卷宗目录、案件审理单、送达证书、点名单、言辞辩论笔录、审理笔录、民事委任状、民事声请状、镇公所呈文、训令、开卷声请书、民事判决书、送达证书等。

417. 璧山地方法院审理清偿欠款存查一案　12－11－410

1941年1月，璧山地方法院关于邓尧钦因清偿欠款而状请存查一案的文书，包括民事存查状、法院批示、送达证书、物证等。

418. 璧山县司法处审理债务纠葛一案　12－11－411

1938年5月，璧山县司法处关于程治荣与谭海云债务纠葛一案的文书，包括民事辩状、物证、传票回证、点名单、审理笔录等。

419. 璧山地方法院审理给付租谷执行一案　12－11－412

1940年12月，璧山地方法院关于段朝海因与李元建给付租谷纠葛而状请执行一案的文书，包括民事执行状、四川高等法院第一分院民事判决书、民事委状、传票回证、点名单、民事再诉状等。

420. 四川高等法院第一分院审理给付小纸上诉一案　12－11－413

1940年3月至1941年4月，四川高等法院第一分院关于王树清因买卖纸张纠葛而要求钟映南给付小纸上诉一案的文书，包括卷宗目录、民事声请状、原审相关材料（地方法院民事裁定）、送达证书、民事裁定等。

421. 璧山地方法院审理给付纸张纠葛一案　12－11－414

1941 年 1 月至 1941 年 2 月，璧山地方法院关于钟映南要求王树清给付买卖的纸张纠葛一案的文书，包括卷宗目录、民事诉状、民事辩诉状、点名单、言辞辩论笔录、证人结文、民事宣判笔录、民事反诉状、民事判决书、送达证书等。

422. 四川高等法院第一分院审理交业纠葛上诉一案　12－11－415

1941 年 1 月至 1941 年 4 月，四川高等法院第一分院关于吴奎楼与蒋巫氏交业纠葛上诉一案的文书，包括往来公函、民事上诉状、原审相关材料（民事裁定、民事判决）、送达证书、言辞辩论笔录、宣示判决笔录、民事判决书、卷宗目录等。

423. 璧山地方法院审理田产业所有权纠葛一案　12－11－416

1941 年 3 月至 1941 年 10 月，璧山地方法院关于熊香全等田业（遗产）所有权纠葛一案的文书，包括民事原诉状、民事辩诉状、民事委任状、点名单、言辞辩论笔录、民事具状、民事声请状、民事告诉状、民事审判笔录等。

424. 四川高等法院第一分院、璧山地方法院审理产业所有权纠葛及其上诉一案　12－11－417

1941 年 4 月至 1941 年 12 月，四川高等法院第一分院、璧山地方法院关于周李氏与李辉亭产业所有权纠葛及其上诉一案的文书，包括民事辩状、民事委任状、民事辩诉状、点名单、言辞辩论笔录、民事诉状、民事审理笔录、民事宣判笔录、璧山地方法院民事判决书、送达证书、物证、四川高等法院第一分院民事和解笔录、往来公函、民事声请状等。

425. 璧山地方法院审理确认租佃契约一案　12－11－418

1941 年 10 月至 1941 年 12 月，璧山地方法院关于张子俊等申请确认租佃契约一案的文书，包括民事起诉状、民事声请状、民事辩诉状、民事委任状、民事委状、点名单、审判笔录、案件审理单、民事诉状、民事裁定、送达证书、物证等。

426. 璧山地方法院审理赔偿纠葛备查核办一案　12－11－419

1941 年 9 月，璧山地方法院关于杨南煊因赔偿纠葛而状请备查核办一案的文书，包括传票回证、点名单等。

427. 璧山地方法院审理撤销买约纠葛一案　12－11－420

1941 年 10 月至 1942 年 3 月，璧山地方法院关于江荣安等与江荣高等撤销买约纠葛一案的文书，包括民事诉状、民事具状、民事委状、点名单、审判笔录、法院命令、送达证书、民事补状、物证、民事公证状、案件审理单、民事催状、民事判决书等。

428. 璧山地方法院审理请领证物一案　12－11－421

1941 年 6 月，璧山地方法院关于蒋光耀因会款纠葛案涉讼而状请领取证物（会规总簿）一案的文书，包括民事领状、法院批示、送达证书、收据等。

429. 璧山地方法院审理赎产纠葛一案　12－11－422

1941 年 3 月至 1941 年 7 月，璧山地方法院关于王罗氏与王汉清赎产纠葛一案的文书，包括民事起诉状、民事声请状、点名单、言辞辩论笔录、证人结文、民事辩诉状、民事原诉状、民事审判笔录、民事判决书、送达证书、物证等。

430. 璧山地方法院审理交业执行一案　12－11－423

1941 年 2 月至 1941 年 7 月，璧山地方法院关于孙恒丰与徐世之因交业纠葛而状请执行一案的文书，包括民事执行状、点名单、法院训令、报告、乡公所呈文、法院批示、送达证书、原民事判决书等。

431. 璧山地方法院审理离异一案　12－11－424

1941 年 8 月至 1941 年 9 月，璧山地方法院关于罗王氏因年幼被哄出嫁后生活无着落而状请与罗治良离异一案的文书，包括民事诉状、民事和解状、法院批示、送达证书等。

432. 璧山地方法院审理妻室卷逃存查一案　12－11－425

1941 年 1 月，璧山地方法院关于杨进超因妻室卷财逃跑而状请存查一案的文书，包括民事存查状、法院批示、送达证书等。

433. 璧山地方法院、璧山县司法处审理租谷纠葛一案　12－11－426

1939 年 7 月至 1939 年 10 月，璧山地方法院、璧山县司法处关于程新甫与陈华海租谷纠葛一案的文书，包括民事和解状、卷宗总目、送达证书、民事诉状、报告传票回证、点名单、审理笔录等。

434. 璧山地方法院审理给付田价执行一案　12－11－427

1940 年 8 月至 1941 年 5 月，璧山地方法院关于严梓椿与严芳臣因给付田价纠葛而状请执行一案的文书，包括民事执行状、四川高等法院第一分院民事判决书、璧山地方法院民事判决书、传票回证、点名单、报告书、民事声明状、民事保状、送达证书、民事补呈状等。

435. 璧山地方法院审理离婚一案　12－11－428

1940 年 5 月至 1941 年 7 月，璧山地方法院关于高碧霞依法请求与甘茂才离婚一案的文书，包括民事声请状、民事委任状、案件审理单、报告民事声请状（附法院批示准予撤回）、送达证书等。

436. 四川高等法院第一分院审理租约纠葛上诉一案　12－11－429

1941 年 8 月至 1942 年 8 月，四川高等法院第一分院关于靳孙氏与李海泉租约纠葛上诉一案的文书，包括往来公函、审理笔录、民事声明状、言辞辩论笔录、民事委任状、民事裁定、民事诉状、民事证明状、宣示判决笔录、民事判决书等。

437. 四川高等法院第一分院、璧山地方法院审理交业纠葛及其上诉一案　12－11－430

1941 年 3 月至 1942 年 9 月，四川高等法院第一分院、璧山地方法院关于吴素卿与向文光交业纠葛及其上诉一案的文书，包括地方法院与高等法院第一分院往来公函、民事声请状、民事催状、四川高等法院第一分院民事裁定等。

438. 四川高等法院第一分院审理撤销典约一案　12－11－431

1941 年 6 月至 1941 年 7 月，四川高等法院第一分院关于谢人俊因与谢秉文因典约纠葛而上诉状请撤销典约一案的文书，包括民事上诉状、原审相关材料（民事裁定）、送达证书、往来公函、民事开卷声请书、言辞辩论笔录、宣示判决笔录、物证、民事答辩状、民事委任状、传票回证、民事判决书、卷宗目录等。

439. 璧山地方法院审理交业纠葛一案　12－11－432

1941 年 5 月至 1941 年 8 月，璧山地方法院关于林钟声与林桐江交业纠葛一案的文书，包括民事诉讼状、案件审理单、点名单、民事和解状等。

440. 璧山地方法院审理撤销买卖契约一案　12－11－433

1941 年 3 月至 1941 年 5 月，璧山地方法院关于颜文氏因与温荣建因买卖田业诈欺而申请撤销买卖契约一案的文书，包括民事诉状、民事答辩状、民事诉讼状、点名单、言辞辩论笔录、民事判决书、送达证书等。

441. 四川高等法院第一分院审理杀人未遂上诉一案　12－11－434

1941 年 8 月至 1941 年 9 月，四川高等法院第一分院关于刘杰士杀人未遂上诉一案的文书，包括刑事声请状、刑事裁定、刑事保状、刑事缴状、审理笔录等。

442. 璧山地方法院审理典产回赎纠葛一案　12－11－435

1941 年 3 月至 1942 年 1 月，璧山地方法院关于罗海日因与罗芳林典产回赎纠葛一案的文书，包括卷宗总目、民事诉状、民事委状、案件审理单、民事请委状、点名单、民事审理笔录、民事辩诉状、民事审判笔录、民事判决书、送达证书等。

443. 璧山地方法院审理请领典约证物一案　12－11－436

1941 年 10 月，璧山地方法院关于尚荣华因案件判决确定而请领典约证物一案的文书，包括民事声请状等。

444. 璧山地方法院审理分割遗产纠葛一案　12－11－437

1941 年 9 月，璧山地方法院关于江青云与江万兴分割遗产纠葛一案的文书，包括民事起诉状、点名单、民事审理笔录等。

445. 四川高等法院第一分院、璧山地方法院审理租佃纠葛及其上诉一案　12－11－438

1941 年 6 月至 1941 年 12 月，四川高等法院第一分院、璧山地方法院关于徐银安与李常禄等状请撤销租佃及其上诉一案的文书，包括民事判决书、往来公函、卷宗目录、民事起诉状、点名单、审判笔录、璧山地方法院民事判决书、送达证书、璧山地方法院民事裁定、民事声明状、言辞辩论笔录、宣示判决笔录、民事上诉状、四川高等法院第一分院民事判决书等。

446. 璧山地方法院审理产业纠葛停业执行一案　12－11－439

1941 年 7 月，璧山地方法院关于陈树元与陈春林因产业纠葛涉讼而声请停止执行一案的文书，包括民事声请状附法院批示、政府支付书等。

447. 璧山地方法院审理窃盗罪上诉无罪应归档一案　12－11－440

1941 年 3 月至 1941 年 6 月，璧山地方法院关于钱孝思窃盗罪上诉无罪应归档一案的文书，包括四川高等法院第一分院检察官训令、四川高等法院第一分院刑事判决书、卷宗总目等。

448. 璧山地方法院审理树木所有权纠葛一案　12－11－441

1941年1月至1941年2月，璧山地方法院关于秦忠乾与陈叔裕树木所有权纠葛一案的文书，包括民事自诉状、民事展缓状、点名单、案件审理单、民事诉状附法院批示、送达证书等。

449. 璧山地方法院审理田业纠葛及赔偿租谷一案　12－11－442

1941年7月，璧山地方法院关于张九鸿与张何氏因田业纠葛而状请返还田业及赔偿租谷一案的文书，包括民事起诉状、民事委任状、点名单等。

450. 璧山地方法院审理交业纠葛一案　12－11－443

1940年12月至1941年1月，璧山地方法院关于董因华与钱月波交业纠葛一案的文书，包括民事诉状、物证、案件审理单、点名单、审判笔录、镇公所呈文等。

451. 璧山实验地方法院审理给付租谷并搬迁交业一案　12－11－444

1942年10月至1943年3月，璧山实验地方法院关于积德堂诉请继续审理尹长清给付租谷并搬迁交业一案的文书，包括民事续催状、送达证书、声请展限书、点名单、民事审理笔录、案件审理单、证人结文、言辞辩论笔录、民事判决书、文件目录等。

452. 璧山地方法院审理欠租纠葛一案　12－11－445

1941年3月至1941年4月，璧山地方法院关于江明武与江有清欠租纠葛一案的文书，包括民事起诉状、点名单、民事撤销状附法院批文、送达证书等。

453. 璧山地方法院审理租谷纠葛一案　12－11－446

1941年11月至1942年2月，璧山地方法院关于蔡冯氏与张明轩租谷纠葛一案的文书，包括民事诉状、民事原诉状、民事声明状、点名单、民事审理笔录、民事宣判笔录、民事判决书、送达证书、民事辩诉状、物证等。

454. 璧山地方法院审理交业暨赔偿纠葛一案　12－11－447

1941年10月至1941年11月，璧山地方法院关于袁海林与袁绍清交业暨赔偿纠葛一案的文书，包括民事诉状、点名单、民事审判笔录、民事委托状等。

455. 四川高等法院第一分院、璧山地方法院审理分析遗产纠葛及其上诉一案 12－11－448

1941年7月至1942年7月，四川高等法院第一分院、璧山地方法院关于罗国彬等与罗国银等分析遗产纠葛及其上诉一案的文书，包括民事原诉状、民事委任状、民事答辩状、点名单、民事诉状、民事审判笔录、证人结文、璧山地方法院民事判决书、送达证书、璧山地方法院民事裁定、往来公函、物证、民事上诉状、公证状、言辞辩论笔录、宣示判决笔录、四川高等法院第一分院民事判决书等。

456. 璧山县政府审理保长贪污一案 12－11－449

1941年9月至1941年12月，璧山县政府关于刘洪清与罗聚五等诉保长贪污一案的文书，包括具诉人呈文、点名单、县政府传票、政府训令、乡公所呈文、证人记录等。

457. 璧山地方法院审理赔偿窃盗损害一案 12－11－450

1941年9月至1942年1月，璧山地方法院关于谢春林要求龙炳山赔偿窃盗损害一案的文书，包括民事原诉状、损失诉讼费清单、点名单、审判笔录、证人结文、刑事宣判笔录、民事判决书、送达证书、民事诉状等。

458. 璧山地方法院审理请求给付黄谷一案 12－11－451

1941年1月至1941年7月，璧山地方法院关于江玉山请求给付黄谷一案的文书，包括民事执行状、传票回证、点名单、报告书、法院训令、报告收据、民事判决书等。

459. 璧山地方法院审理请予给付休整费一案 12－11－452

1941年10月至1942年4月，璧山地方法院关于张瀚因租约终止而状请赵学强给付休整费一案的文书，包括民事起诉状、民事委任状、送达证书、县政府公函、点名单、言辞辩论笔录、民事裁定等。

460. 璧山地方法院等审理返还股本一案 12－11－453

1942年4月至1942年6月，璧山地方法院等关于邓九成因周子麟把持股本而状请予返还股本一案的文书，包括民事原诉状、送达证书、点名单、民事审讯笔录、民事声请状(附法院批示注销)、民事声明状附法院批示等。

461. 璧山地方法院审理确认优先买卖权一案　12—11—454

1941年5月至1941年7月，璧山地方法院关于郭荣卿状请确认优先买卖权一案的文书，包括民事原诉状、物证、民事具委状、民事反诉状、民事委任状、点名单、言辞辩论笔录、证人结文、民事宣判笔录、民事判决书、送达证书等。

462. 四川高等法院第一分院、璧山地方法院审理给付会款及诉讼费执行两案　12—11—455

1940年11月至1941年12月，四川高等法院第一分院、璧山地方法院关于苏荣轩与蒋光耀因会款纠葛而状请给付会款及诉讼费执行两案的文书，包括民事执行状、传票回证、点名单、民事缴状、收款通知证、送达证书、民事保状、执行笔录、民事声请状、四川高等法院第一分院民事判决书、报告、璧山地方法院民事裁定、往来公函、璧山地方法院意见书、民事抗告状、收款证、民事领状、四川高等法院第一分院民事裁定、民事上诉状等。

463. 四川高等法院第一分院审理确认优先买卖田业权上诉一案　12—11—456

1941年7月至1941年9月，四川高等法院第一分院关于郭荣卿确认优先买卖田业权上诉一案的文书，包括卷宗目录、四川高等法院第一分院民事裁定、往来公函、民事上诉状、原审相关材料（地方法院民事裁定）、送达证书、民事委任状、言辞辩论笔录、证人结文、宣示判决笔录、民事辩诉状、物证、传票回证、四川高等法院第一分院民事判决书等。

464. 璧山地方法院审理定洋纠葛、赎产纠葛两案　12—11—457

1941年3月至1941年8月，璧山地方法院关于军训部总务厅与竞业印刷店的定洋纠葛、李志仕与李明山赎产纠葛两案的文书，包括报告、呈文附法院批示、军训部公函、卷宗总目、民事原诉状、点名单、民事审理笔录、民事宣判笔录、民事判决书、送达证书、收据、物证等。

465. 璧山地方法院审理回赎典产纠葛一案　12—11—458

1941年10月至1942年5月，璧山地方法院关于祝叶氏与钟树林回赎典产纠葛一案的文书，包括民事声请状、传票回证、点名单、执行笔录、民事执行状、收款通知证、民事缴状、法院训令、民事委任状、民事保状、送达证书、收据、民事领状、收款证明等。

466. 璧山地方法院审理诉讼费纠葛一案　12—11—459

1941年6月，璧山地方法院关于汪柄建与汪罗氏诉讼费纠葛一案的文书，包括民事声请状附法院批示、送达证书、最高法院判决书、璧山地方法院判决书等。

467. 璧山地方法院审理请求确认买卖契约无效一案　12—11—460

1941年6月至1942年4月，璧山地方法院关于李氏清明会因罗洪恩越权占有而状请确认买卖契约无效一案的文书，包括民事起诉状、民事委任状、民事申明状、点名单、审判笔录、民事声请状、案件审理单、审理笔录、民事证明状、民事宣判笔录、民事判决书、送达证书等。

468. 最高法院、四川高等法院第一分院、璧山地方法院等审理继承遗产纠葛及其上诉一案　12—11—461

1941年2月至1945年11月，最高法院、四川高等法院第一分院、璧山地方法院等关于陈黄昌瑞等与黄伯堪等继承遗产纠葛及其上诉一案的文书，包括民事起诉状、案件审理单、民事委任状、点名单、言辞辩论笔录、民事补缴状、民事诉状、民事被告状、审判笔录、民事声明状、民事追加状、民事审理笔录、璧山地方法院民事判决书、璧山地方法院民事裁定、卷宗目录、最高法院民事判决书、往来公函、民事上诉状、民事声请书、宣示判决笔录、四川高等法院第一分院民事判决书、四川高等法院第一分院民事裁定、民事答辩状、送达证书、证物目录、收据、证人结文、江津地方法院书记室公函等。

469. 璧山地方法院审理请求撤销合约及退还田业一案　12—11—462

1941年6月至1941年9月，璧山地方法院关于铨昌祥请求撤销合约及退还田业一案的文书，包括地方法院与高等法院第一分院往来公函、璧山地方法院民事判决书、言辞辩论笔录、卷宗文书目录、璧山县政府传票等。

470. 璧山地方法院审理请求回赎典产一案　12—11—463

1941年9月至1942年5月，璧山地方法院关于谢仲芳因谭玉辉不放赎典产而状请回赎一案的文书，包括民事起诉状、民事委任状、民事委状、点名单、民事审判笔录、民事反诉状、民事审理笔录、案件审理单、法院调解书、送达证书等。

471. 璧山地方法院审理请求返还板车执行一案　12—11—464

1941年2月至1941年9月，璧山地方法院关于晏伦山请求执行返还板车一案的文书，包括民事执行状、点名单、传票回证、乡公所呈文、民事展限状、民事具呈状、送达证书、卷宗总目、原民事判决书等。

472. 璧山地方法院审理请求迁让一案　12－11－465

1941年6月至1941年10月，璧山地方法院关于谢成之因吴陈氏违约占据取佃而状请迁让一案的文书，包括民事原诉状、审理笔录、民事委任状、点名单、审判笔录、民事和解笔录、送达证书等。

473. 璧山地方法院审理生活费纠葛一案　12－11－466

1941年6月至1941年9月，璧山地方法院关于邹钱氏与邹子才生活费纠葛一案的文书，包括民事起诉状、案件审理单、点名单、民事审理笔录、民事审判笔录、民事更新审讯笔录、民事判决书、送达证书、案卷总目等。

474. 璧山地方法院审理终止租约并领押搬迁一案　12－11－467

1941年8月至1941年11月，璧山地方法院关于胡东海状请与苏文波终止租约并领押搬迁一案的文书，包括民事原诉状、民事委任状、民事辩诉状、点名单、民事具状、民事审判笔录等。

475. 璧山地方法院审理欠款纠葛一案　12－11－468

1941年5月至1941年7月，璧山地方法院关于王银三等与张洪洲等欠款纠葛一案的文书，包括民事诉状、点名单、言辞辩论笔录、民事审判笔录、民事宣判笔录、民事判决书、送达证书、物证凭票等。

476. 四川高等法院第一分院审理界址纠葛上诉一案　12－11－469

1941年1月至1941年4月，四川高等法院第一分院关于徐栋梁与张德义祥等界址纠葛上诉一案的文书，包括民事上诉状、原审相关材料（地方法院民事判决书、民事裁定）、送达证书、往来公函、民事补呈状、卷宗目录、言辞辩论笔录、民事委任状、民事答辩状、收据、物证、民事具委状、民事声请状等。

477. 四川高等法院第一分院审理毁损侵占上诉一案　12－11－470

1941年3月至1941年5月，四川高等法院第一分院关于黄开玉状告黄永桑毁损侵占上诉一案的文书，包括刑事上诉状、法院检察官函片、刑事判决书、璧山地方法院与高等法院第一分院往来公函等。

478. 璧山地方法院审理终止租佃契约一案　12－11－471

1941年6月至1941年8月，璧山地方法院关于彭义轩等因租佃纠葛而申请终止租佃契约一案的文书，包括地方法院与高等法院第一分院往来公函、最高法院书记厅公函、璧山地方法院民事判决书等。

479. 璧山地方法院审理请求制止变卖公产一案　12－11－472

1941年2月至1941年4月，璧山地方法院关于汪金华因杨德胜等伙串图利私卖公共产业而状请制止一案的文书，包括卷宗总目、民事诉状、民事补诉状等。

480. 四川高等法院第一分院、璧山地方法院审理租约纠葛及其上诉一案　12－11－473

1941年7月至1942年1月，四川高等法院第一分院、璧山地方法院关于许志彬与许敬修租约纠葛及其上诉一案的文书，包括民事诉状、民事委任状、点名单、民事审判笔录、民事代诉状、民事更新审讯笔录、璧山地方法院民事判决书、送达证书、物证、往来公函、卷宗总目、民事上诉状、璧山地方法院民事裁定、民事缴状、民事答辩状、言辞辩论笔录、宣示判决笔录、四川高等法院第一分院民事判决书等。

481. 四川高等法院第一分院审理请求止约领押及其上诉一案　12－11－474

1941年7月至1942年1月，四川高等法院第一分院关于尹海洲因与周云程租佃纠葛而请求止约领押及其上诉一案的文书，包括民事再审状、保长办公室公函、往来公函、民事裁定、民事缴状、民事委任状、民事判决书、送达证书、卷宗目录等。

482. 四川高等法院第一分院审理交业纠葛上诉一案　12－11－475

1941年6月至1941年12月，四川高等法院第一分院关于周青荣与曾子张等因押租交业纠葛申请上诉一案的文书，包括民事缴状、民事裁定、往来公函、送达证书、卷宗总目等。

483. 璧山地方法院审理交业纠葛一案　12－11－476

1941年3月至1941年9月，璧山地方法院关于吴素卿与向文光等交业纠葛一案的文书，包括民事判决书、民事诉状、案件审理单、点名单、言辞辩论笔录、民事缴状、民事裁定、送达证书、报告、物证、民事传票、民事审判笔录、民事请委状、民事辩诉状、民事审理笔录、民事宣判笔录、民事缴证状等。

该卷另附有地方法院关于吴成均妨害自由案于1939年12月的检察官起诉书、

四川高等法院第一分院关于许家珍因与许志彬租约纠葛而上诉案于1942年1月的民事判决。

484. 四川高等法院第一分院审理回赎典产纠葛上诉一案　12－11－477

1941年9月至1944年3月，四川高等法院第一分院关于向文光等与吴素卿回赎典产纠葛上诉一案的文书，包括原审相关材料（地方法院民事裁定）、民事委任状、物证、民事上诉状、送达证书、民事答辩状、言辞辩论笔录、民事缴约状、宣示判决笔录、民事判决书、往来公函、最高法院民事判决书、民事声请书、四川高等法院第一分院民事判决书等。

485. 璧山地方法院审理请领证件一案　12－11－478

1947年4月，璧山地方法院关于周恒太因回赎典产案件终结而请领证件一案的文书，包括民事声请状、法院批示、收据、文书目录等。

486. 璧山实验地方法院审理确认买卖契约有效一案　12－11－479

1943年1月，璧山实验地方法院关于黄锡林状请确认买卖契约有效一案的文书，包括民事告诉状、民事辩诉状、民事委任状、送达证书、点名单、民事审讯笔录、民事判决书、阅卷声请书、民事裁定、文件目录、物证等。

该卷另附有四川高等法院第一分院、璧山地方法院关于严梓椿与严芳臣给付田价纠葛一案于1940年8月、1940年12月的民事判决书。

487. 四川高等法院第一分院审理请求确认和解书无效一案　12－11－480

1941年9月至1942年6月，四川高等法院第一分院关于曹重光等因拍卖田业偿债纠葛上诉请求确认和解书无效一案的文书，包括民事缴状、原审相关材料（地方法院民事判决书、民事裁定）、民事上诉状、送达证书、往来公函、言辞辩论笔录、民事委任状、民事辩诉状、永川地方法院呈文、民事声请书、民事证明状、宣示判决笔录、民事判决书等。

488. 四川高等法院第一分院审理回赎典产纠葛上诉一案　12－11－481

1940年12月至1941年3月，四川高等法院第一分院关于李映旸与李映菜回赎典产纠葛上诉一案的文书，包括民事声请状、原审相关材料（地方法院民事判决书、民事裁定）、送达证书、民事上诉状、民事委任状、言辞辩论笔录、宣示判决笔录、民事判决书、往来公函等。

489. 璧山地方法院审理欠款纠葛及尾卷一案　12－11－482

1941 年 6 月至 1941 年 11 月，璧山地方法院关于娄荣盛与何刘氏欠款纠葛及尾卷一案的文书，包括四川高等法院第一分院公函、送达证书、卷宗总目、民事告诉状、民事催状、点名单、民事审理笔录、民事辩诉状、民事判决书、民事裁定等。

490. 最高法院、四川高等法院第一分院审理返还约契纠葛上诉一案　12－11－483

1940 年 12 月至 1941 年 9 月，最高法院、四川高等法院第一分院关于杨维三等与冯兴益返还契约纠葛上诉一案的文书，包括民事上诉状、原审相关材料（地方法院民事判决书、民事裁定）、送达证书、往来公函、言辞辩论笔录、民事委任状、民事委状、四川高等法院第一分院民事裁定、法院通知书、最高法院民事裁定、民事缴状、民事答辩状、四川高等法院第一分院民事和解笔录、民事抗告状等。

491. 璧山地方法院审理领押交业一案　12－11－484

1941 年 7 月，璧山地方法院关于江殷氏因范海建违约霸业而状请领押交业一案的文书，包括民事诉状、民事辩诉状、送达证书、民事委状、点名单、民事审判笔录、民事宣判笔录、民事判决书、往来公函等。

492. 璧山地方法院审理解除租佃关系一案　12－11－485

1941 年 9 月至 1941 年 10 月，璧山地方法院关于虞树林与孟马氏因租佃纠葛而状请解除租佃关系一案的文书，包括民事诉状、民事答辩状、民事委任状、送达证书、点名单、民事审判笔录、民事宣判笔录、民事判决书、物证等。

493. 璧山地方法院审理欠租纠葛一案　12－11－486

1941 年 4 月，璧山地方法院关于王刘氏与安国福欠租纠葛一案的文书，包括卷宗总目、民事起诉状、民事辩诉状、点名单、言辞辩论笔录、民事宣判笔录、民事判决书、送达证书、物证等。

494. 璧山地方法院审理妻室卷逃存查一案　12－11－487

1941 年 1 月，璧山地方法院关于梁芳明因妻室卷逃而状请存查一案的文书，包括卷宗总目、民事备查状、法院批示、送达证书等。

495. 璧山实验地方法院审理给付工资一案　12－11－488

1942 年 8 月，璧山实验地方法院关于汪南轩因杨秉金给骗工资而状请给付工资一案的文书，包括民事原诉状、民事注销状等。

496. 璧山地方法院审理返还租谷一案　12－11－489

1941年11月至1942年3月，璧山地方法院关于周程氏要求周光举返还租谷一案的文书，包括民事诉状、民事委任状、点名单、民事审理笔录、民事宣判笔录、民事判决书、民事裁定、卷宗总目等。

497. 最高法院审理请求放赎典产上诉一案　12－11－490

1941年4月至1941年6月，最高法院关于廖陈氏请求放赎典产上诉一案的文书，包括卷宗目录、四川高等法院第一分院书记室公函、民事抗告状、四川高等法院第一分院意见书、最高法院民事裁定、送达证书等。

498. 璧山地方法院审理假扣押租谷一案　12－11－491

1941年5月至1941年6月，璧山地方法院关于杨鲁山因与罗元清租佃纠葛而声请假扣押租谷一案的文书，包括民事起诉状、民事委任状、送达证书、民事辩诉状、案件审理单、点名单、民事审判笔录、物证、卷宗目录等。

499. 璧山地方法院审理交付大佃押银字约一案　12－11－492

1941年10月至1942年3月，璧山地方法院关于张时可要求杨维宵交付大佃押银字约一案的文书，包括民事告诉状、民事委任状、传票回证、点名单、民事审理笔录、民事声明状、民事催状、送达证书、民事审判笔录、民事判决书、民事裁定、往来公函、法院执行命令等。

500. 四川高等法院第一分院审理返还木料纠葛上诉一案　12－11－493

1941年2月至1941年7月，四川高等法院第一分院关于张银山等与雷雨江返还木料纠葛上诉一案的文书，包括民事上诉状、原审相关材料(地方法院民事判决书、民事裁定)、送达证书、民事缴状、卷宗目录、往来公函、民事答辩状、言辞辩论笔录、民事委状等。

501. 璧山地方法院审理请予返还红契一案　12－11－494

1940年11月至1941年2月，璧山地方法院关于彭辉吉因案早终结请予返还红契一案的文书，包括民事领状、法院批示、卷宗总目、送达证书等。

502. 最高法院、璧山县政府及地方法院审理给付租谷及其上诉一案　12－11－495

1937年3月至1942年7月，最高法院、璧山县政府及地方法院关于龚洪轩与龚杨氏因租佃纠葛而申请给付租谷及其上诉一案的文书，包括民事起诉状、民事委任状、案件审理单、送达证书、点名单、民事审理笔录、民事辩诉状、民事判决书、民事裁定、璧山县政府兼理司法事务民事判决书、卷宗目录、往来公函、民事诉状、民事和息状、民事具诉状等。

该卷另附有璧山地方法院关于贺育之与龚杨氏租佃契约纠葛一案于1940年12月的民事判决书。

503. 璧山地方法院审理债务纠葛一案　12－11－496

1941年5月，璧山地方法院关于钟荣生与彭春台债务纠葛一案的文书，包括民事执行状附法院批示、报告传票回证、点名单附手抄法院判决、卷宗总目等。

504. 璧山地方法院审理返还耕牛一案　12－11－497

1941年10月，璧山地方法院关于李树三状请李海成返还耕牛一案的文书，包括民事诉状、案件审理单、点名单(上附法院判决结果手写本)，卷宗总目等。

505. 璧山地方法院审理请领证物一案　12－11－498

1941年10月，璧山地方法院关于荣有安因荣庆尧公祠与胡致祥租谷纠葛一案已终结而状请领回证物一案的文书，包括民事领状等。

506. 璧山实验地方法院审理请求领押交业一案　12－11－499

1944年6月至1944年7月，璧山实验地方法院关于徐海荣因与汪海建租约到期而请求领押交业一案的文书，包括缴收裁判费核定单、案件审理表、民事诉状、民事委任状、卷宗目录、送达证书、点名单、言辞辩论笔录、民事宣判笔录、民事判决书、物证等。

507. 璧山地方法院审理请领证物一案　12－11－500

1941年12月，璧山地方法院关于钟岳灵因债务纠葛案结而状请领回证物一案的文书，包括民事领状等。

508. 璧山地方法院审理请求撤销契约一案　12－11－501

1941年6月至1941年8月，璧山地方法院关于蒋炳林因典约伪造悖将江文周为卖契而状请撤销契约一案的文书，包括民事新诉状、民事辩诉状、民事委任状、送达证书、点名单(上附案件判决手写本)、民事审判笔录等。

509. 璧山地方法院审理请求交契领价一案　12－11－502

1941 年 3 月至 1941 年 4 月，璧山地方法院关于陈世荣因违约买卖而状请陈世银等交契领价一案的文书，包括民事原诉状、民事和解状附法院批示、物证、送达证书、卷宗总目等。

510. 璧山地方法院审理赎产纠葛一案　12－11－503

1941 年 6 月至 1941 年 9 月，璧山地方法院关于李同兴与徐叶氏赎产纠葛一案的文书，包括民事诉状、送达证书、民事委任状、民事追加状、点名单、民事审判笔录、民事审理笔录、民事裁定、物证等。

511. 璧山地方法院审理请求承继不动产典权一案　12－11－504

1941 年 6 月至 1942 年 1 月，璧山地方法院关于连王氏请求承继城西乡不动产典权一案的文书，包括民事声请状、法院命令、报告物证、法院公告、民事领状、登记通知书、送达证书、收据、卷宗总目等。

512. 璧山地方法院审理给付黄谷纠葛一案　12－11－505

1941 年 8 月至 1941 年 11 月，璧山地方法院关于张汉成与胡全兴给付黄谷纠葛一案的文书，包括民事诉状、民事催呈状、案件审理单、送达证书、点名单、审判笔录、民事申明状、民事补诉状、民事判决书、物证等。

513. 璧山地方法院审理请发支付命令一案　12－11－506

1941 年 8 月，璧山地方法院关于孙良臣因与王合清交付铁板纠葛状请发支付命令一案的文书，包括民事声请状、收据、法院支付命令、送达证书、卷宗总目等。

514. 璧山地方法院审理请赔偿损害一案　12－11－507

1941 年 9 月至 1941 年 12 月，璧山地方法院关于周余氏状请蒋慎先赔偿损害一案的文书，包括民事诉状、抄录物证、送达证书、民事审判笔录、民事辩诉状、民事申请状、点名单（上附案件判决手写本）、和解笔录等。

515. 璧山地方法院审理诉请迁让一案　12－11－508

1941 年 12 月，璧山地方法院关于谢子儒因谢吉臣无权占有田业而诉请迁让一案的文书，包括民事起诉状、传票回证、民事答辩状、点名单、民事和解状附法院批示等。

516. 璧山地方法院审理赎典纠葛一案　12－11－509

1941年10月至1941年11月，璧山地方法院关于巫银臣与胡青山赎典纠葛一案的文书，包括民事起诉状、送达证书、点名单、民事审判笔录、民事委任状、民事答辩状、民事和解状附法院批示等。

517. 四川高等法院第一分院审理租谷纠葛上诉一案　12－11－510

1942年4月至1942年11月，四川高等法院第一分院关于陈炳全与孙凤洲租谷纠葛上诉一案的文书，包括往来公函、民事上诉状、民事委任状、民事答辩状、送达证书、言辞辩论笔录、宣示判决笔录、民事判决书、卷宗目录等。

518. 四川高等法院第一分院、璧山地方法院等审理租赁纠葛一案　12－11－511

1941年7月至1942年7月，四川高等法院第一分院、璧山地方法院等关于蔡金泉状请终止与曹贤臣租赁关系及交业一案的文书，包括民事诉状、送达证书、点名单、言辞辩论笔录、证人结文、民事宣判笔录、民事反诉状、璧山地方法院民事判决书、璧山地方法院民事裁定、物证、卷宗总目、民事声请状、往来公函、民事委任状、民事辩诉状、民事声明状等。

519. 璧山地方法院审理抢夺租谷一案　12－11－512

1941年10月至1941年11月，璧山地方法院关于刘瑞祥等因租佃纠葛抢夺租谷一案的文书，包括刑事告诉状、刑事辩诉状、抄录民事调解、刑事委任状、传票回证、点名单、检察官侦查笔录、证人结文、刑事保状、乡保证明书、形式领状、收据、检察官不起诉处分书、送达证书、卷宗总目等。

520. 四川高等法院第一分院、璧山地方法院审理领价交业执行一案　12－11－513

1941年3月至1941年12月，四川高等法院第一分院、璧山地方法院关于甘锡臣与赖兼善领价交业执行一案的文书，包括民事执行状、高等法院第一分院判决、送达证书、点名单、报告书、点名单附法院批示、民事诉状、法院训令、报告、民事声请状附法院批示、璧山地方法院民事判决书、卷宗总目、执行抗告意见书、四川高等法院第一分院民事裁定等。

521. 四川高等法院第一分院、璧山地方法院审理交业纠葛及其上诉一案　12－11－514

1941年2月至1941年9月，四川高等法院第一分院、璧山地方法院关于黄运财与赖良辰交业纠葛及其上诉案的文书，包括民事上诉状、民事声请状、璧山地方法院民事裁定、送达证书、四川高等法院第一分院民事裁定、往来公函、民事告诉状、案件审理单、民事辩诉状、民事诉状、点名单、言辞辩论笔录、证人结文、民事声明状、民事审判笔录、物证、卷宗总目等。

522. 璧山地方法院审理租佃纠葛而声请领押搬迁一案　12－11－515

1941年3月至1941年9月，璧山地方法院关于牟胡国严等因租佃纠葛而声请领押搬迁一案的文书，包括民事原诉状、收款证明、讼费数目表、民事裁定、送达证书、卷宗总目、民事诉状、物证、点名单、民事辩诉状、言辞辩论笔录、审判笔录、民事判决书等。

523. 四川高等法院第一分院、璧山地方法院审理租谷纠葛及其上诉一案　12－11－516

1941年3月至1941年9月，四川高等法院第一分院、璧山地方法院关于邓叔虞状告许仁三无端阻扰出卖租谷及其上诉案的文书，包括民事起诉状、抄录租谷清条、案件审理单、送达证书、民事原诉状、民事辩诉状、点名单、言辞辩论笔录、民事宣判笔录、璧山地方法院民事判决书、民事上诉状、璧山地方法院民事裁定、往来公函、民事委任状、民事答辩状、四川高等法院第一分院民事判决书、民事声请书等。

524. 璧山地方法院审理欠谷纠葛、谷款纠葛两案　12－11－517

1941年2月至1941年5月，璧山地方法院关于曾贯之与萧鸿仪欠谷纠葛、曾贯之与肖厚德谷款纠葛两案的文书，包括民事诉状、民事辩诉状、案件审理单、点名单、言辞辩论笔录、民事再请状、民事宣判笔录、民事判决书、送达证书、卷宗总目等。

525. 最高法院审理请求解除典地契约上诉一案　12－11－518

1940年10月至1941年5月，最高法院关于冷春图请求解除典地契约上诉案的文书，包括民事上诉状、卷宗目录、往来公函、民事具状、民事裁定、送达证书、原审相关材料（地方法院民事判决）、最高法院民事通知书、民事问单状、民事答辩状、最高法院民事判决书等。

526. 璧山地方法院审理请求确认租赁关系有效一案　12－11－519

1941年12月至1942年3月，璧山地方法院关于雷在全请求确认与雷溪程租赁关系有效一案的文书，包括民事告诉状、案件审理单、送达证书、点名单、民事审判笔录、证人结文、民事答辩状、民事判决书、民事裁定、卷宗总目等。

527. 四川高等法院第一分院审理请求返还押银及修缮费上诉一案　12－11－520

1941年2月至1941年4月，四川高等法院第一分院关于李成之请求返还押银及修缮费上诉案的文书，包括民事上诉状、往来公函、送达证书、原审相关材料（地方法院民事裁定）、民事理由状、卷宗总目、民事委任状、言辞辩论笔录、宣示判决笔录、四川高等法院第一分院民事判决书等。

528. 四川高等法院第一分院审理申请移转管辖上诉一案　12－11－521

1941年10月，四川高等法院第一分院关于张叔达申请移转管辖上诉案的文书，包括卷宗目录、民事声请状、民事裁定、往来公函、送达证书等。

529. 璧山地方法院审理给付纸张纠葛一案　12－11－522

1941年1月至1941年3月，璧山地方法院关于钟映南与王树清给付纸张纠葛尾卷一案的文书，包括民事判决书、四川高等法院第一分院书记室公函、民事裁定等。

530. 四川高等法院第一分院、璧山地方法院审理交业纠葛及其上诉、请领证物两案　12－11－523

1941年8月至1943年4月，四川高等法院第一分院、璧山地方法院关于戈绍林等与陈华安交业纠葛及其上诉尾卷、陈华安请领证物等案的文书，包括民事起诉状、民事辩诉状、民事委任状、送达证书、点名单、民事审理笔录、民事委状、璧山地方法院民事判决书、璧山地方法院民事裁定、物证、卷宗目录、民事上诉状、往来公函、民事声请书、言辞辩论笔录、民事答辩状、民事领状、收据、领证讯问笔录等。

531. 四川高等法院第一分院审理租谷纠葛上诉一案　12－11－524

1940年12月至1941年2月，四川高等法院第一分院关于吴绍清与吴自明租谷纠葛上诉案的文书，包括民事上诉状、原审相关材料（地方法院民事判决书、民事裁定）、送达证书、往来公函、民事声明状、卷宗目录等。

532. 四川高等法院第一分院、璧山地方法院审理请求损害赔偿及其上诉一案　12－11－525

1941年6月至1942年1月，四川高等法院第一分院、璧山地方法院关于冯树家因冯张氏违反买卖柏树契约而要求损害赔偿及其上诉一案的文书，包括民事自诉状、送达证书、点名单、证人结文、言辞辩论笔录、民事声请状、璧山地方法院民事判决书、璧山地方法院民事裁定、往来公函、四川高等法院第一分院民事判决书、物证、卷宗总目等。

533. 四川高等法院第一分院审理申请执行抗告一案　12－11－526

1941 年 4 月至 1941 年 6 月，四川高等法院第一分院关于罗鸣高因租佃纠葛而申请执行抗告一案的文书，包括璧山地方法院呈文、民事抗告状、璧山地方法院抗告意见书、民事声请状、民事裁定、送达证书、卷宗总目等。

534. 四川高等法院第一分院审理租约纠葛上诉一案　12－11－527

1941 年 11 月至 1942 年 1 月，四川高等法院第一分院关于夏祯荣与罗符氏租约纠葛上诉一案的文书，包括民事上诉状、送达证书、原审相关材料（地方法院民事裁定、民事判决）、往来公函、言辞辩论笔录、民事委任状、宣示判决笔录、民事判决书、卷宗目录等。

535. 四川高等法院第一分院审理回赎典产纠葛上诉一案　12－11－528

1940 年 12 月至 1941 年 3 月，四川高等法院第一分院关于吴有光与何保泰回赎典产纠葛上诉一案的文书，包括民事上诉状、卷宗目录、原审相关材料（地方法院民事裁定）、送达证书、民事辩诉状、言辞辩论笔录、民事委状、宣示判决笔录、民事判决书等。

536. 四川高等法院第一分院、璧山地方法院审理妨害人行使权利一案　12－11－529

1941 年 5 月至 1941 年 10 月，四川高等法院第一分院、璧山地方法院关于毛志云状告罗晓尧妨害人行使权利一案的文书，包括卷宗目录、四川高等法院第一分院刑事判决书、刑事原诉状、传票回证、点名单、璧山地方法院检察官侦查笔录、证人结文、刑事保状、璧山地方法院检察官起诉书、送达证书、四川高等法院第一分院检察官判令等。

537. 璧山地方法院审理租佃纠葛一案　12－11－530

1941 年 8 月至 1941 年 9 月，璧山地方法院关于夏祯荣与符罗氏租佃纠葛一案的文书，包括民事告诉状、民事原诉状、送达证书、点名单、民事审理笔录、民事宣判笔录、民事判决书、民事再审状、物证、往来公函等。

538. 璧山地方法院审理给付瓦洋纠葛一案　12－11－531

1941 年 2 月至 1941 年 3 月，璧山地方法院关于薛伦富与张九安给付瓦洋纠葛一案的文书，包括地方法院民事判决书、璧山地方法院与高等法院第一分院往来公函等。

539. 璧山地方法院审理请求返还押金一案　12－11－532

1941年6月至1941年7月，璧山地方法院关于荣建泽请求返还押金一案的文书，包括民事声请状、民事委任状、点名单(附案件结果)、收款通知证、执行笔录、收据、民事判决书等。

540. 璧山地方法院审理请求补偿业价一案　12－11－533

1941年9月至1942年3月，璧山地方法院关于邓曾氏请求补偿业价一案的文书，包括民事诉状、民事辩诉状、送达证书、点名单、民事审理笔录、民事续诉状、民事宣判笔录、民事判决书、民事裁定、民事领状等。

541. 璧山地方法院审理交业纠葛一案　12－11－534

1941年11月至1942年2月，璧山地方法院关于黄明光与邓海林交业纠葛一案的文书，包括民事执行状、法院训令、民事声请状、报告、传票回证、点名单附法院批示、执行笔录、乡公所呈文附法院批示、卷宗总目等。

542. 璧山地方法院审理呈请将残余刑期易科罚金一案　12－11－535

1941年4月，璧山地方法院关于郑精华呈请将残余刑期易科罚金一案的文书，包括卷宗总目、具声请人呈文附法院批示、送达证书等。

543. 璧山地方法院审理串骗再婚侵占财产一案　12－11－536

1942年3月至1942年5月，璧山地方法院关于张夏氏状告张发钦等串骗再婚侵占财产一案的文书，包括刑事告诉状、传票回证、检察官侦查笔录、证人结文、刑事诉状、点名单、侦查笔录、不起诉处分书、刑事具状、刑事保状、送达证书等。

544. 四川高等法院第一分院、璧山地方法院审理请求确认典契无效及其上诉一案　12－11－537

1941年5月至1941年10月，四川高等法院第一分院、璧山地方法院关于江张氏请求确认典契无效及其上诉一案的文书尾卷，包括往来公函、四川高等法院第一分院民事裁定、四川高等法院第一分院民事判决书、民事上诉状、民事答辩状、抄录物证、民事委任状、送达证书、言辞辩论笔录、宣示判决笔录、民事声请状、物证、民事起诉状、民事辩诉状、点名单、审判笔录、璧山地方法院民事判决书、璧山地方法院民事裁定、收据等。

545. 璧山地方法院审理因家内遭盗呈失单请捕盗追赃一案　12－11－538

1941年4月，璧山地方法院关于赵张和德因家内遭盗上呈失单请捕盗追赃一案的文书，包括文件目录、刑事诉状附法院批示、抄录失物列表、送达证书等。

546. 四川高等法院第一分院审理请求确认所有权上诉一案　12－11－539

1941年4月至1941年11月，四川高等法院第一分院关于许松柏等因赠予田业纠葛而申请确认所有权上诉一案的文书，包括民事声请状、原审相关材料（地方法院民事裁定）、送达证书、民事上诉状、民事缴状、开卷声请书、言辞辩论笔录、民事理由状、民事委任状、往来公函、证人结文、宣示判决笔录、民事判决书、民事声请书、卷宗目录等。

547. 璧山地方法院审理债务纠葛一案　12－11－540

1941年4月至1941年11月，璧山地方法院关于陈吴氏与江尊三债务纠葛一案的文书，包括卷宗总目、民事被传状、法院训令、报告民事判决书等。

548. 璧山地方法院审理请求交还街房一案　12－11－541

1941年5月至1941年7月，璧山地方法院关于荣天成请求交还街房一案的文书，包括卷宗总目、民事起诉状、民事判决书、送达证书、案件审理单、民事委状、点名单、民事审理笔录、民事宣判笔录、璧山县财政及公学处整理委员会通知、物证等。

549. 璧山地方法院审理请求找补业价尾卷一案　12－11－542

1942年间，璧山地方法院关于邓曾氏诉朱治安请求找补业价尾卷一案的文书，包括四川高等法院第一分院与璧山地方法院往来公函等。

550. 璧山地方法院审理请求解除租佃关系一案　12－11－543

1941年9月至1941年11月，璧山地方法院关于罗代洲请求解除租佃关系一案的文书，包括民事诉状、送达证书、民事答辩状、民事委任状、点名单、民事审理笔录、民事宣判笔录、民事判决书、民事声请状、物证等。

551. 璧山地方法院等审理经界纠葛尾卷一案　12－11－544

1942年2月至1942年9月，璧山地方法院等关于周受岐与周炳立经界纠葛尾卷一案的文书，包括璧山等地方法院民事判决书、璧山地方法院与高等法院第一分院往来公函等。

552. 璧山地方法院审理租谷纠葛一案　12—11—545

1941 年 2 月至 1941 年 10 月，璧山地方法院关于何白氏与周少清租谷纠葛一案的文书，包括民事执行状附法院批示、送达证书、民事抗议状、民事再请状、民事抗告状、四川高等法院第一分院书记室公函、民事声请状、民事委任状、点名单、民事催呈状、民事声明状、民事催状、执行笔录、法院训令、报告民事具状、民事异议状、璧山地方法院民事裁定、高等法院第一分院民事裁定、卷宗总目等。

553. 四川高等法院第一分院、璧山地方法院审理伪造买卖田业文书等三案　12—11—546

1940 年 2 月至 1941 年 1 月，四川高等法院第一分院、璧山地方法院关于王尚文要求程克笃赔偿窃伐买卖田业内竹子及其上诉案、程克笃等伪造买卖田业文书、程克笃等盗窃业内竹子三案的文书，包括往来公函、卷宗总目、民事上诉状、璧山地方法院民事裁定、璧山地方法院书记室公函、送达证书、民事委任状、璧山地方法院呈文、言辞辩论笔录、民事委状、民事补状、镇公所呈文、璧山地方法院刑事判决书、民事原诉状、案件审理单、民事反诉状、审判笔录民事申明状、民事宣判笔录、民事判决书、璧山地方法院检察官起诉书、传票回证、刑事答辩状、璧山地方法院通知书、刑事宣判笔录、刑事诉状、璧山地方法院检察官侦察笔录、刑事辩诉状、刑事追加状、刑事续诉状等。

554. 璧山地方法院审理请求确认典权无效一案　12—11—547

1941 年 3 月至 1941 年 11 月，璧山地方法院关于钱同英请求确认典权无效一案的文书，包括民事诉状、民事辩诉状、点名单、民事审理笔录、民事委任状、卷宗总目、送达证书、言辞辩论笔录、证人结文、审判笔录、民事判决书、抄录典契等。

555. 四川高等法院第一分院、璧山地方法院审理所有权纠葛及其上诉一案　12—11—548

1941 年 1 月至 1941 年 10 月，四川高等法院第一分院、璧山地方法院关于刘全安请求确认田业所有权及其上诉案的文书，包括民事告诉状、案件审理单、民事辩诉状、物证、民事委任状、点名单、言辞辩论笔录、证人结文、送达证书、民事补呈状、民事宣判笔录、璧山地方法院民事判决书、抄录契约、往来公函、璧山地方法院民事裁定、民事声请状、民事缴状、民事上诉状、民事证言状、宣示判决笔录、四川高等法院第一分院民事判决书等。

556. 璧山地方法院审理伪造典当田业契约一案　12－11－549

1941 年 5 月至 1941 年 7 月，璧山地方法院关于谢春林等伪造典当田业契约一案的文书，包括四川高等法院第一分院检察官指令、刑事诉状、卷宗总目、送达证书、传票回证、点名单、璧山地方法院检察官侦查笔录、证人结文、报告书、璧山地方法院检察官不起诉处分书、侦讯笔录、侦查笔录等。

557. 四川高等法院第一分院、璧山地方法院等审理租谷纠葛及其上诉一案　12－11－550

1940 年 12 月至 1943 年 12 月，四川高等法院第一分院、璧山地方法院等关于张本元与张少岩租谷纠葛及其上诉案的文书，包括往来公函、民事声请状、送达证书、民事上诉状、民事声明状、民事委任状、民事再抗告状、言辞辩论笔录、宣示判决笔录、卷宗总目、物证、四川高等法院第一分院民事判决书、璧山地方法院民事判决书、收据、民事诉状、民事辩诉状、点名单、民事宣判笔录、证人结文等。

558. 璧山地方法院审理请求交业执行一案　12－11－551

1941 年 4 月至 1941 年 10 月，璧山地方法院关于黄洪氏请求交业执行一案的文书，包括民事被拘状、点名单、民事保状、民事异议状、民事声请状、民事执行状附法院批示、法院训令、送达证书、报告执行笔录、民事声明状、卷宗总目、最高法院民事判决书、璧山地方法院民事判决书、高等法院第一分院民事判决书等。

559. 最高法院、四川高等法院第一分院、璧山地方法院等审理回赎典产上诉、确认遗产所有权及其上诉两案　12－11－552

1940 年 8 月至 1941 年 12 月，最高法院、四川高等法院第一分院、璧山地方法院等关于徐金祥与徐海林请求确认遗产所有权及其上诉、刘运财请求回赎典产两案的文书，包括往来公函、原审相关材料（地方法院民事裁定）、送达证书、民事声请状、民事委任状、民事声请书、言辞辩论笔录、民事补诉状、民事答辩状、民事公证状、民事证明状、宣示判决笔录、民事判决书、璧山地方法院呈文、卷宗总目、收据、事由、民事上诉状、原审相关材料（高等法院第一分院民事裁定）、最高法院民事判决书等。

560. 四川高等法院第一分院、璧山地方法院审理租谷纠葛及其上诉一案　12－11－553

1940 年 11 月至 1941 年 3 月，四川高等法院第一分院、璧山地方法院关于何白氏与周少清租谷纠葛及其上诉案的文书，包括地方法院呈文、四川高等法院第一分院民事裁定、民事抗告状、卷宗总目、抗告意见书、往来公函、送达证书、民事具状、报告地方法院训令、收据、最高法院民事判决书、民事再请状、点名单、执行笔录、民事执行状、民事委任状、民事声请状、民事缴状、开卷声请书、民事执行笔录、民事保状、意见书、报告查封不动产笔录等。

561. 四川高等法院第一分院、璧山地方法院审理产业所有权纠葛及其上诉一案 12－11－554

1941年6月至1942年1月，四川高等法院第一分院、璧山地方法院关于陈新科与陈治云等产业所有权纠葛及其上诉案的文书，包括民事诉状、民事委任状、送达证书、民事声明状、点名单、民事审判笔录、民事宣判笔录、璧山地方法院民事裁定、收据、物证、卷宗总目、民事上诉状、往来公函、民事领状、言辞辩论笔录、意见书、宣示判决笔录、四川高等法院第一分院民事判决书、璧山地方法院民事判决书等。

562. 四川高等法院第一分院、璧山地方法院等审理买卖契约纠葛及其上诉一案 12－11－555

1940年10月至1943年5月，四川高等法院第一分院、璧山地方法院等关于王执中等与朱克明买卖契约纠葛及其上诉一案的文书，包括往来公函、民事上诉状、璧山地方法院民事判决书、送达证书、民事缴状、民事理由状、民事委任状、言辞辩论笔录、四川高等法院第一分院民事判决书、物证、民事起诉状、民事辩诉状、点名单、审理笔录、民事宣判笔录、璧山地方法院民事裁定、案件审理单、审判笔录、民事声请状等。

563. 四川高等法院第一分院、璧山地方法院审理买卖纠葛及其上诉一案 12－11－556

1941年5月至1941年11月，四川高等法院第一分院、璧山地方法院关于李克照与李文德买卖纠葛及其上诉一案的文书，包括往来公函、民事上诉状、璧山地方法院民事判决书、民事委任状、璧山地方法院民事裁定、送达证书、民事声请状、民事理由状、民事证明状、民事辩诉状、言辞辩论笔录、证人结文、宣示判决笔录、四川高等法院第一分院民事判决书、民事起诉状、点名单、审判笔录、物证等。

564. 四川高等法院第一分院、璧山地方法院审理损害赔偿及其上诉一案 12－11－557

1941年3月至1941年7月，四川高等法院第一分院、璧山地方法院关于蒋子英等因租赁酒桶纠葛而请求损害赔偿及其上诉一案的文书，包括民事起诉状、送达证书、民事委任状、民事答辩状、点名单、言辞辩论笔录、民事宣判笔录、璧山地方法院民事判决书、卷宗总目、往来公函、民事上诉状、璧山地方法院民事裁定、民事具呈状、民事理由状、宣示判决笔录、四川高等法院第一分院民事判决书等。

565. 四川高等法院第一分院、璧山地方法院审理租赁纠葛及其上诉一案　12－11－558

1941年7月至1942年1月,四川高等法院第一分院、璧山地方法院关于张裕声与王德兴租赁纠葛及其上诉一案的文书,包括地方法院民事判决书、往来公函、送达证书、卷宗总目、民事上诉状、民事委任状、言辞辩论笔录、四川高等法院第一分院民事和解笔录、民事起诉状、民事声请状、点名单(附当庭宣判结果)、民事宣判笔录、璧山地方法院民事判决书、璧山地方法院民事裁定、物证等。

566. 璧山地方法院审理提出执行异议一案　12－11－559

1941年7月至1941年11月,璧山地方法院关于向大宝等因租佃纠葛而申请交还产业执行异议一案的文书,包括民事异议状、民事委任状、送达证书、点名单(附当庭宣判结果)、民事审理笔录、璧山地方法院民事判决书、民事辩诉状、璧山地方法院民事裁定、物证、璧山地方法院检察官起诉书等。

567. 四川高等法院第一分院、璧山地方法院审理终止契约纠葛及其上诉一案　12－11－560

1941年9月至1942年1月,四川高等法院第一分院、璧山地方法院关于李金山与胡万氏终止契约纠葛及其上诉一案的文书,包括地方法院民事判决书、往来公函、送达证书、卷宗总目、民事上诉状、民事诉状、民事声请状、点名单、民事审理笔录、民事辩诉状、物证、璧山地方法院民事函片、璧山地方法院民事裁定等。

568. 璧山地方法院审理租约纠葛一案　12－11－561

1941年9月至1942年1月,璧山地方法院关于卫云程与张茂林租约纠葛一案的文书,包括地方法院与高等法院第一分院往来公函、璧山地方法院民事判决书、卷宗总目等。

569. 璧山地方法院审理求偿粮食一案　12－11－562

1940年9月至1940年11月,璧山地方法院关于陈永森等因坟地纠葛申请赔偿粮食一案的文书,包括地方法院民事判决书、璧山地方法院与高等法院第一分院往来公函等。

570. 璧山地方法院审理再嫁存查一案　12－11－563

1941 年 6 月，璧山地方法院关于冷石氏因夫亡申请再嫁存查一案的文书，包括民事存查状附法院批示、送达证书等。

571. 四川高等法院第一分院、璧山地方法院审理欠谷纠葛及其上诉一案　12－11－564

1941 年 4 月至 1941 年 7 月，四川高等法院第一分院、璧山地方法院关于龚桂三与王海涛欠谷纠葛尾卷及其上诉一案的文书，包括地方法院与高等法院第一分院往来公函、璧山地方法院民事判决书、四川高等法院第一分院民事判决等。

572. 四川高等法院第一分院审理请求给付租谷上诉一案　12－11－565

1941 年 8 月至 1941 年 10 月，四川高等法院第一分院关于张纯一请求给付租谷上诉一案的文书，包括卷宗总目、四川高等法院第一分院与地方法院往来公函、民事上诉状、原审相关材料（地方法院民事裁定）、送达证书、四川高等法院第一分院民事裁定等。

573. 四川高等法院第一分院、璧山地方法院等审理损害地面及其上诉一案　12－11－566

1941 年 10 月至 1942 年 5 月，四川高等法院第一分院、璧山地方法院等关于曾孟桃要求李灿如还原因修路损害的地面并清理石渣及其上诉一案的文书，包括民事起诉状、案件审理单、送达证书、民事审理笔录、璧山地方法院民事判决书、往来公函、四川高等法院第一分院民事判决书、卷宗总目、民事上诉状、言辞辩论笔录、宣示判决笔录等。

574. 璧山地方法院审理违禁案件存查一案　12－11－567

1941 年 3 月，璧山地方法院关于雷叔启状告赵科员辱骂及持刀威胁存查一案的文书，包括卷宗总目、点名单附法院批示、侦讯笔录等。

575. 璧山地方法院审理交业纠葛一案　12－11－568

1941 年 9 月至 1941 年 10 月，璧山地方法院关于王俊雄与彭海堂交业纠葛一案的文书，包括卷宗总目、民事执行状、原审高等法院第一分院民事和解笔录、传票回证、点名单、璧山地方法院民事执行处呈文、璧山地方法院指令等。

576. 璧山地方法院审理债务纠葛一案　12－11－569

1941 年 9 月至 1941 年 11 月，璧山地方法院关于向坤山与彭元青债务纠葛一案的文书，包括卷宗总目、民事执行状、传票回证、点名单、执行笔录、具领证明、璧山县政府民事判决书等。

577. 璧山地方法院审理交谷纠葛一案　12－11－570

1941 年 9 月至 1941 年 10 月，璧山地方法院关于汪柄六与杨汪氏交谷纠葛一案的文书，包括卷宗总目、民事声请状附法院批示、璧山地方法院训令、报告等。

578. 璧山地方法院审理押银纠葛一案　12－11－571

1941 年 9 月，璧山地方法院关于邹淑亮与鲍正发押银纠葛一案的文书，包括卷宗总目、民事声请状附法院批示、送达证书等。

579. 璧山地方法院审理诉讼费纠葛一案　12－11－572

1941 年 9 月，璧山地方法院关于黄垣坪与李茂林诉讼费纠葛一案的文书，包括卷宗总目、民事告诉状附法院批示、物证、送达证书等。

580. 璧山地方法院审理押金纠葛一案　12－11－573

1941 年 7 月至 1941 年 7 月，璧山地方法院关于鲍正发与邹树亮押金纠葛一案的文书，包括卷宗总目、民事执行状、法院训令、传票回证、点名单、收据、民事和解笔录、执行笔录、报告等。

581. 璧山地方法院等审理请求确认优先买卖权一案　12－11－574

1941 年 5 月至 1943 年 6 月，璧山地方法院等关于郭荣卿请求确认优先买卖权一案的文书，包括文件目录、璧山地方法院与高等法院第一分院往来公函、璧山地方法院民庭通知、送达证书、点名单、收受状纸收条、讯问笔录等。

582. 璧山地方法院审理请求终止租佃契约一案　12－11－575

1941 年 6 月至 1941 年 9 月，璧山地方法院关于林乾初请求终止与徐均安租佃契约一案的文书，包括民事告诉状、民事声请状、民事辩诉状、民事延展状、送达证书、言辞辩论笔录、点名单（上附宣判结果手写本）、民事审理笔录、民事裁定、物证等。

583. 璧山地方法院审理妨害婚姻申请备查一案　12－11－576

1941年10月，璧山地方法院关于舒杨氏状告舒孙氏妨害婚姻申请备查一案的文书，包括卷宗总目、民事存查状附法院批示、送达证书等。

584. 四川高等法院第一分院、璧山地方法院等审理债务纠葛及其上诉一案　12－11－577

1941年7月至1942年12月，四川高等法院第一分院、璧山地方法院等关于曾有为与彭锡章债务纠葛及其上诉一案的文书，包括民事声请状、民事执行状、传票回证、点名单、执行笔录、璧山地方法院执行命令、报告民事保状、民事具诉状、法院训令、民事抗告状、送达证书、收款证明、璧山地方法院与高等法院第一分院往来公函、抗告意见书、四川高等法院第一分院民事裁定、报告书、收据、璧山地方法院呈文等。

585. 璧山地方法院等审理请求搬迁交业执行、领证两案　12－11－578

1941年1月至1943年11月，璧山地方法院等关于黄遵遗请求搬迁交业执行、廖吉成申领呈庭证明两案的文书，包括民事执行状、民事领状、卷宗总目、传票回证、点名单、执行笔录、民事声请状、送达证书、法院训令、报告收据、收款通知证、卷宗文书目录、璧山地方法院检查处函片等。

586. 璧山地方法院审理欠谷纠葛一案　12－11－579

1941年9月至1941年11月，璧山地方法院关于江纯五与江伯良欠谷纠葛一案的文书，包括送达证书、民事诉状、民事委任状、点名单、审判笔录、民事和解笔录、民事起诉状、卷宗总目等。

587. 四川高等法院第一分院审理租佃契约纠葛上诉一案　12－11－580

1941年8月至1941年12月，四川高等法院第一分院关于彭义轩与邓维周租佃契约纠葛上诉一案的文书，包括往来公函、民事声请状、民事委任状、民事裁定、送达证书、民事理由状、民事答辩状、民事声请书、言辞辩论笔录、宣示判决笔录、四川高等法院第一分院民事判决书、卷宗总目等。

588. 璧山地方法院等审理典约纠葛一案　12－11－581

1941年7月至1944年8月，璧山地方法院等关于万金田与万柯氏典约纠葛一案的文书，包括地方法院与高等法院第一分院往来公函、璧山地方法院训令、报告最高法院书记厅公函等。

589. 璧山地方法院审理声明异议一案　12—11—582

1941年9月至1941年11月，璧山地方法院关于李锦章因与郭曾氏等佃银纠葛提起异议一案的文书，包括民事异议状、民事辩诉状、送达证书、点名单、审判笔录、民事和解状、乡公所呈文、卷宗总目、物证等。

590. 四川高等法院第一分院、璧山地方法院审理请求确认所有权及其上诉一案　12—11—583

1941年1月至1941年10月，四川高等法院第一分院、璧山地方法院关于刘全安等因买卖田业纠葛而请求确认所有权及其上诉一案的文书尾卷，包括四川高等法院第一分院民事判决书、璧山地方法院与高等法院第一分院往来公函、璧山地方法院民事判决书等。

591. 璧山地方法院审理请求付谷搬迁执行一案　12—11—584

1941年2月至1941年7月，璧山地方法院关于江伍氏请求付谷搬迁执行一案的文书，包括民事执行状、民事判决书、送达证书、点名单、民事声请状、璧山地方法院训令、卷宗总目等。

592. 璧山地方法院审理租谷纠葛一案　12—11—585

1941年1月至1941年7月，璧山地方法院关于朱田氏与龙汝林租谷纠葛一案的文书，包括具领证明、传票回证、报告、卷宗总目、民事告诉状、民事答辩状、送达证书、点名单、民事审判笔录、民事判决书、物证等。

593. 璧山地方法院审理迁坟纠葛一案　12—11—586

1941年5月至1941年6月，璧山地方法院关于陶俊卿与陶洪章迁坟纠葛一案的文书，包括民事确认状、物证、民事答辩状、送达证书、点名单、言辞辩论笔录、璧山地方法院训令、履勘费明细表、民事诉状等。

594. 璧山地方法院审理遗嘱备查一案　12—11—587

1941年4月，璧山地方法院关于鲁久龄申请备查分产遗嘱一案的文书，包括民事存案状附法院批示、送达证书等。

595. 璧山地方法院审理经和解请准撤销经界案一案　12—11—588

1941年5月，璧山地方法院关于秦华轩等经和解请准撤销经界纠葛案的文书，包括民事撤销状、民事和解状等。

596. 璧山地方法院审理树株纠葛一案　12—11—589

1941年3月至1941年8月，璧山地方法院关于赖汉周与陈仲全树株纠葛一案的文书，包括民事自诉状、案件审理单、送达证书、点名单、言辞辩论笔录、民事声请状、民事审判笔录、民事宣判笔录、民事判决书、物证等。

597. 璧山地方法院审理请求返还猪价一案　12—11—590

1941年1月至1941年5月，璧山地方法院关于彭张氏请求返还猪价一案的文书，包括民事执行状、四川高等法院第一分院民事判决书、传票回证、点名单、民事委状、收款通知证、民事领状、法院通知书、收据等。

598. 璧山地方法院审理请求给付租谷执行一案　12—11—591

1941年3月至1941年11月，璧山地方法院关于宋海林与陶银安因租谷纠葛请求给付租谷执行一案的文书，包括卷宗总目、往来公函、抗告意见书、传票回证、点名单、报告书、执行笔录、民事执行状附法院批示、法院布告、报告法院训令、查封不动产笔录、鉴定书、收据、民事撤销状、送达证书、法院公告等。

599. 璧山地方法院审理请求登记典权一案　12—11—592

1941年7月至1941年11月，璧山地方法院关于周世昌请求登记田土房屋典权一案的文书，包括地方法院命令、报告登记笔录、物证、法院公告、登记通知书、送达证书、收据、卷宗总目等。

600. 璧山地方法院审理自嫁备查一案　12—11—593

1941年11月至1941年12月，璧山地方法院关于袁树清因义父逃逸申请自嫁备查一案的文书，包括卷宗总目、民事存查状附法院批示等。

601. 四川高等法院第一分院、璧山地方法院审理租谷纠葛及其上诉一案　12—11—594

1940年12月至1941年9月，四川高等法院第一分院、璧山地方法院关于宋海林与陶银安租谷纠葛及其上诉一案的文书，包括民事执行状、送达证书、点名单、民事辩诉状、传票回证、民事公证状、保长证明书、法院训令、卷宗总目、报告地方法院呈文、民事抗告状、璧山地方法院民事判决书、抗告意见书、四川高等法院第一分院民事裁定等。

602. 璧山地方法院审理买卖调解一案　12－11－595

1941 年 3 月，璧山地方法院关于黄壁仙等因买卖田业纠葛而申请调解一案的文书，包括卷宗总目、民事请示状附法院批示、送达证书等。

603. 璧山地方法院审理修缮执行异议一案　12－11－596

1941 年 4 月至 1941 年 10 月，璧山地方法院关于张少岩等因拆毁房屋木料而申请修缮执行异议一案的文书，包括民事异议状、送达证书、点名单、言辞辩论笔录、案件审理单、民事审理笔录、证人结文、民事补诉状、和解笔录、卷宗总目等。

604. 最高法院审理佃约纠葛上诉一案　12－11－597

1941 年 1 月至 1942 年 2 月，最高法院关于徐成章与杨锡云佃约纠葛上诉案的文书，包括最高法院书记室公函、民事上诉状、民事答辩状、四川高等法院第一分院民事裁定、送达证书、往来公函、最高法院民事判决书、最高法院民事裁定、卷宗目录等。

605. 四川高等法院第一分院审理给付租谷纠葛上诉一案　12－11－598

1941 年 10 月至 1942 年 9 月，四川高等法院第一分院审理关于周少清等给付租谷纠葛上诉一案的文书，包括地方法院呈文、民事抗告状、抗告意见书、民事催呈状、民事催状、四川高等法院第一分院民事裁定、送达证书、物证、璧山地方法院通知书、卷宗目录等。

606. 璧山地方法院审理登记典权一案　12－11－599

1941 年 10 月至 1942 年 1 月，璧山地方法院关于罗敬文申请登记六塘乡田土房屋典权一案的文书，包括地方法院命令、璧山地方法院公告、报告物证、登记通知书、送达证书、具领证明、收据、卷宗总目等。

607. 四川高等法院第一分院审理请求回赎典产上诉一案　12－11－600

1941 年 3 月至 1941 年 8 月，四川高等法院第一分院关于邓季周请求回赎典产上诉一案的文书，包括原审相关材料（地方法院民事裁定）、往来公函、民事上诉状、卷宗目录、送达证书、民事委任状、开卷声请书、言辞辩论笔录、证人结文、民事理由状、民事辩诉状、宣示判决笔录、四川高等法院第一分院民事判决书、民事意见书、民事证明状等。

608. 璧山地方法院审理遗产纠葛一案　12－11－601

1941年5月至1941年8月，璧山地方法院关于易祖福等与徐海林等遗产纠葛一案的文书，包括民事起诉状、民事答辩状、送达证书、点名单、言辞辩论笔录、民事声请状、乡公所呈文、民事参加状、民事审判笔录、民事公证状、民事委任状、民事宣判笔录、民事判决书等。

609. 璧山地方法院审理请求返还棉絮执行一案　12－11－602

1941年4月至1941年7月，璧山地方法院关于薛钟氏请求返还代为保管的棉絮执行一案的文书，包括民事声请状、高等法院民事判决书、传票回证、点名单、报告书、民事声请状附法院批示、送达证书、物证、卷宗总目等。

610. 四川高等法院第一分院、璧山地方法院、璧山县司法处审理租佃契约纠葛等三案　12－11－603

1938年2月至1941年6月，四川高等法院第一分院、璧山地方法院、璧山县司法处关于白世昌与陈文氏租佃契约纠葛、胡银辉请求返还典物及其上诉案、陈曾氏与叶王氏借款纠葛三案的文书，包括卷宗总目、物证、璧山县司法处民事判决书、四川高等法院第一分院民事判决书、璧山地方法院民事判决书、民事起诉状、送达证书、点名单、言辞辩论笔录、民事宣判笔录、物证袋等。

611. 璧山地方法院审理请求确认契约有效一案　12－11－604

1941年9月至1942年3月，璧山地方法院关于陈三荣请求确认契约有效一案的文书，包括民事告诉状、民事辩诉状、送达证书、点名单、审判笔录、民事审判笔录、民事宣判笔录、民事判决书、物证、卷宗总目等。

612. 璧山地方法院审理再嫁请备查一案　12－11－605

1941年3月，璧山地方法院关于杨张氏因杨金全不务正业申请再嫁备查一案的文书，包括卷宗数目、民事声请状附法院批示、送达证书等。

613. 璧山地方法院审理给付借款纠葛一案　12－11－606

1941年12月至1942年1月，璧山地方法院关于胡维华与吴海洋给付借款纠葛一案的文书，包括民事起诉状、民事委任状、案件审理单、送达证书、点名单、民事调解笔录、审判笔录、民事判决书、卷宗总目、物证袋等。

614. 璧山地方法院审理请求追偿黄谷执行一案　12—11—607

1941 年 3 月至 1941 年 5 月，璧山地方法院关于王天财请求追偿黄谷执行一案的文书，包括民事告诉状、卷宗总目、传票回证、点名单、民事执行状附法院批示、民事声请状附法院批示、送达证书、原民事判决书等。

615. 璧山地方法院审理入室盗窃一案　12—11—608

1941 年 1 月至 1941 年 4 月，璧山地方法院关于胡树全入室盗窃一案的文书，包括璧山地方法院函片、璧山地方法院检察官公函、璧山地方法院检察官起诉书、璧山地方法院检查处存根等。

616. 璧山地方法院审理请求交还房屋执行一案　12—11—609

1941 年 3 月至 1941 年 6 月，璧山地方法院关于左炳坤等因租佃纠葛请求交还房屋执行一案的文书，包括卷宗总目、民事声请状、往来公函、传票回证、点名单、璧山地方法院训令、保长呈文、民事诉状、报告具领证明、民事和解笔录等。

617. 璧山地方法院审理再嫁请备查一案　12—11—610

1941 年 3 月至 1941 年 4 月，璧山地方法院关于陈尹芳因前夫虐待请再嫁备查一案的文书，包括民事存查状附法院批示、送达证书、点名单等。

618. 璧山地方法院审理请求登记确认典权一案　12—11—611

1941 年 6 月至 1942 年 1 月，璧山地方法院关于连贵华请求登记承典田业房屋所有权一案的文书，包括法院命令、法院公告、报告登记记录、物证说明、民事声明状、不动产登记处通知、送达证书、具领证明、收据、卷宗总目等。

619. 璧山地方法院审理给付租谷纠葛一案　12—11—612

1941 年 5 月至 1941 年 7 月，璧山地方法院关于张纯一与邱松建给付租谷纠葛一案的文书，包括地方法院与高等法院第一分院往来公函、璧山地方法院民事判决等。

620. 璧山地方法院审理请发支付命令一案　12—11—613

1941 年 5 月至 1942 年 3 月，璧山地方法院关于景和佛等伙食费纠葛而请发支付命令一案的文书，包括民事声请状附法院批示、法院支付命令、送达证书、民事补诉状附法院批示、民事裁定等。

621. 璧山地方法院审理返还产业一案　12－11－614

1941年8月至1941年11月，璧山地方法院关于胡少宝等因租佃纠葛而申请返还产业一案的文书，包括民事诉状、点名单、送达证书、民事注销状、民事判决书等。

622. 璧山地方法院等审理租约纠葛一案　12－11－615

1941年7月至1942年8月，璧山地方法院等关于李科登等与钟万兴租约纠葛一案的文书，包括卷宗总目、民事诉状、案件审理单、送达证书、点名单、审理笔录、证人结文、民事委任状、民事公证状、民事判决书、物证等。

623. 璧山地方法院审理欠租纠葛一案　12－11－616

1941年9月至1941年10月，璧山地方法院关于罗汪璧如与黄炳全欠租纠葛一案的文书，包括送达证书、卷宗总目、民事诉状、民事辩诉状、点名单、民事审理笔录、和解笔录等。

624. 璧山地方法院审理租约纠葛一案　12－11－617

1941年9月至1941年11月，璧山地方法院关于赵吴氏与曾明轩租约纠葛一案的文书，包括民事诉状、送达证书、民事委状、点名单、民事审判笔录、民事辩诉状、民事领状、民事和解状附法院批示等。

625. 璧山地方法院审理终止租约纠葛一案　12－11－618

1941年9月至1941年10月，璧山地方法院关于谭记清与谭记臣终止租约纠葛一案的文书，包括卷宗总目、民事诉状、送达证书、点名单、物证等。

626. 璧山地方法院审理请求确认典契无效一案　12－11－619

1941年10月至1941年11月，璧山地方法院关于徐邓氏请求确认典契无效一案的文书，包括民事起诉状、民事委状、民事辩诉状、送达证书、点名单、民事审判笔录、民事判决书、物证等。

627. 璧山地方法院审理会款纠葛一案　12－11－620

1941年1月至1941年4月，璧山地方法院关于周相成与龚周氏会款纠葛一案的文书，包括民事告诉状、案件审理单、送达证书、点名单、言辞辩论笔录、证人结文、报告传票回证、民事委任状、民事裁定、璧山县政府民事判决书等。

628. 四川高等法院第一分院审理会款纠葛一案　12—11—621

1941 年 3 月至 1941 年 4 月，四川高等法院第一分院关于陈昆山因与朱海林等会款纠葛一案的文书，包括卷宗总目、民事声请状、四川高等法院第一分院民事裁定、往来公函等。

629. 璧山地方法院等审理请求赔偿损害一案　12—11—622

1941 年 9 月至 1942 年 5 月，璧山地方法院等关于雷相甫等因霸耕田产请求赔偿损害一案的文书，包括民事起诉状、民事委任状、民事证明状、送达证书、点名单、民事审理笔录、民事审判笔录、民事判决书、民事具呈状、民事裁定、高等法院第一分院民事判决书、卷宗总目等。

630. 四川高等法院第一分院审理赔偿损害上诉一案　12—11—623

1941 年 1 月至 1941 年 3 月，四川高等法院第一分院关于吴荣卿等因违法采矿请求赔偿损害上诉一案的文书，包括往来公函、卷宗总目、民事声请状、四川高等法院第一分院民事裁定等。

631. 璧山地方法院审理给付借款执行一案　12—11—624

1941 年 3 月，璧山地方法院关于罗森荣要求黄春林给付借款执行一案的文书，包括卷宗总目、民事执行状、诉讼费列表、传票回证、点名单、报告等。

632. 璧山地方法院审理请求返还缮业执行一案　12—11—625

1941 年 4 月，璧山地方法院关于陶杨氏状请返还缮业执行一案的文书，包括卷宗总目、民事执行状、璧山地方法院民事判决书、高等法院第一分院民事判决书、传票回证、点名单等。

633. 四川高等法院第一分院、璧山地方法院审理田价纠葛及其上诉一案　12—11—626

1940 年 7 月至 1940 年 12 月，四川高等法院第一分院、璧山地方法院关于严梓椿与严芳臣田价纠葛及其上诉一案的文书，包括卷宗总目、璧山地方法院民事判决书、璧山地方法院与高等法院第一分院往来公函、四川高等法院第一分院民事判决书等。

634. 璧山地方法院审理交业纠葛一案　12—11—627

1941 年 12 月至 1942 年 1 月，璧山地方法院关于蔡继贤与印鸿举交业纠葛一案的文书,包括卷宗总目、民事执行状、送达证书、民事声请状、物证、收据等。

635. 璧山地方法院审理典产纠葛一案　12－11－628

1941年7月至1942年2月,璧山地方法院关于张树成与张金山等典产纠葛一案的文书,包括民事原诉状、卷宗总目、点名单、民事审理笔录、民事答辩状、民事续诉状、民事补诉状、民事审判笔录、证人结文、民事委任状、言辞辩论笔录、民事判决书、具领证明等。

636. 璧山地方法院审理领押交业纠葛一案　12－11－629

1941年7月至1941年8月,璧山地方法院关于陈伯良与张培之领押交业纠葛一案的文书,包括卷宗总目、民事诉状、送达证书、民事辩诉状、点名单、民事审判笔录、民事宣判笔录、民事原诉状、民事判决书、物证等。

637. 璧山地方法院审理请求返还树木一案　12－11－630

1940年12月至1941年12月,璧山地方法院关于南棠铁厂请求返还树木一案的文书,包括民事告诉状、送达证书、报告、点名单、审判笔录、案件审理单、璧山地方法院布告、证人结文、民事宣判笔录、璧山地方法院民事裁定、璧山地方法院公示、卷宗总目、民事被告状、物证、言辞辩论笔录、民事答辩状等。

638. 最高法院审理领价交业纠葛上诉一案　12－11－631

1940年12月至1941年10月,最高法院关于赵先图与向高魁领价交业纠葛上诉案的文书,包括往来公函、民事上诉状、卷宗目录、高等法院第一分院民事裁定、最高法院民庭书记科函稿、民事理由状、送达证书、最高法院民事判决书等。

639. 璧山地方法院审理请求调解债务一案　12－11－632

1941年9月至1941年12月,璧山地方法院关于邹淑亮请求调解债务一案的文书,包括卷宗总目、民事声请状、民事答辩状、送达证书、点名单、案件审理单、报告等。

640. 璧山地方法院审理请求撤销买卖契约执行一案　12－11－633

1941年3月至1941年4月,璧山地方法院关于袁德之请求撤销买卖契约执行一案的文书,包括卷宗总目、民事执行状、传票回证、点名单、民事委状等。

641. 璧山地方法院审理回赎典产纠葛一案　12－11－634

1941年6月至1941年7月,璧山地方法院关于陈炳荣与吴兴盛回赎典产纠葛一案的文书，包括民事起诉状、民事委任状、民事辩诉状、送达证书、点名单、民事审理笔录、申请书、检察官起诉书、民事宣判笔录、民事答辩状、民事判决书、物证袋等。

642. 璧山地方法院审理请求撤销担保一案　12－11－635

1941年2月至1941年3月，璧山地方法院关于肖仲宣因判决确定而请求撤销担保一案的文书，包括卷宗总目、民事声请状附法院批示、送达证书、点名单、法院批文等。

643. 四川高等法院第一分院、璧山县政府及地方法院审理请求返还会款执行等五案　12－11－636

1934年4月至1941年4月，四川高等法院第一分院、璧山县政府及地方法院关于伍拱业抢夺财产、张炳安状请返还会款执行、甘何氏与甘颜氏债务纠葛、唐明贤诉周光启重婚、周受其与罗绍康水利争执五案的文书，包括民事执行状、卷宗总目、执行和解笔录、传票回证、点名单、执行笔录、报告书、民事缴状、收款通知证、法院通知书、送达证书、民事领状、璧山县政府传票、璧山地方法院呈文、璧山县政府民事判决书、四川高等法院第一分院公函、四川高等法院第一分院检察官起诉书、永川地方法院检察官公函等。

644. 璧山实验地方法院审理请领证物一案　12－11－637

1942年9月至1942年10月，璧山实验地方法院关于伍刘氏因契约纠葛案结而请领证物一案的文书，包括民事领状、预缴邮费单、送达证书、民事讯问笔录、具领证明等。

645. 璧山地方法院审理赎产纠葛一案　12－11－638

1941年6月至1941年9月，璧山地方法院关于胡思诚与胡王氏赎产纠葛一案的文书，包括民事被诉状、送达证书、点名单、民事续诉状、民事委任状、民事辩诉状、民事原诉状、民事声请状、卷宗总目、民事判决书、民事审理笔录等。

646. 璧山地方法院审理租约纠葛一案　12－11－639

1941年4月，璧山地方法院关于万王氏与朱程氏等租约纠葛一案的文书，包括民事确认状、物证、送达证书、点名单等。

647. 璧山地方法院审理结婚请求存查一案　12－11－640

1941年7月，璧山地方法院关于郑海清与魏银才结婚请求存查一案的文书，包括卷宗总目、民事声请状附法院批示等。

648. 璧山地方法院审理请求赔偿房尾损害执行一案　12－11－641

1941 年 5 月至 1941 年 11 月，璧山地方法院关于罗银辉因租佃纠葛请求赔偿房屋损害执行一案的文书，包括民事执行状、民事判决书、传票回证、点名单、民事委任状、报告书、执行笔录、证书存根、民事和解状、卷宗总目等。

649. 璧山地方法院审理债务纠葛一案　12－11－642

1941 年 7 月至 1941 年 10 月，璧山地方法院关于张叔达与李毅文债务纠葛一案的文书，包括民事异议状、送达证书、点名单、民事审理笔录、民事委任状、传票回证等。

650. 璧山地方法院审理租约纠葛一案　12－11－643

1941 年 10 月至 1942 年 2 月，璧山地方法院关于李吉三与喻翰林租约纠葛一案的文书，包括案件审理单、民事诉状、送达证书、点名单、民事审理笔录、民事声请状、民事答辩状、民事补诉状、民事委任状、民事恳状、民事判决书、卷宗总目等。

651. 四川高等法院第一分院、璧山地方法院审理领押搬迁及其上诉一案　12－11－644

1941 年 10 月至 1942 年 2 月，四川高等法院第一分院、璧山地方法院关于何兴发因河清臣估租霸佃而请求领押搬迁及其上诉一案的文书，包括民事起诉状、传票回证、点名单、民事审理笔录、民事辩诉状、璧山地方法院民事判决书、送达证书、璧山地方法院民事裁定、物证袋、物证、卷宗总目、往来公函、民事上诉状、言辞辩论笔录、四川高等法院第一分院通知书等。

652. 璧山地方法院审理强奸案期满归档一案　12－11－645

1940 年 12 月至 1941 年 4 月，璧山地方法院关于苏瑞中强奸案羁押折抵期满归档一案的文书，包括四川高等法院第一分院检察官训令、高等法院第一分院刑事判决书、卷宗总目等。

653. 璧山地方法院审理请求返还房屋执行一案　12－11－646

1941 年 1 月至 1941 年 4 月，璧山地方法院关于张兰波等因租佃纠葛而请求返还房屋执行一案的文书，包括璧山地方法院民事函片、民事判决书、民事声请状附法院批示、送达证书、点名单、法院训令、报告卷宗总目等。

654. 璧山地方法院审理欠款纠葛一案　12—11—647

1941 年 1 月，璧山地方法院关于曾银洲与王洪兴欠款纠葛一案的文书，包括卷宗总目、民事告诉状、送达证书、点名单、民事和解状附法院批示等。

655. 璧山地方法院审理确认买卖契约有效一案　12—11—648

1941 年 2 月至 1941 年 8 月，璧山地方法院关于杨启元请求确认买卖契约有效一案的文书，包括民事诉状、送达证书、点名单、民事声请状、民事审理笔录、民事审判笔录、民事宣判笔录、民事判决书等。

656. 璧山地方法院审理请求解除脱离夫妻契约一案　12—11—649

1941 年 11 月至 1942 年 4 月，璧山地方法院关于彭代森等因夫妻和好请求解除脱离夫妻契约一案的文书，包括本来案件审理单、民事诉状、民事委任状、送达证书、点名单、民事审理笔录、律师声请书、民事审判笔录、民事被告状、民事判决书、卷宗总目、物证等。

657. 璧山地方法院审理买卖契约纠葛一案　12—11—650

1941 年 4 月，璧山地方法院关于永川地方法院送达周福永与陈元清买卖契约纠葛一案的文书，包括永川地方法院公函、璧山地方法院公函等。

658. 四川高等法院第一分院审理租佃契约纠葛上诉一案　12—11—651

1941 年 8 月至 1941 年 12 月，四川高等法院第一分院关于肖季常与肖云高租佃契约纠葛上诉一案的文书，包括民事缴状、璧山地方法院民事裁定、往来公函、送达证书、民事声请状、民事上诉状、言辞辩论笔录、民事和解状、卷宗总目等。

659. 四川高等法院第一分院审理执行异议上诉一案　12—11—652

1941 年 10 月至 1942 年 1 月，四川高等法院第一分院关于向大宝等因租佃纠葛不服执行提起异议上诉一案的文书，包括民事上诉状、往来公函、民事委任状、民事答辩状、言辞辩论笔录、民事裁定、物证、卷宗总目等。

660. 璧山地方法院审理租约纠葛一案　12—11—653

1942 年 6 月至 1941 年 7 月，璧山地方法院关于尹文斌与夏炳森租约纠葛一案的文书，包括民事原诉状、送达证书、民事传票、案件审理单、点名单、民事审判笔录、民事和解笔录、民事诉状、卷宗总目等。

661. 璧山地方法院审理租约纠葛一案　12－11－654

1941年9月至1941年12月，璧山地方法院关于周能久与胡青山租约纠葛一案的文书，包括民事起诉状、民事委任状、送达证书、民事传票、报告、点名单、案件审理单、民事审理笔录、民事裁定、卷宗总目等。

662. 璧山地方法院审理膳费纠葛一案　12－11－655

1941年4月，璧山地方法院关于精诚中学景和佛与徐焕煊伙食费纠葛一案的文书，包括民事诉状、送达证书、点名单、言辞辩论笔录、民事撤销状附法院批示、卷宗总目等。

663. 四川高等法院第一分院审理执行异议上诉一案　12－11－656

1941年12月至1942年2月，四川高等法院第一分院关于陈树元等因买卖田业纠葛不服执行提起异议而上诉一案的文书，包括往来公函、民事诉状、送达证书、原民事判决书、民事委任状、民事声请书、民事上诉状、民事声请状、言辞辩论笔录、证人结文、宣示判决笔录、民事判决书、卷宗总目等。

664. 璧山实验地方法院审理请求返还抵押物一案　12－11－657

1942年5月至1944年4月，璧山实验地方法院关于杨鲁山请求返还抵押物一案的文书，包括璧山地方法院书记室公函、重庆地方法院民事科公函、重庆实验地方法院公函等。

665. 璧山地方法院审理抢夺租谷一案　12－11－658

1941年4月至1941年5月，璧山地方法院关于陈绍幼等状告陈刘氏抢夺租谷一案的文书，包括卷宗总目、刑事告诉状、案件审理单、传票回证、点名单、检察官侦查笔录、证人结文、刑事诉状、送达证书、侦讯笔录、检察官起诉书等。

666. 璧山实验地方法院审理停止行使权利一案　12－11－659

1942年10月至1944年6月，璧山实验地方法院关于钟郭氏请求钟靳氏停止行使权利一案的文书，包括四川高等法院第一分院与地方法院往来公函等。

667. 四川高等法院第一分院、璧山地方法院审理瓦洋纠葛及其上诉一案　12－11－660

1941年2月至1941年7月，四川高等法院第一分院、璧山地方法院关于薛伦富与张九安给付瓦洋纠葛及其上诉一案的文书，包括卷宗总目、民事起诉状、送达证书、璧山地方法院民事判决书、民事辩诉状、点名单、言辞辩论笔录、民事宣判笔录、物证袋、收据、往来公函、民事上诉状、璧山地方法院民事裁定等。

668. 璧山地方法院审理膳费纠葛请发支付命令一案　12－11－661

1941 年 4 月，璧山地方法院关于精诚中学因与罗兴钦膳费纠葛请发支付命令一案的文书，包括卷宗总目、民事声请状、法院支付命令、送达证书等。

669. 璧山地方法院审理请求会款执行一案　12－11－662

1941 年 3 月至 1941 年 4 月，璧山地方法院关于胡树煊请求会款执行一案的文书，包括卷宗总目、民事执行状附法院批示、璧山县政府民事判决书、送达证书等。

670. 璧山地方法院审理声请阅卷一案　12－11－663

1941 年 1 月，璧山地方法院关于张雷仲华声请阅卷一案的文书，包括卷宗总目、民事声请状附法院批示、送达证书等。

671. 璧山地方法院审理烧毁约据请存查一案　12－11－664

1941 年 1 月，璧山地方法院关于何海荣烧毁约据申请存查一案的文书，包括卷宗总目、民事声请状附法院批示、烧毁约据目录、送达证书等。

672. 璧山地方法院审理号章遗失请备查一案　12－11－665

1941 年 1 月，璧山地方法院关于雷得中号章遗失申请备查一案的文书，包括卷宗总目、民事备查状附法院批示、送达证书等。

673. 璧山县政府审理会债债务纠葛一案　12－11－666

1934 年 2 月至 1934 年 11 月，璧山县政府关于唐炳南等与李海平等会款债务纠葛一案的文书，包括民事原诉状、点名单、审理笔录、收条、民事诉状、报告、璧山县政府传票等。

674. 璧山地方法院审理请领证物一案　12－11－667

1941 年 12 月，璧山地方法院关于杨邱氏因与谭学渊有关给付生活费纠葛一案已结而状请领回证物一案的文书，包括民事领状。

675. 璧山地方法院审理请求交业假扣押一案　12－11－668

1941 年 7 月至 1941 年 8 月，璧山地方法院关于廖海林因与廖青云契约纠葛而状请交业假扣押一案的文书，包括卷宗总目、民事声请状、民事裁定、送达证书等。

676. 璧山地方法院审理再嫁请存查一案　12－11－669

1941年12月，璧山地方法院关于朱吴氏因丈夫外出无踪欲再嫁而申请存查一案的文书，包括卷宗总目、民事存查状附法院批示、送达证书等。

677. 璧山地方法院审理债务纠葛请调解一案　12－11－670

1941年7月至1941年8月，璧山地方法院关于陈士佩因与张世芳债务纠葛状请调解一案的文书，包括卷宗总目、民事声请状附法院批示、送达证书、点名单(附案件结果)、民事审理笔录等。

678. 璧山地方法院等审理会款纠葛一案　12－11－671

1941年11月至1942年5月，璧山地方法院等关于帅青林与江绍修给付会款纠葛一案的文书，包括民事诉状、送达证书、物证、传票回证、点名单、民事审理笔录、民事续恳状、案件审理单、民事原诉状、民事判决书等。

679. 璧山地方法院审理请求撤销买卖契约一案　12－11－672

1941年4月至1941年7月，璧山地方法院关于吴海林请求撤销买卖契约一案的文书，包括地方法院与高等法院第一分院往来公函、证物目录、民事判决书等。

680. 璧山地方法院审理租佃纠葛一案　12－11－673

1941年11月至1941年12月，璧山地方法院关于曾建章与曾德林租佃纠葛一案的文书，包括民事告诉状、送达证书、民事答辩状、民事委任状、点名单、民事审理笔录、民事判决书、物证、物证袋、收据等。

681. 四川高等法院第一分院、璧山地方法院审理租谷纠葛及其上诉一案　12－11－674

1941年1月至1941年6月，四川高等法院第一分院、璧山地方法院关于梁泽林与高志青等租谷纠葛及其上诉一案的文书，包括地方法院民事判决书、往来公函、卷宗总目、民事上诉状、璧山地方法院民事裁定、送达证书、民事委状、言辞辩论笔录、宣示判决笔录、民事判决书、物证、证物袋、民事告诉状、案件审理单、点名单、民事补诉状、收据、民事宣判笔录等。

682. 璧山地方法院审理租谷及房屋纠葛一案　12－11－675

1941年8月至1942年4月，璧山地方法院关于李海全与靳孙氏租谷及房屋纠葛一案的文书，包括民事执行状、训令、报告、点名单、执行笔录、民事声请状、送达证书、传票回证、民事委状、法院执行命令等。

683. 四川高等法院第一分院审理回赎典产纠葛上诉一案　12－11－676

1941 年 1 月至 1941 年 7 月，四川高等法院第一分院关于李同春与陈可棣回赎典产纠葛上诉案的文书，包括往来公函、民事上诉状、璧山地方法院民事裁定、送达证书、民事委任状、卷宗总目、开卷声请书、言辞辩论笔录、璧山县征收局公函、民事撤销状等。

684. 璧山地方法院审理租谷纠葛一案　12－11－677

1941 年 10 月至 1942 年 1 月，璧山地方法院关于李实充与周春林租谷纠葛一案的文书，包括卷宗总目、民事起诉状、民事辩诉状、送达证书、点名单、民事审判笔录、民事宣判笔录、民事判决书、民事声请状等。

685. 璧山地方法院审理交业纠葛一案　12－11－678

1941 年 10 月至 1941 年 12 月，璧山地方法院关于马章甫与马寿英交业纠葛一案的文书，包括卷宗总目、民事告诉状、送达证书、民事裁定等。

686. 璧山地方法院审理欠谷纠葛一案　12－11－679

1941 年 6 月至 1941 年 11 月，璧山地方法院关于曾兴禄与王九荣欠谷纠葛一案的文书，包括民事自诉状、民事反诉状、民事委任状、送达证书、点名单、民事审理笔录、民事诉状、民事审判笔录、民事补诉状、卷宗总目等。

687. 璧山地方法院等审理租谷纠葛一案　12－11－680

1941 年 10 月至 1943 年 1 月，璧山地方法院等关于周向朋与胡光才租谷纠葛一案的文书，包括民事执行状、高等法院第一分院民事和解笔录、璧山地方法院训令、点名单、执行笔录、报告、民事保状、传票回证、民事声请状、璧山地方法院和解笔录（手写本）、璧山地方法院执行命令、执行证明、法院执行证书存根等。

688. 四川高等法院第一分院、璧山地方法院审理请求赔偿聘礼一案　12－11－681

1941 年 5 月至 1941 年 12 月，四川高等法院第一分院、璧山地方法院关于彭方春因张顺福悔婚而申请赔偿聘礼一案的文书，包括往来公函、璧山地方法院民事判决书、四川高等法院第一分院民事裁定、四川高等法院第一分院书记室公函、卷宗总目、民事上诉状、送达证书、民事诉状、损失明细单、物证、案件审理单、点名单、审判笔录、民事委状、璧山县政府第三区署呈文、传讯笔录、民事反诉状、言辞辩论笔录、民事审理笔录、璧山地方法院民事裁定等。

689. 璧山地方法院审理请函调卷宗一案　12－11－682

1941年11月，璧山地方法院关于高一分院请函调万程氏卷宗一案的文书，包括卷宗总目、四川高等法院第一分院公函等。

690. 璧山地方法院审理请求租谷假扣押一案　12－11－683

1941年8月，璧山地方法院关于肖荣高因与肖季常租谷纠葛请求假扣押租谷一案的文书，包括卷宗总目、民事声请状附法院批示、送达证书等。

691. 璧山地方法院审理请求交付老契分关一案　12－11－684

1941年3月至1941年9月，璧山地方法院关于孙双合因与甘世荣交业纠葛而状请交付老契分关一案的文书，包括民事诉状、送达证书、民事委任状、民事辩诉状、点名单、言辞辩论笔录、民事审理笔录、民事审判笔录、民事判决书等。

692. 璧山地方法院审理请求领押搬迁执行一案　12－11－685

1941年2月至1941年4月，璧山地方法院关于刘兴业请求领押搬迁执行一案的文书，包括民事被告状、原民事判决书、送达证书、点名单(附法院批示案件结果)、传票回证、报告书、法院执行拘票、卷宗总目等。

693. 璧山地方法院审理因会款纠葛请求照判执行一案　12－11－686

1940年1月至1941年2月，璧山地方法院关于胡建昌等因会款纠葛请求照判执行一案的文书，包括卷宗总目、民事执行状附法院批示、民事声请状等。

694. 四川高等法院第一分院、璧山地方法院审理债务纠葛及其上诉一案　12－11－687

1941年9月至1942年2月，四川高等法院第一分院、璧山地方法院关于张世芳要求陈士佩偿还借款及其上诉一案的文书，包括民事告诉状、送达证书、点名单、民事审理笔录、民事辩诉状、民事委任状、民事声请状、璧山地方法院民事判决书、璧山地方法院民事裁定、具领证明、卷宗总目、民事上诉状、往来公函、言辞辩论笔录、宣示判决笔录、四川高等法院第一分院民事判决书等。

695. 璧山地方法院审理休妾脱离请备查一案　12－11－688

1941年10月，璧山地方法院关于雷重光因雷钟氏盗窃家财而状请脱离备查一案的文书，包括卷宗总目、刑事存查状附法院批示、被盗物品明细、送达证书等。

696. 璧山地方法院审理请求交还房屋执行一案　12－11－689

1941年2月至1942年4月，璧山地方法院关于蒋光耀请求强制交还房屋执行一案的文书，包括民事执行状、送达证书、点名单、传票回证、报告书、法院执行拘票、民事缴状、法院训令、民事领状、执行笔录、报告具领证明、原民事判决书、收款通知证、卷宗总目等。

697. 璧山地方法院审理婚约纠葛一案　12－11－690

1941年2月至1941年3月，璧山地方法院关于张龚氏请求罗王氏等解除婚约并赔偿诉讼费一案的文书，包括卷宗总目、民事原诉状、原民事判决书、送达证书、传票回证、点名单(附法院判决)等。

698. 璧山地方法院审理请求发租谷命令一案　12－11－691

1941年2月至1941年4月，璧山地方法院关于刘洪举因胡海林估骗租谷一案判决确定而状请发租谷命令案的文书，包括卷宗总目、民事执行状、原民事判决书、送达证书、点名单等。

699. 璧山地方法院等审理请发支付命令一案　12－11－692

1941年2月至1941年3月，璧山地方法院等关于胡正炎与刘祖源因租谷纠葛请发支付命令一案的文书，包括卷宗目录、民事声请状、法院支付命令、送达证书、法院通知书等。

700. 璧山地方法院审理请求清偿棉纱一案　12－11－693

1941年12月至1942年5月，璧山地方法院关于黄建安诉和丰布庄拖骗而状请清偿棉纱一案的文书，包括民事起诉状、民事辩诉状、民事委任状、案件审理单、送达证书、点名单、审判笔录、报告等。

701. 璧山地方法院审理请求交谷执行一案　12－11－694

1941年4月至1941年5月，璧山地方法院关于徐树轩请求交谷执行一案的文书，包括卷宗总目、民事执行状、高等法院第一分院民事判决书、传票回证、点名单、执行笔录等。

702. 四川高等法院第一分院、璧山地方法院审理租佃纠葛及其上诉一案　12－11－695

1940年11月至1941年2月，四川高等法院第一分院、璧山地方法院关于汪类藩与江宪文租佃纠葛及其上诉一案的文书，包括往来公函、民事上诉状、璧山地方法院民事判决书、璧山地方法院民事裁定、送达证书、四川高等法院第一分院民事裁定、卷宗目录、民事告诉状、案件审理单、点名单、审判笔录、报告言辞辩论笔录、民事辩诉状、民事宣判笔录、物证等。

703. 璧山地方法院审理买卖契约纠葛一案　12－11－696

1941年5月至1942年4月，璧山地方法院关于黄恒平与李茂林田业买卖契约纠葛一案的文书，包括民事再审状、璧山地方法院民事裁定、报告送达证书、民事声请状、点名单、民事审理笔录、民事原诉状、收据、收款证等。

704. 四川高等法院第一分院、璧山地方法院审理田业纠葛上诉一案　12－11－697

1941年5月至1941年11月，四川高等法院第一分院、璧山地方法院关于刘庆休等请求确认契约无效及返还田业上诉案一案的文书，包括高等法院第一分院民事判决书、四川高等法院第一分院民事和解笔录、送达证书、往来公函、璧山地方法院民事判决书、民事上诉状、璧山地方法院民事裁定、民事声请状等。

705. 璧山地方法院审理离婚纠葛一案　12－11－698

1941年12月至1942年1月，璧山地方法院关于赵王氏因赵华国通奸而状请离婚一案的文书，包括民事起诉状、案件审理单、送达证书、点名单、民事审理笔录、点名单附中止诉讼程序批示等。

706. 璧山地方法院审理欠租纠葛一案　12－11－699

1941年12月至1942年1月，璧山地方法院关于黄河清等与黄德光等欠租纠葛一案的文书，包括民事起诉状、民事委状、案件审理单、送达证书、点名单、审判笔录、民事辩诉状、璧山地方法院民事裁定等。

改卷附1949年1月四川高等法院重庆分院关于雷炳轩与黄何氏因租谷纠葛上诉一案的民事判决书。

707. 璧山地方法院审理请求确认先买权一案　12－11－700

1941年4月至1942年4月，璧山地方法院关于刘曾氏与陈平安因田业买卖纠葛状请确认先买权一案的文书，包括民事诉状、民事委状、民事辩诉状、送达证书、点名单、民事审讯笔录、案件审理单、审理笔录、民事宣判笔录、民事判决书、物证袋、物证等。

708. 璧山地方法院审理租约纠葛一案 12—11—701

1941年3月至1942年1月，璧山地方法院关于王文氏与龚敬之租约纠葛一案的文书，包括民事起诉状、民事委状、民事审判笔录、民事辩诉状、民事反诉状、民事声请参加状、民事判决书、地方法院民事判决书、高等法院第一分院民事判决书、收据、证人结文、民事抗告状、民事声明状、璧山地方法院民事判决书、四川高等法院第一分院民事裁定、抗告意见书等。

709. 璧山地方法院审理另嫁备查一案 12—11—702

1941年3月至1941年12月，璧山地方法院关于李黄氏因夫外出渺无音讯状请另嫁备查一案的文书，包括民事存查状附批示、送达证书等。

710. 璧山地方法院审理请求返还树价赔偿损害一案 12—11—703

1941年5月至1941年11月，璧山地方法院关于冯祖佑等因杨森荣等侵害权利状请返还树价赔偿损害一案的文书，包括民事起诉状、民事委状、送达证书、民事辩诉状、点名单、言辞辩论笔录、民事审理笔录、民事审判笔录、民事宣判笔录、民事判决书、收款证、物证等。

711. 璧山地方法院审理典产纠葛一案 12—11—704

1941年7月至1941年8月，璧山地方法院关于贺应宾与易文成典产纠葛一案的文书，包括民事原诉状、民事辩诉状、送达证书、点名单、言辞辩论笔录、证人结文、民事宣判笔录、民事委状、民事判决书、物证袋、卷宗总目等。

712. 璧山地方法院审理租佃纠葛一案 12—11—705

1941年6月至1941年7月，璧山地方法院关于瞿龙斌与刘洪太租佃纠葛一案的文书，包括民事原诉状、送达证书、点名单、请求注销案由等。

713. 璧山地方法院审理请求赔偿损害一案 12—11—706

1941年9月至1942年4月，璧山地方法院关于李子豁与邓大德因田产抵押纠纷而状请赔偿损害一案的文书，包括民事起诉状、民事委状、送达证书、点名单、民事审判笔录、民事声请状、民事辩诉状、传票回证、民事判决书、卷宗总目等。

714. 最高法院审理债务纠葛上诉一案　12－11－707

1938年6月至1941年7月，最高法院关于蒲世英与邓佐臣等债务纠葛上诉一案的文书，包括缴纳审判费凭证、往来公函、事由、民事上诉状、书记科查询单、民事裁定、送达证书等。

715. 璧山地方法院审理交谷纠葛一案　12－11－708

1941年5月至1941年9月，璧山地方法院关于萧鸿仪与曾贯之交谷纠葛一案的文书，包括民事声请状、民事判决书、传票回证、点名单、执行笔录、法院训令、报告收据等。

716. 璧山地方法院检查处审理函请代为送达传票一案　12－11－709

1941年1月，璧山地方法院检查处关于重庆地方法院检查处函请代为送达谭雪生传票一案的文书，包括重庆地方法院检察官公函、事由公文等。

717. 璧山地方法院审理交谷纠葛一案　12－11－710

1941年4月至1941年6月，璧山地方法院关于张云鹏与张维德交谷纠葛一案的文书，包括民事诉状、民事答辩状、送达证书、点名单、言辞辩论笔录、民事委状、宣判笔录、民事和解笔录等。

718. 四川高等法院第一分院审理典产纠葛上诉一案　12－11－711

1941年1月至1941年4月，四川高等法院第一分院关于张全林等与蒋树林典产纠葛上诉一案的文书，包括民事上诉状、璧山地方法院民事裁定、送达证书、民事缴状、民事诉状、民事证状、民事答辩状、言辞辩论笔录、宣示判决笔录、四川高等法院第一分院民事判决书、往来公函、卷宗总目等。

719. 璧山地方法院审理租约纠葛一案　12－11－712

1941年10月至1942年3月，璧山地方法院关于廖海珍与皮兴顺租约纠葛一案的文书，包括民事起诉状、民事辩诉状、送达证书、民事委状、点名单、民事审判笔录、民事判决书、民事裁定、卷宗总目等。

720. 璧山地方法院审理请求扣押租谷一案　12－11－713

1941年8月，璧山地方法院关于蔡继贤为预防印洪举奸狡状请扣押租谷一案的文书，包括民事声请状、民事呈请状、民事裁定、送达证书等。

721. 四川高等法院第一分院、璧山地方法院审理租约纠葛及其上诉一案　12－11－714

1941年7月至1941年8月,四川高等法院第一分院、璧山地方法院关于孙荣成与孙树荣租约纠葛及其上诉案的文书,包括民事上诉状、四川高等法院第一分院民事裁定、送达证书、往来公函、璧山地方法院民事判决书、民事原诉状、民事辩诉状、点名单、言辞辩论笔录、民事宣判笔录等。

722. 四川高等法院第一分院、璧山地方法院审理租约纠葛及其上诉一案　12－11－715

1941年5月至1942年1月,四川高等法院第一分院、璧山地方法院关于黄中发与万春廷租约纠葛及其上诉一案的文书,包括往来公函、民事上诉状、民事答辩状、言辞辩论笔录、民事委状、宣示判决笔录、四川高等法院第一分院民事判决书、送达证书、民事原诉状、民事辩诉状、审判笔录、璧山地方法院民事判决书、璧山地方法院民事裁定、案件进行时间表等。

723. 璧山地方法院审理租佃纠葛一案　12－11－716

1941年8月至1941年11月,璧山地方法院关于蒋彤成与朱少康租佃纠葛一案的文书,包括民事告诉状、送达证书、点名单、民事审理笔录、民事和解笔录、民事原诉状、民事声请状、民事上诉具呈状等。

724. 四川高等法院第一分院、璧山地方法院等审理回赎典产纠葛及其上诉一案　12－11－717

1941年11月至1942年12月,四川高等法院第一分院、璧山地方法院等关于肖永钦与曾达三回赎典产纠葛及其上诉一案的文书,包括民事原诉状、民事声请状、民事委状、案件审理单、点名单、民事审判笔录、民事判决书、送达证书、物证袋、声请状事由、言辞辩论笔录、民事声请书、民事答辩状、往来公函等。

725. 四川高等法院第一分院审理给付食谷纠葛上诉一案　12－11－718

1941年2月至1941年7月,四川高等法院第一分院关于蓝玉卿与张至文给付食谷纠葛上诉一案的文书,包括民事上诉状、往来公函、璧山地方法院民事裁定、送达证书、民事委状、言辞辩论笔录、民事辩诉状、宣示判决笔录、民事声请状、民事证明状、四川高等法院第一分院民事判决书等。

726. 璧山地方法院审理买卖纠葛提起异议一案　12－11－719

1941 年 10 月，璧山地方法院关于邹开著因与邹宇知买卖纠葛提起异议一案的文书，包括民事异议状、讯问笔录、民事答辩状、民事委状、传票回证、点名单、民事审理笔录、民事判决书、送达证书、物证袋、物证等。

727. 璧山实验地方法院审理租约纠葛涉讼状请执行一案　12－11－720

1944 年 7 月至 1944 年 12 月，璧山实验地方法院关于何明德因与彭定国租约纠葛涉讼状请执行一案的文书，包括民事具领状、言辞辩论笔录、送达证书、卷案文书目录、民事执行状、报告事由、案件审理单、点名单、声明注销状由等。

728. 璧山地方法院审理请求赔偿损害一案　12－11－721

1941 年 5 月至 1941 年 9 月，璧山地方法院关于谷平之因与林文清田业买卖纠葛而状请赔偿损害一案的文书，包括案件审理单、民事原诉状、民事委状、民事答辩状、送达证书、点名单、审判笔录、凭票、民事和解状、物证等。

729. 璧山地方法院审理遗失私章备查一案　12－11－722

1941 年 4 月，璧山地方法院关于郭永康因遗失私章状请备查一案的文书，包括璧山县第一乡乡公所呈文附批示等。

730. 璧山地方法院审理申请诉讼撤销一案　12－11－723

1941 年 5 月，璧山地方法院关于杨芝定因生活费涉讼执行一案已和解而状请撤销一案的文书，包括民事和解状附批示、送达证书等。

731. 璧山地方法院审理请领业价一案　12－11－724

1941 年 5 月至 1941 年 7 月，璧山地方法院关于徐湘澄因债务案结而请领业价一案的文书，包括民事领状、民事补呈状、传票回证、点名单、讯问笔录、报告具领笔录、收据等。

732. 四川高等法院第一分院审理回赎典产纠葛上诉一案　12－11－725

1941 年 1 月至 1941 年 7 月，四川高等法院第一分院关于徐永林与向新盛回赎典产纠葛上诉一案的文书，包括往来公函、民事声请状、璧山地方法院民事裁定、民事上诉状、送达证书、四川高等法院第一分院民事裁定、民事诉讼状、言辞辩论笔录、民事委状、宣示判决笔录、四川高等法院第一分院民事判决书等。

733. 璧山地方法院审理伐树纠葛一案　12－11－726

1940 年 12 月至 1941 年 5 月，璧山地方法院关于甘培森与刘荣兴等炭厂窑料的伐树纠葛一案的文书，包括民事诉状、检察官不起诉处分书、送达证书、点名单、民事撤销状附法院批示等。

734. 璧山地方法院审理典约纠葛及伪造私文书一案　12－11－727

1941 年 9 月，璧山地方法院关于李同兴等因典约纠葛状告徐戴氏等伪造私文书一案的文书，包括文件目录、刑事告诉状、传票回证、检察官侦查笔录、刑事保状、刑事声明状、刑事答辩状、点名单、报告书、证人结文、检察官起诉书、物证袋等。

735. 璧山地方法院等审理交业纠葛一案　12－11－728

1941 年 8 月至 1942 年 10 月，璧山地方法院等关于杨启元与杨王氏交业纠葛一案的文书，包括民事执行状、民事判决书、法院训令、民事具诉状、报告、点名单、执行笔录、民事再请状、民事声请状、传票回证、民事委状、民事缴状、收款通知证、送达证书等。

736. 璧山地方法院审理返还契约纠葛一案　12－11－729

1941 年 3 月至 1942 年 1 月，璧山地方法院关于杨鲁三与李绪也返还契约纠葛一案的文书，包括民事诉状、民事委状、民事辩诉状、送达证书、点名单、言辞辩论笔录、民事缴状、民事声明状、审判笔录、民事审理笔录、民事续诉状、传票回证、案件审理单、民事声请状、民事裁定、物证等。

737. 璧山地方法院等审理交还房屋纠葛一案　12－11－730

1941 年 9 月至 1942 年 6 月，璧山地方法院等关于白碧玉与周席珍交还房屋纠葛一案的文书，包括民事执行状附批示、法院训令、报告、点名单、执行笔录、民事委状、民事抗告状、传票回证、民事声请状等。

738. 璧山地方法院审理终止租约纠葛一案　12－11－731

1941 年 10 月至 1941 年 11 月，璧山地方法院关于邱沛群与邱德川等终止租约纠葛一案的文书，包括民事原诉状、送达证书、点名单、审判笔录、民事反诉状、民事判决书、民事裁定、物证袋等。

739. 璧山地方法院等审理赎产纠葛、请领证物两案　12－11－732

1941 年 8 月至 1942 年 9 月，璧山地方法院等关于张森云与范锡章等赎产纠葛、张森云请领证物两案的文书,包括民事诉状、送达证书、民事辩诉状、点名单、民事审判笔录、民事判决书、民事领状附批示、缴费凭证等。

740. 四川高等法院第一分院、璧山地方法院等审理终止租约纠葛及其上诉一案 12—11—733

1941年8月至1942年7月,四川高等法院第一分院、璧山地方法院等关于钱德隆与甘葵禄终止租约纠葛及其上诉一案的文书,包括民事原诉状、送达证书、点名单、民事审理笔录、民事反诉状、民事委状、璧山地方法院民事判决书、璧山地方法院民事裁定、往来公函、民事缴状、言辞辩论笔录、璧山县青木乡乡公所呈文、四川高等法院第一分院书记科通知书、案件进行时间表等。

741. 璧山地方法院审理请求给付食谷执行一案 12—11—734

1940年12月至1941年4月,璧山地方法院关于张伯怀因与赵炳全给付食谷纠葛案已和解而状请执行一案的文书,包括民事和解笔录、民事执行状、送达证书、点名单、报告书、法院执行拘票、传票回证、卷宗总目等。

742. 璧山地方法院审理请求找补业价一案 12—11—735

1941年2月,璧山地方法院关于甘汝霖因颜永芳拖欠典款状请找补业价一案的文书,包括民事声请状附批示、送达证书等。

743. 璧山地方法院审理租佃纠葛执行一案 12—11—736

1941年1月至1941年10月,璧山地方法院关于张正发等与张少岩等租佃纠葛执行一案的文书,包括民事诉状、传票回证、点名单、民事缴状、民事声请状、报告书、法院执行拘票、报告民事执行状、送达证书、民事具诉状、法院训令、民事声明状、执行笔录、最高法院民事裁定、收款通知单、物证等。

744. 璧山地方法院审理请求返还佃业一案 12—11—737

1941年3月,璧山地方法院关于城北乡乡公所状请郑茂林返还吴寿曾佃业一案的文书,包括璧山县第一区城北乡乡公所呈文、璧山地方法院指令、卷宗总目等。

745. 璧山地方法院审理预防拐逃备查一案 12—11—738

1941年3月,璧山地方法院关于李树全因李叶氏悔婚为预防拐逃状请备查一案的文书,包括民事存查状附批示、送达证书等。

746. 璧山地方法院审理防患未然声请备查一案　12—11—739

1941 年 9 月，璧山地方法院关于孙叶氏因其子与熊志远等的烟洋纠葛为防患未然声请备查一案的文书，包括刑事声请状附批示、送达证书、卷宗总目等。

747. 璧山地方法院审理耕作地收益权纠葛一案　12—11—740

1941 年 6 月至 1941 年 7 月，璧山地方法院关于李荣臣与张仲书耕作地收益权纠葛一案的文书，包括民事起诉状、民事委状、民事辩诉状、送达证书、点名单、民事补诉状、言辞辩论笔录、民事裁定、卷宗总目等。

748. 璧山地方法院审理再嫁请存查一案　12—11—741

1941 年 8 月，璧山地方法院关于王建芳因丈夫去世为谋生计声请再嫁存查一案的文书，包括民事声请状附批示、送达证书等。

749. 璧山地方法院审理请求给付生活费一案　12—11—742

1941 年 7 月至 1941 年 9 月，璧山地方法院关于刘孙氏因丈夫有外遇不顾家而请求给付生活费一案的文书，包括民事声请状附批示、送达证书等。

750. 璧山地方法院审理结婚请准备查一案　12—11—743

1941 年 8 月，璧山地方法院关于贺张明祯与贺焕建结婚请准备查一案的文书，包括民事声请状附批示、送达证书等。

751. 璧山地方法院审理会款纠葛一案　12—11—744

1941 年 8 月至 1942 年 3 月，璧山地方法院关于叶廖氏与叶龚氏会款纠葛一案的文书，包括民事告诉状、民事委状、送达证书、点名单、民事审理笔录、民事辩诉状、民事催状、案件审理单、民事审判笔录、民事判决书、法院函片、具领证明等。

752. 璧山地方法院审理接收会款存查一案　12—11—745

1941 年 6 月至 1941 年 7 月，璧山地方法院关于严泽民因严荣鑫接收会款为防叵测状请存查一案的文书，包括民事声请状附批示、送达证书等。

753. 璧山地方法院审理交契纠葛一案　12—11—746

1941 年 9 月，璧山地方法院关于刘光林与刘述清交契纠葛一案的文书，包括民事声请状附批示、璧山地方法院训令、报告收据、璧山地方法院民事判决书、卷宗总目等。

754. 璧山地方法院审理请求确认契约无效一案　12－11－747

1941 年 6 月，璧山地方法院关于江裕昆请求确认契约无效一案的文书，包括民事起诉状、民事委状、民事反诉状、送达证书、点名单、言辞辩论笔录、璧山地方法院民事判决书、璧山地方法院民事裁定、物品袋、物证等。

755. 璧山地方法院审理离婚再嫁请存查一案　12－11－748

1941 年 7 月，璧山地方法院关于罗孙氏因夫游荡无业而请离婚再嫁存查一案的文书，包括民事存查状附批示、送达证书等。

756. 璧山实验地方法院审理给付食谷纠葛一案　12－11－749

1944 年间，璧山实验地方法院关于谷银青与魏柏林给付食谷纠葛尾卷一案的文书，包括四川高等法院第一分院与璧山地方法院往来公函等。

757. 璧山地方法院审理请求追回讼费一案　12－11－750

1941 年 7 月，璧山地方法院关于罗宏均因娄怀圣不给付买卖纠葛案的讼费而状请追回一案的文书，包括民事追费状、璧山地方法院民事裁定、送达证书等。

758. 璧山地方法院审理租谷纠葛一案　12－11－751

1941 年 12 月至 1942 年 4 月，璧山地方法院关于李刘氏与杨陈氏租谷纠葛一案的文书，包括民事起诉状、送达证书、点名单、民事审理笔录、民事催呈状、民事补答状、璧山县政府第三区署训令、民事委状、案件审理单、璧山地方法院民事和解笔录等。

759. 璧山地方法院审理租谷纠葛一案　12－11－752

1941 年 10 月至 1941 年 11 月，璧山地方法院关于汪正荣与曾海建租谷纠葛一案的文书，包括民事诉状、民事答辩状、民事委状、送达证书、点名单、民事审理笔录、民事宣判笔录、璧山地方法院民事判决书、物证等。

760. 璧山地方法院审理租约纠葛一案　12－11－753

1941 年 10 月至 1942 年 3 月，璧山地方法院关于周银建与陈指槐租约纠葛一案的文书，包括民事起诉状、民事委状、送达证书、点名单、民事调解笔录、民事审理笔录、民事展限状、民事辩诉状、民事审讯、证人结文、民事宣判笔录、璧山地方法院民事判决书、璧山地方法院民事裁定等。

761. 璧山地方法院审理交业纠葛一案　12—11—754

1942年1月，璧山地方法院关于蔡金泉与曹贤臣交业纠葛尾卷一案的文书，包括璧山地方法院与高等法院第一分院往来公函等。

762. 四川高等法院第一分院、璧山地方法院等审理请求确认买卖契约无效及其上诉一案　12—11—755

1941年4月至1943年6月，四川高等法院第一分院、璧山地方法院等关于万树青请求确认与万扬城买卖契约无效及其上诉一案的文书，包括民事原诉状、民事委状、民事请委状、民事辩诉状、言辞辩论笔录、璧山地方法院民事判决书、民事宣判笔录、物品袋、往来公函、璧山地方法院民事裁定、民事上诉状、民事缴状、开卷声请呈文、民事声明状、宣示判决笔录、四川高等法院第一分院民事判决书、民事声请状、四川高等法院第一分院民事裁定、案件进行时间表、璧山地方法院民庭通知、报告收据等。

763. 璧山地方法院审理回赎典产纠葛及声请交业一案　12—11—756

1941年9月至1942年4月，璧山地方法院关于向大明与杨向氏关于回赎典产及声请交业一案的文书，包括民事补诉状、送达证书、民事审理笔录、民事告诉状、点名单、民事审判笔录等。

764. 璧山地方法院审理回赎典产纠葛一案　12—11—757

1941年3月至1941年8月，璧山地方法院关于朱日暄与朱尚恒回赎典产纠葛一案的文书，包括民事诉状、民事委状、送达证书、点名单、言辞辩论笔录、民事声请状、璧山地方法院公函、温江县司法处公函等。

765. 璧山地方法院审理回赎典产纠葛一案　12—11—758

1941年7月至1941年11月，璧山地方法院关于石怀友与孙光彩回赎典产纠葛一案的文书，包括民事原诉状、民事辩诉状、送达证书、点名单、民事审理笔录、民事委状、民事回赎状、璧山地方法院民事判决书、璧山地方法院民事裁定等。

766. 璧山地方法院审理租佃纠葛一案　12—11—759

1941年9月至1941年11月，璧山地方法院关于刘树林与李茂林租佃纠葛一案的文书,包括民事诉状、传票回证、点名单、民事审理笔录、案件审理单、送达证书、民事催呈状、璧山地方法院民事判决书、卷宗总目等。

767. 璧山地方法院审理请求债务执行一案　12—11—760

1941年2月至1941年6月,璧山地方法院关于邹炳轩请求债务执行一案的文书,包括民事执行状、民事判决书、送达证书、民事声请状、璧山县政府公函、点名单、执行笔录、璧山地方法院训令、报告收据、民事再请执行状、卷宗总目等。

768. 璧山地方法院审理请领证物一案　12—11—761

1941年9月,璧山地方法院关于朱吉盛因与张朱氏等产业纠葛案结请领证物一案的文书,包括民事具领状、预缴邮费证明等。

769. 璧山地方法院等审理回赎典产纠葛一案　12—11—762

1941年11月至1942年5月,璧山地方法院等关于谢泰林与曾国章回赎典产纠葛一案的文书,包括民事诉状、案件审理单、璧山地方法院公函、点名单、民事审理笔录、民事辩诉状、报告、民事声请状、民事证明状、送达证书、讯问笔录、民事推举状等。

770. 璧山地方法院审理产业纠葛一案　12—11—763

1941年12月至1942年2月,璧山地方法院关于刘王氏与王炳和等产业纠葛一案的文书,包括民事诉状、案件审理单、送达证书、点名单、民事催状等。

771. 四川高等法院第一分院审理会款纠葛上诉一案　12—11—764

1941年1月,高等法院第一分院关于陈昆山会款纠葛上诉一案的文书,包括民事诉状、四川高等法院第一分院民事裁定、四川高等法院第一分院书记室公函、送达证书等。

772. 四川高等法院第一分院审理请求确认买卖契约有效上诉一案　12—11—765

1941年3月至1941年5月,四川高等法院第一分院关于张代贵请求确认买卖契约有效上诉案的文书,包括民事上诉状、璧山地方法院民事判决书、璧山地方法院民事裁定、送达证书、民事委状、璧山地方法院与高等法院第一分院往来公函、开卷声请书、言辞辩论笔录、宣示判决笔录、四川高等法院第一分院民事判决书、案件进行时间表等。

773. 璧山地方法院审理请求受领业价执行一案　12－11－766

1940年12月至1941年1月，璧山地方法院关于雷芬龙因交业纠葛案结请求领收业价执行一案的文书，包括民事执行状、传票回证、点名单附批示、收款通知单、民事判决书等。

774. 四川高等法院第一分院、璧山地方法院审理请求解除租佃及其上诉一案　12－11－767

1941年5月至1941年12月，四川高等法院第一分院、璧山地方法院关于杨云昭请求解除租佃及其上诉一案的文书，包括民事诉状、民事辩诉状、送达证书、点名单、审判笔录、民事审判笔录、璧山地方法院民事判决书、璧山地方法院与高等法院第一分院往来公函、物品袋、卷宗目录、民事上诉状、民事理由状、开卷声请书、言辞辩论笔录、证人结文、宣示判决笔录、四川高等法院第一分院民事判决书、民事委状、民事声请状、民事和解状等。

775. 璧山地方法院审理妨害家庭行政案　12－11－768

1941年5月，璧山地方法院关于查复吴洪宾等因废弛职务纵放罪犯导致他人夫妇离散一案的文书，包括摘录法院文卷保存期限规程、四川高等法院第一分院训令、行查案件进程表等。

776. 璧山地方法院审理刑事涉讼一案　12－11－769

1941年1月，璧山地方法院关于高一分检处来函请求查复张德荣与朱西屏民家产纠葛的刑事涉讼一案的文书，包括摘录法院文卷保存期限规程、四川高等法院第一分院训令、指令等。

777. 璧山地方法院审理拘案执行一案　12－11－770

1941年1月，璧山地方法院关于胡三元拘案执行一案的文书，包括璧山地方法院公函、璧山县政府公函、司法行政部指令等。

778. 璧山地方法院审理渎职侵占黄谷一案　12－11－771

1941年1月至1941年3月，璧山地方法院关于高一分检处令发荣渎职侵占黄谷一案的文书，包括四川高等法院第一分院检察官训令、四川高等法院第一分院刑决等。

779. 璧山地方法院审理纳租分产纠葛一案　12－11－772

1941 年 10 月至 1941 年 11 月，璧山地方法院关于尹学荣与尹文光纳租分产纠葛一案的文书，包括民事起诉状、送达证书、点名单、民事审判笔录、璧山地方法院民事判决书等。

780. 璧山地方法院审理赎产纠葛一案　12－11－773

1941 年 8 月至 1941 年 12 月，璧山地方法院关于江玉高等与张三元赎产纠葛一案的文书，包括民事诉状、民事委状、民事抗诉状、送达证书、点名单、民事审判笔录、民事宣判笔录、璧山地方法院民事判决书、民事声请状、具领书、物品袋等。

781. 璧山地方法院审理田产纠葛一案　12－11－774

1941 年 10 月至 1942 年 2 月，璧山地方法院关于杨春荣与杨文光田产纠葛一案的文书，包括民事起诉状、点名单、送达证书、民事审判笔录、民事诉状、民事审理笔录、民事缴状、民事和解状、物品袋、物证等。

782. 璧山地方法院审理终止租约一案　12－11－775

1941 年 8 月至 1942 年 4 月，璧山地方法院关于苏成武与雷海清终止租约一案的文书，包括民事诉状、送达证书、民事反诉状、民事委状、点名单、民事审理笔录、民事审判笔录、民事辩诉状、民事抗告状、民事具状、民事展限状、民事声明状、民事续控状、璧山地方法院调解书、物证等。

783. 璧山地方法院审理交领黄谷纠葛一案　12－11－776

1941 年 4 月至 1941 年 11 月，璧山地方法院关于罗鸣高与刘智义黄谷纠葛一案的文书，包括民事诉状、民事委状、送达证书、点名单、言辞辩论笔录、民事原诉状、民事执行状、民事声请状、民事具声请状、审判笔录、证人结文、民事辩诉状、民事宣判笔录、璧山地方法院民事判决书、物品袋等。

784. 璧山地方法院审理请领证据公约一案　12－11－777

1941 年 6 月至 1941 年 7 月，璧山地方法院关于赵曹氏因请求偿还柏树案结请领证据公约一案的文书，包括民事领状附批示、送达证书等。

785. 四川高等法院第一分院、璧山地方法院审理返还契约纠葛及其上诉案等五案　12－11－778

1940 年 5 月至 1941 年 11 月，四川高等法院第一分院、璧山地方法院关于肖张氏与肖谢氏契约纠葛及其上诉案、声请终止诉讼程序、请发还证物、返还契纸、请确认继嗣五案的文书,包括民事上诉状、往来公函、璧山地方法院民事裁定。送达证书、民事委状、言辞辩论笔录、民事答辩状、宣示判决笔录、四川高等法院第一分院民事裁定、案件进行时间表、民事领状附批示、具领证明、民事续诉状附批示、四川高等法院第一分院民事判决书、案件审理单、民事宣判笔录、物品袋民事告诉状、民事声请状、证人结文、璧山地方法院民事判决书等。

786. 四川高等法院第一分院、璧山地方法院审理押金纠葛及其上诉案一案 12—11—779

1941 年 8 月至 1941 年 12 月,四川高等法院第一分院、璧山地方法院关于汪杨氏与杨王氏押金纠葛及其上诉一案的文书,包括往来公函、民事上诉状、四川高等法院第一分院民事裁定、送达证书、民事起诉状、点名单、民事审理笔录、民事委状、璧山地方法院民事判决书、璧山地方法院民事裁定、物品袋等。

该卷另附有 1940 年 11 璧山地方法院关于汪杨氏与杨王氏终止租佃契约纠葛一案的民事判决。

787. 璧山地方法院审理给付租谷执行一案 12—11—780

1941 年 3 月至 1941 年 9 月,璧山地方法院关于杨维三请求给付租谷执行一案的文书,包括民事执行状、民事判决书、送达证书、点名单、传票回证、报告地方法院训令、璧山地方法院执行书存根等。

788. 璧山地方法院审理解除买卖契约一案 12—11—781

1941 年 9 月至 1941 年 11 月,璧山地方法院关于龙四维堂与刘金盛等解除买卖契约一案的文书,包括民事起诉状、民事委状、民事答辩状、送达证书、点名单、审判笔录、璧山地方法院民事裁定、物品袋、具领证明等。

789. 最高法院审理树价纠葛上诉一案 12—11—782

1941 年 2 月至 1942 年 1 月,最高法院关于王璞园与刘金盛等树价纠葛上诉一案的文书,包括四川高等法院第一分院呈文、民事声请状、民事上诉状、四川高等法院第一分院民事裁定、送达证书、最高法院书记科函稿、民事答辩状、最高法院民事判决书等。

790. 璧山地方法院审理因会款纠葛涉讼一案 12—11—783

1941 年 2 月至 1941 年 3 月,璧山地方法院关于荣天伟与邹宗海因会款纠葛涉讼一案的文书,包括原民事和解状附批示、送达证书等。

791. 璧山地方法院审理赔偿损害再审一案　12—11—784

1941年10月至1942年6月，璧山地方法院关于孙炳安因陈炳轩强杀故子状告赔偿损害再审一案的文书，包括民事再审状、送达证书、点名单、璧山地方法院民事裁定、民事抗告状、案件审理单、民庭审理笔录、璧山地方法院民事判决书、民事诉状等。

792. 最高法院、四川高等法院第一分院、璧山地方法院等审理回赎田业纠葛及其上诉一案　12—11—785

1941年4月至1944年12月，最高法院、四川高等法院第一分院、璧山地方法院等关于刘邓氏与刘洪顺回赎田业纠葛及其上诉一案的文书，包括民事诉状、案件审理单、送达证书、民事委状、民事辩诉状、点名单、言辞辩论笔录、民事补正状、民事声请状、民事审理笔录、民事宣判笔录、璧山地方法院民事判决书、物品袋、璧山地方法院民事裁定、往来公函、民事上诉状、民事追加状、开卷声请书、宣示判决笔录、四川高等法院第一分院民事判决书、案件进行时间表、民事缴状、四川高等法院第一分院民事裁定、最高法院民事判决书、报告等。

793. 璧山地方法院审理再嫁请备查一案　12—11—786

1941年10月，璧山地方法院关于吉邱氏因夫死无依请再嫁备查一案的文书，包括民事声请状附批示、送达证书等。

794. 璧山地方法院等审理食谷纠葛、搬迁交业纠葛两案　12—11—787

1941年11月至1942年5月，璧山地方法院等关于甘立章与黄子乡食谷纠葛、搬迁交业纠葛两案的文书，包括民事诉状、民事委状、民事答辩状、案件审理单、送达证书、点名单、民事审理笔录、民事宣判笔录、璧山地方法院民事裁定、民事起诉状、收据、民事声请状、璧山县政府呈文、璧山地方法院民事判决书等。

795. 四川高等法院第一分院、璧山实验地方法院审理搬迁交业纠葛及其上诉一案　12—11—788

1943年10月至1944年2月，四川高等法院第一分院、璧山实验地方法院关于白碧玉与周席珍搬迁交业纠葛及其上诉案的文书，包括民事执行状、案件审理单、送达证书、民事声请状、璧山实验地方法院执行命令、言辞辩论笔录、报告物品袋、璧山实验地方法院呈文、民事抗告状、意见书、四川高等法院第一分院民事裁定、往来公函、收据、民事备案状等。

796. 璧山地方法院等审理租谷纠葛两案　12－11－789

1940 年 11 月至 1942 年 5 月，璧山地方法院等关于李辉建与靳孙氏租谷纠葛案、梁泽林与左秉坤租谷纠葛两案的文书，包括往来公函、璧山地方法院民事判决书、民事起诉状、送达证书、民事委状、民事反诉状、点名单、民事审判笔录、民事审理笔录、民事声请状、民事辩诉状、物品袋等。

797. 璧山地方法院审理声请假处分一案　12－11－790

1941 年 11 月，璧山地方法院关于邹兴海因田启富违约估佃声请对其行假处分一案的文书，包括民事声请状附批示、送达证书等。

798. 四川高等法院第一分院、璧山地方法院审理迁让房屋纠葛及其上诉一案　12－11－791

1940 年 12 月至 1941 年 4 月，四川高等法院第一分院、璧山地方法院关于陈海如与蒋芹馨迁让房屋纠葛及其上诉一案的文书，包括往来公函、民事起诉状、案件审理单、送达证书、民事委状、点名单、言辞辩论笔录、证人结文、民事宣判笔录、璧山地方法院民事判决书、物品袋、物证等。

799. 璧山地方法院审理声请租佃调解一案　12－11－792

1941 年 12 月至 1942 年 1 月，璧山地方法院关于谢汉臣等与谢陈氏租佃调解一案的文书，包括民事声请状、民事催呈状、案件审理单、送达证书、点名单等。

800. 四川高等法院第一分院、璧山地方法院审理终止租约纠葛及其上诉一案　12－11－793

1940 年 10 月至 1941 年 4 月，四川高等法院第一分院、璧山地方法院关于饶树声与赵克刚租约纠葛及其上诉一案的文书，包括往来公函、民事上诉状、璧山地方法院民事判决书、璧山地方法院民事裁定、送达证书、民事原诉状、民事委状、言辞辩论笔录、宣示判决笔录、四川高等法院第一分院民事判决书、案件进行时间表、民事诉状、案件审理单、审判笔录、民事展限状、点名单、民事代诉状、民事宣判笔录、物品袋、物证等。

801. 璧山地方法院审理声请别居一案　12－11－794

1941 年 7 月至 1941 年 9 月，璧山地方法院关于陈吴氏因从夫不良累缠不休声请别居一案的文书，包括民事上诉状、言辞辩论笔录、送达证书、点名单、民事审判笔录、民事反诉状、璧山地方法院民事裁定、璧山地方法院民事判决书、卷宗总目等。

802. 璧山地方法院审理请领簿据一案　12—11—795

1940年5月,璧山地方法院关于龙长淮等因祀产纠葛案经和解请领簿据一案的文书,包括法院批示、事由呈文、送达证书等。

803. 璧山地方法院审理账簿沉没请备查一案　12—11—796

1940年5月,璧山地方法院关于李谦亨因账簿沉没请备查一案的文书,包括璧山县第三区转龙乡联保办公室呈文附批示、事由等。

804. 璧山地方法院审理毁损侵占房屋执行罚金一案　12—11—797

1940年5月,璧山地方法院关于王相南因龙海云毁损侵占房屋请执行罚金一案的文书,包括地方法院函片、璧山地方法院刑事判决书、报告卷宗总目等。

805. 璧山地方法院审理侵占一案　12—11—798

1940年5月,璧山地方法院关于王相南状告龙海荣侵占一案的文书,包括民事自诉状、璧山地方法院通知书、传票回证、点名单、璧山地方法院刑事判决书、审判笔录、送达证书等。

806. 璧山地方法院审理垫款纠葛一案　12—11—799

1941年8月至1941年10月,璧山地方法院关于靳春山与靳玉建垫款纠葛一案的文书,包括民事辩诉状、民事委状、送达证书、点名单、审判笔录、民事宣判笔录、璧山地方法院民事判决书、民事诉状等。

807. 璧山地方法院审理欠租纠葛一案　12—11—800

1941年5月至1941年9月,璧山地方法院关于周明鲁与王哲惠欠租纠葛一案的文书,包括民事诉状、案由呈文、传票回证、民事声明状、点名单、送达证书、民事审判笔录、民事辩诉状、民事补呈状、民事宣判笔录、璧山地方法院民事判决书等。

808. 璧山县政府审理侵吞烟土一案　12—11—801

1939年2月至1939年5月,璧山县政府关于何连城状告李鸿发侵吞烟土一案的文书,包括诉愿书、点名单、审理笔录、报告、璧山县政府训令、刑事诉状、县政府传票等。

809. 璧山地方法院审理领价交业请执行一案　12－11－802

1941年3月,璧山地方法院关于向高魁与赵先图领价交业请执行一案的文书,包括民事声请状、传票回证、点名单附批示等。

810. 四川高等法院第一分院审理买卖契约纠葛上诉一案　12－11－803

1942年8月至1942年12月,四川高等法院第一分院关于舒渭滨与舒江氏买卖契约纠葛上诉一案的文书,包括璧山地方法院民事裁定、往来公函、民事上诉状、言辞辩论笔录、民事诉状、送达证书、卷宗总目等。

811. 璧山地方法院审理请求确认契约无效一案　12－11－804

1941年12月,璧山地方法院关于朱绍丕请求确认契约无效一案的文书,包括民事委状、点名单、民事声明状、送达证书、民事辩诉状、民事审理笔录、民事诉状、民事审判笔录、证人结文、璧山地方法院民事判决书、璧山地方法院民事裁定、物品袋、物证等。

812. 璧山地方法院审理租佃纠葛一案　12－11－805

1941年9月至1942年3月,璧山地方法院关于伍家贞与杨炳山租佃纠葛一案的文书,包括民事起诉状、送达证书、点名单、民事审理笔录、民事被告状、民事补诉状、案件审理单、民事声请状、民事诉状、民事委状、开卷声请书、民事审判笔录、和解笔录等。

813. 璧山地方法院审理解除租佃及欠谷纠葛一案　12－11－806

1941年7月至1941年9月,璧山地方法院关于僧德烈与赵安氏解除租佃及欠谷纠葛一案的文书,包括民事诉状、送达证书、民事补诉状、点名单、民事审判笔录、民事委状、案件进行时间表等。

814. 四川高等法院第一分院、璧山地方法院等审理申请返还产业、红契及其上诉一案　12－11－807

1941年7月至1943年12月,四川高等法院第一分院、璧山地方法院等关于谢应和等因遗产纠葛而申请返还产业、红契及其上诉一案的文书,包括地方法院与高等法院第一分院往来公函、民事委状、民事理由状、民事答辩状、民事声请书、言辞辩论笔录、证人结文、宣示判决笔录、四川高等法院第一分院民事判决书、送达证书、物品袋、审判笔录、点名单、计抄家具清单、璧山地方法院民事裁定、民事上诉状、璧山地方法院民事判决书、案件进行时间表、民事诉状、民事辩诉状、民事宣判笔录、民事声请状、案件审理单、璧山地方法院民事判决及裁定等。

815. 璧山地方法院审理渎职一案　12－11－808

1941年12月至1942年1月,璧山地方法院关于万国尧状告张绍伦等渎职一案的文书,包括传票回证、点名单、璧山地方法院检察官侦查笔录、璧山地方法院检察官不起诉处分书、送达证书、刑事告发状等。

816. 璧山地方法院审理食谷纠葛一案　12－11－809

1941年11月至1941年12月,璧山地方法院关于王吉祥与左国大因租佃引起食谷纠葛一案的文书,包括案件审理单、送达证书、点名单、民事和解状附批示、民事被告状等。

817. 璧山实验地方法院审理请发支付命令一案　12－11－810

1944年9月,璧山实验地方法院关于景亮钧等因公费债务纠葛请发支付命令一案的文书,包括民事声请状、民事裁定、送达证书等。

818. 璧山地方法院审理请求确认买卖契约有效一案　12－11－811

1941年2月至1941年4月,璧山地方法院关于贺文斗请求确认买卖契约有效一案的文书,包括民事告诉状、送达证书、民事声请状、民事辩诉状、点名单、言辞辩论笔录、民事声请状附批示、物品袋、民事和解状等。

819. 四川高等法院第一分院、璧山地方法院审理租谷纠葛上诉一案　12－11－812

1941年5月至1941年9月,四川高等法院第一分院、璧山地方法院关于曾吉成与朱长兴租谷纠葛上诉一案的文书,包括地方法院民事判决书、卷宗目录、璧山地方法院民事裁定、送达证书、往来公函、民事上诉状、言辞辩论笔录、宣示判决笔录、民事委状、民事声明状、四川高等法院第一分院民事判决书等。

820. 璧山地方法院审理租谷纠葛一案　12－11－813

1940年12月至1941年4月,璧山地方法院关于朱长兴与曾吉成租谷纠葛一案的文书,包括地方法院民事判决书、璧山地方法院与高等法院第一分院往来公函等。

821. 四川高等法院第一分院审理求偿欠款上诉一案　12－11－814

1940年2月至1940年4月,四川高等法院第一分院关于刘舒氏与蒋中立求偿欠款上诉一案的文书，包括地方法院与高等法院第一分院往来公函、民事声请状、璧山地方法院书记室公函、璧山地方法院呈文、送达证书、民事答辩状、民事上诉状、言辞辩论笔录、民事委状、宣示判决笔录、四川高等法院第一分院民事判决书、案件进行时间表等。

822. 四川高等法院第一分院、璧山地方法院审理押银纠葛及其上诉一案　12－11－815

1941年11月至1941年12月，四川高等法院第一分院、璧山地方法院关于徐邬氏与徐仲华押银纠葛及其上诉一案的文书，包括地方法院呈文、往来公函、四川高等法院第一分院民事裁定、卷宗总目等。

823. 璧山实验地方法院审理请求赎典执行一案　12－11－816

1944年10月至1944年12月，璧山实验地方法院关于朱王朝请求赎典执行一案的文书，包括民事执行状、民事判决书、民事委状、案件审理单、执行通知书、送达证书、民事声请状、民事执行文稿、报告地方法院民事执行命令、收据等。

824. 璧山地方法院审理领偿交业纠葛一案　12－11－817

1941年6月至1941年8月，璧山地方法院关于汪天泰与王寿建等领偿交业纠葛一案的文书，包括卷宗目录、民事声请状附批示、送达证书、民事续诉状、璧山地方法院民事判决书等。

825. 璧山地方法院审理借款执行、请发支付命令两案　12－11－818

1941年3月至1941年5月，璧山地方法院关于杨森荣借款执行案、杨森荣请发支付命令两案的文书，包括民事声请状、璧山地方法院民事裁定、璧山地方法院支付命令、送达证书等。

826. 璧山地方法院审理返还财物调解一案　12－11－819

1941年4月至1941年5月，璧山地方法院关于董聂氏等返还财物调解一案的文书，包括民事声请状、送达证书、点名单(附判决结果手写本)、言辞辩论笔录等。

827. 璧山地方法院审理为遗失兑单声明作废一案　12－11－820

1941年6月，璧山地方法院关于徐张氏因为遗失兑单声明作废一案的文书，包括民事存查状附批示、送达证书等。

828. 璧山地方法院审理高一分院书记室函嘱送达确认继承权一案　12—11—821

1941年5月，璧山地方法院关于高一分院书记室函嘱送达柯秀石等与柯瑞琪确认继承权一案的文书，包括四川高等法院第一分院与地方法院往来公函、璧山地方法院书记室公函等。

829. 璧山地方法院审理声明负责范围请监察一案　12—11—822

1941年4月，璧山地方法院关于李子清声明负责范围请监察一案的文书，包括民事声明状附批示等。

830. 璧山地方法院审理再嫁请存查一案　12—11—823

1941年6月，璧山地方法院关于程孙氏因夫亡无着落再嫁请存查一案的文书，包括民事存查状附批示、送达证书等。

831. 璧山地方法院审理协议离婚存查一案　12—11—824

1941年6月，璧山地方法院关于李卓然协议离婚存查一案的文书，包括民事声明状附批示、送达证书等。

832. 璧山地方法院审理赎产纠葛一案　12—11—825

1941年6月至1941年9月，璧山地方法院关于刘树林与刘代仁等赎产纠葛一案的文书，包括卷宗目录、民事辩诉状、送达证书、点名单、民事撤销状附批示、民事起诉状等。

833. 璧山地方法院等审理交业纠葛一案　12—11—826

1941年6月至1942年5月，璧山地方法院等关于张鸿盛与尹光明交业纠葛一案的文书，包括民事答辩状、送达证书、点名单(附结案语)、民事审理笔录、抗告意见书、民事原诉状等。

834. 璧山地方法院审理请求制止嗣产加收押金一案　12—11—827

1941年6月，璧山地方法院关于张泰安请求制止嗣产加收押金一案的文书，包括民事存查状附批示、送达证书等。

835. 璧山地方法院审理捐献祖产请依法接收一案　12—11—828

1941年5月至1941年6月，璧山地方法院关于龙汝贤捐献祖产请依法接收一案的文书，包括民事请状附批示、璧山地方法院与重庆地方法院往来公函、送达证书等。

836. 璧山地方法院审理契约纠葛一案　12—11—829

1941年6月至1941年8月，璧山地方法院关于彭义轩与邓维周契约纠葛一案的文书，包括民事委状、送达证书、民事诉状、点名单、民事审理笔录、璧山地方法院民事判决书、民事告诉状等。

837. 四川高等法院第一分院、璧山地方法院审理交业纠葛及其上诉一案　12—11—830

1941年6月至1941年12月，四川高等法院第一分院、璧山地方法院关于何泰文与胡秀全交业纠葛及其上诉一案的文书，包括地方法院与高等法院第一分院往来公函、璧山地方法院民事判决书、民事诉状、民事辩诉状、民事答辩状、点名单、民事审理笔录、民事委状、民事宣判笔录、民事上诉状、璧山地方法院民事裁定、言辞辩论笔录、宣示判决笔录、四川高等法院第一分院民事判决书、四川高等法院第一分院民事裁定、案件进行时间表等。

838. 璧山地方法院审理请求确认诉讼费用一案　12—11—831

1939年12月至1940年8月，璧山地方法院关于冯绍贤请求确认诉讼费用一案的文书，包括民事执行状附批示、民事诉状、璧山地方法院民事裁定、送达证书、计抄一二审诉讼费用数目列表等。

839. 璧山地方法院审理请求解除租约一案　12—11—832

1941年10月至1941年11月，璧山地方法院关于田启富请求解除租约一案的文书，包括送达证书、点名单、民事撤销状、民事起诉状、物证等。

840. 璧山地方法院审理经界纠葛一案　12—11—833

1941年6月至1942年4月，璧山地方法院关于刘必有与杨银成等经界纠葛一案的文书，包括民事被告状、送达证书、点名单、言辞辩论笔录、民事诉状、民事审理笔录、民事委状、民事催请状、证人结文、璧山县转龙乡调解委员会证明书、璧山地方法院民事和解笔录等。

841. 四川高等法院第一分院、璧山地方法院等审理请求返还股本求偿债务一案　12—11—834

1941年8月至1942年6月，四川高等法院第一分院、璧山地方法院等关于曾炳荣等伙营米业请求返还股本以求偿债务案的文书，包括地方法院与高等法院第一分院往来公函、卷宗目录、送达证书、民事声请状、璧山地方法院民事裁定、民事委状、民事诉状、民事辩诉状、言辞辩论笔录、凭票、点名单、民事审理笔录、民事宣判笔录、璧山地方法院民事判决书等。

842. 四川高等法院第一分院、璧山地方法院审理返还食谷纠葛及其上诉一案 12－11－835

1941 年 4 月至 1941 年 10 月，四川高等法院第一分院、璧山地方法院关于甘茂才与甘伟辉食谷纠葛及其上诉一案的文书，包括地方法院与高等法院第一分院往来公函、送达证书、民事上诉状、民事缴费状、言辞辩论笔录、证人结文、宣示判决笔录、四川高等法院第一分院民事判决书、民事辩诉状、民事委状、璧山地方法院民事裁定、民事诉状、点名单、民事审理笔录、璧山地方法院民事判决书、民事宣判笔录、案件进行时间表等。

843. 璧山地方法院审理私卖公有物一案　12－11－836

1941 年 8 月至 1941 年 12 月，璧山地方法院关于安荣武状告安太吉等私卖公有物一案的文书，包括民事起诉状、民事具诉状、民事声请状、案件审理单、送达证书、点名单等。

844. 四川高等法院第一分院、璧山地方法院审理领押交业纠葛及其上诉一案 12－11－837

1941 年 7 月至 1941 年 11 月，四川高等法院第一分院、璧山地方法院关于陈伯良与张培之领押交业纠葛及其上诉一案的文书，包括地方法院与高等法院第一分院往来公函、璧山地方法院民事判决书、卷宗目录、民事告诉状、璧山地方法院民事裁定、送达证书等。

845. 璧山地方法院审理声请再嫁存查一案　12－11－838

1941 年 3 月至 1941 年 4 月，璧山地方法院关于刘萧氏因夫早逝声请再嫁存查一案的文书，包括民事存查状附批示、璧山地方法院民庭批文、送达证书等。

846. 璧山地方法院审理请求撤销婚约一案　12－11－839

1941 年 6 月至 1941 年 7 月，璧山地方法院关于邓新玉等请求撤销婚约一案的文书，包括民事自诉状、送达证书、点名单、民事和解状附批示等。

847. 四川高等法院第一分院、璧山地方法院审理租佃契约纠葛及其上诉一案 12－11－840

1930 年 12 月至 1941 年 10 月，四川高等法院第一分院、璧山地方法院关于谢汉臣与谢厚基租佃契约纠葛及其上诉一案的文书,包括地方法院民事判决书、璧山地方法院民事裁定、四川高等法院第一分院与地方法院往来公函、民事委状、民事诉状、言辞辩论笔录、证人结文、宣示判决笔录、民事辩诉状、四川高等法院第一分院民事判决书、亲属会议记录、物品袋、案件进行时间表、民事执行状、民事声请状、璧山地方法院训令等。

848. 璧山地方法院审理请求租佃执行一案　12－11－841

1941 年 5 月至 1942 年 3 月,璧山地方法院关于杨保之等请求租佃执行一案的文书,包括卷宗目录、民事执行状、点名单、传票回证、报告书、璧山地方法院训令、报告执行笔录、民事缴状、收据、璧山地方法院执行命令、民事领状、收款通知证等。

该卷另夹有璧山地方法院关于曾国章与谢泰林违约赎业纠葛一案的民事辩诉状。

849. 璧山地方法院审理租约纠葛一案　12－11－842

1941 年 10 月至 1941 年 12 月,璧山地方法院关于晏贵长与吴奎光租约纠葛一案的文书,包括民事诉状、民事委状、案件审理单、送达证书、点名单、审判笔录、璧山地方法院民事裁定、物品袋、民事原诉状、四川高等法院第一分院与地方法院往来公函、璧山地方法院民庭意见书等。

850. 四川高等法院第一分院、璧山地方法院审理请求确认售谷发票部分无效一案　12－11－843

1940 年 12 月至 1941 年 3 月,四川高等法院第一分院、璧山地方法院关于杨霞仙等因买卖食谷纠葛而请求确认售谷发票部分无效一案的文书,包括地方法院民事裁定、抗告意见书、璧山地方法院与高等法院第一分院往来公函、四川高等法院第一分院民事判决书、民事上诉状、民事答辩状、言辞辩论笔录、民事委状、宣示判决笔录、物品袋、璧山地方法院民事判决书等。

851. 四川高等法院第一分院、璧山地方法院等审理请求租佃纠纷再审上诉一案　12－11－844

1941 年 10 月至 1942 年 6 月,四川高等法院第一分院、璧山地方法院等关于邓海臣请求租佃纠纷再审上诉一案的文书,包括民事声请状、民事审理笔录、璧山地方法院民事裁定、送达证书、抗告意见书、民事答辩状、点名单、四川高等法院第一分院与地方法院往来公函、缴款证明、民事被诉状、四川高等法院第一分院民事裁定、民事声明状、璧山地方法院民事判决书、案件进行时间表等。

852. 四川高等法院第一分院、璧山地方法院审理生活费纠葛上诉一案　12－11－845

1941年9月至1941年12月，四川高等法院第一分院、璧山地方法院关于严李氏与严海林生活费纠葛一案的文书，包括四川高等法院第一分院与地方法院往来公函、民事上诉状、四川高等法院第一分院民事裁定、送达证书、案件进行时间表、民事自诉状、点名单、审判笔录、民事被诉状、民事告诉状、民事审理笔录、证人结文、璧山地方法院民事判决书、璧山地方法院民事裁定、物品袋等。

853. 四川高等法院第一分院、璧山地方法院审理给付租谷纠葛及其上诉一案　12－11－846

1946年12月至1947年6月，四川高等法院第一分院、璧山地方法院关于曾启光与刘光珩给付租谷纠葛及其上诉一案的文书，包括征收裁判费核定单、民事起诉状、缴款证明、民事委状、民事声请状、证人结文、言辞辩论笔录、民事宣判笔录、璧山地方法院民事判决书、物品袋、往来公函、民事上诉状、璧山地方法院民事裁定、四川高等法院第一分院民事裁定等。

854. 璧山地方法院审理赎产交业纠葛、请领典约两案　12－11－847

1941年3月至1941年7月，璧山地方法院关于安登五与安文氏赎产交业纠葛、安文氏请领典约两案的文书，包括民事诉状、送达证书、民事辩诉状、点名单、言辞辩论笔录、证人结文、民事审理笔录、报告声请书、民事公证状、审判笔录、璧山地方法院民事判决书、具领证明、璧山地方法院民事裁定、民事领状附批示等。

855. 四川高等法院第一分院、璧山地方法院审理租约纠葛及其上诉一案　12－11－848

1941年2月至1941年12月，四川高等法院第一分院、璧山地方法院关于伍程氏与伍刘氏租约纠葛及其上诉一案的文书，包括民事上诉状、四川高等法院第一分院民事裁定、璧山地方法院与高等法院第一分院民事裁定、送达证书、卷宗目录、民事诉状、案件审理单、民事辩诉状、点名单、言辞辩论笔录、民事委状、民事声请状等。

856. 璧山地方法院审理租佃契约纠葛一案　12－11－849

1941年5月至1941年7月，璧山地方法院关于肖荣高与肖李常租佃契约纠葛一案的文书，包括往来公函、璧山地方法院民事判决书、意见书、民事诉状、民事委状、送达证书、点名单、言辞辩论笔录、民事声请状、民事辩诉状、民事审判笔录、民事公证状、民事被告状、民事宣判笔录等。

857. 四川高等法院第一分院、璧山地方法院审理借贷谷利纠葛及其上诉一案 12—11—850

1941年1月至1941年9月，四川高等法院第一分院、璧山地方法院关于熊照临与熊子轩借贷谷利纠葛及其上诉一案的文书，包括民事上诉状、璧山地方法院民事判决书、璧山地方法院民事裁定、送达证书、璧山地方法院与高等法院第一分院往来公函、卷宗目录、民事起诉状、民事辩诉状、点名单、言辞辩论笔录、民事宣判笔录、物品袋、物证等。

858. 璧山地方法院审理交还房屋纠葛一案　12—11—851

1941年3月至1941年12月，璧山地方法院关于郭曾氏与陈述轩交还房屋纠葛一案的文书，包括民事执行状、执行笔录、璧山地方法院训令、报告民事声请状、民事缴状、前置执行说明书、送达证书、民事领状、具领证明、璧山地方法院民事判决书、高等法院第一分院民事判决书、收款通知证、民事抗告状等。

859. 四川高等法院第一分院、璧山地方法院审理回赎典产纠葛及其上诉一案 12—11—852

1941年1月至1942年1月，四川高等法院第一分院、璧山地方法院关于明树林与李世芳回赎典产纠葛及其上诉一案的文书，包括地方法院民事裁定、璧山地方法院与高等法院第一分院往来公函、民事上诉状、璧山地方法院民事判决书、言辞辩论笔录、民事委状、民事辩诉状、宣示判决笔录、四川高等法院第一分院民事判决书、送达证书、案件进行时间表等。

860. 璧山地方法院审理请求解约并返还田业一案　12—11—853

1941年6月至1941年9月，璧山地方法院关于铨昌祥请求解约及返还田业一案的文书，包括民事告诉状、开卷声请书、民事添传状、民事委状、送达证书、传票回证、民事答辩状、民事声请状、点名单、民事审理笔录、民事审判笔录、民事宣判笔录、璧山地方法院民事判决书等。

861. 四川高等法院第一分院、璧山地方法院等审理请求返还契约及其上诉一案 12—11—854

1941年4月至1942年6月，四川高等法院第一分院、璧山地方法院等关于巫海林请求返还契约及其上诉一案的文书，包括民事上诉状、送达证书、璧山地方法院民事裁定、璧山地方法院与高等法院第一分院往来公函、民事追加理由状、民事答辩状、民事委状、言辞辩论笔录、证人结文、民事声请状、收款通知书、民事声明状、宣示判决笔录、四川高等法院第一分院民事判决书、点名单、民事辩诉状、民事补诉状、璧山地方法院民事判决书等。

862. 四川高等法院第一分院、璧山地方法院审理请求终止租约及领押交业及其上诉一案　12－11－855

1940年10月至1941年3月，四川高等法院第一分院、璧山地方法院关于彭顺吉请求终止租约及领押交业上诉一案的文书，包括民事声请状、璧山地方法院民事判决书、璧山地方法院民事裁定、送达证书、民事上诉状、璧山地方法院与高等法院第一分院往来公函、言辞辩论笔录、民事理由状、民事讯问笔录、点名单、审判笔录、民事辩诉状、民事宣判笔录、物品袋、民事诉状等。

863. 璧山地方法院审理请求租谷执行一案　12－11－856

1941年1月至1941年3月，璧山地方法院关于许时雍请求租谷执行一案的文书，包括民事诉状、民事判决书、传票回证、点名单、民事执行状附批示、报告书、法院执行拘票、法院训令、报告收据等。

864. 璧山地方法院审理请求返还田业执行一案　12－11－857

1941年4月至1941年11月，璧山地方法院关于杨王氏请求返还田业执行一案的文书，包括民事执行状、传票回证、点名单、执行笔录、民事缴状、璧山地方法院训令、民事抗告状、民事诉状、报告、民事领状、收款通知证、璧山地方法院民事判决书、高等法院第一分院民事判决书等。

865. 璧山地方法院审理遗嘱存查一案　12－11－858

1940年12月至1941年1月，璧山地方法院关于张陈氏订立遗嘱请存查一案的文书，包括民事声请立案状附批示、送达证书、卷宗总目等。

866. 璧山地方法院审理请求终止租约一案　12－11－859

1941年11月至1942年1月，璧山地方法院关于魏史氏请求终止租约一案的文书，包括民事告诉状、案件审理单、送达证书、点名单、审判笔录、民事委状、璧山地方法院民事判决书、物品袋等。

867. 璧山地方法院审理请求租谷调解一案　12－11－860

1941年7月，璧山地方法院关于周炳荣请求租谷调解一案的文书，包括民事声请状、送达证书、点名单、民事调解笔录等。

868. 璧山地方法院审理再嫁请存查一案　12－11－861

1941年6月，璧山地方法院关于彭周氏因夫外出不归、生死未定而状请再嫁存查一案的文书，包括民事存查状附批示等。

869. 璧山地方法院审理请求租谷执行一案　12－11－862

1941年2月，璧山地方法院关于李溪破请求租谷执行一案的文书，包括民事执行状、传票回证、点名单附批示、事由呈文等。

870. 四川高等法院第一分院审理业权纠葛上诉一案　12－11－863

1941年1月至1941年2月，四川高等法院第一分院关于严芳臣与严梓椿业权纠葛上诉一案的文书，包括卷宗目录、民事再审状、四川高等法院第一分院民事裁定、璧山地方法院与高等法院第一分院往来公函、四川高等法院第一分院民事判决书、送达证书、案件进行时间表等。

871. 璧山地方法院审理经界纠葛一案　12－11－864

1941年4月至1941年7月，璧山地方法院关于张俊良与胡泽轩经界纠葛一案的文书，包括民事诉状、民事反诉状、送达证书、往来公函、点名单、审判笔录、民事委状等。

872. 最高法院审理分割家产纠葛上诉一案　12－11－865

1940年6月至1941年3月，最高法院关于徐宗耀与徐宗嗣分割家产纠葛上诉一案的文书，包括民事上诉状、最高法院书记科函稿、四川高等法院第一分院书记室公函、四川高等法院第一分院民事裁定、往来公函、最高法院民事判决书、送达证书等。

873. 璧山地方法院审理请求返还街房一案　12－11－866

1941年6月至1941年7月，璧山地方法院关于荣天成请求返还街房一案的文书，包括地方法院与高等法院第一分院往来公函、璧山地方法院民事判决书等。

874. 璧山地方法院审理交业纠葛一案　12－11－867

1941年3月至1941年12月，璧山地方法院关于曾有为与曾刘氏交业纠葛一案的文书，包括民事声请状、璧山地方法院民事判决书、璧山地方法院训令、点名单、执行笔录、民事委状、传票回证、民事诉状、报告地方法院执行命令等。

875. 璧山地方法院审理请求债务执行一案　12—11—868

1941年4月至1941年10月，璧山地方法院关于石金山请求债务执行一案的文书，包括民事执行状、传票回证、点名单、民事缴状、民事诉状、民事保状、民事领状收款通知证等。

876. 璧山地方法院审理交业纠葛一案　12—11—869

1941年7月至1941年8月，璧山地方法院关于牟胡国严与胡泽儒交业纠葛一案的文书，包括民事执行状、民事诉状、报告地方法院训令、卷宗总目等。

877. 四川高等法院第一分院、璧山地方法院审理遗产纠葛及其上诉一案　12—11—870

1941年4月至1941年10月，四川高等法院第一分院、璧山地方法院关于廖海林与廖青云遗产纠葛上诉一案的文书，包括民事上诉状、往来公函、璧山地方法院民事判决书、璧山地方法院民事裁定、民事诉状、言辞辩论笔录、卷宗目录、民事原诉状、点名单、民事答辩状、民事宣判笔录、四川高等法院第一分院民事判决书等。

该卷另附有1931年间巴县地方法院关于廖润之与廖昭槐祀产价银纠葛案的民事判决。

878. 璧山地方法院审理请求抵销租谷一案　12—11—871

1941年2月至1941年5月，璧山地方法院关于张德盛请求抵销租谷一案的文书，包括民事诉状、送达证书、民事答辩状、点名单、言辞辩论笔录、民事代诉状、民事补辩状、证人结文、民事委状、民事宣判笔录、璧山地方法院民事判决书等。

879. 璧山地方法院审理请求撤销登记一案　12—11—872

1941年3月至1941年4月，璧山地方法院关于甘汝霖请求撤销登记一案的文书，包括民事声请状附批示、送达证书、点名单、卷宗总目等。

880. 最高法院、四川高等法院第一分院审理典业纠葛上诉一案　12—11—873

1941年11月至1942年6月，最高法院、四川高等法院第一分院关于典业纠葛上诉一案的文书，包括四川高等法院第一分院与最高法院往来公函、民事上诉状、民事理由状、四川高等法院第一分院民事裁定、送达证书、最高法院民事裁定等。

881. 璧山地方法院审理请求返还红契执行一案　12—11—874

1941年4月至1941年7月，璧山地方法院关于请求冯兴益返还红契执行一案的文书，包括民事声请状、往来公函、民事执行状附批示、送达证书、卷宗目录等。

882. 璧山地方法院审理回赎典物纠葛一案　12—11—875

1941年4月至1941年8月，璧山地方法院关于蒋乔仲与张世贤回赎典物纠葛一案的文书，包括民事诉状、民事委状、言辞辩论笔录、民事续诉状、民事审理笔录、民事声明状、民事辩诉状、民事催状等。

883. 璧山地方法院审理经界纠纷执行一案　12—11—876

1941年5月，璧山地方法院关于何冕堂经界纠纷执行一案的文书，包括民事原诉状、传票回证、点名单等。

884. 璧山地方法院审理逃匿请备查一案　12—11—877

1941年11月，璧山地方法院关于朱占坤因戴宏模携公款逃匿请备查一案的文书，包括民事备查状附批示、送达证书、卷宗总目等。

885. 璧山地方法院审理再嫁请存查一案　12—11—878

1941年8月，璧山地方法院关于张冯氏因夫死请再嫁存查一案的文书，包括民事声请状附批示、送达证书等。

886. 璧山地方法院审理请求返还田土执行一案　12—11—879

1941年4月至1941年8月，璧山地方法院关于僧源章请求返还田土执行一案的文书，包括民事执行状、传票回证、点名单、民事缴状、执行笔录、璧山地方法院训令、报告民事领状、收款通知证等。

该卷另附有1940年间璧山地方法院关于张伯怀与赵炳全给付食谷纠葛案的民事和解笔录。

887. 璧山地方法院审理登记抵押权、诈欺货物两案　12—11—880

1941年5月至1941年9月，璧山地方法院关于经济部燃料管理处请求登记澄江镇夏溪口抵押权、张荣光等状告张伯尧等诈欺货物两案的文书，包括地方法院不动产登记声请书、宝源企业股份有限公司承诺书、宝源公司就有铁道运河及运具财产目录、璧山地方法院公告、登记通知书、收据、证物目录、民事自诉状、缴款证明、刑事审判笔录等。

888. 璧山实验地方法院审理请求回赎典产一案　12—11—881

1942年12月，璧山实验地方法院关于汪炳林请求回赎典产一案的文书，包括四川高等法院第一分院与地方法院往来公函等。

889. 璧山地方法院审理请求确定诉讼费用一案 12—11—882

1941年2月至1941年3月,璧山地方法院关于肖谢氏请求确定诉讼费用一案的文书,包括民事声请状、诉讼费用计算书、点名单、言辞辩论笔录、送达证书、璧山地方法院民事裁定书、物品袋、民事传票、收款证等。

890. 璧山地方法院审理请求解除典约一案 12—11—883

1941年3月至1941年7月,璧山地方法院关于万全田请求解除典约一案的文书,包括民事原告状、民事展限状、送达证书、点名单、言辞辩论笔录、证人结文、民事辩诉状、民事诉状、审判笔录、民事缴状、民事补呈状、璧山地方法院民事判决书、璧山地方法院民事裁定、物品袋等。

891. 四川高等法院第一分院审理赔偿典当田业违约损害纠葛上诉一案 12—11—884

1941年3月至1941年5月,四川高等法院第一分院关于蔡光朝要求陈昌贵赔偿典当田业违约损害纠葛上诉一案的文书,包括璧山地方法院民事裁定、四川高等法院第一分院与地方法院往来公函、民事上诉状、送达证书、民事辩诉状、民事委状、言辞辩论笔录等。

892. 璧山地方法院审理请求确认典约无效一案 12—11—885

1941年7月至1941年9月,璧山地方法院关于严世乡请求确认典约无效一案的文书,包括民事诉状、送达证书、民事委状、民事辩诉状、点名单、民事注销状、传票回证等。

893. 璧山地方法院等审理请求终止典约投佃一案 12—11—886

1941年9月至1942年10月,璧山地方法院等关于张笙谱请求终止典约投佃一案的文书,包括文书目录、璧山地方法院与高等法院第一分院往来公函等。

894. 璧山地方法院审理请求遗嘱获赠典约存查一案 12—11—887

1941年8月,璧山地方法院关于黄大川等受遗嘱获赠典约请求存查一案的文书,包括民事备查状附批示、抄录送达证书等。

895. 璧山地方法院审理存谷纠葛一案 12—11—888

1941年8月,璧山地方法院关于广普乡调解会请求调解尹文光与尹树彬存谷纠葛一案的文书,包括璧山县广普乡调解委员会呈文附批示、送达证书等。

896. 璧山地方法院审理请求终止租约一案　12—11—889

1941年10月至1942年1月，璧山地方法院关于罗温氏请求终止租约一案的文书，包括民事起诉状、送达证书、点名单、民事审理笔录、璧山地方法院民事判决书、民事诉状、民事和解状、璧山地方法院民事裁定、物品袋、物证等。

897. 四川高等法院第一分院、璧山地方法院审理请求返还夜款及其上诉一案　12—11—890

1941年3月至1941年7月，四川高等法院第一分院、璧山地方法院关于汪普合请求返还夜款及其上诉一案的文书，包括民事起诉状、民事被告状、四川高等法院第一分院民事裁定、四川高等法院第一分院与地方法院往来公函、言辞辩论笔录、民事原诉状、民事宣判笔录、璧山地方法院民事判决书、璧山地方法院民事裁定等。

898. 四川高等法院第一分院审理赎产纠葛上诉一案　12—11—891

1944年1月至1948年3月，四川高等法院第一分院关于杨焕章与杨森禄赎产纠葛上诉一案的文书，包括民事声请状、四川高等法院第一分院民事裁定、送达证书、言辞辩论笔录、民事声明状、民事委状、宣示判决笔录、四川高等法院第一分院民事判决书、证人结文等。

899. 璧山地方法院审理请领证物一案　12—11—892

1941年8月，璧山地方法院关于王四海请领证物一案的文书，包括民事声请状、点名单、民事审理笔录、具领证明等。

900. 璧山地方法院审理声请批示一案　12—11—893

1941年12月，璧山地方法院关于正兴第二保为徐栋梁与张炳奎因经界纠葛声请批示一案的文书，包括璧山县正兴乡第二保办公室呈文、法院指令等。

901. 璧山地方法院审理夜物纠葛一案　12—11—894

1941年8月至1941年11月，璧山地方法院关于荣德璧与谭周氏夜物纠葛一案的文书，包括民事执行状附批示、璧山地方法院训令、民事再请状、报告具领证明等。

902. 璧山地方法院审理请求返还伙款一案　12—11—895

1940年12月至1941年11月，璧山地方法院关于陈银昌请求返还伙款一案的文书，包括民事起诉状、案件审理单、送达证书、点名单、审判笔录、法院训令、民事声请状、言辞辩论笔录、璧山地方法院民事裁定、报告民事审判笔录等。

903. 四川高等法院第一分院、璧山县司法处审理诉讼费纠葛及其上诉一案 12—11—896

1939年4月至1939年5月，四川高等法院第一分院、璧山县司法处关于雷春山与王全安诉讼费纠葛及其上诉一案的文书，包括民事声请状、费用计算表、收款证、民事裁定、送达证书等。

904. 璧山实验地方法院审理请求返还保证金一案 12—11—897

1945年4月至1945年9月，璧山实验地方法院关于钱炳林请求返还保证金一案的文书，包括案件审理单、民事领状及委任状、收款收据、民事领状等。

905. 璧山地方法院审理请求领约一案 12—11—898

1941年7月，璧山地方法院关于杨廷昌因私造文书原案已结请求领回契约一案的文书，包括民事领状附批示、送达证书等。

906. 璧山地方法院审理请求登记所有权保障其不动产一案 12—11—899

1941年4月，璧山地方法院关于宝源企业股份有限公司请求登记澄江镇夏溪口所有权保障其不动产一案的文书，包括不动产登记声请书、宝源公司财产目录、澄江镇镇公所证明书、璧山地方法院训令、查勘笔录、证明书地方法院公告、登记通知书、送达证书、具领证明、物品袋等。

907. 璧山地方法院审理欠租纠葛一案 12—11—900

1941年11月，璧山地方法院关于雷朝彬与欧青廷欠租纠葛一案的文书，包括民事委状、案件审理单、送达证书、点名单、民事审理笔录、证人结文、民事答辩状、璧山地方法院民事判决书、璧山地方法院民事裁定、民事告诉状、物品袋等。

908. 璧山地方法院审理请求租谷执行一案 12—11—901

1941年3月至1941年4月，璧山地方法院关于吴雄氏请求租谷执行一案的文书，包括民事执行状、传票回证、点名单、民事保状、璧山地方法院训令、报告公证状、璧山地方法院民事判决书等。

909. 璧山地方法院审理请求解除租佃一案 12—11—902

1941年9月至1941年10月，璧山地方法院关于马光达请求解除租佃一案的文书，包括民事起诉状、民事委状、点名单、民事审理笔录、民事声请状、民事续呈状、民事辩诉状、民事和解状、民事领状、物品袋、具领证明等。

910. 璧山地方法院审理离异存查一案　12－11－903

1941年8月，璧山地方法院关于徐德玉因胡文清暴虐遗弃自愿离异请存查一案的文书，包括民事存查状附批示、送达证书等。

911. 璧山地方法院审理坟地存查一案　12－11－904

1941年11月，璧山地方法院关于陈春如耕种坟地请存查一案的文书，包括民事声请存查状附批示等。

912. 璧山地方法院审理请求赎产假扣押一案　12－11－905

1941年7月，璧山地方法院关于钟林三请求赎产假扣押一案的文书，包括民事声请状附批示、送达证书等。

913. 璧山地方法院审理迁让房屋纠葛一案　12－11－906

1941年4月至1941年9月，璧山地方法院关于罗德朝与罗德元迁让房屋纠葛一案的文书，包括地方法院与高等法院第一分院往来公函、四川高等法院第一分院民事裁定、抄录不动产地名租额量额押金及分配办法、收据等。

914. 璧山地方法院审理请求撤销重复佃约一案　12－11－907

1941年9月，璧山地方法院关于魏李氏等请求撤销重复佃约一案的文书，包括民事展限状、送达证书、点名单、审判笔录、民事辩诉状、民事诉状、案件审理单、璧山地方法院民事和解笔录、收据、民事起诉状等。

915. 璧山地方法院审理租谷纠葛一案　12－11－908

1941年9月至1941年12月，璧山地方法院关于熊文彬与熊仁贵租谷纠葛一案的文书，包括民事辩诉状、璧山县定林乡乡公所呈文、送达证书、民事补诉状、民事审判笔录、民事反诉状附批示、民事声请状、民事宣判笔录、璧山地方法院民事判决书、民事诉状、物品袋、物证等。

916. 璧山地方法院审理请求撤销买卖执行一案　12－11－909

1941年3月，璧山地方法院关于刘露卿请求撤销买卖执行一案的文书，包括民事执行状附批示、四川高等法院第一分院民事裁定、送达证书等。

917. 璧山地方法院审理妨害权利上诉案撤回归档一案　12－11－910

1941年4月，璧山地方法院关于高一分检处发回有关黄治安状告谢黄氏妨害权利一案上诉撤回、原判无罪应归档一案的文书，包括四川高等法院第一分院检察官训令、璧山地方法院刑事判决等。

918. 璧山地方法院审理同居纠纷一案　12－11－911

1941年11月，璧山地方法院关于陈辉武与陈吴氏同居纠纷一案的文书，包括民事执行状附批示、送达证书、民事判决书等。

919. 璧山地方法院审理交业纠葛一案　12－11－912

1941年8月，璧山地方法院关于江美辰与钟良辰交业纠葛一案的文书，包括执行笔录、民事委状、民事声请状、民事执行状、璧山地方法院训令、民事缴状、收款通知证、民事声明状、四川高等法院第一分院民事和解笔录、报告地方法院执行命令等。

920. 璧山地方法院审理租谷纠葛一案　12－11－913

1941年11月至1941年12月，璧山地方法院关于郑赵氏与杨王氏租谷纠葛一案的文书，包括民事原诉状、送达证书、点名单、民事审判笔录、璧山地方法院民事判决书等。

921. 璧山地方法院审理请求确认优先买卖权一案　12－11－914

1941年4月至1941年5月，璧山地方法院关于刘运财请求确认优先买卖权一案的文书，包括民事起诉状、送达证书、点名单、言辞辩论笔录、证人结文、民事委状、民事审判笔录、民事辩诉状、璧山地方法院民事裁定、物证等。

922. 璧山地方法院审理请求给付租谷搬迁交业一案　12－11－915

1941年10月至1941年2月，璧山地方法院关于陈栋梁请求给付租谷搬迁交业一案的文书，包括民事告诉状、案件审理单、送达证书、点名单、审理笔录、民事委状、民事补诉状、璧山地方法院民事裁定、文件目录等。

923. 璧山地方法院审理领价交业纠葛、赎典请移送侦查两案　12－11－916

1941年7月至1941年10月，璧山地方法院关于龙寿山与张潭涵领价交业纠葛、龙寿山赎典请移送侦查两案的文书，包括民事起诉状、送达证书、点名单、民事审判笔录、民事委状、民事和解状、物品袋、新中国日报社广告部刊登广告执据、民事诉状等。

924. 璧山地方法院审理租谷纠葛一案　12－11－917

1941 年 1 月至 1941 年 3 月，璧山地方法院关于邱元吉与伍栋臣租谷纠葛一案的文书，包括民事诉状、璧山地方法院民事裁定、送达证书、案件审理单、民事被告状、点名单、言辞辩论笔录、证人结文、报告民事宣判笔录、璧山地方法院民事判决书、卷宗目录等。

925. 璧山地方法院审理租约纠葛一案　12－11－918

1941 年 11 月至 1942 年 2 月，璧山地方法院关于白洪兴与陈吉武租约纠葛一案的文书，包括民事租佃状、送达证书、民事辩诉状、传票回证、点名单、民事审理笔录、璧山地方法院和解笔录等。

926. 璧山地方法院审理璧山县政府函送原呈请依法处理意见书一案　12－11－919

1941 年 5 月，璧山地方法院关于璧山县政府函送王三级与夏海廷等会款纠葛请依法处理意见书一案的文书，包括璧山县政府公函等。

927. 四川高等法院第一分院、璧山地方法院审理请求判令迁让及其上诉一案　12－11－920

1941 年 4 月至 1941 年 9 月，四川高等法院第一分院、璧山地方法院关于罗德朝因罗德元霸产不交而请求判令迁让上诉一案的文书，包括民事起诉状、民事委状、点名单、言辞辩论笔录、送达证书、民事辩诉状、民事宣判笔录、璧山地方法院民事判决书、民事声请状、四川高等法院第一分院民事裁定、往来公函、卷宗目录、民事上诉状、璧山地方法院民事裁定、案件进行时间表等。

928. 最高法院、四川高等法院第一分院、璧山地方法院等审理请求撤销买卖契约及其上诉一案　12－11－921

1940 年 12 月至 1944 年 7 月，最高法院、四川高等法院第一分院、璧山地方法院等关于潘俊良请求撤销买卖契约及其上诉一案的文书，包括地方法院与高等法院第一分院往来公函、案件审理单、璧山地方法院与最高法院往来公函、证物目录、璧山地方法院民事判决书、四川高等法院第一分院民事判决书、璧山地方法院民事裁定、送达证书、民事声明状、民事缴状、民事理由状、民事委状、民事辩诉状、言辞辩论笔录、宣示判决笔录、民事声请状、点名单、民事宣判笔录、民事反诉状、四川高等法院第一分院民事裁定、案件进行时间表、最高法院书记室公函、最高法院民事判决书、开卷声请书、民事诉状等。

929. 璧山地方法院审理请求租谷执行一案　12－11－922

1941年4月至1941年7月，璧山地方法院关于荣吉生请求租谷执行一案的文书，包括民事执行状、点名单、报告、收票回证、民事补呈状、执行笔录、璧山地方法院执行命令、送达证书、执行证书存根、民事判决书等。

930. 璧山地方法院审理请求确认优先买卖权一案　12－11－923

1941年4月至1941年7月，璧山地方法院关于刘运财请求确认优先买卖权一案的文书，包括四川高等法院第一分院公函、民事抗告意见书等。

931. 璧山地方法院审理请求确认买卖契约有效、状告窃盗侵占不动产两案　12－11－924

1941年3月至1941年10月，璧山地方法院关于陈镜如请求确认买卖契约有效、陈镜如状告黄玉佩等窃盗侵占不动产两案的文书，包括民事诉状、送达证书、民事请拘状、璧山地方法院公函、点名单、民事委状、民事辩诉状、民事审理笔录、璧山地方法院民事裁定、璧山地方法院公示、民事抗告状、四川高等法院第一分院公函、收款证、民事上诉状、报告刑事诉状、案件进行单、传票回证、侦讯笔录、璧山地方法院检察官不起诉处分书等。

该卷另附有1941年9江津地方法院关于刘黄昌与李海洲给付山债纠葛一案的民事裁定。

932. 最高法院、四川高等法院第一分院、璧山地方法院、璧山县政府等审理分析家产纠葛及其上诉一案　12－11－925

1933年1月至1941年5月，最高法院、四川高等法院第一分院、璧山地方法院、璧山县政府等关于何荣基与何宏基分析家产纠葛及其上诉一案的文书，包括卷宗目录、民事起诉状、民事委状、民事辩诉状、点名单、审判笔录、民事补呈状、送达证书、案件审理单、言辞辩论笔录、审理笔录、民事宣判笔录、璧山地方法院民事裁定、璧山县政府民事判决书、最高法院民事判决书、民事上诉状等。

933. 璧山县法院审理祠产纠葛一案　12－11－926

1937年3月至1937年6月，璧山县法院关于龙长淮等与龙银轩等祠产纠葛一案的文书，包括卷宗目录、民事诉讼状、民事辩诉状、点名单、审理笔录、报告璧山县政府民事判决书、送达回证、民事声请状等。

934. 璧山地方法院审理状告违反农矿工商管理条例等三案　12－11－927

1941年5月至1942年1月，璧山地方法院关于璧山县政府状告萧国江违反农矿工商管理条例、璧山县政府状告萧国江违法酿酒、龙绍成因祠产纠葛涉讼案结请领证物三案的文书，包括地方法院刑庭函片、侦查笔录、案件进行单、传票回证、点名单、璧山地方法院检察官起诉书、报告书、璧山县政府公函、民事声请状附批示、送达证书等。

935. 璧山地方法院审理请求损害赔偿、损失备查两案　12－11－928

1941 年 6 月至 1941 年 10 月，璧山地方法院关于祝行光因曾海清故意拖骗食谷而请求赔偿损害、蔡金盛因水灾毁屋请求损失备查两案的文书，包括民事诉状、送达证书、点名单、民事声明状附批示等。

936. 璧山地方法院审理请求扣押黄谷一案　12－11－929

1941 年 8 月，璧山地方法院关于黄董氏因与赖良臣买卖田业涉讼案结而请求扣押黄谷一案的文书，包括卷宗目录、民事声请状、璧山地方法院民事裁定、送达证书、民事被告状附批示等。

937. 四川高等法院第一分院、璧山地方法院、璧山县政府审理霸葬阴地、请求返还坟地及其上诉案两案　12－11－930

1941 年 5 月至 1942 年 3 月，四川高等法院第一分院、璧山地方法院、璧山县政府关于游汉良状告蓝炳坤霸葬阴地、游汉良请求返还坟地及其上诉两案的文书，包括璧山县第二区健龙乡乡公所呈文、璧山地方法院与高等法院第一分院往来公函、璧山地方法院民事判决书、璧山地方法院民事裁定、民事起诉状、民事辩诉状、民事声请状、点名单、民事审判笔录、民事宣判笔录、民事补诉状、物品袋、璧山县政府公函、民事领状、民事上诉状、民事答辩状、言辞辩论笔录、证人结文、宣示判决笔录、四川高等法院第一分院民事判决书、民事委状、案件进行时间表等。

938. 璧山地方法院审理请求返还田业、请求确认买卖契约无效及其上诉两案　12－11－931

1941 年 4 月至 1941 年 10 月，璧山地方法院关于陈绍幼请求陈刘氏返还田业、陈绍幼请求确认与陈刘氏买卖契约无效上诉案两案的文书，包括民事诉状、民事委状、言辞辩论笔录、民事反诉状、民事审理笔录、璧山地方法院民事裁定、证人结文、民事宣判笔录、璧山地方法院民事判决书、民事审判笔录、民事声请状、物品袋、四川高等法院第一分院公函、民事声明状、民事缴状、开卷声请书、民事理由状、宣示判决笔录、四川高等法院第一分院民事判决书、声请书、案件进行时间表等。

939. 四川高等法院第一分院、璧山地方法院审理租谷纠葛及其上诉案　12—11—932

1941年5月至1941年10月,四川高等法院第一分院、璧山地方法院关于朱张氏与朱仲康租谷纠葛及其上诉案的文书,包括民事诉状、民事委状、民事辩诉状、点名单、言辞辩论笔录、民事审判笔录、璧山地方法院民事判决书、送达证书、卷宗目录、民事代诉状、璧山地方法院民事裁定、民事上诉状、往来公函、宣示判决笔录、四川高等法院第一分院民事判决书等。

940. 璧山地方法院审理请求解除租约一案　12—11—933

1941年2月至1941年4月,璧山地方法院关于肖万邦请求解除租约一案的文书,包括卷宗目录、民事诉状、送达证书、民事辩诉状、点名单、言辞辩论笔录、民事宣判笔录、璧山地方法院民事判决书、物证等。

941. 璧山地方法院审理请求给付应出股份的家产纠纷一案　12—11—934

1941年11月至1941年12月,璧山地方法院关于李德轩请求被告给付应出股份的家产纠纷一案的文书,包括民事诉状、案件和解事由及批示、和解合同文书、案件审理单、送达证书、点名单等。

942. 四川高等法院第一分院审理典约纠葛上诉一案　12—11—935

1941年7月至1942年10月,四川高等法院第一分院关于万全田与万柯氏典约纠葛上诉一案的文书,包括卷宗目录、民事上诉状、四川高等法院第一分院书记室公函、言辞辩论笔录、宣示判决笔录、四川高等法院第一分院民事判决书、民事追加状、民事展期状、民事声明状、送达证书、民事委状、往来公函、民事声请书、民事声请状、传票、璧山地方法院民事裁定、案件进行时间表等。

943. 璧山地方法院审理声请禁治产一案　12—11—936

1942年3月至1942年4月,璧山地方法院关于杜松林声请禁止杜启高治理产业一案的文书,包括民事声请状、民事声请撤销状附批示、送达证书、点名单等。

944. 璧山地方法院审理分割遗产纠葛一案　12—11—937

1941年10月至1941年11月,璧山地方法院关于周永忠等与余炳楼遗产分割纠葛一案的文书,包括民事委状、民事辩诉状、送达证书、点名单、审判笔录、证人结文、自愿撤回诉讼呈文、民事和解笔录、物品袋、民事诉状等。

945. 璧山地方法院审理欠款纠葛一案　12－11－938

1941 年 7 月至 1941 年 9 月，璧山地方法院关于冯愚章与王樊建欠款纠葛一案的文书，包括卷宗目录、送达证书、点名单、民事展限状、民事和解状附批示、民事告诉状、收款证等。

946. 璧山实验地方法院审理坟地所有权纠葛一案　12－11－939

1942 年 10 月至 1943 年 4 月，璧山实验地方法院关于李森安与郑少康等坟地所有权纠葛一案的文书，包括卷宗目录、民事诉状、案件审理单、送达证书、民事委状、点名单、民事审理笔录、民事辩诉状、民事判决书、代领证明等。

947. 璧山地方法院审理竹山利益纠葛一案　12－11－940

1941 年 9 月至 1941 年 12 月，璧山地方法院关于汪绍怀与汪星才竹山利益纠葛一案的文书，包括民事诉状、送达证书、点名单、民事审理笔录、案件审理单、璧山地方法院民事判决书等。

948. 四川高等法院第一分院、璧山地方法院审理债务纠葛及其上诉一案　12－11－941

1941 年 3 月至 1941 年 9 月，四川高等法院第一分院、璧山地方法院关于陈吴氏与江尊三债务纠葛及其上诉一案的文书，包括地方法院民事判决书、四川高等法院第一分院公函、四川高等法院第一分院民事判决书、民事委状、璧山地方法院民事裁定、送达证书、民事补状、民事被诉状、往来公函、言辞辩论笔录、宣示判决笔录、民事诉状、民事宣判笔录等。

949. 璧山地方法院审理典价纠葛一案　12－11－942

1941 年 7 月至 1941 年 8 月，璧山地方法院关于廖文绪与廖恒兴典价纠葛一案的文书，包括民事声请状、送达证书、民事辩诉状、民事委状、点名单、民事审判笔录、民事宣判笔录、璧山地方法院民事判决书等。

950. 四川高等法院第一分院、璧山地方法院审理上诉不受理归档、状告侵占及其上诉两案　12－11－943

1941 年 3 月至 1941 年 8 月，四川高等法院第一分院、璧山地方法院关于易祖福状告徐海林侵占上诉案、高一分院来文说明不受理罗祖福状告徐海林侵占一案上诉驳回归档两案的文书，包括四川高等法院第一分院训令、四川高等法院第一分院刑事判决书、刑事原诉状、刑事辩诉状、璧山地方法院检察官函片、传票回证、点名单、审判笔录、刑事审判笔录、璧山地方法院刑事判决书、送达证书、刑事声请状、物品袋、往来公函、刑事上诉状、永川县第二区大安乡乡公所呈文、物证等。

951. 璧山地方法院审理请求遗产继承调解一案　12—11—944

1940年12月至1941年1月，璧山地方法院关于陈黄昌瑞请求遗产继承调解一案的文书，包括民事声请状、送达证书、民事委状、点名单、言辞辩论笔录、案件审理单等。

952. 璧山地方法院审理田业租佃纠葛一案　12—11—945

1941年7月，璧山地方法院关于李兴隆与李常禄田业租佃纠葛一案的文书，包括民事起诉状、送达证书、点名单、民事审理笔录等。

953. 璧山地方法院审理请求赔偿借款一案　12—11—946

1941年7月至1941年8月，璧山地方法院关于蒲金山请求张德明赔偿借款一案的文书，包括民事诉状、民事辩诉状、送达证书、点名单、民事再请状等。

954. 璧山地方法院等审理请求返还房屋执行及请领证物一案　12—11—947

1941年5月至1944年1月，璧山地方法院等关于姚作善请求返还房屋执行及请领证物一案的文书，包括民事声请状附批示、点名单、执行笔录、民事代诉状、民事执行状、璧山地方法院训令、强制执行报告、璧山地方法院民事判决书、送达证书、传票回证、民事领状附批示等。

955. 璧山地方法院审理请求交业执行一案　12—11—948

1941年11月，璧山地方法院关于虞树林请求交业执行一案的文书，包括地方法院民事判决书、民事续诉状附批示、送达证书等。

956. 璧山地方法院审理租佃纠葛一案　12—11—949

1941年12月，璧山地方法院关于定林乡乡公所呈黄明普与虞学渊租佃纠葛一案的文书，包括璧山县定林乡乡公所呈文、卷宗总目等。

957. 璧山地方法院审理脱离婚姻关系存查一案　12—11—950

1941年12月，璧山地方法院关于朱郭氏与其夫脱离婚姻关系为预防妨害状请存查一案的文书，包括民事存查状附批示、送达证书等。

958. 璧山地方法院审理请返还判词以息纠纷一案　12－11－951

1941年12月，璧山地方法院关于李云青因田业纠葛涉讼被告拒不遵判执行而状请返还判词以息纠纷一案的文书，包括民事领状附批示、送达证书等。

959. 璧山地方法院审理解除婚约存查一案　12－11－952

1941年12月，璧山地方法院关于陈永芳与林国儒解除婚约存查一案的文书，包括民事声请状附批示、送达证书等。

960. 璧山地方法院审理分卖协买产业请备查一案　12－11－953

1941年12月，璧山地方法院关于陈在德等分卖协买产业请备查一案的文书，包括民事备查状附批示、送达证书等。

961. 璧山地方法院审理请求书款假扣押一案　12－11－954

1941年1月，璧山地方法院关于璧山教育用品供给合作社请求书款假扣押一案的文书，包括民事声请状、璧山地方法院民事裁定、送达证书等。

962. 璧山地方法院审理请求赔偿典物一案　12－11－955

1941年1月，璧山地方法院关于吴朝壁状告尚荣华请赔偿典物一案的文书，包括民事自诉状、送达证书、民事委状、民事辩诉状、点名单、璧山地方法院通知书等。

963. 璧山地方法院审理请求确认共有房屋一案　12－11－956

1941年1月，璧山地方法院关于张柯氏等请求确认与张步岩等共有房屋一案的文书，包括民事霸占状、案件审理单、送达证书、点名单、审判笔录、民事声请状、璧山地方法院通知书等。

964. 璧山地方法院审理解除佃约无着请备查一案　12－11－957

1941年7月，璧山地方法院关于临江乡乡公所转呈左鸿发解除佃约无着请备查一案的文书，包括璧山县第三区临江乡乡公所呈文附批示、璧山地方法院指令等。

965. 璧山地方法院审理债务纠葛一案　12－11－958

1941年11月，璧山地方法院关于田赋管理处转呈调解邓焕忠与刘占胜债务纠葛一案的文书，包括财政部四川省璧山县田赋管理处公函、璧山地方法院公函等。

966. 璧山地方法院等审理租佃纠葛一案　12－11－959

1941 年 11 月至 1942 年 6 月,璧山地方法院等关于张仁辅与于建臣租佃纠葛一案的文书,包括民事原诉状、民事答辩状、民事参加状、审判笔录、民事补状、璧山地方法院民事判决书、民事宣判笔录、送达证书、民事领状、具领证明等。

967. 四川高等法院第一分院审理租约纠葛上诉一案　12－11－960

1941 年 9 月至 1941 年 11 月,四川高等法院第一分院关于朱田氏与熊汝霖租约纠葛上诉一案的文书,包括卷宗目录、往来公函、民事上诉状、送达证书、开卷声请书、言辞辩论笔录、民事委状、璧山地方法院民事裁定等。

968. 重庆地方法院、璧山地方法院审理治产及离婚纠葛、请求迁让房产两案　12－11－961

1941 年 4 月至 1942 年 3 月,重庆地方法院、璧山地方法院关于罗车氏与罗光途治产及离婚纠葛、罗瞿氏因罗汪璧如恶佃盘踞房产状请迁让两案的文书,包括卷宗目录、民事诉讼状、民事委状、报告、民事展限状、民事答辩状、璧山县第二区乡公所呈文、笔录单、民事更新审讯笔录、证人结文、重庆地方法院函文、案件审理单、民事审理笔录、璧山地方法院民事判决书等。

969. 四川高等法院第一分院、璧山地方法院审理买卖契约纠葛及其上诉一案　12－11－962

1941 年 5 月至 1942 年 4 月,四川高等法院第一分院、璧山地方法院关于江美成与刘树钦买卖契约纠葛上诉一案的文书,包括往来公函、证物目录、具领证明、璧山地方法院民事判决书、民事上诉状、收款通知书、送达证书、璧山地方法院民事裁定、民事委状、开卷声请书、言辞辩论笔录、证人结文、民事辩诉状、宣示判决笔录、四川高等法院第一分院民事判决书、民事声请状等。

970. 最高法院、四川高等法院第一分院、璧山地方法院等审理房屋及租谷纠葛及其上诉案、请领证物两案　12－11－963

1941 年 11 月至 1946 年 7 月,最高法院、四川高等法院第一分院、璧山地方法院等关于周甘俊才与甘俊久房屋及租谷纠葛及其上诉案、甘俊才请领证物两案的文书,包括民事委状、民事辩诉状、民事审理笔录、民事宣判笔录、璧山地方法院民事判决书、璧山地方法院民事裁定、民事起诉状、物品袋、民事声请状附批示、缴款证明、往来公函、民事上诉状、民事声请书、民事诉状、言辞辩论笔录、宣示判决笔录、四川高等法院第一分院民事判决书、四川高等法院第一分院民事裁定、民事答辩状、民事和解状等。

971. 璧山地方法院审理声请支付命令执行一案　12－11－964

1941 年 11 月至 1941 年 12 月，璧山地方法院关于孙良臣声请支付命令执行一案的文书，包括民事声请状、璧山地方法院支付命令、璧山地方法院民事裁定、送达证书等。

972. 四川高等法院第一分院、璧山地方法院审理房屋所有权纠葛及其上诉一案　12－11－965

1941 年 5 月至 1941 年 10 月，四川高等法院第一分院、璧山地方法院关于刘献建与云台寺房屋所有权纠葛及其上诉案的文书，包括往来公函、照抄条据、璧山县政府呈文、璧山地方法院民事判决书、卷宗目录、民事上诉状、璧山地方法院民事裁定、送达证书、四川高等法院第一分院民事裁定、民事辩诉状、点名单、言辞辩论笔录、民事宣判笔录、璧山县财务委员会报告书等。

973. 璧山地方法院审理声请领押交业执行一案　12－11－966

1941 年 2 月至 1941 年 8 月，璧山地方法院关于杨锡荣声请领押交业执行一案的文书，包括民事执行状、计抄诉讼费用列表、民事声请状、送达证书、点名单、民事执行笔录、民事代理状、璧山地方法院训令、报告、璧山地方法院民事执行处通知书、具领证明、民事异议状、民事委状、传票回证、开卷声请书、执行笔录、民事和解状、高等法院第一分院民事判决书等。

974. 四川高等法院第一分院、璧山地方法院审理押银租谷纠葛一案　12－11－967

1941 年 2 月至 1941 年 7 月，四川高等法院第一分院、璧山地方法院关于徐邬氏与徐仲华押银租谷纠葛一案的文书，包括民事执行状、传票回证、点名单、四川高等法院第一分院公函、民事上诉状、报告书、民事抗告状、讯问笔录等。

975. 璧山地方法院审理领押交业纠葛一案　12－11－968

1941 年 5 月至 1941 年 7 月，璧山地方法院关于刘树钦与江美成领押交业纠葛一案的文书，包括民事诉状、民事委状、送达证书、民事辩诉状、民事声请状、民事参加状、点名单、言辞辩论笔录、璧山地方法院民事裁定、民事反诉状、民事审判笔录、民事宣判笔录、璧山地方法院民事判决书等。

976. 璧山地方法院审理请求搬迁交业一案　12—11—969

1942年3月，璧山地方法院关于吴汉清请求搬迁交业一案的文书，包括四川高等法院第一分院与璧山地方法院往来公函等。

977. 璧山地方法院审理请领服役证件一案　12—11—970

1941年3月至1941年4月，璧山地方法院关于吴明山请求领回在营服役证件一案的文书，包括民事领状附批示、收据、送达证书、点名单等。

978. 璧山地方法院审理领押交业纠葛一案　12—11—971

1941年11月，璧山地方法院关于胡万氏与李金山领押交业纠葛一案的文书，包括地方法院民事庭函片、璧山地方法院民事判决书、璧山地方法院训令、报告、收据等。

979. 璧山地方法院审理请求确认买卖所有权调解一案　12—11—972

1941年4月，璧山地方法院关于陈镜如请求确认买卖所有权调解一案的文书，包括民事诉状、送达证书、民事委状、点名单附批示、言辞辩论笔录等。

980. 璧山地方法院审理请求交付棉絮一案　12—11—973

1941年8月，璧山地方法院关于薛钟氏状请汪建辉交付棉絮一案的文书，包括报告、送达证书、民事答辩状、点名单、民事起诉状等。

981. 四川高等法院第一分院审理买卖契约纠葛上诉一案　12—11—974

1941年8月至1942年3月，四川高等法院第一分院关于张代贵与刘继尧等买卖契约纠葛上诉案的文书，包括往来公函、民事声明状、璧山地方法院民事判决书、民事缴状、民事上诉状、民事委状、言辞辩论笔录、宣示判决笔录、四川高等法院第一分院民事判决书等。

982. 璧山地方法院审理声请租谷执行异议一案　12—11—975

1941年6月至1941年7月，璧山地方法院关于舒海全声请租谷执行异议一案的文书，包括民事声请状、璧山地方法院民事裁定、送达证书等。

983. 璧山地方法院审理声请立嗣存查一案　12—11—976

1941年6月，璧山地方法院关于王徐氏因夫病故无子欲收养胞弟之子请存查一案的文书，包括民事声请状附法院批示、照抄抱约、照抄合约、送达证书等。

984. 璧山地方法院审理请查复买卖纠葛一案　12－11－977

1941 年 2 月，璧山地方法院关于璧山县政府请查复汪石芝与僧永康买卖纠葛一案的文书，包括璧山县政府公函、璧山地方法院公函等。

985. 璧山地方法院审理请求交还熟土一案　12－11－978

1941 年 12 月至 1942 年 1 月，璧山地方法院关于张李氏请求张炳荣交还熟土一案的文书，包括民事起诉状、案件审理单、民事辩诉状、送达证书、点名单、民事审理笔录、璧山地方法院民事判决书等。

986. 璧山地方法院审理租佃纠葛一案　12－11－979

1941 年 9 月，璧山地方法院关于彭用之与杨鲁三等租佃纠葛一案的文书，包括民事诉状、送达证书、点名单等。

987. 璧山地方法院审理交业纠葛一案　12－11－980

1941 年 10 月至 1941 年 12 月，璧山地方法院关于陈述轩与李锦章交业纠葛一案的文书，包括民事诉状、案件审理单、送达证书、点名单等。

988. 四川高等法院第一分院、璧山地方法院审理租谷纠葛及其上诉一案　12－11－981

1941 年 6 月至 1941 年 12 月，四川高等法院第一分院、璧山地方法院关于付炳荣与柯海云租谷纠葛及其上诉一案的文书，包括往来公函、送达证书、四川高等法院第一分院民事裁定、民事上诉状、案件进行时间表、民事告诉状、点名单、审判笔录、民事诉状、民事审理笔录、璧山地方法院民事判决书、璧山地方法院民事裁定、物品袋、物证等。

989. 璧山地方法院审理租佃纠葛一案　12－11－982

1941 年 6 月至 1942 年 3 月，璧山地方法院关于梁伟光与彭时风终止租约给付租谷一案的文书，包括民事委状、送达证书、点名单、民事辩诉状、民事诉状、民事审理笔录、民事审判笔录、民事宣判笔录、璧山地方法院民事判决书、璧山地方法院民事裁定、民事起诉状、物品袋、凭票等。

990. 四川高等法院第一分院审理债务纠葛上诉一案　12－11－983

1940 年 12 月至 1941 年 2 月，四川高等法院第一分院关于陈周南等与何诞敷债务纠葛上诉一案的文书，包括往来公函、民事上诉状、璧山地方法院民事判决书、璧山地方法院民事裁定、言辞辩论笔录、民事委状、案件进行时间表等。

991. 璧山地方法院审理请求迁让交业一案　12－11－984

1941年12月至1942年4月，璧山地方法院关于杨文清请求迁让交业一案的文书，包括民事起诉状、民事催呈状、案件审理单、送达证书、点名单、民事讯问笔录、璧山地方法院民事判决书、璧山地方法院民事裁定等。

992. 四川高等法院第一分院审理租佃纠葛上诉一案　12－11－985

1940年12月至1941年2月，四川高等法院第一分院关于周云程与尹海洲租佃纠葛上诉一案的文书，包括往来公函、民事声明状、璧山地方法院民事判决书、璧山地方法院民事裁定、民事上诉状、民事答辩状、言辞辩论笔录、证人结文、民事委状、宣示判决笔录、四川高等法院第一分院民事判决书、案件进行时间表等。

993. 璧山地方法院审理经界纠葛一案　12－11－986

1941年11月至1942年2月，璧山地方法院关于向高福与杨宗荣经界纠葛一案的文书，包括案件审理单、送达证书、点名单、民事审理笔录、民事陈明供词状、证人结文、璧山地方法院民事裁定、民事追状等。

994. 璧山地方法院审理请公告制止行使权利一案　12－11－987

1941年7月，璧山地方法院关于马明德请公告制止马刘氏行使产业管理权利一案的文书，包括民事声请状附批示、送达证书等。

995. 四川高等法院第一分院审理声请交业执行上诉一案　12－11－988

1941年6月至1941年7月，四川高等法院第一分院关于李荣臣声请交业执行上诉一案的文书，包括璧山地方法院呈文、民事抗告状、璧山地方法院抗告意见书、民事理由状、四川高等法院第一分院民事裁定、送达证书、案件进行时间表等。

996. 璧山地方法院审理田房租约纠葛一案　12－11－989

1941年11月至1941年12月，璧山地方法院关于王从先与陈锡之田房租约纠葛一案的文书，包括民事诉状、民事辩诉状、送达证书、点名单、民事审判笔录、民事再陈状、民事委状、璧山地方法院民事判决书、物证等。

997. 四川高等法院第一分院、璧山地方法院等审理请求搬迁交业房及赔偿树株及其上诉一案　12－11－990

1941年1月至1942年7月，四川高等法院第一分院、璧山地方法院等关于蒋芹馨请求陈海如搬迁交业房及赔偿树株尾卷及其上诉一案的文书，包括地方法院与高等法院第一分院往来公函、四川高等法院第一分院民事裁定、四川高等法院第一分院公函、璧山地方法院公函、民事声请状、具领证明等。

998. 璧山地方法院审理请求返还账款执行一案　12－11－991

1941年5月，璧山地方法院关于徐柄枢请求返还账款执行一案的文书，包括民事补诉状、传票回证、点名单、报告书、收据、民事和解笔录等。

999. 璧山地方法院审理违反印花税法案请执行罚款一案　12－11－992

1941年5月，璧山地方法院关于检察官起诉彭记四海栈违反印花税法案请执行罚款一案的文书，包括地方法院检察官公函、璧山地方法院训令、报告、璧山地方法院公函等。

1000. 四川高等法院第一分院、璧山地方法院审理租佃纠葛及其上诉一案　12－11－993

1941年5月至1942年3月，四川高等法院第一分院、璧山地方法院关于曾炳辉与凌子清租佃纠纷及其上诉一案的文书，包括民事起诉状、民事委状、民事辩诉状、送达证书、点名单、民事审判笔录、民事诉状、民事宣判笔录、璧山地方法院民事判决书、民事声请状、璧山地方法院民事裁定、四川高等法院第一分院刑事判决书、璧山地方法院刑事判决等。

1001. 四川高等法院第一分院审理交业纠葛上诉一案　12－11－994

1941年6月至1942年12月，四川高等法院第一分院关于陈玉兴与冯兴益交业纠葛上诉一案的文书，包括地方法院呈文、民事抗告状、毁坏器具单、璧山地方法院抗告意见书、四川高等法院第一分院民事裁定、送达证书、往来公函等。

1002. 四川高等法院第一分院、璧山地方法院审理田业典当纠葛及其上诉一案　12－11－995

1941年2月至1941年6月，四川高等法院第一分院、璧山地方法院关于蒋芹馨与陈海如田业典当纠葛及其上诉一案的文书，包括地方法院民事判决书、璧山地方法院民事裁定、送达证书、民事委状、四川高等法院第一分院民事裁定、民事声请状、四川高等法院第一分院书记室公函、璧山地方法院书记室公函、案件进行时间表等。

1003. 璧山地方法院审理租约纠葛一案　12－11－996

1941 年 9 月，璧山地方法院关于吴兴林与曾孔昭等租约纠葛一案的文书，包括民事告诉状、民事催告状、点名单、民事审理笔录、璧山地方法院民事判决书、送达证书、璧山地方法院民事裁定等。

1004. 璧山地方法院审理食谷纠葛一案　12－11－997

1941 年 3 月至 1941 年 4 月，璧山地方法院关于胡桂林与谢元康等食谷纠葛一案的文书，包括民事诉状、民事辩诉状、送达证书、具领证明、点名单、言辞辩论笔录、证人结文地方法院民事和解笔录等。

1005. 璧山地方法院审理请求登记确认典权一案　12－11－998

1941 年 4 月，璧山地方法院关于钟炳章请求登记确认城北乡乾坝子典权一案的文书，包括地方法院命令、璧山地方法院公告、报告、登记通知书、送达证书、具领证明、收据、璧山地方法院不动产登记通知等。

1006. 璧山地方法院审理声请分割财产备查一案　12－11－999

1941 年 5 月，璧山地方法院关于王戴氏声请与丈夫分割财产备查一案的文书，包括民事声请状附批示、送达证书等。

1007. 璧山地方法院审理产业纠葛一案　12－11－1000

1941 年 8 月至 1941 年 9 月，璧山地方法院关于李吉安与李树清产业纠葛一案的文书，包括民事诉状、送达证书、民事辩诉状、点名单、民事审理笔录、璧山地方法院民事判决书等。

1008. 璧山地方法院审理回赎典产纠葛一案　12－11－1001

1941 年 11 月至 1942 年 4 月，璧山地方法院关于周德署与周德辉回赎典产纠葛一案的文书，包括送达证书、璧山地方法院民事裁定、收据、审理笔录、点名单、案件审理单、民事委状、审判笔录、民事诉状等。

1009. 璧山实验地方法院审理田产纠葛尾卷一案　12－11－1002

1943 年 3 月，璧山实验地方法院关于朱孙氏与朱凌氏田产纠葛尾卷一案的文书，包括地方法院与高等法院第一分院往来公函、证物目录等。

1010. 璧山地方法院审理回赎典产纠葛尾卷一案　12－11－1003

1941年11月，璧山地方法院关于周德辉与周德署回赎典产纠葛尾卷一案的文书，包括四川高等法院第一分院与地方法院往来公函、四川高等法院第一分院书记室公函、璧山地方法院书记室公函、璧山地方法院民庭通知、送达证书、具领证明等。

1011. 璧山地方法院审理典约纠葛一案　12－11－1004

1941年7月至1941年8月，璧山地方法院关于蒲建辉等与蒲建材等典约纠葛一案的文书，包括民事起诉状、民事辩诉状、送达证书、点名单、民事和解状等。

1012. 璧山地方法院审理典产纠葛一案　12－11－1005

1941年7月至1941年8月，璧山地方法院关于江贯之与陈同福典产纠葛一案的文书，包括送达证书、点名单、民事审理笔录、民事宣判笔录、民事诉状、民事委状、民事声请状、璧山地方法院民事判决书、民事起诉状、物品袋等。

1013. 璧山地方法院审理债务纠葛涉讼一案　12－11－1006

1941年10月，璧山地方法院关于龙君尧因与龙金盛债务纠葛涉讼一案的文书，包括民事声请状附批示、送达证书等。

1014. 最高法院、四川高等法院第一分院审理物权纠葛上诉一案　12－11－1007

1941年6月，最高法院、四川高等法院第一分院关于刘渭南与刘露卿物权纠葛上诉一案的文书，包括最高法院民事裁定、四川高等法院第一分院民事裁定、往来公函、送达证书等。

1015. 最高法院、四川高等法院第一分院审理请求领取押金上诉一案　12－11－1008

1941年11月至1942年7月，最高法院、四川高等法院第一分院关于刘明安等请求领取押金上诉一案的文书，包括最高法院民事判决书、往来公函、民事委状、开卷声请书、送达证书、言辞辩论笔录、民事上诉状、民事声请书、证人结文、闵师附带上诉状、璧山地方法院民庭书记室公函、民事追加状、民事声请状等。

1016. 璧山地方法院审理产业纠葛一案　12－11－1009

1941年7月至1942年3月，璧山地方法院关于邓文轩与邓春建产业纠葛一案的文书，包括民事起诉状、民事委状、送达证书、点名单、民事审理笔录、民事声请状、证人结文、璧山地方法院民事判决书、物品袋、代领证明、物证等。

1017. 璧山地方法院审理请求补偿业价一案　12－11－1010

1941年3月至1941年8月，璧山地方法院关于甘汝霖请求颜永芳补偿业价一案的文书，包括民事诉状、送达证书、民事答辩状、民事委状、点名单、民事补状、言辞辩论笔录、民事被告状、民事缴状、民事审判笔录、民事委托书、民事宣判笔录、民事辩诉状、璧山地方法院民事判决书、物品袋、璧山地方法院民庭通知、具领证明等。

1018. 璧山地方法院审理请求赔偿损害一案　12－11－1011

1941年9月至1942年2月，璧山地方法院关于龚正鑫因田启坤悔婚请求赔偿损害一案的文书，包括民事委状、送达证书、点名单、民事审理笔录、民事展限状、民事答辩状、案件审理单、证人结文、璧山地方法院民事判决书、璧山地方法院民事裁定、民事起诉状等。

1019. 四川高等法院第一分院审理佃约纠葛上诉一案　12－11－1012

1941年10月至1941年11月，四川高等法院第一分院关于荣天成与付森三佃约纠葛上诉一案的文书，包括往来公函、民事上诉状、璧山地方法院民事裁定、送达证书、四川高等法院第一分院民事裁定等。

1020. 璧山地方法院审理赎产纠葛一案　12－11－1013

1941年9月至1941年10月，璧山地方法院关于王钱氏等与向文光赎产纠葛一案的文书，包括民事起诉状、民事答辩状、送达证书、点名单、民事审理笔录、民事辩诉状、物品袋等。

该卷另有1941年4月四川高等法院第一分院关于姚征五请求姚作善返还铺房上诉案的民事裁定书一份。

1021. 四川高等法院第一分院审理终止租约纠葛上诉一案　12－11－1014

1941年12月至1942年2月，四川高等法院第一分院关于张茂林与卫云程终止租约纠葛上诉一案的文书，包括民事委状、送达证书等。

1022. 璧山地方法院审理租谷纠葛执行一案　12－11－1015

1941年5月至1941年9月，璧山地方法院关于贺育之与龚杨氏租谷纠葛执行一案的文书,包括民事执行状、传票回证、点名单、璧山地方法院训令、执行笔录、民事缴状、民事补诉状、民事领状、送达证书、具领证明、报告、民事抗告状、四川高等法院第一分院民事判决书、璧山地方法院民事判决书、收款证明等。

1023. 璧山地方法院审理请领证物一案　12－11－1016

1941 年 1 月,璧山地方法院关于戴陈氏因与戴长桀田产纠葛案结请求领回证物一案的文书,包括民事声请状附批示、送达证书等。

1024. 四川高等法院第一分院、璧山地方法院审理交业纠葛及其上诉一案　12－11－1017

1941 年 4 月至 1941 年 12 月,四川高等法院第一分院、璧山地方法院关于雷春龙与雷在煜交业纠葛及其上诉一案的文书,包括往来公函、璧山地方法院民事判决书、送达证书、民事抗告状、民事裁定、案件审理单、点名单、民事审理笔录、璧山县第三区龙溪乡乡公所通知、璧山地方法院民事裁定、民事声请状、民事缴状、民事辩诉状、璧山县政府公函、璧山县第三区龙溪乡乡公所呈文、民事委状、言辞辩论笔录、民事起诉状、证人结文、民事宣判笔录、收据等。

1025. 四川高等法院第一分院、璧山地方法院审理返还田业纠葛及其上诉一案　12－11－1018

1941 年 7 月至 1941 年 12 月,四川高等法院第一分院、璧山地方法院关于周汉清与刘炳林返还田业纠葛及其上诉一案的文书,包括民事诉状、送达证书、点名单、民事审理笔录、民事宣判笔录、民事辩诉状、璧山地方法院民事判决书、璧山地方法院民事裁定、物品袋、民事上诉状、往来公函、言辞辩论笔录、宣示判决笔录、四川高等法院第一分院民事判决书、案件进行时间表等。

1026. 四川高等法院第一分院、璧山地方法院审理交业葛执行等三案　12－11－1019

1941 年 5 月至 1941 年 11 月,四川高等法院第一分院、璧山地方法院关于交业执行、回赎典产、给付租谷三案的文书,包括往来公函、璧山地方法院民事抗告意见书、送达证书、执行笔录、民事执行状、高等法院第一分院民事裁定、民事抗告状、璧山地方法院执行命令、报告、璧山地方法院训令、民事声明状、民事委状、璧山地方法院民事判决书、具领证明、言辞辩论笔录、宣示判决笔录、四川高等法院第一分院民事判决书等。

1027. 四川高等法院第一分院审理交业纠葛、撤销买卖契约上诉两案　12－11－1020

1940年11月至1941年6月，四川高等法院第一分院关于蒋光耀与江汪氏交业纠葛上诉、陈炳辉等与任建章等撤销买卖契约上诉两案的文书，包括民事上诉状、璧山地方法院民事裁定、往来公函、言辞辩论笔录、宣示判决笔录、四川高等法院第一分院民事判决书、民事声请状、通知书、四川高等法院第一分院民事裁定、民事委状、四川高等法院第一分院民事和解笔录、江津地方法院书记室公函等。

该卷附有1938年3璧山县司法处关于甘荣清与甘银臣债务纠葛一案的民事和解笔录。

1028. 璧山地方法院、璧山县政府等审理抢劫等三案　12－11－1021

1940年12月至1943年12月，璧山地方法院、璧山县政府等关于王汉清状告张绍华等抢劫、军委会特派总动员会议饬令雷吉林缴纳罚金、冷春熙因谢建洲违约砍伐树木而请求赔偿损害三案的文书，包括刑事诉状、刑事告诉状、军事委员会特派国家总动员会议军法执行监部公函、报告、证明书、璧山县三合乡乡公所呈文、璧山县狮子乡呈文、赃物单、第九补充兵训练处第三团公函、民事诉状、璧山地方法院民事判决书、璧山地方法院公函等。

1029. 四川高等法院第一分院、璧山地方法院审理买卖契约纠葛上诉一案　12－11－1022

1941年3月至1941年10月，四川高等法院第一分院、璧山地方法院关于钱洪顺与钱开元等买卖契约纠葛上诉一案的文书，包括往来公函、民事上诉状、送达证书、开卷声请书、言辞辩论笔录、证人结文、民事理由状、民事委状、收据、宣示判决笔录、四川高等法院第一分院民事判决书、案件进行时间表、点名单、璧山地方法院民事判决书、璧山地方法院民事裁定、民事诉状、民事辩诉状等。

1030. 璧山地方法院审理嘱托送达租谷纠葛判决书一案　12－11－1023

1941年4月，璧山地方法院关于永川地方法院嘱托送达张彩林等与李月清租谷纠葛判决书一案的文书，包括永川地方法院公函、璧山地方法院与高等法院第一分院往来公函、璧山地方法院书记科公函等。

1031. 璧山地方法院审理请发还缴案契据及字约一案　12－11－1024

1940年12月至1941年1月，璧山地方法院关于王方成因声请破产偿债案结状请发还缴案契据及字约一案的文书，包括民事领状附批示、送达证书、点名单、讯问笔录等。

1032. 璧山地方法院审理解除租约纠葛一案　12－11－1025

1941 年 9 月至 1941 年 11 月，璧山地方法院关于李儒陵与杨玉清解除租约纠葛一案的文书，包括送达证书、点名单、审判笔录、证人结文、璧山地方法院民事裁定、璧山地方法院民事判决书、民事告诉状、物品袋、物证等。

1033. 璧山县政府审理谷物及会款纠葛一案　12－11－1026

1936 年 8 月至 1938 年 7 月，璧山县政府关于邓国栋与陈道三等谷物及会款纠葛一案的文书，包括点名单、审理笔录、民事辩诉状、民事保状、送达证书、民事执行状、报告、民事抗告状、璧山县司法局执行命令、损失单、璧山县司法局民事裁定、璧山县政府传票、民事领状、具领证明、民事诉状、计抄讼费及利息、民事声请状、璧山县司法局民事判决书、物证等。

1034. 四川高等法院第一分院审理状告诈欺盗窃上诉、买卖产业纠葛上诉两案 12－11－1027

1941 年 1 月至 1944 年 1 月，四川高等法院第一分院关于张康宁状告朱长兴等诈欺盗窃上诉、刘渭南与刘露卿买卖产业纠葛上诉两案的文书，包括璧山地方法院刑事呈文、四川高等法院第一分院刑事裁定、往来公函、民事上诉状、璧山地方法院民事裁定、璧山地方法院刑事判决书、民事辩诉状、民事委状、民事理由状、审理笔录、民事宣判笔录、四川高等法院第一分院民事判决书、民事上诉理由状、民事答辩状、民事追加状、民事声请状、缴款证明、四川高等法院第一分院民事裁定、民事声明状、四川高等法院第一分院民事科通知书等。

1035. 璧山地方法院审理领押交业纠葛一案　12－11－1028

1941 年 5 月至 1942 年 4 月，璧山地方法院关于娄仿陶与魏黄氏领押交业纠葛一案的文书，包括民事诉状、民事声明状、送达证书、民事缴状、民事委状、民事声请状、民事审理笔录、民事答辩状、民事证明状、民事补诉状、民事催状、民事审判笔录、民事讯问笔录等。

该卷附有 1941 年 11 月璧山地方法院关于伍程氏与伍刘氏租约纠葛一案民事判决书、民事裁定、物证等文书。

1036. 璧山地方法院审理回赎典产纠葛一案　12－11－1029

1941 年 7 月至 1941 年 11 月，璧山地方法院关于明树林与李世芳回赎典产纠葛一案的文书，包括民事起诉状、民事委状、送达证书、点名单、民事审理笔录、璧山地方法院民事判决书、璧山地方法院民事裁定、物品袋、物证等。

1037. 四川高等法院第一分院、璧山地方法院审理买卖契约纠葛及其上诉一案 12－11－1030

1931 年 4 月至 1942 年 4 月，四川高等法院第一分院、璧山地方法院关于江远林与江永清买卖契约纠葛及其上诉一案的文书，包括报告、送达证书、点名单、言辞辩论笔录、民事诉状、四川高等法院第一分院民事裁定、民事催呈状、民事声明状、审判笔录、民事委状、审理笔录、具领证明、案件审理单等。

1038. 璧山地方法院审理典权纠葛一案 12－11－1031

1941 年 7 月至 1941 年 11 月，璧山地方法院关于王治清与罗成兴典权纠葛一案的文书，包括民事传票、点名单、民事审理笔录、民事辩诉状、民事委状、民事声请状、物品袋、璧山地方法院民事判决书等。

该卷附有 1941 年 1 璧山地方法院关于王良臣与王印氏典约纠葛一案的民事判决。

1039. 四川高等法院第一分院、璧山地方法院等审理请求返还驼牛等三案 12－11－1032

1940 年 12 月至 1943 年 9 月，四川高等法院第一分院、璧山地方法院等关于返还驼牛、契约纠葛、租谷纠葛三案的文书，包括往来公函、民事上诉状及其附本、璧山地方法院民事裁定、民事委状、言辞辩论笔录、宣示判决笔录、四川高等法院第一分院民事判决书、民事诉状、点名单、审判笔录、案件审理单、民事辩诉状、民事声请状、四川高等法院第一分院公函、往来公函、最高法院公函等。

1040. 璧山地方法院审理租佃纠葛、遗失执照存查等六案 12－11－1033

1939 年 12 月至 1941 年 12 月，璧山地方法院关于杨保之与梅清合租佃纠葛、交付货物执行案、王寿荣遗失执照存查、张荣桓状请郭茂初交付货物、龙海建与龙余氏返还租谷纠葛、潘俊良与雷芬龙农田纠葛六案的文书，包括送达证书、点名单、言辞辩论笔录、民事辩诉状、证人结文、案件审理单、民事宣判笔录、璧山地方法院民事判决书、民事执行状、乡公所转呈恳予备查案由附批示、民事声请状、诉讼费用计算表、通知书、审理笔录、往来公函、审判笔录等。

1041. 四川高等法院第一分院、璧山地方法院、璧山县政府等审理会款纠葛等三案 12－11－1034

1938 年 8 月至 1947 年 8 月，四川高等法院第一分院、璧山地方法院、璧山县政府等关于会款纠葛、经界纠葛、租谷纠葛上诉案三案的文书，包括民事告诉状、缴款证明、送达证书、璧山地方法院民事判决书、民事诉状及缮本、璧山县司法处民事判决书、报告、民事领状、具领证明、往来公函、民事上诉状、璧山地方法院民事裁定、言辞辩论笔录、宣示判决笔录、民事委状、四川高等法院第一分院民事判决书、案件进行时间表等。

1042. 四川高等法院第一分院、璧山县政府审理回赎典产纠葛上诉等四案　12－11－1035

1941 年 5 月至 1943 年 3 月，四川高等法院第一分院、璧山县政府关于何应麟与蒋明初回赎典产终止租约并交业的上诉案、甘锡臣与赖翔之等请求确认转移不动产所有权契约无效上诉案、靳孙氏与李海泉租谷及返还房屋上诉案四案的文书，包括民事委状、往来公函、四川高等法院第一分院民事判决书、送达证书、民事上诉状、璧山地方法院民事裁定、开卷声请书、民事答辩状、言辞辩论笔录、案件进行时间表、点名单、审理笔录、四川高等法院第一分院民事裁定、宣示判决笔录、璧山县政府军法处传票回证等。

该卷附有璧山县政府关于钱正芳与赖恒达婚姻家庭纠葛的代判书，以及璧山县政府军法处检阅城西乡全乡民兵的传票及笔录。

1043. 四川高等法院第一分院、璧山地方法院审理食谷及价金纠葛上诉等四案　12－11－1036

1934 年 9 月至 1941 年 7 月，四川高等法院第一分院、璧山地方法院关于食谷及价金纠葛上诉案、产业纠葛上诉案、给付生活费纠葛上诉案、杉树纠葛四案的文书，包括往来公函、民事声请状、璧山地方法院民事裁定、送达证书、民事上诉状、民事委状、审判笔录、宣示判决笔录、四川高等法院第一分院刑事判决书、四川高等法院第一分院民事裁定、报告及结状、点名单等。

1044. 四川高等法院第一分院、璧山地方法院审理买卖黄谷纠葛及其上诉一案　12－11－1037

1941 年 6 月至 1941 年 8 月，四川高等法院第一分院、璧山地方法院关于左任氏与王天财买卖黄谷纠葛及其上诉一案的文书，包括民事理由状、言辞辩论笔录、证人结文、民事委状、璧山地方法院民事判决书、四川高等法院第一分院民事裁定、往来公函、点名单、宣示判决笔录、四川高等法院第一分院民事判决书、案件进行时间表等。

1045. 四川高等法院第一分院、璧山地方法院审理田产纠葛及撤销和解提起异议及其上诉一案　12－11－1038

1940 年 6 月至 1941 年 8 月，四川高等法院第一分院、璧山地方法院关于陈树元与陈春林田产纠葛撤销和解上诉一案的文书，包括民事异议状、民事委状、言辞辩论笔录、证人结文、民事审判笔录、璧山地方法院民事判决书、璧山地方法院民事裁定、民事诉状附批示、民事声请状、往来公函、四川高等法院第一分院民事判决书、民事答辩状、审判笔录、民事宣判笔录、民事执行状、收款通知证、民事续诉状、民事再请状、执行笔录等。

1046. 四川高等法院第一分院、璧山县城东乡联保办公室审理买卖契约纠葛上诉、租赁板车纠葛两案　12－11－1039

1939 年 11 月至 1940 年 12 月，四川高等法院第一分院、璧山县城东乡联保办公室关于全盛煤炭公司与仁利炭庄买卖契约纠葛上诉、吴裕良与冉永康板车租赁纠葛两案的文书，包括民事缴状、四川高等法院第一分院民事裁定、开卷声请书、送达证书、民事上诉状、往来公函、言辞辩论笔录、民事委状、江津地方法院公函、民事答辩状、民事展限状、具领证明、璧山县城东乡联保办公室报告、璧山县城东乡联保办公室通知等。

1047. 最高法院、四川高等法院第一分院、璧山地方法院等司法案件往来公函卷　12－11－1040

1939 年 7 月至 1944 年 10 月，最高法院、四川高等法院第一分院、璧山地方法院、永川地方法院、江津地方法院等各类往来公函，包括契约纠葛、所有权及会款纠葛、返还布锭、搬迁交业纠葛、买卖纠葛、经界纠葛、分产、赎产、租谷纠葛、分割遗产、给付肥猪、返还货物、赔偿损害等案，各案文书均仅有往来公函，时间混乱等。

另有 1942 年 6 月最高法院关于郑公置与张珍云交付田业纠葛上诉案的民事裁定、送达证书、往来公函等。

1048. 璧山县司法档案判决书卷　12－11－1041

1932 年 9 月至 1948 年 9 月，四川高等法院第一分院、璧山地方法院、璧山县政府各案的判决书，包括债务纠葛、会款纠葛、租约纠葛、给付租谷、盗窃、全藏匿人犯、求还垫款、伪证案、婚约、吸食鸦片、回赎典产、货款、伤害案、借款纠葛、重婚遗弃案、调换纱布纠葛、食宿欠款纠葛案、借谷纠葛案、离婚等，各案文书均仅有判决书一份。

1049. 璧山地方法院诉讼状卷　12－11－1042

1929 年 8 月至 1949 年 11 月，四川高等法院第一分院、璧山地方法院、巴县地方法院、关于强奸罪、抚育费纠葛、贩卖烟土、离婚存查、再嫁、烟银、产业纠葛、会款纠葛、转佃纠葛、买约、交业、赎典、债务、租谷、殴辱、商会、失踪再嫁存查、借款请备查案、借贷等二十九案的文书，包括刑事声请状、缴款证明、报告、刑事诉状副状、民事存查状副状、刑事存查状副状、刑事诉状、民事诉状、审理笔录、民事委状、璧山地方法院刑事判决书、呈文、民事声请状、民事和解笔录、璧山地方法院民事判决书、四川高等法院第一分院民事和解笔录、民事上诉状、言辞辩论笔录、璧山地方法院民事裁定、四川高等法院第一分院民事裁定、民事辩诉状、民事声明状、收据、照抄债务清单、声请书、民事领状、执行笔录、具领证明、民事存查状附批示、抄录合意离婚约书、民事告诉状、民事抗告状等。

1050. 四川高等法院第一分院、璧山地方法院审理声请公告佃约无效等三案　12—11—1043

1941 年 2 月至 1941 年 12 月，四川高等法院第一分院、璧山地方法院关于声请公告佃约无效案、侵害庙屋请备查案、田产所有权纠葛及其上诉案三案的文书，包括民事声请状、民事委状、璧山地方法院民事裁定、民事存查状、民事诉状、民事辩诉状、言辞辩论笔录、证人结文、开卷声请书、民事宣判笔录、璧山地方法院民事判决书、四川高等法院第一分院民事裁定、物品袋、往来公函等。

1051. 璧山地方法院审理请求租佃调解等四案　12—11—1044

1941 年 1 月至 1941 年 12 月，璧山地方法院关于租佃调解、业权纠葛、田业纠葛等四案的文书，包括民事诉状、民事审理笔录、民事续诉状、民事声请状、民事审判笔录、点名单(附调解结果)、璧山县政府第二区署呈文、调解笔录、往来公函、璧山地方法院民事判决书、民事上诉状、璧山地方法院民事裁定、民事缴状、言辞辩论笔录、民事声请状及其副本、四川高等法院第一分院民事判决书、民事委状、四川高等法院第一分院民事和解笔录、民事自诉状、证人结文、民事宣判笔录等。

1052. 四川高等法院第一分院、璧山地方法院审理租佃纠葛及其上诉等三案　12—11—1045

1941 年 1 月至 1942 年 3 月，四川高等法院第一分院、璧山地方法院关于租佃纠葛及其上诉案、会款执行三案的文书，包括民事执行状附批示、诉讼费用明细、四川高等法院第一分院民事判决书、璧山地方法院民事判决书、点名单、执行笔录、民事保状、璧山地方法院训令、报告、民事和解状、民事诉状、民事委状、民事审理笔录、民事抗告状、璧山地方法院民事裁定、讯问笔录等。

1053. 最高法院、四川高等法院第一分院及重庆分院、璧山地方法院审理典约纠葛等四案　12—11—1046

1941 年 3 月至 1942 年 1 月，最高法院、四川高等法院第一分院及重庆分院、璧山地方法院关于典约纠葛、撤销佃权、交业纠葛、违约砍伐四案的文书，包括民事起诉状、民事声请状、民事委状、民事辩诉状、民事诉状、民事答辩状、民事审理笔录、璧山地方法院民事判决书、璧山地方法院民事裁定、四川高等法院第一分院书记室公函、民事抗告状、四川高等法院第一分院民事裁定、意见书、最高法院民事裁定、往来公函、刑事上诉状、审判笔录、宣示判决笔录、四川高等法院第一分院刑事判决书、案件进行时间表等。

1054. 璧山地方法院审理领押交业执行等三案　12－11－1047

1941 年 1 月至 1941 年 9 月，璧山地方法院关于迁让斑竹林纠葛、交业纠葛、领押交业执行三案的文书，包括民事委状、璧山地方法院训令、报告、往来公函、璧山地方法院民事判决书、民事执行状、民事缴状、收款证明、民事辩诉状、执行笔录、执行处声请书、民事声请状、璧山地方法院通知书、民事领状、具领证明等。

1055. 璧山地方法院审理分产纠葛等三案　12－11－1048

1941 年 6 月至 1941 年 9 月，璧山地方法院关于张正有与张德之分产纠葛、刘金廷与刘德轩赎产纠葛、王林山与罗平周请求赎产调解三案的文书，包括民事起诉状、民事辩诉状、民事审判笔录、民事委状、民事声请状、璧山地方法院民事和解笔录、往来公函、璧山地方法院民事判决书、民事诉状、抄录原约、民事宣判笔录、民事调解状、民事撤销状附批示等。

1056. 四川高等法院第一分院审理赔偿损害上诉一案　12－11－1049

1942 年 12 月至 1943 年 6 月，四川高等法院第一分院关于蒋众权堂等与刘武云等因柴山经界纠葛请求赔偿损害上诉一案的文书，包括往来公函、言辞辩论笔录、民事委状、报告、勘察笔录、宣示判决笔录、四川高等法院第一分院民事判决书等。

1057. 璧山地方法院等审理伐树纠葛等五案　12－11－1050

1941 年 1 月至 1942 年 8 月，璧山地方法院等关于伐树纠葛、借款纠葛执行案、田产纠葛执行案、不动产登记、侵害及赔偿五案的文书，包括民事缴状、收款通知证、民事催状、璧山地方法院训令、报告、民事执行状附批示、往来公函、璧山地方法院民事判决书、四川高等法院第一分院公函、不动产登记声请书、璧山地方法院命令、璧山地方法院公告、登记不动产图例、登记通知书、收据等。

1058. 最高法院、四川高等法院第一分院、璧山地方法院等审理典权纠葛及其上诉一案　12－11－1051

1941 年 2 月至 1944 年 3 月，最高法院、四川高等法院第一分院、璧山地方法院等关于沈金成与魏述尧典权纠葛及其上诉一案的文书，包括民事诉状、民事辩诉状、言辞辩论笔录、民事宣判笔录、璧山地方法院民事判决书、璧山地方法院执行证书、往来公函、璧山地方法院民事裁定、民事上诉状、开卷声请书、民事答辩状、民事委状、刑事委状、宣示判决笔录、四川高等法院第一分院民事判决书、收据、四川高等法院第一分院民事裁定、璧山地方法院执行命令、民事缴状、最高法院民事判决书等。

1059. 璧山地方法院审理生活费纠葛等四案　12－11－1052

1941 年 3 月至 1942 年 1 月，璧山地方法院关于黄戴氏与黄中合生活费纠葛、谢罗氏与谢炳辉请求婚姻调解、尹清廷与张春富同居纠葛、王杜氏再嫁请备查四案的文书，包括民事诉状、民事辩诉状、言辞辩论笔录、民事续诉状、璧山地方法院民事裁定、民事声请状、点名单附批示、民事审理笔录、璧山地方法院民事判决等。

1060. 璧山地方法院、璧山县政府审理田谷纠葛等三案　12－11－1053

1937 年 1 月至 1942 年 1 月，璧山地方法院、璧山县政府关于许安木与许焕然田谷纠葛、万兴林与万长青欠款纠葛、黄先吉与黄子清会款纠葛三案的文书，包括民事告诉状、案件审理单、民事诉状、抄录典当文约、民事委状、民事和解状、民事原诉状、民事自诉状、报告、审理笔录、民事保状、璧山县政府民事判决书、物证等。

1061. 璧山地方法院审理勘验无名男尸等四案　12－11－1054

1941 年 1 月至 1941 年 10 月，璧山地方法院关于城中镇第十保请求勘验淑德女校侧牌坊无名男尸、中兴乡乡公所请通缉杀妻人犯、城北乡乡公所与城西乡乡公所请求勘验两乡交界处无名男尸、高一分检处发函黄开玉与黄永杰房屋侵占纠葛案上诉驳回应归档四案的文书，包括报告、勘验书、领尸体结文、中兴乡乡公所呈文、璧山地方法院检查处查缉票、城北乡乡公所与城西乡乡公所呈文、璧山地方法院答呈、璧山地方法院检察官侦查笔录、璧山地方法院刑事判决书、高等法院第一分院刑事判决等。

1062. 四川高等法院第一分院、璧山地方法院审理租约纠葛等四案　12－11－1055

1941 年 6 月至 1941 年 12 月，四川高等法院第一分院、璧山地方法院关于租约纠葛、契约纠葛等四案的文书，包括民事诉讼状、民事反诉状、民事委状、军事委员会特务第四团第二营公函、民事审理笔录、民事宣判笔录、璧山地方法院民事判决书、物品袋、民事声请状、往来公函、民事上诉状、民事裁定、民事被诉状、具领凭证、民事起诉状、民事审判笔录、璧山地方法院和解笔录、民事声明状等。

1063. 璧山地方法院审理声请借款假扣押等三案　12－11－1056

1941 年 8 月至 1941 年 9 月，璧山地方法院关于杨浓荫声请借款假扣押、娄仿陶声请租谷假扣押、李忠祥声请租谷假扣押三案的文书，包括民事扣押状、璧山地方法院民事裁定、民事声请状附批示、送达证书等。

1064. 四川高等法院第一分院、璧山地方法院审理请领证物、合约纠葛上诉两案　12－11－1057

1941 年 6 月至 1941 年 10 月，四川高等法院第一分院、璧山地方法院关于邬宗海因会务纠葛案经撤销请领证物、曾红安与曾吉晨合约纠葛上诉两案的文书，包括民事领状附批示、民事上诉状、璧山地方法院民事裁定、往来公函、四川高等法院第一分院民事判决书、民事答辩状、开卷声请书、言辞辩论笔录、宣示判决笔录、民事委状等。

1065. 璧山地方法院审理树界纠葛、田房买卖纠葛两案　12－11－1058

1941 年 1 月至 1941 年 10 月，璧山地方法院关于熊茂辉与伍少光树界纠葛、王刘氏与王寿荣田房买卖纠葛两案的文书，包括言辞辩论笔录、璧山地方法院训令、第三区七塘乡乡公所呈文、民事诉状、民事辩诉状、证人结文、民事证明状、民事委状、往来公函、案件进行时间表等。

1066. 璧山地方法院审理卷逃请备查等三案　12－11－1059

1941 年 2 月至 1941 年 8 月，璧山地方法院关于媳妇卷逃备查、票据破碎请求登记、祀产纠葛三案的文书，包括民事备查状附批示、送达证书、民事声明状附批示、民事诉状、民事辩诉状、言辞辩论笔录、民事委状、民事声请状、审判笔录、民事审理笔录、物证等。

1067. 璧山地方法院审理伪造文书、租佃纠葛两案　12－11－1060

1941 年 1 月至 1941 年 10 月，璧山地方法院关于高一分检处函送李何宗芳伪造文书、吴洪洲与欧青廷租佃纠葛两案的文书，包括四川高等法院第一分院检察官训令、送达证书、民事诉状、民事审理笔录、璧山地方法院民事判决书、凭票等。

1068. 璧山地方法院检察官处分书卷 12－11－1061

1941年3月至1941年12月，璧山地方法院关于诈欺、窃盗、妨害农事、侵占产业、伤害、诱奸及窃盗、妨害自由、脱逃、占田业及变造私文书、抢夺不动产、杀人、妨害家庭等二十七案的文书，均只有一份检察官不起诉处分书或检察官起诉处分书。

1069. 璧山地方法院审理同意离婚请存查等五案 12－11－1062

1941年2月至1941年8月，璧山地方法院关于万星辉同意离婚请存查、虞用章诈欺、万李培玉为防别人损害请移居存查、吴志轩因妻不归宣告解除婚约、肖思贵否认肖罗氏等继承权请存查五案的文书，包括检察官不起诉处分书、民事声请状附批示、离婚合约、送达证书、报告等。

1070. 璧山地方法院审理请求勘验无名男尸等三案 12－11－1063

1941年1月至1941年5月，璧山地方法院关于警察所请求勘验无名男尸、第二区署转呈刘维之与徐尚福典当祖业纠葛一案、看守所请求鉴核王尊三患病三案的文书，包括警察所呈文、勘验结文、第二区署呈文、报告、璧山地方法院看守所呈文、检查处押票回证、侦查笔录等。

1071. 璧山地方法院审理请求损害赔偿等三案 12－11－1064

1941年1月至1941年10月，璧山地方法院关于蔡炳章与陈昌贤屋基田产纠葛、汪普合状请伍炳臣返还佃金、马道平请求撤销佃约三案的文书，包括民事诉状、案件审理单、民事辩诉状、民事委状、言辞辩论笔录、证人结文、民事宣判笔录、璧山地方法院民事判决书、民事了解状、往来公函、民事审判笔录、民事更新笔录、民事声明状、璧山地方法院民事裁定等。

1072. 璧山地方法院审理请求确认共有物权、诈欺及变造私文书两案 12－11－1065

1941年9月至1941年10月，璧山地方法院关于陈水清请求确认与贺玉林共有物权、陈光廷等诈欺及变造私文书两案的文书，包括民事起诉状、民事委状、送达证书、民事辩诉状、检察官不起诉处分书、点名单、民事审理笔录、民事声请状、民事原诉状、民事审判笔录等。

1073. 璧山地方法院审理返还田土纠葛声请继续审判、请求返还包车两案 12－11－1066

1941年6月至1941年11月，璧山地方法院关于邹炳安与邹郭氏还田土纠葛声请继续审判、朱万顺请求房少清返还包车两案的文书，包括民事声请状附批示、送达证书等。

1074. 璧山地方法院审理终止租赁纠葛尾卷一案　12－11－1067

1941年4月至1941年12月，璧山地方法院关于刘露卿与刘渭南终止租赁纠葛尾卷一案的文书，包括地方法院民事判决书、璧山地方法院与高等法院第一分院往来公函等。

1075. 璧山地方法院审理请求确认先买权一案　12－11－1068

1941年3月至1941年7月，璧山地方法院关于邓炳林请求确认先买权一案的文书，包括民事诉状、案件审理单、送达证书、点名单、言辞辩论笔录、璧山地方法院民事裁定等。

1076. 璧山地方法院审理嘱传到案侦讯一案　12－11－1069

1941年8月，璧山地方法院关于永川地检处嘱璧山地方法院传侵占涉讼的徐正明等到案侦讯一案的文书，包括永川地方法院检察官公函等。

1077. 璧山地方法院审理领押交业纠葛一案　12－11－1070

1941年7月至1941年10月，璧山地方法院关于吴锡荣与张炳南领押交业纠葛一案的文书，包括民事原诉状、民事答辩状、送达证书、点名单、民事审理笔录、民事宣判笔录、民事委状、璧山地方法院民事判决书、民事诉状、璧山地方法院民事裁定、物证等。

1078. 四川高等法院第一分院审理租约纠葛上诉一案　12－11－1071

1941年11月至1941年12月，四川高等法院第一分院关于吴锡荣与张炳南租约纠葛上诉一案的文书，包括民事上诉状、往来公函、民事判决书、言辞辩论笔录、四川高等法院第一分院民事裁定、民事委状等。

1079. 璧山地方法院审理租谷纠纷存查一案　12－11－1072

1941年9月，璧山地方法院关于刘璧清为预防甘海臣匿谷不还状请存查一案的文书，包括民事存查状附批示等。

1080. 璧山地方法院审理迁让房屋纠葛一案　12－11－1073

1941年5月至1941年6月，璧山地方法院关于江远铭与彭受之迁让房屋纠葛一案的文书,包括民事诉状、民事委状、送达证书、民事辩诉状、点名单、民事审理笔录、璧山地方法院民事和解笔录等。

1081. 四川高等法院第一分院、璧山地方法院审理租佃纠葛的上诉及请领证物一案　12－11－1074

1940年10月至1941年4月,四川高等法院第一分院、璧山地方法院关于许刘氏因与张治维因租佃纠葛的上诉及请领证物一案的文书,包括民事领状附批示、送达证书、具领凭证、璧山地方法院民事判决书、往来公函、四川高等法院第一分院民事裁定、民事上诉状、璧山地方法院民事裁定、案件进行时间表、民事诉状、案件审理单、民事委状、审判笔录、重庆地方法院公函、民事宣判笔录等。

1082. 璧山地方法院审理返还食谷纠葛一案　12－11－1075

1940年6月至1942年1月,璧山地方法院关于胡全兴与胡何氏返还食谷纠葛一案的文书,包括民事诉状、璧山地方法院民事和解笔录、案件审理单,送达证书、民事委状、审判笔录、点名单、璧山地方法院民事裁定、民事宣判笔录等。

1083. 璧山地方法院审理请求返还垫谷一案　12－11－1076

1941年10月至1941年12月,璧山地方法院关于钟良臣请求江美成返还垫谷一案的文书,包括民事告诉状、民事委状、案件审理单、送达证书、点名单、民事审理笔录等。

1084. 璧山地方法院审理请求确认买卖契约无效一案　12－11－1077

1941年8月至1942年4月,璧山地方法院关于陈遵德等请求确认与陈刘氏等买卖契约无效一案的文书,包括送达证书、点名单、民事审判笔录、民事诉状、民事答辩状、璧山地方法院民事判决书、民事声请状、璧山地方法院民事裁定等。

1085. 璧山地方法院审理追欠租谷一案　12－11－1078

1941年11月至1941年12月,璧山地方法院关于璧山县政府转呈张从仪请求追回罗忠国所欠租谷一案的文书,包括璧山县政府公函、点名单、检察官侦查笔录、刑事辩诉状、传票回证等。

1086. 璧山地方法院审理解除租约纠葛一案　12－11－1079

1941年10月至1941年11月,璧山地方法院关于张树成与张金山解除租约纠葛一案的文书,包括民事原诉状、案件审理单、送达证书、点名单、民事审理笔录、民事声请状、璧山地方法院民事判决书、璧山地方法院民事裁定等。

1087. 璧山地方法院审理田业纠葛一案　12—11—1080

1941 年 2 月至 1941 年 5 月，璧山地方法院关于赖方镒与罗林氏田业纠葛一案的文书，包括民事自诉状、民事声请状、传票回证、点名单、审判笔录等。

1088. 璧山地方法院审理伤害一案　12—11—1081

1949 年 4 月，璧山地方法院关于刘卯钊状告杨昌全等伤害一案的文书，仅有地方法院检察官公函、送达证书。

1089. 璧山地方法院审理妨害婚姻一案　12—11—1082

1940 年 12 月，璧山地方法院关于刘罗氏状告高少卿重婚妨害婚姻一案的文书，包括地方法院检察官起诉书及底稿等。

1090. 璧山地方法院审理声请抵押救助一案　12—11—1083

1941 年 12 月，璧山地方法院关于张辅廷因与张少明赎产纠葛声请抵押救助一案的文书，包括民事诉状、璧山地方法院民事裁定、送达证书等。

1091. 四川高等法院第一分院、璧山地方法院审理买卖契约纠葛及其上诉一案　12—11—1084

1941 年 2 月至 1941 年 7 月，四川高等法院第一分院、璧山地方法院关于邓震元与张世彬买卖契约纠葛及其上诉一案的文书，包括往来公函、民事上诉状、璧山地方法院民事裁定、送达证书、璧山地方法院民事判决书、民事缴状、民事公证状、民事和解状、案件进行时间表、民事诉状、民事委状、言辞辩论笔录、民事声请状、民事辩诉状、证人结文、民事证明状、民事宣判笔录等。

1092. 璧山地方法院审理债务纠葛、买卖契约纠葛两案　12—11—1085

1941 年 2 月至 1941 年 8 月，璧山地方法院关于债务纠葛、买卖契约纠葛两案的文书，包括民事声请状附批示、送达证书、璧山地方法院民事裁定、往来公函等。

1093. 璧山地方法院审理房屋租赁纠葛一案　12—11—1086

1941 年 4 月至 1941 年 5 月，璧山地方法院关于罗森荣与黄森林房屋租赁纠葛一案的文书，包括往来公函、璧山地方法院民事判决书、民事诉状、送达证书、民事辩诉状、言辞辩论笔录、证人结文等。

1094. 璧山地方法院审理交业纠葛一案　12－11－1087

1941 年 2 月至 1941 年 5 月，璧山地方法院关于邓夏氏与邓保廷交业纠葛一案的文书，包括民事起诉状、案件审理单、送达证书、民事委状、言辞辩论笔录、民事声请状、证人结文、民事审理笔录、民事宣判笔录、璧山地方法院民事判决书、物证等。

1095. 璧山地方法院审理租谷纠葛一案　12－11－1088

1941 年 10 月，璧山地方法院关于凌子明与张海洲租谷纠葛一案的文书，包括报告、点名单、检察官侦查笔录、刑事告诉状、璧山地方法院检察官不起诉处分书、送达证书等。

1096. 璧山地方法院审理给付欠款纠葛等三案　12－11－1089

1941 年 6 月至 1941 年 12 月，璧山地方法院关于给付欠款、林木纠葛、停止执行赔偿三案的文书，包括民事诉状、民事辩诉状、送达证书、点名单、民事审判笔录、民事宣判笔录、璧山地方法院民事判决书、璧山地方法院民事裁定、民事声请状附批示等。

1097. 璧山地方法院审理函请移转管辖一案　12－11－1090

1941 年 11 月至 1941 年 12 月，璧山地方法院关于高一分院因诈索欠粮案系诬告函请移转管辖被告赖兼善一案的文书，包括案件审理单、高等法院第一分院民事裁定、四川高等法院第一分院办公室公函、传票回证、点名单、刑事诉状等。

1098. 璧山地方法院审理声请登记本城房屋典权一案　12－11－1091

1941 年 4 月至 1941 年 10 月，璧山地方法院关于蒋慧卿声请登记本城房屋典权一案的文书，包括不动产登记声请书、璧山地方法院命令、被告、不动产图示、璧山地方法院公告、登记通知书、送达证书、具领证明、收据等。

1099. 璧山地方法院审理请求同居存查一案　12－11－1092

1941 年 7 月，璧山地方法院关于杨志安与杨袁氏请求同居存查一案的文书，包括民事存查状附批示等。

1100. 璧山地方法院审理解约交业纠葛一案　12－11－1093

1941 年 11 月至 1942 年 3 月，璧山地方法院关于陶乾三与杨国安解约交业纠葛一案的文书，包括民事诉状、民事委状、案件审理单、点名单、民事审理笔录、璧山地方法院民事判决书、璧山地方法院民事裁定、民事声请状等。

1101. 四川高等法院第一分院、璧山地方法院审理典产纠葛及其上诉一案　12－11－1094

1941年6月至1942年2月,四川高等法院第一分院、璧山地方法院关于张怀青与罗四维回赎典产纠葛及其上诉一案的文书,包括民事起诉状、民事委状、民事辩诉状、点名单、送达证书、言辞辩论笔录、民事催请状、民事审理笔录、璧山地方法院民事判决书、璧山地方法院民事裁定、录列典当条件、四川省政府典契、民事上诉状、往来公函、民事缴状、宣示判决笔录、四川高等法院第一分院民事判决书、案件进行时间表等。

1102. 最高法院审理典产纠葛上诉一案　12－11－1095

1940年12月至1941年12月,最高法院关于袁陈氏等与王炳南典产纠葛上诉一案的文书,包括往来公函、民事上诉状、送达证书、高等法院第一分院民事裁定、最高法院民事裁定等。

1103. 璧山地方法院审理租约纠葛一案　12－11－1096

1941年11月至1942年3月,璧山地方法院关于赵各均与谭春廷租约纠葛一案的文书,包括民事告诉状、案件审理单、民事答辩状、送达证书、点名单、审判笔录、璧山地方法院民事裁定等。

1104. 璧山地方法院审理解除租约纠葛一案　12－11－1097

1941年11月至1942年3月,璧山地方法院关于肖海荣与陈徐氏解除租约一案的文书,包括民事起诉状、民事答辩状、案件审理单、送达证书、点名单、审判笔录、璧山地方法院民事判决书等。

该卷附有璧山地方法院关于张怀青与罗四维回赎典产纠葛一案的民事判决书、往来公函。

1105. 璧山地方法院审理声请假扣押租谷一案　12－11－1098

1941年3月至1941年4月,璧山地方法院关于邹江氏声请假扣押租谷一案的文书,包括民事声请状、璧山地方法院民事裁定、送达证书等。

1106. 璧山地方法院审理遗失支票声请公示一案　12－11－1099

1941年3月至1941年4月,璧山地方法院关于蔡德辉因遗失支票声请公示一案的文书,包括民事声请状、璧山地方法院民事裁定、送达证书等。

1107. 璧山地方法院审理继承遗产声明异议一案　12－11－1100

1941 年 4 月，璧山地方法院关于肖张氏继承遗产声明异议一案的文书，包括民事辩诉状附批示、民事委状、送达证书等。

1108. 璧山地方法院审理再嫁请存查一案　12－11－1101

1941 年 4 月，璧山地方法院关于谢利均因被骗结婚声请再嫁存查一案的文书，包括民事存查状附批示、送达证书等。

1109. 璧山地方法院审理请求脱离存查一案　12－11－1102

1941 年 4 月，璧山地方法院关于何谭富荣因夫生死不明三年请求脱离存查一案的文书，包括民事存查状附批示、送达证书等。

1110. 璧山地方法院审理声请债务执行一案　12－11－1103

1941 年 4 月至 1941 年 10 月，璧山地方法院关于刘汉卿因优先受偿案结声请债务执行一案的文书，包括民事诉状、民事判决书、传票回证、点名单、执行笔录、民事原诉状附批示、送达证书、收款证等。

1111. 璧山地方法院审理解除租约纠葛一案　12－11－1104

1941 年 6 月至 1941 年 9 月，璧山地方法院关于高子谦与雷朝良解除租约纠葛一案的文书，包括民事诉状、送达证书、点名单、民事审判笔录、璧山地方法院民事裁定等。

1112. 四川高等法院第一分院、璧山地方法院审理生活费纠葛及其上诉一案　12－11－1105

1941 年 3 月至 1941 年 7 月，四川高等法院第一分院、璧山地方法院关于蒋海滨与蒋曾兴智生活费纠葛及其上诉一案的文书，包括往来公函、璧山地方法院民事判决书、民事上诉状、民事委状、言辞辩论笔录、宣示判决笔录、四川高等法院第一分院民事判决书、民事起诉状、送达证书、民事辩诉状、点名单、民事审判笔录等。

1113. 璧山地方法院审理请求返还菜油及赔偿一案　12－11－1106

1941 年 7 月至 1941 年 8 月，璧山地方法院关于李炳森请求返还菜油及赔偿一案的文书，包括民事告诉状、送达证书、点名单、民事审判笔录、璧山县第三区八塘乡乡公所呈文、璧山地方法院民事和解笔录等。

1114. 四川高等法院第一分院、璧山地方法院、璧山县司法处审理赎典纠葛一案　12－11－1107

1938年8月至1941年6月，四川高等法院第一分院、璧山地方法院、璧山县司法处关于曹曾氏与曾培之赎典纠葛一案的文书，包括地方法院民事判决书、往来公函、民事理由状、民事委状、送达证书、璧山地方法院民事裁定、民事上诉状、开卷声请书、民事辩诉状、言辞辩论笔录、四川高等法院第一分院民事和解笔录、民事原诉状、传票回证、点名单、审理笔录、民事反诉状及其缮本、璧山县司法处民事判决书、民事执行状及其缮本、民事缴状、民事领状、民事诉状、物证等。

1115. 璧山地方法院审理典权纠葛一案　12－11－1108

1941年10月至1942年4月，璧山地方法院关于张柏林与张林氏典权纠葛一案的文书，包括民事起诉状、民事委状、案件审理单、送达证书、点名单、民事审理笔录、财政部四川省璧山县田赋管理处公函、言辞辩论笔录、证人结文、璧山地方法院民事判决书、璧山地方法院民事裁定等。

1116. 璧山地方法院审理请求登记确认典权一案　12－11－1109

1940年10月至1940年11月，璧山地方法院关于蒋德福请求登记确认七塘镇乌木滩典权一案的文书，包括不动产登记声请书、图例、璧山地方法院命令、璧山地方法院公告、报告、登记通知书、送达证书、具领证明、收据等。

1117. 四川高等法院第一分院审理房屋租赁纠葛上诉一案　12－11－1110

1941年6月至1942年1月，四川高等法院第一分院关于黄春林与罗森荣房屋租赁纠葛上诉案的文书，包括往来公函、民事上诉状、案件审理单、送达证书、民事辩诉状、言辞辩论笔录、四川高等法院第一分院书记科通知书、案件进行时间表等。

1118. 璧山地方法院审理终止租约纠葛一案　12－11－1111

1941年12月至1942年3月，璧山地方法院关于郑公显与蔡泛之终止租约纠葛一案的文书，包括民事诉状、案件审理单、民事展限状、送达证书、点名单、民事审理笔录、璧山地方法院民事判决书、璧山地方法院民事裁定、往来公函等。

1119. 四川高等法院第一分院审理租谷纠葛上诉一案　12－11－1112

1941年6月至1941年9月，四川高等法院第一分院关于刘文华与李桂荣租谷纠葛上诉一案的文书，包括往来公函、民事上诉状、璧山地方法院民事裁定、送达证书、璧山地方法院民事判决书、四川高等法院第一分院民事裁定、永川地方法院公函、璧山地方法院公函等。

1120. 璧山地方法院审理声请债务执行一案　12－11－1113

1940 年 12 月至 1942 年 3 月，璧山地方法院关于东川邮政受理局因债务纠葛案结声请债务执行一案的文书，包括东川邮政管理局呈文、民事诉状、璧山地方法院民事判决书、传票、点名单、璧山县第三区丁家镇镇公所呈文、璧山地方法院指令、璧山地方法院训令、东川邮局璧山二等邮局公函、报告、收款通知证、璧山地方法院公函等。

1121. 璧山地方法院审理交业纠葛一案　12－11－1114

1941 年 12 月至 1942 年 4 月，璧山地方法院关于汪李氏与朱俊才交业纠葛一案的文书，包括民事声请状、璧山地方法院民事和解笔录、璧山地方法院训令、报告、点名单、执行笔录、民事执行状、收据等。

1122. 璧山地方法院审理请求给付佃洋执行一案　12－11－1115

1941 年 1 月，璧山地方法院关于周绍堂因与徐利贞给付佃洋纠葛案而声请执行一案的文书，包括民事执行状、传票回证、点名单、璧山地方法院民事和解笔录等。

1123. 璧山地方法院等审理财产监护权纠葛一案　12－11－1116

1941 年 7 月至 1942 年 5 月，璧山地方法院等关于张叔达与张道刚财产监护权纠葛一案的文书，包括璧山地方法院原存查批示、言辞辩论笔录、民事委状、民事声请状、送达证书、点名单、民事审理笔录、声请调解笔录、医师证明书、民事审判笔录、证人结文、璧山地方法院民事裁定、民事抗告状、璧山地方法院民事抗告意见书、重庆市宽仁医院证明书等。

1124. 璧山地方法院审理给付租谷纠葛一案　12－11－1117

1941 年 4 月至 1941 年 5 月，璧山地方法院关于李桂荣与刘政敷给付租谷纠葛一案的文书，包括往来公函、四川高等法院第一分院公函、璧山地方法院公函、璧山地方法院民事判决书、民事原诉状、送达证书、民事委状、民事答辩状、点名单、言辞辩论笔录、民事宣判笔录等。

1125. 璧山地方法院审理请领地权图纸一案　12－11－1118

1941 年 5 月，璧山地方法院关于荣佩玉因地权纠葛案结请领地权图纸一案的文书，包括民事领状附法院批示、送达证书、具领证明等。

1126. 璧山地方法院审理请求诉讼费用执行一案　12－11－1119

1941年5月，璧山地方法院关于肖谢氏因继承权纠葛案结请求诉讼费用执行一案的文书，包括民事执行状附批示、璧山地方法院民事裁定、传票回证、点名单、收款通知证、执行笔录、民事委状、璧山地方法院通知书、送达证书等。

1127. 最高法院、四川高等法院第一分院审理押金纠葛上诉一案　12－11－1120

1940年12月至1941年10月，最高法院、四川高等法院第一分院关于何奎光等与张同德押金纠葛上诉案的文书，包括往来公函、民事上诉状、四川高等法院第一分院民事裁定、民事缴状、民事辩诉状、送达证书、最高法院民事判决书等。

1128. 四川高等法院第一分院、璧山地方法院审理熟土纠葛及其上诉一案　12－11－1121

1941年4月至1941年5月，四川高等法院第一分院、璧山地方法院关于李成之与荣廷泽交还熟土纠葛及其上诉案的文书，包括民事原诉状、送达证书、点名单、宣判笔录、民事委状、审判笔录、四川高等法院第一分院民事判决书、璧山地方法院民事判决书、璧山地方法院民事裁定等。

1129. 璧山地方法院审理分割遗产纠葛等五案　12－11－1122

1941年2月至1942年1月，璧山地方法院关于分割遗产、继承权纠葛、分居管业存查、田产纠葛等五案的文书，包括民事起诉状、计抄合约书、送达证书、民事辩诉状、民事委状、点名单、民事审判笔录、民事请求状、民事声请状、民事诉状、民事声明状、民事反诉状、璧山地方法院民事裁定、民事证明状、民事展限状、民事和解状、民事存查状附批示、璧山县第三区福禄镇公所呈文、刑事告诉状、侦查笔录、璧山地方法院检察官不起诉处分书等。

1130. 四川高等法院第一分院、璧山地方法院等审理田价纠葛等六案　12－11－1123

1940年7月至1942年8月，四川高等法院第一分院、璧山地方法院等关于给付田价上诉案、给付青瓦及其上诉案、搬迁、给付毛铁执行案、租谷假扣押执行、申领保证金六案的文书，包括民事再传状、四川高等法院第一分院民事裁定、往来公函、民事补状、四川高等法院第一分院民事和解笔录、民事起诉状、民事审判笔录、璧山地方法院民事判决书、璧山地方法院民事裁定、民事上诉状、言辞辩论笔录、宣示判决笔录、四川高等法院第一分院民事判决书、民事声请状、民事委状、民事缴状、民事宣判笔录、民事撤回假扣押状、计抄和解书、民事执行状、执行笔录、民事声明状、训令、报告、收款通知证等。

1131. 璧山地方法院等审理经界纠葛及其上诉并请领证物一案　12－11－1124

1940年10月至1947年3月，璧山地方法院等关于徐彩云与曾朝阳因经界纠葛涉讼上诉并请领证物一案的文书，包括民事上诉状、璧山地方法院民事裁定、送达证书、言辞辩论笔录、往来公函、宣示判决笔录、四川高等法院第一分院民事判决书、璧山地方法院呈文、璧山地方法院民事判决书、图例、报告、民事声请状、缴款证明、收据、民事诉状、审判笔录、证人结文、物证等。

1132. 最高法院、璧山地方法院等审理回赎典产等五案　12－11－1125

1940年11月至1942年5月，最高法院、璧山地方法院等关于回赎典产纠葛的上诉及其执行等五案的文书，包括民事声请状、民事原诉状、言辞辩论笔录、民事宣判笔录、璧山地方法院民事判决书、民事领状、具领证明、民事讯问笔录、往来公函、民事上诉状、高等法院第一分院民事裁定、最高法院民事裁定、民事告诉状、民事审判笔录、民事委状、民事辩诉状等。

1133. 四川高等法院第一分院、璧山地方法院审理买卖契约纠葛等四案　12－11－1126

1941年1月至1941年9月，四川高等法院第一分院、璧山地方法院关于承买权纠葛、买卖契约纠葛、田房买卖请存查等四案的文书，包括往来公函、民事上诉状、民事委状、璧山地方法院民事裁定、民事答辩状、民事和解笔录、言辞辩论笔录、民事参加状、民事诉状、民事撤销状附批示、民事存查状附批示、民事辩诉状、民事声请状、民事原诉状、民事续诉状、民事宣判笔录、璧山地方法院民事判决书等。

1134. 璧山地方法院审理请领证物等六案　12－11－1127

1941年3月至1941年12月，璧山地方法院关于左四合因与骆春林典权纠葛案结请领证物、白聂氏因与白荣安回赎典产纠葛案结请领证物、李舒氏因与李兴三典权纠葛案结请领证物、王绍元请求登记大路镇典权、龚锡章因与贺育之租谷纠葛案结请领字约等六案的文书，包括民事领状附批示、传票回证、点名单、不动产登记声请书、璧山地方法院命令、璧山地方法院公告、报告、图例、登记通知书、收据、具领证明等。

1135. 璧山地方法院审理状告漏税等三案　12－11－1128

1941年5月至1941年11月，璧山地方法院关于漏税、征粮纠葛、卖树纠葛声请假扣押三案的文书，包括民事自诉状、案件审理单、传票回证、点名单、刑事审判笔录、璧山地方法院刑事判决书、送达证书、璧山县第三区正兴乡乡公所呈文、民事声请状、璧山地方法院民事裁定等。

1136. 璧山地方法院审理生活费纠葛等四案　12—11—1129

1941年3月至1941年11月，璧山地方法院关于生活费纠葛、迁让交业执行、另嫁未能阻止请存查等四案的文书，包括民事声请状、璧山地方法院民事和解笔录、传票回证、点名单、民事原诉状、民事答辩状、送达证书、言辞辩论笔录、民事委状、执行笔录、璧山地方法院训令、报告、民事存查状等。

该卷附有璧山地方法院1941年9月，关于杨少臣状告黄绍辉与其妻通奸、妨害家庭一案的刑事判决；1941年7月，关于潘俊良侵入他人住宅一案的刑事裁定；1941年11月关于靳春和状告李辉廷等抢夺一案、陈永森等故意伤害他人一案的刑事裁定；1940年11月戴仁安状告徐东海等盗窃及伤害一案的刑事判决；1940年4月江汪氏状告江启文等霸占不动产一案的刑事判决；1939年12月王春山状告蔡森荣欺诈一案的刑事判决书、汪永廷状告吴春林等私占他人不动产一案的刑事判决。

1137. 璧山地方法院审理再嫁等五案　12—11—1130

1941年2月至1941年11月，璧山地方法院关于再嫁、撤销婚约、解除婚约、离婚等五案的文书，包括民事声请状附批示、送达证书、民事辩诉状、点名单、言辞辩论笔录、民事反诉状、璧山地方法院民事裁定、民事存查状附批示等。

1138. 璧山地方法院审理宣告死亡备查等四案　12—11—1131

1941年9月至1941年10月，璧山地方法院关于李昌兴与李昌隆田谷纠葛案声请和解、江北地方法院亟托送达秦安荣民事传票、田夏氏声请宣告丈夫死亡、萧昌佑声请保持产权备查四案的文书，包括民事声请状、点名单、送达证书、江北地方法院公函、民事具呈状、璧山地方法院公函等。

1139. 璧山地方法院审理声请财产救助等四案　12—11—1132

1941年8月至1942年2月，璧山地方法院关于孙李氏声请财产救助、朱全安等声请遗产继承公告、鹿鸣乡乡公所呈转尹光祥请准予救助、汪金华声请发还与杨炳奎典当纠葛案批示四案的文书，包括民事声请状、案件审理单、点名单、调查笔录、民事裁定书、证明书、法院民庭命令书、民事诉状、民事续诉状、往来公函等。

1140. 璧山地方法院审理押佃纠葛等四案　12—11—1133

1941年9月至1941年10月，璧山地方法院关于王龚氏与罗芝圃押佃纠葛、刘开发与刘兴发领押交业纠葛、罗代洲与罗银山领押交业纠葛、汪天泰与王寿廷领押交业纠葛四案的文书，包括民事告诉状、民事声请状、点名单、审判笔录、民事反诉状、民事委任状、民事补诉状、民事辩诉状、往来公函、通知书、乡公所呈文、民事裁定书、民事催状、璧山地方法院民庭命令书、民事举状、案件审理单、证明书、民事判决书、民事执行状、训令、报告、执行笔录、民事缴状、民事理由状、言辞辩论笔录、民事被辩状、民事宣示判决笔录等。

1141. 璧山地方法院审理租佃纠葛一案　12－11－1134

1941 年 1 月至 1941 年 4 月，璧山地方法院关于陈元纲与陈安氏租佃纠葛一案的文书，包括民事告诉状、案件审理单、传票回证、点名单、言辞辩论笔录、送达证书、民事民庭状、民事判决书、民事宣判笔录等。

1142. 璧山地方法院等审理租谷纠葛等四案　12－11－1135

1941 年 8 月至 1942 年 5 月，璧山地方法院等关于租谷纠葛、租款纠葛、声请假扣押等四案的文书，包括民事声请状、民事庭和解笔录、法院训令、报告、执行笔录、民事保状、民事催诉状、民事执行传票回证、民事委状、民事执行命令、送达证书、民事执行状、执行证书存根、民事调解状等。

1143. 璧山地方法院审理租约纠葛等六案　12－11－1136

1941 年 4 月至 1941 年 11 月，璧山地方法院关于蔡继贤与印鸿举因欠租涉讼、王谢氏与林庆光因终止租约涉讼、陈刘氏与龚金山因租佃纠葛再审涉讼、张时可与冷春圃因租佃约据纠葛涉讼、刘何氏与罗炳全因租佃契约纠葛涉讼、吴寿增予郑茂林因租佃纠葛涉讼六案的文书，包括民事诉状、民事辩诉状、点名单(附候再定期)、言辞辩论笔录、民事审理笔录、审判笔录、民事判决书、民事裁定、案件审理单、民事委任状、民事举证状、民事再审状、民事声请状、法院公函、宣示判决笔录、民事原诉状、民事证明状、民事被告状、民事续诉状、民事传票等。

1144. 璧山地方法院等审理债款交业纠葛等六案　12－11－1137

1941 年 4 月至 1949 年 6 月，璧山地方法院等关于债款交业纠葛、伤害、杀人未遂在逃、盗窃粮食、妨害公共安全等六案的文书，包括民事声请状、民事执行传票、点名单附判决、执行笔录、民事执行状、收款通知证、民事判决书、民事诉状、法院训令、报告、民事委任状、民事审理笔录、侦查笔录、龙凤乡乡公所呈文、刑事辩诉状、检察官不起诉处分书、检察官指令、检察官处分书、刑事判决书、法院通知书、检察官起诉书、刑事上诉状、公函、训令等。

1145. 璧山地方法院审理佃约纠葛等四案　12－11－1138

1941 年 7 月 至 1941 年 10 月，璧山地方法院关于郭海清声请裁定租佃纠纷、赵炳云怀疑自己遭受婚姻欺诈要求存查、张叔达与张雷仲华请求送还被监护人张道刚没收财产就近传讯张道刚、重庆地院亟托代送证人传票四案的文书，包括民事声请状、送达证书、民事存查状、法院公函、传讯笔录、点名单、往来公函等。

1146. 璧山地方法院审理请领证物等六案　12－11－1139

1941 年 7 月至 1941 年 12 月，璧山地方法院关于李海林请领产业纠葛涉讼案证物、胡银辉请领典产纠葛案证物、龙长淮因祠产纠葛涉讼请领证物、萧华兴因土地所有权涉讼请领证物、何熙平因典当纠葛请领证物、武江氏因财产纠葛请领证物六案的文书，包括民事领状附准领收据、民事申请状、送达证书等。

1147. 四川高等法院第一分院、璧山地方法院、璧山县司法处等审理货债纠葛等十案　12－11－1140

1936 年 3 月至 1945 年 7 月，四川高等法院第一分院、璧山地方法院、璧山县司法处等关于租佃纠葛、四美堂等人债雇问题涉讼、屋基产业纠葛、违规偷减经纱案、押佃纠葛、纳租交业纠葛、申请领证等十案的文书，包括审理笔录、报告、民事和解状、民事判决书、民事诉状、训令、呈文、判决书、民事抗告状附意见书、最高法院裁定书、民事声明状、民事缴状、四川高等法院第一分院公函、民事上诉状、四川高等法院第一分院辩论笔录、民事委任书、四川高等法院第一分院判决笔录、民事答辩状、和解笔录、民事续诉状、刑事领状等。

国家出版基金项目
NATIONAL PUBLICATION FOUNDATION

“十三五”国家重点图书出版规划项目

国家社会科学基金西部项目“四川县级档案馆藏
民国档案数字化处理与研究”优秀结项成果

民国
璧山司法档案
案卷提要

民事卷 三

陈廷湘 吕毅 刘明琴 著

西南大学出版社

民事十二

1. 四川高等法院第一分院、璧山地方法院等审理买卖纠纷一案　12－12－1

1942 年 3 月至 1942 年 7 月，四川高等法院第一分院、璧山地方法院等关于叶宗福请求撤销买卖一案的文书。叶宗福从叶治清等人手中购买土地，后叶宗福提起诉讼，想要终止此次买卖。该卷文书包括民事诉状、璧山实验地方法院与四川高等法院第一分院的往来公函、璧山实验地方法院民事裁定、民事委状、民事辩状、审理笔录、民事公证状、四川高等法院第一分院民事裁定等。

2. 四川高等法院第一分院审理租佃纠纷一案　12－12－2

1942 年 4 月至 1942 年 7 月，四川高等法院第一分院关于江殷氏租佃纠纷一案的文书。江殷氏与范海廷在土地租佃过程中发生纠纷，江要求范返还土地。该卷文书包括民事声请书、四川高等法院第一分院民事裁定、四川高等法院第一分院与璧山实验地方法院的往来公函等。

3. 四川高等法院第一分院、璧山地方法院审理租佃纠纷一案　12－12－3

1941 年 9 月至 1941 年 9 月，四川高等法院第一分院、璧山地方法院关于范海廷租佃纠纷一案的文书，包括民事诉状、民事辩状、璧山地方法院与四川高等法院第一分院的往来公函、璧山地方法院民事裁定、言辞辩论笔录、民事委状、四川高等法院第一分院民事判决书等。

4. 四川高等法院第一分院、璧山地方法院审理返还木料一案　12－12－4

1940 年 3 月至 1941 年 12 月，四川高等法院第一分院、璧山地方法院关于雷雨江要求返还木料一案的文书，包括四川高等法院第一分院与璧山地方法院的往来公函、璧山地方法院民事判决书、四川高等法院第一分院民事裁定、民事抗告书、民事声请书等。

5. 四川高等法院第一分院、璧山地方法院审理租约纠纷一案　12—12—5

1941 年 9 月至 1941 年 10 月,四川高等法院第一分院、璧山地方法院关于陈德安要求终止租约一案的文书,包括璧山地方法院与四川高等法院第一分院的往来公函等。

6. 四川高等法院第一分院、璧山地方法院等审理声请撤销假处分一案　12—12—6

1942 年 3 月至 1942 年 5 月,四川高等法院第一分院、璧山地方法院等关于陈玉兴声请撤销假处分一案的文书。陈玉兴与冯兴益存在债务纠葛,如今法院要对冯兴益做出假处分,陈认为此举会损害自己的经济利益,故要求法院撤销对冯的假处分。该卷文书包括璧山地方法院与四川高等法院第一分院的往来公函、民事声请书、璧山地方法院民事裁定等。

7. 四川高等法院第一分院、璧山实验地方法院审理家产纠纷一案　12—12—7

1942 年 7 月,四川高等法院第一分院、璧山实验地方法院关于王文氏家产纠纷一案的文书,包括璧山实验地方法院与四川高等法院第一分院的往来公函等。

8. 璧山实验地方法院审理租赁纠纷一案　12—12—8

1942 年 8 月至 1942 年 9 月,璧山实验地方法院关于陈昌福租赁纠纷一案的文书。陈昌福与陈德安在土地租佃过程中发生纠纷,陈昌福要求终止租赁关系。该卷文书包括民事诉状、民事审判笔录、璧山实验地方法院民事和解笔录等。

9. 璧山实验地方法院等审理要求确认买卖契约有效案、贪污案两案　12—12—9

1943 年 1 月至 1948 年 12 月,璧山实验地方法院等关于蒋世梁要求确认买卖契约有效案、冉海泉贪污案两案的文书,包括四川高等法院第一分院与璧山实验地方法院的往来公函、璧山实验地方法院职员提交审判官的报告、璧山实验地方法院公示、民事领状、民事告发状、民事委状等。

10. 璧山地方法院审理侵害名誉一案　12—12—10

1941 年 11 月至 1942 年 2 月,璧山地方法院关于江流娥侮辱何蒋氏一案的文书。何蒋氏以江流娥侮辱其名誉并损毁其财产为由提起诉讼,要求法院惩治江流娥。该卷文书包括刑事诉状、民事催呈状、璧山地方法院检察官侦查笔录、璧山地方法院检察官不起诉处分书等。

11. 璧山实验地方法院审理声请更正判决一案　12－12－11

1942年6月，璧山实验地方法院关于江流娥声请更正判决案的文书。江流娥认为法院在审理其侮辱何蒋氏案之时判决过重，要求法院更正。该卷文书包括民事声请书、璧山实验地方法院民事裁定等。

12. 四川高等法院第一分院、璧山地方法院等审理租谷纠纷一案　12－12－12

1941年3月至1942年7月，四川高等法院第一分院、璧山地方法院等关于周树青要求给付租谷一案的文书，包括民事诉状、璧山地方法院与四川高等法院第一分院的往来公函、民事辩状、民事委状、民事公证、言辞辩论笔录、宣告判决笔录、四川高等法院第一分院民事判决书、璧山地方法院民事裁定等。

13. 最高法院、四川高等法院第一分院、璧山地方法院等审理租谷纠纷一案　12－12－13

1942年4月至1945年2月，最高法院、四川高等法院第一分院、璧山地方法院等关于周程氏租谷纠纷一案的文书，包括璧山地方法院与四川高等法院第一分院的往来公函、四川高等法院第一分院训令、最高法院与璧山地方法院的往来公函等。

14. 四川高等法院第一分院审理要求返还谷物一案　12－12－14

1942年9月至1943年12月，四川高等法院第一分院关于陈仁杰要求姜灿辉返还谷物一案的文书，包括民事诉状、四川高等法院第一分院与璧山实验地方法院的往来公函、民事委状、民事公证状、审理笔录、宣告判决笔录、四川高等法院第一分院民事判决书等。

15. 璧山地方法院等审理请求别居并给付生活费一案　12－12－15

1942年1月至1942年6月，璧山地方法院等关于何江氏请求别居并给付生活费一案的文书。何江氏与丈夫一家发生矛盾，申请与丈夫分居并要求其提供生活费。该卷文书包括民事诉状、民事委状、审判笔录、民事辩状、民事声请书、璧山地方法院民事裁定等。

16. 四川高等法院第一分院、璧山实验地方法院审理要求生活费上诉案、重婚案两案　12－12－16

1942年8月至1943年7月，四川高等法院第一分院、璧山实验地方法院关于何江氏要求生活费上诉案、何藩重婚案两案的文书，包括审理笔录、四川高等法院第一分院民事裁定、民事催状、刑事续辩状、宣告判决笔录、璧山实验地方法院检察官不起诉处分书、四川高等法院第一分院民事判决书、四川高等法院第一分院与璧山实验地方法院的往来公函、民事诉状、璧山实验地方法院民事裁定、民事委状等。

17. 最高法院、璧山地方法院等审理要求生活费纠葛、租谷纠纷两案　12—12—17

1932年5月至1943年4月，最高法院、璧山地方法院等关于何江氏要求生活费案、杨光裕租谷纠纷案两案的文书，包括璧山地方法院与四川高等法院第一分院的往来公函、最高法院民事裁定、璧山县政府民事堂谕代判书等。

18. 四川高等法院第一分院、璧山地方法院等审理要求终止租佃契约一案　12—12—18

1941年12月至1942年5月，四川高等法院第一分院、璧山地方法院等关于吕马氏要求终止租佃契约一案的文书，包括民事诉状、璧山地方法院民事裁定、璧山地方法院与四川高等法院第一分院的往来公函、辩论笔录、民事委状、四川高等法院第一分院民事和解笔录等。

19. 璧山实验地方法院审理典当存查一案　12—12—19

1942年5月，璧山实验地方法院关于周光泽典当存查案的文书。周光泽典当了朱级武等人的土地后，经四川省政府验明土地产权已属于周光泽本人，为防日后出现纠纷，周光泽申请法院将此存查备案。该卷文书包括民事声请书等。

20. 璧山地方法院审理要求给付食谷一案　12—12—20

1942年1月至1942年4月，璧山地方法院关于罗海廷要求给付食谷一案的文书。罗海廷从龙树全手中购买谷物，缴纳金钱后龙树全拒绝付给其谷物，罗提起诉讼要求龙支付食谷。该卷文书包括民事诉状、审理笔录、民事辩状、璧山地方法院和解笔录等。

21. 璧山实验地方法院审理申请法院公示一案　12—12—21

1942年5月，璧山实验地方法院关于彭汉清申请法院公示一案的文书。彭汉清兄弟父亲去世后被埋葬于家族墓地中，但其家族中有人认为彭父的墓地侵害了祖墓，彭氏兄弟认为此纯属污蔑，申请法院将此公示以防后患。该卷文书包括民事声请书等。

22. 璧山实验地方法院审理房屋租赁纠纷一案　12—12—22

1942年5月至1942年6月，璧山实验地方法院关于余杨清租赁纠纷一案的文书。余杨清租赁刘陈氏的房屋后遭日军轰炸损毁，余杨清出资修复房屋后刘陈氏欲收回房屋，余杨清要求刘偿还修复房子的费用，遭刘拒绝后提起诉讼。该卷文书包括民事诉状、民事辩状、审理笔录、璧山实验地方法院民事判决书等。

23. 四川高等法院第一分院审理赔偿纠纷上诉一案　12—12—23

1942 年 6 月至 1943 年 2 月，四川高等法院第一分院关于彭陈氏赔偿纠纷上诉一案的文书。彭陈氏放火损毁彭国良的财产，法院判决彭陈氏赔偿彭国良损失，彭陈氏不服判决提起上诉。该卷文书包括民事诉状、民事辩状、民事声请书、璧山实验地方法院与四川高等法院第一分院的往来公函、四川高等法院第一分院民事裁定、民事缴状、民事理由书、审理笔录、四川高等法院第一分院民事判决书等。

24. 璧山地方法院等审理赔偿纠纷一案　12—12—24

1942 年 4 月至 1942 年 6 月，璧山地方法院等关于彭陈氏赔偿纠纷一案的文书，包括民事催状、审理笔录、民事委任状、民事宣判笔录、璧山实验地方法院民事判决书等。

25. 璧山地方法院等审理申请脱离婚姻一案　12—12—25

1942 年 3 月至 1942 年 7 月，璧山地方法院等关于夏彭氏申请脱离婚姻一案的文书。夏彭氏丈夫夏天培外出多年杳无音讯，为维持生活夏彭氏申请再嫁。该卷文书包括民事恳状、璧山地方法院公示、审理笔录、民事声请书等。

26. 最高法院审理要求终止租佃契约一案　12—12—26

1941 年 12 月至 1942 年 6 月，最高法院关于杨锡荣要求终止租佃关系一案的文书，包括最高法院民事判决书、最高法院民事裁定、最高法院发往四川高等法院第一分院的公函、四川高等法院第一分院与璧山地方法院的往来公函、审理笔录等。

27. 璧山实验地方法院审理租赁纠纷一案　12—12—27

1942 年 7 月至 1942 年 8 月，璧山实验地方法院关于彭国昌租赁纠纷一案的文书。彭国昌把土地房屋租赁给廖青云后，双方因租金问题产生纠纷，彭提起诉讼要求终止租赁关系。该卷文书包括民事诉状、民事委状、审理笔录、璧山实验地方法院民事判决书等。

28. 四川高等法院第一分院审理租赁纠纷上诉一案　12—12—28

1942 年 8 月至 1943 年 1 月，四川高等法院第一分院关于廖青云租赁纠纷上诉一案的文书。廖青云不服璧山实验地方法院的判决提起上诉。该卷文书包括民事诉状、民事委状、璧山实验地方法院民事裁定、民事辩状、民事声请状、四川高等法院第一分院民事判决书、璧山实验地方法院与四川高等法院第一分院的往来公函等。

29. 四川高等法院第一分院审理租赁纠纷一案　12－12－29

1943 年 1 月至 1944 年 3 月，四川高等法院第一分院关于彭国昌、廖青云租赁纠纷一案的文书，包括璧山实验地方法院与四川高等法院第一分院的往来公函等。

30. 四川高等法院第一分院、璧山实验地方法院审理业价纠纷一案　12－12－30

1942 年 6 月至 1942 年 9 月，四川高等法院第一分院、璧山实验地方法院关于郭少怀业价纠纷一案的文书。郭少游与郭少怀在买卖土地时因价格产生纠纷，郭少游要求郭少怀偿还业价。该卷文书包括璧山实验地方法院与四川高等法院第一分院的往来公函、四川高等法院第一分院民事裁定、民事诉状、审理笔录、璧山实验地方法院民事判决书、璧山实验地方法院民事裁定等。

31. 璧山县司法处等审理会款纠纷一案　12－12－31

1938 年 7 月至 1939 年 11 月，璧山县司法处等关于罗绍全会款纠纷一案的文书，包括璧山地方法院民事判决书、民事诉状、璧山县司法处执达员提交审判官的报告、民事辩状、审理笔录等。

32. 璧山实验地方法院审理要求返还织布机一案　12－12－32

1942 年 10 月，璧山实验地方法院关于王南廷要求返还织布机一案的文书。王南廷等人租给杨泰安两台织布机，后杨泰安借故拒绝返还机器，王等提起诉讼要求杨返还机器。该卷文书包括璧山实验地方法院检察官发往本院民事庭的公函、审理笔录、璧山实验地方法院民事判决书等。

33. 璧山实验地方法院审理要求返还谷物一案　12－12－33

1942 年 10 月至 1943 年 3 月，璧山实验地方法院关于何修予要求返还谷物一案的文书，包括民事诉状、审理笔录、民事展限状、民事声请状、民事辩状、璧山实验地方法院民事判决书等。

34. 最高法院、四川高等法院第一分院审理土地所有权纠纷一案　12－12－34

1942 年 1 月至 1942 年 8 月，最高法院、四川高等法院第一分院关于易祖福土地所有权纠纷一案的文书，包括民事诉状、四川高等法院第一分院刑事判决书、民事公证状、民事答辩状、四川高等法院第一分院民事裁定、最高法院民事判决书等。

35. 璧山实验地方法院审理要求赔偿经济损失一案　12－12－35

1942年6月至1942年8月，璧山实验地方法院关于罗正林要求赔偿经济损失一案的文书。罗正林被余世隆盗走大量财产，罗提起诉讼要求余赔偿其经济损失。该卷文书包括民事声请书、璧山实验地方法院执行命令、璧山实验地方法院执达员提交院长的报告、执行笔录、民事执行状等。

36. 四川高等法院第一分院、璧山实验地方法院审理要求终止租约一案　12－12－36

1942年9月至1943年1月，四川高等法院第一分院、璧山实验地方法院关于魏史氏要求终止租约一案的文书，包括四川高等法院第一分院与璧山实验地方法院的往来公函等。

37. 四川高等法院第一分院、璧山实验地方法院审理要求终止租约一案　12－12－37

1942年11月至1943年5月，四川高等法院第一分院、璧山实验地方法院关于张叔达要求终止租约一案的文书，包括民事诉状、民事委状、民事辩论笔录、民事宣判笔录、璧山实验地方法院民事判决书、民事声明、璧山实验地方法院民事裁定、璧山实验地方法院与四川高等法院第一分院的往来公函、四川高等法院第一分院民事判决书等。

38. 璧山实验地方法院等审理租谷纠纷执行一案　12－12－38

1942年4月至1942年10月，璧山实验地方法院等关于张怀山租谷纠纷执行一案的文书。张怀山以邓春林拖欠租谷为由提起诉讼，要求邓支付租谷。该卷文书包括民事执行状、民事判决书、训令、执行笔录等。

39. 璧山实验地方法院审理垫款纠纷执行一案　12－12－39

1942年7月至1942年12月，璧山实验地方法院关于杨均平垫款纠纷执行一案的文书。杨均平以叶金山拖欠债款为由提起诉讼，要求其偿还债务。该卷文书包括民事执行状、璧山实验地方法院民事判决书、璧山实验地方法院执行命令、民事催状、民事诉状等。

40. 四川高等法院第一分院、璧山实验地方法院审理领价交业一案　12－12－40

1942年9月,四川高等法院第一分院、璧山实验地方法院关于陈三荣领价交业一案的文书。包括璧山实验地方法院与四川高等法院第一分院的往来公函等。

41. 四川高等法院第一分院、璧山实验地方法院等审理要求确认买卖契约有效一案　12－12－41

1942年4月至1942年12月,四川高等法院第一分院、璧山实验地方法院等关于陈三荣要求确认买卖契约有效一案的文书,包括璧山实验地方法院民事裁定、民事诉状、民事委状、璧山地方法院与四川高等法院第一分院的往来公函、民事辩状、辩论笔录、宣告判决笔录、四川高等法院第一分院民事判决书等。

42. 四川高等法院第一分院、璧山实验地方法院审理债务纠纷、变造私章两案　12－12－42

1942年5月至1943年4月,四川高等法院第一分院、璧山实验地方法院关于伍伯璙债务纠纷案、伍德超变造私章案两案的文书,包括民事诉状、民事委状、审理笔录、璧山实验地方法院民事裁定、民事反诉状、璧山实验地方法院执行命令、民事和解书、四川高等法院第一分院刑事判决书等。

43. 璧山地方法院审理申请领取证物一案　12－12－43

1942年1月,璧山地方法院关于张泽涵申请领取证物一案的文书。张泽涵曾因典当纠纷与龙寿山打过官司,后双方和解,张泽涵向法院申请取回呈交给法院的典契等证物。该卷文书包括民事领状等。

44. 璧山实验地方法院审理声请诉讼救助一案　12－12－44

1942年9月,璧山实验地方法院关于冯刁氏声请诉讼救助一案的文书。冯刁氏与冯绍贤因生活费问题产生纠纷,但冯刁氏无力支付诉讼费用,故向法院申请诉讼救助。该卷文书包括民事声请书、民事保状等。

45. 璧山实验地方法院审理租佃纠纷一案　12－12－45

1942年7月,璧山实验地方法院关于张德声租佃纠纷一案的文书。张德声将土地租佃与张宝林后双方因租金产生纠纷,张德声向法院申请调解双方的矛盾。该卷文书包括民事声请书、民事审理笔录等。

46. 四川高等法院第一分院、璧山地方法院等审理要求迁坟一案　12－12－46

1942年3月至1943年1月，四川高等法院第一分院、璧山地方法院等关于田树青要求胡义发迁坟一案的文书。田树青将土地租佃与胡义发后，胡义发将其父葬于田家的土地中，田树青提起诉讼要求胡义发将坟迁走。该卷文书包括民事执行状、璧山地方法院民事裁定、璧山地方法院执行命令、民事声请书、璧山地方法院与四川高等法院第一分院的往来公函等。

47. 璧山实验地方法院审理土地房屋所有权纠纷一案　12－12－47

1942年4月至1942年7月，璧山实验地方法院关于张永桢等土地房屋所有权纠纷一案的文书，包括璧山地方法院命令、璧山地方法院公告等。

48. 璧山地方法院审理欠租纠纷一案　12－12－48

1942年4月，璧山地方法院关于欧清廷欠租纠纷一案的文书，包括璧山地方法院与四川高等法院第一分院的往来公函等。

49. 璧山实验地方法院审理要求给付纱款一案　12－12－49

1942年7月至1943年4月，璧山实验地方法院关于卢海林要求给付纱款一案的文书。卢海林以刘为新损坏其棉纱为由提起诉讼，要求刘给付纱款。该卷文书包括民事诉状、民事审理笔录、民事补诉状、辩论笔录、璧山实验地方法院与重庆地方法院的往来公函、璧山实验地方法院民事判决书等。

50. 璧山实验地方法院审理申请领回证物一案　12－12－50

1942年10月，璧山实验地方法院关于蒋治安申请领回证物一案的文书。蒋治安与熊炳发曾因采矿权问题产生纠纷，后法院判决了结此案，但是蒋治安提交法院的租佃契约仍然存放在法院，蒋治安申请领回契约。该卷文书包括民事领状等。

51. 四川高等法院第一分院、璧山实验地方法院审理要求赔偿黄谷执行一案　12－12－51

1942年11月至1943年4月，四川高等法院第一分院、璧山实验地方法院关于王绍修要求赔偿黄谷执行一案的文书，包括璧山实验地方法院检察处发往本院民事执行处的公函、璧山实验地方法院刑事判决书、四川高等法院第一分院刑事附带民事判决书、璧山实验地方法院执行命令、执行讯问笔录等。

52. 璧山地方法院审理申请领取证物一案　12－12－52

1942年2月，璧山地方法院关于赵树轩申请领取证物一案的文书。赵树轩与饶春和因典当纠纷涉讼，今案件了解，赵树轩申请领回提交给法院的典契。该卷文书包括民事领状等。

53. 璧山实验地方法院审理租佃纠纷一案　12－12－53

1942年12月至1943年1月，璧山实验地方法院关于林罗氏租佃纠纷一案的文书。林罗氏将土地山林租与张国树，张国树私自砍伐林木，林罗氏提起诉讼要求终止租约并让张赔偿损失。该卷文书包括民事诉状、民事审理笔录、民事展限状、璧山实验地方法院民事判决书等。

54. 四川高等法院第一分院、璧山地方法院审理拖欠租谷一案　12－12－54

1941年8月至1942年2月，四川高等法院第一分院、璧山地方法院关于王吉祥拖欠租谷一案的文书，包括璧山地方法院民事判决书、民事诉状、璧山地方法院与四川高等法院第一分院的往来公函、四川高等法院第一分院民事裁定、审理笔录等。

55. 璧山实验地方法院审理申请解除租赁关系一案　12－12－55

1942年8月至1942年11月，璧山实验地方法院关于冉海山申请解除租赁关系一案的文书。冉海山把土地租给冉群昭后双方因租金产生纠纷，冉海山提起诉讼要求解除租赁关系。该卷文书包括璧山地方法院与四川高等法院第一分院的往来公函、民事和解书、民事声请书等。

56. 璧山实验地方法院审理申请确认佃约无效一案　12－12－56

1942年12月至1943年4月，璧山实验地方法院关于冉海山申请确认佃约无效一案的文书。冉海山与冉群昭在土地租赁过程中产生纠纷，冉提起诉讼要求解除租赁关系。该卷文书包括民事诉状、民事委状、审理笔录、宣判笔录、璧山实验地方法院民事判决书等。

57. 璧山实验地方法院审理解除租赁关系一案　12－12－57

1942年6月至1942年7月，璧山实验地方法院关于冉海山申请解除租赁关系一案的文书。冉海山与文海廷在土地租赁过程中产生纠纷，冉提起诉讼要求解除租赁关系。该卷文书包括民事诉状、审理笔录、民事答辩状、民事声请书、璧山实验地方法院民事判决书、璧山实验地方法院民事裁定等。

58. 璧山实验地方法院审理申请解除租约一案　12－12－58

1942年9月至1942年10月，璧山实验地方法院关于陈德安申请解除租约一案的文书。陈德安与赵炳全因租谷问题产生纠纷，陈提起诉讼要求解除租约。该卷文书包括民事诉状、审理笔录、民事辩状、民事委任状、璧山实验地方法院民事判决书等。

59. 璧山实验地方法院审理申请终止租约执行一案　12－12－59

1942年8月至1942年9月，璧山实验地方法院关于郭义宾申请终止租约执行一案的文书，包括民事声请书、璧山实验地方法院执行命令等。

60. 四川高等法院第一分院、璧山实验地方法院等审理租约纠纷上诉一案　12－12－60

1942年10月至1943年3月，四川高等法院第一分院、璧山实验地方法院等关于赵炳全租约纠纷上诉一案的文书，包括民事诉状、四川高等法院第一分院与璧山实验地方法院的往来公函、璧山实验地方法院民事裁定、审理笔录、民事委任状、四川高等法院第一分院民事判决书等。

61. 四川高等法院第一分院审理田产所有权纠纷一案　12－12－61

1942年9月至1943年1月，四川高等法院第一分院关于钟邬氏田产所有权纠纷一案的文书，包括民事诉状、璧山实验地方法院与四川高等法院第一分院的往来公函、民事委任状、辩论笔录、宣告判决笔录、四川高等法院第一分院民事判决书、四川高等法院第一分院民事裁定等。

62. 璧山实验地方法院审理申请撤销买卖契约一案　12－12－62

1942年12月，璧山实验地方法院关于陈王氏申请撤销买卖契约一案的文书，包括璧山实验地方法院与四川高等法院第一分院的往来公函等。

63. 四川高等法院第一分院、璧山地方法院等审理要求搬迁交业一案　12－12－63

1941年10月至1942年10月，四川高等法院第一分院、璧山地方法院等关于邹兴全要求陈元德搬迁交业一案的文书。邹兴全将土地房屋租给陈元德后双方因租金产生纠纷，邹要求陈等人搬迁出去。该卷文书包括璧山地方法院检察官起诉书、审理笔录、璧山实验地方法院民事判决书、璧山地方法院与四川高等法院第一分院的往来公函、四川高等法院第一分院民事判决书、民事辩状、民事委状、宣告判决笔录、刑事审判笔录、璧山地方法院刑事判决书、刑事诉状等。

64. 璧山实验地方法院审理要求终止租赁关系一案　12－12－64

1942年7月至1942年9月，璧山实验地方法院关于曾梁臣要求终止租赁关系一案的文书，包括民事诉状、民事委状、民事辩状、民事审理笔录、璧山实验地方法院民事判决书等。

65. 四川高等法院第一分院、璧山地方法院等审理租谷纠纷一案　12－12－65

1942年1月至1942年8月，四川高等法院第一分院、璧山地方法院等关于符均安租谷纠纷一案的文书，包括民事诉状、民事审理笔录、民事辩状、璧山实验地方法院民事判决书、璧山地方法院民事裁定、璧山地方法院与四川高等法院第一分院的往来公函、四川高等法院第一分院民事裁定等。

66. 璧山地方法院等审理罚金纠纷一案　12－12－66

1942年1月至1942年5月，璧山地方法院等关于璧山田赋管理处与张义生罚金纠纷一案的文书，包括璧山地方法院检察官发往法院院长的公函、璧山地方法院与璧山县田赋管理处的往来公函、四川省政府训令、璧山地方法院检察官侦查笔录等。

67. 璧山实验地方法院审理申请解除租约一案　12－12－67

1942年7月至1942年8月，璧山实验地方法院关于徐金祥申请解除租约一案的文书，包括民事诉状、民事答辩状、璧山实验地方法院民事判决书、审理笔录等。

68. 四川高等法院第一分院审理要求确认继承遗产一案　12－12－68

1942年7月，四川高等法院第一分院关于沈银安要求确认继承遗产一案的文书，包括四川高等法院第一分院与璧山实验地方法院的往来公函、辩论笔录、民事答辩状、民事诉状、民事证明书、民事委任状、四川高等法院第一分院和解笔录等。

69. 璧山地方法院等审理租佃纠纷一案　12－12－69

1942年4月至1942年10月，璧山地方法院等关于李春稌租佃纠纷一案的文书。李春稌租佃邓治云等人的土地后拖欠租金，邓治云等因此阻挠其耕种，李提起诉讼要求邓停止侵害行为。该卷文书包括民事缴状、璧山地方法院与四川高等法院第一分院的往来公函、民事诉状、璧山实验地方法院民事裁定、辩论笔录、民事声请书等。

70. 四川高等法院第一分院、璧山实验地方法院等审理请求撤销佃约一案　12—12—70

1942年4月至1942年10月，四川高等法院第一分院、璧山实验地方法院等关于吴禹卿请求撤销佃约一案的文书，包括民事诉状、民事辩状、民事审理笔录、民事委任状、璧山实验地方法院民事判决书、璧山地方法院民事裁定、民事展限状、璧山地方法院与四川高等法院第一分院的往来公函、四川高等法院第一分院民事裁定等。

71. 四川高等法院第一分院审理要求确认物权转移契约无效一案　12—12—71

1945年10月至1945年11月，四川高等法院第一分院关于陈俊良要求确认物权转移契约无效一案的文书，包括民事委状、璧山实验地方法院与四川高等法院第一分院的往来公函、四川高等法院第一分院民事判决书等。

72. 璧山实验地方法院审理要求搬迁交业执行一案　12—12—72

1942年9月至1943年1月，璧山实验地方法院关于陈叔厚要求陈汉忠搬迁交业执行一案的文书，包括民事声请书、璧山实验地方法院执行命令、民事保状、民事执行状、璧山实验地方法院民事判决书等。

73. 璧山实验地方法院审理要求返还田业一案　12—12—73

1942年7月至1942年8月，璧山实验地方法院关于李维周要求返还田业一案的文书。李维周以李明山诈骗并卖掉自己的土地为由提起诉讼，要求李明山返还田业。该卷文书包括民事诉状、民事答辩状、民事和解书等。

74. 璧山实验地方法院审理要求终止租约一案　12—12—74

1942年6月至1943年3月，璧山实验地方法院关于万两仪要求终止租约一案的文书。万两仪因租金问题提起诉讼，要求终止与刘光泉的租约，并要求刘返还田地。该卷文书包括民事声请书、璧山实验地方法院民事判决书、执行命令、民事续呈状、训令等。

75. 璧山实验地方法院审理申请存查一案　12—12—75

1942年8月至1942年9月，璧山实验地方法院关于龙凤乡申请存查一案的文书。龙凤乡居民戴炳臣等人家产被大火焚毁，龙凤乡乡长申请将此备案存查。该卷文书包括璧山县龙凤乡乡长提交璧山实验地方法院的呈文等。

76. 璧山地方法院审理伪造文书一案　12—12—76

1941年9月至1941年10月，璧山地方法院关于林秀山等人伪造文书一案的文书。李子谿以林秀山等人伪造借据诈骗其财产为由提起诉讼，要求法院惩治林等人。该卷文书包括刑事诉状、璧山地方法院检察官侦查笔录、璧山地方法院检察官不起诉处分书等。

77. 四川高等法院第一分院审理要求确认典权有效一案　12—12—77

1942年7月至1942年10月，四川高等法院第一分院关于周席珍要求确认典权有效一案的文书，包括民事诉状、璧山实验地方法院与四川高等法院第一分院的往来公函、辩论笔录、民事答辩状、宣告判决笔录、四川高等法院第一分院民事判决书等。

78. 璧山实验地方法院审理要求确认买卖契约无效一案　12—12—78

1942年8月至1942年11月，璧山实验地方法院关于蔡鸿江要求确认买卖契约无效一案的文书，包括璧山实验地方法院与四川高等法院第一分院的往来公函等。

79. 璧山实验地方法院审理声请抄录案卷一案　12—12—79

1942年7月至1942年8月，璧山实验地方法院关于邓碧云声请抄录审理案卷一案的文书。邓举贤曾因家产纠纷打过官司，该案如今已经了结，邓碧云申请将此案文书抄录。该卷文书包括民事呈状等。

80. 璧山实验地方法院审理申请假处分一案　12—12—80

1942年8月，璧山实验地方法院关于黄吴氏申请假处分一案的文书。黄吴氏与黄炳章因债务发生纠纷，为防日后债务执行遇到困难，黄吴氏申请法院对黄炳章实施假处分。该卷文书包括民事诉状等。

81. 璧山地方法院审理要求搬迁并交还田业一案　12—12—81

1942年4月至1942年5月，璧山地方法院关于高荣森要求高森荣搬迁并交还田业一案的文书。高荣森与高森荣因租金问题产生纠纷，高荣森要求高森荣搬迁并交还自己的土地。该卷文书包括民事诉状、审理笔录、民事委状、民事和解书等。

82. 璧山实验地方法院审理典当土地纠纷一案　12—12—82

1945年10月，璧山实验地方法院关于陈万明典当土地纠纷一案的文书。陈万明将土地典当与陈俊良后又要求其支付租谷，陈俊良拒绝支付并提起诉讼，要求法院维护自身利益。该卷文书包括民事辩状、民事诉状、民事委状、审理笔录等。

83. 四川高等法院第一分院审理申请解除租赁关系一案　12－12－83

1942年6月至1942年10月，四川高等法院第一分院关于冉海山申请解除租赁关系一案的文书，包括民事诉状、四川高等法院第一分院民事裁定、民事声请书、辩论笔录、璧山实验地方法院发往四川高等法院第一分院的公函等。

84. 璧山实验地方法院等审理租谷纠纷一案　12－12－84

1942年1月至1942年6月，璧山实验地方法院等关于蒋彤成租谷纠纷一案的文书，包括民事诉状、审理笔录、民事抗告书、璧山地方法院训令、民事保状、民事声请书、民事委状、民事执行状、璧山地方法院民事判决书等。

85. 四川高等法院第一分院审理租谷纠纷上诉一案　12－12－85

1942年5月至1942年11月，四川高等法院第一分院关于朱少康租谷纠纷一案的文书。朱少康与蒋彤成因租谷纠纷打官司，朱少康不服璧山实验地方法院的判决而上诉。该卷文书包括民事诉状、璧山实验地方法院与四川高等法院第一分院的往来公函、民事委状、辩论笔录、宣告判决笔录、四川高等法院第一分院民事判决书等。

86. 璧山实验地方法院审理迁坟还土一案　12－12－86

1942年10月至1943年3月，璧山实验地方法院关于陈大猷要求陈海江迁坟还土一案的文书。陈大猷等人以陈海江妻子坟墓侵占其家族土地为由提起诉讼，要求陈海江将坟墓迁走。该卷文书包括民事诉状、审理笔录、民事缴状、民事催状、民事答辩状、璧山实验地方法院检察官起诉书、璧山实验地方法院刑事判决书、民事委状、璧山实验地方法院民事判决书、璧山实验地方法院民事裁定等。

87. 四川高等法院第一分院审理给付租谷一案　12－12－87

1942年8月至1943年2月，四川高等法院第一分院关于陈云章要求给付租谷一案的文书，包括民事缴状、民事诉状、璧山实验地方法院民事裁定、璧山实验地方法院与四川高等法院第一分院的往来公函、辩论笔录、宣告判决笔录、四川高等法院第一分院民事判决书等。

88. 璧山实验地方法院审理迁坟还土一案　12－12－88

1943年2月至1943年6月，璧山实验地方法院关于陈大猷要求陈海江迁坟还土一案的文书,包括璧山实验地方法院与四川高等法院第一分院的往来公函、辩论笔录等。

89. 最高法院、四川高等法院第一分院审理给付租谷一案　12—12—89

1941 年 7 月至 1942 年 11 月,最高法院、四川高等法院第一分院关于蓝玉卿要求给付租谷一案的文书,包括民事声请书、四川高等法院第一分院民事裁定、璧山地方法院与四川高等法院第一分院的往来公函、民事委状、民事诉状、民事缴状、民事辩状、最高法院民事判决书等。

90. 璧山实验地方法院审理租谷纠纷一案　12—12—90

1942 年 7 月至 1942 年 8 月,璧山实验地方法院关于郭荣清租谷纠纷一案的文书,包括民事诉状、民事答辩状、民事审理笔录、民事宣判笔录、璧山实验地方法院民事判决书等。

91. 四川高等法院第一分院、璧山实验地方法院审理债务纠纷一案　12—12—91

1942 年 6 月至 1942 年 9 月,四川高等法院第一分院、璧山实验地方法院关于凌炳荣债务纠纷一案的文书,包括璧山实验地方法院与四川高等法院第一分院的往来公函、民事诉状、璧山实验地方法院民事裁定、民事委状、辩论笔录、四川高等法院第一分院民事和解笔录等。

92. 璧山实验地方法院审理要求赔偿执行案、租佃纠纷案两案　12—12—92

1945 年 4 月至 1945 年 12 月,璧山实验地方法院关于胡明星要求赔偿执行案、石全兴租佃纠纷案两案的文书,包括民事声请书、辩论笔录、璧山实验地方法院训令、民事领状等。

93. 璧山实验地方法院审理返还租谷一案　12—12—93

1942 年 8 月至 1942 年 9 月,璧山实验地方法院关于萧树辉要求返还租谷一案的文书。萧树辉租佃王真武的土地后,王要求萧树辉增加缴纳的租谷数,萧树辉忍耐多次后提起诉讼,要求王返还之前自己多缴纳的租谷。该卷文书包括民事诉状、民事委任状、民事审理笔录、民事辩状等。

94. 璧山实验地方法院审理拖欠租谷执行一案　12—12—94

1942 年 7 月至 1942 年 12 月,璧山实验地方法院关于龚建之拖欠租谷执行一案的文书。罗涛清以龚建之拖欠租谷为由提起诉讼,要求龚偿还租谷,法院判决龚败诉后龚建之仍拒绝偿还,罗向法院提出申请强制执行。该卷文书包括民事声请书、璧山实验地方法院执行命令、民事领状等。

95. 璧山实验地方法院审理债务纠纷一案　12－12－95

1942年5月至1942年7月，璧山实验地方法院关于凌炳荣债务纠纷一案的文书，包括民事诉状、审理笔录、璧山实验地方法院民事判决书、璧山实验地方法院民事裁定等。

96. 璧山实验地方法院审理要求终止租约一案　12－12－96

1942年10月至1942年12月，璧山实验地方法院关于王书辉要求终止租约一案的文书。王书辉与萧树辉在土地租佃过程中因租金问题产生纠纷，王提起诉讼要求终止租约。该卷文书包括民事诉状、民事委任状、民事催状、审理笔录、璧山实验地方法院民事和解笔录等。

97. 璧山实验地方法院审理要求终止租赁一案　12－12－97

1942年9月至1942年10月，璧山实验地方法院关于张金城要求终止租赁一案的文书。张金城将土地租给陶李氏后，陶荒废土地、拖欠租谷，张提起诉讼要求终止租赁关系。该卷文书包括民事诉状、民事委状、民事辩状、审理笔录、璧山实验地方法院民事判决书等。

98. 璧山实验地方法院审理押银纠纷一案　12－12－98

1942年5月至1942年9月，璧山实验地方法院关于谢汉臣押银纠纷一案的文书，包括民事诉状、审讯笔录、民事辩状、刑事声请书、璧山实验地方法院民事判决书、璧山实验地方法院民事裁定、璧山实验地方法院与四川高等法院第一分院的往来公函、民事委状、民事缴状、民事和解状等。

99. 璧山实验地方法院审理要求生活费执行一案　12－12－99

1942年6月至1942年9月，璧山实验地方法院关于江流娥要求生活费执行一案的文书，包括民事执行状、璧山实验地方法院训令、审理笔录、民事委任状、民事声明、民事抗告书、璧山实验地方法院执行命令等。

100. 璧山实验地方法院审理租谷纠纷一案　12－12－100

1942年8月，璧山实验地方法院关于曾炳辉租谷纠纷一案的文书，包括璧山实验地方法院与四川高等法院第一分院的往来公函等。

101. 璧山实验地方法院审理申请领取证物一案　12－12－101

1942年7月，璧山实验地方法院关于雷炳臣申请领取证物一案的文书。雷炳臣与赵荣财曾因买卖纠纷打过官司，该案了结后雷炳臣向法院申请取回当初作为证物提交的买卖契约等物。该卷文书包括民事领状等。

102. 璧山实验地方法院审理申请领取证物一案　12－12－102

1942 年 7 月，璧山实验地方法院关于蒋四隆申请领取证物一案的文书。蒋四隆曾因典当纠纷与邓青云打过官司，如今案件了结，蒋向法院申请取回呈交的典当契约等物。该卷文书包括民事领状等。

103. 璧山地方法院审理申请再婚存查一案　12－12－103

1942 年 1 月，璧山地方法院关于叶国良申请再婚存查一案的文书。叶国良因遭受丈夫虐待而离婚，如今为维持生活叶欲再嫁，但为防止日后发生不测特向法院申请将此备案存查。该卷文书包括民事存查状附批示等。

104. 璧山实验地方法院审理申请离婚存查一案　12－12－104

1942 年 7 月，璧山实验地方法院关于周玉廷申请离婚存查一案的文书。周玉廷与妻子生活不睦，经常发生纠纷，为防日后生变周玉廷申请法院将此备案存查。该卷文书包括民事存查状附批示等。

105. 璧山实验地方法院审理租金纠纷一案　12－12－105

1942 年 10 月至 1942 年 12 月，璧山实验地方法院关于田树青租金纠纷一案的文书。田树青将土地租给胡义发后，胡拖欠租金，田提起诉讼要求胡缴纳租金。档案包括民事诉状、民事审理笔录、民事证明书、民事委状、璧山实验地方法院民事判决书等。

106. 四川高等法院第一分院、璧山实验地方法院审理伪造文书一案　12－12－106

1941 年 12 月至 1942 年 8 月，四川高等法院第一分院、璧山实验地方法院关于徐祝尧伪造文书一案的文书，包括璧山实验地方法院检察官上诉书、四川高等法院第一分院检察官发往本院刑庭的公函、刑事呈状、刑事委任状、审判笔录、宣告判决笔录、四川高等法院第一分院刑事判决书、璧山地方法院与四川高等法院第一分院的往来公函、刑事公证、刑事诉状、刑事答辩状等。

107. 璧山实验地方法院审理要求终止租约一案　12－12－107

1942 年 11 月至 1943 年 3 月，璧山实验地方法院关于梁泽霖要求终止租约一案的文书。梁泽霖把土地租给左赵氏后要求增加租谷，遭到拒绝后梁提起诉讼要求终止租约。该卷文书包括璧山实验地方法院民事判决书、璧山实验地方法院与四川高等法院第一分院的往来公函、民事诉状、民事委状、审理笔录、民事答辩状、宣告判决笔录等。

108. 璧山实验地方法院审理租谷纠纷一案　12－12－108

1942 年 8 月至 1942 年 10 月，璧山实验地方法院关于张汉臣租谷纠纷一案的文书，包括民事诉状、民事委任状、民事答辩状、民事审理笔录、民事证明书、璧山实验地方法院民事判决书等。

109. 四川高等法院第一分院、璧山地方法院等审理借款纠纷一案　12－12－109

1942 年 3 月至 1942 年 5 月，四川高等法院第一分院、璧山地方法院等关于蒋明初借款纠纷一案的文书，包括璧山地方法院民事裁定、璧山地方法院与四川高等法院第一分院的往来公函、民事诉状、民事委任状、审理笔录、四川高等法院第一分院民事和解笔录等。

110. 璧山实验地方法院审理伤人案、阻挠耕作案两案　12－12－110

1942 年 9 月，璧山实验地方法院关于曹光林伤人案、欧阳智阻挠欧荣章耕作案两案的文书，包括璧山县临江乡乡公所提交璧山实验地方法院的呈文、刑事诉状、民事保状等。

111. 璧山实验地方法院审理租谷纠纷执行一案　12－12－111

1942 年 8 月，璧山实验地方法院关于卢朝彬租谷纠纷执行一案的文书，包括民事执行状、璧山实验地方法院民事判决书、四川高等法院第一分院民事裁定、璧山实验地方法院执行命令、璧山实验地方法院执达员提交院长的报告等。

112. 璧山实验地方法院审理债务纠纷一案　12－12－112

1942 年 5 月，璧山实验地方法院关于景亮钧债务纠纷一案的文书。景亮钧以江祝三等拖欠借款为由提起诉讼，要求法院发布支付命令敦促江等人偿还债务。该卷文书包括民事声请书、璧山实验地方法院支付命令等。

113. 璧山实验地方法院审理租谷纠纷执行一案　12－12－113

1942 年 6 月至 1942 年 10 月，璧山实验地方法院关于戴朝成租谷纠纷执行一案的文书，包括民事执行状、璧山实验地方法院民事判决书、璧山实验地方法院执行命令、璧山实验地方法院执达员提交院长的报告等。

114. 璧山实验地方法院审理要求停止行使权利一案　12—12—114

1942年8月至1942年9月，璧山实验地方法院关于钟靳氏要求邬氏停止行使权利案一案的文书。钟靳氏儿子去世后，其儿媳邬氏挥霍无度、乱花家中的积蓄，钟靳氏提起诉讼要求法院停止邬氏的权利行使。该卷文书包括民事诉状、民事委任状、民事审理笔录、民事答辩状、璧山实验地方法院民事判决书、璧山实验地方法院民事裁定等。

115. 最高法院、四川高等法院第一分院审理请求撤销买卖契约抗告一案　12—12—115

1941年4月至1942年10月，最高法院、四川高等法院第一分院关于赵承裕请求撤销买卖契约抗告一案的文书，包括民事再抗告书、四川高等法院第一分院民事意见书、最高法院民事裁定、四川高等法院第一分院发往最高法院的公函等。

116. 璧山实验地方法院审理返还食谷执行一案　12—12—116

1942年6月至1943年3月，璧山实验地方法院关于江伍氏要求江炳清返还食谷执行一案的文书。江炳清盗走江伍氏的谷物，江伍氏提起诉讼要求江炳清返还食谷。该卷文书包括民事声请书、璧山实验地方法院训令、民事执行状、璧山实验地方法院执行命令、璧山实验地方法院刑事判决书等。

117. 璧山地方法院审理申请领取证物一案　12—12—117

1942年4月，璧山地方法院关于向大宾申请领取证物一案的文书。向大宾与邓刘氏曾因债务纠纷打过官司，该案了结后向大宾申请取回提交给法庭的账簿、收据等证物。该卷文书包括民事领状等。

118. 璧山实验地方法院审理要求返还谷物一案　12—12—118

1942年10月至1943年1月，璧山实验地方法院关于杨焕廷要求赵益之返还谷物一案的文书。杨焕廷曾借给赵益之黄谷，后赵拒绝偿还，杨提起诉讼要求赵返还谷物。该卷文书包括民事诉状、璧山实验地方法院民事判决书、民事执行状等。

119. 璧山实验地方法院审理要求交还产业执行一案　12—12—119

1942年11月至1943年4月，璧山实验地方法院关于谷汉昭要求冷烈武交还产业执行一案的文书，包括民事执行状、璧山实验地方法院执行命令、执行笔录、民事声请书、璧山实验地方法院训令等。

120. 璧山实验地方法院审理诬告一案　12－12－120

1942年9月至1942年10月，璧山实验地方法院关于陈文沛诬告一案的文书。陈文沛诬告刘蔡氏盗窃他人财物，刘提起诉讼要求法院惩处陈文沛。该卷文书包括刑事诉状、讯问笔录、璧山实验地方法院检察官不起诉处分书等。

121. 璧山实验地方法院审理要求分割田产一案　12－12－121

1942年8月至1942年9月，璧山实验地方法院关于何朱氏要求分割田产一案的文书。何朱氏丈夫亡故后何家人拒绝将土地分给何朱氏，何朱氏提起诉讼要求获得土地以维持生活。该卷文书包括民事诉状、民事委状、审理笔录、民事辩状、璧山实验地方法院民事判决书等。

122. 璧山实验地方法院审理租赁纠纷一案　12－12－122

1942年7月，璧山实验地方法院关于姜小康租赁纠纷一案的文书。姜小康把土地租给方锡光后双方因租谷产生纠纷，姜申请法院调解二人的矛盾。该卷文书包括民事调解书、民事辩状、民事调解笔录等。

123. 璧山地方法院审理租佃纠纷异议一案　12－12－123

1942年1月，璧山地方法院关于靳孙氏租佃纠纷异议一案的文书。靳孙氏租佃李海全的土地后双方因押银、租谷等问题产生纠纷，法院审理后靳孙氏不服判决提出异议。该卷文书包括民事异议状等。

124. 璧山实验地方法院审理租谷纠纷执行一案　12－12－124

1942年10月至1943年1月，璧山实验地方法院关于钟锡林租谷纠纷执行一案的文书，包括民事执行状、四川高等法院第一分院民事判决书、璧山实验地方法院执行命令、璧山实验地方法院执达员提交院长的报告、执行讯问笔录、民事声明、民事领状等。

125. 璧山实验地方法院审理租谷纠纷一案　12－12－125

1942年10月至1943年4月，璧山实验地方法院关于徐金山租谷纠纷一案的文书，包括璧山实验地方法院与四川高等法院第一分院的往来公函、民事和解书、民事诉状、审判笔录、民事理由书、宣告判决笔录、璧山实验地方法院民事判决书、璧山实验地方法院民事裁定等。

126. 璧山实验地方法院审理妨害他人行使权利一案　12－12－126

1942年7月至1942年8月，璧山实验地方法院关于谢炳熵妨害他人行使权利一案的文书。谢厚基以谢炳熵等人强行占用自己的土地并打伤本人为由提起诉讼，要求法院保护自己的权利。该卷文书包括民事诉状、民事委任状、民事反诉状、讯问笔录、民事声明、璧山实验实验地方法院民事判决书、刑事审理笔录、刑事委任状、刑事判决书等。

127. 璧山地方法院等审理要求履行婚约一案　12－12－127

1942年1月至1942年5月，璧山地方法院等关于谭天锡要求夏银光履行婚约一案的文书。谭天锡由媒人说合与夏银光之女订婚，后夏银光借故拒绝履行婚约，谭因此提起诉讼。该卷文书包括民事诉状、民事审判笔录、璧山实验地方法院民事判决书等。

128. 璧山实验地方法院审理要求终止租约一案　12－12－128

1942年10月至1943年1月，璧山实验地方法院关于吴海清要求终止租约一案的文书，包括民事诉状、民事辩状、民事审理笔录、民事补诉状、璧山实验地方法院民事和解笔录等。

129. 最高法院、四川高等法院第一分院、璧山地方法院等审理经界纠纷案、买卖纠纷案两案　12－12－129

1941年12月至1943年12月，最高法院、四川高等法院第一分院、璧山地方法院等关于罗晓尧经界纠纷案、罗晓尧买卖纠纷案两案的文书，包括民事诉状、民事委状、民事答辩状、审理笔录、宣判笔录、璧山地方法院民事裁定、民事续状、璧山地方法院与四川高等法院第一分院的往来公函、璧山县定林乡联保主任提交四川高等法院第一分院的呈文、四川高等法院第一分院民事判决书、最高法院民事裁定等。

130. 璧山实验地方法院审理声请假扣押一案　12－12－130

1942年7月，璧山实验地方法院关于徐金山声请假扣押一案的文书。徐金山与李开明因租谷问题产生纠纷，为保证自己获得租谷，徐金山向法院申请假扣押李开明的谷物。该卷文书包括民事声请书等。

131. 璧山地方法院等审理土地所有权纠纷一案　12－12－131

1942年4月至1942年6月，璧山地方法院等关于张在富土地所有权纠纷一案的文书。张在富等人与张正杰因土地所有权产生纠纷,张在富提起诉讼要求法院保护自身权益。该卷文书包括民事诉状、民事委任状、民事辩状、审理笔录、刑事和解书等。

132. 永川地方法院函请璧山地方法院传唤蔡德辉一案　12－12－132

1941 年 3 月,永川法院函请璧山地方法院传唤蔡德辉一案的文书,包括永川地方法院检察官与璧山地方法院检察官的往来公函等。

133. 璧山地方法院审理请求终止租约一案　12－12－133

1942 年 1 月,璧山地方法院关于杨玉清请求终止租约一案的文书,包括璧山地方法院发往四川高等法院第一分院的公函等。

134. 璧山实验地方法院审理赔偿执行一案　12－12－134

1942 年 7 月,璧山实验地方法院关于张德荣赔偿执行一案的文书。张智枬以张德荣打伤自己为由提起诉讼,要求民事赔偿。该卷文书包括民事声请书、璧山实验地方法院刑事附带民事判决书、璧山实验地方法院执行命令、璧山实验地方法院执达员提交审判官的报告等。

135. 璧山实验地方法院审理典当纠纷一案　12－12－135

1942 年 10 月至 1942 年 12 月,璧山实验地方法院关于龙曾氏典当纠纷一案的文书。龙朱氏等人将谷物典当与龙曾氏后龙曾氏篡改典契,使得龙朱氏难以赎回谷物,龙朱氏提起诉讼,要求法院维护自身利益。该卷文书包括民事诉状、民事委状、民事审理笔录、璧山实验地方法院民事判决书等。

136. 最高法院、四川高等法院第一分院审理要求返还股本给付利息一案　12－12－136

1941 年 2 月至 1942 年 6 月,最高法院、四川高等法院第一分院关于蔡德辉要求王璞圆返还股本给付利息一案的文书,包括民事诉状、四川高等法院第一分院与最高法院的往来公函、四川高等法院第一分院民事裁定、民事委状、最高法院民事判决书等。

137. 四川高等法院第一分院、璧山地方法院审理租佃纠纷等三案　12－12－137

1922 年 7 月至 1942 年 1 月,四川高等法院第一分院、璧山地方法院关于吴汝霖租佃纠纷案、陈注东伪造文书案、罗炳之租佃纠纷案三案的文书,包括民事辩状、民事诉状、审理笔录、四川第一高等审判分院训令、四川第一高等审判分院指令、璧山地方法院检察官不起诉处分书、民事声请书、璧山县法院检察官侦查笔录、民事领状等。

138. 四川高等法院第一分院、璧山实验地方法院审理要求确认买卖契约无效两案 12－12－138

1942年7月至1943年4月,四川高等法院第一分院、璧山实验地方法院关于蔡光朝要求确认买卖契约无效案、罗成兴土地所有权纠纷案两案的文书,包括民事诉状、璧山实验地方法院与四川高等法院第一分院的往来公函、辩论笔录、民事委任状、宣告判决笔录、四川高等法院第一分院民事判决书、民事答辩状等。

139. 璧山实验地方法院、璧山县第一普通人民法庭审理要求确认买卖契约无效等三案 12－12－139

1942年12月至1949年11月,璧山实验地方法院、璧山县第一普通人民法庭关于周济安要求确认买卖契约无效案、陈大钟抗拒改造案、徐子光抗拒改造案三案的文书,包括民事诉状、民事审理笔录、璧山县第一普通人民法庭判决书等。

140. 四川高等法院第一分院、璧山实验地方法院审理租佃纠纷一案 12－12－140

1942年9月至1943年4月,四川高等法院第一分院、璧山实验地方法院关于邓云程租佃纠纷一案的文书,包括民事诉状、民事辩状、审理笔录、宣判笔录、璧山实验地方法院民事判决书、民事声请书、民事缴状、璧山实验地方法院民事裁定、璧山实验地方法院与四川高等法院第一分院的往来公函、四川高等法院第一分院民事判决书等。

141. 最高法院、四川高等法院第一分院审理典当纠纷一案 12－12－141

1941年4月至1942年7月,最高法院、四川高等法院第一分院关于李映旸典当纠纷一案的文书。李映旸将土地典当与李映茱后,在回赎典产时遭到李英茱阻挠,李映旸提起诉讼要求法院维护自身利益。该卷文书包括民事答辩状、民事诉状、四川高等法院第一分院民事裁定、最高法院民事判决书等。

142. 璧山地方法院审理请求免除缴纳军粮、妨害自由两案 12－12－142

1941年2月,璧山地方法院关于梅仕卿请求免除缴纳军粮案、柳春衡妨害他人自由案两案的文书,包括璧山地方法院发往四川高等法院第一分院的公函、璧山地方法院发往璧山县政府的公函、民事呈状等。

143. 璧山实验地方法院审理矿产森林所有权纠纷一案　12－12－143

1942 年 7 月至 1943 年 1 月，璧山实验地方法院关于王云仙矿产森林所有权纠纷一案的文书，包括民事诉状、璧山县河边乡乡长提交璧山县政府的呈文、璧山县政府发往璧山钢厂的公函、四川省政府训令等。

144. 璧山实验地方法院审理申请终止租约一案　12－12－144

1942 年 10 月至 1942 年 12 月，璧山实验地方法院关于周叙伦申请终止租约一案的文书。周叙伦把土地租佃给张银合后双方因租谷问题产生纠纷，周提起诉讼要求终止土地租佃。该卷文书包括民事诉状、民事委任状、民事辩状、审理笔录等。

145. 璧山地方法院审理租金纠纷一案　12－12－145

1941 年 12 月至 1942 年 8 月，璧山地方法院关于僧能星租金纠纷一案的文书。僧能星将土地租给王张氏等人，后王等拖欠租金，僧能星提起诉讼要求王给付租金。该卷文书包括民事诉状、璧山实验地方法院执行命令、审理笔录、璧山地方法院民事判决书等。

146. 四川高等法院第一分院、璧山实验地方法院审理要求确认买卖契约无效一案　12－12－146

1942 年 5 月至 1943 年 2 月，四川高等法院第一分院、璧山实验地方法院关于李海臣要求确认买卖契约无效一案的文书，包括璧山实验地方法院民事裁定、民事诉状、璧山实验地方法院与四川高等法院第一分院的往来公函、民事声请书、审理笔录、民事申明、民事证明书、四川高等法院第一分院民事判决书等。

147. 四川高等法院第一分院、璧山地方法院审理典当纠纷一案　12－12－147

1941 年 11 月至 1942 年 6 月，四川高等法院第一分院、璧山地方法院关于李兴三典当纠纷案的文书，包括民事缴状、璧山地方法院与四川高等法院第一分院的往来公函、民事诉状、辩论笔录、宣告判决笔录、民事委状、民事答辩状、四川高等法院第一分院民事判决书、四川高等法院第一分院民事裁定等。

148. 璧山实验地方法院审理租佃纠纷一案　12－12－148

1942 年 5 月至 1943 年 9 月，璧山实验地方法院关于邹万盛租佃纠纷一案的文书，包括璧山实验地方法院与四川高等法院第一分院的往来公函、璧山实验地方法院修复被炸房屋及办公室等说明书、民事诉状、民事委状、民事续诉状等。

149. 璧山实验地方法院审理要求确认买卖有效一案　12—12—149

1942 年 12 月至 1945 年 5 月，璧山实验地方法院关于王治清要求确认买卖有效一案的文书，包括璧山实验地方法院与四川高等法院第一分院的往来公函、辩论笔录等。

150. 璧山实验地方法院审理租佃纠纷案、要求确认买卖有效案两案　12—12—150

1942 年 6 月至 1943 年 8 月，璧山实验地方法院关于邹万盛租佃纠纷案、王治清要求确认买卖有效案两案的文书，包括民事诉状、璧山实验地方法院民事裁定、民事缴状、民事声请书、民事委状、审理笔录、璧山实验地方法院民事判决书、璧山实验地方法院检察官起诉书等。

151. 璧山实验地方法院审理典当纠纷一案　12—12—151

1942 年 7 月，璧山实验地方法院关于赵鸿武典当纠纷一案的文书，包括四川高等法院第一分院发往璧山实验地方法院的往来公函、民事反诉状、民事诉状、民事审理笔录、璧山实验地方法院民事判决书、璧山实验地方法院民事裁定等。

152. 璧山实验地方法院审理申请法院公告一案　12—12—152

1945 年 6 月，璧山实验实验地方法院关于张大德申请法院公告一案的文书。张大德的土地契约被母亲丢失，为防以后发生不测，张大德声请法院将此事公告，档案包括民事声请书等。

153. 璧山实验地方法院审理典当土地纠纷一案　12—12—153

1942 年 12 月，璧山实验地方法院关于谭玉辉典当土地纠纷一案的文书，包括典当合约、四川省政府典契等。

154. 四川高等法院第一分院、璧山实验地方法院审理典当土地纠纷一案　12—12—154

1942 年 7 月至 1943 年 11 月，四川高等法院第一分院、璧山实验地方法院关于谭玉辉典当土地纠纷一案的文书，包括璧山实验地方法院民事裁定、民事诉状、璧山实验地方法院与四川高等法院第一分院的往来公函、民事声请书、辩论笔录、民事委状、宣告判决笔录、四川高等法院第一分院民事判决书等。

155. 璧山实验地方法院审理要求确认买卖有效一案　12—12—155

1942 年 9 月至 1943 年 5 月，璧山实验地方法院关于叶宗椿要求确认买卖有效一案的文书。叶宗椿购买邹罗氏等人的土地房屋后邹又反悔，叶宗椿提起诉讼要求确认买卖有效。该卷文书包括民事诉状、民事委任状、审理笔录、民事答辩状等。

156. 璧山实验地方法院审理典当土地纠纷一案　12－12－156

1942年5月至1942年8月，璧山实验地方法院关于谭玉辉典当土地纠纷一案的文书。谭玉辉在赎回典当给谢仲芳的土地时遭到拒绝，谭提起诉讼要求法院维护自身利益。该卷文书包括民事声请书、民事审理笔录、璧山实验地方法院民事判决书、璧山实验地方法院民事裁定等。

157. 璧山实验地方法院审理妨害他人权利一案　12－12－157

1942年11月，璧山实验地方法院关于黄宗友妨害他人权利一案的文书，包括璧山实验地方法院检察官发往本院民事庭的公函、民事调解笔录等。

158. 璧山实验地方法院审理债务纠纷一案　12－12－158

1942年7月至1942年8月，璧山实验地方法院关于叶金山债务纠纷一案的文书。杨均平以叶金山拖欠借款为由提起诉讼，要求叶偿还债务。该卷文书包括民事诉状、民事审理笔录、璧山实验地方法院民事判决书等。

159. 璧山地方法院审理申请离婚一案　12－12－159

1942年4月，璧山地方法院关于安王氏申请离婚一案的文书。安王氏以遭到丈夫及其家人虐待为由提起诉讼，要求离婚。该卷文书包括民事诉状、讯问笔录、民事辩状、民事和解书等。

160. 璧山实验地方法院审理申请领取证物一案　12－12－160

1942年9月，璧山实验地方法院关于冷伍氏申请领取证物一案的文书。冷伍氏曾因继承财产问题打过官司，案件了结后冷伍氏申请取回呈交给法院的佃约等证物。该卷文书包括民事声请书等。

161. 璧山实验地方法院审理要求分割遗产执行一案　12－12－161

1942年6月至1942年10月，璧山实验地方法院关于陈杨氏要求分割遗产执行一案的文书，包括民事执行状、璧山县政府民事判决书、民事委状、民事声请书、执行笔录、璧山实验地方法院民事执行处和解笔录等。

162. 璧山实验地方法院审理要求移交土地一案　12－12－162

1942年5月至1944年6月，璧山实验地方法院关于蒋乔金要求蒋荣丰等人移交土地一案的文书。蒋乔金购买蒋荣丰的土地后蒋荣丰一直未移交土地,蒋乔金提起诉讼要求其尽快交业。该卷文书包括民事诉状、民事委任状、审讯笔录、民事催状、璧山实验地方法院民事裁定、辩论笔录、民事声明、璧山实验地方法院民事判决书等。

163. 璧山实验地方法院审理要求返还织布机一案　12－12－163

1942年12月至1943年1月,璧山实验地方法院关于萧庆禄要求返还织布机一案的文书。萧庆禄将织布机租给尹金臣后尹借故不还,萧提起诉讼要求尹返还织布机。该卷文书包括民事诉状、审理笔录、璧山实验地方法院民事判决书等。

164. 璧山实验地方法院等审理遗产纠纷异议一案　12－12－164

1942年4月至1942年7月,璧山实验地方法院等关于张叔达遗产纠纷异议一案。张叔达等与张雷氏因遗产继承发生矛盾并打官司,张叔达不服判决提起异议。该卷文书包括民事异议状、民事委任状、讯问笔录、民事声请书、璧山实验地方法院民事裁定等。

165. 璧山地方法院审理婚姻纠纷一案　12－12－165

1942年3月至1942年4月,璧山地方法院关于胡德方婚姻纠纷一案的文书。胡德方经媒人介绍与周老幺订婚,后周老幺私下与他人结婚,胡德方家人提起诉讼,要求周家赔偿损失。该卷文书包括民事诉状、民事委状、审理笔录、宣判笔录、璧山地方法院民事裁定等。

166. 璧山地方法院等审理债务纠纷一案　12－12－166

1942年3月至1942年5月,璧山地方法院等关于在渊诉于祥民拖欠借款的债务纠纷一案的文书,包括民事诉状、民事辩状、民事审理笔录、民事声明书、璧山地方法院民事和解笔录等。

167. 璧山地方法院等审理租赁土地纠纷一案　12－12－167

1942年3月至1942年5月,璧山地方法院等关于张仁辅租赁土地纠纷一案的文书。张仁辅在租赁汪银洲土地后发现汪又将土地转租于他人,张提起诉讼要求法院维护自身利益。该卷文书包括民事诉状、民事答辩状、民事审理笔录、民事委任状、民事证明书、璧山实验地方法院民事判决书等。

168. 璧山地方法院审理申请撤销财产管理权一案　12－12－168

1942年4月,璧山地方法院关于蒋王氏申请撤销蒋宏藻监护管理财产权一案的文书。蒋王氏之财产由蒋宏藻管理，但蒋宏藻干预蒋王氏对其财产的使用，蒋王氏提起诉讼，要求法院撤销蒋宏藻对她财产的管理权。该卷文书包括民事声请书、民事诉状、民事委任状、民事和解书等。

169. 四川高等法院第一分院、璧山地方法院等审理租谷纠纷一案　12－12－169

1941年11月至1942年12月，四川高等法院第一分院、璧山地方法院等关于何陈氏租谷纠纷一案的文书，包括民事诉状、璧山地方法院与四川高等法院第一分院的往来公函、辩论笔录、民事委状、四川高等法院第一分院民事判决书、璧山地方法院民事判决书等。

170. 璧山实验地方法院审理生活费纠纷执行一案　12－12－170

1942年5月，璧山实验地方法院关于罗兴钦生活费纠纷执行一案的文书。景和佛以罗兴钦等人拖欠生活费为由提出申请，要求法院强制执行。该卷文书包括民事执行状、璧山实验地方法院训令等。

171. 璧山地方法院审理要求赔偿损失一案　12－12－171

1942年2月至1942年4月，璧山地方法院关于晏钱氏等婚约损失赔偿一案的文书。晏钱氏之子与柯松廷之女订立婚约，后柯女另嫁他人，晏钱氏要求柯赔偿经济损失。该卷文书包括民事诉状、民事审判笔录、璧山地方法院民事判决书等。

172. 璧山地方法院审理要求赔偿损失一案　12－12－172

1942年3月至1942年4月，璧山地方法院关于萧海荣要求赔偿损失一案的文书。陈徐氏在租赁萧海荣土地时强行多占取了一块土地，萧提起诉讼要求陈返还强占土地并赔偿经济损失。该卷文书包括民事诉状、民事委任状、民事答辩状、审理笔录、璧山地方法院民事和解笔录等。

173. 四川高等法院第一分院、璧山实验地方法院审理抚养费纠纷一案　12－12－173

1942年12月至1943年11月，四川高等法院第一分院、璧山实验地方法院关于冯唐氏要求给付抚养费一案的文书，包括民事呈状、民事委任状、民事声请书、民事诉状、民事保状、璧山实验地方法院民事裁定、审理笔录、璧山实验地方法院民事判决书、璧山实验地方法院检察官不起诉处分书、民事抗告书、四川高等法院第一分院民事判决书、四川高等法院第一分院民事裁定等。

174. 璧山实验地方法院审理租赁纠纷一案　12－12－174

1942年8月，璧山实验地方法院关于张鸿盛租赁纠纷一案的文书，包括璧山实验地方法院与四川高等法院第一分院的往来公函等。

175. 四川高等法院第一分院、璧山地方法院等审理要求交还土地抗告一案　12－12－175

1942年4月至1942年8月，四川高等法院第一分院、璧山地方法院等关于张鸿盛要求尹光明交还土地抗告一案的文书，包括民事抗告书、审判官意见书、四川高等法院第一分院民事裁定、璧山地方法院与四川高等法院第一分院的往来公函、民事声请书等。

176. 四川高等法院第一分院、璧山地方法院等审理租佃纠纷两案　12－12－176

1941年2月至1942年12月，四川高等法院第一分院、璧山地方法院等关于张鸿盛租佃纠纷案、周云程租佃纠纷案两案的文书，包括民事诉状、四川高等法院第一分院民事裁定、民事委任状、民事审理笔录、璧山实验地方法院民事判决书、璧山地方法院民事裁定等。

177. 四川高等法院第一分院、璧山地方法院等审理申请终止租赁关系案、伪造文书案两案　12－12－177

1942年3月至1942年9月，四川高等法院第一分院、璧山地方法院等关于魏应兴申请终止租赁关系案、魏文光伪造文书案两案的文书，包括民事诉状、民事委状、民事答辩状、民事审理笔录、璧山实验地方法院民事判决书、璧山地方法院民事裁定、璧山地方法院与四川高等法院第一分院的往来公函、民事再议状、璧山地方法院检察官不起诉处分书、四川高等法院第一分院民事裁定等。

178. 璧山实验地方法院审理要求确认买卖契约无效案、搬迁交业案两案　12－12－178

1942年7月至1943年12月，璧山实验地方法院关于赵福盛要求确认买卖契约无效案、徐家荣要求尚玉章搬迁交业案两案的文书，包括民事诉状、民事答辩状、民事委任状、民事审理笔录、璧山实验地方法院民事判决书、璧山实验地方法院和解笔录等。

179. 璧山实验地方法院审理要求确认买卖有效一案　12－12－179

1942年11月至1943年1月，璧山实验地方法院关于彭城要求确认买卖有效一案的文书。彭城之父生前从巫良臣处购买府纸，彭父货款已交却未收到全部货物，彭父去世后巫认为买卖已经无效、欲拖欠货物，彭城提起诉讼要求法院确认买卖有效。该卷文书包括民事声请书、民事委任状、民事审理笔录等。

180. 璧山实验地方法院审理协议离婚申请存查一案　12—12—180

1942 年 5 月，璧山实验地方法院关于杨海全申请存查一案的文书。杨海全之儿媳徐氏与其子杨永森生活不睦，双方协议离婚，为防日后出现纠纷杨海全申请法院将此备案存查。该卷文书包括民事存查状等。

181. 璧山实验地方法院审理申请解除租佃关系一案　12—12—181

1942 年 12 月，璧山实验地方法院关于余雍久申请解除租佃关系一案的文书，包括璧山实验地方法院民事判决书、璧山实验地方法院与四川高等法院第一分院的往来公函等。

182. 四川高等法院第一分院、璧山实验地方法院审理要求确认分割财产契约有效一案　12—12—182

1942 年 5 月至 1943 年 8 月，四川高等法院第一分院、璧山实验地方法院关于陈竟明要求确认分割财产契约有效一案的文书。陈滋如认为家族在分配财产时对其不公，与陈竟明等人发生矛盾，陈竟明提起诉讼要求法院确认家族分产契约有效。该卷文书包括民事诉状、民事委状、民事声请书、讯问笔录、璧山实验地方法院民事判决书、璧山实验地方法院与最高法院的往来公函、璧山实验地方法院与四川高等法院第一分院的往来公函、四川高等法院第一分院民事裁定、四川高等法院第一分院民事判决书等。

183. 四川高等法院第一分院、璧山实验地方法院审理要求终止租约一案　12—12—183

1942 年 8 月至 1943 年 1 月，四川高等法院第一分院、璧山实验地方法院关于钟万兴要求终止租约一案的文书，包括民事缴状、璧山实验地方法院与四川高等法院第一分院的往来公函、民事诉状、璧山实验地方法院民事裁定、民事委任状、审理笔录、四川高等法院第一分院民事和解笔录等。

184. 四川高等法院第一分院审理典当纠纷抗告一案　12—12—184

1942 年 7 月至 1943 年 1 月，四川高等法院第一分院关于周席珍典当纠纷抗告一案的文书，包括民事抗告书、四川高等法院第一分院民事裁定、璧山实验地方法院与四川高等法院第一分院的往来公函等。

185. 四川高等法院第一分院、璧山实验地方法院审理要求解除租约案、会款纠纷案两案　12－12－185

1939年6月至1942年12月，四川高等法院第一分院、璧山实验地方法院关于黄熙之要求解除租约案、黄树清会款纠纷案两案的文书，包括民事诉状、民事辩状、民事委任状、民事审理笔录、民事宣判笔录、璧山实验地方法院民事判决书、四川高等法院第一分院民事判决书等。

186. 璧山实验地方法院审理申请领取证物一案　12－12－186

1942年8月，璧山实验地方法院关于叶龚氏申请领取证物一案的文书。叶龚氏曾因会款纠纷打过官司，案件了结后叶龚氏申请领取提交给法院的会簿等物。该卷文书包括民事领状、璧山实验地方法院与四川高等法院第一分院的往来公函等。

187. 璧山实验地方法院审理租赁纠纷一案　12－12－187

1942年8月至1942年10月，璧山实验地方法院关于曹重光租赁纠纷一案的文书，包括民事诉状、审理笔录、民事委状、民事宣判笔录、璧山实验地方法院民事判决书等。

188. 璧山实验地方法院审理要求赔偿损失一案　12－12－188

1942年7月，璧山实验地方法院关于鄢龙光要求鄢绍勋赔偿损失一案的文书。鄢龙光以鄢绍勋抢砸其摊位并打伤自己为由提起诉讼，要求鄢绍勋赔偿经济损失。该卷文书包括刑事诉状、审判笔录、民事和解书等。

189. 璧山实验地方法院等审理要求交还田业执行一案　12－12－189

1941年7月至1942年7月，璧山实验地方法院等关于罗成兴要求王治清等交还田业执行一案的文书，包括民事执行状、璧山地方法院民事判决书、四川高等法院第一分院民事裁定、民事委状、审理笔录、璧山地方法院训令、璧山地方法院与四川高等法院第一分院的往来公函等。

190. 最高法院、四川高等法院第一分院审理要求交还产业执行抗告一案　12－12－190

1942年5月至1943年3月，最高法院、四川高等法院第一分院关于罗成兴要求王治清等交还产业执行抗告一案的文书。王治清等不服原判决、拒绝执行并提出抗告，该档案包括四川高等法院第一分院发往最高法院的公函、民事抗告书、四川高等法院第一分院民事意见书、最高法院民事裁定、四川高等法院第一分院民事裁定等。

191. 四川高等法院第一分院、璧山地方法院审理典当纠纷一案　12－12－191

1940年5月至1941年9月,四川高等法院第一分院、璧山地方法院关于余炳合典当纠纷一案的文书,包括民事诉状、民事声请书、审理笔录、民事辩状、民事委任状、民事缴状、四川高等法院第一分院指令、民事宣判笔录、璧山地方法院民事判决书、璧山地方法院与四川高等法院第一分院的往来公函等。

192. 璧山实验地方法院审理租谷纠纷执行一案　12－12－192

1942年7月至1942年10月,璧山实验地方法院关于左华廷租谷纠纷执行一案的文书。胡佐勋以左华廷拖欠租谷为由提起诉讼,法院判决左偿还租谷后左华廷依旧拖欠,胡提出申请要求强制执行。该卷文书包括民事执行状、璧山实验地方法院执行命令、璧山实验地方法院民事判决书等。

193. 璧山地方法院审理请求撤销买卖契约一案　12－12－193

1940年10月,璧山地方法院关于王荣臣请求撤销买卖契约一案的文书,包括璧山地方法院民事判决书、典契等。

194. 璧山实验地方法院审理申请领取证物一案　12－12－194

1942年11月至1942年12月,璧山实验地方法院关于敬长明申请领取证物一案的文书。敬长明曾因田业纠纷打过官司,案件了结后敬长明申请取回提交给法院的契约等证物。该卷文书包括民事声请书、民事领状等。

195. 最高法院、四川高等法院第一分院审理谷物所有权纠纷一案　12－12－195

1941年3月至1942年6月,最高法院、四川高等法院第一分院关于王敬氏谷物所有权纠纷一案的文书,包括民事诉状、四川高等法院第一分院民事裁定、璧山地方法院与四川高等法院第一分院的往来公函、民事答辩状、最高法院民事判决书等。

196. 璧山实验地方法院审理典当纠纷一案　12－12－196

1942年6月至1942年7月,璧山实验地方法院关于王汉清典当纠纷一案的文书。王汉清想要赎回典当与达王氏的土地遭到拒绝,王提出申请要求法院调解二人的纠纷。该卷文书包括民事声请书、民事审理笔录、民事委任状、璧山实验地方法院和解笔录等。

197. 璧山实验地方法院审理租谷纠纷执行一案　12－12－197

1942年8月,璧山实验地方法院关于罗恒山租谷纠纷执行一案的文书。罗乔氏以罗恒山拖欠租谷为由提起诉讼,法院判决罗恒山偿还租谷后罗恒山依然拖欠,罗乔氏申请强制执行,档案包括民事执行状、璧山实验地方法院民事判决书等。

198. 璧山实验地方法院审理要求交还产业一案　12－12－198

1942年3月至1942年5月,璧山实验地方法院关于汪天泰要求王寿廷交还产业一案的文书,包括璧山地方法院与四川高等法院第一分院的往来公函等。

199. 璧山实验地方法院等审理要求撤销买卖契约案、租谷纠纷案两案　12－12－199

1942年2月至1945年9月,璧山实验地方法院等关于陈荣升要求撤销买卖契约案、潘文明租谷纠纷案两案的文书,包括璧山地方法院与四川高等法院第一分院的往来公函、璧山实验地方法院民事判决书等。

200. 璧山实验地方法院审理抵押纠纷一案　12－12－200

1942年11月至1943年2月,璧山实验地方法院关于吴何氏抵押纠纷一案的文书。吴何氏将财物抵押给贺子平后想要赎回却遭到贺的拒绝,吴提起诉讼要求贺返还财物。该卷文书包括民事诉状、民事辩状、审理笔录、民事宣判笔录、璧山实验地方法院民事判决书、璧山实验地方法院民事裁定、民事和解书等。

201. 璧山地方法院审理诈骗他人财物一案　12－12－201

1942年3月,璧山地方法院关于吴德富诈骗他人财物一案的文书。吴德富等人诈骗刘海涛的工资,刘提起诉讼要求法院将吴等治罪。该卷文书包括刑事诉状等。

202. 璧山实验地方法院等审理典当纠纷执行一案　12－12－202

1942年3月至1942年11月,璧山实验地方法院等关于吴成均典当纠纷执行一案的文书。吴成均向法院要求赎回典当给向文光的财物,法院判决后向文光依然拒绝返还,吴成均要求法院强制执行。该卷文书包括民事声请书、执行笔录、民事诉状、璧山实验地方法院执行命令、民事领状、民事申诉状、民事执行状等。

203. 璧山地方法院审理婚约纠纷一案　12－12－203

1942年2月至1942年3月,璧山地方法院关于丁海山等人婚约纠纷一案的文书。丁海山等人约定将自己的女儿嫁给甘银轩之子，后丁家反悔，拒绝履行婚约，甘银轩提起诉讼要求法院维护自身利益，档案包括民事诉状、民事辩状、审理笔录、璧山地方法院民事裁定等。

204. 璧山实验地方法院审理要求赔偿损失一案　12－12－204

1942 年 7 月至 1942 年 8 月，璧山实验地方法院关于娄彦之要求娄金廷赔偿损失一案的文书。娄彦之与娄金廷因土地买卖产生纠纷，双方打过官司，娄彦之认为娄金廷的上诉使自己蒙受了经济损失，故提起上诉要求娄金廷赔偿自己因诉讼产生的损失。该卷文书包括民事诉状、审理笔录、民事委任状、璧山实验地方法院民事判决书等。

205. 璧山实验地方法院审理要求确认分配家产之契约无效一案　12－12－205

1942 年 8 月，璧山实验地方法院关于戴时雄要求确认分配家产之契约无效一案的文书。戴时雄认为妻子戴陈氏订立的分家协议存在不公，提起诉讼要求法院维护自身利益，后双方经调解和解，档案包括民事诉状、民事委状、民事展限状、审理笔录、民事辩状、民事声请书等。

206. 璧山实验地方法院审理请求发给支付命令一案　12－12－206

1942 年 6 月至 1943 年 4 月，璧山实验地方法院关于景亮钧请求发给支付命令一案的文书。景亮钧以汪杨氏拖欠借款为由提起诉讼，要求璧山实验地方法院发布支付命令，敦促汪偿还债务。该卷文书包括民事声请书、璧山实验地方法院民事裁定等。

207. 璧山实验地方法院审理要求增加押金一案　12－12－207

1942 年 5 月至 1942 年 7 月，璧山实验地方法院关于张茂林要求增加押金一案的文书。张茂林租佃卫云程的土地被卫收回时，张茂林认为由于物价变动，自己当年缴纳的押金应该上涨，故要求卫云程增加押金，遭到拒绝后张提起诉讼，档案包括民事诉状、民事委状、审理笔录、璧山实验地方法院民事判决书、璧山实验地方法院和解笔录等。

208. 璧山实验地方法院审理申请假扣押一案　12－12－208

1942 年 7 月至 1942 年 8 月，璧山实验地方法院关于雷发田申请假扣押一案的文书。雷发田与雷则鸣因租佃问题打过官司，法院判决雷则鸣败诉且诉讼费用由其承担，雷则鸣拒绝支付诉讼费，雷发田提起诉讼要求法院扣押雷则鸣财产以便其偿还诉讼费。该卷文书包括民事声请书、四川高等法院第一分院民事判决书、璧山实验地方法院民事判决书、璧山实验地方法院民事裁定等。

209. 璧山地方法院审理继承家产纠纷一案　12—12—209

1942年3月至1942年4月,璧山地方法院关于曾维富继承家产纠纷一案的文书,包括民事声请书、民事辩状、民事委任状、审理笔录、民事宣判笔录、璧山地方法院民事裁定等。

210. 璧山实验地方法院审理要求搬迁交业一案　12—12—210

1942年10月至1942年11月,璧山实验地方法院关于陈李氏要求陈光明搬迁交业一案的文书,包括民事反诉状、审理笔录、璧山实验地方法院民事判决书、民事领状、租佃凭证等。

211. 四川高等法院第一分院、璧山实验地方法院审理要求赔偿损失一案　12—12—211

1942年6月至1942年11月,四川高等法院第一分院、璧山实验地方法院关于袁伯钧要求谢俊声赔偿损失一案的文书,包括民事诉状、审理笔录、璧山实验地方法院民事判决书、民事声请书、璧山实验地方法院民事裁定、民事答辩状、民事委任状、民事和解书、璧山实验地方法院与四川高等法院第一分院的往来公函等。

212. 璧山实验地方法院审理申请领取证物一案　12—12—212

1942年10月,璧山实验地方法院关于刘金盛申请领取证物一案的文书。刘金盛曾在璧山实验地方法院打过官司,案件了结后刘申请取回和解笔录等文书。该卷文书包括民事领状等。

213. 璧山实验地方法院审理妨碍农事一案　12—12—213

1942年4月至1942年6月,璧山实验地方法院关于周克光妨碍农事一案的文书,包括刑事诉状、审理笔录、璧山地方法院检察官不起诉处分书、讯问笔录、刑事领状等。

214. 璧山实验地方法院审理要求终止租约一案　12—12—214

1943年2月,璧山实验地方法院关于何忠国要求终止租约一案的文书,包括璧山实验地方法院与四川高等法院第一分院的往来公函等。

215. 璧山实验地方法院审理要求支付修缮费一案　12—12—215

1942年6月至1942年9月,璧山实验地方法院关于余杨清要求刘陈氏支付修缮费一案的文书,包括民事诉状、璧山实验地方法院民事判决书、璧山实验地方法院执行命令等。

216. 四川高等法院第一分院、璧山地方法院审理要求返还棉纱一案　12－12－216

1940 年 6 月至 1940 年 9 月,四川高等法院第一分院、璧山地方法院关于雷克仁要求李绍荣返还棉纱一案的文书,包括璧山地方法院民事判决书、璧山地方法院与四川高等法院第一分院的往来公函、四川高等法院第一分院民事裁定等。

217. 璧山地方法院审理要求交还产业一案　12－12－217

1941 年 1 月至 1941 年 4 月,璧山地方法院关于吴奎楼要求杨平之等人交还产业一案的文书,包括璧山地方法院民事判决书、璧山地方法院与四川高等法院第一分院的往来公函等。

218. 璧山实验地方法院审理经界纠纷一案　12－12－218

1942 年 7 月至 1942 年 10 月,璧山实验地方法院关于钱明德经界纠纷一案的文书,包括民事诉状、民事委状、审理笔录、民事催状、璧山实验地方法院民事判决书、璧山县临江乡乡长提交璧山实验地方法院的呈文等。

219. 璧山实验地方法院审理租佃纠纷一案　12－12－219

1942 年 9 月至 1942 年 10 月,璧山实验地方法院关于陈光明租佃纠纷一案的文书。陈光明租佃陈李氏的土地后陈李氏借故终止租约,使陈光明蒙受经济损失,陈光明因此提起诉讼要求法院维护自身利益。该卷文书包括民事诉状、民事审理笔录、民事委任状、民事调解笔录等。

220. 璧山实验地方法院审理要求确认买卖契约无效一案　12－12－220

1945 年 10 月,璧山实验地方法院关于杨冯氏要求确认买卖契约无效一案的文书,包括璧山实验地方法院民事判决书、璧山实验地方法院与四川高等法院第一分院的往来公函等。

221. 璧山实验地方法院审理要求返还租谷一案　12－12－221

1942 年 9 月至 1942 年 10 月,璧山实验地方法院关于龚银洲要求周作之返还租谷一案的文书,包括民事诉状、民事审理笔录、璧山实验地方法院民事和解笔录等。

222. 璧山实验地方法院审理对要求终止租约表示异议一案　12—12—222

1942年9月，璧山实验地方法院关于曾永林对曾子张要求终止租约表示异议一案的文书，包括民事异议状、璧山实验地方法院民事判决书、民事委任状、民事审理笔录等。

223. 四川高等法院第一分院、璧山实验地方法院审理要求工厂搬迁石渣一案　12—12—223

1942年7月至1943年2月，四川高等法院第一分院、璧山实验地方法院关于曾孟桃要求正泰工厂搬迁石渣一案的文书，包括民事声请书、四川高等法院第一分院民事裁定、璧山实验地方法院民事判决书、民事撤诉状等。

224. 四川高等法院第一分院、璧山实验地方法院等审理要求终止租约一案　12—12—224

1941年9月至1943年1月，四川高等法院第一分院、璧山实验地方法院等关于黄炳章要求终止租约一案的文书，包括民事诉状、璧山地方法院民事裁定、璧山地方法院与四川高等法院第一分院的往来公函、民事答辩状、民事声请书、辩论笔录、刑事诉状、民事委状、四川高等法院第一分院民事判决书、璧山地方法院民事判决书等。

225. 四川高等法院第一分院、璧山实验地方法院审理妨害耕作案、伤害案两案　12—12—225

1942年8月至1943年7月，四川高等法院第一分院、璧山实验地方法院关于杨大富妨害周大福耕作案、邓国炳伤害案两案的文书，包括讯问笔录、刑事诉状、璧山实验地方法院与四川高等法院第一分院的往来公函、刑事答辩状、四川高等法院第一分院刑事判决书等。

226. 四川高等法院第一分院、璧山实验地方法院等审理要求交还田房一案　12—12—226

1942年4月至1945年3月，四川高等法院第一分院、璧山实验地方法院等关于向高福要求杨宗荣交还田房一案的文书，包括民事诉状、璧山地方法院与四川高等法院第一分院的往来公函、民事委任状、审理笔录、四川高等法院第一分院民事裁定、璧山实验地方法院民事判决书、璧山地方法院民事裁定、民事声请书、四川高等法院第一分院刑事判决书等。

227. 四川高等法院第一分院审理要求赔偿医药费一案　12－12－227

1942年7月至1943年2月，四川高等法院第一分院关于邓石氏被邓国炳殴打，要求赔偿医药费一案的文书，包括璧山实验地方法院与四川高等法院第一分院的往来公函、四川高等法院第一分院刑事附带民事诉讼裁定、民事呈状、民事委状、辩论笔录、四川高等法院第一分院民事判决书等。

228. 四川高等法院第一分院、璧山实验地方法院待等审理要求撤销买卖契约案、要求领取证物案两案　12－12－228

1941年9月至1942年10月，四川高等法院第一分院、璧山实验地方法院关于王瑞林要求撤销买卖契约案、王瑞林要求领取证物案两案的文书，包括民事诉状、四川高等法院第一分院民事裁定、璧山地方法院与四川高等法院第一分院的往来公函、民事领状、民事委任状、民事续呈状、民事辩状、审理笔录、璧山地方法院民事判决书等。

229. 璧山实验地方法院审理申请领取证物一案　12－12－229

1942年5月，璧山实验地方法院关于曹登第申请领取证物一案的文书。曹登第曾因买卖土地纠纷打过官司，案件了结后曹登第申请取回提交给法院的田契等物。该卷文书包括民事领状等。

230. 四川高等法院第一分院、璧山地方法院审理申请终止租赁关系一案　12－12－230

1941年7月至1942年3月，四川高等法院第一分院、璧山地方法院关于靳春和申请终止租赁关系一案的文书，包括璧山地方法院民事裁定、民事诉状、璧山地方法院与四川高等法院第一分院的往来公函、民事理由书、辩论笔录、民事委任状、四川高等法院第一分院民事判决书、民事声请书等。

231. 璧山实验地方法院审理声请脱离养子关系存查一案　12－12－231

1942年11月，璧山实验地方法院关于杨银山声请脱离养子关系存查一案的文书。杨银山养子杨华辉不务正业、游手好闲，因此杨银山与其断绝了父子关系，如今杨银山在分配家产，为防出现不测他申请法院将此备案存查。

232. 璧山实验地方法院审理申请财产存查一案　12－12－232

1942年12月，璧山实验地方法院关于璧山县正兴乡乡公所申请财产存查一案的文书，包括璧山县正兴乡乡公所提交璧山实验地方法院的呈文、璧山实验地方法院指令等。

233. 四川高等法院第一分院、璧山实验地方法院审理要求终止租约案、典当纠纷案两案　12－12－233

1942年6月至1943年2月,四川高等法院第一分院、璧山实验地方法院关于邱炳煊要求终止租约案、廖合清典当纠纷案两案的文书,包括民事诉状、民事答辩状、民事委任状、审理笔录、民事续呈状、璧山实验地方法院民事判决书、璧山实验地方法院民事裁定、璧山实验地方法院与四川高等法院第一分院的往来公函、四川高等法院第一分院民事判决书等。

234. 璧山地方法院审理债务纠纷执行一案　12－12－234

1941年10月至1942年4月,璧山地方法院关于龙廷坤债务纠纷执行一案的文书。龙廷坤以邓治清拖欠债款而提起上诉,要求邓偿还债务。该卷文书包括民事诉状、璧山地方法院民庭和解笔录、璧山地方法院训令等。

235. 璧山地方法院审理租谷纠纷执行一案　12－12－235

1942年1月至1942年3月,璧山地方法院关于杨世荣租谷纠纷执行一案的文书。杨世荣以张兴太拖欠租谷为由上诉,法院判决张兴太支付租谷后张仍然拖欠,杨要求法院强制执行。该卷文书包括民事执行状、璧山地方法院和解笔录、璧山地方法院训令等。

236. 永川地方法院函请璧山实验地方法院代传林海清案、贵州遵义地方法院函请璧山实验地方法院代传张银洲案两案　12－12－236

1942年9月至1943年1月,永川地方法院函请璧山实验地方法院代传林海清、贵州遵义地方法院函请璧山实验地方法院代传张银洲两案的文书,包括璧山实验地方法院与永川地方法院、贵州遵义地方法院的往来公函等。

237. 璧山实验地方法院审理租谷纠纷一案　12－12－237

1942年7月至1942年10月,璧山实验地方法院关于陈文才租谷纠纷一案的文书。陈文才以陈注东拖欠租谷为由提起诉讼,要求陈注东偿还租谷,后双方经人调解和解。该卷文书包括民事诉状、民事审理笔录、璧山实验地方法院通知书等。

238. 璧山实验地方法院审理申请领取证物一案　12－12－238

1942年7月,璧山实验地方法院关于龚保成申请领取证物一案的文书。龚保成曾因租佃纠纷打过官司,案件了结后龚保成申请领取提交给法院的证明书等物。该卷文书包括民事呈状等。

239. 贵州遵义地方法院函请代传当事人两案　12—12—239

1942年9月至1943年1月，贵州遵义地方法院函请璧山实验地方法院代传张银洲案、永川地方法院函请璧山实验地方法院代传林海清案两案的文书，包括璧山实验地方法院与贵州遵义地方法院、永川地方法院的往来公函等。

240. 璧山实验地方法院审理离婚存查一案　12—12—240

1942年5月，璧山实验地方法院关于陈刘氏离婚存查一案的文书。陈朱氏之子失踪多年，其儿媳陈刘氏生活艰难，为维持生计陈朱氏允许陈刘氏改嫁，为防日后发生纠纷陈朱氏向法院申请将此备案存查。该卷文书包括民事存查状等。

241. 璧山地方法院审理申请失踪存查一案　12—12—241

1941年12月，璧山地方法院关于王辉德申请失踪存查一案的文书。王辉德之妻王邓氏因琐事离家出走，王辉德寻人未果，故向法院申请将此备案存查。该卷文书包括民事存查状等。

242. 璧山地方法院审理申请潜逃存查一案　12—12—242

1942年4月，璧山地方法院关于余海林申请潜逃存查一案的文书。余海林儿媳趁家人外出携带家中财物潜逃，为防日后发生纠纷余海林申请法院将此备案存查。该卷文书包括民事呈状等。

243. 璧山实验地方法院审理申请领取证物一案　12—12—243

1942年8月，璧山实验地方法院关于刘兴业申请领取证物一案的文书。刘兴业曾在璧山实验地方法院打过官司，案件了结后刘申请取回提交给法院的契约等证物。该卷文书包括民事领状等。

244. 璧山实验地方法院审理申请领取证物一案　12—12—244

1942年5月至1942年12月，璧山实验地方法院关于邱沛群申请领取证物一案的文书。邱沛群曾因租佃纠纷打过官司，案件了结后邱向法院申请取回提交的租约等证物。该卷文书包括民事领状等。

245. 璧山地方法院审理申请领取证物一案　12—12—245

1942年3月，璧山地方法院关于龙海廷申请领取证物一案的文书。龙海廷曾因收租问题打过官司，案件了结后龙向法院申请取回提交的优待证等证物。该卷文书包括民事声请书等。

246. 璧山实验地方法院审理声请法院保护其租谷一案　12—12—246

1942年7月,璧山实验地方法院关于王昌谟声请法院保护其租谷一案的文书。王昌谟与李甫卿因租佃产生纠纷,王担心李侵夺其谷物,故向法院申请保护。该卷文书包括民事声请书等。

247. 璧山地方法院审理申请领取证物一案　12—12—247

1942年3月,璧山地方法院关于雷重光申请领取证物一案的文书。雷重光曾因租佃纠纷打过官司,案件了结后雷申请取回提交给法院的信件等证物。该卷文书包括民事领状等。

248. 璧山实验地方法院审理申请法院鉴定地价一案　12—12—248

1942年7月,璧山实验地方法院关于张德荣申请法院鉴定地价一案的文书。张德荣与他人发生纠纷,对方要求其赔偿土地损失,张德荣请求法院鉴定土地价格。该卷文书包括民事诉状、璧山实验地方法院批文等,

249. 璧山实验地方法院审理申请领取证物一案　12—12—249

1942年8月,璧山实验地方法院关于罗芳林申请领取证物一案的文书。罗芳林曾在璧山实验地方法院打过官司,案件了结后罗向法院申请取回提交的典契、交收单等物。该卷文书包括民事领状等。

250. 璧山实验地方法院审理分家存查一案　12—12—250

1942年8月,璧山实验地方法院关于谷安福分家存查一案的文书。谷安福家族经商议后析分家产,为防以后出现纠纷特申请法院将此备案存查。该卷文书包括民事存查状等。

251. 璧山实验地方法院审理典当纠纷一案　12—12—251

1942年5月,璧山实验地方法院关于李舒氏典当纠纷一案的文书。李舒氏在回赎典当与李永兴的财产时遭到阻挠,李提起诉讼要求法院维护自身利益。该卷文书包括民事诉状、讯问笔录、民事呈状等。

252. 四川高等法院第一分院、璧山实验地方法院审理要求撤销不动产转移契约一案　12—12—252

1942年7月至1942年10月,四川高等法院第一分院、璧山实验地方法院关于吴天成要求撤销不动产转移契约一案的文书,包括民事缴状、璧山实验地方法院民

事裁定、民事诉状、璧山实验地方法院与四川高等法院第一分院的往来公函、民事委任状、民事辩状、辩论笔录、宣判笔录、四川高等法院第一分院民事裁定等。

253. 四川高等法院第一分院、璧山实验地方法院审理析分家产纠纷一案　12－12－253

1942年5月至1943年1月，四川高等法院第一分院、璧山实验地方法院关于何荣基析分家产纠纷一案的文书，包括民事委任状、璧山实验地方法院与四川高等法院第一分院的往来公函、民事诉状、璧山实验地方法院民事裁定、辩论笔录、民事答辩状、民事声请书、民事补状、四川高等法院第一分院民事判决书等。

254. 四川高等法院第一分院、璧山实验地方法院审理损毁契约一案　12－12－254

1942年12月至1943年6月，四川高等法院第一分院、璧山实验地方法院关于明玉廷损毁契约一案的文书。明邓氏以明玉廷损毁契约为由提起诉讼，要求明玉廷赔偿经济损失。该卷文书包括刑事诉状、刑事审讯笔录、刑事辩状、刑事委任状、璧山实验地方法院刑事及附带民事判决书、璧山实验地方法院与四川高等法院第一分院的往来公函等。

255. 璧山实验地方法院等审理抢夺他人财物一案　12－12－255

1941年11月至1942年9月，璧山实验地方法院等关于李实充抢夺他人财物一案的文书，包括璧山地方法院检察官起诉书、刑事诉状、审理笔录、刑事保状、刑事宣判笔录、璧山地方法院刑事判决书、刑事辩状等。

256. 四川高等法院第一分院、璧山实验地方法院等审理盗窃案、业权纠纷案两案　12－12－256

1942年1月至1942年10月，四川高等法院第一分院、璧山实验地方法院等关于朱堂荣盗窃案、廖合清业权纠纷案两案的文书，包括刑事诉状、民事诉状、审理笔录、刑事宣判笔录、璧山地方法院刑事判决书、讯问笔录、刑事声请书、璧山地方法院与四川高等法院第一分院的往来公函、四川高等法院第一分院刑事判决书、四川高等法院第一分院刑事附带民事判决书等。

257. 四川高等法院第一分院审理要求终止租约一案　12－12－257

1942年4月至1942年12月，四川高等法院第一分院关于雷重光要求终止租约一案的文书，包括民事诉状、四川高等法院第一分院民事裁定、璧山地方法院与四川高等法院第一分院的往来公函、辩论笔录、宣告判决笔录、四川高等法院第一分院民事判决书、民事委任状、民事追加状等。

258. 四川高等法院第一分院函调龙况氏案卷宗、四川高等法院第一分院嘱送欧海荣案通知的卷宗　12－12－258

1942年5月，四川高等法院第一分院函调龙况氏案卷宗、四川高等法院第一分院嘱送欧海荣案通知的卷宗，包括四川高等法院第一分院发往璧山实验地方法院的公函等。

259. 璧山地方法院审理典当纠纷一案　12－12－259

1942年4月，璧山地方法院关于雷树元典当纠纷一案的文书。雷树元在典当物品给萧大春的过程中双方因典价发生纠纷，雷树元申请法院调解二人的矛盾，档案包括民事声请书、民事委任状等。

260. 璧山实验地方法院审理妨害他人行使权利一案　12－12－260

1942年5月至1942年11月，璧山实验地方法院关于赵元熙妨害他人行使权利一案的文书。何宏基等人以赵元熙强占自家土地为由提起诉讼，要求法院惩治赵。该卷文书包括刑事诉状、刑事委任状、审理笔录、刑事宣判笔录、璧山实验地方法院刑事附带民事判决书等。

261. 璧山实验地方法院审理妨害农耕一案　12－12－261

1942年8月至1942年11月，璧山实验地方法院关于彭义轩妨害他人农耕一案的文书，包括璧山实验地方法院与四川高等法院第一分院的往来公函等。

262. 四川高等法院第一分院、璧山实验地方法院审理债务纠纷一案　12－12－262

1942年8月至1942年12月，四川高等法院第一分院、璧山实验地方法院关于张志林债务纠纷一案的文书，包括民事声请书、璧山实验地方法院民事裁定、四川高等法院第一分院民事裁定、民事诉状、民事委任状、讯问笔录、民事展限状、民事宣判笔录、璧山实验地方法院民事判决书、璧山实验地方法院与四川高等法院第一分院的往来公函等。

263. 璧山实验地方法院审理析分家产纠纷一案　12－12－263

1942年11月至1944年11月，璧山实验地方法院关于何荣基析分家产纠纷一案的文书，包括璧山实验地方法院与四川高等法院第一分院的往来公函、民事凭证、最高法院发往璧山实验地方法院的公函等。

264. 璧山实验地方法院审理要求返还洋碱一案　12－12－264

1942年10月至1942年11月,璧山实验地方法院关于向素卿要求雷张氏返还洋碱一案的文书。向素卿将洋碱存放在雷张氏处,雷张氏却将洋碱抵押借款,向提起诉讼要求雷返还洋碱。该卷文书包括民事诉状、民事委任状、审讯笔录、民事续状、民事辩状、璧山实验地方法院民事判决书等。

265. 璧山实验地方法院审理要求撤销买卖契约一案　12－12－265

1942年7月至1942年11月,璧山实验地方法院关于王海州要求撤销买卖契约一案的文书,包括璧山实验地方法院民事裁定、民事诉状、璧山实验地方法院与四川高等法院第一分院的往来公函、民事追加状、辩论笔录、民事声请书等。

266. 璧山实验地方法院审理要求撤销买卖契约一案　12－12－266

1942年9月,璧山实验地方法院关于王海洲要求撤销买卖契约一案的文书,包括璧山实验地方法院与四川高等法院第一分院的往来公函等。

267. 璧山实验地方法院审理要求赔偿租谷执行一案　12－12－267

1942年5月,璧山实验地方法院关于杨武臣要求江树轩赔偿租谷执行一案的文书,包括民事执行状、璧山实验地方法院执行命令等。

268. 璧山实验地方法院审理要求交还田业执行一案　12－12－268

1942年8月至1942年9月,璧山实验地方法院关于吴锡荣要求张炳南交还田业执行一案的文书,包括民事声请书、民事执行状、璧山实验地方法院执行命令、璧山实验地方法院民事判决书等。

269. 四川高等法院第一分院、璧山实验地方法院等审理强占他人产业一案　12－12－269

1942年2月至1944年2月,四川高等法院第一分院、璧山实验地方法院等关于冯兴益控告陈玉兴强占其产业一案的文书,包括民事声请书、璧山地方法院刑事判决书、璧山地方法院民事裁定、民事抗告书、璧山地方法院与四川高等法院第一分院的往来公函、四川高等法院第一分院民事裁定等。

270. 璧山实验地方法院审理土地所有权纠纷一案　12－12－270

1943年2月至1943年3月,璧山实验地方法院关于张春辉土地所有权纠纷一案的文书,包括璧山实验地方法院与四川高等法院第一分院的往来公函、民事催状、民事声请书等。

271. 璧山地方法院审理要求交还田业一案　12－12－271

1942年1月至1942年3月，璧山地方法院关于周银廷要求陈指槐交还田业一案的文书，包括民事声请书、民事委状、民事和解状、璧山地方法院民事判决书等。

272. 璧山实验地方法院审理要求交还田业一案　12－12－272

1943年8月至1944年6月，璧山实验地方法院关于邓述卿要求蔡正荣交还田业一案的文书，包括璧山实验地方法院与四川高等法院第一分院的往来公函、民事委任状等。

273. 璧山地方法院审理领押交业执行一案　12－12－273

1942年1月，璧山地方法院关于陈饶氏要求雷伯高领取押金、交还田业执行一案的文书，包括民事执行状、璧山地方法院民事判决书等。

274. 四川高等法院第一分院、璧山实验地方法院审理土地经界纠纷一案　12－12－274

1942年3月至1943年2月，四川高等法院第一分院、璧山实验地方法院关于戴作三土地经界纠纷一案的文书，包括璧山实验地方法院民事裁定、民事诉状、璧山地方法院与四川高等法院第一分院的往来公函、民事声请书、民事委任状、辩论笔录、宣告判决笔录、四川高等法院第一分院民事判决书、民事答辩状等。

275. 璧山实验地方法院审理申请领取证物一案　12－12－275

1943年4月，璧山实验地方法院关于甘为良申请领取证物一案的文书。甘为良曾因业权纠纷打过官司，案件了结后甘申请领取判决书等文书。该卷文书包括民事领状等。

276. 璧山实验地方法院审理要求交还田业一案　12－12－276

1942年1月至1942年6月，璧山实验地方法院关于李世绳要求甘汝霖交还田业一案的文书，包括民事诉状、民事凭证、民事委任状、璧山地方法院民事裁定、民事抗告书、民事呈状、民事辩状、审理笔录、民事理由书、宣告判决笔录、璧山实验地方法院民事判决书等。

277. 璧山实验地方法院审理请求确认婚约无效一案　12－12－277

1942年10月至1943年2月，璧山实验地方法院关于伍家容请求确认婚约无效一案的文书，包括民事委任状、民事反诉状、辩论笔录、民事诉状、审理笔录、宣告判决笔录、璧山实验地方法院民事判决书、璧山实验地方法院民事裁定等。

278. 璧山实验地方法院审理申请解除婚约一案　12－12－278

1942 年 11 月，璧山实验地方法院关于伍家容申请解除婚约一案的文书，包括璧山实验地方法院民事判决书、璧山实验地方法院与四川高等法院第一分院的往来公函等。

279. 璧山实验地方法院审理申请假扣押一案　12－12－279

1942 年 7 月，璧山实验地方法院关于罗涛清申请假扣押一案的文书. 罗涛清与郭荣清因租谷问题产生纠纷，罗涛清向法院申请假扣押郭荣清的谷物，以便其偿还租谷。该卷文书包括民事声请书等。

280. 四川高等法院第一分院、璧山地方法院等审理要求确认佃期一案　12－12－280

1941 年 12 月至 1942 年 9 月，四川高等法院第一分院、璧山地方法院等关于曾有为要求确认佃期一案的文书。曾有为认为李朝政私改租佃契约的期限，损害自身利益，故提起上诉要求法院确认佃期。该卷文书包括民事反诉状、民事审理笔录、民事抗告书、璧山地方法院民事意见书、四川高等法院第一分院民事裁定、璧山地方法院与四川高等法院第一分院的往来公函、民事诉状、璧山地方法院民事裁定等。

281. 璧山实验地方法院审理申请法院发布支付命令一案　12－12－281

1942 年 10 月至 1942 年 12 月，璧山实验地方法院关于龙上钦申请法院发布支付命令一案的文书。龙上钦因张树清拖欠借款提起诉讼，要求法院发布支付命令敦促张偿还债务。该卷文书包括民事声请书、璧山实验地方法院支付命令等。

282. 四川高等法院第一分院、璧山实验地方法院等审理申请支付命令案、要求交还田业案两案　12－12－282

1941 年 8 月至 1942 年 12 月，四川高等法院第一分院、璧山实验地方法院等关于龙上钦申请支付命令案、杨云昭要求刘银荃交还田业案两案的文书，包括民事声请书、璧山地方法院支付命令、民事诉状、璧山地方法院民事判决书、审理笔录、民事执行状、民事辩状、璧山地方法院训令、四川高等法院第一分院民事判决书等。

283. 璧山地方法院审理违反农矿工商管理条例一案　12－12－283

1942 年 1 月至 1942 年 3 月，璧山地方法院关于萧国江违反农矿工商管理条例一案的文书，包括璧山地方法院检察官与本院法庭的往来公函、璧山地方法院检察官起诉书、刑事审判笔录、璧山地方法院刑事判决书等。

284. 四川高等法院第一分院、璧山实验地方法院等审理申请解除租佃关系一案　12－12－284

1941年12月至1942年12月，四川高等法院第一分院、璧山实验地方法院等关于许敬修申请解除租佃关系一案的文书，包括璧山地方法院与四川高等法院第一分院的往来公函、璧山地方法院民事裁定、民事诉状、辩论笔录、民事委任状、民事辩状、民事声请书、宣告判决笔录、四川高等法院第一分院民事判决书等。

285. 璧山地方法院审理离婚存查一案　12－12－285

1942年3月，璧山地方法院关于周荣光离婚存查一案的文书。周荣光与杨少清结婚后生活不睦，两人协议离婚后为防不测周荣光申请将此备案存查。该卷文书包括民事存查状等。

286. 璧山实验地方法院审理离婚存查一案　12－12－286

1942年6月，璧山实验地方法院关于陈兴慧离婚存查一案的文书。陈兴慧与妻子陈申氏因感情不和离婚，为防日后产生纠纷陈兴慧申请法院将此备案存查。该卷文书包括民事存查状等。

287. 四川高等法院第一分院、璧山实验地方法院等审理疏通阻塞一案　12－12－287

1941年11月至1942年12月，四川高等法院第一分院、璧山实验地方法院等关于曾孟桃要求正泰工厂疏通阻塞一案的文书。曾孟桃以正泰工厂的废料阻塞其水渠为由提起诉讼，要求工厂疏通水渠。该卷文书包括民事诉状、审理笔录、璧山实验地方法院民事判决书、璧山地方法院民事裁定、璧山地方法院与四川高等法院第一分院的往来公函、四川高等法院第一分院民事判决书、四川高等法院第一分院民事裁定等。

288. 永川县政府军法庭审理贩卖并吸食鸦片一案　12－12－288

1942年6月至1942年12月，永川县政府军法庭关于蒋永贞等人贩卖并吸食鸦片一案的文书，包括民事呈状、民事保状、永川县县政府兼理军法案件判决书、讯问笔录等。

289. 永川县政府军法庭审理贩卖并吸食鸦片一案　12－12－289

1942 年 6 月至 1942 年 7 月，永川县政府军法庭关于蒋永贞等人贩卖并吸食鸦片案的文书，包括讯问笔录、永川县政府审理军法案件判决书等。

290. 璧山实验地方法院审理要求交还财产一案　12－12－290

1942 年 7 月至 1942 年 10 月，璧山实验地方法院关于吴和先要求吴俊良交还财产一案的文书，包括民事诉状、民事委状、审理笔录、璧山实验地方法院发往重庆地方法院的公函、民事辩状、民事声明、民事声请书、璧山实验地方法院民事判决书等。

291. 四川高等法院第一分院审理租谷纠纷一案　12－12－291

1942 年 7 月至 1942 年 11 月，四川高等法院第一分院关于蔡鸿江租谷纠纷一案的文书，包括民事声请书、四川高等法院第一分院民事裁定、璧山实验地方法院与四川高等法院第一分院的往来公函等。

292. 四川高等法院第一分院、璧山实验地方法院审理要求给付食谷一案　12－12－292

1942 年 3 月至 1942 年 11 月，四川高等法院第一分院、璧山实验地方法院关于李开明要求给付食谷一案的文书，包括民事诉状、民事答辩状、民事审理笔录、璧山地方法院民事判决书、璧山地方法院民事裁定、璧山地方法院与四川高等法院第一分院的往来公函、四川高等法院第一分院民事判决书、民事声请书等。

293. 璧山实验地方法院审理请求排除侵害一案　12－12－293

1942 年 6 月至 1942 年 9 月，璧山实验地方法院关于李德轩请求排除侵害一案的文书，包括璧山实验地方法院与四川高等法院第一分院的往来公函等。

294. 四川高等法院第一分院、璧山实验地方法院等审理租谷纠纷案、终止租约案两案　12－12－294

1942 年 4 月至 1942 年 12 月，四川高等法院第一分院、璧山实验地方法院等关于张惠庆租谷纠纷案、梁伟光要求终止租约案两案的文书，包括民事声请书、民事委状、民事调解笔录、民事诉状、四川高等法院第一分院民事裁定、璧山地方法院与四川高等法院第一分院的往来公函等。

295. 璧山实验地方法院审理经界纠纷一案　12－12－295

1942 年 7 月至 1942 年 9 月，璧山实验地方法院关于彭顺吉经界纠纷一案的文书,包括民事补诉状、民事辩状、民事诉状、民事审理笔录、民事声请书等。

296. 璧山实验地方法院审理要求赔偿损失一案　12—12—296

1942 年 10 月至 1942 年 12 月,璧山实验地方法院关于向全盛要求邹家振赔偿损失一案的文书。向全盛将房屋租给邹家振后房屋遭到破坏,向提起诉讼要求邹赔偿损失。该卷文书包括民事诉状、民事审理笔录、璧山实验地方法院民事判决书、民事声请书等。

297. 璧山实验地方法院等审理排除侵害案、遗嘱存查案两案　12—12—297

1942 年 4 月至 1942 年 12 月,璧山实验地方法院等关于排除侵害案、朱唐氏遗嘱存查案两案的文书,包括璧山地方法院发往四川高等法院第一分院的公函、民事存查状等。

298. 璧山实验地方法院等审理经界纠纷一案　12—12—298

1942 年 3 月至 1942 年 9 月,璧山实验地方法院等关于罗银安经界纠纷一案的文书,包括民事诉状、民事审理笔录、民事委任状、璧山实验地方法院民事判决书、民事领状等。

299. 四川高等法院第一分院、璧山实验地方法院等审理申请解除租佃契约及其上诉一案　12—12—299

1940 年 12 月至 1942 年 12 月,四川高等法院第一分院、璧山实验地方法院等关于刘露卿申请解除租佃契约及其上诉一案的文书,包括民事诉状、审判笔录、民事声明、辩论笔录、璧山地方法院民事判决书、璧山地方法院民事裁定、璧山地方法院与四川高等法院第一分院的往来公函、民事答辩状、四川高等法院第一分院民事裁定等。

300. 四川高等法院第一分院、璧山实验地方法院审理申请离婚一案　12—12—300

1942 年 12 月至 1948 年 5 月,四川高等法院第一分院、璧山实验地方法院关于张傅氏申请离婚一案的文书,包括民事诉状、民事辩状、民事审理笔录、民事宣判笔录、璧山实验地方法院民事判决书、璧山实验地方法院与四川高等法院第一分院的往来公函等。

301. 四川高等法院第一分院、璧山地方法院审理房屋经界纠纷一案　12—12—301

1942 年 1 月至 1942 年 5 月,四川高等法院第一分院、璧山地方法院关于李德轩房屋经界纠纷一案的文书,包括璧山地方法院民事裁定、民事诉状、璧山地方法院与四川高等法院第一分院的往来公函、辩论笔录、民事委任状、宣告判决笔录、四川高等法院第一分院民事判决书等。

302. 四川高等法院第一分院、璧山实验地方法院审理家产纠纷一案　12－12－302

1942年4月至1942年9月，四川高等法院第一分院、璧山实验地方法院关于王文氏家产纠纷一案的文书，包括民事诉状、璧山地方法院民事裁定、璧山地方法院与四川高等法院第一分院的往来公函、辩论笔录、民事委任状、民事展限状、重庆地方法院民事判决书、四川高等法院第一分院民事裁定、四川高等法院第一分院民事和解笔录、璧山地方法院民事判决书等。

303. 璧山实验地方法院审理转移物权存查一案　12－12－303

1942年9月，璧山实验地方法院关于周光泽转移物权存查一案的文书。朱级武将田产所有权转让给周光泽，为防日后出现纠纷，周光泽申请法院将此备案存查。该卷文书包括民事声请书等。

304. 璧山实验地方法院审理租赁纠纷两案　12－12－304

1942年8月至1942年9月，璧山实验地方法院关于吴寿增租赁纠纷案、范乾昌申请离婚案两案的文书，包括民事诉状、民事审理笔录、民事答辩状、璧山实验地方法院民事判决书、民事公证等。

305. 璧山实验地方法院审理要求撤销婚约一案　12－12－305

1942年12月，璧山实验地方法院关于冯大贤要求撤销婚约一案的文书。冯大贤幼时由父母做主与杜启明订立婚约，如今发现杜启明患有精神病，冯大贤提起诉讼请求撤销婚约，后双方经调解和解。该卷文书包括民事诉状、民事撤诉状等。

306. 璧山实验地方法院审理生活费纠纷、申请离婚两案　12－12－306

1942年11月至1943年1月，璧山实验地方法院关于郑黎氏生活费纠纷案、郑黎氏申请离婚案两案的文书，包括民事诉状、民事辩状、民事审理笔录、璧山实验地方法院民事判决书等。

307. 璧山实验地方法院审理生活费纠纷一案　12－12－307

1942年9月，璧山实验地方法院关于陈文树生活费纠纷一案的文书。陈文树与陈治安因生活费问题发生纠纷，陈文树请求法院调解二人的矛盾，档案包括民事声请书、民事委任状、民事调解笔录等。

308. 璧山实验地方法院审理要求给付杠炭一案　12—12—308

1942年7月至1942年8月，璧山实验地方法院关于万仲文要求赵韵伯给付杠炭一案的文书。万仲文购买赵韵伯的杠炭，赵收钱后未能给付万仲文货物，万提起诉讼要求赵给付杠炭，档案包括民事诉状、民事审理笔录、璧山实验地方法院民事判决书等。

309. 璧山地方法院审理申请拍卖产业一案　12—12—309

1941年3月，璧山地方法院关于龙汝贤申请拍卖产业一案的文书。龙汝贤外祖父一家全遭不幸，龙在取得家族同意后申请拍卖外祖父家中的财产，档案包括龙汝贤提交璧山地方法院的呈文等。

310. 璧山实验地方法院审理申请领取证物一案　12—12—311

1942年7月，璧山实验地方法院关于尹海洲申请领取证物一案的文书。尹海洲曾因租佃纠纷与荣义和打过官司，案件了结后尹申请取回提交给法院的佃约等物，档案包括民事声请书、民事领状等。

311. 璧山实验地方法院审理典当纠纷一案　12—12—312

1942年11月至1943年1月，璧山实验地方法院关于谭玉辉典当纠纷一案的文书，包括民事异议状、民事声请书、璧山实验地方法院民事裁定、璧山实验地方法院与重庆地方法院的往来公函、民事委任状、民事答辩状、民事缴状、审理笔录、璧山实验地方法院民事判决书等。

312. 璧山实验地方法院审理要求搬迁交业一案　12—12—313

1942年12月至1943年1月，璧山实验地方法院关于吴俊良要求何经一搬迁交业一案的文书，包括民事诉状、民事委状、民事声请书、民事审理笔录、璧山实验地方法院民事和解笔录等。

313. 四川高等审判分庭审理押银纠纷一案　12—12—314

1918年4月至1918年7月，四川高等审判分庭关于吴汝霖押银纠纷一案的文书，包括四川高等审判分庭训令、民事诉状、民事辩状、审理笔录等。

314. 璧山实验地方法院审理藏匿赃物一案　12—12—315

1942年10月，璧山实验地方法院关于温叔良藏匿赃物一案的文书，包括璧山实验地方法院首席检察官发往本院刑事庭的公函等。

315. 璧山实验地方法院审理典当纠纷一案　12－12－316

1942 年 7 月至 1942 年 9 月，璧山实验地方法院关于伍华龄典当纠纷一案的文书，包括民事审理笔录、民事诉状、民事委任状、民事讯问笔录、民事辩状等。

316. 璧山实验地方法院审理租佃纠纷一案　12－12－317

1942 年 4 月至 1942 年 10 月，璧山实验地方法院等关于张时可租佃纠纷案三案的文书，包括民事诉状、璧山地方法院与四川高等法院第一分院的往来公函、辩论笔录、民事和解书等。

317. 璧山地方法院等审理要求搬迁执行等三案　12－12－318

1937 年 7 月至 1942 年 11 月，璧山地方法院等关于刘肇怀要求吴钟氏搬迁执行案、张凤岐典权纠纷案、王致君租赁纠纷案三案的文书，包括民事执行状、璧山实验地方法院刑事判决书、璧山县政府兼理司法事务民事判决书、民事声请书、民事调解笔录等。

318. 璧山实验地方法院审理谷物纠纷执行一案　12－12－319

1942 年 7 月至 1942 年 10 月，璧山实验地方法院关于朱鸿发谷物纠纷执行一案的文书。朱鸿发以袁柏林拖欠谷物为由提起诉讼，袁败诉后仍然拒绝支付谷物，朱鸿发要求法院强制执行。该卷文书包括民事执行状、璧山实验地方法院民事判决书、璧山实验地方法院执行命令、民事诉状等。

319. 四川高等法院第一分院审理诈骗他人财产一案　12－12－320

1942 年 1 月至 1942 年 6 月，四川高等法院第一分院关于甘万全诈骗他人财产一案的文书，包括民事诉状、四川高等法院第一分院检察官发往本院刑庭的公函、民事委任状、四川高等法院第一分院刑事判决书、璧山地方法院与四川高等法院第一分院的往来公函等。

320. 璧山实验地方法院审理租谷纠纷执行一案　12－12－321

1942 年 7 月至 1942 年 8 月，璧山实验地方法院关于董吉之租谷纠纷执行一案的文书，包括民事执行状、璧山实验地方法院民事判决书、璧山实验地方法院执行命令等。

321. 四川高等法院第一分院、璧山实验地方法院等审理申请扣押谷物等三案 12—12—322

1941年6月至1943年5月,四川高等法院第一分院、璧山实验地方法院等关于白世昌申请扣押杨银三谷物案、白世昌要求杨银三搬迁交业案、白世昌申请领取证物案三案的文书,包括民事声请书、审理笔录、民事诉状、四川高等法院第一分院民事判决书、璧山地方法院民庭命令、民事委状、民事展限状、民事迅判状、璧山实验地方法院民事判决书。

322. 璧山实验地方法院等审理要求终止租赁契约一案 12—12—323

1942年3月至1942年5月,璧山实验地方法院等关于邓廷荣要求终止租赁契约一案的文书,包括民事诉状、民事委任状、民事审判笔录、璧山地方法院民事判决书、璧山地方法院民事裁定等。

323. 四川高等法院第一分院、璧山实验地方法院等审理申请终止佃约一案 12—12—324

1942年4月至1942年10月,四川高等法院第一分院、璧山实验地方法院等关于邓炳林申请终止佃约一案的文书,包括民事诉状、民事补状、民事缴状、璧山地方法院与四川高等法院第一分院的往来公函、民事声明、辩论笔录、四川高等法院第一分院民事判决书、民事委任状等。

324. 璧山实验地方法院等审理要求赔偿房屋损失、返还土地案两案 12—12—325

1942年4月至1942年12月,璧山实验地方法院等关于周席珍要求张银山赔偿房屋损失案、邓炳林要求邓宝廷返还土地案两案的文书,包括民事诉状、民事审理笔录、民事辩状、璧山实验地方法院民事判决书等。

325. 璧山实验地方法院等审理会款纠纷、赔偿房屋案两案 12—12—326

1941年9月至1943年7月,璧山实验地方法院等关于张舒氏会款纠纷案、周席珍要求赔偿房屋案两案的文书,包括璧山地方法院刑事及附带民事判决书、民事诉状、璧山地方法院与四川高等法院第一分院的往来公函等。

326. 四川高等法院第一分院审理要求返还黄谷抗告一案 12—12—327

1942年2月至1942年4月,四川高等法院第一分院关于张子俊要求王兴福返还黄谷抗告一案的文书,包括民事抗告书、璧山地方法院民事抗告意见书、四川高等法院第一分院民事裁定等。

327. 四川高等法院第一分院、璧山地方法院审理要求搬迁一案　12－12－328

1941年9月至1942年4月，四川高等法院第一分院、璧山地方法院关于董必成要求蔡黄氏搬迁一案的文书，包括民事诉状、民事委状、民事公证、民事审判笔录、民事声请书、民事和解书、璧山地方法院刑事判决书、四川高等法院第一分院刑事判决书等。

328. 璧山实验地方法院审理申请离婚一案　12－12－329

1942年5月，璧山实验地方法院关于张泽富申请离婚一案的文书，包括民事诉状、民事证明书、民事讯问笔录等。

329. 璧山实验地方法院等审理要求返还黄谷一案　12－12－330

1942年4月至1942年5月，璧山实验地方法院等关于张子俊要求王兴福返还黄谷一案的文书，包括民事委任状、民事审判笔录、民事和解书等。

330. 璧山实验地方法院审理要求赔偿损失一案　12－12－331

1942年10月至1943年1月，璧山实验地方法院关于周席珍要求张银山赔偿损失一案的文书，包括民事补状、民事诉状、审理笔录、民事答辩状、宣判笔录、璧山实验地方法院民事判决书、四川高等法院第一分院刑事判决书等。

331. 璧山实验地方法院审理债务纠纷一案　12－12－332

1942年8月至1943年1月，璧山实验地方法院关于曾树元债务纠纷一案的文书，包括民事诉状、民事委状、民事答辩状、民事审理笔录、璧山实验地方法院民事判决书、璧山实验地方法院执行命令、民事执行状、民事领状等。

332. 璧山实验地方法院审理继承纠纷一案　12－12－333

1942年8月至1942年9月，璧山实验地方法院关于舒刘氏继承纠纷一案的文书。舒刘氏认为在继承家产过程中受到舒治荣的不公对待，要求法院维护自身利益，档案包括民事声请书、民事审理笔录等。

333. 四川高等法院第一分院、璧山实验地方法院等审理申请撤销买卖契约一案　12－12－334

1942年3月至1942年11月，四川高等法院第一分院、璧山实验地方法院等关于江崇高申请撤销买卖契约一案的文书，包括民事缴状、民事诉状、璧山地方法院民事裁定、璧山地方法院与四川高等法院第一分院的往来公函、民事答辩状、辩论笔录、民事委状、四川高等法院第一分院民事判决书等。

334. 璧山实验地方法院审理典当纠纷一案　12－12－335

1942年5月至1942年8月，璧山实验地方法院关于杨冯氏典当纠纷一案的文书，包括民事诉状、民事委任状、民事审理笔录等。

335. 璧山实验地方法院等审理要求撤销买卖契约一案　12－12－336

1942年间，璧山实验地方法院等关于江荣安买卖契约纠纷一案的文书，包括璧山地方法院与四川高等法院第一分院的往来公函等。

336. 璧山县司法档案杂卷　12－12－337

1940年11月至1942年9月，永川师管区司令部关于限期疏通军事犯的训令，四川全省保安司令部关于抄发《疏通军事犯办法》及《军事犯调服劳役》、清理军事人犯、抄发军事犯疏通的五项提示的训令，璧山县政府关于积极清理军事人犯、呈报办理军法案件及监狱疏通情形的训令、指令，民国政府军事委员会关于改派军法官熊福亚参加重庆卫戍区疏通军事犯巡回审判团的训令，重庆卫戍总司令部关于依法报核清理军事犯、抄发军事犯管理各办法、组织巡回审判团前往重庆卫戍区办理疏通事宜、抄发军事犯疏通的五项提示、呈报办理疏通军事犯情形的训令，四川省第三区行政督察专员兼保安司令公署关于颁发《军事委员会疏通军事犯审判实施大纲》的训令，四川省政府训令关于巡回审判团出发前往各区办案的训令，川康主任绥靖公署、四川省政府关于疏通军事犯的训令等。

337. 四川高等法院第一分院、璧山实验地方法院审理债务纠纷一案　12－12－338

1942年7月至1943年1月，四川高等法院第一分院、璧山实验地方法院关于石全益债务纠纷一案的文书，包括民事诉状、璧山实验地方法院与四川高等法院第一分院的往来公函、民事答辩状、民事委状、辩论笔录、民事补充状、四川高等法院第一分院民事判决书、璧山实验地方法院民事判决书等。

338. 璧山地方法院等审理申请领取证物一案　12－12－339

1942年3月至1942年5月，璧山地方法院等关于安文氏申请领取证物一案的文书。安文氏曾因典当纠纷打过官司，案件了结后安文氏申请取回提交给法院的契约等物。该卷文书包括民事领状等。

339. 最高法院、四川高等法院第一分院、璧山实验地方法院等审理继承遗产纠纷一案　12－12－340

1942年4月至1943年4月，最高法院、四川高等法院第一分院、璧山实验地方法院等关于刘茂生继承遗产纠纷一案的文书，包括民事抗告书、四川高等法院第一分院提交最高法院的呈文、最高法院民事裁定、民事诉状、民事答辩状、璧山地方法院与永川地方法院的往来公函、民事委任状、审理笔录、宣判笔录、璧山实验地方法院民事判决书等。

340. 四川高等法院第一分院、璧山实验地方法院等审理要求终止租约一案　12—12—341

1941年10月至1942年11月，四川高等法院第一分院、璧山实验地方法院等关于赵鸿武要求终止租约一案的文书，包括民事声请书、璧山地方法院民事裁定、民事理由书、璧山地方法院与四川高等法院第一分院的往来公函、民事委状、民事答辩状、辩论笔录、宣告判决笔录、四川高等法院第一分院民事判决书等。

341. 璧山实验地方法院审理租谷纠纷执行一案　12—12—342

1942年5月至1943年3月，璧山实验地方法院关于邓炳安租谷纠纷执行一案的文书，包括民事声请书、璧山实验地方法院训令、璧山实验地方法院执行命令、民事保状、民事执行状等。

342. 璧山地方法院审理要求确认租赁契约有效一案　12—12—343

1942年2月至1942年3月，璧山地方法院关于雷溪程要求确认租赁契约有效一案的文书，包括民事诉状、民事撤诉状、璧山地方法院与四川高等法院第一分院的往来公函等。

343. 璧山实验地方法院审理请求离婚一案　12—12—344

1942年11月至1943年4月，璧山实验地方法院关于徐国贞请求离婚一案的文书，包括民事诉状、民事委任状、辩论笔录、璧山实验地方法院民事判决书、民事撤诉状、璧山实验地方法院与四川高等法院第一分院的往来公函等。

344. 四川高等法院第一分院、璧山地方法院等审理要求赔偿损失一案　12—12—345

1942年1月至1942年12月，四川高等法院第一分院、璧山地方法院等关于龚正鑫要求赔偿损失一案的文书，包括民事诉状、璧山地方法院与四川高等法院第一分院的往来公函、民事委任状、辩论笔录、民事声请书、民事催状、四川高等法院第一分院民事和解笔录等。

345. 四川高等法院第一分院审理要求确认财产继承权一案　12—12—346

1942年7月至1942年10月，四川高等法院第一分院关于刘茂生要求确认财产继承权一案的文书，包括民事呈状、四川高等法院第一分院民事裁定、璧山实验地方法院与四川高等法院第一分院的往来公函等。

346. 璧山实验地方法院审理债务纠纷执行一案　12－12－347

1942年3月至1943年3月，璧山实验地方法院关于张锡光债务纠纷执行一案的文书，包括民事执行状、璧山地方法院民事判决书、民事委状、璧山地方法院训令、璧山地方法院布告、查封不动产笔录、民事声请书、执行笔录等。

347. 四川高等法院第一分院、璧山实验地方法院审理租谷纠纷一案　12－12－348

1942年7月至1942年11月，四川高等法院第一分院、璧山实验地方法院关于刘裕昌租谷纠纷一案的文书，包括民事诉状、四川高等法院第一分院民事裁定、璧山实验地方法院与四川高等法院第一分院的往来公函等。

348. 璧山实验地方法院审理租谷纠纷一案　12－12－349

1942年9月至1942年10月，璧山实验地方法院关于徐荣川租谷纠纷一案的文书，包括民事诉状、审理笔录、璧山实验地方法院民事判决书等。

349. 璧山地方法院审理租赁纠纷一案　12－12－350

1942年1月至1942年2月，璧山地方法院关于罗文玉租赁纠纷一案的文书。乔楠芬与罗文玉因租金产生纠纷，乔提起诉讼要求罗文玉搬离。该卷文书包括民事诉状、民事审理笔录、民事辩状、璧山地方法院民事判决书等。

350. 璧山实验地方法院审理伪造文书一案　12－12－351

1942年2月至1942年5月，璧山实验地方法院关于赖良臣伪造文书一案的文书，包括刑事诉状、审理笔录、刑事委任状、刑事保状、刑事辩状、民事展限状、璧山实验地方法院刑事附带民事判决书、璧山地方法院民事判决书等。

351. 四川高等法院第一分院、璧山实验地方法院审理典当纠纷案、要求撤销租佃契约案两案　12－12－352

1942年5月至1943年2月，四川高等法院第一分院、璧山实验地方法院关于张林氏典当纠纷案、向高魁要求撤销租佃契约案两案的文书，包括璧山实验地方法院民事裁定、民事声请书、民事委任状、璧山实验地方法院与四川高等法院第一分院的往来公函、辩论笔录、宣告判决笔录、民事理由书、四川高等法院第一分院民事判决书、璧山实验地方法院民事判决书等。

352. 璧山实验地方法院审理要求撤销租佃契约一案　12—12—353

1943 年 4 月,璧山实验地方法院关于向高魁要求撤销租佃契约一案的文书,包括璧山实验地方法院与四川高等法院第一分院的往来公函等。

353. 璧山实验地方法院审理交业纠纷执行一案　12—12—354

1943 年 8 月至 1943 年 10 月,璧山实验地方法院关于赵炳全交业纠纷执行一案的文书,包括民事领状、民事执行状、执行笔录、璧山实验地方法院训令、民事声明、璧山实验地方法院民事裁定、民事委状等。

354. 璧山实验地方法院审理租佃纠纷一案　12—12—355

1942 年 6 月至 1942 年 9 月,璧山实验地方法院关于何宏基租佃纠纷一案的文书,包括民事诉状、璧山实验地方法院执行命令、执行笔录、民事抗告书等。

355. 璧山实验地方法院审理缴纳罚金一案　12—12—356

1942 年 12 月,璧山实验地方法院关于陈伯高缴纳罚金一案的文书,包括璧山实验地方法院检察官与法院院长的往来公函、璧山实验地方法院执行命令、璧山实验地方法院命令、执行笔录等。

356. 璧山地方法院审理离婚存查一案　12—12—357

1942 年 4 月,璧山地方法院关于洪远志离婚存查一案的文书。洪远志与妻子协议离婚后为防日后产生纠纷,特向法院申请将此备案存查。该卷文书包括民事存查状等。

357. 璧山实验地方法院审理要求返还熟土一案　12—12—358

1942 年 10 月至 1942 年 12 月,璧山实验地方法院关于雷海全要求雷吉洲返还熟土一案的文书,雷海全以雷吉洲强占其熟土为由提起诉讼,要求其返还熟土,后双方和解。该卷文书包括民事诉状、璧山实验地方法院通知书等。

358. 四川高等法院第一分院、璧山实验地方法院审理窃占他人财产执行一案 12—12—359

1942 年 8 月至 1942 年 12 月,四川高等法院第一分院、璧山实验地方法院关于江文章窃占他人财产执行一案的文书,包括四川高等法院第一分院训令、四川高等法院第一分院刑事判决书、讯问笔录、刑事领状等。

359. 璧山地方法院审理声请诉讼救助一案　12－12－360

1940年12月，璧山地方法院关于邹移风声请诉讼救助一案的文书。邹移风与周海清因业价纠纷打官司，邹无力支付诉讼费用，故向法院申请诉讼救助。该卷文书包括民事声请书、璧山地方法院民事裁定等。

360. 璧山实验地方法院审理申请假扣押财产一案　12－12－361

1942年8月至1942年11月，璧山实验地方法院关于黄开玉申请假扣押张春德财产一案的文书，包括民事扣押状、璧山实验地方法院民事裁定、四川高等法院第一分院民事裁定、四川高等法院第一分院民事判决书、璧山实验地方法院与四川高等法院第一分院的往来公函等。

361. 璧山实验地方法院审理租谷纠纷一案　12－12－362

1942年12月至1943年3月，璧山实验地方法院关于周荣臣租谷纠纷一案的文书，包括璧山实验地方法院民事判决书、璧山实验地方法院与四川高等法院第一分院的往来公函、民事诉状、民事辩状、审理笔录、璧山实验地方法院民事裁定等。

362. 四川高等法院第一分院、璧山地方法院审理要求终止租约抗告一案　12－12－363

1942年2月，四川高等法院第一分院、璧山地方法院关于晏贵长要求终止租约抗告一案的文书，包括民事抗告书、璧山地方法院民庭意见书、四川高等法院第一分院民事裁定等。

363. 璧山地方法院审理要求确认遗嘱无效一案　12－12－364

1942年1月至1942年2月，璧山地方法院关于邓祀香要求确认遗嘱无效一案的文书，包括璧山县三合乡第三保保长提交璧山地方法院的呈文、民事诉状、民事审理笔录、民事声明、璧山地方法院民事判决书等。

364. 璧山地方法院审理离婚存查一案　12－12－365

1942年1月，璧山地方法院关于赵新兰离婚存查一案的文书。赵新兰丈夫终日游手好闲、不能养家，为维持生计赵申请与之脱离关系，为防以后发生不测赵申请法院将此备案存查，档案包括民事存查状等。

365. 璧山实验地方法院审理债务纠纷一案　12－12－366

1942年10月至1942年12月，璧山实验地方法院关于周亚光债务纠纷一案的文书，包括民事诉状、民事审理笔录、民事委任状、民事补诉状、民事公证、民事宣判笔录、璧山实验地方法院民事判决书等。

366. 璧山实验地方法院审理典当纠纷一案　12－12－367

1942年7月至1942年8月，璧山实验地方法院关于王执中典当纠纷一案的文书。王启俊在回赎典当给王执中的财务时遭到拒绝，王启俊提起诉讼要求法院维护自身利益。该卷文书包括民事诉状、民事委任状、审理笔录、璧山实验地方法院民事判决书等。

367. 璧山实验地方法院审理要求终止租约一案　12－12－368

1942年11月至1943年2月，璧山实验地方法院关于高云汉要求终止租约一案的文书，包括民事证明书、民事诉状、民事展限状、民事审理笔录等。

368. 四川高等法院第一分院、璧山实验地方法院审理租谷纠纷抗告一案　12－12－369

1942年2月至1942年8月，四川高等法院第一分院、璧山实验地方法院关于陈栋梁租谷纠纷抗告一案的文书，包括民事抗告书、璧山地方法院民事抗告意见书、民事催状、四川高等法院第一分院民事裁定、璧山地方法院与四川高等法院第一分院的往来公函等。

369. 四川高等法院第一分院审理要求返还谷物一案　12－12－370

1942年1月，四川高等法院第一分院关于甘伟辉要求甘松芳返还谷物一案的文书，包括四川高等法院第一分院民事裁定、璧山地方法院与四川高等法院第一分院的往来公函、民事诉状等。

370. 璧山实验地方法院审理要求解除租佃关系一案　12－12－371

1942年7月至1942年11月，璧山实验地方法院关于刘泽膏要求解除租佃关系一案的文书，包括民事诉状、民事辩状、民事委任状、民事审理笔录、璧山实验地方法院与江津地方法院的往来公函等。

371. 四川高等法院第一分院、璧山实验地方法院审理要求土地优先购买权及其上诉一案　12－12－372

1941年6月至1942年11月，四川高等法院第一分院、璧山实验地方法院关于刘运财要求土地优先购买权及其上诉一案的文书，包括璧山地方法院民事抗告意见书、民事抗告书、四川高等法院第一分院民事裁定、民事声请书、民事和解书等。

372. 璧山地方法院审理申请领取证物一案　12—12—373

1942年4月，璧山地方法院关于何冕堂申请领取证物一案的文书。何冕堂曾与娄李氏因盗伐木材打过官司，案件了结后何冕堂申请取回和解笔录等文书。该卷文书包括刑事领状等。

373. 璧山实验地方法院审理申请撤诉一案　12—12—374

1942年6月，璧山实验地方法院关于赖汉洲申请撤诉一案的文书。赖汉洲因与陈仲权发生买卖纠纷而提起诉讼，后双方私下和解，赖申请将此案撤回。该卷文书包括民事和解书等。

374. 璧山实验地方法院审理申请继承财产一案　12—12—375

1942年7月至1942年8月，璧山实验地方法院关于谢允芳申请继承财产一案的文书，包括民事声请书、不动产登记处审理笔录、璧山实验地方法院不动产登记处通知、民事领状等。

375. 璧山实验地方法院审理要求返还谷物案、申请领取证物案两案　12—12—376

1942年7月至1942年8月，璧山实验地方法院关于王绍元要求向海清返还谷物案、谢允芳申请领取证物案两案的文书，包括民事诉状、民事审理笔录、璧山实验地方法院民事判决书、民事声请书等。

376. 四川高等法院第一分院审理典当纠纷一案　12—12—377

1941年4月至1942年3月，四川高等法院第一分院关于安登五典当纠纷一案的文书，包括辩论笔录、民事辩状、四川高等法院第一分院与铜梁地方法院的往来公函、宣告判决笔录、民事委状、四川高等法院第一分院民事判决书等。

377. 璧山实验地方法院审理食谷纠纷一案　12—12—378

1942年9月至1942年12月，璧山实验地方法院关于王绍元食谷纠纷一案的文书。王绍元从向海清处购买食谷，但王交款后向海清拖欠食谷，王提起诉讼要求向海清给付食谷。该卷文书包括民事诉状、璧山实验地方法院民事和解笔录、璧山实验地方法院执行命令、民事领状等。

378. 璧山实验地方法院审理家庭纠纷存查一案　12—12—379

1942年7月，璧山实验地方法院关于汪琢之家庭纠纷存查一案的文书。汪琢之之子汪德臣游手好闲、拖欠外债，汪琢之为防以后发生家庭纠纷特向法院申请将此备案存查。该卷文书包括民事声明状等。

379. 璧山实验地方法院审理契约遗失声请存查一案　12－12－380

1942年5月，璧山实验地方法院关于涂德安契约遗失声请存查一案的文书。涂德安土地契约等文书不慎丢失，为防意外特向法院申请存查。该卷文书包括民事声请状等。

380. 璧山实验地方法院审理妨害农事一案　12－12－381

1942年5月，璧山实验地方法院关于张朝海妨害农事一案的文书，包括审讯笔录、璧山县龙凤乡乡长提交璧山实验地方法院的呈文、璧山实验地方法院检察官不起诉处分书等。

381. 璧山实验地方法院审理交还田业执行一案　12－12－382

1942年11月至1943年1月，璧山实验地方法院关于郑公昱等田业交还执行一案的文书，包括民事执行状、民事声请书、最高法院民事裁定、四川高等法院第一分院民事判决书、璧山实验地方法院民事判决书等。

382. 最高法院、四川高等法院第一分院、璧山地方法院审理田业纠纷一案　12－12－383

1938年1月至1941年6月，最高法院、四川高等法院第一分院、璧山地方法院关于郑公昱等田业纠纷一案的文书，包括四川高等法院第一分院发往最高法院的公函、四川高等法院第一分院民事判决书、民事诉状、四川高等法院第一分院民事裁定、四川高等法院第一分院与璧山地方法院的往来公函、四川高等法院第一分院训令、民事声请书等。

383. 璧山实验地方法院审理要求终止租约一案　12－12－384

1942年9月至1942年12月，璧山实验地方法院关于胡郭氏要求终止租约一案的文书，包括民事诉状、民事委任状、审理笔录、民事追加状、璧山县城南乡乡长提交璧山实验地方法院的呈文、民事辩状、璧山实验地方法院民事判决书等。

384. 璧山实验地方法院审理租谷纠纷一案　12－12－385

1942年9月至1943年1月，璧山实验地方法院关于王瑞光租谷纠纷一案的文书，包括民事诉状、民事辩状、民事委任状、审理笔录、璧山实验地方法院与四川高等法院第一分院的往来公函、民事补诉状、璧山实验地方法院民事和解笔录等。

385. 璧山地方法院审理租佃纠纷一案　12－12－386

1942 年 2 月至 1942 年 3 月，璧山地方法院关于郭荣清租佃纠纷一案的文书，包括民事声请书、民事调解笔录、民事委任状等。

386. 璧山地方法院审理申请离婚一案　12－12－387

1942 年 1 月至 1942 年 4 月，璧山地方法院关于罗吴氏申请离婚一案的文书，包括民事诉状、民事辩状、审理笔录、璧山地方法院民事判决书等。

387. 璧山实验地方法院审理要求解除租约一案　12－12－388

1942 年 5 月至 1942 年 6 月，璧山实验地方法院关于万两仪要求解除租约一案的文书，包括民事诉状、民事审理笔录、民事声明状、璧山实验地方法院民事判决书等。

388. 璧山地方法院审理申请领取证物一案　12－12－389

1942 年 1 月，璧山地方法院关于万扬城申请领取证物一案的文书。万扬城曾因堰塘所有权纠纷打过官司，案件了结后万申请取回提交给法院的契约等证物。该卷文书包括民事领状、请领证物笔录等。

389. 璧山实验地方法院审理要求交还产业一案　12－12－390

1942 年 11 月至 1943 年 1 月，璧山实验地方法院关于陈银清要求交还产业一案的文书，包括民事诉状、民事辩论笔录、民事声明、民事代诉状、民事审理笔录、璧山实验地方法院民事和解笔录、璧山县政府训令等。

390. 璧山实验地方法院审理租谷纠纷一案　12－12－391

1942 年 7 月，璧山实验地方法院关于况汉章租谷纠纷一案的文书，包括民事诉状、民事委任状、民事审理笔录、璧山实验地方法院民事判决书等。

391. 四川高等法院第一分院、璧山实验地方法院审理租谷纠纷一案　12－12－392

1942 年 5 月至 1942 年 9 月，四川高等法院第一分院、璧山实验地方法院关于杨学山租谷纠纷一案的文书，包括璧山实验地方法院民事裁定、璧山实验地方法院与四川高等法院第一分院的往来公函、民事诉状、民事答辩状、民事委状、辩论笔录、宣告判决笔录、四川高等法院第一分院民事判决书等。

392. 璧山实验地方法院审理米款纠纷执行一案　12－12－393

1942年7月，璧山实验地方法院关于陈治安米款纠纷执行一案的文书。陈治安以殷燮臣拖欠米款为由提起诉讼，法院判决陈胜诉后殷燮臣依然拖欠，陈要求法院强制执行。该卷文书包括民事执行状、民事委任状、璧山实验地方法院执行命令、璧山实验地方法院民事判决书等。

393. 璧山地方法院审理申请领取证物一案　12－12－394

1942年1月至1942年2月，璧山地方法院关于郭田氏申请领取证物一案的文书。郭田氏曾因租佃纠纷打过官司，案件了结后郭田氏申请取回提交给法院的证物。该卷文书包括民事领状等。

394. 璧山实验地方法院审理要求解除土地租约一案　12－12－395

1942年6月至1942年8月，璧山实验地方法院关于白刘氏要求解除土地租约一案的文书，包括民事诉状、民事委状、民事辩状、审理笔录、民事宣判笔录、璧山实验地方法院民事判决书、民事领状、璧山实验地方法院民事裁定等。

395. 璧山地方法院等审理伤害案、租佃纠纷案两案　12－12－396

1938年3月至1942年5月，璧山地方法院等关于张智�伤害案、彭焕高租佃纠纷案两案的文书，包括璧山实验地方法院第一次报告、璧山实验地方法院办理民刑诉讼补充办法、审理笔录、璧山地方法院检察处法警报告书、诉愿书等。

396. 璧山地方法院审理申请领取证物一案　12－12－397

1941年7月，璧山地方法院关于蔡王氏申请领取证物一案的文书。蔡王氏曾因租佃纠纷打过官司，案件了结后蔡王氏申请取回提交法院的佃约等证物。该卷文书包括民事声请书等。

397. 璧山实验地方法院审理申请领取证物一案　12－12－398

1942年6月，璧山实验地方法院关于曹刘氏申请领取证物一案的文书。曹刘氏曾在璧山实验地方法院打过官司，案件了结后曹刘氏申请取回提交法院的契约等证物。该卷文书包括民事领状等。

398. 璧山实验地方法院等审理申请领取证物一案　12－12－399

1942年4月至1942年5月，璧山实验地方法院等关于白璧玉申请领取证物一案的文书。白璧玉曾因盗窃案打过官司,案件了结后白申请取回提交给法院的契约等物。该卷文书包括刑事领状、刑事声请书等。

399. 璧山实验地方法院审理租佃存查一案　12—12—400

1942年10月,璧山实验地方法院关于姚作舟租佃存查一案的文书。姚作舟与姚辉五因房屋租佃产生纠纷,为防以后出现意外姚作舟申请法院将此备案存查。该卷文书包括民事声请书等。

400. 璧山实验地方法院审理砍伐树木纠纷一案　12—12—401

1942年6月,璧山实验地方法院关于冯树家等人强行砍伐他人树木一案的文书,包括璧山县政府发往璧山实验地方法院检察处的公函等。

401. 璧山实验地方法院等审理要求给付谷物一案　12—12—402

1942年3月至1942年5月,璧山实验地方法院等关于朱鸿发要求袁柏林给付谷物一案的文书,包括民事诉状、民事答辩状、民事审判笔录、璧山地方法院民事判决书等。

402. 四川高等法院第一分院、璧山实验地方法院审理交还产业纠纷一案　12—12—403

1942年5月至1942年10月,四川高等法院第一分院、璧山实验地方法院关于赵泽三交还产业纠纷一案的文书,包括民事诉状、民事辩状、民事宣判笔录、审理笔录、璧山实验地方法院民事判决书、璧山实验地方法院民事裁定、璧山实验地方法院与四川高等法院第一分院的往来公函、民事声请书、四川高等法院第一分院民事和解笔录等。

403. 璧山地方法院审理遗嘱存查一案　12—12—404

1942年1月,璧山地方法院关于赵德富遗嘱存查一案的文书,赵德富亲笔写下遗嘱以析分家产,为防日后发生纠纷特向法院申请将此备案存查。该卷文书包括民事备查状等。

404. 璧山地方法院审理声请提存一案　12—12—405

1941年11月,璧山地方法院关于黎锡盛声请提存一案的文书。黎锡盛与吴徐氏因买卖产业发生纠纷,为清偿业价黎锡盛申请提存。该卷文书包括民事声请书等。

405. 璧山实验地方法院审理请求终止土地租约一案　12－12－406

1942年11月至1943年3月，璧山实验地方法院关于傅禹全请求终止土地租约一案的文书，包括民事诉状、审理笔录、民事委任状、民事答辩状、璧山实验地方法院民事判决书、璧山实验地方法院民事裁定等。

406. 璧山地方法院等审理租谷纠纷一案　12－12－407

1942年3月至1942年5月，璧山地方法院等关于杨昌华租谷纠纷一案的文书，包括民事续恳状、民事审理笔录、璧山地方法院民事判决书等。

407. 璧山实验地方法院审理债务执行一案　12－12－408

1942年12月至1943年4月，璧山实验地方法院关于吴海洋债务执行一案的文书，包括民事声请书、璧山实验地方法院执行命令、璧山实验地方法院训令、民事委任状、执行讯问笔录、璧山实验地方法院助理员提交推事的报告书等。

408. 璧山实验地方法院等审理租佃纠纷一案　12－12－409

1942年4月至1942年5月，璧山实验地方法院等关于张鸿盛租佃纠纷一案的文书。张鸿盛与周荣臣在土地租佃过程中发生纠纷，张鸿盛要求法院调解二人的矛盾。该卷文书包括民事调解书、民事委状、审理笔录等。

409. 璧山实验地方法院审理租赁纠纷一案　12－12－410

1942年8月至1942年9月，璧山实验地方法院关于殷刘氏租赁纠纷一案的文书。殷刘氏在租赁土地给彭鸿俊的过程中双方因押银产生纠纷，殷提起诉讼要求法院维护自身利益。该卷文书包括民事诉状、民事审理笔录、璧山实验地方法院民事判决书等。

410. 四川高等法院第一分院、璧山实验地方法院审理要求撤销监护权一案　12－12－411（1）

1942年6月至1943年9月，四川高等法院第一分院、璧山实验地方法院关于蒋赵氏要求撤销蒋宏藻对蒋宏施的监护权一案的文书，包括民事诉状、璧山实验地方法院与四川高等法院第一分院的往来公函、民事委状、民事缴状、民事展限状、辩论笔录、民事声请书、民事答辩状、四川高等法院第一分院民事判决书等。

411. 四川高等法院第一分院、璧山实验地方法院等审理要求撤销监护权一案 12－12－411（2）

1941年11月至1943年2月，四川高等法院第一分院、璧山实验地方法院等关于蒋赵氏要求撤销蒋宏藻对蒋宏施的监护权一案的文书，包括民事诉状、民事辩状、民事委任状、审判笔录、民事续状、民事公证、璧山实验地方法院民事判决书、最高法院民事判决书、四川高等法院第一分院民事判决书、民事判决书、往来公函等。

412. 四川高等法院第一分院、璧山实验地方法院审理债务纠纷执行一案 12－12－412

1942年11月至1942年12月，四川高等法院第一分院、璧山实验地方法院关于邓炳林债务纠纷执行一案的文书，包括民事执行状、民事执行讯问笔录、民事委任状、璧山实验地方法院执行命令、璧山实验地方法院民事判决书、四川高等法院第一分院民事判决书、民事领状等。

413. 璧山实验地方法院审理要求交还产业纠纷一案 12－12－413

1942年7月至1942年8月，璧山实验地方法院关于江足之要求梁丙江交还产业纠纷一案的文书，包括民事诉状、民事审理笔录、璧山实验地方法院民事判决书、璧山实验地方法院与重庆地方法院的往来公函、民事领状等。

414. 璧山实验地方法院审理租佃纠纷一案 12－12－414

1942年1月至1942年6月，璧山实验地方法院关于张致荣租佃纠纷一案的文书，包括民事诉状、民事审理笔录、民事答辩状、民事委任状、璧山实验地方法院民事判决书、璧山地方法院民事裁定、租佃凭证等。

415. 四川高等法院第一分院、璧山实验地方法院等审理租谷纠纷一案 12－12－415

1942年3月至1942年8月，四川高等法院第一分院、璧山实验地方法院等关于黄次颜租谷纠纷一案的文书，包括璧山地方法院与四川高等法院第一分院的往来公函、璧山县定林乡乡长提交璧山地方法院的呈文、民事声请书、璧山地方法院民事裁定、四川高等法院第一分院民事裁定等。

416. 四川高等法院第一分院审理遗产纠纷一案 12－12－416

1942年8月至1942年11月，四川高等法院第一分院关于万少泉争夺遗产一案的文书，包括民事诉状、民事判决书、璧山实验地方法院与四川高等法院第一分院的往来公函、辩论笔录、民事追加状、民事委状、四川高等法院第一分院民事判决书等。

417. 璧山实验地方法院审理争夺遗产一案　12—12—417

1942年7月至1942年8月，璧山实验地方法院关于万少泉争夺遗产一案的文书，包括民事诉状、民事委状、民事审理笔录、璧山实验地方法院民事判决书、璧山实验地方法院民事裁定等。

418. 璧山地方法院审理继承遗产纠纷一案　12—12—418

1941年9月至1942年4月，璧山地方法院关于蒋赵氏继承遗产纠纷一案的文书，包括民事诉状、民事委状、民事审理笔录、民事答辩状、民事声请书等。

419. 璧山实验地方法院审理典当纠纷一案　12—12—419

1942年7月，璧山实验地方法院关于龙刘氏典当纠纷一案的文书。龙刘氏在回赎典当与龙孔章的财产时双方发生纠纷，龙刘氏申请法院调解二人的矛盾。该卷文书包括民事声请书、民事答辩状、民事调解笔录、民事委状等。

420. 四川高等法院第一分院、璧山实验地方法院审理租谷纠纷一案　12—12—420

1942年12月至1943年5月，四川高等法院第一分院、璧山实验地方法院关于张夔阳租谷纠纷一案的文书，包括民事诉状、民事声请书、民事审理笔录、璧山实验地方法院民事判决书、璧山实验地方法院民事裁定、璧山实验地方法院与四川高等法院第一分院的往来公函、民事缴状等。

421. 四川高等法院第一分院、璧山实验地方法院审理租谷纠纷一案　12—12—421

1942年8月至1943年1月，四川高等法院第一分院、璧山实验地方法院关于陈荣章租谷纠纷一案的文书，包括民事诉状、民事审理笔录、璧山实验地方法院民事判决书、璧山实验地方法院民事裁定、四川高等法院第一分院民事判决书、璧山地方法院与四川高等法院第一分院的往来公函、民事委任状、辩论笔录等。

422. 四川高等法院第一分院、璧山实验地方法院审理租谷纠纷、土地租赁纠纷两案　12—12—422

1942年12月至1943年4月，四川高等法院第一分院、璧山实验地方法院关于陈荣章租谷纠纷案、邓季氏土地租赁纠纷案两案的文书，包括璧山实验地方法院与四川高等法院第一分院的往来公函、民事诉状、璧山实验地方法院民事裁定、四川高等法院第一分院民事裁定等。

423. 璧山地方法院审理租佃纠纷一案　12－12－423

1942年2月，璧山地方法院关于江海林租佃纠纷一案的文书，包括璧山地方法院检察官指令、璧山县八塘乡乡长提交璧山地方法院检察官的呈文等。

424. 四川高等法院第一分院、璧山实验地方法院等审理经界纠纷一案　12－12－424

1942年2月至1943年3月，四川高等法院第一分院、璧山实验地方法院等关于周元隆经界纠纷一案的文书，包括民事诉状、民事答辩状、民事委任状、民事审判笔录、民事公证、璧山实验地方法院民事判决书、璧山地方法院民事裁定、璧山地方法院与四川高等法院第一分院的往来公函、民事缴状、四川高等法院第一分院民事和解笔录等。

425. 璧山实验地方法院审理妨害他人农耕一案　12－12－425

1942年9月至1942年10月，璧山实验地方法院关于钱忠孚妨害他人农耕一案的文书，包括刑事诉状、刑事委任状、刑事审理笔录、刑事辩状、刑事宣判笔录、璧山实验地方法院刑事判决书等。

426. 四川高等法院第一分院、璧山实验地方法院等审理杀人未遂案、要求解除土地租约案两案　12－12－426

1942年2月至1942年5月，四川高等法院第一分院、璧山实验地方法院等关于杀人未遂案、彭代森要求解除土地租约案两案的文书，包括刑事讯问笔录、四川高等法院第一分院民事裁定等。

427. 四川高等法院第一分院、璧山地方法院等审理杀人未遂案、要求解除土地租约案两案　12－12－427

1942年2月至1942年5月，四川高等法院第一分院、璧山地方法院等关于杀人未遂案、彭代森要求解除土地租约案两案的文书，包括璧山县第一区城西联保主任提交璧山地方法院的呈文、民事诉状、璧山地方法院与四川高等法院第一分院的往来公函等。

428. 璧山实验地方法院审理要求搬迁交房一案　12－12－428

1942年8月至1942年9月，璧山实验地方法院关于僧能星要求王张氏搬迁交房一案的文书。僧能星将田房租赁给王张氏等人后，双方因租金问题产生纠纷，僧能星要求王搬迁交业。该卷文书包括民事诉状、民事辩状、民事审理笔录、璧山实验地方法院民事判决书等。

429. 璧山实验地方法院审理典当纠纷一案　12－12－429

1942 年 7 月，璧山实验地方法院关于石银安典当纠纷一案的文书。石银安在回赎典当与张银茂的财产时双方发生纠纷，石银安申请法院调解二人的矛盾。该卷文书包括民事声请书、民事委任状、民事调解笔录等。

430. 璧山实验地方法院审理典当纠纷一案　12－12－430

1942 年 8 月，璧山实验地方法院关于吴光明典当纠纷一案的文书。吴光明将土地典当给陈锡山后，双方因典价问题产生纠纷，吴要求法院调解二人的矛盾。该卷文书包括民事声请书、民事委状、民事调解笔录等。

431. 璧山地方法院审理典当纠纷一案　12－12－431

1942 年 1 月至 1942 年 4 月，璧山地方法院关于蒋德官典当纠纷一案的文书。蒋德官在回赎典当给蒋维祺的谷物时遭到拒绝，蒋德官申请法院调解二人的矛盾。该卷文书包括民事声请书、民事委任状、民事声明等。

432. 璧山地方法院审理债务纠纷一案　12－12－432

1942 年 3 月至 1942 年 4 月，璧山地方法院关于周光明债务纠纷一案的文书。陈德禄以周光明等人拖欠借款为由提起诉讼，要求其偿还债务，后双方经调解和解。该卷文书包括民事诉状、民事和解书等。

433. 璧山地方法院审理要求给付食谷一案　12－12－433

1942 年 1 月至 1942 年 4 月，璧山地方法院关于李光汉要求李汉洲等人给付食谷一案的文书，包括民事诉状、民事审理笔录、璧山地方法院民事判决书等。

434. 璧山地方法院审理租谷纠纷一案　12－12－434

1942 年 1 月至 1942 年 3 月，璧山地方法院关于黄子卿租谷纠纷一案的文书。黄子卿以胡炳臣拖欠租谷为由提起诉讼，要求其偿还租谷。该卷文书包括民事诉状、民事审理笔录、璧山地方法院民事判决书等。

435. 璧山实验地方法院审理经界纠纷一案　12－12－435

1942 年 11 月至 1943 年 4 月，璧山实验地方法院关于江文章经界纠纷一案的文书，包括民事诉状、民事审理笔录、民事委任状、民事答辩状、璧山县六塘乡第五保保长提交璧山实验地方法院的呈文、辩论笔录、璧山实验地方法院民事和解笔录、民事领状等。

436. 璧山实验地方法院审理要求赔偿损害一案　12－12－436

1942年9月至1942年10月，璧山实验地方法院关于向全盛要求邹家振赔偿房屋损害一案的文书。向全盛以邹家振乱挖水渠造成自己房屋受损为由提起诉讼，要求其赔偿损失。该卷文书包括民事声请书、民事诉状、璧山县第二区来凤乡第三保保长提交璧山实验地方法院的呈文、民事审理笔录等。

437. 璧山地方法院审理押银纠纷执行一案　12－12－437

1942年4月，璧山地方法院关于刘万兴押银纠纷执行一案的文书。刘万兴以彭殿卿拒还押银为由要求法院强制执行。该卷文书包括民事执行状、璧山地方法院民事判决书等。

438. 璧山实验地方法院审理债务纠纷一案　12－12－438

1942年11月至1942年12月，璧山实验地方法院关于徐汉章债务纠纷一案的文书。徐汉章以叶宗荣拖欠借款为由提起诉讼，要求叶偿还债务。该卷文书包括民事诉状、讯问笔录、民事宣判笔录、璧山实验地方法院民事判决书等。

439. 四川高等法院第一分院、璧山实验地方法院审理产业纠纷一案　12－12－439

1942年9月至1943年1月，四川高等法院第一分院、璧山实验地方法院关于陈昌福等交还田业的产业纠纷一案的文书，包括民事执行状、璧山实验地方法院民事和解笔录、璧山实验地方法院执行命令、执行笔录、民事缴状、民事声明、四川高等法院第一分院民事裁定、璧山实验地方法院民事判决书、璧山实验地方法院民事裁定等。

440. 璧山实验地方法院审理押金纠纷一案　12－12－440

1942年10月至1942年12月，璧山实验地方法院关于林罗氏押金纠纷一案的文书。林罗氏将土地租给张国树后要求增加押金，遭到张的拒绝后林提起诉讼要求法院调解二人的矛盾。该卷文书包括民事声请书、民事调解笔录等。

441. 璧山实验地方法院审理租佃纠纷一案　12－12－441

1942年10月至1942年12月，璧山实验地方法院关于温炳章租佃纠纷一案的文书。温炳章将土地租佃给徐洪光后双方因租谷问题产生纠纷，温要求法院调解。该卷文书包括民事声请书、民事调解笔录等。

442. 璧山实验地方法院审理租谷纠纷一案　12－12－442

1942 年 6 月至 1942 年 7 月，璧山实验地方法院关于曾许氏租谷纠纷一案的文书，包括民事诉状、民事辩状、民事委状、民事审判笔录、璧山实验地方法院民事判决书、璧山实验地方法院民事裁定等。

443. 四川高等法院第一分院、璧山实验地方法院审理要求终止土地租约一案 12－12－443

1942 年 3 月至 1942 年 11 月，四川高等法院第一分院、璧山实验地方法院关于曾有为要求终止土地租约一案的文书，包括民事诉状、璧山地方法院与四川高等法院第一分院的往来公函、璧山地方法院民事裁定、辩论笔录、四川高等法院第一分院民事判决书等。

444. 最高法院、四川高等法院第一分院、璧山实验地方法院审理要求终止土地租约一案　12－12－444

1943 年 1 月至 1943 年 3 月，最高法院、四川高等法院第一分院、璧山实验地方法院关于周志云要求终止土地租约一案的文书，包括璧山实验地方法院民事判决书、民事声请书、璧山实验地方法院与四川高等法院第一分院的往来公函、璧山实验地方法院与最高法院的往来公函等。

445. 四川高等法院第一分院审理要求赔偿树价一案　12－12－445

1943 年 11 月至 1944 年 5 月，四川高等法院第一分院关于明达慈善团要求陈泽林赔偿树价一案的文书。陈明泽等人破坏明达慈善团的树木，明达慈善团要求陈赔偿损失。该卷文书包括民事声请书、四川高等法院第一分院民事裁定、璧山实验地方法院与四川高等法院第一分院的往来公函等。

446. 璧山实验地方法院审理要求赔偿树价执行一案　12－12－446

1942 年 9 月至 1943 年 7 月，璧山实验地方法院关于陈香谷要求陈炳清赔偿树价执行一案的文书，包括四川铜梁地方法院与璧山实验地方法院的往来公函、璧山实验地方法院执行命令、大路乡乡长提交璧山实验地方法院的呈文等。

447. 四川高等法院第一分院、璧山实验地方法院审理要求返还洋纱一案　12－12－447

1942 年 4 月至 1943 年 1 月，四川高等法院第一分院、璧山实验地方法院关于罗炳清要求陶明生返还洋纱一案的文书，包括民事诉状、民事审判笔录、民事辩状、璧山实验地方法院民事判决书、璧山地方法院民事裁定、民事缴状、璧山地方法院与四川高等法院第一分院的往来公函、辩论笔录、四川高等法院第一分院民事判决书等。

448. 四川高等法院第一分院审理要求交还田业一案　12－12－448

1942年2月至1942年7月，四川高等法院第一分院关于向荣生要求赵银安交还田业一案的文书，包括民事诉状、民事缴状、璧山地方法院与四川高等法院第一分院的往来公函、民事委任状、民事展限状、辩论笔录、民事补状、四川高等法院第一分院民事判决书等。

449. 璧山地方法院审理妨害他人婚姻一案　12－12－449

1942年1月，璧山地方法院关于朱绍安等人妨害他人婚姻一案的文书。甘相全以朱绍安等人妨害自己婚姻自由为名提起诉讼，要求法院维护自身权利，后双方和解。该卷文书包括刑事诉状、刑事撤诉状、璧山地方法院检察官不起诉处分书等。

450. 璧山实验地方法院等审理要求确认买卖契约无效一案　12－12－450

1942年11月至1945年5月，璧山实验地方法院等关于杨正钊要求确认买卖契约无效一案的文书，包括民事声请书、民事诉状、民事委任状、民事审理笔录、璧山实验地方法院民事判决书、璧山实验地方法院民事裁定等。

451. 璧山实验地方法院等审理要求终止租约案、重婚案两案　12－12－451

1942年4月至1943年4月，璧山实验地方法院等关于陈纯厚要求终止租约案、雷重光重婚案两案的文书，包括民事诉状、民事委任状、民事审理笔录、民事辩状、民事声请书、辩论笔录、刑事声请书、刑事诉状、刑事辩状、璧山实验地方法院检察官不起诉处分书、璧山地方法院与四川高等法院第一分院的往来公函等。

452. 璧山地方法院等审理盗窃案、重婚案两案　12－12－452

1942年1月至1942年5月，璧山地方法院等关于雷钟氏盗窃案、雷重光重婚案两案的文书，包括刑事诉状、讯问笔录、璧山实验地方法院检察官不起诉处分书、璧山地方法院检察官侦查笔录、刑事辩状、刑事保状等。

453. 璧山实验地方法院审理要求赔偿树价一案　12－12－453

1942年7月至1942年9月，璧山实验地方法院关于王云仙要求陈泽林赔偿树价一案的文书，包括民事诉状、民事答辩状、璧山实验地方法院与大足县司法处的往来公函、民事调解书等。

454. 璧山地方法院等审理伪造文书一案　12－12－454

1941年11月至1942年5月，璧山地方法院等关于张元太等人伪造文书一案的文书，包括璧山地方法院刑事判决书、璧山地方法院与四川高等法院第一分院的往来公函等。

455. 璧山实验地方法院审理妨害兵役一案　12－12－455

1942年7月至1943年4月，璧山实验地方法院关于刘河清等人妨害兵役一案的文书，包括璧山实验地方法院检察官起诉书、璧山实验地方法院刑事判决书、璧山实验地方法院发往同院检察官的公函、讯问笔录等。

456. 璧山实验地方法院审理伤害一案　12－12－456

1942年6月，璧山实验地方法院关于雷锡山控告航空司令部修理电线不知姓名官兵二人打伤平民一案的文书，包括璧山实验地方法院检察官发往璧山县县长的公函、璧山实验地方法院检察官不起诉处分书等。

457. 璧山地方法院审理妨害风化一案　12－12－457

1942年1月至1942年3月，璧山地方法院关于黄述云妨害风化一案的文书。黄述云因侮辱妇女被告上法庭。该卷文书包括刑事诉状、刑事证明书、刑事辩状、璧山地方法院检察官侦查笔录、刑事补诉状、璧山地方法院检察官不起诉处分书等。

458. 璧山地方法院审理妨害他人婚姻一案　12－12－458

1941年9月至1941年12月，璧山地方法院关于黄绍辉妨害他人婚姻一案的文书。黄绍辉因诱使有配偶之人脱离家庭，被检察官提起公诉。该卷文书包括璧山地方法院刑事判决书、四川高等法院第一分院训令、璧山地方法院指令、审判笔录、璧山地方法院与四川高等法院第一分院的往来公函等。

459. 璧山地方法院等审理盗窃一案　12－12－459

1941年11月至1942年6月，璧山地方法院等关于陈伯嵩盗窃一案的文书，包括璧山实验地方法院刑事判决书、四川高等法院第一分院训令、刑事诉状、璧山地方法院与四川高等法院第一分院的往来公函等。

460. 璧山实验地方法院等审理妨害他人自由一案　12－12－460

1942年4月至1942年5月，璧山实验地方法院等关于刘银辉妨害他人自由一案的文书，包括刑事诉状、侦查笔录、璧山实验地方法院检察官不起诉处分书等。

461. 璧山实验地方法院审理申请保外就医一案　12－12－461

1942年12月至1943年1月，璧山实验地方法院关于吴汝霖申请保外就医一案的文书。吴汝霖因妨害秩序被判入狱，如今吴因身患疾病申请保外就医。该卷文书包括刑事声请书、刑事讯问笔录、刑事保状、四川高等法院第一分院训令等。

462. 四川高等法院第一分院、璧山实验地方法院等审理盗窃案、抢夺案两案　12－12－462

1941年7月至1942年9月，四川高等法院第一分院、璧山实验地方法院等关于娄李氏等人盗窃案、娄李氏抢夺案两案的文书，包括四川高等法院第一分院刑事判决书、审理笔录、刑事声请书、四川高等法院第一分院民事和解笔录、四川高等法院第一分院刑事裁定、璧山地方法院与四川高等法院第一分院的往来公函、刑事证明书、宣告判决笔录等。

463. 璧山实验地方法院审理伤害一案　12－12－463

1942年5月，璧山实验地方法院关于罗恒山因租谷纠纷打伤罗乔氏一案的文书，包括璧山实验地方法院检察官发往法院院长的公函、刑事选任状、讯问笔录、刑事保状、刑事补诉状、璧山实验地方法院刑事判决书等。

464. 璧山实验地方法院审理伤害一案　12－12－464

1942年10月至1942年11月，璧山实验地方法院关于罗王氏等人阻挠他人租佃土地并伤人一案的文书，包括侦查笔录、刑事诉状、璧山实验地方法院检察官不起诉处分书等。

465. 璧山实验地方法院审理申请撤销支付命令一案　12－12－465

1942年7月，璧山实验地方法院关于李百宜申请撤销支付命令一案的文书。李百宜与李炳臣因遗产继承问题产生纠纷，李百宜提起诉讼，后在家人劝告下李百宜申请撤回案件，同时申请撤销璧山实验法院发布的支付命令。该卷文书包括民事声请书等。

466. 四川高等法院第一分院、璧山实验地方法院审理申请解除买卖契约一案　12－12－466

1942年5月至1944年2月，四川高等法院第一分院、璧山实验地方法院关于谢鸿彬申请解除买卖契约一案的文书，包括民事诉状、璧山实验地方法院与四川高等法院第一分院的往来公函、辩论笔录、民事委任状、民事缴状、民事答辩状、四川高等法院第一分院民事判决书等。

467. 璧山地方法院审理改嫁存查一案　12－12－467

1942年2月,璧山地方法院关于沈周氏改嫁存查一案的文书。沈周氏与丈夫感情不和,双方协议离婚后沈周氏改嫁他人,为防以后出现纠纷沈周氏声请法院将此备案存查。该卷文书包括民事存查状等。

468. 四川高等法院第一分院、璧山实验地方法院审理交还田业执行一案　12－12－468

1942年5月至1942年6月,四川高等法院第一分院、璧山实验地方法院关于达王氏田业交还执行一案的文书,包括四川高等法院第一分院民事裁定、璧山实验地方法院民事裁定、璧山实验地方法院与四川高等法院第一分院的往来公函、民事声请书、民事声明等。

469. 四川高等法院第一分院、璧山实验地方法院等审理租谷纠纷一案　12－12－469

1941年10月至1943年11月,四川高等法院第一分院、璧山实验地方法院等关于蔡王氏租谷纠纷一案的文书,包括民事声请书、璧山地方法院民事裁定、四川高等法院第一分院民事裁定、璧山地方法院与四川高等法院第一分院的往来公函、民事诉状、民事答辩状、审判笔录、民事委任状等。

470. 璧山地方法院审理租谷纠纷执行一案　12－12－470

1942年1月,璧山地方法院关于高茂林租谷纠纷执行一案的文书。高茂林因雷朝梁拖欠租谷提起诉讼,法院判决高胜诉后雷朝梁仍拒绝给付租谷,高要求法院强制执行。该卷文书包括民事执行状、四川高等法院第一分院民事和解笔录等。

471. 四川高等法院第一分院、璧山实验地方法院等审理租谷纠纷一案　12－12－471

1942年2月至1943年2月,四川高等法院第一分院、璧山实验地方法院等关于龙余氏租谷纠纷一案的文书,包括民事诉状、璧山地方法院民事裁定、璧山地方法院与四川高等法院第一分院的往来公函、辩论笔录、民事委任状、民事答辩状、宣告判决笔录、四川高等法院第一分院民事判决书等。

472. 璧山地方法院田赋征收滞纳处分办法相关文件　12－12－472

1942年3月,璧山地方法院关于田赋征收滞纳处分办法的文书,包括四川高等法院第一分院训令等。

473. 璧山实验地方法院审理租谷执行一案　12－12－473

1943年12月，璧山实验地方法院关于巫奎臣租谷执行一案的文书，包括璧山实验地方法院提交四川高等法院第一分院的呈文、民事执行状等。

474. 璧山地方法院审理要求交还产业执行一案　12－12－474

1941年6月至1941年11月，璧山地方法院关于程发焕要求江南辉交还产业执行一案的文书，包括民事声请书、璧山地方法院民事判决书、民事委任状等。

475. 璧山实验地方法院审理要求终止土地租约一案　12－12－475

1942年10月至1943年7月，璧山实验地方法院关于周海廷要求终止土地租约一案的文书，包括民事诉状、民事答辩状、民事讯问笔录、民事委状、民事宣判笔录、璧山实验地方法院民事判决书、民事领状等。

476. 璧山地方法院审理离婚存查一案　12－12－476

1942年2月，璧山地方法院关于王正修离婚备查一案的文书。王正修与周荣素协议离婚，为防以后产生纠纷，双方申请将此备案存查。该卷文书包括来凤乡乡公所提交璧山地方法院的呈文等。

477. 璧山实验地方法院等审理债务纠纷一案　12－12－477

1942年4月至1942年8月，璧山实验地方法院等关于萧阳债务纠纷一案的文书，包括民事领状、民事诉状、民事审判笔录、璧山实验地方法院民事判决书等。

478. 四川高等法院第一分院、璧山地方法院审理典当纠纷一案　12－12－478

1941年8月至1942年1月，四川高等法院第一分院、璧山地方法院关于张昆仑典当纠纷一案的文书，包括璧山地方法院民事判决书、璧山地方法院与四川高等法院第一分院的往来公函、四川高等法院第一分院民事和解笔录等。

479. 四川高等法院第一分院、璧山实验地方法院审理申请假扣押一案　12－12－479

1942年7月至1942年11月，四川高等法院第一分院、璧山实验地方法院关于王恢中申请假扣押一案的文书。王恢中以龚敬之拖欠租谷为由提起诉讼，要求法院假扣押龚的谷物以便其偿还租谷。该卷文书包括民事声请书、璧山实验地方法院民事裁定、璧山实验地方法院与四川高等法院第一分院的往来公函、民事抗告书、四川高等法院第一分院民事裁定等。

480. 四川高等法院第一分院审理申请假扣押抗告一案　12—12—480

1941年12月至1942年7月，四川高等法院第一分院关于黄开玉申请假扣押抗告一案的文书。黄开玉以张春德拖欠租谷为由提起诉讼，要求法院实施假扣押。该卷文书包括民事抗告书、四川高等法院第一分院民事裁定等。

481. 四川高等法院第一分院审理押银纠纷一案　12—12—481

1938年5月至1938年8月，四川高等法院第一分院关于娄仿陶押银纠纷一案的文书，包括璧山县政府提交四川高等法院第一分院的呈文、四川高等法院第一分院裁定、四川高等法院第一分院训令、民事理由书、四川高等法院第一分院民事裁定等。

482. 璧山地方法院审理申请假扣押一案　12—12—482

1941年6月，璧山地方法院关于王卢氏申请假扣押一案的文书。王卢氏以王甘氏霸占其家产为由提起诉讼，要求法院将家中租谷全部扣押，以免王甘氏侵夺。该卷文书包括民事扣押状等。

483. 璧山实验地方法院审理要求交还产业一案　12—12—483

1942年12月至1943年1月，璧山实验地方法院关于简袁氏要求交还产业一案的文书，包括璧山实验地方法院民事判决书、璧山实验地方法院与四川高等法院第一分院的往来公函等。

484. 璧山实验地方法院审理债务纠纷一案　12—12—484

1942年6月至1942年8月，璧山实验地方法院关于向文光债务纠纷一案的文书，包括民事诉状、民事辩状、民事审理笔录、璧山实验地方法院民事判决书等。

485. 璧山实验地方法院审理申请支付命令一案　12—12—485

1942年11月，璧山实验地方法院关于胡鸿鹄申请支付命令一案的文书。胡鸿鹄以吴海洋拖欠借款为由提起诉讼，要求法院发布支付命令，催促吴偿还债务。该卷文书包括民事声请书、璧山实验地方法院支付命令等。

486. 璧山实验地方法院审理申请领取证物一案　12—12—486

1942年5月，璧山实验地方法院关于王文氏申请领取证物一案的文书。王文氏申请领取判决书、会议记录等文书。该卷文书包括民事声请书等。

487. 璧山实验地方法院审理申请撤销婚姻一案　12－12－487

1942 年 7 月，璧山实验地方法院关于胡志君申请撤销婚姻一案的文书，包括民事诉状、民事审理笔录等。

488. 璧山实验地方法院审理典当纠纷一案　12－12－488

1942 年 5 月至 1942 年 7 月，璧山实验地方法院关于白璧玉典当纠纷一案的文书，包括民事诉状、民事委状、民事辩状、民事审理笔录、璧山实验地方法院民事判决书、璧山实验地方法院民事裁定等。

489. 四川高等法院第一分院审理打伤他人一案　12－12－489

1942 年 8 月至 1942 年 10 月，四川高等法院第一分院关于王子光打伤他人一案的文书，包括璧山实验地方法院与四川高等法院第一分院的往来公函、审判笔录、刑事理由书、宣告判决笔录、四川高等法院第一分院刑事判决书、四川高等法院第一分院刑事附带民事判决书、刑事展限状、刑事诉状等。

490. 璧山实验地方法院、璧山县政府等审理交还田业纠纷案等四案　12－12－490

1937 年 8 月至 1943 年 6 月，璧山实验地方法院、璧山县政府等关于交还田业纠纷案、租谷纠纷案、会银纠纷案、债务纠纷案四案的文书，包括璧山地方法院抗告意见书、民事执行状、执行笔录、民事委状、璧山地方法院与四川高等法院第一分院的往来公函、民事保状、璧山地方法院训令、民事声明、璧山县政府民事判决书等。

491. 最高法院、璧山实验地方法院等审理要求撤销买卖契约案等五案　12－12－491

1940 年 10 月至 1949 年 11 月，最高法院、璧山实验地方法院等关于要求撤销买卖契约案、要求给付黄谷案、要求返还田业案、典当纠纷案、债务纠纷案五案的文书，包括民事诉状、民事委任状、璧山地方法院与四川高等法院第一分院的往来公函、民事答辩状、辩论笔录、民事追加状、璧山地方法院民事裁定、最高法院民事裁定、民事续诉状、四川高等法院第一分院民事判决书、民事领状等。

492. 璧山地方法院审理土地所有权纠纷一案　12－12－492

1942 年 1 月至 1942 年 2 月，璧山地方法院关于徐邓氏土地所有权纠纷一案的文书，包括民事诉状、民事撤诉状等。

493. 最高法院、四川高等法院第一分院审理租佃纠纷一案　12－12－493

1941 年 3 月至 1942 年 6 月，最高法院、四川高等法院第一分院关于秦华轩租佃纠纷一案的文书，包括民事诉状、四川高等法院第一分院民事裁定、最高法院民事裁定等。

494. 璧山地方法院审理损毁他人财物一案　12－12－494

1941年8月至1941年11月，璧山地方法院关于蓝银清损毁他人财物一案的文书，包括璧山地方法院与四川高等法院第一分院的往来公函等。

495. 璧山实验地方法院等审理妨害他人婚姻一案　12－12－495

1942年3月至1942年10月，璧山实验地方法院等关于向青云妨害他人婚姻一案的文书。向青云诱使有配偶之人脱离家庭，检察官因此提起公诉。该卷文书包括璧山地方法院与四川高等法院第一分院的往来公函、四川高等法院第一分院训令、澄江镇镇长提交璧山地方法院的呈文、民事恳状等。

496. 璧山实验地方法院审理要求确认买卖契约有效一案　12－12－496

1942年5月至1942年7月，璧山实验地方法院关于张仁辅要求确认买卖契约有效一案的文书，包括民事诉状、民事委状、璧山实验地方法院民事裁定、民事答辩状、民事审理笔录等。

497. 璧山实验地方法院审理妨害婚姻一案　12－12－497

1942年5月，璧山实验地方法院关于曾治国妨害婚姻一案的文书，包括璧山实验地方法院发往璧山县政府的公函等。

498. 璧山地方法院审理损毁、侵占他人财产一案　12－12－498

1941年12月至1942年3月，璧山地方法院关于张银山损毁、侵占他人财产一案的文书，包括刑事诉状、刑事答辩状、刑事审判笔录、璧山地方法院刑事及附带民事判决书等。

499. 四川高等法院第一分院、璧山实验地方法院等审理要求撤销买卖土地契约一案　12－12－499

1941年4月至1942年9月，四川高等法院第一分院、璧山实验地方法院等关于彭绍卿要求撤销买卖土地契约一案的文书，包括民事诉状、民事委任状、民事催状、民事答辩状、辩论笔录、民事追加状、璧山地方法院与重庆地方法院的往来公函、璧山地方法院民事判决书、璧山地方法院民事裁定、四川高等法院第一分院民事裁定等。

500. 璧山地方法院审理要求停止侵害农耕一案　12－12－500

1941年11月至1942年4月，璧山地方法院关于李春秾要求邓海成停止侵害农耕一案的文书，包括璧山地方法院与四川高等法院第一分院的往来公函、璧山地方法院民事裁定、民事诉状、民事委状、审理笔录、民事辩状、民事声请状、璧山地方法院民事判决书等。

501. 璧山实验地方法院审理遗产纠纷一案　12－12－501

1942年9月至1942年10月，璧山实验地方法院关于曾维新遗产纠纷一案的文书，包括民事诉状、民事委任状、民事审理笔录、璧山实验地方法院民事判决书等。

502. 璧山实验地方法院审理典当纠纷一案　12－12－502

1942年7月至1943年4月，璧山实验地方法院关于彭爵霖典当纠纷一案的文书，包括璧山实验地方法院民事裁定、璧山实验地方法院与四川高等法院第一分院的往来公函、辩论笔录、民事诉状、审理笔录、民事委任状、民事展限状、民事答辩状、璧山实验地方法院民事判决书、民事领状等。

503. 璧山实验地方法院审理要求终止土地租约一案　12－12－503

1942年7月至1942年8月，璧山实验地方法院关于陈则仁要求终止土地租约一案的文书，包括民事诉状、民事审理笔录、璧山实验地方法院民事判决书等。

504. 璧山县政府审理张乞丐死亡一案的文书　12－12－504

1934年7月，璧山县政府关于张乞丐死亡一案的文书，包括验断书（即验尸报告）、璧山县政府训令等。

505. 璧山实验地方法院审理交还田业纠纷案等三案　12－12－505

1942年6月至1942年8月，璧山实验地方法院关于雷重光交还田业纠纷案、武平康债务纠纷案、张治臣诈骗案三案的文书，包括民事声请书、璧山地方实验法院民事判决书、重庆地方法院发往璧山实验地方法院的公函等。

506. 璧山地方法院相关档案　12－12－506

1942年2月至1942年5月，璧山地方法院的文书，包括璧山地方法院民事案件收结表、璧山地方法院提交四川高等法院第一分院与司法行政部部长的呈文、璧山地方法院刑事已结未结案件表、四川高等法院第一分院训令等。

507. 璧山实验地方法院相关档案　12－12－506－2

1942 年 7 月至 1942 年 12 月，璧山实验地方法院的文书，包括四川高等法院统计室发往璧山实验地方法院的公函、璧山实验地方法院 1942 年 7 月份案件及法权调查表、四川高等法院第一分院指令、璧山实验地方法院提交司法行政部统计室与四川高等法院第一分院的呈文、璧山实验地方法院民事案件月报表、璧山实验地方法院民事案件收结表、璧山实验地方法院刑事案件月报表等。

508. 璧山实验地方法院审理要求分割田谷一案　12－12－507

1942 年 10 月至 1943 年 2 月，璧山实验地方法院关于骆邓氏要求分割田谷一案的文书，包括民事诉状、审理笔录、民事委任状、民事宣判笔录、璧山实验地方法院民事判决书、民事领状等。

509. 四川高等法院第一分院、璧山实验地方法院等审理遗产纠纷一案　12－12－508

1942 年 3 月至 1942 年 7 月，四川高等法院第一分院、璧山实验地方法院等关于王启智遗产纠纷一案的文书，包括四川高等法院第一分院民事判决书、璧山地方法院民事判决书等。

510. 璧山实验地方法院审理违反营业税法一案　12－12－509

1942 年 7 月，璧山实验地方法院关于成子君违反营业税法一案的文书，包括财政部川康直接税局璧山查征所发往璧山实验地方法院的公函、审理笔录、璧山实验地方法院刑事判决书等。

511. 璧山实验地方法院审理违反营业税法执行一案　12－12－510

1942 年 11 月至 12，璧山实验地方法院关于华伦制服店违反营业税法执行一案的文书，包括财政部川康直接税局璧山查征所与璧山实验地方法院的往来公函、璧山实验地方法院刑事裁定、执行笔录等。

512. 璧山地方法院审理申请再嫁存查一案　12－12－511

1942 年 4 月，璧山地方法院关于朱家贵申请再嫁存查一案的文书。朱家贵与丈夫生活不睦，双方协议离婚后朱家贵再嫁，为防以后产生纠纷朱家贵申请法院将此备案存查。该卷文书包括民事存查状等。

513. 璧山实验地方法院审理要求返还铸锅器具一案　12－12－512

1942 年 12 月至 1943 年 1 月，璧山实验地方法院关于封子轩要求张玉清返还铸锅器具一案的文书，包括民事诉状、民事审理笔录、民事答辩状、璧山实验地方法院民事判决书等。

514. 璧山地方法院审理抢夺他人财产一案　12－12－513

1942 年 3 月至 1942 年 5 月，璧山地方法院关于唐松乔等人抢夺他人财产一案的文书，包括刑事诉状、璧山地方法院检察官训令、璧山县梓潼乡乡长提交璧山地方法院的呈文、审理笔录、璧山地方法院检察官不起诉处分书等。

515. 璧山实验地方法院审理交还田业纠纷一案　12－12－514

1942 年 7 月，璧山实验地方法院关于连刘氏交还田业纠纷一案的文书，包括民事诉状、民事辩状、民事审理笔录、璧山实验地方法院民事判决书等。

516. 璧山实验地方法院审理请求终止租佃契约一案　12－12－515

1942 年 12 月至 1943 年 3 月，璧山实验地方法院关于周志云请求终止租佃契约一案的文书，包括民事诉状、民事审理笔录、民事答辩状、民事委任状、民事缴状、民事理由书、璧山实验地方法院民事判决书、璧山实验地方法院民事裁定等。

517. 四川高等法院第一分院、璧山实验地方法院审理典当纠纷一案　12－12－516

1942 年 5 月至 1942 年 12 月，四川高等法院第一分院、璧山实验地方法院关于王龚氏典当纠纷一案的文书，包括民事缴状、民事补充状、辩论笔录、四川高等法院第一分院民事和解笔录、民事委任状、民事声请书、璧山实验地方法院与四川高等法院第一分院的往来公函、民事答辩状等。

518. 四川高等法院第一分院、璧山实验地方法院审理交还田业纠纷案、伤害案两案　12－12－517

1942 年 7 月至 1943 年 6 月，四川高等法院第一分院、璧山实验地方法院关于刘志辉交还田业纠纷案、黄慕君伤害案两案的文书，包括民事诉状、璧山实验地方法院民事裁定、四川高等法院第一分院民事裁定、璧山实验地方法院与四川高等法院第一分院的往来公函、讯问笔录、璧山实验地方法院检察官不起诉处分书等。

519. 璧山实验地方法院审理交还田业纠纷一案　12－12－518

1942 年 9 月至 1942 年 11 月，璧山实验地方法院关于刘志辉交还田业纠纷一案的文书，包括璧山实验地方法院与四川高等法院第一分院的往来公函、民事诉状、民事审理笔录、民事宣判笔录、璧山实验地方法院民事判决书等。

520. 璧山实验地方法院审理看押犯人一案　12－12－519

1943年11月，璧山实验地方法院关于看押犯人一案，包括四川高等法院检察处训令、璧山实验地方法院看守所附设监狱提交璧山实验地方法院检察官的呈文等。

521. 璧山实验地方法院审理要求确认买卖田业契约无效一案　12－12－520

1942年10月至1943年2月，璧山实验地方法院关于曾德民要求确认买卖田业契约无效一案的文书，包括民事审理笔录、民事委任状、民事答辩状、民事诉状、民事审判笔录、璧山实验地方法院民事判决书等。

522. 璧山实验地方法院审理要求确认买卖田业契约无效一案　12－12－521

1943年2月至1943年7月，璧山实验地方法院关于曾德民要求确认买卖田业契约无效一案的文书，包括璧山实验地方法院民事判决书、璧山实验地方法院与四川高等法院第一分院的往来公函、民事领状等。

523. 璧山实验地方法院审理要求撤销买卖山林契约一案　12－12－522

1942年3月至1942年6月，璧山实验地方法院关于龙赞猷要求撤销买卖山林契约一案的文书，包括民事诉状、民事委状、民事审理笔录、民事缴状、民事领状、民事答辩状、民事声请书、璧山实验地方法院民事判决书、璧山实验地方法院民事裁定等。

524. 四川高等法院第一分院审理要求撤销买卖山林契约上诉一案　12－12－523

1942年6月至1942年12月，四川高等法院第一分院关于龙赞猷要求撤销买卖山林契约上诉一案的文书，包括民事诉状、民事委任状、璧山实验地方法院与四川高等法院第一分院的往来公函、辩论笔录、民事追加状、宣告判决笔录、四川高等法院第一分院民事判决书等。

525. 四川高等法院第一分院、璧山实验地方法院审理要求撤销买卖契约一案 12－12－524

1944年9月至1944年10月，四川高等法院第一分院、璧山实验地方法院关于龙赞猷要求撤销买卖山林契约一案的文书，包括璧山实验地方法院与四川高等法院第一分院的往来公函等。

526. 璧山地方法院审理债务纠纷一案　12－12－525

1942年1月至1942年4月，璧山地方法院关于王崇德债务纠纷一案的文书。王崇德以郭马氏拖欠借款为由提起诉讼，要求其偿还债务。该卷文书包括民事诉状、璧山地方法院民事判决书等。

527. 璧山实验地方法院审理要求生活费执行一案　12－12－526

1942年7月至1942年12月，璧山实验地方法院关于谢张氏要求生活费执行一案的文书。谢张氏以谢鸿兴拖欠生活费为由提起诉讼，法院判决谢张氏胜诉后谢鸿兴依然拒绝支付，谢张氏要求法院强制执行。该卷文书包括璧山实验地方法院民事判决书、民事执行状、璧山实验地方法院执行命令、民事声请书等。

528. 璧山实验地方法院审理租谷纠纷一案　12－12－527

1942年9月，璧山实验地方法院关于廖兴发租谷纠纷一案的文书，包括璧山实验地方法院与四川高等法院第一分院的往来公函、民事诉状、民事审理笔录、民事委任状、民事答辩状、璧山实验地方法院民事和解笔录等。

529. 四川高等法院第一分院、璧山地方法院等审理要求交还田业一案　12－12－528

1942年3月至1942年6月，四川高等法院第一分院、璧山地方法院等关于张连山要求陈中全交还田业一案的文书，包括民事诉状、民事缴状、辩论笔录、璧山地方法院与四川高等法院第一分院的往来公函、四川高等法院第一分院民事判决书等。

530. 四川高等法院第一分院审理要求返还衣物一案　12－12－529

1942年3月至1942年7月，四川高等法院第一分院关于杨均平要求谢树先返还衣物一案的文书，包括民事诉状、四川高等法院第一分院民事裁定、璧山地方法院与四川高等法院第一分院的往来公函等。

531. 璧山实验地方法院审理申请领取证物一案　12－12－530

1942年9月至1943年3月，璧山实验地方法院关于白聂氏申请领取证物一案的文书。白聂氏曾因典当纠纷打过官司，案件了结后白聂氏申请取回提交给法院的契约等物。该卷文书包括民事领状、领证笔录等。

532. 璧山实验地方法院审理妨害他人婚姻一案　12－12－531

1942年11月，璧山实验地方法院关于张绍清等妨害他人婚姻一案的文书。张金全与妻子张饶氏发生矛盾，张绍清趁机去张金全家中闹事并殴打张金全，张金全以张绍清等妨害婚姻为由提起诉讼。该卷文书包括刑事诉状、讯问笔录、刑事保状、璧山实验地方法院检察官不起诉处分书等。

533. 璧山实验地方法院审理土地所有权纠纷一案　12－12－532

1942年10月至1942年12月，璧山实验地方法院关于李树清土地所有权纠纷一案的文书，包括民事诉状、民事审理笔录、民事宣判笔录、璧山实验地方法院民事判决书、民事声请书、民事领状等。

534. 璧山实验地方法院审理要求返还田产一案　12－12－533

1942年6月至1942年8月，璧山实验地方法院关于朱凌氏要求朱孙氏返还田产一案的文书，包括民事诉状、民事委任状、民事审理笔录、民事担保状、民事辩状、民事宣判笔录、璧山实验地方法院民事判决书、璧山实验地方法院民事裁定等。

535. 璧山实验地方法院审理要求履行扶养义务一案　12－12－534

1942年9月至1942年11月，璧山实验地方法院关于冯刁氏要求冯绍贤履行扶养义务一案的文书，包括民事诉状、民事委任状、民事审理笔录、民事声请书、民事和解书等。

536. 璧山实验地方法院审理遗产纠纷一案　12－12－535

1942年12月至1943年2月，璧山实验地方法院关于伍登辉分割遗产纠纷一案的文书，包括民事诉状、民事辩状、民事审理笔录、民事补诉状、民事宣判笔录、璧山实验地方法院民事判决书等。

537. 四川高等法院第一分院审理争夺继承权抗告一案　12－12－536

1942年7月至1942年10月，四川高等法院第一分院关于冷伍氏争夺继承权抗告一案的文书，包括璧山实验地方法院发往四川高等法院第一分院的公函、民事抗告书、四川高等法院第一分院民事裁定等。

538. 四川高等法院第一分院审理要求返还田产一案　12－12－537

1942年8月至1942年11月，四川高等法院第一分院关于朱孙氏要求返还田产一案的文书,包括民事诉状、璧山实验地方法院与四川高等法院第一分院的往来公函、辩论笔录、民事委任状、民事声请书、四川高等法院第一分院民事判决书等。

539. 四川高等法院第一分院、璧山地方法院审理要求终止土地租约一案　12－12－538

1941年10月至1942年3月,四川高等法院第一分院、璧山地方法院关于张文安要求终止土地租约一案的文书,包括璧山地方法院民事裁定、民事诉状、民事委任状、璧山地方法院与四川高等法院第一分院的往来公函、民事辩状、辩论笔录、四川高等法院第一分院民事裁定、民事声请书等。

540. 四川高等法院第一分院审理争夺继承权抗告一案　12－12－539

1942年11月至1942年12月,四川高等法院第一分院关于冷伍氏争夺继承权抗告一案的文书,包括璧山实验地方法院与四川高等法院第一分院的往来公函等。

541. 四川高等法院第一分院、璧山实验地方法院等审理要求交还田业一案　12－12－540

1941年12月至1942年12月,四川高等法院第一分院、璧山实验地方法院等关于冯兴益要求陈玉兴交还田业一案的文书,包括璧山地方法院刑事判决书、民事缴状、民事声请书、民事执行状、执行笔录、璧山地方法院与四川高等法院第一分院的往来公函、璧山实验地方法院民事裁定、四川高等法院第一分院民事裁定等。

542. 璧山实验地方法院审理要求给付租谷一案　12－12－541

1942年12月,璧山实验地方法院关于罗森荣要求巫罗氏给付租谷一案的文书,包括民事诉状、民事和解书等。

543. 璧山实验地方法院审理要求搬迁并交还田业一案　12－12－542

1942年10月至1942年12月,璧山实验地方法院关于曾永禄要求李荣华搬迁并交还田业一案的文书,包括民事诉状、民事委任状、民事和解书等。

544. 璧山实验地方法院审理要求返还土地一案　12－12－543

1942年9月,璧山实验地方法院关于邹万盛要求戴作三返还土地一案的文书,包括璧山实验地方法院与四川高等法院第一分院的往来公函等。

545. 璧山地方法院审理申请领取证物一案　12－12－544

1942年1月至1942年5月,璧山地方法院关于尚荣华申请领取证物一案的文书，尚荣华曾因买卖纠纷打过官司，案件了结后尚申请取回提交给法院的契约等物。该卷文书包括民事领状等。

546. 璧山实验地方法院审理伪造文书一案　12－12－545

1942年6月至1942年10月，璧山实验地方法院关于赖良臣等人伪造文书一案的文书，包括刑事诉状、刑事理由书、璧山实验地方法院与四川高等法院第一分院的往来公函、刑事撤诉状等。

547. 璧山实验地方法院审理侵害他人名誉一案　12－12－546

1942年11月至1943年2月，璧山实验地方法院关于明邓氏侵害明秀彬名誉一案的文书，包括刑事缴状、刑事诉状、刑事委任状、审判笔录、刑事保状、刑事声明、璧山实验地方法院刑事判决书等。

548. 璧山实验地方法院审理伪造文书一案　12－12－547

1942年12月，璧山实验地方法院关于赖良臣等人伪造文书一案的文书，包括四川高等法院第一分院检察官训令、讯问笔录等。

549. 最高法院、四川高等法院第一分院审理典当纠纷一案　12－12－548

1941年3月至1942年12月，最高法院、四川高等法院第一分院关于叶同荣典当纠纷一案的文书，包括四川高等法院第一分院发往最高法院的呈文、民事诉状、四川高等法院第一分院民事裁定、民事答辩状、最高法院民事判决书等。

550. 璧山实验地方法院审理债务纠纷一案　12－12－549

1942年11月至1942年12月，璧山实验地方法院关于熊子辉债务纠纷一案的文书，包括民事声请书、民事撤诉状等。

551. 最高法院、四川高等法院第一分院审理田产转移契约纠纷一案　12－12－550

1940年10月至1942年3月，最高法院、四川高等法院第一分院关于陈泽沛要求确认田产转移契约无效一案的文书，包括最高法院民事判决书、最高法院发往四川高等法院第一分院的公函、璧山地方法院与四川高等法院第一分院的往来公函、民事证明书、辩论笔录、民事诉状、民事辩状、民事委任状、四川高等法院第一分院民事判决书等。

552. 璧山地方法院审理拐骗他人财产一案　12－12－550（2）

1942年2月至1942年3月，璧山地方法院关于罗淑贤拐骗他人财产一案的文书，包括刑事诉状、侦查笔录、璧山地方法院检察官不起诉处分书等。

553. 四川高等法院第一分院审理要求撤销买卖田业契约一案　12－12－551

1942年5月至1942年9月，四川高等法院第一分院关于巫华安要求撤销买卖田业契约一案的文书，包括民事诉状、璧山实验地方法院与四川高等法院第一分院的往来公函、民事委状、辩论笔录、宣告判决笔录、民事答辩状、四川高等法院第一分院民事判决书等。

554. 四川高等法院第一分院审理要求撤销买卖田业契约一案　12－12－552

1942年间，四川高等法院第一分院关于巫华安要求撤销买卖田业契约一案的文书，包括买卖契约等。

555. 璧山实验地方法院审理要求撤销买卖田业契约一案　12－12－553

1942年2月至1942年7月，璧山实验地方法院关于巫华安要求撤销买卖田业契约一案的文书，包括民事诉状、民事展限状、民事审理笔录、璧山地方法院民事判决书、璧山地方法院民事裁定、璧山地方法院与四川高等法院第一分院的往来公函等。

556. 璧山实验地方法院审理要求返还食谷一案　12－12－554

1942年10月至1942年11月，璧山实验地方法院关于徐曾氏要求严华修返还食谷一案的文书，包括民事诉状、民事审理笔录、民事委任状、璧山实验地方法院民事判决书、民事申请状等。

557. 璧山实验地方法院审理申请领取证物一案　12－12－555

1943年1月至1943年2月，璧山实验地方法院关于巫定华申请领取证物一案的文书。巫定华曾因买卖土地打过官司，案件了结后巫定华申请取回提交给法院的契约等物。该卷文书包括民事声请书、民事领状等。

558. 璧山地方法院审理要求终止土地租约一案　12－12－556

1942年4月，璧山地方法院关于黄次颜要求终止土地租约一案的文书，包括民事诉状、民事撤回状等。

559. 璧山实验地方法院审理请求法院发布支付命令一案　12－12－557

1942年7月至1942年8月，璧山实验地方法院关于李鹏请求法院发布支付命令一案的文书。李鹏以吴永川等人拖欠借款为由提起诉讼，要求法院发布支付命令催促其还债。该卷文书包括民事声请书、璧山实验地方法院支付命令等。

560. 璧山地方法院审理租谷纠纷一案　12—12—558

1941年12月至1942年5月，璧山地方法院关于曾炳辉租谷纠纷一案的文书，包括民事诉状、璧山地方法院民事判决书、民事补诉状、璧山地方法院与四川高等法院第一分院的往来公函、辩论笔录、民事委状、民事缴状等。

561. 璧山实验地方法院审理要求确认买卖契约有效一案　12—12—559

1942年6月至1942年9月，璧山实验地方法院关于蒋世梁要求确认买卖契约有效一案的文书，包括民事诉状、民事辩状、审理笔录、民事委任状、民事审判笔录、璧山实验地方法院民事判决书、璧山实验地方法院民事裁定等。

562. 四川高等法院第一分院审理要求终止土地租约上诉一案　12—12—560

1942年1月，四川高等法院第一分院关于曾孔昭要求终止土地租约上诉一案的文书，包括民事诉状、四川高等法院第一分院民事裁定等。

563. 四川高等法院第一分院、璧山地方法院审理要求赔偿谷物损失一案　12—12—561

1941年12月至1942年1月，四川高等法院第一分院、璧山地方法院关于曾五福要求赔偿谷物损失一案的文书。曾五福以萧青云等人损毁其谷物为由提起诉讼，要求萧赔偿损失。该卷文书包括民事诉状、民事审理笔录、璧山地方法院民事判决书、璧山地方法院检察官不起诉处分书、四川高等法院第一分院检察官处分书等。

564. 璧山地方法院审理要求交还田业执行一案　12—12—562

1942年1月，璧山地方法院关于何兴发要求何清臣交还田业执行一案的文书，包括民事执行状等。

565. 四川高等法院第一分院、璧山实验地方法院审理要求终止土地租约一案　12—12—563

1942年6月至1943年7月，四川高等法院第一分院、璧山实验地方法院关于张致荣要求终止土地租约一案的文书，包括民事诉状、民事缴状、璧山实验地方法院民事裁定、璧山实验地方法院与四川高等法院第一分院的往来公函、辩论笔录、民事委任状、民事答辩状、四川高等法院第一分院民事判决书、民事证明书等。

566. 四川高等法院第一分院、璧山实验地方法院审理回赎典产纠纷一案　12—12—564

1942年7月至1942年12月,四川高等法院第一分院、璧山实验地方法院关于汪廷忠回赎典产纠纷一案的文书,包括民事诉状、民事审理笔录、民事证明书、民事辩状、民事宣判笔录、璧山实验地方法院民事判决书、四川高等法院第一分院民事裁定、璧山实验地方法院与四川高等法院第一分院的往来公函等。

567. 四川高等法院第一分院、璧山地方法院等审理要求交还土地一案　12—12—565

1941年7月至1944年4月,四川高等法院第一分院、璧山地方法院等关于彭钱氏要求庞怀林交还土地一案的文书,包括民事诉状、璧山实验地方法院民事裁定、璧山地方法院与四川高等法院第一分院的往来公函、审理笔录、民事委状、宣告判决笔录、四川高等法院第一分院民事判决书等。

568. 璧山地方法院审理违反农商条例、私自酿酒一案　12—12—566

1942年1月至1942年3月,璧山地方法院关于冉钦河违反农商条例、私自酿酒一案的文书,包括璧山地方法院检察官起诉书、刑事答辩状、刑事审判笔录、璧山地方法院刑事判决书等。

569. 璧山实验地方法院审理诬告他人一案　12—12—567

1942年6月至1943年12月,璧山实验地方法院关于刘益兴诬告他人一案的文书,包括璧山实验地方法院检察官起诉书、刑事声请书、璧山实验地方法院看守所所长提交法院检察官的呈文等。

570. 璧山地方法院审理租佃纠纷一案　12—12—568

1942年3月至1942年4月,璧山地方法院关于张颜集租佃纠纷一案的文书,包括民事调解状、民事委状、璧山地方法院民庭调解处通知等。

571. 璧山实验地方法院审理债务纠纷执行一案　12—12—569

1942年9月至1943年7月,璧山实验地方法院关于李鹏债务纠纷执行一案的文书,包括民事执行状、璧山实验地方法院执行命令、民事委任状、璧山实验地方法院支付命令等。

572. 璧山地方法院审理要求交还田业一案　12—12—570

1941 年 4 月至 1942 年 3 月，璧山地方法院关于戴安邦要求戴炳林交还田业一案的文书，包括民事诉状、璧山地方法院与四川高等法院第一分院的往来公函、民事辩状、辩论笔录、民事参加状、审判笔录、璧山地方法院民事判决书、璧山地方法院民事裁定等。

573. 璧山实验地方法院审理债务纠纷执行一案　12—12—571

1942 年 12 月至 1943 年 1 月，璧山实验地方法院关于张九兆债务纠纷执行一案的文书，包括民事委任状、民事声请书、四川高等法院第一分院民事判决书、璧山实验地方法院执行命令等。

574. 四川高等法院第一分院审理土地租赁纠纷一案　12—12—572

1942 年 6 月至 1943 年 5 月，四川高等法院第一分院关于吴赵氏土地租赁纠纷一案的文书，包括民事委任状、民事诉状、审理笔录、四川高等法院第一分院民事判决书、璧山实验地方法院与四川高等法院第一分院的往来公函、民事声请书等。

575. 最高法院、四川高等法院第一分院、璧山实验地方法院审理经界纠纷等三案　12—12—573

1943 年 6 月至 1943 年 10 月，最高法院、四川高等法院第一分院、璧山实验地方法院关于经界纠纷案、债务纠纷案、分割遗产纠纷案三案的文书，包括璧山实验地方法院与重庆地方法院的往来公函、璧山实验地方法院与四川高等法院第一分院的往来公函、璧山实验地方法院与最高法院的往来公函、民事诉状、民事答辩状、辩论笔录、璧山实验地方法院民事判决书等。

576. 四川高等法院第一分院、璧山实验地方法院审理押银纠纷一案　12—12—574

1942 年 5 月至 1942 年 11 月，四川高等法院第一分院、璧山实验地方法院关于黄明钦押银纠纷一案的文书，包括民事诉状、民事审理笔录、民事委任状、璧山实验地方法院民事判决书、璧山实验地方法院民事裁定、四川高等法院第一分院民事裁定等。

577. 璧山县司法处、璧山实验地方法院审理申请领取证物等三案　12—12—575

1939 年 4 月至 1943 年 7 月，璧山县司法处、璧山实验地方法院关于陈孟修申请领取证物案、陈王氏申请领取证物案、陈秀村要求确认买卖契约无效案三案的文书，包括民事领状、民事声请书、民事诉状、审理笔录、民事辩状、璧山县司法处民事判决书等。

578. 璧山实验地方法院审理要求交还熟土一案　12－12－576

1942年7月至1942年8月，璧山实验地方法院关于叶遐龄要求萧焕廷交还熟土一案的文书，包括民事诉状、民事审理笔录、璧山实验地方法院民事和解笔录等。

579. 璧山实验地方法院审理要求支付生活费一案　12－12－577

1942年5月至1942年6月，璧山实验地方法院关于沈曾氏要求沈银安支付生活费一案的文书，包括民事诉状、民事答辩状、民事调解笔录、民事委状等。

580. 璧山实验地方法院审理要求返还土地一案　12－12－578

1942年7月至1942年8月，璧山实验地方法院关于王明轩要求周克光返还土地一案的文书，包括民事诉状、民事辩状、璧山实验地方法院民事和解笔录、民事审理笔录、民事委任状等。

581. 璧山实验地方法院审理租谷纠纷一案　12－12－579

1942年8月，璧山实验地方法院关于周清荣租谷纠纷一案的文书，包括璧山实验地方法院与四川高等法院第一分院的往来公函等。

582. 璧山地方法院审理申请保护存查一案　12－12－580

1942年4月，璧山地方法院关于欧春林申请保护存查一案的文书。欧春林在耕种时遭到陈树元的阻挠，欧向法院申请保护。该卷文书包括民事存查状等。

583. 璧山地方法院审理再嫁存查一案　12－12－581

1942年4月，璧山地方法院关于严徐氏再嫁存查一案的文书。严徐氏丈夫病故后为维持生计严徐氏再嫁，为防以后产生变故特向法院申请将此备案存查。该卷文书包括民事存查状等。

584. 璧山地方法院审理预立遗嘱存查一案　12－12－582

1942年1月，璧山地方法院关于王李氏预立遗嘱存查一案的文书。王李氏在病中立下遗嘱分割家产，为防以后发生意外特向法院申请将此备案存查。该卷文书包括民事声请书等。

585. 四川高等法院第一分院、璧山实验地方法院等审理租谷纠纷一案　12－12－583

1942年4月至1942年12月，四川高等法院第一分院、璧山实验地方法院等关

于曾子张租谷纠纷一案的文书，包括民事诉状、璧山地方法院与四川高等法院第一分院的往来公函、辩论笔录、四川高等法院第一分院民事判决书、民事委任状、民事声请书、民事审理笔录、璧山实验地方法院民事判决书等。

586. 璧山地方法院审理要求终止土地租约一案　12－12－584

1942 年 1 月至 1942 年 8 月，璧山地方法院关于李海林要求终止土地租约一案的文书，包括民事诉状、璧山地方法院与四川高等法院第一分院的往来公函、辩论笔录、民事答辩状、民事委任状、民事领状等。

587. 璧山地方法院审理要求终止土地租约一案　12－12－585

1942 年 3 月至 1942 年 5 月，璧山地方法院关于罗炳全要求终止土地租约一案的文书，包括民事诉状、民事审理笔录、民事委任状、璧山地方法院民事判决书等。

588. 璧山地方法院审理田业所有权纠纷一案　12－12－586

1941 年 12 月至 1942 年 3 月，璧山地方法院关于雷雨湘田业所有权纠纷一案的文书，包括民事诉状、民事声请书、民事辩状、民事审理笔录、民事委任状、璧山地方法院民事裁定等。

589. 四川高等法院第一分院审理要求返还田业一案　12－12－587

1942 年 6 月至 1942 年 9 月，四川高等法院第一分院关于钱树清要求钱汉臣返还田业一案的文书，包括民事诉状、璧山实验地方法院与四川高等法院第一分院的往来公函、民事答辩状、民事委任状、辩论笔录等。

590. 四川高等法院第一分院审理请求撤销买卖契约一案　12－12－588

1942 年 3 月至 1942 年 6 月，四川高等法院第一分院关于黎海林请求撤销买卖契约一案的文书，包括民事诉状、四川高等法院第一分院民事裁定、璧山地方法院与四川高等法院第一分院的往来公函等。

591. 璧山实验地方法院审理妨害兵役一案　12－12－589

1942 年 5 月至 1942 年 7 月，璧山实验地方法院关于刘河清等人妨害兵役一案的文书，包括刑事诉状、讯问笔录、刑事保状、刑事辩状、璧山实验地方法院检察官起诉书等。

592. 璧山实验地方法院审理盗窃一案　12－12－590

1942 年 5 月，璧山实验地方法院关于曾有光盗窃一案的文书，包括侦讯笔录、璧山实验地方法院检察官不起诉处分书等。

593. 璧山实验地方法院审理要求终止土地租约一案　12－12－591

1942年8月至1943年7月，璧山实验地方法院关于向文明要求终止土地租约一案的文书，包括民事诉状、民事审理笔录、民事答辩状、民事委任状、民事声请书、民事宣判笔录、璧山实验地方法院民事判决书、民事领状等。

594. 璧山地方法院审理要求赔偿诉讼费用一案　12－12－592

1942年1月至1942年4月，璧山地方法院关于张汪氏要求张炳奎因买卖纠纷涉讼要求赔偿诉讼费用一案的文书，包括民事声请书、民事辩状、民事审理笔录等。

595. 四川高等法院第一分院、璧山实验地方法院审理要求终止土地租约一案　12－12－593

1942年10月至1943年12月，四川高等法院第一分院、璧山实验地方法院关于李馨三要求终止土地租约一案的文书，包括民事缴状、民事执行状、璧山实验地方法院民事判决书、璧山实验地方法院民事补充判决书、璧山实验地方法院与四川高等法院第一分院的往来公函、民事诉状、民事补诉状、璧山实验地方法院民事裁定、四川高等法院第一分院民事裁定等。

596. 璧山实验地方法院审理要求终止土地租约两案　12－12－594

1942年6月至1942年12月，璧山实验地方法院关于邱炳煊要求终止土地租约案、李馨三要求终止土地租约案两案的文书，包括璧山实验地方法院民事裁定、民事诉状、民事审理笔录、民事委状、民事答辩状、民事补诉状、民事参加状、民事催状、璧山实验地方法院民事判决书、民事声请书等。

597. 璧山实验地方法院审理土地租佃纠纷一案　12－12－595

1942年8月至1942年10月，璧山实验地方法院关于王金全土地租佃纠纷一案的文书，包括民事声请书、民事调解笔录等。

598. 璧山地方法院审理违反农工条例私自酿酒一案　12－12－596

1941年12月至1942年4月，璧山地方法院关于曾相臣违反农工条例私自酿酒一案的文书，包括璧山地方法院检察官起诉书、刑事辩状、刑事审理笔录、璧山地方法院发往璧山县政府的公函、璧山地方法院刑事判决书等。

599. 四川高等法院第一分院、璧山实验地方法院等审理土地所有权纠纷一案　12－12－597

1942年3月至1944年9月，四川高等法院第一分院、璧山实验地方法院等关于杨之定土地所有权纠纷一案的文书，包括璧山地方法院与四川高等法院第一分院的往来公函、最高法院发往璧山地方法院的公函、璧山实验地方法院民事裁定、民事委任状、民事诉状、辩论笔录、民事补呈状、民事辩状、四川高等法院第一分院民事裁定等。

600. 璧山实验地方法院审理妨害农耕一案　12－12－598

1942年11月至1943年1月，璧山实验地方法院关于刘贺氏妨害贺鸿钧农耕一案的文书，包括刑事诉状、刑事审理笔录、刑事公证状、璧山实验地方法院刑事附带民事判决书、刑事领状等。

601. 璧山实验地方法院审理盗窃一案　12－12－599

1942年5月至1942年7月，璧山实验地方法院关于程绍清盗窃一案的文书，包括刑事诉状、讯问笔录、刑事撤诉状、璧山实验地方法院检察官不起诉处分书等。

602. 四川高等法院第一分院审理伪造文书一案　12－12－600

1941年3月至1941年6月，四川高等法院第一分院关于唐瑞琪伪造文书一案的文书，包括四川高等法院第一分院检察官训令、四川高等法院第一分院刑事判决书等。

603. 璧山地方法院审理诈骗布料一案　12－12－601

1941年10月至1941年11月，璧山地方法院关于郭敬修诈骗布料一案的文书，包括璧山县城区警察所提交璧山地方法院检察处的呈文、侦查笔录、刑事保状、刑事诉状、璧山地方法院检察官起诉书等。

604. 璧山地方法院审理析分家产存查一案　12－12－602

1941年11月，璧山地方法院关于娄增荣析分家产存查一案的文书。娄增荣与兄弟协议分割家产后为防日后产生纠纷，特向法院申请将此备案存查。该卷文书包括民事存查状等。

605. 璧山实验地方法院审理要求交还田业一案　12－12－603

1942年6月至1942年8月，璧山实验地方法院关于李马士杰要求陈顺义等交还田业一案的文书,包括民事诉状、民事委任状、民事审理笔录、民事辩状、璧山实验地方法院民事裁定等。

606. 璧山实验地方法院审理违反农工条例私售燃煤一案　12－12－604

1942年5月至1942年11月,璧山实验地方法院关于张敏之违反农工条例私售燃煤一案的文书,包括璧山实验地方法院检察官起诉书、刑事委任状、刑事审理笔录、刑事答辩状、刑事保状、刑事缴状、璧山实验地方法院刑事判决书等。

607. 璧山地方法院审理要求返还耕牛一案　12－12－605

1941年3月至1942年4月,璧山地方法院关于廖银安要求萧银发返还耕牛一案的文书,包括璧山地方法院与四川高等法院第一分院的往来公函、民事诉状、审理笔录、民事辩状、审判笔录、民事声请书、璧山地方法院民事判决书等。

608. 最高法院、四川高等法院第一分院、璧山实验地方法院审理买卖土地纠纷抗告一案　12－12－606

1942年7月至1942年10月,最高法院、四川高等法院第一分院、璧山实验地方法院关于江远志买卖土地纠纷抗告一案的文书,包括璧山实验地方法院与四川高等法院第一分院的往来公函、民事声请书、最高法院民事裁定等。

609. 璧山实验地方法院等审理虐待儿媳一案　12－12－607

1942年4月至1942年5月,璧山实验地方法院等关于徐平安虐待儿媳一案的文书,包括刑事诉状、刑事声请书等。

610. 四川高等法院第一分院、璧山实验地方法院审理要求赔偿损失一案　12－12－608

1942年10月至1943年1月,四川高等法院第一分院、璧山实验地方法院关于江龙泉要求江烈五赔偿损失一案的文书。江龙泉以江烈五侵占自己土地为由提起诉讼,要求江烈五赔偿由此造成的经济损失。该卷文书包括民事理由书、民事诉状、璧山实验地方法院民事裁定、璧山实验地方法院与四川高等法院第一分院的往来公函、民事展限状、民事委状、辩论笔录、四川高等法院第一分院民事判决书等。

611. 璧山县政府审理雷学海等人要求享受出征军人优待权一案　12－12－609

1942年11月,璧山县政府关于雷学海等人要求享受出征军人优待权一案的文书,包括璧山县河边乡出征抗敌军人家属状况调查表、河边乡乡长提交璧山县政府的呈文等。

612. 四川高等法院第一分院、璧山实验地方法院审理争夺山林所有权一案　12－12－610

1942 年 5 月至 1942 年 10 月，四川高等法院第一分院、璧山实验地方法院关于王汉江与王炳轩争夺山林所有权一案的文书，包括民事诉状、民事审理笔录、民事委状、璧山实验地方法院民事判决书、璧山实验地方法院民事裁定、璧山实验地方法院与四川高等法院第一分院的往来公函、辩论笔录、四川高等法院第一分院民事判决书等。

613. 璧山实验地方法院审理要求法院发布支付命令一案　12－12－611

1942 年 5 月至 1942 年 6 月，璧山实验地方法院关于景亮钧要求法院发布支付命令一案的文书。景亮钧以邹君迪拖欠借款为由提起诉讼，要求法院发布支付命令催促其还债。该卷文书包括民事声请书、璧山实验地方法院支付命令、璧山实验地方法院民事裁定等。

614. 璧山实验地方法院审理债务执行一案　12－12－612

1942 年 6 月至 1942 年 9 月，璧山实验地方法院关于曾炳荣借款纠纷的债务执行一案的文书，包括民事诉状、璧山实验地方法院民事判决书、璧山实验地方法院执行命令、执行笔录、民事执行状等。

615. 璧山地方法院审理要求确认佃约无效一案　12－12－613

1941 年 12 月至 1942 年 7 月，璧山地方法院关于王敬修要求确认佃约无效一案的文书，包括璧山地方法院与四川高等法院第一分院的往来公函、璧山地方法院民事判决书、民事委状等。

616. 璧山地方法院审理伤害他人一案　12－12－614

1941 年 12 月至 1942 年 3 月，璧山地方法院关于罗贞国伤害他人一案的文书，包括璧山地方法院检察官起诉书、璧山地方法院刑事判决书、璧山地方法院检察官与法院审判庭的往来公函等。

617. 璧山实验地方法院审理要求交还田业执行一案　12－12－615

1942 年 10 月至 1942 年 11 月，璧山实验地方法院关于尹文斌要求夏炳森交还田业执行一案的文书，包括民事执行状、璧山实验地方法院民事和解笔录、民事委任状、璧山实验地方法院执行命令等。

618. 璧山实验地方法院审理要求赔偿损失执行一案　12－12－616

1942年10月，璧山实验地方法院关于李来宾要求徐海山赔偿损失执行一案的文书。李来宾以徐海山盗伐自家树木为由提起诉讼，要求徐赔偿经济损失。该卷文书包括民事执行状、璧山实验地方法院民事判决书等。

619. 四川高等法院第一分院审理要求确认佃约无效上诉一案　12－12－617

1942年2月至1942年9月，四川高等法院第一分院关于王敬修要求确认佃约无效上诉一案的文书，包括民事诉状、四川高等法院第一分院民事裁定、璧山地方法院与四川高等法院第一分院的往来公函等。

620. 璧山实验地方法院审理请发支付命令一案　12－12－618

1942年12月，璧山实验地方法院关于胡国经等因债务纠纷涉讼的请发支付命令一案的文书。胡国经以刘运财拖欠借款为由提起诉讼，要求其偿还债务。该卷文书包括民事声请书、璧山地方法院支付命令等。

621. 璧山实验地方法院审理抢劫一案　12－12－619

1942年间，璧山实验地方法院等关于叶如淮抢劫一案的文书，包括璧山实验地方法院检察处与璧山县政府的往来公函等。

622. 璧山实验地方法院审理抢劫一案　12－12－620

1942年6月，璧山实验地方法院关于叶如淮抢劫他人财物一案的文书，包括王远明提交重庆卫戍第四分区司令的呈文、侦讯笔录等。

623. 璧山实验地方法院等审理抱养孙子存查、要求返还食谷案两案　12－12－621

1942年1月至1942年12月，璧山实验地方法院等关于董炳林抱养孙子存查案、罗炳臣要求罗荣辉返还食谷案两案的文书，包括民事声请书、民事诉状、审理笔录、民事委任状、璧山地方法院民事裁定等。

624. 璧山地方法院审理要求返还房屋一案　12－12－622

1942年1月至1942年3月，璧山地方法院关于江重威要求江向氏返还房屋一案的文书，包括民事诉状、璧山县七塘乡乡公所提交璧山地方法院的撤诉呈文等。

625. 璧山地方法院审理典当纠纷一案　12－12－623

1941年12月至1942年4月，璧山地方法院关于胡银章回赎田房的典当纠纷一案的文书。胡银章想要赎回典当给胡献廷的田房，遭到拒绝后提起诉讼。该卷文书包括民事诉状、民事委任状、民事审理笔录、民事辩状、璧山地方法院调解书等。

626. 璧山地方法院等审理要求交还田业执行一案　12－12－624

1942年4月至1942年5月，璧山地方法院等关于郑公昱要求蔡从之交还田业执行一案的文书，包括民事声请书、璧山地方法院训令、璧山地方法院执行命令、执行笔录等。

627. 四川高等法院第一分院、璧山地方法院等审理要求撤销买卖契约案、租谷纠纷案两案　12－12－625

1942年1月至1943年4月，四川高等法院第一分院、璧山地方法院等关于周受祺要求撤销买卖契约案、张燮阳租谷纠纷案两案的文书，包括民事诉状、民事理由书、璧山地方法院与四川高等法院第一分院的往来公函、璧山地方法院民事判决书、璧山地方法院民事裁定、辩论笔录、民事委任状、四川高等法院第一分院民事判决书等。

628. 四川高等法院第一分院、璧山县司法处、璧山地方法院审理申请领取证物案、经界纠纷案两案　12－12－626

1938年1月至1941年12月，四川高等法院第一分院、璧山县司法处、璧山地方法院关于钱仲绰申请领取证物案、钱仲绰经界纠纷案两案的文书，包括民事声请书、璧山县司法处民事判决书、四川高等法院第一分院训令、璧山县司法处训令、四川高等法院第一分院民事判决书、民事缴状、民事诉状、审理笔录等。

629. 四川高等法院第一分院、璧山实验地方法院审理租佃土地纠纷一案　12－12－627

1942年10月至1943年5月，四川高等法院第一分院、璧山实验地方法院关于邬王氏租佃土地纠纷一案的文书，包括民事缴状、民事诉状、璧山实验地方法院民事裁定、璧山实验地方法院与四川高等法院第一分院的往来公函、民事委任状、辩论笔录、四川高等法院第一分院民事和解笔录等。

630. 璧山地方法院审理要求终止土地租约一案　12－12－628

1949年9月至1949年11月，璧山地方法院关于周大鑫要求终止土地租约一案的文书，包括民事诉状、民事答辩状、辩论笔录、民事补诉状、民事委任状、璧山地方法院民事判决书等。

631. 璧山实验地方法院审理要求终止土地租约一案　12—12—629

1942 年 7 月至 1942 年 10 月，璧山实验地方法院关于邬王氏要求终止土地租约一案的文书，包括民事诉状、民事审理笔录、璧山县蒲元乡乡公所提交璧山实验地方法院的呈文、民事答辩状、民事委任状、璧山实验地方法院民事判决书等。

632. 四川高等法院第一分院、璧山实验地方法院审理要求终止土地租约一案　12—12—630

1942 年 11 月至 1943 年 2 月，四川高等法院第一分院、璧山实验地方法院关于何忠国要求终止土地租约一案的文书，包括民事诉状、璧山实验地方法院民事裁定、民事缴状、璧山实验地方法院与四川高等法院第一分院的往来公函、辩论笔录、四川高等法院第一分院民事和解笔录、民事委任状等。

633. 璧山实验地方法院审理要求终止土地租约一案　12—12—631

1942 年 10 月，璧山实验地方法院关于何忠国要求终止土地租约一案的文书，包括民事诉状、审理笔录、璧山实验地方法院民事判决书等。

634. 璧山实验地方法院审理回赎典产纠纷一案　12—12—632

1942 年 11 月至 1942 年 12 月，璧山实验地方法院关于冯泽深回赎典产纠纷一案的文书，包括民事诉状、民事委任状、审理笔录、民事声请撤诉书等。

635. 璧山实验地方法院审理要求交还田业一案　12—12—633

1942 年 10 月至 1942 年 12 月，璧山实验地方法院关于罗元兴要求欧金亭交还田业一案的文书，包括民事诉状、民事委任状、民事辩状、审理笔录等。

636. 璧山实验地方法院审理要求别居一案　12—12—634

1943 年 1 月至 1943 年 2 月，璧山实验地方法院关于冯张氏要求别居一案的文书，包括璧山实验地方法院与四川高等法院第一分院的往来公函等。

637. 璧山实验地方法院等审理租佃土地纠纷一案　12—12—635

1942 年 1 月至 1942 年 10 月，璧山实验地方法院等关于王钱氏租佃土地纠纷一案的文书，包括民事补诉状、民事答辩状、审理笔录等。

638. 璧山实验地方法院审理申请提存业价一案　12—12—636

1942 年 10 月，璧山实验地方法院关于周祥伦申请提存业价一案的文书，包括民事声请书等。

639. 璧山实验地方法院审理要求返还田地契约执行案、盗窃案两案　12－12－637

1942年6月至1943年1月，璧山实验地方法院关于杨昌华要求杨海清返还田地契约执行案、罗汪氏盗窃案两案的文书，包括民事执行状、璧山实验地方法院民事判决书、璧山实验地方法院训令、民事续恳状、民事声请书、民事委状、璧山实验地方法院执行命令、民事催状、民事保状、刑事诉状、讯问笔录、刑事保状、璧山实验地方法院检察官起诉书、璧山实验地方法院检察官不起诉处分书等。

640. 璧山实验地方法院审理盗窃一案　12－12－638

1942年12月至1943年1月，璧山实验地方法院关于罗汪氏盗窃一案的文书，包括刑事诉状、讯问笔录、刑事保状、璧山实验地方法院检察官起诉书、璧山实验地方法院检察官不起诉处分书等。

641. 四川高等法院第一分院审理要求终止土地租约上诉一案　12－12－639

1941年12月至1942年2月，四川高等法院第一分院关于蒋水廷要求终止土地租约上诉一案的文书，包括民事诉状、四川高等法院第一分院民事裁定、璧山地方法院与四川高等法院第一分院的往来公函等。

642. 璧山实验地方法院等审理申请领取证物案、要求终止土地租约案两案　12－12－640

1941年11月至1942年8月，璧山实验地方法院等关于周受岐申请领取证物案、蒋水廷要求终止土地租约案两案的文书，包括民事领状、璧山地方法院民事判决书等。

643. 璧山实验地方法院审理要求终止土地租约一案　12－12－641

1942年5月至1942年6月，璧山实验地方法院关于张邦荣要求终止土地租约一案的文书，包括民事诉状、审理笔录、璧山实验地方法院民事判决书等。

644. 璧山实验地方法院审理要求给付租谷并终止土地租约一案　12－12－642

1942年10月至1943年6月，璧山实验地方法院关于巫奎臣要求黄森林给付租谷并终止土地租约一案的文书，包括民事执行状、执行笔录、民事讯问笔录、璧山实验地方法院执行命令、民事保状、辩论笔录、民事抗告书、璧山实验地方法院民事裁定等。

645. 璧山地方法院审理要求赔偿树木一案　12—12—643

1941年12月至1942年2月，璧山地方法院关于张耀光要求胡成舟赔偿树木一案的文书，包括民事诉状、民事委任状、民事审判笔录、璧山地方法院民庭和解笔录等。

646. 璧山地方法院审理回赎典产纠纷一案　12—12—644

1942年1月至1942年4月，璧山地方法院关于唐祖湘回赎典产纠纷一案的文书，包括民事诉状、民事审理笔录、璧山地方法院民事判决书等。

647. 璧山实验地方法院审理要求搬迁并交还田业一案　12—12—645

1942年10月至1942年12月，璧山实验地方法院关于田元科要求杜华轩搬迁并交还田业一案的文书，包括民事诉状、民事审理笔录等。

648. 璧山实验地方法院审理要求解除土地租约一案　12—12—646

1942年8月至1942年9月，璧山实验地方法院关于张森元要求解除土地租约一案的文书，包括民事诉状、民事辩状、民事委状、民事讯问笔录、璧山实验地方法院民事判决书等。

649. 四川高等法院第一分院审理要求终止土地租约一案　12—12—647

1942年11月至1943年5月，四川高等法院第一分院关于邬王氏要求终止土地租约一案的文书，包括璧山实验地方法院与四川高等法院第一分院的往来公函、四川高等法院第一分院民事和解笔录等。

650. 璧山地方法院审理要求解除土地租约一案　12—12—648

1941年10月至1942年1月，璧山地方法院关于吴兴林要求解除土地租约一案的文书，包括璧山地方法院民事判决书、璧山地方法院与四川高等法院第一分院的往来公函等。

651. 四川高等法院第一分院、璧山实验地方法院等审理回赎田业的典产纠纷一案　12—12—649

1941年12月至1942年7月，四川高等法院第一分院、璧山实验地方法院等关于彭文兴回赎田业的典产纠纷一案的文书，包括璧山地方法院民事裁定、民事诉状、民事委任状、璧山地方法院与四川高等法院第一分院的往来公函、辩论笔录、宣告判决笔录、四川高等法院第一分院民事判决书等。

652. 璧山实验地方法院审理请求法院发布支付命令一案　12－12－650

1942 年 5 月至 1942 年 6 月，璧山实验地方法院关于景亮钧请求法院发布支付命令一案的文书。景亮钧以黎海林拖欠借款为由提起诉讼，要求法院发布支付命令催促其偿还债务。该卷文书包括民事声请书、璧山实验地方法院支付命令等。

653. 璧山实验地方法院审理妨害他人行使权利一案　12－12－651

1942 年 12 月至 1943 年 1 月，璧山实验地方法院关于巫子云妨害他人行使权利一案的文书，包括璧山实验地方法院与四川高等法院第一分院的往来公函等。

654. 璧山地方法院审理抢夺他人财产一案　12－12－652

1942 年 2 月，璧山地方法院关于王璞园抢夺他人财产一案的文书，包括四川高等法院第一分院检察官训令、刑事诉状等。

655. 璧山实验地方法院审理要求终止土地租约一案　12－12－653

1942 年 9 月，璧山实验地方法院关于王治均要求终止土地租约一案的文书，包括民事诉状、民事辩状、民事审理笔录、璧山实验地方法院民事和解笔录、民事补诉状等。

656. 璧山实验地方法院审理要求赔偿损失一案　12－12－654

1942 年 9 月至 1942 年 12 月，璧山实验地方法院关于徐在中要求赔偿损失一案的文书。徐在中以赖海林诬告自己杀人为由提起诉讼，要求赖赔偿损失。该卷文书包括璧山实验地方法院刑事附带民事裁定、刑事附带民事诉状、刑事委任状、审判笔录、璧山实验地方法院民事判决书等。

657. 璧山县监狱相关档案　12－12－655

1946 年 8 月至 1946 年 10 月，璧山县监狱的相关文书，包括璧山县监狱关押犯人数目表等。

658. 璧山实验地方法院相关司法档案　12－12－656

1943 年 10 月，璧山实验地方法院的相关文书，包括四川高等法院第一分院训令、璧山实验地方法院发往四川高等法院第一分院的呈文、璧山实验地方法院判决民事案件提起上诉百分比表等。

659. 四川高等法院第一分院、璧山实验地方法院审理妨害公共秩序等三案　12—12—657

1942年8月至1943年4月，四川高等法院第一分院、璧山实验地方法院关于唐仿勋妨害公共秩序案、罗乔氏租谷纠纷案、江裕昆要求终止土地租约案三案的文书，包括讯问笔录、刑事保状、璧山实验地方法院检察处缓起诉处分书、璧山实验地方法院民事裁定、璧山实验地方法院民事判决书、民事委任状、璧山实验地方法院与四川高等法院第一分院的往来公函、四川高等法院第一分院民事判决书等。

660. 璧山地方法院等审理赔偿财产执行一案　12—12—658

1941年4月至1942年5月，璧山地方法院等关于邓家声等人赔偿财产执行一案的文书。邓家声损毁公共标语，法院令其赔偿。该卷文书包括璧山地方法院检察官与璧山地方法院的往来公函、璧山地方法院检察官起诉书、刑事声请书、民事领状等。

661. 璧山实验地方法院审理侵占他人谷物一案　12—12—659

1942年10月至1943年3月，璧山实验地方法院关于戴安邦侵占他人谷物一案的文书，包括刑事诉状、讯问笔录、刑事辩状、刑事保状、璧山实验地方法院检察官起诉书、璧山实验地方法院检察官不起诉处分书等。

662. 璧山实验地方法院审理妨害自由一案　12—12—660

1942年5月，璧山实验地方法院关于龙银山妨害自由一案的文书。彭清云因私怨诬告龙银山等人妨害他人自由，后经调查此事纯属虚构。该卷文书包括璧山实验地方法院检察官不起诉处分书等。

663. 璧山实验地方法院审理侮辱妇女一案　12—12—661

1942年8月，璧山实验地方法院关于杨熊氏诉雷震寰以言语辱骂、侮辱妇女一案的文书，包括讯问笔录、璧山实验地方法院检察官不起诉处分书等。

664. 璧山实验地方法院审理侮辱并殴打他人一案　12—12—662

1942年8月，璧山实验地方法院关于娄汉卿等人侮辱并殴打魏德安一案的文书，包括刑事诉状、讯问笔录、璧山实验地方法院检察官不起诉处分书等。

665. 璧山实验地方法院审理诬告他人一案　12—12—663

1942年8月至1942年9月，璧山实验地方法院关于娄金廷等人诬告他人一案的文书。娄金廷等诬告娄彦之伪造买卖契约，娄彦之要求法院惩治其诬告行为。该卷文书包括刑事诉状、讯问笔录、刑事辩状、刑事保状、璧山实验地方法院检察官起诉书、刑事委任状、璧山实验地方法院刑事判决书、刑事审理笔录等。

666. 璧山实验地方法院审理伤人一案　12－12－664

1942 年 9 月至 1942 年 10 月，璧山实验地方法院关于朱少康打伤敬炳荣一案的文书，包括璧山实验地方法院检察官发往本院刑事庭的公函、刑事诉状等。

667. 璧山地方法院等审理伪造文书一案　12－12－665

1942 年 4 月至 1942 年 7 月，璧山地方法院等关于娄彦之伪造文书一案的文书，包括刑事诉状、刑事审理笔录、刑事答辩状、刑事公证书、刑事委任状、璧山实验地方法院刑事判决书等。

668. 璧山实验地方法院审理侵入他人住宅一案　12－12－666

1944 年 2 月至 1944 年 5 月，璧山实验地方法院关于陈少云等人侵入他人住宅一案的文书，包括璧山实验地方法院刑事判决书、刑事诉状、刑事委任状、刑事审判笔录、刑事声请书、刑事抗告书等。

669. 璧山地方法院审理妨害人身自由一案　12－12－667

1941 年 10 月至 1942 年 4 月，璧山地方法院关于谷兰圃因田业纠纷非法拘禁谷海明限制其人身自由，谷海明提起诉讼要求法院维权一案的文书，包括四川高等法院第一分院检察官训令、璧山地方法院检察官起诉书、刑事委状、审判笔录、刑事保状、刑事辩状、璧山地方法院刑事判决书等。

670. 璧山地方法院等审理妨害农耕一案　12－12－668

1941 年 9 月至 1942 年 11 月，璧山地方法院等关于况张氏妨害陶荣辉农耕一案的文书，包括四川高等法院第一分院检察官训令、璧山地方法院检察官起诉书、刑事审理笔录、刑事保状、璧山地方法院刑事判决书、刑事声请书、璧山地方法院与四川高等法院第一分院的往来公函、讯问笔录、刑事答辩状、璧山地方法院检察官不起诉处分书等。

671. 璧山地方法院等审理重婚一案　12－12－669

1942 年 4 月至 1942 年 6 月，璧山地方法院等关于冯辉先重婚一案的文书，包括刑事诉状、侦查笔录、刑事保状、刑事辩状、璧山实验地方法院检察官不起诉处分书、四川高等法院第一分院检察官训令等。

672. 璧山实验地方法院审理伪造文书一案　12－12－670

1943年12月，璧山实验地方法院关于汪树林伪造文书一案的文书，包括刑事诉状、审判笔录、刑事委状、璧山实验地方法院刑事裁定等。

673. 璧山实验地方法院审理租谷纠纷一案　12－12－671

1942年8月，璧山实验地方法院关于朱欧氏租谷纠纷一案的文书。朱欧式以曾举先等欺骗自己、拖欠租谷为由提起诉讼，要求法院维护自身利益。该卷文书包括刑事诉状、讯问笔录、璧山实验地方法院检察官不起诉处分书等。

674. 璧山实验地方法院审理妨害人身自由一案　12－12－672

1943年10月，璧山实验地方法院关于朱少康因拘禁他人妨害人身自由一案的文书，包括璧山实验地方法院发往本院检察官的公函、璧山实验地方法院刑事判决书等。

675. 璧山实验地方法院审理诈骗他人财产一案　12－12－673

1942年10月，璧山实验地方法院关于杨太安诈骗他人财产一案的文书，包括讯问笔录、璧山实验地方法院检察官不起诉处分书等。

676. 璧山地方法院审理妨害他人自由一案　12－12－674

1941年8月至1942年3月，璧山地方法院关于谷兰圃因田业纠纷非法拘禁谷海明妨害自由一案的文书，包括刑事诉状、刑事撤回状、刑事辩状、侦讯笔录、刑事保状、刑事催状、璧山地方法院检察官起诉书等。

677. 四川高等法院第一分院审理妨害风化上诉一案　12－12－675

1942年6月至1942年8月，四川高等法院第一分院关于黄述云因言语侮辱妇女的妨害风化上诉一案的文书，包括刑事诉状、璧山实验地方法院与四川高等法院第一分院的往来公函、刑事理由书、审判笔录、四川高等法院第一分院刑事判决书等。

678. 四川高等法院第一分院、璧山实验地方法院审理回赎典产纠纷一案　12－12－676

1942年8月至1942年10月，四川高等法院第一分院、璧山实验地方法院关于吴华山回赎典产纠纷一案的文书，包括民事诉状、璧山实验地方法院民事裁定、四川高等法院第一分院民事裁定、璧山实验地方法院与四川高等法院第一分院的往来公函、民事答辩状、审理笔录、璧山实验地方法院民事判决书等。

679. 璧山实验地方法院审理妨害农耕一案　12－12－677

1942年10月至1942年11月，璧山实验地方法院关于黄府田妨害农耕一案的文书，包括刑事诉状、刑事审理笔录、刑事答辩状、璧山实验地方法院刑事判决书等。

680. 璧山实验地方法院审理诬告一案　12－12－678

1942年9月至1942年10月，璧山实验地方法院关于萧臣钧诉萧臣铭诬告萧臣钧因侵吞土地押银纠纷的诬告一案的文书，包括刑事诉状、璧山实验地方法院检察官不起诉处分书、璧山实验地方法院与四川高等法院第一分院的往来公函等。

681. 四川高等法院第一分院、璧山实验地方法院审理要求返还食谷一案　12－12－679

1942年5月至1943年1月，四川高等法院第一分院、璧山实验地方法院关于胡润安要求雷国清返还食谷一案的文书，包括民事诉状、民事讯问笔录、民事委状、璧山实验地方法院民事判决书、璧山实验地方法院民事裁定、璧山实验地方法院与四川高等法院第一分院的往来公函、民事辩状、民事声请书、四川高等法院第一分院民事判决书等。

682. 最高法院、璧山实验地方法院审理租赁土地纠纷一案　12－12－680

1942年7月至1944年8月，最高法院、璧山实验地方法院关于江裕昆租赁土地纠纷一案的文书，包括民事诉状、民事答辩状、民事审理笔录、璧山实验地方法院民事判决书、民事委任状、民事声请书、最高法院民事裁定、璧山实验地方法院与四川高等法院第一分院的往来公函等。

683. 璧山地方法院审理土地经界纠纷一案　12－12－681

1942年3月至1942年4月，璧山地方法院关于彭顺吉土地经界纠纷一案的文书，包括民事诉状、民事辩状、民事审理笔录、璧山地方法院民事判决书等。

684. 璧山地方法院审理房屋押银纠纷一案　12－12－682

1942年2月至1942年3月，璧山地方法院关于吴罗氏房屋押银纠纷一案的文书，包括民事声请书、审理笔录、民事委任状、民事和解书等。

685. 四川高等法院第一分院、璧山地方法院审理争夺财产管理权、要求确认离婚契约无效案两案　12－12－683

1939年7月至1942年4月，四川高等法院第一分院、璧山地方法院关于张叔达争夺财产管理权案、雷仲华要求确认离婚契约无效案两案的文书，包括民事声请书、四川高等法院第一分院民事裁定、四川高等法院第一分院训令、民事抗告书、璧山地方法院与四川高等法院第一分院的往来公函等。

686. 璧山实验地方法院审理要求赔偿被盗木梯一案　12－12－684

1942年5月，璧山实验地方法院关于刘禹门要求郭炳辉、刘银洲赔偿被盗木梯一案的文书。刘银洲盗走刘禹门一批木梯，刘禹门要求经济赔偿。该卷文书包括民事诉状、民事讯问笔录、璧山实验地方法院民事判决书等。

687. 四川高等法院第一分院、璧山地方法院等审理要求确认买卖契约有效一案　12－12－685

1941年11月至1942年9月，四川高等法院第一分院、璧山地方法院等关于杨海廷要求确认买卖松树契约有效一案的文书，包括民事声请书、璧山地方法院民事判决书、璧山地方法院与四川高等法院第一分院的往来公函、民事缴状、辩论笔录、宣告判决笔录、民事委任状、四川高等法院第一分院民事判决书等。

688. 四川高等法院第一分院、璧山地方法院等审理要求确认买卖契约有效一案　12－12－686

1942年3月至1942年5月，四川高等法院第一分院、璧山地方法院等关于杨海廷要求确认买卖松树契约有效一案的文书，包括璧山地方法院与四川高等法院第一分院的往来公函等。

689. 璧山地方法院审理土地租佃纠纷一案　12－12－687

1941年10月至1941年12月，璧山地方法院关于伍平安土地租佃纠纷一案的文书。伍平安与董海全在土地租佃过程中发生纠纷，伍平安申请法院调解二人的矛盾。该卷文书包括民事调解书、调解笔录等。

690. 璧山地方法院审理抱子承祧存查一案　12－12－688

1941年10月至1941年11月，璧山地方法院关于王徐氏抱子承祧存查一案的文书。王徐氏丈夫去世，王膝下无子，故抱养族人之子，为防以后产生纠纷，王徐氏申请法院将此备案存查。该卷文书包括民事存查状、民事讯问笔录等。

691. 璧山实验地方法院审理土地租赁纠纷一案　12－12－689

1942年9月至1942年10月，璧山实验地方法院关于王德宣土地租赁纠纷一案的文书，包括调解笔录、民事声请书等。

692. 璧山地方法院等审理租谷纠纷一案　12－12－690

1942年1月至1942年7月，璧山地方法院等关于朱炳臣租谷纠纷一案的文书，包括民事诉状、审理笔录、民事宣判笔录、璧山地方法院民事判决书、璧山实验地方法院民事裁定等。

693. 璧山实验地方法院审理要求确认买卖田业契约有效一案　12－12－691

1942年6月，璧山实验地方法院关于刘镜成要求确认买卖田业契约有效一案的文书，包括民事诉状等。

694. 璧山实验地方法院审理申请离婚一案　12－12－692

1942年9月至1943年3月，璧山实验地方法院关于曾良成申请离婚一案的文书，包括民事诉状、民事审理笔录、璧山实验地方法院执达员提交法院的报告等。

695. 璧山实验地方法院审理要求妻子回家一案　12－12－693

1942年12月至1943年3月，璧山实验地方法院关于李玉廷要求妻子回家一案的文书。李玉廷之妻李曹氏无故离家出走，李玉廷要求妻子返回。该卷文书包括民事诉状、审理笔录、辩论笔录等。

696. 璧山实验地方法院审理伤人一案　12－12－694

1942年5月，璧山实验地方法院关于邓辉先伤人一案的文书。邓玉廷以邓辉先等人打伤自己为由提起诉讼，后双方经调解和解。该卷文书包括讯问笔录、刑事撤诉状、璧山实验地方法院检察官不起诉处分书等。

697. 璧山实验地方法院审理妨害农耕一案　12－12－695

1942年5月，璧山实验地方法院关于胡润安妨害雷国卿农耕一案的文书，包括民事诉状、民事审理笔录、璧山实验地方法院民事判决书等。

698. 四川高等法院第一分院、璧山地方法院等审理要求终止土地租约一案　12－12－696

1942年3月至1942年8月，四川高等法院第一分院、璧山地方法院等关于刘懋昭要求终止土地租约一案的文书,包括民事声请书、璧山地方法院与四川高等法院第一分院的往来公函、辩论笔录、四川高等法院第一分院民事和解笔录、民事诉状等。

699. 四川高等法院第一分院、璧山实验地方法院审理撤销买卖契约一案　12－12－697

1942年9月至1943年5月,四川高等法院第一分院、璧山实验地方法院关于邱宏泽等人要求撤销买卖田产契约一案的文书,包括民事诉状、璧山实验地方法院民事裁定、民事缴状、璧山实验地方法院与四川高等法院第一分院的往来公函、民事声请书、民事委任状、辩论笔录、民事证状、民事答辩状、四川高等法院第一分院民事判决书等。

700. 四川高等法院第一分院、璧山地方法院等审理租谷纠纷一案　12－12－698

1942年1月至1942年10月,四川高等法院第一分院、璧山地方法院等关于萧金山租谷纠纷一案的文书,包括民事诉状、民事理由书、四川高等法院第一分院民事裁定、璧山地方法院与四川高等法院第一分院的往来公函、审理笔录、民事宣判笔录、璧山地方法院民事裁定等。

701. 璧山地方法院审理争夺山地所有权一案　12－12－699

1942年2月至1942年4月,璧山地方法院关于娄李氏争夺山地所有权一案的文书,包括民事诉状、民事审理笔录、民事委任状、璧山地方法院民事判决书等。

702. 璧山实验地方法院审理要求增加给付一案　12－12－700

1944年2月,璧山实验地方法院关于蒋永基要求增加给付一案的文书,包括璧山实验地方法院与四川高等法院第一分院的往来公函等。

703. 璧山地方法院等审理要求终止租约一案　12－12－701

1942年4月至1942年5月,璧山地方法院等关于邱松廷要求终止租约一案的文书。邱松廷与胡树荣因搬迁交业问题产生纠纷,胡树荣搬迁后邱松廷要求撤回诉讼。该卷文书包括璧山地方法院训令、民事撤销状等。

704. 璧山地方法院等审理阻碍农耕一案　12－12－702

1942年3月至1942年6月,璧山地方法院等关于韩绍轩阻碍农耕一案的文书。韩模发以韩绍轩阻挠其农耕为由提起诉讼,要求法院终止其侵害行为。该卷文书包括民事执行状、璧山地方法院训令、民事领状等。

705. 璧山实验地方法院审理要求赔偿经济损失一案　12－12－703

1942年6月至1942年7月，璧山实验地方法院关于谷正学要求钱银臣赔偿经济损失一案的文书。钱银臣以拉壮丁为名使谷正学蒙受经济损失，谷提起诉讼要求钱银臣赔偿。该卷文书包括民事诉状、调解笔录等。

706. 璧山实验地方法院审理要求返还土地一案　12－12－704

1942年5月至1942年6月，璧山实验地方法院关于周银成要求周泰清返还土地一案的文书，包括民事诉状、审理笔录、民事宣判笔录、璧山实验地方法院民事判决书、民事反诉状、璧山实验地方法院民事裁定等。

707. 璧山实验地方法院审理回赎典产纠纷一案　12－12－705

1942年8月至1942年12，璧山实验地方法院关于黄玉臣回赎典产纠纷一案的文书。黄玉臣在回赎典当给黄德毅的财产时遭到拒绝，黄玉臣提起诉讼要求法院维护自身利益。该卷文书包括民事诉状等。

708. 璧山实验地方法院审理返还田业执行一案　12－12－706

1942年9月至1943年5月，璧山实验地方法院关于贺耀光要求朱启文返还田业执行一案的文书，包括民事申请状、璧山实验地方法院执行命令、民事诉状、民事委任状、执行笔录、民事声明书、璧山实验地方法院民事裁定等。

709. 璧山实验地方法院审理土地押金纠纷执行一案　12－12－707

1942年9月至1943年5月，璧山实验地方法院关于邬星阶等土地押金纠纷执行一案的文书。邬星阶要求邬文芳返还押金，法院判决邬文芳败诉后其依然拒还，邬星阶申请强制执行。包括民事声请书、璧山实验地方法院民事判决书、璧山实验地方法院执行命令、执行笔录等。

710. 璧山地方法院等审理要求赔偿经济损失一案　12－12－708

1942年3月至1942年5月，璧山地方法院等关于胡玉良要求王熙昌赔偿经济损失一案的文书。胡玉良以王熙昌阻碍其建筑房屋为由提起诉讼，要求王赔偿因此造成的经济损失。该卷文书包括民事诉状、民事委任状、民事辩状、民事审判笔录、璧山地方法院民事判决书等。

711. 最高法院、四川高等法院第一分院、璧山实验地方法院等审理要求交还田业一案　12—12—709

1941年7月至1943年1月，最高法院、四川高等法院第一分院、璧山实验地方法院等关于程发焕要求交还田业一案的文书，包括民事声请书、四川高等法院第一分院民事裁定、璧山地方法院与四川高等法院第一分院的往来公函、民事诉状、最高法院民事裁定、民事答辩状、民事委任状、辩论笔录等。

712. 璧山实验地方法院审理要求撤销买卖契约一案　12—12—710

1942年6月至1942年8月，璧山实验地方法院关于王海洲要求撤销买卖契约一案的文书，包括民事诉状、民事审理笔录、民事答辩状、民事亲讯状、璧山实验地方法院民事判决书、璧山实验地方法院民事裁定等。

713. 最高法院、四川高等法院第一分院、璧山地方法院等审理要求交还田业一案　12—12—711

1941年6月至1942年7月，最高法院、四川高等法院第一分院、璧山地方法院等关于程发焕要求交还田业一案的文书，包括民事声请书、民事抗告书、四川高等法院第一分院抗告意见书、四川高等法院第一分院民事裁定、最高法院民事裁定、四川高等法院第一分院发往最高法院的公函、璧山地方法院民事判决书。

714. 璧山实验地方法院审理要求交还厂物一案　12—12—712

1942年9月至1946年12月，璧山实验地方法院关于同春炭厂要求陈滋如清算账簿交还厂物一案的文书，包括民事诉状、民事委状、民事反诉状、审理笔录、民事审判笔录、璧山实验地方法院民事判决书、璧山实验地方法院与四川高等法院第一分院的往来公函、民事领状等。

715. 璧山地方法院等审理回赎典产纠纷、押银纠纷两案　12—12—713

1942年4月至1942年6月，璧山地方法院等关于吴锡之回赎典产纠纷案、雷国清押银纠纷案两案的文书，包括民事诉状、民事审判笔录、璧山地方法院民事和解笔录、民事委状、民事辩状、民事讯问笔录等。

716. 璧山地方法院审理粮税纠纷一案　12—12—714

1942年4月至1942年6月，璧山地方法院关于邹克明粮税纠纷一案的文书。邹克明与邹康宁因粮税缴纳问题产生纠纷，邹克明提起诉讼要求由邹康宁负担粮税。该卷文书包括民事诉状、民事辩状、民事审理笔录、璧山县田赋管理处与璧山地方法院的往来公函等。

717. 璧山地方法院审理租谷纠纷一案　12－12－715

1942年1月至1942年4月，璧山地方法院关于蔡鹏程租谷纠纷一案的文书。蔡鹏程与甘荣成因租谷问题产生纠纷，后双方经人调解和解。该卷文书包括民事诉状、民事辩状、民事审理笔录等。

718. 璧山地方法院等审理租佃纠纷一案　12－12－716

1942年3月至1942年7月，璧山地方法院等关于况汉章租佃纠纷一案的文书，包括民事声请书、民事委任状等。

719. 璧山实验地方法院审理侵占并盗伐他人树林一案　12－12－717

1942年8月至1942年9月，璧山实验地方法院关于郭廷玉侵占并盗伐他人树林一案的文书，包括璧山实验地方法院检察官起诉书、刑事辩状、刑事审理笔录、刑事委任状、璧山实验地方法院刑事判决书等。

720. 璧山县政府、璧山实验地方法院审理租谷纠纷执行一案　12－12－718

1942年8月至1943年5月，璧山县政府、璧山实验地方法院关于李树堂租谷纠纷执行一案的文书。罗四维以李树堂拖欠租谷为由提起诉讼，要求法院强制执行。该卷文书包括民事执行状、民事委任状、璧山县政府民事判决书、执行笔录等。

721. 璧山实验地方法院审理侵占并盗伐他人树林一案　12－12－719

1942年7月至1942年12月，璧山实验地方法院关于郭廷玉侵占并盗伐他人树林一案的文书，包括璧山实验地方法院检察官起诉书、璧山实验地方法院刑事判决书、刑事声请书等。

722. 璧山实验地方法院审理租用土地纠纷一案　12－12－720

1942年8月至1943年1月，璧山实验地方法院关于黄海珉租用土地纠纷一案的文书，包括民事诉状、民事审理笔录、璧山实验地方法院民事判决书、璧山实验地方法院民事裁定、璧山实验地方法院与四川高等法院第一分院的往来公函、璧山实验地方法院民事和解笔录等。

723. 璧山实验地方法院审理土地租佃纠纷一案　12－12－721

1942年7月，璧山实验地方法院关于林树武土地租佃纠纷一案的文书，包括民事调解状、民事委状、民事调解笔录、民事声请书等。

724. 璧山地方法院审理申请领取证物一案　12—12—722

1942年1月，璧山地方法院关于伍襄平申请领取证物一案的文书。伍襄平曾因经界纠纷在璧山地方法院打过官司，案件了结后伍申请取回提交给法院的契约等证物。该卷文书包括民事领状等。

725. 四川高等法院第一分院、璧山地方法院等审理分割遗产纠纷一案　12—12—723

1942年3月至1942年7月，四川高等法院第一分院、璧山地方法院等关于刘鸿兴分割遗产纠纷一案的文书，包括民事声请状、璧山实验地方法院民事裁定、民事诉状、璧山地方法院与四川高等法院第一分院的往来公函、辩论笔录、民事答辩状、民事委任状、四川高等法院第一分院民事和解笔录等。

726. 璧山县政府、璧山县司法处、璧山地方法院审理声请领取证物案、债务纠纷案两案　12—12—724

1936年5月至1942年5月，璧山县政府、璧山县司法处、璧山地方法院关于余丙贤声请领取证物案、余丙贤债务纠纷案两案的文书，包括民事领状、民事诉状、民事辩状、审理笔录、璧山县政府民事判决书、民事续诉状、民事保状、民事执行状、璧山县司法处执行命令等。

727. 璧山实验地方法院审理分割遗产纠纷一案　12—12—725

1942年5月至1942年9月，璧山实验地方法院关于刘鸿兴分割遗产纠纷一案的文书，包括璧山实验地方法院与四川高等法院第一分院的往来公函等。

728. 四川高等法院第一分院审理要求交还田业一案　12—12—726

1942年3月至1942年9月，四川高等法院第一分院关于吴汉清要求吴仲藩交还田业一案的文书，包括民事声请书、民事理由书、璧山地方法院与四川高等法院第一分院的往来公函、辩论笔录、宣告判决笔录、四川高等法院第一分院民事判决书等。

729. 璧山实验地方法院审理要求终止土地租约一案　12—12—727

1942年7月至1944年3月，璧山实验地方法院关于张平山要求终止土地租约一案的文书，包括民事诉状、民事辩状、民事审理笔录、民事补诉状、璧山实验地方法院民事判决书、璧山实验地方法院与四川高等法院第一分院的往来公函、民事领状等。

730. 璧山实验地方法院审理要求确认租佃契约无效一案　12—12—728

1942年11月至1943年3月,璧山实验地方法院关于马道平要求确认租佃契约无效一案的文书,包括民事诉状、审理笔录、民事辩状、审判笔录、民事委任状、民事添传状、辩论笔录、民事宣判笔录、璧山实验地方法院民事判决书、璧山实验地方法院民事裁定、璧山实验地方法院与四川高等法院第一分院的往来公函等。

731. 璧山实验地方法院审理伪造文书一案　12—12—729

1942年6月至1943年1月,璧山实验地方法院关于罗宏钧伪造文书一案的文书,包括刑事诉状、讯问笔录、璧山实验地方法院检察官起诉书等。

732. 四川高等法院第一分院、璧山实验地方法院审理租谷纠纷一案　12—12—730

1942年7月至1943年2月,四川高等法院第一分院、璧山实验地方法院关于陶荣辉租谷纠纷一案的文书,包括民事诉状、审讯笔录、璧山实验地方法院民事判决书、璧山实验地方法院民事裁定、璧山实验地方法院与四川高等法院第一分院的往来公函、民事委任状、四川高等法院第一分院民事判决书、民事声请书等。

733. 璧山县政府、璧山地方法院审理要求交还田业一案　12—12—731

1941年9月至1942年2月,璧山县政府、璧山地方法院关于徐汉昌要求交还田业一案的文书,包括民事声请书、璧山县政府训令、璧山地方法院民事裁定等。

734. 四川高等法院第一分院、璧山实验地方法院审理膳谷纠纷一案　12—12—732

1942年10月至1942年11月,四川高等法院第一分院、璧山实验地方法院关于周光远膳谷纠纷一案的文书,包括民事诉状、璧山实验地方法院民事裁定、璧山实验地方法院与四川高等法院第一分院的往来公函、民事缴状、辩论笔录、四川高等法院第一分院民事和解笔录等。

735. 璧山实验地方法院审理要求交还田业执行一案　12—12—733

1942年7月至1942年8月,璧山实验地方法院关于乔楠芬要求交还田业执行一案的文书,包括民事诉状、璧山实验地方法院民庭和解笔录、璧山实验地方法院执行命令、执行笔录、民事补诉状等。

736. 璧山实验地方法院审理膳谷纠纷一案　12—12—734

1942年8月至1942年11月,璧山实验地方法院关于周光远膳谷纠纷一案的文书，包括璧山实验地方法院与四川高等法院第一分院的往来公函、民事诉状、民事审理笔录、璧山实验地方法院民事判决书、民事答辩状等。

737. 璧山地方法院等审理要求撤销土地租约一案　12－12－735

1942年1月至1942年11月，璧山地方法院等关于马贺氏要求撤销土地租约一案的文书，包括民事诉状、民事委任状、民事声请书、璧山地方法院与四川高等法院第一分院的往来公函、民事审理笔录、民事答辩状、璧山地方法院民事判决书、璧山地方法院民事裁定等。

738. 璧山实验地方法院审理因债务纠纷申请假扣押案、赔偿经济损失案两案　12－12－736

1942年9月至1944年7月，璧山实验地方法院关于王培华因债务纠纷申请假扣押案、雷钟氏要求赔偿经济损失案两案的文书，包括民事声请书、璧山实验地方法院和解笔录、璧山实验地方法院民事裁定、璧山实验地方法院与四川高等法院第一分院的往来公函等。

739. 四川高等法院第一分院审理要求给付生活费一案　12－12－737

1942年9月至1943年2月，四川高等法院第一分院关于雷钟氏要求雷重光给付生活费一案的文书，包括民事诉状、璧山实验地方法院与四川高等法院第一分院的往来公函、民事辩状、民事声请书、民事委状、辩论笔录、四川高等法院第一分院民事和解笔录等。

740. 四川高等法院第一分院、璧山地方法院等审理典当纠纷抗告一案　12－12－738

1941年10月至1942年7月，四川高等法院第一分院、璧山地方法院等关于蒋乔金典当纠纷抗告一案的文书，包括民事抗告书、璧山地方法院抗告意见书、四川高等法院第一分院民事裁定、璧山地方法院与四川高等法院第一分院的往来公函等。

741. 四川高等法院第一分院、璧山实验地方法院等审理要求返还织布机等三案　12－12－739

1942年3月至1943年4月，四川高等法院第一分院、璧山实验地方法院等关于周述云要求返还织布机案、伍思贵租佃纠纷案、蒋定华妨害农耕案三案的文书，包括璧山地方法院与四川高等法院第一分院的往来公函、璧山实验地方法院民事裁定、民事诉状、民事辩状、辩论笔录、民事声请书、民事委任状、四川高等法院第一分院民事判决书、刑事讯问笔录、刑事补诉状、璧山地方法院刑事判决书、刑事委任状、刑事答辩状、璧山地方法院检察官起诉书等。

742. 璧山实验地方法院审理要求返还织布机一案　12－12－740

1942年5月至1943年5月，璧山实验地方法院关于周述云要求返还织布机一案的文书，包括民事诉状、审理笔录、璧山实验地方法院民事判决书、璧山实验地方法院与四川高等法院第一分院的往来公函等。

743. 璧山实验地方法院审理要求赔偿损失一案　12－12－741

1942年5月至1942年8月，璧山实验地方法院关于雷钟氏要求雷重光赔偿损失一案的文书。雷钟氏以雷重光重婚为由提起诉讼，要求雷重光赔偿自己的损失。该卷文书包括民事诉状、审理笔录、民事委任状、民事辩状、璧山实验地方法院民事判决书等。

744. 璧山实验地方法院审理债务纠纷执行一案　12－12－742

1942年6月至1942年10月，璧山实验地方法院关于朱俊良债务纠纷执行一案的文书，包括民事执行状、璧山实验地方法院民事判决书、璧山实验地方法院训令、璧山实验地方法院执行命令等。

745. 璧山实验地方法院审理请求支付命令一案　12－12－743

1942年8月至1943年6月，璧山实验地方法院关于胡国经请求支付命令一案的文书。胡国经以王敬修拖欠借款为由提起诉讼，要求法院发布支付命令催促其还债。该卷文书包括民事声请书、璧山实验地方法院支付命令、璧山实验地方法院执行命令等。

746. 璧山县司法处、璧山地方法院等审理申请领取证物两案　12－12－744

1938年2月至1943年4月，璧山县司法处、璧山地方法院等关于苏位高申请领取证物案、苏位高申请破产案两案的文书，包括民事声请书、审理笔录、璧山地方法院布告、璧山县司法处谕、璧山县司法处民事裁定、璧山县司法处执行命令、璧山县司法处查封笔录、璧山县司法处拍卖布告等。

747. 四川高等法院第一分院审理要求确认转移田产契约无效一案　12－12－745

1941年12月至1943年3月，四川高等法院第一分院关于万树清要求确认转移田产契约无效一案的文书，包括民事再审状、民事委任状、璧山地方法院与四川高等法院第一分院的往来公函、辩论笔录、四川高等法院第一分院民事裁定、四川高等法院第一分院民事和解笔录等。

748. 璧山地方法院等审理土地所有权纠纷一案　12—12—746

1942年1月至1942年5月，璧山地方法院等关于陈滋如土地所有权纠纷一案的文书，包括民事诉状、民事答辩状、审理笔录、民事委任状、璧山地方法院民事判决书等。

749. 璧山实验地方法院审理债务纠纷执行一案　12—12—747

1942年8月，璧山实验地方法院关于李云生债务纠纷执行一案的文书，包括民事执行状、璧山实验地方法院民事判决书、璧山实验地方法院训令、民事领状等。

750. 璧山地方法院等审理要求交还产业执行一案　12—12—748

1942年3月至1942年7月，璧山地方法院等关于陈春林要求交还产业执行一案的文书，包括民事执行状、民事委任状、璧山实验地方法院刑事判决书、璧山地方法院民事和解笔录等。

751. 四川高等法院第一分院审理回赎典产纠纷一案　12—12—749

1942年7月至1942年12月，四川高等法院第一分院关于张国华回赎典产纠纷一案的文书，包括民事诉状、四川高等法院第一分院民事裁定、璧山实验地方法院与四川高等法院第一分院的往来公函、民事声请书等。

该卷档案附有璧山实验地方法院司法助理员服务注意事项等文书。

752. 璧山实验地方法院审理要求终止土地租约一案　12—12—750

1942年6月至1942年7月，璧山实验地方法院关于苏德安要求终止土地租约一案的文书，包括民事声请书、民事审理笔录、民事委任状、璧山实验地方法院民事判决书、璧山实验地方法院民事裁定等。

753. 最高法院、璧山县政府、璧山地方法院等审理租佃纠纷等五案　12—12—751

1934年10月至1943年8月，最高法院、璧山县政府、璧山地方法院等关于尹达三租佃纠纷案、冯绍贤会款纠纷案、陈刘氏要求确认转移田业契约无效案、严方城债务纠纷案、陈元兴租佃纠纷案五案的文书，包括民事诉状、民事辩状、审理笔录、璧山县政府民事判决书、璧山地方法院与重庆地方法院的往来公函、最高法院民事判决书、民事保状、民事续状等。

754. 四川高等法院第一分院审理要求返还财产一案　12－12－752

1940 年 10 月至 1942 年 1 月，四川高等法院第一分院关于张叔达要求张雷氏返还财产一案的文书，包括最高法院发往四川高等法院第一分院的公函、民事抗告书、民事声请书、民事参加状、璧山地方法院与四川高等法院第一分院的往来公函、辩论笔录、民事委任状、四川高等法院第一分院民事判决书等。

755. 璧山地方法院等审理要求确认买卖契约无效一案　12－12－753

1942 年 3 月至 1942 年 6 月，璧山地方法院等关于曾德民要求确认买卖契约无效一案的文书，包括璧山地方法院与四川高等法院第一分院的往来公函、璧山地方法院抗告意见书等。

756. 四川高等法院第一分院、璧山地方法院等审理伤人等三案　12－12－754

1941 年 8 月至 1942 年 9 月，四川高等法院第一分院、璧山地方法院等关于张德才伤人案、刘镜成买卖田业纠纷案、向文光典当纠纷案三案的文书，包括刑事诉状、民事委任状、四川高等法院第一分院民事判决书、璧山地方法院民事判决书、民事委状、讯问笔录、民事答辩状、璧山实验地方法院民事判决书等。

757. 四川高等法院第一分院审理要求终止田业租约上诉一案　12－12－755

1942 年 1 月至 1942 年 5 月，四川高等法院第一分院关于陈指槐要求终止田业租约上诉一案的文书，包括民事诉状、四川高等法院第一分院民事裁定、璧山地方法院与四川高等法院第一分院的往来公函等。

758. 璧山地方法院等审理租佃纠纷一案　12－12－756

1942 年 4 月至 1942 年 5 月，璧山地方法院等关于陈李氏租佃纠纷一案的文书，包括民事诉状、民事和解状等。

759. 璧山地方法院等审理粮税停止执行一案　12－12－757

1942 年 4 月至 1942 年 5 月，璧山地方法院关于钟树林因典产回赎纠纷未决而请求确定粮税停止执行一案的文书，包括民事诉状、民事撤诉状等。

760. 璧山实验地方法院审理损毁他人财产一案　12－12－758

1942 年 12 月，璧山实验地方法院关于敬银光损毁范青云财产一案的文书，包括璧山实验地方法院检察官发往本院民事庭的公函、民事调解笔录、璧山实验地方法院民事和解笔录等。

761. 璧山实验地方法院审理租佃纠纷执行一案　12—12—759

1942年12月至1943年1月，璧山实验地方法院关于刘汉清租佃纠纷执行一案的文书，包括民事执行状、四川高等法院第一分院民事和解笔录、民事强制执行笔录、民事声请书等。

762. 璧山地方法院审理要求终止田业租约一案　12—12—760

1942年3月，璧山地方法院关于陈指槐要求终止田业租约一案的文书，包括璧山地方法院发往四川高等法院第一分院的公函等。

763. 四川高等法院第一分院、璧山地方法院等审理租谷纠纷案、终止土地租约案两案　12—12—761

1941年12月至1942年6月，四川高等法院第一分院、璧山地方法院等关于董五海租谷纠纷案、汪正荣要求终止土地租约案两案的文书，包括民事诉状、民事审理笔录、璧山地方法院民事判决书、璧山地方法院与四川高等法院第一分院的往来公函、璧山地方法院民事裁定、辩论笔录、民事委状、民事辩状、四川高等法院第一分院民事判决书等。

764. 璧山地方法院审理要求终止土地租约一案　12—12—762

1941年11月至1942年5月，璧山地方法院关于汪正荣要求终止土地租约一案的文书，包括璧山地方法院民事判决书、璧山地方法院与四川高等法院第一分院的往来公函等。

765. 璧山地方法院审理申请领取证物一案　12—12—763

1942年3月，璧山地方法院关于符罗氏申请领取证物一案的文书。符罗氏因租佃纠纷打过官司，案件了结后符罗氏申请取回提交给法院的证物。该卷文书包括民事领状、民事诉状等。

766. 璧山实验地方法院审理申请领取证物一案　12—12—764

1942年5月，璧山实验地方法院关于严方成申请领取证物一案的文书。严方成曾因买卖田业打过官司，案件了结后严申请取回提交给法院的证物。该卷文书包括民事领状等。

767. 璧山实验地方法院审理申请领取证物一案　12—12—765

1942年10月，璧山实验地方法院关于萧永钦申请领取证物一案的文书。萧永钦曾因典当纠纷打过官司，案件了结后萧申请取回提交给法院的契约等物。该卷文书包括民事领状等。

768. 最高法院、四川高等法院第一分院审理买卖契约纠纷一案　12－12－766

1941年11月至1943年8月，最高法院、四川高等法院第一分院关于陈刘氏要求确认买卖田房契约无效一案的文书，包括四川高等法院第一分院发往最高法院的公函、民事诉状、四川高等法院第一分院民事裁定、民事追加状、璧山地方法院与最高法院的往来公函、民事答辩状、最高法院民事判决书等。

769. 璧山实验地方法院审理申请提存业价一案　12－12－767

1942年11月，璧山实验地方法院关于曾有为申请提存业价一案的文书，包括民事声请书等。

770. 璧山地方法院审理回赎田产纠纷一案　12－12－768

1942年3月至1942年4月，璧山地方法院关于谢胡氏回赎田产纠纷一案的文书，包括民事声请书等。

771. 四川高等法院第一分院嘱璧山实验地方法院送达传票一事　12－12－769

1942年7月至1942年9月，四川高等法院第一分院嘱托璧山实验地方法院送达曾伯极交还厂房案传票一事的文书，包括四川高等法院第一分院与璧山实验地方法院的往来公函等。

772. 璧山实验地方法院审理嘉陵江燃料办事处申请存查一案　12－12－770

1942年6月，璧山实验地方法院关于嘉陵江燃料办事处申请存查一案的文书，包括嘉陵江燃料办事处发往璧山实验地方法院的公函等。

773. 璧山实验地方法院审理申请领取证物一案　12－12－771

1942年7月，璧山实验地方法院关于文海廷申请领取证物一案的文书。文海廷曾因租佃纠纷打过官司，案件了结后文申请取回提交给法院的收约等物。该卷文书包括民事领状等。

774. 璧山实验地方法院审理申请领取证物一案　12－12－772

1942年9月，璧山实验地方法院关于李茂云申请领取证物一案的文书。李茂云曾因买卖树木纠纷打过官司，案件了结后李申请取回提交给法院的契约等物。该卷文书包括民事声请书等。

775. 璧山实验地方法院审理要求解除土地租约一案　12－12－773

1942年6月，璧山实验地方法院关于吴世祥荣要求解除土地租约一案的文书，包括民事诉状、民事讯问笔录、民事和解书等。

776. 璧山地方法院审理申请离婚一案　12－12－774

1942年1月至1942年3月，璧山地方法院关于胡杨氏申请离婚一案的文书。本案后因被告失踪而终止。该卷文书包括民事诉状、璧山地方法院执达员提交法院的报告、民事审判笔录等。

777. 璧山实验地方法院审理申请领取证物一案　12－12－775

1942年6月至1942年9月，璧山实验地方法院关于文海廷申请领取证物一案的文书，包括民事诉状、民事委状、民事审理笔录等。

778. 璧山县政府函请璧山地方法院优待家属一事　12－12－776

1942年4月，璧山县政府函请璧山地方法院优待何云亮家属一事的文书。何云亮应征入伍，其家属申请享受军属待遇。该卷文书包括璧山县政府发往璧山地方法院的公函等。

779. 璧山实验地方法院审理回赎典产纠纷一案　12－12－777

1942年9月至1942年10月，璧山实验地方法院关于白铎盛回赎典产纠纷一案的文书，包括民事调解书、民事审理笔录等。

780. 璧山实验地方法院审理房价纠纷一案　12－12－778

1942年9月至1942年10月，璧山实验地方法院关于丁沛涛房价纠纷一案的文书。丁沛涛与熊春林因房价问题产生纠纷，后经人调解和解。该卷文书包括民事声请书、民事审理笔录等。

781. 璧山实验地方法院审理要求返还柴山一案　12－12－779

1942年8月至1942年9月，璧山实验地方法院关于刘王氏要求徐金盛等人返还柴山一案的文书。刘王氏与徐金盛等人因争夺一座柴山的管理权打官司，后双方和解。该卷文书包括民事诉状等。

782. 四川高等法院第一分院审理要求返还建筑费一案　12－12－780

1942年4月至1942年6月，四川高等法院第一分院关于丁沛涛要求熊春林等人返还建筑费抗告一案的文书，包括民事抗告书、璧山地方法院刑事及附带民事判决书、四川高等法院第一分院民事裁定等。

783. 璧山实验地方法院审理佃约纠纷一案　12－12－781

1942年11月，璧山实验地方法院关于明邓氏佃约纠纷一案的文书。明邓氏以明秀彬骗取其佃约为由提起诉讼，要求明秀彬返还佃约。该卷文书包括民事声请书、民事委任状、审理笔录、民事声请书等。

784. 璧山实验地方法院审理田谷纠纷一案　12－12－782

1942年7月至1942年8月，璧山实验地方法院关于萧伯昌田谷纠纷一案的文书，包括民事诉状、民事辩状、民事审理笔录、民事声请书等。

785. 璧山实验地方法院审理租谷纠纷一案　12－12－783

1942年7月至1942年8月，璧山实验地方法院关于李淮清租谷纠纷一案的文书，包括民事诉状、民事审理笔录、璧山实验地方法院民事和解笔录等。

786. 璧山实验地方法院审理给付生活费一案　12－12－784

1942年8月至1942年9月，璧山实验地方法院关于钟王氏要求钟祥云给付生活费一案的文书，包括民事诉状、民事审理笔录、璧山实验地方法院民事判决书等。

787. 璧山实验地方法院审理违反婚约一案　12－12－785

1942年7月至1942年10月，璧山实验地方法院关于鞠柯氏违反婚约一案的文书。鞠柯氏订立婚约将其女许配给晏宽斌，后鞠柯氏又将女儿嫁于他人，晏宽斌提起诉讼要求法院维护自身利益，后双方经调解和解。该卷文书包括民事诉状、民事辩状、民事审理笔录等。

788. 璧山实验地方法院审理要求确认婚约无效一案　12－12－786

1942年8月至1942年10月，璧山实验地方法院关于舒德辉要求确认婚约无效一案的文书。舒德辉拒绝承认父母所定的婚约，要求法院将其废除，后舒德辉中止诉讼。该卷文书包括民事诉状、民事审理笔录、民事辩状等。

789. 四川高等法院第一分院、璧山地方法院审理要求赔偿水车一案　12－12－787

1942年1月至1942年9月，四川高等法院第一分院、璧山地方法院关于蒋治安要求甘祥兴赔偿水车一案的文书，包括民事委任状、审判笔录、民事展限状、民事续诉状、璧山地方法院民事判决书、璧山地方法院民事裁定、璧山地方法院与四川高等法院第一分院的往来公函、四川高等法院第一分院民事和解笔录等。

790. 璧山实验地方法院审理申请领取证物一案　12－12－788

1942年7月,璧山实验地方法院关于蓝炳坤申请领取证物一案的文书。蓝炳坤曾因阴地纠纷打过官司,案件了结后蓝申请取回提交给法院的田契等物。该卷文书包括民事领状等。

791. 四川高等法院第一分院审理租谷纠纷上诉一案　12－12－789

1942年3月至1942年7月,四川高等法院第一分院关于欧清廷租谷纠纷上诉一案的文书,包括民事诉状、四川高等法院第一分院民事裁定、璧山地方法院与四川高等法院第一分院的往来公函等。

792. 璧山实验地方法院审理土地纠纷一案　12－12－790

1942年6月,璧山实验地方法院关于刘廷伟土地纠纷一案的文书。刘廷伟以江文章窃占其土地为由提起诉讼,要求江文章将埋在刘家土地中的坟墓迁走。该卷文书包括刑事执行状等。

793. 四川高等法院第一分院审理诬告一案　12－12－791

1942年2月,四川高等法院第一分院关于严炳林诬告一案的文书,包括四川高等法院第一分院检察官训令等。

794. 璧山实验地方法院审理要求终止土地租约一案　12－12－792

1942年11月至1942年12月,璧山实验地方法院关于罗永明要求终止土地租约一案的文书。罗永明与罗炳臣因土地租佃产生纠纷,后双方中止诉讼。该卷文书包括民事诉状、民事委任状、民事审理笔录等。

795. 璧山实验地方法院审理交还田业执行一案　12－12－793

1942年9月至1942年11月,璧山实验地方法院关于邓治清交还田业执行一案的文书,包括民事执行状、璧山实验地方法院民事判决书、璧山实验地方法院执行命令等。

796. 最高法院、四川高等法院第一分院审理确认买卖契约无效一案　12－12－794

1941年12月至1944年10月,最高法院、四川高等法院第一分院关于钱开元要求确认买卖契约无效一案的文书，包括民事声请书、民事诉状、四川高等法院第一分院民事裁定、民事答辩状、民事催状、最高法院民事判决书等。

797. 璧山实验地方法院审理租谷纠纷执行一案　12－12－795

1942 年 6 月至 1942 年 7 月，璧山实验地方法院关于王均平租谷纠纷执行一案的文书，包括民事声请书、璧山实验地方法院民事和解笔录、璧山实验地方法院训令、民事领状等。

798. 璧山实验地方法院审理契约遗失存查一案　12－12－796

1942 年 9 月，璧山实验地方法院关于任先氏契约遗失存查一案的文书。任先氏土地契约等物被任王氏盗走，为防以后产生纠纷，任先氏申请法院将此备案存查。该卷文书包括民事声请书等。

799. 璧山地方法院审理典当纠纷一案　12－12－797

1942 年 4 月，璧山地方法院关于吴郑氏典当纠纷一案的文书。吴郑氏将土地典当给郭荣华后双方因典价产生纠纷，吴郑氏申请法院调解二人的矛盾。该卷文书包括民事调解书、民事委任状等。

800. 璧山实验地方法院审理要求赔偿谷物一案　12－12－798

1942 年 10 月至 1942 年 11 月，璧山实验地方法院关于彭永久要求李海林赔偿谷物一案的文书。彭永久以李海林侵占其谷物为由提起诉讼，要求李赔偿稻谷，后双方经调解撤诉。该卷文书包括民事诉状、民事答辩状、民事审理笔录等。

801. 四川高等法院第一分院审理申请假扣押一案　12－12－799

1942 年 9 月至 1942 年 11 月，四川高等法院第一分院关于黄开玉申请假扣押一案的文书。黄开玉申请法院假扣押张春德的谷物以便其偿还租谷。该卷文书包括民事抗告书、四川高等法院第一分院民事裁定等。

802. 璧山实验地方法院审理要求终止土地租约一案　12－12－800

1942 年 7 月至 1942 年 9 月，璧山实验地方法院关于朱德光要求终止土地租约一案的文书，包括民事诉状、民事审理笔录、璧山实验地方法院民事裁定等。

803. 璧山地方法院审理申请管理他人财产一案　12－12－801

1941 年 11 月至 1942 年 3 月，璧山地方法院关于王玉廷申请管理王三级财产一案的文书。王三级向法院申请破产后，王玉廷等债权人申请参与管理王三级的财产，以便维护自身利益。该卷文书包括民事声请书等。

804. 璧山实验地方法院审理要求交还田业一案　12—12—802

1942年7月至1942年8月，璧山实验地方法院关于江德祥要求龚焕章交还田业一案的文书，包括民事诉状、民事委状、民事审理笔录、璧山实验地方法院民事判决书等。

805. 璧山实验地方法院审理要求分割土地所有权一案　12—12—803

1942年7月至1942年10月，璧山实验地方法院关于黄陈氏要求分割土地所有权一案的文书，包括民事诉状、民事审理笔录、民事委任状、璧山实验地方法院民事和解笔录、民事声请书等。

806. 璧山地方法院审理债务纠纷一案　12—12—804

1942年2月，璧山地方法院关于林洪钦债务纠纷一案的文书。林模高以林洪钦拖欠借款为由提起诉讼，要求其偿还债务，后林模高中止诉讼。该卷文书包括民事诉状等。

807. 璧山实验地方法院审理押银纠纷一案　12—12—805

1942年6月，璧山实验地方法院关于靳大全押银纠纷一案的文书。靳春和与靳大全因土地押银产生纠纷，靳春和申请法院调解二人的矛盾。该卷文书包括民事声请书、民事委任状、民事调解笔录等。

808. 璧山实验地方法院审理债务纠纷一案　12—12—806

1942年6月，璧山实验地方法院关于杨炳荣等因经理家务贸业的债务纠纷一案的文书，包括民事诉状、民事审判笔录、民事辩状、民事和解书、民事委任状等。

809. 四川高等法院第一分院审理申请租谷假扣押一案　12—12—807

1944年3月至1944年5月，四川高等法院第一分院关于何汉臣诉王绍元申请租谷假扣押一案的文书，包括民事声请书、四川高等法院第一分院民事裁定、璧山实验地方法院与四川高等法院第一分院的往来公函等。

810. 璧山实验地方法院审理交还田业纠纷一案　12—12—808

1942年5月至1942年6月，璧山实验地方法院关于吴光泽交还田业纠纷一案的文书,包括民事诉状、审理笔录、民事委状、璧山实验地方法院民事和解笔录等。

811. 最高法院、四川高等法院第一分院审理租赁房屋纠纷抗告一案　12—12—809

1944 年 3 月至 1944 年 10 月,最高法院、四川高等法院第一分院关于钟映南租赁房屋纠纷抗告一案的文书,包括民事抗告书、璧山实验地方法院抗告意见书、民事催呈状、四川高等法院第一分院民事裁定、璧山实验地方法院与四川高等法院第一分院的往来公函、四川高等法院第一分院民事意见书、最高法院民事裁定等。

812. 璧山地方法院等审理租谷纠纷一案　12—12—810

1942 年 3 月至 1944 年 3 月,璧山地方法院等关于罗鸣高租谷纠纷一案的文书,包括璧山地方法院与四川高等法院第一分院的往来公函等。

813. 璧山地方法院等审理押银纠纷执行一案　12—12—811

1942 年 3 月至 1942 年 5 月,璧山地方法院等关于刘益兴押银纠纷执行一案的文书,包括民事诉状、璧山地方法院民事和解笔录、璧山地方法院训令、民事领状等。

814. 璧山实验地方法院审理要求终止土地租约一案　12—12—812

1942 年 7 月至 1942 年 10 月,璧山实验地方法院关于雷海清要求终止土地租约一案的文书,包括民事诉状、璧山实验地方法院与四川高等法院第一分院的往来公函、民事和解书等。

815. 四川高等法院第一分院、璧山实验地方法院审理租佃纠纷案、终止土地租约案两案　12—12—813

1942 年 5 月至 1943 年 7 月,四川高等法院第一分院、璧山实验地方法院关于王海廷租佃纠纷案、张金山要求终止土地租约案两案的文书,包括民事诉状、民事委任状、民事声请书、璧山实验地方法院与四川高等法院第一分院的往来公函、辩论笔录、四川高等法院第一分院民事判决书等。

816. 璧山地方法院等审理伤人一案及其他档案　12—12—814

1936 年 6 月至 1942 年 5 月,璧山地方法院等关于罗志华伤人一案的文书,包括审理笔录、刑事保状等。

该卷附有璧山地方法院支出经费月报表、支出计算书、四川高等法院第一分院训令、璧山地方法院与四川高等法院第一分院的往来公函、四川高等法院第一分院指令等文书。

817. 四川高等法院第一分院审理租谷纠纷一案　12－12－815

1942年3月至1942年12月，四川高等法院第一分院关于罗鸣高租谷纠纷一案的文书，包括民事诉状、民事声明、璧山地方法院与四川高等法院第一分院的往来公函、辩论笔录、四川高等法院第一分院民事判决书等。

818. 璧山地方法院审理申请宣告死亡一案　12－12－816

1942年4月，璧山地方法院关于王段氏申请宣告死亡一案的文书。王段氏丈夫王银宽外出多年音讯全无，为维持生计王段氏申请法院宣告王银宽死亡，以便自己再嫁。该卷文书包括民事声请书等。

819. 璧山地方法院等审理要求返还食谷一案　12－12－817

1942年4月至1942年5月，璧山地方法院等关于先河清要求龙树清返还食谷一案的文书，包括民事诉状、民事审讯笔录、民事辩状、璧山实验地方法院民事判决书等。

820. 璧山实验地方法院审理要求解除土地租约一案　12－12－818

1942年7月至1943年1月，璧山实验地方法院关于朱炳荣要求解除土地租约一案的文书，包括民事诉状、璧山实验地方法院民事裁定、民事委任状、民事审理笔录、璧山实验地方法院民事判决书、璧山实验地方法院与四川高等法院第一分院的往来公函、民事和解书等。

821. 璧山地方法院审理要求给付食谷一案　12－12－819

1941年11月至1941年12月，璧山地方法院关于周泽沛要求陈子才给付食谷一案的文书。周泽沛提起诉讼要求陈子才给付食谷，后双方中止诉讼。该卷文书包括民事诉状等。

822. 璧山地方法院等审理土地经界纠纷一案　12－12－820

1942年3月至1942年5月，璧山地方法院等关于彭顺吉土地经界纠纷一案的文书，包括民事诉状、民事辩状、民事审判笔录、璧山地方法院民事判决书等。

823. 璧山实验地方法院等审理要求终止土地租约一案　12－12－821

1942年5月至1942年6月，璧山实验地方法院等关于萧鸿伦要求终止土地租约一案的文书，包括民事诉状、民事审理笔录、民事辩状、璧山实验地方法院和解笔录等。

824. 璧山实验地方法院审理要求解除土地租约一案　12－12－822

1942 年 12 月至 1943 年 1 月，璧山实验地方法院关于朱炳荣要求解除土地租约一案的文书，包括璧山实验地方法院与四川高等法院第一分院的往来公函、民事和解状等。

825. 璧山地方法院等审理买卖谷物纠纷一案　12－12－823

1942 年 4 月至 1942 年 5 月，璧山地方法院等关于周林氏买卖谷物纠纷一案的文书，包括民事诉状、民事审理笔录、民事辩状、民事委状、璧山实验地方法院民事判决书等。

826. 璧山实验地方法院审理要求确认买卖契约无效一案　12－12－824

1942 年 6 月至 1942 年 7 月，璧山实验地方法院关于陈荣高要求确认买卖契约无效一案的文书，包括民事诉状、民事审理笔录、民事声明、民事和解书等。

827. 璧山实验地方法院审理申请领取证物一案　12－12－825

1942 年 5 月，璧山实验地方法院关于李树江申请领取证物一案的文书。李树江曾因租佃纠纷打过官司，案件了结后李申请取回提交给法院的契约等物。该卷文书包括民事领状等。

828. 璧山实验地方法院审理析分家产存查一案　12－12－826

1942 年 5 月，璧山实验地方法院关于钱德彬析分家产存查一案的文书。钱德彬将家产分割后为防日后产生纠纷，特向法院申请将此备案存查。该卷文书包括民事存查状等。

829. 璧山地方法院等审理要求赔偿经济损失一案　12－12－827

1942 年 3 月至 1942 年 5 月，璧山地方法院等关于何海荣诉张海滨在买卖田土房屋时欺诈自己财产要求赔偿经济损失一案的文书，包括民事诉状、民事审判笔录、民事委状、民事辩状、璧山地方法院民事判决书、璧山地方法院刑事附带民事判决书等。

830. 璧山实验地方法院审理租谷纠纷一案　12－12－828

1943 年 2 月，璧山实验地方法院关于胡元臣租谷纠纷一案的文书，包括民事诉状、民事讯问笔录、民事辩状、民事申请状、民事判决书等。

831. 璧山地方法院审理要求给付工资一案　12－12－829

1942年1月至1942年4月，璧山地方法院关于蒋金山要求萧阳给付工资一案的文书，包括民事诉状、民事审理笔录、璧山地方法院民事判决书、璧山地方法院民事裁定等。

832. 四川高等法院第一分院审理要求给付工资上诉一案　12－12－830

1942年4月至1942年6月，四川高等法院第一分院关于蒋金山要求萧阳给付建筑房屋的工资上诉一案的文书，包括民事补诉状、民事声请书、璧山地方法院与四川高等法院第一分院的往来公函、民事撤诉状等。

833. 璧山地方法院等审理债务纠纷一案　12－12－831

1942年3月至1942年5月，璧山地方法院等关于李云生债务纠纷一案的文书，包括民事诉状、民事审理笔录、璧山地方法院民事判决书等。

834. 璧山实验地方法院审理申请假扣押一案　12－12－832

1943年8月至1943年9月，璧山实验地方法院关于谢锡廷申请假扣押一案的文书。谢锡廷因颜玉山拖欠租谷提起诉讼，要求法院假扣押颜的谷物。该卷文书包括民事声请书、璧山实验地方法院民事裁定等。

835. 璧山县司法处审理卖业纠纷涉讼一案　12－12－833

1938年10月，璧山县司法处关于苏汉云卖业纠纷涉讼一案的文书，包括民事声请书等。

836. 四川高等法院第一分院、璧山地方法院等审理要求赔偿被盗财产一案　12－12－834

1941年5月至1942年10月，四川高等法院第一分院、璧山地方法院等关于余海林要求罗正林赔偿被盗财产一案的文书，包括民事诉状、四川高等法院第一分院民事裁定、璧山地方法院与四川高等法院第一分院的往来公函、民事审理笔录、民事辩状、璧山实验地方法院民事判决书等。

837. 璧山地方法院审理申请领取证物一案　12－12－835

1941年11月至1942年1月，璧山地方法院关于戴程氏申请领取证物一案的文书。戴程氏曾因遗产纠纷打过官司，案件了结后戴申请取回提交给法院的证物。该卷文书包括民事领状等。

838. 四川高等法院第一分院、璧山实验地方法院审理要求终止土地租约一案 12—12—836

1942 年 7 月至 1943 年 5 月，四川高等法院第一分院、璧山实验地方法院关于戈绍林要求终止土地租约一案的文书，包括民事诉状、璧山实验地方法院民事裁定、璧山实验地方法院与四川高等法院第一分院的往来公函、辩论笔录、民事委状、四川高等法院第一分院民事裁定、四川高等法院第一分院民事判决书等。

839. 璧山实验地方法院审理租谷纠纷一案 12—12—837

1942 年 8 月至 1942 年 11 月，璧山实验地方法院关于张道刚租谷纠纷一案的文书，包括民事声请书、璧山实验地方法院民事判决书、审判笔录等。

840. 璧山实验地方法院审理再嫁存查一案 12—12—838

1942 年 10 月，璧山实验地方法院关于李乾先再嫁存查一案的文书。李乾先丈夫失踪多年，为维持生活李乾先再嫁，为防以后产生纠纷特向法院申请将此备案存查。该卷文书包括民事声请书等。

841. 璧山实验地方法院审理交还田业纠纷一案 12—12—839

1942 年 10 月至 1942 年 12 月，璧山实验地方法院关于李海成交还田业纠纷一案的文书，包括民事诉状、审理笔录、民事辩状、民事委任状、璧山实验地方法院民事判决书等。

842. 璧山实验地方法院审理土地所有权纠纷一案 12—12—840

1942 年 11 月，璧山实验地方法院关于曾炳云土地所有权纠纷一案的文书，包括民事诉状、民事答辩状、审理笔录、璧山实验地方法院民事和解笔录等。

843. 四川高等法院第一分院、璧山地方法院等审理要求终止租佃契约等三案 12—12—841

1942 年 1 月至 1942 年 9 月，四川高等法院第一分院、璧山地方法院等关于邓龙可风要求终止租佃契约案、邓文宣等人抢夺他人财产案、陈青云妨害他人农耕案三案的文书，包括民事委状、民事诉状、民事辩状、民事讯问笔录、璧山实验地方法院与中央陆军学校特科干部教育班的往来公函、璧山实验地方法院民事判决书、璧山地方法院刑事及附带民事判决书、璧山地方法院刑事判决书、四川高等法院第一分院刑事判决书等。

844. 璧山实验地方法院审理申请领取证物一案　12－12－842

1942年7月至1942年8月，璧山实验地方法院关于邓保廷申请领取证物一案的文书。邓保廷曾因交还田业纠纷打过官司，案件了结后邓申请取回提交给法院的证物。该卷文书包括民事领状等。

845. 璧山实验地方法院审理要求给付生活费一案　12－12－843

1942年8月，璧山实验地方法院关于李刘氏要求李世全给付生活费一案的文书。李刘氏提起诉讼要求李世全支付生活费，后双方中止诉讼。该卷文书包括民事声请书等。

846. 璧山实验地方法院审理申请假扣押案、返还织布机案两案　12－12－844

1942年5月至1943年4月，璧山实验地方法院关于罗炳清因债务纠纷申请假扣押案、陶明生要求罗炳清返还织布机案两案的文书，包括民事诉状、璧山实验地方法院执行命令、民事辩状、民事证状、审理笔录、璧山实验地方法院民事判决书、璧山实验地方法院民事裁定等。

847. 四川高等法院第一分院、璧山地方法院等审理租谷纠纷一案　12－12－845

1942年4月至1942年9月，四川高等法院第一分院、璧山地方法院等关于邹炳安租谷纠纷一案的文书，包括璧山地方法院与四川高等法院第一分院的往来公函、璧山实验地方法院民事裁定、民事诉状、辩论笔录、民事委状、四川高等法院第一分院民事和解笔录等。

848. 四川高等法院第一分院审理租谷纠纷一案　12－12－846

1943年2月至1943年9月，四川高等法院第一分院关于邹炳安租谷纠纷一案的文书，包括民事诉状、辩论笔录、四川高等法院第一分院发往璧山实验地方法院的公函等。

849. 璧山实验地方法院审理要求解除租佃契约一案　12－12－847

1942年7月，璧山实验地方法院关于孙泽清要求解除租佃契约一案的文书，包括民事诉状、民事审理笔录、民事宣判笔录、璧山实验地方法院民事判决书等。

850. 璧山实验地方法院审理要求确认婚约无效一案　12－12－848

1942年7月至1942年8月，璧山实验地方法院关于黄万华要求确认婚约无效一案的文书,包括民事诉状、民事委任状、民事辩状、民事审判笔录、民事撤诉状、璧山实验地方法院民事判决书等。

851. 璧山实验地方法院审理要求解除婚约一案　12—12—849

1942 年 11 月至 1942 年 12 月,璧山实验地方法院关于吴炳章要求解除婚约一案的文书,包括民事诉状、民事审理笔录、璧山实验地方法院民事和解笔录等。

852. 璧山地方法院等关于收支情况的档案　12—12—850

1942 年间,璧山地方法院等关于收支情况的文书,包括四川高等法院第一分院训令、四川高等法院第一分院与璧山地方法院的往来公函、四川高等法院第一分院指令、审计部四川省审计处审核通知、璧山地方法院收入计算书等。

853. 璧山实验地方法院的相关档案　12—12—851

1942 年至 1943 年,璧山实验地方法院的相关文书,包括璧山实验地方法院看守所发往璧山地方法院的公函、璧山地方法院与四川高等法院第一分院的往来公函、四川高等法院第一分院训令、各省县市中央机关及其附属机关应增生活补助费表、中央各机关及其附属机关公务员役与其家属请领平价米人数异动清册等。

854. 璧山实验地方法院审理典当纠纷一案　12—12—852

1942 年 5 月至 1942 年 10 月,璧山实验地方法院关于张昆仑典当纠纷一案的文书,包括璧山实验地方法院与四川高等法院第一分院的往来公函、民事诉状、民事缴状、民事辩状、璧山实验地方法院民事判决书、民事和解书、民事调解状、民事审理笔录、璧山实验地方法院民事裁定等。

855. 璧山实验地方法院审理要求终止土地租约一案　12—12—853

1942 年 12 月,璧山实验地方法院关于明邓氏要求终止土地租约一案的文书,包括民事诉状、民事审理笔录、民事答辩状、民事委任状、璧山实验地方法院民事判决书等。

856. 璧山地方法院等审理租佃纠纷一案　12—12—854

1942 年 4 月至 1942 年 5 月,璧山地方法院等关于黄健光租佃纠纷一案的文书,包括民事诉状、民事委任状、民事审理笔录、民事辩状、璧山实验地方法院民事判决书等。

857. 璧山实验地方法院审理妨害农耕一案　12－12－855

1942年5月至1943年4月,璧山实验地方法院关于王龚氏妨害农耕一案的文书,包括璧山实验地方法院刑事判决书、四川高等法院第一分院检察官训令、讯问笔录等。

858. 璧山实验地方法院审理交还田业纠纷一案　12－12－856

1942年5月至1942年7月,璧山实验地方法院关于王绍周交还田业纠纷一案的文书,包括民事诉状、民事委状、民事审理笔录、璧山实验地方法院民事判决书、璧山实验地方法院民事裁定等。

859. 四川高等法院第一分院审理要求增加给付一案　12－12－857

1942年11月至1943年1月,四川高等法院第一分院关于尚志功要求胡保洲增加给付一案的文书,包括民事诉状、四川高等法院第一分院民事裁定、璧山实验地方法院与四川高等法院第一分院的往来公函等。

860. 璧山实验地方法院审理申请假扣押一案　12－12－858

1942年5月,璧山实验地方法院关于彭陈氏因债务纠纷申请假扣押一案的文书,包括民事声请书、璧山实验地方法院民事裁定等。

861. 璧山地方法院等审理伤人一案　12－12－859

1942年3月至1942年6月,璧山地方法院等关于谢天祥伤人一案的文书,包括璧山地方法院发往本院检察官的公函、璧山地方法院检察官发往璧山县政府的公函等。

862. 璧山实验地方法院审理要求解除土地租约一案　12－12－860

1942年7月至1942年8月,璧山实验地方法院关于伍荣安要求解除土地租约一案的文书,包括民事诉状、民事辩状、民事审理笔录、璧山实验地方法院民事和解笔录等。

863. 璧山实验地方法院审理房产损坏存查一案　12－12－861

1944年5月,璧山实验地方法院关于朱绍丕房产损坏存查一案的文书。朱绍丕的房屋被军政部非法查封后财产受到损失,为方便以后维权,朱绍丕申请将此备案存查。该卷文书包括民事存查状等。

864. 璧山实验地方法院审理要求赔偿被砍桑树一案　12－12－862

1942年7月至1942年8月，璧山实验地方法院关于陈熊氏要求陈建章赔偿被砍桑树一案的文书，包括民事诉状、民事答辩状、民事委状、审理笔录、璧山实验地方法院民事判决书等。

865. 璧山实验地方法院审理典权纠纷一案　12－12－863

1942年11月，璧山实验地方法院关于龙全盛等田土房屋典权纠纷一案的文书，包括民事调解状、民事审理笔录、民事辩状、民事声明等。

866. 璧山实验地方法院审理要求履行婚约一案　12－12－864

1942年11月至1942年12月，璧山实验地方法院关于王志宣要求邓熊氏履行婚约一案的文书，包括民事诉状、民事审理笔录、璧山实验地方法院民事判决书等。

867. 璧山实验地方法院审理要求返还田业一案　12－12－865

1942年9月，璧山实验地方法院关于刘天培要求返还田业一案的文书。刘天培提起诉讼要求刘良臣返还田地，后双方中止诉讼。该卷文书包括民事诉状、民事审理笔录等。

868. 璧山地方法院等审理要求法院确定诉讼费用一案　12－12－866

1941年4月至1942年7月，璧山地方法院等关于左任氏要求法院确定诉讼费用一案的文书。左任氏曾因给付食谷问题打过官司，如今左任氏申请法院计算诉讼费用，包括民事诉状、璧山实验地方法院民事裁定、民事审理笔录等。

869. 璧山实验地方法院审理要求确认田地所有权一案　12－12－867

1945年4月至1945年7月，璧山实验地方法院关于张顺福要求确认田地所有权一案的文书，包括璧山实验地方法院登记处登记表、璧山实验地方法院执行命令、辩论笔录、民事领状等。

870. 璧山实验地方法院审理申请假扣押一案　12－12－868

1942年6月，璧山实验地方法院关于李朝培因押银纠纷申请假扣押一案的文书，包括民事声请书、璧山实验地方法院民事判决书、璧山实验地方法院民事裁定等。

871. 最高法院、四川高等法院第一分院、璧山实验地方法院审理要求终止土地租约等三案　12－12－869（1）

1942年10月至1945年12月，最高法院、四川高等法院第一分院、璧山实验地方法院关于王尊五要求终止土地租约案、李荣盛要求王继高返还租赁物案、李荣盛要求王继万返还田业案三案的文书，包括民事诉状、民事委任状、民事辩状、民事审理笔录、璧山实验地方法院民事判决书、四川高等法院第一分院民事裁定、璧山实验地方法院与四川高等法院第一分院的往来公函、最高法院发往四川高等法院第一分院的公函、最高法院民事判决书、最高法院民事裁定等。

872. 最高法院、四川高等法院第一分院等审理要求返还田业一案　12－12－869（2）

1942年12月至1945年3月，最高法院、四川高等法院第一分院等关于李荣盛要求王继万返还田业一案的文书，包括最高法院民事判决书、民事抗告书、最高法院民事裁定、民事声请书、四川高等法院第一分院民事裁定、璧山实验地方法院与四川高等法院第一分院的往来公函、民事委任状、民事答辩状、辩论笔录、四川高等法院第一分院民事判决书等。

873. 四川高等法院第一分院、璧山实验地方法院审理要求返还食谷一案　12－12－870

1942年6月至1942年12月，四川高等法院第一分院、璧山实验地方法院关于罗乔氏要求罗恒山返还食谷一案的文书，包括民事诉状、民事审理笔录、民事辩状、民事委任状、璧山实验地方法院民事判决书、璧山实验地方法院民事裁定、璧山实验地方法院与四川高等法院第一分院的往来公函、四川高等法院第一分院民事判决书等。

874. 璧山地方法院审理要求确认买卖契约无效一案　12－12－871

1941年11月至1942年4月，璧山地方法院关于舒渭滨要求确认买卖田产契约无效一案的文书，包括民事诉状、民事委任状、民事答辩状、民事声请书、审判笔录、璧山地方法院民事判决书等。

875. 璧山地方法院审理要求确定诉讼费用一案　12－12－872

1942年1月至1942年4月，璧山地方法院关于刘献廷要求确定诉讼费用一案的文书。刘献廷曾因田业所有权纠纷打过官司，如今刘献廷要求法院确定诉讼费用。该卷文书包括民事诉状、璧山地方法院民事裁定等。

876. 璧山地方法院审理申请领取证物一案　12－12－873

1942年1月至1942年3月,璧山地方法院关于胡银辉申请领取证物一案的文书。胡银辉曾因典当纠纷打过官司,案件了结后胡申请取回提交给法院的判决书等物。该卷文书包括民事领状等。

877. 璧山地方法院等审理申请领取证物一案　12－12－874

1942年2月至1942年6月,璧山地方法院等关于何俊充申请领取证物一案的文书。何俊充曾因买卖纠纷打过官司,案件了结后何申请取回提交给法院的契约等物。该卷文书包括民事领状等。

878. 江津地方法院函请璧山地方法院送交传票一事　12－12－875

1942年1月,江津地方法院函请璧山地方法院送交柯树珊案传票一事的文书,包括江津地方法院与璧山地方法院的往来公函等。

879. 四川高等法院第一分院、璧山地方法院等审理窃占他人财产一案　12－12－876

1942年4月至1943年7月,四川高等法院第一分院、璧山地方法院等关于刘万全等人窃占他人财产一案的文书,包括四川高等法院第一分院训令、讯问笔录、璧山地方法院与四川高等法院第一分院的往来公函、刑事诉状等。

880. 璧山地方法院审理要求解除婚约一案　12－12－877

1942年3月至1942年4月,璧山地方法院关于张克勤要求解除婚约一案的文书,包括民事诉状、民事委任状、审理笔录、璧山地方法院民事判决书等。

881. 四川高等法院第一分院、璧山实验地方法院审理土地租赁纠纷一案　12－12－878

1942年10月至1944年12月,四川高等法院第一分院、璧山实验地方法院关于王海廷土地租赁纠纷一案的文书,包括民事诉状、民事委任状、审理笔录、民事答辩状、璧山实验地方法院民事判决书、璧山实验地方法院与四川高等法院第一分院的往来公函、四川高等法院第一分院民事裁定、民事缴状、四川高等法院第一分院民事判决书、民事领状等。

882. 璧山地方法院审理租佃纠纷执行一案　12－12－879

1942年1月至1942年4月,璧山地方法院关于刘汉卿租佃纠纷执行一案的文书,包括民事执行状、璧山地方法院训令、民事诉状、执行笔录、四川高等法院第一分院民事和解笔录等。

883. 璧山实验地方法院审理确认优先购买权一案　12－12－880

1942年8月，璧山实验地方法院关于刘曾氏确认优先购买权一案的文书，包括璧山实验地方法院与四川高等法院第一分院的往来公函、民事呈状等。

884. 四川高等法院第一分院、璧山地方法院审理债务纠纷执行一案　12－12－881

1939年7月至1940年1月，四川高等法院第一分院、璧山地方法院关于罗德安债务纠纷执行一案的文书，包括四川高等法院第一分院训令、四川高等法院第一分院民事裁定、璧山地方法院与四川高等法院第一分院的往来公函等。

885. 璧山实验地方法院审理要求返还借谷一案　12－12－882

1942年10月至1943年1月，璧山实验地方法院关于刘洁秋要求赵治荣返还借谷一案的文书，包括民事诉状、民事审理笔录、民事答辩状、璧山实验地方法院民事判决书、璧山实验地方法院民事裁定等。

886. 璧山地方法院等审理要求返还树款一案　12－12－883

1942年3月至1943年1月，璧山地方法院等关于杨森荣要求冯祖佑返还树款一案的文书。杨森荣提起诉讼要求冯祖佑返还购买树木的钱，后双方中止诉讼。该卷文书包括民事诉状、璧山地方法院与四川高等法院第一分院的往来公函、民事缴状、辩论笔录等。

887. 最高法院、四川高等法院第一分院审理租谷纠纷抗告一案　12－12－884

1942年5月至1942年12月，最高法院、四川高等法院第一分院关于王柯氏租谷纠纷抗告一案的文书，包括民事抗告书、四川高等法院第一分院抗告意见书、最高法院民事裁定等。

888. 璧山实验地方法院审理要求返还树款一案　12－12－885

1942年5月至1943年1月，璧山实验地方法院关于杨森荣要求冯祖佑返还树款一案的文书，包括璧实验山地方法院与四川高等法院第一分院的往来公函等。

889. 最高法院、四川高等法院第一分院审理要求确认拍卖土地无效一案　12－12－886

1941年5月至1942年5月，最高法院、四川高等法院第一分院关于王香浦要求确认拍卖土地无效一案的文书，包括民事诉状、四川高等法院第一分院发往最高法院的公函、民事委状、民事答辩状、最高法院民事判决书等。

890. 四川高等法院第一分院、璧山实验地方法院审理交还田业纠纷一案　12－12－887

1942 年 7 月至 1943 年 1 月，四川高等法院第一分院、璧山实验地方法院关于陈叔厚交还田业纠纷一案的文书，包括璧山实验地方法院与四川高等法院第一分院的往来公函、民事诉状、民事答辩状、辩论笔录、四川高等法院第一分院民事判决书、民事声明、璧山实验地方法院民事判决书等。

891. 璧山实验地方法院审理要求分居一案　12－12－888

1942 年 7 月至 1942 年 8 月，璧山实验地方法院关于谢张氏要求分居一案的文书，包括民事诉状、民事答辩状、民事审判笔录、璧山实验地方法院民事判决书、璧山实验地方法院民事裁定等。

892. 璧山实验地方法院审理要求分居一案　12－12－889

1942 年 10 月至 1943 年 1 月，璧山实验地方法院关于谢张氏要求分居一案的文书，包括璧山实验地方法院与四川高等法院第一分院的往来公函等。

893. 璧山地方法院审理要求终止土地租赁一案　12－12－890

1941 年 12 月至 1942 年 3 月，璧山地方法院关于陈一峰要求终止土地租赁一案的文书，包括民事诉状、民事辩状、民事审理笔录、民事委任状等。

894. 璧山实验地方法院审理要求给付工资一案　12－12－891

1942 年 6 月至 1942 年 7 月，璧山实验地方法院关于张辉廷要求胡文周给付修建水堰工资一案的文书，包括民事诉状、民事辩状、民事审理笔录等。

895. 四川高等法院第一分院审理请求别居上诉一案　12－12－892

1942 年 8 月至 1942 年 12 月，四川高等法院第一分院关于谢张氏请求别居上诉一案的文书，包括民事诉状、璧山实验地方法院与四川高等法院第一分院的往来公函、民事委任状、辩论笔录、四川高等法院第一分院民事裁定等。

896. 四川高等法院第一分院、璧山实验地方法院审理要求确认典当契约无效一案　12－12－893

1942 年 6 月至 1942 年 12 月，四川高等法院第一分院、璧山实验地方法院关于刘庆休要求确认典当田业契约无效一案的文书，包括民事诉状、民事委状、民事审判笔录、璧山实验地方法院民事判决书、璧山实验地方法院民事裁定、璧山实验地方法院与四川高等法院第一分院的往来公函、辩论笔录、四川高等法院第一分院民事判决书等。

897. 璧山实验地方法院审理交还田业纠纷一案　12－12－894

1942年6月至1942年7月,璧山实验地方法院关于李小鲁交还田业纠纷一案的文书,包括民事诉状、审理笔录、璧山实验地方法院民事判决书等。

898. 璧山实验地方法院审理分割遗产纠纷一案　12－12－895

1942年12月至1943年3月,璧山实验地方法院关于汪深林分割遗产纠纷一案的文书,包括民事诉状、民事答辩状、民事委任状、审理笔录、璧山实验地方法院民事判决书、民事领状等。

899. 四川高等法院第一分院、璧山地方法院等审理终止租佃契约一案　12－12－896

1942年4月至1942年6月,四川高等法院第一分院、璧山地方法院等关于廖海珍要求终止租佃契约一案的文书,包括璧山地方法院与四川高等法院第一分院的往来公函等。

900. 四川高等法院第一分院审理终止租佃契约一案　12－12－897

1942年3月至1942年9月,四川高等法院第一分院关于廖海珍要求终止租佃契约一案的文书,包括民事诉状、璧山地方法院与四川高等法院第一分院的往来公函、辩论笔录、四川高等法院第一分院民事和解笔录等。

901. 璧山实验地方法院审理交还产业纠纷一案　12－12－898

1942年10月至1943年1月,璧山实验地方法院关于周太清交还产业纠纷一案的文书,包括民事声明、民事答辩状、审理笔录、璧山实验地方法院民事裁定、民事展限状、璧山实验地方法院民事判决书等。

902. 璧山地方法院审理申请确认婚约无效一案　12－12－899

1942年1月至1942年3月,璧山地方法院关于蒋玉林申请确认婚约无效一案的文书,包括璧山地方法院民事判决书、民事诉状、民事审理笔录、民事答辩状等。

903. 璧山实验地方法院审理租赁土地纠纷一案　12－12－900

1942年9月至1942年10月,璧山实验地方法院关于杨泽渊租赁土地纠纷一案的文书,包括民事诉状、民事答辩状、民事审理笔录、璧山实验地方法院民事和解笔录等。

904. 璧山地方法院等审理典产纠纷、赔偿经济损失两案　12－12－901

1942年4月至1943年9月，璧山地方法院等关于黄炳章回赎典产纠纷案、蒋玉林请求赔偿因牟海全反悔婚约造成的经济损失的执行案两案的文书，包括璧山实验地方法院抗告意见书、璧山地方法院与四川高等法院第一分院的往来公函、民事执行状、璧山地方法院民事判决书、民事撤诉状等。

905. 璧山实验地方法院审理交还田业执行一案　12－12－902

1942年8月至1942年12月，璧山实验地方法院关于何泰文要求魏徐氏交还田业执行一案的文书，包括民事执行状、璧山实验地方法院民事判决书、民事声请书、璧山实验地方法院执行命令、四川高等法院第一分院民事判决书、执行笔录等。

906. 璧山地方法院等审理窃占他人财产一案　12－12－903

1942年4月至1942年5月，璧山地方法院等关于江文章窃占刘廷伟财产一案的文书，包括刑事诉状、刑事讯问笔录、刑事辩状、璧山地方法院刑事判决书等。

907. 璧山地方法院等1942年度收支表 12－12－904

该档案包括1942年璧山地方法院等年度收支表。

908. 四川高等法院第一分院审理租佃纠纷一案　12－12－905

1942年5月至1942年12月，四川高等法院第一分院关于邓大德租佃纠纷一案的文书，包括民事声请书、璧山实验地方法院与四川高等法院第一分院的往来公函、民事诉状、辩论笔录、宣告判决笔录、四川高等法院第一分院民事判决书等。

909. 四川高等法院第一分院、璧山县司法处、璧山地方法院等审理析分家产存查案、租佃纠纷案两案　12－12－906

1938年3月至1943年7月，四川高等法院第一分院、璧山县司法处、璧山地方法院等关于徐开钦析分家产存查案、邓大德租佃纠纷案两案的文书，包括民事声请书、璧山县司法处民事判决书、璧山县政府兼理司法事务民事判决书、四川高等法院第一分院民事判决书、璧山地方法院与四川高等法院第一分院的往来公函等。

910. 璧山实验地方法院审理申请领取证物一案　12－12－907

1942年6月，璧山实验地方法院关于程德祯申请领取证物一案的文书。程德祯曾因经济纠纷在璧山实验地方法院打过官司，案件了结后程申请取回提交给法院的账簿等物。该卷文书包括民事领状等。

911. 璧山实验地方法院审理申请存查一案　12—12—908

1942年10月,璧山实验地方法院关于张汉清申请存查一案的文书。张汉清妻子与财产被人拐走,为便于以后维权张汉清申请法院将此备案存查。该卷文书包括民事存查状等。

912. 璧山地方法院审理田业所有权纠纷一案　12—12—909

1942年1月至1942年3月,璧山地方法院关于谭国梁田业所有权纠纷一案的文书,包括民事声请书等。

913. 璧山实验地方法院审理租谷纠纷一案　12—12—910

1942年11月,璧山实验地方法院关于江水清租谷纠纷一案的文书,包括民事委任状、调解笔录、民事声请书等。

914. 璧山地方法院审理申请注销提存一案　12—12—911

1942年1月,璧山地方法院关于周显厚申请注销提存一案的文书,包括民事声请书等。

915. 璧山实验地方法院审理要求增加房屋修缮费一案　12—12—912

1942年12月至1943年4月,璧山实验地方法院关于王崇高要求曹重光增加房屋修缮费一案的文书,包括璧山实验地方法院与四川高等法院第一分院的往来公函、民事声请书等。

916. 璧山实验地方法院审理诈骗他人财产一案　12—12—913

1942年8月,璧山实验地方法院关于陈怀安诈骗刘绍彬财产一案的文书,包括璧山县来凤乡乡公所提交璧山实验地方法院的呈文、讯问笔录、璧山实验地方法院检察官起诉书、刑事诉状、刑事公证等。

917. 璧山地方法院审理卷纱潜逃一案　12—12—914

1942年1月至1942年3月,璧山地方法院关于罗祥安卷纱潜逃一案的文书,包括民事诉状、军政部第一被服厂发往璧山地方法院的公函等。

918. 璧山地方法院审理申请存查一案　12—12—915

1942年2月,璧山地方法院关于冯炳山申请存查一案的文书。冯炳山之侄女否认父母所订立之婚约而与他人结婚，为防以后产生纠纷，冯申请法院将此备案存查。该卷文书包括民事存查状等。

919. 璧山地方法院审理典权纠纷一案　12－12－916

1942年1月至1942年2月，璧山地方法院关于伍陈君田房典权纠纷一案的文书，包括璧山地方法院命令、璧山地方法院公告等。

920. 四川高等法院第一分院审理租谷纠纷抗告一案　12－12－917

1941年11月至1942年11月，四川高等法院第一分院关于戈桂林租谷纠纷抗告一案的文书，包括最高法院发往四川高等法院第一分院的公函、民事抗告书、四川高等法院第一分院民事裁定、四川高等法院第一分院发往璧山地方法院的公函等。

921. 四川高等法院第一分院审理要求赔偿租谷纠纷一案　12－12－918

1942年5月至1942年9月，四川高等法院第一分院关于李胡氏要求雷相甫赔偿租谷纠纷一案的文书，包括民事诉状、民事缴状、璧山实验地方法院与四川高等法院第一分院的往来公函、民事委任状、辩论笔录、宣告判决笔录、四川高等法院第一分院民事判决书、民事证状等。

922. 璧山实验地方法院审理要求终止租赁土地一案　12－12－919

1942年9月，璧山实验地方法院关于谢增辉要求终止租赁土地一案的文书，包括民事诉状、民事委任状、民事辩状、民事声请书、民事审理笔录、璧山实验地方法院民事和解笔录等。

923. 四川高等法院第一分院审理租赁土地纠纷上诉一案　12－12－920

1942年11月至1943年3月，四川高等法院第一分院关于谢增辉租赁土地纠纷上诉一案的文书，包括民事诉状、民事声请书、璧山实验地方法院与四川高等法院第一分院的往来公函、辩论笔录、民事委状、四川高等法院第一分院民事判决书等。

924. 璧山实验地方法院审理要求撤销土地租佃纠纷涉讼的民事和解一案　12－12－921

1942年9月至1942年11月，璧山实验地方法院关于谢增辉要求撤销土地租佃纠纷涉讼的民事和解一案的文书，包括民事声明、民事审理笔录、璧山实验地方法院民事判决书、璧山实验地方法院民事裁定等。

925. 璧山实验地方法院审理要求确认买卖契约无效一案　12－12－922

1942年10月至1944年1月，璧山实验地方法院关于吴树荣要求确认买卖田业契约无效一案的文书，包括民事诉状、审理笔录、民事答辩状、民事声明、璧山实验地方法院民事判决书、璧山实验地方法院民事裁定、璧山实验地方法院与四川高等法院第一分院的往来公函等。

926. 璧山实验地方法院审理土地经界纠纷一案　12－12－923

1942年10月至1942年11月，璧山实验地方法院关于董明心土地经界纠纷一案的文书，包括民事诉状、民事答辩状、民事审理笔录等。

927. 璧山实验地方法院审理回赎典产纠纷一案　12－12－924

1942年10月至1942年12月，璧山实验地方法院关于连德轩回赎典产纠纷一案的文书，包括民事诉状、民事委状、民事答辩状、民事审理笔录、民事宣判笔录、璧山实验地方法院民事判决书等。

928. 璧山实验地方法院审理债务纠纷一案　12－12－925

1942年11月至1942年12月，璧山实验地方法院关于曾德盛因谢银安拖欠借款引起的债务纠纷一案的文书，包括民事诉状、民事审理笔录、璧山实验地方法院民事判决书等。

929. 璧山实验地方法院审理申请领取证物一案　12－12－926

1942年6月，璧山实验地方法院关于汪克明申请领取证物一案的文书。汪克明曾因楼房所有权打过官司，案件了结后汪申请取回提交给法院的文书。该卷文书包括民事执行状、四川高等法院第一分院民事判决书等。

930. 璧山地方法院审理申请领取证物一案　12－12－927

1942年4月，璧山地方法院关于黄明光申请领取证物一案的文书。黄明光曾因租佃纠纷打过官司，案件了结后黄申请取回提交给法院的契约等物。该卷文书包括民事声请书等。

931. 璧山实验地方法院审理典当纠纷一案　12－12－928

1942年3月至1942年9月，璧山实验地方法院关于李德光田业房屋典当纠纷一案的文书，包括民事诉状、民事审理笔录、民事辩状、民事委状、璧山实验地方法院民事判决书、璧山实验地方法院民事裁定等。

932. 最高法院、四川高等法院第一分院、璧山地方法院等审理争夺遗产一案 12－12－929

1942年1月至1943年5月，最高法院、四川高等法院第一分院、璧山地方法院等关于王启贤要求王启智返还遗产一案的文书，包括璧山地方法院与四川高等法院第一分院的往来公函、四川高等法院第一分院民事裁定、民事诉状、最高法院民事裁定、民事答辩状、辩论笔录、四川高等法院第一分院民事判决书、民事委状、璧山实验地方法院民事判决书等。

933. 璧山实验地方法院审理租赁土地纠纷一案 12－12－930

1942年6月，璧山实验地方法院关于黄月轩租赁土地纠纷一案的文书，包括民事诉状、民事审理笔录、璧山实验地方法院民事判决书等。

934. 四川高等法院第一分院、璧山地方法院等审理回赎典产纠纷一案 12－12－931

1942年1月至1943年1月，四川高等法院第一分院、璧山地方法院等关于邓荣廷回赎典产纠纷一案的文书，包括民事诉状、民事声请书、民事审理笔录、民事委任状、璧山地方法院民事判决书、璧山地方法院与四川高等法院第一分院的往来公函、民事缴状等。

935. 璧山地方法院等审理损毁他人财产一案 12－12－932

1942年2月至1942年6月，璧山地方法院等关于曾良臣损毁周达三财产一案的文书，包括刑事诉状、刑事委任状、刑事补诉状、审理笔录、刑事保状、刑事辩状、璧山实验地方法院刑事及附带民事判决书等。

936. 四川高等法院第一分院、璧山地方法院等审理要求返还洋纱一案 12－12－933

1941年9月至1943年3月，四川高等法院第一分院、璧山地方法院等关于罗张氏要求郑兴顺返还洋纱一案的文书，包括民事诉状、璧山地方法院与四川高等法院第一分院的往来公函、民事答辩状、辩论笔录、民事委状、四川高等法院第一分院民事判决书、四川高等法院第一分院民事裁定、璧山地方法院民事判决书等。

937. 璧山实验地方法院审理租谷纠纷一案 12－12－934

1942年11月至1942年12月，璧山实验地方法院关于张应超租谷纠纷一案的文书，包括民事诉状、民事委状、民事审理笔录、璧山实验地方法院民事判决书等。

938. 璧山地方法院审理典权纠纷一案　12－12－935

1942年4月，璧山地方法院关于张树成田房典权纠纷一案的文书，包括民事诉状等。

该卷档案另附有璧山实验地方法院1942年度年终会议记录、1943年度人员事务分配表等。

939. 四川高等法院第一分院、璧山地方法院等审理典权纠纷一案　12－12－936

1942年4月至1942年12月，四川高等法院第一分院、璧山地方法院等关于张树成田房典权纠纷一案的文书，包括璧山实验地方法院民事裁定、四川高等法院第一分院民事裁定、璧山地方法院与四川高等法院第一分院的往来公函、民事声请书等。

940. 四川高等法院第一分院、璧山实验地方法院审理要求确认买卖契约无效一案　12－12－937

1942年6月至1942年10月，四川高等法院第一分院、璧山实验地方法院关于杨绍铨要求确认买卖契约无效一案的文书，包括璧山实验地方法院与四川高等法院第一分院的往来公函、民事诉状、四川高等法院第一分院民事裁定、民事声请书、民事辩状、讯问笔录、璧山实验地方法院民事判决书等。

941. 四川高等法院第一分院、璧山实验地方法院审理要求返还田产一案　12－12－938

1942年8月至1943年1月，四川高等法院第一分院、璧山实验地方法院关于蒲世英要求蒲辉银返还田产一案的文书，包括民事抗告书、四川高等法院第一分院民事裁定、璧山实验地方法院与四川高等法院第一分院的往来公函、民事诉状、民事委任状、民事审理笔录、璧山实验地方法院民事裁定等。

942. 璧山实验地方法院审理申请支付命令一案　12－12－939

1942年12月至1943年1月，璧山实验地方法院关于龙俊仙因债务纠纷申请支付命令一案的文书，包括民事声请书、璧山实验地方法院支付命令等。

943. 璧山地方法院等审理土地押金纠纷一案　12－12－940

1942年4月至1942年6月，璧山地方法院关于曾国权土地押金纠纷一案的文书，包括民事诉状、民事审理笔录、民事辩状、民事展限状、璧山实验地方法院民事判决书等。

944. 璧山实验地方法院审理声请法院保护耕种权一案　12－12－941

1943年3月至1943年4月，璧山实验地方法院关于雷述清声请法院保护耕种权一案的文书。雷述清以杨南轩阻挠自己耕种为由提起诉讼，要求法院保护自身权利，后双方撤回诉讼。该卷文书包括民事声请书、讯问笔录等。

945. 璧山地方法院审理租谷纠纷一案　12－12－942

1941年9月至1942年4月，璧山地方法院关于伍程氏租谷纠纷一案的文书，包括璧山地方法院民事判决书、璧山地方法院与四川高等法院第一分院的往来公函等。

946. 璧山地方法院审理申请离婚一案　12－12－943

1942年3月至1942年4月，璧山地方法院关于王巫氏申请离婚一案的文书，包括民事诉状、民事审判笔录、民事续呈状等。

947. 璧山实验地方法院审理邮务送达事务的档案　12－12－944

1946年间，璧山实验地方法院关于邮务送达事务的文书，包括司法行政部训令、四川高等法院第一分院训令等。

948. 璧山实验地方法院审理申请离婚一案　12－12－945

1942年9月至1943年5月，璧山实验地方法院关于王巫氏申请离婚一案的文书，包括民事诉状、辩论笔录、民事续诉状、民事审理笔录等。

949. 璧山实验地方法院审理交还田业执行一案　12－12－946

1942年8月至1942年10月，璧山实验地方法院关于陈注东交还田业执行一案的文书，包括民事执行状、民事诉状、璧山实验地方法院民事判决书等。

950. 璧山地方法院审理租谷纠纷一案　12－12－947

1941年12月至1942年3月，璧山地方法院关于左华廷租谷纠纷一案的文书，包括民事诉状、民事审理笔录、璧山地方法院民事判决书等。

951. 璧山实验地方法院审理经界纠纷一案　12－12－948

1942年6月至1942年7月，璧山实验地方法院关于吴光耀经界纠纷一案的文书，包括民事诉状、民事审理笔录、民事答辩状、民事委任状、璧山实验地方法院民事判决书等。

952. 璧山实验地方法院审理侵占公款一案 12—12—949

1942年5月,璧山实验地方法院关于施裕林任职于璧山县电报局期间侵占公款一案的文书,包括民事诉状、民事撤诉状等。

953. 璧山实验地方法院审理要求终止土地租约一案 12—12—950

1942年11月至1942年12月,璧山实验地方法院关于僧慧缘要求终止土地租约一案的文书,包括民事诉状、民事审理笔录、璧山实验地方法院民事和解笔录等。

954. 璧山实验地方法院审理要求返还借谷一案 12—12—951

1942年11月至1942年12月,璧山实验地方法院关于张俊良要求冷少钦返还借谷一案的文书,包括民事诉状、民事审理笔录、璧山实验地方法院民事和解笔录等。

955. 四川高等法院第一分院审理租赁土地纠纷上诉一案 12—12—952

1942年7月至1942年11月,四川高等法院第一分院关于熊合山租赁土地纠纷上诉一案的文书,包括民事诉状、璧山实验地方法院与四川高等法院第一分院的往来公函、四川高等法院第一分院民事裁定等。

956. 璧山实验地方法院审理要求返还田土一案 12—12—953

1942年11月至1942年12月,璧山实验地方法院关于熊德芳要求熊辉先返还田土一案的文书,包括民事诉状、民事辩状、民事审理笔录、璧山实验地方法院民事判决书等。

957. 璧山实验地方法院审理租赁土地纠纷一案 12—12—954

1942年5月至1942年7月,璧山实验地方法院关于熊合山租赁土地纠纷一案的文书,包括民事诉状、民事审理笔录、民事委任状、璧山实验地方法院民事判决书、璧山实验地方法院民事裁定等。

958. 璧山实验地方法院审理要求返还田业一案 12—12—955

1942年7月至1942年8月,璧山实验地方法院关于郭荣华要求吴郑氏返还田业一案的文书,包括民事诉状、民事辩状、民事委状、民事审理笔录、璧山实验地方法院民事判决书等。

959. 璧山实验地方法院审理要求解除租佃关系一案　12—12—956

1942 年 10 月至 1942 年 11 月，璧山实验地方法院关于许松柏要求解除租佃关系一案的文书，包括民事诉状、民事审理笔录、璧山实验地方法院民事和解笔录等。

960. 璧山实验地方法院审理要求赔偿谷物一案　12—12—957

1942 年 7 月至 1942 年 10 月，璧山实验地方法院关于江龙泉要求江烈五赔偿谷物一案的文书，包括民事诉状、民事审理笔录、璧山实验地方法院民事判决书等。

961. 璧山地方法院审理典价纠纷一案　12—12—958

1942 年 3 月至 1942 年 4 月，璧山地方法院关于杨大富典价纠纷一案的文书，包括民事调解状、民事委状、璧山地方法院调解笔录、民事异议状等。

962. 璧山实验地方法院审理伪造典契一案　12—12—959

1942 年 11 月，璧山实验地方法院关于龙孔章伪造典契一案的文书，包括民事讯问笔录、璧山实验地方法院检察官发往本院民事庭的公函等。

963. 璧山实验地方法院审理申请领取证物一案　12—12—960

1942 年 7 月，璧山实验地方法院关于张长发申请领取证物一案的文书。张长发曾因土地租佃纠纷打过官司，案件了结后张申请取回提交给法院的契约等物。该卷文书包括民事领状等。

964. 璧山实验地方法院审理要求终止土地租约一案　12—12—961

1942 年 6 月至 1942 年 8 月，璧山实验地方法院关于陈海刚要求终止土地租约一案的文书，包括民事诉状、民事委状、民事审理笔录、璧山实验地方法院民事判决书、璧山实验地方法院民事裁定等。

965. 璧山实验地方法院审理诉讼标的不明一案　12—12—962

1942 年 7 月至 1942 年 9 月，璧山实验地方法院关于吴汝林案等因诉讼标的不明申请重审一案的文书，包括璧山实验地方法院与四川高等法院第一分院的往来公函、辩论笔录、民事委任状等。

966. 四川高等法院第一分院审理要求确认遗嘱有效上诉一案　12—12—963

1942 年 6 月至 1942 年 7 月，四川高等法院第一分院关于罗国材要求确认遗嘱有效上诉一案的文书，包括民事诉状、四川高等法院第一分院民事裁定、璧山实验地方法院与四川高等法院第一分院的往来公函等。

967. 璧山地方法院审理租谷纠纷一案　12－12－964

1942年2月至1942年4月，璧山地方法院关于杨学山租谷纠纷一案的文书，包括民事诉状、审判笔录、璧山地方法院民事判决书、璧山地方法院民事裁定等。

968. 璧山实验地方法院审理债务纠纷一案　12－12－965

1942年11月至1943年4月，璧山实验地方法院关于王玉廷债务纠纷一案的文书，包括民事声请书、民事委状、民事审理笔录、璧山实验地方法院民事裁定等。

969. 璧山实验地方法院审理租佃纠纷一案　12－12－966

1942年7月至1942年8月，璧山实验地方法院关于魏玉春租佃纠纷一案的文书，包括民事调解状、民事声请书、民事审理笔录等。

970. 璧山实验地方法院审理租谷纠纷一案　12－12－967

1942年8月至1942年9月，璧山实验地方法院关于曾西元租谷纠纷一案的文书。曾西元以吴赵氏拖欠租谷为由提起诉讼，要求法院扣押吴的财产，以便其偿还租谷。该卷文书包括民事声请书、璧山实验地方法院民事判决书、璧山实验地方法院民事裁定等。

971. 璧山实验地方法院审理要求偿还洋纱一案　12－12－968

1942年8月，璧山实验地方法院关于何宗海要求王瑞廷偿还洋纱一案的文书。何宗海提起诉讼要求王瑞廷等人偿还洋纱，后双方中止诉讼。该卷文书包括民事诉状、民事辩状、民事审理笔录等。

972. 璧山实验地方法院审理申请假扣押一案　12－12－969

1942年8月，璧山实验地方法院关于郭荣卿申请假扣押一案的文书。郭荣卿以陈荣章拖欠租谷为由提起诉讼，要求法院扣押陈的谷物以便其偿还租谷。该卷文书包括民事声请书、璧山实验地方法院民事裁定等。

973. 璧山实验地方法院审理要求终止土地租约一案　12－12－970

1942年10月至1942年12月，璧山实验地方法院关于万登源要求终止土地租约一案的文书，包括民事诉状、民事撤诉状等。

974. 璧山实验地方法院审理要求返还炭窑一案　12—12—971

1942 年 5 月至 1942 年 6 月，璧山实验地方法院关于蒋治安要求熊炳发返还炭窑上一案的文书，包括民事诉状、民事委任状、民事审理笔录、民事宣判笔录、璧山实验地方法院民事判决书等。

975. 四川高等法院第一分院、璧山地方法院等审理要求返还田业一案　12—12—972

1941 年 7 月至 1942 年 7 月，四川高等法院第一分院、璧山地方法院等关于陈玉梁要求戴兴发返还田业一案的文书，包括民事声请书、四川高等法院第一分院民事裁定、璧山地方法院与四川高等法院第一分院的往来公函、民事诉状、民事辩状、民事审理笔录、民事委任状、民事催呈状、璧山地方法院民事判决书等。

976. 四川高等法院第一分院、璧山地方法院等审理要求终止租佃契约一案　12—12—973

1942 年 2 月至 1942 年 11 月，四川高等法院第一分院、璧山地方法院等关于陶乾三要求终止租佃契约一案的文书，包括民事诉状、璧山地方法院与四川高等法院第一分院的往来公函、民事声请书、民事辩状、辩论笔录、民事委任状、民事缴状、宣告判决笔录、四川高等法院第一分院民事判决书、璧山实验地方法院民事判决书等。

977. 璧山实验地方法院审理申请领取证物一案　12—12—974

1943 年 11 月，璧山实验地方法院关于彭丕烈申请领取证物一案的文书。彭丕烈曾在璧山实验地方法院打过官司，案件了结后彭申请取回提交给法院的证物。该卷文书包括民事领状等。

978. 璧山实验地方法院审理伪造田契一案　12—12—975

1942 年 8 月，璧山实验地方法院关于赵福盛等伪造田契一案的文书，包括刑事诉状、讯问笔录、刑事答辩状、璧山实验地方法院检察官起诉书、璧山实验地方法院检察官不起诉处分书等。

979. 璧山地方法院等审理损毁他人财物一案　12—12—976

1942 年 4 月至 1942 年 5 月，璧山地方法院等关于刘何氏损毁他人财物一案的文书，包括刑事诉状、刑事委任状、刑事审理笔录、璧山地方法院刑事判决书等。

980. 璧山实验地方法院审理妨害公共秩序一案　12－12－977

1942年9月，璧山实验地方法院关于彭锡章妨害公共秩序一案的文书。彭锡章包揽诉讼干扰法院诉讼程序被检察院提起公诉。该卷文书包括讯问笔录、搜索笔录、证物单等。

981. 璧山实验地方法院审理伪造田契一案　12－12－978

1942年8月至1942年12月，璧山实验地方法院关于赵福盛伪造田契一案的文书，包括璧山实验地方法院检察官起诉书、刑事撤诉状、璧山实验地方法院发往四川高等法院的公函等。

982. 璧山地方法院审理妨害农耕一案　12－12－979

1942年4月，璧山地方法院关于邹兴全妨害农耕一案的文书，包括刑事诉状、璧山县大路乡提交璧山地方法院的呈文、刑事审理笔录、璧山地方法院刑事判决书、刑事辩状等。

983. 璧山实验地方法院审理妨害公共秩序一案　12－12－980

1942年9月至1942年10月，璧山实验地方法院关于彭锡章妨害公共秩序一案的文书。彭锡章包揽诉讼干扰法院诉讼程序，被检察院提起公诉。该卷文书包括璧山实验地方法院检察官起诉书、刑事审理笔录、刑事委任状、刑事保状、刑事宣判笔录、璧山实验地方法院刑事判决书等。

984. 四川高等法院第一分院、璧山实验地方法院审理争夺遗产一案　12－12－981

1942年7月至1943年1月，四川高等法院第一分院、璧山实验地方法院关于罗吕氏争夺遗产一案的文书，包括民事诉状、民事委任状、民事审理笔录、民事答辩状、民事证明书、民事保证书、璧山实验地方法院民事判决书、辩论笔录、宣告判决笔录、四川高等法院第一分院民事判决书等。

985. 璧山实验地方法院审理妨害公共秩序一案　12－12－982

1942年9月，璧山实验地方法院关于张恒达因包揽诉讼干扰司法程序被检察官提起公诉的妨害公共秩序一案的文书，包括讯问笔录、璧山实验地方法院检察官起诉书等。

986. 璧山实验地方法院审理妨害公共秩序一案　12－12－983

1943年1月，璧山实验地方法院关于彭锡章包揽诉讼妨害公共秩序一案的文书，包括璧山实验地方法院发往本院检察官的公函、璧山实验地方法院司法助理员提交检察官的报告等。

987. 璧山实验地方法院审理诬告一案　12－12－984

1942年9月至1943年1月，璧山实验地方法院关于李伯廷诬告李汉清盗窃财物一案的文书，包括刑事诉状、刑事审理笔录、璧山实验地方法院刑事判决书、璧山实验地方法院司法助理员提交检察官的报告、璧山实验地方法院检察官不起诉处分书等。

988. 璧山地方法院审理侵占民宅一案　12－12－985

1942年4月，璧山地方法院关于龙朱氏侵占李金盛住宅一案的文书。李金盛以龙朱氏私闯自家住宅为由提起诉讼，后双方经调解中止诉讼。该卷文书包括刑事诉状、刑事辩状、刑事审理笔录等。

989. 璧山地方法院等审理纵火烧毁他人房屋一案　12－12－986

1941年12月至1942年3月，璧山地方法院等关于彭陈氏纵火烧毁他人房屋一案的文书，包括璧山地方法院检察官起诉书、刑事诉状、刑事审理笔录、刑事辩状、刑事委任状、璧山地方法院刑事判决书、璧山地方法院民事裁定等。

990. 璧山地方法院审理伤人一案　12－12－987

1941年7月至1941年8月，璧山地方法院关于吴兴安的雇工打伤陈建廷一案的文书，包括侦查笔录、刑事诉状、璧山地方法院检察官不起诉处分书等。

991. 璧山实验地方法院审理妨害农耕一案　12－12－988

1942年5月，璧山实验地方法院关于陈春林妨害农耕案一的文书，包括刑事诉状、刑事委任状、刑事审理笔录、璧山实验地方法院刑事判决书等。

992. 璧山地方法院等审理要求撤销买卖契约一案　12－12－989

1942年3月至1942年6月，璧山地方法院等关于吴钟氏要求撤销买卖契约一案的文书，包括民事诉状、民事辩状、民事委任状、民事审理笔录、民事声请书、璧山实验地方法院民事判决书等。

993. 璧山实验地方法院审理申请领取证物一案　12－12－990

1942年7月至1942年8月，璧山实验地方法院关于陈春林申请领取证物一案的文书。陈春林曾因妨害农耕案打过官司，案件了结后陈申请取回提交给法院的证物。该卷文书包括民事声请书、民事领状等。

994. 璧山实验地方法院审理遗弃妻子一案　12—12—991

1942年9月，璧山实验地方法院关于陈江氏遭丈夫遗弃一案的文书，包括刑事诉状等。

995. 璧山地方法院审理担心报复申请存查一案　12—12—992

1942年4月，璧山地方法院关于彭保臣担心报复申请存查一案的文书。彭保臣曾在刘谦抢夺案中做过证人，由于担心遭到刘的报复故申请法院将此备案存查。该卷文书包括民事声请书等。

996. 璧山地方法院等审理妨害农耕一案　12—12—993

1942年4月至1942年5月，璧山地方法院等关于杨炳光妨害农耕一案的文书，包括刑事诉状、刑事辩状、刑事审理笔录、刑事委任状、璧山实验地方法院刑事判决书等。

997. 璧山实验地方法院审理干扰司法程序一案　12—12—994

1942年9月，璧山实验地方法院关于彭云章包揽诉讼干扰司法程序一案的文书，包括璧山实验地方法院检察官起诉书、刑事审理笔录、璧山实验地方法院刑事判决书、刑事声请书等。

998. 璧山实验地方法院审理非法拘禁妨害人身自由一案　12—12—995

1942年9月至1942年11月，璧山实验地方法院关于孙宗元非法拘禁、妨害人身自由一案的文书，包括璧山实验地方法院检察官起诉书、璧山实验地方法院刑事判决书、璧山实验地方法院发往本院检察官的公函等。

999. 璧山地方法院等审理缴纳罚金执行一案　12—12—996

1941年11月至1942年4月，璧山地方法院等关于万永正缴纳罚金执行一案的文书。万永正等人破坏水利设施，阻碍他人农耕，被法院判处缴纳罚金。该卷文书即缴纳罚金执行案的文书，包括璧山地方法院检察官起诉书、璧山地方法院刑事判决书、刑事领状等。

1000. 四川高等法院第一分院审理干扰司法程序上诉一案　12—12—997

1942年9月至1942年11月，四川高等法院第一分院关于彭云章包揽诉讼干扰司法程序上诉一案的文书,包括刑事诉状、璧山实验地方法院与四川高等法院第一分院的往来公函、讯问笔录等。

1001. 璧山实验地方法院审理妨害人身自由一案　12—12—998

1942年11月,璧山实验地方法院关于张孟涵妨害人身自由一案的文书。张孟涵与刘致和因买卖树木产生纠纷,张将刘致和非法拘禁,刘提起诉讼要求法院维权。该卷文书包括四川高等法院第一分院检察官训令、应讯人到场报告单等。

1002. 四川高等法院第一分院审理妨害人身自由一案　12—12—999

1942年4月至1942年8月,四川高等法院第一分院关于杨连三妨害刘致和人身自由一案的文书。杨连三与刘致和因买卖树木产生纠纷,杨连三将刘致和非法拘禁,刘提起诉讼要求法院维权。该卷文书包括刑事诉状、璧山地方法院与四川高等法院第一分院的往来公函、审判笔录、刑事追加状、宣告判决笔录、四川高等法院第一分院刑事判决书等。

1003. 璧山地方法院审理妨害人身自由一案　12—12—1000

1941年12月至1942年4月,璧山地方法院关于张孟涵妨害人身自由一案的文书。张孟涵与刘致和因买卖树木产生纠纷,张将刘致和非法拘禁,刘提起诉讼要求法院维权。该卷文书包括刑事诉状、刑事审理笔录、璧山地方法院法警提交法院的报告、刑事辩状、璧山地方法院刑事判决书等。

1004. 璧山地方法院等审理敲诈钱财一案　12—12—1001

1942年4月至1942年11月,璧山地方法院等关于蒲银辉借服兵役之名敲诈平民钱财一案的文书,包括永荣师管区司令部训令、璧山县政府发往永荣师管区司令部的公函、民事诉状、审理笔录、民事保状、璧山地方法院检察处与璧山县政府的往来公函等。

1005. 璧山实验地方法院审理伪造租佃土地契约一案　12—12—1002

1942年6月至1942年7月,璧山实验地方法院关于傅雨春伪造租佃土地契约一案的文书,包括刑事诉状、讯问笔录、刑事保状、璧山实验地方法院检察官不起诉处分书、刑事领状等。

1006. 璧山地方法院审理非法拘禁、妨害人自由一案　12—12—1003

1942年2月至1942年4月,璧山地方法院关于龙家源等人非法拘禁、妨害人身自由一案的文书，包括刑事诉状、侦查笔录、璧山地方法院检察官训令、刑事辩状、刑事保状、刑事反诉状、璧山地方法院检察官不起诉处分书等。

1007. 四川高等法院第一分院审理田产所有权纠纷上诉一案　12－12－1004

1942年6月至1943年8月，四川高等法院第一分院关于陈王氏与孙炳安争夺田产所有权上诉一案的文书，包括民事诉状、民事辩状、璧山实验地方法院与四川高等法院第一分院的往来公函、辩论笔录、民事委任状、璧山县六塘乡乡公所提交四川高等法院第一分院的呈文等。

1008. 璧山地方法院等审理伤人一案　12－12－1005

1942年4月至1942年5月，璧山地方法院等关于罗子云打伤高升荣一案的文书，包括四川高等法院第一分院检察官指令、侦查笔录、刑事诉状、刑事保状、璧山地方法院检察官不起诉处分书等。

1009. 璧山县政府等关于办理公益储蓄的档案　12－12－1006

1939年1月至1947年5月，璧山县政府等关于办理公益储蓄的文书，包括璧山县正兴乡乡长提交璧山县县长的呈文、四川省第三区行政督察专员兼保安司令公署代电等。

1010. 璧山实验地方法院审理诬告一案　12－12－1007

1942年11月至1943年5月，璧山实验地方法院关于李士林诬告欧潮海私藏烟土一案的文书，包括四川高等法院第一分院检察处训令、讯问笔录、刑事声请书、永川地方法院检察处与璧山地方法院检察处的公函、璧山实验地方法院检察官不起诉处分书等。

1011. 璧山实验地方法院审理窝藏赃物一案　12－12－1008

1942年6月至1942年7月，璧山实验地方法院关于龙叶氏窝藏赃物一案的文书，包括刑事辩状、刑事诉状、刑事审理笔录、刑事声明状、刑事宣判笔录、璧山实验地方法院刑事判决书等。

1012. 璧山实验地方法院审理要求返还田业一案　12－12－1009

1942年6月至1944年2月，璧山实验地方法院关于王寿廷要求钟治轩返还田业一案的文书，包括民事诉状、民事辩状、民事审理笔录、璧山实验地方法院民事判决书、璧山实验地方法院民事裁定、四川高等法院第一分院发往璧山实验地方法院的公函等。

1013. 璧山实验地方法院审理要求撤销买卖田谷契约一案　12－12－1010

1942年5月至1942年6月，璧山实验地方法院关于任振源要求撤销买卖田谷契约一案的文书，包括民事诉状、民事答辩状、民事审理笔录、璧山实验地方法院民事判决书等。

1014. 四川高等法院第一分院审理要求确认买卖山林契约有效一案　12－12－1011

1942年8月至1943年5月，四川高等法院第一分院关于蒋世梁要求确认买卖山林契约有效一案的文书，包括民事诉状、民事委任状、璧山实验地方法院与四川高等法院第一分院的往来公函、民事辩状、四川高等法院第一分院民事裁定、辩论笔录、民事续状、民事声请书等。

1015. 璧山实验地方法院审理要求交还田业执行一案　12－12－1012

1942年8月至1942年10月，璧山实验地方法院关于李科联要求钟万兴交还田业执行一案的文书，包括民事声请书、璧山实验地方法院民事判决书等。

1016. 璧山实验地方法院审理要求交还田业执行一案　12－12－1013

1942年11月至1943年3月，璧山实验地方法院关于汪治臣要求刘国藩交还田业执行一案的文书，包括民事执行状、璧山实验地方法院民事判决书、民事委任状等。

1017. 璧山实验地方法院审理要求交还田业执行一案　12－12－1014

1942年10月至1942年11月，璧山实验地方法院关于李小鲁要求李咸一交还田业执行一案的文书，包括民事声请书、民事委任状、训令、民事领状璧山实验地方法院民事和解笔录等。

1018. 璧山实验地方法院审理租谷纠纷一案　12－12－1015

1942年9月至1942年12月，璧山实验地方法院关于张明清租谷纠纷一案的文书，包括民事诉状、民事审理笔录、璧山实验地方法院民事判决书、民事执行状等。

1019. 璧山实验地方法院审理要求抚养费执行一案　12－12－1016

1942年11月至1942年12月，璧山实验地方法院关于陈文树要求抚养费执行一案的文书，包括民事续状、璧山实验地方法院执行命令、民事声请书、璧山实验地方法院民事判决书等。

1020. 璧山地方法院等审理要求返还食谷执行一案　12－12－1017

1942 年 2 月至 1943 年 12 月，璧山地方法院等关于何修予要求杨南轩返还食谷执行一案的文书，包括璧山实验地方法院民事判决书、璧山地方法院与四川高等法院第一分院的往来公函、民事委任状、民事领状等。

1021. 璧山实验地方法院审理要求返还板仓一案　12－12－1018

1942 年 6 月至 1942 年 9 月，璧山实验地方法院关于雷炳廷要求雷绍海返还板仓一案的文书，包括民事诉状、璧山实验地方法院检察处批示、民事声请书、民事审理笔录、璧山实验地方法院民事判决书、璧山实验地方法院民事裁定等。

1022. 璧山地方法院审理要求赔偿损失一案　12－12－1019

1942 年 2 月至 1942 年 4 月，璧山地方法院关于王敬思要求陈洪兴赔偿损失一案的文书。王敬思以陈洪兴侵占并损毁自己的幽冥券为由提起诉讼，要求陈赔偿经济损失。该卷文书包括璧山地方法院刑事附带民事裁定、刑事诉状、巴县西永乡保长提交璧山地方法院的呈文、辩论笔录、璧山地方法院民事判决书等。

1023. 璧山实验地方法院审理擅挪兵役一案　12－12－1020

1942 年 6 月至 1942 年 10 月，璧山实验地方法院关于罗士尧擅挪兵役一案的文书。罗士尧作为保长，擅自拉人送服兵役，被郭义和等人告上法庭。该卷文书包括审理笔录、民事诉状、民事保状、璧山县政府训令等。

1024. 璧山地方法院审理分割遗产纠纷一案　12－12－1021

1940 年 9 月至 1942 年 4 月，璧山地方法院关于萧臣铭分割遗产纠纷一案的文书，包括民事诉状、民事辩状、审理笔录、民事委任状、民事宣判笔录、璧山地方法院民事判决书、璧山地方法院检察官起诉书等。

1025. 四川高等法院第一分院、璧山实验地方法院审理分割田产纠纷一案　12－12－1022

1942 年 9 月至 1943 年 4 月，四川高等法院第一分院、璧山实验地方法院关于何树堂分割田产纠纷一案的文书，包括民事诉状、璧山实验地方法院与四川高等法院第一分院的往来公函、璧山实验地方法院民事裁定、民事补诉状、民事声请书、民事委状、辩论笔录、民事缴状、民事答辩状、四川高等法院第一分院民事判决书等。

1026. 四川高等法院第一分院、璧山地方法院审理要求终止土地租约一案　12—12—1023

1941 年 12 至 1942 年 8 月，四川高等法院第一分院、璧山地方法院关于余杨氏要求终止土地租约一案的文书，包括民事诉状、民事缴状、璧山地方法院与四川高等法院第一分院的往来公函、辩论笔录、民事委任状、民事和解状、民事辩状、审理笔录、璧山地方法院民事判决书等。

1027. 璧山地方法院审理要求给付食谷一案　12—12—1024

1942 年 3 月至 1942 年 5 月，璧山地方法院关于邓炳安要求曾照阳给付食谷一案的文书，包括民事诉状、民事委任状、民事审理笔录、璧山地方法院民事判决书、璧山地方法院民事裁定等。

1028. 璧山地方法院审理租谷纠纷一案　12—12—1025

1942 年 3 月至 1942 年 4 月，璧山地方法院关于甘炳臣要求王均平给付租谷一案的文书，包括民事诉状、民事审理笔录、民事委任状、璧山地方法院民事和解笔录等。

1029. 璧山实验地方法院审理要求交还房屋一案　12—12—1026

1942 年 8 月至 1942 年 9 月，璧山实验地方法院关于贺耀光要求朱启文交还房屋一案的文书，包括民事诉状、璧山实验地方法院民事裁定、璧山县政府经收处发往璧山实验地方法院的公函、璧山实验地方法院民事判决书、民事辩状、审理笔录等。

1030. 四川高等法院第一分院审理交还房屋上诉一案　12—12—1027

1942 年 9 月至 1942 年 12 月，四川高等法院第一分院关于朱启文交还房屋上诉一案的文书，包括民事诉状、璧山实验地方法院与四川高等法院第一分院的往来公函、民事证明书、民事委任状、璧山县政府经收处发往璧山实验地方法院的公函、辩论笔录、四川高等法院第一分院和解笔录等。

1031. 璧山实验地方法院审理要求交还田业执行一案　12—12—1028

1942 年 12 月，璧山实验地方法院关于张泰康要求廖兴发交还田业执行一案的文书，包括民事声请书、璧山实验地方法院民事判决书等。

1032. 四川高等法院第一分院、璧山地方法院等审理要求交还房屋一案　12－12－1029

1942年4月至1942年8月，四川高等法院第一分院、璧山地方法院等关于郑遗书要求张银轩交还房屋一案的文书，包括民事声请书、璧山实验地方法院民事裁定、四川高等法院第一分院民事裁定、璧山地方法院与四川高等法院第一分院的往来公函等。

1033. 璧山地方法院等审理申请离婚等五案　12－12－1030

1941年5月至1944年11月，璧山地方法院等关于张傅氏申请离婚案、陈纪皋要求终止土地租约案、王云仙要求陈泽林赔偿树价案、王云仙要求彭炳臣交还田业案、杨鲁山债务纠纷案等五案的文书，包括璧山地方法院与四川高等法院第一分院的往来公函、璧山实验地方法院民事判决书、璧山实验地方法院民事裁定等。

1034. 四川高等法院第一分院、璧山实验地方法院审理回赎典产纠纷一案　12－12－1031

1942年7月至1942年12月，四川高等法院第一分院、璧山实验地方法院关于郭季璜回赎典产纠纷一案的文书，包括民事诉状、璧山实验地方法院民事裁定、璧山实验地方法院与四川高等法院第一分院的往来公函、民事委状、民事答辩状、辩论笔录、四川高等法院第一分院民事判决书等。

1035. 璧山地方法院等审理要求返还军纱案、盗窃案两案　12－12－1032

1942年1月至1942年11月，璧山地方法院等关于朱举贤要求罗涛清返还军纱案、欧武国盗窃案两案的文书，包括民事诉状、审理笔录、民事委任状、民事反诉状、民事声请书、璧山实验地方法院检察官不起诉处分书、民事宣判笔录、璧山实验地方法院民事判决书等。

1036. 璧山实验地方法院审理要求交还房屋执行一案　12－12－1033

1942年6月至1942年8月，璧山实验地方法院关于何李氏要求彭锡章交还房屋执行一案的文书，包括民事执行状、民事委任状、璧山实验地方法院执行命令、执行笔录、民事诉状、璧山实验地方法院训令、民事领状等。

1037. 璧山地方法院审理要求解除租佃关系一案　12－12－1034

1942年2月至1942年3月，璧山地方法院关于雷在全要求解除租佃关系一案的文书，包括民事诉状、民事辩状、民事审理笔录、璧山地方法院民事判决书等。

1038. 璧山实验地方法院审理要求确认买卖田土房屋无效一案　12—12—1035

1942 年 10 月至 1942 年 12 月，璧山实验地方法院关于王良臣要求确认买卖田土房屋无效一案的文书，包括民事诉状、民事委状、民事审理笔录、民事催状、律师意见书等。

1039. 璧山地方法院等审理要求撤销石碑一案　12—12—1036

1942 年 1 月至 1942 年 7 月，璧山地方法院等关于戴敬之要求龙寿山撤销石碑一案的文书。戴敬之以龙寿山所立石碑影响交通为由提起诉讼，要求龙将石碑撤走。该卷文书包括民事诉状、民事审理笔录、民事委状、璧山县正兴乡乡公所提交璧山地方法院的呈文、民事答辩状、璧山地方法院民庭命令、查勘笔录、璧山实验地方法院训令、璧山实验地方法院民事判决书、璧山地方法院与四川高等法院第一分院的往来公函等。

1040. 璧山实验地方法院审理租谷纠纷一案　12—12—1037

1942 年 10 月至 1943 年 1 月，璧山实验地方法院关于董荣廷租谷纠纷一案的文书，包括民事诉状、民事审理笔录、民事委任状、璧山实验地方法院民事判决书等。

1041. 四川高等法院第一分院审理要求给付生活费一案　12—12—1038

1942 年 7 月至 1943 年 10 月，四川高等法院第一分院关于戈锡铨要求给付生活费一案的文书，包括民事诉状、璧山实验地方法院与四川高等法院第一分院的往来公函、璧山实验地方法院民事裁定、辩论笔录、四川高等法院第一分院民事裁定、民事声请书等。

1042. 璧山县政府审理违犯户籍法一案　12—12—1039

1941 年 3 月，璧山县政府关于违犯户籍法一案的文书，包括璧山县政府 1941 年 3 月 22 日清查本县城中镇、第二次清查本县城中镇、城东镇户口查获嫌人一览表，璧山县政府审理违反户籍法案点名单等。

1043. 璧山实验地方法院审理要求返还毛铁执行、因债务纠纷要求法院发布支付命令案两案　12—12—1040

1942 年 8 月至 1942 年 12 月，璧山实验地方法院关于曾树培要求陈静辉返还毛铁执行案、曾树培因债务纠纷要求法院发布支付命令案两案的文书，包括民事声请书、璧山实验地方法院执行命令、民事领状、璧山实验地方法院支付命令等。

1044. 四川高等法院第一分院、璧山地方法院审理要求终止土地租约一案　12—12—1041

1941年11月至1942年2月，四川高等法院第一分院、璧山地方法院关于李儒林要求终止土地租约一案的文书，包括璧山地方法院民事判决书、璧山地方法院与四川高等法院第一分院的往来公函、民事诉状、璧山地方法院民事裁定四川高等法院第一分院民事裁定等。

1045. 璧山实验地方法院审理要求交还田业执行一案　12—12—1042

1942年10月至1943年1月，璧山实验地方法院关于谢仲芳要求谭玉辉交还田业执行一案的文书，包括民事声请书、民事委任状、璧山实验地方法院民事判决书、璧山实验地方法院执行命令、执行笔录、璧山实验地方法院训令、民事保状等。

1046. 四川高等法院第一分院审理析分家产纠纷上诉一案　12—12—1043

1942年5月至1942年7月，四川高等法院第一分院关于石合兴析分家产纠纷上诉一案的文书，包括民事诉状、璧山实验地方法院与四川高等法院第一分院的往来公函等。

1047. 璧山地方法院审理析分家产纠纷一案　12—12—1044

1942年1月至1942年5月，璧山地方法院关于石合兴析分家产纠纷一案的文书，包括民事诉状、民事审理笔录、璧山地方法院民事判决书、璧山地方法院民事裁定、璧山地方法院与四川高等法院第一分院的往来公函等。

1048. 四川高等法院第一分院审理杀人未遂一案　12—12—1045

1942年6月至1942年10月，四川高等法院第一分院关于陈炳荣杀人未遂一案的文书，包括璧山实验地方法院上诉理由书、刑事诉状、刑事选任状、刑事委状、审判笔录、四川高等法院第一分院刑事判决书、四川高等法院第一分院刑事附带民事判决书、璧山实验地方法院与四川高等法院第一分院的往来公函等。

1049. 最高法院审理争夺堰塘所有权上诉一案　12—12—1046

1941年11月，最高法院关于胡明星与杨文辉争夺堰塘所有权上诉一案的文书，包括民事诉状、最高法院民事裁定等。

1050. 四川高等法院第一分院、璧山县政府、璧山地方法院等审理要求返还田土契约一案　12－12－1047

1942年1月至1942年12月，四川高等法院第一分院、璧山县政府、璧山地方法院等关于杨文辉要求胡明兴返还田土契约一案的文书，包括璧山地方法院与四川高等法院第一分院的往来公函、四川高等法院第一分院民事判决书、璧山县政府民事堂谕代判书、民事诉状、民事委状、民事答辩状、民事审理笔录、民事声请书、民事补诉状、民事调解状、璧山实验地方法院民事判决书、璧山实验地方法院民事裁定、民事缴状等。

1051. 璧山实验地方法院审理要求返还典业一案　12－12－1048

1943年2月至1943年4月，璧山实验地方法院关于龙朱绍荣要求龙曾氏返还典业一案的文书，包括璧山实验地方法院与四川高等法院第一分院的往来公函等。

1052. 四川高等法院第一分院审理石碑纠纷上诉一案　12－12－1049

1942年6月至1943年4月，四川高等法院第一分院关于龙寿山因石碑纠纷上诉一案的文书。戴敬之以龙寿山所立石碑阻碍交通为由提起诉讼，法院判决要求龙拆除石碑，龙寿山不服判决提起上诉。该卷文书包括璧山实验地方法院与四川高等法院第一分院的往来公函、民事诉状、辩论笔录、民事委任状、宣告判决笔录、四川高等法院第一分院民事判决书等。

1053. 璧山实验地方法院审理申请支付命令一案　12－12－1050

1942年6月，璧山实验地方法院关于王光宋因债务纠纷申请支付命令一案的文书。王光宋以刘巫氏拖欠债务为由提起诉讼，要求法院发布支付命令催促其偿还债务。该卷文书包括民事声请书、支付命令等。

1054. 璧山实验地方法院审理申请撤销和解一案　12－12－1051

1942年8月至1942年9月，璧山实验地方法院关于刘必达申请撤销和解一案的文书。刘必达与刘超伦因租佃纠纷打过官司，经法院调解二人和解，如今刘必达认为和解不利于自己，故申请法院撤销和解。该卷文书包括民事诉状、审理笔录、璧山实验地方法院民事判决书等。

1055. 璧山地方法院等审理要求交还田业一案　12－12－1052

1942年2月至1942年10月，璧山地方法院等关于胡文周要求周安全交还田业一案的文书，包括民事声请书、璧山地方法院民事判决书、民事执行状、璧山实验地方法院执行命令、民事诉状、民事审理笔录等。

1056. 璧山县政府、璧山县政府军法庭审理会款纠纷等五案　12－12－1053

1934 年 10 月至 1944 年 7 月，璧山县政府、璧山县政府军法庭关于陈元山会款纠纷案、殷福兴会款纠纷案、徐万顺会款纠纷案、李乔松越狱案、连一民交还田业纠纷案等五案的文书，包括璧山县政府民事判决书、何炳臣提交璧山县政府军法庭的呈文、审理笔录、璧山县城中镇镇长提交璧山县县长的呈文、璧山县政府军法监狱提交璧山县县长的呈文等。

1057. 璧山实验地方法院审理买卖田土纠纷案、终止土地租约案两案　12－12－1054

1942 年 6 月至 1947 年 3 月，璧山实验地方法院关于达王氏买卖田土纠纷案、严方成要求终止土地租约案两案的文书，包括民事委任状、璧山实验地方法院与四川高等法院第一分院的往来公函、民事辩状、辩论笔录、民事声请书、璧山实验地方法院民事判决书、民事委状等。

1058. 四川高等法院第一分院、璧山实验地方法院审理租谷纠纷案、返还田产案两案　12－12－1055

1942 年 10 月至 1943 年 6 月，四川高等法院第一分院、璧山实验地方法院关于杨国安租谷纠纷案、胡联辉要求周全安返还田产案两案的文书，包括璧山实验地方法院民事裁定、民事诉状、璧山实验地方法院与四川高等法院第一分院的往来公函、民事声请书、民事委状、言辞辩论笔录、四川高等法院第一分院民事判决书、璧山实验地方法院民事判决书等。

该档案另附有璧山地方法院 1941 年 11 月份与 12 月份的收入计算书、收支对照表等。

1059. 璧山地方法院等审理声请除权一案　12－12－1056

1942 年 4 月至 1942 年 6 月，璧山地方法院等关于蔡德辉声请除权一案的文书。蔡德辉的支票被汪志超损毁，为保护自己的利益不受损失，蔡德辉声请法院做出除权判决。该卷文书包括民事声请书、审理笔录、民事委任状、璧山实验地方法院民事除权判决书等。

1060. 四川高等法院第一分院、璧山实验地方法院审理申请假扣押一案　12－12－1057

1942 年 7 月，四川高等法院第一分院、璧山实验地方法院关于张华廷申请假扣押一案的文书。张华廷与张松林因典当土地产生纠纷，张华廷申请法院扣押张松林的田地以便自己收回土地。该卷文书包括民事声请书、审理笔录、璧山实验地方法院民事裁定、四川高等法院第一分院民事判决书等。

1061. 璧山实验地方法院审理要求给付生活费一案　12—12—1058

1942年7月至1942年8月，璧山实验地方法院关于汪欧氏要求汪罗氏给付生活费一案的文书，包括民事诉状、民事审理笔录、民事委状、璧山实验地方法院民事和解笔录等。

1062. 璧山实验地方法院审理要求终止土地租约一案　12—12—1059

1942年7月至1942年8月，璧山实验地方法院关于陈良弼要求终止土地租约一案的文书，包括民事诉状、民事声请书、民事审理笔录、璧山实验地方法院民事和解笔录等。

1063. 璧山实验地方法院审理回赎典产纠纷一案　12—12—1060

1942年7月至1942年8月，璧山实验地方法院关于戴金盛回赎典产纠纷一案的文书。戴金盛在回赎典当给戴相林的财产时二人发生纠纷，后经调解和解。该卷文书包括民事声请书、民事调解笔录等。

1064. 四川高等法院第一分院审理买卖树木纠纷一案　12—12—1061

1942年4月至1942年10月，四川高等法院第一分院关于冯张祥买卖树木纠纷一案的文书，包括民事诉状、四川高等法院第一分院民事判决书、四川高等法院第一分院民事裁定、民事缴状、璧山地方法院与四川高等法院第一分院的往来公函、辩论笔录、民事委任状等。

1065. 最高法院审理租佃契约纠纷上诉一案　12—12—1062

1941年10月至1942年11月，最高法院关于陈文氏租佃契约纠纷上一诉案的文书，包括四川高等法院第一分院发往最高法院的公函、民事诉状、最高法院民事裁定等。

1066. 璧山实验地方法院审理要求终止土地租约一案　12—12—1063

1942年10月至1942年12月，璧山实验地方法院关于蔡怀明要求终止土地租约一案的文书，包括民事诉状、民事委任状、民事辩状、民事审理笔录、璧山实验地方法院民事和解笔录等。

1067. 璧山实验地方法院审理要求交还田业执行案、伤人案两案　12—12—1064

1942年5月至1942年9月，璧山实验地方法院关于陈元德要求邹兴全交还田业执行案、张映超等人以办案为由而伤人两案的文书，包括璧山实验地方法院民事庭通知书、璧山实验地方法院民事判决书、璧山实验地方法院执行命令、训令、民事领状、执行笔录、讯问笔录等。

1068. 璧山实验地方法院审理要求赔偿树木执行一案　12—12—1065

1943年8月至1943年9月，璧山实验地方法院关于周国光要求杨大富赔偿树木执行一案的文书，包括璧山实验地方法院看守所提交璧山实验地方法院民事执行庭的呈文、执行笔录、民事保状等。

1069. 璧山实验地方法院审理申请领取证物一案　12—12—1066

1942年6月至1942年9月，璧山实验地方法院关于符罗氏申请领取证物一案的文书。符罗氏曾因租佃纠纷打过官司，案件了结后符申请取回提交给法院的证物。该卷文书包括民事领状等。

1070. 璧山地方法院审理房屋所有权纠纷执行一案　12—12—1067

1942年1月，璧山地方法院关于刘献廷房屋所有权纠纷执行一案的文书，包括民事诉状、璧山地方法院民事判决书、四川高等法院第一分院民事裁定等。

1071. 璧山实验地方法院审理要求返还板仓一案　12—12—1068

1942年9月至1943年4月，璧山实验地方法院关于雷炳庭要求雷绍海返还板仓一案的文书，包括璧山实验地方法院与四川高等法院第一分院的往来公函等。

1072. 璧山实验地方法院审理要求交付土地契约及田产一案　12—12—1069

1942年9月至1944年12月，璧山实验地方法院关于谢双合要求张金山交付土地契约及田产一案的文书，包括璧山实验地方法院与四川高等法院第一分院的往来公函、民事呈状等。

1073. 四川高等法院第一分院、璧山地方法院等审理要求交还田契及田产一案　12—12—1070

1942年1月至1943年8月，四川高等法院第一分院、璧山地方法院等关于谢双合要求张金山交付土地契约及田产一案的文书，包括民事诉状、民事委任状、审理笔录、民事宣判笔录、璧山实验地方法院民事判决书、民事缴状、璧山地方法院与四川高等法院第一分院的往来公函、璧山实验地方法院民事裁定、辩论笔录、四川高等法院第一分院民事判决书等。

1074. 璧山实验地方法院审理债务执行一案　12—12—1071

1942 年 10 月至 1943 年 9 月，璧山实验地方法院关于张锡光债务执行一案的文书，包括民事执行状、支付命令、璧山实验地方法院民事裁定、民事委任状、璧山实验地方法院执行命令、执行讯问笔录、璧山实验地方法院布告、训令、民事和解状等。

1075. 四川高等法院第一分院审理要求补偿业价上诉一案　12—12—1072

1942 年 2 月至 1942 年 6 月，四川高等法院第一分院关于邓曾氏要求朱治安补偿业价上诉一案的文书，包括璧山地方法院与四川高等法院第一分院的往来公函、民事诉状、四川高等法院第一分院民事裁定等。

1076. 璧山实验地方法院审理申请领取证物案、申请司法救助案两案　12—12—1073

1942 年 9 月至 1942 年 12 月，璧山实验地方法院关于朱银安申请领取证物案、邓碧云因交还产业纠纷申请司法救助案两案的文书，包括民事领状、民事声请书、民事保状、璧山实验地方法院民事裁定等。

1077. 璧山地方法院审理要求给付食谷一案　12—12—1074

1942 年 1 月，璧山地方法院关于谭忠万要求魏德培给付食谷一案的文书，包括民事诉状、民事和解书等。

1078. 璧山实验地方法院等审理盗窃及窝藏赃物一案　12—12—1075

1942 年 5 月，璧山实验地方法院等关于龙刘氏等人盗窃及窝藏赃物一案的文书，包括璧山县政府发往璧山实验地方法院的公函、讯问笔录、刑事保状、璧山实验地方法院检察官起诉书等。

1079. 璧山地方法院等审理食谷所有权纠纷等三案　12—12—1076

1941 年 10 月至 1942 年 8 月，璧山地方法院等关于萧伯昌食谷所有权纠纷案、张炳奎因债务纠纷申请支付命令案、徐栋梁抢夺他人财物案三案的文书，包括民事声请书、民事诉状、审理笔录、璧山实验地方法院民事裁定、璧山地方法院支付命令、璧山地方法院检察官不起诉处分书等。

1080. 四川高等法院第一分院、璧山地方法院审理请求终止土地租约一案　12—12—1077

1942 年 1 月至 1942 年 5 月，四川高等法院第一分院、璧山地方法院关于罗银山请求终止土地租约一案的文书，包括民事诉状、璧山地方法院民事裁定、璧山地方法院与四川高等法院第一分院的往来公函、民事委任状、辩论笔录、璧山地方法院民事判决书、四川高等法院第一分院民事判决书等。

1081. 璧山地方法院审理申请存查一案　12－12－1078

1942 年 3 月，璧山地方法院关于任彬武申请存查一案的文书。任彬武丢失私章一枚，为防以后产生意外，特向法院申请将此备案存查。该卷文书包括民事存查状等。

1082. 璧山地方法院审理申请领取证物案、肉税纠纷案两案　12－12－1079

1936 年 8 月至 1942 年 5 月，璧山地方法院关于李茂云申请领取证物案、陈仲桢肉税纠纷案两案的文书，包括民事声请书、璧山县征收局训令等。

1083. 璧山地方法院审理租佃纠纷一案　12－12－1080

1942 年 3 月至 1942 年 5 月，璧山地方法院关于李荣臣租佃纠纷一案的文书。李荣臣与张仲书因租佃纠纷提起诉讼，后经调解和解。该卷文书包括民事和解书、民事声请书、领款笔录等。

1084. 璧山地方法院审理要求赔偿损失执行一案　12－12－1081

1942 年 1 月，璧山地方法院关于李来宾要求徐海山赔偿损失执行一案的文书。李来宾以徐海山破坏自家坟墓为由提起诉讼，要求徐赔偿损失。该卷文书包括民事执行状、璧山地方法院民事判决书等。

1085. 四川高等法院第一分院审理要求给付生活费一案　12－12－1082

1942 年 10 月至 1943 年 2 月，四川高等法院第一分院关于冯张氏要求冯光兴给付生活费一案的文书，包括民事声请书、璧山实验地方法院与四川高等法院第一分院的往来公函、四川高等法院第一分院民事裁定、民事和解书等。

1086. 璧山实验地方法院审理申请别居一案　12－12－1083

1942 年 8 月至 1942 年 10 月，璧山实验地方法院关于冯张氏申请别居一案的文书，包括民事诉状、民事辩状、审理笔录、璧山实验地方法院民事判决书等。

1087. 璧山实验地方法院审理要求赔偿税款担保金一案　12－12－1084

1943 年 1 月至 1943 年 4 月，璧山实验地方法院关于杨银山要求曾林普赔偿税款担保金一案的文书。杨银山担保曾林普能够缴纳税款，结果曾未能按时缴纳税款，杨银山损失了担保金后要求曾林普赔偿。该卷文书包括民事诉状、民事委任状、民事辩状、民事审理笔录、璧山实验地方法院民事和解笔录、民事声请书、执行讯问笔录等。

1088. 四川高等法院第一分院审理要求交还田业一案　12－12－1085

1942 年 8 月至 1942 年 12 月，四川高等法院第一分院关于黄府田要求黄海珉交还田业一案的文书，包括民事诉状、璧山实验地方法院与四川高等法院第一分院的往来公函、辩论笔录、民事委任状、四川高等法院第一分院民事判决书等。

1089. 璧山地方法院审理申请领取证物一案　12－12－1086

1942 年 4 月至 1942 年 5 月，璧山地方法院关于张树成申请领取证物一案的文书。张树成曾因租佃纠纷打过官司，案件了结后张申请取回提交给法院的证物。该卷文书包括民事领状等。

1090. 璧山地方法院审理山场所有权纠纷一案　12－12－1087

1942 年 3 月至 1942 年 4 月，璧山地方法院关于伍炳臣山场所有权纠纷一案的文书。伍炳臣与伍茂廷因争夺山场所有权打官司，后双方中止诉讼。该卷文书包括民事诉状、民事审理笔录等。

1091. 四川高等法院第一分院、璧山地方法院等审理要求确认买卖田产契约有效一案　12－12－1088

1942 年 4 月至 1943 年 6 月，四川高等法院第一分院、璧山地方法院等关于曹蒋氏要求确认买卖田产契约有效一案的文书，包括民事诉状、民事委状、民事声请书、民事辩状、审理笔录、璧山实验地方法院发往自贡市卫戍司令部军法处的公函、璧山实验地方法院民事判决书、内井警备司令部发往璧山地方法院的公函、民事和解书、璧山县三教乡乡长提交璧山地方法院的呈文、四川高等法院第一分院民事裁定等。

1092. 璧山地方法院审理要求确认租佃契约无效一案　12－12－1089

1942 年 1 月至 1942 年 3 月，璧山地方法院关于唐祖湘要求确认租佃契约无效一案的文书，包括民事诉状、民事审理笔录、民事答辩状等。

1093. 璧山地方法院审理因违反印花税法缴纳罚款一案　12－12－1090

1941 年 7 月至 1942 年 3 月，璧山地方法院关于何万法等人因违反印花税法缴纳罚款一案的文书，包括璧山地方法院发往同院检察官的公函、璧山地方法院刑事裁定、刑事领状等。

1094. 四川高等法院第一分院、璧山实验地方法院审理租谷纠纷一案　12—12—1091

1942年5月至1942年11月，四川高等法院第一分院、璧山实验地方法院关于朱汉臣租谷纠纷一案的文书，包括璧山实验地方法院民事裁定、民事诉状、璧山实验地方法院与四川高等法院第一分院的往来公函、辩论笔录、民事声明、民事委状、宣告判决笔录、四川高等法院第一分院民事判决书、璧山实验地方法院民事判决书等。

1095. 璧山实验地方法院审理租谷纠纷执行一案　12—12—1092

1942年12月至1943年5月，璧山实验地方法院关于李开明租谷纠纷执行一案的文书，包括民事执行状、璧山实验地方法院民事判决书、璧山实验地方法院执行命令、民事声请书、民事补诉状、民事领状等。

1096. 璧山实验地方法院审理要求交还田房执行一案　12—12—1093

1942年12月至1943年5月，璧山实验地方法院关于张罗氏要求张玉清交还田房执行一案的文书，包括刑事声请书、璧山实验地方法院刑事判决书、璧山实验地方法院执行命令、执行笔录、训令等。

1097. 璧山实验地方法院审理要求返还田业执行一案　12—12—1094

1942年7月至1943年3月，璧山实验地方法院关于周银成要求周泰清返还田业执行一案的文书，包括民事声请书、璧山实验地方法院民事判决书、璧山实验地方法院执行命令、训令、民事执行状、执行笔录等。

1098. 璧山实验地方法院审理要求返还田地契约一案　12—12—1095

1942年10月至1942年11月，璧山实验地方法院关于曹寿康要求石德荣返还田地契约一案的文书。曹寿康提起诉讼要求石德荣返还田契，后双方中止诉讼。该卷文书包括民事诉状等。

1099. 璧山地方法院审理买卖稻谷纠纷一案　12—12—1096

1941年12月至1942年3月，璧山地方法院关于柯体仁买卖稻谷纠纷一案的文书，包括民事诉状、民事审理笔录、民事补诉状、璧山地方法院民事判决书等。

1100. 四川高等法院第一分院审理要求赔偿树木一案　12—12—1097

1942年8月，四川高等法院第一分院关于李长荣要求张子敬赔偿树木一案的文书，包括民事诉状等。

1101. 四川高等法院第一分院审理要求赔偿树木一案　12—12—1098

1942年8月至1943年2月，四川高等法院第一分院关于李长荣要求张子敬赔偿树木一案的文书，包括辩论笔录、璧山实验地方法院与四川高等法院第一分院的往来公函、民事诉状、民事委任状、民事答辩状等。

1102. 璧山县田赋受理处审理典当土地纠纷一案　12—12—1099

1942年5月，璧山县田赋受理处关于李志仕典当土地纠纷一案的文书，包括璧山县田赋管理处与璧山实验地方法院的往来公函等。

1103. 璧山地方法院审理要求增加给付会款一案　12—12—1100

1942年4月，璧山地方法院关于王昇东要求增加给付会款一案的文书。王昇东于抗战前加入朱泽霖所办的群贤会，如今物价飞涨王昇东申请群贤会增加付给自己的会款。该卷文书包括民事声请书等。

1104. 璧山县政府审理买卖田房纠纷一案　12—12—1101

1934年3月至1934年10月，璧山县政府关于向昆山买卖田房纠纷一案的文书，包括民事诉状、民事辩状、审理笔录、璧山县政府与璧山县征收局的往来公函等。

1105. 重庆市政府函请璧山县政府代传蒋振声一案　12—12—1102

1934年4月至1934年5月，重庆市政府函请璧山县政府代传蒋振声一案的文书。蒋振声拖欠债务，被罗雷氏告上法庭，重庆市政府函请璧山县政府代传蒋振声。该卷文书包括重庆市政府与璧山县政府的往来公函等。

1106. 普利田园会会书　12—12—1103

该档案仅包括普利田园会会书一份。

1107. 璧山县司法处审理土地租佃权纠纷一案　12—12—1104

1938年12月至1939年4月，璧山县司法处关于蔡辉武土地租佃权纠纷一案的文书，包括民事诉状、审理笔录、民事反诉状、璧山县司法处民事判决书等。

1108. 璧山县政府审理债务纠纷两案　12—12—1105

1934 年 7 月至 1934 年 11 月，璧山县政府关于周恒泰债务纠纷案、周海臣债务纠纷案两案的文书，包括四川高等法院第一分院训令、民事诉状、民事辩状等。

1109. 璧山县政府审理债务纠纷一案　12—12—1106

1934 年 12 月至 1935 年 1 月，璧山县政府关于郭炳辉等债务纠纷一案的文书，包括民事诉状、民事辩状、审理笔录等。

1110. 璧山县政府审理买卖田房纠纷一案　12—12—1107

1934 年 10 月至 1934 年 11 月，璧山县政府关于王兴邦等买卖田房纠纷一案的文书，包括民事诉状、民事辩状、审理笔录等。

1111. 璧山县政府审理债务纠纷一案　12—12—1108

1934 年 2 月至 1934 年 11 月，璧山县政府关于谷静山等债务纠纷一案的文书，包括璧山县政府与巴县地方法院的往来公函、民事领状等。

1112. 璧山县政府审理会款纠纷一案　12—12—1109

1934 年 10 月至 1934 年 11 月，璧山县政府关于龙春山等会款纠纷一案的文书，包括民事诉状、审理笔录、璧山县政府堂谕代判书、民事保状等。

1113. 四川高等法院第一分院、巴县地方法院、璧山县政府审理布款纠纷等五案　12—12—1110

1933 年 12 月至 1935 年 3 月，四川高等法院第一分院、巴县地方法院、璧山县政府关于布款纠纷案、租佃纠纷案、货款纠纷案、债务纠纷案、会款纠纷案五案的文书，包括璧山县政府民事判决书、巴县地方法院民事裁定、四川高等法院第一分院民事判决书、璧山县政府民事堂谕代判书等。

1114. 璧山县政府审理债务纠纷一案　12—12—1111

1934 年 6 月至 1937 年 5 月，璧山县政府关于陈昆山债务纠纷一案的文书，包括民事诉状、民事保状、民事领状、四川省政府训令、民事执行状、审理笔录、璧山县政府发往四川省政府的公函等。

1115. 璧山县政府审理要求支付棉纱款一案　12－12－1112

1934 年 5 月至 1935 年 10 月，璧山县政府关于陈新伯要求邱银普支付棉纱款一案的文书，包括民事诉状、审理笔录、民事保状、民事辩状、璧山县政府民事判决书等。

1116. 璧山县政府审理买卖阴地纠纷一案　12－12－1113

1934 年 3 月至 1935 年 3 月，璧山县政府关于何冕堂买卖阴地纠纷一案的文书，包括民事诉状、审理笔录、巴县地方法院与璧山县政府的往来公函等。

1117. 璧山县政府、璧山县司法处审理债务纠纷案、伤人案两案　12－12－1114

1934 年 8 月至 1943 年 12 月，璧山县政府、璧山县司法处关于邱银普债务纠纷案、唐松林伤人案两案的文书，包括民事保状、璧山县司法处刑事判决书等。

该卷另有江苏私立正则女子职业学校提交璧山县政府的呈文、江苏私立正则女子职业学校蜀校暑假兵役宣传报告表等文书。

1118. 璧山县政府审理会款纠纷一案　12－12－1115

1934 年 7 月至 1934 年 9 月，璧山县政府关于王庶康等会款纠纷一案的文书，包括民事诉状、璧山县政府承发吏提交县长的报告等。

1119. 璧山县政府审理会款纠纷一案　12－12－1116

1933 年 12 月至 1934 年 10 月，璧山县政府关于胡相臣等会款纠纷一案的文书，包括民事诉状、璧山县法警提交县长的报告、民事领状等。

1120. 璧山县政府审理要求返还耕牛一案　12－12－1117

1934 年 9 月至 1934 年 10 月，璧山县政府关于任德宣要求陈三合返还耕牛一案的文书。任德宣将耕牛借给陈三合，陈却将耕牛卖掉，任提起诉讼要求陈返还耕牛，档案包括民事诉状、璧山县政府训令等。

1121. 巴县地方法院审理债务纠纷抗告一案　12－12－1118

1934 年 7 月至 1934 年 8 月，巴县地方法院关于黄春山债务纠纷抗告一案的文书，包括民事抗告书、巴县地方法院民事裁定、民事诉状等。

1122. 璧山县政府审理租佃土地纠纷一案　12－12－1119

1934 年 8 月至 1935 年 3 月，璧山县政府关于蒋青云租佃土地纠纷一案的文书。蒋青云与温焕廷在租赁土地过程中因租谷与租期问题产生纠纷,蒋青云提起诉讼要求法院维护自身利益。该卷文书包括璧山县政府与巴县地方法院的往来公函、民事执行状等。

1123. 璧山县政府审理坟地界限引发的纠纷一案　12－12－1120

年月不详,璧山县政府关于王姓与张姓人家因坟地界限引发的纠纷一案的文书,包括璧山县司法处执达员提交璧山县县长的报告等。

1124. 璧山县政府关于司法事务的文书档案　12－12－1121

年月不详,璧山县政府关于司法事务的文书,包括钟鸣皋提交璧山县县长的呈文等,内容为执达员送达书状的一些注意事项、调查声请破产一案的调查笔录等。

1125. 璧山县政府审理买卖耕牛纠纷一案　12－12－1122

1934 年 9 月,璧山县政府关于王万盛买卖耕牛纠纷一案的文书,包括审理笔录、民事诉状、民事辩状等。

1126. 四川高等法院第一分院、璧山县政府审理典当田业纠纷一案　12－12－1123

1933 年 5 月至 1934 年 1 月,四川高等法院第一分院、璧山县政府关于彭卢氏典当田业纠纷一案的文书,包括璧山县政府发往四川高等法院第一分院的呈文、民事诉状、四川高等法院第一分院裁定、四川高等法院第一分院训令等。

1127. 璧山实验地方法院审理要求给付生活费执行一案　12－12－1124

1942 年 10 月至 1943 年 4 月,璧山实验地方法院关于何江氏要求何绍卿给付生活费执行一案的文书,包括民事执行状、璧山实验地方法院执行命令、璧山实验地方法院助理员提交院长的报告、民事委任状、执行笔录、民事保状、民事领状等。

1128. 璧山地方法院审理要求撤销典当田业契约一案　12－12－1125

1942 年 1 月至 1942 年 7 月,璧山地方法院关于陈王氏要求撤销典当田业契约一案的文书,包括民事诉状、民事参加状、民事委任状、民事辩状、民事审理笔录、璧山实验地方法院民事判决书、璧山实验地方法院民事裁定等。

1129. 璧山实验地方法院审理交还房屋执行一案　12－12－1126

1942 年 7 月,璧山实验地方法院关于王绍元要求何汉臣交还房屋执行一案的文书,四川高等法院第一分院判决何汉臣交还王绍元房屋后,何汉臣依然拒绝交还，王要求法院强制执行。该卷文书包括民事声请书、四川高等法院第一分院刑事附带民事判决书、四川高等法院第一分院刑事判决书等。

1130. 璧山地方法院审理渎职一案　12－12－1127

1942年1月至1942年2月，璧山地方法院关于郭安全渎职一案的文书。郭安全押解的犯人夏银轩趁其不备自缢身亡，郭安全因犯渎职罪被调查。该卷文书包括璧山地方法院检察官侦查笔录、璧山县福禄乡乡公所提交璧山地方法院的呈文、民事保状、璧山地方法院检察官不起诉处分书等。

该卷档案另有民国三十一年(1942年)为捕获设所卖烟供人吸食店主口供笔录。

1131. 璧山实验地方法院审理交还房屋执行一案　12－12－1128

1942年9月至1943年1月，璧山实验地方法院关于王绍元要求何汉臣交还房屋执行一案的文书，包括民事诉状、璧山实验地方法院执行命令、四川高等法院第一分院刑事附带民事判决书、执行笔录、璧山实验地方法院训令、民事领状等。

1132. 璧山实验地方法院审理缴纳罚金一案　12－12－1129

1942年10月至1942年12月，璧山实验地方法院关于雷述远因伤人而缴纳罚金一案的文书，包括璧山实验地方法院检察处发往本院民事执行庭的公函、璧山实验地方法院执行命令、璧山实验地方法院发往本院检察官的公函等。

1133. 四川高等法院第一分院、璧山县司法处、璧山地方法院审理争夺寺庙田产案、赔偿树木案两案　12－12－1130

1939年2月至1939年10月，四川高等法院第一分院、璧山县司法处、璧山地方法院关于僧吉星与僧吉安争夺寺庙田产案、张子敬要求李茂云赔偿树木案两案的文书，包括呈文、民事诉状、民事证明书、四川高等法院第一分院训令、民事答辩状、璧山县正心镇联保主任提交四川高等法院第一分院的呈文、审理笔录、民事委状、民事声请书、民事缴状、四川高等法院第一分院民事判决书、往来公函等。

1134. 四川高等法院第一分院、璧山县司法处、璧山地方法院审理申请领取证物等三案　12－12－1131

1938年9月至1942年9月，四川高等法院第一分院、璧山县司法处、璧山地方法院关于僧吉安申请领取证物案、僧吉星申请领取证物案、僧吉星与僧吉安争夺寺庙田产案等三案的文书，包括民事领状、璧山县司法处民事判决书、民事续诉状、训令、往来公函、四川高等法院第一分院民事判决书、璧山县佛教会提交璧山县司法处的呈文、审理笔录、民事诉状、民事委状等。

1135. 璧山地方法院审理要求终止土地租约一案　12—12—1132

1941年11月至1943年8月，璧山地方法院关于张树成要求终止土地租约一案的文书，包括璧山地方法院民事判决书、璧山地方法院与四川高等法院第一分院的往来公函等。

1136. 璧山实验地方法院审理拖欠租谷一案　12—12—1133

1942年9月至1942年11月，璧山实验地方法院关于李荣清拖欠租谷一案的文书，包括民事诉状、民事委状、民事辩状、民事参加状、民事辩论笔录、民事审理笔录、璧山实验地方法院民事判决书等。

1137. 璧山实验地方法院等审理争夺工厂所有权一案　12—12—1134

1943年3月至1944年5月，璧山实验地方法院等关于张明照争夺工厂所有权一案的文书，包括璧山实验地方法院民事判决书、璧山实验地方法院与四川高等法院第一分院的往来公函等。

1138. 四川高等法院第一分院、璧山实验地方法院审理租谷纠纷执行案、棉纱厂所有权纠纷案两案　12—12—1135

1942年9月至1943年5月，四川高等法院第一分院、璧山实验地方法院关于陈荣章租谷纠纷执行案、张明照棉纱厂所有权纠纷案两案的文书，包括民事声请书、民事执行笔录、璧山实验地方法院执行命令、民事执行状、民事委任状、民事领状、璧山实验地方法院民事判决书、四川高等法院第一分院民事判决书、民事诉状、民事辩状、民事审理笔录、民事展限状、璧山实验地方法院与重庆地方法院的往来公函等。

1139. 最高法院审理要求返还租赁物上诉一案　12—12—1136

1942年2月至1943年6月，最高法院关于谭炳章要求张树成返还租赁物上诉一案的文书，包括民事诉状、四川高等法院第一分院民事裁定、璧山地方法院与四川高等法院第一分院的往来公函、最高法院民事裁定书等。

1140. 四川高等法院第一分院、璧山地方法院审理租谷纠纷一案　12—12—1137

1942年3月至1942年11月，四川高等法院第一分院、璧山地方法院关于杨义发租谷纠纷一案的文书，包括璧山地方法院与四川高等法院第一分院的往来公函、民事声请书、民事委任状、辩论笔录、四川高等法院第一分院民事判决书、璧山地方法院民事裁定、民事诉状、四川高等法院第一分院民事和解笔录、璧山地方法院民事判决书等。

1141. 璧山地方法院审理租谷纠纷一案　12－12－1138

1942年1月至1942年4月，璧山地方法院关于邓元发租谷纠纷一案的文书，包括民事诉状、审理笔录、民事宣判笔录、璧山地方法院民事判决书等。

1142. 璧山地方法院审理要求偿还借谷一案　12－12－1139

1941年12月至1942年5月，璧山地方法院关于杨世荣要求张兴泰偿还借谷一案的文书。杨世荣以张兴泰拖欠借谷为由提起诉讼，要求张偿还谷物，后双方中止诉讼。该卷文书包括民事诉状、民事审理笔录等。

1143. 璧山实验地方法院审理租佃纠纷案、伤人案两案　12－12－1140

1942年9月至1943年1月，璧山实验地方法院关于张德庆租佃纠纷案、胡翠云因砍伐树木打伤胡思诚案两案的文书，包括民事声请书、民事调解笔录、民事委任状、璧山实验地方法院与四川高等法院第一分院的往来公函等。

1144. 四川高等法院第一分院审理要求赔偿被砍树木一案　12－12－1141

1942年5月至1942年12月，四川高等法院第一分院关于杨维三要求荣时亮赔偿被砍树木一案的文书，包括璧山实验地方法院与四川高等法院第一分院的往来公函、民事诉状、民事理由书、辩论笔录、四川高等法院第一分院民事判决书等。

1145. 璧山实验地方法院审理要求解除买卖山林契约一案　12－12－1142

1942年6月，璧山实验地方法院关于荣时亮要求解除买卖山林契约一案的文书，包括民事诉状、民事委状、璧山实验地方法院民事裁定等。

1146. 璧山地方法院审理租谷纠纷执行一案　12－12－1143

1941年11月，璧山地方法院关于罗银廷租谷纠纷执行一案的文书，包括民事声请书、璧山地方法院民事和解笔录、璧山地方法院训令、民事委任状、民事领状等。

1147. 璧山地方法院审理租谷纠纷一案　12－12－1144

1941年6月至1942年1月，璧山地方法院关于何万春租谷纠纷一案的文书，包括璧山地方法院民事判决书、璧山地方法院与四川高等法院第一分院的往来公函等。

1148. 四川高等法院第一分院、璧山地方法院审理租谷纠纷一案　12－12－1145

1941年4月至1941年10月，四川高等法院第一分院、璧山地方法院关于何万春租谷纠纷一案的文书，包括民事诉状、民事辩状、审判笔录、民事声请书、璧山地方法院民事判决书、璧山地方法院民事裁定、民事缴状、璧山地方法院与四川高等法院第一分院的往来公函、四川高等法院第一分院民事判决书等。

1149. 璧山实验地方法院审理贪污一案　12－12－1146

1942年11月，璧山实验地方法院关于柳春衡贪污一案的文书。柳春衡是璧山地方法院看守所的工作人员，因利用职务之便贪污犯人缴纳的赃物被告上法庭。该卷文书包括司法行政诉状等。

1150. 璧山地方法院审理析分家产存查一案　12－12－1147

1942年4月，璧山地方法院关于黄汉臣析分家产存查一案的文书。黄汉臣家族析分家产后，为防以后产生纠纷特向法院申请将此备案存查。该卷文书包括民事声请书等。

1151. 璧山地方法院审理再嫁存查两案　12－12－1148

1941年11月至1942年3月，璧山地方法院关于郑王氏再嫁存查案、文惠卿再嫁存查案两案的文书。两人均于再嫁后申请法院将此备案存查。该卷文书包括民事声请书等。

1152. 璧山地方法院审理要求给付毛铁执行一案　12－12－1149

1942年1月至1942年6月，璧山地方法院关于杨培炎要求杨江氏给付毛铁执行一案的文书，包括民事诉状、璧山地方法院民事判决书、璧山地方法院训令、璧山地方法院执达员提交院长的报告等。

1153. 四川高等法院第一分院审理回赎土地纠纷一案　12－12－1150

1942年6月至1942年12月，四川高等法院第一分院关于胡廷爒回赎土地纠纷一案的文书，包括民事缴状、民事声明、璧山实验地方法院与四川高等法院第一分院的往来公函、民事委状、民事答辩状、辩论笔录、宣告判决笔录、四川高等法院第一分院民事判决书等。

1154. 璧山实验地方法院审理要求交还田业执行一案　12－12－1151

1942年6月至1942年11月，璧山实验地方法院关于郭荣华要求吴郑氏交还田业执行一案的文书，包括民事声请书、璧山实验地方法院民事庭发往执行庭的公函、璧山实验地方法院民事判决书、璧山实验地方法院执行命令等。

1155. 璧山实验地方法院审理租赁土地纠纷一案　12—12—1152

1942 年 6 月至 1942 年 7 月，璧山实验地方法院关于魏应兴租赁土地纠纷一案的文书。魏应兴与魏双发在租赁土地时因押金问题产生纠纷，魏应兴申请法院调解二人的矛盾。该卷文书包括民事声请书、民事和解笔录等。

1156. 璧山实验地方法院审理要求终止土地租赁一案　12—12—1153

1942 年 6 月至 1942 年 7 月，璧山实验地方法院关于彭镜臣要求终止土地租赁一案的文书，包括民事诉状、民事答辩状、民事审理笔录、民事宣判笔录、璧山实验地方法院民事判决书等。

1157. 璧山实验地方法院审理租谷纠纷一案　12—12—1154

1943 年 2 月至 1943 年 5 月，璧山实验地方法院关于张玉清要求张应超给付租谷一案的文书，包括璧山实验地方法院与四川高等法院第一分院的往来公函等。

1158. 璧山实验地方法院审理要求赔偿被损砖房一案　12—12—1155

1942 年 11 月至 1942 年 12 月，璧山实验地方法院关于何昌绪要求叶炳顺赔偿被损砖房一案的文书。何昌绪搭建的砖房被叶炳顺破坏，何提起诉讼要求叶赔偿损失。该卷文书包括民事诉状、民事审理笔录、民事委任状、民事辩状、璧山实验地方法院民事和解笔录等。

1159. 璧山实验地方法院审理要求撤销民事和解一案　12—12—1156

1942 年 12 月至 1943 年 1 月，璧山实验地方法院关于何昌绪要求撤销关于赔偿砖房的民事和解一案的文书，包括民事声明、民事审理笔录、民事委状、璧山实验地方法院民事和解笔录等。

1160. 璧山实验地方法院审理要求终止土地租约执行一案　12—12—1157

1942 年 5 月，璧山实验地方法院关于刘陈氏要求终止土地租约执行一案的文书。刘陈氏申请解除与余杨清的土地租佃关系，要求法院收回自己的土地。该卷文书包括民事声请书等。

1161. 四川高等法院第一分院、璧山实验地方法院审理要求返还祠产一案　12－12－1158

1942年6月至1942年12月，四川高等法院第一分院、璧山实验地方法院关于任银章要求任森荣返还祠产一案的文书。任银章以任森荣霸占宗族祠产为由提起诉讼，要求任森荣返还祠产。该卷文书包括民事诉状、民事辩状、民事审理笔录、璧山实验地方法院民事判决书、璧山实验地方法院民事裁定、往来公函、民事委状、四川高等法院第一分院民事判决书等。

1162. 璧山地方法院审理妨害农耕、返还田业案两案　12－12－1159

1942年4月，璧山地方法院关于曹代伦妨害曹蒋氏农耕案、尚洪舟要求刘宗文返还田业案两案的文书，包括民事声请书、民事诉状等。

1163. 璧山实验地方法院审理申请离婚一案　12－12－1160

1942年11月至1942年12月，璧山实验地方法院关于张饶氏申请离婚一案的文书。张饶氏以遭到丈夫虐待为由提起诉讼要求离婚。该卷文书包括民事诉状、民事审理笔录、民事声请书等。

1164. 四川高等法院第一分院、璧山地方法院等审理租赁土地纠纷一案　12－12－1161

1942年4月至1943年4月，四川高等法院第一分院、璧山地方法院等关于曹银等彬土地租赁纠纷一案的文书，包括民事诉状、民事补诉状、民事辩状、民事审理笔录、民事宣判笔录、璧山实验地方法院民事判决书、璧山地方法院与四川高等法院第一分院的往来公函、民事证明书、民事委状、四川高等法院第一分院民事判决书等。

1165. 四川高等法院第一分院、璧山实验地方法院审理租佃纠纷一案　12－12－1162

1942年6月至1942年12月，四川高等法院第一分院、璧山实验地方法院关于李世纯租佃纠纷一案的文书。李世纯与甘汝霖因租谷问题产生纠纷，李提起诉讼要求终止租佃关系。该卷文书包括民事诉状、璧山实验地方法院民事裁定、民事理由书、璧山实验地方法院与四川高等法院第一分院的往来公函、民事委任状、辩论笔录等。

1166. 璧山实验地方法院审理租谷纠纷一案　12－12－1163

1942年10月至1943年1月，璧山实验地方法院关于殷刘氏租谷纠纷一案的文书，包括民事审理笔录、民事诉状、民事辩状、民事委任状等。

1167. 璧山实验地方法院审理土地经界纠纷一案　12—12—1164

1942年10月至1943年4月，璧山实验地方法院关于刘永卿土地经界纠纷一案的文书，包括民事执行状、璧山实验地方法院民事和解笔录、璧山实验地方法院执行命令、执行笔录、民事保状、民事委任状、民事声请书、民事领状等。

1168. 璧山实验地方法院审理要求交还田业执行一案　12—12—1165

1942年7月，璧山实验地方法院关于苏成武要求雷海清交还田业执行一案的文书，包括民事执行状、璧山实验地方法院民事判决书等。

1169. 四川高等法院第一分院、璧山地方法院审理要求返还田产一案　12—12—1166

1942年1月至1942年7月，四川高等法院第一分院、璧山地方法院关于白璧光要求李忠良返还田产一案的文书。白璧光以李忠良骗取自己的土地为由提起诉讼，要求李返还土地。该卷文书包括民事诉状、民事审理笔录、璧山地方法院民事判决书、璧山地方法院民事裁定、四川高等法院第一分院民事裁定、璧山地方法院与四川高等法院第一分院的往来公函等。

1170. 璧山实验地方法院审理租谷纠纷一案　12—12—1167

1942年10月至1942年11月，璧山实验地方法院关于汪治臣要求刘国藩给付租谷一案的文书，包括民事诉状、民事审理笔录、民事宣判笔录、璧山实验地方法院民事判决书等。

1171. 璧山实验地方法院审理租赁土地纠纷一案　12—12—1168

1942年11月至1943年7月，璧山实验地方法院关于曹银彬租赁土地纠纷一案的文书，包括璧山实验地方法院与四川高等法院第一分院的往来公函、民事领状等。

1172. 四川高等法院第一分院、璧山地方法院等审理要求赔偿损失案、欠款纠纷案两案　12—12—1169

1940年3月至1942年9月，四川高等法院第一分院、璧山地方法院等关于刘禹门要求郭炳辉赔偿木梯执行案、钟光宇欠款纠纷案两案的文书，包括民事声请书、璧山实验地方法院民事和解笔录、璧山实验地方法院执行命令、民事领状、四川高等法院第一分院民事判决书等。

1173. 四川高等法院第一分院审理欠款纠纷一案　12－12－1170

1940 年 2 月至 1940 年 3 月，四川高等法院第一分院关于钟光宇欠款纠纷一案的文书，包括璧山地方法院与四川高等法院第一分院的往来公函、四川高等法院第一分院民事判决书等。

1174. 四川高等法院第一分院、璧山地方法院等审理租谷纠纷一案　12－12－1171

1942 年 3 月至 1942 年 9 月，四川高等法院第一分院、璧山地方法院等关于曾国权要求徐汉臣给付租谷一案的文书，包括璧山地方法院与四川高等法院第一分院的往来公函、民事诉状、民事审理笔录、民事宣判笔录、璧山地方法院民事判决书、民事声请书、璧山实验地方法院民事裁定、四川高等法院第一分院民事裁定等。

1175. 璧山实验地方法院审理租赁土地纠纷一案　12－12－1172

1942 年 7 月至 1942 年 8 月，璧山实验地方法院关于姜小康等租赁土地纠纷一案的文书，包括民事诉状、民事审理笔录、璧山实验地方法院民事判决书等。

1176. 璧山实验地方法院审理申请离婚一案　12－12－1173

1942 年 10 月至 1943 年 3 月，璧山实验地方法院关于冷厚坤申请离婚一案的文书，包括民事诉状、民事审理笔录、民事反诉状等。

1177. 璧山实验地方法院审理租谷纠纷一案　12－12－1174

1944 年 9 月至 1944 年 10 月，璧山实验地方法院关于何志远要求陈明德给付租谷一案的文书，包括民事诉状、辩论笔录、民事宣判笔录、璧山实验地方法院民事判决书等。

1178. 璧山地方法院审理押银纠纷一案　12－12－1175

1942 年 3 月至 1942 年 5 月，璧山地方法院关于吴荫堂押银纠纷一案的文书。吴荫堂与曾有为在租佃土地过程中因押银产生纠纷。该卷文书包括民事异议状、民事审理笔录等。

1179. 璧山实验地方法院审理要求终止土地租约一案　12－12－1176

1942 年 10 月至 1942 年 11 月，璧山实验地方法院关于何克修要求终止土地租约一案的文书，包括民事诉状、民事审理笔录、民事和解书、民事委任状等。

1180. 璧山地方法院年度会议记录两份 12—12—1177

该档案包括璧山地方法院1942年度会议记录、璧山实验地方法院1943年度会议记录等。

1181. 璧山实验地方法院审理要求赔偿损失一案 12—12—1178

1942年11月至1943年8月，璧山实验地方法院关于江龙泉要求江烈五赔偿损失一案的文书，包括璧山实验地方法院与四川高等法院第一分院的往来公函等。

1182. 四川高等法院第一分院、璧山实验地方法院审理买卖树木纠纷执行一案 12—12—1179

1942年4月至1942年6月，四川高等法院第一分院、璧山实验地方法院关于冯树家买卖树木纠纷执行一案的文书。冯树家出钱购买冯张氏的树木后冯张氏拒绝交货，冯树家要求冯张氏尽快给自己树木。该卷文书包括民事声请书、璧山地方法院民事判决书、四川高等法院第一分院民事判决书、璧山地方法院训令、四川高等法院第一分院民事裁定、民事领状等。

1183. 璧山实验地方法院审理申请领取证物一案 12—12—1180

1942年9月，璧山实验地方法院关于伍江氏申请领取证物一案的文书。伍江氏曾因田业纠纷打过官司，案件了结后伍申请取回提交给法院的契约等物。包括民事声请书等。

1184. 璧山地方法院审理要求交付契约一案 12—12—1181

1941年1月至1941年3月，璧山地方法院关于孙双合要求甘世荣交付典当土地契约一案的文书。孙双合将土地典当给甘世荣后，甘世荣拒绝交付典当契约，孙提起诉讼要求甘交付契约，后双方中止诉讼，包括民事诉状、民事委任状、辩论笔录等。

1185. 璧山实验地方法院审理要求终止收养关系一案 12—12—1182

1942年6月，璧山实验地方法院关于曾龚氏要求终止收养关系一案的文书。曾龚氏收养曾参信作为自己的儿子，但曾参信长大后游手好闲不务正业，曾龚氏申请终止收养关系。包括民事声请书等。

1186. 璧山实验地方法院审理申请领取证物一案 12—12—1183

1942年6月，璧山实验地方法院关于韩模发申请领取证物一案的文书。韩模发曾因租佃纠纷打过官司，案件了结后韩申请取回提交给法院的收约等物。包括民事领状等。

1187. 最高法院、四川高等法院第一分院、璧山实验地方法院审理典当纠纷一案 12—12—1184

1943年3月至1944年10月，最高法院、四川高等法院第一分院、璧山实验地方法院关于白楚珩典当纠纷一案的文书。白荣楼将土地典当给白楚珩后，未到约定时间便要赎回土地，白楚珩提起诉讼要求法院维护自身利益。该卷文书包括璧山实验地方法院民事判决书、璧山实验地方法院与四川高等法院第一分院的往来公函、最高法院与璧山实验地方法院的往来公函等。

1188. 璧山地方法院等审理回赎谷物纠纷一案 12—12—1185

1942年1月至1942年7月，璧山地方法院等关于周宗珽回赎谷物纠纷一案的文书，包括民事诉状、民事委任状、璧山县征收局批示、审理笔录、民事答辩状、璧山实验地方法院检察官不起诉处分书、民事声请书、璧山实验地方法院民事判决书等。

1189. 璧山实验地方法院审理申请支付命令一案 12—12—1186

1942年6月至1942年7月，璧山实验地方法院关于傅银森因张锡光欠款而申请支付命令一案的文书，包括民事声请书、璧山实验地方法院民事裁定、支付命令等。

1190. 四川高等法院第一分院、璧山地方法院的相关档案 12—12—1187

1942年1月至1943年2月，四川高等法院第一分院、璧山地方法院的相关司法文书，包括璧山地方法院关于统计法令的卷宗文书目录、四川高等法院第一分院训令、璧山地方法院1941年度各项年表申报清单、各省高等法院统计室办事通则、法院案件及法收调查表、人犯调查表、四川高等法院第一分院指令、各会计统计处室办理事务注意事项、国民政府主计处所属人员参加考绩人员清单、四川高等法院统计室发往璧山地方法院的公函、司法行政部训令等。

1191. 四川高等法院第一分院审理要求确认土地抵押权一案 12—12—1188

1938年11月，四川高等法院第一分院关于雷江氏要求确认土地抵押权一案的文书，包括民事证明书、审讯笔录、宣告判决笔录、四川高等法院第一分院民事判决书、民事诉状等。

1192. 璧山实验地方法院审理要求赔偿洋纱一案　12—12—1189

1942 年 7 月至 1943 年 5 月，璧山实验地方法院关于贺光益要求张元吉赔偿洋纱一案的文书，包括民事诉状、民事调查笔录、璧山实验地方法院民事裁定、璧山实验地方法院公示等。

1193. 最高法院、四川高等法院第一分院审理要求确认转移土地契约有效一案　12—12—1190

1941 年 6 月至 1942 年 11 月，最高法院、四川高等法院第一分院关于张代贵要求法院确认转移土地契约有效一案的文书，包括民事缴状、民事诉状、最高法院发往四川高等法院第一分院的公函、民事声明、四川高等法院第一分院民事裁定、璧山地方法院与四川高等法院第一分院的往来公函、最高法院民事判决书等。

1194. 璧山实验地方法院审理要求确认买卖土地契约有效一案　12—12—1191

1942 年 5 月至 1942 年 6 月，璧山实验地方法院关于伍双福要求确认买卖土地契约有效一案的文书，包括民事声请书、民事辩状、审理笔录、民事宣判笔录、璧山实验地方法院民事判决书等。

1195. 璧山实验地方法院审理土地经界纠纷一案　12—12—1192

1943 年 1 月，璧山实验地方法院关于董明心土地经界纠纷一案的文书。董明心与骆有三因土地经界纠纷打官司，后双方中止诉讼。该卷文书包括民事诉状、民事审理笔录等。

1196. 璧山实验地方法院审理要求给付食谷执行一案　12—12—1193

1942 年 6 月至 1943 年 3 月，璧山实验地方法院关于李光汉要求李汉洲给付食谷执行一案的文书，包括民事执行状、璧山实验地方法院民事判决书、璧山实验地方法院训令、璧山实验地方法院执行命令等。

1197. 璧山地方法院审理要求给付售谷一案　12—12—1194

1941 年 12 月至 1942 年 2 月，璧山地方法院关于赵方谷要求甘君才给付售谷一案的文书。赵方谷出钱购买甘君才的谷物后，甘君才一直拖欠交货，赵提起诉讼要求甘给付售谷。该卷文书包括民事诉状、民事和解书等。

1198. 璧山地方法院审理租谷纠纷一案　12—12—1195

1941 年 12 月至 1942 年 4 月，璧山地方法院关于陈炳全租谷纠纷一案的文书，包括民事诉状、民事委任状、民事审理笔录、民事领状、璧山地方法院民事判决书、璧山地方法院民事裁定等。

1199. 璧山地方法院审理交还田业执行一案　12—12—1196

1942 年 1 月，璧山地方法院关于汪天泰要求王寿廷交还田业执行一案的文书，包括民事执行状、四川高等法院第一分院民事判决书等。

1200. 璧山地方法院审理缴纳罚金一案　12—12—1197

1941 年 11 月至 1943 年 2 月，璧山地方法院关于张子文因妨害他人行使权利而缴纳罚金一案的文书，包括璧山地方法院检察处发往同院民事执行庭的公函、璧山地方法院训令等。

1201. 最高法院、四川高等法院第一分院、璧山地方法院审理回赎田业纠纷一案　12—12—1198

1940 年 11 月至 1943 年 7 月，最高法院、四川高等法院第一分院、璧山地方法院关于蔡正荣回赎田业纠纷一案的文书，包括民事诉状、四川高等法院第一分院民事裁定、璧山地方法院与四川高等法院第一分院的往来公函、民事答辩状、最高法院民事判决书、璧山地方法院民事裁定、民事委状、民事辩状、辩论笔录、宣告判决笔录、四川高等法院第一分院民事判决书等。

1202. 四川高等法院第一分院、璧山实验地方法院审理要求终止土地租约一案　12—12—1199

1942 年 9 月至 1943 年 3 月，四川高等法院第一分院、璧山实验地方法院关于陈李氏要求终止土地租约一案的文书，包括民事诉状、民事辩状、民事审理笔录、璧山实验地方法院民事判决书、璧山实验地方法院与四川高等法院第一分院的往来公函、璧山实验地方法院民事裁定、民事委状、宣告判决笔录、四川高等法院第一分院民事判决书等。

1203. 璧山实验地方法院审理租谷纠纷一案　12—12—1200

1942 年 9 月至 1942 年 10 月，璧山实验地方法院关于杨国安租谷纠纷一案的文书，包括民事诉状、民事审理笔录、民事答辩状、璧山实验地方法院民事判决书等。

1204. 璧山实验地方法院审理保谷存查一案　12—12—1201

1942 年 6 月，璧山实验地方法院关于萧伯昌保谷存查一案的文书。萧伯昌申请将保存的谷物拿来充饥,为防以后产生纠纷特向法院申请将此备案存查。该卷文书包括民事存查状等。

1205. 璧山实验地方法院审理租佃纠纷一案　12－12－1202

1942年9月至1942年10月,璧山实验地方法院关于叶树臣租佃纠纷一案的文书。叶树臣与赵先图因租佃土地的期限问题产生纠纷,叶树臣提起诉讼要求法院维护自身利益。包括民事异议状、民事审理笔录、璧山实验地方法院民事判决书等。

1206. 璧山实验地方法院审理回赎典产纠纷一案　12－12－1203

1942年10月,璧山实验地方法院关于李泽林回赎典产纠纷一案的文书。李泽林在回赎典当给徐祝尧的财物时双方发生纠纷,李泽林提起诉讼要求法院维护自身利益。包括民事诉状等。

1207. 璧山地方法院审理要求赔偿诉讼费用一案　12－12－1204

1942年1月至1942年4月,璧山地方法院关于万扬城要求万述清赔偿诉讼费用一案的文书。万扬城与万述清因所有权纠纷案打过官司,万扬城认为诉讼给自己造成了巨大损失,要求万述清赔偿诉讼费用。该卷文书包括民事声请书、璧山地方法院民事裁定等。

1208. 璧山地方法院审理担保存查一案　12－12－1205

1940年5月,璧山地方法院关于严廷轩担保存查一案的文书。严廷轩为黄仲达等人借款做了担保,为防以后产生纠纷,严廷轩申请法院将此备案存查,档案包括民事声请书等。

1209. 璧山实验地方法院审理要求返还黄谷一案　12－12－1206

1942年11月至1943年8月,璧山实验地方法院关于姜灿辉要求陈仁杰返还黄谷一案的文书,包括璧山实验地方法院与四川高等法院第一分院的往来公函等。

1210. 璧山实验地方法院等审理要求终止土地租约一案　12－12－1207

1942年7月至1943年11月,璧山实验地方法院等关于陈李氏要求终止土地租约一案的文书,包括璧山实验地方法院与四川高等法院第一分院的往来公函、民事领状等。

1211. 四川高等法院第一分院审理请求回赎田业上诉一案　12－12－1208

1942年7月至1942年9月,四川高等法院第一分院关于邓溶康请求回赎田业上诉一案的文书,包括璧山实验地方法院与四川高等法院第一分院的往来公函、辩论笔录、四川高等法院第一分院民事裁定、民事诉状等。

1212. 璧山地方法院审理请求回赎田业一案　12－12－1209

1941年6月至1942年6月,璧山地方法院关于邓溶康请求回赎田业一案的文书,包括民事诉状、民事委状、民事辩状、辩论笔录、民事补费状、民事声请书、审理笔录、民事宣判笔录、璧山地方法院民事判决书等。

1213. 璧山实验地方法院审理要求赔偿损失一案　12－12－1210

1942年7月至1942年8月,璧山实验地方法院关于冯辉先要求萧理门赔偿经济损失一案的文书。萧理门以璧山实验地方法院职员的身份敲诈冯辉先的钱财,冯辉先提起诉讼要求萧赔偿经济损失。该卷文书包括民事诉状等。

1214. 四川高等法院第一分院及重庆分院、璧山地方法院等审理璧山地方法院看守所所长职位更替一事及抢夺财产等五案　12－12－1211

1942年1月至1949年1月,四川高等法院第一分院及重庆分院、璧山地方法院等关于璧山地方法院看守所所长职位更替一事及王辉武抢夺周玉堂财产案、彭汉青破坏彭绍青坟地案、杨在昆诈骗他人财产案、彭义轩要求终止租约案、杨启义要求损害赔偿案五案的文书,包括璧山地方法院指令、璧山地方法院提交四川高等法院的呈文、四川高等法院第一分院训令、璧山地方法院训令、璧山地方法院看守所提交璧山地方法院的呈文、璧山实验地方法院与四川高等法院第一分院的往来公函等。

1215. 四川高等法院第一分院、璧山实验地方法院审理交还田业执行案、土地押金纠纷案两案　12－12－1212

1942年7月至1943年3月,四川高等法院第一分院、璧山实验地方法院关于黄德洲要求黄雨顺交还田业执行案、黄雨顺与黄德洲土地押金纠纷案两案的文书,包括民事诉状、民事执行状、璧山实验地方法院执行命令、执行笔录、民事声明、璧山实验地方法院训令、璧山实验地方法院与四川高等法院第一分院的往来公函、民事审理笔录、璧山实验地方法院民事判决书、民事缴状、璧山实验地方法院民事裁定、民事委状、四川高等法院第一分院民事判决书等。

1216. 璧山地方法院等审理要求撤销继承权一案　12－12－1213

1942 年 4 月至 1942 年 6 月，璧山地方法院等关于伍联卿等人要求撤销伍家贞遗产继承权一案的文书，包括民事诉状、民事委状、民事辩状、民事审理笔录、璧山实验地方法院民庭命令、民事声请书、璧山实验地方法院民事裁定等。

1217. 璧山地方法院审理要求交还田业执行一案　12－12－1214

1949 年 8 月至 1949 年 11 月，璧山地方法院关于罗尹氏要求罗玉发交还田业执行一案的文书，包括民事执行状、民事判决书、璧山地方法院执行笔录、民事声请书、讯问笔录、民事保状、璧山地方法院民事裁定等。

1218. 璧山地方法院审理要求交还田业执行一案　12－12－1215

1949 年 8 月至 1949 年 9 月，璧山地方法院关于罗治宽要求罗克成交还田业执行一案的文书，包括璧山地方法院民事判决书、民事和解书、璧山地方法院执行命令、璧山地方法院训令、民事领状等。

1219. 璧山地方法院审理伪造货币一案　12－12－1216

1939 年 12 月至 1940 年 2 月，璧山地方法院关于唐玉山等人伪造货币一案的文书，包括璧山地方法院检察官上诉理由书、璧山地方法院检察官发往法院院长的公函、璧山地方法院检察官处分书、璧山地方法院检察官起诉书、璧山地方法院刑事判决书等。

1220. 璧山实验地方法院审理租谷纠纷一案　12－12－1217

1942 年 12 月，璧山实验地方法院关于张银舟拖欠租谷一案的文书，包括民事诉状、民事审判笔录、民事展限状、民事委任状等。

1221. 璧山实验地方法院审理租佃纠纷一案　12－12－1218

1942 年 12 月，璧山实验地方法院关于刘清和等租佃纠纷一案的文书。刘清和租佃了曾方伯的土地后，刘以曾方伯屡次要求增加押金、侵害自己利益为由提起诉讼，要求法院维护自身利益，档案包括民事诉状、审讯笔录、民事辩状、璧山实验地方法院民事和解笔录等。

1222. 璧山实验地方法院审理再嫁存查一案　12－12－1219

1942 年 12 月，璧山实验地方法院关于王万氏再嫁存查一案的文书。王万氏丈夫外出多年杳无音讯，王万氏为维持生计再嫁他人，为防以后产生纠纷，王向法院申请将此备案存查，档案包括民事存查状等。

1223. 璧山实验地方法院审理回赎房屋纠纷一案　12—12—1220

1944年1月至1944年2月，璧山实验地方法院关于王熊氏回赎房屋纠纷一案的文书，包括民事声请书、民事委任状等。

1224. 璧山地方法院审理申请撤销和解一案　12—12—1221

1941年11月至1942年5月，璧山地方法院关于蒋彤城申请撤销和解一案的文书。蒋彤城与朱少康因租谷纠纷达成和解，如今蒋彤城申请撤销和解。该卷文书包括民事诉状、民事声请书、民事委任状、民事审理笔录、璧山地方法院民事判决书、璧山地方法院民事裁定等。

1225. 璧山实验地方法院审理伪造典当文书一案　12—12—1222

1942年12月至1943年1月，璧山实验地方法院关于何义盛伪造典当文书一案的文书，包括民事诉状、民事审理笔录、璧山实验地方法院刑事判决书等。

1226. 四川高等法院第一分院审理会款纠纷一案　12—12—1223

1939年8月至1939年12月，四川高等法院第一分院关于冯美具等会款纠纷一案的文书，包括四川高等法院第一分院训令、四川高等法院第一分院民事裁定、璧山地方法院与四川高等法院第一分院的往来公函等。

1227. 璧山实验地方法院审理申请领取证物一案　12—12—1224

1942年9月至1943年2月，璧山实验地方法院关于李舒氏申请领取证物一案的文书。李舒氏因租佃纠纷打过官司，如今李舒氏申请取回提交给法院的证物，档案包括民事声请书等。

1228. 璧山地方法院审理妻子失踪存查一案　12—12—1225

1942年4月，璧山地方法院关于刘汉臣妻子失踪存查一案的文书。刘汉臣妻子回娘家后即告失踪，刘申请法院将此备案存查，档案包括民事存查状等。

1229. 璧山实验地方法院审理申请假扣押一案　12—12—1226

1942年6月，璧山实验地方法院关于彭陈氏申请假扣押一案的文书。彭陈氏要求赎回典当给彭文兴的土地遭到拒绝后，彭陈氏申请法院对土地进行假扣押，以便自己收回。包括民事扣押状、四川高等法院第一分院民事判决书等。

1230. 璧山实验地方法院审理申请假扣押一案　12－12－1227

1943 年 5 月，璧山实验地方法院关于杨怀安申请假扣押一案的文书。杨怀安要求王汉清给付菜刀，申请法院将王家的毛铁与打铁用具全部扣押。包括民事声请书、璧山实验地方法院民事裁定等。

1231. 璧山地方法院审理要求赔偿房屋修缮费一案　12－12－1228

1942 年 1 月至 1942 年 3 月，璧山地方法院关于邓海林要求黄丁氏赔偿房屋修缮费案的文书，包括民事诉状、民事和解书等。

1232. 璧山实验地方法院审理遗失条戳存查一案　12－12－1229

1942 年 6 月，璧山实验地方法院关于景亮钧遗失条戳存查一案的文书。景亮钧遗失条戳后为防以后发生意外，申请法院将此备案存查。该卷文书包括民事存查状等。

1233. 璧山地方法院审理租佃土地纠纷一案　12－12－1230

1942 年 3 月至 1942 年 4 月，璧山地方法院关于谢隆光租佃土地纠纷一案的文书，包括民事声请书、璧山地方法院民事判决书等。

1234. 四川高等法院第一分院审理要求赔偿房屋损坏一案　12－12－1231

1942 年 4 月至 1942 年 7 月，四川高等法院第一分院关于江有生要求刘大吉赔偿房屋损坏一案的文书，包括民事声请书、民事诉状、璧山地方法院与四川高等法院第一分院的往来公函、辩论笔录、四川高等法院第一分院民事和解笔录等。

1235. 璧山实验地方法院审理交还田业一案　12－12－1232

1942 年 9 月至 1942 年 12 月，璧山实验地方法院关于帅邓氏要求黄作林交还田业一案的文书，包括民事诉状、民事委任状、民事审理笔录、璧山实验地方法院民事和解笔录等。

1236. 璧山实验地方法院审理交还房屋执行一案　12－12－1233

1942 年 12 月，璧山实验地方法院关于邓李氏交还房屋执行一案的文书，包括民事诉状、璧山实验地方法院民事判决书等。

1237. 璧山地方法院审理租佃纠纷一案 12—12—1234

1942 年 3 月至 1942 年 4 月，璧山地方法院关于王刘氏等租佃纠纷一案的文书，包括民事诉状、民事审理笔录、民事宣判笔录、璧山地方法院民事裁定、民事辩状、民事委任状等。

1238. 璧山地方法院关于收支预算的文书 12—12—1235

1942 年，璧山地方法院关于收支预算的文书，包括四川高等法院第一分院训令、四川各级法院司法处暨监所 1942 年度收入计算书类造报办法、收入计算书、收支对照表、支出计算书、看守所 1942 年度预算分配表等。

1239. 璧山实验地方法院审理要求终止土地租约一案 12—12—1236

1942 年 10 月至 1942 年 11 月，璧山实验地方法院关于戴荣廷要求终止土地租约一案的文书，包括民事诉状、民事讯问笔录、璧山实验地方法院民事判决书、民事委任状、璧山实验地方法院民事裁定等。

1240. 璧山实验地方法院审理要求终止土地租约一案 12—12—1237

1942 年 7 月，璧山实验地方法院关于王海清要求终止土地租约一案的文书，包括民事诉状、民事审理笔录、民事委状、璧山实验地方法院民事和解笔录等。

1241. 璧山实验地方法院审理要求确认买卖杉树契约无效一案 12—12—1238

1942 年 7 月至 1942 年 8 月，璧山实验地方法院关于胡居实要求确认买卖杉树契约无效一案的文书，包括民事诉状、民事反诉状、民事审理笔录、民事声明、民事委状、璧山实验地方法院民事判决书、民事和解书等。

1242. 四川高等法院第一分院审理要求终止土地租约一案 12—12—1239

1941 年 12 月至 1942 年 10 月，四川高等法院第一分院关于雷炳臣要求终止土地租约一案的文书，包括民事诉状、璧山地方法院与四川高等法院第一分院的往来公函、辩论笔录、民事辩状、民事委任状、四川高等法院第一分院民事和解笔录等。

1243. 璧山地方法院审理要求终止土地租约一案 12—12—1240

1942 年 3 月至 1942 年 4 月，璧山地方法院关于胡郭氏要求终止土地租约一案的文书，包括民事诉状、民事委任状、民事辩状、民事审判笔录等。

1244. 璧山实验地方法院审理申请假扣押一案　12－12－1241

1942年8月，璧山实验地方法院关于吴锡荣申请假扣押一案的文书。吴锡荣与张炳南因租佃问题产生纠纷，吴锡荣申请法院扣押张的土地，以便自己收回。该卷文书包括民事声请书、璧山实验地方法院民事裁定等。

1245. 四川高等法院第一分院、璧山地方法院等审理申请领取证物案、给付租谷案两案　12－12－1242

1941年3月至1943年4月，四川高等法院第一分院、璧山地方法院等关于张彬盛申请领取证物案、周光荣要求张彬盛给付租谷案两案的文书，包括民事领状、璧山地方法院抗告意见书、民事和解状、璧山地方法院与四川高等法院第一分院的往来公函、民事抗告书、四川高等法院第一分院民事裁定、民事声请书、民事保状、璧山地方法院训令、民事诉状、执行笔录、民事催呈状、民事补诉状等。

1246. 璧山实验地方法院审理遗弃妻子一案　12－12－1243

1942年8月，璧山实验地方法院关于杨善遗弃妻子案的文书，包括讯问笔录、民事诉状等。

1247. 最高法院、璧山实验地方法院审理遗弃妻子案、要求撤销租佃契约两案　12－12－1244

1942年9月至1944年2月，最高法院、璧山实验地方法院关于杨善遗弃妻子案、董良臣要求撤销租佃契约案两案的文书，包括璧山实验地方法院检察官发往本院民事庭的公函、最高法院民事裁定、民事审理笔录等。

1248. 璧山实验地方法院审理要求交还田业执行一案　12－12－1245

1942年11月至1943年4月，璧山实验地方法院关于刘香圃要求饶康荣交还田业执行一案的文书，包括民事执行状、璧山实验地方法院执行命令、民事执行笔录、璧山实验地方法院民事和解笔录、训令、民事声请书、民事诉状等。

1249. 璧山地方法院审理要求赔偿房屋损坏一案　12－12－1246

1942年1月至1942年4月，璧山地方法院关于江有声要求刘大吉赔偿房屋损坏一案的文书，包括民事诉状、民事审理笔录、民事答辩状、璧山地方法院民事判决书、璧山地方法院民事裁定等。

1250. 璧山实验地方法院审理债务纠纷一案　12－12－1247

1942年6月，璧山实验地方法院关于蒋海舟债务纠纷一案的文书。蒋海舟以蒋逢源拖欠借款为由提起诉讼，要求其偿还债务。该卷文书包括民事诉状、民事调解笔录等。

1251. 璧山实验地方法院审理租谷纠纷一案　12－12－1248

1942年9月至1943年6月，璧山实验地方法院关于杨厚安租谷纠纷一案的文书，包括民事诉状、民事审理笔录、璧山实验地方法院民事判决书、民事答辩状、璧山实验地方法院民事裁定、璧山实验地方法院与四川高等法院第一分院的往来公函等。

1252. 璧山实验地方法院审理要求交还田业执行一案　12－12－1249

1942年9月至1942年12月，璧山实验地方法院关于戴宣成要求徐炳荣交还田业执行一案的文书，包括民事声请书、民事判决书、璧山实验地方法院执行命令、执行笔录、民事保状、训令等。

1253. 璧山地方法院等审理返还田业执行一案　12－12－1250

1942年1月至1943年4月，璧山地方法院等关于曾子张要求周青云返还田业执行一案的文书，包括民事执行状、璧山地方法院训令、民事声明、执行笔录、民事声请书、民事委任状、璧山实验地方法院民事执行命令、璧山实验地方法院民事裁定、璧山地方法院民事判决书、四川高等法院第一分院民事裁定等。

1254. 璧山地方法院等审理要求确认买卖田业契约有效一案　12－12－1251

1942年4月至1942年6月，璧山地方法院等关于刘学海要求确认买卖田业契约有效一案的文书，包括民事诉状、民事委任状、民事答辩状、审理笔录、璧山实验地方法院民事判决书等。

1255. 璧山实验地方法院审理要求给付租谷一案　12－12－1252

1942年11月至1943年6月，璧山实验地方法院关于杨厚安要求邹作三给付租谷一案的文书，包括璧山实验地方法院与四川高等法院第一分院的往来公函、民事诉状、辩论笔录等。

1256. 璧山实验地方法院审理伪造土地契约一案　12－12－1253

1942年11月至1942年12月，璧山实验地方法院关于余绍舟伪造土地契约一案的文书,包括璧山实验地方法院检察官发往本院刑庭的公函、审判笔录、璧山实验地方法院刑事判决书等。

1257. 璧山地方法院审理申请领取证物一案　12－12－1254

1942 年 4 月,璧山地方法院关于李志仕申请领取证物一案的文书。李志仕因田业所有权纠纷打过官司,案件了结后李申请取回提交给法院的证物。该卷文书包括民事领状等。

1258. 璧山实验地方法院审理伪造土地契约一案　12－12－1255

1942 年 11 月,璧山实验地方法院关于余绍舟伪造土地契约一案的文书,包括刑事诉状、讯问笔录、刑事答辩状等。

1259. 璧山地方法院审理租佃纠纷一案　12－12－1256

1942 年 2 月至 1942 年 3 月,璧山地方法院关于伍傅氏租佃纠纷一案的文书,包括民事诉状、民事辩状、民事审判笔录、璧山地方法院民事和解笔录等。

1260. 璧山地方法院等审理申请领取证物一案　12－12－1257

1942 年 3 月至 1942 年 9 月,璧山地方法院等关于李明山申请领取证物一案的文书。李明山曾因典当土地纠纷打过官司,案件了结后李申请取回提交给法院的证物。该卷文书包括民事领状、璧山县田赋管理处发往璧山实验地方法院的公函等。

1261. 璧山实验地方法院审理析分家产存查一案　12－12－1258

1942 年 10 月,璧山实验地方法院关于牟祥蓭析分家产存查一案的文书。牟祥蓭将家产分给儿子后,为防以后产生纠纷,特向法院申请将此备案存查。该卷文书包括民事存查状等。

1262. 四川高等法院第一分院、璧山地方法院等审理债务纠纷一案　12－12－1259

1941 年 10 月至 1943 年 10 月,四川高等法院第一分院、璧山地方法院等关于江文俊债务纠纷一案的文书。江文俊以江流全拖欠借款为由提起诉讼,要求其偿还债务,档案包括民事诉状、往来公函、璧山实验地方法院民事裁定、辩论笔录、四川高等法院第一分院民事裁定、民事答辩状、民事委任状、民事催状、审理笔录、璧山实验地方法院民事判决书等。

1263. 璧山实验地方法院审理要求交还田业一案　12－12－1260

1942年6月至1942年8月，璧山实验地方法院关于邬星阶要求邬文芳交还田业一案的文书，包括民事诉状、民事审理笔录、民事辩状、璧山实验地方法院民事判决书等。

1264. 璧山地方法院审理要求赔偿诉讼费用一案　12－12－1261

1942年4月至1942年5月，璧山地方法院关于左任氏要求赔偿诉讼费用一案的文书。左任氏认为王天才与自己打官司期间自己蒙受了巨大损失，要求王赔偿诉讼费用。该卷文书包括民事诉状、民事声请书等。

1265. 璧山实验地方法院审理要求交还田业执行一案　12－12－1262

1942年10月至1943年12月，璧山实验地方法院关于王文杰要求王绍周交还田业执行一案的文书，包括璧山实验地方法院刑事判决书、璧山实验地方法院与四川高等法院第一分院的往来公函等。

1266. 四川高等法院第一分院、璧山实验地方法院审理要求交还田业执行一案　12－12－1263

1942年7月至1943年5月，四川高等法院第一分院、璧山实验地方法院关于钟治轩要求王寿廷交还田业执行一案的文书，包括民事抗告书、璧山实验地方法院抗告意见书、四川高等法院第一分院民事裁定、往来公函、民事执行状、民事声请书、璧山实验地方法院执行命令、执行笔录、民事保状、璧山实验地方法院民事判决书等。

1267. 四川高等法院第一分院、璧山实验地方法院审理要求交还田业上诉案、遗弃妻子案两案　12－12－1264

1942年7月至1942年10月，四川高等法院第一分院、璧山实验地方法院关于刘绍卿要求刘玉廷交还田业上诉案、杨善遗弃妻子案两案的文书，包括民事诉状、四川高等法院第一分院民事裁定、璧山实验地方法院与四川高等法院第一分院的往来公函、璧山实验地方法院检察官不起诉处分书、审理笔录等。

1268. 璧山地方法院等审理申请支付命令一案　12－12－1265

1942年4月至1942年6月，璧山地方法院等关于景亮钧因交还田产纠纷申请支付命令一案的文书。景亮钧因高云汉拒交田产提起诉讼，要求法院发布支付命令，催促高交还。该卷文书包括民事声请书、城中镇第八保保长提交的证明、璧山实验地方法院民事裁定等。

1269. 璧山地方法院等审理伪造典当文书一案　12－12－1266

1942年4月至1949年6月，璧山地方法院等关于邓树清伪造典当文书一案的文书，包括刑事诉状、四川高等法院第一分院检察官指令、刑事声请书、璧山实验地方法院检察官起诉书、讯问笔录、璧山县田赋管理处发往璧山实验地方法院检察处的公函、璧山实验地方法院检察官不起诉处分书、民事领状等。

1270. 璧山地方法院等审理要求确认买卖山业契约无效一案　12－12－1267

1942年3月至1942年6月，璧山地方法院等关于张江氏要求确认买卖山业契约无效一案的文书，包括民事诉状、民事辩状、民事委任状、民事审理笔录、璧山实验地方法院民事裁定、璧山地方法院检察官起诉书等。

1271. 璧山实验地方法院审理要求解除土地租约一案　12－12－1268

1942年8月至1942年10月，璧山实验地方法院关于汪海清要求解除土地租约一案的文书，包括民事诉状、民事委任状、民事证状、民事审理笔录、民事补诉状、璧山实验地方法院民事判决书等。

1272. 四川高等法院第一分院审理租谷纠纷一案　12－12－1269

1942年5月至1944年10月，四川高等法院第一分院关于曾银洲租谷纠纷一案的文书，包括璧山实验地方法院与四川高等法院第一分院的往来公函等。

1273. 四川高等法院第一分院审理租谷纠纷一案　12－12－1270

1942年5月至1942年11月，四川高等法院第一分院关于曾银洲租谷纠纷一案的文书，包括民事诉状、璧山实验地方法院与四川高等法院第一分院的往来公函、民事委状、民事答辩状、辩论笔录、宣告判决笔录、四川高等法院第一分院民事判决书等。

1274. 璧山地方法院审理要求赔偿经济损失一案　12－12－1271

1942年1月至1942年4月，璧山地方法院关于龙君才要求龙明廷赔偿经济损失一案的文书。龙君才认为龙明廷成立的同宗自治会是一个非法组织，且该会使得自己蒙受了经济损失，故提起诉讼要求龙明廷赔偿损失。该卷文书包括民事诉状、民事审理笔录、民事辩状、民事公证书、璧山地方法院民事判决书等。

1275. 璧山地方法院等审理租佃纠纷一案　12－12－1272

1942年2月至1942年8月，璧山地方法院等关于刘绍卿租佃纠纷一案的文书，包括民事诉状、民事声请书、民事委任状、民事审理笔录、民事答辩状、民事参加状、民事异议状、璧山实验地方法院民事判决书、璧山实验地方法院民事裁定等。

1276. 璧山实验地方法院审理租赁土地纠纷一案　12－12－1273

1942年8月至1942年9月，璧山实验地方法院关于杨银发租赁土地纠纷一案的文书，包括民事诉状、民事答辩状、民事审理笔录、璧山实验地方法院民事和解笔录等。

1277. 璧山实验地方法院审理租赁土地纠纷一案　12－12－1274

1942年8月至1942年12月，璧山实验地方法院关于刘玉廷租赁土地纠纷一案的文书，包括璧山实验地方法院与四川高等法院第一分院的往来公函等。

1278. 璧山实验地方法院审理交还田业执行一案　12－12－1275

1942年10月，璧山实验地方法院关于马贺氏交还田业执行一案的文书，包括民事执行状、璧山实验地方法院民事判决书等。

1279. 璧山实验地方法院审理回赎典产纠纷一案　12－12－1276

1941年11月至1942年10月，璧山实验地方法院关于舒长清回赎典产纠纷一案的文书，包括璧山地方法院民事判决书、璧山地方法院与四川高等法院第一分院的往来公函等。

1280. 璧山地方法院审理盗窃一案　12－12－1277

1939年10月至1940年1月，璧山地方法院关于邓树廷盗窃一案的文书，包括璧山地方法院发往同院检察官的公函、璧山县管狱署提交璧山地方法院的呈文等。

1281. 璧山地方法院等审理要求给付生活费一案　12－12－1278

1942年4月至1942年6月，璧山地方法院等关于江荣廷玉要求江胡氏给付生活费一案的文书。江荣廷玉提起诉讼要求江胡氏给付生活费，后双方中止诉讼。该卷文书包括民事诉状、民事审理笔录、民事委任状、璧山实验地方法院通知书等。

1282. 四川高等法院第一分院及重庆分院、重庆地方法院、璧山地方法院等审理土地所有权纠纷等六案　12－12－1279

1936年1月至1949年11月，四川高等法院第一分院及重庆分院、重庆地方法院、璧山地方法院等关于江远志土地所有权纠纷案、罗寿康债务纠纷案、胡联辉租佃纠纷案、叶诚五盗伐树木案、雷张氏债务纠纷案、王月波债务纠纷案六案的文书，包括民事辩状、民事诉状、璧山地方法院与四川高等法院第一分院的往来公函、重庆地方法院民事判决书、四川高等法院第一分院民事判决书、璧山实验地方法院民事判决书、四川高等法院第一分院民事裁定等。

1283. 璧山县政府审理租佃及借洋纠纷一案　12－12－1280

1934年2月至1934年7月，璧山县政府关于周月城等租佃及借洋纠纷一案的文书。汪克明以周月城拖欠借款为由提起诉讼，要求其偿还债务。包括民事诉状、审理笔录、民事保状、璧山县政府训令等。

1284. 璧山县政府、璧山实验地方法院审理妨害兵役案、妨害农耕案两案　12－12－1281

1942年5月至1943年1月，璧山县政府、璧山实验地方法院关于袁文炳妨害兵役案、伍汉周妨害农耕案两案的文书，包括民事保状、审讯笔录、璧山县政府军法监狱提交璧山县县长的呈文、民事诉状等。

1285. 巴县地方法院、璧山县政府审理债务纠纷等三案　12－12－1282

1934年7月至1934年10月，巴县地方法院、璧山县政府关于戴秉权等借洋纠纷案、陈义卿纱款纠纷案、汪克明等租佃及借洋纠纷案三案的文书，包括民事诉状、审理笔录、民事保状、巴县地方法院民事裁定、璧山县政府民事判决书等。

1286. 璧山县政府军法庭审理烟案及其他档案　12－12－1283

1942年3月至1942年9月，璧山县政府军法庭关于李樵松烟案的文书，包括民事呈状等。

该卷附有四川高等法院第一分院训令、璧山实验地方法院提交四川高等法院关于年度生活补助费一事的呈文等文书。

1287. 四川高等法院第一分院、璧山地方法院等审理租谷纠纷等五案　12－12－1284

1941年12月至1943年4月，四川高等法院第一分院、璧山地方法院等关于罗笃光租谷纠纷案、陈玉兴侵占他人田产案、向炳荣租谷纠纷案、凌炳荣租谷纠纷案、邱炳煊房屋所有权纠纷案五案的文书，包括民事诉状、民事辩状、审判笔录、民事委任状、璧山地方法院民事判决书、民事宣判笔录、民事抗告书、璧山地方法院抗告意见书、四川高等法院第一分院民事裁定、璧山地方法院与四川高等法院第一分院的往来公函、璧山实验地方法院民事裁定、民事执行状、璧山实验地方法院民事判决书等。

1288. 璧山实验地方法院审理要求终止土地租约等四案　12－12－1285

1942年6月至1943年3月，璧山实验地方法院关于何保亲要求终止土地租约案、陈竟明要求终止土地租约案、余王氏要求确认典物留买权案、王云仙要求陈泽林赔偿树木案四案的文书，包括民事诉状、审理笔录、璧山实验地方法院民事判决书、民事辩状、民事缴状、璧山实验地方法院与重庆地方法院的往来公函、民事委任状、璧山实验地方法院与四川高等法院第一分院的往来公函、民事声请书等。

1289. 四川高等法院第一分院、璧山实验地方法院、璧山县政府审理保释犯人等三案　12－12－1286

1942年7月至1943年2月，四川高等法院第一分院、璧山实验地方法院、璧山县政府关于保释徐六合案、郭茂初执行案、江远志土地所有权纠纷案三案的文书，包括璧山县政府提交重庆卫戍司令部的呈文、璧山县城东乡乡公所提交璧山县政府的呈文、重庆卫戍司令部密令、审理笔录、民事保状、璧山县城东乡乡公所工作概况报告表、民事执行状、民事诉状、民事答辩状、四川高等法院第一分院民事裁定、璧山实验地方法院与四川高等法院第一分院的往来公函、民事声明、璧山实验地方法院执行命令等。

1290. 最高法院、四川高等法院第一分院审理分割遗产纠纷一案　12－12－1287

1942年4月至1944年4月，最高法院、四川高等法院第一分院关于张元龙分割遗产纠纷一案的文书，包括最高法院发往四川高等法院第一分院的公函、最高法院民事判决书、民事声明、民事追加状、辩论笔录、民事委任状、四川高等法院第一分院民事裁定、璧山地方法院与四川高等法院第一分院的往来公函、民事理由书、四川高等法院第一分院民事判决书、民事声请书等。

1291. 最高法院、璧山地方法院等审理破坏水利设施等三案　12－12－1288

1937年2月至1943年7月，最高法院、璧山地方法院等关于王中之破坏水利设施案、赵彭氏要求终止土地租佃案、郭荣卿要求留买典产案三案的文书，包括财政部川康直接税局中江营业税稽征所发往璧山地方法院的公函、璧山实验地方法院刑事判决书、民事呈状、民事诉状、最高法院民事判决书、民事委任状、民事辩状、民事审理笔录、民事宣判笔录、璧山实验地方法院民事判决书等。

1292. 最高法院、四川高等法院第一分院、璧山地方法院审理田产所有权纠纷等三案　12－12－1289

1941年4月至1942年12月，最高法院、四川高等法院第一分院、璧山地方法院关于唐光铨田产所有权纠纷案、陈树元优先承买土地权纠纷案、张春富请求同居案三案的文书，包括民事诉状、四川高等法院第一分院民事裁定、璧山地方法院与四川高等法院第一分院的往来公函、民事辩状、最高法院发往四川高等法院第一分院的公函、民事缴状、最高法院民事判决书、最高法院民事裁定、璧山地方法院民事判决书等。

1293. 最高法院、四川高等法院第一分院、璧山地方法院等审理回赎土地纠纷等三案　12－12－1290

1935 年 9 月至 1943 年 2 月，最高法院、四川高等法院第一分院、璧山地方法院等关于王金全回赎土地纠纷案、刘益兴土地经界纠纷案、陈荣升要求确认买卖田产契约无效案三案的文书，包括民事诉状、民事委任状、民事审理笔录、民事宣判笔录、璧山实验地方法院民事判决书、民事声请书、璧山地方法院与四川高等法院第一分院的往来公函、辩论笔录、四川高等法院第一分院民事判决书、最高法院发往四川高等法院第一分院的公函、最高法院民事判决书等。

1294. 璧山实验地方法院审理回赎土地纠纷等三案　12－12－1291

1942 年 8 月至 1943 年 3 月，璧山实验地方法院关于王金全回赎土地纠纷案、江足之要求张金臣交付杉树案、冉民初要求张九兆赔偿房屋修缮费案三案的文书，包括璧山实验地方法院与四川高等法院第一分院的往来公函、璧山实验地方法院与最高法院的往来公函、民事诉状、审理笔录、璧山实验地方法院民事判决书、民事委任状、民事声明等。

1295. 璧山地方法院等审理要求交还田业执行等三案　12－12－1292

1942 年 1 月至 1942 年 12 月，璧山地方法院等关于赖良臣要求交还田业执行案、张裕声要求交还田业执行案、周海源要求交还田业案三案的文书，包括民事诉状、民事委任状、执行笔录、璧山实验地方法院执行命令、民事执行状、璧山地方法院训令、四川高等法院第一分院民事和解笔录、审理笔录、民事反诉状、璧山实验地方法院民事和解笔录等。

1296. 四川高等法院第一分院、璧山地方法院等审理土地所有权纠纷等三案　12－12－1293

1942 年 1 月至 1943 年 4 月，四川高等法院第一分院、璧山地方法院等关于邹炳安等土地所有权纠纷案、罗蓝氏因遭受人身伤害要求而蒋文赔偿案、王锡波等典当土地纠纷案三案的文书，包括民事声请书、民事委任状、民事审理笔录、民事宣判笔录、璧山实验地方法院民事裁定、四川高等法院第一分院民事裁定、璧山地方法院与四川高等法院第一分院的往来公函、四川高等法院第一分院民事判决书等。

1297. 四川高等法院第一分院审理要求确认买卖田业契约有效一案　12－12－1294

1942年6月至1944年5月，四川高等法院第一分院关于左黄氏要求确认买卖田业契约有效一案的文书，包括民事诉状、璧山实验地方法院与四川高等法院第一分院的往来公函、民事委任状、民事答辩状、辩论笔录、民事声请书、四川高等法院第一分院民事判决书等。

1298. 璧山实验地方法院审理要求假扣押一案　12－12－1295

1942年7月，璧山实验地方法院关于杨秀山因杨炳光拒绝交还田业而申请假扣押一案的文书，包括民事声请书、璧山实验地方法院民事判决书等。

1299. 璧山实验地方法院审理押金纠纷一案　12－12－1296

1942年9月至1943年1月，璧山实验地方法院关于雷李氏要求增加田业押金一案的文书，包括民事诉状、民事审理笔录、民事委状、璧山实验地方法院民事判决书璧山实验地方法院民事裁定、璧山实验地方法院与四川高等法院第一分院的往来公函等。

1300. 璧山地方法院等审理要求终止土地租约等三案　12－12－1297

1942年3月至1942年10月，璧山地方法院等关于钟邬氏要求终止土地租约案、蒋金山租谷纠纷案、周清荣领取证物案三案的文书，包括民事诉状、民事审理笔录、璧山实验地方法院民事判决书、民事委任状、民事领状等。

1301. 璧山实验地方法院审理欠款纠纷等三案　12－12－1298

1942年8月至1943年3月，璧山实验地方法院关于萧臣钧等欠款纠纷案、刘在田等租赁土地纠纷案、王元昌要求解除租佃关系案三案的文书，包括民事诉状、审理笔录、璧山实验地方法院民事判决书、璧山实验地方法院民事裁定、璧山实验地方法院与四川高等法院第一分院的往来公函、民事委任状、璧山实验地方法院民事和解笔录、民事执行状等。

1302. 璧山地方法院等审理要求返还食谷等四案　12－12－1299

1942年2月至1942年12月，璧山地方法院等关于张炳奎要求萧伯昌返还食谷案、张正有申请领取证物案、张正有要求撤销关于遗产纠纷的和解案、江文光债务纠纷案四案的文书，包括民事执行状、璧山实验地方法院民事判决书、璧山实验地方法院执行命令、民事领状、民事声请书、民事辩状、审理笔录、民事续状、民事撤诉状、民事委任状等。

1303. 璧山地方法院等审理回赎土地执行等三案　12－12－1300

1942年4月至1942年12月，璧山地方法院等关于万金田回赎土地执行案、蒋乔金典当纠纷案、陈指挥要求终止土地租约案三案的文书，包括民事声请书、四川高等法院第一分院民事判决书、璧山实验地方法院执行命令、执行笔录、璧山地方法院与四川高等法院第一分院的往来公函、民事保状、民事辩状、民事催状、审理笔录、璧山实验地方法院民事判决书等。

1304. 四川高等法院第一分院、璧山县司法处审理债务纠纷案、会款纠纷案两案　12－12－1301

1936年11月至1942年9月，四川高等法院第一分院、璧山县司法处关于江达五债务纠纷案、温卓安会款纠纷案两案的文书，包括民事诉状、璧山县来凤乡乡公所提交璧山县县长的呈文、四川高等法院第一分院训令、四川高等法院第一分院裁定、民事缴状、审讯笔录等。

1305. 璧山地方法院审理分割遗产纠纷等三案　12－12－1302

1939年6月至1942年12月，璧山地方法院关于沈银安分割遗产纠纷案、罗蓝氏要求蒋文赔偿案、曹利贞订立遗嘱存查案三案的文书，包括民事诉状、民事执行状、璧山地方法院发往四川高等法院第一分院的公函、民事存查状等。

1306. 最高法院、四川高等法院第一分院、璧山县政府审理申请领取证物等六案　12－12－1303

1934年8月至1942年12月，最高法院、四川高等法院第一分院、璧山县政府关于申请领取证物案、租佃纠纷案、会款纠纷案、药款纠纷案、押银纠纷案、债务纠纷案六案的文书，包括民事领状、璧山县政府民事判决书、璧山县政府民事堂谕代判书、最高法院民事裁定、民事委状、民事理由书、民事声请书、民事缴状、四川高等法院第一分院民事裁定等。

1307. 璧山实验地方法院审理要求给付黄谷案、要求增加土地押银案两案　12－12－1304

1942年11月至1942年12月，璧山实验地方法院关于刘行健要求给付黄谷案、王德兴要求增加土地押银案两案的文书，包括民事诉状、四川高等法院第一分院民事裁定、民事辩状、民事委任状、民事审理笔录、民事撤诉状璧山县律师事务所和解笔录等。

1308. 璧山实验地方法院审理债务纠纷执行一案　12－12－1305

1942 年 7 月至 1942 年 12 月，璧山实验地方法院关于景亮钧债款纠纷执行一案的文书，包括民事执行状、璧山实验地方法院执行命令、民事领状等。

1309. 璧山地方法院等审理要求终止土地租约一案　12－12－1306

1942 年 1 月至 1942 年 6 月，璧山地方法院等关于曾华云要求终止土地租约一案的文书，包括民事诉状、民事催呈状、民事审理笔录、璧山地方法院民事判决书、璧山实验地方法院民事裁定等。

1310. 最高法院、四川高等法院第一分院审理要求给付生活费一案　12－12－1307

1941 年 6 月至 1943 年 3 月，最高法院、四川高等法院第一分院关于曾兴智要求蒋鸿作给付生活费一案的文书，包括民事抗告书、璧山地方法院民事判决书、四川高等法院第一分院民事裁定、四川高等法院第一分院抗告意见书、民事声请书、四川高等法院第一分院发往最高法院的公函、调查笔录、最高法院民事裁定等。

1311. 四川高等法院第一分院审理要求终止土地租约一案　12－12－1308

1942 年 5 月至 1944 年 4 月，四川高等法院第一分院关于曾华云要求终止土地租约一案的文书，包括璧山实验地方法院与四川高等法院第一分院的往来公函、民事诉状、四川高等法院第一分院民事裁定等。

1312. 璧山地方法院审理申请领取证物一案　12－12－1309

1942 年 4 月，璧山地方法院关于陈汉清申请领取证物一案的文书。陈汉清曾在璧山地方法院打过官司，案件了结后陈申请取回提交给法院的证物。该卷文书包括刑事声请书等。

1313. 璧山实验地方法院审理分割遗产纠纷一案　12－12－1310

1942 年 10 月至 1942 年 12 月，璧山实验地方法院关于胡何氏分割遗产纠纷一案的文书，包括民事诉状、民事审理笔录、民事委任状、璧山实验地方法院民事和解笔录等。

1314. 璧山实验地方法院审理要求赔偿树木一案　12－12－1311

1942 年 5 月至 1942 年 6 月，璧山实验地方法院关于曾举先要求朱欧氏赔偿树木一案的文书，包括民事诉状、民事答辩状、审理笔录、璧山实验地方法院民事和解笔录等。

1315. 璧山实验地方法院审理借款纠纷一案　12－12－1312

1942年6月至1942年7月，璧山实验地方法院关于曾治庸借款纠纷一案的文书。曾治庸以刘炳辉拖欠借款为由提起诉讼，要求刘偿还债务，后双方中止诉讼，档案包括民事诉状等。

1316. 璧山实验地方法院审理盗窃等三案　12－12－1313

1943年9月，璧山实验地方法院关于蒋郭氏盗窃案、刘禄士伤人案、戴均廷回赎典产纠纷案三案的文书，包括璧山实验地方法院刑事判决书、璧山实验地方法院刑事裁定、璧山实验地方法院民事判决书等。

1317. 璧山地方法院审理损毁一案　12－12－1314

1942年4月至1942年7月，璧山地方法院关于刘银辉损毁一案的文书，包括璧山地方法院与四川高等法院第一分院的往来公函等。

1318. 璧山实验地方法院审理租谷纠纷一案　12－12－1315

1942年9月至1942年12月，璧山实验地方法院关于颜玉山租谷纠纷一案的文书，包括民事诉状、民事委任状、民事审理笔录、民事答辩状、璧山实验地方法院民事和解笔录等。

1319. 璧山实验地方法院审理典当土地纠纷一案　12－12－1316

1942年10月，璧山实验地方法院关于吴光明典当土地纠纷一案的文书，包括民事声请书、民事委状、民事调解笔录等。

1320. 璧山地方法院审理要求给付食谷执行一案　12－12－1317

1942年1月至1942年4月，璧山地方法院关于李夏氏要求杨冯氏给付食谷执行一案的文书，包括民事执行状、璧山地方法院民事判决书、四川高等法院第一分院民事判决书、民事委任状、执行笔录、璧山地方法院训令等。

1321. 璧山实验地方法院审理要求交还田业一案　12－12－1318

1942年8月至1943年4月，璧山实验地方法院关于陈春林要求陈树元交还田业一案的文书，包括璧山实验地方法院与四川高等法院第一分院的往来公函等。

1322. 四川高等法院第一分院审理要求确认土地优先购买权一案　12－12－1319

1942年5月至1943年1月，四川高等法院第一分院关于刘曾氏要求确认土地优先购买权一案的文书,包括民事诉状、璧山实验地方法院与四川高等法院第一分院的往来公函、璧山实验地方法院民事裁定、辩论笔录、民事委状、宣告判决笔录、四川高等法院第一分院民事判决书等。

1323. 四川高等法院第一分院审理要求返还石料一案　12－12－1320

1942年8月至1943年3月,四川高等法院第一分院关于徐冯氏要求徐澄源返还石料一案的文书,包括民事缴状、民事诉状、璧山实验地方法院与四川高等法院第一分院的往来公函、民事委任状、辩论笔录、四川高等法院第一分院民事判决书、四川高等法院第一分院民事裁定等。

1324. 四川高等法院第一分院审理典当田房纠纷一案　12－12－1321

1942年3月至1942年11月,四川高等法院第一分院关于蒋彤成典当田房纠纷一案的文书,包括民事调解状、民事委状、民事抗告书、四川高等法院第一分院民事裁定、璧山地方法院与四川高等法院第一分院的往来公函等。

1325. 四川高等法院第一分院审理要求交还田业一案　12－12－1322

1942年10月至1942年12月,四川高等法院第一分院关于廖兴发要求张泰康交还田业一案的文书,包括璧山实验地方法院与四川高等法院第一分院的往来公函、民事诉状、四川高等法院第一分院民事裁定、民事声请书等。

1326. 璧山实验地方法院审理争夺遗产继承权一案　12－12－1323

1942年12月至1943年1月,璧山实验地方法院关于谭何氏争夺遗产继承权一案的文书,包括民事诉状、璧山县第二区三合乡乡公所提交璧山实验地方法院的呈文、璧山实验地方法院民事裁定等。

1327. 璧山实验地方法院审理要求终止土地租约一案　12－12－1324

1942年9月至1942年11月,璧山实验地方法院关于张泰康要求终止土地租约一案的文书,包括民事诉状、民事委任状、民事审理笔录、民事声请书、璧山实验地方法院民事判决书、璧山实验地方法院民事裁定等。

1328. 璧山实验地方法院审理申请领取证物一案　12－12－1325

1942年6月,璧山实验地方法院关于徐大维申请领取证物一案的文书。徐大维曾因买卖田业纠纷打过官司,案件了结后徐申请取回提交给法院的证物。包括民事领状等。

1329. 璧山实验地方法院审理解除婚约存查一案　12－12－1326

1942年11月，璧山实验地方法院关于邓树国解除婚约存查一案的文书。邓树国解除了与徐述荣的婚约后为防以后产生纠纷，特向法院申请将此备案存查，档案包括民事存查状等。

1330. 璧山实验地方法院审理要求确认买卖田产契约无效一案　12－12－1327

1942年7月至1942年11月，璧山实验地方法院关于陈刘氏要求确认买卖田产契约无效一案的文书，包括民事撤诉状、璧山实验地方法院与四川高等法院第一分院的往来公函、辩论笔录等。

1331. 四川高等法院第一分院、璧山实验地方法院审理回赎田产纠纷案、领取证物案两案　12－12－1328

1942年5月至1944年7月，四川高等法院第一分院、璧山实验地方法院关于杨清合等回赎田产纠纷案、杨海发等领取证物案两案的文书，包括民事诉状、民事审理笔录、丹凤乡乡公所提交璧山实验地方法院的呈文、民事委状、宣告判决笔录、璧山实验地方法院民事判决书、往来公函、民事辩状、四川高等法院第一分院民事判决书、民事领状等。

1332. 璧山实验地方法院审理要求增加租谷一案　12－12－1329

1942年5月至1942年6月，璧山实验地方法院关于尚志功要求增加租谷一案的文书，包括民事声请书、审理笔录等。

1333. 璧山地方法院等审理申请同居一案　12－12－1330

1942年4月至1944年9月，璧山地方法院等关于罗长清申请同居一案的文书。罗长清妻子无故与其分居，罗申请同居。该卷文书包括民事声请书、璧山实验地方法院民事裁定等。

1334. 璧山实验地方法院审理要求撤销租赁土地契约一案　12－12－1331

1942年9月，璧山实验地方法院关于王本正要求撤销租赁土地契约一案的文书，包括民事诉状、民事审理笔录、民事声请书、璧山实验地方法院民事和解笔录等。

1335. 璧山地方法院等审理回赎土地纠纷一案　12－12－1332

1942年3月至1942年8月，璧山地方法院等关于易陈氏回赎土地纠纷一案的文书，包括民事销案状、民事诉状、民事反诉状、民事委状、民事审理笔录、璧山实验地方法院调解表等。

1336. 璧山实验地方法院审理典当纠纷一案　12－12－1333

1942年7月至1942年8月，璧山实验地方法院关于易德安对典当纠纷的调解表示异议一案的文书，包括民事声明、民事审理笔录、璧山实验地方法院民事判决书等。

1337. 璧山实验地方法院审理要求终止土地租约一案　12－12－1334

1942年9月至1942年10月，璧山实验地方法院关于谷汉昭要求终止土地租约一案的文书，包括民事诉状、民事反诉状、璧山实验地方法院执行命令、民事审理笔录、璧山实验地方法院民事判决书等。

1338. 璧山地方法院审理要求撤销租佃契约一案　12－12－1335

1941年10月至1942年10月，璧山地方法院关于雷炳臣要求撤销租佃契约一案的文书，包括璧山地方法院与四川高等法院第一分院的往来公函、璧山地方法院民事判决书等。

1339. 璧山实验地方法院审理交还田业执行一案　12－12－1336

1942年7月至1942年9月，璧山实验地方法院关于王治清交还田业执行一案的文书，包括民事执行状、璧山实验地方法院执行命令、民事领状、训令等。

1340. 璧山实验地方法院审理要求给付抚养费一案　12－12－1337

1942年8月，璧山实验地方法院关于舒刘氏要求舒志荣给付抚养费一案的文书，包括民事调解状等。

1341. 璧山实验地方法院审理申请领取证物一案　12－12－1338

1942年7月，璧山实验地方法院关于陈汉清申请领取证物一案的文书。陈汉清曾因业权纠纷打过官司，案件了结后陈申请取回提交给法院的证物。该卷文书包括刑事领状等。

1342. 四川高等法院第一分院审理要求返还铁价一案　12－12－1339

1942年6月至1942年11月，四川高等法院第一分院关于徐开舟要求林恕五返还铁价一案的文书，包括璧山实验地方法院民事裁定、民事诉状、重庆地方法院发往永川地方法院的公函、璧山实验地方法院与四川高等法院第一分院的往来公函、民事委任状、辩论笔录、四川高等法院第一分院民事判决书等。

1343. 璧山地方法院等审理租谷纠纷一案　12－12－1340

1942年4月至1942年12月，璧山地方法院等关于刘行健租谷纠纷一案的文书，包括民事诉状、民事审理笔录、民事答辩状、民事存查状、民事委任状、璧山实验地方法院民事判决书、璧山实验地方法院民事裁定等。

1344. 最高法院、四川高等法院第一分院审理要求终止土地租约抗告一案　12－12－1341

1941年8月至1942年6月，最高法院、四川高等法院第一分院关于张炳南要求终止土地租约抗告一案的文书，包括民事抗告书、四川高等法院第一分院抗告意见书、最高法院民事裁定、璧山地方法院与四川高等法院第一分院的往来公函、璧山地方法院民事判决书等。

1345. 璧山实验地方法院审理要求确认典契无效一案　12－12－1342

1942年7月至1942年12月，璧山实验地方法院关于周树风要求确认典契无效一案的文书，包括民事声请书、璧山实验地方法院与四川高等法院第一分院的往来公函等。

1346. 璧山地方法院审理再嫁存查一案　12－12－1343

1941年12月，璧山地方法院关于罗刘氏再嫁存查一案的文书。罗刘氏丈夫外出多年音讯全无，为维持生计罗刘氏再嫁他人，为防以后产生纠纷，罗刘氏特申请法院将此备案存查。包括民事恳状等。

1347. 璧山实验地方法院审理要求增加给付一案　12－12－1344

1942年6月至1942年11月，璧山实验地方法院关于尚志功要求增加给付一案的文书。胡保洲拖欠尚志功的借款，尚志功认为如今物价飞涨，要求胡增加偿还债务的额度。该卷文书包括民事诉状、民事委任状、民事答辩状、审理笔录、璧山实验地方法院民事判决书等。

1348. 璧山地方法院等审理要求确认买卖田产契约无效一案　12－12－1345

1941年12月至1942年6月，璧山地方法院等关于蔡洪江要求确认买卖田产契约无效一案的文书，包括民事诉状、民事答辩状、民事声请书、民事委任状、民事审理笔录、璧山实验地方法院民事判决书等。

1349. 四川高等法院第一分院、璧山地方法院等审理租谷纠纷等三案　12－12－1346

1941 年 9 月至 1943 年 6 月，四川高等法院第一分院、璧山地方法院等关于朱少康租谷纠纷案、蔡洪江遗弃妻子案、向炳荣租谷纠纷案三案的文书，包括民事诉状、璧山地方法院与四川高等法院第一分院的往来公函、璧山实验地方法院民事裁定、民事委状、辩论笔录、璧山地方法院刑事判决书、四川高等法院第一分院刑事判决书等。

1350. 最高法院、四川高等法院第一分院、璧山地方法院等审理租谷纠纷案、申请回赎土地案两案　12－12－1347

1941 年 6 月至 1942 年 6 月，最高法院、四川高等法院第一分院、璧山地方法院等关于朱少康租谷纠纷案、江胡氏申请回赎土地案两案的文书，包括民事诉状、民事辩状、民事委任状、民事审理笔录、民事宣判笔录、璧山实验地方法院民事判决书、四川高等法院第一分院民事判决书、最高法院民事裁定、璧山地方法院和解笔录等。

1351. 铜梁地方法院审理要求赔偿树价一案　12－12－1348

1940 年 7 月至 1942 年 8 月，铜梁地方法院关于陈香谷要求陈炳清赔偿树价一案的文书，包括四川铜梁地方法院与璧山地方法院的往来公函、铜梁地方法院民事判决书等。

1352. 璧山实验地方法院审理要求法院确认典当土地的期限一案　12－12－1349

1942 年 11 月至 1943 年 1 月，璧山实验地方法院关于张柏林要求法院确认典当土地的期限一案的文书，包括民事诉状、民事委任状、民事审理笔录、璧山实验地方法院民事判决书、璧山实验地方法院民事裁定等。

1353. 璧山实验地方法院审理要求返还财产一案　12－12－1350

1943 年 1 月至 1943 年 3 月，璧山实验地方法院关于吴和先要求吴俊良返还财产一案的文书，包括璧山实验地方法院与四川高等法院第一分院的往来公函等。

1354. 璧山地方法院等审理要求返还田产一案　12－12－1351

1942 年 4 月至 1942 年 6 月，璧山地方法院等关于钱树清要求钱汉臣返还田产一案的文书，包括民事诉状、民事审理笔录、璧山地方法院民事判决书、璧山实验地方法院民事裁定等。

1355. 四川高等法院第一分院、璧山实验地方法院审理坟山经界纠纷一案　12—12—1352

1942年7月至1943年4月，四川高等法院第一分院、璧山实验地方法院关于荣炳廷坟山经界纠纷一案的文书，包括民事诉状、璧山实验地方法院民事裁定、璧山实验地方法院与四川高等法院第一分院的往来公函、民事委任状、辩论笔录、四川高等法院第一分院民事判决书等。

1356. 四川高等法院第一分院审理妨害秩序一案　12—12—1353

1942年10月至1942年11月，四川高等法院第一分院关于叶炯辉妨害秩序一案的文书，包括民事声请书、四川高等法院第一分院训令、璧山实验地方法院发往四川高等法院第一分院的公函等。

1357. 滇缅路督所函请璧山地方法院调查盗窃一案　12—12—1354

1942年4月至1942年5月，滇缅路督所函请璧山地方法院调查吴兴林盗窃一案的文书，包括交通部滇缅铁路督办公署与璧山地方法院的往来公函等。

1358. 四川高等法院检察处令璧山地方法院通缉列表各案人犯一事　12—12—1355

1942年4月，四川高等法院检察处令璧山地方法院通缉列表各案人犯一事的文书，包括四川高等法院检察处训令等。

1359. 璧山地方法院等审理要求偿还洋纱一案　12—12—1356

1942年3月至1944年1月，璧山地方法院等关于宋斌甫要求卢海林偿还洋纱一案的文书，包括民事诉状、璧山地方法院民事判决书、璧山地方法院训令、民事声明、璧山实验地方法院布告、查封不动产笔录、执行笔录、民事声请书、民事委任状、璧山地方法院与财政部花纱布管制局璧山办事处的往来公函、璧山实验地方法院民事裁定、辩论笔录等。

1360. 璧山地方法院审理要求交还田业一案　12—12—1357

1942年2月至1942年11月，璧山地方法院关于罗荣辉要求交还田业一案的文书，包括璧山地方法院与四川高等法院第一分院的往来公函、民事诉状、民事参加状、民事缴状、民事声明、民事声请书、民事委任状、民事审理笔录、璧山实验地方法院民事判决书、璧山实验地方法院民事裁定、民事辩状等。

1361. 四川高等法院第一分院、璧山地方法院等审理要求交还田业等三案　12－12－1358

1942年1月至1943年7月，四川高等法院第一分院、璧山地方法院等关于张金山要求张树成交还田业案、王君侯要求林树武增加租谷案、雷含章租佃纠纷案三案的文书，包括璧山地方法院与四川高等法院第一分院的往来公函、民事诉状、辩论笔录、民事委任状、四川高等法院第一分院民事裁定、璧山县政府发往璧山地方法院的公函、讯问笔录、璧山实验地方法院民事判决书、四川高等法院第一分院民事判决书、民事答辩状等。

1362. 璧山实验地方法院审理租谷纠纷案、终止土地租约案两案　12－12－1359

1942年5月至1943年6月，璧山实验地方法院关于陈永昌租谷纠纷案、高云汉要求终止土地租约案两案的文书，包括民事诉状、璧山实验地方法院民事判决书、璧山实验地方法院与四川高等法院第一分院的往来公函等。

1363. 四川高等法院第一分院、璧山地方法院等审理要求终止土地租约等五案　12－12－1360

1939年9月至1943年3月，四川高等法院第一分院、璧山地方法院等关于王学初终止土地租约案、周席珍回赎土地纠纷案、曾炳辉租谷纠纷案、李蓝氏要求李紫阳履行扶养义务案、刘渭南土地所有权纠纷案五案的文书，包括璧山地方法院与四川高等法院第一分院的往来公函、四川高等法院第一分院民事裁定、民事诉状、民事委任状、民事审理笔录、民事宣判笔录、民事辩状、民事声明、璧山实验地方法院民事判决书、民事抗告书、四川高等法院第一分院抗告意见书等。

1364. 璧山地方法院审理继承遗产纠纷等六案　12－12－1361

1940年9月至1942年11月，璧山地方法院关于黄开玉继承遗产纠纷案、王天开要求张炳奎给付毛铁案、范长顺租谷纠纷案、冉钦河违反农工管理条例私自酿酒案、吴福昌租赁土地纠纷案、王绍元要求优先留买土地权案六案的文书，包括璧山地方法院与四川高等法院第一分院的往来公函、璧山地方法院检察官起诉书、民事诉状、民事委任状、民事审理笔录、璧山地方法院民事判决书、璧山实验地方法院民事判决书等。

1365. 璧山地方法院审理要求返还田业等九案　12－12－1362

1941年12月至1947年12月，璧山地方法院关于张子俊要求返还田业案、欧苏氏私闯民宅案、唐宗华债务纠纷案、陈永昌租谷纠纷案、刘何氏要求返还房屋案、黄昌培继承遗产纠纷案、余杨氏土地租约纠纷案、彭振良回赎典产纠纷案、曾炳辉租谷纠纷案九案的文书，包括璧山地方法院民事抗告意见书、璧山地方法院民事裁定、刑事诉状、审讯笔录、璧山地方法院支付命令、璧山地方法院与四川高等法院第一分院的往来公函等。

1366. 璧山地方法院等审理要求优先承买田业权等四案　12－12－1363

1941 年 10 月至 1944 年 11 月，璧山地方法院等关于李永桂要求优先承买田业权案、黄定安买卖纠纷案、符均安租谷纠纷案、吴罗氏租赁土地纠纷案四案的文书，包括璧山地方法院民事判决书、璧山地方法院与四川高等法院第一分院的往来公函、最高法院与璧山实验地方法院的往来公函等。

1367. 四川高等法院第一分院、璧山地方法院等审理要求确认佃约无效等四案　12－12－1364

1942 年 4 月至 1944 年 5 月，四川高等法院第一分院、璧山地方法院等关于冉海山要求确认佃约无效案、徐友臣要求终止土地租约案、张权益要求终止土地租约案、黄熙之要求交还田业案四案的文书，包括璧山地方法院与四川高等法院第一分院的往来公函、民事声请书、最高法院与璧山实验地方法院的往来公函、民事诉状、民事答辩状、辩论笔录、四川高等法院第一分院民事判决书等。

1368. 四川高等法院第一分院及重庆分院、璧山地方法院等审理回赎典产纠纷等四案　12－12－1365

1940 年 12 月至 1949 年 1 月，四川高等法院第一分院及重庆分院、璧山地方法院等关于谢仲芳回赎典产纠纷案、许泽林要求终止土地租约案、邓述卿要求蔡正荣交还典业执行案、沈银安继承遗产纠纷案四案的文书，包括往来公函、民事执行状、璧山地方法院民事判决书、四川高等法院第一分院民事判决书、最高法院民事判决书、璧山实验地方法院执行命令、执行笔录、民事声明、四川高等法院第一分院及重庆分院民事判决书、民事领状等。

1369. 四川高等法院第一分院、璧山地方法院等审理阻碍农耕等四案　12－12－1366

1941 年 12 月至 1942 年 11 月，四川高等法院第一分院、璧山地方法院等关于甘银洲阻碍农耕案、陈治安米款纠纷案、张子敬要求李茂云赔偿树木案、王崇高要求曹重光增加房屋修缮费案四案的文书，包括璧山地方法院与四川高等法院第一分院的往来公函、民事诉状、四川高等法院第一分院检察官训令、审判笔录、宣告判决笔录、四川高等法院第一分院刑事判决书、民事委任状、璧山地方法院民事判决书、民事辩状、璧山实验地方法院民事判决书、璧山实验地方法院民事裁定等。

1370. 璧山实验地方法院审理回赎土地纠纷一案　12－12－1367

1942年9月,璧山实验地方法院关于周德辉回赎土地纠纷一案的文书。周德辉在回赎典当给周德署的土地时双方发生纠纷,周德辉提起诉讼要求法院维护自身利益。该卷文书包括民事诉状等。

1371. 璧山实验地方法院审理申请领取证物一案　12－12－1368

1942年12月,璧山实验地方法院关于杨秀山申请领取证物一案的文书。杨秀山曾因租佃纠纷打过官司,案件了结后杨申请取回提交给法院的证物。该卷文书包括民事领状等。

1372. 璧山实验地方法院审理租谷纠纷一案　12－12－1369

1942年7月至1942年8月,璧山实验地方法院关于郭荣清租谷纠纷一案的文书,包括民事声请书、璧山实验地方法院民事裁定书等。

1373. 四川高等法院第一分院、璧山实验地方法院审理盗窃案、回赎土地案两案　12－12－1370

1942年8月至1943年1月,四川高等法院第一分院、璧山实验地方法院关于唐吉云盗窃案、周德辉回赎土地纠纷案两案的文书,包括财政部川康直接税局璧山查征所发往璧山实验地方法院的公函、讯问笔录、璧山实验地方法院检察官起诉书、往来公函、民事声请书、璧山实验地方法院民事裁定、四川高等法院第一分院民事和解笔录等。

1374. 璧山地方法院等审理交还田业纠纷一案　12－12－1371

1942年4月至1942年7月,璧山地方法院等关于吴新盛交还田业纠纷一案的文书,包括刑事诉状、审理笔录、璧山实验地方法院检察官不起诉处分书、刑事领状等。

1375. 璧山实验地方法院审理要求确认租赁土地契约有效一案　12－12－1372

1943年3月至1943年4月,璧山实验地方法院关于邓李氏要求确认租赁土地契约有效一案的文书,包括璧山实验地方法院与四川高等法院第一分院的往来公函等。

1376. 璧山地方法院等审理租谷纠纷一案　12－12－1373

1941年9月至1942年10月,璧山地方法院等关于张范卿租谷纠纷一案的文书,包括民事诉状、民事声请书、民事委状、审理笔录、民事抗告书、民事辩状、璧山实验地方法院民事判决书等。

民事十三

1. 四川高等法院第一分院、璧山实验地方法院审理请求给付生活费一案　12－13－1

1943 年 11 月至 1944 年 1 月，四川高等法院第一分院、璧山实验地方法院关于蒋曾兴智与蒋鸿作给付生活费纠纷一案的文书，包括民事诉状、民事委任状、民事担保状、案件审理单、民事裁定书、送达证明书、言辞辩论笔录、民事申请状、法院公函等。

2. 四川高等法院第一分院、璧山实验地方法院审理回赎典业一案　12－13－2（1）

1943 年 1 月至 1945 年 5 月，四川高等法院第一分院、璧山实验地方法院关于叶祖河因与龙长曾请求回赎典业一案的文书，包括民事状诉、民事上诉状、民事申请书、言辞辩论笔录、法院公函、送达证明书、证明书、民事判决书、民事申明书、证人证物表、证物目录、民事裁定书、民庭通知等。

3. 四川高等法院第一分院、璧山实验地方法院等审理请求回赎典物一案　12－13－2－2（2）

1938 年 3 月至 1943 年 12 月，四川高等法院第一分院、璧山实验地方法院等关于叶祖河因与龙长曾发生典当纠纷请求回赎典物一案的文书，包括文件目录、民事诉状、证人证物表、民事委任状、案件审理单、送达证明书、民事答辩状、言辞辩论笔录、卷证目录、民事判决书、法院公函、民事裁定书、民事申请书、证人结文、民事上诉状等。

4. 璧山实验地方法院审理返还产业一案　12－13－3

1941 年 3 月至 1941 年 5 月，璧山实验地方法院关于陈水清因贺玉林侵占财产请求返还产业一案的文书，包括文件目录、民事诉状、证人证物表、民事委任状、案件审理单、送达证明书、民事辩诉状、言辞辩论笔录、民事声明状、民事宣判笔录、民事判决书、民事上诉状、民事裁定书等。

5. 璧山实验地方法院审理债务纠纷一案　12－13－4

1943年8月至1943年10月，璧山实验地方法院关于景亮钧、张泽之等人因公费债务纠纷请求债务执行一案的文书，包括民事诉状、庭审笔录、送达证明书、民事判决书等。

6. 璧山实验地方法院审理终止租约一案　12－13－5

1943年7月，璧山实验地方法院关于谭鲍氏因胡含辉满期不还转租获利请求终止租约一案的文书，包括征收裁判费核定单、民事诉状、民事委任状、证人证物表、送达证明书、言辞辩论笔录、和解笔录等。

7. 璧山实验地方法院审理返还侵夺物一案　12－13－6

1943年8月至1943年10月，璧山实验地方法院关于周汝霖、董其荣因买卖山林纠葛而申请返还侵夺山林一案的文书，包括文件目录、民事诉状、证人证物表、送达证明书、庭审笔录、民事判决书等。

8. 璧山实验地方法院审理回赎典产一案　12－13－7

1943年9月至1943年10月，璧山实验地方法院关于谢孝玉状告龙泽洲等侵夺财产请求回赎典产一案的文书，包括民事诉状、证人证物表、民事委任状、送达证明书、言辞辩论笔录、民事宣判笔录、民事判决书等。

9. 璧山实验地方法院审理回赎典物调解一案　12－13－8

1943年8月至1943年9月，璧山实验地方法院关于刘向五、陈德禄因产业纠纷申请回赎典物调解一案的文书，包括文件目录表、申请调解状、证人证物表、送达证明书、调解笔录等。

10. 璧山实验地方法院审理到院阅卷一案　12－13－9

1943年4月，璧山实验地方法院关于刘传贤荣因委任王先寀律师到院阅卷一案的文书，包括文件目录表、民事申请状等。

11. 璧山实验地方法院审理确认租约有效一案　12－13－10

1943年4月，璧山实验地方法院关于夏清河、杨文清因租佃定有期限不得加以妨害请求确认租约有效一案的文书，包括文件目录表、民事诉状、送达证明书、民事委任状、言辞辩论笔录、民事辩诉状、民事撤回状、证人证物表等。

12. 璧山实验地方法院审理迁移尸棺一案　12—13—11

1943 年 4 月，璧山实验地方法院关于刘雅风请求将赵海全父尸棺迁葬室外野地一案的文书，包括文件目录表、民事起诉状、证人证物表、民事委任状、案件审理单、送达证明书、言辞辩论笔录、民事和解笔录等。

13. 璧山实验地方法院审理欠债调解一案　12—13—12

1943 年 4 月，璧山实验地方法院关于吕绍康因苏汉君欠债不偿请求欠债调解一案的文书，包括文件目录表、民事申请状、证人证物表、送达证明书、民事和解笔录等。

14. 璧山实验地方法院审理终止租约一案　12—13—13

1943 年 10 月至 1943 年 11 月，璧山实验地方法院关于牟章、陈汉周因春耕急即请求终止租约一案的文书，包括民事诉讼状、民事判决书、民事委任状、送达证明书、法院执行命令、证人证物表、民事申请状、民事补缴状、民事裁定书、报告案奉、言辞辩论笔录、收据等。

15. 璧山实验地方法院审理更正管业证一案　12—13—14

1943 年 6 月，璧山实验地方法院关于钟岳灵因请求更正管业证乡名暨补发原有契据一案的文书，包括文件目录表、民事诉状、送达证明书、讯问笔录、证人证物表、法院训令等。

16. 璧山实验地方法院审理和解笔录存查一案　12—13—15

1943 年 3 月，璧山实验地方法院关于胡何氏、胡恒章因涉讼请求将和解笔录存查一案的文书，包括民事诉状、证人证物表等。

17. 璧山实验地方法院审理给付元酒一案　12—13—16

1943 年 5 月至 1943 年 6 月，璧山实验地方法院关于曾汝洲请求曾象荣照票据给付元酒（祭祀用酒）一案的文书，包括文件目录表、民事诉状、诉讼缴费单、民事委任状、证人证物表、送达证明书、案件审理单、法院批示等。

18. 璧山实验地方法院审理撤销租约一案　12—13—17

1943 年 6 月，璧山实验地方法院关于刘炳林因刘树清妨害主权请求撤销租约一案的文书，包括文件目录表、征收裁判费核定单、民事申请状、证人证物表、送达证明书、案件审理单、民事委任状、言辞辩论笔录、证人结文、民事宣判笔录、民事判决书等。

19. 璧山实验地方法院审理解除租约一案　12－13－18

1943 年 9 月至 1943 年 10 月，璧山实验地方法院关于易祥祯因谭谢林等恶佃措租妨害主权请求解除租约一案的文书，包括文件目录表、征收裁判费核定单、案件审查表、民事诉状、证人证物表、案件审理单、送达证明书、民事和解状、法院通知等。

20. 璧山实验地方法院审理所有权登记一案　12－13－19

1943 年 12 月至 1944 年 1 月，璧山实验地方法院关于尹达房屋等财产所有权登记一案的文书，包括文件目录表、征收裁判费核定单、不动产登记书、民事申请状、诉讼缴费单、法院通知书、送达证明书、登记询问笔录、证据（收据、坐落地址表）等。

21. 璧山实验地方法院审理请发支付命令一案　12－13－20

1943 年 7 月，璧山实验地方法院关于万仲文、罗益安因债务纠葛请发支付命令一案的文书，包括征收裁判费核定单、文件目录表、债权申请状、证人证物表、法院支付命令、申明异议状、法院书记室通知书、送达证明书等。

22. 四川高等法院第一分院、璧山实验地方法院审理赔偿损害一案　12－13－21

1943 年 4 月至 1943 年 9 月，四川高等法院第一分院、璧山实验地方法院关于陈光华要求周道兴赔偿损害一案的文书，包括文件目录表、法院书记处公函、民事判决书、民事委任状、民事上诉状、民事裁定书、证人证物表、法院公鉴、送达证明书等。

23. 璧山实验地方法院审理回赎典产一案　12－13－22

1943 年 2 月至 1943 年 6 月，璧山实验地方法院关于杨清合、杨森禄等人因典当纠纷请求回赎典产一案的文书，包括民事诉状、民事委任状、送达证明书、言辞辩论笔录、证人证物表、民事判定书、民事宣判笔录、民事申请书、民事判决书等。

24. 四川高等法院第一分院、璧山实验地方法院审理给付租谷一案　12－13－23

1943 年 4 月至 1943 年 10 月，四川高等法院第一分院、璧山实验地方法院关于

彭汪氏因徐荣川、彭础阳等人欠租请求给付租谷一案的文书，包括送达证明书、法院书记处公函、法院通知书、民事上诉状、民事裁定书等。

25. 四川高等法院第一分院、璧山实验地方法院审理终止租约、给付租谷等案 12—13—24

1943年4月至1943年10月，四川高等法院第一分院、璧山实验地方法院关于彭汪氏因彭家凰、徐荣川等人欠谷请求终止租约、赵炳全等因陈昌福拒不交业请求给付租谷等案的文书，包括民事抗告状、证人证物表、意见书、民事裁定书、法院书记处公函、民事诉状、民事申请状、法院函复、民事上诉状、送达证明书、民事申请书、民事委任状、证据（照抄收据、佃约）、言辞辩论笔录、民事辩诉状、民事宣判笔录、民事判决书等。

26. 璧山实验地方法院、江津地方法院审理违背契约措典绝生起诉一案 12—13—25

1942年7月至1943年3月，璧山实验地方法院、江津地方法院关于张宗富因张汉汪违背契约措典绝生依法起诉一案的文书，包括文件目录表、民事诉状、法院公函、送达证明书、庭审笔录、证人结文、法院公鉴、案件审理单、审理笔录、证人证物表、案件审查单、民事委任状、民事审理笔录、江津地方法院点名单、民事判决书等。

27. 璧山实验地方法院审理请发支付命令一案 12—13—26

1943年8月，璧山实验地方法院关于景亮钧因萧臣君、周银轩等人欠债不还请发支付命令一案的文书，包括文件目录表、征收裁判费核定单、案件审查表、民事申请状、证人证物表、法院支付命令、送达证明书、民事裁定书等。

28. 璧山实验地方法院审理租谷假扣押一案 12—13—27

1943年8月，璧山实验地方法院关于谢增辉因吴庆雷欠租谷请求租谷假扣押一案的文书，包括文件目录表、征收裁判费核定单、民事诉状、证人证物表、送达证明书、民事裁定书等。

29. 四川高等法院第一分院、璧山实验地方法院审理确认田产所有权一案 12—13—28

1943年4月至1945年3月，四川高等法院第一分院、璧山实验地方法院关于江汪氏因江胡氏侵占田产请求确认田产所有权一案的文书，包括文件目录表、法院公函、民事判决书、言辞辩论笔录等。

30. 璧山实验地方法院审理违法吞款一案　12—13—29

1941年2月至1941年3月，璧山实验地方法院关于张玉清因保长徐庶州违法吞款请求详查严办一案的文书，包括法院公函、璧山县第三区广普乡乡公所函复、安控恳请注销函等。

31. 璧山实验地方法院审理侵占一案　12—13—30

1943年4月，璧山实验地方法院关于黄万宗控告黄雨顺侵占土地及妨害其行使权利一案的文书，包括文件目录表、刑事告诉状、证人证物表、送达证明书、应讯人到场报告单、讯问笔录、法院检察院不起诉处分书等。

32. 四川高等法院第一分院、璧山实验地方法院审理交业执行异议一案　12—13—31

1942年11月至1943年11月，四川高等法院第一分院、璧山实验地方法院关于张杨氏因不服交业执行的判决请求检卷二审一案的文书，包括民事诉状、法院执行命令、报告案奉、证人证物表、派员执行书等。

33. 璧山实验地方法院审理交业执行一案　12—13—32

1943年1月至1943年3月，璧山实验地方法院关于张泰康因与廖兴发发生典约纠纷请求搬迁交业执行一案的文书，包括民事诉状、送达证明书、民事委任状、法院执行命令、报告案奉、民事讯问笔录、法院检察院不起诉处分书、收据、诉讼证据物品袋等。

34. 璧山实验地方法院审理扣押豆麦一案　12—13—33

1943年4月，璧山实验地方法院关于廖兴发因与张泰康发生债务纠葛请求扣押豆麦一案的文书，包括文件目录表、民事诉状、证人证物表、民事裁定书、送达证明书等。

35. 璧山实验地方法院审理指定押金提存处所一案　12—13—34

1943年3月，璧山实验地方法院关于廖兴发因张泰康迟延返还押金请求指定押金提存处所一案的文书，包括民事诉状、法院批示等。

36. 四川高等法院第一分院、璧山实验地方法院审理回赎产业一案　12—13—35

1942年12月至1944年2月，四川高等法院第一分院、璧山实验地方法院关于

周席珍因白璧玉反抗命令请求回赎产业一案的文书,包括法院书记室公函、卷证目录、文件目录表、民事诉状、民事裁定书、送达证明书等。

37. 四川高等法院第一分院、璧山实验地方法院审理给付租谷、贪赃上诉两案 12—13—36

1943 年 1 月至 1944 年 3 月,四川高等法院第一分院、璧山实验地方法院关于刘华辉因王九成骗租不交请求给付租谷、周席珍因抢夺罪被拘时财物被柳春衡没收而诉其贪赃两案的文书,包括文件目录表、民事诉状、人证物表、案件审理单、民事委任状、言辞辩论笔录、民事宣判笔录、民事判决书、法院公函、刑事附带民事上诉状、民事答辩状、刑事判决书、报告案奉、讯问笔录、刑事声明状、刑事审判笔录、刑事裁定书、刑事附带民事裁定书、送达证明书等。

38. 璧山实验地方法院审理增加租谷一案 12—13—37

1943 年 7 月至 1944 年 1 月,璧山实验地方法院关于王君侯因与林树武发生租佃纠葛请求增加租谷一案的文书,包括文件目录表、民事申请状、民事判决书、民事委任状、送达证明书、执行言辞辩论笔录等。

39. 四川高等法院第一分院、璧山实验地方法院审理履行契约一案 12—13—38

1943 年 5 月至 1943 年 10 月,四川高等法院第一分院、璧山实验地方法院关于甘永璧诉杨鲁三拒绝履约而请求履行债务契约一案的文书,包括阅卷申请书、文件目录表、民事诉状、民事委任状、案件审理单、民事申请状、言辞辩论笔录、宣示判决笔录、证人证物表、法院公函、民事判决书、民事上诉状、送达证明书、民事裁定书、法院通知书等。

40. 璧山实验地方法院审理请求赎典调解一案 12—13—39

1943 年 11 月,璧山实验地方法院关于严荣廷因与戴步云发生典当纠纷请求赎典调解一案的文书,包括民事诉状、文件目录、民事委任状、案件审理单、民事调解笔录、送达证明书、证人证物表、民事传票等。

41. 四川高等法院第一分院、璧山实验地方法院审理请求领业价、租佃调解等案 12—13—40

1941 年 10 月至 1943 年 10 月,四川高等法院第一分院、璧山实验地方法院关于李直三请求领业价、黄绍宣因与欧邓氏等产生租佃纠纷请求租佃调解等案的文书,包括民事诉状、法院公函、文件目录、民事申请书、民事传票、证人证物表、民事调解笔录、送达证明书等。

42. 璧山实验地方法院审理私章遗失存查一案　12－13－41

1943年10月，璧山实验地方法院关于曾次咸因私章遗失申请存案备查以防不测一案的文书，包括文件目录、民事申请查存状、证人证物表、法院批示等。

43. 四川高等法院第一分院、璧山实验地方法院审理撤销大佃契约一案　12－13－42

1943年2月至1943年8月，四川高等法院第一分院、璧山实验地方法院关于叶树成因与向高魁产生佃约纠纷请求撤销大佃契约一案的文书，包括民事诉状、法院公函、文件目录、法院裁定书、证人证物表、法院书记室查询单、民事申请书、言辞辩论笔录、宣示判决笔录、民事委任状等。

44. 四川高等法院第一分院、璧山实验地方法院审理给付欠租一案　12－13－43

1943年6月至1943年10月，四川高等法院第一分院、璧山实验地方法院关于何保亲因与叶世荣发生租债纠纷而请求给付欠租一案的文书，包括民事诉状、证人证物表、民事委任状、送达证明书、言辞辩论笔录、证人结文、璧山县三合乡乡公所呈、民事判决书、民事裁定书、法院公函、庭审笔录等。

45. 璧山实验地方法院审理和解备查一案　12－13－44

1943年10月，璧山实验地方法院关于周陈氏因租谷纠纷和解后请求和解备查一案的文书，包括民事申请状、文件目录、证人证物表、法院批稿等。

46. 璧山实验地方法院审理拨济生活费备查一案　12－13－45

1943年12月，璧山实验地方法院关于叶遐龄因生活费问题请求拨济生活费备查一案的文书，包括民事申请状、文件目录、法院批稿等。

47. 璧山实验地方法院审理债务执行一案　12－13－46

1943年8月，璧山实验地方法院关于李正发因何汉臣拒付租谷请求债务执行一案的文书，包括文件目录表、民事裁定书、法院训令、法院命令、报告案奉、收据、送达证明书等。

48. 璧山实验地方法院审理债务执行一案　12－13－47

1943年6月至1943年7月，璧山实验地方法院关于何昌绪因叶炳顺、何汉臣违背和解约定拒付工钱请求债务执行一案的文书，包括文件目录表、民事诉状、工钱估算单、民事委任状、送达证明书、言辞辩论笔录、民事宣判笔录、民事判决书等。

49. 四川高等法院第一分院、璧山实验地方法院审理给付菜刀执行一案　12—13—48

1943年10月至1944年3月，四川高等法院第一分院、璧山实验地方法院关于王汉清因杨怀安拒绝交付菜刀请求给付菜刀执行一案的文书，包括文件目录表、民事诉状、民事判决书、证人证物表、案件审理单、民事委任状、报告书、送达证明书、阅卷申请书、声明异议状、民事裁定书、民事申请状等。

50. 璧山实验地方法院审理收约公证一案　12—13—49

1943年10月至1944年1月，璧山实验地方法院关于鲍升三请求收约公证一案的文书，包括文件目录表、送达证明书、案件审理单、公证通知书、公证讯问笔录、确认公证书等。

51. 璧山实验地方法院审理领证一案　12—13—50

1943年6月至1944年1月，璧山实验地方法院关于蒋季氏、蒋郭氏等请求领回呈庭证件一案的文书，包括文件目录表、法院公函、民事领状、报告书、送达证明书等。

52. 四川高等法院第一分院、璧山实验地方法院审理回赎典产一案　12—13—51

1943年7月至1944年5月，四川高等法院第一分院、璧山实验地方法院关于杨清合因不服与杨发贵等人涉讼判决请求回赎典产一案的文书，包括民事上诉状、证人证物表、送达证明书、民事裁定书、民事申请书、民事委任状、言辞辩论笔录、法院往来公函等。

53. 四川高等法院第一分院、璧山实验地方法院审理假扣押一案　12—13—52

1944年4月至1944年11月，四川高等法院第一分院、璧山实验地方法院关于吴王氏因与彭甫堂产生租佃纠葛请求田产假扣押一案的文书，包括民事诉状、证人证物表、民事裁定书、送达证明书、民事声明状、证据（照抄民事判决）、法院公函等。

54. 璧山实验地方法院审理给付欠租一案　12—13—53

1943年6月，璧山实验地方法院关于雷洪殿因邓云程等抗租不交请求给付欠租一案的文书，包括文件目录表、民事诉状、证人证物表、送达证明书、案件审理单、言辞辩论笔录、民事答辩状、民事判决书等。

55. 璧山实验地方法院审理返还红契约一案　12—13—54

1942 年 9 月至 1943 年 4 月，璧山实验地方法院关于王寿堂请求法院返还提供担保的红契约一案的文书，包括文件目录表、民事申请状、送达证明书、法院状悉等。

56. 璧山实验地方法院审理土地所有权一案　12—13—55

1943 年 1 月至 1943 年 4 月，璧山实验地方法院关于彭登礼因尹家填等继承地产纠纷请求证明拥有土地所有权一案的文书，包括文件目录表、不动产登记申请书、法院命令、法院公告、报告案奉、涉案地图、收据等。

57. 四川高等法院第一分院、璧山实验地方法院审理止约交业一案　12—13—56

1944 年 4 月至 1944 年 8 月，四川高等法院第一分院、璧山实验地方法院关于曾清廷因不服判决上诉请求止约交业一案的文书，包括文件目录表、法院公函、民事上诉状、送达证明书、民事裁定书、民事撤诉状等。

58. 四川高等法院第一分院、璧山实验地方法院审理请求返还黄谷一案　12—13—57

1942 年 7 月至 1943 年 11 月，四川高等法院第一分院、璧山实验地方法院关于王治清因与牟容光发生租佃纠纷请求返还黄谷一案的文书，包括法院公函、民事上诉状、证人证物表、民事裁定书、送达证明书、民事委任状、言辞辩论笔录、证人结文、宣示判决笔录、民事判决书、民事审理笔录、民事答辩状、收据、诉讼证据物品袋、证物目录等。

59. 四川高等法院第一分院、璧山实验地方法院审理修砌田坎一案　12—13—58

1943 年 5 月至 1943 年 9 月，四川高等法院第一分院、璧山实验地方法院关于吴光耀因与刘永卿发生田坎纠葛请求修砌田坎一案的文书，包括法院公函、领状、报告书、民事诉状、证人证物表、民事委任状、送达证明书、言辞辩论笔录、勘验笔录、审理笔录、民事判决书、民事宣判笔录、民事上诉状、民事裁定书等。

60. 璧山实验地方法院审理典约调解一案　12—13—59

1943 年 9 月至 1943 年 10 月，璧山实验地方法院关于张吴培贞因不服与冉崇煜等签订典约的附带条件请求法院典约调解一案的文书，包括文件目录表、民事诉状、抄录附带条件、证人证物表、案件审理单、送达证明书、民事委任状、民事调解笔录等。

61. 璧山实验地方法院审理假扣押一案　12—13—60

1943年7月至1943年8月，璧山实验地方法院关于万金田因与万何氏发生回赎典产纠纷请求典物假扣押一案的文书，包括文件目录表、民事申请状、民事申请书、证人证物表、民事裁定书、送达证明书等。

62. 璧山实验地方法院审理假扣押一案　12—13—61

1943年8月至1943年9月，璧山实验地方法院关于达王氏因执行法院判决扣押杨文清物品发生困难请求假扣押一案的文书，包括文件目录表、民事诉状、证人证物表、民事裁定书、送达证明书等。

63. 璧山实验地方法院审理债务执行一案　12—13—62

1943年1月至1944年2月，璧山实验地方法院关于景亮钧因伍栋梁拒付债款请求债务执行一案的文书，包括案件详述、证人证物表、案件审理单、执行证书存根、法院执行命令、送达证明书、法院交付命令、民事申请状、报告书、民事声明状、民事裁定书等。

64. 璧山实验地方法院审理返还产业执行一案　12—13—63

1943年11月至1945年5月，璧山实验地方法院关于赵承裕因与江远志等人发生确认所有权及不动产物权契约纠纷请求返还产业执行一案的文书，包括文件目录表、民事申请状、案件审理单、法院执行命令、送达证明书、报告案奉、收据等。

65. 四川高等法院第一分院、璧山实验地方法院审理返还田产一案　12—13—64

1942年12月至1943年6月，四川高等法院第一分院、璧山实验地方法院关于周全安因胡联辉给付租谷请求返还田产一案的文书，包括民事诉状、证人证物表、法院公函、民事上诉状、民事裁定书、送达证明书、言辞辩论笔录、民事委任状、宣示判决笔录、民事判决书、民事辩诉状、审理笔录、证人结文、法院检察院不起诉处分书等。

66. 四川高等法院第一分院、璧山实验地方法院审理假处分、不服判决上诉等案及其上诉案　12—13—65

1943年1月至1944年3月，四川高等法院第一分院、璧山实验地方法院关于请求法院裁定假处分、对判决不服申请上诉等案及其上诉案的文书，包括文件目录表、民事诉状、证人证物表、民事裁决书、法院公函、民事判决书、送达证明书、民事上诉状、言辞辩论笔录、宣示判决笔录、民事和解笔录、民事委任状、执行言辞辩论笔录、申请异议状、报告书、民事抗告状、意见书、报告案奉、法院执行命令、收据、法院通知书等。

67. 四川高等法院第一分院、璧山实验地方法院审理拆除石碑执行一案　12－13－66

1943年1月至1943年7月，四川高等法院第一分院、璧山实验地方法院关于戴敬之因龙寿山等违规立石碑请求拆除石碑执行一案的文书，包括文件目录表、法院公函、意见书、检察官不起诉处分书、民事申请状、证人证物表、送达证明书、法院执行命令、报告案奉、民事申请书、民事委任状、民事判决书等。

68. 璧山实验地方法院审理申请领证一案　12－13－67

1943年3月至1943年4月，璧山实验地方法院关于刘兴业因久候无批示承领请求再次领证一案的文书，包括文件目录表、民事申请状、证人证物表、法院状悉等。

69. 四川高等法院第一分院、璧山实验地方法院审理请求拆除石碑执行一案　12－13－68

1942年5月至1942年9月，四川高等法院第一分院、璧山实验地方法院关于许敬修因不服判决请求许泽林拆除石碑执行一案的文书，包括文件目录表、法院公函、民事抗告状、证人证物表、民事裁定书等。

70. 四川高等法院第一分院、璧山实验地方法院审理请求确认回赎典物、再嫁存查等案　12－13－69

1943年4月至1943年10月，四川高等法院第一分院、璧山实验地方法院关于戈有辉等因龚李氏佃期未满解约请求期请求确认回赎典物、黄杨玉书因再嫁请求再嫁存查等案的文书，包括法院公函、民事具查状、证人证物表、送达证明书、民事诉状、民事委任状、言辞辩论笔录、宣判笔录、民事判决书、诉讼证据物品袋(收据、典约原文)、意见书、民事抗告状、民事裁定书等。

71. 璧山实验地方法院审理租谷假扣押一案　12－13－70

1943年8月，璧山实验地方法院关于王绍元因与何汉臣发生租佃纠纷请求租谷假扣押一案的文书，包括文件目录表、民事诉状、证人证物表、送达证明书、民事裁定书等。

72. 璧山实验地方法院审理黄谷假扣押一案　12－13－71

1943年8月，璧山实验地方法院关于向高魁因赵光图等拒不纳租请求黄谷假扣押一案的文书，包括文件目录表、民事诉状、证人证物表、送达证明书、民事裁定书等。

73. 璧山实验地方法院审理黄谷假扣押一案　12—13—72

1943年8月，璧山实验地方法院关于吴海涛因彭甫堂欠租不交请求黄谷假扣押一案的文书，包括文件目录表、案件审理单、民事申请状、证人证物表、送达证明书、民事裁定书等。

74. 四川高等法院第一分院、璧山实验地方法院审理终止租约一案　12—13—73

1944年4月至1944年8月，四川高等法院第一分院、璧山实验地方法院关于曾清廷因与廖树廷发生租佃纠纷请求终止租约一案的文书，仅包括法院间的往来公函等。

75. 四川高等法院第一分院、璧山实验地方法院审理请求返还风车一案　12—13—74

1943年12月至1944年4月，四川高等法院第一分院、璧山实验地方法院关于张燮阳、胡万兴请求返还风车一案的文书，包括民事诉状、言辞辩论笔录、民事委任状、民事宣判笔录、证人证物表、送达证明书、法院公函、民事裁决书等。

76. 璧山实验地方法院审理请求返还食谷一案　12—13—75

1943年10月至1943年12月，璧山实验地方法院关于蓝玉廷、谷平之请求返还食谷一案的文书，包括民事诉状、民事撤销状、法院批稿、证人证物表、送达证明书等。

77. 四川高等法院第一分院、璧山实验地方法院审理请求偿还欠款、给领业价两案　12—13—76

1941年1月至1944年3月，四川高等法院第一分院、璧山实验地方法院关于蒋仲义、蒋子音请求偿还欠款和娄彦之等请求给领业价两案的文书，包括民事诉状、法院公函、言辞辩论笔录、民事委任状、证人证物表、民事宣判笔录、送达证明书、民事裁决书、法院通知书等。

78. 璧山实验地方法院审理迁让执行一案　12—13—77

1943年11月至1944年1月，璧山实验地方法院关于彭诚、庞怀林迁让执行一案的文书，包括民事诉状、证人证物表、法院批稿、法院执行命令、送达证明书、民事裁决书等。

79. 璧山实验地方法院审理请求领押交业一案　12－13－78

1943年9月至1944年1月，璧山实验地方法院关于陈竹修因与陶永明租赁关系已经停止请求领押交业一案的文书，包括民事诉状、证明书、证人证物表、送达证明书、言辞辩论笔录、宣判笔录、民事裁定书等。

80. 璧山实验地方法院审理田土调解一案　12－13－79

1943年5月至1943年6月，璧山实验地方法院关于陈竹修因陶永明霸占田业及共有存款请求田土调解一案的文书，包括民事调解状、证人证物表、讯问笔录、送达证明书等。

81. 璧山实验地方法院审理确认买树有效一案　12－13－80

1943年4月，璧山实验地方法院关于周光远、周德署确认买树有效一案的文书，包括民事诉状、送达证明书、言辞辩论笔录、证人结文、宣判笔录、民事裁决书等。

82. 璧山实验地方法院审理赔偿诉讼费一案　12－13－81

1943年7月至1943年8月，璧山实验地方法院关于杨明清要求赵益之赔偿借谷纠葛案的诉讼费一案的文书，包括民事诉状、证人证物表、送达证明书、民事裁决书等。

83. 璧山实验地方法院审理所有权登记一案　12－13－82

1943年12月至1944年7月，璧山实验地方法院关于雷在南请求所有权登记一案的文书，包括民事诉状、不动产登记证书、送达证明书、法院命令、民事委任状、法院公告、军政部织布厂公函、法院公函等。

84. 璧山实验地方法院审理请求领回判决书一案　12－13－83

1943年4月，璧山实验地方法院关于吴兴林申请领回呈庭的终止租约案判决书一案的文书，包括文件目录表、民事申请状、法院批示等。

85. 璧山实验地方法院审理确认买卖契约无效一案　12－13－84

1942年6月至1943年7月，璧山实验地方法院关于李世宗、李炳安买卖契约无效一案的文书，包括民事诉状、庭审笔录、送达证明书、民事委任状、证人证物表、民事和解笔录等。

86. 璧山实验地方法院审理终止租约一案　12—13—85

1943年8月至1943年9月，璧山实验地方法院关于黄协昌、陈全安终止租约一案的文书，包括民事诉状、证人证物表、民事委任状、送达证明书、言辞辩论笔录、宣判笔录等。

87. 璧山县司法处审理债务纠纷一案　12—13—86

1939年6月至1939年8月，璧山县司法处关于甘何氏、甘颜氏等债务纠纷一案的文书，包括民事诉状、证人证物表、民事答辩笔录、审理笔录、送达证明书、民事判决书等。

88. 璧山实验地方法院审理交还房屋执行一案　12—13—87

1943年1月至1943年6月，璧山实验地方法院关于蒋海清、张怀清交还房屋一案的文书，包括民事诉状、证人证物表、法院执行命令、执行笔录、民事判决书等。

89. 璧山实验地方法院审理回赎产业一案　12—13—88

1943年8月至1943年11月，璧山实验地方法院关于邹炳安、邹昆仑回赎产业一案的文书，包括民事诉状、证人证物表、民事委任状、送达证明书、言辞辩论笔录、民事判决书等。

90. 璧山实验地方法院审理租佃纠葛、租约调解等案　12—13—89

1943年6月至1943年11月，璧山实验地方法院关于萧炳轩等租佃纠葛案、谢锡桢申请租约纠葛调解等案的文书，包括民事诉状、证人证物表、民事委任状、送达证明书、民事判决书等。

91. 璧山实验地方法院审理请领分约一案　12—13—91

1943年1月，璧山实验地方法院关于周光举因与周程氏等租佃涉讼案已经判决，请求领回呈庭分约一案的文书，包括文件目录表、民事领状、证人证物表等。

92. 璧山实验地方法院审理遗嘱存查一案　12—13—92

1942年12月至1943年1月，璧山实验地方法院关于钱陈氏、钱显宗请求遗嘱存查以杜后患一案的文书，包括文件目录表、民事备案状、申明启示、遗嘱等。

93. 璧山实验地方法院审理调解一案　12—13—93

1943年1月至1943年11月，璧山实验地方法院关于陶宗氏赴庭时间已过请求租佃纠葛再行调解一案的文书,包括法院检察院公函、送达证明书、民事申请状等。

94. 四川高等法院第一分院、璧山实验地方法院审理返还房屋一案　12－13－94

1944 年 5 月至 1944 年 7 月,四川高等法院第一分院、璧山实验地方法院关于黄永兴、黄宗洛返还松山房屋一案的文书,包括民事抗告状、法院书记室公函、证人证物表、送达证明书、民事判决书、民事裁定书等。

95. 璧山实验地方法院审理终止租约一案　12－13－95

1943 年 6 月,璧山实验地方法院关于王屏周、徐树林终止租约一案的文书,包括民事诉状、证人证物表、民事委任状、送达证明书、言辞辩论笔录、民事和解笔录等。

96. 四川高等法院第一分院、璧山实验地方法院审理终止租约一案　12－13－96

1942 年 10 月至 1943 年 2 月,四川高等法院第一分院、璧山实验地方法院关于尹上美、尹上勲终止租约一案的文书,包括民事诉状、民事委任状、送达证明书、民事审理笔录、法院公函、民事裁定书等。

97. 四川高等法院第一分院、璧山实验地方法院审理交账执行一案　12－13－97

1943 年 2 月至 1944 年 1 月,四川高等法院第一分院、璧山实验地方法院关于同春炭厂、陈兹如交账执行一案的文书,包括民事诉状、法院执行命令、执行言辞辩论笔录、证人证物表、民事委任状、送达证明书、律师申请书、民事裁定书、法院公函、言辞辩论笔录、庭审笔录、四川高等法院第一分院刑庭公函、民事判决书等。

98. 璧山实验地方法院审理终止租约一案　12－13－98

1942 年 12 月至 1943 年 9 月,璧山实验地方法院关于谢锡廷、颜玉山终止租约一案的文书,包括民事诉状、证人证物表、民事和解笔录、民事委任状、送达证明书、法院执行命令等。

99. 四川高等法院第一分院、璧山实验地方法院审理伪造典当契约一案　12－13－99

1941 年 8 月至 1943 年 3 月,四川高等法院第一分院、璧山实验地方法院关于石荣甫等伪造典当契约一案的文书,包括民事诉状、证人证物表、民事委任状、法院公函、送达证明书、庭审笔录、民事裁定书、刑事判决书等。

100. 璧山实验地方法院审理请求搬迁交业一案　12—13—100

1943 年 11 月至 1943 年 12 月，璧山实验地方法院关于蒲海全、刘普全等搬迁交业一案的文书，包括民事诉状、证人证物表、言辞辩论笔录、民事委任状、送达证明书、民事补诉状、民事判决书、刑事判决书等。

101. 璧山实验地方法院审理侵占契约一案　12—13—101

1943 年 4 月至 1943 年 12 月，璧山实验地方法院关于胡保洲因尚志耀等侵占契约提起诉讼一案的文书，包括刑事自诉状、证人证物表、送达证明书、审判笔录、法院公函等。

102. 四川高等法院第一分院、四川高等法院第二分院、璧山实验地方法院审理假扣押一案　12—13—102

1941 年 9 月至 1943 年 8 月，四川高等法院第一分院、四川高等法院第二分院、璧山实验地方法院关于石力玉等因典当田业纠葛而请求黄谷假扣押一案的文书，包括民事诉状、证人证物表、送达证明书、证明书、法院公函、民事申请书、民事判决书、刑事判决书等。

103. 璧山实验地方法院审理回赎典产一案　12—13—103

1943 年 7 月至 1943 年 9 月，璧山实验地方法院关于马绍良因与邓廷献等发生租佃纠葛请求回赎典产一案的文书，包括民事诉状、证人证物表、民事委任状、案件审理、送达证明书、法院通知书、民事撤回状等。

104. 璧山实验地方法院审理借款执行一案　12—13—104

1941 年 10 月至 1943 年 10 月，璧山实验地方法院关于刘占胜要求邓光耀偿还借款一案的文书，包括民事诉状、证人证物表、送达证明书、报告书、法院执行命令、民事和解笔录、民事委任状、言辞辩论笔录、民事宣判笔录、法院公函、讯问笔录、民事判决书等。

105. 四川高等法院第一分院、璧山实验地方法院审理回赎典物一案　12—13—105

1941 年 7 月至 1943 年 4 月，四川高等法院第一分院、璧山实验地方法院关于蒲海全、刘普全等因典当田业纠葛而申请回赎典物一案的文书，包括民事诉状、证人证物表、送达证明书、法院公函、民事裁定书、民事判决书等。

106. 璧山实验地方法院审理领押交业一案　12—13—106

1943年8月至1943年9月，璧山实验地方法院关于孙金山、刘懋昭领押交业一案的文书，包括民事诉状、证人证物表、法院批稿、送达证明书、民事委任状、民事裁定书等。

107. 璧山实验地方法院审理请求赔偿损害一案　12—13—107

1943年2月至1943年6月，璧山实验地方法院关于贺鸿均因贺马良等人霸耕租佃田业而请求赔偿损害一案的文书，包括刑事附带民事诉状、证人证物表、法院执行命令、执行报告书、法院审理单、记录判决书、执行笔录、送达证明书、刑事附带民事裁决书等。

108. 璧山实验地方法院审理请求租佃调解一案　12—13—108

1943年11月至1944年1月，璧山实验地方法院关于蒲海全、彭华周等人请求租佃调解一案的文书，包括民事调解状、文件目录、法院民事审理单、答辩笔录、民事调解笔录、民事传票、受传唤人或通知人名单等。

109. 璧山实验地方法院审理脱离同居调解一案　12—13—109

1943年11月至1943年12月，璧山实验地方法院关于万金田、万陈氏请求脱离同居调解一案的文书，包括民事申请状、文件目录、证人证物表、证物、民事委任状、法院民事审理单、民事审理笔录、送达证明书、受传唤人或通知人名单等。

110. 四川高等法院第一分院、璧山实验地方法院审理交业执行一案　12—13—110

1943年12月至1944年7月，四川高等法院第一分院、璧山实验地方法院关于冯万民、冯泽厚交业执行一案的文书，包括民事诉状、意见书、法院书记室公函、民事委任状、阅卷申请书、民事裁定书、证人证物表、证物、证物目录、法院批稿等。

111. 四川高等法院第一分院、璧山实验地方法院审理给付租谷、罚锾执行两案　12—13—111

1943年9月至1943年11月，四川高等法院第一分院、璧山实验地方法院关于王绍元等申请给付租谷、刘象乾等因囤积食盐被罚两案的文书，包括民事诉状、往来公函、检察院公函、案件审理单、民事传票、云风盐场务所公函等。

112. 四川高等法院、璧山实验地方法院审理交业执行一案　12—13—113

1942年6月至1943年7月，四川高等法院、璧山实验地方法院关于余炳合、余王氏交业执行一案的文书，包括民事诉状、文件目录、民事判决书、执行命令报告、案件笔录、派员勒令交业报文书、收款通知书、法院公函、送达证明书、法院执行命令、收据、申请异议状、签呈等。

113. 四川高等法院第一分院、璧山实验地方法院审理赔偿损失一案　12－13－114

1943 年 3 月至 1943 年 6 月，四川高等法院第一分院、璧山实验地方法院关于王香甫、汪瀛洲因债务纠葛而申请赔偿损失一案的文书，包括民事诉状、民事委任状、法院公函、庭审笔录、申请管辖状、言辞辩论笔录、阅卷申请书、报告、原告驳回书、民事抗告状、送达证明书、民事判定书、民事判决书等。

114. 璧山实验地方法院审理请求阅卷、函请维护征属生活质量两案　12－13－116

1943 年 11 月至 1943 年 12 月，璧山实验地方法院关于请求阅卷、函请维护征属生活质量两案的文书，包括阅卷申请书、民事诉状、文件目录、证人证物表、璧山县政府与璧山实验地方法院间的往来公函、送达证明书、法院公函、院御公函等。

115. 四川高等法院第一分院、璧山实验地方法院审理申请继续审理、确认买卖契约无效两案　12－13－117

1943 年 4 月至 1943 年 10 月，四川高等法院第一分院、璧山实验地方法院关于谢胡氏因不服与石荣甫典当纠葛判决申请继续审理、清明会等因买卖纠葛请求确认买卖契约无效两案的文书，包括法院公函、四川高等法院第一分院刑事判决书等。

116. 四川高等法院第一分院、璧山实验地方法院审理回赎典产、撤销顶打契约等四案　12－13－118

1943 年 3 月至 1943 年 10 月，四川高等法院第一分院、璧山实验地方法院关于杨清合等因租佃纠葛请求回赎典产、蒋同舟等因契约纠纷请求撤销顶打契约、汪志成等因租佃纠葛请求确认占有耕作权、何泰文因与胡秀泉等发生租佃纠葛请求止约交业四案的文书，仅包括法院间的往来公函。

117. 四川高等法院第一分院、璧山实验地方法院审理终止租佃、返还屋产等七案　12－13－119

1943 年 4 月至 1943 年 12 月，四川高等法院第一分院、璧山实验地方法院关于王云仙申请终止租约、王尊五申请终止租约、梁泽霖等因租佃纠葛而申请返还屋产、钱树清等因租佃纠葛而申请返还田业、周光远等因生活费纠葛而申请确认膳谷、姜李氏等申请分割遗产、丁沛涛等申请返还典当街房价款七案的文书，包括民事诉状、法院公函、民事判决书等。

118. 璧山实验地方法院审理伤害及侮辱一案　12－13－120

1943年1月，璧山实验地方法院关于夏炳霖等因租佃纠葛引起的伤害及侮辱一案的文书，包括卷宗文书总目、证人结文、璧山县政府公函、到场报告单、讯问笔录、保状、传票、法院检察官缓起诉处分书、法院检察官不起诉处分书、送达证明书等。

119. 璧山实验地方法院审理搬迁交业一案　12－13－121

1943年5月至1943年8月，璧山实验地方法院关于张时可、尹敬修搬迁交业一案的文书，包括民事诉状、法院公函、证人证物表、民事裁定书、民事缴状庭审笔录、民事委任状、宣示判决笔录、民事判决书、文件目录、送达证明书、民事申请书、言辞辩论笔录、报告案奉、证人结文等。

120. 璧山实验地方法院审理请求调解一案　12－13－122

1943年9月至1943年10月，璧山实验地方法院关于王庆荣、汪成裕请求调解一案的文书，包括民事请求状、文件目录、民事委任状、民事案件审理单、民事传票、证人证物表、民事调解笔录等。

121. 璧山实验地方法院审理债务领押交业一案　12－13－123

1942年12月至1943年2月，璧山实验地方法院关于郑海清、徐大维债务领押交业一案的文书，包括民事诉状、民事判决书、民事委任状、法院执行命令、报告案奉、领押交业笔录、法院训令、文件目录等。

122. 璧山实验地方法院审理妨害公务一案　12－13－124

1943年1月至1943年3月，璧山实验地方法院关于法院检察官因王瑞光妨害公务提起诉讼一案的文书，包括璧山实验地方法院检察官起诉书、刑事诉状、证人证物表、刑事传票、审判笔录、证人结文、刑事判决书等。

123. 四川高等法院第一分院、璧山实验地方法院审理分割遗产纠纷一案　12－13－125

1943年9月至1943年11月，四川高等法院第一分院、璧山实验地方法院关于黄仁华、黄秀璧分割遗产纠纷一案的文书，包括民事诉状、往来公函、证人证物表、送达证书、四川高等法院第一分院民事裁定书等。

124. 璧山实验地方法院审理请发支付命令一案　12－13－126

1943年12月，璧山实验地方法院关于李刘氏、李德轩因支付债务纠纷请发支付命令一案的文书，包括民事申请状、璧山县中兴乡乡公所呈状、证明书、法院支付命令、送达证明书、证人证物表等。

125. 四川高等法院第一分院、璧山实验地方法院审理返还田产纠纷一案　12－13－127

1943年6月至1943年10月，四川高等法院第一分院、璧山实验地方法院关于李常禄、李海钦返还田产纠纷一案的文书，包括民事诉状、往来公函、卷宗目录、民事裁定书、法院书记厅查询单、送达证书等。

126. 四川高等法院第一分院、璧山实验地方法院审理请求给付业价备查一案　12－13－128

1943年1月至1944年2月，四川高等法院第一分院、璧山实验地方法院关于曾有为因请求给付业价备查一案的文书，包括民事诉状、法院公函、证人证物表、民事裁定书、送达证明书、法院书记厅查询单等。

127. 璧山实验地方法院审理请求指示继承问题一案　12－13－129

1943年6月，璧山实验地方法院关于蒋明枢请求指示继承问题一案的文书，包括蒋明枢个人民事请求状、文件目录、璧山实验地方法院批示、送达证明书等。

128. 璧山实验地方法院审理回赎典产纠纷一案　12－13－130

1943年7月，璧山实验地方法院关于余杨氏、陶荣泰等请求回赎典产纠纷一案的文书，包括民事诉状、卷宗目录、证人证物表、法院批示、民事委任状、请求执行状、审讯笔录、法院执行命令等。

129. 璧山实验地方法院审理租谷给付纠纷一案　12－13－131

1941年3月至1944年4月，璧山实验地方法院关于张少岩与张本元等请求给付租谷一案的文书，包括民事诉状、证人证物表、法院执行命令、报告案奉、民事判决书、法院训令、法院通知、法院公告、璧山县大兴乡乡公所呈状、缴状、送达证明书、民事呈报、民事裁定书等。

130. 璧山实验地方法院审理租谷给付纠纷一案　12－13－132

1943年2月至1943年3月，璧山实验地方法院关于江杨开淑、沈汉周等请求给付租谷一案的文书，包括民事诉状、证人证物表、民事案件审理单、送达证明书、言辞辩论笔录等。

131. 璧山实验地方法院审理请求阅赔偿会款案卷一案　12－13－133

1943年11月，璧山实验地方法院关于冯万氏因赔偿会款案请求阅卷一案的文书，包括民事申请书、民事委任状、卷宗目录、证人证物表等。

132. 四川高等法院第一分院、璧山实验地方法院审理租谷纠纷一案　12－13－134

1943年10月至1943年11月，四川高等法院第一分院、璧山实验地方法院关于刘兴福、凌玉光等因租谷纠纷请求返还租谷一案的文书，包括民事诉状、法院往来公函、民事判决书等。

133. 璧山实验地方法院审理确定经界一案　12－13－135

1943年7月至1943年10月，璧山实验地方法院关于陈清顺、陈海江等因田业所有权纠纷而请求确定经界一案的文书，包括民事诉状、卷宗目录、民事委任状、法院案件审理单、报告案奉、送达证书、证人证物表、言辞辩论笔录、和解范围列表等。

134. 璧山实验地方法院审理罚金执行一案　12－13－136

1943年10月至1943年11月，璧山实验地方法院关于伍罗氏、伍德操等因伤害案二审判决请求罚金执行一案的文书，包括民事诉状、法院检察院公函、刑事判决书、报告书、法院训令、法院通知等。

135. 四川高等法院第一分院、璧山实验地方法院审理终止租约一案　12－13－137

1943年5月，四川高等法院第一分院、璧山实验地方法院关于雷万顺、熊银山因租约纠纷请求终止租约一案的文书，包括民事诉状、法院公函、言辞辩论笔录、送达证明书、证人证物表、民事委任状、民事传票、证人结文、民事判决书等。

136. 四川高等法院第一分院、璧山实验地方法院审理终止租约一案　12－13－138

1943年7月，四川高等法院第一分院、璧山实验地方法院关于王云仙因与彭炳臣发生租约纠纷请求终止租约一案的文书，包括民事诉状、民事裁定书、法院往来公函、送达证明书、证人证物表、民事传票、民事判决书等。

137. 四川高等法院第一分院、璧山实验地方法院审理终止租约上诉一案　12－13－139

1943年11月至1944年10月，四川高等法院第一分院、璧山实验地方法院关

于浦海全因与彭华周等的租约纠纷请求终止租约上诉一案的文书，包括民事诉状、法院往来公函、民事判决书、法院通知书、证人证物表、来往文书、民事委任状、言辞辩论笔录、民事宣判笔录等。

138. 璧山实验地方法院审理搬迁交房一案　12－13－140

1943 年 10 月至 1943 年 11 月，璧山实验地方法院关于钟芳铭与薛建吾等搬迁交房一案的文书，包括民事诉状、送达证明书、民事传票、民事委任状、证人证物表、言辞辩论笔录、民事宣判笔录、民事判决书等。

139. 四川高等法院第一分院、璧山实验地方法院审理终止租佃一案　12－13－141

1943 年 4 月至 1943 年 6 月，四川高等法院第一分院、璧山实验地方法院关于王云仙、彭炳臣等人因租佃纠纷请求终止租佃一案的文书，包括民事诉状、文件目录表、言辞辩论笔录、民事判决书、法院间往来公函、璧山县明达慈善会公函、来往文书、证人证物表、民事委任状、法院批示等。

140. 璧山实验地方法院审理确认所有权一案　12－13－142

1943 年 10 月至 1943 年 11 月，璧山实验地方法院关于周汝霖因与周邦泰等人发生土地房产纠纷请求确认所有权一案的文书，包括民事诉状、民事委任状、言辞辩论笔录、证人结文、宣示判决笔录、民事判决书、民事裁定书、证人证物表、送达证明书等。

141. 璧山实验地方法院审理给付黄谷一案　12－13－143

1943 年 11 月至 1944 年 1 月，璧山实验地方法院关于王绍元因与周荣茂等人发生租债纠纷请求给付黄谷一案的文书，包括民事诉状、证人证物表、民事裁定书、案件审理单、言辞辩论笔录、民事宣判笔录、送达证明书、民事判决书、申请上诉状等。

142. 璧山实验地方法院审理再嫁请求备案备查一案　12－13－144

1943 年 1 月，璧山实验地方法院关于杨彭氏因再嫁请求备案备查一案的文书，包括民事申请状、文件目录表、证据物品书类封套、受传人或通知人名单、民事传票、证人证物表等。

143. 璧山实验地方法院审理确认佃权有效一案　12－13－145

1943 年 7 月至 1943 年 10 月，璧山实验地方法院关于谢锡因与邹继钊交付产业纠纷请求确认佃权有效一案的文书，包括民事诉状、证人证物表、民事委任状、民事申请状、送达证明书、言辞辩论笔录、证人结文、民事判决笔录、民事判决书、刑事判决书等。

144. 四川高等法院第一分院、璧山实验地方法院审理止约交房一案　12—13—146

1943年11月至1944年2月，四川高等法院第一分院、璧山实验地方法院关于张镜钟、钟衡萱因房产纠纷请求止约交房一案的文书，包括民事诉状、法院书记室公函、民事裁定书、证人证物表、证明书、到场人名单、审判笔录、民事判决书、送达证明书、民事传票等。

145. 璧山实验地方法院审理返还田业一案　12—13—147

1943年1月至1943年12月，璧山实验地方法院关于张杨氏因与赵炳全发生田产纠纷请求返还田业一案的文书，包括民事诉状、卷宗目录表、具缴费状、民事裁定书、证人证物表、送达证明书等。

146. 四川高等法院第一分院、璧山实验地方法院审理给付欠谷及欠款一案　12—13—148

1943年1月至1944年3月，四川高等法院第一分院、璧山实验地方法院关于刘洁秋因与赵治荣产生债务纠纷请求给付欠谷及欠款一案的文书，包括民事诉状、法院往来公函、民事答辩状、证人证物表、证明书、民事委任状、民事申请书、庭审笔录、送达证明书、民事传票、证物目录、调解笔录等。

147. 璧山实验地方法院审理终止租约一案　12—13—149

1943年9月至1943年10月，璧山实验地方法院关于曾子张因曾张氏拒绝履行前案判定终止租约请求终止租约执行一案的文书，包括民事诉状、民事委任状、证人证物表、言辞辩论笔录、申请事件列表、报告书、法院拘票、送达证明书、证人结文、民事宣判笔录、民事传票、民事判决书等。

148. 璧山实验地方法院审理分割遗产一案　12—13—150

1943年7月至1943年12月，璧山实验地方法院关于伍永阳与伍凌高等产生遗产纠纷请求分割遗产一案的文书，包括民事诉状、民事委任状、证人证物表、法院往来公函、报告、法院公示、言辞辩论笔录、证人结文、照抄的证据（和约、收据、收交和约、信函等）、民事申请书、送达证明书、抄录证据报告、民事宣判笔录、民事判决书、诉讼证据物品袋、江津庄（财产）清存列表等。

149. 四川高等法院第一分院、璧山实验地方法院审理请求给付欠租一案　12－13－151

1942年3月至1944年4月，四川高等法院第一分院、璧山实验地方法院关于王文氏、龚敬之因债务纠纷请求给付欠租一案的文书，包括民事诉状、民事申请书、民事委任状、证人证物表、民事答辩状、送达证明书、言辞辩论笔录、证人结文、民事宣判笔录、民事判决书、法院书记处公函、不服上诉状、民事裁定书、庭审笔录、案件报告意见书、民事抗告状等。

150. 四川高等法院第一分院审理申请抗告一案　12－13－152

1945年4月至1945年11月，四川高等法院第一分院关于罗同庆因不服与刘祖芳确认契约无效涉案判决提起抗告一案的文书，包括文件目录表、法院往来公函、民事抗告状、民事意见书、民事裁定书等。

151. 四川高等法院第一分院、璧山实验地方法院审理假执行一案　12－13－153

1945年3月至1946年2月，四川高等法院第一分院、璧山实验地方法院关于刘祖芬等因罗先吉意图延滞诉讼请求假执行一案的文书，包括文件目录表、民事诉状、证人证物表、民事裁定书、法院往来公函、送达证明书等。

152. 四川高等法院第一分院、璧山实验地方法院审理回赎典产一案　12－13－154

1943年10月至1945年7月，四川高等法院第一分院、璧山实验地方法院关于周志珽因与周敦俊发生典当纠纷请求回赎典产一案的文书，包括文件目录表、民事诉状、证人证物表、民事委任状、民事申请状、民事担保状、送达证明书、案件审理单、民事辩诉状、言辞辩论笔录、证人结文、阅卷申请书、法院往来公函、法院通知书、报告案奉、民事宣判笔录、民事判决书、收据、呈庭契约、卷证标目、民事裁定书、民事上诉状、讯问笔录、民事答辩状等。

153. 四川高等法院第一分院、璧山实验地方法院审理回赎典产一案　12－13－154（2）

1944年1月至1945年11月，四川高等法院第一分院、璧山实验地方法院关于周志珽因与周敦俊发生典当纠纷请求回赎典产一案的文书，包括法院往来公函、军政部代电、撤回上诉状、法院通知书、报告案奉、案件进行期间表、民事委任状、民事申请书、民事裁定书、民事申请状、证人证物表、送达证明书、民事答辩状、民事判决书等。

154. 四川高等法院第一分院、璧山实验地方法院审理领押上诉一案　12－13－155

1943年7月至1943年11月，四川高等法院第一分院、璧山实验地方法院关于巫奎目因不服与黄希之涉讼判决请求上诉一案的文书，包括民事上诉状、证人证物表、民事裁定书、送达证明书、法院往来公函、言辞辩论笔录、民事委任状、法院通知书、庭审笔录、宣示判决笔录、民事判决书等。

155. 四川高等法院第一分院、璧山实验地方法院审理申请交房执行一案　12－13－156

1943年8月，四川高等法院第一分院、璧山实验地方法院关于戴德修因与张雷氏发生买卖房屋田土纠纷请求交房执行一案的文书，包括文件目录表、民事申请状、证人证物表、民事执行状、民事判决书、案件审理单、法院执行命令、报告案奉、收据、法院往来公函、诉讼缴费单等。

156. 璧山实验地方法院审理给付债款一案　12－13－157

1942年10月至1943年9月，璧山实验地方法院关于邹泽膏因与周亚光发生债务纠葛请求给付债款执行一案的文书，包括文件目录表、民事申请状、案件审理单、送达证明书、民事委任状、证人证物表、报告书、法院批稿、民事判决书等。

157. 璧山实验地方法院审理请求发还典约并收单一案　12－13－158

1942年1月至1943年7月，璧山实验地方法院关于刘庆修因与陈张氏发生买卖契约纠纷请求发还典约并收单一案的文书，包括法院往来公函、民事判决书、民事申请状、证人证物表、法院批稿等。

158. 璧山实验地方法院审理租谷纠纷一案　12－13－159

1943年7月，璧山实验地方法院关于周恒太等因租谷纠纷请求给付租谷执行一案的文书，包括民事诉状、文件目录表、民事委任状、案件审理单、法院执行命令、报告案奉等。

159. 四川高等法院第一分院审理佃权纠纷上诉一案　12－13－160

1942年12月至1943年2月，四川高等法院第一分院关于刘庆林因与陈张氏等产生佃权纠纷上诉一案的文书，包括民事上诉状、文件目录表、法院往来公函、民事裁定书、送达证明书等。

160. 璧山实验地方法院审理离婚存查一案　12－13－161

1943年3月，璧山实验地方法院关于郑黎氏因与丈夫离婚请求离婚存查一案的文书，包括民事申请状、证人证物表、法院状悉等。

161. 璧山实验地方法院审理领呈庭分约一案　12－13－162

1943年6月至1943年7月，璧山实验地方法院关于丁李氏等申请领回确认田业所有权呈庭分约一案的文书，包括民事申请状、文件目录表、证人证物表、法院批稿、领到证件证明等。

162. 四川高等法院第一分院、璧山实验地方法院审理赎回典产一案　12－13－163

1944年7月至1944年8月，四川高等法院第一分院、璧山实验地方法院关于曹曾氏因与曹印氏等的财产纠纷请求赎回典产一案的文书，包括民事诉状、法院往来公函、证人证物表、民事裁定书、送达证明书、诉讼缴费单、民事申请状、民事委任状、言辞辩论笔录、宣示判决笔录等。

163. 四川高等法院第一分院、璧山实验地方法院审理给付搬迁费一案　12－13－164

1943年11月至1943年12月，四川高等法院第一分院、璧山实验地方法院关于朱长兴因与张康宁等产生搬迁纠纷请求给付搬迁费一案的文书，包括民事诉状、卷宗目录表、法院往来公函、民事裁决书、证人证物表、民事辩诉状、民事委任状、送达证明书、言辞辩论笔录、宣示判决笔录、民事判决书等。

164. 四川高等法院第一分院、璧山实验地方法院审理返还产业一案　12－13－165

1943年7月至1944年5月，四川高等法院第一分院、璧山实验地方法院关于陈水清因与贺玉林等产生经济纠纷请求返还产业一案的文书，包括民事诉状、卷宗目录表、证人证物表、民事辩诉状、民事委任状、案件审理单、法院往来公函、民事裁定书、送达证明书、言辞辩论笔录、宣示判决笔录、民事上诉状、民事判决书等。

165. 四川高等法院第一分院、璧山实验地方法院审理请求搬迁交业一案　12－13－166

1943年11月至1944年1月，四川高等法院第一分院、璧山实验地方法院关于张淑君请求搬迁交业一案的文书，包括民事诉状、证人证物表、法院往来公函、民事辩诉状、民事委任状、证人结文、证明状、言辞辩论笔录、民事和解笔录、送达证明书等。

166. 四川高等法院第一分院、璧山实验地方法院审理返还树木赔偿损失、罚金一案　12—13—167

1943年4月至1943年10月，四川高等法院第一分院、璧山实验地方法院关于胡荣清因刘盛兴等伐树请求返还树木赔偿损失、罚金一案的文书，包括民事诉状、文件目录表、证人证物表、送达证明书、点名单、民事裁定书、诉讼缴费单、刑事判决书等。

167. 璧山实验地方法院审理异议上诉一案　12—13—168

1943年11月，璧山实验地方法院关于左任氏因左树尧查封错误造成第三人权益受损提出异议上诉一案的文书，包括民事诉状、文件目录表、案件审查表、证人证物表、民事委任状、法院通知书、声请状、法院批稿、送达证明书、诉讼缴费单等。

168. 四川高等法院第一分院、璧山实验地方法院审理买卖契约纠纷一案　12—13—169

1943年8月至1944年2月，四川高等法院第一分院、璧山实验地方法院关于张雷氏与张九旭等发生交易纠葛请求确认买卖契约无效一案的文书，包括法院往来公函、民事判决书、民事诉状、证物目录、民事上诉状、民事裁定书、民事申请书、民事答辩状、庭审笔录、民事委任状、言辞辩论笔录、民事宣判笔录、送达证明书等。

169. 四川高等法院第一分院、璧山实验地方法院审理终止租约一案　12—13—170

1943年7月至1943年12月，四川高等法院第一分院、璧山实验地方法院关于王洪洲因与李王氏等发生契约纠纷请求终止租约一案的文书，包括法院往来公函、民事判决书、民事辩诉状、民事诉状、文件目录表、民事上诉状、言辞辩论笔录、璧山县河边乡乡公所呈、民事宣判笔录、民事裁定书、民事上诉书、送达证明书、证人证物表等。

170. 璧山实验地方法院审理返还聘礼一案　12—13—171

1943年8月，璧山实验地方法院关于张炳清因与王克成等婚约纠葛而请求返还聘礼一案的文书，包括民事诉状、证人证物表、言辞辩论笔录、民事调解笔录、民事和解笔录、聘礼单送达证明书、送达证明书等。

171. 四川高等法院第一分院、璧山实验地方法院审理黄谷假扣押一案　12—13—172

1943年8月，四川高等法院第一分院、璧山实验地方法院关于余杨氏请求黄谷假扣押一案的文书，包括文件目录表、案件审查表、民事诉状、证人证物表、民事判决书、刑事判决书、诉讼缴费单、民事裁定书、送达证明书等。

172. 璧山实验地方法院审理返还条据一案　12－13－173

1940年9月至1943年8月，璧山实验地方法院关于伍树清因与王明惠等涉讼请求返还呈庭条据一案的文书，包括文件目录表、案件审查表、民事诉状、证人证物表、诉讼缴费单、点名单、言辞辩论笔录、民事申请状、法院通知书、送达证明书等。

173. 璧山实验地方法院审理申请准予阅卷一案　12－13－174

1943年9月，璧山实验地方法院关于刘海林因伪造文书上诉案请求阅卷一案的文书，包括文件目录表、法院通知书、案件审查表、民事申请状、民事裁定书、送达证明书等。

174. 璧山实验地方法院审理所有权登记一案　12－13－175

1943年12月至1944年12月，璧山实验地方法院关于朱璧英请求登记土地所有权一案的文书，包括文件目录表、不动产登记申请书、不动产登记保证书、诉讼缴费单、法院通知书、法院命令、送达证明书、报告案奉、受传人或通知人名单、登记讯问笔录、声明书、具结书、法院公告、登记通知书等。

175. 璧山实验地方法院审理酌给财产一案　12－13－176

1942年9月至1944年4月，璧山实验地方法院关于王柯氏因与王文氏等发生财产纠纷请求酌给财产一案的文书，包括文件目录表、民事诉状、民事执行诉状、法院执行命令、证人证物表、民事申请书、民事委任状、执行笔录、执行命令、报告案奉、送达证明书、执行言辞辩论笔录、法院往来公函、亲属会议记录、法院批稿、民事和解笔录、法院批示等。

176. 璧山实验地方法院审理租佃和解一案　12－13－177

1943年7月至1943年8月，璧山实验地方法院关于周光远因与张春林发生租佃纠纷请求租佃和解一案的文书，包括文件目录表、申请调解状、案件审理单、点名单、言辞辩论笔录、调解笔录、送达证明书等。

177. 璧山实验地方法院审理租佃执行一案　12－13－178

1942年6月至1946年4月，璧山实验地方法院关于廖海珍因与皮兴顺产生租佃纠纷请求租佃执行一案的文书，包括文件目录表、民事诉状、案件审理单、法院执行命令、报告案奉、执行笔录、言辞辩论笔录、民事裁定书、和解笔录、送达证明书、民事判决书等。

178. 璧山实验地方法院审理确认买卖契约有效一案　12－13－179

1943年2月至1943年3月，璧山实验地方法院关于黄炳亨因黄锡林等违约不认请求确认买卖契约有效一案的文书，包括证明、民事诉状、证人证物表、法院状悉等。

179. 四川高等法院第一分院、璧山实验地方法院审理经界纠纷一案　12－13－180

1930年4月至1943年6月，璧山实验地方法院关于江雨酥因与李全三发生地界纠纷上诉四川高等法院第一分院请求嘱咐璧山实验地方法院勘经界一案的文书，包括文件目录表、法院往来公函、民事判决书、民事诉状、通知书、争地答复、诉讼收费列表、勘界地图、损失物品列表、送达证明书等。

180. 璧山实验地方法院审理租佃执行一案　12－13－181

1943年12月至1944年4月，璧山实验地方法院关于杨元有因与杨元贵产生租佃纠纷请求租佃执行一案的文书，包括法院往来公函、文件目录表、案件审查表、证人证物表、民事诉状、案件审理单、言辞辩论笔录、民事宣判笔录、送达证明书、民事判决书等。

181. 璧山实验地方法院审理潜逃备案存查一案　12－13－182

1943年10月，璧山实验地方法院关于周吉三因携物私奔损失惨重请求潜逃备案存查一案的文书，包括文件目录表、民事诉状、法院批稿、证人证物表等。

182. 四川高等法院第一分院、璧山实验地方法院审理搬迁交业一案　12－13－183

1943年4月至1943年5月，四川高等法院第一分院、璧山实验地方法院关于周峰搬迁交业一案的文书，包括文件目录表、裁判费核定单、证人证物表、民事诉状、送达证明书、案件审理单、民事委任状、证人结文、报告案奉、言辞辩论笔录、审判笔录、民事判决书、法院往来公函、民事上诉状、民事裁定书等。

183. 四川高等法院第一分院、璧山实验地方法院审理赔偿损失执行一案　12－13－184

1942年11月至1943年7月，四川高等法院第一分院、璧山实验地方法院关于张康宁诉韦德辉盗窃而请求赔偿损失执行一案的文书，包括文件目录表、民事诉状、法院执行命令、报告案奉、点名单、言辞辩论笔录、民事委任状、证人证物表、证据收条、民事调解笔录、刑事上诉状、刑事判决书、送达证明书等。

184. 璧山实验地方法院审理交业执行一案　12－13－185

1943年9月至1943年10月，璧山实验地方法院关于谢增辉因与吴庆云发生领押纠纷请求交业执行一案的文书，包括文件目录表、民事诉状、证人证物表、民事调解笔录、案件审理单、言辞辩论笔录、法院执行命令、民事委任状、报告案奉、点名单、证据收据等。

185. 璧山实验地方法院、永川地方法院审理请求检送一案　12－13－186

1943年3月，璧山实验地方法院、永川地方法院关于马坊乡乡公所因徐树云抢劫请求检送一案的文书，包括法院批稿、法院往来公函等。

186. 璧山实验地方法院审理租谷执行一案　12－13－187

1943年5月，璧山实验地方法院关于王海舟因蒋赤熵将财产私行变卖纠葛请求租谷执行一案的文书，包括文件目录表、民事诉状、证人证物表、璧山实验地方法院批稿等。

187. 四川高等法院第一分院、璧山实验地方法院审理回赎典产一案　12－13－188

1943年10月至1943年12月，四川高等法院第一分院、璧山实验地方法院关于周志珽因与周敦俊发生财产纠葛请求回赎典产一案的文书，包括文件目录表、法院往来公函、法院批稿、四川高等法院案准等。

188. 璧山实验地方法院审理给付洋纱一案　12－13－189

1943年6月，璧山实验地方法院关于杨安廷、张青云因债务纠纷请求给付洋纱一案的文书，包括文件目录表、征收裁判费核定单、民事诉状、证人证物表、言辞辩论笔录、送达证明书、证人结文、民事具状、民事裁定书、民事判决书等。

189. 璧山实验地方法院审理请求返还证物一案　12－13－190

1943年1月，璧山实验地方法院关于周佐樵因与周海廷终止租约纠纷案的证明庭证据请求返还证物一案的文书，包括民事申请诉状、法院状悉等。

190. 四川高等法院第一分院、璧山实验地方法院审理返还黄谷一案　12－13－191

1942年10月至1943年9月，四川高等法院第一分院、璧山实验地方法院关于杨南轩、何修予因债务纠纷请求返还黄谷一案的文书，包括民事裁定书、法院往来公函、民事答辩状、送达证明书、庭审笔录、言辞辩论笔录、民事判决书、证物封套、法院检查起诉书、法院检察官起诉书、刑事判决书等。

191. 璧山实验地方法院审理增加典价一案　12－13－192

1942年4月至1943年5月，璧山实验地方法院关于蒋维祺、蒋德官因典当纠纷请求增加典价一案的文书，包括民事诉状、证人证物表、民事委任状、点名单、民事审判笔录、送达证明书、庭审笔录、民事判决书等。

192. 璧山实验地方法院审理分割遗产一案　12－13－193

1943年6月至1943年7月，璧山实验地方法院关于雷福贞因与雷树臣发生遗产纠纷请求分割遗产一案的文书，包括文件目录表、征收裁判费核定单、民事诉状、民事委任状、证人证物表、案件审理单、民事辩论笔录、言辞辩论笔录、证人结文、民事宣判笔录、送达证明书、民事判决书等。

193. 璧山实验地方法院审理给付黄谷一案　12－13－194

1943年3月至1943年5月，璧山实验地方法院关于余心廷、周济安因债务纠纷请求给付黄谷一案的文书，包括文件目录表、征收裁判费核定单、民事诉状、法院执行命令、命令执行情况的报告案奉、领条、民事判决书等。

194. 四川高等法院第一分院、璧山实验地方法院审理搬迁交房纠纷诉讼一案　12－112－13－195

1943年5月至1943年8月，四川高等法院第一分院、璧山实验地方法院关于孙银山、刘清和因搬迁交房纠纷诉讼一案的文书，包括文件目录表、征收裁判费核定单、民事诉状、裁判费核定单、证人证物表、案件审理单、言辞辩论笔录、送达证明书、民事判决书、法院往来公函、法院训令、报告案奉、证物（收据）等。

195. 璧山实验地方法院审理搬迁交业纠纷一案　12－13－196

1943年11月至1944年12月，璧山实验地方法院关于黄仲华、赖炳臣搬迁交业纠纷一案的文书，包括文件目录表、民事诉状、民事申请书、证人证物表、案件审理单、法院训令、法院执行命令、报告案奉、民事上诉状、法院通知书、民事和解笔录、送达证明书、民事委任状、法院执行文稿、裁判费核定单、言辞辩论笔录、民事判定书、照价赔偿物列表、民事判决书、来往文书、涉案财产列表等。

196. 四川高等法院第一分院、璧山实验地方法院审理回赎典物一案　12－13－197

1943年11月至1944年1月，四川高等法院第一分院、璧山实验地方法院关于

周席珍因与白碧玉发生典当纠纷请求回赎典物一案的文书,包括文件目录表、法院往来公函、民事抗告状、证人证物表、诉讼缴费单、民事裁定书等。

197. 璧山实验地方法院审理利益纠纷一案　12－13－198

1943 年 6 月至 1943 年 7 月,璧山实验地方法院关于殷刘氏因甘吉祥处理事务时图不法利益并损害他人利益提起诉讼一案的文书,包括文件目录表、刑事诉状、证人证物表、刑事委任状、案件审理单、刑事答辩状、审判笔录、送达证明书、刑事判定书、涉案财产列表、刑事裁定书等。

198. 璧山实验地方法院审理交业一案　12－13－199

1943 年 8 月,璧山实验地方法院关于刘光俗因与郑平康产生典押纠纷请求遵章交业一案的文书,包括文件目录表、征收裁判费核定单、民事诉状、诉讼缴费单、证人证物表、案件审理单、言辞辩论笔录、送达证明书、民事辩诉状、缴状等。

199. 璧山实验地方法院审理搬迁交业一案　12－13－200

1943 年 7 月,璧山实验地方法院关于王利宝、廖万林等人因搬迁纠纷请求搬迁交业调解一案的文书,包括文件目录表、征收裁判费核定单、民事申请状、证人证物表、民事委任状、案件审理单、民事调解笔录等。

200. 璧山实验地方法院审理终止租赁、领押交业一案　12－13－201

1943 年 4 月,璧山实验地方法院关于张彭氏、彭均安因租赁纠纷请求终止租赁、领押交业一案的文书,包括文件目录表、民事诉状、证人证物表、案件审理单、送达证明书、民事申请书、申请调解人名单、法院批示附本等。

201. 璧山实验地方法院审理欠租一案　12－13－202

1943 年 4 月,璧山实验地方法院关于谢锡金因杨银武等人欠租不付申请调解一案的文书,包括文件目录表、民事诉状、证人证物表、案件审理单、送达证明书、民事委任状、民事调解笔录等。

202. 璧山实验地方法院审理给付欠租一案　12－13－203

1943 年 10 月,璧山实验地方法院关于何昌绪因叶炳顺欠租不付申请调解一案的文书,包括文件目录表、征收裁判费核定单、民事诉状、案件审理单、民事委任状、证人证物表、送达证明书、庭审笔录、言辞辩论笔录、证人结文、民事判决书等。

203. 璧山实验地方法院审理妨害风化一案　12—13—204

1943年8月，璧山实验地方法院关于洪孙氏因洪炳调戏人妻妨害风化提起诉讼一案的文书，包括文件目录表、民事诉状、民事撤回状、民事告诉状、法院检察院不起诉处分书、证人证物表、送达证明书等。

204. 璧山实验地方法院审理妨害自由一案　12—13—205

1943年7月，璧山实验地方法院关于李有德因金泽生诬陷其盗鱼致使名声受累妨害自由一案的文书，包括刑事诉讼审理单、文件目录表、刑事告诉状、证人证物表、法院检察院不起诉处分书、送达证明书等。

205. 璧山实验地方法院审理伤害诉讼一案　12—13—206

1943年7月至1943年8月，璧山实验地方法院关于孙辉尧因受丈夫雷治君等殴打申请伤害诉讼一案的文书，包括文件目录表、讯问笔录、报告、庭审笔录、伤单、案件进行单、法院检察院不起诉处分书、送达证明书等。

206. 四川高等法院第一分院、璧山实验地方法院审理产业执行一案　12—13—207

1942年11月至1944年3月，四川高等法院第一分院、璧山实验地方法院关于蒋乔金、蒋志高等人因土地纠纷申请产业执行一案的文书，包括文件目录表、民事申请状、证人证物表、民事判决节本、民事和解笔录、案件审理单、民事执行笔录、民事委任状、报告案奉、送达证明书、法院执行命令、城东乡第三保办公处证明、履勘讯问笔录、庭审笔录、涉案土地地图、四川省政府官契、民事申请书、所有权证明书、法院案准等。

207. 四川高等法院第一分院、璧山实验地方法院审理留买典物一案　12—13—208

1942年11月至1943年7月，四川高等法院第一分院、璧山实验地方法院关于白玉珩、白荣楼因照价买典物纠纷一案判决不服请求留买典物一案的文书，包括文件目录表、法院往来公函、不服判决诉状、证人证物表、证物(抄粘二审判决书)、民事裁定书、上诉缴费状、民事上诉状、民事委任状、庭审笔录、民事答辩状、证人结文、宣示笔录、送达证明书、民事判决书、审讯笔录、言辞辩论笔录、证据(璧山县县政府委任令)、刑事判决书、法院通知等。

208. 四川高等法院第一分院、璧山实验地方法院审理确认租约有效一案　12—13—209

1943年10月至1943年12月，四川高等法院第一分院、璧山实验地方法院关

于杨海清、伍朝杰因租约纠纷请求确认租约有效一案的文书，包括文件目录表、征收裁判费核定单、案件审理单、民事诉状、证人证物表、送达证明书、言辞辩论笔录、照抄证据、民事委任状、民事申请状、民事宣判笔录、民事判决书、法院往来公函等。

209. 四川高等法院第一分院、璧山实验地方法院审理回赎典物、领回呈庭典当合同两案　12－13－210

1943年10月至1944年8月，四川高等法院第一分院、璧山实验地方法院关于郑华光、邓庆昌因典当田业纠葛而请求回赎典物、邓庆昌申请领回呈庭典当合同两案的文书，包括文件目录表、民事诉状、证人证物表、璧山正兴乡乡公所呈、送达证明书、民事判定书、言辞辩论笔录、民事委任状、民事宣判笔录、民事判决书、法院往来公函、民事抗告状、案件进行期间表、民事申请状、案件审理单等。

210. 四川高等法院第一分院、璧山实验地方法院审理离婚及给付赡养费一案　12－13－211

1943年3月至1944年1月，四川高等法院第一分院、璧山实验地方法院关于胡宗兴与张云中因虐待而请求离婚及给付赡养费一案的文书，包括文件目录表、民事诉状、证人证物表、民事上诉状、民事裁定书、送达证明书、法院往来公函、言辞辩论笔录、案情详述、民事审理笔录、民事辩论状、民事宣判笔录、民事委任状、民事判决书、证据（证明、现役证明书）、案件审理单等。

211. 四川高等法院第一分院、璧山实验地方法院审理立嗣亲属会备案存查一案　12－13－212

1943年8月至1943年9月，四川高等法院第一分院、璧山实验地方法院关于邹云程因立嗣召开亲属会议请求备案存查一案的文书，包括文件目录表、民事申请状、证人证物表、法院批稿、送达证明书、诉讼证据物品袋（出席亲属会议人名单、知单、会议记录、开会来由等）、法院批示、民事裁定书等。

212. 璧山实验地方法院审理租谷假扣押一案　12－13－213

1943年9月，璧山实验地方法院关于肖文良、何萧氏因租谷纠纷请求租谷假扣押一案的文书，包括文件目录表、民事申请状、证人证物表、民事裁定书、送达证明书等。

213. 璧山实验地方法院审理搬迁交业调解一案　12－13－214

1943年10月，璧山实验地方法院关于刘遐龄因与袁洪昌等发生财产纠纷请求搬迁交业调解一案的文书，包括文件目录表、民事申请状、证人证物表、案件审理单、送达证明书、受传人或通知人名单、言辞辩论笔录、民事调解笔录等。

214. 璧山实验地方法院审理分割遗产一案　12－13－215

1943年7月至1943年8月，璧山实验地方法院关于雷福贞因与雷在良等人产生遗产纠葛请求分割遗产一案的文书，包括文件目录表、证人证物表、民事诉状、民事委任状、案件审理单、送达证明书、民事辩诉状、民事判决书、言辞辩论笔录、证人结文、民事补诉状、民事宣判笔录等。

215. 璧山实验地方法院审理债务执行一案　12－13－216

1943年7月至1943年8月，璧山实验地方法院关于殷瑜思因与钟张氏等人的债务纠葛请求债务执行一案的文书，包括文件目录表、民事诉状、证人证物表、法院执行命令、民事判定书、法院拘票、报告书、送达证明书、诉讼缴费单等。

216. 璧山实验地方法院审理黄谷执行一案　12－13－217

1943年3月至1943年5月，璧山实验地方法院关于蒋灿辉、陈任杰因返还黄谷纠葛请求黄谷执行一案的文书，包括文件目录表、民事申请状、证人证物表、民事讯问笔录、民事判决书、民事委任状、送达证明书、案件审理单、民事执行讯问笔录、法院执行命令、证据物品袋（民国三十一年法院民事判决书）等。

217. 璧山实验地方法院审理交业执行一案　12－13－218

1943年2月至1943年5月，璧山实验地方法院关于邹玉成、邹海清因前案调解请求交业执行一案的文书，包括文件目录表、民事诉状、民事调解笔录、证人证物表、送达证明书、执行讯问笔录等。

218. 璧山实验地方法院审理黄谷执行一案　12－13－219

1943年5月，璧山实验地方法院关于蒋灿辉因与陈任杰返还黄谷产生纠葛请求黄谷执行一案的文书，包括文件目录表、民事诉状、证人证物表、执行讯问笔录、送达证明书等。

219. 璧山实验地方法院审理赔偿损害执行一案　12－13－220

1943年5月，璧山实验地方法院关于孙泽清因孙永金不履行赔偿损害请求赔偿损害执行一案的文书，包括文件目录表、民事申请状、和解笔录、证人证物表、民事执行笔录、报告案奉、送达证明书等。

220. 璧山实验地方法院审理欠谷执行一案　12－13－221

1943年9月至1943年11月，璧山实验地方法院关于曾炳安、曾照阳因债务纠葛请求欠谷执行一案的文书，包括文件目录表、民事诉状、证人证物表、案件审理单、民事保状、受传人或通知人名单、送达证明书等。

221. 四川高等法院第一分院、璧山实验地方法院审理租谷假扣押一案　12－13－222

1943年9月至1943年10月，四川高等法院第一分院、璧山实验地方法院关于陈饶氏、陈汉忠因遗产纠纷请求租谷假扣押一案的文书，包括文件目录表、民事申请状、证人证物表、案件审理单、法院训令、法院命令、法院通知书、报告案奉、民事裁定书、送达证明书等。

222. 四川高等法院第一分院、璧山实验地方法院审理罚金执行一案　12－13－223

1943年4月至1943年8月，四川高等法院第一分院、璧山实验地方法院关于祝后德伤害罪罚金执行一案的文书，包括文件目录表、法院检察院公函、附件（刑事判决书）、法院执行命令、报告案奉、案件进行单、法院训令等。

223. 璧山实验地方法院审理假扣押执行一案　12－13－224

1943年9月，璧山实验地方法院关于李馨三、李荣卿因租谷纠纷请求假扣押执行一案的文书，包括送达证明书、民事委任状、证人证物表、民事申请状、璧山县接龙乡乡公所呈、法院指令、法院训令等。

224. 璧山实验地方法院审理制止砍伐树木一案　12－13－225

1943年11月，璧山实验地方法院关于何学礼因与王绍元等人发生伐树纠纷请求制止砍伐树木一案的文书，包括文件目录表、民事申请状、证人证物表、法院批稿等。

225. 璧山实验地方法院审理再嫁备案存查一案　12－13－226

1943年10月至1943年11月，璧山实验地方法院关于尹吴氏因丈夫去不归请求再嫁备案存查一案的文书，包括文件目录表、民事申请证明状、法院批稿、送达证明书等。

226. 璧山实验地方法院审理租佃调解一案　12－13－227

1943年11月至1944年3月，璧山实验地方法院关于陈全安因黄协昌申请收回自耕地请求租佃调解一案的文书,包括文件目录表、民事申请状、证人证物表、案件审理单、民事辩诉状、送达证明书、庭审笔录、民事申请书、请发批示书、法院批稿等。

227. 璧山实验地方法院审理最高法院函请查明余赋三死亡一案　12－13－228

1943 年 11 月,璧山实验地方法院关于四川高等法院函请查明余赋三死亡一案的文书,包括文件目录表、最高法院民事第一庭公函、案件审理单、送达证明书、璧山实验地方法院函复等。

228. 四川高等法院第一分院、璧山实验地方法院审理搬迁交业一案　12－13－229

1943 年 10 月至 1943 年 11 月,四川高等法院第一分院、璧山实验地方法院关于张陈氏请求巫银青等人搬迁及返还房土一案的文书,包括文件目录表、民事诉状、璧山县城中镇公所证明、案件审理单、证人证物表、法院批稿、送达证明书等。

229. 四川高等法院第一分院、璧山实验地方法院审理黄谷假扣押一案　12－13－230

1943 年 8 月,四川高等法院第一分院、璧山实验地方法院关于黄炳章因黄才珍等欠租请求黄谷假扣押一案的文书,包括文件目录表、民事裁判费核定单、案件审查表、证人证物表、民事申请状、民事判决书、诉讼缴费单、送达证明书等。

230. 璧山实验地方法院审理返还黄谷一案　12－13－231

1943 年 12 月至 1944 年 1 月,璧山实验地方法院关于祝钟氏因毛海合抢夺黄谷断绝生活请求返还黄谷一案的文书,包括文件目录表、案件审查表、诉讼缴费单、民事委任状、受传人或通知人名单、言辞辩论笔录、璧山县马坊乡乡公所呈、民事答辩状、送达证明书、证人结文、法院往来公函、民事宣判笔录、民事判决书、诉讼证据物品袋等。

231. 璧山实验地方法院审理给付食谷一案　12－13－232

1943 年 7 月至 1943 年 12 月,璧山实验地方法院关于左李氏因与左树尧发生债务纠纷请求给付食谷执行一案的文书,包括民事诉状、文件目录表、证人证物表、执行言辞辩论笔录、报告书、案件审理单、法院执行命令、法院执行书存根、报告案奉、法院布告、法院训令、法院通知书、民事申请书、民事委任状、民事判决书、法院批稿、抄证明证据(查封不动产笔录、保管结人状、鉴定人笔录)送达证明书等。

232. 璧山实验地方法院审理申请发给支付命令一案　12－13－233

1943 年 1 月至 1943 年 2 月，璧山实验地方法院关于景亮钧因与邓荣廷产生公费纠葛申请发给支付命令一案的文书，包括案件情况概括、民事裁定书、送达证明书等。

233. 四川高等法院第一分院、璧山实验地方法院审理请求更正执行一案　12－13－234

1942 年 10 月至 1943 年 4 月，四川高等法院第一分院、璧山实验地方法院关于赵炳全对与陈昌福债务纠葛法院的判决不服请求更正执行一案的文书，包括文件目录表、民事执行异议状、民事判决书、民事裁定书、送达证明书、法院往来公函、证人证物表、意见书等。

234. 璧山实验地方法院审理给付欠谷一案　12－13－235

1943 年 11 月至 1943 年 12 月，璧山实验地方法院关于孙永金与陈锡安因租佃纠葛而请求给付欠谷一案的文书，包括文件目录表、民事诉状、案件审理单、证人证物表、送达证明书、言辞辩论笔录、民事宣判笔录、民事判决书、诉讼证据物品袋（刑事附带民事和解笔录）等。

235. 璧山实验地方法院审理租谷假扣押一案　12－13－236

1943 年 8 月，璧山实验地方法院关于王益合、刘占胜因租谷纠纷请求租谷假扣押一案的文书，包括文件目录表、征收裁判费核定单、案件审查表、民事申请状、证人证物表、民事裁定书、送达证明书等。

236. 璧山实验地方法院审理领证一案　12－13－237

1943 年 9 月，璧山实验地方法院关于蒋四隆申请返还典约备约以便领回办情一案的文书，包括文件目录表、民事申请状、证人证物表、送达证明书等。

237. 璧山实验地方法院审理返还典约备约一案　12－13－238

1943 年 2 月至 1943 年 3 月，璧山实验地方法院关于曾达三、曾萧氏交付财产存查申请返还典约备约以便领回办情一案的文书，包括文件目录表、民事申请状、证人证物表等。

238. 璧山实验地方法院审理给付租谷并缔结典约、领证两案　12－13－239

1943 年 2 月至 1943 年 5 月，璧山实验地方法院关于周荣臣、赵松林等请求给付租谷并缔结典约、申请领证两案的文书，包括文件目录表、法院往来公函、民事上诉状、证人证物表、言辞辩论笔录、民事答辩状、民事委任状、送达证明书、证人结文、宣示判决笔录、民事判决书、民事申请状、法院批稿、点名单、收据等。

239. 璧山实验地方法院审理返还产业一案　12—13—240

1943年10月至1943年11月，璧山实验地方法院关于张李氏因李炳文买卖独霸侵夺主权纠葛请求返还产业一案的文书，包括文件目录表、诉讼缴费单、案件审查表、民事诉状、证人证物表、案件审理单、送达证明书、言辞辩论笔录、民事判决书、具状等。

240. 璧山实验地方法院审理给付欠租一案　12—13—241

1943年10月至1943年11月，璧山实验地方法院关于吴刘氏、谢清荣因债务纠纷请求给付欠租一案的文书，包括文件目录表、诉讼缴费单、民事诉状、案件审理单、民事辩诉状、民事委任状、证人证物表、民事答辩状、言辞辩论笔录、民事申请书、民事宣判笔录、送达证明书、民事判决书等。

241. 璧山实验地方法院审理离婚存查一案　12—13—242

1943年4月至1943年5月，璧山实验地方法院关于刘徐氏、刘德惠因离婚请求离婚存查一案的文书，包括文件目录表、民事诉状、证人证物表、民事委任状、案件审理单、送达证明书、言辞辩论笔录、报告案奉、民事判决书等。

242. 四川高等法院第一分院、璧山实验地方法院审理给付债务一案　12—13—243

1942年12月至1943年8月，四川高等法院第一分院、璧山实验地方法院关于周亚光、邹泽膏因债务纠纷请求给付债务一案的文书，包括民事诉状、文件目录表、证人证物表、民事裁定书、法院往来公函、民事上诉状、送达证明书、民事委任状、报告书、言辞辩论笔录、民事宣判笔录、民事判决书等。

243. 璧山实验地方法院审理返还房屋一案　12—13—244

1943年10月至1943年11月，璧山实验地方法院关于彭诚、庞怀林因祖屋纠纷请求补判返还房屋一案的文书，包括文件目录表、民事诉状、诉讼缴费单、送达证明书、民事答辩状、证人证物表、民事委任状、言辞辩论笔录、民事宣判笔录、民事判决书等。

244. 璧山实验地方法院审理返还食谷一案　12—13—245

1943年10月至1943年12月，璧山实验地方法院关于蓝玉廷、谷平之因债务纠纷请求返还食谷一案的文书，包括文件目录表、诉讼缴费单、案件审查表、民事诉状、民事撤诉状、送达证明书等。

245. 四川高等法院第一分院、璧山实验地方法院审理妨害耕作调解一案　12－13－246

1943年8月至1943年10月，四川高等法院第一分院、璧山实验地方法院关于杨南轩与雷树清等因租佃纠葛而妨害耕作申请调解一案的文书，包括文件目录表、璧山实验地方法院证明、民事抗告状、证人证物表、意见书、法院往来公函、申请执行状、民事判决书、案件审理单、送达证明书、报告书、言辞辩论笔录、法院命令、申请异议状、执行笔录、民事裁定书、民事声明书、法院批示等。

246. 璧山实验地方法院审理移转所有权登记一案　12－13－247

1943年10月至1944年2月，璧山实验地方法院关于叶玉成请求登记房屋等所有权一案的文书，包括文件目录表、不动产登记申请书、登记事项、申请书、不动产登记保证书、诉讼缴费单、案件审理单、法院通知书、送达证明书、法院命令、报告案奉、来往文书、登记通知书、法院公告、诉讼证据物品袋(田土房屋图)等。

247. 四川高等法院第一分院、璧山实验地方法院审理分割遗产一案　12－13－248

1943年5月至1943年9月，四川高等法院第一分院、璧山实验地方法院关于胡国宝、胡泽宣因遗产纠纷请求分割遗产一案的文书，包括文件目录表、往来公函、民事判决书、民事诉状、证人证物表、民事委任状、言辞辩论笔录、送达证明书、民事宣判笔录、民事上诉状、民事裁定书等。

248. 璧山实验地方法院审理迁让执行一案　12－13－249

1943年1月至1943年6月，璧山实验地方法院关于饶大勋、饶海全因迁让房屋、给付租谷请求执行一案的文书，包括文件目录表、民事诉状、证人证物表、民事判决书、报告案奉、民事传票、法院执行命令、证物(收据)、送达证明书等。

249. 四川高等法院第一分院、璧山实验地方法院审理给付食谷一案　12－13－250

1943年6月至1943年10月，四川高等法院第一分院、璧山实验地方法院关于邹荣廷、邹树林因债务纠纷请求给付食谷执行一案的文书，包括民事诉状、文件目录表、言辞辩论笔录、案件审理单、送达证明书、公证状、民事判决书、证人证物表、民事裁定书、法院往来公函、民事委任状、民事申请书、民事宣判笔录、民事反诉状等。

250. 璧山实验地方法院审理民事、刑事案件的判决书及裁决书　12－13－251

包括璧山实验地方法院民事判决书、璧山实验地方法院民事裁定书、璧山实验地方法院刑事裁定书、璧山实验地方法院刑事判决书等。涉及租佃纠葛、赔偿损害、租赁契约纠葛、窃伐树木、盗窃、伪造私文书、供给生活费、侵入住宅、人身伤害、离婚、恐吓、伪证、妨害名誉、收受贿赂等方面。

251. 璧山实验地方法院审理领收约合单等据一案　12－13－252

1945 年 3 月至 1945 年 4 月，璧山实验地方法院关于文海廷请求领收约合单等据一案的文书，包括民事诉状、证人证物表、送达证明书、言辞辩论笔录、民事领状等。

252. 四川高等法院第一分院、璧山实验地方法院审理罚金执行一案　12－13－253

1943 年 5 月至 1943 年 6 月，四川高等法院第一分院、璧山实验地方法院关于伍思贵因伍祥荣等伤害案请求罚金执行一案的文书，包括文件目录表、法院检察处公函、刑事判决书、法院执行命令、报告案奉、法院函复等。

253. 璧山实验地方法院审理返还房屋一案　12－13－254

1943 年 8 月至 1943 年 11 月，璧山实验地方法院关于黄荣燊与陈德辉因房屋纠纷请求返还房屋一案的文书，包括法院往来公函、民事抗告状、送达证明书、民事催状、民事裁定书、民事判决书等。

254. 璧山实验地方法院审理确认买卖契约无效一案　12－13－255

1943 年 10 月至 1943 年 11 月，璧山实验地方法院关于刘庆休、陈张氏因契约纠纷请求确认买卖契约无效一案的文书，包括文件目录表、案件审理单、民事诉状、证明书、证人证物表、民事委任状、送达证明书、民事答辩状、言辞辩论笔录、证人结文、民事宣判笔录、民事判决书、民事和解笔录等。

255. 璧山实验地方法院审理给付欠租、交业执行一案　12－13－256

1943 年 5 月至 1943 年 7 月，璧山实验地方法院关于王绍元、何汉臣因搬迁交业请求给付欠租、交业执行一案的文书，包括文件目录表、民事诉状、证人证物表、言辞辩论笔录、送达证明书、法院执行笔录、报告案奉、案件审理单、点名单等。

256. 璧山实验地方法院审理欠租执行一案　12－13－257

1943 年 5 月至 1943 年 10 月，璧山实验地方法院关于张云鹏、张维德因租谷债务纠纷请求给付欠租一案的文书，包括文件目录表、民事诉状、案件审理单、法院执行命令、报告案奉、具保状、民事委任状、民事申请书、言辞辩论笔录等。

257. 璧山实验地方法院审理返还织机执行一案　12－13－258

1943年6月至1943年7月，璧山实验地方法院关于周述云因艾鸿江等借物不还请求返还织机执行一案的文书，包括文件目录表、民事诉状、证人证物表、民事判决书、送达证明书、言辞辩论笔录、点名单、具保状、民事申明状、案件审理单、申请执行状等。

258. 璧山实验地方法院审理脱离亲属关系一案　12－13－259

1943年8月至1944年3月，璧山实验地方法院关于张源会、钱树云请求脱离亲属关系一案的文书，包括文件目录表、民事诉状、裁判费核定单、法院通知书、证人证物表、民事判决书、送达证明书、点名单等。

259. 四川高等法院第一分院、璧山实验地方法院审理交业上诉一案　12－13－260

1943年7月，四川高等法院第一分院、璧山实验地方法院关于蒋季氏与蒋郭氏请求交业上诉一案的文书，包括文件目录表、法院往来公函等。

260. 璧山实验地方法院审理脱离亲属关系一案　12－13－261

1943年3月至1943年4月，璧山实验地方法院关于罗益安因罗吴氏浪费无度请求脱离亲属关系一案的文书，包括文件目录表、民事申请状、证人证物表、案件审理单、送达证明书、民事委任状、言辞辩论笔录、民事判决书等。

261. 璧山实验地方法院审理请求执行支付离婚费一案　12－13－262

1943年7月，璧山实验地方法院关于丁现智、喻择元因婚姻纠葛而请求执行支付离婚费一案的文书，包括文件目录表、民事诉状、证人证物表、案件审理单、送达证明书、执行言辞辩论笔录、民事判决书等。

262. 四川高等法院第一分院、璧山实验地方法院审理地界纠纷一案　12－13－263

1942年7月至1943年6月，四川高等法院第一分院、璧山实验地方法院关于刘继皋、刘益兴地界纠纷一案的文书，包括文件目录表、法院往来公函、民事申请状、证人证物表、送达证明书、言词领证笔录、收据、照抄证物、证据物品书类封套、民事诉状、涉案地图、案件审理单、民事审理笔录、证人结文、讯问笔录、民事判决书、民事裁定书等。

263. 四川高等法院第一分院、璧山实验地方法院审理终止租约、请求给付食谷执行两案　12－13－264

1943年5月至1943年8月,四川高等法院第一分院、璧山实验地方法院关于杨冯氏因与杨维三追缴黄谷纠纷请求终止租约、给付食谷执行两案的文书,包括文件目录表、民事诉状、证人证物表、案件审理单、法院执行命令、民事委任状、民事保状、民事申请状、报告案奉、收据、送达证明书、法院批稿、民事判决书等。

264. 四川高等法院第一分院、璧山实验地方法院审理离婚一案　12－13－265

1943年5月至1943年10月,四川高等法院第一分院、璧山实验地方法院关于刘倬霖因刘何氏既不同居、人被伤害请求离婚一案的文书,包括文件目录表、民事诉状、证人证物表、案件审理单、送达证明书、民事委任状、言辞辩论笔录、民事判决书、法院往来公函、民事上诉状、民事裁定书、民事宣判笔录、证物目录等。

265. 四川高等法院第一分院、璧山实验地方法院审理因拒不到案申请指定会员一案　12－13－266

1943年11月至1944年5月,四川高等法院第一分院、璧山实验地方法院关于邹炳安因邹昆仑拒不到案调解请求指定会员一案的文书,包括文件目录表、民事诉状、证人证物表、民事委任状、民事判定书、送达证明书、民事抗告状、民事再抗告状、法院意见书、民事裁定书等。

266. 四川高等法院第一分院、璧山实验地方法院审理对租赁案判决不服上诉一案　12－13－267

1942年2月至1943年12月,四川高等法院第一分院、璧山实验地方法院关于蒋明初因何应麟租赁案判决不服上诉一案的文书,包括文件目录表、法院往来公函、民事上诉状、民事阅卷申请书、民事委任状、民事裁定书、送达证明书、通知书等。

267. 四川高等法院第一分院、璧山实验地方法院审理请求检卷二审以凭适当判决一案　12－13－268

1943年9月至1943年12月,四川高等法院第一分院、璧山实验地方法院关于萧臣铭因对前案判决不服请求检卷二审以凭适当判决一案的文书,包括文件目录表、法院训令、法院往来公函、案件审理单、送达证明书、民事诉状、民事裁定书、民事申请状、证人证物表、讯问笔录、言辞辩论笔录、法院通知书等。

268. 四川高等法院第一分院、璧山实验地方法院审理妨害婚姻及家庭一案　12—13—269

1941年12月至1943年12月，四川高等法院第一分院、璧山实验地方法院关于赵君等因蒋玉清夫妇透掣诱奸征属、妨害婚姻及家庭风化请求依法审查一案的文书，包括文件目录表、民事诉状、证人证物表、案件进行单、法院往来公函、检查处侦讯、刑事诉状等。

269. 璧山实验地方法院审理四川高等法院第一分院函请检送萧臣铭等与萧臣君债款卷宗一案　12—13—270

1943年7月至1943年11月，璧山实验地方法院关于四川高等法院第一分院函请检送萧臣铭等与萧臣君债款卷宗一案的文书，包括文件目录表、往来公函、法院函复、民事上诉状、证人证物表、民事裁定书、送达证明书等。

270. 璧山实验地方法院审理返还黄谷一案　12—13—271

1943年7月，璧山实验地方法院关于王寿廷等因钟治轩不当得利请求返还黄谷一案的文书，包括文件目录表、往来公函、民事诉状、证人证物表、民事委任状、案件审理单、送达证明书、言辞辩论笔录、民事宣判笔录、民事裁决书、法院往来公函等。

271. 四川高等法院第一分院、璧山实验地方法院审理请求给付欠租一案　12—13—272

1941年6月至1943年3月，四川高等法院第一分院、璧山实验地方法院关于罗宏均等与夏春山因债务纠纷请求给付欠租一案的文书，包括民事诉状、送达证明书、审讯笔录、民事委任状、证人证物表、法院书记处公函、报告案奉、民事上诉状、言辞辩论笔录、民事声明状、民事宣判笔录、民事和解笔录、庭审笔录、民事判决书等。

272. 四川高等法院第一分院、璧山实验地方法院审理不服判决上诉一案　12—13—273

1941年4月至1943年9月，四川高等法院第一分院、璧山实验地方法院关于冉海山不服与冉忱昭等确认典约无效判决上诉一案的文书，包括文件目录表、法院往来公函、民事上诉状、民事缴状、送达证明书、民事裁定书、民事委任状、证人证物表、民事申请书、庭审笔录、证人结文、证明书、民事公证状、民事答辩状、民事宣判笔录、民事判决书等。

273. 璧山实验地方法院审理四川高等法院第一分院函请查明谢胡氏之承受诉讼人一案　12－13－274

1945年3月，璧山实验地方法院关于四川高等法院第一分院函请查明谢胡氏之承受诉讼人一案的文书，包括往来公函、送达证明书、通知人名单、民刑事应遵期间表等。

274. 璧山实验地方法院审理所有权登记一案　12－13－275

1943年1月，璧山实验地方法院关于张廖氏请求登记谷田、房屋所有权一案的文书，包括不动产登记申请书、登记事项表、不动产登记保证书、诉讼缴费单等。

275. 璧山实验地方法院审理申请诉讼救助一案　12－13－276

1943年8月，璧山实验地方法院关于许泽林因徐敬修止约申请诉讼救助一案的文书，包括文件目录表、往来公函、民事裁定书、送达证明书等。

276. 四川高等法院第一分院、璧山实验地方法院审理包揽诉讼一案　12－13－277

1943年9月至1943年11月，四川高等法院第一分院、璧山实验地方法院关于检察官起诉叶烔辉意图渔利包揽他人诉讼一案的文书，包括证明请、检察官起诉书、刑事讯问笔录、押票回证、刑事委任状、证人证物表、刑事宣判笔录、刑事保状、刑事裁定书、送达证明书、报告案奉、刑事审判笔录、证人结文、刑事辩诉状、刑事判决书、案件文书总目、审讯人到处报告单、讯问笔录、侦查卷宗、法院书记处公函、刑事上诉状、案准、璧山县政府公函、报告等。

277. 璧山实验地方法院审理申请履行合约一案　12－13－278

1943年12月，璧山实验地方法院关于璧山卫生院因东南工程公司未履行合约致使工程未完竣请求履行合约一案的文书，包括文件目录表、璧山卫生院公函、函复，该卷另附：璧山卫生院告东南工程公司启示、合同等。

278. 璧山实验地方法院审理请发支付命令一案　12－13－279

1943年12月，璧山实验地方法院关于李鹏因赵喜藩以前债务拖欠请求发支付命令促其清债一案的文书，包括文件目录表、民事诉状、证人证物表、民事裁定书、送达证明书、征收裁判费核定单、法院支付命令等。

279. 璧山实验地方法院审理请求宣告假执行一案　12－13－280

1943年12月，璧山实验地方法院关于邓中屏、贾永林申请宣告假执行以重债权而免讼累一案的文书，包括文件目录表、民事诉状、证人证物表、民事裁定书、送达证明书等。

280. 璧山实验地方法院审理查封拍卖以便追回公款一案　12—13—281

1943年9月至1943年11月，璧山实验地方法院关于胡鸿鹄请求派员查封拍卖吴海扬黄谷以便追回公款一案的文书，包括文件目录表、民事诉状、证人证物表、案件审理单、法院执行命令、报告案奉、执行证书存根等。

281. 璧山实验地方法院审理所有权登记一案　12—13—282

1943年11月至1944年1月，璧山实验地方法院关于张世荣请求登记田业所有权一案的文书，包括文件目录表、不动产登记申请书、申请事项、诉讼缴费单、案件审理单、法院通知书、送达证明书、法院命令、报告案奉、不动产登记保证书、登记处通知书、法院公告、登记通知书、涉案地图等。

282. 璧山实验地方法院审理确认所有权一案　12—13—283

1943年4月，璧山实验地方法院关于四川高等法院第一分院函调王岳生与汪瀛洲确认所有权一案的文书，包括文件目录表、法院往来公函、法院案准等。

283. 璧山实验地方法院审理所有权登记一案　12—13—284

1942年11月至1944年1月，璧山实验地方法院关于明秀清请求登记田土所有权一案的文书，包括文件目录表、不动产登记申请书、申请事项、不动产登记保证书、证明文件及参考事项、诉讼缴费单、案件审理单、法院通知书、送达证明书、法院往来公函、涉案地图等。

284. 璧山实验地方法院审理申请领押交业搬迁一案　12—13—285

1943年10月，璧山实验地方法院关于于永成因罗树轩债务拖欠请求执行领押交业搬迁一案的文书，包括文件目录表、民事申请状、证人证物表、民事裁定书、送达证明书等。

285. 璧山实验地方法院审理请发支付命令一案　12—13—286

1943年11月至1943年12月，璧山实验地方法院关于向懋华因李森林租谷等债务纠纷请发支付命令一案的文书，包括文件目录表、征收裁判费核定单、民事诉状、证人证物表、诉讼缴费单、法院支付命令、送达证明书等。

286. 璧山实验地方法院审理申请宣告假执行一案　12－13－287

1943年12月，璧山实验地方法院关于陈安廷因龚俊才欠付钱谷申请宣告假执行一案的文书，包括文件目录表、民事诉状、证人证物表、民事裁定书、送达证明书等。

287. 璧山实验地方法院审理申请抄录公约一案　12－13－288

1943年12月，璧山实验地方法院关于周汝霖因公约遗失申请照抄底稿公约一案的文书，包括文件目录表、民事申请状、证人证物表、法院批稿等。

288. 璧山实验地方法院审理庶股嘱托送达一案　12－13－289（1）

1943年3月至1943年12月，璧山实验地方法院关于庶股嘱托送达一案的文书，该卷另附法院往来公函：包括璧山实验地方法院往来公函、重庆地方法院往来公函、四川高等法院第一分院公函、江津地方法院往来公函、永川地方法院往来公函。

289. 法院往来公函卷 12－13－289（2）

1941年1月至1944年11月，该卷全部是法院间的往来公函：璧山实验地方法院往来公函、最高法院书记厅公函、永川地方法院往来公函、四川高等法院第一分院公函、重庆地方法院往来公函、江津地方法院往来公函。

290. 璧山实验地方法院审理继承一案　12－13－290

1943年6月，璧山实验地方法院关于丁谭氏因丁李氏霸占先祖遗产请求判令均继承一案的文书，包括文件目录表、民事诉状、证人证物表、龙凤乡第七保办公处证明、送达证明书、言辞辩论笔录等。

291. 璧山实验地方法院审理请发支付命令一案　12－13－291

1943年5月，璧山实验地方法院关于景亮钧因张廷富等拖欠公费等项请发支付命令一案的文书，包括文件目录表、征收裁判费核定单、诉讼缴费单、民事申请状、证人证物表、民事裁定书、送达证明书等。

292. 璧山实验地方法院审理赎产执行一案　12－13－292

1943年6月，璧山实验地方法院关于石怀灰因与孙光彩发生回赎典产纠葛请求赎产执行一案的文书，包括民事申请状、证人证物表、民事判决书等。

293. 璧山实验地方法院审理所有权执行一案　12－13－293

1945年12月至1946年8月，璧山实验地方法院关于王启龙因与朱祯祥等确认共有权纠纷请求所有权执行一案的文书，包括文件目录表、民事委任状、证人证物表、民事诉状、阅卷申请书、通知人名单、执行文稿、送达证明书、报告案奉、法院执行命令、法院往来公函、声明书、报告书、法院通知书、法院证明书、法院训令、收据等。

294. 四川高等法院第一分院、璧山实验地方法院审理返还屋产一案　12－13－294

1943年8月，四川高等法院第一分院、璧山实验地方法院关于陈藩氏因与钟请云发生房产纠纷请求返还屋产一案的文书，包括文件目录表、法院往来公函等。

295. 璧山实验地方法院审理返还耕牛一案　12－13－295

1943年2月至1943年10月，璧山实验地方法院关于万树清因万黄氏等人借耕牛不还请求返还耕牛一案的文书，包括法院往来公函、民事判决书、民事申请状、证人证物表、民事裁定书、报告案奉、法院公示、法院通知书、文件目录表、民事委任状、案件审理单、言辞辩论笔录、民事宣判笔录等。

296. 璧山实验地方法院审理债务执行一案　12－13－296

1943年10月，璧山实验地方法院关于袁祥林因袁治清债务迟延不还请求债务执行一案的文书，包括文件目录表、征收裁判费核定单、案件审理单、民事诉状、证人证物表、送达证明书、言辞辩论笔录、法院通知等。

297. 璧山实验地方法院审理终止租约一案　12－13－297

1943年10月至1943年11月，璧山实验地方法院关于郭李氏因陈荣章抗租霸业请求终止租约一案的文书，包括文件目录表、民事诉状、证人证物表、证明书、民事申请状、案件审理单、送达证明书、民事委任状、阅卷申请书、民事裁定书等。

298. 璧山实验地方法院审理调解返还原业以维持生活一案　12－13－298

1943年6月至1943年7月，璧山实验地方法院关于钱安民等请求调解钱少亨返还原业以维持生活一案的文书，包括文件目录表、申请调解状、证人证物表、案件审理单、民事声明状、报告案奉、送达证明书、调解笔录等。

299. 璧山实验地方法院审理呈请存查一案　12－13－299

1943年4月，璧山实验地方法院关于张声模因偿清邹景泽欠款尚未给据请求依法呈请备案一案的文书,包括文件目录表、民事申请状、证人证物表等。

300. 四川高等法院第一分院、璧山实验地方法院审理给付生活费一案　12－13－300

1942年1月至1942年6月,四川高等法院第一分院、璧山实验地方法院关于何绍清不服给付何江流娥生活费依法提起抗告一案的文书,包括文件目录表、民事抗告状、民事判决书、民事裁定书、民事催状、证人证物表、法院往来公函、呈庭证据等。

301. 璧山实验地方法院审理交房执行一案　12－13－301

1942年10月至1943年4月,璧山实验地方法院关于戴德修因张九旭延不交业请求交房执行一案的文书,包括文件目录表、民事申请状、证人证物表、民事和解笔录、民事讯问笔录、法院执行命令、报告案奉、申请执行状、呈庭收据等。

302. 璧山实验地方法院审理请求撤销执行一案　12－13－302

1943年4月,璧山实验地方法院关于张雷氏申请异议请求喻知债权人撤销执行一案的文书,包括文件目录表、民事执行异议状、证人证物表、民事委任状、言辞辩论笔录、民事裁定书等。

303. 四川高等法院第一分院、璧山地方法院审理借款上诉一案　12－13－303

1940年3月,四川高等法院第一分院、璧山地方法院关于巫赖氏、朱更康因借款纠葛申请上诉一案的文书,包括文件目录表、法院往来公函、民事判决书、送到证明书等。

304. 璧山实验地方法院审理赔偿损害执行一案　12－13－304

1942年5月至1943年6月,璧山实验地方法院关于张子敬因李茂荣拒绝执行前案判决赔偿损害请求执行一案的文书,包括文件目录表、民事申请状、证人证物表、民事判决书、案件审理单、送达证明书、民事委任状、执行辩论、民事声明状、法院执行命令、民事保状、报告案奉、接收保管证明等。

305. 璧山实验地方法院审理依票据偿还债务一案　12－13－305

1943年8月至1943年9月,璧山实验地方法院关于万仲文因与罗益安债务纠葛请求依票据偿还一案的文书,包括文件目录表、民事诉状、证人证物表、法院执行命令、案件审理单、送达证明书、报告书、法院拘票、申请注销状等。

306. 璧山实验地方法院审理赔偿损失一案　12－13－306

1943 年 11 月至 1943 年 12 月，璧山实验地方法院关于李炳荣因胡荣华盗窃法币请求赔偿损失一案的文书，包括文件目录表、民事诉状、证人证物表、案件审理单、法院执行命令、报告案奉、送达证明书、刑事判决书、法院批稿、执行证书存根等。

307. 璧山实验地方法院审理请求领回呈庭证件并委任代领人一案　12－13－307

1943 年 4 月，璧山实验地方法院关于叶宗福请求返还因确认买卖契约无效案呈庭证件并委任代领人一案的文书，包括文件目录表、民事申请状、证人证物表、收据等。

308. 璧山实验地方法院审理返还妆奁一案　12－13－308

1943 年 4 月，璧山实验地方法院关于丁现智因喻择元违背条约请求传讯追究返还妆奁一案的文书，包括文件目录表、民事诉状、证人证物表、案件审理单、言辞辩论笔录、报告书、证人结文、民事判决书等。

309. 璧山实验地方法院审理给付食谷一案　12－13－309

1941 年 1 月至 1943 年 7 月，璧山实验地方法院关于张至文因与蓝玉清发生债务纠纷请求给付食谷执行一案的文书，包括文件目录表、民事诉状、证人证物表、案件审理单、报告案奉、法院执行命令、执行证书存根、送达证明书、民事判决书等。

310. 璧山实验地方法院审理搬迁交业一案　12－13－310（1）

1943 年 7 月，璧山实验地方法院关于孙泽清因陈炳全违背和约规定抗不起佃请求搬迁交业一案的文书，包括文件目录表、民事诉状、证人证物表、案件审理单、送达证明书、言辞辩论笔录、证人结文、民事委任状、民事宣判笔录、民事判决书、诉讼证据物品袋等。

311. 璧山实验地方法院审理终止租约一案　12－13－310（2）

1942 年 5 月至 1942 年 10 月，璧山实验地方法院关于蔡仿周与陈纪皋因债务纠纷请求终止租约一案的文书，包括法院往来公函、民事申请状、证人证物表、民事上诉状、民事参加人名单、言辞辩论笔录、附带上诉状、民事委任状、附带上诉辩诉状、法定代理状、民事宣判笔录、民事判决书等。

312. 璧山实验地方法院审理给付黄谷一案　12－13－311

1943年1月至1944年4月，璧山实验地方法院关于蔡仿周申请赐减价布告拍卖与陈春林给付黄谷执行一案的文书，包括查封不动产笔录、鉴定人鉴定书、涉案地图、法院告示、民事申请状、证人证物表、案件审理单、法院往来公函、送达证明书、民事委任状、言辞辩论笔录、执行笔录、法院训令、法院公告、报告案奉等。

313. 璧山实验地方法院审理履行婚约一案　12－13－312

1943年10月，璧山实验地方法院关于江流国因饶大全违约骗婚调解不成请求履行婚约一案的文书，包括文件目录表、民事诉状、证人证物表、民事判决书、送达证明书等。

314. 璧山实验地方法院审理搬迁交业一案　12－13－313

1943年11月，璧山实验地方法院关于李舜尧因李玉光租约期满申请领押搬迁交业一案的文书，包括民事申请状、证人证物表、民事委任状、案件审理单、送达证明书等。

315. 璧山实验地方法院审理返还黄谷一案　12－13－314

1943年2月至1943年7月，璧山实验地方法院关于饶金臣因孙君陶等人抢夺黄谷纠纷请求返还黄谷一案的文书，包括文件目录表、民事诉状、民事委任状、证人证物表、送达证明书、言辞辩论笔录、法院训令、法院布告、法院通知书、报告案奉、查封不动产笔录、证人鉴定书、保管结人、民事申请状、民事裁定书、案件审理单、执行笔录、民事判决书、法院批稿、收据等。

316. 璧山实验地方法院审理终止租约一案　12－13－315

1943年5月至1943年6月，璧山实验地方法院关于黄洪兴等请求与黄慕君终止租约一案的文书，包括诉讼证据物品袋、文件目录表、民事诉状、证人证物表、民事委任状、案件审理单、民事辩诉状、言辞辩论笔录、民事申请书、民事宣判笔录、民事裁定书、送达证明书等。

317. 四川高等法院第一分院、璧山实验地方法院审理搬迁交业一案　12－13－316

1943年1月至1943年6月，四川高等法院第一分院、璧山实验地方法院关于黄吴氏不服与黄炳章房屋纠纷案判决上诉请求搬迁交业一案的文书，包括法院往来公函、文件目录表、民事上诉状、证人证物表、民事委任状、言辞辩论笔录、民事和解笔录、送达证明书、庭审笔录、证人结文、民事判决书、民事裁定书、报告案奉、收据、法院执行命令、民事声明状等。

318. 四川高等法院第一分院、璧山实验地方法院审理继承一案　12－13－317

1941年10月至1942年6月,四川高等法院第一分院、璧山实验地方法院关于秦长生因钟长太混充继承窃据侵占请求判令其无权继承一案的文书,包括文件目录表、民事诉状、证人证物表、民事委任状、案件审理单、民事审判笔录、送达证明书、民事辩诉状、民事宣判笔录、民事判决书、法院往来公函、民事上诉状、宣示判决笔录、言辞辩论笔录、民事申请状、民事笔录等。

319. 四川高等法院第一分院、璧山实验地方法院审理撤销买卖契约一案　12－13－318

1943年8月,四川高等法院第一分院、璧山实验地方法院关于刘先益等因龚焕臣等违约买卖请求判留坟地和撤销买卖契约一案的文书,包括文件目录表、民事诉状、证人证物表、民事委任状、案件审理单、送达证明书、民事辩诉状、言辞辩论笔录、民事声明书、法院往来公函、民事答辩状、民事宣判笔录、民事判决书、阅卷申请书等。

320. 璧山实验地方法院审理回赎产业及终止租赁一案　12－13－319

1943年9月至1943年10月,璧山实验地方法院关于钟维之等与邹张氏等产生典当纠纷请求回赎产业及终止租赁一案的文书,包括文件目录表、民事诉状、证人证物表、民事委任状、案件审理单、送达证明书、民事答辩状、言辞辩论笔录等。

321. 璧山实验地方法院审理请求执行前案调解一案　12－13－320

1943年1月至1943年8月,璧山实验地方法院关于陈银清因伍建中拒绝执行前案调解请求执行一案的文书,包括文件目录表、民事诉状、证人证物表、民事和解笔录、民事执行笔录、法院执行命令、报告案奉、民事声明状、言辞辩论笔录、报告书、民事委任状、申请执行状、案件审理单、法院训令、法院命令、法院通知书、收据等。

322. 四川高等法院第一分院、璧山实验地方法院审理返还产业一案　12－13－321

1943年10月至1944年3月,四川高等法院第一分院、璧山实验地方法院关于黄潭氏、黄陈氏等暗唆措佃不交请求返还产业一案的文书,包括民事判决书、法院往来公函、收据、文件目录表、民事诉状、证人证物表、民事辩诉状、送达证明书、言辞辩论笔录、民事委任状、宣示判决笔录、民事申请状、民事裁定书、民事上诉状等。

323. 璧山实验地方法院审理请发支付命令一案　12－13－322

1943年10月，璧山实验地方法院关于周明光因徐肇卿逾期未付请发支付命令一案的文书，包括文件目录表、征收裁判费核定单、民事申请状、证人证物表、诉讼缴费单、法院支付命令、送达证明书、民事裁定书等。

324. 四川高等法院第一分院、璧山实验地方法院审理请予发还收约、招佃两案　12－13－323

1941年7月至1943年11月，四川高等法院第一分院、璧山实验地方法院关于因案经终结请予发还收约、招佃两案的文书，包括文件目录表、民事申请状、证人证物表、通知人名单、收据、民事告诉状、民事辩诉状、案件审理单、送达证明书、审判笔录、民事宣判笔录、民事委任状、璧山丹凤乡乡公所呈、法院判决书、民事上诉状、法院往来公函、民事裁定书、言辞辩论笔录、宣示判决书等。

325. 四川高等法院第一分院、璧山实验地方法院审理返还产业一案　12－13－324

1943年7月至1944年7月，四川高等法院第一分院、璧山实验地方法院关于邹张氏等因租佃纠葛而请求返还产业一案的文书，包括民事诉状、证人证物表、民事委任状、案件审理单、言辞辩论笔录、送达证明书、宣判笔录、民事判决书、民事申请状、民事裁定书、法院往来公函、证物目录表等。

326. 璧山实验地方法院审理停止亲权搬迁交房一案　12－13－325

1943年9月至1943年10月，璧山实验地方法院关于杨照诚因蓝奉宣诈欺套佃掣售骗租恳请搬迁交房一案的文书，包括文件目录表、征收裁判费核定单、民事诉状、案件审理单、送达证明书、民事答辩状、证人证物表、言辞辩论笔录、诉讼缴费单、证人结文、民事宣判笔录、民事判决书等。

327. 璧山实验地方法院审理欠纱调解一案　12－13－326

1943年8月，璧山实验地方法院关于被服厂因黄汉清欠底纱不还恳请欠纱调解一案的文书，包括文件目录表、民事调解笔录、民事委任状、证人证物表、送达证明书等。

328. 璧山实验地方法院审理给付生活费调解一案　12－13－327

1943年8月，璧山实验地方法院关于吴赵氏因吴银光等恶意遗弃申请传案调解给付生活费一案的文书，包括文件目录表、民事申请状、证人证物表、民事委任状、案件审理单、送达证明书等。

329. 四川高等法院第一分院、璧山实验地方法院审理止约偿损一案　12－13－328

1943年10月至1943年11月，四川高等法院第一分院、璧山实验地方法院关于孙三胜等与孙树荣等发生买卖纠葛请求止约偿谷、赔偿损失一案的文书，包括文件目录表、征收裁判费核定单、民事申请状、证人证物表、诉讼缴费单、民事委任状、案件审理单、送达证明书、言辞辩论笔录、民事宣判笔录、民事判决书、诉讼证据物品袋、法院往来公函、民事上诉状、民事裁定书等。

330. 四川高等法院第一分院、璧山实验地方法院审理领押交业一案　12－13－329

1943年7月至1943年10月，四川高等法院第一分院、璧山实验地方法院关于张瑞敏因张金铸等持有公共物品不还请求领押交业一案的文书，包括法院往来公函、民事判决书等。

331. 四川高等法院第一分院、璧山实验地方法院审理搬迁交业执行一案　12－13－330（1）

1943年，四川高等法院第一分院、璧山实验地方法院关于王纯武因廖隆贵业已合意解约抗不搬迁交业请求搬迁交业执行一案的文书，包括文件目录表、民事诉状、证人证物表、民事委任状、案件审理单、送达证明书、民事辩诉状、言辞辩论笔录、证人结文、民事宣判笔录、民事判决书等。

332. 璧山实验地方法院审理返还黄谷一案　12－13－330（2）

1942年5月，璧山实验地方法院关于张子俊、王兴发因黄谷债务纠葛请求返还黄谷一案的文书，包括法院往来公函、送达证明书、民事委任状、民事审判笔录、民事和解状等。

333. 璧山实验地方法院审理搬迁交业一案　12－13－331

1943年8月至1943年9月，璧山实验地方法院关于王鸿藻因王五福违约恳请领清押银搬迁交业一案的文书，包括文件目录表、征收裁判费核定单、民事诉状、证人证物表、诉讼缴费单、案件审理单、送达证明书、民事答辩状、言辞辩论笔录、民事宣判笔录、民事判决书等。

334. 璧山实验地方法院审理析产执行一案　12－13－332

1943年1月至1943年9月，璧山实验地方法院关于谢应和因与谢伍氏终止收养关系恳请迅赐析产执行一案的文书，包括文件目录表、民事诉状、案件审理单、送达证明书、民事执行笔录、民事委任状、璧山县青木乡乡公所呈、申请书、民事申请状、收款通知书、法院通知书、履勘笔录、证人结文、勘验笔录、民事声明异议等。

335. 璧山实验地方法院审理申请继续审参加诉讼一案　12—13—333

1943年2月，璧山实验地方法院关于邓光耀申请王益和继续审判并参加诉讼辅助原告请求判令被告刘占胜领价交业一案的文书，包括文件目录表、民事诉状、送达证明书等。

336. 璧山地方法院审理确认典约有效并执行交业一案　12—13—334

1947年8月至1948年7月，璧山地方法院关于钟信孚请求确认与吴王氏的典约有效并执行交业一案的文书，包括文件目录表、民事诉状、证人证物表、征收裁判费核定单、案件审理单、民事委任状、证人结文、言辞辩论笔录、送达证明书、民事上诉状、民事撤回状等。

337. 璧山实验地方法院审理搬迁交业一案　12—13—335

1943年10月至1943年11月，璧山实验地方法院关于徐利昌因陈杨氏蔑视主权认迁不迁请求搬迁交业一案的文书，包括文件目录表、征收裁判费核定单、民事诉状、证人证物表、案件审理单、送达证明书、言辞辩论笔录、民事答辩状、民事宣判笔录、民事判决书等。

338. 四川高等法院第一分院、璧山实验地方法院审理止约交业一案　12—13—336

1944年1月，四川高等法院第一分院、璧山实验地方法院关于孙韩五与孙树荣止约交业一案的文书，包括璧山实验地方法院与四川高等法院第一分院间的往来公函等。

339. 璧山实验地方法院审理宣告假执行一案　12—13—337

1944年8月至1944年9月，璧山实验地方法院关于陈维新因彭东山不理支付命令请求宣告假执行一案的文书，包括文件目录表、民事诉状、证人证物表、民事裁定书、送达证明书、报告等。

340. 四川高等法院第一分院审理恳请法院核办以资救济一案　12—13—338

1942年10月至1943年9月，四川高等法院第一分院关于罗鸣高因不服与孙显国涉讼判决上诉恳请法院核办以资救济一案的文书，包括文件目录表、送达证明书、法院往来公函、民事上诉状、证人证物表、民事裁定书、民事答辩状等。

341. 四川高等法院第一分院、璧山实验地方法院审理异议上诉一案　12—13—339

1943 年 10 月至 1944 年 2 月，四川高等法院第一分院、璧山实验地方法院关于叶炳顺与何昌绪因田产产生纠纷无权和解，依法提起异议上诉一案的文书，包括征收裁判费核定单、文件目录表、民事诉状、证人证物表、送达证明书、案件审理单、法院往来公函、民事上诉状、民事裁定书、民事委任状、民事答辩状、言辞辩论笔录、和解辩论笔录、宣示判决笔录、报告书、民事判决书等。

342. 璧山实验地方法院审理回赎典产执行一案　12—13—340

1943 年 7 月至 1943 年 11 月，璧山实验地方法院关于胡思诚因与胡廷燎回赎典产涉讼请求回赎典产一案的文书，包括文件目录表、民事申请状、证人证物表、民事委任状、案件审理单、执行言辞辩论笔录、民事裁定书、民事判决书等。

343. 璧山实验地方法院审理违约变造备查一案　12—13—341

1943 年 3 月，璧山实验地方法院关于朱作金因违约变造串夺权益抄呈原约请求备案备查一案的文书，包括民事申请状、卷宗目录表、查存申请状、证人证物表等。

344. 璧山实验地方法院审理恳请发还呈庭契约证据一案　12—13—342

1943 年 4 月，璧山实验地方法院关于曹蒋氏因与曹俊良等产业事件涉讼呈庭契约证据恳请发还一案的文书，包括文件目录表、民事领状、证人证物表等。

345. 四川高等法院第一分院、璧山实验地方法院审理租债执行一案　12—13—343

1943 年 6 月至 1944 年 7 月，四川高等法院第一分院、璧山实验地方法院关于黄燊荣申请钟映南依据前案判决执行债务偿还一案的文书，包括文件目录表、民事诉状、证人证物表、民事判决书、案件审理单、民事申请状、民事委任状、送达证明书、言辞辩论笔录、诉讼缴费单、法院批稿、法院函复、意见书、民事裁定书、法院往来公函、民事申请书、民事抗议状等。

346. 璧山实验地方法院审理领押交业一案　12—13—344

1943 年 6 月，璧山实验地方法院关于彭诚因庞怀林对应领押金估延不受违约恳请领押交业一案的文书，包括文件目录表、民事诉状、证人证物表、案件审理单、言辞辩论笔录、送达证明书、民事判决书、民事宣判笔录、证据(和解合同文约)等。

347. 四川高等法院第一分院、璧山实验地方法院审理搬迁交业一案　12－13－345

1943年11月,四川高等法院第一分院、璧山实验地方法院关于王纯武请求搬迁交业一案的文书,包括民事判决书、法院往来公函等。

348. 璧山实验地方法院审理赔偿损害房屋执行一案　12－13－346

1943年5月至1943年9月,璧山实验地方法院关于彭徐氏、彭陈氏因租佃纠葛而申请赔偿损害房屋执行一案的文书,包括文件目录表、民事申请状、证人证物表、民事判决书、讯问笔录、法院执行命令、报告案奉、言辞辩论笔录、民事执行讯问笔录、送达证明书、案件审理单、法院训令、法院通知书、收据等。

349. 璧山实验地方法院审理申请上诉一案　12－13－347

1945年1月,璧山实验地方法院关于陶俊臣因张明霞拒绝执行前案判决给付欠款请求上诉一案的文书,包括文件目录表、民事申请状、证人证物表、民事判决书、送达证明书等。

350. 璧山实验地方法院审理给付欠款一案　12－13－348

1943年6月至1943年8月,璧山实验地方法院关于仇中云因罗文谦拒绝给付欠款请求给付欠款执行一案的文书,包括文件目录表、民事申请状、证人证物表、送达证明书、执行讯问笔录、报告书、拘票、法院训令、法院通知书、报告案奉、鉴定人鉴定书、民事裁定书、证明书、收据、民事判决书等。

351. 璧山实验地方法院审理返还文书一案　12－13－349

1942年4月至1943年7月,璧山实验地方法院关于伍襄平申请返还与伍久咸所有权涉讼呈庭文书一案的文书,包括文件目录表、法院往来公函、民事判决书、送达证明书、言辞辩论笔录、民事诉状、证人证物表等。

352. 璧山实验地方法院审理返还高粱执行一案　12－13－350

1943年7月,璧山实验地方法院关于吕绍康因苏汉君拒绝执行前案判决返还高粱申请执行一案的文书,包括民事诉状、证人证物表、民事判决书、案件审理单、民事委任状、送达证明书等。

353. 璧山实验地方法院审理伤害赔偿一案　12－13－351

1943年6月,璧山实验地方法院关于彭严氏因被彭谢氏打造成伤害申请赔偿一案的文书，包括文件目录表、法院往来公函、民事抗告状、讯问笔录、送达证明书、检察院不起诉处分书等。

354. 璧山实验地方法院审理给付食谷执行一案　12－13－352

1943年10月至1944年4月，璧山实验地方法院关于张康宁因与张辉廷产生食谷债务纠葛请求给付食谷执行一案的文书，包括文件目录表、民事诉状、证人证物表、民事判决书、案件审理单、民事委任状、法院执行命令、报告案奉、中兴乡乡公所呈、言辞辩论笔录、送达证明书等。

355. 璧山实验地方法院审理交付产业一案　12－13－353

1943年10月至1943年11月，璧山实验地方法院关于魏云卿请求被告人万辉先等交付田产等物以维持生活一案的文书，包括文件目录表、民事诉状、民事委任状、证人证物表、案件审理单、送达证明书、言辞辩论笔录、民事宣判笔录、民事判决书等。

356. 璧山实验地方法院审理返还所有物一案　12－13－354

1943年11月至1944年6月，璧山实验地方法院关于王超群因蒋水廷侵夺所有物请求返还所有物一案的文书，包括文件目录表、民事诉状、证人证物表、民事委任状、案件审理单、送达证明书、民事答辩状、言辞辩论笔录、涉案地图、法院通知书、所有物一案旅费单、民事裁定书、庭审笔录、民事判决书等。

357. 四川高等法院第一分院、璧山实验地方法院审理赔偿损害一案　12－13－355

1943年3月至1944年1月，四川高等法院第一分院、璧山实验地方法院关于廖兴发与张泰康因田业所有权纠葛损毁豆麦苗而申请赔偿损害一案的文书，包括文件目录表、法院往来公函、涉案地图及说明、民事诉状、证人证物表、民事缴状、民事裁定书、送达证明书、言辞辩论笔录、民事委任状、民事宣判笔录、讯问笔录、民事判决书等。

358. 璧山实验地方法院审理申请再嫁存查一案　12－13－356

1943年9月，璧山实验地方法院关于周官氏因再嫁请求再嫁存查一案的文书，包括文件目录表、民事申请状、证人证物表、法院批稿等。

359. 璧山实验地方法院审理赔偿纱价执行一案　12－13－357

1943年7月至1943年8月，璧山实验地方法院关于彭西瑎因与陈德芳发生债务纠葛请求赔偿纱价执行一案的文书，包括文件目录表、法院看守所公函、言辞辩论笔录、讯问笔录、法院管收票回证、案件审理单、法院执行命令、送达证明书、报告案奉、执行证书存根等。

360. 四川高等法院第一分院、璧山实验地方法院审理租佃纠葛、给付租谷等三案 12－13－358

1943年7月至1947年12月，四川高等法院第一分院、璧山实验地方法院关于尹康民等因租佃纠葛请求终止租约、陈海洲等因租佃纠葛而申请给付租谷、徐海丰因年迈把产业过继给儿子而申请禁治产三案的文书，包括送达证明书、民事判决书、民事裁定书、民事申请状、民事诉状、民事申请书、证人证物表、法院往来公函、法院看守所呈、法院训令等。

361. 璧山实验地方法院审理终止租约、迁让执行一案 12－13－359

1943年1月，璧山实验地方法院关于龙国栋因与戴焕伦发生债务纠纷请求终止租约、迁让执行一案的文书，包括法院往来公函、民事判决书等。

362. 四川高等法院第一分院、璧山实验地方法院审理田产所有权一案 12－13－360

1941年11月至1943年11月，四川高等法院第一分院、璧山实验地方法院关于许刘氏与许周松柏因遗产纠葛而申请确认田业所有权一案的文书，包括文件目录表、法院往来公函、民事上诉状、证人证物表、民事裁定书、民事上诉申请状、送达证明书、民事答辩状等。

363. 四川高等法院第一分院、璧山实验地方法院审理返还丝约等四案 12－13－361

1942年10月至1943年12月，四川高等法院第一分院、璧山实验地方法院关于石中玉等因典当纠葛请求回赎典产、货光益因张言吉藏匿不给请求返还丝约、唐胡氏因与胡开斗发生租佃纠葛请求给付租谷、刘何氏因刘倬霖盘踞不迁请求搬迁交房四案的文书，包括民事上诉状、证人证物表、民事裁定书、送达证明书、民事申请状、证明书、法院往来公函、民事委任状、言辞辩论笔录、宣示判决笔录、文件目录表、案件审理单、照抄（原呈、原判决书）、法院执行命令、报告案奉、案据、收据等。

364. 四川高等法院第一分院、璧山实验地方法院审理给付租谷等三案 12－13－362

1942年11月至1943年10月，四川高等法院第一分院、璧山实验地方法院关

于郑海清因徐大维等违反租约请求给付租谷、周清华因与江祝三龙发生买卖纠葛请求成交执行、国栋因与戴焕伦发生租佃纠葛请求终止租约迁让房屋三案的文书，包括文件目录表、民事申请状、证人证物表、案件审理单、送达证明书、报告案奉、法院执行命令、言辞辩论笔录、民事保状、民事缴状、民事裁定书、民事和解笔录、民事委任状、民事判决书、证人证词、民事上诉状、民事辩诉状、民事申请书、宣示判决笔录等。

365. 四川高等法院第一分院、璧山实验地方法院审理交业执行一案　12－13－363

1943年1月至1943年3月，四川高等法院第一分院、璧山实验地方法院关于王绍周因王文杰等拒绝执行前案判决请求交业执行一案的文书，包括法院往来公函、言辞辩论笔录、民事诉状、民事上诉状、证人证物表、履勘笔录等。

366. 四川高等法院第一分院、璧山实验地方法院审理租佃执行、扣押财产假处分两案　12－13－364

1941年12月至1943年11月，四川高等法院第一分院、璧山实验地方法院关于董良臣因不服与王本正涉讼判决请求租佃执行、曾西园因与吴赵氏发生租佃纠葛请求扣押财产假处分两案的文书，包括法院往来公函、民事上诉状、证人证物表、民事裁定书、文件目录表、民事申请状、民事判决书、送达证明书、报告等。

367. 四川高等法院第一分院、璧山地方法院审理增加还款数额一案　12－13－365

1946年1月至1946年11月，四川高等法院第一分院、璧山地方法院关于伍陈克庄因段李氏久债不还请求增加还款数额一案的文书，包括文件目录表、民事诉状、证人证物表、言辞辩论笔录、送达证明书、民事答辩状、民事委任状、民事宣判笔录、诉讼证据物品袋、民事判决书、法院公函、民事上诉状、民事裁定书等。

368. 璧山地方法院判决文书　12－13－366

1946年2月至1947年3月，璧山地方法院判决文书，该卷包括璧山地方法院民事判决书四份、璧山实验地方法院检察官不起诉处分书、璧山地方法院刑事判决书、璧山地方法院民事裁定书等。涉及租佃纠葛、履行婚约、买卖毛铁纠葛、盗窃、债务纠葛等方面内容。

369. 四川高等法院第一分院、璧山实验地方法院审理返还押银并依法增加数目一案　12－13－367

1936年2月至1944年5月，四川高等法院第一分院、璧山实验地方法院关于廖兴发因与张泰康发生押金纠纷请求返还押银并依法增加数目一案的文书，包括文件目录表、民事诉状、证人证物表、案件审理单、送达证明书、言辞辩论笔录、法院命令、民事调解笔录、民事宣判笔录、民事判定书、法院往来公函、民事上诉状、民事委任状、民事辩诉状、民事判决书、照抄法院判决书、民事申请书、民事保状等。

370. 四川高等法院第一分院、璧山地方法院审理交还典产及收益、拍卖抵押物两案　12－13－368

1946年3月至1947年1月，四川高等法院第一分院、璧山地方法院关于向周朋因不服判决上诉请求交还典产及收益、璧山储运处因罗成之欠债不偿请求拍卖抵押物两案的文书，包括文件目录表、民事上诉状、证人证物表、民事裁定书、送达证明书、法院公函、声明补诉状、民事委任状、民事答辩状、言辞辩论笔录、宣示判决笔录、民事判决书、申请查交呈、璧山地方法院呈等。

371. 四川高等法院第一分院、璧山实验地方法院审理交业执行一案　12－13－369

1943年4月至1944年10月，四川高等法院第一分院、璧山实验地方法院关于陈春林因与陈树元发生买卖纠葛请求交业执行一案的文书，包括民事裁定书、文件目录表、意见书、民事诉状、证人证物表、案件审理单、言辞辩论笔录、民事保状、法院公函、民事判决书、民事执行状、送达证明书、法院证明书、民事委任状、民事保证书、民事具领状、民事申请状、法院通知书、民事抗告状、执行笔录、报告案奉、法院执行命令、民事声明状、民事申请书、法院训令、讯问笔录等，该案另附：1930年5月民事和解笔录、收据等。

372. 四川高等法院第一分院、璧山实验地方法院审理给付抚养黄谷一案　12－13－370

1940年1月至1943年7月，四川高等法院第一分院、璧山实验地方法院关于曾兴智因与蒋海滨发生抚养费纠纷请求给付抚养黄谷一案的文书，包括文件目录表、法院公函、民事上诉状、证人证物表、送达证明书、和解笔录、检察官处分书、民事裁定书、民事申请状、言辞辩论笔录、民事委任状、审理笔录、宣示判决笔录等。

373. 四川高等法院第一分院、璧山实验地方法院审理收养存查等三案　12－13－371

1943年10月至1944年3月，四川高等法院第一分院、璧山实验地方法院关于璧山县政府因刘开瑜盗窃请求领回赃物，曾炳荣、陈永铸因孩子来历不明碍难收养请求存案备查，向全盛因与叶蓁林发生租佃纠葛请求确认典期上诉三案的文书，包括文件目录表、案件审理单、法院检察处公告、应讯人到场名单、讯问笔录、民事诉状、法院批稿、民事上诉状、法院公函、送达证明书、言辞辩论笔录、民事委任状、民事判决书等。

374. 四川高等法院第一分院、璧山实验地方法院审理妨害婚姻及家庭、赔偿损害两案　12－13－372

1943年4月至1944年5月，四川高等法院第一分院、璧山实验地方法院关于伍树清因李乔良等夺妻害夫请求提案讯纠以维人道、张廷富因与景亮钧发生诉讼费用纠葛请求赔偿损害两案的文书，包括文件目录表、刑事诉状、案件审理单、送达证明书、审判笔录、证人结文、刑事宣判笔录、刑事判决书、法院往来公函、民事上诉状、证人证物表、民事委任状、检察官不起诉处分书等。

375. 四川高等法院第一分院、璧山实验地方法院审理检卷审送上诉一案　12－13－373

1942年11月至1947年6月，四川高等法院第一分院、璧山实验地方法院关于杨安廷因对与张青云发生债务纠纷案判决不服请求检卷审送上诉一案的文书，包括文件目录表、法院公函、民事上诉状、证人证物表、言辞辩论笔录、送达证明书、证人结文、宣示判决笔录、法院训令、刑事判决书、报告等。

376. 四川高等法院第一分院、璧山实验地方法院审理终止租约领押交业一案　12－13－374

1943年4月至1943年7月，四川高等法院第一分院、璧山实验地方法院关于徐德荣因不服判决声明上诉以便终止租约领押交业一案的文书，包括文件目录表、法院公函、民事声明上诉状、证人证物表、民事裁定书、送达证明书、民事辩诉状、民事委任状、言辞辩论笔录、法院通知书、民事申请状等。

377. 四川高等法院第一分院、璧山实验地方法院审理假扣押执行、黄谷假扣押两案　12－13－375

1943年9月至1943年11月，四川高等法院第一分院、璧山实验地方法院关于徐昆荣因徐荣川提供担保请予以假扣押执行、王洪洲因与李王氏等发生租佃纠葛请求黄谷假扣押两案的文书，包括文件目录表、民事诉状、民事裁定书、送达证明书、民事判决书、民事申明状等。

378. 四川高等法院第一分院、璧山实验地方法院审理给付黄谷一案　12－13－376

1943年10月至1945年4月，四川高等法院第一分院、璧山实验地方法院关于张康宁因与张辉庭发生债务纠纷请求给付黄谷一案的文书，包括文件目录表、民事诉状、证人证物表、民事委任状、案件审理单、送达证明书、言辞辩论笔录、宣示判决笔录、民事判决书、民事裁定书、民事上诉状、法院公函、民事声明书、民事辩诉状、证人结文等。

379. 璧山实验地方法院审理给付欠租再审一案　12－13－377

1943年11月至1944年2月，璧山实验地方法院关于张治木因连友孚狡赖租谷请求给付欠租再审一案的文书，包括法院公函、文件目录表、民事诉状、证人证物表、案件审理单、送达证明书、民事委任状、言辞辩论笔录、宣示判决笔录、证人结文、民事判决书、收据等。

380. 四川高等法院第一分院、璧山实验地方法院审理请求赔偿树价、返还松树执行两案　12－13－378

1943年6月至1943年10月，四川高等法院第一分院、璧山实验地方法院关于蒋吉六因彭顺吉越界窃伐请求赔偿树价、周光远因与傅金廷等发生买卖纠葛请求返还松树执行两案的文书，包括文件目录表、民事诉状、证人证物表、民事判决书、璧山县政府代判书、民事委任状、法院公函、送达证明书、言辞辩论笔录、民事展限状、证人结文、照抄(契约、法院批示)、民事宣判笔录、民事申请状、法院执行命令、报告案奉等。

381. 四川高等法院第一分院、璧山实验地方法院等审理返还产业执行等四案　12－13－379

1943年8月至1943年10月，四川高等法院第一分院、璧山实验地方法院等关于万刘氏因刘王氏等窃占土地请求返还产业执行、王海廷为防止损害发生请求确认佃权有效、同去炭厂因陈兹如拖欠债务请求交账执行、许鹏郧因曾宪章伤害请求赔偿损害四案的文书，包括文件目录表、刑事暨带民事诉状、刑事暨带民事判决书、证人证物表、送达证明书、法院执行命令、报告案奉、收据、法院公函、民事申请状、民事讯问笔录、意见书、附带民事诉讼和解笔录等。

382. 四川高等法院第一分院、璧山实验地方法院审理给付黄谷、交业付谷两案　12－13－380

1941年3月至1944年2月，四川高等法院第一分院、璧山实验地方法院关于罗祥云因周炳国迟延给付粮谷请求给付黄谷、黄希之因与巫奎成发生租佃纠葛请求交业付谷两案的文书，包括文件目录表、民事裁定书、民事诉状、证人证物表、送达证明书、言辞辩论笔录、法院通知书、法院公函、意见书、民事上诉状、民事判决书、民事申请状、执行辩论笔录、民事保状、报告书、报告案奉、法院命令、案件审理单等。

383. 四川高等法院第一分院、璧山实验地方法院审理终止租约、终止租约执行两案　12－13－381

1943年5月至1947年8月，四川高等法院第一分院、璧山实验地方法院关于黄洪兴因与黄慕君发生租佃纠葛请求终止租约、陈栋梁因尹长清不执行判决请求终止租约执行两案的文书，包括法院公函、民事判决书、文件目录表、民事诉状、证人证物表、执行辩论笔录、法院训令、报告案奉、收据、民事申请状、送达证明书、民事申请兼委任状、民事裁定书等。

384. 四川高等法院第一分院、璧山实验地方法院审理给付食米、给付菜刀等案　12－13－382

1943年3月至1943年10月，四川高等法院第一分院、璧山实验地方法院关于蒋少伯因与景泽之等发生租佃纠葛请求给付食米、杨怀安因与杨汉清发生合伙设场纠葛请求给付菜刀等案的文书，包括民事领状、民事判决书、法院公函、文件目录表、报告、讯问笔录、检察官不起诉处分书、民事诉状、民事委任状、证人证物表、言辞辩论笔录、送达证明书、证人结文、民事裁定书、宣示判决笔录等。

385. 璧山实验地方法院审理领回涉讼判决书等三案　12－13－383

1943年4月至1943年10月，璧山实验地方法院关于邬陈氏请求领回与陈邓氏涉讼判决书、黎锡盛请求返还产业涉讼呈庭文书、杨用休请求领回先父与他人涉讼判决书三案的文书，包括文件目录表、民事领状、证人证物表、法院公函、民事上诉状、民事申请状、言辞辩论笔录、法院批稿等。

386. 璧山实验地方法院审理给付租谷执行等四案　12－13－384

1943年4月至1943年10月，璧山实验地方法院关于帅邓氏因与黄作林发生租佃纠葛请求给付租谷执行、晏荣森因傅华齐违约窃伐侵占所有权请求返还树木、王高氏与王润章发生遗产纠葛请求分割遗产、王孔昭等与周五兴等发生地界纠葛四案的文书，包括文件目录表、民事诉状、法院批示、案件审理单、送达证明书、言辞辩论笔录、证人结文、宣示判决笔录、民事判决书、民事和解笔录、涉案地图等。

387. 四川高等法院第一分院、璧山实验地方法院审理返还营业税罚款执行等三案　12－13－385

1943年2月至1943年12月，四川高等法院第一分院、璧山实验地方法院关于璧山县政府因任子才偷税请求返还营业税罚款执行、况汉章因与陶荣辉等发生产业纠葛请求搬迁交房给付谷款、蒋彤成因与朱少康发生租佃纠葛请求给付欠租三案的文书，包括文件目录表、执行讯问笔录、民事诉状、证人证物表、民事委任状、送达证明书、言辞辩论笔录、宣示判决笔录、民事判决书、法院公函等。

388. 璧山实验地方法院审理赎典纠葛等三案　12－13－386

1943年5月至1943年6月，璧山实验地方法院关于谢荣清申请回赎典当给杨德发的田业、曾文谟等发生典当纠纷请求典价调解、李同春请求登记土地所有权三案的文书，包括文件目录表、民事诉状、证人证物表、民事辩论状、送达证明书、调解笔录、民事申请状、民事裁定书、案件审理单、民事委任状、民事声明状、涉案地图、法院公告、法院命令、报告等。

389. 四川高等法院第一分院、璧山实验地方法院审理确认买卖契约有效等四案　12－13－387

1942年7月至1944年2月，四川高等法院第一分院、璧山实验地方法院关于傅华齐因与晏荣陞发生买卖纠纷请求确认买卖契约有效、尹香翘请求登记稻田房屋所有权、李戴荣请求登记田土房屋所有权、丁李氏因与丁谭氏发生继承纠葛请求确认遗产所有权四案的文书，包括法院公函、送达证明书、文件目录表、不动产登记申请书、登记事项、不动产登记保证书、证明书、案件审理单、法院命令、报告案奉、登记讯问笔录、收款证、收据、涉案地图、法院公告、民事委任状、言辞辩论笔录、证人结文、宣示判决笔录、证人证物表、民事判决书、民事裁定书等。

390. 四川高等法院第一分院、璧山实验地方法院审理确认所有权、确认买卖契约无效两案　12－13－388

1943年8月至1943年11月，四川高等法院第一分院、璧山实验地方法院关于赵承裕因与江远志发生租佃纠葛请求确认所有权及其上诉案、萧朱氏因与李仿尧等买卖纠葛无权处分请求确认买卖契约无效两案的文书，包括照抄法律条文、民事申请书、民事上诉状、证人证物表、民事委任状、言辞辩论笔录、宣示判决笔录、民事判决书、送达证明书、民事诉状、法院公函、文件目录表、检察院不起诉处分书、诉讼证据物品袋等。

391. 四川高等法院第一分院、璧山实验地方法院审理确认典期、撤销租佃契约两案　12－13－389

1942年12月至1947年6月，四川高等法院第一分院、璧山实验地方法院关于向全盛因与叶蓁林发生典当纠葛请求确认典期、董良臣因与王本正发生租佃纠葛请求撤销租佃契约两案的文书，包括文件目录表、民事声明状、案件审理单、送达证明书、言辞辩论笔录、民事申请状、民事辩诉状、证人证物表、宣示判决笔录、民事判决书、法院公函、民事裁定书、民事申请书、民事上诉状、报告案奉、案件进行期间表、证人结文、法院训令、报告等。

392. 四川高等法院第一分院、璧山实验地方法院审理回赎典物一案　12—13—390

1942年12月至1943年4月，四川高等法院第一分院、璧山实验地方法院关于余绍舟、全明高请求回赎典当的田土房屋一案的文书，包括文件目录表、法院公函、民事上诉状、证人证物表、民事申请书、送达证明书、民事委任状、民事答辩状、言辞辩论笔录、宣示判决笔录、民事判决书、民事具状、民事诉状、案件审理单、审理笔录、民事裁定书、具理由书缴费上诉状等。

393. 璧山实验地方法院审理私逃备查、绝产备查两案　12—13—391

1942年8月至1943年8月，璧山实验地方法院关于伍尧阶因张王氏私逃请求存案备查以便追究、吴明轩绝产备查两案的文书，包括文件目录表、法院公函、案件审理单、送达证明书、言辞辩论笔录、第一厂城南乡乡公所呈、法院批示、庭审笔录、法院批稿、刑事申请状、民事裁定书、领状、报告书、种子乡乡公所呈等。

394. 四川高等法院第一分院、璧山实验地方法院审理伤害一案　12—13—392

1938年6月至1943年8月，四川高等法院第一分院、璧山实验地方法院关于刘向氏等因家庭琐事伤人一案的文书，包括民事裁决书、民事判决书、送达回证、讯问笔录、检察院不起诉处分书、报告、伤单、送达证明书、应讯人到场报告单、法院公函、案件庭讯单、永荣师管区司令部密令、七溏乡乡公所呈、永荣师管区司令部训令等。

395. 璧山实验地方法院审理损害备查一案　12—13—393

1943年1月，璧山实验地方法院关于甘金泉因朱万全损害鱼请求损害备查一案的文书，包括文件目录表、民事备查状、法院公函、证人证物表等。

396. 四川高等法院第一分院、璧山实验地方法院审理终止租约并领押交业一案　12—13—394

1942年11月至1943年8月，四川高等法院第一分院、璧山实验地方法院关于杨安廷、张青云因租佃纠葛而申请终止租约并领押交业一案的文书，包括文件目录表、法院公函、民事上诉状、证人证物表、言辞辩论笔录、送达证明书、证人结文、宣示判决笔录、法院训令、刑事判决书、报告等。

397. 四川高等法院第一分院、璧山实验地方法院审理返还耕牛一案　12—13—395

1943年2月至1943年10月，四川高等法院第一分院、璧山实验地方法院关于万树清因万黄氏等借牛不还请求返还耕牛一案的文书，包括法院公函、民事判决书、申请再审状、证人证物表、民事裁定书、报告案奉、送达证明书、法院公示、法院通知书、民事申请状、文件目录表、民事委任状、案件审理单、言辞辩论笔录、宣示判决笔录等。

398. 璧山实验地方法院审理返还债务一案　12—13—396

1943年10月至1943年12月，璧山实验地方法院关于袁祥林因袁治清久债不还请求返还债务一案的文书，包括文件目录表、民事诉状、证人证物表、案件审理单、送达证明书、言辞辩论笔录、法院通知书等。

399. 璧山实验地方法院审理终止租约一案　12—13—397

1943年10月至1943年12月，璧山实验地方法院关于郭李氏因陈荣章抗租霸业请求终止租约一案的文书，包括文件目录表、民事诉状、证人证物表、法院公函、案件审理单、民事委任状、阅卷审理单、言辞辩论笔录、民事裁定书等。

400. 璧山实验地方法院审理申请停止假执行搬迁交业一案　12—13—398

1943年6月，璧山实验地方法院关于黄炳章因预供担保申请停止假执行搬迁交业一案的文书，包括文件目录表、民事申请状、证人证物表、民事声明状、送达证明书、民事裁定书等。

401. 璧山实验地方法院审理领回呈庭证据一案　12—13—399

1943年2月至1943年4月，璧山实验地方法院关于李文星因案件结束请求领回呈庭证据一案的文书，包括文件目录表、民事申请状、证人证物表、案件审理单、送达证明书、讯问笔录等。

402. 四川高等法院第一分院、璧山实验地方法院审理终止租约搬迁交业一案　12—13—400

1942年9月至1944年4月，四川高等法院第一分院、璧山实验地方法院关于张康宁因韦德辉违约抗租霸种请求终止租约搬迁交业一案的文书，包括文件目录表、事由、民事诉状、证人证物表、民事裁定书、民事判决书、案件审理单、送达证明书、民事委任状、民事审理笔录、证人结文、宣示判决笔录等。

403. 璧山实验地方法院审理终止租约调解一案　12－13－401

1943年5月，璧山实验地方法院关于王屏周因与徐树林发生租佃田土纠纷请求终止租约调解一案的文书，包括文件目录表、民事申请状、证人证物表、案件审理单、送达证明书、民事调解笔录、民事辩诉状等。

404. 璧山实验地方法院审理声明判决异议一案　12－13－402

1943年4月至1943年5月，璧山实验地方法院关于靳春和因孙树林冒名伪造文书声明判决异议一案的文书，包括文件目录表、民事诉状、证人证物表、民事辩诉状、民事裁定书、送达证明书等。

405. 四川高等法院第一分院、璧山实验地方法院审理回赎典业一案　12－13－403

1942年1月至1943年9月，四川高等法院第一分院、璧山实验地方法院关于向文光等因与吴素卿等发生典当纠纷请求回赎典业一案的文书，包括文件目录表、法院公函、事情补诉状、照抄证据、证人证物表、民事上诉状、民事裁定书、送达证明书、追加上诉状、民事诉状、民事判决书、民事申请状等。

406. 四川高等法院第一分院、璧山实验地方法院审理请求确认买卖契约无效一案　12－13－405

1943年5月至1943年6月，四川高等法院第一分院、璧山实验地方法院关于米王朝贞等因与邹万盛等发生遗产纠葛请求确认买卖契约无效一案的文书，包括文件目录表、民事诉状、证人证物表、民事委任状、案件审理单、民事辩诉状、送达证明书、言辞辩论笔录、民事宣判笔录、民事判决书、法院公函、法院通知书等。

407. 四川高等法院第一分院、璧山实验地方法院审理请求交业一案　12－13－406

1943年11月至1944年5月，四川高等法院第一分院、璧山实验地方法院关于胡信诚因张绍全违约估佃抗不交业请求交业一案的文书，包括文件目录表、民事诉状、证人证物表、案件审理单、送达证明书、民事委任状、言辞辩论笔录、民事宣判笔录、民事判决书、法院公函、民事上诉状、民事裁定书、民事公证状、证明书、照抄契约等。

408. 四川高等法院第一分院、璧山实验地方法院等审理回赎典产一案　12－13－407

1941年10月至1944年2月，四川高等法院第一分院、璧山实验地方法院等关

于李舒氏因发现新证不服判决上诉请求回赎典产一案的文书，包括文件目录表、民事上诉状、证人证物表、民事判决书、民事申请状、送达证明书、法院公函、补诉上诉状、卷证目录、民事补诉状、撤回上诉状、证物目录、民事声明状、言辞辩论笔录、证人结文、民事委任状、证明状、宣示判决笔录等。

409. 璧山实验地方法院审理给付欠租执行一案　12－13－408

1943 年 9 月至 1943 年 11 月，璧山实验地方法院关于江伍氏因江炳清等窃盗附带民事诉状请求给付租谷执行一案的文书，包括文件目录表、民事诉状、证人证物表、法院执行证书、案件审理单、送达证明书、法院执行命令、报告案奉等。

410. 四川高等法院第一分院、璧山实验地方法院审理确认继承一案　12－13－409

1943 年 8 月至 1943 年 12 月，四川高等法院第一分院、璧山实验地方法院关于蒋李氏因不服判决请求再审以便确认继承一案的文书，包括文件目录表、法院公函、民事抗告状、民事裁定书、民事申请状、证人证物表、送达证明书等。

411. 璧山实验地方法院审理租佃调解一案　12－13－410

1943 年 7 月，璧山实验地方法院关于罗桂廷因与欧柳氏发生租佃纠纷请求租佃调解一案的文书，包括文件目录表、法院公函、民事申请状、证人证物表、民事委任状、案件审理单、送达证明书等。

412. 璧山实验地方法院审理离婚一案　12－13－411

1943 年 9 月，璧山实验地方法院关于谭董氏因谭水廷惯行殴打危及生命请求离婚一案的文书，包括文件目录表、民事诉状、证人证物表、民事委任状、民事保状、法院批稿、送达证明书等。

413. 四川高等法院第一分院、璧山实验地方法院审理请求交还田业一案　12－13－412

1943 年 7 月至 1943 年 10 月，四川高等法院第一分院、璧山实验地方法院关于万陈氏因与陈朝清的监护关系早已终止请求交还田业一案的文书，包括文件目录表、民事诉状、民事委任状、证人证物表、民事判决书、民事裁定书、送达证明书、案件审理单、言辞辩论笔录、民事答辩状、宣示判决笔录、照抄契约、法院公函、民事上诉状等。

414. 四川高等法院第一分院、璧山实验地方法院审理宣告破产一案　12－13－413

1930年9月至1943年6月，四川高等法院第一分院、璧山实验地方法院关于王玉廷等因王三级破产案久拖未结请求宣告破产一案的文书，包括文件目录表、法院公函、民事抗告状、证人证物表、民事裁定书、送达证明书、民事申请状等。

415. 四川高等法院第一分院、璧山实验地方法院审理撤销契约一案　12－13－414

1941年4月至1943年5月，四川高等法院第一分院、璧山实验地方法院关于李汉周不服判决请求撤销买卖田业契约一案的文书，包括文件目录表、法院公函、申请上诉状、证人证物表、民事上诉状、民事裁定书、送达证明书、民事判决书、民事辩诉状等。

416. 四川高等法院第一分院、璧山实验地方法院审理请求确认典约无效并返还田产一案　12－13－415

1943年4月至1943年10月，四川高等法院第一分院、璧山实验地方法院关于张翔鳌等因与张志良发生田产纠葛请求确认典约无效并返还田产一案的文书，包括文件目录表、民事诉状、民事判决书、民事委任状、案件审理单、民事申请状、言辞辩论笔录、送达证明书、证人证物表、审理笔录、民事声明状、照抄契约、民事宣判笔录等。

417. 四川高等法院第一分院、璧山实验地方法院审理返还洋纱一案　12－13－416

1943年8月至1945年7月，四川高等法院第一分院、璧山实验地方法院关于廖成煊因曹登林答应给但又不给请求返还洋纱一案的文书，包括文件目录表、民事诉状、证人证物表、民事辩诉状、民事委任状、送达证明书、言辞辩论笔录、证人结文、法院公函、合同、璧山县商会公函、民事判决书、民事宣判笔录、军政部第一织布厂公函、照抄文件（评判书、商会情形核算表）等。

418. 璧山实验地方法院审理确认买卖契约无效一案　12－13－417

1943年10月至1943年12月，璧山实验地方法院关于王炳田因王佐虞措典变卖贿供侵占请求确认买卖契约无效一案的文书，包括文件目录表、法院公函、民事判决书、民事诉状、案件审理单、证人证物表、民事委任状、送达证明书、言辞辩论笔录、民事宣判笔录等。

419. 璧山实验地方法院审理伪造私文书一案　12－13－418

1943年5月，璧山实验地方法院关于邹绍怀起诉邹张氏伪造私文书一案的文书，包括文件目录表、阅卷申请书等。

420. 四川高等法院第一分院、璧山实验地方法院审理赔偿损害房屋一案　12—13—419

1943年4月至1943年6月，四川高等法院第一分院、璧山实验地方法院关于彭国良等因租佃纠葛请求执行赔偿损害房屋一案的文书，包括文件目录表、民事诉状、民事申请状、证人证物表、法院批稿、民事判决书等。

421. 璧山实验地方法院审理所有权登记一案　12—13—420

1943年12月至1944年4月，璧山实验地方法院关于邓世兴请求登记田业所有权一案的文书，包括文件目录表、不动产登记申请书、登记事项、法院登记处通知书、送达证明书、不动产登记保证书、法院命令、报告案奉、法院公函、法院公告、登记通知书、收据、涉案地图等。

422. 四川高等法院第一分院、璧山实验地方法院审理搬迁交业一案　12—13—421

1943年1月至1943年2月，四川高等法院第一分院、璧山实验地方法院关于王绍清等因罗治文违给认迁不迁请求搬迁交业一案的文书，包括文件目录表、民事诉状、证人证物表、案件审理单、送达证明书、民事审理笔录、证人结文、民事辩诉状、民事判决书、民事上诉状、民事裁定书、临江乡乡公所呈、通知书等。

423. 四川高等法院第一分院、璧山实验地方法院审理赔偿损害一案　12—13—422

1942年至1943年，四川高等法院第一分院、璧山实验地方法院关于王龚氏因遭受王子光伤害请求赔偿损害一案的文书，包括文件目录表、检察官起诉书、民事判决书、刑事判决书、案件审理单、应到场人报告单、讯问笔录、刑事申请状、送达证明书、涉案地图等。

424. 四川高等法院第一分院、璧山实验地方法院审理返还遗产一案　12—13—423

1943年7月至1945年4月，四川高等法院第一分院、璧山实验地方法院关于舒张氏因张辉如违法霸产侵夺遗产请求返还遗产一案的文书，包括文件目录表、民事诉状、案件审理单、送达证明书、民事委任状、证人证物表、民事辩诉状、言辞辩论笔录、民事宣判笔录、民事判决书、法院公函、民事上诉状、民事裁定书、民事申请书、判决计费单等。

425. 四川高等法院第一分院、璧山实验地方法院审理确认契约有效一案　12—13—424

1943年2月至1944年1月，四川高等法院第一分院、璧山实验地方法院关于

黄锡林因与黄金盛等发生转移不动产纠纷请求确认契约有效一案的文书，包括文件目录表、法院公函、民事委任状、民事上诉状、上诉理由书、证人证物表、案件审理单、送达证明书、民事诉状、民事申请书、言辞辩论笔录、宣示判决笔录、民事判决书、典契原件等。

426. 四川高等法院第一分院、璧山实验地方法院审理回赎典产及确认典权一案　12－13－425

1942年5月至1943年3月，四川高等法院第一分院、璧山实验地方法院关于何学礼因何名目等久不解除典当故意违反契约请求回赎典产及确认典权一案的文书，包括文件目录表、民事诉状、证人证物表、案件审理单、送达证明书、言辞辩论笔录、民事裁定书、民事委任状、民事申请状、报告、民事判决书、刑事判决书、刑事附带民事判决书等。

427. 璧山实验地方法院审理返还粮食一案　12－13－426

1945年1月至1945年5月，璧山实验地方法院关于胡银才因印纯一不还粮食种子及伙食人工肥料起诉一案的文书，包括文件目录表、民事诉状、证人证物表、案件审理单、送达证明书、法院通知书等。

428. 璧山实验地方法院审理申请函调刘树光卷宗一案　12－13－427

1943年4月，璧山实验地方法院关于璧山县政府请求函调刘树光卷宗一案的文书，包括文件目录表、璧山县政府公函、璧山实验地方法院公函等。

429. 璧山实验地方法院审理虐弃灭迹生死不明起诉一案　12－13－428

1943年3月至1943年4月，璧山实验地方法院关于苏锡辉等因陈祥丙等虐弃灭迹生死不明起诉一案的文书，包括文件目录表、民事诉状、证人证物表、案件审理单、送达证明书、到场报告单、讯问笔录、证人结文、检察官不起诉处分书等。

430. 璧山实验地方法院审理返还租谷一案　12－13－429

1943年9月至1943年11月，璧山实验地方法院关于徐和昌因陈杨氏等起佃骗租请求返还租谷一案的文书，包括文件目录表、民事诉状、证人证物表、案件审理单、送达证明书、民事答辩状、言辞辩论笔录、民事宣判笔录、民事判决书、民事上诉状、民事裁定书等。

431. 四川高等法院第一分院、璧山实验地方法院审理交付田产执行一案　12－13－430

1943年12月至1944年5月，四川高等法院第一分院、璧山实验地方法院关于

冯万氏因与冯泽厚发生债务纠葛请求交付田产执行一案的文书，包括文件目录表、民事申请状、民事诉状、证人证物表、送达证明书、民事委任状、民事声明状、执行言辞辩论笔录、案件审理单、法院训令、法院通知、报告案奉、民事裁定书等。

432. 四川高等法院第一分院、璧山实验地方法院审理交业执行一案　12—13—431

1943 年 3 月至 1943 年 10 月，四川高等法院第一分院、璧山实验地方法院关于王启智因不服判决请求检卷二审以便使王启智交业执行一案的文书，包括民事上诉状、法院公函、民事裁定书、送达证明书、言辞辩论笔录、民事委任状、民事申请状、证人证物表、民事宣判笔录、民事判决书等。

433. 四川高等法院第一分院、璧山实验地方法院审理迁让房屋一案　12—13—432

1943 年 8 月至 1944 年 11 月，四川高等法院第一分院、璧山实验地方法院关于蒲恒益因杨鲁三等侵占房屋请求迁让房屋一案的文书，包括文件目录表、民事诉状、证人证物表、契约、民事裁定书、民事委任状、送达证明书、案件审理单、言辞辩论笔录、证人结文、民事判决书等。

434. 四川高等法院第一分院、璧山实验地方法院审理给付食米一案　12—13—433

1943 年 8 月至 1944 年 2 月，四川高等法院第一分院、璧山实验地方法院关于蒋少伯因景泽之等认给不给意图给骗请求给付食米一案的文书，包括文件目录表、民事诉状、证人证物表、案件审理单、送达证明书、民事申请状、言辞辩论笔录、法院公函、民事判决书、证明书、民事上诉状、民事委任状、民事答辩状等。

435. 璧山实验地方法院审理给付租谷执行一案　12—13—434

1943 年 5 月至 1943 年 6 月，璧山实验地方法院关于尹长兴因吴海滨欠租不还请求依照和解笔录给付租谷执行一案的文书，包括文件目录表、民事诉状、证人证物表、法院执行命令、报告案奉、收据等。

436. 璧山实验地方法院审理确认继续租赁契约有效一案　12—13—435

1943 年 9 月至 1943 年 10 月，璧山实验地方法院关于余三合等因与伍朝杰发生契约纠纷请求确认继续租赁契约有效一案的文书，包括文件目录表、民事诉状、法院公函、民事裁定书、案件审理单、送达证明书、证人证物表、言辞辩论笔录、民事缴状、民事宣判笔录、民事判决书等。

437. 璧山实验地方法院审理领押交业一案　12—13—436

1943 年 9 月至 1943 年 10 月，璧山实验地方法院关于苏兰轩因王文树违约霸佃抗不还业请求领押交业一案的文书，包括文件目录表、民事诉状、证人证物表、案件审理单、送达证明书、民事辩诉状、民事委任状、言辞辩论笔录、民事和解笔录等。

438. 四川高等法院第一分院、璧山实验地方法院审理返还交业一案　12－13－437

1943年1月至1943年2月，四川高等法院第一分院、璧山实验地方法院关于王启富因与王启智发生典当纠纷请求返还交业一案的文书，包括四川高等法院第一分院与璧山实验地方法院间的往来公函、民事判决书等。

439. 璧山实验地方法院审理阻耕调解一案　12－13－438

1943年10月至1943年11月，璧山实验地方法院关于赖克昌因与傅杨氏发生租佃纠纷请求阻止耕种调解一案的文书，包括文件目录表、民事申请状、证人证物表、案件审理单、送达证明书、言辞辩论笔录等。

440. 璧山实验地方法院审理请求领回呈庭证据一案　12－13－439

1943年7月，璧山实验地方法院关于罗海臣请求领回回赎典产涉讼案呈庭证据一案的文书，包括文件目录表、民事领状、送达证明书、收据、法院公函等。

441. 四川高等法院第一分院、璧山实验地方法院审理请求终止大押佃契约并交还房屋一案　12－13－440

1943年2月至1943年5月，四川高等法院第一分院、璧山实验地方法院关于江明廷因与周志云发生典约纠纷请求终止大押佃契约并交还房屋一案的文书，包括法院公函、民事上诉状、证人证物表、民事辩诉状、民事委任状、言辞辩论笔录、宣示判决笔录、民事判决书等。

442. 四川高等法院第一分院、璧山实验地方法院审理给付租谷一案　12－13－441

1943年9月至1943年10月，四川高等法院第一分院、璧山实验地方法院关于王中恹因与黄炳章发生租佃纠纷请求给付租谷执行一案的文书，包括文件目录表、法院公函、民事判决书等。

443. 四川高等法院第一分院、璧山实验地方法院审理请求给付食谷一案　12－13－442

1943年11月，四川高等法院第一分院、璧山实验地方法院关于钟明霞因与黄汉澄产生租佃纠葛请求给付食谷一案的文书，包括文件目录表、四川高等法院第一分院与璧山实验地方法院间的往来公函等。

444. 璧山实验地方法院审理确认典约有效并返还田业一案　12－13－443

1943年9月至1943年10月，璧山实验地方法院关于张翔鳌因与张志良发生典约纠纷请求确认典约有效并返还田业一案的文书，包括文件目录表、法院公函、民事判决书、证物目录表等。

445. 四川高等法院第一分院、璧山实验地方法院审理确认继承有效一案　12－13－444

1943年6月至1943年11月，四川高等法院第一分院、璧山实验地方法院关于蒋季氏因与蒋郭氏发生继承纠纷请求确认继承有效一案的文书，包括法院公函、民事上诉状、民事裁定书、送达证明书、民事诉状等。

446. 四川高等法院第一分院、璧山实验地方法院审理确认买卖契约无效一案　12－13－445

1943年3月至1945年4月，四川高等法院第一分院、璧山实验地方法院关于李国平因与张银廷发生买卖纠葛请求确认买卖契约无效一案的文书，包括法院往来公函、送达证明书、证物目录、文件目录表、报告案奉、言辞辩论笔录等。

447. 四川高等法院第一分院、璧山实验地方法院审理请求确认移转不动产所有权一案　12－13－446

1942年12月至1943年11月，四川高等法院第一分院、璧山实验地方法院关于杨正钊等因与杨大富等发生田产纠葛请求确认移转不动产所有权一案的文书，包括法院公函、文件目录表、民事上诉状、证人证物表、理由书、送达证明书、民事答辩状、宣示判决笔录、民事委任状、民事缴状、言辞辩论笔录、民事申请状、讯问笔录、证人结文、民事申请书、民事补诉状、民事判决书等。

448. 璧山实验地方法院审理返还共有物一案　12－13－447

1943年7月至1943年10月，璧山实验地方法院关于张端敏等因张金铸等侵夺共有田业请求返还一案的文书，包括文件目录表、民事诉状、证人证物表、民事委任状、案件审理单、送达证明书、言辞辩论笔录、民事申请状、民事催请状、民事辩诉状、证明书、民事宣判笔录、民事判决书、司法院指令等。

449. 璧山实验地方法院审理请求赔偿洋纱一案　12－13－448

1943年9月至1943年10月，璧山实验地方法院关于杨维三因担保杨冯氏而负债请求赔偿洋纱一案的文书，包括文件目录表、民事诉状、证人证物表、案件审理单、送达证明书、言辞辩论笔录、民事辩诉状、民事宣判笔录、证人结文、民事判决书等。

450. 四川高等法院第一分院、璧山实验地方法院审理回赎典产一案　12－13－449

1941 年 6 月至 1942 年 10 月，四川高等法院第一分院、璧山实验地方法院关于张松林因不服判决请求检卷上诉以资回赎典产一案的文书，包括法院公函、证人证物表、民事申请状、民事裁定书、民事判决书、民事上诉状等。

451. 四川高等法院第一分院、璧山实验地方法院审理确认继承权一案　12－13－450

1942 年 1 月至 1943 年 6 月，四川高等法院第一分院、璧山实验地方法院关于蒋季氏因蒋郭氏等霸占遗产请求确认继承权一案的文书，包括文件目录表、法院公函、民事诉状、证人证物表、民事委任状、送达证明书、民事上诉状、民事辩诉状、案件审理单、言辞辩论笔录、证人结文、民事宣判笔录、民事判决书、民事裁定书等。

452. 四川高等法院第一分院、璧山实验地方法院审理请求偿还债务一案　12－13－451

1943 年 8 月至 1944 年 10 月，四川高等法院第一分院、璧山实验地方法院关于刘栋成因与刘银章发生债务纠葛请求偿还债务一案的文书，包括辩诉附带上诉状、法院公函、民事上诉状、证人证物表、民事裁定书、送达证明书、案件审理单、言辞辩论笔录、民事委任状、民事判决书、璧山县转龙乡乡公所呈、宣示判决笔录、民事申请状等。

453. 四川高等法院第一分院、璧山实验地方法院审理交业执行异议一案　12－13－452

1943 年 10 月至 1944 年 1 月，四川高等法院第一分院、璧山实验地方法院关于庞廖氏因不服与彭城等涉讼判决申请交业执行异议一案的文书，包括文件目录表、申请异议状、证人证物表、案件审理单、送达证明书、民事委任状、民事申请状、言辞辩论笔录、证明书、民事宣判笔录、民事判决书、法院公函等。

454. 四川高等法院第一分院、璧山实验地方法院审理申请继续审理交业诉讼一案　12－13－453

1942 年 6 月至 1943 年 7 月，四川高等法院第一分院、璧山实验地方法院关于陈纯厚等因不服与陈玉贞等领押交业涉讼判决申请继续审理一案的文书，包括文件目录表、民事诉状、证人证物表、申请书、送达证明书、民事委任状、言辞辩论笔录、民事宣判笔录、民事判决书、民事裁定书等。

455. 璧山实验地方法院审理扣押租谷假处分一案　12－13－454

1945年3月至1945年6月，璧山实验地方法院关于王中恹因与黄炳章发生租佃纠纷请求租谷假处分一案的文书，包括民事裁定书、民事判决书、送达证明书等。

456. 四川高等法院第一分院、璧山实验地方法院审理返还田业上诉一案　12－13－455

1937年3月至1943年2月，四川高等法院第一分院、璧山实验地方法院关于牟吉臣等因租佃纠葛上诉返还田业一案的文书，包括民事上诉状、证人证物表、法院公函、刑事判决书、刑事附带民事判决书、证据（璧山县政府兼理司法事物民事判决书）、民事和解笔录等。

457. 璧山实验地方法院审理返还租谷一案　12－13－456

1942年11月至1943年12月，璧山实验地方法院关于彭钱氏等因不服与庞怀林等涉讼判决请求返还租谷一案的文书，包括文件目录表、法院公函、民事裁定书、送达证明书、民事上诉状、证人证物表等。

458. 璧山实验地方法院审理迁葬尸棺一案　12－13－457

1943年6月，璧山实验地方法院关于刘雅风因赵海清等未将尸棺迁葬室外请求速迁葬尸棺一案的文书，包括文件目录表、民事诉状、证人证物表、法院执行命令、报告案奉、执行讯问笔录、民事和解笔录等。

459. 璧山实验地方法院审理和约认证一案　12－13－458

1944年5月，璧山实验地方法院关于李刘氏因与丈夫达成分居和约请求和约认证一案的文书，包括文件目录表、民事申请状、证人证物表、民事申请书、案件审理单、民事委任状、送达证明书、公证讯问笔录、照抄和约原文等。

460. 四川高等法院第一分院、璧山实验地方法院审理交还田业一案　12－13－459

1943年7月至1945年10月，四川高等法院第一分院、璧山实验地方法院关于王张氏因陈少云等租赁和约终止请求交还田业一案的文书，包括文件目录表、民事诉状、证人证物表、民事委任状、案件审理单、送达证明书、民事申请状、言辞辩论笔录、民事辩诉状、证人结文、来风乡办公处呈、民事宣判笔录、民事判决书、证据（和约、收据)、法院公函、民事上诉状、民事裁定书、卷证目录、民事申请书、阅卷申请书、证明书、宣示判决笔录等。

461. 璧山实验地方法院审理给付租谷、赔偿损害执行两案　12－13－460

1943年7月至1943年10月,璧山实验地方法院关于刘敬廷等因刘兀发抗租不交请求给付租谷、黄明钦等因租佃押银纠葛申请强制执行赔偿损害两案的文书,包括文件目录表、民事诉状、证人证物表、案件审理单、送达证明书、言辞辩论笔录、民事辩诉状、和解笔录、民事申请状、民事判决书、民事裁定书、报告书、执行辩论笔录等。

462. 璧山实验地方法院审理确认抚养权一案　12－13－461

1943年6月至1943年7月,璧山实验地方法院关于杨曾氏因将孩子赠予甘照凡抚养提起异议以便确认主权一案的文书,包括文件目录表、民事诉状、证人证物表、民事委任状、民事声明状、阅卷申请书、送达证明书、言辞辩论笔录等。

463. 璧山实验地方法院审理请求终止租约一案　12－13－462

1943年6月至1943年7月,璧山实验地方法院关于瞿寿轩因与瞿曾氏发生租佃纠葛请求终止租约一案的文书,包括民事诉状、文件目录表、证人证物表、案件审理单、送达证明书、言辞辩论笔录、民事辩诉状、证人结文、民事判决书、照抄契约等。

464. 四川高等法院第一分院、璧山实验地方法院审理终止租约一案　12－13－463

1943年8月至1943年9月,四川高等法院第一分院、璧山实验地方法院关于黄照钦因徐照顺不遵调解请求终止租约一案的文书,包括文件目录表、民事诉状、证人证物表、民事委任状、案件审理单、送达证明书、言辞辩论笔录、民事和解笔录等。

465. 璧山实验地方法院审理请求搬迁交业一案　12－13－464

1943年11月,璧山实验地方法院关于黄绍宣因与唐海江发生租佃纠纷调解未成请求搬迁交业一案的文书,包括文件目录表、民事诉状、证人证物表、案件审理单、送达证明书、定林乡乡公所呈、言辞辩论笔录、民事和解笔录等。

466. 璧山实验地方法院审理对执行异议请求不得终止租约一案　12－13－465

1943年9月至1943年10月,璧山实验地方法院关于萧金山因遵批示提起异议恳请判令刘懋昭不得终止租约一案的文书，包括文件目录表、民事诉状、证人证物表、民事委任状、案件审理单、送达证明书、言辞辩论笔录、六溏乡第五保保长孙能呈、证人结文、民事宣判笔录、民事判决书、法院公函等。

467. 璧山实验地方法院审理确认立嗣亲族会议无效一案　12－13－466

1943年9月至1943年11月，璧山实验地方法院关于邹昆仑因邹炳安等立嗣纠纷请求确认立嗣亲族会议无效一案的文书，包括民事诉状、证人证物表、民事委任状、案件审理单、送达证明书、言辞辩论笔录、民事保状、民事宣判笔录、民事判决书、民事申请状、证据(亲族关系图、通知、和解笔录)等。

468. 璧山实验地方法院审理请求确认共有物所有权一案　12－13－467

1943年7月至1943年8月，璧山实验地方法院关于周印氏因周光远等变卖共有物请求确认其拥有共有物的所有权一案的文书，包括文件目录表、民事诉状、证人证物表、案件审理单、送达证明书、言辞辩论笔录、民事答辩状、民事宣判笔录、民事判决书等。

469. 璧山实验地方法院审理请求分割遗产一案　12－13－468

1943年11月至1944年2月，璧山实验地方法院关于曹姜荣璧因与姜李氏等发生遗产纠纷请求分割遗产一案的文书，包括文件目录表、民事诉状、证人证物表、大兴乡乡公所呈、案件审理单、送达证明书、民事委任状、言辞辩论笔录、证人结文、民事申请书、民事宣判笔录、民事判决书等。

470. 四川高等法院第一分院、璧山地方法院审理执行欠租一案　12－13－469

1947年7月至1947年8月，四川高等法院第一分院、璧山地方法院关于杨志坚因与罗德明发生租佃纠纷请求执行欠租一案的文书，包括文件目录表、民事诉状、法院训令、报告案奉等。

471. 四川高等法院第一分院、璧山实验地方法院请求审理回赎典产一案　12－13－470

1943年3月至1944年2月，四川高等法院第一分院、璧山实验地方法院关于瞿伦志等因戴敬之等拒绝回赎请求回赎典产以维物权一案的文书，包括文件目录表、民事诉状、证人证物表、案件审理单、送达证明书、言辞辩论笔录、法院公函、民事答辩状、民事判决书、阅卷申请书、民事上诉状、民事裁定书、民事委任状、民事申请书、垫江县政府公函、证人结文、宣示判决笔录等。

472. 璧山实验地方法院审理申请确定讼费一案　12－13－471

1943年11月至1943年12月，璧山实验地方法院关于张泰康因与廖兴发产生诉讼费用纠纷请求确定讼费一案的文书，包括文件目录表、民事诉状、证人证物表、法院批稿、送达证明书、收据等。

473. 璧山实验地方法院审理申请离婚一案　12－13－472

1943年10月至1943年12月，璧山实验地方法院关于赵海富因伍荣中设局阱陷意图杀害不堪同居请求离婚一案的文书，包括文件目录表、民事诉状、案件审理单、民事委任状、送达证明书、民事辩诉状、言辞辩论笔录、民事宣判笔录、民事裁定书等，该卷另附悔过书一份。

474. 璧山实验地方法院审理请发支付命令两案　12－13－473

1943年5月，璧山实验地方法院关于景亮钧因与李海林发生诉讼费纠纷请发支付命令、景亮钧因张廷富拖欠公费请发支付命令两案的文书，包括文件目录表、民事申请状、证人证物表、送达证明书、讯问笔录、执行讯问笔录、民事委任状等。

475. 璧山实验地方法院审理请求给付租金一案　12－13－474

1943年5月，璧山实验地方法院关于张陈芳若因饶尚丰欠租不偿请求给付租金一案的文书，包括文件目录表、民事诉状、证人证物表、案件审理单、民事委任状、送达证明书、言辞辩论笔录、证人结文等。

476. 璧山实验地方法院审理请求交付田产一案　12－13－475

1943年4月至1943年5月，璧山实验地方法院关于尹上勋因尹郭氏措产不交请求交付田产一案的文书，包括文件目录表、民事诉状、证人证物表、民事委任状、送达证明书、言辞辩论笔录、民事答辩状、阅卷申请书、民事公证书、证人结文、民事和解笔录等，该卷另附谨遵母命约、佃约、处分约各一张。

477. 璧山实验地方法院审理申请返还借款一案　12－13－476

1943年5月，璧山实验地方法院关于仇仲云因罗文谦拒还借款请求返还借款一案的文书，包括文件目录表、民事诉状、案件审理单、送达证明书、言辞辩论笔录、民事判决书等。

478. 璧山实验地方法院审理请求给付纱款一案　12－13－477

1943年4月，璧山实验地方法院关于吴树荣因陈易氏措不付款请求给付纱款一案的文书，包括文件目录表、民事诉状、收据、证人证物表、案件审理单、民事答辩状、送达证明书、言辞辩论笔录、证人结文、民事判决书、欠条等。

479. 四川高等法院第一分院、璧山实验地方法院审理领押交业上诉案　12－13－478

1943 年 10 月至 1943 年 11 月，四川高等法院第一分院、璧山实验地方法院关于王鸿藻与王连城领押交业上诉案的文书，包括文件目录表、法院公函、民事上诉状、民事裁定书、送达证明书等。

480. 璧山实验地方法院审理损害赔偿一案　12－13－479

1943 年 1 月，璧山实验地方法院关于彭荣森因吴海泉违反佃期请求偿还损害一案的文书，包括文件目录表、民事诉状、民事辩诉状、案件审理单、送达证明书、民事审理笔录、证人结文、民事宣判笔录、法院训令、民事判决书等。

481. 四川高等法院第一分院、璧山实验地方法院审理搬迁交业一案　12－13－480

1943 年 8 月至 1943 年 9 月，四川高等法院第一分院、璧山实验地方法院关于王鸿藻因与王五福发生租佃纠葛请求搬迁交业一案的文书，包括法院间的往来公函、璧山实验地方法院民事判决书等。

482. 四川高等法院第一分院、璧山实验地方法院审理请求搬迁交业一案　12－13－481

1943 年 10 月至 1943 年 11 月，四川高等法院第一分院、璧山实验地方法院关于曾亚杰因吴树清借债不偿、占房不迁请求搬迁交业一案的文书，包括文件目录表、民事诉状、证人证物表、法院执行命令、报告案奉、收据、凭票、案件审理单、民事宣判笔录、和解笔录、民事判决书、送达证明书等。

483. 璧山实验地方法院审理给付食谷一案　12－13－482

1943 年 8 月至 1943 年 10 月，璧山实验地方法院关于严方成因与严永丰发生租谷纠葛请求给付食谷一案的文书，包括文件目录表、民事补状、案件审理单、送达证明书、民事委任状、证人证物表、民事和解笔录、言辞辩论笔录等。

484. 四川高等法院第一分院、璧山实验地方法院审理黄谷假扣押一案　12－13－483

1943 年 8 月，四川高等法院第一分院、璧山实验地方法院关于谢胡氏因与石中玉等发生租佃纠葛请求黄谷假扣押一案的文书，包括文件目录表、民事诉状、刑事判决书、证人证物表、民事裁定书、送达证明书、民事判决书等。

485. 璧山实验地方法院审理请求搬迁交业一案　12－13－484

1943年10月至1943年12月，璧山实验地方法院关于张康宁因与朱杨氏发生租佃纠葛请求搬迁交业一案的文书，包括文件目录表、民事诉状、证人证物表、刑事判决书、案件审理单、送达证明书、法院执行命令、报告案奉、保管单、收据等。

486. 璧山实验地方法院审理请求给付欠租一案　12－13－485

1943年9月至1943年10月，璧山实验地方法院关于黄熙之因巫奎臣欠租不还请求给付欠租一案的文书，包括文件目录表、民事诉状、证人证物表、案件审理单、送达证明书、民事辩诉状、言辞辩论笔录、民事宣判笔录、民事判决书等。

487. 璧山实验地方法院审理申请给付欠租一案　12－13－486

1943年1月，璧山实验地方法院关于冉王氏等因刘海洲措不付租请求给付欠租一案的文书，包括文件目录表、民事诉状、送达证明书、民事审理笔录、证人证物表、民事和解笔录等。

488. 璧山实验地方法院审理请求租佃调解一案　12－13－487

1943年5月，璧山实验地方法院关于刘继钊因与谢锡辉发生租佃纠葛请求法院调解一案的文书，包括文件目录表、民事诉状、证人证物表、案件审理单、送达证明书、民事调解笔录等。

489. 璧山实验地方法院审理请求交业一案　12－13－488

1943年1月至1943年2月，璧山实验地方法院关于王启贤因与王启智发生租赁契约纠葛请求交业一案的文书，包括民事诉状、民事判决书、民事委任状、案件审理单、送达证明书、民事审理笔录、民事申请状、民事宣判笔录等。

490. 璧山实验地方法院审理窃占产业诉讼一案尾卷　12－13－489

1942年7月，璧山实验地方法院关于张炳奎因徐栋梁窃占产业提起诉讼一案的文书尾卷，包括文件目录表、璧山实验地方法院刑事附带民事判决书等。

491. 璧山实验地方法院审理假扣押一案　12－13－490

1943年8月至1943年9月，璧山实验地方法院关于李馨山因与李荣卿发生债务纠葛请求财产假扣押一案的文书，包括文件目录表、民事诉状、证人证物表、民事申请状、送达证明书、讯问笔录、民事裁定书、民事委任状、收据、法院公函等。

492. 四川高等法院第一分院、璧山实验地方法院审理请求脱离亲属关系一案 12—13—491

1943年4月，四川高等法院第一分院、璧山实验地方法院关于刘从权因刘舒氏浪费无度经亲属会议制止无效请求脱离亲属关系一案的文书，包括文件目录表、民事诉状、证人证物表、案件审理单、法院公函、送达证明书、法院通知书等。

493. 璧山实验地方法院审理请求离婚一案 12—13—492

1943年7月至1943年8月，璧山实验地方法院关于林叶氏因林海洲虐待击伤难以共同生活请求离婚一案的文书，包括文件目录表、民事诉状、证人证物表、案件审理单、送达证明书、言辞辩论笔录、民事答辩状、申请撤销状、法院批稿等。

494. 璧山实验地方法院审理请求交付子女一案 12—13—493

1943年7月，璧山实验地方法院关于袁兴德因龙长书违背离婚协议拒不返还亲子请求交付子女一案的文书，包括文件目录表、民事诉状、证人证物表、案件审理单、送达证明书、言辞辩论笔录、民事和解笔录等。

495. 四川高等法院第一分院、璧山实验地方法院审理回赎典产一案 12—13—494

1930年9月至1943年7月，四川高等法院第一分院、璧山实验地方法院关于林乾初因徐均安拒绝领押交业请求回赎典产一案的文书，包括文件目录表、民事诉状、证人证物表、民事委任状、案件审理单、送达证明书、言辞辩论笔录、证人结文、民事答辩状、民事反诉状、民事判决书、民事裁定书、法院公函、民事上诉状、民事申请书、民事宣判笔录等。

496. 四川高等法院第一分院、璧山实验地方法院审理领保证金一案 12—13—495

1943年2月至1943年5月，四川高等法院第一分院、璧山实验地方法院关于董良臣因与王本正发生租佃纠葛请求领保证金一案的文书尾卷，包括文件目录表、法院公函、案件审理单、到场报告单、领状、财产清单等。

497. 四川高等法院第一分院、璧山实验地方法院审理请求终止租约一案 12—13—496

1943年12月至1944年4月，四川高等法院第一分院、璧山实验地方法院关于陈李氏等因与曹汉卿发生屋产纠葛请求终止租约一案的文书，包括文件目录表、民事诉状、证人证物表、民事委任状、案件审理单、送达证明书、民事答辩状、民事判决书、言辞辩论笔录、民事申请状、法院公函、民事和解辩论笔录、证人结文、民事宣判笔录等，该卷另附佃约一份。

498. 四川高等法院第一分院、璧山实验地方法院审理申请搬迁交业再审一案　12—13—497

1943年4月至1943年5月，四川高等法院第一分院、璧山实验地方法院关于何汉臣因与王绍元发生租佃纠葛请求搬迁交业再审一案的文书，包括文件目录表、民事诉状、案件审理单、送达证明书、言辞辩论笔录、民事判决书、民事申请状、法院公函等。

499. 四川高等法院第一分院、璧山实验地方法院审理请求返还租谷一案　12—13—498

1943年7月至1944年2月，四川高等法院第一分院、璧山实验地方法院关于张怀清因与蒋海清发生租谷纠葛请求返还租谷一案的文书，包括文件目录表、法院公函、民事上诉状、证人证物表、民事裁定书、送达证明书、言辞辩论笔录、证人结文、民事宣判笔录、民事判决书、民事诉状、案件审理单、民事委任状、阅卷申请书等。

500. 璧山实验地方法院审理申请领回判决书一案　12—13—499

1943年5月，璧山实验地方法院关于张康宁请求领回与朱昉周涉讼民刑判决书及第二审民事判决书一案的文书，包括文件目录表、民事申请状、法院批稿、送达证明书等。

501. 璧山实验地方法院审理请求领回典约一案　12—13—500

1943年4月，璧山实验地方法院关于张朱氏请求领回与张权一因租佃纠葛案呈庭作为证物的典约一案的文书，包括民事申请状、送达证明书、收据、领证笔录等。

502. 璧山实验地方法院审理赔偿损失一案　12—13—501

1943年5月，璧山实验地方法院关于柯吉祥因伍思贵诬告请求赔偿损失一案的文书，包括文件目录表、赔偿损失列表、民事诉状、证人证物表、案件审理单、送达证明书、言辞辩论笔录等。

503. 璧山实验地方法院审理请求搬迁交业一案　12—13—502

1943年4月至1943年5月，璧山实验地方法院关于张泽三因张雨高不遵判决请求搬迁交业一案的文书，包括文件目录表、民事诉状、证人证物表、案件审理单、送达证明书、言辞辩论笔录、民事判决书、法院批稿等，该卷另附1930年9月民事判决书一张。

504. 璧山实验地方法院审理申请终止租约一案　12－13－503

1943年5月，璧山实验地方法院关于林静安因吕炳银拖欠租金已超两月请求终止租约一案的文书，包括文件目录表、民事诉状、证人证物表、民事委任状、案件审理单、送达证明书、言辞辩论笔录、民事和解笔录等。

505. 四川高等法院第一分院、璧山实验地方法院审理请求经界一案　12－13－504

1943年4月至1943年6月，四川高等法院第一分院、璧山实验地方法院关于周受歧因周炳云违约侵占恃强霸争请求经界一案的文书，包括文件目录表、民事诉状、证人证物表、民事委任状、案件审理单、送达证明书、言辞辩论笔录、民事和解笔录、执行讯问笔录等。

506. 四川高等法院第一分院、璧山实验地方法院审理离婚并给付生活费一案　12－13－505

1943年6月至1943年10月，四川高等法院第一分院、璧山实验地方法院关于徐萧氏因饱受夫主及翁父之虐待不堪共同生活请求离婚并给付生活费一案的文书，包括法院公函、民事上诉状、证人证物表、民事裁定书、送达证明书、言辞辩论笔录、文件目录表、民事诉状、民事委任状、案件审理单、证人结文、失物列表、民事宣判笔录、民事判决书等。

507. 四川高等法院第一分院、璧山实验地方法院审理请求给付食谷一案　12－13－506

1943年8月至1944年3月，四川高等法院第一分院、璧山实验地方法院关于王寿廷等因与钟治轩发生食谷债务纠葛请求给付食谷一案的文书，包括民事诉状、文件目录表、证人证物表、民事判决书、案件审理单、送达证明书、执行命令、报告案奉、民事保状、法院公函、法院训令、法院通知书、查封不动产笔录、鉴定书、声明异议状、抄附参考材料、民事裁定书、法院指令、法院批稿、意见书等。

508. 璧山实验地方法院审理回赎典产一案　12－13－507

1943年10月至1943年12月，璧山实验地方法院关于王杨氏因与杨青云等发生典当纠葛请求回赎典产一案的文书，包括文件目录表、民事诉状、证人证物表、民事委任状、案件审理单、送达证明书、民事辩诉状、言辞辩论笔录、民事宣判笔录、民事判决书等。

509. 璧山实验地方法院审理搬迁交业一案　12—13—508

1943年10月至1943年11月，璧山实验地方法院关于任致和因与郑文彬发生租佃纠葛请求搬迁交业一案的文书，包括文件目录表、民事诉状、证人证物表、案件审理单、送达证明书、言辞辩论笔录、来风乡第十一保办公处呈、民事委任状、民事宣判笔录、民事判决书等。

510. 四川高等法院第一分院、璧山实验地方法院审理请求返还产业一案　12—13—509

1943年4月至1943年8月，四川高等法院第一分院、璧山实验地方法院关于黄开玉因与黄永乐发生租佃纠葛请求返还产业一案的文书，包括文件目录表、民事执行状、民事判决书、民事委任状、案件审理单、送达证明书、民事裁定书等。

511. 四川高等法院第一分院、璧山实验地方法院审理申请给付欠租一案　12—13—510

1943年9月至1943年12月，四川高等法院第一分院、璧山实验地方法院关于徐荣川因徐汪氏等拖欠租谷请求给付租谷一案的文书，包括文件目录表、民事诉状、证人证物表、案件审理单、法院执行命令、报告案奉、收据、送达证明书、民事判决书等。

512. 璧山实验地方法院审理请求返还食谷一案　12—13—511

1943年3月，璧山实验地方法院关于徐方营因张登福借谷不还请求返还食谷一案的文书，包括文件目录表、民事诉状、收据、证人证物表、送达证明书、民事申请状等。

513. 璧山实验地方法院审理请求修复地面执行一案　12—13—512

1942年8月至1943年12月，璧山实验地方法院关于孙树林因罗可仁违背约定逾期不修请求修复地面执行一案的文书，包括文件目录表、民事诉状、民事和解笔录、法院执行命令、报告案奉等。

514. 璧山实验地方法院审理终止租约执行一案　12—13—513

1942年11月至1943年9月，璧山实验地方法院关于傅万金因与傅昆恕发生租佃纠葛请求终止租约执行一案的文书，包括文件目录表、民事诉状、证人证物表、案件审理单、送达证明书、法院命令、法院通知书、民事保状、民事判决书等。

515. 璧山实验地方法院审理撤销缓刑执行一案　12—13—514

1942年9月至1943年11月，璧山实验地方法院关于刘益兴不服判决请求撤销诬告罪缓刑执行一案的文书，包括文件目录表、刑事诉状、刑事裁定书、刑事申请状、刑拘指挥书、证人证物表、送达证明书、法院公函、法院训令、应讯人到场报告单、讯问笔录、收据等。

516. 璧山实验地方法院审理请求返还黄谷一案　12－13－515

1944年9月至1944年11月，璧山实验地方法院关于罗志江因与曹雨膏发生田谷抢割纠纷调解不成请求返还黄谷一案的文书，包括文件目录表、民事诉状、证人证物表、案件审理单、送达证明书、民事辩诉状、民事申请状、言辞辩论笔录、证人结文、民事判决书等，该案另附涉案地图两张。

517. 璧山实验地方法院审理请求分割产业执行一案　12－13－516

1943年5月至1943年6月，璧山实验地方法院关于黄陈氏等因黄辅田拒绝执行和解规定请求分割产业执行一案的文书，包括文件目录表、民事诉状、证人证物表、报告案奉、送达证明书、民事委任状、执行笔录、民事和解笔录等。

518. 璧山实验地方法院审理请求典产调解一案　12－13－517

1943年6月，璧山实验地方法院关于巫德明因与巫曾氏约定典期已满请求典产调解一案的文书，包括文件目录表、民事申请状、证人证物表、送达证明书、调解笔录等。

519. 璧山实验地方法院审理遗失私章存查一案　12－13－518

1943年6月，璧山实验地方法院关于王良贵因私章遗失请求备案存查以杜后患一案的文书，包括文件目录表、民事存查状、证人证物表、璧山实验地方法院批稿等。

520. 四川高等法院、璧山实验地方法院审理鉴定价额一案　12－13－519

1943年11月，四川高等法院函请璧山实验地方法院鉴定刘曾氏与陈平安田业价额的文书，包括文件目录表、法院间的往来公函、报告案奉、法院训令、法院案准等。

521. 四川高等法院第一分院、璧山实验地方法院审理请求损害赔偿一案　12－13－520

1943年1月，四川高等法院第一分院、璧山实验地方法院关于彭荣森因与吴海泉违法加租换约纠葛请求损害赔偿一案的文书，包括法院往来公函、璧山实验地方法院民事判决书等。

522. 璧山实验地方法院审理领押交业一案　12－13－521

1943年10月，璧山实验地方法院关于王定远因与吕治轩发生租佃纠纷请求领押交业一案的文书，包括文件目录表、民事诉状、证人证物表、案件审理单、送达证明书、言辞辩论笔录、民事宣判笔录、民事判决书等。

523. 璧山实验地方法院审理罚款执行一案　12－13－522

1943年8月至1943年9月，璧山实验地方法院关于璧山县政府因璧山大戏院偷税请求罚款执行一案的文书，包括文件目录表、法院公函、案件审理单、送达证明书、报告书、收款证等。

524. 璧山实验地方法院审理请求给付业价调解一案　12－13－523

1943年10月至1943年11月，璧山实验地方法院关于伍朝彬因与伍思诚等发生房屋典价纠葛请求给付业价调解一案的文书，包括文件目录表、证人证物表、民事诉状、案件审理单、送达证明书、言辞辩论笔录等。

525. 四川高等法院第一分院、璧山实验地方法院审理请求终止租约一案　12－13－524

1943年11月至1944年2月，四川高等法院第一分院、璧山实验地方法院关于刘应台等因租佃纠葛而请求终止租约一案的文书，包括文件目录表、民事诉状、证人证物表、言辞辩论笔录、民事申请状、法院公函、送达证明书、民事答辩状、民事证明状、证人结文、案件审理单、民事宣判笔录、民事判决书、契照抄佃约一张等。

526. 璧山实验地方法院审理请发支付命令一案　12－13－525

1943年5月，璧山实验地方法院关于段瑜思因钟张氏拒不还债请求发布支付命令一案的文书，包括文件目录表、民事诉状、证人证物表、法院支付命令、民事判决书等。

527. 璧山实验地方法院审理返还黄谷执行一案　12－13－526

1943年2月至1943年11月，璧山实验地方法院关于何修于因杨南轩等拒不执行判决请求返还黄谷执行一案的文书，包括文件目录表、民事诉状、民事判决书、送达证明书、法院通知书等。

528. 璧山实验地方法院审理请求迁让一案　12－13－527

1943年3月至1943年4月，璧山实验地方法院关于戈俊德因与李锡钧发生租佃纠葛请求迁让一案的文书,包括文件目录表、民事诉状、证人证物表、案件审理单、送达证明书、言辞辩论笔录、民事判决书、收据等。

529. 璧山实验地方法院审理遗产代理人备查、请发支付命令两案　12－13－528

1943年4月至1943年5月,璧山实验地方法院关于张甫臣选定遗产代理人申请备查、周荣氏因周恒太拖欠租谷而请发支付命令两案的文书,包括文件目录表、民事诉状、征收裁判费核定单、案件审理单、送达证明书、民事判决书、阅卷申请书等。

530. 四川高等法院第一分院、璧山实验地方法院审理请求返还田业一案　12－13－529

1943年7月至1943年12月,四川高等法院第一分院、璧山实验地方法院关于潘学古因潘顺元等图谋不轨、私分不动产请求返还田业一案的文书,包括文件目录表、法院公函、民事上诉状、证人证物表、民事裁定书、送达证明书、民事辩诉状、法院通知书、民事委任状、民事答辩状、言辞辩论笔录、证人结文、民事宣判笔录、民事判决书、民事诉状、案件审理单、民事补诉状等。

531. 巴县地方法院、璧山县法院等审理会务纠葛裁决一案　12－13－530

1933年5月至1937年10月,巴县地方法院、璧山县法院等关于吴子恕等因徐伯瑜恶佃骗租请求会务纠葛裁决一案的文书,包括文件目录表、民事诉状、证人证物表、民事审理笔录、民事保状、民事答辩状、案件审理单、传票、审理笔录、民事上诉状、民事见票、点名单、往来公函、民事辩诉状、民事申明状、收条、民事判决书等。

532. 四川高等法院第一分院、璧山实验地方法院审理终止租约一案　12－13－531

1943年5月至1943年11月,四川高等法院第一分院、璧山实验地方法院关于陈玉贞等因与李纯厚发生租佃纠纷请求终止租约一案的文书,包括法院公函、民事上诉状、证人证物表、民事申请书、民事委任状、民事宣判笔录、民事判决书等,该卷另附族系表及其说明。

533. 璧山实验地方法院审理请求确认契约无效一案　12－13－532

1943年8月至1943年9月,璧山实验地方法院关于冉锡光等因租佃纠葛而申请确认租佃契约无效一案的文书,包括文件目录表、民事诉状、证人证物表、民事委任状、案件审理单、送达证明书、民事反诉状、民事申请状、法院批稿等。

534. 四川高等法院第一分院、璧山实验地方法院审理租佃纠葛、租谷调解、确定经界三案　12－13－533

1943年5月，四川高等法院第一分院、璧山实验地方法院关于刘银章等因租佃纠葛、黄璧仙等因租谷纠葛而申请调解、刘德滋等因田业所有权纠葛而申请确定经界三案的文书，包括文件目录表、民事诉状、涉案地图、证人证物表、民事委任状、案件审理单、送达证明书、言辞辩论笔录、民事辩诉状、民事宣判笔录、民事判决书、民事和解笔录、法院公函、报告案奉等。

535. 四川高等法院第一分院、璧山实验地方法院审理请求确认有权诉讼及排除干扰上诉案　12－13－534

1943年6月至1943年11月，四川高等法院第一分院、璧山实验地方法院关于刘银章因刘德滋恃遵霸产又违抗调解请求确认有权诉讼及排除干扰上诉案的文书，包括文件目录表、民事上诉状、证人证物表、民事裁定书、送达证明书、民事申请书、民事委任状、言辞辩论笔录、法院公函、证人结文、法院通知书、调解笔录、勘验纪、民事辩诉状、涉案地图、乡公所呈、运程说明、收据、巴县仁厚乡邮局呈等。

536. 璧山实验地方法院审理申请排除侵害一案　12－13－535

1943年2月至1943年3月，璧山实验地方法院关于钱邦媛因防止钱家齐侵害受赠财产请求排除侵害一案的文书，包括文件目录表、民事诉状、契约、民事委任状、案件审理单、送达证明书、审理笔录、民事和解笔录等。

537. 四川高等法院第一分院、璧山实验地方法院审理终止租约一案　12－13－536

1943年9月至1943年10月，四川高等法院第一分院、璧山实验地方法院关于牟章荣因与何安邦等发生租佃纠葛请求终止租约一案的文书，包括民事调解注销状、契约、法院公函、民事判决书等。

538. 四川高等法院第一分院、璧山实验地方法院审理请求交还产业一案　12－13－537

1942年6月至1944年2月，四川高等法院第一分院、璧山实验地方法院关于张连三因陈中全请求交还产业一案的文书，包括文件目录表、法院公函、民事诉状、证人证物表、送达证明书、契约、民事裁定书、民事上诉状、民事判决书、审理笔录、民事申请状等。

539. 四川高等法院第一分院、璧山实验地方法院审理放赎典业一案　12－13－538

1942年1月至1943年5月，四川高等法院第一分院、璧山实验地方法院关于蒋炳林因与江文周发生契约纠纷请求放赎典业一案的文书，包括文件目录表、法院公函、民事抗告状、民事裁定书、民事诉状、证人证物表、法院抗告意见书、民事申请状、民事委任状等。

540. 四川高等法院第一分院、璧山县司法处等审理确认买卖契约无效一案　12－13－539

1930年10月至1939年8月，四川高等法院第一分院、璧山县司法处等关于陈泽沛因与陈秀村发生契约纠葛请求确认买卖契约无效一案的文书，包括法院公函、文件目录表、租约、民事上诉状、证人证物表、民事裁定书、民事申请状、案件审理单、民事委任状、送达证明书、法院通知书、民事答辩状、言辞辩论笔录、民事宣判笔录、民事判决书、民事辩诉状等。

541. 璧山实验地方法院审理给付欠租一案　12－13－540

1943年8月至1943年9月，璧山实验地方法院关于陈白氏等因与梁锡江等发生租佃纠葛请求给付欠租一案的文书，包括文件目录表、民事诉状、证人证物表、案件审理单、送达证明书、言辞辩论笔录、民事委任状、民事宣判笔录、民事判决书等。

542. 四川高等法院第一分院、璧山实验地方法院审理终止租约一案　12－13－541

1942年10月至1944年1月，四川高等法院第一分院、璧山实验地方法院关于舒刘氏因舒治云揹契霸产无以为业请求终止租约一案的文书，包括文件目录表、民事诉状、证人证物表、民事裁定书、检察官不起诉处分书、民事委任状、案件审理单、送达证明书、民事辩诉状、言辞辩论笔录、证明书、民事宣判笔录、民事判决书、法院公函、民事抗告状、民事上诉状等。

543. 璧山实验地方法院审理请求搬迁执行一案　12－13－542

1943年5月至1943年6月，璧山实验地方法院关于徐银廷因徐汪氏拒不执行判决请求搬迁执行一案的文书，包括文件目录表、民事诉状、证人证物表、执行讯问笔录、报告书、刑事申请状等。

544. 璧山实验地方法院审理申请黄谷假扣押一案　12－13－543

1943年8月，璧山实验地方法院关于杨正钊因与周克光产生谷物纠葛请求黄谷假扣押一案的文书，包括文件目录表、民事申请状、证人证物表、民事裁定书、送达证明书等。

545. 璧山实验地方法院审理租谷假扣押一案　12—13—544

1943年8月至1943年10月，璧山实验地方法院关于吴俊良因与何经一发生租佃纠纷请求租谷假扣押一案的文书，包括文件目录表、民事诉状、民事调解书、证人证物表、民事裁定书、送达证明书等。

546. 璧山实验地方法院审理申请贷款假扣押一案　12—13—545

1943年8月至1943年10月，璧山实验地方法院关于张熙明因与萧世平发生债务纠纷请求贷款假扣押一案的文书，包括文件目录表、民事申请状、证人证物表、借条、财产目录、民事缴状、民事裁定书、民事承领状、收据等。

547. 四川高等法院第一分院、璧山实验地方法院审理申请赔偿损害一案　12—13—546

1943年2月至1943年10月，四川高等法院第一分院、璧山实验地方法院关于王梁氏因赵鸿武盗窃请求赔偿损害一案的文书，包括法院公函、民事裁定书、民事上诉状、民事申请书、言辞辩论笔录、民事委任状、证人证物表、民事意见书、宣示判决笔录、民事判决书、刑事判决书等。

548. 四川高等法院第一分院、璧山实验地方法院审理返还树木一案　12—13—547

1943年2月至1943年12月，四川高等法院第一分院、璧山实验地方法院关于周慧安因曾孔嘉妄伐山木请求返还树木一案的文书，包括契约节本、民事判决书、法院公函、民事诉状、证人证物表、民事委任状、案件审理单、送达证明书、言辞辩论笔录、证人结文、民事辩诉状、涉案地图、民事上诉状、民事裁定书、民事缴状、民事申请状、法院通知书等。

549. 璧山实验地方法院审理请求租谷假扣押一案　12—13—548

1943年8月，璧山实验地方法院关于陈兆周等因与杨汉臣发生租佃纠葛请求租谷假扣押一案的文书，包括文件目录表、民事诉状、证人证物表、司法缴费单、民事裁定书、送达证明书等。

550. 四川高等法院第一分院、璧山实验地方法院审理赔偿损害一案　12—13—549

1943年10月至1944年2月，四川高等法院第一分院、璧山实验地方法院关于

蒋乔安因陈德明盗窃请求赔偿损害一案的文书，包括文件目录表、法院公函、民事上诉状、证人证物表、民事裁定书、送达证明书、言辞辩论笔录、民事委任状、民事宣判笔录、民事判决书、民事申请书、证据目录（刑事判决书）等。

551. 四川高等法院第一分院、璧山实验地方法院审理请求撤销佃权一案　12—13—550

1943年8月至1944年2月，四川高等法院第一分院、璧山实验地方法院关于虞永成因罗树轩佃期已满拒不接受押金请求撤销佃权一案的文书，包括法院公函、民事上诉状、证人证物表、民事裁定书、送达证明书、民事声明状、言辞辩论笔录、民事宣判笔录、民事判决书、民事诉状、案件审理单等，该卷另附契约一张。

552. 璧山实验地方法院审理撤销黄谷假扣押一案　12—13—551

1943年8月至1943年9月，璧山实验地方法院关于陈任可等因不服判决请求撤销黄谷假扣押一案的文书，包括文件目录表、送达证明书、民事诉状、证人证物表、民事裁定书等。

553. 四川高等法院第一分院、璧山实验地方法院审理租谷假扣押一案　12—13—552

1944年8月，四川高等法院第一分院、璧山实验地方法院关于陈仁杰因与姜灿辉发生租佃纠葛请求租谷假扣押一案的文书，包括法院间的往来公函、民事裁定书等。

554. 四川高等法院第一分院、璧山实验地方法院审理终约交业一案　12—13—553

1943年10月至1944年8月，四川高等法院第一分院、璧山实验地方法院关于陈春林因与陈春山等发生租佃纠葛请求终约交业一案的文书，包括法院往来公函、民事判决书等。

555. 四川高等法院第一分院、璧山实验地方法院审理请求赔偿损害一案　12—13—554

1943年1月至1943年9月，四川高等法院第一分院、璧山实验地方法院关于陈德明因蒋乔安盗窃请求赔偿损害一案的文书，包括文件目录表、民事诉状、证人证物表、案件审理单、送达证明书、民事辩诉状、民事委任状、言辞辩论笔录、刑事判决书、民事宣判笔录、民事判决书、法院公函等。

556. 四川高等法院第一分院、璧山实验地方法院审理请求返还遗产一案　12—13—555

1943年6月，四川高等法院第一分院、璧山实验地方法院关于张周氏因继承权被侵害请求周辅臣等返还遗产一案的文书，包括文件目录表、民事诉状、证人证物表、送达证明书、法院通知书、民事申请状、法院批示等。

557. 璧山实验地方法院审理损毁依法究办一案　12—13—556

1943年1月至1943年2月，璧山实验地方法院关于江周氏因逆子江重成抄毁田谷请求依法究办一案的文书，包括文件目录表、刑事诉状、证人证物表、案件审理单、送达证明书、检察官不起诉处分书等。

558. 璧山实验地方法院审理请求领押交业一案　12—13—557

1943年6月至1943年9月，璧山实验地方法院关于伍荣案因陈海荣拒不执行和解请求领押交业一案的文书，包括文件目录表、民事诉状、免役证明书、法院公函、证人证物表、法院批稿、民事和解笔录等。

559. 四川高等法院第一分院、璧山实验地方法院审理交业执行一案　12—13—558

1943年7月至1943年12月，四川高等法院第一分院、璧山实验地方法院关于王文杰因与王绍周等发生房土纠葛请求交业执行一案的文书，包括文件目录表、民事诉状、证人证物表、民事委任状、案件审理单、民事判决书、送达证明书、法院执行命令、报告案奉、收据等。

560. 江津地方法院、璧山实验地方法院审理请发支付命令一案　12—13—559

1943年8月至1944年6月，江津地方法院、璧山实验地方法院关于谷银青遵裁定补呈记载以便请发支付命令一案的文书，包括文件目录表、民事申请诉状、证人证物表、法院支付命令、法院公函等。

561. 璧山实验地方法院审理请发支付命令、申请假执行两案　12—13—560

1943年1月至1943年9月，璧山实验地方法院关于李鹏因王之栋拖欠公费请发支付命令、李鹏因吴文渊拖欠公费而申请假执行两案的文书，包括文件目录表、民事诉状、证人证物表、法院支付命令、民事裁定书、送达证明书、法院通知书、民事申请状、民事辩诉状、异议声明状、报告案奉、法院公函、声明异议状、民事判决书、法院公示等。

562. 四川高等法院第一分院、璧山实验地方法院审理回赎典产一案　12—13—561

1941年10月至1944年2月，四川高等法院第一分院、璧山实验地方法院关于孙光彩因不服判决申请再审以回赎典产一案的文书，包括文件目录表、法院公函、民事诉状、证人证物表、补正裁定书、送达证明书、民事上诉状、民事判决书、案件审理单、言辞辩论笔录、民事宣判笔录等。

563. 四川高等法院第一分院、璧山实验地方法院审理申请易科罚金一案　12－13－562

1943年4月，四川高等法院第一分院、璧山实验地方法院关于龙谢氏因龙云合等窃伐不服刑事判决请求易科罚金一案的文书，包括文件目录表、刑事诉状、证人证物表、民事委任状、民事裁定书、送达证明书、法院公函等。

564. 璧山实验地方法院审理土地所有权登记一案　12－13－563

1943年10月至1944年8月，璧山实验地方法院关于李道盅请求土地所有权登记一案的文书，包括不动产登记申请书、登记事项、证明材料及参考事项、案件审理单、法院通知书、送达证明书、委托书、证明书、法院命令、报告案奉、民事申请状、涉案地图、法院批稿、法院公告、民事委任状、证人证物表、收据等。

565. 璧山实验地方法院审理申请停止搬迁交业执行一案　12－13－564

1943年9月，璧山实验地方法院关于萧金山因两子出征家无寸土请求裁定停止搬迁交业执行一案的文书，包括文件目录表、民事诉状、证人证物表、送达证明书、民事裁定书等。

566. 四川高等法院第一分院、璧山实验地方法院审理请求搬迁交业一案　12－13－565

1943年10月至1943年11月，四川高等法院第一分院、璧山实验地方法院关于甘陈氏因杨炳林解除租赁返收租谷请求搬迁交业一案的文书，包括文件目录表、民事诉状、证人证物表、民事委任状、案件审理单、送达证明书、言辞辩论笔录、民事判决书、民事宣判笔录、证人结文、法院公函、出征抗敌军人家属证明书等。

该案另附契约一张。

567. 四川高等法院第一分院、璧山实验地方法院审理给付欠租一案　12－13－566

1943年3月至1944年3月，四川高等法院第一分院、璧山实验地方法院关于曾清荣因与曾子张发生租佃纠葛请求给付欠租一案的文书，包括文件目录表、民事诉状、证人证物表、案件审理单、送达证明书、执行笔录、民事委任状、法院执行命令、声明异议状、民事裁定书、意见书、报告案奉、法院命令、法院通知书、报告书、收据、民事抗告状等。

568. 四川高等法院第一分院、璧山实验地方法院审理增加给付一案　12－13－567

1943年6月至1943年12月，四川高等法院第一分院、璧山实验地方法院关于

雷伯高等因典当田业纠葛而上诉请求增加给付一案的文书，包括文件目录表、法院公函、民事上诉状、证人证物表、民事裁定书、言辞辩论笔录、民事委任状、民事辩诉状、民事宣判笔录、民事判决书等。

569. 四川高等法院第一分院、璧山实验地方法院审理请求终止租约一案　12－13－568

1943 年 7 月至 1943 年 12 月，四川高等法院第一分院、璧山实验地方法院关于龙国梁因与戴焕伦产生租佃纠葛请求终止租约一案的文书，包括文件目录表、民事诉状、证人证物表、民事委任状、案件审理单、送达证明书、民事辩诉状、民事证明状、言辞辩论笔录、民事宣判笔录、民事判决书、许可证、民事上诉状、民事裁定书、法院批稿、法院通知书、民事申请状等。

570. 璧山实验地方法院审理请求返还石料一案　12－13－569

1943 年 1 月至 1943 年 5 月，璧山实验地方法院关于徐冯节筠因徐澄源拒不执行判决请求返还石料一案的文书，包括文件目录表、法院公函、民事诉状、证人证物表、民事判决书、案件审理单、送达证明书、执行辩论笔录、法院执行命令、民事裁定书、报告案奉、收据等。

571. 四川高等法院第一分院、璧山实验地方法院审理返还租谷一案　12－13－570

1942 年 7 月至 1943 年 11 月，四川高等法院第一分院、璧山实验地方法院关于王哲惠因与朱汉臣发生租谷纠葛请求返还租谷一案的文书，包括文件目录表、民事诉状、法院执行命令、报告案奉、言辞辩论笔录、报告、法院公函、民事声明状、执行笔录、案件审理单、送达证明书、民事判决书等。

572. 璧山实验地方法院审理请求交业执行一案　12－13－571

1943 年 12 月，璧山实验地方法院关于张纪明因王子良等串骗耕种妨害生活请求交业执行一案的文书，包括文件目录表、民事诉状、证人证物表、案件审理单、送达证明书、言辞辩论笔录、证人结文、民事判决书等，该卷另附契约一张。

573. 四川高等法院第一分院、璧山实验地方法院审理申请执行给付欠款一案　12－13－572

1942 年 12 月至 1943 年 10 月，四川高等法院第一分院、璧山实验地方法院关于张志林因伍平安拒绝执行判决请求执行给付欠款一案的文书，包括文件目录表、民事诉状、民事判决书、民事裁定书、状悉、民事申请状、法院执行命令、报告案奉、言辞辩论笔录、民事委任状、法院布告、法院通知书、法院训令、案件审理单、送达证明书、报告书、民事缴状、法院执行通知书、证人结文等。

574. 四川高等法院第一分院、璧山实验地方法院审理请求返还文契一案　12—13—573

1941年5月至1943年8月，四川高等法院第一分院、璧山实验地方法院关于徐大维因与郑海清发生契约纠葛请求返还文契一案的文书，包括文件目录表、民事上诉状、证人证物表、法院公函、上诉补理状、民事委任状、言辞辩论笔录、民事判决书、宣示判决笔录、案件审理单、送达证明书、证人结文、民事诉状、民事辩诉状、民事审理笔录等。

575. 四川高等法院第一分院、巴县地方法院审理申请返还租谷一案　12—13—574

1943年8月至1944年6月，四川高等法院第一分院、巴县地方法院关于徐世庸因与甘海山等发生租佃纠葛请求返还租谷一案的文书，包括民事诉状、审理笔录、案件审理单、证人证物表、关票、法院与政府往来公函、点名单、送达证明书、法院训令等。

576. 四川高等法院第一分院、璧山实验地方法院审理查封财产执行债务、清偿公费并请发支付命令两案　12—13—575

1942年10月至1943年9月，四川高等法院第一分院、璧山实验地方法院关于景亮钧因朱少辉拖欠公费而请求查封财产执行债务、景亮钧要求欧子宣清偿公费并请发支付命令的文书，包括文件目录表、民事诉状、证人证物表、案件审理单、送达证明书、民事委任状、民事申请状、报告书、言辞辩论笔录、民事陈明状、法院公函、法院命令、报告案奉、收据、民事领状、法院支付命令、法院通知书、民事上诉状、民事裁定书、证人结文、宣示判决笔录、民事判决书等。

577. 四川高等法院第一分院、璧山实验地方法院审理请求终止租约一案　12—13—576

1942年10月至1943年11月，四川高等法院第一分院、璧山实验地方法院关于曹贤臣因与蔡绍良产生租佃纠葛请求终止租约一案的文书，包括文件目录表、民事诉状、证人证物表、民事辩诉状、送达证明书、审理笔录、证人结文、案件审理单、民事判决书、法院公函等。

578. 四川高等法院第一分院、璧山实验地方法院审理支付黄谷执行一案　12—13—577

1943年10月至1944年8月，四川高等法院第一分院、璧山实验地方法院关于张保臣因向周朋拒不执行判决请求支付黄谷执行一案的文书，包括文件目录表、民事裁定书、报告案奉、法院公函、证人结文、案件审理单、法院布告、收据、意见书、民事委任状、送达证明书、法院公告、民事诉状、证人证物表、言辞辩论笔录、法院训令、法院通知书、民事判决书、刑事判决书等。

579. 璧山实验地方法院审理债务执行一案　12－13－578

1943年9月至1944年1月，璧山实验地方法院关于李鹏因胡何氏等欠公费不偿请求债务执行一案的文书，包括文件目录表、民事诉状、证人证物表、民事裁定书、案件审理单、送达证明书、报告书、法院支付命令、民事申请状、收据、执行证书、法院训令、法院通知书、法院命令等。

580. 四川高等法院第一分院、璧山实验地方法院审理交业执行一案　12－13－579

1942年7月至1944年5月，四川高等法院第一分院、璧山实验地方法院关于张康宁因与韦德辉发生租谷纠葛请求交业执行一案的文书，包括文件目录表、法院公函、意见书、民事诉状、证人证物表、法院训令、民事裁定书、民事申请状、民事判决书、执行命令、报告案奉、收据、民事委任状、法院通知书、送达证明书、言辞辩论笔录、执行笔录、案件审理单、民事抗告状等。

581. 四川高等法院第一分院、璧山实验地方法院审理申请交业执行一案　12－13－580

1943年5月至1943年11月，四川高等法院第一分院、璧山实验地方法院关于戈绍林因陈华安拒不执行判决请求交业执行一案的文书，包括文件目录表、民事诉状、证人证物表、案件审理单、送达证明书、言辞辩论笔录、民事委任状、法院批稿、民事裁定书、民事申请状、法院执行命令、法院公函、报告案奉、收据、民事缴状、民事判决书等。

582. 四川高等法院第一分院、璧山实验地方法院审理租谷假执行一案　12－13－581

1943年7月至1943年11月，四川高等法院第一分院、璧山实验地方法院关于陈竹修因与陶永明发生租佃纠纷请求租谷假执行一案的文书，包括文件目录表、法院公函、民事抗告状、证人证物表、言辞辩论笔录、证人结文、民事裁定书、民事诉状、送达证明书、讯问笔录、调解笔录等。

583. 四川高等法院第一分院、璧山实验地方法院审理欺诈一案　12－13－582

1943年11月，四川高等法院第一分院、璧山实验地方法院关于黄育才诉甲长巫镛欺诈出征军人安家费一案的文书，包括文件目录表、刑事判决书、法院间的往来公函等。

584. 璧山实验地方法院审理脱逃移送控告一案　12－13－583

1943年1月至1943年7月，璧山实验地方法院关于军训部运输队因赖金铨脱逃请求移送控告一案的文书，包括文件目录表、法院公函、应讯人到场报告单、讯问笔录、民事保状、送达证明书、民事裁定书等。

585. 璧山实验地方法院审理欺诈取财一案　12－13－584

1943年9月至1943年11月，璧山实验地方法院关于曾子张等因景亮钧欺诈取财请求传讯一案的文书，包括文件目录表、刑事诉状、证人证物表、案件审理单、送达证明书、民事委任状、审理笔录、刑事申请书、刑事宣判笔录、刑事判决书等。

586. 四川高等法院第一分院、璧山实验地方法院审理窃盗树木一案　12－13－585

1943年9月至1943年11月，四川高等法院第一分院、璧山实验地方法院关于董吉之因胡香林串通军人侵伐树木提起诉讼一案的文书，包括刑事诉状、证人证物表、文件目录表、送达证明书、审判笔录、法院公函、案件审理单、报告书、刑事保状、法院训令、刑事申请状、刑事宣判笔录、刑事判决书等。

587. 璧山实验地方法院审理伪造文书企图侵占代管田产一案　12－13－586

1943年12月至1944年4月，璧山实验地方法院关于邓程世璧诉程治顺伪造遗嘱企图侵占代管田产一案的文书，包括文件目录表、法院公函、刑事诉状、证人证物表、案件审理单、送达证明书、审判笔录、刑事申请状、刑事委任状、刑事辩诉状、法院命令、证人结文、刑事宣判笔录、刑事判决书、刑事上诉补佐状等。

588. 璧山实验地方法院审理杀人未遂一案　12－13－587

1943年11月至1943年12月，璧山实验地方法院关于唐辉先因陈文清等杀人未遂提起诉讼一案的文书，包括文件目录表、法院公函、报告书、押票应讯人到场报告单、讯问笔录、刑事申请书、证人证物表、送达证明书、领状等。

589. 璧山实验地方法院审理窃盗一案　12－13－588

1943年4月至1943年5月，璧山实验地方法院关于赖正明入室窃盗嫌疑一案的文书，包括文件目录表、法院公函、应讯人到场报告单、讯问笔录、押票、刑事辩诉状、证人证物表、送达证明书、报告、案件审理单、刑事保状、检察官不起诉处分书等。

590. 璧山实验地方法院审理伪造遗嘱一案　12－13－589

1943年1月，璧山实验地方法院关于陈素辉因陈茂修等伪造遗嘱妨害原告权利依法提起诉讼一案的文书，包括文件目录表、刑事诉状、证人证物表、刑事委任状、案件审理单、送达证明书、审判笔录、证人结文、刑事答辩状、刑事判决书等。该案另附遗嘱一件。

591. 璧山实验地方法院审理返还遗产一案　12－13－590

1943 年 11 月，璧山实验地方法院关于张彭氏等因张笙莆等拒赎质物请求返还遗产一案的文书，包括文件目录表、民事诉状、证人证物表、民事委任状、案件审理单、送达证明书、民事辩诉状、言辞辩论笔录、民事宣判笔录、民事判决书等。该卷另附典约一张。

592. 璧山实验地方法院审理确认买卖契约无效一案　12－13－591

1943 年 11 月至 1944 年 6 月，璧山实验地方法院关于伍登辉因伍德操等无权出卖产业请求确认买卖契约无效一案的文书，包括文件目录表、民事诉状、证人证物表、民事委任状、案件审理单、送达证明书、民事判决书等。

593. 璧山实验地方法院审理返还垫谷一案　12－13－592

1943 年 5 月，璧山实验地方法院关于赵益之因胡济高拒不执行判决请求返还垫谷一案的文书，包括文件目录表、民事诉状、证人证物表、借据、民事委任状、案件审理单、送达证明书、言辞辩论笔录、民事宣判笔录、民事判决书等。

594. 四川高等法院第一分院、璧山实验地方法院审理请求搬迁交业一案　12－13－593

1943 年 9 月，四川高等法院第一分院、璧山实验地方法院关于钟衡萱因与张镜钟发生租佃纠葛请求搬迁交业一案的文书，包括法院公函、民事诉状、民事判决书等。

595. 璧山实验地方法院审理交付贷物一案　12－13－594

1943 年 11 月至 1943 年 12 月，璧山实验地方法院关于陈剑辉因平心祥等违背典约请求交付贷物一案的文书，包括文件目录表、民事诉状、证人证物表、送达证明书、言辞辩论笔录、案件审理单、民事申请状、法院批稿、法院通知书、收据等。

596. 璧山实验地方法院审理申请查示一案　12－13－595

1943 年 7 月，璧山实验地方法院关于徐吉成因上诉徐德荣遭驳斥请求查示一案的文书，包括文件目录表、刑事申请状、证人证物表、通知书等。

597. 璧山实验地方法院审理领押交业执行一案　12－13－596

1943 年 9 月，璧山实验地方法院关于欧清廷因卢朝彬拒不交业请求领押交业执行一案的文书,包括文件目录表、民事诉状、证人证物表、民事申请状、法院批稿、送达证明书等。

598. 璧山县知事公署审理离婚备查一案　12—13—597

1930年4月,璧山县知事公署关于周世钰因与周王氏离婚请求离婚备查一案的文书,包括卷宗目录表、司法状纸、送达证明书等。

599. 璧山实验地方法院审理申请假扣押一案　12—13—598

1943年7月,璧山实验地方法院关于甘永璧因杨鲁三等久不还债请求假扣押一案的文书,包括文件目录表、民事诉状、民事判决书、证人证物表、民事裁定书、送达证明书等。

600. 璧山实验地方法院审理请发支付命令一案　12—13—599

1943年10月,璧山实验地方法院关于陈案廷因龚俊才借款逾期不还请求发布支付命令一案的文书,包括文件目录表、民事诉状、证人证物表、法院支付命令、送达证明书等。

601. 璧山实验地方法院审理失踪存案备查一案　12—13—600

1943年4月,璧山实验地方法院关于陈李氏因陈荣源失踪请求存案备查一案的文书,包括文件目录表、民事诉状、证人证物表、案件审理单、送达证明书、讯问笔录等。

602. 四川高等法院第一分院、璧山实验地方法院审理承认遗产管理权一案　12—13—601

1943年2月至1943年6月,四川高等法院第一分院、璧山实验地方法院关于万大兴因与黄张氏发生遗产纠葛请求承认遗产管理权一案的文书,包括文件目录表、民事裁定书、民事上诉状、法院公函、证人证物表、送达证明书等。

603. 璧山实验地方法院审理结婚存查一案　12—13—602

1943年9月,璧山实验地方法院关于高登级因欲杜后患请求结婚存查一案的文书,包括文件目录表、民事存查状、证人证物表、法院批稿等。

604. 璧山实验地方法院审理再醮存查一案　12—13—603

1943年6月,璧山实验地方法院关于刘简氏生活无依请求再醮存查一案的文书,包括文件目录表、民事诉状、证人证物表、法院批稿、送达证明书等。

605. 四川高等法院第一分院、璧山实验地方法院审理给付遗产一案　12－13－604

1943 年 9 月至 1943 年 10 月，四川高等法院第一分院、璧山实验地方法院关于谢应和因与黄谢氏发生遗产纠葛请求给付遗产一案的文书，包括文件目录表、民事抗告状、证人证物表、意见书、民事裁定书等。

606. 璧山实验地方法院审理预防损害备查一案　12－13－605

1943 年 10 月，璧山实验地方法院关于安荣卿因预防渔利损害权益以录案备查一案的文书，包括文件目录表、民事申请状、合同、证人证物表、法院批稿、送达证明书等。

607. 璧山实验地方法院审理离婚存查一案　12－13－606

1943 年 8 月至 1943 年 9 月，璧山实验地方法院关于吴光权等因感情不合请求离婚备查一案的文书，包括文件目录表、民事诉状、证人证物表、法院批稿等。

608. 璧山实验地方法院审理债务执行一案　12－13－607

1943 年 5 月，璧山实验地方法院关于江九川因胡少光抗债不偿请求债务执行一案的文书，包括文件目录表、民事诉状、证人证物表、法院支付命令、报告案奉、收据等。

609. 四川高等法院第一分院、璧山实验地方法院审理高分院函调戴作三与邹万盛卷宗　12－13－608

1943 年 2 月，璧山实验地方法院关于四川高等法院第一分院要求函调戴作三与邹万盛卷宗的文书，该卷仅包括四川高等法院第一分院与璧山实验地方法院之间的往来公函。

610. 四川高等法院第一分院、璧山实验地方法院审理高分院函调李森林向懋华给付租谷卷宗　12－13－609

1943 年 8 月，璧山实验地方法院关于四川高等法院第一分院因办案需要请求函调李森林向懋华给付租谷卷宗的文书，该卷仅包括包括四川高等法院第一分院与璧山实验地方法院之间的往来公函。

611. 四川高等法院第一分院、璧山县知事公署审理返还典约案及分关尾卷　12－13－610

1931 年 5 月至 1931 年 9 月，四川高等法院第一分院、璧山县知事公署关于伍恒太因与伍荣发发生租佃纠葛请求返还典约一案及分关尾卷文书，包括法院公函、民事裁定书等。

612. 四川高等法院第一分院、璧山实验地方法院审理请求给付黄谷一案　12—13—611

1943年12月，四川高等法院第一分院、璧山实验地方法院关于伍张氏因与伍登泮发生租佃纠纷请求给付黄谷一案的文书，该卷仅包括法院间的往来公函。

613. 四川高等法院第一分院、璧山实验地方法院审理终止租约一案　12—13—612

1943年4月至1944年2月，四川高等法院第一分院、璧山实验地方法院关于冯学周因李清明逾期霸踞请求终止租约一案的文书，包括民事上诉状、证人证物表、民事裁定书、法院公函、民事申请书、民事公证状、照抄被上诉呈、证人结文、言辞辩论笔录、民事宣判笔录、民事判决书、民事申请状、文件目录表、公证状、照抄契约、民事诉状、案件审理单、送达证明书、民事声明状、审判笔录等。

614. 璧山实验地方法院审理公证佃权一案　12—13—613

1943年10月，璧山实验地方法院关于张杨氏因转佃田业而申请公证一案的文书，包括文件目录表、公证申请书、公证事项、证明书、公证讯问笔录等。

615. 璧山实验地方法院审理终止租约一案　12—13—614

1943年4月至1943年5月，璧山实验地方法院关于冯学周因与李清明发生租佃纠葛请求终止租约一案的文书，包括文件目录表、法院公函、证物目录等。

616. 四川高等法院第一分院、璧山实验地方法院审理申请搬迁交业一案　12—13—615

1943年5月至1943年11月，四川高等法院第一分院、璧山实验地方法院关于陈伯超因与郭永富等发生租佃纠葛请求搬迁交业一案的文书，包括文件目录表、法院公函、民事诉状、证人证物表、民事判决书、法院执行命令、报告案奉、收据、民事异议状、案件审理单、民事答辩状、送达证明书、言辞辩论笔录、民事委任状、民事裁定书、契约、证人结文、民事宣判笔录等。

617. 璧山实验地方法院审理申请终止租约、租佃执行一案　12—13—616

1942年12月至1943年7月，璧山实验地方法院关于胡郭氏因与吴银廷发生租佃纠葛请求终止租约、租佃执行一案的文书，包括文件目录表、民事诉状、证人证物表、民事判决书、法院执行命令、报告案奉、送达证明书、民事委任状、案件审理单、执行辩论笔录等。

618. 璧山实验地方法院审理领款执行一案　12－13－617

1943 年 10 月至 1943 年 11 月，璧山实验地方法院关于杨炳章因杨维宵逾久未领请求领款执行一案的文书，包括文件目录表、法院公函、民事领状、证人证物表、案件审理单、民事保状、收据等。

619. 璧山实验地方法院审理离婚一案　12－13－618

1943 年 11 月，璧山实验地方法院关于江流娥因何藩通奸请求离婚一案的文书，包括文件目录表、民事申请状、证人证物表、民事委任状、案件审理单、送达证明书、调解笔录、民事辩诉状等。

620. 璧山实验地方法院审理返还田业一案　12－13－619

1943 年 8 月至 1943 年 10 月，璧山实验地方法院关于范炳云等因买卖契约纠纷而请求返还田业一案的文书，包括法院公函、民事判决书、证人证物表、法院批稿、民事上诉状、民事裁定书等。

621. 四川高等法院第一分院、璧山实验地方法院审理返还借谷一案　12－13－620

1942 年 9 月至 1943 年 10 月，四川高等法院第一分院、璧山实验地方法院关于杨焕廷因周光成借谷不还请求返还借谷一案的文书，包括文件目录表、民事诉状、证人证物表、案件审理单、送达证明书、言辞辩论笔录、民事委任状、民事缴状、民事和解笔录、民事裁定书、民事申请状、法院公函、民事上诉追加状、证人结文、民事判决书等。

622. 璧山实验地方法院、璧山县政府审理继承遗产公证一案　12－13－621

1927 年 5 月至 1943 年 10 月，璧山实验地方法院、璧山县政府关于周李氏请求继承遗产公证一案的文书，包括点名单、审理笔录、刑事处分书、法院公函、文件目录表、公证申请书、公证事项、证明书、公证讯问笔录、公证书、遗嘱等。

623. 四川高等法院第一分院、璧山实验地方法院审理终止租约、确认买卖不动产契约无效两案　12－13－622

1943 年 5 月至 1944 年 1 月，四川高等法院第一分院、璧山实验地方法院关于钟邹氏因与彭雁秋发生租佃纠葛请求终止租约、毛德群等因与毛致轩等发生买卖纠葛请求确认买卖不动产契约无效两案的文书，包括文件目录表、法院公函、民事裁定书、民事诉状、民事委任状、案件审理单、送达证明书、言辞辩论笔录、证人证物表、民事辩诉状等。

624. 四川高等法院第一分院、璧山实验地方法院审理回赎典产一案　12－13－623

1941年9月至1944年2月，四川高等法院第一分院、璧山实验地方法院关于明树林因李世芳不服判决请求回赎典产一案的文书，包括法院公函、证人证物表、文件目录表、民事诉状、民事裁定书、民事上诉状、民事判决书、报告等。

625. 璧山实验地方法院审理返还遗产一案　12－13－624

1934年10月至1944年12月，璧山实验地方法院关于陈徐氏因与陈文俭等发生遗产纠纷请求返还遗产一案的文书，包括法院通知书、送达证明书、审理笔录、保状、民事判决书、民事宣判笔录、证人结文、法院训令等。

该卷另附璧山实验地方法院民事判决书、璧山实验地方法院民事裁定书、璧山县政府民事判决书，涉及典当纠葛、租佃纠葛、债务纠葛、会款纠葛、买卖纠葛。

626. 四川高等法院第一分院、璧山实验地方法院审理请求返还食谷一案　12－13－625

1943年5月至1943年6月，四川高等法院第一分院、璧山实验地方法院关于孙世荣因潘汉江侵吞军谷请求返还食谷一案的文书，包括文件目录表、法院公函、民事诉状、证人证物表、案件审理单、送达证明书、言辞辩论笔录、证人结文、民事宣判笔录、民事委任状、民事判决书、民事辩诉状、民事裁定书等。

627. 四川高等法院第一分院、璧山实验地方法院审理田谷假扣押一案　12－13－626

1943年7月至1943年10月，四川高等法院第一分院、璧山实验地方法院关于何江流娥因何潘拒不执行判决请求田谷假扣押一案的文书，包括法院公函、民事裁定书、民事抗告状、文件目录表、民事诉状、证人证物表、送达证明书、民事判决书等。

628. 四川高等法院第一分院、璧山实验地方法院审理请求终止租约、领押交业一案　12－13－627

1943年7月至1944年1月，四川高等法院第一分院、璧山实验地方法院关于严方成因严长荣恶佃占耕痞赖骗租请求终止租约、领押交业一案的文书，包括文件目录表、民事诉状、证人证物表、案件审理单、送达证明书、言辞辩论笔录、民事宣判笔录、民事申请状、民事答辩状、法院通知书、契约、民事裁定书、民事上诉状等。

629. 璧山实验地方法院审理给付租谷一案　12－13－628

1942年8月，璧山实验地方法院关于张邦荣因罗华山不执行判决请求给付租谷一案的文书,包括文件目录表、民事诉状、证人证物表、民事判决书、送达证明书、法院执行命令、报告案奉等。

630. 四川高等法院第一分院、璧山实验地方法院审理给付原酒一案　12－13－629

1943 年 6 月至 1943 年 11 月,四川高等法院第一分院、璧山实验地方法院关于曹裕光因王海滨赊原酒不还请求给付原酒一案的文书,包括文件目录表、民事诉状、证人证物表、民事委任状、案件审理单、送达证明书、凭票、民事辩诉状、言辞辩论笔录、证人结文、民事宣判笔录、民事判决书、法院公函、民事上诉状、民事裁定书等。

631. 四川高等法院第一分院、璧山实验地方法院审理回赎产业一案　12－13－630

1943 年 9 月,四川高等法院第一分院、璧山实验地方法院关于何绍修因与何志涵发生典当纠葛请求回赎产业一案的文书,包括文件目录表、法院公函、民事裁定书等。

632. 璧山实验地方法院审理申请罚金执行一案　12－13－631

1943 年 12 月至 1944 年 3 月,璧山实验地方法院关于张树轩因薛正贵伤害请求罚金执行一案的文书,包括文件目录表、法院公函、民事判决书、法院执行命令、报告案奉、法院训令等。

633. 璧山实验地方法院审理请求迁让执行一案　12－13－632

1943 年 10 月至 1943 年 11 月,璧山实验地方法院关于刘汉卿因龚润生拒不执行判决请求迁让执行一案的文书,包括文件目录表、民事申请状、证人证物表、民事和解笔录、案件审理单、送达证明书、民事辩诉状、法院执行命令、民事声明状、民事裁定书、报告案奉、收据、民事领状、法院命令等。该卷另附 1941 年判决书一张。

634. 璧山实验地方法院审理给付租谷一案　12－13－633

1943 年 3 月,璧山实验地方法院关于尹长兴因吴海彬欠债不偿请求给付租谷一案的文书,包括民事诉状、证人证物表、案件审理单、送达证明书、审理笔录、民事和解笔录等。

635. 璧山实验地方法院审理给付生活费一案　12－13－634

1943 年 10 月至 1943 年 11 月,璧山实验地方法院关于黄江氏因黄安武等不孝请求给付生活费一案的文书,包括民事诉状、证人证物表、民事委任状、案件审理单、送达证明书、民事辩诉状、言辞辩论笔录、民事申请状、法院批稿等。

636. 璧山实验地方法院、江津地方法院审理请求交还存条一案　12－13－635

1943年10月，璧山实验地方法院、江津地方法院关于陈玉彬因邓翔林措握有价证据企图敲诈请求交还存条一案的文书，包括文件目录表、民事诉状、证人证物表、讯问笔录、民事裁定书、法院公函等。

637. 四川高等法院第一分院、璧山实验地方法院审理增加给付一案　12－13－636

1943年8月至1947年10月，四川高等法院第一分院、璧山实验地方法院关于陶合祥因与余杨氏等发生典当纠纷请求增加给付一案的文书，包括文件目录表、民事诉状、证人证物表、民事辩诉状、民事委任状、送达证明书、言辞辩论笔录、民事宣判笔录、民事判决书等，该卷另附其他案件的判决书。

638. 四川高等法院第一分院、璧山实验地方法院审理请求增加修缮费一案　12－13－637

1942年12月至1943年5月，四川高等法院第一分院、璧山实验地方法院关于王崇高因费重光修缮费过低请求增加修缮费一案的文书，包括文件目录表、法院公函、民事上诉状、民事裁定书、送达证明书、民事申请书、民事委任状、法院通知书等。

639. 四川高等法院第一分院、璧山实验地方法院审理伪造文书一案　12－13－638

1943年7月，四川高等法院第一分院、璧山实验地方法院关于张明照因张九黉私造文书请求追究责任一案的文书，包括刑事诉状、证人证物表、民事委任状、法院公函、案件审理单、送达证明书、审理笔录等。

640. 璧山实验地方法院审理赔偿损失一案　12－13－639

1943年1月至1943年6月，璧山实验地方法院关于娄贵卿因罗宏钧伪造买卖田业契约而请求赔偿损失一案的文书，包括检察官起诉书、刑事诉状、刑事委任状、案件审理单、送达证明书、刑事审理笔录等。

641. 四川高等法院第一分院、璧山实验地方法院审理交还产业执行一案　12－13－640

1943年11月至1944年1月，四川高等法院第一分院、璧山实验地方法院关于谢海轩因张兴发不履行和解内容请求交还产业执行一案的文书，包括送达证明书、和解笔录、文件目录表、民事诉状、证人证物表、法院训令、法院公函、报告案奉、法院执行命令、收据、法院指令等。

642. 璧山实验地方法院审理请求丧失管理权一案　12－13－641

1943年7月，璧山实验地方法院关于陈宗枢因张四容违反法定义务隐匿遗产请求丧失管理权一案的文书，包括文件目录表、民事诉状、法院批稿、送达证明书等。

643. 璧山实验地方法院审理领押交业一案　12－13－642

1943年8月至1943年9月，璧山实验地方法院关于谢青云因与谢张氏等发生租佃纠纷请求领押交业一案的文书，包括文件目录表、民事诉状、证人证物表、民事委任状、案件审理单、送达证明书、言辞辩论笔录、民事申请状、民事宣判笔录、民事判决书等，该卷另附抄录佃约一张。

644. 璧山实验地方法院审理确认买卖契约无效一案　12－13－643

1943年6月，璧山实验地方法院关于正兴乡乡公所因陈国五窃买窃卖已故富绅捐善田请求确认买卖契约无效一案的文书，包括正兴乡乡公所公函、民事诉状、法院指令、送达证明书等。

645. 四川高等法院第一分院、璧山实验地方法院审理给付欠租一案　12－13－644

1943年5月，四川高等法院第一分院、璧山实验地方法院关于谢锡金因杨银武欠租不偿请求给付欠租一案的文书，包括法院公函、民事判决书、文件目录表、民事诉状、证人证物表、民事委任状、案件审理单、送达证明书、言辞辩论笔录、民事上诉状、民事裁定书等。

646. 四川高等法院第一分院、璧山实验地方法院审理确认所有权一案　12－13－645

1943年5月至1943年7月，四川高等法院第一分院、璧山实验地方法院关于雷述清因与杨南轩发生买卖产业纠葛请求确认所有权一案的文书，包括文件目录表、民事诉状、证人证物表、送达证明书、民事委任状、言辞辩论笔录、案件审理单、民事判决书、法院公函、民事上诉状、民事裁定书等。

647. 璧山实验地方法院审理搬迁交房一案　12－13－646

1943年4月至1943年5月，璧山实验地方法院关于陈伯超因与郭永富发生租佃纠葛请求搬迁交房一案的文书，包括法院公函、民事判决书、文件目录表、民事诉状、证人证物表、案件审理单、送达证明书、言辞辩论笔录、证人结文等，该卷另附抄录收约一份。

648. 四川高等法院第一分院、璧山实验地方法院审理搬迁交业一案　12－13－647

1943年6月至1943年9月，四川高等法院第一分院、璧山实验地方法院关于苏文波因不服判决上诉请求搬迁交业一案的文书，包括法院公函、民事上诉状、证人证物表、民事裁定书、送达证明书等。

649. 璧山实验地方法院审理租佃调解一案　12－13－648

1943年4月，璧山实验地方法院关于汪男轩因刘作光拒绝退佃请求租佃调解一案的文书，包括文件目录表、民事申请状、证人证物表、案件审理单、送达证明书等。

650. 四川高等法院第一分院、璧山实验地方法院审理盗窃附带民诉一案　12－13－649

1943年9月，四川高等法院第一分院、璧山实验地方法院关于曾建修因张康宁盗窃提起刑事附带民事诉讼一案的文书，包括文件目录表、刑事诉状、法院公函、刑事上诉状、证人证物表、法院通知书、送达证明书等。

651. 璧山实验地方法院审理返还借款一案　12－13－650

1943年4月至1943年5月，璧山实验地方法院关于刘治荣要求刘泽高返还借款一案的文书，包括文件目录表、民事诉状、案件审理单、送达证明书、言辞辩论笔录、民事判决书、法院公函等。

652. 璧山实验地方法院审理食膳调解一案　12－13－651

1943年1月至1943年9月，璧山实验地方法院关于程牟氏因与程汝霖分家受累食膳无着请求食膳调解一案的文书，包括文件目录表、民事申请状、证人证物表、民事委任状、案件审理单、送达证明书、民事异议状等。

653. 璧山实验地方法院审理离婚一案　12－13－652

1943年9月，璧山实验地方法院关于戴德权因与刘绍珍感情不和请求离婚一案的文书，包括文件目录表、民事诉状、证人证物表、申请注销状等。

654. 四川高等法院第一分院、璧山实验地方法院审理终止租约领扣交业一案 12－13－653

1942年12月至1943年3月，四川高等法院第一分院、璧山实验地方法院关于汪罗氏因不服判决请求终止租约领扣交业一案的文书，包括文件目录表、民事诉状、法院公函、证人证物表、民事辩诉状、言辞辩论笔录、证人结文、民事宣判笔录、民事委任状、民事判决书等。

655. 璧山实验地方法院审理确认诉讼费一案　12－13－654

1943 年 4 月，璧山实验地方法院关于王锡波与赵王氏请求确认回赎佃产案诉讼费一案的文书，包括文件目录表、民事申请状、诉讼费及涉讼损害数目表、证人证物表、法院批稿等。

656. 四川高等法院第一分院、璧山实验地方法院审理租谷执行一案　12－13－655

1943 年 1 月至 1943 年 5 月，四川高等法院第一分院、璧山实验地方法院关于罗宏钧因夏春山拒不执行和解结果请求租谷执行一案的文书，包括文件目录表、民事诉状、证人证物表、民事判决书、法院执行命令、报告案奉、执行笔录、民事委任状、收据、民事和解笔录等。

657. 四川高等法院第一分院、璧山实验地方法院审理确认转移所有权契约有效一案　12－13－656

1943 年 1 月至 1943 年 12 月，四川高等法院第一分院、璧山实验地方法院关于刘斐然因与刘泽高发生契约纠葛请求确认转移所有权契约有效一案的文书，包括法院公函、民事上诉状、民事裁定书、民事判决书等。

658. 璧山实验地方法院审理止约交业一案　12－13－657

1943 年 6 月至 1945 年 5 月，璧山实验地方法院关于黄希之因与巫奎臣发生租佃纠葛请求止约交业一案的文书，包括法院公函、民事判决书、送达证明书、法院通知书、言辞辩论笔录、民事宣判笔录、证人结文、法院训令、民事领状等。

659. 璧山实验地方法院审理所有权登记一案　12－13－658

1943 年 12 月至 1944 年 7 月，璧山实验地方法院关于陈明陞请求登记田土所有权一案的文书，包括文件目录表、不动产登记申请书、登记事项、不动产登记保证书、法院登记通知书、送达证明书、涉案地图、登记条理书、法院命令、报告案奉、法院公告、收据等。

660. 四川高等法院第一分院、璧山实验地方法院审理执行租谷一案　12－13－659

1943 年 1 月至 1943 年 8 月，四川高等法院第一分院、璧山实验地方法院关于吴俊良因何经一不遵和解请求执行租谷一案的文书，包括文件目录表、民事诉状、民事和解笔录、民事申请状、民事委任状、法院执行命令、报告案奉、执行笔录、民事保状、证人证物表、法院公函、阅卷申请书、送达证明书、言辞辩论笔录、案件审理单、法院训令、法院公告、法院通知书、接收管理条等。

661. 四川高等法院第一分院、璧山实验地方法院审理请发支付命令、解除代理关系并赔偿公费两案　12－13－660

1943年7月至1943年8月，四川高等法院第一分院、璧山实验地方法院关于景亮钧因曾长林等拖欠公费而请发支付命令、张廷富因景亮钧未履行契约而申请解除代理关系并赔偿公费两案的文书，包括文件目录表、证人证物表、民事诉状、法院支付命令、法院公函、民事判决书、民事申请状、民事委任状、案件审理单、送达证明书、言辞辩论笔录、证人结文、民事宣判笔录、法院训令、领状等。

662. 璧山实验地方法院审理标卖因业一案　12－13－661

1943年4月至1943年7月，璧山实验地方法院关于被服一厂请求璧山实验地方法院标卖黄汉清田业一案的文书，包括文件目录表、被服一厂公函、案件审理单、法院公函等。

663. 璧山实验地方法院审理领价交业执行一案　12－13－662

1943年7月，璧山实验地方法院关于向高魁因与赵先图等发生买卖田业纠纷请求领价交业执行一案的文书，包括文件目录表、民事申请状、证人证物表、民事判决书、案件审理单、送达证明书、民事声明状等。

664. 璧山实验地方法院审理给付黄谷一案　12－13－663

1943年3月至1943年7月，璧山实验地方法院关于程孙氏因与程汝吉发生租佃纠纷请求给付黄谷一案的文书，包括证人证物表、执行言辞辩论笔录等。

665. 璧山实验地方法院审理宣告死亡一案　12－13－664

1943年9月至1944年4月，璧山实验地方法院关于谭张氏宣告张谭氏死亡一案的文书，包括文件目录表、民事裁定书、送达证明书、言辞辩论笔录、证人结文、法院通知书、民事诉状等。

666. 璧山实验地方法院审理请求交房一案　12－13－665

1942年12月至1943年5月，璧山实验地方法院关于饶大勋因饶海勇霸房不交请求交房一案的文书，包括民事诉状、证人证物表、民事委任状、案件审理单、送达证明书、民事审理笔录、民事判决书、收据、当庭领回状等。

667. 四川高等法院第一分院、璧山实验地方法院审理领价交业一案　12－13－666

1942年7月至1944年3月，四川高等法院第一分院、璧山实验地方法院关于

陈新科因与陈治云发生租佃纠葛请求领价交业一案的文书，包括法院公函、民事诉状、民事上诉状、证人证物表、民事裁定书、民事答辩状、民事判决书、送达证明书等。

668. 四川高等法院第一分院、璧山实验地方法院审理给付租谷一案　12－13－667

1943 年 10 月至 1944 年 2 月，四川高等法院第一分院、璧山实验地方法院关于萧文良因李周氏抗租不交妨害自由请求给付租谷一案的文书，包括文件目录表、法院公函、民事上诉状、证人证物表、民事裁定书、送达证明书、民事声明状、言辞辩论笔录、民事委任状、民事宣判笔录、民事判决书、民事诉状、案件审理单等。

669. 璧山实验地方法院审理请求回赎典产一案　12－13－668

1943 年 12 月至 1944 年 3 月，璧山实验地方法院关于钟清明因与钟国光发生典当纠葛请求回赎典产一案的文书，包括文件目录表、民事诉状、证人证物表、民事委任状、案件审理单、送达证明书、言辞辩论笔录、民事答辩状、证人结文、民事证明状、民事宣判笔录、民事判决书、领状、报告书等，该卷另附契约一张。

670. 璧山实验地方法院审理请求返还契约并确认继承权一案　12－13－669

1943 年 4 月，璧山实验地方法院关于刘从华因刘从权窃措契约意图霸产请求返还契约并确认继承权一案的文书，包括文件目录表、民事诉状、证人证物表、民事委任状、案件审理单、送达证明书、言辞辩论笔录、民事和息状、法院批示等。

671. 璧山实验地方法院审理执行搬迁一案　12－13－670

1942 年 11 月至 1943 年 7 月，璧山实验地方法院关于唐秉衡因与张治江发生租佃纠葛请求执行搬迁一案的文书，包括文件目录表、民事诉状、证人证物表、民事委任状、民事判决书、民事申请状、法院通知书、送达证明书、法院训令、报告案奉、收据等。

672. 四川高等法院第一分院、璧山实验地方法院审理停止行使权利一案　12－13－671

1943 年 3 月至 1943 年 11 月，四川高等法院第一分院、璧山实验地方法院关于钟靳氏等因租佃纠葛而要求钟邹氏停止行使权利一案的文书，包括文件目录表、法院公函、民事裁定书、民事上诉状、民事委任状、证人证物表、民事申请状、言辞辩论笔录、证人结文、送达证明书等。

673. 四川高等法院第一分院、璧山实验地方法院审理给付租谷一案　12－13－672

1943 年 1 月至 1943 年 5 月，四川高等法院第一分院、璧山实验地方法院关于

梁泽霖因左赵氏捐租交业请求给付租谷一案的文书，包括文件目录表、法院公函、民事上诉状、送达证明书、证人证物表、民事委任状、案件审理单、言辞辩论笔录、民事宣判笔录、民事判决书等。

674. 璧山实验地方法院审理搬迁交业一案　12－13－673

1943 年 10 月至 1943 年 11 月，璧山实验地方法院关于李刘氏因刘炳章限期届满抗不搬迁请求搬迁交业一案的文书，包括文件目录表、民事诉状、证人证物表、案件审理单、送达证明书、言辞辩论笔录、民事宣判笔录、民事判决书、民事辩诉状等。

675. 四川高等法院第一分院、璧山实验地方法院审理终止大佃契约执行一案　12－13－674

1943 年 1 月至 1943 年 6 月，四川高等法院第一分院、璧山实验地方法院关于黄才林因与黄炳章发生租佃纠葛请求终止租佃契约执行一案的文书，包括文件目录表、民事申请状、证人证物表、送达证明书、言辞辩论笔录、法院执行命令、报告案奉、收据、民事缴状、民事判决书等。

676. 璧山实验地方法院审理租佃执行一案　12－13－675

1943 年 1 月至 1943 年 5 月，璧山实验地方法院关于田温氏等因胡义发抗不履行判决请求租佃执行一案的文书，包括文件目录表、民事诉状、民事和解笔录、证人证物表、案件审理单、法院执行命令、报告案奉、收据等。

677. 璧山实验地方法院审理典权调解一案　12－13－676

1943 年 4 月，璧山实验地方法院关于邹文卿因邹东璧典期已满请求典权调解一案的文书，包括文件目录表、民事诉状、证人证物表、案件审理单、和解辩论笔录等。

678. 四川高等法院第一分院、璧山实验地方法院审理终止租约一案　12－13－677

1943 年 9 月至 1943 年 10 月，四川高等法院第一分院、璧山实验地方法院关于曾子张等因与曾张氏等发生租佃纠纷请求终止租约一案的文书，包括文件目录表、法院公函、民事判决书等。

679. 四川高等法院第一分院、璧山地方法院审理损害赔偿一案尾卷　12－13－678

1941 年 1 月至 1941 年 7 月，四川高等法院第一分院、璧山地方法院关于冯树家因与冯张氏发生买树纠葛请求赔偿损害一案的文书尾卷，包括法院公函、民事判决书等。

680. 璧山实验地方法院审理申请领回典契一案　12－13－679

1943年4月,璧山实验地方法院关于李克熙请求领回与李文德涉讼呈庭典契一案的文书,包括文件目录表、民事申请状、证人证物表、领证笔录等。

681. 璧山实验地方法院审理家产调解执行一案　12－13－680

1942年10月至1943年4月,璧山实验地方法院关于邓碧云因与邓举贤发生家产纠葛请求家产调解执行一案的文书,包括文件目录表、民事诉状、证人证物表、和解笔录、照抄财产单、法院执行命令、报告案奉、民事委任状、民事执行笔录、法院通知书、送达证明书、阅卷申请书、法院公函、民事抗告状、法院证明书等。

682. 四川高等法院第一分院、璧山实验地方法院等审理确认所有权一案　12－13－681

1943年12月至1944年2月,四川高等法院第一分院、璧山实验地方法院等关于王杨泽芬因黄灵九攫夺阵亡遗嫠房产请求确认所有权一案的文书,包括文件目录表、民事诉状、全御代电、证人证物表、法院公函、送达证明书、民事委任状、民事裁定书等。

683. 璧山实验地方法院审理搬迁交业执行一案　12－13－682

1943年9月至1943年10月,璧山实验地方法院关于曾炳辉因凌甘氏拒不执行和解结果请求搬迁交业执行一案的文书,包括文件目录表、民事诉状、证人证物表、民事和解笔录、案件审理单、法院执行命令、报告案奉、收据、法院通知书、送达证明书等。

684. 璧山实验地方法院审理诈财一案　12－13－683

1943年10月至1943年11月,璧山实验地方法院关于蓝光雨因郑少林伪造买卖油料账单诈财一案的文书,包括文件目录表、刑事诉状、证人证物表、案件审理单、送达证明书、刑事撤回状、法院公函、法院通知书等。

685. 璧山实验地方法院审理给付租谷一案　12－13－684

1943年3月至1943年5月,璧山实验地方法院关于李开明因不服判决请求再审以给付租谷一案的文书,包括文件目录表、法院公函、民事上诉状、证人证物表、言辞辩论笔录、法院通知书、送达证明书等。

686. 璧山实验地方法院审理请求确认所有权一案　12－13－685

1942年6月至1944年2月,璧山实验地方法院关于张兴泰等因房土所有权纠葛而请求确认所有权一案的文书,包括文件目录表、民事诉状、证人证物表、民事委任状、民事判决书、案件审理单、送达证明书、言辞辩论笔录、证人结文、民事辩诉状、民事宣判笔录、阅卷申请书等。

687. 璧山实验地方法院审理申请迁让执行一案　12－13－686

1942年11月至1943年2月,璧山实验地方法院关于王炳臣因彭炳臣拒不执行法院和解请求迁让执行一案的文书,包括民事诉状、民事和解笔录、法院执行命令、报告案奉、收据、证人证物表、民事委任状、送达证明书、民事审理笔录等。

688. 璧山实验地方法院审理请求领证一案　12－13－687

1943年6月至1943年7月,璧山实验地方法院关于刘全安请求领回证件一案的文书,包括文件目录表、民事领状、证人证物表、案件审理单、送达证明书、领证言辞辩论笔录、民事保状、丁家乡乡公所呈等。

689. 四川高等法院第一分院、璧山实验地方法院审理执行异议一案　12－13－688

1943年8月至1944年3月,四川高等法院第一分院、璧山实验地方法院关于韦德辉等因租佃纠葛不服判决而申请执行异议一案的文书,包括文件目录表、民事上诉状、证人证物表、民事裁定书、送达证明书、法院公函、言辞辩论笔录、民事辩诉状、民事宣判笔录、证人结文等。

690. 璧山实验地方法院审理请求返还产业一案　12－13－689

1943年10月至1943年11月,璧山实验地方法院关于王陪华因李光诚契约期满请求返还产业一案的文书,包括文件目录表、民事诉状、证人证物表、民事委任状、案件审理单、送达证明书、民事辩诉状、言辞辩论笔录、民事和解笔录、报告书等。

691. 璧山实验地方法院审理申请所有权登记一案　12－13－690

1943年2月至1944年1月,璧山实验地方法院关于张世菁因防治田产被侵请求所有权登记一案的文书,包括不动产登记申请书、登记事项、不动产登记保证书、法院通知书、送达证明书、法院命令、报告案奉、法院公告、收据、涉案地图等。

692. 四川高等法院第一分院、璧山实验地方法院审理终止租约一案　12－13－691

1943年1月至1943年3月,四川高等法院第一分院、璧山实验地方法院关于余明高因余绍舟拒不执行判决请求终止租约一案的文书,包括文件目录表、法院公函、民事判决书、民事诉状、证人证物表、民事执行状、法院批稿等。

693. 璧山实验地方法院审理申请搬迁执行一案　12－13－692

1943 年 11 月至 1943 年 12 月，璧山实验地方法院关于刘元清因刘仇氏拒绝执行判决请求搬迁执行一案的文书，包括文件目录表、民事诉状、证人证物表、案件审理单、法院执行命令、报告案奉、收据、刑事判决书等。

694. 四川高等法院第一分院、璧山实验地方法院审理请求给付抚食费一案　12－13－693

1942 年 12 月至 1943 年 1 月，四川高等法院第一分院、璧山实验地方法院关于冯唐氏因与冯辉先发生抚养费纠纷请求给付抚食费一案的文书，包括文件目录表、法院公函、民事判决书等。

695. 四川高等法院第一分院、璧山实验地方法院审理回赎典产一案　12－13－694

1942 年 11 月至 1943 年 5 月，四川高等法院第一分院、璧山实验地方法院关于连德轩因连王氏措典产请求回赎典产一案的文书，包括文件目录表、民事诉状、证人证物表、民事判决书、法院执行命令、报告案奉、执行笔录、民事申请状、民事保状、民事缴状、案件审理单、民事裁定书、法院批稿、送达证明书等。

696. 璧山实验地方法院审理请求终止租约领押交业一案　12－13－695

1943 年 10 月至 1943 年 11 月，璧山实验地方法院关于罗徐氏等因与吴相臣发生租佃纠葛请求终止租约领押交业一案的文书，包括文件目录表、民事诉状、证人证物表、民事委任状、案件审理单、送达证明书、言辞辩论笔录、证人结文、民事宣判笔录、民事判决书等。

697. 璧山实验地方法院审理请求给付租谷一案　12－13－696

1943 年 11 月，璧山实验地方法院关于伍俊才因伍仁周盘踞房屋抗不交租请求给付租谷一案的文书，包括文件目录表、民事诉状、证人证物表、民事委任状、案件审理单、送达证明书、法院公函、法院通知书、欠条等。

698. 璧山实验地方法院审理请求同居一案　12－13－697

1943 年 8 月至 1943 年 9 月，璧山实验地方法院关于张俊良因与冷厚坤等发生婚约纠葛请求同居一案的文书，包括文件目录表、民事诉状、证人证物表、民事辩诉状、案件审理单、送达证明书、言辞辩论笔录、民事宣判笔录、民事判决书等。

699. 璧山实验地方法院审理申请领证一案　12－13－698

1943 年 7 月至 1943 年 10 月，璧山实验地方法院关于邱汪氏因应领未领久悬请求领证一案的文书，包括文件目录表、民事领状、证人证物表、法院批稿、送达证明书、收据、民事声明状、民事续呈状、民事裁定书、民事申请状、法院训令、法院通知书、案件审理单、报告案奉、执行言辞辩论笔录等。

700. 四川高等法院第一分院、璧山实验地方法院审理请求给付生活费执行一案　12－13－699

1943 年 5 月至 1944 年 7 月，四川高等法院第一分院、璧山实验地方法院关于何江流娥因何绍卿等拒付生活费请求给付生活费执行一案的文书，包括证人证物表、民事抗告状、民事裁定书、涉案地图、证据袋(民事判决书)文件目录表、法院公函、民事诉状、法院执行命令、执行辩论笔录、民事申请状、送达证明书、法院签呈、报告书、民事保状、案件审理单、申请书、法院训令、法院通知书、查封不动产笔录、鉴定人鉴定书、证人结文、声明异议状等。

701. 四川高等法院第一分院、璧山实验地方法院审理请求给付生活费执行一案　12－13－699（2）

1943 年 5 月至 1944 年 12 月，四川高等法院第一分院、璧山实验地方法院关于何江流娥因何绍卿等拒付生活费请求给付生活费执行一案的文书，包括文件目录表、意见书、民事裁定书、法院布告、法院训令、民事申请状、法院批稿、法院公函、送达证明书、案件审理单、法院通知书、报告案奉、收据、民事声明状、法院命令、法院公示、民事执行通知书、法院公告、言辞辩论笔录、民事判决书、法院意见书、民事抗告状等。

702. 璧山实验地方法院审理租谷假扣押一案　12－13－700

1943 年 8 月，璧山实验地方法院关于陈桂珍因陈汉忠声明预供担保请求租谷假扣押一案的文书，包括文件目录表、民事诉状、证人证物表、民事裁定书、送达证明书等。

703. 四川高等法院第一分院、璧山实验地方法院审理请求回赎典物终止租约一案　12－13－701

1942 年 12 月至 1943 年 10 月，四川高等法院第一分院、璧山实验地方法院关于彭诚因庞怀林违约估踞请求回赎典物终止租约一案的文书，包括文件目录表、民事诉状、证人证物表、案件审理单、送达证明书、民事申请状、民事委任状、民事宣判笔录、民事判决书、民事裁定书、法院公函、民事声明状、意见书等。

704. 四川高等法院第一分院、璧山实验地方法院审理请求检卷再审并给付租谷一案　12—13—702

1941 年 9 月至 1943 年 7 月，四川高等法院第一分院、璧山实验地方法院关于张本元因不服判决请求检卷再审并给付租谷一案的文书，包括文件目录表、法院公函、民事上诉状、民事裁定书、送达证明书、民事答辩状等。

705. 四川高等法院第一分院、璧山实验地方法院审理增加租谷一案　12—13—703

1943 年 7 月至 1943 年 9 月，四川高等法院第一分院、璧山实验地方法院关于邓俊卿等因与谭金山发生租佃纠葛请求增加租谷一案的文书，包括文件目录表、民事诉状、证人证物表、民事委任状、案件审理单、送达证明书、言辞辩论笔录、民事宣判笔录、民事判决书、法院公函、民事上诉状、民事裁定书等。

706. 璧山实验地方法院审理确认抚约无效一案　12—13—704

1943 年 3 月至 1943 年 4 月，璧山实验地方法院关于郑曾氏因郑文焕违法收养请求确认抚约无效一案的文书，包括文件目录表、民事诉状、证人证物表、民事委任状、送达证明书、言辞辩论笔录、民事声明状等。

707. 璧山实验地方法院审理申请田产存查一案　12—13—705

1943 年 4 月，璧山实验地方法院关于江伍氏因江流芳嫖赌败产请求田产存查以杜后患一案的文书，包括文件目录表、申请存查状、证人证物表等。

708. 璧山实验地方法院审理继承存查、租约调解两案　12—13—707

1943 年 3 月至 1943 年 7 月，璧山实验地方法院关于朱伍朝蓉因继承娘家财产请求存查、段泽明等因租约纠葛而申请调解两案的文书，包括文件目录表、民事诉状、证人证物表、民事申请状、送达证明书、民事委任状、案件审理单、言辞辩论笔录等。

709. 璧山实验地方法院审理请求终约领押交业一案　12—13—708

1943 年 10 月至 1943 年 11 月，璧山实验地方法院关于邓溥元因巫临轩限期已满请求终约领押交业一案的文书，包括文件目录表、民事诉状、证人证物表、民事委任状、案件审理单、送达证明书、民事申请状、言辞辩论笔录、证人结文、民事宣判笔录、民事判决书等。

710. 四川高等法院第一分院、璧山实验地方法院审理请求搬迁交业一案　12－13－709

1943年8月至1943年12月,四川高等法院第一分院、璧山实验地方法院关于刘汉周因与汪汝贤租赁关系已经结束请求搬迁交业一案的文书,包括文件目录表、法院公函、民事上诉状、证人证物表、民事裁定书、民事诉状、民事委任状、案件审理单、送达证明书、民事答辩状、言辞辩论笔录、民事宣判笔录、民事判决书、不动产评价标准价格等。

711. 璧山实验地方法院审理终止租约执行一案　12－13－710

1943年7月至1944年1月,璧山实验地方法院关于蒋赤熵因王海洲不执行和解请求终止租约执行一案的文书,包括文件目录表、民事诉状、证人证物表、民事和解笔录、案件审理单、送达证明书、报告案奉、法院执行命令、执行言辞辩论笔录、申请执行状、法院批稿、民事声明状、民事委任状、民事申请书等。

712. 璧山实验地方法院审理增加典价一案　12－13－711

1943年2月至1943年4月,璧山实验地方法院关于胡玉山因刘三合不遵合法调解请求增加典价一案的文书,包括文件目录表、民事诉状、证人证物表、民事裁定书、送达证明书、民事申请状、案件审理单、民事审理笔录等。

713. 璧山实验地方法院审理给付黄谷执行一案　12－13－712

1943年12月至1944年1月,璧山实验地方法院关于王熵廷因曾茂修不执行判决请求给付黄谷执行一案的文书,包括文件目录表、民事诉状、证人证物表、案件审理单、送达证明书、民法执行文稿、报告案奉、法院执行命令、收据,该卷另附民国二十九年三月民事判决一张。

714. 四川高等法院第一分院、璧山实验地方法院审理请求返还借款一案　12－13－713

1943年12月至1944年3月,四川高等法院第一分院、璧山实验地方法院关于刘益兴因伍平安存心昧良故意拖欠请求返还借款一案的文书,包括文件目录表、民事诉状、证人证物表、案件审理单、送达证明书、言辞辩论笔录、民事宣判笔录、民事判决书、凭票、法院公函、民事上诉状、民事裁定书等。

715. 璧山实验地方法院审理请求搬迁交业一案　12－13－714

1943年12月至1944年6月,璧山实验地方法院关于傅万金因傅昆恕争田房请求搬迁交业一案的文书，包括文件目录表、民事诉状、证人证物表、民事委任状、案件审理单、送达证明书、证明书、言辞辩论笔录、民事判决书、法院公函、民事声明状、民事宣判笔录等。

716. 四川高等法院第一分院与璧山实验地方法院间的往来公函　12－13－715

1943 年 5 月至 1949 年 8 月，本卷全部是四川高等法院第一分院与璧山实验地方法院的往来公函，数量较多，但无实质性内容。

717. 四川高等法院第一分院与璧山地方法院间的往来公函　12－13－716

1947 年 2 月至 1947 年 5 月，本卷全部是四川高等法院第一分院与璧山地方法院的往来公函，数量较多，但无实质性内容。

718. 四川高等法院第一分院与璧山实验地方法院间的往来公函　12－13－717

1926 年 6 月至 1947 年 4 月，本卷全部是四川高等法院第一分院与璧山实验地方法院的往来公函，数量较多，但无实质性内容。

719. 四川高等法院第一分院与璧山实验地方法院间的往来公函　12－118（13）：12－1－7

1942 年 10 月至 1943 年 7 月，本卷全部是四川高等法院第一分院与璧山实验地方法院的往来公函，数量较多，其中，有部分公函涉及刑法、民法。

720. 四川高等法院第一分院、璧山实验地方法院审理解除租约一案　12－13－719

1936 年 12 月至 1948 年 9 月，四川高等法院第一分院、璧山实验地方法院关于黄熙之因部分判决请求传讯巫奎成以解除租约一案的文书，包括文件目录表、法院公函、民事缴状、民事诉状、证人证物表、送达证明书、民事答辩状、民事委任状、言辞辩论笔录、民事宣判笔录、民事判决书等。

721. 四川高等法院第一分院、璧山实验地方法院审理请求领押交业一案　12－13－720

1943 年 10 月至 1947 年 10 月，四川高等法院第一分院、璧山实验地方法院关于邓溥元因与巫临轩发生租佃纠葛请求领押交业一案的文书，包括文件目录表、法院公函、民事判决书、民事上诉状、证人证物表、民事裁定书、送达证明书、民事申请书、契约、言辞辩论笔录、民事委任状、民事宣判笔录等。该案另附契约一张，证明书一份。

722. 四川高等法院第一分院、璧山实验地方法院审理终止租约返还田业一案 12—13—721

1942年1月至1943年12月，四川高等法院第一分院、璧山实验地方法院关于万春廷因与黄家发产生租佃纠纷请求终止租约返还田业一案的文书，包括文件目录表、法院公函、民事上诉状、证人证物表、民事裁定书、民事委任状、民事申请书、公开言辞辩论笔录、证人结文、民事缴状、在营服役证明书、宣示判决笔录、民事判决书等。

723. 四川高等法院第一分院、璧山实验地方法院审理请求交还田业一案 12—13—722

1943年8月至1944年1月，四川高等法院第一分院、璧山实验地方法院关于梁泽霖因左赵氏等欠租不偿请求交还田业一案的文书，包括文件目录表、民事诉状、证人证物表、民事委任状、送达证明书、言辞辩论笔录、证人结文、契约、民事宣判笔录、民事判决书、民事上诉状、民事裁定书等。该卷另附民国卅一年判决书一张。

724. 璧山实验地方法院审理回赎产业一案 12—13—723

1943年6月至1943年9月，璧山实验地方法院关于何绍修因不服判决提起抗告请求回赎产业一案的文书，包括文件目录表、法院公函、民事抗告状、证人证物表、民事裁定书、送达证明书等。

725. 四川高等法院第一分院、璧山实验地方法院审理迁坟、返还产业两案 12—13—724

1943年2月至1943年10月，四川高等法院第一分院、璧山实验地方法院关于陈海江等上诉请求迁坟还土、杨南轩等因债务纠葛请求返还拍卖田业两案的文书，包括法院公函、民事上诉状、民事裁定书、送达证明书、民事缴状、民事委任状、言辞辩论笔录、民事判决书等。

726. 璧山实验地方法院审理终止租约搬迁交业一案 12—13—725

1942年12月至1943年5月，璧山实验地方法院关于吴福昌因不服与吴世祥涉讼判决提起上诉请求终止租约搬迁交业一案的文书，包括民事上诉状、证人证物表、法院公函、民事裁定书、送达证明书等。

727. 璧山实验地方法院审理请求增加给付一案　12－13－726

1943年3月至1943年9月，璧山实验地方法院关于江足之因与张金臣发生买树纠纷请求增加给付一案的文书，包括文件目录表、民事诉状、证人证物表、案件审理单、送达证明书、言辞辩论笔录、法院公函等。

728. 璧山实验地方法院审理请求批示一案　12－13－727

1943年8月，璧山实验地方法院关于朱治良因被左庆生等估逼搬迁请求法院批示一案的文书，包括文件目录表、民事诉状、法院批稿等。

729. 璧山实验地方法院审理终止租约一案　12－13－728

1943年8月至1943年9月，璧山实验地方法院关于胡万氏因与李胡氏等发生租佃纠纷请求终止租约一案的文书，包括文件目录表、民事诉状、证人证物表、民事委任状、案件审理单、送达证明书、言辞辩论笔录、家具清单、证人结文、民事宣判笔录、民事判决书等。

730. 璧山实验地方法院审理申请存查一案　12－13－729

1943年2月，璧山实验地方法院关于吴浚深因杨婕娟卷物款潜逃访寻无踪请求存查一案的文书，包括文件目录表、民事申请状、揭示状、证人证物表等。

731. 璧山实验地方法院审理潜逃备查一案　12－13－730

1943年3月，璧山实验地方法院关于张华荣因苏氏卷物潜逃请求备案存查一案的文书，包括刑事备案状、证人证物表、卷去物品单等。

732. 璧山实验地方法院审理请求终止收养一案　12－13－731

1943年2月，璧山实验地方法院关于郑元泰因郑王氏等违法违约请求终止收养一案的文书，包括民事诉状、证人证物表、送达证明书、民事讯问笔录、民事辩诉状、民事委任状、民事公证状等。

733. 四川高等法院第一分院、璧山实验地方法院审理赔偿损失一案　12－13－732

1943年8月至1944年1月，四川高等法院第一分院、璧山实验地方法院关于张仕贵等因田业所有权纠葛要求执行曾王氏赔偿损害的包谷一案的文书，包括文件目录表、民事诉状、证人证物表、刑事附带民事诉讼判决书、刑事判决书、案件审理单、法院执行命令、报告案奉、收据等。

734. 璧山实验地方法院审理请发支付命令一案　12－13－733

1943 年 7 月，璧山实验地方法院关于王光宷因张瑞桢欠费不偿请发支付命令一案的文书，包括文件目录表、民事诉状、证人证物表、法院支付命令、送达证明书、民事声明状、法院通知书等。

735. 璧山县知事公署审理给付米款一案　12－13－734

1930 年 3 月，璧山县知事公署关于谢树荣因罗一昌拒付米款请求给付米款一案的文书，包括传票回证、和解笔录等。

736. 四川高等法院第一分院、璧山实验地方法院审理交还田土一案　12－13－735

1943 年 1 月至 1943 年 9 月，四川高等法院第一分院、璧山实验地方法院关于魏永清因与熊辉先发生田产纠葛请求交还田土一案的文书，包括文件目录表、民事诉状、证人证物表、送达证明书、民事审理笔录、民事委任状、案件审理单、民事申请状、民事辩诉状、言辞辩论笔录、民事申请书、民事判决书、法院公函、民事上诉状、民事裁定书、民事宣判笔录等，该卷另附照抄契约等证据。

737. 璧山实验地方法院审理给付租谷执行一案　12－13－736

1943 年 6 月，璧山实验地方法院关于谢锡金等因与杨银武发生租谷纠葛请求给付租谷执行一案的文书，包括文件目录表、民事诉状、证人证物表、法院批示、送达证明书等。

738. 璧山实验地方法院审理请求撤销和解一案　12－13－737

1943 年 11 月至 1943 年 12 月，璧山实验地方法院关于张康宁因朱全林等违背和约窃取楼板请求撤销和解一案的文书，包括文件目录表、民事诉状、证人证物表、民事委任状、案件审理单、送达证明书、民事辩诉状、言辞辩论笔录、民事宣判笔录、民事判决书等，该案另附和约、契约各一张。

739. 四川高等法院第一分院、璧山实验地方法院审理请求撤销拍卖退还财产一案 12－13－738

1943 年 8 月至 1944 年 8 月，四川高等法院第一分院、璧山实验地方法院关于杨南轩因雷述清执行前案判决拍卖财产请求撤销拍卖退还财产一案的文书，包括文件目录表、法院公函、民事上诉状、证人证物表、民事裁定书、送达证明书、言辞辩论笔录、民事宣判笔录、民事判决书、民事诉状、民事委任状、案件审理单、民事申请书等。

740. 四川高等法院第一分院、璧山实验地方法院审理请求给付黄谷一案　12—13—739

1943 年 12 月至 1944 年 3 月，四川高等法院第一分院、璧山实验地方法院关于伍张氏因巫登泮不给食膳请求给付黄谷一案的文书，包括文件目录表、民事诉状、证人证物表、民事委任状、民事催状、案件审理单、送达证明书、言辞辩论笔录、证人结文、民事宣判笔录、民事判决书等，该卷另附契约一纸。

741. 四川高等法院第一分院、璧山实验地方法院审理妨害自由一案　12—13—740

1943 年 5 月至 1943 年 7 月，四川高等法院第一分院、璧山实验地方法院关于陶荣成因不服判决起诉左成贵等妨害自由一案的文书，包括法院公函、刑事裁定书、刑事附带民事诉讼裁定书、法院训令等。

742. 四川高等法院第一分院、璧山实验地方法院审理终止租约给付欠租一案　12—13—741

1942 年 11 月至 1943 年 10 月，四川高等法院第一分院、璧山实验地方法院关于傅昆恕等因与傅万全发生租佃纠纷请求终止租约给付欠租一案的文书，包括文件目录表、法院公函、民事上诉状、证人证物表、言辞辩论笔录、民事答辩状、民事委任状、证人结文、民事宣判笔录、民事判决书、民事领状、收据、送达证明书等，该卷另附契约一张。

743. 璧山实验地方法院审理给付租谷一案　12—13—742

1943 年 12 月至 1944 年 8 月，璧山实验地方法院关于徐利昌因陈杨氏奸骗请求给付租谷一案的文书，包括民事诉状、送达证明书、通知人名单、民事和解笔录等。

744. 璧山实验地方法院审理申请所有权登记一案　12—13—743

1943 年 11 月至 1944 年 7 月，璧山实验地方法院关于杨泽松请求登记屋产田业所有权一案的文书，包括不动产登记申请书、亩数或间数表、登记事项、不动产登记保证书、法院通知书、送达证明书、证明书、登记讯问笔录、往来公函、法院命令、报告案奉、涉案地图、法院公告收据、文件目录表等。

745. 四川高等法院第一分院、璧山实验地方法院审理申请领证、确认和约有效两案　12—13—744

1941 年 5 月至 1943 年 11 月，四川高等法院第一分院、璧山实验地方法院关于张德盛请求领回呈庭契约、张汪氏等请求确认买卖田业和约有效两案的文书，包括文件目录表、民事诉状、证人证物表、送达证明书、民事委任状、收据、民事答辩状、案件审理单、审理笔录、往来公函、民事宣判笔录、民事辩诉状、照抄亲属会议录、审判笔录、言辞辩论笔录、民事和息状、民事公证状、民事和解状、民事声明状、民事判决书、民事上诉状、民事裁定书、民事申请状、民事申请书等，该卷另附契约、亲属会议记录各一张。

746. 璧山实验地方法院审理回赎典产一案　12－13－745

1943 年 10 月至 1943 年 12 月，璧山实验地方法院关于刘杨氏因与刘德安发生租佃纠葛请求回赎典产一案的文书，包括文件目录表、民事诉状、证人证物表、案件审理单、民事辩诉状、送达证明书、言辞辩论笔录、民事裁定书、民事委任书、民事宣判笔录、民事判决书等，该卷另附契约一纸。

747. 璧山实验地方法院审理妨害公共安全一案　12－13－746

1943 年 2 月至 1943 年 3 月，璧山实验地方法院关于龙炳银因汪正同等挟忿烧房妨害公共安全提起诉讼一案的文书，包括文件目录表、民事诉状、证人证物表、案件审理单、送达证明书、讯问笔录、证人结文、法院检察官不起诉处分书等。

748. 璧山实验地方法院审理返还黄谷一案　12－13－747

1943 年 1 月至 1943 年 2 月，璧山实验地方法院关于刘何氏因与刘倬霖发生租佃纠葛请求返还黄谷一案的文书，包括文件目录表、法院公函、民事裁定书、案件审理单、送达证明书、民事和解笔录、证人结文、民事委任状、民事判决书等。

749. 璧山实验地方法院审理请发支付命令一案　12－13－748

1943 年 12 月，璧山实验地方法院关于段瑜思因杨治荣拖欠公费请发支付命令一案的文书，包括文件目录表、法院公函、民事诉状、证人证物表、法院支付命令、送达证明书、阅卷申请书等。

750. 璧山实验地方法院审理申请领回呈庭执照一案　12－13－749

1943 年 1 月，璧山实验地方法院关于汪荷之请求领回因债务涉讼呈庭执照一案的文书，包括文件目录表、民事诉状、证人证物表等。

751. 四川高等法院第一分院、璧山实验地方法院审理回赎典产一案　12－13－750

1941 年 2 月至 1943 年 10 月，四川高等法院第一分院、璧山实验地方法院关于陈海如因蒋芹声强霸典产拒绝放赎请求回赎典产一案的文书，包括文件目录表、民事诉状、证人证物表、案件审理单、送达证明书、言辞辩论笔录、民事辩诉状、民事补诉状、民事宣判笔录、民事判决书、民事裁定书、法院公函、民事委任状等，该案另附契约一张。

752. 璧山实验地方法院审理赔偿损害一案　12－13－751

1943 年 9 月至 1943 年 10 月，璧山实验地方法院关于李海成等因李芝交等窃伐松树请求赔偿损害一案的文书，包括文件目录表、证人证物表、民事诉状、诉讼费清单、案件审理单、送达证明书、刑事委任状、言辞辩论笔录、民事缴状、民事判决书、收据等。

753. 四川高等法院第一分院、璧山实验地方法院审理申请易科罚金执行一案 12－13－752

1943 年 11 月，四川高等法院第一分院、璧山实验地方法院关于贺兴发因年老病卧行动维艰请求改有期徒刑为罚金执行一案的文书，包括文件目录表、法院公函、应讯人到场报告单、讯问笔录、刑事申请状、法院状悉、证人证物表、送达证明书、刑事申请书等。

754. 四川高等法院第一分院、璧山实验地方法院审理赎典执行一案　12－13－753

1943 年 8 月至 1943 年 10 月，四川高等法院第一分院、璧山实验地方法院关于徐乾初因徐均安拖滞诉讼霸业不交请求赎典执行一案的文书，包括文件目录表、民事诉状、证人证物表、民事判决书、案件审理单、送达证明书、民事申请状、民事申请书、民事裁定书等，该案另附契约一张。

755. 四川高等法院第一分院、璧山实验地方法院审理租谷假扣押一案　12－13－754

1940 年 7 月至 1944 年 2 月，四川高等法院第一分院、璧山实验地方法院关于王洪杰等因与王香浦发生租谷纠纷请求租谷假扣押一案的文书，包括民事裁定书、民事再抗告状、法院公函、送达证明书、民事判决书等。

756. 璧山实验地方法院审理伪造租佃契约一案　12－13－755

1943 年 11 月，璧山实验地方法院关于薛建吾等伪造租佃契约一案的文书，包括刑事诉状、证人证物表、案件审理单、送达证明书、应讯人到场报告单、讯问笔录、法院检察官不起诉处分书等。

757. 四川高等法院第一分院、璧山实验地方法院审理止约领押交业一案　12－13－756

1943年1月至1943年5月，四川高等法院第一分院、璧山实验地方法院关于余雍九因与钱辅臣发生租佃纠葛请求止约领押交业一案的文书，包括文件目录表、法院公函、民事上诉状、证人证物表、照抄收约、送达证明书、言辞辩论笔录、民事申请状等。

758. 璧山实验地方法院审理请求分割遗产一案　12－13－757

1943年10月至1943年12月，璧山实验地方法院关于孙永璧因与孙任氏发生遗产纠葛请求分割遗产一案的文书，包括文件目录表、证人证物表、民事委任状、案件审理单、送达证明书、民事反诉状、民事诉状、法院批示等。

759. 四川高等法院第一分院、璧山实验地方法院审理请求缴纳判费一案　12－13－758

1942年11月至1943年5月，四川高等法院第一分院、璧山实验地方法院关于王宗高因不服与曹重光租佃纠葛判决请求缴纳判费一案的文书，包括民事上诉状、言辞辩论笔录、民事答辩状、民事委任状、送达证明书、证人证物表、民事和解笔录、法院公函等。

760. 璧山实验地方法院审理请求终止租约一案　12－13－759

1943年11月至1944年1月，璧山实验地方法院关于周徐氏因与薛贞安产生租佃纠纷请求终止租约一案的文书，包括文件目录表、民事诉状、证人证物表、民事委任状、案件审理单、送达证明书、民事辩诉状、言辞辩论笔录、证人结文、民事申请状、和解契约抄件、法院批稿等。

761. 璧山实验地方法院审理请求终止租约一案　12－13－760

1943年12月至1944年1月，璧山实验地方法院关于王治云等因与赵省三发生租佃纠葛请求终止租约一案的文书，包括文件目录表、民事诉状、证人证物表、案件审理单、送达证明书、言辞辩论笔录、民事答辩状、收据、民事宣判和解笔录等。

762. 璧山实验地方法院审理申请领回涉讼呈庭出典屋文契一案　12－13－761

1943年7月，璧山实验地方法院关于周树风申请领回涉讼呈庭出典田屋文契一案的文书，包括文件目录表、民事申请状、证人证物表、送达证明书、收据等。

763. 四川高等法院第一分院、璧山县知事公署审理给付租佃一案　12－13－762

1930年1月，四川高等法院第一分院、璧山县知事公署关于冷轩材与杨维霄因租佃纠纷上诉请求给付租佃一案的文书，包括法院公函、法院训令等。

764. 璧山实验地方法院审理申请债务执行两案　12－13－763

1943年5月至1943年7月，璧山实验地方法院关于景亮钧因罗宏均拖欠公费请求债务执行、景亮钧因汪杨氏逾期不交请求债务执行两案的文书，包括文件目录表、民事诉状、证人证物表、案件审理单、送达证明书、民事申请状、民事裁定书、报告书等。

765. 四川高等法院第一分院、璧山实验地方法院审理返还产业一案　12－13－764

1943年9月至1943年12月，四川高等法院第一分院、璧山实验地方法院关于谢泰成因与曾国章等发生财产纠纷请求返还产业一案的文书，包括法院间的往来公函、民事判决书等。

766. 璧山地方法院审理申请会款执行一案　12－13－765

1939年10月至1940年1月，璧山地方法院关于张明亭等因高宗良等狡骗妨害请求会款执行一案的文书，包括文件目录表、民事具领状、民事诉状、证人证物表、民事委任状、送达证明书、民事保状、领收证等。

767. 四川高等法院第一分院、璧山实验地方法院关于陈凤武与戴兴发返还产业一案　12－13－766

1942年5月至1943年6月，四川高等法院第一分院、璧山实验地方法院关于陈凤武与戴兴发返还产业一案的往来公函。

768. 璧山实验地方法院审理申请离婚存查一案　12－13－767

1943年1月，璧山实验地方法院关于龙沐厚因与龙谭氏夫妻同意离婚请求离婚存查一案的文书，包括民事诉状、证人证物表等。

769. 璧山地方法院审理回赎典产一案　12－13－768

1941年6月至1941年11月，璧山地方法院关于李海林因与李黄氏发生租佃纠葛请求回赎典产一案的文书，包括四川高等法院第一分院、璧山地方法院间的往来公函、民事判决书等。

770. 四川高等法院第一分院、璧山实验地方法院审理请求分割遗产一案　12－13－769

1942年5月至1943年3月，四川高等法院第一分院、璧山实验地方法院关于饶尚楷因与饶鸣雷等发生遗产纠纷请求分割遗产一案的文书，包括文件目录表、民事判决书、法院公函、法院通知书、民事言辞辩论笔录、送达证明书等。

771. 四川高等法院第一分院、璧山实验地方法院审理请求给付租谷一案　12—13—770

1943年12月至1944年6月，四川高等法院第一分院、璧山实验地方法院关于钟邹氏因与钟锡林发生租佃纠纷请求给付租谷一案的文书，包括文件目录表、民事诉状、证人证物表、案件审理单、送达证明书、言辞辩论笔录、民事辩诉状、证人结文、民事裁定书、法院公函、民事判决书、民事抗告状等。

772. 璧山实验地方法院审理给付押金执行一案　12—13—771

1942年12月至1943年6月，璧山实验地方法院关于黄雨顺因黄德周拒不执行判决请求给付押金执行一案的文书，包括文件目录表、民事诉状、证人证物表、民事判决书、案件审理单、送达证明书、执行辩论笔录等。

773. 四川高等法院第一分院、璧山实验地方法院审理撤销买卖契约一案　12—13—772

1943年8月至1944年3月，四川高等法院第一分院、璧山实验地方法院关于祝心银因邓是堃抗传不到无从调解请求撤销买卖契约一案的文书，包括文件目录表、民事诉状、证人证物表、民事委任状、案件审理单、送达证明书、法院公函、民事申请书、民事答辩状、言辞辩论笔录、民事判决书、证人结文、民事宣判笔录、民事上诉状、民事申请状、民事裁定书、民事抗告状等，该卷另附民事调解状、璧山县政府批示、亲属会议记录各一份。

774. 璧山实验地方法院审理请求搬迁交房一案　12—13—773

1943年12月至1944年1月，璧山实验地方法院关于曾兴美因曾海滨盘房屋不搬请求搬迁交房一案的文书，包括文件目录表、民事诉状、证人证物表、佃约、案件审理单、送达证明书、言辞辩论笔录、民事宣判笔录、民事判决书等。

775. 璧山实验地方法院审理申请领回吴庭红契分关合约一案　12—13—774

1943年3月至1943年5月，璧山实验地方法院关于伍儒林请求领回呈庭红契分关合约一案的文书，包括民事领状、证人证物表、送达证明书、收据等。

776. 四川高等法院第一分院、璧山实验地方法院审理领价交业一案　12—13—775（1）

1943年1月至1943年11月，四川高等法院第一分院、璧山实验地方法院关于刘锡盛因吴徐氏拒不领价侵害产权请求领价交业一案的文书，包括法院公函、民事诉状、证人证物表、民事裁定书、送达证明书、民事缴状、民事上诉状、民事委任状、民事申请书、民事答辩状、言辞辩论笔录、民事宣判笔录、民事判决书、卷证目录、文件目录表、案件审理单等。

777. 四川高等法院第一分院、璧山实验地方法院审理诉讼救助一案　12－13－775（2）

1941年6月至1943年11月，四川高等法院第一分院、璧山实验地方法院关于吴徐氏因与黎锡盛确认买卖契约无效请求诉讼救助一案的文书，包括民事审理笔录、案件审理单、民事申请状、民事保状、送达证明书、民事答辩状、民事委任状、证人结文、民事宣判笔录、民事判决书、民事裁定书、民事上诉状、刑事诉状、刑事委任状、刑事辩诉状、侦讯笔录、报告书、结文、刑事保状、检察官不起诉处分书等。

778. 四川高等法院第一分院、璧山实验地方法院审理请求搬迁交房一案　12－13－776

1942年10月至1943年5月，四川高等法院第一分院、璧山实验地方法院关于贺马氏因贺鸿钧抗不交房、串谋阻害请求搬迁交房一案的文书，包括民事上诉状、法院公函、民事申请状、证人证物表、民事裁定书、民事答辩状、送达证明书、言辞辩论笔录、民事和解状、法院通知书、民事诉状、民事公证状、民事审判笔录、民事委任状、民事判决书等，该卷另附佃约一张。

779. 璧山实验地方法院审理给付欠租搬迁交业一案　12－13－777

1943年12月至1944年3月，璧山实验地方法院关于陈友义因徐石氏措租不交请求给付欠租搬迁交业一案的文书，包括文件目录表、民事诉状、证人证物表、案件审理单、送达证明书、民事委任状、言辞辩论笔录、民事答辩状、证人结文、民事宣判笔录、民事判决书等。

780. 璧山实验地方法院审理确认买卖契约无效一案　12－13－778

1943年10月，璧山实验地方法院关于周戴氏因与陈松廷等发生租佃纠葛请求确认买卖契约无效一案的文书，包括文件目录表、民事诉状、证人证物表、民事委任状、案件审理单、送达证明书、言辞辩论笔录、和解笔录等。

781. 四川高等法院第一分院、璧山实验地方法院审理交业执行一案　12－13－779

1942年12月至1943年4月，四川高等法院第一分院、璧山实验地方法院关于张鸿盛因不服与周荣臣等涉讼判决上诉请求交业执行一案的文书，包括法院公函、民事申请状、证人证物表、民事上诉状、民事裁定书、送达证明书、案件进行期间表等。

782. 四川高等法院第一分院、璧山实验地方法院审理请求增加典价一案　12－13－780

1943 年 4 月至 1943 年 5 月，四川高等法院第一分院、璧山实验地方法院关于曹伯高因与陈汉忠等发生典当纠葛请求增加典价一案的文书，仅包括法院间的往来公函、民事判决书。

783. 璧山实验地方法院审理申请分约遗失备查一案　12－13－781

1942 年 12 月，璧山实验地方法院关于傅兴伦因分约遗失请求备案存查以防后患一案的文书，该卷文书仅有民事申请状一张。

784. 璧山实验地方法院审理终止租约领押搬迁一案　12－13－782

1943 年 11 月至 1943 年 12 月，璧山实验地方法院关于徐家荣因与尚玉章发生租佃纠葛请求终止租约领押搬迁一案的文书，包括文件目录表、民事诉状、证人证物表、案件审理单、送达证明书、民事辩诉状、言辞辩论笔录、民事和解笔录等，该卷另附佃约一张。

785. 璧山实验地方法院审理债务执行一案　12－13－783

1943 年 1 月至 1943 年 7 月，璧山实验地方法院关于王光宲因吕马氏拒不执行法院命令请求债务执行一案的文书，包括文件目录表、民事诉状、证人证物表、法院执行命令、执行辩论笔录、报告案奉、讯问笔录、送达证明书、民事申请状等。

786. 璧山实验地方法院审理给付租谷一案　12－13－784

1943 年 10 月至 1943 年 12 月，璧山实验地方法院关于刘汉洲因江汝贤等措交租谷无以为生请求给付租谷一案的文书，包括文件目录表、民事诉状、证人证物表、民事委任状、民事和解状、法院批稿、送达证明书等。

787. 四川高等法院第一分院、璧山实验地方法院审理返还遗嘱一案　12－13－785

1942 年 1 月至 1943 年 12 月，四川高等法院第一分院、璧山实验地方法院关于萧张氏因遗产纠葛要求萧谢氏返还遗嘱一案的文书，包括法院公函、民事上诉状、证人证物表、民事裁定书、送达证明书、民事诉状、民事申请状、民事判决书等，该卷另附民国十七年民事三审判决书两份。

788. 璧山实验地方法院审理申请离婚一案　12－13－786

1943 年 11 月至 1943 年 12 月，璧山实验地方法院关于杨海源因杨姜氏迭次诬害损毁器物不堪同居请求离婚一案的文书，包括文件目录表、民事诉状、证人证物表、案件审理单、送达证明书、法院通知书等。

789. 四川高等法院第一分院、璧山实验地方法院审理返还田业一案　12－13－787

1943 年 9 月至 1943 年 12 月，四川高等法院第一分院、璧山实验地方法院关于谢泰成因曾国章等蒙买侵占请求返还田业一案的文书，包括文件目录表、民事诉状、证人证物表、案件审理单、送达证明书、言辞辩论笔录、证人结文、法院公函、民事宣判笔录、民事判决书、民事领状等，该卷另附契约若干份。

790. 四川高等法院第一分院、璧山实验地方法院审理请求执行异议一案　12－13－788

1943 年 8 月至 1943 年 11 月，四川高等法院第一分院、璧山实验地方法院关于龚寿三等因与戴敬之发生移除石碑纠葛请求执行异议一案的文书，包括文件目录表、民事诉状、证人证物表、民事委任状、民事判决书、案件审理单、送达证明书、言辞辩论笔录、民事答辩状、民事宣判笔录、法院公函等。

791. 璧山实验地方法院审理请求债务执行一案　12－13－789

1942 年 12 月至 1943 年 1 月，璧山实验地方法院关于贺光贤因陈荣卿等欠债不偿请求债务执行一案的文书，包括民事诉状、证人证物表、送达证明书、民事审理笔录、案件审理单、民事和解状等。

792. 璧山实验地方法院审理请发支付命令一案　12－13－790

1943 年 6 月至 1943 年 9 月，璧山实验地方法院关于景亮钧因李海林掩欠公费请发支付命令一案的文书，包括文件目录表、民事诉状、证人证物表、案件审理单、民事声明状、报告案奉、送达证明书、民事保状、报告书、法院执行命令、民事申请状等。

793. 四川高等法院第一分院、璧山实验地方法院审理执行缴纳保证金一案　12－13－791

1943 年 10 月至 1943 年 11 月，四川高等法院第一分院、璧山实验地方法院关于龙腾霄因保证孙若淘抢夺案依法执行缴纳保证金一案的文书，包括文件目录表、法院往来公函、案件审理单等。

794. 璧山实验地方法院审理请求屋基所有权登记一案　12－13－792

1943 年 11 月至 1944 年 4 月，璧山实验地方法院关于伍光荣请求屋基所有权登记一案的文书，包括收据、不动产登记申请书、案件审理单、法院命令、报告案奉、不动产登记保证书、登记事项、登记处通知书、送达证明书、法院公告、涉案地图等。

795. 璧山实验地方法院审理请求经界继续审判一案　12—13—793

1943年5月至1943年7月，璧山实验地方法院关于黄明心因不服与骆有三经界判决请求经界继续审判一案的文书，包括文件目录表、证人证物表、民事委任状、送达证明书、言辞辩论笔录、法院通知书、勘验笔录、证人结文、民事补呈状、民事申请状、涉案地图、民事和解笔录等。

796. 璧山实验地方法院审理请求修整房屋调解一案　12—13—794

1943年10月至1943年11月，璧山实验地方法院关于徐家荣因租赁尚玉章的房屋漏水请求修整房屋调解一案的文书，包括文件目录表、民事申请状、证人证物表、案件审理单、送达证明书、调解笔录等。

797. 璧山实验地方法院审理请求搬迁交业执行一案　12—13—795

1943年4月至1943年6月，璧山实验地方法院关于王绍元因何汉臣拒绝执行法院和解请求搬迁交业执行一案的文书，包括文件目录表、民事诉状、证人证物表、法院批示等。

798. 璧山实验地方法院审理请求搬迁交房一案　12—13—796

1943年12月至1944年1月，璧山实验地方法院关于杨熙诚因蓝奉宣盘踞不迁抗交房请求搬迁交房一案的文书，包括文件目录表、民事诉状、证人证物表、案件审理单、送达证明书、言辞辩论笔录、证人结文、民事宣判笔录、民事申请状、法院批稿、民事判决书等。

799. 四川高等法院第一分院、璧山实验地方法院审理请求停止交业执行一案　12—13—797

1943年4月至1943年10月，四川高等法院第一分院、璧山实验地方法院关于杨南轩因查封已撤销请求停止交业执行一案的文书，包括文件目录表、民事申请状、民事和解笔录、送达证明书、执行笔录、民事委任状、民事缴状、法院执行命令、报告案奉、收据、法院通知书、民事裁定书、民事抗告状等。

800. 璧山实验地方法院审理返还押金执行一案　12—13—798

1943年9月至1943年12月，璧山实验地方法院关于雷国卿因胡润安拒不执行判决请求返还押金执行一案的文书，包括文件目录表、民事诉状、证人证物表、案件审理单、送达证明书、民事裁定书、民事判决书、报告案奉、法院执行命令、执行言辞辩论笔录等。

801. 璧山地方法院审理函请协传一案　12－13－799

1947年1月，璧山地方法院关于江津县政府函请协传邹子均一案的文书，包括江津县司法庭公函等。

802. 四川高等法院第一分院、璧山实验地方法院审理回赎典产一案　12－13－800

1941年2月至1943年3月，四川高等法院第一分院、璧山实验地方法院关于徐永林因不服与向新盛涉讼判决请求回赎典产一案的文书，包括法院公函、民事理由状、证人证物表、民事上诉状、民事裁定书、民事答辩状、刑事上诉状、民事判决书、刑事判决书、民事委任状、案件审理单、送达证明书、言辞辩论笔录、民事宣判笔录、证人结文、法院训令等。

803. 璧山实验地方法院审理请求离婚一案　12－13－801

1943年12月至1944年2月，璧山实验地方法院关于刘素贞因被胡历贵虐待并遭恶意遗弃请求离婚一案的文书，包括文件目录表、民事申请状、证人证物表、案件审理单、送达证明书、民事诉状、言辞辩论笔录、民事判决书等。

804. 四川高等法院第一分院、璧山实验地方法院审理请求返还食谷一案　12－13－802（1）

1930年2月至1943年2月，四川高等法院第一分院、璧山实验地方法院关于曾子张因不服与周清荣涉讼判决请求返还食谷一案的文书，包括民事申请状、民事裁定书、法院公函、民事缴状、送达证明书、民事判决书、民事救助状、民事上诉状、民事抗告上诉状、民事抗告状、文件目录表等。

805. 四川高等法院第一分院、璧山县知事公署审理请求返还黄谷、领押租交业两案　12－13－802（2）

1930年10月至1930年12月，四川高等法院第一分院、璧山县知事公署关于曾子张等因租佃纠葛而申请返还黄谷、周青云等领押租交业纠葛两案的文书，包括证人证物表、民事委任状、点名单、审判笔录、民事裁定书、送达证明书、民事诉状、案件审理单、民事辩诉状、民事公证状、民事宣判笔录、民事判决书、契约等。

806. 璧山实验地方法院、巴县地方法院审理请求备案存查一案　12－13－803

1943年4月至1944年3月，璧山实验地方法院、巴县地方法院关于朱绍坤因高凤鸣无理索价请求备案存查以杜后患一案的文书，包括璧山县政府公函、民事存查状、法院状悉、巴县地方法院公函等。

807. 璧山实验地方法院审理请求终止租约一案　12－13－804

1943年3月至1943年4月，璧山实验地方法院关于萧炳轩因与谢海清发生租佃纠葛请求终止租约一案的文书，包括文件目录表、民事诉状、证人证物表、案件审理单、送达证明书、言辞辩论笔录、民事宣判笔录、民事判决书、收据等。

808. 璧山实验地方法院审理申请债务执行一案　12－13－805

1943年9月，璧山实验地方法院关于景亮钧因谢罗氏等拒绝执行支付命令请求债务执行一案的文书，包括文件目录表、民事诉状、证人证物表、案件审理单、送达证明书、民事委任状、民事销案状、民事申请状、法院公函等。

809. 四川高等法院第一分院函调交业案文书公函　12－13－806

1942年12月至1943年11月，巫奎臣因与黄希之等发生租佃纠葛请求交业执行一案审理期间，四川高等法院第一分院与璧山实验地方法院间的往来公函。

810. 璧山实验地方法院审理请求终止租约一案　12－13－807

1943年4月至1943年5月，璧山实验地方法院关于雷椿发因与熊银山发生租佃纠葛请求终止租约一案的文书，包括文件目录表、民事诉状、民事补诉状、民事委任状、证人证物表、阅卷申请书、送达证明书、民事辩诉状、言辞辩论笔录、民事判决书等。

811. 四川高等法院第一分院、璧山实验地方法院审理买卖产业一案　12－13－808

1943年7月，四川高等法院第一分院关于杨正钊与周克光买卖产业一案函请璧山实验地方法院讯问中间人雷松柏的文书，包括文件目录表、法院往来公函、送达证明书等。

812. 璧山实验地方法院审理确认买卖契约无效一案　12－13－809

1943年1月至1943年6月，璧山实验地方法院关于舒渭滨因与舒江氏等发生买卖房产纠葛请求确认买卖契约无效一案的文书，包括文件目录表、民事申请状、法院公函、阅卷申请书、民事答辩状、证人证物表、言辞辩论笔录、证人结文、民事委任状、民事宣判笔录、民事判决书等。

813. 璧山实验地方法院审理请求返还股本一案　12－13－810

1943 年 9 月至 1943 年 10 月，璧山实验地方法院关于何明月因杨森禄握账不算措货不分请求返还股本一案的文书，包括文件目录表、民事诉状、收据、证人证物表、送达证明书、民事撤销状、抄呈调解状、法院批稿等。

814. 四川高等法院第一分院、璧山实验地方法院审理领价交业执行一案　12－13－811

1942 年 7 月至 1943 年 9 月，四川高等法院第一分院、璧山实验地方法院关于黄炳章因黄维清不执行判决请求领价交业执行一案的文书，包括文件目录表、民事申请状、证人证物表、民事委任状、案件审理单、送达证明书、报告案奉、收据、法院执行命令、民事判决书等。

815. 璧山实验地方法院审理给付黄谷执行一案　12－13－812

1943 年 11 月，璧山实验地方法院关于邹荣廷因案经和解邹树林仍不给请求给付黄谷执行一案的文书，包括文件目录表、民事诉状、民事和解状、证人证物表、案件审理单、送达证明书等。

816. 四川高等法院第一分院、璧山实验地方法院审理请求确认所有权一案　12－13－813

1943 年 10 月至 1944 年 3 月，四川高等法院第一分院、璧山实验地方法院关于王云仙因黄灵九等蒙混妄争房土侵害主权请求确认所有权一案的文书，包括文件目录表、民事诉状、证人证物表、民事委任状、案件审理单、送达证明书、民事申请状、民事申请书、抄呈分给捐赠文约、法院公函、法院训令、报告案奉、鉴定人鉴定文书、民事裁定书等，该卷另附四川省政府官契、全御代电若干份。

817. 璧山实验地方法院审理请求终止租约交房一案　12－13－814

1943 年 8 月至 1943 年 9 月，璧山实验地方法院关于钟衡萱因张镜钟租期已满租佃关系结束请求终止租约交房一案的文书，包括文件目录表、民事诉状、租约、证人证物表、民事委任状、案件审理单、送达证明书、民事反诉状、民事申请书、民事判决书、言辞辩论笔录、证人结文、民事缴状、民事申请状、照抄原来函、民事证明状、民事宣判笔录、阅卷申请书等。

818. 璧山实验地方法院审理请求租佃调解一案　12－13－815

1943 年 10 月，璧山实验地方法院关于杨吕氏因与杨光全发生租佃纠葛请求租佃调解一案的文书，包括法院公函、民事调解宣判笔录、送达证明书等。

819. 璧山地方法院审理给付建筑费用一案　12－13－816

1947年6月至1947年10月，璧山地方法院关于陶荣成等因余杨氏等拖欠债务请求给付建筑费用一案的文书，包括文件目录表、民事诉状、证人证物表、代用司法印纸联单、民事委任状、送达证明书、言辞辩论笔录、民事宣判笔录、民事判决书等。

820. 璧山实验地方法院审理请求返还产业调解一案　12－13－817

1943年10月，璧山实验地方法院关于王金廷因与王吉三等发生田屋纠葛请求返还产业调解一案的文书，包括文件目录表、民事申请状、证人证物表、民事委任状、案件审理单、送达证明书、言辞辩论笔录等。

821. 璧山实验地方法院审理请求返还产业一案　12－13－818

1943年10月，璧山实验地方法院关于程牟氏因与程汝霖分家受累食膳无着请求返还产业一案的文书，包括文件目录表、民事诉状、证人证物表、民事委任状、案件审理单、送达证明书、言辞辩论笔录、民事宣判笔录、民事判决书等。

822. 璧山实验地方法院审理搬迁交业一案　12－13－819

1943年9月至1943年10月，璧山实验地方法院关于甘生云因钟永福等霸踞妨害主权请求搬迁交业一案的文书，包括文件目录表、民事诉状、证人证物表、案件审理单、送达证明书、言辞辩论笔录、民事委任状、民事和解笔录等。

823. 璧山实验地方法院审理请求同居调解一案　12－13－820

1943年9月至1943年11月，璧山实验地方法院关于郭冯淑尧因冯尚文变爱冯刁氏请求同居调解一案的文书，包括民事诉状、申请调解状、证人证物表、案件审理单、送达证明书、言辞辩论笔录等。

824. 璧山实验地方法院审理领押交业一案　12－13－821

1943年9月至1943年10月，璧山实验地方法院关于杨李氏因杨彭氏盘踞霸佃请求领押交业一案的文书，包括文件目录表、民事诉状、民事裁定书、送达证明书、案件审理单、民事辩诉状、言辞辩论笔录、民事和解笔录等。

825. 四川高等法院第一分院、璧山实验地方法院审理请求债务执行一案　12－13－822

1941年12月至1943年12月，四川高等法院第一分院、璧山实验地方法院关于刘治清因与陈海刚发生债务纠葛请求债务执行一案的文书，包括法院公函、民事上诉状、民事裁定书、证人证物表、民事辩诉状、太和乡第七保证明函、民事判决书、送达证明书等。

826. 璧山实验地方法院审理请求给付食赡一案　12－13－823

1943年4月至1943年5月，璧山实验地方法院关于左李氏因被左树尧遗弃绝生请求给付食赡一案的文书，包括文件目录表、民事申请救助状、证明书、案件审理单、送达证明书、言辞辩论笔录、民事裁定书、往来公函、民事判决书等。

827. 四川高等法院第一分院、璧山实验地方法院审理撤销买卖契约一案　12－13－824

1941年12月至1944年1月，四川高等法院第一分院、璧山实验地方法院关于潘俊良因雷芬龙等低价套买而上诉申请撤销买卖田业契约一案的文书，包括文件目录表、民事上诉状、证人证物表、民事裁定书、法院公函、送达证明书、民事判决书等。

828. 四川高等法院第一分院、璧山实验地方法院审理请求返还财产一案　12－13－825

1943年10月至1944年3月，四川高等法院第一分院、璧山实验地方法院关于曹治林因与蔡任氏发生金手镯纠葛请求返还财产一案的文书，包括法院公函、民事上诉状、证人证物表、民事裁定书、送达证明书、准备言辞辩论笔录、案件审理单、民事公证状、公开言辞辩论笔录、证人结文、民事宣判笔录、民事答辩状、民事判决书、民事诉状等。

829. 四川高等法院第一分院、璧山实验地方法院审理请求回赎典产一案　12－13－826

1943年4月至1943年11月，四川高等法院第一分院、璧山实验地方法院关于周席珍因与白璧玉发生典当纠葛请求回赎典产一案的文书，包括文件目录表、民事诉状、证人证物表、案件审理单、送达证明书、言辞辩论笔录、民事答辩状、璧山丹凤乡乡公所呈、凭票、民事宣判笔录、民事判决书、民事申请状、法院训令、报告案奉、证明书等，该卷另附抄录军政部兵役署批示、抄录议定条件、抄录民事裁定书等。

830. 璧山实验地方法院审理请求租谷执行一案　12－13－827

1943年1月至1943年8月，璧山实验地方法院关于王瑞光因邓肖民拒绝执行判决请求租谷执行一案的文书，包括文件目录表、民事诉状、证人证物表、民事和解笔录、案件审理单、法院执行命令、报告案奉、民事申请状、执行笔录、送达证明书、报告、民事保状、执行言辞辩论笔录、民事补诉状、法院训令、收据、民事声明状等。

831. 璧山实验地方法院审理赔偿损失执行一案 12－13－828

1943年8月至1943年9月，璧山实验地方法院关于江龙泉要求江烈五赔偿损失执行一案的文书，包括文件目录表、民事诉状、民事执行状、案件审理单、送达证明书、报告书、法院执行命令、民事判决书节本等。

832. 璧山实验地方法院审理终约交业执行一案 12－13－829

1943年11月至1944年1月，璧山实验地方法院关于虞永成因罗树轩不执行判决请求终约交业执行一案的文书，包括文件目录表、民事诉状、证人证物表、送达证明书、民事申请状、法院批稿等。

833. 璧山实验地方法院审理请求给付债款执行一案 12－13－830

1943年10月至1944年1月，璧山实验地方法院关于谢征虎因徐肇卿欠债不偿请求给付债款执行一案的文书，包括文件目录表、民事诉状、证人证物表、民事判决书、案件审理单、送达证明书、报告书、法院执行命令、执行证书存根、民事执行状、法院训令、法院通知书、法院布告、报告案奉、收据等。

834. 四川高等法院第一分院、璧山实验地方法院审理请求终止租约一案 12－13－831

1943年10月至1945年12月，四川高等法院第一分院、璧山实验地方法院关于邓溥元因与郭春发产生收回自耕田纠纷请求终止租约一案的文书，包括法院公函、民事上诉状、证人证物表、民事裁定书、送达证明书、民事诉状、民事委任状、民事辩诉状、案件审理单、言辞辩论笔录、证人结文、民事宣判笔录、民事判决书、刑事判决书、法院检察官再议处分书、法院检察官不起诉处分书等。

835. 四川高等法院第一分院、璧山实验地方法院审理撤销买卖契约一案 12－13－832

1943年9月至1944年3月，四川高等法院第一分院、璧山实验地方法院关于刘先益等因与公正泽等发生买卖纠葛请求撤销买卖契约一案的文书，包括法院公函、民事上诉状、证人证物表、民事裁定书、送达证明书、照抄佃约、收据、民事申请书、民事委任状、民事辩诉状、言辞辩论笔录、证人结文、民事宣判笔录、民事判决书等。

836. 璧山实验地方法院审理请求拍卖抵押物执行一案 12－13－833

1943年5月至1943年7月，璧山实验地方法院关于甘照丸等因杨鲁三欠债不还请求拍卖抵押物执行一案的文书，包括文件目录表、民事诉状、证人证物表、民事声明状、阅卷申请书、民事委任状、案件审理单、送达证明书、言辞辩论笔录、法院训令、法院布告、法院通知书、报告案奉、查封不动产笔录、管结状、鉴定人鉴定书、结文、民事申请状、收据、法院公告、法院命令等。

837. 璧山实验地方法院审理妨害家庭一案　12－13－834

1943 年 10 月，璧山实验地方法院关于重庆地方法院检查处因傅炳林等妨害家庭提起诉讼一案的文书，该卷仅包括文件目录表、法院间的往来公函。

838. 四川高等法院第一分院、璧山实验地方法院审理请求返还黄谷一案　12－13－835

1943 年 12 月，四川高等法院第一分院、璧山实验地方法院关于毛海合因与祝钟氏发生租谷纠葛请求返还黄谷一案的文书，该卷仅包括文件目录表、法院间的往来公函。

839. 璧山实验地方法院审理请求给付食膳一案　12－13－836

1943 年 12 月，璧山实验地方法院关于程孙氏因程牟氏拒绝供养请求给付食膳一案的文书，包括文件目录表、刑事诉状、证人证物表、送达证明书、审理笔录、刑事委任状、法院检察官公函等。

840. 璧山实验地方法院审理请求分割共有产业调解一案　12－13－837

1943 年 3 月，璧山实验地方法院关于王炳煊因王商氏霸占共有财产请求分割共有产业调解一案的文书，包括文件目录表、民事申请状、证人证物表、案件审理单、送达证明书、调解笔录等。

841. 璧山实验地方法院审理请抄和解笔录一案　12－13－838

1943 年 12 月至 1946 年 5 月，璧山实验地方法院关于况汉章因已缴纳抄录费请求抄录和解笔录一案的文书，包括民事申请状、证人证物表、民事撤销状等。

842. 璧山实验地方法院审理请求给付食谷一案　12－13－839

1943 年 10 月，璧山实验地方法院关于陈大猷因高惠熙等纵子拖骗请求给付食谷一案的文书，包括文件目录表、民事诉状、证人证物表、案件审理单、送达证明书、言辞辩论笔录、和解笔录等。

843. 四川高等法院第一分院、璧山实验地方法院审理请求领回呈庭典约、请发给典价等四案　12－13－840

1930 年 7 月至 1943 年 5 月，四川高等法院第一分院、璧山实验地方法院关于

白和解请求领回呈庭典约、钟树林等因典当田业纠葛而请求发给典价、白鸿猷等因典当纠葛而申请交业、钟林三等因典当田业纠葛而申请回赎典产四案的文书，包括民事领状、文件目录表、证人证物表、送达证明书、言辞辩论笔录、民事和解状、领证辩论笔录、案件审理单、民事保状、民事委任状、民事申请状、民事判决书、民事裁定书、法院公函、法院训令、执行笔录、民事缴状、案奉、法院通知书、法院批示、民事答辩状、宣示判决笔录等。

844. 四川高等法院第一分院、璧山实验地方法院审理请求增加给付典价一案 12－13－840（2）

1930年4月至1942年7月，四川高等法院第一分院、璧山实验地方法院关于钟林三因白鸿猷回赎典产违法请求增加给付典价一案的文书，包括民事诉状、证人证物表、民事委任状、民事答辩状、案件审理单、送达证明书、民事审理笔录、民事判决书、审判笔录、民事裁定书、证人结文、民事宣判笔录、民事辩诉状、民事领状、文件目录表、法院公函、民事上诉状等。

845. 四川高等法院第一分院、璧山实验地方法院审理给付欠纱执行一案 12－13－841

1943年6月至1944年1月，四川高等法院第一分院、璧山实验地方法院关于杨安廷因张青云欠纱不偿请求给付欠纱执行一案的文书，包括文件目录表、民事申请执行状、证人证物表、民事委任状、案件审理单、民事审理文稿、报告案奉、法院执行命令、民事保状、民事判决书等。

846. 璧山实验地方法院审理请求领回呈庭证据一案 12－13－842

1943年12月，璧山实验地方法院关于张世贵请求领回终止租约案呈庭证据一案的文书，包括文件目录表、民事申请状、证人证物表、言辞辩论笔录、送达证明书等。

847. 璧山实验地方法院审理请求返还田业一案 12－13－843

1943年3月至1943年4月，璧山实验地方法院关于郭良海因黄锦堂违约霸耕妨害典权请求返还田业一案的文书，包括文件目录表、民事诉状、证人证物表、案件审理单、送达证明书、法院通知书、民事缴状、法院批稿等。

848. 璧山实验地方法院审理请求债务执行一案 12－13－844

1943年5月至1943年7月，璧山实验地方法院关于刘银章因与刘栋成账虽算清但拒不偿还请求债务执行一案的文书，包括文件目录表、民事诉状、证人证物表、民事委任状、案件审理单、送达证明书、言辞辩论笔录、民事辩诉状、转龙乡词解委员会呈、伙贸合同、证人结文、重开辩论笔录、民事宣判笔录、民事判决书等。

849. 璧山实验地方法院审理请求所有权转移一案　12－13－845

1943年4月，璧山实验地方法院关于李正方因赠予李罗氏房屋请求所有权转移一案的文书，包括文件目录表、不动产登记申请书、法院命令、报告案奉、涉案地图、法院公告、登记通知书、送达证明书、民事呈领状等。

850. 璧山实验地方法院审理请求领回呈庭典约一案　12－13－846

1943年11月至1943年12月，璧山实验地方法院关于李德光等请求领回撤销典当案呈庭典约一案的文书，包括文件目录表、民事具领状、证人证物表、案件审理单、送达证明书、言辞辩论笔录、民事保状等。

851. 璧山实验地方法院审理请求确认买卖契约无效一案　12－13－847

1943年9月至1943年10月，璧山实验地方法院关于陈张氏因与陈洪熙等发生买卖纠纷请求确认买卖契约无效一案的文书，包括文件目录表、民事诉状、证人证物表、民事委任状、案件审理单、送达证明书、民事辩诉状、言辞辩论笔录、证人结文、民事宣判笔录、民事判决书等。

852. 璧山实验地方法院审理请求返还产业一案　12－13－848

1943年9月至1943年11月，璧山实验地方法院关于江天成因江雨浓侵占诈欺请求返还产业一案的文书，包括文件目录表、民事诉状、证人证物表、案件审理单、送达证明书、民事委任状、言辞辩论笔录、民事续状、民事宣判笔录、民事判决书等。

853. 璧山实验地方法院审理请求返还分关一案　12－13－849

1943年9月至1943年10月，璧山实验地方法院关于刘傅贤荣因与刘鲁氏等发生划分家产契约纠葛请求返还分关一案的文书，包括文件目录表、民事诉状、证人证物表、案件审理单、送达证明书、民事委任状、民事辩诉状、民事和解状、法院批稿等，该卷另附契约一张。

854. 四川高等法院第一分院、璧山实验地方法院审理请求返还田业一案　12－13－850

1943年4月至1944年2月，四川高等法院第一分院、璧山实验地方法院关于祝继庸因祝爱康欺幼霸占请求返还田业一案的文书，包括法院公函、民事上诉状、证人证物表、民事裁定书、送达证明书、言辞辩论笔录、民事委任状、民事追加状、民事答辩状、证人结文、民事宣判笔录、民事判决书、民事诉状、案件审理单、民事申请状等。

855. 四川高等法院第一分院、璧山县司法处审理请求租债执行一案　12－13－851

1938年7月至1938年12月，四川高等法院第一分院、璧山县司法处关于周洪章等因与向新盛发生租佃纠葛请求租债执行一案的文书，包括法院公函、法院训令、案奉、民事裁定书、民事诉状等。

856. 四川高等法院第一分院、璧山实验地方法院审理请求给付租谷一案　12－13－852

1943年3月至1943年6月，四川高等法院第一分院、璧山实验地方法院关于周受歧因余东山估骗欠租请求给付租谷一案的文书，包括法院公函、民事上诉状、证人证物表、民事裁定书、送达证明书、民事缴状、民事诉状、案件审理单、民事审理笔录、民事判决书等。

857. 璧山实验地方法院审理请求经界一案　12－13－853

1943年5月至1943年6月，璧山实验地方法院关于王治隆等因竖立界碑纠葛请求经界一案的文书，包括不动产登记申请书、法院公告、法院命令、报告案奉、涉案地图、领状、送达证明书等，该卷另附租赁地皮合同契约一张。

858. 四川高等法院第一分院、璧山实验地方法院审理请求回赎典产一案　12－13－854

1943年9月至1943年10月，四川高等法院第一分院、璧山实验地方法院关于雷见堂等因与雷马氏等发生租佃纠纷请求回赎典产一案的文书，包括文件目录表、民事诉状、证人证物表、民事委任状、案件审理单、送达证明书、刑事辩诉状、言辞辩论笔录、民事裁定书、法院公函、民事抗告状等。

859. 四川高等法院第一分院、璧山实验地方法院审理请求终止租约执行一案　12－13－855

1942年11月至1943年9月，四川高等法院第一分院、璧山实验地方法院关于白刘氏因与林玉书发生租佃纠纷请求终止租约执行一案的文书，包括文件目录表、民事申请状、证人证物表、民事和解笔录、案件审理单、送达证明书、法院执行命令、报告案奉、收据等。

860. 璧山实验地方法院审理契约被窃存查一案　12－13－856

1943年4月，璧山实验地方法院关于叶子安因契约被窃请求备案存查一案的文书，包括文件目录表、民事备查状、证人证物表、法院批示、送达证明书、四川省政府指示、公函等。

861. 璧山实验地方法院审理确认买卖无效重审一案　12－13－857

1943 年 2 月至 1943 年 3 月，璧山实验地方法院关于蒲世英因不服与蒲银辉涉讼判决请求确认买卖无效重审一案的文书，包括文件目录表、民事申请状、证人证物表、送达证明书、民事讯问笔录等。

862. 四川高等法院第一分院、璧山实验地方法院审理确认买卖契约无效及优先承买权一案　12－13－858

1942 年 12 月至 1943 年 7 月，四川高等法院第一分院、璧山实验地方法院关于吴树荣等因不服与吴涂氏等涉讼判决请求确认买卖契约无效及优先承买权一案的文书，包括文件目录表、民事上诉状、法院公函、证人证物表、民事申请书、言辞辩论笔录、民事委任状、民事声明状、民事宣判笔录、民事判决书、报告等。

863. 璧山实验地方法院审理请求离婚一案　12－13－859

1943 年 6 月，璧山实验地方法院关于吴国义因吴赵氏性情乖刺后患难防请求离婚一案的文书，包括文件目录表、民事诉状、证人证物表、送达证明书、言辞辩论笔录、民事判决书、法院公函等。

864. 璧山实验地方法院审理赠送存查一案　12－13－860

1943 年 2 月至 1943 年 3 月，璧山实验地方法院关于蒋桂孚赠送他人产业为预防后患请求杜累存查一案的文书，包括文件目录表、民事存查状、证人证物表、抄贴预约等。

865. 四川高等法院第一分院、璧山实验地方法院审理请求返还黄谷执行一案　12－13－861

1943 年 2 月至 1944 年 4 月，四川高等法院第一分院、璧山实验地方法院关于何修于因杨熑轩不执行判决请求返还黄谷执行一案的文书，包括文件目录表、法院执行命令、报告案奉、民事保状、民事声明状、民事裁定书、民事委任状、刑事判决书、刑事附带民事判决书等。

866. 四川高等法院第一分院、璧山实验地方法院审理请求领回呈庭判决书一案　12－13－862

1943 年 1 月至 1943 年 4 月，四川高等法院第一分院、璧山实验地方法院关于

张树成请求领回租佃纠纷案呈庭判决书一案的文书,包括文件目录表、民事具领状、法院批示、送达证明书、案准、法院公函等。

867. 四川高等法院第一分院、璧山实验地方法院审理终止租约一案　12－13－863

1943年7月至1943年10月,四川高等法院第一分院、璧山实验地方法院关于万刘氏因与邓治祥发生租佃纠葛请求终止租约一案的文书,包括文件目录表、法院公函、民事判决书、民事裁定书等。

868. 四川高等法院第一分院、璧山实验地方法院审理终止租约一案　12－13－864

1943年10月至1943年12月,四川高等法院第一分院、璧山实验地方法院关于龚世臣等因不服与李树轩等的涉讼判决结果请求审理终止租约一案的文书,包括法院公函、民事裁定书、民事抗告状、证人证物表、文件目录表、民事再审状、案件审理单、送达证明书、民事辩诉状、民事委任状、言辞辩论笔录、民事判决书等,该卷另附抄录典约一张。

869. 四川高等法院第一分院、璧山实验地方法院审理请求确认租赁关系消灭一案　12－13－865

1943年10月至1943年12月,四川高等法院第一分院、璧山实验地方法院关于周荣钦因与简玉顺发生房屋租赁纠葛请求确认租赁关系消灭一案的文书,包括民事诉状、抄录典约、证明书、证人证物表、民事委任状、案件审理单、送达证明书、言辞辩论笔录、民事答辩状、民事宣判笔录、民事判决书、法院公函等。

870. 四川高等法院第一分院、璧山实验地方法院审理请求终止租约一案　12－13－866

1943年10月至1944年5月,四川高等法院第一分院、璧山实验地方法院关于陈敬先等因尹长清租约早已解除抗不污租交业请求终止租约一案的文书,包括法院公函、民事判决书、文件目录表、民事上诉状、证人证物表、民事裁定书、送达证明书、民事答辩状、言辞辩论笔录、民事委任状、民事宣判笔录、民事诉状、案件审理单等,该卷另附典约一张。

871. 四川高等法院第一分院、璧山实验地方法院审理赔偿损害一案　12－13－867

1942年6月至1943年4月,四川高等法院第一分院、璧山实验地方法院关于彭徐氏因彭陈氏焚毁房产请求赔偿损害一案的文书,包括文件目录表、民事诉状、证人证物表、民事申请状、案件审理单、送达证明书、民事辩诉状、民事续状、财产清单、民事委任状、言辞辩论笔录、民事判决书、法院公函、民事上诉状、民事裁定书、民事理由状、民事声明状、宣示判决笔录等。

872. 璧山实验地方法院审理请求租佃执行一案　12—13—868

1943年1月至1943年3月，璧山实验地方法院关于曾方伯因刘清河措不执行判决请求租佃执行一案的文书，包括文件目录表、民事诉状、民事和解笔录、证人证物表、法院执行命令、报告案奉、收据、执行笔录、民事保状等。

873. 璧山实验地方法院审理请求搬迁交业一案　12—13—869

1943年11月至1943年12月，璧山实验地方法院关于赵洪武因王梁氏故意骗租已经两年请求搬迁交业一案的文书，包括文件目录表、民事诉状、证人证物表、案件审理单、送达证明书、言辞辩论笔录、民事宣判笔录、民事判决书、契约等。

874. 璧山实验地方法院审理请求搬迁交业一案　12—13—870

1943年11月至1943年12月，璧山实验地方法院关于徐海荣因与江海廷发生租佃纠葛请求搬迁交业一案的文书，包括文件目录表、民事诉状、证人证物表、民事委任状、案件审理单、送达证明书、言辞辩论笔录、民事宣判笔录、民事判决书等。

875. 四川高等法院第一分院、璧山实验地方法院审理请求搬迁交业一案　12—13—871

1943年11月至1943年12月，四川高等法院第一分院、璧山实验地方法院关于黄仲华因尹树康租约期满请求搬迁交业一案的文书，包括文件目录表、民事诉状、证人证物表、民事委任状、案件审理单、送达证明书、言辞辩论笔录、民事宣判笔录、民事判决书、法院公函等。

876. 四川高等法院第一分院、璧山实验地方法院审理领押交业执行一案　12—13—872

1943年3月至1943年5月，四川高等法院第一分院、璧山实验地方法院关于陶乾三因杨国安拒不执行判决请求领押交业执行一案的文书，包括文件目录表、民事申请状、证人证物表、送达证明书、执行讯问笔录、法院执行命令、报告案奉、民事判决书等，该卷另附契约一张。

877. 四川高等法院第一分院、璧山实验地方法院审理再嫁杜患存查一案　12—13—873

1943年10月，四川高等法院第一分院、璧山实验地方法院关于丁泽氏请求再嫁存查一案的文书，包括法院间的往来公函、民事判决书等。

878. 四川高等法院第一分院、璧山实验地方法院审理放赎典产一案　12—13—874

1942年2月至1943年11月，四川高等法院第一分院、璧山实验地方法院关于

万柯氏因与万金田产生租佃纠葛请求放赎典产一案的文书，包括文件目录表、法院公函、民事上诉状、证人证物表、民事申请状、民事判决书、民事答辩状、送达证明书等。

879. 四川高等法院第一分院、璧山实验地方法院审理备案防患存查一案　12－13－875

1943年3月至1943年5月，四川高等法院第一分院、璧山实验地方法院关于丁谭氏因其兄与夫人宗孙氏离婚请求备案存查以杜后患一案的文书，包括文件目录表、民事存案状、证人证物表、民事注销呈、法院函片、法院公函等。

880. 璧山实验地方法院审理请求赔偿损休息害执行一案　12－13－876

1943年5月至1943年6月，璧山实验地方法院关于郑治荣因赵从修债务过期不偿请求赔偿本息损害执行一案的文书，包括送达证明书、文件目录表、民事诉状、证人证物表、执行笔录、报告书、民事撤销状、民事和解笔录等。

881. 璧山实验地方法院审理请求债务执行一案　12－13－877

1943年6月至1943年10月，璧山实验地方法院关于景亮钧因赵炳荣等拒不执行法院命令请求债务执行一案的文书，包括文件目录表、民事诉状、证人证物表、案件审理单、送达证明书、执行言辞辩论笔录、民事委任状、民事保状、民事申请状、收据、法院支付命令等。

882. 四川高等法院第一分院、璧山实验地方法院审理请求赔偿损害及其上诉一案　12－13－878

1943年10月至1944年2月，四川高等法院第一分院、璧山实验地方法院关于王绍元因与何汉臣发生租佃纠葛请求赔偿损害及其上诉一案的文书，包括文件目录表、民事诉状、证人证物表、案件审理单、送达证明书、言辞辩论笔录、证人结文、民事宣判笔录、民事判决书、法院公函、民事裁定书、民事缴状、民事辩诉状、民事上诉状、收据等。

883. 四川高等法院第一分院、璧山实验地方法院审理请求回赎典物及其上诉一案　12－13－879

1943年6月至1943年9月，四川高等法院第一分院、璧山实验地方法院关于张国钧因出征家属无以为生请求回赎典物及其上诉一案的文书，包括文件目录表、民事诉状、证人证物表、正兴乡第五保办公处证明书、民事委任状、民事裁定书、案件审理单、送达证明书、民事辩诉状、限期管业状、言辞辩论笔录、民事宣判笔录、民事判决书、法院公函、民事上诉状、民事申请书、民事答辩状等。

884. 璧山实验地方法院审理赔偿损害执行一案　12－13－880

1943年9月至1943年12月，璧山实验地方法院关于陈德明因蒋乔安抗不赔偿盗伐树价请求赔偿损害执行一案的文书，包括文件目录表、民事诉状、民事判决书、送达证明书、民事展期状、报告书、案件审理单、报告案奉、法院通知书、执行言辞辩论笔录等。

885. 四川高等法院第一分院、璧山实验地方法院审理终止租约领押交业一案　12－13－881

1943年4月至1943年10月，四川高等法院第一分院、璧山实验地方法院关于舒刘氏因与舒治云发生租佃纠葛请求终止租约领押交业一案的文书，包括法院间的往来公函、民事裁定书、民事判决书等。

886. 四川高等法院第一分院、璧山实验地方法院审理请求赔偿损害一案　12－13－882

1943年3月至1943年5月，四川高等法院第一分院、璧山实验地方法院关于彭荣森因与吴海泉产生租赁纠葛请求赔偿损害一案的文书，包括文件目录表、法院公函、民事上诉状、证人证物表、民事裁定书、送达证明书等。

887. 璧山实验地方法院审理请求确认所有权、修复板仓两案　12－13－883

1943年5月至1943年8月，璧山实验地方法院关于雷海荣请求确认所有权、雷邹氏因雷海荣等损害板仓请求修复板仓两案的文书，包括法院公函、收据、民事上诉状、民事裁定书、送达证明书、民事撤回状、法院通知书等。

888. 四川高等法院第一分院、璧山实验地方法院审理请求确认买卖契约无效并返还分约一案　12－13－884

1943年3月至1943年11月，四川高等法院第一分院、璧山实验地方法院关于罗周氏因周树宣无权买卖请求确认买卖契约无效并返还分约一案的文书，包括文件目录表、民事诉状、证人证物表、案件审理单、民事委任状、送达证明书、言辞辩论笔录、民事宣判笔录、民事判决书、收据、法院检察官不起诉处分书、民事上诉状、民事裁定书、法院公函、民事和解状等。

889. 四川高等法院第一分院、璧山地方法院审理请求执行债务一案　12－13－885

1947年6月至1948年9月，四川高等法院第一分院、璧山地方法院关于冯大贤因与范青云发生债务纠葛请求执行债务一案的文书，包括文件目录表、民事诉状、证人证物表、法院批示、法院公函、民事申请状、民事裁定书、送达证明书、民事抗告状等。

890. 四川高等法院第一分院、璧山实验地方法院审理请求返还田业及红契典约一案　12－13－886

1942年2月至1943年8月，四川高等法院第一分院、璧山实验地方法院关于钟治轩因王寿廷等违令霸押请求返还田业及红契典约一案的文书，包括法院公函、民事裁定书、民事上诉状、证人证物表、送达证明书、言辞辩论笔录、民事答辩状、民事声明状、民事委任状、民事抗告状、民事申请书、民事宣判笔录、民事判决书等。

891. 四川高等法院第一分院、璧山实验地方法院审理请求给付债务一案　12－13－887

1943年2月至1943年4月，四川高等法院第一分院、璧山实验地方法院关于朱汝为因胡少轩借词昧骗请求给付债务一案的文书，包括文件目录表、民事诉状、证人证物表、民事委任状、案件审理单、送达证明书、民事答辩状、言辞辩论笔录、民事宣判笔录、证人结文、民事判决书等。

892. 璧山实验地方法院审理高分院嘱查白黎氏等交还田业代讯证人一案　12－13－888

1943年5月，璧山实验地方法院关于四川高等法院第一分院嘱查白黎氏等交还田业代讯证人一案的文书，包括文件目录表、法院公函、送达证明书等。

893. 四川高等法院第一分院、璧山实验地方法院审理提起妨害自由诉讼一案　12－13－889（1）

1943年6月至1943年8月，四川高等法院第一分院、璧山实验地方法院关于况金廷因刘象臣等诬陷呈凶伤害私擅逮捕拘禁提起妨害自由诉讼一案的文书，包括文件目录表、法院公函、刑事诉状、证人证物表、刑事委任状、案件审理单、送达证明书、审判笔录、证人结文、第一被服厂公函、刑事公证状、刑事宣判笔录、刑事判决书、藏物单、失物清单、第一被服厂批示、刑事上诉状等。

894. 四川高等法院第一分院、璧山实验地方法院审理提起妨害自由诉讼一案　12－13－889（2）

1943年10月至1944年9月，四川高等法院第一分院、璧山实验地方法院关于况金廷因刘象臣等诬陷呈凶伤害私擅逮捕拘禁提起妨害自由诉讼一案的文书，包括证人证物表、刑事上诉状、刑事委任状、审判笔录、言辞辩论笔录、刑事判决书、法院公函、刑事裁定书、刑事辩诉状、送达证明书、法院检察官申请书、报告讯问笔录、领状、民事保状等。

895. 四川高等法院第一分院、璧山实验地方法院审理请求返还食谷一案　12－13－890

1941 年 10 月至 1943 年 6 月,四川高等法院第一分院、璧山实验地方法院关于周绍清等因何白氏拒绝执行裁定请求返还食谷一案的文书,包括文件目录表、法院公函、民事抗告状、证人证物表、意见书、民事裁定书、送达证明书、民事声明状、民事诉状、案件审理单、讯问笔录、民事委任状、阅卷申请书、民事催状、民事判决书等。

896. 璧山实验地方法院审理请求欠款执行一案　12－13－891

1943 年 1 月至 1943 年 4 月,璧山实验地方法院关于钟郭氏因钟锡氏拒不执行判决请求欠款执行一案的文书,包括文件目录表、民事诉状、证人证物表、法院执行命令、送达证明书、民事讯问报告案奉笔录、执行讯问笔录、民事判决书等。

897. 四川高等法院第一分院、璧山实验地方法院审理请求搬迁交业一案　12－13－892

1943 年 10 月,四川高等法院第一分院、璧山实验地方法院关于王黎氏因与陈开源发生债务纠葛请求搬迁交业一案的文书,包括法院公函、民事判决书等。

898. 四川高等法院第一分院、璧山实验地方法院审理请求回赎房产一案　12－13－893

1943 年 8 月至 1943 年 9 月,四川高等法院第一分院、璧山实验地方法院关于戴均廷因与戴钟氏发生典当纠葛请求回赎房产一案的文书,仅包括法院间的往来公函。

899. 四川高等法院第一分院、璧山实验地方法院审理请求分割遗产一案　12－13－894

1943 年 12 月至 1945 年 8 月,四川高等法院第一分院、璧山实验地方法院关于刘陈氏因与刘光旭发生遗产纠葛请求分割遗产一案的文书,包括法院公函、民事领状、民事委任状、言辞辩论笔录等。

900. 四川高等法院第一分院、璧山实验地方法院审理请求给付担保物一案　12－13－895

1943 年 9 月至 1943 年 10 月,四川高等法院第一分院、璧山实验地方法院关于杨维三因与杨冯氏发生洋纱债务纠葛请求给付担保物一案的文书,包括法院公函、民事判决书等。

901. 璧山实验地方法院审理请求交业一案　12－13－896

1943年3月至1943年4月，璧山实验地方法院关于刘光俗因郑平康藐谕不遵抗不交业请求交业一案的文书，包括文件目录表、民事诉状、证人证物表、民事裁定书、送达证明书、民事申请状、民事副本等。

902. 璧山实验地方法院审理终止租约一案　12－13－897

1943年2月至1943年3月，璧山实验地方法院关于郭荣卿因陈荣章估骗租谷已违两年请求终止租约一案的文书，包括文件目录表、民事诉状、证人证物表、民事委任状、案件审理单、送达证明书、民事答辩状、言辞辩论笔录、民事判决书等。

903. 四川高等法院第一分院、璧山实验地方法院审理回赎典产一案　12－13－898

1943年7月，四川高等法院第一分院、璧山实验地方法院关于王炳南因与张树清发生租佃纠葛请求回赎典产一案的文书，包括民事诉状、证人证物表、案件审理单、送达证明书、民事委任状、民事声明状、言辞辩论笔录等。

904. 璧山实验地方法院审理请求增加典价异议一案　12－13－899

1943年7月，璧山实验地方法院关于曾文谟对江锡武申请增加典价提起异议一案的文书，包括文件目录表、声明异议状、证人证物表、案件审理单、民事委任状、送达证明书、言辞辩论笔录等。

905. 璧山实验地方法院审理请求搬迁交业一案　12－13－900

1943年6月，璧山实验地方法院关于刘必达因王沛然等抗不领押请求搬迁交业一案的文书，包括文件目录表、民事诉状、证人证物表、法院批示、送达证明书等。

906. 四川高等法院第一分院、璧山地方法院审理给付欠谷一案　12－13－901

1941年5月至1942年4月，四川高等法院第一分院、璧山地方法院关于张笙谱因不服与黄云臣等涉讼判决书请求给付欠谷一案的文书，包括法院公函、民事诉状、证人证物表、民事裁定书、民事上诉状、民事缴状、民事判决书、送达证明书等。

907. 璧山实验地方法院审理挖毁坟墓意图勒索提起诉讼一案　12－13－902

1943年4月，璧山实验地方法院关于骆海堂因骆东城挖毁坟墓意图勒索提起诉讼一案的文书，包括文件目录表、法院公函、送达证明书、应讯人到场报告单、讯问笔录、法院检察官不起诉处分书、刑事诉状等，该卷另附原约一张。

908. 四川高等法院第一分院、璧山实验地方法院审理请求租谷假扣押一案　12－13－903

1943年7月至1943年8月，四川高等法院第一分院、璧山实验地方法院关于殷刘氏因不服与甘吉祥涉讼裁定请求租谷假扣押一案的文书，包括民事裁定书、法院公函、民事诉状、证人证物表、案件审理单、民事申请状、借据、送达证明书等。

909. 璧山实验地方法院审理请求赎典调解一案　12－13－904

1943年5月，璧山实验地方法院关于虞永禄因与虞用章租佃典期已满请求赎典调解一案的文书，包括文件目录表、民事申请状、证人证物表、案件审理单、民事委任状、送达证明书、调解笔录、言辞辩论笔录等。

910. 四川高等法院第一分院、璧山实验地方法院审理请求租谷假扣押一案　12－13－905

1943年2月至1943年8月，四川高等法院第一分院、璧山实验地方法院关于曾炳辉因与凌甘氏发生租佃纠葛请求租谷假扣押一案的文书，包括文件目录表、民事申请状、证人证物表、民事裁定书、送达证明书、民事判决书等。

911. 璧山实验地方法院审理请发支付命令一案　12－13－906

1943年10月，璧山实验地方法院关于伍张氏因与伍登辉发生债务纠葛请发支付命令一案的文书，包括文件目录表、民事诉状、证人证物表、法院支付命令、送达证明书、佃约一张、法院通知书等。

912. 璧山实验地方法院审理请求损害赔偿一案　12－13－907

1943年12月，璧山实验地方法院关于张锡清因张德春等损害难堪请求损害赔偿一案的文书，包括文件目录表、法院公函、民事诉状、证人证物表、案件审理单、送达证明书、民事辩诉状、言辞辩论笔录、民事宣判笔录、民事判决书等。

913. 璧山实验地方法院审理请求领押交业一案　12－13－908

1943年11月至1943年12月，璧山实验地方法院关于罗永安因赖明初暂佃期满拒绝领押交业请求领押交业一案的文书，包括文件目录表、民事诉状、证人证物表、案件审理单、民事委任状、送达证明书、民事辩诉状、言辞辩论笔录、民事宣判笔录、民事判决书、公证状等。

914. 四川高等法院第一分院、璧山实验地方法院审理请求确认典期一案　12—13—909

1943年2月至1945年2月,四川高等法院第一分院、璧山实验地方法院关于张柏林因与张林氏发生租佃纠葛请求确认典期一案的文书,该卷仅包括法院间的往来公函。

915. 璧山实验地方法院审理请发支付命令一案　12—13—910

1943年8月,璧山实验地方法院关于景亮钧因晏钱氏等拖欠公费请发支付命令一案的文书,包括文件目录表、民事诉状、证人证物表、法院支付命令等。

916. 璧山实验地方法院审理请求领回红契一案　12—13—911

1943年3月,璧山实验地方法院关于龙曾氏请求领回红契一案的文书,包括文件目录表、民事诉状、证人证物表、法院批示等。

917. 四川高等法院第一分院、璧山实验地方法院审理抗告一案　12—13—912

1944年5月,四川高等法院第一分院、璧山实验地方法院关于姜灿辉因不服与陈任可租佃纠葛案判决提起抗告一案的文书,包括民事抗告状、证人证物表、民事裁定书、法院公函、送达证明书等。

918. 璧山实验地方法院审理撤销买约调解一案　12—13—913

1943年8月至1943年9月,璧山实验地方法院关于柯冉氏因杨子云等违法缔结买卖契约请求撤销买约调解一案的文书,包括文件目录表、民事调解状、证人证物表、案件审理单、民事委任状、送达证明书、民事调解笔录等。

919. 璧山实验地方法院审理请发支付命令一案　12—13—914

1943年1月至1943年4月,璧山实验地方法院关于景亮钧因李海林等拒偿公费请发支付命令一案的文书,包括文件目录表、民事申请状、证人证物表、民事裁定书、送达证明书等。

920. 璧山实验地方法院审理违背合伙契约提起诉讼一案　12—13—915

1942年12月至1943年1月,璧山实验地方法院关于吴树吕因周治宾违背合伙契约提起诉讼一案的文书,包括案件审理单、民事诉状、证人证物表、民事委任状、送达证明书、审理笔录、证人结文、民事和解笔录等。

921. 璧山实验地方法院审理请求分割遗产一案　12—13—916

1943 年 8 月,璧山实验地方法院关于王郭氏因与郭青廷发生遗产纠葛请求分割遗产一案的文书,包括文件目录表、民事诉状、证人证物表、民事委任状、送达证明书、言辞辩论笔录、证人结文、民事宣判笔录、民事判决书等。

922. 璧山实验地方法院审理请求终止租约一案　12—13—917

1943 年 1 月至 1943 年 2 月,璧山实验地方法院关于温炳章因徐洪光等估种不迁请求终止租约一案的文书,包括民事诉状、证人证物表、民事委任状、送达证明书、民事审理笔录、民事答辩状、民事宣判和解笔录等。

923. 四川高等法院第一分院、璧山实验地方法院审理请求给付租谷执行一案　12—13—918

1930 年 10 月至 1943 年 1 月,四川高等法院第一分院、璧山实验地方法院关于江永清因案悬年余久未奉判请求给付租谷执行一案的文书,包括法院公函、民事上诉状、证人证物表、民事裁定书、民事判决书、送达证明书、民事诉状、法院通知书等。

924. 四川高等法院第一分院、璧山实验地方法院审理请求终止租约一案　12—13—919

1943 年 4 月至 1943 年 8 月,四川高等法院第一分院、璧山实验地方法院关于徐炳兴因徐福川欠租不缴请求终止租约一案的文书,包括文件目录表、民事诉状、证人证物表、案件审理单、送达证明书、言辞辩论笔录、照抄佃田土文约、民事答辩状、民事委任状、民事宣判笔录、民事判决书、法院公函、民事裁定书等。

925. 璧山实验地方法院审理请求起迁坟墓一案　12—13—920

1943 年 8 月,璧山实验地方法院关于杨江氏因黄刘氏等拒不执行和解状请求起迁坟墓一案的文书,包括文件目录表、民事执行状、民事和解笔录、送达证明书、法院执行命令、报告案奉、收据等。

926. 四川高等法院第一分院、璧山实验地方法院审理推选代理人上诉一案　12—13—921

1942 年 8 月至 1943 年 11 月,四川高等法院第一分院、璧山实验地方法院关于刘成林等因伤害案不服判决而上诉请求推选代理人一案的文书,包括法院公函、民事上诉状、证人证物表、民事裁定书、送达证明书、民事辩诉状、民事判决书等。

927. 璧山实验地方法院审理妨害农业提起诉讼一案 12—13—922

1943年10月至1943年11月，璧山实验地方法院关于张汉江因张海泉故意放水涸田妨害农业提起诉讼一案的文书，包括文件目录表、刑事诉状、证人证物表、案件审理单、送达证明书、报告案奉、审判笔录、报告书、法院公函等。

928. 璧山实验地方法院审理请求领证一案 12—13—923

1943年3月，璧山实验地方法院关于胡保洲没证不还请求领证一案的文书，包括文件目录表、民事申请状、证人证物表、领证讯问笔录等。

929. 璧山实验地方法院审理请求回赎典产一案 12—13—924

1943年1月，璧山实验地方法院关于周席珍因白璧玉限逾抗赎请求回赎典产一案的文书，包括文件目录表、民事诉状、案件审理单、送达证明书、审讯笔录、民事委任状、讯问笔录等，该卷另附报纸两张。

930. 璧山实验地方法院审理请求返还柏树调解一案 12—13—925

1943年10月，璧山实验地方法院关于汪树林因与汪银钦发生柏树争夺请求返还柏树调解一案的文书，包括文件目录表、民事调解状、证人证物表、民事委任状、民事辩诉状、送达证明书、调解笔录等。

931. 璧山实验地方法院、江津地方法院审理请发支付命令一案 12—13—926

1943年7月，璧山实验地方法院、江津地方法院关于谷银青等因魏相林希图欺凌征属请发支付命令一案的文书，包括文件目录表、民事诉状、证人证物表、民事裁定书、法院公函、送达证明书等。

932. 璧山实验地方法院审理请求给付医药费执行一案 12—13—927

1943年9月至1943年11月，璧山实验地方法院关于彭陈氏因刘光旭违判不给医药费请求给付医药费执行一案的文书，包括民事诉状、文件目录表、民事判决书、证人证物表、民事委任状、案件审理单、送达证明书等。

933. 四川高等法院第一分院、璧山实验地方法院审理请求交还屋产执行一案 12—13—928

1942年11月至1943年4月，四川高等法院第一分院、璧山实验地方法院关于彭永久因李海林拒不执行判决请求交还屋产执行一案的文书，包括文件目录表、民事诉状、证人证物表、民事判决书、刑事附带民事判决书、刑事判决书、法院执行命令、报告案奉、言辞辩论笔录、民事保状、法院训令、收据等。

934. 璧山实验地方法院审理给付租金执行一案　12—13—929

1943年8月至1943年9月，璧山实验地方法院关于夏青云因杨炳臣逾期尚不给付请求给付租金执行一案的文书，包括文件目录表、民事诉状、证人证物表、法院支付命令、案件审理单、送达证明书、报告书、收款通知书、言辞辩论笔录等。

935. 璧山实验地方法院审理请求返还财物一案　12—13—930

1943年4月至1943年5月，璧山实验地方法院关于徐汪氏因徐银廷欺孀霸产难以调解请求返还财物一案的文书，包括文件目录表、民事反诉状、证人证物表、案件审理单、送达证明书、民事答辩状、民事委任状、言辞辩论笔录、证人结文、民事申请状、民事和解笔录等。

936. 璧山实验地方法院审理请求债务执行一案　12—13—931

1943年1月至1943年5月，璧山实验地方法院关于李鹏因魏文光等抗不给付又无异议请求债务执行一案的文书，包括文件目录表、民事诉状、法院支付命令、报告案奉、执行笔录、民事保状、收据、送达证明书等。

937. 四川高等法院第一分院、璧山实验地方法院审理请求解除租佃一案　12—13—932

1941年9月至1943年4月，四川高等法院第一分院、璧山实验地方法院关于李舒氏因与李星三发生租佃纠葛请求解除租佃一案的文书，包括文件目录表、法院公函、案件审理单、送达证明书、民事讯问笔录、接龙乡乡公所呈、证人证物表、民事领状、民事判决书、民事诉状、民事补状、民事审判笔录、民事证明状、民事审讯笔录、审理笔录、民事裁定书等。

938. 四川高等法院第一分院、璧山实验地方法院审理请求领押交业一案　12—13—933

1944年10月至1944年12月，四川高等法院第一分院、璧山实验地方法院关于陈席珍因不服与杨华安涉讼判决请求领押交业一案的文书，包括文件目录表、法院公函、民事上诉状、证人证物表、送达证明书、民事裁定书、言辞辩论笔录、民事宣判笔录、民事判决书等。

939. 璧山实验地方法院审理请求离婚一案　12—13—934

1943年3月至1943年5月，璧山实验地方法院关于冯张氏因冯树清拒不执行和解请求离婚一案的文书，包括文件目录表、民事诉状、证人证物表、案件审理单、送达证明书、言辞辩论笔录、民事宣判笔录、民事判决书、报告案奉、法院公示等。

940. 璧山实验地方法院审理请求赔偿损失执行一案　12—13—935

1943 年 7 月至 1943 年 8 月，璧山实验地方法院关于殷刘氏因殷汉章拒绝执行伤害判决请求赔偿损失执行一案的文书，包括文件目录表、民事诉状、证人证物表、民事委任状、案件审理单、送达证明书、收据等。

941. 璧山实验地方法院、江津地方法院审理因掘毁坟墓提起刑事诉讼一案　12—13—936

1943 年 10 月，璧山实验地方法院、江津地方法院关于戴文亨因鲍文奎掘毁坟茔提起刑事诉讼一案的文书，包括文件目录表、刑事诉状、刑事反告状、证人证物表、法院公函、讯问笔录、法院检察官不起诉处分书等。

942. 璧山实验地方法院审理请求搬迁执行一案　12—13—937

1943 年 10 月至 1943 年 12 月，璧山实验地方法院关于何隆光因殷华廷不遵和解请求搬迁执行一案的文书，包括文件目录表、民事申请状、证人证物表、民事和解笔录、法院执行文稿、报告案奉、法院执行命令、收据等。

943. 璧山实验地方法院审理请求返还租谷一案　12—13—938

1943 年 10 月至 1943 年 11 月，璧山实验地方法院关于刘兴福与凌玉光等因租谷纠纷妨害权利请求返还租谷一案的文书，包括文件目录表、民事诉状、证人证物表、民事委任状、案件审理单、送达证明书、言辞辩论笔录、民事宣判笔录、民事判决书等，该卷另附典约一张。

944. 四川高等法院第一分院、璧山实验地方法院审理请求搬迁交业一案　12—13—939

1944 年 6 月至 1944 年 10 月，四川高等法院第一分院、璧山实验地方法院关于胡纯和因不服判决依法提起上诉请求搬迁交业一案的文书，包括文件目录表、法院公函、证人证物表、民事申请状、民事裁定书、送达证明书、民事判决书、民事申请书、民事上诉状、言辞辩论笔录、宣示判决笔录、民事委任状等。

945. 璧山实验地方法院审理请求离婚认证存查一案　12—13—940

1943 年 2 月至 1944 年 2 月，璧山实验地方法院关于李素璧为思患预防请求离婚认证存查一案的文书，包括文件目录表、民事诉状、证人证物表、案件审理单、民事补诉状、法院批稿、公证讯问笔录等，该卷另附报告、辞职函、民事进行卷、签呈、民事上诉及其抗告尾卷目录、账目清册、文卷清册、各项单具清册、档卷移交清单等。

946. 璧山实验地方法院审理请求债务执行一案　12－13－941

1943年7月至1943年8月，璧山实验地方法院关于李鹏因张发清等不遵命令请求债务执行一案的文书，包括文件目录表、民事诉状、证人证物表、法院支付命令、民事申请状、案件审理单、送达证明书、报告书、收据、执行证书、法院训令、法院通知书等。

947. 璧山实验地方法院审理请求经界一案　12－13－942

1943年9月至1943年12月，璧山实验地方法院关于徐晏氏因徐炳之越界强争请求经界一案的文书，包括文件目录表、民事诉状、涉案地图、证人证物表、案件审理单、送达证明书、言辞辩论笔录、履勘笔录、民事委任状、民事判决书等。

948. 四川高等法院第一分院函请璧山实验地方法院鉴定张少岩与张荣甫业价一案的文书　12－13－943

1943年11月，四川高等法院第一分院关于函请璧山实验地方法院鉴定张少岩与张荣甫业价一案的文书，包括法院执行命令、法院公函、法院训令、送达证明书等。

949. 四川高等法院第一分院、璧山实验地方法院审理请求分割遗产一案　12－13－944

1943年8月至1944年7月，四川高等法院第一分院、璧山实验地方法院关于陈汉忠因与陈桂珍发生遗产纠葛请求分割遗产一案的文书，包括法院公函、民事上诉状、证人证物表、法院意见书、卷证目录、送达证明书、民事申请状、民事裁定书等。

950. 四川高等法院第一分院、璧山实验地方法院审理请求租佃执行一案　12－13－945

1943年7月至1943年12月，四川高等法院第一分院、璧山实验地方法院关于张致荣因与张长发产生租佃纠葛请求租佃执行一案的文书，包括法院公函、送达证明书、收据等。

951. 四川高等法院第一分院、璧山实验地方法院审理请求赔偿损害执行一案　12－13－946

1943年7月至1943年12月，四川高等法院第一分院、璧山实验地方法院关于

彭国良因彭陈氏纵火烧毁房屋请求赔偿损害执行一案的文书，包括文件目录表、民事申请状、证人证物表、民事判决书、案件审理单、送达证明书、执行言辞辩论笔录、民事保状、法院执行命令、收据等。

952. 璧山实验地方法院审理请求回赎典产执行一案　12－13－947

1943年12月至1944年9月，璧山实验地方法院关于王启富等因与王启智发生租佃纠葛请求回赎典产执行一案的文书，包括文件目录表、民事诉状、证人证物表、案件审理单、送达证明书、民事缴状、民事委任状、民事声明状、报告书、法院通知书、法院命令、法院执行命令、收据、民事申请书、报告案奉、法院批稿、民事裁定书、民事保状、民事阅卷申请书、法院训令、鉴定人鉴定文、查封不动产笔录、涉案地图、法院布告、民事判决书、璧山县国民兵团部公函、法院公函等。

953. 四川高等法院第一分院、璧山实验地方法院审理请求终止租约一案　12－13－948

1943年3月至1943年12月，四川高等法院第一分院、璧山实验地方法院关于李荣清因不服与李馨山租佃纠葛判决请求终止租约一案的文书，包括文件目录表、民事抗告状、证人证物表、民事诉状、法院公函、送达证明书、民事申请书、言辞辩论笔录、民事上诉状、民事委任状、民事裁定书、民事宣判笔录、民事判决书等。

954. 璧山实验地方法院审理请求终止租约一案　12－13－949

1943年7月至1943年8月，璧山实验地方法院关于安炳煊因与尹华堂租期已满请求终止租约一案的文书，包括文件目录表、民事诉状、证人证物表、案件审理单、送达证明书、言辞辩论笔录、证人结文、民事宣判笔录、民事判决书等。

955. 四川高等法院第一分院、璧山实验地方法院审理请求确认佃期一案　12－13－950

1942年12月至1943年11月，四川高等法院第一分院、璧山实验地方法院关于张杨氏等因不服判决请求确认佃期一案的文书，包括文件目录表、法院公函、民事上诉状、证人证物表、民事裁定书、民事委任状、案件审理单、送达证明书、言辞辩论笔录、民事宣判笔录、证人结文、报告案奉、民事证明状、讯问笔录、民事保状、民事判决书等。

956. 璧山实验地方法院审理请求给付租谷一案　12－13－951

1943年6月至1943年8月，璧山实验地方法院关于周荣氏因与周恒太发生租佃纠葛请求给付租谷一案的文书，包括文件目录表、民事异议状、证人证物表、通知书、民事诉状、民事委任状、民事答辩状、送达证明书、言辞辩论笔录、和解笔录、民事申请状等。

957. 璧山实验地方法院审理请求赔偿损害一案　12－13－952

1943年7月,璧山实验地方法院关于刘云生因罗熊氏等悔婚请求赔偿损害一案的文书,包括文件目录表、民事诉状、证人证物表、案件审理单、送达证明书、言辞辩论笔录、民事委任状、民事裁定书等。

958. 璧山实验地方法院审理请求赔偿损害、债务执行两案　12－13－953

1943年7月至1943年8月,璧山实验地方法院关于刘云生因罗熊氏悔婚请求赔偿损害、谢征虎因与徐肇卿发生债务纠葛请求债务执行两案的文书,包括文件目录表、民事诉状、证人证物表、案件审理单、送达证明书、言辞辩论笔录、民事委任状、民事裁定书、凭票、民事判决书等。

959. 璧山实验地方法院审理请求支付命令执行一案　12－13－954

1943年1月至1943年6月,璧山实验地方法院关于李鹏因伍家贞等支付期限已满抗不给付请求支付命令执行一案的文书,包括文件目录表、民事诉状、证人证物表、民事裁定书、法院执行命令、报告、收据、送达证明书等。

960. 璧山实验地方法院审理请求领回终止租约案判决书一案　12－13－955

1943年5月至1943年6月,璧山实验地方法院关于曹汉卿请求领回终止租约案判决书一案的文书,包括文件目录表、民事领状、法院批示等。

961. 璧山实验地方法院审理请求保存田业所有权登记一案　12－13－956

1943年10月,璧山实验地方法院关于谢学初请求保存田业所有权登记一案的文书,包括文件目录表、不动产登记申请书、登记事项、不动产登记保证书、涉案地图、案件审理单、法院命令等。

962. 璧山实验地方法院审理请求所有权登记一案　12－13－957

1943年12月至1944年3月,璧山实验地方法院关于谢谷氏请求田土房产所有权登记一案的文书,包括文件目录表、不动产登记申请书、登记事项、不动产登记保证书、案件审理单、不动产登记处通知书、送达证明书、法院命令、报告案奉、法院公告、收据、证明书、登记地图等。

963. 璧山实验地方法院审理请求搬迁交业一案　12－13－958

1943年8月至1943年11月,璧山实验地方法院关于刘光俗因郑平康等拒不执行判决请求搬迁交业一案的文书，包括文件目录表、民事申请状、民事判决书、证人证物表、案件审理单、送达证明书、法院执行命令、民事诉状、报告案奉、收据等。

964. 璧山实验地方法院审理登记田业所有权转移一案　12—13—959

1943 年 11 月至 1943 年 12 月，璧山实验地方法院关于张明安请求登记田业所有权转移一案的文书，包括不动产登记申请书、登记事项、不动产登记保证书、法院命令、报告案奉、送达证明书、登记处通知书、证明书、往来公函、法院布告、法院公告、收据等。

965. 四川高等法院第一分院、璧山实验地方法院审理请求终止租约给付欠租一案　12—13—960

1943 年 2 月至 1943 年 4 月，四川高等法院第一分院、璧山实验地方法院关于胡余氏因与唐胡氏发生租佃纠纷请求终止租约给付欠租一案的文书，包括文件目录表、民事上诉状、证人证物表、民事缴状、法院公函、民事申请书、言辞辩论笔录、证人结文、民事辩诉状、民事委任状、民事宣判笔录、民事判决书、送达证明书等，该卷另附出征抗敌军人家属证明书一张。

966. 四川高等法院第一分院、璧山实验地方法院审理返还税款一案　12—13—961

1943 年 5 月至 1943 年 10 月，四川高等法院第一分院、璧山实验地方法院关于陈四维因罗得胜诈欺粮税请求返还税款一案的文书，包括文件目录表、民事诉状、证人证物表、案件审理单、送达证明书、言辞辩论笔录、民事裁定书、民事判决书、刑事判决书、刑事附带民事判决书等。

967. 璧山实验地方法院审理请求提存押银一案　12—13—962

1943 年 7 月，璧山实验地方法院关于徐鹏郧因与曾宪章等缔结佃约请求提存押银一案的文书，包括文件目录表、民事诉状、证人证物表、法院批示、送达证明书、民事缴状、法院批稿、报告书、收据等。

968. 四川高等法院第一分院、璧山实验地方法院审理请求确认佃约无效一案　12—13—963

1943 年 1 月至 1943 年 9 月，四川高等法院第一分院、璧山实验地方法院关于况荣楼等因况张氏等无权处分已经继承之共有遗产请求确认佃约无效一案的文书，包括文件目录表、民事诉状、证人证物表、民事委任状、案件审理单、送达证明书、言辞辩论笔录、民事判决书、佃约一张、法院公函、民事裁定书等。

969. 四川高等法院第一分院、璧山实验地方法院审理请求搬迁交业执行一案 12－13－964

1943年4月至1943年11月，四川高等法院第一分院、璧山实验地方法院关于巫奎臣因黄英灿等不执行判决请求搬迁交业执行一案的文书，包括文件目录表、民事诉状、证人证物表、案件审理单、送达证明书、执行辩论笔录、法院执行命令、报告案奉、法院批示、案件审理进行单、法院公函、法院训令、民事声明状、民事裁定书、民事具呈状、民事抗告状、意见书、法院批稿等，该卷另附民国二十七年民事判决书、民国二十八年民事判决书各一张。

970. 璧山实验地方法院审理请求抱约认证一案 12－13－965

1943年11月至1944年8月，璧山实验地方法院关于王郑氏因夫出征无嗣抱子承继请求抱约认证一案的文书，包括文件目录表、民事诉状、证人证物表、案件审理单、公证通知书、送达证明书、公证讯问笔录、证明书、民事领状、收据等。

971. 璧山实验地方法院审理请求返还产业一案 12－13－966

1943年3月至1943年5月，璧山实验地方法院关于朱王朝贞等因邹万盛霸产不还请求返还产业一案的文书，包括文件目录表、民事诉状、证人证物表、民事委任状、案件审理单、送达证明书、言辞辩论笔录、民事答辩状、民事宣判笔录、民事判决书、阅卷申请书等。

972. 璧山实验地方法院审理申请宣告假执行一案 12－13－967

1943年8月至1943年9月，璧山实验地方法院关于向文光因陈海全不承认债务请求宣告假执行一案的文书，包括文件目录表、民事诉状、证人证物表、法院支付命令、民事裁定书、送达证明书等。

973. 璧山实验地方法院审理请求换立典约认证一案 12－13－968

1943年10月，璧山实验地方法院关于曹树云撤销租约另立新约请求换立典约认证一案的文书，包括文件目录表、民事申请状、证人证物表、法院通知书、送达证明书、报告案奉等。

974. 四川高等法院第一分院、璧山实验地方法院审理请求领押交业一案 12－13－969

1943年6月至1943年11月，四川高等法院第一分院、璧山实验地方法院关于江流贞因与江四合发生租佃纠葛请求领押交业一案的文书，包括文件目录表、民事诉状、证人证物表、民事保证状、民事委任状、案件审理单、民事参加状、民事答辩状、民事申请书、送达证明书、民事裁定书、言辞辩论笔录、民事宣判笔录、民事判决书、法院公函、民事上诉状、申请销案状等,该卷另附江氏世系表、佃约等。

975. 璧山地方法院审理请求交业执行一案　12—13—970

1942年2月,璧山地方法院关于刘午桥因王宜之抗不执行判决请求交业执行一案的文书,包括民事诉状、证人证物表等。

976. 四川高等法院第一分院、璧山实验地方法院审理请求返还管理财产一案　12—13—971

1942年11月至1943年4月,四川高等法院第一分院、璧山实验地方法院关于吴和先因吴俊良拒绝返还财产请求返还管理财产一案的文书,包括文件目录表、民事上诉状、民事判决书、民事裁定书、送达证明书、证人证物表、法院公函、佃约、民事委任状、民事辩诉状、言辞辩论笔录、民事宣判笔录等。

977. 璧山实验地方法院审理请求终止租约调解一案　12—13—972

1943年7月至1943年8月,璧山实验地方法院关于谢仲芳因与邓海河发生租佃纠葛请求终止租约调解一案的文书,包括文件目录表、民事申请状、证人证物表、民事委任状、案件审理单、言辞辩论笔录、送达证明书等。

978. 璧山实验地方法院审理请求交业执行一案　12—13—973

1943年1月,璧山实验地方法院关于王继叶因李荣盛拒不搬迁请求交业执行一案的文书,包括民事申请状、证人证物表、民事委任状、民事判决书等。

979. 璧山实验地方法院审理请求分割共有产业执行一案　12—13—974

1942年10月至1943年6月,璧山实验地方法院关于曾郭氏因曾相臣藐法违判妨害权益请求分割共有产业执行一案的文书,包括文件目录表、证人证物表、民事申请状、送达证明书、民事执行讯问笔录、法院执行命令、报告案奉、收据、民事判决书等,该卷另附典约一张。

980. 四川高等法院第一分院、璧山实验地方法院审理请求确认契约无效一案　12—13—975

1943年1月至1944年10月,四川高等法院第一分院、璧山实验地方法院关于杨正钊因与周克光发生买卖纠葛请求确认契约无效一案的文书,包括法院公函、民事再审状、证人证物表、民事委任状、送达证明书、言辞辩论笔录、收据等。

981. 璧山实验地方法院审理请求给付租谷一案　12—13—976

1943 年 10 月至 1943 年 11 月，璧山实验地方法院关于刘应台因蒋海山等欺凌掯租不交请求给付租谷一案的文书，包括文件目录表、民事诉状、证人证物表、案件审理单、法院公函、民事催状、民事申请状、送达证明书、民事答辩状、言辞辩论笔录、民事宣判笔录、民事判决书等。

982. 璧山实验地方法院审理请求分割遗产一案　12—13—977

1943 年 1 月至 1943 年 11 月，璧山实验地方法院关于王玉良因与王超群等发生遗产争夺请求分割遗产一案的文书，包括文件目录表、民事上诉状、证人证物表、法院公函、送达证明书、照抄和约、民事和解状、案件审理单、言辞辩论笔录、民事宣判笔录、民事判决书、民事裁定书等。

983. 璧山实验地方法院审理终止租约一案　12—13—978

1943 年 1 月至 1943 年 6 月，璧山实验地方法院关于钟顺等因租佃纠葛而申请终止租约一案的文书，包括文件目录表、民事上诉状、证人证物表、法院公函、言辞辩论笔录、民事声明状、民事委任状、送达证明书、民事宣判笔录、民事判决书等。

984. 四川高等法院第一分院、璧山实验地方法院审理请求解除租佃典约一案 12—13—979

1942 年 11 月至 1943 年 12 月，四川高等法院第一分院、璧山实验地方法院关于钟邬氏因与钟靳氏发生租佃纠葛请求解除租佃典约一案的文书，包括文件目录表、民事诉状、证人证物表、送达证明书、民事委任状、言辞辩论笔录、民事判决书等。

985. 璧山实验地方法院审理请求赔偿损害一案　12—13—980

1943 年 4 月至 1943 年 5 月，璧山实验地方法院关于陈光华因周道兴违法离婚请求赔偿损害一案的文书，包括文件目录表、民事诉状、证人证物表、案件审理单、送达证明书、民事答辩状、言辞辩论笔录、民事委任状、证人结文、民事宣判笔录、民事判决书等，该卷另附《国民公报》7 张。

986. 璧山实验地方法院审理请求债务执行一案　12—13—981

1943 年 9 月至 1943 年 10 月，璧山实验地方法院关于景亮钧因赵福盛等不执行支付命令请求债务执行一案的文书，包括文件目录表、民事申请状、证人证物表、法院支付命令、案件审理单、报告案奉、送达证明书、报告书、收据等。

987. 璧山实验地方法院审理请求交业一案　12－13－982

1942年11月至1943年5月，璧山实验地方法院关于王学初因与欧海荣发生租佃纠纷请求交业一案的文书，包括文件目录表、民事申请状、证人证物表、民事判决书、民事裁定书、案件审理单、送达证明书、法院执行命令、执行笔录、报告案奉、法院训令、民事执行状、收据、民事缴状、收款通知书等。

988. 璧山实验地方法院审理请求结婚存查一案　12－13－983

1943年10月，璧山实验地方法院关于石治方预杜凌患请求结婚存查一案的文书，包括文件目录表、民事存查状、证人证物表、法院批示等。

989. 璧山实验地方法院审理请求领回呈庭契约一案　12－13－984

1943年3月，璧山实验地方法院关于袁绍清申请领回确认买卖契约案呈庭契约的文书，包括民事申请状、文件目录表、法院状悉等。

990. 璧山实验地方法院审理请求解除租佃备查一案　12－13－985

1943年1月至1943年2月，璧山实验地方法院关于彭城因与龙怀林自愿和解请求解除租佃备查一案的文书，包括文件目录表、法院公函、民事判决书、民事诉状、证人证物表、民事上诉状、民事和解状、送达证明书等。

991. 璧山实验地方法院审理请发支付命令一案　12－13－986

1943年6月，璧山实验地方法院关于李鹏因白鸿兴等拖欠公费迭推不理请发支付命令一案的文书，包括文件目录表、民事申请状、证人证物表、法院支付命令、送达证明书等。

992. 四川高等法院第一分院、璧山实验地方法院审理请求撤销婚姻一案　12－13－987

1943年2月至1943年10月，四川高等法院第一分院、璧山实验地方法院关于杨华安因受郭银华虐待请求撤销婚姻一案的文书，包括文件目录表、法院公函、民事上诉状、证人证物表、民事裁定书、送达证明书、民事诉状、案件审理单、言辞辩论笔录、民事判决书等。

993. 璧山实验地方法院审理请发支付命令一案　12－13－988

1943年7月，璧山实验地方法院关于景亮钧因刘泽甫拖欠公费请发支付命令一案的文书，包括文件目录表、民事申请状、证人证物表、法院支付命令、送达证明书等。

994. 璧山实验地方法院审理请求终止租约一案　12—13—989

1943年6月至1943年7月，璧山实验地方法院关于万刘氏因邓治祥拒绝执行判决请求终止租约一案的文书，包括文件目录表、民事诉状、证人证物表、民事委任状、送达证明书、言辞辩论笔录、民事判决书、民事裁定书等。

995. 璧山实验地方法院审理申请假执行一案　12—13—990

1943年8月，璧山实验地方法院关于李鹏因与陈春林等产业公费纠葛而请求假执行一案的文书，包括文件目录表、民事申请状、证人证物表、民事裁定书、送达证明书等。

996. 璧山实验地方法院审理裁判费裁定一案　12—13—991

1943年4月，璧山实验地方法院关于周忠廷因与邓树涛涉讼请求裁定裁判费一案的文书，包括民事申请状、法院批示、送达证明书等。

997. 四川高等法院第一分院、璧山实验地方法院审理确认买卖契约无效一案　12—13—992

1943年5月至1943年9月，四川高等法院第一分院、璧山实验地方法院关于谭张氏因张范氏等违法处分共有遗产请求确认买卖契约无效一案的文书，包括文件目录表、民事诉状、证人证物表、民事委任状、案件审理单、送达证明书、言辞辩论笔录、民事答辩状、民事判决书、法院公函、民事上诉状、民事裁定书、民事申请状、民事抗告状等，该卷另附契约一张。

998. 璧山实验地方法院审理请求做主救济一案　12—13—993

1943年2月，璧山实验地方法院关于罗韩氏因被遗弃请求做主救济一案的文书，包括卷宗目录、证人证物表、民事诉状、法院批示、送达证明书等。

999. 四川高等法院第一分院、璧山实验地方法院审理罚金执行一案　12—13—994

1943年7月至1943年10月，四川高等法院第一分院、璧山实验地方法院关于伍登辉等伤害罪罚金执行一案的文书，包括文件目录表、法院公函、刑事判决书、报告书、证人证物表、民事委任状、案件审理单、送达证明书、言辞辩论笔录、民事宣判笔录、证人结文、法院训令、民事判决书等。

1000. 璧山实验地方法院审理妨害兵役诉讼一案　12—13—995

1943年1月至1943年2月，璧山实验地方法院关于杨启柱因苏辉三拥抢客商顶服兵役提起妨害兵役诉讼一案的文书，包括刑事诉状、证人证物表、全御公函、送达证明书、刑事审判笔录、刑事判决书、法院公函等。

1001. 璧山实验地方法院审理请求交房执行异议一案　12—13—996

1943年3月至1943年4月，璧山实验地方法院关于蔡良弼对江足之与果秉江交业案声明交房执行异议一案的文书，包括文件目录表、民事申请状、证人证物表、民事委任状、送达证明书、执行讯问等。

1002. 璧山实验地方法院审理请求租佃调解一案　12—13—997

1943年9月至1943年10月，璧山实验地方法院关于殷刘氏因与殷汉章发生租佃纠葛请求租佃调解一案的文书，包括民事诉状、收据、典约、送达证明书、民事调解笔录、民事调解状等。

1003. 璧山实验地方法院审理领押交业一案　12—13—998

1943年9月至1943年10月，璧山实验地方法院关于黄仲华因赖炳臣拒不退耕请求领押交业一案的文书，包括民事判决书、法院公函、文件目录表、民事诉状、民事调解笔录、证明书、证人证物表、民事委任状、案件审理单、送达证明书、民事答辩状、言辞辩论笔录、民事宣判笔录等。

1004. 四川高等法院第一分院、璧山实验地方法院审理声明异议一案　12—13—999

1943年10月，四川高等法院第一分院、璧山实验地方法院关于韦德辉因不服张康宁涉讼判决声明异议一案的文书，该卷仅有法院间的往来公函。

1005. 璧山实验地方法院审理请发支付命令一案　12—13—1000

1943年11月，璧山实验地方法院关于万陈氏因万德周逾期不交食谷请发支付命令一案的文书，包括文件目录表、民事申请状、证人证物表、民事裁定书、送达证明书等。

1006. 璧山实验地方法院审理请求租佃调解一案　12—13—1001

1942年4月至1942年5月，璧山实验地方法院关于邹柏林因与江金山发生租佃纠葛请求租佃调解一案的文书，包括民事申请状、证人证物表、案件审理单、送达证明书、民事审理笔录、法院调解笔录等。

1007. 璧山实验地方法院审理请求离婚一案　12－13－1002

1943年4月，璧山实验地方法院关于朱刘氏因朱洪发无故离婚情同遗弃请求离婚一案的文书，包括文件目录表、民事诉状、证人证物表、民事裁定书、送达证明书、案件审理单、民事委任状、调解笔录、证人结文、民事宣判笔录、民事判决书等。

1008. 璧山实验地方法院审理终止租约一案　12－13－1003

1943年6月，璧山实验地方法院关于陆平安因与黄绍烈发生租佃纠葛请求终止租约一案的文书，包括文件目录表、民事诉状、证人证物表、民事委任状、案件审理单、送达证明书、调解笔录等。

1009. 璧山实验地方法院审理请求给付松树一案　12－13－1004

1943年4月，璧山实验地方法院关于邓蜀荣因张士宾等诈财骗卖串通阻伐请求给付松树一案的文书，包括民事诉状、民事委任状、送达证明书、案件审理单、法院通知书、民事缴状、结状、法院批示等。

1010. 四川高等法院第一分院、璧山实验地方法院审理返还屋产假执行一案　12－13－1005

1942年11月至1943年4月，四川高等法院第一分院、璧山实验地方法院关于邓李氏等因租赁房屋纠葛而请求返还屋产假执行一案的文书，包括文件目录表、民事诉状、证人证物表、送达证明书、言辞辩论笔录、民事裁定书、会约、重庆疏建委员会训令、璧山县政府指令、民事委任状、审理笔录、民事判决书、民事宣判笔录、证人结文、法院训令、报告案奉、执行笔录等。

1011. 四川高等法院第一分院、璧山实验地方法院审理返还田业、确认占有权两案　12－13－1006

1941年6月至1943年8月，四川高等法院第一分院、璧山实验地方法院关于邹炳安因邹邬氏侵权阻耕请求返还田业、邹炳安因不服判决请求确认占有权两案的文书，包括民事诉状、证人证物表、民事委任状、民事辩诉状、案件审理单、送达证明书、民事审理笔录、民事裁定书、刑事判决书、涉案地图、民事申请状、言辞辩论笔录、证人结文、民事判决书、法院批示、法院公函、收据等。

1012. 四川高等法院第一分院、璧山实验地方法院审理请求赔偿损害一案　12－13－1007

1943年9月至1944年3月，四川高等法院第一分院、璧山实验地方法院关于

巫奎臣因黄希之阻耕害农请求赔偿损害一案的文书，包括文件目录表、法院公函、民事上诉状、证人证物表、民事裁定书、送达证明书、民事委任状、言辞辩论笔录、民事宣判笔录、民事判决书、民事诉状、民事辩诉状、证人结文等。

1013. 四川高等法院第一分院、璧山地方法院审理请求债务执行一案　12－13－1008

1939年5月至1939年10月，四川高等法院第一分院、璧山地方法院关于胡佐勋因何兴发欠债不偿请求债务执行一案的文书，包括法院公函、民事判决书等。

1014. 璧山实验地方法院审理终止租约一案　12－13－1009

1942年11月至1943年1月，璧山实验地方法院关于蒋金山因与刘凤来发生租佃纠葛请求终止租约一案的文书，包括民事申请状、证人证物表、民事判决书、民事裁定书、报告案奉、法院执行命令等。

1015. 璧山实验地方法院审理请求交业执行一案　12－13－1010

1942年7月至1943年1月，璧山实验地方法院关于江足之因梁重光卖不交业请求交业执行一案的文书，包括民事诉状、民事判决书、证人证物表、法院执行命令、民事申请状、报告案奉、民事执行处令、送达证明书等。

1016. 璧山实验地方法院审理请求搬迁交房一案　12－13－1011

1943年12月至1944年3月，璧山实验地方法院关于何熙平因徐子良等租约早解抗不搬迁请求搬迁交房一案的文书，包括文件目录表、民事诉状、证人证物表、案件审理单、送达证明书、民事答辩状、言辞辩论笔录、民事委任状、民事审判笔录、民事判决书等。

1017. 四川高等法院第一分院、璧山实验地方法院审理请求赎回典产、返还产业执行两案　12－13－1012

1943年6月至1943年10月，四川高等法院第一分院、璧山实验地方法院关于戴钟氏等因违约而请求回赎典产、罗成吉等执行返还产业两案的文书，包括文件目录表、法院公函、民事上诉状、证人证物表、民事诉状、送达证明书、讯问笔录、法院执行命令、报告案奉、收据等。

1018. 四川高等法院第一分院、璧山实验地方法院审理再嫁存查、赔偿损害两案　12－13－1013

1943年5月至1943年10月，四川高等法院第一分院、璧山实验地方法院关于

赵周氏因夫死再嫁请求再嫁存查、李春秾请求邓海成等损害赔偿两案的文书，包括文件目录表、民事申请状、证人证物表、法院批示、报告案奉、法院公函等。

1019. 璧山实验地方法院审理请求终止租约给付租谷一案　12－13－1014

1943年8月至1943年11月，璧山实验地方法院关于汪罗氏等因与江汉清产生租佃纠纷请求终止租约给付租谷一案的文书，包括文件目录表、民事诉状、民事判决书、证人证物表、民事委任状、案件审理单、送达证明书、民事辩诉状、言辞辩论笔录、证人结文、民事补诉状、民事宣判笔录等。

1020. 四川高等法院第一分院、璧山实验地方法院审理请求赔偿损失一案　12－13－1015

1943年11月至1944年1月，四川高等法院第一分院、璧山实验地方法院关于龚焕成等因刘江氏等蓄意拖欠债务请求赔偿损失一案的文书，包括文件目录表、民事诉状、证人证物表、民事委任状、案件审理单、送达证明书、言辞辩论笔录、民事辩诉状、民事委托书、证明书、民事宣判笔录、民事裁定书、民事判决书、收据、法院公函等。

1021. 四川高等法院第一分院、璧山实验地方法院审理赔偿损失一案　12－13－1016

1944年2月至1944年6月，四川高等法院第一分院、璧山实验地方法院关于龚焕成等因典当田业界碑损毁而请求赔偿损失一案的文书，包括法院公函、民事上诉状、证人证物表、民事裁定书、送达证明书、言辞辩论笔录、民事宣判笔录、民事申请状、民事判决书、证明书等。

1022. 璧山实验地方法院审理请求终止租约一案　12－13－1017

1943年5月，璧山实验地方法院关于蒋赤煷因王海洲拒不执行判决请求终止租约一案的文书，包括文件目录表、民事诉状、佃约、证人证物表、送达证明书、民事委任状、言辞辩论笔录、民事和解笔录等。

1023. 璧山实验地方法院审理请求给付食谷执行、搬迁交业执行两案　12－13－1018

1943年6月至1945年8月，璧山实验地方法院关于邹荣廷因邹树林判决确定拒不执行请求给付食谷执行、晏林氏因刘淮清不执行判决请求搬迁交业执行两案的文书，包括文件目录表、民事诉状、证人证物表、民事判决书、案件审理单、送达证明书、民事申请状、申请执行状等。

1024. 四川高等法院第一分院、璧山实验地方法院审理请求返还田业一案　12—13—1019

1943年9月，四川高等法院第一分院、璧山实验地方法院关于邹邬氏等因不服判决上诉请求返还田业一案的文书，包括文件目录表、法院公函、民事上诉状、应讯人到场报告单、讯问笔录、送达证明书、民事申请书、言辞辩论笔录、民事委任状、民事判决书、案奉等。

1025. 四川高等法院第一分院、璧山实验地方法院审理申请再审返还土煸一案　12—13—1021

1943年4月，四川高等法院第一分院、璧山实验地方法院关于戴作三因与邹万盛涉讼案证据未经斟酌请求再审返还土煸一案的文书，包括文件目录表、民事申请再审状、民事判决书、送达证明书、法院公函、照抄契约等，该卷另附民国二十九年民事判决书一张。

1026. 璧山实验地方法院审理请发支付命令一案　12—13—1022

1943年11月，璧山实验地方法院关于龙腾洲因曾汉钦拖欠公费请发支付命令一案的文书，包括文件目录表、民事诉状、证人证物表、法院支付命令、送达证明书等。

1027. 四川高等法院第一分院、璧山实验地方法院审理请求增加押银给付及建筑修整费、分割遗产两案　12—13—1023

1942年11月至1943年6月，四川高等法院第一分院、璧山实验地方法院关于雷李氏因不服判决上诉请求吴祥发增加押银给付及建筑修整费、王超裙等因与王玉良发生遗产纠葛请求分割遗产两案的文书，包括文件目录表、民事上诉状、证人证物表、展期缴费状、法院公函、民事判决书等。

1028. 璧山实验地方法院审理债务执行一案　12—13—1024

1943年9月至1943年11月，璧山实验地方法院关于景亮钧因周达三不给公费请求债务执行一案的文书，包括文件目录表、民事申请状、证人证物表、法院支付命令、案件审理单、送达证明书、民事委任状、报告书、收据等。

1029. 四川高等法院第一分院、璧山实验地方法院审理请求领押交业一案　12—13—1025

1943年3月至1943年5月，四川高等法院第一分院、璧山实验地方法院关于

曾贤铸等因赵全华不执行判决请求领押交业一案的文书，包括文件目录表、民事诉状、民事判决书、案件审理单、送达证明书、执行笔录、证明书、民事保状、民事委任状、法院执行命令、民事声明状、往来公函、民事裁定书、报告书、收据、讯问笔录等。

1030. 璧山实验地方法院审理赎典一案　12－13－1026

1943 年 8 月至 1943 年 9 月，璧山实验地方法院关于蒲汪氏因有子出征生活无着请求回赎典产一案的文书，包括文件目录表、民事诉状、证人证物表、案件审理单、送达证明书、民事辩诉状、民事委任状、言辞辩论笔录、民事宣判笔录、民事判决书等，该卷另附契约一张。

1031. 璧山实验地方法院审理请发支付命令一案　12－13－1027

1943 年 5 月，璧山实验地方法院关于景亮钧因李海林等不偿公费请发支付命令一案的文书，包括文件目录表、民事申请状、证人证物表、民事裁定书、送达证明书等。

1032. 四川高等法院第一分院、璧山实验地方法院审理窃盗及毁损再审一案　12－13－1028

1943 年 10 月至 1944 年 1 月，四川高等法院第一分院、璧山实验地方法院关于刘应台因不服判决请求窃盗及毁损再审一案的文书，包括文件目录表、法院公函、刑事诉状、证人证物表、讯问笔录、刑事撤回状、刑事判决书等。

1033. 璧山实验地方法院审理毁损秧种提起诉讼一案　12－13－1029

1943 年 4 月至 1943 年 5 月，璧山实验地方法院关于余绍周因余世才毁损秧种提起诉讼一案的文书，包括文件目录表、民事诉状、证人证物表、案件审理单、送达证明书、审理笔录、法院公函等。

1034. 四川高等法院第一分院、璧山实验地方法院民事裁定书卷　12－13－1030

1937 年 9 月至 1949 年 6 月，包括四川高等法院第一分院、璧山实验地方法院关于买卖不动产、赔偿树价、返还典当产业、赔偿损害、搬迁交业、伤害、买卖赃物、终止租约、租佃纠葛等案的民事判决书、裁定书、刑事附带民事判决书等。

1035. 四川高等法院第一分院、璧山实验地方法院审理终止租约一案　12－13－1031

1943 年 7 月至 1943 年 8 月，四川高等法院第一分院、璧山实验地方法院关于彭国昌因不服判决请求终止租约一案的文书，包括法院公函、民事上诉状、民事裁定书、送达证明书等。

1036. 四川高等法院第一分院、璧山实验地方法院审理请求分割遗产一案　12—13—1032

1943年7月至1943年12月,四川高等法院第一分院、璧山实验地方法院关于雷福贞因不服与雷在良遗产纠葛判决请求分割遗产一案的文书,包括文件目录表、民事上诉状、证人证物表、民事裁定书、送达证明书、法院公函、民事答辩状、民事判决书、民事委任状、言辞辩论笔录、宣示判决笔录等。

1037. 四川高等法院第一分院、璧山实验地方法院审理请求给付食谷一案　12—13—1033

1943年3月至1943年9月,四川高等法院第一分院、璧山实验地方法院关于王炳云因王炳南估骗不偿请求给付食谷一案的文书,包括文件目录表、法院公函、民事上诉状、证人证物表、民事裁定书、送达证明书、借据、言辞辩论笔录、民事委任状、民事申请书、民事撤回状、照抄和解据、民事诉状、案件审理单、民事判决书等。

1038. 璧山实验地方法院审理请求给付欠租调解一案　12—13—1034

1943年7月,璧山实验地方法院关于何泰文因与胡秀泉发生租佃纠葛请求给付欠租调解一案的文书,包括文件目录表、民事申请状、证人证物表、送达证明书、案件审理单、言辞辩论笔录等。

1039. 四川高等法院第一分院、璧山实验地方法院审理恢复板仓原样一案　12—13—1035

1943年1月至1943年4月,四川高等法院第一分院、璧山实验地方法院关于雷海荣等因不服赔建板仓判决请求恢复板仓原样一案的文书,包括文件目录表、法院公函、民事诉状、证人证物表、民事委任状、案件审理单、送达证明书、言辞辩论笔录、民事辩诉状、证人结文、民事判决书、民事声明状等。

1040. 璧山实验地方法院审理请求缔结租约一案　12—13—1036

1943年12月至1944年1月,璧山实验地方法院关于刘洪林因刘炳章等租佃转移抗不投佃请求缔结租约一案的文书,包括文件目录表、民事诉状、证人证物表、送达证明书、言辞辩论笔录、证人结文、民事审判笔录、民事判决书等。

1041. 四川高等法院第一分院、璧山实验地方法院审理交付田产上诉一案　12—13—1037

1943年9月至1943年12月,四川高等法院第一分院、璧山实验地方法院关于张金山等因不服与谢双合涉讼判决请求交付田产上诉一案的文书,包括法院公函、民事判决书、送达证明书、民事上诉状、证人证物表、法院书记厅查询单、民事裁定书等。

1042. 四川高等法院第一分院、璧山实验地方法院审理给付生活费一案　12－13－1038

1944 年 10 月至 1944 年 11 月,四川高等法院第一分院、璧山实验地方法院关于杜李氏等因夫父出征无法维持生活请求杜炳荣给付生活费一案的文书,包括文件目录表、民事诉状、送达证明书、民事委任状、证人证物表、民事判决书、法院公函、民事上诉状、民事裁定书等。

1043. 璧山实验地方法院审理朱绍昌在璧财产俾作抵偿一案　12－13－1039

1943 年 12 月,璧山实验地方法院关于军政部驻川粮秣处合川分处函请查封朱绍昌在璧财产俾作抵偿一案的文书,包括往来公函、法院布告、法院训令、点名单、庭审笔录、合川分处代电、保管证明书等。

1044. 璧山实验地方法院审理请求给付租谷一案　12－13－1040

1943 年 10 月,璧山实验地方法院关于杨用休因杨发顺不遵训令、不交租谷请求给付租谷一案的文书,包括文件目录表、民事诉状、证人证物表、民事委任状、案件审理单、送达证明书、民事辩诉状、言辞辩论笔录、民事宣判笔录、民事判决书等。

1045. 四川高等法院第一分院、璧山实验地方法院审理交业执行一案　12－13－1041

1942 年 9 月至 1943 年 1 月,四川高等法院第一分院、璧山实验地方法院关于李世绳因与甘汝霖发生租佃纠葛请求交业执行一案的文书,包括法院间的往来公函、案准、报告案奉等。

1046. 璧山实验地方法院审理停止执行缴费一案　12－13－1042

1943 年 10 月至 1943 年 11 月,璧山实验地方法院关于龚润生因不服与刘汉卿涉讼判决请求停止执行缴费一案的文书,包括文件目录表、民事异议状、涉讼费清单、证人证物表、案件审理单、送达证明书、言辞辩论笔录、民事宣判笔录、民事判决书等。

1047. 璧山地方法院审理请求交业执行一案　12－13－1043

1941 年 9 月至 1942 年 2 月,璧山地方法院关于何俊聪因何巫氏不执行判决请求交业执行一案的文书,包括文件目录表、民事诉状、证人证物表、法院训令、报告案奉、收据、民事判决书等。

1048. 璧山实验地方法院审理请求给付租谷一案　12－13－1044

1943 年 10 月至 1943 年 11 月，璧山实验地方法院关于杨向氏因李深林违约抗租不交请求给付租谷一案的文书，包括文件目录表、民事诉状、证人证物表、案件审理单、送达证明书、民事辩诉状、和解笔录等。

1049. 璧山实验地方法院审理请求领回欠款期条一案　12－13－1045

1943 年 3 月，璧山实验地方法院关于汪荷芝请求领回欠款期条一案的文书，包括文件目录表、民事申请状、证人证物表、送达证明书等。

1050. 四川高等法院第一分院、璧山实验地方法院审理请求给付膳产一案　12－13－1046

1943 年 10 月至 1944 年 6 月，四川高等法院第一分院、璧山实验地方法院关于戴傅氏等因与戴子余等发生租佃纠葛请求给付膳产一案的文书，包括文件目录表、民事上诉状、证人证物表、民事裁定书、送达证明书、法院公函、案件进行期间表、民事诉状、民事委任状、案件审理单、言辞辩论笔录、民事宣判笔录、民事判决书、民事申请状等。

1051. 璧山实验地方法院审理请求田谷假扣押一案　12－13－1047

1943 年 8 月，璧山实验地方法院关于曾王氏因为制止曾张氏侵害请求田谷假扣押一案的文书，包括文件目录表、民事申请状、证人证物表、民事裁定书、送达证明书等。

1052. 璧山实验地方法院审理请求买卖契约认证一案　12－13－1048

1943 年 10 月至 1943 年 11 月，璧山实验地方法院关于雷永厚等请求买卖契约认证一案的文书，包括公证申请书、公证事项、证明书、公证讯问笔录、点名单、认证方法表、送达证明书等。

1053. 璧山实验地方法院审理请求遗嘱公证一案　12－13－1049

1943 年 10 月至 1943 年 11 月，璧山实验地方法院关于王兆林请求遗嘱公证一案的文书，包括往来公函、民事申请状、案件审理单、公证通知书、公证讯问笔录、送达证明书等。

1054. 璧山实验地方法院审理请求离婚认证一案　12－13－1050

1943 年 10 月至 1943 年 12 月，璧山实验地方法院关于周志远因思患预防请求离婚认证一案的文书，包括文件目录表、民事诉状、证人证物表、公证处通知、送达证明书、点名单、证明书、公证讯问笔录、公证方法表等，该卷另附契约一张。

1055. 璧山实验地方法院审理请求私逃存查一案　12－13－1051

1943年9月，璧山实验地方法院关于王姜氏、肖周氏等黑夜私逃请求私逃存查一案的文书，包括文件目录表、民事诉状、证人证物表、法院批示等。

1056. 璧山实验地方法院审理请求防患存查一案　12－13－1052

1943年9月，璧山实验地方法院关于陈茂轩因后患难防请求防患存查一案的文书，包括文件目录表、民事诉状等。

1057. 璧山实验地方法院审理请求遗嘱认证一案　12－13－1053

1943年12月，璧山实验地方法院关于雷鸣音请求遗嘱认证一案的文书，包括公证申请书、公证事项、证明书、公证讯问笔录、收据、公证方法表、送达证明书、申请公证文件等，该卷另附遗嘱一张。

1058. 四川高等法院第一分院、璧山实验地方法院审理请求返还田业一案　12－13－1054

1943年10月，四川高等法院第一分院、璧山实验地方法院关于王钦全因杨兴武等契约期满请求返还田业一案的文书，包括文件目录表、民事诉状、证人证物表、案件审理单、送达证明书、民事委任状、言辞辩论笔录、民事宣判笔录、民事判决书、法院公函等。

1059. 四川高等法院第一分院、璧山实验地方法院审理请求同居返还衣服一案　12－13－1055

1943年4月至1943年5月，四川高等法院第一分院、璧山实验地方法院关于张金全因与张饶氏发生婚姻纠葛请求同居返还衣服一案的文书，包括文件目录表、民事诉状、衣物清单、证人证物表、案件审理单、送达证明书、证人结文、民事宣判笔录、民事判决书、法院公函等。

1060. 璧山实验地方法院审理请求抱约认证一案　12－13－1056

1943年8月至1943年11月，璧山实验地方法院关于蒋张氏因收养孩子请求抱约认证一案的文书，包括文件目录表、公证申请书、公证事项、授权书、往来公函、点名单、公证讯问笔录、公证方法表、送达证明书等。

1061. 璧山实验地方法院审理申请迁让缓执行一案　12－13－1057

1943 年 4 月至 1943 年 5 月，璧山实验地方法院关于何汉清等因租佃纠葛不服判决而申请迁让缓执行一案的文书，包括文件目录表、民事申请状、证人证物表、民事裁定书、送达证明书等。

1062. 四川高等法院第一分院、璧山实验地方法院审理请求撤销买卖契约一案　12－13－1058

1943 年 8 月，四川高等法院第一分院、璧山实验地方法院关于刘光益等因与龚焕臣等发生典约纠葛请求撤销买卖契约一案的文书，包括法院公函、民事判决书等。

1063. 璧山实验地方法院审理请求结婚存查一案　12－13－1059

1943 年 8 月，璧山实验地方法院关于廖萧氏因为弥后患请求结婚存查一案的文书，包括文件目录表、民事申请状、证人证物表、法院批示、送达证明书等。

1064. 璧山实验地方法院审理请求领回红契一案　12－13－1060

1943 年 4 月，璧山实验地方法院关于万锡轩请求领回红契一案的文书，包括文件目录表、民事领状等。

1065. 璧山实验地方法院审理请求备案存查一案　12－13－1061

1943 年 3 月，璧山实验地方法院关于饶大荃因与江何氏解除婚约请求备案存查一案的文书，包括文件目录表、民事诉状、证人证物表、送达证明书等。

1066. 璧山实验地方法院审理阅卷申请一案　12－13－1062

1943 年 1 月，璧山实验地方法院关于张同义阅卷申请一案的文书，包括文件目录表、民事委任状等。

1067. 璧山实验地方法院审理请求领回民事判决正本一案　12－13－1063

1943 年 8 月至 1943 年 9 月，璧山实验地方法院关于余明高请求领回民事判决正本一案的文书，包括文件目录表、民事领状、证人证物表、送达证明书、收据等。

1068. 璧山实验地方法院审理请求给付食谷一案　12－13－1064

1943 年 8 月，璧山实验地方法院关于周冯氏因罗祥云拖欠莫何请求给付食谷一案的文书，包括文件目录表、民事诉状、证人证物表、送达证明书、言辞辩论笔录、民事和解笔录等。

1069. 璧山实验地方法院审理申请增加给付假执行一案　12－13－1065

1943年8月,璧山实验地方法院关于邹宇知等因买卖田业纠葛而申请增加给付假执行一案的文书,包括文件目录表、民事申请状、民事裁定书、送达证明书等,该卷另附照抄申请假执行呈稿、民事判决书等。

1070. 四川高等法院第一分院、璧山实验地方法院等审理贷款执行一案　12－13－1066（1）

1936年9月至1943年3月,四川高等法院第一分院、璧山实验地方法院等关于鼎泰油墨公司因杨维宵拖欠贷款请求贷款执行一案的文书,包括文件目录表、送达证明书、民事委任状、点名单、法院公函、民事声明状、民事缴状、模式领状、执行笔录、申请书、民事抗告状、讯问笔录、民事执行状、民事判决书、民事裁定书、全御电稿、阅卷申请书、法院执行证书等。

1071. 四川高等法院第一分院、璧山县司法处审理贷款执行一案　12－13－1066（2）

1937年5月至1939年4月,四川高等法院第一分院、璧山县司法处关于鼎泰油墨公司因杨维宵拖欠贷款请求贷款执行一案的文书,包括法院公函、法院训令、民事裁定书、案奉、送达证明书、报告、民事诉状、交通部电报局电文、审理笔录、民事执行状、证人证物表等。

1072. 四川高等法院第一分院、璧山实验地方法院审理请求同居返还衣服一案　12－13－1067

1943年6月至1943年8月,四川高等法院第一分院、璧山实验地方法院关于张金全因张饶氏不服判决请求同居返还衣服一案的文书,包括文件目录表、法院公函、民事上诉状、证人证物表、民事裁定书、送达证明书、民事答辩状、言辞辩论笔录、民事宣判笔录等。

1073. 璧山实验地方法院审理请求租佃调解一案　12－13－1068

1943年8月,璧山实验地方法院关于苏南轩因与王文树发生租佃纠葛请求租佃调解一案的文书,包括文件目录表、民事申请状、证人证物表、案件审理单、送达证明书、执行言辞辩论笔录等。

1074. 璧山实验地方法院审理请求租谷假扣押一案　12－13－1069

1943年7月至1943年8月,璧山实验地方法院关于赵洪武为保全租谷请求王梁氏租谷假扣押一案的文书，包括文件目录表、民事申请状、证人证物表、民事裁定书、送达证明书、法院批示等。

1075. 璧山实验地方法院审理请求领回涉讼呈庭分关契约一案　12－13－1070

1943年6月，璧山实验地方法院关于李俊良彦请求领回与刘章甫涉讼呈庭分关契约一案的文书，包括文件目录表、民事申请状、证人证物表等。

1076. 璧山实验地方法院审理请求领回缴卖契一案　12－13－1071

1943年2月，璧山实验地方法院关于雷炳臣请求领回缴卖契一案的文书，包括文件目录表、民事申请状等。

1077. 璧山实验地方法院审理请发支付命令一案　12－13－1072

1943年8月，璧山实验地方法院关于景亮钧因邓廷荣等拖欠公费请发支付命令一案的文书，包括文件目录表、民事申请状、证人证物表、法院支付命令、送达证明书等。

1078. 四川高等法院第一分院、璧山实验地方法院审理请求撤销租佃契约一案　12－13－1073

1943年9月，四川高等法院第一分院、璧山实验地方法院关于王本正因与董良臣发生租佃纠葛请求撤销租佃契约一案的文书，包括民事和解状、证人证物表、法院公函等。

1079. 璧山实验地方法院审理请发支付命令一案　12－13－1074

1942年12月至1943年3月，璧山实验地方法院关于李鹏因伍家贞不缴公费请发支付命令一案的文书，包括文件目录表、民事诉状、证人证物表、法院支付命令、送达证明书、民事声明状、民事自诉状、民事辩诉状等。

1080. 璧山实验地方法院审理请求返还田业一案　12－13－1075

1943年8月至1943年9月，璧山实验地方法院关于曾荣良因冯大义侵夺田产请求返还田业一案的文书，包括文件目录表、民事诉状、照抄民事和解书、证人证物表、案件审理单、民事委任状、送达证明书、民事申请状、民事裁定书等。

1081. 璧山实验地方法院审理申请宣告假执行一案　12－13－1076

1943年5月至1943年6月，璧山实验地方法院关于李鹏因罗国林等欠公费(律师代理费)不偿请求宣告假执行一案的文书，包括文件目录表、民事申请状、证人证物表、案件审理单、报告案奉、送达证明书、民事裁定书等。

1082. 璧山实验地方法院审理请发支付命令一案　12－13－1077

1943年1月至1943年2月，璧山实验地方法院关于李鹏因吴大成拖欠公费请发支付命令一案的文书，包括文件目录表、民事申请状、证人证物表、法院支付命令、送达证明书等。

1083. 四川高等法院第一分院、璧山实验地方法院审理请求终止租约一案　12－13－1078

1943年9月至1944年7月，四川高等法院第一分院、璧山实验地方法院关于罗荣山因白曾氏债久不偿及荒芜良田请求终止租约一案的文书，包括文件目录表、民事诉状、证人证物表、案件审理单、送达证明书、民事辩诉状、民事委任状、言辞辩论笔录、民事申请状、民事补状、民事宣判笔录、民事判决书、法院公函、民事上诉状、民事裁定书等。

1084. 璧山实验地方法院审理请求宣告死亡一案　12－13－1079

1943年6月，璧山实验地方法院关于周厚芳因夫杨玉林意外失踪请求宣告死亡一案的文书，包括文件目录表、民事申请状、证人证物表、民事裁定书、送达证明书等。

1085. 璧山实验地方法院审理请求返还生洋一案　12－13－1080

1943年6月至1943年7月，璧山实验地方法院关于杨刘氏因与刘陈氏等发生遗产纠葛请求返还生洋一案的文书，包括文件目录表、申请调解状、证人证物表、案件审理单、送达证明书、民事调解笔录、民事委任状、阅卷申请书等。

1086. 璧山实验地方法院审理请求搬迁交业执行一案　12－13－1081

1943年10月至1943年12月，璧山实验地方法院关于曾亚杰因吴树清抗不履行和解请求搬迁交业执行一案的文书，包括文件目录表、民事申请状、证人证物表、民事和解笔录、案件审理单、法院支付命令、报告案奉、收据等。

1087. 璧山实验地方法院审理请求租佃调解一案　12－13－1082

1943年7月至1943年8月，璧山实验地方法院关于罗海荣因与王启富等发生租佃纠葛请求租佃调解一案的文书，包括文件目录表、民事申请状、证人证物表、案件审理单、送达证明书、言辞辩论笔录等。

1088. 璧山实验地方法院审理请求交业执行一案　12—13—1083

1942年12月至1943年6月，璧山实验地方法院关于徐敬修因曾宪三不执行判决请求交业执行一案的文书，包括文件目录表、民事诉状、民事判决书、证人证物表、执行笔录、送达证明书、民事辩诉状、法院执行命令、法院训令、报告案奉、收据等。

1089. 四川高等法院第一分院、璧山实验地方法院审理请求提供担保一案　12—13—1084

1943年10月至1944年1月，四川高等法院第一分院、璧山实验地方法院关于蒋乔安因不服执行裁定请求提供担保一案的文书，包括民事抗告状、证人证物表、民事裁定书、法院公函、民事申请状、民事判决书等。

1090. 四川高等法院第一分院、璧山实验地方法院审理请求终止租约一案　12—13—1085（1）

1943年3月至1944年1月，四川高等法院第一分院、璧山实验地方法院关于黄灿荣因与钟映南发生租佃纠葛请求终止租约一案的文书，包括民事上诉状、证人证物表、民事缴状、法院公函、民事申请状、送达证明书、民事申请书、言辞辩论笔录、民事委任状、民事诉状、民事催状、民事声明状、民事讯问笔录、民事判决书、民事裁定书、收据等，该案另附佃约一张。

1091. 四川高等法院第一分院、璧山实验地方法院审理终止租约一案　12—13—1085（2）

1943年5月至1944年8月，四川高等法院第一分院、璧山实验地方法院关于黄燊荣因与钟映南发生租佃纠葛请求终止租约一案的文书，包括宣示判决笔录、法院公函、送达证明书、民事上诉状、缴款书、民事判决书、证人证物表、民事申请状、民事裁定书、民事催状、民事缴状、案件审理单、民事申请书、民事委任状、言辞辩论笔录、民事答辩状等，该卷另附合同文约一张。

1092. 璧山实验地方法院审理请求损害执行一案　12—13—1086

1942年12月至1943年5月，璧山实验地方法院关于何昌绪因叶炳顺翻悔和解估不给工钱请求损害执行一案的文书，包括文件目录表、民事诉状、送达证明书、讯问笔录、民事和解笔录、证人证物表、法院执行命令、报告案奉、收据、法院训令等。

1093. 璧山实验地方法院审理请求交还夜物借款执行一案　12—13—1087

1943年7月至1943年11月，璧山实验地方法院关于仇仲云因罗文谦不履行判决请求交还夜物借款执行一案的文书，包括文件目录表、民事诉状、证人证物表、民事判决书、案件审理单、法院执行命令、报告案奉、法院通知书、送达证明书、民事申请状、法院训令、收据、民事执行状等。

1094. 璧山实验地方法院审理返还黄谷执行一案　12—13—1088

1943年10月至1943年12月，璧山实验地方法院关于何修于因杨南轩拒不执行判决请求返还黄谷执行一案的文书，包括刑事判决书、民事诉状、证人证物表、送达证明书、法院批示等。

1095. 璧山实验地方法院审理赔偿损害执行一案　12—13—1089

1942年12月至1944年2月，璧山实验地方法院关于何昌绪等因损坏租佃房屋请求执行赔偿损害一案的文书，包括文件目录表、民事诉状、证人证物表、民事和解笔录、案件审理单、送达证明书、民事委任状、民事缴状、收据、民事判决书、法院执行命令、报告案奉、执行言辞辩论笔录、民事保状、阅卷申请书、民事领状、民事申请书、民事执行状等。

1096. 四川高等法院第一分院、璧山实验地方法院审理因遗弃提起诉讼一案 12—13—1090

1943年12月，四川高等法院第一分院、璧山实验地方法院关于程孙氏因程牟氏遗弃提起诉讼一案的文书，包括文件目录表、法院间的往来公函、领状、报告书等。

1097. 璧山实验地方法院审理请求欠租执行一案　12—13—1091

1943年2月至1943年9月，璧山实验地方法院关于胡元臣因与唐胡氏发生租佃纠葛请求欠租执行一案的文书，包括文件目录表、民事申请状、证人证物表、民事判决书、法院批稿、送达证明书、案件审理单等。

1098. 璧山实验地方法院审理终止租约一案　12—13—1092

1942年12月至1943年5月，璧山实验地方法院关于张平山因不服与张辉三涉讼判决请求终止租约一案的文书，包括法院公函、民事抗告状、证人证物表、民事委任状、意见书、民事上诉状、民事裁定书、送达证明书等。

1099. 四川高等法院第一分院、璧山实验地方法院审理请求回赎产业一案　12—13—1093

1943年2月至1943年4月，四川高等法院第一分院、璧山实验地方法院关于张应超等因与张玉清发生租佃纠葛请求回赎产业一案的文书，包括民事上诉状、证人证物表、法院公函、刑事判决书、民事裁定书、送达证明书、民事委任状、言辞辩论笔录、民事宣判笔录、民事判决书等。

1100. 璧山实验地方法院审理请求回赎典产一案　12—13—1094

1943年6月至1943年7月，璧山实验地方法院关于何绍修因与何志涵发生租佃纠葛请求回赎典产一案的文书，包括民事诉状、证人证物表、证明书、民事裁定书、送达证明书等。

1101. 璧山实验地方法院审理请求给付租谷一案　12—13—1095

1943年1月，璧山实验地方法院关于钟郭氏因钟锡林骗租不交请求给付租谷一案的文书，包括民事诉状、送达证明书、民事审讯笔录、证人结文、民事证明状、证人证物表、民事判决书等。

1102. 四川高等法院第一分院、璧山实验地方法院审理确认物权移交契约有效上诉案　12—13—1096

1943年4月至1943年9月，四川高等法院第一分院、璧山实验地方法院关于张代贵因不服判决请求确认物权移交契约有效上诉案的文书，包括文件目录表、民事判决书、法院公函、民事上诉状、证人证物表、民事委任状、民事答辩状、言辞辩论笔录、证人结文、民事宣判笔录等。

1103. 璧山实验地方法院审理请求终止租约一案　12—13—1097

1943年12月至1944年3月，璧山实验地方法院关于牟胡国严因与胡纯和等发生租佃纠葛请求终止租约一案的文书，包括文件目录表、民事诉状、证人证物表、民事委任状、案件审理单、送达证明书、民事辩诉状、璧山城中镇第一保证明书、言辞辩论笔录、民事申请状、和解笔录等，该卷另附契约一张。

1104. 璧山实验地方法院审理脱离母子关系存查一案　12—13—1098

1943年9月至1943年10月，璧山实验地方法院关于罗雷氏因罗才国等逆子不孝请求脱离母子关系存查一案的文书，包括文件目录表、民事申请状、证人证物表、法院批稿等。

1105. 璧山实验地方法院审理请求损害赔偿上诉案　12－13－1099

1943 年 11 月至 1944 年 2 月，璧山实验地方法院关于李春秾因彭海成等不履行判决请求损害赔偿上诉案的文书，包括法院公函、民事上诉状、证人证物表、民事裁定书、送达证明书、民事委任状、民事答辩状、言辞辩论笔录、民事宣判笔录等。

1106. 四川高等法院第一分院、璧山实验地方法院审理请求给付欠租、给付租谷执行异议两案　12－13－1100

1943 年 7 月，四川高等法院第一分院、璧山实验地方法院关于向大林因与田树武等发生租佃纠葛请求给付欠租、韦德辉因不服判决申请给付租谷执行异议两案的文书，包括民事判决书、法院公函、民事诉状、证人证物表、民事委任状、送达证明书等。

1107. 璧山实验地方法院审理请求返还膳费执行、伪造文书诉讼两案　12－13－1101

1943 年 2 月至 1943 年 10 月，璧山实验地方法院关于陶永田因周璧光案经判决拒不执行请求返还膳费执行、雷彭氏因万烈君伪造文书提起诉讼两案的文书，包括文件目录表、民事申请状、证人证物表、送达证明书、案件审理单、法院公函、法院检察官起诉书等。

1108. 璧山实验地方法院审理请求债务执行一案　12－13－1102

1943 年 5 月至 1943 年 6 月，璧山实验地方法院关于李鹏因罗国材等拖欠公费请求债务执行一案的文书，包括案件审理单、送达证明书、文件目录表、民事诉状、审判笔录、证人结文、刑事审判笔录、刑事判决书等。

1109. 四川高等法院第一分院、璧山实验地方法院审理搬迁交业上诉一案　12－13－1103

1943 年 3 月至 1943 年 9 月，四川高等法院第一分院、璧山实验地方法院关于陈徐氏等因不服判决请求搬迁交业上诉一案的文书，包括文件目录表、法院公函、民事上诉状、民事裁定书、送达证明书、民事辩诉状、言辞辩论笔录、民事委任状、民事申请书、民事撤回状等。

1110. 四川高等法院第一分院、璧山实验地方法院审理请求回赎典产上诉一案　12－13－1104

1943 年 3 月至 1943 年 5 月，四川高等法院第一分院、璧山实验地方法院关于

向洪盛等因不服与向大明等涉讼判决请求回赎典产上诉一案的文书,包括法院公函、民事上诉状、证人证物表、民事裁定书、送达证明书、民事答辩状、言辞辩论笔录、民事和解笔录等。

1111. 四川高等法院第一分院、璧山实验地方法院审理请求转移典权调解一案 12—13—1105

1943年9月至1943年11月,四川高等法院第一分院、璧山实验地方法院关于罗雷氏因典权已经变卖请求与邱海清转移典权调解一案的文书,包括文件目录表、民事诉状、证人证物表、案件审理单、送达证明书、民事声明状、言辞辩论笔录、刑事判决书、刑事附带民事判决书等。

1112. 璧山实验地方法院审理黄谷假扣押一案 12—13—1106

1943年8月,璧山实验地方法院关于梁泽林因与左赵氏发生租佃纠葛请求黄谷假扣押一案的文书,包括文件目录表、民事诉状、证人证物表、民事裁定书、送达证明书等。

1113. 璧山实验地方法院审理领押交业执行一案 12—13—1107

1942年12月至1943年10月,璧山实验地方法院关于王书辉因萧树辉不执行法院判决请求领押交业执行一案的文书,包括文件目录表、民事执行状、证人证物表、民事委任状、民事和解笔录、案件审理单、送达证明书、陈述理由单等。

1114. 璧山实验地方法院审理请求田产所有权登记一案 12—13—1108

1944年9月至1946年1月,璧山实验地方法院关于荣天璧请求登记田产所有权一案的文书,包括卷宗目录表、不动产登记申请书、登记事项、通知书、送达证明书、登记讯问笔录、不动产登记保证书、法院命令、报告案奉、言辞辩论笔录、声明异议状、民事委任状、民事申请状、法院公告、涉案地图等。

1115. 四川高等法院第一分院、璧山实验地方法院审理请求搬迁交业上诉一案 12—13—1109

1943年6月至1943年9月,四川高等法院第一分院、璧山实验地方法院关于周炳宣因不服判决请求刘清和搬迁交业上诉一案的文书,包括文件目录表、法院公函、民事上诉状、证人证物表、民事裁定书、送达证明书、言辞辩论笔录等。

1116. 璧山实验地方法院审理请求给付押金一案 12—13—1110

1943年11月至1943年12月,璧山实验地方法院关于张九珏因袁树高估骗押租佃押金请求给付押金一案的文书，包括文件目录表、民事诉状、证人证物表、送达证明书、言辞辩论笔录、民事委任状、民事宣判笔录、民事判决书等，该卷另附契约一张。

1117. 四川高等法院第一分院审理请求留置典产一案　12－13－1111

1943 年 7 月至 1943 年 10 月，四川高等法院第一分院关于郭荣卿等因判决与先例不符并有未斟酌之证件上诉请求留置典产一案的文书，包括民事申请状、证人证物表、民事判决书、法院通知书、送达证明书、民事裁定书等。

1118. 璧山实验地方法院审理请求给付食谷执行一案　12－13－1112

1943 年 3 月至 1943 年 5 月，璧山实验地方法院关于周光远因周张氏案经和解拒不执行请求给付食谷执行一案的文书，包括文件目录表、民事申请状、证人证物表、民事判决书、案件审理单、送达证明书、执行笔录等。

1119. 璧山实验地方法院审理查封田谷执行一案　12－13－1113

1943 年 7 月至 1943 年 10 月，璧山实验地方法院关于罗四维因李树堂欠债不偿请求查封田谷执行一案的文书，包括文件目录表、民事申请状、证人证物表、案件审理单、送达证明书、法院公函、声明异议状、民事委任状、报告书、执行言辞辩论笔录、民事保状、民事撤回状等。

1120. 璧山实验地方法院审理请求调解交业一案　12－13－1114

1943 年 2 月，璧山实验地方法院关于刘玉宵因郑平康盘踞不迁请求调解交业一案的文书，包括民事诉状、证人证物表、案件审理单、送达证明书、民事辩诉状、民事调解笔录等。

1121. 璧山实验地方法院审理请求赎产调解一案　12－13－1115

1943 年 2 月至 1943 年 3 月，璧山实验地方法院关于龙刘氏因病沉衣棺无着请求与龙孔章赎产调解一案的文书，包括民事诉状、证人证物表、送达证明书、言辞辩论笔录、民事讯问笔录等。

1122. 璧山实验地方法院审理发妻潜逃备查一案　12－13－1116

1943 年 2 月，璧山实验地方法院关于孙子良因发妻被诱携物潜逃请求备案存查一案的文书，包括民事诉状等。

1123. 四川高等法院第一分院、璧山实验地方法院审理请求回赎典产一案 12—13—1117

1943年7月至1943年9月，四川高等法院第一分院、璧山实验地方法院关于张树清因段青云赎业自耕抗不领押请求回赎典产一案的文书，包括文件目录表、法院公函、民事上诉状、证人证物表、民事裁定书、送达证明书、民事诉状、言辞辩论笔录、民事宣判笔录、民事判决书等。

1124. 四川高等法院第一分院、璧山实验地方法院审理请求给付生活费一案 12—13—1118

1942年10月至1943年6月，四川高等法院第一分院、璧山实验地方法院关于雷钱氏因雷重光拒不执行和解请求给付生活费一案的文书，包括民事诉状、证人证物表、民事和解笔录、案件审理单、送达证明书、执行笔录、报告书、法院执行命令、民事委任状等、民事领状等。

1125. 璧山实验地方法院审理请求租佃契约认证一案 12—13—1119

1943年5月至1948年4月，璧山实验地方法院关于刘耀光请求租佃契约认证一案的文书，包括公证申请书、公证事项、委托书、公证讯问笔录、租佃契约、认证方法表、送达证明书、收据、证明书、民事异议状等，该卷另附租佃一张。

1126. 璧山实验地方法院审理请求给付票款执行一案 12—13—1120

1943年6月至1943年7月，璧山实验地方法院关于黄绍芬因凌炳荣不执行判决请求给付票款执行一案的文书，包括文件目录表、民事诉状、证人证物表、案件审理单、送达证明书、执行笔录、报告书、证明、民事委任状、存根等。

1127. 璧山实验地方法院审理请求债务执行一案 12—13—1121

1943年7月，璧山实验地方法院关于李鹏因王之林等拖欠公费请求债务执行一案的文书，包括文件目录表、民事执行状、证人证物表、案件审理单、送达证明书、报告书等。

1128. 四川高等法院第一分院、璧山实验地方法院审理给付生活费执行一案 12—13—1122

1943年7月至1944年1月，四川高等法院第一分院、璧山实验地方法院关于曾兴智因蒋鸿作拒绝执行判决请求给付生活费执行一案的文书，包括证人证物表、案件审理单、民事委任状、送达证明书、报告案奉、法院公函、民事申请状、民事诉状、收据、民事判决书等。

1129. 璧山实验地方法院审理请求终止租约、返还黄谷两案　12－13－1123

1943 年 8 月至 1944 年 2 月，璧山实验地方法院关于薛奎安因与戴忠元发生租佃纠葛请求终止租约、张瑞祯因张耀宗抗交绝生请求返还黄谷两案的文书，包括文件目录表、民事诉状、证人证物表、案件审理单、送达证明书、法院通知书等。

1130. 璧山实验地方法院审理请求返还黄谷一案　12－13－1124

1943 年 11 月至 1944 年 1 月，璧山实验地方法院关于张瑞祯因张耀宗抗交绝生请求返还黄谷一案的文书，包括文件目录表、民事诉状、证人证物表、案件审理单、送达证明书、法院公函、民事委任状、民事答辩状、言辞辩论笔录、证人结文、民事宣判笔录、民事判决书、民事裁定书、民事辩诉状等。

1131. 璧山实验地方法院审理请求返还黄谷一案　12－13－1125

1943 年 12 月至 1944 年 1 月，璧山实验地方法院关于胡银洲因李咸一收益握霸不分请求返还黄谷一案的文书，包括文件目录表、民事诉状、证人证物表、案件审理单、送达证明书、言辞辩论笔录、民事审判笔录、民事判决书等。

1132. 璧山实验地方法院审理请求搬迁交业调解一案　12－13－1126

1943 年 10 月，璧山实验地方法院关于徐海荣因与江海廷发生租佃纠葛请求搬迁交业调解一案的文书，包括文件目录表、民事申请状、证人证物表、民事委任状、案件审理单、送达证明书、言辞辩论笔录等。

1133. 璧山实验地方法院审理请求撤销典契一案　12－13－1127

1943 年 8 月至 1943 年 10 月，璧山实验地方法院关于罗祯祥因曾继贵私定年限侵害权益请求撤销典契一案的文书，包括文件目录表、民事诉状、证人证物表、案件审理单、送达证明书、言辞辩论笔录、证人结文、民事答辩状、民事宣判笔录、民事判决书等，该卷另附典约一张。

1134. 璧山实验地方法院审理请求终止租约一案　12－13－1128

1943 年 10 月，璧山实验地方法院关于黄炳全等因与黄玉臣租期已满请求终止租约一案的文书，包括文件目录表、民事诉状、证人证物表、案件审理单、送达证明书、民事答辩状、言辞辩论笔录、民事辩诉状、民事宣判笔录、民事判决书、服役证明书等。

1135. 四川高等法院第一分院、璧山实验地方法院审理请求给付黄谷一案　12－13－1129

1943年12月至1944年1月，四川高等法院第一分院、璧山实验地方法院关于普润因与杨鲁三等发生租佃纠纷请求给付黄谷一案的文书，包括法院公函、法院通知书、送达证明书、民事诉状、证人证物表、案件审理单、民事委任状、言辞辩论笔录、民事申请状、民事宣判笔录、民事判决书、民事辩诉状、法院批稿等。该卷另附典约一张。

1136. 璧山实验地方法院审理请求给付欠纱执行一案　12－13－1130

1943年6月至1943年8月，璧山实验地方法院关于杨安廷因张青云不执行判决请求给付欠纱执行一案的文书，包括文件目录表、申请执行状、民事判决书、案件审理单、送达证明书等。

1137. 璧山实验地方法院审理请求领押交业执行一案　12－13－1131

1943年11月，璧山实验地方法院关于王书辉因萧树辉抗不遵谕续霸不迁请求领押交业执行一案的文书，包括文件目录表、民事诉状、证人证物表、法院执行命令、报告案奉、收据、执行笔录等。

1138. 璧山实验地方法院审理请求给付欠租一案　12－13－1132

1943年12月至1944年2月，璧山实验地方法院关于刘钟林因王青山佐骗租谷请求给付欠租一案的文书，包括文件目录表、民事诉状、证人证物表、案件审理单、送达证明书、民事辩诉状、言辞辩论笔录、民事委任状、民事审理笔录、民事判决书等，该卷另附佃约一张。

1139. 璧山实验地方法院审理请求给付黄谷一案　12－13－1133

1943年12月至1944年1月，璧山实验地方法院关于范海山因张利江逾期违约请求给付黄谷一案的文书，包括文件目录表、民事诉状、证人证物表、送达证明书、言辞辩论笔录、民事委任状、民事宣判笔录、民事判决书、借据等。

1140. 四川高等法院第一分院审理请求执行撤迁交业一案　12－13－1134

1943年5月至1943年7月，四川高等法院第一分院关于连王氏因不服与连德轩涉讼判决提起抗告请求执行撤迁交业一案的文书，包括法院公函、民事抗告状、证人证物表、民事上诉状、民事裁定书、送达证明书等。

1141. 璧山实验地方法院审理请求典权设定登记一案　12－13－1135

1943年7月至1943年8月，璧山实验地方法院关于程汝良请求典权设定登记一案的文书，包括文件目录表、不动产登记申请书、法院通知书、送达证明书、法院登记处裁决、收据等。

1142. 四川高等法院第一分院审理请求罚金执行一案　12－13－1136

1943年4月至1943年7月，四川高等法院第一分院关于彭根元因伤害妨害自由请求罚金执行一案的文书，包括文件目录表、法院公函、刑事判决书、案件审理单、送达证明书等。

1143. 四川高等法院第一分院、璧山实验地方法院审理请求给付租谷执行一案　12－13－1137

1933年6月至1943年10月，四川高等法院第一分院、璧山实验地方法院关于王恢中因黄炳章抗不交租请求给付租谷执行一案的文书，包括文件目录表、民事诉状、证人证物表、民事委任状、案件审理单、送达证明书、民事答辩状、言辞辩论笔录、民事呈证状、民事判决书、民事和解笔录、民事宣判笔录等，该案另附佃约一张。

1144. 璧山实验地方法院审理请求继续审理撤销买卖契约一案　12－13－1138

1942年9月至1943年1月，璧山实验地方法院关于荣时亮因不服与杨维三等涉讼判决请求继续审理撤销买卖契约一案的文书，包括民事委任状、民事诉状、民事审理笔录、送达证明书、案件审理单等。

1145. 四川高等法院第一分院、璧山实验地方法院审理请求给付欠租一案　12－13－1139

1941年12月至1944年2月，四川高等法院第一分院、璧山实验地方法院关于何泰文因胡秀泉等欠租不偿请求给付欠租一案的文书，包括文件目录表、民事诉状、证人证物表、民事委任状、送达证明书、言辞辩论笔录、民事判决书、民事裁定书、法院公函、民事上诉状、理由答辩书、缺席出庭证明书、民事宣判笔录、民事答辩状、民事申请状等。

1146. 四川高等法院第一分院、璧山实验地方法院审理请求增加典价一案　12－13－1140

1943年4月至1944年2月，四川高等法院第一分院、璧山实验地方法院关于胡玉山因与刘三合发生租佃纠葛请求增加典价一案的文书，包括文件目录表、民事诉状、证人证物表、案件审理单、送达证明书、言辞辩论笔录、民事宣判笔录、民事判决书、法院公函、民事上诉状、民事裁定书、民事委任状等。

1147. 璧山实验地方法院审理状诉执行异议一案　12－13－1141

1941年12月至1944年5月，璧山实验地方法院关于卢水廷等因共有房屋所有权纠葛而状诉执行异议一案的文书，包括文件目录表、民事诉状、证人证物表、案件审理单、送达证明书、民事判决书、民事委任状、民事言辞辩论笔录、民事宣判笔录等。

1148. 璧山实验地方法院审理请求假执行一案　12－13－1142

1944年8月，璧山实验地方法院关于赵鸿武因王国良等拖欠租谷请求假执行一案的文书，包括文件目录表、民事申请状、证人证物表、民事裁定书、法院公函、送达证明书等。

1149. 璧山实验地方法院审理申请假执行一案　12－13－1143

1943年5月，璧山实验地方法院关于冯学周因与李清明发生终止租约搬迁交房纠葛请求假执行一案的文书，包括民事申请状、证人证物表、民事裁定书、送达证明书等。

1150. 四川高等法院第一分院、璧山实验地方法院审理请求债务执行一案　12－13－1144

1943年2月，四川高等法院第一分院、璧山实验地方法院关于胡志高因与饶田合发生债务纠纷请求债务执行一案的文书，包括法院公函、送达证明书等。

1151. 璧山实验地方法院审理请求返还借谷一案　12－13－1145

1943年10月至1943年11月，璧山实验地方法院关于程裕光因陈镜宣等借谷不还居心拖骗请求返还借谷一案的文书，包括文件目录表、民事诉状、证人证物表、案件审理单、送达证明书、民事和解状、法院批稿等。

1152. 璧山实验地方法院审理请求债务执行一案　12－13－1146

1943年7月至1944年2月，璧山实验地方法院关于景亮钧因刘泽甫拖欠公费请求债务执行一案的文书，包括文件目录表、民事诉状、证人证物表、法院支付命令、案件审理单、送达证明书、民事申请状、报告书、收据、法院执行证书、民事保状等。

1153. 四川高等法院第一分院、璧山实验地方法院审理请求返还黄谷一案　12－13－1147

1943年3月至1943年6月，四川高等法院第一分院、璧山实验地方法院关于杨南轩因不服与何修予涉讼判决上诉请求返还黄谷一案的文书，包括文件目录表、法院公函、民事上诉状、证人证物表、民事裁定书、送达证明书、民事缴状、民事申请状等。

1154. 四川高等法院第一分院、璧山实验地方法院审理请求分割遗产一案　12－13－1148

1942年12月至1945年8月，四川高等法院第一分院、璧山实验地方法院关于刘世中因与刘世全等发生遗产纠葛请求分割遗产一案的文书，包括法院公函、民事判决书、民事诉状、证人证物表、案件审理单、送达证明书、民事审理笔录、证人结文、民事委任状、民事宣判笔录、民事申请状、收据等。

1155. 璧山实验地方法院审理请求交业执行一案　12－13－1149

1942年11月至1943年4月，璧山实验地方法院关于江治臣因刘国藩不执行判决请求交业执行一案的文书，包括民事诉状、民事判决书、证人证物表、法院批示等。

1156. 璧山实验地方法院审理请求终止租约一案　12－13－1150

1943年12月至1944年1月，璧山实验地方法院关于谢荣普因戴刘氏抗不给租盘踞不迁请求终止租约一案的文书，包括文件目录表、民事诉状、证人证物表、案件审理单、送达证明书、民事辩诉状、言辞辩论笔录、民事宣判笔录、民事判决书等。

1157. 璧山实验地方法院审理请求确认典约无效一案　12－13－1151

1943年12月至1944年2月，璧山实验地方法院关于陈方炳因与陈君乘发生田土纠葛请求确认典约无效一案的文书，包括文件目录表、民事诉状、证人证物表、案件审理单、送达证明书、言辞辩论笔录、璧山县狮子乡乡公所证明书、民事委任状、民事补诉状、申请书、证人结文、民事宣判笔录、民事判决书等。

1158. 璧山实验地方法院审理请求离婚一案　12－13－1152

1943年10月至1943年12月，璧山实验地方法院关于邹钱氏因久遭邹子才虐待请求离婚一案的文书，包括文件目录表、民事诉状、证人证物表、民事委任状、送达证明书、言辞辩论笔录、法院通知书等。

1159. 璧山实验地方法院审理请求增加租谷一案　12－13－1153

1943年11月至1944年1月，璧山实验地方法院关于雷刘氏等因与曾维修等发生租佃纠葛请求增加租谷一案的文书，包括文件目录表、民事诉状、证人证物表、民事委任状、案件审理单、送达证明书、言辞辩论笔录、收据、证人结文、民事和解笔录等，该卷另附合同文约一份。

1160. 璧山实验地方法院审理请发支付命令一案　12－13－1154

1943年4月，璧山实验地方法院关于景亮钧因江杨氏不偿公费请发支付命令一案的文书，包括民事申请状、法院支付命令、送达证明书等。

1161. 四川高等法院第一分院、璧山实验地方法院审理请求财产假扣押一案　12－13－1155

1943年10月至1943年12月，四川高等法院第一分院、璧山实验地方法院关于幸循忠因与幸蔡氏发生租佃纠葛请求财产假扣押一案的文书，包括文件目录表、法院公函、民事抗告状、证人证物表、民事裁定书、送达证明书、民事申请状等。

1162. 璧山实验地方法院审理请求领回呈庭为证典权字约一案　12－13－1156

1943年4月，璧山实验地方法院关于何学礼等请求领回呈庭为证典权字约一案的文书，包括民事申请状、证人证物表、送达证明书等。

1163. 璧山实验地方法院审理请求交出典约一案　12－13－1157

1942年8月至1942年9月，璧山实验地方法院关于吴光明因陈锡山措契不交且调解不成请求交出典约一案的文书，包括证人证物表、民事诉状、民事委任状、案件审理单、送达证明书、民事审理笔录等，该卷另附照抄典约一张。

1164. 四川高等法院第一分院审理请求损害赔偿上诉一案　12－13－1158

1943年2月至1943年5月，四川高等法院第一分院关于周席珍等因违背租约请求损害赔偿上诉一案的文书，包括文件目录表、法院公函、民事上诉状、证人证物表、送达证明书、民事委任状、民事证明状、言辞辩论笔录、民事宣判笔录、民事声明状、民事判决书等。

1165. 璧山实验地方法院审理申请转移涉讼案卷一案　12－13－1159

1943年1月，璧山实验地方法院关于江国屏请求转移与黄克生涉讼案卷至宜宾地方法院一案的文书，包括民事申请状、证人证物表、法院批示等。

1166. 四川高等法院第一分院、璧山实验地方法院审理田业存查一案　12－13－1160

1943年3月至1943年4月，四川高等法院第一分院、璧山实验地方法院关于龚正泽因与龚正渊买卖田业请求田业存查一案的文书，包括文件目录表、往来公函、法院批示、送达证明书等。

1167. 四川高等法院第一分院、璧山实验地方法院审理终止租约一案　12－13－1161

1942年4月至1942年12月，四川高等法院第一分院、璧山实验地方法院关于唐炳衡因与张治江租佃年限已满请求终止租约一案的文书，包括法院公函、民事诉状、证人证物表、民事反诉状、送达证明书、审理笔录、民事宣判笔录、民事判决书、民事上诉状、民事委任状、民事裁定书、民事答辩状等，该卷另附佃约一张。

1168. 璧山实验地方法院审理请求解除租约一案　12－13－1162

1943年3月至1943年6月，璧山实验地方法院关于黄仲华因赖炳臣违背租约估不领押请求解除租约一案的文书，包括文件目录表、民事诉状、来风乡调解委员会调解笔录、证人证物表、案件审理单、送达证明书、民事委任状、言辞辩论笔录、民事宣判笔录、民事判决书等，该卷另附佃约一张。

1169. 四川高等法院第一分院、璧山实验地方法院审理回赎典产执行一案　12－13－1163

1943年10月至1944年2月，四川高等法院第一分院、璧山实验地方法院关于谢胡氏因石中玉等不执行判决请求回赎典产执行一案的文书，包括文件目录表、民事诉状、民事裁定书、证人证物表、民事委任状、民事申请状、案件审理单、送达证明书、民事声明状、民事和解状、收据等。

1170. 璧山实验地方法院审理请求驮马调解一案　12－13－1164

1943年12月至1944年1月，璧山实验地方法院关于乔一凡因与余士翰发生驮马纠葛请求调解一案的文书，包括文件目录表、南京中南中学公函、案件审理单、往来公函、送达证明书等。

1171. 璧山实验地方法院审理请求债务执行一案　12－13－1165

1943年7月，璧山实验地方法院关于景亮钧因徐培楼不偿公费请求债务执行一案的文书，包括民事申请状、证人证物表、法院通知书、送达证明书等。

1172. 璧山实验地方法院审理私章遗失备案存查一案　12－13－1166

1943年3月，璧山实验地方法院关于谢群煜因私章遗失请求备案存查一案的文书，包括民事申请状、法院批示、证人证物表等。

1173. 璧山实验地方法院审理分约遗失备案存查一案　12－13－1167

1943年3月，璧山实验地方法院关于朱德淮因分约遗失请求备案存查一案的文书，包括文件目录表、申请公函、法院批示等。

1174. 璧山实验地方法院审理因　收粮谷提起诉讼一案　12－13－1168

1942年10月至1943年12月，璧山实验地方法院关于梁质彬因陈得主抎收粮谷提起诉讼一案的文书，包括点名单、法院公函、收据、提讯笔录、押票回证、收条、民事保状等。

1175. 璧山实验地方法院审理申请易科罚金执行一案　12－13－1169

1943年6月，璧山实验地方法院关于黄炳荣请求改刑事为民事罚金执行一案的文书，包括刑事申请状、证人证物表、法院批示、送达证明书、法院公函等。

1176. 璧山实验地方法院审理给付租谷执行一案　12－13－1170

1943年10月至1944年6月，璧山实验地方法院关于徐利昌因陈杨氏不履行判决请求给付租谷执行一案的文书，包括文件目录表、民事判决书、民事诉状、证人证物表、案件审理单、法院执行命令、报告案奉、法院批稿、民事保状、送达证明书、民事执行状、报告书、民事声明状、法院训令、法院通知书、鉴定人鉴定书、查封不动产笔录、法院公告、收据等。

1177. 四川高等法院第一分院、璧山实验地方法院审理侵入住宅一案　12－13－1171

1943年10月至1943年11月，四川高等法院第一分院、璧山实验地方法院关于王凌氏因王玉麟等侵入住宅妨害权利提起刑事附带民事诉讼一案的文书，包括文件目录表、刑事诉状、证人证物表、刑事委任状、刑事自诉状、案件审理单、送达证明书、审判笔录、证人结文、刑事宣判笔录、刑事判决书等。

1178. 四川高等法院第一分院审理申请停止羁押一案　12－13－1172

1943年10月至1943年11月，四川高等法院第一分院关于周张氏其夫私造文书请求停止羁押一案的文书，包括文件目录表、刑事申请状、证人证物表、审判笔录、刑事缴状、收款通知书等。

1179. 璧山实验地方法院审理请求返还产业一案　12－13－1173

1943 年 12 月至 1944 年 1 月，璧山实验地方法院关于高钟氏因高鑫山等霸占共有财产请求返还产业一案的文书，包括文件目录表、民事补状、证人证物表、案件审理单、送达证明书、民事辩诉状、言辞辩论笔录、民事宣判笔录、民事判决书等。

1180. 璧山实验地方法院审理请求返还押金一案　12－13－1174

1943 年 8 月至 1943 年 10 月，璧山实验地方法院关于黄作林因帅邓氏违抗和解无法另佃请求返还押金一案的文书，包括文件目录表、民事诉状、证人证物表、案件审理单、民事委任状、送达证明书、民事裁定书等。

1181. 璧山实验地方法院审理申请继续审理一案　12－13－1175

1943 年 7 月，璧山实验地方法院关于张俊良对与冷厚坤离婚案判决不服请求继续审理一案的文书，包括文件目录表、民事申请状、证人证物表、法院批示等。

1182. 璧山实验地方法院审理请求防患存查一案　12－13－1176

1943 年 4 月，璧山实验地方法院关于刘敬亭等因刘均成等抗不领押另具用意请求防患存查一案的文书，包括文件目录表、民事申请状、法院批示、送达证明书等。

1183. 璧山实验地方法院审理请求给付食膳一案　12－13－1177

1943 年 6 月，璧山实验地方法院关于程孙氏因孙子程汝吉不给食膳请求给付食膳一案的文书，包括文件目录表、民事诉状、证人证物表、案件审理单、送达证明书、民事答辩状、民事委任状、言辞辩论笔录、民事和解笔录等。

1184. 璧山实验地方法院审理请求交还契约一案　12－13－1178

1942 年 12 月至 1943 年 1 月，璧山实验地方法院关于戴元发因张荣华不执行和解请求交还契约一案的文书，包括民事诉状、证人证物表、民事和解笔录、送达证明书、民事执行讯问笔录、民事委任状、民事答辩状、民事审讯笔录、民事声明状等。

1185. 璧山实验地方法院审理请求给付租谷执行一案　12－13－1179

1941 年 10 月至 1943 年 1 月，璧山实验地方法院关于江祝三因邹柏林不履行判决请求给付租谷执行一案的文书，包括民事诉状、民事判决书、证人证物表、案件审理单、法院执行命令、报告案奉、收据、法院和解笔录、送达证明书等。

1186. 璧山实验地方法院审理请求终止租约一案　12－13－1180

1943年8月至1943年9月，璧山实验地方法院关于龚吴氏因李树轩灭权霸踞蓄意侵吞财产请求终止租约一案的文书，包括文件目录表、民事诉状、证人证物表、民事辩诉状、案件审理单、送达证明书、民事委任状、言辞辩论笔录、民事裁定书等。

1187. 璧山实验地方法院审理请求返还食谷执行一案　12－13－1181

1943年5月至1943年6月，璧山实验地方法院关于杨用休因与杨发顺发生食谷债务纠葛请求返还食谷执行一案的文书，包括文件目录表、民事诉状、民事判决书、证人证物表、法院批示、送达证明书等。

1188. 四川高等法院第一分院、璧山实验地方法院审理不服诉讼判决上诉一案　12－13－1182

1942年9月至1943年5月，四川高等法院第一分院、璧山实验地方法院关于周绍良等因不服邓树涛提起伪造公文书的诉讼判决上诉一案的文书，包括文件目录表、法院公函、刑事上诉状、证人证物表、法院训令、刑事选任状、送达证明书、讯问笔录、报告案奉、刑事申请状、刑事委任状、阅卷申请书、刑事辩诉状、刑事申请书、刑事审判笔录、宣示判决笔录、刑事判决书等，该卷另附抄录法院监察处告诉状、上诉人在璧山县征收局呈请抄批状呈文、璧山田赋管理处致璧山实验地方法院公函、法院检察官起诉书。

1189. 璧山实验地方法院审理请求搬迁交业一案　12－13－1183

1943年10月，璧山实验地方法院关于胡泽宣因刘金全蛮横阻耕抗不搬迁请求搬迁交业一案的文书，包括文件目录表、民事诉状、证人证物表、案件审理单、送达证明书、民事委任状、民事辩诉状、言辞辩论笔录、法院批示等。

1190. 璧山实验地方法院审理因抢夺财产提起诉讼一案　12－13－1184

1941年11月至1943年2月，璧山实验地方法院关于蔡正荣因邓述卿意图抢夺他人财产提起诉讼一案的文书，包括刑事诉状、刑事委任状、刑事答辩状、证人证物表、送达证明书、刑事审判笔录、证人结文、法院检察官函片、民事和解笔录、刑事判决书等。

1191. 璧山实验地方法院审理请求返还黄谷一案　12－13－1185

1943年10月至1943年11月，璧山实验地方法院关于尹树康因黄平香侵害佃农法益请求返还黄谷一案的文书，包括文件目录表、民事诉状、证人证物表、民事委任状、案件审理单、送达证明书、民事申请状、民事答辩状、言辞辩论笔录、证人结文、民事宣判笔录、民事判决书等。

1192. 四川高等法院第一分院、璧山实验地方法院审理请求给付欠租一案　12—13—1186

1942年10月至1943年10月，四川高等法院第一分院、璧山实验地方法院关于李馨山因与李荣清发生租佃纠葛请求给付欠租一案的文书，包括民事判决书、法院公函、文件目录表、民事上诉状、证人证物表、民事裁定书、送达证明书、民事委任状、民事申请状、言辞辩论笔录、民事宣判笔录等。

1193. 璧山实验地方法院审理请求损害赔偿一案　12—13—1187

1943年6月至1943年7月，璧山实验地方法院关于赵洪武因与王梁氏发生租佃纠葛请求损害赔偿一案的文书，包括法院公函、民事判决书、文件目录表、民事诉状、证人证物表、案件审理单、送达证明书、言辞辩论笔录、证人结文、民事宣判笔录、民事补诉状等。

1194. 四川高等法院第一分院、璧山实验地方法院审理因变造文书提起诉讼一案　12—13—1188

1943年3月至1943年12月，四川高等法院第一分院、璧山实验地方法院关于曹陈文俭因谭夔阳变造租赁房屋契约妨害自由提起诉讼一案的文书，包括文件目录表、刑事诉状、法院训令、证人证物表、璧山同乡会通知、送达证明书、应讯人到场报告单、讯问笔录、往来公函、法院检察官不起诉处分书、领状、申请再审状、民事判决书、民事裁定书等。

1195. 四川高等法院第一分院、璧山实验地方法院审理请求终止租约一案　12—13—1189

1943年3月至1943年4月，四川高等法院第一分院、璧山实验地方法院关于周海廷因不服与周佑樵等涉讼判决上诉请求终止租约一案的文书，包括文件目录表、民事缴状、法院公函、民事上诉状、证人证物表、民事裁定书、送达证明书、民事公证状、民事委任状、言辞辩论笔录、证人结文等。

1196. 璧山实验地方法院审理请求终约交业一案　12—13—1190

1943年3月至1943年11月，璧山实验地方法院关于陈春林因陈金山等既不投佃又不纳租请求终约交业一案的文书，包括文件目录表、民事诉状、证人证物表、民事委任状、案件审理单、送达证明书、言辞辩论笔录、证人结文、民事宣判笔录、民事判决书、民事裁定书、法院通知书、法院执行命令等。

1197. 璧山实验地方法院审理请求财产所有权登记一案　12－13－1191

1943年10月至1946年9月，璧山实验地方法院关于张淑均请求财产所有权登记一案的文书，包括文件目录表、不动产登记申请书、登记事项、登记处通知书、送达证明书、案件审理单、法院命令、报告案奉、不动产登记保证书、民事申请状、法院批示等。

1198. 璧山实验地方法院审理请求返还产业一案　12－13－1192

1943年12月至1944年5月，璧山实验地方法院关于杨王氏因王合太等霸占粮食产业器物请求返还产业一案的文书，包括文件目录表、民事诉状、证人证物表、案件审理单、送达证明书、民事委任状、民事答辩状、言辞辩论笔录、民事宣判笔录、民事判决书、民事申请状、收据等。

1199. 璧山实验地方法院审理请求回赎典产一案　12－13－1193

1943年4月至1944年6月，璧山实验地方法院关于曾方氏等因许定三不执行判决请求回赎典产一案的文书，包括文件目录表、民事执行状、证人证物表、送达证明书、执行讯问笔录、法院执行命令、报告案奉、收据、民事委任状、案件审理单、言辞辩论笔录、民事和解笔录等。

1200. 璧山实验地方法院审理请求给付欠租执行一案　12－13－1194

1943年10月至1944年5月，璧山实验地方法院关于何昌绪因叶炳顺拒不执行判决请求给付欠租执行一案的文书，包括文件目录表、民事诉状、民事判决书、证人证物表、法院民事执行文稿、报告案奉、法院执行命令、报告书、民事申请状、法院训令、法院通知书、法院公告、收据等。

1201. 璧山实验地方法院审理确认租约有效一案　12－13－1195

1943年11月至1943年12月，璧山实验地方法院关于李清然因李树辉摧残征属胁迫搬迁请求确认租约有效一案的文书，包括文件目录表、民事诉状、证人证物表、案件审理单、送达证明书、言辞辩论笔录、民事委任状、民事裁定书、民事申请状、民事辩诉状、民事宣判笔录、民事判决书等。

1202. 四川高等法院第一分院、璧山实验地方法院审理请求返还出租收益一案　12－13－1196

1943年1月至1943年7月，四川高等法院第一分院、璧山实验地方法院关于

龙海廷因与龙余氏发生租佃纠葛请求返还出租收益一案的文书，包括民事判决书、法院公函、民事诉状、证人证物表等。

1203. 璧山实验地方法院审理请求返还衣物一案　12－13－1197

1943年10月至1943年11月，璧山实验地方法院关于陈自发因安永发等唆诱成婚请求返还衣物一案的文书，包括文件目录表、民事诉状、证人证物表、案件审理单、送达证明书、言辞辩论笔录、证人结文、民事辩诉状、民事裁定书、民事缴状、民事宣判笔录、民事判决书、法院检察官不起诉处分书等。

1204. 璧山实验地方法院审理请求拍卖抵押物一案　12－13－1198

1943年5月，璧山实验地方法院关于甘照氏因杨鲁三欠债不偿请求拍卖抵押物一案的文书，包括民事诉状、证人证物表、民事委任状、讯问笔录、送达证明书、民事裁定书、借据等，该卷另附段瑜思律师为杨鲁氏遗失契约启事。

1205. 璧山县政府审理修复沟坎一案　12－13－1199

1942年7月至1943年12月，璧山县政府关于彭廷森因廖炳林意图勒索请求修复沟坎一案的文书，包括璧山农业推广所签呈、往来公函、政府训令、受灾农户家庭经济情况表、政府传票、行政案件点名单、璧山接龙乡乡公所呈、签呈、政府批示等。

1206. 璧山实验地方法院审理继续审判一案　12－13－1200

1943年8月至1943年10月，璧山实验地方法院关于周席珍等因租佃违约申请继续审判一案的文书，包括文件目录表、民事催状、证人证物表、案件审理单、送达证明书、言辞辩论笔录、民事口供、民事宣判笔录、民事判决书等。

1207. 璧山实验地方法院审理交业执行一案　12－13－1201

1943年6月至1943年9月，璧山实验地方法院关于王屏周因徐树林秋收已过拒绝交业请求交业执行一案的文书，包括文件目录表、民事诉状、民事和解笔录、证人证物表、民事委任状、案件审理单、送达证明书、民事辩诉状等。

1208. 璧山实验地方法院审理请求分割财产一案　12－13－1202

1943年3月至1943年4月，璧山实验地方法院关于蒋季氏因与蒋郭氏发生财产纠葛请求分割财产一案的文书，包括文件目录表、民事诉状、证人证物表、民事委任状、民事辩诉状、送达证明书、民事讯问笔录、民事判决书、民事裁定书等，该卷另附医嘱一份。

1209. 璧山实验地方法院审理申请查卷检送、给付薪俸两案　12－13－1203

1943 年 3 月至 1943 年 5 月，璧山实验地方法院关于王执中因不服判决请求查卷检送、张文灿因曾代森握薪不给请求给付薪俸两案的文书，包括民事申请状、证人证物表、送达证明书、法院批示、民事诉状、案件审理单、民事答辩状、民事委任状、言辞辩论笔录等。

1210. 璧山实验地方法院审理请求租佃调解一案　12－13－1204

1943 年 5 月，璧山实验地方法院关于明玉廷因张炳林不允退佃请求租佃调解一案的文书，包括文件目录表、民事诉状、证人证物表、案件审理单、民事委任状、送达证明书、调解笔录、民事和解笔录等。

1211. 璧山实验地方法院审理存查一案　12－13－1205

1943 年 8 月至 1943 年 10 月，璧山实验地方法院关于吴怀良等请求借房存案以杜后患一案的文书，包括民事存查状、证人证物表、法院批稿等。

1212. 璧山地方法院审理请求给付租谷执行一案　12－13－1206

1941 年 12 月至 1942 年 3 月，璧山地方法院关于曾银洲因与石洪兴发生租谷纠葛请求给付租谷执行一案的文书，包括民事诉状、证人证物表、民事答辩状、案件审理单、民事审判笔录、送达证明书、民事讯问笔录、证人结文、民事判决书等。

1213. 四川高等法院第一分院、璧山实验地方法院审理请求赔偿谷价一案　12－13－1207

1941 年 8 月至 1943 年 10 月，四川高等法院第一分院、璧山实验地方法院关于邓叔虞因许仁三无端阻挠出卖租谷请求赔偿谷价一案的文书，包括法院公函、民事上诉状、民事裁定书、证人证物表、送达证明书、民事申请状、民事判决书等。

1214. 璧山实验地方法院审理请求交业给约一案　12－13－1208

1943 年 3 月至 1943 年 5 月，璧山实验地方法院关于邹玉成因邹玉清独霸祖产不给分耕请求交业给约一案的文书，包括文件目录表、民事诉状、证人证物表、民事委任状、民事辩诉状、抄录佃约、送达证明书、言辞辩论笔录、民事申请状、民事和解笔录、民事判决书、民事裁定书等。

1215. 璧山实验地方法院审理请求迁坟调解、领回呈庭契约两案　12－13－1209

1942 年 8 月至 1943 年 5 月，璧山实验地方法院关于田树清因与胡玉发发生坟地纠葛请求迁坟调解、伍江氏请求领回呈庭契约两案的文书，包括报告、民事调解笔录、送达证明书、文件目录表、民事申请状、领证辩论笔录、领条等。

1216. 四川高等法院第一分院、璧山实验地方法院审理确认所有权一案　12－13－1210

1942 年 9 月至 1943 年 6 月，四川高等法院第一分院、璧山实验地方法院关于梁玉林因与张春辉涉讼判决上诉请求确认所有权一案的文书，包括文件目录表、法院公函、民事上诉状、民事裁定书、送达证明书、民事缴状、民事委任状、民事答辩状、证人证物表、言辞辩论笔录、证人结文、民事宣判笔录、民事判决书等。

1217. 四川高等法院第一分院、璧山实验地方法院审理请求执行搬迁交业、领证两案　12－13－1211

1942 年 12 月至 1943 年 4 月，四川高等法院第一分院、璧山实验地方法院关于李科登因钟永兴不执行判决请求执行搬迁交业、杨向氏请求领证两案的文书，包括文件目录表、民事申请状、民事和解笔录、证人证物表、法院执行命令、报告案奉、民事委任状、执行辩论笔录等。

1218. 璧山实验地方法院民事判决书、璧山县政府关于审理贪污、禁烟案件判决书　12－13－1212

1944 年 1 月至 1947 年 6 月，包括璧山实验地方法院关于迁让房屋、分割遗产、给付黄谷、迁坟等案的民事判决书，璧山县政府关于审理贪污、禁烟案件判决书。

1219. 四川高等法院第一分院、璧山实验地方法院审理请求回赎产业一案、请求领回判决书两案　12－13－1213

1940 年 8 月至 1943 年 9 月，四川高等法院第一分院、璧山实验地方法院关于舒永清因与舒长青等发生租佃纠葛请求回赎产业、张树成请求领回判决书两案的文书，包括法院公函、民事上诉状、证人证物表、民事裁定书、送达证明书、民事判决书、民事诉状、民事委任状、民事催状、民事审理笔录、民事领状、法院批示等。

1220. 四川高等法院第一分院、璧山实验地方法院审理请发支付命令、上诉请求交业两案　12－13－1214

1942 年 3 月至 1943 年 4 月，四川高等法院第一分院、璧山实验地方法院关于江九州因胡少光欠债不偿请发支付命令、王寿廷因法院违背法令偏颇枉判不服判决上诉请求交业两案的文书，包括文件目录表、民事申请状、证人证物表、法院支付命令、送达证明书、法院公函、民事缴状、民事上诉状、民事裁定书、民事答辩状、民事判决书等。

1221. 璧山实验地方法院审理请求终约交业受领押金一案　12－13－1215

1943 年 5 月至 1943 年 6 月，璧山实验地方法院关于黄希之因与巫奎臣发生租佃纠葛请求终约交业受领押金一案的文书，包括文件目录表、民事诉状、证人证物表、案件审理单、民事答辩状、送达证明书、言辞辩论笔录、佃约、民事宣判笔录、民事判决书等。

1222. 四川高等法院第一分院、璧山实验地方法院审理请求终止租约一案　12－13－1216

1943 年 11 月至 1944 年 6 月，四川高等法院第一分院、璧山实验地方法院关于周席珍因与张夔阳发生租佃纠葛不服判决上诉请求终止租约一案的文书，包括文件目录表、法院公函、民事上诉状、证人证物表、送达证明书、民事裁定书、言辞辩论笔录、民事判决书、宣示判决笔录、民事辩诉状、收据等，该卷另附佃约一张。

1223. 四川高等法院第一分院、璧山实验地方法院审理申请执行异议、会款纠葛两案　12－13－1217

1939 年 3 月至 1943 年 5 月，四川高等法院第一分院、璧山实验地方法院关于雷众廷因不服与谭银章涉讼判决申请执行异议、徐均安等会款纠葛两案的文书，包括法院往来公函、法院训令、民事和解笔录、收款证据等。

1224. 璧山实验地方法院审理请求分割遗产一案　12－13－1218

1943 年 3 月至 1943 年 4 月，璧山实验地方法院关于刘世权等因与刘世中发生遗产纠纷上诉请求分割遗产一案的文书，包括文件目录表、法院公函、民事上诉状、民事裁定书、送达证明书等。

1225. 四川高等法院第一分院、璧山实验地方法院审理请求迁让一案　12－13－1219

1942 年 12 月至 1943 年 5 月，四川高等法院第一分院、璧山实验地方法院关于刘国藩因江治臣等盘踞不迁请求迁让一案的文书，包括文件目录表、法院公函、民事声明状、证人证物表、送达证明书、民事裁定书、民事撤回状等。

1226. 四川高等法院第一分院、璧山实验地方法院审理请求损害赔偿一案　12－13－1220

1940 年 11 月至 1943 年 7 月，四川高等法院第一分院、璧山实验地方法院关于陈永森因杨南轩侵占坟地而请求损害赔偿一案的文书，包括文件目录表、抄粮食损失单、民事诉状、证人证物表、案件审理单、送达证明书、言辞辩论笔录、民事宣判笔录、民事判决书等，该案另附前案判决书两张。

1227. 四川高等法院第一分院、璧山实验地方法院审理赔偿损害一案　12－13－1221

1943年7月至1943年9月，四川高等法院第一分院、璧山实验地方法院关于杨南轩等因不服与陈永森涉讼判决上诉请求赔偿损害一案的文书，包括民事上诉状、证人证物表、民事裁定书、送达证明书、法院公函、民事判决书等。

1228. 四川高等法院第一分院、璧山实验地方法院审理请求撤销拍卖一案　12－13－1222

1943年2月至1943年6月，四川高等法院第一分院、璧山实验地方法院关于杨南轩因雷述清拒绝赔偿损失请求撤销拍卖一案的文书，包括文件目录表、法院公函、民事抗告状、证人证物表、民事裁定书、民事诉状、证明书、民事委任状、报告案奉等。

1229. 四川高等法院第一分院、璧山实验地方法院审理请求返还军谷、确认经界两案　12－13－1223

1943年5月至1944年6月，四川高等法院第一分院、璧山实验地方法院关于孙世荣因与潘汉江发生租谷纠纷请求返还军谷、黄永兴等因与黄宗珞等发生地界纠葛请求确认经界两案的文书，包括法院公函、民事判决书、民事诉状、证人证物表、民事委任状、案件审理单、送达证明书、民事辩诉状、言辞辩论笔录、民事申请状、法院批稿、民事补诉状、涉案地图、民事裁定书、佃约一张等。

1230. 江津地方法院、璧山实验地方法院审理请求交付菜饼、契约遗失备案存查两案　12－13－1224

1942年12月至1944年1月，江津地方法院、璧山实验地方法院关于张焱钦因曾绍荣拒付菜饼请求交付菜饼、明邓氏等因契约遗失请求备案存查两案的文书，包括文件目录表、民事诉状、证人证物表、案件审理单、法院公函、送达证明书、言辞辩论笔录、民事答辩状、民事宣判笔录、民事判决书、契约、民事申请状、田土房屋文约等。

1231. 四川高等法院第一分院、璧山实验地方法院审理请求确认厂主一案　12－13－1225

1943年5月至1943年12月，四川高等法院第一分院、璧山实验地方法院关于

张九冀因不服与张明照争夺工厂判决上诉请求确认厂主一案的文书，包括文件目录表、法院公函、民事上诉状、证人证物表、民事裁定书、送达证明书、笔证、民事委任状、民事申请书、言辞辩论笔录、民事申请状、民事辩诉状、法院通知书、民事答辩状、报告、民事判决书、往来公函等。

1232. 四川高等法院第一分院、璧山实验地方法院审理确认典权一案　12－13－1226

1941 年 11 月至 1943 年 4 月，四川高等法院第一分院、璧山实验地方法院关于郭荣清等因与刘祖源等发生当权留买争执请求确认典权一案的文书，包括法院公函、民事上诉状、证人证物表、民事答辩状、民事裁定书、送达证明书、民事补陈状、田赋管理处呈、民事判决书等。

1233. 璧山实验地方法院审理请求领回呈庭红契分关一案　12－13－1227

1943 年 8 月，璧山实验地方法院关于张同德请求领回呈庭红契分关一案的文书，包括文件目录表、民事领状、证人证物表、案件审理单、送达证明书、收据等。

1234. 四川高等法院第一分院、璧山实验地方法院审理终止租约一案尾卷　12－13－1228

1943 年 4 月至 1943 年 8 月，四川高等法院第一分院、璧山实验地方法院关于钟万兴因与李登科发生租佃纠葛请求终止租约一案的文书尾卷，仅包括四川高等法院第一分院与璧山实验地方法院之间的往来公函。

1235. 璧山实验地方法院审理请求确认所有权一案　12－13－1229

1944 年 9 月，璧山实验地方法院关于江远绪因江远经侵害主权请求确认所有权一案的文书，包括文件目录表、民事诉状、证人证物表、民事委任状、送达证明书、言辞辩论笔录、民事和解笔录等。

1236. 四川高等法院第一分院、璧山实验地方法院审理请求确认房产一案　12－13－1230

1940 年 11 月至 1943 年 10 月，四川高等法院第一分院、璧山实验地方法院关于孙肖氏因与周德操发生房产纠葛请求确认房产一案的文书，包括民事判决书、民事诉状、民事裁定书、证人证物表、案件审理单、送达证明书、言辞辩论笔录、民事委任状、民事证明状、证人结文、鹿鸣乡乡公所呈、法院公函、签呈、报告、民事上诉状、民事申请状、民事辩诉状、民事宣判笔录等，该卷另附典约一张。

1237. 四川高等法院第一分院、璧山实验地方法院审理请求返还食谷一案 12－13－1231

1943年10月至1944年6月，四川高等法院第一分院、璧山实验地方法院关于戴清廷因戴安邦抢割食谷损害生活请求返还食谷一案的文书，包括文件目录表、民事诉状、证人证物表、法院执行命令、案件审理单、送达证明书、民事辩诉状、言辞辩论笔录、证人结文、民事宣判笔录、民事判决书、民事领状、收据、法院公函、民事上诉状、民事裁定书、民事委任状、民事答辩状等。

1238. 四川高等法院第一分院、璧山实验地方法院审理账款再审一案 12－13－1232

1942年1月至1943年3月，四川高等法院第一分院、璧山实验地方法院关于严正明等因不服与严鑫荣等涉讼判决提起抗告请求账款再审一案的文书，包括法院公函、民事申请状、证人证物表、民事裁定书、民事上诉状、民事判决书、民事缴状、送达证明书等。

1239. 璧山实验地方法院审理请求领回呈庭卖契、终止租约两案 12－13－1233

1942年2月至1943年4月，璧山实验地方法院关于陈纪皋请求领回呈庭卖契、陈纪皋因与蔡彷周发生租佃纠葛请求终止租约两案的文书，包括送达证明书、文件目录表、民事具领状、证人证物表、案件审理单、收据、民事诉状、民事审判笔录、民事辩诉状、佃约、民事判决书、民事裁定书、阅卷申请书等。

1240. 四川高等法院第一分院、璧山实验地方法院审理请求返还田业一案 12－13－1234

1942年3月至1944年5月，四川高等法院第一分院、璧山实验地方法院关于陈纪皋因蔡辉全强占田产请求返还田业一案的文书，包括文件目录表、民事诉状、证人证物表、民事判决书、蔡彷周答辩词、案件审理单、民事委任状、送达证明书、民事申请书、言辞辩论笔录、证人结文、民事答辩状、民事申请状、民事宣判笔录、民事上诉状、民事裁定书、法院公函、民事声明状、民事辩诉状、民事理由状、民事公证状、报告案奉等，该卷另附契约一张。

1241. 四川高等法院第一分院、璧山实验地方法院审理请求回赎典物并终止租约一案 12－13－1235

1943年8月至1944年3月，四川高等法院第一分院、璧山实验地方法院关于张鸿盛因赵松林等拒不许回赎请求回赎典物并终止租约一案的文书，包括文件目录表、民事诉状、佃约、证人证物表、案件审理单、送达证明书、民事证明状、言辞辩论笔录、民事辩诉状、民事宣判笔录、证人结文、民事判决书、阅卷申请书、民事上诉状、民事裁定书、法院公函、民事答辩状、民事申请书、民事委任状等。

1242. 璧山实验地方法院审理请求解除租佃一案　12－13－1236

1942 年 8 月至 1943 年 6 月，璧山实验地方法院关于吴海涛因彭甫堂捐不起佃又不交租请求解除租佃一案的文书，包括法院公函、送达证明书、民事诉状、证人证物表、案件审理单、言辞辩论笔录、证人结文、佃约、民事声明状、民事委任状、民事宣判笔录、民事判决书、法院批示等。

1243. 璧山实验地方法院审理请求迁让一案　12－13－1237

1943 年 8 月，璧山实验地方法院关于宋许虚君因李洁臣恃强横行霸占房屋请求迁让一案的文书，包括文件目录表、民事诉状、证人证物表、案件审理单、送达证明书、民事辩诉状、言辞辩论笔录、民事宣判笔录、证人结文、民事判决书等。

1244. 璧山实验地方法院审理请求债务执行一案　12－13－1238

1943 年 4 月至 1943 年 5 月，璧山实验地方法院关于李鹏因赖均衡拖欠公费请求债务执行一案的文书，包括文件目录表、民事声明状、证人证物表、民事裁定书、民事委任状、民事诉状、案件审理单、送达证明书、言辞辩论笔录、民事宣判笔录、民事判决书、收据等。

1245. 璧山实验地方法院审理申请假扣押一案　12－13－1239

1942 年 12 月至 1944 年 1 月，璧山实验地方法院关于陈春林因与姜灿辉发生租佃纠葛请求假扣押一案的文书，包括民事判决书、证人证物表、民事裁定书、送达证明书、民事申请状等。

1246. 璧山实验地方法院审理确认租约有效一案　12－13－1240

1943 年 9 月至 1944 年 1 月，璧山实验地方法院关于余三合等因与璧山县经收处发生租约纠葛请求确认租约有效一案的文书，包括文件目录表、民事诉状、证人证物表、民事判决书、民事裁定、民事补诉状、送达证明书、案件审理单、法院公函、言辞辩论笔录等。

1247. 四川高等法院第一分院、璧山实验地方法院审理请求给付押金一案　12－13－1241

1942 年 5 月至 1944 年 3 月，四川高等法院第一分院、璧山实验地方法院关于

雷国清因押银无着请求胡润安给付押金一案的文书，包括法院公函、民事判决书、民事诉状、证人证物表、案件审理单、送达证明书、民事反诉状、民事委任状、民事宣判笔录、民事申请状、民事裁定书、民事上诉状、民事答辩状、言辞辩论笔录、民事和解笔录等。

1248. 四川高等法院第一分院、璧山实验地方法院审理申请假扣押、请求债务执行两案　12－13－1242

1942年6月至1943年9月，四川高等法院第一分院、璧山实验地方法院关于姜灿辉等因租佃纠葛而上诉申请黄谷假扣押、李鹏因陈春林拖欠公费请求债务执行两案的文书，包括法院公函、民事抗告状、证人证物表、刑事附带民事判决书、刑事判决书、民事裁定书、送达证明书、案件审理单、民事撤销状、报告书等。

1249. 璧山实验地方法院审理请求返还豆麦一案　12－13－1243

1943年4月至1943年6月，璧山实验地方法院关于甘树清因黄德周等抢割豆麦请求返还豆麦一案的文书，包括文件目录表、民事诉状、法院通知书、证人证物表、民事委任状、案件审理单、送达证明书、言辞辩论笔录、证人结文、民事和解笔录等。

1250. 璧山实验地方法院审理发现无名男尸一案　12－13－1244

1943年9月，璧山实验地方法院关于城东，乡公所呈报发现无名男尸一案的文书，包括文件目录表、签呈、验断书、法院指令、勘验笔录、领尸体结文等。

1251. 四川高等法院第一分院、璧山实验地方法院审理请求交业执行一案　12－13－1245

1940年12月至1943年8月，四川高等法院第一分院、璧山实验地方法院关于邓述卿因蔡正荣违背执行请求交业执行一案的文书，包括文件目录表、声明异议状、证人证物表、民事判决书、民事裁定书、送达证明书、法院通知书、履勘笔录、鉴定人鉴定文、法院训令、民事申请书、报告案奉、执行力夫清单、收据等。

1252. 璧山实验地方法院审理终止租约执行一案　12－13－1246

1943年3月至1943年10月，璧山实验地方法院关于许松柏因陈国江不遵判决请求终止租约执行一案的文书，包括文件目录表、民事诉状、民事执行状、证人证物表、案件审理单、法院执行命令、报告案奉、交业执行力夫名单、收据等。

1253. 四川高等法院第一分院、璧山实验地方法院审理请求民事损毁赔偿一案 12－13－1247

1943年8月至1944年1月,四川高等法院第一分院、璧山实验地方法院关于徐德荣等因与徐吉臣涉讼判决请求民事损毁赔偿一案的文书,包括文件目录表、法院公函、刑事判决书、刑事附带民事判决书、言辞辩论笔录、民事和解状等。

1254. 璧山实验地方法院审理执行确认地上权异议一案 12－13－1248

1943年3月至1943年4月,璧山实验地方法院关于罗仲枢因不服与曾荣帆确认地上权案判决提起异议一案的文书,包括文件目录表、民事诉状、案件审理单、送达证明书、言辞辩论笔录、民事判决书等。

1255. 璧山实验地方法院审理请求领押交业执行一案 12－13－1249

1943年6月至1943年9月,璧山实验地方法院关于彭诚因庞怀良不遵判决请求领押交业执行一案的文书,包括文件目录表、民事诉状、证人证物表、追赔损失列表、案件审理单、送达证明书、法院训令、报告案奉、收据、民事声明状、民事裁定书、诉讼须知等。

1256. 四川高等法院第一分院、璧山地方法院审理请求交业上诉一案 12－13－1250

1946年12月至1947年4月,四川高等法院第一分院、璧山地方法院关于杨向氏因王钱氏以假充真变更事实请求交业上诉一案的文书,包括法院公函、民事上诉状、证人证物表、民事裁定书、送达证明书、民事答辩状、言辞辩论笔录、民事宣判笔录、民事判决书等。

1257. 璧山实验地方法院审理返还田谷一案 12－13－1251

1942年9月至1943年3月,璧山实验地方法院关于周玉堂因与王辉式涉讼案悬已久请求返还田谷一案的文书,包括文件目录表、民事上诉状、证人证物表、送达证明书、法院公函、民事委任状、言辞辩论笔录、民事宣判笔录等。

1258. 璧山实验地方法院审理请求确认婚约无效一案 12－13－1252

1942年12月至1943年3月,璧山实验地方法院关于严锡珍因伍家容等不遵判决请求确认婚约无效一案的文书,包括文件目录表、民事上诉状、证人证物表、法院公函、送达证明书、民事和解状、法院通知书等。

1259. 璧山地方法院审理再嫁备案一案　12—13—1253

1940年2月，璧山地方法院关于吕龚氏因生活无着难以维生与吕万盛离婚请求再嫁备案一案的文书，包括文件目录表、民事诉状、证人证物表、法院批示、送达证明书等。

1260. 璧山实验地方法院审理请求回赎产业一案　12—13—1254

1943年12月至1944年3月，璧山实验地方法院关于严荣廷因与戴步云发生租佃纠葛请求回赎产业一案的文书，包括文件目录表、民事诉状、民事判决书、佃约、证人证物表、民事委任状、案件审理单、送达证明书、民事辩诉状、言辞辩论笔录、证明书、收据等。

1261. 四川高等法院第一分院、璧山实验地方法院审理请求交付字约一案　12—13—1255

1940年6月至1944年6月，四川高等法院第一分院、璧山实验地方法院关于张时可因与冷春圃发生契约纠纷请求交付字约一案的文书，包括送达证明书、文件目录表、法院公函、民事诉状、证人证物表、民事委任状、民事辩诉状、民事审判笔录、民事判决书、民事裁定书、法院执行命令、民事上诉状、民事答辩状、宣示判决笔录、民事意见书等。

1262. 璧山实验地方法院审理确认买卖契约无效一案　12—13—1256

1943年7月至1943年10月，璧山实验地方法院关于清明会因李海成等无权处分请求确认买卖契约无效一案的文书，包括文件目录表、民事诉状、证人证物表、民事委任状、案件审理单、送达证明书、民事答辩状、言辞辩论笔录、民事补诉状、证人结文、民事宣判笔录、民事判决书等。

1263. 四川高等法院第一分院、璧山实验地方法院审理请求赔偿损害调解、申请拍卖遗产等产业两案　12—13—1257

1943年12月至1944年2月，四川高等法院第一分院、璧山实验地方法院关于王夔臣因与周枝山发生租佃纠葛请求赔偿损害调解、陈荣华申请拍卖遗产等产业两案的文书，包括文件目录表、民事诉状、证人证物表、案件审理单、送达证明书、民事申请状、法院批示等。

1264. 璧山实验地方法院审理请求终止租约一案　12—13—1258

1943年6月至1943年9月，璧山实验地方法院关于段泽明因与程海林发生租佃纠葛请求终止租约一案的文书，包括法院公函、文件目录表、民事上诉状、证人证物表、民事裁定书、民事送达证明书、民事诉状、民事委任状、言辞辩论笔录、民事宣判笔录、民事判决书等。

1265. 璧山实验地方法院审理请求确认买卖契约无效一案　12－13－1259

1943年3月至1943年5月，璧山实验地方法院关于曾德明因不服与吴兴林涉讼判决请求确认买卖契约无效一案的文书，包括文件目录表、法院公函、证人证物表、民事上诉状、民事裁定书、送达证明书、民事委任状、民事答辩状、言辞辩论笔录、民事申请书等。

1266. 璧山实验地方法院审理请求交业执行一案　12－13－1260

1943年3月至1943年5月，璧山实验地方法院关于邹炳安因邹昆仑藐判不遵抗不履行请求交业执行一案的文书，包括文件目录表、民事诉状、证人证物表、民事判决书、民事补诉状、法院训令、报告案奉、收据、民事申请书、民事委任状、民事申请状、民事和解笔录、讯问笔录等，该卷另附佃约一张。

1267. 四川高等法院第一分院、璧山实验地方法院审理请求搬迁交业一案　12－13－1261

1943年10月至1944年1月，四川高等法院第一分院、璧山实验地方法院关于张徐氏因不服与徐明辉涉讼判决请求搬迁交业一案的文书，包括法院公函、民事判决书、民事上诉状、证人证物表等。

1268. 璧山实验地方法院审理请求返还遗产一案　12－13－1262

1943年10月至1944年1月，璧山实验地方法院关于蔡王氏因与蔡树林发生遗产纠葛请求返还遗产一案的文书，包括文件目录表、民事诉状、证人证物表、民事裁定书、送达证明书、报告案奉、法院公示等。

1269. 璧山实验地方法院审理请求领押交业一案　12－13－1263

1943年8月至1943年12月，璧山实验地方法院关于黄璧仙因不服与罗治轩终止租约案判决上诉请求领押交业一案的文书，包括文件目录表、法院公函、民事上诉状、证人证物表、民事裁定书、送达证明书、民事委任状、佃约、公开言辞辩论笔录、民事判决书等。

1270. 四川高等法院第一分院、璧山实验地方法院审理返还房屋一案 12—13—1264

1943年7月至1943年8月，四川高等法院第一分院、璧山实验地方法院关于陈藩氏因与钟青云发生租佃纠葛请求返还房屋一案的文书，包括文件目录表、民事诉状、证人证物表、民事委任状、案件审理单、送达证明书、言辞辩论笔录、四川省政府官契、民事宣判笔录、民事判决书、民事上诉状、民事裁定书、民事答辩状等。

1271. 四川高等法院第一分院、璧山实验地方法院审理确认所有权一案 12—13—1265

1943年5月至1943年7月，四川高等法院第一分院、璧山实验地方法院关于罗秉卿因陈张氏等侵占遗产田业而请求确认所有权一案的文书，包括文件目录表、民事诉状、证人证物表、民事委任状、案件审理单、送达证明书、民事辩诉状、言辞辩论笔录、证人结文、阅卷申请书、民事反诉状、履勘笔录、涉案地图、民事申请状、佃约、法院读判记录、收据、民事补诉状、民事宣判笔录、民事判决书、法院公函等。

1272. 四川高等法院第一分院、璧山实验地方法院审理请求确认买卖无效一案 12—13—1266

1943年8月至1944年9月，四川高等法院第一分院、璧山实验地方法院关于梁玉林因梁小潘等侵夺共同拥有物请求确认买卖无效一案的文书，包括文件目录表、民事诉状、证人证物表、民事选任状、民事委任状、民事申请状、送达证明书、民事辩诉状、民事判决书、言辞辩论笔录、法院公函、四川古兰县公函、证明、法院公示、证人结文、涉案地图、民事宣判笔录、民事领状等。

1273. 四川高等法院第一分院、璧山实验地方法院审理请求终止租约、终止租约领押交业两案 12—13—1267

1943年2月至1943年11月，四川高等法院第一分院、璧山实验地方法院关于曾次咸因与李荣华发生收回房屋纠葛请求终止租约、黄璧山因与罗治轩发生租佃纠葛请求终止租约领押交业两案的文书，包括文件目录表、民事诉状、证人证物表、案件审理单、送达证明书、民事答辩状、言辞辩论笔录、证人结文、民事宣判笔录、民事判决书、民事委任状、纳谷账单、法院公函、民事上诉状、民事裁定书等，该卷另附佃约2张。

1274. 四川高等法院第一分院、璧山实验地方法院审理请求返还洋碱及其上诉一案 12—13—1268

1943年1月至1944年4月，四川高等法院第一分院、璧山实验地方法院关于

向素清因雷张氏等借洋碱不还请求返还洋碱及其上诉一案的文书,包括文件目录表、法院公函、民事申请状、民事上诉状、民事裁定书、送达证明书、民事缴状、言辞辩论笔录、民事委任状、民事答辩状、民事申请书、证明书、民事宣判笔录、民事辩诉状、民事判决书等。

1275. 四川高等法院第一分院、璧山实验地方法院审理请求再审以返还产业一案 12－13－1269

1942 年 1 月至 1947 年 8 月,四川高等法院第一分院、璧山实验地方法院关于陈汉忠因不服与陈桂贞涉讼判决申请再审以返还产业一案的文书,包括民事申请再审状、证人证物表、法院公函、民事裁定书、传票、法院训令、报告案奉、执行笔录、民事委任状等。

1276. 璧山实验地方法院审理两起请求债务执行两案 12－13－1270

1943 年 1 月至 1943 年 7 月,璧山实验地方法院关于徐汉章因张登福不执行判决请求债务执行、王光宋因刘巫氏等拖欠公费请求债务执行两案的文书,包括文件目录表、民事申请状、民事判决书、证人证物表、法院执行命令、报告案奉、收据、执行证书存根、案件审理单、送达证明书等。

1277. 四川高等法院第一分院、璧山实验地方法院审理请求清偿票款、迁让执行两案 12－13－1271

1941 年 12 月至 1945 年 1 月,四川高等法院第一分院、璧山实验地方法院关于李宝珊因与王世全发生债务纠葛上诉请求清偿票款、何禹级因与罗德荣发生租佃纠葛请求迁让执行两案的文书,包括法院公函、民事申请状、民事上诉状、证人证物表、民事撤回状、案件审理单、送达证明书、报告案奉、法院执行命令、收据、民事委任状、法院训令、民事判决书、民事诉状、民事辩诉状、民事调解笔录、审判笔录、民事裁定书等,该卷另附佃约一张。

1278. 璧山实验地方法院审理请求搬迁交业等两案 12－13－1272

1941 年 1 月至 1943 年 10 月,璧山实验地方法院关于张周氏因周光鑫等违法转佃请求搬迁交业、陈禹奎因与周刚成发生租佃纠葛请求搬迁交业两案的文书,包括文件目录表、民事诉状、佃约、证人证物表、民事委任状、案件审理单、送达证明书、民事辩诉状、言辞辩论笔录、民事和解笔录、法院通知书等。

1279. 璧山实验地方法院审理请求给付业价、罚金执行两案 12－13－1273

1943 年 4 月至 1944 年 6 月,璧山实验地方法院关于陈银良因与陈汉熙等发生买卖纠纷请求给付业价、杨南轩触犯刑法请求改为罚金执行两案的文书，包括文件目录表、民事诉状、证人证物表、民事辩诉状、送达证明书、言辞辩论笔录、民事判决书、法院公函、刑事判决书、法院执行命令、报告案奉、民事申请状等。

1280. 四川高等法院第一分院、璧山实验地方法院审理请求撤销契约调解、放赎典产两案　12－13－1274

1943 年 4 月至 1943 年 12 月，四川高等法院第一分院、璧山实验地方法院关于何绍修因与何志涵租赁期限已满请求撤销契约调解、邱炳煊等因与廖合清发生租佃纠葛请求放赎典产两案的文书，包括民事申请状、证人证物表、民事委任状、送达证明书、民事调解笔录、民事诉状、阅卷申请书、民事反诉辩诉状、言辞辩论笔录、证人结文、民事声明状、民事宣判笔录、民事判决书、法院通知书、民事上诉状、民事裁定书、民事答辩状、民事重请状、民事撤回状等。

1281. 四川高等法院第一分院、璧山实验地方法院审理请求交还借据、确认买卖契约无效两案　12－13－1275

1943 年 2 月至 1943 年 8 月，四川高等法院第一分院、璧山实验地方法院关于廖秉乾因与士绅发生借谷纠葛请求交还借据、杨冯氏因杨鲁三无权处分请求确认买卖契约无效两案的文书，包括民事申请函、案件审理单、送达证明书、民事调解笔录、民事诉状、证人证物表、民事委任状、民事辩诉状、刑事追加自诉状、遗失契约启事、借据、言辞辩论笔录、民事裁定书、阅卷申请书法院批示、法院公函、涉案地图、收据等，该卷另附佃约一张。

1282. 四川高等法院第一分院、璧山实验地方法院审理请求确认无权与有产权及其上诉一案　12－13－1276

1943 年 7 月至 1944 年 4 月，四川高等法院第一分院、璧山实验地方法院关于汪志成因与刘善源发生租佃纠葛请求确认无权占有产权及其上诉一案的文书，包括民事抗告状、民事诉状、证人证物表、民事委任状、案件审理单、送达证明书、民事申请状、言辞辩论笔录、民事宣判笔录、民事判决书、法院公函、民事上诉状、民事裁定书、民事辩诉状等。

1283. 璧山实验地方法院审理请求分割遗产一案　12－13－1277

1943 年 5 月至 1943 年 11 月，璧山实验地方法院关于陈桂贞因与陈汉忠发生遗产纠葛请求分割遗产一案的文书，包括文件目录表、民事诉状、佃约、证人证物表、民事委任状、案件审理单、送达证明书、民事答辩状、言辞辩论笔录、民事判决书、民事再审状、法院批示、民事裁定书、法院公函、民事上诉状、民事申请状等，该卷另附照抄遗嘱一张。

1284. 璧山实验地方法院审理请求返还产业一案　12－13－1278

1943年6月至1944年2月，璧山实验地方法院关于廖合清因与邱炳煊发生债务纠葛请求返还产业一案的文书，包括法院公函、文件目录表、民事诉状、证人证物表、言辞辩论笔录、民事裁定书、送达证明书、民事声明状、民事辩诉状、法院批稿、民事申请状、案件审理单、民事委任状、民事和解笔录、意见书等。

1285. 璧山实验地方法院审理两起请求搬迁交业执行案　12－13－1279

1942年10月至1943年12月，璧山实验地方法院关于刘合兴因余金山不履行和解请求搬迁交业执行、张徐氏因徐明辉租赁期满霸业不交请求搬迁交业执行两案的文书，包括文件目录表、民事诉状、民事和解笔录、证人证物表、案件审理单、送达证明书、法院执行命令、民事执行状、民事委任状、民事裁定书、报告案奉、收据、言辞辩论笔录、证人结文、民事宣判笔录、民事判决书等，该卷另附佃约一张。

1286. 四川高等法院第一分院、璧山实验地方法院审理给付租谷及、给付食谷两案　12－13－1280

1942年11月至1943年12月，四川高等法院第一分院、璧山实验地方法院关于李馨山因与李荣清发生租佃纠葛请求给付租谷、李海成等因李明章等亡祖灭伦霸托祭谷请求给付食谷两案的文书，包括案件审理单、民事委任状、送达证明书、言辞辩论笔录、民事宣判笔录、民事判决书、民事裁定书、阅卷申请书、文件目录表、民事诉状、证人证物表、证人结文、法院公函、民事上诉状等。

1287. 四川高等法院第一分院、璧山实验地方法院审理回赎典产确认典权一案　12－13－1281

1943年4月至1943年11月，四川高等法院第一分院、璧山实验地方法院关于何学礼因不服与何明目等涉讼一审判决请求回赎典产确认典权一案的文书，包括文件目录表、民事上诉状、证人证物表、法院公函、民事裁定书、法院通知书、送达证明书、民事诉状等。

1288. 四川高等法院第一分院、璧山实验地方法院审理请求回赎典产一案　12－13－1282

1943年10月至1946年6月，四川高等法院第一分院、璧山实验地方法院关于蒲江氏等因与蒲茂林发生租佃纠葛请求回赎典产一案的文书，包括法院公函、民事裁定书、民事上诉状、民事判决书、收据、民事诉状、证人证物表、民事委任状、案件审理单、送达证明书、言辞辩论笔录、民事抗告状、民事答辩状、民事宣判笔录等。

1289. 四川高等法院第一分院、璧山实验地方法院审理请求终止租约一案　12－13－1283

1943年1月至1944年9月,四川高等法院第一分院、璧山实验地方法院关于黄才林等因与黄炳章发生租佃纠纷请求终止租约一案的文书,包括文件目录表、法院公函、民事申请书、民事证明状、民事诉状、证人证物表、民事委任状、言辞辩论笔录、证人结文、民事宣判笔录、民事判决书、民事上诉状、民事缴状、民事答辩状等。

1290. 四川高等法院第一分院、璧山实验地方法院审理终止租约一案　12－13－1283(2)

1943年4月至1944年5月,四川高等法院第一分院、璧山实验地方法院关于陈纪皋因与蔡辉全等发生租佃纠葛请求终止租约一案的文书,包括证人证物表、宣判笔录、民事判决书、法院公函、文件目录表、民事诉状、民事委任状、民事答辩状、案件审理单、送达证明书、言辞辩论笔录、民事交状等。

1291. 四川高等法院第一分院、璧山实验地方法院审理请求回赎产业一案　12－13－1284

1943年9月至1944年3月,四川高等法院第一分院、璧山实验地方法院关于龙朱绍荣等因龙曾氏拒不执行判决请求回赎产业一案的文书,包括法院公函、民事裁定书、民事判决书、文件目录表、民事诉状、证人证物表、送达证明书、民事委任状、言辞辩论笔录、申请代诉状、璧山县正兴乡乡公所呈、民事答辩状、民事宣判笔录、证明书等。

1292. 四川高等法院第一分院、璧山实验地方法院审理请求分割遗产并确认所有权一案　12－13－1285

1943年3月至1944年12月,四川高等法院第一分院、璧山实验地方法院关于饶大鸣等因饶尚模等霸产不分请求分割遗产并确认所有权一案的文书,包括文件目录表、法院公函、民事上诉状、证人证物表、民事裁定书、送达证明书、民事申请书、民事委任状、民事申请状、言辞辩论笔录、民事答辩状、民事宣判笔录、民事判决书等。

1293. 四川高等法院第一分院、璧山实验地方法院审理分割遗产并确认所有权一案　12－13－1285(2)

1943年1月至1945年9月,四川高等法院第一分院、璧山实验地方法院关于饶大鸣等因饶尚模等霸产不分请求分割遗产并确认所有权一案的文书,包括法院公函、送达证明书、民事判决书、民事诉状、证人证物表、民事委任状、审讯笔录、审判笔录、民事宣判笔录、民事再审状、民事裁定书、民事抗告状等。

1294. 四川高等法院第一分院、璧山实验地方法院审理给付黄谷、给付租谷两案 12—13—1286

1943年3月至1944年11月，四川高等法院第一分院、璧山实验地方法院关于张泽涵等因租佃纠葛请求给付黄谷执行、张彩林上诉要求向周朋给付租谷两案的文书，包括法院公函、送达证明书、法院训令、法院指令、法院批稿、民事申请状、证人证物表、民事裁定书、民事执行状、意见书、民事抗告状、法院执行命令、涉案地图、民事委任状等，该卷另附佃约一张。

1295. 四川高等法院第一分院、璧山实验地方法院审理给付黄谷执行一案 12—13—1286（2）

1942年8月至1944年2月，四川高等法院第一分院、璧山实验地方法院关于向周朋因张彩林不执行判决请求给付黄谷执行一案的文书，包括文件目录表、民事申请状、证人证物表、案件审理单、送达证明书、民事判决书、刑事判决书、法院执行命令、民事裁定书、报告案奉、法院训令、法院通知书、法院布告、鉴定人鉴定书、查封不动产笔录、法院指令、执行言辞辩论笔录、报告、民事委任状、意见书、正兴乡乡公所呈等。

1296. 四川高等法院第一分院、璧山实验地方法院等司法文书尾卷 12—13—1287

1927年3月至1946年2月，包括璧山实验地方法院、巴县地方法院、四川高等法院第一分院关于分割遗产、给付黄谷、债务纠葛、请领押金等案的民事判决书、裁定书，璧山田赋管理处公告，四川璧山地方法院关于伤害及侵入住宅、禁毒案的刑事判决书、不动产登记裁决书、法院间的往来公函等。

1297. 四川高等法院第一分院、璧山实验地方法院审理请求确认继承、给付黄谷等三案 12—13—1288

1943年10月至1944年2月，四川高等法院第一分院、璧山实验地方法院关于刘茂荣因刘运城霸产妨害农业请求确认继承、伍汉周等因租佃纠葛而申请给付黄谷、王庆荣等因粮税纠葛而申请给付食谷三案的文书，包括文件目录表、民事诉状、证人证物表、案件审理单、送达证明书、民事委任状、民事辩诉状、言辞辩论笔录、证人结文、民事和解笔录、法院公函、民事上诉状、民事裁定书、宣示判决笔录、民事判决书等。

1298. 璧山实验地方法院审理三起交业案　12－13－1289

1943年3月至1943年10月，璧山实验地方法院关于伍平安因董海全违约措租请求止约交业、曾炳辉等因租佃纠葛申请止约交业、巫奎臣等因租佃纠葛而申请交业三案的文书，包括文件目录表、民事诉状、证人证物表、案件审理单、送达证明书、言辞辩论笔录、民事宣判笔录、民事判决书、民事委任状、民事和解笔录、民事辩诉状、民事申请状等。

1299. 四川高等法院第一分院、璧山实验地方法院审理请求搬迁交业、返还产业执行两案　12－13－1290

1943年7月至1943年10月，四川高等法院第一分院、璧山实验地方法院关于王黎氏因与陈开源发生租佃纠葛请求搬迁交业、黄开玉因不服与黄永荣等涉讼判决上诉请求返还产业执行两案的文书，包括文件目录表、民事诉状、证人证物表、民事委任状、送达证明书、民事辩诉状、言辞辩论笔录、证人结文、民事判决书、民事裁定书、意见书、法院公函、民事抗告状等，该卷另附佃约一张。

1300. 璧山实验地方法院审理请求交业执行、给付租谷等四案　12－13－1291

1942年10月至1943年10月，璧山实验地方法院关于蔡正荣因不服与邓述卿涉讼的判决请求交业执行、蒋彤城因与邹兴全发生租佃纠葛请求交业执行、帅邓氏因黄作霖交业期到抗不交业请求交业执行、高云汉因与高森云发生租佃纠葛请求给付租谷四案的文书，包括法院公函、民事抗告状、证人证物表、民事判决书、意见书、民事裁定书、民事诉状、法院批示、案件审理单、送达证明书、法院执行命令、报告案奉、民事执行状、法院训令、收据、执行辩论笔录、民事委任状等。

1301. 四川高等法院第一分院、璧山实验地方法院审理请求终止租约迁让房屋、交业执行两案　12－13－1292

1941年8月至1943年8月，四川高等法院第一分院、璧山实验地方法院关于蔡从之等因不服判决上诉请求终止租约迁让房屋、李昌平因与廖昌良发生租佃纠葛请求交业执行两案的文书，包括法院公函、民事上诉状、证人证物表、民事缴状、民事申请书、民事委任状、言辞辩论笔录、民事宣判笔录、民事判决书、民事辩诉状、送达证明书、民事申请状、民事裁定书、案件审理单、执行笔录、法院执行命令、报告案奉、收据等。

1302. 璧山实验地方法院审理请求返还黄谷、请求返还房屋两案　12－13－1393

1943年9月至1943年12月，璧山实验地方法院关于林金盛因李光汉封仓绝食妨害生活请求返还黄谷、黄燊荣因陈德辉等盘踞不迁请求返还房屋两案的文书，包括文件目录表、民事诉状、证人证物表、送达证明书、民事申请状、法院批示、法院通知书、法院公函、民事裁定书等。

1303. 四川高等法院第一分院、璧山实验地方法院审理返还押金执行、确认转移无权契约有效两案　12－13－1394

1942年5月至1944年4月，四川高等法院第一分院、璧山实验地方法院关于甘吉祥因殷刘氏抗不履行判决请求返还押金执行、王四维因与娄贵卿发生买卖纠葛请求确认转移无权契约有效两案的文书，包括文件目录表、民事诉状、民事判决书、证人证物表、案件审理单、送达证明书、民事委任状、执行言辞辩论笔录、民事缴状、法院通知书、民事裁定书、法院公函、民事申请状、民事抗告状、意见书、民事上诉状、补正裁定书、民事申请书、民事补正状、民事补诉状等。

1304. 四川高等法院第一分院、璧山实验地方法院判决书、裁定书　12－13－1295

1943年3月至1943年9月，包括四川高等法院第一分院、璧山实验地方法院关于止约交业、离婚等案的民事判决书，璧山实验地方法院关于侵入住宅、非法持枪、窃盗、伪造文书、诈欺、伤害、抢夺、妨害兵役、买卖赃物、妨害行使权利等案的刑事裁定书、刑事判决书。

1305. 璧山实验地方法院、璧山县政府判决书、裁定书　12－13－1295（2）

1943年3月至1944年4月，包括璧山实验地方法院关于盗窃、抢夺、妨害家庭、侵占、伤害、重婚、诈欺、伪造文书等案的刑事判决书、刑事裁定书，璧山县政府关于吸食鸦片军法案件的判决书。

1306. 四川高等法院第一分院、璧山实验地方法院审理妨害农事诉讼、请求赔偿损害等四案　12－13－1296

1942年4月至1943年10月，四川高等法院第一分院、璧山实验地方法院关于况张氏等提起妨害农事诉讼、何光因孙和阳损害主权请求赔偿损害、胡银德等因被张生才打伤请求赔偿损害、白刘氏因林玉书强占房屋提起诉讼四案的文书，包括法院公函、文件目录表、报告、讯问笔录、法院检察官不起诉处分书、送达证明书、验伤单、民事撤回状、刑事诉状、证人证物表、审判笔录等。

1307. 璧山实验地方法院审理申请宣告假执行、确认讼费两案　12－13－1297

1943年9月至1943年12月，璧山实验地方法院关于景亮钧因戴张氏等不执行支付债务命令请求宣告假执行、赵炳全因陈德安不执行判决申请确认讼费两案的文书，包括民事申请状、证人证物表、民事裁定书、送达证明书、法院批示等。

1308. 璧山实验地方法院审理请求租谷假处分、请求租谷假扣押等三案　12－13－1298

1943年8月至1943年11月，璧山实验地方法院关于王精中因罗海云欠租不给请求租谷假处分、赵洪武因与王和之发生租佃纠葛请求租谷假扣押、黄炳全因与黄玉成发生租佃纠葛请求返还田土房屋三案的文书，包括文件目录表、民事申请状、证人证物表、法院勘行、送达证明书、民事裁定书、民事判决书等。

1309. 璧山实验地方法院审理请发支付命令一案　12－13－1299

1943年12月至1944年2月，璧山实验地方法院关于左玉卿因龙扬波逾期不给食谷请发支付命令一案的文书，包括文件目录表、民事申请状、证人证物表、法院支付命令、民事执行状、民事裁定书等。

1310. 四川高等法院第一分院、璧山实验地方法院审理请求给付生活费、请求给付押洋等四案　12－13－1300

1943年5月至1944年2月，四川高等法院第一分院、璧山实验地方法院关于吴刘氏因刘相诚拒付生活费请求给付生活费、谭泽安等因雷伯高案经交迁抗不交押金请求给付押洋、张翔鳌因与张志良发生租佃纠葛请求返还田业执行、四川高等法院第一分院函请璧山实验地方法院代为审讯李清明案四案的文书，包括文件目录表、民事诉状、证人证物表、案件审理单、送达证明书、民事辩诉状、言辞辩论笔录、民事和解笔录、民事执行状、民事委任状、法院执行命令、阅卷申请书、报告案奉、收据、民事判决书、法院公函等。

1311. 璧山实验地方法院审理请发支付命令等五案　12－13－1301

1943年9月至1943年12月，璧山实验地方法院关于曾树培因与向炳清发生租佃纠葛请发支付命令、张焱钦因曾绍荣等不偿还卖菜饼债务请发支付命令、段瑜思因王定国等拖欠公费请发支付命令、邓中屏因贾永林逾期不还债请发支付命令、郑中清因刘治舟拖欠黄谷请发支付命令五案的文书，包括文件目录表、民事申请状、证人证物表、法院支付命令、送达证明书、法院公函、民事裁定书、凭票等。

1312. 璧山实验地方法院审理请发支付命令等四案　12－13－1302

1943年5月至1943年9月，璧山实验地方法院关于景亮钧因与戴张氏等发生债务纠纷请发支付命令、景亮钧因徐澄源拖欠公费请发支付命令、景亮钧因喻丁现智等拖欠代诉费请发支付命令、景亮钧因杨炳荣等拒不偿还公费请发支付命令四案的文书，包括文件目录表、民事申请状、证人证物表、法院支付命令、送达证明书、民事申请函、民事销案状、民事裁定书、民事判决书等。

1313. 四川高等法院第一分院、璧山实验地方法院审理终止租约一案　12－13－1303

1942年10月至1943年11月，四川高等法院第一分院、璧山实验地方法院关于张平山因与张辉三发生租佃纠葛上诉请求终止租约一案的文书，包括民事判决书、文件目录表、法院公函、民事上诉状、证人证物表、民事裁定书、送达证明书、民事申请书等。

1314. 四川高等法院第一分院、璧山实验地方法院审理请求返还契约并清算账目、申请负同居义务等三案　12－13－1304

1943年3月至1947年12月，四川高等法院第一分院、璧山实验地方法院关于陈万伦因与陈刘氏等发生遗产纠葛请求返还契约并清算账目、张金全申请张饶氏负同居义务、钟永芳因与荣廷良等发生婚约纠葛请求返还妆奁三案的文书，包括送达证明书、执行辩论笔录、法院公函、民事申请状、法院批示、民事判决书、言辞辩论笔录、民事委任状、民事答辩状、民事上诉状等，该卷另附民国三十六年璧山地方法院民事判决书若干份。

1315. 璧山实验地方法院审理、璧山县政府请求债务执行一案　12－13－1305

1943年4月至1943年7月，璧山实验地方法院、璧山县政府关于刘银章因与刘栋成发生债务纠葛请求债务执行一案的文书，包括璧山县政府军法判决书、璧山实验地方法院民事判决书、法院公函、刑事判决书、永荣师管区司令部训令、璧山国民兵团团部代电等。

1316. 四川高等法院第一分院、璧山实验地方法院审理搬迁交业执行一案　12－13－1306

1943年7月至1943年11月，四川高等法院第一分院、璧山实验地方法院关于马道平因马贺氏等横估不浚藐谕不争请求搬迁交业执行一案的文书，包括点名单、法院令、法院公函、法院训令、法院指令、民事诉状、证人证物表、民事裁定书、璧山县政府咨文、借据、言辞辩论笔录、民事宣判笔录、民事判决书、民事辩诉状、案件审理单、送达证明书等。

1317. 璧山实验地方法院审理脱离婚姻关系存查、增加典价等三案　12－13－1307

1943年2月至1943年10月，璧山实验地方法院关于王明惠因与张君离婚请求脱离婚姻关系存查、吴光明因与陈锡三发生租佃纠葛请求增加典价、杜仲禹因与罗宪章发生典当纠葛请求赎典调解三案的文书，包括民事声明状、证人证物表、法院批示、送达证明书、民事上诉状、民事判决书、法院公函、民事申请状、案件审理单、言辞辩论笔录、民事调解笔录等。

1318. 四川高等法院第一分院、璧山实验地方法院审理请求返还食谷赔偿损害等三案　12－13－1308

1943 年 7 月至 1943 年 8 月，四川高等法院第一分院、璧山实验地方法院关于杨发顺因不服与杨用休涉讼判决上诉请求返还食谷、蒋王氏因被胡百万打伤请求赔偿损害、刘光裕因与郑平康发生租佃纠葛请求终止租约三案的文书，包括文件目录表、法院公函、民事上诉状、证人证物表、民事裁定书、送达证明书、民事存查状、民事撤销状、报告、讯问笔录、法院检察官不起诉处分书、民事宣判笔录、民事判决书等，该案另附典约一份。

1319. 璧山实验地方法院审理侵占涉讼一案　12－13－1309

1943 年 10 月至 1943 年 11 月，璧山实验地方法院关于邹俊良因曾时中保管藏物时窃盗提起侵占涉讼一案的文书，包括文件目录表、签呈、讯问笔录、法院公函、送达证明书、民事诉状、失物清单、往来公函等。

1320. 四川高等法院第一分院、璧山实验地方法院审理请求返还田业一案　12－13－1310

1942 年 11 月至 1943 年 12 月，四川高等法院第一分院、璧山实验地方法院关于陈昌福因与张杨氏等发生租佃纠葛请求返还田业一案的文书，包括民事申请书、民事委任状、证人证物表、法院公函、民事判决书、送达证明书、民事审理笔录、民事辩诉状、民事裁定书、民事诉状、案件审理单、民事申请状、言辞辩论笔录、民事宣判笔录、民事和解笔录等。

1321. 璧山实验地方法院审理请求给证管业、给付债务执行两案　12－13－1311

1940 年 3 月至 1943 年 10 月，璧山实验地方法院关于钟岳灵因债早缴足请求给证管业、严方成因罗世镛等串通压价请求给付债务执行两案的文书，包括文件目录表、证人证物表、送达证明书、点名单、民事缴状、民事领状、民事申请状、法院批示、民事和解笔录、讯问笔录、法院训令、报告案奉、涉案地图、呈领管业证、民事诉状、案件审理单等。

1322. 璧山实验地方法院审理请求增加租谷、请求减租等三案　12－13－1312

1943 年 8 月至 1944 年 1 月，璧山实验地方法院关于陆平安因与黄绍烈发生租佃纠葛请求增加租谷、李银廷因王德发抬价请求减租、殷刘氏因与殷汉章发生租佃纠纷请求给付欠租三案的文书，包括文件目录表、民事诉状、证人证物表、民事委任状、案件审理单、送达证明书、言辞辩论笔录、民事和解笔录、民事辩诉状、证人结文、民事宣判笔录、民事判决书、民事领证状、收据、民事补诉状等。

1323. 璧山实验地方法院审理执行异议交业执行等四案　12－13－1313

1943 年 3 月至 1943 年 11 月，璧山实验地方法院关于张雷山因不服与戴德修买卖纠葛判决请求执行异议、郭永贤因不服与陈伯廷等涉讼判决请求执行异议、王张氏因与戈海银发生租佃纠葛请求交业执行、廖兴发因与张康泰发生租佃纠纷请求领押交业执行四案的文书，包括法院公函、民事抗告状、意见书、民事裁定书、送达证明书、民事诉状、证人证物表、案件审理单、言辞辩论笔录、民事宣判笔录、民事声明状、民事讯问笔录等。

1324. 璧山实验地方法院审理请求所有权登记、请求返还奁物两案　12－13－1314

1943 年 1 月至 1943 年 11 月，璧山实验地方法院关于周泽光请求登记田土房所有权、徐萧氏等因与徐长发等发生妆奁纠葛请求返还奁物两案的文书，包括文件目录表、不动产登记申请书、法院命令、报告案奉、登记地图、法院公告、登记通知书、送达证明书、收据、民事诉状、案件审理单、民事反诉状、言辞辩论笔录、民事申请状、民事宣判笔录、民事判决书、民事裁定书等，该卷另附佃约一张。

1325. 璧山实验地方法院审理确认买卖契约无效一案　12－13－1315

1943 年 1 月至 1943 年 9 月，璧山实验地方法院关于杨鸿梁等因不服与彭李氏等涉讼判决上诉请求确认买卖契约无效一案的文书，包括文件目录表、民事上诉状、证人证物表、民事缴状、法院公函、民事证明状、民事委任状、言辞辩论笔录、经济部批示、民事诉状、送达证明书、民事审讯笔录、报告书、民事辩诉状、民事调解状、民事审理笔录、阅卷申请书、民事判决书、民事裁定书等，该卷另附照抄黄灵九卖约、民事调解合约等。

1326. 璧山实验地方法院审理请求确认租约有效一案　12－13－1316

1943 年 11 月，璧山实验地方法院关于龚朱氏请求确认租约有效一案的文书，包括文件目录表、公证申请书、公证事项、证明文件及参考事项、授权书、案件审理单、公证通知书、送达证明书、公证讯问笔录、法院批示、证明书、收据等。

1327. 四川高等法院第一分院、璧山实验地方法院审理请求经界、请求领回呈庭证据两案　12—13—1317

1943年3月至1943年4月，四川高等法院第一分院、璧山实验地方法院关于刘兴五等因与胡海洲发生地界纠葛请求经界、李世纯请求领回呈庭证据两案的文书，包括文件目录表、民事领状、法院批示、送达证明书、收据等。

1328. 四川高等法院第一分院、璧山实验地方法院审理请求解除婚约一案　12—1—1318

1943年7月至1943年11月，四川高等法院第一分院、璧山实验地方法院关于仇仲云因与罗文谦发生婚约纠葛请求解除婚约一案的文书，包括法院公函、证人证物表、民事判决书、民事上诉状、民事裁定书、送达证明书、民事答辩状、民事补诉状、言辞辩论笔录、民事宣判笔录、民事委任状、民事声明状、璧山县政府批示、民事诉状、证人结文等。

1329. 四川高等法院第一分院、璧山实验地方法院审理撤销买卖契约一案　12—13—1319

1942年11月至1944年1月，四川高等法院第一分院、璧山实验地方法院关于张兴泰因不服与陈兴仁诉讼判决请求撤销买卖契约一案的文书，包括送达证明书、民事上诉状、民事裁定书、法院公函、证人证物表、民事追加状、民事辩诉状、民事答辩状、民事判决书等。

1330. 璧山实验地方法院审理违法拉丁诉讼一案　12—13—1320

1943年3月至1943年4月，璧山实验地方法院关于刘廷璧等因江文章违判藐法提起违法拉丁诉讼一案的文书，包括璧山县七塘乡乡公所呈、传票、璧山县政府审理兵役案件庭训单、法院训令、庭讯供单、刑事执行状等。

1331. 四川高等法院第一分院、璧山实验地方法院审理请求搬迁交业一案　12—13—1321

1943年10月至1944年9月，四川高等法院第一分院、璧山实验地方法院关于胡正銮因与刘金全发生租佃纠葛请求搬迁交业一案的文书，包括文件目录表、民事诉状、证人证物表、民事委任状、案件审理单、送达证明书、言辞辩论笔录、证人结文、佃约、民事宣判笔录、民事判决书、法院公函、民事申请状、民事裁定书、民事上诉状等。

1332. 四川高等法院第一分院、璧山实验地方法院审理请求赔偿军服布一案 12—13—1322

1943年8月至1945年4月，四川高等法院第一分院、璧山实验地方法院关于王月波等因丧失存布请求龙文光赔偿军服布一案的文书，包括文件目录表、民事诉状、证人证物表、民事委任状、案件审理单、送达证明书、民事答辩状、言辞辩论笔录、民事判决书、法院公函、民事申请状、民事证明状、报告案奉、民事和解状等。该卷另附爰韦旅馆旅客登记符一份。

1333. 四川高等法院第一分院、璧山实验地方法院审理请求赔偿军服布上诉一案 12—13—1322（2）

1943年9月至1944年10月，四川高等法院第一分院、璧山实验地方法院关于王月波等因丧失存布请求龙文光赔偿军服布上诉一案的文书，包括民事上诉状、民事裁定书、送达证明书、民事缴状、民事判决书、文件目录表、法院公函、民事诉状、证人证物表、民事委任状、案件审理单、民事申请状、法院通知书稿、民事申请书、民事证明状、法院批示、民事答辩状、言辞辩论笔录、证人结文、宣示判决笔录、民事声明状、民事答辩状等，该卷另附爰韦旅馆旅客登记符一份。

1334. 四川高等法院第一分院、璧山实验地方法院审理诈欺侵占、终止租约及其上诉两案 12—13—1323

1942年11月至1943年4月，四川高等法院第一分院、璧山实验地方法院关于左庆之等因左品之诈欺侵占妨害生活提起诉讼、赵金华因不服与曾贤铸等涉讼判决请求终止租约及其上诉两案的文书，包括文件目录表、刑事诉状、证人证物表、案件审理单、送达证明书、讯问笔录、法院检察官不起诉处分书、法院公函、民事上诉状、民事裁定书、言辞辩论笔录、民事辩诉状、民事诉状、民事证明状、民事判决书等。

1335. 璧山实验地方法院审理赔偿损害一案 12—13—1324

1943年4月，璧山实验地方法院关于吴荣氏等因吴王氏等伤害请求赔偿损害一案的文书，包括文件目录表、报告、民事诉状、讯问笔录、验伤单、法院函片等。

1336. 璧山实验地方法院审理伤害一案 12—13—1325

1943年1月，璧山实验地方法院关于张华文因陈汝俊伤害提起诉讼一案的文书，包括文件目录表、应讯人到场报告单、讯问笔录、验伤单、法院检察官不起诉处分书、送达证明书等。

1337. 璧山实验地方法院审理请求给付教食费执行一案　12－13－1326

1943年1月至1943年9月，璧山实验地方法院关于陈文树因陈治安等拒不执行判决请求给付教食费执行一案的文书，包括文件目录表、民事执行状、证人证物表、案件审理单、送达证明书、执行言辞辩论笔录、民事保状、民事判决书、民事缴状等。

1338. 璧山实验地方法院审理请求止约交业一案　12－13－1327

1944年8月至1944年11月，璧山实验地方法院关于蒲海全等因与陈男宣等发生租佃纠葛请求止约交业一案的文书，包括文件目录表、民事诉状、租约、民事调解状、证人证物表、案件审理单、民事追加状、送达证明书、民事答辩状、民事投稿、民事言辞辩论笔录、民事声明状、财产一览表、民事委任状、民事补呈状、民事判决书、璧山城西乡乡公所呈、民事宣判笔录等。

1339. 四川高等法院第一分院、璧山实验地方法院审理请求止约交业上诉案　12－13－1327（2）

1943年12月至1945年7月，四川高等法院第一分院、璧山实验地方法院关于蒲海全等因与陈男宣等发生租佃纠葛请求止约交业上诉案的文书，包括民事判决书、保存条、租约、法院公函、民事裁定书、民事上诉状、证人证物表、民事理由状、送达证明书、民事答辩状、民事委任状、言辞辩论笔录、宣示判决笔录等。

1340. 璧山实验地方法院、璧山县政府审理请求返还产业一案　12－13－1328

1943年3月至1944年4月，璧山实验地方法院、璧山县政府关于陈辉明因与叶遐龄等发生租佃纠葛请求返还产业一案的文书，包括文件目录表、民事诉状、证人证物表、案件审理单、送达证明书、言辞辩论笔录、法院公函、民事申请状、民事委任状、民事宣判笔录、民事判决书、璧山县政府委任令、证明书、法院指令、璧山县政府训令、璧山县政府指令、正兴乡乡公所训令、正兴乡慈善保管委员会呈、通知、衔略训令、报告等。

1341. 四川高等法院第一分院、璧山实验地方法院等审理请求返还产业上诉一案　12－13－1328（2）

1943年9月至1945年4月，四川高等法院第一分院、璧山实验地方法院等关于请求陈辉明因与叶遐龄等发生租佃纠葛请求返还产业上诉一案的文书，包括证明书、正兴乡乡公所公开乡务会议会议记录、公函（全衔呈文、衔略呈文、）法院公函、民事判决书、声明书、法院批示、送达证明书、民事诉状、正兴乡第二次乡民代表会第一次会议记录、民事上诉状、证人证物表、民事裁定书、民事缴状、民事声明状、民事答辩状、民事调解状、言辞辩论笔录、宣示判决笔录、民事委任状等。

1342. 年卷宗封皮　12－13－1329

该卷全部是1943年司法卷宗的封皮，没有其他文书。

1343. 东川邮政管理局档案　12－13－1330

1943年7月至1944年1月，包括东川邮政管理局内地业务股通信、代办名录、增订运率详情表等。

1344. 璧山实验地方法院、璧山县璧南初级中学档案　12－13－1331

1943年1月至1949年9月，包括璧山实验地方法院看守所支出计算书、璧山实验地方法院看守所附设监狱财产目录、璧山实验地方法院岁出决算表、璧山实验地方法院看守所附设监狱支出计算书、法院指令、法院看守所呈、璧山县璧南初级中学1949年上学期毕业生成绩表。

1345. 璧山实验地方法院相关档案　12－13－1332

1943年12月至1948年10月，包括璧山县鹿鸣乡第八保办公处询问口供记录、璧山县鹿鸣乡乡公所询问口供记录、璧山县政府侦讯笔录、不动产登记条例、璧山实验地方法院职员名籍及事务分配表、璧山实验地方法院办理民刑诉讼补充办法与民刑事诉讼法比较表、案件审查表等。

1346. 璧山实验地方法院行政杂卷　12－13－1333

1943年11月至1945年10月，包括璧山实验地方法院看守所咨文、法院公函、璧山实验地方法院看守所实支经费数目表、璧山实验地方法院看守所每日必须办公物品一览表、法院指令、法院训令、法院看守所公函、四川省司法机关经常经费项目流用表、法院看守所实支经费调查表、法院看守所指出计算书、决算书、决算表编制说明、审计部四川审计处核准通知书、四川高等法院代电、司法行政部所属司法机关编造会计报表说明、司法行政部所属司法机关会计表送达本部期限表、某某机关造送前任未报会计报告一览表、璧山实验地方法院看守所造送前任未报会计报告一览表、璧山实验地方法院看守所生活辅助费数目表、璧山实验地方法院看守所生活补助费分表等。

1347. 与四川高等法院第一分院、璧山实验地方法院相关的档案　12－13－1334

1943年5月至1944年2月，璧山实验地方法院公函、璧山实验地方法院训令、璧山实验地方法院看守所购买平价布人犯名册、全衔公函、取缔军人赌博暂行办法、司法行政部训令、四川高等法院指令、各县员役遭受空袭损害清核绘救济各费表、监所人犯医治主义事项、各省司法机关筹设公共食堂应注意事项、璧山实验地方法院看守所员工补助费名册、中央各机关服务人员因公损失财物补偿暂行办法、修正监所委任待遇职员津贴暂行规则、监所委委任待遇职员俸给暂行规则、疏通军事纪律法、军事犯调服劳役暂行办法等。

1348. 璧山县正兴乡各学校教职员薪俸及补助名册表　12－13－1335

1943 年至 1948 年，包括璧山县正兴乡中心校现有职雇员领米名册、璧山县正兴乡各保校现有职雇员具领生活补助费名册、璧山县正兴乡中心校分校现有工役领米名册、璧山县正兴乡中心校及分校现有教职员领米名册、璧山县正兴乡第一中心校现有职雇员具领生活补助费名册、璧山县正兴乡中心国民学校工役领米名册、璧山县正兴乡各保校现有教员领米名册、璧山县正兴乡第四保校现有职雇员具领生活补助名册等。

1349. 璧山实验地方法院日常工作规范及相关表格　12－13－1336

1942 年 1 月至 1943 年 11 月，包括璧山实验地方法院训令、四川高等法院训令、四川高等法院拟定所属机关长官交代会计部分注意事项、司法行政部颁发会计部分交代册举例、公务员交代条例、国民政府训令、四川高等法院代电、填表说明、璧山地方法看守所实支经费数目表、璧山地方法看守所最近各年员额与俸给表、看守所最近各年岁初经费分配表、四川省捐款修建监所奖励规则、四川各级法院司法庭暨监所支出计划造保办法、四川各级法院司法庭暨监所主任看守监丁所丁饷项工资等级表、预算分配表、全衔快邮代电、全衔呈、四川各级法院司法及司法处录事执达员法警庭丁公丁薪饷等级表等。

1350. 璧山实验地方法院司法案件杂卷　12－13－1337

1943 年 7 月至 1944 年 11 月，包括璧山实验地方法院看守所呈、监狱月报表、四川高等法院公函、看守所人数月报表、璧山实验地方法院训令、璧山实验地方法院看守所人犯调查表、悔过书、国立中央大学师范学院附属中学纱校敦聘书、保状、领状、丁家分驻所讯问笔录、军政部第九补充兵训练处公函、军政部第九补充兵训练处军粮结账表、全衔附设监狱人数月报一览表、审讯口供单、报告、收据、民事申请函、审讯口供笔录单、财政部指令、快邮代电、重庆市银钱两公会全体会员行庄为废除此期制度宣告、民事缴状等。

1351. 璧山实验地方法院提票、押票卷　12－13－1338

1943 年 5 月至 1947 年 5 月，仅包括璧山实验地方法院提审犯人的提票、璧山实验地方法院刑庭拘禁犯人的押票、璧山县政府公函。

1352. 四川高等法院第一分院、璧山实验地方法院刑事判决书等杂卷　12－13－1339

1942 年 9 月至 1945 年 4 月，包括法院训令、审核保外服役人犯报告书、法院指令、保状、军事犯调服劳役暂行办法、璧山实验地方法院刑事判决书、法院执行书、全衔附设监狱呈、法院检察官指令、四川高等法院第一分院刑事判决书、报告、刑事附带民事判决书、在押被告送审通知书等。

1353. 璧山实验地方法院杂卷　12－13－1340

1943 年 11 月至 1943 年 12 月，包括文件目录表、璧山实验地方法院看守所人员更替表、璧山实验地方法院执行簿、修庭设备收支草账、各科作业考勤簿、璧山实验地方法院看守所概况等。

1354. 法院审理案件前当事人的口供记录 12－13－1341

1943 年 1 月至 1944 年 1 月，包括预审单、刘之便口供单、预审口供单、口供单、录口供、朱勤源口供单、张正远口供单、刘发光口供单、记录口供单等。

国家出版基金项目
NATIONAL PUBLICATION FOUNDATION

“十三五”国家重点图书出版规划项目
国家社会科学基金西部项目“四川县级档案馆藏
民国档案数字化处理与研究”优秀结项成果

民国
璧山司法档案
案卷提要

民事卷 五

陈廷湘　吕毅　刘明琴　著

西南大学出版社

民事十六

1. 四川高等法院第一分院、璧山地方法院审理债务纠纷等案　12－16－1－9

1946年9月至1946年12月,四川高等法院第一分院、璧山地方法院关于债务支付、增加给付、给付管业契、调函、婚姻存查等案的文书,包括民事声请状、民事声明状、支付命令、送达证书、通知单、民事言辞辩论笔录、民事和解笔录、收据、民事诉状、民事审判笔录、民事判决书、民事答辩状、民事和解书、往来公函、民事委任状、民事裁定书、民事异议状、民事存查等。

2. 四川高等法院第一分院、璧山地方法院审理给付碛米等案　12－16－10－13

1946年6月至1946年12月,四川高等法院第一分院、璧山地方法院关于给付碛米、终约交业、返还黄谷、放赎典物等案的文书,包括民事诉状、民事言辞辩论笔录、民事委任状、民事撤回状、送达证书、通知单、民事和解笔录、民事反诉状、收据、往来公函、民事抗告状、民事裁定书等。

3. 四川高等法院第一分院、璧山地方法院审理领押交业、给付青瓦两案　12－16－14－16

1946年4月至1946年12月,四川高等法院第一分院、璧山地方法院关于领押交业、因付款不足的给付青瓦两案的文书,包括民事诉状、民事判决书、民事上诉状、民事裁定书、民事辩诉状、民事言辞辩论笔录、送达证书、通知单、民事和解笔录、民事答辩状、往来公函等。

4. 璧山地方法院审理分割遗产等案　12－16－17－21

1946年9月至1947年2月,璧山地方法院关于分割遗产、增加给付、债务支付等案的文书,包括民事诉状、民事辩诉状、送达证书、通知单、民事言辞辩论笔录、民事和解笔录、刑事和解笔录、民事声明状、民事答辩状、训令、民事声请状、民事判决书、民事裁定书、民事执行命令等。

5. 四川高等法院第一分院、璧山地方法院审理损害赔偿等案　12－16－22－26

1946年3月至1946年10月，四川高等法院第一分院、璧山地方法院关于损害赔偿、债务纠纷、返还木板、分割遗产等案的文书，包括民事再抗告状、民事判决书、民事诉状、民事裁定书、民事辩诉状、民事言辞辩论笔录、送达证书、通知单、民事宣判笔录、民事答辩状、民事反诉状、往来公函等。另附有《德垂后裔》一书。

6. 璧山地方法院审理宣告死亡等案　12－16－27－33

1946年1月至1947年11月，璧山地方法院关于宣告死亡、请求同居、交业调解、声请修正交付答由、领证、赔偿讼费、返还契约等案的文书，包括民事诉状、民事声请调解状、送达证书、通知单、发还、民事言辞辩论笔录、民事和解笔录、民事答辩状、民事裁定书、收据等。

7. 璧山地方法院审理给付菜油、恢复典物原状两案　12－16－34－35

1946年5月至1947年7月，璧山地方法院关于给付菜油、恢复典物原状两案的文书，包括民事诉状、民事辩诉状、民事声请状、送达证书、通知单、民事言辞辩论笔录、民事和解笔录、民事判决书、民事委任状等。

8. 四川高等法院第一分院、璧山地方法院审理确认经界等案　12－16－36－39

1946年7月至1947年6月，四川高等法院第一分院、璧山地方法院关于确认经界、债务支付、声请提存、领证等案的文书，包括民事声请状、送达证书、通知单、民事言辞辩论笔录、民事和解笔录、收据、民事诉状、民事上诉状、民事审判笔录、民事判决书、往来公函、民事委任状、民事裁定书、民事答辩状、重开辩论状等。

9. 四川高等法院第一分院、璧山地方法院审理损害赔偿、给付医药费两案　12－16－40－42

1946年8月至1947年2月，四川高等法院第一分院、璧山地方法院关于钟朗轩损害赔偿、赵崇善给付医药费两案的文书，包括民事诉状、送达证书、通知单、民事言辞辩论笔录、民事和解笔录、民事上诉状、民事审判笔录、民事判决书、刑事宣判笔录、往来公函、民事委任状、民事裁定书、民事辩诉状、民事答辩状、重开辩论状等。

10. 四川高等法院第一分院、璧山地方法院审理债务纠纷等案　12－16－43－47

1946年8月至1947年2月，四川高等法院第一分院、璧山地方法院关于债务纠纷、增加给付、撤销监护等案的文书，包括民事声请状、民事诉状、送达证书、通知单、民事言辞辩论笔录、民事上诉状、民事审判笔录、民事判决书、刑事宣判笔录、往来公函、民事裁定书、民事辩诉状、民事答辩状、案奉等。

11. 四川高等法院第一分院、璧山地方法院审理债务支付等案　12－16－48－52

1946 年 7 月至 1947 年 12 月，四川高等法院第一分院、璧山地方法院关于债务支付、声请扣押价款、确认租谷、领押交业、声请假扣押、搬迁交业等案的文书，包括民事声请状、民事声明状、呈文、支付命令、民事诉状、送达证书、通知单、民事委任状、民事撤回状、民事上诉状、民事言辞辩论笔录、民事审判笔录、民事判决书、往来公函、民事裁定书等。

12. 璧山地方法院审理租赁调解等案　12－16－53

1946 年 4 月至 1946 年 5 月，璧山地方法院关于租赁调解、给付欠租调解、投佃调解、勒扣租押等案的文书，包括民事声请状、送达证书、通知单、民事言辞辩论笔录、民事调解声请、往来公函、呈文等。

13. 四川高等法院第一分院、璧山地方法院审理租谷纠葛等案　12－16－54－59

1946 年 5 月至 1946 年 12 月，四川高等法院第一分院、璧山地方法院关于租谷纠葛、声请假扣押、确认租谷、领押交业、声请通知佃户交业、声请补判、赔偿损害等案的文书，包括民事抗告状、民事裁定书、民事声请状、民事诉状、民事追诉状、送达证书、通知单、民事撤回状、民事言辞辩论笔录、民事通知、往来公函等。

14. 璧山地方法院审理领押交业等案　12－16－60－62

1946 年 9 月至 1947 年 1 月，璧山地方法院关于领押交业、终止合约、债务执行等案的文书，包括民事诉状、民事辩诉状、民事言辞辩论笔录、民事宣判笔录、民事和解笔录、法院训令、送达证书、通知单、往来公函等。

15. 四川高等法院第一分院、璧山地方法院审理履行契约赔偿损害和经界纠纷两案　12－16－63－64

1945 年 11 月至 1946 年 2 月，四川高等法院第一分院、璧山地方法院关于荣时亮等声请履行契约和赔偿损害和冯祖煌经界纠纷两案的文书，包括民事上诉状、民事判决书、民事委任状、民事声请状、送达证书、通知单、民事言辞辩论笔录、民事宣判笔录、往来公函等。

16. 璧山地方法院审理抢夺遗产妨害他人权利一案　12－16－65

1946 年 6 月，璧山地方法院关于潘叶氏等抢夺家族遗产及妨害他人权利一案的文书,包括刑事自诉状、刑事辩诉状、刑事公诉状、刑事宣判笔录、询问笔录、刑事判决书等。

17. 璧山地方法院审理给付车胎执行和债务执行两案　12—16—66—68

1946年6月至1946年9月,璧山地方法院关于原告人织布厂诉被告人龚克昌请求给付车胎执行和原告人李鹏诉被告人王万全等请求债务执行两案的文书,包括民事诉状、送达证书、通知单、刑事判决书、收据、民事执行状、民事裁定书、民事执行命令、往来公函等。

18. 璧山地方法院审理确认所有权和返还田产房屋两案　12—16—69—70

1946年11月,璧山地方法院关于魏炳轩确认田业所有权和万刘氏返还田产房屋两案的文书,包括民事诉状、民事辩诉状、送达证书、通知单、民事言辞辩论笔录、民事宣判笔录、民事判决书、民事委任状、往来公函等。

19. 璧山地方法院审理债务执行和声请更审两案　12—16—71—76

1946年1月至1946年4月,璧山地方法院关于景亮钧债务执行和伍茂林等声请更审两案的文书,包括民事诉状、民事裁定书、民事辩诉状、送达证书、通知单、民事声请、民事声明、民事言辞辩论笔录、民事宣判笔录、民事委任状、民事判决书、民事执行命令、往来公函等。

20. 璧山地方法院审理债务纠葛等案　12—16—77—79

1946年1月至1946年12月,璧山地方法院关于债务纠纷、给付押金、领押交业等案的文书,包括民事诉状、民事辩诉状、民事委任状、民事言辞辩论笔录、民事和解笔录、民事撤回状、民事声请状、送达证书、通知单、往来公函等。

21. 四川高等法院第一分院、璧山地方法院审理搬迁交业和会款纠葛两案　12—16—80—82

1946年1月至1947年3月,四川高等法院第一分院、璧山地方法院关于何维常搬迁交业和张何民会款纠葛两案的文书,包括民事诉状、民事言辞辩论笔录、民事宣判笔录、民事判决书、送达证书、通知单、往来公函、民事上诉状、训令等。

22. 璧山地方法院审理给付生活费执行一案　12—16—83

1946年4月,璧山地方法院关于张治光逾期不给付生活费而声请强制执行一案的文书,包括民事诉状、民事委任状、民事和解笔录、民事异议状、送达证书、通知单、民事催请、往来公函、民事执行通知书等。

23. 璧山地方法院审理增加给付、经界纠纷等案　12—16—84—86

1946 年 11 月至 1946 年 12 月，璧山地方法院关于增加给付、经界纠纷、执行分割遗产等案的文书，包括民事诉状、民事答辩状、送达证书、通知单、民事言辞辩论笔录、民事宣判笔录、民事补充状、民事缴状、民事判决书、民事执行状、民事委任状、民事声请书等。

24. 四川高等法院第一分院、璧山地方法院审理确定所有权债务执行等案　12—16—87—91

1946 年 7 月至 1946 年 9 月，四川高等法院第一分院、璧山地方法院关于确认所有权、债务执行、交业执行、赔偿损害等案的文书，包括民事诉状、民事委任状、民事答辩状、送达文书、通知单、民事言辞辩论笔录、民事补诉、民事宣判笔录、民事判决书、民事执行状、民事上诉状、民事裁定书、收据、通知书、民事声请书、往来公函、民事执行命令、民事声明状等。

25. 璧山地方法院审理债务纠纷等案　12—16—92—98

1946 年 6 月至 1946 年 12 月，璧山地方法院关于清偿债务、请领保证金、债务纠纷、执行会款、止约交业、强奸等案的文书，包括民事诉状、送达证书、通知单、民事言辞辩论笔录、民事委任状、民事领状、民事执行状、民事判决书、民事执行命令、训令、案奉、收据、民事宣判笔录、检察官起诉书等。

26. 四川高等法院第一分院、璧山地方法院审理领押交业和终止租约两案　12—16—99—100

1946 年 11 月至 1946 年 12 月，四川高等法院第一分院、璧山地方法院关于徐三星领押交业和钟映南终止租约两案的文书，包括民事诉状、民事诉辩状、民事答辩状、通知单、送达证书、民事言辞辩论笔录、民事委任状、民事声请状、调解条约、往来公函、民事上诉状、民事裁定书等。

27. 四川高等法院第一分院、璧山地方法院审理债务执行等案　12—16—101—103

1946 年 2 月至 1947 年 7 月，四川高等法院第一分院、璧山地方法院关于债务执行、确认共有权撤销假扣押、交业执行、止约欠租等案的文书，包括民事裁定书、往来公函、训令、民事诉状、收据、民事委任状、民事执行命令、民事判决书、送达证书、通知单、民事上诉状、民事声请状、民事答辩状等。

28. 四川高等法院第一分院、璧山地方法院审理撤销加入会员和给付田土房屋租谷两案　12－16－104－105

1946年6月至1947年5月，四川高等法院第一分院、璧山地方法院关于张治国等撤销加入冶炼工会会员、黄有义给付田土房屋租谷两案的文书，包括民事诉状、送达证书、通知单、民事言辞辩论笔录、民事委任状、民事催状、民事宣判笔录、民事声请状、民事裁定书、民事抗告状、民事辩诉状、民事判决书、民事上诉状、民事答辩状等。

29. 璧山地方法院审理债务执行等案　12－16－106－108

1946年7月至1946年12月，璧山地方法院关于债务执行、执行交还槽房、执行交业等案的文书，包括民事声请执行状、民事和解笔录、收据、民事判决书、民事执行命令、民事声请状、民事声请撤销假执行、民事裁定书、通知书、往来公函、查封不动产笔录、送达证书、通知单、启封笔录等。

30. 四川高等法院第一分院、璧山地方法院审理交业执行等案　12－16－109－112

1946年3月至1946年7月，四川高等法院第一分院、璧山地方法院关于交业执行、因伤害罪执行罚金、给付租谷执行、交房执行等案的文书，包括往来公函、刑事判决书、训令、执行命令、民事声请状、送达证书、通知单、民事委任状、民事执行状、民事执行命令、民事判决书、收据、民事领状、民事保状等。

31. 四川高等法院第一分院、璧山地方法院审理交业执行等案　12－16－113－117

1946年1月至1947年10月，四川高等法院第一分院、璧山地方法院关于交业执行、声请免除其刑等案的文书，包括民事声请状、民事判决书、民事执行命令、收据、检察官申请书、刑事裁定书、送达证书、通知单、和解笔录等。

32. 四川高等法院第一分院、璧山地方法院审理交业执行等案　12－16－118－123

1946年3月至1946年10月，四川高等法院第一分院、璧山地方法院关于交业执行、执行给付租谷、返还黄谷执行、交房执行等案的文书，包括民事声请状、民事裁定书、送达证书、通知单、民事诉状、民事委任状、收据、民事执行状、民事判决书、民事执行命令等。

33. 四川高等法院第一分院、璧山地方法院审理交业执行等案　12－16－124－127

1946年8月至1946年12月，四川高等法院第一分院、璧山地方法院关于交业执行、债务执行、止约交业、返还黄谷等案的文书，包括民事执行状、批示、民事裁定书、送达证书、民事诉状、民事委任状、民事辩诉状、通知单、民事言辞辩论笔录、民事宣判笔录、民事判决书、收据、民事答辩状等。

34. 璧山地方法院审理返还押租等案　12－16－128－130

1946年10月至1946年11月，璧山地方法院关于执行领押搬迁、返还押租、给付黄谷执行、损害赔款、欠缴屠税等案的文书，包括民事执行状、案奉、通知单、训令、通知书、民事判决书、民事声请状、送达证书、民事执行命令、民事裁定书、民事领状、收据等。

35. 四川高等法院第一分院、璧山地方法院审理赔偿损害两案　12－16－133－134

1946年9月至1946年12月，四川高等法院第一分院、璧山地方法院关于彭金源因伤害罪而要求支付罚金和赵已东赔偿损害两案的文书，包括往来公函、刑事判决书、民事执行命令、民事诉状、送达证书、通知单、民事言辞辩论笔录、民事辩诉状、民事宣判笔录、民事委任状、民事判决书、收据等。

36. 璧山实验地方法院等审理终止租约等案　12－16－135－137

1943年3月至1946年10月，璧山实验地方法院等关于终止租约、搬迁执行、确认共有权等案的文书，包括民事判决书、民事执行命令、收据、民事诉状、民事委任状、民事言辞辩论笔录、送达证书、通知单、民事审判笔录等。

37. 璧山地方法院审理债务执行等案　12－16－138－145

1946年1月至1946年11月，璧山地方法院关于债务执行、执行交房、执行给还押佃、交业执行、欠租执行、遗嘱认证、请还裁判正本等案的文书，包括民事执行状、民事判决书、民事声请状、民事执行命令、收据、民事裁定书、送达证书、通知单、训令、假扣押笔录、民事言辞辩论笔录、民事领状等。

38. 四川高等法院第一分院、璧山地方法院审理债务执行等案　12－16－146－153

1946年2月至1946年10月，四川高等法院第一分院、璧山地方法院关于债务执行、交付子女执行、执行交还灶房、请领担保金、给付黄谷执行、交业执行、欠款执行等案的文书，包括民事诉状、民事和解笔录、案奉、民事强制执行状、民事催状、民事执行命令、送达证书、通知单、民事声明状、民事判决书、民事执行状、民事声请状、民事裁定书、收据、民事领状等。

39. 璧山地方法院审理债务执行等案　12－16－154－157

1946年5月至1946年9月，璧山地方法院关于债务执行、执行交业、黄谷执行、补缴差价执行等案的文书，包括民事声请状、案奉、民事执行命令、民事执行状、民事裁定书、训令、通知书、收据、送达证书、通知单、往来公函、命令等。

40. 璧山地方法院等审理声请交还产业等案　12－16－158

1945年6月至1946年6月，璧山地方法院等关于秦为麟声请交还产业、蒋荣氏请求确认所有权并赔偿损失、张硕高声请拍卖抵押物、苏南轩请求确认契约有效并备赎回、周德署声请撤销契约、雷永兴声请交付田产房屋、饶尚楷声请分割遗产、段李氏声请确认契约无效领押交业、罗汉章回赎典产及增加给付、张九泽租房纠纷调解、蒋序东声请给付煤炭、谢锡廷声请回赎典产、冷春熙声请回赎典产、许登贵搬迁交业、王德昌回赎典产、谢锡祯声请损害赔偿、刘汪氏分割遗产、刘世杰增加给付、罗汉清确认身份、杨明体迁让房屋、杨刘连成声请撤销婚姻即赔偿损害等案的文书，包括二十份民事判决书或民事裁定书和一份民事和解笔录等。

41. 璧山地方法院审理租佃纠葛一案　12－16－159

1946年10月，璧山地方法院关于原告人邓廷森因被告人严泽芝黄谷租耕马坊乡水井坊田业超过规定租期但不能按时缴纳租佃而声请假扣押被告人严泽芝实行强制执行一案的文书，包括民事声请状、具状、人证物证、往来公函、民事裁定书等。

42. 璧山地方法院审理撤销契约上诉一案　12－16－160

1946年7月至1947年2月，璧山地方法院关于原告人马曹民等对被告人马在青等确认撤销河边乡班竹林田土房屋买卖契约案原审一判表示不服提出上诉一案的文书，包括民事上诉状、民事声请状、具状、人证物证、往来公函、民事裁定书等。

43. 璧山地方法院审理返还黄谷等一案　12－16－161

1946年10月，璧山地方法院关于声请人彭李氏声请被声请人彭海清等执行返还黄谷给付垫款及返还田业一案的文书，包括民事声请状、命令、民事判决书、民事执行命令、通知单、民事执行状、送达证书、民事委任状、收据等。

44. 璧山地方法院审理发还保证金等两案　12－16－162

1946年5月至1946年10月，璧山地方法院关于声请人王龄高因债务纠纷声请被声请人冯金全发还保证金和原告人陈何氏声请被告人何荣先因伤害罪执行罚金两案的文书，包括民事声请状、通知书、送达证书、收据、往来公函、刑事判决、案奉等。

45. 四川高等法院第一分院、璧山实验地方法院等审理交业执行一案　12－16－163

1944年9月至1946年7月，四川高等法院第一分院、璧山实验地方法院等关于声请执行人胡思诚声请被诉人胡廷燎传讯饬领典价依法执行交业及胡廷燎回赎典产一案的文书，包括民事声请执行状、民事判决书、送达证书、通知单、民事声明状等。

46. 四川高等法院第一分院、璧山地方法院审理债务执行等两案　12－16－164

1946年9月至1946年10月，四川高等法院第一分院、璧山地方法院关于债权人赵明德诉债务人苏柏清赔偿损失依法执行和债权人张亦苏声请债务人邱松廷执行交业付租及增加给付两案的文书，包括民事债务执行状、批示、民事和解笔录、命令、案奉、民事执行命令等。

47. 四川高等法院第一分院、璧山地方法院审理债务执行一案　12－16－165

1946年10月至1947年5月，四川高等法院第一分院、璧山地方法院关于债权人伍陈克庄声请执行查封债务人段李氏等屋基田土房屋拍卖以清偿欠款一案的文书，包括民事债务执行状、命令、案奉、民事执行命令、通知书、查封不动产笔录、民事执行通知书、收据、民事声请状、民事判决书等。

48. 璧山地方法院审理搬迁交业等两案　12－16－166

1946年10月至1946年11月，璧山地方法院关于原告人蒋维宇诉被告人赵炳全执行搬迁交业、声请人黄明光声请发还自诉人黄开玉以盗窃自诉案证物两案的文书，包括民事判决书、送达证书、案奉、民事执行命令、收据、民事声请状、通知单、民事委任状、人证物证等。

49. 四川高等法院第一分院、璧山地方法院审理领押交业一案　12－16－167

1946年9月至1946年10月，四川高等法院第一分院、璧山地方法院关于声请人吴均成诉被声请人蔡刘氏终止租约领押交业并声请终止执行一案的文书，包括民事声请状、民事判决书、民事裁定书、送达证书、签票、批示、民事声请执行状等。

50. 四川高等法院第一分院、璧山地方法院审理给付生活费一案　12－16－168

1946年2月至1947年5月，四川高等法院第一分院、璧山地方法院关于原告人曾董氏等诉被告人曾炳之因意图遗产而给付生活费一案的文书，包括民事诉状、民事委任状、民事声请状、民事辩诉状、人证物证、送达证书、通知单、民事言辞辩论笔录、民事宣判笔录、民事判决书、民事上诉状、民事裁定书、通知书等。

51. 四川高等法院第一分院、璧山地方法院审理典契一案　12－16－169

1946 年 8 月至 1947 年 4 月，四川高等法院第一分院、璧山地方法院关于原告人刘桂林为排除妨害主张优先承典权请传案审判撤销被告人苏裕章与刘维成缔结之典契一案的文书，包括民事诉状、民事委任状、送达证书、通知单、民事言辞辩论笔录、民事补诉、民事宣判笔录、民事催呈、民事答辩状、民事催状、民事判决书、收据、民事上诉状、民事裁定书、民事缴状等。

52. 四川高等法院第一分院、璧山地方法院审理确认婚姻有效等两案　12－16－170－171

1946 年 1 月至 1946 年 9 月，四川高等法院第一分院、璧山地方法院关于上诉人蒋宏玉诉被诉人吴光权声请确认婚姻有效及赔偿损害和原告人袁兴隆诉被告人袁锡全妨害自由两案的文书，包括民事上诉状、民事判决书、刑事展限状、民事撤回状、刑事诉状、人证物证、送达证书、刑事审判笔录、刑事判决书、民事裁定书、民事委任状、通知单、民事言辞辩论笔录、民事辩诉、民事催状等。

53. 四川高等法院第一分院、璧山地方法院审理返还借款等案　12－16－172－175

1946 年 9 月至 1948 年 5 月，四川高等法院第一分院、璧山地方法院关于返还借款、执行返还黄谷、给付租谷、执行给付生活费等案的文书，包括民事诉状、民事辩诉、送达证书、通知单、民事言辞辩论笔录、民事宣判笔录、民事判决书、收据、民事上诉状、民事裁定书、民事声请状，民事执行状、民事和解笔录、民事执行命令等。

54. 四川高等法院第一分院、璧山地方法院审理债务纠纷等案　12－16－176－178

1946 年 8 月至 1947 年 3 月，四川高等法院第一分院、璧山地方法院关于债务纠纷、执行搬迁交业、执行交业等案的文书，包括民事判决书、民事声请上诉状、民事委任状、民事执行状、民事执行命令、民事声请状、送达证书、通知单、往来公函等。

55. 四川高等法院第一分院、璧山地方法院审理债务执行等案　12－16－179－183

1946 年 7 月至 1948 年 1 月，四川高等法院第一分院、璧山地方法院关于执行债务、返还契约、偿还借款、执行分割遗产、执行罚缓等案的文书，包括民事诉状、送达证书、民事言辞辩论笔录、民事裁定书、通知单、民事审判笔录、民事判决书、民事上诉状、民事声请状、民事保状、民事执行状、刑事裁定书、民事执行命令等。

56. 四川高等法院第一分院、璧山地方法院审理搬迁交房等案　12－16－184－188

1946年3月至1946年11月，四川高等法院第一分院、璧山地方法院关于搬迁交房、支付房屋、回赎典产执行、请发支付令、清理账目等案的文书，包括民事诉状、民事委任状、送达证书、民事言辞辩论笔录、民事判决笔录、民事判决书、通知单、民事和解笔录、民事答辩状、收据、交业笔录、民事执行状、民事执行命令、民事声请状、民事领状、民事支付命令、民事辩诉状、民事催状、民事上诉状等。

57. 四川高等法院第一分院、璧山地方法院审理债务纠纷等案　12－16－189－194

1946年2月至1947年3月，四川高等法院第一分院、璧山地方法院关于债务纠纷、给付借款、交业、领证、返还黄谷、给付欠租执行、黄谷执行等案的文书，包括送达证书、通知单、民事言辞辩论笔录、民事审判笔录、民事判决书、民事债务执行状、民事和解笔录、民事执行命令、民事起诉状、民事委任状、民事辩诉状、民事声请状、民事领状、民事执行状、民事裁定书、民事和解书等。

58. 璧山地方法院审理赔偿损害等案　12－16－195－200

1946年4月至1947年10月，璧山地方法院关于赔偿损害、请发支付命令、声请假执行、增加给付、返还押佃、回赎典产、异议之诉等案的文书，包括民事声请状、收据、支付命令、民事裁定书、刑事诉状、民事声请撤回状、送达证书、民事遗产辩论笔录、通知单、民事判决笔录，民事判决书、民事诉状、民事委任状、民事催状、民事声明状、民事答辩状等。

59. 四川高等法院第一分院、璧山实验地方法院等审理租佃纠葛等案　12－16－201－208

1945年12月至1946年9月，四川高等法院第一分院、璧山实验地方法院等关于因房产耕地纠葛的租佃调解案、租佃纠葛、返还黄谷、因租佃引起的放赎典物调解案、申请拍卖抵押物、债务执行、声请回避、确认所有权、声请发还担保金等案的文书，包括民事声请状、领证申请状、送达证书、通知单、收据、民事诉状、民事反诉状、民事辩诉状、民事言辞辩论笔录、民事裁定书、民事判决书民事委任状等。

60. 璧山地方法院审理债务执行等案　12－16－209－217

1946年3月至1946年10月，璧山地方法院关于债务执行、声请发还担保金、声请拍卖抵押物、债务支付、确认诉讼费用等案的文书，包括民事诉状，民事声请状，民事裁定书，送达证书、通知单、刑事审判笔录、民事保状、民事言辞辩论笔录、支付命令、民事异议等。

61. 璧山地方法院审理债务执行等案　12－16－218－228

1946年6月至1946年9月，璧山地方法院关于债务执行、宣告死亡、债务调解、债务支付、离婚调解等案的文书，包括民事声请状、民事裁定书、民事诉状、送达证书、民事言辞辩论笔录、通知单、民事异议状等。

62. 璧山地方法院审理租佃纠葛等案　12－16－219－235

1946年6月至1946年10月，璧山地方法院关于搬迁交业的租佃调解案、婚姻调解、给付生活费调解、离婚存查、离婚、因心神虚弱声请禁治产等案的文书，包括民事声请状、民辩诉及反诉状、通知单、民事言辞辩论笔录、送达证书、民事声请调解状、批示、民事诉状、民事委任状、民事撤回状、民事裁定书等。

63. 璧山地方法院审理婚姻调解等案　12－16－236－242

1946年4月至1946年9月，璧山地方法院关于解除婚姻调解、增加给付调解、离婚调解、分产调解、债务支付、回赎调解等案的文书，包括民事声请状、送达证书、通知单、民事声请调解状、民事言辞辩论笔录、民事委任状、支付命令等。

64. 璧山地方法院审理再嫁存查等案　12－16－243－249

1946年6月至1946年10月，璧山地方法院关于再嫁存查、水灾存查、婚姻调解、交业调解、给付生活费调解、给付价款调解、租佃调解等案的文书，包括存案备查状、批示、民事声请状，送达证书、通知单、民事言辞辩论笔录、民事声请调解状、民事委任状、民事辩诉状、民事答辩状等。

65. 璧山地方法院审理债务支付等案　12－16－250－256

1946年5月至1946年8月，璧山地方法院关于债务支付、离婚存查，遗失存查等案的文书，包括民事声请状、支付命令、送达证书、民事撤回状、呈文、批示等。

66. 璧山地方法院审理交业执行等案　12－16－257－265

1946年7月至1947年8月，璧山地方法院关于交业执行、假扣押、假处分、请求生活、请发支付命令等案的文书，包括民事声请状、民事裁定书、送达证书、批示、民事催状、民事支付命令等。

67. 璧山地方法院审理债务支付等案　12－16－266－274

1946年3月至1946年9月，璧山地方法院关于债务支付、声请破产、声请假扣押等案的文书，包括民事声请状、支付命令、送达证书、民事声请假扣押状、民事裁定书等。

68. 璧山地方法院审理债务支付等案　12—16—275—284

1946年2月至1946年9月，璧山地方法院关于债务支付、离婚存查、发还黄谷请核示、领存案证件、领缴案契约、领证物等案的文书，包括呈文、民事判决书、民事声请状、送达证书、批示、公函、民事言辞辩论笔录、民事领状，收据、支付命令，案奉等。

69. 璧山地方法院审理债务执行等案　12—16—285—295

1946年2月至1946年10月，璧山地方法院关于债务执行、领证、其妻卷逃请备查、请发支付命令、请校正判决漏误、租佃调解、请送判决等案的文书，包括民事声请状、送达证书、民事存查、支付命令、收据、民事答辩状、民事更正、民事裁定书、民事声请领状、民事调解笔录、呈文等。

70. 璧山实验地方法院等审理债务执行等案　12—16—296—303

1945年11月至1947年9月，璧山实验地方法院等关于债务执行、给付布价、领证、追缴碛米、交业、和解存查等案的文书，包括民事起诉状、送达证书、通知单、民事言辞辩论笔录、民事审判笔录、民事判决书、民事委任状、民事答辩状、民事声请状、民事声诉状、民事和息状、收据、民事领状等。

71. 四川高等法院第一分院、璧山地方法院审理租佃纠葛等案　12—16—304—307

1946年1月至1946年9月，四川高等法院第一分院、璧山地方法院关于解除租佃、给付赡养费、给抚养金、给租、声请拍卖抵押物、排除侵害等案的文书，包括民事起诉状、民事声请状、民事判决书、送达证书、民事言辞辩论笔录、民事委任状、民事辩诉状、民事上诉状、民事裁定书、民事和解笔录等。

72. 四川高等法院第一分院、璧山地方法院审理债务支付等案　12—16—308—310

1946年1月至1946年11月，四川高等法院第一分院、璧山地方法院关于债务支付、确认大佃无效、领押交业等案的文书，包括民事起诉状，民事委任状、民事言辞辩论笔录、送达证书、通知单、民事答辩状，民事审判笔录、民事判决书、民事声请状、支付命令、民事裁定书等。

73. 四川高等法院第一分院、璧山地方法院审理交还产业一案　12－16－311

1946年4月至1946年5月，四川高等法院第一分院、璧山地方法院关于胡全盛交还产业一案的文书，包括民事诉状、民事辩诉状、民事委任状、送达证书、通知单、民事言辞辩论笔录、民事声请状、民事审判笔录、民事判决书、刑事判决书、审理笔录等。

74. 璧山地方法院审理债务纠纷等案　12－16－312－315

1946年8月至1946年12月，璧山地方法院关于债务纠纷、排除侵害、给付生活费、请发支付命令等案的文书，包括民事诉状、送达文书、通知单、民事言辞辩论笔录、民事和解笔录、民事反诉、民事委任状、民事举证、民事催请状、民事宣判笔录、民事判决书、民事声请状、民事支付命令等。

75. 璧山地方法院审理声请分割遗产等案　12－16－317－318

1946年5月至1946年12月，璧山地方法院关于声请分割遗产、拆屋还基、领证等案的文书，包括民事诉状、人证物证、民事委任状、民事答辩状、通知单、民事言辞辩论笔录、送达证书、民事声请状、批示、收据、民事声明、民事催状、民事撤回状等。

76. 璧山地方法院审理给付棉纱等案　12－16－319－322

1946年5月至1946年12月，璧山地方法院关于给付棉纱、假处分、请发支付命令、排除无权占有等案的文书，包括民事声请状、民事裁定书、送达证书、民事诉状、通知单、民事言辞辩论笔录、民事声明状、民事宣判笔录、民事判决书、民事答辩状、民事辩诉状、民事委任状等。

77. 璧山地方法院审理离婚调解等案　12－16－323－327

1946年8月至1946年10月，璧山地方法院关于离婚调解、出售产业存查、请发支付命令等案的文书，包括民事声请状、批示、送达证书、民事诉状、通知单、民事言辞辩论笔录、民事答辩状、民事委任状、民事和解笔录、民事支付命令等。

78. 璧山地方法院审理宣告死亡等案　12－16－328－332

1946年3月至1946年11月，璧山地方法院关于宣告死亡、票据遗失存查、请发支付命令、确认佃约无效等案的文书，包括民事声请状、批示、送达证书、民事支付命令、民事诉状、民事言辞辩论笔录、通知单、民事撤回状等。

79. 璧山地方法院审理搬迁交业等案　12－16－333－335

1946 年 4 月至 1946 年 12 月，璧山地方法院关于搬迁交业、领证、变造公文等案的文书，包括民事声请状、送达证书、民事诉状、民事委任状、通知单、民事言辞辩论笔录、民事辩诉状、民事催状、民事宣判笔录、民事判决书、询问笔录、民事保状等。

80. 璧山地方法院审理债务执行一案　12－16－336

1946 年 1 月至 1946 年 6 月，璧山地方法院关于债权人段瑜思因债务人郭永昌等延欠公费声请发布支付命令实行债务执行一案的文书，包括民事执行状、民事支付命令、民事裁定书、民事执行命令、民事声请状、送达证书、通知等。

81. 四川高等法院第一分院、璧山地方法院审理债务执行等案　12－16－337－342

1946 年 9 月至 1947 年 6 月，四川高等法院第一分院、璧山地方法院关于执行债务、增加给付、返还田房、执行给付欠款、执行交业、异议之诉等案的文书，包括民事诉状、民事委任状、民事答辩状、送达证书、通知单、民事言辞辩论笔录、民事宣判笔录、民事判决书、民事声请状、民事裁定书、民事支付命令、民事执行命令、收据、民事异议状、民事上诉状、民事缴状等。

82. 四川高等法院第一分院、璧山地方法院审理债务纠纷等案　12－16－343－345

1946 年 7 月至 1947 年 10 月，四川高等法院第一分院、璧山地方法院关于债务纠纷、给付租谷、返还租谷等案的文书，包括民事诉状、送达证书、通知单、民事判决书、民事言辞辩论笔录、民事宣判笔录等。

83. 璧山实验地方法院等审理租佃调解等案　12－16－346－355

1945 年 10 月至 1946 年 12 月，璧山实验地方法院等关于租佃调解、给付租谷调解、给付耕作、领证、请发支付命令、返还契约、声请宣告假执行、确认选举无效等案的文书，包括民事声请状、民事委任状、送达证书、通知单、民事言辞辩论笔录、民事调解状、民事撤回状、民事支付命令、民事异议状、民事起诉状、民事宣判笔录、民事裁定书等。

84. 四川高等法院第一分院、璧山地方法院审理债务纠纷等案　12－16－356－361

1946年2月至1946年10月，四川高等法院第一分院、璧山地方法院关于债务纠纷、返还产业租谷及除去所有权妨害、终止租约、给付租谷、增加给付等案的文书，包括民事上诉状、民事裁定书、民事答辩状、民事判决书、送达证书、民事委任状、民事诉状、通知单、民事言辞辩论笔录、民事声请状、民事审判笔录等。

85. 璧山地方法院审理债务纠纷等案　12－16－362－368

1946年4月至1946年10月，璧山地方法院关于债务纠纷、请发支付命令、声请宣告假执行、给付碛米、迁让房屋、领证、搬迁交业等案的文书，包括民事声请状、民事支付命令、送达证书、民事诉状、民事裁定书、民事起诉状、民事辩诉状、通知单、民事言辞辩论笔录、民事宣判笔录、民事判决书、民事委任状、民事和解笔录、收据等。

86. 璧山地方法院审理赔偿损害等案　12－16－369－375

1946年4月至1946年9月，璧山地方法院关于赔偿损害、终约交房、搬迁交业、返还阴地、终止租约、给付租谷、确认产业共有等案的文书，包括民事诉状、送达证书、通知单、民事言辞辩论笔录、民事答辩状、民事和解笔录、民事撤回状、民事判决书、民事委任状、民事反诉状等。

87. 四川高等法院第一分院、璧山地方法院审理债务执行等案　12－16－376－380

1946年7月至1947年4月，四川高等法院第一分院、璧山地方法院关于债务执行、止约交业、返还红契、声请假扣押、离婚等案的文书，包括民事执行状、民事判决书、民事声请状、民事执行命令、民事上诉状、民事裁定书、民事诉状、民事撤回状、收据、民事催状、民事委任状、送达证书、通知单、民事言辞辩论笔录、民事辩诉状、民事宣判笔录等。

88. 四川高等法院第一分院、璧山地方法院审理返还黄谷等案　12－16－382－386

1946年8月至1947年12月，四川高等法院第一分院、璧山地方法院关于返还黄谷、确认典约无效、妨害秩序及诬告、给付租谷等案的文书，包括民事起诉状、送达证书、通知单、民事补诉、民事言辞辩论笔录、民事委任状、民事审判笔录、民事判决书、民事上诉状、民事声请状、民事执行命令等。

89. 四川高等法院第一分院、璧山地方法院审理领押交业执行等案　12－16－387－390

1946年4月至1947年11月，四川高等法院第一分院、璧山地方法院关于领押交业执行、赎产、罚金执行、给付租谷等案的文书，包括民事上诉状、民事裁定书、民事委任状、民事宣判笔录、民事判决书、民事执行声请状、民事和解笔录、刑事判决书、民事执行命令、训令、民事诉状、民事言辞辩论笔录等。

90. 璧山地方法院审理请求结婚一案　12－16－391

1946年6月至1946年8月，璧山地方法院关于原告人李经模诉被告人张亿臣无端赖婚诋请传讯究竟判令如期结婚一案的文书，包括民事声请状、送达证书、通知单、民事言辞辩论笔录、民事审判笔录、民事判决书等。

91. 璧山地方法院审理领证和声请再审两案　12－16－392

1946年2月至1946年11月，璧山地方法院关于黄汉舒声请领回与曾炳荣请撤销物权移转契约等涉讼案证据、原告人曾叚氏诉被告人李海荣欠租粮事件终止诉讼原因消灭请予继续审判两案的文书，包括民事声请状、送达证书、通知单、民事续许状、民事委任状、民事追加状、民事言辞辩论笔录、收据等。

92. 璧山地方法院审理交房执行一案　12－16－393

1946年8月，璧山地方法院关于原告人蒲恒益声请提供担保金恳请派员督促被告人郭永昌等人将所盘踞房屋二所家具什物迁让腾空交还一案的文书，包括民事执行状、民事判决书、民事执行命令、案奉、批示等。

93. 璧山地方法院审理确认所有权一案　12－16－394

1946年4月至1947年3月，璧山地方法院关于原告人朱超文等声请确认被告人朱汝勤等所有院林石堰田产等各标的物为原告人所有一案的文书，包括民事辩诉状、通知单、民事言辞辩论笔录、民事宣判笔录、民事判决书等。

94. 最高法院、璧山县法院等审理租佃纠葛一案　12－16－395

1932年6月至1937年10月，最高法院、璧山县法院等关于原告人曾养志诉被告人刘春暄抗租恳请提讯追究一案的文书，包括民事诉状、人证物证、民事审理笔录、民事辩诉状、收据、民事上诉状、送达证书、民事判决书、民事裁定书等。

95. 璧山地方法院等审理确认分约无效一案　12－16－396

1946 年 4 月至 1947 年 5 月，璧山地方法院等关于原告人余光先等诉被告人余永寿等声请确认分约无效一案的文书，包括民事诉状、民事委任状、通知单、民事言辞辩论笔录、送达证书、民事续诉、民事声请书、民事审判笔录、民事判决书、民事裁定书等。

96. 璧山地方法院审理声请假扣押一案　12－16－397

1945 年 9 月至 1946 年 10 月，璧山地方法院关于原告人黄志清声请专知重庆法院将欠缴单粮包商唐富国在重庆经营企业公司股款予以假扣押并传提该商到案追缴一案的文书，包括民事诉状、送达证书、通知单、案奉等。

97. 璧山地方法院审理交业执行一案　12－16－398

1946 年 6 月至 1946 年 9 月，璧山地方法院关于原告人雷永兴声请执行与被告人杨子云等交付产业一案的文书，包括民事声请状、民事委任状案奉、民事执行命令、收据、民事诉状、送达证书、通知单、民事领状、批示等。

98. 璧山地方法院审理债务假执行一案　12－16－399

1946 年 8 月至 1946 年 9 月，璧山地方法院关于债权人雷柏松等声请对债务人张治臣给付欠款并按年加付五厘年息金宣示假执行一案的文书，包括民事声请状、民事判决书、案奉、民事执行命令、收据等。

99. 璧山地方法院审理债务纠纷等案　12－16－400－402

1946 年 3 月至 1946 年 8 月，璧山地方法院关于债务纠纷、声请确认偷卖无效、声请排除侵害等案的文书，包括呈文、批示、民事诉状、民事辩诉状、民事委任状、民事撤回状等。

100. 璧山地方法院审理返还器具和赔偿损失两案　12－16－403

1946 年 1 月至 1946 年 6 月，璧山地方法院关于原告人郭福田等诉被告人郭子玉请求判令连带返还油米房生财器具和原告人钟龙德等诉被告人僧慧绿违背契约妨害权利恳请排除并赔偿损害两案的文书，包括民事诉状、民事委任状、民事辩诉状、送达证书、通知单、民事言辞辩论笔录、民事和解状、民事裁定书、民事审判笔录等。

101. 四川高等法院第一分院、璧山地方法院审理给付租谷一案　12－16－404

1946年11月至1946年12月，四川高等法院第一分院、璧山地方法院关于原告人王福修等诉被告人邹祥荣给付租谷并宣示假执行和由被告负担讼费一案的文书，包括民事诉状、送达证书、民事答辩状、民事委任状、民事参加诉讼状、民事声请状、通知单、民事言辞辩论笔录、民事宣判笔录、民事判决书、民事上诉状等。

102. 璧山地方法院审理交还典业等两案　12－16－405

1946年7月至1946年8月，璧山地方法院关于原告人陶罗氏诉被告人龙世光声请交还典业并负担诉讼费用和原告人严泰明诉被告人严世吉交出房屋领去原价并交出契约等件宣告假执行两案的文书，包括民事诉状、送达证书、通知单、民事言辞辩论笔录、民事委任状、民事和解笔录、民事宣判笔录、民事裁定书等。

103. 四川高等法院第一分院、璧山实验地方法院等审理迁让房屋等两案　12－16－406

1945年12月至1946年10月，四川高等法院第一分院、璧山实验地方法院等关于杨明体终止租约迁让房屋并宣告假执行案和邓张氏因不服迁让房屋假执行判决提出上诉两案的文书，包括民事上诉状、民事裁定书、送达证书、民事起诉状、通知单、民事言辞辩论笔录、民事催状、民事声请状、民事委任状等。

104. 四川高等法院第一分院、璧山地方法院审理搬迁交房及其上诉一案　12－16－407

1946年3月至1946年12月，四川高等第一分院、璧山地方法院关于刘朝宗因租佃搬迁交房及其上诉一案的文书，包括民事上诉状、民事裁定书、送达证书、通知单、民事委任状、民事辩诉状、民事声请状、民事言辞辩论笔录、民事审判笔录、民事判决书等。

105. 璧山地方法院审理交还典业和增加给付两案　12－16－408

1946年10月至1946年11月，璧山地方法院关于原声请人易陈氏等声请对被声请人易德安判决领回押租交还龙溪乡菖树坪田产房屋股份、增加给付并宣告假执行两案的文书，包括民事声请状、民事判决书、民事执行命令、送达证书、收据、案奉等。

106. 四川高等法院第一分院、璧山地方法院审理侵占土地一案　12－16－409

1946年2月至1948年4月，四川高等法院第一分院、璧山地方法院关于原告人刘黄氏诉被告人胡海洲声请判还侵占土地一案的文书，包括民事诉状、民事裁定书、送达证书、民事上诉状、民事委任状、民事言辞辩论笔录、民事答辩状等。

107. 璧山地方法院审理提存押金和返还契约两案　12－16－410

1946年2月至1946年11月，璧山地方法院关于原声请人许登贵声请对被声请人吴相臣执行提存押金和原声请人万荣廷等声请对被声请人万友才执行返还契约两案的文书，包括民事声请状、民事执行命令、案奉、送达证书、通知单等。

108. 璧山地方法院审理收回房主权和债务支付假执行两案　12－16－411

1946年8月至1947年7月，璧山地方法院关于萧宝三因违约妨害权益请判被告结束租赁收回房主权和景亮钧因被告欠款逾期不还声请债务支付假执行两案的文书，包括送达证书、通知单、呈文、往来公函、民事声请状等。

109. 四川高等法院第一分院、璧山地方法院审理赔偿播种费一案　12－16－412

1946年7月至1946年11月，四川高等法院第一分院、璧山地方法院关于彭华周赔偿播种费一案的文书，包括通知单、民事诉状、民事言辞辩论笔录、民事催状、案奉、民事宣判笔录、民事判决书、民事上诉状、民事撤回状等。

110. 四川高等法院重庆分院、璧山地方法院审理搬迁交业及其上诉一案　12－16－413

1948年4月至1948年10月，四川高等法院重庆分院、璧山地方法院关于原告人江曹辉曹代森诉被告人甘银州请求法院判令被告人搬迁交业一案及被告人甘银州不服原判决提出上诉一案的文书，包括通知单、送达证书、民事传票等。

111. 璧山地方法院审理拍卖抵押物和增加给付两案　12－16－414

1946年11月至1946年12月，璧山地方法院关于原声请人张采林声请对被声请人帅春廷执行拍卖抵押物和原声请人王海廷诉被声请人徐九五请判令增加给付两案的文书，包括民事声请状、送达证书、通知单、民事言辞辩论笔录、民事和解笔录、民事委任状、民事辩诉状、人证物证、民事审判笔录、民事判决书等。

112. 璧山地方法院审理贪污等案　12－16－415

1946年6月至1947年12月，璧山地方法院关于邓国献贪污案、吴香全盗匪案、谭洪初禁烟禁毒案、曾唯一吸食鸦片及妨害秩序、郭踞北伪造户籍、杨吴氏妨害婚姻及家庭、巫焕荣禁烟禁毒案 、周厚奎伤害案、官蓝氏禁烟禁毒案、官廷焕禁烟禁毒案、尚江氏伤害案、胡树全吸食鸦片及盗窃赃物、仇海荣赃物案件、刘天寿盗窃案、邓伯涛禁烟禁毒案、张胡华禁烟禁毒、苑天麟妨害秩序案、何修于贪腐案、伍德超禁烟禁毒案、刘海清伤害案、林汉中盗窃案、法杰妨害自由案、苏学武盗窃案、传秉衡渎职贪污案、陈海安伪造文书案、邹荣超盗窃案等案的文书,包括二十六份检察官起诉书(起诉处分书)。

113. 璧山地方法院审理交付田业一案　12－16－416

1946年10月至1948年11月,璧山地方法院关于原告人吴元烈诉被告人柯张氏请判令交付田业房屋一案的文书,包括民事判决书、民事诉状、民事答辩状、民事委任状、送达证书、通知单、民事言辞辩论笔录、民事声请状、民事声请委任状、民事审判笔录等。

114. 四川高等法院第一分院、璧山地方法院等审理返还工具等案　12－16－417－418

1945年4月至1947年10月,四川高等法院第一分院、璧山地方法院等关于返还工具、给付租谷、确认买卖有效等案的文书,包括民事诉状、民事委任状、送达证书、通知单、民事言辞辩论笔录、民事声明状、民事答辩状、民事审判笔录、调解委员会笔录、民事判决书、民事缴状、民事上诉状、民事裁定书等。

115. 四川高等法院第一分院、璧山地方法院审理回赎典产等案　12－16－419－420

1946年5月至1948年1月,四川高等法院第一分院、璧山地方法院关于回赎典产、放赎典物、返还股本、债务等案的文书,包括民事诉状、民事委任状、送达证书、通知单、民事言辞辩论笔录、民事答辩状、民事宣判笔录、民事判决书、民事裁定书、民事声请状、民事上诉状、民事上诉答辩状等。

116. 璧山地方法院审理给付生活费等案　12－16－421－423

1946年4月至1946年12月,璧山地方法院关于给付生活费、确认买卖无效、确认契约有效等案的文书,包括民事诉状、民事答辩状、通知单、民事言辞辩论笔录、送达证书、民事调解笔录、民事委任状、民事证明状、民事和解笔录、民事辩诉状、民事裁定书、民事宣判笔录、民事判决书等。

117. 四川高等法院第一分院、璧山实验地方法院等审理债务执行等案　12－16－424

1939年9月至1945年5月,四川高等法院第一分院、璧山实验地方法院等关于债务执行、终止大佃契约、申报权利、放赎典物、佃业纠纷、请求确认继承权、领证、终止租约等案的文书,包括民事上诉状、民事裁定书、民事委任状、民事声请状、民事言辞辩论笔录、民事判决书、送达证书、民事答辩状、民事宣判笔录、民事诉状、民事参加诉讼状、民事和解笔录、民事声明状、民事保状、民事执行命令、民事声明异议状、民事辩诉状等。

118. 璧山实验地方法院等审理交付房屋等案　12－16－425－428

1945 年 8 月至 1947 年 4 月，璧山实验地方法院等关于交付房屋、执行税款、违反营业税、确认所有权、执行给付黄谷等案的文书，包括民事执行命令、刑事裁定书、民事诉状、民事判决书、通知单、民事言辞辩论笔录、送达证书、民事宣判笔录、民事答辩状、民事委任状等。

119. 四川高等法院第一分院、璧山地方法院审理偿还伙食费及其上诉一案　12－16－429

1946 年 11 月至 1947 年 7 月，四川高等法院第一分院、璧山地方法院关于原告人诉被告人僧能星请判令偿还伙食费及其上诉一案的文书，包括民事诉状、民事委任状、通知单、民事言辞辩论笔录、民事宣判笔录、民事判决书、民事上诉状、民事裁定书等。

120. 璧山地方法院审理增加给付一案　12－16－430

1946 年 10 月至 1947 年 9 月，璧山地方法院关于吴俊良为非法增加给付非法假执行直接提起抗告一案的文书，包括民事抗告状、民事执行状、送达证书、收据、民事判决书、民事执行命令、民事债权债务状、民事声请委任状、查封不动产笔录、通知单、民事声请状、民事异议状等。

121. 四川高等法院第一分院、璧山地方法院审理返还田产等案　12－16－431－432

1946 年 1 月至 1946 年 12 月，四川高等法院第一分院、璧山地方法院关于返还田产、确认所有权、交还房屋等案的文书，包括民事诉状、送达文书、民事委任状、民事答辩状、通知单、民事言辞辩论笔录、民事宣判笔录、民事判决书、民事上诉状、民事裁定书、民事声请状、收据等。

122. 四川高等法院第一分院、璧山地方法院审理返还洋纱等案　12－16－433－434

1946 年 5 月至 1947 年 12 月，四川高等法院第一分院、璧山地方法院关于返还洋纱、清偿棉纱、连带赔偿、返还存布等案的文书，包括民事诉状、送达文书、民事撤回状、通知单、民事言辞辩论笔录、民事宣判笔录、民事补充理由状、民事判决书、民事上诉状、民事裁定书、民事委任状、民事展限状等。

123. 四川高等法院第一分院、璧山地方法院审理宣告死亡等案　12－16－435－437

1946年1月至1947年2月，四川高等法院第一分院、璧山地方法院关于宣告死亡、撤销婚姻、欠款等案的文书，包括民事声请状、通知单、民事言辞辩论笔录、呈缴、送达证书、民事裁定书、民事判决书、民事诉状、民事委任状、民事展限状、民事辩诉状、民事宣判笔录、民事上诉状等。

124. 璧山地方法院审理解除租赁和给付租谷两案　12－16－438－439

1946年5月至1946年8月，璧山地方法院关于原告人罗原清等诉被告人张树林等请判令解除租赁并宣示假执行和原告人明达慈善会诉被告人龙武林请判令给付租谷两案的文书，包括通知单、民事言辞辩论笔录、民事辩诉状、民事委任状、民事补诉、送达证书、民事判决书、民事裁定书、民事诉状、民事答辩书、民事调解状等。

125. 璧山地方法院审理确认继承权和黄谷债务纠纷两案　12－16－440－441

1946年9月，璧山地方法院关于确认继承权和黄谷债务纠纷两案的文书，包括民事诉状、送达证书、通知单、民事言辞辩论笔录、民事辩反诉状、民事审判笔录、民事判决书、民事执行书、民事执行命令、民事保状、民事声请书、批示、案奉、民事撤回状、支付命令等。

126. 四川高等法院第一分院、璧山地方法院审理交还房屋等案　12－16－442－444

1946年5月至1947年2月，四川高等法院第一分院、璧山地方法院关于交还房屋、领押交业、返还礼物等案的文书，包括民事诉状、民事委任状、民事辩诉状、通知单、民事言辞辩论笔录、民事声请状、民事补诉状、民事宣判笔录、民事判决书、民事上诉状、民事裁定书、民事反诉状等。

127. 四川高等法院第一分院、璧山地方法院审理领押交业及其上诉一案　12－16－445

1946年8月至1946年12月，四川高等法院第一分院、璧山地方法院关于原告人易陈氏等诉被告人易德安请判领押交业及其上诉一案的文书，包括民事诉状、民事委任状、民事反诉状、送达证书、通知单、民事言辞辩论笔录、民事宣判笔录、民事判决书、民事上诉状、民事裁定书等。

128. 四川高等法院第一分院、璧山地方法院审理离婚及其上诉一案　12－16－446

1946年4月至1946年11月，四川高等法院第一分院、璧山地方法院关于原告人钟永芳诉被告人荣廷良请判令离婚及其上诉一案的文书，包括民事诉状、送达证书、通知单、民事言辞辩论笔录、民事辩诉状、民事委任状、民事补正状、民事催状、民事宣判笔录、民事判决书、民事上诉状、民事裁定书等。

129. 璧山地方法院审理返还田契一案　12－16－447

1946年11月至1948年1月，璧山地方法院关于原告人罗成之诉被告人黄志清等为碛米早已付请判令返还田契一案的文书，包括民事诉状、民事委任状、送达证书、通知单、民事言辞辩论笔录、民事裁定书、民事声请状、民事答辩状等。

130. 四川高等法院第一分院、璧山地方法院审理追缴公粮和增加给付两案　12－16－448－449

1946年5月至1946年12月，四川高等法院第一分院、璧山地方法院关于原告人璧山粮食储运处诉被告人罗成之请判令追缴公粮和原告人张合清诉被告人邱远德请判令增加给付两案的文书，包括民事声请状、民事委任状、民事答辩状、民事裁定书、送达证书、通知单、民事言辞辩论笔录、民事诉状、民事宣判笔录、民事上诉状等。

131. 四川高等法院第一分院、璧山地方法院审理领押交业和确认买卖契约无效两案　12－16－450－451

1946年1月至1946年10月，四川高等法院第一分院、璧山地方法院关于原告人汪杜氏诉被告人唐寅民请判令领押交业宣告假执行和原告人杨冯氏诉被告人杨鲁三请确认买卖契约无效两案的文书，包括民事诉状、通知单、民事言辞辩论笔录、民事宣判笔录、民事判决书、送达证书、民事上诉状、民事委任状、民事答辩状等。

132. 璧山地方法院审理分割遗产和放赎典产两案　12－16－452－453

1946年6月至1946年12月，璧山地方法院关于原告人殷仲荣诉被告人殷治萍请判令分割遗产和原告人邹吉昌诉被告人邹树林请判令放赎典产两案的文书，包括民事诉状、民事委任状、民事答辩状、民事辩诉状、送达证书、通知单、民事言辞辩论笔录、民事宣判笔录、民事判决书、收据等。

133. 璧山地方法院审理搬迁交业等案　12－16－454

1946年8月至1947年1月，璧山地方法院关于搬迁交业等案的文书，包括民事诉状、送达证书、通知单、通知书、民事言辞辩论笔录、民事委任状、民事宣判笔录、民事判决书等。

134. 璧山地方法院审理请发支付命令等案　12－16－455

1946年9月至1947年1月，璧山地方法院关于严书洲请发支付命令、郑君业请发支付命令、景亮钧请发支付命令等案的文书，包括民事声请状、民事声明状、民事债务声请状、人证物证、往来公函、民事支付命令、通知等。

135. 四川高等法院第一分院、璧山地方法院审理终止租约等案　12－16－456

1946年6月至1947年11月，四川高等法院第一分院、璧山地方法院关于终止租约、终止租约领押交业等案的文书，包括民事诉状、送达证书、通知单、民事言辞辩论笔录、民事宣判笔录、民事辩诉状、民事判决书、民事上诉状、民事裁定书、民事和解笔录等。

136. 璧山地方法院审理终约交房等案　12－16－457

1946年11月至1947年8月，璧山地方法院关于终约交房、返还产业等案的文书，包括民事诉状、送达证书、通知单、民事言辞辩论笔录、民事和解笔录、民事委任状、民事辩诉状、民事裁定书等。

137. 四川高等法院第一分院、璧山地方法院审理赔偿损害等案　12－16－458

1946年6月至1947年4月，四川高等法院第一分院、璧山地方法院关于赖荣清赔偿损害、李李辉赔偿损害、李白恒赔偿损害等案的文书，包括民事上诉状、民事辩诉状、民事声请状、民事判决书、通知单、送达证书、民事言辞辩论笔录、民事委任状、刑事判决书等。

138. 璧山地方法院审理给付租谷等案　12－16－459

1946年11月至1947年8月，璧山地方法院关于给付租谷、执行租谷等案的文书，包括民事诉状、通知单、民事言辞辩论笔录、送达证书、民事宣判笔录、民事判决书、民事辩诉状、民事委任状等。

139. 最高法院、璧山地方法院审理交还产业两案　12－16－460

1946年10月至1946年12月，最高法院、璧山地方法院关于原告人秦为型诉被告人秦为麟请判令交还产业和原告人张世禄等诉被告人张王氏请判令给付产业两案的文书，包括民事抗告状、民事裁定书、送达证书、民事诉状、民事委任状、通知单、民事言辞辩论笔录、民事宣判笔录、民事判决书、刑事判决书、民事答辩状等。

140. 四川高等法院第一分院、璧山地方法院审理领押交业案及其上诉案和迁让交业两案　12－16－461

1946年7月至1947年3月，四川高等法院第一分院、璧山地方法院关于赵华金领押交业案及其上诉案和黄有义迁让交业两案的文书，包括民事诉状、民事言辞辩论笔录、民事宣判笔录、民事判决书、通知单、民事上诉状、民事裁定书、民事委任状、民事和解笔录等。

141. 最高法院、璧山实验地方法院等审理领押交业等案　12－16－462

1944年4月至1947年1月，最高法院、璧山实验地方法院等关于徐文渊请求领押交业、徐文渊请求给付租谷及其上诉等案的文书，包括民事诉状、民事委任状、通知单、民事言辞辩论笔录、民事宣判笔录、民事答辩状、民事判决书、民事辩诉状、民事声明状、民事裁定书、民事上诉状、送达文书等。

142. 璧山地方法院审理请债务纠纷等案　12－16－463

1946年11月至1947年8月，璧山地方法院关于债务纠纷、领证等案的文书，包括民事诉状、民事声请状、民事委任状、送达证书、通知单、民事言辞辩论笔录、民事宣判笔录、民事判决书等。

143. 璧山地方法院审理请赎典调解等案　12－16－464

1946年3月至1946年4月，璧山地方法院关于孙紫维等诉孙三元等请判令赎典调解、县政府赎典、饶大中赎典调解等案的文书，包括民事声请状、民事言辞辩论笔录、送达证书、人证物证、往来公函、通知单、民事申诉状、通知书等。

144. 璧山地方法院审理请求破产两案　12－16－465

1946年2月至1946年7月，璧山地方法院关于申请人王峥嵘为负债难偿恳请准予派员彻查破产偿债以清债务和声请人陈记荣华厂恳请准予依法破产偿还以清债务两案的文书，包括民事申请状、民事裁定书、民事声请状等。

145. 璧山地方法院审理租佃调解等案　12－16－466

1946年1月至1946年4月，璧山地方法院关于孙子钊租佃调解、伍德辉租佃调解、刘楚翘租佃调解、谢元康租佃调解、杨玉山租佃调解等案的文书，包括民事执行声请状、送达证书、通知单、民事声请状、民事申请调解状、民事言辞辩论笔录、民事委任状、民事诉状等。

146. 璧山地方法院审理债务纠纷等案　12－16－467

1946年9月至1946年12月，璧山地方法院关于债务纠纷等案的文书，包括民事诉状、送达证书、通知单、民事言辞辩论笔录、民事宣判笔录、民事判决书、收据、民事委任状、民事辩诉状、民事撤回状等。

147. 四川高等法院第一分院、璧山地方法院审理给付生活费等案　12－16－468

1946年10月至1947年7月，四川高等法院第一分院、璧山地方法院关于给付生活费等案的文书，包括民事诉状、民事答辩状、送达证书、通知单、民事言辞辩论笔录、民事宣判笔录、民事判决书、收据、民事委任状、民事声请上诉状、民事裁定书等。

148. 璧山地方法院审理领证等案　12－16－469

1946年1月至1946年12月，璧山地方法院关于领证等案的文书，包括民事领证状、民事声请状、民事言辞辩论笔录、批示、通知单、刑事审判笔录、收据、送达证书等。

149. 四川高等法院第一分院、璧山地方法院审理增加给付案及其上诉一案　12－16－470

1946年12月至1947年4月，四川高等法院第一分院、璧山地方法院关于原告人陈兆周等诉被告人杨玉山请判令增加给付案及其上诉一案的文书，包括民事上诉状、民事裁定书、民事委任状、民事声请状、民事执行声请状、民事辩诉状、案奉、通知单、民事言辞辩论笔录、民事宣判笔录、民事判决书、送达证书等。

150. 璧山地方法院审理交业执行和领押交业两案　12－16－471

1946年1月至1946年10月，璧山地方法院关于债权人谢锡祯诉债务人万国源请判令交业执行和原告人钟树林等诉被告人钟杨氏请判令领押交业两案的文书，包括民事声请执行状、案奉、民事声明状、民事委任状、民事债务执行状、民事执行命令、民事诉状、通知单、民事言辞辩论笔录、送达证书、民事辩诉状、民事声请状、民事撤回状等。

151. 四川高等法院第一分院、璧山地方法院审理止约交业一案　12－16－472

1946年9月至1947年4月，四川高等法院第一分院、璧山地方法院关于原告人张献之诉被告人谢树清请判令止约交业一案的文书，包括民事诉状、民事辩诉状、送达证书、通知单、民事言辞辩论笔录、民事公证状、民事宣判笔录、民事判决书、民事上诉状、民事裁定书、民事展限状、民事委任状等。

152. 璧山地方法院审理搬迁交业等案　12－16－473

1946年9月至1946年10月，璧山地方法院关于搬迁交业等案的文书，包括民事诉状、民事委任状、送达证书、通知单、民事言辞辩论笔录、民事宣判笔录、民事声请状、民事声请撤销假执行状、民事判决书、收据等。

153. 璧山地方法院审理分界线一案　12－16－474

1946年2月至1946年3月，璧山地方法院关于异议人郑陶氏等诉被告人邱郑氏等为违背契约恳请传案饬令履行和解以保权利而分界线一案的文书，包括民事异议状、民事委任状、民事辩诉状、通知单、民事言辞辩论笔录、民事宣判笔录、民事判决书等。

154. 璧山地方法院审理给付生活费一案　12－16－475

1946年12月至1947年2月，璧山地方法院关于原告人杨天喜诉被告人杨华安请判令给付生活费宣告假执行并负担诉讼费一案的文书，包括送达证书、通知单、民事言辞辩论笔录、民事宣判笔录、民事判决书、人证物证等。

155. 璧山地方法院审理给付生活费一案　12－16－476

1946年11月至1946年12月，璧山地方法院关于原告人欧志荣诉被告人欧森林为诉恳请判令撤销不同意契约行为判令继续租佃并负担诉讼费一案的文书，包括民事诉状、通知单、送达证书、民事宣判笔录、民事判决书等。

156. 四川高等法院第一分院、璧山地方法院审理交还公约一案　12－16－477

1946年8月至1947年4月，四川高等法院第一分院、璧山地方法院关于原告人张钟氏诉被告人钟大信请判令交还公约一案的文书，包括民事诉状、送达证书、人证、通知单、民事言辞辩论笔录、民事宣判笔录、民事判决书、民事上诉状、民事裁定书、民事答辩状等。

157. 四川高等法院第一分院、璧山地方法院审理迁让交业一案　12－16－478

1946年3月至1947年1月，四川高等法院第一分院、璧山地方法院关于原告人冯树宣诉被告人万罗氏为诉请判决终止租约迁让交业并负担诉讼费用宣告假执行一案的文书，包括民事诉状、物证、民事委任状、送达证书、通知单、民事言辞辩论笔录、民事判决书、民事宣判笔录、民事上诉状、民事裁定书等。

158. 四川高等法院第一分院、璧山地方法院审理交还房屋等案　12－16－479

1946 年 3 月至 1947 年 1 月，四川高等法院第一分院、璧山地方法院关于交还房屋等案的文书，包括民事诉状、人证物证、民事委任状、送达证书、通知单、民事言辞辩论笔录、案奉、民事执行命令、民事宣判笔录、民事判决书、民事上诉状等。

159. 璧山地方法院审理债务执行等案　12－16－480

1946 年 5 月至 1946 年 12 月，璧山地方法院关于债务执行等案的文书，包括民事声请状、民事和解笔录、民事执行命令、通知单、训令、往来公函、案奉、民事判决书、民事债务执行状、民事声请异议状、民事裁定书等。

160. 四川高等法院第一分院、璧山地方法院审理损害调解等案　12－16－481

1946 年 3 月至 1947 年 1 月，四川高等法院第一分院、璧山地方法院关于损害调解、赔偿损害等案的文书，包括民事声请状、通知单、送达证书、民事诉状、民事答辩状、民事言辞辩论笔录、民事和解笔录、民事上诉状、民事裁定书等。

161. 四川高等法院第一分院、璧山地方法院审理给付黄谷和租谷纠葛两案　12－16－482

1946 年 4 月至 1948 年 1 月，四川高等法院第一分院、璧山地方法院关于原告人蒋春林诉被告人鲍银华请判令给付黄谷和原告人刘泽沛和被告人李照泽租谷纠葛两案的文书，包括民事诉状、送达证书、通知单、民事言辞辩论笔录、民事宣判笔录、民事判决书、民事上诉状、民事裁定书、民事声请状等。

162. 璧山地方法院审理债务执行等案　12－16－483

1946 年 11 月至 1947 年 10 月，璧山地方法院关于债务执行、返还黄谷、给付黄谷等案的文书，包括民事诉状、人证物证、送达证书、通知单、民事言辞辩论笔录、民事宣判笔录、民事判决书、民事声请状、民事上诉状、民事声明异议状、民事裁定书等。

163. 璧山地方法院审理债务执行等案　12－16－484

1946 年 11 月至 1947 年 1 月，璧山地方法院关于债务执行等案的文书，包括民事声请执行状、民事声请异议状、民事声请状、民事裁定书、民事支付命令等。

164. 四川高等法院第一分院、璧山地方法院审理赔偿损失等案　12－16－485

1945 年 3 月至 1947 年 2 月，四川高等法院第一分院、璧山地方法院关于赔偿损失和增加给付等案的文书，包括民事诉状、民事辩诉状、民事委任状、送达证书、通知单、民事言辞辩论笔录、民事宣判笔录、民事判决书、往来公函、民事上诉状、民事追加反诉状等。

165. 璧山地方法院审理债务执行等案　12－16－486

1946年9月至1947年6月，璧山地方法院关于执行债务和执行交业等案的文书，包括往来公函、民事判决书、案奉、民事执行命令、收据、民事债务执行状、民事裁定书、民事声请状、民事支付命令、查封不动产笔录、送达证书、通知单、民事和解笔录等。

166. 璧山地方法院审理赔偿损害两案　12－16－487

1946年9月至1947年3月，璧山地方法院关于原告人彭朝海诉被告人吕成荣请判令赔偿损害和原告人徐自荣诉被告人罗光炳请判令执行损害赔偿两案的文书，包括民事诉状、送达证书、通知单、民事言辞辩论笔录、民事补诉状、民事声请状、民事审判笔录、民事判决书、案奉、民事债务执行状、民事保状、民事声请执行状、训令等。

167. 璧山地方法院审理返还田产等案　12－16－488

1946年10月至1947年8月，璧山地方法院关于返还田产和交还田房等案的文书，包括往来公函、民事判决书、民事诉状、民事委任状、民事答辩状、送达证书、通知单、民事言辞辩论笔录、民事声请状、通知书、民事审判笔录等。

168. 四川高等法院第一分院、璧山地方法院审理给付碛米等两案　12－16－489

1946年7月至1946年11月，四川高等法院第一分院、璧山地方法院关于原抗告人和丰米厂诉被告人储运处请判令给付碛米、原告人孙子钊诉被告人潘国清请判令假扣押两案的文书，包括民事抗告状、往来公函、民事裁定书、民事诉状、民事声请状等。

169. 璧山地方法院审理声请恢复查封产业、请发支付命令等三案　12－16－490

1946年10月至1946年12月，璧山地方法院关于杨鲁三等因债务纠葛而申请恢复查封产业、蓝廷发等因借款纠葛而请发支付命令、李正模等因拖欠盐款而请发支付命令三案的文书，包括民事上诉状、民事声请书、民事支付命令、通知书、民事声明状等。

170. 最高法院、璧山地方法院审理确认所有权等案　12－16－491

1946年5月至1947年5月，最高法院、璧山地方法院关于确认所有权、给付膳产、请求分割遗产等案的文书，包括往来公函、民事判决书、民事裁定书、民事上诉状、送达证书等。

171. 四川高等法院第一分院、璧山地方法院审理给付黄谷等案　12—16—492

1946年1月至1947年6月，四川高等法院第一分院、璧山地方法院关于给付黄谷等案的文书，包括民事诉状、送达证书、通知单、民事言辞辩论笔录、民事宣判笔录、民事判决书、通知书、民事委任状、民事上诉状、民事声请状等。

172. 璧山地方法院审理给付树价两案　12—16—493

1946年8月至1946年10月，璧山地方法院关于原告人刘裕光诉被告人彭清和请判令赔偿树价、原告人王文彬诉被告人安仲伦请判令给付树价两案的文书，包括民事诉状、案奉、通知单、民事言辞辩论笔录、送达证书、人证物证、民事辩诉状、民事判决书、训令等。

173. 璧山地方法院审理搬迁交业一案　12—16—494

1946年10月至1947年4月，璧山地方法院关于原告人萧全德诉被告人谭炳章为恶佃不迁欠租不付不返还器物请判令搬迁交业一案的文书，包括民事诉状、送达证书、通知单、民事言辞辩论笔录、民事辩诉状、训令、民事调解笔录、民事宣判笔录、民事判决书等。

174. 璧山地方法院审理领证赔偿损害等案　12—16—495

1946年8月至1948年1月，璧山地方法院关于领证、赔偿损害等案的文书，包括民事声请状、物证、民事领状、送达证书、通知单、民事言辞辩论笔录、收据、民事委任状、民事宣判笔录、民事判决书等。

175. 璧山地方法院审理搬迁交业一案　12—16—496

1946年8月至1946年12月，璧山地方法院关于原告人向洪盛诉被告人吴少奎等为违反契约请判令搬迁交业并赔偿损害一案的文书，包括民事诉状、送达证书、通知单、民事言辞辩论笔录、民事委任状、民事补诉状、民事宣判笔录、民事判决书等。

176. 璧山地方法院审理假执行一案　12—16—497

1946年11月至1946年12月，璧山地方法院关于原告人陈理生诉被告人江纯武请判令被告交付大土耕地给予原告耕种并予宣告假执行一案的文书，包括民事诉状、人证物证、民事委任状、民事声请状、通知书、送达证书等。

177. 璧山地方法院审理返还耕牛、租佃调解两案　12－16－498

1946年1月至1946年11月,璧山地方法院关于原告人巫恒泰诉被告人钱海云请判令返还耕牛和原告人蒋春林诉被告人僧善应请判令租佃调解两案的文书,包括民事诉状、送达证书、通知单、民事言辞辩论笔录、往来公函、民事宣判笔录、民事判决书、民事声请状等。

178. 璧山地方法院审理给付租谷两案　12－16－500

1946年12月至1947年3月,璧山地方法院关于原告人江树林等诉被告人江炳良请判令给付租谷调解和原告人甘泽汉诉被告人刘良中请判令给付租谷两案的文书,包括民事调解状、送达证书、通知单、民事言辞辩论笔录、民事和解笔录、民事判决书、往来公函等。

179. 璧山地方法院审理确认共有权等案　12－16－501

1946年6月至1947年5月,璧山地方法院关于确认共有权、所有权登记、确认所有权等案的文书,包括往来公函、民事判决书、不动产登记书、民事声请状、命令、案奉、通知单、送达证书、人证物证、民事言辞辩论笔录等。

180. 璧山地方法院审理债务执行等案　12－16－502(1)

1946年5月至1947年4月,璧山地方法院关于债务执行等案的文书,包括民事债务状、民事判决书、往来公函、民事声请状、民事执行状、通知单、民事执行命令、民事保状、送达证书、民事言辞辩论笔录、民事声明状、案奉、民事委任状、民事裁定书、训令等。

181. 璧山地方法院审理给付租谷等案　12－16－502(2)

1946年9月至1948年2月,璧山地方法院关于给付租谷、返还黄谷等案的文书,包括往来公函、民事判决书、人证、民事委任状、送达证书、通知单、民事言辞辩论笔录、民事宣判笔录、命令等。

182. 璧山地方法院审理领押交业等案　12－16－503

1946年11月至1947年4月,璧山地方法院关于领押交业、搬迁交业等案的文书,包括往来公函、民事判决书、民事诉状、民事委任状、送达证书、通知单、民事撤回状、民事声请状、案奉、民事执行命令、民事执行笔录、民事声明状、民事执行裁定书等。

183. 璧山地方法院审理债务纠纷等案　12－16－504

1946年11月至1947年5月，璧山地方法院关于债务纠纷等案的文书，包括民事诉状、收据、送达证书、通知单、民事言辞辩论笔录、民事宣判笔录、民事判决书、物证、民事委任状、民事缴状等。

184. 璧山地方法院审理离婚调解等案　12－16－505

1946年1月至1946年4月，璧山地方法院关于离婚调解、撤销离婚交约调解、离婚存查等案的文书，包括民事调解状、民事委任状、送达证书、通知单、民事言辞辩论笔录、民事声请调解状、民事存查等。

185. 璧山地方法院审理债务支付等案　12－16－506

1946年1月至1946年8月，璧山地方法院关于债务支付等案的文书，包括民事申请状、民事支付命令、民事异议状、民事声请状等。

186. 璧山地方法院审理损害赔偿两案　12－16－507

1946年3月至1946年11月，璧山地方法院关于原告人蒲金安等诉被告人杜四顺请判令损害赔偿和原告人许克明诉被告人李洋溪请判令损害赔偿两案的文书，包括往来公函、民事诉状、人证物证、民事委任状、送达证书、通知单、民事言辞辩论笔录、民事宣判笔录、民事答辩状、民事判决书、民事辩诉状等。

187. 四川高等法院第一分院、璧山地方法院审理返还遗赠田产等案　12－16－508

1946年3月至1948年8月，四川高等法院第一分院、璧山地方法院关于返还遗赠田产、交还田房调解、交还田房等案的文书，包括往来公函、民事上诉状、民事裁定书、民事委任状、民事判决书、民事声请状、送达证书、通知单、民事言辞辩论笔录、民事审判笔录、民事补充理由状等。

188. 四川高等法院第一分院、璧山实验地方法院等审理终止租约等案　12－16－509

1944年7月至1947年2月，四川高等法院第一分院、璧山实验地方法院等关于终止租约搬迁交业、止约交业、交付田地、返还田土、领证等案的文书，包括民事诉状、民事撤回状、民事委任状、民事催状、送达证书、通知单、民事言辞辩论笔录、民事续诉状、民事辩诉状、民事展限状、民事和解笔录、往来公函、民事上诉状、民事裁定书、民事声请状、民事宣判笔录、收据等。

189. 四川高等法院第一分院、璧山实验地方法院等审理止约交业等案　12—16—510

1944年7月至1947年2月，四川高等法院第一分院、璧山实验地方法院等关于止约交业、交付田地、返还田土、领证等案的文书，包括民事诉状、民事委任状、民事辩诉状、通知单、民事言辞辩论笔录、民事宣判笔录、民事判决书、民事声请状、送达证书、收据等。

190. 四川高等法院第一分院、璧山地方法院审理交还田产和交业付租两案　12—16—511

1946年5月至1947年7月，四川高等法院第一分院、璧山地方法院关于请通知人左任氏声请通知被通知人李德文照约履行收回押佃洋交还田产和原告人张久祥等诉被告人孙华高为排除无权占有请交业付租两案的文书，包括民事请通知状、批示、送达证书、民事上诉状、民事裁定书、民事声明状、民事诉状、通知单、民事言辞辩论笔录、民事宣判笔录、民事判决书、民事辩诉状等。

191. 璧山实验地方法院等审理给付洋纱两案　12—16—512

1945年12月至1946年9月，璧山实验地方法院等关于原告人汪明智等诉被告人张德丰等请判令给付洋纱和原告人罗治昌诉被告人罗万氏请判令给付洋纱两案的文书，包括民事诉状、民事委任状、送达证书、案奉、通知单、民事言辞辩论笔录、民事声明状、民事委任及准请状、民事判决书、民事宣判笔录等。

192. 璧山地方法院审理给付毛铁两案　12—16—513

1946年6月至1947年3月，璧山地方法院关于原告人颜德安诉被告人陈光泽等请判令给付毛铁和原告人雷正泰诉被告人蔡德辉请判令给付毛铁两案的文书，包括民事诉状、通知单、民事言辞辩论笔录、送达证书、民事宣判笔录、民事判决书、收据、往来公函、民事委任状、民事申请状、民事答辩状等。

193. 璧山地方法院审理异议之诉和撤销查封田产执行两案　12—16—514

1946年1月至1946年5月，璧山地方法院关于原告人张相辉诉被告人张燮阳为排除侵害权利提起执行异议之诉请予停止执行和原告人杨尚安诉被告人邓德云请予撤销查封田产执行两案的文书，包括民事异议状、民事委任状、送达证书、通知单、民事言辞辩论笔录、民事声明状、民事宣判笔录、民事判决书、民事催状、通知、刑事判决书、民事诉状、收据等。

194. 四川高等法院第一分院、璧山地方法院审理搬迁交业一案　12－16－515

1946年9月至1947年7月，四川高等法院第一分院、璧山地方法院关于原告人张锡林诉被告人陈海云等请判令搬迁交业一案的文书，包括民事诉状、民事答辩状、通知单、民事言辞辩论笔录、送达证书、民事判决书、民事证明状、民事上诉状、民事裁定书等。

195. 四川高等法院第一分院、璧山地方法院审理搬迁交业两案　12－16－516

1946年10月至1947年3月，四川高等法院第一分院、璧山地方法院关于原告人甘培森诉被告人张光前请判令搬迁交业和原告人唐奉光诉被告人刘海云请判令搬迁交业两案的文书，包括民事诉状、民事答辩状、送达证书、通知单、民事言辞辩论笔录、民事宣判笔录、民事判决书、民事上诉状、民事裁定书等。

196. 璧山地方法院审理债务执行等案　12－16－517

1946年1月至1946年10月，璧山地方法院关于债务执行等案的文书，包括民事债务状、民事支付命令、民事裁定书、送达证书、民事声请状、批示等。

197. 璧山地方法院审理确认契约无效两案　12－16－518

1946年3月至1946年9月，璧山地方法院关于原告人龚永乾诉被告人李荣吉请判令确认契约无效和原告人董何氏等诉被告人周兴源请判令确认契约无效两案的文书，包括民事诉状、民事委任状、民事答辩状、送达证书、通知单、民事言辞辩论笔录、民事撤回状、通知书等。

198. 璧山地方法院审理确认给付生活费调解等案　12－16－519

1946年4月至1946年11月，璧山地方法院关于给付生活费调解、给付生活费、增加给付等案的文书，包括民事声请状、送达证书、通知单、民事言辞辩论笔录、民事委任状、民事宣判笔录、民事答辩状、民事判决书、民事诉状、民事辩诉状、收据等。

199. 最高法院、璧山实验地方法院等审理分割遗产两案　12－16－520

1945年11月至1947年2月，最高法院、璧山实验地方法院等关于原告人陈张氏等诉被告人陈朝福请判令分割遗产和原告人巫树辉诉被告人巫方贞请判令分割遗产两案的文书，包括往来公函、民事上诉状、民事裁定书、送达证书、民事诉状、民事委任状、民事辩诉状、民事言辞辩论笔录、民事宣判笔录、民事判决书、收据、民事抗告状等。

200. 璧山地方法院审理赔偿损害等案　12－16－521

1946年4月至1946年8月，璧山地方法院关于赔偿损害等案的文书，包括民事诉状、民事委任状、通知单、民事言辞辩论笔录、民事答辩状、送达证书、民事宣判笔录、民事判决书、刑事审判笔录、民事保状、往来公函一等。

201. 四川高等法院第一分院、璧山地方法院审理终约给付欠租及其上诉两案　12－16－522

1946年9月至1947年3月，四川高等法院第一分院、璧山地方法院关于原告人吴汉清诉被告人刘仇氏请判令终止租约给付欠租及其上诉一案的文书，包括往来公函、民事上诉状、民事裁定书、民事诉状、民事答辩状、送达证书、通知单、民事言辞辩论笔录、民事宣判笔录、民事判决书、收据等。

202. 璧山地方法院审理确认债务支付等案　12－16－523

1946年1月至1946年12月，璧山地方法院关于债务支付等案的文书，包括民事支付命令、民事声明状、民事声明异议状、送达证书、民事声请状、案奉、民事申请状等。

203. 四川高等法院第一分院、璧山地方法院审理返还食谷及其上诉一案　12－16－524

1946年1月至1946年5月，四川高等法院第一分院、璧山地方法院关于原告人曾德安等诉被告人陈海洲请判令返还食谷及其上诉一案的文书，包括民事上诉状、民事裁定书、民事答辩状、民事言辞辩论笔录、宣示判决笔录、民事判决书、民事诉状、送达证书、通知单、民事宣判笔录等。

204. 璧山地方法院审理支付命令等案　12－16－525

1946年2月至1946年3月，璧山地方法院关于支付命令等案的文书，包括民事声请状、民事支付命令、送达证书、收据、民事裁定书、往来公函、民事异议状等。

205. 璧山地方法院审理确认脱离家属关系两案　12－16－526

1946年4月至1946年5月，璧山地方法院关于原告人马良碧诉被告人王福全请判令脱离家属关系和原告人杨杨氏诉被告人杨周氏请判令脱离家属关系两案的文书，包括民事声请状、民事委任状、送达证书、通知书、民事诉状、民事答辩状、通知单、民事言辞辩论笔录、民事撤回状等。

206. 最高法院、璧山地方法院审理领押交业两案　12－16－527

1946年4月至1946年9月，最高法院、璧山地方法院关于原告人张合清诉被告人邱远德请判令领押交业和原告人周荣升诉被告人周刘氏请判令领押交业两案的文书，包括往来公函、民事上诉状、民事裁定书、送达证书、通知单、民事言辞辩论笔录、民事宣判笔录、民事判决书、收据等。

207. 璧山地方法院审理止约交业两案　12－16－528

1946年1月至1946年4月，璧山地方法院关于原告人曾绍钦诉被告人曾海臣请判令止约交业、原告人叶祖亮诉被告人成国安请判令终约交业两案的文书，包括民事诉状、民事委任状、民事催状、送达证书、通知单、民事声请状、民事撤回状等。

208. 璧山地方法院审理确认给付米款、给付食米执行两案　12－16－529

1946年3月至1946年11月，璧山地方法院关于原告人重庆卫戍区第三分区司令部诉被告人王松林请判令给付米款和原告人雷海荣诉被告人罗光永请判令给付食米执行两案的文书，包括往来公函、通知单、刑事审判笔录、民事执行状、民事和解笔录、案奉、民事执行命令等。

209. 璧山地方法院审理终止租约两案　12－16－530

1946年4月至1946年7月，璧山地方法院关于原告人钟狱灵诉被告人周治清请判令终止租约和原告人曾严氏诉被告人凌炳荣请判令终止租约两案的文书，包括民事诉状、民事委任状、民事辩诉状、送达证书、民事言辞辩论笔录、民事声请状、民事催呈、通知单、民事宣判笔录、民事判决书等。

210. 璧山实验地方法院等审理给付黄谷一案　12－16－531

1945年4月至1945年12月，璧山实验地方法院等关于原告人谭岐山诉被告人张金盛为被告人赖债缘由诉请传唤质询依法判决给付黄谷并负担诉讼费以保权利符合法制一案的文书，包括通知单、民事诉状、送达证书、民事言辞辩论笔录、民事宣判笔录、民事判决书、人证物证等。

211. 璧山地方法院审理请求离婚两案　12－16－532

1946年4月至1946年7月，璧山地方法院关于原告人蔡大江诉被告人张世中请判令离婚和原告人伍陈氏诉被告人伍登炳请判令离婚两案的文书，包括民事诉状、民事辩诉状、送达证书、通知单、民事言辞辩论笔录、民事和解笔录等。

212. 璧山实验地方法院等审理领证等案　12—16—533

1945年12月至1946年3月,璧山实验地方法院等关于领证等案的文书,包括民事声请状、通知单、民事言辞辩论笔录、收据、民事催呈、民事委任状等。

213. 璧山实验地方法院等审理领证等案　12—16—534

1942年6月至1946年10月,璧山实验地方法院等关于领证、给付租谷、终止租约等案的文书,包括民事领状、通知单、民事诉状、送达证书、民事言辞辩论笔录、民事判决书、民事声请状、民事委任状、收据等。

214. 最高法院、璧山实验地方法院等审理增加给付典价和增加给付调解两案　12—16—535

1945年3月至1946年4月,最高法院、璧山实验地方法院等关于原告人陈汉忠等诉被告人雷伯高请判令增加给付典价和原告人陈全安诉被告人黄协昌请判令增加给付调解两案的文书,包括往来公函、民事上诉状、民事裁定书、送达证书、物证、民事判决书、民事声请状、民事委任状、通知单、民事言辞辩论笔录等。

215. 璧山地方法院审理债务支付等案　12—16—536

1946年1月至1946年5月,璧山地方法院关于债务支付等案的文书,包括民事声请状、民事支付命令、案奉、送达证书等。

216. 璧山地方法院审理债务支付等案　12—16—537

1946年2月至1946年5月,璧山地方法院关于债务支付、声请宣告假执行等案的文书,包括民事诉状、人证物证、民事支付命令、送达证书、民事声请状、民事裁定书、民事债务状等。

217. 璧山地方法院审理债务执行等案　12—16—538

1946年1月至1946年6月,璧山地方法院关于债务执行等案的文书,包括民事声请状、民事裁定书、送达证书、民事声明状、民事假执行状、民事支付命令等。

218. 四川高等法院第一分院、璧山地方法院审理假扣押等案　12—16—539

1946年1月至1946年4月,四川高等法院第一分院、璧山地方法院关于假扣押等案的文书,包括民事声请状、民事裁定书、送达证书、往来公函、民事抗告状、民事上诉状等。

219. 璧山地方法院审理领证等案　12—16—540

1946年3月至1946年11月，璧山地方法院关于领证等案的文书，包括民事声请状、通知单、收据、送达证书、民事言辞辩论笔录等。

220. 璧山地方法院审理领证等案　12—16—541

1946年2月至1946年3月，璧山地方法院关于领证等案的文书，包括民事领状、送达证书、通知单、民事言辞辩论笔录、民事委任状、民事保状、民事声请状、收据等。

221. 璧山地方法院审理搬迁交业两案　12—16—542

1946年10月至1947年2月，璧山地方法院关于原告人宋华亭诉被告人宋炳全请判令搬迁交业、原告人娄李氏诉被告人杨文彬请判令搬迁交业两案的文书，包括往来公函、民事判决书、送达证书、民事声请状、民事保状、通知单、收据、民事言辞辩论笔录、民事辩诉状、民事申请状、民事和解笔录等。

222. 璧山地方法院审理租佃调解等两案　12—16—543

1946年1月至1946年2月，璧山地方法院关于原告人萧吴氏诉被告人叶桂清请判令租佃调解、原告人何黄氏诉被告人张海泉请判令租谷调解两案的文书，包括民事声请状、送达证书、通知单、民事言辞辩论笔录等。

223. 四川高等法院第一分院、璧山地方法院审理给付租谷一案　12—16—544

1946年12月至1947年8月，四川高等法院第一分院、璧山地方法院关于原告人尹刘氏等诉被告人龙全发请判令给付租谷一案的文书，包括民事诉状、人证物证、民事调解笔录、送达证书、通知单、民事言辞辩论笔录、民事委任状、民事宣判笔录、民事判决书、民事上诉状、民事裁定书、民事缴款状等。

224. 璧山地方法院审理拍卖产业等两案　12—16—545

1946年8月至1946年9月，璧山地方法院关于原告人璧山粮食储运处诉被告人萧祥请判令拍卖抵押物、原告人璧山粮食储运处诉被告人娄源成声请拍卖产业两案的文书，包括民事裁定书、通知书、训令、收据、送达证书、通知单等。

225. 璧山地方法院审理搬迁交业等案　12—16—546

1946年4月至1946年12月，璧山地方法院关于搬迁交业、声请通知佃户交业等案的文书，包括民事诉状、送达证书、通知单、民事言辞辩论笔录、民事宣判笔录、民事判决书、民事声请状等。

226. 璧山地方法院审理分割遗产两案　12－16－547

1946 年 10 月至 1947 年 6 月，璧山地方法院关于原告人李游氏诉被告人吴何氏请判令分割遗产和原告人郭邹君如诉被告人郭调正分割遗产两案的文书，包括往来公函、民事判决书、民事诉状、送达证书、民事撤回状、通知书等。

227. 四川高等法院第一分院、璧山地方法院审理交业执行两案　12－16－548

1946 年 7 月至 1948 年 3 月，四川高等法院第一分院、璧山地方法院关于原告人罗源太诉被告人管海清请判令交业执行和原告人黄炳章诉被告人黄材林等请判令交业执行两案的文书，包括民事诉状、民事声请状、案奉、民事执行命令、收据、民事缴状、民事异议状、民事判决书等。

228. 璧山实验地方法院等审理会款纠葛两案　12－16－549

1945 年 8 月至 1947 年 2 月，璧山实验地方法院等关于原告人黄垣坪诉被告人黄肖氏等给付会款和原告人安蒋氏诉被告人安元峰等会款纠葛两案的文书，包括民事诉状、民事答辩状、送达证书、通知单、民事言辞辩论笔录、民事宣判笔录、民事判决书、人证物证、民事辩诉状等。

229. 最高法院、璧山地方法院审理函查选举诉讼情形等案　12－16－550

1946 年 10 月至 1946 年 12 月，最高法院、璧山地方法院关于铜梁地方法院函查璧山县政府函查梓潼乡选举诉讼情形、唐桂林是否在六塘开设锅碗铺、最高法院民事二庭函请查明雷铭洲与雷柏松放赎典产案的起诉时价格等案的文书，包括往来公函等。

230. 璧山地方法院审理确认买卖无效两案　12－16－551

1946 年 8 月至 1947 年 3 月，璧山地方法院关于原告人江殷氏诉被告人何永昌声请确认买卖无效和原告人龚永乾诉被告人李荣吉等声请确认买卖契约无效两案的文书，包括民事诉状、民事委任状、通知单、民事言辞辩论笔录、送达证书、民事声请状、民事撤回状、案奉、民事补诉状、民事宣判笔录、民事判决书、收据等。

231. 璧山地方法院审理执行返还嫁奁一案　12－16－552

1946 年 12 月至 1947 年 3 月，璧山地方法院关于原告人王龙氏诉被告人王书国请判令执行返还嫁奁一案的文书，包括民事执行状、案奉、民事执行命令、民事声请状、送达证书、民事委任状、通知单、收据等。

232. 璧山地方法院审理请求同居一案　12－16－553

1946 年 6 月至 1947 年 3 月，璧山地方法院关于原告人向治维诉被告人向张氏请求同居一案的文书，包括民事辩诉状、民事委任状、送达证书、通知单、民事言辞辩论笔录、民事反诉状、案奉、民事声请状、民事宣判笔录、民事判决书等。

233. 璧山地方法院审理债务纠纷两案　12－16－554

1946 年 1 月至 1946 年 2 月，璧山地方法院关于债务纠纷等案的文书，包括民事诉状、送达证书、通知单、民事言辞辩论笔录、民事调解状、通知书、民事撤回状、民事和解笔录等。

234. 璧山地方法院审理债务执行一案　12－16－555

1946 年 1 月至 1946 年 3 月，璧山地方法院关于债务执行等案的文书，包括民事声请状、民事裁定书、送达证书、民事支付命令等。

235. 四川高等法院第一分院、璧山实验地方法院等审理拍卖抵押物及其上诉一案　12－16－556

1945 年 7 月至 1946 年 11 月，四川高等法院第一分院、璧山实验地方法院等关于原告人张硕高诉被告人巫大铨等请判令拍卖抵押物及其上诉一案的文书，包括民事抗告状、民事裁定书、民事声请状、民事言辞辩论笔录、送达证书、民事委任状等。

236. 四川高等法院第一分院、璧山实验地方法院等审理交业和给付租谷及其上诉案两案　12－16－557

1945 年 9 月至 1946 年 12 月，四川高等法院第一分院、璧山实验地方法院等关于原告人叶甫成诉被告人罗万发请判令交业和原告人朱华亭诉被告人朱炳全请判令给付租谷及其上诉案两案的文书，包括民事上诉状、民事裁定书、民事委任状、民事和解笔录、往来公函等。

237. 四川高等法院第一分院、璧山地方法院审理无权占有、遗嘱存查两案　12－16－558

1946 年 5 月至 1946 年 9 月，四川高等法院第一分院、璧山地方法院关于原告人彭森祥诉被告人刘道五声请确认无权占有和声请人龙长钧声请遗嘱存查两案的文书,包括民事抗告状、民事裁定书、民事声请状、案奉、命令、收据等。

238. 四川高等法院第一分院、璧山地方法院审理确认所有权及其上诉案两案 12—16—559

1946年4月至1947年4月,四川高等法院第一分院、璧山地方法院关于原告人张荣臣诉被告人郭炳然请判令确认所有权案、原告人张叔达诉被告人陈玉其请判令确认所有权案及其上诉案两案的文书,包括民事诉状、通知单、送达证书、民事撤回状、民事声请状、民事裁定书、民事上诉状、民事委任状、民事言辞辩论笔录、民事判决书、收据等。

239. 四川高等法院第一分院、璧山实验地方法院等审理赔偿损害及其上诉案两案 12—16—560

1945年7月至1947年6月,四川高等法院第一分院、璧山实验地方法院等关于原告人彭刘氏诉被告人刘学武等请判令赔偿损害和原告人曾锡之诉被告人荣仲夔请判令赔偿损害及其上诉案两案的文书,包括往来公函、民事上诉状、民事裁定书、民事委任状、民事判决书、民事言辞辩论笔录、民事声请状等。

240. 璧山地方法院审理债务调解两案　12—16—561

1946年1月至1946年5月,璧山地方法院关于原告人向洪盛诉被告人吴香廷等声请债务调解和原告人薛肇斌诉被告人明秀彬声请债务调解两案的文书,包括民事声请状、送达证书、通知单、民事委任状、民事言辞辩论笔录等。

241. 璧山实验地方法院等审理债务纠纷两案　12—16—562

1945年11月至1947年6月,璧山实验地方法院等关于原告人陈继陶诉被告人吴代昆为拖欠债务延不履行请判令清偿并宣告假执行和原告人陈宪章等诉被告人黄俊钦等请判令债务执行两案的文书,包括民事诉状、送达证书、通知单、民事言辞辩论笔录、民事宣判笔录、民事判决书、民事委任状、民事声明状等。

242. 璧山实验地方法院等审理债务纠纷四案　12—16—563

1945年12月至1946年9月,璧山实验地方法院等关于张万里廖文绪债务纠纷、凌国安黄治江等债务纠纷、郭复兴朱义之等债务纠纷、巫俊蔡永祥债务纠纷四案的文书,包括往来公函、民事判决书、民事诉状、民事答辩状、送达证书、通知单、民事言辞辩论笔录、民事宣判笔录等。

243. 璧山地方法院审理分产存查和交还产业两案　12－16－564

1946年3月至1946年11月，璧山地方法院关于原申声请人张孔昭等为分赠产业声请备案和原告人黄曾氏诉被告人曾李氏为诉请判令被告交还产业并宣告假执行两案的文书，包括民事声请状、往来公函、通知单、送达证书、民事言辞辩论笔录、民事委任状等。

244. 璧山地方法院审理返还田业等案　12－16－565

1946年4月至1946年10月，璧山地方法院关于返还田业、分割遗产执行、领证等案的文书，包括民事声请状、送达证书、通知单、民事言辞辩论笔录、民事诉状、民事委任状、民事判决书、收据、民事上诉状、民事裁定书、民事撤回状等。

245. 四川高等法院第一分院、璧山地方法院审理分割共有物及其上诉一案　12－16－566

1946年3月至1946年11月，四川高等法院第一分院、璧山地方法院关于原告人饶尚楷诉被告人饶大勋为共有物分割方法无法协议诉请准予平均分割及其上诉一案的文书，包括民事诉状、民事委任状、送达证书、民事申诉书、通知单、民事言辞辩论笔录、民事宣判笔录、民事判决书、民事申请书、民事上诉状、民事裁定书、民事声请状等。

246. 四川高等法院第一分院、璧山实验地方法院等审理分割遗产及其上诉一案　12－16－567

1939年12月至1944年5月，四川高等法院第一分院、璧山实验地方法院等关于原告人张元龙诉被告人张德勋请判令分割遗产及其上诉一案的文书，包括民事上诉状、民事裁定书、民事判决书、民事声请状、民事辩诉状、民事诉状、民事言辞辩论笔录、民事宣判笔录等。

247. 璧山地方法院审理异议之诉一案　12－16－568

1946年4月至1946年6月，璧山地方法院关于原告人蔡荣林诉被告人吴元清等为提起异议之诉请予传案审理以维佃权一案的文书，包括民事诉状、送达证书、民事委任状、民事答辩状、通知单、民事言辞辩论笔录、民事宣判笔录、民事判决书等。

248. 璧山地方法院审理领证四案　12－16－569

1946年2月至1946年4月，璧山地方法院关于贺玉林领证、雷海荣领证、胡开举领证、何泰文领证四案的文书，包括民事领状、通知单、民事言辞辩论笔录、收据等。

249. 璧山地方法院审理领证四案　12—16—570

1946年3月，璧山地方法院关于蒋惠廷领证、蒋曾氏领证、赵冉氏领证、黎锡盛领证四案的文书，包括民事领状、民事委任状、送达证书、通知单、民事言辞辩论笔录、收据、民事声请状等。

250. 璧山地方法院审理领证三案　12—16—571

1946年3月至1946年4月，璧山地方法院关于周慧安等领证、朱绍炡领证、吴立山领证三案的文书，包括民事领状、送达证书、通知单、收据、民事声请状等。

251. 璧山地方法院审理请发支付命令四案　12—16—572

1946年1月至1946年2月，璧山地方法院关于龙俊仙请发支付命令、李鹏请发支付命令、朱谢氏请发支付命令、王光荣请发支付命令四案的文书，包括民事债务人状、民事声请状、支付命令、送达证书、民事请执行状等。

252. 璧山地方法院审理请发支付命令三案　12—16—573

1946年1月至1946年3月，璧山地方法院关于陈德光请发支付命令、廖源兴请发支付命令、李鹏请发支付命令三案的文书，包括民事声请状、支付命令、送达证书、民事委任状等。

253. 四川高等法院第一分院、璧山地方法院审理赔偿黄谷及其上诉一案　12—16—574

1946年8月至1947年7月，四川高等法院第一分院、璧山地方法院关于原告人荣惠钦诉被告人冉炳华请判令赔偿黄谷及其上诉一案的文书，包括民事上诉状、民事裁定书、民事答辩状、民事委任状、民事诉状、民事言辞辩论笔录、通知单等。

254. 璧山地方法院审理执行租谷一案　12—16—575

1946年9月至1948年6月，璧山地方法院关于原告人陈文品诉被告人夏汉臣请判令执行租谷一案的文书，包括民事声请状、民事诉状、民事执行状、民事声明状、通知单、民事执行裁定书、收据等。

255. 四川高等法院第一分院、璧山地方法院审理赔偿撤销买卖契约及其上诉一案 12－16－576

1946年6月至1947年6月，四川高等法院第一分院、璧山地方法院关于原告人王桂廷诉被告人王树轩请判令撤销买卖契约及其上诉一案的文书，包括民事诉状、民事委任状、通知单、民事言辞辩论笔录、民事声请状、民事答辩状、民事判决书、民事宣判笔录、民事上诉状、民事撤回状等。

256. 璧山地方法院审理债务纠纷一案 12－16－577

1946年2月至1946年7月，璧山地方法院关于原告人雷相松诉被告人张洽臣请判令返还垫款一案的文书，包括民事诉状、民事委任状、民事辩诉状、通知单、民事言辞辩论笔录、民事催状、民事判决书等。

257. 四川高等法院第一分院、璧山实验地方法院等审理回赎典产三案 12－16－578

1944年11月至1946年9月，四川高等法院第一分院、璧山实验地方法院等关于张元之请求放赎典物上诉案、张明之放赎典产上诉案、张明材回赎典产案三案的文书，包括往来公函、民事裁定书、民事抗告状、民事上诉状、民事声请状、民事判决书、通知单、民事言辞辩论笔录、民事宣判笔录等。

258. 四川高等法院第一分院、璧山实验地方法院等审理返还棉纱一案 12－16－579

1945年9月至1946年6月，四川高等法院第一分院、璧山实验地方法院等关于上诉人张忠明诉被告人龚叶氏返还棉纱一案的文书，包括民事上诉状、民事裁定书、民事判决书、民事诉状、通知单、民事言辞辩论笔录、民事宣判笔录等。

259. 四川高等法院第一分院、璧山实验地方法院等审理交还田业及其上诉一案 12－16－580

1945年7月至1946年9月，四川高等法院第一分院、璧山实验地方法院等关于原告人江贯之诉被告人陈炳辉请判令交还田业及其上诉一案的文书，包括民事抗告状、民事上诉状、民事裁定书、民事声请状、民事诉状、通知单、民事言辞辩论笔录、民事委任状、民事宣判笔录等。

260. 四川高等法院第一分院、璧山地方法院审理诈欺和确认继承权及其上诉案两案 12－16－581－582

1946年10月至1947年9月，四川高等法院第一分院、璧山地方法院关于自诉人陈邓枝梅诉被告人杨海荣诈欺案、原告人王光晋诉被告人王文林请判令确认继承权及其上诉案两案的文书，包括通知单、刑事答辩状、刑事审判笔录、刑事保状、刑事诉状、刑事判决书、民事诉状、民事委任状、民事答辩状、民事辩诉状、民事言辞辩论笔录、民事判决书、民事上诉状等。

261. 四川高等法院第一分院、璧山地方法院审理增加给付及其上诉一案　12－16－583－584

1946年4月至1947年3月，四川高等法院第一分院、璧山地方法院关于原告人陈全安诉被告人黄协昌请判令增加给付及其上诉一案的文书，包括民事诉状、民事委任状、民事声请状、通知单、民事言辞辩论笔录、民事和解笔录、民事辩诉状、民事答辩状、刑事判决书、民事判决书、民事执行命令、收据等。

262. 璧山地方法院审理撤销买卖和返还庙产两案　12－16－585－586

1946年8月至1946年12月，璧山地方法院关于原告人雷海清诉被告人雷杨松请判令撤销买卖和原告人僧永康诉被告人刘子云请判令返还庙产两案的文书，包括民事诉状、民事辩诉状、民事委任状、通知单、民事言辞辩论笔录、民事和解状、民事宣判笔录、民事判决书等。

263. 璧山地方法院审理清偿票款一案　12－16－587－588

1946年3月至1946年9月，璧山地方法院关于原告人雷声麟诉被告人连林材请判令清偿票款一案的文书，包括民事诉状、民事委任状、通知单、民事言辞辩论笔录、民事声请状、民事判决书、收据等。

264. 四川高等法院第一分院、璧山地方法院审理赎产更审和清偿黄谷及其上诉案两案　12－16－589－590

1946年3月至1946年11月，四川高等法院第一分院、璧山地方法院关于原告人曾琫章诉被告人曾华封请判令赎产更审一案和原告人邓致卿诉被告人萧宗朝请判令清偿黄谷一案及其上诉案两案的文书，包括民事声请状、通知单、民事言辞辩论笔录、民事裁定书、民事委任状、民事诉状、民事宣判笔录、收据、民事上诉状、民事答辩状、民事判决书等。

265. 四川高等法院第一分院、璧山地方法院审理贪污和分割产业执行及其上诉案两案　12－16－591－592

1946年7月至1947年9月，四川高等法院第一分院、璧山地方法院关于原告人连文波等诉被告人刘万钟贪污一案和原告人刘炳安等诉被告人周韦氏请判令分割产业执行一案及其上诉案两案的文书，包括民事诉状、民事保状、民事补诉状、检察官起诉处分书、和解笔录、民事声明状、民事执行状、民事委任状、通知单、法院执行存查、刑事异议、民事补呈、民事催请、民事上诉状、民事裁定书等。

266. 四川高等法院第一分院、璧山地方法院审理给付租谷及其上诉一案　12－16－593

1946年10月至1948年2月，四川高等法院第一分院、璧山地方法院关于原告人刘光曜诉被告人罗炳全请判令给付租谷及其上诉一案的文书，包括民事诉状、民事委任状、民事言辞辩论笔录、民事声请状、民事宣判笔录、民事判决书、民事上诉状、民事答辩状、民事裁定书等。

267. 四川高等法院第一分院、璧山地方法院审理返还收益及其上诉一案　12－16－594

1946年10月至1948年3月，四川高等法院第一分院、璧山地方法院关于原告人张春德诉被告人黄开庸请判令返还收益及其上诉一案的文书，包括民事诉状、民事判决书、民事委任状、民事答辩状、民事言辞辩论笔录、民事宣判笔录、民事上诉状、民事声请状等。

268. 璧山地方法院审理排除侵害一案　12－16－595

1946年8月至1947年4月，璧山地方法院关于原告人彭张氏诉被告人张子文请判令排除侵害一案的文书，包括民事诉状、民事委任状、通知单、民事言辞辩论笔录、民事参加状、民事声请状、民事催状、民事宣判笔录、民事判决书等。

269. 四川高等法院重庆分院、璧山地方法院审理裁定诉费和迁让房屋及其上诉两案　12－16－596－597

1946年1月至1948年3月，四川高等法院重庆分院、璧山地方法院关于原告人向文光等诉被告人张德惠等声请裁定讼费一案和原告人刘超群诉被告人李照泽等请迁让房屋一案及其上诉案两案的文书，包括民事声请状、民事裁定书、民事诉状、民事言辞辩论笔录、通知单、民事判决书、民事宣判笔录、民事上诉状等。

270. 四川高等法院第一分院、璧山实验地方法院等审理终止大佃契约的上诉一案　12－16－598

1945年1月至1946年3月，四川高等法院第一分院、璧山实验地方法院等关于原告人吴李氏诉被告人李银顺请判令终止大佃契约的上诉一案的文书，包括民事判决书、民事和解状、民事上诉状、民事委任状等。

271. 四川高等法院第一分院、璧山实验地方法院等审理回赎典产及其上诉一案 12－16－599

1945年4月至1946年4月，四川高等法院第一分院、璧山实验地方法院等关于原告人王成章诉被告人王陈氏请判令回赎典产及其上诉一案的文书，包括民事上诉状、民事声请书、民事参加状、民事答辩状、民事委任状、民事和解笔录、收据、通知单、民事辩诉状、民事诉状、民事宣判笔录、民事催状等。

272. 四川高等法院第一分院、璧山实验地方法院等审理领押交业及其上诉一案 12－16－600

1944年4月至1946年9月，四川高等法院第一分院、璧山实验地方法院等关于原告人邓廷森诉被告人严泽之等请判令领押交业及其上诉一案的文书，包括民事判决书、民事补诉状、民事上诉状、民事声请状、民事诉状、民事委任状、通知单、民事言辞辩论笔录、民事宣判笔录等。

273. 璧山地方法院审理搬迁交房等案　12－16－601

1946年3月至1946年10月，璧山地方法院关于搬迁交房等案的文书，包括民事诉状、通知单、民事言辞辩论笔录、民事委任状、民事和解笔录、民事辩诉状、民事辩护状、民事判决书等。

274. 璧山地方法院审理交房执行三案　12－16－602

1946年8月至1947年2月，璧山地方法院关于戈俊德交房执行、蒋芹馨交房执行、彭曾玉清交房执行三案的文书，包括民事执行状、民事判决书、民事执行命令、民事催状、通知单、民事诉状、民事反诉状、民事证明状、民事言辞辩论笔录、民事宣判笔录等。

275. 璧山地方法院审理恐吓致死一案　12－16－603

1946年1月至1947年3月，璧山地方法院关于原告人尹天江等诉被告人尹冯氏恐吓致死予以惩处一案的文书，包括民事辩诉状、民事催状、审讯笔录、检察官起诉处分书等。

276. 四川高等法院第一分院、璧山地方法院审理给付黄谷执行及其上诉一案　12－16－604

1946年9月至1947年2月，四川高等法院第一分院、璧山地方法院关于原告人陈文品诉被告人夏汉臣请判令给付黄谷执行及其上诉一案的文书，包括民事和解笔录、民事执行命令、通知单、民事领状、收据、民事声明状、民事缴状、民事声请状、民事抗告状、民事委任状等。

277. 四川高等法院第一分院、璧山地方法院审理返还柏树等案　12—16—605

1946年7月至1947年9月，四川高等法院第一分院、璧山地方法院关于返还柏树、领证等案的文书，包括民事诉状、民事答辩状、民事宣判笔录、民事判决书、通知单、收据等。

278. 璧山地方法院审理回赎产业两案　12—16—606

1946年2月至1946年11月，璧山地方法院关于原告人薛汉洲等诉被告人薛隆田请判令回赎产业和原告人朱月辉诉被告人朱泽林请判令回赎产业两案的文书，包括民事诉状、民事言辞辩论笔录、民事宣判笔录、民事判决书、通知单、民事反诉状、民事委任状、民事撤回状、民事答辩状等。

279. 璧山地方法院审理给付黄谷执行等案　12—16—607

1946年1月至1946年8月，璧山地方法院关于给付黄谷执行等案的文书，包括民事执行假扣押状、训令、民事裁定书、民事声请状、民事执行状、民事执行命令、通知单、收据等。

280. 四川高等法院第一分院、璧山实验地方法院等审理债务纠纷等案　12—16—608

1937年10月至1946年9月，四川高等法院第一分院、璧山实验地方法院等关于债务纠纷等案的文书，包括民事诉状、通知单、民事言辞辩论笔录、民事补诉状、民事宣判笔录、民事判决书、民事答辩状、民事和解笔录、民事上诉状、民事撤回状等。

281. 四川高等法院第一分院、璧山地方法院审理债务纠纷等案　12—16—609

1946年4月至1946年10月，四川高等法院第一分院、璧山地方法院关于债务纠纷等案的文书，包括民事诉状、民事委任状、通知单、民事言辞辩论笔录、民事宣判笔录、民事上诉状、民事判决书、民事和解笔录、民事答辩状等。

282. 璧山地方法院审理债务纠纷四案　12—16—610

1946年1月至1946年10月，璧山地方法院关于蔡明高债务纠纷、张德福债务纠纷、龙俊先债务纠纷、张树青债务纠纷四案的文书，包括民事诉状、通知单、民事言辞辩论笔录、民事宣判笔录、民事判决书、民事委任状等。

283. 璧山地方法院审理赔偿损害等案 12－16－611

1946年1月至1946年9月，璧山地方法院关于赔偿损害等案的文书，包括民事诉状、民事声请状、民事委任状、通知单、民事言辞辩论笔录、民事宣判笔录、民事判决书、民事声请调解状、民事辩诉状等。

284. 四川高等法院第一分院、璧山地方法院审理赔偿损害等案 12－16－612

1946年4月至1946年10月，四川高等法院第一分院、璧山地方法院关于赔偿损害等案的文书，包括民事诉状、民事委任状、通知单、民事言辞辩论笔录、民事宣判笔录、民事判决书、民事答辩状、民事上诉状等。

285. 四川高等法院第一分院、璧山地方法院审理确认买卖契约无效及其上诉案两案 12－16－613

1945年3月至1946年5月，四川高等法院第一分院、璧山地方法院关于原告人赵冰如等诉被告人吴绍明等确认买卖契约无效和原告人蒋谢氏等诉被告人蒋饶氏确认买卖契约无效及其上诉案两案的文书，包括民事诉状、通知单、民事答辩状、民事上诉状、民事委任状、民事判决书等。

286. 璧山地方法院审理给付租谷四案 12－16－614

1946年1月至1946年10月，璧山地方法院关于尹洪青给付租谷、江朝荣给付租谷、张海全给付租谷、甘泽汉给付租谷四案的文书，包括民事诉状、民事委任状、通知单、民事撤回状、民事言辞辩论笔录、民事宣判笔录、民事判决书、民事声诉状等。

287. 璧山地方法院审理给付欠款等案 12－16－615

1946年5月至1946年7月，璧山地方法院关于原告人成子尧诉被告人洪安波请求给付欠款及返还奖金矿税运费一案的文书，包括民事诉状、通知单、民事言辞辩论笔录、民事宣判笔录、民事委任状、民事判决书、收据等。

288. 璧山地方法院审理诱拐和教唆窃盗两案 12－16－616

1946年5月至1947年1月，璧山地方法院关于检察官诉被告人吴仲屠诱拐其女和原告人黄荣臣诉被告人黄树廷为妨害家庭教唆窃盗恳予从重惩处两案的文书，包括询问笔录、刑事保状、检察官起诉处分书、刑事审判笔录、民事自诉状、民事委任状、通知单、民事判决书等。

289. 璧山地方法院审理产业调解等案　12—16—617

1945 年 12 月至 1946 年 9 月，璧山地方法院关于产业调解、交还房屋、交还耕牛、迁让调解、返还产业等案的文书，包括民事声请调解状、通知单、民事诉状、民事委任状、民事和解笔录、民事辩诉状、民事声请状、民事判决书等。

290. 璧山地方法院审理请发支付命令八案　12—16—618

1946 年 3 月至 1946 年 9 月，璧山地方法院关于向全盛请发支付命令、左首涵请发支付命令、谭邓氏请发支付命令、张兴荣请发支付命令、黄裕书请发支付命令、李鹏请发支付命令、周明光请发支付命令、谭治荣请发支付命令八案的文书，包括民事声请债务状、民事支付命令、民事异议状、民事声请状等。

291. 璧山地方法院审理请发支付命令等案　12—16—619

1946 年 4 月至 1946 年 12 月，璧山地方法院关于请发支付命令、租佃调解等案的文书，包括民事声请状、民事支付命令、通知书等。

292. 四川高等法院第一分院、璧山实验地方法院等审理给付生活费等案　12—16—621

1945 年 12 月至 1946 年 8 月，四川高等法院第一分院、璧山实验地方法院等关于给付生活费、增加给付、给付生活费调解等案的文书，包括民事诉状、通知单、民事言辞辩论笔录、民事宣判笔录、民事辩诉状、民事委任状、民事判决书、民事支付命令、民事催状等。

293. 四川高等法院第一分院、璧山实验地方法院等审理赔偿损害等案　12—16—622

1945 年 12 月至 1946 年 8 月，四川高等法院第一分院、璧山实验地方法院等关于赔偿损害等案的文书，包括民事诉状、民事言辞辩论笔录、民事委任状、通知单、民事宣判笔录、民事判决书、民事声请状、民事执行命令等。

294. 四川高等法院第一分院、璧山地方法院审理回赎典产等案　12—16—623

1946 年 5 月至 1947 年 2 月，四川高等法院第一分院、璧山地方法院关于回赎典产、回赎产业、提前回赎等案的文书，包括民事诉状、通知单、民事委任状、民事言辞辩论笔录、民事和解笔录、民事判决书、民事上诉状、民事裁定书等。

295. 璧山地方法院审理请发支付命令等案　12—16—624（1）

1946 年 4 月至 1946 年 10 月，璧山地方法院关于请发支付命令等案的文书，包括民事债务状、借据、民事支付命令、民事声明异议状、民事裁定书、民事声请状、民事诉状等。

296. 璧山地方法院审理请返还房屋一案　12—16—624（2）

1946年1月至1946年9月，璧山地方法院关于原告人罗仲枢诉被告人连刘氏等声请返还房屋一案的文书，包括民事声请状、通知单、民事言辞辩论笔录、民事撤回状、民事判决书等。

297. 四川高等法院第一分院、璧山地方法院审理赔偿损害等案　12—16—625

1946年6月至1947年2月，四川高等法院第一分院、璧山地方法院关于赔偿损害等案的文书，包括民事诉状、通知单、民事言辞辩论笔录、民事辩诉状、民事宣判笔录、民事判决书、民事上诉状、民事声请状等。

298. 四川高等法院第一分院、璧山地方法院审理给付洋纱及其上诉案等两案　12—16—626

1946年5月至1947年3月，四川高等法院第一分院、璧山地方法院关于原告人罗光明诉被告人刘祥云请判令给付洋纱一案及其上诉案和原告人蒋赤熵诉被告人陈尧松请判令给付棉纱两案的文书，包括民事上诉状、民事裁定书、民事声请状、民事辩诉状、民事诉状、民事委任状、通知单、民事言辞辩论笔录、民事催状、民事判决书、民事执行状、民事执行命令等。

299. 璧山地方法院审理再醮存查三案　12—16—627

1946年4月至1946年5月，璧山地方法院关于张蔡氏再醮存查、许邓文清再醮存查、李忠国再醮存查三案的文书，包括民事声请状、批示等。

300. 四川高等法院第一分院、璧山实验地方法院等审理赎典三案　12—16—628

1944年1月至1946年5月，四川高等法院第一分院、璧山实验地方法院等关于石中玉等赎典、董树清赎典、罗张氏赎典三案的文书，包括民事上诉状、通知单、民事言辞辩论笔录、民事裁定书、民事判决书、民事声请状等。

301. 四川高等法院第一分院、璧山地方法院审理妨害自由一案及其上诉一案　12—16—629

1946年4月至1946年12月，四川高等法院第一分院、璧山地方法院关于原告人刘铁樵诉被告人周汉臣强暴胁迫妨害自由及其上诉一案的文书，包括刑事上诉状、往来公函、刑事委任状、宣示判决笔录、刑事判决书、刑事自诉状、民事裁定书等。

302. 璧山地方法院审理债务执行三案　12－16－630

1946年8月至1946年12月，璧山地方法院关于曾治钧债务执行、萧子琴债务执行、吴俊良等债务执行三案的文书，包括民事执行状、民事判决书、收据、民事执行命令、民事委任状、民事催呈等。

303. 璧山地方法院审理债务执行三案　12－16－631

1946年1月至1947年4月，璧山地方法院关于杨清氏债务执行、孙学周等债务执行、蒋固华债务执行三案的文书，包括民事诉状、民事执行命令、收据、民事委任状等。

304. 四川高等法院第一分院、璧山实验地方法院等审理确认所有权及其上诉案两案　12－16－632

1945年11月至1946年11月，四川高等法院第一分院、璧山实验地方法院等关于原告人蒋荣氏诉被告人伍东周等请求确认所有权及其上诉案和上诉人周木林等诉被上诉人贺玉林请求确认所有权及其上诉案两案的文书，包括民事诉状、民事委任状、通知单、民事言辞辩论笔录、民事宣判笔录、民事答辩状、民事判决书、民事上诉状等。

305. 璧山地方法院审理异议之诉三案　12－16－633

1946年1月至1946年3月，璧山地方法院关于白代辉异议之诉、曾仲林等异议之诉、江璧光等异议之诉三案的文书，包括民事诉状、民事委任状、民事声请状、民事答辩状、通知单、民事言辞辩论笔录、民事宣判笔录、民事裁定书、民事判决书、民事补充理由状等。

306. 四川高等法院第一分院、璧山地方法院等审理领押交业三案　12－16－635

1944年7月至1947年2月，四川高等法院第一分院、璧山地方法院等关于苏南轩领押交业、刘作霖领押交业、夏汉臣领押交业三案的文书，包括民事判决书、通知单、民事言辞辩论笔录、民事委任状、民事上诉状、民事裁定书、民事宣判笔录、收据等。

307. 璧山地方法院审理回赎典产等案　12－16－636

1946年2月至1946年7月，璧山地方法院关于回赎典产和增加典价执行等案的文书，包括民事诉状、通知单、民事言辞辩论笔录、民事撤回状、民事委任状、民事答辩状、民事执行状等。

308. 璧山地方法院审理给付棉纱等案　12—16—637

1946年1月至1946年9月，璧山地方法院关于给付棉纱和执行返还洋靛等案的文书，包括民事诉状、民事答辩状、民事理由状、通知单、民事言辞辩论笔录、民事委任状、民事撤回状、民事执行状、民事判决书、民事执行命令等。

309. 四川高等法院第一分院、璧山实验地方法院审理赎回产业上诉一案　12—16—638

1944年3月至1944年9月，四川高等法院第一分院、璧山实验地方法院关于原告人李吉生等诉被告人万树材请求赎回产业上诉一案的文书，包括民事上诉状、民事委任状、民事答辩状、民事判决书、民事裁定书等。

310. 四川高等法院第一分院、璧山地方法院审理给付租谷等案　12—16—639

1946年1月至1947年3月，四川高等法院第一分院、璧山地方法院关于给付租谷等案的文书，包括民事诉状、通知单、民事答辩状、民事和解笔录、民事宣判笔录、民事判决书、民事抗告状等。

311. 璧山地方法院审理离婚两案　12—16—640

1946年2月至1946年8月，璧山地方法院关于原告人杨维新诉被告人杨吴氏请求离婚和原告人胡才贵诉被告人朱大成请求离婚两案的文书，包括民事诉状、民事言辞辩论笔录、民事答辩状、民事委任状、民事反诉状、民事判决书等。

312. 四川高等法院第一分院、璧山地方法院审理返还黄谷上诉一案　12—16—641

1946年3月至1946年11月，四川高等法院第一分院、璧山地方法院关于上诉人毛群普诉被上诉人胡绍镐返还黄谷上诉一案的文书，包括民事催状、民事上诉状、民事委任状、民事理由状、民事判决书等。

313. 四川高等法院第一分院、璧山地方法院审理分割产业四案　12—16—642

1946年3月至1946年9月，四川高等法院第一分院、璧山地方法院关于郭永瑜等分割产业、朱冉氏等分割产业、孙平安等分割产业、周韦氏分割产业四案的文书，包括民事诉状、民事委任状、通知单、民事言辞辩论笔录、民事判决书、收据、民事答辩状、民事宣判笔录、民事声请状、民事撤回状、民事裁定书等。

314. 璧山地方法院审理领证四案　12—16—643

1946年6月至1946年12月，璧山地方法院关于袁正安等领证、吴子钊等领证、尚明星领证、李清明领证四案的文书,包括通知单、收据、民事声请状、民事声明状等。

315. 璧山实验地方法院等审理领证六案　12－16－644

1942年10月至1947年3月,璧山实验地方法院等关于王海滨领证、何世障领证、白楚珩领证、夏庆长领证、朱仲良等领证、王熵煊领证六案的文书,包括民事声请状、通知单、收据、民事声明状等。

316. 璧山地方法院审理声请拍卖抵押物两案　12－16－645

1946年9月至1946年11月,璧山地方法院关于原告人周荣礼诉被告人王一中声请拍卖抵押物和原告人璧山储运处诉被告人娄源成声请拍卖抵押物两案的文书,包括民事声请状、民事裁定书、民事执行命令、民事异议状、收据、通知单、民事委任状等。

317. 四川高等法院第一分院、璧山地方法院审理执行交业四案　12－16－646

1946年8月至1946年12月,四川高等法院第一分院、璧山地方法院关于赵冉氏执行交业、周荣升执行交业、张胡氏等执行交业、王俊雄执行交业四案的文书,包括民事声请状、民事和解笔录、民事执行命令、民事判决书、通知单、民事执行状等。

318. 四川高等法院第一分院、璧山地方法院审理增加给付三案　12－16－647

1946年9月至1947年6月,四川高等法院第一分院、璧山地方法院关于陈锡林增加给付、周林氏增加给付、赵树彬增加给付三案的文书,包括民事诉状、通知单、民事宣判笔录、民事异议状、民事判决书等。

319. 璧山地方法院审理增加给付三案　12－16－648

1946年10月至1947年1月,璧山地方法院关于蒋瑞清增加给付、黄希之增加给付、赵冉氏增加给付三案的文书,包括民事诉状、民事辩诉状、民事言辞笔录、民事宣判笔录、民事判决书、民事委任状、收据、民事答辩状、民事撤回状等。

320. 璧山地方法院审理给付租谷两案　12－16－649

1946年7月至1946年11月,璧山地方法院关于原告人王文彬诉被告人石成宣给付租谷和原告人王仑高诉被告人陈银洲给付租谷两案的文书,包括民事答辩状、通知单、民事言辞辩论笔录、民事诉状、民事声明状、民事宣判笔录、民事判决书、民事答辩状等。

321. 璧山地方法院审理执行交房四案　12－16－650

1946 年 5 月至 1946 年 11 月，璧山地方法院关于荣桌汉执行交房、江炳辉执行交房、周天煜执行交房、刘克全执行交房四案的文书，包括民事诉状、通知单、民事言辞辩论笔录、民事宣判笔录、民事判决书、收据、民事委任状、民事辩诉状、民事执行命令等。

322. 璧山地方法院审理租佃调解四案　12－16－651

1946 年 2 月至 1946 年 5 月，璧山地方法院关于陈昌裕租佃调解、李成奇租佃调解、朱陈氏租佃调解、易陈氏等租佃调解四案的文书，包括民事申请状、民事委任状、民事申请调解状、通知单、民事言辞辩论笔录等。

323. 四川高等法院第一分院、璧山地方法院审理解除租佃两案　12－16－652

1946 年 4 月至 1946 年 7 月，四川高等法院第一分院、璧山地方法院关于原告人孙子钊诉被告人连吉安解除租佃和原上诉人易伯顺诉被上诉人陈胡氏解除租佃两案的文书，包括民事诉状、民事辩诉状、通知单、民事言辞辩论笔录、民事宣判笔录、民事声请状、民事判决书、民事上诉状、民事裁定书、民事撤回状等。

324. 四川高等法院第一分院、璧山地方法院审理押金执行等案　12－16－653

1946 年 5 月至 1946 年 8 月，四川高等法院第一分院、璧山地方法院关于押金执行、罚金执行、声请饬令押金等案的文书，包括民事判决书、民事执行命令、刑事判决状、收据等。

325. 四川高等法院第一分院、璧山地方法院审理偿还债款一案　12－16－654

1946 年 12 月至 1948 年 1 月，四川高等法院第一分院、璧山地方法院关于原告人许克明诉被告人李泮溪请求偿还债款一案的文书，包括民事委任状、民事诉状、通知单、民事言辞辩论笔录、民事宣判笔录、民事判决书、民事上诉状、民事裁定书等。

326. 璧山地方法院审理债务纠纷等案　12－16－655

1946 年 1 月至 1946 年 11 月，璧山地方法院关于债务纠纷等案的文书，包括民事诉状、民事委任状知单、民事言辞辩论笔录、民事宣判笔录、民事判决书等。

327. 璧山地方法院审理返还产业调解等案　12－16－656

1946 年 4 月至 1946 年 6 月，璧山地方法院关于返还产业调解、返还出典田产、返还产业执行等案的文书，包括民事声请调解状、民事委任状、通知单、民事调解笔录、民事债务执行状、批示等。

328. 四川高等法院第一分院、璧山地方法院审理撤销婚约等案　12－16－657

1946 年 3 月至 1946 年 11 月，四川高等法院第一分院、璧山地方法院关于撤销婚约、撤销婚约存查、解除婚约、解除婚约存查等案的文书，包括民事诉状、民事答辩状、通知单、民事言辞辩论笔录、民事宣判笔录、民事判决书、民事上诉状、民事委任状、撤回通知书、批示等。

329. 璧山地方法院审理请发支付命令三案　12－16－658

1946 年 11 月至 1947 年 3 月，璧山地方法院关于张科全请发支付命令、曾树培请发支付命令、黄成江请发支付命令三案的文书，包括民事声请状、民事支付命令、民事声明状等。

330. 璧山地方法院审理请发支付命令三案　12－16－659

1946 年 6 月至 1946 年 9 月，璧山地方法院关于张裕如请发支付命令、张文城请发支付命令、向文光请发支付命令三案的文书，包括民事诉状、民事支付命令、民事声明状、民事申请状、民事裁定书等。

331. 四川高等法院第一分院、璧山地方法院审理确定经界一案　12－16－660

1946 年 4 月至 1946 年 6 月，四川高等法院第一分院、璧山地方法院关于原告人冯锦章诉被告人冯一齐确定经界及其上诉一案的文书，包括民事诉状、民事辩诉状、民事参加状、民事委任状、通知单、民事言辞辩论笔录、民事宣判笔录、民事判决书、民事上诉状、民事裁定书、民事和解笔录等。

332. 璧山地方法院审理执行交业等案　12－16－661

1946 年 6 月至 1947 年 1 月，璧山地方法院关于执行交业、黄谷执行、交业给租执行等案的文书，包括民事执行状、民事和解笔录、民事执行命令、收据、民事判决书、民事裁定书、通知单、民事言辞辩论笔录、民事催执行状、执行通知书等。

333. 璧山地方法院审理执行交业三案　12－16－662

1946 年 2 月至 1946 年 12 月，璧山地方法院关于吴铁武执行交业、江流星执行交业、张合清执行交业三案的文书，包括民事判决书、民事执行状、民事异议状、民事执行命令、民事声请状、民事抗告状、民事声明状、执行通知书等。

334. 四川高等法院第一分院、璧山地方法院审理租谷执等三案　12－16－663

1946年9月至1947年7月，四川高等法院第一分院、璧山地方法院关于凌炳荣租谷执行、冯大贤租谷执行、夏汉臣租谷执行三案的文书，包括民事诉状、民事裁定书、民事声请状等。

335. 璧山地方法院审理确定经界三案　12－16－664

1946年4月至1947年4月，璧山地方法院关于王春山等确定经界、郑俊德确定经界、冯树清确定经界三案的文书，包括民事诉状、通知单、民事言辞辩论笔录、民事答辩状、民事和解笔录、民事宣判笔录、民事判决书、民事委任状等。

336. 璧山地方法院审理返还器物等三案　12－16－665

1946年5月至1946年12月，璧山地方法院关于饶明富返还器物、陈树富返还柏树、姚炳卿返还锄头执行三案的文书，包括民事声明状、收据、民事委任状、通知单、民事言辞辩论笔录、民事宣判笔录、民事判决书、民事声请状、民事执行命令等。

337. 四川高等法院第一分院、璧山地方法院审理交付白纸及其上诉一案　12－16－666

1946年4月至1946年11月，四川高等法院第一分院、璧山地方法院关于原告人贺俊章诉被告人陈汉宣请求交付白纸及其上诉一案的文书，包括民事上诉状、民事裁定书、民事辩诉状、宣示判决笔录、民事判决书、民事诉状、民事委任状、民事答辩状、通知单、民事言辞辩论笔录、民事宣判笔录、民事声请状等。

338. 四川高等法院第一分院、璧山地方法院审理离婚契约无效上诉案等两案　12－16－667

1946年7月至1946年9月，四川高等法院第一分院、璧山地方法院关于原告人吴德星诉被告人朱勤习请求确认离婚契约无效上诉案、原告人刘作霖诉被告人马在田请求婚约调解两案的文书，包括民事上诉状、民事判决书、民事声请状、民事委任状、通知单、民事言辞辩论笔录等。

339. 四川高等法院第一分院、璧山实验地方法院等审理黄谷执行上诉案和给付租谷两案　12－16－668

1945年11月至1946年10月，四川高等法院第一分院、璧山实验地方法院等关于上诉人曾永氏诉被上诉人叶廖氏黄谷执行上诉案、原告人刘成大诉被告人雷天泽给付租谷两案的文书，包括民事诉状、民事裁定书、民事上诉状、民事和解笔录等。

340. 璧山地方法院审理债务执行等案　12－16－669

1946 年 1 月至 1946 年 9 月，璧山地方法院关于债务执行、确认契约假执行、田谷纠纷、终止租约等案的文书，包括民事声请状、批示、民事裁定书等。

341. 璧山地方法院审理搬迁交业等案　12－16－670

1946 年 9 月至 1948 年 9 月，璧山地方法院关于徐祝尧搬迁交业、李伦钧搬迁交业、刘琢之搬迁交业、刘宗河搬迁交业等案的文书，包括民事诉状、民事委任状、民事参加状、收据、通知单、民事言辞辩论笔录、民事辩诉状、民事撤回状、民事宣判笔录、民事判决书等。

342. 四川高等法院第一分院、璧山地方法院审理给付债款及其上诉一案　12－16－671

1946 年 12 月至 1947 年 4 月，四川高等法院第一分院、璧山地方法院关于原告人曾树声诉被告人李荣丰请求给付债款及其上诉一案的文书，包括民事诉状、通知单、民事言辞辩论笔录、民事宣判笔录、民事判决书、民事声请状、民事上诉状、民事委任状等。

343. 璧山地方法院审理债务纠纷等案　12－16－672

1946 年 3 月至 1946 年 12 月，璧山地方法院关于债务纠纷等案的文书，包括民事诉状、民事委任状、通知单、民事言辞辩论笔录、民事宣判笔录、民事判决书、民事答辩状、民事和解笔录等。

344. 四川高等法院第一分院、璧山实验地方法院等审理返还黄谷等案　12－16－673

1945 年 10 月至 1946 年 11 月，四川高等法院第一分院、璧山实验地方法院等关于返还黄谷、黄谷执行 刘道五、返还借谷等案的文书，包括民事上诉状、民事委任状、民事判决书、民事诉状、民事辩诉状、通知单、民事言辞辩论笔录、民事宣判笔录、民事领状、民事声请状、公告等。

345. 璧山地方法院审理返还会款三案　12－16－674

1946 年 9 月至 1946 年 10 月，璧山地方法院关于冉隆锡返还会款、王才元返还会款、徐淑君返还会款三案的文书，包括民事诉状、通知单、民事言辞辩论笔录、民事宣判笔录、民事判决书、民事委任状等。

346. 璧山实验地方法院审理缴清遗产税款一案　12－16－675

1945 年 8 月至 1946 年 1 月，璧山实验地方法院关于璧山直接税局诉债务人王维桢缴清遗产税款一案的文书，包括通知单、民事执行处通知书、案奉、收据、民事委任状、民事声请状等。

347. 璧山地方法院审理异议之诉等案　12－16－676

1946 年 2 月至 1946 年 11 月，璧山地方法院关于遵章缴费异议之诉、撤销买卖契约强制执行异议之诉、撤销田产拍卖执行等案的文书，包括民事诉状、民事委任状、民事答辩状、通知单、民事言辞辩论笔录、民事宣判笔录、民事判决书等。

348. 璧山地方法院审理返还不当得利和私章一案　12－16－677

1946 年 9 月至 1946 年 11 月，璧山地方法院关于原告人李泽甫诉被告人谢开第请求返还不当得利和私章一案的文书，包括民事委任状、民事答辩状、民事声请状、民事诉状、通知等。

349. 璧山地方法院审理领证等案　12－16－678

1946 年 7 月至 1947 年 4 月，璧山地方法院关于潘俊良领证 、周泽之领证、孙子钊领证、王俊卿领证、马在青领证等案的文书，包括民事声请状、通知单、收据、批示等。

350. 璧山地方法院审理领证等案　12－16－679

1946 年 3 月至 1946 年 10 月，璧山地方法院关于龚张氏领证、雷永兴领证、钟代明等领证、杨维新领证等案的文书，包括民事声请状、通知单、民事领状、民事言辞辩论笔录、收据、民事委任状等。

351. 四川高等法院第一分院、璧山地方法院审理债务执行等案　12－16－680

1946 年 1 月至 1947 年 3 月，四川高等法院第一分院、璧山地方法院关于赵子明等债务执行、陈宪章债务执行、李鹏债务执行等案的文书，包括训令、通知书、查封不动产笔录、民事和解状、民事声请状、收据、民事执行状、民事判决书、民事执行命令、民事裁定书等。

352. 四川高等法院第一分院、璧山地方法院审理撤销假扣押等案　12－16－681

1946 年 7 月至 1948 年 4 月，四川高等法院第一分院、璧山地方法院关于孙子钊撤销假扣押及其上诉一案、黄炳章撤销假扣押、黄璧仙撤销假扣押等案的文书，包括民事声请状、民事裁定书、民事抗告状、民事假扣押状、民事执行状等。

353. 璧山地方法院审理债务执行等案　12－16－682

1946年3月至1946年11月，璧山地方法院关于景亮钧债务执行、段瑜思声请宣告假执行、袁树培给付欠款等案的文书，包括民事债务状、民事声请状、民事支付命令等。

354. 璧山地方法院审理声请提存等案　12－16－683

1946年2月至1946年8月，璧山地方法院关于声请提存、买树存查、买卖田土房屋等案的文书，包括民事声请状、民事委任状、通知单、民事言辞辩论笔录、通知书、民事存查状、批示、案准等。

355. 璧山实验地方法院等审理搬迁交业等案　12－16－684

1945年3月至1947年2月，璧山实验地方法院等关于凌云发等搬迁交业、邓陈氏搬迁交业、雷海荣迁让交房等案的文书，包括民事诉状、通知单、民事言辞辩论笔录、民事宣判笔录、民事判决书、收据、民事辩诉状、民事反诉状、民事证明状、民事缴状、民事委任状等。

356. 四川高等法院第一分院、璧山地方法院审理回赎典产及其上诉案两案　12－16－685

1946年5月至1947年5月，四川高等法院第一分院、璧山地方法院关于原告人孙进如诉被告人孙银安请求回赎典产和原告人李树清诉被告人王仑高等请求回赎典产及其上诉案两案的文书，包括民事声请状、通知单、民事言辞辩论笔录、民事答辩状、民事宣判笔录、民事判决书、民事反诉状、民事催状、民事委任状、民事上诉状等。

357. 四川高等法院第一分院、璧山地方法院审理黄谷执行等案　12－16－686

1946年3月至1946年9月，四川高等法院第一分院、璧山地方法院关于黄谷执行、返还黄谷执行、给付租谷执行等案的文书，包括民事裁定书、民事执行状、民事执行命令、收据、民事上诉状、民事辩诉状、民事委任状、民事声请状、民事领状等。

358. 璧山地方审理确认赠约有效一案　12－16－687

1946年7月至1946年9月，璧山地方法院关于原告人刘江氏等诉被告人吴月海等请求确认赠约有效一案的文书，包括民事诉状、通知单、民事言辞辩论笔录、民事宣判笔录、民事声请状、民事辩诉状、民事判决书等。

359. 四川高等法院第一分院、璧山实验地方法院等审理增加给付及其上诉一案 12－16－688

1930年1月至1946年11月，四川高等法院第一分院、璧山实验地方法院等关于原告人杨维三诉被告人杨冯氏请求增加给付及其上诉一案的文书，包括民事诉状、民事委任状、通知单、民事言辞辩论笔录、民事辩诉状、民事宣判笔录、民事判决书、民事上诉状、民事撤回状等。

360. 四川高等法院第一分院、璧山实验地方法院等审理增加给付及其上诉一案 12－16－689

1936年11月至1947年8月，四川高等法院第一分院、璧山实验地方法院等关于原告人龙全发诉被告人尹刘氏请求增加给付及其上诉一案的文书，包括民事诉状、民事答辩状、通知单、民事言辞辩论笔录、民事宣判笔录、民事判决书、民事上诉状、民事缴状等。

361. 璧山地方法院审理债务执行等案　12－16－690

1946年7月至1947年6月，璧山地方法院关于蒋金山债务执行、蒋惟钦债务执行、吴彭氏债务执行等案的文书，包括民事执行状、民事判决书、民事执行命令、民事声请状、收据、民事裁定书等。

362. 四川高等法院第一分院、璧山实验地方法院等审理终止租约及其上诉一案 12－16－691

1936年11月至1947年11月，四川高等法院第一分院、璧山实验地方法院等关于原告人邓伯康诉被告人张银廷请求终止租约及其上诉一案的文书，包括民事委任状、民事上诉状、民事判决书等。

363. 璧山地方法院审理返还用费一案　12－16－692

1946年9月至1947年11月，璧山地方法院关于原告人王伍氏诉被告人伍炳臣返还用费一案的文书，包括民事委任状、民事声请状、民事判决书、民事诉状、通知单、民事言辞辩论笔录等。

364. 璧山地方法院审理请发支付命令等案　12－16－693

1946年1月至1946年5月，璧山地方法院关于孙智才请发支付命令、陈仲陆请发支付命令、蒋维钦请发支付命令、张德安请发支付命令 、丘卓屏请发支付命令等案的文书，包括民事诉状、民事支付命令、民事声请状、通知书、民事声明状等。

365. 璧山地方法院审理请发支付命令等案　12－16－694

1946 年 7 月至 1946 年 11 月，璧山地方法院关于景亮钧请发支付命令、谢树廷请发支付命令、余萧氏等请发支付命令、张国清请发支付命令、邓福臣请发支付命令等案的文书，包括民事声请状、民事支付命令、通知书、民事判决书等。

366. 四川高等法院第一分院、璧山实验地方法院等审理给付黄谷等案　12－16－695

1936 年 11 月至 1947 年 11 月，四川高等法院第一分院、璧山实验地方法院等关于孙华高给付黄谷、王炳臣给付黄谷、杨明富给付黄谷等案的文书，包括民事诉状、民事执行状、通知单、民事言辞辩论笔录、民事委任状、民事宣判笔录、民事判决书、收据、民事上诉状、民事裁定书、民事和解笔录等。

367. 四川高等法院第一分院、璧山实验地方法院等审理终约交业等案　12－16－697

1936 年 9 月至 1947 年 11 月，四川高等法院第一分院、璧山实验地方法院等关于终约交业、搬迁交业等案的文书，包括民事诉状、通知单、民事言辞辩论笔录、民事答辩状、民事和解笔录、民事委任状、民事宣判笔录、民事判决书、民事上诉状、民事抗告状、民事声请状、民事辩诉状、民事反诉状、民事声明状等。

368. 四川高等法院第一分院、璧山实验地方法院等审理终约交业等两案　12－16－698

1936 年 7 月至 1947 年 5 月，四川高等法院第一分院、璧山实验地方法院等关于原告人尹瑞图诉被告人王泽安请求止约交业案、原告人郭仲良诉被告人陈荣章请求止约交业案及其上诉案两案的文书，包括民事诉状、民事委任状、通知单、民事言辞辩论笔录、民事宣判笔录、民事判决书、收据、民事答辩状、民事参加状、民事催状、民事上诉状、民事裁定书等。

369. 四川高等法院第一分院、璧山实验地方法院等审理声请假扣押等案　12－16－699

1936 年 4 月至 1947 年 9 月，四川高等法院第一分院、璧山实验地方法院等关于声请假扣押、黄炳章返还押金执行等案的文书，包括民事声请状、民事裁定书、训令、民事委任状、民事缴状、民事抗告状等。

370. 璧山地方法院审理声请强制执行等案　12－16－700

1946年9月至1946年11月，璧山地方法院关于声请强制执行、执行止约交业、执行搬迁交业等案的文书，包括民事判决书、民事执行状、民事执行命令、通知单等。

371. 四川高等法院第一分院、璧山实验地方法院等审理搬迁交业等案　12－16－701

1936年7月至1947年4月，四川高等法院第一分院、璧山实验地方法院等关于搬迁交业和修约交业等案的文书，包括民事诉状、通知单、民事言辞辩论笔录、民事宣判笔录、民事判决书、民事上诉状、民事裁定书、民事辩诉状、民事委任状、收据、民事和解状等。

372. 璧山地方法院审理假扣押等案　12－16－702

1946年7月至1946年8月，璧山地方法院关于假扣押和假处分等案的文书，包括民事诉状、民事声请状、民事裁定书、民事催状、民事判决书、通知单等。

373. 璧山地方法院审理假扣押等案　12－16－703

1946年3月至1946年10月，璧山地方法院关于假扣押、租佃调解、声请假执行等案的文书，包括民事声请状、通知单、民事言辞辩论笔录、民事支付命令、民事裁定书、民事辩诉状、训令、通知书等。

374. 璧山地方法院审理租佃调解三案　12－16－704

1946年9月至1948年7月，璧山地方法院关于王福修租佃调解、徐顺钦租佃调解、刘朝开租佃调解三案的文书，包括民事调解状、民事催状、通知单、民事言辞辩论笔录、民事声请状、民事和解笔录等。

375. 璧山地方法院审理黄谷执行等案　12－16－705

1946年3月至1947年5月，璧山地方法院关于黄谷执行、给付租谷、扣押黄谷等案的文书，包括民事诉状、通知单、民事言辞辩论笔录、民事理由状、民事委任状、民事催状、民事宣判笔录、民事声请状、民事判决书、民事辩诉状、训令、通知书等。

376. 璧山地方法院审理终止租约等两案　12－16－706

1946年4月至1946年7月，璧山地方法院关于原告人雷天泽诉被告人刘大成请求终止租约和原告人萧万林诉被告人谢甘氏请求返还房土两案的文书，包括民事诉状、通知单、民事言辞辩论笔录、民事宣判笔录、民事判决书、民事答辩状、民事委任状、刑事判决书等。

377. 璧山地方法院审理领证等案　12－16－707

1946年5月至1948年3月,璧山地方法院关于领证等案的文书,包括民事声请状、民事委任状、收据、通知单等。

378. 璧山地方法院审理发还押金等案　12－16－708

1946年6月至1946年9月,璧山地方法院关于发还押金等案的文书,包括民事声请状、通知单、民事言辞辩论笔录、民事诉状、民事撤回状、民事辩诉状、民事委任状、批示等。

379. 璧山地方法院审理交业执行两案　12－16－709

1946年6月至1946年9月,璧山地方法院关于原告人刘道五诉被告人李永桂请求交业执行和原告人孙子钊诉被告人连吉安请求交业执行两案的文书,包括民事声请状、民事执行命令、民事缴状、民事委任状、民事执行异议状、民事抗告状、民事领证、民事执行状、民事判决书、收据等。

380. 璧山地方法院审理罚金执行等案　12－16－710

1946年5月至1946年11月,璧山地方法院关于罚金执行、返还价金、给付价金等案的文书,包括往来公函、刑事判决书、训令、通知单、民事言辞辩论笔录、民事辩诉状、民事宣判笔录、民事判决书等。

381. 四川高等法院第一分院、璧山地方法院审理终约交业调解等案　12－16－711

1946年8月至1946年11月,四川高等法院第一分院、璧山地方法院关于终约交业调解、终约交业、止约等案的文书,包括民事声请状、通知单、民事言辞辩论笔录、民事和解笔录、民事上诉状、民事裁定书等。

382. 璧山地方法院审理返还田土房屋一案　12－16－712

1946年8月,璧山地方法院关于原告人王奠涛诉被告人龚炳清等返还田土房屋一案的文书,包括民事诉状等。

383. 四川高等法院第一分院、璧山地方法院审理返还田土房屋等案　12－16－713

1946年8月至1946年11月,四川高等法院第一分院、璧山地方法院关于返还田土房屋、领押交业、债务纠纷、偿还债款等案的文书，包括民事委任状、民事答辩状、民事和解状、通知单、通知书、民事诉状、民事声请状、民事言辞辩论笔录、民事抗告状、民事意见书、民事裁定书、训令、民事宣判笔录、民事判决书等、民事反诉状、民事执行状等。

384. 四川高等法院重庆分院、璧山地方法院审理返还土地及其上诉案和请求领证两案　12－16－714

1946年11月至1948年9月，四川高等法院重庆分院、璧山地方法院关于原告人朱仿周诉被告人张康宁请求返还土地及其上诉案和张康宁请求领证两案的文书，包括民事诉状、民事委任状、通知单、民事言辞辩论笔录、通知书、民事缴状、民事反诉状、民事判决书、收据、民事和解笔录、民事上诉状、民事裁定书等。

385. 四川高等法院重庆分院、璧山地方法院审理请求返还契约及其上诉一案　12－16－715

1946年8月至1948年10月，四川高等法院重庆分院、璧山地方法院关于原告人谢清山诉被告人何兴禄请求返还契约及其上诉一案的文书，包括民事诉状、民事委任状、通知单、民事言辞辩论笔录、民事宣判笔录、民事判决书、民事上诉状、民事裁定书、民事声请状等。

386. 四川高等法院第一分院、璧山实验地方法院等审理给付食米三案　12－16－716－717

1945年12月至1947年12月，四川高等法院第一分院、璧山实验地方法院等关于给付食米、债务纠纷、给付欠款三案的文书，包括民事诉状、民事委任状、民事反诉状、通知单、民事言辞辩论笔录、民事声请状、民事宣判笔录、民事判决书、民事上诉状、民事裁定书、民事缴状、民事催呈等。

387. 四川高等法院第一分院、璧山地方法院审理请求返还田业及其上诉一案　12－16－718

1946年12月至1948年1月，四川高等法院第一分院、璧山地方法院关于原告人熊何氏等诉被告人熊燕林等返还田业及其上诉一案的文书，包括民事上诉状、民事裁定书、民事声请状、民事委任状、民事答辩状、民事和解笔录等。

388. 四川高等法院第一分院、璧山实验地方法院等审理返还田业等案　12－16－719－720

1945年12月至1948年9月，四川高等法院第一分院、璧山实验地方法院等关

于返还田业、返还黄谷、止约交业等案的文书，包括民事诉状、民事委任状、通知单、民事言辞辩论笔录、民事声请状、民事催呈、民事宣判笔录、民事判决书、民事上诉状、民事裁定书等。

389. 四川高等法院第一分院、璧山实验地方法院等审理赠与认证等案　12－16－719（1）

1945年10月至1947年1月，四川高等法院第一分院、璧山实验地方法院等关于赠与认证、再醮存查、窃占、返还房屋、终止收养等案的文书，包括民事诉状、批示、民事委任状、民事和解笔录、通知单、民事言辞辩论笔录、民事声请状、民事撤回状、通知书等。

390. 四川高等法院第一分院、璧山地方法院审理请求交业等两案　12－16－721－722

1946年3月至1947年11月，四川高等法院第一分院、璧山地方法院关于原告人刘道五诉被告人彭森祥请求交业和原告人钟邬氏诉被告人钟传清等请求确认继承权及其上诉案两案的文书，包括民事诉状、民事委任状、民事宣判笔录、民事判决书、民事上诉状、民事裁定书、民事参加状、民事理由状、民事执行命令、民事声请状等。

391. 璧山地方法院审理损害赔偿等案　12－16－723－724

1946年6月至1949年2月，璧山地方法院关于损害赔偿、领价交业、诬告、领证等案的文书，包括民事诉状、民事委任状、民事答辩状、通知单、民事言辞辩论笔录、民事宣判笔录、民事判决书、收据等。

392. 璧山地方法院审理搬迁交业等案　12－16－725－726

1946年1月至1949年5月，璧山地方法院关于搬迁交业、领证、补偿费用等案的文书，包括民事诉状、通知单、民事言辞辩论笔录、民事答辩状、民事委任状、民事反诉状、民事撤回状、民事宣判笔录、民事判决书、民事声请状、民事催理状等。

393. 四川高等法院第一分院、璧山实验地方法院等审理返还坟地一案和确认租佃权上诉案两案　12－16－727－728

1945年10月至1947年3月，四川高等法院第一分院、璧山实验地方法院等关于原告人封汉章诉被告人彭志杰返还坟地一案和原告人张春德诉被告人黄开玉确认租佃权上诉案两案的文书，包括民事诉状、通知单、民事言辞辩论笔录、民事辩诉状、民事宣判笔录、民事判决书、民事上诉状、民事裁定书、刑事判决书、民事委任状、民事声请状等。

394. 璧山地方法院审理偿还债款一案　12—16—731

1946年2月至1948年4月,璧山地方法院关于原告人胡维华等诉被告人胡子卿等请求偿还债款一案的文书,包括民事诉状、通知单、民事言辞辩论笔录、民事宣判笔录、民事委任状、民事辩诉状、民事补诉状、民事判决书、民事裁定书、民事上诉状、民事和解状、民事声请状、收据等。

395. 四川高等法院第一分院、璧山地方法院审理执行返还田产一案　12—16—732

1946年5月至1947年5月,四川高等法院第一分院、璧山地方法院关于原告人邓石氏诉被告人邓述安请求执行返还田产一案的文书,包括民事声请状、通知单、民事判决书、民事执行命令、民事异议状、民事裁定书等。

396. 四川高等法院第一分院、璧山地方法院审理给付债款一案　12—16—733

1946年8月至1948年5月,四川高等法院第一分院、璧山地方法院关于原告人柯张氏诉被告人王恢中给付债款一案的文书,包括民事诉状、通知单、民事言辞辩论笔录、民事反诉状、收据、民事宣判笔录、民事判决书、民事上诉状、民事裁定书、民事抗告状、民事委任状、民事声请状、民事缴状等。

397. 四川高等法院第一分院、璧山地方法院审理交换熟土一案　12—16—734

1946年8月至1947年7月,四川高等法院第一分院、璧山地方法院关于原告人严泽礼诉被告人严长云请求交换熟土一案的文书,包括民事上诉状、民事裁定书、民事判决书、民事委任状、民事言辞辩论笔录、民事宣判笔录、民事诉状、通知单、民事答辩状等。

398. 四川高等法院第一分院、璧山地方法院审理确认离婚契约无效及其上诉案和给付押金两案　12—16—735—736

1946年4月至1947年4月,四川高等法院第一分院、璧山地方法院关于原告人邓张明之诉被告人邓世祥请求确认离婚契约无效及其上诉案和原告人彭金方诉被告人雷海清请求给付押金两案的文书,包括民事上诉状、民事裁定书、往来公函、民事答辩状、民事判决书、民事声请状、民事委任状、民事宣判笔录、民事声明状、收据、民事执行状、民事执行命令、民事保状等。

399. 四川高等法院第一分院、璧山地方法院审理返还契约及其上诉一案　12—16—737

1946年6月至1947年4月,四川高等法院第一分院、璧山地方法院关于原告人王国槐诉被告人刘王氏请求返还契约及其上诉一案的文书，包括民事诉状、通知单、民事言辞辩论笔录、民事宣判笔录、民事答辩状、民事判决书、民事上诉状、民事裁定书等。

400. 四川高等法院第一分院、璧山地方法院审理离婚及其上诉一案　12－16－738

1946年2月至1947年4月，四川高等法院第一分院、璧山地方法院关于原告人陈国惠诉被告人赵金德请求离婚及其上诉一案的文书，包括民事诉状、民事委任状、通知单、民事言辞辩论笔录、民事催状、民事答辩状、民事声明状、民事宣判笔录、民事判决书、民事上诉状、刑事判决书、民事裁定书等。

401. 璧山地方法院审理赠与田产房屋声请认证一案　12－16－739

1946年12月至1947年1月，璧山地方法院关于立赠与文约人钟炳南与赠与人钟世淮因赠与田产房屋声请认证一案的文书，包括公证处通知书、通知单、送达证书、收据、认证书、证明书等。

402. 四川高等法院第一分院、璧山地方法院审理领押交业一案　12－16－740

1946年4月至1947年8月，四川高等法院第一分院、璧山地方法院关于原告人罗载阳等诉被告人曾肖氏等请求领押交业一案的文书，包括民事诉状、民事委任状、通知单、民事追加状、民事辩诉状、民事言辞辩论笔录、民事宣判笔录、民事判决书、民事上诉状、民事裁定书、民事催状等。

403. 四川高等法院第一分院、璧山地方法院等审理宣告死亡和赔偿损失两案　12－16－741－742

1944年7月至1946年10月，四川高等法院第一分院、璧山地方法院等关于原告人刘成林等诉被告人刘金河等声请宣告死亡确定权利一案和原告人邓梓章诉被告人王斌全请求赔偿损失上诉案两案的文书，包括民事声请状、民事声明状、民事委任状、通知单、民事言辞辩论笔录、民事裁定书、民事上诉状、民事宣判笔录、民事判决书等。

404. 四川高等法院第一分院、璧山地方法院审理给付棉纱及其上诉一案　12－16－743

1946年9月至1949年3月，四川高等法院第一分院、璧山地方法院关于原告人刘祥云诉被告人罗光明请求给付棉纱及其上诉一案的文书，包括民事抗告状、民事裁定书、民事执行状、民事判决书、通知单、民事保状、民事声请状、民事声明异议状、民事声明状、训令、民事诉状、收据等。

405. 四川高等法院第一分院、璧山实验地方法院等审理确认身份等案　12－16－744－746

1944年7月至1949年4月，四川高等法院第一分院、璧山实验地方法院等关于确认身份、撤销不动产物权转移契约 、给付租谷等案的文书，包括民事诉状、民事参加状、民事判决书、收据、民事上诉状、民事裁定书、民事理由状、民事委任状、民事声请状等。

406. 四川高等法院第一分院、璧山地方法院审理返还树木及其上诉一案　12－16－747

1946年10月至1948年3月，四川高等法院第一分院、璧山地方法院关于原告人王蜀康诉被告人黄平之请求返还树木及其上诉一案的文书，包括通知单、民事言辞辩论笔录、民事宣判笔录、民事判决书、民事声请状、民事裁定书、民事上诉状等。

407. 四川高等法院第一分院、璧山地方法院审理确认和解无效一案和领证两案　12－16－748

1946年4月至1948年12月，四川高等法院第一分院、璧山地方法院关于原告人刘和会等诉被告人张炳荣等确认和解无效一案和张炳荣领证两案的文书，包括民事诉状、民事委任状、通知单、民事言辞辩论笔录、民事催状、民事宣判笔录、民事判决书、民事和解笔录、民事上诉状、民事裁定书、民事理由状、民事声明状等。

408. 四川高等法院第一分院、璧山地方法院审理赔偿损害和赎产及其上诉案两案　12－16－749－750

1946年1月至1947年1月，四川高等法院第一分院、璧山地方法院关于原告人胡声之诉被告人谭银清赔偿损害案和原告人胡思诚诉被告人胡廷燎赎产及其上诉案两案的文书，包括民事诉状、民事答辩状、通知单、民事言辞辩论笔录、民事辩诉状、民事委任状、民事宣判笔录、民事判决书、民事理由状、民事上诉状等。

409. 璧山地方法院审理领押交业五案　12－16－751

1946年3月至1946年11月，璧山地方法院关于黄修武领押交业、魏海三等领押交业、周刘氏领押交业、宋海山领押交业、张荣光领押交业五案的文书，包括民事诉状、民事委任状、民事催状、通知单、民事言辞辩论笔录、民事和解笔录、民事宣判笔录、民事判决书、收据、民事辩诉状等。

410. 四川高等法院第一分院、璧山实验地方法院等审理交还产业等案　12－16－752

1945 年 12 月至 1946 年 12 月，四川高等法院第一分院、璧山实验地方法院等关于江远经返还产业、雷德元等交还产业、雷柏松领证、周林氏交还产业、钱陈氏返还产业、杜四顺确认买卖契约无效刘等案的文书，包括通知单、民事言辞辩论笔录、民事判决书、民事宣判笔录、民事裁定书、民事补费、民事答辩状、民事诉状、民事委任状等。

411. 四川高等法院第一分院、璧山实验地方法院等审理交房执行等案　12－16－753

1945 年 8 月至 1946 年 11 月，四川高等法院第一分院、璧山实验地方法院等关于交房执行、搬迁交房、返还房屋等案的文书，包括民事执行状、通知单、民事执行命令、民事判决书、民事诉状、民事言辞辩论笔录、民事宣判笔录、民事委任状、民事和解笔录、民事上诉状、民事裁定书等。

412. 璧山地方法院审理搬迁交业等案　12－16－754

1946 年 2 月至 1947 年 3 月，璧山地方法院关于搬迁交业、买卖无效等案的文书，包括民事诉状、民事委任状、通知单、民事言辞辩论笔录、民事和解笔录、民事声请状、民事声请和解状、撤回通知书、民事辩诉状、民事宣判笔录、民事判决书、民事参加状、民事补诉状等。

413. 璧山地方法院审理返还树木一案　12－16－755

1946 年 3 月至 1946 年 12 月，璧山地方法院关于原告人萧炳才诉被告人李三星等为诈卖窃回状请传案讯明饬还树木并赔偿损失依法治罪一案的文书，包括民事诉状、通知单、民事言辞辩论笔录、民事宣判笔录、民事判决书等。

414. 四川高等法院第一分院、璧山地方法院审理债务执行七案　12－16－756

1946 年 1 月至 1946 年 11 月，四川高等法院第一分院、璧山地方法院关于刘荣辉债务执行、葛寿颐债务执行、刘怀仁债务执行、况贞高债务执行、夏海源债务执行、徐树三债务执行、王龄高债务执行七案的文书，包括民事声请状、民事执行命令、通知单、民事保状、批示、民事判决书、民事执行状、通知书、民事和解笔录、民事裁定书、收据等。

415. 璧山地方法院审理执行债务等案　12－16－757

1946 年 10 月至 1947 年 3 月，璧山地方法院关于执行债务、给付债款等案的文书,包括民事声请状、民事执行命令、民事委任状、通知单、民事辩诉状、民事宣判笔录、民事判决书、民事和解笔录、民事保状、民事言辞辩论笔录、民事撤销状等。

416. 四川高等法院第一分院、璧山实验地方法院等审理增加给付三案　12－16－758

1945年5月至1946年11月,四川高等法院第一分院、璧山实验地方法院等关于张林氏等增加给付、巫永康增加给付、陈志中增加给付三案的文书,包括民事诉状、民事答辩状、民事委任状、民事言辞辩论笔录、民事宣判笔录、民事判决书、民事裁定书、民事声请状、民事上诉状等。

417. 璧山地方法院审理终止租约四案　12－16－759

1946年1月至1946年12月,璧山地方法院关于江炳辉终止租约、马献章终止租约、伍百驹终止租约、何凌霄终止租约四案的文书,包括民事诉状、民事委任状、通知单、民事言辞辩论笔录、民事催呈、民事和解状、民事终止租约、民事声请状、民事宣判笔录、民事答辩状、民事判决书等。

418. 璧山实验地方法院等审理增加给付等案　12－16－760

1945年12月至1946年9月,璧山实验地方法院等关于增加给付等案的文书,包括民事调解笔录、通知单、民事辩诉状、民事委任状、民事诉状、民事言辞辩论笔录、民事宣判笔录、民事答辩状、民事判决书等。

419. 璧山地方法院审理再嫁认证等案　12－16－761

1946年8月至1946年11月,璧山地方法院关于再嫁认证、掉换产业认证、赠与认证、佃约认证、离婚认证、再娶认证等案的文书,包括通知单、公证询问笔录、收据、批示、民事存查状、民事声请状等。

420. 璧山地方法院审理请发支付命令等案　12－16－762

1946年8月至1946年11月,璧山地方法院关于请发支付命令等案的文书,包括民事声请状、民事支付命令、民事诉状、通知单、通知书等。

421. 璧山地方法院审理请发支付命令等案　12－16－763

1946年7月至1946年11月,璧山地方法院关于请发支付命令等案的文书,包括任国光请发支付命令、郑君业请发支付命令、邓树永请发支付命令、罗海林请发支付命令、吴荣福请发支付命令、袁树培请发支付命令六案的文书,包括民事声请状、民事支付命令、民事诉状等。

422. 璧山地方法院审理确认业价和给付业价两案　12—16—764

1946年5月至1946年7月，璧山地方法院关于刘永义确认业价、张兴一给付业价两案的文书，包括民事诉状、民事委任状、通知单、民事言辞辩论笔录、民事宣判笔录、民事判决书、民事辩诉状、民事调解状、收据等。

423. 璧山实验地方法院等审理领证一案　12—16—765

1942年4月至1949年7月，璧山实验地方法院等关于马保安请求领回与郭春林为会款案上交证件一案的文书，包括民事领状、民事声明状、往来公函、送达证书、通知、人证物证、点名单等。

424. 璧山地方法院审理妨害典权一案　12—16—766

1939年11月至1941年9月，璧山地方法院关于原告人谭玉辉诉被告人谢仲芳为违约妨害典权一案的文书，包括民事诉状、民事委任状、民事言辞辩论笔录、民事辩诉状、民事领状、民事宣判笔录、民事判决书、民事裁定书、民事声请状、收据等。

425. 璧山实验地方法院审理田产拍卖一案　12—16—767

1943年12月至1946年1月，璧山实验地方法院关于原告人何允熙诉被告人宋吉昌查封田产拍卖抵偿一案的文书，包括民事言辞辩论笔录、通知单、训令、通知书、民事执行状、民事委任状、命令、民事异议状、民事公证状、民事声明状等。

426. 璧山地方法院审理妨害权利两案　12—16—768

1946年9月至1947年1月，璧山地方法院关于原告人王鸿来诉被告人王光普等意图窃占以强暴胁迫妨害人行使权利案和原告人鲁俊才诉被告人罗海云妨害权利两案的文书，包括刑事自诉状、通知单、刑事审判笔录、刑事委任状、刑事答辩状、刑事判决书、民事诉状、民事言辞辩论笔录、民事宣判笔录、民事判决书等。

427. 璧山地方法院审理提前回赎典产等十二案　12—16—769

1946年4月至1946年7月，璧山地方法院关于何云龙提前回赎典产、伍陈克庄确认契约无效、钟其蔚偿还债务、张树青分割遗产、郭刘氏增加给付、彭锦光拍卖清偿、张合清增加给付、郭永瑜分割遗产、蓝鸿章赔偿债务、张仲义给付租谷、刘永义确认面积及田价、巫永康增加给付十二案的文书，包括民事判决书等。

428. 四川高等法院第一分院、璧山地方法院审理继承权侵害案和分割遗产案及其上诉两案　12—16—770

1946年1月至1946年6月，四川高等法院第一分院、璧山地方法院关于蒋中贤继承权侵害案和原告人杨光有诉被告人杨光贵为分割遗产案及其上诉案两案的文书，包括呈文、批示、民事诉状、民事委任状、民事宣判笔录、民事判决书等。

429. 璧山实验地方法院等审理增加给付等案　12—16—771

1930年11月至1946年12月，璧山实验地方法院等关于增加给付、欺诈背信、窃盗案、终止租约等案的文书，包括刑事判决书、检察官起诉处分书、通知书、往来公函、民事判决书、民事委任状等。

430. 璧山实验地方法院等审理领证四案　12—16—772

1936年6月至1946年11月，璧山实验地方法院等关于巫王氏领证、彭顺告领证、王德昌领证、冯树青领证四案的文书，包括民事领状、通知单、民事委任状、民事诉状、收据、民事声请状等。

431. 璧山地方法院审理止约交业等案　12—16—773

1946年5月至1946年10月，璧山地方法院关于止约交业、终约交业、请停止执行交业等案的文书，包括民事诉状、民事委任状、民事证明状、通知单、民事言辞辩论笔录、民事和解笔录、民事判决书、民事宣判笔录、民事声请状、民事裁定书等。

432. 璧山地方法院审理罚金执行等案　12—16—774

1946年2月至1946年10月，璧山地方法院关于罚金执行、返还熟土执行、离居执行、债务执行等案的文书，包括刑事判决书、民事执行命令、民事呈状、民事判决书、民事执行状、通知单、民事缴状等。

433. 四川高等法院第一分院、璧山地方法院审理债务执行等案　12—16—775

1946年6月至1947年8月，四川高等法院第一分院、璧山地方法院关于叶树德债务执行、陈耀廷债务执行、徐春发债务执行、钟国良债务执行、叶树生债务执行、熊永昌债务执行等案的文书，包括民事诉状、通知单、民事言辞辩论笔录、民事宣判笔录、民事判决书、民事答辩状、民事上诉状、民事裁定书、民事委任状、收据等。

434. 璧山地方法院审理赔偿损害等案 12－16－776

1946年6月至1946年10月，璧山地方法院关于赔偿损害、赔偿损失等案的文书，包括民事诉状、通知单、民事言辞辩论笔录、民事判决书、民事声请状、民事答辩状、民事宣判笔录、收据、民事委任状、民事催状、民事和解状、通知书等。

435. 四川高等法院第一分院、璧山实验地方法院等审理执行罚金和给付修理费两案 12－16－777

1944年9月至1947年3月，四川高等法院第一分院、璧山实验地方法院等关于检察官诉罗玉林要求执行罚金和原告人张合清诉被告人邱远德请求给付修理费两案的文书，包括往来公函、刑事判决书 民事执行命令、民事言辞辩论笔录、民事上诉状、民事判决书、民事裁定书等。

该卷附有璧山县政府关于警察局缴纳膳食费问题、核准警察局旅案、调训旅费、保留调训警官职务的训令；关于免借粮起点、积谷征免的呈文；保安警察队长关于调训警士往返旅费问题的呈文、警总关于旅费与原目标相差甚巨问题的呈文。

436. 璧山地方法院审理因赠与产业声请认证等两案 12－16－778

1946年4月至1946年12月，璧山地方法院关于江流君与江流宽因赠与产业声请认证和钟炳南与钟世铃因赠与产业声请认证两案的文书，包括民事声请状、通知单、通知书、证明书、收据等。

437. 四川高等法院第一分院、璧山地方法院审理终止收养等案 12－16－779

1946年6月至1947年8月，四川高等法院第一分院、璧山地方法院关于终止收养、再嫁认证、窃占、返还槽房、赠与认证等案的文书，包括民事诉状、批示、刑事附带民事诉讼裁定书、民事委任状、民事上诉状、收据、民事和解笔录、通知单、民事言辞辩论笔录、民事声请状、民事撤回状、通知书、证明书等。

438. 璧山地方法院审理抗不投佃和遗嘱认证两案 12－16－780

1946年3月至1946年11月，璧山地方法院关于原告人郑海林诉被告人陈桂山为抗不投佃请求依法裁判和声请人刘江氏请求遗嘱认证两案的文书，包括民事诉状、通知单、收据、公证通知书等。

439. 璧山实验地方法院等审理偿还欠款等案 12－16－781

1945年12月至1946年12月，璧山实验地方法院等关于声请偿还欠款、注销原案、遗嘱存查等案的文书，包括民事声请状、通知单、民事言辞辩论笔录、收据、民事诉状、民事辩诉状、民事宣判笔录、民事判决书、批示等。

440. 四川高等法院第一分院、璧山地方法院审理债务执行等案　12－16－782

1946年6月至1947年6月，四川高等法院第一分院、璧山地方法院关于田治洲债务执行、娄源成等债务执行、喻金山债务执行、张林伦债务执行等案的文书，包括民事诉状、通知单、民事言辞辩论笔录、民事宣判笔录、民事声请状、民事判决书、民事委任状、民事上诉状、民事裁定书、民事撤回状、通知书、民事和解状等。

441. 璧山地方法院审理确认佃约无效和确认买卖无效两案　12－16－783

1946年1月至1946年10月，璧山地方法院关于原告人曾嘉谷诉被告人罗天顺确认佃约无效和原告人蔡大鸿诉被告人蔡嵩龄等确认买卖无效两案的文书，包括民事诉状、民事委任状、民事辩诉状、通知单、民事言辞辩论笔录、民事和解笔录、民事答辩状、民事声明状、民事宣判笔录、民事判决书等。

442. 四川高等法院重庆分院、璧山地方法院审理给付租谷等案　12－16－784

1946年4月至1949年1月，四川高等法院重庆分院、璧山地方法院关于给付租谷、给付黄谷、返还黄谷等案的文书，包括民事诉状、通知单、民事言辞辩论笔录、民事宣判笔录、民事判决书、民事上诉状、民事裁定书、民事委任状、收据等。

443. 四川高等法院第一分院、璧山地方法院审理确认所有权案及其上诉一案　12－16－785

1946年10月至1947年12月，四川高等法院第一分院、璧山地方法院关于原告人周德光诉被告人张荣生请求确认所有权案及其上诉一案的文书，包括民事上诉状、民事裁定书、言辞辩论笔录、民事委任状、民事补正、民事判决书、民事诉状、民事答辩状、民事言辞辩论笔录、民事宣判笔录等。

444. 四川高等法院第一分院、璧山实验地方法院等审理返还契约案和返还契据上诉案两案　12－16－786

1945年9月至1947年12月，四川高等法院第一分院、璧山实验地方法院等关于原告人赵银州诉被告人王银臣返还契约案和上诉人王伍氏诉被上诉人王甘氏请求返还契据上诉案两案的文书，包括民事诉状、民事委任状、民事辩诉状、通知单、民事言辞辩论笔录、民事声请催状、民事宣判笔录、民事判决书、收据、民事上诉状、民事理由状、民事裁定书等。

445. 璧山地方法院审理返还契约和返还奁物两案　12－16－787

1946年3月至1946年11月，璧山地方法院关于原告人杨张氏诉被告人陈治清等请求返还契约和原告人李成碧诉被告人胡大富请求返还奁物两案的文书，包括民事诉状、民事委任状、通知单、民事言辞辩论笔录、民事裁定书、民事宣判笔录、民事判决书、民事声请状、通知书等。

446. 璧山实验地方法院等审理租佃调解等案　12－16－788

1945年7月至1948年11月，璧山实验地方法院等关于租佃调解、给付欠租、租佃认证等案的文书，包括民事调解状、通知单、民事言辞辩论笔录、民事委任状、民事声请状、民事诉状、民事补诉状、民事判决书、民事宣判笔录、收据、公证讯问笔录、通知书等。

447. 璧山实验地方法院等审理请发支付命令六案　12－16－789

1945年12月至1946年7月，璧山实验地方法院等关于景亮钧请发支付命令、蒋惟钦请发支付命令、张文灿请发支付命令、向懋华请发支付命令、朱裕康请发支付命令、赵一仁请发支付命令六案的文书，包括民事声请状、民事支付命令、民事裁定书、借据、民事债务状等。

448. 璧山地方法院审理给付生活费等案　12－16－790

1946年4月至1947年8月，璧山地方法院关于给付生活费、假扣押、债务执行等案的文书，包括民事诉状、通知单、民事言辞辩论笔录、民事宣判笔录、民事辩诉状、民事判决书、民事答辩状、刑事判决书、民事调解笔录、民事委任状、民事裁定书、民事声请状、民事支付命令等。

449. 四川高等法院第一分院、璧山实验地方法院等审理执行交业等案　12－16－791

1945年6月至1947年5月，四川高等法院第一分院、璧山实验地方法院等关于执行交业等案的文书，包括民事声请状、民事判决书、民事执行命令、收据、民事执行状、民事领状、批示、民事和解笔录、民事诉状、执行笔录、民事委任状等。

450. 璧山地方法院审理止约交业四案　12－16－792

1946年9月至1946年12月，璧山地方法院关于邓勋明止约交业、钱江氏止约交业、孙荣仙止约交业、尹刘氏止约交业四案的文书，包括民事诉状、民事委任状、通知单、民事言辞辩论笔录、民事宣判笔录、民事判决书、民事催状、民事答辩状、民事和解笔录等。

451. 四川高等法院第一分院、璧山实验地方法院等审理执行交业三案　12—16—793

1936年8月至1948年12月，四川高等法院第一分院、璧山实验地方法院等关于曹重光等交业执行、李肇皋交业执行、伍陈克庄交业执行三案的文书，包括民事执行状、民事委任状、通知单、民事声请状、民事裁定书、民事缴状、民事抗告状、民事执行命令、通知书、收据等。

452. 璧山地方法院审理返还黄谷三案　12—16—794

1946年9月至1947年3月，璧山地方法院关于王伍氏返还黄谷、巫常阳返还黄谷、胡合成返还黄谷三案的文书，包括民事诉状、民事辩诉兼反诉状、民事委任状、民事声请状、通知单、民事言辞辩论笔录、民事宣判笔录、民事判决书、民事辩诉状等。

453. 璧山地方法院审理给付红息等案　12—16—795

1946年8月至1949年5月，璧山地方法院关于给付红息、给付利息、给付银圆、给付耕作费等案的文书，包括民事诉状、民事答辩状、通知单、民事言辞辩论笔录、民事宣判笔录、民事判决书、民事领状、收据、民事证明状、民事声请状等。

454. 璧山地方法院审理所有权登记等案　12—16—796

1946年4月至1947年6月，璧山地方法院关于所有权登记、确定特留权、确认所有权等案的文书，包括通知单、命令、报告、呈文、民事保状、收据、民事委任状、民事言辞辩论笔录、民事催状、民事和解笔录等。

455. 璧山地方法院审理注销判决等案　12—16—797（1）

1946年2月至1947年1月，璧山地方法院关于注销判决、私逃备查、撤伙清算等案的文书，包括民事存状、民事诉状、通知单、民事言辞辩论笔录、民事宣判笔录、民事判决书、民事声请状、批示等。

456. 四川高等法院第一分院、璧山实验地方法院等审理领押交业等案　12—16—797（2）

1945年12月至1946年4月，四川高等法院第一分院、璧山实验地方法院等关于领押交业、假扣押、声明权利、声请宣告假执行等案的文书，包括民事诉状、民事裁定书、民事声明状、民事抗告状、民事声请状、民事声请假执行状等。

457. 四川高等法院第一分院、璧山实验地方法院等审理返还器具等案　12－16－798

1945 年 12 月至 1946 年 4 月，四川高等法院第一分院、璧山实验地方法院等关于返还器具、放赎典产及返还租赁物、迁坟等案的文书，包括民事声请状、民事裁定书、民事诉状、通知单、民事言辞辩论笔录、民事理由状、民事答辩状、民事判决书等。

458. 四川高等法院第一分院、璧山实验地方法院等审理追缴欠粮等案　12－16－800

1942 年 7 月至 1946 年 8 月，四川高等法院第一分院、璧山实验地方法院等关于追缴欠粮、追赔军粮、渎职、欠租等案的文书，包括往来公函、报告、批示、案准等。

459. 璧山地方法院审理损害赔偿等案　12－16－801

1946 年 6 月至 1946 年 8 月，璧山地方法院关于赵时华等损害赔偿、钟永芳请求离婚、赖荣清返还租布、何云龙回赎、陈国惠请求离婚、张合清给付修整费等案的文书，包括民事判决书、检察官不起诉处分书、检察官起诉书等。

460. 璧山地方法院审理债务纠纷三案　12－16－802

1946 年 6 月至 1947 年 2 月，璧山地方法院关于徐万顺债务纠纷、张绍金债务纠纷、肖海清债务纠纷三案的文书，包括民事诉状、通知单、民事言辞辩论笔录、民事委任状、民事宣判笔录、民事判决书、民事辩诉状、民事答辩及反诉状、民事参加状、民事和解笔录等。

461. 璧山实验地方法院等审理偿还欠款等案　12－16－803

1937 年 1 月至 1946 年 6 月，璧山实验地方法院等关于偿还欠款、赎典、给付典价执行等案的文书，包括呈文、指令、批示、民事执行状、民事执行命令、收据、通知书、民事抗告状、民事判决书、民事委任状等。

462. 璧山实验地方法院等审理给付黄谷四案　12－16－804

1940 年 3 月至 1946 年 5 月，璧山实验地方法院等关于给付黄谷、声请宣告假执行、声请假扣押等案的文书，包括民事声请状、民事裁定书、民事债务状、民事支付命令、民事诉状、呈文、通知单、通知书等。

463. 璧山地方法院审理请发支付命令四案　12－16－805

1946 年 4 月至 1947 年 1 月，璧山地方法院关于吴彭氏请发支付命令、艾禄骞请发支付命令、谢兴明请发支付命令、肖海清请发支付命令四案的文书，包括民事声请状、民事支付命令、通知书、民事异议状等。

464. 四川高等法院第一分院、璧山地方法院审理经界纠纷两案及其上诉案等两案 12－16－806

1946年2月至1947年7月，四川高等法院第一分院、璧山地方法院关于原告人杨海波诉被告人黄燊荣为侵越界址妨害权利案及其上诉案和原告人陈绍清等诉被告人陈国荣等请求确认土地共有权排除侵害两案的文书，包括民事诉状、民事答辩状、民事委任状、通知单、民事言辞辩论笔录、民事宣判笔录、民事判决书、领状、民事上诉状、民事裁定书等。

465. 四川高等法院第一分院、璧山地方法院审理请发支付命令等案 12－16－807

1946年2月至1947年7月，四川高等法院第一分院、璧山地方法院关于请发支付命令、债务纠纷假扣押、挪用公款假扣押、租谷纠纷假扣押等案的文书，包括民事声请状、民事裁定书、民事支付命令、民事催状、民事抗告状、往来公函、通知书、通知单、训令等。

466. 四川高等法院第一分院、璧山地方法院审理分割遗产等案 12－16－808

1946年2月至1947年3月，四川高等法院第一分院、璧山地方法院关于尹华文分割遗产、幸蔡氏分割遗产、蒋忠贤分割遗产等案的文书，包括民事上诉状、民事裁定书、送达证书、民事言辞辩论笔录、民事委任状、民事宣判笔录、民事和解状、通知书、民事判决书、民事声请状、民事诉状、指令、民事调解笔录等。

467. 璧山地方法院审理增加给付等案 12－16－809

1946年1月至1947年7月，璧山地方法院关于增加给付等案的文书，包括民事诉状、民事委任状、通知单、民事言辞辩论笔录、民事声请状、民事上诉状、民事裁定书、民事和解状、通知书等。

468. 四川高等法院第一分院、璧山地方法院审理返还借据等案 12－16－810

1946年1月至1946年12月，四川高等法院第一分院、璧山地方法院关于追还借据、返还价金、返还田业、交换街房等案的文书，包括民事声请状、民事诉状、民事辩诉状、民事答辩状、通知单、民事言辞辩论笔录、民事宣判笔录、民事判决书、民事上诉状、民事委任状、通知书、民事和解状、民事催状等。

469. 璧山地方法院审理离婚存查等案　12－16－811

1946 年 4 月至 1947 年 5 月，璧山地方法院关于离婚存查、脱离家庭存查、遗失存查、婚姻调解、离婚等案的文书，包括民事申请状、批示、民事存查状、往来公函、指令、民事调解状、民事委任状、通知单、通知、民事诉状、民事言辞辩论笔录、民事补诉状、训令、呈文、讯问笔录、调解笔录、民事宣判笔录、民事判决书等。

470. 四川高等法院第一分院、璧山地方法院审理声请拍卖抵押物等案　12－16－812

1946 年 1 月至 1946 年 12 月，四川高等法院第一分院、璧山地方法院关于声请拍卖抵押物、声请停止假执行、请求抄录判决、声请判决、声请更审等案的文书，包括民事声请状、批示、民事诉状、民事裁定书、民事上诉状等。

471. 璧山地方法院审理债务纠纷等案　12－16－813

1946 年 2 月至 1947 年 5 月，璧山地方法院关于债务纠纷、债务执行、债务异议等案的文书，包括通知单、民事言辞辩论笔录、民事声请状、往来公函、民事宣判笔录、民事判决书、批示等。

472. 璧山地方法院审理领价交业和交业调解两案　12－16－814

1946 年 3 月至 1947 年 5 月，璧山地方法院关于原告人陈五志诉被告人刘行健等请求领价交业和原告人曾严氏诉被告人凌炳荣请求交业调解两案的文书，包括民事诉状、民事委任状、通知单、民事言辞辩论笔录、民事裁定书、民事调解状等。

473. 四川高等法院第一分院、璧山实验地方法院等审理分割遗产等案　12－16－815

1945 年 11 月至 1947 年 2 月，四川高等法院第一分院、璧山实验地方法院等关于分割遗产、请求指定继承人、确认继承权等案的文书，包括民事声请状、批示、民事抗告状、意见书、民事裁定书、通知单、民事诉状、民事言辞辩论笔录、民事宣判笔录、民事委任状、民事判决书等。

474. 璧山地方法院审理搬迁交业三案　12－16－816

1946 年 4 月至 1947 年 2 月，璧山地方法院关于郭玉成搬迁交业、叶世昌搬迁交业、刘子嘉搬迁交业三案的文书，包括民事诉状、通知单、民事言辞辩论笔录、民事声请状、民事宣判笔录、民事判决书、民事展现状、民事答辩状、民事和解笔录等。

475. 璧山地方法院审理请假处分等案　12－16－817

1946年5月至1946年11月，璧山地方法院关于请假处分、声请宣告假执行等案的文书，包括民事声请状、民事裁定书、民事判决书、民事催状、批示、民事债务状、民事支付命令等。

476. 四川高等法院重庆分院、璧山实验地方法院等审理恢复原状及赔偿损害上诉一案　12－16－818

1945年10月至1948年7月，四川高等法院重庆分院、璧山实验地方法院等关于上诉人廖炳林诉被上诉人彭廷森等请求恢复原状及赔偿损害上诉一案的文书，包括民事判决书、民事和解状、训令、指令、通知单、通知书、民事上诉状、民事裁定书、民事辩诉状等。

477. 璧山地方法院审理给付食米等案　12－16－819

1946年2月至1947年5月，璧山地方法院关于给付食米、给付白纸调解、给付原酒、给付煤炭等案的文书，包括民事诉状、民事委任状、通知单、民事言辞辩论笔录、民事和解笔录、民事声请状、民事答辩状、民事撤回状、通知书等。

478. 璧山地方法院审理确认所有权和确认所有物两案　12－16－820

1946年2月至1946年8月，璧山地方法院关于原告人胡高氏等诉被告人胡维华等确认所有权和原告人罗寿山诉被告人罗治清确认所有物两案的文书，包括民事诉状、民事委任状、民事言辞辩论笔录、通知单、民事声请状、民事和解状、通知书、收据、民事辩诉状、民事反诉状、民事宣判笔录等。

479. 四川高等法院第一分院、璧山实验地方法院等审理黄谷执行等案　12－16－821

1945年10月至1948年12月，四川高等法院第一分院、璧山实验地方法院等关于黄谷执行、给付租谷执行、窃盗、返还斧头等案的文书，包括民事声请状、民事裁定书、民事判决书、收据、民事执行命令、民事执行假扣押状、训令、通知单、民事声明状、民事委任状、批示、民事保状、通知书、民事执行状、讯问笔录、民事自诉状、刑事诉状、民事补诉状、刑事宣判笔录、刑事补诉状、刑事辩诉状、证明书等。

480. 四川高等法院第一分院、璧山地方法院审理黄谷执行等案　12－16－822

1946年3月至1947年7月，四川高等法院第一分院、璧山地方法院关于黄谷执行、租谷纠纷、黄谷纠纷、假扣押等案的文书，包括民事诉状、民事裁定书、民事上诉状、民事答辩状、民事判决笔录、民事判决书、民事抗告状、民事声请状、民事执行状、民事异议状、通知单、民事执行命令、民事保状、民事委任状、民事催呈、收据等。

481. 璧山地方法院审理请发支付命令五案　12－16－823

1946年9月至1946年11月，璧山地方法院关于景亮钧请发支付命令、郭安康请发支付命令、王长青请发支付命令、左世宗请发支付命令、龚季康请发支付命令五案的文书，包括民事声请状、民事支付命令等。

482. 四川高等法院第一分院、璧山地方法院审理佃约无效等案　12－16－824

1945年10月至1947年7月，四川高等法院第一分院、璧山地方法院关于佃约无效、确认移转物权契约无效及返还田房等案的文书，包括往来公函、民事判决书、民事诉状、民事委任状、通知单、民事言辞辩论笔录、民事和解笔录、民事答辩状、民事宣判笔录、民事上诉状、民事裁定书等。

483. 璧山地方法院审理声请恢复原状等案　12－16－825

1946年2月至1946年10月，璧山地方法院关于声请恢复原状、优先承买权调解、修复屋檐等案的文书，包括民事调解状、民事声明状、民事委任状、通知单、民事言辞辩论笔录、民事声请状、民事诉状等。

484. 璧山地方法院审理赎回产业等案　12－16－826

1946年12月至1947年12月，璧山地方法院关于赎回产业、确认优先承买权、给付石柱等案的文书，包括民事诉状、通知单、民事言辞辩论笔录、民事宣判笔录、民事判决书、民事执行状、民事执行命令、民事声请状等。

485. 璧山地方法院、永川地方法院审理排斥侵害等案　12－16－827

1946年1月至1946年10月，璧山地方法院、永川地方法院关于排斥侵害、偿还路板、渎职贪污等案的文书，包括民事声请状、通知单、民事言辞辩论笔录、民事诉状、民事宣判笔录、民事判决书、押票押证、刑事声请状等。

486. 四川高等法院第一分院、璧山地方法院审理确认和约无效等案　12－16－828

1946年3月至1946年12月，四川高等法院第一分院、璧山地方法院关于确认和约无效、寻夫公证、续请审判、保障家属等案的文书，包括民事声请状、批示、往来公函等。

487. 璧山地方法院审理确认优先承担权等案　12－16－829

1946年3月至1946年11月，璧山地方法院关于确认优先承担权、撤消保管、禁治产等案的文书，包括民事声请状、批示、民事委任状、民事诉状、民事言辞辩论笔录、通知单、民事宣判笔录、民事判决书等。

488. 四川高等法院第一分院、璧山地方法院审理回赎典物等案　12－16－830

1946年9月至1947年5月，四川高等法院第一分院、璧山地方法院关于回赎典物、抚育费调解、拍卖抵押物等案的文书，包括往来公函、民事判决书、民事声请状、通知单、民事言辞辩论笔录、民事委任状、民事答辩状、民事裁定书、民事领状等。

489. 璧山地方法院审理返还业契和分割遗产两案　12－16－831

1946年10月至1946年11月，璧山地方法院关于原告人谢清山诉被告人何兴禄执行返还业契和原告人张树青等诉被告人张青云声请执行分割遗产两案的文书，包括民事执行状、民事判决书、民事执行命令等。

490. 璧山地方法院审理债务纠纷等案　12－16－832

1946年3月至1946年11月，璧山地方法院关于债务纠纷等案的文书，包括民事诉状、通知单、民事言辞辩论笔录、民事和解笔录、民事委任状等。

491. 璧山地方法院审理终止租约一案　12－16－833

1946年5月至1946年7月，璧山地方法院关于原告人邓伯康诉被告人张银廷等终止租约一案的文书，包括民事诉状、民事委任状、民事辩诉状、通知单、民事言辞辩论笔录、民事宣判笔录、民事判决书、民事声请状等。

492. 四川高等法院第一分院、璧山实验地方法院等审理放赎典物等案　12－16－834

1945年12月至1946年11月，四川高等法院第一分院、璧山实验地方法院等关于放赎典物、回赎典产调解、给付典产等案的文书，包括民事调解状、往来公函、调解处通知、民事言辞辩论笔录、民事上诉状、民事裁定书、言辞辩论笔录等。

493. 璧山地方法院审理提存、分产存查等案　12－16－835

1946年2月至1946年7月，璧山地方法院关于声请提存、分产存查等案的文书，包括民事声请状、民事缴状、收据、民事判决书、批示等。

494. 四川高等法院第一分院、璧山实验地方法院等审理撤销物权移转契约和确认物权两案　12－16－836

1945年4月至1946年9月，四川高等法院第一分院、璧山实验地方法院等关于上诉人刘银顺诉被上诉人吴李氏等请求撤销物权移转契约和上诉人荣绪廷等诉被上诉人荣锡麟等请求确认物权两案的文书，包括往来公函、民事声请状、民事裁定书、民事缴状、通知书、民事上诉状、民事答辩状等。

495. 璧山地方法院审理宣告死亡等案　12－16－837

1946年8月，璧山地方法院关于宣告死亡、撤销选举、请假处分等案的文书，包括民事诉状、往来公函、通知单、民事言辞辩论笔录、民事宣判笔录、民事判决书、民事裁定书、训令、通知书等。

496. 四川高等法院第一分院、璧山实验地方法院等审理漏税受罚等案　12－16－838

1944年10月至1947年6月，四川高等法院第一分院、璧山实验地方法院等关于漏税受罚、预防登记声请备案、请补发判决等案的文书，包括检察官声请书、往来公函、民事声请状、批示、民事判决书、民事补陈等。

497. 璧山地方法院审理借款调解等案　12－16－839

1946年1月至1946年12月，璧山地方法院关于借款调解、返还契约调解、损害调解等案的文书，包括民事声请状、民事委任状、民事撤回状、民事调解状、通知单、民事言辞辩论笔录等。

498. 四川高等法院第一分院、璧山实验地方法院等审理确认和约有效等案　12－16－840

1945年9月至1947年4月，四川高等法院第一分院、璧山实验地方法院等关于确认和约有效、买卖无效、请求移交账簿及确认契约有效等案的文书，包括民事诉状、通知单、民事言辞辩论笔录、民事辩诉状、民事宣判笔录、民事判决书、民事上诉状、民事裁定书、民事委任状、通知书等。

499. 璧山地方法院审理请求同居等案　12－16－841

1946年3月至1946年11月，璧山地方法院关于请求同居、声请提存业价、声请除权判决、请领担保金等案的文书，包括民事诉状、通知单、民事言辞辩论笔录、民事撤回状、通知书、民事声请状、批示、民事委任状、民事缴状、收据、民事领状、民事裁定书、命令等。

500. 最高法院、璧山实验地方法院等审理请求破产等案　12－16－842

1945年4月至1947年3月，最高法院、璧山实验地方法院等关于请求破产、声请扣押价金、声请阅卷、请求防止所有权妨害等案的文书，包括民事声请状、通知单、民事言辞辩论笔录、民事催状、民事裁定书、民事再审状、民事判决书等。

501. 四川高等法院第一分院、璧山实验地方法院等审理交业执行等案　12－16－843

1944年6月至1946年11月，四川高等法院第一分院、璧山实验地方法院等关于交业执行、确认树木砍伐权、违法阻耕等案的文书，包括民事诉状、民事委任状、往来公函、通知单、民事言辞辩论笔录、民事撤回状、民事抗告状、指令等。

502. 璧山地方法院审理履行契约和撤销婚姻两案　12－16－844

1946年1月至1946年10月，璧山地方法院关于原告人陈希圣诉被告人左首涵请求履行契约和原告人邱国王等诉被告人赵树臣请求撤销婚姻两案的文书，包括民事诉状、通知单、民事委任状、民事言辞辩论笔录、民事宣判笔录、民事判决书等。

503. 四川高等法院第一分院、璧山实验地方法院等审理赔偿诉讼费和赔偿医药费两案　12－16－845

1945年12月至1947年1月，四川高等法院第一分院、璧山实验地方法院等关于原告人杨向氏诉被告人陈席珍赔偿诉讼费和原告人谢杨氏诉被告人王海云赔偿医药费两案的文书，包括民事声请状、民事裁定书、民事缴状、民事诉状、通知单、民事言辞辩论笔录、民事宣判笔录、民事判决书、刑事附带民事判决书、刑事判决书等。

504. 璧山地方法院审理执行异议之诉两案　12－16－846

1946年3月至1947年2月，璧山地方法院关于原告人王长荣诉被告人王廷俊等执行异议之诉和原告人曾仕骏诉被告人曾王氏执行异议之诉两案的文书，包括民事异议状、民事委任状、民事声请状、通知单、民事言辞辩论笔录、民事撤回状、通知书、民事诉状、民事公证、民事缴状、民事和解笔录等。

505. 四川高等法院第一分院、璧山实验地方法院等审理偿还债务两案　12－16－847

1937年2月至1947年8月，四川高等法院第一分院、璧山实验地方法院等关

于原告人钟其蔚诉被告人严鸣高偿还债务和原告人何京辉诉被告人舒福安偿还债务和声请救助两案的文书，包括民事诉状、民事委任状、民事言辞辩论笔录、民事宣判笔录、民事判决书、民事上诉状、民事裁定书、言辞辩论笔录、民事声请状、训令等。

506. 璧山地方法院审理确认承租权等案　12－16－848

1946年8月至1947年7月，璧山地方法院关于确认承租权、领保证金、返还存物等案的文书，包括民事诉状、民事委任状、通知单、民事言辞辩论笔录、民事和解笔录、刑事领状、收据、往来公函等。

507. 璧山地方法院审理迁移坟墓和返还借款调解两案　12－16－849

1946年6月至1946年12月，璧山地方法院关于原告人荣仲夔诉被告人刘子光请求迁移坟墓和原告人杨新山诉被告人曾登林返还借款调解两案的文书，包括民事诉状、刑事判决书、民事委任状、民事裁定书、民事声请状等。

508. 璧山地方法院审理借约无效调解和确认买卖无效两案　12－16－850

1946年1月至1946年4月，璧山地方法院关于原告人张之仲诉被告人曹顺亲为借约无效调解和原告人李元前诉被告人徐作模请求确认买卖无效两案的文书，包括通知单、民事言辞辩论笔录、民事声请状、民事和解笔录、民事诉状等。

509. 璧山地方法院审理债务纠纷等案　12－16－851

1946年6月至1946年12月，璧山地方法院关于债务纠纷、给付欠款、发还证件等案的文书，包括命令、民事执行命令、民事委任状、批示、民事诉状、通知单等。

510. 璧山实验地方法院等审理给付租谷等案　12－16－852

1941年4月至1948年12月，璧山实验地方法院等关于龙长伦给付租谷、柯愈礼给付洋纱、刘伯良交换房屋、袁天海吸食鸦片、冷朱氏请求返还熟土、杨曾氏请求增加给付、周申之增加给付、李登科请求偿还债款等案的文书，包括民事判决书，另附通知单、训令等。

511. 璧山地方法院审理确认所有权一案　12－16－853

1946年3月至1947年5月，璧山地方法院关于原告人何子洲诉被告人何治平请求确认所有权一案的文书，包括民事声请状、民事委任状、通知单、民事言辞辩论笔录、民事诉状、刑事撤回状、通知书等。

512. 璧山实验地方法院等审理返还聘物等案　12－16－854

1939年8月至1947年3月，璧山实验地方法院等关于张王氏请求返还聘物、杨冯氏请求增加给付、邓致卿请求返还黄谷、杨宗荣撤销判决、罗元清增加给付、李鹏声请支付命令、周冯氏搬迁交业、吴正甫请求给付债务、朱谢氏清偿债务、秦为麟交还产业、彭树高损害赔偿、朱华荣窃盗案、朱徐氏执行异议、叶春发给付杉树、彭张氏确认所有权、邱松廷增加给付、吴光权确认婚约有效、李三星等返还柏树、曾兴正撤销赠与契约、汪德中请求确认标佃有效、魏胡德文请求支付赠与物、谢清山返还业契、陈志中请求增加给付、马光健等撤销买卖、何王慧清分割遗产、吴均成终止租约、潘俊良返还田产、王俊雄领押交房、王敬修终止租约、张世荣返还洋靛、谭天锡回赎典产、萧银辉确认契约无效等案的文书，包括民事判决书、民事裁定书、刑事裁定书、检察官不起诉处分书等。

513. 璧山地方法院审理返还黄谷一案　12－16－855

1946年4月至1947年12月，璧山地方法院关于原告人陈荣发诉被告人邓李成等请求返还黄谷一案的文书，包括通知单、民事言辞辩论笔录、民事委任状、民事答辩状、民事诉状、民事声请状、民事催状、民事补述状、民事裁定书、民事追加赔偿状、民事反诉状、民事补诉状、民事宣判笔录、民事判决书等。

514. 四川高等法院第一分院、璧山实验地方法院等审理赔偿损害一案　12－16－856

1945年9月至1948年5月，四川高等法院第一分院、璧山实验地方法院等关于原告人向大宾诉被告人邓刘氏请求赔偿损害一案的文书，包括民事诉状、民事声请状、民事答辩状、通知单、民事言辞辩论笔录、民事宣判笔录、民事判决书、民事上诉状、民事声明状、民事裁定书等。

515. 璧山地方法院审理拍卖抵押物一案　12－16－857

1946年2月至1946年9月，璧山地方法院关于原告人穆进修诉被告人张筱松请求拍卖抵押物清偿债务一案的文书，包括民事诉状、往来公函、申请书、侦讯笔录、裁决等。

516. 四川高等法院第一分院、璧山实验地方法院审理返还黄谷等案　12－16－858

1944年2月至1947年7月，四川高等法院第一分院、璧山实验地方法院关于返还黄谷、返还条据、返还洋靛等案的文书，包括民事诉状、通知单、民事言辞辩论笔录、民事声请状、通知书、民事上诉状、民事裁定书、言辞辩论笔录、民事判决书等。

517. 四川高等法院第一分院、璧山实验地方法院等审理确认大佃契约一案　12－16－859

1945年7月至1947年5月，四川高等法院第一分院、璧山实验地方法院等关于原告人伍茂林诉被告人伍海清确认大佃契约一案的文书，包括民事上诉状、民事理由状、民事言辞辩论笔录、民事委任状、民事声请状、民事宣判笔录、民事裁定书等。

518. 四川高等法院第一分院、璧山地方法院审理返还什物一案　12－16－860

1946年3月至1946年6月，四川高等法院第一分院、璧山地方法院关于上诉人刘王氏等诉被上诉人万刘氏请求返还什物一案的文书，包括民事上诉状、民事裁定书、民事委任状、民事判决书、训令等。

519. 四川高等法院第一分院、璧山地方法院审理妨害自由等案　12－16－861

1946年1月至1946年10月，四川高等法院第一分院、璧山地方法院关于罗张氏妨害自由、戴树臣诈欺案、江远铭伪造文书、杨向氏剥夺行动自由、胡才贵妨害自由、张银廷脱逃案、江流锦伤害案、陈全安返还自由、庐温氏妨害自由、彭曾氏妨害风化、周汉臣妨害自由、董何氏等窃盗案、张德荣伤害案、陈继洲等侵占案、刘兴明妨害家庭、李世德伤害案、谭春林窃盗案、秦淑明重婚、张林之妨害自由、杨绍臣伤害案、刘华荣妨害行使权利、邓汉清窃盗、江殷氏妨害自由、吴克庸贪污案、彭刘氏伪造文书、石王氏伤害案、王道维妨害自由等案的文书，包括刑事判决书、检察官不起诉处分书等。

520. 璧山地方法院审理贪污等案　12－16－862

1946年6月至1946年12月，璧山地方法院关于张宝成贪污案、彭陈氏伤害案、余锡林诈欺案、王正德抢夺毁损、梁元清侵入住宅、张王石伤害案、罗树荣剥夺行动自由、刘熊氏贪污案、黄荣臣妨害家庭、田文彬窃盗案、蒋刘氏伤害案、王栋臣窃盗案、姜袁氏伤害案、刘炳安毁损、袁兴隆妨害名誉、潘俊良等伤害案、杨子云抢夺等案的文书，包括刑事判决书、检察官不起诉处分书、检察官起诉书等。

521. 璧山实验地方法院等审理交业调解等案　12－16－863

1936年10月至1948年4月，璧山实验地方法院等关于交业调解、履勘坟地、领押交业、租佃纠纷等案的文书，包括论文公函、通知单、民事言辞辩论笔录、通知、民事声请状、民事诉状、民事声明状、民事委任状、民事判决书等。

522. 璧山地方法院审理给付黄谷等案　12－16－864

1946年3月至1946年12月，璧山地方法院关于给付黄谷、分割遗产、延欠债务、离婚等案的文书，包括民事声请状、批示、民事裁定书、训令、通知书、民事执行状、民事和解笔录、刑事判决书等。

523. 四川高等法院第一分院、璧山实验地方法院等审理分割遗产假处分和拍卖抵押物两案　12－16－865

1945年7月至1946年9月，四川高等法院第一分院、璧山实验地方法院等关于上诉人刘汪氏诉被上诉人汪明禄请求分割遗产假处分和原告人璧山储运处诉被告人罗成之拍卖抵押物两案的文书，包括民事抗告状、往来公函、民事声请状、民事裁定书、民事诉状等。

524. 四川高等法院第一分院、璧山实验地方法院等审理偿还欠款和确认标佃两案　12－16－866

1945年12月至1947年3月，四川高等法院第一分院、璧山实验地方法院等关于原告人汪杰等诉被告人李纪堂请求偿还欠款和原告人汪德中诉被告人刘江林等确认标佃两案的文书，包括民事上诉状、民事裁定书、民事声请状、民事辩诉状、收据、民事宣判笔录、通知单、民事判决书、民事委任状、民事言辞辩论笔录、民事诉状、民事和解笔录等。

525. 四川高等法院第一分院、璧山地方法院审理迁让房屋和搬迁交房两案　12－16－867

1946年8月至1947年4月，四川高等法院第一分院、璧山地方法院关于上诉人刘氏宗祠诉被上诉人江谭氏迁让房屋和上诉人姜荣福诉被上诉人姜树云搬迁交房两案的文书，包括民事上诉状、民事裁定书、民事证明状、民事理由状、民事委任状、民事宣判笔录、民事判决书、民事诉状、通知单、民事言辞辩论笔录、民事反诉状、收据等。

526. 璧山实验地方法院等审理给付租谷三案　12－16－868

1945年4月至1946年12月，璧山实验地方法院等关于陈南轩等给付租谷、邓廷森给付租谷、易陈氏给付租谷三案的文书，包括民事执行状、民事执行命令、民事言辞辩论笔录、通知单、民事和解状、民事裁定书、通知书、训令、民事诉状等。

527. 璧山地方法院审理债务纠纷等案　12－16－869

1946年7月至1946年9月，璧山地方法院关于债务纠纷、延欠公费等案的文书，包括民事执行状、民事判决书、民事声请状、民事催状、民事执行命令、民事裁定书等。

528. 璧山地方法院审理执行交业等案　12－16－870

1946年3月至1946年12月，璧山地方法院关于执行交业、搬迁交业等案的文书，包括民事撤回状、民事诉状、民事委任状、通知单、民事言辞辩论笔录、通知书、民事判决书、民事执行状、民事执行命令、训令、民事缴状、民事领状、民事声请状、批示等。

529. 四川高等法院第一分院、璧山地方法院审理追缴欠粮执行等案　12－16－871

1946年2月至1946年9月，四川高等法院第一分院、璧山地方法院关于追缴欠粮执行、搬迁交业、赔偿损害执等案的文书，包括民事判决书、民事声请状、民事执行命令、收据、民事领状、通知单、训令、民事保状等。

530. 璧山地方法院审理请发支付命令等案　12－16－872

1946年4月至1947年5月，璧山地方法院关于请发支付命令、给付欠租、离婚、领款等案的文书，包括民事声请状、民事支付命令、民事裁定书、民事声明状、民事异议状、民事诉状、通知单、民事委任状、批示、民事催状等。

531. 璧山实验地方法院等审理赠与认证三案　12－16－873

1945年10月至1946年12月，璧山实验地方法院等关于何声一等赠与认证、傅德敏赠与认证、蓝明安赠与认证三案的文书，包括公证通知书、通知单、公证讯问笔录、收据、公证声请书等。

532. 璧山地方法院审理返还黄谷等案　12－16－874

1946年5月至1946年9月，璧山地方法院关于返还黄谷和执行罚金等案的文书，包括刑事判决书、命令、民事执行命令、往来公函、通知单、民事言辞辩论笔录、民事宣判笔录、民事声请状、民事判决书等。

533. 璧山地方法院审理债务纠纷两案　12－16－876

1946年7月至1947年4月，璧山地方法院关于原告人张世荣诉被告人王长源请求偿还债务和原告人高巨星诉被告人许克明请求偿还债务两案的文书，包括民事诉状、通知单、民事言辞辩论笔录、民事判决书、民事委任状、民事展限状、民事答辩状等。

534. 璧山地方法院审理典权契约认证和返股改号认证两案　12－16－877

1946年9月至1946年10月，璧山地方法院关于戈荣程等请求典权契约认证和熊海南请求返股改号认证两案的文书，包括证明书、公证声请书、通知单、收据、民事声请状、批示等。

535. 璧山实验地方法院等审理确认买卖契约无效和请求分割遗产两案　12－16－878－879

1944年9月至1946年10月，璧山实验地方法院等关于原告人彭颜氏诉被告人彭方荣请求确认买卖契约无效和原告人李谢氏诉被告人吴何氏请求分割遗产两案的文书，包括民事诉状、民事续状、民事委任状、通知单、民事言辞辩论笔录、民事答辩状、民事补状、民事催状、民事辩诉状、民事和约、民事声请状、民事宣判笔录、民事判决书等。

536. 璧山地方法院审理执行债务和异议两案　12－16－880

1946年7月至1947年4月，璧山地方法院关于原告人陈继陶诉被告人吴代昆请求执行债务和声请人吴涂光明和相对人曾永焜异议两案的文书，包括民事申请状、民事判决书、民事声请状、命令、民事执行命令、查封不动产笔录、公告、收据、通知书、民事委任状、领状等。

537. 璧山地方法院审理租谷执行等案　12－16－881

1946年4月至1947年12月，璧山地方法院关于租谷执行、粮谷执行等案的文书，包括民事执行状、命令、民事执行命令、民事判决书、通知单、民事委任状、通知书、民事声请状、训令、民事诉状、往来公函等。

538. 璧山实验地方法院等审理止约交业等案　12－16－882

1944年10月至1946年9月，璧山实验地方法院等关于止约交业、给付押金、领押交房、解除租约等案的文书，包括民事诉状、民事补充状、民事委任状、通知单、民事言辞辩论笔录、民事声请状、民事宣判笔录、民事判决书等。

539. 璧山实验地方法院等审理领回失物等案　12－16－883

1944年10月至1946年9月，璧山实验地方法院等关于领回失物、返还田产及黄谷、给付生活费执行等案的文书，包括民事声请状、民事上诉状、民事委任状、言辞辩论笔录、民事裁定书、民事执行状、通知书等。

540. 四川高等法院第一分院、璧山地方法院审理经界纠纷等案　12－16－884

1946年5月至1947年2月，四川高等法院第一分院、璧山地方法院关于经界纠纷、领证、给付工费、给付苞谷等案的文书，包括民事诉状、通知单、民事言辞辩论笔录、指令、训令、民事声请状、民事裁定书、宣示判决笔录、民事判决书、民事执行命令等。

民事十七

1. 璧山地方法院审理医药费纠纷、家产纠纷等案　12—17—1—7

1947年6月至1948年11月，璧山地方法院关于医药费纠纷、家产纠纷、失踪申请宣告死亡、租约纠纷、领押交业、租佃纠纷等案的文书，包括民事诉状、送达文书、民事答辩状、辩论笔录、民事领状、公证认定书、问答笔录、支付命令等。

2. 四川高等法院第一分院、璧山地方法院审理债务纠纷、诉讼费用纠纷等案　12—17—8—10

1947年2月至1947年4月，四川高等法院第一分院、璧山地方法院关于债务纠纷、诉讼费用纠纷、拖欠债务、给付会谷纠纷等案的文书，包括民事诉状、送达文书、传票、民事言辞辩论笔录、宣判笔录、判决书、公示书、保具书、传唤单、辩论笔录、四川高等法院第一分院上诉书、往来公函等。

3. 四川高等法院第一分院、璧山地方法院审理分割遗产、回购典产等案　12—17—11—14

1947年3月至1947年12月，四川高等法院第一分院、璧山地方法院关于分割遗产、回购典产、田产认证等案的文书，包括民事上诉状、民事裁定书、送达证书、往来公函、事听请书、民事委任状、庭审记录、和解笔录、民事和解书、公证书、公证通知、送达文书、认证书、民事言辞辩论笔录、民事听请书、辩论笔录等。

4. 璧山地方法院审理田租纠纷、典产纠纷两案　12—17—15—16

1946年12月至1947年4月，璧山地方法院关于给付担谷的田租纠纷、回购典产纠纷两案的文书，包括民事诉状、民事反诉状、证据、民事委任状、送达证书、传唤名单、民事言辞辩论笔录、民事裁定书、民事补正书、民事宣判笔录、民事续状书、四川高等法院第一分院往来公函、民事上诉书、二审裁决书、往来公函、民事判决书等。

5. 璧山地方法院审理回赎典产纠纷、购业纠纷两案　12－17－17－18

1947 年 6 月至 1948 年 1 月，璧山地方法院关于回赎典产纠纷、购业纠纷两案的文书，包括民事纠纷起诉状、民事委任状、送达证书、民事言辞辩论笔录、民事补正、训令、民事答辩状书、传唤人名单、证人证词、民事判决书、物证、民事上诉书、民事缴状、四川高等法院第一分院与县法院往来公函、四川高等法院重庆分院民事判决书等。

6. 璧山地方法院审理给付洋钞、给付黄谷等案　12－17－19－22

1947 年 10 月至 1947 年 12 月，璧山地方法院关于给付洋钞案、给付黄谷案、租佃公证案、交业纠纷等案的文书，包括民事起诉书、送达证书、民事言辞辩论笔录、民事委托书、物证、公证通知书、公证询问笔录、公证书、民事声请书、民事宣判笔录、民事判决书等。

7. 四川高等法院第一分院、璧山地方法院审理给付会谷、赠与认证等案　12－17－23－25

1947 年 6 月至 1947 年 12 月，四川高等法院第一分院、璧山地方法院关于给付会谷、赠与认证、给付黄谷等案的文书，包括民事起诉状、送达证书、民事辩诉状、民事言辞辩论笔录、民事宣判笔录、往来公函、民事上诉状、民事答辩状、四川高等法院第一分院民事判决书、公证声请书、公证通知书、民事声请书、审判笔录、民事判决书等。

8. 四川高等法院第一分院、璧山地方法院审理增加给付、返还田产等案　12－17－26－28

1947 年 2 月至 1947 年 11 月，四川高等法院第一分院、璧山地方法院关于郑陈氏因租佃纠纷请求增加给付、谢鼎臣返还田产、张周氏因拖欠借款请求增加给付等案的文书，包括民事诉状、民事传票、收条、民事言辞辩论笔录、民事裁定书、民事具状、民事判决书、民事委任状、璧山地方法院书记室公函等。

9. 四川高等法院第一分院、璧山地方法院审理租谷纠葛、增加给付等三案　12－17－29－31

1947 年 3 月至 1947 年 4 月，四川高等法院第一分院、璧山地方法院关于邱金顺给付租谷、龚永乾等因租佃纠纷上诉请求增加给付、廖炳臣请求搬迁交业三案的文书，包括民事诉讼状、民事判决书、璧山地方法院民事执行文稿、民事上诉状、璧山地方法院民事裁定书、往来公函、送达证书、四川高等法院第一分院民事判决、民事声请书、民事委任状、言辞辩论笔录、璧山地方法院受状证、宣判笔录、璧山地方法院民事判决书、证据等。

10. 璧山地方法院审理执行赔偿、给付黄谷等案　12—17—32—35

1947年3月至1947年10月，璧山地方法院关于赔偿执行案、给付黄谷、赔偿损害、交业纠纷等案的文书，包括璧山地方法院民事裁定书、训令、璧山地方法院公告、送达文书、言辞辩论笔录、民事声请书、民事具保书、民事诉状、民事委任状、民事辩诉状、民事判决笔录、证人结文、民事宣判笔录、璧山地方法院民事判决书等。

11. 璧山地方法院审理确认矿权、确认继承权两案　12—17—36—37

1947年3月至1947年8月，璧山地方法院关于确认矿权、确认继承权两案的文书，包括民事上诉状、往来公函 、璧山地方法院民事裁定书、送达证书、民事辩诉状、民事委任状、言辞辩论笔录、往来公函、民事具保状、璧山地方法院民事裁定、民事裁决书等。

12. 璧山地方法院审理请宣告假执行、返还煤炭、付给会谷、止约交业四案　12—17—38—41

1947年4月至1947年12月，璧山地方法院关于请宣告假执行、返还煤炭、付给会谷、止约交业四案的文书，包括民事起诉书、璧山地方法院交付命令、送达证书、民事委任状、民事言辞辩论笔录、民事声请书、民事判决笔录、民事判决书、物证、民事辩诉书、民事答辩状、民事起诉笔录等。

13. 四川高等法院第一分院、璧山地方法院审理查勘地界、声请假扣押、产业调解三案　12—17—42—44

1947年5月至1947年9月，四川高等法院第一分院、璧山地方法院关于查勘地界、声请假扣押、返还产业调解三案的文书，包括往来公函、送达证书、收条、民事具状、民事声请书、璧山地方法院民事裁定书、民事言辞辩论笔录、民事声明书、民事起诉书、四川高等法院第一分院民事裁定书等。

14. 四川高等法院第一分院、璧山地方法院审理卖约认证、确认租约两案　12—17—45—46

1947年10月至1947年12月，四川高等法院第一分院、璧山地方法院关于卖约认证、确认租约两案的文书，包括认证产业书、证明书、公证讯问笔录、公证书、公证通知书、民事委托书、民事起诉状、民事答辩状、送达证书、民事言辞答辩书、民事追加起诉状、民事言辞辩论笔录、证人结文、民事补诉状、民事宣判笔录、民事上诉书、璧山地方法院民事裁定、往来公函、四川高等法院第一分院民事判决书等。

15. 璧山实验地方法院等审理终止租约、拖欠租金、回赎典产三案　12—17—47—49

1945年3月至1948年4月，璧山实验地方法院等关于终止租约并搬迁交业、拖欠房租请求交付房屋、回赎典产纠纷三案的文书，包括民事诉状、传票、民事言辞辩论笔录、宣判笔录、判决书、送达文书、保具书、传唤单、辩论笔录、民事裁定书、公函等。

16. 璧山地方法院审理给付粮谷、回赎典产、增加给付三案　12—17—50—52

1947年2月至1947年7月，璧山地方法院关于邹全普等给付粮谷、孙泽清等回赎典产、周炳辉等增加给付三案的文书，包括民事起诉书、送达证书、民事言辞辩论笔录、璧山实验地方法院民事和解笔录、民事反诉状、民事委任状、民事宣判笔录、民事判决书、物证、民事答辩状等。

17. 四川高等法院第一分院、璧山实验地方法院等审理确认矿权、分割遗产两案　12—17—53—54

1945年10月至1947年3月，四川高等法院第一分院、璧山实验地方法院等关于确认矿权、分割遗产两案的文书，包括民事起诉状、民事辩诉状、送达证书、民事言辞辩论笔录、民事委任状、民事判决书、民事声请书、民事上诉状、往来公函、四川高等法院第一分院民事裁定书、民事声请状等。

18. 四川高等法院第一分院、璧山地方法院审理返还黄谷案、租佃公证、债务执行三案　12—17—55—57

1947年1月至1948年6月，四川高等法院第一分院、璧山地方法院关于返还黄谷、租佃公证、债务执行三案的文书，包括四川高等法院第一分院与璧山地方法院往来公函、民事声请状、璧山地方法院原审判决书、民事缴状、民事上辩理由状、民事委任状、言辞辩论笔录、民事宣判笔录、四川高等法院第一分院民事判决书、民事授权书、公证通知书、公证书、证据、民事执行申请状、璧山地方法院民事裁决书、璧山地方法院民事执行文稿、璧山地方法院执行判决书等。

19. 四川高等法院第一分院、璧山地方法院审理回赎田产、确认典契无效两案　12—17—58—59

1947年7月至1947年9月，四川高等法院第一分院、璧山地方法院关于回赎田产、确认典契无效两案的文书，包括民事再审状、民事委托状、民事拒绝状、四川高等法院第一分院与璧山地方法院往来文书、民事再审催状、民事声请书、民事答辩状、言辞答辩笔录、民事再审上诉状、宣誓判决笔录、民事起诉状、言辞辩论笔录、证人结文、证据等。

20. 四川高等法院第一分院、璧山地方法院审理给付租米、交业、给付黄谷等案 12－17－60－63

1947 年 7 月至 1947 年 9 月，四川高等法院第一分院、璧山地方法院关于给付租米、交业、给付黄谷等案的文书，包括民事起诉书、民事反诉书、民事言辞辩论笔录、证人结文、璧山实验地方法院和解笔录、民事委任状、民事声请书、法院通知书、璧山地方法院民事判决书、往来公函、民事上诉书、璧山地方法院民事裁定书、四川高等法院第一分院民事判决书等。

21. 璧山地方法院审理给付租谷、执行交业两案 12－17－64－65

1947 年 7 月至 1947 年 7 月，璧山地方法院关于给付租谷、执行交业两案的文书，包括民事起诉状、送达文书、民事委任状、民事言辞辩论笔录、璧山地方法院与相关部门往来公函、民事宣判笔录、物证、民事执行状、判决书、执行文稿、执行命令等。

22. 四川高等法院第一分院、璧山地方法院审理追收税款、离婚赔偿三案 12－17－66－68

1947 年 3 月至 1947 年 9 月，四川高等法院第一分院、璧山地方法院关于追收税款案、因离婚而诉赔偿损害、债务纠纷三案的文书，包括往来公函、璧山地方法院民事判决书、民事起诉书、民事答辩状、送达证书、民事宣判笔录、民事判决书、民事言辞辩论笔录、民事声请书、证人结文、民事上诉书、璧山地方法院民事裁定书、民事撤回书等。

23. 璧山地方法院审理交业纠纷案、债务纠纷等案 12－17－69－72

1947 年 6 月至 1947 年 10 月，璧山地方法院关于损害业权的交业纠纷案、债务纠纷、声请交接提审殷氏、纳租交业纠纷等案的文书，包括民事起诉状、民事声请状、民事辩诉状、送达证书、言辞辩论笔录、民事判决书、物证、民事裁定、民事强制执行状、执行文稿、民事债务声请状、执行命令、民事声请书、法院布告、民事债务执行申请书、委任书、璧山实验地方法院执行报告书、民事声明书、璧山地方法院和解笔录等。

24. 璧山实验地方法院等审理领证申请、返还树木两案的审理 12－17－73－74

1945 年 5 月至 1948 年 6 月，璧山实验地方法院等关于肖黄昌申请领证纠纷、李海清等返还树木纠纷两案的文书，包括民事声请书、送达证书、民事起诉书、证人结文、言辞辩论笔录、民事委托书、民事补诉书、传唤通知书、诉讼回避申请书、宣判笔录等。

25. 四川高等法院第一分院、璧山地方法院审理经界纠纷、离婚等四案　12－17－75－78

1947 年 7 月至 1947 年 11 月，四川高等法院第一分院、璧山地方法院关于经界纠纷、离婚、增加付给、确认膳业四案的文书，包括民事告诉状、辩论笔录、民事答辩书、阅卷声请书、民事宣判笔录、民事上诉状、璧山地方法院民事裁定书、往来公函、民事委任书、四川高等法院第一分院民事判决书、传唤通知单、民事声请书等。

26. 璧山地方法院审理不动产抵押、付给欠谷等四案　12－17－79－82

1947 年 3 月至 1947 年 10 月，璧山地方法院关于抵押不动产、付给欠谷、医药费纠纷、申请破产四案的文书，包括不动产登记声请书、证据、璧山地方法院登记批示、命令、璧山地方法院公告、民事起诉书、民事言辞辩论笔录、民事辩诉状、民事宣判笔录、璧山地方法院民事判决书、民事声请执行书、破产声请书、民事委任书、财产状况说明书等。

27. 四川高等法院第一分院、璧山地方法院审理离婚、搬迁交业等四案　12－17－83－86

1947 年 1 月至 1947 年 11 月，四川高等法院第一分院、璧山地方法院关于离婚、搬迁交业纠纷、吸食鸦片、交房纠纷四案的文书，包括民事声请书、辩论笔录、民事宣判笔录、璧山地方法院民事判决书、民事诉状、审判笔录、施戒烟毒证明书、保状、璧山地方法院刑事判决书、民事起诉书、璧山地方法院和解笔录、民事上诉书、璧山地方法院民事裁定、四川高等法院第一分院与璧山地方法院往来公函等。

28. 四川高等法院第一分院、璧山地方法院审理返还欠谷、租佃纠纷等四案　12－17－87－90

1947 年 10 月至 1947 年 12 月，四川高等法院第一分院、璧山地方法院关于胡玉良等返还欠谷、吴国清等租佃调解、谭海清等搬迁交业纠纷、魏霞章等返还产业四案的文书，包括四川高等法院第一分院民事判决书、法院民事执行文稿、璧山地方法院民事执行命令、民事撤回书、起诉书、声请强制执行书等。

29. 四川高等法院第一分院、璧山地方法院审理借约认证、回购典产两案　12－17－91－94

1947 年 3 月至 1947 年 12 月，四川高等法院第一分院、璧山地方法院关于柯树清等借约认证、胡秀泉等回购典产两案的文书，包括询问笔录、声请公证证明书、公函、民事上诉书、璧山地方法院民事裁定书、民事抗告书、言辞辩论笔录、民事委任状、民事声请书、四川高等法院第一分院民事判决书、民事起诉书、民事言辞辩论笔录、往来公函等。

30. 四川高等法院第一分院、璧山地方法院审理交业纠纷、欠款追缴等四案　12—17—95—98

1947年6月至1948年4月，四川高等法院第一分院、璧山地方法院关于交业纠纷、追缴欠款、租佃纠纷、租谷纠纷四案的文书，包括璧山地方法院公函、民事起诉状、民事答辩状、民事委任状、言辞辩论笔录、宣判笔录、璧山地方法院民事判决书、民事请执行状、璧山地方法院执行情况笔录、公证声请书、公证通知书、公证询问笔录、认证书、四川高等法院第一分院民事判决书、民事声请书、民事声明书等。

31. 四川高等法院第一分院、璧山地方法院审理交还田产、欠款纠纷等案　12—17—99—102

1947年8月至1947年12月，四川高等法院第一分院、璧山地方法院关于交还田产、欠款追缴、交业、黄谷返还纠纷等案的文书，包括璧山地方法院公函、民事上诉状、璧山地方法院民事裁定书、送达文书、民事委任状、民事辩论笔录、庭审判决书、宣示判决笔录、四川高等法院第一分院判决书、民事债务追偿书、璧山地方法院支付命令、训令、民事申明书、璧山地方法院和解笔录、民事声请执行书、璧山地方法院民事执行文稿、璧山地方法院民事执行命令等。

32. 四川高等法院第一分院、璧山地方法院审理受领押金、交业纠纷等案　12—17—103—108

1947年3月至1948年10月，四川高等法院第一分院、璧山地方法院关于违规受领押金、交业纠纷、声请发给支付命令、因债务纠纷申请速命起诉、交业给租等案的文书，包括民事声请书、璧山地方法院民事判决书、四川高等法院第一分院民事判决书、送达文书、璧山地方法院民事执行命令、民事声请执行书、民事起诉书、璧山地方法院支付命令、民事言辞辩论笔录、民事辩诉状、民事宣判笔录、物证等。

33. 四川高等法院第一分院、璧山地方法院审理请发支付令、债务纠纷等案　12—17—109—111

1947年3月至1947年4月，四川高等法院第一分院、璧山地方法院关于因经济纠纷请发支付令、债务纠纷、领押交业等案的文书，包括民事声请书、璧山地方法院支付命令、送达证书、民事债务声请书、璧山地方法院民事裁定书、民事起诉状、璧山地方法院通知、璧山地方法院民事判决书、民事债务异据书、证据、璧山地方法院执行命令等。

34. 四川高等法院第一分院、璧山地方法院审理搬迁交业、债务纠纷等三案 12－17－112－115

1947年4月至1947年10月，四川高等法院第一分院、璧山地方法院关于谢树青因租佃纠纷请求搬迁交业、杨冯氏等请求执行返还青砖、谭龚氏等债务纠纷三案的文书，包括民事声请书、民事缴费书、璧山地方法院民事执行命令、璧山地方法院民事判决书、四川高等法院第一分院民事判决书、四川高等法院第一分院民事裁定书、送达文书、民事和解书、民事具呈书、民事言辞辩论笔录、民事宣判笔录、璧山地方法院民事宣判书、物证等。

35. 四川高等法院第一分院、璧山地方法院审理债务纠纷等案 12－17－116－119

1947年1月至1947年10月，四川高等法院第一分院、璧山地方法院关于债务纠纷、确认契约、终止租约、交房纠纷等案的文书，包括民事起诉书、送达证书、传唤通知书、民事言辞辩论笔录、证人结文、璧山地方法院训令、璧山地方法院民事判决书、物证、民事上诉书、璧山地方法院民事裁决书、往来公函、上诉辩论笔录、民事答辩书、民事辩诉书、民事委任状、民事债权起诉书、璧山地方法院执行命令、璧山地方法院公示、民事宣判笔录等。

36. 璧山地方法院审理会款、领押交业等案 12－17－120－125

1947年5月至1947年12月，璧山地方法院关于给付会款、领押交业纠纷案、因侵害业权的止约交业纠纷案、撤销契约案、租佃调解案等案的文书，包括民事申请书、原民事判决书、民事执行文稿、民事执行命令、民事声请书、送达证书、民事言辞辩论笔录、民事委托书、民事起诉书、和解笔录、民事具保书、民事答辩状、证人结文、民事宣判笔录、民事宣判书、物证等。

37. 四川高等法院第一分院、璧山地方法院审理返还板车、赔偿损失、给付谷等案 12－17－126－128

1947年9月至1947年11月，四川高等法院第一分院、璧山地方法院关于返还板车、因经济损害要求赔偿损失、给付租谷等案的文书，包括民事起诉书、送达证书、民事答辩书、民事言辞答辩笔录、证人结具、民事宣判笔录、璧山地方法院民事判决书、物证、民事上诉书、璧山地方法院民事裁定书、往来公函、四川高等法院第一分院民事判决书、璧山地方法院和解笔录、证据等。

38. 四川高等法院第一分院、璧山地方法院审理搬迁交业一案　12－17－129

1947 年 12 月，四川高等法院第一分院、璧山地方法院关于王西北与胡香甫等人搬迁交业纠纷一案的文书，包括民事起诉书、民事答辩书、民事委任书、送达文书、民事言辞辩论笔录、民事声请书、物证、璧山地方法院民事裁定书、往来公函等。

39. 四川高等法院第一分院、璧山地方法院审理的交业、返还礼物等案　12－17－130－132

1947 年 5 月至 1947 年 10 月，四川高等法院第一分院、璧山地方法院关于肖曾氏交业纠纷案、钟全兴等因婚约纠纷请求返还礼物、曾伯华等请发支付命令三案的文书，包括民事起诉书、送达文书、传唤人通知单、民事言辞辩论笔录、民事委任状、璧山地方法院和解笔录、璧山实验地方法院相关文书、民事声请书、璧山地方法院支付命令、民事答辩书、证人结文、民事宣判笔录、璧山地方法院民事判决书、证据、民事上诉书、璧山地方法院裁定书、往来公函、四川高等法院第一分院民事判决书等。

40. 四川高等法院第一分院、璧山地方法院审理交业纠纷两案　12－17－133－134

1947 年 9 月至 1947 年 12 月，四川高等法院第一分院、璧山地方法院关于罗汉卿领押交业纠纷案、贺树臣交业纠纷案两案的文书，包括民事起诉状、送达证书、民事委任状、民事声请书、民事答辩状、传唤人名单、民事言辞辩论笔录、民事宣判笔录、物证、民事上诉状、璧山实验地方法院民事裁定书、往来公函、四川高等法院第一分院民事判决书、民事具声请状等。

41. 四川高等法院第一分院、璧山地方法院审理领押交业、离居、债务执行、债务、租谷假扣押等案　12－17－135－139

1947 年 3 月至 1947 年 12 月，四川高等法院第一分院、璧山地方法院关于领押交业、离居、债务执行、债务追缴、租谷假扣押等案的文书，包括民事具声请书、送达证书、民事言辞辩论笔录、民事债务执行申请状、原判决书、执行报告书、执行命令、民事起诉状、民事宣判笔录、民事判决书、四川高等法院第一分院民事裁定书、璧山地方法院民事执行命令、民事催状、鉴定书、通知书、往来公函、公告、拍卖通知单及收条等。

42. 四川高等法院第一分院、璧山地方法院审理偿还租贷物、债务假扣押两案　12－17－140－141

1947 年 4 月至 1947 年 8 月，四川高等法院第一分院、璧山地方法院关于陈树荣偿还租贷物、徐元贞等因债务申请假扣押两案的文书，包括民事起诉状、民事答辩书、璧山地方法院公函、原民事判决书、民事上诉书、璧山地方法院民事裁决书、送达通知书、送达证书、民事缴状、受理书、往来公函、民事委任状、证明书、民事言辞辩论笔录、宣告判决笔录、四川高等法院第一分院民事判决书、民事债务声请状、民事假扣押声请书、璧山地方法院民事裁定书等。

43. 四川高等法院第一分院、璧山地方法院审理交业纠纷及其上诉一案　12－17－142

1947 年 4 月至 1947 年 9 月，四川高等法院第一分院、璧山地方法院关于左中华等交业纠纷及其上诉一案的文书，包括民事具声请书、璧山地方法院民事裁定书、送达文书、民事言辞辩论笔录、民事上诉状、四川高等法院第一分院民事判决书、往来公函、民事宣判笔录、民事具答辩书、璧山地方法院民事判决书、物证等。

44. 四川高等法院第一分院、璧山地方法院审理搬迁交业及其上诉一案　12－17－143

1947 年 2 月，四川高等法院第一分院、璧山地方法院关于刘成普因租佃纠纷请求搬迁交业及其上诉一案的文书，包括民事起诉书、民事委任书、民事答辩书、民事言辞辩论笔录、璧山地方法院民事宣判笔录、璧山地方法院民事判决书、证据、璧山地方法院公函、民事上诉书、璧山地方法院民事裁定书、民事缴状、民事言辞辩论笔录、往来公函、四川高等法院第一分院民事裁定书等。

45. 四川高等法院第一分院、璧山地方法院审理赔偿医药费、止约交业两案　12－17－144－145

1947 年 2 月至 1947 年 4 月，四川高等法院第一分院、璧山地方法院关于舒九林因侵占产业殴打他人被诉赔偿医药费、胡万氏止约交业两案的文书，包括民事告诉状、民事反诉状、民事委任状、民事言辞辩论笔录、民事宣判笔录、四川地方法院民事判决书、璧山地方法院民事裁定书、四川高等法院第一分院民事裁定书、往来公函、民事申请书、民事上诉书、四川高等法院第一分院民事和解书等。

46. 四川高等法院第一分院、璧山地方法院审理买卖契约案、止约交业等四案　12－17－146－149

1947 年 3 月至 1947 年 10 月，四川高等法院第一分院、璧山地方法院关于撤销产业买卖契约案、因损害业权申请止约交业纠纷、给付黄谷案、因债务纠纷声请备查案四案的文书，包括民事诉状、送达证书、民事告诉状、民事言辞辩论笔录、民事具诉状、民事委任状、民事答辩状、民事宣判笔录、民事声请书、璧山地方法院民事判决书、民事上诉书、璧山地方法院民事裁定书、物证等。

47. 璧山地方法院审理假扣押案、领证案、返还菜籽等案　12－17－150－153

1947年2月至1947年12月，璧山地方法院关于假扣押案、领证案、返还菜籽等案的文书，包括送达文书、民事起诉书、民事辩诉书、民事委任书、民事言辞辩论笔录、民事宣判笔录、璧山地方法院民事判决书、民事领状、民事声请书、往来公函等。

48. 璧山地方法院审理声请中止诉讼案、给付食谷、撤销契约等案　12－17－154－160

1947年7月至1947年10月，璧山地方法院关于声请中止诉讼案、给付食谷案、撤销契约、领证、给付租谷案、假扣押及反诉案、声请发给支付命令等案的文书，包括民事声请书、送达证书、民事诉状、民事答辩状、民事言辞答辩笔录、民事具声请书、往来公函、民事起诉状、河边乡乡公所函、批示、支付命令等。

49. 四川高等法院第一分院、璧山地方法院审理假扣押等案　12－17－161－167

1947年11月至1947年12月，四川高等法院第一分院、璧山地方法院关于撤销假扣押、发给证明书、黄谷纠葛、交换房屋纠葛、欠租再审案、给付租谷等案的文书，包括民事声请书、通知书、民事言辞辩论笔录、证人结文、民事宣判笔录、民事判决书、物证、四川高等法院第一分院民事判决书、命令、民事起诉书、民事委任状、璧山地方法院和解笔录、民事和解书等。

50. 璧山地方法院审理申请支付、回赎典产等案　12－17－168－172

1947年12月，璧山地方法院关于请求执行支付命令、回赎典产、撤销赠与契约、因经济困难请求增加给付调解案、黄谷纠纷等案的文书，包括民事声请书、璧山地方法院支付命令、送达证书、民事起诉书、民事言辞辩论笔录、民事宣判笔录、民事宣判书、民事和解书、通知书、民事委任状、璧山地方法院民事裁定等。

51. 璧山地方法院审理黄谷纠葛、给付欠租等八案　12－17－173－180

1947年3月至1947年12月，璧山地方法院关于给付黄谷纠葛、给付欠租案、租佃调解案、申请领证、发布支付命令等八案的文书，包括民事声请书、原民事判决书、报告、执行拘票、执行命令、民事具状、民事起诉书、民事言辞辩论笔录、证人结文、民事委任状、民事答辩书、民事判决笔录、支付命令等。

52. 四川高等法院第一分院、璧山地方法院审理搬迁交业纠纷等案　12—17—181—183

1947 年 6 月至 1947 年 10 月，四川高等法院第一分院、璧山地方法院关于搬迁交业纠纷案、承借产业的异议上诉案、交业不服上诉案等案的文书，包括民事起诉书、民事言辞辩论笔录、民事宣判书、民事声请书、民事委任书、璧山地方法院民事判决书、民事上诉书、璧山地方法院民事裁定书、四川高等法院第一分院民事裁定、往来公函、言辞辩论笔录、四川高等法院第一分院民事判决书、民事答辩状等。

53. 四川高等法院第一分院、璧山地方法院审理业权纠葛、赔偿损害三案　12—17—184—185

1947 年 3 月至 1947 年 8 月，四川高等法院第一分院、璧山地方法院关于业权纠葛、赔偿损害、债务纠纷三案的文书，包括民事起诉状、民事证明书、民事宣判笔录、民事答辩状、璧山地方法院民事判决书、送达文书、璧山地方法院民事裁定书、民事上诉状、往来公函、民事言辞辩论笔录、四川高等法院第一分院民事判决书等。

54. 璧山地方法院审理偿损害案、换立租约等案　12—17—186—187

1948 年 12 月至 1949 年 6 月，璧山地方法院关于赔偿损害案、换立租约、经界纠纷案、交还房土、赔偿损害等案的文书，包括送达证书、民事言辞辩论笔录、民事告诉状、传唤通知单、民事宣判笔录、璧山地方法院民事判决书、物证等。

55. 四川高等法院第一分院、璧山地方法院审理增给付膳谷、押金纠纷两案　12—17—188—189

1947 年 4 月至 1947 年 12 月，四川高等法院第一分院、璧山地方法院关于请求增付膳谷、给付押金纠纷两案的文书，包括民事起诉状、送达证书、证人结文、民事言辞辩论笔录、民事宣判笔录、璧山地方法院民事判决书、民事上诉状、璧山地方法院民事裁决书、往来公函、民事公证书、四川高等法院第一分院民事判决书等。

56. 璧山地方法院审理因债务申请提存、给付黄谷等案　12—17—190—196

1947 年 4 月至 1947 年 10 月，璧山地方法院关于因债务纠葛的申请提存、给付黄谷、债务纠纷、交业纠纷、发支付令、债务扣押、领证等案的文书，包括民事起诉状、送达文书、民事传唤通知单、民事言辞辩论笔录、民事委任状、璧山地方法院和解笔录、民事声请书、往来公函、支付命令、璧山地方法院民事裁决书、民事判决书、代领证收据、民事具保状、民事宣判笔录、民事宣判书等。

57. 四川高等法院第一分院、璧山地方法院审理买卖纠纷、催还债款等案　12－17－197－200

1947年2月至1947年10月，四川高等法院第一分院、璧山地方法院关于申请裁定买卖无效的经济纠纷案、请求催还债款、支付命令异议、谕知诉讼状态等案的文书，包括民事起诉状、送达证书、民事答辩状、物证单、民事委任状、民事言辞辩论笔录、民事宣判笔录、民事声明书、璧山地方法院民事判决书、物证、民事上诉状、璧山地方法院民事裁定书、四川高等法院第一分院民事裁定书、往来公函等。

58. 四川高等法院重庆分院、璧山地方法院审理给付押谷、催促交还房土两案　12－17－201－202

1948年10月至1948年12月，四川高等法院重庆分院、璧山地方法院关于邹景全给付押谷、和西屏催促交还房土两案的文书，包括民事起诉状、民事声请状、民事言辞辩论笔录、民事答辩状、四川高等法院重庆分院民事判决书、璧山地方法院民事裁定书、民事委任书、证人结文、民事证明状、民事宣判笔录、璧山地方法院民事判决书、四川高等法院第一分院公函、民事上诉状、璧山地方法院民事裁决书、民事声请书、物证单等。

59. 四川高等法院第一分院、璧山地方法院审理债务纠葛、假扣押、欺诈布款等案　12－17－203－205

1947年1月至1947年7月，四川高等法院第一分院、璧山地方法院关于经济纠纷引起的债务纠纷案、声请假扣押案、布款纠纷引起的欺诈等案的文书，包括民事告诉状、民事委任状、送达证书、民事传唤通知单、民事言辞辩论笔录、民事声请书、物证（信件）一份、璧山地方法院民事裁定书、民事补诉状、民事申请单、民事宣判笔录、璧山地方法院民事判决书、四川高等法院第一分院民事判决书等。

60. 最高法院、四川高等法院第一分院、璧山地方法院审理黄谷请执行案、申请回避案、交业纠纷三案　12－17－206－208

1947年7月至1947年12月，最高法院、四川高等法院第一分院、璧山地方法院关于黄谷请执行案、因亲缘关系申请回避案、领押交业纠纷案三案的文书，包括民事请执行状、最高法院民事裁书定、执行报告、璧山地方法院民事执行命令、往来公函、民事抗告书、讯问笔录、四川高等法院第一分院民事裁定书、璧山地方法院民事判决书、民事声请书、璧山地方法院民事请执行文稿、璧山地方法院民事请执行命令等。

61. 最高法院、四川高等法院第一分院、璧山地方法院审理赔偿损害、交业纠纷两案　12－17－209－210

1946年7月至1947年10月，最高法院、四川高等法院第一分院、璧山地方法院关于荣仲樊因合伙承包工程侵占股份被诉赔偿损害案、谢鼎三等交业纠纷两案的文书，包括证物目录、民事上诉书、四川高等法院第一分院民事裁定书、往来公函、最高法院民事案件审理经过单、最高法院民事判决书、民事起诉状、民事委任状、民事答辩状、民事言辞辩论笔录、民事宣判笔录、璧山地方法院民事判决书、民事上诉状、璧山地方法院民事裁定书、四川高等法院第一分院民事判决书等。

62. 璧山地方法院审理确认所有权、交业纠纷两案　12－17－211－212

1947年9月至1947年12月，璧山地方法院关于确认所有权、交业纠纷两案的文书，包括民事起诉状、民事委任状、往来公函、送达证书、民事传票、民事言辞辩论笔录、民事补诉书、民事答辩状、民事宣判笔录、民事判决书等。

63. 四川高等法院第一分院、璧山地方法院审理返还田产、盗窃等案　12－17－213－215

1947年3月至1947年11月，四川高等法院第一分院、璧山地方法院关于返还田产、盗窃、交业纠纷等案的文书，包括民事声请再审状、四川高等法院第一分院民事判决状、四川高等法院第一分院民事裁定书、璧山地方法院公函、送达文书、四川高等法院第一分院刑事附带民事诉讼裁定书、言辞辩论传唤通知单、民事申请书、民事声请委任书、民事和解书等。

64. 四川高等法院第一分院、璧山地方法院审理分割遗产、黄谷执行纠纷等案　12－17－216－218

1947年8月至1947年12月，四川高等法院第一分院、璧山地方法院关于分割遗产、黄谷执行纠纷、给付担谷纠葛、租谷纠葛等案的文书，包括民事上诉书、往来公函、民事撤回上诉状、民事请执行状、璧山地方法院刑事判决书、璧山地方法院民事执行文稿、璧山地方法院民事执行报告、璧山地方法院民事执行命令、民事委任状、民事起诉状、民事辩诉状、训令、民事言辞辩论笔录、民事宣判笔录、璧山地方法院民事判决书、璧山地方法院民事裁定书、四川高等法院第一分院公函、民事声请等。

65. 璧山地方法院审理债款纠葛、给付毛铁等案　12－17－219－224

1947年4月至1947年11月，璧山地方法院关于债款纠葛、给付毛铁案、禁治产业案、离婚、交业纠纷案、增加给付案等案的文书，包括民事委任状、民事答辩状、送达文书、民事传唤通知单、民事言辞辩论笔录、证人结文、往来公函、重庆法院法医鉴定书、璧山地方法院民事宣判书、物证、民事宣判笔录、民事声请书、批示、璧山县医院疾病证（证据）、民事起诉状、民事扩张声明书、璧山地方法院书记室公函、民事追认声请书、和解笔录等。

66. 四川高等法院第一分院、璧山地方法院审理给付租谷、催付给欠款两案 12－17－225－226

1947年3月至1947年5月，四川高等法院第一分院、璧山地方法院关于罗海清给付租谷纠葛、邓树维催付欠款两案的文书，包括民事起诉状、民事言辞辩论笔录、民事宣判笔录、民事判决书、往来公函、民事上诉状、璧山地方法院民事裁定书、民事委任状、璧山县河边乡证明书、言辞辩论笔录、四川高等法院第一分院民事判决书、民事告诉状、民事具辩诉状、民事具声请状、物证、璧山地方法院民事判决书、民事委托书、四川高等法院第一分院公函等。

67. 四川高等法院第一分院、璧山地方法院审判交业纠纷案、付给会款两案 12－17－227－229

1947年9月至1947年12月，四川高等法院第一分院、璧山地方法院关于吴汉章交业纠纷、吴李氏给付会款两案的文书，包括民事起诉书、民事送达书、民事言辞辩论笔录、民事反诉状、民事和解笔录、民事答辩书、民事宣判笔录、民事判决书、物证、往来公函、民事上诉状、璧山地方法院民事裁定书、四川高等法院第一分院公函、民事委任状等。

68. 璧山实验地方法院审理返还棉纱等案　12－17－230－232

1947年4月至1947年9月，璧山地方法院关于返还棉纱案、因侵害债权申请交业纠纷案、领证案、增加生活费案等案的文书，包括民事起诉状、民事言辞辩论笔录、送达证书、民事答辩状、证人结文、民事宣判笔录、民事判决书、物证、民事声请书等。

69. 四川高等法院第一分院、璧山地方法院审理给付租谷案、转租交业纠纷案、给租交房三案　12－17－233－235

1947年9月至1947年12月，四川高等法院第一分院、璧山地方法院关于吴全盛给付租谷案、钱志辛转租交业纠纷案、黄炳辉给租交房三案的文书，包括民事起诉状、送达文书、民事言辞辩论笔录、民事委任状、璧山地方法院民事私解笔录、四川高等法院第一分院民事判决书、民事上诉书、民事辩诉状、民事声请书、证人结文、民事审判笔录、璧山地方法院民事判决书等。

70. 璧山地方法院审理租佃纠葛的交房案、搬迁交业等案　12－17－236－239

1947年10月至1947年10月，璧山地方法院关于李君禄、龙海云因租佃交房案、龙海荣交业纠纷案、曾卢氏搬迁交业纠纷案等案的文书，包括民事诉状、送达文书、民事委任状、民事言辞辩论笔录、民事答辩状、民事宣判笔录、民事宣判书、证人结文等。

71. 四川高等法院第一分院、璧山地方法院审理止约交业等案　12－17－240－244

1947年9月至1947年12月，四川高等法院第一分院、璧山地方法院关于止约交业纠纷案、债务纠纷案、债务假扣押案、申请执行支付命令案、因租赁合同到期止约交业纠纷等案的文书，包括民事起诉书、民事言辞辩论笔录、民事宣判笔录、璧山地方法院民事判决书、民事上诉书、往来公函、璧山地方法院民事裁决书、四川高等法院第一分院民事裁定书、民事声请书、璧山地方法院民事裁定书、璧山地方法院支付命令、民事异议状、民事答辩书等。

72. 璧山地方法院审理赔偿损害等案　12－17－245－249

1947年10月至1947年12月，璧山地方法院关于赔偿损害、借谷偿还给谷、吴搬迁交业、因经济纠纷补给奁物、损害业权交业纠葛等案的文书，包括民事起诉书、送达文书、民事言辞辩论笔录、民事委任状、民事答辩状、民事宣判笔录、民事判决书、物证、民事辩诉书、民事声请状等。

73. 四川高等法院第一分院、璧山地方法院审理确认水塘分约有效等案　12－17－250－251

1947年3月至1947年10月，四川高等法院第一分院、璧山地方法院关于确认水塘分约有效、合约认证书领证、给谷纠葛等案的文书，包括民事诉状、民事委任状、民事言辞辩论笔录、民事宣判笔录、民事答辩书、民事判决书、往来公函、民事上诉状、璧山地方法院民事裁定书、四川高等法院第一分院民事判决书等。

74. 四川高等法院第一分院、璧山地方法院审理蒋金全确认契约有效一案　12－17－252

1947年4月，四川高等法院第一分院、璧山地方法院关于蒋金全确认契约有效一案的文书，包括民事起诉书、民事言辞辩论笔录、民事宣判笔录、民事判决书、送达文书、往来公函、民事声请书、民事上诉书、四川高等法院第一分院民事裁定书等。

75. 四川高等法院第一分院、璧山地方法院审理因经济纠纷止约交业及其上诉案、付给租米两案　12—17—253—254

1947年3月至1947年6月，四川高等法院第一分院、璧山地方法院关于冯浣清因经济纠纷止约交业及其上诉案、江潮云付给租米两案的文书，包括民事起诉状、民事反诉状、民事言辞辩论笔录、民事宣判笔录、璧山地方法院民事判决书、送达文书、往来公函、民事上诉状、璧山地方法院民事裁定、言辞辩论笔录、四川高等法院第一分院民事判决书、民事告诉状、民事答辩状、证人结文等。

76. 璧山地方法院审理领证、交业等案　12—17—255—257

1947年2月至1947年12月，璧山地方法院关于王绍章领证、交业纠纷案和王杨氏领证、交业纠纷等案的文书，包括民事声请书、璧山地方法院公函、民事起诉书、民事言辞辩论笔录、民事委任状、民事辩诉状、民事宣判笔录、民事判决书、物证等。

77. 最高法院、四川高等法院第一分院、璧山地方法院审理唐宗荣返还押谷等案　12—17—258—261

1947年10月至1947年12月，最高法院、四川高等法院第一分院、璧山地方法院关于返还押谷、给付欠款、债务纠纷、会款异议之诉等案的文书，包括民事起诉书、民事辩护书、民事言辞辩论笔录、民事委任状、往来公函、民事抗告书、民事上诉状、四川高等法院第一分院民事裁定书、最高法院民事案件审理经过单、最高法院民事裁定书、民事声请书、民事宣判笔录、璧山地方法院民事判决书、四川高等法院第一分院民事判决书等。

78. 四川高等法院第一分院、璧山地方法院审理交业纠葛一案　12—17—262

1947年8月至1948年6月，四川高等法院第一分院、璧山地方法院关于余绍成交业纠葛一案的文书，包括民事起诉状、民事委任状、民事宣判笔录、璧山县民事判决书、往来公函、璧山地方法院民事判决书、民事上诉书、璧山地方法院民事裁定书、民事言辞辩论笔录、四川高等法院第一分院和解笔录、和解书等。

79. 璧山地方法院审理债务判决请支付命令异议等案　12—17—263—266

1947年9月至1947年12月，璧山地方法院关于请支付命令异议的债务纠葛案、返还财产案、付给租谷案、离婚等案的文书，包括民事异议状、民事具辩诉人、刑事审判笔录、民事委托书、民事宣判笔录、民事判决书、民事言辞辩论笔录、民事起诉状、民事答辩状、证人结文、民事起诉书等。

80. 最高法院、璧山地方法院审理交业纠纷等案　12－17－267－270

1947 年 10 月至 1947 年 12 月，最高法院、璧山地方法院关于交业纠纷、返还契约、付给租谷、假扣押等案的文书，包括民事诉状、民事言辞辩论笔录、民事答辩状、民事宣判笔录、民事宣判书、送达证书、物证、璧山地方法院和解笔录、民事委任状、民事声请书、最高法院民事判决、民事保证状、璧山地方法院民事裁定书等。

81. 璧山地方法院审理交房等案　12－17－271－275

1947 年 8 月至 1947 年 12 月，璧山地方法院关于交房、付给黄谷、增加付给调解、付给会款、增加付给等案的文书，包括民事诉状、送达证书、民事言辞辩论笔录、证据、民事委任状、民事宣判笔录、民事判决书、民事声请书、璧山地方法院调解笔录、璧山地方法院调解书、民事辩诉书等。

82. 璧山地方法院审理给付租谷等案　12－17－276－279

1947 年 9 月至 1947 年 11 月，璧山地方法院关于给付租谷、离婚纠葛、给谷纠纷、给付欠款纠葛等案的文书，包括民事起诉书、送达证书、民事言辞辩论笔录、民事宣判笔录、民事辩诉状、民事委任状、民事判决书、物证、民事具和解书、民事和解状等。

83. 最高法院、璧山地方法院审理赔偿修理费等案　12－17－280－283

1947 年 11 月至 1949 年 4 月，最高法院、璧山地方法院关于赔偿修理费、赔偿损害、付给租谷、申请领回涉案契约、止约交业纠纷等案的文书，包括民事起诉状、送达证书、民事言辞辩论笔录、民事辩诉状、民事答辩状、璧山地方法院和解笔录、刑事审判笔录、证人结文、璧山地方法院民事判决书、物证、民事声请书等。

84. 璧山地方法院审理回赎佃业搬迁交业等四案　12－17－284－287

1947 年 6 月至 1947 年 11 月，璧山地方法院关于回赎佃业搬迁交业、因债务纠纷申请支付、搬迁交业、因违约要求增加给付四案的文书，包括民事诉状、民事委任状、支付命令、民事申明状、民事言辞辩论笔录、民事答辩状、民事声请书、民事宣判笔录、民事宣判书、物证、民事告诉状等。

85. 四川高等法院第一分院、璧山地方法院审理申请确认婚姻有效等案　12—17—288—289

1947年12月至1948年10月，四川高等法院第一分院、璧山地方法院关于申请确认婚姻有效案、申请增付欠款等案的文书，包括民事具声请状、送达证书、民事辩诉状、民事言辞辩论笔录、民事宣判笔录、璧山地方法院民事判决书、往来公函、民事上诉单、璧山地方法院民事裁定书、宣示判决笔录、民事委任状、四川高等法院第一分院民事判决书、物证等。

86. 四川高等法院第一分院、璧山地方法院审理田业纠纷等案　12—17—290—292

1947年10月至1947年12月，四川高等法院第一分院、璧山地方法院关于申请强制执行返还田业、损毁他人物品判决处罚罚金执行、分割遗产等案的文书，包括民事催状、民事声请状、执行报告书、璧山地方法院执行命令、璧山地方法院执行笔录、民事言辞辩论笔录、璧山地方法院民事判决书、四川高等法院第一分院民事判决书、民事申请书、民事辩诉状、民事宣判笔录、民事委任状、往来公函、民事上诉状等。

87. 四川高等法院第一分院、璧山地方法院审理返还产业等案　12—17—293—297

1946年6月至1948年9月，四川高等法院第一分院、璧山地方法院关于返还产业、确认大佃无效、不服判决要求增加给付、申请赔偿损害、龙海林等伤害赔偿等案的文书，包括往来公函、民事声明状、民事上诉状、民事领状、璧山地方法院民事裁定书、民事委任状、民事言辞辩论笔录、四川高等法院第一分院民事和解笔录、璧山地方法院民事裁定书、四川高等法院第一分院民事裁定书、璧山地方法院民事判决书、民事执行报告书、民事执行命令书、民事声请书、璧山实验地方法院刑事附带民事辩论标准、璧山地方法院民事执行文稿、璧山地方法院民事执行命令、执行报告、庭批等。

88. 璧山地方法院审理租佃纠纷止约交业等案　12—17—298—302

1947年1月至1947年12月，璧山地方法院关于租佃纠纷止约交业纠纷案、增加给付案、返还房产、田产产业纠纷案、声请停止执行案、因租期满止约交业纠纷等案的文书，包括民事诉状、送达证书、民事言辞辩论笔录、璧山地方法院民事和解笔录、民事宣判笔录、璧山地方法院民事判决书、民事调解笔录、民事声请状、璧山地方法院民事裁定书、民事告诉状、民事反诉状、乡公所汇报书等。

89. 璧山地方法院审理返还棉被等案　12－17－303－305

1947年8月至1948年8月，璧山地方法院关于返还棉被、经界纠葛及申请领证、申请债务强制支付命令等案的文书，包括民事起诉书、送达证书、传唤人名单、民事言辞辩论笔录、民事宣判笔录、民事判决书、民事声请书、证人结文、民事委任状、民事答辩状、物证、民事领状、璧山地方法院支付命令等。

90. 璧山地方法院审理止约交业、增加给付等案　12－17－306－309

1947年11月至1947年12月，璧山地方法院关于止约交业纠纷、增加给付、返还押佃米谷、给付借谷等案的文书，包括民事起诉状、审理通知单、送达证书、传唤人名单、民事言辞辩论笔录、民事辩诉状、物证、证人结文、民事宣判笔录、民事判决书等。

91. 四川高等法院第一分院、璧山地方法院审理租谷假扣押等案　12－17－310－314

1947年8月至1947年10月，四川高等法院第一分院、璧山地方法院关于租谷假扣押及声请启封、违反所得税法、确认买卖无效、付给会款、优先承佃权等案的文书，包括民事具声请书、民事裁定书、送达证书、和解撤销声请书、公函、公告、民事抗告书、四川高等法院第一分院民事裁定书、四川高等法院第一分院训令、民事传唤人名单、民事言辞辩论笔录、民事辩诉状、民事声明状、证据、民事答辩状、民事委任状、民事起诉状、民事宣判笔录、民事判决书等。

92. 四川高等法院第一分院、璧山地方法院审理会谷、交业纠纷等三案　12－17－315－317

1947年3月至1947年7月，四川高等法院第一分院、璧山地方法院关于黄炳臣给付保存会谷、甘培森交业纠葛、张正乾产业假执行异议之诉三案的文书，包括民事异议诉状、四川高等法院第一分院民事判决书、璧山地方法院民事裁定书、送达证书、民事委任状、民事传唤人名单、民事言辞辩论笔录、民事声明状、民事答辩状、民事反诉状、物证、民事宣判笔录、民事判决书、四川高等法院第一分院民事裁决书、璧山地方法院公函、民事上诉状、民事抗告书、四川高等法院第一分院公函、民事声请书、民事补充上诉状、证人结文、民事辩诉书等。

93. 四川高等法院第一分院、璧山地方法院审理土地经界纠纷等三案　12－17－318－320

1947年6月至1947年8月，四川高等法院第一分院、璧山地方法院关于土地经界纠纷、领押交业纠纷、止约交业纠纷三案的文书，包括民事起诉状、送达证书、传唤人名单、民事言辞辩论笔录、民事公证申请书、乡公所公函（物证）、民事声请书、民事宣判笔录、民事判决书、璧山地方法院公函、璧山地方法院民事裁定书、民事上诉状、四川高等法院第一分院公函、民事委任状、四川高等法院第一分院民事判决书、民事告诉状、四川高等法院第一分院民事裁定书、证人结文等。

94. 璧山地方法院审理返还田业等案　12－17－321－328

1947年3月至1947年12月，璧山地方法院关于返还田业、租佃认证、债务纠纷、返还谷物、返还树木、申请债务执行、赠与认证、侵占家具等案的文书，包括民事告诉状、民事辩诉状、送达文书、民事传唤人名单、民事言辞辩论笔录、民事宣判笔录、璧山地方法院民事判决书、公证询问笔录、声请公证证明书、璧山地方法院民事和解笔录、璧山地方法院民事和解书、民事请执行状、璧山地方法院刑事判决书、璧山地方法院民事裁定书、璧山地方法院民事执行文稿、执行报告书、璧山地方法院民事执行命令、公证申请书、公证通知书、民事自诉撤回状、和解书等。

95. 璧山地方法院审理财产赠与认证等案　12－17－329－334

1947年4月至1947年12月，璧山地方法院关于财产赠与认证、确认所有权、给付租谷执行申请、返还契约、佃约认证、给付租谷等案的文书，包括公证声请书、公证通知书、送达证书、申请认证证明、公证询问笔录、民事诉状、民事委任状、传唤人名单、民事言辞辩论笔录、民事宣判笔录、民事宣判书、物证、民事声请书、民事执行声请状等。

96. 璧山地方法院审理交业、收养认证等案　12－17－335－341

1947年12月，璧山地方法院关于尹炳坤止约交业、江君清等交业纠纷、顾荣收养认证等案的文书，包括民事申请书、司法印纸联单、璧山地方法院民事执行文稿、民事委任状等。

97. 四川高等法院第一分院、璧山地方法院审理请求分割遗产等案　12－17－342－345

1947年3月至1947年7月，四川高等法院第一分院、璧山地方法院关于请求分割遗产、赔偿损害、债款申请执行等案的文书，包括民事起诉状、送达证书、收传唤人名单、民事宣判笔录、民事委任状、民事判决书、公函、民事上诉状、璧山地方法院民事裁定书、四川高等法院第一分院公函、民事上诉书、民事言辞辩论笔录、四川高等法院第一分院民事判决书、第三上诉书，四川高等法院第一分院民事裁定书、民事请执行状、璧山地方法院裁定书、执行报告书、璧山地方法院执行命令、报告书、璧山地方法院命令、璧山地方法院训令、璧山地方法院布告等。

98. 璧山地方法院审理贷款请发贷款支付命令等案　12－17－346－348

1947年2月至1947年10月，璧山地方法院关于请发贷款支付命令案、赔偿损害案、请宣告假执行案、返还黄谷案等案的文书，包括民事具声请书、支付命令书、民事债务声请书、民事裁定书、民事起诉状、民事传唤人名单、民事言辞辩论笔录、民事宣判笔录、民事判决书等。

99. 璧山地方法院审理返还木石、买卖认证两案　12－17－349－350

1947年3月至1947年12月，璧山地方法院关于返还木石、买卖认证两案的文书，包括民事起诉状、民事答辩状、送达证书、传唤人名单、证人结文、民事言辞辩论笔录、公函、民事宣判笔录、民事判决书、民事上诉状、民事声明书、训令、公证声请书、公证通知书等。

100. 四川高等法院第一分院、璧山地方法院审理土地所有权纠纷一案　12－17－351

1947年9月至1948年4月，四川高等法院第一分院、璧山地方法院关于蔡森荣确认土地所有权一案的文书，包括公函、民事辩诉状、送达证书、传唤人通知、璧山地方法院训令、民事补诉状、证人结文、民事宣判笔录、民事判决书、民事上诉状、璧山地方法院民事裁定书、四川高等法院第一分院文书、四川高等法院第一分院民事通知书、民事声请书、地契(物证)、四川高等法院第一分院民事判决书等。

101. 璧山地方法院审理搬迁交业纠纷、给付租谷等案　12－17－352－355

1947年7月至1947年12月，璧山地方法院关于搬迁交业纠纷、给付租谷、赔偿损坏货物之损失、抱子认证等案的文书，包括民事声请执行书、送达文书、民事起诉状、民事委任状、传唤人名单、民事言辞辩论笔录、公函、民事答辩状、执行报告、民事宣判笔录、民事判决书、物证、声请诉讼证明书、公证处询问笔录等。

102. 璧山地方法院审理债务交业执行案等案　12－17－356－358

1947年6月至1947年8月，璧山地方法院关于债务交业纠纷执行、债务交业纠纷、会款纠纷执行等案的文书，包括民事声请书、送达证书、民事催状、民事抗告状、民事传唤人名单、民事请执行状、民事声请状、民事执行命令、民事缴状、民事诉状、民事委任状、民事言辞辩论笔录、民事答辩状、民事宣判笔录、民事判决书、执行命令、璧山地方法院布告、训令、通知书、物证、璧山地方法院命令、查封不动产笔录、鉴定人鉴定书、民事撤回状、公函、民事执行状等。

103. 四川高等法院第一分院、璧山地方法院审理欠租给谷等案　12－17－359－362

1947年4月至1947年12月，四川高等法院第一分院、璧山地方法院关于欠租给付租谷纠纷、请发债务纠纷执行令、会款纠纷、租佃公证认证等案的文书，包括民事诉状、送达证书、传唤人名单、民事询问笔录、民事言辞辩论笔录、证人结文、民事宣判笔录、民事判决书、四川高等法院第一分院公函、物证、民事声请书、璧山地方法院支付命令、璧山地方法院公函、审理笔录、考察报告、证据、申请公证书、公证问讯笔录、公证通知书、公证书等。

104. 四川高等法院第一分院、璧山地方法院审理经界纠葛等案　12－17－363－365

1947年2月至1947年3月，四川高等法院第一分院、璧山地方法院关于业界经界纠纷案、债务纠纷案、赠与认证案等案的文书，包括民事起诉状、送达证书、民事辩诉状、民事委任状、传唤人名单、证人结文、鉴定人结文、民事言辞辩论笔录、民事宣判笔录、民事判决书、民事上诉书、璧山地方法院民事裁定、璧山地方法院与四川高等法院第一分院往来公函、民事答辩状、备案书等。

105. 四川高等法院第一分院、璧山地方法院审理返还租车等案　12－17－366－369

1947年4月至1947年7月，四川高等法院第一分院、璧山地方法院关于返还租车、给付赡养费调解、债务假执行等案的文书，包括民事起诉书、送达证书、民事言辞辩论笔录、传唤人名单、民事补诉状、民事判决笔录、民事判决书、四川高等法院第一分院公函、民事具声请状、璧山地方法院民事判决书、债务执行审查报告、执行命令、民事声请状、民事异议起诉状、民事委任状、璧山地方法院民事裁定书、民事抗告书、民事上诉书、民事辩诉状等。

106. 四川高等法院第一分院、璧山地方法院审理搬迁交业纠纷等案　12－17－370－374

1947年4月至1947年11月，四川高等法院第一分院、璧山地方法院关于搬迁交业纠纷、交业调解、领证、地产经界纠纷、返还黄谷等案的文书，包括民事声请书、璧山地方法院民事判决书、物证、璧山地方法院民事执行文稿、璧山地方法院执行报告、璧山地方法院命令、民事上诉状、原璧县地方山法院民事裁定书、送达证书、四川高等法院第一分院公函、民事言辞辩论笔录、四川高等法院第一分院民事判决书、民事起诉状、传唤人名单、民事宣判笔录、民事辩诉状等。

107. 四川高等法院第一分院、璧山地方法院审理债务纠纷押金等三案　12－17－375－377

1947 年 8 月至 1947 年 10 月，四川高等法院第一分院、璧山地方法院关于张黄氏等给付押金的债务纠纷案、杨秦氏因租佃纠纷请求增加给付、陈罗氏因典产纠纷申请增加给付三案的文书，包括民事诉状、执行命令书、执行报告书、民事和解笔录、民事委任状、送达证书、传唤人名单、民事言辞辩论笔录、民事声请书、民事辩诉状、和解笔录、四川高等法院第一分院训令、民事起诉状、契约、民事答辩状、民事宣判笔录、民事宣判书、四川省政府典契等。

108. 四川高等法院第一分院、璧山地方法院审理给付租谷等案　12－17－378－381

1947 年 7 月至 1947 年 12 月，四川高等法院第一分院、璧山地方法院关于给付租谷、分割遗产、请发债务支付命令、止约交房纠纷等案的文书，包括四川高等法院第一分院公函、璧山地方法院书记室公函、民事上诉状、民事裁定、送达证书、民事答辩状、言辞辩论笔录、民事告诉状、受传唤人名单、证人结文、民事宣判笔录、民事委任状、民事判决书、民事债务请执行状、物证、璧山地方法院支付命令、民事起诉状等。

109. 四川高等法院第一分院、璧山地方法院审理赔偿损害等案　12－17－382－385

1947 年 3 月至 1947 年 12 月，四川高等法院第一分院、璧山地方法院关于赔偿损害、债务纠纷、增加给付、清偿借款等案的文书，包括民事起诉状、送达证书、民事言辞辩论笔录、民事委任状、民事声请书、证人结文、受传唤人名单、民事宣判笔录、民事辩诉状、物证、民事判决书、民事请执行状、四川高等法院第一分院民事判决书、璧山地方法院公函等。

110. 四川高等法院第一分院、四川合江地方法院、璧山地方法院审理租佃认证、给付租谷等案的文书　12－17－386－391

1947 年 3 月至 1947 年 9 月，四川高等法院第一分院、四川合江地方法院、璧山地方法院关于租佃认证、函请代询调查可执行财产、给付买业欠款、契约认证、给付租谷、增加给付种子等案的文书，包括四川合江地方法院公函、民事言辞辩论笔录、璧山地方法院公函、公证声请书、公证通知书、公证问讯笔录、民事判决书、四川高等法院第一分院公函、认证声请书、受传唤人名单、声请公证证明书、送达证书、物证、民事起诉状、民事声请书、民事答辩状、民事宣判笔录、民事执行报告书、璧山地方法院书记室公函等。

111. 四川高等法院第一分院、璧山地方法院审理清偿借款、返还租车两案　12—17—392—393

1947年4月至1947年9月,四川高等法院第一分院、璧山地方法院关于清偿借款案、返还租车案两案的文书,包括民事诉状、民事委任状、送达证书、受传唤人名单、民事言辞辩论笔录、璧山实验地方法院公函、民事声请并辩诉状、民事上诉书、璧山地方法院民事裁定书、民事辩诉附带上诉状、四川高等法院第一分院公函、民事声请书、民事具和解书、四川高等法院第一分院通知书等。

112. 重庆地方法院、璧山地方法院审理债务执行一案　12—17—394

1947年4月至1947年11月,重庆地方法院、璧山地方法院关于钟鸿均因拖欠债款请求债务假执行一案的文书,包括民事声请书、璧山地方法院民事执行命令、申请书、璧山地方法院公告、鉴定人鉴定书、执行拍卖公告、民事执行通知书、受传唤人名单、璧山地方法院布告、民事声明书、民事异议声请状、民事异议状、陆军203师第二旅5团公函、送达证书、公函、报告书拘票、重庆地方法院拘票、民事执行异议状、民事委任状、民事申请书、璧山地方法院命令、民事保证书、璧山地方法院民事判决书等。

113. 四川高等法院第一分院、璧山地方法院审理撤销买卖契约、偿还借款两案　12—17—395—396

1946年4月至1946年8月,四川高等法院第一分院、璧山地方法院关于梅荣官撤销买卖契约、李登科偿还借款两案的文书,包括民事起诉状、送达证书、受传唤人名单、民事言辞辩论笔录、民事宣判笔录、民事宣判书、物证、民事委任状、民事辩诉状、民事声请书、民事裁定、民事上诉书、四川高等法院第一分院公函、民事添加状、四川高等法院第一分院民事和解笔录等。

114. 璧山地方法院审理租谷纠纷上诉案、确认坟地所有权两案　12—17—397—398

1947年7月至1947年11月,璧山地方法院关于租谷纠纷上诉案、确认坟地所有权案两案的文书,包括送达证书、民事起诉状、民事委任状、民事辩诉状、民事言辞辩论笔录、璧山地方法院收据、民事宣判笔录、民事判决书、物证等。

115. 四川高等法院第一分院、璧山地方法院审理止约交业纠纷等案　12－17－399－401

1947 年 5 月至 1947 年 11 月，四川高等法院第一分院、璧山地方法院关于止约交业上诉案、返还契约、要求继续承租返还黄谷等案的文书，包括璧山地方法院书记室公函、民事上诉状、民事声请书、璧山实验地方法院民事裁定书、送达文书、民事上诉缴费状、四川高等法院第一分院公函、民事具答辩状、民事委任状、民事言辞辩论笔录、民事起诉状、受传唤人名单、民事宣判笔录、民事判决书、收条、璧山地方法院刑事判决书等。

116. 璧山地方法院审理会款纠纷、租佃纠纷交业两案　12－17－402－403

1947 年 3 月至 1947 年 11 月，璧山地方法院关于会款纠纷、租佃交业纠纷两案的文书，包括民事起诉状、民事声请状、送达证书、传唤人名单、民事言辞辩论笔录、证人结文、民事辩诉状、民事判决笔录、民事判决书、民事上诉状、物证、民事答辩状、民事委任状等。

117. 四川高等法院第一分院、璧山地方法院审理给付木料、确认典当产业契约有效两案　12－17－404－405

1947 年 7 月至 1947 年 12 月，四川高等法院第一分院、璧山地方法院关于蒋玉琴因买树纠纷请求给付木料、黄仕臣确认典当产业契约有效两案的文书，包括民事起诉状、送达证书、受传唤人名单、民事言辞辩论笔录、证明书、民事辩诉状、证人结文，民事委任状、民事宣判笔录、物证、璧山地方法院书记室公函、民事上诉状、四川高等法院第一分院公函、四川高等法院第一分院民事判决书、民事再审申请书、四川省政府训令、民事声请书、民事催状、重庆地方法院批文、四川高等法院第一分院民事裁定书等。

118. 四川高等法院第一分院、璧山地方法院审理因经济纠纷冲突赔偿损害、止约交房两案　12－17－406－407

1947 年 3 月至 1947 年 10 月，四川高等法院第一分院、璧山地方法院关于赔偿经济纠纷之损害、止约交房纠纷两案的文书，包括民事起诉状、民事言辞辩论笔录、民事委任状、璧山地方法院公函、送达证书、受传唤人名单、民事补诉状、民事宣判笔录、训令、民事上诉状、民事裁定书、四川高等法院第一分院书记室公函、四川高等法院第一分院民事判决书、民事告诉状、送达报告、民事答辩状、民事辩诉状、民事判决书等。

119. 四川高等法院第一分院、璧山地方法院审理欺诈一案　12－17－408（1）

1947年2月至1947年8月，四川高等法院第一分院、璧山地方法院关于朱家训欺诈钱财被诉返还诈款一案的文书，包括民事起诉状、送达证书、民事言辞辩论笔录、民事声请状、民事委任状、民事补正状、民事宣判笔录、民事判决书、四川高等法院第一分院公函、民事上诉状、民事裁定书、民事代诉状、四川高等法院第一分院民事判决书等。

120. 四川高等法院第一分院、璧山地方法院审理债务纠纷等案　12－17－408（2）

1947年2月至1947年12月，四川高等法院第一分院、璧山地方法院关于债务纠纷、债务执行、清偿债务等案的文书，包括民事诉状、璧山地方法院执行批示、民事具声请书、送达证书、执行报告、执行命令、民事具执行状、四川高等法院第一分院民事裁定书、民事判决书、民事声明状、民事请执行状、民事执行报告、四川高等法院第一分院民事判决书、四川高等法院第一分院公函、查封不动产笔录、鉴定人鉴定书、璧山地方法院通知书、民事言辞辩论笔录、受传唤人名单、民事宣判笔录等。

121. 四川高等法院第一分院、璧山地方法院审理给付借款一案　12－17－409

1947年2月至1947年8月，四川高等法院第一分院、璧山地方法院关于王峥嵘等给付借款一案的文书，包括民事起诉状、送达证书、民事言辞辩论笔录、民事受传唤人名单、民事鉴定人结文、报告书、璧山地方法院文书、民事宣判笔录、民事判决书、民事声请状、物证、书记室公函、民事上诉状、璧山地方法院民事裁定、四川高等法院第一分院公函、证人结文、四川高等法院第一分院民事判决书等。

122. 四川高等法院第一分院、璧山地方法院审理交房、交业纠纷两案　12－17－410－411

1947年10月，四川高等法院第一分院、璧山地方法院关于交房纠纷、交业纠纷两案的文书，包括民事起诉状、和解合同、佃约、送达证书、民事言辞辩论笔录、民事辩诉状、民事委任状、证人结文、民事宣判笔录、民事判决书、璧山地方法院书记室公函、民事上诉状、民事声请书、四川高等法院第一分院民事裁定书、四川高等法院第一分院公函、四川高等法院第一分院民事判决书等。

123. 璧山地方法院审理会纱债务执行、清偿押谷两案　12－17－412－413

1947年6月至1947年9月，璧山地方法院关于会纱债务执行、清偿押谷两案的文书，包括民事请执行状、民事委托书、民事执行审查报告、民事执行命令、布告、训令、命令、查封证书、鉴定人鉴定书、查封不动产笔录、通知书、民事声请书、民事执行异议状、送达证书、拍卖相关证书、璧山地方法院民事判决书、民事言辞辩论笔录、民事答辩状、民事传唤人名单、民事更正声请状、宣判笔录等。

124. 四川高等法院第一分院、璧山地方法院审理增加给付一案　12－17－414

1947 年 1 月至 1947 年 6 月，四川高等法院第一分院、璧山地方法院关于物价上涨申请增加给付一案的文书，包括民事诉状、送达证书、民事言辞辩论笔录、鉴定人结文、民事委任状、受传唤人名单、民事宣判笔录、物证、璧山地方法院公函、民事上诉状、民事上诉缴费状、四川高等法院第一分院、民事上诉撤回状、四川县镇户口调查表（物证）、璧山地方法院民事判决书等。

125. 四川高等法院第一分院、璧山地方法院审理给付租谷一案　12－17－415

1947 年 7 月，四川高等法院第一分院、璧山地方法院关于陈焕林给付租谷一案的文书，包括民事起诉状、送达文书、民事委任状、民事答辩状、民事声请状、证人结文、民事宣判笔录、民事判决书、公函、民事上诉书、璧山地方法院民事鉴定书、民事言辞辩论笔录、四川高等法院第一分院民事判决书等。

126. 四川高等法院第一分院、璧山地方法院等审理分割遗产回赎典产一案　12－17－416

1945 年 9 月至 1947 年 4 月，四川高等法院第一分院、璧山地方法院等关于刘世杰分割遗产回赎典产纠纷一案的文书，包括民事上诉书、民事催状、公函、送达证书、民事委任状、言辞辩论笔录、证人结文、开庭日期律师通知书、民事公证状、四川高等法院第一分院民事和解笔录等。

127. 四川高等法院第一分院、璧山地方法院审理解约交业纠纷一案　12－17－417

1947 年 11 月，四川高等法院第一分院、璧山地方法院关于王建安租期已满霸产不还而要求解除合约交业一案的文书，包括民事起诉状、民事答辩状、送达证书、受传唤人名单、言辞辩论笔录、民事委任状、宣判笔录、民事判决书、物证、公函、民事上诉状、民事裁定书、四川高等法院第一分院民事判决书等。

128. 四川高等法院第一分院、璧山地方法院审理债务纠纷等案　12－17－418

1947 年 3 月至 1947 年 12 月，四川高等法院第一分院、璧山地方法院关于债务执行、被上诉请求债务执行、债务纠纷请执行、清偿债务等案的文书。

129. 璧山地方法院审理会款纠纷三案　12－17－419

1947年2月至1947年11月，璧山地方法院关于三起会款纠纷案的文书，包括民事诉状、言辞辩论笔录、宣判笔录、民事判决书、物证、民事受传唤人名单、民事上诉状、送达证书、民事委任状等。

130. 璧山地方法院审理交业纠纷四案　12－17－420

1947年5月至1947年10月，璧山地方法院关于四起因租佃纠纷等引起的搬迁交业纠纷案的文书，包括民事请执行状、民事执行视察报告、璧山地方法院民事执行文稿、民事执行命令、送达证书、民事委任状、公函、民事判决书、民事起诉状、民事声请答辩状、民事宣判笔录、民事声请书、民事上诉状、言辞辩论笔录等。

131. 璧山地方法院审理给付欠款纠纷等案　12－17－421

1947年1月至1947年11月，璧山地方法院关于给付欠款假扣押、欠款纠纷调解、欠款纠纷等案的文书，包括原民事裁定书、璧山地方法院命令书、通知书、训令、公告、民事执行视察报告书、县银行扣押笔录、扣押证明、民事声请书、送达证书、受传唤人名单、言辞辩论笔录、和解笔录、民事判决书、民事再声请状等。

132. 璧山地方法院审理支付命令五案　12－17－422

1947年1月至1947年11月，璧山地方法院关于审理五起请发支付命令案的文书，包括民事起诉状、支付命令、送达证书、民事声请状、民事债务声请状等。

133. 四川高等法院第一分院、璧山地方法院审理给付租谷三案　12－17－423

1947年10月至1947年12月，四川高等法院第一分院、璧山地方法院关于周大轩、吴平辉、文明远三起给付租谷纠纷案的文书，包括民事诉状、送达证书、受传唤人名单、言辞辩论笔录、璧山实验地方法院民事判决书、四川高等法院第一分院公函、民事宣判笔录、璧山地方法院民事裁定书、民事上诉状、上诉撤回状等。

134. 四川高等法院第一分院、璧山地方法院审理确认大佃有效及领押交业、撤销租佃契约等案　12－17－424

1947年5月至1947年12月，四川高等法院第一分院、璧山地方法院关于确认大佃有效及领押交业、撤销租佃契约、止约交业纠纷等案的文书，包括民事告诉状、民事委任状、民事反诉状、证人结文、言辞辩论笔录、宣判笔录、璧山地方法院民事判决书、民事起诉状、民事答辩状、送达证书、璧山地方法院民事裁定书、民事上诉状、公函等。

135. 璧山地方法院审理债务纠纷等四案　12－17－425

1947年2月至1947年5月，璧山地方法院关于债务假扣押、清偿债务、宣告债务假执行、债务纠纷四案的文书，包括训令、通知书、民事执行报告书、扣押笔录、被传唤人通知单、言辞辩论笔录、民事委托书、璧山地方法院和解笔录、民事债务声请书、璧山地方法院民事裁定书、送达回证等。

136. 四川高等法院第一分院、璧山地方法院审理债务假执行等案　12－17－426

1947年2月至1948年1月，四川高等法院第一分院、璧山地方法院关于债务假执行、债务假扣押、债务纠纷等案的文书，包括璧山地方法院民事执行文稿、民事具声请状、璧山地方法院民事判决书、被传唤人名单、民事委任状、报告书、民事申请状、县警察局公告、璧山地方法院民事裁定书、璧山地方法院训令、证明书、民事诉状、送达证书、民事和解笔录、四川高等法院第一分院民事判决书、璧山地方法院批示、璧山地方法院民事执行命令等。

137. 四川高等法院第一分院、璧山地方法院审理执行增加付给、请求交业两案　12－17－427－428

1947年1月至1947年7月，四川高等法院第一分院、璧山地方法院关于执行增加给付、佃期已满请求交业两案的文书，包括民事请执行状、璧山地方法院民事判决书、璧山地方法院民事执行文稿、执行报告书、璧山地方法院执行命令、送达文书、民事申报书、民事声请书、璧山地方法院布告、法院公函、璧山地方法院民事执行拍卖通知书、民事诉状、言辞辩论笔录、宣判笔录、民事上诉状、公函、四川高等法院第一分院民事判决书等。

138. 璧山地方法院审理确认租约无效、搬迁交房纠纷两案　12－17－429－430

1947年4月至1947年7月，璧山地方法院关于确认租约无效、搬迁交房纠纷两案的文书，包括民事诉状、民事答辩状、送达证书、受传唤人名单、民事言辞辩论笔录、民事宣判笔录、璧山地方法院民事判决书、物证、执行报告书、刑事判决书、民事委任状、民事补充答辩理由状、证人结文、民事宣判书等。

139. 四川高等法院第一分院、璧山地方法院审理起还坟墓、止约交业两案　12－17－431－432

1947年5月至1947年9月，四川高等法院第一分院、璧山地方法院关于起还坟墓、止约交业纠纷两案的文书，包括民事诉状、民事委任状、送达证书、受传唤人名单、民事言辞辩论笔录、民事辩诉状、证人结文、民事宣判笔录、民事判决书、民事上诉书、四川高等法院第一分院民事判决书、民事声请书、璧山地方法院和解笔录等。

140. 四川高等法院第一分院、璧山地方法院审理租佃调解等案　12－17－433

1947年6月至1947年8月，四川高等法院第一分院、璧山地方法院关于租佃调解、租佃纠纷、租佃认证等案的文书，包括民事声请书、送达证书、受传唤人名单、言辞辩论笔录、调查报告、民事上诉状、璧山地方法院民事裁定书、四川高等法院第一分院民事裁定书、声请公证证明书、授权书、委任书等。

141. 四川高等法院第一分院、璧山地方法院审理违反所得税等五案　12－17－434

1946年4月至1947年8月，四川高等法院第一分院、璧山地方法院关于渝康商号因滞纳所得税被诉罚款执行、曹瑶圃违反所得税法及其上诉案、财政部川康区直接税局法律分局璧山查征所向华华服饰追缴欠税、许天伦请科罚遗产税、许安礼请科罚遗产税五案的文书，包括地方法院检察官公函、璧山地方法院执行文稿、报告、璧山地方法院执行命令、璧山地方法院刑事裁定等。

142. 璧山地方法院审理请求增加给付、请求给付、押金调解等四案　12－17－435

1947年4月至1947年9月，璧山地方法院关于曾有为请求增加给付、李兴顺请求增加给付、龙大年请求增加给付、罗徐氏请求给付押金申请调解四案的文书，包括征收裁判费核定单、民事起诉状、借款凭证、缴款证明、民事委任状、送达证书、点名单、言辞辩论笔录、民事宣判笔录、璧山地方法院判决、往来公函等。

143. 四川高等法院第一分院、璧山地方法院审理债务纠葛及其上诉案、请发支付命令等案　12－17－436

1946年12月至1947年8月，四川高等法院第一分院、璧山地方法院关于郑德英与蒋金山债务纠葛及其上诉案、景亮钧诉欠款执行请发支付命令、张绍文请求返还票据等案的文书，包括民事上诉状、缴款证明、璧山地方法院裁定、民事上诉理由状、言辞辩论笔录、四川高等法院第一分院通知书、民事声请状、训令、支付命令、送达证书、民事执行状、璧山地方法院判决、报告等。

144. 璧山地方法院审理交还田房纠葛一案　12－17－437

1947年5月至1947年11月，璧山地方法院关于张九兆与张巫氏交还田房纠葛案及其尾卷的文书，包括征收裁判费核定单、民事起诉状、缴款证明、送达证书、点名单、言辞辩论笔录、报告、证人结文、公函、璧山地方法院裁定、民事委任状、璧山地方法院判决、民事上诉状、民事撤回上诉状、璧山地方法院通知书、具领凭证、收据等。

145. 四川高等法院第一分院、璧山地方法院审理给付租谷纠葛、请领证物两案 12－17－438

1947年12月至1948年12月，四川高等法院第一分院、璧山地方法院关于钟永贞与钟华清给付租谷纠葛及其上诉案、钟永贞请领证物两案的文书，包括征收裁判费核定单、民事起诉状、缴款证明、民事答辩状、民事调解笔录、言辞辩论笔录、民事宣判笔录、往来公函、民事上诉状、律师调解证明书、璧山地方法院裁定、宣示判决笔录、四川高等法院第一分院民事判决、璧山地方法院判决等。

146. 四川高等法院第一分院、璧山地方法院审理伪造私文书及其上诉一案 12－17－439

1947年12月至1948年10月，四川高等法院第一分院、璧山地方法院关于杨向氏伪造私文书及其上诉一案的文书，包括刑事自诉状、缴款证明、刑事辩诉状、送达证书、点名单、刑事审判笔录、刑事保状、宣示判决笔录、璧山地方法院刑事判决、往来公函、刑事上诉状、四川高等法院第一分院检察官函片、四川高等法院第一分院刑事判决、案件进行时间表等。

147. 璧山地方法院审理请求返还耕牛、给付税款两案 12－17－440－441

1947年9月至1948年1月，璧山地方法院关于胡合成请求返还耕牛、璧山税捐稽征处状告朱裕康给付税款两案的文书，包括民事催呈状、四川高等法院第一分院民事判决、民事执行状、缴款证明、报告、璧山地方法院通知书、送达证书、言辞辩论笔录、民事委任状、证明书、民事宣判笔录、璧山地方法院判决、璧山地方法院公示等。

148. 四川高等法院第一分院、璧山地方法院审理声请假扣押、租佃确认等四案 12－17－442

1947年1月至1947年11月，四川高等法院第一分院、璧山地方法院关于吴子家声请假扣押、王福修声请假扣押及其上诉案、李全益请求租佃认证、段瑜思请求执行给付延欠公费等四案的文书，包括民事声请状、璧山地方法院裁定、送达证书、民事声请扣押状、缴款证明、往来公函、民事抗告状、四川高等法院第一分院民事裁定、公证声请书、公证讯问笔录、民事执行状、法院执行命令等。

149. 璧山地方法院审理赔偿损害、搬迁交业纠葛等四案　12－17－443

1947年4月至1948年1月，璧山地方法院关于刘源明因买房纠纷请求赔偿损害、廖明德因租佃纠纷请求赔偿损害、万火源与万节之等搬迁交业纠葛、杨张志珍与谢鼎三等搬迁交业纠葛等四案的文书，包括征收裁判费核定单、民事起诉状、民事辩诉状、证人结文、言辞辩论笔录、民事宣判笔录、璧山地方法院判决、璧山地方法院和解笔录、民事执行状、民事执行异议状等。

150. 璧山地方法院审理义赠认证、买约认证等五案　12－17－444

1947年8月至1947年12月，璧山地方法院关于雷立生等请求义赠认证、曾俊才等请求买约认证、曾炳山请求租佃确认、胡恒章与杨昌绪等借款纠葛、吴东垣请求借约认证五案的文书，包括公证讯问笔录、缴款证明、认证书、公证通知书、送达证书、璧山地方法院裁定、训令、璧山地方法院公告、璧山地方法院通知书等。

151. 璧山地方法院审理再嫁认证、同居纠纷调解等四案　12－17－445

1946年12月至1947年11月，璧山地方法院关于吴王氏请求再嫁认证、朱刘氏请求再嫁存查、江宗洪与江陈永芳申请同居纠纷调解、张伯尧与余世云请求同居四案的文书，包括公证讯问笔录、民事存查状、缴款证明、报告、璧山地方法院民庭批文、送达证书、民事调解状、言辞辩论笔录、征收裁判费核定单、民事宣判笔录、民事声请状、璧山地方法院判决等。

152. 四川高等法院第一分院、璧山地方法院审理经界纠葛及其上诉案、请领证物两案　12－17－446

1947年2月至1948年10月，四川高等法院第一分院、璧山地方法院关于陈杰与刘海云经界纠葛及其上诉案、刘海云与陈杰请领证物两案的文书，包括征收裁判费核定单、民事告诉状、缴款证明、送达证书、点名单、言辞辩论笔录、证人结文、民事宣判笔录、璧山地方法院判决、璧山地方法院裁定、民事缴状、民事上诉理由状、宣示判决笔录、四川高等法院第一分院民事判决、案件进行时间表等。

153. 璧山地方法院审理赠与认证两案　12－17－447

1946年12月至1947年1月，璧山地方法院关于甘义重请求赠与认证、钟炳南请求赠与认证两案的文书，包括卷公证通知书、送达证书、公证讯问笔录、认证书、具领证明、证明书、民事委任状、缴款证明、收据等。

154. 璧山地方法院审理请求赠与认证一案　12－17－448

1947 年 2 月，璧山地方法院关于于仁舫请求赠与认证一案的文书，包括卷宗文书目录、公证声请书、缴款证明、公证讯问笔录、收据等。

155. 璧山地方法院审理执行异议等三案　12－17－449

1947 年 4 月至 1947 年 11 月，璧山地方法院关于杨吴氏离婚后提起生活费执行异议之诉、冉封卿提起租佃产业异议诉讼、吴正清提起债务执行异议等三案的文书，包括民事声请状、缴款证明、民事辩诉状、送达证书、言辞辩论笔录、民事缴状、民事宣判笔录、璧山地方法院判决等。

156. 璧山地方法院审理债务纠葛、声请租谷执行两案　12－17－450

1947 年 2 月至 1947 年 7 月，璧山地方法院关于石敬先等与戴炳森债务纠葛、张献之声请租谷执行两案的文书，包括民庭函片、璧山地方法院裁定、点名单、报告、璧山地方法院训令、璧山地方法院通知书、法院往来公函、璧山县狮子乡第九保办公处呈文、璧山县狮子乡乡公所呈文、民事声请状、四川高等法院第一分院民事判决、璧山地方法院判决等。

157. 璧山实验地方法院等审理债务纠葛、假执行等四案　12－17－451

1944 年 6 月至 1947 年 10 月，璧山实验地方法院等关于景亮钧与徐培楼债务纠葛、陈正与戴炳森债务纠葛、艾禄骞声请宣告假执行、江福海与马永安欠款纠葛四案的文书，包括地方法院与高等法院第一分院往来公函、民事诉状、缴款证明、民事委任状、报告案奉、送达证书、点名单、言辞辩论笔录、民事宣判笔录、璧山地方法院判决、和解笔录、璧山地方法院执行命令、具领证明等。

158. 四川高等法院第一分院、璧山地方法院审理债务纠葛及其上诉案等四案　2－17－452

1947 年 7 月至 1948 年 5 月，四川高等法院第一分院、璧山地方法院关于张辉安与蒋德明等借款债务纠葛及其上诉、周德清与朱荣清借款债务纠葛、江春林与王荣辉租佃债务纠葛、李罗氏与汪金山等租佃债务纠葛四案的文书，包括征收裁判费核定单、民事诉状、缴款证明、送达证书、言辞辩论笔录、民事判决笔录、民事辩诉状、民事声请状、璧山地方法院判决、往来公函、民事上诉状、璧山地方法院裁定、四川高等法院第一分院收款通知单、四川高等法院第一分院民事和解笔录、民事执行状、民事保状、证人结文、民事宣判笔录等。

159. 北碚区地方法院、璧山地方法院审理增加给付五案　12－17－453

1947年7月至1947年11月，北碚区地方法院、璧山地方法院关于五起因租佃纠纷、债务纠纷、买业纠纷等引起的增加给付案的文书，包括民事起诉状、民事辩诉状、民事委任状、民事言辞辩论笔录、民事宣判笔录、璧山地方法院民事判决书、璧山地方法院和解笔录、民事催状、民事追加诉状、物证、璧山地方法院民事裁定书、璧山地方法院公函、审查报告、四川北碚地方法院公函、民事告诉状等。

160. 四川高等法院第一分院、璧山地方法院审理领押交业纠葛案五案　12－17－454

1947年3月至1947年10月，四川高等法院第一分院、璧山地方法院关于五起领押交业纠纷案的文书，包括民事诉状、送达证书、民事言辞辩论笔录、民事申请书、通知书、民事请执行状、民事催状、视察报告、民事执行文稿、执行命令、民事告诉状、民事宣判笔录、璧山地方法院民事判决书、民事上诉状、四川高等法院第一分院民事裁定书、民事和解书、民事庭证申请状等。

161. 四川高等法院第一分院、璧山地方法院审理交房纠葛案四案　12－17－455

1947年5月至1947年11月，四川高等法院第一分院、璧山地方法院关于四起交房纠纷案的文书，包括民事起诉状、民事委任状、送达证书、受传唤人名单、民事言辞辩论笔录、刑事押票回证、民事和解笔录、璧山地方法院民事判决书、四川高等法院第一分院民事裁定书、民事异议状、民事抗告状、四川高等法院第一分院公函、证人结文、民事和解书等。

162. 璧山地方法院审理申请领证四案　12－17－456

1946年11月至1947年12月，璧山地方法院关于凌洪府、苏裕章、廖绍清、徐绍南四起申请领证案的文书，包括民事领状、送达证书、民事声请书、受传唤人名单、民事言辞辩论笔录等。

163. 璧山地方法院审理领证纠葛四案　12－17－457

1947年7月至1947年10月，璧山地方法院关于陈程氏、邓树彬、曾伯华、曾方成四起领证案的文书，包括民事具领状、刑事请领状、璧山地方法院刑事庭批示、送达证书、刑事声请委任状、民事声请状、民事调解笔录等。

164. 璧山地方法院审理拍卖抵押物执行一案　12－17－458

1947年3月至1948年6月，璧山地方法院关于陈国五拍卖抵押物债务执行一案的文书，包括民事请执行状、璧山地方法院命令、璧山地方法院训令、璧山地方法院通知书、璧山地方法院民事执行命令、鉴定人鉴定书、查封不动产笔录、民事声明书、璧山地方法院民事批示、璧山地方法院公告、受传唤人通知书、璧山地方法院民事裁定书、民事领状等。

165. 四川高等法院第一分院、璧山地方法院审理增加给付一案　12－17－462

1947年3月至1948年1月，四川高等法院第一分院、璧山地方法院关于曾袁氏因租佃纠纷请求增加给付一案的文书，包括公函、民事上诉状、璧山地方法院民事裁定书、民事传唤人名单、送达证书、民事委任状、民事言辞辩论笔录、四川高等法院第一分院民事裁定书、民事声请状、宣示判决笔录、四川高等法院第一分院民事判决书等。

166. 四川高等法院第一分院、璧山地方法院审理李绍南给付油款纠葛一案　12－17－463

1947年5月至1948年4月，四川高等法院第一分院、璧山地方法院关于李绍南给付油款一案的文书，包括送达证书、民事委任状、受传唤人名单、民事扣押并停止执行书、民事拍卖声请书、民事债务请执行书、璧山县商会公函、民事催状、璧山地方法院命令、璧山地方法院执行笔录、璧山地方法院民事裁决书、执行情况审查报告书、民事执行命令书、璧山地方法院报告、民事声请异议状、执行公告、民事抗告书、四川高等法院第一分院民事判决书等。

167. 四川高等法院第一分院、璧山地方法院审理确认租赁契约无效、返还押金两案　12－17－464－465

1947年2月至1947年9月，四川高等法院第一分院、璧山地方法院关于张齐康确认租赁契约无效、钟传清等返还押金两案的文书，包括送达证书、言辞辩论笔录、民事宣判笔录、民事答辩状、民事声明状、民事委任状、璧山地方法院民事判决书、民事领状、民事上诉状、民事起诉状、民事辩诉状、证人结文、民事补诉状、公函、璧山地方法院民事裁定书等。

168. 四川高等法院第一分院、璧山地方法院审理异议之诉、确认所有权两案　12－17－466－467

1947年9月至1947年10月，四川高等法院第一分院、璧山地方法院关于谢少普声请债务假执行异议之诉、汪礼成确认田土房屋所有权两案的文书，包括民事起诉状、送达证书、受传唤人名单、民事言辞辩论笔录、证人结文、民事宣判笔录、民事委任状、璧山地方法院民事判决、民事领状、公函、民事上诉状、璧山地方法院民事裁定书、四川高等法院第一分院民事判决书、民事答辩状、璧山地方法院和解笔录等。

169. 璧山地方法院审理遗产纠葛一案　12—17—468

1947年9月，璧山地方法院关于胡廷钰等分割遗产纠纷一案的文书，包括公函、民事起诉状、民事委任状、受传唤人名单、民事言辞辩论笔录、民事续呈状、民事答辩状、民事声请书、证人结文、民事保证书、民事声明书、民事宣判笔录、民事判决书等。

170. 四川高等法院第一分院、璧山地方法院审理止约交业纠葛一案　12—17—469

1947年12月，四川高等法院第一分院、璧山地方法院关于万海轩等止约交业纠葛一案的文书，包括公函、民事上诉状、璧山地方法院民事裁定、送达证书、民事委任状、民事缴状、言辞辩论笔录、宣示判决笔录、四川高等法院第一分院民事判决书、璧山地方法院执行命令书、璧山实验地方法院民事裁定书等。

171. 四川高等法院第一分院、璧山地方法院审理增加给付纠葛一案　12—17—470

1947年5月，四川高等法院第一分院、璧山地方法院关于曾袁氏因租佃纠纷请求增加给付一案的文书，包括民事起诉状、送达证书、受传唤人名单、民事言辞辩论笔录、民事答辩状、民事委任状、证人结文、民事宣判笔录、民事判决书、物证、璧山地方法院书记室公函、民事上诉状、璧山地方法院民事裁定、民事缴状、四川高等法院第一分院民事裁定书等。

172. 四川高等法院第一分院、璧山地方法院审理增加给付一案　12—17—471

1947年5月，四川高等法院第一分院、璧山地方法院关于邹氏因分割遗产纠纷请求增加给付一案的文书，包括民事起诉状、公函、送达证书、受传唤人名单、民事言辞辩论笔录、民事委任状、民事答辩状、民事宣判笔录、民事判决书、璧山地方法院书记室公函、民事上诉状、璧山地方法院民事裁定书、四川高等法院第一分院民事判决书等。

173. 璧山地方法院审理交还契约纠葛等案　12—17—472—474

1947年5月至1947年10月，璧山地方法院关于交还契约、返还业契、交业纠纷三案的文书，包括民事诉状、送达证书、民事委任状、受传唤人名单、证人结文、民事言辞辩论笔录、民事宣判笔录、民事判决书、民事辩诉状、民事追加起诉状、民事反诉状、民事告诉状、璧山县第二区梓潼乡乡公所公函、鉴定人结文等。

174. 四川高等法院第一分院、璧山地方法院审理租谷纠葛一案　12－17－475

1947年10月至1947年11月，四川高等法院第一分院、璧山地方法院关于叶世荣给付租谷纠葛一案的文书，包括民事起诉状、送达证书、民事受传唤人名单、民事言辞辩论笔录、民事宣判笔录、民事辩诉状、公函、民事上诉状、民事声请状、民事声请书、宣示判决笔录、四川高等法院第一分院民事判决书等。

175. 四川高等法院第一分院、璧山地方法院审理黄谷纠葛一案　12－17－476

1947年11月至1947年12月，四川高等法院第一分院、璧山地方法院关于晏庆昌等给付黄谷纠葛一案的文书，包括民事起诉状、民事答辩状、民事报告书、送达证书、受传唤人名单、民事言辞辩论笔录、民事委任状、民事宣判笔录、璧山地方法院民事判决、公函、民事上诉状、璧山地方法院民事裁定、四川高等法院第一分院民事裁定书、民事声请书、四川高等法院第一分院民事判决书等。

176. 璧山地方法院审理交业纠葛一案　12－17－477

1947年6月至1947年11月，璧山地方法院关于尹炳银等交业纠葛一案的文书，包括民事委任状、璧山地方法院民事执行文稿、视察报告、受传唤人名单、民事请执行状、璧山地方法院执行命令、民事声请状、璧山地方法院训令、民事起诉状、民事辩诉状、民事言辞辩论笔录、民事催状、证人结文、民事宣判笔录、乡公所公函、璧山地方法院民事判决书等。

177. 四川高等法院第一分院、璧山地方法院审理给付租谷纠纷等案　12－17－478

1947年4月至1948年3月，四川高等法院第一分院、璧山地方法院关于给付租谷假执行、给付黄谷等案的文书，包括民事起诉状、送达证书、受传唤人名单、民事言辞辩论笔录、民事委任状、民事辩诉状、证人结文、民事宣判笔录、璧山地方法院民事判决书、民事请执行状、四川高等法院第一分院民事判决书、璧山地方法院民事执行文稿、璧山地方法院民事执行命令、报告书等。

178. 四川高等法院第一分院、璧山地方法院审理交业纠葛一案　12－17－479

1947年10月至1947年12月，四川高等法院第一分院、璧山地方法院关于苏星武等交业纠葛一案的文书，包括民事起诉状、民事辩诉状、送达证书、受传唤人名单、民事言辞辩论笔录、证人结文、民事宣判笔录、公函、民事上诉状、璧山地方法院民事裁定书、民事委任状、四川高等法院第一分院民事判决书等。

179. 璧山地方法院审理交业纠葛一案　12－17－480

1947 年 9 月，璧山地方法院关于彭炳成等交业纠葛一案的文书，包括公函、民事起诉状、送达证书、受传唤人名单、民事言辞辩论笔录、民事声请状、民事辩诉状、璧山地方法院民事判决书、证据、民事委任状等。

180. 四川高等法院第一分院、璧山地方法院审理止约交业纠葛等三案　12－17－481－483

1947 年 8 月至 1947 年 12 月，四川高等法院第一分院、璧山地方法院关于交业、止约交业纠葛等三案的文书，包括民事诉状、民事委任状、送达证书、受传唤人名单、民事言辞辩论笔录、民事宣判笔录、璧山地方法院民事判决书、民事答辩状、证人结文、民事声请状、公函、民事上诉状、璧山地方法院民事裁定书、四川高等法院第一分院民事裁定书等。

181. 四川高等法院第一分院、璧山地方法院审理交业纠葛两案　12－17－484－485

1947 年 7 月至 1947 年 9 月，四川高等法院第一分院、璧山地方法院关于搬迁交业、止约交业两案的文书，包括公函、送达证书、民事言辞辩论笔录、璧山地方法院民事判决书、璧山地方法院民事裁定、民事催请状、民事缴状、民事上诉状、四川高等法院第一分院书记室公函、民事委任状、民事声请书等。

182. 四川高等法院第一分院、璧山地方法院审理放赎交业、止约交业纠葛两案　12－17－486－487

1947 年 6 月至 1947 年 12 月，四川高等法院第一分院、璧山地方法院关于放赎交业、止约交业纠葛两案的文书，包括民事起诉状、送达证书、受传唤人名单、民事言辞辩论笔录、证人结文、民事声请状、民事参加状、民事答辩状、民事宣判笔录、璧山地方法院民事判决书、公函、民事上诉状、璧山地方法院民事裁定书、民事委任状、宣示判决笔录、四川高等法院第一分院民事判决书、陆军 13 军 54 师抗战官兵证明书等。

183. 四川高等法院第一分院、璧山地方法院审理赔偿损害、交业纠葛等案　12－17－488－490

1947 年 4 月至 1947 年 10 月，四川高等法院第一分院、璧山地方法院关于赔偿损害、交业给谷、交业纠葛等案的文书，包括民事诉状、民事委任状、送达证书、民事反诉状、受传唤人名单、民事言辞辩论笔录、民事宣判笔录、璧山地方法院民事判决书、民事上诉状、四川高等法院第一分院民事裁定书、公函、证人结文等。

184. 四川高等法院第一分院、璧山地方法院审理租佃纠葛三案　12－17－491

1947 年 4 月至 1947 年 5 月，四川高等法院第一分院、璧山地方法院关于租佃纠纷三案的文书，包括民事声请书、民事和解笔录、民事和解书、璧山地方法院民事执行文稿、执行视察报告、璧山地方法院民事执行命令、公证声请书、公证通知书、公证讯问笔录、民事声请再审状、民事诉状、四川高等法院第一分院民事判决书、公函等。

185. 璧山地方法院审理赔偿损害两案　12－17－492－493

1947 年 6 月至 1948 年 3 月，璧山地方法院关于朱泽林因租佃纠纷请求赔偿损害、王兴全因买业纠纷请求赔偿损害两案的文书，包括民事起诉状、送达证书、受传唤人名单、民事言辞辩论笔录、民事委任状、民事宣判笔录、民事声请书、民事答辩状、璧山地方法院民事判决书等。

186. 四川高等法院第一分院、璧山地方法院审理赔偿损害纠葛三案　12－17－494

1947 年 5 月至 1947 年 9 月，四川高等法院第一分院、璧山地方法院关于苏博青利用婚约诈欺被诉赔偿损害、钟明轩因欠债纠纷诉赔偿损害、李福寿骑车将人撞倒被诉赔偿损失三案的文书，包括民事请执行状、受传唤人名单、璧山地方法院民事执行命令、璧山地方法院民事判决书、四川高等法院第一分院民事判决书、民事执行报告、民事起诉状、送达证书、民事言辞辩论笔录等。

187. 璧山地方法院审理偿还黄谷等四案　12－17－495

1947 年 5 月至 1947 年 12 月，璧山地方法院关于吴德辉偿还黄谷、吴乃卿拖欠借谷、秦炳权因借款纠纷给付黄谷、刘青云因租佃纠葛给付黄谷四案的文书，包括民事起诉书、送达证书、受传唤人名单、言辞辩论笔录、民事宣判笔录、民事判决书、民事声请书、璧山地方法院民事执行文稿、璧山地方法院民事执行命令、视察报告、提票回证、民事请执行状等。

188. 四川高等法院第一分院、璧山地方法院审理赔偿损害等四案　12－17－496

1947 年 10 月至 1947 年 12 月，四川高等法院第一分院、璧山地方法院关于四起因买业纠纷、社会细故、租佃纠纷等引起的赔偿损害案的文书，包括公函、璧山地方法院民事判决书、民事声请书、执行文稿、视察报告、璧山地方法院民事执行命令、民事上诉状、璧山地方法院民事裁定、四川高等法院第一分院公函、言辞辩论笔录、四川高等法院第一分院民事判决书等。

189. 四川高等法院第一分院、璧山地方法院审理交业纠纷三案　12－17－497

1947年10月至1948年7月，四川高等法院第一分院、璧山地方法院关于三起交业纠纷案的文书，包括公函、民事起诉状、物证、璧山地方法院民庭批示、民事委任状、送达证书、受传唤人名单、民事言辞辩论笔录、证人结文、民事上诉状等。

190. 四川高等法院第一分院、璧山地方法院审理领押交业纠纷三案　12－17－498

1947年4月至1947年5月，四川高等法院第一分院、璧山地方法院关于三起领押交业纠纷案的文书，包括民事起诉状、送达证书、受传唤人名单、民事声请状、民事债务声请执行状、璧山地方法院民事判决书、执行文稿、执行命令书、松桃县政府公函、民事言辞辩论笔录等。

191. 四川高等法院第一分院、璧山地方法院审理止约交业纠纷四案　12－17－499

1947年2月至1947年12月，四川高等法院第一分院、璧山地方法院关于四起止约交业纠纷案的文书，包括公函、民事上诉状、璧山地方法院民事裁定书、送达证书、四川高等法院第一分院民事裁定书、民事起诉状、民事委任状、民事受传唤人名单、民事言辞辩论笔录、民事宣判笔录、璧山地方法院民事判决书、民事请执行状、民事具保状、民事判决书、物证等。

192. 璧山地方法院审理交业纠纷四案　12－17－500

1947年10月，璧山地方法院关于四起交业纠纷案的文书，包括民事债务声请执行状、璧山地方法院民事判决书、璧山地方法院民事执行文稿、执行报告书、璧山地方法院民事执行命令书、璧山地方法院执行笔录、民事起诉状、璧山地方法院民事裁决书、受传唤人名单、民事声请书、民事请执行状等。

193. 璧山地方法院审理交业纠纷四案　12－17－501

1947年9月至1947年12月，璧山地方法院关于四起交业纠纷案的文书，包括民事起诉状、民事声请状、送达证书、民事答辩状、民事言辞辩论笔录、民事宣判笔录、璧山地方法院民事判决书、民事债务声请书、执行文稿、审查报告、执行命令、执行笔录等。

194. 四川高等法院第一分院、璧山地方法院审理债务纠纷四案　12－17－502

1947年8月至1947年9月，四川高等法院第一分院、璧山地方法院关于四起债务纠纷案的文书，包括民事起诉状、送达证书、受传唤人名单、民事言辞辩论笔录、民事宣判笔录、民事判决书、公函、物证、璧山地方法院民庭甬片、璧山地方法院民事鉴定、民事具声请书、民事请执行状、四川高等法院第一分院民事判决书等。

195. 璧山地方法院审理债务纠纷执行四案　12－17－503

1947年3月至1947年7月，璧山地方法院关于四起债务纠纷执行案的文书，包括民事请执行状、璧山地方法院民事执行命令、执行报告、受传唤人名单、民事委任状、璧山地方法院民事裁定书等。

196. 璧山地方法院审理债务执行纠纷四案　12－17－504

1947年1月至1947年7月，璧山地方法院关于四起债务纠纷执行案的文书，包括民事起诉状、璧山地方法院民事判决书、执行文稿、视察报告、执行命令、债务请执行状、璧山地方法院通知书、璧山地方法院训令、璧山地方法院民事和解笔录、民事受传唤人名单、璧山地方法院命令、民事声请状等。

197. 璧山地方法院审理债务纠纷五案　12－17－505

1947年7月至1947年10月，璧山地方法院关于陈万才借款债务纠纷、戴炳森借款债务纠纷、朱志荣借款债务纠纷、曾立川借款债务纠纷、杜水清买业债务纠纷等五案的文书，包括民事请执行状、璧山地方法院民事裁定书、送达证书、执行命令、民事保状、受传唤人名单、璧山地方法院拘票、民事言辞辩论笔录、璧山地方法院民事判决书、训令、民事诉状等。

198. 璧山地方法院审理给付租谷纠纷四案　12－17－506

1947年12月，璧山地方法院关于四起给付租谷纠纷案的文书，包括民事请执行状、执行文稿、民事执行命令、民事和解笔录、民事受传唤人名单、民事调解状、送达证书等。

199. 四川高等法院第一分院、璧山地方法院审理给付租谷两案　12－17－507

1947年3月至1947年12月，四川高等法院第一分院、璧山地方法院关于两起给付租谷纠纷案的文书，包括民事请执行状、璧山地方法院民事和解笔录、执行文稿、璧山地方法院民事执行命令、公函、璧山地方法院民事判决、民事起诉状、民事委任状、送达证书、受传唤人名单、民事言辞辩论笔录、民事宣判笔录、民事上诉状、璧山地方法院民事裁定书等。

200. 璧山地方法院审理租谷纠纷四案　12－17－508

1947年9月至1947年11月，璧山地方法院关于四起租谷纠纷案的文书，包括民事声请执行书、执行文稿、执行命令、执行笔录、受传唤人名单、提票回证、民事言辞辩论笔录、民事辩诉状、民事委任状、璧山地方法院民事判决书、送达证书、民事宣判笔录等。

201. 四川高等法院第一分院、璧山地方法院审理确认选举无效、确认契约无效两案　12－17－509－510

1947年5月至1947年7月，四川高等法院第一分院、璧山地方法院关于巫墉当选乡民代表及主席涉嫌违法被诉选举无效、蒋运成请求确认典产契约无效两案的文书，包括民事起诉状、民事声请状、送达证书、受传唤人名单、民事言辞辩论笔录、民事答辩状、证人结文、璧山地方法院民事裁定书、民事续呈状、民事委任状、民事宣判笔录、民事缴状、璧山地方法院民事判决书、公函等。

202. 四川高等法院第一分院、璧山地方法院审理街房所有权纠纷、搬迁交房两案　12－17－511－512

1947年2月至1947年3月，四川高等法院第一分院、璧山地方法院关于罗固之因分产纠纷请求确认街房所有权、赖壁钦搬迁交房纠纷两案的文书，包括民事起诉状、送达证书、受传唤人名单、鉴定人结文、民事言辞辩论笔录、民事辩诉状、璧山地方法院刑事押票回证、民事宣判笔录、璧山地方法院民事判决书、报告书、民事告诉状、民事委任状、民事答辩状、公函、民事上诉状、璧山地方法院民事裁定书等。

203. 四川高等法院第一分院、璧山地方法院审理给付押谷一案　12－17－513

1947年12月至1948年1月，四川高等法院第一分院、璧山地方法院关于陈周氏等给付押谷一案的文书，包括民事起诉状、送达证书、受传唤人或通知人名单、民事言辞辩论笔录、民事委任状、民事宣判笔录、璧山地方法院民事判决书、公函、民事上诉状、璧山地方法院民事裁定书、重庆分院宣示判决笔录、四川高等法院第一分院民事判决书等。

204. 四川高等法院第一分院、璧山地方法院审理迁让坟地、执行返还欠款两案　12－17－514－515

1947年2月至1947年6月，四川高等法院第一分院、璧山地方法院关于迁让坟地、执行返还欠款两案的文书，包括民事起诉状、民事委任状、送达证书、民事言辞辩论笔录、民事宣判笔录、璧山地方法院民事判决书、公函、民事上诉状、璧山地方法院民事裁定书、四川高等法院第一分院民事裁定书、民事请执行状、璧山地方法院民事判决书、民事声请书、璧山地方法院批示、报告书、璧山地方法院布告、训令、通知书等。

205. 璧山地方法院审理遗产纠纷、继承认证等四案　12－17－516

1947年5月至1949年1月，璧山地方法院关于三起遗产纠纷案、一起继承认证案共四案的文书，包括民事声请执行状、民事催请执行状、民事执行命令、民事续承声请执行状、送达证书、受传唤人名单、民事债务声请执行状、璧山地方法院民事判决书、民事执行文稿、视察报告、和解笔录、民事声请状、公证声请书等。

206. 最高法院、四川高等法院第一分院、璧山地方法院审理赎典调解四案　12－17－517

1947年2月至1947年5月，最高法院、四川高等法院第一分院、璧山地方法院关于四起赎典调解案的文书，包括民事调解状、民事受传唤人名单、送达证书、民事请执行状、璧山地方法院民事判决书、执行文稿、执行命令、处理笔录、民事声请书、律师委任状、民事委任状、民事声请并委任状、公函、民事上诉状、四川高等法院第一分院民事裁定书、民事声明书、民事答辩状、最高法院民事判决书等。

207. 四川高等法院第一分院、璧山地方法院等审理回赎典产五案　12－17－518

1943年3月至1947年5月，四川高等法院第一分院、璧山地方法院等关于五起回赎典产案的文书，包括民事起诉状、送达证书、受传唤人通知单、民事撤回状、公函、民事声请书、民事声请状、物证、民事言辞辩论笔录、民事宣示判决笔录、四川高等法院第一分院民事判决、民事上诉状、四川高等法院第一分院民事裁定书、民事委任状、民事补正状、民事宣判笔录、璧山地方法院民事判决书、民事上诉书等。

208. 四川高等法院第一分院、璧山地方法院审理回赎典产等案　12－17－519

1947年5月至1947年8月，四川高等法院第一分院、璧山地方法院关于曾荣发、史禄骞、曾海清、孙银安等人回赎典产等案的文书，包括民事债务诉讼状、送达证书、证人结文、言辞辩论笔录、民事宣判笔录、受传唤人通知单、民事撤回状、四川高等法院书记室公函、民事声请书、公函、民事声请状、民事言辞辩论笔录、民事宣示判决笔录、四川高等法院第一分院民事判决、民事上诉状、四川高等法院第一分院民事裁定书、民事委任状、民事补正状、璧山地方法院民事判决书等。

209. 璧山地方法院审理返还黄谷三案　12－17－520

1947年3月至1947年12月，璧山地方法院关于三起返还黄谷案的文书，包括璧山地方法院民事判决书、民事请执行状、璧山地方法院民事执行文稿、视察报告、民事执行命令、送达证书、存根、民事调解状、受传唤人名单、民事言辞辩论笔录等。

210. 四川高等法院第一分院、璧山地方法院审理租佃调解四案　12－17－521

1947年8月至1947年12月，四川高等法院第一分院、璧山地方法院关于四起租佃调解案的文书，包括民事诉状、视察报告、送达证书、受传唤人名单、民事言辞辩论笔录、民事抗告书、训令、公证声请书、声请认证证明书、授权书、公证委任状、公证讯问笔录、公证通知书等。

211. 璧山地方法院审理返还契约纠纷三案　12－17－522

1947年1月至1948年3月，璧山地方法院关于三起因分产纠葛、租佃纠纷引起的返还契约纠纷案的文书，包括民事请执行状、璧山地方法院民事判决书、璧山地方法院民事执行文稿、视察报告、璧山地方法院民事执行命令、证明书、训令、送达证书、和解笔录、民事声请书、璧山地方法院权利转移证书、受传唤人名单、民事言辞辩论笔录、民事保状等。

212. 四川高等法院第一分院、璧山地方法院审理买卖契约纠纷三案　12－17－523

1947年8月至1947年12月，四川高等法院第一分院、璧山地方法院关于三起买卖契约纠纷案的文书，包括民事诉状、送达证书、民事答辩状、受传唤人名单、民事言辞辩论笔录、民事委任状、民事宣判笔录、物证、公函、民事起诉书、璧山地方法院民事判决书、领证收据等。

213. 璧山地方法院审理租佃调解四案　12－17－524

1947年3月至1947年9月，璧山地方法院关于四起租佃调解案的文书，包括民事声请书、送达证书、受传唤人通知单、民事声请执行书、民事执行文稿、执行报告、执行命令、民事审理单、言辞辩论笔录、民事上诉状等。

214. 四川高等法院第一分院、璧山地方法院审理增加给付两案　12－17－525

1946年3月至1946年11月，四川高等法院第一分院、璧山地方法院关于两起增加给付案的文书，包括民事请执行状、璧山地方法院批示、送达证书、公函、民事上诉状、璧山地方法院民事裁定书、言辞辩论笔录、民事诉状、受传唤人名单、民事宣判笔录、民事判决书等。

215. 璧山地方法院审理假执行四案　12－17－526

1947 年 4 月至 1947 年 11 月，璧山地方法院关于陈万才欠款债务假执行、孙海滨债务假执行、邱银辉债务假执行、毛相浦债务假执行四案的文书，其中，前三起为申请假执行，第四起为假扣押案，包括民事声请书、璧山地方法院民事支付命令书、璧山地方法院民事裁定书、送达证书等。

216. 璧山地方法院审理假扣押五案　12－17－527

1947 年 2 月至 1947 年 10 月，璧山地方法院关于五起假扣押案的文书，包括民事声请书、璧山地方法院民事裁定书、送达证书、民事请扣押状、璧山地方法院民事裁定、训令、通知书、审查报告、扣押清单等。

217. 璧山地方法院审理欠款纠纷三案　12－17－528

1947 年 10 月，璧山地方法院关于三起欠款纠纷案的文书，包括民事执行命令、民事执行文稿、和解笔录、民事声请书、送达证书、璧山地方法院民事判决书等。

218. 璧山地方法院审理给付欠款请执行三案　12－17－529

1947 年 4 月至 1948 年 1 月，璧山地方法院关于三起给付欠款请执行案的文书，包括民事债务声请执行书、民事执行文稿、执行报告书、民事执行命令、受传唤人名单、送达证书、璧山实验地方法院民事判决书、拘票、存根、璧山地方法院民事和解笔录等。

219. 四川高等法院第一分院、璧山地方法院审理返还业契及借据一案　12－17－530

1947 年 5 月至 1948 年 4 月，四川高等法院第一分院、璧山地方法院关于江远林返还业契及借据一案的文书，包括民事起诉状、民事委任状、送达证书、受传唤人名单、民事言辞辩论笔录、证人结文、璧山地方法院民事裁定、民事宣判笔录、璧山地方法院民事判决书、民事上诉状、民事缴费状、公函、四川高等法院第一分院民事裁定、民事辩诉状、四川高等法院第一分院民事和解笔录等。

220. 四川高等法院第一分院、璧山地方法院审理给付租谷、解除租约两案　12－17－531－532

1947 年 1 月至 1947 年 5 月，四川高等法院第一分院、璧山地方法院关于宋炳全等给付租谷、郭耀光解除租约两案的文书，包括民事起诉状、送达证书、民事辩诉状、民事委任状、受传唤人通知书、民事言辞辩论笔录、证人结文(讯问)、民事宣判笔录、璧山地方法院民事判决书、公函、民事上诉状、璧山实验地方法院民事裁定书、四川高等法院第一分院民事和解笔录、民事声请状等。

221. 四川高等法院第一分院、璧山地方法院审理交还红契、确认所有权两案 12－17－533－534

1947年11月至1947年12月，四川高等法院第一分院、璧山地方法院关于徐茂才因分产纠纷请求交还红契、冯树青因买业纠纷确认阴地所有权两案的文书，包括民事起诉状、送达证书、受传唤人名单、民事言辞辩论笔录、民事反诉状、公函、民事上诉状、璧山地方法院民事判决书、璧山地方法院民事裁定、民事答辩状、四川高等法院第一分院民事判决书等。

222. 璧山地方法院审理给谷、给付生活费两案　12－17－535－536

1947年11月至1947年12月，璧山地方法院关于李正全因租佃纠葛请求给付租谷、谢树江等给付生活费两案的文书，包括民事起诉状、送达证书、受传唤人名单、民事言辞辩论笔录、证人结文、民事答辩状、民事宣判笔录、璧山地方法院民事判决书、民事证明状等。

223. 璧山地方法院审理经界纠纷一案　12－17－537

1947年9月，璧山地方法院关于曾明法等经界纠纷一案的文书，包括民事诉状、送达证书、受传唤人名单、民事言辞辩论笔录、民事追加起诉状、民事委任状、民事补诉状、公函、民事催状、民事声请状等。

224. 璧山地方法院审理确认买卖无效及领证一案　12－17－538

1947年7月至1948年1月，璧山地方法院关于罗柏棵等申请确认买卖无效及领证一案的文书，包括民事起诉状、民事答辩状、送达证书、受传唤人名单、阅卷声请书、民事委任状、民事补充答辩理由状、民事言辞辩论笔录、民事宣判笔录、璧山地方法院民事判决书、民事领状等。

225. 璧山地方法院审理放赎典产一案　12－17－539

1947年7月，璧山地方法院关于王为心放赎典产纠纷一案的文书，包括民事起诉状、民事答辩状、民事扩张及追加状、送达证书、受传唤人名单、民事言辞辩论笔录、民事委任状、视察报告、民事催状、民事展限状、证人结文、民事声请撤回状等。

226. 四川高等法院第一分院、璧山地方法院审理终止租约一案　12－17－540

1947年3月,四川高等法院第一分院、璧山地方法院关于陈炳章等终止租约一案的文书,包括民事起诉状、送达证书、受传唤人名单、民事言辞辩论笔录、证人结文、民事宣判笔录、民事具答辩状、公函、民事上诉状、璧山地方法院民事裁定书、四川高等法院第一分院民事判决书等。

227. 四川高等法院第一分院、璧山地方法院审理确认买卖契约无效、给付租米两案　12－17－541－542

1947年3月,四川高等法院第一分院、璧山地方法院关于确认买卖契约无效、给付租米两案的文书,包括民事起诉状、民事委任状、送达证书、受传唤人名单、民事言辞辩论笔录、证人结文、民事辩诉状、民事宣判笔录、璧山地方法院民事判决书、民事上诉状、民事缴状等。

228. 璧山地方法院审理确认佃约无效、离婚纠纷两案　12－17－543－544

1947年7月至1947年11月,璧山地方法院关于金法光等确认佃约无效、罗朱氏等离婚纠纷两案的文书,包括民事起诉状、送达证书、受传唤人名单、民事言辞辩论笔录、民事辩诉状、民事宣判笔录、民事声请状、璧山地方法院民事判决书、民事委任状、证人结文、物证等。

229. 四川高等法院第一分院、璧山地方法院审理返还熟土、分割交业两案　12－17－545－546

1947年5月至1947年9月,四川高等法院第一分院、璧山地方法院关于僧永康因租佃纠纷请求返还熟土、刘祖源因分产纠纷请求交业两案的文书,包括公函、民事上诉状、璧山地方法院民事裁定、送达证书、民事委任状、民事言辞辩论笔录、四川高等法院第一分院民事判决书、民事起诉状、民事答辩状、受传唤人通知单、民事宣判笔录、民事判决书等。

230. 四川高等法院第一分院、璧山地方法院审理给付租谷一案　12－17－547

1947年3月,四川高等法院第一分院、璧山地方法院关于李海清给付租谷一案的文书,包括民事起诉状、民事委任状、送达证书、受传唤人名单、民事言辞辩论笔录、民事辩诉状、民事宣判笔录、璧山地方法院民事判决书、公函、民事上诉状、璧山地方法院民事裁定书、民事缴状等。

231. 四川高等法院第一分院、璧山地方法院审理债务纠纷一案　12－17－548

1947年2月至1947年7月,四川高等法院第一分院、璧山地方法院关于曾子吉等借款债务纠纷一案的文书，包括民事起诉状、民事委任状、送达证书、受传唤人名单、民事言辞辩论笔录、民事宣判笔录、璧山地方法院民事判决书、公函、支付命令、民事上诉书、璧山地方法院民事裁定书、四川高等法院第一分院民事判决书等。

232. 璧山地方法院审理申请返还租房、增加给付两案 12－17－549－550

1947年1月至1947年6月，璧山地方法院关于江谭氏因房屋租赁纠纷申请返还租房、谢天喜因借款债务纠纷申请增加给付两案的文书，包括民事声请书、四川高等法院第一分院民事判决书、民事请执行状、璧山地方法院民事判决书、民事上诉状、受传唤人名单、民事声请状、视察报告、民事执行命令、璧山地方法院执行训令、民事保状、送达证书、民事告诉状、民事言辞辩论笔录、民事宣判笔录等。

233. 璧山地方法院审理交业纠纷、返还油料两案 12－17－551－552

1947年3月至1947年4月，璧山地方法院关于胡海波等交业纠纷、张笙谱要求谢绍甫返还所借桐油菜籽油两案的文书，包括民事告诉状、民事辩诉状、送达证书、民事言辞辩论笔录、鉴定人结文、受传唤人名单、民事和解状、民事起诉状、民事委任状、民事补充理由状、璧山地方法院民事判决书等。

234. 四川高等法院第一分院、璧山地方法院审理给付欠款、欠租两案 12－17－553－554

1947年1月至1947年12月，四川高等法院第一分院、璧山地方法院关于李世贵等给付欠款、周保臣等给付欠租两案的文书，包括民事起诉状、民事声请状、通知、送达证书、受传唤人名单、民事言辞辩论笔录、民事补诉状、璧山地方法院民事判决书、支付命令、民事答辩状、民事上诉状、璧山地方法院民事裁定书、四川高等法院第一分院民事裁定书等。

235. 四川高等法院第一分院、璧山地方法院审理排除侵害等案 12－17－555－557

1947年5月至1947年10月，四川高等法院第一分院、璧山地方法院关于排除侵害、给付租谷、赔偿损害三案的文书，包括民事起诉状、民事答辩状、送达证书、受传唤人或通知人名单、言辞辩论笔录、民事委任状、公函、民事上诉状、璧山地方法院民事裁定书、民事辩诉状、四川高等法院第一分院民事判决书等。

236. 四川高等法院第一分院、璧山地方法院审理赔偿损害等案 12－17－558－559

1947年1月至1947年8月，四川高等法院第一分院、璧山地方法院关于彭玉夫因细故纠纷谩骂被诉赔偿损害、刘道五黄谷纠纷执行案、汪明录分割遗产纠纷等案的文书，包括民事起诉状、送达证书、巡视报告、受传唤人名单、璧山地方法院刑事判决书、费用清单、律师收据、四川高等法院第一分院刑事判决书、璧山地方法院民事判决书、债务声请书、民事保状、民事声请状、民事请执行催状、阅卷声请书、民事声明书、民事请执行状、视察报告、璧山地方法院民事裁定书、民事委任状、四川高等法院第一分院民事判决书等。

237. 四川高等法院第一分院、璧山县政府及地方法院等审理离婚、交业纠纷两案 12－17－560－561

1937 年 8 月至 1947 年 10 月，四川高等法院第一分院、璧山县政府及地方法院等关于李炳林等离婚纠纷、冯光焕交业纠纷两案的文书，包括民事自诉状、民事辩诉状、璧山县政府监理司法事务民事判决、视察报告、民事公证书、民事起诉状、民事上诉状、民事和解书、训令、四川高等法院第一分院民事裁定书、民事委任状、民事追加上诉书、民事反诉状等。

238. 四川高等法院第一分院、璧山地方法院审理给付租瓦、银行清偿借款两案 12－17－562－563

1947 年 2 月至 1947 年 10 月，四川高等法院第一分院、璧山地方法院关于陈均禄因租佃纠纷请求给付租瓦、璧山县银行要求张举百等偿还拖欠借款两案的文书，包括送达证书、受传唤人名单、民事言辞辩论笔录、证人结文、民事起诉状、璧山地方法院民事判决书、民事宣判笔录、璧山县银行物证、璧山县电厂公文、公函、民事上诉状、璧山实验地方法院民事裁定、四川高等法院第一分院民事裁定书等。

239. 四川高等法院第一分院、璧山地方法院审理返还股权、确认买卖契约两案 12－17－564－566

1947 年 1 月至 1947 年 9 月，四川高等法院第一分院、璧山地方法院关于董合安等合伙贸易布匹被诉侵占股权要求返还、邓岳氏确认买卖产业契约有效两案的文书，包括民事起诉书、民事委任状、送达证书、受传唤人笔录、民事言辞辩论笔录、民事宣判笔录、璧山地方法院民事裁定、公函、民事上诉状、四川高等法院第一分院民事裁定等。

240. 四川高等法院第一分院、璧山地方法院审理赔偿损害等三案 12－17－567－568

1945 年 9 月至 1947 年 9 月，四川高等法院第一分院、璧山地方法院关于何炳臣因卖产纠纷赔偿损失、罗森荣因细故殴打他人被诉赔偿损害、金平安给付欠谷案三案的文书，包括民事诉状、民事委任状、送达证书、受传唤人名单、民事言辞辩论笔录、民事辩诉状、民事宣判笔录、璧山地方法院民事判决书、证人结文、公函、民事上诉状、四川高等法院第一分院民事判决书、证人结文(讯问)、视察报告、璧山地方法院民事裁定书、民事反诉状、璧山地方法院和解笔录等。

241. 四川高等法院第一分院、璧山地方法院审理给付租谷、交还产业两案　12－17－569－570

1946 年 5 月至 1947 年 7 月，四川高等法院第一分院、璧山地方法院关于邓兴光等给付租谷、彭鸿翔等交还产业两案的文书，包括民事上诉状、璧山地方法院民事裁定、送达证书、璧山地方法院民事判决书、公函、民事言辞辩论笔录、宣示判决笔录、四川高等法院第一分院民事判决书、民事上诉答辩状、四川高等法院第一分院民事裁定书、和解书、四川省政府官契等、民事辩诉状、证人结文等。

242. 四川高等法院第一分院、璧山地方法院审理交业纠纷两案　12－17－571－572

1947 年 5 月至 1947 年 11 月，四川高等法院第一分院、璧山地方法院关于罗洽才等交业纠纷、冯尚文等止约交业纠葛两案的文书，包括民事辩诉状、送达证书、受传唤人名单、民事言辞辩论笔录、民事宣判笔录、璧山地方法院民事判决书、民事上诉状、璧山地方法院民事裁定书、四川高等法院第一分院民事判决书、民事起诉状、民事委任状、民事答辩状等。

243. 四川高等法院第一分院、璧山地方法院审理债务纠纷等三案　12－17－573－575

1947 年 1 月至 1947 年 3 月，四川高等法院第一分院、璧山地方法院关于债务纠纷、赔偿损害、给付租谷三案的文书，包括民事告诉状、送达证书、民事声请书、受传唤人名单、民事言辞辩论笔录、民事委任状、民事辩论笔录、璧山地方法院民事判决书、证人结文、民事上诉状、璧山地方法院民事裁定书等。

244. 四川高等法院第一分院、璧山地方法院审理交业纠纷等三案　12－17－576－578

1947 年 2 月至 1948 年 7 月，四川高等法院第一分院、璧山地方法院关于交业纠纷、给付租谷、止约交业三案的文书，包括民事诉状、送达证书、受传唤人名单、民事言辞辩论笔录、民事委任状、民事声请书、民事宣判笔录、璧山地方法院民事判决书、公函、璧山地方法院民事裁定、民事上诉状、四川高等法院第一分院民事裁定书、民事辩诉状、璧山地方法院和解笔录等。

245. 四川高等法院第一分院、璧山地方法院审理返还原物、返还产业两案　12—17—579—580

1947年5月至1948年4月，四川高等法院第一分院、璧山地方法院关于邬吉孚等因出借布匹纠纷请求返还原物、王宗江等因租佃纠纷返还产业两案的文书，包括民事起诉状、送达证书、受传唤人名单、民事言辞辩论笔录、民事宣判笔录、民事答辩状、璧山地方法院民事判决书、民事上诉书、璧山地方法院民事裁定书、民事委任状、证人结文、阅卷声请书、民事补充起诉理由状、刑事声请书等。

246. 四川高等法院第一分院、璧山地方法院审理买卖、止约交业纠葛两案　12—17—581—582

1947年3月至1947年12月，四川高等法院第一分院、璧山地方法院关于白洪恩等确认买卖无效、刘华荣等止约交业纠葛两案的文书，包括民事上诉状、璧山地方法院民事裁定、送达证书、民事缴状、四川高等法院第一分院民事庭文件、民事答辩状、璧山地方法院民事判决书、民事辩诉状、民事言辞辩论笔录、证人结文、宣示判决笔录、四川高等法院第一分院民事判决书、民事声请状等。

247. 四川高等法院第一分院、璧山地方法院审理返还黄谷一案　12—17—583

1947年10月至1948年9月，四川高等法院第一分院、璧山地方法院关于吴式凭因约借谷纠纷返还黄谷一案的文书，包括公函、民事诉状、民事答辩状、送达证书、民事言辞辩论笔录、民事宣判笔录、璧山地方法院民事判决书、物证、民事上诉状、璧山地方法院民事裁定、民事委任状、民事辩诉状、四川高等法院第一分院民事判决书等。

248. 四川高等法院第一分院、璧山地方法院审理交业给租一案　12—17—584

1947年5月，四川高等法院第一分院、璧山地方法院关于伍茂宣交业给租一案的文书，包括民事诉状、民事委任状、送达证书受传唤人名单、民事言辞辩论笔录、民事宣判笔录、民事声请书、璧山地方法院民事判决、民事申请书、璧山地方法院民事裁定、民事上诉状、收款通知书、公函、证人结文、四川高等法院第一分院民事判决书等。

249. 璧山地方法院审理止约交业纠纷等三案　12—17—585—587

1947年4月至1947年12月，璧山地方法院关于止约交业纠纷、黄谷纠纷执行案、请下支付命令三案的文书，包括民事请执行状、送达证书、民事声请书、民事催状、受传唤人名单、民事声请异议状、民事起诉状、民事辩诉状、民事言辞辩论笔录、民事委任状、民事具和解状、璧山地方法院民事和解笔录、审查报告、民事声明状等。

250. 四川高等法院第一分院、璧山地方法院审理增加给付等三案　12－17－588－590

1947年1月至1947年12月，四川高等法院第一分院、璧山地方法院关于张黄氏等增加给付、黄银廷等因买业纠纷声请给付价金、刘荣华因租佃纠纷声请给付租谷三案的文书，包括民事诉状、民事委任状、受传唤人名单、民事言辞辩论笔录、送达证书、璧山地方法院和解笔录、证人结文、民事宣判笔录、璧山地方法院民事判决书、民事答辩状、民事上诉状、璧山地方法院民事裁定书、四川高等法院第一分院民事判决书等。

251. 璧山地方法院审理确认优先承买权、确认和约无效两案　12－17－591－592

1947年7月至1947年9月，璧山地方法院关于确认优先承买权、确认和约无效两案的文书，包括民事起诉状、民事委任状、民事声请状、送达证书、受传唤人名单、民事言辞辩论笔录、民事答辩状、公函、阅卷声请书、证人结文等。

252. 四川高等法院第一分院、璧山地方法院审理返还衣物一案　12－17－593

1947年1月，四川高等法院第一分院、璧山地方法院关于胡亭菊声请撤销离婚契约及返还衣物一案的文书，包括民事起诉状、公函、送达证书、受传唤人名单、民事言辞辩论笔录、民事委任状、民事反诉状、鉴定人结文、璧山地方法院民事判决书、民事上诉状、璧山地方法院民事裁定等。

253. 四川高等法院第一分院、璧山地方法院审理清算账目给付股款一案　12－17－594

1947年3月，四川高等法院第一分院、璧山地方法院关于伍为宗等因丝绸厂经营纠纷请求清算账目给付股款一案的文书，包括民事起诉状、民事委任状、送达证书、民事催状、民事证明状、民事声请状、视察报告、民事言辞辩论笔录、民事辩诉状、璧山地方法院民事判决书、民事上诉状、璧山地方法院民事裁定书、四川高等法院第一分院民事裁定书、公函等。

254. 四川高等法院第一分院、璧山地方法院审理给付欠款一案　12－17－595

1947年4月，四川高等法院第一分院、璧山地方法院关于黄张氏给付所借欠款一案的文书，包括民事起诉状、民事答辩状、送达证书、鉴定人结文、璧山地方法院提票回证、追加起诉理由状、民事宣判笔录、民事催请状、会谱、民事上诉状、璧山地方法院民事裁定、民事缴状、民事答辩上诉状、民事声明状、民事委任状、民事声请状、民事言辞辩论笔录、四川高等法院第一分院民事判决书、璧山地方法院民事判决书等。

255. 璧山地方法院审理增加给付等案　12－17－596

1947年3月至1947年11月，璧山地方法院关于周宝臣请求增加给付、王蜀康请求返还树木、卢金发请求确认典约无效、刘鸿慈请求给付松树、何宝亲请求给付租谷、何治光请求给付租谷、周子清等分割遗产、曾维统请求搬迁交业、黄道全请求领押交业、邓德银等请求回赎典产、韩有刚请求同居、左宗华请求搬迁交业、刘树清请求确认所有权及赔偿损害、彭陈碧秀请求分割遗产、吴涂光执行异议一案、刘炳荣请求修复碉楼、苏茂林请求迁移坟墓、朱汝勤请求确认所有权、张贺氏请求确认找补绝当契约数及面赎典产、钟明咸请求领押交业纠纷、谭绍璧请求确认买卖契约无效、张银清请求返还原界、谢子清请求领押交房、白世荣请求确认所有权、杨秦氏请求领押交房、古曾氏请求确认买卖契约无效、审理汪明禄为执行异议纠纷、何修宇请求返还黄谷、余合山请求返还田房及损害赔偿、刘镜涵请求分割遗产判决书、和解书、民事声请状等案的文书，包括和解申请书、民事催状、公函、上诉状等。

256. 四川高等法院第一分院、璧山地方法院审理佃约纠纷、给付松树两案　12－17－597－598

1947年11月至1948年9月，四川高等法院第一分院、璧山地方法院关于敬焕文等诉佃约无效、刘一廷等诉给付松树两案的文书，包括民事起诉状、送达证书、受传唤人名单、民事言辞辩论笔录、民事续诉状、民事答辩状、民事判决笔录、民事判决书、民事上诉状、璧山地方法院民事裁定、民事和解状、公函等。

257. 璧山地方法院审理借谷等三案　12－17－599－601

1947年3月至1947年8月，璧山地方法院关于汪兴国等借谷纠纷、苟海洲等因细故纠纷被伤请求赔偿、严鸣高等返还借款三案的文书，包括民事债务申请书、璧山地方法院民事裁决书、民事执行命令书、训令、布告、鉴定人鉴定书、查封不动产笔录、民事执行通知书、视察报告、民事自诉状、刑事辩诉状、民事证明单、刑事审判笔录、证人结文、刑事宣判笔录、刑事判决书、民事申请债务继续执行状、民事声请状、民事声请书、鉴定人鉴定单、民事抗告书、民事处通知单、民事委任状、民事异议状等。

258. 四川高等法院第一分院、璧山地方法院审理所有权纠纷、给付黄谷两案 12—17—602—603

1947年3月至1948年3月，四川高等法院第一分院、璧山地方法院关于曹锡钊等土地所有权纠纷、李宗泽等给付黄谷两案的文书，包括民事上诉状、璧山地方法院民事裁定书、送达证书、公函、民事委任状、四川高等法院第一分院民事裁定书、民事声明书、民事言辞辩论笔录、民事追加起诉状、民事答辩状、宣示判决笔录、判决书（残）、民事起诉状、受传唤人通知书、民事宣判笔录、璧山地方法院民事判决书等。

259. 璧山地方法院审理债务执行四案 12—17— 604

1947年4月至1948年12月，璧山地方法院关于曾树轩等因债务纠纷请发执行命令、吴乃卿等因债务纠纷请发执行命令、徐文炎等因债务纠纷请发执行命令、李吉生等四起因债务纠纷请发执行命令四案的文书，包括民事声请状、璧山地方法院支付命令、送达证书、民事声明状、璧山地方法院收据等。

260. 璧山地方法院审理清偿债款四案 12—17—605

1947年3月至1947年4月，璧山地方法院关于周良才等清偿债款、王蔡氏等清偿债款、谢赵氏等清偿债款、李柯氏等清偿债款四案的文书，包括民事起诉状、送达证书、受传唤人名单、民事言辞辩论笔录、民事宣判笔录、璧山地方法院民事判决书、璧山地方法院公示书、民事委任状、璧山地方法院民事裁定书、民事执行文稿、视察报告等。

261. 璧山地方法院审理四起债务执行纠纷案 12—17—606

1947年1月至1947年8月，璧山地方法院关于周良才等债务执行、严鸿高等债务执行、宋炳全等债务执行、钟鸿钧等债务执行四案的文书，包括民事请执行状、璧山地方法院民事判决书、民事执行文稿、执行报告、民事执行命令、受传唤人名单、押票回证、民事保状、报告书、原卷声请书、公告等。

262. 四川高等法院第一分院、璧山地方法院审理领价交业、止约交业等案 12—17—607

1947年9月至1948年7月，四川高等法院第一分院、璧山地方法院关于刘荣臣请求领价交业、邓岳氏等领价交业执行、唐祖国请求止约交业上诉等案的文书，包括民事诉状、送达证书、点名单、言辞辩论笔录、委任状、民事声请状、执行笔录、执达报告、民事上诉状、往来公函、四川高等法院第一分院刑事裁定、民事答辩状、民事宣判笔录、璧山地方法院民事判决书等。

263. 璧山地方法院审理请求交业执行、请求终止契约交业等案　12－17－608

1947年9月至1947年10月，璧山地方法院关于陈桂贞请求交业执行、陶罗氏等请求交业执行、龚焕成请求交业执行、王周氏等请求终止契约交业等案的文书，包括民事执行状、民事执行文稿、执行命令、民事和解笔录、委任状、送达证书、民事具诉状、言辞辩论笔录、执达报告等。

264. 璧山地方法院审理会谷假执行一案　12－17－609

1947年4月至1948年1月，璧山地方法院关于肖相荣等因给付会谷并要求假执行一案的文书，包括民事执行状、民事判决书、民事执行文稿、执达报告、送达证书、执行命令、民事催状、证明书、存根等。

265. 四川高等法院第一分院、璧山地方法院审理黄谷给付执行、给付黄谷等案　12－17－610

1947年5月至1947年10月，四川高等法院第一分院、璧山地方法院关于吴代昆给付黄谷执行案、杨汉臣黄谷给付执行案、陈华轩给付黄谷及其上诉案、任万霖给付黄谷等案的文书，包括民事执行状、民事判决书、民事执行文稿、执行命令、送达证书、民事诉状、言辞辩论笔录、民事宣判笔录、民事上诉状、璧山地方法院裁定书、四川高等法院第一分院民事裁定书、往来公函等。

266. 璧山地方法院审理给付租谷等案　12－17－611

1947年11月，璧山地方法院关于李怀乡给付租谷执行案、喻树安给付租谷、任万霖给付黄谷、王兴国偿还黄谷等案的文书，包括民事执行状、民事执行文稿、执行命令、民事诉状、送达证书、言辞辩论笔录、民事辩诉状、民事声请状、民事撤销状、民事宣判笔录、璧山地方法院判决书等。

267. 璧山地方法院审理声请限期租佃存查、租佃认证、佃约认证等案　12－17－612

1947年7月至1947年11月，璧山地方法院关于赵玉林声请租佃存查、曹尧乡租佃认证、周雷氏请求佃约认证、彭淑渊请求佃约认证等案的文书，包括民事诉状、公证通知书、声请公认证明书、佃约、公证讯问笔录、送达证书等。

268. 最高法院、璧山地方法院审理返还树木、返还耕牛执行、返还熟土、给付棉纱等案　12－17－613－617

1946年10月至1947年12月，最高法院、璧山地方法院关于娄茂盛返还树木、丁树荣等返还耕牛执行案、徐文钦返还熟土、曾全安给付棉纱等案的文书，包括民事诉状、言辞辩论笔录、民事宣判笔录、璧山地方法院判决书、民事执行状、民事执行文稿、执行命令、执达报告、送达证书、往来公函、璧山地方法院呈文、民事上诉状、最高法院民事判决书、佃约、委任状、民事具领状、存根等。

269. 璧山地方法院审理给付菜油、给付医药费、赔偿损害等案　12－17－618－620

1947年4月至1947年7月，璧山地方法院关于戴兴顺给付菜油执行案、张海清给付医药费、张长木因细故殴打他人被诉赔偿损害、胡定芳典当纠纷等案的文书，包括民事诉状、民事执行状、民事执行文稿、执行命令、民事具保状、法院通知书、法院训令、民事答辩状、民事宣判笔录、璧山地方法院判决书、民事声请状、送达证书、言辞辩论笔录等。

270. 璧山地方法院审理撤销和约、返还业契、声请不动产所有权登记三案　12－17－621－623

1947年6月至1947年8月，璧山地方法院关于杨鲁山撤销和约、王汝高返还业契、谢莹谷等声请不动产所有权登记等案的文书，包括民事诉状、民事答辩状、委任状、言辞辩论笔录、证人结文、送达证书、民事宣判笔录、璧山地方法院判决书、四川高等法院第一分院民事判决书、最高法院民事裁定书、和约、不动产登记声请书、法院命令、执达报告、切结文约、手绘地图、法院公告、登记通知证等。

271. 璧山地方法院审理请求确认承揽契约有效、返还庙产、请求增加给付等案　12－17－624－626

1947年8月，璧山地方法院关于胡汝阳请求确认承揽契约有效、钟冥阶返还庙产、谢树清请求增加给付等案的文书，包括民事诉状、往来公函、言辞辩论笔录、民事宣判笔录、送达证书、璧山地方法院判决书、民事辩诉状、委任状、承揽契约等。

272. 四川高等法院第一分院、璧山地方法院审理给付毛铁、交还货物、侵入住宅等案　12－17－627－629

1947年6月至1947年12月，四川高等法院第一分院、璧山地方法院关于雷正泰给付毛铁上诉、巫德清交还货物、陈许氏等侵入住宅妨害人行使权利等案的文书，包括往来公函、民事上诉状、璧山地方法院裁定书、委任状、言辞辩论笔录、送达证书、民事撤诉状、和息文约、民事宣判笔录、璧山地方法院判决书、民事辩诉状、刑事自诉状、刑事审判笔录等。

273. 四川高等法院第一分院、璧山地方法院审理交还房屋两案　12－17－630

1947年4月至1947年12月，四川高等法院第一分院、璧山地方法院关于彭定国等请求交还房屋上诉案、刘向氏等返还房屋执行两案的文书，包括民事上诉状、往来公函、璧山地方法院裁定书、言辞辩论笔录、宣示判决笔录、送达证书、四川高等法院第一分院民事判决书、委任状、民事执行状、民事异议状、法院执行文稿、民事催状、执达报告、执行命令等。

274. 四川高等法院第一分院、璧山地方法院审理交房纠葛执行等案　12－17－631

1947年4月至1948年3月，四川高等法院第一分院、璧山地方法院关于王成之等交房给租执行案、曾孔昭返还房屋执行案、谭金山交房执行案、王客言交还房屋执行案等案的文书，包括地方法院民事判决书、民事声请状、民事催状、执达报告、执行命令、民事执行状、璧山地方法院刑事判决书、四川高等法院第一分院民事判决书、执行笔录、往来公函、送达证书等。

275. 璧山地方法院审理交房执行等案　12－17－632

1947年9月，璧山地方法院关于赖璧钦交房执行案、廖治清搬迁交房执行案、张权达请求调解迁让房屋、姚树荣等交房给租执行案等案的文书，包括民事声请状、法院执行文稿、执达报告、执行命令、执行笔录、送达证书、言辞辩论笔录、委任状、民事宣判笔录、民事判决书、民事和解笔录、民事和解状、法院通知书等。

276. 璧山地方法院审理声请假扣押等案　12－17－633

1947年6月至1947年8月，璧山地方法院关于张王氏等为收款返还田房及红契声请假扣押、卢士荣为确认典当及物权移转契约无效声请假扣押、黄胡氏因租谷纠纷声请假扣押、谢伯康因租谷纠纷声请假扣押等案的文书，包括民事声请状、民事抗告状、璧山地方法院裁定书、送达证书、法院批示、璧山地方法院判决书、最高法院民事判决书、民事保证状等。

277. 四川高等法院第一分院、璧山地方法院审理假扣押等案　12－17－634

1947年2月至1948年3月，四川高等法院第一分院、璧山地方法院关于娄才桂因请求赔偿损害声请假扣押、娄才信等卖谷纠纷假扣押抗告案、毛群普假扣押抗告案、胡肇镐声请租谷假扣押、冯宪章声请黄谷假扣押等案的文书，包括民事声请状、民事抗告状、璧山地方法院裁定书、往来公函、四川高等法院第一分院民事裁定书、送达证书、法院训令、法院公告、法院通知书、执达报告、璧山地方法院执行假扣押笔录、具保管文约、民事撤诉状、民事答辩状等。

278. 四川高等法院第一分院、璧山地方法院审理会款纠纷等案　12－17－635

1947 年 9 月，四川高等法院第一分院、璧山地方法院关于郑云清会款纠纷、黄治江等会款偿还上诉案、杨光烈请求偿还垫付会款等案的文书，包括民事诉状、民事辩诉状、民事传票回证、点名单、审理笔录、民事上诉状、璧山地方法院裁定书、送达证书、四川高等法院第一分院民事裁定书、言辞辩论笔录、璧山地方法院和解笔录等。

279. 璧山地方法院审理请求发支付命令等案　12－17－636

1947 年 2 月至 1947 年 10 月，璧山地方法院关于陈兴业请求发支付命令、林占德请求发支付命令、景亮钧请求发支付命令、刘长贵请求发支付命令等案的文书，包括民事声请状、法院支付命令、送达证书、民事声明状、民事裁定书等。

280. 璧山地方法院审理请求发支付命令等案　12－17－637

1947 年 2 月至 1947 年 9 月，璧山地方法院关于风鸣麓因欠款债务纠纷请求发支付命令、赵荣廷因欠款债务纠纷请求发支付命令、朱步云等因欠款纠纷请求发支付命令等案的文书，包括法院支付命令、送达证书、民事声请状、抄粘执照存票、民事声明状等。

281. 璧山地方法院审理请求发支付命令等案　12－17－638

1947 年 7 月至 1947 年 10 月，璧山地方法院关于李荣华请求发支付命令、寇锡林支付命令异议案、冯绍贤请求发支付命令、景亮钧请求发支付命令、于孝思请求发支付命令等案的文书，包括民事声请状、法院支付命令、送达证书、法院通知书、凭票等。

282. 四川高等法院第一分院、璧山地方法院审理请求领回契约、请求确认契约无效及其上诉两案　12－17－639

1947 年 3 月至 1947 年 6 月，四川高等法院第一分院、璧山地方法院关于白盖雄请求领回契约、白云程请求确认契约无效及其上诉两案的文书，包括民事具领状、送达证书、民事传票、委任状、领收证明、民事诉状、言辞辩论笔录、证明人呈文、民事宣判笔录、璧山地方法院判决书、民事公证状、往来公函、璧山地方法院呈文、民事上诉状、璧山地方法院裁定书、四川高等法院第一分院民事裁定书等。

283. 四川高等法院第一分院、璧山地方法院审理请求给付生活费及其上诉一案 12—17—640

1947年2月至1947年4月，四川高等法院第一分院、璧山地方法院关于肖黄氏请求给付生活费及其上诉一案的文书，包括往来公函、民事上诉状、璧山地方法院民事裁定书、送达证书、民事答辩状、委任状、民事证明状、言辞辩论笔录、宣示判决笔录、四川高等法院第一分院民事判决书等。

284. 四川高等法院第一分院、璧山地方法院审理请求交还产业一案 12—17—641

1947年2月至1947年12月，四川高等法院第一分院、璧山地方法院关于钟文彬请求交还产业一案的文书，包括民事诉状、送达证书、委任状、民事答辩状、言辞辩论笔录、证人结文、璧山地方法院判决书、璧山地方法院呈文、民事上诉状、璧山地方法院裁定书、四川高等法院第一分院民事裁定书、往来公函等。

285. 四川高等法院第一分院、璧山地方法院审理遗产分割纠纷及其上诉一案 12—17—642

1947年3月至1947年10月，四川高等法院第一分院、璧山地方法院关于王浩声等遗产分割纠纷及其上诉一案的文书，包括往来公函、民事上诉状、璧山地方法院裁定书、送达证书、民事答辩状、委任状、言辞辩论笔录、民事声请状、宣示判决笔录、四川高等法院第一分院民事判决书、四川高等法院第一分院民事裁定书等。

286. 四川高等法院第一分院、璧山地方法院审理请求赔偿损害上诉一案 12—17—643

1947年5月，四川高等法院第一分院、璧山地方法院关于许克明等请求赔偿损害上诉一案的文书，包括往来公函、民事上诉状、璧山地方法院裁定书、送达证书、言辞辩论笔录、法院通知书、息讼条约等。

287. 四川高等法院第一分院、璧山地方法院审理请求给付黄谷及其上诉一案 12—17—644

1947年4月至1947年10月，四川高等法院第一分院、璧山地方法院关于朱四昆请求给付黄谷及其上诉一案的文书，包括民事诉状、委任状、民事辩诉状、送达证书、言辞辩论笔录、民事宣判笔录、璧山地方法院判决书、往来公函、民事上诉状、璧山地方法院裁定书、民事声请书、民事答辩状、宣示判决笔录、四川高等法院第一分院民事判决书等。

288. 璧山地方法院审理债务纠纷一案　12—17—645

1947年1月，璧山地方法院关于胡裕良债务纠纷一案的文书，包括民事诉状、送达证书、言辞辩论笔录、民事具保状、民事声请状、委任状、民事声请书、往来公函、民事追加状、同业公会呈文、公益十三贤会簿等。

289. 四川高等法院第一分院、璧山地方法院审理给付租谷及其上诉一案　12—17—646

1947年3月至1948年2月，四川高等法院第一分院、璧山地方法院关于钟炳钦等给付租谷及其上诉一案的文书，包括民事诉状、送达证书、言辞辩论笔录、法院训令、璧山地方法院裁定书、民事宣判笔录、璧山地方法院判决书、民事上诉状、往来公函、调解笔录、乡公所呈文、宣示判决笔录、收款通知书、委任状、四川高等法院第一分院民事判决书等。

290. 四川高等法院第一分院、璧山地方法院审理遗产纠纷及其上诉一案　12—17—647

1947年7月至1948年1月，四川高等法院第一分院、璧山地方法院关于周学夫等请求确认田业等遗产的共有权及其上诉一案的文书，包括民事诉状、委任状、民事补诉状、民事答辩状、民事具缴状、送达证书、言辞辩论笔录、阅卷声请书、民事续诉状、民事宣判笔录、民事判决书、民事具领状、民事上诉状、璧山地方法院裁定书、讯问笔录等。

291. 四川高等法院第一分院、璧山地方法院等审理请求止约交业及其上诉案、盗窃等案　12—17—648

1944年2月至1948年3月，四川高等法院第一分院、璧山地方法院等关于毛琼浦请求止约交业及其上诉案、彭顺吉等盗窃等案的文书，包括往来公函、民事上诉状、璧山地方法院裁定书、送达证书、民事声明状、民事答辩状、委任状、民事补诉状、言辞辩论笔录、宣示判决笔录、四川高等法院第一分院民事判决书、民事声请状、民事声请撤诉状、手绘地图、卖业文契、璧山地方法院刑事判决书等。

292. 璧山地方法院审理交还田产一案　12—17—649

1947年7月至1947年10月，璧山地方法院关于徐元贞等交还田产一案的文书，包括民事诉状、委任状、民事答辩状、民事声请书、送达证书、言辞辩论笔录、民事声请状、民事宣判笔录、民事判决书、佃约等。

293. 四川高等法院第一分院、璧山地方法院审理请求返还石碾及其上诉一案　12－17－650

1947年1月至1948年3月，四川高等法院第一分院、璧山地方法院关于田海清请求返还石碾及其上诉一案的文书，包括民事诉状、送达证书、民事声请状、言辞辩论笔录、民事宣判笔录、摘抄买契、璧山地方法院判决书、往来公函、民事上诉状、璧山地方法院裁定书、民事具缴状、委任状、保长申述书、民事补呈状、宣示判决笔录、四川高等法院第一分院民事判决书、财产分管文约、问讯记录等。

294. 四川高等法院第一分院、璧山地方法院审理给付黄谷及其上诉一案　12－17－651

1947年7月至1948年2月，四川高等法院第一分院、璧山地方法院关于袁鑫廷给付黄谷及其上诉一案的文书，包括民事诉状、照抄凭票、民事答辩状、委任状、送达证书、言辞辩论笔录、民事宣判笔录、璧山地方法院判决书、往来公函、民事上诉状、璧山地方法院裁定书、收款通知书、民事辩诉状、宣示判决笔录、四川高等法院第一分院民事判决书等。

295. 四川高等法院第一分院、璧山地方法院审理给付黄谷及其上诉、领证两案　12－17－652

1947年7月至1948年9月，四川高等法院第一分院、璧山地方法院关于陈汉忠等给付黄谷及其上诉案、雷永兴请求领回证物两案的文书，包括民事诉状、送达证书、言辞辩论笔录、押票回证、提票回证、民事答辩状、阅卷声请书、民事宣判笔录、璧山地方法院判决书、民事具领状、往来公函、民事上诉状、璧山地方法院裁定书、民事具缴状、委任状、四川高等法院第一分院民事裁定书、宣示判决笔录、四川高等法院第一分院民事判决书等。

296. 四川高等法院第一分院、璧山地方法院审理给付黄谷及其上诉一案　12－17－653

1947年1月至1947年9月，四川高等法院第一分院、璧山地方法院关于张治举给付黄谷纠葛及其上诉一案的文书，包括民事声请状、民事辩诉状、送达证书、言辞辩论笔录、民事诉状、民事宣判笔录、璧山地方法院判决书、民事反诉状、璧山地方法院裁定书、会簿、民事上诉状、往来公函、民事答辩状、宣示判决笔录、四川高等法院第一分院民事判决书等。

297. 璧山地方法院审理经界纠纷一案　12－17－654

1947年4月至1948年8月，璧山地方法院关于彭怀之等经界纠纷一案的文书,包括往来公函、民事诉状、委任状、送达证书、言辞辩论笔录、民事反诉状、乡公所呈文、手绘地图、查勘笔录、民事具呈状、民事催状、民事宣判笔录、民事判决书等。

298. 四川高等法院第一分院、璧山地方法院审理返还奁物及其上诉一案　12－17－655

1947年10月至1948年10月,四川高等法院第一分院、璧山地方法院关于荣廷良返还奁物及其上诉一案的文书,包括往来公函、民事上诉状、璧山地方法院裁定书、送达证书、民事辩诉状、言辞辩论笔录、人物卡片、委任状、宣示判决笔录、四川高等法院第一分院民事判决书、四川高等法院第一分院民事裁定书、民事诉状、民事答辩状、民事宣判笔录、璧山地方法院判决书等。

299. 璧山地方法院审理债务担保执行一案　12－17－656

1947年3月,璧山地方法院关于璧山县银行要求叶百年等办理债务担保执行一案的文书,包括法院命令、法院通知书、法院布告、法院训令、饬查报告、查封不动产笔录、鉴定书、手绘地图、乡公所呈文、民事执行状、法院公告、民事申明状、委任状、投标人呈文、送达证书、民事申请状、佃约、民事诉状、民事声请状、民事具呈状、执达报告、点交田产笔录、民事执行处权利移转证书等。

300. 四川高等法院第一分院、璧山地方法院审理返还收益及其上诉案、请求领回证物两案　12－17－657

1947年6月至1948年11月,四川高等法院第一分院、璧山地方法院关于伍东周确认田产所有权返还收益及其上诉案、吕荣臣请求领回证物两案的文书,包括民事诉状、送达证书、言辞辩论笔录、声请展期状、民事宣判笔录、乡公所呈文、璧山地方法院判决书、民事上诉状、往来公函、璧山地方法院裁定书、四川高等法院第一分院民事裁定书、宣誓判决笔录、四川高等法院第一分院民事判决书、民事具领状、领收证明等。

301. 璧山地方法院等审理会款纠纷一案　12－17－658

1937年10月至1947年11月,璧山地方法院等关于罗忠之等会款纠纷一案的文书,包括报告书、璧山县政府审理名单、审理笔录、民事起诉状、训令、民事保状、民事判决书、送达证书、璧山地方法院民事判决书等。

302. 四川高等法院第一分院、璧山地方法院审理返还水粉籽、返还租谷两案　12－17－659－660

1947年6月至1948年4月,四川高等法院第一分院、璧山地方法院关于刘李氏返还水粉籽上诉案、朱祯祥返还租谷案两案的文书，包括往来公函、民事上诉状、璧山地方法院民事裁定、送达证书、璧山地方法院民事判决书、民事辩诉状、民事庭传票、言辞辩论笔录、宣示判决笔录、四川高等法院第一分院民事判决书、民事起诉状、最高法院民事判决、报告、民事委任状、受传唤人名单、民事声请状、民事补陈状等。

303. 璧山地方法院审理给付嫁妆等三案　12－17－661－663

1947 年 7 月至 1947 年 10 月，璧山地方法院关于蔡荣清给付嫁妆、范海廷返还木石、胡正谊返还老麻熟料三案的文书，包括民事诉状、送达证书、民事传票、受传唤人名单、民事言辞辩论笔录、民事委任状、民事宣判笔录、璧山地方法院民事判决书、民事请执行状、民事执行文稿、民事保状、视察报告、民事执行命令、民事声请状、拘票、训令、通知书、查封不动产笔录、鉴定人鉴定书等。

304. 四川高等法院第一分院、璧山地方法院审理返还树价等三案　12－17－664－666

1947 年 10 月至 1948 年 1 月，四川高等法院第一分院、璧山地方法院关于张叔达返还树价赔偿损失、胡海林返还婚礼礼物、向治维反诉离婚请求同居三案的文书，包括民事补诉状、送达证书、受传唤人名单、民事言辞辩论笔录、民事判决笔录、璧山地方法院民事判决书、民事声请书、物证、往来公函、四川高等法院第一分院民事裁定书、民事诉状、民事反诉状、证人结文、民事答辩状、训令、民事和解书、视察报告、民事上诉状等。

305. 四川高等法院第一分院、璧山地方法院审理砍伐权纠纷及其上诉一案　12－17－667

1947 年 2 月至 1948 年 1 月，四川高等法院第一分院、璧山地方法院关于颜敏清因买树纠纷申请确认砍伐权及其上诉一案的文书，包括往来公函、璧山地方法院民事判决书、民事请执行状、民事委任状、民事声请状、民事言辞辩论笔录、民事辩诉状、四川高等法院第一分院民事裁定书、民事撤回状、民事起诉状、受传唤人名单、民事宣判笔录、璧山地方法院民事判决书等。

306. 璧山地方法院审理确认所有权纠纷及其上诉一案　12－17－668

1947 年 5 月至 1947 年 9 月，璧山地方法院关于雷明远、尹长兴确认所有权纠纷及其上诉一案的文书，包括民事起诉状、民事委任状、受传唤人名单、民事言辞辩论笔录、民事宣判笔录、璧山地方法院民事判决书、送达证书、往来公函、民事补诉状、民事声请状、民事辩诉状、证人结文等。

307. 璧山地方法院审理三起债务判决异议之诉三案　12－17－669

1947年2月至1947年12月，璧山地方法院关于刘显富等债务判决异议之诉、张毓灵等债务判决异议之诉、叶百年等债务判决异议之诉三案的文书，包括民事声请状、送达证书、受传唤人名单、民事起诉状、民事委任状、民事撤销状、通知书、民事声明书、证人结文、民事言辞辩论笔录、民事答辩状、视察报告、民事宣判笔录、璧山实验地方法院民事判决书等。

308. 璧山地方法院审理返还田土纠纷四案　12－17－670

1947年10月至1947年12月，璧山地方法院关于四起返还田土纠纷案的文书，包括民事起诉状、送达证书、受传唤人名单、证人结文、民事言辞辩论笔录、民事宣判笔录、民事答辩状、委任状、民事声请状、璧山地方法院民事判决书、训令、物证、视察报告、璧山地方法院民事裁定等。

309. 最高法院、四川高等法院第一分院、璧山地方法院审理田业纠纷三案　12－17－671

1947年1月至1947年7月，最高法院、四川高等法院第一分院、璧山地方法院关于刘泽普等返还田业、陈桂贞等返还田业、刘海林等返还田业三案的文书，包括往来公函、民事上诉状、四川高等法院第一分院民事裁定书、送达证书、民事声请书、通知书、最高法院民事判决、民事起诉状、璧山县政府民堂代判、民事委任状、民事答辩状、受传唤人名单、民事言辞辩论笔录、璧山地方法院民事裁定、物证、璧山地方法院和解笔录、执行报告等。

310. 璧山地方法院审理搬迁交业四案　12－17－ 672

1947年2月至1947年7月，璧山地方法院关于四起因租佃纠纷引起的搬迁交业案的文书，包括民事声请状、送达证书、受传唤人名单、民事言辞辩论笔录、民事起诉状、民事宣判笔录、民事判决书、物证、和解笔录、鉴定人结文、民事委任状等。

311. 四川高等法院第一分院、璧山地方法院审理交房纠纷五案　12－17－673

1947年2月至1948年3月，四川高等法院第一分院、璧山地方法院关于五起交房纠纷案的文书，包括送达证书、民事反诉状、受传唤人名单、民事言辞辩论笔录、民事宣判笔录、璧山地方法院民事判决书、物证、民事请执行状、璧山地方法院和解笔录、民事执行文稿、视察报告、执行命令、民事告诉状、民事辩诉状、民事声请书、民事上诉状、民事答辩书、四川高等法院第一分院民事判决、民事调解状等。

312. 四川高等法院第一分院、璧山地方法院审理交房纠纷四案　12－17－674

1947年4月至1947年10月，四川高等法院第一分院、璧山地方法院关于杨光烈等交房纠纷、钱荣海等交房纠纷、李四云等交房纠纷、李瑞丰等交房纠纷四案的文书，包括民事债务声请书、璧山地方法院民事判决书、四川高等法院第一分院民事判决、民事执行文稿、视察报告、受传唤人名单、送达证书、民事判决书、民事执行命令、民事保状、民事起诉状、璧山地方法院和解笔录、宣判笔录、民事辩诉状、往来公函、民事上诉状等。

313. 四川高等法院第一分院、璧山地方法院审理返还田业纠纷三案　12－17－675

1947年7月至1947年11月，四川高等法院第一分院、璧山地方法院关于胡春山因典当纠纷声请返还田业、黄学光因买业纠纷声请返还产业、廖李氏因买业纠纷声请返还田业三案的文书，包括民事起诉状、送达证书、受传唤人名单、民事言辞辩论笔录、民事宣判笔录、璧山地方法院民事判决书、物证、民事委任状、民事答辩状、视察报告、执行命令、民事上诉状、民事缴状、四川高等法院第一分院民事判决等。

314. 璧山地方法院审理领押交业纠纷五案　12－17－676

1947年7月至1947年11月，璧山地方法院关于五起领押交业纠纷案的文书，包括民事起诉状、民事辩诉状、送达证书、受传唤人通知单、民事言辞辩论笔录、民事撤回状、民事委任状、民事答辩状、训令、璧山地方法院和解笔录等。

315. 四川高等法院第一分院、璧山地方法院审理执行交业纠纷四案　12－17－677

1947年1月至1947年9月，四川高等法院第一分院、璧山地方法院关于四起因租佃纠纷引起的执行交业案的文书，包括民事声请书、璧山地方法院民事判决书、民事执行文稿、视察报告、执行命令、四川高等法院第一分院民事判决书、民事诉状、受传唤人名单、民事撤回状、送达证书、民事请执行书、璧山地方法院和解笔录等。

316. 四川高等法院第一分院、璧山地方法院审理执行交业纠纷四案　12－17－678

1947年1月至1947年7月，四川高等法院第一分院、璧山地方法院关于四起因租佃纠纷、欠款债务纠纷等引起的交业执行案的文书，包括民事请执行状、视察报告、执行命令、璧山地方法院民事判决书、民事抗告书、四川高等法院第一分院民事裁定书等。

317. 四川高等法院第一分院、璧山地方法院审理交业纠纷等三案　12－17－679

1947年7月至1948年2月，四川高等法院第一分院、璧山地方法院关于王青云诉吴徐氏等买卖纠纷的领价交业纠纷案、陈永芳诉江宗洪等遗弃要求给付生活费的交付田产及其上诉案、周书臣等与景远杰因出售佃业引起的搬迁交业及其上诉案三案的文书，包括征收裁判费核定单、民事诉状、送达证书、民事言辞辩论笔录、证人结文、璧山地方法院和解笔录、民事委任状、民事声请状、接龙乡乡公所证明、璧山地方法院民事判决书、往来公函、民事上诉状、四川高等法院第一分院民事判决书、四川高等法院第一分院民事裁定书等。

318. 四川高等法院第一分院、璧山地方法院审理搬迁交业四案　12－17－680

1947年11月至1948年1月，四川高等法院第一分院、璧山地方法院关于四起因租佃纠纷引发的搬迁交业纠纷案的文书，包括民事原诉状、送达证书、民事言辞辩论笔录、民事委状、璧山地方法院民事判决书、领条、执行文稿、执达员报告、执行命令、民事辩诉状、往来公函、四川高等法院第一分院民事裁定书、申请调解书等。

319. 璧山地方法院审理止约交业四案　12－17－681

1947年1月至1947年12月，璧山地方法院关于四起止约交业纠纷案的文书，包括民事原诉状、民事答辩状、送达证书、民事言辞辩论笔录、证人结文、璧山地方法院民事判决书、佃约、民事委状、租赁文约、璧山地方法院和解笔录等。

320. 四川高等法院第一分院、璧山地方法院审理拍卖抵押物四案　12－17－682

1947年3月至1947年10月，四川高等法院第一分院、璧山地方法院关于四起拍卖抵押物纠葛上诉案的文书，包括公函、意见书、民事抗告状、四川高等法院第一分院民事裁定书、执达员报告、送达证书、言辞辩论笔录、璧山地方法院民事裁定书等。

321. 璧山地方法院审理欠税等四案　12－17－683

1947年8月至1948年2月，璧山地方法院关于璧山直接税查征所诉和斋商号生意失败潜逃要求执行欠税案、叶树高等执行遗产税、蒋建模等屠宰税假扣押、新华商号缴纳所得税四案的文书，包括案准、刑事申请状、执达员报告、执行文稿、执行命令、璧山地方法院民事裁定书、财政部川康区直接税局江津分局璧山查征处公函、璧山地方法院刑事裁定书等。

322. 四川高等法院第一分院、璧山地方法院审理赔偿医药费五案　12－17－684

1946年8月至1947年6月，四川高等法院第一分院、璧山地方法院关于曾怀三诉张世才等因打谷子伤人成残疾而要求赔偿医药费和生活费、肖明修诉蔡树荣因戏谑误伤的赔偿医药费执行案、舒德轩诉舒九林因产业纠纷伤人的赔偿医药费执行案、吴珍修诉其夫朱勤明伤人要求赔偿医药费、柯旭辉因扒手嫌疑被警察局警士赵银溃打伤要求赔偿医药费及国币的执行案五案的文书，包括刑事声请状、送达证书、民事言辞辩论笔录、民事辩诉状、鉴定人结文、璧山地方法院民事判决书、民事上诉状、璧山地方法院民事裁定书、璧山地方法院刑事判决书、民事执行文稿、执达员报告、四川高等法院第一分院民事裁定书等。

323. 璧山地方法院审理确认婚约有效等三案　12－17－685

1947年1月，璧山地方法院关于彭安富诉刘祖海的确认婚约有效、杨开素诉彭安福确认婚约有效、柯汉忠申请婚约公证三案的文书，包括民事原诉状、民事辩诉状、送达证书、民事言辞辩论笔录、璧山地方法院民事判决书、民事委状、民事声请状、声请公证证明书、公证通知书等。

324. 璧山地方法院审理离婚四案　12－17－686

1947年1月至1947年8月，璧山地方法院关于四起离婚案的文书，包括乡公所呈件、指令、民事声请状、民事言辞辩论笔录、民事答辩状、璧山地方法院民事判决书、民事委状、乡保办公处证明等。

325. 璧山地方法院审理给付煤币、脱离同居关系及其上诉案两案　12－17－687

1947年1月至1948年3月，璧山地方法院关于江序东要求拍卖刘荣兴等不动产以给付煤炭的执行案、周青与周伍思荣互诉领子及脱离同居关系及其上诉案两案的文书，包括声请书、民事请执行状、通知、执行文稿、执达员报告、命令、训令、阅卷申请书、布告、民事起诉状、民事答辩状、民事言辞辩论笔录、璧山地方法院民事判决书、民事上诉状、璧山地方法院民事裁定等。

326. 四川高等法院第一分院、璧山地方法院审理所得税四案　12－17－688

1946年9月至1947年10月，四川高等法院第一分院、璧山地方法院关于裕良商号、经纶商号、味之需商号滞纳所得税及罚锾执行三案及新华商号违反所得税法上诉案共四案的文书，包括公函、璧山地方法院刑事裁定书、执行文稿、报告、执行命令、送达证书、所得税缴款书、刑事抗告状、四川高等法院第一分院刑事裁定书等。

327. 四川高等法院第一分院、璧山地方法院审理返还柏树纠纷两案　12—17—689

1947年5月至1949年4月，四川高等法院第一分院、璧山地方法院关于巫治云与巫尧君因典当纠纷要求返还柏树及其上诉案附申请领证案、彭汝安与陈世富返还柏树上诉案两案的文书，包括征收裁判费核定单、民事原诉状、送达证书、民事言辞辩论笔录、民事宣判笔录、璧山地方法院民事判决书、往来公函、民事领状、领证书、民事上诉状、四川高等法院第一分院民事裁定、四川高等法院第一分院民事判决、民事撤诉状等。

328. 璧山地方法院审理假扣押五案　12—17—690

1947年1月至1947年10月，璧山地方法院关于王滋华等存放于天宝呈银楼国币、石敬之等凤翔银楼存款、戴炳林路华天宝银楼债务、罗炳全等给付租谷假扣押、陈国芬诉熊昆仑等诈欺中山服一套要求扣押其家具及薪金引起的共五起假扣押案的文书，包括民事申请状、璧山地方法院民事裁定书、报告、送达证书、璧山地方法院民事判决书、民事撤诉状等。

329. 四川高等法院第一分院、璧山县政府审理假扣押等三案　12—17—691

1947年8月至1948年7月，四川高等法院第一分院、璧山县政府关于雷永兴与陈汉忠等因田业买卖纠纷申请假扣押、曾令荣与曾冷氏等因租佃纠纷申请假扣押、陈绍青等要求扣押倒闭的天宝成银楼以补偿其存款三案的文书，包括公函、民事抗告状、四川高等法院第一分院民事裁定书、送达证书、四川高等法院第一分院民事裁定、陆军第二百零三师第三旅代电、璧山地方法院民事裁定书、报告等。

330. 四川高等法院第一分院、璧山地方法院审理假扣押四案　12—17—692

1947年2月至1947年12月，四川高等法院第一分院、璧山地方法院关于贺同禄因天宝城银楼倒闭要求假扣押偿还存款、吴鸿升诉何逢籼等借纱不还申请假扣押、夏忠淘因杨庆和银楼倒闭要求假扣押偿还存款、孙绍宣与孙荣仙租谷假扣押及其上诉案四案的文书，包括民事声请状、报告、璧山地方法院民事裁定、陆军第二百〇三师第二旅代电、公函、民事抗告状、四川高等法院第一分院民事裁定等。

331. 璧山地方法院审理假扣押四案　12—17—693

1945年9月至1947年8月，璧山地方法院关于赵万里诉老天宝银楼倒骗要求假扣押以备偿还所欠存款、张氏宗祠诉董元吉租谷假扣押、洪太刚等诉天宝成银楼携款潜逃要求假扣押偿还其存款、陈汉忠等因田产买卖纠纷申请假扣押上诉案共四案的文书，包括民事声请状、报告、送达证书、璧山地方法院民事裁定、原审裁定、民事声明状等。

332. 璧山地方法院审理租佃公证四案　12－17－694

1947年1月至1947年5月，璧山地方法院关于四起租佃公证认证案的文书，包括公证申请书、公证通知书、送达证书、授权书、公证询问笔录、租佃文约、乡公所公函、领条等。

333. 璧山地方法院审理请发支付命令四案　12－17－695

1946年12月至1947年9月，璧山地方法院关于四起因租佃纠纷、生活费纠纷、高粱买卖纠纷、拖欠屠宰税而请发支付命令案的文书，包括璧山地方法院支付命令、送达证书、民事申明状、通知书、璧山地方法院民事裁定书等。

334. 璧山地方法院审理请发支付命令四案　12－17－696

1947年1月至1947年5月，璧山地方法院关于四起因田业买卖暨借债纠纷、合伙投资车行、债务纠纷、拖欠公款而请发支付命令案的文书，包括民事声请状、凭票、璧山地方法院支付命令、民事异议书、通知书、璧山地方法院民事裁定、报告等。

335. 璧山地方法院审理请发支付命令四案　12－17－697

1947年2月至1947年12月，璧山地方法院关于四起因借款或借谷未还而请发支付命令案的文书，包括民事申请状、凭票、璧山地方法院支付命令、送达证书、民事异议状、借据、代用司法印纸联单等。

336. 璧山地方法院审理请发支付命令四案　12－17－698

1947年1月至1947年7月，璧山地方法院关于四起因拖欠借款、借谷、利息以及代理诉讼费而请发支付命令案的文书，包括民事声请状、代用司法印纸联单、璧山地方法院支付命令、送达证书等。

337. 璧山县司法处审理租佃纠纷两案　12－17－699

1937年11月至1938年7月，璧山县司法处关于汪杜氏与汪罗氏因先夫遗产田业的租佃事宜涉讼、曾忠恕与张承绪等人因租佃纠纷引起的搬迁交业暨求偿修缮费两案的文书，包括民事诉状、点名单、审理笔录、璧山县司法处民事判决书、民事辩诉状、民事请执行状、民事保状、传票回证、训令、调查笔录、执达员报告、民事委状、民事上诉状等。

338. 璧山地方法院审理租佃公证四案　12—17—700

1947年6月至1948年6月，璧山地方法院公证处关于四起租佃认证的公证文书，包括公证申请书、押佃文约、公证通知书、送达证书、公证询问笔录、领条、授权书、认证书、声请公证证明书等。

339. 璧山地方法院审理租谷假扣押等四案　12—17—701

1947年8月至1947年10月，璧山地方法院关于租谷假扣押、租谷纠纷调解等四案的文书，包括民事声请书、璧山地方法院民事裁定书、送达证书、法院通知书、公告、报告、璧山地方法院训令、呈件等。

340. 璧山地方法院审理给付租谷等四案　12—17—702

1947年7月至1948年1月，璧山地方法院关于江维新给付租谷、张九祥等交业给租、胡清鹤欠缴租谷、王树臣给付欠租四案的文书，包括民事告诉状、送达证书、民事审判笔录、民事和解笔录、璧山地方法院民事判决书、璧山地方法院民事裁定书、报告、民事答辩状等。

341. 璧山地方法院审理声请发给支付命令四案　12—17—703

1947年1月至1947年7月，璧山地方法院关于陈锡之声请发给债务支付命令、农民福利社声请发给债务支付命令、朱有辉声请发给债务支付命令、罗汉章声请发给债务支付命令四案的文书，包括民事声请书、璧山地方法院支付命令、送达证书、民事异议状等。

342. 四川高等法院第一分院、璧山地方法院审理典当纠葛、租佃纠葛、确认分约无效等四案　12—17—704

1947年7月至1948年3月，四川高等法院第一分院、璧山地方法院关于土地典当纠葛、田业租佃纠葛、认证田产分约无效上诉等四案的文书，包括民事声请书、送达证书、璧山实验地方法院民事判决书、民事审判笔录、证人结文、民事和解笔录、公证证明书、公证讯问笔录、公函、民事上诉状、璧山地方法院民事裁定书、案奉、四川高等法院第一分院民事裁定书等。

343. 四川高等法院第一分院、璧山地方法院审理返还契约等案　12—17—705

1947年1月至1948年4月，四川高等法院第一分院、璧山地方法院关于返还土地契约、租佃契约纠纷、房产抵押契约纠纷等案的文书，包括民事告诉状、送达证书、民事审判笔录、和解笔录、公函、璧山地方法院民事裁定、四川高等法院第一分院民事裁定书等。

该卷另附《世界日报》1947 年 1 月 5 日刊面数十份。

344. 璧山地方法院审理撤销契约、认证契约、公证遗产分割等案　12－17－706

1947 年 4 月至 1947 年 12 月，璧山地方法院关于声请撤销遗产分割契约、认证和息管业契约、公证遗产分割等案的文书，包括刑事声请书、送达证书、民事审判笔录、民事答辩状、公证证明书、公证讯问笔录等。

345. 璧山地方法院审理申请领证等四案　12－17－707

1947 年 2 月至 1947 年 12 月，璧山地方法院关于万树材声请领回回赎典产案证件、杨和熙等返还产业分约及执照、周宝臣租佃纠葛、雷柏松声请领回返还房产案证件四案的文书，包括送达证书、民事声请书等。

346. 璧山地方法院审理领回证件四案　12－17－708

1947 年 1 月至 1947 年 10 月，璧山地方法院关于张时可声请领回租佃纠葛案证件、潘名贵声请领回抢夺案证件、张德福声请领回债务纠葛案证件、何文中声请领回确认买卖契约有效案证件四案的文书，包括民事声请书、送达证书、民事审判笔录等。

347. 璧山地方法院审理领回证件四案　12－17－709

1947 年 1 月至 1947 年 12 月，璧山地方法院关于刘作霖声请领回黄谷纠纷案证件、杨清合声请领回回赎典产案证件、张王氏声请领回田产归属纠葛案证件、杨光昭声请领回确认买卖契约有效案证件四案的文书，包括民事声请书、送达证书、民事审判笔录等。

348. 璧山地方法院审理领回证件四案　12－17－710

1947 年 2 月至 1947 年 8 月，璧山地方法院关于刘作霖声请领回租佃纠葛案证件、罗伯轩声请领回给付利谷案证件、刘可全声请领回交房纠葛案证件、彭金才声请领回租佃纠葛案证四案的文书，包括民事声请书、送达证书、民事告诉状、民事答辩状、民事审判笔录、璧山地方法院民事判决书等。

349. 最高法院、四川高等法院第一分院、璧山实验地方法院等审理遗产分割纠葛四案　12－17－711

1945年6月至1947年12月，最高法院、四川高等法院第一分院、璧山实验地方法院等关于四起遗产分割纠葛案的文书，包括民事告诉状、民事答辩状、送达证书、民事审判笔录、民事和解笔录、法院通知书、公函、最高法院民事判决书、民事上诉状、四川高等法院第一分院民事判决书、璧山实验地方法院民事判决书等。

350. 璧山地方法院审理假执行四案　12－17－712

1946年12月至1947年5月，璧山地方法院关于严光全债务假执行、舒荣先债务假执行、周志安租谷假执行、徐子良债务假执行四案的文书，包括民事声请书、璧山地方法院支付命令、璧山地方法院民事判决书、送达证书、璧山地方法院民事裁定书等。

351. 璧山地方法院审理给付会款四案　12－17－713

1946年11月至1947年10月，璧山地方法院关于四起给付会款案的文书，包括民事告诉状、送达证书、民事审判笔录、璧山地方法院民事判决书、民事声请书、证人结文、报告、璧山地方法院民事执行命令等。

352. 璧山地方法院审理假执行四案　12－17－714

1947年2月至1947年11月，璧山地方法院关于周卢氏债务假执行、赵荣超等债务假执行、李世发等债务假执行、蓝治云租谷假执行四案的文书，包括民事声请书、璧山地方法院支付命令、璧山地方法院民事裁定书、送达证书、法院通知书等。

353. 最高法院、四川高等法院第一分院、璧山地方法院审理租佃纠葛、给付租谷、给付会款等五案　12－17－715

1945年12月至1947年10月，最高法院、四川高等法院第一分院、璧山地方法院关于租佃纠葛、给付租谷、给付会款等五案的文书，包括民事告诉状、送达证书、民事审判笔录、璧山地方法院民事判决书、民事答辩状、证人结文、公函、民事上诉状、四川高等法院第一分院民事裁定书、法院通知书、最高法院民事裁定书等。

354. 璧山地方法院审理给付黄谷、假执行等四案　12－17－716

1947年1月至1949年1月，璧山地方法院关于陈怀卿给付黄谷、邓廷森给付黄谷、邱金顺欠缴租谷、郭绍卿租谷假执行四案的文书，包括民事声请书、璧山地方法院和民事解笔录、报告、璧山地方法院民事执行命令、送达证书、民事审判笔录、璧山地方法院民事判决书、证人结文、璧山地方法院民事裁定书等。

355. 璧山地方法院审理给付执行、假扣押等四案　12—17—717

1946年12月至1949年8月，璧山地方法院关于陶荣盛声请执行给付租谷、陈银州声请执行给付租谷、杨子成声请执行给付租谷、宋炳全租谷假扣押四案的文书，包括民事声请书、璧山地方法院民事判决书、批示、送达证书、报告、璧山地方法院民事执行命令、璧山地方法院训令、函片、璧山地方法院民事裁定书等。

356. 最高法院、四川高等法院第一分院、璧山地方法院等审理领押交业及其上诉案五案　12—17—718

1943年5月至1947年9月，最高法院、四川高等法院第一分院、璧山地方法院等关于五起因租佃纠葛引起的领押交业及其上诉案的文书，包括民事声请书、民事答辩状、送达证书、民事审判笔录、璧山地方法院和解笔录、璧山地方法院民事判决书、民事上诉状、公函、四川高等法院第一分院民事判决书、四川高等法院第一分院民事和解笔录、四川高等法院第一分院民事裁定书、最高法院民事判决书等。

357. 璧山地方法院审理领押交业执行四案　12—17—719

1947年4月至1948年1月，璧山地方法院关于四起因租佃纠葛申请领押交业执行案的文书，包括民事告诉状、送达证书、民事审判笔录、民事答辩状、璧山地方法院民事判决书、案奉、证人结文、璧山地方法院和解笔录、报告、璧山地方法院民事执行命令、民事声请书、璧山地方法院命令、璧山地方法院训令、布告、法院通知书、民事保状等。

358. 四川高等法院、璧山地方法院审理领押交业执行及其上诉四案　12—17—720

1947年7月至1948年9月，四川高等法院、璧山地方法院关于四起因租佃纠葛诉领押交业及其上诉案的文书，包括民事告诉状、送达证书、民事审判笔录、民事答辩状、璧山地方法院民事判决书、璧山地方法院民事裁定书、案奉、璧山地方法院和解笔录、报告、璧山地方法院民事执行命令、民事上诉状、民事声请书、璧山地方法院命令、璧山地方法院训令、法院通知书、四川高等法院民事判决书、民事保状等。

359. 四川高等法院第一分院、璧山地方法院审理领押交业执行四案　12—17—722

1947年7月至1948年6月，四川高等法院第一分院、璧山地方法院关于周建廷因租期届满诉领押交业、管善忠租谷假扣押、徐仲达因租佃纠葛诉搬迁交业、张海廷欠缴租谷拒不交业上诉案四案的文书，包括民事告诉状、送达证书、民事审判笔录、民事答辩状、璧山地方法院民事判决书、案奉、证人结文、璧山地方法院和解笔录、报告、璧山地方法院民事执行命令、民事声请书、民事上诉状、法院通知书、四川高等法院第一分院民事判决书、民事保状等。

360. 璧山地方法院审理止约交业四案　12－17－723

1947 年 9 月至 1949 年 10 月，璧山地方法院关于四起因租期届满引发的止约交业纠纷案的文书，包括民事告诉状、送达证书、民事审判笔录、民事答辩状、璧山地方法院民事判决书、案奉、证人结文、璧山地方法院和解笔录、报告、璧山地方法院民事执行命令、公函、璧山地方法院民事裁定书、民事声请书、布告、民事上诉状、法院通知书、民事保状等。

361. 四川高等法院第一分院、璧山地方法院审理领押交业执行及其上诉四案　12－17－724

1947 年 1 月至 1948 年 5 月，四川高等法院第一分院、璧山地方法院关于四起因租期将近止约交业纠纷案的文书，包括民事告诉状、送达证书、民事审判笔录、民事答辩状、璧山地方法院民事判决书、案奉、证人结文、报告、公函、璧山地方法院民事裁定书、民事声请书、民事上诉状、法院通知书、四川高等法院第一分院民事裁定书、四川高等法院第一分院民事判决书等。

362. 四川高等法院第一分院、璧山地方法院审理止约交业、贪污公款等六案　12－17－725

1947 年 10 月至 1948 年 4 月，四川高等法院第一分院、璧山地方法院关于止约交业、贪污公款等六案的文书，包括民事告诉状、民事答辩状、送达证书、民事审判笔录、璧山地方法院民事判决书、证人结文、公函、民事上诉状、璧山地方法院民事裁定书、四川高等法院第一分院民事和解笔录、刑事告诉状等。

363. 璧山地方法院审理领押搬迁、抢夺、伪造文书三案　12－17－726

1946 年 12 月至 1948 年 9 月，璧山地方法院关于三起因租期届满领押搬迁案、王烈光抢夺财物案、何泽军伪造文书案的文书，包括民事告诉状、送达证书、民事审判笔录、民事答辩状、璧山地方法院民事判决书、报告、璧山地方法院民事执行命令、法院通知书、公函、璧山地方法院刑事判决书、璧山地方法院刑事裁定书、民事保状、民事声请书、批示等。

364. 四川高等法院第一分院、璧山地方法院审理三起欠缴租谷案　12—17—727

1947 年 4 月至 1948 年 1 月，四川高等法院第一分院、璧山地方法院关于三起欠缴租谷执行案及其上诉案的文书，包括民事告诉状、送达证书、民事上诉状、四川高等法院第一分院民事判决书、民事执行文稿、民事声请书、报告、璧山地方法院民事执行命令、璧山地方法院令、璧山地方法院训令、布告、法院通知书、民事鉴定书、函片、璧山地方法院民事裁定书等。

365. 璧山地方法院审理因租佃纠葛交业解约及声请调解等四案　12—17—728

1947 年 1 月至 1947 年 11 月，璧山地方法院关于四起因租佃纠葛而申请交业解约及声请调解案的文书，包括民事声请书、送达证书、民事审判笔录、璧山地方法院民事和解笔录、民事答辩状、璧山地方法院民事判决书等。

366. 璧山地方法院审理欠缴租谷、终止租约四案　12—17—729

1946 年 12 月至 1948 年 1 月，璧山地方法院关于四起因欠缴租谷、租佃纠葛引起的终止租约案的文书，包括民事告诉状、送达证书、民事审判笔录、民事声请书、民事答辩状、璧山地方法院民事判决书、呈件、璧山地方法院民事和解笔录等。

367. 四川高等法院第一分院、璧山地方法院审理增付押金执行及其上诉四案　12—17—730

1947 年 5 月至 1948 年 1 月，四川高等法院第一分院、璧山地方法院关于四起搬迁交业增付押金的执行及其上诉案的文书，包括公函、民事上诉状、璧山地方法院民事裁定书、送达证书、民事审判笔录、四川高等法院第一分院民事判决书、璧山地方法院民事判决书、璧山地方法院民事执行文稿、报告、璧山地方法院民事执行命令、民事声请书等。

368. 四川高等法院第一分院、璧山地方法院审理赔偿损害四案　12—17—731

1947 年 1 月至 1947 年 11 月，四川高等法院第一分院、璧山地方法院关于李素辉因欠款债务纠纷、刘淑惠等因租佃纠葛、邬登煜等因拒交田业、杨光廷等因婚约纠葛引起的四起赔偿损害案的文书，包括公函、民事上诉状、璧山地方法院民事裁定书、送达证书、四川高等法院第一分院民事裁定书、民事告诉状、民事审判笔录、璧山地方法院民事和解笔录、民事答辩状、证人结文等。

369. 最高法院、四川高等法院第一分院、璧山地方法院审理回赎典产等四案　12—17—732

1945年6月至1947年8月，最高法院、四川高等法院第一分院、璧山地方法院关于曾方成等因典期届满诉回赎典产、杨忠荣等因典期届满回赎典产返还契约、邓国民放赎典产、吴元清因为优待军属诉提前放赎典产上诉案四案的文书，包括民事声请书、璧山地方法院民事判决书、四川高等法院第一分院民事判决书、民事执行文稿、报告、璧山地方法院民事执行命令、公函、民事告诉状、民事审判笔录、民事上诉状、四川高等法院第一分院民事裁定书、民事答辩状、璧山地方法院民事裁定书、最高法院民事判决书等。

370. 璧山地方法院审理所有权异议一案　12—17—733

1947年9月至1947年10月，璧山地方法院关于李道盅田产所有权异议一案的文书，包括民事告诉状、送达证书、民事审判笔录、民事答辩状、民事补诉状、璧山地方法院民事裁定书、璧山地方法院民事判决书等。

371. 四川高等法院第一分院、璧山地方法院审理确认佃权及共有业权上诉一案　12—17—734

1947年1月至1947年11月，四川高等法院第一分院、璧山地方法院关于舒光仪等确认佃权及共有业权上诉一案的文书，包括民事告诉状、送达证书、民事审判笔录、璧山地方法院民事判决书、公函、民事上诉状、璧山地方法院民事裁定书、民事证明状、四川高等法院第一分院民事判决书等。

372. 四川高等法院第一分院、璧山地方法院审理给付棉纱、确认选举无效等四案　12—17—735

1947年6月至1948年12月，四川高等法院第一分院、璧山地方法院关于三起给付棉纱案、一起确认选举无效案共四案的文书，包括公函、民事上诉状、璧山地方法院民事裁定书、送达证书、民事审判笔录、四川高等法院第一分院民事判决书、民事告诉状、民事答辩状、民事声请书、证人结文、璧山地方法院民事判决书、报告、璧山地方法院训令、法院通知书、公告等。

373. 四川高等法院第一分院、璧山地方法院审理租谷纠纷三案　12—17—736

1947年9月至1948年1月，四川高等法院第一分院、璧山地方法院关于何树彬给付租谷上诉案、杨子成等租谷纠纷、戴凤川亏欠租谷三案的文书，包括民事告诉状、送达证书、民事审判笔录、璧山地方法院民事判决书、民事上诉状、璧山地方法院民事裁定书、四川高等法院第一分院民事裁定书、公函、璧山地方法院民事和解笔录、报告、璧山地方法院民事执行命令等。

374. 璧山地方法院审理偿还黄谷、假扣押等四案　12－17－737

1947 年 2 月至 1948 年 5 月，璧山地方法院关于吴炳臣偿还黄谷、吴代昆偿还黄谷、范青云黄谷假扣押、刘海廷偿还黄谷强制执行四案的文书，包括民事告诉状、送达证书、民事审判笔录、璧山地方法院和解笔录、璧山地方法院民事判决书、民事保证书、批示、璧山地方法院民事裁定书、报告、璧山地方法院训令、公告、通知书、执行文稿、璧山地方法院执行命令、鉴定书等。

375. 四川高等法院第一分院、璧山地方法院审理偿还黄谷四案　12－17－738

1947 年 3 月至 1948 年 5 月，四川高等法院第一分院、璧山地方法院关于陈海全返还押谷、王俊良给付黄谷、张华清给付黄谷、蒋绍章给付黄谷上诉案四案的文书，包括民事告诉状、民事答辩状、送达证书、民事审判笔录、呈件、璧山地方法院和解笔录、璧山地方法院民事判决书、证人结文、公函、璧山地方法院民事裁定书、民事上诉状、四川高等法院第一分院民事裁定等。

376. 四川高等法院第一分院、璧山地方法院审理给付黄谷四案　12－17－739

1947 年 7 月至 1948 年 2 月，四川高等法院第一分院、璧山地方法院关于四起给付黄谷案的文书，包括民事告诉状、送达证书、民事审判笔录、璧山地方法院民事判决书、公函、璧山地方法院民事裁定书、四川高等法院第一分院民事裁定书、民事声请书、民事答辩状、证人结文、呈件、四川高等法院第一分院民事判决书等。

377. 四川高等法院第一分院、璧山地方法院审理返还黄谷三案　12－17－740

1947 年 3 月至 1948 年 1 月，四川高等法院第一分院、璧山地方法院关于杨永清返还黄谷上诉案、胡绍高返还租谷、龙华轩偿还黄谷三案的文书，包括公函、民事上诉状、璧山地方法院民事裁定书、送达证书、民事答辩状、民事审判笔录、四川高等法院第一分院民事判决书、民事告诉状、璧山地方法院训令、呈件、报告、璧山地方法院民事判决书、四川高等法院第一分院民事裁定书等。

378. 最高法院、四川高等法院第一分院、璧山地方法院等审理返还黄谷、伪造文书等三案　12－17－741

1944 年 4 月至 1948 年 12 月，最高法院、四川高等法院第一分院、璧山地方法院等关于蒋银章返还黄谷、杨宗荣返还田产黄谷收益、杨宗荣等伪造租佃文书三案的文书，包括民事声请书、璧山地方法院民事判决书、执行文稿、报告、璧山地方法院民事执行命令、民事保状、送达证书、通知书、民事告诉状、四川高等法院第一分院民事判决书、最高法院刑事判决书、刑事起诉书、公函、民事上诉状、璧山地方法院民事裁定书等。

379. 璧山地方法院审理给付租谷四案　12－17－742

1946年8月至1948年12月，璧山地方法院关于四起给付租谷案的文书，包括函片、送达证书、璧山地方法院民事裁定书、公告、璧山地方法院训令、通知书、报告、民事告诉状、民事声请书、民事上诉状、民事审判笔录、璧山地方法院民事判决书、璧山地方法院民事执行命令等。

380. 四川高等法院第一分院、璧山地方法院审理给付黄谷四案　12－17－743

1947年5月至1948年2月，四川高等法院第一分院、璧山地方法院关于四起给付黄谷案的文书，包括民事审判笔录、民事告诉状、送达证书、璧山地方法院民事判决书、公函、民事上诉状、璧山地方法院民事裁定书、四川高等法院第一分院民事裁定书、民事答辩状等。

381. 璧山地方法院审理黄谷假扣押四案　12－17－744

1947年8月至1947年10月，璧山地方法院关于四起黄谷假扣押案的文书，包括公函、璧山地方法院民事裁定书、送达证书、报告、通知书、公告、璧山地方法院训令、民事声请书等。

382. 四川高等法院第一分院、璧山地方法院审理债务假执行六案　12－17－745

1946年10月至1947年8月，四川高等法院第一分院、璧山地方法院关于六起债务假执行案的文书，包括民事告诉状、璧山地方法院民事判决书、执行文稿、呈件、报告、璧山地方法院民事执行命令、民事上诉状、璧山地方法院民事裁定书、四川高等法院第一分院民事裁定书、民事审判笔录、民事声请书、公证通知书、公证讯问笔录等。

383. 四川高等法院第一分院、璧山地方法院审理欠款纠纷、回赎典产等六案 12－17－746

1947年1月至1949年8月，四川高等法院第一分院、璧山地方法院关于欠款纠纷、回赎典产等六案的文书，包括民事声请状、民事告诉状、送达证书、民事审判笔录、通知书、璧山地方法院民事判决书、公函、民事上诉状、璧山地方法院民事裁定书、四川高等法院第一分院民事裁定书等。

384. 璧山地方法院审理假扣押、假执行两案　12—17—747

1947年2月至1947年12月，璧山地方法院关于黄建光欠款债务假扣押案、钟鸿钧债务假执行案两案的文书，包括公函、民事声请书、璧山地方法院民事裁定书、报告、法院通知书、璧山地方法院训令、公告、民事告诉状、送达证书、民事审判笔录、公示、璧山地方法院民事判决书、民事答辩状等。

385. 四川高等法院第一分院、璧山地方法院审理偿还借款四案　12—17—748

1946年11月至1947年8月，四川高等法院第一分院、璧山地方法院关于四起申请偿还借款案的文书，包括民事告诉状、民事审判笔录、璧山地方法院民事判决书、送达证书、执行文稿、民事声请书、报告、法院通知书、公函、璧山地方法院民事裁定书、民事答辩状、四川高等法院第一分院民事判决书等。

386. 璧山地方法院审理给付欠款四案　12—17—749

1946年12月至1947年12月，璧山地方法院关于四起给付欠款的文书，包括民事告诉状、送达证书、民事审判笔录、民事答辩状、证人结文、民事声请书、璧山地方法院民事和解笔录、公函、璧山地方法院民事判决书等。

387. 璧山地方法院审理债务假执行等四案　12—17—750

1947年2月至1948年3月，璧山地方法院关于龙锡章债务假执行、张德安偿还债务、孙海荣给付欠款、罗海荣偿还欠款四案的文书，包括民事告诉状、送达证书、民事审判笔录、证人结文、璧山地方法院民事判决书、公函、民事答辩状、璧山地方法院民事裁定书、民事上诉状等。

388. 璧山地方法院审理给付欠款、毁损财物等五案　12—17—751

1946年12月至1947年7月，璧山地方法院关于给付欠款、毁损财物等五案的文书，包括公函、民事上诉状、璧山地方法院民事裁定书、送达证书、民事审判笔录、民事告诉状、证人结文、璧山地方法院民事判决书、璧山地方法院检察官不起诉处分书、公示等。

389. 四川高等法院第一分院、璧山地方法院审理给付欠款等六案　12—17—752

1944年4月至1947年10月，四川高等法院第一分院、璧山地方法院关于给付欠款、搬迁交业纠纷、领押止约返还黄谷等六案的文书，包括民事告诉状、四川高等法院第一分院民事判决书、璧山地方法院民事判决书、执行文稿、报告、璧山地方法院民事执行命令、公函、璧山地方法院民事裁定书、璧山地方法院训令、送达证书、民事审判笔录等。

390. 最高法院、四川高等法院第一分院、璧山地方法院等审理给付欠款等四案 12－17－753

1943年12月至1947年10月，最高法院、四川高等法院第一分院、璧山地方法院等关于曾伯华给付欠款、龙锡章清偿债务、周志安清偿黄谷、陈济如给付欠款四案的文书，包括民事声请书、璧山地方法院民事判决书、执行文稿、报告、璧山地方法院民事执行命令、法院通知书、璧山地方法院训令、布告、民事告诉状、璧山地方法院民事裁定书、送达证书、最高法院民事判决书、四川高等法院第一分院民事判决书、四川高等法院第一分院民事裁定书等。

391. 璧山地方法院审理给付欠款四案 12－17－754

1946年11月至1947年6月，璧山地方法院关于四起偿还欠款的文书，包括公函、璧山地方法院民事裁定书、璧山地方法院训令、公告、报告、法院通知书、民事声请书、璧山地方法院民事判决书、执行文稿、鉴定书等。

392. 四川高等法院第一分院、璧山地方法院审理偿还债务五案 12－17－755

1947年1月至1948年2月，四川高等法院第一分院、璧山地方法院关于五起偿还债务案的文书，包括民事告诉状、送达证书、民事审判笔录、法院通知书、报告、公示、璧山地方法院民事判决书、璧山地方法院民事裁定书、民事上诉状、公函、四川高等法院第一分院民事判决书等。

393. 四川高等法院第一分院、璧山地方法院审理清偿债务四案 12－17－756

1947年1月至1947年10月，四川高等法院第一分院、璧山地方法院关于四起清偿债务案的文书，包括民事告诉状、送达证书、民事审判笔录、民事声请书、璧山地方法院民事和解笔录、执行文稿、报告、法院通知书、执行命令、民事答辩状、民事上诉状、璧山地方法院民事裁定书、四川高等法院第一分院民事裁定书、公函等。

394. 四川高等法院第一分院、璧山地方法院审理欠款纠纷四案 12－17－757

1947年4月至1947年12月，四川高等法院第一分院、璧山地方法院关于尹伯辉偿还所借欠款、胡玉良给付所借欠款、荣天章欠款债务假执行、戴锡光给付欠款债务四案的文书，包括民事起诉状、送达证书、民事审判笔录、璧山地方法院民事和解笔录、璧山地方法院民事判决书、公函、民事上诉状、璧山地方法院民事裁定书、四川高等法院第一分院民事判决书、民事答辩状等。

395. 四川高等法院第一分院、璧山地方法院审理增付押金等四案　12－17－758

1947年4月至1948年5月，四川高等法院第一分院、璧山地方法院关于增付租佃押金、典价及借款纠纷、给付欠款等四案的文书，包括民事告诉状、送达证书、民事审判笔录、璧山地方法院民事判决书、民事上诉状、璧山地方法院民事裁定书、公函、民事声请书、四川高等分院第一分院民事裁定书等。

396. 四川高等法院第一分院、璧山地方法院审理增付利息两案　12－17－759

1947年11月至1949年1月，四川高等法院第一分院、璧山地方法院关于曾亮清等增付债务利息、付曾氏等增付债务利息两案的文书，包括民事告诉状、民事声请书、民事审判笔录、民事答辩状、璧山地方法院民事判决书、公函、民事上诉状、璧山地方法院民事裁定书、四川高等法院第一分院民事判决书、四川高等法院第一分院民事判决书等。

397. 璧山地方法院审理增加给付、赔偿损害等五案　12－17－760

1947年9月至1948年1月，璧山地方法院关于增加给付、赔偿损害等五案的文书，包括民事告诉状、民事审判笔录、璧山地方法院民事判决书、民事答辩状、璧山地方法院民事裁定书等。

398. 四川高等法院第一分院、璧山地方法院审理赔偿损害、增加给付等四案　12－17－761

1946年11月至1948年2月，四川高等法院第一分院、璧山地方法院关于张绍成等因延期交业诉赔偿损害、汪杜氏等因延期交业诉增付押金、吴均之等增付租佃押金上诉案、王蜀康因债务纠葛诉增付钱款四案的文书，包括民事告诉状、民事答辩状、送达证书、民事审判笔录、璧山地方法院民事判决书、公函、民事上诉状、璧山地方法院民事裁定书、四川高等法院第一分院民事判决书、四川高等法院第一分院民事裁定书等。

399. 璧山地方法院审理增加给付四案　12－17－762

1947年4月至1947年10月，璧山地方法院关于李子恒因租佃纠葛诉增付押金、白碧康等因租佃纠葛诉返还押金增付借款、谢周氏等增付典价、徐同林因债务纠葛增付钱款四案的文书，包括民事告诉状、送达证书、民事审判笔录、璧山地方法院民事判决书、执行文稿、报告、璧山地方法院民事执行命令、璧山地方法院民事和解笔录等。

400. 璧山地方法院审理增加给付两案　12－17－763

1947年2月至1948年1月，璧山地方法院关于陈永番因欠款债务纠葛请求增付钱款、向洪盛因欠款债务纠葛请求增付钱款两案的文书，包括公函、璧山地方法院民事判决书、民事告诉状、民事答辩状、民事审判笔录、送达证书等。

401. 最高法院、四川高等法院第一分院审理典当纠纷三案　12－17－764

1946年3月至1947年3月，最高法院、四川高等法院第一分院关于胡思成回赎典业增加典价上诉案、雷松柏因优待军属诉提前放赎典业上诉案、白璧玉等回赎房屋田产上诉案三案的文书，包括公函、民事上诉状、四川高等法院第一分院民事裁定书、民事声请书、最高法院民事裁定书、最高法院民事判决书等。

402. 璧山地方法院审理赔偿损害四案　12－17－765

1947年2月至1948年1月，璧山地方法院关于四起因租谷纠葛、债务纠葛、社会细故、盗窃财物引起的赔偿损害案的文书，包括民事告诉状、送达证书、民事审判笔录、璧山地方法院民事判决书、公函、民事答辩状、执行文稿、报告、璧山地方法院民事执行命令等。

403. 璧山地方法院审理搬迁交业纠纷六案　12－17－766

1947年3月至1949年1月，璧山地方法院关于六起因租佃期满、租佃纠葛、买卖田房纠葛等引起的止约交业案的文书，包括公函、璧山地方法院民事判决书、民事声请书、报告、送达证书、民事审判笔录等。

404. 四川高等法院第一分院、璧山地方法院审理搬迁交业纠纷四案　12－17－767

1947年3月至1947年12月，四川高等法院第一分院、璧山地方法院关于四起因租佃期满引起的搬迁交业纠纷案的文书，包括民事告诉状、民事声请书、送达证书、民事审判笔录、璧山地方法院民事和解笔录、璧山地方法院民事判决书、公函、民事上诉状、璧山地方法院民事裁定书、四川高等法院第一分院民事判决书、执行文稿、报告、璧山地方法院民事执行命令等。

405. 四川高等法院第一分院、璧山地方法院审理给付黄谷执行等三案　12－17－768

1946年12月至1948年5月，四川高等法院第一分院、璧山地方法院关于陈银廷给付黄谷、何肇礼黄谷假执行案上诉、何泽清返还黄谷上诉案三案的文书，包括民事告诉状、送达证书、民事审判笔录、公函、民事上诉状、璧山地方法院民事裁定书、四川高等法院第一分院民事裁定书、民事答辩状、璧山地方法院民事判决书等。

406. 四川高等法院第一分院、璧山地方法院审理给付黄谷四案　12－17－769

1947 年 4 月至 1948 年 6 月，四川高等法院第一分院、璧山地方法院关于四起给付黄谷案的文书，包括民事告诉状、民事声请书、送达证书、民事审判笔录、璧山地方法院民事判决书、四川高等法院训令、民事上诉状、四川高等法院第一分院民事判决书、璧山地方法院民事裁定书、璧山地方法院民事执行命令、执行文稿、报告等。

407. 璧山地方法院审理给付黄谷四案　12－17－771

1947 年 2 月至 1948 年 1 月，璧山地方法院关于四起给付黄谷案的文书，包括民事告诉状、民事答辩状、送达证书、民事审判笔录、璧山地方法院民事和解笔录、民事声请书、璧山地方法院民事判决书等。

408. 四川高等法院第一分院、璧山地方法院等审理给付租谷等十七案　12－17－772

1943 年 9 月至 1947 年 11 月，四川高等法院第一分院、璧山地方法院等关于给付租谷、增付债务纠葛钱款、吸食烟毒、租佃纠葛、确认买卖契约无效、交业搬迁、欠缴租谷、债务纠葛、给付会款、契约遗失认证、回赎典产增加典价等十七案的文书，包括民事告诉状、民事答辩状、送达证书、民事审判笔录、璧山地方法院民事和解笔录、璧山地方法院命令、鉴定书、公函、法院通知书、璧山地方法院训令、呈件、民事声请书、签呈、批示、账单、公证讯问笔录、璧山地方法院刑事判决书、执行文稿、报告、璧山地方法院民事执行命令、璧山地方法院支付命令、四川高等法院第一分院民事裁定书等。

409. 四川高等法院第一分院、璧山实验地方法院等审理给付租谷等二十九案　12－17－773

1937 年 4 月至 1947 年 12 月，四川高等法院第一分院、璧山实验地方法院等关于给付租谷、确认房田所有权及返还产业、偿还欠款、领押交业、赔偿租佃纠葛之损害、伪造典当契约、因租佃纠葛阻耕、会款纠葛、生活费纠葛、盗伐树木等二十九案的文书，包括璧山实验地方法院民事判决书、璧山实验地方法院刑事判决书、刑事起诉书、璧山实验地方法院民事裁定书、四川高等法院第一分院民事判决书、公函、四川高等法院第一分院民事裁定书等。

410. 四川高等法院、璧山地方法院审理领证申请、偿还欠款、公证、抢劫等六案 12—17—774

1947年4月至1947年11月，四川高等法院、璧山地方法院关于声请返还房产所有权纠纷案证件、返还欠款、公证买卖契约、抢劫契据、赔偿损害等六案的文书，包括四川高等法院训令、公函、璧山地方法院训令、呈件、民事告诉状、送达证书、法院通知书、璧山地方法院民事判决书、执行文稿、璧山地方法院民事执行命令、报告、民事保状、公证讯问笔录、刑事审判笔录、璧山地方法院刑事判决书等。

411. 四川高等法院第一分院、璧山地方法院审理会款纠纷等两案 12—17—775

1946年4月至1947年10月，四川高等法院第一分院、璧山地方法院关于邓伯林会款纠葛、曹登林给付工会钱款两案的文书，包括民事告诉状、璧山地方法院民事和解笔录、执行文稿、报告、璧山地方法院民事执行命令、送达证书、民事审判笔录、璧山地方法院民事判决书、四川高等法院第一分院民事判决书等。

412. 璧山地方法院审理搬迁交业一案 12—17—776

1947年8月至1948年3月，璧山地方法院关于甘绍云等因租佃纠葛引起的搬迁交业一案的文书，包括民事告诉状、送达证书、民事审判笔录、证人结文、璧山地方法院民事判决书等。

413. 璧山地方法院审理给付黄谷、声请减刑、诈欺三案 12—17—777

1947年4月至1948年3月，璧山地方法院关于何肇礼给付黄谷、周建三声请裁减妨害兵役案之刑期、苏震寰诈欺私盐三案的文书，包括公函、璧山地方法院民事判决书、刑事起诉书、送达证书等。

414. 璧山地方法院审理交付执行等五案 12—17—778

1946年8月至1948年1月，璧山地方法院关于案犯交付执行、函请调查曾有犯罪情事、确认阴地提留权有效、止约交业纠葛等五案的文书，包括公函、民事声请书、送达证书、民事审判笔录、璧山地方法院民事判决书、民事上诉状、璧山地方法院民事裁定书、批示等。

415. 璧山地方法院审理给付欠款一案 12—17—779

1947年5月至1947年10月，璧山地方法院关于张伯松给付所借欠款一案的文书，包括民事上诉状、璧山地方法院民事裁定书、公函、民事审判笔录、四川高等法院第一分院民事和解笔录等。

416. 璧山地方法院审理租谷纠葛三案　12—17—780

1949年9月至1949年10月,璧山地方法院关于冉喜交付租谷、王海林欠缴租谷、范伯良给付租谷三案的文书,包括民事告诉状、送达证书、民事审判笔录、璧山地方法院民事判决书、璧山地方法院民事和解笔录等。

417. 四川高等法院第一分院、璧山地方法院等审理求偿会款、婚姻纠葛等四十一案　12—17—781

1937年10月至1949年11月,四川高等法院第一分院、璧山地方法院等关于求偿会款、婚姻纠葛、债务纠葛、确认典约所有权、遗产分割纠葛、返还礼物及赔偿损害、清偿洋纱、给付黄谷、妨害自由、搬迁交业、伪造文书、吸食鸦片、抢劫财物等四十一案的文书,包括四川高等法院第一分院民事判决书、璧山地方法院民事判决书、璧山地方法院民事裁定书、璧山地方法院刑事判决书、璧山地方法院刑事附带民事判决书、四川高等法院第一分院民事裁定书等。

418. 璧山地方法院审理假扣押、返还坟地两案　12—17—782

1949年8月至1949年9月,璧山地方法院关于张九林租谷假扣押、杨南轩返还坟地两案的文书,包括民事告诉状、璧山地方法院民事裁定书、送达证书、民事声请书等。

419. 璧山地方法院审理赔偿损害四案　12—17—783

1947年6月至1947年9月,璧山地方法院关于高从极因撕扯衣服、曾维统等因租佃纠葛、王志远因诬告案、汪泽等因挪移公款引起的四起赔偿损害案的文书,包括民事告诉状、送达证书、民事审判笔录、民事声请书、璧山地方法院民事判决书、璧山地方法院民事和解笔录等。

420. 四川高等法院第一分院、璧山地方法院审理赔偿损害、给付黄谷等八案　12—17—784

1946年10月至1947年11月,四川高等法院第一分院、璧山地方法院关于因婚姻纠葛、债务纠葛、违反婚约等引起的赔偿损害、给付黄谷等共八案的文书,包括民事告诉状、民事答辩状、送达证书、民事审判笔录、证人结文、璧山地方法院民事和解笔录、执行文稿、报告、璧山地方法院民事执行命令、民事声请书、四川高等法院第一分院民事裁定书、四川高等法院第一分院民事判决书、璧山地方法院民事判决书、公函、民事上诉状、最高法院民事裁定书等。

421. 璧山地方法院审理声请支付命令五案　12－17－785

1947年5月至1948年2月，璧山地方法院关于吴皮氏等债务纠葛、王树臣等给付租谷、邓兴全黄谷纠纷、赵城章欠款纠纷、李黄氏延欠黄谷引起的五起请发支付命令案的文书，包括民事告诉状、璧山地方法院支付命令、民事声请书、法院通知书、送达证书等。

422. 璧山地方法院审理声请支付命令五案　12－17－786

1946年1月至1949年10月，璧山地方法院关于徐银中延欠租谷、付树林债务纠纷、蒋张氏债务纠纷、蒋春林延欠黄谷、帅子钊延欠棉纱引起的五起请发支付命令案的文书，包括民事告诉状、璧山地方法院支付命令、民事声请书、法院通知书、送达证书等。

423. 璧山地方法院审理声请支付命令四案　12－17－787（1）

1947年2月至1947年3月，璧山地方法院关于王成之债务纠葛、邱银辉债务纠葛、徐子良债务纠葛、谢赵氏拖欠借款引起的四起请发支付命令案的文书，包括民事告诉状、璧山地方法院支付命令、民事声请书、法院通知书、送达证书等。

424. 四川高等法院第一分院、璧山地方法院审理撤销买卖房产契约声请及其上诉四案　12－17－787（2）

1947年8月至1948年9月，四川高等法院第一分院、璧山地方法院关于四起撤销买卖房产契约的声请及其上诉案的文书，包括民事告诉状、送达证书、民事审判笔录、证人结文、璧山地方法院民事判决书、璧山地方法院民事裁定书、公函、民事上诉状、四川高等法院第一分院民事判决书等。

425. 璧山地方法院审理债务纠葛三案　12－17－789

1947年1月至1949年10月，璧山地方法院关于周厚全债务假执行、代炳森延欠借款、甘范氏偿还债务三案的文书，包括公函、璧山地方法院民事判决书、执行文稿、民事声请书、报告、璧山地方法院民事室执行命令、璧山地方法院民事裁定书、法院通知书、璧山地方法院训令、公告、送达证书等。

426. 璧山地方法院审理债务假扣押四案　12－17－790

1947年1月至1947年9月，璧山地方法院关于四起债务假扣押案的文书，包括公函、璧山地方法院民事裁定书、璧山地方法院训令、法院通知书、报告、民事声请书等。

427. 最高法院、四川高等法院第一分院、璧山地方法院等审理返还债务等四案 12—17—791

1946年7月至1947年10月，最高法院、四川高等法院第一分院、璧山地方法院等关于陶述全返还所借欠款、代炳森返还借款债务、严光全支付欠款、刘树廷给付所借欠款四案的文书，包括民事声请书、送达证书、民事审判笔录、璧山地方法院民事判决书、报告、璧山地方法院民事执行命令、璧山地方法院训令、执行文稿、民事上诉状、四川高等法院第一分院民事裁定书、民事答辩状、最高法院民事判决书等。

428. 四川高等法院第一分院、璧山地方法院审理债务纠纷四案 12—17—792

1946年10月至1948年4月，四川高等法院第一分院、璧山地方法院关于四起返还债务的文书，包括璧山地方法院民事判决书、公函、民事告诉状、送达证书、报告、民事审判笔录、证人结文、璧山地方法院刑事判决书、民事上诉状、璧山地方法院民事裁定书、四川高等法院第一分院民事判决书等。

429. 四川高等法院第一分院、璧山地方法院审理赔偿损害等三案 12—17—793

1947年3月至1948年4月，四川高等法院第一分院、璧山地方法院关于张银山越界砍伐柏树被诉赔偿损害、徐祯祥窃石越界、李德均地界纠葛等三起经界纠葛案的文书，包括民事告诉状、送达证书、民事审判笔录、公函、民事答辩状、呈件、法院通知书、璧山地方法院民事判决书、民事上诉状、四川高等法院第一分院民事判决书等。

430. 四川高等法院第一分院、璧山地方法院审理返还黄谷五案 12—17—794

1947年3月至1947年12月，四川高等法院第一分院、璧山地方法院关于五起返还黄谷案的文书，包括民事告诉状、公函、璧山地方法院民事裁定书、送达证书、民事声请书、四川高等法院第一分院民事裁定书、民事审判笔录、璧山地方法院民事和解笔录等。

431. 璧山地方法院审理抱养纠葛等六案 12—17—795

1946年10月至1948年4月，璧山地方法院关于王刘氏申请抱子立嗣存查、熊海云等因分割家产纠葛、陈富荣等因抱子立嗣契约纠葛而申请交还子女、陈何氏认证抱子契约、王鸣皋声请抱子备案存查、张明霞返还子女六案的文书，包括民事告诉状、公证通知书、送达证书、公证讯问笔录、报告书、民事审判笔录、璧山地方法院民事和解笔录、民事答辩状、璧山地方法院民事判决书等。

432. 璧山地方法院审理确认契约无效等五案　12—17—796

1947 年 3 月至 1948 年 5 月，璧山地方法院关于认证买卖契约、确认买卖契约无效、确认优先承买权及其上诉案、因偿债期满而拍卖抵押物等五案的文书，包括公证通知书、送达证书、公证讯问笔录、民事声请书、璧山地方法院民事判决书、璧山地方法院民事裁定书等。

433. 璧山地方法院等审理给付欠谷四案　12—17—797

1946 年 12 月至 1948 年 3 月，璧山地方法院等关于四起给付欠谷案的文书，包括公函、璧山实验地方法院民事判决书、民事声请书、执行文稿、报告、璧山实验地方法院民事执行命令、民事保状、呈件、民事告诉状、民事审判笔录、民事答辩状等。

434. 璧山地方法院审理给付租谷四案　12—17—798

1947 年 3 月至 1947 年 11 月，璧山地方法院关于四起给付欠谷案的文书，包括公函、璧山地方法院民事判决书、民事声请书、民事反诉状、鉴定人结文、报告、民事上诉状、璧山地方法院民事裁定书、民事保状、呈件、民事告诉状、民事审判笔录、证人结文、民事答辩状等。

435. 璧山地方法院审理租佃纠葛等四案　12—17—799

1947 年 3 月至 1947 年 12 月，璧山地方法院关于杨冯氏给付租佃纠葛之押金及赔偿损失、江流辉偿还租佃纠葛押金、李永兴搬迁交业纠葛、张华廷确认继承权及返还产业四案的文书，包括民事告诉状、送达证书、民事审判笔录、证人结文、璧山地方法院民事判决书、公函、民事声请书、法院通知书等。

436. 璧山地方法院审理坟地确权两案　12—17—800

1947 年 8 月至 1947 年 12 月，璧山地方法院关于罗友三等确认坟地所有权、万江氏返还坟地两案的文书，包括民事告诉状、报告、送达证书、民事声请书等。

437. 璧山地方法院审理契约纠葛、收养存查等四案　12—17—801

1946 年 6 月至 1947 年 9 月，璧山地方法院关于陈万明因房田典当纠纷声请确认物权移转契约、陈大荣撤销分租契约、左治荣终止收养公证备案存查、舒光照买卖产业契约纠葛和解备案存查四案的文书，包括公函、民事上诉状、四川高等法院第一分院民事裁定书、最高法院民事判决书、民事声请书、民事审判笔录、璧山地方法院民事和解笔录、送达证书、璧山地方法院批示等。

438. 璧山实验地方法院等审理备案等五案　12—17—802

1945年4月至1948年2月，璧山实验地方法院等关于田业契约被匪劫去声请备案、确认租佃契约无效、因原契毁坏声请新立业契认证、认证买卖契约、回赎典产五案的文书，包括呈件、璧山实验地方法院指令、民事告诉状、送达证书、民事审判笔录、璧山实验地方法院民事判决书、证明书、公证通知书、公证讯问笔录、认证书、公函等。

439. 璧山地方法院审理声请认证四案　12—17—803

1947年2月至1947年9月，璧山地方法院关于遗产分配契约认证、地产买卖认证、赠典分管契约认证、借谷欠条认证四案的文书，包括公证声请书、证明书、公证通知书、送达证书、公证讯问笔录、认证书等。

440. 璧山地方法院审理支付押金、给付租谷等三案　12—17—804

1947年2月至1947年11月，璧山地方法院关于王海林因租佃纠葛申请增付押金、周银山给付租谷、李兴顺给付欠租三案的文书，包括民事告诉状、璧山地方法院民事判决书、执行文稿、送达证书、民事审判笔录、证人结文等。

441. 璧山地方法院审理妨害权利一案　12—17—805

1947年7月至1947年11月，璧山地方法院关于邱金顺租赁房屋期间因管理不当致使房屋倒塌妨害权利一案的文书，包括民事告诉状、送达证书、民事审判笔录、璧山地方法院民事判决书、公函、民事上诉状、璧山地方法院民事裁定书等。

442. 璧山地方法院审理异议之诉三案　12—17—806

1947年4月至1947年9月，璧山地方法院关于查封拍卖田业异议之诉、共同负担修缮费用异议之诉、典产承买权异议之诉三案的文书，包括民事告诉状、公函、民事答辩状、送达证书、报告、民事审判笔录、鉴定人结文、公示、璧山地方法院民事裁定书等。

443. 璧山地方法院审理偿还黄谷等四案　12—17—807

1947年6月至1947年11月，璧山地方法院关于偿还黄谷、存款认证等四案的文书，包括民事起诉状、送达证书、公函、民事上诉状、璧山地方法院民事裁定书、公证声请书、公证讯问笔录、认证书等。

444. 璧山地方法院审理清偿欠款等四案　12－17－808

1947年2月至1947年7月，璧山地方法院关于返还欠款、声请指定偿还欠款提存所等四案的文书，包括民事起诉状、璧山地方法院民事判决书、执行文稿、报告、璧山地方法院民事执行命令、公函、民事审判笔录、璧山地方法院民事和解笔录、民事声请书等。

445. 璧山地方法院审理租佃纠葛等四案　12－17－809

1947年3月至1947年11月，璧山地方法院关于任银辉认证租佃契约无效、万祥先领押交业纠纷、安树臣认证租佃契约、陈登极撤销租佃契约四案的文书，包括民事告诉状、民事答辩状、送达证书、民事审判笔录、公证讯问笔录、声请公证证明书等。

446. 璧山地方法院审理认证契约、确认契约无效等四案　12－17－810

1947年3月至1947年8月，璧山地方法院关于李炳河认证房田租佃契约、刘源福认证有期租佃契约、社捐处函请传讯佃户、何陈氏等确认买卖契约无效等四案的文书，包括公证声请书、公证讯问笔录、送达证书、授权书、公证书、通知书、公函、璧山地方法院民事判决书等。

447. 璧山地方法院审理确权、登记、领证等六案　12－17－811

1947年3月至1949年6月，璧山地方法院关于确认田业所有权、耕地优先承买权登记、领取田业登记证、因盗窃案确认财物所有权纠葛等六案的文书，包括公函、璧山地方法院民事判决书、民事告诉状、送达证书、民事审判笔录、不动产登记声请书、璧山地方法院命令、报告、公告、民事委任状、证人结文等。

448. 最高法院、四川高等法院第一分院、璧山地方法院等审理赎典纠葛四案　12－17－812

1946年6月至1949年4月，最高法院、四川高等法院第一分院、璧山地方法院等关于四起赎典纠葛案的文书，包括公函、璧山实验地方法院民事判决书、民事声请书、送达证书、民事审判笔录、民事上诉状、四川高等法院第一分院民事裁定书、最高法院民事判决书等。

449. 璧山地方法院审理婚姻纠纷五案　12－17－813

1947年2月至1949年5月，璧山地方法院关于五起因遗弃虐待离婚、离婚赔偿损害并给付赡养费、解除婚约等引起的婚姻纠纷案的文书，包括民事告诉状、送达证书、民事委任状、民事撤回状、法院通知书、公函、璧山地方法院民事判决书、璧山地方法院民事调解笔录等。

450. 四川高等法院第一分院、璧山地方法院审理确认契约无效一案　12－17－814

1947 年 5 月至 1948 年 8 月，四川高等法院第一分院、璧山地方法院关于娄建辉确认财产分配契约无效一案的文书，包括民事告诉状、送达证书、民事审判笔录、璧山地方法院民事判决书、民事上诉状、四川高等法院第一分院民事裁定书、公函、法院通知书、璧山地方法院民事裁定书、报告、民事委任状、四川高等法院第一分院民事判决书等。

451. 最高法院重庆分庭、四川高等法院重庆分院、璧山地方法院审理伪造买卖田产契约一案　12－17－815

1947 年 10 月至 1949 年 5 月，最高法院重庆分庭、四川高等法院重庆分院、璧山地方法院关于孙锡康伪造买卖田产契约一案的文书，包括刑事告诉状、刑事委任状、刑事答辩状、送达证书、刑事审判笔录、证人结文、璧山地方法院刑事附带民事判决书、呈件、民事上诉状、公函、四川高等法院重庆分院刑事判决书、最高法院重庆分庭刑事判决书等。

452. 璧山地方法院审理返还砍刀一案　12－17－816

1947 年 9 月至 1947 年 10 月，璧山地方法院关于刘洪兴等因砍竹发生纠葛而声请返还被抢夺的砍刀一案的文书，包括民事告诉状、送达证书、民事审判笔录、民事答辩状、证人结文、民事委任状、璧山地方法院民事判决书、公函、璧山地方法院民事裁定书、民事上诉状等。

453. 四川高等法院第一分院、璧山地方法院审理返还衣柜一案　12－17－817

1946 年 10 月至 1947 年 7 月，四川高等法院第一分院、璧山地方法院关于陈君怀因婚约纠葛声请返还嫁妆衣柜一案的文书，包括民事告诉状、送达证书、民事审判笔录、民事答辩状、鉴定人结文、民事声请书、璧山地方法院民事判决华塑、公函、民事上诉状、璧山地方法院民事裁定书、四川高等法院第一分院民事和解笔录等。

454. 四川高等法院第一分院、璧山地方法院审理离婚及给付生活费一案　12－17－818

1947 年 5 月至 1948 年 5 月，四川高等法院第一分院、璧山地方法院关于何光前离婚及给付生活费一案的文书，包括民事告诉状、送达证书、民事审判笔录、民事声请书、璧山地方法院民事判决书、公函、民事上诉状、璧山地方法院民事裁定书、四川高等法院第一分院民事和解笔录等。

455. 四川高等法院第一分院、璧山地方法院等审理给付黄谷一案　12－17－819

1946年12月至1948年8月，四川高等法院第一分院、璧山地方法院等关于姚沛甘等给付租佃纠葛之黄谷一案的文书，包括民事告诉状、送达证书、民事答辩状、民事审判笔录、璧山实验地方法院民事判决书、公函、民事上诉状、璧山实验地方法院民事裁定书、呈件、民事声请书、四川高等法院第一分院民事判决书、证明、报告等。

456. 最高法院、四川高等法院第一分院、璧山地方法院审理给付黄谷一案　12－17－820

1947年2月至1948年1月，最高法院、四川高等法院第一分院、璧山地方法院关于卢银轩因买卖黄谷纠葛请求给付黄谷一案的文书，包括民事告诉状、送达证书、民事答辩状、民事审判笔录、最高法院民事判决书、璧山地方法院民事判决书、公函、民事上诉状、璧山地方法院民事裁定书、呈件、民事声请书、四川高等法院第一分院民事判决书、四川高等法院第一分院民事裁定书、报告等。

457. 四川高等法院第一分院、璧山地方法院审理返还管业契约一案　12－17－821

1947年10月至1948年4月，四川高等法院第一分院、璧山地方法院关于吴文源返还管业契约一案的文书，包括民事告诉状、四川高等法院第一分院刑事裁定书、送达证书、民事审判笔录、璧山地方法院训令、呈件、证人结文、璧山地方法院民事判决书、公函、民事上诉状、璧山地方法院民事裁定书等。

458. 四川高等法院第一分院、璧山地方法院等审理确认契约效力一案　12－17－822

1946年11月至1948年4月，四川高等法院第一分院、璧山地方法院等关于薛周氏确认租佃契约无效一案的文书，包括民事告诉状、璧山地方法院民事判决书、民事委任状、送达证书、民事审判笔录、民事答辩状、公函、民事上诉状、璧山地方法院民事裁定书、呈件、四川高等法院第一分院民事和解笔录等。

459. 四川高等法院第一分院、璧山地方法院审理给付三案　12－17－823－825

1947年6月至1948年4月，四川高等法院第一分院、璧山地方法院关于徐建华给付菜籽、陈介德给付洋纱、吴炳轩给付青瓦三案的文书，包括民事告诉状、呈件、送达证书、民事审判笔录、璧山地方法院民事判决书、公函、民事声请书、璧山地方法院民事裁定书、四川高等法院第一分院民事裁定书、四川高等法院第一分院民事判决书、执行文稿、璧山地方法院民事执行命令、璧山地方法院训令、报告、民事保状、民事上诉状等。

460. 四川高等法院第一分院、璧山地方法院审理返回借谷等四案　12－17－826－829

1947年1月至1948年2月，四川高等法院第一分院、璧山地方法院关于袁志清返还借谷、陈世荣因分产纠纷请求分割共有财产、廖连宇因租佃纠葛赔偿粮种、谢任辅给付桐油四案的文书，包括民事告诉状、送达证书、民事审判笔录、璧山地方法院民事判决书、公函、民事声请书、璧山地方法院民事裁定书、民事上诉状、四川高等法院第一分院民事判决书、民事答辩状等。

461. 璧山地方法院审理领受物品、确认效力、债务纠葛等六案　12－17－830－835

1947年3月至1947年10月，璧山地方法院关于领受寄存物、确认选举无效、给付生活费、因债务纠葛拍卖抵押物、返还瓷货、给付肥猪六案的文书，包括民事声请书、送达证书、民事审判笔录、璧山地方法院民事和解笔录、民事告诉状、民事答辩状、璧山地方法院民事裁定书等。

462. 璧山地方法院审理搬迁交业纠纷四案　12－17－836

1947年2月至1947年11月，璧山地方法院关于四起因租期届满引起的搬迁交业纠纷案的文书，包括民事告诉状、送达证书、民事审判笔录、民事答辩状、民事声请书、璧山地方法院民事判决书、公函等。

463. 璧山地方法院审理搬迁交业纠纷等四案　12－17－837

1947年5月至1947年9月，璧山地方法院关于陈树堂等搬迁交业、伍志良给付租谷领押交业、徐三顺领押交业、石书籍葛搬迁交业四案的文书，包括民事告诉状、送达证书、民事声请书、民事审判笔录、璧山地方法院民事判决书、民事答辩状、璧山地方法院训令、呈件、璧山地方法院民事和解笔录、民事保状等。

464. 四川高等法院第一分院、璧山地方法院审理认证、确认效力等三案　12－17－838

1947年1月至1947年6月，四川高等法院第一分院、璧山地方法院关于认证房产赠与契约、确认产业赠与契约无效等三案的文书，包括公证声请书、授权书、公证通知书、公证讯问笔录、送达证书、认证书、证明书、民事声请书、民事委任状、民事答辩状、民事审判笔录、璧山地方法院民事判决书、公函、璧山地方法院民事裁定书、璧山地方法院刑事判决书、民事上诉状、四川高等法院第一分院民事裁定书等。

465. 璧山地方法院审理声请发布支付命令、债务假执行等五案　12－17－839

1946年12月至1947年5月，璧山地方法院关于刘朝斗等因债务期满发给支付命令、白先章因欠债逾期发给支付命令、李柯氏债务假执行、易维州债务假执行发布支付命令、周烨林债务假执行五案的文书，包括民事声请书、璧山地方法院支付命令、报告、公示、璧山地方法院民事裁定书、法院通知书等。

466. 四川高等法院第一分院、璧山地方法院审理给谷交业纠纷四案　12－17－840

1947年2月至1948年3月，四川高等法院第一分院、璧山地方法院关于四起因租期届满给谷交业纠纷案的文书，包括公函、璧山地方法院民事判决书、民事声请书、民事答辩状、民事委任状、民事审判笔录、民事上诉状、璧山地方法院民事裁定书、四川高等法院第一分院民事裁定书等。

467. 璧山地方法院审理给付债务五案　12－17－841

1947年6月至1948年1月，璧山地方法院关于五起给付债务案的文书，包括公函、璧山地方法院民事裁定书、民事声请书、民事委任状、璧山地方法院民事执行命令、璧山地方法院民事判决书、执行文稿等。

468. 四川高等法院第一分院、璧山地方法院审理增加给付等四案　12－17－842

1947年2月至1948年4月，四川高等法院第一分院、璧山地方法院关于欠款逾期请求增加给付、因租佃纠葛请求增加押金等四案的文书，包括民事声请书、法院通知书、民事审判笔录、璧山地方法院民事判决书、民事上诉状、璧山地方法院民事裁定书、呈件、四川高等法院第一分院民事判决书、民事委任状等。

469. 四川高等法院第一分院、璧山地方法院审理增加给付三案　12－17－843

1947年3月至1948年2月，四川高等法院第一分院、璧山地方法院关于蔡太勇等因逾期欠款请求增加给付、郭桂喜等因租佃纠葛请求增加押金、王蜀康等因给付延迟请求增付会款三案的文书，包括民事告诉状、民事答辩状、民事审判笔录、璧山地方法院民事判决书、公函、四川高等法院第一分院民事判决书、璧山地方法院民事和解笔录等。

470. 四川高等法院第一分院、璧山地方法院审理赔偿损害、给付会款两案　12—17—844

1947年8月至1948年10月，四川高等法院第一分院、璧山地方法院关于彭登极因炭厂遗弃煤渣堵塞田地导致田产冲毁请求赔偿损失、陈荣给付会款两案的文书，包括民事委任状、民事答辩状、民事审判笔录、民事上诉状、四川高等法院第一分院民事判决书、民事告诉状、公函、璧山地方法院民事判决书等。

471. 四川高等法院第一分院、璧山地方法院审理给付会款、确权等四案　12—17—845

1947年5月至1948年11月，四川高等法院第一分院、璧山地方法院关于给付会款、确认田产所有权等四案的文书，包括民事告诉状、民事审判笔录、报告、公函、璧山地方法院民事判决书、四川高等法院第一分院民事裁定书、执行文稿、璧山地方法院民事执行命令、璧山地方法院训令、民事委任状等。

472. 璧山地方法院审理发布支付命令、债务假执行等五案　12—17—846

1947年1月至1947年8月，璧山地方法院关于李泽因欠款期满请发支付命令、薛绍辉因借款债务纠葛请发支付命令、罗树康欠款期满请发支付命令案、罗刘氏债务假执行、王府华偿还欠款五案的文书，包括民事声请书、璧山地方法院民事支付命令、送达证书、璧山地方法院民事裁定书等。

473. 璧山地方法院审理给付欠款四案　12—17—847

1947年2月至1947年10月，璧山地方法院关于四起给付欠款案的文书，包括民事告诉状、民事声请书、民事审判笔录、璧山地方法院民事和解笔录、璧山地方法院民事判决书、报告等。

474. 四川高等法院第一分院、璧山地方法院审理给付欠款等四案　12—17—848

1947年2月至1947年12月，四川高等法院第一分院、璧山地方法院关于汪银程给付欠款、杨春普债务假执行、徐克明偿还欠款、张树清偿还所借欠款四案的文书，包括公函、民事上诉状、璧山地方法院民事裁定书、民事审判笔录、璧山地方法院民事和解笔录、四川高等法院第一分院民事裁定书、民事告诉状、璧山地方法院民事判决书、报告、璧山地方法院民事执行命令、布告、民事声请书等。

475. 璧山地方法院审理搬迁交业纠纷五案　12—17—849

1947年9月至1947年11月，璧山地方法院关于五起因租期届满、租佃纠葛等引起的搬迁交业纠纷案的文书，包括民事告诉状、民事审判笔录、民事委任状、璧山地方法院民事和解笔录、民事声请书、判决书、执行文稿、璧山地方法院民事执行命令等。

476. 璧山地方法院审理搬迁交业纠纷四案　12－17－850

1946年12月至1947年10月，璧山地方法院关于四起搬迁交业纠纷案的文书，包括公函、璧山地方法院民事裁定书、璧山地方法院民事判决书、民事告诉状、民事委任状、民事审判笔录、执行文稿、璧山地方法院民事执行命令等。

477. 璧山地方法院审理搬迁交业纠纷四案　12－17－851

1947年7月至1947年11月，璧山地方法院关于因租期届满、租佃纠葛引起的四起搬迁交业纠纷案的文书，包括民事告诉状、璧山地方法院民事判决书、执行文稿、报告、璧山地方法院民事执行命令、民事委任状、民事声请书、民事审判笔录、调解委员会调解笔录等。

478. 璧山地方法院审理给付租金、搬迁交业纠纷等四案　12－17－852

1947年9月至1948年1月，璧山地方法院关于给付租金、领押交业等四案的文书，包括公函、璧山地方法院民事判决书、民事声请书、民事委任状、民事审判笔录、璧山实验地方法院民事裁定书等。

479. 四川高等法院第一分院、璧山地方法院审理增加给付三案　12－17－853

1947年2月至1947年12月，四川高等法院第一分院、璧山地方法院关于三起因租佃纠葛要求增加给付案的文书，包括民事告诉状、法院通知书、报告、民事审判笔录、民事答辩状、民事委任状、璧山地方法院民事判决书、公函、四川高等法院第一分院民事判决书、民事上诉状、璧山地方法院民事裁定书、民事声请书等。

480. 璧山地方法院审理搬迁交业纠纷三案　12－17－854

1947年7月至1947年9月，璧山地方法院关于三起因租佃纠葛引起的搬迁交业案的文书，包括民事告诉状、民事答辩状、民事委任状、民事审判笔录、民事声请书、璧山地方法院民事和解笔录、送达证书等。

481. 四川高等法院第一分院、璧山地方法院审理欠缴所得利税、科罚遗产税、盗匪案备查、偿还欠款等八案　12－17－855

1947年4月至1947年8月，四川高等法院第一分院、璧山地方法院关于欠缴所得利税、科罚遗产税、盗匪案备查、偿还欠款等八案的文书，包括四川高等法院第一分院训令、公函、璧山地方法院刑事裁定书、送达证书、刑事抗告状、四川高等法院第一分院民事裁定书、呈件、讯问笔录、执行文稿、民事告诉状、民事审判笔录等。

482. 璧山地方法院审理搬迁交业纠纷等四案　12－17－856

1947年2月至1947年12月，璧山地方法院关于易维州因租佃纠葛搬迁交业执行、陈定银给付租谷搬迁交业、邓明安因租佃纠葛领押交业、吴国清因租佃纠葛搬迁交业四案的文书，包括民事告诉状、璧山地方法院民事判决书、执行文稿、报告、璧山地方法院民事执行命令、批示、璧山地方法院民事和解笔录、民事声请书等。

483. 璧山地方法院审理债务假执行等六案　12－17－857

1947年2月至1947年9月，璧山地方法院关于陈化佩债务假执行、王德发给付债务、王树臣欠缴租谷、谢赵氏给付所借欠款、谷安信返还所借欠款、张德全借款债务假执行六案的文书，包括民事告诉状、璧山地方法院民事裁定书、民事声请书、璧山地方法院民事支付命令等。

484. 四川高等法院第一分院、璧山地方法院审理给付租谷等三案　12－17－858

1947年1月至1947年7月，四川高等法院第一分院、璧山地方法院关于徐栋梁给付租谷、易德安欠缴租谷、吴海林给付租谷三案的文书，包括民事声请书、璧山地方法院民事判决书、执行文稿、报告、璧山地方法院民事执行命令、四川高等法院第一分院民事判决书等。

485. 四川高等法院第一分院、璧山地方法院审理止约交业四案　12－17－859

1946年11月至1948年5月，四川高等法院第一分院、璧山地方法院关于四起因租佃纠葛引起的止约交业案的文书，包括民事告诉状、民事催请书、公函、民事上诉状、四川高等法院第一分院民事裁定书、民事委任状、民事审判笔录、璧山地方法院民事和解笔录、璧山地方法院民事判决书、执行文稿、呈件、璧山地方法院命令等。

486. 最高法院、四川高等法院第一分院、璧山实验地方法院等审理租佃纠葛等五案　12－17－860

1935年4月至1947年11月，最高法院、四川高等法院第一分院、璧山实验地方法院等关于戴王氏返还租赁房田、陈荣阳租佃契约认证、文海廷给付租金、许春和止约交业给付租谷、冉太和租谷假扣押五案的文书，包括最高法院民事判决书、公函、民事委任状、民事上诉状、民事审判笔录、四川高等法院第一分院民事和解笔录、公证声请书、公证通知书、公证讯问笔录、认证书、民事告诉状、璧山实验地方法院民事判决书、报告、璧山实验地方法院民事裁定书等。

487. 璧山地方法院审理赔偿损害五案　12－17－861

1947年2月至1947年11月，璧山地方法院关于五起因社会细故伤害、毁损衣物、债务纠葛引起的赔偿损害案的文书，包括民事声请书、民事审判笔录、璧山地方法院民事判决书、民事反诉状、送达证书、璧山地方法院民事和解笔录等。

488. 璧山地方法院审理交付遗产、遗嘱认证等四案　12－17－862

1947年6月至1947年11月，璧山地方法院关于交付遗产、遗嘱认证等四案的文书，包括民事告诉状、民事声请书、执行文稿、璧山地方法院民事执行命令、璧山地方法院民事判决书、公证声请书、公证通知书、公证讯问笔录、民事审判笔录、璧山地方法院民事和解笔录等。

489. 璧山地方法院审理遗产认证、备案等四案　12－17－863

1947年7月至1948年6月，璧山地方法院关于继承遗产认证、私章遗失备案、外逃失踪备案、债务存查四案的文书，包括公证讯问笔录、声请认证证明书、呈件、民事声请书、批示等。

490. 四川高等法院第一分院、璧山地方法院等审理给付生活费纠纷四案　12－17－864

1946年11月至1947年5月，四川高等法院第一分院、璧山地方法院等关于四起给付生活费及分居案的文书，包括民事声请书、民事审判笔录、璧山地方法院民事判决书、四川高等法院第一分院民事裁定书、执行文稿、报告、璧山地方法院民事执行命令、公函、民事委任状、民事答辩状、璧山地方法院民事和解笔录等。

491. 璧山地方法院审理宣告死亡三案　12－17－865

1947年3月至1947年7月，璧山地方法院关于三起宣告死亡案的文书，包括民事声请书、送达证书、民事审判笔录、民事委任状、璧山地方法院民事裁定书等。

492. 璧山地方法院审理返还押谷、领证等四案　12－17－866

1946年12月至1948年10月，璧山地方法院关于返还押谷、领回租佃纠葛案证件等四案的文书，包括民事告诉状、民事审判笔录、璧山地方法院民事判决书、公函、民事答辩状等。

493. 璧山地方法院审理认证三案　12—17—867

1947年6月至1947年9月，璧山地方法院关于三起认证案的文书，包括公证讯问笔录、认证书、公证通知书、公证声请书等。

494. 四川高等法院第一分院、璧山地方法院审理租佃纠葛六案　12—17—868

1947年1月至1948年2月，四川高等法院第一分院、璧山地方法院关于租约执行、纠葛止约交谷等六起租佃纠葛案的文书，包括民事告诉状、执行文稿、璧山地方法院民事执行命令、报告、民事审判笔录、民事委任状、璧山地方法院民事判决书、公函、民事上诉状、璧山地方法院民事裁定书、四川高等法院第一分院民事裁定书、民事声请书、璧山地方法院民事和解笔录等。

495. 四川高等法院第一分院、璧山地方法院审理搬迁交业执行及其上诉案等两案　12—17—869

1947年7月至1947年11月，四川高等法院第一分院、璧山地方法院关于搬迁交业执行及其上诉案、租佃纠葛和解认证案两案的文书，包括民事声请书、民事审判笔录、璧山地方法院民事判决书、公证讯问笔录、授权书、认证书、公函、民事上诉状、璧山地方法院民事裁定书、四川高等法院第一分院民事裁定书等。

496. 璧山地方法院审理发给支付命令三案　12—17—870

1947年4月至1947年11月，璧山地方法院关于三起因债务纠葛发给支付命令案的文书，包括民事声请书、璧山地方法院支付命令、公函等。

497. 璧山地方法院审理给付黄谷四案　12—17—871

1947年4月至1947年10月，璧山地方法院关于吴乃卿偿还黄谷、吴炳臣给付黄谷、何少成给付黄谷、刘正杰黄谷假执行四案的文书，包括民事声请书、璧山地方法院民事判决书、执行文稿、报告、璧山地方法院民事执行命令、璧山地方法院民事和解笔录、批示、璧山地方法院民事裁定书等。

498. 四川高等法院第一分院、璧山地方法院等审理确认效力、返还红契、搬迁交业等四案　12—17—872

1946年10月至1948年5月，四川高等法院第一分院、璧山地方法院等关于蒋德忠确认投标水租有效并支付租赁耕地、徐成安返还红契、廖城壁止约交业、巫海昌搬迁交业四案的文书，包括四川高等法院第一分院民事判决书、民事告诉状、民事上诉状、民事委任状、公函、璧山地方法院民事裁定书、璧山地方法院民事和解笔录、四川高等法院第一分院民事裁定书、璧山地方法院民事判决书等。

499. 璧山地方法院审理租佃纠葛等四案　12－17－873

1947年3月至1947年11月，璧山地方法院关于周炳兴租佃纠葛调解案、石怀章搬迁交业调解案、陈树堂租佃纠葛调解案、向炳荣租佃纠葛案四案的文书，包括民事声请书、民事审判笔录、呈件、送达证书等。

500. 四川高等法院第一分院、璧山地方法院审理假扣押四案　12－17－874

1947年1月至1948年6月，四川高等法院第一分院、璧山地方法院关于叶吉发债务假扣押、尹长兴回赎典产假扣押、蒋建模房田假扣押、谢厚贤借款债务假扣押四案的文书，包括民事告诉状、民事审判笔录、璧山地方法院民事裁定书、公函、四川高等法院第一分院民事裁定书等。

501. 璧山地方法院审理搬迁交业、认证、确认效力等四案　12－17－875

1947年1月至1947年12月，璧山地方法院关于搬迁交业、租佃契约认证、确认租佃契约无效等四案的文书，包括民事告诉状、公证声请书、认证书、公证通知书、民事声请书等。

502. 璧山地方法院审理遗产分割纠葛等五案　12－17－876

1947年1月至1947年12月，璧山地方法院关于刘祖润遗产分割纠葛、汪明禄遗产分割纠葛、郑徐氏交还遗产、王光忠分割遗产、胡庭玉遗产分割调解五案的文书，包括公函、璧山地方法院民事判决书、民事声请书、批示、民事委任状、民事审判笔录等。

503. 璧山地方法院审理声请领证五案　12－17－877

1947年2月至1947年12月，璧山地方法院关于黄海云声请领回交业纠纷案证件、江永昌声请领回租佃纠葛案证件、胡黄氏声请返还遗产业权案证件、牟章源声请领回遗产分割案证件、冯树青声请领回阴地业权证件五案的文书，包括民事声请状、批示、送达证书等。

504. 璧山地方法院审理领证、确认效力等五案　12－17－878

1947年5月至1949年2月，璧山地方法院关于声请领回买卖纠葛案证件、声请领回确认选举效力案证件、确认选举有效等五案的文书，包括民事声请书、呈件、民事告诉状、民事审判笔录、璧山地方法院民事裁定书、璧山县政府指令等。

505. 璧山地方法院审理债务假执行、搬迁交业等五案　12－17－879

1947年2月至1947年8月，璧山地方法院关于债务假执行、搬迁交业等五案的文书，包括公函、报告、璧山地方法院民事裁定书、民事声请书、公示、璧山地方法院训令、公告等。

506. 璧山地方法院审理回赎典产四案　12－17－880

1947年3月至1947年12月，璧山地方法院关于四起回赎典产案的文书，包括民事告诉状、公函、民事审判笔录、璧山地方法院民事判决书、送达证书、民事声请书等。

507. 璧山地方法院等审理领押交业四案　12－17－881

1946年10月至1948年2月，璧山地方法院等关于因租期届满、租佃纠葛引起的四起领押交业案的文书，包括民事告诉状、民事审判笔录、民事答辩状、璧山实验地方法院民事判决书、执行文稿、璧山地方法院民事执行命令、璧山地方法院民事和解笔录等。

508. 璧山地方法院审理婚姻纠葛等六案　12－17－882

1947年3月至1947年9月，璧山地方法院关于再婚认证、撤销婚约、离婚、订婚存查、外出谋生备案存查等六案的文书，包括民事声请书、公证通知书、公证讯问笔录、民事委任状、璧山地方法院民事判决书、公证声请书、批示等。

509. 璧山地方法院审理妨害农业、领押交业、确认效力三案　12－17－883

1947年4月至1947年12月，璧山地方法院关于毁损田产水沟妨害农业、领押交业、确认租佃契约效力三案的文书，包括呈件、调解笔录、刑事告诉状、刑事审判笔录、璧山地方法院刑事判决书，璧山地方法院民事判决书、民事告诉状等。

510. 四川高等法院第一分院、璧山地方法院审理返还契约、贪污、声请回避等八案　12－17－884－891

1947年3月至1948年8月，四川高等法院第一分院、璧山地方法院关于返还租佃契约、停止谷粮假执行、法院职员贪污钱款、更正搬迁交业纠纷案裁定、抄录给付账簿案三审判决、声请书记官回避、声请返还红契案批示、声请传讯精神疾病状况八案的文书，包括民事声请书、呈件、四川高等法院第一分院刑事裁定书、璧山地方法院民事裁定书、民事审判笔录、民事上诉状、公函、签呈等。

511. 璧山地方法院审理执行罚金、债务纠葛等十案　12—17—892—901

1946年8月至1947年10月，璧山地方法院关于执行妨害农业案罚金、参加债务纠葛案诉讼辅助、返还提存业价、返还租车、给付公费、声请更正缴纳利税案裁定、债务强制执行、借款借谷债务纠葛、声请更正交业纠纷案判决书错误、买卖毛铁债务纠葛案共十案的文书，包括公函、璧山地方法院民事判决书、执行文稿、报告、璧山地方法院民事执行命令、民事声请书、璧山地方法院民事裁定书、批示等。

512. 璧山地方法院审理公证、抢夺公牛等十二案　12—17—902—913

1947年3月至1947年11月，璧山地方法院关于申请移买碗厂的过程公证、抢夺耕牛、终止收养、买卖木材纠纷、提留养膳田存查、调看赎典案卷宗、清算合伙贸易账目、确定搬迁交业纠纷案诉讼费、租佃纠葛、给付股款、谷挑遗失认证、调解货物买卖纠葛十二案的文书，包括批示、刑事告诉状、璧山地方法院刑事判决书、民事声请书、执行文稿、报告、璧山地方法院民事执行命令、璧山地方法院民事和解笔录、璧山地方法院民事判决书、璧山地方法院民事裁定书、民事审判笔录等。

513. 四川高等法院第一分院、璧山地方法院审理传讯证人等十案　12—17—914—923

1947年3月至1948年12月，四川高等法院第一分院、璧山地方法院关于四川高等法院第一分院函请传讯交付黄谷案证人、四川高等法院第一分院函请代为履勘确认坟地所有权案、抵押借款认证、借贷认证、租谷假扣押、清算合伙贸易账目、确认丈夫遗弃妻儿时所写悔过书无效、调看田产所有权纠葛案卷宗等十案的文书，包括往来公函、报告、民事应诉状、璧山地方法院民事判决书、公证声请书、公证讯问笔录、认证书、四川高等法院第一分院民事裁定书等。

514. 璧山实验地方法院等审理婚姻纠葛、搬迁交业等十案　12—17—924—930

1937年8月至1947年12月，璧山实验地方法院等关于婚姻纠葛、搬迁交业纠纷、房屋契据焚毁公证、会款纠葛、查勘地界、贵州高等法院第三分院函请代讯给付粮谷案证人等十案的文书，包括呈件、璧山实验地方法院指令、民事声请书、批示、公函、璧山实验地方法院民事判决书、执行文稿、璧山实验地方法院民事执行命令等。

515. 四川高等法院第一分院、璧山地方法院等审理确认诉讼费、给付价款等五案　12—17—931—935

1946年12月至1947年10月，四川高等法院第一分院、璧山地方法院等关于确认搬迁交业纠纷案诉讼费、给付价款、族戚分产纠葛等五案的文书，包括公函、民事声请书、四川高等法院第一分院民事裁定书、璧山地方法院民事判决书、璧山地方法院民事裁定书、民事答辩状、呈件、四川高等法院第一分院民事判决书、批示等。

516. 璧山地方法院审理领证、增加给付等四案　12－17－936

1947 年 1 月至 1949 年 9 月，璧山地方法院关于因债务纠葛增加给付、声请领回租佃纠葛案证件、领回搬迁交业纠纷案证件等四案的文书，包括民事声请书、璧山地方法院民事判决书、执行文稿、报告、璧山地方法院民事执行命令等。

517. 璧山地方法院审理认证等五案　12－17－937

1947 年 5 月至 1948 年 1 月，璧山地方法院关于田产分配契约认证、赠予田产认证等五案的文书，包括公证声请书、公证讯问笔录、认证书、民事声请书等。

518. 璧山地方法院审理认证四案　12－17－938

1947 年 6 月至 1947 年 10 月，璧山地方法院关于四起租佃契约认证案的文书，包括公证声请书、授权书、公证讯问笔录、认证书、报告、公证通知书、送达证书等。

519. 璧山地方法院等审理给付借款债务等四案　12－17－939

1946 年 12 月至 1948 年 3 月，璧山地方法院等关于马云清给付借款债务、谢庆云债务假扣押、任福林偿还所借欠款、陈光杰债务假执行四案的文书，包括民事告诉状、璧山地方法院民事判决书、执行文稿、报告、璧山地方法院训令、布告、璧山地方法院民事裁定书、民事审判笔录、呈件、鉴定人鉴定书等。

520. 四川高等法院第一分院、璧山地方法院审理搬迁交业纠纷六案　12－17－940

1946 年 12 月至 1948 年 3 月，四川高等法院第一分院、璧山地方法院关于六起因租佃纠葛引起的搬迁交业执行及其上诉案的文书，包括民事声请书、民事审判笔录、璧山地方法院民事和解笔录、璧山地方法院民事判决书、执行文稿、报告、璧山地方法院民事执行命令、公函、民事上诉状、璧山地方法院民事裁定书、四川高等法院第一分院民事判决书、民事答辩状、民事委任状、送达证书、证人结文等。

521. 四川高等法院第一分院、璧山地方法院审理三起搬迁交业纠纷案　12－17－941

1947 年 5 月至 1947 年 11 月，四川高等法院第一分院、璧山地方法院关于赵成章等搬迁交业、何树彬搬迁交业给付租谷、王喜山等领押搬迁三案的文书，包括民事告诉状、民事审判笔录、璧山地方法院民事和解笔录、证人结文、璧山地方法院民事判决书、民事上诉状、璧山地方法院民事裁定书、公函、民事答辩状、四川高等法院第一分院民事判决书等。

522. 四川高等法院第一分院、璧山地方法院审理增加给付、妨害权利等五案　12－17－942

1947年4月至1948年4月，四川高等法院第一分院、璧山地方法院关于增加给付租佃押金、越界妨害田产所有权等五案的文书，包括公函、民事上诉状、璧山地方法院民事裁定书、民事委任状、民事审判笔录、四川高等法院第一分院民事判决书、四川高等法院重庆分院民事裁定书、民事答辩状、璧山地方法院民事判决书、四川高等法院第一分院民事判决书等。

523. 四川高等法院第一分院、璧山地方法院等审理放赎典物、给付等四案　12－17－943

1946年5月至1947年12月，四川高等法院第一分院、璧山地方法院等关于放赎典物、给付毛铁、返还万金油等四案的文书，包括民事告诉状、民事审判笔录、民事答辩状、璧山地方法院民事判决书、公函、民事上诉状、璧山地方法院民事裁定书、璧山地方法院刑事判决书、四川高等法院第一分院刑事判决书等。

524. 璧山地方法院审理给付债务、领证等六案　12－17－944

1947年1月至1948年4月，璧山地方法院关于给付债务、声请领回债务纠葛案证件等六案的文书，包括民事声请书、批示、璧山地方法院民事判决书、璧山地方法院民事裁定书、执行文稿、报告、璧山地方法院民事执行命令、民事答辩状、民事审判笔录、璧山地方法院训令等。

525. 四川高等法院第一分院、璧山地方法院审理四起偿还欠款案　12－17－945

1947年2月至1947年10月，四川高等法院第一分院、璧山地方法院关于四起偿还欠款案的文书，包括民事告诉状、璧山地方法院民事裁定书、执行文稿、璧山地方法院民事执行命令、报告、璧山地方法院训令、法院通知书、四川高等法院第一分院民事裁定书等。

526. 璧山地方法院审理婚姻家庭纠葛四案　12－17－946

1947年3月至1947年12月，璧山地方法院关于遗弃虐待家人、离婚、再嫁备查、妨害改嫁自由四案的文书，包括刑事告诉状、璧山地方法院刑事判决书、公函、民事审判笔录、民事告诉状、讯问笔录、璧山地方法院检察官不起诉处分书等。

527. 四川高等法院第一分院、璧山地方法院审理赔偿损害四案　12－17－947

1947 年 4 月至 1948 年 11 月，四川高等法院第一分院、璧山地方法院关于四起因给付盗伐杉树的买卖纠葛、伤害案、租佃纠葛、债务纠葛引起的赔偿损害案的文书，包括民事告诉状、璧山地方法院民事判决书、执行文稿、璧山地方法院民事执行命令、民事保状、民事答辩状、民事委任状、民事审判笔录、公函、璧山地方法院民事裁定书、民事上诉状、四川高等法院第一分院民事判决书、四川高等法院第一分院民事裁定书、璧山地方法院检察官不起诉处分书等。

528. 璧山地方法院审理交业执行异议等四案　12－17－948

1947 年 2 月至 1947 年 11 月，璧山地方法院关于交业执行异议、逾期欠债拍卖抵押物等四案的文书，包括民事声请书、民事审判笔录、璧山地方法院民事判决书、璧山地方法院民事裁定书、璧山地方法院训令、报告、鉴定人鉴定书、民事委任状等。

529. 四川高等法院第一分院、璧山地方法院审理给付租谷四案　12－17－949

1946 年 10 月至 1947 年 8 月，四川高等法院第一分院、璧山地方法院关于四起给付租谷案的文书，包括民事声请书、璧山地方法院民事裁定书、璧山地方法院民事判决书、璧山地方法院训令、报告、公告、四川高等法院第一分院民事判决书等。

530. 四川高等法院第一分院、璧山地方法院审理给付租谷三案　12－17－950

1946 年 7 月至 1947 年 10 月，四川高等法院第一分院、璧山地方法院关于陈荣章黄谷假扣押、陈汉中给付租谷、陈大兴返还黄谷三案的文书，包括公函、璧山地方法院民事裁定书、璧山地方法院训令、法院通知书、报告、民事告诉状、民事委任状、民事审判笔录、璧山地方法院民事判决书、执行文稿、璧山地方法院民事执行命令、民事上诉状、四川高等法院第一分院民事和解笔录、呈件等。

531. 四川高等法院第一分院、璧山地方法院审理给付租谷、止约交业等六案 12－17－951

1947 年 7 月至 1948 年 4 月，四川高等法院第一分院、璧山地方法院关于给付租谷、因租期届满止约交业等六案的文书，包括民事声请书、批示、四川高等法院第一分院民事判决书、民事保状、璧山地方法院命令、璧山地方法院民事判决书、执行文稿、璧山地方法院民事执行命令、布告、民事上诉状、璧山地方法院民事裁定书、四川高等法院第一分院民事裁定书等。

532. 璧山地方法院审理给付黄谷四案　12－17－952

1947年4月至1949年4月，璧山地方法院关于四起给付黄谷案的文书，包括民事告诉状、民事保状、执行文稿、报告、璧山地方法院民事执行命令、民事审判笔录、璧山地方法院民事判决书、公函、民事委任状等。

533. 璧山地方法院审理发给支付命令六案　12－17－953

1947年7月至1947年11月，璧山地方法院关于六起因延欠借款、借款债务纠葛等请发支付命令案的文书，包括民事声请书、璧山地方法院支付命令、公函等。

534. 璧山地方法院审理发给支付命令五案　12－17－954

1947年1月至1947年10月，璧山地方法院关于五起因延欠借款、借款债务纠葛发布支付命令案的文书，包括民事声请书、璧山地方法院支付命令、报告、公示等。

535. 璧山地方法院审理租佃纠葛、债务假执行等四案　12－17－955

1946年11月至1947年11月，璧山地方法院关于租佃纠葛、债务假执行等四案的文书，包括民事声请书、民事审判笔录、璧山实验地方法院支付命令、璧山地方法院民事裁定书等。

536. 璧山地方法院等审理给付欠款等四案　12－17－956

1939年10月至1948年10月，璧山地方法院等关于周国臣返还他人借款抵押物金戒指、秦治军返还所借欠款、彭方来偿还借款、邓树伟给付借款债务四案的文书，包括民事告诉状、民事审判笔录、璧山实验地方法院民事判决书、璧山实验地方法院民事裁定书、执行文稿、报告、璧山实验地方法院民事执行命令等。

537. 四川高等法院第一分院、璧山地方法院审理搬迁交业纠纷五案　12－17－957

1946年10月至1948年4月，四川高等法院第一分院、璧山地方法院关于五起因租佃纠葛引起的搬迁交业案的文书，包括民事告诉状、民事审判笔录、璧山地方法院民事判决书、公函、四川高等法院第一分院民事裁定书、四川高等法院第一分院民事判决书、送达证书、执行文稿、报告、璧山地方法院民事执行命令、民事上诉状等。

538. 四川高等法院第一分院、璧山地方法院审理转移管辖、认证、登记等四案 12－17－958

1947年3月至1948年6月，四川高等法院第一分院、璧山地方法院关于程耀麟因贪污案申请转移管辖、龙敏章房田所有权认证、彭四合房田登记、张国江房田登记四案的文书，包括呈件、刑事声请书、四川高等法院第一分院刑事裁定书、公证声请书、璧山地方法院命令、民事声请书、批示、报告、登记声请书、登记讯问笔录等。

539. 璧山地方法院审理公证、改嫁、收养、离婚等五案 12－17－959

1947年1月至1947年6月，璧山地方法院关于田业契约被焚公证、改嫁、卷财潜逃公证、收养备案、离婚备案五案的文书，包括呈件、璧山地方法院指令、民事声请书、批示、送达证书等。

540. 四川高等法院第一分院、璧山地方法院等审理清偿债务四案 12－17－960

1946年12月至1947年12月，四川高等法院第一分院、璧山地方法院等关于四起清偿欠款案的文书，包括公函、民事上诉状、璧山地方法院民事裁定书、四川高等法院第一分院民事裁定书、民事声请书、民事审判笔录、民事答辩状、璧山地方法院民事判决书、公示、报告、璧山地方法院民事执行命令、布告等。

541. 璧山地方法院审理契约认证等六案 12－17－961

1947年1月至1947年12月，璧山地方法院关于租佃契约认证、借贷契约认证、典约认证、买卖契约认证等六案的文书，包括公证声请书、声请公证证明书、公证通知书、公证讯问笔录、认证书等。

542. 璧山地方法院审理认证五案 12－17－962

1947年1月至1948年6月，璧山地方法院关于伪造租佃契约处分认证、典当房屋认证、兼祧认证、交换田业认证、房屋认证五案的文书，包括公证声请书、公证通知书、民事声请书、公证讯问笔录、认证书等。

543. 璧山地方法院审理返还老麻等四案 12－17－963

1946年10月至1947年10月，璧山地方法院关于胡正亦返还老麻、顾海明宣告破产、彭松山与人合伙售卖路板期间盗卖路板被诉偿还、张元兴给付买猪价款四案的文书，包括民事告诉状、民事委任状、民事审判笔录、璧山地方法院民事判决书、璧山地方法院民事裁定书、公函、报告、璧山地方法院民事执行命令等。

544. 璧山县政府及璧山实验地方法院等审理吸食烟毒、虐待家人、债务纠葛等十案　12－17－964

1934年5月至1948年10月，璧山县政府及璧山实验地方法院等关于曾孝思吸食烟毒、杨邦陆虐待家人、周恒泰担保纠葛、张九武确认房田所有权、杨庆和债务纠葛、雷江氏债务纠葛、钟祥林搬迁交业、唐化斋因租佃纠葛增加给付、范忠平财产假扣押、龙银臣撤销债务字据等十案的文书，包括民事阅卷声请书、衔训令、璧山县政府军法判决书、璧山实验地方法院检察官不起诉处分书、公函、璧山县政府民事判决书、民事声请书、批示、璧山实验地方法院民事裁定书、璧山实验地方法院民事判决书等。

该卷另有四川高等法院重庆分院关于王春山地界纠葛一案的文书，包括民事上诉状、四川高等法院重庆分院民事判决书等。四川高等法院第一分院关于蒋永林家产分配纠葛、郑蔡氏会款纠葛、陈兴发返还押谷三案的文书，包括四川高等法院第一分院训令、四川高等法院第一分院裁定书、民事上诉状、民事审判笔录等。

545. 四川高等法院第一分院、璧山地方法院审理给付欠谷、核定诉讼费等四案　12－17－966

1947年1月至1948年8月，四川高等法院第一分院、璧山地方法院关于给付欠谷、核定给付田价案诉讼费、确认租佃契约无效、搬迁交业四案的文书，包括公函、民事告诉状、民事审判笔录、璧山地方法院民事判决书、璧山地方法院民事裁定书、四川高等法院第一分院民事裁定书、民事上诉状、最高法院民事裁定书等。

546. 璧山地方法院审理财物被盗、房田登记、确认效力等四案　12－17－967

1947年4月至1948年4月，璧山地方法院关于财物被窃见证、房田抵押登记、确认选举无效等四案的文书，包括呈件、不动产登记声请书、批示、璧山地方法院指令、民事告诉状、民事审判笔录、公函、璧山地方法院民事判决书等。

547. 四川高等法院第一分院、璧山地方法院审理租谷纠纷一案　12－17－968

1947年9月至1948年8月，四川高等法院第一分院、璧山地方法院关于宋炳权给付租谷执行及其上诉一案的文书，包括民事告诉状、民事审判笔录、民事答辩状、璧山地方法院民事判决书、公函、民事上诉状、璧山地方法院民事裁定书、民事委任状、四川高等法院第一分院民事判决书等。

548. 四川高等法院第一分院、璧山地方法院审理偿还黄谷及其上诉一案　12－17－969

1947年4月至1948年9月，四川高等法院第一分院、璧山地方法院关于李德君偿还黄谷执行及其上诉一案的文书，包括民事告诉状、送达证书、民事审判笔录、证人结文、民事反诉状、璧山地方法院民事判决书、公函、民事上诉状、璧山地方法院民事裁定书、四川高等法院重庆分院民事判决书等。

549. 四川高等法院第一分院、璧山地方法院审理经界纠葛一案　12－17－970

1947年4月至1948年4月，四川高等法院第一分院、璧山地方法院关于彭及之因地界纠葛毁损地堰一案的文书，包括民事告诉状、公函、民事审判笔录、送达证书、民事委任状、民事答辩状、证人结文、璧山地方法院民事判决书、民事上诉状、璧山地方法院民事裁定书、四川高等法院第一分院民事判决书、四川高等法院第一分院民事裁定书等。

550. 璧山地方法院等审理返还庙产、确认效力、赎典等四案　12－17－971

1946年10月至1947年11月，璧山地方法院等关于返还庙产、确认产业买卖契约无效、回赎典产、因债务纠葛发给支付命令四案的文书，包括公函、璧山地方法院民事判决书、民事告诉状、民事答辩状、民事审判笔录、民事委任状、璧山地方法院民事和解笔录、执行文稿、报告、璧山地方法院民事执行命令、璧山地方法院支付命令、璧山地方法院民事裁定书等。

551. 璧山地方法院审理认证两案　12－17－972

1947年1月至1947年11月，璧山地方法院关于徐冯氏抱子过继认证、曾令昌抱子过继认证两案的文书，包括公证声请书、公证讯问笔录、认证书、授权书、证明书、民事委任状等。

552. 璧山地方法院审理申请领证三案　12－17－973

1947年6月至1947年12月，璧山地方法院关于声请领回租佃纠葛案证件、伪证案证件、搬迁交业纠纷案证件三案的文书，包括民事声请书、批示、送达证书等。

553. 四川高等法院第一分院及重庆分院、璧山地方法院审理搬迁交业、给付黄谷两案　12－17－974－975

1947年2月至1948年6月，四川高等法院第一分院及重庆分院、璧山地方法院关于曾林轩等搬迁交业、张志举偿还黄谷两案的文书，包括民事告诉状、民事委任状、送达证书、民事审判笔录、璧山地方法院民事判决书、公函、民事上诉状、璧山地方法院民事裁定书、四川高等法院第一分院民事裁定书、四川高等法院重庆分院民事判决书等。

554. 四川高等法院重庆分院、璧山地方法院审理欠谷、赎典纠纷两案　12－17－976－977

1947年11月至1949年4月，四川高等法院重庆分院、璧山地方法院关于王树清返还欠谷、邹玉成回赎典物两案的文书，包括民事告诉状、送达证书、民事审判笔录、璧山地方法院民事判决书、执行文稿、报告、璧山地方法院民事执行命令、民事上诉状、璧山地方法院民事裁定书、民事委任状、四川高等法院重庆分院民事判决书、民事答辩状等。

555. 四川高等法院重庆分院、璧山地方法院审理确认效力一案　12－17－978

1947年7月至1949年3月，四川高等法院重庆分院、璧山地方法院关于黄国青确认买卖房田契约无效及其上诉一案的文书，包括民事告诉状、送达证书、民事审判笔录、民事答辩状、璧山地方法院训令、呈件、民事委任状、璧山地方法院民事判决书、公函、民事上诉状、璧山地方法院民事裁定书、四川高等法院重庆法院民事判决书等。

556. 璧山地方法院审理认证、债务纠葛两案　12－17－979－980

1947年5月至1949年3月，璧山地方法院关于徐发和抱子过继认证、刘鲁氏买卖田产债务纠葛两案的文书，包括民事声请书、公证通知书、批示、公证讯问笔录、认证书、璧山地方法院民事判决书、执行文稿、报告、璧山地方法院民事执行命令、民事保状、民事委任状、璧山地方法院训令、法院通知书、布告等。

民事十八

1. 四川高等法院重庆分院、璧山地方法院审理买卖生猪纠纷上诉一案　12－18－1

1947年7月至1948年10月，四川高等法院重庆分院、璧山地方法院关于谢公权与郭银顺因生猪买卖款纠纷上诉一案的文书，包括四川高等法院重庆分院公函、璧山地方法院书记室公函、郭银顺上诉声明书、璧山地方法院民事裁定、郭银顺上诉状、法庭辩论笔录、郭银顺委任代理人状、谢公权委任代理人状、四川高等法院重庆分院民事判决书、谢公权不服四川高院判决声请上诉状、四川高等法院民事裁定等。

2. 四川高等法院重庆分院、璧山地方法院审理返还田契、赔偿损失上诉两案　12－18－2－3

1947年12月至1949年2月，四川高等法院重庆分院、璧山地方法院关于刘森荣要求刘作民返还田契上诉案、王学文与王夏氏等赔偿损害上诉案两案的文书，包括璧山地方法院书记处公函、民事上诉状、璧山地方法院民事裁定、璧山地方法院与四川高等法院重庆分院的往来公函、璧山地方法院民事判决书、民事答辩状、缴纳讼费状、辩论笔录等。

3. 四川高等法院重庆分院、璧山地方法院审理租谷纠纷上诉一案　12－18－4

1948年6月至1949年6月，四川高等法院重庆分院、璧山地方法院关于冯源清要求夏汉臣赔偿延迟缴纳租谷损害之上诉一案的文书，包括民事诉状、法庭辩论笔录、被告辩诉状、原告补陈理由状、璧山地方法院民事判决书、四川高等法院重庆分院民事裁定、原告上诉状、璧山地方法院民事裁定、原告补陈上诉理由状、四川高等法院重庆分院民事辩论笔录、璧山地方法院与四川高等法院重庆分院的往来公函、四川高等法院重庆分院民事判决书等。

4. 璧山地方法院审理土地经界纠纷、租谷纠纷两案　12－18－5－6

1948年3月至1949年9月，璧山地方法院关于田树臣与蔡银洲土地经界纠纷案、蒋维藩与刘毓祥给付租谷纠纷案两案的文书，包括民事诉状、辩论笔录、璧山地方法院训令、民事声请书、璧山地方法院民事判决书等。

5. 四川高等法院重庆分院、璧山地方法院审理债务纠纷、租谷纠纷上诉两案 12—18—7—8

1948年9月至1949年4月，四川高等法院重庆分院、璧山地方法院关于张友之与罗李氏债务纠纷案、刘毓祥与蒋维藩租谷纠纷上诉案两案的文书，包括民事声请支付状、璧山地方法院支付命令、民事答辩状、声明异议书、民事上诉状、璧山地方法院民事裁定、四川高等法院重庆分院民事裁定、璧山地方法院与四川高等法院重庆分院的往来公函等。

6. 璧山地方法院审理交还田业、租谷纠纷等六案 12—18—9—14

1947年5月至1949年1月，璧山地方法院关于尚志功要求杨银清交还田业案、吴长清要求胡济才交还田业案、帅子房与谭陈君富租谷纠纷案、邹游安申请领取证物案、李罗氏与汪金山等债务纠纷执行案、王莉修要求李树康交还田业案六案的文书，包括民事诉状、补充申诉状、辩论笔录、璧山地方法院民事判决书、璧山地方法院民事和解笔录、佃约文书、璧山地方法院民事裁定、声请撤销诉讼报告、声请暂缓假扣押报告、璧山地方法院训令、民事申领状、民事委托状、领取收执、民事执行状、执行报告、执行笔录、璧山地方法院执行命令、民事辩诉状、民事宣判笔录等。

7. 四川高等法院重庆分院、璧山地方法院审理交还田业、租谷纠纷上诉等四案 12—18—15—18

1948年1月至1949年9月，四川高等法院重庆分院、璧山地方法院关于廖锡元要求陈绍南交还田业案、胡秀泉与何泰文租谷纠纷上诉案、罗汉章要求朱罗氏交还田业案、陈方溢等与陈时雍等租谷纠纷案四案的文书，包括民事诉状、民事答辩状、辩论笔录、补陈理由状、声请重开辩论状、璧山地方法院民事判决书、声请上诉状、璧山地方法院民事裁定、民事缴状、上诉辩论笔录、民事委任状、四川高等法院重庆分院民事和解笔录、声请撤销原案状、民事反诉状、民事催状、文约等。

8. 璧山地方法院审理盗伐竹林、田业纠纷等五案 12—18—19—23

1946年5月至1949年3月，璧山地方法院关于蒋树森盗伐邹海林竹林案、赵继先要求周绍清交还田业案、毛君信与毛连氏等继承家产纠纷案、曾永铨申请认证收养子女案、巫王氏与巫树辉声请执行分割遗产案五案的文书，包括璧山县县长与璧山地方法院的往来公函、民事声请书、民事诉状、民事辩论笔录、民事委任状、璧山地方法院民事判决书、文约、民事声明状、民事辩诉状、璧山地方法院民事裁定、声请收养子女认证状、公证讯问笔录、收养文约、收养认证书、民事领状、声请强制执行状、璧山地方法院执行命令、执行报告等。

9. 四川高等法院第一分院及重庆分院、璧山地方法院审理学米纠纷、租谷执行、遗产继承纠葛三案　12－18－24－28

1948年2月至1948年12月，四川高等法院第一分院及重庆分院、璧山地方法院关于戴敬之与温松林给付学米案、谢王氏与谢兴元租谷执行案、陈万伦与刘陈氏遗产继承纠葛案三案的文书，包括民事诉状、璧山地方法院民事判决、执行报告、璧山地方法院民事执行命令、具结报告、民事裁决书、保长报告书、璧山地方法院民事裁定、民事答辩状、声请上诉状、民事上诉状、民事委任状、上诉庭审笔录、上诉言辞辩论笔录、四川高等法院第一分院民事裁定、四川高等法院重庆分院民事裁定、申领契约文书状、传票、来往文书、执行文稿、送达文书等。

10. 四川高等法院重庆分院、璧山地方法院审理伤害赔偿、租谷纠纷等五案 12－18－29－32

1948年2月至1948年12月，四川高等法院重庆分院、璧山地方法院关于罗胡氏与张何氏恶意伤害要求赔偿案、周荣升与周刘氏租谷纠葛案、蔡森国与刘治中因猪价调整要求返还差价案、黄树清与伍三泽租谷纠纷案、杨辉南与苏星武租谷纠纷上诉案五案的文书，包括璧山地方法院民事判决、刑事诉状、民事答辩状、传票、刑事审判录、刑事宣判笔录、璧山地方法院刑事暨民事诉讼判决、璧山地方法院和解笔录、执行报告、璧山地方法院民事执行命令、保长执行证明、民事诉状、民事言辞辩论笔录、民事上诉状、璧山地方法院民事裁定、租佃文约、上诉辩论笔录、公证状、四川高等法院重庆分院民事和解笔录等。

11. 四川高等法院第一分院、璧山地方法院审理赠约确认、锄头归属纠葛、离婚上诉等五案　12－18－33－37

1948年2月至1948年11月，四川高等法院第一分院、璧山地方法院关于易国清与易陈氏赠约确认案、王林鑫与蔡炳荣锄头归属纠葛案、罗忠娴等离婚上诉案、穆富荣与穆富国财产分割纠纷案、李新觉与王西北租房纠葛执行案五案的文书，包括民事诉状、送达证书、民事辩证笔录、声请追加原告状、民事答辩状、赠予文约、民事宣判笔录、璧山地方法院民事判决、声请强制执行状、民事传票、四川高等法院第一分院民事和解笔录、璧山地方法院民事执行文稿、执行报告、具结报告、民事上诉状、璧山地方法院民事裁定、上诉辩论笔录、璧山地方法院刑事判决书、声请和解状、璧山地方法院执行命令、训令等。

12. 四川高等法院重庆分院、璧山地方法院审理产权确认、遗产分割、典产纠葛、债务纠纷四案　12－18－38－41

1948年1月至1949年2月，四川高等法院重庆分院、璧山地方法院关于王仲修与王敬修产权确认、胡廷钦与胡善继上诉遗产分割、杨泽润与向文光典产纠葛、王为心与王允中债务纠纷四案的文书，包括民事诉状、送达证书、民事言辞辩论笔录、璧山地方法院民事裁决书、宣示判决笔录、传票、来往文书、民事上诉状、上诉言辞辩论笔录、四川高等法院重庆分院民事判决、民事代理人委任状、民事答辩状、璧山地方法院民事判决等。

13. 四川高等法院重庆分院、璧山地方法院审理声请租谷假扣押、离婚纠葛、上诉终止租约交业等案　12－18－42－46

1948年1月至1948年7月，四川高等法院重庆分院、璧山地方法院关于孙曾令全与钟世华声请租谷假扣押、罗忠娴等离婚纠葛、邹江氏与陈登级上诉终止租约交业、安炳太与蔡银钦上诉租谷纠葛等案的文书，包括民事诉状、送达证书、传票、璧山地方法院民事裁定、声请扣押状、民事答辩状、民事言辞辩论笔录、璧山地方法院民事判决书、民事代理人委任状、民事上诉状、四川高等法院重庆分院民事判决、声请上诉状、上诉言辞辩论笔录、上诉宣示判决笔录、璧山地方法院民事判决等。

14. 四川高等法院重庆分院、璧山地方法院审理声请搬迁交业并损害赔偿、债务纠纷等案　12－18－47－51

1948年1月至1948年11月，四川高等法院重庆分院、璧山地方法院关于伍茂宣与伍袁氏因强占房屋声请搬迁交业并赔偿损害、王为心与王允中上诉债务纠纷、陈永浩租佃认证、钟世华与孙曾令全租谷纠葛、蔡郑融申领典约物证等案的文书，包括民事诉状、送达证书、传票、民事言辞辩论笔录、璧山地方法院民事和解笔录、璧山地方法院民事裁定、民事上诉状、声请中止上诉状、上诉言辞辩论笔录、四川高等法院重庆分院民事判决、民事认证声请状、公证询问笔录、佃约文书、公证通知书、公证证明书、民事抗告状、四川高等法院重庆分院民事判决书、申领物证状、具领文书等。

15. 璧山地方法院审理租佃调解执行、租谷纠纷执行等六案　12－18－52－58

1948年1月至1948年11月，璧山地方法院关于朱葛氏与罗四维租佃调解执行、朱光辉与何锡洲租谷纠纷执行、龙长清与郑银廷债务纠纷执行及宣示假执行、张余氏与张伯亨声请租佃调解、向尊禄与林方洲债务纠纷执行、雷永兴租佃认证六案的文书，包括民事声请执行状、民事答辩状、证人证词、送达证书、传票、璧山地方法院支付命令、璧山地方法院民事裁定、声请调解状、民事言辞辩论笔录、民事认证状、公证讯问笔录、声请公证证明书、佃约文书、认证书、民事和解笔录、法院证明书、璧山地方法院民事判决、民事和解状、民事委托状等。

16. 璧山地方法院审理租谷纠葛、租佃加押、债务执行等五案　12—18—59—63

1947 年 12 月至 1948 年 3 月，璧山地方法院关于冯均廷和尹刘氏租谷纠葛、邹祥业与王福修租佃加押、陈光杰与王正举款债务执行、何海云与向汪氏因债务纠纷声请赔偿债务损失并执行、夏炳辉与万正银解除婚约五案的文书，包括民事诉讼状、声请执行状、民事言辞辩论笔录、民事代理委任状、民事宣判笔录、璧山地方法院民事判决、交付文约、送达证书、传票等。

17. 璧山地方法院审理交还租屋、租米纠纷、租佃纠纷等四案　12—18—64—67

1948 年 1 月至 1848 年 5 月，璧山地方法院关于曾袁氏与戴天华交还租屋、许春和与蒋郑氏租米纠纷、冯宪章与夏炳云因租佃纠葛声请止约交业、周金廷与周保臣等撤销租赁契约四案的文书，包括民事诉讼状、送达证书、传票、民事言辞辩论笔录、璧山地方法院民事和解笔录、民事宣判笔录、璧山地方法院民事判决书、佃约文书、和解文书、民事答辩状、声请撤诉状、委任代理人状、押佃文约等。

18. 四川高等法院第一分院及重庆分院、璧山地方法院审理赔偿损失、给付谷粮等四案　12—18—68—71

1947 年 11 月至 1948 年 6 月，四川高等法院第一分院及重庆分院、璧山地方法院关于杨文治与凌鸿富因经界纠纷声请赔偿损失案、李述彬与王学文给付谷粮案、张家福申领田界证明案、张治举与安治荣上诉声请条据有效案四案的文书，包括声请执行状、送达证书、传票、民事言辞辩论笔录、璧山地方法院民事和解笔录、璧山地方法院民事判决书、民事诉讼状、民事宣判笔录、支付凭票、四川高等法院重庆分院民事裁定、民事抗告诉讼状、璧山地方法院民事裁定、立保存会文约、民事答辩状、四川高等法院第一分院民事判决等。

19. 璧山县政府、璧山地方法院审理租佃加押、给付借谷两案　12—18—72—74

1948 年 3 月至 1948 年 12 月，璧山县政府、璧山地方法院关于甘为良与刘宝卿租佃加押、陈锡之与陈怀乡给付借谷两案的文书，包括民事诉讼状、送达证书、传票、民事言辞辩论笔录、民事答辩状、民事宣判笔录、璧山地方法院民事判决书、璧山地方法院民事和解笔录等。

本卷另收存《本县各机关开会券》等文件若干。

20. 最高法院、璧山地方法院审理租谷纠纷租佃纠纷两案　12—18—75—77

1948年2月至1948年7月，最高法院、璧山地方法院关于肖泽膏与张瀚声请撤回租谷纠纷上诉案、甘为良与刘泽甫因租佃纠纷声请还租交业及其上诉案两案的文书，包括声请撤诉状、和解文书、民事代理委任状、璧山地方法院民事判决书、民事上诉状、和解状、民事诉讼状、送达证书、传票、民事言辞辩论笔录、民事宣判笔录、最高法院民事裁定等。

21. 四川高等法院重庆分院、璧山地方法院审理租谷纠纷、归还洋纱、交业纠葛三案　12—18—78—81

1948年1月至1948年6月，四川高等法院重庆分院、璧山地方法院关于朱华伦与周大轩租谷纠纷执行案、温松林与罗海云洋纱归还执行案、张既修与何绍周交业纠葛上诉案三案的文书，包括民事诉状、璧山地方法院民事判决、送达证书、执行报告、璧山地方法院训令、保状、声请执行状、传票、具结报告、声请上诉状、璧山地方法院民事裁定、民事上诉言辞辩证笔录、自诉状、民事答辩状等。

22. 璧山地方法院审理租谷纠纷声请假扣押等案　12—18—82—84

1948年7月至1948年10月，璧山地方法院关于邓世芳与邓熊氏因租谷纠纷声请假扣押、陈谢氏租谷纠纷执行、萧大福与杨启禄租谷纠纷等案的文书，包括璧山地方法院民事裁定、执行报告、执行笔录、具结报告、声请执行诉状、璧山地方法院民事判决、执行证明书、璧山地方法院民事执行文稿、执行通知书、声请强制执行状、璧山地方法院执行命令、地界示意图、声请撤销查封报告、拍卖公告、第二次拍卖公告、案经和解声请撤销查封状等。

23. 璧山地方法院审理租谷纠纷、确认借约有效等三案　12—18—85—87

1948年8月至1948年9月，璧山地方法院关于刘永昌与杨炳和租谷纠纷、李宅仁与徐汉昌确认借约、糜国清与张正杰租谷加押纠纷三案的文书，包括璧山地方法院民事判决、民事声明状、送达证书、传票、民事言辞辩论笔录、声请强制执行状、民事宣判笔录、佃约、声请确认借约状、璧山地方法院民事裁定、借约、民事答辩状、押佃文约等。

24. 璧山地方法院审理租各纠纷一案　12—18—88

1948年7月至1948年10月，璧山地方法院关于白银成与徐义盛租谷纠纷一案的文书，包括民事诉状、送达证书、传票、民事言辞辩论笔录、民事宣判笔录、璧山地方法院民事判决、收据、执行文稿、四川高等法院训令等。

本卷另收存出征抗敌军人家属证明书一份、诉讼费用法令券若干。

25. 四川高等法院第一分院、璧山地方法院审理搬迁交业和解执行、不当得利纠纷及其上诉、损害赔偿等案　12－18－89－91

1947年8月至1948年10月，四川高等法院第一分院、璧山地方法院关于陈万立与伍治良搬迁交业和解执行案、舒万钟与苏世材不当得利纠纷及其上诉案、胡威侯与雷见文因侵占布厂棉纱声请赔偿损害等案的文书，包括声请执行状、璧山地方法院和解笔录、璧山地方法院执行文稿、陈万立声请和解撤案状、执行报告、璧山地方法院执行命令、具结报告、璧山地方法院民事判决、民事诉讼状、送达证书、传票、民事答辩状、民事言辞辩论笔录、证明书、民事宣判笔录、四川高等法院第一分院民事和解笔录、璧山地方法院民事裁定、声请中止诉讼状、民事抗告状、收据、缴纳公费临时单据等。

26. 璧山地方法院审理交业执行三案　12－18－92

1948年10月至1948年12月，璧山地方法院关于杨李氏与李海山交业执行案、陈古氏与陈锡林交业执行案、张保全与董荣吉交业执行案三案的文书，包括声请强制执行状、璧山地方法院民事判决、璧山地方法院民事执行文稿、执行报告、执行笔录、具结报告、民事诉状、送达证书、证物证词、传票、民事言辞辩论笔录、民事裁决书、民事宣判笔录、执行文稿、法院训令及回复等。

27. 璧山地方法院审理租谷纠纷和解执行、交业纠纷、所有权认证等五案　12－18－93－97

1947年7月至1948年12月，璧山地方法院关于王仁君与李汉周租谷纠纷和解执行、丁徐氏与李科全止约交业纠纷、罗占春声请证明所有权、赵继先与周绍清租谷执行假扣押、董毅维与董必有租谷纠纷五案的文书，包括声请执行状、璧山地方法院和解笔录、璧山地方法院民事执行文稿、执行报告、璧山地方法院执行命令、具结报告、璧山地方法院民事裁定、璧山地方法院训令、执行通知书、执行笔录、声请撤销诉讼状、具结收据、声请强制执行状、民事诉讼状、传票、民事言辞辩论笔录、民事宣判笔录、璧山地方法院民事判决等。

28. 璧山地方法院审理租谷纠纷、租押纠纷等四案　12－18－98－101

1948年5月至1948年10月，璧山地方法院关于朱泽林与肖光华租谷纠纷、曾南轩与王锡三租押纠纷、孙海云与张正森租谷纠纷执行、罗青云与杨宗海租谷执行假扣押四案的文书，包括民事诉状、璧山地方法院民事判决、璧山地方法院执行文稿、执行报告、璧山地方法院执行命令、声请强制执行状、声请查封拍卖抵偿报告、拍卖公告、查封笔录、不动产鉴定书、不动产示意图、执行笔录、送达证书、传票、民事裁定书等。

29. 璧山地方法院审理租谷纠纷、租赁纠纷等三案　12－18－102－104

1948年9月至1948年11月，璧山地方法院关于刘宗文与谢德成租谷纠纷案、朱华仁与田树荣房屋租赁纠纷案、王春山与王瑞林损害赔偿案和解执行及其上诉案三案的文书，包括民事诉状、送达证书、传票、民事言辞辩论笔录、民事宣判笔录、璧山地方法院民事判决书、民事委任代理人状、民事和解书等。

30. 璧山地方法院审理止约交业纠葛、遗产继承纠纷两案　12－18－105－106

1947年6月至1948年6月，璧山地方法院关于曾贤臣与蔡绍良止约交业纠葛、唐国章与钟炳武遗产继承纠纷两案的文书，包括送达证书、传票、民事诉讼状、委任代理人状、执行报告、民事言辞辩论笔录、民事声请执行状、民事宣判笔录、璧山地方法院民事判决、证明书等。

本卷另收存国民政府军事委员会恤亡给与令一份、璧山县大兴乡曹氏亲属会议记录一份。

31. 璧山地方法院审理租谷纠纷、押佃租谷纠纷、房屋租赁纠纷等四案　2－18－107－110

1948年9月至1948年10月，璧山地方法院关于雷铭洲与雷柏松租谷纠纷、谭隆丰与万高氏押佃租谷纠纷、万张氏与黄海荣房屋租赁纠纷、璧山税捐征处与邓锡安等租谷纠纷四案的文书，包括民事诉状、民事答辩状、送达证书、传票、民事救助证明、民事言辞辩论笔录、民事宣判笔录、璧山地方法院民事判决、收执等。

32. 璧山地方法院审理地租纠纷、损害赔偿四案　12－18－111－114

1948年9月至1948年12月，璧山地方法院关于徐文渊与李河清实物地租纠纷、曾炳荣与黄万朝损害赔偿、龙长福与曾勋枢等租佃交业纠纷、万张氏与黄海荣房屋租赁纠纷再审四案的文书，包括民事声请执行状、民事判决书、送达证书、传票、民事执行文稿、执行报告、声请查封拍卖执行报告、执行命令、拍卖公告、法院训令、查封笔录、鉴定书、地产示意图、具结报告、声请撤销诉讼状、民事诉状、民事裁定、民事代理委任状、民事言辞辩论笔录、和解销案声请状、民事宣判笔录、民事判决等。

33. 璧山地方法院审理租佃止约交业纠纷、交业执行、房屋经界纠纷等七案　12－18－115－120

1948年1月至1948年9月，璧山地方法院关于陶鹤龄与孙才云租佃止约交业纠纷、王周氏与王森荣交业执行、李培银与李根远房屋经界纠纷、杨永清与涂海涛归还洋纱、陈荣宗与袁树云领押交业纠纷、易圣广与雷树云租佃交业纠纷、胡陈文洲与梁成江执行担保假扣押七案的文书，包括声请执行状、民事判决、执行文稿、执行报告、送达证书、传票、搬迁交业笔录、具结报告、和解笔录、民事执行命令、具结收据、确定经界笔录、房屋经界示意图、执行笔录、民事裁定、法院训令、假扣押笔录等。

34. 四川高等法院重庆分院、璧山地方法院审理租佃交业纠纷、确认公产买卖无效、声请撤销契约等五案　12－18－121－125

1948 年 9 月至 1948 年 11 月，四川高等法院重庆分院、璧山地方法院关于曾毛氏与罗海丰租佃交业纠纷、庞德辉与庞鸿来声请确认公产买卖无效、李德福与李建忠声请撤销契约、谢鼎三与杨张志贞田业纠纷执行、张叔达与邓国卿交租交业纠纷五案的文书，包括民事判决书、民事诉状、民事辩诉状、送达证书、传票、民事言辞辩论笔录、民事宣判笔录、佃约文书、欠条、租约、租佃证明书、四川高等法院重庆分院判决书、执行文稿、往来公函、声请撤销强制执行状、民事委托代理人状、执行报告、执行命令、执行笔录、和解笔录、具结报告等。

35. 璧山地方法院审理侵占公地纠纷、养子潜逃存查、租佃认证等九案　12－18－124－134

1948 年 7 月至 1948 年 12 月，璧山地方法院关于马坊乡乡公所诉白绍章等侵占公地纠纷、刘炳康诉刘天文养子潜逃存查、徐炳林等租佃认证、皮三兴与周召南交业纠纷、刘荣辉与刘锡三会款纠葛、帅海全与李世全租谷纠纷、谭陈君富与帅子房搬迁交业纠纷、张本富与曹贤忠借谷纠纷、黄许氏与刘成普租佃交业九案的文书，包括民事呈文、传讯公文、民事声请存查状、公证声请书、公证讯问笔录、佃约文书、认证书、民事诉状、民事委任代理状、送达证书、传票、民事言辞辩论笔录、民事补诉状、民事和解笔录等。

36. 最高法院、四川高等法院第一分院及重庆分院、璧山地方法院审理租谷纠纷、共有权确认案、黄谷买卖纠纷等七案　12－18－135－144

1948 年 3 月至 1948 年 9 月，最高法院、四川高等法院第一分院及重庆分院、璧山地方法院关于毛钧沛与杨志仁租谷纠纷上诉案、张禄贵与陈荣山偿还租谷纠纷上诉案、黄永森与黄开玉确认共有权案、曾张氏与万星辉因黄谷买卖纠纷声请更正判决案、邓国臣与陶发林押佃提存纠纷、刘泽膏与甘为良租佃纠纷、程陈氏与江麟笔等田业权属纠纷七案的文书，包括声请上诉状、民事裁定书、送达证书、传票、民事言辞辩论笔录、民事上诉状、四川高等法院重庆分院民事判决、上诉辩论笔录、民事补陈理由状、佃约、璧山地方法院民事判决、民事委任代理人状、民事宣判笔录、四川高等法院第一分院民事判决、最高法院民事判决、声请执行状、执行报告、执行笔录、具结报告、声请民事救济状、申请查封抵偿报告、查封笔录、不动产示意图、拍卖公告、拍卖笔录、田业契界文书、民事辩诉状等。

本卷另收存司法机关长官应定期举办自行交代案一份。

37. 四川高等法院重庆分院、璧山地方法院审理典产纠纷、房屋买卖契约纠纷、房屋租赁纠纷等七案　12—18—144—151

1948年5月至1949年8月，四川高等法院重庆分院、璧山地方法院关于胡定芳与何廖光宗典产纠纷案、吴福朝等与徐宗嗣等房屋买卖契约纠纷、王栋梁与江朝海房屋租赁纠纷、吴正清与王治中因租佃声请搬迁交业上诉案、林国俊声请所有权确认、张定吉买卖认证、邓国荣与王朝恩业界纠纷七案的文书，包括民事诉讼状、送达证书、传票、民事言辞辩论笔录、民事宣判笔录、委任代理人状、民事反诉状、民事判决书、吴福朝信函、民事辩诉状、房屋买卖契约文书、民事上诉状、民事和解声请撤案状、所有权确认声请状、公证讯问笔录、证明文书、授权书、合同书、认证书等。

38. 四川高等法院重庆分院、璧山地方法院审理租佃交业纠纷、债务纠纷、租谷纠纷、租赁纠纷等七案　12—18—152—156

1947年7月至1948年8月，四川高等法院重庆分院、璧山地方法院关于钟世华与孙曾令全租佃交业纠纷上诉案、周张氏与卢泽钧因债务纠纷声请赔偿损失案、管善忠与戴时雄租谷纠纷上诉案、戴时雄与管善忠因租赁纠纷声请搬迁交业、刘勋元与黄银章租佃纠纷上诉案、刘绍全与黎含章租佃纠纷交业、王启尧与王治华租佃纠纷声请交业搬迁七案的文书，包括民事裁定书、民事声请上诉状、送达证书、传票、民事上诉状、乡公所证明呈文、民事答辩状、民事委任代理状、民事言辞辩论笔录、四川高等法院重庆分院民事判决、璧山地方法院民事判决、执行报告、民事上诉言辞辩论笔录、民事宣判笔录等。

39. 四川高等法院重庆分院、璧山地方法院审理赠与认证、租佃纠纷、解除同居关系等六案　12—18—157—162

1948年7月至1948年12月，四川高等法院重庆分院、璧山地方法院关于朱家伦赠与认证、王戴氏与杜陈氏因租佃纠纷声请交业及其上诉案、孙辉绪与巫治清因租佃纠纷声请交业、陈尊德与彭儒先申请解除同居关系确认义务无效、何建高离婚存查、王袁青与刘汉卿确认土地所有权六案的文书，包括认证讯问笔录、认证证明书、认证书、民事诉状、送达证书、传票、民事言辞辩论笔录、民事辩诉状、民事宣判笔录、民事判决书、声请上诉状、民事裁定书、民事撤诉状、民事存查状、民事存查状批示等。

40. 四川高等法院重庆分院、璧山地方法院审理租佃纠纷、买卖和约确认等四案 12－18－163－165

1948年7月至1949年1月，四川高等法院重庆分院、璧山地方法院关于江木清与刘校书因租佃纠纷上诉声请交业、何海云与王武铨上诉租佃交业纠纷、邓彬如与尹腾渊交业纠纷、张世荣与王财源洋靛买卖和约确认四案的文书，包括民事诉状、委任代理人状、民事言辞辩论笔录、民事答辩状、证人结文、民事宣判笔录、民事判决书、送达证书、传票、田土房屋出卖文约、亡故证明、四川高等法院重庆分院民事判决、合同文书、田业示意图、民事裁定书、民事上诉状等。

41. 璧山地方法院审理租佃交业纠纷、债务偿还纠纷、租谷纠纷等案 12－18－166－177

1948年1月至1948年11月，璧山地方法院关于钟袁氏与张银清租佃交业纠纷、王城禹与李云丰债务偿还纠纷、王青云与王锡三租谷纠纷、易炳山与雷国安声请租佃调解、王龚氏与王复良田业买卖交业、曾承贤申领当约文书、冯林甫与李正兴炭价提存、县农会请示租佃押金加倍、温炳云申领借约、汪伍氏与邬吉孚返还物品、邓九林与邓成福房屋租赁交房纠纷、王海荣与王炳文租谷纠纷等案的文书，包括民事诉讼状、送达证书、传票、民事言辞辩论笔录、民事判决书、民事辩诉状、民事撤诉状、民事和解状、具结报告等。

42. 璧山地方法院审理经界纠纷、债务纠纷、典产纠纷、租佃交业纠纷等七案 12－18－177－185

1948年2月至1948年12月，璧山地方法院关于陈杰申领经界纠纷案卷宗、曾永熠与赵唐氏因债务纠纷声请赔偿损失、周祥伦与彭敬修回赎典产纠纷、刘仁智与黄和林租佃交业纠纷、杨文清与董太仁租佃交业纠纷、谢鼎新与谢鼎臣返还田业案、江陈永芳与江宗洪赡养费纠纷七案的文书，包括民事申领状、申领收执、民事声请执行状、执行文稿、执行报告、送达证书、传票、民事判决、具结报告、民事诉讼状、民事言辞辩论笔录、民事辩诉、具领收执、租佃文约、民事宣判笔录、民事救助呈文等。

43. 四川高等法院重庆分院、璧山地方法院等审理租谷纠纷、典产回赎纠纷等八案 12－18－186－194

1948年5月至1948年11月，四川高等法院重庆分院、璧山地方法院等关于吴俊怀与张锡林租谷纠纷、刘世权与刘铁樵上诉回赎典产案、伍茂宣申领民事判决书、谢张氏与白荣成黄谷交易债务纠纷、王潮思与邓国荣等墓地经界纠纷、赵盛辉等租佃认证、王镇方与王徐志伦声请发布失踪公告、王长青与刘汉卿上诉确认所有权八案的文书，包括民事声请执行状、民事补缴讼费声请判决状、民事诉讼状、传票、民事言辞辩论笔录、民事裁定、最高法院民事判决、民事辩诉状、民事判决书、经界示意图、民事委任代理人状、文约书、公证声请书、公证讯问笔录、授权书、公证证明、认证书、民事上诉状等。

44. 四川高等法院重庆分院、璧山地方法院审理租佃交业纠纷、遗产继承纠纷、典产纠纷等六案　12－18－195－200

1948年1月至1949年2月，四川高等法院重庆分院、璧山地方法院关于黄何氏与雷炳轩租佃交业纠纷、邓树华与邓树涛声请撤销遗产继承和解笔录、吕定明与祁有禄止约交业纠纷、雷在前与邹春山上诉租佃纠纷、雷马氏与雷见堂回赎典产纠纷、钟海林与傅德臣租佃搬迁交房六案的文书，包括民事诉讼状、民事判决书、送达证书、传票、执行报告、执行命令、具结报告、声请强制执行状、四川高等法院判决书、执行笔录、民事裁定书、民事抗告书、四川高等法院民事裁定、民事上诉状、民事答辩状、辩论笔录、佃约、民事宣判笔录等。

45. 四川高等法院重庆分院、璧山地方法院审理赡养纠纷、田产买卖纠纷、租佃交业纠纷等五案　12－18－201－205

1948年3月至1948年11月，四川高等法院重庆分院、璧山地方法院关于王龚氏与王复良赡养纠纷、段宋氏与罗胡氏确认田产买卖、丁罗氏与李科全租佃交业纠纷、汪金城与彭海昌青瓦纠纷、江文俊与李炳荣交业纠纷五案的文书，包括民事判决书、民事辩诉状、执行报告、执行命令、声请封物执行状、产业鉴定书、产业示意图、信函、送达证书、传票、民事言辞辩论笔录、民事宣判笔录、民事委任代理人状、民事答辩状、民事和解笔录、执行文稿、法院训令、具结报告等。

46. 四川高等法院重庆分院、璧山地方法院审理祠产纠纷及其上诉一案　12－18－206

1947年7月至1948年6月，四川高等法院重庆分院、璧山地方法院关于张雨膏与张泽三祠产纠纷及其上诉一案的文书，包括民事诉讼状、送达证书、传票、民事言辞辩论笔录、民事和解笔录、民事宣布笔录、民事判决、祠产及清明会等资料、民事委任代理人状、民事上诉状、四川高等法院民事判决等。

47. 四川高等法院重庆分院、璧山县政府及璧山地方法院审理增加给付纠纷、婚约纠纷、租佃纠纷等七案　12－18－207－213

1948年8月至1949年7月，四川高等法院重庆分院、璧山县政府及璧山地方法院关于冷起乾与薛安辉声请增加给付、熊代春与卢辅臣因婚约纠纷声请返还礼物案、左廖氏与赖潘氏因租佃纠纷上诉声请领押交业案、杨张志贞与谢元林租佃纠纷判决异议再审案、荣时亮与陈德荣因租佃纠纷声请调解、王周氏与王森荣因租谷纠纷声请假扣押案、刘作民与刘泰伦因租谷纠纷声请假扣押七案的文书,包括民事声请状、民事和解笔录、执行文稿、执行报告、民事具状书、送达证书、传票、民事言辞辩论笔录、乡公所呈文、民事委任代理状、民事判决书、民事裁定书、民事和解销案状等。

48. 四川高等法院重庆分院、璧山地方法院审理抗漏税款、租佃交业纠纷两案 12—18—214—215

1948年8月至1948年10月,四川高等法院重庆分院、璧山地方法院关于税捐稽征处诉郑海滨抗漏税款、蔡邓氏与曹银发租佃交业纠纷两案的文书,包括税捐稽征处公文、送达证书、传票、民事言辞辩论笔录、抄送屠宰税法公函及屠宰税法全文资料、民事裁定书、民事诉讼状、民事宣布笔录、民事判决书、声请上诉状、民事上诉状等。

49. 璧山实验地方法院审理遗产分割纠葛一案 12—18—216

1945年8月至1945年9月,璧山实验地方法院关于刘汪氏与汪明禄等遗产分割纠葛一案的文书,包括民事诉讼状、民事委任状、送达证书、传票、民事声明状、民事言辞辩论笔录、民事辩诉状、证明状、民事裁决书、民事抗告状、民事宣判笔录、民事判决书、执行文稿等。

50.《螽斯衍庆》文稿和《刘氏族谱》 12—18—217—218

该卷收存《螽斯衍庆》文稿和《刘氏族谱》。

51. 四川高等法院第一分院审理分割遗产纠纷上诉一案 12—18—219—220

1946年7月至1946年12月,四川高等法院第一分院关于汪明禄与刘汪氏遗产分割纠葛上诉一案的文书,包括民事上诉状、民事裁定书、民事声明状、民事委任代理人状、送达证书、传票、民事言辞辩论笔录、四川高等法院民事判决书、民事裁决书、膳田处理文约、户籍资料、田业处分文约、执行文稿等。

本卷另收存《遗留后观》文稿。

52. 四川高等法院重庆分院、璧山地方法院审理典价提存纠纷、租佃纠纷等四案 12—18—221—225

1948年1月至1948年11月,四川高等法院重庆分院、璧山地方法院关于谭天锡与谢青山典价提存纠纷、宋海山与李文远租佃纠纷上诉案、熊林山与熊子高债务纠纷、刘海廷与彭光星债务纠纷四案的文书，包括民事诉讼状、提存通知书等资料、收受证书、收执、民事裁定书、民事上诉状、送达证书、传票、民事言辞辩论笔录、四川高等法院民事判决、民事辩诉状、璧山地方法院民事判决书、领取佃约收据、民事声请书、民事上诉书、执行文稿、法院训令等。

53. 四川高等法院重庆分院、璧山地方法院审理工作费用纠纷、债务纠纷等四案 12－18－226－229

1948 年 3 月至 1949 年 8 月，四川高等法院重庆分院、璧山地方法院关于赵安氏与僧德勋等工作费用纠纷、郭夔阳与郭耀光债务纠纷、黄开玉与黄明光搬迁交业纠纷、牟章图与牟清廷上诉请求确认田产所有权四案的文书，包括民事诉讼状、最高法院民事判决书、四川高等法院民事判决、送达证书、传票、法院执行文稿、执行报告、保长协查呈文、民事声请状、法院训令、民事裁定书、具结报告、声请强制执行状、声请撤销强制执行状、最高法院民事裁定书、民事言辞辩论笔录、民事上诉状等。

54. 四川高等法院第一分院、璧山地方法院审理租佃认证、返还业契纠纷等五案 12－18－230－234

1947 年 12 月至 1948 年 9 月，四川高等法院第一分院、璧山地方法院关于黄绍华等租佃认证、汪伦高与李树臣返还业契纠纷、周大礼与郑承辉租佃交业纠纷、刘怀珊与赵发宣债务纠纷、连子熙与胡华丰房屋交易纠纷五案的文书，包括公证声请书、公证讯问笔录、公证证明书、公证书、租佃文约、民事诉讼状、民事裁定书、民事上诉状、送达证书、传票、声请和解撤诉状、民事委任代理状、民事答辩状、民事言辞辩论笔录、民事宣布笔录、民事判决书、放佃文约书、四川高等法院民事判决书、执行报告、法院执行命令等。

55. 璧山地方法院审理租佃纠纷、借贷纠纷、典产纠纷等案 12－18－235－238

1948 年 6 月至 1948 年 8 月，璧山地方法院关于田孟沂与赵银山因租佃纠纷申请止约交业、徐汉昌与李宅仁因借贷纠纷确认借约无效及其上诉案、罗树臣与陶启荣因典产纠纷声请返还产业、王朝玺与王宗璧因遗产分割纠纷声请返还产业等案的文书，包括民事诉状、送达证书、传票、民事答辩状、委任代理人状、民事言辞辩论笔录、证人结文、民事宣判笔录、民事声明状、民事判决书、佃约文书、证明状、声请上诉状、民事裁定书、民事上诉状、四川高等法院民事判决等。

56. 四川高等法院重庆分院、璧山地方法院审理借贷公证、租佃纠纷、交易纠纷三案　12－18－239－241

1948年7月至1948年11月，四川高等法院重庆分院、璧山地方法院关于黄泽林等借贷公证、胡廷钦等与王应臣等因租佃纠纷声请交业、张耀廷与张叔达柏树因买卖纠纷声请赔偿损害及其上诉三案的文书，包括公证书、公证声请书、公证讯问笔录、公证通知书、民事诉状、委任代理人状、送达证书、传票、民事言辞辩论笔录、民事声请状、民事裁定、民事担保状、民事宣判笔录、民事判决、佃约文书、声请和解销案状、民事上诉状、四川高等法院民事判决等。

57. 璧山地方法院审理租佃纠纷、公产纠纷、租佃认证等六案　12－18－242－247

1948年5月至1948年10月，璧山地方法院关于冉万顺与郑萧氏因租佃纠纷声请增加给付、吴氏清明会与吴文源因公产纠纷声请返还业契、邓伯林等租佃认证案、王世全与徐合安因租佃纠纷声请交业、张时可声请和解公证案、刘耀光等声请租佃认证六案的文书，包括民事诉状、送达证书、传票、民事言辞辩论笔录、民事宣判笔录、民事判决书、民事辩诉状、民事补陈理由状、民事裁决书、讯问笔录、民事担保状、执行报告、公证讯问笔录、授权书、公证书、公证声请书、租佃契约等。

58. 四川高等法院重庆分院、璧山地方法院审理租谷纠纷、土地交易纠纷、租佃纠纷等案　12－18－248－252

1948年7月至1948年12月，四川高等法院重庆分院、璧山地方法院关于王莉修等与李树康因租谷纠纷声请假扣押、徐德周与徐成安因土地买卖纠纷声请交付契约案、任万霖与吴栋梁租佃纠纷上诉案等案的文书，包括民事裁定书、法院通知书、法院训令、执行报告、执行假扣押笔录、具结报告、民事请执行状、民事裁定、送达证书、传票、民事上诉状、民事言辞辩论笔录、乡公所证明公文、民事宣判笔录、民事判决书、请假书、证明书、四川高等法院民事判决等。

59. 璧山地方法院审理伙贸纠纷、遗产纠纷、租佃纠纷三案　12－18－253－255

1948年7月至1948年12月，璧山地方法院关于张国勋与马立光因伙贸纠纷声请清算案、郭伍氏与甘陈文卿因遗产纠纷上诉声请迁让交业、伍森林与蒋刘氏因租佃纠纷申请交业三案的文书，包括民事声请状、民事判决、声请鉴核呈文、法院执行文稿、执行报告、法院执行命令、送达证书、传票、民事裁定、民事补陈理由状、民事诉讼状、民事言辞辩论笔录、民事抗告状、四川高等法院民事裁定等。

60. 四川高等法院第一分院、璧山地方法院审理租佃纠纷一案　12—18—256

1948年5月至1948年11月，四川高等法院第一分院、璧山地方法院关于金德光与严林氏等因租佃纠纷声请确认佃约无效及其上诉一案的文书，包括四川高等法院公函、民事言辞辩论笔录、送达证书、四川高等法院第一分院民事裁定、民事声请上诉状等。

61. 四川高等法院重庆分院、璧山地方法院审理租佃认证、租佃纠纷、田产所有权确认等六案　12—18—257—262

1948年9月至1948年12月，四川高等法院重庆分院、璧山地方法院关于谭治钦租佃认证、余焕章与吴刘氏因租佃纠纷上诉声请搬迁交房、林文卿田产所有权认证、胡海波与胡小女因租佃纠纷声请异议再审案、向洪盛与吴少奎因租佃纠纷声请搬迁交业执行、邓荣华与周树林租佃加押纠纷六案的文书，包括公证讯问笔录、出佃文约、认证书、认证证明书、民事上诉状、送达证书、传票、民事和解声请撤诉状、民事声请书、民事言辞辩论笔录、民事宣判笔录、民事判决书、法院执行文稿、执行报告、执行笔录等。

62. 四川高等法院第一分院、璧山地方法院审理租佃纠纷三案　12—18—263—265

1947年10月至1948年10月，四川高等法院第一分院、璧山地方法院关于梁励精与邹吉云租佃交业纠纷、石维和和石德之因租佃纠纷声请领押交业、刘作霖与罗炳全因租佃纠纷声请给付欠租纷及其上诉案三案的文书，包括民事诉讼状、送达证书、传票、民事答辩状、民事言辞辩论笔录、民事宣判笔录、民事判决、保长办公处呈文、民事委任代理人状、佃约文书、民事裁决书、民事上诉状、执行文稿等。

63. 四川高等法院重庆分院、璧山地方法院审理陈国江给付借谷纠纷一案　12—18—266

1948年1月至1948年9月，四川高等法院重庆分院、璧山地方法院关于邓万权与陈国江借谷纠纷一案的文书，包括民事诉讼状、送达证书、传票、民事言辞辩论笔录、民事宣判笔录、民事判决书、调解委员会调解笔录、声请上诉状、民事裁决书、民事上诉状、委任代理人状、四川高等法院民事判决书、执行文稿等。

64. 四川高等法院重庆分院、璧山地方法院审理存款提存纠纷、租佃纠纷等四案　12—18—267—270

1948年3月至1948年8月，四川高等法院重庆分院、璧山地方法院关于廖宗金与喻毛氏因国库存款提存纠纷要求赔偿、刘有顺与荣全安因租佃纠纷声请给付欠租及其上诉案、杨荣发与刘国均因存款结清请求撤销契据案、尚何氏与张璧城声请银行租金提存四案的文书，包括民事诉讼状、送达证书、传票、执行报告、提存通知书、法院训令、民事申请状、民事裁定书、上诉辩诉状、民事言辞辩论笔录、四川高等法院民事判决书等。

65. 璧山地方法院审理租佃纠纷、押佃提存、债务提存、诉讼押金提存等七案 12－18－271－276

1948 年 9 月至 1948 年 11 月，璧山地方法院关于郭辉清与郭龙海因租佃纠纷申请止约交业、王寿廷与安述臣押佃提存纠纷、曾棹梁与张全灵因租佃纠纷申请止约领押、龙瑞麟与龙世益因租佃纠纷申请止约交业、宋华亭与宋炳全债务提存案、曾令荣与曾冷氏诉讼押金提存、冯云臣与刘开富业价提存七案的文书，包括民事诉讼状、佃约文书、民事和解撤诉状、送达证书、传票、提存通知书、收受收执、民事言辞辩论笔录、民事宣判笔录、民事判决书等。

66. 璧山地方法院审理租佃纠纷、耕牛交易款纠纷、债务纠纷三案 12－18－277－279

1948 年 9 月至 1948 年 12 月，璧山地方法院关于王金元与杨焕章租佃纠纷、徐金山与雷金廷耕牛交易款纠纷、周张氏与卢泽均债务纠纷三案的文书，包括民事诉讼状、送达证书、传票、案经和解声请撤诉状、民事委任代理人状、民事答辩状、民事言辞辩论笔录、民事申明再审状、民事宣判笔录、民事判决书、民事辩诉状、民事委任书等。

67. 璧山地方法院审理增加押佃纠纷、房屋租赁纠纷、树木交易纠纷等案 12－18－280－284

1948 年 1 月至 1948 年 12 月，璧山地方法院关于戴汉臣与戴炳清增加押佃纠纷、曹贤铸与王富修因房屋租赁纠纷声请交房、张国勋与罗聚五因树木交易纠纷声请损害赔偿、李项如与马永安债务纠纷、明四合与李清云因租佃纠纷声请给付租谷物、江炳荣与吴荣清债务纠纷、晏维三与刘真荣押佃纠纷、徐书荣与袁春林房屋租赁纠纷、吴邓氏与孙绍轩租佃纠纷、李开明与谭玉辉确认优先佃权等案的文书，包括民事诉状、送达证书、传票、民事言辞辩论笔录、民事答辩书、声请撤诉状、执行报告、法院执行命令、法院训令、民事抗告撤回状、民事宣判笔录、民事判决书等。

68. 四川高等法院重庆分院、璧山地方法院审理租佃纠纷、租佃调解、赡养纠纷三案 12－18－291－294

1948 年 1 月至 1948 年 11 月，四川高等法院重庆分院、璧山地方法院关于王忠全与张正国因租佃纠纷上诉声请增加给付案、任振荣与张海荣租佃调解案、李钟氏与李学孔赡养纠纷三案的文书，包括民事上诉状、民事裁定书、声请撤回上诉状、民事言辞辩论笔录、民事诉讼状、送达证书、传票、民事委任代理状、民事宣判笔录、民事判决书、民事调解笔录等。

69. 四川高等法院重庆分院、璧山地方法院审理请求确认买卖无效及其上诉一案 12－18－295

1948年1月至1948年12月，四川高等法院重庆分院、璧山地方法院关于文树臣与董建清请求确认买卖契约无效及其上诉一案的文书，包括民事撤诉状、送达证书、传票、民事上诉状、民事言辞辩论笔录、民事委任代理人状、民事宣判笔录等。

70. 四川高等法院重庆分院、璧山地方法院审理典佃纠纷一案 12－18－296

1948年2月至1948年5月，四川高等法院重庆分院、璧山地方法院关于胡海波与廖肇英典佃纠纷及其上诉一案的文书，包括民事诉讼状、送达证书、传票、民事言辞辩论笔录、民事宣判笔录、民事答辩状、民事判决书、民事裁定书、民事上诉状、民事调解笔录等。

71. 四川高等法院重庆分院、璧山地方法院审理债务纠纷、田业所有权确认、租佃纠纷等案 12－18－297－303

1948年1月至1948年12月，四川高等法院重庆分院、璧山地方法院关于朱炳州与朱光辉债务纠纷、胡洪恩与胡栋梁请求确认田业所有权、冯尚文与熊银辉因租佃纠纷声请调解案、罗湖海与蔡霞光因布匹被烧声请赔偿损害案、田海清与钱君然租谷纠纷、郑罗氏与郑成学离婚案、孙泽膏与田树云细纱借贷纠纷、李海清与郑银廷食谷借贷纠纷等案的文书，包括民事诉讼状、法院支付命令、送达证书、传票、民事声请异议状、民事撤诉状、民事言辞辩论笔录、民事宣判笔录、民事辩诉状、民事和解笔录等。

72. 璧山地方法院审理确认继承权案、经界纠纷等四案 12－18－304－307

1948年7月至1948年11月，璧山地方法院关于请求王章时与王必藩确认继承权案、明达慈善会与黄镜涵经界纠纷、白树臣与魏树荣租谷纠纷、蒋吉六与胡开元因债务纠纷声请支付四案的文书，包括民事诉讼状、送达证书、传票、民事言辞辩论笔录、民事答辩状、委任代理人状、不服和解声请判决状、民事和解笔录、证明呈文、民事辩诉状、民事宣判笔录、民事判决书等。

73. 璧山地方法院审理返还田屋、离婚等三案　12—18—308—310

1948年9月至1948年12月，璧山地方法院关于张大全和张绍臣因侵占田屋声请返还赔偿案、钱淑玉与吴月松离婚案、徐上珍与冯殿卿学米纠纷案三案的文书，包括民事诉讼状、民事答辩状、送达证书、传票、民事言辞辩论笔录、民事宣判笔录、民事判决书、民事补诉状、学费表等。

74. 璧山地方法院审理分割遗产纠纷、租佃交业纠纷等四案　12—18—311—314

1948年10月至1948年12月，璧山地方法院关于赵任氏与杨德福等遗产分割纠纷、叶诚良与谢保廷租佃交业纠纷、郑德三与朱玉清租谷纠纷、江远渠与饶泽清租谷纠纷四案的文书，包括民事诉状、执行报告、遗产分割笔录、田业遗产示意图、委任代理人状、讯问笔录、法院执行命令、权利转移证书、送达证书、传票、民事言辞辩论笔录、民事宣判笔录、民事判决书、佃约文书等。

75. 四川高等法院重庆分院、璧山地方法院审理租谷纠纷、杀人赔偿等三案　12—18—315—317

1948年3月至1948年12月，四川高等法院重庆分院、璧山地方法院关于荣全安与刘有顺租谷纠纷、喻启新与廖宗全杀人赔偿案、汪心荣与汪全发租佃交业执行案三案的文书，包括民事诉讼状、民事判决书、法院执行文稿、执行报告、具结收据、法院执行命令、法院执行验证书、执行笔录、民事担保状、四川高等法院民事判决书、民事声明状、送达证书、传票、法院布告等。

76. 璧山地方法院审理黄谷交易纠纷、申领证明、婚姻纠纷等八案　12—18—318—325

1947年2月至1948年11月，璧山地方法院关于冷起乾与陈刘辉黄谷交易纠纷、胡万氏申领诉讼堂证、徐国发与钟傅桂婚姻纠纷、吴云高与谭银山声请租佃调解案、钟俊卿与郭炳中声请宣告死亡案、曾德明与邓何氏请求兑现食谷案、滕树清与张辉山回赎典产调解案、刘邹氏诉孙炳荣侵占棉纱声请返还八案的文书，包括民事诉讼状、送达证书、传票、民事言辞辩论笔录、法院支付命令、民事调解书、执行报告等。

77. 璧山地方法院审理吸食鸦片案、盗窃案、妨害自由案三案　12—18—326—328

1948年1月至1948年7月，璧山地方法院关于吴月松吸食鸦片案、谭万兴盗窃案、吴月贵与高杨氏等妨害自由案三案的文书，包括地方法院检察官起诉书、传票、送达证书、刑事判决笔录、刑事裁定书、执行报告书、刑事宣判笔录、刑事判决书、讯问笔录、调验烟种鉴定书、施戒烟毒证明书、民事担保状、执行期满释放文书、刑事审判笔录、璧山地方法院不起诉处分书等。

78. 璧山地方法院审理持枪伤人案、妨碍权利案、吸食烟毒案三案　12—18—329—331

1948年8月至1948年12月，璧山地方法院关于曾陈氏诉曾治国盗卖食谷被发现后持枪伤人案、左国安等因租佃纠葛阻止收获的妨碍权利案、张明轩吸食烟毒案三案的文书，包括乡公所声请逮捕惩戒呈文、讯问笔录、被告拒绝外出觅保报告、不起诉处分书、民事起诉书、委任代理人状、送达证书、刑事审判笔录、担保状、刑事宣判笔录、刑事判决书、自诉状、辩诉状等。

79. 璧山地方法院审理黄谷借贷纠纷、租谷纠纷、遗弃案、伤害案等六案　12—18—332—338

1948年3月至1948年10月，璧山地方法院关于曾罗氏与朱炳文黄谷借贷纠纷及其执行案、谢元林与朱泽霖租谷纠纷、徐杨氏与徐金山等遗弃案、廖青山与廖治国伤害直系血亲案、刘三品申请验尸案、江文氏无故侵入县府六案的文书，包括民事诉讼状、法院支付命令、传票、送达证书、讯问笔录、不起诉处分书、验断书等。

80. 璧山地方法院审理赔偿损害、出借黄谷纠纷、继承权纠纷等四案　12—18—339—342

1948年3月至1948年10月，璧山地方法院关于王锡洲与蓝福田因树木买卖纠纷声请损害赔偿案、李树辉与左述尧出借黄谷纠纷、罗世禄与罗世荣因继承权纠纷声请交业、胡海良与汪吉清因租佃纠纷声请损害赔偿案四案的文书，包括民事诉讼状、送达证书、传票、民事言辞辩论笔录、民事裁定书、法院民事执行文稿、法院执行命令、法院布告、民事答辩状、执行报告、民事宣判笔录、民事判决书等。

81. 璧山地方法院审理租佃纠纷、遗产分割纠纷、借贷纠纷等四案　12—18—343—346

1948年1月至1948年3月，璧山地方法院关于韩少其与张强禄因租佃纠纷声请搬迁交业、胡李氏与李邦藩遗产分割案、于孝思与郭治安因借贷纠纷声请偿还案、杨金盛与郭纲文房产所有权确认案四案的文书，包括民事诉讼状、送达证书、传票、民事言辞辩论笔录、璧山地方法院公函、税捐稽查处协查报告、公学产投标竞佃办法、民事和解笔录、乡公所呈文、民事辩诉状、民事撤诉状、民事裁定书等。

82. 璧山地方法院审理公河养鱼投标项目纠纷、产业交易纠纷、租谷纠纷等四案　12—18—347—350

1948年1月至1948年4月，璧山地方法院关于冯崇先与钟冕斋公河养鱼投标项目纠纷、徐有均与张必成产业交易纠纷请求撤销买卖契约案、谭陈君富与钟子房租谷纠纷、罗成之与任君华债务纠纷四案的文书，包括民事诉状、乡财产保管委员会呈文、民事辩诉状、民事言辞辩论笔录、民事宣判笔录、民事判决书、送达证书、传票、民事和解笔录等。

83. 璧山地方法院审理产业买卖纠纷、遗产分割、黄谷借贷纠纷等四案　12－18－351－354

1948 年 1 月至 1948 年 3 月，璧山地方法院关于郑吉山与张庆云因产业买卖纠纷声请撤销买卖契约案、谢兴福与谢鼎臣遗产分割纠纷、何大清与张清臣黄谷借贷纠纷、陈明之与邓儒华家具交易纠纷四案的文书，包括民事诉讼状、民事委任代理人状、送达证书、传票、民事言辞辩论笔录、民事答辩状、民事宣判笔录、民事判决书、收据、民事辩诉状、民事委任书、民事裁决书、执行文稿等。

84. 四川高等法院重庆分院、璧山地方法院审理声请脱离关系案、产业所有权确认、租谷纠纷等五案　12－18－355－359

1948 年 8 月至 1949 年 3 月，四川高等法院重庆分院、璧山地方法院关于罗昭祥与罗银兴因家庭纠纷声请脱离关系案、邱汪氏与邱银普因产业所有权确认纠纷声明判决异议案、向治光与陶荣盛租谷纠纷、邓庭案与林占德租佃交业纠纷、董因初与邱义长产业交易纠纷五案的文书，包括民事声请公告脱离关系状、法院训令、民事裁定书、送达证书、证物证词、传票、民事上诉状、四川高等法院第一分院训令、民事判决书、法院执行文稿、执行报告、证明呈文、民事言辞辩论笔录、民事补陈理由状、民事宣判笔录、出佃文约、解除租赁文约、法院支付命令、民事辩诉状、民事委任书、四川高等法院民事裁决书等。

85. 四川高等法院重庆分院、璧山地方法院审理声请指定监护人、租佃纠纷等三案　12－18－360－362

1948 年 7 月至 1949 年 1 月，四川高等法院重庆分院、璧山地方法院关于何海臣声请指定监护人案、李科全与丁徐氏因上诉租佃纠纷止约交业、邓茂荣与刘舒氏租佃纠纷三案的文书，包括民事声请状、民事上诉状、民事裁定书、民事言辞辩论笔录、民事宣判笔录、民事委任代理人状、民事判决书、产业交易文约、民事辩诉状、送达证书、传票、押佃文约等。

86. 四川高等法院重庆分院、璧山地方法院审理给付学米纠纷上诉一案　12－18－363－367

1948 年 10 月至 1948 年 12 月，四川高等法院重庆分院、璧山地方法院关于温松林与戴敬之给付学米纠纷上诉一案的文书,包括民事声请上诉状、民事裁定书、四川高等法院公函、传票、送达证书等。

该卷另收存涉外法令卷、非诉讼案程序卷、四川省各县乡镇自治人员罢免规则、选举诉讼法令、处理没收物应当注意事项等方面的文书。

87. 璧山地方法院审理止约交房纠纷、黄谷借贷纠纷等四案　12－18－368－371

1948年1月至1949年1月,璧山地方法院关于税捐稽征处与王西北房屋租赁纠纷止约交房案、甘照凡与万云清黄谷借贷纠纷声请偿还案、董因初与印义长存款纠纷声请更正错误案、王银清与柯愈礼归还洋纱纠纷四案的文书,包括民事诉讼状、送达证书、传票、民事言辞辩论笔录、民事答辩状、佃约文书、民事宣判笔录、民事判决书、民事辩诉状、法院支付命令、乡公所呈文、民事裁定书、调解文书等。

88. 四川高等法院、璧山地方法院审理黄谷借贷纠纷、租谷纠纷两案　12－18－372－374

1948年1月至1948年11月,四川高等法院、璧山地方法院关于戴长安与戴树林黄谷借贷纠纷请求偿还案、徐炳光与蔡耀全租谷纠纷两案的文书,包括民事诉讼状、法院支付命令、传票、送达证书、民事言辞辩论笔录等。

该卷另收存四川高等法院关于璧山县监所训令的有关文件。

89. 四川高等法院重庆分院、璧山地方法院审理上诉欺诈一案　12－18－375

1948年11月至1948年12月,四川高等法院重庆分院、璧山地方法院关于程云普与向泰华上诉欺诈一案的文书,包括四川高等法院训令、声请再议期间表、民事诉状、送达证书、询问笔录等。

90. 四川高等法院重庆分院、璧山地方法院处理江津法院函请代拘刘仁智一案　12－18－376

1948年5月,四川高等法院重庆分院、璧山地方法院关于江津法院因宋炳全与宋华亭租谷纠纷函请代拘刘仁智一案的文书,包括相关公文、刑事诉状、报表、注意法规等。

91. 璧山地方法院审理分割遗产分割纠纷、遗产继承纠纷两案　12－18－377

1948年6月至1948年7月,璧山地方法院关于毛君信与毛连氏遗产分割纠纷、彭伍氏与彭永良遗产继承纠纷两案的文书,包括民事声请执行状、民事和解笔录、法院执行文稿、执行报告、法院执行命令、送达证书、遗产分割执行拈阄记录、执行笔录、权属关系呈文、田土产业示意图、民事言辞辩论笔录等。

92. 四川高等法院重庆分院、璧山地方法院审理债务纠纷、典产纠纷两案　12—18—378

1948年6月至1948年10月，四川高等法院重庆分院、璧山地方法院关于甘俊禄与江流柏债务纠纷、王启福与王启尧回赎典产纠纷两案的文书，包括民事声请执行状、民事判决书、法院执行文稿、执行报告、送达证书、传票、执行命令、民事声明状、民事裁定书等。

93. 璧山地方法院审理租佃纠纷、伪造文书两案　12—18—379

1948年8月至1948年9月，璧山地方法院关于吕洪兴与喻安和及陈继龙等租佃纠纷、赵银山与蒋王芩鹤控伪造佃约声请再审两案的文书，包括民事诉讼状、送达证书、讯问笔录、法院不起诉处分书、证据登记记录、典约、刑事附带民事判决书、民事宣判笔录、应训人到场报告单等。

94. 璧山地方法院审理侮辱他人、妨害自由两案　12—18—380

1948年11月至1948年12月，璧山地方法院关于万金舟与万海才因征兵发生纠葛侮辱他人案、冯族琴与钟纯修因婚约纠葛擅自逮捕妨害自由两案的文书，包括刑事诉讼状、庭审笔录、送达证书、应训人到场报告单、刑事声请书、询问笔录、法院不起诉处分书、检察官起诉书、委任代理人状、答辩状、刑事审判笔录、刑事宣判笔录、刑事判决书、刑事诉状状、检查不起诉书等。

95. 四川高等法院重庆分院、璧山地方法院审理债务纠纷、会款纠纷等四案　12—18—381

1947年12月至1948年6月，四川高等法院重庆分院、璧山地方法院关于张笙谱与谢绍普债务纠纷、冉永康与陈策清偿会款纠纷、缪一新与缪绍轩债务纠纷、陈宏庥与何白氏上诉债务纠纷四案的文书，包括民事诉讼状、法院命令、法院执行布告、查封笔录、鉴定证明、查封田业示意图、声明查封无效呈文、送达证书、传票、执行报告、代偿声请书、民事声请状、民事声请执行书、民事执行文稿、民事执行命令、民事言辞辩论笔录、民事宣判笔录、民事判决书、民事裁定书、民事上诉状、借条等。

96. 璧山地方法院审理租佃纠纷、债务纠纷等六案　12—18—382

1948年3月至1948年6月，璧山地方法院关于孙海荣与孙正森租佃纠纷声请偿还欠租、张绍良与伍金案交易债务纠纷、曾永熠与胡文孝会谷纠纷、李述彬与敬连清债务纠纷、彭华廷与张荣成黄谷借贷纠纷、廖源兴与徐树三债务纠纷六案的文书，包括民事诉状、法院支付命令、民事声请异议状、送达证书、执行报告等。

97. 四川高等法院重庆分院、璧山地方法院审理瓦租纠纷、债务纠纷等六案 12—18—383

1948 年 3 月至 1948 年 10 月，四川高等法院重庆分院、璧山地方法院关于龚正泽与陈均禄使用青瓦的租金纠纷、胡李氏与秦次柏债务纠纷、刘作霖与刘炳全租佃交业纠纷、钟其蔚与严鸣岗债务纠纷增加给付案、黄张氏与唐代富债务纠纷声请增加给付案、叶太永与王昌国因债务纠纷上诉增加给付案六案的文书，包括民事诉讼状、民事判决书、法院执行文稿、执行报告、民事执行命令、送达证书、传票、民事保状、执行笔录、证明书、法院布告、民事言辞辩论笔录、民事宣判笔录、借约、民事裁定书等。

98. 璧山地方法院审理申领诉讼庭审物证、解除租佃关系等四案 12—18—384

1948 年 12 月至 1949 年 1 月，璧山地方法院关于彭张氏、冯树清、冯张朋分别领取庭审证物三案及颜焕廷与祝炳章声请解除租佃关系案四案的文书，包括民事申领状、民事声请书、送达证书、传票、领取收执、民事诉讼状、民事答辩状、民事言辞辩论笔录、委任代理人状等。

99. 璧山地方法院审理妨害家庭、妨害农业两案 12—18—385

1948 年 7 月至 1948 年 10 月，璧山地方法院关于程春廷与李福林妨害家庭案、方焕林与巫朱氏因私放田水而妨害农业两案的文书，包括刑事诉讼状、送达证书、刑事审判笔录、报告书、应讯人到场报告单、刑事自诉状、询问笔录、刑事宣判笔录、刑事判决笔录等。

100. 璧山地方法院审理租佃调解纠纷两案 12—18—386

1948 年 2 月至 1948 年 5 月，璧山地方法院关于刘增荣与晏维三租佃纠纷调解案、冯树三与傅炳全租佃纠纷调解案两案的文书，包括民事声请状、民事委任状、民事言辞辩论笔录、民事反诉状等。

101. 四川高等法院重庆分院、璧山地方法院审理典产纠纷抗告案、租佃交业纠纷、房屋租赁纠纷等五案 12—18—387

1948 年 5 月至 1949 年 3 月，四川高等法院重庆分院、璧山地方法院关于王启尧与王启福回赎典产抗告案、董成章与董必友因租佃交业纠纷声请假执行案、刘富业与张明山房屋租赁交业付租纠纷案、万承原与熊树州租佃交业纠纷、蒋宝三与叶清林因租佃交业搬迁纠纷上诉案五案的文书，包括法院公函、民事抗告状、四川高等法院民事裁决、民事声请执行状、民事判决书、送达证书、传票、法院民事执行命令、执行交业笔录、法院执行文稿、执行报告、民事言辞辩论笔录、民事宣判笔录、具结收执等。

102. 璧山地方法院审理田业纠纷、租谷纠纷等四案　12－18－388

1948年1月至1948年12月，璧山地方法院关于杨张志贞与谢鼎三等因侵占田业声请赔偿黄谷假扣押假执行案、税捐稽征处出租公地予蒋绍全发生的租谷纠纷案、曾冷氏等与曾令荣租谷纠纷案、税捐处与杨万发等租佃纠纷案四案的文书，包括民事声请执行书、民事裁定书、送达证书、传票、民事判决书、法院执行文稿、法院执行命令、执行报告等。

103. 四川高等法院第一分院及重庆分院、璧山地方法院审理搬迁交业纠纷等三案　12－18－389

1947年12月至1948年7月，四川高等法院第一分院及重庆分院、璧山地方法院关于左宗华与曾德文搬迁交业纠纷案、刘海濡与蒋光宗租佃搬迁交业纠纷及其抗告案、曾冷氏等与曾令荣租谷纠纷案三案的文书，包括民事执行状、民事裁定书、送达证书、传票、执行文稿、执行报告、民事执行命令、民事执行笔录、民事声请状、具结收执等。

104. 四川高等法院重庆分院、璧山地方法院审理租佃交业纠纷四案　12－18－390

1948年8月至1948年11月，四川高等法院重庆分院、璧山地方法院关于罗荣辉与赵炳鑫租佃交业纠纷、胡宝珊与万曹氏租佃交业纠纷、左廖氏与赖潘氏租佃交业纠纷、叶刘永清与李黄氏租佃交业纠纷四案的文书，包括民诉讼诉状、高院民事裁定、民事判决书、法院执行文稿、民事执行裁定、民事抗告状、民事和解笔录、执行报告、执行笔录、讯问笔录、执行命令等。

105. 四川高等法院重庆分院、璧山地方法院审理返还黄谷纠纷、租谷纠纷、租谷纠纷及其上诉三案　12－18－391

1947年11月至1948年3月，四川高等法院重庆分院、璧山地方法院关于王海云与赵海贤返还黄谷案、唐治尧与李宗泽租谷纠纷、朱绍清与吴绍荣租谷纠纷及其上诉案三案的文书，包括民事诉讼状、民事判决书、法院执行文稿、执行报告、具结收执、法院命令、查封不动产笔录、送达证书、传票、鉴定证明书、不动产示意图、法院拍卖公告、民事辩诉状、民事声明状、投标书、权利转移证书、民事强制执行状、民事言辞辩论笔录、保长呈文、民事宣判笔录、民事上诉状等。

106. 四川高等法院重庆分院、璧山地方法院审理租佃纠纷、租谷纠纷等五案 12—18—392

1948年8月至1948年12月，四川高等法院重庆分院、璧山地方法院关于范吴氏与吴炳林因租佃纠纷上诉返还田业案、鲍文渊与万永荣租谷纠纷、袁吉昌与龙荣昌利谷纠纷案、张翰山与吴金盛租谷纠纷、范吴氏与吴炳林租佃交业纠纷五案的文书，包括民事诉状、民事判决书、法院执行文稿、执行报告、执行笔录、具结报告、民事和解笔录、租佃文约、查封不动产笔录、不动产示意图、法院拍卖公告、案经和解声请撤诉状、民事执行记录、证明书等。

107. 璧山地方法院审理洋纱纠纷案、返还砍刀等三案 12—18—393

1948年4月至1948年8月，璧山地方法院关于荣有德与温松林洋纱纠纷案、叶紫臣与刘洪兴返还砍刀案、雷树勋与张海林因诈欺纠纷声请返还洋纱案三案的文书，包括民事判决、民事执行状、法院执行文稿、执行报告、执行收据、民事诉状、送达证书、传票等。

108. 四川高等法院第一分院、璧山地方法院审理债务纠纷一案 12—18—394

1948年6月至1948年7月，四川高等法院第一分院、璧山地方法院关于宋吉昌与何允熙因债务纠纷声请返还黄金一案的文书，包括民事诉讼状、四川高等法院民事判决、法院执行文稿、执行命令、执行报告、民事答辩状、民事声请书、送达证书、传票、法院执行公告、民事声请状、查封不动产笔录、鉴定证明书、不动产示意图、估价呈文、民事执行笔录等。

109. 璧山地方法院审理债务纠纷、租佃纠纷两案 12—18—395

1948年1月至1948年3月，璧山地方法院关于胡海良与汪吉清因债务纠纷申请诉费赔偿、蒋郑氏与许春和因租佃纠纷诉损失赔偿两案的文书，包括民事诉状、民事裁定书、法院执行文稿、执行报告、送达证书、传票、民事言辞辩论笔录、民事答辩状、民事判决书等。

110. 璧山地方法院审理房屋租赁纠纷、租佃纠纷两案 12—18—396

1948年1月至1948年5月，璧山地方法院关于张时可与林逸惠房屋租赁交房纠纷、萧张氏与周治臣租佃纠纷声请给谷交房两案的文书，包括民事诉讼状、民事声请状、民事言辞辩论笔录、委任代理人状、送达证书、传票、民事声请书、民事宣判笔录、民事答辩状、民事判决书等。

111. 璧山地方法院审理增加给付黄谷纠纷等案　12－18－397

1948年3月至1948年7月，璧山地方法院关于蒋平之与赵正为黄谷借贷声请增加给付黄谷纠纷、梁炳荣与汪均平因租佃纠纷声请增加给付案、曾南轩与张江氏因租佃纠纷声请给付黄谷等案的文书，包括民事诉讼状、送达证书、传票、民事言辞辩论笔录、民事并诉状、民事宣判笔录、民事裁定书、民事和解书、民事答辩状、账簿等。

112. 璧山地方法院审理申领诉讼证件、遗产继承交业纠纷等六案　12－18－398

1948年1月至1948年3月，璧山地方法院关于秦为麟申领遗产分割诉讼证件、江兆民与江仁德遗产继承交业纠纷、王元良申领租佃纠纷诉讼证件、胡海洲申领经界纠纷诉讼证件、吴相臣申领租佃纠纷诉讼证件、黄有辉申领租约纠纷诉讼证件六案的文书，包括民事申领状、送达证书、领取收据等。

113. 璧山地方法院审理家庭纠纷声请返还借约、租谷纠纷、侵占田业纠纷、租佃纠纷四案　12－18－399－402

1948年1月至1948年7月，璧山地方法院关于戴南礼与戴陈氏因家庭纠纷声请返还借约案、谭福麟与周炳荣租谷假扣押案、宋海云与黄明光因侵占田业声请假处分案、陈海山与仇茂林因租佃纠纷声请增加给付案四案的文书，包括民事诉讼状、送达证书、传票、民事言辞辩论笔录、民事宣判笔录、民事判决书等。

114. 四川高等法院第一分院、璧山地方法院、北碚地方法院等案卷还调记录　12－18－403

1947年12月至1948年6月，四川高等法院第一分院、璧山地方法院关于北碚地方法院函还董必成与秦黄氏搬迁交业案卷事、第一分院函调张正乾与向洪盛返还租谷案卷宗事等的文书，包括北碚地方法院公函、璧山地方法院归档档案封面、四川高等法院公函、最高法院卷宗封面、刘育之上诉状、民事裁定书等。该卷为法院之间往来文书、公函等。

115. 璧山地方法院审理草纸贸易纠纷声请假扣押执行一案　12－18－404

1948年8月，璧山地方法院关于曾树高与伍全安草纸贸易纠纷声请假扣押执行一案的文书，包括民事诉讼状、民事裁定书、送达证书、传票等。

116. 璧山地方法院审理租佃纠纷损害赔偿、债务纠纷增加给付两案　12－18－405

1948年1月至1948年3月，璧山地方法院关于陈杰与刘海荣租佃纠纷损害赔偿案、陈席珍与吴德辉债务纠纷声请增加给付两案的文书，包括民事诉讼状、损害账单、民事声请状、送达证书、传票、民事声请书、法院训令、民事宣判笔录、民事判定书、执行文稿等。

117. 四川高等法院第一分院、璧山地方法院审理声请恢复权利案、典权纠纷两案 12－18－406－408

1948年1月至1948年5月，四川高等法院第一分院、璧山地方法院关于陈祥开与钟其蔚共有田业被查封声请恢复权利案、陈可棣与李永禄放赎典物纠纷案两案的文书，包括民事诉讼状、送达证书、传票、民事言辞辩论笔录、民事宣判笔录、民事判决书、民事答辩状、民事和解书、执行文稿等。

118. 璧山地方法院审理租谷纠纷、茶叶交易纠纷等五案 12－18－409

1948年1月至1948年3月，璧山地方法院关于朱炳臣与朱泽霖租谷纠纷声请异议另判案、吴文氏与萧卫章茶叶交易纠纷声请支付命令案、朱如松与张绍周租谷转卖纠纷声请执行案、朱勤银与朱炳荣食谷交易纠纷声请支付案、丁瑜与秦治军借谷纠纷声请偿还案五案的文书，包括民事诉讼状、送达证书、传票、法院支付命令、民事声请书、凭条、执行报告等。

119. 四川高等法院第一分院、璧山地方法院审理经界纠纷、田业所有权确认两案 12－18－410－411

1948年1月至1948年3月，四川高等法院第一分院、璧山地方法院关于王兴三与吴燮忠经界纠纷及其上诉案、符氏清明会与曾锡钊田业所有权确认案两案的文书，包括民事诉状、经界示意图、送达证书、传票、民事上诉状、民事言辞辩论笔录、民事宣判笔录、民事声请状、产业出卖文约、验换证、四川省政府官契约、民事委任代理人状、民事答辩状等。

120. 璧山地方法院审理院坝归属纠纷一案 12－18－412

1948年12月至1949年10月，璧山地方法院关于张奎庵与谭凯文院坝归属纠纷一案的文书，包括民事诉讼状、请托书、委任代理人状、送达证书、传票、民事言辞辩论笔录、民事答辩状、履勘笔录、补充答辩状、民事判决书、田土出卖文约、调解会通知、调解笔录、界止照片、界止示意图等。

121. 四川高等法院重庆分院、璧山地方法院审理声请假处分及其抗告、请求生活调解两案 12－18－413－414

1947年12月至1948年5月，四川高等法院重庆分院、璧山地方法院关于杨冯氏等与兰福田砍伐树木声请假处分及其抗告案、徐显福与徐明达因家庭生活纠纷请求调解两案的文书，包括民事诉状、民事裁定书、民事声明状、送达证书、传票、民事抗告状、四川高等法院民事裁定等。

122. 四川高等法院第一分院、璧山地方法院审理遗产继承纠纷、请求确认田业所有权两案　12－18－415－416

1946 年 12 月至 1947 年 1 月，四川高等法院第一分院、璧山地方法院关于刘祖芬等与罗先吉等遗产继承分割执行异议及其上诉案、符氏清明会与曾锡钊请求确认田业所有权上诉案两案的文书，包括民事诉讼状、民事声请状、民事答辩状、委任代理人状、民事言辞辩论笔录、民事宣判笔录、民事裁定书、民事判决书、送达证书、传票、民事上诉状等。

123. 四川高等法院第一分院及重庆分院、璧山地方法院审理房屋租赁纠纷声请损害赔偿、食谷纠纷声请支付等三案　12－18－417

1947 年 12 月至 1948 年 1 月，四川高等法院第一分院及重庆分院、璧山地方法院关于陈炳章与苏永昌房屋租赁纠纷声请损害赔偿案、朱泽霖与万天祥食谷纠纷请求支付命令、罗有光与杨光廷上诉损害赔偿三案的文书，包括民事诉讼状、送达证书、传票、民事裁定书、民事言辞辩论笔录、民事宣判笔录、民事判决书、凭条、支付命令等。

124. 四川高等法院第一分院、璧山地方法院审理婚姻纠纷上诉案、会谷纠纷等三案　12－18－418

1947 年 11 月至 1948 年 3 月，四川高等法院第一分院、璧山地方法院关于蔡荣清与杨震西婚姻纠纷声请返还嫁妆等物品上诉案、田琮玉与彭谢氏会谷纠纷请求支付命令案、蒋继藩与刘毓祥因租佃纠纷声请支付案三案的文书，包括民事诉讼状、民事裁定书、民事上诉状、委任代理人状、言辞辩论笔录、民事宣判笔录、民事判决书、送达证书、传票、民事支付命令、民事声请状等。

125. 璧山地方法院审理返还田产红契、借谷纠纷等案　12－18－419－422

1947 年 12 月至 1948 年 1 月，璧山地方法院关于杨冯氏与邓述来返抵押还田产红契案、彭世轩与邓玉钦借谷纠纷、黄文禄与彭时雨租佃纠纷声请归还欠租案、吴炳清与吴东山租佃搬迁交业纠纷等案的文书，包括民事诉状、送达证书、传票、民事委任代理人状、民事言辞辩论笔录、缺席审讯声明状、民事宣判笔录、民事判决书、凭票、借据、乡公所呈文、佃约文书、民事和解笔录等。

126. 璧山地方法院审理领取诉讼证件八案　12—18—423

1948年1月至1948年3月，璧山地方法院关于李乾荣申领诉讼证件、冯树三来申领租佃纠纷诉讼证件、刘增荣申领田业所有权诉讼证件、邓襄权申领租佃纠纷诉讼证件、温成之申领租佃交业纠纷诉讼证件、李乾荣与蒲刘氏田业所有权纠纷并申领诉讼证件（文契）、曾有为申领经界纠纷诉讼证件、廖甫珍申领房屋买卖纠纷诉讼证件八案的文书，包括民事申领状、领取凭证、送达证书、民事言辞辩论笔录、民事宣判笔录、民事判决书、民事声请书等。

127. 四川高等法院重庆分院、璧山地方法院审理债务纠纷、租佃纠纷等四案　12—18—424—427

1947年2月至1948年3月，四川高等法院重庆分院、璧山地方法院关于冷起乾与薛安辉因延迟偿付债务声请损失赔偿案、张锡林与吴俊怀租佃纠纷声请执行异议案、朱炳文与曾罗氏黄谷借贷纠纷、饶大勋与饶尚楷等分割遗产纠纷上诉四案的文书，包括民事诉讼状、送达证书、传票、民事言辞辩论笔录、民事和解笔录、民事撤诉状、借条、民事上诉状、民事裁定书、上诉答辩状、民事判决书等。

128. 璧山地方法院审理诉讼证件申领、遗产继承纠纷、离婚纠纷等四案　12—18—428—430

1948年3月至1948年8月，璧山地方法院关于陈三合和陈发禄分别申领田业买卖纠纷诉讼证件（契约）、雷柏松申领租佃纠纷诉讼证件、钱显宗与陈文林遗产继承纠纷声请执行异议案、刘代华与罗荣辉离婚纠纷四案的文书，包括民事申领状、民事诉状、送达证书、传票、民事言辞辩论笔录、声请再辩诉状、民事宣判笔录、民事判决书、领取凭证、民事委任代理状、民事答辩状、案卷检送公文、执行报告、民事裁定书等。

129. 璧山地方法院审理止约交业一案　12—18—431

1947年12月至1948年2月，璧山地方法院关于谷安信与张炳荣因租佃纠纷止约交业一案的文书，包括民事诉讼状、送达证书、传票、民事言辞辩论笔录、民事答辩状、民事判决书、佃约文书等。

130. 四川高等法院第一分院、璧山地方法院审理黄谷借贷纠纷、典产纠纷两案　12—18—432

1946年8月至1948年3月，四川高等法院第一分院、璧山地方法院关于向文光与叶公达黄谷借贷纠纷请求支付命令案、张子佩与张献之典产纠纷两案的文书，包括民事诉讼状、送达证书、法院支付命令文书、民事抗告状、民事再审声请状、民事判决书、民事裁定书等。

131. 璧山地方法院审理侵占优待谷、确认优先继承权两案　12－18－433

1948年3月至1948年4月，璧山地方法院关于袁青山与陈安茂侵占优待谷案、杨太安与杨冯氏优先继承权确认案两案的文书，包括民事诉讼状、送达证书、传票、民事言辞辩论笔录、民事宣判笔录、民事判决书、民事辩诉状、证人结文、民事声明状等。

132. 璧山地方法院审理租佃纠纷交业三案　12－18－434

1948年1月至1948年5月，璧山地方法院关于范明江与范义安租佃交业纠纷、万远清与刘清河租佃纠纷领押交业案、张江流桂与张海清租佃止约交业纠纷三案的文书，包括民事诉讼状、送达证书、传票、民事言辞辩论笔录、民事和解笔录、佃约文书、民事答辩状、民事宣判笔录、民事判决书等。

133. 璧山地方法院审理房屋租赁纠纷、领押租佃交业纠纷等四案　12－18－435

1948年1月至1948年7月，璧山地方法院关于蔡怀之与苏永昌房屋租赁纠纷领押交业案、秦为型与秦为麟领押租佃交业纠纷、张伯伦与潘志钧租佃搬迁交业纠纷、钱赵氏与钱海云房屋租赁交业纠纷四案的文书，包括民事诉讼状、送达证书、委任代理人状、民事言辞辩论笔录、鉴定证明、民事裁定书、民事宣判笔录、民事辩诉状、民事判决书、声请上诉状等。

134. 璧山地方法院审理债务纠纷两案　12－18－436

1948年1月至1948年3月，璧山地方法院关于刘宇钦与胡罗氏债务纠纷、陈荣昌与魏荣富债务纠纷两案的文书，包括民事诉讼状、送达证书、传票、民事言辞辩论笔录、民事委任代理人状、民事答辩状、声请执行偿还状、民事宣判笔录、民事判决状等。

135. 璧山地方法院审理租佃纠纷调解六案　12－18－437

1948年1月至1948年7月，璧山地方法院关于喻金城与唐用达租佃纠纷调解案、蒋赤熵与朱炳之租佃纠纷调解案、徐家荣与周树煊租佃纠纷调解案、王和之与王汉清租佃纠纷调解、张清泉与夏李氏租佃押金纠纷调解、冯忠权与李新觉租佃纠纷调解六案的文书，包括民事声请调解状、民事和解状、和解文书、送达证书、民事答辩状、民事言辞辩论笔录、民事辩诉、民事上诉书、民事委任书、民事调解答辩书等。

136. 四川高等法院重庆分院、璧山地方法院审理租佃纠纷、调换黄谷纠纷、租谷纠纷等四案　12－18－438

1948年2月至1948年6月，四川高等法院重庆分院、璧山地方法院关于毛群普与胡绍高租佃纠纷声请返还黄谷案、夏海林与罗德云调换黄谷纠纷上诉案、王宪忠与王忠全租谷纠纷上诉案、左世祯与陈荣涛租谷纠纷四案的文书，包括民事判决书、声请上诉状、民事裁定书、送达证书、委任代理人状、民事言辞辩论笔录、宣示判决笔录、民事辩诉、民事上诉状、民事宣判笔录、民事判决等。

137. 璧山地方法院审理返还契据一案　12－18－439

1948年6月至1948年7月，璧山地方法院关于冉志成与陈俊良因典权纠纷声请返还契据一案的文书，包括民事诉讼状、送达证书、传票、民事言辞辩论笔录等。

138. 璧山地方法院审理借款纠纷、租谷纠纷等四案　12－18－440

1948年3月至1948年5月，璧山地方法院关于王文彬与郭琴兰借款纠纷、龚正泽与陈均禄租谷纠纷、吴炳清与罗银恩会款纠纷声请增加给付案、邓桂清与王允良租佃纠纷声请增加给付四案的文书，包括民事诉讼状、送达证书、传票、民事言辞辩论笔录、民事委任代理人状、民事辩诉状、民事证明状、天赋管理处呈文、民事宣判笔录、民事判决书、佃约等。

139. 璧山地方法院审理借谷纠纷、黄谷买卖纠纷等五案　12－18－441

1948年1月至1948年3月，璧山地方法院关于张继康与龙怀彬黄谷借贷纠纷、何世超与杨森禄黄谷买卖纠纷、蒋平之与陈明因借谷纠纷申请调解、张文南与叶公达借谷纠纷、王忠全与王黄氏等借谷纠纷五案的文书，包括民事诉讼状、民事答辩状、送达证书、传票、民事言辞辩论笔录、民事宣判笔录、民事判决书、案经和解声请撤诉状、借谷文约、民事委任代理人状等。

140. 四川高等法院重庆分院、璧山地方法院审理租佃交业纠纷两案　12－18－442

1948年6月至1949年1月，四川高等法院重庆分院、璧山地方法院关于钟杨氏与钟思源租佃止约交业纠纷及其上诉案、陶俊臣与彭锡兴租佃交业纠纷两案的文书，包括民事诉讼状、送达证书、传票、民事裁定书、有关公函、民事上诉状、委任代理人状、上诉答辩状、民事言辞辩论笔录、民事宣判笔录、璧山地方法院民事判决、租佃文约等。

141. 四川高等法院重庆分院、璧山地方法院审理租佃纠纷两案　12－18－443

1948年11月至1949年5月,四川高等法院重庆分院、璧山地方法院关于宋海山与李文远租佃交业纠纷及其上诉案、罗熊氏与刘荣华租佃领押交业纠纷及其上诉案两案的文书,包括民事诉讼状、送达证书、民事裁定书、传票、民事言辞辩论笔录、委任代理人状、民事宣判笔录、民事判决书、民事答辩状、证人结文、民事上诉书等。

142. 四川高等法院重庆分院、璧山实验地方法院等审理租佃纠纷等三案　12－18－444

1944年至1948年8月,四川高等法院重庆分院、璧山实验地方法院等关于邓普安与廖汉章等租佃纠纷上诉案、周大礼与郑永辉租佃交业纠纷、罗仲枢与连一氏等止约交业纠纷三案的文书,包括民事上诉状、民事裁定书、送达证书、传票、民事诉讼状、民事言辞辩论笔录、民事答辩状、民事宣判笔录、民事判决书、委任代理人状等。

143. 四川高等法院重庆分院、璧山地方法院审理租佃纠纷搬迁交业等两案　12－18－445

1948年6月至1949年4月,四川高等法院重庆分院、璧山地方法院关于王海荣与王炳文租佃纠纷搬迁交业案、梁纪三与段兴全租佃交业纠纷及其上诉案两案的文书,包括民事判决书、民事诉讼状、民事答辩状、送达证书、传票、民事言辞辩论笔录、民事宣判笔录、租佃文约、声请上诉状、民事裁定书、委任代理人状、民事上诉状、民事辩诉、民事上诉书、民事委任书、民事裁决书、执行文稿等。

144. 四川高等法院重庆分院、璧山地方法院审理婚约纠纷一案　12－18－446

1948年4月至1948年9月,四川高等法院重庆分院、璧山地方法院关于钱炳清与蔡维仲因婚约纠纷上诉声请返还礼物一案的文书,包括民事上诉状、民事裁定书、送达证书、传票、言辞辩论笔录、宣示判决笔录、民事判决书、礼物清单、民事答辩状、民事宣判笔录等。

145. 璧山地方法院审理租谷假扣押纠纷、借谷纠纷等六案　12－18－447

1948年3月至1948年8月,璧山地方法院关于朱泽周与谷海珍租谷假扣押、张松荣与朱玉林租谷假扣押、傅树森与杨松柏租谷假扣押、刘勋元与黄德清租谷假扣押、胡合成与李绍清返还借谷纠纷、田孟沂与赵银山等租谷假扣押六案的文书,包括民事声请假扣押状、民事裁定书、送达证书、民事声请状、民事判决书、法院执行文稿、执行报告等。

146. 四川高等法院重庆分院、璧山地方法院审理借谷纠纷、黄谷交易纠纷等四案 12—18—448

1948年5月至1948年12月，四川高等法院重庆分院、璧山地方法院关于杨茂福与王福文借谷纠纷执行案、徐绍卿与王树辉黄谷交易纠纷、税捐稽征处与杨万发租谷纠纷、吕四福与吕南星因租佃纠纷声请返还押谷四案的文书，包括民事判决书、送达证书、传票、执行报告、民事执行命令、法院查封布告、法院训令、查封不动产笔录、鉴定书、声请撤销查封状、声请上诉状、民事言辞辩论笔录、民事宣判笔录、凭票、民事答诉状、租佃文约等。

147. 四川高等法院重庆分院、璧山地方法院审理给付棉纱纠纷及其上诉一案 12—18—449

1948年4月至1948年6月，四川高等法院重庆分院、璧山地方法院关于蒋乔桂与徐伯瑜棉纱纠纷及其上诉一案的文书，包括民事诉讼状、借据、送达证书、传票、民事言辞辩论笔录、民事宣判笔录、民事判决书等。

148. 璧山地方法院审理给付棉纱纠纷及其上诉一案 12—18—450

1948年6月至1948年11月，璧山地方法院关于吴吉孚与张德兴棉纱纠纷及其上诉一案的文书，包括民事诉讼状、送达证书、传票、民事言辞辩论笔录、民事答辩状、民事宣判笔录、民事判决书、声请上诉状、民事裁定书、民事上诉状、民事证明状等。

149. 四川高等法院重庆分院、璧山地方法院审理债务纠纷、债务提存两案 12—18—451

1948年5月至1948年9月，四川高等法院重庆分院、璧山地方法院关于钟集远与罗海荣债务纠纷、张绍文与龙俊仙债务提存两案的文书，包括民事诉讼状、民事判决书、法院通知书、执行文稿、提存通知书、收受证书、收据等。

150. 四川高等法院重庆分院、璧山地方法院审理偿清牛价纠纷、赡养费纠纷、租佃加押纠纷、典业纠纷等五案 12—18—452

1948年1月至1949年11月，四川高等法院重庆分院、璧山地方法院关于龙长清与郑银廷清偿牛价案、罗李世义与罗吉氏赡养费纠纷上诉案、黄树林与郭贵喜因租佃加押纠纷上诉案、邹张氏与邹英德等租佃加押纠纷上诉案、范明江与范义安典业纠纷调解案五案的文书，包括民事诉讼状、民事裁定书、法院执行文稿、执行报告、送达证书、收款收据、民事上诉状、委任代理人状、言辞辩论笔录、民事和解声请撤诉状、声明上诉状等。

151. 四川高等法院重庆分院、璧山地方法院审理赡养费纠纷、借款纠纷、买卖毛铁纠纷三案　12－18－453

1948年5月至1949年6月,四川高等法院重庆分院、璧山地方法院关于陈杨氏与陈国江赡养生活费纠纷及其上诉案、唐孟明与万远东借款纠纷案、赵徽五与牟云程买卖毛铁纠纷及其上诉案三案的文书,包括民事诉讼状、送达证书、传票、民事言辞辩论笔录、证人结文、民事判决书、领凭、民事上诉状、民事和解声请撤诉状、借据等。

152. 四川高等法院重庆分院、璧山地方法院审理欧王氏收养认证纠纷一案　12－18－454

1948年4月,四川高等法院重庆分院、璧山地方法院关于欧王氏收养认证一案的文书,包括公证询问笔录、往来公函等。

该卷另附有记官办案进行归档簿等文书。

153. 四川高等法院重庆分院、璧山地方法院审理租谷纠纷、债务纠纷等三案　12－18－456

1948年1月至1948年9月,四川高等法院重庆分院、璧山地方法院关于龚文明与张子荣租谷纠纷执行案、喻清书与廖海全租谷纠纷案、钟其蔚与严鸣高清偿债务并增加支付上诉案三案的文书,包括民事诉讼状、民事判决书、法院执行文稿、送达证书、民事委任代理人状、和解文书、民事辩诉状、民事言辞辩论笔录、民事宣判笔录、民事上诉状等。

154. 璧山地方法院传票登记簿　12－18－457

1948年3月至1948年12月,璧山地方法院传票登记簿,包括日期、件数、被传人姓名、案由、送达处所等。

155. 四川高等法院重庆分院、璧山地方法院审理给付革除清规存查、遗产分割纠纷、租佃纠纷三案　12－18－458

1948年7月至1948年11月,四川高等法院重庆分院、璧山地方法院关于彭至灵革除清规存查、胡廷钦与王应成遗产分割纠纷声请假扣押案、胡秀泉与何泰文因租佃纠纷伪造文书案三案的文书,包括民事存查状、送达证书、民事诉讼状、民事裁决书、民事自诉状、民事言辞辩论笔录等。

156. 四川高等法院重庆分院、璧山地方法院审理会谷纠纷上诉一案　12－18－459

1947年11月至1948年6月，四川高等法院重庆分院、璧山地方法院关于王文彬与杨茂富因会谷纠纷而上诉一案的文书，包括民事诉讼状、送达证书、民事言辞辩论笔录、民事宣判笔录、民事判决书、声请上诉状、民事裁定书、民事上诉状、执行文稿等。

157. 四川高等法院重庆分院、璧山地方法院审理请求确认契约无效及其上诉一案　12－18－460

1948年8月至1948年9月，四川高等法院重庆分院、璧山地方法院关于何祉彰与何成基请求确认产业买卖契约无效及其上诉一案的文书，包括民事诉讼状、送达证书、传票、民事答辩状、委任代理人状、民事言辞辩论笔录、证人结文、税捐稽征处呈文报告、民事判决书、声请上诉状、民事上诉状、民事宣判笔录、民事裁定书等。

158. 璧山实验地方法院等审理典权纠纷、租佃纠纷两案　12－18－460－461

1945年7月至1945年12月，璧山实验地方法院等关于李永发与李永兴因典权纠纷声请返还分约案、蒋维邦与雷华均因租佃纠纷声请终止租约案两案的文书，包括民事诉讼状、委任代理人状、送达证书、传票、民事声请书、民事言辞辩论笔录、民事宣判笔录、民事判决书、租约等。

159. 四川高等法院重庆分院、璧山地方法院审理田业买卖纠纷一案　12－18－461

1948年5月至1948年9月，四川高等法院重庆分院、璧山地方法院关于杨冯氏与杨名杰请求确认田业买卖契约无效一案的文书，包括民事上诉状、民事裁定书、民事言辞辩论笔录、宣示判决笔录、民事上诉答辩状、委任代理人状、民事判决书、买卖文约等。

160. 璧山地方法院审理遗产分割纠纷一案　12－18－462

1948年7月，璧山地方法院关于胡孔昭与胡绍康遗产分割纠纷一案的文书，包括民事诉讼状、送达证书、传票、乡公所呈文等。

161. 璧山地方法院审理赠与认证、申领租佃证件等七案　12－18－463

1948年7月至1948年12月，璧山地方法院关于朱勤良赠与认证、谷蔺圃借贷认证、王莉修申领租佃证件、林中泉遗产分割认证、曾朱绍光赠与认证、曾陈德厚赠与认证、蓝赖氏等赠与认证七案的文书，包括公证讯问笔录、声请公证证明书、公证证明书、遗产分割协议书、赠予合同、民事申领状、公证申领书、领凭等。

162. 璧山地方法院审理田界纠纷一案 12－18－464

1948年7月，璧山地方法院关于赵树五与赵学成田界纠纷一案的文书，包括民事诉讼状、送达证书、传票、民事辩诉状、民事言辞辩论笔录、民事宣判笔录、民事判决书等。

163. 璧山地方法院审理赠与认证、借贷认证等案 12－18－465

1948年9月至1948年11月，璧山地方法院关于钱君然赠与认证、李有成借贷认证、蔡昌庭申领黄谷纠纷案证件、雷柏松租佃认证等案的文书，包括公证讯问笔录、赠与文约、公证证明书、领取通知书、声请公证证明书、领凭、公证声请书、借据、民事申领状、领证凭、租佃文约等。

164. 璧山地方法院审理申领诉讼证件、租佃认证、典当公证等五案 12－18－466

1948年9月至1948年11月，璧山地方法院关于曾维统申领租谷纠纷诉讼证件、谭现章租佃认证、戈启水典当公证、江刘氏遗嘱认证、冯玉合房产买卖文契遗失认证五案的文书，包括民事申领状、送达证书、公证讯问笔录、租佃文约、公证证明书、领凭、典当文约、授权书、声请公证证明书、公证声请书、遗嘱、乡公所呈文、文约等。

165. 璧山地方法院审理离婚纠纷、债务纠纷、脱离家庭存查三案 12－18－467

1948年9月至1948年12月，璧山地方法院关于刘素操与周明全离婚纠纷、周洪彬与张炳臣因债务纠纷声请返还棉被案、杨合林欲脱离家庭声请存查三案的文书，包括民事诉讼状、户籍查阅报告、送达证书、传票、民事言辞辩论笔录、证人结文、民事和解笔录、声请存查状等。

166. 四川高等法院重庆分院、璧山地方法院审理租佃纠纷等三案 12－18－468

1948年3月至1948年11月，四川高等法院重庆分院、璧山地方法院关于谭鲍氏与秦炳荣租佃领押交业纠纷及其上诉案、江名徽与曹海云租佃交业纠纷及其上诉案、吴刘氏与余焕章租佃搬迁交业纠纷三案的文书，包括民事诉讼状、民事判决书、民事声请执行状、法院执行文稿、执行报告、具结报告、交业笔录、送达证书、传票、民事答辩状、民事言辞辩论笔录、民事宣判笔录、佃约文书、声请上诉状等。

167. 四川高等法院重庆分院、璧山地方法院审理清偿借款及其上诉一案 12－18－469

1948年5月至1948年8月，四川高等法院重庆分院、璧山地方法院关于彭尊荣与罗锡光清偿借款纠纷及其上诉一案的文书，包括民事诉讼状、民事上诉状、民事裁定书、委任代理人状、民事庭审笔录、宣示判决笔录、民事判决书、民事答辩状、送达证书、民事言辞辩论笔录等。

168. 璧山地方法院审理租佃交业纠纷、遗产分割纠纷、房屋租赁交业纠纷三案　12－18－470

1948年5月至1949年2月，璧山地方法院关于黄何氏与雷丙轩租佃交业纠纷、夏登位与夏李树遗产分割纠纷、吴汉臣与钟绍林房屋租赁止约交业纠纷三案的文书，包括民事诉讼状、送达证书、法院公函、民事言辞辩论笔录、民事辩诉状、民事宣判笔录、民事判决书、领取凭证、民事声请执行状、执行报告、法院执行文稿、交业笔录、具结报告等。

169. 四川高等法院第一分院、璧山地方法院审理租谷纠纷等三案　12－18－471

1947年11月至1948年4月，四川高等法院第一分院、璧山地方法院关于滕裕泰与张辉山租谷纠纷、张春德与黄开玉因租佃纠纷声请给付黄谷及其上诉案、王银清与雷德荣因租谷纠纷声请给付黄谷三案的文书，包括民事诉讼状、庭审点名单、审理笔录、民事答诉状、证人结文、民事判决书、民事裁定书、送达证书、证物证词、传票、民事声请书、法院训令、民事委任书、民事言辞辩论笔录、民事宣判笔录、民事上诉状等。

170. 四川高等法院重庆分院、璧山地方法院审理租谷纠纷、租佃纠纷等四案　12－18－472

1947年3月至1948年11月，四川高等法院重庆分院、璧山地方法院关于唐祖阳与唐宗荣租谷纠纷及其上诉案、杨辉南与苏星武租佃纠纷声请黄谷假扣押案、尹刘氏与龙全发租谷纠纷及其上诉案、黄正清与杨振河租佃纠纷声请给付黄谷案四案的文书，包括民事上诉状、法院公函、民事判决书、民事裁定书、声请上诉状、送达证书、传票、民事言辞辩论笔录等。

171. 四川高等法院重庆分院、璧山地方法院审理牛租纠纷、地租纠纷、松树买卖纠纷三案　12－18－473

1948年1月至1948年10月，四川高等法院重庆分院、璧山地方法院关于王荣清与雷德荣牛租纠纷、徐文渊与李河清因地租纠纷声请给付菜籽案、刘鸿慈与刘一廷因松树买卖纠纷声请给付松树三案的文书，包括民事声请执行状、民事判决书、法院执行文稿、执行报告、接收报告、民事诉讼状、送达证书、传票、民事言辞辩论笔录、证人结文、民事答辩状、民事宣判笔录、执行文稿等。

172. 璧山地方法院审理租佃纠纷两案　12－18－474

1948年4月至1949年3月，璧山地方法院关于曾森林与曾启光因租佃纠纷声请终止租约案、杨辉南与苏星武因租佃纠纷声请黄谷假扣押两案的文书，包括民事声请上状、民事裁定书、言辞辩论笔录、民事和解声请撤诉状、送达证书、民事声请书、法院训令、民事委任书、民事辩诉状、民事上诉书、民事言辞辩论笔录、民事宣判笔录、执行文稿等。

173. 四川高等法院重庆分院、璧山地方法院审理典产纠纷声请停止假执行及其上诉一案　12－18－475

1948年8月至1948年10月，四川高等法院重庆分院、璧山地方法院关于曾永昌与杨君执因典产纠纷声请停止假执行及其上诉一案的文书，包括民事声请停止假执行状、民事判决书、曾永昌信函、民事答辩状、执行报告、送达证书等。

174. 璧山地方法院司法档案簿两册　12－18－476

该卷全部为璧山地方法院检查处档案簿，包括1949年8月的传票、拘票登记簿一册，1948年1月的送稿发文簿一册。

175. 璧山地方法院司法档案簿两册　12－18－477

该卷全部为璧山地方法院检查处档案簿，包括1948年1月助字分案簿一册，1948年9月收分第一科文簿一册。

176. 四川高等法院重庆分院、璧山地方法院审理离婚纠纷及其上诉一案　12－18－478

1948年9月至1948年11月，四川高等法院重庆分院、璧山地方法院关于叶蒋氏与叶太风离婚及其上诉一案的文书，包括民事诉讼状、核查报告、送达证书、传票、民事答辩状、民事言辞辩论笔录、声请再传讯状、民事宣判笔录、民事判决书、民事声请上诉状、民事上诉状、民事裁定书、解除婚姻关系文约、执行文稿等。

177. 璧山地方法院审理赠与认证、租佃认证等三案　12－18－479

1948年1月至1948年12月，璧山地方法院关于傅树森赠与认证、蔡治荣租佃认证、张九玒租佃认证三案的文书，包括民事认证声请、认证讯问笔录、赠与文约、认证证明书、领取凭证、租佃文约、公证声请书、授权书等。

178. 璧山地方法院审理申领证件、赠与认证、租佃认证、再醮公证四案　12－18－480

1947年6月至1948年2月,璧山地方法院关于陈万年申领墙垣侵害纠纷案证件(契约)、郭海清赠与认证、赵金廷等租佃认证、谷汪氏再醮公证四案的文书,包括民事申领状、认证讯问笔录、公证通知书、李成之呈文、声请公证证明、民事声请状等。

179. 璧山地方法院审理押佃提存、田业买卖纠纷、租佃纠纷、租佃纠纷调解四案　12－18－481－484

1948年3月至1948年11月,璧山地方法院关于罗荣辉与赵炳鑫押佃提存、谢少甫与龙敏章因田业买卖纠纷上诉损害赔偿案、罗友三与尹刘氏因租佃纠纷声请损害赔偿案、陈昌棋与陈明清租佃纠纷调解四案的文书,包括提存通知书、送达证书、收受证书、收据、民事声请上诉状、民事裁定书、民事上诉状、民事催请状、委任代理人状、民事言辞辩论笔录、民事声请执行状、民事判决书、法院执行文稿、执行报告等。

180. 璧山地方法院审理妨害农业一案　12－18－485－486

1948年9月至1948年10月,璧山地方法院关于陈映清因租佃纠纷阻耕妨害农业一案的文书,包括刑事告诉状、刑事委任状、刑事审判笔录、刑事保状等。

内附1938年2月至9月璧山地方法院看守所配发公教人员食米代金报核清册。

181. 璧山地方法院审理确认租约无效、租佃纠纷两案　12－18－487

1948年11月至1948年12月,璧山地方法院关于杨国清请求确认租赁房屋契约无效、雷海洲因租佃纠纷请求确认所有权两案的文书,包括民事告诉状、民事答辩状、民事言辞辩论笔录、璧山地方法院民事判决书等。

182. 四川高等法院第一分院、璧山地方法院审理买树纠纷、分产纠纷两案　12－18－488

1948年7月至1948年11月,四川高等法院第一分院、璧山地方法院关于苏荣清因买树纠纷申请返还树木、徐少良因分产纠纷请求返还产业两案的文书,包括民事答辩状、民事言辞辩论笔录、民事委任状、璧山地方法院民事判决书、民事告诉状、四川高等法院第一分院民事裁定书等。

183. 四川高等法院第一分院、璧山地方法院审理增加给付纠纷三案　12－18－489

1948年3月至1948年7月，四川高等法院第一分院、璧山地方法院关于严鸣高逾期拖欠借款被诉增加给付、唐汝林拖欠借款被诉增加给付、龙大章因典产纠纷请求增加给付三案的文书，包括民事告诉状、璧山地方法院民事判决书、报告、民事言辞辩论笔录、民事答辩状、民事上诉状、璧山地方法院民事裁定书、四川高等法院第一分院民事判决书等。

184. 四川高等法院重庆分院、璧山地方法院审理交业纠纷三案　12－18－490

1948年6月至1948年12月，四川高等法院重庆分院、璧山地方法院关于陈裕林领押交业纠纷案、赵兴贵租期届满上诉声请给租交业纠纷案、黄何氏交业纠纷案三案的文书，包括民事声请书、璧山地方法院民事裁定书、公函、民事上诉状、四川高等法院重庆分院民事裁定书、民事委任状、民事答辩状、璧山地方法院民事判决书等。

185. 璧山实验地方法院等审理债务纠纷等两案　12－18－491

1944年3月至1948年8月，璧山实验地方法院等关于廖文绪借款债务纠纷、曾令荣因租佃纠纷押佃提存两案的文书，包括璧山地方法院民事判决书、报告、送达证书等。

186. 璧山地方法院审理给付租谷、拖欠黄谷等四案　12－18－492

1948年10月至1948年12月，璧山地方法院关于赖玉福因租佃纠纷声请给付租谷、邓廷森拖欠所借黄谷、曹曾氏因典产纠纷声请增加给付、殷洪斌因租佃纠纷声请给付租谷四案的文书，包括民事告诉状、民事答辩状、民事言辞辩论笔录、璧山地方法院民事判决书等。

187. 四川高等法院重庆分院、璧山地方法院审理增加给付两案　12－18－493

1948年1月至1948年8月，四川高等法院重庆分院、璧山地方法院关于钱君民因拖欠借款声请增加给付案、刘作民因租佃纠纷上诉请求增加给付租谷两案的文书，包括民事声请书、民事言辞辩论笔录、璧山地方法院民事判决书、民事上诉状、璧山地方法院民事裁定书、民事委任状、民事答辩状、四川高等法院重庆分院民事判决书等。

188. 四川高等法院重庆分院、璧山地方法院审理交业纠纷两案　12－18－494

1948年5月至1948年12月，四川高等法院重庆分院、璧山地方法院关于璧山私立正义学校因租佃耕地纠纷请求交业、赖玉顺租佃搬迁交业纠纷两案的文书，包括公函、民事抗告书、四川高等法院重庆分院民事裁定书、民事答辩状、民事审判笔录、璧山地方法院民事判决书、璧山地方法院民事和解笔录等。

189. 四川高等法院重庆分院、璧山地方法院审理声请免执行地界纠纷等四案　12－18－495－498

1948年6月至1949年2月，四川高等法院重庆分院、璧山地方法院关于朱堂国声请免执行、鲁汉章地界纠纷、宋炳全因租佃纠纷上诉给付租谷、曾心恕遗产税纠纷四案的文书，包括民事声请书、民事言辞辩论笔录、民事告诉状、璧山地方法院民事裁定书、四川高等法院重庆分院民事裁定书、公函等。

190. 璧山地方法院审理租佃纠纷、工钱纠纷两案　12－18－499

1948年7月至1948年10月，璧山地方法院关于朱玉林因租佃纠纷声请黄谷假扣押、邓德庆因雇工工钱纠纷殴打他人被诉赔偿损害两案的文书，包括璧山地方法院民事裁定书、通知、送达证书、民事告诉状、民事言辞辩论笔录、璧山地方法院民事判决书等。

191. 四川高等法院重庆分院、璧山地方法院审理确认所有权等三案　12－18－500

1948年4月至1948年12月，四川高等法院重庆分院、璧山地方法院关于张志贞因租佃纠纷请求确认产业所有权、冯光成请求确认买卖产业契约无效、罗书田租佃契约认证三案的文书，包括民事告诉状、民事委任状、民事审判笔录、公函、璧山地方法院民事判决书、民事上诉状、璧山地方法院民事裁定书、四川高等法院重庆分院民事裁定书、公证声请书、授权书、公证讯问笔录等。

192. 璧山地方法院审理返还树木、返还锄头两案　12－18－501

1948年2月至1949年6月，璧山地方法院关于何光洲因佃户乱伐树木声请返还树木、张福禄因租佃纠纷抢夺锄头阻耕被诉返还锄头两案的文书，包括民事告诉状、民事审判笔录、民事声请书、璧山地方法院刑事附带民事判决书、报告等。

193. 最高法院、四川高等法院第一分院及重庆分院、璧山地方法院审理典产纠纷、分产纠纷两案　12－18－502

1948年6月至1949年4月，最高法院、四川高等法院第一分院及重庆分院、璧山地方法院关于张正乾等因产业典当逾期声请返还典物收益及堰塘熟土、汪罗氏因族戚分产纠纷声请返还房产两案的文书，包括公函、民事上诉状、四川高等法院第一分院民事裁定书、四川高等法院第一分院民事判决书、璧山地方法院民事裁定书、最高法院民事判决书、民事反诉状等。

194. 四川高等法院重庆分院、璧山地方法院审理赔偿损害纠纷等两案　12—18—503

1948年1月至1949年1月，四川高等法院重庆分院、璧山地方法院关于徐何氏因他人拖欠借款请求赔偿损失、李海文因租佃纠纷上诉请求增加给付黄谷两案的文书，包括民事告诉状、执行文稿、报告、璧山地方法院民事判决书、公函、民事上诉书、璧山地方法院民事裁定书、民事审判笔录、四川高等法院重庆分院民事判决书、民事委任书等。

195. 璧山地方法院审理租佃调解纠纷等案　12—18—504

1948年10月至1948年12月，璧山地方法院关于刘先德因租佃纠纷声请调解、陶发林因租佃期限届满声请延长租期、张宏运典当产业纠纷、连玉钟给付租谷纠纷调解案等案的文书，包括民事声请书、民事委任书、民事调解笔录、送达证书等。

196. 最高法院、四川高等法院第一分院及重庆分院、璧山地方法院审理黄谷假扣押等四案　12—18—505

1947年8月至1948年9月，最高法院、四川高等法院第一分院及重庆分院、璧山地方法院关于帅子房因卖产纠纷声请黄谷假扣押、连璋华因租佃纠纷声请租谷假扣押、钟袁氏因约借租谷纠纷声请租谷假扣押、陈汉忠因租佃纠纷上诉声请黄谷假扣押四案的文书，包括民事声请书、璧山地方法院民事裁定书、民事上诉状、最高法院民事判决书、四川高等法院第一分院民事裁定书、四川高等法院重庆分院民事裁定书、报告等。

197. 璧山地方法院审理请求议租公证、申请领证等三案　12—18—506

1948年10月至1948年12月，璧山地方法院关于黄元发请求议租公证、程元吉请求议租公证、何邓氏声请领回涉讼典产纠纷案证据三案的文书，包括公证讯问笔录、公证书、民事声请书等。

198. 四川高等法院重庆分院、璧山地方法院审理返还田业及其上诉一案　12—18—507

1947年12月至1948年7月，四川高等法院重庆分院、璧山地方法院关于徐成文因族戚分产纠纷声请返还田业纠纷及其上诉一案的文书，包括民事诉状、讯问笔录、民事答辩状、璧山地方法院民事判决书、民事声请书、民事上诉书、璧山地方法院民事裁定书、民事委任书、四川高等法院民事裁定书等。

199. 璧山地方法院审理认证三案　12—18—508

1948年2月至1948年9月，璧山地方法院关于周树荣租佃契约认证、王忠兴请求认证买卖产业契约、黄国山声请认证租佃契约三案的文书，包括公证声请书、授权书、声请认证证明书、公证讯问笔录、认证书等。

200. 四川高等法院重庆分院、璧山地方法院审理请求确认合约无效、确认所有权两案　12—18—509

1948年3月至1948年11月，四川高等法院重庆分院、璧山地方法院关于刘步舟上诉请求确认租佃合约无效、江李氏因产业赠与纠纷上诉请求确认所有权两案的文书，包括公函、民事上诉状、璧山地方法院民事裁定书、民事委任状、四川高等法院重庆分院民事判决书等。

201. 四川高等法院重庆分院、璧山地方法院审理确认租约有效等两案　12—18—510

1948年9月至1948年12月，四川高等法院重庆分院、璧山地方法院关于请求确认租约有效、确认合约无效两案的文书，包括民事诉状、送达证书、证物证词、传票、法院执行命令、民事声请书、民事上诉书、民事委任书、四川高等法院民事裁定书、民事言辞辩论笔录、四川高等法院宣示判决笔录、执行文稿等。

202. 四川高等法院重庆分院、璧山地方法院审理赔偿损害等案　12—18—511

1948年8月至1949年3月，四川高等法院重庆分院、璧山地方法院关于赔偿损害等案的文书，包括民事诉状、送达证书、证物证词、传票、法院执行命令、民事声请书、民事上诉书、民事委任书、四川高等法院民事裁定书、民事言辞辩论笔录、四川高等法院宣示判决笔录、法院训令、执行文稿等。

203. 四川高等法院重庆分院、璧山地方法院审理返还契约一案　12—18—512

1948年2月至1948年6月，四川高等法院重庆分院、璧山地方法院关于李永发返还契约一案的文书，包括民事诉状、送达证书、证物证词、传票、法院执行命令、民事声请书、民事上诉书、民事委任书、四川高等法院民事裁定书、民事言辞辩论笔录、四川高等法院宣示判决笔录、法院训令、执行文稿等。

204. 四川高等法院重庆分院、璧山地方法院审理给谷纠纷等两案　12－18－513

1948 年 3 月至 1949 年 9 月，四川高等法院重庆分院、璧山地方法院关于肖国栋给谷纠纷、陈兆周返还黄谷纠纷两案的文书，包括民事诉状、送达证书、证物证词、传票、法院执行命令、民事声请书、民事上诉书、民事委任书、四川高等法院民事裁定书、民事言辞辩论笔录、四川高等法院宣示判决笔录、法院训令、执行文稿等。

205. 四川高等法院第一分院、璧山地方法院审理声请拍卖抵押物异议等三案　12－18－514

1948 年 1 月至 1948 年 11 月，四川高等法院第一分院、璧山地方法院关于陈国五等因借款纠葛而申请拍卖抵押物异议、刘子凡等因借款纠葛而申请偿还债务异议、蒋泽禄等因租佃纠葛而申请搬迁交业三案的文书，包括民事诉状、送达证书、证物证词、传票、法院执行命令、民事具状书、民事声请书、民事上诉书、民事委任书、四川高等法院民事裁定书、民事言辞辩论笔录、四川高等法院宣示判决笔录、法院训令、执行文稿等。

206. 四川高等法院重庆分院、璧山地方法院审理给付会谷纠纷等两案　12－18－515

1948 年 7 月至 1948 年 8 月，四川高等法院重庆分院、璧山地方法院关于朱蔚卿给付会谷纠纷、田树清返还黄谷纠纷两案的文书，包括民事诉状、送达证书、证物证词、传票、法院执行命令、民事声请书、民事上诉书、民事委任书、四川高等法院民事裁定书、民事言辞辩论笔录、宣示判决笔录、法院训令、执行文稿等。

207. 四川高等法院重庆分院、璧山地方法院审理给付黄谷纠纷等案　12－18－516

1948 年 5 月至 1948 年 10 月，四川高等法院重庆分院、璧山地方法院关于马济民给付黄谷纠纷、钱安民给付租谷纠纷等案的文书，包括民事诉状、送达证书、证物证词、传票、法院执行命令、民事具状书、民事声请书、民事上诉书、民事委任书、四川高等法院民事裁定书、民事言辞辩论笔录、宣示判决笔录、法院训令、执行文稿等。

208. 四川高等法院重庆分院、璧山地方法院审理黄谷纠纷等案　12－18－517

1948 年 2 月至 1948 年 9 月，四川高等法院重庆分院、璧山地方法院关于帅子房给付黄谷、马承修给付租谷纠纷等案的文书，包括民事诉状、送达证书、证物证词、传票、法院执行命令、民事具状书、民事声请书、民事上诉书、民事委任书、四川高等法院民事裁定书、民事言辞辩论笔录、宣示判决笔录、法院训令、执行文稿等。

209. 四川高等法院重庆分院、璧山地方法院审理请求租佃认证等案　12－18－518

1948年12月至1949年1月，四川高等法院重庆分院、璧山地方法院关于余学清租佃认证、许文星分约认证等案的文书，包括民事诉状、送达证书、证物证词、传票、法院执行命令、民事具状书、民事声请书、民事上诉书、民事委任书、四川高等法院民事裁定书、民事言辞辩论笔录、宣示判决笔录、法院训令、执行文稿等。

210. 璧山地方法院审理请求领取证明等四案　12－18－519

1948年3月至1949年1月，璧山地方法院关于钱周氏请求领取呈庭契约、王刘氏因债务偿清请求领回借据、叶汉清请求认证遗嘱、李博嵩等请求街房租赁纠葛和解认证四案的文书，包括民事诉状、送达证书、证物证词、传票、法院执行命令、民事具状书、民事声请书、民事上诉书、民事委任书、四川高等法院民事裁定书、民事言辞辩论笔录、宣示判决笔录、民事和解书、法院训令、执行文稿等。

211. 璧山地方法院审理申请公证四案　12－18－520

1948年3月至1949年1月，璧山地方法院关于熊森林申请公证租佃土地案、邓银臣申请公证租佃土地案、张良模申请公证租佃土地案、何俊卿申请公证租佃土地案四案的文书，包括公证讯问笔录、认证书、声请公证证明书、民事领状等。

212. 璧山地方法院审理申请公证四案　12－18－521

1948年1月至1948年11月，璧山地方法院关于李森荣申请将其放弃土地继承权一事公证案、张和林申请公证租佃土地案、李洪顺申请公证租佃土地案、刘正禄申请公证租佃案四案的文书，包括公证讯问笔录、璧山县临江乡第三保保长提交璧山地方法院的呈文、公证书、授权书、民事领状等。

213. 四川高等法院重庆分院、璧山地方法院审理要求返还房土等三案　12－18－522

1948年1月至1949年1月，四川高等法院重庆分院、璧山地方法院关于吴徐氏要求陈泽霖返还房土案、刘占胜要求邓元耀返还田业案、谢兴元要求谢王氏返还谷物案三案的文书，包括民事声请书、民事委状、辩论笔录、璧山地方法院民事判决书、民事诉状、民事答辩状、民事撤诉状、璧山地方法院与四川高等法院重庆分院的往来公函、四川高等法院重庆分院民事判决书等。

214. 河边乡乡公所呈请璧山地方法院传讯当事人一案　12－18－523

1948年9月，河边乡乡公所呈请璧山地方法院传讯杨志坚等人一案的文书，包括河边乡乡长提交璧山地方法院的呈文、璧山地方法院指令等。

215. 四川高等法院重庆分院、璧山地方法院审理押金纠纷、黄谷纠纷等三案　12－18－524

1948年1月至1949年11月，四川高等法院重庆分院、璧山地方法院关于邓永江土地押金纠纷案、陈宏庥要求给付黄谷案、雷德荣要求给付食谷案三案的文书，包括民事诉状、民事答辩状、辩论笔录、璧山地方法院民事判决书、民事委任状、宣判笔录、璧山地方法院与四川高等法院重庆分院的往来公函、四川高等法院重庆分院民事判决书等。

216. 四川高等法院重庆分院、璧山地方法院审理租谷纠纷两案　12－18－525

1948年2月至1949年1月，四川高等法院重庆分院、璧山地方法院关于马荣发租谷纠纷案、王启龙租谷纠纷案两案的文书，包括民事诉状、民事声请书、民事委任状、辩论笔录、宣判笔录、璧山地方法院民事判决书、璧山地方法院与四川高等法院重庆分院的往来公函、四川高等法院重庆分院民事判决书等。

217. 璧山地方法院审理要求给付黄谷执行等三案　12－18－526

1948年1月至1948年6月，璧山地方法院关于邓兴元要求给付黄谷执行案、徐显贵要求徐占云偿还借谷执行案、陈荣昌要求给付黄谷执行案三案的文书，包括民事声请书、璧山地方法院民事判决书、璧山地方法院执行命令、民事诉状、民事领状、民事执行状等。

218. 璧山地方法院审理违反税法缴纳罚金一案　12－18－527

1947年11月至1948年1月，璧山地方法院关于廖哲明违反税法缴纳罚金一案的文书，包括璧山地方法院刑事裁定、璧山地方法院执行令、刑事声请书、璧山地方法院执行命令等。

219. 四川高等法院第一分院及重庆分院、璧山地方法院审理要求给付黄谷等四案　12－18－528

1947年12月至1949年5月，四川高等法院第一分院及重庆分院、璧山地方法院关于温松林要求给付黄谷案、张标国要求给付黄谷案、汪东平要求给付黄谷案、王三才租谷纠纷案四案的文书，包括民事诉状、璧山地方法院民事裁定、四川高等法院重庆分院民事裁定、辩论笔录、民事委任状、民事声明状、璧山地方法院民事判决书、四川高等法院第一分院民事裁定、璧山地方法院与四川高等法院重庆分院的往来公函、民事声请书等。

220. 最高法院、四川高等法院第一分院、璧山地方法院审理田业所有权纠纷等两案　12－18－529

1947年10月至1949年3月，最高法院、四川高等法院第一分院、璧山地方法院关于朱廷辉田业所有权纠纷案、徐万辉申请登记不动产所有权案两案的文书，包括民事诉状、最高法院民事裁定、璧山地方法院与四川高等法院第一分院的往来公函、民事声请书、璧山地方法院命令等。

221. 璧山地方法院审理申请租佃公证等三案　12－18－530

1948年6月至1949年11月，璧山地方法院关于谭金山申请租佃公证案、段宋氏要求确认买卖土地契约有效案、廖清波申请租佃公证案三案的文书。谭金山、廖清波租佃土地时申请法院将此公证。该卷文书包括讯问笔录、民事委任状、民事领状、民事诉状、辩论笔录、民事补诉状、璧山地方法院民事判决书等。

222. 璧山地方法院审理申请租佃公证等四案　12－18－531

1948年1月至1949年3月，璧山地方法院关于吴鸿修申请租佃公证案、蔡文仲申请婚约公证案、赵大德租谷纠纷案、瞿能斌申请领取证物案四案的文书，包括民事声请书、讯问笔录、民事领状、璧山地方法院公证处通知书、璧山地方法院民事判决书等。

223. 璧山地方法院审理租谷纠纷等五案　12－18－532－535

1948年8月至1949年1月，璧山地方法院关于叶聚财租谷纠纷案、朱显忠典价纠纷执行案、曾永昌典价提存案、李源兴租谷纠纷案、曾汉洲诱拐他人配偶案五案的文书，包括民事诉状、辩论笔录、民事宣判笔录、璧山地方法院民事判决书、民事领状、民事辩状、璧山地方法院民事和解笔录、刑事诉状、刑事反诉状、刑事辩状、璧山地方法院刑事判决书等。

224. 四川高等法院重庆分院、璧山地方法院审理要求返还房契等三案　12－18－536

1947年12月至1949年1月，四川高等法院重庆分院、璧山地方法院关于印刘氏要求殷刘氏返还房契案、王银臣要求返还契约案、僧慧缘要求返还庙产案三案的文书，包括民事诉状、辩论笔录、民事宣判笔录、璧山地方法院民事判决书、璧山地方法院民事裁定、璧山地方法院与四川高等法院重庆分院的往来公函、民事声请书、四川高等法院重庆分院民事裁定等。

225. 四川高等法院重庆分院、璧山地方法院审理要求返还房契上诉等三案　12—18—537

1948年7月至1949年6月，四川高等法院重庆分院、璧山地方法院关于印刘氏要求殷刘氏返还房契上诉案、荣廷良要求钟永芳返还订婚聘礼执行案、何邱氏要求何光前返还嫁妆执行案三案的文书，包括民事诉状、璧山地方法院民事裁定、民事缴状、璧山地方法院与四川高等法院重庆分院的往来公函、民事委状、辩论笔录、四川高等法院重庆分院民事判决书、璧山地方法院执行命令、璧山地方法院训令、民事领状、四川高等法院重庆分院和解笔录、民事执行状等。

226. 四川高等法院重庆分院、璧山地方法院审理要求返还嫁妆等三案　12—18—538

1948年10月至1949年1月，四川高等法院重庆分院、璧山地方法院关于钟永芳要求荣廷良返还嫁妆案、吴文源要求吴济川交还土地契约案、释澄常要求撤销租佃契约案三案的文书，包括民事执行状、四川高等法院重庆分院民事判决书、民事诉状、辩论笔录、璧山地方法院民事判决书、民事委状等。

227. 璧山地方法院审理拒交营业税等三案　12—18—539—541

1947年10月至1949年4月，璧山地方法院关于曾树高拒交营业税案、张刘氏申请宣告刘春林死亡案、尹连山伤人罚金缴纳案三案的文书，包括璧山县税捐稽征处与璧山地方法院的往来公函、璧山县税捐稽征处1948年度抗税商民名单、璧山地方法院公示催告、民事声请书、辩论笔录、璧山地方法院民事裁定、璧山地方法院刑事判决书、璧山地方法院执行命令等。

228. 重庆地方法院、璧山地方法院等审理回赎工具纠纷等三案　12—18—542

1948年4月至1949年7月，重庆地方法院、璧山地方法院等关于陈代位回赎油房工具纠纷案、邓尧钦伪造租佃文书案、黄吉山回赎田业纠纷案三案的文书，包括民事诉状、民事委任状、辩论笔录、民事辩状、民事宣判笔录、璧山地方法院民事判决书、璧山地方法院刑事附带民事判决书、民事声请书、民事证明书、璧山地方法院与四川高等法院重庆分院的往来公函、重庆地方法院民事判决书等。

229. 璧山地方法院审理要求给付棉纱等三案　12—18—543

1947年12月至1948年10月，璧山地方法院关于石汉荣要求石荣祥给付棉纱案、张石氏要求曾周氏给付洋纱案、陈家祺要求赵光辉给付洋纱执行案三案的文书，包括民事诉状、辩论笔录、民事辩状、民事宣判笔录、民事声请书、璧山地方法院民事判决书、民事执行状、璧山地方法院执行命令等。

230. 四川高等法院重庆分院、璧山地方法院审理要求交付买卖田房契约等三案　12—18—544

1948年4月至1948年11月，四川高等法院重庆分院、璧山地方法院关于冯荣臣要求刘开富交付买卖田房契约案、江流碧要求江远林返还借据执行案、邓述来要求杨鲁山返还红契执行案三案的文书，包括民事诉状、民事答辩状、璧山地方法院民事判决书、四川高等法院重庆分院民事裁定、辩论笔录、民事执行状、璧山地方法院命令、民事声请书、璧山地方法院训令、璧山地方法院公告等。

231. 四川高等法院重庆分院、璧山地方法院审理分割遗产纠纷两案　12—18—545

1948年4月至1948年12月，四川高等法院重庆分院、璧山地方法院关于张树成分割遗产纠纷案、郭春山分割遗产纠纷案两案的文书，包括民事诉状、民事答辩状、辩论笔录、民事宣判笔录、璧山地方法院民事裁定、四川高等法院重庆分院民事裁定、璧山地方法院与四川高等法院重庆分院的往来公函、璧山地方法院命令、璧山地方法院训令、璧山地方法院执行命令等。

232. 璧山地方法院审理重婚、伤人两案　12—18—546

1948年1月至1948年4月，璧山地方法院关于李占标重婚案、陈方林伤人案两案的文书，包括璧山县警察局发往璧山地方法院的公函、讯问笔录、刑事申请状、刑事声明等。

233. 四川高等法院重庆分院、璧山地方法院审理交还田业纠纷等三案　12—18—547—548

1948年5月至1949年10月，四川高等法院重庆分院、璧山地方法院关于陈汉忠交还田业纠纷案、何恒德要求终止土地租约执行案、黄仲国要求终止土地租约执行案三案的文书，包括民事异议状、辩论笔录、民事答辩状、璧山地方法院民事判决书、璧山地方法院与四川高等法院重庆分院的往来公函、民事委状、四川高等法院重庆分院民事判决书、璧山地方法院执行命令、璧山地方法院和解笔录等。

234. 四川高等法院重庆分院、璧山地方法院审理要求撤销买卖房屋契约等两案　12—18—549

1948年2月至1949年3月，四川高等法院重庆分院、璧山地方法院关于刘祖源要求撤销买卖房屋契约案、罗胡氏要求确认买卖田土房屋契约有效案两案的文书，包括民事诉状、璧山地方法院民事裁定、四川高等法院重庆分院民事裁定、璧山地方法院与四川高等法院重庆分院的往来公函、辩论笔录、四川高等法院重庆分院民事判决书等。

235. 四川高等法院第一分院、璧山地方法院审理要求确认优先承买田业权等三案 12－18－550

1948年1月至1948年11月,四川高等法院第一分院、璧山地方法院关于杨绍轩要求确认优先承买田业权案、萧蒲廷要求确认买卖竹林田业契约无效案、吴锡钧要求撤销买卖田房契约案三案的文书,包括民事诉状、民事委任状、民事答辩状、辩论笔录、璧山地方法院民事判决书、民事撤诉状、四川高等法院第一分院民事和解笔录、民事声请书、璧山地方法院民事和解笔录等。

236. 四川高等法院重庆分院、璧山地方法院审理赔偿黄谷执行等三案 12－18－551

1947年12月至1949年8月,四川高等法院重庆分院、璧山地方法院关于雷永兴要求陈程氏赔偿黄谷执行案、萧崇阶偿还黄谷执行案、牟合顺租谷纠纷案三案的文书,包括民事执行状、璧山地方法院刑事及附带民事判决书、璧山地方法院民事判决书、四川高等法院重庆分院民事判决书、民事声请书、民事交状、璧山地方法院命令、璧山地方法院训令、民事保状、查封不动产笔录、四川高等法院重庆分院民事裁定等。

237. 四川高等法院重庆分院、璧山地方法院审理要求返还嫁妆等两案 12－18－552

1948年10月至1949年11月,四川高等法院重庆分院、璧山地方法院关于朱堂国要求返还嫁妆案、徐春荣要求返还粮食执行案两案的文书,包括民事申请状、璧山地方法院民事执行处裁定、璧山地方法院训令、民事抗告书、璧山地方法院民事裁定、四川高等法院重庆分院刑事附带民事判决书、璧山地方法院执行命令等。

238. 四川高等法院重庆分院、璧山地方法院审理坟地所有权纠纷一案 12－18－556

1948年4月至1949年7月,四川高等法院重庆分院、璧山地方法院关于赖德安等坟地所有权纠纷案一案的文书,包括民事诉状、民事答辩状、辩论笔录、查勘笔录、民事声请书、民事公证状、璧山地方法院民事判决书、民事委任状、璧山地方法院与四川高等法院重庆分院的往来公函、四川高等法院重庆分院民事判决书等。

239. 璧山地方法院审理要求确认田业共有权等三案 12－18－557

1948年8月至1949年1月,璧山地方法院关于陈树清要求确认田业共有权案、林国佐要求认证田业所有权案、林庆元要求认证田业所有权案三案的文书。林国佐与林庆元均因遗失契约而申请法院认证自己对土地的所有权。该卷文书包括民事诉状、辩论笔录、民事宣判笔录、璧山地方法院民事判决书、讯问笔录等。

240. 璧山地方法院审理租佃纠纷三案　12－18－558

1948年7月至1948年10月，璧山地方法院关于何熙平租佃纠纷案、彭庆祥租佃纠纷案、王仁福租佃纠纷案三案的文书，包括民事声请书、辩论笔录等。

241. 四川高等法院第一分院、璧山地方法院审理租谷纠纷四案　12－18－559

1948年5月至1948年9月，四川高等法院第一分院、璧山地方法院关于肖银辉租谷纠纷执行案、王赵氏租谷纠纷执行案、杨开泰租谷纠纷执行案、杨绍奎租谷纠纷案四案的文书，包括璧山地方法院民事裁定、璧山地方法院训令、璧山县龙凤乡保长提交璧山地方法院的呈文、民事声请书、审判笔录、民事异议状、四川高等法院第一分院民事裁定、璧山地方法院与四川高等法院第一分院的往来公函等。

242. 四川高等法院重庆分院、璧山地方法院审理增加借款利息两案　12－18－560

1948年6月至1949年10月，四川高等法院重庆分院、璧山地方法院关于郭夔阳要求郭耀先增加给付借款利息案、冉金山要求殷余氏增加给付借款利息案两案的文书，包括民事诉状、辩论笔录、民事宣判笔录、璧山地方法院民事判决书、璧山地方法院民事裁定、璧山地方法院与四川高等法院重庆分院的往来公函、民事委任状、四川高等法院重庆分院民事和解笔录等。

243. 四川高等法院第一分院、璧山地方法院审理要求增加给付租谷等三案　12－18－561

1948年1月至1948年12月，四川高等法院第一分院、璧山地方法院关于陶发林要求增加给付租谷案、郭夔阳要求增加给付借款利息案、邓国民要求增加给付典价案三案的文书，包括民事答辩状、辩论笔录、民事宣判笔录、璧山地方法院民事判决书、民事诉状、民事声请书、璧山地方法院民事裁定、四川高等法院第一分院通知书等。

244. 四川高等法院重庆分院、璧山地方法院审理要求交还田业三案　12－18－562

1948年9月至1949年8月，四川高等法院重庆分院、璧山地方法院关于罗长钧要求交还田业案、孙荣仙要求交还田业案、张李氏要求交还田业案三案的文书，包括民事诉状、民事委任状、民事答辩状、辩论笔录、璧山地方法院民事判决书、璧山地方法院民事裁定、璧山地方法院与四川高等法院重庆分院的往来公函、四川高等法院重庆分院民事裁定等。

245. 四川高等法院重庆分院、璧山地方法院审理交还田业纠纷四案　12－18－563

1948年5月至1948年11月，四川高等法院重庆分院、璧山地方法院关于蒋光宗交还田业纠纷案、黄炳章交还田业纠纷案、谢德三交还田业纠纷案、马炳林交还田业纠纷案四案的文书，包括璧山地方法院民事执行处裁定、璧山地方法院民事裁定、民事诉状、辩论笔录、璧山地方法院民事判决书、民事委状、民事宣判笔录、四川高等法院重庆分院民事判决书等。

246. 璧山地方法院审理要求交还田业三案　12－18－564

1948年4月至1949年5月，璧山地方法院关于江流宽要求交还田业案、毛德修要求交还田业案、胡小女要求交还田业案三案的文书，包括民事诉状、民事答辩状、辩论笔录、璧山地方法院民事判决书、民事参加状、民事声请书等。

247. 璧山地方法院审理要求交还田业纠纷两案　12－18－565

1948年1月至1949年9月，璧山地方法院关于邹五福要求交还田业执行案、伍孙氏要求交还田业案两案的文书，包括民事执行状、璧山地方法院执行命令、民事保状、民事声请书、民事辩状、辩论笔录、民事和解书等。

248. 四川高等法院重庆分院、璧山地方法院审理要求交还田业两案　12－18－566

1948年1月至1948年9月，四川高等法院重庆分院、璧山地方法院关于曾焕钦要求交还田业案、杨汉澄要求交还田业案两案的文书，包括民事诉状、璧山地方法院民事裁定、四川高等法院重庆分院民事裁定、民事补诉状、辩论笔录、璧山地方法院民事判决书、璧山地方法院民事和解笔录等。

249. 四川高等法院重庆分院、璧山地方法院审理要求交还田业三案　12－18－567

1947年12月至1949年7月，四川高等法院重庆分院、璧山地方法院关于赖得安要求交还田业案、邹江氏要求交还田业案、石同兴要求交还田业案三案的文书，包括民事诉状、民事补诉状、辩论笔录、民事辩状、民事委任状、璧山地方法院民事判决书、四川高等法院重庆分院民事判决书、民事声请书等。

250. 四川高等法院重庆分院、璧山地方法院审理要求交还田业纠纷三案　12－18－568

1948年3月至1949年1四川高等法院重庆分院、璧山地方法院关于李赵氏要求交还田业案、吴俊怀要求交还田业执行案、张正荣要求交还田业案三案的文书，包括民事诉状、民事辩状、辩论笔录、璧山地方法院民事判决书、璧山地方法院民事裁定、四川高等法院重庆分院民事裁定、璧山地方法院执行命令、璧山地方法院与四川高等法院重庆分院的往来公函、民事保状、璧山地方法院民事和解笔录等。

251. 四川高等法院重庆分院、璧山地方法院审理交还田业纠纷三案　12－18－569

1948年6月至1949年1四川高等法院重庆分院、璧山地方法院关于向大友要求交还田业执行案、罗谭氏要求交还田业案、巫永培要求交还田业案三案的文书，包括民事执行状、璧山地方法院民事判决书、四川高等法院重庆分院民事判决书、执行笔录、璧山地方法院执行命令、民事答辩状、辩论笔录、璧山地方法院民事裁定、四川高等法院重庆分院民事裁定、璧山地方法院与四川高等法院重庆分院的往来公函等。

252. 四川高等法院重庆分院、璧山地方法院审理要求交还田业纠纷三案　12－18－570

1948年1月至1949年8月，四川高等法院重庆分院、璧山地方法院关于潘治安要求交还田业案、黄保全要求交还田业执行案、范吴氏要求交还田业案三案的文书，包括民事诉状、民事委任状、辩论笔录、璧山地方法院民事判决书、民事执行状、璧山地方法院执行命令、四川高等法院重庆分院民事判决书等。

253. 四川高等法院重庆分院、璧山地方法院审理要求抚养费等三案　12－18－571

1948年1月至1949年7月，四川高等法院重庆分院、璧山地方法院关于王龚氏要求抚养费案、周范氏要求生活费案、吴汉臣要求给付买卖土地契约案三案的文书，包括民事诉状、民事声请书、四川高等法院重庆分院民事判决书、璧山地方法院刑事判决书、四川高等法院重庆分院刑事判决书、辩论笔录、璧山地方法院民事和解笔录、璧山地方法院民事裁定、民事补呈状、璧山地方法院与四川高等法院重庆分院的往来公函、民事委状、璧山地方法院执行命令等。

254. 四川高等法院重庆分院、璧山地方法院审理回赎田房纠纷等三案　12－18－572

1948年1月至1949年8月，四川高等法院重庆分院、璧山地方法院关于陆林辉回赎田房纠纷案、周光成要求交还田业执行案、李焕章要求交还田业执行案三案的文书，包括民事诉状、辩论笔录、民事反诉状、民事声明状、璧山地方法院民事判决书、四川高等法院重庆分院民事裁定、璧山地方法院与四川高等法院重庆分院的往来公函、璧山地方法院执行命令、执行笔录等。

255. 四川高等法院第一分院及重庆分院、璧山实验地方法院等审理要求迁移坟墓等三案　12－18－573

1942年6月至1949年11月，四川高等法院第一分院及重庆分院、璧山实验地方法院等关于王世远要求傅森荣迁移坟墓案、刘树芝要求交还房屋案、刘香甫要求交还田业案三案的文书，包括民事诉状、辩论笔录、民事证明书、民事委任状、璧山地方法院民事判决书、四川高等法院重庆分院民事判决书、璧山地方法院与四川高等法院第一分院的往来公函、四川高等法院第一分院民事判决书、民事声请书、璧山地方法院民事和解笔录等。

256. 四川高等法院重庆分院、璧山地方法院等审理会款纠纷等两案　12－18－574

1939年5月至1948年8月，四川高等法院重庆分院、璧山地方法院等关于龚绍周会款纠纷案、邓森廷借款纠纷执行案两案的文书，包括璧山县司法处民事判决书、民事执行状、四川高等法院重庆分院民事判决书、民事声请书、璧山地方法院训令、璧山地方法院命令、璧山地方法院布告等。

257. 璧山地方法院审理借款纠纷执行等三案　12－18－575

1947年3月至1948年3月，璧山地方法院关于刘树成借款纠纷执行案、张德安债务纠纷执行案、罗镇铣缴纳筵席税款案三案的文书，包括民事执行状、璧山地方法院民事判决书、璧山地方法院执行命令、璧山地方法院训令、民事声请书等。

258. 璧山地方法院登记处院内送达文件簿　12－18－576

该档案仅有1948年1月份的璧山地方法院登记处院内送达文件簿一份。

259. 璧山地方法院审理土地经界纠纷一案　12－18－577

1948年6月至1949年2月，璧山地方法院关于江德馨等土地经界纠纷一案的文书，包括民事诉状、辩论笔录、民事辩状、民事声请书、璧山地方法院刑事判决书等。

260. 璧山地方法院审理要求给付黄谷执行一案　12－18－578

1948年3月至1948年8月，璧山地方法院关于王奎光要求刘世桢给付黄谷执行案一案的文书，包括民事声请书、璧山地方法院民事判决书、璧山地方法院执行命令等。

261. 四川高等法院重庆分院、璧山县司法处及璧山地方法院审理债务纠纷等四案 12－18－579

1937 年 1 月至 1949 年 1 月，四川高等法院重庆分院、璧山县司法处及璧山地方法院关于钟国臣等债务纠纷案、朱谢氏等债务提存案、王汉章等债务纠纷执行案、邓海廷等借款纠纷案四案的文书，包括四川高等法院重庆分院民事判决书、民事执行状、审理笔录、民事诉状、辩论笔录、璧山地方法院民事裁定、四川高等法院重庆分院民事裁定等。

262. 璧山地方法院审理要求撤销买卖田业契约等四案 12－18－580

1948 年 2 月至 1948 年 11 月，璧山地方法院关于刘朱氏要求撤销买卖田业契约案、陶俊臣借款纠纷执行案、龚焕成要求返还房屋案、喻正兴债务纠纷案四案的文书，包括民事诉状、民事声请书、辩论笔录、璧山地方法院民事判决书、民事执行状、璧山地方法院执行命令等。

263. 四川高等法院第一分院、璧山地方法院审理要求返还田产等三案 12－18－581

1948 年 2 月至 1949 年 3 月，四川高等法院第一分院、璧山地方法院关于朱廷辉要求返还田产案、周洪清要求返还谷物案、杨炳和要求返还黄谷案三案的文书，包括民事诉状、民事执行状、四川高等法院第一分院民事判决书、辩论笔录、璧山地方法院民事判决书等。

264. 四川高等法院第一分院及重庆分院、璧山地方法院审理要求返还田业等三案 12－18－582

1947 年 12 月至 1949 年 4 月，四川高等法院第一分院及重庆分院、璧山地方法院关于刘海荣要求返还田业案、黄永燊要求返还田业案、张华廷要求返还押银案三案的文书，包括民事诉状、四川高等法院第一分院民事判决书、四川高等法院重庆分院民事判决书、四川高等法院重庆分院刑事附带民事裁定、璧山地方法院与四川高等法院重庆分院的往来公函、民事辩状、民事委任状、辩论笔录、璧山地方法院民事判决书等。

265. 四川高等法院重庆分院、璧山地方法院审理要求赔偿房屋损毁等五案 12－18－583

1947 年 11 月至 1949 年 10 月，四川高等法院重庆分院、璧山地方法院关于虞建臣要求赔偿房屋损毁案、陈树清要求返还田业案、邓国民要求增加给付典价案、邓树华要求增加给付生活费案、陶发林要求增加给付债款案五案的文书，包括民事诉状、民事委状、辩论笔录、璧山地方法院民事判决书、四川高等法院重庆分院民事判决书、四川高等法院重庆分院民事裁定、璧山地方法院民事裁定、璧山地方法院与四川高等法院重庆分院的往来公函、璧山地方法院民事和解笔录等。

266. 璧山地方法院审理申请领取证物等六案　12－18－584

1948 年 1 月至 1949 年 3 月，璧山地方法院关于黄金盛申请领取证物案、叶紫臣申请领取证物案、王正明申请领取证物案、罗汉章土地经界纠纷案、王贵荣要求给付谷物案、周学夫交还田业案六案的文书，包括民事领状、民事诉状、民事答辩状、民事委状、辩论笔录、璧山地方法院与璧山县税捐稽征处的往来公函、璧山地方法院民事和解笔录、璧山地方法院民事判决书等。

267. 四川高等法院重庆分院、璧山地方法院审理租谷纠纷四案　12－18－585

1948 年 6 月至 1949 年 3 月，四川高等法院重庆分院、璧山地方法院关于李海清租谷纠纷案、荣叙五租谷纠纷案、达耀淳租谷纠纷案、王森荣租谷纠纷案四案的文书，包括民事诉状、璧山地方法院民事裁定、民事答辩状、辩论笔录、璧山地方法院民事判决书、民事抗告书、四川高等法院重庆分院民事裁定等。

268. 四川高等法院重庆分院、璧山地方法院审理要求给付食谷三案　12－18－586

1948 年 7 月至 1949 年 8 月，四川高等法院重庆分院、璧山地方法院关于潘沈氏要求给付食谷案、熊秉权要求给付食谷案、程学铭要求给付食谷案三案的文书，包括民事诉状、辩论笔录、民事宣判笔录、璧山地方法院民事判决书、璧山地方法院与四川高等法院重庆分院的往来公函、民事委任状、四川高等法院重庆分院民事判决书、璧山地方法院和解笔录、民事补诉状等。

269. 四川高等法院重庆分院、璧山地方法院审理要求赔偿损失等三案　12－18－587

1947 年 12 月至 1949 年 7 月，四川高等法院重庆分院、璧山地方法院关于何忠国要求刘德富赔偿因其拖延搬迁造成的损失案、王崇高要求余大川赔偿黄谷案、陈银轩要求周海全赔偿因其撤销买卖田业契约造成的损失案三案的文书，包括民事诉状、辩论笔录、民事宣判笔录、璧山地方法院民事判决书、民事辩状、民事声请书、璧山地方法院民事裁定等。

270. 四川高等法院第一分院、璧山地方法院等审理要求交还房屋执行等四案 12－18－588

1946 年 11 月至 1949 年 9 月，四川高等法院第一分院、璧山地方法院等关于王栋梁要求交还房屋执行案、雷银辉要求交还房屋案、雷显圣要求交还房屋案、雷陈氏抵押纠纷案四案的文书，包括民事声请书、璧山地方法院民事判决书、璧山地方法院执行命令、璧山地方法院执行处笔录、辩论笔录、民事诉状、民事宣判笔录、四川高等法院第一分院民事裁定等。

271. 璧山地方法院审理交还田房执行等三案　12－18－589

1948年2月至1948年12月，璧山地方法院关于王武铨要求何海云交还田房执行案、蒋郑氏要求许春和交还房屋案、李开明私闯民宅案三案的文书，包括民事执行状、璧山地方法院民事判决书、璧山地方法院执行命令、民事诉状、民事答辩状、辩论笔录、刑事诉状、刑事审判笔录等。

272. 四川高等法院重庆分院、璧山地方法院审理交还房屋执行等四案　12－18－590

1948年1月至1949年3月，四川高等法院重庆分院、璧山地方法院关于王远风要求王森荣交还房屋执行案、王远风要求领取证物案、谢森云要求张树青交还房屋案、王吴氏租赁房屋纠纷案四案的文书，包括民事执行状、璧山地方法院执行命令、璧山地方法院民事执行庭执行笔录、民事领状、民事诉状、辩论笔录、璧山地方法院民事裁定、璧山地方法院民事判决书、璧山地方法院与四川高等法院重庆分院的往来公函、民事撤诉状、四川高等法院重庆分院民事判决书等。

273. 四川高等法院第一分院及重庆分院、璧山地方法院审理要求赔偿损失等三案　12－18－591

1948年5月至1949年9月，四川高等法院第一分院及重庆分院、璧山地方法院关于伍茂宣要求伍袁氏赔偿因其拖延交房造成的损失案、何志清要求何树荣赔偿木料案、孙树林要求周炳章赔偿木料案三案的文书，包括民事执行状、璧山地方法院民事和解笔录、璧山地方法院民事执行笔录、四川高等法院第一分院刑事附带民事诉讼裁定、四川高等法院重庆分院与合川地方法院的往来公函、璧山地方法院与四川高等法院重庆分院的往来公函、民事委状、辩论笔录、民事中止状、四川高等法院重庆分院民事和解笔录、四川高等法院重庆分院民事裁定、民事诉状、璧山地方法院民事判决书等。

274. 璧山地方法院等审理租谷纠纷等四案　12－18－592

1942年4月至1948年4月，璧山地方法院等关于王姜氏租谷纠纷案、赵大德要求给付租谷执行案、谢王氏要求给付租谷案、何熙平租佃纠纷案四案的文书，包括民事诉状、民事执行状、璧山地方法院民事执行命令、民事辩状、辩论笔录、璧山地方法院民事判决书、民事声请书等。

275. 四川高等法院重庆分院、璧山县政府及璧山地方法院审理租谷纠纷等三案 12－18－593

1936 年 7 月至 1949 年 8 月，四川高等法院重庆分院、璧山县政府及璧山地方法院关于徐六合租谷纠纷案、王海清租谷纠纷案、朱裕康抗税案三案的文书，包括民事诉状、璧山地方法院民事裁定、民事缴状、璧山地方法院与四川高等法院重庆分院的往来公函、辩论笔录、民事委状、四川高等法院重庆分院民事判决书等。

276. 璧山地方法院审理要求给付伙食费等四案　12－18－594

1948 年 4 月至 1948 年 10 月，璧山地方法院关于温松林要求戴敬之给付伙食费案、严方成租谷纠纷案、杨政达租谷纠纷案、达耀淳押金纠纷案四案的文书，包括民事诉状、辩论笔录、民事宣判笔录、璧山地方法院民事判决书、民事声请书、璧山地方法院民事裁定、民事执行状等。

277. 璧山地方法院审理债务纠纷等三案　12－18－595

1948 年 1 月至 1948 年 8 月，璧山地方法院关于蒲金安债务纠纷案、谭隆昌要求周子君赔偿农田损失案、杨鲁三要求刘光谋赔偿因其违背买房契约之损失案三案的文书，包括民事提存状、璧山地方法院民事判决书、民事领状、民事诉状、辩论笔录、民事宣判笔录、民事委状、民事反诉状、民事补诉状、璧山地方法院民事裁定、璧山地方法院民事和解笔录等。

278. 璧山地方法院审理要求交还田业三案　12－18－596

1948 年 6 月至 1949 年 5 月，璧山地方法院关于张怀安要求杨光辉交还田业案、冯树三要求傅炳全交还田业案、陈华安要求张李氏交还田业案三案的文书，包括民事诉状、璧山地方法院民事裁定、璧山地方法院与四川高等法院重庆分院的往来公函、民事答辩状、民事委任状、辩论笔录、民事领状、璧山地方法院民事判决书等。

279. 璧山地方法院审理要求交还田业四案　12－18－597

1947 年 11 月至 1948 年 9 月，璧山地方法院关于刘章甫要求郑福元交还田业案、罗有三要求周明轩交还田业案、伍肇先要求伍炳全交还田业案、邓海银要求李春秾交还田业案四案的文书，包括民事诉状、辩论笔录、民事答辩状、璧山地方法院民事判决书、民事宣判笔录、民事委状、璧山地方法院民事和解笔录等。

280. 最高法院、四川高等法院第一分院及重庆分院、璧山地方法院审理要求交还田业纠纷三案　12－18－598

1948年1月至1949年3月，最高法院、四川高等法院第一分院及重庆分院、璧山地方法院关于刘祖源要求刘鲁氏交还田业案、廖述堂要求宋华廷交还田业执行案、陈世全要求陈树清交还田业案三案的文书，包括民事诉状、璧山地方法院民事裁定、最高法院民事判决书、璧山地方法院与四川高等法院重庆分院的往来公函、四川高等法院第一分院刑事判决书、璧山县政府民事判决书、民事委任状、辩论笔录、四川高等法院重庆分院民事判决书、民事执行状、璧山地方法院执行命令、璧山地方法院民事和解笔录、璧山地方法院民事判决书等。

281. 四川高等法院重庆分院、璧山地方法院审理要求交还田业纠纷三案　12－18－599

1948年9月至1949年3月，四川高等法院重庆分院、璧山地方法院关于王启龙要求简玉廷交还田业执行案、巫全兴要求巫永培交还田业案、李正煜要求戈万氏交还田业案三案的文书，包括民事执行状、璧山地方法院民事和解笔录、璧山地方法院执行命令、民事诉状、璧山地方法院民事裁定、民事缴状、璧山地方法院与四川高等法院重庆分院的往来公函、辩论笔录、四川高等法院重庆分院民事和解笔录、民事答辩状、民事委任状、璧山地方法院民事判决书等。

282. 四川高等法院重庆分院、璧山地方法院审理要求交还田业纠纷四案　12－18－600

1948年8月至1949年1月，四川高等法院重庆分院、璧山地方法院关于戴炳清要求张戴氏交还田业案、赵继先要求周绍清交还田业执行案、张建勋要求胡兴发交还田业执行案、孙荣仙要求孙绍宣交还田业案四案的文书，包括民事声请书、璧山地方法院民事裁定、四川高等法院重庆分院民事裁定、璧山地方法院与四川高等法院重庆分院的往来公函、璧山地方法院民事判决书、璧山地方法院执行命令、璧山地方法院民事和解笔录、民事诉状、民事缴状、辩论笔录等。

283. 璧山地方法院审理要求交还田业等三案　12－18－601

1948年8月至1948年11月，璧山地方法院关于柯江氏要求徐海廷交还田业案、刘增荣交还房屋纠纷案、钟绍林租佃纠纷案三案的文书，包括民事诉状、民事和解书、民事答辩状等。

284. 璧山地方法院审理交还田业纠纷四案　12－18－602

1948年6月至1948年12月，璧山地方法院关于何陈氏要求何坤廷交还田业案、田桂芝要求田玉山交还田业案、谢明辉要求谢文举交还田业执行案、周雷氏要求黄绍清交还田业案四案的文书，包括民事诉状、民事委任状、辩论笔录、璧山地方法院民事判决书、民事答辩状、民事执行状、璧山地方法院民事和解笔录等。

285. 璧山地方法院审理交还田业纠纷三案　12－18－603

1948年8月至1949年1月，璧山地方法院关于徐邓氏要求赵金泉交还田业案、欧阳禄要求罗青云交还田业案、谢太贞要求曾照庭交还田业案三案的文书，包括民事诉状、民事辩状、民事委任状、辩论笔录、璧山地方法院民事和解笔录、民事答辩状、民事追加状、璧山地方法院民事判决书等。

286. 四川高等法院重庆分院、璧山地方法院审理交还田业三案　12－18－604

1948年3月至1949年1月，四川高等法院重庆分院、璧山地方法院关于祝琴修要求张海廷交还田业执行案、江陈氏要求李兴登交还田业执行案、何锡洲要求朱光辉交还田业案三案的文书，包括民事执行状、四川高等法院重庆分院民事判决书、璧山地方法院民事判决书、民事委任状、璧山地方法院与璧山县政府的往来公函、璧山地方法院民事执行命令、执行笔录、民事诉状、民事辩状、辩论笔录、四川高等法院重庆分院民事裁定等。

287. 四川高等法院重庆分院、璧山地方法院审理交还田业三案　12－18－605

1948年1月至1949年3月，四川高等法院重庆分院、璧山地方法院关于孙尚朝要求周官氏交还田业案、冯大贤要求范四合交还田业案、邓兴源要求徐金山交还田业案三案的文书，包括民事诉状、辩论笔录、民事宣判笔录、民事答辩状、民事委任状、璧山地方法院民事判决书、刑事声请书、四川高等法院重庆分院民事裁定、璧山地方法院与四川高等法院重庆分院的往来公函、璧山地方法院民事裁定、四川高等法院重庆分院民事判决书等。

288. 四川高等法院重庆分院、璧山地方法院审理交还田业四案　12－18－606

1948年5月至1948年11月，四川高等法院重庆分院、璧山地方法院关于钟绍林要求吴汉臣交还田业案、吴晏林要求唐友三交还田业案、严方臣要求肖明轩交还田业案、张九涵要求张世亨交还田业案四案的文书，包括民事诉状、璧山地方法院民事裁定、四川高等法院重庆分院民事裁定、璧山地方法院与四川高等法院重庆分院的往来公函、民事辩状、辩论笔录、民事委任状、璧山地方法院民事判决书、民事声明等。

289. 四川高等法院重庆分院、璧山地方法院审理交还田业纠纷三案　12－18－607

1948年4月至1949年5月,四川高等法院重庆分院、璧山地方法院关于荣淮源要求邱荣氏交还田业执行案、罗温氏要求温成之交还田业案、彭炳臣要求黄镜涵交还田业案三案的文书,包括民事执行状、璧山地方法院刑事判决书、璧山地方法院执行命令、辩论笔录、民事宣判笔录、璧山地方法院民事判决书、璧山地方法院民事裁定、璧山地方法院与四川高等法院重庆分院的往来公函、四川高等法院重庆分院民事判决书、四川高等法院重庆分院民事裁定等。

290. 璧山地方法院审理要求交还田业纠纷三案　12－18－608

1948年3月至1948年12月,璧山地方法院关于匡登科要求吴刘氏交还田业案、王忠全要求王张正国交还田业执行案、刘和兴要求卢栋梁交还田业案三案的文书,包括民事诉状、辩论笔录、民事宣判笔录、璧山地方法院民事判决书、民事执行状等。

291. 四川高等法院重庆分院、璧山地方法院审理要求交还田业三案　12－18－609

1948年5月至1949年8月,四川高等法院重庆分院、璧山地方法院关于汪南轩要求张登辉交还田业案、杨永成要求曾段氏交还田业案、赵璧恢要求张五福交还田业案三案的文书,包括民事诉状、辩论笔录、民事宣判笔录、璧山地方法院民事判决书、民事声请书、璧山地方法院民事裁定、璧山地方法院与四川高等法院重庆分院的往来公函、四川高等法院重庆分院民事和解笔录、四川高等法院重庆分院民事裁定、民事辩状等。

292. 璧山地方法院审理要求交还田业执行等五案　12－18－610

1948年9月至1949年7月,璧山地方法院关于谭玉辉要求李开明交还田业执行案、徐成钲要求徐成文交还田业案、王南廷妨害他人农耕案、严方成要求罗香山交还田业执行案、杨君执要求曾永昌交还田业执行案五案的文书,包括民事执行状、璧山地方法院民事和解笔录、璧山地方法院执行命令、执行笔录、民事诉状、民事答辩状、辩论笔录、民事反诉状、璧山地方法院刑事附带民事判决书、璧山地方法院民事判决书等。

293. 四川高等法院重庆分院、璧山地方法院审理交还田业纠纷四案　12－18－611

1947年12月至1948年10月,四川高等法院重庆分院、璧山地方法院关于郭炳发交还田业执行案、伍炳全交还田业执行案、金焕章交还田业执行案、邓时伦交还田业纠纷案四案的文书，包括民事诉状、璧山地方法院和解笔录、璧山地方法院民事执行笔录、璧山地方法院民事判决书、璧山地方法院民事裁定、璧山地方法院与四川高等法院重庆分院的往来公函、辩论笔录、四川高等法院重庆分院民事判决书等。

294. 四川高等法院重庆分院、璧山地方法院审理交还田业三案　12－18－612

1948年1月至1949年4月，四川高等法院重庆分院、璧山地方法院关于牟子成交还田业案、何万发交还田业案、赵学海交还田业案三案的文书，包括民事诉状、璧山地方法院民事裁定、辩论笔录、民事委任状、四川高等法院重庆分院民事判决书、璧山地方法院与四川高等法院重庆分院的往来公函、民事答辩状、璧山地方法院民事判决书等。

295. 四川高等法院重庆分院、璧山地方法院审理交还田业纠纷三案　12－18－613

1948年1月至1948年8月，四川高等法院重庆分院、璧山地方法院关于胡绍康交还田业案、蔡怀枝交还田业执行案、田顺清交还田业案三案的文书，包括民事诉状、民事辩状、辩论笔录、民事追加状、璧山地方法院民事判决书、民事执行状、璧山地方法院民事和解笔录、民事声明状、璧山地方法院执行命令、璧山地方法院民事裁定、民事委状、四川高等法院重庆分院民事判决书等。

296. 四川高等法院重庆分院、璧山地方法院审理要求返还谷物等两案　12－18－614

1948年6月至1949年8月，四川高等法院重庆分院、璧山地方法院关于靳树林要求潘怀第返还谷物案、喻清书要求廖海全返还租赁的田房案两案的文书，包括民事诉状、民事辩状、辩论笔录、民事证明书、璧山地方法院民事判决书、璧山地方法院民事裁定、璧山地方法院与四川高等法院重庆分院的往来公函、四川高等法院重庆分院民事判决书、民事委状等。

297. 璧山地方法院审理申请买卖田房公证等两案　12－18－615

1948年5月至1948年8月，璧山地方法院关于王启福申请买卖田房公证案、李兴铨申请赠与财物公证案两案的文书。王启福在买卖产业时申请法院将此事公证，李兴铨在赠与他人财物时申请法院将赠与一事公证。该卷文书包括公证声请书、公证讯问笔录、民事领状等。

298. 四川高等法院重庆分院、璧山地方法院审理土地经界纠纷两案　12－18－616

1948年8月至1949年6月，四川高等法院重庆分院、璧山地方法院关于陶春廷土地经界纠纷案、钱忠义土地经界纠纷案两案的文书,包括民事诉状、辩论笔录、璧山地方法院训令、民事答辩状、璧山地方法院民事判决书、璧山地方法院民事裁定、四川高等法院重庆分院民事判决书、璧山地方法院与四川高等法院重庆分院的往来公函等。

299. 璧山地方法院审理申请清查账目一案　12－18－617

1947年12月至1948年3月,璧山地方法院关于陈沛德请求法院清查陈昭德账目一案的文书。陈沛德怀疑陈昭德做假账侵害自己的利益,故申请法院清算其账目。该卷文书包括民事诉状、民事辩状、辩论笔录、民事声请书等。

300. 四川高等法院第一分院、璧山地方法院等审理要求交还田契执行一案　12－18－618

1948年1月至1949年5月,四川高等法院第一分院、璧山地方法院等关于何太文要求胡秀泉交还田契执行一案的文书,包括民事执行状、璧山地方法院民事判决书、璧山地方法院执行命令、民事保状、民事催状、执行笔录、四川高等法院第一分院民事和解笔录、民事领状等。

301. 璧山地方法院审理申请土地租约纠纷两案　12－18－619

1948年5月至1949年10月,璧山地方法院关于吴月波申请终止土地租约案、何恒德要求终止土地租约执行案两案的文书,包括民事诉状、辩论笔录、民事宣判笔录、璧山地方法院民事判决书、民事领状、民事执行状、璧山地方法院和解笔录、璧山地方法院执行命令等。

302. 四川高等法院重庆分院、璧山地方法院审理分割遗产纠纷五案　12－18－620

1947年11月至1948年11月,四川高等法院重庆分院、璧山地方法院关于王黄氏分割遗产纠纷案、廖李氏分割遗产纠纷案、郭永昌分割遗产纠纷案、王郑氏分割遗产纠纷案、杨天华分割遗产纠纷案五案的文书,包括民事诉状、民事委任状、辩论笔录、民事宣判笔录、民事辩状、璧山地方法院民事判决书、璧山地方法院民事裁定、四川高等法院重庆分院民事裁定、璧山地方法院民事和解笔录等。

303. 璧山地方法院审理要求终止土地租约等两案　12－18－621

1948年4月至1949年2月,璧山地方法院关于陈王氏要求终止土地租约案、王龚氏要求终止与王复良的收养关系案两案的文书,包括民事诉状、民事辩状、辩论笔录、民事宣判笔录、璧山地方法院民事判决书、璧山地方法院刑事判决书等。

304. 璧山地方法院审理损毁他人房屋等两案　12－18－622－623

1948年3月至1948年7月，璧山地方法院关于刘全安损毁他人房屋案、陈孙氏要求给付生活费案两案的文书，包括刑事诉状、刑事声请书、民事诉状、辩论笔录、民事答辩状、璧山地方法院民事判决书等。

305. 璧山地方法院审理亏欠军粮等两案　12－18－624

1948年7月至1948年9月，璧山地方法院关于何锡辉亏欠军粮案、钟世华租谷纠纷案两案的文书，包括璧山县田赋管理处与璧山地方法院的往来公函、璧山地方法院训令等。

306. 璧山地方法院审理申请提存三案　12－18－625

1948年9月至1948年11月，璧山地方法院关于秦治军申请指定提存案、喻清书申请押金提存案、王元良申请押金提存案三案的文书，包括民事声请书、民事辩状、提存书、提存通知书、民事领状等。

307. 四川高等法院重庆分院、璧山地方法院审理要求确认田房共有权等两案　12－18－626

1947年12月至1949年11月，四川高等法院重庆分院、璧山地方法院关于夏瑞高要求确认田房共有权案、王远翔要求确认田房所有权案两案的文书，包括民事诉状、民事声请书、辩论笔录、民事抗告书、四川高等法院重庆分院民事裁定、民事答辩状、璧山地方法院训令、民事补诉状、璧山地方法院民事判决书、四川高等法院重庆分院民事判决书等。

308. 璧山地方法院审理要求给付黄谷执行等三案　12－18－627

1948年9月至1949年11月，璧山地方法院关于朱米村要求杨鲁三给付黄谷执行案、何恒德要求钟炳钦给付租谷执行案、周吉安要求毕兴德给付租谷执行案三案的文书，包括民事执行状、璧山地方法院民事判决书、璧山地方法院执行命令、璧山地方法院命令、讯问笔录、璧山地方法院训令、民事委状、璧山地方法院民事和解笔录等。

309. 璧山地方法院审理拖欠税款、违反利得法一案　12－18－628

1947年10月至1947年11月，璧山地方法院关于华利商号拖欠税款、违反利得法一案的文书，包括璧山地方法院执行命令、璧山县税捐查征所发往璧山地方法院的公函、璧山地方法院刑事裁定等。

310. 四川高等法院重庆分院、璧山地方法院审理要求返还经济收益、妨害公务两案　12－18－629

1948年5月至1949年1月，四川高等法院重庆分院、璧山地方法院关于黄炳坤要求黄长安返还伪造借约的不当得利案、张四维不服判决干扰司法程序案两案的文书，包括民事诉状、璧山地方法院民事裁定、璧山地方法院与四川高等法院重庆分院的往来公函、民事声请书、璧山地方法院民事判决书、民事辩状、辩论笔录、刑事抗告书、璧山地方法院刑庭批示、四川高等法院第一分院训令、璧山地方法院刑事裁定等。

311. 四川高等法院重庆分院、璧山地方法院审理交还田业执行五案　12－18－630

1948年12月至1949年3月，四川高等法院重庆分院、璧山地方法院关于杨文清要求董太仁交还田业执行案、罗源清要求高鑫山交还田业执行案、蒋孔昭要求邹兴全交还田业执行案、钟华岳要求叶树高交还田业执行案、廖汉章要求邓普安交还田业执行案五案的文书，包括民事执行状、璧山地方法院民事判决书、璧山地方法院民事执行命令、民事声请书、璧山地方法院民事和解笔录、四川高等法院重庆分院民事裁定等。

312. 璧山地方法院审理申请领取证物五案　12－18－631

1948年2月至1948年6月，璧山地方法院关于郭春山申请领取证物案、吴铁武申请领取证物案、蔡辉普申请领取证物案、蒋炳全申请领取证物案、周炳兴申请领取证物案五案的文书，包括民事声请书、民事领状、璧山地方法院民事判决书等。

313. 璧山地方法院审理申请领取证物四案　12－18－632

1948年4月至1949年1月，璧山地方法院关于邓熊氏申请领取证物案、向洪盛申请领取证物案、张福田申请领取证物案、傅荣兴申请领取证物案四案的文书，包括民事领状、民事委任状、民事声请书等。

314. 四川高等法院重庆分院、璧山地方法院审理要求确认选举保长的结果无效等两案　12－18－633

1948年5月至1949年5月，四川高等法院重庆分院、璧山地方法院关于张银林要求确认选举保长的结果无效案、罗炳全要求优先承租土地权案两案的文书，包括民事诉状、辩论笔录、璧山地方法院民事判决书、璧山地方法院民事裁定、民事缴状、璧山地方法院与四川高等法院重庆分院的往来公函、民事辩状、四川高等法院重庆分院民事判决书等。

315. 四川高等法院第一分院、璧山县司法处及璧山地方法院审理押银纠纷等两案 12—18—634

1939 年 5 月至 1948 年 8 月，四川高等法院第一分院、璧山县司法处及璧山地方法院关于陈新伯土地押银纠纷案、璧山粮食储运处申请拍卖罗成之财产案两案的文书，包括四川高等法院第一分院训令、璧山县司法处发往四川高等法院第一分院的公函、辩论笔录、璧山地方法院民事裁定等。

316. 璧山地方法院审理申请租佃土地公证三案 12—18—635

1948 年 10 月至 1949 年 1 月，璧山地方法院关于王海堂申请租佃土地公证案、李海云申请租佃土地公证案、舒林轩申请租佃土地公证案三案的文书。三人均要租赁土地给他人，为防以后产生纠纷，特向法院申请公证。该卷文书包括公证讯问笔录、民事领状等。

317. 璧山地方法院审理请发支付命令三案 12—18—636

1948 年 1 月至 1948 年 4 月，璧山地方法院关于郘吉孚请发支付命令案、罗国材请发支付命令案、廖联宇请发支付命令案三案的文书。三人均因债务纠纷申请法院发布支付命令，以催促债务人还债。该卷文书包括民事声请书、璧山地方法院支付命令、民事声明状、辩论笔录、璧山地方法院民事判决书等。

318. 四川高等法院重庆分院、璧山地方法院审理要求确认收养关系等四案 12—18—637

1947 年 7 月至 1949 年 11 月，四川高等法院重庆分院、璧山地方法院关于伍素卿要求确认其与伍忠廷的收养关系案、罗源清侵占他人土地案、王富云租佃纠纷案、陈祥开田房所有权纠纷案四案的文书，包括民事声明状、民事声请书、公证讯问笔录、民事诉状、民事答辩状、四川高等法院重庆分院民事裁定、璧山地方法院民事裁定、民事委状、璧山地方法院与四川高等法院重庆分院的往来公函、璧山地方法院民事判决书、辩论笔录等。

319. 四川高等法院重庆分院、璧山地方法院审理要求赔偿房屋修缮费等两案 12—18—638

1948 年 1 月至 1949 年 4 月，四川高等法院重庆分院、璧山地方法院关于晏维三要求刘真荣赔偿房屋修缮费案、戴华三要求钟智维赔偿棉纱案两案的文书，包括民事诉状、辩论笔录、民事宣判笔录、民事委状、璧山地方法院民事判决书、民事辩状、璧山地方法院与四川高等法院重庆分院的往来公函、四川高等法院重庆分院民事判决书等。

320. 璧山地方法院有关四川高等法院重庆分院函调两案卷宗等杂卷　12－18－639

1948年10月至1948年11月，璧山地方法院关于四川高等法院重庆分院函调曾荣山要求增加给付案、四川高等法院重庆分院函调李根远侵占案两案的文书，包括四川高等法院重庆分院与璧山地方法院的往来公函等。

该卷附有1948年璧山地方法院特字分案簿、璧山地方法院执行办案进行簿等。

321. 璧山地方法院审理要求给付黄谷等四案　12－18－640

1948年3月至1948年12月，璧山地方法院关于曾维统要求给付黄谷案、谢元林田产所有权纠纷案、吴侯氏回赎田产纠纷案、刘辉武租佃纠纷案四案的文书，包括民事诉状、民事委任状、辩论笔录、璧山地方法院民事和解笔录、民事声请书、璧山地方法院民事判决书、民事撤诉状、璧山地方法院民事裁定等。

322. 最高法院、璧山地方法院审理要求禁治产等案　12－18－641

1948年6月至1948年9月，最高法院、璧山地方法院关于吕陈氏要求吕南星禁治产案、璧山田粮管理处大兴乡征收处函请璧山地方法院传讯朱治轩等人案、最高法院函请璧山地方法院复查王汝高案等案的文书，包括璧山田粮管理处大兴乡征收处发往璧山地方法院的公函、璧山地方法院指令、最高法院与璧山地方法院的往来公函、辩论笔录、民事声请书等。

该卷另有1948年璧山地方法院执字分案簿等。

323. 大足县司法处函请璧山地方法院代传证人一案　12－18－642

1948年12月，大足县司法处函请璧山地方法院代传证人余何江一案的文书，包括大足县司法处与璧山地方法院的往来公函等。

该卷附有关于璧山地方法院看守所的文书，包括四川高等法院指令、璧山地方法院训令、四川高等法院代电等。

324. 璧山地方法院审理拖欠税谷等三案　12－18－643

1948年1月至1949年1月，璧山地方法院关于曾金石拖欠税谷案、曾令荣租谷纠纷案、汪炳熵租谷纠纷案三案的文书，包括民事诉状、民事辩状、辩论笔录、璧山地方法院与重庆地方法院的往来公函、民事委状、璧山地方法院民事判决书等。

325. 璧山地方法院审理要求给付黄谷执行等四案　12－18－644

1947年12月至1949年4月，璧山地方法院关于彭王氏要求彭献春给付黄谷执行案、曾道一要求钟李明给付黄谷案、凌海清要求凌瑞卿增加给付借款利息案、陈焕林租谷纠纷案四案的文书，包括民事执行状、璧山地方法院民事和解笔录、璧山地方法院执行命令、民事诉状、璧山地方法院民事判决书、民事委任状、民事领状等。

326. 四川高等法院重庆分院、璧山地方法院审理要求给付黄谷执行四案　12—18—645

1948 年 6 月至 1949 年 2 月，四川高等法院重庆分院、璧山地方法院关于黄成五要求给付黄谷执行案、彭华廷要求给付黄谷执行案、吴平辉要求给付黄谷执行案、蔡树轩要求给付黄谷执行案四案的文书，包括民事执行状、璧山地方法院民事判决书、璧山地方法院执行命令、民事声请书、民事委任状、民事保状、四川高等法院重庆分院民事判决书、璧山地方法院训令等。

327. 四川高等法院重庆分院、璧山地方法院审理债务纠纷等三案　12—18—646

1948 年 4 月至 1949 年 4 月，四川高等法院重庆分院、璧山地方法院关于傅树森要求傅亮卿偿还借款案、喻毛氏要求廖宗金赔偿丧葬费案、陈炳章因被熊永康打伤而要求熊赔偿医药费案三案的文书，包括民事诉状、辩论笔录、璧山地方法院民事和解笔录、璧山地方法院民事判决书、璧山地方法院民事裁定、璧山地方法院与四川高等法院重庆分院的往来公函、民事委状等。

328. 四川高等法院重庆分院、璧山地方法院审理租佃纠纷等三案　12—18—647

1948 年 7 月至 1949 年 7 月，四川高等法院重庆分院、璧山地方法院关于吴全安租佃纠纷案、曾荣氏因被曾有为打伤要求曾有为赔偿医药费案、喻毛氏要求廖宗金赔偿丧葬费案三案的文书，包括民事诉状、璧山地方法院民事判决书、璧山地方法院民事裁定、民事声请书、璧山地方法院与四川高等法院重庆分院的往来公函、辩论笔录、四川高等法院重庆分院民事判决书、璧山地方法院训令等。

329. 璧山地方法院审理要求赔偿经济损失执行等两案　12—18—648

1948 年 1 月至 1948 年 12 月，璧山地方法院关于陶明声要求陈洪熙赔偿经济损失执行案、杜唐氏要求蒲金安赔偿因其撤销买卖田房契约而造成的损失案两案的文书。陈洪熙委托陶明声办理典当手续，陶明声却被田赋管理处处以罚金，陶提起诉讼要求陈赔偿损失。该卷文书包括民事诉状、璧山地方法院民事判决书、辩论笔录、民事执行状、璧山地方法院执行命令、民事缴状等。

330. 四川高等法院重庆分院、璧山地方法院审理债务纠纷执行等三案　12－18－649

1948 年 2 月至 1949 年 11 月，四川高等法院重庆分院、璧山地方法院关于邓国炳债务纠纷执行案、张代林债务纠纷案、唐亚伦债务纠纷案三案的文书，包括民事执行状、璧山地方法院训令、璧山地方法院公告、民事声请书、民事和解书、辩论笔录、璧山地方法院民事判决书、四川高等法院重庆分院民事判决书等。

331. 璧山县司法处、璧山地方法院等审理债务纠纷三案　12－18－650

1938 年 11 月至 1949 年 1 月，璧山县司法处、璧山地方法院等关于向东藩债务纠纷案、胡鼎臣债务纠纷案、王尊五债务纠纷案三案的文书，包括民事诉状、审理笔录、璧山县司法处民事和解笔录等。

332. 四川高等法院重庆分院、璧山地方法院审理要求终止土地租约等三案　12－18－651

1948 年 9 月至 1949 年 3 月，四川高等法院重庆分院、璧山地方法院关于陈魏氏要求终止土地租约案、黄道全要求交还田业执行案、雷芬龙要求交还田业案三案的文书，包括民事诉状、辩论笔录、民事参加状、民事辩状、民事委任状、璧山地方法院民事判决书、民事执行状、四川高等法院重庆分院民事判决书、璧山地方法院执行命令、璧山地方法院民事和解笔录等。

333. 璧山地方法院审理要求交还田业纠纷四案　12－18－652

1948 年 9 月至 1949 年 2 月，璧山地方法院关于李尹氏要求李远吉交还田业案、严林氏要求戴王氏交还田业案、夏桢荣要求任银洲交还田业执行案、江名徽要求曹海云交还田业执行案四案的文书，包括民事诉状、璧山地方法院民事判决书、璧山地方法院执行命令、民事参加状、民事答辩状、辩论笔录等。

334. 璧山地方法院审理请求支付命令等四案　12－18－653

1948 年 11 月至 1949 年 2 月，璧山地方法院关于刘鸿光请求支付命令案、王悦辉请求支付命令案、陈文中请求支付命令案、陈文中申请债务执行案四案的文书。三人因债务纠纷申请法院发布支付命令，以催促债务人还债。该卷文书包括民事声请书、璧山地方法院支付命令、璧山地方法院民事裁定等。

335. 璧山地方法院审理请发支付命令四案　12－18－654

1948 年 7 月至 1948 年 11 月，璧山地方法院关于吴相臣请发支付命令案、达琴超请发支付命令案、雷在煜请发支付命令案、蔡百生请发支付命令案四案的文书。四人因债务纠纷申请法院发布支付命令,以催促债务人还债。该卷文书包括民事声请书、璧山地方法院支付命令等。

336. 最高法院、璧山地方法院等审理申请领取证物四案　12－18－655

1948年4月至1948年10月,最高法院、璧山地方法院等关于王洪钧申请领取证物案、谢树江申请领取证物案、江陈氏申请领取证物案、牟张氏申请领取证物案四案的文书,包括民事声请书、最高法院民事判决书、民事领状等。

337. 四川高等法院重庆分院、璧山实验地方法院等审理要求返还坟地等三案　12－18－656

1944年3月至1948年12月,四川高等法院重庆分院、璧山实验地方法院等关于邓锡之要求陈德之返还坟地案、陈永森坟地所有权纠纷案、戴先德贪污案三案的文书,包括民事诉状、璧山地方法院民事裁定、太和乡乡长提交璧山地方法院的呈文、民事委状、辩论笔录、四川高等法院重庆分院民事判决书、璧山地方法院与四川高等法院重庆分院的往来公函、四川高等法院重庆分院民事裁定、璧山实验地方法院刑事判决书等。

338. 四川高等法院重庆分院、璧山地方法院审理要求迁移坟墓等两案　12－18－657

1948年4月至1948年12月,四川高等法院重庆分院、璧山地方法院关于郭绍清要求彭金全迁移坟墓案、曾维三等人拒绝缴纳遗产税案两案的文书,包括民事诉状、辩论笔录、民事委状、璧山地方法院民事和解笔录、刑事抗告书、四川高等法院重庆分院刑事裁定、璧山查征所发往璧山地方法院的公函、璧山地方法院刑事裁定等。

339. 四川高等法院重庆分院、璧山地方法院审理妨碍农耕等三案　12－18－658

1948年2月至1949年11月,四川高等法院重庆分院、璧山地方法院关于刘金粟要求罗源清缩短屋檐案、娄源成欠缴军粮案、李彭氏要求张彭氏停止阻碍农耕案三案的文书。刘金粟以罗源清房屋遮挡自家采光为由提起诉讼,要求罗缩短屋檐。该卷文书包括民事声请书、民事执行状、璧山地方法院执行命令、璧山地方法院民事执行裁定、璧山地方法院民事判决书、四川高等法院重庆分院民事判决书、璧山地方法院与四川高等法院重庆分院的往来公函、璧山田赋粮食管理处与璧山地方法院的往来公函、民事委任状、辩论笔录、民事辩状等。

340. 四川高等法院重庆分院、璧山地方法院审理要求交还房屋三案　12－18－659

1948 年 5 月至 1949 年 3 月，四川高等法院重庆分院、璧山地方法院关于戴仁安要求戴敬轩交还房屋案、王为心要求罗庆云交还房屋案、朱四合要求陈德禄交还房屋案三案的文书，包括民事诉状、辩论笔录、民事宣判笔录、璧山地方法院民事判决书、民事答辩状、四川高等法院重庆分院民事判决书、璧山地方法院与四川高等法院重庆分院的往来公函等。

341. 四川高等法院重庆分院、璧山地方法院审理分割遗产纠纷三案　12－18－660

1947 年 12 月至 1949 年 1 月，四川高等法院重庆分院、璧山地方法院关于陈裕光分割遗产纠纷案、刘济舟分割遗产纠纷案、杨胡氏分割遗产纠纷案三案的文书，包括民事诉状、辩论笔录、民事委任状、璧山地方法院民事判决书、民事声请书、民事答辩状、璧山地方法院与四川高等法院重庆分院的往来公函、四川高等法院重庆分院民事判决书等。

342. 璧山地方法院等审理申请离婚等四案　12－18－661

1940 年 6 月至 1948 年 11 月，璧山地方法院等关于吴汪氏申请离婚案、张木二申请确认离婚契约无效案、曾维夷离婚存查案、陶天荣离婚存查案四案的文书，包括民事诉状、审判笔录、民事申请状、璧山地方法院民事裁定、民事答辩状、辩论笔录、璧山地方法院民事判决书、民事存查状等。

343. 璧山地方法院审理申请离婚三案　12－18－662

1948 年 5 月至 1948 年 10 月，璧山地方法院关于蒋扶民申请离婚案、陈大富申请离婚案、曹周氏申请离婚案三案的文书，包括民事诉状、辩论笔录、璧山地方法院民事判决书、璧山地方法院公示、民事辩状等。

344. 璧山地方法院等审理要求返还侵占财产等三案　12－18－663

1941 年 4 月至 1949 年 5 月，璧山地方法院等关于冯长生要求冯严氏返还侵占的田房家具等财产案、梓潼乡乡公所呈请璧山地方法院发还户籍册案、邬宗海声请撤销会款纠纷诉讼案三案的文书，包括民事诉状、民事辩状、辩论笔录、璧山地方法院与璧山县税捐稽征处的往来公函、民事声请书、璧山地方法院民事判决书、四川高等法院检察处训令、梓潼乡乡公所提交璧山地方法院的呈文、璧山地方法院指令、璧山地方法院训令等。

345. 四川高等法院重庆分院、璧山地方法院审理给付黄谷等四案　12－18－664

1948年1月至1949年1月，四川高等法院重庆分院、璧山地方法院关于吴银海要求给付黄谷案、汪炳南要求给付黄谷案、黄成五租谷纠纷案、范炳荣要求给付黄谷案四案的文书，包括民事诉状、璧山地方法院民事裁定、四川高等法院重庆分院民事裁定、璧山地方法院与四川高等法院重庆分院的往来公函、辩论笔录、民事申请状、四川高等法院重庆分院民事判决书、璧山地方法院民事判决书、民事辩状、民事委任状等。

346. 四川高等法院重庆分院、璧山地方法院审理要求确认买卖田房契约无效两案　12－18－665

1948年2月至1949年8月，四川高等法院重庆分院、璧山地方法院关于邓岳氏要求确认买卖田房契约无效案、张邦华要求确认买卖田房契约无效案两案的文书，包括辩论笔录、民事委任状、四川高等法院重庆分院民事裁定、璧山地方法院与四川高等法院重庆分院的往来公函、四川高等法院重庆分院民事判决书、民事诉状、璧山地方法院民事裁定等。

347. 璧山地方法院审理要求确认田业所有权等两案　12－18－666

1947年12月至1949年1月，璧山地方法院关于廖银发要求确认田业所有权案、朱晏氏要求确认买卖田房契约无效案两案的文书，包括民事诉状、辩论笔录、民事委任状、璧山地方法院训令、民事辩状、璧山地方法院民事裁定、民事补诉状、璧山地方法院民事和解笔录等。

348. 四川高等法院重庆分院、璧山地方法院审理要求给付会谷等五案　12－18－667

1948年2月至1949年4月，四川高等法院重庆分院、璧山地方法院关于张治举要求给付农业会会谷案、邓秉文要求给付会谷案、黄荣卿要求给付谷款案、陈兴业要求给付租谷案、伍傅氏要求给付租谷执行案五案的文书，包括民事诉状、四川高等法院重庆分院民事裁定、辩论笔录、民事答辩状、璧山地方法院民事判决书、民事委状、璧山地方法院支付命令等。

349. 四川高等法院第一分院及重庆分院、璧山地方法院审理要求交还田业纠纷四案　12－18－668

1948年4月至1948年12月，四川高等法院第一分院及重庆分院、璧山地方法院关于郑辉先要求交还田业案、赵曹氏要求交还田业执行案、刘蔚如要求交还田业案、张国树要求交还田业案四案的文书，包括民事诉状、璧山地方法院民事裁定、辩论笔录、民事委任状、四川高等法院重庆分院民事判决书、民事执行状、璧山地方法院民事判决书、四川高等法院第一分院民事判决书、璧山地方法院训令、璧山地方法院与四川高等法院重庆分院的往来公函、民事答辩状等。

350. 璧山地方法院审理宣告死亡一案　12－18－669

1947年10月至1947年11月，璧山地方法院关于张陈氏要求法院宣告张治清死亡一案的文书。张陈氏丈夫张治清外出多年音讯全无，张陈氏为维持生计希望再嫁，故申请法院宣告张治清已经死亡。该卷文书包括民事声请书等。

351. 四川高等法院重庆分院、璧山地方法院审理要求交还田业纠纷四案　12－18－670

1948年6月至1948年12月，四川高等法院重庆分院、璧山地方法院关于况鸿章要求李元清交还田业案、孙玉椿要求张治煊交还田业案、戴钟氏要求邓海林交还田业案、刘树廷要求刘李氏交还田业执行案四案的文书，包括民事诉状、辩论笔录、璧山地方法院民事判决书、四川高等法院重庆分院民事裁定、璧山地方法院与四川高等法院重庆分院的往来公函、民事答辩状、璧山地方法院民事和解笔录、璧山地方法院执行命令、执行笔录等。

352. 璧山地方法院审理要求交还田业纠纷四案　12－18－671

1948年1月至1948年11月，璧山地方法院关于钟其蔚要求万树林交还田业案、范义安要求范明江交还田业案、邓庭安要求林占乾交还田业执行案、羊昆仑要求羊平章交还田业案四案的文书，包括民事诉状、民事辩状、民事委状、辩论笔录、璧山地方法院民事判决书、璧山地方法院执行命令、民事声请书等。

353. 四川高等法院重庆分院、璧山地方法院审理要求交还田业纠纷三案　12－18－672

1948年6月至1949年6月，四川高等法院重庆分院、璧山地方法院关于杨光荣要求胡炳荣交还田业执行案、易炳山要求雷国安交还田业案、甘昭荣要求彭辉章交还田业案三案的文书，包括民事诉状、璧山地方法院民事判决书、民事执行撤回状、璧山地方法院执行命令、璧山地方法院民事裁定、璧山地方法院与四川高等法院重庆分院的往来公函、民事委任状、民事答辩状、辩论笔录、四川高等法院重庆分院民事判决书等。

354. 璧山地方法院审理要求交还田业三案　12－18－673

1948年8月至1948年11月，璧山地方法院关于易炳山要求雷国安交还田业案、杨文清要求陈志全交还田业案、朱勤昌要求萧池氏交还田业案三案的文书，包括民事诉状、辩论笔录、民事委状、璧山地方法院民事判决书等。

355. 璧山地方法院审理要求交还田业三案　12－18－674

1948 年 6 月至 1948 年 12 月，璧山地方法院关于陈树清要求姜炳钦交还田业案、娄海清要求薛海清交还田业案、张洪昌堂要求尚何氏交还田业案三案的文书，包括民事宣判笔录、璧山地方法院民事判决书、民事诉状、民事委任状、民事辩状等。

356. 璧山地方法院审理要求增加给付土地典价等四案　12－18－675

1948 年 5 月至 1949 年 8 月，璧山地方法院关于郑海滨要求罗汉章增加给付土地典价案、朱谢氏要求傅曾氏增加给付借款利息案、何世玉要求胡定芳增加给付房屋典价案、陈柏青要求黄仲国增加给付土地押金案四案的文书，包括民事诉状、民事委任状、民事答辩状、辩论笔录、民事反诉状、璧山地方法院民事判决书等。

357. 璧山地方法院审理租谷纠纷六案　12－18－676

1948 年 7 月至 1948 年 8 月，璧山地方法院关于连璋华租谷纠纷案、罗尹氏租谷纠纷案、何恒德租谷纠纷案、吴占春租谷纠纷案、何达德租谷纠纷案、冯树三租谷纠纷案六案的文书。六案的原告均因租谷纠纷提起诉讼，要求法院对被告施行假扣押，以便其偿还租谷。该卷文书包括璧山地方法院民事裁定、璧山地方法院训令、假扣押笔录、璧山地方法院公告、民事声请书、民事领状等。

358. 璧山地方法院审理租谷纠纷四案　12－18－677

1948 年 7 月至 1948 年 10 月，璧山地方法院关于袁富德租谷纠纷案、邓世芳租谷纠纷案、邓岳氏租谷纠纷案、王贵荣租谷纠纷案四案的文书。四案的原告均因租谷纠纷提起诉讼，要求法院对被告施行假扣押，以便其偿还租谷。该卷文书包括民事申请状、璧山地方法院民事裁定、璧山地方法院民事判决书、璧山地方法院训令等。

359. 四川高等法院重庆分院、璧山地方法院审理申请假扣押三案　12－18－678

1948 年 4 月至 1949 年 1 月，四川高等法院重庆分院、璧山地方法院关于王为心因债务纠纷申请假扣押案、谭百川因租谷纠纷申请假扣押案、杨宗孟因债务纠纷申请假扣押案三案的文书，包括民事声请书、璧山地方法院民事裁定、民事抗告书、四川高等法院重庆分院民事裁定、璧山地方法院训令、执行笔录等。

360. 璧山地方法院审理申请撤销假扣押等四案　12－18－679

1948年7月至1948年10月，璧山地方法院关于曾令荣申请撤销假扣押案、刘春林因租谷纠纷申请假扣押案、何达德因租谷纠纷申请假扣押案、赵继先因租谷纠纷申请假扣押案四案的文书，包括璧山地方法院民事裁定、璧山地方法院训令、民事声明状、璧山地方法院公告、民事委状、民事声请书等。

361. 四川高等法院重庆分院、璧山地方法院审理因租谷纠纷等四案　12－18－680

1948年6月至1949年3月，四川高等法院重庆分院、璧山地方法院关于何本源租谷纠纷案、刘磻溪租谷纠纷案、张保全租谷纠纷案、印义长侵吞公粮案四案的文书。其中，何本源、刘磻溪、张保全三人因租谷纠纷申请法院假扣押被告的谷物，以便其偿还租谷，印义长侵吞公粮后璧山县政府要求法院扣押其财产。该卷文书包括民事声请书、璧山地方法院民事裁定、四川高等法院重庆分院民事裁定、民事保状、璧山地方法院训令等。

362. 最高法院、璧山地方法院审理因租谷纠纷申请假扣押等三案　12－18－681

1947年2月至1948年8月，最高法院、璧山地方法院关于周祥伦因租谷纠纷申请假扣押案、杨辉南因租谷纠纷申请假扣押案、陈朝源债务纠纷执行案三案的文书，包括民事声请书、璧山地方法院民事裁定、最高法院民事判决书、璧山地方法院训令、璧山地方法院支付命令等。

363. 璧山地方法院审理遗失田契存查等六案　12－18－682

1948年5月至1948年12月，璧山地方法院关于张声有遗失田契存查案、吴忠奎申请免除其因吸食鸦片而受到的刑罚案、邹张氏申请法院保护自己收益案、胡秀泉回赎典产纠纷案、欧显淞申请除权案、郑罗氏因丈夫嗜赌成性而申请存查案六案的文书，包括民事声请书、璧山地方法院检察官声请书、璧山地方法院刑事裁定、璧山地方法院民事执行处裁定等。

364. 璧山地方法院审理房屋租金纠纷等四案　12－18－683

1948年2月至1948年11月，璧山地方法院关于张鸿昌堂因房屋租金纠纷申请执行案、吴占春要求撤销租谷假扣押案、刘成文申请提存案、罗泰源申请传讯管海清案四案的文书，包括民事声请书等。

365. 璧山地方法院审理租佃纠纷三案　12－18－684

1948年9月至1948年11月，璧山地方法院关于邓溥元租佃纠纷案、宋华亭租佃纠纷案、朱显亮租佃纠纷案三案的文书，包括民事声请书、民事委任状、辩论笔录、璧山地方法院民事和解笔录等。

366. 璧山地方法院审理租佃纠纷三案　12－18－685

1948年7月至1948年12月，璧山地方法院关于邓希诚租佃纠纷案、陈锡林租佃纠纷案、向焕臣租佃纠纷案三案的文书，包括民事声请书、辩论笔录等。

367. 璧山地方法院审理租佃纠纷四案　12－18－686

1948年3月至1948年8月，璧山地方法院关于雷雨清租佃纠纷案、曹海云租佃纠纷案、张德轩租佃纠纷案、廖永馨租佃纠纷案四案的文书，包括民事声请书、辩论笔录、民事答辩状等。

368. 璧山地方法院审理租佃纠纷四案　12－18－687

1948年5月至1949年5月，璧山地方法院关于徐家荣租佃纠纷案、唐文清租佃纠纷案、叶树高租佃纠纷案、邓海银租佃纠纷案四案的文书，包括民事声请书、辩论笔录等。

369. 四川高等法院重庆分院、璧山地方法院审理借款纠纷等四案　12－18－688

1948年1月至1948年7月，四川高等法院重庆分院、璧山地方法院关于王治云借款纠纷案、艾淙辉要求解除租佃契约案、张罗氏要求生活费案、王赵氏继承遗产纠纷案四案的文书，包括民事声请书、民事诉状、璧山地方法院民事裁定、璧山地方法院与四川高等法院重庆分院的往来公函、辩论笔录、四川高等法院重庆分院民事判决书等。

370. 璧山实验地方法院审理分割房屋纠纷一案　12－18－689

1942年9月至1943年2月，璧山实验地方法院关于张执中分割房屋纠纷一案的文书，包括民事诉状、民事委任状、民事审理笔录、民事答辩状、民事撤诉状等。

371. 四川高等法院第一分院、璧山地方法院审理拖欠税款等两案　12－18－690

1948年1月至1948年5月，四川高等法院第一分院、璧山地方法院关于罗镇铣拖欠税款案、陈光杰借款纠纷案两案的文书，包括璧山县城中镇财产保管委员会提交璧山地方法院的呈文、璧山地方法院执行命令、筵席及娱乐税法、民事抗告书、四川高等法院第一分院刑事裁定、四川高等法院第一分院训令、民事诉状、辩论笔录、民事撤诉状等。

372. 璧山县司法处审理会款纠纷两案　12－18－691

1938年1月至1948年12月，璧山县司法处关于曾维三会款纠纷案、冯双璧会款纠纷案两案的文书，包括民事诉状、审理笔录、民事委状、璧山县司法处民事和解笔录、璧山县司法处民事判决书、民事执行状、璧山县司法处算账笔录等。

373. 璧山地方法院审理借款纠纷等两案　12－18－692

1948年1月至1948年6月，璧山地方法院关于胡合成借款纠纷案、冯元清借款纠纷执行案两案的文书，包括璧山地方法院民事判决书、民事诉状、璧山地方法院执行命令等。

374. 璧山地方法院审理借款纠纷三案　12－18－693

1948年3月至1948年12月，璧山地方法院关于赵辉烈借款纠纷案、胡合成借款纠纷案、傅斌武借款纠纷案三案的文书，包括民事声请书、民事诉状、辩论笔录、璧山地方法院民事裁定、民事答辩状、璧山地方法院民事判决书等。

375. 四川高等法院重庆分院、璧山地方法院审理要求赔偿损失等三案　12－18－694

1948年2月至1949年5月，四川高等法院重庆分院、璧山地方法院关于张胡氏要求钱江氏赔偿因其解除佃约造成的损失案、钟其蔚要求严鸣高增加给付案、朱勤钊要求戴天华增加给付土地租金案三案的文书，包括民事诉状、辩论笔录、民事辩状、璧山地方法院民事判决书、民事缴状、民事委任状、四川高等法院重庆分院民事裁定、璧山地方法院与四川高等法院重庆分院的往来公函、四川高等法院重庆分院民事判决书、民事和解书等。

376. 四川高等法院重庆分院、璧山地方法院审理要求增加给付土地押金等五案　12－18－695

1948年6月至1949年2月，四川高等法院重庆分院、璧山地方法院关于李万益要求李记臣增加给付土地押金案、朱大安要求何绍卿增加给付土地押金案、陈华轩要求邹洪章增加给付土地押金案、吴和康要求吴俊良增加偿还借款案、蔡聘三要求周云汉增加偿还借款案五案的文书，包括民事诉状、璧山地方法院民事判决书、辩论笔录、璧山地方法院民事和解笔录、四川高等法院重庆分院民事裁定等。

377. 四川高等法院重庆分院、璧山地方法院审理要求赔偿被盗财产等四案　12—18—696

1948年1月至1949年5月，四川高等法院重庆分院、璧山地方法院关于王云程要求朱子云赔偿被盗财产案、黄万朝要求曾炳荣赔偿损失上诉案、周平安要求朱华伦赔偿砍伐树木案、张永祯要求朱泽林赔偿房屋损坏案四案的文书，包括璧山地方法院刑事附带民事判决书、民事诉状、四川高等法院训令、辩论笔录、民事委状、璧山地方法院民事裁定、民事补诉状、璧山地方法院民事判决书、四川高等法院重庆分院民事裁定、民事答辩状、四川高等法院重庆分院民事判决书等。

378. 四川高等法院重庆分院、璧山地方法院审理要求赔偿家产损失等三案　12—18—697

1947年10月至1948年12月，四川高等法院重庆分院、璧山地方法院关于彭庆云要求黄镜涵赔偿房屋等家产损毁案、曾锡之要求荣仲夔赔偿损失案、陈银轩要求周海全赔偿谷物等财产案三案的文书，包括民事诉状、辩论笔录、民事辩状、璧山地方法院民事判决书、璧山地方法院民事裁定、民事委任状、四川高等法院重庆分院民事判决书等。

379. 璧山地方法院审理申请租佃土地公证两案　12—18—698

1948年1月至1948年7月，璧山地方法院关于殷明德申请租佃土地公证案、彭常贵申请租佃土地公证案两案的文书。殷明德与彭常贵要将土地租佃，为防以后产生纠纷特向法院申请公证。该卷文书包括公证讯问笔录、声请公证证明书、民事领状等。

380. 璧山地方法院审理要求赔偿石料等四案　12—18—699

1948年1月至1949年11月，璧山地方法院关于谭岐山要求王治彬赔偿石料案、曾有为要求曾明德赔偿金首饰案、曹汪氏要求曹登第赔偿医药费执行案、范济安要求刘胡林赔偿鸭子案四案的文书，包括民事诉状、民事辩状、辩论笔录、民事声请书、民事覆勘笔录、璧山地方法院民事判决书、璧山地方法院执行命令等。

381. 四川高等法院重庆分院、璧山地方法院审理要求给付木料等三案　12—18—700

1948年5月至1949年2月，四川高等法院重庆分院、璧山地方法院关于许王氏要求刘道熹给付购买的木料案、曾树高要求伍全安给付购买的纸张案、曾树高申请领取证物案三案的文书，包括民事诉状、璧山地方法院民事裁定、四川高等法院重庆分院民事裁定、民事委状、辩论笔录、璧山地方法院民事判决书、民事领状等。

382. 四川高等法院第一分院、璧山地方法院等审理土地经界纠纷等四案　12—18—701

1948年4月至1949年11月，四川高等法院第一分院、璧山地方法院等关于王树林土地经界纠纷案、赵正富土地经界纠纷案、王海荣土地经界纠纷案、杨文治土地经界纠纷执行案四案的文书，包括民事诉状、民事声请书、辩论笔录、民事委任状、璧山地方法院民事判决书、四川高等法院第一分院民事判决书、璧山地方法院执行命令、执行笔录等。

383. 四川高等法院重庆分院、璧山地方法院审理要求给付借谷等三案　12—18—702

1948年4月至1948年11月，四川高等法院重庆分院、璧山地方法院关于牟刘氏要求刘苏氏给付借谷案、鲍文渊要求万亿伯给付借谷案、刘云淮要求彭仕钧给付借款案三案的文书，包括民事声请书、璧山地方法院民事裁定、民事诉状、辩论笔录、民事答辩状、民事委任状、璧山地方法院与四川高等法院重庆分院的往来公函、四川高等法院重庆分院民事判决书、璧山地方法院民事判决书等。

384. 璧山地方法院审理要求给付黄谷等三案　12—18—703

1948年4月至1948年10月，璧山地方法院关于邓廷森要求祝钟氏给付黄谷案、魏伯环要求冯忠泽给付借谷案、叶炳全要求陈树明给付借谷执行案三案的文书，包括璧山地方法院民事判决书、民事声请书、辩论笔录、璧山地方法院执行命令等。

385. 璧山地方法院审理给付黄谷纠纷等三案　12—18—704

1948年7月至1948年12月，璧山地方法院关于张标中要求龙泽全给付黄谷案、何恒德要求钟炳钦给付租谷案、李德五要求毛东旭给付购买的谷物案三案的文书，包括民事诉状、民事答辩状、辩论笔录、璧山地方法院民事和解笔录、璧山地方法院民事判决书等。

386. 璧山地方法院审理给付黄谷上诉等三案　12—18—705

1948年8月至1949年10月，璧山地方法院关于朱江氏要求董银章给付黄谷上诉案、何本源要求陈友三给付购买的谷物案、谢功肃要求杨森荣给付租谷案三案的文书，包括民事诉状、璧山地方法院民事裁定、民事委任状、璧山地方法院民事判决书、民事辩状、辩论笔录等。

387. 璧山地方法院审理给付黄谷纠纷三案　12－18－707

1948 年 6 月至 1948 年 12 月，璧山地方法院关于颜茂林要求程学铭给付黄谷执行案、王忠全要求王黄氏给付黄谷执行案、曾金合要求黄开云给付黄谷案三案的文书，包括民事执行状、璧山地方法院民事判决书、璧山地方法院执行命令、民事保状、执行笔录、民事诉状、民事答辩状、民事撤诉状等。

388. 最高法院、四川高等法院第一分院、璧山地方法院审理给付黄谷执行四案　12－18－708

1948 年 1 月至 1948 年 12 月，最高法院、四川高等法院第一分院、璧山地方法院关于唐治尧要求周青云给付黄谷执行案、邬全明要求罗国明给付黄谷执行案、陈德光要求卢银轩给付黄谷执行案、夏清玉要求张清泉给付黄谷执行案四案的文书，包括璧山地方法院执行命令、民事执行状、民事领状、民事保状、璧山地方法院民事判决书、四川高等法院第一分院民事判决书、最高法院民事裁定等。

389. 四川高等法院重庆分院、璧山地方法院审理要求偿还谷物等三案　12－18－709

1947 年 12 月至 1948 年 10 月，四川高等法院重庆分院、璧山地方法院关于吴乃卿要求陈兆周偿还谷物案、杨茂富要求王福文给付借谷案、何大清要求张清臣给付黄谷执行案三案的文书，包括民事诉状、璧山地方法院民事裁定、四川高等法院重庆分院民事裁定、辩论笔录、民事委任状、璧山地方法院民事判决书、民事缴状、民事答辩状、四川高等法院重庆分院民事判决书、璧山地方法院与四川高等法院重庆分院的往来公函、璧山地方法院执行命令等。

390. 璧山地方法院审理要求支付田房押金纠纷三案　12－18－711

1947 年 7 月至 1948 年 11 月，璧山地方法院关于简玉廷要求王启龙支付田房押金案、钱荣华要求钱文吉给付田房押金案、陶发林要求余杨氏给付田房押金执行案三案的文书，包括民事诉状、民事答辩状、辩论笔录、璧山地方法院民事和解笔录、民事委状、民事声请书、民事执行状、璧山地方法院民事判决书、璧山地方法院执行命令等。

391. 四川高等法院重庆分院、璧山地方法院审理要求给付棉纱等四案　12－18－712

1948 年 5 月至 1949 年 9 月，四川高等法院重庆分院、璧山地方法院关于谭杨氏要求王永康给付棉纱案、杨大富要求刘高氏给付棉被执行案、蒋赤南要求徐伯瑜给付洋纱执行案、荣有德要求温松林给付棉纱案四案的文书，包括民事声请书、璧山地方法院民事判决书、璧山地方法院执行命令、民事诉状、辩论笔录、民事答辩状、民事委任状、璧山地方法院民事裁定、璧山地方法院与四川高等法院重庆分院的往来公函、四川高等法院重庆分院民事判决书、璧山地方法院训令等。

392. 四川高等法院第一分院及重庆分院、璧山地方法院审理要求给付借谷等三案 12－18－713

1948年7月至1949年11月，四川高等法院第一分院及重庆分院、璧山地方法院关于龙生祥要求罗宪章给付借谷案、胡炳银要求江流溪给付借谷案、陈兴业要求蓝治云给付黄谷执行案三案的文书，包括民事诉状、民事答辩状、辩论笔录、民事续呈状、璧山地方法院民事判决书、四川高等法院重庆分院民事裁定、四川高等法院第一分院民事判决书、璧山地方法院与四川高等法院重庆分院的往来公函、民事委任状、四川高等法院重庆分院民事判决书、璧山地方法院执行命令等。

393. 四川高等法院重庆分院、璧山地方法院审理要求给付房租等三案 12－18－714

1948年1月至1949年8月，四川高等法院重庆分院、璧山地方法院关于邓光银要求张国彬给付房租案、张伯怀要求陈林山偿还欠款案、李树明要求徐鼎卿给付制作家具的工资案三案的文书，包括民事诉状、辩论笔录、璧山地方法院民事判决书、璧山地方法院民事裁定、四川高等法院重庆分院民事判决书等。

394. 四川高等法院重庆分院、璧山地方法院审理要求给付租谷等三案 12－18－715

1948年2月至1949年6月，四川高等法院重庆分院、璧山地方法院关于江陈氏要求李兴登给付租谷案、张渭滨将油坊租赁他人要求其给付租油、赖德安要求张荣光给付桐油案三案的文书，包括民事诉状、辩论笔录、璧山地方法院民事判决书、璧山地方法院民事裁定、璧山地方法院与四川高等法院重庆分院的往来公函、四川高等法院重庆分院民事判决书、四川高等法院重庆分院民事裁定等。

395. 璧山地方法院审理租谷纠纷两案 12－18－716

1948年2月至1948年12月，璧山地方法院关于吴月波租谷纠纷案、任炳林租谷纠纷案两案的文书，包括民事诉状、民事委任状、辩论笔录、璧山地方法院民事判决书、璧山地方法院民事裁定、璧山地方法院与四川高等法院重庆分院的往来公函等。

396. 璧山地方法院审理租谷纠纷三案 12－18－717

1947年12月至1949年1月，璧山地方法院关于任炳林租谷纠纷案、陈大勤租谷纠纷案、赵大德租谷纠纷案三案的文书，包括民事诉状、民事辩状、辩论笔录、璧山地方法院民事判决书、民事声请书、民事委任状、璧山地方法院民事和解笔录等。

397. 璧山地方法院审理会谷纠纷案四案　12－18－718

1948年1月至1948年10月，璧山地方法院关于王文彬会谷纠纷案、徐林轩会谷纠纷执行案、陈宏庥会谷纠纷案、朱笔昌会谷纠纷案四案的文书。王文彬等人加入农业会后未能获得会谷，王等提起诉讼要求被告给付会谷。该卷文书包括民事诉状、辩论笔录、璧山地方法院民事判决书、璧山地方法院执行命令、民事声请书、璧山地方法院民事裁定等。

398. 四川高等法院重庆分院、璧山地方法院审理保长选举、契约纠纷等四案　12－18－719

1948年3月至1949年3月，四川高等法院重庆分院、璧山地方法院关于吴子章要求确认选举保长结果无效案、徐成文要求确认析分家产契约无效案、唐树先要求确认缴款票据无效案、江明德要求确认现金票据无效案四案的文书。唐树先与江明德分别在被胁迫与醉酒状态下签署现金票据，事后被人敲诈，二人提起诉讼要求法院确认票据无效。该卷文书包括民事诉状、刑事诉状、四川高等法院重庆分院民事裁定、璧山地方法院与四川高等法院重庆分院的往来公函、辩论笔录、民事追加状、民事答辩状、璧山地方法院民事和解笔录、四川高等法院重庆分院民事判决书、璧山地方法院民事判决书等。

399. 璧山地方法院审理要求确认田房优先购买权等四案　12－18－720

1948年6月至1949年2月，璧山地方法院关于羊有章要求确认田房优先购买权案、孙代文要求法院确认其继承权案、邹曾氏要求确认继承权案、罗炳全要求确认优先承佃权案四案的文书，包括民事诉状、民事委任状、辩论笔录、璧山地方法院民事判决书等。

400. 四川高等法院重庆分院、璧山地方法院审理要求确认买卖田房契约无效等三案　12－18－721

1948年6月至1949年7月，四川高等法院重庆分院、璧山地方法院关于刘永昌要求确认买卖田房契约无效案、张吴氏要求撤销买卖田业契约案、荣许氏要求撤销买卖田房契约案三案的文书，包括民事诉状、璧山地方法院民事裁定、民事答辩状、民事委状、辩论笔录、四川高等法院重庆分院民事判决书、璧山地方法院与四川高等法院重庆分院的往来公函、民事声请书、四川高等法院重庆分院民事裁定等。

401. 四川高等法院重庆分院、璧山地方法院审理要求撤销买卖田房契约等四案 12－18－722

1948年3月至1949年4月，四川高等法院重庆分院、璧山地方法院关于罗长华要求撤销买卖田房契约案、巫炳臣要求撤销买卖田业契约案、刘鲁氏要求确认买卖树木契约案、叶甘氏要求撤销买卖田房契约案四案的文书，包括民事诉状、辩论笔录、民事答辩状、璧山地方法院民事判决书、璧山地方法院民事裁定、民事公证状、四川高等法院重庆分院民事判决书、璧山地方法院与四川高等法院重庆分院的往来公函、民事和解状等。

402. 璧山地方法院审理租谷纠纷两案 12－18－723

1948年5月至1948年12月，璧山地方法院关于董银章租谷纠纷案、向周明租谷纠纷案两案的文书，包括璧山地方法院民事判决书、民事诉状、辩论笔录、民事声请书等。

该卷附有1949年1月至1949年6璧山县河边乡户籍统计月报表、璧山县河边乡提交璧山县县长的呈文等。

403. 璧山地方法院审理保管公谷公证三案 12－18－724

1948年10月至1949年1月，璧山地方法院关于邓华轩保管公谷公证案、罗鸿昌保管公谷公证案、雷炳源保管公谷公证案三案的文书。邓华轩三人负责保管公谷，特向法院申请公证。该卷文书包括公证讯问笔录、公证书、民事领状等。

404. 璧山地方法院审理借贷公证两案 12－18－725

1948年11月至1949年1月，璧山地方法院关于凌均平借贷公证案、谷海明借贷公证案两案的文书。凌、谷二人在借贷时为防以后产生纠纷特向法院申请公证。该卷文书包括公证讯问笔录、公证书、民事领状等。

405. 璧山地方法院审理交还田业纠纷三案 12－18－726

1948年7月至1948年11月，璧山地方法院关于陈华宣交还田业纠纷案、钱君民交还田业纠纷案、杨光荣交还田业纠纷案三案的文书，包括民事诉状、民事反诉状、民事委任状、辩论笔录、璧山地方法院民事判决书、民事答辩状、璧山地方法院检察官不起诉处分书、民事撤诉状等。

406. 四川高等法院重庆分院、璧山地方法院审理交还田业纠纷四案　12－18－727

1948年3月至1949年3月，四川高等法院重庆分院、璧山地方法院关于杨光荣交还田业纠纷案、罗国明交还田业纠纷案、杨永成交还田业纠纷案、喻清书交还田业纠纷案四案的文书，包括民事诉状、辩论笔录、民事答辩状、璧山地方法院民事判决书、璧山地方法院民事裁定、民事撤诉状、璧山地方法院民事和解笔录、四川高等法院重庆分院民事判决书等。

407. 四川高等法院重庆分院、璧山地方法院审理交还田业纠纷等四案　12－18－728

1947年10月至1948年9月，四川高等法院重庆分院、璧山地方法院关于罗荣辉交还田业纠纷案、陶述全借款纠纷案、张怀德典当土地纠纷案、赵银山典当土地纠纷案四案的文书，包括民事诉状、璧山地方法院民事裁定、四川高等法院重庆分院民事裁定、璧山地方法院与四川高等法院重庆分院的往来公函、辩论笔录、民事答辩状、璧山地方法院民事判决书等。

408. 四川高等法院重庆分院、璧山地方法院审理交还田业纠纷四案　12－18－729

1948年3月至1949年4月，四川高等法院重庆分院、璧山地方法院关于朱炳荣交还田业纠纷案、陈华宣交还田业纠纷案、刘华荣交还田业纠纷案、徐明达交还田业纠纷案四案的文书，包括民事诉状、民事辩状、辩论笔录、璧山地方法院民事判决书、璧山地方法院民事裁定、民事声明状、璧山地方法院与四川高等法院重庆分院的往来公函、民事委状、四川高等法院重庆分院民事裁定、四川高等法院重庆分院民事判决书等。

409. 四川高等法院重庆分院、璧山地方法院审理要求确认土地租约有效等两案 12－18－730

1948年3月至1948年12月，四川高等法院重庆分院、璧山地方法院关于张治举要求确认土地租约有效案、蔡治平要求确认佃约无效案两案的文书，包括民事诉状、辩论笔录、民事委任状、璧山地方法院民事判决书、璧山地方法院民事裁定、四川高等法院重庆分院民事裁定等。

410. 璧山地方法院审理田业所有权公证等四案　12－18－731

1948年8月至1949年1月，璧山地方法院关于林国玉田业所有权公证案、陶明生要求确认借款文约无效案、周学夫要求确认买卖田业契约无效案、巫炳臣要求确认买卖田房契约无效案四案的文书，包括公证讯问笔录、公证书、民事诉状、辩论笔录、璧山地方法院民事判决书、民事答辩状、民事领状等。

411. 四川高等法院重庆分院、璧山地方法院审理要求确认田房所有权等三案 12－18－732

1948年2月至1949年6月，四川高等法院重庆分院、璧山地方法院关于廖黄氏要求确认田房所有权案、唐杨氏确认租佃契约有效案、王君泽阴地经界纠纷案三案的文书，包括民事诉状、璧山地方法院与江津地方法院的往来公函、民事答辩状、民事委任状、辩论笔录、璧山地方法院民事判决书、璧山地方法院民事裁定、四川高等法院重庆分院民事判决书等。

412. 璧山地方法院审理要求返还田土等三案 12－18－733

1948年2月至1948年6月，璧山地方法院关于张朝良要求张海清返还田土案、任源修要求吴银山返还抵押契约案、方李氏要求方富容返还嫁妆案三案的文书，包括民事声请书、辩论笔录、民事诉状等。

413. 四川高等法院重庆分院、璧山地方法院审理要求返还洋纱等三案 12－18－734

1948年6月至1948年12月，四川高等法院重庆分院、璧山地方法院关于温松林要求罗海云返还洋纱案、万树清要求张海云返还黄包车案、王文彬要求杨茂富给付会谷执行案三案的文书，包括民事诉状、辩论笔录、璧山地方法院民事判决书、民事委任状、民事答辩状、民事执行状、四川高等法院重庆分院民事判决书、璧山地方法院执行命令等。

414. 四川高等法院重庆分院、璧山地方法院审理要求返还白布、返还木料款两案 12－18－735

1948年4月至1948年12月，四川高等法院重庆分院、璧山地方法院关于荣辉先要求蔡辉清返还白布案、江南轩要求李荣卿返还木料款案两案的文书，包括民事诉状、民事辩状、辩论笔录、璧山地方法院民事判决书、璧山地方法院民事裁定、四川高等法院重庆分院民事判决书等。

415. 四川高等法院重庆分院、璧山地方法院审理要求确认买卖田房契约无效两案 12－18－736

1948年7月至1949年6月，四川高等法院重庆分院、璧山地方法院关于邓世芳要求确认买卖田房契约无效案、陶明生要求确认买卖田房契约无效案两案的文书，包括民事诉状、民事委状、辩论笔录、民事辩状、璧山地方法院民事判决书、璧山地方法院民事裁定、四川高等法院重庆分院民事判决书等。

416. 四川高等法院重庆分院、璧山地方法院审理租谷纠纷等五案　12－18－737

1948年1月至1949年5月，四川高等法院重庆分院、璧山地方法院关于蔡治清租谷纠纷案、刘泰荣要求刘作民返还田契案、陈洪熙要求陶明生返还田契执行案、熊树洲要求万承源返还租佃契约案、蔡合林要求刘锡三返还田契案五案的文书，包括四川高等法院重庆分院民事判决书、璧山地方法院民事判决书、民事声请书、璧山地方法院执行命令、民事诉状、民事委任状、辩论笔录、民事辩状等。

417. 璧山地方法院审理借款纠纷等两案　12－18－738

1947年12月至1949年3月，璧山地方法院关于蒋惠廷借款纠纷案、陈海刚要求陈伯皋返还押谷案两案的文书，包括民事诉状、民事答辩状、辩论笔录、民事证明书、璧山地方法院民事判决书等。

418. 四川高等法院重庆分院、璧山地方法院审理借款纠纷等三案　12－18－739

1948年10月至1949年6月，四川高等法院重庆分院、璧山地方法院关于王云程借款纠纷案、冯祖煌要求靖泽椿返还被骗走的学徒案、白玉平等借款纠纷案三案的文书，包括民事诉状、四川高等法院重庆分院民事判决书、民事辩状、民事委状、辩论笔录、璧山地方法院民事和解笔录等。

419. 璧山地方法院审理要求返还竹木等两案　12－18－740

1947年12月至1948年8月，璧山地方法院关于刘树荣要求张调元返还竹木案、曾云帆要求曾治庸返还柏树案两案的文书，包括璧山地方法院民事判决书、民事诉状、辩论笔录、民事辩状、璧山地方法院训令、璧山县狮子乡提交璧山地方法院的呈文、民事公证书、璧山地方法院民事和解笔录等。

420. 四川高等法院重庆分院、璧山地方法院审理要求返还借谷纠纷两案　12－18－741

1948年5月至1948年8月，四川高等法院重庆分院、璧山地方法院关于蔡银钦要求安炳太返还借谷执行案、邹宗楷要求徐光富返还借谷案两案的文书，包括民事诉状、四川高等法院重庆分院民事判决书、璧山地方法院民事判决书、璧山地方法院执行命令、璧山地方法院命令、璧山地方法院训令、查封不动产笔录、璧山地方法院布告等。

421. 璧山地方法院审理要求返还借谷等三案　12－18－742

1948年9月至1949年11月，璧山地方法院关于李正烈要求伍正祥返还借谷案、何春暄要求何国恩返还借款案、杨森云要求杨西康返还租谷案三案的文书，包括民事诉状、辩论笔录、璧山地方法院民事判决书、民事委状、璧山地方法院民事和解笔录等。

422. 四川高等法院重庆分院、璧山地方法院审理回赎田产纠纷等两案　12—18—743

1948年3月至1948年11月，四川高等法院重庆分院、璧山地方法院关于吴秦氏回赎田产纠纷案两案、王益和回赎田产执行案的文书，包括民事诉状、璧山地方法院执行命令、璧山地方法院与四川高等法院重庆分院的往来公函、璧山地方法院民事裁定、民事理由书、民事辩状、辩论笔录、民事委任状、四川高等法院重庆分院民事判决书等。

423. 璧山地方法院审理回赎土地纠纷三案　12—18—744

1948年1月至1948年10月，璧山地方法院关于吴秦氏回赎土地纠纷案、胡定芳回赎土地纠纷执行案、朱显福回赎田房纠纷执行案三案的文书，包括民事诉状、民事答辩状、辩论笔录、璧山地方法院民事判决书、民事执行状、璧山地方法院执行命令等。

424. 璧山地方法院审理申请土地所有权公证三案　12—18—745

1948年12月至1949年1月，璧山地方法院关于林玉枢申请土地所有权公证案、林庆阳申请土地所有权公证案、林三元申请土地所有权公证案三案的文书，包括公证讯问笔录、声请认证证明书、认证书、璧山地方法院训令、民事领状等。

425. 璧山地方法院审理借贷公证等三案　12—18—746

1946年3月至1948年10月，璧山地方法院关于皮朝宗申请借贷公证案、石全兴申请租佃田业公证案、伍袁氏申请家族会议记录公证案三案的文书，包括公证讯问笔录、授权书、声请认证证明书、民事保证书、认证书、民事领状等。

426. 璧山地方法院审理申请抱养孩子公证等三案　12—18—747

1948年1月至1949年10月，璧山地方法院关于孙代明申请抱养孩子公证案、王万江申请将坟地经界公证案、李述彬申请租佃土地公证案三案的文书，包括公证声请书、声请公证证明书、公证讯问笔录、民事领状等。

427. 璧山地方法院审理申请买卖田业公证三案　12—18—748

1948年4月至1949年3月，璧山地方法院关于朱德美申请买卖田业公证案、何自立申请买卖田业公证案、周炳森申请买卖田业公证案三案的文书，包括公证声请书、公证讯问笔录、声请公证证明书、民事领状等。

428. 璧山地方法院审理申请租佃土地公证两案　12－18－749

1948年10月至1949年5月，璧山地方法院关于曾永焜申请租佃土地公证案、祝占云申请租佃土地公证案两案的文书，包括公证讯问笔录、公证书、民事申请状、民事领状、声请公证证明书等。

429. 四川高等法院第一分院及重庆分院、璧山地方法院审理田业买卖契约纠纷等案　12－18－750

1947年3月至1948年12月，四川高等法院第一分院及重庆分院、璧山地方法院关于田业买卖契约纠纷案、租谷纠纷案、盗窃案、妨害农耕案、盗卖公粮案、吸食鸦片案、债务纠纷案、押金纠纷案、要求撤销租佃契约案、庙产纠纷案等案的文书，包括民事诉状、璧山地方法院民事裁定、璧山地方法院与四川高等法院重庆分院的往来公函、辩论笔录、四川高等法院重庆分院民事判决书、民事委任状、四川高等法院第一分院民事判决书、璧山地方法院检察官起诉书、璧山地方法院检察官不起诉处分书、璧山地方法院支付命令、民事答辩状、璧山地方法院民事判决书、璧山地方法院民事和解笔录等。

430. 四川高等法院第一分院及重庆分院、璧山地方法院审理交还田业纠纷两案 12－18－751

1948年4月至1949年6月，四川高等法院第一分院及重庆分院、璧山地方法院关于夏汉臣要求冯源清交还田业执行案、赵璧恢要求张五福交还田业案两案的文书，包括民事执行状、璧山地方法院民事判决书、四川高等法院第一分院民事判决书、执行笔录、璧山地方法院执行命令、民事声请书、民事抗告书、四川高等法院重庆分院民事裁定、民事诉状、璧山地方法院与四川高等法院重庆分院的往来公函、民事辩状、民事委状、辩论笔录、四川高等法院重庆分院民事判决书等。

431. 四川高等法院第一分院、璧山地方法院等审理交还田业执行三案　12－18－752

1948年2月至1949年2月，四川高等法院第一分院、璧山地方法院等关于何亮奎要求苏大成交还田业执行案、伍茂宣要求伍世才交还田业执行案、彭纯治要求赵成章交还田业执行案三案的文书，包括民事声请书、璧山地方法院执行命令、民事保状、璧山地方法院训令、查封不动产笔录、民事执行状、四川高等法院第一分院民事判决书、璧山地方法院民事和解笔录等。

432. 四川高等法院重庆分院、璧山地方法院审理交还田业纠纷两案　12－18－753

1948年4月至1948年12月,四川高等法院重庆分院、璧山地方法院关于白鸿兴要求陈安戎交还田业案、黄万朝要求曾炳云交还田业执行案两案的文书,包括民事诉状、民事委任状、辩论笔录、璧山地方法院民事判决书、璧山地方法院民事裁定、璧山地方法院与四川高等法院重庆分院的往来公函、四川高等法院重庆分院民事判决书、民事执行状、璧山地方法院执行命令等。

433. 璧山地方法院审理赔偿损害等六案　12－18－753－758

1947年12月至1948年12月,璧山地方法院关于杨鲁三赔偿损害案、黎海荣申请保管公粮公证案、谭洪章申请保管公粮公证案、彭汝为要求李君禄交还田业执行案、胡述章要求胡顺之交还田业案、冯大贤租谷纠纷案六案的文书,包括辩论笔录、璧山地方法院民事判决书、公证讯问笔录、公证书、民事执行状、璧山地方法院执行命令等。

该卷附有璧山地方法院配发公教人员食米折发代金报核清册。

434. 璧山地方法院审理申请租佃土地公证三案　12－18－754

1948年1月至1948年12月,璧山地方法院关于曾流芳申请租佃土地公证案、喻金城申请租佃土地公证案、张霁初申请租佃土地公证案三案的文书,包括公证讯问笔录、声请公证证明书、认证书、民事声请书、民事领状等。

435. 四川高等法院重庆分院、璧山地方法院审理要求交还田业一案　12－18－755

1948年5月至1949年9月,四川高等法院重庆分院、璧山地方法院关于张朝良要求张海滨交还田业一案的文书,包括民事诉状、璧山地方法院民事裁定、四川高等法院重庆分院民事裁定、璧山地方法院与四川高等法院重庆分院的往来公函、民事委任状、辩论笔录、民事辩状、璧山地方法院民事判决书等。

436. 璧山地方法院审理交还田业执行等四案　12－18－756

1948年1月至1948年8月,璧山地方法院关于萧全德要求曾卢氏交还田业执行案、黄万朝要求曾炳荣交还田业执行案、龙瑞三要求龙海云交还田业执行案、徐光先要求祝明道交还田业案四案的文书,包括民事声请书、璧山地方法院民事判决书、璧山地方法院执行命令、执行笔录等。

437. 四川高等法院第一分院及重庆分院、璧山县司法处及璧山地方法院审理田业所有权纠纷等三案　12－18－757

1938年8月至1948年10月，四川高等法院第一分院及重庆分院、璧山县司法处及璧山地方法院关于许安成田业所有权纠纷案、刘王氏田业所有权纠纷案、叶蓁林要求向大宾交还田业执行案三案的文书，包括民事诉状、民事委状、四川高等法院第一分院裁定、四川高等法院第一分院训令、民事缴状、璧山县司法处提交四川高等法院第一分院的呈文、璧山地方法院执行命令、璧山地方法院民事判决书、四川高等法院重庆分院民事裁定等。

438. 四川高等法院重庆分院、璧山地方法院审理要求返还烧酒等两案　12－18－758－759

1948年5月至1949年2月，四川高等法院重庆分院、璧山地方法院关于刘荣清要求许何氏返还寄存的烧酒、廖联宇要求陈立三偿还借粮执行案两案的文书，包括民事诉状、辩论笔录、璧山地方法院民事判决书、璧山地方法院与四川高等法院重庆分院的往来公函、民事委状、四川高等法院重庆分院民事判决书、璧山地方法院执行命令等。

439. 璧山地方法院审理租谷纠纷等四案　12－18－760

1948年7月至1949年8月，璧山地方法院关于王三才租谷纠纷案、张树之等人拖欠公粮执行案、王贵荣租谷纠纷案、陈玉贞租谷纠纷案四案的文书，包括璧山田赋粮食管理处发往璧山地方法院的公函、民事保状、璧山地方法院执行命令、民事声请书、璧山地方法院和解笔录、璧山地方法院民事判决书、璧山地方法院民事裁定等。

440. 璧山地方法院审理债务纠纷三案　12－18－761

1948年7月至1948年10月，璧山地方法院关于江银轩债务纠纷案、卢凤岐债务纠纷案、张文藩债务纠纷案三案的文书，包括民事声请书、璧山地方法院支付命令、民事声明状、璧山地方法院民事裁定等。

441. 璧山地方法院审理妨害农耕一案　12－18－762

1948年10月至1948年11月，璧山地方法院关于王南廷妨害农耕一案的文书，包括刑事诉状等。

442. 璧山地方法院审理交还房屋执行等三案　12－18－763

1948年10月至1949年1月，璧山地方法院关于张蔡氏要求杨海廷交还房屋执行案、徐德周要求徐成贞交付田契案、张华国要求卢朝钧交还房屋案三案的文书，包括民事声请书、璧山地方法院民事和解笔录、璧山地方法院执行命令、民事诉状、辩论笔录、民事辩状、璧山地方法院民事判决书等。

443. 四川高等法院第一分院、璧山地方法院审理要求交还房屋四案　12－18－764

1947年5月至1949年10月，四川高等法院第一分院、璧山地方法院关于王田氏要求吴张氏交还房屋案、张鸣钟要求陈文宇交还房屋案、何禹德要求陈庆三交还房屋案、王四美堂要求古世贵交还房屋案四案的文书，包括民事诉状、辩论笔录、璧山地方法院民事判决书、璧山地方法院民事裁定、璧山地方法院与四川高等法院第一分院的往来公函、民事委状、四川高等法院第一分院民事判决书等。

444. 四川高等法院重庆分院、璧山地方法院审理要求给付房租等四案　12－18－765

1948年5月至1948年12月，四川高等法院重庆分院、璧山地方法院关于周慎夫要求杨天材给付房租案、杨永清要求徐海清给付棉纱案、张渭滨要求戴坤一给付青油执行案、彭刘氏要求彭安成给付煤炭案四案的文书，包括民事诉状、璧山地方法院民事裁定、民事声请书、璧山地方法院与四川高等法院重庆分院的往来公函、辩论笔录、四川高等法院重庆分院民事判决书、四川高等法院重庆分院民事裁定、璧山地方法院民事判决书、璧山地方法院执行命令、璧山地方法院和解笔录等。

445. 四川高等法院第一分院、璧山地方法院等审理租谷纠纷执行、拖欠公粮执行等四案　12－18－766

1948年6月至1949年3月，四川高等法院第一分院、璧山地方法院等关于钟永贞租谷纠纷执行案、钟其蔚租谷纠纷执行案、曹重光等人拖欠公粮执行案、曾炳荣租谷纠纷案四案的文书，包括民事执行状、璧山地方法院民事判决书、璧山地方法院执行命令、璧山地方法院执行处裁定、民事保状、四川高等法院第一分院民事判决书、璧山田赋粮食管理处发往璧山地方法院的公函、民事诉状、辩论笔录等。

446. 四川高等法院重庆分院、璧山地方法院审理房租纠纷两案　12－18－767

1948年2月至1949年4月，四川高等法院重庆分院、璧山地方法院关于杨天材房租纠纷案、谢德成要求刘宗文给付房租案两案的文书，包括民事诉状、民事辩状、辩论笔录、璧山地方法院民事判决书、民事委任状、璧山地方法院与四川高等法院重庆分院的往来公函、四川高等法院重庆分院民事判决书等。

447. 四川高等法院重庆分院、璧山地方法院审理要求返还聘礼等三案　12－18－768

1948年3月至1949年1月，四川高等法院重庆分院、璧山地方法院关于曾德浓要求谭兴荣返还聘礼案、张永桢要求朱泽林赔偿房屋损坏案、朱祯祥债务纠纷案三案的文书，包括民事诉状、璧山地方法院民事裁定、民事反诉状、璧山地方法院与四川高等法院重庆分院的往来公函、辩论笔录、四川高等法院重庆分院民事判决书、璧山地方法院民事判决书等。

448. 璧山地方法院审理给付买谷等三案　12－18－769

1948年3月至1948年5月，璧山地方法院关于王奎光要求刘世桢给付买谷案、杨天材要求周慎夫给付房租案、夏李氏要求张清泉给付租谷案三案的文书，包括民事诉状、辩论笔录、璧山地方法院民事判决书等。

449. 璧山地方法院审理要求返还聘礼等三案　12－18－770

1948年3月至1948年11月，璧山地方法院关于曾德浓要求谭隆贵返还聘礼案、徐现龙要求邓周氏返还会款执行案、罗尹氏要求罗五合返还土地执行案三案的文书，包括民事诉状、民事辩状、辩论笔录、璧山地方法院民事判决书、民事委任状、民事执行状等。

450. 璧山地方法院审理要求赔偿谷物等四案　12－18－771

1948年7月至1949年3月，璧山地方法院关于方焕林要求巫朱氏赔偿谷物案、张九新要求王绍良赔偿布匹案、吴月华债务纠纷执行案、刘先谋债务纠纷执行案四案的文书，包括民事诉状、璧山地方法院刑事判决书、辩论笔录、璧山地方法院民事判决书、民事催状、璧山地方法院民事裁定、民事执行状、璧山地方法院执行命令等。

451. 璧山地方法院审理债务纠纷执行等三案　12－18－772

1948年10月至1948年12月，璧山地方法院关于白玉平要求邹邦彦偿还债款执行案、陶罗氏要求龙大章返还租佃契约案、鲍建卿要求鲍元兴给付借粮案三案的文书，包括民事声请书、璧山地方法院民事和解笔录、璧山地方法院执行命令、民事诉状、辩论笔录、璧山地方法院民事判决书等。

452. 最高法院、四川高等法院重庆分院、璧山地方法院审理要求返还田业执行等三案　12－18－773

1948年6月至1949年7月，最高法院、四川高等法院重庆分院、璧山地方法院关于蒋芹馨要求陈海如返还田业执行案、刘黄氏要求胡海洲返还房地案、蔡合林要求刘锡三返还红契执行案三案的文书，包括民事执行状、最高法院民事判决书、民事声请书、民事委任状、民事诉状、四川高等法院重庆分院民事判决书、璧山地方法院执行命令等。

453. 四川高等法院重庆分院、璧山地方法院审理要求返还会谷执行等两案　12—18—774

1948年5月至1949年1月，四川高等法院重庆分院、璧山地方法院关于张治举要求黄炳臣返还会谷执行案、江流德要求江林氏返还侵占的谷物案两案的文书，包括民事声请书、璧山地方法院民事判决书、辩论笔录、璧山地方法院执行命令、民事诉状、璧山地方法院民事裁定、璧山地方法院与四川高等法院重庆分院的往来公函、四川高等法院重庆分院民事判决书等。

454. 四川高等法院重庆分院、璧山地方法院审理要求给付树价执行等三案　12—18—775

1948年12月至1949年5月，四川高等法院重庆分院、璧山地方法院关于况怀德要求龙长发给付树价执行案、江银轩借款纠纷执行案、叶紫臣要求刘洪兴返还刀具执行案三案的文书，包括民事执行状、璧山地方法院执行命令、民事声请书、璧山地方法院民事裁定、四川高等法院重庆分院民事判决书等。

455. 四川高等法院重庆分院、璧山地方法院审理交还田业执行等五案　12—18—776

1948年11月至1949年1月，四川高等法院重庆分院、璧山地方法院关于欧森林要求欧治荣交还田业执行案、钱江氏要求张庆荣给付租谷执行案、魏伯寰要求冯忠泽给付租谷执行案、龙树荣要求陈锡之给付黄谷执行案、朱正明要求薛安定给付黄谷执行案五案的文书，包括民事执行状、璧山地方法院执行命令、民事领状、四川高等法院重庆分院民事和解笔录、璧山地方法院民事判决书等。

456. 璧山地方法院审理交还田业执行三案　12—18—777

1948年11月至1949年7月，璧山地方法院关于田方全交还田业执行案、石德之交还田业执行案、吴刘氏交还田业执行案三案的文书，包括民事执行状、璧山地方法院执行命令、执行笔录、民事声请书、民事领状、璧山地方法院民事判决书等。

457. 璧山地方法院审理交还田业执行三案　12—18—778

1948年11月至1949年1月，璧山地方法院关于曾树清交还田业执行案、张海奂交还田业执行案、邹吉云交还田业执行案三案的文书，包括民事执行状、民事声请状、璧山地方法院民事判决书、璧山地方法院执行命令、执行笔录、民事领状等。

458. 璧山地方法院审理交还房屋执行两案　12－18－779

1948年12月至1949年7月，璧山地方法院关于李宅人交还房屋执行案、李锡山交还田业执行案两案的文书，包括民事执行状、璧山地方法院刑事判决书、璧山地方法院民事执行命令、璧山地方法院刑事附带民事判决书、民事领状等。

459. 四川高等法院重庆分院、璧山地方法院审理交还房屋执行等三案　12－18－780

1948年11月至1949年2月，四川高等法院重庆分院、璧山地方法院关于张既修交还房屋执行案、舒万钟交还田业执行案、黎炳恒交还田业执行案三案的文书，包括民事执行记录、民事领状、民事声请书、璧山地方法院执行命令、璧山地方法院民事判决书、四川高等法院重庆分院民事判决书、民事执行状、执行笔录等。

460. 璧山地方法院审理分割遗产纠纷两案　12－18－781

1948年3月至1948年10月，璧山地方法院关于毛连氏分割遗产纠纷案、邓树华分割遗产纠纷案两案的文书，包括民事诉状、辩论笔录、民事续诉状、璧山地方法院民事和解笔录、民事委任状等。

461. 璧山地方法院审理申请离婚一案　12－18－782

1948年4月至1948年8月，璧山地方法院关于张成玉申请离婚一案的文书，包括民事声请书、民事诉状、辩论笔录、民事委任状、璧山地方法院民事判决书等。

462. 璧山地方法院审理回赎提存等三案　12－18－783

1948年9月至1949年7月，璧山地方法院关于谷晏氏回赎提存案、王为心回赎田房执行案、周作之典价提存案三案的文书，包括民事声请书、提存书、民事领状、民事诉状、民事委任状、璧山地方法院执行命令、璧山地方法院民事判决书等。

463. 璧山地方法院审理租佃纠纷等三案　12－18－784

1948年8月至1948年12月，璧山地方法院关于邓永江租佃纠纷案、李家合租佃纠纷案、陈鸿浩买卖木料纠纷案三案的文书，包括民事调解状、民事答辩状、辩论笔录、璧山地方法院民事和解笔录等。

464. 璧山地方法院审理债务提存一案　12—18—785

1948年9月,璧山地方法院关于王天泽债务提存一案的文书,包括提存书、民事领状等。

465. 璧山地方法院审理妨害农耕等两案　12—18—786

1948年10月至1949年1月,璧山地方法院关于张发荣妨害他人农耕案、蔡茂周要求撤销典当谷物契约案两案的文书,包括刑事诉状、讯问笔录、刑事答辩状、璧山地方法院检察官不起诉处分书、璧山地方法院民事判决书、辩论笔录、璧山地方法院与北碚地方法院的往来公函、民事诉状、民事辩状等。

466. 四川高等法院重庆分院、璧山地方法院审理押金纠纷等四案　12—18—787

1948年8月至1949年3月,四川高等法院重庆分院、璧山地方法院关于慕炳荣要求谭鲍氏增加土地押金案、罗王氏要求罗海南给付借谷案、江伍氏要求傅江氏偿还借款案、喻毛氏要求廖宗金给付借款案四案的文书,包括民事诉状、璧山地方法院民事裁定、璧山地方法院与四川高等法院重庆分院的往来公函、辩论笔录、四川高等法院重庆分院民事判决书、璧山地方法院民事判决书等。

467. 璧山地方法院审理土地押金纠纷一案　12—18—788

1948年4月至1948年6月,璧山地方法院关于刘宝卿要求甘维良增加给付土地押金一案的文书,包括民事答辩状、辩论笔录、璧山地方法院民事判决书、民事诉状等。

468. 最高法院、四川高等法院第一分院及重庆分院、璧山地方法院审理要求交还田业纠纷三案　12—18—789

1947年11月至1949年2月,最高法院、四川高等法院第一分院及重庆分院、璧山地方法院关于黄炳章要求黄王氏交还田业案、王治中要求吴正清交还田业执行案、何树彬要求徐彩云交还田业案三案的文书,包括民事诉状、民事答辩状、辩论笔录、璧山地方法院民事判决书、璧山地方法院与四川高等法院重庆分院的往来公函、民事委任状、四川高等法院重庆分院民事和解笔录、民事执行状、璧山地方法院刑事判决书、璧山地方法院民事执行命令、四川高等法院第一分院民事裁定、最高法院民事裁定等。

469. 璧山地方法院审理租谷纠纷等三案　12—18—790

1948年6月至1949年1月,璧山地方法院关于程荣甫要求向泰华给付租谷案、凌茂修要求谢致云偿还借谷案、石清云要求邹炳宣返还棉纱执行案三案的文书，包括民事诉状、辩论笔录、璧山地方法院民事判决书、璧山地方法院民事和解笔录、民事执行状、璧山地方法院执行命令等。

470. 四川高等法院第一分院及重庆分院、璧山地方法院审理增加给付借款及利息等三案　12—18—791

1947年8月至1948年10月，四川高等法院第一分院及重庆分院、璧山地方法院关于王连辉要求韩十全增加给付借款及利息案、蔡德辉要求廖炳臣增加给付田业押金案、冉金山要求李白恒增加给付赔偿金案三案的文书，包括民事诉状、民事答辩状、民事委任状、辩论笔录、璧山地方法院民事判决书、璧山地方法院与四川高等法院重庆分院的往来公函、四川高等法院重庆分院民事判决书、四川高等法院第一分院民事裁定等。

471. 四川高等法院重庆分院、璧山地方法院审理增加给付债款等两案　12—18—792

1948年1月至1948年10月，四川高等法院重庆分院、璧山地方法院关于陈永燔要求周厚官增加给付债款案、黄张氏要求龙福全增加给付田房押金案两案的文书，包括民事诉状、璧山地方法院与四川高等法院重庆分院的往来公函、辩论笔录、民事委状、璧山地方法院民事判决书等。

472. 四川高等法院重庆分院、璧山地方法院审理要求确认典约无效一案　12—18—793

1948年1月至1948年11月，四川高等法院重庆分院、璧山地方法院关于卢全发申请确认典当田业契约无效一案的文书，包括民事诉状、璧山地方法院民事裁定、民事缴状、璧山地方法院与四川高等法院重庆分院的往来公函、辩论笔录、民事委任状、四川高等法院重庆分院民事判决书等。

473. 四川高等法院重庆分院、璧山地方法院审理回赎土地纠纷等两案　12—18—794

1948年7月至1949年3月，四川高等法院重庆分院、璧山地方法院关于吴奎楼回赎土地纠纷案、吴锡三要求吴俊良等人承担缴纳公粮义务案两案的文书。吴锡三与吴俊良等人就轮流缴纳田赋一事做了约定，后吴俊良拒绝履行义务缴纳公粮，吴锡三提起诉讼要求吴俊良履行义务。该卷文书包括民事诉状、璧山地方法院民事裁定、民事委任状、辩论笔录、四川高等法院重庆分院民事判决书、四川高等法院重庆分院民事裁定、璧山地方法院民事判决书等。

474. 四川高等法院重庆分院、璧山地方法院审理增加给付借款等三案　12－18－796

1948年6月至1949年6月，四川高等法院重庆分院、璧山地方法院关于陈绍南要求廖锡元增加给付借款案、刘济舟要求刘磻溪交还土地押金案、黄仲篪要求连璋华返还土地押金案三案的文书，包括民事诉状、民事辩状、民事和解状、辩论笔录、璧山地方法院民事判决书、璧山地方法院与四川高等法院重庆分院的往来公函、四川高等法院重庆分院民事判决书、璧山地方法院民事裁定等。

475. 璧山地方法院审理申请宣告死亡、排除侵害两案　12－18－797

1948年9月至1948年12月，璧山地方法院关于陈刘氏要求法院宣告陈延辉死亡案、朱云卿要求法院排除侵害案两案的文书。陈刘氏丈夫外出多年音讯全无，陈刘氏为再嫁而申请法院宣告丈夫死亡。该卷文书包括民事声请书、民事诉状、辩论笔录等。

476. 四川高等法院重庆分院、璧山地方法院审理分割遗产纠纷三案　12－18－798

1948年2月至1949年9月，四川高等法院重庆分院、璧山地方法院关于郑萧氏分割遗产纠纷案、胡廷钦分割遗产纠纷案、刘世杰分割遗产纠纷案三案的文书，包括民事诉状、璧山地方法院民事裁定、民事委任状、民事答辩状、辩论笔录、四川高等法院重庆分院民事判决书、民事声请书、璧山地方法院民事执行处裁定、民事催状、璧山地方法院执行命令、执行笔录、璧山地方法院民事判决书等。

477. 璧山县司法处审理谷物所有权纠纷一案　12－18－799

1938年7月至1938年9月，璧山县司法处关于叶炳荣谷物所有权纠纷一案的文书，包括民事诉状、民事和解状等。

478. 璧山县司法处审理租佃纠纷两案　12－18－800

1938年8月至1939年1月，璧山县司法处关于周席珍租佃纠纷案、田朱氏租佃纠纷案两案的文书，包括民事诉状、审理笔录、民事辩状、民事覆讯状、璧山县司法处民事和解笔录、民事执行状等。

479. 璧山地方法院审理申请解除假扣押、裁定执行费两案　12－18－801

1948年1月至1948年7月，璧山地方法院关于汪泽申请解除假扣押案、胡海良申请裁定执行费案两案的文书。汪泽因拖欠税款被法院扣押财产，申请法院解除扣押。该卷文书包括民事声明状、民事声请书、民事执行状、璧山地方法院民事裁定、璧山地方法院训令等。

480. 四川高等法院第一分院、璧山地方法院审理布款纠纷等两案　12—18—802

1938年9月至1948年1月,四川高等法院第一分院、璧山地方法院关于罗天泽拖欠布款纠纷案、雷天泽申请公示案两案的文书。雷天泽以张占华等人诈骗其财产为由提起诉讼,要求法院将此不法行为公示。该卷文书包括民事声请书、四川高等法院第一分院训令、民事诉状、四川高等法院第一分院民事裁定等。

481. 璧山地方法院检察处司法档案　12—18—803

璧山地方法院检察处相关司法文书,包括1948年度璧山地方法院检察处送达文件登记簿、璧山地方法院检察处受传览人登记簿等。

482. 璧山地方法院审理拖欠税款执行三案　12—18—804

1948年7月至1948年10月,璧山地方法院关于李宗恒拖欠营业所得税执行案、程茂卿拖欠营业所得税执行案、沈清河拖欠营业所得税执行案三案的文书,包括财政部川康直接税局江津分局璧山查征所与璧山地方法院的往来公函、璧山地方法院执行命令等。

483. 璧山地方法院审理拖欠公粮执行等五案　12—18—805

1948年5月至1949年7月,璧山地方法院关于拖欠公粮执行案、租谷纠纷案、交还田业纠纷案、要求返还押谷案、要求返还树木案五案的文书,包括璧山田赋粮食管理处与璧山地方法院的往来公函、璧山地方法院执行命令、执行笔录、璧山地方法院命令、璧山地方法院发往四川高等法院重庆分院的公函等。

484. 璧山地方法院看守所财务档案　12—18—806

1948年,关于璧山地方法院看守所财务事项的文书,包括璧山地方法院指令、四川高等法院指令、璧山地方法院看守所提交璧山地方法院的呈文、璧山地方法院看守所粮食支出明细单、璧山地方法院训令、璧山地方法院看守所财产报告表、监政条例施行细则、四川高等法院训令等。

485. 四川高等法院、璧山地方法院关于司法、财务等事项的档案　12—18—807

1948年,四川高等法院、璧山地方法院关于司法事务、财政问题等事项的文书,包括璧山地方法院布告、四川高等法院训令、总统府公报重要法令检查表、璧山地方法院发往上海法学编译社的公函、四川省印刷局发往璧山地方法院的公函、文职公务员被处刑罚案表、璧山地方法院看守所提交璧山地方法院的呈文、国民政府公报价目表、国民政府公报重要法令检查表等。

486. 璧山地方法院审理拖欠农业银行贷款等三案　12－18－808

1947年4月至1948年11月，璧山地方法院关于冯祖启拖欠农业银行贷款案、杨天华租谷纠纷案、四川高等法院重庆分院函调蒋吉庆所有权纠纷案等三案的文书，包括民事诉状、璧山地方法院支付命令、民事声请书、四川高等法院重庆分院与璧山地方法院的往来公函等。

该卷附有1948年璧山地方法院公证处公证收件簿。

487. 璧山地方法院审理确认土地租约无效两案　12－18－809

1948年10月至1949年3月，璧山地方法院关于陈昌和要求确认土地租约无效案、孙曹氏要求确认土地租约无效案两案的文书，包括民事诉状、民事辩状、辩论笔录、璧山地方法院民事判决书、璧山地方法院民事裁定等。

488. 四川高等法院重庆分院、璧山地方法院审理要求确认买卖契约无效等四案　12－18－810

1948年3月至1948年11月，四川高等法院重庆分院、璧山地方法院关于谢世书要求确认买卖契约无效案、戴仁安要求确认优先承买土地权案、张既修要求确认优先承买田房案、陈安恒要求确认买卖田房契约无效案四案的文书，包括民事诉状、四川高等法院重庆分院民事裁定、璧山地方法院与四川高等法院重庆分院的往来公函、璧山地方法院民事判决书、民事答辩状、辩论笔录等。

489. 四川高等法院重庆分院、璧山地方法院审理回赎土地纠纷等两案　12－18－811

1948年2月至1948年8月，四川高等法院重庆分院、璧山地方法院关于曾琫璋回赎土地纠纷案、邹嘉珠要求确认析分家产契约无效案两案的文书，包括民事诉状、璧山地方法院民事裁定、璧山地方法院与四川高等法院重庆分院的往来公函、民事委任状、辩论笔录、四川高等法院重庆分院民事判决书、璧山地方法院民事判决书、民事执行状等。

490. 璧山地方法院审理田房所有权纠纷等三案　12－18－812

1947年11月至1948年10月，璧山地方法院关于温成之田房所有权纠纷案、谭唐氏申请离婚案、洪源商号拖欠税款案三案的文书，包括民事诉状、璧山地方法院民事裁定、民事声请书、民事辩状、辩论笔录、璧山地方法院执行命令、财政部川康直接税局江津分局璧山查征所发往璧山地方法院的公函、璧山地方法院刑事裁定等。

491. 四川高等法院第一分院、璧山县司法处审理租佃纠纷一案　12—18—813

1938年8月至1939年5月，四川高等法院第一分院、璧山县司法处关于钟万清租佃纠纷一案的文书，包括璧山县司法处民事判决书、四川高等法院第一分院训令、四川高等法院第一分院民事裁定、民事诉状、民事续状、璧山县司法处提交四川高等法院第一分院的呈文、审理笔录、民事辩状等。

492. 璧山地方法院审理债务纠纷执行四案　12—18—814

1948年4月至1948年6月，璧山地方法院关于何若愚债务纠纷执行案、朱如松债务纠纷执行案、孙海云债务纠纷执行案、李述彬债务纠纷执行案四案的文书，包括民事声请书、璧山地方法院民事裁定、民事领状等。

493. 四川高等法院第一分院及重庆分院、璧山县司法处及璧山地方法院审理土地经界纠纷三案　12—18—815

1938年6月至1949年7月，四川高等法院第一分院及重庆分院、璧山县司法处及璧山地方法院关于吴泽甫土地经界纠纷案、张志中土地经界纠纷案、唐用达土地经界纠纷案三案的文书，包括民事诉状、璧山地方法院民事裁定、璧山地方法院与四川高等法院重庆分院的往来公函、辩论笔录、璧山县司法处提交四川高等法院第一分院的呈文、四川高等法院第一分院民事裁定、四川高等法院第一分院训令、民事答辩状、四川高等法院第一分院民事判决书等。

494. 璧山地方法院审理缴纳罚金两案　12—18—816

1948年8月至1948年11月，璧山地方法院关于杨银州因伤害他人缴纳罚金案、徐汉清因伤害他人缴纳罚金案两案的文书，包括璧山地方法院检察官发往本院民事执行庭的公函、璧山地方法院刑事判决书、璧山地方法院执行命令、璧山地方法院发往本院检察处的公函等。

495. 四川高等法院重庆分院、璧山地方法院审理租谷纠纷三案　12—18—817

1948年1月至1948年10月，四川高等法院重庆分院、璧山地方法院关于胡陈氏租谷纠纷案、万福安租谷纠纷案、江福全租谷纠纷案三案的文书，包括璧山地方法院民事判决书、民事诉状、璧山地方法院民事裁定、民事缴状、璧山地方法院与四川高等法院重庆分院的往来公函、民事委任状、辩论笔录、璧山地方法院民事和解笔录等。

496. 璧山地方法院审理给付租谷执行等四案 12—18—818

1948年2月至1948年11月，璧山地方法院关于刘锡三要求刘荣辉给付租谷执行案、赵增元要求赵大德给付租谷执行案、赵增元要求赵大德交还田业执行案、王冯氏要求柯超廷给付租谷执行案四案的文书，包括民事声请书、璧山地方法院民事判决书、执行笔录、璧山地方法院执行命令、璧山地方法院布告等。

497. 璧山地方法院审理给付租谷执行等两案 12—18—819

1948年1月至1948年11月，璧山地方法院关于严炳林要求钟国清给付租谷执行案、冯绍贤要求萧南仿偿还黄谷执行案两案的文书，包括民事声请书、璧山地方法院民事判决书、璧山地方法院执行命令、民事领状、璧山地方法院民事裁定等。

498. 四川高等法院重庆分院、璧山地方法院审理租佃纠纷等四案 12—18—820

1948年4月至1948年10月，四川高等法院重庆分院、璧山地方法院关于陈汉卿租佃纠纷案、僧能树潜逃案、曹贤臣田房所有权纠纷案、蔡绍良交还田业纠纷案四案的文书，包括民事补诉状、璧山县来凤乡乡公所提交璧山地方法院的呈文、民事诉状、璧山地方法院民事裁定、民事抗告书、四川高等法院重庆分院民事裁定等。

499. 璧山地方法院审理要求交还房屋纠纷五案 12—18—821

1948年1月至1949年6月，璧山地方法院关于江流先要求刘伯良交还房屋案、周荣祥要求余树青交还房屋案、钟桂轩要求王继昭交还房屋案、谢新山要求侯介夫交还房屋案、新民小学要求彭炳荣交还房屋执行案五案的文书，包括民事诉状、民事辩状、辩论笔录、璧山地方法院民事判决书、民事反诉状、民事委状、民事撤诉状、璧山地方法院民事和解笔录、民事执行状、璧山地方法院执行命令、执行笔录等。

500. 四川高等法院第一分院、璧山地方法院审理要求交还房屋纠纷三案 12—18—822

1947年7月至1949年5月，四川高等法院第一分院、璧山地方法院关于张正荣要求陈介德交还房屋案、陈大勤要求朱衡忠交还房屋执行案、张叔达要求庄明远交还房屋案三案的文书，包括民事诉状、辩论笔录、璧山地方法院民事和解笔录、民事执行状、民事委状、璧山地方法院执行命令、执行笔录、民事答辩状、璧山地方法院民事裁定、四川高等法院第一分院民事判决书等。

501. 璧山地方法院审理给付租谷等四案 12—18—823

1948年4月至1948年11月，璧山地方法院关于杨吉盛要求杨冯氏给付租谷案、林占乾要求邓泽高给付租谷案、陈兆周要求吴乃卿返还借谷执行案、曾维元要求谢李氏返还黄谷执行案四案的文书,包括民事诉状、辩论笔录、民事声请书、璧山地方法院民事判决书、民事委任状、璧山地方法院执行命令等。

502. 璧山地方法院审理阻碍他人农耕等两案　12－18－824

1947 年 11 月至 1949 年 3 月,璧山地方法院关于薛张氏阻碍他人农耕案、瞿龙彬要求吴炳清返还借谷契据案两案的文书,包括刑事诉状、辩论笔录、刑事声请书、璧山地方法院民事判决书、民事诉状、璧山地方法院民事和解笔录等。

503. 四川高等法院重庆分院、璧山地方法院审理要求返还棺木一案　12－18－825

1948 年 8 月至 1948 年 11 月,四川高等法院重庆分院、璧山地方法院关于杨云甫要求胡兴树返还棺木一案的文书,包括民事诉状、璧山地方法院民事裁定、璧山地方法院与四川高等法院重庆分院的往来公函、民事委任状、辩论笔录、民事答辩状等。

504. 最高法院、璧山地方法院审理返还洋靛执行等两案　12－18－826

1947 年 10 月至 1948 年 4 月,最高法院、璧山地方法院关于王长源要求张世荣返还洋靛执行案、荣天玮要求胡玉良偿还欠款案两案的文书,包括民事执行状、民事委任状、民事声请书、民事保状、最高法院民事裁定等。

505. 四川高等法院重庆分院、璧山地方法院审理要求返还田业一案　12－18－827

1948 年 2 月至 1948 年 12 月,四川高等法院重庆分院、璧山地方法院关于张在田要求薛张氏返还田业一案的文书,包括民事诉状、辩论笔录、民事委状、璧山地方法院民事判决书、璧山地方法院民事裁定、璧山地方法院与四川高等法院重庆分院的往来公函、四川高等法院重庆分院民事判决书等。

506. 璧山地方法院审理要求返还契约等三案　12－18－828

1948 年 2 月至 1948 年 9 月,璧山地方法院关于邹登煜要求何津梁返还买卖田产契约案、余治国要求刘文华返还布制彩龙案、刘泰荣要求刘作民返还租佃契约案三案的文书,包括民事声请书、民事领状、辩论笔录、璧山地方法院民事判决书等。

507. 四川高等法院重庆分院、璧山地方法院审理交还田业执行等两案　12－18－829

1948 年 7 月至 1949 年 8 月,四川高等法院重庆分院、璧山地方法院关于罗张氏要求张华廷返还田业执行案、程陈氏要求江麟华返还熟土案两案的文书,包括民事执行状、璧山地方法院执行命令、民事声请书、民事诉状、璧山地方法院民事裁定、璧山地方法院与四川高等法院重庆分院的往来公函、辩论笔录、民事委任状、四川高等法院重庆分院民事判决书等。

508. 璧山地方法院审理要求返还棉纱等两案　12－18－830

1948年1月至1948年3月，璧山地方法院关于石清云要求邹炳宣返还棉纱案、张泽清要求林金盛返还借款凭据案两案的文书，包括民事诉状、辩论笔录、璧山地方法院民事和解笔录、民事声请书等。

509. 最高法院、璧山地方法院审理要求返还农具等两案　12－18－831

1948年9月至1949年11月，最高法院、璧山地方法院关于易圣广要求雷树荣返还农具案、张正乾要求向周朋返还其典当的田房执行案两案的文书，包括民事诉状、民事答辩状、辩论笔录、璧山地方法院民事判决书、民事执行状、最高法院民事判决书、璧山地方法院训令、民事声明书、民事保状、璧山地方法院公告等。

510. 璧山地方法院审理申请领取证物三案　12－18－832

1948年2月至1949年2月，璧山地方法院关于朱谢氏申请领取证物案、叶炳全申请领取证物案、雷秉钧申请领取证物案三案的文书，包括民事领状、民事声请书等。

511. 四川高等法院第一分院、璧山地方法院审理申请领取证物等六案　12－18－833

1946年8月至1948年11月，四川高等法院第一分院、璧山地方法院关于邹张氏申请领取证物案、刘增荣申请领取证物案、何津梁申请领取证物案、潘松林申请领取证物案、潘明贵伪造析分家产契约案、钱陈淑申请领取证物案六案的文书，包括民事领状、民事证明书、民事委任状、刑事诉状、讯问笔录、四川高等法院第一分院刑事判决书、璧山地方法院与四川高等法院第一分院的往来公函、辩论笔录、璧山地方法院刑事判决书等。

512. 璧山地方法院审理要求交还田业给付租谷等三案　12－18－834

1948年5月至1948年10月，璧山地方法院关于蒋孔昭要求黄荣卿交还田业给付租谷案、肖鸣弼要求李银发交还田业给付租谷执行案、赵曹氏要求王赵氏交还田业案三案的文书，包括民事诉状、辩论笔录、璧山地方法院民事和解笔录、民事执行状、璧山地方法院执行命令、民事委任状、民事答辩状、璧山地方法院民事判决书等。

513. 四川高等法院重庆分院、璧山地方法院审理租谷纠纷三案　12－18－835

1948 年 5 月至 1949 年 1 月，四川高等法院重庆分院、璧山地方法院关于李文远要求朱海山给付租谷执行案、张周氏要求周保臣给付租谷执行案、钟其蔚要求万树林给付租谷案三案的文书，包括民事执行状、璧山地方法院民事判决书、璧山地方法院执行命令、民事诉状、四川高等法院重庆分院民事裁定、民事保状、民事停止状、民事辩状、辩论笔录、四川高等法院重庆分院民事和解笔录等。

514. 最高法院、四川高等法院重庆分院、璧山地方法院审理交还田房异议等三案　12－18－836

1947 年 9 月至 1949 年 11 月，最高法院、四川高等法院重庆分院、璧山地方法院关于杨光辉交还田房异议案、张天元交还房屋异议案、李道盅土地所有权异议案三案的文书，包括民事抗告书、最高法院民事裁定、辩论笔录、民事委任状、璧山地方法院民事判决书、民事催状、四川高等法院重庆分院民事裁定、璧山地方法院与四川高等法院重庆分院的往来公函、四川高等法院重庆分院民事判决书等。

515. 璧山地方法院审理租佃纠纷两案　12－18－837

1948 年 1 月至 1948 年 10 月，璧山地方法院关于陈邹氏租佃纠纷案、张俊良租佃纠纷案两案的文书，包括民事诉状、辩论笔录、民事声请书等。

516. 璧山地方法院审理租谷纠纷等两案　12－18－838

1948 年 1 月至 1949 年 7 月，璧山地方法院关于田玉山租谷纠纷案、祝心银要求李春秾给付租谷执行案两案的文书，包括民事诉状、辩论笔录、璧山地方法院民事判决书、民事委任状、民事执行状、璧山地方法院执行命令、璧山地方法院与璧山县警察局的往来公函、璧山地方法院命令等。

517. 最高法院、四川高等法院第一分院审理要求增加给付债款一案　12－18－839

1947 年 7 月至 1948 年 10 月，最高法院、四川高等法院第一分院关于刘铁樵要求刘世杰增加给付债款一案的文书，包括民事诉状、四川高等法院第一分院民事裁定、璧山地方法院与最高法院的往来公函、最高法院民事判决书等。

518. 璧山地方法院审理诬告他人盗窃等三案　12－18－840

1948 年 7 月至 1949 年 1 月，璧山地方法院关于吴德富诬告吴德华盗窃案、帅子房保管公家谷物公证案、夏祯荣押金提存案三案的文书，包括公证讯问笔录、公证书、民事领状、刑事诉状、刑事审判笔录、刑事辩状、璧山地方法院刑事判决书、提存书等。

519. 璧山地方法院审理申请借贷财物公证等三案　12—18—842

1948年11月至1949年1月，璧山地方法院关于汪成裕借贷财物公证案、王舲樵运输他人财物公证案、朱家澄赠与他人财产公证案三案的文书，包括公证讯问笔录、公证书、声请公证证明书、民事领状等。

520. 璧山地方法院审理申请租佃土地公证两案　12—18—843

1948年9月至1948年12月，璧山地方法院关于陶启荣申请租佃土地公证案、张承恩申请租佃土地公证案两案的文书，包括公证讯问笔录、公证书、声请公证证明书、民事领状等。

521. 璧山地方法院审理田房所有权纠纷等两案　12—18—844

1948年11月至1949年2月，璧山地方法院关于傅世璜田房所有权纠纷案、林秉章申请公证土地所有权案两案的文书，包括公证讯问笔录、公证书、民事诉状、辩论笔录、璧山地方法院民事判决书等。

522. 璧山地方法院审理田业所有权纠纷等两案　12—18—845

1948年1月至1948年5月，璧山地方法院关于王仲修田业所有权纠纷案、刘炳章租谷纠纷案两案的文书，包括民事声请书、辩论笔录等。

523. 璧山地方法院审理要求履行监护子女权等两案　12—18—846

1948年2月至1948年3月，璧山地方法院关于毛君信要求毛连氏履行监护子女权案、王龚氏要求终止与王复良的收养关系案两案的文书，包括民事声请书、辩论笔录等。

524. 璧山地方法院审理典当土地纠纷等三案　12—18—847

1948年6月至1948年12月，璧山地方法院关于陈林氏典当土地纠纷案、张代清要求张孟渠返还其代管的谷物案、王三才租赁土地纠纷案三案的文书，包括民事声请书、辩论笔录等。

525. 四川高等法院重庆分院、璧山地方法院审理因拖欠黄谷申请假扣押两案　12—18—848

1948年7月至1948年11月，四川高等法院重庆分院、璧山地方法院关于张松林因罗张氏拖欠黄谷申请假扣押案、罗尹氏因罗五合拖欠黄谷申请假扣押案两案的文书，包括民事声请书、璧山地方法院民事裁定、民事抗告书、四川高等法院重庆分院民事裁定等。

526. 璧山地方法院审理侵吞美金公债一案　12－18－849

1948年12月至1949年2月，璧山地方法院关于朱治轩侵吞美金公债一案的文书，包括璧山县梓潼乡乡公所提交璧山地方法院的呈文、璧山地方法院指令等。

527. 璧山地方法院审理因拖欠黄谷申请假扣押四案　12－18－850

1948年7月至1948年8月，璧山地方法院关于何恒德因钟炳荣拖欠黄谷申请假扣押案、唐映光因郭炳发拖欠租谷申请假扣押案、龙秉权因刘锡钦拖欠黄谷申请假扣押案、王为心因王允中拖欠黄谷申请假扣押案四案的文书，包括民事声请书、璧山地方法院民事裁定等。

528. 四川高等法院第一分院、璧山地方法院审理返还租谷等六案　12－18－851

1947年11月至1948年7月，四川高等法院第一分院、璧山地方法院关于胡绍镐要求毛群普返还租谷案、王云龙租赁土地纠纷案、杨志坚因罗德明拖欠黄谷申请假扣押案、李云丰申请法院撤销因债务纠纷对自己财产的假扣押案、曾令荣申请法院撤销因租谷纠纷对自己财产的假扣押案、叶龚氏因张树勋拖欠纱款申请假扣押案六案的文书，包括民事诉状、民事声请书、璧山地方法院民事裁定、四川高等法院第一分院民事和解笔录、辩论笔录等。

529. 四川高等法院重庆分院、璧山地方法院审理申请法院撤销假扣押等三案　12－18－852

1948年2月至1948年11月，四川高等法院重庆分院、璧山地方法院关于曾令荣申请法院撤销假扣押案、江陈氏因李兴登拖欠黄谷申请假扣押案、吴占春因刘华荣拖欠租谷申请假扣押案三案的文书，包括民事抗告书、四川高等法院重庆分院民事判决书、四川高等法院重庆分院民事裁定、民事声请书、璧山地方法院民事裁定等。

530. 四川高等法院重庆分院、璧山地方法院审理损毁他人财物等两案　12－18－853

1948年5月至1948年12月，四川高等法院重庆分院、璧山地方法院关于张树辉损毁张元之彩绸案、伍学海确认土地所有权存查案两案的文书。伍学海祖上遗留的土地被他人侵占，申请法院将此备案存查。该卷文书包括刑事诉状、刑事辩状、审判笔录、四川高等法院重庆分院刑事判决书、璧山地方法院刑事判决书、民事声请书等。

531. 璧山地方法院审理因拖欠租谷申请假扣押一案　12－18－854

1948年6月至1948年7月，璧山地方法院关于黄有为因牟子成拖欠租谷申请假扣押一案的文书，包括民事声请书、璧山地方法院民事裁定等。

532. 四川高等法院第一分院及重庆分院、璧山地方法院审理债务纠纷五案　12－18－855

1947年4月至1948年12月，四川高等法院第一分院及重庆分院、璧山地方法院关于赵位高债务纠纷案、唐治尧债务纠纷案、李纪堂债务纠纷执行案、胡泽源债务纠纷执行案、王海荣债务纠纷案五案的文书，包括民事诉状、璧山地方法院民事判决书、璧山地方法院与四川高等法院重庆分院的往来公函、民事执行状、四川高等法院第一分院民事和解笔录、璧山地方法院执行命令、璧山地方法院民事裁定、辩论笔录、民事委任状等。

533. 璧山地方法院审理债务纠纷两案　12－18－856

1948年1月至1948年3月，璧山地方法院关于刘银普债务纠纷案、张炳荣债务纠纷案两案的文书，包括民事诉状、民事委状、民事申诉状、辩论笔录、民事声请书、璧山地方法院民事判决书、民事答辩状等。

534. 璧山地方法院审理因债务纠纷请发支付命令五案　12－18－857

1948年4月至1948年11月，璧山地方法院关于段瑜思因债务纠纷请发支付命令案、朱华仁因债务纠纷请发支付命令案、达明山因债务纠纷请发支付命令案、汪精一因债务纠纷请发支付命令案、于孝恩因债务纠纷请发支付命令案五案的文书，包括民事声请书、璧山地方法院支付命令等。

535. 四川高等法院重庆分院、璧山地方法院审理要求赔偿生活费等三案　12－18－858

1948年4月至1948年12月，四川高等法院重庆分院、璧山地方法院关于杨光炳要求杨光荣赔偿生活费案、毛用之要求戴恒均赔偿被盗棉纱案、孙俸州要求王金才赔偿树木案三案的文书。杨光荣陪护杨光炳儿子外出时杨之子失踪，多年毫无音讯，杨光炳提起诉讼要求杨光荣赔偿养老费用。该卷文书包括璧山地方法院民事判决书、民事诉状、民事委任状、辩论笔录、璧山地方法院民事裁定、民事答辩状、四川高等法院重庆分院民事判决书等。

536. 璧山地方法院审理请发支付命令等六案　12－18－859

1947年7月至1948年10月，璧山地方法院关于曾志模、何里德、张霁初、廖联宇、张笔麟、雷在银因债务纠纷请发支付命令等六案的文书，包括民事声请书、璧山地方法院支付命令、民事声明书等。

537. 四川高等法院重庆分院、璧山地方法院审理要求返还借谷四案　12－18－860

1947年12月至1949年10月，四川高等法院重庆分院、璧山地方法院关于张胡氏要求钱中孚返还借谷案、袁吉昌要求龙荣昌返还借谷案、袁治卿要求王炳南返还借谷案、罗世树要求罗杨氏返还借谷案四案的文书，包括璧山地方法院民事判决书、民事诉状、民事委任状、辩论笔录、璧山地方法院民事裁定、璧山地方法院与四川高等法院重庆分院的往来公函、四川高等法院重庆分院民事和解笔录等。

538. 璧山地方法院审理交还田业执行两案　12－18－861－862

1948年9月至1948年11月，璧山地方法院关于万远清要求刘清河交还田业执行案、冯锦章要求冯一斋交还田业执行案两案的文书，包括民事声请书、璧山地方法院民事判决书、璧山地方法院执行命令等。

539. 四川高等法院重庆分院、璧山地方法院审理要求交还田业一案　12－18－863

1948年4月至1949年9月，四川高等法院重庆分院、璧山地方法院关于何芦江堂要求张全良交还田业一案的文书，包括民事诉状、辩论笔录、璧山地方法院民事判决书、民事声请书、璧山地方法院与四川高等法院重庆分院的往来公函、四川高等法院重庆分院民事判决书等。

540. 四川高等法院重庆分院、璧山地方法院审理要求交还田业两案　12－18－864－865

1947年7月至1949年5月，四川高等法院重庆分院、璧山地方法院关于曾树荣要求戴克发交还田业案、谢伯康要求李坤华交还田业案两案的文书，包括民事诉状、民事辩状、辩论笔录、璧山地方法院民事判决书、璧山地方法院与四川高等法院重庆分院的往来公函等。

541. 四川高等法院重庆分院、璧山地方法院审理要求交还田业一案　12－18－866

1948年8月至1949年2月，四川高等法院重庆分院、璧山地方法院关于王必达要求凌恢先交还田业一案的文书，包括民事诉状、辩论笔录、民事答辩状、璧山地方法院民事判决书、璧山地方法院民事裁定、璧山地方法院与四川高等法院重庆分院的往来公函、四川高等法院重庆分院民事判决书等。

542. 璧山地方法院审理要求交还田业纠纷两案　12－18－867－868

1948年8月至1948年12月，璧山地方法院关于萧鸿弼要求李源兴交还田业执行案、孙嘉宾要求孙彭氏交还田业案两案的文书，包括民事执行状、璧山地方法院民事和解笔录、璧山地方法院执行笔录、民事诉状、辩论笔录、民事委状等。

543. 四川高等法院重庆分院、璧山地方法院审理要求交还田业纠纷两案　12－18－869－871

1948年3月至1949年4月，四川高等法院重庆分院、璧山地方法院关于张树人要求麋国清交还田业执行案、甘合祥要求陈伯良交还田业案两案的文书，包括民事执行状、璧山地方法院民事判决书、璧山地方法院执行命令、民事诉状、辩论笔录、璧山地方法院民事裁定等。

544. 璧山地方法院审理要求交还田业四案　12－18－872－875

1948年9月至1949年3月，璧山地方法院关于朱卓猷要求梁树高交还田业案、陈燮容要求陈玉禄交还田业案、陈正发要求古荣卿交还田业案、江成舟要求蒋绍华交还田业案四案的文书，包括民事诉状、民事声请书、辩论笔录、璧山地方法院民事判决书、民事委任书等。

545. 璧山地方法院审理要求交还田业四案　12－18－876－879

1948年9月至1949年1月，璧山地方法院关于朱郑氏要求朱紫钧交还田业案、陈吴氏要求陈云武交还田业案、罗源清要求高鑫山交还田业案、周世林要求谭宗雨交还田业案四案的文书，包括民事诉状、民事委任状、辩论笔录、璧山地方法院民事判决书、民事答辩状等。

546. 璧山地方法院审理要求交还田业等四案　12－18－880－883

1948年6月至1948年12月，璧山地方法院关于钱惠成要求彭联辉交还田业案、黎荣炎要求曹贵贤交还房屋案、刘永昌要求邓熊氏交还田业执行案、张俊良要求简银安交还田业案四案的文书，包括民事诉状、辩论笔录、璧山地方法院民事判决书、民事委任状、民事执行状、民事声明状、璧山地方法院执行命令、执行笔录、民事答辩状等。

547. 四川高等法院重庆分院、璧山地方法院审理给付借谷等三案　12－18－884－887

1948年4月至1949年2月，四川高等法院重庆分院、璧山地方法院关于廖海廷要求钟海清给付借谷案、赵玉楼要求万福安给付租谷执行案、徐洪禄要求张刘氏给付租谷案三案的文书，包括民事诉状、璧山地方法院民事裁定、民事执行状、璧山地方法院民事判决书、璧山地方法院执行命令、璧山地方法院命令、璧山地方法院训令、民事辩状、四川高等法院重庆分院民事判决书等。

548. 四川高等法院重庆分院、璧山地方法院审理给付租谷等三案　12－18－888－891

1947年7月至1949年1月，四川高等法院重庆分院、璧山地方法院关于张桂林要求张泽良给付租谷案、黄继富要求胡银山偿还借谷案、龙国梁要求张华清偿还借谷案三案的文书，包括民事诉状、民事答辩状、辩论笔录、璧山地方法院民事判决书、璧山地方法院民事裁定、四川高等法院重庆分院民事判决书、民事委任状等。

549. 四川高等法院重庆分院、璧山地方法院审理要求给付借谷执行等六案　12－18－892－897

1948年1月至1948年12月，四川高等法院重庆分院、璧山地方法院关于万星辉要求曾张氏给付借谷执行案、钱继周要求王述清给付借谷执行案、王发良要求曹述良给付租谷执行案、陈大荣要求罗子才给付租谷执行案、刘光启要求刘铁樵给付黄谷执行案、黄胡氏要求袁鑫廷给付借谷执行案六案的文书，包括民事声请状、璧山地方法院民事判决书、璧山地方法院执行命令、四川高等法院重庆分院民事判决书、执行笔录、民事领状、璧山地方法院训令等。

550. 璧山地方法院审理要求给付租谷执行等三案　12－18－898－901

1948年5月至1948年11月，璧山地方法院关于许时雍要求刘天培给付租谷执行案、杨张氏要求谢昆三给付租谷执行案、董祖海要求刘安全给付黄谷执行案三案的文书，包括民事执行状、璧山地方法院民事判决书、璧山地方法院执行命令、民事保状、民事撤诉状等。

551. 四川高等法院重庆分院、璧山地方法院审理拖欠公粮等三案　12－18－902－904

1947年12月至1948年11月，四川高等法院重庆分院、璧山地方法院关于蒋绍全拖欠公粮案、杨万发拖欠公粮案、陶荣盛要求向治光给付租谷案三案的文书，包括民事诉状、辩论笔录、璧山地方法院民事判决书、民事答辩状、璧山地方法院民事裁定、璧山地方法院与四川高等法院重庆分院的往来公函、四川高等法院重庆分院民事判决书等。

552. 四川高等法院第一分院及重庆分院、璧山地方法院审理给付租谷执行等六案 12－18－905－909

1948年1月至1949年5月，四川高等法院第一分院及重庆分院、璧山地方法院关于孙曾令全要求钟世华给付租谷执行案、钟世华申请撤销对其财产的假扣押案、吴金盛要求张干山给付租谷执行案、孙荣仙要求孙绍宣给付租谷案、冯树三要求傅炳全给付租谷执行案、龙罗氏要求邹全甫给付租谷案六案的文书，包括民事执行状、璧山地方法院民事判决书、璧山地方法院民事裁定、璧山地方法院执行命令、民事声请书、执行笔录、璧山地方法院民事和解笔录、四川高等法院第一分院民事裁定、四川高等法院重庆分院民事判决书、辩论笔录等。

553. 璧山地方法院审理交还田业等五案 12－18－910－913

1948年1月至1949年1月，璧山地方法院关于马光斗要求王祯祥交还田业案、周青云要求唐治尧给付借谷案、李宗泽要求唐治尧给付借谷案、杨志仁要求毛钧沛给付租谷案、刘宇钦要求胡罗氏给付借谷执行案五案的文书，包括民事诉状、民事辩状、辩论笔录、璧山地方法院民事和解笔录、璧山地方法院民事裁定、璧山地方法院民事判决书、璧山地方法院与四川高等法院重庆分院的往来公函、璧山地方法院执行命令等。

554. 四川高等法院重庆分院、璧山地方法院审理偿还借谷等四案 12－18－914－917

1948年3月至1949年4月，四川高等法院重庆分院、璧山地方法院关于谷静江要求谷安信偿还借谷案、龙秉权要求刘锡钦给付黄谷执行案、张建勋要求胡兴发给付黄谷案、孙曾令全要求钟世华给付租谷案四案的文书，包括民事诉状、辩论笔录、璧山地方法院民事判决书、璧山地方法院民事裁定、璧山地方法院训令、民事声明状、民事撤诉状、民事辩状、四川高等法院重庆分院民事判决书等。

555. 四川高等法院重庆分院、璧山地方法院审理给付借谷等四案 12－18－918－921

1947年12月至1949年9月，四川高等法院重庆分院、璧山地方法院关于张炳辉要求张怀德给付借谷案、刘建益要求黄荣成给付买谷案、王竹栖要求龚位高给付会谷案、张有成要求罗列给付会谷案四案的文书，包括民事诉状、辩论笔录、璧山地方法院民事判决书、民事委任状、民事答辩状、四川高等法院重庆分院民事判决书、民事撤诉状等。

556. 四川高等法院重庆分院、璧山地方法院审理要求给付会谷等五案　12－18－922－926

1948年1月至1948年10月，四川高等法院重庆分院、璧山地方法院关于张有成要求罗列给付会谷案、刘和会要求杨万林给付洋纱案、张正孝要求王忠铨给付借谷案、朱裕康拖欠税款执行案、袁炳林要求江定文给付草纸案五案的文书，包括民事诉状、璧山地方法院与四川高等法院重庆分院的往来公函、民事委状、辩论笔录、四川高等法院重庆分院民事判决书、民事辩状、璧山地方法院民事判决书、民事执行状、璧山地方法院训令、璧山地方法院执行命令等。

557. 四川高等法院重庆分院、璧山地方法院审理给付纸壳等三案　12－18－927－929

1948年5月至1949年3月，四川高等法院重庆分院、璧山地方法院关于吴明清要求韩十全给付纸壳案、王和之要求王汉清交还田业案、钟华岳要求终止田房租约案三案的文书，包括民事诉状、辩论笔录、民事辩状、璧山地方法院民事判决书、四川高等法院重庆分院民事裁定、璧山地方法院民事裁定、璧山地方法院与四川高等法院重庆分院的往来公函等。

558. 四川高等法院重庆分院、璧山地方法院审理要求交还田业等四案　12－18－930－933

1947年12月至1949年7月，四川高等法院重庆分院、璧山地方法院关于张善继要求张善良交还田业案、蔡吴氏要求舒永昌赔偿房屋修正费案、钟四合要求熊罗氏交还田业案、曾焕钦要求戴凤川交还田业案四案的文书，包括民事诉状、璧山地方法院民事裁定、民事缴状、璧山地方法院与四川高等法院重庆分院的往来公函、民事撤诉状、辩论笔录、民事答辩状、璧山地方法院民事判决书、民事委任状、璧山地方法院民事和解笔录等。

559. 四川高等法院重庆分院、璧山地方法院审理要求交还田业纠纷四案　12－18－934－937

1948年5月至1948年10月，四川高等法院重庆分院、璧山地方法院关于僧通明要求李吉之交还田业案、廖宗礼要求罗用之交还田业案、王恢中要求吴元烈交还田业执行案、曾维统要求曾荣三交还田业执行案四案的文书，包括民事诉状、辩论笔录、璧山地方法院民事判决书、民事辩状、四川高等法院重庆分院民事判决书、璧山地方法院执行命令等。

560. 四川高等法院重庆分院、璧山地方法院审理要求交还田业纠纷五案　12－18－938－942

1947 年 12 月至 1949 年 1 月，四川高等法院重庆分院、璧山地方法院关于蔡荣林要求陈德盛交还田业案、冯宪章要求苏福堂交还田业案、王海廷要求张海鱼交还田业案、任均华要求任万元交还田业案、王武铨要求何海荣交还田业执行案五案的文书，包括民事诉状、辩论笔录、民事委状、民事辩状、璧山地方法院民事和解笔录、民事声请撤诉状、璧山地方法院民事判决书、璧山地方法院民事裁定、璧山地方法院执行命令、执行笔录等。

561. 四川高等法院重庆分院、璧山地方法院审理分割遗产纠纷等两案　12－18－943－944

1948 年 1 月至 1949 年 11 月，四川高等法院重庆分院、璧山地方法院关于刘文华分割遗产纠纷案、廖青云土地所有权纠纷案两案的文书，包括民事诉状、璧山地方法院民事裁定、民事缴状、民事委任状、辩论笔录、璧山地方法院与四川高等法院重庆分院的往来公函、四川高等法院重庆分院民事判决书、璧山地方法院训令、璧山地方法院民事判决书等。

562. 四川高等法院重庆分院、璧山地方法院审理分割遗产纠纷等三案　12－18－945－947

1947 年 12 月至 1949 年 3 月，四川高等法院重庆分院、璧山地方法院关于周子清分割遗产纠纷案、王为心要求王允中返还借谷案、何书甫吸食鸦片申请免除刑罚案三案的文书，包括民事诉状、辩论笔录、璧山地方法院民事判决书、四川高等法院重庆分院民事判决书、民事辩状、民事委任状、璧山地方法院检察官声请书、璧山地方法院刑事裁定等。

563. 四川高等法院重庆分院、璧山地方法院审理申请租佃公证等五案　12－18－948－952

1947 年 7 月至 1949 年 1 月，四川高等法院重庆分院、璧山地方法院关于何素卿申请租佃公证案、刘南辉申请保存公粮公证案、秦赵氏债务纠纷执行案、龚正泽申请将犯贪污罪的周德彰移交法院处理案、何安邦租佃纠纷案五案的文书，包括公证声请书、公证讯问笔录、声请公证证明书、民事领状、民事执行状、璧山地方法院民事判决书、璧山地方法院执行命令、民事保状、刑事声请书、四川高等法院重庆分院刑事裁定等。

564. 最高法院、四川高等法院第一分院及重庆分院、璧山地方法院等审理申请确认扶养关系等六案　12－18－959－964

1946 年 10 月至 1949 年 7 月，最高法院、四川高等法院第一分院及重庆分院、璧山地方法院等关于孙代文申请确认与孙李氏的抚养关系案、钱江氏申请赠与他人财产公证案、罗五福回赎典产纠纷案、萧黄氏要求萧致一给付生活费案、杨张氏要求谢鼎三返还侵占的谷物执行案、重庆分院令调胡开举交还田业执行案卷宗六案的文书，包括璧山地方法院与四川高等法院重庆分院的往来公函、辩论笔录、公证讯问笔录、声请公证证明书、民事领状、民事诉状、四川高等法院第一分院民事裁定、最高法院民事裁定、璧山地方法院与四川高等法院第一分院的往来公函、最高法院与璧山地方法院的往来公函、民事辩状、最高法院民事判决书、璧山地方法院民事裁定、璧山地方法院训令、扣押笔录、四川高等法院重庆分院训令、璧山地方法院提交四川高等法院重庆分院的呈文等。

565. 四川高等法院重庆分院、璧山地方法院审理债务纠纷执行等五案　12－18－965－969

1948 年 1 月至 1949 年 6 月，四川高等法院重庆分院、璧山地方法院关于朱泽霖债务纠纷执行案、黎光臣要求确认租赁土地契约有效案、重庆分院函调杜唐氏返还田产案卷宗、李绍基要求向国纲给付租谷案、周学夫申请和解公证案五案的文书。周学夫因交还田业问题与周绍轩达成和解，周学夫申请将和解公证。该卷文书包括民事声请书、民事诉状、民事反诉状、辩论笔录、璧山地方法院民事判决书、四川高等法院重庆分院与璧山地方法院的往来公函、民事委任状、璧山地方法院民事裁定、授权书、公证讯问笔录、声请公证证明书、民事领状等。

566. 最高法院、四川高等法院第一分院、璧山地方法院审理设立教育基金会公证等七案　12－18－970－976

1943 年 6 月至 1948 年 12 月，最高法院、四川高等法院第一分院、璧山地方法院关于冯殿卿申请将设立教育基金会一事公证案、刘左明德申请将赠与他人财产一事公证案、叶宗德申请将赠与他人财产一事公证案、舒桂林要求何张氏交还田业案、林国华要求张国树交还田业执行案、张保全申请提存案、谭金山要求李世富交还铺房器具案七案的文书，包括公证声请书、声请公证证明书、公证讯问笔录、民事领状、璧山县健龙乡第三保办公处证明书、璧山地方法院公证处通知书、授权书、辩论笔录、民事委任状、璧山地方法院民事判决书、民事执行状、璧山地方法院执行命令、提存书、民事声请书、四川高等法院第一分院民事裁定、璧山地方法院与四川高等法院第一分院的往来公函、最高法院民事裁定等。

567. 四川高等法院重庆分院、璧山地方法院审理要求赔偿房屋损坏等四案　12－18－977－980

1948年4月至1949年5月，四川高等法院重庆分院、璧山地方法院关于刘金粟要求罗源清赔偿房屋损坏案、邓士先申请租佃土地公证案、邓成炳申请公证遗嘱案、欧王氏申请租佃土地公证案四案的文书，包括民事诉状、辩论笔录、民事辩状、民事委任状、璧山地方法院民事判决书、璧山地方法院民事补充判决书、民事领状、四川高等法院重庆分院民事判决书、公证声请书、公证讯问笔录、声请公证证明书等。

568. 四川高等法院重庆分院、璧山地方法院审理给付租谷等四案　12－18－981－985

1948年4月至1949年8月，四川高等法院重庆分院、璧山地方法院关于梁成江要求胡陈氏给付租谷案、王青云申请领取证物案、陈昌和租佃纠纷案、李罗氏申请租佃公证案四案的文书，包括民事诉状、民事委任状、辩论笔录、璧山地方法院民事判决书、民事领状、璧山地方法院民事裁定、四川高等法院重庆分院民事裁定、璧山地方法院与四川高等法院重庆分院的往来公函、四川高等法院重庆分院民事判决书、公证讯问笔录、声请公证证明书等。

569. 璧山地方法院审理要求确认收养关系等四案　12－18－986－989

1948年2月至1948年7月，璧山地方法院关于孙代文要求确认其与孙李氏的收养关系案、向高福申请将土地租佃权转移一事公证案、黄继富要求胡银三给付借谷执行案、邬王氏申请将收养孩子一事公证案四案的文书，包括民事诉状、民事答辩状、辩论笔录、璧山地方法院民事判决书、公证讯问笔录、声请公证证明书、民事领状、民事执行状、璧山地方法院执行命令等。

570. 四川高等法院重庆分院、璧山地方法院审理离婚存查等八案　12－18－990－997

1948年4月至1948年12月，四川高等法院重庆分院、璧山地方法院关于鲁湘浦离婚存查案、谭俊明因犯贪污罪申请移交法院案、王贺氏申请公证遗嘱案、舒先治租佃土地纠纷案、李泽伦要求傅彬武交还房屋执行案、江学良侵吞公粮案、周良普申请租佃土地公证案、李云丰债务纠纷案八案的文书，包括璧山县依凤乡乡公所提交璧山地方法院的呈文、四川高等法院训令、刑事声请书、四川高等法院重庆分院训令、四川长寿地方法院提交四川高等法院重庆分院的呈文、四川高等法院重庆分院刑事裁定、公证声请书、公证讯问笔录、声请公证证明书、璧山地方法院执行命令、璧山地方法院民事和解笔录等。

571. 璧山地方法院审理交还田业纠纷等案　12－18－998

1948年10月至1948年11月，璧山地方法院关于交还田业纠纷案、要求确认优先承买田业权案、要求给付租油案、押谷纠纷案、要求给付黄谷案、要求确认借谷契约无效案、要求返还红契案、土地所有权纠纷案、要求确认买卖田业契约无效案等案的文书，包括璧山地方法院民事判决书等。

572. 四川高等法院重庆分院、璧山地方法院审理要求交还田业纠纷五案　12－18－999

1948年2月至1949年3月，四川高等法院重庆分院、璧山地方法院关于陈淮江要求刘银成交还田业案、王德荣要求赵治荣交还田业案、罗星位要求张全明交还田业案、吴九成要求蒋舒氏交还田业案、罗熊氏要求刘荣华交还田业执行案五案的文书，包括民事诉状、辩论笔录、民事委状、民事辩状、璧山地方法院民事判决书、民事执行状、民事声请书、璧山地方法院民事裁定、民事缴状、四川高等法院重庆分院民事判决书、璧山地方法院与四川高等法院重庆分院的往来公函、璧山地方法院执行命令等。

573. 四川高等法院重庆分院、璧山地方法院审理租谷纠纷一案　12－18－1000

1948年6月至1949年3月，四川高等法院重庆分院、璧山地方法院关于宋华亭因宋炳全拖欠租谷申请假扣押一案的文书，包括民事声请书、璧山地方法院民事判决书、璧山地方法院民事裁定、四川高等法院重庆分院民事裁定等。

574. 四川高等法院第一分院及重庆分院、璧山地方法院审理要求增加给付土地押银等六案　12－18－1001

1947年4月至1949年1月，四川高等法院第一分院及重庆分院、璧山地方法院关于马炳林要求江流宽增加给付土地押银案、苏大成要求何亮奎增加给付土地押金案、何志清租谷纠纷案、何四元妨害他人农耕案、何树荣盗窃案、何世元损毁他人财产案六案的文书，包括民事诉状、民事委任状、辩论笔录、璧山地方法院民事判决书、四川高等法院重庆分院民事判决书、民事缴状、璧山地方法院民事裁定、璧山地方法院检察官起诉书、璧山地方法院检察官不起诉处分书、璧山地方法院刑事判决书、四川高等法院第一分院刑事及附带民事判决书等。

575. 四川高等法院重庆分院、璧山地方法院审理租谷纠纷三案　12－18－1002

1948年3月至1948年10月，四川高等法院重庆分院、璧山地方法院关于胡万氏要求谭海洲给付租谷案、王龙氏要求王俊良给付黄谷执行案、刘先耀要求罗炳全给付租谷执行案三案的文书，包括民事诉状、璧山地方法院民事判决书、璧山地方法院执行命令、璧山地方法院命令、璧山地方法院训令、璧山地方法院布告、四川高等法院重庆分院民事判决书、民事执行状等。

576. 四川高等法院重庆分院、璧山地方法院审理土地押金纠纷等两案　12－18－1003

1948年2月至1948年12月，四川高等法院重庆分院、璧山地方法院关于刘铁樵要求刘世杰增加给付土地押金案、柯愈理要求王荣清增加给付借款案两案的文书，包括民事诉状、辩论笔录、民事追诉状、民事答辩状、璧山地方法院民事判决书等。

577. 璧山地方法院审理申请领取证物等七案　12－18－1004

1948年1月至1948年12月，璧山地方法院关于叶诚祥申请领取证物案、罗成阔申请领取证物案、曾海臣申请领取证物案、张克一申请领取证物案、周保臣申请领取证物案、王熵煊申请领取证物案、苏春廷要求何银廷增加给付土地押金案七案的文书，包括民事领状、民事声请状、民事诉状、璧山地方法院民事裁定等。

578. 璧山地方法院审理申请租佃土地公证三案　12－18－1005

1948年7月至1948年10月，璧山地方法院关于刘林兴申请租佃土地公证案、黎合堂申请租佃土地公证案、白秋林申请租佃土地公证案三案的文书，包括公证声请书、公证讯问笔录、声请公证证明书、认证书、民事领状等。

579. 四川高等法院重庆分院、璧山地方法院审理要求增加土地押金一案　12－18－1006

1948年5月至1949年3月，四川高等法院重庆分院、璧山地方法院关于苏春廷要求何银廷增加给付土地押金一案的文书，包括民事诉状、璧山地方法院与四川高等法院重庆分院的往来公函、民事委任状、辩论笔录、四川高等法院重庆分院民事判决书等。

580. 四川高等法院重庆分院、璧山地方法院审理要求确认买卖田业契约无效等五案　12－18－1007－1011

1948年4月至1949年6月，四川高等法院重庆分院、璧山地方法院关于谢德三要求确认买卖田业契约无效案、郑刘氏申请离婚案、唐宗荣田业经界纠纷案、杨松柏租佃纠纷案、牟发之申请离婚案五案的文书，包括民事诉状、辩论笔录、民事答辩状、璧山地方法院民事判决书、璧山地方法院民事裁定、四川高等法院重庆分院民事判决书、民事声请书等。

581. 璧山地方法院审理租佃纠纷等四案　12－18－1012－1015

1948年8月至1948年12月，璧山地方法院关于赵继先租佃纠纷案、万子辉要求周明照交还房屋案、廖柏林要求邓炳林返还火硝案、林国俊申请公证土地所有权案四案的文书，包括民事声请书、辩论笔录、民事委任状、民事诉状、民事辩状、璧山地方法院民事判决书、公证讯问笔录、公证书等。

582. 四川高等法院重庆分院、璧山地方法院审理要求交还田业等五案　12－18－1016－1020

1948年4月至1949年5月，四川高等法院重庆分院、璧山地方法院关于彭炳南要求吴月波交还田业案、曾灿光申请公证土地租佃案、重庆分院函调周席珍回赎田产案卷宗、曾焕钦要求张旭东交还房屋执行案、胡廷钦因王应成拖欠租谷申请假扣押案五案的文书，包括民事诉状、璧山地方法院民事裁定、璧山地方法院与四川高等法院重庆分院的往来公函、民事委任状、辩论笔录、四川高等法院重庆分院民事判决书、公证讯问笔录、认证书、声请公证证明书、民事执行状、璧山地方法院民事判决书、璧山地方法院执行命令、民事领状、璧山地方法院训令等。

583. 四川高等法院重庆分院、璧山地方法院审理增加给付等六案　12－18－1021－1026

1948年2月至1949年1月，四川高等法院重庆分院、璧山地方法院关于龙凤乡申请璧山地方法院增加给付法令案、赵海贤要求确认租佃契约无效案、任宗德租佃纠纷案、雷陈氏要求郭洪钧返还耕牛案、陈古氏要求陈锡林交还田业案、曾令荣要求曾令成给付耕作工资案六案的文书，包括璧山县龙凤乡乡公所乡农会提交璧山地方法院的呈文、璧山地方法院训令、民事诉状、璧山地方法院民事裁定、四川高等法院重庆分院刑事裁定、民事声请状、民事撤诉状、璧山地方法院刑事附带民事裁定、辩论笔录、璧山地方法院民事判决书、民事委任状、四川高等法院重庆分院民事判决书等。

584. 四川高等法院重庆分院、璧山地方法院审理要求交还房屋等六案　12－18－1027－1032

1948年3月至1949年3月，四川高等法院重庆分院、璧山地方法院关于何熙平要求徐邓氏交还房屋案、曾令荣要求支付耕作费上诉案、萧南成要求严光全偿还借款执行案、彭胡氏要求彭德辉不得管理家产案、刘道五因彭森祥拖欠租谷申请执行案、甘玉发租谷纠纷案六案的文书，包括民事委任状、民事诉状、璧山地方法院民事裁定、辩论笔录、四川高等法院重庆分院民事判决书、民事执行状、璧山地方法院执行命令、璧山地方法院训令、民事抗告书、四川高等法院重庆分院民事裁定、璧山地方法院与四川高等法院重庆分院的往来公函、璧山地方法院民事判决书等。

585. 四川高等法院第一分院及重庆分院、璧山实验地方法院及璧山地方法院审理要求给付生活费执行等四案　12－18－1033－1036

1945年1月至1948年7月，四川高等法院第一分院及重庆分院、璧山实验地方法院及璧山地方法院关于钟明霞要求黄汉澄给付生活费执行案、谭隆昌要求周子君赔偿农田损毁案、詹国清要求确认优先承买土地权案、吴月海交还田业纠纷案四案的文书，包括民事执行状、四川高等法院第一分院民事判决书、民事委任状、璧山地方法院民事判决书、民事声请书、辩论笔录、璧山实验地方法院训令、璧山实验地方法院执行命令、民事诉状、民事辩状、璧山地方法院与四川高等法院重庆分院的往来公函、璧山地方法院民事裁定、四川高等法院重庆分院民事判决书等。

586. 四川高等法院重庆分院、璧山地方法院审理租谷纠纷执行等四案　12－18－1037－1040

1948年5月至1949年8月，四川高等法院重庆分院、璧山地方法院关于曾炳荣租谷纠纷执行案、谭炳焕要求徐伯瑜给付洋纱案、罗玉发回赎土地纠纷案、谭开文申请公证租佃土地案四案的文书，包括民事执行状、民事委状、辩论笔录、民事异议状、城南乡第十三保保长提交璧山地方法院的呈文、璧山地方法院民事判决书、民事诉状、璧山地方法院民事和解笔录、璧山地方法院民事裁定、璧山地方法院与四川高等法院重庆分院的往来公函、民事辩状、璧山地方法院与璧山县税捐稽征处的往来公函、四川高等法院重庆分院民事判决书、声请公证证明书、公证讯问笔录、民事领状等。

587. 四川高等法院重庆分院、璧山地方法院审理给付租谷等五案　12－18－1041－1045

1948年2月至1949年7月，四川高等法院重庆分院、璧山地方法院关于江陈氏要求李兴登给付租谷案、毛仿文要求徐炳林返还借款契约案、蒋维国要求王树成交还房屋案、曾子熙要求黄荣安赔偿会款执行案、赖树梁要求解除土地租约案五案的文书，包括民事诉状、民事声请书、辩论笔录、民事宣判笔录、璧山地方法院民事判决书、璧山地方法院民事裁定、民事缴状、璧山地方法院与四川高等法院重庆分院的往来公函、四川高等法院重庆分院民事判决书、璧山地方法院民事执行命令等。

588. 璧山地方法院审理交还田业纠纷等三案　12－18－1046－1049

1948 年 1 月至 1948 年 11 月，璧山地方法院关于八塘乡乡公所呈报璧山地方法院处理曾令荣交还田业纠纷案、董黄氏业价纠纷案、蒋维国要求王树成交还房屋案三案的文书，包括璧山县八塘乡乡公所提交璧山地方法院的呈文、民事诉状、辩论笔录、民事答辩状、民事声请书、璧山地方法院民事判决书等。

该卷附有璧山地方法院 1947 年度年终会议记录。

589. 四川高等法院重庆分院、璧山地方法院审理要求交还房屋等两案　12－18－1050－1051

1947 年 12 月至 1949 年 5 月，四川高等法院重庆分院、璧山地方法院关于周治官要求叶董氏交还房屋案、张吴氏要求张石氏给付帮工工资案两案的文书，包括民事诉状、辩论笔录、璧山地方法院民事判决书、璧山地方法院民事裁定、璧山地方法院与四川高等法院重庆分院的往来公函、民事答辩状、民事委任状、四川高等法院重庆分院民事判决书、民事缴状等。

590. 四川高等法院重庆分院、璧山地方法院审理要求解除土地租约等三案　12－18－1052－1054

1948 年 3 月至 1949 年 6 月，四川高等法院重庆分院、璧山地方法院关于罗张氏要求解除土地租约案、邓德全回赎田房执行案、雷在江申请公证典当田房案三案的文书，包括民事诉状、璧山地方法院民事裁定、璧山地方法院与四川高等法院重庆分院的往来公函、民事委任状、辩论笔录、四川高等法院重庆分院民事判决书、璧山地方法院民事判决书、璧山地方法院执行命令、璧山地方法院命令、公证讯问笔录、声请公证证明书、民事领状等。

591. 四川高等法院重庆分院、璧山地方法院审理回赎田业纠纷等五案　12－18－1055－1058

1948 年 5 月至 1949 年 7 月，四川高等法院重庆分院、璧山地方法院关于刘徐氏回赎田业纠纷案、张和璧申请公证租佃土地案、祝桂廷租佃纠纷案、向大宾要求邓刘氏赔偿谷物案、糜国清要求张正杰赔偿黄谷案五案的文书,包括民事诉状、公证讯问笔录、声请公证证明书、认证书、民事领状、民事声明状、四川高等法院重庆分院民事判决书、璧山地方法院与四川高等法院重庆分院的往来公函、四川高等法院重庆分院民事裁定、辩论笔录、民事宣判笔录、璧山地方法院民事判决书等。

592. 璧山地方法院审理继承家产纠纷一案　12－18－1059

1940 年 10 月至 1941 年 1 月,璧山地方法院关于赵德裕继承家产纠纷一案的文书,包括璧山地方法院民事判决书、民事诉状、审判笔录等。

该卷附有 1938 年至 1939 年关于璧山县抗日救国的文书,包括 1939 年召开执监委会会议记录、璧山县动员委员会发往璧山县抗敌后援分会的公函、国民党璧山县执行委员会为五九国耻纪念告民众书、总理纪念周条例、军事委员会战地服务团重庆区分处发往璧山县抗敌后援分会的公函、九一八纪念日告同胞书、四川省抗敌后援会大足县分会发往璧山县抗敌后援会的公函、四川省立教育学院发往璧山县抗敌后援会的公函、璧山县政府发往璧山县抗敌后援会的公函等。

593. 四川高等法院重庆分院、璧山县司法处及璧山地方法院审理交还田业纠纷等六案　12－18－1060

1938 年 10 月至 1948 年 11 月,四川高等法院重庆分院、璧山县司法处及璧山地方法院关于冉万顺交还田业纠纷案、胡克明买卖赃物案、唐宗荣土地经界纠纷案、魏金山租佃纠纷案、郑萧氏交还田业纠纷案、李仲尧侮辱并打伤他人案六案的文书,包括民事诉状、璧山地方法院民事裁定、璧山地方法院与四川高等法院重庆分院的往来公函、刑事诉状、辩论笔录、民事委任状、四川高等法院重庆分院民事判决书、刑事辩状、璧山地方法院刑事判决书等。

594. 四川高等法院重庆分院、璧山地方法院审理要求交还田业纠纷五案　12－18－1061

1947 年 12 月至 1949 年 6 月,四川高等法院重庆分院、璧山地方法院关于谢德成要求刘宗文交还田业案、何龙氏要求刘德金交还田业执行案、周宝臣要求张周氏交还田业案、谭百川要求彭张氏交还田业案、范祯玉要求范祥玉交还田业案五案的文书,包括民事诉状、民事委任状、辩论笔录、璧山地方法院民事判决书、璧山地方法院民事裁定、四川高等法院重庆分院民事判决书、民事声请书、璧山地方法院执行命令、执行笔录、四川高等法院重庆分院民事和解笔录、璧山地方法院与四川高等法院重庆分院的往来公函等。

595. 四川高等法院重庆分院、璧山地方法院审理交还田业纠纷四案　12－18－1062

1947年12月至1948年11月，四川高等法院重庆分院、璧山地方法院关于冯树三要求傅炳全交还田业案、曾吴氏要求曾海臣交还田业案、吴徐氏要求陈泽林交还田业执行案、汪绍修要求曾树清交还田业案四案的文书，包括民事诉状、璧山地方法院民事裁定、民事缴状、民事答辩状、民事委任状、辩论笔录、四川高等法院重庆分院民事判决书、璧山地方法院民事判决书、璧山地方法院与四川高等法院重庆分院的往来公函、民事执行状、璧山地方法院执行命令、民事声明状等。

596. 璧山地方法院审理申请公证租佃土地等四案　12－18－1063

1948年1月至1948年8月，璧山地方法院关于冯国军申请公证租佃土地案、王熵轩申请公证赠与他人财产案、胡王氏申请公证赠与他人财产案、秦双合申请公证租佃土地案四案的文书，包括民事领状、公证讯问笔录、声请公证证明书、认证书、公证声请书等。

597. 四川高等法院重庆分院、璧山地方法院审理申请领取物证等三案　12－18－1064

1948年7月至1949年4月，四川高等法院重庆分院、璧山地方法院关于张俊卿申请领取证物案、雷见尧申请领取证物案、陈华轩租谷纠纷案三案的文书，包括民事领状、民事诉状、璧山地方法院民事裁定、四川高等法院重庆分院民事裁定、辩论笔录、璧山地方法院民事判决书等。

598. 四川高等法院重庆分院、璧山地方法院审理租佃纠纷等七案　12－18－1065

1948年1月至1948年12月，四川高等法院重庆分院、璧山地方法院关于吴锡三租佃纠纷案、彭森祥租谷纠纷案、詹国清要求确认优先购买土地权案、萧鼎三典当土地纠纷案、李镜泉债务纠纷案、黄树林要求增加土地押金案、林恕五因债务纠纷请发支付命令案七案的文书，包括民事声请书、辩论笔录、民事抗告书、四川高等法院重庆分院民事裁定、璧山地方法院与四川高等法院重庆分院的往来公函、民事诉状、璧山地方法院民事裁定、民事答辩状、民事委任状、四川高等法院重庆分院民事判决书、民事撤诉状、璧山地方法院支付命令等。

599. 四川高等法院重庆分院、璧山地方法院审理土地经界纠纷等六案　12－18－1066

1948年4月至1949年3月，四川高等法院重庆分院、璧山地方法院关于唐宗荣土地经界纠纷案、潘治安伤害案、何九臣盗窃案、龚郑氏伤害案、程为良贪污案、王财源要求确认买卖土地契约有效案六案的文书，包括民事辩状、民事证明书、民事缴状、璧山地方法院民事判决书、璧山地方法院检察官不起诉处分书、璧山地方法院检察官起诉书、管收债务人或担保人报告书、辩论笔录、四川高等法院重庆分院民事判决书等。

600. 四川高等法院重庆分院、璧山地方法院审理会款纠纷等四案　12－18－1067

1947 年 12 月至 1948 年 12 月，四川高等法院重庆分院、璧山地方法院关于陈炳辉会款纠纷案、李庆容分割遗产纠纷案、唐国华土地经界纠纷案、范锡之要求确认契约无效案四案的文书，包括民事申请状、璧山地方法院民事裁定、璧山地方法院与四川高等法院重庆分院的往来公函、辩论笔录、民事诉状、民事答辩状、民事委任状、民事声明状等。

601. 四川高等法院重庆分院、璧山地方法院审理给付租谷等四案　12－18－1068

1948 年 1 月至 1948 年 10 月，四川高等法院重庆分院、璧山地方法院关于郑海斌要求董炳荣给付租谷案、钟锡九要求钟桂林给付租谷案、张玉书要求王继铭偿还谷物执行案、朱泽霖要求朱炳臣给付买谷案四案的文书，包括民事声请书、民事诉状、民事答辩状、民事委任状、辩论笔录、璧山地方法院民事判决书、民事执行状、璧山地方法院执行命令、四川高等法院重庆分院民事裁定等。

民事十九

1. 璧山地方法院审理领押搬迁、炭租纠纷等四案　12－19－1

1948 年 12 月至 1949 年 10 月，璧山地方法院关于领押搬迁纠纷案、给付炭租纠纷案、回赎典产纠纷案、乡长亏吞美金及同盟胜利公债潜逃判查封其产业拍卖赔偿四案的文书，包括民事告诉状、民事调解状、民事和解笔录、璧山地方法院民事判决书、民事答辩状、民事委任状等。

2. 璧山地方法院审理违约转佃骗租、典约纠纷等四案　12－19－2

1949 年 1 月至 1949 年 10 月，璧山地方法院关于违约转佃骗租、因丈夫违背离婚时所达成抚养契约声请调解案、典约纠纷案、确认交业和约无效四案的文书，包括民事告诉状、往来公函、报告、民事声请书、民事上诉状、民事裁决书、民事委任状、璧山地方法院民事判决书、和解笔录、和解书等。

3. 璧山地方法院审理确认租约无效、遗嘱无效等三案　12－19－3

1948 年 7 月至 1949 年 9 月，璧山地方法院关于李文俊等确认租约无效、王海滨等确认遗嘱无效、戴长安确认私自贩卖遗产的买卖契约无效三案的文书，包括民事起诉状、民事委任状、璧山地方法院民事判决书、璧山地方法院民事裁定书、往来公函、和解笔录、民事答辩状、民事声请等。

4. 四川高等法院第一分院及重庆分院、璧山地方法院审理确认优先承买权、确认租佃契约有效等四案　12－19－4

1947 年 4 月至 1949 年 10 月，四川高等法院第一分院及重庆分院、璧山地方法院关于确认优先承买权、确认租佃契约有效、确认代为出卖床上用品旧物买卖有效、确认租佃合约有效四案的文书，包括民事告诉状、民事委任状、往来公函、民事答辩状、璧山地方法院民事裁定书、民事上诉状、四川高等法院重庆分院民事判决书、四川高等法院第一分院刑事判决书、民事声请状等。

5. 永川地方法院、璧山地方法院审理私订典契、骗租田产等五案　12—19—5

1949年3月至1949年9月，永川地方法院、璧山地方法院关于田方才唆使出征军人族戚私自以军人田产订立典契、谭春发唆使母亲出佃叔叔家田产被要求返还土地案、刘岳武因骗租他人田地声请调解案、夏青云返还产业契据、吴国全被养父母请求返还器物及田产契约假执行五案的文书，包括民事声请状、民事告诉状、民事声请调解状、民事言辞辩论笔录、往来公函、报告、民事执行文稿、民事执行命令、民事执行状、璧山地方法院民事判决书、返还契据笔录、民事保状等。

6. 璧山地方法院审理声请停止交业假执行、田产假扣押等五案　12—19—6

1949年1月至1949年10月，璧山地方法院关于声请停止交业假执行、田产假扣押、撤销租谷假扣押、债务假扣押、器具假扣押五案的文书，包括民事声请状、璧山地方法院民事裁定书、民庭批示等。

7. 四川高等法院重庆分院、璧山地方法院审理盗窃树木、抢夺黄谷等五案　12—19—7

1949年3月至1949年9月，四川高等法院重庆分院、璧山地方法院关于盗窃树木、抢夺黄谷、抢割黄谷盗窃树木被声请假处分、解除租佃契约、因购买黄谷时遗失发谷执照声请公示催告五案的文书，包括璧山地方法院民事裁定书、民事声请状、往来公函、民事抗告状、四川高等法院第一分院刑事判决书、四川高等法院重庆分院刑事判决书、民事裁定书等。

8. 璧山地方法院审理典产假扣押、租佃纠纷等四案　12—19—8

1947年10月至1949年8月，璧山地方法院关于鲍宗华放赎典产案声请假扣押、冉向氏租佃纠葛、郭银等债务假执行、刘瑞祥请示议员可否兼任公务员案声请传讯四案的文书，包括璧山地方法院民事裁定书、训令、公告、通知书、报告、民事声请状、民事具呈状等。

9. 璧山地方法院审理债务假执行、黄谷假执行等八案　12—19—9

1948年12月至1949年10月，璧山地方法院关于一起声请债务假执行案、一起返还洋纱案、六起黄谷假执行案共八案的文书，包括民事声请状、璧山地方法院民事裁决书、训令、支付命令、民事声明状、往来公函等。

10. 四川高等法院第一分院及重庆分院、璧山地方法院审理确认契约无效三案 12－19－10

1937年5月至1949年10月，四川高等法院第一分院及重庆分院、璧山地方法院关于确认佃耕契约无效、确认共有田产私自招耕的契约无效、确认房屋田产赠予契约无效三案的文书，包括民事告诉状、民事答辩状、宣判笔录、民事委任书、璧山地方法院民事判决书、典契、民事上诉状、民事裁定、四川高等法院第一分院民事裁定书、四川高等法院重庆分院民事裁定书、往来公函、璧山县政府刑事判决书、撤回上诉书状、民事声请书等。

11. 璧山地方法院审理终止收养、请求返还儿童等三案 12－19－11

1949年1月至1949年6月，璧山地方法院关于谭启元因养子忤逆而终止收养案、谭玉清因养子虐待而确认终止收养、谢晓白殴打儿童后经调解送去医院多日未果遭被害人家属声请返还儿童三案的文书，包括民事调解状、民事告诉状、民事委任状、璧山地方法院民事判决书等。

12. 璧山地方法院审理黄谷执行、产权纠纷等四案 12－19－12

1949年2月至1949年11月，璧山地方法院关于陈宏麻黄谷执行、巫文康因代理人擅自处置土地而引发的产权调解、王远禄因典当产业纠纷引发的产权调解、彭家骐返还借谷四案的文书，包括法院训令、警署案奉、往来公函、民事声请状、璧山地方法院民事判决书、民事执行文稿、报告、民事执行命令、收条等。

13. 四川高等法院重庆分院、璧山地方法院审理顶约认证、返还典约等四案 12－19－13

1949年2月至1949年11月，四川高等法院重庆分院、璧山地方法院关于黎海全顶约认证、李永发返还典约契据、刘海荣因丈夫虐待而外逃备查案、邓胡氏放赎典物四案的文书，包括民事公证卷宗、认证书、往来公函、璧山地方法院民事判决书、民事上诉状、民事裁定书、民事和解笔录、民事委任状等。

14. 璧山地方法院审理返还火硝、给付毛铁等四案 12－19－14

1948年9月至1949年11月，璧山地方法院关于邓炳林返还寄存火硝、陈光杰给付毛铁、大华冶铁场给付毛铁及假执行、邓海林给付铧铁四案的文书，包括民事告诉状、璧山地方法院民事判决书、法院公告、报告、法院公示、民事答辩状、民事委任状、民事执行文稿等。

15. 四川高等法院重庆分院、璧山地方法院审理给付客栈休整费、给付房租等五案　12—19—15

1948年3月至1949年10月,四川高等法院重庆分院、璧山地方法院关于朱生玉给付客栈休整费、周庆华给付房租、杨宗荣给付生活费、谭勋逾期未给付业契、陈荣宗交还田地返还押金五案的文书,包括民事告诉状、民事声请书、民事声请撤销书、往来公函、民事审判笔录、璧山地方法院民事判决书、民事执行状、璧山地方法院民事裁定书、民事执行文稿、报告、民事执行命令等。

16. 璧山地方法院等审理返还银圆、押金提存等四案　12—19—16

1936年7月至1949年11月,璧山地方法院等关于李邹氏返还银圆、张元之押金提存、袁素华银圆借贷纠纷及假执行、曾怀州银圆借贷逾期不还四案的文书,包括民事告诉状、璧山地方法院民事判决书、璧山地方法院刑事判决书、借条、民事执行文稿、法院通知书、收受证书、民事声请状等。

17. 四川高等法院重庆分院、璧山地方法院等审理被宣告死亡上诉、地界纠纷等四案　12—19—17

1944年6月至1949年9月,四川高等法院重庆分院、璧山地方法院等关于彭海洲因失踪多年被宣告死亡上诉案、吴国高地界纠纷、万姜氏坟地归属纠纷、彭金泉迁移坟地纠纷四案的文书,包括民事上诉状、四川高等法院重庆分院民事判决书、法院执行笔录、讯问笔录、民事裁定书、往来公函、民庭批示、执行文稿、报告书、民事执行命令、民事催呈状、训令、民事告诉状、执行命令等。

18. 最高法院重庆分院、四川高等法院第一分院及重庆分院、璧山地方法院审理返还买卖契据、分割遗产纠纷等四案　12—19—18

1947年7月至1949年11月,最高法院重庆分院、四川高等法院第一分院及重庆分院、璧山地方法院关于王银臣因买业纠纷声请返还买卖契据、杨华安请求分割遗产、何玉清分割遗产纠纷而上诉、张龙城接回妻子同居的执行案四案的文书,包括民事告诉状、璧山地方法院民事判决书、四川高等法院重庆分院民事判决书、民事执行文稿、报告、民事执行命令、民事保状、民事委任状、民事声请、民事执行状、往来公函、民事答辩状、民事上诉状、四川高等法院第一分院民事裁定书、最高法院重庆分院民事判决书等。

19. 四川高等法院重庆分院、璧山地方法院审理买卖器物纠纷、回赎典产纠纷等五案　12—19—19

1949年1月至1949年11月,四川高等法院重庆分院、璧山地方法院关于蔡霞光买卖器物纠纷、刘宗德回赎典产纠纷、刘汉清盗窃器具被判返还后拒不执行、仇杨氏等因买业纠纷引发的产业所有权确认、娄永贵因租佃纠葛引发的产业所有权确认五案的文书，包括民事告诉状、和解笔录、民事执行文稿、报告、民事执行命令、刑事声请、璧山地方法院刑事判决书、璧山地方法院民事判决书、民事委任状等。

20. 四川高等法院重庆分院、璧山地方法院审理诉讼费纠纷、返还耕牛等五案 12—19—20

1949 年 1 月至 1949 年 8 月，四川高等法院重庆分院、璧山地方法院关于邓思梅交业给租案的诉讼费纠纷、徐海云返还耕牛、邱志文杀死家犬赔偿饲养费纠纷、李泽民涉讼借谷纠纷声请支付命令、靖泽春债务偿还期间请示债务账目五案的文书，包括民事告诉状、民事声请书、四川高等法院重庆分院民事裁定、往来公函、法院支付命令、民事判决书、报告、民事执行命令等。

21. 四川高等法院第一分院及重庆分院、璧山地方法院审理欠租、返还熟土、侵占庙产等四案 12—19—21

1947 年 9 月至 1949 年 9 月，四川高等法院第一分院及重庆分院、璧山地方法院关于陈德考欠租、陶春廷返还熟土、钟冥阶违反和解书侵占庙产、周显厚骗签土地租约调解案四案的文书，包括往来公函、民事声请状、四川高等法院第一分院民事裁定书、四川高等法院重庆分院民事和解笔录、合同书、民事执行文稿、报告、民事执行命令、民事声请书等。

22. 四川高等法院重庆分院、璧山地方法院审理偿还碛米、给付欠租执行等四案 12—19—22

1949 年 1 月至 1949 年 9 月，四川高等法院重庆分院、璧山地方法院关于罗成志偿还碛米、张云华给付欠租执行案、两起声请拍卖抵押物共四案的文书，包括往来公函、法院稿、民事声请状、璧山地方法院民事判决书、民事执行文稿、报告、民事执行命令、璧山地方法院民事裁定书、借条等。

23. 最高法院重庆分院、四川高等法院第一分院、璧山地方法院审理返还黄谷、债务纠纷等四案 12—19—23

1946 年 12 月至 1949 年 10 月，最高法院重庆分院、四川高等法院第一分院、璧山地方法院关于邓廷模返还黄谷、张忠奇因债务涉讼声请拍卖、雷永兴声请抄录判决书免除争执、郭润芳买卖账单存查案四案的文书，包括往来公函、民事声请状、民事上诉状、四川高等法院第一分院民事裁定书、最高法院重庆分院民事判决书、报告、借据、买卖账单民事存查状、账单等。

24. 四川高等法院重庆分院、璧山实验地方法院等审理欠缴税款等五案　12－19－24

1945年10月至1949年10月，四川高等法院重庆分院、璧山实验地方法院等关于邓荣辉欠缴税款违反货物流税条例、新华商号违反所利得税执行案、义孚商号拖欠所得税、和兴商号声请课罚所得税、万树青受领债务返还黄包车五案的文书，包括四川高等法院重庆分院刑事裁定书、往来公函、民事执行文稿、刑事抗告书、训令、刑事诉讼卷宗、民事上诉状、民事裁定书、民事答辩状、四川高等法院重庆分院民事和解笔录等。

25. 四川高等法院第一分院及重庆分院、璧山地方法院审理返还田业、田产继承权纠纷等三案　12－19－25

1947年12月至1949年10月，四川高等法院第一分院及重庆分院、璧山地方法院关于王启龙返还田业、余夔奎田产继承纠纷上诉案、龙敏章返还田业案申请再审三案的文书，包括民事上诉状、璧山地方法院民事裁定书、往来公函、民事声请书、民事委任状、四川高等法院第一分院民事裁定书、四川高等法院重庆分院民事判决书、民事再审诉状等。

26. 四川高等法院重庆分院、璧山地方法院审理终止租约、租赁交业纠纷等五案　12－19－26

1948年12月至1949年6月，四川高等法院重庆分院、璧山地方法院关于黄德明终止租约、杨国庆租赁交业纠葛上诉案、孙才云租期已满请求终止租约、孙子民因租佃纠纷请求确认所有权、彭泽民等分业田产所有权纠纷五案的文书，包括往来公函、民事声请状、民事告诉状、民事答辩状、民事委任状、璧山地方法院民事判决书、民事上诉状、璧山地方法院民事裁定、四川高等法院重庆分院民事判决书、民事委托书等。

27. 四川高等法院重庆分院、璧山地方法院审理赔偿医药费三案　12－19－27

1948年12月至1949年11月，四川高等法院重庆分院、璧山地方法院关于雷见富因社会细故殴伤人须赔偿受害者医药费、罗义章因债务纠葛殴伤他人须赔偿医药费、赵金泉因窃占产业发生纠葛殴伤他人须赔偿医药费三案的文书，包括民事告诉状、民事答辩状、璧山地方法院民事判决书、四川高等法院重庆分院民事判决书、民事执行文稿、民事执行状、民事执行命令、民事声请状、报告等。

28. 四川高等法院重庆分院、璧山地方法院审理给付桐油、给付菜油两案　12－19－28

1948年2月至1949年7月，四川高等法院重庆分院、璧山地方法院关于谢绍甫给付桐油上诉案、周黄氏给付菜油两案的文书,包括民事告诉状、民事执行状、璧山地方法院民事判决书、四川高等法院重庆分院民事判决书、民事执行文稿、报告、民事执行命令、民事保状、璧山地方法院民事和解笔录、民事委任状等。

29. 四川高等法院重庆分院、璧山地方法院审理返还寿木、返还树木等三案 12—19—29

1949 年 1 月至 1949 年 7 月,四川高等法院重庆分院、璧山地方法院关于张锡清因寿木被盗声请窃贼返还寿木、苏荣庆因买树纠纷声请返还树木、王世吉解除婚约返还礼物执行案三案的文书,包括民事告诉状、民事答辩状、民事声请状、璧山地方法院民事判决书、四川高等法院重庆分院民事判决书、民事执行文稿、报告、民事执行命令、民事保状、民事委任状、往来公函、民事裁定书、民事上诉状、民事执行状、璧山地方法院民事和解笔录等。

30. 璧山地方法院审理债务假执行等案 12—19—30

1946 年 4 月至 1949 年 11 月,璧山地方法院关于债务假执行、债务假扣押、搬迁交业纠纷、偿还欠款、给付银币及黄谷等案的文书,包括往来公函、璧山地方法院民事裁定书、民事执行状、璧山地方法院民事判决书、民事执行文稿、报告、璧山地方法院民事和解笔录、民事告诉状等。

31. 璧山地方法院审理租佃契约认证七案 12—19—31

1947 年 3 月至 1949 年 8 月,璧山地方法院关于七起声请租佃契约认证案的文书,包括公证卷宗、公证讯问笔录、公证处通知书、认证书、声请公证证明书等。

32. 璧山地方法院审理搬迁交业纠纷等十二案 12—19—32

1948 年 3 月至 1949 年 11 月,璧山地方法院关于十起因买业纠纷、租佃纠纷、典产纠纷、搬迁止约纠纷、地界纠纷等引起的声请领回证件案,两起搬迁交业纠纷案共十二案的文书,包括民事委任状、民事声请状、领条、民事告诉状、璧山地方法院民事判决书、民事领证状、民事答辩状、报告等。

33. 璧山地方法院审理租佃纠纷、遗嘱认证、担保认证三案 12—19—33

1949 年 7 月至 1949 年 8 月,璧山地方法院关于张荣华租佃纠纷、江刘氏遗嘱认证、税捐处担保认证三案的文书,包括民事调解状、公证讯问笔录、合息诉讼合同、公证卷宗、笔录、声请认证证明书、公证处通知书、民事声请状、民事保状、认证书等。

34. 璧山地方法院审理借贷认证、赠与认证等四案　12－19－34

1949年3月至1949年10月，璧山地方法院关于两起借贷认证、唐李氏财产赠与认证、彭黄氏分产契约认证四案的文书，包括公证卷宗、公证讯问笔录、公证书、公证处通知书、授权书、赠与证书、声请认证证明书、民事委任状等。

35. 四川高等法院重庆分院、璧山地方法院审理黄谷假执行等十二案　12－19－35

1949年1月至1949年9月，四川高等法院重庆分院、璧山地方法院关于十起黄谷假执行案、一起返还黄谷上诉案、一起黄谷假扣押案共十二案的文书，包括璧山地方法院民事判决书、民事执行文稿、报告、民事执行命令、民事告诉状、民事执行状、璧山地方法院民事裁定、支付命令、四川高等法院重庆分院民事判决书、民事保状、训令、公告、通知书、民事声请状、交业笔录等。

36. 璧山地方法院审理给付黄谷假执行等十一案　12－19－36

1948年12月至1949年11月，璧山地方法院关于十起给付黄谷假执行案、一起给付黄谷案共十一案的文书，包括民事执行状、璧山地方法院民事判决书、民事执行文稿、民事保状、民事告诉状、民事自诉状、报告、民事执行命令、讯问笔录、训令、民事声请书、法院命令、法院布告、法院通知等。

37. 四川高等法院第一分院、璧山地方法院等审理给付黄谷七案　12－19－37

1946年4月至1949年7月，四川高等法院第一分院、璧山地方法院等关于七起给付黄谷案的文书，包括民事告诉状、往来公函、民事审判笔录、璧山地方法院民事判决书、四川高等法院第一分院民事判决书、民事上诉状、法院通知书、民事委任状、民事声请状等。

38. 璧山地方法院审理租谷假处分、押谷假执行等七案　12－19－38

1949年1月至1949年9月，璧山地方法院关于租谷假处分、押谷假执行、租谷假执行、给付租谷假扣押、声请租谷假扣押及两起租谷假扣押共七案的文书，包括璧山地方民事裁定书、训令、公告、通知书、报告、民事具状、民事判决书、民事执行文稿、民事保状、民事执行状、讯问笔录、往来公函等。

39. 璧山地方法院审理给付租谷十案　12－19－39

1947年9月至1949年10月，璧山地方法院关于十起给付租谷案的文书，包括民事告诉状、璧山地方法院民事判决书、民事答辩状、证明状、民事委任状、证人结文、民事执行文稿、报告、民事执行命令、法院布告、法院命令、法院通知书、民事保状、民事申请书、民事撤回状等。

40. 四川高等法院重庆分院、璧山地方法院审理返还租谷、会谷执行、返还借谷三案　12—19—40

1948 年 1 月至 1949 年 10 月，四川高等法院重庆分院、璧山地方法院关于王德宽返还租谷、张汉德会谷执行、钱中孚返还借谷三案的文书，包括民事告诉状、璧山地方法院民事判决书、四川高等法院重庆分院民事判决书、佃书、民事声请状、法院稿、报告、民事上诉状、四川高等法院重庆分院民事裁定书、民事答辩状等。

41. 四川高等法院重庆分院、璧山地方法院审理返还借谷等四案　12—19—41

1948 年 5 月至 1949 年 7 月，四川高等法院重庆分院、璧山地方法院关于两起返还借谷、两起租谷假执行共四案的文书，包括民事告诉状、民事答辩状、民事委任状、证人结文、借据、往来公函、训令、民事声请状、四川高等法院重庆分院民事判决书、璧山地方法院民事判决书、民事上诉状、民事执行状、民事声请书、璧山地方法院民事和解笔录等。

42. 四川高等法院第一分院及重庆分院、璧山地方法院审理树木买卖纠纷、典产纠纷等七案　12—19—42

1947 年 1 月至 1949 年 6 月，四川高等法院第一分院及重庆分院、璧山地方法院关于胡洪恩树木买卖纠纷、向周明因典产纠纷声请交还典产及收益、徐秦氏因分产纠纷声请恢复祀产原状、任原修因借款纠纷声请返还黄谷、甘春山因租佃纠纷声请撤销查封产业、朱勤海交还房产纠纷、吴济川管业纠纷七案的文书，包括民事声明状、民事异议状、民事答辩状、民事缴状、璧山地方法院民事判决书、四川高等法院第一分院民事判决书、四川高等法院重庆分院民事判决书、法院通知书、证人结文、民事上诉状、民事告诉状、璧山地方法院民事裁定、往来公函等。

43. 璧山地方法院等审理押佃提存、租佃纠纷等八案　12—19—43

1939 年 6 月至 1949 年 9 月，璧山地方法院等关于陈荣忠押佃提存、江流宽押佃提存、杨明发声请买业借款提存、邱海清租佃纠纷、张炳荣租佃纠纷、罗炳清租佃纠纷、蒋曹辉租佃纠纷、舒长吉租佃纠纷八案的文书，包括押佃提存书、提存通知书、法院通知书、民事委任状、民事答辩状、审理笔录、民事声请状等。

44. 璧山地方法院审理搬迁交房、迁让房屋、领押交房等五案　12—19—44

1949 年 1 月至 1949 年 9 月，璧山地方法院关于两起搬迁交房、一起迁让房屋、一起领押交房、一起止约交房共五案的文书，包括民事执行状、璧山地方法院民事判决书、法院通知书、民事告诉状、证人结文、民事答辩状、法院审理单、民事委任状等。

45. 四川高等法院第一分院及重庆分院、璧山地方法院审理增加给付租赁押金等六案　12—19—45

1947年10月至1949年11月，四川高等法院第一分院及重庆分院、璧山地方法院关于周树林因租佃纠纷声请增加给付押金、尹树荣增加因租佃纠葛声请给付押金、张忠贤增加给付房屋租赁押金、江流宽增加给付及假执行、钟世华增加给付租佃押金、黄荣辉因棉纱买卖纠纷声请增加给付六案的文书，包括民事告诉状、法院审理单、璧山地方法院民事判决书、四川高等法院重庆分院民事判决书、四川高等法院第一分院民事和解笔录、账单、民事上诉状、和解笔录、民事裁定、往来公函等。

46. 四川高等法院第一分院及重庆分院、璧山地方法院审理查封产业、返还产业、返还熟土等案　12—19—46

1948年1月至1949年9月，四川高等法院第一分院及重庆分院、璧山地方法院关于仓库管理员因倒卖公粮产业被查封、返还产业、返还熟土再审、回赎房屋熟土等案的文书，包括往来公函、民事声明异议状、民事再审诉状、璧山地方法院民事裁定书、法院指令、四川高等法院第一分院民事裁定书等。

47. 璧山地方法院审理租佃业权纠纷、回赎典产纠纷等五案　12—19—47

1939年10月至1949年11月，璧山地方法院关于一起租佃业权纠纷调解、一起典业纠纷、三起回赎典产纠纷等共五案的文书，包括民事调解状、审理单、民事和解笔录、民事告诉状、往来公函、民事和解状、法院稿、报告、执行命令、讯问笔录、璧山地方法院民事判决书等。

48. 四川高等法院重庆分院、璧山地方法院审理分割田产纠纷、典价提存等五案　12—19—48

1948年6月至1949年11月，四川高等法院重庆分院、璧山地方法院关于分割田产及声请产业假扣押、交还房产典价提存、田产典价提存、典价假执行、返还典约契据五案的文书，包括民事声请状、璧山地方法院民事裁定书、往来公函、提存书、提存通知书、法院通知书、民事告诉状、收受证书、四川高等法院重庆分院民事判决书等。

49. 璧山地方法院审理交还房屋、房屋强制执行等八案　12－19－49

1948 年 4 月至 1949 年 8 月，璧山地方法院关于三起因租佃纠纷交还房屋、三起因欠债房屋被声请强制执行、一起租期已满要求交还铺房、一起欠缴租金要求交还房屋共八案的文书，包括往来公函、民事上诉状、璧山地方法院民事裁定、法院通知书、民事答辩状、璧山地方法院民事判决书、民事执行状、民事调解状、法院执行文稿、报告、执行命令、证人结文、民事委任状、民事证明状等。

50. 四川高等法院重庆分院、璧山地方法院审理交房给租纠纷等四案　12－19－50

1949 年 2 月至 1949 年 11 月，四川高等法院重庆分院、璧山地方法院关于吴月波搬迁交房给租上诉案、何光熙因租佃期满要求交房给租、龙罗氏因欠债房屋被声请强制执行、曹桂贤因租佃期满搬迁交房纠纷四案的文书，包括四川高等法院重庆分院民事判决书、民事声请状、报告、民事执行命令、民事保状、璧山地方法院民事和解笔录、民事上诉状、民事裁定、民事答辩状、民事委任状等。

51. 四川高等法院重庆分院、璧山地方法院审理申请离婚、婚约纠纷等四案　12－19－51

1949 年 5 月至 1949 年 9 月，四川高等法院重庆分院、璧山地方法院关于唐贤德因配偶失踪生死不明申请离婚、肖远方因配偶吸食毒品而提出离婚、王兴明因订立婚约时未成年声请婚约无效、熊女声请解除婚约而上诉四案的文书，包括民事告诉状、证人结文、法院公示、璧山地方法院民事判决书、往来公函、民事委任状、民事上诉状、四川高等法院重庆分院民事裁定书等。

52. 璧山地方法院审理离婚备查、声请解除婚约、返还嫁奁三案　12－19－52

1949 年 1 月至 1949 年 9 月，璧山地方法院关于缪赵氏离婚备查、刘应增因配偶不忠声请解除婚约、赵元书返还前妻嫁奁三案的文书，包括法院指令、民事告诉状、民事缴状、璧山地方法院民事判决书等。

53. 四川高等法院重庆分院、璧山地方法院审理赔偿损失等三案　12－19－53

1949 年 1 月至 1949 年 4 月，四川高等法院重庆分院、璧山地方法院关于王田氏因租佃契约期满后拒不交业被声请赔偿损失、钟桂林涉讼赔偿损失案声请裁定诉讼费、朱云成因盗窃牛皮嫌疑被声请赔偿损失三案的文书，包括民事告诉状、璧山地方法院民事判决书、四川高等法院重庆分院民事判决书、民事声请状、民事委任状、民事上诉状、民事起诉书、往来公函、民事证明状等。

54. 四川高等法院重庆分院、璧山地方法院审理交房执行、搬迁交业等五案 12—19—54

1948年9月至1949年6月，四川高等法院重庆分院、璧山地方法院关于朱新银因欠债房屋被声请强制执行、王必达声请领押交业、李海文搬迁交业执行上诉案、王朝望搬迁交业、甘裕俊搬迁交业执行五案的文书，包括璧山地方法院刑事判决书、民事执行、法院文稿、往来公函、璧山地方法院民事判决书、四川高等法院重庆分院民事判决书、民事和解状、报告、民事执行命令、民事执行状、执行笔录、法院通知书、报告书等。

55. 璧山地方法院审理支付命令九案 12—19—55

1948年9月至1949年9月，璧山地方法院关于张国勋因欠款纠纷声请发布支付命令、陈喜三因典产纠纷声请发布支付命令、余炳辉因欠款纠纷声请发布支付命令、向文广因借谷纠纷声请发布支付命令、雷德修因借谷纠纷声请发布支付命令、李周氏因欠款纠纷声请发布支付命令、魏国臣因欠款纠纷声请发布支付命令、张月高因借谷纠纷声请发布支付命令、吴怀青因欠款纠纷声请发布支付命令九案的文书，包括民事声请状、法院支付命令、通知、异议状、法院通知书、民事声明状、民事异议状、凭票、民事答辩状、民事告诉状等。

56. 璧山地方法院审理声请发布支付命令九案 12—19—56

1947年2月至1949年9月，璧山地方法院关于丁家庆因欠款纠纷声请发布支付命令、景森禄因买卖棉纱纠纷声请发布支付命令、黄青山因买卖毛铁纠纷声请发布支付命令、徐自舒因欠缴黄谷纠纷声请发布支付命令、何正发因借谷纠纷声请发布支付命令、夏青云因借谷纠纷声请发布支付命令、安德全因出借洋纱纠纷声请发布支付命令、安海云因买谷纠纷声请发布支付命令、李光熙因租佃纠纷声请发布支付命令九案的文书，包括民事声请状、法院支付命令、执照票据副本、民事撤回状、凭票、民事声明状、璧山地方法院民事裁定书、法院通知书等。

57. 四川高等法院重庆分院、璧山地方法院审理给付棉纱五案 12—19—57

1947年2月至1949年9月，四川高等法院重庆分院、璧山地方法院关于五起因买卖棉纱纠纷、出借棉纱纠纷、欠款利息纠纷等引起的给付棉纱案的文书，包括民事告诉状、凭票、民事撤回状、法院通知书、审理单、民事执行状、璧山地方法院民事判决书、四川高等法院重庆分院民事判决书、法院文稿、报告、民事执行命令、民事保状、璧山地方法院民事裁定书、民事声明状、训令、法院公告等。

58. 四川高等法院重庆分院、璧山地方法院审理给付棉纱六案　12－19－58

1948年10月至1949年7月，四川高等法院重庆分院、璧山地方法院关于六起因出借棉纱纠纷声请给付棉纱案的文书，包括民事执行状、璧山地方法院民事判决书、报告、民事保状、四川高等法院重庆分院民事判决书、民事答辩状、执行命令、存根、民事上诉状、民事裁定书、往来公函、民事异议状、民事告诉状等。

59. 璧山地方法院审理租佃纠纷搬迁交业、回赎典产纠纷等六案　12－19－59

1949年3月至1949年8月，璧山地方法院关于谢德成因租佃纠纷搬迁交业、朱谷氏搬迁交业、张怀德回赎典产纠纷、钟树青交业给租假执行、龚焕成因管业纠纷要求交还产业、易炳山搬迁交业六案的文书，包括民事执行状、璧山地方法院刑事附带民事判决书、民事执行文稿、报告、交业笔录、执行处笔录、往来公函、璧山地方法院民事判决书、民事声明状、民事声请状、民事委任状等。

60. 四川高等法院重庆分院、璧山地方法院审理搬迁交业纠纷三案　12－19－60

1948年3月至1949年10月，四川高等法院重庆分院、璧山地方法院关于廖献之搬迁交业上诉案、杨顺德搬迁交业纠纷、李遂之等搬迁交业纠纷三案的文书，包括往来公函、民事声请状、璧山地方法院民事裁定书、民事上诉状、民事委任状、四川高等法院重庆分院民事判决书、璧山地方法院民事判决、民事告诉状等。

61. 璧山地方法院审理搬迁交业、交业给租等六案　12－19－61

1949年4月至1949年10月，璧山地方法院关于汪绍周因租期届满交业、左金山交业给租、王继周交业给租、邹兴发搬迁交业纠纷、夏金成因租期届满搬迁交业、李尚青给付欠租搬迁交业六案的文书，包括民事告诉状、民事委任状、民事答辩状、璧山地方法院民事判决书、民事申请状、乡公所证明书、民事裁定书、报告、民事执行命令、民事保状、文约等。

62. 最高法院重庆分院、四川高等法院第一分院、璧山地方法院等审理领押交业、搬迁交业等五案　12－19－62

1944年10月至1949年10月，最高法院重庆分院、四川高等法院第一分院、璧山地方法院等关于唐和洲因租期届满申请领押交业、向懋华搬迁交业上诉案、明玉廷因租佃纠葛引起的领押交业案、巫永兴因租佃纠纷引起的搬迁交业案、张春山领押交业五案的文书，包括民事告诉状、璧山地方法院民事和解笔录、四川高等法院第一分院刑事判决书、往来公函、民事上诉状、民事声明状、四川高等法院第一分院民事裁定书、凭票、最高法院重庆分院民事判决书、民事答辩状等。

63. 四川高等法院第一分院及重庆分院、璧山地方法院审理搬迁交业、回赎典产等八案　12－19－63

1948年6月至1949年8月，四川高等法院第一分院及重庆分院、璧山地方法院关于七起搬迁交业、一起回赎典产纠纷共八案的文书，包括往来公函、民事抗告状、四川高等法院重庆分院民事裁定书、民事执行状、璧山地方法院民事判决书、四川高等法院第一分院民事判决书、四川高等法院重庆分院民事判决书、民事声请状、民事声请书、执行笔录和解书、璧山地方法院民事裁定书等。

64. 四川高等法院重庆分院、璧山地方法院审理搬迁交业、领押交业等八案　12－19－64

1946年9月至1949年8月，四川高等法院重庆分院、璧山地方法院关于孙曾令因租佃纠纷搬迁交业、周林氏搬迁交业、龙敏章领押交业执行、徐邓氏搬迁交业、王必藩因分产纠纷交还产业、张银青因地界纠纷交还产业、朱振祥搬迁交业上诉案、吕四福因租佃纠纷交业八案的文书，包括民事执行状、璧山地方法院民事裁定、璧山地方法院民事判决书、四川高等法院重庆分院民事判决书、法院公函、民事声请状、讯问笔录、民事保状、民事声明状、民事告诉状、和解笔录、往来公函、民事执行异议状、民事委任状等。

65. 四川高等法院第一分院及重庆分院、璧山地方法院审理搬迁交业十案　12－19－65

1930年8月至1949年10四川高等法院第一分院及重庆分院、璧山地方法院关于十起因租佃纠葛、租期届满、典产纠纷、欠缴租金等引起的搬迁交业案的文书，包括民事告诉状、璧山地方法院民事判决书、佃租契约、四川高等法院第一分院民事判决书、往来公函、民事上诉状、四川高等法院重庆分院民事判决书、民事委任状、民事答辩状、民事和解笔录等。

66. 璧山地方法院审理欠缴所得税、止约交房等八案　12－19－66

1949年7月至1949年8月，璧山地方法院关于和兴商号欠缴所得税、老凤宝商号欠缴所得税、三元堂商号欠缴所得税、永利祥商号欠缴所得税、裕礼商号欠缴所得税、胜利商号欠缴所得税、华洋商号欠缴所得税、罗青云因租佃纠葛止约交房八案的文书，包括往来公函、报告、法院公函、璧山地方法院民事判决书、民事执行状等。

67. 四川高等法院重庆分院、璧山地方法院审理搬迁交业八案　12－19－67

1947年10月至1949年11月，四川高等法院重庆分院、璧山地方法院关于八起因租佃纠葛、欠缴租谷、买业纠纷、债务纠纷等引起的搬迁交业案的文书，包括民事告诉状、民事委任状、璧山地方法院民事判决书、民事上诉状、民事答辩状、民事声请状、四川高等法院重庆分院民事判决书、民事证明状等。

68. 四川高等法院重庆分院、璧山地方法院审理出借洋纱纠纷、给付棉纱等五案 12－19－68

1949年2月至1949年10月，四川高等法院重庆分院、璧山地方法院关于王银清等出借洋纱纠纷、夏博群等出借洋纱纠纷、黄荣庆给付棉纱、徐国发给付棉纱、舒庚云给付棉纱五案的文书，包括往来公函、民事上诉状、民事缴状、四川高等法院重庆分院民事判决书、宣判笔录、璧山地方法院民事判决书、民事声请状、璧山地方法院民事裁定书等。

69. 璧山地方法院审理增加给付五案 12－19－69

1949年4月至1949年9月，璧山地方法院关于温蓝氏声请儿子增加赡养费、钟世华因租佃纠葛增加押金、叶汉洲因租佃纠葛增加押金、郭文泉因买米纠纷、程明心因债务纠纷等引起的五起增加给付案的文书，包括民事告诉状、证明书、领据、民事和解笔录、民事判决书、法院公函、民事声请状、民事保状、民事答辩状、民事委任状等。

70. 四川高等法院重庆分院、璧山地方法院审理赔偿损失四案 12－19－70

1942年3月至1949年11月，四川高等法院重庆分院、璧山地方法院关于要求赔偿因拒不交业造成的耕种损害、赔偿前妻衣料银簪等财物损失、赔偿拖欠债务造成损害、赔偿佃租押金损失四案的文书，包括璧山地方法院民事判决书、民事告诉状、四川高等法院重庆分院民事判决书、民事声请状、璧山地方法院民事裁定等。

71. 四川高等法院重庆分院、璧山地方法院审理交业给租、拒不搬迁交业等五案 12－19－71

1947年12月至1949年11月，四川高等法院重庆分院、璧山地方法院关于三起交业给租案、一起拒不搬迁交业案、一起交业给租执行案共五案的文书，包括璧山地方法院民事判决书、四川高等法院重庆分院民事判决书、民事告诉状、报告、交业笔录、证明书、民事答辩状、民事执行状、民事保状、往来公函、民事和解笔录等。

72. 璧山地方法院审理租谷假扣押、黄谷假扣押等四案 12－19－72

1948年7月至1949年7月，璧山地方法院关于租谷假扣押、黄谷假扣押、止约交业及租谷假扣押、偿还黄谷棉纱及给付利息四案的文书，包括民事声请状、民事裁定书、民事告诉状、租佃契约、民事判决书、证明书、借据等。

73. 璧山地方法院审理给付黄谷假执行、给付欠租等六案　12—19—73

1947年6月至1949年10月，璧山地方法院关于罗奉章黄谷假执行、罗张氏黄谷假执行、彭炳宗给付欠租、潘玉高租谷假执行、吴关林黄谷假执行、潘宗明黄谷假执行六案的文书，包括民事声请状、民事判决书、法院公函、报告书、民事执行状、法院执行处笔录等。

74. 璧山地方法院审理返还黄谷及文契、给付黄谷等五案　12—19—74

1949年4月至1949年9月，璧山地方法院关于返还黄谷及文契、给付黄谷及宣判假执行、给付欠租及两起返还黄谷共五案的文书，包括民事告诉状、璧山地方法院民事判决书、民事执行状、法院公函、民事答辩状等。

75. 璧山地方法院审理黄谷假执行、黄谷假扣押等五案　12—19—75

1948年12月至1949年11月，璧山地方法院关于曹贤淑黄谷假执行、黄大勇黄谷假扣押、陈广杰返还黄谷、黄炳林给付黄谷、夏水清因租佃纠葛增加押谷五案的文书，包括民事执行状、民事和解笔录、法院公函、民事声明状、讯问笔录、报告书、民事保状、民事和解状、民事委任状、民事判决书、民事答辩状、民事声请状等。

76. 璧山地方法院审理妨害业权、交业执行等三案　12—19—76

1949年5月至1949年11月，璧山地方法院关于张银青拒绝止约交业妨害业权、荣世亮交业执行、李炳林搬迁交业申请再审三案的文书，包括民事声请状、民事上诉状、法院文稿、报告、民事委任状等。

77. 璧山地方法院等审理搬迁交业、交业执行等六案　12—19—77

1938年12月至1949年10月，璧山地方法院等关于邓永江搬迁交业、黄成志交业执行、魏太平搬迁交业等六案的文书，包括民事执行状、民事和解笔录、报告、民事执行命令、交业执行笔录、往来公函、民事声请状、刑事暨民事判决书等。

78. 四川高等法院第一分院及重庆分院、璧山地方法院审理搬迁交业、典产纠纷等十二案　12—19—78

1945年3月至1949年11月，四川高等法院第一分院及重庆分院、璧山地方法院关于十一起因租佃纠葛、租期届满、买业纠纷等引起的搬迁交业案及一起回赎典产纠纷共十二案的文书，包括璧山地方法院民事判决书、民事声请状、民事答辩状、民事自诉状、民事声明状、民事和解笔录、民事告诉状、民事执行状、四川高等法院重庆分院民事判决书、民事裁定书、四川高等法院第一分院民事判决书等。

79. 四川高等法院重庆分院、璧山地方法院审理搬迁交业执行七案　12－19－79

1948 年 10 月至 1949 年 10 月，四川高等法院重庆分院、璧山地方法院关于七起因拖欠债款、拖欠租谷、租期届满、典产纠纷、租佃纠纷等引起的搬迁交业执行案的文书，包括法院民事执行文稿、民事执行命令、往来公函、民事执行状、和解笔录、民事委任状、民事上诉状、民事裁定书、宣示判决笔录、四川高等法院重庆分院民事判决书、璧山地方法院民事判决书、民事答辩状、交业执行笔录等。

80. 四川高等法院重庆分院、璧山地方法院审理搬迁交业六案　12－19－80

1948 年 7 月至 1949 年 11 月，四川高等法院重庆分院、璧山地方法院关于六起因租佃纠纷、租期届满、违背佃约、管业纠纷等引起的搬迁交业案的文书，包括民事声请状、民事和解笔录、民事执行文稿、民事执行命令、交业笔录、往来公函、四川高等法院重庆分院民事裁定书、璧山地方法院民事判决书、民事告诉状、民事委任状、民事答辩状、民事上诉状、宣示判决笔录、四川高等法院重庆分院民事判决书等。

81. 璧山地方法院审理解除佃约、给付租谷等四案　12－19－81

1949 年 2 月至 1949 年 11 月，璧山地方法院关于给付租谷解除佃约、给付租谷止约交业、借谷纠纷返、租谷纠纷四案的文书，包括民事告诉状、民事答辩状、民事判决书、民事委任状、民事声请状等。

82. 璧山地方法院审理搬迁交业五案　12－19－82

1947 年 4 月至 1949 年 10 月，璧山地方法院关于五起因拖欠债务、拖欠租谷、租佃纠纷、租期届满等引起的搬迁交业案的文书，包括民事执行状、璧山地方法院民事判决书、民事执行文稿、报告、民事执行命令、民事和解笔录、执行笔录、民事告诉状、民事调解状等。

83. 四川高等法院重庆分院、璧山地方法院审理确认土地所有权、所有权登记等五案　12－19－83

1949 年 4 月至 1949 年 11 月，四川高等法院重庆分院、璧山地方法院关于四起因买业纠纷、管业纠纷、租佃纠纷等引起的确认田产所有权及朱素武田产所有权登记共五案的文书，包括民事告诉状、民事答辩状、民事委任状、璧山地方法院民事裁定书、往来公函、民事声请状、民事声明状、合同文约、公证卷宗、法院公告、训令、契约文书、民事上诉状、四川高等法院重庆分院民事判决书等。

84. 璧山地方法院审理欠缴租谷、租佃纠纷等六案　12－19－84

1949年3月至1949年11月，璧山地方法院关于一起欠缴租谷、三起租佃纠纷、一起租期届满领押交业、一起典产纠纷共六案的文书，包括民事声请状、民事委任状、租约、调解笔录、民事调解状等。

85. 璧山地方法院审理租佃契约公证、押佃提存等五案　12－19－85

1949年1月至1949年7月，璧山地方法院关于张树周租佃契约公证、万张氏押佃提存、欧森林押佃提存、谢泽安租佃契约认证、于春和租佃契约认证五案的文书，包括公证卷宗、公证讯问笔录、声请公证证明书、公证书、放赎交业案件提存书、法院通知书、民事声请状、往来公函、证明书、申明书、民事告诉状等。

86. 璧山地方法院审理税捐处担保认证七案　12－19－86

1949年6月至1949年11月，璧山地方法院关于七起税捐处担保认证的文书，包括公证卷宗、公证讯问笔录、民事保状、认证书等。

87. 璧山地方法院审理租佃契约认证、坟地买卖认证等四案　12－19－87

1948年10月至1949年10月，璧山地方法院关于两起租佃契约认证、一起坟地买卖认证、一起田地买卖认证共四案的文书，包括公证卷宗、公证声请书、公证讯问笔录、声请公证证明书、公证处通知书、租佃契约、认证书、民事声明状等。

88. 璧山地方法院审理收养认证、赠与财产遗嘱认证等六案　12－19－88

1949年1月至1949年8月，璧山地方法院关于赵甘氏收养认证、石子安赠与财产遗嘱认证、吴永成抱子文约认证、陈大秦因妨害春耕而声请保全证据、蒋丽华离婚认证、邓宅玉声请离婚六案的文书，包括公证卷宗、授权书、公证讯问笔录、声请公证证明书、公证处通知书、认证书、民事声请状、公证声明书、璧山地方法院民事裁定、离婚文约、民事告诉状、璧山地方法院民事判决书等。

89. 璧山地方法院审理声请领证九案　12－19－89

1949年1月至1949年10月，璧山地方法院关于蔡炳荣涉讼坟地归属纠纷声请领证、宋四一涉讼地界纠纷声请领证、冯银卿涉讼欠款纠纷声请领证、罗熊氏涉讼交业纠纷声请领证、舒永昌涉讼领押交业声请领证、罗张氏涉讼分产纠纷声请领证、魏太平声请领证、王启先涉讼搬迁交业声请领证、何志清涉讼抢劫黄谷案声请领证九案的文书，包括民事具领状、民事声请状、民事领证状、民事委任状、声请书、领据、送达回证等。

90. 四川高等法院重庆分院、璧山地方法院审理声请返还树木、地界纠纷等三案 12－19－90

1947年4月至1949年10月，四川高等法院重庆分院、璧山地方法院关于王蜀康因买树纠纷声请返还树木、冯少卿地界纠纷、叶成武地界阴地纠纷三案的文书，包括民事执行状、四川高等法院重庆分院民事判决书、璧山地方法院民事判决书、民事执行文稿、民事执行命令、民事声明异议状、民事保状、往来公函、民事告诉状、民事上诉状、民事答辩状、民事履勘笔录、民事委任书、璧山地方法院民事裁定书等。

91. 璧山地方法院审理给付棉纱四案 12－19－91

1949年1月至1949年10月，璧山地方法院关于曾繁善因租赁房屋纠纷、尹海清因典产纠纷、田树荣因租佃纠纷、桑树清因欠款纠纷引起的四起给付洋纱案的文书，包括民事告诉状、民事答辩状、民事追加状、民事判决书、民事执行状、执行文稿、执行命令、民事撤回状、往来公函等。

92. 璧山地方法院审理返还土地契约、返还借约等五案 12－19－92

1949年2月至1949年10月，璧山地方法院关于返还土地红契、返还黄谷借约、因租赁房屋纠纷终止租约、解除租佃契约、确认契约无效五案的文书，包括民事声请状、璧山地方法院民事判决书、民事执行文稿、报告、民事执行命令、民事保状、民事声明异议状、民事告诉状、执行笔录、往来公函等。

93. 四川高等法院重庆分院、璧山地方法院审理桐油假执行、田产假扣押等五案 12－19－93

1949年1月至1949年11月，四川高等法院重庆分院、璧山地方法院关于两起桐油假执行、两起田产假扣押、一起债务担保纠纷共五案的文书，包括璧山地方法院民事判决书、民事执行文稿、民事执行命令、民事保状、民事执行状、民事声请状、璧山地方法院民事裁定书、往来公函、民事抗告书、四川高等法院重庆分院民事裁定书等。

94. 四川高等法院重庆分院、璧山地方法院审理典价提存、给付典价、回赎典产等四案 12－19－94

1949年2月至1949年11月，四川高等法院重庆分院、璧山地方法院关于典价提存、给付典价、照约赎回典物、回赎典产四案的文书，包括法院通知书、收受证书、璧山地方法院民事裁定书、民事声明状、民事声请书、民事委任状、民事答辩状、往来公函、民事抗告书、四川高等法院重庆分院民事裁定书、民事告诉状、民事上诉状等。

95. 四川高等法院重庆分院、璧山地方法院审理赎回典产四案　12－19－95

1949年3月至1949年11月，四川高等法院重庆分院、璧山地方法院关于四起赎回典产案的文书，包括民事声请状、民事执行声请、璧山地方法院民事判决书、四川高等法院重庆分院民事判决书、执行文稿、民事执行命令、璧山地方法院民事裁定书、讯问笔录、民事申请状、民事上诉状、民事告诉状、民事答辩状等。

96. 璧山地方法院审理增加给付押金等四案　12－19－96

1947年6月至1949年11月，璧山地方法院关于邓荣华因租佃纠纷要求增加给付押金、刘德荣因搬迁交业返还押金、范祥玉因租佃纠纷要求增加给付押金、张锡清因拖欠欠款增加给付利息四案的文书，包括民事声请状、民事判决书、民事执行文稿、民事告诉状、民事委任状、民事裁定书、租佃文约、租佃认证书、民事答辩状、和解笔录等。

97. 四川高等法院重庆分院、璧山地方法院审理给付公粮上诉案、产业拍卖、给付食米上诉案三案　12－19－97

1949年1月至1949年10月，四川高等法院重庆分院、璧山地方法院关于张文凡任职乡仓保管员期间亏挪征收处公粮被声请给付公粮上诉案、包商张子益因亏欠加工粮谷产业被拍卖抵债案、关锡林给付食米上诉案三案的文书，包括民事执行状、民事判决书、四川高等法院重庆分院民事判决书、民事执行文稿、民事告诉状、民事声请状、民事执行命令、璧山地方法院民事判决书等。

98. 璧山地方法院审理分割遗产纠纷调解三案　12－19－98

1946年11月至1949年9月，璧山地方法院关于三起分割遗产纠纷调解案的文书，包括民事声请状、公证讯问笔录、声请公证证明书、公证书、授权书、璧山地方法院民事判决书、民事调解状、民事委任状、民事执行状、往来公函等。

99. 璧山地方法院审理发布支付命令三案　12－19－99

1949年2月至1949年9月，璧山地方法院关于吴怀青因债务人拖欠债款及利息声请发布支付命令、秦炳权因债务人拖欠黄谷声请发布支付命令、甘赵氏因毛铁买卖纠纷声请发布支付命令三案的文书，包括民事声请状、法院支付命令、往来公函、璧山地方法院民事裁定书、民事答辩状等。

100. 四川高等法院重庆分院、巴县地方法院、璧山地方法院等审理增加给付押金及押佃提存、债务纠纷等四案　12—19—100

1933年2月至1949年11月，四川高等法院重庆分院、巴县地方法院、璧山地方法院等关于周任氏因租佃纠纷申请增加给付押金及押佃提存、楼才成拖欠债款、朱祥安给付欠洋及利息、赵王氏返还借谷的债务纠纷四案的文书，包括民事声请状、璧山地方法院民事判决书、民事上诉状、璧山地方法院民事裁定书、民事告诉状、巴县地方法院民事判决书、巴县地方法院民事裁定书、往来公函、民事缴状、民事答辩状、民事委任状、四川高等法院重庆分院民事判决书等。

101. 璧山地方法院审理声请领证四案　12—19—101

1949年1月至1949年4月，璧山地方法院关于谢树青涉讼增加给付押佃案声请领回证件、曹锡钊涉讼买业纠纷声请领回红契、江李氏涉讼租佃纠纷声请领回证件、陈孙氏声请领证四案的文书，包括民事领状、民事声请状、送达证书、民事告诉状等。

102. 璧山地方法院审理四起声请领回证件案　12—19—102

1949年2月至1949年11月，璧山地方法院关于罗张氏涉讼交业纠纷声请领回证件、王钱氏涉讼领押交业纠纷声请领回证件、雷钟氏涉讼伪造遗嘱案声请领回证件、张荣龙涉讼租佃纠纷声请领回证件四案的文书，包括民事声请状、民事告诉状、民事声请书、民事领状、送达证书等。

103. 四川高等法院重庆分院、璧山地方法院审理给付欠租三案　12—19—103

1948年12月至1949年4月，四川高等法院重庆分院、璧山地方法院关于梁成江给付欠租、曾令荣给付欠租上诉案、赖朝青给付欠租三案的文书，包括民事申请状、民事答辩状、民事委任状、民事和解笔录、民事上诉状、璧山地方法院民事裁定书、往来公函、四川高等法院重庆分院民事判决书、璧山地方法院民事判决书等。

104. 璧山地方法院审理排除侵害执行一案　12—19—104

1946年6月至1947年2月，璧山地方法院关于吴彭氏排除放佃收租之田地的侵害一案的文书，包括民事执行状、民事裁定书、执行命令、民事申明状、民事声请状、民事执行处拘票、管收票回证、委任状、提票回证、民事保状等。

105. 四川高等法院重庆分院、璧山地方法院审理给付黄谷及其上诉四案　12—19—105

1949年4月至1949年10月，四川高等法院重庆分院、璧山地方法院关于四起给付黄谷及其上诉案的文书,包括民事诉状、民事言辞辩论笔录、民事宣判笔录、璧山地方法院民事判决书、往来公函、民事上诉状、璧山地方法院民事裁定书、民事答辩状、委任状、民事参加状、四川高等法院重庆分院民事判决书、乡调解委员会调解笔录、民事执行状、民事声请状、执达报告、执行命令等。

106. 四川高等法院重庆分院、璧山地方法院审理给付黄谷及其上诉四案　12－19－106

1949 年 1 月至 1949 年 10 月,四川高等法院重庆分院、璧山地方法院关于四起给付黄谷及其上诉案的文书,包括民事诉状、璧山地方法院民事裁定书、民事声请状、委任状、民事言辞辩论笔录、民事宣判笔录、璧山地方法院民事判决书、往来公函、民事上诉状、四川高等法院重庆分院通知书等。

107. 璧山地方法院审理给付黄谷四案　12－19－107

1949 年 3 月至 1949 年 9 月,璧山地方法院关于四起给付黄谷案的文书,包括民事诉状、民事言辞辩论笔录、民事宣判笔录、民事判决书、民事具呈状、执达报告、执行命令、民事补诉状、民事撤回状、法院通知书等。

108. 四川高等法院重庆分院、璧山地方法院审理给付黄谷及其上诉四案　12－19－108

1948 年 6 月至 1949 年 9 月,四川高等法院重庆分院、璧山地方法院关于四起给付黄谷及其上诉案的文书,包括民事声请执行状、璧山地方法院民事判决书、民事诉状、民事言辞辩论笔录、民事宣判笔录、民事答辩状、和解文约、委任状、民事声明状、往来公函、民事上诉状、璧山地方法院民事裁定书、四川高等法院重庆分院民事裁定书、执达报告、法院通知书等。

109. 四川高等法院重庆分院、璧山地方法院审理给付黄谷执行三案　12－19－109

1949 年 3 月至 1949 年 8 月,四川高等法院重庆分院、璧山地方法院关于三起给付黄谷执行案的文书,包括民事执行状、璧山地方法院民事判决书、执达报告、执行命令、璧山地方法院民事和解笔录、民事具保状、四川高等法院重庆分院民事判决书等。

110. 璧山地方法院审理给付黄谷执行三案　12－19－110

1949 年 3 月至 1949 年 8 月,璧山地方法院关于三起给付黄谷执行案的文书,包括民事声请执行状、民事判决书、执达报告、执行命令、民事声请状、民事具领状等。

111. 四川高等法院重庆分院、璧山地方法院审理给付租谷及其上诉四案　12－19－111

1949 年 3 月至 1949 年 8 月，四川高等法院重庆分院、璧山地方法院关于四起给付租谷及其上诉案的文书，包括民事诉状、民事言辞辩论笔录、民事宣判笔录、民事判决书、佃约、往来公函、民事声请状、璧山地方法院民事裁定书、委任状、民事答辩状、民事请申上诉状、民事上诉状、民事申请和解状、四川高等法院重庆分院通知书等。

112. 四川高等法院重庆分院、璧山地方法院审理给付租谷及其上诉四案　12－19－112

1949 年 3 月至 1949 年 8 月，四川高等法院重庆分院、璧山地方法院关于四起给付租谷及其上诉案的文书，包括往来公函、民事上诉状、璧山地方法院民事裁定书、言辞辩论笔录、四川高等法院重庆分院民事和解笔录、委任状、民事申请状、执达报告、执行命令、民事执行状、四川高等法院重庆分院民事判决书、执行笔录、法院命令、法院布告、法院通知书等。

113. 璧山地方法院审理给付租谷假执行三案　12－19－113

1949 年 5 月至 1949 年 11 月，璧山地方法院关于三起给付租谷假执行案的文书，包括民事判决书、民事声请状、执达报告、执行笔录、民事执行处拘票、执行命令、民事呈报状、执行证书存根等。

114. 四川高等法院第一分院及重庆分院、璧山地方法院审理给付会谷两案　12－19－114

1947 年 12 月至 1949 年 1 月，四川高等法院第一分院及重庆分院、璧山地方法院关于罗载福给付会谷再审及其抗告案、邓德富给付会谷上诉案的文书，包括往来公函、璧山地方法院民事裁定书、民事言辞辩论笔录、民事答辩状、民事宣判笔录、民事再审状、民事抗告状、四川高等法院重庆分院民事裁定书、民事上诉状、四川高等法院重庆分院通知书、四川高等法院第一分院通知书、民事诉状、璧山地方法院民事判决书等。

115. 四川高等法院重庆分院、璧山地方法院审理请求增加给付四案　12－19－115

1949 年 2 月至 1949 年 5 月，四川高等法院重庆分院、璧山地方法院关于唐太富请求增加给付债款上诉案、谢树清因交业纠纷请求增加给付押金上诉案、周海全增加给付执行案、孙才云租赁押金增加给付案四案的文书，包括往来公函、民事上诉状、璧山地方法院民事裁定书、四川高等法院重庆分院民事裁定书、民事补状、委任状、民事辩诉状、言辞辩论笔录、宣示判决笔录、四川高等法院重庆分院民事判决书、法院通知书、执达报告、执行命令、证明书、璧山地方法院民事判决书、民事执行状等。

116. 璧山地方法院审理请求增加给付三案　12－19－116

1949年2月至1949年5月，璧山地方法院关于江流碧因借款纠纷请求增加给付、马和清和周济安请求增加给付佃业押金、邱海清请求增加产业典价给付三案的文书，包括民事声请状、民事言辞辩论笔录、民事宣判笔录、民事判决书、民事诉状、委任状、民事裁定书、民事答辩状、民事补陈理由状、民事和解笔录等。

117. 璧山地方法院审理返还洋纱三案　12－19－117

1949年2月至1949年11月，璧山地方法院关于三起返还洋纱案的文书，包括民事诉状、民事言辞辩论笔录、民事宣判笔录、民事判决书、民事声请状、审理单等。

118. 璧山地方法院审理租佃认证五案　12－19－118

1948年1月至1949年6月，璧山地方法院关于五起租佃认证案的文书，包括民事声请状、公证声请书、公证讯问笔录、证明书、佃约、法院公证处通知书、授权书、领证收据、认证书、声请公证证明书、委任状等。

119. 璧山地方法院审理离婚三案　12－19－119

1949年3月至1949年7月，璧山地方法院关于三起离婚案的文书，包括民事诉状、民事言辞辩论笔录、民事判决书、民事传票、提票回证、民事和解笔录等。

120. 璧山地方法院审理请求发支付命令三案　12－19－120

1949年4月至1949年6月，璧山地方法院关于三起请求发支付命令案的文书，包括民事声请状、民事裁定书、支付命令、民事声明异议状等。

121. 璧山地方法院审理请求宣告债务假执行三案　12－19－121

1949年1月至1949年11月，璧山地方法院关于三起请求宣告债务假执行案的文书，包括民事声请状、民事裁定书等。

122. 四川高等法院重庆分院、璧山地方法院审理交业纠纷及其上诉四案　12－19－122

1949年1月至1949年5月，四川高等法院重庆分院、璧山地方法院关于四起交业纠纷及其上诉案的文书，包括民事诉状、民事言辞辩论笔录、民事辩诉状、委任状、民事声请状、民事宣判笔录、璧山地方法院民事判决书、代耕合约、执达报告、执行命令、交业执行笔录、四川高等法院重庆分院刑事判决书、璧山地方法院刑事附带民事判决书、四川高等法院重庆分院刑事附带民事判决书、璧山地方法院刑事判决书、民事上诉状、璧山地方法院民事裁定书、往来公函等。

123. 四川高等法院重庆分院、璧山地方法院审理交业纠纷及其上诉四案　12－19－123

1949 年 1 月至 1949 年 10 月，四川高等法院重庆分院、璧山地方法院关于四起交业纠纷及其上诉案的文书，包括往来公函、民事上诉状、璧山地方法院民事裁定书、四川高等法院重庆分院民事裁定书、收款通知书、民事诉状、民事言辞辩论笔录、民事宣判笔录、璧山地方法院民事判决书、璧山地方法院民事和解笔录、民事声请状等。

124. 四川高等法院重庆分院、璧山地方法院审理交业执行四案　12－19－124

1949 年 3 月至 1949 年 5 月，四川高等法院重庆分院、璧山地方法院关于四起因领押、给租、分割遗产等申请交业执行案的文书，包括民事声请执行状、四川高等法院重庆分院民事裁定书、执达报告、执行命令、交业执行笔录、民事声明异议状、四川高等法院重庆分院民事判决书、璧山地方法院民事判决书、手绘地图、法院通知书、法院权利移转证书等。

125. 四川高等法院重庆分院、璧山地方法院审理领押交业纠纷及其上诉三案　12－19－125

1949 年 1 月至 1949 年 11 月，四川高等法院重庆分院、璧山地方法院关于三起领押交业纠纷及其上诉案的文书，包括往来公函、民事上诉状、璧山地方法院民事裁定书、委任状、言辞辩论笔录、宣示判决笔录、四川高等法院重庆分院民事判决书、民事诉状、民事答辩状、民事声请状、审理单等。

126. 璧山地方法院审理止约交业三案　12－19－126

1949 年 1 月至 1949 年 10 月，璧山地方法院关于三起止约交业案的文书，包括民事诉状、委任状、声请书、民事答辩状、民事言辞辩论笔录、民事宣判笔录、民事判决书、民事声请状、执达报告、执行命令、交业执行笔录、民事执行状、民事具保状、民事催状、民事和解状、和解息讼文约等。

127. 四川高等法院重庆分院、璧山地方法院审理止约交业四案　12－19－127

1949年1月至1949年10月，四川高等法院重庆分院、璧山地方法院关于四起止约交业案的文书，包括民事声请状、四川高等法院重庆分院民事判决书、执达报告、执行命令、交业执行笔录、民事诉状、民事答辩状、审理单、民事言辞辩论笔录、民事宣判笔录、佃约、璧山地方法院民事判决书、民事具证明状等。

128. 四川高等法院重庆分院、璧山地方法院审理交业给租三案　12－19－128

1949年2月至1949年11月，四川高等法院重庆分院、璧山地方法院关于三起交业给租案的文书，包括民事声请状、璧山地方法院民事判决书、四川高等法院重庆分院民事判决书、民事言辞辩论笔录、民事诉状、民事执行状等。

129. 四川高等法院重庆分院、璧山地方法院审理交房及其上诉四案　12－19－129

1949年1月至1949年8月，四川高等法院重庆分院、璧山地方法院关于四起因租赁纠纷、买卖纠纷引起的交房及其上诉案的文书，包括民事诉状、民事言辞辩论笔录、民事宣判笔录、璧山地方法院民事判决书、往来公函、民事上诉状、璧山地方法院民事裁定书、委任状、四川高等法院重庆分院民事判决书、民事声请状、璧山地方法院民事和解笔录、执达报告、执行命令、执行笔录、民事答辩状等。

130. 四川高等法院重庆分院、璧山地方法院审理止约交房及其上诉四案　12－19－130

1949年3月至1949年10月，四川高等法院重庆分院、璧山地方法院关于四起因经界纠纷、租佃纠纷等要求止约交房及其上诉案的文书，包括民事诉状、璧山地方法院民事裁定书、佃约、审理单、民事言辞辩论笔录、民事和解笔录、委任状、往来公函、民事上诉状、民事撤回状、四川高等法院重庆分院通知书、民事执行状、璧山地方法院民事判决书等。

131. 四川高等法院重庆分院、璧山地方法院审理搬迁交房及其上诉两案　12－19－131

1949年2月至1949年10月，四川高等法院重庆分院、璧山地方法院关于两起搬迁交房及其上诉案的文书，包括往来公函、民事上诉状、璧山地方法院民事裁定书、民事缴状、言辞辩论笔录、民事补具理由状、四川高等法院重庆分院民事裁定书、民事和解状、璧山地方法院民事判决书、民事声请执行状、执达报告、执行命令、搬迁笔录等。

132. 璧山地方法院审理迁让交房假执行四案　12－19－132

1949年2月至1949年4月，璧山地方法院关于四起迁让交房假执行案的文书，包括民事执行状、民事判决书、民事声明异议状、民事裁定书、执达报告、执行命令、民事声请状、刑事附带民事判决书、执行笔录、法院通知书、民事具诉状等。

133. 四川高等法院第一分院及重庆分院、璧山地方法院审理赔偿损害及其上诉三案　12－19－133

1948年8月至1949年8月，四川高等法院第一分院及重庆分院、璧山地方法院关于三起因买卖田业、买卖树木纠纷等请求赔偿损害及其上诉案的文书，包括民事诉状、委任状、民事更正状、民事言辞辩论笔录、民事答辩状、民事宣判笔录、璧山地方法院民事判决书、四川高等法院第一分院民事判决书、卖业文约、分管文约、往来公函、民事声请上诉状、璧山地方法院民事裁定书、民事具缴状、民事上诉理由状、四川高等法院第一分院民事和解笔录、往来信件、四川高等法院重庆分院民事裁定书等。

134. 四川高等法院重庆分院、璧山地方法院审理租谷假扣押及其抗告四案　12－19－134

1949年7月至1949年8月，四川高等法院重庆分院、璧山地方法院关于四起租谷假扣押及其抗告案的文书，包括民事声请状、璧山地方法院民事裁定书、往来公函、民事声请抗告状、四川高等法院重庆分院民事裁定书、法院训令、法院公告、法院通知书、执达报告、假扣押执行笔录等。

135. 璧山地方法院审理黄谷假执行四案　12－19－135

1949年3月至1949年7月，璧山地方法院关于四起黄谷假执行案的文书，包括民事判决书、执达报告、执行命令、民事声请状、法院命令、法院布告、法院通知书、民事执行状等。

136. 最高法院、璧山地方法院审理确认遗嘱、产业所有权等案　12－19－136

1949年8月至1949年10月，最高法院、璧山地方法院关于罗质敷请求确认遗嘱、徐合林因租佃纠纷请求确认产业所有权、刘石氏请求确认田业典当契约无效及其上诉、邹英江请求确认继承权等案的文书，包括民事诉状、审理单、民事言辞辩论笔录、民事辩诉状、民事参加状、法院公告、民事续诉状、法院通知书、民事宣判笔录、璧山地方法院民事判决书、往来公函、民事上诉状、璧山地方法院民事裁定书、典当文约、分关文约、最高法院重庆分庭判决书、委任状、抱养文约等。

137. 四川高等法院重庆分院、璧山地方法院审理确认所有权及其上诉四案 12—19—137

1949年3月至1949年11月，四川高等法院重庆分院、璧山地方法院关于四起因买卖田业纠纷、坟地纠纷、经界纠纷等申请确认产业所有权及其上诉案的文书，包括往来公函、民事诉状、法院通知书、民事上诉状、言辞辩论笔录、宣示判决笔录、四川高等法院重庆分院民事判决书、民事答辩状、委任状、审理单等。

138. 璧山地方法院审理租佃调解四案 12—19—138

1949年6月至1949年8月，璧山地方法院关于四起租佃调解案的文书，包括民事声请调解状、民事答辩状、乡调解委员会呈文、乡调解委员会调解笔录、民事言辞辩论笔录、民事诉状等。

139. 璧山地方法院审理租佃调解四案 12—19—139

1949年4月，璧山地方法院关于四起租佃调解案的文书，包括民事声请状、民事言辞辩论笔录、保办公处呈文、民事和解笔录、委任状等。

140. 璧山地方法院审理租佃调解四案 12—19—140

1949年2月至1949年10月，璧山地方法院关于四起租佃调解案的文书，包括民事声请状、审理单、民事言辞辩论笔录、委任状等。

141. 璧山地方法院审理典价提存三案 12—19—141

1949年2月至1949年10月，璧山地方法院关于两起售卖田业的业价提存、一起回赎典产的典价提存案的文书，包括提存书、提存通知书、法院通知书、收受证书、民事声请状等。

142. 四川高等法院重庆分院、璧山地方法院审理返还契约三案 12—19—142

1949年6月至1949年9月，四川高等法院重庆分院、璧山地方法院关于三起请求返还契约案的文书，包括民事声请状、民事判决书、四川高等法院重庆分院通知书、执达报告、执行命令、璧山地方法院民事裁定书、民事诉状、民事言辞辩论笔录、民事宣判笔录、四川高等法院重庆分院民事判决书等。

143. 璧山地方法院审理捐税处担保认证三案 12—19—143

1949年8月，璧山地方法院关于捐税处三起担保认证案的文书，包括民事保状、公证讯问笔录、认证书、公证声请书等。

144. 四川高等法院重庆分院、璧山地方法院审理赔偿损害及其上诉一案　12－19－144

1949年2月至1949年5月，四川高等法院重庆分院、璧山地方法院关于钟付贵因婚姻纠纷要求赔偿损害及其上诉一案的文书，包括往来公函、民事声请上诉状、璧山地方法院民事裁定书、民事上诉状、民事辩诉状、民事言辞辩论笔录、委任状、宣示判决笔录、四川高等法院重庆分院民事判决书、民事诉状、民事答辩状、璧山地方法院民事判决书等。

145. 璧山地方法院等审理义让田契纠纷、租佃认证等案　12－19－145

1949年1月至1949年2月，璧山地方法院等关于汪天奎等请求确认撤销义让田业契约无效、王方谷声请租佃认证、西南军政长官公署政委会电复陈德荣租佃纠纷诉讼等案的文书，包括民事诉状、四川高等法院第一分院刑事判决书、委任状、民事言辞辩论笔录、民事宣判笔录、璧山地方法院民事判决书、公证讯问笔录、声请公证证明书、公证书、西南军政长官公署政委会代电、往来公函等。

146. 璧山地方法院审理典价假执行、给付典价、典价执行等案　12－19－146

1939年11月至1949年10月，璧山地方法院关于张林之典价假执行、邹志钦给付典价、胡屏藩典价执行等案的文书，包括民事判决书、执达报告、执行命令、民事执行状、民事执行传票回证、点名单、讯问笔录等。

147. 四川高等法院重庆分院、璧山地方法院审理赎业纠纷调解、产业纠纷等案　12－19－147

1949年1月至1949年10月，四川高等法院重庆分院、璧山地方法院关于江流汗声请赎业纠纷调解、钱显宗产业纠纷、羊有章上诉优先承买权等案的文书，包括民事声请状、往来公函、民事申请上诉状、璧山地方法院民事裁定书、四川高等法院重庆分院民事裁定书等。

148. 璧山地方法院审理赠与产业认证、分产认证等案　12－19－148

1949年3月，璧山地方法院关于陈张氏声请赠与产业认证、江流松声请田产分割认证、李兴全声请顶打招牌家具的文约认证等案的文书，包括声请公证证明书、法院公证处通知书、公证讯问笔录、顶打招牌家具文约、认证书、公证声请书、授权书、处分产业文约、提票回证、押票回证、分管合同文约等。

149. 璧山地方法院审理买卖认证、借贷认证、互易田地认证等案　12－19－149

1949年4月至1949年9月，璧山地方法院关于徐炳光声请买卖认证、陈国才声请借贷认证、雷玉田声请互易田地认证等案的文书，包括公证讯问笔录、杜卖街房材料文约、认证书、法院公证处通知书、声请公证证明书、借黄谷抵押合同、请托书等。

150. 璧山地方法院审理给付药材、给付毛铁执行等案　12－19－150

1949年2月至1949年11月，璧山地方法院关于杨治清给付药材、陈林山给付毛铁执行、四川高等法院重庆分院函调邓石氏确认共有权案卷宗等案的文书，包括民事诉状、乡调解委员会呈文、法院通知书、往来公函、民事执行状、民事判决书、执达报告、执行命令、法院命令、法院布告、法院训令、民事声请状、查封不动产笔录、鉴定书等。

151. 璧山地方法院审理遗失备查、离婚备查等案　12－19－151

1949年6月至1949年10月，璧山地方法院关于王秉彝小皮包遗失备查、张浡然发谷执照遗失备查、曹贤富离婚备查、向罗玉文离婚备查等案的文书，包括民事声请状、送达证书等。

152. 璧山地方法院审理返还收养分约、返还饰物调解、领款还约等案　12－19－152

1949年3月至1949年6月，璧山地方法院关于伍和清返还收养分约、廖正国等因发生租佃争执申请返还饰物的调解案、荣有德领款归还借约等案的文书，包括民事诉状、民事答辩状、民事言辞辩论笔录、民事裁定书、民事宣判笔录、民事判决书、民事声请状、民事声明状、民事撤回状等。

153. 四川高等法院重庆分院、璧山地方法院审理恢复古路、交还田房及契据执行、返还契据等案　12－19－153

1949年4月至1949年9月，四川高等法院重庆分院、璧山地方法院关于李文安请求清除杂物恢复古路、黄国勋交还田房及契据执行、何全周返还契据等案的文书，包括民事诉状、民事判决书、民事声请执行状、四川高等法院重庆分院民事判决书、执达报告、执行命令、交业执行笔录、放佃文约、民事具保状、民事撤回状等。

154. 璧山地方法院审理返还寄托物假执行、分割遗产执行、遗产纠纷等案　12－19－154

1949年3月至1949年6月，璧山地方法院关于吴玉坤返还寄托物假执行、徐鸿荣分割遗产执行、徐鸿荣遗产纠纷继续审判等案的文书，包括民事执行状、民事判决书、执达报告、执行命令、民事具保状、民事声请状、民事和解笔录、执行笔录、法院通知书、不动产权利转移证书等。

155. 四川高等法院重庆分院、璧山地方法院审理申请执行三案　12－19－155

1949年5月至1949年7月，四川高等法院重庆分院、璧山地方法院关于乾泰永商号所得税执行、许何氏赔偿烧酒执行、曾冷氏赔偿耕作费执行三案的文书，包括往来公函、执行文稿、执达报告、执行命令、民事执行状、四川高等法院重庆分院民事判决书、璧山地方法院民事判决书、民事具保状等。

156. 璧山地方法院审理田房假扣押、返还押佃假执行、偿债记录备查等案　12－19－156

1949年2月至1949年9月，璧山地方法院关于印义长田房假扣押、谭玉辉返还押佃假执行、孙泽高偿债记录备查等案的文书，包括民事裁定书、法院训令、法院公告、法院通知书、执达报告、往来公函、璧山县政府指令、民事判决书、执行文稿、执行命令、民事声请状、债务偿还记录单等。

157. 璧山地方法院审理欠税、押佃提存等案　12－19－157

1949年10月，璧山地方法院关于成记土布店等欠税、王裕伯押佃提存、罗秉卿漏税等案的文书，包括往来公函、执行文稿、提存书、法院通知书、收受证书、民事声请书、法院批示等。

158. 璧山地方法院审理给付赡养费、子女监护权纠纷两案　12－19－158

1949年3月至1949年5月，璧山地方法院关于况焕章给付赡养费、江流洁被诉停止子女部分监护权两案的文书，包括民事诉状、民事答辩状、往来公函、民事言辞辩论笔录、民事宣判笔录、民事裁定书、往来信件、委任状、民事声请状等。

159. 璧山地方法院审理返还树木及其上诉、给付木料等四案　12－19－159

1949年1月至1949年10月，璧山地方法院关于两起返还树木及其上诉案、两起给付木料案共四案的文书，包括民事诉状、民事答辩状、民事言辞辩论笔录、民事裁定书、民事判决书、民事上诉状、法院通知书、往来公函、民事宣判笔录等。

160. 四川高等法院重庆分院、璧山地方法院审理产业调解、确认产权等案　12－19－160

1949年8月，四川高等法院重庆分院、璧山地方法院关于鹿鸣乡乡公所为谢德华之产业请判为公产、张陈氏产业调解、王复良请求确认产权等案的文书，包括法院指令、调查笔录、乡公所呈文、民事声请状、佃约、手绘地图、认证书、分授财产文约、民事宣判笔录、民事言辞辩论笔录、审理单、委任状、民事答辩状、璧山地方法院民事判决书、四川高等法院重庆分院刑事判决书、民事诉状等。

161. 璧山地方法院审理租佃纠纷调解备查、丧葬纠纷调解等案　12—19—161

1949年1月至1949年9月，璧山地方法院关于谭开文租佃纠纷调解备查、陈正仕丧葬纠纷调解、陈张氏再醮备查、赵印氏儿媳逃匿声请备查等案的文书，包括乡公所呈文、乡调解委员会调解笔录、民事呈状、民事声请状、民事言辞辩论笔录等。

162. 璧山地方法院审理黄谷假扣押、收养虐待声请调解等案　12—19—162

1949年3月至1949年9月，璧山地方法院关于谢国章因赎产纠纷声请黄谷假扣押、刘火六因收养虐待声请调解、王锡州因砍树纠纷声请撤销假扣押、伍绍良侵占产业调解等案的文书，包括民事声请状、民事裁定书、民事言辞辩论笔录等。

163. 璧山地方法院审理租佃纠纷声请裁定、赔偿损害纠纷声请重勘等案　12—19—163

1949年3月至1949年7月，璧山地方法院关于王明德因租佃纠纷声请裁定、陈业恢因损害赔偿纠纷声请重勘、为张启运潜逃警察局函请传讯介绍人王佑西等案的文书，包括往来公函、民事声请状、送达证书等。

164. 四川高等法院重庆分院、璧山地方法院审理产业捐赠、申请停止羁押等案　12—19—164

1949年2月至1949年5月，四川高等法院重庆分院、璧山地方法院关于谢树云产业捐赠、王长发因杀人嫌疑声请停止羁押、陈荣阳因确认包约存在时间声请回避等案的文书，包括乡公所呈文、乡公所询问口供笔录、法院指令、民事声请状、璧山地方法院民事裁定书、四川高等法院重庆分院刑事裁定书等。

165. 四川高等法院重庆分院、璧山地方法院审理给付桐油执行等案　12—19—165

1949年3月至1949年11月，四川高等法院重庆分院、璧山地方法院关于古荣卿执行给付桐油、戴坤一给付租油、张荣光给付桐油假执行等案的文书，包括民事声请状、璧山地方法院民事判决书、执行文稿、执达报告、执行命令、执行证书存根、四川高等法院重庆分院民事判决书等。

166. 璧山地方法院审理婚约纠纷、返还订婚礼物及赔偿损害等案　12－19－166

1949 年 4 月，璧山地方法院关于陈吴氏请求确认离婚约无效、王昌余请求解除婚约、欧扬芳返还订婚礼物及赔偿损害等案的文书，包括民事诉状、民事答辩状、民事言辞辩论笔录、民事宣判笔录、民事判决书、离婚婚约、点名单、审理笔录、礼书物件等。

167. 璧山地方法院审理交业假执行、交业调解等案　12－19－167

1949 年 3 月至 1949 年 9 月，璧山地方法院关于两起交业假执行、一起交业调解、一起交业及增加给付假执行等案的文书，包括民事执行状、民事判决书、执行文稿、执达报告、执行命令、执行笔录、法院通知书、民事声请状等。

168. 璧山地方法院审理关于交房搬迁执行、给租交房等案　12－19－168

1949 年 1 月至 1949 年 6 月，璧山地方法院关于交房搬迁执行、给租交房等案的文书，包括民事诉状、民事执行状、民事和解笔录、执行文稿、民事声请状、执达报告、执行命令、民事言辞辩论笔录、民事宣判笔录、民事判决书、佃约等。

169. 四川高等法院重庆分院、璧山地方法院审理债务纠纷、债务提存、给付洋纱等案　12－19－169

1949 年 3 月至 1949 年 6 月，四川高等法院重庆分院、璧山地方法院关于张海云债务执行、龚陈氏债务纠纷、罗海洲声请债务提存及三起给付洋纱等案的文书，包括民事声请状、民事判决书、民事诉状、民事言辞辩论笔录、提存书、提存通知书、法院通知书、收受证书、民事裁定书、委任状、阅卷声请书、民事辩诉状、民事和解笔录、民事执行状、四川高等法院重庆分院民事判决书、执行文稿、执达报告、执行命令、法院训令、法院命令、民事催状、民事声明状、民事具保状等。

170. 璧山地方法院审理租谷假扣押、确认街房租赁契约无效两案　12－19－170

1949 年 7 月至 1949 年 10 月，璧山地方法院关于朱显亮租谷假扣押、张石渠请求确认街房租赁契约无效两案的文书，包括民事声请状、民事裁定书、民事诉状、审理单、民事言辞辩论笔录、民事答辩状、委任状、民事宣判笔录、民事判决书、租约、改造铺房伙食工资账目等。

171. 璧山地方法院审理给付棉纱及其执行三案　12－19－171

1949 年 2 月至 1949 年 4 月，璧山地方法院关于三起给付棉纱及其执行案的文书，包括民事诉状、民事辩诉状、民事言辞辩论笔录、民事和解笔录、执行文稿、执行命令等。

172. 璧山地方法院审理上缴粮谷执行、租谷假处分等案　12－19－172

1949年8月至1949年11月，璧山地方法院关于周银山上缴粮谷执行、两起租谷假处分等案的文书，包括乡公所呈文、民事具保状、民事声请状、民事裁定书、民事判决书等。

173. 璧山地方法院审理偿还借谷、返还押谷执行等案　12－19－173

1948年7月至1949年3月，璧山地方法院关于李全合偿还借谷调解、任炳龙偿还借谷、陈邹氏返还押谷执行等案的文书，包括民事声请状、民事言辞辩论笔录、民事判决书、民事诉状、执行文稿、执达报告、执行命令、民事执行处拘票等。

174. 璧山地方法院审理租谷假扣押两案　12－19－174

1949年8月，璧山地方法院关于两起租谷假扣押案的文书，包括民事裁定书、法院训令、法院公告、法院通知书、执达报告、具切结文等。

175. 四川高等法院重庆分院、璧山地方法院审理租谷执行两案　12－19－175

1949年3月至1949年9月，四川高等法院重庆分院、璧山地方法院关于两起租谷执行案的文书，包括民事执行状、民事判决书、四川高等法院重庆分院民事判决书、执行文稿、执达报告、执行命令、执行笔录、民事具保状等。

176. 璧山地方法院1949年度民事、刑事判决书卷　12－19－176

本卷为璧山地方法院1949年度的民事和刑事判决书卷，内容涉及返还契据、给付租谷、离婚、撤销查封、放赎交业、因细故伤害致死妨害自由、交业、因买布伪造私文书、因砍树妨害人行使权利、妨害兵役、无故伤害、因分割黄谷纠纷伤害、利诱青年妨害家庭、因赎业纠纷窃占、因租佃纠纷妨害人行使权利、烟毒、因婚姻纠纷诈欺、因遗产纠纷窃盗、贪污田赋、无故毁损作物、因搬迁交业窃占、因押佃纠纷伤害、伪造黄谷借据、因砍树纠纷抢夺、侵害坟墓、无故侵入住宅及毁损、略诱、因买卖田业伪造文书、盗匪、因买卖田房窃占、因租佃纠纷伤害、无故抢夺收获、因耕地纠纷伤害、无故窃占洋纱、因债务生口角伤害、因买谷纠纷诈欺、因典业纠纷窃占、私售官布贪污、贪污政府薪饷等案，包括民事判决书、民事裁定书、刑事判决书、刑事附带民事判决书、法院通知书等文书。

177. 四川高等法院重庆分院、璧山地方法院审理经界纠纷上诉一案　12－19－177

1948年2月至1949年5月，四川高等法院重庆分院、璧山地方法院关于彭怀之等经界纠纷上诉一案的文书，包括往来公函、民事上诉状、璧山地方法院民事裁定书、民事声请书、委任状、民事追加上诉理由状、民事言辞辩论笔录、宣示判决笔录、四川高等法院重庆分院民事判决书等。

178. 四川高等法院重庆分院、璧山地方法院审理买卖契约纠纷、耕作权纠纷两案 12—19—178

1949年1月至1949年4月，四川高等法院重庆分院、璧山地方法院关于周学夫请求确认买卖契约无效上诉案、杨绍轩请求确认继续耕作权上诉案两案的文书，包括往来公函、民事上诉状、民事答辩状、民事声请状、委任状、民事声请书、民事言辞辩论笔录、宣示判决笔录、四川高等法院重庆分院民事判决书、璧山地方法院民事裁定书、民事缴状等。

179. 四川高等法院重庆分院、璧山地方法院审理离婚纠纷、债务纠纷、赔偿损害等案　12—19—180

1949年1月至1949年8月，四川高等法院重庆分院、璧山地方法院关于三起离婚及其上诉案、周海全因债务纠纷申请田业假扣押、张明扬因窃盗而赔偿损害、雷显寿请求确认所有权及撤销拍卖上诉案等案的文书，包括民事诉状、言辞辩论笔录、法院公示、民事宣判笔录、璧山地方法院民事判决书、民事声请上诉状、往来公函、璧山地方法院民事裁定书、四川高等法院重庆分院民事裁定书、民事声请状、审理单等。

180. 四川高等法院重庆分院、璧山地方法院审理给付欠租、给付生活费等案 12—19—181

1949年2月至1949年9月，四川高等法院重庆分院、璧山地方法院关于雷海明给付欠租、张彩林给付生活费、王复良给付扶养费上诉案等案的文书，包括民事诉状、审理单、民事言辞辩论笔录、璧山地方法院民事判决书、民事撤回状、法院通知书、往来公函、民事上诉状、璧山地方法院民事裁定书、民事缴状、宣示判决笔录、委任状、民事辩诉状、四川高等法院重庆分院民事判决书等。

181. 璧山地方法院审理制造伪证、陷害诬告、再醮备查等案　12—19—182

1949年2月至1949年9月，璧山地方法院关于朱明山在经界纠纷中制造伪证、张在中滥权陷害诬告、黄雪琴再醮备查、文素卿妨害自由、王烈光因口角伤人、王云龙挟嫌伪造公文的诬告案等案的文书，包括刑事诉状、刑事审判笔录、应讯人到场报告单、讯问笔录、刑事声请状、往来公函、检察官不起诉处分书、民事诉状、法院批示、刑事判决书、点名单、审讯记录等。

182. 璧山地方法院审理给付会谷、迁坟纠纷、租佃调解等案　12—19—183

1949 年 4 月至 1949 年 9 月，璧山地方法院关于蔡陈氏给付会谷、张执中因地界纠纷迁坟、徐才高声请租佃调解等案的文书，包括民事诉状、民事言辞辩论笔录、民事宣判笔录、民事判决书、民事声请状等。

183. 四川高等法院第一分院、璧山地方法院审理借谷纠纷、妨害家庭等案　12—19—184

1947 年 6 月至 1949 年 4 月，四川高等法院第一分院、璧山地方法院关于张赵氏返还借谷、胡定芳诱骗少妇妨害家庭、谭炳银因遗产地界纠纷引起的窃占上诉案、杨清云抢劫等案的文书，包括民事诉状、审理单、法院通知书、委任状、璧山地方法院刑事判决书、看守所呈文、璧山地方法院呈文、往来公函、四川高等法院第一分院刑事判决书、乡公所呈文、讯问笔录、重庆卫戍区第四分区司令部军法庭单、刑事具保状等。

184. 璧山地方法院审理请发支付命令五案　12—19—185

1947 年 11 月至 1949 年 9 月，璧山地方法院关于五起因租佃、借债、聘用等缘故请求发支付命令案的文书，包括民事诉状、支付命令、民事声请状、借洋文约、民事异议状、法院通知书、民事催状等。

185. 四川高等法院重庆分院、璧山地方法院审理给付黄谷及其上诉两案　12—19—186

1949 年 2 月至 1949 年 6 月，四川高等法院重庆分院、璧山地方法院关于两起给付黄谷及其上诉案的文书，包括民事执行状、执行文稿、执达报告、执行命令、民事诉状、民事判决书、往来公函、民事声请状、璧山地方法院民事裁定书、民事上诉状、民事具缴状、言辞辩论笔录、委任状、四川高等法院重庆分院民事判决书等。

186. 四川高等法院重庆分院、璧山地方法院审理交业纠纷及其执行五案　12—19—187

1949 年 1 月至 1949 年 9 月，四川高等法院重庆分院、璧山地方法院关于五起交业纠纷及其执行案的文书，包括民事诉状、民事辩诉状、委任状、民事言辞辩论笔录、璧山地方法院民事和解笔录、民事执行状、四川高等法院重庆分院民事判决书、执行文稿、执达报告、执行命令、执行笔录、审理单、乡农会呈文、委托书、璧山地方法院民事判决书等。

187. 四川高等法院第一分院、璧山地方法院审理给付菜籽、伤人致死、离婚等案 12—19—188

1947年3月至1949年10月，四川高等法院第一分院、璧山地方法院关于徐建华给付菜籽、胡朝文伤人致死、曾相臣离婚纠纷等案的文书，包括往来公函、法院训令、法院公告、法院通知书、执达报告、委任状、法院代电、渝北日报、重庆警备司令部代电、四川高等法院快邮代电、民事诉状、审理单、民事传票、民事言辞辩论笔录、法院公示、民事判决书等。

188. 四川高等法院重庆分院、璧山地方法院审理交业纠纷五案 12—19—189

1949年4月至1949年10月，四川高等法院重庆分院、璧山地方法院关于五起交业纠纷的上诉及其执行案的文书，包括民事诉状、委任状、审理单、民事言辞辩论笔录、民事宣判笔录、民事辩诉状、璧山地方法院民事判决书、往来公函、民事声请状、璧山地方法院民事裁定书、民事上诉状、四川高等法院重庆分院民事判决书、民事执行状、璧山地方法院民事和解笔录、执行文稿、执达报告等。

189. 四川高等法院重庆分院、璧山地方法院审理假扣押五案 12—19—190

1949年8月，四川高等法院重庆分院、璧山地方法院关于五起因租佃、赎业、买业纠纷等引起的申请假扣押案的文书，包括民事执行状、璧山地方法院民事裁定书、法院训令、法院公告、法院通知书、执达报告、民事声请状、撤销假扣押笔录、璧山地方法院民事判决书、四川高等法院重庆分院民事判决书等。

190. 璧山地方法院审理声请保外医治、债款纠纷、耕种权纠纷等案 12—19—191

1949年5月至1949年11月，璧山地方法院关于李远修声请保外医治、袁素华等债款纠纷、苏锡忠请求继续耕种等案的文书，包括人犯患病报告书、法院训令、提票回证、讯问笔录、刑事具保状、刑事声请状、刑事裁定书、民事判决书等。

191. 四川高等法院第一分院、璧山地方法院审理给付票款及其上诉一案 12—19—192

1946年3月，四川高等法院第一分院、璧山地方法院关于刘树廷给付票款及其上诉一案的文书，包括往来公函、民事上诉状、璧山地方法院民事裁定书、委任状、民事言辞辩论笔录、宣示判决笔录、四川高等法院第一分院民事判决书、民事催请状等。

192. 四川高等法院重庆分院、璧山地方法院审理交业执行五案　12－19－193

1949年4月至1949年9月，四川高等法院重庆分院、璧山地方法院关于五起交业执行案的文书，包括民事执行状、民事和解笔录、执行文稿、委任状、讯问笔录、执达报告、执行命令、执行笔录、民事判决书、民事声请状、四川高等法院重庆分院民事判决书、民事具声明状、证明书等。

193. 璧山地方法院审理妨害自由、租佃调解、债务纠纷等案　12－19－194

1949年8月至1949年11月，璧山地方法院关于余成龙因买卖撤佃权纠纷而妨害自由、租佃调解、吴柏林买卖债务纠纷等案的文书及杂卷，包括借洋文约、委任状、乡公所呈文、请中文约、合同、保办公处呈文、民事诉状、民事答辩状、民事言辞辩论笔录、民事宣判笔录、民事判决书、往来公函、璧山县城厢联防办事处代电、法院训令、璧山地方法院呈文等。

194. 璧山地方法院审理交业纠纷及其上诉四案　12－19－195

1949年1月至1949年10月，璧山地方法院关于四起交业纠纷及其上诉案的文书，包括民事诉状、审理单、民事辩诉状、民事言辞辩论笔录、委任状、佃约、民事和解笔录、往来公函、民事上诉状、民事裁定书、和息诉讼文约、民事宣判笔录、民事声请状等。

195. 四川高等法院重庆分院、璧山地方法院审理交业纠纷及其上诉三案　12－19－196

1949年1月至1949年2月，四川高等法院重庆分院、璧山地方法院关于三起交业纠纷及其上诉案的文书，包括民事执行状、民事判决书、执行文稿、执达报告、执行命令、执行笔录、往来公函、民事诉状、民事言辞辩论笔录、宣示判决笔录、四川高等法院重庆分院民事判决书、民事上诉状、委任状等。

196. 四川高等法院重庆分院、璧山地方法院审理押佃提存、租佃公证、确认产业共有权及其上诉等案　12－19－197

1949年7月至1949年11月，四川高等法院重庆分院、璧山地方法院关于徐才高押佃提存、黄克勋租佃公证、陈开祥请求确认产业共有权及其上诉案等案的文书，包括提存书、提存通知书、法院通知书、民事声请状、收受证书、公证讯问笔录、声请公证证明书、公证书、往来公函、民事上诉状、四川高等法院重庆分院民事判决书、民事诉状、委任状、民事言辞辩论笔录、民事宣判笔录、民事裁定书等。

197. 璧山地方法院审理借贷认证、给付执行、返还典价等案　12－19－198

1949 年 1 月至 1949 年 8 月，璧山地方法院关于凌均平借贷认证、胡济才苞谷给付执行案、连璋华返还典价等案的文书，包括公证讯问笔录、借约、认证书、公证书通知书、声请公证证明书、授权书、民事执行状、执行文稿、执行命令、执达报告、讯问笔录、民事保状、民事诉状、乡公所呈文、审理单、民事言辞辩论笔录、民事撤回状等。

198. 璧山地方法院审理增加给付、佃银纠纷抗告等三案　12－19－199

1949 年 1 月至 1949 年 5 月，璧山地方法院关于两起因租佃及借款纠纷请求增加给付案、一起佃银纠纷抗告案三案的文书，包括民事诉状、审理单、民事声请状、法院通知书、民事言辞辩论笔录、委任状、民事答辩状、保办公处呈文、民事宣判笔录、民事裁定书、借约、民事抗告状、法院训令等。

199. 四川高等法院重庆分院、璧山地方法院审理租佃调解、返还火硝上诉两案　12－19－200

1949 年 4 月至 1949 年 11 月，四川高等法院重庆分院、璧山地方法院关于蒋树荣租佃调解、廖柏林返还火硝上诉两案的文书，包括民事声请状、审理单、民事言辞辩论笔录、民事上诉状、言辞辩论笔录、宣示判决笔录、往来公函、四川高等法院重庆分院民事判决书、璧山地方法院民事裁定书、民事诉状等。

200. 四川高等法院重庆分院、璧山地方法院审理妨害自由及侮辱一案　12－19－201

1949 年 4 月至 1949 年 11 月，四川高等法院重庆分院、璧山地方法院关于廖祖贵等因社会细故发生争执引起的妨害自由及侮辱一案的文书，包括刑事诉状、点名单、侦查笔录、检察官不起诉处分书等。

该卷另有四川高等法院重庆分院函调刘世权分割遗产纠纷上诉卷、函调吴式凭返还黄谷案、函调郑清明执行异议案卷宗等的往来公函数份。

201. 四川高等法院重庆分院、璧山地方法院审理领取缴案证物、回赎典物纠纷等案　12－19－202

1949 年 4 月至 1949 年 8 月，四川高等法院重庆分院、璧山地方法院关于领取缴案证物、因回赎典物纠纷声请传讯、因包收屠税纠纷请求确认承包约、上诉给付租油等案的文书，包括民事具领状、收据、民事声请状、民事诉状、往来公函、民事上诉状、璧山地方法院民事裁定书、民事言辞辩论笔录、宣示判决笔录、四川高等法院重庆分院民事判决书等。

202. 四川高等法院重庆分院、璧山地方法院审理确认卖约无效、撤销契约等案 12－19－203

1949年4月至1949年8月，四川高等法院重庆分院、璧山地方法院关于张泽中确认卖约无效、王刘氏撤销契约返还黄谷、税捐处声请担保认证等案的文书，包括民事诉状、民事言辞辩论笔录、法院通知书、民事宣判笔录、璧山地方法院民事判决书、卖业文约、分产文约、赠业文约、担保状、往来公函民事上诉状、璧山地方法院民事裁定书、乡民代表会呈文、四川高等法院重庆分院民事判决书等。

203. 四川高等法院重庆分院、璧山地方法院审理罚金执行、回赎典产上诉两案 12－19－204

1949年2月，四川高等法院重庆分院、璧山地方法院关于刘西兰妨害自由罚金执行案、王龚氏回赎典产上诉案两案的文书，包括往来公函、刑事判决书、执行文稿、民事声请状、四川高等法院重庆分院民事和解笔录等。

204. 四川高等法院重庆分院、璧山地方法院审理毁损房屋、经界纠纷等案 12－19－205

1949年1月至1949年4月，四川高等法院重庆分院、璧山地方法院关于王文光毁损房屋、赵正富等经界纠纷案、柯愈智给付洋纱执行案、荣叙五给付黄谷上诉案等案的文书，包括民事诉状、民事答辩状、民事言辞辩论笔录、璧山地方法院民事裁定书、璧山地方法院民事判决书、民事上诉状、往来公函、四川高等法院重庆分院民事裁定书等。

205. 四川高等法院重庆分院、璧山地方法院审理分割遗产纠纷及其执行三案 12－19－206

1949年2月至1949年5月，四川高等法院重庆分院、璧山地方法院关于三起分割遗产纠纷及其执行案的文书，包括民事声请状、民事判决书、民事执行状、民事辩诉状、四川高等法院重庆分院民事判决书、执行文稿、执达报告、执行命令、执行笔录、手绘地图、民事诉状、民事言辞辩论笔录、民事宣判笔录、收据、通知单、征收田赋收据、佃约等。

206. 璧山地方法院审理房屋租赁纠纷等四案 12－19－207

1949年1月至1949年9月，璧山地方法院关于两起街房租赁纠纷、一起无故侵入住宅及毁损案、一起因租佃纠纷引起的交房执行案四案的文书，包括民事诉状、民事言辞辩论笔录、民事和解笔录、佃约、民事撤回状、民事声请状、民事判决书、执行文稿、执行命令、执行笔录、执达报告等。

207. 璧山地方法院审理交业假执行、返还洋纱、搬迁交业等案　12—19—208

1949年9月，璧山地方法院关于刘纯熙交业假执行、荣德明返还洋纱、袁树清搬迁交业等案的文书，包括民事判决书、民事执行状、民事裁定书、民事诉状、卖树文约、民事答辩状、民事言辞辩论笔录、民事和解笔录等。

208. 璧山地方法院处分书卷和判决书卷　12—19—209

1945年12月至1949年8月，璧山地方法院关于侵占征属优待费贪污、因搬迁交业侵入住宅、伤害、重婚、烟毒、窃伐树木、妨害自由、脱逃、伤害致死、返还聘礼、交业纠纷、确认租赁契约终止及搬迁交业、交业给租、赔偿损害及返还仓房、租谷纠葛等案的文书，包括检察官不起诉处分书、检察官起诉书、检察官上诉理由书、民事判决书、刑事附带民事判决书等。本卷为一个检察官处分书和法院判决书卷。

209. 璧山县法院等审理债务执行、给付租谷等案　12—19—210

1933年12月至1942年8月，璧山县法院等关于王金全债务执行、刘荣星给付租谷、杨文清交业纠纷上诉案等案的文书，包括民事具保状、四川省第三区行政督察专员兼保安司令公署指令、民事声请状、往来公函、民事裁定书、执行命令、看守所呈文、璧山地方法院呈文、宣示判决笔录等。

210. 璧山地方法院审理欠税、请发支付命令等三案　12—19—211

1949年10月，璧山地方法院关于两起欠税案、一起请求发支付洋纱命令共三案的文书，包括国税稽征局璧山稽征所公函、执行文稿、民事声请状、支付命令等。

211. 璧山地方法院司法档案杂卷　12—19—212

1949年3月至1949年6月，璧山地方法院关于给付欠谷、卖业纠纷、典业纠纷上诉、因细故伤害、迁让坟地、返还树木、交业纠纷、烟毒、妨害家庭、买卖契约无效声请救济、抢夺、产业继承纠纷、发支付命令、盗匪、杀人、赎典纠纷等案的文书，包括民事声请状、执达报告、执行命令、拘票、委任状、言辞辩论笔录、供单、法院训令、民事上诉状、应讯人到场报告单、讯问笔录、璧山地方法院呈文、管收债务人报告书、刑事声请状、四川高等法院代电、往来公函、民事辩诉状、刑事诉状、声请书、民事领状、刑事具保状、民事催状、民事异议状、公证讯问笔录等。

212. 璧山地方法院审理声请抄录判决书、返还板仓两案　12－19－213

1949年8月,璧山地方法院关于吴俊良因确认完粮义务事声请抄录判决书、雷炳廷上诉返还板仓两案的文书,包括民事声请状、民事缴状、往来公函、合作社成立登记申请书、民事上诉状、璧山地方法院民事判决书等。

213. 四川高等法院重庆分院、璧山地方法院审理增加给付一案　12－19－214

1949年4月至1949年9月,四川高等法院重庆分院、璧山地方法院关于巫永培因租佃纠纷申请增加给付及其上诉一案的文书,包括四川高等法院重庆分院民事和解笔录、往来公函、民事上诉状、璧山地方法院民事裁定书、审理单、民事言辞辩论笔录、民事宣判笔录、璧山地方法院民事判决书等。

214. 四川高等法院重庆分院、璧山地方法院审理赔偿损害、经界纠纷等案　12－19－215－217

1949年2月至1949年6月,四川高等法院重庆分院、璧山地方法院关于张正杰上诉赔偿耕作损害、杨国清经界纠纷异议案、刘泽普债务纠纷异议案等案的文书,包括往来公函、民事上诉状、璧山地方法院民事裁定书、民事言辞辩论笔录、四川高等法院重庆分院民事和解笔录、民事声明状、民事诉状、民事宣判笔录、璧山地方法院民事判决书等。

215. 璧山地方法院审理赔偿损害一案　12－19－225

1947年3月,璧山地方法院关于罗树荣因索债纠纷被非法扣押而请求赔偿损害一案的文书,包括民事诉状、民事言辞辩论笔录、民事宣判笔录、民事判决书等。

216. 璧山地方法院审理议租公证一案　12－19－226

1949年2月,璧山地方法院关于严鑫荣声请合议租谷数额公证一案的文书,包括公证讯问笔录、公证书、领证收据等。

217. 璧山地方法院审理给付租谷一案　12－19－229

1949年5月至1949年7月,璧山地方法院关于钟智维给付租谷一案的文书,包括民事诉状、委任状、民事言辞辩论笔录、民事宣判笔录、民事判决书、征收田赋收据、租谷预收条、佃约等。

218. 四川高等法院重庆分院、璧山地方法院审理给付租谷上诉一案　12－19－230

1949年4月至1949年6月,四川高等法院重庆分院、璧山地方法院关于汪天富给付租谷上诉一案的文书，包括往来公函、民事上诉状、璧山地方法院民事裁定书、委任状、民事言辞辩论笔录、宣示判决笔录、四川高等法院重庆分院民事判决书等。

219. 璧山地方法院审理给付黄谷执行一案　12－19－233

1949 年 3 月至 1949 年 5 月，璧山地方法院关于任万霖给付黄谷执行一案的文书，包括民事声请状、执行文稿、执达报告、执行命令、民事判决书等。

220. 四川高等法院重庆分院、璧山地方法院审理增加给付上诉一案　12－19－237

1949 年 3 月至 1949 年 4 月，四川高等法院重庆分院、璧山地方法院关于汪流宽增加押金上诉一案的文书，包括往来公函、民事上诉状、璧山地方法院民事裁定书、民事缴状、委任状、言辞辩论笔录、宣示判决笔录、四川高等法院重庆分院民事判决书等。

221. 四川高等法院重庆分院、璧山地方法院审理返还黄谷上诉一案　12－19－238

1949 年 4 月至 1949 年 7 月，四川高等法院重庆分院、璧山地方法院关于王元中返还黄谷上诉一案的文书，包括往来公函、民事上诉状、璧山地方法院民事裁定书、民事展限状、民事言辞辩论笔录、宣示判决笔录、四川高等法院重庆分院民事判决书等。

国家出版基金项目
NATIONAL PUBLICATION FOUNDATION

“十三五”国家重点图书出版规划项目
国家社会科学基金西部项目“四川县级档案馆藏
民国档案数字化处理与研究”优秀结项成果

民国
璧山司法档案
案卷提要

民事卷 四

陈廷湘　吕毅　刘明琴　著

西南大学出版社

民事十四

1. 璧山实验地方法院审理违法查封一案　12—14—1

1944年5月至1944年7月，璧山实验地方法院关于朱绍丕违法查封一案的文书，包括卷宗目录、核备查由、地方保甲证明纸、证明书、法院批稿、送达证书等。

2. 璧山实验地方法院审理请发支付命令一案　12—14—2

1944年5月，璧山实验地方法院关于李鹏、蒋肇修因债务纠葛请发支付命令一案的文书，包括卷案目录、征收裁判费核定单、案件备查表、民事声请状、支付命令、送达证书等。

3. 璧山实验地方法院审理请求给付租谷一案　12—14—3

1944年5月，璧山实验地方法院关于唐胡氏请求胡余氏给付租谷一案的文书，包括卷案目录、征收裁判费核定单、案件备查表、民事起诉书、民事判决书、具诉状、支付单、案件审查单、民事辩诉状、委权书、民事辩论笔录、通知人名单、民事宣判笔录、送达证书、民事宣判书等。

4. 璧山实验地方法院审理声请宣告假执行一案　12—14—4

1944年6月至1944年7月，璧山实验地方法院关于李鹏、蒋肇修等因欠债纠纷声请宣告假执行一案的文书，包括卷案目录、民事执行状、具诉状、民事裁定书、送达证书等。

5. 璧山实验地方法院审理声请停止业权一案　12—14—5

1944年6月至1944年7月，璧山实验地方法院关于声请停止业权一案的文书，包括卷案目录、民事声请状、民事具诉状、往来公函、送达证书等。

6. 璧山实验地方法院审理领取证明一案　12—14—6

1944年10月，璧山实验地方法院关于明树林因交还典契而申请领取证明的文书,包括具诉状、赎产事件始末说明书、受传人或通知人名单、送达证书等。

7. 四川高等法院第一分院、璧山实验地方法院审理交业执行一案　12—14—7

1944年4月至1944年5月,四川高等法院第一分院、璧山实验地方法院关于梁泽霖交业执行一案的文书,包括卷案目录、民事声请状、收款通知证、民事判决书、案件审理单、民事执行文稿、民事执行状、报告、执行命令、收据、强制执行名单、判决确定证明书、民事具诉状、送达证书、往来公函等。

8. 璧山实验地方法院审理请求返还抵押物一案　12—14—8

1944年5月至1944年6月,璧山实验地方法院关于郭少游与吴丁氏因抵押纠纷请求返还抵押物一案的文书,包括笔录、征收裁判费核定单、案件备查表、民事告诉状、收据、案件审理单、送达证书、民事辩论笔录、民事宣判笔录、民事判决书、证词、往来公函等。

9. 璧山实验地方法院审理请求给付欠租一案　12—14—9

1944年5月至1944年6月,璧山实验地方法院关于尹长兴、吴海彬等因租佃纠纷请求给付欠租一案的文书,包括卷宗目录、征收裁判费核定单、案件审查表、收据、案件审理单、送达证书、通知人名单、民事辩论笔录、民事宣判笔录、民事判决书、诉讼证据物品书项、征收田赋收据、往来公函等。

10. 璧山实验地方法院审理声请宣告假执行一案　12—14—10

1944年6月至1944年7月,璧山实验地方法院关于李鹏、伍登辉因公费给付纠纷声请宣告假执行一案的文书,包括卷宗目录、民事声请状、具诉状、民事裁定书、报告、送达证书、书记室通知书、往来公函等。

11. 璧山实验地方法院审理请发支付命令一案　12—14—11

1944年4月至1944年6月,璧山实验地方法院关于李鹏、伍登辉等因公费支付纠纷请签发支付命令一案的文书,包括卷宗目录、征收裁判费核定单、案件审查表、民事声请、收据、支付命令、送达证书、书记室通知、往来公函等。

12. 四川高等法院第一分院、璧山实验地方法院审理因典产回赎纠纷而申请抗告一案　12—14—12

1944年9月至1944年10月,四川高等法院第一分院、璧山实验地方法院关于蒋洪发因典产回赎纠纷而申请抗告一案的文书,包括民事抗告状、具诉状、收据、意见书、送达证书等。

13. 璧山实验地方法院审理领押交业纠纷一案　12—14—13

1944年7月至1944年8月，璧山实验地方法院关于雷在全与雷松柏领押交业纠纷一案的文书，包括卷案目录、征收裁判费核定单、案件审查表、民事告诉状、具诉状、收据、案件审理单、送达证书、民事答辩状、通知人名单、民事辩论笔录等。

14. 四川高等法院第一分院、璧山实验地方法院审理给付租谷执行纠纷一案　12—14—14

1944年5月至1944年7月，四川高等法院第一分院、璧山实验地方法院关于箫文良与李周氏给付租谷执行纠纷一案的文书，包括卷案目录、案件审理单、执行文稿、通知人名单、报告、执行命令、民事执行、送达证书、收票回证、民事委任状、民事声请、民事保状、民事判决书、收据、具诉状、往来公函、证词等。

15. 璧山实验地方法院审理回赎典产执行一案　12—14—15

1942年6月至1944年9月，璧山实验地方法院关于戴清廷与戴安邦回赎典产执行纠纷一案的文书，包括具诉状、卷案目录、执行命令、民事执行笔录、民事保状、案件执行单、民事委任状、送达证书、民事和解书、担保证明、训令、报告、分割典产笔录、收据、民事声请、报告书、执行处拘票、保办公处证明、戴氏联总会证明、往来公函、保状、证词等。

16. 璧山实验地方法院审理给付租谷纠纷一案　12—14—16

1944年10月至1944年11月，璧山实验地方法院关于赵洪武与王国良给付租谷纠纷一案的文书，包括卷宗目录、征收裁判费核定单、案件审查表、具诉状、收据、送达证书、通知人名单、民事宣判笔录、民事判决书、往来公函、民事辩论笔录等。

17. 璧山实验地方法院审理领押交业执行一案　12—14—17

1944年6月至1944年12月，璧山实验地方法院关于谭鲍氏、胡含辉领押交业执行一案的文书，包括往来公函、民事执行状、案卷目录、案件审理单、具诉状、证词、民事执行文稿、报告、执行命令、民事执行单、送达证书、民事委任状、证明、领押交业笔录、收条、法院通知书、收款通知书、和解笔录等。

18. 璧山实验地方法院审理请发支付命令一案　12—14—18

1944年10月，璧山实验地方法院关于邓树德、朱玉钦因黄谷给付纠纷而请发支付命令一案的文书，包括卷案目录、民事声请、支付命令、送达证书、往来公函等。

19. 璧山实验地方法院审理声请裁定讼费一案　12－14－19

1944年4月，璧山实验地方法院关于祝心银与邓时堃等因诉讼费纠纷而声请裁定讼费一案的文书，包括卷案目录、民事声请、民事裁定书、往来公函、送达证书、江津地方法院公函等。

20. 璧山实验地方法院审理请求脱离同居关系一案　12－14－20

1944年5月，璧山实验地方法院关于贵州桐梓法院函嘱查明王志清请求脱离同居关系一案的文书，包括往来公函、贵州桐梓法院公函、卷案目录、报告等。

21. 璧山实验地方法院审理声请撤销假扣押一案　12－14－21

1944年6月，璧山实验地方法院关于蔡治荣等因欠款纠纷而声请撤销假扣押一案的文书，包括往来公函、具诉状、民事裁定书、送达证书等。

22. 璧山实验地方法院审理请求领押交业一案　12－14－22

1944年5月至1944年6月，璧山实验地方法院关于邓世贵与箫李氏请求领押交业一案的文书，包括卷案目录、征收裁判费核定单、案件审查表、具诉状、收据、民事委任状、案件审理单、送达证书、往来公函、民事声明、书记处通知书、民事辩论笔录、证书等。

23. 璧山实验地方法院审理请求终止租约一案　12－14－23

1944年5月至1944年7月，璧山实验地方法院关于马冷氏因冷绍清父逝世而请求终止租约一案的文书，包括往来公函、卷案目录、征收裁判费核定单、收据、案件审理单、送达证书、案件审查表、民事辩论笔录、传票、和解笔录等。

24. 璧山实验地方法院审理请求终止租约一案　12－14－24

1944年6月至1944年7月，璧山实验地方法院关于祝心银与李春农因租佃纠纷而请求终止租约一案的文书，包括卷案目录、案件审查表、征收裁判费核定单、起诉副本、往来公函、民事委任状、民事裁决书、收据、送达证书、证词等。

25. 璧山实验地方法院审理请求恢复原状一案　12－14－25

1944年6月，璧山实验地方法院关于马冷氏与冷绍清因财产继承纠葛而请求恢复原状一案的文书，包括卷案目录、民事起诉状、判决条例、民事判决书、送达证书、往来公函等。

26. 四川高等法院第一分院、璧山实验地方法院审理假扣押一案　12－14－26

1944 年 4 月至 1944 年 5 月，四川高等法院第一分院、璧山实验地方法院关于胡余氏与唐胡氏因租谷纠葛而申请假扣押一案的文书，包括判决书、卷案目录、民事声请、法院批稿、送达证书等。

27. 璧山实验地方法院审理交业调解一案　12－14－27

1944 年 10 月至 1944 年 11 月，璧山实验地方法院关于黄夏氏因不努力耕作而被诉交业的调解一案的文书，包括卷案目录、民事声请书、送达证书、通知人名单、往来公函、具诉状、民事委任状、民事辩论笔录等。

28. 璧山实验地方法院审理请求回赎典产一案　12－14－28

1944 年 2 月至 1944 年 3 月，璧山实验地方法院关于李赵氏与赵皮氏因产业纠葛而请求回赎典产一案的文书，包括往来公函、具诉状、民事传票、民事辩论笔录、民事宣判笔录、证词、征收裁判费核定单、案件备查表、民事诉状等。

29. 璧山实验地方法院审理请求确认契约无效一案　12－14－29

1944 年 2 月至 1944 年 3 月，璧山实验地方法院关于张建国与张箫氏等因契约纠葛而请求确认契约无效一案的文书，包括往来公函、证词、民事传票、民事辩论笔录、案件审理单、具诉状、收据、民事诉状、民事宣判笔录、送达证书、民事委任状、声请书、民事判决书等。

30. 璧山实验地方法院审理请求赔偿损失一案　12－14－30

1943 年 9 月至 1944 年 3 月，璧山实验地方法院关于董其荣与周汝霖因诉讼费等纠葛而请求赔偿损失一案的文书，包括征收裁判费核定单、案件审查表、民事具诉状、审理单、送达证书、民事辩论笔录、和解笔录、据执、收条等。

31. 四川高等法院第一分院、璧山实验地方法院审理请求返还黄谷耕牛及诉讼费一案　12－14－31

1943 年 2 月至 1944 年 4 月，四川高等法院第一分院、璧山实验地方法院关于万树清与万云才因租佃矛盾请求返还黄谷耕牛及诉讼费一案的文书，包括往来公函、书记室公函、送达证书、证明书、庭审笔录、具诉状、证物、和解笔录、民事裁定书等。

32. 璧山实验地方法院审理请求给付松板一案　12—14—32

1944年2月至1944年4月，璧山实验地方法院关于刘炳泰、戴汉卿因违背契约产生纠葛而请求给付松板一案的文书，包括往来公函、案件审查表、具诉状、案件审理单、送达证书、通知书、民事辩论笔录、民事判决笔录等。

33. 璧山实验地方法院审理请求终止租约一案　12—14—33

1944年4月至1944年5月，璧山实验地方法院关于曾清廷与廖树廷因物价上涨而请求终止租约一案的文书，包括证词、证物、往来公函、具诉状、民事委任状、民事答辩状、送达证书、民事辩论笔录、民事宣判笔录、判决书等。

34. 璧山实验地方法院审理终止租约一案　12—14—34

1944年9月至1944年10月，璧山实验地方法院关于罗五福与周钦安请求终止租约一案的文书，包括卷案目录、征收裁判费核定单、案件审查表、民事诉讼、往来公函、送达证书、民事辩论笔录、和解笔录、借条等。

35. 璧山实验地方法院审理给付欠租执行一案　12—14—35

1944年8月至1944年10月，璧山实验地方法院关于李树辉给付李永昌欠租执行一案的文书，包括卷案目录、民事判决书、具诉状案件审理单、民事执行文稿、报告、执行命令、送达证书、往来公函、民事声请状、存根等。

36. 璧山实验地方法院审理租佃纠纷调解一案　12—14—36

1944年10月至1944年11月，璧山实验地方法院关于黄仲云与钟衡萱租佃纠纷调解一案的文书，包括卷案目录、民事声请状、民事辩论笔录、送达证书、具诉状、通知人名单等。

37. 璧山实验地方法院审理请求确认地产所有权一案　12—14—37

1944年3月至1944年4月，璧山实验地方法院关于陈文卿与陈昌德因地产纠葛而请求确认地产所有权一案的文书，包括征收裁判费核定单、卷案目录、民事诉状、民事委任状、民事传票、民事辩论笔录、民事宣判笔录、经界地图等。

38. 四川高等法院第一分院、璧山实验地方法院审理止约赎典一案　12—14—38

1943年12月至1944年4月，四川高等法院第一分院、璧山实验地方法院关于

龚李氏与戈有辉止约赊典一案的文书，包括往来公函、书记室公函、民事上诉状、具诉状、民事缴状、民事委状、民事辩论笔录、民事判决笔录等。

39. 璧山实验地方法院审理所有权登记一案　12－14－39

1944 年 6 月至 1944 年 7 月，璧山实验地方法院关于贺极辉不动产所有权登记一案的文书，包括不动产登记卷宗、项事登记、不动产登记通知书、送达证书、往来公函、璧山实验法院公告、收据、不动产图等。

40. 璧山实验地方法院审理声请上诉一案　12－14－40

1944 年 4 月至 1944 年 5 月，璧山实验地方法院关于张炎钦、曾绍荣等因不服判决而声请上诉一案的文书，包括卷案目录、具诉状、送达证书、民事裁定、往来公函等。

41. 璧山实验地方法院审理给付租谷执行一案　12－14－41

1944 年 5 月至 1944 年 10 月，璧山实验地方法院关于李森林与向郁华因给付租谷纠葛而申请租谷执行一案的文书，包括案卷文书目录、案件审理单、往来公函、民事保状、民事传票、具诉状、证词、民事执行文稿、民事执行状、民事异议状、收条、民事裁定书、民事执行命令等。

42. 璧山实验地方法院审理请求终止租约一案　12－14－42

1944 年 4 月至 1944 年 5 月，璧山实验地方法院关于晏绍珍与刘淮清因租佃年限期满而请求终止租约一案的文书，包括案件审理单、往来公函、民事传票、民事辩诉状、民事委任状、民事辩论笔录、民事审理笔录、送达证书等。

43. 四川高等法院第一分院审理止约交业一案　12－14－43

1944 年 6 月至 1944 年 8 月，四川高等法院第一分院关于晏绍珍、刘淮清因租佃纠葛而请求止约交业一案的文书，包括往来公函、民事上诉状、民事答辩状、证词、民事委任状、庭审笔录、物证目录、具诉状、民事理由状、民事宣判笔录、民事判决书等。

44. 璧山实验地方法院审理债务纠葛一案　12－14－44

1944 年 12 月至 1945 年 3 月，璧山实验地方法院关于王树芬与朱有余因债务纠纷而申请维持债务判决执行一案的文书，包括卷宗文书目录、民事请执行状、执行文稿、民事判决书、案件审理单、报告、收条、收据等。

45. 璧山实验地方法院关于函调案卷相关文书　12—14—45

1944 年 5 月，璧山实验地方法院关于璧山县府函调程长发与戴先德贪污案卷的文书，包括刑事卷宗、往来公函等。

46. 璧山实验地方法院审理假扣押一案　12—14—46

1944 年 5 月至 1944 年 8 月，璧山实验地方法院关于陈吉高与徐石氏等因租谷纠葛而申请假扣押一案的文书，包括卷案目录、民事声请、收据、送达证书等。

47. 璧山实验地方法院审理给付食谷执行一案　12—14—47

1944 年 5 月至 1944 年 6 月，璧山实验地方法院关于陈文树与陈治安给付食谷执行一案的文书，包括往来公函、民事执行、送达证书、民事传票、民事保状、收条等。

48. 璧山实验地方法院审理给付租谷执行一案　12—14—48

1944 年 11 月至 1944 年 12 月，璧山实验地方法院关于赵洪武、王国良给付租谷执行一案的文书，包括案卷文书目录、民事执行状、民事判决书、收据、案件审理单、报告、执行证书、通知、训令、审理笔录等。

49. 璧山实验地方法院审理典权登记一案　12—14—49

1944 年 1 月至 1944 年 5 月，璧山实验地方法院关于何子氏典权登记一案的文书，包括卷宗文书目录、不动产登记证书、典租地图、案件审理单、不动产登记通知书、书记室公函、收据、往来公函等。

50. 四川高等法院第一分院、璧山实验地方法院审理搬迁交房纠纷一案　12—14—50

1943 年 12 月至 1944 年 7 月，四川高等法院第一分院、璧山实验地方法院关于徐子良与何熙年搬迁交房纠纷一案的文书，包括书记室公函、璧山实验地方法院公函等。

51. 璧山实验地方法院审理搬迁交房一案　12—14—51

1944 年 5 月至 1944 年 7 月，璧山实验地方法院关于徐子良与何熙平因不服一审判决而申请继续审理搬迁交房一案的文书，包括卷宗目录、民事上诉状、收据、民事委任状、民事追加状、送达证书、往来公函、通知人名单、民事辩论笔录、民事宣判笔录、民事裁定书、民事判决书、证物目录等。

52. 璧山实验地方法院审理终约调解一案　12－14－52

1944 年 5 月，璧山实验地方法院关于刘云程与戴品山因领押交业纠葛而声请终约调解一案的文书，包括卷宗目录、民事调解、案件审理单、送达证书、往来公函、通知人名单等。

53. 璧山实验地方法院审理请求返还产业一案　12－14－53

1944 年 1 月至 1944 年 3 月，璧山实验地方法院关于吴何氏因吴道康抗租不纳独霸未有产业而声请返还产业一案的文书，包括卷宗目录、征收裁判费核定单、案件审查表、案件审理单、民事声请状、收据、送达证书、往来公函、通知人名单、民事辩论笔录、声请书等。

54. 璧山实验地方法院审理授佃调解一案　12－14－54

1944 年 10 月，璧山实验地方法院关于刘玉安因刘炳林欠租不纳并不依照约定履行而声请授佃调解一案的文书，包括卷宗目录、征收裁判费核定单、案件审查表、民事声请状、案件审理单、送达证书、往来公函、通知人名单、民事辩论笔录等。

55. 璧山实验地方法院审理租谷调解一案　12－14－55

1944 年 10 月，璧山实验地方法院关于夏炳荣与刘传瓛因和解纠葛而声请租谷调解一案的文书，包括卷宗目录、民事声请状、案件审理单、送达证书、往来公函、通知人名单、民事辩论笔录等。

56. 璧山实验地方法院审理请求给付欠款一案　12－14－56

1944 年 7 月，璧山实验地方法院关于雷柏松因曹绍文不履行票处责任产生债务纠葛而声请给付欠款一案的文书，包括卷宗目录、征收裁判费核定单、案件审查表、民事起诉状、案件审理单、民事声请状、收据、送达证书、往来公函、通知人名单、民事辩论笔录、民事判决书等。

57. 四川高等法院第一分院、璧山实验地方法院审理终止租约一案　12－14－57

1944 年 9 月，四川高等法院第一分院、璧山实验地方法院关于杨华安因陈席珍抗纳租领押交业而声请终止租约一案的文书，包括卷宗目录、案件审查表、案件审理单、民事告诉状、民事声请状、送达证书、往来公函、通知人名单、民事辩论笔录、民事宣判笔录、民事判决书、卷证标目等。

58. 璧山县法院审理债务纠葛一案　12－14－58

1937年2月至1937年9月，璧山县法院关于张福泰诉王合江故意拖骗债务一案的文书，包括卷宗目录、民事诉状、点名单、民事声请状、送达证书、往来公函、审理笔录、民事保状、送达回证、民事原诉状、报告、民事执行状、见佃人证明材料等。

59. 四川高等法院第一分院、璧山实验地方法院审理返还产业一案　12－14－59

1944年4月，四川高等法院第一分院、璧山实验地方法院关于张彭氏与张笙甫因领押交业纠葛而声请返还产业一案的文书，包括卷宗文书目录、璧山地方法院书记室公函、往来公函等。

60. 四川高等法院第一分院、璧山实验地方法院审理返还产业一案　12－14－60

1943年4月至1944年7月，四川高等法院第一分院、璧山实验地方法院关于张彭氏与张笙甫因不服原审判决而声请继续审理返还产业一案的文书，包括民事上诉状、往来公函、民事裁定书、送达证书、收据、民事委任状、卷宗目录、民事答辩状、民事声请状、通知人名单、民事辩论笔录、民事宣判笔录、民事判决书、刑事判决书等。

61. 璧山实验地方法院审理给付租谷一案　12－14－61

1944年11月至1945年1月，璧山实验地方法院关于谢清山因罗钟氏违反契约霸占估骗租谷而声请给付租谷一案的文书，包括卷宗目录、征收裁判费核定单、案件审查表、民事告诉状、收据、案件审理单、民事声请状、送达证书、往来公函、通知人名单、民事委任状、证人结文、阅卷声请书、民事理由状、民事辩论笔录、民事判决书等。

62. 四川高等法院第一分院、璧山实验地方法院审理返还田业一案　12－14－62

1944年9月至1944年11月，四川高等法院第一分院、璧山实验地方法院关于蒲张氏、蒲陈氏因不服请求而声请返还田业一案的文书，包括卷宗目录、民事上诉状、民事缴状、民事声请状、送达证书、往来公函、通知人名单、民事辩论笔录、民事裁定书、民事判决书、民事委任状、民事辩诉状等。

63. 四川高等法院第一分院、璧山实验地方法院审理请求返还田业一案　12－14－63

1943年6月至1943年7月，四川高等法院第一分院、璧山实验地方法院关于蒲张氏因蒲陈氏侵占妨害而声请返还田业一案的文书，包括卷宗目录、征收裁判费核定单、案件审查表、案件审理单、民事诉状、民事声请状、送达证书、往来公函、通知人名单、民事辩论笔录、民事辩诉状、民事委任状、民事证状、证人结文、民事宣判笔录、民事判决书等。

64. 璧山实验地方法院审理交还房屋执行一案　12－14－64

1944 年 8 月至 1944 年 9 月，璧山实验地方法院关于谢世明与叶祖涛因债务纠葛而声请交还房屋执行一案的文书，包括卷宗目录、民事声请状、民事执行文稿、报告、民事执行命令、收据、送达证书、往来公函等。

65. 璧山实验地方法院审理赔偿毁损建筑物一案　12－14－65

1944 年 11 月，璧山实验地方法院关于张三荣与颜绍洲因债务纠葛调解不成而声请赔偿毁损建筑物一案的文书，包括卷宗目录、案件审理单、刑事声请状、送达证书、往来公函、通知人名单等。

66. 璧山实验地方法院审理撤回买卖契约一案　12－14－66

1944 年 5 月至 1944 年 10 月，璧山实验地方法院关于张兴与陈兴仁等因契约纠葛而声请撤回买卖契约一案的文书，包括卷宗目录、卷证标目、证人结文、民事委任状、民事辨明状、民事声请状、送达证书、往来公函、通知人名单、民事辩论笔录、民事宣判笔录、民事裁定书、民事判决书等。

67. 璧山实验地方法院审理契约认证一案　12－14－67

1944 年 1 月，璧山实验地方法院关于陈尚书契约认证一案的文书，包括卷宗目录、公证声请书、声请公证事项、收据、授权书、证明书、追加说明买卖条件约、公证询问笔录等。

68. 璧山实验地方法院审理返还借谷一案　12－14－68

1944 年 9 月至 1944 年 11 月，璧山实验地方法院关于江德馨与江杨开因执行纠葛而声请返还借谷一案的文书，包括卷宗目录、征收裁判费核定单、案件审查表、案件审理单、民事声请状、民事起诉状、送达证书、往来公函、通知人名单、民事辩论笔录、民事宣判笔录、民事委任状、民事答辩状、和解笔录等。

69. 璧山实验地方法院审理租谷执行一案　12－14－69

1944 年 8 月，璧山实验地方法院关于周泽皇与石光荣租谷执行一案的文书，包括卷宗目录、往来公函、送达证书、民事裁定书、报告、法院训令、证明书、民事判决书等。

70. 四川高等法院第一分院、璧山实验地方法院审理假处分一案　12—14—70

1944年3月至1944年8月,四川高等法院第一分院、璧山实验地方法院关于王启龙与朱祯祥因拍卖共有田业产生债务纠葛而声请假处分一案的文书,包括卷宗目录、民事声请状、送达证书、往来公函、通知人名单、民事裁定书、民事判决书等。

71. 璧山实验地方法院审理增加给付调解一案　12—14—71

1944年8月至1944年12月,璧山实验地方法院关于徐钧安与林乾初因田业租佃纠葛而声请增加给付调解一案的文书,包括民事声请状、送达证书、往来公函、通知人名单、民事辩论笔录、民事委任状、民事裁定书、民事判决书等。

72. 璧山实验地方法院审理交业执行一案　12—14—72

1944年8月至1944年11月,璧山实验地方法院关于徐文渊声请交业执行一案的文书,包括卷宗目录、征收裁判费核定单、民事声请状、送达证书、往来公函、通知人名单、民事执行文稿、报告、民事执行命令、民事判决书等。

73. 璧山实验地方法院审理终止租约一案　12—14—73

1944年10月至1944年11月,璧山实验地方法院关于王克贤与魏兴洲因契约纠葛而声请终止租约一案的文书,包括卷宗目录、民事上诉状、璧山实验地方法院公函、送达证书、往来公函等。

74. 四川高等法院第一分院、璧山实验地方法院审理交业执行一案　12—14—74

1944年10月,四川高等法院第一分院、璧山实验地方法院关于张庆和因雷则鸣抗租而声请交业执行一案的文书,包括卷宗目录、民事声请状、收据、意见书、送达证书、往来公函、通知人名单、民事裁定书等。

75. 璧山实验地方法院审理债务执行一案　12—14—75

1944年8月至1944年10月,璧山实验地方法院关于谢增辉因吴庆云抗给付食谷纠葛而声请债务执行一案的文书,包括卷宗目录、民事执行命令、民事执行文稿、报告、民事执行状、收据、民事判决书等。

76. 璧山实验地方法院审理返还土地执行一案　12—14—76

1944年10月,璧山实验地方法院关于胡郭氏与张树荣因搬迁房屋纠葛而声请返还土地执行一案的文书，包括卷宗目录、民事声请状、案件审查表、案件审理单、送达证书、往来公函、通知人名单、民事缴状、民事判决书等。

77. 璧山实验地方法院审理请抄契约一案　12－14－77

1944年4月，璧山实验地方法院关于陈纪皋由于欠租纠葛涉案而请抄契约一案的文书，包括卷宗目录、民事声请状、送达证书、往来公函、通知人名单等。

78. 璧山实验地方法院审理增加典价一案　12－14－78

1944年11月至1945年2月，璧山实验地方法院关于石银安与张银茂因租价纠葛而声请增加典价一案的文书，包括往来公函、卷宗目录、民事判决书、法院调解书等。

79. 四川高等法院第一分院、璧山实验地方法院审理声请宣告假执行一案　12－14－79

1943年8月至1944年2月，四川高等法院第一分院、璧山实验地方法院关于龙胜渊与邹玉成声请宣告假执行一案的文书，包括卷宗目录、民事声请宣告假执行状、送达证书、往来公函、通知人名单、民事裁定书、民事判决书、民事和解笔录等。

80. 四川高等法院第一分院、璧山实验地方法院审理给付租谷一案　12－14－80

1944年4月至1944年11月，四川高等法院第一分院、璧山实验地方法院关于张大德与荣祯祥给付租谷一案的文书，包括卷宗目录、民事上诉状、民事委任状、民事理由、民事答辩状、民事声请状、送达证书、往来公函、通知人名单、民事辩论笔录、民事宣判笔录、见佃人证明材料、民事判决书等。

81. 四川高等法院第一分院、璧山实验地方法院审理给付欠租一案　12－14－81

1944年7月至1944年10月，四川高等法院第一分院、璧山实验地方法院关于张大德与荣祯祥给付欠租一案的文书，包括往来公函、书记室公函通知人名单、送达回证等。

82. 四川高等法院第一分院、璧山实验地方法院审理经界执行一案　12－14－82

1944年1月至1944年2月，四川高等法院第一分院、璧山实验地方法院关于李全三与江书因经界纠葛而声请执行一案的文书，包括卷宗目录、民事执行状、送达证书、往来公函、民事判决书等。

83. 四川高等法院第一分院、璧山实验地方法院审理交业执行一案　12－14－83

1943年11月至1944年12月，四川高等法院第一分院、璧山实验地方法院关于王培华与杨四合声请依照和解约定进行交业执行一案的文书，包括卷宗目录、民事执行状、民事执行异议状、民事委任状、阅卷声请书、案件审查表、案件审理单、民事声请状、送达证书、往来公函、通知人名单、民事辩论笔录、民事执行命令、民事执行文稿、报告、民事宣判笔录、民事裁定书、民事判决书、民事和解笔录等。

84. 四川高等法院第一分院、璧山实验地方法院审理赎业一案　12－14－84

1943年6月至1944年7月，四川高等法院第一分院、璧山实验地方法院关于孙光彩、石怀友因经界纠葛而声请赎业一案的文书，包括民事声请状、送达证书、往来公函、通知人名单、民事裁定书、民事起诉状等。

85. 璧山实验地方法院审理赎典再审一案　12－14－85

1944年5月，璧山实验地方法院关于孙光彩与石怀友因不服原审判决而声请赎典纠葛再审一案的文书，包括卷宗目录、民事再审、送达证书、往来公函、璧山地方法院批稿、物证材料等。

86. 四川高等法院第一分院、璧山实验地方法院审理给付黄谷执行一案　12－14－86

1944年9月至1944年12月，四川高等法院第一分院、璧山实验地方法院关于梁钟兰、杨鲁因债务纠葛而声请给付黄谷执行一案的文书，包括卷宗目录、民事声请状、案件审查表、民事执行文稿、报告、民事执行命令、璧山地方法院训令、璧山地方法院通知、送达证书、往来公函、民事判决书等。

87. 璧山实验地方法院审理请求给付欠租一案　12－14－87

1944年2月至1944年3月，璧山实验地方法院关于张大德、荣祯祥因黄谷给付纠纷而声请给付欠租一案的文书，包括卷宗目录、征收裁判费核定单、案件审查表、案件审理单、民事起诉状、民事委任状、民事答辩状、送达证书、往来公函、通知人名单、民事辩论笔录、民事宣判笔录、民事判决书等。

88. 璧山实验地方法院审理请发支付命令一案　12－14－88

1944年5月至1944年6月，璧山实验地方法院关于段瑜思与王寿廷因延欠公费产生债务纠葛而请发支付命令一案的文书，包括卷宗目录、征收裁判费核定单、案件审查表、民事声请状、收据、送达证书、往来公函、璧山地方法院支付命令等。

89. 璧山实验地方法院审理请求终止租约一案　12—14—89

1944年6月至1944年9月，璧山实验地方法院关于汪永祥与罗锡一请求终止租约一案的文书，包括卷宗目录、征收裁判费核定单、案件审查表、案件审理单、民事起诉状、民事声请状、送达证书、往来公函、通知人名单、民事辩论笔录、民事宣判笔录、民事委任状、民事判决书等。

90. 四川高等法院第一分院、璧山实验地方法院审理经界纠葛上诉一案　12—14—90

1944年8月至1944年9月，四川高等法院第一分院、璧山实验地方法院关于陈叔玉与秦华轩经界纠葛上诉一案的文书，包括卷宗目录、民事再审起诉状、民事理由、民事申请书、民事委任状、送达证书、往来公函、通知人名单、民事辩论笔录、民事判决书等。

91. 四川高等法院、四川高等法院第一分院、璧山实验地方法院审理交业执行一案　12—14—91

1944年9月至1944年12月，四川高等法院、四川高等法院第一分院、璧山实验地方法院关于王培华、杨四合交业执行一案的文书，包括卷宗目录、往来公函、四川高等法院指令、书记室公函、民事裁定书等。

92. 璧山实验地方法院审理函请救济杨四合佃权、领证两案　12—14—92

1944年8月至1944年9月，璧山实验地方法院关于璧山县政府因年秋搬迁尚未觅得耕地而函请救济杨四合佃权，汪永祥因佃田土房屋业纠葛而声请领证两案的文书，包括卷宗目录、往来公函、民事声请状、送达证书等。

93. 四川高等法院第一分院、璧山实验地方法院审理请求返还丧葬费一案　12—14—93

1944年4月至1944年8月，四川高等法院第一分院、璧山实验地方法院关于钟森林与罗钟氏请求返还丧葬费一案的文书，包括民事判决书、书记室公函、璧山地方法院公函等。

94. 璧山实验地方法院审理请求返还丧葬费一案　12—14—94

1944年4月，璧山实验地方法院关于钟森林因罗钟氏继承不续而声请返还丧葬费一案的文书，包括卷宗目录、征收裁判费核定单、案件审查表、民事声请状、收据、送达证书、往来公函、通知人名单、民事辩论笔录、民事宣判笔录等。

95. 璧山实验地方法院审理给付黄谷执行一案　12－14－95

1944年3月至1944年4月，璧山实验地方法院关于汪玉林与李裕函因债务纠葛而声请给付黄谷执行一案的文书，包括卷宗目录、民事声请状、民事裁定书、法院支付命令、送达证书等。

96. 璧山实验地方法院审理遗产税执行一案　12－14－96

1944年6月至1944年7月，璧山实验地方法院关于王维桢、直接税局因税务纠葛而声请遗产税执行一案的文书，包括卷宗目录、案件审理单、不动产产业地图、民事声请状、遗产目录表、法院支付命令、送达证书等。

97. 四川高等法院第一分院、璧山实验地方法院审理领押交业一案　12－14－97

1944年5月至1944年9月，四川高等法院第一分院、璧山实验地方法院关于刘焕银与叶炳顺因债务纠葛而申请领押交业一案的文书，包括卷宗目录、民事诉状、送达证书、往来公函、收据、通知人名单、民事辩论笔录、民事委任状、民事答辩状、民事上诉状、民事声请状、民事宣判笔录、民事判决书等。

98. 四川高等法院第一分院、璧山实验地方法院审理终约领押一案　12－14－98

1944年5月至1944年7月，四川高等法院第一分院、璧山实验地方法院关于刘焕银与叶炳顺声请终约领押一案的文书，包括书记室公函、璧山地方法院公函等各类往来公函。

99. 璧山实验地方法院审理赔偿胡豆执行一案　12－14－99

1944年7月至1944年8月，璧山实验地方法院关于何禹级因罗何氏抢夺而声请赔偿胡豆执行一案的文书，包括卷宗目录、民事诉讼状、刑事判决书、民事执行文稿、报告、民事执行状、送达证书、往来公函、通知人名单等。

100. 四川高等法院第一分院、璧山实验地方法院审理给付食米一案　12－14－100

1944年10月至1945年1月，四川高等法院第一分院、璧山实验地方法院关于谷银青与魏柏林声请给付食米一案的文书，包括卷宗目录、民事起诉状、案件审查表、案件审理单、民事声请状、送达证书、往来公函、通知人名单、民事辩论笔录、民事宣判笔录、民事裁定书、民事判决书、民事撤销状等。

101. 璧山实验地方法院审理请求给付食米一案　12－14－101

1944年5月至1944年8月，璧山实验地方法院关于谷银青、魏相林因债务纠纷而声请给付食米一案的文书,包括卷宗目录、民事声请状、民事裁定书、民事补状、民事缴状、收据、民事催状、送达证书、往来公函、通知人名单、民事辩论笔录、民事宣判笔录等。

102. 璧山实验地方法院审理确认和约款项一案　12－14－102

1930年9月至1944年8月,璧山实验地方法院关于袁音庆因兄弟分家产生纠葛而请求确认和约款项一案的文书,包括卷宗文书目录、证明文件及参照事项、询问笔录、案件审理单、通知人名单、收据、确认书、民事缴状、公证声请书、领到条、文约材料、往来公函、送达证书等。

103. 四川高等法院第一分院、璧山实验地方法院审理声请抗告一案　12－14－103

1944年7月至1944年11月,四川高等法院第一分院、璧山实验地方法院关于叶炳顺、何昌绪因租赁纠葛不服原审裁定而声请抗告一案的文书,包括卷宗目录、民事抗告状、民事裁定书、送达证书、往来公函、通知人名单、民事判决书等。

104. 最高法院、四川高等法院第一分院、璧山实验地方法院审理返还田业的债务纠葛一案　12－14－104(1)

1944年4月至1945年5月,最高法院、四川高等法院第一分院、璧山实验地方法院关于廖海荣、左廖氏声请返还田业的债务纠葛一案的文书,包括民事上诉状、民事答辩状、送达证书、往来公函、通知人名单、民事辩论笔录、民事宣判笔录、民事裁定书、民事判决书、民事委任状、证人结文、民事告诉状等。

105. 四川高等法院第一分院、璧山实验地方法院审理返还田业上诉一案　12－14－104(2)

1944年9月至1944年11月,四川高等法院第一分院、璧山实验地方法院关于廖海荣、左廖氏声请返还田业上诉一案的文书,包括卷宗目录、收据、案件审查表、案件审理单、民事声请状、民事答辩状、民事委任状、送达证书、往来公函、通知人名单、民事辩论笔录、宣示判决笔录、民事判决书等。

106. 四川高等法院第一分院、璧山实验地方法院审理搬迁交业一案　12－14－105

1944年10月至1945年3月,四川高等法院第一分院、璧山实验地方法院关于徐华轩因陈宝三不搬家而恳请重新判决搬迁交业一案的文书,包括卷宗目录、征收裁判费核定单、案件审查表、案件审理单、民事声请状、送达证书、往来公函、通知人名单、民事辩论笔录、民事宣判笔录、民事委任状、民事裁定书、民事判决书、民事上诉状、证人结文、分院通知书等。

107. 璧山实验地方法院审理请求返还产业一案　12－14－106

1944年4月至1944年11月，璧山实验地方法院关于严方成、严长云请求返还产业一案的文书，包括卷宗目录、民事上诉状、璧山地方法院和解笔录、收据、征收裁判费核定单、案件审查表、案件审理单、民事声请状、送达证书、往来公函、通知人名单、民事辩论笔录等。

108. 最高法院、四川高等法院第一分院、璧山实验地方法院审理请求撤销和解一案　12－14－107

1944年5月至1944年12月，最高法院、四川高等法院第一分院、璧山实验地方法院关于何昌绪、叶炳顺因不服损害赔偿判决违背和解法规而请求撤销和解一案的文书，包括卷证标目、民事上诉状、民事裁定书、书记室查询单、往来公函等。

109. 璧山实验地方法院审理给付租谷执行一案　12－14－108

1943年11月至1944年4月，璧山实验地方法院关于杨向氏因李森林不理欠租而声请给付租谷执行一案的文书，包括卷宗目录、民事起诉状、案件审查表、案件审理单、民事保状、璧山地方法院和解笔录、送达证书、往来公函、通知人名单等。

110. 璧山实验地方法院审理给付黄谷执行一案　12－14－109

1943年11月至1944年2月，璧山实验地方法院关于曾国权、曾杨氏因租谷纠葛而声请给付黄谷执行一案的文书，包括卷宗目录、民事声请状、送达证书、往来公函、通知人名单、民事判决书、民事执行文稿、报告、民事执行命令、调解人证明材料、存根等。

111. 四川高等法院第一分院、璧山实验地方法院审理交业执行一案　12－14－110

1944年11月至1945年1月，四川高等法院第一分院、璧山实验地方法院关于张良臣、董子来因债务纠葛而声请交业执行一案的文书，包括卷宗目录、民事执行状、民事委任状、民事执行命令、民事执行文稿、民事声请状、送达证书、往来公函、通知人名单、民事判决书、民事和解笔录等。

112. 最高法院、璧山实验地方法院审理请求确认买卖契约无效一案　12－14－111

1944年1月至1944年3月，最高法院、璧山实验地方法院关于黄德浇因黄德毅故意蒙骗产生田产纠葛而请求确认买卖契约无效一案的文书，包括卷宗目录、征收裁判费核定单、案件审查表、案件审理单、民事声请状、收据、送达证书、往来公函、通知人名单、民事辩论笔录、民事宣判笔录、民事委状、民事判决书等。

113. 璧山实验地方法院审理假扣押一案　12－14－112

1944 年 10 月至 1945 年 1 月，璧山实验地方法院关于周泽厚、石光荣因租谷纠葛而声请假扣押一案的文书，包括卷宗目录、民事执行状、民事抗告状、民事抗告撤回状、民事声请催诉书、民事保状、民事声请状、送达证书、往来公函、通知人名单等。

114. 四川高等法院第一分院、璧山实验地方法院审理返还丧葬费一案　12－14－113

1944 年 6 月至 1944 年 8 月，四川高等法院第一分院、璧山实验地方法院关于钟森林、罗钟氏因不服遗产分配的原审判决而声请返还丧葬费一案的文书，包括卷宗目录、民事上诉状、民事声请状、送达证书、往来公函、通知人名单、民事裁定书、收据、民事委任状、民事辩论笔录、民事判决书等。

115. 四川高等法院第一分院、璧山实验地方法院审理树木所有权上诉一案　12－14－114

1944 年 1 月至 1944 年 4 月，四川高等法院第一分院、璧山实验地方法院关于秦华轩、陈叔玉声请确认树木所有权上诉一案的文书，包括卷宗目录、民事上诉状、收据、案件审理单、民事声请状、送达证书、往来公函、通知人名单、民事辩论笔录、民事裁定书、民事判决书等。

116. 璧山实验地方法院审理返还房屋一案　12－14－115

1944 年 7 月至 1944 年 8 月，璧山实验地方法院关于靳海荣、靳张氏因房产纠葛而声请返还房屋一案的文书，包括卷宗目录、民事执行状、民事声请状、送达证书、往来公函、通知人名单、民事裁定书、民事判决书等。

117. 璧山实验地方法院审理声请再次审理确认所有权及买卖契约无效一案　12－14－116（1）

1943 年 12 月至 1944 年 12 月，璧山实验地方法院关于赵承裕、江远志因不服原判而声请再次审理确认所有权及买卖契约无效一案的文书，包括刑事判定书、民事裁定书、民事判决书、刑事判决书、刑事裁定书等。

118. 四川高等法院第一分院、璧山实验地方法院的判决书卷　12－14－116（2）

1944 年 3 月至 1944 年 11 月，四川高等法院第一分院、璧山实验地方法院关于薛银州等伤害案、朱根齐贪污案、箫桑荣等妨害共设案、刘汉光侵占案、徐应庆妨害权利案、胡银才抢夺案、李森安侵占案、朱栋才侵占案、郭福妨害人行使权利案、王陈氏窃占不动产案、徐海溃妨害丧葬案、万金廷伪征案、姜荣璧侵入案、王治笔伤害案、龙银坤欺骗背信案、刘陈氏伤害案、詹明清窃盗案、吴典益妨害婚姻案、陈宏庶欺诈案、尹香樵遗产案、张金安伪证案、美传禄欺诈案、高从审防止侵害案、季海林请发支付命令案的刑事裁定书、刑事判决书、民事裁定书、民事判决书等。

119. 璧山实验地方法院审理清偿债务一案　12－14－117

1944 年 1 月至 1944 年 3 月，璧山实验地方法院关于巫金臣、黄唐氏因田业租谷纠葛而声请清偿债务一案的文书，包括卷宗目录、民事保状、民事诉状、民事声请状、送达证书、往来公函、通知人名单、民事辩论笔录、和解笔录、民事委任状、民事申请书等。

120. 璧山实验地方法院审理租谷给付一案　12－14－118

1944 年 4 月，璧山实验地方法院关于吴宦林、黄英际因债务纠葛而声请给付租谷一案的文书，包括通知人名单、民事保状、民事声请状等。

121. 璧山实验地方法院审理声请宣告假执行一案　12－14－119

1944 年 2 月，璧山实验地方法院关于景亮钧、廖兴发因债务纠葛而声请宣告假执行一案的文书，包括卷宗目录、民事声请状、送达证书、往来公函、民事裁定书等。

122. 璧山实验地方法院审理确认买卖契约无效一案　12－14－120（1）

1944 年 12 月至 1945 年 4 月，璧山实验地方法院关于徐自清、白根益因砖房田房买卖纠葛而声请确认买卖契约无效一案的文书，包括卷宗目录、征收裁判费核定单、案件审查表、案件审理单、民事诉状、送达证书、往来公函、通知人名单、民事辩论笔录、收据、民事委任状、民事答辩状、证人结文、民事理由、民事辩诉状、民事宣判笔录、民事判决书等。

123. 四川高等法院第一分院、璧山实验地方法院审理声请买卖契约无效一案　12－14－120（2）

1944 年 12 月至 1945 年 5 月，四川高等法院第一分院、璧山实验地方法院关于徐自清、白根益因砖房田房买卖纠葛而声请确认买卖契约无效一案的文书，包括卷宗目录、送达证书、见佃人证明材料、民事上诉状、民事声请状、往来公函、通知人名单、民事辩论笔录、民事宣判笔录、民事委任状、民事判决书等。

124. 璧山实验地方法院审理请求确认先买权一案　12－14－121

1944 年 5 月至 1944 年 6 月，璧山实验地方法院关于符炳荣与徐鸿轩串买契约腾卖房业的租佃纠葛而请求确认先买权一案的文书，包括卷宗目录、征收裁判费核定单、案件审查表、案件审理单、民事诉状、民事声请状、送达证书、往来公函、通知人名单、收据、证人结文、民事辩论笔录、民事委任状、民事宣判笔录、民事判决书等。

125. 四川高等法院第一分院、璧山实验地方法院审理确认先买权一案　12－14－122

1944 年 9 月至 1944 年 10 月，四川高等法院第一分院、璧山实验地方法院关于符炳荣、徐鸿轩因买卖契约、留置产业产生纠葛而请求确认先买权一案的文书，包括卷宗目录、送达证书、往来公函、通知人名单、民事上诉状、民事上诉理由、民事裁定书、民事判决书、民事辩论笔录、民事宣判笔录、民事辩诉状、民事委任状等。

126. 最高法院、四川高等法院第一分院、巴县仁厚乡地通弯高一分院、璧山实验地方法院审理请求终止租约及其上诉一案　12－14－123

1944 年 7 月至 1945 年 2 月，最高法院、四川高等法院第一分院、巴县仁厚乡地通弯高一分院、璧山实验地方法院关于罗明高、彭雨高因租约时间到期而请求终止租约及其上诉案的文书，包括卷宗目录、征收裁判费核定单、案件审查表、案件审理单、民事声请状、送达证书、往来公函、通知人名单、民事辩论笔录、民事上诉状、民事委任状、民事答辩状、民事补诉状、民事缴状、民事宣判笔录、民事裁定书、民事判决书等。

127. 最高法院、四川高等法院第一分院、璧山实验地方法院审理确认共有权一案　12－14－124

1944 年 4 月至 1944 年 5 月，最高法院、四川高等法院第一分院、璧山实验地方法院关于陈开荣、陈扬洲因产业分割纠葛而声请确认共有权一案的文书，包括卷宗目录、征收裁判费核定单、案件审查表、案件审理单、民事起诉状、民事上诉状、送达证书、往来公函、通知人名单、民事辩论笔录、民事宣判笔录、民事告诉状、民事辩诉状、民事委任状、民事裁定书、民事判决书、民事意见书、书记处通知书、民事答辩状、民事理由、见佃人证明材料等。

128. 最高法院、四川高等法院第一分院、璧山实验地方法院审理确认共有权、确认买卖契约无效两案　12－14－125

1944 年 12 月至 1945 年 4 月，最高法院、四川高等法院第一分院、璧山实验地方法院关于陈开荣与陈扬洲因房产纠葛而声请确认共有权，江雷氏与江流川因租约纠葛而声请买卖契约无效两案的文书，包括卷宗目录、民事答辩状、民事委任状、送达证书、往来公函、通知人名单、民事辩论笔录、民事证明状、民事宣判笔录、民事声请状、民事反诉、民事裁定书、民事判决书等。

129. 四川高等法院第一分院、璧山实验地方法院审理领押交业一案　12－14－126

1944年7月至1944年10月，四川高等法院第一分院、璧山实验地方法院关于吴均成、蔡大同因不服判决而声请领押交业一案的文书，包括卷宗目录、民事上诉状、民事理由、民事声请状、送达证书、往来公函、通知人名单、民事辩论笔录、民事宣判笔录、民事裁定书、民事判决书等。

130. 四川高等法院第一分院、璧山实验地方法院审理确认继承权一案　12－14－127

1944年3月至1944年6月，四川高等法院第一分院、璧山实验地方法院关于蒋季氏、蒋郭氏因不服原审裁定而声请确认继承权一案的文书，包括卷宗目录、民事起诉状、送达证书、往来公函、通知人名单、民事辩论笔录、民事宣判笔录、民事裁定书、民事判决书等。

131. 最高法院、四川高等法院第一分院、璧山实验地方法院审理搬迁交业一案　12－14－128

1944年6月至1944年7月，最高法院、四川高等法院第一分院、璧山实验地方法院关于吴均成、蔡大同因租期纠葛而声请搬迁交业一案的文书，包括卷宗目录、民事声请状、送达证书、往来公函、通知人名单、民事辩论笔录、民事判决书、民事委任状等。

132. 璧山实验地方法院审理假扣押一案　12－14－129

1944年7月至1944年8月，璧山实验地方法院关于朱何保贞、杨荣山因领押交业纠葛而声请假扣押一案的文书，包括卷宗目录、民事声请状、送达证书、往来公函、通知人名单、民事裁定书、收据等。

133. 璧山实验地方法院审理搬迁交业一案　12－14－130

1944年6月至1944年7月，璧山实验地方法院关于吴均成、蔡大同因租期期满收回自耕发生纠葛而声请搬迁交业一案的文书，包括卷宗目录、征收裁判费核定单、案件审查表、案件审理单、民事诉状、民事委任状、民事起诉状、证人结文、送达证书、往来公函、通知人名单、民事辩论笔录、民事宣判笔录、民事判决书等。

134. 四川高等法院第一分院、璧山实验地方法院审理请求确认继承一案　12－14－131

1944年3月至1945年10月，四川高等法院第一分院、璧山实验地方法院关于

蒋季氏、蒋郭氏因不服原审裁定而声请确认继承一案的文书，包括卷宗目录、书记室公函、送达证书、往来公函、通知人名单、民事判决书等。

135. 四川高等法院第一分院、璧山实验地方法院审理确认继承权一案　12－14－132

1944年8月至1944年10月，四川高等法院第一分院、璧山实验地方法院关于蒋季氏、蒋郭氏因不服原审裁定而声请确认继承权一案的文书，包括卷宗目录、民事上诉状、送达证书、往来公函、通知人名单、民事声请状、民事诉状、民事委任状、民事判决书、民事辩论笔录等。

136. 最高法院、四川高等法院第一分院、璧山实验地方法院审理偿还纱线一案 12－14－133

1943年2月至1944年2月，最高法院、四川高等法院第一分院、璧山实验地方法院关于罗炳清、陶明生因债务给付产生纠葛而声请再次审理偿还纱线一案的文书，包括卷宗目录、民事上诉状、民事声请状、送达证书、往来公函、通知人名单、民事答辩状、民事判决书等。

137. 四川高等法院第一分院、璧山实验地方法院审理给付欠租一案　12－14－134

1944年10月至1945年6月，四川高等法院第一分院、璧山实验地方法院关于石炳亭、陈桂林声请给付欠租一案的文书，包括卷宗目录、书记室公函、送达证书、往来公函、通知人名单等。

138. 璧山实验地方法院审理给付欠租一案　12－14－135

1944年11月，璧山实验地方法院关于石炳亭、陈桂林因祖业田产房屋租赁债务纠葛而声请给付欠租一案的文书，包括卷宗目录、征收裁判费核定单、民事诉状、民事声请状、送达证书、往来公函、通知人名单、民事委任状、民事辩论笔录、民事宣判笔录、民事判决书等。

139. 四川高等法院第一分院、璧山实验地方法院审理请求确认买卖契约无效一案 12－14－136

1944年4月至1944年5月，四川高等法院第一分院、璧山实验地方法院关于陈文化、蒋宏富请求确认买卖契约无效的债务纠葛一案的文书，包括卷宗目录、征收裁判费核定单、案件审查表、案件审理单、民事起诉状、民事声请状、送达证书、往来公函、通知人名单、民事辩论笔录、民事委任状、民事辩诉状、民事补诉状、民事宣判笔录、民事诉讼状、民事判决书、收据回证等。

140. 四川高等法院第一分院、璧山实验地方法院审理请求赔偿损害一案　12－14－137（1）

1944年7月至1946年12月，四川高等法院第一分院、璧山实验地方法院关于张德荣、朱西屏因田谷房屋纠葛而请求损害赔偿一案的文书，包括卷宗目录、民事上诉状、民事声请状、送达证书、往来公函、通知人名单、民事辩论笔录、民事委任状、民事宣判笔录、民事裁定书、民事判决书、民事被诉状等。

141. 最高法院、四川高等法院第一分院、璧山实验地方法院审理请求赔偿损害一案　12－14－137（2）

1942年7月至1945年6月，最高法院、四川高等法院第一分院、璧山实验地方法院关于张德荣、朱西屏因耕地田业租赁纠葛而请求损害赔偿一案的文书，包括卷宗目录、民事声请状、送达证书、往来公函、通知人名单、民事辩论笔录、民事裁定书、民事判决书、民事上诉状、民事被诉状、刑事判决书、民事诉状等。

142. 璧山实验地方法院审理请求给付欠谷一案　12－14－138

1944年1月至1944年2月，璧山实验地方法院关于黄正明因王玉林欠黄谷荒废农作物而请求给付欠谷一案的文书，包括卷宗目录、征收裁判费核定单、案件审查表、案件审理单、民事声请状、送达证书、往来公函、通知人名单、民事上诉状、民事告诉状、证人结文、民事辩论笔录、民事判决书等。

143. 四川高等法院第一分院、璧山实验地方法院审理房屋回赎契约纠葛一案　12－14－139

1942年4月至1944年3月，四川高等法院第一分院、璧山实验地方法院关于王炳田、王佐虞因房屋回赎契约纠葛一案的文书，包括卷宗目录、民事声请状、送达证书、往来公函、通知人名单、民事辩论笔录、民事答辩状、民事委任状、民事证明状、见证人证明材料、民事宣判笔录、民事裁定书、民事判决书、刑事裁定书等。

144. 四川高等法院第一分院、璧山实验地方法院审理增加给付一案　12－14－140

1944年10月至1944年11月，四川高等法院第一分院、璧山实验地方法院关于王文树、苏南轩因押金纠葛而声请增加给付一案的文书，包括往来公函、民事判决书、璧山地方法院公函等。

145. 四川高等法院第一分院、璧山实验地方法院审理执行异议一案　12－14－141

1944年1月至1944年3月，四川高等法院第一分院、璧山实验地方法院关于

刘郁昭、箫金山因佃权纠葛不服原判而声请执行异议一案的文书，包括卷宗目录、民事上诉状、民事委任状、送达证书、往来公函、通知人名单、民事辩论笔录、民事裁定书、民事判决书等。

146. 四川高等法院第一分院、璧山实验地方法院审理排除侵害返还房土一案 12－14－142

1944 年 6 月至 1944 年 7 月，四川高等法院第一分院、璧山实验地方法院关于陈王氏、张兴泰因房土纠葛产生判决错误而声请继续审理排除侵害返还房土一案的文书，包括卷宗目录、民事上诉状、民事委任状、送达证书、往来公函、通知人名单、民事辩论笔录、民事宣判笔录、民事判决书等。

147. 璧山实验地方法院审理租谷执行一案 12－14－143

1944 年 7 月至 1944 年 8 月，璧山实验地方法院关于朱保贞、杨荣山声请租谷执行一案的文书，包括卷宗目录、送达证书、往来公函、书记室公函、民事裁定书等。

148. 璧山实验地方法院审理返还田业一案 12－14－144

1943 年 12 月至 1944 年 4 月，璧山实验地方法院关于谢泰成、谢泰林声请返还田业一案的文书，包括卷宗目录、民事声请状、送达证书、往来公函、民事判决书等。

149. 四川高等法院第一分院、璧山实验地方法院审理交业一案 12－14－145

1944 年 8 月至 1944 年 9 月，四川高等法院第一分院、璧山实验地方法院关于万国源、谢锡祯因租约纠葛不服判决而声请交业一案的文书，包括卷宗目录、民事上诉状、民事声请状、送达证书、往来公函、通知人名单、民事裁定书、收据、民事委任状、民事辩论笔录、民事判决书、民事宣判笔录、民事答辩状、民事追加状等。

150. 四川高等法院第一分院、璧山实验地方法院审理交业领押一案 12－14－146

1944 年 5 月至 1944 年 6 月，四川高等法院第一分院、璧山实验地方法院关于万国源、谢锡祯因租赁纠葛而声请交业领押一案的文书，包括卷宗目录、征收裁判费核定单、案件审查表、案件审理单、民事声请状、送达证书、往来公函、通知人名单、民事辩论笔录、民事宣判笔录、民事判决书、民事诉状、民事委任状、民事答辩状、收据等。

151. 四川高等法院第一分院、璧山实验地方法院审理确认买卖契约无效并返还房屋一案 12－14－147

1944 年 7 月至 1944 年 8 月，四川高等法院第一分院、璧山实验地方法院关于

蒋宏富、陈文化声请确认买卖契约无效并返还房屋一案的文书，包括卷宗目录、民事上诉状、民事委任状、卷证标目、民事声请状、送达证书、往来公函、通知人名单、民事辩论笔录、民事宣判笔录、民事判决书等。

152. 最高法院、四川高等法院第一分院、璧山实验地方法院审理赔偿一案　12－14－148

1944年4月至1945年4月，最高法院、四川高等法院第一分院、璧山实验地方法院关于李银山、李之郊因招佃收租纠葛而声请赔偿一案的文书，包括卷宗目录、证物目录、民事上诉状、民事声请状、送达证书、往来公函、通知人名单、民事缴状、民事裁定书、民事判决书等。

153. 璧山实验地方法院审理给付财产一案　12－14－149

1944年10月，璧山实验地方法院关于甘李氏、李泰氏因遗产纠葛而声请给付财产一案的文书，包括卷宗目录、征收裁判费核定单、案件审查表、案件审理单、民事告状、送达证书、往来公函、通知人名单、民事辩诉状、民事辩论笔录、民事宣判笔录、民事判决书等。

154. 璧山实验地方法院审理请求返还产业一案　12－14－150

1944年3月至1944年7月，璧山实验地方法院关于黄开玉、李荣祥因租赁纠葛而声请返还产业一案的文书，包括卷宗目录、征收裁判费核定单、案件审查表、案件审理单、民事诉状、民事委任状、民事辩诉状、民事催状、民事声请状、送达证书、往来公函、通知人名单、民事辩论笔录、民事宣判笔录、民事判决书等。

155. 四川高等法院第一分院、璧山实验地方法院审理返还产业文契租谷一案　12－14－151

1944年9月至1944年10月，四川高等法院第一分院、璧山实验地方法院关于黄开玉、李荣祥因房屋田谷红契等债务纠葛而申请返还产业文契租谷一案的文书，包括卷宗目录、民事上诉状、民事委任状、送达证书、往来公函、通知人名单、民事辩论笔录、民事宣判笔录、民事裁定书、民事判决书等。

156. 四川高等法院第一分院、璧山实验地方法院审理返还赃物一案　12－14－152

1943年12月至1944年7月，四川高等法院第一分院、璧山实验地方法院关于刘炳泰因唐怀周不法侵占他人物品而声请返还赃物一案的文书，包括民事声请状、民事上诉状、刑事附带民事诉讼裁定、送达证书、往来公函、通知人名单、民事委任状、民事诉状、民事辩论笔录、民事宣判笔录、民事判决书等。

157. 最高法院、四川高等法院第一分院、璧山实验地方法院审理赔偿损失一案 12－14－153

1944年10月至1945年6月，最高法院、四川高等法院第一分院、璧山实验地方法院关于唐怀洲、刘汉清因法币赔偿产生纠葛不服原审判决而声请赔偿损失一案的文书，包括卷宗目录、民事声明状、民事声请状、送达证书、往来公函、通知人名单、民事缴状、民事上诉状、民事裁定书、民事判决书、民事答辩状等。

158. 四川高等法院第一分院、璧山实验地方法院审理搬迁交业一案 12－14－154

1944年6月至1944年10月，四川高等法院第一分院、璧山实验地方法院关于陈友义因徐石氏终止租约而声请搬迁交业一案的文书，包括卷宗目录、民事声请状、送达证书、往来公函等。

159. 四川高等法院第一分院、璧山实验地方法院审理声请给付欠租搬迁交业及其上诉一案 12－14－155

1944年6月至1944年8月，四川高等法院第一分院、璧山实验地方法院关于陈友义、徐石氏声请给付欠租搬迁交业及其上诉一案的文书，包括卷宗目录、民事上诉状、民事理由、民事委任状、送达证书、往来公函、通知人名单、民事辩论笔录、民事宣判笔录、民事裁定书、民事判决书等。

160. 最高法院、四川高等法院第一分院、璧山实验地方法院审理请求搬迁交房一案 12－14－156

1944年3月至1944年4月，最高法院、四川高等法院第一分院、璧山实验地方法院关于董回澜因高伯光欠租而请求搬迁交房一案的文书，包括卷宗目录、征收裁判费核定单、案件审查表、案件审理单、民事上诉状、送达证书、往来公函、通知人名单、民事委任状、民事辩论笔录、民事宣判笔录、民事判决书等。

161. 四川高等法院第一分院、璧山实验地方法院审理确认先买权一案 12－14－157

1944年5月至1944年6月，四川高等法院第一分院、璧山实验地方法院关于符炳荣、徐鸿轩确认先买权一案的文书，包括卷宗目录、往来公函、璧山地方法院公函、民事判决书、书记室公函等。

162. 四川高等法院第一分院、璧山实验地方法院审理返还黄谷一案 12－14－158

1944年5月至1944年11月，四川高等法院第一分院、璧山实验地方法院关于黄正明、王玉林声请返还黄谷一案的文书，包括卷宗目录、民事委任状、民事上诉状、送达证书、往来公函、通知人名单、民事辩论笔录、民事宣判笔录、证人结文、民事判决书等。

163. 四川高等法院第一分院、璧山实验地方法院审理给付黄谷一案　12－14－159

1944 年 2 月至 1944 年 8 月，四川高等法院第一分院、璧山实验地方法院关于何汉清、王绍元声请给付黄谷一案的文书，包括卷宗目录、民事声请状、送达证书、往来公函、通知人名单、民事辩论笔录、民事宣判笔录、民事裁定书、民事判决书等。

164. 璧山实验地方法院审理请发支付命令一案　12－14－160

1944 年 2 月，璧山实验地方法院关于张曾朋、钟赵德因借约纠葛而请发支付命令一案的文书，包括卷宗目录、征收裁判费核定单、案件审查表、案件审理单、民事声请状、借到条、收据、法院支付命令、送达证书、往来公函、通知人名单等。

165. 璧山实验地方法院审理声请宣告假执行一案　12－14－161

1944 年 4 月，璧山实验地方法院关于张曾朋、钟赵德因债务纠葛而声请宣告假执行一案的文书，包括卷宗目录、民事声请状、送达证书、往来公函、法院支付命令等。

166. 璧山实验地方法院审理假扣押一案　12－14－162

1944 年 12 月，璧山实验地方法院关于石全兴因石维章返还黄谷纠葛而声请对黄谷进行假扣押一案的文书，包括卷宗目录、民事声请状、收据等。

167. 璧山实验地方法院审理租谷假扣押一案　12－14－163

1944 年 8 月，璧山实验地方法院关于周鸣远、舒东高因债务纠葛而声请对租谷执行假扣押一案的文书，包括卷宗目录、民事裁定书、案件审理单、往来公函、送达证书、民事诉状、报告、璧山地方法院训令、领状、璧山地方法院批示、通知人名单、民事辩论笔录等。

168. 璧山实验地方法院审理交业执行一案　12－14－164

1944 年 11 月至 1944 年 12 月，璧山实验地方法院关于赵洪武、王良因领押纠葛而声请交业执行一案的文书，包括民事执行状、卷宗目录、案件审查表、案件审理单、民事执行文稿、报告、民事执行命令、民事异议状、民事声请状、送达证书、往来公函、通知人名单、民事裁定书等。

169. 璧山实验地方法院审理假扣押一案　12－14－165

1944年6月至1944年8月，璧山实验地方法院关于刘光旭、陈青云因遗产继承权产生纠葛而声请假扣押一案的文书，包括卷宗目录、民事声请状、送达证书、收据、民事裁定书等。

170. 璧山实验地方法院审理佃权登记一案　12－14－166

1944年7月，璧山实验地方法院关于何铨扬为确认佃权而申请不动产登记一案的文书，包括卷宗目录、不动产登记申请书、不动产登记事项、往来公函、不动产登记保证书、送达证书、璧山地方法院命令、报告、佃产图略、通知人名单、璧山地方法院公告、收据等。

171. 璧山实验地方法院审理领证一案　12－14－167

1944年8月，璧山实验地方法院关于祝庆康为确认物权转移而声请领证一案的文书，包括送达证书、往来公函、通知人名单、领到证明、民事声请状、民事辩论笔录等。

172. 璧山实验地方法院审理交业执行一案　12－14－168

1944年11月至1945年1月，璧山实验地方法院关于郭明轩因郭德轩不遵守判决而声请交业执行一案的文书，包括卷宗目录、民事执行状、民事判决书、民事委任状、民事执行文稿、民事执行命令、报告、璧山地方法院通知书、民事声请状、收据、民事裁定、送达证书、往来公函、通知人名单等。

173. 璧山实验地方法院审理请求给付食谷一案　12－14－169

1944年7月至1944年8月，璧山实验地方法院关于李树轩、姜春林因食谷给付款纠葛而请求给付食谷一案的文书，包括卷宗目录、民事执行状、民事声请状、送达证书、往来公函、通知人名单、民事辩论笔录、民事和解笔录等。

174. 璧山实验地方法院审理黄谷执行一案　12－14－170

1944年1月至1945年11月，璧山实验地方法院关于陈桂贞、陈汉因债务纠葛而声请黄谷执行一案的文书，包括卷宗目录、民事执行状、报告、案件审查表、案件审理单、民事声请状、送达证书、往来公函、通知人名单、民事辩论笔录、民事判决书、璧山地方法院检察官不处分书等。

175. 璧山实验地方法院审理债务执行一案　12－14－171

1944年11月至1945年2月，璧山实验地方法院关于邬吉孚、王泽民声请债务执行一案的文书，包括卷宗目录、民事执行状、民事裁定书、案件审查表、送达证书、往来公函、民事执行文稿、民事执行命令、报告、收据等。

176. 璧山实验地方法院审理给付租谷调解一案　12－14－172

1944年9月至1944年10月，璧山实验地方法院关于陈桂贞、杨子云声请给付租谷调解一案的文书，包括卷宗目录、民事委任状、民事调解状、送达证书、往来公函、通知人名单等。

177. 璧山实验地方法院审理罚金执行一案　12－14－173

1944年3月至1944年5月，璧山实验地方法院关于黄中发罚金执行一案的文书，包括卷宗目录、送达证书、往来公函、通知人名单、刑事判决书、民事执行文稿、报告、民事执行命令、收据等。

178. 四川高等法院第一分院、璧山实验地方法院审理返还楼板执行一案　12－14－174

1944年11月至1944年12月，四川高等法院第一分院、璧山实验地方法院关于江述荣、张四维因债务纠葛而声请返还楼板执行一案的文书，包括卷宗目录、民事判决书、案件审查表、案件审理单、送达证书、往来公函、通知人名单、民事执行文稿、报告、民事执行命令、璧山地方法院训令、璧山地方法院通知书等。

179. 璧山实验地方法院审理确认经界一案　12－14－175

1944年2月，璧山实验地方法院关于万正源、万尚志因田产边界纠葛而声请确认经界一案的文书，包括卷宗目录、征收裁判费核定单、案件审查表、案件审理单、民事声请状、送达证书、往来公函、通知人名单、民事辩论笔录、民事委任状、证人结文、数据科通知书等。

180. 璧山实验地方法院审理妨害风化、侵入住宅两案　12－14－176

1943年11月至1944年4月，璧山实验地方法院关于李海清、王炳清妨害风化、侵入住宅两案的文书，包括卷宗目录、刑事声请状、征收裁判费核定单、案件审查表、案件审理单、民事声请状、送达证书、往来公函、通知人名单、询问笔录、审判笔录、证人结文、民事答辩状、刑事宣判笔录、民事委任状、刑事判决书等。

181. 四川高等法院第一分院、璧山实验地方法院审理请求回赎典产一案　12－14－177

1944 年 3 月至 1944 年 10 月，四川高等法院第一分院、璧山实验地方法院关于薛周氏、冯学同因田产房屋纠葛而声请回赎典产一案的文书，包括卷宗目录、征收裁判费核定单、案件审查表、案件审理单、民事诉状、送达证书、往来公函、通知人名单、民事辩论笔录、民事委任状、民事上诉状、民事裁定书、民事申请书、民事答辩状、民事判决书等。

182. 江津地方法院、璧山实验地方法院审理返还产业一案　12－14－178

1937 年 4 月至 1944 年 10 月，江津地方法院、璧山实验地方法院关于黄永兴、黄宗洛因田产房屋纠葛而声请返还产业一案的文书，包括卷宗目录、征收裁判费核定单、案件审查表、案件审理单、民事起诉状、民事声请状、送达证书、往来公函、通知人名单、民事辩论笔录、民事委任状、民事宣判笔录、民事判决书等。

183. 璧山实验地方法院审理债务执行一案　12－14－179

1944 年 9 月至 1944 年 10 月，璧山实验地方法院关于景亮钧、吴月海因欠款纠葛而声请债务执行一案的文书，包括卷宗目录、案件审查表、案件审理单、民事声请状、送达证书、往来公函、通知人名单、法院支付命令、报告书等。

184. 璧山实验地方法院审理请求禁产裁定一案　12－14－180

1944 年 3 月，璧山实验地方法院关于唐树廷、唐熵辉因田产纠葛而请求禁产裁定一案的文书，包括卷宗目录、民事声请状、送达证书、往来公函、民事裁定书等。

185. 璧山实验地方法院审理请求撤销买卖契约一案　12－14－181

1944 年 2 月，璧山实验地方法院关于甘印氏、甘刘氏因田产纠葛而请求撤销买卖契约一案的文书，包括卷宗目录、征收裁判费核定单、案件审查表、案件审理单、民事诉状、民事委任状、收据、民事答辩状、证人结文、民事上诉状、民事声请状、送达证书、往来公函、通知人名单、民事辩论笔录、民事宣判笔录、民事判决书、民事和解状等。

186. 璧山实验地方法院审理请求终止租约一案　12－14－182

1944 年 6 月，璧山实验地方法院关于瞿寿轩因瞿曾氏抗不授田的租佃纠葛而请求终止租约一案的文书，包括卷宗目录、征收裁判费核定单、案件审查表、案件审理单、民事声请状、收据、书记科通知书、送达证书、往来公函、通知人名单等。

187. 璧山实验地方法院审理请求交业一案　12－14－183

1944 年 11 月，璧山实验地方法院关于张林吉、何晏辉因祖田继承纠葛而请求交业一案的文书，包括卷宗目录、征收裁判费核定单、案件审查表、案件审理单、民事声请状、送达证书、往来公函、通知人名单、民事辩论笔录、民事宣判笔录、民事委任状、证人结文、收据、见佃人证明材料、民事判决书等。

188. 四川高等法院第一分院、璧山实验地方法院审理给付黄谷一案　12－14－184

1944 年 5 月至 1944 年 8 月，四川高等法院第一分院、璧山实验地方法院关于梁钟兰、杨鲁三给付黄谷一案的文书，包括卷宗目录、璧山地方法院书记室公函、璧山地方法院公函、民事判决书等。

189. 四川高等法院第一分院、璧山实验地方法院审理搬迁交业一案　12－14－185

1944 年 1 月至 1944 年 5 月，四川高等法院第一分院、璧山实验地方法院关于蒲文生、刘普全声请搬迁交业一案的文书，包括卷宗目录、民事声请状、送达证书、往来公函、通知人名单、民事答辩状、收据、民事言辞辩论笔录、民事委任状、民事宣判笔录、民事裁定书、民事判决书等。

190. 璧山实验地方法院审理租谷执行一案　12－14－186

1944 年 8 月，璧山实验地方法院关于刘焕林、叶炳顺租谷执行一案的文书，包括卷宗目录、往来公函、通知人名单、民事裁定书、璧山地方法院训令、送达证书等。

191. 璧山实验地方法院审理终止租约一案　12－14－187

1944 年 2 月至 1944 年 3 月，璧山实验地方法院关于曾次咸、李荣华因债务纠葛而声请终止租约一案的文书，包括卷宗目录、民事执行状、案件审查表、案件审理单、民事执行文稿、报告、民事执行命令、民事执行异议状、送达证书、往来公函、通知人名单、收据等。

192. 璧山实验地方法院审理交还田土房屋一案　12－14－188

1944 年 7 月至 1944 年 10 月，璧山实验地方法院关于刘普金、蒲海全因不服判决而声请交还田土房屋一案的文书，包括民事上诉状、卷宗目录、案件审理单、民事声请状、送达证书、往来公函、通知人名单、民事裁定书等。

193. 四川高等法院第一分院、璧山实验地方法院审理终止租约一案　12－14－189（1）

1944年1月至1944年7月，四川高等法院第一分院、璧山实验地方法院关于张惠兰、张本源因租佃纠葛而请求终止租约一案的文书，包括卷宗目录、征收裁判费核定单、案件审查表、案件审理单、民事声请状、送达证书、往来公函、通知人名单、民事辩论笔录、民事宣判笔录、民事裁定书、民事判决书、民事诉状、民事上诉状、民事委任状等。

194. 最高法院、四川高等法院第一分院、璧山实验地方法院审理终止租约一案　12－14－189（2）

1941年4月至1944年10月，最高法院、四川高等法院第一分院、璧山实验地方法院关于张惠兰、张本源因租佃纠葛而请求终止租约一案的文书，包括卷宗目录、民事上诉状、民事答辩状、案件审查表、案件审理单、民事声请状、送达证书、往来公函、通知人名单、民事辩论笔录、民事宣判笔录、民事裁定书、民事判决书、见佃人证明材料等。

195. 四川高等法院第一分院、璧山实验地方法院审理搬迁交业一案　12－14－190

1944年8月至1945年1月，四川高等法院第一分院、璧山实验地方法院关于谢东汉、曾继元声请搬迁交业一案的文书，包括卷宗目录、璧山地方法院书记室公函、往来公函等。

196. 璧山实验地方法院审理请求搬迁交业一案　12－14－191

1944年10月至1944年11月，璧山实验地方法院关于谢东汉因与曾继元租约终止而声请搬迁交业一案的文书，包括卷宗目录、征收裁判费核定单、案件审查表、案件审理单、民事诉状、收据、民事委任状、民事声请状、送达证书、往来公函、通知人名单、民事辩论笔录、民事宣判笔录、证人结文、民事判决书等。

197. 最高法院、四川高等法院第一分院、璧山实验地方法院审理返还熟土及小麦一案　12－14－192

1944年8月至1945年10月，最高法院、四川高等法院第一分院、璧山实验地方法院关于江流文、江宗尧声请还熟土及小麦一案的文书，包括卷宗目录、民事上诉状、送达证书、往来公函、通知人名单、民事上诉理由书、民事委任状、民事申请书、民事辩论笔录、民事宣判笔录、民事答辩状、卷证标目、民事判决书等。

198. 璧山实验地方法院审理终止租约一案　12—14—193

1944 年 10 月，璧山实验地方法院关于何石氏、何裕昆声请终止租约一案的文书，包括卷宗目录、征收裁判费核定单、案件审查表、案件审理单、民事声请状、收据、民事证明状、民事调解文字材料等。

199. 最高法院、四川高等法院第一分院、璧山实验地方法院审理搬迁交业上诉一案　12—14—194

1942 年 7 月至 1943 年 10 月，最高法院、四川高等法院第一分院、璧山实验地方法院关于任银章、李汉彬搬迁交业上诉一案的文书，包括往来公函、民事上诉状、民事催状、民事声请状、送达证书、民事证明状、民事裁定书等。

200. 四川高等法院第一分院、璧山实验地方法院审理赔偿损害一案　12—14—195

1944 年 8 月至 1945 年 4 月，四川高等法院第一分院、璧山实验地方法院关于陈士佩因周惠安侵害不动产而声请赔偿损害一案的文书，包括卷宗目录、征收裁判费核定单、案件审查表、案件审理单、民事诉状、送达证书、往来公函、通知人名单、民事异议状、证人结文、民事辩诉状、民事答辩状、民事上诉状、民事辩论笔录、民事宣判笔录、民事委任状、民事判决书、产业图等。

201. 四川高等法院第一分院、璧山实验地方法院审理请求给付租谷一案　12—14—196

1944 年 3 月至 1944 年 11 月，四川高等法院第一分院、璧山实验地方法院关于巫奎臣、黄英璨因租佃纠葛而请求给付租谷一案的文书，包括卷宗目录、征收裁判费核定单、案件审查表、案件审理单、民事声请状、收据、民事辩诉状、送达证书、往来公函、通知人名单、民事辩论笔录、民事宣判笔录、民事诉讼状、民事判决书、证物目录等。

202. 四川高等法院第一分院、江津地方法院、璧山实验地方法院审理请求搬迁交业一案　12—14—197（1）

1944 年 1 月至 1944 年 4 月，四川高等法院第一分院、江津地方法院、璧山实验地方法院关于曾夏泉、严腾辉因佃约期满而请求搬迁交业一案的文书，包括卷宗目录、征收裁判费核定单、案件审查表、案件审理单、民事声请状、民事委任状、送达证书、往来公函、通知人名单、民事和解笔录、民事辩论笔录、民事宣判笔录、民事判决书等。

203. 最高法院、四川高等法院第一分院、江津地方法院、璧山实验地方法院审理给付租谷调解一案　12－14－197（2）

1944年11月至1945年3月，最高法院、四川高等法院第一分院、江津地方法院、璧山实验地方法院关于曾夏泉、严腾辉因租约纠葛而请求给付租谷调解一案的文书，包括卷宗目录、民事调解、案件审查表、案件审理单、民事声请状、民事委任状、送达证书、往来公函、通知人名单、民事辩论笔录、民事宣判笔录、民事上诉状、民事判决书、民事缴状等。

204. 璧山实验地方法院审理交还田房执行一案　12－14－198

1944年4月至1944年5月，璧山实验地方法院关于黄许氏、虞洪顺因租约纠葛而声请交还田房执行一案的文书，包括卷宗目录、民事执行状、送达证书、往来公函、民事判决书等。

205. 四川高等法院第一分院、璧山实验地方法院审理产业执行一案　12－14－199

1942年1月至1944年1月，四川高等法院第一分院、璧山实验地方法院关于尹上美因尹上勋霸占屋产而声请产业执行一案的文书，包括民事声请状、民事辩诉状、送达证书、往来公函、通知人名单、报告、民事裁定书等。

206. 四川高等法院第一分院、璧山实验地方法院审理交房执行一案　12－14－200

1944年11月至1945年6月，四川高等法院第一分院、璧山实验地方法院关于冯学周、李清明因债权纠葛而声请交房执行一案的文书，包括卷宗目录、民事声请状、案件审理单、送达证书、往来公函、通知人名单、民事委任状、民事辩论笔录、意见书、民事执行文稿、民事执行命令、民事判决书、民事裁定书等。

207. 璧山实验地方法院审理请求增加给付一案　12－14－201

1944年4月至1944年5月，璧山实验地方法院关于蒋承基、傅陈氏因田土房产纠葛而请求增加给付一案的文书，包括卷宗目录、征收裁判费核定单、案件审查表、案件审理单、民事诉状、送达证书、往来公函、通知人名单、民事委任状、民事辩论笔录、民事宣判笔录、民事判决书等。

208. 四川高等法院第一分院、璧山实验地方法院审理领押交业一案　12－14－202

1944年6月至1944年7月，四川高等法院第一分院、璧山实验地方法院关于朱勤林、张炳奎声请领押交业一案的文书，包括往来公函、民事判决书、书记室公函、依法核明材料等。

209. 四川高等法院第一分院、璧山实验地方法院审理伪造私文书一案　12－14－203

1944年1月至1944年4月，四川高等法院第一分院、璧山实验地方法院关于雷马氏、雷彭氏因房产地产纠葛而声请伪造私文书一案的文书，包括卷宗目录、刑事声请状、检察官答辩书、刑事答辩状、刑事公证状、刑事声明状、刑事上诉状、刑事诉讼状、送达证书、往来公函、刑事判决书、凭证人证明材料等。

210. 璧山实验地方法院审理确认继承权一案　12－14－204（1）

1944年1月至1944年4月，璧山实验地方法院关于曾嘉谷因曾叚氏被继承人虐待而声请确认继承权一案的文书，包括卷宗目录、案件审查表、案件审理单、民事起诉状、民事声请状、收据、民事委任状、民事诉讼状、送达证书、往来公函、通知人名单、民事辩论笔录、民事辩诉状、阅卷申请书、民事补诉状、民事宣判笔录、民事判决书等。

211. 最高法院、四川高等法院第一分院、璧山实验地方法院审理确认继承权一案　12－14－204（2）

1944年7月至1944年10月，最高法院、四川高等法院第一分院、璧山实验地方法院关于曾嘉谷、曾叚氏因不服判决而声请确认继承权一案的文书，包括卷宗目录、案件审查表、案件审理单、民事声请状、民事上诉状、民事委任状、送达证书、往来公函、通知人名单、民事辩论笔录、民事宣判笔录、民事裁定书、民事判决书等。

212. 璧山实验地方法院审理违法改租一案　12－14－205

1944年11月，璧山实验地方法院关于军训部因王黄淑德等承租人故意违反租约而诉其违法改租一案的文书，包括卷宗文书目录、璧山县政府公函、往来公函等。

213. 璧山实验地方法院审理搬迁交业调解一案　12－14－206

1944年8月至1944年9月，璧山实验地方法院关于陈祥安、徐海清声请搬迁交业纠葛调解一案的文书，包括卷宗目录、民事声请状、送达证书、往来公函、通知人名单、民事辩论笔录、调解笔录等。

214. 四川高等法院第一分院、璧山实验地方法院审理请求迁让交业一案　12－14－207

1944年5月至1944年6月，四川高等法院第一分院、璧山实验地方法院关于朱孙氏、张治辉因欠租纠葛而请求迁让交业一案的文书，包括卷宗目录、书记室公函、往来公函、民事判决书等。

215. 四川高等法院第一分院、璧山实验地方法院审理返还衣物一案　12－14－208

1944年10月至1944年12月，四川高等法院第一分院、璧山实验地方法院关于江刘承书、江建全返还衣物一案的文书，包括地方法院公函、书记室公函、往来公函、民事裁定书、民事判决书等。

216. 璧山实验地方法院审理终止租约一案　12－14－209

1944年10月至1944年11月，璧山实验地方法院关于王致启因王银安违反原定契约条款而声请终止租约一案的文书，包括卷宗目录、征收裁判费核定单、案件审查表、案件审理单、民事告诉状、送达证书、往来公函、通知人名单、民事辩诉状、民事辩论笔录、民事宣判笔录、民事判决书等。

217. 四川高等法院第一分院、璧山实验地方法院审理给付债款一案　12－14－210

1944年9月至1944年11月，四川高等法院第一分院、璧山实验地方法院关于郑新权、罗汉章因债务纠葛而申请给付债款一案的文书，包括卷宗目录、征收裁判费核定单、案件审查表、案件审理单、民事诉状、民事委任状、开卷申请书、民事辩诉状、民事抗告状、送达证书、往来公函、通知人名单、民事辩论笔录、民事裁定书、民事判决书等。

218. 璧山实验地方法院审理声请抗告一案　12－14－211

1944年7月至1944年11月，璧山实验地方法院关于郑新权、罗汉章因债务纠葛而声请抗告一案的文书，包括卷宗目录、民事抗告状、收据、民事裁定书、送达证书等。

219. 璧山实验地方法院审理请求赔偿树种损失一案　12－14－212

1944年4月至1945年5月，璧山实验地方法院关于唐宪章、箫银顺因树种契约纠葛而请求赔偿树种损失一案的文书，包括卷宗目录、民事判决书、书记室公函、民事声请状、送达证书、通知人名单、言辞辩论笔录、璧山地方法院通知书等。

220. 璧山实验地方法院审理给付租谷一案　12－14－213

1944年10月至1944年12月，璧山实验地方法院关于张炳林、明玉廷因调解不成功而声请给付租谷一案的文书，包括卷宗目录、征收裁判费核定单、案件审查表、案件审理单、民事起诉状、送达证书、往来公函、通知人名单、民事委任状、民事辩论笔录、民事宣判笔录、证人结文、民事判决书等。

221. 璧山实验地方法院审理声请裁定一案　12—14—214

1944年3月至1944年11月，璧山实验地方法院关于张泰康、廖兴发因产业交还纠葛而声请裁定一案的文书，包括卷宗目录、民事声请状、璧山地方法院批稿、送达证书、往来公函等。

222. 璧山实验地方法院审理终止租约一案　12—14—215

1944年3月至1944年11月，璧山实验地方法院关于王黄觉光、刘光前因租约领押纠葛而声请终止租约一案的文书，包括卷宗目录、征收裁判费核定单、案件审查表、案件审理单、民事诉状、收据、民事委任状、民事辩诉状、送达证书、往来公函、通知人名单、民事辩论笔录、民事宣判笔录、民事判决书、见佃人证明材料等。

223. 四川高等法院第一分院、璧山实验地方法院审理领押交业执行一案　12—14—216

1944年11月至1945年6月，四川高等法院第一分院、璧山实验地方法院关于谢清山、何金卅声请领押交业执行案的文书，包括往来公函、民事执行、民事传票、民事委状、民事执行文稿、民事委任状、民事辩论笔录、民事申请等。

224. 璧山实验地方法院审理赎典调解一案　12—14—217

1944年1月至1944年2月，璧山实验地方法院关于曾汉清、曾银洲因典产租期已满却未返还发生纠葛而声请调解一案的文书，包括民事声请、具诉状、案件审理单、送达证书、民事传票等。

225. 璧山实验地方法院审理所有权登记、抵押权登记一案　12—14—218

1944年6月至1945年1月，璧山实验地方法院关于赵发宣所有权登记、抵押权登记一案的文书，包括卷宗文书目录、不动产登记申请登记书、璧山实验地方法院命令、不动产登记保证书、具结单、田产地图、往来公函、璧山实验法院公告、收据、登记通知书等。

226. 四川高等法院第一分院、璧山实验地方法院审理终止租约一案　12—14—219

1944年5月，四川高等法院第一分院、璧山实验地方法院关于唐海全、陈北居终止租约一案的文书，包括往来公函、民事判决书、法院书记室公函等。

227. 四川高等法院第一分院、璧山实验地方法院审理搬迁交房一案　12—14—220

1944年6月至1944年7月，四川高等法院第一分院、璧山实验地方法院关于

唐海全、陈北居因终止租约纠葛而申请搬迁交房一案的文书，包括往来公函、书记室公函、送达证书、民事上诉状、民事裁定书等。

228. 璧山实验地方法院审理异议之诉一案　12－14－221

1944年2月至1944年5月，璧山实验地方法院关于黄英灿、巫奎臣因租谷纠葛的异议之诉一案的文书，包括征收裁判费核定单、案件审查表、案件审理单、具诉状、民事辩论笔录、民事传票、民事宣判笔录等。

229. 四川高等法院第一分院、璧山实验地方法院审理给付黄谷执行一案　12－14－222

1944年4月至1944年5月，四川高等法院第一分院、璧山实验地方法院关于梁钟兰、杨鲁三因租谷纠葛而声请给付黄谷执行一案的文书，包括卷案目录、民事申请状、民事裁定、送达证书、民事判决书、往来公函、证据等。

230. 四川高等法院第一分院、璧山实验地方法院审理请求终止租约一案　12－14－223

1944年2月至1944年11月，四川高等法院第一分院、璧山实验地方法院关于徐利昌、陈杨氏因租谷纠葛而请求终止租约一案的文书，包括卷宗目录、往来公函、民事诉状、民事传票、民事辩论笔录等。

231. 璧山实验地方法院审理分割产业执行一案　12－14－224

1944年6月至1944年7月，璧山实验地方法院关于雷海清、雷德元因产业纠纷而声请分割产业执行一案的文书，包括卷宗目录、民事声请、和解笔录、往来公函、案件审理单、报告、民事执行文稿、具诉状、法院执行命令等。

232. 四川高等法院第一分院、璧山实验地方法院审理请求返还产业一案　12－14－225（1）

1943年8月至1945年4月，四川高等法院第一分院、璧山实验地方法院关于伍杨氏、伍志达等因遗产继承纠葛而请求返还产业的文书，包括往来公函、卷宗目录、裁判费核定单、民事传票、民事声请、民事言辞辩论笔录、具诉状、书记室公函、民事委任状、民事辩诉状、民事声明等。

233. 璧山实验地方法院审理返还交业一案　12－14－225（2）

1944年4月至1944年5月，璧山实验地方法院关于伍杨氏、伍志达因遗产继承纠葛而声请伍志达返还交业一案的文书，包括民事补诉状、送达证书、庭审笔录、民事传票、具诉状、民事辩论笔录、民事宣判笔录、证词等。

234. 四川高等法院第一分院、璧山实验地方法院审理给付租谷一案　12－14－226

1944年10月至1944年12月，四川高等法院第一分院、璧山实验地方法院关于甘遐久、杨炳林申请给付租谷一案的文书，包括往来公函、民事诉状、民事委状、民事辩论笔录、民事宣判笔录等。

235. 璧山实验地方法院审理请求赔偿损失一案　12－14－227

1944年4月至1944年6月，璧山实验地方法院关于唐宪章、兰银顺因修水利工程破坏产业发生纠葛而请求赔偿损失一案的文书，包括卷案目录、征收裁判费核定单、具诉状、案件审理单、民事传票、民事辩论笔录、民事辩诉状、民事委任状、民事宣判笔录等。

236. 璧山实验地方法院审理偿还黄谷一案　12－14－228

1944年10月至1944年12月，璧山实验地方法院关于刘罗氏、杨中华因食谷偿还产生纠葛而声请偿还黄谷一案的文书，包括收据、民事起诉状、民事委任状、送达证书、民事传票、民事辩论笔录、民事宣判笔录等。

237. 璧山实验地方法院审理确认契约有效一案　12－14－229

1944年9月至1945年2月，璧山实验地方法院关于黄金盛、黄国兴因租佃契约纠葛而申请确认买卖契约有效一案的文书，包括往来公函、卷宗文书目录、民事起诉状、具诉状、民事委任状、案件审理单、民事传票、民事辩论笔录、民事辩诉状、书记室通知书、民事声请、阅卷声明书、民事答辩状等。

238. 璧山实验地方法院审理搬迁交房一案　12－14－230

1942年10月至1945年2月，璧山实验地方法院关于胡纯和与第一织布厂厂长声请搬迁交房一案的文书，包括往来公函、民事起诉状、民事参加状、民事传票、民事委任状、具诉状、民事补诉状、民事辩论笔录、民事宣判笔录等。

239. 四川高等法院第一分院、璧山实验地方法院审理偿还黄谷、请求确认买卖契约无效两案　12－14－231（1）

1944年1月至1944年12月，四川高等法院第一分院、璧山实验地方法院关于刘罗氏偿还黄谷、万锡轩请求确认买卖契约无效两案的文书，包括往来公函、民事起诉状、民事委任状、案件审理单、民事传票、具诉状、民事辩论笔录等。

240. 四川高等法院第一分院、璧山实验地方法院审理偿还黄谷、请求确认买卖契约无效两案　12－14－231（2）

1944年1月至1944年12月，四川高等法院第一分院、璧山实验地方法院关于刘罗氏偿还黄谷、万锡轩请求确认买卖契约无效两案的文书，包括往来公函、民事宣判、民事上诉、民事委任状、民事声请书、民事委状、具诉状、民事辩答、判决笔录，民事辩论笔录、书记室公函等。

241. 四川高等法院第一分院、璧山实验地方法院审理确认不动产买卖契约无效一案　12－14－232（1）

1943年5月至1943年10月，四川高等法院第一分院、璧山实验地方法院关于万锡轩、张荣发等声请确认不动产买卖契约无效一案的文书，包括卷宗目录、征收裁判费核定单、书记室公函、具诉状、民事上诉状、民事裁定、民事传票、民事答辩状、民事委任状、民事声请书、辩论笔录等。

242. 四川高等法院第一分院、璧山实验地方法院撤销买卖契约、确认买卖契约无效两案　12－14－232（2）

1943年2月至1944年8月，四川高等法院第一分院、璧山实验地方法院关于张郭氏、万锡轩撤销买卖契约、确认买卖契约无效两案的文书，包括民事诉状、往来公函、具诉状、民事传票、民事委任状、庭审笔录、民事补诉状、民事宣判笔录、书记室公函等。

243. 璧山实验地方法院审理请求损害赔偿一案　12－14－233

1944年5月至1944年6月，璧山实验地方法院关于刘斐然、左黄氏因不动产纠葛而请求损害赔偿一案的文书，包括卷宗目录、案件审查表、民事诉状、具诉状、民事传票、民事辩论笔录、民事宣判、民事委任状等。

244. 四川高等法院第一分院、璧山实验地方法院审理给付生活费一案　12－14－234

1944年7月至1944年11月，四川高等法院第一分院、璧山实验地方法院关于黄汉澄、钟明霞因婚姻破裂而声请给付生活费一案的文书，包括卷宗目录、民事上诉、具诉状、民事委任状、民事声请书、民事辩诉状、庭审笔录、书记室公函等。

245. 四川高等法院第一分院、璧山实验地方法院审理返还产业、返还田业两案　12－14－235

1944年12月至1945年4月，四川高等法院第一分院、璧山实验地方法院关于

余锡之、余海清等因房屋田产纠葛而声请返还产业，返还田业两案的文书，包括卷宗目录、民事起诉状、具诉状、民事传票、民事答辩状、民事辩论笔录、民事委任状、民事宣判、书记室公函、民事上诉、民事公证等。

246. 璧山实验地方法院审理终止租约一案　12－14－236

1944年8月至1944年11月，璧山实验地方法院关于刘良臣为维持荣誉军人家属生活而声请终止租约一案的文书，包括征收裁判费核定单、民事判决、卷宗目录、往来公函、民事辩论笔录、民事诉状、民事传票、民事宣判笔录、民事上诉状等。

247. 四川高等法院第一分院、璧山实验地方法院审理产业纠葛再审一案　12－14－237

1944年9月至1944年10月，四川高等法院第一分院、璧山实验地方法院关于黄永兴、黄宗珞因产业纠葛而请求再审一案的文书，包括卷宗目录、法院批稿、送达证书、民事声请、具诉状、书记室公函等。

248. 璧山实验地方法院审理回赎典产一案　12－14－238

1929年10月至1944年5月，璧山实验地方法院关于王绍荣、王治荣因产业纠葛而声请回赎典产一案的文书，包括卷宗目录、民事判决、往来公函、送达证书、书记室公函、民事辩论笔录、民事告诉状、具诉状、民事传票、民事追诉状、民事宣判笔录、典契等。

249. 四川高等法院第一分院、璧山实验地方法院审理领押交业一案　12－14－239

1944年4月至1944年11月，四川高等法院第一分院、璧山实验地方法院关于罗树钦、谢清山领押交业纠纷一案的文书，包括民事委任状、民事辩论笔录、具诉状，民事声请、书记室公函、民事裁定、民事上诉、民事答辩状等。

250. 璧山实验地方法院审理请求领押交业一案　12－14－240

1944年4月至1944年5月，璧山实验地方法院关于罗世富、箫银廷因典押纠葛而请求领押交业一案的文书，包括征收裁判费核定单、案件审查表、民事诉状、具诉状、民事传票、民事委任状、民事辩论笔录、声请书、证人结文、民事宣判笔录、欠条等。

251. 璧山实验地方法院审理请求解除租约一案　12－14－241

1944年4月至1944年8月，璧山实验地方法院关于凌玉光、刘兴福因租佃纠葛而请求解除租约一案的文书，包括卷宗目录、征收裁判费核定单、案件审查表、民事起诉状、收据、民事委任状、民事答辩状、民事传票、具诉状、民事辩论笔录等。

252. 璧山实验地方法院审理请求终止租约一案　12－14－242

1944 年 5 月，璧山实验地方法院关于陈北居因建筑用地需求而请求终止租约一案的文书，包括卷宗目录、征收裁判费核定单、案件审查表、民事告诉状、民事传票、具诉状、民事辩论笔录、民事宣判笔录等。

253. 四川高等法院第一分院、璧山实验地方法院审理确认买卖契约有效一案　12－14－243

1944 年 5 月至 1944 年 7 月，四川高等法院第一分院、璧山实验地方法院关于罗宏均等声请确认买卖契约有效一案的文书，包括民事判决、往来公函、书记室公函、送达证书、言辞辩论笔录、民事撤回状等。

254. 璧山实验地方法院审理交业执行一案　12－14－244

1944 年 7 月，璧山实验地方法院关于罗海云因产业纠葛而声请交业执行一案的文书，包括民事判决、案件审查表、民事执行文稿、执行命令、法院批稿、报告、具诉状、收条、民事声请书等。

255. 璧山实验地方法院审理离婚一案　12－14－245

1944 年 7 月至 1944 年 9 月，璧山实验地方法院关于沈吴德、沈泽光因丈夫不尽夫道而声请离婚一案的文书，包括卷宗目录、民事诉状、征收裁判费核定单、案件审查表、收据、民事委任状、具诉状、民事辩论笔录、送达证书、民事诉讼、通知人名单、民事传票、所买器物列表等。

256. 四川高等法院第一分院、璧山实验地方法院审理给付生活费一案　12－14－246

1944 年 2 月，四川高等法院第一分院、璧山实验地方法院关于蒋曾典、蒋鸿作因夫妻关系并非脱离而声请给付生活费一案的文书，包括卷宗目录、收据、报告、民事抗告、书记室公函、民事抗诉状、往来公函等。

257. 璧山实验地方法院审理诬告一案　12－14－247

1944 年 10 月，璧山实验地方法院关于甘文光诬告一案的文书，包括侦查卷宗、卷宗文书目录、法院检察官起诉书、法院检察官不起诉处分书、送达证书、检察官再议处分书、往来公函等。

258. 璧山实验地方法院审理妨害婚姻及家庭一案　12－14－248

1944 年 4 月至 1944 年 7 月，璧山实验地方法院关于王树军因王彭氏携物私逃而诉其妨害婚姻及家庭一案的文书，包括卷宗目录、往来公函、刑事判决、刑事委任、具诉状、刑事诉状、刑事传票、刑事审判笔录、刑事辩诉状、刑事宣判笔录、刑事保状、刑事申请状等。

259. 璧山实验地方法院审理婚姻无效一案　12－14－249

1944 年 12 月至 1945 年 2 月，璧山实验地方法院关于徐明山、官正吉声请婚姻无效一案的文书，包括卷宗目录、收据、民事委状、民事辩诉状、民事传票、送达证书、通知人名单、民事委任状、民事辩状、民事辩论笔录、证据、具诉状、民事缴状、民事宣判笔录、民事判决书等。

260. 璧山实验地方法院审理增加给付一案　12－14－250

1944 年 4 月至 1944 年 5 月，璧山实验地方法院关于赵省三、赵策械因战事影响而声请增加给付一案的文书，包括卷宗文书目录、民事声请、具诉状、案件审查表、送达证书、通知人名单、民事辩论笔录等。

261. 璧山实验地方法院审理声请业债提存一案　12－14－251

1944 年 8 月至 1944 年 9 月，璧山实验地方法院关于陈新科因业主陈治荣不领余款而声请业权提存一案的文书，包括卷宗目录、民事声请、具诉状、法院批稿、卷签、送达证书、民事提存、往来公函等。

262. 璧山实验地方法院审理租谷执行一案　12－14－252

1944 年 8 月，璧山实验地方法院关于罗荣山、白仲梁声请租谷执行一案的文书，包括卷宗目录、民庭函片、民事裁定、往来公函、乡长协办理由、报告、法院训令、保人证明等。

263. 璧山实验地方法院审理止约交业调解一案　12－14－253

1944 年 9 月，璧山实验地方法院关于连松春、彭述之因租谷纠葛而声请止约交业调解一案的文书，包括卷宗目录、民事声请、具诉状、送达证书、通知人名单、民事辩论笔录等。

264. 璧山实验地方法院审理所有权登记一案　12－14－254

1944 年 11 月至 1946 年 1 月，璧山实验地方法院关于何芳楼所有权登记一案的文书，包括卷案目录、不动产登记申请书、登记事项、证明书、收据、往来公函、送达证书、通知人名单、不动产通知书、不动产登记裁定、领到单、收条、民事委任状、房屋简图等。

265. 璧山实验地方法院审理变造承典文书一案　12－14－255

1944 年 9 月至 1944 年 11 月，璧山实验地方法院关于朱勤林、张炳奎因佃约纠葛而声请变造承典文书一案的文书，包括卷宗目录、刑事告诉、具诉状、刑事声请、案件审查表、送达证书、通知人名单、刑事审判书、刑事裁定等。

266. 四川高等法院第一分院、璧山实验地方法院审理确认契约无效一案　12－14－256

1944 年 9 月至 1944 年 11 月，四川高等法院第一分院、璧山实验地方法院关于甘何氏、甘颜氏等因私自盗卖契约而声请确认契约无效一案的文书，包括卷宗目录、征收裁判费核定单、案件审查表、民事起诉状、起诉状善查件、收据、民事委任状、案件审理单、通知人名单、民事辩诉状、民事辩论笔录、民事声请、民事证明、民事宣判笔录、民事判决、送达证书、证明等。

267. 璧山实验地方法院审理赔偿损失一案　12－14－257

1943 年 10 月至 1944 年 2 月，璧山实验地方法院关于刘益兴赔偿损失一案的文书，包括通知人名单、民事委任状、具诉状、案件审理单、送达证书、收条、收票通知人名单、民事裁判、领导、通知证、回证、民事辩论笔录等。

268. 四川高等法院第一分院、璧山实验地方法院审理欠租交业纠葛一案　12－14－258

1944 年 9 月至 1944 年 10 月，四川高等法院第一分院、璧山实验地方法院关于朱汝勤、张治辉欠租交业纠葛一案的文书，包括送达证书、民事辩论笔录、通知人名单、民事上诉、具诉状、民事判决书、书记室公函、往来公函等。

269. 四川高等法院第一分院、璧山实验地方法院审理确认田土所有权一案　12－14－259（1）

1943 年 4 月至 1944 年 9 月，四川高等法院第一分院、璧山实验地方法院关于罗秉卿、陈张氏声请再次确认田土所有权一案的文书，包括书记室公函、民事上诉、民事裁定、具诉状、送达证书、收据、证明材料、民事辩论笔录、民事委任状、民事委状、声请书、法庭公鉴、民事辩论、民事判决、宣判费合计单、卷宗目录、民事再审等。

270. 四川高等法院第一分院、璧山实验地方法院审理确认田土所有权一案　12－14－259（2）

1943 年 4 月至 1944 年 9 月，四川高等法院第一分院、璧山实验地方法院关于罗秉卿、陈张氏声请再次确认田土所有权一案的文书，包括民事辩诉状、争地详图、送达证书、通知人名单、民事辩论笔录、民事委任状、调解函、具诉状、证明材料、地界纠纷图、诉讼证据物品书类封套、书记室公函、民事裁定等。

271. 四川高等法院第一分院、璧山实验地方法院审理确认买卖契约无效一案　12－14－260

1942 年 10 月至 1944 年 10 月，四川高等法院第一分院、璧山实验地方法院关于萧进、萧三福等人因不服判决而继续上诉承认买卖契约无效一案的文书，包括报告、民事裁定、书记室公函稿、记录科通知书、往来公函、民事声明、具诉状、民事声请、民事上诉、卷宗目录、征收裁判费核定单、案件审查表、民事告诉状、民事委任状、民事催状、民事审理单、送达证书、通知人名单、民事辩论笔录、民事辩诉状、证人结交、报告事奉、民事宣判笔录、民事判决、重庆市地方法院公函、证明材料、佃约等。

272. 四川高等法院第一分院、璧山实验地方法院审理遗产纠葛一案　12－14－261

1944 年 6 月至 1944 年 10 月，四川高等法院第一分院、璧山实验地方法院关于陈桂贞遗产纠葛一案的文书，包括书记室公函、送达证书、往来公函、辩论笔录、判决笔录、民事判决书、具诉状、民事上诉、民事委任状、领到单等。

273. 四川高等法院第一分院、璧山实验地方法院审理赎产一案　12－14－262

1944 年 4 月至 1945 年 10 月，四川高等法院第一分院、璧山实验地方法院关于王绍荣赎产一案的文书，包括书记室公函、民事上诉、民事裁定、送达证书、收据、民事判决、民事委状、民事答辩状、民事辩论笔录、往来公函、民事委诉、房屋图、民事阅卷声请书、临街族房证中凭、收条等。

274. 璧山实验地方法院审理请求交业付租一案　12－14－263

1942 年 6 月至 1945 年 5 月，璧山实验地方法院关于张治辉、朱孙氏因租赁纠葛而请求交业付租一案的文书，包括卷宗目录、征收裁判费核定单、案件审查表、民事起诉状、收据、送达证书、民事辩论笔录、民事委任状、交佃田土房屋交约人凭证佃得、民事答辩状、民事补诉状、民事宣判笔录、民事判决等。

275. 四川高等法院第一分院、璧山实验地方法院审理宣告死亡一案　12－14－264

1944年6月至1945年1月，四川高等法院第一分院、璧山实验地方法院关于杨光贵、杨炳林因分割二伯遗业产生纠葛而声请宣告二伯确实死亡的文书，包括卷案文书目录、民事起诉状、案件审理单、送达证书、民事辩论笔录、民事答辩状、民事委状、证人笔录、民事宣判笔录、民事裁定、往来公函、收据等。

276. 四川高等法院第一分院、璧山实验地方法院审理遗产分割一案　12－14－265

1943年4月至1945年2月，四川高等法院第一分院、璧山实验地方法院关于张元龙、张正发因财产纠纷而声请审理遗产分割一案的文书，包括卷宗目录、书记室公函、民事裁定书、送达证书、民事上诉状、民事判决书等。

277. 四川高等法院第一分院、璧山实验地方法院审理契约纠葛一案　12－14－266

1941年2月至1943年11月，四川高等法院第一分院、璧山实验地方法院关于刘五云、蒋泉权因契约纠葛而声请赔偿损失一案的文书，包括卷宗目录、民事执行状、案件审理单、报告、民事声请状、送达证书、民事裁定书、民事判决书等。

278. 璧山实验地方法院审理请发支付命令一案　12－14－267

1944年11月至1944年12月，璧山实验地方法院关于严泽芝、宋绍岐因债务纠葛而请发支付命令一案的文书，包括卷宗目录、民事声请状、支付命令、送达证书、收据、往来公函等。

279. 四川高等法院第一分院、璧山实验地方法院审理确认买卖契约无效一案　12－14－268

1942年3月至1942年8月，四川高等法院第一分院、璧山实验地方法院关于曾德民、吴兴林因不服原判决而声请确认买卖契约无效一案的文书，包括民事抗告状、意见书、送达证书、往来公函、民事裁定书、民事催呈状等。

280. 四川高等法院第一分院、璧山实验地方法院审理赔偿损失执行一案　12－14－269

1943年11月至1944年6月，四川高等法院第一分院、璧山实验地方法院关于陈文卿、戈黄氏因债务纠葛而声请赔偿损失执行一案的文书，包括民事判决书、往来公函、民事执行状、刑事附带民事诉讼判决、送达证书、民事委任状、通知人名单等。

281. 四川高等法院第一分院、璧山实验地方法院审理高一分院调戴安邦与戴青廷回赎典产卷宗一案　12－14－270

1944年9月，四川高等法院第一分院、璧山实验地方法院关于调戴安邦、戴青廷声请回赎典产一案的文书，包括书记室公函、往来公函等。

282. 璧山实验地方法院审理领押交业一案　12－14－271

1944年6月至1944年7月，璧山实验地方法院关于刘传瓛、夏炳荣因违法转租纠葛而声请领押交业一案的文书，包括卷宗目录、征收裁判费核定单、案件审查表、案件审理单、民事起诉状、收据、民事委任状、送达证书、往来公函、民事辩论笔录、民事和解笔录等。

283. 璧山实验地方法院审理撤销典约交换田业及红契一案　12－14－272

1943年8月至1944年10月，璧山实验地方法院关于蒋梓材、蒋绍益因遗产纠葛而声请撤销典约交换田业及红契一案的文书，包括卷宗目录、征收裁判费核定单、案件审查表、收据、案件审理单、民事声请状、送达证书、往来公函、通知人名单、民事委任状、民事续状、民事辩诉状、证人结文、民事上诉状、民事辩论笔录、民事宣判笔录、民事裁定书等。

284. 四川高等法院第一分院、璧山实验地方法院审理返还粮食执行一案　12－14－273

1943年12月至1944年10月，四川高等法院第一分院、璧山实验地方法院关于王海廷因唐绪良盗窃而申请返还粮食执行一案的文书，包括卷宗目录、民事执行状、民事委任状、征收裁判费核定单、案件审查表、案件审理单、民事执行文稿、民事执行命令、报告、送达证书、往来公函、通知人名单、收到条、刑事判决书、刑事附带民事诉讼判决书、民事诉讼判决书等。

285. 璧山实验地方法院审理领押交业一案　12－14－274

1944年4月至1944年5月，璧山实验地方法院关于罗庶仙、杨振河因租约纠葛而声请领押交业一案的文书，包括卷宗目录、征收裁判费核定单、案件审查表、案件审理单、民事声请状、送达证书、往来公函、民事委任状、通知人名单、民事辩论笔录等。

286. 璧山实验地方法院审理租佃调解一案　12－14－275

1944年10月至1944年11月，璧山实验地方法院关于朱陈氏、朱勤丹因租佃契约纠葛而声请租佃调解一案的文书，包括卷宗目录、征收裁判费核定单、案件审查表、案件审理单、民事声请状、送达证书、往来公函、通知人名单、民事委任状、民事辩论笔录等。

287. 璧山实验地方法院审理请求确认义务一案　12－14－276

1944年3月至1944年11月，璧山实验地方法院关于赵春山、杨叔伦因租谷纠葛而请求确认义务一案的文书，包括卷宗目录、民事起诉状、案件审查表、案件审理单、民事声请状、送达证书、往来公函、民事委任状、通知人名单、民事辩论笔录、民事宣判笔录、民事判决书等。

288. 璧山实验地方法院审理黄谷执行一案　12－14－277

1944年2月至1944年5月，璧山实验地方法院关于左玉清、龙杨波因食谷纠葛而声请黄谷执行一案的文书，包括卷宗目录、民事执行状、民事执行文稿、民事执行命令、民事支付命令、民事裁定书、往来公函等。

289. 四川高等法院第一分院、璧山实验地方法院审理领押交业一案　12－14－278

1944年9月至1944年10月，四川高等法院第一分院、璧山实验地方法院关于钟雷氏、徐汉清因租约纠葛而声请领押交业一案的文书，包括卷宗目录、征收裁判费核定单、案件审查表、案件审理单、民事声请状、送达证书、往来公函、通知人名单、民事辩诉状、民事告诉状、民事辩论笔录、民事判决书等。

290. 四川高等法院第一分院、璧山实验地方法院审理偿还借款一案　12－14－279

1944年10月至1944年12月，四川高等法院第一分院、璧山实验地方法院关于张举良因曾树清故意拖欠而声请偿还借款一案的文书，包括卷文书宗目录、案件审查表、案件审理单、民事辩论笔录、证人结文、征收裁判费核定单、民事声请状、民事答辩状、民事宣判笔录、民事判决书、凭票、民事上诉状、民事裁定书、往来公函、送达证书等。

291. 四川高等法院第一分院、璧山实验地方法院审理撤销典契一案　12－14－280

1943年8月至1943年9月，四川高等法院第一分院、璧山县实验地方关于蒋梓材、蒋绍益因为典契纠葛而声请撤销典契一案的文书，包括往来公函、书记室公函、璧山地方法院民事判决书等。

292. 璧山实验地方法院审理给付租谷一案　12－14－281

1944年12月至1945年1月，璧山实验地方法院关于古李氏与邓国梁请求给付租谷一案的文书，包括卷宗目录、征收裁判费核定单、案件审理单、民事起诉状、案件审查表、民事声请、民事理由、民事委任状、收据、送达证书、往来公函、民事答辩状、民事辩论笔录、民事宣判笔录、民事判决书等。

293. 四川高等法院第一分院、璧山实验地方法院审理请求确认租约无效一案 12－14－282

1943年11月至1943年12月，四川高等法院第一分院、璧山实验地方法院关于黄许氏因与虞洪顺租约期满却串佃霸占而请求确认租约无效一案的文书，包括卷宗目录、案件审理单、征收裁判费核定单、见佃人证明材料、民事委任状、案件审查表、送达证书、往来公函、民事答辩状、民事起诉状、民事声请、民事辩论笔录、民事宣判笔录、民事裁定书、民事判决书等。

294. 璧山实验地方法院审理执行公费以资清偿债务一案 12－14－283

1944年6月至1944年7月，璧山实验地方法院关于李鹏、陈思智因债务纠葛而声请执行公费以资清偿债务一案的文书，包括卷宗目录、案件审理单、案件审查表、民事执行状、送达证书、往来公函、报告书、民事委任状、收据、民事裁定书等。

295. 璧山实验地方法院审理抵押权登记一案 12－14－284

1943年2月，璧山实验地方法院关于张世清声请中兴乡踏水桥不动产抵押权登记一案的文书，包括不动产登记证书、不动产登记事项、不动产登记保证书、保证事项、收据、璧山地方法院公告、往来公函等。

296. 璧山实验地方法院审理租佃调解一案 12－14－285

1944年2月至1944年3月，璧山实验地方法院关于李荣华因曾次咸拒绝接受调解通知书而声请租佃调解一案的文书，包括卷宗目录、民事调解书、送达证书、案件审理单、往来公函等。

297. 四川高等法院第一分院、璧山实验地方法院审理交业执行一案 12－14－286

1944年8月，四川高等法院第一分院、璧山实验地方法院关于雷发田因雷则鸣不服判决故意拖欠租谷而声请强制执行交业一案的文书，包括卷宗目录、案件审理单、案件审查表、民事声请、民事呈缴、执行文稿、执行命令、民事缴状、送达证书、收款通知书、往来公函、民事声明、民事裁定书、民事判决书等。

298. 四川高等法院第一分院、璧山实验地方法院审理增加租谷一案 12－14－287

1944年11月至1944年12月，四川高等法院第一分院、璧山实验地方法院关

于邓俊乡、谭金山增加租谷一案的文书，包括卷地方法院书记室公函、送达证书、止约文书等。

299. 四川高等法院第一分院、璧山实验地方法院审理交业执行一案　12－14－288

1944 年 11 月至 1944 年 12 月，四川高等法院第一分院、璧山实验地方法院关于谷安信、左柏森因为租约终止而声请交业执行一案的文书，包括卷宗目录、案件审理单、案件审查表、民事声请、民事执行文稿、报告、民事执行目录、收到条、收据、民事异议、民事委任状、送达证书、声请书、往来公函、见佃人证明材料、民事裁定书、民事判决书等。

300. 四川高等法院第一分院、璧山实验地方法院审理典当上诉一案　12－14－289

1944 年 4 月，四川高等法院第一分院、璧山实验地方法院关于甘汝霖、颜永芳典当上诉一案的文书，包括卷宗目录、第一分院书记室公函、民事判决书等。

301. 璧山实验地方法院审理请求给付食膳一案　12－14－290

1944 年 2 月，璧山实验地方法院关于傅杨氏、傅万金因产业分割纠葛请求给付食膳一案的文书，包括卷宗目录、案件审查表、征收裁判费核定单、民事诉状、收据、文字说明等。

302. 璧山实验地方法院审理请求确认租约有效一案　12－14－291

1944 年 1 月至 1944 年 4 月，璧山实验地方法院关于刘福远、刘兴汉因租约纠葛而请求确认租约有效一案的文书，包括卷宗目录、案件审理单、收据、民事委任状、送达证书、往来公函、案件审查表、民事诉状、民事声请状、民事辩论笔录、民事反诉状、民事和解笔录、佃到证明材料、民事宣判笔录、民事裁定书、民事判决书等。

303. 璧山实验地方法院审理请求兑付票据一案　12－14－292

1944 年 1 月至 1944 年 2 月，璧山实验地方法院关于陈曾氏、白世昌因兑付纠葛而请求兑付票据一案的文书，包括卷宗目录、案件审理单、收据、民事委任状、案件审查表、民事起诉状、民事声请状、民事辩论笔录、民事裁定书、民事判决书、送达证书、往来公函等。

304. 璧山实验地方法院审理请求兑付票款一案　12－14－293

1944 年 5 月，璧山实验地方法院关于王海铃因戈戌章借款购买货物后未按时还款而声请兑付票款一案的文书，包括卷宗目录、案件审理单、征收裁判费核定单、民事起诉状、案件审查表、民事声请状、民事辩论笔录、民事宣判笔录、民事裁定书、民事判决书等。

305. 璧山实验地方法院审理请发支付命令一案　12－14－294

1944 年 4 月，璧山实验地方法院关于张明霞因陶俊臣借款时间期限已过而请发支付命令一案的文书，包括卷宗目录、征收裁判费核定单、案件审理单、民事起诉状、案件审查表、凭条、收据、法院执行命令、民事异议声明、送达证书、往来公函等。

306. 璧山实验地方法院审理声请宣告假执行一案　12－14－295

1944 年 5 月，璧山实验地方法院关于张明霞、陶俊臣因借款还款纠葛而声请宣告假执行一案的文书，包括卷宗目录、民事声请、璧山地方法院批稿、往来公函、送达证书等。

307. 四川高等法院第一分院、璧山实验地方法院审理执行异议一案　12－14－296

1943 年 10 月至 1944 年 7 月，四川高等法院第一分院、璧山实验地方法院关于王精中、王启富因田业强行执行而声请执行异议一案的文书，包括卷宗目录、案件审理单、征收裁判费核定单、收据、民事委任状、送达证书、往来公函、案件审查表、民事议诉、民事声请、民事辩论笔录、民事宣判笔录、民事裁定书、民事上诉状、宣示判决笔录、民事判决书等。

308. 四川高等法院第一分院、璧山实验地方法院审理领押交业执行一案　12－14－297

1944 年 4 月至 1944 年 5 月，四川高等法院第一分院、璧山实验地方法院关于虞永成声请罗树轩领取押金交还林业、土地、房屋执行一案的文书，包括卷宗目录、民事诉状、执行文稿、执行命令、报告、收到条、案件审理单、案件审查表、民事声请状、民事判决书等。

309. 四川高等法院第一分院、璧山实验地方法院审理领押交业命令一案　12－14－298

1944 年 7 月至 1944 年 8 月，四川高等法院第一分院、璧山实验地方法院关于祝春廷因钟国钦违反租约抗不起迁而声请领押交业命令一案的文书，包括卷宗目录、案件审理单、征收裁判费核定单、案件审查表、民事声请状、民事辩论笔录、民事宣判笔录、民事裁定书、民事判决书、收据、送达证书、往来公函等。

310. 璧山实验地方法院审理声请宣告假执行一案　12－14－299

1944 年 12 月，璧山实验地方法院关于曾泽之、龙子柏因欠款未及时给付产生纠葛而声请宣告假执行一案的文书，包括卷宗目录、送达证书、往来公函、民事裁定书、文字证明材料等。

311. 四川高等法院第一分院、璧山实验地方法院审理请求撤销契约一案　12－14－300

1944 年 7 月至 1944 年 8 月，四川高等法院第一分院、璧山实验地方法院关于杨廷乾、杨荣盛因产业契约纠葛而请求撤销契约一案的文书，包括民事判决书、送达证书、征收裁判费核定单、民事诉讼、卷宗目录、案件审理单、收据、民事上诉状、民事委状、民事辩诉状、案件审查表、民事声请、往来公函、民事裁定书、契约、证人结文、宣示判决笔录、佃到条等。

312. 璧山实验地方法院审理下达领取红契的通知一案　12－14－301

1944 年 12 月至 1945 年 1 月，璧山实验地方法院关于胡明星领证判决后下达领取红契的通知一案的文书，包括卷宗目录、民事声请、民事辩论笔录、文字说明材料、领到条等。

313. 璧山实验地方法院审理交业执行一案　12－14－302

1944 年 12 月至 1945 年 1 月，璧山实验地方法院关于印梓纯声请与胡银财终止契约并要求胡银财执行交业一案的文书，包括卷宗目录、民事执行、案件审理单、民事执行文稿、报告、执行命令、民事判决书等。

314. 最高法院、四川高等法院第一分院、璧山实验地方法院审理交业执行一案　12－14－303

1944 年 12 月至 1945 年 1 月，最高法院、四川高等法院第一分院、璧山实验地方法院关于蒲海全、刘普全因租佃纠葛而声请交业执行一案的文书，包括卷宗目录、民事执行、民事执行文稿、报告、民事执行命令、收到条、收据、璧山县国兵部公函、往来公函、全国慰劳抗战将士委员会总会公函、民事领状、送达证书、案件审理单、案件审查表、民事声请、民事判决书等。

315. 四川高等法院第一分院、璧山实验地方法院审理给付租谷一案　12－14－304

1944 年 4 月至 1944 年 5 月，四川高等法院第一分院、璧山实验地方法院关于巫奎臣因黄希之欠租而声请给付租谷一案的文书，包括卷宗目录、征收裁判费核定单、案件审理单、案件审查表、民事上诉状、收据、送达证书、往来公函、民事辩论笔录、民事宣判笔录、民事裁定书、民事判决书等。

316. 璧山实验地方法院审理请求解除租约一案　12—14—305

1944年4月至1944年5月，璧山实验地方法院关于王屏周因徐树林故意荒芜租产而请求解除租约一案的文书，包括征收裁判费核定单、卷宗目录、案件审理单、案件审查表、民事声请、民事辩论笔录、收据、送达证书、证人结文、民事诉状、民事宣判笔录、往来公函、民事判决书等。

317. 璧山实验地方法院审理解除婚约一案　12—14—306

1944年5月，璧山实验地方法院关于王祥芳因未婚夫封清和过早死亡请求解除婚约一案的文书，包括卷宗目录、征收裁判费核定单、案件审理单、案件审查表、民事声请、民事辩论笔录、民事宣判笔录、收据、送达证书、民事判决书等。

318. 璧山实验地方法院审理请求返还黄谷一案　12—14—307

1944年2月，璧山实验地方法院关于张耀宗因张瑞珍迟延给付拖骗押金而请求返还黄谷一案的文书，包括卷宗目录、征收裁判费核定单、案件审理单、民事起诉状、案件审查表、民事辩诉状、送达证书、往来公函、证人结文、民事声请、民事辩论笔录、民事宣判笔录、民事裁定书、民事判决书等。

319. 璧山实验地方法院审理返还抵押物一案　12—14—308

1944年4月，璧山实验地方法院关于王秉国因王全益侵蚀质货而声请返还抵押物一案的文书，包括征收裁判费核定单、卷宗目录、案件审理单、往来公函、送达证书、案件审查表等。

320. 四川高等法院第一分院、璧山实验地方法院审理高一分院调卷宗一案　12—14—309

1944年6月，四川高等法院第一分院、璧山实验地方法院关于高一分院调卷宗一案的文书，包括卷宗目录、书记室公函、璧山地方法院公函、案件审理单、案件审查表、民事告诉状、证物目录等。

321. 璧山实验地方法院审理抚养调解一案　12—14—310

1944年10月，璧山实验地方法院关于苏刘氏、苏张氏因抚养老人纠葛而声请抚养调解一案的文书，包括卷宗目录、民事声请状、民事辩论笔录、送达证书、通知人名单等。

322. 四川高等法院第一分院、璧山实验地方法院审理解除租约一案　12－14－311

1941年10月至1943年2月，四川高等法院第一分院、璧山实验地方法院关于向全盛因邓刘氏变造私文书而声请解除租约一案的文书，包括卷宗目录、民事声请状、民事再审、收据、民事答辩状、民事委状、收款通知书、送达证书、往来公函、宣示判决笔录、民事辩论笔录、民事宣判笔录、善本、民事判决书等。

323. 四川高等法院第一分院、璧山实验地方法院审理执行异议一案　12－14－312

1944年7月至1944年11月，四川高等法院第一分院、璧山实验地方法院关于曾南生、郭永贤因房屋租佃迁让纠葛而声请执行异议一案的文书，包括征收裁判费核定单、卷宗目录、民事执诉、收据、民事委任状、送达证书、民事辩诉状、民事声明、往来公函、案件审理单、案件审查表、民事声请、声请书、见佃人证明材料、证物目录、民事辩论笔录、民事宣判笔录、民事裁定书、民事判决书等。

324. 璧山实验地方法院审理增加给付典价一案　12－14－313

1944年10月，璧山实验地方法院关于石银安因物价上涨家庭生活困难声请张银茂增加给付典价一案的文书，包括卷宗目录、民事声请、民事辩论笔录、民事委任状、送达证书、往来公函、通知人名单等。

325. 四川高等法院第一分院、璧山实验地方法院审理声请再审撤销买卖契约一案　12－14－314

1944年5月至1944年7月，四川高等法院第一分院、璧山实验地方法院关于李荣祥、黄开玉因产业纠葛而声请再审撤销买卖契约一案的文书，包括卷宗目录、民事再审、互佃人证明材料、民事交款、往来公函、送达证书、民事裁定书、民事判决书等。

326. 四川高等法院第一分院、璧山实验地方法院审理分割遗产执行一案　12－14－315

1944年4月至1944年9月，四川高等法院第一分院、璧山实验地方法院关于刘世中、刘世权因遗产分割纠葛而声请分割遗产执行一案的文书，包括卷宗目录、民事执行、民事执行文稿、民事委状、报告、执行命令、收到条、案件审理单、案件审查表、民事声请、分院训令、往来公函、送达证书、民事裁定书、民事判决书、收据等。

327. 四川高等法院第一分院、璧山实验地方法院审理租谷一案　12－14－316

1943年4月至1944年11月，四川高等法院第一分院、璧山实验地方法院关于

郭荣清、陈云卒因不服判决而继续声请审理租谷一案的文书，包括卷宗目录、民事答辩状、往来公函、民事上诉状、收据、送达证书、民事声请状、民事裁定书、民事判决书等。

328. 四川高等法院第一分院、璧山实验地方法院审理欠租执行一案 12－14－317

1944 年 9 月至 1944 年 10 月，四川高等法院第一分院、璧山实验地方法院关于向大林、田森林因租金纠葛而声请欠租执行一案的文书，包括卷宗目录、送达证书、通知人名单、收据、收款证、民事判决书等。

329. 璧山实验地方法院审理声请宣告假执行一案 12－14－318

1944 年 8 月，璧山实验地方法院关于张瑞祯、王光采因债务纠葛而声请宣告假执行一案的文书，包括卷宗目录、民事声请、往来公函、送达证书、民事裁定书、民事判决书等。

330. 四川高等法院第一分院、璧山实验地方法院审理交业一案 12－14－319

1944 年 2 月，四川高等法院第一分院、璧山实验地方法院关于张纪明、王子良因交还产业纠葛而声请交业一案的文书，包括书记室公函、璧山实验地方法院公函、往来公函、证物目录等。

331. 璧山实验地方法院审理返还租赁物一案 12－14－320

1944 年 11 月至 1944 年 12 月，璧山实验地方法院关于日昇同、耀春川剧社因租赁物纠葛而声请返还租赁物一案的文书，包括卷宗目录、案件审理单、案件审查表、送达证书、往来公函、民事委任状、报告、民事执行文稿、璧山地方法院通知、训令、执行命令等。

332. 璧山实验地方法院审理领取流水账簿等证一案 12－14－321

1944 年 6 月，璧山实验地方法院关于邓叔虞声请领取流水账簿等证一案的文书，包括卷宗目录、案件审理单、民事声请状、送达证书、往来公函、通知人名单、民事辩论笔录等。

333. 璧山实验地方法院审理裁定讼费一案 12－14－322

1944 年 10 月，璧山实验地方法院关于景亮因诉讼费用未支付而声请裁定讼费一案的文书，包括卷宗目录、征收裁判费核定单、案件审查表、案件审理单、民事声请状、送达证书、往来公函、民事裁定书、收据证明等。

334. 璧山实验地方法院审理声请宣告假执行一案　12—14—323

1944年10月至1944年12月，璧山实验地方法院关于张声元、万星学因债务纠葛而声请宣告假执行一案的文书，包括卷宗目录、民事声请状、送达证书、往来公函、民事裁定书等。

335. 璧山实验地方法院审理给付欠款一案　12—14—324

1944年8月至1944年9月，璧山实验地方法院关于景亮钧、幸耀先因给付欠款发生纠葛而声请欠款给付一案的文书，包括卷宗目录、征收裁判费核定单、案件审查表、案件审理单、民事起诉状、送达证书、往来公函、通知人名单、民事辩论笔录、民事宣判笔录、民事判决书等。

336. 四川高等法院第一分院、璧山实验地方法院审理领押交业一案　12—14—325

1944年8月至1944年12月，四川高等法院第一分院、璧山实验地方法院关于唐晓楼、朱树先因租约纠葛而请求领押交业一案的文书，包括卷宗目录、征收裁判费核定单、案件审查表、案件审理单、民事声请状、送达证书、往来公函、通知人名单、民事辩论笔录、民事宣判笔录、民事裁定书、民事判决书等。

337. 璧山实验地方法院审理请求回赎典产一案　12—14—326

1944年1月至1944年3月，璧山实验地方法院关于戴锡光、赵恹烈因债务纠葛而请求回赎典产一案的文书，包括卷宗目录、征收裁判费核定单、案件审查表、案件审理单、民事声请状、民事展限状、民事委任状、民事辩诉状、送达证书、往来公函、通知人名单、民事辩论笔录、民事宣判笔录、民事判决书等。

338. 璧山实验地方法院审理给付国币执行一案　12—14—327

1944年11月至1944年12月，璧山实验地方法院关于赖金全、姚银清因田产租约终止却延不履行给付而声请给付国币执行一案的文书，包括卷宗目录、民事执行状、送达证书、往来公函、案件审理单、通知人名单等。

339. 四川高等法院第一分院、璧山实验地方法院审理止约交业一案　12—14—328

1944年1月至1944年2月，四川高等法院第一分院、璧山实验地方法院关于吴相臣、罗徐氏因不服原审判决而声请止约交业一案的文书，包括卷宗目录、民事上诉状、送达证书、往来公函、通知人名单、民事裁定书、民事声请状、通知书等。

340. 璧山实验地方法院审理租佃调解一案　12－14－329

1944年10月至1944年11月，璧山实验地方法院关于朱勤昌、箫银廷因妨害耕种纠葛而声请租佃调解一案的文书，包括卷宗目录、案件审理单、民事声请状、送达证书、往来公函、通知人名单、民事辩论笔录、民事答辩状等。

341. 璧山实验地方法院审理请求增加给付调解一案　12－14－330

1944年1月至1946年2月，璧山实验地方法院关于蒋承基、傅陈氏因押佃纠葛而请求增加给付调解一案的文书，包括卷宗目录、民事调解状、民事委任状、民事辩诉状、征收裁判费核定单、案件审查表、案件审理单、民事声请状、送达证书、往来公函、通知人名单、民事辩论笔录、民事判决书等。

342. 璧山实验地方法院审理裁定讼费一案　12－14－331

1944年12月，璧山实验地方法院关于陈北居、唐海全因诉讼费纠葛而声请裁定讼费一案的文书，包括卷宗目录、案件审查表、案件审理单、民事声请状、送达证书、往来公函、通知人名单、民事裁定书等。

343. 璧山实验地方法院审理分割遗产一案　12－14－332

1944年10月至1945年4月，璧山实验地方法院关于陈徐德、陈印氏因继承纠葛而声请分割遗产一案的文书，包括卷宗目录、征收裁判费核定单、案件审查表、案件审理单、民事诉状、民事声请状、民事委任状、送达证书、往来公函、通知人名单、民事辩论笔录、民事宣判笔录、民事判决书等。

344. 四川高等法院第一分院、璧山实验地方法院审理领押交业一案　12－14－333

1944年9月至1945年1月，四川高等法院第一分院、璧山实验地方法院关于钟国钦、祝春廷因债务纠葛而声请领押交业一案的文书，包括卷宗目录、民事上诉状、民事委任状、民事答辩状、征收裁判费核定单、案件审查表、案件审理单、民事声请状、送达证书、往来公函、通知人名单、民事辩论笔录、民事宣判笔录、民事裁定书、民事判决书等。

345. 璧山实验地方法院审理裁定诉讼费一案　12－14－334

1944年5月至1944年8月，璧山实验地方法院关于黄许氏、庐洪顺因租约无效田业产交还纠葛而声请确定裁定诉讼费一案的文书，包括卷宗目录、案件审理单、民事声请状、送达证书、往来公函、民事裁定书、收据证明等。

346. 四川高等法院第一分院、璧山实验地方法院审理确认租约无效并交还房田一案　12－14－335

1944 年 1 月至 1944 年 6 月，四川高等法院第一分院、璧山实验地方法院关于黄许氏、庐洪顺因田业返还纠葛而声请确认租约无效并交还房田一案的文书，包括卷宗目录、民事上诉状、民事委任状、送达证书、往来公函、民事裁定书等。

347. 最高法院、四川高等法院第一分院、璧山实验地方法院审理撤销和解一案　12－14－336

1944 年 12 月，最高法院、四川高等法院第一分院、璧山实验地方法院关于张康宁、朱全珠因讼费纠葛而声请撤销和解一案的文书，包括地方法院公函、最高法院书记室公函、分院书记室公函等。

348. 璧山实验地方法院审理确认买卖无效一案　12－14－337

1944 年 12 月至 1945 年 3 月，璧山实验地方法院关于郑德泾、杜四顺因财产纠葛而声请确认买卖无效一案的文书，包括卷宗目录、民事起诉状、送达证书、往来公函、通知人名单、民事辩论笔录、民事宣判笔录、民事答辩状、民事委任状、民事裁定书、民事判决书等。

349. 四川高等法院第一分院、璧山实验地方法院审理领押交业一案　12－14－338

1944 年 10 月至 1944 年 11 月，四川高等法院第一分院、璧山实验地方法院关于戴敬之、瞿伦志因契约纠葛而声请领押交业一案的文书，包括送达证书、往来公函、民事判决书等。

350. 璧山实验地方法院审理终约交业一案　12－14－339

1944 年 12 月至 1945 年 1 月，璧山实验地方法院关于胡郭氏、王禹臣因租约欠租给付纠葛而声请终约交业一案的文书，包括卷宗目录、征收裁判费核定单、案件审查表、案件审理单、民事上诉状、民事声请状、民事委任状、民事辩诉状、送达证书、往来公函、通知人名单、民事辩论笔录、民事宣判笔录、民事和解笔录、民事判决书等。

351. 璧山实验地方法院审理债务执行一案　12－14－340

1944 年 8 月至 1944 年 9 月，璧山实验地方法院关于景亮钧、胡余氏因纠葛而声请债务执行一案的文书，包括卷宗目录、民事执行状、送达证书、往来公函、支付命令等。

352. 四川高等法院第一分院、璧山实验地方法院审理终止租约一案　12—14—341

1944年8月至1944年10月，四川高等法院第一分院、璧山实验地方法院关于黄颜氏、符金安因田谷面积出租纠葛而声请终止租约一案的文书，包括卷宗目录、征收裁判费核定单、案件审查表、案件审理单、民事委任状、民事起诉状、民事声请状、送达证书、往来公函、通知人名单、民事辩论笔录、民事宣判笔录、民事裁定书等。

353. 璧山实验地方法院审理回赎典产一案　12—14——342（1）

1944年10月至1945年3月，璧山实验地方法院关于刘高氏、刘莹辉因债务纠葛而声请回赎典产一案的文书，包括卷宗目录、民事起诉状、征收裁判费核定单、案件审查表、案件审理单、民事委任状、民事答辩状、民事诉状、民事辩诉状、民事声请状、送达证书、往来公函、通知人名单、民事辩论笔录、民事宣判笔录等。

354. 璧山实验地方法院审理回赎典产一案　12—14—342（2）

1944年10月至1945年8月，璧山实验地方法院关于刘高氏、刘莹辉因债务纠葛而声请回赎典产一案的文书，包括卷宗目录、征收裁判费核定单、案件审查表、案件审理单、民事声请状、送达证书、往来公函、通知人名单、民事辩论笔录、民事宣判笔录、民事裁定书、民事判决书等。

355. 四川高等法院第一分院、璧山实验地方法院审理回赎典产一案　12—14—343

1944年4月至1944年8月，四川高等法院第一分院、璧山实验地方法院关于张献之、张予佩因缴费纠葛而声请回赎典产一案的文书，包括卷宗目录、民事声请状、民事委任状、民事答辩状、民事交状、送达证书、往来公函、通知人名单、民事申请书、民事辩论笔录、民事宣判笔录、民事裁定书、民事抗告状等。

356. 璧山实验地方法院审理债务执行一案　12—14—344

1944年11月至1944年12月，璧山实验地方法院关于景亮钧、邓方谷因纠葛而声请债务执行一案的文书，包括卷宗目录、民事执行状、民事保状、支付命令、案件审查表、案件审理单、送达证书、往来公函、通知人名单等。

357. 璧山实验地方法院审理请求给付黄谷一案　12—14—345

1944年7月，璧山实验地方法院关于邓文洲、彭义轩因纳粮纠葛而请求给付黄谷一案的文书，包括卷宗目录、征收裁判费核定单、案件审查表、案件审理单、民事声请状、送达证书、往来公函、通知人名单、民事辩论笔录、民事和解笔录等。

358. 璧山实验地方法院审理租佃调解一案　12－14－346

1944年3月至1944年4月，璧山实验地方法院关于周炳煊声请租佃调解一案的文书，包括卷宗目录、民事声请状、送达证书、往来公函、民事辩论笔录等。

359. 璧山实验地方法院审理终止租约一案　12－14－347

1944年11月至1944年12月，璧山实验地方法院关于吴德钦、刘源清因佃期纠葛而声请终止租约一案的文书，包括卷宗目录、征收裁判费核定单、案件审查表、案件审理单、民事声请状、送达证书、往来公函、通知人名单、民事辩论笔录、民事和解笔录等。

360. 璧山实验地方法院审理领回分类收据等证一案　12－14－348

1944年1月至1944年2月，璧山实验地方法院关于罗美氏因产业分约纠葛而声请领回分关收据等证一案的文书，包括卷宗目录、民事声请状、案件审理单、送达证书、往来公函、通知人名单等。

361. 璧山实验地方法院审理隐匿产权一案　12－14－349

1944年5月，璧山实验地方法院关于陈宗素沟通军人侵占房屋犯罪谋杀连坐族人隐匿产权一案的文书，包括卷宗目录、璧山地方法院批稿、何书记官于原封运函等。

362. 璧山实验地方法院审理遗嘱存查一案　12－14－350

1943年12月至1944年1月，璧山实验地方法院关于钱刘祖芬因夫婿出征家翁病笃被胁迫立非法遗嘱而声请遗嘱存查一案的文书，包括卷宗目录、民事声请状、璧山地方法院批稿、送达证书、往来公函等。

363. 四川高等法院第一分院、璧山实验地方法院审理请求搬迁交业一案　12－14－351

1944年8月至1944年12月，四川高等法院第一分院、璧山实验地方法院关于吴月波、彭炳南因耕种懈怠而声请搬迁交业一案的文书，包括卷宗目录、征收裁判费核定单、案件审查表、案件审理单、民事声请状、送达证书、往来公函、通知人名单、民事辩论笔录、民事宣判笔录、民事上诉状、民事委任状、民事判决书等。

364. 璧山实验地方法院审理欺诈一案　12－14－352

1944 年 3 月至 1944 年 4 月，璧山实验地方法院关于姜肇周、李贯之因赔偿白布损失产生纠葛而声请欺诈一案的文书，包括卷宗目录、案件审查表、案件审理单、民事声请状、送达证书、往来公函、通知人名单、民事自诉状、民事辩论笔录、民事宣判笔录、刑事判决书等。

365. 四川高等法院第一分院、璧山实验地方法院审理诈欺、伤害等三案　12－14－353

1944 年 9 月至 1944 年 11 月，四川高等法院第一分院、璧山实验地方法院关于谢树荣、谢一铭声请欺诈，黄国山、王铁樵声请欺诈，杨万全等因妨害兵役产生纠葛而声请妨害自由及伤害三案的文书，包括卷宗目录、征收裁判费核定单、案件审查表、案件审理单、刑事上诉状、送达证书、往来公函、通知人名单、刑事宣判笔录、刑事答辩及其上诉状、刑事审判笔录、刑事判决书、刑事委状、刑事声请状、不起诉处分书等。

366. 璧山实验地方法院审理请求领押交业一案　12－14－354

1944 年 7 月至 1944 年 11 月，璧山实验地方法院关于何世璋、王德宣因承租纠葛而声请领押交业一案的文书，包括卷宗目录、征收裁判费核定单、案件审查表、案件审理单、民事声请状、民事起诉状、民事告诉状、民事委任状、民事反诉状、民事上诉状、送达证书、往来公函、通知人名单、民事辩论笔录、民事宣判笔录、民事判决书等。

367. 重庆实验地方法院、璧山实验地方法院审理给付纱款执行一案　12－14－355

1944 年 12 月至 1945 年 5 月，重庆实验地方法院、璧山实验地方法院关于李瑞瑶赔偿损失而声请给付纱款执行一案的文书，包括卷宗目录、征收裁判费核定单、案件审查表、案件审理单、民事声请状、送达证书、往来公函、通知人名单、民事保状、民事辩论笔录、民事宣判笔录、民事判决书等。

368. 璧山实验地方法院审理交业执行一案　12－14－356

1944 年 9 月至 1944 年 10 月，璧山实验地方法院关于严方成、严长云因领押交业过程中不遵守约定并超期而声请交业执行一案的文书，包括民事执行状、送达证书、往来公函、通知人名单、民事执行文稿、民事执行命令等。

369. 璧山实验地方法院审理请求再审不动产交业一案　12－14－357

1944 年 2 月至 1944 年 6 月，璧山实验地方法院关于陈汉卿、陈玉禄因不服原审判决而声请再审不动产交业一案的文书，包括卷宗目录、民事起诉状、送达证书、往来公函、通知人名单、民事诉讼状等。

370. 璧山实验地方法院审理搬迁交业一案　12－14－358

1944年7月至1944年8月，璧山实验地方法院关于尚洪周因刘忠文荒芜田土违背和解保甲督促反出恶言而请求搬迁交业一案的文书，包括卷宗目录、征收裁判费核定单、案件审查表、案件审理单、民事起诉状、送达证书、往来公函、通知人名单、民事辩论笔录等。

371. 璧山实验地方法院审理终止租约一案　12－14－359

1944年6月至1944年9月，璧山实验地方法院关于赖德安因莱凤章心存欺诈使得租佃产生纠葛而声请终止租约一案的文书，包括卷宗目录、征收裁判费核定单、案件审查表、案件审理单、民事告诉状、民事声请状、民事委任状、送达证书、往来公函、通知人名单、民事辩论笔录等。

372. 璧山实验地方法院审理终止租约返还房屋及收回诉讼费一案　12－14－360

1944年6月至1944年12月，璧山实验地方法院关于唐绪良、王海廷因债务纠葛而申请终止租约返还房屋及收回诉讼费一案的文书，包括卷宗目录、征收裁判费核定单、案件审查表、案件审理单、民事告诉状、民事声请状、送达证书、往来公函、通知人名单、民事辩论笔录、民事委任状、民事辩诉状、民事宣判笔录、民事裁定书等。

373. 璧山实验地方法院审理异议之诉一案　12－14－361

1944年6月至1944年7月，璧山实验地方法院关于左赵氏、梁泽林因执行佃租产生纠葛而声请异议之诉一案的文书，包括卷宗目录、征收裁判费核定单、案件审查表、案件审理单、民事起诉状、民事委任状、民事告诉状、送达证书、往来公函、通知人名单、民事辩论笔录等。

374. 四川高等法院第一分院、璧山实验地方法院审理交房执行、确认所有权返还土地两案　12－14－362

1944年9月至1944年10月，四川高等法院第一分院、璧山实验地方法院关于雷分龙、潘俊良因物权转移契约产生纠葛而声请交房执行，胡海洲、刘典玉因土地纠葛而声请确认所有权返还土地两案的文书，包括卷宗目录、征收裁判费核定单、案件审查表、案件审理单、民事声请状、民事声明状、送达证书、往来公函、通知人名单、民事再审状、民事辩论笔录、民事裁定书、刑事判决书、刑事附带民事判决书等。

375. 法院公函　12－14－364

1944年1月至1944年11月，包括四川高等法院第一分院关于李鹏渎职、周德辉伪造私文书、梁玉林窃占、胡银才抢夺、欧珲林诬告及妨害自由、张石渠妨害自由、邱尧三诈欺、曹姜荣伪造私文书、官民林抢夺、龙张氏重婚、汪海廷侵入住宅、黄树清抢夺、李钧白妨害自由的公函，重庆实验地方法院关于黄维超盗窃、李清太盗窃、汪董氏盗窃的公函，江津地方法院关于汪绍荣诈欺、孙自兴欺诈的公函，永川地方法院刘明安妨害自由、黄鉴诈欺的公函、璧山实验地方法院关于李鹏渎职上诉、荣洪兵伤害的公函等。

376. 四川高等法院第一分院、璧山实验地方法院审理石碑拆除再审一案　12－14－365

1943年4月至1945年3月，四川高等法院第一分院、璧山实验地方法院关于戴敬之、龙玉安因靠近石碑的房屋所有权产生纠葛而声请石碑拆除再审一案的文书，包括卷宗目录、民事上诉状、民事补充状、民事辩诉状、送达证书、往来公函、通知人名单、民事判决书等。

377. 最高法院、四川高等法院第一分院、璧山实验地方法院审理确认所有权及返还田土一案　12－14－366

1943年4月至1944年10月，最高法院、四川高等法院第一分院、璧山实验地方法院关于杨光昭、胡明兴因不服判决而声请确认所有权及返还田土一案的文书，包括卷宗目录、民事上诉状、民事答辩状、民事声请状、民事辩诉状、送达证书、往来公函、民事判决书等。

378. 四川高等法院第一分院、璧山实验地方法院审理终止租约一案　12－14－367

1944年10月至1944年11月，四川高等法院第一分院、璧山实验地方法院关于李海钦、李常禄因债务纠葛而声请终止租约一案的文书，包括书记室公函、往来公函、送达证书、通知人名单、领到条等。

379. 璧山实验地方法院审理黄谷执行一案　12－14－368

1944年9月至1944年10月，璧山实验地方法院关于李树轩、姜春林因债务纠葛而声请黄谷执行一案的文书，包括卷宗目录、征收裁判费核定单、案件审查表、案件审理单、民事声请状、送达证书、往来公函、民事执行文稿、民事执行命令、和解笔录等。

380. 璧山实验地方法院审理给付生活费一案　12—14—369

1944年6月至1944年7月，璧山实验地方法院关于刘巫氏、刘云清因家庭生活纠葛而声请给付生活费一案的文书，包括卷宗目录、民事告诉状、征收裁判费核定单、案件审查表、案件审理单、送达证书、往来公函、通知人名单、民事辩论笔录等。

381. 四川高等法院第一分院、璧山实验地方法院审理给付黄谷一案　12—14—370

1944年5月至1944年9月，四川高等法院第一分院、璧山实验地方法院关于王铁想、黄园山因租谷纠葛而声请给付黄谷一案的文书，包括卷宗目录、民事判决书、往来公函等。

382. 高等法院、四川高等法院第一分院、璧山实验地方法院审理租赁物一案　12—14—371

1944年12月至1945年6月，高等法院、四川高等法院第一分院、璧山实验地方法院关于虞洪顺、黄许氏因租约纠葛而声请审理租赁物一案的文书，包括卷宗目录、证物目录、民事上诉状、民事委任状、民事答辩状、征收裁判费核定单、案件审查表、案件审理单、民事声请状、送达证书、往来公函、通知人名单、民事裁定书、民事判决书等。

383. 璧山实验地方法院审理买约确认一案　12—14—372

1944年3月至1944年6月，璧山实验地方法院关于周光泽声请土地房屋买约确认一案的文书，包括卷宗目录、公证声请书、授权书、收据、证明书、公证讯问笔录、认证书、领到条、征收裁判费核定单、案件审查表、案件审理单、送达证书、往来公函、通知人名单等。

384. 璧山实验地方法院审理拒约认证继承关系一案　12—14—373

1944年1月至1944年4月，璧山实验地方法院关于陈李氏因遗产继承纠葛声请拒约认证继承关系一案的文书，包括卷宗目录、公证声请书、收据、案件审理单、民事声请状、送达证书、往来公函、授权书、公证讯问笔录、认证书、证明书、通知人名单、领到条等。

385. 璧山实验地方法院审理佃约认证一案　12—14—374

1944年3月至1944年4月，璧山实验地方法院关于朱显森声请佃约认证一案的文书，包括卷宗目录、公证声请书、收据、案件审理单、民事声请状、送达证书、往来公函、授权书、公证讯问笔录、认证书、证明书、通知人名单、领到条等。

386. 璧山实验地方法院审理债务执行一案　12－14－375

1944年3月至1944年4月，璧山实验地方法院关于景亮钧、廖兴发因支付执行纠葛而声请债务执行一案的文书，包括卷宗目录、民事声请状、案件审理单、送达证书、往来公函、通知人名单、民事撤销状等。

387. 最高法院、四川高等法院第一分院、璧山实验地方法院审理领押交业一案　12－14－376（1）

1944年3月至1945年4月，最高法院、四川高等法院第一分院、璧山实验地方法院关于黄许氏、虞洪顺因债务纠葛而声请领押交业一案的文书，包括卷宗目录、民事委任状、送达证书、往来公函、通知人名单、征收裁判费核定单、案件审查表、案件审理单、民事上诉状、民事答辩状、民事辩论笔录、民事宣判笔录、民事声请状、民事判决书等。

388. 四川高等法院第一分院、璧山实验地方法院审理终止租约一案　12－14－376（2）

1944年9月至1944年10月，四川高等法院第一分院、璧山实验地方法院关于虞洪顺声请终止租约一案的文书，包括卷宗目录、征收裁判费核定单、案件审查表、案件审理单、民事委任状、民事辩诉状、证人结文、民事声请状、送达证书、往来公函、通知人名单、民事辩论笔录、民事宣判笔录、民事判决书等。

389. 四川高等法院第一分院、璧山实验地方法院审理给付食谷一案　12－14－377

1944年5月至1944年9月，四川高等法院第一分院、璧山实验地方法院关于王铁樵、黄国山因损失赔偿纠葛而声请给付食谷一案的文书，包括卷宗目录、征收裁判费核定单、案件审查表、案件审理单、民事告诉状、民事声请状、民事辩诉状、民事上诉状、民事补诉状、不起诉处分书、送达证书、往来公函、通知人名单、民事辩论笔录、民事判决书等。

390. 璧山实验地方法院审理和约确认一案　12－14－378

1944年10月，璧山实验地方法院关于邓溥元因田产出租纠葛而声请和约确认一案的文书，包括卷宗目录、公证声请书、案件审理单、民事声请状、送达证书、往来公函、授权书、公证讯问笔录、认证书、证明书、通知人名单等。

391. 璧山实验地方法院审理交账核算一案　12－14－379

1944年11月，璧山实验地方法院关于张国勲、张登云因债务纠葛而声请交账核算一案的文书，包括卷宗目录、民事声请状、往来公函、通知人名单、言辞辩论笔录等。

392. 重庆地方法院、璧山实验地方法院审理终止租约一案　12－14－380

1944年4月至1944年8月，重庆地方法院、璧山实验地方法院关于陈昌福、陈德安因债务纠葛而声请终止租约一案的文书，包括卷宗目录、民事声请执行状、送达证书、往来公函、通知人名单、民事领状、征收裁判费核定单、案件审查表、案件审理单、民事执行文稿、民事执行命令、报告、民事保状、民事执行状、民事委任状、民事辩论笔录、民事判决书等。

393. 璧山实验地方法院审理租谷执行一案　12－14－381

1944年8月至1944年9月，璧山实验地方法院关于王治云、赵省三租谷执行一案的文书，包括卷宗目录、案件审理单、送达证书、往来公函、通知人名单、法院训令、民事裁定书等。

394. 璧山实验地方法院审理请求所有权继续诉讼一案　12－14－382

1944年8月至1944年9月，璧山实验地方法院关于陈安氏、徐利昌因所有权确认纠葛而声请所有权继续诉讼一案的文书，包括卷宗目录、民事诉状、璧山地方法院批稿、送达证书等。

395. 璧山实验地方法院审理交出红契一案　12－14－383

1944年8月至1944年9月，璧山实验地方法院关于李晏氏、李根远因分割家产产生纠葛而声请交出红契一案的文书，包括卷宗目录、征收裁判费核定单、案件审查表、案件审理单、民事诉状、民事委任状、民事告诉状、送达证书、往来公函、通知人名单、民事裁定书、民事续状、民事辩论笔录、民事判决书、民事和解笔录等。

396. 璧山实验地方法院审理交账核算一案　12－14－384

1944年6月至1944年8月，璧山实验地方法院关于张登云、张国勋因债务纠葛而请求交账核算一案的文书，包括卷宗目录、征收裁判费核定单、案件审查表、案件审理单、民事诉状、送达证书、往来公函、通知人名单、民事辩论笔录、民事委任状、民事辩诉状、民事续状、民事宣判笔录、民事判决书等。

397. 四川高等法院第一分院、璧山实验地方法院审理声请补充判决买卖契约无效一案　12－14－385

1943年12月至1944年11月，四川高等法院第一分院、璧山实验地方法院关于周汝霖、董其荣声请补充判决买卖契约无效一案的文书，包括地方法院卷签、民事裁定书、往来公函、书记室公函等。

398. 璧山实验地方法院审理请求交房屋一案　12－14－386

1944年1月至1944年3月，璧山实验地方法院关于陈沛浓因钟青云违约不履行责任而声请交房屋一案的文书，包括卷宗目录、征收裁判费核定单、案件审查表、案件审理单、民事声请状、送达证书、往来公函、通知人名单、民事委任状、民事声诉、民事辩论笔录、民事宣判笔录、民事判决书等。

399. 四川高等法院第一分院、璧山实验地方法院审理终止租约一案　12－14－387

1942年1月至1942年11月，四川高等法院第一分院、璧山实验地方法院关于清明会成员张权一、张朱氏因不服原审判决而声请终止租约一案的文书，包括卷宗目录、民事抗告状、往来公函、民庭意见书、民事裁定书、送达证书、案件进行期间表等。

400. 璧山实验地方法院审理再赘请核示一案　12－14－388

1944年11月，璧山实验地方法院关于邓粟氏因家庭不和而声请再赘请核示一案的文书，包括卷宗目录、民事声请状、璧山地方法院批稿、送达证书等。

401. 璧山实验地方法院审理领证一案　12－14－389

1944年7月，璧山实验地方法院关于刘德滋、张峻因所有权确认及排除干涉纠葛而声请领证一案的文书，包括卷宗目录、刘德滋与刘银章因确认所有权案领证证据说明等。

402. 四川高等法院第一分院、璧山实验地方法院审理回赎物执行一案　12－14－390

1944年7月至1944年8月，四川高等法院第一分院、璧山实验地方法院关于戈有辉、龚李氏因租约纠葛而声请回赎物执行一案的文书，包括卷宗目录、民事执行状、民事委任状、送达证书、往来公函、通知人名单、民事判决书等。

403. 璧山实验地方法院审理终止租约一案　12－14－391

1942年10月至1944年10月，璧山实验地方法院关于赵策棫、赵位高因违反租约产生纠葛而声请终止租约一案的文书，包括卷宗目录、征收裁判费核定单、案件审查表、案件审理单、民事诉状、送达证书、往来公函、通知人名单、民事答辩状、民事和解笔录、民事言辞辩论笔录等。

404. 璧山实验地方法院审理请发支付命令一案　12－14－392

1943 年 8 月至 1944 年 11 月，璧山实验地方法院关于景亮钧、孙余氏因债务纠葛而请发支付命令一案的文书，包括卷宗目录、征收裁判费核定单、民事声请状、支付命令、送达证书等。

405. 璧山实验地方法院审理终止租约一案　12－14－393

1944 年 1 月至 1944 年 2 月，璧山实验地方法院关于张树成、张金山因交业领押产生纠葛而声请终止租约一案的文书，包括卷宗目录、民事声请状、送达证书、往来公函、通知人名单、案件审理单、民事执行文稿、民事执行命令、报告、收到条、民事判决书等。

406. 四川高等法院第一分院、璧山实验地方法院审理赔偿损害一案　12－14－394

1942 年 11 月至 1944 年 7 月，四川高等法院第一分院、璧山实验地方法院关于赵洪武、王梁氏因债务纠葛而声请赔偿损害一案的文书，包括卷宗目录、民事上诉状、民事委任状、案件审查表、案件审理单、民事声请状、送达证书、往来公函、通知人名单、民事裁定书等。

407. 四川高等法院第一分院、璧山实验地方法院审理确认不动产旧属一案　12－14－395

1943 年 1 月至 1944 年 9 月，四川高等法院第一分院、璧山实验地方法院关于连玉廷、巫海林因买卖田业产生纠葛而声请确认不动产归属一案的文书，包括民事上诉状、民事缴状、民事诉状、民事辩诉状、送达证书、往来公函、通知人名单、民事裁定书、民事判决书等。

408. 璧山实验地方法院审理给付票款一案　12－14－396

1944 年 3 月至 1944 年 6 月，璧山实验地方法院关于敬荣发、曹用之因债务纠葛而声请给付票款一案的文书，包括卷宗目录、征收裁判费核定单、案件审查表、案件审理单、民事声请状、送达证书、往来公函、通知人名单、民事辩论笔录、民事宣判笔录、民事判决书等。

409. 璧山实验地方法院审理赔偿损失执行一案　12－14－397

1944年10月,璧山实验地方法院关于张新之、杨椿发因债务冲突而声请赔偿损失执行一案的文书,包括卷宗目录、通知书、收据、收款证、刑事判决、民事声请状、往来公函、送达证书、报告书等。

410. 四川高等法院第一分院、璧山实验地方法院审理给付高粱一案　12－14－398

1943年2月至1944年6月,四川高等法院第一分院、璧山实验地方法院关于甘永璧因杨冯氏欠高粱不给而声请给付高粱一案的文书,包括卷宗目录、征收裁判费核定单、案件审查表、案件审理单、民事起诉状、送达证书、往来公函、民事上诉状、民事委任状、通知人名单、民事辩论笔录、民事宣判笔录、民事裁定书、民事理由状、民事声请状、民事辩诉状、民事申请书、民事判决书等。

411. 四川高等法院第一分院、璧山实验地方法院审理终止租约一案　12－14－399

1944年3月至1944年11月,四川高等法院第一分院、璧山实验地方法院关于张平山、张辉三因自耕地产生纠葛而声请终止租约一案的文书,包括卷宗目录、征收裁判费核定单、案件审查表、案件审理单、民事起诉状、民事委任状、民事上诉状、送达证书、往来公函、通知人名单、公证书、民事声请状、民事宣判笔录、民事裁定书、民事判决书等。

412. 璧山实验地方法院审理返还田业执行一案　12－14－400

1942年11月至1944年4月,璧山实验地方法院关于罗敬文因伍孙氏强暴胁迫妨害其使用权利而声请返还田业执行一案的文书,包括卷宗目录、民事声请状、民事执行文稿、民事执行命令、报告、往来公函、刑事判决书等。

413. 璧山实验地方法院审理请发支付命令一案　12－14－401

1944年9月,璧山实验地方法院关于向大眉因戴海云佃田握租不交产生纠葛而请发支付命令一案的文书,包括卷宗目录、民事声请状、收据、支付命令、送达证书等。

414. 最高法院、璧山实验地方法院审理声请支付欠款、撤销买卖契约两案　12－14－402

1930年1月至1944年11月,最高法院、璧山实验地方法院关于陈锡钦因秦万林拖骗债务产生纠葛而声请支付欠款,巫海林、连玉廷声请撤销买卖契约两案的文书,包括卷宗目录、民事声请状、案件审理单、送达证书、民事判决书等。

415. 四川高等法院第一分院、永川地方法院、璧山实验地方法院审理声请转移管辖一案　12—14—404

1944 年 9 月,四川高等法院第一分院、永川地方法院、璧山实验地方法院关于易敬之、苏震寰因私盐及诈骗而声请转移管辖一案的文书,包括扣押物品清单、扣押物品附编清单、刑事声请状、刑事裁定书、民事判决书等。

416. 璧山实验地方法院审理请求交还产业一案　12—14—405

1944 年 6 月至 1944 年 7 月,璧山实验地方法院关于王启贤、罗海荣因房屋田产纠葛而请求交还产业一案的文书,包括卷宗目录、民事委任状、民事答辩状、征收裁判费核定单、案件审查表、案件审理单、民事声请状、送达证书、往来公函、通知人名单、民事辩论笔录、民事宣判笔录、民事裁定书、民事判决书等。

417. 四川高等法院第一分院、璧山实验地方法院审理返还产业一案　12—14—406

1944 年 7 月至 1944 年 10 月,四川高等法院第一分院、璧山实验地方法院关于罗海荣、王启贤因债务纠葛而声请返还产业一案的文书,包括卷宗目录、民事上诉状、民事裁定书、民事申请状、送达证书、往来公函等。

418. 璧山实验地方法院审理请发支付命令一案　12—14—407

1943 年 9 月,璧山实验地方法院关于黄定国、谢才富因背约未按时偿还债务而请发支付命令一案的文书,包括卷宗目录、民事声请、具诉状、收据、支付命令、送达证书等。

419. 璧山实验地方法院审理请发支付命令一案　12—14—408

1944 年 8 月至 1944 年 9 月,璧山实验地方法院关于萧文良、萧绍文因交纳资金纠葛而请发支付命令一案的文书,包括卷宗目录、民事声请、收据、支付命令、送达证书、民事声明、证明材料、书记室通知书、民事异议等。

420. 璧山实验地方法院审理请求指令遵办一案　12—14—409

1943 年 8 月,璧山实验地方法院关于周正镛因借谷纠葛而声请指令遵办一案的文书,包括卷案目录、往来公函、报告、送达证书、文件附件、指令等。

421. 璧山实验地方法院审理领证一案　12—14—410

1944 年 8 月,璧山实验地方法院关于杨用修因先父与杨炳光有产业交涉而声请领证一案的文书,包括往来公函、卷宗目录、民事具领、具诉状、璧山地方法院批稿、送达证书等。

422. 璧山实验地方法院审理声请宣告假执行一案　12－14－411

1944年6月,璧山实验地方法院关于景亮钧因程汝骏超过法令逾日规定还未执行产业债务支付命令而声请宣告假执行一案的文书,包括卷宗目录、民事声请、民事裁定、具诉状、送达证书等。

423. 璧山县知事公署审理清偿欠款执行一案　12－14－412

1930年8月,璧山县知事公署关于谢增辉、李王氏因债务纠纷而声请清偿欠款执行一案的文书,包括卷案目录、司法封面、民事声请、具诉状、点名单、执行笔录、传票回证等。

424. 璧山实验地方法院审理声请提存业价一案　12－14－413

1944年7月,璧山实验地方法院关于李相臣因房价纠纷而声请提存业价一案的文书,包括案卷目录、民事具诉状、法院批稿、送达证书、收条、往来公函等。

425. 璧山实验地方法院审理声请宣告假执行一案　12－14－414

1944年8月,璧山实验地方法院关于段瑜思、潘自安因债务纠葛而声请宣告假执行一案的文书,包括卷宗目录、民事声请、具诉状、民事裁定、送达证书、往来公函等。

426. 璧山实验地方法院审理撤销假执行一案　12－14－415

1944年8月,璧山实验地方法院关于审理程汝骏、景亮钧因费纠葛而声请撤销假执行一案的文书,包括具诉状、民事声请、卷案目录、民事裁定、送达证书等。

427. 四川高等法院第一分院、璧山实验地方法院审理给付高粱执行一案　12－14－416

1944年8月至1946年5月,四川高等法院第一分院、璧山实验地方法院关于杨冯氏拍卖抵偿债务而执行给付高粱一案的文书,包括卷案文书目录、意见书、通知人名单、往来公函、法院训令、报告、送达证书、裁定书、民事声请、法院公告、执行处通知书、法院命令、民事执行拍卖、收条、鉴定书等。

428. 璧山实验地方法院审理债务执行一案　12－14－417

1944年7月至1944年12月,璧山实验地方法院关于李鹏因何宗堂等不执行支付命令而声请债务执行一案的文书，包括卷宗目录、民事执行、民事委任状、具诉状、送达证书、通知人名单、民事执行文稿、民事声请、报告、执行命令、切结证明、存根、民事裁定、支付命令等。

429. 璧山实验地方法院审理婚姻调解一案　12－14－418

1944 年 3 月，璧山实验地方法院关于江郭氏因丧夫而被江舒氏胁迫再婚而声请婚姻调解一案的文书，包括案件审理单、报告、送达证书、民事辩论笔录等。

430. 璧山实验地方法院审理假扣押一案　12－14－420

1944 年 6 月，璧山实验地方法院关于刘应台、蒋德三因给付租谷纠葛而声请假扣押以维业权一案的文书，包括卷宗目录、民事声请、收据、民事裁定、璧山地方法院公函、送达证书、副状、书面证词等。

431. 四川高等法院第一分院、璧山实验地方法院审理止约交业一案　12－14－421

1944 年 6 月至 1944 年 7 月，四川高等法院第一分院、璧山实验地方法院关于蒋德三、刘应台因不服判决再次申请止约交业一案的文书，包括书记室公函、民事上诉、具诉状、民事裁定、送达证书等。

432. 璧山实验地方法院审理请求给付租谷一案　12－14－422

1944 年 1 月至 1944 年 6 月，璧山实验地方法院关于刘应台、蒋德山因不服判决再次请求给付租谷一案的文书，包括卷案目录、民事声请、送达证书、民事缴状、具诉状、收据、民事裁定、璧山地方法院公函、收款证等。

433. 璧山实验地方法院审理交业调解一案　12－14－423

1943 年 11 月，璧山实验地方法院关于刘作霖因罗炳全租期未定辞佃不耕而声请交业调解一案的文书，包括卷宗文书目录、民事调解、送达证书、民事委任状、具诉状、通知人名单、民事辩论笔录等。

434. 四川高等法院第一分院、璧山实验地方法院审理终止租约一案　12－14－424

1943 年 9 月至 1944 年 1 月，四川高等法院第一分院、璧山实验地方法院关于陈汉周、牟章荣因不服判决而声请终止租约一案的文书，包括书记室公函、民事上诉、民事裁定、送达证书、文件目录、征收裁判费核定单、案件审查表、收据、民事委任状、案件审理单、民事辩诉状、民事辩论笔录、民庭宣判笔录、民事判决、证明材料等。

435. 璧山实验地方法院审理请求确认典有效一案　12－14－425

1944年6月，璧山实验地方法院关于李宗良、谢清山请求确认典约有效一案的文书，包括卷案目录、征收裁判费核定单、案件审理单、民事诉状、民事委任状、送达证书、通知人名单、民事辩论笔录、民事声请、民事委状、民事缴状、收条等。

436. 璧山实验地方法院审理请求给付食谷一案　12－14－426

1943年11月至1944年6月，璧山实验地方法院关于钟明霞因娶新弃旧无以为生而请求黄汉澄给付食谷一案的文书，包括民事起诉状、文件目录、证明材料、民事委状、民事裁定案件审理单、送达证书、四川宜宾地方法院公函、报告、通知人名单、民事辩论笔录、民事诉状、民事宣判笔录、民事判决、具诉状等。

437. 璧山实验地方法院审理租佃调解一案　12－14－427

1944年7月，璧山实验地方法院关于刘相五因刘庆华退佃加租导致生活紧张而声请租佃调解一案的文书，包括卷宗目录、民事声请状、案件审理单、民事辩论笔录、送达证书等。

438. 璧山实验地方法院审理请求交还房屋熟土一案　12－14－428

1944年6月至1945年3月，璧山实验地方法院关于陈永昌、蒋鸿发因押佃纠葛而请求交还房屋熟土一案的文书，包括卷宗目录、案件审查表、收据、民事委任状、具诉状、案件审理单、送达证书、民事辩论笔录、民事声请状、往来公函、民事判决书、证明材料、收到证明等。

439. 璧山实验地方法院审理执行备押金半数回赎典权及终止租约一案　12－14－429

1944年6月至1944年7月，璧山实验地方法院关于张鸿盛、赵松林因赎典纠纷而声请执行备押金半数回赎典权及终止租约一案的文书，包括卷宗目录、送达证书、民事声请状、民事执行状、具诉状、法院批稿、民事领状等。

440. 璧山实验地方法院审理请求交业一案　12－14－430

1944年4月，璧山实验地方法院关于刘泽普、甘为良因产业纠葛而请求交业一案的文书，包括卷宗目录、民事判决书、书记室公函、往来公函、璧山地方法院公函、送达证书等。

441. 璧山实验地方法院审理变更追加分割产业一案　12－14－431

1944年4月至1945年5月，璧山实验地方法院关于罗才国、罗雷氏因不服裁定而再次请求变更追加分割产业一案的文书，包括卷宗目录、送达证书、民事诉状、证明材料、案件审理单、民事委任状、民事辩论笔录等。

442. 璧山实验地方法院审理请求迁让一案　12－14－432

1944 年 5 月至 1944 年 7 月，璧山实验地方法院关于陈竞明因陈滋如将其属马匹停留在炭厂而请求迁让一案的文书，包括卷宗目录、民事声请状、民事委任状、案件审理单、具诉状、送达证书、民事辩诉状等。

443. 璧山实验地方法院审理请求返还黄谷一案　12－14－433

1944 年 6 月至 1944 年 7 月，璧山实验地方法院关于王刘氏、叶炳林因佃耕田产纠葛而请求返还黄谷一案的文书，包括卷宗目录、收据、案件审查表、民事起诉状、民事委任状、案件审理单、民事辩诉状、民事辩论笔录、民事更正、声请书、证人结文、民事宣判笔录、民事判决、证明材料、送达证书等。

444. 璧山实验地方法院审理赎典一案　12－14－434（1）

1944 年 10 月至 1945 年 6 月，璧山实验地方法院关于董朱氏因生活困难声请以原价赎典一案的文书，包括卷宗目录、民事起诉状、具诉状、案件审理单、民事委任状、送达证书、往来公函、民事声请状、民事辩诉状、民事辩论笔录、证明书、民事保状、民事宣判笔录等。

445. 四川高等法院第一分院、璧山实验地方法院审理赎典一案　12－14－434（2）

1945 年 9 月至 1945 年 12 月，四川高等法院第一分院、璧山实验地方法院关于邹开鼎因不服与董义贵回赎典产判决而声请赎典一案的文书，包括书记室公函、民事上诉状、民事裁定书、卷宗目录、征收裁判费核定单、往来公函、声请书、民事特状、民事委任状、民事辩论笔录、送达证书、律师通知书、证明材料、报告等。

446. 最高法院、四川高等法院第一分院、璧山实验地方法院审理请求撤销契约一案　12－14－435

1943 年 12 月至 1944 年 7 月，最高法院、四川高等法院第一分院、璧山实验地方法院关于杨曾氏、蒲恒益因房屋契约纠葛而请求撤销契约一案的文书，包括民事判决书、往来公函、卷宗目录、征收裁判费核定单、案件审理单、民事起诉状、送达证书、收据、辩诉、证人材料、民事辩论笔录、民事宣判笔录、民事委状、民事裁判书、民事上诉状、民事裁定书、民事理由、诉讼费收据、法院通知书、民事答辩状、刑事附带民事诉讼裁定、刑事判决、收条、民事辩诉状、民事证明等。

447. 璧山实验地方法院审理请求确认租谷一案 12—14—436

1944年9月至1944年11月，璧山实验地方法院关于李森林、向郁华因租额纠葛而请求确认租谷一案的文书，包括卷宗目录、征收裁判费核定单、案件审理单、民事起诉状、民事委任状、收据、民事辩论笔录、民事辩诉状、具诉状、通知人名单、报告、拘票、证人结文、民事判决状、民事宣判笔录、送达证书等。

448. 四川高等法院第一分院、璧山实验地方法院审理领押交业一案 12—14—437

1944年10月至1944年12月，四川高等法院第一分院、璧山实验地方法院关于苏南轩、曾维修因不服原判而声请领押交业一案的文书，包括往来公函、民事上诉卷宗目录、送达证书、具诉状、民事裁定、民事缴状、收据、民事委状、民事辩论笔录、民事理由、民事答辩状、民事判决笔录、民事判决等。

449. 璧山实验地方法院审理搬迁交业一案 12—14—438

1944年10月至1944年11月，璧山实验地方法院关于张仲义、张次江因租佃纠葛而声请搬迁交业一案的文书，包括卷宗目录、征收裁判费核定单、案件审理单、民事声请、收据、民事辩论笔录、民事声明、具诉状、案卷宣判笔录、见佃人证明、民事判决书、送达证书等。

450. 璧山实验地方法院审理给付棉纱一案 12—14—439

1944年11月至1944年12月，璧山实验地方法院关于叶系氏、邱光润因给付纠葛而声请给付棉纱一案的文书，包括卷宗目录、征收裁判费核定单、案件审查表、民事告诉状、收据、案件审理单、送达证书、民事辩论笔录、民事和解笔录等。

451. 璧山实验地方法院审理请求提前领押关于秋收交业一案 12—14—440

1944年6月，璧山实验地方法院关于陈吉高因田业租佃纠葛而声请提前领押并于秋收交业一案的文书，包括卷宗目录、征收裁判费核定单、案件审查表、民事告诉状、具诉状、收据、案件审理单、民事委任状、民事辩论笔录、民事补呈、民事宣判笔录、民事判决书、邮费单、送达证书、往来公函等。

452. 璧山实验地方法院审理赔偿损失一案 12—14—441

1944年7月至1944年11月，璧山实验地方法院关于张余氏、冷炳林因租约纠葛而声请赔偿损失一案的文书，包括卷宗目录、征收裁判费核定单、案件审查表、民事诉状、民事委任状、点名单、民事辩论笔录、案件审理单、证明材料、往来公函、民事催诉、产业地图、民事和解书、民事和解笔录、民事告诉状、送达证书等。

453. 四川高等法院第一分院、璧山实验地方法院审理请求给付生活费一案　12—14—442

1944 年 3 月，四川高等法院第一分院、璧山实验地方法院关于陈吴氏因陈雪松不尽抚养义务而请求给付生活费一案的文书，包括卷宗目录、征收裁判费核定单、案件审查表、具诉状、收据、案件审理单、民事辩论笔录、民事宣判笔录、民事判决书、送达证书、呈文、民事委状、民事答辩状、往来公函等。

454. 璧山实验地方法院审理所有权登记一案　12—14—443

1944 年 5 月至 1945 年 2 月，璧山实验地方法院关于郭素祯不动产所有权登记一案的文书，包括卷宗目录、不动产登记申请书、登记事项、不动产登记保证书、不动产登记通知书、不动产地图、璧山地方法院命令、具结人证明、法院公告、民事辩论笔录、登记通知、送达证书、往来公函、收据、具诉状、民事声请状等。

455. 璧山实验地方法院审理领证一案　12—14—444

1944 年 8 月，璧山实验地方法院关于李德清因侄孙以前有押佃田产而声请领证一案的文书，包括民事领状、民事辩论笔录、领到条、具诉状、送达证书等。

456. 最高法院、四川高等法院第一分院、璧山实验地方法院审理给付租谷一案　12—14—445

1930 年 11 月至 1945 年 2 月，最高法院、四川高等法院第一分院、璧山实验地方法院关于李元廷因段朝海违法而声请给付租谷以资救济一案的文书，包括卷宗目录、具诉状、民事裁定书、民事判决书、往来公函、报告、民事上诉送达证书、民事答辩状等。

457. 璧山实验地方法院审理偿还黄谷一案　12—14—446

1944 年 10 月至 1944 年 12 月，璧山实验地方法院关于朱超文、杨荣山因借欠而声请偿还黄谷一案的文书，包括卷宗目录、征收裁判费核定单、案件审查表、收据、案件审理单、送达证书、民事委任状、民事辩论笔录、法院和解笔录、收到证明等。

458. 璧山实验地方法院审理给付食谷执行一案　12—14—447

1944 年 10 月至 1944 年 11 月，璧山实验地方法院关于王铁樵、黄国山因黄谷纠葛而声请给付食谷执行一案的文书，包括卷宗目录、民事执行状、具诉状、案件审理单、民事执行文稿、报告、民事执行命令、收据、往来公函等。

459. 四川高等法院第一分院、璧山实验地方法院审理领押交业一案　12－14－448

1944年5月至1944年7月，四川高等法院第一分院、璧山实验地方法院关于符金安、黄颜氏因不服判决而声请领押交业一案的文书，包括民事上诉状、往来公函、民事裁定书、民事缴具、请求更改原判决之声明、送达证书、民事判决笔录、民事委任状等。

460. 璧山实验地方法院审理请求返还田业一案　12－14－449

1944年11月至1944年12月，璧山实验地方法院关于周光宗、刘治清因租赁纠葛而请求返还田业一案的文书，包括往来公函卷宗目录、征收裁判费核定单、案件审查表、民事起诉状、收据、民事委任状、案件审理单、民事答辩状、民事辩论笔录、和解笔录、见佃人证明、送达证书等。

461. 璧山实验地方法院审理给付租谷执行一案　12－14－450

1944年7月至1944年8月，璧山实验地方法院关于钟邬氏、钟锡林因租谷纠葛而声请给付租谷执行一案的文书，包括卷宗目录、民事执行书、原判决书一件、案件审理单、报告、执行命令、证明书、往来公函、民事裁定书、民事判决书、送达证书等。

462. 璧山实验地方法院审理声请房价价金指定提存一案　12－14－451

1944年3月，璧山实验地方法院关于蒲恒益因债权人杨曾氏延迟不领取房价价金余款而声请房价价金指定提存一案的文书，包括卷宗目录、具诉状、璧山地方法院批稿、民事诉状、送达证书、收据等。

463. 璧山实验地方法院审理确认收益一案　12－14－452

1944年4月至1944年9月，璧山实验地方法院关于向郁华、李森林因租额纠葛而声请确认收益一案的文书，包括卷宗目录、征收裁判费核定单、案件审查表、具诉状、民事反诉、往来公函、民事辩诉状、送达证书等。

464. 四川高等法院第一分院、璧山实验地方法院审理迁让房屋一案　12－14－453

1944年10月，四川高等法院第一分院、璧山实验地方法院关于刘铁樵、周汉臣因租佃纠葛而声请迁让房屋一案的文书，包括卷宗目录、征收裁判费核定单、往来公函、案件审查表、民事诉状、收据、民事辩论笔录、民事委状、案件审理单、民事宣判笔录、民事宣判、送达证书等。

465. 璧山实验地方法院审理租谷调解一案　12－14－454

1944年12月，璧山实验地方法院关于古李氏、邓国栋因霸业侵权抗租纠葛声请租谷调解一案的文书，包括卷宗目录、民事声请、具诉状、民事委任状、案件审理单、民事答辩状、民事辩论笔录、邮政票据、见证证明材料、证人材料、送达证书等。

466. 璧山实验地方法院审理请求终止租约一案　12－14－455

1944年4月，璧山实验地方法院关于谷安信因左柏森违约估佃而请求终止租约一案的文书，包括卷宗目录、征收裁判费核定单、案件审理单、民事声请、具诉状、收据、民事委任状、民事辩论笔录、民事答辩状、民事宣判笔录、民事裁判书、往来公函、送达证书等。

467. 四川高等法院第一分院、璧山实验地方法院审理交还房屋一案　12－14－456

1944年1月至1944年12月，四川高等法院第一分院、璧山实验地方法院关于陈沛浓、钟青云因不服原判决而继续声请交还房屋一案的文书，包括卷宗目录、民事声请状、具诉状、往来公函、送达证书、民事裁定书、民事上诉状、民事辩诉状、民事委任状、民事辩论笔录、民事判决等。

468. 四川高等法院第一分院、璧山实验地方法院审理赔偿树价一案　12－14－457

1942年2月至1944年5月，四川高等法院第一分院、璧山实验地方法院关于明远慈善团声请赔偿树价一案的文书，包括民事裁定书、民事证明、民事上诉状、见证人证明、民事委任状、民事辩论笔录、证明材料、刑事判决书、民事辩诉卷宗目录、民事声请、具诉状、往来公函、送达证书、民事判决书、报告、收到条等。

469. 璧山实验地方法院审理终止租约一案　12－14－458

1944年10月至1944年12月，璧山实验地方法院关于张炳轩因薛庚尧不履行租约而声请终止租约一案的文书，包括卷宗目录、征收裁判费核定单、案件审查表、民事声请、具诉状、收据、民事补诉状、往来公函、通知人名单、民事辩论笔录、民事宣判笔录、民事判决书、送达证书等。

470. 四川高等法院第一分院、璧山实验地方法院审理确认所有权并返还土地一案　12－14－459

1944年6月至1945年6月，四川高等法院第一分院、璧山实验地方法院关于周木林、周炳全因判不适而声请确认所有权并返还土地一案的文书，包括卷宗目录、民事判决书、民事上诉状、民事裁定书、民事辩诉状、民事委状、民事辩论笔录、民事补状、估计数目价值表、民事公状、民事声请、具诉状、民事判决、往来公函、送达证书等。

471. 四川高等法院第一分院、璧山实验地方法院审理确认所有权一案 12－14－460

1944年3月至1944年10月，四川高等法院第一分院、璧山实验地方法院关于贺玉林、周木林因不服判决而声请依法核办确认所有权一案的文书，包括卷宗目录、民事声请状、具诉状、案件审理单、民事告诉状、民事委任状、民事辩论笔录、证人结文、民事判决、民事宣判笔录、证明材料、卷宗文书目录、往来公函、送达证书、产业地图、物证材料等。

472. 四川高等法院第一分院、璧山实验地方法院审理请求平均分割遗产一案 12－14－461

1944年3月至1944年5月，四川高等法院第一分院、璧山实验地方法院关于吴福国因吴何氏霸占财产纠葛而声请平均分割遗产一案的文书，包括卷宗目录、征收裁判费核定单、民事告诉状、民事声请状、收据、案件审理单、案件审查表、民事辩论笔录、民事宣判笔录、民事判决状、具诉状、证人结文、民事委任状、民事裁定书、民事缴状、民事上诉状、民事答辩状、民事判决笔录、往来公函、送达证书、卷宗文书目录等。

473. 璧山实验地方法院审理请求搬迁交业一案 12－14－462

1944年6月至1944年7月，璧山实验地方法院关于谢清山因罗树钦租赁期满估不起佃而声请搬迁交业一案的文书，包括卷宗目录、征收裁判费核定单、民事上诉状、案件审理单、案件审查表、收据、民事委状、民事变状、民事辩论笔录、收到条、见证材料、民事判决书、民事声请状、具诉状、往来公函、送达证书等。

474. 璧山实验地方法院审理请求终止租约返还产业一案 12－14－463

1944年7月至1944年9月，璧山实验地方法院关于苏南轩因曾维修违约肯佃不收受押金而声请终止租约返还产业一案的文书，包括卷宗目录、征收裁判费核定单、案件审理单、民事诉状、民事续呈、收据、民事委任状、民事辩诉状、民事辩论笔录、民事催状、证人结文、民事宣判笔录、民事判决书、民事声请、具诉状、往来公函、送达证书等。

475. 璧山实验地方法院审理兑付票款一案 12－14－464

1944年10月至1944年11月，璧山实验地方法院关于况贞高、陈永幡因给付纠葛而声请兑付票款一案的文书，包括卷宗目录、卷宗文书目录、民事判决书、征收裁判费核定单、民事起诉状、案件审理单、民事声请状、具诉状、收据、民事辩论笔录、民事宣判笔录、民事判决、往来公函、送达证书等。

476. 璧山实验地方法院审理拆迁房屋执行一案　12－14－465

1945年3月至1945年7月，璧山实验地方法院关于一案胡郭氏因已与张树荣终止租约而声请拆迁房屋执行一案的文书，包括卷宗目录、民事声请状、具诉状、执行文稿、执行命令、报告、民事裁定书、收到条、往来公函、送达证书等。

477. 璧山实验地方法院审理交业执行一案　12－14－466

1945年3月至1945年5月，璧山实验地方法院关于周鑫材因耕作需要徐文洲返还田房而声请交业执行一案的文书，包括卷宗目录、民事执行状、民事声请状、具诉状、执行文稿、执行命令、报告、收条、收据、民事判决书、往来公函、送达证书等。

478. 璧山实验地方法院审理请求确认买卖契约无效一案　12－14－467（1）

1943年12月至1944年6月，璧山实验地方法院关于蒋春林、陈永昌因产业纠葛而请求确认买卖契约无效一案的文书，包括卷宗目录、征收裁判费核定单、案件审查表、民事诉状、案件审理单、民事答辩状、民事委任状、民事辩论笔录、民事宣判笔录、民事判决书、证人结文、见证人证明材料、民事声请、具诉状、往来公函、送达证书等。

479. 四川高等法院第一分院、璧山实验地方法院审理给付借款一案　12－14－467（2）

1944年12月至1945年4月，四川高等法院第一分院、璧山实验地方法院关于龚正泽因吴炳全不履行债务而申请依法判给付借款一案的文书，包括卷宗目录、征收裁判费核定单、案件审理单、民事诉状、借到条、欠条、民事答辩、民事声请、具诉状、往来公函、民事判决书、民事委任状、民事辩论笔录、民事宣判笔录、民事补录、送达证书等。

480. 四川高等法院第一分院、璧山实验地方法院审理给付医药费执行一案　12－14－468

1944年2月至1944年4月，四川高等法院第一分院、璧山实验地方法院关于刘汪氏、汪王氏因不服医药费判决而声请给付医药费执行一案的文书，包括卷宗目录、民事声请状、具诉状、民事执行文稿、报告、执行命令、收据、刑事附带民事诉讼判决、民事判决书、民事委任状、往来公函、送达证书等。

481. 四川高等法院第一分院、璧山实验地方法院审理确认契约无效并返还田业一案　12－14－469

1944 年 3 月，四川高等法院第一分院、璧山实验地方法院关于朱仲梁、黄玉兴因不服判决而声请确认契约无效并返还田业一案的文书，包括卷宗目录、具诉状、民事上诉状、民事裁定书、民事缴状、收据、民事答辩状、民事委任状、往来公函、民事声请书、民事辩论笔录、宣示判决笔录、民事判决书等。

482. 璧山实验地方法院审理请求确认契约无效一案　12－14－470

1944 年 6 月至 1944 年 9 月，璧山实验地方法院关于朱仲梁、黄玉兴因典当共同田业纠葛而请求确认契约无效一案的文书，包括卷宗目录、征收裁判费核定单、案件审查表、民事起诉状、收据、民事委任状、案件审理单、民事声请状、民事辩论笔录、民事答辩状、声请书、证人结文、民事追加意旨、民事宣判笔录、民事判决书、送达证书等。

483. 四川高等法院第一分院、璧山实验地方法院审理解除契约一案　12－14－471

1942 年 7 月，四川高等法院第一分院、璧山实验地方法院关于蒋逢源、海洲因合同纠葛而声请解除契约一案的文书，包括书记室公函、民事和解状、合约、送达证书等。

484. 四川高等法院第一分院、璧山实验地方法院审理领押交业一案　12－14－472

1944 年 7 月，四川高等法院第一分院、璧山实验地方法院关于金玉臣因与谷安信租约终止而声请领押交业一案的文书，包括民事上诉状、民事裁定状、卷宗目录、案件审查表、民事起诉状、民事委任状、案件审理单、民事声请状、民事辩论笔录、民事宣判笔录等。

485. 四川高等法院重庆分院、璧山地方法院审理搬迁交房一案　12－14－473

1948 年 10 月至 1949 年 3 月，四川高等法院重庆分院、璧山地方法院关于陈一峰、陈直毅祠因不服原判决而声请搬迁交房一案的文书，包括民事裁定书、民事上诉状、民事委任状、民事判决书、民事辩论笔录、民事答辩状、送达证书等。

486. 璧山地方法院审理交房一案　12－14－474

1948 年 5 月至 1949 年 4 月，璧山地方法院关于陈一峰、陈直毅祠因拖欠租金纠葛而声请交房一案的文书，包括卷宗目录、征收裁判费核定单、案件审查表、民事起诉状、收据、民事委任状、民事声请状、民事辩论笔录、民事答辩状、通知人名单、声请书、民事追加状、领条、民事宣判笔录、民事判决书、送达证书等。

487. 四川高等法院第一分院、璧山实验地方法院审理执行异议一案　12－14－475

1944 年 6 月至 1944 年 8 月，四川高等法院第一分院、璧山实验地方法院关于庐水廷、谭银章因判决纠葛而声请执行异议一案的文书，包括收据、卷宗目录、案件审查表、民事上诉状、民事辩诉状、民事委任状、案件审理单、民事辩论笔录、民事答辩状、民事判决书、送达证书等。

488. 四川高等法院第一分院、璧山实验地方法院审理给付黄谷一案　12－14－476

1944 年 5 月至 1944 年 7 月，四川高等法院第一分院、璧山实验地方法院关于杨鲁三因普润给不服判决而声请给付黄谷一案的文书，包括卷宗目录、民事裁定书、证人材料、案件审查表、民事起诉状、收据、民事委任状、民事声请状、民事辩论笔录、民事答辩状、声请书、民事宣判笔录、民事判决书、送达证书等。

489. 四川高等法院第一分院、璧山实验地方法院审理赔偿所有权一案　12－14－477

1944 年 11 月至 1944 年 12 月，四川高等法院第一分院、璧山实验地方法院关于刘斐然、左黄氏因原判纠葛而声请赔偿所有权一案的文书，包括卷宗目录、案件审查表、民事起诉状、收据、案件审理单、民事声请状、民事辩论笔录、民事宣判笔录、民事裁定书、民事判决状、送达证书等。

490. 四川高等法院重庆分院、璧山实验地方法院审理函调契约一案　12－14－478

1944 年 3 月至 1948 年 7 月，四川高等法院重庆分院、璧山实验地方法院关于重庆分院函调邹王氏与邹夑南大佃契约卷一案的文书，包括卷宗目录、民事裁定书、民事判决书、送达证书、往来公函等。

491. 四川高等法院第一分院、璧山实验地方法院审理搬迁交业一案　12－14－479

1944 年 9 月至 1945 年 9 月，四川高等法院第一分院、璧山实验地方法院关于晏绍珍、刘淮清因租赁契约纠葛而声请搬迁交业一案的文书，包括往来公函、卷宗目录、证物目录、民事上诉状、民事裁定书、征收裁判费核定单、案件审查表、民事起诉状、收据、民事委任状、案件审理单、民事声请、民事辩论笔录、民事答辩状、通知人名单、民事宣判笔录、民事判决、送达证书等。

492. 四川高等法院第一分院、璧山实验地方法院审理赔偿损害一案　12－14－480

1942年7月至1943年1月，四川高等法院第一分院、璧山实验地方法院关于陈永森声请赔偿损害一案的文书，包括往来公函、证人材料、收到条、补清证明材料、收据、民事委任状、案件审理单、民事判决书、送达证书等。

493. 四川高等法院第一分院、璧山实验地方法院审理损害赔偿一案　12－14－481

1944年9月至1944年10月，四川高等法院第一分院、璧山实验地方法院关于杨楠轩、陈永森因赔偿事件不服原判而声请继续审理损害赔偿一案的文书，包括声请抗告状、民事裁定书、案件审查表、往来公函、送达证书等。

494. 四川高等法院第一分院、璧山实验地方法院审理损害赔偿一案　12－14－482

1944年8月至1945年1月，四川高等法院第一分院、璧山实验地方法院关于杨楠轩、陈永森因各自有事情耽误无法到场而使得案件审理延期故申请继续审理损害赔偿一案的文书，包括民事裁定书、卷宗目录、民事诉状、璧山地方法院通知书、往来公函、征收裁判费核定单、案件审查表、民事判决书、送达证书等。

495. 四川高等法院第一分院、璧山实验地方法院审理撤销买卖一案　12－14－483

1941年4月至1944年12月，四川高等法院第一分院、璧山实验地方法院关于巫永祥因不服判决而声请撤销买卖一案的文书，包括民事辩论笔录、民事声明、民事委状、民事宣判笔录、民事判决书、民事理由、族戚证明材料、佃产文约收到证明材料、证人材料、往来公函、送达证书等。

496. 四川高等法院第一分院、璧山实验地方法院审理执行赔偿损害一案　12－14－484

1944年3月至1944年7月，四川高等法院第一分院、璧山实验地方法院关于陈永森、杨楠轩因不服判决赔偿费用的纠葛而声请赔偿损害一案的文书，包括卷宗目录、民事声请状、民事执行文稿、报告、执行命令、案件审理单、民事判决书、民事裁定书、往来公函、送达证书等。

497. 璧山实验地方法院审理欠租一案　12－14－485

1943年1月至1944年6月，璧山实验地方法院关于胡余氏状告被告无故欠租一案的文书，包括收据、佃到条、案件审理单、民事辩论笔录、民事再诉状、民事上诉状、民事裁定书、民事委任状、典契、民事辩诉状、卷宗目录、民事声请状、往来公函、送达证书等。

498. 四川高等法院第一分院、璧山实验地方法院审理确认租无限及退租谷一案 12－14－486（1）

1944年9月至1945年1月，四川高等法院第一分院、璧山实验地方法院关于王厌中因黄炳章不遵守租约而声请确认租无限及退租谷一案的文书，包括卷宗目录、民事补诉状、民事声请状、民事辩论笔录、民事宣判笔录、证人结文、民事判决书、民事裁定书、往来公函、送达证书、案件审查表、收据、民事答辩状、民事委任状等。

499. 四川高等法院第一分院、璧山实验地方法院审理给付租谷一案 12－14－486（2）

1944年6月至1944年12月，四川高等法院第一分院、璧山实验地方法院关于王厌中因黄炳章不遵守租约而声请给付租谷一案的文书，包括民事辩论笔录、民事宣判笔录、民事判决书、民事裁定书、卷宗目录、民事声请状、往来公函、送达证书、征收裁判费核定单、民事起诉状、案件审查表、收据、民事答辩状、民事委任状、见佃人证明材料等。

500. 四川高等法院第一分院、璧山实验地方法院审理领回押金返还产业一案 12－14－487

1945年1月至1945年3月，四川高等法院第一分院、璧山实验地方法院关于徐汉清、钟雷氏因不服判决而声请领回押金返还产业一案的文书，包括卷宗目录、民事声请状、收据、民事上诉状、民事辩论笔录、民事宣判笔录、民事判决书、往来公函、送达证书等。

501. 四川高等法院第一分院、璧山实验地方法院审理止约交业一案 12－14－488

1943年11月至1944年3月，四川高等法院第一分院、璧山实验地方法院关于黄希之、陈其芬因契约纠葛而声请止约交业一案的文书，包括法院执行命令、收到条、民事上诉状、民事裁定书、民事判决书、民事辩论笔录、签呈、卷宗目录、民事声请状、具诉状、往来公函、送达证书等。

502. 璧山实验地方法院审理抵押权登记、领证等三案 12－14－489

1944年3月至1944年12月，璧山实验地方法院关于王利亨因房屋地基纠葛而声请抵押权登记，徐仲先因不动产纠葛而声请抵押权登记，郭春发因租佃搬迁交业纠葛而声请领证三案的文书，包括登记事项、不动产登记证书、收据、卷宗文书目录、民事声请状、登记通知书、收款证、通知人名单、领到条、民事领状、璧山地方法院批稿、往来公函、送达证书等。

503. 四川高等法院第一分院、璧山实验地方法院审理返还黄谷执行一案　12－14－490

1944年9月至1944年10月，四川高等法院第一分院、璧山实验地方法院关于江东汉、江远林因租赁纠葛而声请返还黄谷执行一案的文书，包括卷宗目录、民事声请状、法院批稿、收据、民事判决书、往来公函、送达证书等。

504. 璧山实验地方法院审理返还佃约一案　12－14－491

1944年11月至1945年1月，璧山实验地方法院关于胡绍轩、景亮钧因王禹臣行使伪造押迹之私文书而声请返还佃约一案的文书，包括卷宗目录、报告、民事判决、询问笔录、民事声请状、往来公函、送达证书等。

505. 璧山实验地方法院审理罚金执行一案　12－14－492

1944年8月至1944年11月，璧山实验地方法院关于伍孙氏因盗窃犯罪而声请罚金尽快执行一案的文书，包括卷宗目录、璧山地方法院刑事裁定书、民事裁定书、案件审理单、报告书、通知人名单、拘票、往来公函、送达证书等。

506. 璧山实验地方法院审理领证一案　12－14－493

1944年5月，璧山实验地方法院关于杨炳荣等再次请发还判决文书证件一案的文书，包括卷宗目录、刑事具呈、到场报告单、询问笔录、领状、书面证明材料、民事声请状、往来公函、送达证书等。

507. 四川高等法院第一分院、璧山实验地方法院审理终止租约一案　12－14－494

1944年8月至1944年10月，四川高等法院第一分院、璧山实验地方法院关于雷雨田因雷用修交租迟延而声请终止租约一案的文书，包括卷宗目录、征收裁判费核定单、案件审理单、民事诉状、民事声请状、收据、民事辩论笔录、民事辩状、民事宣判笔录、证人材料、见佃人材料、民事上诉、民事答辩状、民事委状、民事判决书、往来公函、送达证书等。

508. 璧山实验地方法院审理登记不动产所有权一案　12－14－495

1944年6月，璧山实验地方法院关于巫传高登记不动产所有权一案的文书，包括不动产登记申请书、登记事项、不动产登记保证书、通知人名单、法院命令、报告、不动产图略、具结人结文、法院公告、收据、收款证明、领到条、卷宗目录、民事声请、具诉状、往来公函、送达证书等。

509. 四川高等法院第一分院、璧山实验地方法院审理抵押权登记一案　12－14－496

1944年5月至1944年6月，四川高等法院第一分院、璧山实验地方法院关于巫传高抵押权登记一案的文书，包括璧山县廉政传票、收据、领到条、不动产登记声请书、往来公函、送达证书等。

510. 四川高等法院第一分院、璧山实验地方法院审理确认买卖契约无效及回赎典物一案　12－14－497

1944年4月至1944年6月，四川高等法院第一分院、璧山实验地方法院关于李仿尧、萧先富因不服原判而声请确认买卖契约无效及回赎典物一案的文书，包括民事上诉状、民事裁定书、收据、卷宗目录、民事声请状、往来公函、送达证书等。

511. 四川高等法院第一分院、璧山实验地方法院审理给付食谷一案　12－14－498

1943年11月至1944年1月，四川高等法院第一分院、璧山实验地方法院关于张辉廷、张康宁因不服原判而继续上诉请求给付食谷一案的文书，包括卷宗目录、民事裁定书、民事上诉状、往来公函、送达证书等。

512. 璧山实验地方法院审理不动产登记一案　12－14－499

1945年4月至1945年7月，四川高等法院第一分院、璧山实验地方法院关于陈葛德因债务纠葛而声请不动产登记一案的文书，包括不动产登记声请书、不动产登记保证书、通知人名单、登记通知书等。

513. 四川高等法院第一分院、璧山实验地方法院审理止约还牛给租一案　12－14－500

1944年1月至1944年4月，四川高等法院第一分院、璧山实验地方法院关于王黎氏、陈开润因不服判决而提起上诉声请止约还牛给租一案的文书，包括卷宗目录、刑事上诉状、民事辩论笔录、证人结文、民事委状、民事上诉状、往来公函、送达证书、民事宣判笔录、民事裁定书、民事判决书等。

514. 璧山实验地方法院审理典权办理一案　12－14－501

1941年4月至1944年3月，璧山实验地方法院关于徐世泽、接龙乡因不动产纠葛而声请典权办理一案的文书，包括卷宗目录、璧山地方法院登记处不动产登记申请书、璧山地方法院命令、报告、不动产图略、登记通知书、送达证书、收据等。

515. 璧山地方法院审理终止租约执行一案　12－14－502

1941年3月至1942年4月，璧山地方法院关于许刘氏因张治维不服判决而声请终止租约执行一案的文书，包括卷宗目录、民事执行、往来公函、报告、点名单、民事委任状、训令、送达证书、执行笔录、执行命令、民事判决书等。

516. 璧山实验地方法院审理契约执行一案　12－14－503

1944年12月至1945年8月，璧山实验地方法院关于黎锡盛为确认契约、物权有效而声请契约执行一案的文书，包括卷宗目录、民事执行、执行文稿、执行命令、报告、送达证书、往来公函、收据、通知人名单等。

517. 璧山实验地方法院审理给付生活费调解一案　12－14－504

1944年1月至1944年12月，璧山实验地方法院关于杜钟氏因杜高禄未付生活费而申请给付调解一案的文书，包括卷宗目录、民事调解、送达证书、通知人名单、民事声请状、民事委任状等。

518. 四川高等法院第一分院、璧山实验地方法院审理确认遗嘱有效一案　12－14－505

1944年7月，四川高等法院第一分院、璧山实验地方法院关于罗国材、罗清氏因财产纠葛声请确认遗嘱有效一案的文书，包括民事上诉状、书记室公函、送达证书、言辞辩论笔录、法院通知书等。

519. 璧山实验地方法院审理领证一案　12－14－506

1944年2月，璧山实验地方法院关于邓国昌因卷证尚未发回而无法再行具领而声请领证一案的文书，包括卷宗目录、民事领状、璧山地方法院批稿、送达证书、收据、往来公函等。

520. 四川高等法院第一分院、璧山实验地方法院审理偿还黄谷执行一案　12－14－507

1944年10月至1944年11月，四川高等法院第一分院、璧山实验地方法院关于雷致君因郛栋良欠款而声请偿还黄谷执行一案的文书，包括卷宗目录、民事执行、案件审理单、民事执行文稿、报告、收到条、执行命令、民事判决书、民事裁定书等。

521. 四川高等法院第一分院、璧山实验地方法院审理领押交业一案　12－14－508

1944年8月，四川高等法院第一分院、璧山实验地方法院关于刘昌银因刘万林抗不终止租约而声请领押交业一案的文书，包括卷宗目录、征收裁判费核定单、案件审查表、案件审理单、收据、送达证书、民事上诉状、民事委任状、民事告诉状、民事声请状、民事辩论笔录、民事宣判笔录、民事裁定书、民事判决书等。

522. 璧山实验地方法院审理赎典执行一案　12－14－509

1944 年 6 月至 1944 年 11 月，璧山实验地方法院关于李世芳、明树林因回典产业纠葛而声请赎典执行一案的文书，包括卷宗目录、案件审理单、案件审查表、送达证书、往来公函、通知人名单、和解书、民事声请状、收款收据、领到条等。

523. 杂卷　12－14－510

1944 年 1 月至 1944 年 12 月，包括卷宗目录、往来公函、司法行政部关于院长交通费的指令、充当警丁保证书、陈雪照侵吞公款提案书、司令部关于办理兵役注意事项的公函、陆军第十四军司令部关于原第九补训处改名的公函，司令部三十三年冬会议纪录、行政部会计处公函、通报、司令部代电、会议纪要、总座训词、报告纪要、议案记录等。

524. 璧山实验地方法院审理赔偿损失执行一案　12－14－511

1944 年 6 月至 1944 年 9 月，璧山实验地方法院关于李全三、江仲淹因赔偿纠葛而声请赔偿损失执行一案的文书，包括民事委任状、收据、送达证书、收款证、刑事附带民事诉讼判决、刑事判决、卷宗目录、案件审理单、案件审查表、民事声请执行状、民事执行文稿、执行命令、收到条、法院通知书、民事保状、民事辩论笔录等。

525. 璧山实验地方法院审理赔偿损失一案　12－14－512

1944 年 2 月，璧山实验地方法院关于李全三、江仲淹因经界涉讼而声请赔偿损失一案的文书，包括卷宗目录、刑事告诉状、刑事判决书、民事裁定书等。

526. 四川高等法院第一分院、璧山实验地方法院审理返还产业一案　12－14－513

1944 年 8 月至 1944 年 11 月，四川高等法院第一分院、璧山实验地方法院关于靳张氏、靳海荣因不服判决而声请返还产业一案的文书，包括民事上诉状、往来公函、民事诉状、送达证书、收据、言辞辩论笔录、民事委任状、民事宣判笔录、民事答辩状、书记科通知书等。

527. 璧山实验地方法院审理领押交业执行一案　12－14－514

1944 年 12 月至 1945 年 1 月，璧山实验地方法院关于邹宇知、邹朱氏遵守调解而声请领押交业执行一案的文书，包括卷宗目录、民事声请状、案件审理单、民事和解笔录、送达证书、民事辩论笔录、收到条、民事具诉状等。

528. 璧山实验地方法院审理确认契约无效一案　12－14－515

1944 年 12 月至 1945 年 1 月，璧山实验地方法院关于赵孙氏、赵绍五因契约不合法而声请确认契约无效一案的文书，包括卷宗目录、征收裁判费核定单、案件审理单、案件审查表、民事告诉状、收据、送达证书、民事委任状、民事声请状、民事辩论笔录、民事宣判笔录、民事判决书、往来公函等。

529. 璧山实验地方法院审理返还借款一案　12－14－516

1944 年 11 月至 1945 年 4 月，璧山实验地方法院关于官茂林、仇包臣因还款纠葛而声请返还借款一案的文书，包括卷宗目录、征收裁判费核定单、案件审理单、案件审查表、民事告诉状、民事声请状、收据、送达证书、往来公函、民事委任状、民事辩论笔录等。

530. 璧山实验地方法院审理给付食谷执行一案　12－14－517

1944 年 10 月，璧山实验地方法院关于石光荣、周泽厚因给付纠葛而声请给付食谷执行一案的文书，包括卷宗目录、意见书、和解笔录、书记室公函、往来公函、执行文稿、执行命令、法院训令、法院通知、民事裁定书等。

531. 四川高等法院第一分院、璧山实验地方法院审理食谷一案　12－14－518

1944 年 12 月至 1945 年 1 月，四川高等法院第一分院、璧山实验地方法院关于石光荣、周泽厚声请审理食谷一案的文书，包括卷宗目录、往来公函、民事抗告、收据、意见书、民事诉状、民事裁定书、送达证书等。

532. 璧山实验地方法院审理给付食谷一案　12－14－519

1944 年 8 月至 1944 年 10 月，璧山实验地方法院关于石光荣周泽厚和解而声请给付食谷执行一案的文书，包括卷宗目录、民事执行状、民事委任状、民事和解笔录、送达证书、往来公函、民事债务、民事裁定书等。

533. 璧山实验地方法院审理罚金执行一案　12－14－520

1944 年 1 月至 1944 年 4 月，璧山实验地方法院关于张济才罚金执行一案的文书，包括卷宗目录、往来公函、刑事判决、案件审理单、民事执行文稿、执行命令、报告、收据、法院训令等。

534. 璧山实验地方法院审理租谷执行一案　12－14－521

1944 年 7 月至 1944 年 8 月，璧山实验地方法院关于甘遐九、杨炳林租谷执行一案的文书，包括卷宗目录、往来公函、案件审理单、法院命令、送达证书、民事裁定书等。

535. 璧山实验地方法院审理假扣押执行一案　12—14—523

1944年7月，璧山实验地方法院关于甘遐九声请将债务人杨炳林的干田收益进行假扣押执行一案的文书，包括卷宗目录、民事声请状、收据、民事裁定书、民事判决书等。

536. 四川高等法院第一分院、璧山实验地方法院审理给付债款再审一案　12—14—524

1944年5月，四川高等法院第一分院、璧山实验地方法院关于吴树清、曾段氏因不服原判决而声请给付债款再审一案的文书，包括卷宗目录、民事告诉状、收据、送达证书、案件审理单、案件审查表、民事补诉状、民事辩论笔录、往来公函、民事判决书等。

537. 璧山实验地方法院审理租佃调解一案　12—14—525

1944年10月至1944年11月，璧山实验地方法院关于雷相甫、曾忠恕因田产订立的租约没有说明租谷数而发生纠葛因此声请租佃调解一案的文书，包括卷宗目录、民事声请状、送达证书、往来公函、民事委任状、民事辩论笔录等。

538. 璧山实验地方法院审理清偿借款一案　12—14—526

1944年10月至1944年11月，璧山实验地方法院关于吴鸿昇因吴杨氏清借款超期未还而声请清偿借款一案的文书，包括卷宗目录、征收裁判费核定单、民事判决书、案件审理单、案件审查表、民事告诉状、收据、送达证书、民事辩论笔录、民事宣判笔录等。

539. 璧山实验地方法院审理交业执行一案　12—14—527

1944年4月至1944年5月，璧山实验地方法院关于徐海荣、汪海廷因搬迁交业纠葛而声请交业执行一案的文书，包括卷宗目录、征收裁判费核定单、民事判决、案件审理单、民事执行文稿、报告、民事执行命令、收到条、收据等。

540. 璧山实验地方法院审理请求终止租约一案　12—14—528

1944年8月，璧山实验地方法院关于邹怀渊因邹鹤龄违法转租及欠租谷而请求终止租约一案的文书，包括卷宗目录、征收裁判费核定单、案件审查表、收据、民事委任状、送达证书、民事告诉状、民事撤回、往来公函等。

541. 璧山实验地方法院审理所有权登记一案　12－14－529

1944 年 6 月至 1944 年 7 月，璧山实验地方法院关于贺树武因不动产纠葛而声请所有权登记一案的文书，包括卷宗目录、不动产登记申请书、登记事项、收据、不动产登记保证书、不动产登记通知书、送达证书、报告、不动产图略、璧山地方法院命令、证人结文、领到条、收款证等。

542. 璧山实验地方法院审理搬迁交业一案　12－14－530

1944 年 5 月至 1944 年 9 月，璧山实验地方法院关于朱春林、蒋赤熵因不服判决而声请搬迁交业一案的文书，包括往来公函、民事上诉状、民事裁定书、送达证书、收据、民事上诉理由、民事宣判笔录、民事委任状、卷宗目录、民事判决书、征收裁判费核定单、案件审查表、民事诉状、民事和解笔录、案件审理单、民事辩论笔录等。

543. 四川高等法院第一分院、璧山实验地方法院审理请求解除租佃一案　12－14－531

1944 年 6 月至 1944 年 7 月，四川高等法院第一分院、璧山实验地方法院关于古李氏、邓国梁因给付纠葛而请求解除租佃一案的文书，包括卷宗目录、征收裁判费核定单、案件审查表、收据、送达证书、证人结文、民事上诉状、民事委任状、往来公函、民事答辩状、民事声请、民事辩论笔录、民事宣判笔录、民事裁定书、民事判决书等。

544. 璧山实验地方法院审理不动产典权登记一案　12－14－532

1944 年 1 月至 1944 年 4 月，璧山实验地方法院关于朱志杨不动产典权登记一案的文书，包括卷宗目录、不动产登记申请书、登记事项、不动产登记保证书、收据、往来公函、送达证书、民事不动产登记笔录、法院命令、证人材料、领到条、不动产图略、保人材料、证物、案件审理单等。

545. 四川高等法院第一分院、璧山实验地方法院审理终止租约一案　12－14－533

1944 年 7 月，四川高等法院第一分院、璧山实验地方法院关于陈李氏请求终止租约一案的文书，包括卷宗目录、璧山地方法院书记室公函、送达证书、往来公函、民事判决书等。

546. 璧山实验地方法院审理确认所有权一案　12－14－534

1944 年 12 月至 1945 年 4 月，璧山实验地方法院关于徐银山因张徐氏伪造佃约而声请确认所有权一案的文书,包括卷宗目录、征收裁判费核定单、案件审查表、民事诉状、收据、往来公函、送达证书等。

547. 璧山实验地方法院审理赔偿损失执行一案 12－14－535

1944 年 2 月至 1944 年 6 月,璧山实验地方法院关于僧善应因曾成之不遵守判决而声请赔偿损失执行一案的文书,包括案卷目录、民事执行状、民事委任状、案件审理单、送达证书、往来公函、执行命令、法院通知书、报告、执行证书存根等。

548. 璧山实验地方法院审理给付食米执行一案 12－14－536

1944 年 1 月至 1944 年 10 月,璧山实验地方法院关于蒋少伯因景泽之不遵守判决而声请给付食米执行一案的文书,包括卷宗目录、民事执行状、璧山地方法院批稿、送达证书、民事判决书等。

549. 璧山实验地方法院审理债务执行一案 12－14－537

1944 年 2 月至 1944 年 4 月,璧山实验地方法院关于周明先因徐肇卿不偿还借款而声请债务执行一案的文书,包括卷宗目录、民事声请状、民事执行文稿、执行命令、收据、往来公函、案件审查表等。

550. 璧山实验地方法院审理请发支付命令一案 12－14－538

1944 年 12 月,璧山实验地方法院关于周子兴因萧荣华延迟不清偿债务而请发支付命令一案的文书,包括卷宗目录、民事声请、收据、璧山地方法院支付命令、送达证书、往来公函等。

551. 四川高等法院第一分院、璧山实验地方法院审理提前放赎典物一案 12－14－539

1943 年 12 月至 1944 年 5 月,四川高等法院第一分院、璧山实验地方法院关于张国钧、汪王氏因不服判决而声请提前放赎典物一案的文书,包括往来公函、卷宗目录、民事判决书、送达证书等。

552. 四川高等法院第一分院、璧山实验地方法院审理请求给付租谷一案 12－14－540

1944 年 4 月至 1944 年 7 月,四川高等法院第一分院、璧山实验地方法院关于陈学中、陈鸿烈因租谷纠葛而声请给付租谷一案的文书,包括征收裁判费核定单、卷宗目录、案件审查表、民事告诉状、见佃人证明材料、收据、案件审理单、送达证书、民事辩论笔录、民事答辩状、往来公函、民事宣判笔录、民事判决书等。

553. 璧山实验地方法院审理给付租谷一案　12－14－541

1944 年 9 月至 1944 年 11 月，璧山实验地方法院关于陈学中、陈鸿烈因租谷纠葛不服原判决而声请给付租谷一案的文书，包括民事上诉状、民事裁定书、收据、往来公函、送达证书、民事判决书、调解人材料、书记科通知书等。

554. 四川高等法院第一分院、璧山实验地方法院审理返还租谷终止租约一案　12－14－542

1944 年 2 月至 1944 年 9 月，四川高等法院第一分院、璧山实验地方法院关于张良臣、荣保安等因不服原判决而声请返还租谷终止租约一案的文书，包括往来公函、民事上诉状、民事裁定书、送达证书、收据、民事辩诉状、民事委状、民事辩论笔录、民事宣判笔录、民事判决书等。

555. 四川高等法院第一分院、璧山实验地方法院审理重审买卖契约一案　12－14－543

1943 年 11 月至 1944 年 2 月，四川高等法院第一分院、璧山实验地方法院关于陈张氏、陈洪熙因不服判决而声请重审买卖契约一案的文书，包括往来公函、收据、民事上诉状、民事判决书、送达证书、民事裁定书等。

556. 最高法院、四川高等法院第一分院、璧山实验地方法院审理给付黄谷执行一案　12－14－544

1944 年 8 月至 1945 年 7 月，最高法院、四川高等法院第一分院、璧山实验地方法院关于孙显国、罗明高给付黄谷执行一案的文书，包括卷宗目录、案件审理单、送达证书、民事声请、报告书、民事抗告状、民事辩论笔录、民事裁定书、意见书、民事宣判笔录、民事判决书、往来公函、民事委任状等。

557. 璧山实验地方法院审理给付欠租调解一案　12－14－545

1944 年 3 月，璧山实验地方法院关于董文敏因伍炳林欠租而声请给付欠租调解一案的文书，包括卷宗目录、民事调解、案件审理单、送达证书、往来公函、民事辩论笔录等。

558. 璧山实验地方法院审理领证一案　12－14－546

1944 年 11 月至 1944 年 12 月，璧山实验地方法院关于冯张氏为确保契约权不被侵犯声请领证一案的文书，包括卷宗目录、民事声请状、送达证书、往来公函、民事委任状、领到条等。

559. 璧山实验地方法院审理请求交付田业一案　12－14－547

1944 年 3 月至 1944 年 5 月，璧山实验地方法院关于王刘氏、王何氏因租约纠葛而请求交付田业一案的文书，包括卷宗目录、征收裁判费核定单、案件审查表、民事声请状、收据、案件审理单、送达证书、往来公函、通知人名单、民事和解笔录等。

560. 四川高等法院第一分院、璧山实验地方法院审理返还租谷一案　12－14－548

1944 年 8 月至 1945 年 1 月，四川高等法院第一分院、璧山实验地方法院关于张良臣、荣保安返还租谷一案的文书，包括卷宗目录、书记室公函、民事上诉状、送达证书、往来公函、民事裁定书、民事判决书等。

561. 璧山实验地方法院审理请求返还田业一案　12－14－549

1944 年 1 月，璧山实验地方法院关于张良臣因荣保安贪婪而请求返还田业一案的文书，包括卷宗目录、征收裁判费核定单、案件审查表、案件审理单、民事诉讼状、送达证书、往来公函、收据、民事答辩状、民事委任状、民事追诉状、通知人名单、民事辩论笔录、民事判决书等。

562. 四川高等法院第一分院、璧山实验地方法院审理领押交业一案　12－14－550

1944 年 7 月，四川高等法院第一分院、璧山实验地方法院关于萧银廷、罗世富领押交业一案的文书，包括书记室公函、民事上诉状、民事裁定书、民事判决书、送达证书、往来公函等。

563. 璧山实验地方法院审理请求止约交业一案　12－14－551

1944 年 3 月至 1944 年 6 月，璧山实验地方法院关于吴马氏、马树清因租约纠葛而请求止约交业一案的文书，包括卷宗目录、征收裁判费核定单、案件审查表、民事起诉状、收据、民事委任状、案件审理单、民事催请状、证人结文、阅卷声请书、民事追加理由、和解笔录、民事证明、送达证书、往来公函、通知人名单、民事辩论笔录、民事判决书等。

564. 璧山实验地方法院审理声请宣告假执行一案　12－14－552

1944 年 10 月至 1944 年 12 月，璧山实验地方法院关于景亮钧、何流娥声请宣告假执行一案的文书，包括卷宗目录、民事声请状、收据、民事裁定书、支付命令、送达证书、往来公函等。

565. 璧山实验地方法院审理交业执行一案　12—14—553

1944年11月至1944年12月，璧山实验地方法院关于姚银清、赖金全因租约纠葛而声请交业执行一案的文书，包括卷宗目录、民事执行状、案件审理单、送达证书、往来公函、民事执行文稿、民事委任状、民事执行命令、报告、收据、和解笔录、民事裁定书等。

566. 璧山实验地方法院审理再蘸存查一案　12—14—554

1943年3月，璧山实验地方法院关于彭魏氏孤苦无依而声请再存查一案的文书，包括卷宗目录、民事查存状、证据材料等。

567. 璧山实验地方法院审理请求分割遗产一案　12—14—555

1944年7月至1944年8月，璧山实验地方法院关于黄吴氏因吴赖氏违法抚子妨害权利而请求分割遗产一案的文书，包括卷宗目录、征收裁判费核定单、案件审查表、案件审理单、民事诉状、收据、民事委任状、民事辩诉状、报告书、送达证书、往来公函、民事辩论笔录、和解笔录等。

568. 璧山实验地方法院审理迁出灵位执行一案　12—14—556

1944年2月至1944年3月，璧山实验地方法院关于刘肇怀因吴钟氏灵位妨害其行动自由而声请迁出灵位执行一案的文书，包括卷宗目录、民事执行状、案件审查表、案件审理单、民事执行文稿、报告、民事执行命令、收据、送达证书、往来公函、民事判决书等。

569. 四川高等法院第一分院、璧山实验地方法院审理给付抚养费一案　12—14—557

1943年9月至1944年5月，四川高等法院第一分院、璧山实验地方法院关于冯唐氏、冯辉先因产业纠葛而声请给付抚养费一案的文书，包括卷宗目录、民事上诉状、送达证书、往来公函、民事裁定书、民事判决书、民事答辩状等。

570. 四川高等法院第一分院、璧山实验地方法院审理领押交业一案　12—14—558

1943年12月至1944年3月，四川高等法院第一分院、璧山实验地方法院关于黄仲华、尹树康领押交业一案的文书，包括卷宗目录、书记室公函、民事上诉状、送达证书、往来公函、收据、通知人名单、民事辩论笔录、民事和解笔录、民事裁定书等。

571. 四川高等法院第一分院、璧山实验地方法院审理借款纠葛一案 12－14－559

1944年6月至1945年6月，四川高等法院第一分院、璧山实验地方法院关于景亮钧、张廷富因不服原判决而申请重审借款纠葛一案的文书，包括往来公函、民事上诉状、民事裁定书、送达证书、民事缴状、收据、民事申请状、报告、记录科通知书、民事补诉状、民事声明状、民事委任状、委任契约、民事辩论笔录、民事判决书等。

572. 璧山实验地方法院审理债务执行一案 12－14－560

1944年1月至1944年4月，璧山实验地方法院关于刘益兴、伍平安因借贷纠葛而声请债务执行一案的文书，包括民事判决书、民事执行文稿、民事执行命令、报告、案件审查表、民事声请状、不动产图略、收款通知证、案件审理单、送达证书、往来公函、通知人名单等。

573. 四川高等法院第一分院、璧山实验地方法院审理止约交业执行一案 12－14－561

1944年10月至1944年11月，四川高等法院第一分院、璧山实验地方法院关于刘世杰、刘铁樵因不服判决而申请止约交业执行一案的文书，包括卷宗目录、民事执行状、民事委任状、案件审查表、民事声明状、见佃人证明材料、案件审理单、民事执行文稿、民事执行命令、收据、送达证书等。

574. 璧山实验地方法院审理给付树价执行一案 12－14－562

1944年5月，璧山实验地方法院关于李炳兴、刘荣忠因债务纠葛而请求给付树价执行一案的文书，包括卷宗目录、民事声明状、璧山地方法院批稿、送达证书、民事声请书、往来公函等。

575. 璧山实验地方法院审理请求清偿欠款一案 12－14－563

1944年6月，璧山实验地方法院关于雷润三因李炳辉欠国币而请求清偿欠款一案的文书，包括卷宗目录、征收裁判费核定单、案件审查表、民事诉状、收据、民事委任书、民事声请书、案件审理单、送达证书、往来公函等。

576. 璧山实验地方法院审理请求移转佃权一案 12－14－564

1944年6月至1944年7月，璧山实验地方法院关于萧文良因李周氏抗不转移佃权而声请转移佃权一案的文书，包括卷宗目录、征收裁判费核定单、案件审查表、案件审理单、民事诉讼状、送达证书、往来公函、民事辩论笔录、民事宣判笔录、民事判决书、收据、证明材料等。

577. 四川高等法院第一分院、璧山实验地方法院审理伪造署押一案　12－14－565

1944年12月,四川高等法院第一分院、璧山实验地方法院关于监察官检举晏宽斌伪造署押一案的文书,包括卷宗目录、检察官起诉书、刑事声请状、上诉理由书、送达证书、往来公函、刑事判决书等。

578. 四川高等法院第一分院、璧山实验地方法院审理搬迁交业返还红契一案　12－14－566

1943年12月至1944年4月,四川高等法院第一分院、璧山实验地方法院关于徐明辉、张徐氏因产业纠葛而声请搬迁交业返还红契一案的文书,包括卷宗目录、民事上诉状、民事委任状、送达证书、往来公函、通知人名单、民事辩论笔录、证人结文、民事裁定书、民事判决书等。

579. 四川高等法院第一分院、璧山实验地方法院审理确认合约有效及搬迁交业一案　12－14－567

1944年4月至1944年7月,四川高等法院第一分院、璧山实验地方法院关于陈叶氏、张氏尚忍祠因不服判决而再次请上诉确认合约有效及搬迁交业一案的文书,包括卷宗目录、民事诉讼状、民事上诉状、民事参加状、民事委任状、案件审理单、送达证书、往来公函、民事辩论笔录、民事判决笔录、民事判决书等。

580. 璧山实验地方法院审理请求确认租约有效一案　12－14－568

1944年3月至1944年4月,璧山实验地方法院关于陈叶氏、张硕高因房屋产业租赁契约纠葛而请求确认租约有效一案的文书,包括卷宗目录、征收裁判费核定单、案件审查表、案件审理单、民事起诉状、收据、民事反诉状、民事委任状、民事诉状、民事缴状、出租人代表材料、送达证书、往来公函、民事辩论笔录、民事宣判笔录、承租人文字材料等。

581. 璧山县知事公署审理假扣押一案　12－14－569

1930年8月,璧山县知事公署关于蔡荣光、钱雨高为避免差押货物执行困难而申请假扣押一案的文书,包括卷宗目录、民事声请书、扣押笔录、收到证明材料、送达证书、缮本、民事裁定书等。

582. 四川高等法院第一分院、璧山实验地方法院审理终止租约一案　12－14－570

1944 年 5 月至 1944 年 8 月，四川高等法院第一分院、璧山实验地方法院关于钟万兴、李科登因耕地租用纠葛而声请终止租约一案的文书，包括卷宗目录、民事判决书、往来公函、民事答辩状、送达证书、民事委任状、民事辩论笔录等。

583. 璧山实验地方法院审理领押强制交业执行一案　12－14－571

1944 年 10 月至 1944 年 11 月，璧山实验地方法院关于陈北居因唐海全抗不履行而声请领押强制交业执行一案的文书，包括卷宗目录、民事声请状、案件审理单、民事执行文稿、报告、民事执行命令、送达证书、往来公函、通知人名单等。

584. 璧山实验地方法院审理租金查存一案　12－14－572

1944 年 10 月，璧山实验地方法院关于查缉所因房屋承租租金纠葛而声请存查一案的文书，包括卷宗目录、璧山分所函、往来公函等。

585. 四川高等法院第一分院、璧山实验地方法院审理确认租约有效一案　12－14－573

1944 年 3 月至 1944 年 4 月，四川高等法院第一分院、璧山实验地方法院关于陈叶氏、张硕高确认铺房租约有效一案的文书，包括民事判决书、书记室公函、璧山地方法院公函等。

586. 璧山实验地方法院审理领证一案　12－14－574

1943 年 12 月至 1944 年 1 月，璧山实验地方法院关于邹正发因未领回合约佃约等证件而声请领证一案的文书，包括民事声请状、案件审理单、送达证书、往来公函、通知人名单等。

587. 四川高等法院第一分院、璧山实验地方法院审理食料一案　12－14－575

1943 年 7 月，四川高等法院第一分院、璧山实验地方法院关于徐澄源、徐冯节均因返还石料产生纠葛而声请审理食料一案的文书，包括文件目录、书记室公函、送达证书、往来公函等。

588. 璧山实验地方法院审理请发支付命令一案　12－14－576

1944 年 10 月，璧山实验地方法院关于陈席珍、颜树青因租谷纠葛而请发支付命令一案的文书，包括案件文书目录、民事声请状、收据、支付命令、民事声明状、送达证书、往来公函等。

589. 璧山实验地方法院审理租谷执行一案　12－14－577

1944 年 8 月至 1944 年 10 月，璧山实验地方法院关于徐利昌、陈扬氏因谷物纠葛而声请租谷执行一案的文书，包括卷案目录、民事裁定书、案件审理单、报告、民事声请状、送达证书、往来公函等。

590. 璧山实验地方法院审理分割遗产执行一案　12－14－578

1944 年 11 月至 1944 年 12 月，璧山实验地方法院关于吴何氏、吴立山请求依照和解内容分割遗产执行一案的文书，包括卷宗文书目录、民事执行状、案件审理单、民事执行文稿、民事言辞辩论笔录、报告、民事执行命令、田产图略、收据、和解笔录、送达证书、往来公函、通知人名单等。

591. 璧山实验地方法院审理声请宣告假执行一案　12－14－579

1944 年 11 月，璧山实验地方法院关于晏绍珍、刘淮清请求依照判决缴纳押金而声请宣告假执行一案的文书，包括卷宗文书目录、民事声请状、送达证书、往来公函等。

592. 璧山实验地方法院审理请求终止租约一案　12－14－580

1944 年 9 月至 1944 年 11 月，璧山实验地方法院关于唐绪良、王海廷因租谷纠葛而请求终止租约一案的文书，包括卷宗目录、征收裁判费核定单、案件审查表、民事起诉状、民事声请状、收据、民事委任状、民事辩诉状、民事言辞辩论笔录、和解笔录、送达证书、往来公函、通知人名单等。

593. 四川高等法院第一分院、璧山实验地方法院审理确认物权移转契约无效一案　12－14－581

1943 年 11 月至 1944 年 6 月，四川高等法院第一分院、璧山实验地方法院关于吴树荣、吴正鸿因租佃契约纠葛而声请确认物权移转契约无效一案的文书，包括卷宗目录、民事声请状、民事裁定书、民事缴费状、民事原诉状、民事答辩书、民事判决书、送达证书、往来公函、通知人名单等。

594. 璧山实验地方法院审理请求返还田土一案　12－14－582

1944 年 5 月至 1944 年 7 月，璧山实验地方法院关于靳海荣、靳张氏因房屋田土纠葛而请求返还田土一案的文书，包括收据、民事委任状、卷案目录、征收裁判费核定单、案件审理单、民事起诉状、民事声请状、送达证书、往来公函、民事辩论笔录、证人结文、报告、民事宣判笔录、民事判决书、通知人名单等。

595. 四川高等法院第一分院、璧山地方法院审理终约交业一案　12－14－583

1946 年 9 月至 1947 年 10 月，四川高等法院第一分院、璧山实验地方法院关于周尧卿、周氏因转租土地纠葛而声请终约交业一案的文书，包括卷宗文书目录、征收裁判费核定单、民事声请状、民事辩诉状、送达证书、案件审理单、民事言辞辩论笔录、民事委任状、往来公函、通知人名单、证人结文、民事判决书、民事上诉状、民事裁定书、民事撤回上诉状、见证人证明材料等。

596. 四川高等法院第一分院、璧山地方法院审理给付租谷一案　12－14－584

1945 年 9 月至 1947 年 9 月，四川高等法院第一分院、璧山实验地方法院关于尹绍熙因夏海源违反和解条约抗不纳租而声请给付租谷一案的文书，包括卷宗文书目录、征收裁判费核定单、民事声请状、送达证书、往来公函、民事言辞辩论笔录、民事委任状、民事宣判笔录、民事裁判书、民事申请书、民事上诉状、通知人名单、民事判决书、刑事判决书等。

597. 璧山地方法院审理买卖无效一案　12－14－585

1946 年 11 月至 1947 年 11 月，璧山地方法院关于王璨光、王曾氏因给付纠葛而声请买卖无效一案的文书，包括案卷文书目录、民事起诉状、征收裁判费核定单、民事言辞辩论笔录、民事声明状、民事宣判笔录、民事委任状、收据证明、阅卷声请书、证人结文、田产图略、民事答辩状、民事声请状、送达证书、往来公函、民事判决书、公证状、通知人名单等。

598. 璧山实验地方法院审理私章遗失存查一案　12－14－586

1944 年 5 月，璧山实验地方法院关于张澜波为避患而声请私章遗失存查一案的文书，包括卷宗目录、璧山地方法院批稿、声请人材料、送达证书、往来公函等。

599. 璧山实验地方法院审理声请移转管辖田业房屋一案　12－14－587

1944 年 12 月，璧山实验地方法院关于刘廷光因房屋田业返还的文约纠葛而声请移转管辖田业房屋一案的文书，包括卷宗文书目录、民事声请状、民事裁定书、送达证书、往来公函等。

600. 璧山实验地方法院审理抵押权登记一案　12－14－588

1944 年 6 月，璧山实验地方法院关于王荣辉抵押权登记一案的文书，包括卷宗文书目录、不动产登记声请书、登记事项、收据、不动产登记保证书、璧山地方法院公告等。

601. 璧山实验地方法院审理请求增加给付一案　12－14－589

1944年2月至1944年8月，璧山实验地方法院关于傅昆怒、傅万金因租款纠葛而请求增加给付一案的文书，包括卷宗目录、民事申请书、民事辩论笔录、案件审理单、民事声请状、民事和解笔录、民事裁定书、民事异议状、送达证书、往来公函、通知人名单等。

602. 四川高等法院第一分院、璧山实验地方法院审理止约给租一案　12－14－590

1944年4月至1944年6月，四川高等法院第一分院、璧山实验地方法院关于陈李氏、曾铭等因不服原判而声请止约给租一案的文书，包括民事上诉状、民事声请状、民事裁定书、民事缴状、送达证书、往来公函、物证目录等。

603. 璧山实验地方法院审理请求分割遗产一案　12－14－591

1944年3月至1944年4月，璧山实验地方法院关于高钟氏、高青英因给付纠葛而请求分割遗产一案的文书，包括案卷目录、征收裁判费核定单、案件审查表、民事声请状、送达证书、收据、往来公函、案件审理单、民事辩诉状、民事言辞辩论笔录、证人结文、民事委任状、民事告诉状、民事宣判笔录、民事判决书、民事和解状、通知人名单等。

604. 璧山实验地方法院审理搬迁交业一案　12－14－592

1944年9月至1944年10月，璧山实验地方法院关于邓罗氏、何宗远因租赁契约纠葛而申请搬迁交业一案的文书，包括卷宗目录、案件审理单、征收裁判费核定单、民事告诉状、民事声请状、收据、民事宣判笔录、民事委任状、民事裁判书、送达证书、往来公函、通知人名单等。

605. 璧山实验地方法院审理妨害自由证物一案　12－14－593

1943年1月至1943年4月，璧山实验地方法院关于刘致和妨害自由证物一案的文书，包括刑事状、送达证等。

606. 四川高等法院第一分院、璧山实验地方法院审理终止租约一案　12－14－594

1943年12月至1944年4月，四川高等法院第一分院、璧山实验地方法院关于王纯武、廖隆贵因不服判决而声请终止租约一案的文书，包括民事上诉状、民事裁定书、收据、民事委任状、言辞辩论笔录、宣示判决笔录、民事判决书、民事声请状、送达证书、往来公函、通知人名单等。

607. 璧山实验地方法院审理请求补正一案　12－14－595

1944 年 11 月，璧山实验地方法院关于邓罗氏因何杨氏抗不搬迁而请求补正一案的文书，包括卷宗文书目录、民事告诉状、法院批稿、送达证书、往来公函等。

608. 四川高等法院第一分院、璧山实验地方法院审理确认移转契约无效并返还产业及租谷一案　12－14－596

1944 年 11 月至 1945 年 5 月，四川高等法院第一分院、璧山实验地方法院关于刘祖芬、罗同庆因契约纠葛而声请确认移转契约无效并返还产业及租谷一案的文书，包括民事上诉状、民事裁定书、收据、报告、民事委任状、民事辩论笔录、民事声请状、民事理由状、民事判决书、送达证书、往来公函、通知人名单等。

609. 璧山县知事公署审理债务执行一案　12－14－597

1928 年 12 月至 1929 年 1 月，璧山县知事公署关于曹候光、黄海泉因欠款纠葛而声请债务执行一案的文书，包括卷宗文书目录、民事声请状、送达证书、往来公函、通知人名单等。

610. 四川高等法院第一分院、璧山实验地方法院审理返还耕牛一案　12－14－598

1944 年 6 月，四川高等法院第一分院、璧山实验地方法院关于万树清因万云才不肯交耕牛而声请再审返还耕牛一案的文书，包括民事判决书、民事再审状、民事裁定书、书记室公函、送达证书、往来公函等。

611. 璧山实验地方法院审理继续审判交业佃约一案　12－14－599

1944 年 11 月至 1944 年 12 月，璧山实验地方法院关于江流柏、王树青因领押交约和解无效而声请继续审判交业佃约一案的文书，包括卷宗文书目录、民事声请状、案件审理单、送达证书、通知人名单、民事辩论笔录、民事委任状、佃约、民事宣判笔录、收据、民事判决书、往来公函、收到条等。

612. 璧山实验地方法院审理确认契约无效并返还田业一案　12－14－600

1944 年 9 月至 1944 年 11 月，璧山实验地方法院关于江流柏、王树青因契约纠葛而声请确认契约无效并返还田业一案的文书，包括卷宗文书目录、案件审理单、民事起诉状、民事委任状、民事辩论笔录、民事辩诉状、和解笔录、民事宣判笔录、收据、民事判决书、送达证书、往来公函、阅卷申请书、通知人名单等。

613. 最高法院、四川高等法院第一分院、璧山实验地方法院审理返还财产及契据一案　12－14－601

1943 年 3 月至 1944 年 8 月，最高法院、四川高等法院第一分院、璧山实验地方法院关于朱孙氏、朱凌氏因不服判决而声请返还财产及契据一案的文书，包括送达证书、民事判决、往来公函、民事上诉状、民事裁定书、卷宗目录等。

614. 璧山实验地方法院审理所有权登记一案　12－14－602

1944 年 12 月至 1945 年 1 月，璧山实验地方法院关于易炳山声请所有权登记一案的文书，包括卷宗目录、不动产登记声请书、收据、不动产登记保证书、送达证书、往来公函、通知人名单、民事辩论笔录、民事宣判笔录、不动产登记裁定书、民事委任状等。

615. 璧山实验地方法院审理假扣押一案　12－14－603

1944 年 7 月至 1944 年 8 月，璧山实验地方法院关于荣祯祥、张大德因水田纳租纠葛而声请假扣押一案的文书，包括卷宗目录、征收裁判费核定单、案件审查表、案件审理单、民事声请状、送达证书、往来公函、通知人名单、民事裁定书、民事判决书等。

616. 璧山实验地方法院审理请求领押交业一案　12－14－604

1944 年 1 月至 1944 年 3 月，璧山实验地方法院关于王述尧、张德安为确认调解有效而声请领押交业一案的文书，包括卷宗目录、征收裁判费核定单、案件审查表、案件审理单、民事声请状、送达证书、往来公函、通知人名单、民事辩诉状、委员会调解笔录、民事辩论笔录、民事宣判笔录、民事判决书等。

617. 璧山实验地方法院审理租佃调解一案　12－14－605

1944 年 10 月至 1944 年 11 月，璧山实验地方法院关于郑治荣因任谢氏之田业遭遇天灾而声请租佃调解一案的文书，包括卷宗目录、案件审查表、案件审理单、民事声请状、送达证书、往来公函、通知人名单、民事辩论笔录等。

618. 璧山实验地方法院审理搬迁交业一案　12－14－606

1944 年 9 月至 1944 年 110，璧山实验地方法院关于陈仰山、徐达富因租赁期限纠葛而声请搬迁交业一案的文书，包括卷宗目录、征收裁判费核定单、案件审查表、案件审理单、民事委任状、民事起诉状、民事声请状、民事答辩状、送达证书、往来公函、通知人名单、民事辩论笔录、民事宣判笔录、民事判决书等。

619. 璧山实验地方法院审理给付洋纱一案　12－14－607

1944 年 7 月至 1944 年 9 月，璧山实验地方法院关于吴良城因邬文芳拖欠会纱而请求给付洋纱一案的文书，包括卷宗目录、征收裁判费核定单、案件审查表、案件审理单、民事委任状、民事答辩状、民事补诉状、民事声请状、送达证书、往来公函、通知人名单、民事辩论笔录、民事宣判笔录、民事判决书等。

620. 四川高等法院第一分院、璧山实验地方法院审理声请发还担保金一案　12－14－608

1944 年 7 月，四川高等法院第一分院、璧山实验地方法院关于李声山、李荣卿因租约纠葛而声请发还担保金一案的文书，包括卷宗目录、案件审查表、案件审理单、民事声请状、民事委任状、送达证书、往来公函、通知人名单、民事辩论笔录等。

621. 璧山实验地方法院审理交业执行一案　12－14－609

1944 年 12 月至 1945 年 1 月，璧山实验地方法院关于张相良、张奎生因不服判决而声请交业执行一案的文书，包括卷宗目录、民事执行状、民事声明状、民事执行命令、民事执行文稿、案件审查表、案件审理单、民事声请状、送达证书、往来公函、通知人名单等。

622. 最高法院、四川高等法院第一分院、璧山实验地方法院审理解除契约赔偿树价一案　12－14－610

1944 年 3 月至 1944 年 8 月，最高法院、四川高等法院第一分院、璧山实验地方法院关于龙赞尢、刘金战因经界纠葛而声请解除买卖契约赔偿树价一案的文书，包括卷宗目录、征收裁判费核定单、案件审查表、案件审理单、民事上诉状、民事和解笔录、民事声请状、送达证书、往来公函、通知人名单、民事辩论笔录、民事宣判笔录、民事裁定书、民事判决书等。

623. 璧山实验地方法院审理宣告死亡一案　12－14－611

1944 年 1 月至 1944 年 2 月，璧山实验地方法院关于封张氏因丈夫失踪声请宣告死亡一案的文书，包括卷宗目录、民事声请状、送达证书、往来公函、通知人名单、民事裁定书等。

624. 四川高等法院第一分院、璧山实验地方法院审理给付租谷一案　12－14－612

1943 年 12 月至 1944 年 10 月，四川高等法院第一分院、璧山实验地方法院关于吴庆云、谢增辉因不服判决而声请给付租谷一案的文书，包括卷宗目录、征收裁判费核定单、案件审查表、案件审理单、民事上诉状、民事声请状、民事诉状、民事委任状、送达证书、往来公函、通知人名单、民事辩论笔录、民事宣判笔录、民事裁定书、民事判决书等。

625. 璧山实验地方法院审理领证一案　12－14－613

1944 年 11 月，璧山实验地方法院关于箫文良、李国氏因租谷给付纠葛而声请领证以资保存一案的文书，包括卷宗目录、民事声请状、送达证书、往来公函、文字声请材料等。

626. 四川高等法院第一分院、璧山实验地方法院审理返田给租一案　12－14－614

1944 年 1 月至 1944 年 5 月，四川高等法院第一分院、璧山实验地方法院关于赵炳全、陈昌福因租佃纠葛而声请返还田业给付租谷一案的文书，包括卷宗目录、民事上诉状、书记室公函、民事声请状、送达证书、往来公函、通知人名单、民事裁定书等。

627. 璧山实验地方法院审理返还食谷一案　12－14－615

1944 年 9 月至 1944 年 10 月，璧山实验地方法院关于陈宪章因张钱氏霸耕田业而声请返还食谷一案的文书，包括卷宗目录、征收裁判费核定单、案件审查表、案件审理单、民事声请状、送达证书、往来公函、通知人名单、民事答辩状、民事委任状、民事和解笔录、民事辩论笔录、民事宣判笔录、民事裁定书、民事判决书等。

628. 四川高等法院第一分院、璧山实验地方法院审理交业执行一案　12－14－616

1944 年 3 月至 1944 年 4 月，四川高等法院第一分院、璧山实验地方法院关于赵炳全、陈昌福因拆迁坟墓纠葛而声请交业执行一案的文书，包括卷宗目录、报告、收条、民事执行命令、民事声请状、民事裁定书等。

629. 璧山实验地方法院审理声请宣告假执行、请发支付命令两案　12－14－617

1944 年 2 月至 1944 年 8 月，璧山实验地方法院关于景亮钧、伍连清因债务纠葛而声请宣告假执行，景亮钧、徐六合因欠款纠葛而请发支付命令两案的文书，包括卷宗目录、征收裁判费核定单、案件审查表、案件审理单、法院支付命令、民事声请状、民事声明状、民事销案状、送达证书、往来公函、通知人名单、民事宣判笔录、民事裁定书、民事判决书等。

630. 璧山实验地方法院审理迁坟墓一案　12－14－618

1944 年 12 月至 1945 年 1 月，璧山实验地方法院关于朱绍炡、唐树清因契约纠葛而声请迁坟墓一案的文书，包括卷宗目录、民事诉状、收到条、民事执行文稿、收据、征案件审理单、民事声请状、往来公函等。

631. 四川高等法院第一分院、璧山实验地方法院审理交业执行一案　12－14－619

1944年9月至1944年12月，四川高等法院第一分院、璧山实验地方法院关于曾西元、吴赵氏因租纠葛而声请交业执行一案的文书，包括卷宗目录、民事执行状、民事执行文稿、报告、民事执行命令、征收裁判费核定单、案件审查表、案件审理单、民事声请状、送达证书、往来公函、通知人名单、民事宣判笔录、民事判决书等。

632. 四川高等法院第一分院、璧山实验地方法院审理止约交业及赔偿工资一案　12－14－620

1943年11月至1944年10月，四川高等法院第一分院、璧山实验地方法院关于曾张氏、曾子张因不服判决而声请止约交业付租及赔偿工资一案的文书，包括卷宗目录、征收裁判费核定单、案件审查表、案件审理单、民事声请状、民事委任状、送达证书、往来公函、通知人名单、民事辩论笔录、民事宣判笔录、民事判决书等。

633. 四川高等法院第一分院、璧山实验地方法院审理给付搬迁费一案　12－14－621

1943年6月至1945年6月，四川高等法院第一分院、璧山实验地方法院关于朱杨氏、张康宁因不服原审判决而声请给付搬迁费一案的文书，包括卷宗目录、征收裁判费核定单、案件审查表、案件审理单、民事声请状、民事上诉状、民事辩诉状、民事委任状、民事理由状、送达证书、往来公函、通知人名单、民事辩论笔录、民事宣判笔录、民事裁定书、刑事判决书等。

634. 四川高等法院第一分院、璧山实验地方法院审理返还产业一案　12－14－622（1）

1944年7月至1944年10月，四川高等法院第一分院、璧山实验地方法院关于张银山、张彩林因债务纠葛而声请返还产业一案的文书，包括卷宗目录、征收裁判费核定单、案件审查表、案件审理单、民事告诉状、民事委任状、民事反诉状、民事声请状、送达证书、往来公函、通知人名单、民事辩论笔录、民事宣判笔录、民事参加状、民事判决书等。

635. 最高法院、四川高等法院第一分院、璧山实验地方法院审理返还产业一案　12－14－622（2）

1944年7月至1945年5月，最高法院、四川高等法院第一分院、璧山实验地方法院关于张彩林、张银山因不服原审判决产生纠葛而声请返还产业一案的文书，包括证物目录、民事上诉状、民事理由状、民事缴状、民事委任状、民事辩诉状、卷宗目录、征收裁判费核定单、案件审查表、案件审理单、民事声请状、送达证书、往来公函、通知人名单、民事辩论笔录、民事宣判笔录、民事裁定书、民事判决书等。

636. 重庆地方法院、璧山实验地方法院审理回赎产业一案　12－14－623

1944 年 3 月至 1944 年 5 月，重庆地方法院、璧山实验地方法院关于曹曾氏因田业限期已满声请回赎产业一案的文书，包括卷宗目录、征收裁判费核定单、案件审查表、案件审理单、民事诉状、民事声请书、民事声明状、民事委任状、送达证书、往来公函、通知人名单、民事辩论笔录、民事宣判笔录、民事判决书等。

637. 四川高等法院第一分院、璧山实验地方法院审理赔偿诉讼费损失一案　12－14－624

1944 年 7 月至 1944 年 8 月，四川高等法院第一分院、璧山实验地方法院关于龚正泽、刘泾氏因乡长保甲等人员勘验侵权案不实而声请赔偿诉讼费损失一案的文书，包括卷宗目录、民事上诉再审状、案件进行时间表、见佃人文字证明材料、征收裁判费核定单、案件审查表、送达证书、往来公函、民事裁定书等。

638. 璧山实验地方法院审理交业执行一案　12－14－625

1944 年 2 月至 1944 年 11 月，璧山实验地方法院关于罗代周、罗银山因承佃纠葛和解失败而声请交业执行一案的文书，包括卷宗目录、民事和解笔录、民事执行文稿、民事执行命令、收据、征收裁判费核定单、案件审查表、案件审理单、民事声请状、送达证书、往来公函等。

639. 璧山实验地方法院审理请求领押一案　12－14－626

1944 年 6 月至 1944 年 8 月，璧山实验地方法院关于刘应台、刘文安因押金纠葛而声请领押一案的文书，包括卷宗目录、民事缴费状、案件审查表、案件审理单、民事声请状、送达证书、往来公函、通知人名单、民事裁定书等。

640. 璧山实验地方法院审理登记所有权一案　12－14－627

1944 年 10 月至 1944 年 12 月，璧山实验地方法院关于何江河娥声请登记所有权一案的文书，包括不动产登记声请书、璧山地方法院命令、报告、地图、卷宗目录、送达证书、往来公函、民事声请委任状、登记通知书、领到条等。

641. 四川高等法院第一分院、璧山实验地方法院审理给付黄谷一案　12－14－628

1944 年 4 月至 1944 年 6 月，四川高等法院第一分院、璧山实验地方法院关于

伍炳荣、伍张氏因救济纠葛而声请给付黄谷一案的文书，包括民事上诉状、送达证书、往来公函、民事裁定书等。

642. 璧山实验地方法院审理返还财物执行一案　12－14－629

1944年3月至1944年9月，璧山实验地方法院关于李靳氏、傅心年因不服原审判决而声请返还财物执行一案的文书，包括卷宗目录、民事执行状、送达证书、往来公函、民事执行文稿、民事执行命令、刑事判决书等。

643. 四川高等法院第一分院、璧山实验地方法院审理执行异议一案　12－14－630

1944年1月至1944年3月，四川高等法院第一分院、璧山实验地方法院关于庐水书、谭银章因债务纠葛而声请执行异议一案的文书，包括法院书记室公函、送达证书、往来公函、通知人名单等。

644. 四川高等法院第一分院、璧山实验地方法院审理交业执行一案　12－14－631

1944年9月至1944年10月，四川高等法院第一分院、璧山实验地方法院关于胡正銮、刘金廷因租约纠葛而声请交业执行一案的文书，包括卷宗目录、民事执行文稿、民事执行命令、收据、案件审查表、案件审理单、民事声请状、送达证书、往来公函、民事判决书等。

645. 四川高等法院第一分院、璧山实验地方法院审理声请确认熟土所有权一案　12－14－632

1944年4月至1944年8月，四川高等法院第一分院、璧山实验地方法院关于朱松柏、曾秉国因田土纠葛而声请确认熟土所有权一案的文书，包括卷宗目录、征收裁判费核定单、案件审查表、案件审理单、民事声请状、民事委任状、民事告状、民事声明状、民事辩诉状、民事答辩状、送达证书、往来公函、通知人名单、民事辩论笔录、民事宣判笔录、民事裁定书、民事判决书等。

646. 四川高等法院第一分院、璧山实验地方法院审理确认熟土所有权一案　12－14－634

1944年4月至1944年8月，四川高等法院第一分院、璧山实验地方法院关于朱松柏、曾秉国因田土纠葛而声请确认熟土所有权一案的文书，包括送达证书、往来公函、民事判决书等。

647. 璧山实验地方法院审理交业执行一案　12－14－635

1944年9月至1944年10月，璧山实验地方法院关于李汉彬、任银章因债务而声请交业执行一案的文书，包括卷宗目录、民事声请状、民事上诉状、民事执行命令、民事执行文稿、送达证书、往来公函、案件审理单、报告等。

648. 璧山实验地方法院审理赔偿抚养费用执行解除婚约一案　12—14—636

1944年7月至1944年9月，璧山实验地方法院关于周国兴、刘治贤声请赔偿抚养费及其执行解除婚约一案的文书，包括卷宗目录、民事告诉状、送达证书、往来公函、民事判决书等。

649. 璧山实验地方法院审理租佃调解一案　12—14—637

1944年10月至1944年11月，璧山实验地方法院关于张之仲、陈辉光因租纳纠葛而声请租佃调解一案的文书，包括卷宗目录、民事声请状、案件审理单、送达证书、往来公函、通知人名单、民事辩论笔录等。

650. 璧山实验地方法院审理请求搬迁交业一案　12—14—638

1944年7月，璧山实验地方法院关于左徐氏因李绍文违背契约而声请搬迁交业一案的文书，包括卷宗目录、征收裁判费核定单、案件审查表、案件审理单、民事告诉状、送达证书、往来公函、通知人名单、民事辩论笔录、民事和解笔录等。

651. 璧山实验地方法院审理给谷调解一案　12—14—639

1944年10月至1944年11月，璧山实验地方法院关于李荣丰因李建旭欠付卖谷而声请给谷调解一案的文书，包括卷宗目录、案件审查表、案件审理单、民事声请状、民事辩诉状、送达证书、往来公函、通知人名单、民事辩论笔录等。

652. 璧山实验地方法院审理典权登记一案　12—14—640

1944年4月至1944年6月，璧山实验地方法院关于甘世祥声请典权登记一案的文书，包括卷宗目录、不动产登记申请书、不动产登记通知书、不动产登记裁决、送达证书、往来公函、通知人名单、不动产地图等。

653. 璧山实验地方法院审理典权登记一案　12—14—641

1944年4月至1944年6月，璧山实验地方法院关于甘宗良声请典权登记一案的文书，包括卷宗目录、不动产登记申请书、不动产登记通知书、不动产登记裁决、送达证书、往来公函、通知人名单、收到条、不动产彩色地图等。

654. 璧山实验地方法院审理所有权登记一案　12—14—642

1944年1月至1944年4月，璧山实验地方法院关于曾世守为撤销登记并发还契约而声请所有权登记一案的文书，包括卷宗目录、不动产登记申请书、不动产登记通知书、不动产登记保证书、璧山地方法院命令、民事声请状、送达证书、往来公函、通知人名单、收到条、不动产图略等。

655. 璧山实验地方法院审理请发支付命令一案　12－14－643

1944 年 6 月至 1944 年 7 月，璧山实验地方法院关于景亮钧、罗德荣因债务纠葛而请发支付命令一案的文书，包括卷宗目录、征收裁判费核定单、案件审查表、案件审理单、民事声请状、送达证书、往来公函、法院支付命令等。

656. 璧山实验地方法院审理租佃调解一案　12－14－644

1944 年 10 月至 1944 年 11 月，璧山实验地方法院关于张三荣、颜绍州因租赁纠葛声请租佃调解一案的文书，包括卷宗目录、民事声请状、送达证书、往来公函、通知人名单、民事辩论笔录等。

657. 四川高等法院第一分院、璧山实验地方法院审理返还绝产一案　12－14－645

1944 年 4 月至 1944 年 7 月，四川高等法院第一分院、璧山实验地方法院关于杨光有、杨光贵因遗产继承纠葛而声请返还绝产一案的文书，包括卷宗目录、民事答辩状、民事委任状、民事声请状、送达证书、往来公函、通知人名单、民事辩论笔录、民事裁定书、民事判决书等。

658. 璧山实验地方法院审理确认租约无效一案　12－14－646

1944 年 11 月至 1944 年 12 月，璧山实验地方法院关于李彭氏因蔡李氏违法结约独霸收益而声请确认租约无效一案的文书，包括卷宗目录、民事委任状、法院和解笔录、送达证书、往来公函、通知人名单、民事辩论笔录等。

659. 重庆地方法院、璧山实验地方法院审理确认业价一案　12－14－647

1944 年 12 月至 1945 年 1 月，重庆地方法院、璧山实验地方法院关于胡吉周因雷吉星田业承买而声请确认业价一案的文书，包括卷宗目录、征收裁判费核定单、案件审查表、案件审理单、民事委任状、民事声请状、送达证书、往来公函、通知人名单、民事宣判笔录、民事告诉状、民事判决书等。

660. 璧山实验地方法院审理黄谷执行一案　12－14－648

1944 年 4 月至 1944 年 5 月，璧山实验地方法院关于陈春林、姜灿辉因债务纠葛而声请黄谷执行一案的文书，包括卷宗目录、征收裁判费核定单、民事交状、案件审查表、案件审理单、民事声请状、送达证书、往来公函、通知人名单、民事裁定书等。

661. 四川高等法院第一分院、璧山实验地方法院审理赎产假扣押一案　12－14－649

1944年3月至1944年8月，四川高等法院第一分院、璧山实验地方法院关于周恒太、吴素卿因租谷损害而声请赎产假扣押一案的文书，包括卷宗目录、民事声请状、送达证书、往来公函、通知人名单、民事裁定书、民事判决书等。

662. 四川高等法院第一分院、璧山实验地方法院审理返还黄谷执行一案　12－14－650

1943年11月至1944年6月，四川高等法院第一分院、璧山实验地方法院关于姜灿辉、陈仁杰因债务纠葛而声请返还黄谷执行一案的文书，包括卷宗目录、民事执行状、案件审查表、案件审理单、民事声请状、送达证书、往来公函、民事委任状、民事缴状、通知人名单、民事辩论笔录、民事宣判笔录、民事裁定书、民事判决书等。

663. 最高法院、四川高等法院第一分院、璧山实验地方法院审理返还租赁物和终止租佃一案　12－14－651（1）

1941年5月至1944年3月，最高法院、四川高等法院第一分院、璧山实验地方法院关于钟海云、李科登因租佃纠葛而声请返还农耕租赁物和终止租佃一案的文书，包括卷宗目录、民事上诉状、民事缴费状、民事理由状、民事答辩状、案件审查表、案件审理单、送达证书、往来公函、通知人名单、民事辩论笔录、民事宣判笔录、民事裁定书、民事判决书等。

664. 璧山实验地方法院审理债务执行一案　12－14－651（2）

1944年2月至1944年5月，璧山实验地方法院关于景亮钧、曾炳辉因给付纠葛而声请债务执行一案的文书，包括卷宗目录、民事撤销状、法院支付命令、报告书、案件审查表、案件审理单、民事声请状、送达证书、往来公函、通知人名单、民事执行命令等。

665. 璧山实验地方法院审理赔偿损失一案　12－14－652

1944年9月至1944年11月，璧山实验地方法院关于王利辉、吴吉轩因田产黄谷纠葛而声请赔偿田产黄谷损失一案的文书，包括卷宗目录、征收裁判费核定单、案件审查表、案件审理单、民事声请状、送达证书、往来公函、通知人名单、民事辩论笔录、民事宣判笔录、民事判决书等。

666. 璧山实验地方法院审理执行交业一案　12－14－653

1945 年 10 月至 1945 年 11 月，璧山实验地方法院关于廖清明、廖联宇因抗不还佃交业而声请迅速执行一案的文书，包括卷宗目录、民事执行命令、民事执行文稿、报告、民事声请状、送达证书、往来公函、通知人名单、民事判决书等。

667. 璧山实验地方法院审理拍卖产业执行一案　12－14－654

1944 年 5 月至 1944 年 6 月，璧山实验地方法院关于谭行中因债务纠葛而声请拍卖产业执行一案的文书，包括卷宗目录、征收裁判费核定单、案件审查表、案件审理单、报告、证明状、鉴定人鉴定书、查封不动笔录、璧山地方法院布告、民事执行通知书、送达证书、往来公函、通知人名单等。

668. 璧山实验地方法院审理请求传审一案　12－14－655

1944 年 8 月，璧山实验地方法院关于杨向氏、向懋华因租约纠葛而请求传审一案的文书，包括卷宗目录、民事声请状、送达证书、往来公函、法院批稿等。

669. 璧山实验地方法院审理终约给租一案　12－14－656

1944 年 11 月至 1944 年 12 月，璧山实验地方法院关于钟治钧、程汉清因搬迁交业纠葛而声请终约给租一案的文书，包括卷宗目录、民事诉状、征收裁判费核定单、案件审查表、案件审理单、民事声请状、送达证书、往来公函、通知人名单、民事辩论笔录、民事宣判笔录、民事判决书等。

670. 四川高等法院第一分院、璧山实验地方法院审理租赁一案　12－14－657

1943 年 12 月至 1944 年 4 月，四川高等法院第一分院、璧山实验地方法院关于周荣钦、简玉顺因不服原审判决而声请再审租赁一案的文书，包括卷宗目录、征收裁判费核定单、案件审查表、案件审理单、民事上诉状、民事声请状、民事委任状、送达证书、往来公函、通知人名单、民事辩论笔录、民事宣判笔录、民事裁定书、民事判决书等。

671. 璧山实验地方法院审理确认买卖契约无效一案　12－14－658

1944 年 5 月至 1944 年 7 月，璧山实验地方法院关于熊德光、钟炳南声请确认田业买卖契约无效一案的文书，包括卷宗目录、保状、民事委任状、民事催讯、民事起诉状、征收裁判费核定单、案件审查表、案件审理单、民事声请状、报告、送达证书、往来公函、通知人名单、民事辩论笔录、民事宣判笔录、民事裁定书、民事判决书等。

672. 四川高等法院第一分院、璧山实验地方法院审理分割田产一案　12－14－659

1943年11月至1944年8月，四川高等法院第一分院、璧山实验地方法院关于何树尝、何朱氏因债务纠葛而声请分割田产一案的文书，包括卷宗目录、报告、送达证书、往来公函、通知人名单、民事辩论笔录等。

673. 四川高等法院第一分院、璧山实验地方法院审理确认买卖契约无效及返还产业一案　12－14－660

1944年7月至1944年10月，四川高等法院第一分院、璧山实验地方法院关于熊德泾、钟炳南因不服原审判决而声请、确认买卖契约无效及返还产业一案的文书，包括卷宗目录、民事上诉状、民事委任状、民事理由状、民事答辩状、征收裁判费核定单、案件审查表、案件审理单、民事声请状、送达证书、往来公函、通知人名单、民事辩论笔录、民事宣判笔录、民事裁定书、民事判决书、证物目录等。

674. 璧山实验地方法院审理租谷调解一案　12－14－661

1943年8月至1944年11月，璧山实验地方法院关于巫海铨、张叔达因土地调解分配黄谷纠葛而声请租谷调解一案的文书，包括卷宗目录、案件审查表、案件审理单、民事声请状、民事答辩状、送达证书、往来公函、通知人名单等。

675. 璧山实验地方法院审理请求领押交业一案　12－14－662

1944年4月至1944年5月，璧山实验地方法院关于凌郑氏、谭海洲因债务纠葛而声请领押交业一案的文书，包括卷宗目录、征收裁判费核定单、案件审查表、案件审理单、民事诉状、民事委任状、送达证书、往来公函、通知人名单、民事辩论笔录、民事和解笔录等。

676. 璧山实验地方法院审理领证一案　12－14－663

1944年11月至1944年12月，璧山实验地方法院关于高钟氏等人因佃约纠葛涉讼而声请领证一案的文书，包括卷宗目录、民事领状、领证人文字证明材料、领到条、送达证书、往来公函等。

677. 高等法院、四川高等法院第一分院、璧山实验地方法院审理撤销分关及交换田亩一案　12－14－664

1942年1月至1944年5月，高等法院、四川高等法院第一分院、璧山实验地方法院关于曾鸿安、曾吉臣因不服原审判决而声请再审撤销分关及交换田亩一案的文书，包括卷宗目录、案件审查表、案件审理单、民事上诉状、民事声请状、送达证书、往来公函、通知人名单、民事裁定书、民事判决书等。

678. 四川高等法院第一分院、璧山实验地方法院审理领状一案　12－14－665

1942 年 8 月至 1944 年 5 月，四川高等法院第一分院、璧山实验地方法院关于雷含章因租约纠葛而声请领状一案的文书，包括审讯笔录、卷宗目录、征收裁判费核定单、案件审查表、案件审理单、送达证书、往来公函、通知人名单等。

679. 璧山实验地方法院审理请发支付命令一案　12－14－666

1944 年 10 月至 1944 年 11 月，璧山实验地方法院关于杨绍清、罗德云因债务纠葛而请发支付命令一案的文书，包括卷宗目录、民事声请状、法院支付命令、送达证书、往来公函、民事裁定书、民事判决书等。

680. 四川高等法院第一分院、璧山实验地方法院审理给付黄谷一案　12－14－667

1944 年 10 月至 1944 年 11 月，四川高等法院第一分院、璧山实验地方法院关于王治清、罗成兴因不服判决而声请重审给付黄谷一案的文书，包括卷宗目录、民事上诉状、征收裁判费核定单、案件审查表、案件审理单、民事声请状、民事委任状、送达证书、往来公函、通知人名单、民事辩论笔录、民事宣判笔录、民事裁定书、民事判决书等。

681. 四川高等法院第一分院、璧山实验地方法院审理返还黄谷一案　12－14－668

1944 年 1 月至 1944 年 8 月，四川高等法院第一分院、璧山实验地方法院关于王治清、罗成兴因黄谷给付纠葛而声请返还黄谷一案的文书，包括卷宗目录、送达证书、往来公函、民事判决书等。

682. 四川高等法院第一分院、璧山实验地方法院审理抗告请于赎典一案　12－14－669

1944 年 10 月至 1944 年 12 月，四川高等法院第一分院、璧山实验地方法院关于吴谢氏、吴子家因不服批示而声请抗告请于赎典一案的文书，包括卷宗目录、民事抗告状、案件进行时间表、征收裁判费核定单、案件审查表、案件审理单、送达证书、往来公函、民事裁定书等。

683. 璧山实验地方法院审理债务执行一案　12－14－670

1944 年 12 月至 1945 年 1 月，璧山实验地方法院关于景亮钧、幸耀先因诉讼费纠葛而声请债务执行一案的文书，包括卷宗目录、民事执行状、民事执行命令、民事执行文稿、报告、征收裁判费核定单、案件审查表、案件审理单、民事声请状、送达证书、往来公函、通知人名单、民事裁定书、民事判决书等。

684. 四川高等法院第一分院、璧山实验地方法院审理请求返还黄谷一案　12－14－671

1944年6月至1944年8月，四川高等法院第一分院、璧山实验地方法院关于罗成兴因王治清侵害权利而请求返还黄谷一案的文书，包括卷宗目录、民事起诉状、民事委任状、征收裁判费核定单、案件审查表、案件审理单、民事声请状、送达证书、往来公函、通知人名单、民事辩论笔录、民事宣判笔录、民事裁定书、民事判决书等。

685. 最高法院、四川高等法院第一分院、璧山实验地方法院审理执行异议一案　12－14－672

1943年1月至1944年8月，最高法院、四川高等法院第一分院、璧山实验地方法院关于陈树元、陈春林因产业买卖纠葛而声请执行一案的文书，包括卷宗目录、民事上诉理由状、民事委任状、征收裁判费核定单、案件审查表、案件审理单、民事上诉状、送达证书、往来公函、通知人名单、民事裁定书、民事判决书等。

686. 重庆实验地方法院、璧山实验地方法院审理给付黄谷一案　12－14－673

1944年10月至1944年12月，重庆实验地方法院、璧山实验地方法院关于江文德、江明德因欠租纠葛而声请给付黄谷一案的文书，包括卷宗目录、民事执行文稿、民事执行命令、报告、民事执行状、征收裁判费核定单、案件审查表、案件审理单、民事声明状、送达证书、往来公函、通知人名单、民事裁定书等。

687. 璧山实验地方法院审理分割遗产调解一案　12－14－674

1944年5月至1944年6月，璧山实验地方法院关于王朝喜、王朝英因分割先父遗产纠葛而声请分割遗产调解一案的文书，包括卷宗目录、征收裁判费核定单、民事调解状、民事委任状、案件审查表、案件审理单、民事声请状、送达证书、往来公函、通知人名单、文字证明材料等。

688. 四川高等法院第一分院、璧山实验地方法院审理给付租谷一案　12－14－675

1943年2月至1944年3月，四川高等法院第一分院、璧山实验地方法院关于徐金祥、彭汪氏因违背租佃契约及骗租产生纠葛而声请给付租谷一案的文书，包括卷宗目录、征收裁判费核定单、民事辩论笔录、民事判决书、案件审查表、案件审理单、民事声请状、送达证书、往来公函、民事宣判笔录等。

689. 璧山实验地方法院审理止约交业一案　12－14－676

1944 年 5 月至 1947 年 2 月，璧山实验地方法院关于曾张氏、曾子张因缴纳租谷纠葛而声请止约交业一案的文书，包括卷证标目、民事执行文稿、民事执行命令、报告、民事委任状、民事保状、案件审查表、案件审理单、民事声请状、送达证书、往来公函、通知人名单、民事判决书等。

690. 最高法院、四川高等法院第一分院、璧山实验地方法院审理确认物权转移契约有效一案　12－14－677

1942 年 8 月至 1944 年 6 月，最高法院、四川高等法院第一分院、璧山实验地方法院关于张代贵、刘定元因产业买卖契约纠葛而声请审理确认物权转移契约有效一案的文书，包括卷宗目录、征收裁判费核定单、案件审查表、案件审理单、民事上诉状、民事声请状、民事答辩状、送达证书、往来公函、通知人名单、民事裁定书、民事判决书等。

691. 四川高等法院第一分院、璧山实验地方法院审理给付租谷执行、债务执行两案　12－14－678

1944 年 5 月至 1944 年 6 月，四川高等法院第一分院、璧山实验地方法院关于唐胡氏、胡开斗因纠葛而声请给付租谷执行，景亮钧、甘吉祥因支付纠葛而声请债务执行两案的文书，包括卷宗目录、民事执行状、法院支付命令、案件审查表、案件审理单、送达证书、往来公函、通知人名单、民事裁定书、民事判决书等。

692. 璧山实验地方法院审理交业调解一案　12－14－679

1944 年 12 月至 1945 年 12 月，璧山实验地方法院关于王恹中因黄炳章租期过欠租谷而声请交业调解一案的文书，包括卷宗目录、民事调解状、案件审查表、案件审理单、民事声请状、送达证书、往来公函、通知人名单、民事宣判笔录等。

693. 璧山实验地方法院审理批销契约一案　12－14－680

1943 年 3 月至 1944 年 5 月，璧山实验地方法院关于王寿廷、汪天泰因案件和解而声请批销契约一案的文书，包括卷宗目录、民事声请状、送达证书、往来公函等。

694. 璧山实验地方法院审理鉴核一案　12－14－681

1944 年 12 月至 1945 年 2 月，璧山实验地方法院关于黄洪兴鉴核一案的文书，包括卷宗目录、民事领状、案件审查表、案件审理单、民事声请状、送达证书、往来公函、通知人名单等。

695. 璧山实验地方法院审理执行异议之诉一案　12－14－682

1944年2月至1944年6月，璧山实验地方法院关于张泽涵、向周朋因债务纠葛而声请执行异议之诉一案的文书，包括卷宗目录、民事诉讼状、民事答辩状、民事委任状、征收裁判费核定单、案件审查表、案件审理单、送达证书、往来公函、通知人名单、民事辩论笔录、民事宣判笔录、民事判决书等。

696. 公函杂卷　12－14－683

1942年1月至1944年11月，璧山实验地方法院关于终止租约、损害赔偿、高云汉毛铁损失、回赎佃产的公函，重庆地方法院关于龙海云给付锅款的公函，最高法院关于巫海林确认物权转移契约无效、四川高等法院第一分院关于黎继光妨害自由、诈欺、变造私文书、李鹏渎职的公函。

697. 四川高等法院第一分院、璧山实验地方法院审理返还租谷一案　12－14－684

1944年10月至1944年12月，四川高等法院第一分院、璧山实验地方法院关于邓治荣、任谢氏因调解不成而声请返还租谷一案的文书，包括卷宗目录、征收裁判费核定单、案件审查表、案件审理单、民事声请状、民事告诉状、民事辩诉状、民事委任状、送达证书、往来公函、通知人名单、民事辩论笔录、民事宣判笔录、民事裁定书、民事判决书等。

698. 四川高等法院第一分院、璧山实验地方法院审理盗窃一案　12－14－685

1944年5月至1945年11月，四川高等法院第一分院、璧山实验地方法院关于张国良盗窃花布而声请审理盗窃一案的文书，包括地方法院检察官关于张国良窃取花布的不起诉处分书，送达证书、往来公函等。附四川高等法院第一分院关于诬告、盗匪、盗窃妨害自由的公函。

699. 最高法院、四川高等法院第一分院、璧山实验地方法院审理返还租谷一案　12－14－686

1930年8月至1944年8月，最高法院、四川高等法院第一分院、璧山实验地方法院关于陈春林、陈树元因不服判决而声请返还租谷一案的文书，包括民事辩诉状、民事执行文稿、民事执行命令、报告、民事和解笔录、民事委任状、民事诉状、卷宗目录、征收裁判费核定单、案件审查表、案件审理单、民事声请状、送达证书、往来公函、通知人名单、民事裁定书、民事判决书等。

700. 璧山实验地方法院审理停止执行一案　12－14－687

1944年4月至1944年6月,璧山实验地方法院关于李森林因与向懋华产生租纠葛而声请停止执行一案的文书,包括卷宗目录、征收裁判费核定单、案件审查表、案件审理单、民事声请状、送达证书、往来公函等。

701. 璧山实验地方法院审理请发支付命令一案　12－14－688

1944年3月至1944年4月,璧山实验地方法院关于王光宷、叚泽民因公费支付纠葛而请发支付命令一案的文书,包括卷宗目录、法院支付命令、民事声请状、送达证书、往来公函等。

702. 璧山实验地方法院审理黄谷执行一案　12－14－689

1944年9月至1944年12月,璧山实验地方法院关于李森林、杨向氏因缴纳黄谷纠葛而声请黄谷执行一案的文书,包括卷宗目录、民事执行状、民事异议状、民事执行命令、民事执行文稿、报告、民事委任状、民事保状、案件审查表、案件审理单、民事声请状、送达证书、往来公函、通知人名单、民事辩论笔录、民事宣判笔录、民事裁定书、民事判决书、和解笔录等。

703. 璧山实验地方法院审理给付欠款一案　12－14－690

1944年8月至1944年9月,璧山实验地方法院关于王树芬因朱有余骗信用借款纠葛而声请依法追偿给付欠款一案的文书,包括卷宗目录、征收裁判费核定单、案件审查表、案件审理单、民事声请状、送达证书、往来公函、通知人名单、民事辩论笔录、民事宣判笔录、民事判决书等。

704. 四川高等法院第一分院、璧山实验地方法院审理返还押金一案　12－14－691

1944年4月至1944年5月,四川高等法院第一分院、璧山实验地方法院关于黄树荣、曾子张因不服原审判决而声请返还押金一案的文书,包括卷宗目录、民事声请状、送达证书、往来公函、通知人名单、民事判决书、案件进行期间表等。

705. 四川高等法院第一分院、璧山实验地方法院审理返还田业一案　12－14－692

1944年3月,四川高等法院第一分院、璧山实验地方法院关于罗海洋、王钦全因租佃纠葛不服原判而声请返还田业一案的文书,包括卷宗目录、民事委任状、民事答辩状、民事理由状、案件审查表、案件审理单、民事声请状、送达证书、往来公函、通知人名单、民事辩论笔录、民事判决书等。

706. 四川高等法院第一分院、璧山实验地方法院审理租约纠葛一案　12－14－693

1944 年 6 月至 1944 年 10 月，四川高等法院第一分院、璧山实验地方法院关于明秀清、叶玉书租约纠葛一案的文书，包括卷宗目录、民事诉状、民事委任状、民事补状、民事上诉状、案件审查表、案件审理单、民事声请状、送达证书、往来公函、通知人名单、民事宣判笔录、民事裁定书、民事判决书等。

707. 四川高等法院第一分院、璧山实验地方法院审理妨害家庭一案　12－14－694

1944 年 8 月至 1944 年 9 月，四川高等法院第一分院、璧山实验地方法院关于张龙、廖青云因家产纠葛而声请妨害家庭一案的文书，包括卷宗目录、询问笔录、法院检察官不起诉处分书、征收裁判费核定单、案件审查表、案件审理单、民事声请状、送达证书、往来公函、通知人名单、报告等。

708. 四川高等法院第一分院、璧山实验地方法院审理请求撤销和解一案　12－14－695

1944 年 3 月至 1944 年 7 月，四川高等法院第一分院、璧山实验地方法院关于王治云、赵省三因租约纠葛而请求撤销和解一案的文书，包括卷宗目录、民事委任状、民事辩诉状、民事告状、民事诉状、民事上诉状、征收裁判费核定单、案件审查表、案件审理单、民事声请状、送达证书、往来公函、通知人名单、民事辩论笔录、民事宣判笔录、民事判决书等。

709. 四川高等法院第一分院、璧山实验地方法院审理领押交业一案　12－14－696

1944 年 9 月至 1944 年 12 月，四川高等法院第一分院、璧山实验地方法院关于冯荣廷、白银洲因不服判决而声请重新审理领押交业一案的文书，包括卷宗目录、案件审查表、案件审理单、民事声请状、送达证书、往来公函、通知人名单、民事裁定书、民事判决书等。

710. 四川高等法院第一分院、璧山实验地方法院审理请求搬迁交业一案　12－14－697

1940 年 6 月至 1944 年 8 月，四川高等法院第一分院、璧山实验地方法院关于白银洲、冯荣廷因租约纠葛而声请搬迁交业一案的文书，包括卷宗目录、案件审查表、案件审理单、民事声请状、送达证书、往来公函、通知人名单、民事宣判笔录、民事判决书等。

711. 四川高等法院第一分院、璧山实验地方法院审理伤害一案　12—14—698

1944年11月至1944年12月,四川高等法院第一分院、璧山实验地方法院关于刘陈氏因刘芝荣殴打伤害庶母而声请再审伤害身体一案的文书,包括卷宗目录、征收裁判费核定单、检察官再议处分书、案件审查表、案件审理单、民事声请状、检察官不起诉处分书、送达证书、往来公函、通知人名单、询问笔录等。

712. 四川高等法院第一分院、璧山实验地方法院审理返还房屋一案　12—14—699

1944年4月,四川高等法院第一分院、璧山实验地方法院关于谢世明、叶时初因债务纠葛而声请返还房屋一案的文书,包括地方法院书记室公函、分院书记室公函、卷宗目录、送达证书、往来公函等。

713. 四川高等法院第一分院、璧山实验地方法院审理返还房屋一案　12—14—700

1944年7月至1944年8月,四川高等法院第一分院、璧山实验地方法院关于谢世明、叶时初因不服原审判决产生纠葛而声请再次审理返还房屋一案的文书,包括卷宗目录、民事上诉状、送达证书、往来公函、通知人名单、民事裁定书等。

714. 璧山实验地方法院审理请求返还房屋一案　12—14—701

1944年4月至1944年5月,璧山实验地方法院关于谢世明因叶时初侵占房屋而声请再次审理返还房屋一案的文书,包括卷宗目录、征收裁判费核定单、案件审查表、案件审理单、民事声请书、民事答辩状、民事续状、送达证书、往来公函、通知人名单、民事辩论笔录、民事宣判笔录、民事判决书等。

715. 璧山实验地方法院审理领押交业一案　12—14—702

1944年8月至1944年9月,璧山实验地方法院关于罗铭山、孙帅氏因租约纠葛而声请领押交业一案的文书,包括卷宗目录、征收裁判费核定单、案件审查表、案件审理单、民事声请状、民事辩诉状、民事补陈状、民事委任状、民事和解笔录、送达证书、往来公函、通知人名单、民事辩论笔录等。

716. 璧山实验地方法院审理租约交业一案　12—14—703

1944年1月至1944年3月,璧山实验地方法院关于罗海洋、王钦全因租佃纠葛而声请租约交业一案的文书,包括卷宗目录、案件审查表、案件审理单、民事声请状、送达证书、往来公函、通知人名单、民事裁定书等。

717. 四川高等法院第一分院、璧山实验地方法院审理给付黄谷一案　12－14－704

1944年10月至1945年2月，四川高等法院第一分院、璧山实验地方法院关于甘陈氏、杨炳林因纠葛而声请给付黄谷一案的文书，包括卷宗目录、民事执行状、民事执行文稿、民事执行命令、民事委任状、征收裁判费核定单、案件审查表、案件审理单、民事声请状、送达证书、往来公函、通知人名单、民事判决书等。

718. 四川高等法院第一分院、璧山实验地方法院审理撤销物权转移契约一案　12－14－705

1944年1月至1944年12月，四川高等法院第一分院、璧山实验地方法院关于潘俊良、雷芬龙为增加业价以资救济而声请撤销物权转移契约一案的文书，包括卷宗目录、案件审查表、案件审理单、民事声请状、送达证书、往来公函、通知人名单、民事裁定书等。

719. 四川高等法院第一分院、璧山实验地方法院审理返还租谷一案　12－14－706

1944年3月至1944年11月，四川高等法院第一分院、璧山实验地方法院关于雷致君、邬栋良因违约背信而声请返还租谷一案的文书，包括卷宗目录、征收裁判费核定单、案件审查表、案件审理单、民事声请状、民事辩诉状、送达证书、往来公函、通知人名单、民事辩论笔录、民事宣判笔录、民事判决书等。

720. 四川高等法院第一分院、璧山实验地方法院审理给付欠款返还租谷一案　12－14－707

1944年6月至1944年7月，璧山实验地方法院关于雷致君、邬栋良因租谷纠葛而声请给付欠款返还租谷一案的文书，包括卷宗目录、民事声请状、送达证书、往来公函、通知人名单、民事裁定书等。

721. 四川高等法院第一分院、璧山实验地方法院审理返还产业执行一案　12－14－708

1944年8月至1944年9月，四川高等法院第一分院、璧山实验地方法院关于胡张氏、张森云因房土契约纠葛而声请执行返还产业一案的文书，包括卷宗目录、征收裁判费核定单、案件审查表、案件审理单、民事声请状、民事委任状、送达证书、往来公函、通知人名单、民事辩论笔录、民事和解笔录、法院执行命令等。

722. 璧山实验地方法院审理田房契约确认一案　12－14－709

1944年4月至1944年5月，璧山实验地方法院关于刘炳光因租佃纠葛而声请确认田房契约一案的文书，包括卷宗目录、征收裁判费核定单、证明书、公证询问笔录、案件审查表、案件审理单、民事声请状、送达证书、往来公函、通知人名单等。

723. 璧山实验地方法院审理给付租谷一案　12—14—710

1944 年 11 月至 1944 年 12 月，璧山实验地方法院关于蒌贯之、蒌宝三请求给付租谷一案的文书，包括卷宗目录、征收裁判费核定单、案件审查表、案件审理单、民事声请状、送达证书、往来公函、通知人名单、民事辩论笔录、民事和解笔录等。

724. 璧山实验地方法院审理请求赔偿损失一案　12—14—711

1944 年 4 月至 1944 年 5 月，璧山实验地方法院关于牟炳安、蒋伍氏因债务纠葛而声请赔偿损失一案的文书，包括卷宗目录、民事诉状、征收裁判费核定单、案件审查表、案件审理单、民事声请状、送达证书、往来公函、通知人名单、民事辩论笔录、民事宣判笔录、民事判决书等。

725. 四川高等法院第一分院、璧山实验地方法院审理放赎典产一案　12—14—712

1943 年 12 月至 1944 年 5 月，四川高等法院第一分院、璧山实验地方法院关于胡廷燎、胡思诚因不服判决而声请放赎典产一案的文书，包括卷宗目录、民事缴状、民事上诉状、征收裁判费核定单、案件审查表、案件审理单、民事声请状、送达证书、往来公函、通知人名单、民事辩论笔录、民事宣判笔录、民事裁定书、民事判决书等。

726. 最高法院、四川高等法院第一分院、璧山实验地方法院审理赎产一案　12—14—713

1944 年 7 月至 1944 年 9 月，最高法院、四川高等法院第一分院、璧山实验地方法院关于胡邬氏、胡思诚因战争损失赔偿纠葛而声请赎产一案的文书，包括卷宗目录、征收裁判费核定单、案件审查表、案件审理单、民事声请状、送达证书、往来公函、通知人名单、民事辩论笔录、民事宣判笔录、民事判决书等。

727. 四川高等法院第一分院、璧山实验地方法院审理请发支付命令一案　12—14—714

1944 年 8 月至 1944 年 11 月，四川高等法院第一分院、璧山实验地方法院关于孙佐卿、林孝立因债务纠葛而请发支付命令一案的文书，包括卷宗目录、法院支付命令、民事声请状、送达证书、往来公函、通知人名单、民事判决书等。

728. 璧山实验地方法院审理请求终止租赁起佃交业一案　12—14—715

1944 年 8 月，璧山实验地方法院关于冷大吉、冷绍清因纠葛而声请终止租赁起佃交业一案的文书，包括卷宗目录、征收裁判费核定单、案件审查表、案件审理单、民事委任状、民事声请状、送达证书、往来公函、通知人名单、民事辩论笔录、民事和解笔录等。

729. 璧山实验地方法院审理领押交业执行一案　12－14－716

1944年10月至1944年12月，璧山实验地方法院关于刘敬廷、刘均成因纠葛而声请领押交业执行一案的文书，包括卷宗目录、征收裁判费核定单、案件审查表、案件审理单、民事声请状、送达证书、往来公函、通知人名单、民事辩论笔录、民事和解笔录等。

730. 璧山实验地方法院审理给付菜油执行一案　12－14－717

1944年11月至1945年9月，璧山实验地方法院关于龙后仙、曾志模因拖欠菜油而声请强制给付菜油执行一案的文书，包括卷宗目录、民事执行命令、民事执行文稿、支付命令、民事执行状、案件审查表、案件审理单、民事声请状、送达证书、往来公函民事和解笔录等。

731. 四川高等法院第一分院、璧山实验地方法院审理终止租约一案　12－14－718

1942年8月至1942年12月，四川高等法院第一分院、璧山实验地方法院关于王谢氏、林庆光因纠葛而声请终止租约一案的文书，包括卷宗目录、民事上诉状、送达证书、往来公函、通知人名单、民事裁定书等。

732. 四川高等法院第一分院、璧山实验地方法院审理撤销买卖契约一案　12－14－719

1942年7月至1942年12月，四川高等法院第一分院、璧山实验地方法院关于张典泰、陈典仁因产业所有权纠葛而声请撤销买卖契约一案的文书，包括卷宗目录、民事上诉状、民事理由状、民事缴状、征收裁判费核定单、案件审查表、案件审理单、民事声请状、送达证书、往来公函、通知人名单、民事辩论笔录、民事宣判笔录、民事裁定书、民事判决书等。

733. 璧山实验地方法院审理假扣押一案　12－14－720

1944年8月至1944年11月，璧山实验地方法院关于曾嘉谷、晏自寿因田产纠葛而声请假扣押一案的文书，包括卷宗目录、案件审查表、案件审理单、民事声请状、送达证书、往来公函、通知人名单、民事裁定书、民事判决书等。

734. 璧山实验地方法院审理请求终止租约一案　12－14－721

1944年4月至1944年5月，璧山实验地方法院关于钟治钧、钟汉清因承租人耕地而请求终止租约一案的文书，包括卷宗目录、征收裁判费核定单、案件审查表、案件审理单、民事声请状、送达证书、往来公函、通知人名单、民事辩论笔录、民事宣判笔录、民事判决书等。

735. 璧山地方法院审理确认先买权一案　12－14－722

1941年5月至1942年12月，璧山实验地方法院关于张树成、谭炳章因租赁纠葛而声请确认先买权一案的文书，包括卷宗目录、民事起诉状、征收裁判费核定单、案件审查表、案件审理单、民事声请状、送达证书、往来公函、通知人名单、民事辩论笔录、民事宣判笔录、民事和解书等。

736. 四川高等法院第一分院、璧山实验地方法院审理给付租谷执行一案　12－14－723

1944年8月至1944年9月，四川高等法院第一分院、璧山实验地方法院关于江远林、万长安因债务纠葛而声请给付租谷执行一案的文书，包括卷宗目录、民事执行状、民事执行命令、民事执行文稿、报告、民事委任状、民事缴状、征收裁判费核定单、案件审查表、案件审理单、民事声请状、送达证书、往来公函、通知人名单、民事判决书等。

737. 四川高等法院第一分院、璧山实验地方法院审理解除契约暨增加给付一案　12－14－724

1944年7月至1944年10月，四川高等法院第一分院、璧山实验地方法院关于陈邓氏、李相臣因家庭契约纠葛而声请解除契约暨增加给付一案的文书，包括卷宗目录、征收裁判费核定单、案件审查表、民事声明状、民事委任状、民事上诉状、案件审理单、民事声请状、送达证书、往来公函、通知人名单、民事辩论笔录、民事宣判笔录、民事裁定书、民事判决书等。

738. 璧山实验地方法院审理请求领押交业一案　12－14－725

1944年6月至1944年11月，璧山实验地方法院关于罗涛清、邹柏林因违背契约而声请领押交业一案的文书，包括卷宗目录、民事起诉状、民事委任状、征收裁判费核定单、案件审查表、案件审理单、民事声请状、送达证书、往来公函、通知人名单、民事辩论笔录、民事宣判笔录、民事和解笔录等。

739. 璧山实验地方法院审理租谷执行一案　12－14－726

1944年8月，璧山实验地方法院关于陈桂贞、陈汉忠因债务纠葛而声请租谷执行一案的文书，包括卷宗目录、送达证书、往来公函、通知人名单、民事裁定书等。

740. 四川高等法院第一分院、璧山实验地方法院审理撤销移转田业契约执行一案　12－14－727

1944年12月至1945年1月，四川高等法院第一分院、璧山实验地方法院关于雷芬龙、潘后良因田业所有权纠葛而声请撤销移转田业契约执行一案的文书，包括卷宗目录、征收裁判费核定单、案件审查表、案件审理单、民事声请状、送达证书、往来公函、通知人名单、民事裁定书、民事判决书等。

741. 四川高等法院第一分院、璧山实验地方法院审理同居并返还衣物一案　12－14－728

1943年12月至1944年7月，四川高等法院第一分院、璧山实验地方法院关于张饶氏、张奎全声请同居并返还衣物一案的文书，包括卷宗目录、征收裁判费核定单、案件审查表、案件审理单、民事上诉状、送达证书、往来公函、通知人名单、民事裁定书、民事判决书等。

742. 璧山实验地方法院审理所有权登记一案　12－14－729

1944年12月至1945年1月，璧山实验地方法院关于李开祥声请登记所有权一案的文书，包括不动产登记申请书、不动产登记保证书、民事保状、卷宗目录、案件审查表、案件审理单、民事声请状、送达证书、往来公函、通知人名单等。

743. 璧山实验地方法院审理返还洋纱一案　12－14－730

1944年9月至1944年10月，璧山实验地方法院关于罗源清、暇银廷因债务纠葛而声请返还洋纱一案的文书，包括卷宗目录、征收裁判费核定单、案件审查表、案件审理单、民事声请状、民事辩诉状、送达证书、往来公函、通知人名单等。

744. 璧山实验地方法院审理请求搬迁交房交还诉讼费一案　12－14－731

1944年8月至1944年10月，璧山实验地方法院关于陶华安、周遇良因房屋纠葛而声请搬迁交房交还诉讼费一案的文书，包括卷宗目录、民事委任状、民事和解笔录、征收裁判费核定单、案件审查表、案件审理单、民事声请状、送达证书、往来公函、通知人名单、民事辩论笔录、民事宣判笔录等。

745. 璧山实验地方法院审理终止租约一案　12－14－732

1944年4月至1944年10月，璧山实验地方法院关于黄布之、巫奎臣因纠葛而声请终止租约一案的文书，包括卷宗目录、征收裁判费核定单、案件审查表、案件审理单、民事声请状、送达证书、往来公函、通知人名单、民事宣判笔录、民事裁定书等。

746. 四川高等法院第一分院、重庆实验地方法院、璧山实验地方法院审理请求确认买卖契约有效一案　12－14－733

1944年1月至1944年11月，四川高等法院第一分院、重庆实验地方法院、璧山实验地方法院关于熊懋辉、伍海洲因违约而请求确认买卖契约有效一案的文书，包括卷宗目录、法院检察官不起诉处分书、民事诉状、民事上诉状、征收裁判费核定单、案件审查表、案件审理单、民事声请状、送达证书、往来公函、通知人名单、民事辩论笔录、民事宣判笔录、民事裁定书、民事判决书等。

747. 四川高等法院第一分院、璧山实验地方法院审理假扣押一案　12－14－734

1944年7月至1944年10月，四川高等法院第一分院、璧山实验地方法院关于罗荣山、白仲梁因债务纠葛而声请假扣押一案的文书，包括卷宗目录、征收裁判费核定单、案件审查表、案件审理单、民事声请状、送达证书、往来公函、通知人名单、民事执行状、民事裁定书、民事判决书等。

748. 璧山实验地方法院审理离婚一案　12－14－735

1944年4月至1944年7月，璧山实验地方法院关于胡罗忠荣、胡德寿因生死不明已过六年而声请离婚一案的文书，包括卷宗目录、征收裁判费核定单、案件审查表、案件审理单、民事声请状、送达证书、往来公函、通知人名单、民事辩论笔录、民事宣判笔录、民事判决书等。

749. 四川高等法院第一分院、璧山实验地方法院审理回赎产业终止租约一案 12－14－736

1944年6月至1944年8月，四川高等法院第一分院、璧山实验地方法院关于邹炳安、邹张氏因不服判决而声请回赎产业终止租约一案的文书，包括卷宗目录、民事上诉状、民事委任状、征收裁判费核定单、民事证明状、民事答辩状、案件审查表、案件审理单、民事声请状、送达证书、往来公函、通知人名单、民事辩论笔录、民事宣判笔录、民事判决书等。

750. 璧山实验地方法院审理租谷执行一案　12—14—737

1944年7月至1944年8月，璧山实验地方法院关于董文敏、李荣臣因债务纠葛而声请租谷执行一案的文书，包括卷宗目录、送达证书、往来公函、通知人名单、民事裁定书、案件审理单等。

751. 四川高等法院第一分院、璧山实验地方法院审理交业执行、请求交业两案　12—14—738

1944年9月至1944年11月，四川高等法院第一分院、璧山实验地方法院关于高茂林、雷海梁因租谷纠葛而声请交业执行，王乾贞、王炳煊因债务纠葛而声请交业两案的文书，包括卷宗目录、民事执行状、民事委任状、征收裁判费核定单、案件审查表、案件审理单、民事领状、民事声请状、送达证书、往来公函、通知人名单、民事裁定书等。

752. 璧山实验地方法院审理债务执行一案　12—14—739

1944年9月至1944年10月，璧山实验地方法院关于景亮钧、马李氏因纠葛而声请债务执行一案的文书，包括卷宗目录、支付命令、报告书、案件审查表、案件审理单、民事声请状、送达证书、往来公函、通知人名单等。

753. 璧山实验地方法院审理给付欠租执行一案　12—14—740

1944年6月至1944年9月，璧山实验地方法院关于黄英灿、黄希之因不服判决而声请给付欠租执行一案的文书，包括卷宗目录、民事执行命令、民事执行文稿、报告、民事缴状、征收裁判费核定单、案件审查表、案件审理单、民事声请状、送达证书、往来公函、通知人名单、民事裁定书、民事判决书等。

754. 璧山实验地方法院审理请求原状一案　12—14—741

1944年4月至1945年5月，璧山实验地方法院关于彭廷林、廖炳林因田产被堤坝水淹没请求原状一案的文书，包括卷宗目录、征收裁判费核定单、案件审查表、案件审理单、民事声请状、民事委任状、民事答辩状、送达证书、往来公函、通知人名单、民事辩论笔录、民事宣判笔录、民事判决书等。

755. 璧山实验地方法院审理终约交业一案　12—14—742

1944年12月至1945年1月，璧山实验地方法院关于向文光、刘海清因背约违法而声请终约交业一案的文书，包括卷宗目录、征收裁判费核定单、案件审查表、案件审理单、民事告诉状、民事声请状、送达证书、往来公函、通知人名单、民事辩论笔录、民事和解笔录等。

756. 最高法院、四川高等法院第一分院、璧山实验地方法院审理返还租谷一案 12－14－743

1944 年 9 月至 1944 年 10 月，最高法院、四川高等法院第一分院、璧山实验地方法院关于罗海云因王启贤得利不当而声请返还租谷一案的文书，包括卷宗目录、民事起诉状、民事上诉状、民事委任状、征收裁判费核定单、案件审查表、案件审理单、民事声请状、送达证书、往来公函、通知人名单、民事辩论笔录、民事宣判笔录、民事裁定书、民事判决书等。

757. 重庆地方法院、璧山实验地方法院审理借款执行一案 12－14－744

1944 年 6 月至 1944 年 7 月，重庆地方法院、璧山实验地方法院关于梁云程、吴培林因债务纠葛而声请借款执行一案的文书，包括卷宗目录、征收裁判费核定单、案件审理单、送达证书、往来公函、通知人名单等。

758. 璧山实验地方法院审理请求给付欠租一案 12－14－745

1944 年 1 月至 1944 年 2 月，璧山实验地方法院关于罗益安、尹治臣因纠葛而请求给付欠租一案的文书，包括卷宗目录、征收裁判费核定单、案件审查表、案件审理单、民事声请状、送达证书、往来公函、通知人名单、民事辩论笔录、民事宣判笔录、民事判决书等。

759. 四川高等法院第一分院、璧山实验地方法院审理回赎典产一案 12－14－746

1944 年 10 月至 1945 年 1 月，四川高等法院第一分院、璧山实验地方法院关于戴敬之、瞿伦志因房产纠葛而声请回赎典产一案的文书，包括卷宗目录、征收裁判费核定单、民事声请状、民事再审状、送达证书、往来公函、通知人名单、民事裁定书等。

760. 璧山实验地方法院审理给付押金执行一案 12－14－747

1945 年 11 月至 1946 年 1 月，璧山实验地方法院关于王德轩、何世璋因债务纠葛而声请给付押金执行一案的文书，包括卷宗目录、民事执行文稿、民事执行状、报告、民事执行命令、征收裁判费核定单、民事保状、民事声请状、送达证书、往来公函、通知人名单、民事判决书等。

761. 璧山实验地方法院审理给付租谷一案　12－14－748

1941年10月至1942年9月，璧山实验地方法院关于彭炳焜因纠葛而声请给付租谷一案的文书，包括民事诉状、民事声请状、送达证书、往来公函、民事辩论笔录、民事判决书等。

762. 璧山实验地方法院审理请求搬迁交业一案　12－14－749

1944年6月至1944年8月，璧山实验地方法院关于向杨氏因与陈汉卿产生纠葛而声请搬迁交业一案的文书，包括卷宗目录、民事答辩状、民事委任状、征收裁判费核定单、案件审查表、案件审理单、民事声请状、送达证书、往来公函、通知人名单、民事辩论笔录、民事宣判笔录、民事裁定书、民事判决书等。

763. 璧山实验地方法院审理请求领押交业一案　12－14－750

1944年7月至1944年10月，璧山实验地方法院关于罗五福、陈棋梁因债务纠葛而声请领押交业一案的文书，包括卷宗目录、征收裁判费核定单、案件审查表、案件审理单、民事声请状、送达证书、往来公函、通知人名单、民事告诉状、民事辩诉状、民事和解笔录等。

764. 璧山实验地方法院审理领取佃约红契证一案　12－14－751

1944年9月至1944年10月，璧山实验地方法院关于谢世明声请领取佃约红契证一案的文书，包括卷宗目录、征收裁判费核定单、案件审查表、案件审理单、民事声请状、送达证书、往来公函、通知人名单等。

765. 四川高等法院第一分院、璧山实验地方法院审理终止租约一案　12－14－752

1944年10月至1944年11月，四川高等法院第一分院、璧山实验地方法院关于邓尃元、郭春发因债务纠葛而声请终止租约一案的文书，包括卷宗目录、送达证书、往来公函、通知人名单、民事判决书等。

766. 璧山实验地方法院审理终止租约一案　12－14－753

1944年9月至1944年10月，璧山实验地方法院关于吴玉炤、吴银山因违约垦佃而声请终止租约一案的文书，包括卷宗目录、征收裁判费核定单、案件审查表、案件审理单、民事声请状、民事辩诉状、民事和解笔录、送达证书、往来公函、通知人名单等。

767. 璧山实验地方法院审理请求回赎典产一案　12－14－754

1944年6月至1944年7月，璧山实验地方法院关于王熊氏、戴荣发因匿约垦佃断绝生而请求回赎典产一案的文书，包括卷宗目录、征收裁判费核定单、案件审查表、案件审理单、民事声请状、送达证书、往来公函、通知人名单、民事辩论笔录、民事宣判笔录、民事裁定书、民事判决书等。

768. 璧山实验地方法院审理阅卷、优先承买案卷一案　12－14－755

1944年9月至1944年10月，璧山实验地方法院关于刘道五委任王光荣律师到院阅卷、李永桂优先承买案卷一案的文书，包括卷宗目录、民事声请状、送达证书、往来公函等。

769. 四川高等法院第一分院、璧山实验地方法院审理赔偿损害一案　12－14－756

1944年10月至1944年11月，四川高等法院第一分院、璧山实验地方法院关于彭国良、彭陈氏因债务纠葛而声请赔偿损害一案的文书，包括人物卡片、送达证书、往来公函等。

770. 璧山实验地方法院审理领证一案　12－14－757

1944年3月至1944年4月，璧山实验地方法院关于徐金祥因遗产、佃权被侵占而声请领证一案的文书，包括卷宗目录、征收裁判费核定单、案件审查表、案件审理单、民事声请状、送达证书、往来公函、通知人名单等。

771. 璧山实验地方法院审理回赎典产一案　12－14－758

1944年4月至1944年8月，璧山实验地方法院关于刘洪林、刘炳章回赎典产一案的文书，包括卷宗目录、征收裁判费核定单、案件审查表、案件审理单、民事诉状、送达证书、往来公函、通知人名单、民事委任状、民事辩论笔录等。

772. 璧山实验地方法院审理清偿食谷调解一案　12－14－759

1944年7月，璧山实验地方法院关于毛大于、张仲义因商借食谷纠葛而声请清偿食谷调解一案的文书，包括卷宗目录、民事委任状、民事声请状、送达证书、往来公函、通知人名单等。

773. 璧山实验地方法院审理确认婚约无效一案　12－14－760

1944年8月，璧山实验地方法院关于邹英德、彭天生因受父母之命过早缔结婚约而声请确认婚约无效一案的文书，包括卷宗目录、征收裁判费核定单、案件审查表、案件审理单、民事诉状、送达证书、往来公函、通知人名单、民事委任状、民事辩论笔录、民事宣判笔录、民事判决书等。

774. 最高法院、四川高等法院第一分院、璧山实验地方法院审理不动产物权转移契约无效一案　12－14－761

1943年11月至1944年4月，最高法院、四川高等法院第一分院、璧山实验地方法院关于舒江氏、舒渭因买卖契约纠葛而声请不动产物权转移契约无效一案的文书，包括卷宗目录、民事上诉状、民事声请状、送达证书、往来公函、民事裁定书等。

775. 四川高等法院第一分院、璧山实验地方法院审理交业执行一案　12－14－762

1944年7月至1944年8月，四川高等法院第一分院、璧山实验地方法院关于陈鸿兴因张汉荣违背合约抗不领押而声请交业执行一案的文书，包括卷宗目录、民事声请状、送达证书、往来公函、通知人名单、民事和解笔录、民事裁定书等。

776. 最高法院、四川高等法院第一分院、璧山实验地方法院审理领价交业执行一案　12－14－763

1944年6月至1944年8月，最高法院、四川高等法院第一分院、璧山实验地方法院关于刘树钦、江美成因买卖房产而声请领价交业执行一案的文书，包括卷宗目录、征收裁判费核定单、民事缴状、案件审查表、案件审理单、民事声请状、民事执行命令、民事执行文稿、送达证书、往来公函、通知人名单、民事判决书等。

777. 最高法院、四川高等法院第一分院、璧山实验地方法院审理不动产契约有效一案　12－14－764

1943年2月至1944年7月，最高法院、四川高等法院第一分院、璧山实验地方法院关于陈三荣、陈世燮因债务纠葛而声请不动产契约有效一案的文书，包括卷宗目录、民事声请状、送达证书、往来公函、通知人名单、民事裁定书、民事判决书等。

778. 璧山实验地方法院审理增加典价执行一案　12－14－765

1944年9月至1944年11月，璧山实验地方法院关于刘兴安因冯树诚一再藐视法律超过执行期限而声请增加典价执行一案的文书，包括卷宗目录、民事声请状、民事诉状、民事保状、民事和解笔录、送达证书、往来公函、通知人名单等。

779. 四川高等法院第一分院、璧山实验地方法院审理律师停职一案　12－14－766

1944年3月至1944年11月，四川高等法院第一分院、璧山实验地方法院关于

李鹏律师停职一案的文书，包括卷宗目录、送达证书、往来公函等。

780. 四川高等法院第一分院、璧山实验地方法院审理领取产业契证一案　12—14—767

1944 年 3 月至 1945 年 1 月，四川高等法院第一分院、璧山实验地方法院关于朱绍炡声请领取产业契证一案的文书，包括卷宗目录、征收裁判费核定单、案件审查表、案件审理单、民事声请状、送达证书、往来公函、通知人名单、民事判决书等。

781. 四川高等法院第一分院、璧山实验地方法院审理迁坟一案　12—14—768

1944 年 7 月至 1944 年 8 月，四川高等法院第一分院、璧山实验地方法院关于唐树清、朱绍炡因地产纠葛而声请起迁坟墓一案的文书，包括卷宗目录、送达证书、往来公函、通知人名单、案件进行期间表、民事裁定书、民事判决书等。

782. 最高法院、四川高等法院第一分院、璧山实验地方法院审理确认典产所属权一案　12—14—769

1943 年 9 月至 1944 年 8 月，最高法院、四川高等法院第一分院、璧山实验地方法院关于曹贤臣、蔡绍良因田业回赎纠葛而声请确认典产所属权一案的文书，包括卷宗目录、证物目录、民事申诉、征收裁判费核定单、案件审查表、案件审理单、民事声请状、民事缴状、送达证书、往来公函、通知人名单、民事裁定书、民事判决书等。

783. 璧山实验地方法院审理请求确认分约无效一案　12—14—770

1944 年 6 月至 1944 年 7 月，璧山实验地方法院关于李蒋氏、李宝珊因田产房屋买卖契约纠葛而声请确认分约无效一案的文书，包括卷宗目录、民事告诉状、民事委任状、民事答辩状、民事补诉状、民事追加状、民事撤回状、征收裁判费核定单、案件审查表、案件审理单、民事声请状、送达证书、往来公函、通知人名单、民事裁定书、民事判决书等。

784. 璧山实验地方法院审理请求起迁坟墓一案　12—14—771

1944 年 4 月至 1944 年 6 月，璧山实验地方法院关于唐树清、朱绍炡声请起迁坟墓一案的文书，包括卷宗目录、民事诉状、征收裁判费核定单、案件审查表、案件审理单、民事声请状、送达证书、往来公函、通知人名单、民事辩论笔录、民事宣判笔录、民事判决书等。

785. 璧山实验地方法院审理所有权登记一案　12—14—772

1944 年 4 月至 1944 年 10 月，璧山实验地方法院关于余培生因佃产纠葛而声请所有权登记一案的文书，包括卷宗目录、不动产登记申请书、不动产登记保证书、不动产图略、璧山地方法院命令、璧山地方法院公告、征收裁判费核定单、案件审查表、案件审理单、民事声请状、送达证书、往来公函、通知人名单、民事辩论笔录等。

786. 璧山实验地方法院审理假扣押一案　12－14－773

1944年5月至1944年7月，璧山实验地方法院关于周鸣远、舒东皋因田产承佃租金纠葛而声请假扣押一案的文书，包括卷宗目录、案件审查表、案件审理单、民事声请状、送达证书、往来公函、通知人名单、民事裁定书、民事判决书等。

787. 璧山实验地方法院审理返还产业一案　12－14－774

1944年10月至1944年11月，璧山实验地方法院关于雷成德因陈王氏窃占不动产而声请返还产业一案的文书，包括卷宗目录、征收裁判费核定单、案件审查表、案件审理单、民事起诉状、民事委任状、民事声请状、送达证书、往来公函、通知人名单、民事辩论笔录、民事宣判笔录、民事判决书等。

788. 最高法院、四川高等法院第一分院、璧山实验地方法院审理租谷一案　12－14－775

1942年10月至1944年11月，最高法院、四川高等法院第一分院、璧山实验地方法院关于曾银洲、石洪兴因不服判决而声请租谷一案的文书，包括卷宗目录、征收裁判费核定单、民事上诉状、民事答辩状、民事缴状、案件审查表、案件审理单、民事声请状、送达证书、往来公函、通知人名单、民事裁定书、民事判决书等。

789. 璧山实验地方法院审理损害赔偿执行一案　12－14－776

1944年9月至1945年3月，璧山实验地方法院关于赵位高因刘文光欠纱不还而声请损害赔偿执行一案的文书，包括卷宗目录、征收裁判费核定单、案件审查表、案件审理单、民事声请状、民事委任状、送达证书、往来公函、通知人名单、民事保状、民事执行状、民事辩论笔录、民事宣判笔录、民事裁定书、民事判决书等。

790. 四川高等法院第一分院、璧山实验地方法院审理止约交业一案　12－14－777

1944年2月至1944年4月，四川高等法院第一分院、璧山实验地方法院关于周陈氏、朱汉猛因不服判决而声请止约交业一案的文书，包括卷宗目录、民事上诉状、征收裁判费核定单、案件审查表、案件审理单、民事声请状、送达证书、往来公函、通知人名单、民事裁定书等。

791. 璧山实验地方法院审理请求终止租约一案　12－14－778

1943年12月至1944年1月，璧山实验地方法院关于周陈氏因刘绍程违背契约霸耕而请求终止租约一案的文书，包括卷宗目录、征收裁判费核定单、案件审查表、案件审理单、民事声请状、送达证书、往来公函、通知人名单、民事辩论笔录、民事宣判笔录、民事裁定书、民事判决书等。

792. 璧山实验地方法院审理给付棉纱一案　12－14－779

1944 年 11 月，璧山实验地方法院关于李大法因杨春银借去洋纱不还而声请给付棉纱一案的文书，包括卷宗目录、征收裁判费核定单、案件审查表、案件审理单、民事声请状、送达证书、往来公函、通知人名单、民事辩论笔录等。

793. 璧山实验地方法院审理交房执行一案　12－14－780

1944 年 8 月至 1944 年 9 月，璧山实验地方法院关于牟胡国、胡纯和因房产纠葛而声请交房执行一案的文书，包括卷宗目录、征收裁判费核定单、案件审查表、案件审理单、民事执行状、民事执行文稿、民事声请状、送达证书、往来公函、通知人名单民事和解笔录等。

794. 四川高等法院第一分院、璧山实验地方法院审理无故侵入他人住宅及妨害他人权利一案　12－14－781

1943 年 1 月至 1943 年 12 月，四川高等法院第一分院、璧山实验地方法院关于张氏、王氏声请审理无故侵入他人住宅及妨害他人权利一案的文书，包括卷宗目录、刑事诉状、刑事上诉、送达证书、往来公函、通知人名单、民事辩论笔录、民事宣判笔录、民事裁定书、民事判决书等。

795. 四川高等法院第一分院、璧山实验地方法院审理转移管辖一案　12－14－782

1944 年 10 月至 1944 年 11 月，四川高等法院第一分院、璧山实验地方法院关于吴秉瑜因渎职涉案而声请审转移管辖一案的文书，包括卷宗目录、送达证书、往来公函等。

796. 璧山实验地方法院审理保护农作物一案　12－14－783

1944 年 5 月，璧山实验地方法院关于何禹级因罗何氏非法抢夺粮食而声请保护农作物一案的文书，包括卷宗目录、送达证书、往来公函等。

797. 璧山实验地方法院审理终止租约调解一案　12－14－784

1944 年 4 月至 1944 年 5 月，璧山实验地方法院关于黄开银、黄元辅因租佃纠葛而声请终止租约调解一案的文书，包括卷宗目录、征收裁判费核定单、案件审查表、案件审理单、民事声请状、送达证书、往来公函、通知人名单、民事辩论笔录、民事宣判笔录等。

798. 璧山实验地方法院审理给付楼板执行一案　12—14—785

1944年4月至1944年7月，璧山实验地方法院关于胡建文、刘炳泰因楼板而声请给付楼板执行一案的文书，包括卷宗目录、民事执行文稿、民事执行命令、民事保状、案件审理单、民事声请状、送达证书、往来公函、通知人名单、民事判决书等。

799. 璧山实验地方法院审理请发支付命令一案　12—14—786

1944年7月至1944年11月，璧山实验地方法院关于况贞高因向陈文燔借款不还而请发支付命令一案的文书，包括卷宗目录、征收裁判费核定单、案件审查表、案件审理单、民事声请状、送达证书、往来公函、通知人名单、法院支付命令等。

800. 璧山地方法院审理企图侵占军谷一案　12—14—787

1941年8月至1944年9月，璧山实验地方法院关于罗治清、张治君因企图侵占军谷一案的文书，包括卷宗目录、送达证书、往来公函、府衔训令、府衔批文等。

801. 四川高等法院第一分院、璧山县知事公署审理诈欺银币及妨害自由一案　12—14—788

1930年6月至1930年8月，四川高等法院第一分院、璧山县知事公署关于范良成、王苏氏等诈欺银币及妨害自由一案的文书，包括卷宗目录、璧山地方法院检察官处分书、检察官指令、送达证书、往来公函等。

802. 璧山实验地方法院审理交业执行一案　12—14—789

1944年10月至1944年11月，璧山实验地方法院关于曾德刚、许定三因债务纠葛而声请交业执行一案的文书，包括卷宗目录、民事声请状、送达证书、往来公函、民事委任状、民事领状、民事保状、通知人名单、民事辩论笔录、民事宣判笔录、民事和解笔录等。

803. 璧山实验地方法院审理罚金执行一案　12—14—790

1944年8月至1944年10月，璧山实验地方法院关于杨春发因债务纠葛而声请罚金执行一案的文书，包括卷宗目录、征收裁判费核定单、案件审查表、案件审理单、民事声请状、送达证书、往来公函、通知人名单、刑事判决书等。

804. 璧山实验地方法院审理请发支付命令一案　12—14—791

1944 年 7 月至 1944 年 10 月，璧山实验地方法院关于陈维新、彭东山因不履行债务而请发支付命令一案的文书，包括卷宗目录、支付命令、案件审查表、案件审理单、民事声请状、送达证书、往来公函、通知人名单、民事判决书等。

805. 璧山实验地方法院审理赎典调解一案　12—14—792

1944 年 4 月，璧山实验地方法院关于曾淮洲、王有余因典产纠葛而声请赎买典产调解一案的文书，包括卷宗目录、征收裁判费核定单、案件审查表、案件审理单、民事声请状、送达证书、往来公函、通知人名单、民事辩论笔录、民事宣判笔录等。

806. 璧山实验地方法院审理领回分约证物一案　12—14—793

1944 年 3 月，璧山实验地方法院关于曾建禄因声请领回分约证物一案的文书，包括卷宗目录、案件审查表、案件审理单、民事声请状、送达证书、往来公函、通知人名单等。

807. 璧山实验地方法院审理终止租约一案　12—14—794

1944 年 1 月至 1944 年 2 月，璧山实验地方法院关于赵洪武、王国良因纠葛而声请终止租约一案的文书，包括卷宗目录、征收裁判费核定单、案件审查表、案件审理单、民事声请状、送达证书、往来公函、通知人名单、民事辩论笔录、民事宣判笔录、民事裁定书、民事判决书等。

808. 璧山实验地方法院审理租约调解一案　12—14—795

1944 年 4 月，璧山实验地方法院关于周鸣远、舒东皋因违背租约而声请租约调解一案的文书，包括卷宗目录、征收裁判费核定单、案件审查表、案件审理单、民事声请状、送达证书、往来公函、通知人名单、民事辩论笔录等。

809. 璧山实验地方法院审理请发支付命令一案　12—14—796

1944 年 2 月至 1944 年 3 月，璧山实验地方法院关于景亮钧、赵青云因债务纠葛而请发支付命令一案的文书，包括卷宗目录、征收裁判费核定单、案件审查表、案件审理单、民事声请状、送达证书、往来公函、通知人名单、支付命令等。

810. 璧山实验地方法院审理租谷执行一案　12—14—797

1944 年 7 月至 1944 年 9 月，璧山实验地方法院关于罗荣山、白仲梁因债务纠葛而声请租谷执行一案的文书，包括卷宗目录、民事执行文稿、民事执行命令、民事执行状、民事领状、征收裁判费核定单、案件审查表、案件审理单、民事声请状、送达证书、往来公函、通知人名单等。

811. 璧山实验地方法院审理请求确认共有物一案　12－14－798

1944年1月至1944年2月，璧山实验地方法院关于曾孝丰、李道盅因债务纠葛而确认共有物一案的文书，包括卷宗目录、征收裁判费核定单、案件审查表、案件审理单、民事声请状、送达证书、往来公函、通知人名单、民事辩论笔录、民事宣判笔录、民事委任状、民事判决书等。

812. 璧山实验地方法院审理典产佃权继续存在执行一案　12－14－799

1944年6月至1944年7月，璧山实验地方法院关于沈金城、魏述尧声请典产佃权继续存在执行一案的文书，包括卷宗目录、征收裁判费核定单、案件审查表、案件审理单、民事声请状、送达证书、往来公函、通知人名单、民事领状、民事辩论笔录、民事宣判笔录、民事裁定书等。

813. 璧山实验地方法院审理赔偿损失执行一案　12－14－800

1944年4月至1944年7月，璧山实验地方法院关于董其荣、周汝霖因债务纠葛而声请赔偿损失执行一案的文书，包括卷宗目录、民事执行状、民事领状、民事执行命令、民事执行文稿、征收裁判费核定单、案件审查表、案件审理单、民事声请状、送达证书、往来公函、通知人名单、民事辩论笔录、民事宣判笔录、民事裁定书、民事判决书等。

814. 璧山实验地方法院审理航空委员会函请询问证人一案　12－14－801

1944年6月至1944年8月，璧山实验地方法院关于航空委员会函请询问证人一案的文书，包括卷宗目录、征收裁判费核定单、案件审查表、案件审理单、民事声请状、送达证书、往来公函、通知人名单、民事辩论笔录等。

815. 四川高等法院第一分院、璧山实验地方法院审理请求领受业价一案　12－14－802

1944年5月至1944年6月，四川高等法院第一分院、璧山实验地方法院关于吴吉荣、徐鸿轩因房屋出卖纠葛而请求领受业价一案的文书，包括卷宗目录、征收裁判费核定单、案件审查表、案件审理单、民事声请状、送达证书、民事委任状、民事上诉状、往来公函、民事诉状、通知人名单、民事辩论笔录、民事宣判笔录、民事裁定书、民事判决书等。

816. 璧山实验地方法院审理解除租佃一案　12－14－803

1944年9月至1944年10月，璧山实验地方法院关于谢金廷、谢泽三因租赁契约纠葛而声请解除租佃一案的文书，包括卷宗目录、征收裁判费核定单、民事委任状、民事辩诉状、案件审查表、案件审理单、民事声请状、送达证书、往来公函、通知人名单、民事和解笔录等。

817. 璧山实验地方法院审理声请宣告假执行一案　12－14－804

1944年11月，璧山实验地方法院关于景亮钧、陶荣成因债务纠葛而声请宣告假执行一案的文书，包括卷宗目录、案件审查表、案件审理单、民事声请状、送达证书、往来公函、通知人名单、支付命令等。

818. 璧山实验地方法院审理赔偿损失执行一案　12－14－805

1944年8月，璧山实验地方法院关于邓银成、赵银章因债务纠葛而声请赔偿损失执行一案的文书，包括卷宗目录、案件审查表、案件审理单、民事声请状、送达证书、往来公函、民事执行文稿、民事执行命令、民事判决书等。

819. 璧山实验地方法院审理请求确认买卖契约无效一案　12－14－806

1943年12月至1944年1月，璧山实验地方法院关于萧大鸿、唐祖耀因二重买卖而确认买卖契约无效一案的文书，包括卷宗目录、征收裁判费核定单、案件审查表、案件审理单、民事诉状、民事委任状、民事答辩状、民事声请状、送达证书、往来公函、通知人名单等。

820. 璧山实验地方法院审理终止租约一案　12－14－807

1944年7月至1944年11月，璧山实验地方法院关于周国文、秦桂安因不履行契约而声请终止租约一案的文书，包括卷宗目录、征收裁判费核定单、案件审查表、案件审理单、民事声请状、送达证书、往来公函、通知人名单、民事辩论笔录、民事宣判笔录、民事裁定书、民事判决书等。

821. 璧山实验地方法院审理再醮存查一案　12－14－808

1944年2月至1944年3月，璧山实验地方法院关于李绍荣因遗弃虐待而声请再醮存查以全生命一案的文书，包括卷宗目录、案件审查表、案件审理单、送达证书、往来公函、通知人名单等。

822. 璧山实验地方法院审理请求阅卷一案　12－14－809

1944 年 4 月，璧山实验地方法院关于邓叔虞声请阅卷一案的文书，包括卷宗目录送达证书、往来公函、通知人名单等。

823. 璧山实验地方法院审理租佃调解一案　12－14－810

1944 年 10 月至 1944 年 12 月，璧山实验地方法院关于等君相、刘海平因租期纠葛而声请租佃调解一案的文书，包括卷宗目录、征收裁判费核定单、案件审查表、案件审理单、民事调解状、民事委任状、送达证书、往来公函、通知人名单等。

824. 四川高等法院第一分院、璧山实验地方法院审理交业执行一案　12－14－811

1944 年 9 月至 1944 年 11 月，四川高等法院第一分院、璧山实验地方法院关于李科登、钟万兴因纠葛而申请交业执行一案的文书，包括卷宗目录、交业执行、民事委任状、民事执行文稿、民事执行命令、征收裁判费核定单、案件审查表、案件审理单、民事声请状、送达证书、往来公函、通知人名单、民事判决书等。

825. 璧山实验地方法院审理交业执行一案　12－14－812

1944 年 9 月至 1944 年 10 月，璧山实验地方法院关于周泽厚、石光荣因搬迁交业纠葛而声请交业执行一案的文书，包括卷宗目录、民事执行状、民事执行命令、民事执行文稿、征收裁判费核定单、案件审查表、案件审理单、民事声请状、送达证书、往来公函、通知人名单、民事和解笔录等。

826. 璧山实验地方法院审理罚金执行一案　12－14－813

1944 年 4 月至 1944 年 5 月，璧山实验地方法院关于王陈氏因债务纠葛而声请罚金执行一案的文书，包括卷宗目录、民事执行命令、民事执行文稿、案件审查表、案件审理单、民事声请状、送达证书、往来公函、通知人名单等。

827. 四川高等法院第一分院、璧山实验地方法院审理迁还熟土一案　12－14－814

1944 年 6 月，四川高等法院第一分院、璧山实验地方法院关于朱义气、薛材因债务纠葛而声请迁还熟土一案的文书，包括卷宗目录、送达证书、往来公函、通知人名单、证物目录、民事判决书等。

828. 璧山实验地方法院审理请求交业一案　12－14－815

1944 年 9 月至 1944 年 10 月，璧山实验地方法院关于王银轩、王富臣因违反典约而声请交业一案的文书，包括卷宗目录、征收裁判费核定单、案件审查表、民事告诉状、案件审理单、民事声请状、送达证书、往来公函、通知人名单等。

829. 璧山实验地方法院审理给付欠款一案　12－14－816

1944年9月至1944年11月，璧山实验地方法院关于张理荣、吴大兴因短期借款而声请给付欠款一案的文书，包括卷宗目录、征收裁判费核定单、案件审查表、案件审理单、民事声请状、送达证书、往来公函、通知人名单、民事和解笔录等。

830. 璧山实验地方法院审理田业赎纠葛一案　12－14－817

1944年7月，璧山实验地方法院关于邹王荣德、王尧明声请调解田业赎纠葛一案的文书，包括卷宗目录、征收裁判费核定单、案件审查表、案件审理单、送达证书、往来公函、通知人名单、民事委任状等。

831. 四川高等法院第一分院、璧山实验地方法院审理声请破产一案　12－14－818

1943年8月至1944年8月，四川高等法院第一分院、璧山实验地方法院关于王玉廷、王三级因债务纠葛而声请破产一案的文书，包括卷宗目录、民事破产状、民事辩诉状、征收裁判费核定单、案件审查表、案件审理单、民事声请状、送达证书、往来公函、通知人名单、民事辩论笔录、民事宣判笔录、民事判决书等。

832. 璧山实验地方法院审理离婚一案　12－14－819

1944年10月至1944年12月，璧山实验地方法院关于姜庭光、姜周氏因不服和解而声请离婚一案的文书，包括卷宗目录、征收裁判费核定单、案件审查表、案件审理单、民事声请状、送达证书、往来公函、通知人名单、民事委任状、民事辩论笔录、民事宣判笔录、民事裁定书、民事判决书等。

833. 璧山实验地方法院审理调解止约交业一案　12－14－820

1944年8月至1944年10月，璧山实验地方法院关于罗理全、罗理华因契约纠葛而声请调解止约交业一案的文书，包括卷宗目录、征收裁判费核定单、案件审查表、案件审理单、民事声请状、送达证书、往来公函、通知人名单、民事辩论笔录、民事补诉状、民事追诉状、民事宣判笔录、民事裁定书、民事判决书等。

834. 璧山实验地方法院审理租谷执行一案　12－14－821

1944年8月，璧山实验地方法院关于邓国氏、张海臣因租谷纠葛而声请租谷执行一案的文书，包括卷宗目录、民事声请状、送达证书、往来公函、通知人名单、民事裁定书、法院训令等。

835. 璧山实验地方法院审理执行田产承租异议一案　12－14－822

1944年12月，璧山实验地方法院关于金玉臣、谷安信因田产纠葛而声请执行田产承租异议一案的文书，包括卷宗目录、民事诉状、征收裁判费核定单、民事委任状、民事辩诉状、案件审查表、案件审理单、民事声请状、送达证书、往来公函、通知人名单、民事辩论笔录、民事宣判笔录、民事裁定书、民事判决书等。

836. 最高法院、四川高等法院第一分院、璧山实验地方法院审理解除佃约一案　12－14－823

1944年5月至1944年7月，最高法院、四川高等法院第一分院、璧山实验地方法院关于万金田、万柯氏因租约纠葛而声请解除佃约一案的文书，包括卷宗目录、征收裁判费核定单、案件审查表、案件审理单、民事声请状、送达证书、民事委任状、往来公函、通知人名单、民事辩论笔录、民事宣判笔录、民事裁定书、民事判决书等。

837. 璧山实验地方法院审理假扣押一案　12－14－824

1944年5月，璧山实验地方法院关于龙梓涵、朱祯祥因债务纠葛而声请假扣押一案的文书，包括卷宗目录、征收裁判费核定单、案件审查表、案件审理单、民事声请状、送达证书、往来公函、通知人名单、民事裁定书等。

838. 璧山实验地方法院审理脱离家庭一案　12－14－825

1944年7月，璧山实验地方法院关于王德明因父辈田产谷物分割纠葛而声请脱离家庭一案的文书，包括卷宗目录、征收裁判费核定单、案件审查表、案件审理单、民事声请状、送达证书、往来公函、通知人名单、民事辩论笔录、文字证明材料等。

839. 璧山实验地方法院审理契约存查一案　12－14－826

1944年7月，璧山实验地方法院关于陈同福因被窃而声请契约存查一案的文书，包括卷宗目录、征收裁判费核定单、被窃物件清单、民事声请状、送达证书、往来公函、通知人名单等。

840. 璧山实验地方法院审理终止租约一案　12－14－827

1944年10月至1944年11月，璧山实验地方法院关于王定中、王克昌因纠葛而声请终止租约一案的文书，包括卷宗目录、征收裁判费核定单、案件审查表、案件审理单、民事声请状、送达证书、往来公函、通知人名单、民事委任状、民事辩诉状、民事辩论笔录、民事宣判笔录、民事判决书等。

841. 最高法院、四川高等法院第一分院、璧山实验地方法院审理返还田土房屋及给付租谷一案　12—14—828（1）

1944年5月至1944年10月，最高法院、四川高等法院第一分院、璧山实验地方法院关于徐明辉、张徐氏因债务纠葛而声请返还田土房屋及给付租谷一案的文书，包括卷宗目录、民事抗告状、民事意见书、民事上诉状、民事缴状、法院训令、征收裁判费核定单、案件审查表、案件审理单、民事声请状、送达证书、往来公函、通知人名单、民事辩论笔录、民事宣判笔录、民事裁定书、民事判决书、名册等。

842. 四川高等法院、璧山实验地方法院审理请求给付货款一案　12—14—828（2）

1944年1月至1944年2月，四川高等法院、璧山实验地方法院关于田荣华、邓德荣因债务纠葛而请求给付货款一案的文书，包括卷宗目录、征收裁判费核定单、案件审查表、案件审理单、民事声请状、送达证书、往来公函、通知人名单等。

附救助费实领清册、粮食部四川粮食储运局璧山县仓库代电、璧山实验地方法院补领粮食清单、粮米收支对照表、璧山实验地方法院收支粮米目表。

843. 璧山实验地方法院文书　12—14—829

1945年10月，包括卷宗目录、送达证书、往来公函、公务员奖惩及监督法令、委任人及管理人员支薪办法、知识青年劳务各项公函、军法人员传任司法官条例、惩治盗窃电线杆法令、邮寄密电、限制办法、司法行政部训等。

844. 璧山实验地方法院审理返还产业执行一案　12—14—830（1）

1944年6月，璧山实验地方法院关于钟邬氏、钟靳氏因纠葛而声请返还产业执行一案的文书，包括卷宗目录、民事执行状、案件审查表、案件审理单、送达证书、往来公函等。

845. 璧山实验地方法院民事诉讼人姓名索引　12—14—830（2）

1944年1月，璧山实验地方法院关于民事诉讼人姓名索引。

846. 璧山实验地方法院审理给付租谷执行一案　12—14—831

1944年11月至1944年12月，璧山实验地方法院关于荣祯祥、张大德因债务纠葛而声请给付租谷执行一案的文书，包括卷宗目录、民事执行状、民事委任状、民事执行文稿、民事执行命令、案件审查表、案件审理单、民事声请状、送达证书、往来公函等。

847. 四川高等法院第一分院、璧山实验地方法院审理止约给租一案　12－14－832

1944 年 6 月至 1944 年 7 月，四川高等法院第一分院、璧山实验地方法院关于王国安、唐国安因租谷纠葛而声请止约给租一案的文书，包括卷宗目录、民事委任状、民事诉状、民事上诉状、征收裁判费核定单、案件审查表、案件审理单、民事声请状、送达证书、往来公函、通知人名单、民事辩论笔录、民事宣判笔录、民事裁定书、民事判决书等。

848. 璧山实验地方法院审理返还柏树执行一案　12－14－833

1944 年 1 月至 1944 年 2 月，璧山实验地方法院关于汪银钦、汪明银因债务纠葛而声请返还柏树执行一案的文书，包括卷宗目录、民事执行状、民事委任状、民事领状、征收裁判费核定单、案件审查表、案件审理单、民事声请状、送达证书、往来公函、民事执行命令等。

849. 璧山实验地方法院审理请求清偿票款一案　12－14－834

1944 年 2 月，璧山实验地方法院关于刘天泽、周士文因债务纠葛而请求清偿票款一案的文书，包括卷宗目录、征收裁判费核定单、民事诉状、民事委任状、案件审查表、案件审理单、送达证书、往来公函、通知人名单、民事辩论笔录、民事宣判笔录、民事判决书等。

850. 璧山实验地方法院审理兑付票款一案　12－14－835

1944 年 8 月至 1944 年 9 月，璧山实验地方法院关于段瑜思、张翔鳌因债务纠葛而声请兑付票款一案的文书，包括卷宗目录、征收裁判费核定单、案件审查表、案件审理单、民事上诉状、送达证书、往来公函、通知人名单、民事辩论笔录、民事宣判笔录、民事判决书等。

851. 璧山实验地方法院审理请求返还器物一案　12－14－836

1944 年 9 月至 1944 年 11 月，璧山实验地方法院关于郭福田、郭子玉因房屋纠葛而声请返还器物一案的文书，包括卷宗目录、征收裁判费核定单、案件审查表、案件审理单、民事上诉状、民事辩诉状、送达证书、往来公函、通知人名单、民事辩论笔录、民事宣判笔录、民事判决书等。

852. 璧山实验地方法院审理给付欠租再审一案　12－14－837

1944 年 5 月至 1944 年 6 月，璧山实验地方法院关于张治木、连友孚因不服判决而声请给付欠租再审一案的文书，包括卷宗目录、征收裁判费核定单、民事诉状、案件审查表、案件审理单、民事声请状、送达证书、往来公函、通知人名单、民事辩论笔录、民事宣判笔录、民事判决书等。

853. 璧山实验地方法院审理假处分一案　12－14－838

1944 年 3 月，璧山实验地方法院关于萧汉光、王金廷因地界的树木所有权纠葛而声请假处分一案的文书，包括卷宗目录、案件审查表、案件审理单、民事声请状、送达证书、往来公函、通知人名单、民事裁定书等。

854. 四川高等法院第一分院、四川高等法院重庆分院、璧山实验地方法院审理刑事附带民事上诉一案　12－14－839

1944 年 4 月至 1944 年 6 月，四川高等法院第一分院、四川高等法院重庆分院、璧山实验地方法院关于幸蔡、幸循忠因财物纠葛而声请刑事附带民事上诉一案的文书，包括卷宗目录、征收裁判费核定单、案件审查表、案件审理单、民事声请状、送达证书、往来公函、通知人名单、民事裁定、刑事附带民事裁定书、刑事判决书等。

855. 四川高等法院第一分院、璧山实验地方法院审理确认所有权一案　12－14－840

1944 年 9 月至 1944 年 10 月，四川高等法院第一分院、璧山实验地方法院关于陈泽洲、陈南辉因不动产所有权纠葛而声请确认所有权一案的文书，包括卷宗目录、征收裁判费核定单、案件审查表、案件审理单、民事上诉状、民事辩诉状、送达证书、往来公函、通知人名单、民事辩论笔录、民事宣判笔录、民事裁定书、民事判决书等。

856. 璧山实验地方法院审理声请公证一案　12－14－841

1944 年 5 月，璧山实验地方法院关于李杰忱因房屋租赁契约纠葛而声请公证一案的文书，包括公证讯问笔录、认证书、领到证明、公证声请书、证明书等。

857. 璧山实验地方法院审理请求终止关系一案　12－14－842

1944 年 8 月至 1945 年 1 月，璧山实验地方法院关于尹香翘因尹连氏个性不良而声请终止关系一案的文书，包括卷宗目录、征收裁判费核定单、案件审查表、案件审理单、民事诉状、送达证书、往来公函、通知人名单、民事辩论笔录、民事宣判笔录、民事和解笔录、民事判决书等。

858. 四川高等法院第一分院、璧山实验地方法院审理止约交业一案　12－14－843

1944年7月至1945年2月，四川高等法院第一分院、璧山实验地方法院关于黄见平、彭九贤因不服判决而声请止约交业一案的文书，包括卷宗目录、征收裁判费核定单、案件审查表、案件审理单、送达证书、民事上诉状、民事委任状、往来公函、通知人名单、民事辩论笔录、民事宣判笔录、民事判决书等。

859. 璧山实验地方法院审理终止租约一案　12－14－844

1944年3月至1944年4月，璧山实验地方法院关于黄见平、彭熵煊因纠葛而声请终止租约一案的文书，包括卷宗目录、征收裁判费核定单、案件审查表、案件审理单、民事诉讼状、民事委任状、送达证书、往来公函、通知人名单、民事辩论笔录、民事宣判笔录、民事裁定书、民事判决书等。

860. 璧山实验地方法院审理领押交业调解一案　12－14－845

1944年12月，璧山实验地方法院关于胡余氏、唐胡氏因耕地返还纠葛而声请领押交业调解一案的文书，包括卷宗目录、案件审查表、案件审理单、民事声请状、送达证书、往来公函、通知人名单、民事辩论笔录等。

861. 璧山实验地方法院审理所有权登记一案　12－14－846

1944年5月至1944年6月，璧山实验地方法院关于傅罗氏因债务纠葛而声请所有权登记一案的文书，包括卷宗目录、不动产登记声请书、不动产登记保证书、征收裁判费核定单、案件审查表、案件审理单、民事声请状、送达证书、往来公函、通知人名单等。

862. 璧山实验地方法院审理返还院坝执行一案　12－14－847

1944年6月至1944年7月，璧山实验地方法院关于张康宁、朱仿用因不动产债务返还纠葛而声请返还院坝执行一案的文书，包括卷宗目录、民事执行状、民事执行命令、民事执行文稿、案件审查表、案件审理单、民事声请状、送达证书、往来公函、通知人名单、民事和解笔录等。

863. 四川高等法院第一分院、璧山实验地方法院审理搬迁交业执行一案　12－14－848

1944年6月至1944年7月，四川高等法院第一分院、璧山实验地方法院关于陈敬光、尹长清因不服判决而声请搬迁交业执行一案的文书，包括卷宗目录、民事执行文稿、民事执行命令、案件审查表、案件审理单、送达证书、往来公函、通知人名单、民事判决书等。

864. 璧山实验地方法院审理返还房屋一案　12—14—849

1944年10月,璧山实验地方法院关于明玉廷、张炳林因纠葛而声请返还房屋一案的文书,包括卷宗目录、征收裁判费核定单、民事上诉状、民事委任状、案件审查表、案件审理单、民事声请状、送达证书、往来公函、通知人名单、民事辩论笔录、民事宣判笔录、民事判决书等。

865. 四川高等法院第一分院、璧山实验地方法院审理迁出家具执行一案　12—14—850

1944年3月至1944年4月,四川高等法院第一分院、璧山实验地方法院关于戴金良因王玉麟侵入住宅妨害权利而声请迁出家具执行一案的文书,包括卷宗目录、征收裁判费核定单、民事执行命令、民事执行文稿、案件审查表、案件审理单、民事声请状、送达证书、往来公函、通知人名单、刑事附带民事诉讼判决、民事判决书等。

866. 四川高等法院第一分院、璧山实验地方法院审理离婚一案　12—14—851

1944年6月至1944年12月,四川高等法院第一分院、璧山实验地方法院关于罗李高、罗长清因遭受家庭虐待不堪而声请离婚一案的文书,包括卷宗目录、征收裁判费核定单、民事告诉状、民事上诉状、民事和解状、案件审查表、案件审理单、民事声请状、送达证书、往来公函、通知人名单、民事辩论笔录、民事宣判笔录、民事裁定书、刑事判决书、民事判决书等。

867. 璧山实验地方法院审理终止租约一案　12—14—852

1944年4月至1944年5月,璧山实验地方法院关于周泽厚、石光荣因纠葛而声请终止租约一案的文书,包括卷宗目录、征收裁判费核定单、案件审查表、案件审理单、民事告诉状、民事答辩状、民事委任状、送达证书、往来公函、通知人名单、民事辩论笔录、民事宣判笔录、民事判决书等。

868. 四川高等法院第一分院、璧山实验地方法院审理查复明达慈善会与王云仙产业纠纷一案　12—14—853

1944年5月至1944年11月,四川高等法院第一分院、璧山实验地方法院关于查复明达慈善会与王云仙产业纠纷一案的文书,包括卷宗目录、送达证书、往来公函、民事判决书等。

869. 四川高等法院第一分院、璧山实验地方法院审理领押交业一案　12—14—854（1）

1944年6月至1944年8月，四川高等法院第一分院、璧山实验地方法院关于石光荣、周泽厚因不服判决而声请领押交业一案的文书，包括卷宗目录、征收裁判费核定单、案件审查表、案件审理单、民事声请状、送达证书、民事上诉状、民事答辩状、民事委任状、往来公函、通知人名单、民事辩论笔录、民事裁定书、民事和解笔录等。

870. 璧山实验地方法院审理发还红契一案　12—14—854（2）

1944年3月至1944年6月，璧山实验地方法院关于王敬氏因未将红契领使得业产出卖不成功而声请发还红契一案的文书，包括卷宗目录、民事领状、送达证书、往来公函等。

871. 四川高等法院第一分院、璧山实验地方法院审理搬迁交业一案　12—14—855

1944年4月至1944年7月，四川高等法院第一分院、璧山实验地方法院关于况汉章、陶荣辉因债务纠葛而声请搬迁交业一案的文书，包括卷宗目录、送达证书、往来公函等。

872. 璧山实验地方法院审理债务执行一案　12—14—856

1944年7月，璧山实验地方法院关于王光荣、戴安邦因给付公费纠葛而声请债务执行一案的文书，包括卷宗目录、民事声请状、送达证书、往来公函、法院支付命令等。

873. 四川高等法院第一分院、璧山实验地方法院审理给付食谷执行一案　12—14—857

1944年3月至1944年7月，四川高等法院第一分院、璧山实验地方法院关于向坤山因伍汉周不依法执行给付而声请给付食谷执行一案的文书，包括卷宗目录、民事执行文稿、民事执行命令、民事声请状、送达证书、往来公函、民事判决书等。

874. 璧山实验地方法院审理返还米款执行一案　12—14—858

1944年4月至1944年5月，璧山实验地方法院关于蔡治荣、尹吉田因债款给付纠葛而声请返还米款执行一案的文书，包括卷宗目录、民事催请状、案件审查表、案件审理单、民事声请状、送达证书、往来公函、通知人名单、民事裁定书等。

875. 璧山实验地方法院审理领押交业一案　12－14－859

1944年12月至1945年1月，璧山实验地方法院关于张文泾、周绍荣因纠葛而声请领押交业一案的文书，包括卷宗目录、征收裁判费核定单、案件审查表、案件审理单、民事诉讼、送达证书、往来公函、通知人名单、民事辩论笔录、民事宣判笔录、民事判决书等。

876. 璧山实验地方法院审理确认租约存在一案　12－14－860

1944年1月至1944年8月，璧山实验地方法院关于谢杨氏、徐志荣因不服判决而声请确认租约存在一案的文书，包括卷宗目录、民事委任状、民事起诉状、民事缴状、民事辩诉状、征收裁判费核定单、案件审查表、案件审理单、民事声请状、送达证书、往来公函、通知人名单、民事辩论笔录、民事宣判笔录、民事裁定书、民事判决书、刑事判决书等。

877. 四川高等法院第一分院、璧山实验地方法院审理声请再次产业拍卖裁定一案　12－14－861

1944年7月至1944年9月，四川高等法院第一分院、璧山实验地方法院关于杨南轩、何修于因不服原审判决产生纠葛而声请再次产业拍卖裁定一案的文书，包括卷宗目录、民事声请状、送达证书、往来公函、民事裁定书等。

878. 璧山实验地方法院审理所有权登记一案　12－14－862

1943年11月至1944年1月，璧山实验地方法院关于周允昌声请所有权登记一案的文书，包括不动产登记声请书、收据、不动产登记保证书、卷宗目录、征收裁判费核定单等。

879. 永川地方法院、璧山实验地方法院审理返还黄谷执行一案　12－14－863

1944年2月至1944年4月，永川地方法院、璧山实验地方法院关于张瑞祯、张耀宗因债务纠葛而声请返还黄谷执行一案的文书，包括卷宗目录、民事执行状、案件审查表、案件审理单、送达证书、往来公函、民事判决书等。

880. 璧山实验地方法院审理租佃调解一案　12－14－864

1944年10月，璧山实验地方法院关于程国孝、陈曹氏因承租人无耕作而声请租佃调解一案的文书，包括卷宗目录、征收裁判费核定单、案件审查表、案件审理单、民事声请状、送达证书、往来公函、通知人名单、民事辩论笔录等。

881. 璧山实验地方法院审理分产调解一案　12－14－865

1944年9月至1944年10月，璧山实验地方法院关于江建全、刘雨安因家庭纠葛而声请分产调解一案的文书，包括卷宗目录、案件审查表、案件审理单、民事声请状、送达证书、往来公函、通知人名单、民事辩论笔录、民事和解笔录等。

882. 四川高等法院第一分院、璧山实验地方法院审理给付欠租一案　12－14－866

1943年11月至1944年6月，四川高等法院第一分院、璧山实验地方法院关于黄英璨、黄希之因转佃纠葛而声请给付欠租一案的文书，包括卷宗目录、民事诉状、民事告诉状、民事委任状、征收裁判费核定单、案件审查表、案件审理单、民事声请状、送达证书、往来公函、通知人名单、民事辩论笔录、民事宣判笔录、民事裁定书、民事判决书等。

883. 璧山实验地方法院审理领证一案　12－14－867

1944年6月，璧山实验地方法院关于李春农因终止租约需要服役证明书而声请领证一案的文书，包括卷宗目录、民事声请状、送达证书、往来公函、通知人名单、领到条等。

884. 四川高等法院第一分院、璧山实验地方法院审理请求确认租约继续存在一案　12－14－868

1944年2月至1944年8月，四川高等法院第一分院、璧山实验地方法院关于谢杨氏、徐志荣因债务纠葛而声请确认租约继续存在一案的文书，包括卷宗目录、案件审查表、案件审理单、民事声请状、送达证书、往来公函、通知人名单、民事判决书等。

885. 四川高等法院第一分院、璧山实验地方法院审理交业执行一案　12－14－869

1944年10月至1944年11月，四川高等法院第一分院、璧山实验地方法院关于罗永安、赖明初因债务纠葛而强制进行交业执行一案的文书，包括卷宗目录、民事执行状、民事执行文稿、民事执行命令、民事委任状、民事抗告状、案件审查表、案件审理单、民事声请状、送达证书、往来公函、通知人名单、民事裁定书、民事判决书等。

886. 四川高等法院第一分院、璧山实验地方法院审理给付欠租、确认租佃两案　12－14－870

1944年4月至1944年12月，四川高等法院第一分院、璧山实验地方法院关于

罗益安、尹治臣给付欠租,谢杨氏、徐志荣确认租佃两案的文书,包括送达证书、往来公函等。

887. 四川高等法院第一分院、璧山实验地方法院审理终止租约、返还黄谷及农具两案　12—14—871

1944年8月至1945年1月,四川高等法院第一分院、璧山实验地方法院关于张模良、张宝之因纠葛而声请终止租约,徐志荣、谢杨氏因不服判决而声请返还黄谷及农具两案的文书,包括卷宗目录、征收裁判费核定单、民事委任状、民事辩诉状、民事上诉状、民事公证状、案件审查表、案件审理单、民事声请状、送达证书、往来公函、通知人名单、民事辩论笔录、民事宣判笔录、民事裁定书、民事判决书、刑事裁定书、宣示判决笔录等。

888. 四川高等法院第一分院、璧山实验地方法院审理返还黄谷执行一案　12—14—872

1944年2月至1944年7月,四川高等法院第一分院、璧山实验地方法院关于伍登辉、伍德操因判决而声请返还黄谷执行一案的文书,包括卷宗目录、民事执行状、民事委任状、民事执行文稿、民事执行命令、征收裁判费核定单、案件审查表、案件审理单、送达证书、往来公函、通知人名单、民事辩论笔录、民事宣判笔录、民事裁定书、民事判决书、刑事附带民事诉讼判决书等。

889. 四川高等法院第一分院、璧山实验地方法院审理返还熟土执行一案　12—14—873

1944年7月,四川高等法院第一分院、璧山实验地方法院关于陈张氏、罗秉卿因侵占熟土而声请返还熟土执行一案的文书,包括卷宗目录、民事执行状、送达证书、往来公函、民事裁定书、民事判决书等。

890. 璧山实验地方法院审理返还耕牛一案　12—14—874

1944年10月至1944年11月,璧山实验地方法院关于罗银轩、朱载氏因佃约纠葛而声请返还耕牛一案的文书,包括卷宗目录、征收裁判费核定单、案件审查表、案件审理单、民事起诉状、民事委任状、民事辩诉状、民事声请状、送达证书、往来公函、通知人名单、民事辩论笔录、民事宣判笔录、民事裁定书等。

891. 璧山实验地方法院审理请发支付命令一案　12—14—875

1944年9月至1944年10月,璧山实验地方法院关于黄国鑫、黄金盟因抗租绝生而请发支付命令一案的文书，包括卷宗目录、法院支付命令、案件审查表、案件审理单、民事声请状、送达证书、往来公函等。

892. 璧山实验地方法院审理增加给付增加佃价一案　12－14－876

1944年7月至1944年8月，璧山实验地方法院关于刘兴安、冯树诚因增加佃价未及时给付而声请给付增加佃价一案的文书，包括卷宗目录、征收裁判费核定单、民事执行状、民事执行文稿、民事执行命令、和解笔录、案件审查表、案件审理单、民事声请状、送达证书、往来公函等。

893. 璧山实验地方法院审理请求领押交业一案　12－14－877

1944年3月至1944年5月，璧山实验地方法院关于陈吉高、徐石氏因欠租给付纠葛而请求领押交业一案的文书，包括卷宗目录、征收裁判费核定单、案件审查表、案件审理单、民事声请状、送达证书、往来公函、通知人名单、民事起诉状、民事委任状、民事辩论笔录、民事宣判笔录、民事裁定书、民事判决书等。

894. 璧山实验地方法院审理离婚一案　12－14－878

1944年4月至1944年6月，璧山实验地方法院关于曾德永、李长青因丈夫不务正业且婚姻是奉父母之命而声请离婚一案的文书，包括卷宗目录、征收裁判费核定单、案件审查表、案件审理单、民事声请状、送达证书、民事诉状、民事委任状、往来公函、通知人名单、民事辩论笔录等。

895. 璧山实验地方法院审理裁定讼费一案　12－14－879

1944年5月至1944年7月，璧山实验地方法院关于刘益兴、伍平安因不依法赔偿诉讼费而声请裁定讼费一案的文书，包括卷宗目录、案件审查表、案件审理单、民事声请状、送达证书、往来公函、通知人名单、民事辩论笔录等。

896. 四川高等法院第一分院、璧山实验地方法院审理回赎典产一案　12－14－880

1944年1月至1944年3月，四川高等法院第一分院、璧山实验地方法院关于周席珍、白璧玉因违反优待偏袒乡绅而声请回赎典产一案的文书，包括卷宗目录、征收裁判费核定单、案件审查表、案件审理单、民事声请状、送达证书、往来公函、通知人名单、民事上诉状、民事辩论笔录、民事宣判笔录、民事裁定书、民事判决书等。

897. 璧山实验地方法院审理田业纳租纠葛一案　12－14－881

1944年4月至1944年5月，璧山实验地方法院关于叶炳顺、何昌绪田业纳租纠葛一案的文书,包括卷宗目录、征收裁判费核定单、案件审查表、案件审理单、民事声请状、民事委任状、民事诉状、送达证书、往来公函、通知人名单、民事辩论笔录、民事裁定书等。

898. 最高法院、四川高等法院第一分院、璧山实验地方法院审理确认典权存在一案　12－14－882

1943年11月至1944年11月,最高法院、四川高等法院第一分院、璧山实验地方法院关于周席珍、白璧山因债务纠葛而声请确认典权存在一案的文书,包括卷宗目录、民事上诉状、送达证书、往来公函、民事裁定书等。

899. 璧山实验地方法院审理执行异议一案　12－14－883

1944年6月至1944年8月,璧山实验地方法院关于周德辉、周德署因粮税杂款总额纠葛而声请执行异议一案的文书,包括卷宗目录、民事委任状、民事声明状、征收裁判费核定单、案件审查表、案件审理单、民事声请状、送达证书、往来公函、通知人名单、民事辩论笔录、民事宣判笔录、民事判决书等。

900. 最高法院、四川高等法院第一分院、璧山实验地方法院审理典权存在一案　12－14－884

1944年3月至1944年11月,最高法院、四川高等法院第一分院、璧山实验地方法院关于张柏林、张林氏因债务纠葛而声请典权存在一案的文书,包括卷宗目录、征收裁判费核定单、案件审查表、案件审理单、民事声请状、民事上诉状、民事答辩状、送达证书、往来公函、通知人名单、民事辩论笔录、民事宣判笔录、民事裁定书、民事判决书等。

901. 璧山实验地方法院审理租佃调解一案　12－14－885

1944年4月至1944年11月,璧山实验地方法院关于刘致和、刘富豪因租佃纠葛而声请租佃调解一案的文书,包括卷宗目录、征收裁判费核定单、案件审查表、案件审理单、民事声请状、民事委任状、民事答辩状、送达证书、往来公函、通知人名单、民事辩论笔录等。

902. 璧山实验地方法院审理请发支付命令一案　12－14－886

1944年12月,璧山实验地方法院关于叶遐龄、朱辉五因诉讼费纠葛而请发支付命令一案的文书,包括卷宗目录、征收裁判费核定单、支付命令、民事诉状、案件审查表、案件审理单、民事声请状、送达证书、往来公函、通知人名单等。

903. 四川高等法院第一分院、璧山实验地方法院审理田产买卖契约判决一案 12－14－887

1943年3月至1944年10月，四川高等法院第一分院、璧山实验地方法院关于杨维三、杨仕福因田产纠葛而声请田产买卖契约判决一案的文书，包括卷宗目录、案件审查表、案件审理单、民事声请状、送达证书、往来公函、民事上诉状、民事缴状、通知人名单、民事判决书等。

904. 璧山实验地方法院审理请求给付租谷一案 12－14－888

1944年6月至1944年7月，璧山实验地方法院关于李永昌、李树辉请求给付租谷一案的文书，包括卷宗目录、征收裁判费核定单、案件审查表、案件审理单、民事声请状、送达证书、民事起诉状、民事委任状、往来公函、通知人名单、民事辩论笔录、民事宣判笔录、民事判决书等。

905. 璧山实验地方法院审理请发支付命令、声请宣告假执行两案 12－14－889

1944年7月至1944年8月，璧山实验地方法院关于曾志模、龙俊仙因公费给付纠葛请发支付命令，景亮钧、幸耀先因欠款给付纠葛而声请宣告假执行两案的文书，包括卷宗目录、征收裁判费核定单、案件审查表、案件审理单、民事声请状、送达证书、往来公函、通知人名单、支付命令等。

906. 四川高等法院第一分院、璧山实验地方法院审理给付租谷一案 12－14－890

1944年2月至1944年4月，四川高等法院第一分院、璧山实验地方法院关于罗益安、尹治臣因不服判决而声请给付租谷一案的文书，包括卷宗目录、刑事上诉状、案件审理单、民事声请状、送达证书、往来公函、通知人名单、民事裁定书等。

907. 璧山实验地方法院考勤簿、文信簿 12－14－891（1）

璧山实验地方法院考勤簿、文信簿。

908. 璧山实验地方法院审理给付毛铁执行一案 12－14－891（2）

1943年2月至1944年2月，璧山实验地方法院关于黄清山因赖满堂拖延给付毛铁而声请给付毛铁执行一案的文书，包括卷宗目录、民事声请状、送达证书、往来公函、民事执行状、民事裁定书、民事判决书等。

909. 璧山实验地方法院审理终止大佃契约及交业一案 12－14－892

1944年11月至1944年12月，璧山实验地方法院关于周志云、江鸣廷因判决脱漏而声请终止大佃契约及交业一案的文书,包括卷宗目录、案件审查表、案件审理单、民事声请状、送达证书、往来公函、民事裁定书等。

910. 四川高等法院第一分院、璧山实验地方法院审理分割遗产一案　12－14－893

1944 年 4 月至 1944 年 7 月,四川高等法院第一分院、璧山实验地方法院关于刘光旭、刘自高因不服判决而声请分割遗产一案的文书,包括卷宗目录、民事诉讼状、征收裁判费核定单、案件审查表、案件审理单、民事声请状、民事上诉状、民事委任状、民事理由状、送达证书、往来公函、通知人名单、民事辩论笔录、民事宣判笔录、民事裁定书、民事判决书等。

911. 四川高等法院第一分院、璧山实验地方法院审理交还房屋一案　12－14－894

1944 年 9 月至 1944 年 12 月,四川高等法院第一分院、璧山实验地方法院关于谯余清、余杨氏因贷款纠葛而声请交还房屋一案的文书,包括卷宗目录、征收裁判费核定单、民事公证状、民事告诉状、案件审查表、案件审理单、民事声请状、送达证书、往来公函、通知人名单、民事辩论笔录、民事宣判笔录、民事裁定书、民事判决书等。

912. 四川高等法院第一分院、璧山实验地方法院审理确认收益权一案　12－14－895

1944 年 7 月至 1944 年 11 月,四川高等法院第一分院、璧山实验地方法院关于庞怀林、彭城因抢夺黄谷产生债务纠葛而声请确认收益权一案的文书,包括卷宗目录、民事委任状、民事上诉状、征收裁判费核定单、案件审查表、案件审理单、民事声请状、送达证书、往来公函、通知人名单、民事辩论笔录、民事宣判笔录、民事裁定书、民事判决书等。

913. 四川高等法院第一分院、璧山实验地方法院审理赔偿洋纱一案　12－14－896

1944 年 1 月至 1944 年 3 月,四川高等法院第一分院、璧山实验地方法院关于杨冯氏、杨维三因洋纱给付纠葛而声请赔偿蓝马牌洋纱一案的文书,包括卷宗目录、征收裁判费核定单、案件审查表、案件审理单、民事声请状、送达证书、往来公函、民事上诉状、民事委任状、民事答辩状、民事呈据、通知人名单、民事辩论笔录、民事宣判笔录、民事裁定书、民事判决书等。

914. 四川高等法院第一分院、璧山实验地方法院审理拆迁房屋返还土地及砖石一案　12－14－897

1944 年 11 月至 1945 年 2 月,四川高等法院第一分院、璧山实验地方法院关于张树荣、胡郭氏因租约纠葛而声请拆迁房屋返还土地及砖石一案的文书,包括卷宗目录、民事上诉状、民事诉状、民事委任状、征收裁判费核定单、案件审查表、案件审理单、民事声请状、送达证书、往来公函、通知人名单、民事辩论笔录、民事宣判笔录、民事裁定书、民事判决书等。

915. 最高法院、四川高等法院第一分院、璧山实验地方法院审理确认契约不存在一案 12－14－898

1944 年 4 月至 1946 年 3 月，最高法院、四川高等法院第一分院、璧山实验地方法院关于黄树荣、曾有龙因大佃契约纠葛而声请确认契约不存在一案的文书，包括卷宗目录、民事上诉状、民事声明状、征收裁判费核定单、案件审查表、案件审理单、民事答辩状、民事声请状、送达证书、往来公函、通知人名单、民事辩论笔录、民事宣判笔录、民事裁定书、民事判决书等。

916. 璧山实验地方法院审理请求返还押金、赔偿损失食谷一案 12－14－899

1944 年 3 月至 1944 年 4 月，璧山实验地方法院关于黄树荣、曾子张因大佃契约纠葛而请求返还押金、赔偿损失食谷一案的文书，包括卷宗目录、民事起诉状、民事委任状、民事答辩状、民事辩诉状、征收裁判费核定单、案件审查表、案件审理单、民事声请状、送达证书、往来公函、通知人名单、民事辩论笔录、民事宣判笔录、民事裁定书、民事判决书等。

917. 璧山实验地方法院审理请求重新分割遗产一案 12－14－900

1943 年 12 月至 1944 年 3 月，璧山实验地方法院关于刘陈氏、刘光旭因遗产分割不平均而请求重新分割遗产一案的文书，包括卷宗目录、民事起诉状、民事委任状、征收裁判费核定单、案件审查表、案件审理单、民事声请状、送达证书、往来公函、通知人名单、民事辩论笔录、民事裁定书等。

918. 璧山实验地方法院审理给付钱谷执行一案 12－14－901

1944 年 1 月至 1944 年 4 月，璧山实验地方法院关于陈安廷、龚俊才因债务纠葛而声请给付钱谷执行一案的文书，包括卷宗目录、民事委任状、民事领状、民事执行状、征收裁判费核定单、案件审查表、案件审理单、民事声请状、送达证书、往来公函、通知人名单、民事辩论笔录、民事裁定书等。

919. 四川高等法院第一分院、璧山实验地方法院审理医药费执行一案 12－14－902

1944 年 10 月至 1944 年 12 月，四川高等法院第一分院、璧山实验地方法院关于管舒氏、罗海云因故意伤害而声请医药费执行一案的文书，包括卷宗目录、征收裁判费核定单、案件审查表、案件审理单、民事声请状、送达证书、往来公函、通知人名单、民事执行状、民事执行命令、民事执行文稿、民事补诉状、民事保状、民事辩论笔录、民事宣判笔录、刑事判决书等。

920. 最高法院、四川高等法院第一分院、璧山实验地方法院审理确认收益权一案　12－14－903

1944 年 7 月至 1946 年 5 月，最高法院、四川高等法院第一分院、璧山实验地方法院关于彭诚诚、庞怀梦因租佃契约纠葛而声请确认收益权一案的文书，包括卷宗目录、征收裁判费核定单、案件审查表、案件审理单、民事上诉状、民事委任状、送达证书、往来公函、通知人名单、民事辩论笔录、民事宣判笔录、民事裁定书、民事判决书等。

921. 璧山实验地方法院审理所有权执行一案　12－14－904

1944 年 11 月至 1944 年 12 月，璧山实验地方法院关于江远绪、江远经因田野界限纠葛而声请所有权执行一案的文书，包括卷宗目录、民事执行状、法院和解笔录、民事执行文稿、民事执行命令、民事异议状、案件审查表、案件审理单、民事声请状、送达证书、往来公函、通知人名单、民事裁定书、民事判决书等。

922. 四川高等法院第一分院、璧山实验地方法院审理搬迁交业、给付欠租一案　12－14－905

1944 年 2 月至 1944 年 7 月，四川高等法院第一分院、璧山实验地方法院关于杨炳林、甘陈氏因纠葛而声请搬迁交业给付、欠租一案的文书，包括卷宗目录、民事上诉状、民事委任状、征收裁判费核定单、案件审查表、案件审理单、送达证书、往来公函、通知人名单、民事辩论笔录、民事判决书等。

923. 最高法院、四川高等法院第一分院、璧山实验地方法院审理确认不动产移转所有权契约无效一案　12－14－906

1942 年 1 月至 1944 年 11 月，最高法院、四川高等法院第一分院、璧山实验地方法院关于甘杨臣、赖翔之声请确认不动产转移所有权契约无效一案的文书，包括卷宗目录、民事上诉状、民事答辩状、案件审查表、案件审理单、送达证书、往来公函、通知人名单、民事裁定书、民事判决书等。

924. 四川高等法院第一分院、璧山实验地方法院审理交业执行一案　12－14－907

1944 年 4 月至 1944 年 8 月，四川高等法院第一分院、璧山实验地方法院关于何荣清、左香山因不执行法院搬迁交业的判决而声请交业执行一案的文书，包括卷宗目录、征收裁判费核定单、案件审查表、案件审理单、民事执行文稿、民事执行命令、民事上诉状、民事声请状、送达证书、往来公函、通知人名单、民事裁定书、民事判决书等。

925. 四川高等法院第一分院、璧山实验地方法院审理返还黄谷执行一案　12－14－908

1944年4月至1944年6月,四川高等法院第一分院、璧山实验地方法院关于陈仁杰、姜灿辉因假扣押裁定已经撤销而声请返还黄谷执行一案的文书,包括卷宗目录、征收裁判费核定单、案件审查表、案件审理单、民事声请状、送达证书、民事执行文稿、民事执行命令、民事委任状、民事保状、民事领状、往来公函、通知人名单、民事辩论笔录、民事裁定书等。

926. 璧山实验地方法院审理终约交业一案　12－14－909

1944年11月至1944年12月,璧山实验地方法院关于罗祥明、胡予良因租约期满霸占佃产妨害买卖而声请终约交业一案的文书,包括卷宗目录、征收裁判费核定单、案件审查表、案件审理单、民事起诉状、民事委任状、民事参加状、送达证书、往来公函、通知人名单、民事和解笔录等。

927. 璧山实验地方法院审理离婚调解一案　12－14－910

1944年6月至1944年9月,璧山实验地方法院关于姜庭光、姜周氏因情感不合而声请离婚调解一案的文书,包括卷宗目录、民事告状、民事答辩状、民事委任状、民事调解状、征收裁判费核定单、案件审查表、案件审理单、民事声请状、送达证书、往来公函、通知人名单、民事调解笔录等。

928. 璧山实验地方法院审理终约调解一案　12－14－911

1944年3月至1944年4月,璧山实验地方法院关于谭海洲、凌玉钦因纠葛而声请终约调解一案的文书,包括卷宗目录、民事调解状、民事委任状、案件审查表、案件审理单、送达证书、往来公函、通知人名单、民事辩论笔录等。

929. 璧山实验地方法院审理交业调解一案　12－14－912

1944年7月至1944年8月,璧山实验地方法院关于张模良、张宝之因纠葛而声请交业调解一案的文书,包括卷宗目录、案件审查表、案件审理单、民事声请状、送达证书、往来公函、通知人名单、民事辩论笔录等。

930. 璧山实验地方法院审理交业执行两案　12－14－913

1944年10月至1944年11月,璧山实验地方法院关于王连城、谢海荣,刘福远、曾维新因租约纠葛而声请交业执行两案的文书，包括卷宗目录、征收裁判费核定单、案件审查表、案件审理单、民事声请状、民事委任状、民事和解笔录、民事执行文稿、民事执行状、民事执行命令、送达证书、往来公函、通知人名单书等。

931. 璧山实验地方法院审理赔偿损失一案　12－14－914

1944 年 10 月至 1944 年 12 月，璧山实验地方法院关于刘兴安、冯树诚因佃价增加而声请赔偿损失一案的文书，包括卷宗目录、征收裁判费核定单、案件审查表、案件审理单、民事上诉状、送达证书、往来公函、通知人名单、民事辩论笔录、民事宣判笔录、民事判决书等。

932. 璧山实验地方法院审理请求领押交业一案　12－14－915

1944 年 2 月，璧山实验地方法院关于罗代周、罗银山因收回自耕地以维持生活而声请领押交业一案的文书，包括卷宗目录、征收裁判费核定单、案件审查表、案件审理单、民事告状、送达证书、往来公函、通知人名单、民事辩论笔录、民事和解笔录等。

933. 璧山实验地方法院审理假处分一案　12－14－916

1944 年 5 月，璧山实验地方法院关于张惠兰、张本元因田业租佃给付纠葛而声请假处分一案的文书，包括卷宗目录、民事声请状、送达证书、往来公函、民事裁定书等。

934. 璧山实验地方法院审理声请清算货帐一案　12－14－917

1944 年 1 月至 1944 年 3 月，璧山实验地方法院关于蒋少伯、蒋同舟因债务纠葛而声请清算货帐一案的文书，包括卷宗目录、征收裁判费核定单、案件审查表、案件审理单、民事诉状、民事辩诉状、民事委任状、送达证书、往来公函、通知人名单、民事辩论笔录、民事判决书等。

935. 璧山实验地方法院审理请求解答契约、交还产业一案　12－14－918

1944 年 3 月至 1944 年 4 月，璧山实验地方法院关于廖元吉、廖炳干因田土契约纠葛而声请解除契约、交还产业一案的文书，包括卷宗目录、征收裁判费核定单、案件审查表、案件审理单、民事声请状、民事委任状、民事辩诉状、送达证书、往来公函、通知人名单等。

936. 四川高等法院第一分院、璧山实验地方法院审理回赎产业、返还产业执行两案　12—14—919

1945年10月至1946年5月,四川高等法院第一分院、璧山实验地方法院关于钟维之、邹炳安因债务纠葛而声请回赎产业,罗光吉、刘祖芬因债务纠葛而声请返还产业执行两案的文书,包括卷宗目录、案件审理单、民事执行状、民事委任状、送达证书、往来公函、通知人名单、民事裁定书等。

937. 最高法院、四川高等法院第一分院、璧山实验地方法院审理给付生活费一案　12—14—920

1943年10月至1944年6月,最高法院、四川高等法院第一分院、璧山实验地方法院关于何潘、何钟镛声请给付生活费一案的文书,包括卷宗目录、征收裁判费核定单、案件审查表、案件审理单、民事上诉状、民事委任状、民事声明状、送达证书、往来公函、通知人名单、民事辩论笔录、民事宣判笔录、民事裁定书、民事判决书等。

938. 璧山实验地方法院审理赔偿垫款一案　12—14—921

1944年9月,璧山实验地方法院关于叶遐龄因提前垫付医药费而声请伤者家属赔偿垫款一案的文书,包括卷宗目录、送达证书、往来公函等。

939. 璧山实验地方法院审理债务执行一案　12—14—922

1944年9月至1944年10月,璧山实验地方法院关于幸耀先、景亮钧因给付欠款纠葛而声请执行交还本金利息的债务一案的文书,包括卷宗目录、案件审查表、案件审理单、民事撤销状、送达证书、往来公函、通知人名单、民事判决书等。

940. 四川高等法院第一分院、璧山实验地方法院审理交还田业一案　12—14—923

1944年10月至1944年11月,四川高等法院第一分院、璧山实验地方法院关于周耀发、周海清因侵夺田业纠葛而声请交还田业一案的文书,包括卷宗目录、征收裁判费核定单、案件审查表、案件审理单、民事起诉状、民事委任状、民事答辩及反诉状、民事上诉状、送达证书、往来公函、通知人名单、民事辩论笔录、民事宣判笔录、民事裁定书、民事判决书等。

941. 璧山实验地方法院审理交还房屋一案　12—14—924

1944年9月至1945年2月,璧山实验地方法院关于尚荣华、谭荣章因纠葛而声请交还房屋一案的文书,包括卷宗目录、征收裁判费核定单、案件审查表、案件审理单、民事上诉状、民事答辩状、送达证书、往来公函、通知人名单、民事辩论笔录等。

942. 璧山实验地方法院审理请发支付命令一案　12－14－925

1944 年 10 月，璧山实验地方法院关于景亮钧、郑石氏因债务纠葛而请发支付命令一案的文书，包括卷宗目录、征收裁判费核定单、案件审查表、法院支付命令、案件审理单、民事声请状、送达证书、往来公函、通知人名单、民事裁定书等。

943. 四川高等法院第一分院、江津地方法院、璧山实验地方法院审理请求赔偿一案　12－14－926

1944 年 6 月至 1945 年 1 月，四川高等法院第一分院、江津地方法院、璧山实验地方法院关于马光明、程宗国因行李保管而声请赔偿一案的文书，包括卷宗目录、征收裁判费核定单、案件审查表、案件审理单、民事声请状、民事上诉状、民事委任状、民事辩诉状、送达证书、往来公函、通知人名单、民事辩论笔录、民事宣判笔录、民事判决书等。

944. 最高法院、四川高等法院第一分院璧山实验地方法院审理放赎典物及返还租赁物一案　12－14－927

1942 年 1 月至 1944 年 10 月，最高法院、四川高等法院第一分院、璧山实验地方法院关于江殷氏、蒋海廷因不服判决而声请放赎典物及返还租赁物一案的文书，包括卷宗目录、征收裁判费核定单、民事缴状、案件审查表、案件审理单、民事声请状、送达证书、往来公函、通知人名单、民事辩论状、民事判决书等。

945. 璧山实验地方法院审理租佃调解一案　12－14－928

1944 年 9 月至 1944 年 10 月，璧山实验地方法院关于张炳林、明玉廷声请租佃调解一案的文书，包括卷宗目录、案件审查表、案件审理单、送达证书、往来公函、民事起诉状、民事委任状、民事上诉状、通知人名单、民事辩论笔录等。

946. 四川高等法院第一分院、璧山实验地方法院审确认继续承租耕地一案　12－14－929

1944 年 2 月至 1944 年 7 月，四川高等法院第一分院、璧山实验地方法院关于孙荣成、左思奈因租佃纠葛而声请确认继续承租耕地一案的文书，包括卷宗目录、征收裁判费核定单、案件审查表、案件审理单、民事声请状、送达证书、往来公函、通知人名单、民事委任状、民事辩诉状、民事答辩状、民事补诉状、民事辩论笔录、民事宣判笔录、民事判决书等。

947. 璧山实验地方法院函调租佃、终止租约两案　12－14－930

1944年2月，璧山实验地方法院关于四川高等法院第一分院函调周云程与尹海洲租佃、周陈氏、刘绍程声请终止租约两案的文书，包括卷宗目录、往来公函等。

948. 四川高等法院第一分院、璧山实验地方法院审理给付租谷一案　12－14－931

1944年3月至1944年12月，四川高等法院第一分院、璧山实验地方法院关于周程氏、周光举因不服判决而声请给付租谷一案的文书，包括往来公函、民事上诉状、民事裁定书、民事声明书、民事辩诉状、收据、民事判决书、送达证书、通知人名单等。

949. 璧山实验地方法院审理请求给付抚养谷一案　12－14－932

1944年5月至1944年6月，璧山实验地方法院关于曾长兴、曾炳安因抚养费纠葛请求给付抚养谷一案的文书，包括卷宗目录、征收裁判费核定单、案件审查表、案件审理单、民事告诉状、送达证书、往来公函、通知人名单、民事判决书等。

950. 璧山实验地方法院审理请求清偿食谷一案　12－14－933

1944年6月至1944年7月，璧山实验地方法院关于李培禄、箫文良因承租纠葛而声请清偿食谷一案的文书，包括卷宗目录、征收裁判费核定单、案件审查表、民事诉状、民事辩诉状、民事委任状、民事续状、案件审理单、送达证书、往来公函、通知人名单、民事辩论笔录、民事宣判笔录、民事判决书等。

951. 四川高等法院第一分院、璧山实验地方法院审理求偿食谷一案　12－14－934

1944年9月至1944年11月，四川高等法院第一分院、璧山实验地方法院关于箫文良、周氏因租谷纠葛而声请求偿还食谷一案的文书，包括卷宗目录、征收裁判费核定单、案件审查表、案件审理单、民事声请状、民事上诉状、民事委任状、送达证书、往来公函、通知人名单、民事辩论笔录、民事和解笔录、民事裁定书、民事判决书等。

952. 璧山实验地方法院审理声请抗告一案　12－14－935

1944年6月，璧山实验地方法院关于叶炳顺、何昌绪因租佃纠葛而声请抗告一案的文书，包括卷宗目录、民事抗告状、案件审查表、案件审理单、送达证书、往来公函、通知人名单、民事裁定书等。

953. 四川高等法院第一分院、璧山实验地方法院审理请求清偿食谷一案　12—14—936

1944年6月至1944年7月，四川高等法院第一分院、璧山实验地方法院关于箫文良、李培禄因租约纠葛而请求清偿食谷一案的文书，包括卷宗目录送达证书、往来公函等。

954. 璧山实验地方法院审理赎典调解一案　12—14—937

1944年3月，璧山实验地方法院关于冯泽敷、刘四美因典产难赎损失重大而声请赎典调解一案的文书，包括卷宗目录、案件审查表、案件审理单、民事声请状、送达证书、往来公函、通知人名单、民事辩论笔录等。

955. 四川高等法院第一分院、璧山实验地方法院审理回赎典产上诉一案　12—14—938

1944年4月至1944年6月，四川高等法院第一分院、璧山实验地方法院关于钟清明、钟国光声请回赎典产上诉一案的文书，包括卷宗目录、民事上诉状、民事声请状、民事裁定书、往来公函、送达证书等。

956. 璧山实验地方法院审理租佃纠葛一案　12—14—939

1944年10月至1944年11月，璧山实验地方法院关于虞用章、徐文渊租约纠葛一案的文书，包括卷宗目录、案件审查表、案件审理单、民事诉状、民事委任状、送达证书、往来公函、通知人名单、民事辩论笔录、民事宣判笔录、民事判决书等。

957. 璧山实验地方法院审理增加给付调解一案　12—14—940

1944年6月，璧山实验地方法院关于彭文兴、彭振良因价纠葛而声请增加给付调解一案的文书，包括卷宗目录、案件审查表、民事调解状、民事委任状、案件审理单、送达证书、往来公函、通知人名单、民事辩论笔录等。

958. 璧山实验地方法院审理请求终止租约一案　12—14—941

1944年6月，璧山实验地方法院关于王连城、谢海荣因违约霸占典产而请求终止租约一案的文书，包括卷宗目录、征收裁判费核定单、案件审查表、案件审理单、民事告诉状、民事委任状、送达证书、往来公函、通知人名单、民事辩论笔录、民事和解笔录等。

959. 璧山实验地方法院审理请求确认母子关系一案　12—14—942

1944年6月至1944年7月，璧山实验地方法院关于左国梁、左黄氏为确认抚养而请求确认母子关系一案的文书，包括卷宗文书目录、民事申请书、送达证书、往来公函、通知人名单、民事言辞辩论笔录、民事委任状等。

960. 璧山实验地方法院审理搬迁交业执行一案 12—14—943

1944年7月至1944年9月，璧山实验地方法院关于傅万金、傅昆恕声请搬迁交业执行一案的文书，包括卷宗目录、民事执行状、民事执行文稿、征收裁判费核定单、案件审查表、案件审理单、民事声请状、送达证书、往来公函、通知人名单、民事执行命令等。

961. 四川高等法院第一分院、璧山实验地方法院审理声请依照租约交业一案 12—14—944

1944年7月至1944年10月，四川高等法院第一分院、璧山实验地方法院关于王干贞、王熵煊因遗产继承权纠葛而声请依照租约交业一案的文书，包括卷宗目录、民事上诉状、民事委任状、民事理由状、征收裁判费核定单、案件审查表、案件审理单、民事声请状、送达证书、往来公函、通知人名单、民事辩论笔录、民事宣判笔录、民事裁定书、民事判决书等。

962. 四川高等法院第一分院、璧山实验地方法院审理执行交还房屋一案 12—14—945

1943年9月至1944年12月，四川高等法院第一分院、璧山实验地方法院关于郭永贤、陈伯超因房屋住宅交还纠葛而声请执行交还房屋一案的文书，包括民事上诉状、民事裁定书、送达证书、收据、民事补诉状、民事委任状、民事辩论笔录、民事宣判笔录、民事答辩状、民事声请状、民事判决书、往来公函、通知人名单、民事抗告状、卷证标目、民事和解笔录等。

963. 四川高等法院第一分院、璧山实验地方法院审理回赎佃产一案 12—14—946

1944年4月至1944年5月，四川高等法院第一分院、璧山实验地方法院关于陶荣成、余杨氏因不服判决而声请回赎佃产一案的文书，包括卷宗目录、民事上诉状、民事委任状、民事缴状、民事声明状、案件审查表、案件审理单、民事声请状、送达证书、往来公函、通知人名单、民事裁定书、民事判决书等。

964. 璧山实验地方法院审理交业执行一案 12—14—947

1944年10月至1945年5月，璧山实验地方法院关于蒋赤熵、朱春林因搬迁抗租而声请交业执行一案的文书，包括卷宗目录、征收裁判费核定单、案件审查表、案件审理单、民事声请状、送达证书、往来公函、通知人名单、民事执行状、民事委任状、民事执行命令、民事执行文稿、民事辩论笔录、民事宣判笔录等。

965. 璧山实验地方法院审理分约认证一案　12—14—948

1944 年 12 月至 1945 年 2 月，璧山实验地方法院关于钱陈氏等因不动产纠葛而声请分约认证一案的文书，包括卷宗目录、公证声请书、证明书、送达证书、往来公函等。

966. 高等法院、四川高等法院第一分院、璧山实验地方法院审理返还产业及收益一案　12—14—949

1943 年 12 月至 1944 年 12 月，高等法院、四川高等法院第一分院、璧山实验地方法院关于王启智、王启富因佃产纠葛而声请返还典产等产业及收益一案的文书，包括卷宗目录、民事上诉状、民事辩诉状、案件审查表、案件审理单、民事声请状、送达证书、往来公函、通知人名单、民事裁定书、民事判决书等。

967. 四川高等法院第一分院、璧山实验地方法院审理确认被抢夺产业所有权一案　12—14—950

1944 年 10 月至 1944 年 11 月，四川高等法院第一分院、璧山实验地方法院关于蒋鸿发、陈大才因产业所有权纠葛而声请确认被抢夺产业所有权一案的文书，包括卷宗目录、案件审查表、案件审理单、民事声请状、送达证书、往来公函、通知人名单、民事上诉状、刑事附带民事判决书、刑事判决书等。

968. 四川高等法院第一分院、璧山实验地方法院审理请求回赎典产一案　12—14—951

1944 年 2 月至 1944 年 8 月，四川高等法院第一分院、璧山实验地方法院关于余杨氏、陶荣成因不服判决而请求回赎典产一案的文书，包括卷宗目录、民事再审状、民事委任状、民事抗告状、案件审查表、案件审理单、民事声请状、民事声明状、送达证书、往来公函、通知人名单、民事辩论笔录、民事宣判笔录、民事裁定书、民事判决书等。

969. 四川高等法院第一分院、璧山实验地方法院审理调解异议一案　12—14—952

1944 年 1 月至 1945 年 5 月，四川高等法院第一分院、璧山实验地方法院关于刘赵氏、张代贤因给付纠葛而声请调解异议一案的文书，包括卷宗文书目录、案件审理单、征收裁判费核定单、民事声请状、民事委任状、民事辩论笔录、民事声明状、民事宣判笔录、收据、民事判决书、送达证书、往来公函、通知人名单、民事上诉状、民事裁定书、记录科通知书、民事告诉状、民事补诉状、民事调解状、案件审查表、调解笔录等。

970. 璧山实验地方法院审理请发支付命令一案　12—14—953

1944 年 11 月至 1944 年 12 月，璧山实验地方法院关于唐富智、朱辉五因逾期不缴纳黄谷而请发支付命令一案的文书，包括卷宗目录、案件审查表、案件审理单、民事声请状、送达证书、往来公函、法院支付命令等。

971. 璧山实验地方法院审理终止租约一案　12—14—954

1944 年 10 月至 1944 年 12 月，璧山实验地方法院关于黄刘氏、赵熙贤因债务纠葛而声请终止租约一案的文书，包括卷宗目录、民事告诉状、民事答辩状、民事委任状、征收裁判费核定单、案件审查表、案件审理单、民事声请状、送达证书、往来公函、通知人名单、民事辩论笔录、民事宣判笔录、民事判决书等。

972. 璧山实验地方法院审理给付黄谷一案　12—14—955

1944 年 10 月至 1944 年 12 月，璧山实验地方法院关于苏兰轩、王文树因连续欠粮租而声请给付黄谷一案的文书，包括卷宗目录、征收裁判费核定单、案件审查表、案件审理单、民事诉状、民事委任状、民事声明状、送达证书、往来公函、通知人名单、民事辩论笔录、民事宣判笔录、民事判决书等。

973. 四川高等法院第一分院、璧山实验地方法院审理假处分、租谷给付两案　12—14—956

1944 年 8 月至 1944 年 11 月，四川高等法院第一分院、璧山实验地方法院关于王恹中、黄炳章因继承权纠葛而声请假处分、租谷给付两案的文书，包括卷宗目录、征收裁判费核定单、民事抗告状、案件审查表、案件审理单、民事声请状、送达证书、往来公函、通知人名单、民事辩论笔录、民事裁定书等。

974. 四川高等法院第一分院、重庆地方法院、璧山实验地方法院审理确认返还管辖区田土所有权一案　12—14—957

1944 年 12 月至 1945 年 1 月，四川高等法院第一分院、重庆地方法院、璧山实验地方法院关于李瑞章、伍朝杰因贪污影响后方民众而声请确认返还管辖区田土所有权一案的文书，包括卷宗目录、征收裁判费核定单、案件审查表、案件审理单、民事声请状、送达证书、往来公函、通知人名单、民事辩论笔录、民事委任状、民事缴状、民事裁定书、民事判决书等。

975. 四川高等法院第一分院、璧山实验地方法院审理给付黄谷一案　12—14—958

1944 年 11 月至 1944 年 12 月，四川高等法院第一分院、璧山实验地方法院关于苏兰轩、王文树因欠租纠葛而声请给付黄谷一案的文书,包括送达证书、往来公函、民事判决书等。

976. 四川高等法院第一分院、璧山实验地方法院审理返还棉纱一案　12—14—959

1944 年 11 月至 1944 年 12 月,四川高等法院第一分院、璧山实验地方法院关于官茂林、巫正明因棉纱给付纠葛而声请返还棉纱一案的文书,包括卷宗目录、案件审查表、案件审理单、民事起诉状、民事辩诉状、民事声明状、民事委任状、送达证书、往来公函、通知人名单、民事辩论笔录、民事宣判笔录、民事判决书等。

977. 四川高等法院第一分院、璧山实验地方法院审理返还产业执行一案　12—14—960

1944 年 6 月至 1944 年 12 月,四川高等法院第一分院、璧山实验地方法院关于杨万氏、杨炳元因遗产继承纠葛而声请返还产业执行一案的文书,包括卷宗目录、民事执行状、民事执行文稿、民事执行命令、案件审查表、案件审理单、民事声请状、送达证书、往来公函、通知人名单、民事辩论笔录、民事判决书等。

978. 璧山实验地方法院审理请求确认所有权一案　12—14—961

1944 年 3 月,璧山实验地方法院关于吴伯青、巫炳章因霸占坟树而声请确认所有权一案的文书,包括卷宗目录、征收裁判费核定单、案件审查表、案件审理单、民事声请状、送达证书、往来公函、通知人名单、民事辩论笔录、民事宣判笔录、民事判决书等。

979. 四川高等法院第一分院、璧山实验地方法院审理请求终止租约两案　12—14—962

1944 年 4 月,四川高等法院第一分院、璧山实验地方法院关于罗德荣、何禹级,李朝政、曾有为声请终止租约两案的文书,包括卷宗目录、征收裁判费核定单、民事声明状、民事诉状、民事委任状、民事起诉状、案件审查表、案件审理单、民事声请状、送达证书、往来公函、通知人名单、民事辩论笔录、民事宣判笔录、民事判决书等。

980. 四川高等法院第一分院、璧山实验地方法院审理出售街房纠葛一案　12—14—963

1944 年 7 月至 1944 年 9 月,四川高等法院第一分院、璧山实验地方法院关于胡郭氏、张树荣出售街房纠葛一案的文书,包括卷宗目录、征收裁判费核定单、案件审查表、案件审理单、民事诉状、民事答辩状、民事委任状、民事声请状、送达证书、往来公函、通知人名单、民事辩论笔录、民事宣判笔录、民事判决书等。

981. 璧山实验地方法院审理迁让房屋一案　12－14－964

1944 年 12 月至 1945 年 7 月，璧山实验地方法院关于赵林贤、林水清因原佃主盘踞抗不搬迁而声请迁让房屋一案的文书，包括卷宗目录、民事答辩状、案件审查表、案件审理单、民事声请状、送达证书、往来公函、通知人名单、民事辩论笔录等。

982. 四川高等法院第一分院、重庆实验地方法院、璧山实验地方法院审理终止租约、回赎典物一案　12－14－965

1945 年 2 月至 1945 年 5 月，四川高等法院第一分院、重庆实验地方法院、璧山实验地方法院关于吴道康、吴立三声请终止租约、回赎典物一案的文书，包括卷宗目录、民事上诉状、民事委任状、民事辩诉状、民事缴状、征收裁判费核定单、案件审查表、案件审理单、民事声请状、送达证书、往来公函、通知人名单、民事辩论笔录、民事宣判笔录、民事裁定书、民事判决书、民事和解笔录等。

983. 四川高等法院第一分院、璧山实验地方法院审理增加给付佃价一案　12－14－966

1944 年 10 月至 1945 年 3 月，四川高等法院第一分院、璧山实验地方法院关于王文树、苏南轩因租佃纠葛而声请增加给付佃价一案的文书，包括卷宗目录、民事上诉状、民事委任状、征收裁判费核定单、案件审查表、案件审理单、民事起诉状、民事辩诉状、民事声请状、民事撤回状、送达证书、往来公函、通知人名单、民事辩论笔录、民事宣判笔录、民事裁定书、民事判决书、民事和解笔录等。

984. 最高法院、四川高等法院第一分院、璧山实验地方法院审理终止大佃契约、交还房屋一案　12－14－967

1944 年 5 月至 1944 年 8 月，最高法院、四川高等法院第一分院、璧山实验地方法院关于江鸣廷、周志云因违约损害其权利而声请终止大佃契约、返还房屋一案的文书，包括卷宗目录、民事上诉状、征收裁判费核定单、案件审查表、案件审理单、民事和解状、民事理由状、民事声请状、送达证书、往来公函、通知人名单、民事辩论笔录、民事宣判笔录、民事裁定书、民事判决书等。

985. 最高法院、四川高等法院第一分院、璧山实验地方法院审理放赎佃产、交还房屋一案　12－14－968

1943 年 10 月至 1944 年 2 月，最高法院、四川高等法院第一分院、璧山实验地方法院关于周志云、江鸣廷因不服原审判而声请放赎佃、产交还房屋一案的文书，包括卷宗目录、民事上诉状、民事答辩状、案件审查表、案件审理单、民事声请状、送达证书、往来公函、通知人名单、民事裁定书、民事判决书等。

986. 四川高等法院第一分院、重庆地方法院、璧山实验地方法院审理领押交业一案 12－14－969

1944年7月至1944年11月，四川高等法院第一分院、重庆地方法院、璧山实验地方法院关于杨云昭、杨燮燏因租约纠葛而声请领押交业一案的文书，包括卷宗目录、民事告诉状、民事追加状、征收裁判费核定单、案件审查表、案件审理单、民事声明状、民事委任状、民事缴状、民事执行状、民事声请状、送达证书、往来公函、通知人名单、民事辩论笔录、民事宣判笔录、民事裁定书、民事判决书、民事和解笔录等。

987. 璧山实验地方法院审理确认契约无效一案 12－14－970

1944年6月至1944年11月，璧山实验地方法院关于李张耀达、张耀租因立嗣文约纠葛而声请确认契约无效一案的文书，包括卷宗目录、征收裁判费核定单、案件审查表、案件审理单、民事声请状、送达证书、民事诉状、民事委任状、民事答辩状、往来公函、通知人名单、民事辩论笔录、民事宣判笔录、民事判决书等。

988. 四川高等法院第一分院、璧山实验地方法院审理投佃执行、投佃调解、返还洋纱调解三案 12－14－971

1944年5月至1944年10月，四川高等法院第一分院、璧山实验地方法院关于陈汪相、吴德基声请投佃执行，箫绍文、箫文良声请投佃调解，张荣盛、赖仲镛声请返还洋纱调解三案的文书，包括卷宗目录、案件审查表、案件审理单、民事调解状、民事声请状、送达证书、往来公函、通知人名单、民事辩论笔录、民事判决书等。

989. 璧山实验地方法院审理给付棉纱一案 12－14－972

1944年11月，璧山实验地方法院关于李大德、杨青云因借贷纠葛而声请给付棉纱一案的文书，包括卷宗目录、案件审查表、案件审理单、民事声请状、送达证书、往来公函、通知人名单等。

990. 四川高等法院第一分院、璧山实验地方法院审理请求抄录、请求终止租约抗告等四案 12－14－973

1944年9月至1944年11月，四川高等法院第一分院、璧山实验地方法院关于刘香庸因终止租约涉讼而声请抄录，王氏因请求终止租约抗告，张仕义因黄谷给付纠葛而声请停止黄谷执行，邹昆仑、邹炳安声请亲属会议指定委员四案的文书，包括卷宗目录、征收裁判费核定单、民事抗告状、民事声明状、案件审查表、案件审理单、民事声请状、送达证书、往来公函、通知人名单、民事裁定书等。

991. 四川高等法院第一分院、璧山实验地方法院审理确认坟界、赔偿讼费执行等三案　12—14—974

1944年10月至1944年11月,四川高等法院第一分院、璧山实验地方法院关于叶仲夔因土地界限纠葛而声请确认坟山界限,杨明清因借谷返还纠葛而声请赔偿讼费执行,胡治荣因耕地契约纠葛而声请终止调解三案的文书,包括卷宗目录、民事保状、民事缴状、征收裁判费核定单、案件审查表、案件审理单、民事声请状、送达证书、往来公函、通知人名单、民事裁定书等。

992. 四川高等法院第一分院、璧山地方法院审理返还耕牛一案　12—14—975

1941年12月至1942年3月,四川高等法院第一分院、璧山地方法院关于张洪洲因租谷数量纠葛而声请返还耕牛一案的文书,包括卷宗目录、案件审查表、案件审理单、民事声请状、送达证书、往来公函、通知人名单、民事判决书等。

993. 璧山实验地方法院审理继续还业诉讼、遗失存查等五案　12—14—976

1944年8月至1944年9月,璧山实验地方法院关于钟靳氏、钟邬氏因佃权纠葛而声请继续还业诉讼,郭素贞因屋基所有权登记而声请遗失存查,吴银安、吴月初因违背契约而声请租佃调解,冯仲权、彭代森因家宅与铺户被侵害而声请排除侵害,程炳卿、钱海云因佃金纠葛而声请排除侵害五案的文书,包括卷宗目录、征收裁判费核定单、案件审查表、案件审理单、民事声请状、民事诉状、民事委任状、送达证书、往来公函、通知人名单、民事辩论笔录、民事宣判笔录、民事裁定书、民事判决书、民事起诉状、民事和解笔录等。

994. 四川高等法院第一分院、璧山实验地方法院审理请求交典产、返还稻草等三案　12—14—977

1944年6月至1944年8月,四川高等法院第一分院、璧山实验地方法院关于彭义轩、邓维周声请交典产,毛坤钦、魏德培因稻草借贷纠葛而声请返还稻草,吴黄氏、吴王氏声请回赎产业三案的文书,包括卷宗目录、征收裁判费核定单、案件审查表、案件审理单、民事起诉状、民事和解状、民事声请状、送达证书、往来公函、通知人名单、民事辩论笔录、民事宣判笔录、民事判决书等。

995. 四川高等法院第一分院、璧山实验地方法院审理合约确认、分割遗产两案　12—14—978

1944年2月至1944年10月,四川高等法院第一分院、璧山实验地方法院关于周百近因生活费给付纠葛而声请合约确认,饶尚楷、饶鸣雷声请分割遗产两案的文书，包括卷宗目录、征收裁判费核定单、案件审查表、案件审理单、民事声请状、送达证书、往来公函、通知人名单、民事裁定书、民事判决书等。

996. 最高法院、四川高等法院第一分院璧山实验地方法院审理离婚、解除婚约两案　12－14－979

1943 年 12 月至 1944 年 5 月，最高法院、四川高等法院第一分院、璧山实验地方法院关于刘倬霖、刘何氏家庭暴力而声请离婚，仇仲云、罗文谦声请解除婚约两案的文书，包括卷宗目录、民事理由状、民事上诉状、征收裁判费核定单、案件审查表、民事缴状、案件审理单、民事声请状、送达证书、往来公函、通知人名单、民事辩论笔录、民事宣判笔录、民事裁定书、民事判决书等。

997. 四川高等法院第一分院、璧山实验地方法院审理给付欠租执行等案　12－14－980

1944 年 2 月至 1944 年 11 月，四川高等法院第一分院、璧山实验地方法院关于王张氏、陈少云声请给付欠租执行，陶长荣、况汉章声请房屋迁让给付欠租两案的文书，包括卷宗目录、民事执行文稿、民事执行命令、征收裁判费核定单、案件审查表、案件审理单、民事声请状、送达证书、往来公函、通知人名单、民事辩论笔录、民事委任状、民事辩诉状、民事理由状、民事宣判笔录、民事裁定书、民事判决书等。

998. 最高法院、四川高等法院第一分院、璧山实验地方法院审理给付养膳费、给付租谷停止执行等三案　12－14－981

1944 年 6 月至 1944 年 7 月，最高法院、四川高等法院第一分院、璧山实验地方法院关于曾长兴、曾炳安声请执行给付养膳费，张仕义、赖马氏声请给付租谷停止执行，曾遐氏、李海荣声请给付欠租三案的文书，包括卷宗目录、征收裁判费核定单、案件审查表、民事保状、案件审理单、民事声请状、民事抗告状、送达证书、往来公函、通知人名单、民事上诉状、民事辩论笔录、民事裁定书、民事判决书、民事委任书等。

999. 最高法院、四川高等法院第一分院、璧山实验地方法院审理确认买卖契约、声请田业买卖契约无效等三案　12－14－982

1944 年 1 月至 1944 年 10 月，最高法院、四川高等法院第一分院、璧山实验地方法院关于戴作三、邹万盛声请确认买卖契约，高一分院代讯罗雷氏等确认田产买卖契约无效，张元龙声请田业买卖契约无效及终止诉讼程序三案的文书，包括卷宗目录、案件审查表、案件审理单、民事声请状、送达证书、往来公函、通知人名单、民事裁定书、民事判决书等。

1000. 民事判决书、起诉书、不起诉处分书等　12－14－983

1944年1月至1945年1月，包括璧山县政府关于龙子榆声请返还祠谷、熊树清声请返还借款的民事判决书，璧山实验地方检察官关于彭安顺伤害他人身体、彭陈氏意图毒害其媳、徐德元调戏少妇、严戴氏重婚、释放绑架儿子的起诉书，璧山实验地方检察官关于向树荣妨害兵役不起诉处分书，璧山实验地方法院关于庞廖氏侵入住宅、李张耀确认分关无效的刑事判决书，和解笔录等。

1001. 璧山实验地方法院审理确认租约有效一案　12－14－984

1944年10月至1944年11月，璧山实验地方法院关于徐王氏、罗森林因承租租金纠葛而声请确认租约有效一案的文书，包括卷宗目录、案件审查表、案件审理单、民事诉讼、民事告诉状、送达证书、往来公函、通知人名单等。

1002. 四川高等法院第一分院、璧山实验地方法院审理契约有效执行一案　12－14－985

1944年4月至1944年9月，四川高等法院第一分院、璧山实验地方法院关于刘申荣、刘斐然因田土产业被扣押产生纠葛而声请契约有效执行一案的文书，包括卷宗目录、征收裁判费核定单、民事执行状、民事抗告状、案件审查表、案件审理单、民事声请状、民事保状、民事委任状、送达证书、往来公函、通知人名单、民事辩论笔录、民事裁定书、民事判决书等。

1003. 璧山实验地方法院审理交业调解一案　12－14－986

1944年9月至1944年10月，璧山实验地方法院关于张登发、谢南辉因纠葛而声请交业调解一案的文书，包括卷宗目录、民事调解状、民事委任状、征收裁判费核定单、案件审查表、案件审理单、送达证书、往来公函、通知人名单、民事辩论笔录、民事和解笔录等。

1004. 四川高等法院第一分院、璧山实验地方法院审理返还黄谷、给付黄谷两案　12－14－987

1944年11月至1944年12月，四川高等法院第一分院、璧山实验地方法院关于冉文林、张俊之因借款纠葛而声请返还黄谷、杨鲁三声请给付黄谷两案的文书，包括卷宗目录、民事告诉状、民事辩诉状、民事上诉状、民事理由状、民事声明状、案件审查表、案件审理单、民事声请状、送达证书、往来公函、通知人名单、民事辩论笔录、民事裁定书、民事判决书、民事执行状、民事执行命令等。

1005. 四川高等法院第一分院、璧山实验地方法院审理给付租谷等三案　12—14—988

1944年11月至1944年12月，四川高等法院第一分院、璧山实验地方法院关于箫文良、李周氏声请给付租谷，李箫氏、邓春山声请给付租谷，王文氏、龚敬之声请给付租谷三案的文书，包括卷宗目录、民事诉讼状、民事委任状、征收裁判费核定单、案件审查表、案件审理单、民事声请状、送达证书、往来公函、通知人名单、民事辩论笔录、民事宣判笔录、民事裁定书、民事判决书、民事执行命令、民事执行状等。

1006. 璧山实验地方法院审理租谷执行两案　12—14—989

1944年8月至1945年1月，璧山实验地方法院关于廖肇洲、毛春林声请租谷执行，黄见平、彭炳煊声请租谷执行两案的文书，包括卷宗目录、案件审查表、案件审理单、民事声请状、送达证书、往来公函、通知人名单、民事裁定书、民事执行命令、民事执行状等。

1007. 四川高等法院第一分院、璧山实验地方法院审理交业执行等两案　12—14—990

1944年10月至1944年11月，四川高等法院第一分院、璧山实验地方法院关于徐海荣、汪海廷声请交业执行，雷则鸣、雷发田声请交业执行两案的文书，包括卷宗目录、征收裁判费核定单、案件审查表、案件审理单、民事执行文稿、民事执行命令、民事缴状、民事执行状、民事声请状、送达证书、往来公函、通知人名单、民事裁定书、民事判决书等。

1008. 四川高等法院第一分院、璧山实验地方法院审理领押交业等三案　12—14—991

1944年3月至1944年4月，四川高等法院第一分院、璧山实验地方法院关于晏焕奎、王春林声请领押交业，郭明轩、郭德轩声请领押交业，汪炳权声请领押交业三案的文书，包括卷宗目录、征收裁判费核定单、案件审查表、案件审理单、民事声请状、送达证书、往来公函、通知人名单、民事上诉状、民事抗告状、民事缴回状、民事委任状、民事辩论笔录、民事裁定书、民事判决书、民事和解笔录等。

1009. 四川高等法院第一分院、璧山实验地方法院审理交业调解等两案　12—14—992

1944年11月，四川高等法院第一分院、璧山实验地方法院关于张文江、周绍荣因租金给付纠葛而声请调解，郭明轩、郭德轩因佃约纠葛而声请搬迁交业两案的文书，包括卷宗目录、案件审查表、案件审理单、民事声请状、送达证书、往来公函、通知人名单、民事辩论笔录等。

1010. 璧山实验地方法院审理请求交业一案　12－14－993

1944年4月，璧山实验地方法院关于刘泽普、甘为良因租约纠葛而请交业一案的文书，包括卷宗目录、民事诉讼状、征收裁判费核定单、案件审查表、案件审理单、民事声请状、送达证书、往来公函、通知人名单、民事辩论笔录、民事宣判笔录、民事判决书等。

1011. 四川高等法院第一分院、璧山实验地方法院审理止约交业一案　12－14－994

1944年6月至1944年11月，四川高等法院第一分院、璧山实验地方法院关于舒九龄、舒南辉因纠葛声请止约交业一案的文书，包括卷宗文书目录、征收裁判费核定单、案件审查表、民事起诉状、民事上诉状、民事声请状、收据、民事委任状、案件审理单、民事判决书、民事宣判笔录、民事辩论笔录、民事委状、和解材料、见证人材料、往来公函、送达证书、和解笔录、民事裁定书、民事辩诉状、民事和解书、书记科通知书等。

1012. 四川高等法院第一分院、璧山实验地方法院审理租交业一案　12－14－995

1944年7月至1944年10月，四川高等法院第一分院、璧山实验地方法院关于刘泽普、甘为良因不服原判而申请租交业一案的文书，包括民事上诉状、卷宗目录、民事声请状、民事裁定书、民事判决书、民事委状、民事辩论笔录、调解委员会笔录、民事判决笔录、报告、往来公函、送达证书等。

1013. 璧山实验地方法院审理搬迁交业一案　12－14－996

1944年10月至1944年12月，璧山实验地方法院关于郭德轩因郭明轩租期满不退佃而声请搬迁交业一案的文书，包括卷宗目录、征收裁判费核定单、案件审理单、民事起诉书、民事声请书、民事辩诉状、民事委任状、收据、案件调查表、民事辩论笔录、民事宣判笔录、民事判决书、证人结文、见证人证明材料、往来公函、送达证书等。

1014. 璧山实验地方法院审理给付价款执行一案　12－14－997

1944年3月至1944年5月，璧山实验地方法院关于甘泽氏因郑文彬故意拖欠产业价款而声请给付价款执行一案的文书，包括卷宗目录、民事具呈、民事声请状、案件审理单、民事执行文稿、民事判决书、民事缴状、收款通知证、民事保状、往来公函、送达证书等。

1015. 四川高等法院第一分院、璧山实验地方法院审理增加给付一案　12－14－998

1944年12月，四川高等法院第一分院、璧山实验地方法院关于何吴氏、王方谷因债务纠葛而声请增加给付一案的文书，包括卷宗目录、民事上诉状、案件审查表、案件审理单、民事声请状、民事委任状、送达证书、往来公函、通知人名单、民事辩论笔录、民事裁定书、民事判决书等。

1016. 璧山实验地方法院审理假处分租谷收益、租谷假扣押两案　12－14－999

1944年7月至1944年8月，璧山实验地方法院关于王文氏、龚敬之因财产分割纠葛而声请假处分租谷收益，黄仲华、赖炳臣因搬迁交业纠葛而声请租谷假扣押两案的文书，包括卷宗目录、案件审查表、案件审理单、民事声请状、送达证书、往来公函、通知人名单、民事裁定书等。

1017. 璧山实验地方法院审理请求宣告假执行等两案　12－14－1000

1944年1月至1944年7月，璧山实验地方法院关于景亮钧、罗德荣因债务纠葛而声请宣告假执行，叚瑜思、杨治荣因公费给付纠葛而声请宣告假执行两案的文书，包括卷宗目录、民事声请状、送达证书、往来公函、民事裁定书等。

1018. 璧山实验地方法院审理返还借款、清偿票款两案　12－14－1001

1944年8月至1944年11月，璧山实验地方法院关于何吴氏、王方谷因骗借债不偿而声请返还借款，林李氏、李炳文声请清偿票款两案的文书，包括卷宗目录、征收裁判费核定单、案件审查表、案件审理单、民事声请状、送达证书、往来公函、通知人名单、民事告诉状、民事委任状、民事辩论笔录、民事宣判笔录、民事裁定书、民事判决书等。

1019. 璧山实验地方法院审理偿还债务一案　12－14－1002

1944年4月至1944年9月，璧山实验地方法院关于景亮钧、杨钟氏因公费给付纠葛而声请偿还债务一案的文书，包括卷宗目录、民事起诉状、征收裁判费核定单、案件审查表、案件审理单、民事声请状、送达证书、往来公函、通知人名单、民事执行文稿、民事执行命令等。

1020. 璧山实验地方法院审理搬迁交业一案　12－14－1003

1944年10月至1944年12月，璧山实验地方法院关于陈其昌、陈炳洲因领押转佃抗不迁业而声请搬迁交业一案的文书，包括卷宗目录、征收裁判费核定单、案件审查表、案件审理单、民事声请状、送达证书、往来公函、通知人名单、民事辩论笔录、民事起诉状、民事委任状、民事宣判笔录、民事判决书等。

1021. 四川高等法院第一分院、璧山实验地方法院审理终止租约一案　12－14－1004

1944年7月至1944年8月，四川高等法院第一分院、璧山实验地方法院关于黄国金、黄金盛因违约而声请终止租约一案的文书，包括卷宗目录、征收裁判费核定单、案件审查表、案件审理单、民事声请状、送达证书、往来公函、通知人名单、民事辩论笔录、民事委任状、民事辩诉状、民事宣判笔录、民事裁定书、民事判决书等。

1022. 璧山实验地方法院审理领证等六案　12－14－1005

1944年8月至1944年12月，璧山实验地方法院关于黄吴氏因生活费给付纠葛涉案而声请领证，郑伯良为避免错领而声请领取买卖契约证，毛志荣因田产纠葛涉案而声请领证，张平山因租约终止需要搬迁交业而声请领证，箫谢氏因继承契约纠葛而声请领证，王鸿杰因租谷纠葛而声请领证六案的文书，包括卷宗目录、民事领证状、民事声请状、送达证书、往来公函、通知人名单、民事辩论笔录等。

1023. 璧山实验地方法院审理领押交业一案　12－14－1006

1944年10月至1944年11月，璧山实验地方法院关于谢昌合、谢绍周因欠租而声请领押交业一案的文书，包括卷宗目录、征收裁判费核定单、民事辩诉状、民事委任状、案件审查表、案件审理单、民事声请状、送达证书、往来公函、通知人名单、民事辩论笔录、民事宣判笔录、民事判决书等。

1024. 璧山实验地方法院审理赔偿树价执行一案　12－14－1007

1944年9月至1944年10月，璧山实验地方法院关于陈文卿、陈德昌因树价债务纠葛而声请赔偿树价执行一案的文书，包括卷宗目录、案件审查表、案件审理单、民事声请状、送达证书、往来公函、通知人名单、民事执行文稿、民事执行命令、民事保状、民事判决书等。

1025. 四川高等法院第一分院、璧山实验地方法院审理大佃承租纠葛一案　12－14－1008

1944年6月至1944年8月，四川高等法院第一分院、璧山实验地方法院关于向大全、邓刘氏大佃承租纠葛一案的文书，包括卷宗目录、民事再审状、征收裁判费核定单、案件审查表、案件审理单、民事声请状、民事答辩状、民事委任状、民事抗告状、送达证书、往来公函、通知人名单、民事辩论笔录、民事裁定书等。

1026. 璧山实验地方法院审理清偿债务执行一案　12－14－1009

1944 年 11 月至 1945 年 5 月，璧山实验地方法院关于段瑜思、张翔鳌因欠款纠葛而声请执行清偿债务一案的文书，包括卷宗目录、征收裁判费核定单、案件审查表、案件审理单、民事声请状、送达证书、往来公函、通知人名单、民事执行文稿、民事执行命令、民事执行状、民事委任状、民事裁定书、民事判决书等。

1027. 四川高等法院第一分院、璧山实验地方法院审交还田业、返还田业两案　12－14－1010

1944 年 10 月至 1944 年 11 月，四川高等法院第一分院、璧山实验地方法院关于钟邬氏、钟靳氏因遗产分割纠葛而声请交还田业，曾国章、谢秦氏因田业房屋返还纠葛而声请返还田业两案的文书，包括卷宗目录、征收裁判费核定单、案件审查表、案件审理单、民事理由状、民事告诉状、民事和解笔录、民事答辩状、民事上诉状、民事声请状、送达证书、往来公函、通知人名单、民事辩论笔录、民事裁定书、民事判决书等。

1028. 璧山实验地方法院审理分割遗产一案　12－14－1011

1944 年 10 月至 1945 年 9 月，璧山实验地方法院关于雷玉芳、雷发田因霸占产业而声请分割遗产一案的文书，包括卷宗目录、民事起诉状、民事委任状、征收裁判费核定单、案件审查表、案件审理单、民事声请状、送达证书、往来公函、通知人名单、民事辩论笔录等。

1029. 璧山实验地方法院审理分割遗产一案　12－14－1012

1944 年 4 月至 1944 年 5 月，璧山实验地方法院关于雷海清、雷德元因霸占产业而声请分割遗产一案的文书，包括卷宗目录、案件审查表、案件审理单、民事声请状、送达证书、往来公函、通知人名单、民事辩论笔录、民事起诉状、民事补诉状、民事和解笔录等。

1030. 璧山实验地方法院审理交房执行一案　12－14－1013

1944 年 11 月，璧山实验地方法院关于江谭氏、刘树芝因不执行交房判决而声请交房执行一案的文书，包括卷宗目录、民事声请状、送达证书、往来公函、通知人名单、民事裁定书等。

1031. 璧山地方法院审理分割房产一案　12－14－1014

1941 年 3 月至 1941 年 4 月，璧山地方法院关于邓森宗、邓源为保全利益而声请分割房产一案的文书，包括卷宗目录、案件审理单、民事声请状、送达证书、往来公函、通知人名单、民事辩论笔录、民事裁定书、民事判决书等。

1032. 璧山实验地方法院审理回赎典产等四案　12－14－1015

1944年7月至1944年8月，璧山实验地方法院关于伍华龄、冯银章因佃期纠葛而声请回赎典产，凌正伟声请回赎佃产，陈永昌、蒋鸿发声请回赎典产，江光海、黄灵九声请回赎典产四案的文书，包括卷宗目录、民事委任状、民事答辩状、征收裁判费核定单、民事执行状、民事执行文稿、民事执行命令、民事领状、民事声明状、案件审查表、案件审理单、民事声请状、送达证书、往来公函、通知人名单、民事辩论笔录、民事判决书等。

1033. 璧山实验地方法院审理所有权登记一案　12－14－1016（1）

1944年4月至1944年7月，璧山实验地方法院关于郛大汉、城北七保九甲，王田维、河边第三保四甲，王利亨，易超群声请所有权登记一案的文书，包括卷宗目录、不动产登记申请书、不动产登记保证书、民事委任状、不动产图略、征收裁判费核定单、案件审查表、案件审理单、民事声请状、送达证书、往来公函、通知人名单、民事辩论笔录等。

1034. 璧山实验地方法院审理所有权登记一案　12－14－1016（2）

1944年10月至1944年11月，璧山实验地方法院关于巫文江因产业纠葛而声请不动产登记一案的文书，包括卷宗目录、不动产登记申请书、不动产登记保证书、民事领状、不动产地图、送达证书、往来公函、通知人名单、民事辩论笔录、证明书等。

1035. 璧山实验地方法院审理领押交业一案　12－14－1017

1944年5月至1947年4月，璧山实验地方法院关于冯学周、李清明因纠葛而声请领押交业一案的文书，包括卷宗目录、征收裁判费核定单、案件审查表、民事起诉状、民事辩诉状、民事委任状、案件审理单、民事声请状、送达证书、往来公函、通知人名单、民事辩论笔录、民事宣判笔录、民事判决书等。

1036. 四川高等法院第一分院、璧山实验地方法院审理领押交业返还契约一案　12－14－1018

1944年7月至1946年7月，四川高等法院第一分院、璧山实验地方法院关于李清明、冯学周因不服判决而声请领押交业返还契约一案的文书，包括卷宗目录、民事上诉状、征收裁判费核定单、案件审查表、案件审理单、民事委任状、民事声请状、送达证书、往来公函、通知人名单、民事辩论笔录、民事宣判笔录、民事裁定书、民事判决书等。

1037. 璧山实验地方法院杂卷 12－14－1019

1943年5月至1944年3月,璧山实验地方法院文书,包括刑事声请状、领状、送达证书、往来公函等。

1038. 璧山实验地方法院审理清算账目执行一案 12－14－1020

1944年11月至1945年12月,璧山实验地方法院关于张登云、张国勋因债务纠葛而声请清算账目执行一案的文书,包括卷宗目录、民事执行状、案件审查表、案件审理单、民事声请状、送达证书、往来公函、通知人名单、民事辩论笔录、报告书、民事判决书等。

1039. 四川高等法院第一分院、璧山实验地方法院审理经界勘查一案 12－14－1021

1944年3月至1944年9月,四川高等法院第一分院、璧山实验地方法院关于唐宪章、萧银顺因柏树所属权纠葛而声请经界勘查一案的文书,包括卷宗目录、案件审查表、案件审理单、民事声请状、送达证书、往来公函、通知人名单、民事辩论笔录等。

1040. 璧山实验地方法院审理返还熟土执行一案 12－14－1022

1944年9月至1944年11月,璧山实验地方法院关于张春辉、梁玉林因不遵判决而声请返还熟土执行一案的文书,包括卷宗目录、民事执行状、民事执行命令、民事执行文稿、案件审查表、案件审理单、民事声请状、送达证书、往来公函、通知人名单等。

1041. 璧山实验地方法院审理请求终约领押一案 12－14－1023

1944年1月至1944年3月,璧山实验地方法院关于刘焕银、叶炳顺因纠葛而申请终约领押一案的文书,包括卷宗目录、民事告诉状、民事委任状、民事诉状、征收裁判费核定单、案件审查表、案件审理单、民事声请状、送达证书、往来公函、通知人名单、民事辩论笔录、民事宣判笔录、民事判决书等。

1042. 四川高等法院第一分院、璧山实验地方法院审理终约交房判决执行一案 12－14－1024

1944年12月至1945年5月,四川高等法院第一分院、璧山实验地方法院关于张燮阳、周席珍因终约交房判决而声请执行一案的文书,包括卷宗目录、案件审理单、民事声请状、送达证书、民事执行文稿、民事执行命令、往来公函、通知人名单、民事辩论笔录、民事判决书等。

1043. 璧山实验地方法院审理执行异议之诉一案　12－14－1025

1944年8月至1944年9月,璧山实验地方法院关于陈汉忠、陈桂贞因租谷纠葛而声请执行异议之诉一案的文书,包括卷宗目录、征收裁判费核定单、民事答辩状、民事委任状、案件审查表、案件审理单、民事声请状、送达证书、往来公函、通知人名单、民事辩论笔录、民事裁定书、刑事判决书等。

1044. 四川高等法院第一分院、璧山实验地方法院审理终止租约一案　12－14－1026

1944年7月至1944年8月,四川高等法院第一分院、璧山实验地方法院关于邓远德、邓权林因领押搬迁交业纠葛而声请终止租约一案的文书,包括卷宗目录、民事告诉状、征收裁判费核定单、案件审查表、案件审理单、民事声请状、送达证书、往来公函、通知人名单、民事辩论笔录、民事宣判笔录、民事判决书等。

1045. 四川高等法院第一分院、璧山实验地方法院审理确认契约无效一案　12－14－1027

1944年2月至1944年4月,四川高等法院第一分院、璧山实验地方法院关于张平声、范春山因田业承佃纠葛而声请确认契约无效一案的文书,包括卷宗目录、征收裁判费核定单、案件审查表、案件审理单、民事声请状、送达证书、往来公函、通知人名单、民事辩论笔录、民事宣判笔录、民事诉状、民事委任状、民事答辩状、民事裁定书、民事判决书等。

1046. 四川高等法院第一分院、璧山实验地方法院审理确认所有权一案　12－14－1028（1）

1944年9月至1944年10月,四川高等法院第一分院、璧山实验地方法院关于上元会、孙子钊因产业和解无效而声请确认所有权一案的文书,包括卷宗目录、征收裁判费核定单、民事起诉状、民事委任状、民事答辩状、民事上诉状、民事辩诉状、民事撤状、案件审查表、案件审理单、民事声请状、送达证书、往来公函、通知人名单、民事辩论笔录、民事宣判笔录、民事判决书等。

1047. 四川高等法院第一分院、璧山实验地方法院审理确认所有权一案　12－14－1028（2）

1944年10月至1944年12月,四川高等法院第一分院、璧山实验地方法院关于孙子钊、曾世昌因产业所有权纠葛而声请确认天灯堡堰塘湾产业所有权一案的文书，包括卷宗目录、征收裁判费核定单、案件审查表、案件审理单、民事领证状、民事上诉状、民事催状、民事声请状、送达证书、往来公函、通知人名单、民事辩论笔录、民事裁定书、光绪十七年永不准更名拓片等。

1048. 璧山实验地方法院审理请发支付命令等三案　12－14－1029

1944年4月至1944年10月，璧山实验地方法院关于景亮钧因债务纠葛而请发支付命令，石全兴因公费给付纠葛而请发支付命令，吴月海因给付公费欠款纠葛而请发支付命令三案的文书，包括卷宗目录、征收裁判费核定单、案件审查表、案件审理单、民事声请状、送达证书、往来公函、通知人名单、法院支付命令等。

1049. 四川高等法院第一分院、璧山实验地方法院审理投佃执行一案　12－14－1030

1944年7月至1944年12月，四川高等法院第一分院、璧山实验地方法院关于陈正相、吴德基因陈玉芝早死遗留债权纠葛而声请投佃执行一案的文书，包括卷宗目录、民事抗告状、民事委任状、民事声明状、民事催请状、征收裁判费核定单、案件审查表、案件审理单、民事声请状、送达证书、往来公函、通知人名单、民事辩论笔录、民事裁定书等。

1050. 四川高等法院第一分院、璧山实验地方法院审理执行异议一案　12－14－1031

1943年12月至1944年3月，四川高等法院第一分院、璧山实验地方法院关于龙玉寿、戴敬之因不服而声请执行异议一案的文书，包括卷宗目录、民事上诉状、民事委任状、民事声明状、送达证书、往来公函、通知人名单、民事辩论笔录、民事裁定书等。

1051. 四川高等法院第一分院、璧山实验地方法院审理请求确认业权一案　12－14－1032（1）

1944年7月至1945年9月，四川高等法院第一分院、璧山实验地方法院关于吴王氏、彭莆堂因田业纠葛而声请确认业权一案的文书，包括卷宗目录、民事上诉状、民事诉状、民事委任状、征收裁判费核定单、案件审查表、案件审理单、民事声请状、送达证书、往来公函、通知人名单、民事辩论笔录、民事裁定书、民事判决书等。

1052. 璧山实验地方法院审理确认业权一案　12－14－1032（2）

1929年12月至1945年1月，璧山实验地方法院关于彭莆堂、吴王氏因田业纠葛而声请确认田业权一案的文书，包括卷宗目录、征收裁判费核定单、民事答辩状、案件审查表、案件审理单、民事声请状、民事委任状、送达证书、往来公函、通知人名单、民事辩论笔录、民事宣判笔录、民事裁定书、民事判决书等。

1053. 璧山实验地方法院审理请求赔偿损失一案　12－14－1033

1944 年 7 月至 1944 年 8 月，璧山实验地方法院关于李源培、鲍荣华因返还餐馆用具什物等所有物而声请赔偿损失一案的文书，包括卷宗目录、征收裁判费核定单、案件审查表、案件审理单、民事上诉状、民事委任状、送达证书、往来公函、通知人名单、民事辩论笔录、民事和解笔录等。

1054. 璧山实验地方法院审理宣告死亡、赎典调解等三案　12－14－1034

1942 年 4 月至 1944 年 2 月，璧山实验地方法院关于余光兰因丈夫黄天福随军抗战长期未回而声请宣告死亡，许绍平、黄荣宗因赎典纠葛而声请调解，黄炳章因租约交业纠葛涉案而声请抄录证件三案的文书，包括卷宗目录、征收裁判费核定单、民事裁定书、案件审查表、案件审理单、民事声请状、送达证书、往来公函、通知人名单、民事辩论笔录等。

1055. 璧山实验地方法院审理请发支付命令等四案　12－14－1035

1944 年 1 月至 1944 年 7 月，璧山实验地方法院关于罗雷氏、景亮钧、王光采等因债务纠葛而请发支付命令四案的文书，包括卷宗目录、征收裁判费核定单、案件审查表、案件审理单、民事声请状、送达证书、往来公函、通知人名单、民事诉讼状、民事委任状、法院支付命令、民事判决书等。

1056. 璧山实验地方法院审理请发支付命令等六案　12－14－1036

1944 年 5 月至 1944 年 12 月，璧山实验地方法院关于李鹏、陈思智、邬文芳、王敬思、夏朝元、叶蓁林因债务纠葛而请发支付命令六案的文书，包括卷宗目录、征收裁判费核定单、案件审查表、案件审理单、民事声请状、送达证书、往来公函、通知人名单、法院支付命令等。

1057. 四川高等法院第一分院、璧山实验地方法院审理迁让房屋等两案　12－14－1037

1944 年 5 月至 1944 年 12 月，四川高等法院第一分院、璧山实验地方法院关于任子才、李学良因房屋交还纠葛而声请迁让房屋两案的文书，包括卷宗目录、征收裁判费核定单、案件审查表、案件审理单、民事声请状、送达证书、往来公函、通知人名单、民事辩论笔录、民事裁定书、法院和解笔录等。

1058. 璧山实验地方法院审理返还房价执行、给付业价等四案　12－14－1038

1944 年 5 月至 1944 年 7 月，璧山实验地方法院关于瞿咏义、熊春林因债务纠葛而声请返还房价执行，谢子钧、谢炳辉因产业纠葛而声请给付业价，薛映奎因契约纠葛而声请返还条约执行，陈德明因债务纠葛而声请返款调解四案的文书，包括卷宗目录、民事诉讼状、民事委任状、征收裁判费核定单、案件审查表、案件审理单、民事声请状、送达证书、往来公函、通知人名单、民事辩论笔录、民事判决书、民事和解笔录等。

1059. 四川高等法院第一分院、璧山实验地方法院审理交业执行、交业两案　12－14－1039

1944 年 9 月至 1945 年 1 月，四川高等法院第一分院、璧山实验地方法院关于黄正氏、王玉林因契约抗不交还而声请交业执行，江兵全、舒唐氏因房产纠葛而声请交业两案的文书，包括卷宗目录、案件审查表、案件审理单、民事声请状、送达证书、往来公函、通知人名单、民事裁定书、民事判决书等。

1060. 四川高等法院第一分院、璧山实验地方法院审理领证等七案　12－14－1040

1944 年 11 月至 1944 年 12 月，四川高等法院第一分院、璧山实验地方法院关于刘树钦、江美臣因红契纠葛而声请领证，雷福贞、雷在良因遗产分割纠葛而声请领证，吴正鸿因买卖契约纠葛而声请领证，张保之因领押交业纠葛而声请领证，朱清林因佃约纠葛而声请领证，蒋赤南因佃约纠葛而声请领证，黄仲华因业价纠葛而声请领证七案的文书，包括卷宗目录、民事领证状、征收裁判费核定单、案件审查表、案件审理单、民事声请状、送达证书、往来公函、通知人名单、民事裁定书、民事判决书等。

1061. 四川高等法院第一分院、璧山实验地方法院审理止约领押交业一案　12－14－1041

1942 年 4 月至 1944 年 11 月，四川高等法院第一分院、璧山实验地方法院关于李朝政、曾有为因不服原审判决而声请止约领押交业一案的文书，包括卷宗目录、民事上诉状、征收裁判费核定单、案件审查表、案件审理单、民事声请状、送达证书、往来公函、通知人名单、民事判决书等。

1062. 四川高等法院第一分院、璧山实验地方法院审理声请停止执行、图谋存查两案　12－14－1042

1944 年 1 月至 1944 年 4 月，四川高等法院第一分院、璧山实验地方法院关于庐水廷、谭银章因债权纠葛而声请停止执行，杨廷干、杨荣盛因债务纠葛而声请图谋存查两案的文书，包括卷宗目录、民事存查状、征收裁判费核定单、案件审查表、案件审理单、民事声请状、送达证书、往来公函、通知人名单、民事裁定书等。

1063. 四川高等法院第一分院、璧山实验地方法院审理交业执行等两案　12—14—1043

1944 年 9 月至 1944 年 11 月，四川高等法院第一分院、璧山实验地方法院关于朱何保贞、杨荣山因债务纠葛而声请交业执行，明正廷、张炳林因租赁纠葛而声请交业执行两案的文书，包括卷宗目录、民事执行命令、民事执行文稿、民事执行状、征收裁判费核定单、案件审查表、案件审理单、民事声请状、送达证书、往来公函、通知人名单等。

1064. 璧山实验地方法院审理租谷执行一案　12—14—1044

1944 年 9 月至 1944 年 11 月，璧山实验地方法院关于张徐氏、徐明辉因纠葛而声请租谷执行一案的文书，包括卷宗目录、征收裁判费核定单、案件审查表、案件审理单、民事声请状、送达证书、往来公函、通知人名单、民事执行状、民事保状、民事裁定书等。

1065. 璧山实验地方法院审理请求给付租谷一案　12—14—1045

1944 年 6 月至 1944 年 8 月，璧山实验地方法院关于娄庆昌、刘文钦因田业转移所有权纠葛而声请给付租谷一案的文书，包括卷宗目录、案件审查表、案件审理单、送达证书、往来公函、通知人名单、民事诉状、民事撤回、民事委任状等。

1066. 璧山实验地方法院审理给付欠租、欠租调解等四案　12—14—1046

1944 年 8 月至 1944 年 9 月，璧山实验地方法院关于王义章，张德金因租谷给付纠葛而声请给付欠租，舒永清、王义章因租佃纠葛而声请给付欠租，吴官林因田业出租纠葛而声请欠租调解，龙腾渊因公费给付纠葛而请发支付命令四案的文书，包括卷宗目录、征收裁判费核定单、案件审查表、案件审理单、法院支付命令、民事执行文稿、民事执行命令、民事声请状、送达证书、往来公函、通知人名单、民事辩论笔录、民事和解笔录等。

1067. 四川高等法院第一分院、璧山实验地方法院审理搬迁执行、搬迁调解等四案　12—14—1047

1944 年 6 月至 1944 年 10 月，四川高等法院第一分院、璧山实验地方法院关于张柏林声请搬迁执行，严海清、箫熊氏声请搬迁交业，杨明轩、何洪兴声请搬迁调解，张硕高声请搬迁执行四案的文书，包括卷宗目录、征收裁判费核定单、案件审查表、案件审理单、民事委任状、民事告诉状、民事调解状、民事执行文稿、民事执行命令、民事声请状、送达证书、往来公函、通知人名单、民事辩论笔录、民事宣判笔录、民事裁定书、民事判决书等。

1068. 四川高等法院第一分院、璧山实验地方法院审理买卖契约重审、声请契约无效等三案　12－14－1048

1942年6月至1944年2月，四川高等法院第一分院、璧山实验地方法院关于江美成、刘树钦因街房所有权转移纠葛而声请买卖契约重审，范炳云、范银山因田业纠葛而声请买卖契约重审，周汶霖、董其荣因产业纠葛而声请契约无效三案的文书，包括卷宗目录、民事执行命令、民事执行文稿、民事上诉状、征收裁判费核定单、案件审查表、案件审理单、民事声请状、送达证书、往来公函、通知人名单、民事辩论笔录、民事裁定书、民事判决书等。

1069. 璧山实验地方法院审理请求清偿票款一案　12－14－1049

1944年2月至1944年4月，璧山实验地方法院关于邓中屏、万绍恒因债务纠葛而请求清偿票款一案的文书，包括卷宗目录、民事诉状、民事委任状、征收裁判费核定单、案件审查表、案件审理单、民事声请状、送达证书、往来公函、通知人名单、民事辩论笔录、民事宣判笔录、民事判决书等。

1070. 璧山实验地方法院审理清偿价款执行一案　12－14－1050

1944年9月至1944年11月，璧山实验地方法院关于王海铃、戈成章因债务人逾越而声请清偿价款执行一案的文书，包括卷宗目录、案件审查表、案件审理单、民事声请状、送达证书、往来公函、通知人名单、民事和解笔录等。

1071. 璧山实验地方法院审理返还产业调解一案　12－14－1051

1944年9月至1944年10月，璧山实验地方法院关于熊尤氏、张师武因典物契约无效而声请返还产业调解一案的文书，包括卷宗目录、民事告诉状、民事起诉状、民事委任状、民事辩诉状、征收裁判费核定单、案件审查表、案件审理单、送达证书、往来公函、通知人名单、民事辩论笔录等。

1072. 四川高等法院第一分院、璧山实验地方法院审理返还田业、收回田业两案　12－14－1052

1944年9月至1944年12月，四川高等法院第一分院、璧山实验地方法院关于安荣卿、安燔辉因佃约纠葛而声请返还田业，张相良、张奎生因耕地纠葛而声请收回田业两案的文书，包括卷宗目录、案件审查表、案件审理单、民事声请状、送达证书、往来公函、通知人名单、民事辩论笔录、民事判决书、民事调解状等。

1073. 璧山实验地方法院审理债务执行一案　12—14—1053

1944年8月至1944年10月，璧山实验地方法院关于景亮钧、罗德荣因不遵守支付命令而声请债务执行一案的文书，包括卷宗目录、案件审查表、案件审理单、民事声请状、送达证书、往来公函、通知人名单、法院支付命令、民事裁定书等。

1074. 璧山实验地方法院审理宣告假执行等三案　12—14—1054

1944年2月至1944年6月，璧山实验地方法院关于李鹏、陈思智因公费给付纠葛而声请宣告假执行，罗雷氏、尹伯凯因债务给付纠葛而声请宣告假执行，段瑜思、王寿廷因公费纠葛而声请宣告假执行三案的文书，包括卷宗目录、征收裁判费核定单、案件审查表、案件审理单、民事声请状、送达证书、往来公函、通知人名单、民事诉状、民事执行状、民事辩论笔录、民事宣判笔录、民事裁定书、民事判决书等。

1075. 最高法院、璧山实验地方法院审理假处分一案　12—14—1055

1944年8月至1944年10月，最高法院、璧山实验地方法院关于潘俊良、雷分龙因物权转移契约买卖而声请假处分一案的文书，包括卷宗目录、案件审查表、案件审理单、民事声请状、送达证书、往来公函、通知人名单、民事裁定书、民事判决书等。

1076. 四川高等法院第一分院、璧山实验地方法院审理声请撤销假扣押一案　12—14—1056

1944年1月至1944年5月，四川高等法院第一分院、璧山实验地方法院关于陈任可、陈春林因租谷纠葛而声请撤销假扣押一案的文书，包括卷宗目录、案件审查表、案件审理单、民事声请状、送达证书、往来公函、通知人名单、民事裁定书、民事判决书等。

1077. 璧山实验地方法院审理赠与认证、佃约确认两案　12—14—1057

1944年2月至1944年3月，璧山实验地方法院关于张志雍声请赠与认证、钟思璧声请佃约确认两案的文书，包括卷宗目录、公证声请书、公证询问笔录、原契及佃约、授权书、证明书、领到条、案件审查表、案件审理单、民事声请状、送达证书、往来公函、通知人名单等。

1078. 四川高等法院第一分院、璧山实验地方法院审理损害赔偿执行等两案　12—14—1058

1944年3月至1944年8月，四川高等法院第一分院、璧山实验地方法院关于

蒋乔安、陈德明因债务纠葛而声请树价损害赔偿执行，刘宋氏、汪志成因债务纠葛而声请赔偿衣物损害两案的文书，包括卷宗目录、民事领状、民事执行命令、民事执行文稿、案件审查表、案件审理单、民事声请状、送达证书、往来公函、通知人名单、民事判决书、民事附带刑事判决书等。

1079. 璧山实验地方法院审理撤销和解一案　12－14－1059

1944 年 9 月至 1944 年 11 月，璧山实验地方法院关于吴谢氏、吴子家因佃约纠葛而声请撤销和解一案的文书，包括卷宗目录、民事声请状、送达证书、往来公函等。

1080. 最高法院、四川高等法院第一分院、璧山实验地方法院审理典声请保留典物一案　12－14－1060

1943 年 11 月至 1944 年 8 月，最高法院、四川高等法院第一分院、璧山实验地方法院关于白楚珩、白荣楼声请保留购买的典物一案的文书，包括卷宗目录、民事上诉状、案件审查表、案件审理单、送达证书、往来公函、通知人名单、民事裁定书、民事判决书等。

1081. 璧山实验地方法院审理请领证物、注销契据调解两案　12－14－1061

1944 年 5 月至 1944 年 10 月，璧山实验地方法院关于李宝珊、李咸一因田业契约买卖纠葛而声请领回证物，李宝珊、李咸一因契约纠葛而声请注销契据调解两案的文书，包括卷宗目录、征收裁判费核定单、民事调解状、案件审查表、案件审理单、民事委任状、送达证书、往来公函、通知人名单、民事辩论笔录、民事和解笔录等。

1082. 璧山实验地方法院审理终止租约执行等三案　12－14－1062

1944 年 3 月至 1944 年 6 月，璧山实验地方法院关于刘光前、王黄觉声请终止租约执行，罗世富、箫银廷声请终止租约，刘善源、汪志成声请终止租约三案的文书，包括卷宗目录、征收裁判费核定单、案件审查表、案件审理单、民事声请状、送达证书、往来公函、通知人名单、民事执行文稿、民事执行命令、民事判决书等。

1083. 璧山实验地方法院审理宣告假执行一案　12－14－1063

1944 年 9 月至 1944 年 10 月，璧山实验地方法院关于箫文良、箫绍文因债务清偿期限已满而声请宣告假执行一案的文书，包括卷宗目录、法院支付命令、民事声请状、送达证书、往来公函、通知人名单等。

1084. 四川高等法院第一分院、璧山实验地方法院审理假扣押等四案　12－14－1064

1944年8月，四川高等法院第一分院、璧山实验地方法院关于雷柏高、陈桂贞因租金纠葛而声请假扣押，蔡治荣、尹吉昌因租谷纠葛而声请假扣押，彭雨高、罗鸣高因佃耕纠葛而声请假扣押，周鸣远、舒东皋因租谷纠葛声请假扣押四案的文书，包括卷宗目录、民事抗告状、案件审查表、案件审理单、民事声请状、送达证书、往来公函、通知人名单、民事裁定书等。

1085. 璧山实验地方法院审理所有权登记一案　12－14－1065

1944年3月至1944年11月，璧山实验地方法院关于石炳辉因产业买卖而声请所有权登记一案的文书，包括卷宗目录、不动产登记申请书、不动产登记裁决、民事声请状、送达证书、往来公函、通知人名单等。

1086. 江津地方法院、璧山实验地方法院审理交还存条、负债存查等五案　12－14－1066

1944年2月至1944年12月，江津地方法院、璧山实验地方法院关于陈玉彬、邓翔林声请交还存条，吴光权声请负债存查，王夒臣声请变产存查，周志本声请再醮存查，曾刘德声请别居存查五案的文书，包括卷宗目录、民事声请状、送达证书、往来公函、通知人名单、民事辩论笔录等。

1087. 璧山实验地方法院审理返还租谷、返还租谷调解等三案　12－14－1067

1942年10月至1943年4月，璧山实验地方法院关于徐书廷、黄唐氏声请返还租谷，谢杨氏、徐志荣声请返还租谷调解，蔡德辉、廖炳臣声请租谷执行三案的文书，包括卷宗目录、民事委任状、民事声请状、送达证书、往来公函、民事起诉状、通知人名单、民事裁定书、民事判决书等。

1088. 璧山实验地方法院审理返还石坝执行一案　12－14－1068

1944年10月至1944年11月，璧山实验地方法院关于王超群、蒋水廷因抗不归还产业而声请返还石坝执行一案的文书，包括卷宗目录、案件审查表、案件审理单、民事声请状、送达证书、往来公函、民事执行文稿、民事执行命令等。

1089. 璧山实验地方法院审理执行异议一案　12－14－1069

1944年1月至1944年3月，璧山实验地方法院关于庐水廷、谭银章因返还房屋所有权纠葛而声请执行异议一案的文书，包括卷宗目录、征收裁判费核定单、案件审查表、案件审理单、民事声请状、送达证书、民事诉状、民事委任状、民事诉讼状、往来公函、通知人名单、民事辩论笔录、民事宣判笔录、民事判决书等。

1090. 璧山实验地方法院审理返还田业执行一案　12－14－1070

1944年9月至1944年12月，璧山实验地方法院关于安荣卿、安璨辉因违反管理义务私自侵占典产而声请返还田业执行一案的文书，包括卷宗目录、案件审查表、案件审理单、民事声请状、送达证书、往来公函、通知人名单、民事辩论笔录、民事宣判笔录、民事辩诉状、民事判决书等。

1091. 璧山实验地方法院审理返还街房执行一案　12－14－1071

1944年3月至1944年6月，璧山实验地方法院关于孙箫氏、连道将因纠葛而声请返还街房执行一案的文书，包括卷宗目录、案件审查表、案件审理单、民事声请状、送达证书、往来公函、通知人名单、民事执行文稿、民事执行命令、民事裁定书、民事判决书等。

1092. 璧山实验地方法院审理给付生活费调解一案　12－14－1072

1944年2月至1944年3月，璧山实验地方法院关于叶素卿、叶国臣因丈夫出征生活无着而声请给付生活费调解一案的文书，包括卷宗目录、民事辩诉状、案件审理单、民事声请状、送达证书、往来公函、通知人名单、民事辩论笔录等。

1093. 璧山实验地方法院审理给付佃价一案　12－14－1073

1944年8月至1944年9月，璧山实验地方法院关于冯树臣、刘兴安因租佃增加请求给付佃价一案的文书，包括卷宗目录、案件审查表、案件审理单、民事声请状、送达证书、往来公函、通知人名单、民事辩论笔录、民事裁定书、民事委任状等。

1094. 璧山实验地方法院审理赔偿损失一案　12－14－1074

1944年9月至1944年10月，璧山实验地方法院关于刘荣辉、王海公因债务纠葛而声请赔偿欺诈盗窃损失一案的文书，包括卷宗目录、民事保状、案件审查表、案件审理单、民事声请状、送达证书、往来公函、通知人名单、民事辩论笔录等。

1095. 璧山实验地方法院审理执行判决一案　12－14－1075

1944年2月至1944年5月，璧山实验地方法院关于张康宁、朱全林因抗不遵判而声请执行判决一案的文书，包括卷宗目录、民事执行文稿、民事执行命令、法院支付命令、民事执行状、案件审查表、案件审理单、民事声请状、送达证书、往来公函、通知人名单等。

1096. 璧山实验地方法院审理赎典调解一案　12－14－1076

1944年8月至1944年9月，璧山实验地方法院关于吴谢氏、吴子家因田产出典纠葛而声请赎典调解一案的文书，包括卷宗目录、案件审理单、民事声请状、送达证书、往来公函、通知人名单、民事辩论笔录、民事和解笔录等。

1097. 璧山地方法院审理禁治产业一案　12－14－1077

1947年4月，璧山地方法院关于唐王氏、唐奉先因大竹林学堂屋基手续无效而声请禁止治产业一案的文书，包括卷宗目录、民事声请状、送达证书、往来公函等。

1098. 璧山实验地方法院关于北碚司法处函调许克明与王芳璧等卷宗的文书　12－14－1078

1944年3月至1944年4月，璧山实验地方法院关于北碚司法处函调许克明与王芳璧等卷宗的文书，包括卷宗目录、往来公函等。

1099. 璧山实验地方法院审理终止租约一案　12－14－1079

1944年11月，璧山实验地方法院关于张金铸、廖锡三因搬迁交房纠葛而声请终止租约一案的文书，包括卷宗目录、案件审查表、案件审理单、送达证书、民事诉状、民事辩诉状、民事补诉状、往来公函、通知人名单、民事辩论笔录、民事和解笔录等。

1100. 璧山实验地方法院审理交业执行一案　12－14－1080

1944年11月，璧山实验地方法院关于林干初、徐钧安因房基田业纠葛而声请交业执行一案的文书，包括卷宗目录、民事执行文稿、民事执行命令、案件审查表、案件审理单、民事诉状、送达证书、往来公函、通知人名单、民事辩论笔录、民事判决书等。

1101. 璧山实验地方法院审理给付耕作费一案　12－14－1081

1944年12月至1945年1月，璧山实验地方法院关于石全兴、石维章因租赁纠葛而声请给付耕作费一案的文书，包括卷宗目录、民事起诉状、征收裁判费核定单、案件审查表、案件审理单、民事声请状、送达证书、往来公函、通知人名单、民事辩论笔录、民事宣判笔录、民事委任状、民事补诉状、民事判决书等。

1102. 璧山实验地方法院审理偿还黄谷执行一案　12－14－1082

1944年6月至1944年7月，璧山实验地方法院关于李春农、邓海成因债务纠葛而声请偿还黄谷执行一案的文书，包括卷宗目录、民事执行状、民事执行命令、民事执行文稿、案件审查表、案件审理单、民事声请状、送达证书、往来公函、通知人名单、民事判决书等。

1103. 璧山实验地方法院审理交业调解等两案　12－14－1083

1944年10月至1944年12月，璧山实验地方法院关于李炳明、李炳森因纠葛而声请交业调解，冯仲禄、虞国民声请搬迁交业两案的文书，包括卷宗目录、案件审查表、案件审理单、民事诉状、民事委任状、送达证书、往来公函、征收裁判费核定单、通知人名单、民事辩论笔录等。

1104. 璧山实验地方法院审理给付欠租一案　12－14－1084

1944年1月，璧山实验地方法院关于曾方氏、许定三因竹林田业佃约纠葛而声请给付欠租一案的文书，包括卷宗目录、征收裁判费核定单、案件审查表、案件审理单、民事声请状、送达证书、民事辩诉状、民事诉状、民事委任状、往来公函、通知人名单、民事辩论笔录、民事宣判笔录、民事判决书等。

1105. 璧山实验地方法院审理清偿票款一案　12－14－1085

1944年12月至1945年1月，璧山实验地方法院关于李宝珊、王世全因期限延迟不给付而声请清偿票款一案的文书，包括卷宗目录、征收裁判费核定单、案件审查表、案件审理单、民事声请状、送达证书、往来公函、通知人名单、民事辩论笔录、民事宣判笔录、民事判决书等。

1106. 璧山实验地方法院审理给付租谷执行一案　12－14－1086

1944年3月至1944年5月，璧山实验地方法院关于赵鸿武、王国良因租谷纠葛而声请给付租谷执行一案的文书，包括卷宗目录、案件审查表、案件审理单、民事声请状、送达证书、往来公函、通知人名单、民事执行命令等。

1107. 璧山实验地方法院审理增加给付并宣告假执行一案　12－14－1087

1944年1月至1944年2月，璧山实验地方法院关于雷鸿音、乔筱衡因租约纠葛而声请增加给付并宣告假执行一案的文书，包括卷宗目录、征收裁判费核定单、案件审查表、案件审理单、民事声请状、送达证书、往来公函、通知人名单、民事辩论笔录、民事宣判笔录、民事辩诉状、民事补诉状、民事判决书等。

1108. 璧山实验地方法院审理给付欠租一案　12－14－1088

1944年1月至1944年3月，璧山实验地方法院关于况贞高、陶荣辉因欺压服役军人而给付欠租一案的文书，包括卷宗目录、征收裁判费核定单、案件审查表、案件审理单、民事声请状、送达证书、往来公函、通知人名单、民事辩论笔录、民事委任状、民事和解笔录等。

1109. 璧山实验地方法院审理偿还修建费和诉讼费一案　12－14－1089

1944年9月至1944年10月，璧山实验地方法院关于陈氏、张硕高因债务纠葛而声请偿还修建费和诉讼费一案的文书，包括卷宗目录、征收裁判费核定单、案件审查表、案件审理单、民事声请状、送达证书、往来公函、通知人名单、民事诉状、民事委状、民事告诉状、民事反状、民事辩论笔录、民事宣判笔录、民事判决书等。

1110. 四川高等法院第一分院、璧山实验地方法院审理返还铧口一案　12－14－1090

1944年1月至1944年2月，四川高等法院第一分院、璧山实验地方法院关于陶永明因陈竹修妨害人行使权利而声请返还铧口一案的文书，包括卷宗文书目录、民事起诉状、刑事附带民事判决书、案件审理单、民事执行文稿、报告、民事执行命令等。

1111. 四川高等法院第一分院、璧山实验地方法院审理赎产一案　12－14－1091

1944年5月至1944年10月，四川高等法院第一分院、璧山实验地方法院关于张炳奎、朱勤林因不服原审判决而声请赎回典产一案的文书，包括卷宗文书目录、往来公函、民事声请状、民事裁定书、凭证人文字证明材料、言辞辩论笔录、民事注领状、征收裁判费核定单、案件审查表、民事委任状、案件审理单、民事宣判笔录、证人结文、民事判决书、送达证书、通知人名单等。

1112. 璧山实验地方法院审理交业执行一案　12－14－1092

1944年2月至1944年3月，璧山实验地方法院关于朱清林、蒋赤楠因狮子乡虎峰山产业交还纠葛而声请交业执行一案的文书，包括卷宗文书目录、案件审理单、案件审查表、征收裁判费核定单、民事委任状、民事辩诉状、送达证书、往来公函、通知人名单、民事言辞辩论笔录、和解笔录、民事宣判笔录、民事判决书等。

1113. 璧山实验地方法院审理请求给付欠租一案　12－14－1093

1944年1月至1944年2月，璧山实验地方法院关于田治成、何登高因租约纠葛而请求给付欠租一案的文书，包括卷宗文书目录、征收裁判费核定单、案件审理单、案件审查表、民事声请状、收据、送达证书、往来公函、通知人名单等。

1114. 璧山实验地方法院审理给付租谷一案　12－14－1094

1944 年 4 月至 1944 年 10 月，璧山实验地方法院关于刘华、刘陈氏因遗产分割给付黄谷纠葛而声请给付租谷一案的文书，包括卷宗文书目录、民事执行状、往来公函、民事声请书、民事执行文稿、报告、民事执行命令、民事诉状、民事委任状、案件审理单、民事声请状、田产图略、民事声明状、收据、民事判决书、送达证书、通知人名单等。

1115. 璧山实验地方法院审理声请依法赔偿并原状一案　12－14－1095

1944 年 7 月至 1944 年 11 月，璧山实验地方法院关于周荣陞因黄治安毁坏房屋而声请依法赔偿损失并原状一案的文书，包括卷宗文书目录、案件审理单、案件审查表、征收裁判费核定单、民事起诉状、民事辩诉状、民事委任状、民事辩论笔录、民事宣判笔录、民事判决书、送达证书、往来公函、通知人名单、第十一保民大会记录等。

1116. 璧山实验地方法院审理请求给付食谷一案　12－14－1096

1944 年 8 月至 1944 年 9 月，璧山实验地方法院关于陈桂贞、陈汉忠因遗产分割纠葛而申请给付食谷一案的文书，包括卷宗文书目录、案件审理单、案件审查表、征收裁判费核定单、民事诉状、民事委任状、民事辩论笔录、民事宣判笔录、民事判决书、送达证书、往来公函、通知人名单等。

1117. 璧山实验地方法院审理返还契约执行一案　12－14－1097

1944 年 6 月至 1944 年 10 月，璧山实验地方法院关于箫谢氏、箫张氏佃产纠葛而声请返还契约执行一案的文书，包括卷宗文书目录、民事声请状、案件审理单、案件审查表、征收裁判费核定单、民事执行文稿、民事执行命令、报告书、民事执行状、民事委任状、送达证书、往来公函、通知人名单等。

1118. 璧山实验地方法院审理请求给付黄谷一案　12－14－1098

1944 年 2 月至 1944 年 3 月，璧山实验地方法院关于梁钟兰因杨鲁三不履行契约诉请而申请给付黄谷一案的文书，包括卷宗文书目录、案件审理单、案件审查表、民事起诉状、征收裁判费核定单、民事委任状、民事辩论笔录、民事宣判笔录、民事判决书、送达证书、往来公函、通知人名单、阅卷声请书等。

1119. 璧山实验地方法院审理请求迁让房屋一案　12－14－1099

1944 年 3 月至 1944 年 4 月，璧山实验地方法院关于李学良因李昭泽所租的房屋契约期限已满而声清迁让房屋一案的文书，包括卷宗文书目录、案件审理单、案件审查表、征收裁判费核定单、民事起诉状、民事委任状、民事辩论笔录、民事宣判笔录、收据、民事判决书、送达证书、往来公函、通知人名单等。

1120. 璧山实验地方法院审理请求放赎田产一案 12－14－1100

1944 年 6 月至 1944 年 10 月，璧山实验地方法院关于邹炳云、邹治清因田产纠葛无法解决而请求再次放赎田产一案的文书，包括卷宗文书目录、案件审理单、案件审查表、征收裁判费核定单、民事起诉状、民事委任状、民事诉状、民事辩论笔录、民事宣判笔录、民事和解笔录、民事声明文字材料、收据、民事判决书、民事裁定书、送达证书、往来公函、通知人名单等。

1121. 璧山实验地方法院审理追缴医药费执行一案 12－14－1101

1944 年 10 月至 1944 年 11 月，璧山实验地方法院关于刘曹氏、陈李氏因医药费纠葛而声请追缴医药费执行一案的文书，包括卷宗文书目录、民事执行状、民事保状、案件审理单、案件审查表、征收裁判费核定单、民事委任状、民事判决书、送达证书、往来公函、通知人名单、刑事判决书等。

1122. 璧山实验地方法院审理交业执行一案 12－14－1102

1944 年 10 月至 1944 年 11 月，璧山实验地方法院关于王金全、王锡波因房屋搬迁纠葛而声请交业执行一案的文书，包括卷宗文书目录、案件审理单、案件审查表、征收裁判费核定单、民事委任状、民事执行文稿、民事执行命令、民事声明状、民事辩论笔录、民事声请状、收据、民事判决书、送达证书、往来公函、通知人名单、民事裁定书等。

1123. 四川高等法院第一分院、璧山实验地方法院审理会债纠葛再审一案 12－14－1103

1944 年 5 月至 1944 年 11 月，四川高等法院第一分院、璧山实验地方法院关于邱际隆、邱治云因债务纠葛而声请再审一案的文书，包括璧山县县政府民事判决书、四川高等法院第一分院民事判决书等。

1124. 四川高等法院第一分院、璧山实验地方法院审理领押交业一案 12－14－1104

1944 年 4 月至 1944 年 11 月，四川高等法院第一分院、璧山实验地方法院关于张宝之、张模良因不服判决而声请领押交业一案的文书，包括往来公函、民事上诉状、民事裁定书、民事答辩状、民事理由、民事委任状、民事辩论笔录、民事声请状、民事调解状、和解笔录、收据、民事判决书、送达证书、通知人名单等。

1125. 四川高等法院第一分院、璧山实验地方法院审理请求依法执行并赔偿程序费一案　12—14—1105

1944 年 5 月至 1944 年 11 月，四川高等法院第一分院、璧山实验地方法院关于李鹏因蒋肇修抗债不进行赔偿而声请依法执行并赔偿程序费一案的文书，包括卷宗文书目录、民事执行状、民事执行文稿、民事执行命令、民事保状、民事撤回状、审讯笔录、政府审理案法、民事裁定书、法院支付命令、案件审理单、民事委任状、民事辩论笔录、民事判决书、送达证书、往来公函、通知人名单等。

1126. 璧山地方法院审理增加给付一案　12—14—1106

1946 年 8 月至 1947 年 4 月，璧山地方法院关于杨鲁三、蒲恒益因房屋偿金纠葛而申请增加给付一案的文书，包括卷宗文书目录、民事上诉状、民事诉状、案件审理单、案件审查表、征收裁判费核定单、民事委任状、民事辩论笔录、民事宣判笔录、民事声请书、收据、民事判决书、送达证书、往来公函、通知人名单等。

1127. 璧山实验地方法院审理确认经界一案　12—14—1107

1944 年 1 月至 1944 年 4 月，璧山实验地方法院关于叶紫臣、刘有臣因土地纠葛而声请确认经界一案的文书，包括卷宗文书目录、案件审理单、案件审查表、征收裁判费核定单、民事诉状、民事委任状、民事辩论笔录、民事宣判笔录、证人结文、民事和解笔录、民事续状、民事和解笔录送达证书、往来公函、通知人名单等。

1128. 四川高等法院第一分院、璧山实验地方法院审理所有权执行一案　12—14—1108

1944 年 6 月至 1945 年 5 月，四川高等法院第一分院、璧山实验地方法院关于泰华轩、陈叔玉因不动产债务纠葛而声请所有权执行一案的文书，包括卷宗文书目录、民事执行状、民事执行文稿、报告、民事执行命令、产业图略、民事声请状、鉴定人鉴定书、查封不动产笔录、民事执行处通告、民事裁定书、民事委任状、民事辩论笔录、民事宣判笔录、收据、民事判决书、送达证书、往来公函、通知人名单等。

1129. 璧山实验地方法院审理请求终止租约一案　12—14—1109

1944 年 8 月至 1944 年 9 月，璧山实验地方法院关于姚银清因赖金全籍佃霸踞而请求终止租约一案的文书，包括卷宗文书目录、案件审理单、案件审查表、征收裁判费核定单、民事起诉状、民事答辩状、民事诉状、民事和解笔录、见佃人证明材料、民事辩论笔录、民事声请状、证人结文、送达证书、往来公函、通知人名单等。

1130. 四川高等法院第一分院、璧山实验地方法院审理交业执行一案　12－14－1110

1944年12月至1945年1月，四川高等法院第一分院、璧山实验地方法院关于曾国章、谢太成因田业返还纠葛而声请依照和解内容进行交业执行一案的文书，包括卷宗文书目录、民事声请状、案件审理单、案件审查表、征收裁判费核定单、民事缴状、民事辩论笔录、民事和解笔录、送达证书、往来公函、通知人名单等。

1131. 璧山实验地方法院审理请求返还白布一案　12－14－1111

1944年3月至1944年4月，璧山实验地方法院关于张绍文声请求徐淑君返还白布一案的文书，包括卷宗目录、征收裁判费核定单、案件审查表、案件审理单、民事声请状、收据、民事委任状、证人结文、送达证书、往来公函、通知人名单、民事辩论笔录、民事宣判笔录、民事判决书等。

1132. 璧山实验地方法院审理北碚管理局函调三胜元与王洪杰卷宗一案　12－14－1112

1944年6月，璧山实验地方法院关于北碚管理局函调三胜元与王洪杰卷宗一案的文书，包括卷宗目录、四川北碚管理局司法处公函、往来公函等。

1133. 璧山实验地方法院审理请求给付欠租一案　12－14－1113

1944年2月至1944年6月，璧山实验地方法院关于张德全、王义章因租谷纠葛而请求给付欠租一案的文书，包括卷宗目录、征收裁判费核定单、案件审查表、案件审理单、民事声请状、送达证书、往来公函、通知人名单、民事辩论笔录、民事宣判笔录、收据、证人结文、民事告诉状、民事声明状、民事辩诉状、民事判决书等。

1134. 四川高等法院第一分院、璧山实验地方法院审理查封不动产一案　12－14－1114

1944年4月至1945年1月，四川高等法院第一分院、璧山实验地方法院关于杨银廷、江盈科因债务纠葛而声请查封不动产一案的文书，包括送达证书、往来公函、通知人名单、蓬安县政府公文、江津县政府公函等。

1135. 四川高等法院第一分院、璧山地方法院审理终止租约一案　12－14－1115

1941年11月至1943年11月，四川高等法院第一分院、璧山实验地方法院关于陈春林、陈金山因不服判决而声请终止租约一案的文书，包括卷宗目录、物证目录、民事上诉状、送达证书、往来公函、通知人名单、民事辩论笔录、民事宣判笔录、民事裁定书、民事判决书等。

1136. 四川高等法院第一分院、璧山实验地方法院审理请求返还稻草一案　12－14－1116

1944年1月至1944年5月，四川高等法院第一分院、璧山实验地方法院关于冯辉光因魏德培久借不还请求返还稻草一案的文书，包括卷宗目录、征收裁判费核定单、案件审查表、案件审理单、民事起诉状、暂借到条、收据、民事声请状、送达证书、往来公函、通知人名单、民事抗告状、民事裁定书、民事判决书等。

1137. 璧山实验地方法院审理请求领押交业一案　12－14－1117

1944年8月至1944年9月，璧山实验地方法院关于刘晓南、刘世齐等因承租的林产、田产期限已到申请领押交业一案的文书，包括卷宗目录、征收裁判费核定单、案件审查表、案件审理单、民事诉状、民事委任状、民事声请状、民事起诉状、送达证书、往来公函、通知人名单等。

1138. 四川高等法院第一分院、璧山实验地方法院审理遗失存查一案　12－14－1118

1944年8月至1945年11月，四川高等法院第一分院、璧山实验地方法院关于薛林洲因古屋证件遗失而声请存查一案的文书，包括卷宗目录、征收裁判费核定单、案件审查表、案件审理单、民事声请状、民事起诉状、送达证书、往来公函、通知人名单、民事辩论笔录、民事裁定书等。

1139. 璧山实验地方法院审理分割遗产一案　12－14－1119

1943年9月至1945年1月，璧山实验地方法院关于饶大中、饶尚楷因房屋纠葛而声请分割遗产一案的文书，包括卷宗目录、民事上诉状、征收裁判费核定单、案件审查表、案件审理单、民事声请状、民事缴状、送达证书、往来公函、通知人名单、民事裁定书、民事判决书等。

1140. 最高法院、四川高等法院第一分院、璧山地方法院审理请求确认和解契约有效一案　12－14－1120

1939年8月至1945年10月，最高法院、四川高等法院第一分院、璧山实验地方法院关于蒋鸿作、曾兴智因婚姻纠葛而请求确认和解契约有效一案的文书，包括民事诉状、卷宗目录、征收裁判费核定单、案件审查表、案件审理单、民事声请状、送达证书、往来公函、通知人名单、民事辩论笔录、民事委任状、民事辩诉状、证人结文、重庆地方法院公函、民事宣判笔录、民事裁定书、民事判决书、民事上诉状、委任书、民事和解笔录、民事理由、物证目录、审理笔录、刑事起诉状、刑事保状、文字证明材料等。

1141. 四川合川地方法院、璧山实验地方法院审理执行返还押金一案　12－14－1121

1944年11月至1945年5月，四川合川地方法院、璧山实验地方法院关于刘俊武因刘荣兴抗不履行债务而声请执行返还押金一案的文书，包括卷宗目录、征收裁判费核定单、案件审查表、案件审理单、民事声请状、民事诉状、送达证书、往来公函、通知人名单、民事辩论笔录、民事宣判笔录、民事裁定书、民事判决书等。

1142. 最高法院、四川高等法院第一分院、璧山实验地方法院审理放赎田业一案　12－14－1122

1943年1月至1944年7月，最高法院、四川高等法院第一分院、璧山实验地方法院关于黄炳章、黄才林因大佃契约终止及领押交业纠葛声请放赎田业一案的文书，包括卷宗目录、案件审查表、案件审理单、民事声请状、民事理由、民事缴状、送达证书、往来公函、通知人名单、民事辩论笔录、民事裁定书、民事判决书、检察官不起诉处分书、四川省政府佃契等。

1143. 最高法院、四川高等法院第一分院、璧山实验地方法院审理请求履行契约、黄谷给付两案　12－14－1123

1944年4月至1944年11月，最高法院、四川高等法院第一分院、璧山实验地方法院关于罗陈氏、罗治华因遗产纠葛而声请履行契约，罗陈氏、罗治华因租谷纠葛而给付黄谷两案的文书，包括卷宗目录、征收裁判费核定单、案件审查表、案件审理单、民事诉讼状、民事声请状、民事上诉状、民事委任状、民事答辩状、送达证书、往来公函、通知人名单、民事辩论笔录、民事宣判笔录、民事裁定书、民事判决书等。

1144. 四川高等法院第一分院、璧山实验地方法院审理盗窃附带民诉一案　12－14－1124

1944年3月至1944年7月，四川高等法院第一分院、璧山实验地方法院关于蒋恒益因杨冯氏盗窃及伪造私文而声请盗窃附带民诉一案的文书，包括刑事起诉状、卷宗目录、征收裁判费核定单、案件审查表、案件审理单、民事声请状、送达证书、往来公函、通知人名单、刑事判决书、刑事附带民事诉讼裁定书、民事申请书、民事委任状、民事裁定书、民事判决书等。

1145. 璧山实验地方法院审理租谷执行一案　12－14－1125

1944年6月至1944年7月，璧山实验地方法院关于谢增辉、吴庆云因债务纠葛而声请租谷执行一案的文书，包括卷宗目录、民事执行状、征收裁判费核定单、案件审查表、案件审理单、民事声请状、民事委任状、民事执行文稿、民事执行命令、报告、送达证书、往来公函、通知人名单、民事辩论笔录、民事宣判笔录、民事裁定书、民事判决书等。

1146. 四川高等法院第一分院、璧山实验地方法院审理确认所有权暨返还产业一案　12－14－1126

1944 年 5 月至 1944 年 11 月，四川高等法院第一分院、璧山实验地方法院关于邓伯、刘锡珍确认所有权暨返还产业一案的文书，包括卷宗目录、民事上诉状、民事委任状、民事答辩状、物证目录、征收裁判费核定单、案件审查表、案件审理单、民事声请状、送达证书、往来公函、通知人名单、民事辩论笔录、产业图略、收据、民事辩诉状、证人结文、民事补诉状、民事理由、证人文字证明材料、民事宣判笔录、民事裁定书、民事判决书等。

1147. 璧山实验地方法院审理偿还食谷一案　12－14－1127

1944 年 9 月至 1944 年 10 月，璧山实验地方法院关于刘国才因何绍维借去租谷不按时归还而声请偿还食谷一案的文书，包括卷宗目录、征收裁判费核定单、案件审查表、案件审理单、民事告诉状、收据、民事辩诉状、证人结文、送达证书、往来公函、通知人名单、民事辩论笔录、民事宣判笔录、刑事告诉状、民事判决书等。

1148. 璧山实验地方法院审理返还衣物一案　12－14－1128

1944 年 10 月至 1944 年 12 月，璧山实验地方法院关于江刘承书、江建全因调解不成而声请返还衣物一案的文书，包括卷宗目录、征收裁判费核定单、案件审查表、案件审理单、民事原告状、送达证书、往来公函、通知人名单、民事辩论笔录、民事宣判笔录、民事判决书等。

1149. 璧山实验地方法院审理请求终止租约一案　12－14－1129

1944 年 6 月至 1944 年 11 月，璧山实验地方法院关于陈原清、聂郷南因房屋租金纠葛而请求终止租约一案的文书，包括卷宗目录、征收裁判费核定单、案件审查表、案件审理单、收据、民事告诉状、民事声请状、送达证书、往来公函、通知人名单、民事辩论笔录、民事宣判笔录、民事判决书等。

1150. 四川高等法院第一分院、璧山实验地方法院审理遗产分割一案　12－14－1130

1944 年 2 月至 1944 年 11 月，四川高等法院第一分院、璧山实验地方法院关于羊春凰、羊李氏等因遗产分割纠葛声请审理遗产分割一案的文书，包括民事上诉状、民事裁定书、收据、民事委任状、卷宗目录、征收裁判费核定单、案件审查表、案件审理单、民事起诉状、证物目录、证人结文、民事理由、民事答辩状、送达证书、往来公函、通知人名单、民事辩论笔录、民事判决书等。

1151. 最高法院、璧山实验地方法院审理撤销不动产转移契约一案　12－14－1131

1944 年 10 月至 1944 年 11 月，最高法院、璧山实验地方法院关于吴钟氏因不服判决而声请撤销不动产转移契约一案的文书，包括卷宗目录、往来公函、民事上诉状、民事裁定书、民事缴状、民事辩诉状、案件审查表、案件审理单、民事声请状、送达证书、通知人名单、民事判决书等。

1152. 璧山实验地方法院审理交业执行一案　12－14－1132

1944 年 9 月至 1944 年 10 月，璧山实验地方法院关于黄炳坤因黄建安房屋契约期满而声请交业执行一案的文书，包括卷宗目录、民事告诉状、民事执行文稿、报告、民事执行命令、送达证书、往来公函、通知人名单、民事判决书等。

1153. 四川高等法院第一分院、璧山实验地方法院审理请求给付欠租一案　12－14－1133

1944 年 1 月至 1944 年 6 月，四川高等法院第一分院、璧山实验地方法院关于向大林、孙荣高等因不服原审判决而声请给付欠租一案的文书，包括卷宗目录、民事上诉状、收据、民事辩诉状、璧山县三教乡调节委员会文件、案件审查表、案件审理单、民事声请状、送达证书、往来公函、通知人名单、民事辩论笔录、民事宣判笔录、民事裁定书、民事判决书、证人结文等。

1154. 璧山实验地方法院审理请求分别保管分关一案　12－14－1134

1944 年 9 月至 1944 年 10 月，璧山实验地方法院关于雷海清、雷德元因遗产纠葛而请求分别保管分关一案的文书，包括卷宗目录、征收裁判费核定单、案件审查表、民事声请状、收据、民事答辩状、案件审理单、送达证书、往来公函、通知人名单、民事辩论笔录、民事宣判笔录、民事判决书等。

1155. 璧山实验地方法院审理不动产所有权登记一案　12－14－1135

1944 年 7 月，璧山实验地方法院关于王荣辉声请不动产所有权登记一案的文书，包括卷宗目录、不动产登记声请书、不动产登记事项、不动产登记保证书、收据、不动产图略、送达证书、往来公函、通知人名单、登记询问笔录、报告、收款证等。

1156. 璧山实验地方法院审理给付欠租一案　12－14－1136

1944年11月至1944年12月，璧山实验地方法院关于刘绍伯因徐万发骗租毁损而声请给付欠租一案的文书，包括卷宗目录、征收裁判费核定单、案件审查表、案件审理单、民事被诉状、收据、证人结文、送达证书、往来公函、通知人名单、民事和解笔录等。

1157. 四川高等法院第一分院、璧山地方法院审理领证一案　12－14－1137

1946年9月，四川高等法院第一分院、璧山地方法院关于张辉光、张燮阳因领押交业金铸连遭失败而声请领证一案的文书，包括卷宗目录、送达证书、往来公函、通知人名单、民事辩论笔录、民事声请状、委托书、民事领状、民事判决书等。

1158. 璧山实验地方法院审理声请宣告假执行一案　12－14－1138

1944年1月至1944年12月，璧山实验地方法院关于李刘氏、李德轩因租谷纠葛而声请宣告假执行一案的文书，包括法院支付命令、卷宗目录、民事起诉状、征收裁判费核定单、案件审查表、案件审理单、民事声请状、送达证书、往来公函、通知人名单、收据、民事裁定书等。

1159. 四川高等法院第一分院、璧山实验地方法院审理止约交业一案　12－14－1139

1944年10月至1945年5月，四川高等法院第一分院、璧山实验地方法院关于张从仪、雷瑞卿因租佃契约纠葛而声请止约交业一案的文书，包括卷宗目录、征收裁判费核定单、案件审查表、民事起诉状、见佃人证明文字材料、璧山县西乡第五保办公处证明书、民事委任状、案件审理单、民事声请状、送达证书、往来公函、通知人名单、民事辩论笔录、民事宣判笔录、民事上诉状、民事裁定书、民事判决书等。

1160. 四川高等法院第一分院、璧山实验地方法院审理终止租约并给付欠租一案　12－14－1140

1943年12月至1944年11月，四川高等法院第一分院、璧山实验地方法院关于彭华周、彭华卿因租谷纠葛而声请终止租约并给付欠租一案的文书，包括民事上诉状、民事声明状、收据、卷宗目录、征收裁判费核定单、案件审查表、案件审理单、民事声请状、送达证书、往来公函、通知人名单、民事委任状、民事答辩状、民事辩论笔录、民事宣判笔录、民事判决书、见佃人证明材料等。

1161. 四川高等法院第一分院、璧山实验地方法院审理请求领押交业一案　12—14—1141

1944年5月至1944年12月，四川高等法院第一分院、璧山实验地方法院关于谢仲芳、邓海河因给付欠租纠葛而声请领押交业一案的文书，包括往来公函、民事上诉状、送达证书、收据、民事委任状、民事辩论笔录、民事宣判笔录、征收裁判费核定单、案件审理单、民事申请书、民事裁定书、见佃人证明文字材料、民事判决书、卷宗目录、案件审查表、民事辩状、民事答辩状、民事诉状、证人结文等。

1162. 四川高等法院第一分院、璧山实验地方法院审理领押交业一案　12—14—1142

1944年10月至1945年10月，四川高等法院第一分院、璧山实验地方法院关于箫江河、程银发因产业纠葛而声请领押交业一案的文书，包括卷宗目录、刑事附带民事诉讼判决、民事裁定书、民事上诉状、案件审查表、案件审理单、民事声请状、送达证书、往来公函、通知人名单、民事委任状、民事辩论笔录、民事宣判笔录、民事证明状、征收裁判费核定单、民事判决书等。

1163. 四川高等法院第一分院、璧山实验地方法院审理函请复勘彭顺吉与蒋吉六经界一案　12—14—1143

1944年1月至1944年11月，四川高等法院第一分院、璧山实验地方法院关于彭顺吉因蒋吉六佃期已满却抗不放赎而函请复勘两人经界一案的文书，包括卷宗目录、征收裁判费核定单、案件审查表、案件审理单、民事起诉状、产业图略、送达证书、往来公函、通知人名单、民事缴状、民事上诉状、民事辩诉状、民事裁定书、民事判决书等。

1164. 最高法院、四川高等法院第一分院、璧山实验地方法院审理确认买卖契约有效及有优先承买权一案　12—14—1144

1942年9月至1945年8月，最高法院、四川高等法院第一分院、璧山实验地方法院关于李海林、彭应久因不服原审判决而声请确认买卖契约有效及有优先承买权一案的文书，包括卷证标目、民事上诉状、卷宗目录、征收裁判费核定单、案件审查表、案件审理单、民事声请状、送达证书、往来公函、通知人名单、民事辩论笔录、民事宣判笔录、民事裁定书、民事判决书、民事委任状、民事申请书、证物目录、民事证明状、民事答辩状、民事诉状等。

1165. 四川高等法院第一分院、璧山实验地方法院审理房屋领押交业一案　12—14—1145

1944年6月至1944年11月，四川高等法院第一分院、璧山实验地方法院关于

张瑞敏、张金铸因不服原审判决而声请再审房屋领押交业一案的文书，包括民事诉状、民事裁定书、收据、民事委任状、民事声明状、民事辩诉状、民事证明状、民事申请书、民事催状、民事公证、卷宗目录、送达证书、往来公函、通知人名单、民事辩论笔录、民事宣判笔录、民事判决书、房屋产业图略等。

1166. 四川高等法院第一分院、璧山实验地方法院审理请求给付租谷一案　12－14－1146

1944 年 10 月至 1944 年 11 月，四川高等法院第一分院、璧山实验地方法院关于陈士勋、陈树元因不服原审判决而给付租谷一案的文书，包括民事上诉状、送达证书、往来公函、民事裁定书、通知人名单、民事起诉状、民事委任状、收据、案件审查表、案件审理单、民事声请状、民事辩论笔录、民事判决书等。

1167. 四川高等法院第一分院、璧山实验地方法院审理请求确认契约有效一案　12－14－1147

1944 年 5 月至 1944 年 7 月，四川高等法院第一分院、璧山实验地方法院关于张仕义、赖马氏因租约纠葛而请求确认契约有效一案的文书，包括征收裁判费核定单、卷宗目录、案件审查表、案件审理单、民事诉状、民事委任状、民事上诉状、送达证书、往来公函、通知人名单、民事辩论笔录、民事宣判笔录、民事裁定书、民事判决书等。

1168. 璧山实验地方法院审理返还子女一案　12－14－1148

1944 年 11 月至 1945 年 12 月，璧山实验地方法院关于朱凌氏、朱孙氏因子女权利义务纠葛而声请返还子女一案的文书，包括卷宗文书目录、征收裁判费核定单、案件审查表、民事诉状、收据、案件审理单、送达证书、往来公函、通知人名单、民事委任状、民事辩论笔录、民事声明状、民事宣判笔录、民事判决书等。

1169. 最高法院、四川高等法院第一分院、璧山实验地方法院审理放赎典产一案　12－14－1149

1941 年 1 月至 1944 年 11 月，最高法院、四川高等法院第一分院、璧山实验地方法院关于罗张氏、张松林因不服原审判决而声请放赎典产一案的文书，包括卷宗目录、往来公函、民事裁定书、民事上诉状、民事委任状、民事理由、案件审查表、案件审理单、民事声请状、送达证书、通知人名单、民事辩论笔录、民事宣判笔录、民事判决书、卷证标目、民事答辩状、证人结文、民事起诉状、收据等。

1170. 最高法院、四川高等法院第一分院、璧山实验地方法院审理确认契约有效一案　12－14－1150

1942年6月至1944年8月，最高法院、四川高等法院第一分院、璧山实验地方法院关于黄锡林、黄金盛因不服原审判决而声请确认契约有效一案的文书，包括往来公函、民事上诉状、民事声明状、民事裁定书、民事理由、民事判决书、报告、民事委任状、民事声请状、送达证书、通知人名单、民事辩论笔录、民事宣判笔录、民事辩诉状、民事补诉状等。

1171. 四川高等法院第一分院、璧山实验地方法院审理分割遗产一案　12－14－1151

1944年10月至1944年11月，四川高等法院第一分院、璧山实验地方法院关于黄曾氏、曾李氏因田业纠葛而声请分割遗产一案的文书，包括往来公函、民事上诉状、民事裁定书、送达证书、民事声明状、申请书、民事委任状、卷宗目录、民事声请状、通知人名单、民事辩论笔录、政府典契、卷宗文书目录、征收裁判费核定单、案件审查表、民事起诉状、案件审理单、民事宣判笔录、民事判决书等。

1172. 四川高等法院第一分院、璧山实验地方法院审理给付租谷等两案　12－14－1152

1929年3月至1944年12月，四川高等法院第一分院、璧山实验地方法院关于徐金祥、万长安给付租谷两案的文书，包括卷宗文书目录、民事告诉状、收据、民事委任状、税收执据、民事答辩状、送达证书、往来公函、通知人名单、民事辩论笔录、民事宣判笔录、民事裁定书、民事判决书等。

1173. 璧山实验地方法院审理确认优先承买权一案　12－14－1153

1944年4月至1944年11月，璧山实验地方法院关于李春农、邓时堃因田业纠葛而声请确认优先承买权一案的文书，包括卷宗目录、民事执行、民事委任状、收据、案件审查表、案件审理单、收款通知书、民事声请状、送达证书、往来公函、通知人名单、民事辩论笔录、民事答辩状、民事缴状、民事宣判笔录、民事判决书等。

1174. 四川高等法院第一分院、璧山实验地方法院审理领押交业一案　12－14－1154

1944年10月至1944年11月，四川高等法院第一分院、璧山实验地方法院关于朱超文、杨荣山因押金纠葛而声请领押交业一案的文书，包括往来公函、民事上诉状、民事委任状、民事答辩状、送达证书、民事判决书、通知人名单、民事辩论笔录、卷宗目录、民事宣判笔录、见佃人证明材料、征收裁判费核定单、案件审查表、案件审理单等。

1175. 四川高等法院第一分院、璧山实验地方法院审理返还房屋及损害赔偿一案 12－14－1155

1944年6月至1944年12月，四川高等法院第一分院、璧山实验地方法院关于薛建吾、李洁返因不服原审判决而声请返还房屋及损害赔偿一案的文书，包括往来公函、民事上诉状、收据、民事裁定书、民事判决书、民事委任状、卷宗目录、征收裁判费核定单、民事声请状、送达证书、通知人名单、民事辩论笔录、民事宣判笔录、案件审查表、案件审理单等。

1176. 四川高等法院第一分院、璧山实验地方法院审理返还租谷一案 12－14－1156

1943年12月至1945年4月，四川高等法院第一分院、璧山实验地方法院关于凌玉光、刘兴福因不服原审判决而声请返还租谷一案的文书，包括民事上诉状、民事裁定书、收据、民事上诉理由、民事委任状、送达证书、往来公函、通知人名单、民事答辩状、民事辩论笔录、刑事附带民事判决书、民事判决书等。

1177. 四川高等法院第一分院、璧山实验地方法院审理给付欠租一案 12－14－1157

1944年5月至1945年2月，四川高等法院第一分院、璧山实验地方法院关于黄英璨、巫奎臣因不服判决而声请给付欠租一案的文书，包括往来公函、民事上诉状、收据、民事声请状、送达证书、通知人名单、民事诉讼状、民事辩论笔录、民事宣判笔录、民事裁定书、民事委任状、民事补诉状等。

1178. 璧山实验地方法院审理确认所有权、恢复原状、返还熟土及水沟一道三案 12－14－1158

1941年9月至1944年12月，璧山实验地方法院关于陈张氏因罗秉卿不履行给付判决而声请确认所有权，陈张氏、罗秉卿因田坎被毁而声请恢复原状，陈张氏、罗秉卿因土地产业纠葛而声请返还熟土及水沟一道三案的文书，包括卷宗文书目录、民事声请状、民事委任状、民事判决书、双方争执产业图略、收据、征收裁判费核定单、案件审查表、民事起诉状、民事缴状、证人结文、送达证书、往来公函、通知人名单、民事辩论笔录、民事宣判笔录、民事裁定书、民事追诉状等。

1179. 最高法院、四川高等法院第一分院、璧山实验地方法院审理解除租约、交业付租、声请救助、给付欠租声请四案 12－14－1159

1944年10月至1945年7月，最高法院、四川高等法院第一分院、璧山实验地方法院关于汪明禄、汪明清因不法转租而声请解除租约、汪明禄、刘克昌声请交业付租，刘克昌因贫寒无法支付租谷而声请救助，汪明禄、汪明清声请搬迁交业给付欠租四案的文书，包括卷宗目录、征收裁判费核定单、案件审查表、案件审理单、民事声请状、民事委任状、证人结文、送达证书、往来公函、通知人名单、民事辩诉状、见佃人证明材料、民事辩论笔录、民事宣判笔录、民事裁定书、民事判决书、民事意见书、民事抗告状、民事诉状、民事上诉状等。

1180. 四川高等法院第一分院、璧山实验地方法院审理请求回赎产业一案　12－14－1160

1944年6月至1944年10月，四川高等法院第一分院、璧山实验地方法院关于朱王朝、邹万盛因不服判决而声请回赎产业一案的文书，包括卷宗目录、民事上诉状、民事裁定书、民事判决书、民事答辩状、民事委任状、征收裁判费核定单、案件审查表、案件审理单、送达证书、往来公函、通知人名单、民事辩论笔录、民事宣判笔录、收据、民事声请状、民事起诉书等。

1181. 最高法院、四川高等法院第一分院、璧山实验地方法院审理搬迁交业并返还分约一案　12－14－1161

1944年7月至1945年1月，最高法院、四川高等法院第一分院、璧山实验地方法院关于雷德光、雷平章声请搬迁交业并返还分约一案的文书，包括卷宗目录、征收裁判费核定单、案件审查表、案件审理单、民事声请状、送达证书、往来公函、通知人名单、民事委任状、民事起诉状、民事执行命令、民事执行文稿、民事辩论笔录、民事答辩状、民事上诉状、民事诉状、民事判决书等。

1182. 四川高等法院第一分院、璧山实验地方法院审理确认买卖一案　12－14－1162

1944年10月至1944年11月，四川高等法院第一分院、璧山实验地方法院关于刘银顺、胡昭高因私自立卖契约而声请确认买卖一案的文书，包括卷宗目录、征收裁判费核定单、案件审查表、案件审理单、民事声请状、送达证书、往来公函、民事委任状、民事辩诉状、通知人名单、民事辩论笔录、民事判决书等。

1183. 四川高等法院第一分院、璧山实验地方法院审理终止收养关系、终止收养关系赔偿抚养费及解除婚约两案　12－14－1163

1944年12月至1945年1月，四川高等法院第一分院、璧山实验地方法院关于刘炳全、刘祖明声请终止收养关系，刘治贤、周国兴终止收养关系赔偿抚养费及解除婚约两案的文书，包括卷宗目录、民事上诉状、民事委任状、民事声明状、民事委状、征收裁判费核定单、案件审查表、案件审理单、民事声请状、送达证书、往来公函、通知人名单、民事辩论笔录、民事宣判笔录、民事裁定书、民事判决书等。

1184. 璧山实验地方法院审理交业领价返还欠租契书一案　12－14－1164

1944 年 10 月至 1945 年 1 月，璧山实验地方法院关于曾相臣、九全因佃期纠葛而声请交业领价返还欠租契书一案的文书，包括卷宗目录、征收裁判费核定单、案件审查表、案件审理单、民事声请状、送达证书、民事起诉状、民事委任状、民事补充答辩、民事理由状、往来公函、通知人名单、民事辩论笔录、民事宣判笔录、民事判决书等。

1185. 四川高等法院第一分院、璧山实验地方法院审理终止租约继续审判一案　12－14－1165（1）

1944 年 3 月至 1944 年 9 月，四川高等法院第一分院、璧山实验地方法院关于徐昆泉、徐顺清因田产房业纠葛而声请终止租约继续审判一案的文书，包括卷宗目录、征收裁判费核定单、案件审查表、案件审理单、民事声请状、送达证书、民事委任状、民事辩诉状、民事起诉状、往来公函、通知人名单、民事辩论笔录、民事宣判笔录、民事判决书等。

1186. 四川高等法院第一分院、璧山实验地方法院审理终止租约一案　12－14－1165（2）

1943 年 9 月至 1944 年 8 月，四川高等法院第一分院、璧山实验地方法院关于徐昆泉、徐顺清因不服二审判决而声请三审判决终止租约一案的文书，包括卷宗目录、征收裁判费核定单、案件审查表、案件审理单、民事上诉状、民事委任状、民事声请状、送达证书、往来公函、通知人名单、民事辩论笔录、民事宣判笔录、民事裁定书、民事判决书等。

1187. 最高法院、四川高等法院第一分院、璧山实验地方法院审理终止租约一案　12－14－1166

1943 年 6 月至 1945 年 9 月，最高法院、四川高等法院第一分院、璧山实验地方法院关于雷万顺、熊银山因不服判决而声请终止租约一案的文书，包括卷宗目录、征收裁判费核定单、案件审查表、案件审理单、民事声请状、送达证书、往来公函、民事声明状、通知人名单、民事辩论笔录、民事宣判笔录、民事撤回状、民事告诉状、民事裁定书、民事判决书等。

1188. 璧山实验地方法院审理增加给付一案　12－14－1167（1）

1944 年 2 月至 1944 年 5 月，璧山实验地方法院关于吴庆云、谢增辉因调解不成而声请增加给付一案的文书，包括卷宗目录、征收裁判费核定单、案件审查表、案件审理单、民事声请状、送达证书、往来公函、通知人名单、民事起诉状、民事调解状、民事委任状、民事声明状、民事辩论笔录等。

1189. 最高法院、四川高等法院第一分院、璧山实验地方法院审理增加给付一案 12－14－1167（2）

1944 年 2 月至 1946 年 1 月，最高法院、四川高等法院第一分院、璧山实验地方法院关于吴庆云、谢增辉因不服原审判决而声请增加给付一案的文书，包括卷宗目录、民事上诉状、民事理由状、民事委任状、民事辩诉状、征收裁判费核定单、案件审查表、案件审理单、民事声请状、送达证书、往来公函、通知人名单、民事辩论笔录、民事宣判笔录、民事裁定书、民事判决书等。

1190. 四川高等法院第一分院、璧山实验地方法院审理增加给付一案 12－14－1167（3）

1945 年 9 月至 1945 年 10 月，四川高等法院第一分院、璧山实验地方法院关于吴庆云、谢增辉因不服判决而声请增加给付一案的文书，包括卷宗目录、征收裁判费核定单、案件审查表、案件审理单、民事答辩状、民事证明状、民事上诉状、刑事判决书、民事声请状、送达证书、往来公函、通知人名单、民事辩论笔录、民事宣判笔录、民事裁定书、民事判决书等。

1191. 璧山实验地方法院审理确认契约一案 12－14－1168

1944 年 8 月至 1944 年 9 月，璧山实验地方法院关于刘祖芬、刘祖源因赠与不动产纠葛而声请确认契约一案的文书，包括卷宗目录、征收裁判费核定单、案件审查表、案件审理单、民事起诉状、民事委任状、民事答辩状、民事诉状、民事声请状、送达证书、往来公函、通知人名单、民事辩论笔录、民事宣判笔录、民事判决书等。

1192. 璧山实验地方法院审理给付租谷执行异议一案 12－14－1169

1944 年 8 月至 1944 年 11 月，璧山实验地方法院关于王邱氏、王启富因债务纠葛而声请给付租谷执行异议一案的文书，包括卷宗目录、民事委任状、民事辩诉状、民事和解笔录、民事上诉状、民事答辩状、征收裁判费核定单、案件审查表、案件审理单、民事声请状、送达证书、往来公函、通知人名单、民事辩论笔录、民事宣判笔录、民事判决书等。

1193. 璧山实验地方法院审理返还田土、返还房屋两案 12－14－1170

1944 年 11 月至 1945 年 3 月，璧山实验地方法院关于杨光辉、曹叔才因合约撤销请求维持一审判决返还田土，黄燊荣、陈德辉声请返还房屋两案的文书，包括卷宗目录、征收裁判费核定单、案件审查表、案件审理单、民事委任状、民事催状、民事上诉状、民事声请状、送达证书、往来公函、通知人名单、民事辩论笔录、民事宣判笔录、民事裁定书、民事判决书等。

1194. 四川高等法院第一分院、璧山实验地方法院审理返还房屋、给付抚养费两案　12－14－1171

1944 年 5 月至 1945 年 4 月，四川高等法院第一分院、璧山实验地方法院关于黄燊荣、陈德辉因不服裁定而声请返还房屋，周国兴、刘治贤声请给付抚养费两案的文书，包括卷宗目录、征收裁判费核定单、案件审查表、案件审理单、民事告诉状、民事声请状、送达证书、往来公函、通知人名单、民事辩论笔录、民事宣判笔录、民事裁定书、民事判决书等。

1195. 四川高等法院第一分院、璧山实验地方法院审理分割共有财产执行一案　12－14－1172

1944 年 11 月至 1945 年 1 月，四川高等法院第一分院、璧山实验地方法院关于陈竞明、陈滋如因债务人抗不遵守判决而声请分割共有财产执行一案的文书，包括卷宗目录、征收裁判费核定单、案件审查表、案件审理单、民事答辩状、民事声请状、民事执行状、民事委任状、民事执行命令、民事执行文稿、民事抗告状、送达证书、往来公函、通知人名单、民事辩论笔录、民事宣判笔录、民事裁定书、民事判决书等。

1196. 最高法院、四川高等法院第一分院、璧山实验地方法院审理领押交业一案　12－14－1173（1）

1945 年 2 月至 1945 年 8 月，最高法院、四川高等法院第一分院、璧山实验地方法院关于连一民、罗仲因不服判决而声请领押交业一案的文书，包括卷宗目录、征收裁判费核定单、案件审查表、案件审理单、民事声请状、送达证书、往来公函、民事上诉状、通知人名单、民事辩论笔录、民事宣判笔录、民事答辩状、民事辩诉状、民事理由状、民事抗告状、民事裁定书、民事判决书等。

1197. 四川高等法院第一分院、璧山实验地方法院审理领押交业一案　12－14－1173（2）

1944 年 5 月至 1944 年 7 月，四川高等法院第一分院、璧山实验地方法院关于连一民、罗仲因佃期纠葛而声请领押交业一案的文书，包括卷宗目录、征收裁判费核定单、案件审查表、案件审理单、民事声请状、民事上诉状、民事诉状、民事委状、送达证书、往来公函、通知人名单、民事辩论笔录、民事宣判笔录、民事裁定书、民事判决书等。

1198. 四川高等法院第一分院、璧山实验地方法院审理确认买卖契约无效一案 12－14－1174（1）

1944年8月至1944年9月，四川高等法院第一分院、璧山实验地方法院关于杨金山、颜敏卿因山林纠葛而声请确认买卖契约无效一案的文书，包括卷宗目录、民事起诉状、民事委任状、民事辩诉状、民事诉状、征收裁判费核定单、案件审查表、案件审理单、民事声请状、送达证书、往来公函、通知人名单、民事辩论笔录、民事宣判笔录、民事判决书等。

1199. 最高法院、四川高等法院第一分院、璧山县实验地方法院审理确认契约无效一案 12－14－1174（2）

1944年10月至1945年6月，最高法院、四川高等法院第一分院、璧山实验地方法院关于杨金山、颜敏卿因不服判决而声请确认买卖契约无效一案的文书，包括卷宗目录、征收裁判费核定单、案件审查表、案件审理单、民事声请状、民事上诉状、民事委任状、送达证书、往来公函、通知人名单、民事辩论笔录、民事宣判笔录、民事裁定书、民事判决书等。

1200. 四川高等法院第一分院、璧山实验地方法院审理终止租约一案 12－14－1175（1）

1944年7月至1945年2月，四川高等法院第一分院、璧山实验地方法院关于廖肇州、毛春林因违背契约而声请终止租约一案的文书，包括卷宗目录、民事上诉状、民事告状、民事委状、民事补充理由状、民事答辩状、征收裁判费核定单、案件审查表、案件审理单、民事声请状、送达证书、往来公函、通知人名单、民事辩论笔录、民事宣判笔录、民事裁定书等。

1201. 最高法院、四川高等法院第一分院、璧山实验地方法院审理终止租约一案 12－14－1175（2）

1945年3月至1945年11月，最高法院、四川高等法院第一分院、璧山实验地方法院关于廖肇州、毛春林因判决而声请终止租约一案的文书，包括卷宗目录、征收裁判费核定单、案件审查表、案件审理单、民事上诉状、民事委任状、民事声请状、送达证书、往来公函、通知人名单、民事辩论笔录、民事宣判笔录、民事判决书等。

1202. 最高法院、四川高等法院第一分院、璧山实验地方法院审理确认和解约无效一案　12－14－1176

1941年11月至1945年1月，最高法院、四川高等法院第一分院、璧山实验地方法院关于铨昌祥、曹重光因产业纠葛而声请确认和解约无效一案的文书，包括卷宗目录、民事委任状、民事上诉状、案件审查表、案件审理单、民事声请状、送达证书、往来公函、通知人名单、民事辩论笔录、民事判决书等。

1203. 最高法院、四川高等法院第一分院、璧山实验地方法院审理领押交业一案　12－14－1177

1944年5月至1944年7月，最高法院、四川高等法院第一分院、璧山实验地方法院关于连一氏、罗仲极因债务纠葛而声请领押交业一案的文书，包括证物目录、书记室公函、送达证书、往来公函、民事判决书等。

1204. 四川高等法院第一分院、璧山实验地方法院审理请求增加给付、宣告假执行等六案　12－14－1178

1944年2月至1944年11月，四川高等法院第一分院、璧山实验地方法院关于吴庆云、谢增辉因补助不足而声请增加给付，陈治荣、陈新科因拖欠食谷而声请增加给付，左赵氏、梁泽霖因退佃交业纠葛而声请增加给付调解，景亮钧、龙瑚章因公费给付纠葛而请发支付命令，景亮钧、龙梓涵因债务纠葛而声请宣告假执行，张冷氏、连友孚因查封错误而上诉执行异议六案的文书，包括卷宗目录、民事执行状、民事委任状、民事补诉状、民事和解笔录、征收裁判费核定单、民事起诉状、案件审查表、案件审理单、民事声请状、送达证书、往来公函、通知人名单、民事辩论笔录、民事宣判笔录、民事裁定书、民事判决书等。

1205. 四川高等法院第一分院、璧山实验地方法院审理给付黄谷一案　12－14－1179

1944年6月至1944年9月，四川高等法院第一分院、璧山实验地方法院关于刘顺清、李刘氏因不服判决而声请给付黄谷一案的文书，包括卷宗目录、征收裁判费核定单、案件审查表、案件审理单、民事声请状、送达证书、民事上诉状、民事答辩状、民事理由状、民事委任状、民事诉状、往来公函、通知人名单、民事辩论笔录、民事裁定书、民事判决书等。

1206. 四川高等法院第一分院、璧山实验地方法院审理返还黄谷一案　12－14－1180

1944年2月至1944年4月，四川高等法院第一分院、璧山实验地方法院关于李刘氏、刘顺清因强制侵占黄谷而声请返还黄谷一案的文书，包括卷宗目录、民事上诉状、征收裁判费核定单、案件审查表、案件审理单、民事委任状、送达证书、往来公函、通知人名单、民事辩论笔录、民事宣判笔录、民事判决书等。

1207. 四川高等法院第一分院、璧山实验地方法院审理确认大佃契约无效一案 12－14－1181

1944 年 7 月至 1944 年 11 月，四川高等法院第一分院、璧山实验地方法院关于李甘氏、李宗荣因不服判决而声请确认大佃契约无效一案的文书，包括卷宗目录、征收裁判费核定单、案件审查表、案件审理单、民事理由状、民事委任状、民事声请状、送达证书、往来公函、通知人名单、民事辩论笔录、民事宣判笔录、民事裁定书、民事判决书等。

1208. 璧山实验地方法院审理分割遗产一案 12－14－1182

1944 年 2 月至 1944 年 3 月，璧山实验地方法院关于姜安氏、姜李氏因不服判决而声请分割遗产一案的文书，包括卷宗目录、民事上诉状、民事委任状、案件审查表、案件审理单、民事声请状、送达证书、往来公函、通知人名单、民事辩论笔录、民事宣判笔录、民事判决书等。

1209. 四川高等法院第一分院、璧山实验地方法院审理终止租约一案 12－14－1183

1944 年 10 月至 1944 年 11 月，四川高等法院第一分院、璧山实验地方法院关于龙传氏、廖兴发因债务纠葛而声请终止租约一案的文书，包括卷宗目录、民事诉状、民事委任状、案件审查表、案件审理单、民事声请状、送达证书、往来公函、通知人名单、民事辩论笔录、民事宣判笔录、刑事判决书、民事判决书等。

1210. 璧山实验地方法院审理返还产业一案 12－14－1184

1944 年 10 月至 1944 年 11 月，璧山实验地方法院关于刘吴氏、吴少伯因不执行宣判裁定而声请返还产业一案的文书，包括卷宗目录、民事诉状、民事委任状、民事上诉状、民事撤回状、征收裁判费核定单、案件审查表、案件审理单、民事声请状、送达证书、往来公函、通知人名单、民事辩论笔录、民事宣判笔录、民事判决书等。

1211. 璧山实验地方法院审理领证、清偿债务等六案 12－14－1185

1944 年 5 月至 1944 年 8 月，璧山实验地方法院关于张雷氏、陈氏因领押纠葛而声请租佃调解，杨南轩、何修于声请停止执行拍卖产业，邓庆昌声请领证，李舒氏为回赎佃产而声请领证，景亮钧因公费给付纠葛而声请清偿债务，段瑜思因公费债务给付纠葛而声请债务执行六案的文书，包括卷宗目录、征收裁判费核定单、民事委任状、民事上诉状、支付命令、案件审查表、案件审理单、民事声请状、送达证书、往来公函、通知人名单、民事辩论笔录、民事宣判笔录、民事判决书等。

1212. 四川高等法院第一分院、璧山实验地方法院审理领押交业一案　12－14－1186

1944 年 7 月至 1944 年 11 月，四川高等法院第一分院、璧山实验地方法院关于唐胡氏、胡开斗因上诉被撤回而声请领押交业一案的文书，包括卷宗目录、民事上诉状、民事参加状、征收裁判费核定单、案件审查表、案件审理单、民事声请状、送达证书、往来公函、通知人名单、民事辩论笔录、民事宣判笔录、民事裁定书、民事判决书等。

1213. 璧山实验地方法院审理终止租约一案　12－14－1187

1944 年 12 月至 1945 年 5 月，璧山实验地方法院关于罗荣山、白仲梁因交业付租纠葛而声请终止租约一案的文书，包括卷宗目录、民事起诉状、民事委任状、民事补充理由状、征收裁判费核定单、案件审查表、案件审理单、民事声请状、送达证书、往来公函、通知人名单、民事辩论笔录、民事宣判笔录、民事和解状、民事判决书等。

1214. 璧山实验地方法院审理终止租约一案　12－14－1188

1944 年 4 月至 1944 年 5 月，璧山实验地方法院关于周鸣远、舒东皋因交业给付欠租纠葛而声请终止租约一案的文书，包括卷宗目录、民事起诉状、民事诉讼状、民事委任状、民事答辩状、民事补诉状、征收裁判费核定单、案件审查表、案件审理单、民事声请状、送达证书、往来公函、通知人名单、民事辩论笔录、民事宣判笔录、民事判决书等。

1215. 最高法院、四川高等法院第一分院、璧山实验地方法院审理声请收回田产、遗失存查等四案　12－14－1189

1944 年 7 月至 1944 年 11 月，最高法院、四川高等法院第一分院、璧山实验地方法院关于杨荣山、杨开程因租佃纠葛而声请收回田产，王南轩因产业继承纠葛而声请遗失存查，张树廷因红契纠葛而声请裁定田佃所属权，江宗益因债务纠葛而声请给付黄谷四案的文书，包括卷宗目录、征收裁判费核定单、案件审查表、案件审理单、民事上诉状、民事被告状、民事声请状、送达证书、往来公函、通知人名单、民事辩论笔录、民事宣判笔录、民事裁定书、民事判决书等。

1216. 最高法院、四川高等法院第一分院、璧山实验地方法院审理交业执行一案　12－14－1190

1944 年 7 月至 1944 年 10 月，最高法院、四川高等法院第一分院、璧山实验地方法院关于刘焕银、叶炳顺因领押交业纠葛而声请交业执行一案的文书，包括卷宗目录、征收裁判费核定单、民事执行状、案件审查表、案件审理单、民事声请状、送达证书、往来公函、通知人名单、民事辩论笔录、民事宣判笔录、民事执行文稿、民事执行命令、民事委任状、民事裁定书、民事判决书等。

1217. 四川高等法院第一分院、璧山实验地方法院审理终止租约一案　12－14－1191

1944年7月至1944年11月，四川高等法院第一分院、璧山实验地方法院关于荣子来、张良臣因债务租赁产生纠葛而声请终止租约一案的文书，包括卷宗目录、案件审查表、案件审理单、民事声请状、送达证书、往来公函、民事委任状、民事答辩状、民事上诉状、通知人名单、民事辩论笔录、民事宣判笔录、民事裁定书、民事判决书等。

1218. 四川高等法院第一分院、璧山实验地方法院审理领押交业一案　12－14－1192

1944年10月至1944年12月，四川高等法院第一分院、璧山实验地方法院关于戴张氏、钱德修，周鸣远、舒东皋声请领押交业一案的文书，包括卷宗目录、征收裁判费核定单、案件审查表、案件审理单、民事声请状、送达证书、民事上诉状、民事委任，民事起诉状、民事理由状、往来公函、通知人名单、民事辩论笔录、民事判决书等。

1219. 璧山实验地方法院审理确认所有权一案　12－14－1193

1944年4月至1944年5月，璧山实验地方法院关于李森林、杨向氏因争取租谷产生纠葛而声请确认所有权一案的文书，包括卷宗目录、征收裁判费核定单、案件审查表、民事诉讼状、民事委任状、民事答辩状、案件审理单、民事声请状、送达证书、往来公函、通知人名单、民事辩论笔录、民事宣判笔录、民事判决书等。

1220. 最高法院、四川高等法院第一分院、璧山实验地方法院审理交业一案 12－14－1194

1944年7月至1944年11月，最高法院、四川高等法院第一分院、璧山实验地方法院关于汪德富、张九华因违反佃纳而声请交业一案的文书，包括卷宗目录、民事告诉状、民事委任状、民事答辩状、征收裁判费核定单、案件审查表、案件审理单、民事声请状、送达证书、往来公函、通知人名单、民事辩论笔录、民事宣判笔录、民事裁定书、民事判决书等。

1221. 四川高等法院第一分院、璧山实验地方法院审理给付膳谷一案　12－14－1195

1942年5月至1942年6月，四川高等法院第一分院、璧山实验地方法院关于

曾炳安因生活费给付纠葛而声请给付膳谷一案的文书,包括卷宗目录、案件审理单、送达证书、往来公函、民事执行文稿、民事执行命令、民事执行状、民事判决书等。

1222. 四川高等法院第一分院、璧山实验地方法院审理搬迁交业一案　12—14—1196

1944 年 10 月至 1945 年 2 月,四川高等法院第一分院、璧山实验地方法院关于韦德辉因租谷纠葛而声请搬迁交业一案的文书,包括卷宗目录、案件审查表、案件审理单、民事声请状、送达证书、往来公函、民事上诉状、民事委任状、通知人名单、民事辩论笔录、民事宣判笔录、民事判决书等。

1223. 最高法院、四川高等法院第一分院、璧山实验地方法院审理给付红利一案　12—14—1197

1942 年 11 月至 1944 年 11 月,最高法院、四川高等法院第一分院、璧山实验地方法院关于蔡德辉、敬树诚因债务纠葛而声请给付红利一案的文书,包括卷宗目录、征收裁判费核定单、案件审查表、案件审理单、民事声请状、民事上诉状、民事委任状、达证书、往来公函、通知人名单、民事辩论笔录、民事宣判笔录、民事裁定书、民事判决书等。

1224. 四川高等法院第一分院、璧山实验地方法院审理搬迁交房执行、声请领证等三案　12—14—1198

1944 年 3 月至 1944 年 7 月,四川高等法院第一分院、璧山实验地方法院关于钟衡萱、张镜钟请求执行搬迁交房,严荣廷为回赎佃产声请领证,黄永兴、黄宗璨因公费给付纠葛而声请诉讼救助三案的文书,包括卷宗目录、案件审查表、案件审理单、民事声请状、送达证书、往来公函、通知人名单、民事辩论笔录、民事执行命令、民事执行文稿、民事和解笔录、民事判决书等。

1225. 最高法院、四川高等法院第一分院、璧山实验地方法院审理损害赔偿、提存押金两案　12—14—1199

1944 年 10 月至 1944 年 11 月,最高法院、四川高等法院第一分院、璧山实验地方法院关于尹全安、尹克昌因房屋纠葛而声请损害赔偿,荣保安、张良臣因田业纠葛而声请提存押金两案的文书,包括卷宗目录、征收裁判费核定单、案件审查表、案件审理单、民事声请状、民事和解笔录、民事缴状、民事答辩状、民事诉状、送达证书、往来公函、通知人名单、民事辩论笔录、民事判决书等。

1226. 璧山实验法院等文书杂卷　12—14—1200

1942 年 5 月至 1945 年 6 月,璧山实验法院等文书杂卷,包括政府军事人犯看守所1944年9月份囚粮副食费清单，璧山实验地方法院关于杜存氏声请偿还医药费、邓岳氏声请领价交业的民事判决书，四川璧山实验地方法院关于李全三声请盗窃、陈张氏声请妨害自由、李国学声请回赎佃物的刑事判决书，璧山实验地方法院检察处三十年度人员事物分配一览表、往来公函，璧山县政府军法审讯庭单、民事辩论笔录、广东五华地方法院检察处布告，璧山实验地方法院关于陈美贤妨害自由的刑事裁定书。

1227. 最高法院、四川高等法院第一分院、璧山实验地方法院审理交业一案 12—14—1201

1944年8月至1944年9月，最高法院、四川高等法院第一分院、璧山实验地方法院关于王锡波、王金全因回赎大佃产业纠葛而声请交业一案的文书，包括卷宗目录、征收裁判费核定单、案件审查表、案件审理单、民事声请状、送达证书、往来公函、通知人名单、民事辩论笔录、民事上诉状、民事委任状、民事判决书等。

1228. 最高法院、四川高等法院第一分院、璧山实验地方法院审理回赎佃业、租佃调解两案 12—14—1202

1944年5月至1944年7月，最高法院、四川高等法院第一分院、璧山实验地方法院关于王金全、王锡波声请回赎佃业，叶遐龄声请调解租佃两案的文书，包括卷宗目录、案件审查表、案件审理单、民事声请状、民事上诉状、送达证书、民事诉状、民事缴状、往来公函、通知人名单、民事辩论笔录、民事判决书等。

1229. 最高法院、四川高等法院第一分院、璧山实验地方法院审理返还产业执行一案 12—14—1203

1944年8月至1944年9月，最高法院、四川高等法院第一分院、璧山实验地方法院关于刘定元、高吉安因债务纠葛而声请返还产业执行一案的文书，包括卷宗目录、民事执行状、民事委任状、民事异议状、民事执行命令、民事执行文稿、案件审查表、案件审理单、民事声请状、送达证书、往来公函、通知人名单、民事辩论笔录、民事裁定书、民事判决书等。

1230. 璧山实验地方法院审理搬迁交业给付欠租一案 12—14—1204

1944年9月至1944年10月，璧山实验地方法院关于陈祥安、徐海清因债务纠葛而声请搬迁交业给付欠租一案的文书，包括卷宗目录、征收裁判费核定单、案件审查表、案件审理单、送达证书、往来公函、通知人名单、民事辩论笔录、民事宣判笔录、民事上诉状、民事判决书等。

1231. 璧山实验地方法院审理撤销假扣押一案　12－14－1205

1944 年 11 月至 1945 年 1 月，璧山实验地方法院关于江东汉、江远林因追偿租谷产生纠葛而声请撤销假扣押一案的文书，包括卷宗目录、征收裁判费核定单、案件审查表、案件审理单、民事声请状、送达证书、往来公函、通知人名单、民事辩论笔录、民事委任状、民事抗告状、民事裁定书等。

1232. 四川高等法院第一分院、璧山实验地方法院审理搬迁交业、返还租赁物两案　12－14－1206（1）

1944 年 8 月至 1947 年 6 月，四川高等法院第一分院、璧山实验地方法院关于左香山、何荣清因租约解除收回自耕地产生纠葛而声请搬迁交业，左香山、何荣清因租约解除收回自耕地产生纠葛而声请返还租赁物两案的文书，包括卷宗目录、征收裁判费核定单、民事告诉状、民事声明状、案件审查表、案件审理单、民事声请状、送达证书、往来公函、通知人名单、民事辩论笔录、民事宣判笔录、民事裁定书、民事判决书等。

1233. 最高法院、四川高等法院第一分院、璧山实验地方法院审理搬迁交业一案　12－14－1206（2）

1944 年 11 月至 1945 年 5 月，最高法院、四川高等法院第一分院、璧山实验地方法院关于左香山、何荣清声请搬迁交业一案的文书，包括卷宗目录、案件审查表、案件审理单、民事声请状、送达证书、往来公函、通知人名单、民事辩论笔录、民事上诉状、民事委任状、民事宣判笔录、民事裁定书、民事判决书等。

1234. 璧山实验地方法院审理回赎典产一案　12－14－1207

1944 年 8 月至 1944 年 9 月，璧山实验地方法院关于陈鸿兴、张汉荣因赎回典产纠葛而声请回赎典产一案的文书，包括卷宗目录、民事起诉状、民事答辩状、民事委任状、征收裁判费核定单、案件审查表、案件审理单、民事声请状、送达证书、往来公函、通知人名单、民事辩论笔录、民事宣判笔录、民事判决书等。

1235. 四川高等法院第一分院、璧山实验地方法院审理重订买卖契约一案　12－14－1208

1944 年 7 月至 1944 年 10 月，四川高等法院第一分院、璧山实验地方法院关于雷永兴、陈汉忠因盗卖他人田产而声请重订买卖契约一案的文书，包括卷宗目录、民事起诉状、征收裁判费核定单、案件审查表、案件审理单、民事声请状、送达证书、民事辩诉状、往来公函、通知人名单、民事辩论笔录、民事宣判笔录、民事判决书等。

1236. 重庆市实验地方法院、璧山实验地方法院审理分割遗产一案　12－14－1209

1944 年 8 月至 1945 年 5 月，重庆市实验地方法院、璧山实验地方法院关于吴云祥、吴子庸因祖上遗产分割纠葛而声请分割遗产一案的文书，包括卷宗目录、征收裁判费核定单、案件审查表、案件审理单、民事声请状、民事诉状、民事委任状、民事辩诉状、民事缴状、民事催状、送达证书、往来公函、通知人名单、民事辩论笔录、民事和解笔录等。

1237. 四川高等法院第一分院、璧山实验地方法院审理返还租赁物一案　12－14－1210

1944 年 12 月至 1945 年 3 月，四川高等法院第一分院、璧山实验地方法院关于戴王氏、李德钧因产业交还纠葛而声请返还租赁物一案的文书，包括卷宗目录、征收裁判费核定单、案件审查表、案件审理单、民事声请状、民事上诉状、民事撤回状、民事委任状、送达证书、往来公函、通知人名单、民事辩论笔录、民事判决书等。

1238. 璧山实验地方法院审理确认契约无效一案　12－14－1211

1944 年 9 月至 1944 年 10 月，璧山实验地方法院关于陈昌熙、白世昌因大佃纠葛而声请确认契约无效一案的文书，包括卷宗目录、民事起诉状、民事委任状、民事追加状、民事辩诉状、征收裁判费核定单、案件审查表、案件审理单、民事声请状、送达证书、往来公函、通知人名单、民事辩论笔录、民事宣判笔录、民事判决书等。

1239. 四川高等法院第一分院、璧山实验地方法院审理续行诉讼一案　12－14－1212

1944 年 2 月至 1945 年 1 月，四川高等法院第一分院、璧山实验地方法院关于钟维之、邹张氏因佃价纠葛而声请续行诉讼一案的文书，包括卷宗目录、民事诉状、征收裁判费核定单、民事起诉状、民事答辩状、民事委任状、案件审查表、案件审理单、民事声请状、送达证书、往来公函、通知人名单、民事辩论笔录、民事宣判笔录、民事判决书等。

1240. 璧山实验地方法院审理终止租约一案　12－14－1213

1944 年 8 月至 1944 年 9 月，璧山实验地方法院关于杨向氏、向郁华声请终止租约一案的文书，包括卷宗目录、民事诉状、征收裁判费核定单、案件审查表、案件审理单、民事声请状、送达证书、往来公函、通知人名单、民事辩论笔录、民事裁定书等。

1241. 璧山实验地方法院审理所有权登记一案　12－14－1214

1944 年 3 月至 1944 年 4 月，璧山实验地方法院关于邓伯璠因绘图混误产生纠葛而声请登记所有权一案的文书，包括卷宗目录、不动产登记申请书、案件审查表、案件审理单、民事声请状、送达证书、往来公函、通知人名单等。

1242. 最高法院、四川高等法院第一分院、璧山实验地方法院审理增加给付一案 12－14－1215（1）

1944年11月至1945年1月，最高法院、四川高等法院第一分院、璧山实验地方法院关于赵省三、赵秉械因押金受到战事影响损失产生纠葛而声请增加给付一案的文书，包括卷宗目录、民事声明状、民事缴状、征收裁判费核定单、民事起诉状、案件审查表、案件审理单、民事声请状、送达证书、往来公函、通知人名单、民事辩论笔录、民事宣判笔录、民事判决书等。

1243. 最高法院、四川高等法院第一分院、璧山实验地方法院审理增加给付一案 12－14－1215（2）

1945年2月至1945年6月，最高法院、四川高等法院第一分院、璧山实验地方法院关于赵省三、赵秉械因押金受到战事影响损失而声请增加给付一案的文书，包括卷宗目录、征收裁判费核定单、案件审查表、案件审理单、民事上诉状、民事声请状、送达证书、往来公函、通知人名单、民事辩论笔录、民事宣判笔录、民事裁定书、民事判决书等。

1244. 四川高等法院第一分院、璧山实验地方法院审理请求交业一案 12－14－1216（1）

1941年5月至1944年8月，四川高等法院第一分院、璧山实验地方法院关于李相臣、陈邓氏因强权占有房屋妨害所有权产生纠葛而请求交业一案的文书，包括卷宗目录、民事诉状、民事答辩状、民事委任状、征收裁判费核定单、民事上诉状、案件审查表、案件审理单、民事声请状、送达证书、往来公函、通知人名单、民事辩论笔录、民事裁定书、民事判决书等。

1245. 最高法院、四川高等法院第一分院、璧山实验地方法院审理交业一案 12－14－1216（2）

1941年2月至1944年3月，最高法院、四川高等法院第一分院、璧山实验地方法院关于李相臣、陈邓氏因买卖契约产生纠葛而声请交业一案的文书，包括卷宗目录、民事缴费状、民事诉状、民事答辩状、民事上诉状、征收裁判费核定单、案件审查表、案件审理单、民事声请状、送达证书、往来公函、通知人名单、民事辩论笔录、民事裁定书、民事判决书等。

1246. 璧山县知事公署审理交业一案　12－14－1216（3）

1930年8月至1930年10月，璧山县知事公署关于李相臣、陈邓氏因违背契约产生纠葛而声请交业一案的文书，包括卷宗目录、民事答辩状、民事委任状、民事辩诉状、民事续呈状、民事和解笔录、征收裁判费核定单、案件审查表、案件审理单、民事声请状、送达证书、往来公函、通知人名单、民事辩论笔录、民事判决书等。

1247. 璧山实验地方法院审理所有权登记一案　12－14－1217

1944年7月至1946年8月，璧山实验地方法院关于张济霖声请登记产业所有权一案的文书，包括卷宗目录、不动产登记声请书、民事催讯状、不动产保证书、民事声明状、案件审查表、案件审理单、民事声请状、送达证书、往来公函、通知人名单、民事辩论笔录等。

1248. 璧山实验地方法院审理排除侵害一案　12－14－1218

1944年7月至1944年12月，璧山实验地方法院关于黄灿然、刘作霖因佃界侵害产生纠葛而声请排除侵害一案的文书，包括卷宗目录、民事诉状、征收裁判费核定单、案件审查表、案件审理单、民事声请状、送达证书、往来公函、通知人名单、民事辩论笔录、民事和解笔录等。

1249. 四川高等法院第一分院、璧山实验地方法院审理确认继承权一案　12－14－1219

1944年2月至1944年4月，四川高等法院第一分院、璧山实验地方法院关于张兴贞、张宇文因不服判决而声请确认继承权一案的文书，包括卷宗目录、民事辩诉状、民事上诉状、民事撤回状、民事诉状、征收裁判费核定单、案件审查表、案件审理单、民事声请状、送达证书、往来公函、通知人名单、民事辩论笔录、民事宣判笔录、民事判决书等。

1250. 四川高等法院第一分院、璧山实验地方法院审理确认佃约无效一案　12－14－1220

1944年3月至1944年4月，四川高等法院第一分院、璧山实验地方法院关于王寿廷、安树臣因返还田业纠葛而声请确认佃约无效一案的文书，包括卷宗目录、民事上诉状、民事委任状、民事答辩状、征收裁判费核定单、案件审查表、案件审理单、民事声请状、送达证书、往来公函、通知人名单、民事辩论笔录、民事宣判笔录、民事裁定书、民事判决书等。

1251. 璧山实验地方法院审理给付业价一案　12—14—1221

1944年9月至1945年1月，璧山实验地方法院关于陈维新、彭东上因债务纠葛而声请给付欠付的业价一案的文书，包括卷宗目录、民事上诉状、民事委任状、征收裁判费核定单、案件审查表、案件审理单、民事声请状、送达证书、往来公函、通知人名单、民事辩论笔录、民事裁定书等。

1252. 四川高等法院第一分院、璧山实验地方法院审理终止租约一案　12—14—1222

1944年4月至1944年12月，四川高等法院第一分院、璧山实验地方法院关于廖世德、严华贵因领押纠葛而声请终止租约一案的文书，包括卷宗目录、民事起诉状、民事上诉状、民事委任状、民事答辩状、民事缴状、征收裁判费核定单、案件审查表、案件审理单、民事声请状、送达证书、往来公函、通知人名单、民事辩论笔录、民事宣判笔录、民事裁定书、民事判决书等。

1253. 璧山实验地方法院审理分割遗产、赔偿损害等三案　12—14—1223

1944年4月至1944年8月，璧山实验地方法院关于凯徐氏、凯光明因债务纠葛而声请分割遗产，薛廷吾、李洁臣因什物房屋返还纠葛而声请赔偿损害，凯徐氏、凯光明因租谷纠葛而声请假扣押三案的文书，包括卷宗目录、民事起诉状、征收裁判费核定单、案件审查表、案件审理单、民事声请状、送达证书、往来公函、通知人名单、民事辩论笔录、民事宣判笔录、刑事判决书、民事判决书等。

1254. 四川高等法院第一分院、璧山实验地方法院审理给付价金调解、返还坟地两案　12—14—1224

1944年10月至1945年4月，四川高等法院第一分院、璧山实验地方法院关于王炳文、任吉山因耕牛出售发生纠葛而声请价金调解，龙汝贤、罗宪章因土地所有权纠葛而声请返还坟地两案的文书，包括卷宗目录、民事和解状、民事诉状、民事追加状、民事申明状、民事答辩状、征收裁判费核定单、案件审查表、案件审理单、民事声请状、送达证书、往来公函、通知人名单、民事辩论笔录、民事裁定书、民事判决书等。

1255. 最高法院、四川高等法院第一分院、璧山实验地方法院审理领款交约执行一案　12—14—1225

1928年2月至1944年4月，最高法院、四川高等法院第一分院、璧山实验地方法院关于苏茂林、胡汝王因债务纠葛而声请领款交约一案的文书，包括卷宗目录、民事执行状、征收裁判费核定单、案件审查表、案件审理单、民事声请状、送达证书、往来公函、通知人名单、民事辩论笔录、民事裁定书、民事判决书等。

1256. 四川高等法院第一分院、璧山实验地方法院审理保障所有物收益、返还田土等三案 12－14－1226

1944年6月至1944年9月，四川高等法院第一分院、璧山实验地方法院关于石全兴、石维章因债务回赎纠葛声请保障所有物收益，靳海荣、靳张氏因田产契约纠葛而声请返还田土，曾庆彝、李胡氏因搬迁交业而声请返还田房三案的文书，包括卷宗目录、征收裁判费核定单、案件审查表、案件审理单、民事上诉状、民事声请状、送达证书、往来公函、通知人名单、民事辩论笔录、民事宣判笔录、民事判决书等。

1257. 璧山实验地方法院审理偿还债款一案 12－14－1227（1）

1944年1月至1945年1月，璧山实验地方法院关于张国勋、张登云因股权债务纠葛而声请偿还债款一案的文书，包括卷宗目录、民事上诉状、民事答辩状、征收裁判费核定单、案件审查表、案件审理单、民事声请状、送达证书、往来公函、通知人名单、民事辩论笔录、民事宣判笔录、民事判决书等。

1258. 璧山实验地方法院审理给付黄谷一案 12－14－1227（2）

1944年3月至1945年4月，璧山实验地方法院关于曾光明、王德发因债务纠葛而声请给付黄谷一案的文书，包括卷宗目录、征收裁判费核定单、民事上诉状、民事自诉状、案件审查表、案件审理单、民事声请状、送达证书、往来公函、通知人名单、民事辩论笔录、民事判决书等。

1259. 璧山实验地方法院审理禁治产一案 12－14－1228

1944年10月至1944年11月，璧山实验地方法院关于魏董氏、魏树章因孤苦无依而声请禁治产一案的文书，包括卷宗目录、民事抗告状、刑事判决书、征收裁判费核定单、案件审查表、案件审理单、民事声请状、送达证书、往来公函、通知人名单、民事辩论笔录、民事和解笔录等。

1260. 璧山实验地方法院审理分约认证、宣告假执行、假扣押三案 12－14－1229

1944年1月至1944年7月，璧山实验地方法院关于王功氏因田业遗产契约纠葛而声请分约认证，向郁华、李森林因抗交租谷纠葛而声请宣告假执行，董文敏、李荣臣因承佃债务纠葛而声请假扣押三案的文书，包括卷宗目录、公证声请书、证明书、公证讯问笔录、征收裁判费核定单、案件审查表、案件审理单、民事声请状、送达证书、往来公函、通知人名单、民事辩论笔录、民事裁定书、民事判决书等。

1261. 璧山实验地方法院审理给付毛铁一案　12—14—1230

1940年9月至1944年1月，璧山实验地方法院关于黄清山、赖满堂因拖骗莫何而声请给付毛铁一案的文书，包括卷宗目录、民事执行文稿、民事执行命令、民事上诉状、征收裁判费核定单、案件审查表、案件审理单、民事声请状、送达证书、往来公函、通知人名单、民事辩论笔录、民事裁定书、民事判决书等。

1262. 四川高等法院第一分院、璧山实验地方法院审理异议之诉、请发支付命令等四案　12—14—1231

1944年2月至1944年10月，四川高等法院第一分院、璧山实验地方法院关于张泽涵、向周明因债务纠葛而声请异议之诉，甘纯良、谢李氏因租佃返还纠葛而声请执行异议之诉，曾长兴、曾洪安因债务返还纠葛而请发支付命令，段瑜思、王寿廷因租谷契约纠葛而支付命令四案的文书，包括卷宗目录、支付命令、征收裁判费核定单、案件审查表、案件审理单、民事声请状、送达证书、往来公函、通知人名单、民事辩论笔录、民事裁定书、民事判决书等。

1263. 璧山实验地方法院审理终止租约执行等两案　12—14—1232

1944年3月至1944年8月，璧山实验地方法院关于周陈氏、刘绍臣，江徐氏、王定模声请终止租约执行两案的文书，包括卷宗目录、民事执行命令、民事执行文稿、征收裁判费核定单、案件审查表、案件审理单、民事声请状、送达证书、往来公函、通知人名单、民事辩论笔录、民事判决书等。

1264. 四川高等法院第一分院、璧山实验地方法院审理调查证据、声请契约存查等三案　12—14—1233

1944年1月至1944年12月，四川高等法院第一分院、璧山实验地方法院关于高一分院声请调查证据，邓赵氏、白鸿兴因同居而声请户籍契约存查，田黄氏再醮声请备查三案的文书，包括卷宗目录、民事存查状、案件审理单、民事声请状、送达证书、往来公函等。

1265. 最高法院、四川高等法院第一分院、璧山实验地方法院审理确认物权转移契约无效及返还产业、赎产执行两案　12—14—1234

1943年2月至1944年2月，最高法院、四川高等法院第一分院、璧山实验地方法院关于张兴泰、陈兴仁因不动产所有权纠葛而声请确认物权转移契约无效及返还产业，石全兴、石维章声请赎产执行两案的文书，包括卷宗目录、征收裁判费核定单、民事答辩状、民事声明状、民事上诉状、案件审查表、案件审理单、民事声请状、送达证书、往来公函、通知人名单、民事辩论笔录、民事宣判笔录、民事裁定书、民事判决书等。

1266. 璧山实验地方法院审理给付面粉一案　12－14－1235

1944年8月至1944年10月，璧山实验地方法院关于刘大成、张君郁因商谈不成而声请给付面粉一案的文书，包括卷宗目录、民事告诉状、民事辩诉状、民事执行文稿、民事执行命令、征收裁判费核定单、案件审查表、案件审理单、民事声请状、送达证书、往来公函、通知人名单、民事辩论笔录、民事宣判笔录、民事判决书等。

1267. 璧山实验地方法院审理确认婚约、婚姻调解等两案　12－14－1236

1944年4月至1944年9月，璧山实验地方法院关于邓永材、徐林氏因婚而声请确认婚约，曾张氏、石王安声请调解婚姻纠葛两案的文书，包括卷宗目录、民事告诉状、征收裁判费核定单、案件审查表、案件审理单、民事委任状、民事辩诉状、民事声请状、送达证书、往来公函、通知人名单、民事辩论笔录、民事判决书等。

1268. 四川高等法院第一分院、璧山实验地方法院审理给付欠租声请止约付租等三案　12－14－1237

1944年8月至1944年9月，四川高等法院第一分院、璧山实验地方法院关于张治木、连友孚声请给付欠租，任家彬、邓治荣声请给付欠租，潘荣清、江银宣声请止约付租三案的文书，包括卷宗目录、民事上诉状、民事委任状、民事辩诉状、案件审查表、案件审理单、民事声请状、送达证书、往来公函、通知人名单、民事辩论笔录、民事裁定书、民事判决书等。

1269. 璧山实验地方法院审理交房调解、声请迁让房屋等三案　12－14－1238

1944年2月至1944年11月，璧山实验地方法院关于蒲海荣、江炳臣因佃期纠葛而声请交房调解，叶树猷、张茂廷因承佃契约纠葛而声请迁让房屋，周铭金、胡炳才因房屋谷田所有权纠葛而声请迁让房屋三案的文书，包括卷宗目录、民事诉状、民事委任状、民事起诉状、征收裁判费核定单、案件审查表、案件审理单、民事声请状、送达证书、往来公函、通知人名单、民事辩论笔录、民事宣判笔录、民事裁定书、刑事判决书、民事判决书等。

1270. 四川高等法院第一分院、璧山实验地方法院审理租谷、给付租谷执行等五案　12－14－1239

1942年9月至1944年11月，四川高等法院第一分院、璧山实验地方法院关于

杨万氏、杨发顺声请租谷，陈友义、徐石氏声请给付租谷执行，钟治轩、王云尧声请给付食谷，刘金臣、刘树涛声请返还黄谷，李森林、杨向氏声请返还黄谷五案的文书，包括卷宗目录、民事执行命令、民事执行文稿、民事领状、民事诉状、民事辩诉状、民事委任状、征收裁判费核定单、案件审查表、案件审理单、民事声请状、送达证书、往来公函、通知人名单、民事辩论笔录、民事裁定书、民事判决书、民事和解笔录等。

1271. 四川高等法院第一分院、璧山实验地方法院审理赎典执行一案　12－14－1240

1944 年 5 月至 1944 年 8 月，四川高等法院第一分院、璧山实验地方法院关于张石氏、廖海河因债务人抗不遵守判而声请赎典执行一案的文书，包括卷宗目录、民事执行状、民事执行文稿、民事执行命令、民事声明状、征收裁判费核定单、案件审查表、案件审理单、民事声请状、送达证书、往来公函、通知人名单、民事裁定书、民事判决书等。

1272. 四川高等法院第一分院、璧山实验地方法院审理止约还业假扣押一案　12－14－1241

1944 年 9 月至 1944 年 10 月，四川高等法院第一分院、璧山实验地方法院关于邓国民、张海臣因产业纠葛而声请止约还业假扣押一案的文书，包括卷宗目录、民事上诉状、民事答辩状、民事委任状、征收裁判费核定单、案件审查表、案件审理单、民事声请状、送达证书、往来公函、通知人名单、民事辩论笔录、民事宣判笔录、民事裁定书、民事判决书等。

1273. 最高法院、四川高等法院第一分院、璧山实验地方法院审理回赎典产一案　12－14－1242

1943 年 1 月至 1945 年 2 月，最高法院、四川高等法院第一分院、璧山实验地方法院关于冷春旭、罗五福因放赎典物纠葛而声请回赎典产一案的文书，包括卷宗目录、民事起诉状、民事委任状、民事声明状、征收裁判费核定单、案件审查表、案件审理单、民事声请状、送达证书、往来公函、通知人名单、民事辩论笔录、民事宣判笔录、民事裁定书、民事判决书等。

1274. 最高法院、四川高等法院第一分院、璧山实验地方法院审理交还产业一案　12－14－1243

1944 年 9 月，最高法院、四川高等法院第一分院、璧山实验地方法院关于李德钧、戴王氏因租赁纠葛而声请交还产业一案的文书，包括卷宗目录、民事上诉状、民事委任状、民事答辩状、征收裁判费核定单、案件审查表、案件审理单、民事声请状、送达证书、往来公函、通知人名单、民事辩论笔录、民事宣判笔录、民事判决书等。

1275. 最高法院、四川高等法院第一分院、璧山实验地方法院审理返还产业一案 12－14－1244

1944 年 2 月至 1944 年 7 月，最高法院、四川高等法院第一分院、璧山实验地方法院关于王富臣、王清海因解约有效而声请返还产业一案的文书，包括卷宗目录、民事抗告状、民事意见书、民事诉状、民事委任状、民事上诉状、征收裁判费核定单、案件审查表、案件审理单、民事声请状、送达证书、往来公函、通知人名单、民事裁定书、民事判决书等。

1276. 四川高等法院第一分院、璧山实验地方法院审理返还产业等三案 12－14－1245

1944 年 6 月至 1945 年 1 月，四川高等法院第一分院、璧山实验地方法院关于邹万盛、戴作三因经界早经判定而声请强制执行返还产业，刘定奕、高吉安声请返还产业执行尾卷，管海清、罗全太声请返还产业三案的文书，包括卷宗目录、民事告诉状、民事答辩状、民事辩诉状、民事执行状、民事执行命令、民事执行文稿、征收裁判费核定单、案件审查表、案件审理单、民事声请状、送达证书、往来公函、通知人名单、民事辩论笔录、民事宣判笔录、民事裁定书、民事判决书等。

1277. 四川高等法院第一分院、璧山实验地方法院审理给付黄谷等三案 12－14－1246

1944 年 6 月至 1944 年 12 月，四川高等法院第一分院、璧山实验地方法院关于李世纯、甘宗良，杨鲁三、梁钟兰，孙顾国、罗明高声请给付黄谷三案的文书，包括卷宗目录、民事和解笔录、民事上诉状、刑事委任状、民事理由状、民事委任状、民事辩诉状、征收裁判费核定单、案件审查表、案件审理单、民事声请状、送达证书、往来公函、通知人名单、民事辩论笔录、民事宣判笔录、民事裁定书、民事判决书等。

1278. 四川高等法院第一分院、璧山实验地方法院审理交房执行一案 12－14－1247

1944 年 7 月至 1944 年 8 月，四川高等法院第一分院、璧山实验地方法院关于郭永贤、陈伯起因抗不而声请交房执行一案的文书，包括卷宗目录、民事执行状、民事执行命令、民事执行文稿、民事声明状、民事委任状、民事债务状、征收裁判费核定单、案件审查表、案件审理单、民事声请状、送达证书、往来公函、通知人名单、民事裁定书、民事判决书等。

1279. 四川高等法院第一分院、璧山实验地方法院审理交业假扣押等四案　12－14－1248

1944年3月至1944年11月，四川高等法院第一分院、璧山实验地方法院关于吴王氏、彭蒿堂因纠葛而声请交业假扣押，王杨氏、张纪明，陈春林、陈金山，杨向氏、陈汉卿交业四案的文书，包括卷宗目录、民事上诉状、民事债务状、征收裁判费核定单、案件审查表、案件审理单、民事声请状、送达证书、往来公函、通知人名单、民事裁定书、民事判决书等。

1280. 四川高等法院第一分院、璧山实验地方法院审理领押交业等三案　12－14－1249

1944年4月至1944年12月，四川高等法院第一分院、璧山实验地方法院关于罗吉富因债务纠葛而声请领押交业、刘朝宗、冉封卿因租赁纠葛而声请领押交业、陈吉高因徐石氏违约霸佃不纳租而声请领押交业三案的文书，包括卷宗目录、民事委任状、民事辩诉状、民事起诉状、民事和解笔录、征收裁判费核定单、案件审查表、案件审理单、民事声请状、送达证书、往来公函、通知人名单等。

1281. 四川高等法院第一分院、璧山实验地方法院审理领押交业等两案　12－14－1250

1944年9月至1944年10月，四川高等法院第一分院、璧山实验地方法院关于潘荣清、汪银宣因违约欠租纠葛而声请领押交业，唐晓楼、欧金廷因违反租约而声请领押交业两案的文书，包括卷宗目录、民事诉状，民事委任状、民事答辩状、民事上诉状、征收裁判费核定单、案件审查表、案件审理单、民事声请状、送达证书、往来公函、通知人名单、民事辩论笔录、民事宣判笔录、民事裁定书、民事判决书等。

1282. 四川高等法院第一分院、璧山实验地方法院审理交业执行等五案　12－14－1251

1944年7月至1944年8月，四川高等法院第一分院、璧山实验地方法院关于五起交业执行案的文书，包括卷宗目录、民事执行状、民事声明状、民事抗告状、征收裁判费核定单、案件审查表、案件审理单、民事声请状、送达证书、往来公函、通知人名单、民事裁定书、民事判决书等。

1283. 璧山实验地方法院审理领证等四案　12－14－1252

1944年4月至1944年8月，璧山实验地方法院关于蔡辉全因领佃收字约以凭持往第二审讯明而声请领证，刘兴五张金铸瞿伦志声请领证四案的文书，包括卷宗目录、民事领状、案件审查表、案件审理单、民事声请状、送达证书、往来公函、通知人名单、民事辩论笔录等。

1284. 最高法院、四川高等法院第一分院、璧山实验地方法院审理确认大佃契约一案　12－14－1253

1943年12月至1944年7月，最高法院、四川高等法院第一分院、璧山实验地方法院关于王寿廷、安树臣因佃约及交还田业纠葛而声请确认大佃契约一案的文书，包括卷宗目录、民事上诉状、民事委任状、民事答辩状、民事理由状、征收裁判费核定单、案件审查表、案件审理单、民事声请状、送达证书、往来公函、通知人名单、民事辩论笔录、民事宣判笔录、民事裁定书、民事判决书等。

1285. 最高法院、四川高等法院第一分院、璧山实验地方法院审理放赎物一案　12－14－1254

1944年10月至1944年12月，最高法院、四川高等法院第一分院、璧山实验地方法院关于蒲汪氏、蒲茂林因不服判决而声请放赎物一案的文书，包括卷宗目录、民事委任状、民事上诉状、案件审理单、民事声请状、送达证书、往来公函、通知人名单、民事辩论笔录、民事裁定书、民事判决书等。

1286. 四川高等法院第一分院、璧山实验地方法院审理请求返还熟土一案　12－14－1255

1944年3月至1944年6月，四川高等法院第一分院、璧山实验地方法院关于江宗尧、江流史因债务纠葛而声请返还熟土一案的文书，包括卷宗目录、民事起诉状、民事委任状、民事辩诉状、征收裁判费核定单、案件审查表、案件审理单、民事声请状、送达证书、往来公函、通知人名单、民事辩论笔录、民事宣判笔录、民事判决书等。

1287. 四川高等法院第一分院、璧山实验地方法院审理返还田业一案　12－14－1256

1944年4月至1944年5月，四川高等法院第一分院、璧山实验地方法院关于邓国民、张海臣因佃约纠葛而声请返还田业一案的文书，包括卷宗目录、民事起诉状、民事告诉状、民事委任状、民事答辩状、征收裁判费核定单、案件审查表、案件审理单、民事声请状、送达证书、往来公函、通知人名单、民事辩论笔录、民事宣判笔录、民事判决书等。

1288. 四川高等法院第一分院、璧山实验地方法院审理回赎典产一案　12－14－1257

1944年8月至1944年9月，四川高等法院第一分院、璧山实验地方法院关于甘汝霖、甘宗良因债务纠葛而声请回赎典产一案的文书，包括卷宗目录、民事上诉状、民事委任状、民事答辩状、民事辩诉状、征收裁判费核定单、案件审查表、案件审理单、民事声请状、送达证书、往来公函、通知人名单、民事辩论笔录、民事宣判笔录、民事判决书等。

1289. 四川高等法院第一分院、璧山实验地方法院审理给付洋纱一案　12－14－1258

1944 年 8 月至 1944 年 9 月，四川高等法院第一分院、璧山实验地方法院关于赵位高、刘文光因欠纱不还而声请给付洋纱一案的文书，包括卷宗目录、民事理由状、民事答辩状、民事起诉状、民事委任状、民事上诉状、征收裁判费核定单、案件审查表、案件审理单、民事声请状、送达证书、往来公函、通知人名单、民事辩论笔录、民事宣判笔录、民事判决书等。

1290. 四川高等法院第一分院、璧山实验地方法院审理返还田业一案　12－14－1259

1944 年 10 月至 1945 年 1 月，四川高等法院第一分院、璧山实验地方法院关于徐郑氏、曾徐春因不服判决纠葛而声请返还田业一案的文书，包括卷宗目录、民事答辩状、民事诉状、民事上诉状、民事理由状、民事委任状、征收裁判费核定单、案件审查表、案件审理单、民事声请状、送达证书、往来公函、通知人名单、民事辩论笔录、民事宣判笔录、民事裁定书、民事判决书等。

1291. 最高法院、四川高等法院第一分院、璧山实验地方法院审理确认大佃契约无效暨领押交业一案　12－14－1260

1944 年 3 月至 1944 年 11 月，最高法院、四川高等法院第一分院、璧山实验地方法院关于白世昌、陈昌熙因不服判决而声请确认大佃契约无效暨领押交业一案的文书，包括卷宗目录、民事上诉状、民事理由状、民事答辩状、民事委任状、征收裁判费核定单、案件审查表、案件审理单、民事声请状、送达证书、往来公函、通知人名单、民事辩论笔录、民事宣判笔录、民事裁定书、民事判决书等。

1292. 四川高等法院第一分院、璧山实验地方法院审理止约交业一案　12－14－1261

1944 年 9 月至 1945 年 4 月，四川高等法院第一分院、璧山实验地方法院关于杨昆仑、彭东林因契约纠葛而声请止约交业一案的文书，包括卷宗目录、民事声明状、民事起诉状、民事委任状、民事答辩状、民事上诉状、征收裁判费核定单、案件审查表、案件审理单、民事声请状、送达证书、往来公函、通知人名单、民事辩论笔录、民事宣判笔录、民事裁定书、民事判决书等。

1293. 璧山县司法处审理存查一案　12－14－1262

1938 年 1 月至 1938 年 7 月，璧山县司法处关于尚学伍、雷江氏因债务纠葛而声请存查一案的文书，包括卷宗目录、民事辩诉状、民事声明状、征收裁判费核定单、案件审查表、案件审理单、送达证书、往来公函、通知人名单、民事辩论笔录、民事判决书等。

1294. 璧山实验地方法院审理抵押权登记等两案　12－14－1263

1944 年 4 月至 1944 年 12 月,璧山实验地方法院关于吴王氏、徐在洲声请抵押权登记两案的文书,包括卷宗目录、不动产登记声请书、不动产登记保证书、民事证明状、案件审查表、案件审理单、民事声请状、送达证书、往来公函、通知人名单、不动产图略、民事辩论笔录等。

1295. 璧山实验地方法院审理所有权登记一案　12－14－1264

1944 年 12 月至 1945 年 1 月,璧山实验地方法院关于陈仲尧、张方荣因田房纠葛而声请登记所有权一案的文书,包括卷宗目录、征收裁判费核定单、案件审查表、案件审理单、不动产登记声请书、不动产登记保证书、不动产图略、民事声请状、送达证书、往来公函、通知人名单、民事辩论笔录等。

1296. 璧山实验地方法院审理所有权登记等三案　12－14－1265

1943 年 12 月至 1944 年 7 月,璧山实验地方法院关于王冯瑗、邹辉麟、王槐风声请所有权登记三案的文书,包括卷宗目录、不动产登记保证书、不动产登记申请书、不动产图略、案件审查表、案件审理单、民事声请状、送达证书、往来公函、通知人名单等。

1297. 璧山实验地方法院审理所有权登记等三案　12－14－1266

1944 年 5 月至 1944 年 11 月,璧山实验地方法院关于雷见雯因房产纠葛而声请所有权登记,舒永华因田产纠葛而声请抵押权登记,封大炳声请抵押权登记三案的文书,包括卷宗目录、不动产登记保证书、不动产登记申请书、不动产地图、征收裁判费核定单、案件审查表、案件审理单、民事声请状、送达证书、往来公函、通知人名单、民事辩论笔录等。

1298. 四川高等法院第一分院、璧山实验地方法院审理租佃、确认契约无效等四案　12－14－1267

1944 年 2 月至 1944 年 3 月,四川高等法院第一分院、璧山实验地方法院关于王海龄因唯一房屋借用纠葛而声请租佃,罗吉清、刘厚禄因田业契约纠葛而声请确认契约无效,徐代发、徐璧武租谷纠葛,李海林、彭应久因田赋纠葛而声请确认买卖契约无效四案的文书,包括卷宗目录、民事诉状、民事委任状、征收裁判费核定单、案件审查表、案件审理单、民事声请状、送达证书、往来公函、通知人名单、民事辩论笔录、民事判决书等。

1299. 四川高等法院第一分院、璧山实验地方法院审理欠租假扣押、增加给付调解两案　12—14—1268

1944年4月至1944年11月，四川高等法院第一分院、璧山实验地方法院关于徐明辉、张徐氏声请欠租假扣押，吴庆云、谢增辉声请增加给付调解两案的文书，包括卷宗目录、民事调解状、民事委任状、民事上诉状、民事起诉状、民事抗告状、征收裁判费核定单、案件审查表、案件审理单、民事声请状、送达证书、往来公函、通知人名单、民事辩论笔录、民事宣判笔录、民事裁定书、民事判决书等。

1300. 最高法院、四川高等法院第一分院、璧山实验地方法院审理声请不动产登记、返还熟土等五案　12—14—1269

1944年5月至1944年11月，最高法院、四川高等法院第一分院、璧山实验地方法院关于孙集成、孙海林声请登记不动产，薛贡材、朱义之声请返还熟土，刘厚福、罗长元声请确认田产契约有效，张翔鳌、张志良声请返还田业执行，张朝富、张文太声请收回田业调解五案的文书，包括卷宗目录、民事执行状、民事上诉状、民事委任状、民事和解笔录、民事抗告状、征收裁判费核定单、案件审查表、案件审理单、民事声请状、送达证书、往来公函、通知人名单、民事辩论笔录、民事裁定书、民事判决书等。

1301. 四川高等法院第一分院、璧山实验地方法院审理声请押金提存、声请领证等三案　12—14—1270

1944年1月至1944年4月，四川高等法院第一分院、璧山实验地方法院关于张泰康、廖兴发声请押金提存，罗吉清为确认大佃契约无效而声请领还证物，王海滨、曹裕光声请给付原酒执行三案的文书，包括卷宗目录、民事领状、民事执行状、民事委任状、案件审查表、案件审理单、民事声请状、送达证书、往来公函、通知人名单、民事辩论笔录、民事判决书等。

1302. 最高法院、四川高等法院第一分院、璧山实验地方法院审理赎典执行三案　12—14—1271

1944年4月至1944年7月，最高法院、四川高等法院第一分院、璧山实验地方法院关于彭陈氏、彭文兴申请执行回赎典产，邹周瑞芳、箫鼎三声请调解回赎典产，王浩碧声请登记典权三案的文书，包括卷宗目录、民事委任状、民事执行命令、民事执行文稿、民事和解状、不动产登记申请书、不动产登记保证书、案件审查表、案件审理单、民事声请状、送达证书、往来公函、通知人名单、民事辩论笔录、民事裁定书、民事判决书等。

1303. 最高法院、四川高等法院第一分院、璧山实验地方法院审理典产、确认典价等三案　12－14－1272

1943年6月至1944年11月，最高法院、四川高等法院第一分院、璧山实验地方法院关于余绍舟、余明高声请回赎典产，罗雷氏、邱海清声请确认典价，张罗氏声请田业认证三案的文书，包括卷宗目录、民事告诉状、公证声请书、公证讯问笔录、民事上诉状、征收裁判费核定单、案件审查表、案件审理单、民事声请状、送达证书、往来公函、通知人名单、民事辩论笔录、民事裁定书、民事判决书等。

1304. 璧山实验地方法院审理佃权登记、声请遗产契约认证等三案　12－14－1273

1944年4月至1944年8月，璧山实验地方法院关于张国勋声请佃权登记，陈泽桑声请遗产契约认证，杨李氏、箫益盛声请解除租约三案的文书，包括卷宗目录、公证声请书、授权书、公证讯问笔录、不动产登记声请书、不动产登记裁决、征收裁判费核定单、案件审查表、案件审理单、民事声请状、送达证书、往来公函、通知人名单、民事裁定书等。

1305. 璧山实验地方法院审理债务、租佃纠葛两案　12－14－1274

1943年2月至1945年8月，璧山实验地方法院关于龙祥润声请债务，肖渊洲租佃纠葛两案的文书，包括卷宗目录、征收裁判费核定单、案件审查表、案件审理单、民事声请状、送达证书、往来公函、通知人名单、民事辩论笔录、民事判决书等。

1306. 四川高等法院第一分院、璧山实验地方法院审理碾房原状、自主配偶等五案　12－14－1275

1944年3月至1945年1月，四川高等法院第一分院、璧山实验地方法院关于刘益兴、刘尊常声请碾房原状，赵张氏声请自主配偶，吴光全声请债务担保人受累存查，叶炳顺、何昌绪声请停止租谷执行，徐明辉、张徐氏因租谷扣押而声请抗告五案的文书，包括卷宗目录、案件审查表、案件审理单、民事声请状、送达证书、往来公函、通知人名单、民事辩论笔录、民事裁定书、民事判决书等。

1307. 重庆地方法院、璧山实验地方法院审理请求清偿欠款、给付欠款执行等三案　12－14－1276

1944年2月至1945年6月，重庆地方法院、璧山实验地方法院关于万普光请求清偿欠款、给付欠款执行，曹银良、东兴楼声请罚锾执行三案的文书，包括卷宗目录、民事委任状、民事执行命令、民事执行文稿、民事诉状、刑事裁定书、民事保状、征收裁判费核定单、案件审查表、案件审理单、民事声请状、送达证书、往来公函、通知人名单、民事辩论笔录、民事判决书等。

1308. 璧山实验地方法院审理迁让执行、迁让两案　12－14－1277

1944 年 1 月至 1944 年 2 月，璧山实验地方法院关于谢荣普、戴刘氏声请迁让执行，朱义之、薛贡材声请迁让两案的文书，包括卷宗目录、民事执行文稿、民事执行命令、民事执行状、民事判决书、民事委任状、征收裁判费核定单、案件审查表、案件审理单、民事声请状、送达证书、往来公函、通知人名单、民事辩论笔录、民事宣判笔录等。

1309. 璧山实验地方法院审理返还借款、清偿债务等三案　12－14－1278

1944 年 6 月至 1944 年 10 月，璧山实验地方法院关于谷安信、金玉臣声请返还借款，刘泽钧声请清偿债务，景亮钧声请债务执行三案的文书，包括卷宗目录、征收裁判费核定单、案件审查表、案件审理单、民事执行状、民事声请状、送达证书、往来公函、通知人名单、民事辩论笔录、民事宣判笔录、民事判决书等。

1310. 四川高等法院第一分院、璧山实验地方法院审理三起给付租谷案　12－14－1279

1940 年 1 月至 1944 年 8 月，四川高等法院第一分院、璧山实验地方法院关于三起声请给付租谷案的文书，包括卷宗目录、民事诉状、民事执行状、案件审查表、案件审理单、民事声请状、送达证书、往来公函、通知人名单、民事辩论笔录、民事宣判笔录、民事裁定书、民事判决书等。

1311. 四川高等法院第一分院、璧山实验地方法院审理三起领押交业案　12－14－1280

1944 年 6 月至 1944 年 10 月，四川高等法院第一分院、璧山实验地方法院关于三起领押交业案的文书，包括卷宗目录、民事和解笔录、民事执行命令、民事上诉状、民事执行文稿、征收裁判费核定单、案件审查表、案件审理单、民事声请状、送达证书、往来公函、民事起诉状、民事委任状、民事答辩状、通知人名单、民事辩论笔录、民事宣判笔录、民事裁定书、民事判决书等。

1312. 璧山实验地方法院审理齐全清偿食谷、给付黄谷执行两案　12－14－1281

1944 年 5 月至 1944 年 6 月，璧山实验地方法院关于谢增辉、吴庆云声请清偿食谷，李永昌、李树辉声请给付黄谷执行两案的文书，包括卷宗目录、民事诉状、民事上诉状、民事委任状、民事执行状、征收裁判费核定单、案件审查表、案件审理单、民事声请状、送达证书、往来公函、通知人名单、民事辩论笔录、民事宣判笔录、民事裁定书、民事判决书等。

1313. 四川高等法院第一分院、璧山实验地方法院审理交业调解、交业等五案 12－14－1282

1944年5月至1944年7月,四川高等法院第一分院、璧山实验地方法院关于戴承荣、戴世福因不支付契约所定田赋而声请交业,尹伯凯、罗雷氏因佃权纠葛而声请领价交业,张德安因田房纠葛而声请交业执行,周鸣远声请领押交业执行,罗鸣鸾、彭雨高声请领押五案的文书,包括卷宗目录、征收裁判费核定单、民事执行命令、民事执行文稿、民事执行状、案件审查表、案件审理单、民事声请状、送达证书、往来公函、通知人名单、民事辩论笔录、民事判决书等。

1314. 璧山实验地方法院审理抵押权登记所有权登记、拍卖权等五案 12－14－1283

1944年6月至1944年12月,璧山实验地方法院关于谢谷氏、王君禄、易圣广三起声请抵押权登记,王君禄声请所有权登记,陈祥德声请拍卖权五案的文书,包括卷宗目录、不动产登记申请书、不动产登记保证书、民事委任状、民事诉状、民事参加状、民事中止状、征收裁判费核定单、案件审查表、案件审理单、民事声请状、送达证书、往来公函、通知人名单、民事辩论笔录、民事宣判笔录、民事裁定书、民事判决书等。

1315. 四川高等法院第一分院、璧山实验地方法院审理所有权登记、假处分等五案 12－14－1284

1944年3月至1944年12月,四川高等法院第一分院、璧山实验地方法院关于孙集,徐大吉声请所有权登记,彭陈氏、彭文兴因回赎佃物纠葛而声请假处分,周泽厚、石光荣因达成和解而声请撤销黄谷假扣押,李永昌、李树辉因租谷纠葛而声请宣告假执行五案的文书,包括卷宗目录、不动产登记声请书、不动产登记裁决、不动产登记保证书、民事保状、民事领状、征收裁判费核定单、案件审查表、民事和解笔录、案件审理单、民事声请状、送达证书、往来公函、通知人名单、民事裁定书、民事判决书等。

1316. 璧山实验地方法院审理所有权登记一案 12－14－1285

1944年7月至1944年10月,璧山实验地方法院关于吴王氏为确认田地房屋所有权而声请不动产所有权登记一案的文书,包括卷宗目录、不动产登记申请书、不动产登记保证书、案件审查表、法院命令、案件审理单、民事声请状、送达证书、往来公函、通知人名单等。

1317. 璧山实验地方法院审理假扣押等两案　12－14－1286

1944 年 6 月至 1944 年 9 月，璧山实验地方法院关于张徐氏、徐明辉因房屋田基收益纠葛而声请假扣押，赵洪武、王国良因不服裁定而声请假扣押两案的文书，包括卷宗目录、案件审理单、民事声请状、送达证书、往来公函、通知人名单、民事裁定书等。

1318. 璧山实验地方法院审理声请撤销假扣押、请发支付命令等五案　12－14－1287

1944 年 3 月至 1944 年 10 月，璧山实验地方法院关于陈桂贞、陈汉忠声请撤销假扣押，李永昌、段瑜思、景亮钧、李克仕四起支付命令共五案的文书，包括卷宗目录、征收裁判费核定单、案件审查表、案件审理单、民事声请状、送达证书、往来公函、通知人名单、法院支付命令五等。

1319. 四川高等法院第一分院、璧山实验地方法院审理请求终止租约一案　12－14－1288

1943 年 12 月至 1944 年 7 月，四川高等法院第一分院、璧山实验地方法院关于赵洪武、王国良因欠租已经长达两年而声请终止租约一案的文书，包括卷宗目录、民事上诉状、民事委任状、民事答辩状、征收裁判费核定单、案件审查表、案件审理单、民事声请状、送达证书、往来公函、通知人名单、民事辩论笔录、民事宣判笔录、民事和解笔录、民事判决书等。

1320. 璧山实验地方法院审理给付黄谷一案　12－14－1289

1944 年 11 月至 1945 年 1 月，璧山实验地方法院关于江宗益、江泽海因田业佃产纠葛而声请给付黄谷一案的文书，包括卷宗目录、民事起诉状、民事委任状、案件审查表、案件审理单、民事声请状、送达证书、往来公函、通知人名单、民事辩论笔录、民事宣判笔录、民事判决书等。

1321. 璧山实验地方法院审理放赎田产一案　12－14－1290

1944 年 5 月至 1944 年 8 月，璧山实验地方法院关于邹炳云、邹治清因佃期契约纠葛而声请放赎田产一案的文书，包括卷宗目录、民事起诉状、民事委任状、案件审查表、案件审理单、民事声请状、送达证书、往来公函、通知人名单、民事辩论笔录、民事宣判笔录、民事判决书等。

1322. 璧山实验地方法院审理所有权登记一案　12－14－1291

1944 年 4 月至 1944 年 7 月，璧山实验地方法院关于舒谭氏因请予鉴核备查而声请所有权登记一案的文书，包括卷宗目录、民事诉状、不动产登记申请书、不动产登记保证书、征收裁判费核定单、案件审查表、案件审理单、民事声请状、送达证书、往来公函、通知人名单、民事辩论笔录等。

1323. 永川地方法院、璧山实验地方法院审理返还谷款一案　12－14－1292

1944年5月至1945年5月，永川地方法院、璧山实验地方法院关于黄松乔、黄一鉴因给付纠葛而声请返还谷款一案的文书，包括卷宗目录、民事委任状、民事起诉状、民事抗告状、民事催状、征收裁判费核定单、案件审查表、案件审理单、民事声请状、送达证书、往来公函、通知人名单、民事辩论笔录、民事宣判笔录、民事裁定书、民事判决书等。

1324. 璧山实验地方法院审理赔偿黄谷执行一案　12－14－1293

1944年8月至1944年10月，璧山实验地方法院关于张仕贵因黄树荣连续抢夺而声请赔偿黄谷执行一案的文书，包括卷宗目录、民事执行状、民事诉讼状、案件审查表、案件审理单、民事声请状、送达证书、往来公函、通知人名单、民事裁定书、刑事判决书等。

1325. 璧山实验地方法院审理返还黄谷一案　12－14－1294

1944年9月至1944年10月，璧山实验地方法院关于何石氏、何裕昆因生活困难而声请返还黄谷一案的文书，包括卷宗目录、民事起诉状、民事反诉状、民事委任状、民事答辩状、案件审查表、案件审理单、民事声请状、送达证书、往来公函、通知人名单、民事辩论笔录、民事和解笔录等。

1326. 璧山实验地方法院审理交房执行一案　12－14－1295

1944年12月至1945年7月，璧山实验地方法院关于刘氏宗、汪海帆因搬迁纠葛而声请交房执行一案的文书，包括卷宗目录、民事执行状、民事委任状、民事执行命令、民事执行文稿、案件审查表、案件审理单、民事声请状、送达证书、往来公函、通知人名单、民事辩论笔录等。

1327. 璧山实验地方法院审理返还院坝一案　12－14－1296

1943年12月至1944年5月，璧山实验地方法院关于张康宁因土地水利被侵夺，农作物受到损害而声请返还院坝一案的文书，包括卷宗目录、民事答辩状、民事委任状、民事上诉状、征收裁判费核定单、案件审查表、案件审理单、民事声请状、送达证书、往来公函、通知人名单、民事辩论笔录、民事和解笔录等。

1328. 璧山实验地方法院审理请求返还产业一案　12—14—1297

1944年8月至1944年9月，璧山实验地方法院关于张正煜、许璧麟因交还管理的产业纠葛而声请返还产业一案的文书，包括卷宗目录、民事起诉状、民事委任状、民事答辩状、征收裁判费核定单、案件审查表、案件审理单、民事声请状、送达证书、往来公函、通知人名单、民事辩论笔录、民事宣判笔录、民事判决书等。

1329. 璧山实验地方法院审理继承权登记一案　12—14—1298

1944年2月至1944年7月，璧山实验地方法院关于吴述尧声请继承权登记一案的文书，包括卷宗目录、不动产登记申请书、不动产登记保证书、民事声请状、送达证书、往来公函、通知人名单、民事辩论笔录等。

1330. 璧山实验地方法院审理所有权登记一案　12—14—1299

1944年10月至1944年11月，璧山实验地方法院关于封大炳因补缴证件而声请登记所有权一案的文书，包括卷宗目录、不动产登记申请书、不动产登记保证书、案件审查表、案件审理单、民事声请状、送达证书、往来公函、通知人名单、民事辩论笔录等。

1331. 四川高等法院第一分院、璧山实验地方法院审理确认加佃契约有效一案　12—14—1300

1944年7月至1945年3月，四川高等法院第一分院、璧山实验地方法院关于罗吉清、刘厚禄因不服判决声请加佃契约有效一案的文书，包括卷宗目录、民事上诉状、民事公证状、民事委任状、民事抗告状、征收裁判费核定单、案件审查表、案件审理单、民事声请状、送达证书、往来公函、通知人名单、民事辩论笔录、民事宣判笔录、民事裁定书、民事判决书等。

1332. 璧山实验地方法院审理确认加佃契约有效一案　12—14—1301

1944年3月至1944年6月，璧山实验地方法院关于罗吉清、刘厚禄因确认大佃契约无效纠葛而声请确认加佃契约有效一案的文书，包括卷宗目录、民事起诉状、民事委任状、征收裁判费核定单、案件审查表、案件审理单、民事声请状、送达证书、往来公函、通知人名单、民事辩论笔录、民事裁定书、民事判决书等。

1333. 璧山实验地方法院审理回赎典产一案　12—14—1302

1944年9月至1944年12月，璧山实验地方法院关于程汉卿、程裕光因典价纠葛而声请回赎典产一案的文书，包括卷宗目录、征收裁判费核定单、民事起诉状、民事委任状、民事告诉状、案件审查表、案件审理单、民事声请状、送达证书、往来公函、通知人名单、民事辩论笔录、民事宣判笔录、民事判决书等。

1334. 四川高等法院第一分院、璧山实验地方法院审理领约交业执行一案　12—14—1303

1944年9月至1944年10月，四川高等法院第一分院、璧山实验地方法院关于赵秉械、赵位高因租约和解纠葛而声请领约交业执行一案的文书，包括卷宗目录、民事起诉状、民事执行命令、民事执行文稿、民事和解笔录、民事声明状、民事诉状、民事抗告状、征收裁判费核定单、案件审查表、案件审理单、民事声请状、送达证书、往来公函、通知人名单、民事辩论笔录、民事宣判笔录、民事裁定书等。

1335. 璧山实验地方法院审理所有权登记一案　12—14—1304

1944年5月至1944年11月，璧山实验地方法院关于胡绍章为明确兄弟四人分管的不动产产业而声请所有权登记一案的文书，包括卷宗目录、征收裁判费核定单、案件审查表、案件审理单、民事声请状、送达证书、往来公函、通知人名单、民事辩论笔录、不动产登记申请书、不动产登记保证书等。

1336. 璧山实验地方法院审理执行异议之诉一案　12—14—1305

1944年10月至1944年12月，璧山实验地方法院关于孙光彬、石怀友因收回典产纠葛而声请执行异议之诉一案的文书，包括卷宗目录、民事起诉状、民事委任状、征收裁判费核定单、案件审查表、案件审理单、民事声请状、送达证书、往来公函、通知人名单、民事辩论笔录、民事宣判笔录、民事判决书等。

1337. 璧山实验地方法院审理领押交业一案　12—14—1306

1944年7月至1944年10月，璧山实验地方法院关于黄协昌、陈金安因终止租赁契约领押搬迁产生纠葛而声请领押交业一案的文书，包括卷宗目录、民事上诉状、民事委任状、征收裁判费核定单、案件审查表、案件审理单、民事声请状、送达证书、往来公函、通知人名单、民事辩论笔录、民事宣判笔录、民事判决书等。

1338. 璧山实验地方法院审理给付租谷一案　12—14—1307

1944年11月至1944年12月，璧山实验地方法院关于徐金祥彭家凤欠租久不偿还而声请给付租谷一案的文书，包括卷宗目录、民事起诉状、民事公证状、民事答辩状、民事参加状、征收裁判费核定单、案件审查表、案件审理单、民事声请状、送达证书、往来公函、通知人名单、民事辩论笔录、民事宣判笔录、民事判决书等。

1339. 诉案进行簿　12—14—1308

1944 年 6 月至 1944 年 12 月，诉讼进行簿，包括声请清算货款、确认所有权、请求支付菜饼、请求给付欠租、请求搬迁交房、请求给付租谷、请求终止租约、请求搬迁交业、请求返还借物、请求返还稻草、经界、返还洋纱、请求增加租金、执行异议、声请交还房屋、给付押银、返还批押、赔偿损失、损害赔偿、返还白布、给付食谷、给付票款、给付食米、赔偿典物、声请领押交业、清算欠款等诉讼进行簿。

民事十五

1. 璧山实验地方法院审理婚姻纠葛一案　12－15－1

1945 年 11 月至 1946 年 1 月，璧山实验地方法院关于胡世芬提请离婚引起的婚姻纠葛一案的文书，包括民事诉状、民事反诉状、民事传票、送达证书、点名单、民事辩论笔录、民事缴状、民事宣判笔录、和解笔录、民事判决书等。

2. 最高法院、四川高等法院第一分院、璧山实验地方法院审理典物纠葛上诉一案　12－15－2

1944 年 11 月至 1945 年 5 月，最高法院、四川高等法院第一分院、璧山实验地方法院关于蒲汪氏不服放赎典物案的判决提请上诉一案的文书，包括四川高等法院第一分院书记室公函、民事上诉状、点名单、四川高等法院第一分院民事裁定书、最高法院书记厅公函稿、送达证书、民事答辩状、最高法院民事裁定书等。

3. 最高法院、四川高等法院第一分院、璧山实验地方法院审理土地纠葛上诉一案　12－15－3

1944 年 11 月至 1945 年 8 月，最高法院、四川高等法院第一分院、璧山实验地方法院关于江流文不服返还熟土并且赔偿损失案的判决提请上诉一案的文书，包括民事上诉状、点名单、四川高等法院第一分院民事裁定书、往来公函、民事证明书、民事答辩状、送达证书、最高法院民事裁定书等。

该卷另附有地图及说明一张。

4. 璧山实验地方法院审理欺诈一案　12－15－4

1945 年 9 月至 1946 年 8 月，璧山实验地方法院关于陈国良冒充军官欺诈而被起诉一案的文书，包括璧山实验地方法院检察官起诉书、刑事传票、送达证书、点名单、刑事审判笔录、刑事申请书、刑事保状、璧山实验地方法院通缉书、璧山实验地方法院令等。

5. 璧山实验地方法院审理兵役纠葛一案　12－15－5

1945 年 7 月至 1945 年 9 月，璧山实验地方法院关于敖心忠逃跑不服兵役而被起诉一案的文书，包括往来公函、调查报告、璧山实验地方法院检察官案件进行单、讯问笔录、提票、点名单、送达证书、刑事声请书、璧山实验地方法院检察官起诉书等。

该卷另附有保外就医申请书、陆军第十八军暂编第三十四师干部训练班结业证书各一张。

6. 四川高等法院第一分院、璧山实验地方法院审理租约纠葛一案　12－15－6

1945 年 9 月至 1946 年 8 月，四川高等法院第一分院、璧山实验地方法院关于喻树章房屋田地租赁引起的租约纠葛一案的文书，包括民事诉状、民事辩诉状、民事传票、送达证书、民事辩论笔录、民事声请书、民事声明书、民事宣判笔录、原民事判决书、原民事裁定书、民事上诉状、往来公函、四川高等法院第一分院民事判决书等。

该卷另附有璧山县龙溪乡第一保保办处证明书一张。

7. 璧山实验地方法院审理租约纠葛一案　12－15－7（1）

1945 年 6 月至 1945 年 8 月，璧山实验地方法院关于罗光永房屋租赁租约纠葛一案的文书，包括民事诉状、民事答辩状、民事委任状、民事传票、送达证书、民事辩论笔录、璧山县警察局公函、民事宣判笔录、民事判决书、民事裁定书等。

8. 四川高等法院第一分院、璧山实验地方法院审理租约纠葛上诉一案　12－15－7（2）

1945 年 6 月至 1945 年 9 月，四川高等法院第一分院、璧山实验地方法院关于罗光永不服房屋租赁引起的租约纠葛案的判决提请上诉一案的文书，包括往来公函、民事上诉状、民事辩论笔录、民事委任状、四川高等法院第一分院民事裁定书、送达证书、四川高等法院第一分院民事判决书等。

9. 璧山实验地方法院审理赔偿纠葛一案　12－15－8

1945 年 4 月至 1945 年 8 月，璧山实验地方法院关于彭刘氏树木损失要求赔偿一案的文书，包括民事诉状、民事委任状、民事传票、送达证书、民事辩论笔录、证人结文、点名单、民事宣判笔录、民事判决书等。

10. 璧山实验地方法院审理典产纠葛一案　12—15—9

1945 年 3 月至 1945 年 6 月,璧山实验地方法院关于李吉生回赎典产引起的典产纠葛一案的文书,包括民事诉状、民事请更正书、民事传票、送达证书、民事答辩状、民事委任状、民事辩论笔录、民事宣判笔录、民事判决书等。

11. 最高法院、四川高等法院第一分院、璧山实验地方法院审理继承权纠葛、租约纠葛两案　12—15—10

1945 年 5 月至 1945 年 11 月,最高法院、四川高等法院第一分院、璧山实验地方法院关于王柯氏与王明中继承权纠葛、龚敬之租约纠葛两案的文书,包括民事诉状、民事委任状、民事答辩状、民事传票、送达证书、点名单、民事辩论笔录、原民事宣判笔录、璧山实验地方法院民事判决书、民事上诉状、民事声请书、四川高等法院第一分院书记室公函等。

12. 四川高等法院第一分院、璧山实验地方法院审理粮食纠葛上诉一案　12—15—11

1945 年 6 月至 1945 年 11 月,四川高等法院第一分院、璧山实验地方法院关于张青云因田租引起的粮食纠葛上诉一案的文书,包括民事诉状、民事传票、送达证书、点名单、民事辩论笔录、民事委任状、民事宣判笔录、璧山实验地方法院民事判决书、往来公函、民事上诉状、四川高等法院第一分院民事和解书等。

该卷另附有凭票数张。

13. 四川高等法院第一分院、璧山实验地方法院审理遗产纠葛一案　12—15—12

1945 年 7 月至 1945 年 11 月,四川高等法院第一分院、璧山实验地方法院关于胡开举因请求交付保管遗产而引起的遗产纠葛一案的文书,包括民事诉状、民事委任状、民事传票、送达证书、民事辩论笔录、民事辩诉状、民事宣判笔录、民事判决书、民事上诉状、往来公函、四川高等法院第一分院民事判决书等。

该卷另附有遗嘱抄本一件。

14. 璧山实验地方法院审理返还契约、证件一案　12—15—13

1945 年 3 月至 1945 年 5 月,璧山实验地方法院关于李刘氏请求返还树木转卖等契约、证件一案的文书,包括民事声请书、民事委任状、点名单、民事传票、送达证书、民事辩论笔录等。

15. 璧山实验地方法院审理给付公费一案　12—15—14

1945 年 11 月至 1945 年 12 月,璧山实验地方法院关于王光采请求给付公费一案的文书，包括民事诉状、民事辩诉状、民事传票、送达证书、点名单、民事辩论笔录、民事委任状、民事声请书等。

16. 璧山实验地方法院审理确认买卖无效一案　12—15—15

1945 年 9 月至 1946 年 1 月，璧山实验地方法院关于胡光璧要求确认买卖无效一案的文书，包括民事诉状、民事答辩书、民事委任状、民事传票、送达证书、点名单、民事辩论笔录、民事辩诉状、证人结文、民事宣判笔录、民事判决书等。

该卷另附有抄呈一件、田赋及借粮收据两张。

17. 四川高等法院第一分院、璧山实验地方法院审理典产纠葛一案　12—15—16

1945 年 6 月至 1946 年 1 月，四川高等法院第一分院、璧山实验地方法院关于胡致中回赎田产等典产引起的典产纠葛一案的文书，包括民事诉状、民事诉请状、璧山县转龙乡第五保保办公处呈件、民事委任状、民事答辩书、民事传票、送达证书、点名单、民事辩论笔录、民事裁定书、民事宣判笔录、民事判决书、往来公函、民事上诉状、民事撤诉状等。

18. 四川高等法院第一分院、璧山实验地方法院审理租赁纠葛一案　12—15—17

1945 年 5 月至 1946 年 1 月，四川高等法院第一分院、璧山实验地方法院关于胡治荣要求终止田业租赁引起的租赁纠葛一案的文书，包括民事诉状、民事委任状、民事辩诉状、民事传票、送达证书、点名单、民事辩论笔录、民事公证书、证人结文、民事宣判笔录、璧山实验地方法院民事判决书、民事上诉状、往来公函、四川高等法院第一分院民事裁定书等。

19. 最高法院、四川高等法院第一分院、璧山实验地方法院审理典产纠葛上诉一案　12—15—18

1945 年 7 月至 1945 年 10 月，最高法院、四川高等法院第一分院、璧山实验地方法院关于甘汝霖不服回赎典产纠葛案判决提请上诉一案的文书，包括民事上诉状、四川高等法院第一分院民事裁定书、民事缴状、民事答辩书、最高法院判决书、送达证书等。

20. 四川高等法院第一分院、璧山实验地方法院审理租约纠葛一案　12—15—19

1945 年 10 月至 1946 年 9 月，四川高等法院第一分院、璧山实验地方法院关于陈治荣解除田产租约而引起的租约纠葛一案的文书，包括民事诉状、民事答辩书、民事传票、送达证书、民事辩论笔录、民事宣判笔录、璧山实验地方法院民事判决书、民事委任状、民事上诉状、往来公函、四川高等法院第一分院民事判决书等。

21. 四川高等法院第一分院、璧山实验地方法院审理耕作费纠葛一案　12－15－20

1945年7月至1946年5月，四川高等法院第一分院、璧山实验地方法院关于彭雨膏请求返还支出耕作费用引起的耕作费纠葛一案的文书，包括民事诉状、民事委任状、民事传票、送达证书、点名单、民事辩论笔录、民事证明书、民事宣判笔录、璧山实验地方法院民事判决书、往来公函、民事上诉状、四川高等法院第一分院通知书等。

22. 四川高等法院第一分院、璧山实验地方法院审理婚姻纠葛一案　12－15－21

1945年7月至1946年3月，四川高等法院第一分院、璧山实验地方法院关于赵锡恩婚姻的有效性引起的婚姻纠葛一案的文书，包括民事诉状、民事传票、送达证书、民事答辩书、民事委任书、点名单、民事辩论笔录、民事宣判笔录、璧山实验地方法院民事判决书、往来公函、民事上诉状、四川高等法院第一分院民事判决书等。

23. 璧山实验地方法院审理产业纠葛一案　12－15－22

1945年11月至1947年3月，璧山实验地方法院关于白代辉请求撤销返还产业执行命令一案的文书，包括璧山实验地方法院民事执行文稿、民事声请书、民事保状、点名单、民事声明书、璧山实验地方法院民事执行命令、交业笔录、民事委任书、民事执行书、民事辩论笔录、民事传票、送达证书、璧山实验地方法院训令、布告、民事催状、民事执行通知书、璧山实验地方法院公告等。

24. 璧山实验地方法院审理债务纠葛一案　12－15－23

1945年12月，璧山实验地方法院关于景亮钧请求清还债务的民事声请一案的文书，包括民事声请书、民事委任状、民事撤诉状等。

25. 璧山实验地方法院审理交业纠葛一案　12－15－24

1945年10月至1945年11月，璧山实验地方法院关于曾严氏耕地房屋租约已满要求交业引起的交业纠葛一案的文书，包括民事诉状、民事委任状、民事传票、送达证书、点名单、民事辩论笔录、民事宣判笔录、民事判决书等。

26. 璧山实验地方法院审理交业纠葛一案　12－15－25

1945年7月至1945年11月，璧山实验地方法院关于龚学良耕地租约已满要求交业引起的交业纠葛一案的文书，包括民事诉状、民事传票、送达证书、点名单等。

该卷另附有书信一封。

27. 最高法院、四川高等法院第一分院、壁山实验地方法院审理租赁纠葛上诉一案　12－15－26

1945 年 4 月至 1946 年 5 月，最高法院、四川高等法院第一分院、璧山实验地方法院关于代王氏要求返还租赁物引起的租赁纠葛上诉一案的文书，包括民事上诉状、往来公函、四川高等法院第一分院民事裁定书、最高法院判决书、送达证书等。

28. 四川高等法院第一分院、璧山实验地方法院审理遗产纠葛一案　12－15－27

1945 年 11 月至 1946 年 3 月，四川高等法院第一分院、璧山实验地方法院关于姜李氏等遗产分割引起的遗产纠葛一案的文书，包括璧山实验地方法院呈件、民事抗告状、民事诉请书、往来公函、四川高等法院第一分院民事裁定书、璧山实验地方法院民事判决书、送达证书等。

29. 璧山实验地方法院审理产业纠葛一案　12－15－28

1945 年 3 月至 1945 年 4 月，璧山实验地方法院关于王海滨等产业分割引起的产业纠葛一案的文书，包括民事诉状、民事传票、送达证书、点名单、民事辩论笔录、民事证明书、民事声请书、民事辩诉状、民事委任状、民事宣判笔录、民事判决书等。

30. 四川高等法院第一分院、璧山实验地方法院审理侵占纠葛一案　12－15－29

1944 年 3 月至 1945 年 3 月，四川高等法院第一分院、璧山实验地方法院关于杨鲁三侵占颜料引起的侵占纠葛一案的文书，包括民事诉状、民事委任状、民事传票、送达证书、点名单、民事辩论笔录、证人结文、民事宣判笔录、璧山实验地方法院民事判决书、四川高等法院第一分院书记科通知书、撤回上诉书等。

31. 四川高等法院第一分院、璧山实验地方法院审理赔偿纠葛上诉一案　12－15－30

1944 年 1 月至 1945 年 2 月，四川高等法院第一分院、璧山实验地方法院关于唐宪章等赔偿树株引起的赔偿纠葛上诉一案的文书，包括往来公函、民事上诉状、璧山实验地方法院民事判定书、送达证书、民事声请书、证明书等。

32. 璧山实验地方法院审理请执行一案　12－15－31

1945 年 8 月至 1945 年 10 月，璧山实验地方法院关于舒南辉租谷债务还期已到引起的请执行一案的文书，包括民事声请书、璧山实验地方法院民事执行文稿、璧山实验地方法院民事执行命令、交业付租笔录等。

该卷另附有收据一张。

33. 四川高等法院第一分院、璧山实验地方法院审理领押交业、给付租谷两案 12－15－32

1945年7月至1945年11月，四川高等法院第一分院、璧山实验地方法院关于张合清声请领押交业、王银武给付租谷两案的文书，包括往来公函、民事声请上诉状、送达证书、民事答辩状、民事辩论笔录、民事委任状、四川高等法院第一分院民事判决书、民事诉告状、民事辩诉状、证人结文、民事宣判笔录、璧山实验地方法院民事裁定书等。

34. 璧山实验地方法院审理交业纠葛一案 12－15－33

1945年4月至1945年6月，璧山实验地方法院关于张合清领押交业还付所欠租谷引起的交业纠葛一案的文书，包括民事诉状、民事传票、送达证书、民事辩诉状、点名单、民事辩论笔录、证人结文、民事宣判笔录、民事判决书等。

该卷另附有璧山县龙溪乡第三保保办公处证明书一张。

35. 璧山实验地方法院审理借款纠葛一案 12－15－34

1945年6月至1945年10月，璧山实验地方法院关于王淑英清还借款及利息引起的借款纠葛一案的文书，包括民事诉状、民事传票、送达证书、点名单、凭票、民事辩论笔录、民事声请书、民事宣判笔录、民事委任书、民事判决书等。

36. 璧山实验地方法院审理归还产业证一案 12－15－35

1945年8月至1945年10月，璧山实验地方法院关于黄颜氏请求归还在领押交业案中被收去作为证据的产业证的申请一案的文书，包括民事声请书、送达证书、点名单、领证收据等。

37. 璧山实验地方法院审理请求债务执行一案 12－15－36

1945年6月至1945年12月，璧山实验地方法院关于向文光声请宣告执行债务给付的请执行一案的文书，包括民事声请书、璧山实验地方法院支付命令、民事裁定书等。

38. 最高法院、四川高等法院第一分院、璧山实验地方法院审理终约交业纠葛上诉一案 12－15－37

1944年11月至1945年8月，最高法院、四川高等法院第一分院、璧山实验地方法院关于邓国民不服终约交业一案判决提请上诉一案的文书，包括民事上诉状、民事委任状、四川高等法院第一分院民事判决书、往来公函、民事声请书、送达证书、最高法院民事裁定书等。

39. 四川高等法院第一分院、璧山实验地方法院审理房土买卖契约纠葛一案　12－15－38

1945 年 4 月至 1945 年 12 月，四川高等法院第一分院、璧山实验地方法院关于王子光、王曹氏等房土买卖契约无效引起的买卖契约纠葛一案的文书，包括民事诉状、民事传票、送达证书、民事答辩状、民事委任状、点名单、证人结文、民事辩论笔录、民事宣判笔录、原民事判决书、原民事裁定书、民事声请书、往来公函、民事上诉状、四川高等法院第一分院民事判决书等。

40. 璧山实验地方法院审理典当赔偿纠葛一案　12－15－39

1945 年 9 月至 1945 年 11 月，璧山实验地方法院关于王财源、叶廖氏等因永久典当土地房屋未果引起的赔偿纠葛一案的文书，包括民事诉状、民事委任状、民事传票、送达证书、点名单、民事辩论笔录、证人结文、民事宣判笔录、民事判决书等。

该卷另附有典当合约一份。

41. 璧山实验地方法院审理登记费赔偿纠葛一案　12－15－40

1945 年 9 月至 1945 年 10 月，璧山实验地方法院关于何明旭、陈石氏等因领纱承织合约异状引起的登记费赔偿纠葛一案的文书，包括民事诉状、民事辩诉状、民事委任状、民事传票、送达证书、点名单、证人结文、民事辩论笔录、民事宣判笔录、民事判决书等。

42. 璧山实验地方法院审理承租权纠葛一案　12－15－41

1945 年 1 月至 1945 年 12 月，璧山实验地方法院关于曹俊卿、林数五等因房屋承租引起的承租权纠葛一案的文书，包括民事诉状、民事撤诉声请书等。

43. 璧山实验地方法院审理领押交业纠葛一案　12－15－42

1945 年 12 月，璧山实验地方法院关于王云程、邹云川等因租赁房屋到期不领押交业引起的领押交业纠葛一案的文书，包括民事诉状、民事传票、送达证书、点名单、民事辩论笔录、民事撤诉状等。

44. 璧山实验地方法院审理执行异议纠葛一案　12－15－43

1945 年 4 月至 1945 年 7 月，璧山实验地方法院关于黄温培善、钟明霞等因给付生活费执行命令引起的执行异议纠葛一案的文书，包括民事诉状、民事委任状、民事传票、送达证书、点名单、民事辩论笔录、民事答辩状、民事声请书、民事判决书等。

45. 璧山实验地方法院审理分居纠葛一案　12—15—44

1945 年 8 月至 1945 年 9 月，璧山实验地方法院关于何汉江因与黄素兰同居后发现对方有丈夫引起的分居纠葛一案的文书，包括民事诉状、民事委任状、民事传票、送达证书、民事答辩状、点名单、证人结文、民事辩论笔录、民事和解书等。

46. 璧山实验地方法院审理终约交业纠葛一案　12—15—45

1945 年 8 月至 1945 年 9 月，璧山实验地方法院关于周厚治、黄治荣等因耕地租佃引起的终约交业纠葛一案的文书，包括民事诉状、民事委任状、民事传票、送达证书、点名单、证人结文、民事辩论笔录、民事和解笔录、民事辩诉状等。

47. 璧山实验地方法院审理终约交业纠葛一案　12—15—46

1945 年 8 月至 1945 年 9 月，璧山实验地方法院关于曾德安因终止土地房屋租约领押搬迁交业引起的终约交业纠葛一案的文书，包括民事诉状、民事答辩状、民事传票、送达证书、点名单、民事辩论笔录、民事和解书等。

48. 璧山实验地方法院审理典产纠葛一案　12—15—47

1945 年 8 月至 1945 年 9 月，璧山实验地方法院关于石怀德因回赎典产引起的典产纠葛一案的文书，包括民事诉状、民事委任状、民事传票、送达证书、点名单、民事辩论笔录、民事撤诉声请书等。

49. 璧山实验地方法院审理终止租约纠葛一案　12—15—48

1945 年 8 月，璧山实验地方法院关于王顺清因终止耕地房屋租约引起纠葛一案的文书，包括民事诉状、民事委任状、民事辩诉状、民事传票、送达证书、点名单、民事辩论笔录、民事和解书等。该卷另附有保甲证明书一张、璧山县农业推广所第六办事处证明书一张等。

50. 璧山实验地方法院审理排除侵害纠葛一案　12—15—49

1945 年 8 月至 1945 年 11 月，璧山实验地方法院关于杨南轩等因耕地承租纠葛引起的请求排除侵害一案的文书，包括民事声请书、民事传票、送达证书、民事委任状、点名单、民事辩论笔录、民事和解笔录、璧山实验地方法院训令、璧山县河边乡乡公所呈件等。

51. 璧山实验地方法院审理返还黄谷请执行一案　12－15－50

1945 年 8 月至 1945 年 9 月，璧山实验地方法院关于龚敬之要求返还黄谷的请执行一案的文书，包括民事诉状、民事委任状、民事传票、送达证书、点名单、民事辩论笔录、民事请参加声请书、原告呈件、民事判决书等。

52. 最高法院、四川高等法院第一分院、璧山实验地方法院审理领押交业纠葛上诉一案　12－15－51

1945 年 5 月至 1946 年 5 月，最高法院、四川高等法院第一分院、璧山实验地方法院关于陈玉贵因不满领押交业案判决提请上诉一案的文书，包括最高法院书记厅公函、最高法院民事判决书、四川高等法院第一分院民事裁定书、往来公函、送达证书、民事传票、点名单、民事辩诉状、民事辩论笔录、民事上诉状、民事委任状、民事判决笔录、四川高等法院第一分院民事判决书等。

53. 璧山实验地方法院审理亲属关系纠葛一案　12－15－52

1945 年 8 月至 1945 年 9 月，璧山实验地方法院关于确认王维新等无亲属关系不得为亲属会会员引起的亲属关系纠葛一案的文书，包括民事诉状、民事传票、送达证书、点名单、民事答辩状、民事辩论笔录、民事撤诉通知等。

该卷另附有璧山县城中镇第十一保户口调查表。

54. 四川高等法院第一分院、璧山实验地方法院审理转移契约无效及其所有权纠葛上诉一案　12－15－53

1945 年 4 月至 1945 年 6 月，四川高等法院第一分院、璧山实验地方法院关于江雷氏因不动产转移契约无效及其所有权纠葛上诉一案的文书，包括往来公函、民事上诉状、民事请参加声请书、民事声请书、民事辩论笔录、民事委任状、民事诉状、四川高等法院第一分院民事判决书等。

55. 璧山实验地方法院审理债务纠葛一案　12－15－54

1945 年 9 月，璧山实验地方法院关于李伯嵩借贷逾期不还并且负债逃亡引起的债务纠葛一案的文书，包括民事诉状、民事委任状、点名单、民事辩论笔录等。

56. 璧山实验地方法院审理返还业权一案　12－15－55

1945 年 5 月，璧山实验地方法院关于伍炳荣请求终止诈骗契约返还业权一案的文书，包括民事请执行状、送达证书、刑庭公鉴等。

57. 璧山实验地方法院审理领押耕田纠葛一案　12—15—56

1945年8月,璧山实验地方法院关于余海荣到期不领回抵押交还耕田引起的耕田纠葛一案的文书,包括民事诉状、民事传票、点名单、民事辩论笔录、送达证书、和解书、和解笔录等。

58. 璧山实验地方法院审理支付债务执行案一案　12—15—57

1945年8月,璧山实验地方法院关于夏德成逾期不回应法院的支付债务的命令而引起的请求执行一案的文书,包括民事请求执行状、原裁定书、送达证书、民事裁定书等。

59. 璧山实验地方法院审理债务纠葛一案　12—15—58

1945年8月至1945年9月,璧山实验地方法院关于傅镜秋赊买药材而拖延不偿还债务而引起的债务纠葛一案的文书,包括民事诉状、送达证书、民事传票、民事和解书等。

60. 璧山实验地方法院审理债务纠葛一案　12—15—59

1945年8月,璧山实验地方法院关于胡开斗因遗产纠葛陷入长久官司导致身负外债引起的债务纠葛一案的文书,包括民事诉状、副状、送达证书、点名单、民事辩论笔录等。

61. 璧山实验地方法院审理生活费纠葛一案　12—15—60

1945年8月,璧山实验地方法院关于王明光家庭暴力导致夫妻失和后不给予女方生活费一案的文书,包括民事诉状、送达证书、副状、点名单等。

62. 璧山实验地方法院审理租赁纠葛一案　12—15—61

1945年9月,璧山实验地方法院关于家仆怂恿主人增加商铺租金,逼迫铺主引起的租赁纠葛一案的文书,包括青年远征军第二〇一师师长公函、璧山实验地方法院院长回复公函等。

该卷另附有璧山实验地方法院人员办理民刑事务应遵期间表。

63. 四川高等法院第一分院、璧山实验地方法院审理给付租谷上诉一案　12—15—62

1945年1月至1945年6月,四川高等法院第一分院、璧山实验地方法院关于江东汉不服璧山实验地方法院给付租谷案的判决而提请上诉一案的文书,包括璧县山地方法院呈文、民事上诉状、往来公函、原裁定书、送达证书、民事委任状、民事答辩状、判决笔录、民事传票、点名单、判决书等。

64. 璧山实验地方法院审理田业红契为抵押一案　12－15－63

1945 年 8 月，璧山实验地方法院关于黄树章等借棉纱后不能偿还而要求以田业红契为抵押一案的文书，包括民事诉状、民事撤诉状、璧山实验地方法院准予撤诉通知、送达证书等。

65. 最高法院、四川高等法院第一分院、璧山实验地方法院审理租谷纠葛上诉一案　12－15－64

1945 年 4 月至 1945 年 12 月，最高法院、四川高等法院第一分院、璧山实验地方法院关于黄英灿不服租谷赔偿案判决再次提请上诉一案的文书，包括民事诉状、四川高等法院第一分院书记室公函、民事抗书、四川高等法院第一分院民事意见书、送达证书、最高法院民事裁定书等。

66. 璧山实验地方法院审理抢夺黄谷一案　12－15－65

1945 年 9 月至 1945 年 12 月，璧山实验地方法院关于牟玉成反诉牟合顺抢夺黄谷一案的文书，包括民事反诉状、点名单、民事辩论笔录、送达证书、民事传票、民事裁定书等。

67. 四川高等法院第一分院、重庆实验地方法院、璧山实验地方法院审理租谷纠葛及其上诉一案　12－15－66

1945 年 1 月至 1945 年 11 月，四川高等法院第一分院、重庆实验地方法院、璧山实验地方法院关于吴立山等抢吞租谷引起的租谷纠葛及其上诉一案的文书，包括民事诉状、民事传票、璧山实验地方法院公函、点名单、民事辩论笔录、民事补状、民事答辩状、民事委任状、送达证书、民事审判笔录、璧山实验地方法院民事判决书、往来公函、民事上诉状、民事缴状、民事辩诉状、民事声请状、民事催状、四川高等法院第一分院民事判决书、和解笔录等。

68. 璧山实验地方法院审理债务请求支付命令一案　12－15－67

1945 年 12 月至 1946 年 1 月，璧山实验地方法院关于邱章钰立出支付字据而久不支付引起的请求支付命令一案的文书，包括民事诉请状、璧山实验地方法院支付命令、送达证书等。

该卷另附有被命令支付人亲笔凭票一张。

69. 璧山实验地方法院审理债务请求执行一案　12－15－68

1945 年 12 月，璧山实验地方法院关于何蓬仙等拖欠债务引起的请求执行一案的文书，包括民事请执行状、璧山实验地方法院支付命令、送达证书等。

70. 最高法院、四川高等法院第一分院、璧山实验地方法院审理租赁纠葛请求执行一案　12－15－69

1944 年 12 月至 1945 年 2 月，最高法院、四川高等法院第一分院、璧山实验地方法院关于雷万顺与熊银山因房屋耕田租赁纠葛引起的请求执行案一案的文书，包括四川高等法院第一分院书记室公函、民事声明状、四川高等法院第一分院民事裁定书、璧山实验地方法院公函、送达证书、民事缴状、最高法院公函、民事上诉状、民事辩诉状、最高法院民事裁定书等。

71. 璧山实验地方法院审理请求赔偿一案　12－15－70

1945 年 3 月，璧山实验地方法院关于管海清偷盗树木引起的请求赔偿一案的文书，包括民事诉状、民事传票、送达证书、点名单、民事辩论笔录、民事宣判笔录、民事判决书、璧山实验地方法院书记室公函等。

该卷另附有执据、征收田赋收据、收税执据数张。

72. 四川高等法院第一分院、璧山实验地方法院审理上诉一案　12－15－71

1945 年 4 月至 1945 年 6 月，四川高等法院第一分院、璧山实验地方法院关于管海清不服偷盗树木案判决而上诉一案的文书，包括往来公函、民事上诉状、送达证书、民事辩论笔录、民事和解笔录等。

73. 四川高等法院第一分院、璧山实验地方法院审理领押交业上诉一案　12－15－72

1945 年 2 月至 1945 年 6 月，四川高等法院第一分院、璧山实验地方法院关于刘海领押交业引起的上诉一案的文书，包括往来公函、民事上诉状、璧山实验地方法院民事裁定书、送达证书、民事申请书、民事委任状、璧山县丁家乡第九保保办公函、民事辩论笔录、民事传票等。

74. 璧山实验地方法院审理抵押权登记一案　12－15－73

1945 年 4 月，璧山实验地方法院关于陈翠云田产抵押权登记一案的文书，包括不动产登记文书、璧山实验地方法院公告等。

该卷另附有范有名房屋越界案的判决书。

75. 璧山地方法院审理侵占纠葛一案　12－15－74

1949年7月至1949年10月，璧山地方法院关于谢汉卿侵占坡土引起的侵占纠葛一案的文书，包括民事诉状、民事传票、送达证书、点名单、民事辩论笔录、民事履勘笔录、民事缴状、民事判决书等。

76. 璧山实验地方法院审理债务请求支付命令一案　12－15－75

1945年12月至1946年1月，璧山实验地方法院关于张筱松久不支付引起的请求支付命令一案的文书，包括民请支付状、璧山实验地方法院支付命令、送达证书、民事异议状等。

77. 四川高等法院第一分院、璧山实验地方法院审理扣押一案　12－15－76

1945年6月，四川高等法院第一分院、璧山实验地方法院关于罗荣圣用输财的办法抵销扣押一案的文书，包括民事诉状、璧山实验地方法院民事裁定书、送达证书、声请假扣押状、璧山实验地方法院书记室公函、民事抗告状、点名单、四川高等法院第一分院民事裁定书等。

78. 璧山实验地方法院审理排除侵害一案　12－15－77

1945年11月，璧山实验地方法院关于周韦氏妨碍刘炳安耕种引起的请求排除侵害一案的文书，包括民事诉状、民事委任状、民事辩诉状、送达证书、点名单、民事辩论笔录、民事请参加诉讼状、民事追加及委任状、民事和解书、民事和解笔录等。

该卷另附有该案诉讼证据物清单。

79. 璧山实验地方法院审理债务纠葛一案　12－15－78

1945年11月，璧山实验地方法院关于杨春华借贷引起的债务纠葛一案的文书，包括民事诉状、民事传票、送达证书、点名单、璧山实验地方法院民庭书记科通知书等。

80. 璧山实验地方法院审理寸板纠葛一案　12－15－79

1945年11月，璧山实验地方法院关于唐松乔立字据借去柏树寸板不还引起的纠葛一案的文书，包括民事诉状、民事传票、送达证书、点名单、璧山实验地方法院民庭书记科通知书等。

81. 璧山实验地方法院审理债务纠葛一案　12－15－80

1945年11月至1946年3月，璧山实验地方法院关于向懋华一债两收引起的异议之诉一案的文书，包括民事诉状、民事答辩状稿、民事委任状、民事答辩状、民事传票、送达证书、点名单、民事辩论笔录、证人结文、民事宣判笔录、民事判决书等。

82. 最高法院、四川高等法院第一分院、璧山实验地方法院审理典物纠葛上诉一案　12－15－81

1944年11月至1945年11月，最高法院、四川高等法院第一分院、璧山实验地方法院关于邹万盛不服放赎典产案判决而上诉一案的文书，包括民事上诉状、四川高等法院第一分院民事裁定书、点名单、签呈书、民事声请状、最高法院书记厅公函稿、四川高等法院第一分院书记室公函稿、送达证书、最高法院书记厅通知书、璧山实验地方法院书记室公函稿、最高法院判决书等。

83. 最高法院、四川高等法院第一分院、璧山实验地方法院审理租谷纠葛上诉一案　12－15－82

1944年6月至1945年8月，最高法院、四川高等法院第一分院、璧山实验地方法院关于彭华周不服给付租谷纠葛案的判决而提请上诉一案的文书，包括四川高等法院第一分院书记室公函、民事上诉状、四川高等法院第一分院民事裁定书、送达证书、民事请补上诉理由人状、璧山县城西乡乡公所呈件、最高法院书记厅公函稿、璧山实验地方法院书记室公函、最高法院民事判决书等。

84. 最高法院、四川高等法院第一分院、璧山实验地方法院审理租谷纠葛上诉一案　12－15－83

1945年7月至1946年1月，最高法院、四川高等法院第一分院、璧山实验地方法院关于蒲海全不服给付租谷纠葛案的判决而提请上诉一案的文书，包括最高法院民事判决书、点名单、民事辩论笔录、民事申诉状、民事上诉状、民事委任状、民事声请状、璧山实验地方法院书记室公函、四川高等法院第一分院判决书、副本等。

该卷另附有璧山县城西乡农会证明书。

85. 四川高等法院第一分院、璧山实验地方法院审理终止租约纠葛上诉一案　12－15－84

1945年3月至1945年4月，四川高等法院第一分院、璧山实验地方法院关于刘海平不满终止耕地房屋租约案提请上诉一案的文书，包括往来公函、民事诉状、民事传票、送达证书、民事委任状、点名单、民事辩论笔录、民事宣判笔录、原判决书等。

86. 最高法院、四川高等法院第一分院、璧山实验地方法院审理执行异议上诉一案　12－15－85

1944 年 5 月至 1945 年 8 月，最高法院、四川高等法院第一分院、璧山实验地方法院关于彭城因佃田交业执行异议案提请上诉一案的文书，包括往来公函、民事声请书、四川高等法院第一分院民事裁定书、民事上诉状、送达证书、最高法院民事判决书等。

87. 璧山实验地方法院审理声请假执行一案　12－15－86

1945 年 4 月，璧山实验地方法院关于傅建华拖欠债务引起的声请宣告假执行一案的文书，包括民事声请书、民事裁定书、送达证书、璧山实验地方法院支付命令等。

88. 璧山实验地方法院审理请发支付命令、声请假扣押两案　12－15－87

1945 年 5 月，璧山实验地方法院关于陈体乾因欠底纱不偿还引起的请发支付命令案、声请假扣押两案的文书，包括民事声请书、璧山实验地方法院支付命令、送达证书、民事裁定书、民事判决书等。

89. 四川高等法院第一分院、璧山实验地方法院审理租谷纠葛上诉一案　12－15－88

1945 年 6 月至 1945 年 7 月，四川高等法院第一分院、璧山实验地方法院关于文海廷因周绍林不满给付租谷案判决提请上诉一案的文书，包括往来公函、民事上诉状、民生委任状、民事辩论笔录、民事传票、送达证书等。

90. 四川高等法院第一分院、璧山实验地方法院审理租谷纠葛一案　12－15－89

1945 年 4 月至 1945 年 9 月，四川高等法院第一分院、璧山实验地方法院关于文海廷抗不纳租引起的给付租谷纠葛一案的文书，包括民事诉状、民事辩论笔录、民事委任状、民事传票、送达证书、点名单、证人结文、民事宣判笔录、原民事判决书、民事上诉状、往来公函等。

91. 四川高等法院第一分院、璧山实验地方法院审理给付黄谷纠葛上诉一案　12－15－90

1945 年 4 月至 1945 年 8 月，四川高等法院第一分院、璧山实验地方法院关于夏汉臣因不满给付黄谷案判决提请上诉一案的文书，包括往来公函、民事诉状、民事委任状、民事声请书、民事传票、送达证书、点名单、民事辩论笔录、证人结文、民事宣判笔录、原民事判决书、原民事裁定书、民事上诉状、民事答辩状、四川高等法院第一分院民事和解笔录等。

92. 最高法院、四川高等法院第一分院、璧山实验地方法院审理交业纠葛上诉一案　12—15—91

1944年3月至1945年4月，最高法院、四川高等法院第一分院、璧山实验地方法院关于陈玉贞因不满终止佃约领押交业案提请上诉一案的文书，包括民事上诉状、民事答辩状、四川高等法院第一分院民事裁定书、最高法院民事判决书、送达证书、往来公函等。

93. 璧山实验地方法院审理业价纠葛一案　12—15—92

1945年12月至1946年5月，璧山实验地方法院关于周德署了清租佃手续返还业价引起的业价纠葛一案的文书，包括民事诉状、民事传票、送达证书、点名单、民事辩论笔录、璧山实验地方法院书记科通知书等。

94. 璧山实验地方法院审理押金纠葛一案　12—15—93

1945年10月至1946年4月，璧山实验地方法院关于龚俊平因返还租房押金赔偿损失引起的押金纠葛一案的文书，包括民事诉状、民事委任状、民事传票、送达证书、点名单、证人结文、民事辩论笔录、璧山实验地方法院书记科通知书等。该卷另附收据一张。

95. 璧山实验地方法院审理家具纠葛一案　12—15—94

1945年11月至1946年4月，璧山实验地方法院关于陈鸿源因返还租房押金赔偿损失引起的家具纠葛一案的文书，包括民事诉状、民事委任状、民事催呈书、民事传票、送达证书、点名单、璧山实验地方法院书记科通知书等。

96. 璧山地方法院审理婚姻纠葛一案　12—15—95

1946年3月至1946年5月，璧山地方法院关于向七云因离婚引起的婚姻纠葛一案的文书，包括民事声请书、民事声明书、璧山实验地方法院公示、民事传票、送达证书、点名单、民事辩论笔录、民事宣判笔录、民事补呈理由书、民事判决书、民事诉状等。

97. 璧山地方法院审理请求返还各证一案　12—15—96

1946年12月至1947年4月，璧山地方法院关于张时可因案子已确定请求返还各证的民事声请一案的文书，包括民事声请书、送达证书等。

98. 江津地方法院、璧山实验地方法院审理给付差价纠葛一案　12－15－97

1945年12月至1946年4月，江津地方法院、璧山实验地方法院关于陈乾元等因追回盐差价引起的给付差价纠葛一案的文书，包括民事诉状、往来公函、民事传票、送达证书、点名单、民事辩论笔录、民事宣判笔录、璧山实验地方法院判决书、民事辩诉状等。该卷另附川康区江津盐务分局简明公函两份。

99. 璧山实验地方法院审理民事声请一案　12－15－98

1945年5月，璧山实验地方法院关于徐汉洲因房产所有权、抵押权登记引起的民事声请一案的文书，包括不动产登记声请书、证明书、璧山实验地方法院命令、保甲长切结书、声请人切结书、璧山实验地方法院不动产登记处公鉴、送达证书、登记通知书、点名单、璧山实验地方法院公告等。

100. 四川高等法院第一分院、璧山实验地方法院审理债务纠葛一案　12－15－99

1945年11月至1946年7月，四川高等法院第一分院、璧山实验地方法院关于张字金因债务拖欠要求抵押权宣告引起的债务纠葛一案的文书，包括民事诉状、民事辩诉状、民事传票、送达证书、点名单、民事辩论笔录、民事宣判笔录、璧山实验地方法院民事判决书、民事委任状、往来公函、四川高等法院第一分院书记科通知书、撤回上诉声请书、民事答辩书等。

101. 四川高等法院第一分院、江津地方法院、璧山实验地方法院审理返回债务一案　12－15－100

1945年12月至1946年3月，四川高等法院第一分院、江津地方法院、璧山实验地方法院关于杨济氏因债务人廖文绪逃匿引起的请求追回债务一案的文书，包括民事诉状、往来公函、民事传票、送达证书、点名单、民事辩论笔录、民事宣判笔录、民事委任状、璧山实验地方法院民事判决书、民事上诉状、四川高等法院第一分院裁定书等。

102. 四川高等法院第一分院审理买卖契约纠葛上诉一案　12－15－101

1945年3月至1945年10月，四川高等法院第一分院关于荣绪廷不满确认典产买卖契约无效案判决而提请上诉一案的文书，包括往来公函、民事上诉状、送达证书、点名单、民事声请书、民事答辩状、民事委任状、民事辩论笔录、证人结文、民事宣判笔录、四川高等法院第一分院民事判决书等。

103. 璧山实验地方法院审理请求给付夫马费一案　12－15－102

1945年12月至1946年4月，璧山实验地方法院关于景亮钧常年担当曹登林的法律顾问而请求给付夫马费一案的文书，包括民事诉状、民事传票、送达证书、点名单、民事辩论笔录、璧山实验地方法院公示、民事宣判笔录、民事判决书等。

104. 璧山实验地方法院审理典产纠葛一案　12－15－103

1945年9月至1946年4月，璧山实验地方法院关于向大友等请求赎回房屋的典产纠葛一案的文书，包括民事诉状、民事传票、送达证书、点名单、民事辩论笔录、民事声明书、民事答辩状、民事委任状、民事宣判笔录、民事判决书等。

105. 四川高等法院第一分院、璧山实验地方法院审理黄谷请执行一案　12－15－104

1945年8月至1946年10月，四川高等法院第一分院、璧山实验地方法院关于蒋亦南请求按照判决返还黄谷引起的请求执行一案的文书，包括民事请执行状、送达证书、民事委任状、民事声请书、璧山实验地方法院批示、璧山实验地方法院民事执行命令、璧山实验地方法院民事判决书、四川高等法院第一分院民事判决书等。

106. 璧山实验地方法院审理搬迁交业纠葛一案　12－15－105（1）

1944年11月至1945年4月，璧山实验地方法院关于裴银山房屋土地租约到期王之臣要求交业引起的搬迁交业纠葛一案的文书，包括民事诉状、民事传票、送达证书、点名单、璧山实验地方法院民庭书记科通知书等。

107. 璧山实验地方法院审理搬迁交业纠葛一案　12－15－105（2）

1944年11月至1945年4月，璧山实验地方法院关于裴银山房屋土地租约到期王之臣要求交业引起的搬迁交业纠葛一案的文书，包括民事诉状、民事传票、送达证书、点名单、璧山实验地方法院民庭书记科通知书等。

108. 璧山实验地方法院审理领押交业纠葛一案　12－15－106

1944年11月至1945年9月，璧山实验地方法院关于廖清文耕田租约到期罗友三要求交业引起的领押交业纠葛一案的文书，包括民事诉状、民事传票、送达证书、璧山实验地方法院民庭书记科通知书等。

109. 璧山实验地方法院审理返还罗盘纠葛一案　12－15－107

1945年8月至1946年4月，璧山实验地方法院关于龚鸣皋打借条借去罗盘后不还引起的返还罗盘纠葛一案的文书，包括民事诉状、民事委任状、民事传票、送达证书、点名单、民事辩论笔录、民事声请书、证人结文、民事宣判笔录、民事判决书等。

该卷另附借条一张。

110. 璧山实验地方法院审理选举纠葛一案　12－15－108

1945 年 10 月至 1946 年 5 月，璧山实验地方法院关于户籍无被选举人而要求宣告该次选举结果无效一案的文书，包括民事诉状、民事委托书、民事传票、送达证书、民事辩论笔录、璧山实验地方法院公函、璧山县参议会公函、内政部代电、民事委任状、往来公函、民事声请书、民事声明书、民事宣判笔录、民事判决书等。

该卷另附县参议员选举条例。

111. 四川高等法院第一分院、璧山地方法院审理会款再审一案　12－15－109

1939 年 11 月至 1940 年 2 月，四川高等法院第一分院、璧山地方法院关于再次审理冯双璧会款一案的文书，包括璧山地方法院民事再审判决书、璧山地方法院呈件、往来公函等。

112. 璧山实验地方法院审理典产房屋土地纠葛一案　12－15－110

1945 年 5 月至 1945 年 8 月，璧山实验地方法院关于蔡正荣修缮典当房屋引起的典产房屋土地纠葛一案的文书，包括民事诉状、璧山实验地方法院民庭书记科通知书、民事委任状、民事传票、送达证书、点名单、民事辩论笔录、民事宣判笔录、民事判决书、璧山实验地方法院民事执行处通知书等。

113. 四川高等法院第一分院、璧山实验地方法院审理田产房屋纠葛上诉一案 12－15－111

1945 年 9 月至 1946 年 2 月，四川高等法院第一分院、璧山实验地方法院关于蔡正荣不满田产房屋纠葛案的判决提请上诉一案的文书，包括往来公函、璧山实验地方法院民事裁定书、送达证书、民事上诉状、点名单、民事声请书、民事委任状、民事辩论笔录、民事判决笔录、四川高等法院第一分院民事判决书等。

114. 璧山实验地方法院审理不动产登记一案　12－15－112

1945 年 6 月至 1945 年 11 月，璧山实验地方法院关于颜永芳土地房屋等不动产登记一案的文书，包括不动产登记声请书、璧山实验地方法院命令、不动产登记保证书、民事保状、璧山实验地方法院公告、送达证书等。

该卷附有最高法院关于1944年邓述卿等人的民事执行异议事件上诉案的民事判决书一份。

115. 璧山实验地方法院审理不动产登记一案　12－15－113

1945年6月至1945年11月，璧山实验地方法院关于颜永芳土地房屋等不动产登记一案的文书，包括不动产登记声请书、璧山实验地方法院命令、不动产登记保证书、民事保状、璧山实验地方法院公告、送达证书、点名单、收据等。

116. 璧山实验地方法院审理交业请执行一案　12－15－114

1945年10月至1945年12月，璧山实验地方法院关于彭蒋氏抗令不遵法院搬迁交还田地房屋的判决引起的请求执行一案的文书，包括民事请执行状、璧山实验地方法院民事执行文稿、璧山实验地方法院民事执行命令、送达证书、点名单、收据等。

117. 最高法院、四川高等法院第一分院、璧山实验地方法院审理黄金纠葛一案　12－15－115（1）

1945年1月至1947年7月，最高法院、四川高等法院第一分院、璧山实验地方法院关于宋吉昌等代买黄金后抗不交付引起的黄金纠葛一案的文书，包括民事诉状、代买协议书、民事委任状、民事答辩状、民事传票、送达证书、民事辩论笔录、点名单、民事宣判笔录、民事辩诉状、璧山实验地方法院民事判决书、往来公函、最高法院民事判决书、最高法院民事裁定书、民事声请状、民事上诉状等。

118. 最高法院、四川高等法院第一分院、璧山实验地方法院审理黄金纠葛一案　12－15－115（2）

1945年1月至1947年7月，最高法院、四川高等法院第一分院、璧山实验地方法院关于宋吉昌等代买黄金后抗不交付引起的黄金纠葛一案的文书，包括民事诉状、代买协议书、民事委任状、民事答辩状、民事传票、送达证书、民事辩论笔录、点名单、民事宣判笔录、民事辩诉状、璧山实验地方法院民事判决书、往来公函、最高法院民事判决书、最高法院民事裁定书、民事声请状、民事上诉状、四川高等法院第一分院民事判决书等。

该卷另附有报纸数张。

119. 最高法院、四川高等法院第一分院、璧山实验地方法院审理黄金纠葛一案　12－15－115（3）

1945年1月至1947年7月，最高法院、四川高等法院第一分院、璧山实验地方法院关于宋吉昌等代买黄金后抗不交付引起的黄金纠葛一案的文书，包括民事诉状、代买协议书、民事委任状、民事答辩状、民事传票、送达证书、民事辩论笔录、点名单、民事宣判笔录、民事辩诉状、璧山实验地方法院民事判决书、往来公函、最高法院民事判决书、最高法院民事裁定书、民事声请状、民事上诉状、四川高等法院第一分院民事判决书等。

法院关于宋吉昌等代买黄金后抗不交付引起的黄金纠葛一案的文书，包括民事委任状、往来公函、报告书、民事辩论笔录、民事辩诉状、证人结文、四川高等法院第一分院民事判决书、民事上诉状、最高法院民事判决书等。

120. 璧山实验地方法院审理黄谷纠葛一案　12－15－116

1945 年 1 月至 1945 年 3 月，璧山实验地方法院关于陈孟修欺压弱民违法巧取豪夺黄谷引起的黄谷纠葛一案的文书，包括民事诉状、民事传票、送达证书、点名单、民事辩论笔录、民事委任状、民事声请书、民事反诉状、民事宣判笔录、民事判决书、租佃合约书、璧山实验地方法院民庭公鉴等。

121. 璧山实验地方法院审理租谷拖欠纠葛一案　12－15－117

1945 年 1 月至 1945 年 2 月，璧山实验地方法院关于曾汉卿等拖欠租谷引起的欠租纠葛一案的文书，包括民事诉状、民事委任状、民事传票、送达证书、点名单、保租文约书、民事辩论笔录、民事宣判笔录、民事判决书等。

122. 四川铜梁地方法院、璧山实验地方法院审理树价赔偿纠葛一案　12－15－118

1945 年 10 月至 1945 年 11 月，四川铜梁地方法院、璧山实验地方法院关于蔡炳林买卖树料引起的树价赔偿纠葛一案的文书，包括民事诉状、民事反诉状、民事委任状、民事传票、送达证书、点名单、民事辩论笔录、民事声请书、证人结文、往来公函等。

该卷另附有执照一张。

123. 璧山实验地方法院审理租谷纠葛一案　12－15－119

1945 年 1 月，璧山实验地方法院关于何吴氏要求王方谷按照租约给付租谷引起的租谷纠葛一案的文书，包括民事诉状、民事裁定书、送达证书等。

124. 璧山实验地方法院审理盗窃一案　12－15－120

1945 年 8 月，璧山实验地方法院关于警丁雷海林偷盗马粮以及一把柴刀一案的文书，包括璧山实验地方法院检察官起诉书、送达证书等。

125. 璧山实验地方法院审理保障渔业一案　12－15－121

1945 年 9 月，璧山实验地方法院关于何炳发请求给予渔业公会成员小河经营养鱼业权的法律保障一案的文书，包括璧山县普兴镇渔业公会呈件、璧山实验地方法院民事批示、送达证书等。

126. 四川高等法院第一分院、璧山实验地方法院审理回赎典产纠葛上诉一案 12－15－122

1945年3月至1945年5月，四川高等法院第一分院、璧山实验地方法院关于张九全不满回赎典产案的判决提请上诉一案的文书，包括往来公函、民事上诉状、璧山实验地方法院民事裁定书、送达证书、点名单、民事委任状、民事辩论笔录、民事答辩状、民事声请书、民事证明书、民事判决笔录、四川高等法院第一分院民事判决书、璧山县狮子乡乡公所批件等。

该卷另附有四川省政府典契一张。

127. 璧山实验地方法院审理租谷请执行一案 12－15－123

1945年7月至1945年8月，璧山实验地方法院关于王德宣抗不执行法院给付租谷判决引起的请求执行一案的文书，包括璧山实验地方法院民庭函件、民事声请书、璧山实验地方法院通知书、璧山实验地方法院训令、璧山实验地方法院公告、送达证书等。

128. 四川高等法院第一分院、璧山实验地方法院审理返还契约收条一案 12－15－124

1945年8月至1945年10月，四川高等法院第一分院、璧山实验地方法院关于邓廷森要求返还黄谷出立保存契约收条一案的文书，包括民事诉状、民事传票、送达证书、点名单、民事辩论笔录、民事委任状、证人结文、民事宣判笔录、民事判决书、民事裁定书、四川高等法院第一分院民庭公鉴、民事报告书、民事请执行状等。

129. 璧山实验地方法院审理给付租谷请执行案、休整费纠葛两案 12－15－125

1945年10月至1946年5月，璧山实验地方法院关于陈席珍抗不执行法院给付租谷的判决而引起的请执行案、房屋土地休整费纠葛两案的文书，包括民事请执行状、璧山实验地方法院批示、送达证书、民事诉状、璧山实验地方法院民事执行文稿、璧山实验地方法院民事执行命令、民事传票、点名单、民事辩论笔录、证人结文、民事辩诉状、民事宣判笔录、民事告发书、民事判决书等。

130. 四川高等法院第一分院、四川高等法院重庆分院、璧山实验地方法院审理假扣押请执行等案 12－15－126

1945年8月至1949年5月，四川高等法院第一分院、四川高等法院重庆分院、璧山实验地方法院关于段瑜思请求交付担保金执行假扣押的请求执行案、邓刘氏伪造私文书、张刘氏给付稻谷等案的文书，包括民事请执行状、璧山实验地方法院训令、璧山实验地方法院通知书、民事声请状、送达证书、民事声明书、璧山县狮子乡乡公所呈件、民事裁定书、四川高等法院第一分院检察官训令、民事传票、四川高等法院重庆分院书记室公函等。

131. 璧山实验地方法院审理索要医药费一案　12－15－127

1945 年 10 月至 1945 年 11 月，璧山实验地方法院关于刘树廷被李海臣雇人刺杀受伤而向对方索要医药费一案的文书，包括民事诉状、民事委任状、民事传票、送达证书、民事声请状、点名单、民事辩论笔录、民事宣判笔录、民事声明书、民事判决书、收据等。

132. 璧山实验地方法院审理请求赔偿一案　12－15－128

1945 年 11 月至 1946 年 1 月，璧山实验地方法院关于织户刘相钟亏损棉纱不赔偿引起的请求赔偿一案的文书，包括民事声请状、民事委托书、民事传票、送达证书、点名单、民事辩论笔录、军政部军需署第一织布厂函件、璧山实验地方法院通知、璧山实验地方法院民事执行文稿、璧山实验地方法院民事执行命令、民事委任状、璧山实验地方法院民事执行裁定书等。

133. 四川高等法院第一分院、璧山实验地方法院审理遗产分割请执行一案　12－15－129

1945 年 10 月至 1946 年 5 月，四川高等法院第一分院、璧山实验地方法院关于黄曾氏等遗产分割引起的民事请执行一案的文书，包括民事请执行状、璧山实验地方法院民事执行文稿、璧山实验地方法院民事执行命令、民事声请状、送达证书、璧山实验地方法院批示、收据、四川高等法院第一分院民庭书记科通知书等。

134. 四川高等法院第一分院、璧山实验地方法院审理交业执行上诉一案　12－15－130

1945 年 1 月至 1945 年 2 月，四川高等法院第一分院、璧山实验地方法院关于江远经不满交业执行案判决提请上诉一案的文书，包括璧山实验地方法院呈件、民事抗告状、璧山实验地方法院民事执行处意见书、四川高等法院第一分院民事裁定书、送达证书等。

135. 璧山实验地方法院审理交房请执行一案　12－15－131

1945 年 10 月至 1946 年 5 月，璧山实验地方法院关于赵张氏等抗不回应法院交还房屋的判决而引起的请求执行一案的文书，包括民事声请状、璧山实验地方法院民事执行文稿、璧山实验地方法院民事执行命令等。

136. 璧山县司法处审理存查一案　12－15－132

1938年4月，璧山县司法处关于伍祥喜破坏烧毁买卖契约、欺骗佃银而引起的请求存查一案的文书，包括刑事存查状、璧山县司法处批示等。

137. 四川高等法院第一分院、璧山实验地方法院审理房屋纠葛上诉一案　12－15－133

1945年4月至1946年2月，四川高等法院第一分院、璧山实验地方法院关于黄森荣不满终止房屋租约案判决提请上诉一案的文书，包括往来公函、璧山县政府民事查谕代判书、民事传票、送达证书、点名单、璧山县茶商业同业工会证明书、璧山县城中镇第八保保办公处呈件、民事辩论笔录、民事委任状、民事宣判笔录、璧山实验地方法院民事判决书、璧山实验地方法院民事裁定书、房屋租约、民事上诉状、民事声请状、四川高等法院第一分院通知书等。

138. 璧山实验地方法院审理债务请执行一案　12－15－134

1945年6月至1945年12月，璧山实验地方法院关于余永铨抗不回应法院偿还债务的判决而引起的请求执行一案的文书，包括民事声请状、璧山实验地方法院民事执行文稿、璧山实验地方法院民事执行命令、收据等。

139. 璧山实验地方法院审理领押交业纠葛一案　12－15－135

1945年9月至1946年9月，璧山实验地方法院关于罗炳全领押后拒不归还耕地引起的领押交业纠葛一案的文书，包括民事诉状、民事委任状、民事传票、送达证书、民事反诉状、民事辩论笔录、证人结文、民事声请状、民事宣判笔录、民事判决书等。

140. 最高法院、四川高等法院第一分院、璧山实验地方法院审理请求解除契约上诉一案　12－15－136

1944年3月至1945年7月，最高法院、四川高等法院第一分院、璧山实验地方法院关于谢鸿彬不服请求解除买卖契约案提请上诉一案的文书，包括往来公函、民事上诉状、四川高等法院第一分院民事裁定书、民事答辩状、送达证书、最高法院民事判决书等。

141. 璧山实验地方法院审理不动产登记一案　12－15－137

1945年4月至1945年5月，璧山实验地方法院关于邓一民土地房屋等不动产登记一案的文书，包括不动产登记声请书、民事辩论笔录、璧山实验地方法院命令、不动产登记保证书、民事保状、军政部军需署第一织布厂证明、璧山实验地方法院公告、民事声请状、送达证书、收据等。

142. 最高法院、四川高等法院第一分院审理请求解除买卖契约上诉一案　12—15—138

1945 年 6 月至 1945 年 11 月，最高法院、四川高等法院第一分院关于谢鸿彬不服请求解除买卖契约案提请上诉一案的文书，包括最高法院民事判决书、民事委任状、民事辩论笔录、四川高等法院第一分院民事和解笔录等。

143. 璧山实验地方法院审理抵押权登记一案　12—15—139

1945 年 4 月至 1945 年 5 月，璧山实验地方法院关于邓一民土地房屋等不动产抵押权登记抵押给军政部第一织布局一案的文书，包括不动产登记声请书、民事保状、璧山实验地方法院公告等。

144. 璧山实验地方法院审理领回担保金的民事声请一案　12—15—140

1945 年 9 月至 1945 年 10 月，璧山实验地方法院关于陈绍云等领押交业请执行案完结后请求领回担保金引起的民事声请一案的文书，包括民事委任状、点名单、民事传票、送达证书、民事声请状等。

145. 璧山实验地方法院审理领押交业纠葛一案　12—15—141

1945 年 2 月至 1945 年 4 月，璧山实验地方法院关于谭伯川请求追回租谷终止租佃约定引起的领押交业纠葛一案的文书，包括民事诉状、民事传票、送达证书、点名单、民事辩论笔录、证人结文、民事宣判笔录、民事判决书等。

146. 璧山实验地方法院审理领押交业纠葛请执行一案　12—15—142

1945 年 5 月至 1946 年 5 月，璧山实验地方法院关于李胡氏藏匿不接受法院领押交业的判决而引起的请求执行一案的文书，包括民事声请状、璧山实验地方法院民事执行文稿、璧山实验地方法院民事执行命令、收据、原案民事判决书等。

147. 四川高等法院第一分院、璧山实验地方法院审理领押交业纠葛上诉一案　12—15—143

1945 年 5 月至 1946 年 7 月，四川高等法院第一分院、璧山实验地方法院关于谭伯川不满领押交业案判决提请上诉一案的文书，包括往来公函、民事上诉状、璧山实验地方法院民事裁定书、民事委任状、送达证书、璧山县城北第六保保长保状、民事辩论笔录、四川高等法院第一分院民事判决书等。

148. 璧山实验地方法院审理领押交业请求调解一案　12－15－144

1945年2月至1945年4月，璧山实验地方法院关于周绍林请求调解领押交业纠葛一案的文书，包括民事声请状、民事委任状、民事传票、送达证书、点名单、民事辩论笔录、证人结文等。

该卷另附有1944年该领押交业案最高法院民事判决书。

149. 璧山实验地方法院审理租田请求调解一案　12－15－145

1945年12月至1946年1月，璧山实验地方法院关于江炳辉等霸耕土地抗不交租引起的请求调解一案的文书，包括民事声请状、送达证书、点名单、民事辩论笔录等。

150. 璧山实验地方法院审理租佃租金请求调解一案　12－15－146

1945年11月至1946年1月，璧山实验地方法院关于王胡氏抬升租佃租金引起的请求调解一案的文书，包括民事声请状、送达证书、点名单、民事辩论笔录等。

151. 璧山实验地方法院审理债务请执行一案　12－15－147

1945年9月至1945年12月，璧山实验地方法院关于高金海欠黄谷久不还而引起的债务请求执行一案的文书，包括民事声请状、璧山实验地方法院民事裁定书、送达证书、璧山实验地方法院支付命令等。

152. 璧山实验地方法院审理债务请执行一案　12－15－148

1945年12月，璧山实验地方法院关于巫明德拒不执行法院债款支付命令而引起的债务请求执行一案的文书，包括民事声请状、璧山实验地方法院民事裁定书、送达证书、璧山实验地方法院支付命令、民事抗告状等。

153. 璧山实验地方法院审理请发支付命令一案　12－15－149

1945年9月，璧山实验地方法院关于高金海等握有存谷而不偿还债主引起的请发支付命令一案的文书，包括民事声请状、璧山实验地方法院支付命令、送达证书等。

154. 璧山实验地方法院审理交业请求调解一案　12－15－150

1945年12月至1946年4月，璧山实验地方法院关于长兄张世祥霸占房屋土地等兄弟共同财产而引起的请求调解一案的文书，包括民事声请状、送达证书、点名单、民事辩论笔录等。

155. 璧山实验地方法院审理租约请求调解一案　12－15－151

1945年11月至1946年1月，璧山实验地方法院关于张典谟否认以前的土地租约另立新约引起的租约请求调解一案的文书，包括民事声请状、送达证书、点名单、民事辩论笔录等。

156. 璧山实验地方法院审理请求增加且归还本息债款一案　12－15－152

1945年11月至1946年1月，璧山实验地方法院关于陈伯熏借去卖田所得钱财拒不给付利息引起的请求增加且归还本息债款一案的文书，包括民事声请状、民事委任状、送达证书、点名单、民事传票、借据等。

157. 璧山实验地方法院审理赔偿损失一案　12－15－153

1945年12月至1946年1月，璧山实验地方法院关于看守所与唐玉林等订立买卖慈竹契约后唐玉林无法供应足量慈竹造成看守所监房修建工程损失引起的请求赔偿损失一案的文书，包括民事声请状、民事答辩状、民事传票、送达证书、点名单、民事辩论笔录、民事委任状、民事和解笔录等。

158. 璧山实验地方法院审理领押交业纠葛一案　12－15－154

1945年12月，璧山实验地方法院关于赵冉氏为回收土地自耕，要求杜水清给付租谷领押交业引起的领押交业纠葛一案的文书，包括民事诉状、民事委任状、民事传票、送达证书、点名单、民事辩论笔录、民事宣判笔录、民事判决书等。

159. 璧山实验地方法院审理终止租约的请执行一案　12－15－155

1945年6月，璧山实验地方法院关于何安邦缴纳解押金终止耕地租约的和解笔录请执行一案的文书，包括民声请状、璧山实验地方法院民事执行批示、原案民事诉状、民事传票、送达证书、点名单、民事辩论笔录、原民事和解书等。

160. 璧山实验地方法院审理交业搬迁请执行一案　12－15－156

1945年4月至1945年5月，璧山实验地方法院关于王梁氏拒不执行法院交业搬迁归还房屋的判决而引起的交业搬迁请求执行一案的文书，包括民事声请状、璧山实验地方法院民事执行文稿、送达证书、收据、原案刑事判决书等。

161. 璧山实验地方法院审理不动产抵押权、所有权登记等案　12－15－157

1945年6月，璧山实验地方法院关于曾繁光房屋等不动产抵押权、所有权登记以及抵押给军政部第一织布局等案的文书,包括不动产登记声请书、不动产登记保证书、送达证书、璧山实验地方法院公告、民事保状、璧山实验地方法院命令、不动产所有权登记调查切绪、收据等。

162. 璧山实验地方法院审理租赁关系纠葛一案　12－15－158

1945年11月至1945年12月,璧山实验地方法院关于蔡王氏确认租赁关系无效要求简万盛等付租交业引起的租赁关系纠葛一案的文书,包括民事诉状、民事委任状、民事传票、送达证书、点名单、民事辩论笔录、璧山县梓潼乡调解委员会证明书、民事和解笔录等。

163. 璧山实验地方法院审理请发支付命令一案　12－15－159

1945年8月,璧山实验地方法院关于甘维清等拖欠债款久不偿还引起的请发支付命令一案的文书,包括民事声请状、璧山实验地方法院支付命令、送达证书等。

164. 璧山实验地方法院审理分割遗产请求裁定一案　12－15－160

1945年11月至1945年12月,璧山实验地方法院关于饶尚楷等遗产分割问题声请裁定一案的文书,包括民事声请状、璧山实验地方法院民事裁定书、送达证书、民事判决书等。

165. 璧山实验地方法院审理请发支付命令一案　12－15－161

1945年9月,璧山实验地方法院关于黄炳章等拖欠公款久不偿还引起的请发支付命令一案的文书,包括民事声请状、璧山实验地方法院支付命令、送达证书等。

166. 璧山实验地方法院审理请发支付命令一案　12－15－162

1945年12月,璧山实验地方法院关于冯辉先拖欠债务久不偿还引起的请发支付命令一案的文书,包括民事声请状、凭票、璧山实验地方法院支付命令、送达证书等。

167. 四川高等法院第一分院、璧山实验地方法院审理搬迁交业纠葛上诉一案 12－15－163

1944年12月至1945年3月,四川高等法院第一分院、璧山实验地方法院关于谢东汉不满搬迁交业案的判决提请上诉一案的文书,包括往来公函、民事上诉状、璧山实验地方法院民事裁定书、送达证书、民事调解笔录、点名单、民事委任状、民事声请书、四川高等法院第一分院民事判决书等。

168. 四川高等法院第一分院、璧山实验地方法院审理管理权纠葛一案　12－15－164

1945年7月至1946年2月，四川高等法院第一分院、璧山实验地方法院关于蒋维邦要求收回父亲遗产、撤销伯父管理权并交出红契一案的文书，包括民事诉状、民事声请书、民事委任状、民事传票、送达证书、民事辩论笔录、证人结文、民事声请状、璧山实验地方法院民事裁决书、民事答辩状、璧山实验地方法院民事判决书、民事宣判笔录、往来公函、民事上诉状、璧山实验地方法院民事裁定书、民事撤销上诉状、四川高等法院第一分院民庭书记科通知书等。

169. 四川高等法院第一分院、璧山实验地方法院审理回赎典产纠葛一案　12－15－165

1945年3月至1946年2月，四川高等法院第一分院、璧山实验地方法院关于左宗祥等要求回赎房屋等不动典产一案的文书，包括民事诉状、民事传票、送达证书、点名单、民事辩论笔录、民事委任状、民事宣判笔录、璧山实验地方法院民事判决书、往来公函、民事上诉状、璧山实验地方法院民事裁定书、四川高等法院第一分院通知书等。

170. 最高法院、四川高等法院第一分院审理田产租约纠葛等上诉一案　12－15－166

1945年4月至1945年8月，最高法院、四川高等法院第一分院关于谢东汉不服田产租约纠葛一案终止租约、搬迁交业的判决提请上诉一案的文书，包括往来公函、民事上诉状、四川高等法院第一分院民事裁定书、送达证书、民事委任状、民事辩诉状、最高法院民事裁定书等。

171. 最高法院、四川高等法院第一分院审理死亡导致的遗产纠葛上诉一案　12－15－167

1944年10月至1945年5月，最高法院、四川高等法院第一分院关于刘成林不服父亲死亡导致的遗产纠葛判决提请上诉一案的文书，包括四川高等法院第一分院民事裁定书、往来公函、民事抗告状、四川高等法院第一分院民事意见书、最高法院民事裁定书、送达证书等。

172. 璧山实验地方法院审理给付租谷纠葛一案　12－15－168

1945年10月至1945年12月，璧山实验地方法院关于万大恩租约已终止而抗不偿还所欠租谷引起的给付租谷纠葛一案的文书，包括民事诉状、民事传票、送达证书、民事辩诉状、点名单、民事辩论笔录、民事宣判笔录、民事申请状、民事委任状、民事判决书等。

173. 璧山实验地方法院审理债务纠葛一案　12－15－169

1945 年 11 月至 1945 年 12 月，璧山实验地方法院关于刘汉祥欠债到期不还引起的债务纠葛一案的文书，包括民事诉状、民事传票、送达证书、民事答辩状、点名单、民事辩论笔录、民事宣判笔录、民事申请状、民事委任状、民事判决书、凭票等。

174. 璧山实验地方法院审理罚金请执行一案　12－15－170

1945 年 4 月至 1945 年 5 月，璧山实验地方法院关于何成基伤人身体被处罚金引起的罚金请执行一案的文书，包括刑事判决书、璧山实验地方法院民事执行文稿、璧山实验地方法院验查官公函、璧山实验地方法院民事执行命令、调查报告等。

175. 最高法院、四川高等法院第一分院审理田产买卖契约纠葛上诉一案　12－15－171

1942 年 12 月至 1945 年 12 月，最高法院、四川高等法院第一分院关于江陈氏不服田产契约纠葛一案田产买卖契约无效的判决提请上诉一案的文书，包括往来公函、民事上诉状、送达证书、四川高等法院第一分院民事裁定书、民事声请状、璧山县接龙乡乡公所呈件、四川高等法院第一分院民庭书记科通知书、民事续状、最高法院民事裁定书等。

176. 璧山实验地方法院审理请发支付命令一案　12－15－172

1945 年 7 月，璧山实验地方法院关于荣武记等拖延不缴税收引起的请发支付命令一案的文书，包括璧山县政府公函、璧山实验地方法院支付命令、送达证书、命令调查报告等。

该卷另附有璧山县各乡 1941 至 1944 年度斗称行息各商蒂欠数目表。

177. 四川高等法院第一分院、璧山实验地方法院审理声请拍卖抵押物及其上诉一案　12－15－173

1945 年 2 月至 1946 年 10 月，四川高等法院第一分院、璧山实验地方法院关于李伯嵩等过期不来回赎典物引起的声请拍卖抵押物案及其上诉一案的文书，包括民事声请状、民事传票、送达证书、点名单、民事辩论笔录、璧山实验地方法院民事裁定书、往来公函、民事委任状、民事抗告状等。

178. 四川高等法院第一分院、璧山实验地方法院审理给付酒款一案　12—15—174

1945年8月至1947年3月，四川高等法院第一分院、璧山实验地方法院关于谢厚贤签订卖酒合约后物价上涨意图毁约引起的给付酒款一案的文书，包括民事诉状、民事传票、送达证书、民事委任状、民事答辩状、点名单、民事宣判笔录、证人结文、璧山实验地方法院公函、国防动力酒精第二制造厂准件、璧山实验地方法院书记室通知、民事声请状、璧山实验地方法院民事判决书、往来公函、民事上诉状、四川高等法院第一分院民事判决书等。

179. 四川高等法院第一分院、璧山实验地方法院审理声请拍卖抵押物及其上诉一案　12—15—175

1945年11月至1946年2月，四川高等法院第一分院、璧山实验地方法院关于巫仁杰过期不来回赎典物引起的声请拍卖抵押物案及其上诉一案的文书，包括民事声请状、民事委任状、璧山实验地方法院民事裁定书、送达证书、往来公函、民事抗告状、四川高等法院第一分院民事裁定书等。

180. 四川高等法院第一分院、璧山实验地方法院审理田产买卖契约纠葛及其上诉一案　12—15—176

1945年3月至1945年11月，四川高等法院第一分院、璧山实验地方法院关于凌朝清声请确认田产买卖契约无效并且要求返还田产引起的田产买卖契约纠葛及其上诉一案的文书，包括民事诉状、民事答辩状、民事委任状、民事传票、送达证书、点名单、民事辩论笔录、证人结文、民事宣判笔录、璧山实验地方法院民事判决书、璧山实验地方法院民事裁定书、往来公函、民事上诉状、四川高等法院第一分院民事裁定书、民事声请状、四川高等法院第一分院民事判决书等。

181. 璧山实验地方法院审理房屋田产买卖契约纠葛一案　12—15—177

1945年11月至1945年12月，璧山实验地方法院关于廖进先声请确认房屋田产买卖契约无效请求撤销未印白契引起的房屋田产买卖契约纠葛一案的文书，包括民事诉状、民事传票、送达证书、点名单、民事辩论笔录、民事委任状、民事答辩状、民事判决书等。

该卷另附有1944年这宗房屋田产买卖契约案最高法院刑事判决书。

182. 四川高等法院第一分院、璧山实验地方法院审理租谷纠葛及其上诉一案　12—15—178

1945年7月至1947年7月，四川高等法院第一分院、璧山实验地方法院关于

张采芹在收成欠佳之年违法强索租谷引起的租谷纠葛及其上诉一案的文书，包括民事诉状、民事传票、送达证书、民事委任状、点名单、民事辩论笔录、璧山实验地方法院命令、璧山县马坊乡乡公所呈件、调解笔录、民事答辩状、证人结文、民事宣判笔录、璧山实验地方法院民事判决书、璧山县马坊乡乡公所训令、往来公函、民事上诉状、民事声请状、四川高等法院第一分院民事裁定书等。

183. 最高法院、四川高等法院第一分院审理不服部分诉求的判决上诉一案　12－15－179

1944 年 2 月至 1945 年 3 月，最高法院、四川高等法院第一分院关于陈滋如不服驳回被告部分诉求的判决提请上诉一案的文书，包括往来公函、民事上诉状、四川高等法院第一分院民事裁定书、送达证书、最高法院民事判决书、最高法院民事裁定书等。

184. 四川高等法院第一分院、璧山实验地方法院审理回赎典产及其上诉一案　12－15－180

1945 年 12 月至 1946 年 8 月，四川高等法院第一分院、璧山实验地方法院关于王德昌要求回赎田地房屋等典产及其上诉一案的文书，包括民事诉状、民事传票、送达证书、璧山实验地方法院民事裁定书、点名单、民事辩论笔录、民事委任状、民事声请状、证人结文、民事答辩状、民事宣判笔录、璧山实验地方法院民事判决书、民事上诉状、往来公函、声请撤回上诉准行书、四川高等法院第一分院民庭书记科通知书等。

185. 最高法院、四川高等法院第一分院、璧山实验地方法院等审理偿还耕作费及其上诉一案　12－15－181（1）

1945 年 7 月至 1947 年 6 月，最高法院、四川高等法院第一分院、璧山实验地方法院等关于租主赵安氏终止租约、收回水田自耕引起的请求偿还耕作费及其上诉一案的文书，包括民事诉状、民事委任状、民事答辩状、民事传票、送达证书、点名单、民事辩论笔录、证人结文、璧山实验地方法院民事裁定书、民事保状、民事宣判笔录、民事补诉状、璧山实验地方法院训令、璧山县第二区梓潼乡乡公所呈件等。

186. 最高法院、四川高等法院第一分院、璧山实验地方法院等审理偿还耕作费及其上诉一案　12－15－181（2）

1945 年 7 月至 1947 年 6 月，最高法院、四川高等法院第一分院、璧山实验地方法院等关于租主赵安氏终止租约、收回水田自耕引起的请求偿还耕作费及其上诉一案的文书，包括民事辩论笔录、民事宣判笔录、璧山实验地方法院民事判决书、民事上诉状、往来公函、民事委任状、四川高等法院第一分院民事判决书、最高法院民事判决书等。

187. 璧山实验地方法院审理典产纠葛一案　12－15－182

1945年3月至1946年8月，璧山实验地方法院关于苏南轩要求回赎田业引起的典产纠葛一案的文书，包括民事诉状、民事委任状、民事辩诉状、民事传票、送达证书、点名单、民事辩论笔录、证人结文、民事催呈状、民事声请状、民事宣判笔录、璧山实验地方法院民事判决书等。

该卷另附有1944年该案四川高等法院第一分院民事判决书。

188. 璧山实验地方法院审理和离返还嫁妆一案　12－15－183

1945年11月至1946年6月，璧山实验地方法院关于向张氏夫妻和离引起的要求返还嫁妆一案的文书，包括民事诉状、民事传票、送达证书、民事委任状、民事辩诉状、点名单、民事辩论笔录、璧山实验地方法院训令、璧山县正兴乡乡公所呈件、民事和解笔录、璧山实验地方法院公函等。

189. 璧山实验地方法院审理典产修理费纠葛一案　12－15－184

1945年9月至1945年12月，璧山实验地方法院关于符炳荣因修理典房损失不堪引起的声请调解赔偿典产修理费一案的文书，包括民事声请状、民事委任状、点名单、调解笔录、民事传票、送达证书等。

190. 璧山实验地方法院审理赔偿寄售货物价格一案　12－15－185

1945年10月至1945年11月，璧山实验地方法院关于陈光荣寄售货物被偷引起的要求赔偿寄售货物价格一案的文书，包括民事诉状、点名单、民事辩论笔录、民事传票、送达证书、民事宣判笔录、民事判决书等。

该卷另附有寄售货物数量价值表。

191. 四川高等法院第一分院、璧山实验地方法院审理领押交业纠葛及其上诉一案　12－15－186

1945年7月至1945年12月，四川高等法院第一分院、璧山实验地方法院关于朱均安违法转租房屋熟土引起的止约领押交业及其上诉一案的文书，包括民事诉状、民事传票、送达证书、点名单、民事辩论笔录、民事委任状、民事宣判笔录、璧山实验地方法院民事判决书、往来公函、民事上诉状、璧山实验地方法院民事裁定书、调查报告、四川高等法院第一分院民事裁定书等。

192. 璧山实验地方法院审理租谷纠葛一案　12－15－187

1945年12月至1946年9月，璧山实验地方法院关于田主王何氏伙同当地驻军暴力多收租谷引起的租谷纠葛一案的文书，包括民事诉状、民事传票、送达证书、民事声请状、点名单、民事辩论笔录、撤诉声请状等。

193. 璧山实验地方法院审理田产所有权纠葛一案　12－15－188

1945年12月至1946年7月，璧山实验地方法院关于公公曾嘉谷将田产赠送与丧夫的儿媳引起的田产所有权纠葛一案的文书，包括民事诉状、民事委任状、民事传票、送达证书、民事答辩状、点名单、民事辩论笔录、民事宣判笔录、民事判决书、分家书等。

194. 四川高等法院第一分院、璧山实验地方法院审理租谷纠葛及其上诉一案　12－15－189

1945年4月至1945年10月，四川高等法院第一分院、璧山实验地方法院关于罗鸣高要求给付所欠租谷引起的租谷纠葛及其上诉一案的文书，包括民事诉状、民事委任状、民事传票、送达证书、点名单、民事辩论笔录、民事辩诉状、民事宣判笔录、璧山实验地方法院民事判决书、往来公函、璧山实验地方法院命令、凭票、民事上诉状、四川高等法院第一分院民事判决书、收据、欠条等。

195. 璧山实验地方法院审理损失赔偿纠葛一案　12－15－190

1945年1月至1945年5月，璧山实验地方法院关于曾锡之违背租佃约定、贱卖田产引起的请求赔偿损失一案的文书，包括民事诉状、民事传票、送达证书、点名单、民事辩论笔录、璧山实验地方法院民事判决书、证人结文、璧山实验地方法院公函、璧山县政府经收处公函、民事宣判笔录等。

196. 四川高等法院第一分院、璧山实验地方法院审理债务纠葛一案　12－15－191

1945年3月至1946年3月，四川高等法院第一分院、璧山实验地方法院关于谢青山不清偿债务引起的债务纠葛一案的文书，包括民事诉状、民事传票、送达证书、点名单、民事辩论笔录、凭票、民事委任状、民事反诉状、璧山实验地方法院民事判决书、民事声请状、民事宣判笔录、往来公函、民事声明状、四川高等法院第一分院通知书等。

197. 璧山实验地方法院审理抵押权登记一案　12－15－192

1945 年 4 月，璧山实验地方法院关于杨鹤皋房屋产业等不动产抵押权登记抵押给军政部第一织布局一案的文书，包括不动产登记声请书、璧山实验地方法院公告等。

198. 璧山实验地方法院审理医药费赔偿请执行一案　12－15－193

1945 年 5 月，璧山实验地方法院关于王玉清伤人后不履行法院刑事附带民事判决的内容引起的医药费赔偿请执行一案的文书，包括民事请执行状、璧山实验地方法院民事执行文稿、收据、璧山实验地方法院民事执行命令、原案璧山实验地方法院刑事判决书、四川高等法院第一分院刑事判决书、四川高等法院第一分院刑事附带民事诉讼判决书等。

199. 璧山实验地方法院审理不动产登记一案　12－15－194

1945 年 5 月，璧山实验地方法院关于雷东山土地房屋等不动产登记一案的文书，包括不动产登记声请书、璧山实验地方法院命令、保甲长切结书、佃户切结书、不动产登记保证书、璧山实验地方法院公告、登记通知书、送达证书、收据等。

200. 四川江北地方法院、璧山实验地方法院审理田土租赁契约纠葛一案　12－15－195

1945 年 3 月至 1945 年 4 月，四川江北地方法院、璧山实验地方法院关于李青云请求更正租赁契约分摊押金引起的田土租赁契约纠葛一案的文书，包括民事诉状、民事传票、送达证书、往来公函、凭票等。

201. 璧山实验地方法院审理拐人骗财等案　12－15－196

1945 年 4 月至 1945 年 8 月，璧山实验地方法院关于罗李氏拐人骗财、刘宗尧辱骂募捐公职人员、陈锡林取保释放、韩炳昆殴打学徒、吴顺清迷药诈骗、刘志云偷窃等案的文书，包括璧山县警察局通常刑事案件核送书、原告签呈书、刑事裁决书、收据、刑事保状、审讯笔录等。

202. 璧山实验地方法院审理土地买卖契约纠葛一案　12－15－197

1945 年 11 月至 1946 年 4 月，璧山实验地方法院关于马在青欺诈骗签土地买卖契约引起的买卖契约纠葛一案的文书，包括民事诉状、民事传票、送达证书、民事委任状、点名单、证人结文、民事辩论笔录、民事声请状、民事辩诉状、民事宣判笔录、民事判决书等。

203. 璧山县法院审理债务纠纷一案　12－15－198

1935年1月至1935年3月，璧山县法院关于龙住廷等贸易失败欠下多人债务引起的债务纠纷一案的文书，包括民事诉状、送达证书、存照、民事展限书、民事反诉状、点名单、审理笔录等。

204. 璧山实验地方法院审理借款请执行一案　12－15－199

1945年8月至1946年5月，璧山实验地方法院关于刘荣生不履行法院返还借款本息的判决引起的借款请执行一案的文书，包括民事请执行状、璧山实验地方法院民事判决书、璧山实验地方法院民事执行文稿、调查报告、收据、璧山实验地方法院民事执行命令、民事传票、送达证书、点名单、璧山实验地方法院通知书、璧山实验地方法院训令、民事委任状、璧山实验地方法院布告等。

205. 四川高等法院第一分院审理租约纠葛上诉一案　12－15－200

1944年6月至1945年2月，四川高等法院第一分院关于黄见平不服终止租约的判决提请上诉一案的文书，包括璧山实验地方法院公函、四川高等法院第一分院公函、往来公函等。

206. 璧山实验地方法院审理抵押权登记一案　12－15－201

1945年8月，璧山实验地方法院关于张纯一房屋产业等不动产抵押权登记抵押给军政部第一织布局一案的文书，包括不动产登记声请书、不动产登记保证书、璧山实验地方法院公告等。

207. 璧山实验地方法院审理返还颜料请执行一案　12－15－202

1945年8月至1945年11月，璧山实验地方法院关于杨鲁三等人的合伙拍卖行停业无钱履行法院返还颜料的判决引起的请求执行一案的文书，包括民事声请状、璧山实验地方法院民事判决书、民事委任状、璧山实验地方法院民事执行文稿、调查报告、璧山实验地方法院训令、璧山实验地方法院民事执行命令、璧山实验地方法院布告、璧山实验地方法院通知书、民事传票、送达证书、点名单等。

208. 璧山实验地方法院审理请发支付命令一案　12－15－203

1945年1月至1945年3月，璧山实验地方法院关于黎治清拖延不偿还债务引起的请发支付命令一案的文书，包括民事声请状、璧山实验地方法院支付命令、送达证书、民事诉状、民事裁定书、欠条等。

209. 璧山实验地方法院审理抵押权登记一案　12－15－204

1945年5月，璧山实验地方法院关于陈永南房屋产业等不动产抵押权登记抵押给军政部第一织布局一案的文书，包括不动产登记声请书、不动产登记保证书、璧山实验地方法院公告、送达证书、收据等。

210. 璧山实验地方法院审理交业请执行一案　12－15－205

1945年10月至1946年3月，璧山实验地方法院关于陈庆合不履行调解笔录中限期搬迁的约定引起的请求执行一案的文书，包括民事请执行状、璧山实验地方法院民事执行文稿、调查报告、璧山实验地方法院民事执行命令、璧山实验地方法院通知书、送达证书等。

211. 璧山实验地方法院审理债务请执行一案　12－15－206

1945年7月至1946年3月，璧山实验地方法院关于甘玉枢积欠债务久不清偿引起的债务请求执行一案的文书，包括民事请执行状、璧山实验地方法院民事执行文稿、民事裁定书、调查报告、收据、璧山实验地方法院民事执行命令、璧山实验地方法院通知书、送达证书等。

212. 璧山实验地方法院审理返还债务请求执行一案　12－15－207

1944年7月至1945年8月，璧山实验地方法院关于高从富等抗不执行法院返还债务的命令引起的请求继续执行一案的文书，包括民事请执行状、原案民事请撤销状、点名单、收据、民事传票、送达证书、往来公函、璧山实验地方法院呈件、璧山实验地方法院民事裁定书、民事抗告状、璧山实验地方法院命令、璧山实验地方法院通知、民事辩论笔录等。

213. 璧山实验地方法院审理返还田业请执行一案　12－15－208

1945年8月至1945年10月，璧山实验地方法院关于徐国卿等不履行法院返还田业的判决引起的请求执行一案的文书，包括璧山实验地方法院民事执行文稿、调查报告、债权人切结书、璧山实验地方法院民事执行命令、民事请执行状、原案民事判决书等。

214. 璧山实验地方法院审理债务声请执行一案　12－15－209

1945年9月至1945年12月，璧山实验地方法院关于谭但氏到期拒不执行法院裁定以及其执行命令清偿债务引起的债务请求执行一案的文书，包括民事声请状、璧山实验地方法院民事执行文稿、调查报告、收据、璧山实验地方法院民事执行命令、送达证书等。

215. 璧山地方法院审理债务请执行一案　12－15－210

1945年7月至1946年3月，璧山地方法院关于吴良成等欠公费久不清偿引起的债务请求执行一案的文书，包括民事请执行状、璧山实验地方法院民事执行文稿、调查报告、收据、璧山地方法院民事执行命令、璧山地方法院通知书、民事裁定书等。

216. 璧山实验地方法院审理交业请执行一案　12－15－211

1945年9月至1945年12月，璧山实验地方法院关于王卢氏不履行法院领押交业的判决引起的请求执行一案的文书，包括民事请执行状、璧山实验地方法院民事执行文稿、调查报告、璧山实验地方法院民事执行命令、送达证书、收据等。

217. 璧山地方法院审理再嫁备查一案　12－15－212

1941年12月至1942年1月，璧山地方法院关于荣陈氏再嫁请求备案以求杜绝后祸引起的再嫁备查一案的文书，包括民事存查状、璧山地方法院批示、送达证书等。

218. 璧山县政府审理鸦片纠葛一案　12－15－213

1945年2月至1945年9月，璧山县政府关于陈具文吸食鸦片引起的鸦片纠葛一案的文书，包括璧山县政府呈件、璧山县政府军法判决书、军事委员会禁烟军法监指令、璧山县警察局呈件、审讯笔录、保长检举书、璧山县太和乡第六保保办处呈件、璧山县卫生院小便检验报告单等。

219. 璧山县政府审理鸦片纠葛一案　12－15－214

1945年7月至1945年8月，璧山县政府关于王柱臣吸食鸦片引起的鸦片纠葛一案的文书，包括璧山县政府行政诉讼呈件、刑事催呈状、拘提票、璧山县政府军法案件笔录、点名单、璧山县政府军法判决书、璧山县政府呈件、军事委员会禁烟军法监指令、璧山县卫生院小便检验报告单等。

220. 璧山实验地方法院审理租谷纠葛一案　12－15－215

1944年12月至1945年2月，璧山实验地方法院关于刘敬廷相互推诿不按照约定交纳租谷引起的租谷纠葛一案的文书，包括民事诉状、民事传票、送达证书、公证状、点名单、民事辩论笔录、民事答辩状、和解笔录等。

221. 璧山实验地方法院审理不动产登记一案　12—15—216

1945年11月,璧山实验地方法院关于雷福田土地房屋等不动产登记一案的文书,包括不动产登记声请书、璧山实验地方法院命令、调查报告、民事切结书、不动产登记保证书、璧山实验地方法院公告、送达证书、收据等。

222. 璧山实验地方法院审理返还产业纠葛一案　12—15—217

1945年4月至1945年5月,璧山实验地方法院关于龚正权等侵夺继母田产等产业引起的请求调解返还产业纠葛一案的文书,包括民事声请状、送达证书、点名单、民事辩论笔录等。

223. 璧山实验地方法院审理抵押物拍卖声请案、医药费赔偿请执行两案　12—15—218

1945年4月至1945年8月,璧山实验地方法院关于当铺老板叶聚福为了清偿债务当铺请求拍卖抵押物引起的民事声请案、因虞用宾抗不遵从法院赔偿医药费的判决引起的医药费赔偿请求执行案两案的文书,包括民事声请状、民事委任状、璧山实验地方法院民事裁定书、送达证书、借据、地契书、民事请执行状、璧山实验地方法院民事执行文稿、民事传票、点名单、调查报告、璧山实验地方法院民事执行命令、收据、原案四川高等法院第一分院民事判决书、最高法院书记厅通知书、璧山实验地方法院民事判决书等。

224. 璧山实验地方法院审理医药费赔偿请执行一案　12—15—219

1945年7月至1945年8月,璧山实验地方法院关于虞用宾等抗不遵从法院赔偿医药费的判决引起的医药费赔偿请求执行一案的文书,包括民事请执行状、民事委任状、璧山实验地方法院民事执行文稿、民事传票、送达证书、点名单、调查报告、璧山实验地方法院民事执行命令、璧山实验地方法院训令、收据、原案四川高等法院第一分院民事判决书、最高法院书记厅通知书、璧山实验地方法院民事判决书等。

225. 璧山实验地方法院审理债务纠葛一案　12—15—220

1945年9月至1945年11月,璧山实验地方法院关于汪杰在联益信托商行合伙借贷巨款逾期不还引起的债务纠葛一案的文书,包括民事诉状、凭票、民事传票、送达证书、点名单、民事辩论笔录、民事宣判笔录、民事判决书等。

该卷另附有1945年10月19日《渝北日报》一页。

226. 璧山实验地方法院审理返还田业纠葛一案　12－15－221

1945 年 1 月至 1945 年 2 月，璧山实验地方法院关于颜兴安抢夺田产、虐待亲族子侄引起的返还田业纠葛一案的文书，包括民事诉状、民事传票、送达证书、点名单、民事辩论笔录、民事委任状、民事声请状、和解笔录、璧山实验地方法院批件等。

227. 璧山实验地方法院审理债务请执行一案　12－15－222

1945 年 3 月至 1946 年 3 月，璧山实验地方法院关于潘春宣等抗不理会法院支付命令引起的债务请求执行一案的文书，包括民事声请状、民事传票、送达证书、点名单、民事声明状、璧山实验地方法院书记室通知书等。

228. 璧山实验地方法院审理不动产登记一案　12－15－223

1945 年 10 月至 1946 年 3 月，璧山实验地方法院关于向德钦田土房屋等不动产登记一案的文书，包括璧山实验地方法院公函、璧山实验地方法院通知书、不动产登记声请书、送达证书、璧山实验地方法院命令、调查报告、不动产登记保证书、民事切结书、璧山实验地方法院公告、民事委任状、收据等。

229. 璧山实验地方法院审理不动产、抵押权登记一案　12－15－224

1945 年 2 月至 1946 年 1 月，璧山实验地方法院关于陈合清田土房屋等不动产登记以及不动产抵押权登记抵押给军政部第一织布局一案的文书，包括不动产登记声请书、不动产登记保证书、璧山实验地方法院不动产登记通知书、送达证书、璧山实验地方法院公函、民事辩论笔录、军政部第一织布局公函、璧山实验地方法院命令、民事切结书、璧山实验地方法院公告、收据等。

230. 璧山实验地方法院审理保证纠葛一案　12－15－225

1945 年 5 月，璧山实验地方法院关于张志敖承办公家厂房建设工程未能如期完成而被警察局扣押因无人承保而导致保据无效一案的文书，包括收条、璧山县警察局公函等。

231. 璧山实验地方法院审理故意毁损租赁物引起的刑事一案　12－15－226

1945 年 7 月至 1945 年 9 月，璧山实验地方法院关于宴庆元故意放火烧毁所租赁的房屋引起的刑事一案的文书，包括璧山实验地方法院检察官函件、调查报告、讯问笔录、刑事诉状、刑事传票、送达证书、璧山县正兴乡乡公所呈件、璧山实验地方法院书记室通知书、璧山实验地方法院公函等。

232. 璧山实验地方法院审理租佃纠葛一案　12－15－227

1945年1月，璧山实验地方法院关于冉深山等拖欠租谷、刘每成请求调解以期追回所欠租谷并且到期领押交业引起的租佃纠葛一案的文书，包括民事声请状、民事答辩状、民事传票、送达证书、点名单、民事辩论笔录等。

233. 璧山实验地方法院审理不动产登记一案　12－15－228

1945年5月，璧山实验地方法院关于徐昌荣土地房屋等不动产登记一案的文书，包括不动产登记声请书、璧山实验地方法院命令、民事切结书、璧山实验地方法院公告、送达证书、不动产登记通知书、收据等。

234. 璧山实验地方法院审理不动产、抵押权登记一案　12－15－229

1945年5月，璧山实验地方法院关于徐海云土地房屋等不动产登记以及不动产抵押权登记抵押给军政部第一织布局一案的文书，包括不动产登记声请书、璧山实验地方法院命令、民事切结书、收据、送达证书、璧山实验地方法院公告、不动产登记通知书、不动产登记保证书等。

235. 璧山实验地方法院审理不动产登记一案　12－15－230

1945年2月至1945年6月，璧山实验地方法院关于雷在崇土地房屋等不动产登记一案的文书，包括不动产登记声请书、璧山实验地方法院命令、不动产登记保证书、民事切结书、调查报告、璧山实验地方法院公告、送达证书、收据等。

236. 璧山实验地方法院审理检验尸体一案　12－15－231

1945年4月，璧山实验地方法院关于吴徐氏请求检验已经病亡的丈夫尸体的民事声请一案的文书，包括调查报告、讯问笔录、履勘笔录、领尸体结文、验断书等。

237. 璧山实验地方法院审理请发支付命令一案　12－15－232

1945年1月，璧山实验地方法院关于朱南辉长久拖延不归还黄谷引起的请发支付命令一案的文书，包括民事声请状、璧山实验地方法院支付命令、送达证书、璧山实验地方法院书记室通知书、请求撤销诉状书等。

238. 璧山实验地方法院审理交业请执行一案　12－15－233

1945年8月至1945年11月，璧山实验地方法院关于熊顺清等不履行法院领押交业的判决引起的请求执行一案的文书，包括民事请执行状、璧山实验地方法院民事执行文稿、民事传票、送达证书、民事诉请状、点名单、调查报告、璧山实验地方法院民事执行命令、收据、璧山实验地方法院批件、原案璧山实验地方法院民事判决书、四川高等法院第一分院民事判决书等。

239. 璧山实验地方法院审理不动产登记一案　12—15—234

1945 年 4 月，璧山实验地方法院关于张纯一土地房屋等不动产登记一案的文书，包括收据、送达证书、璧山实验地方法院公告、不动产登记声请书、璧山实验地方法院命令、不动产登记保证书、声请人切结书、保甲长切结书等。

240. 璧山实验地方法院审理呈请备查一案　12—15—235

1945 年 3 月至 1945 年 4 月，璧山实验地方法院关于罗明昌家婴儿被拐罪犯潜逃不知去向引起的呈请备查一案的文书，包括民事呈请状、璧山实验地方法院民庭批件、送达证书等。

241. 璧山实验地方法院审理请发支付命令一案　12—15—236

1945 年 10 月至 1945 年 12 月，璧山实验地方法院关于廖熊龙等长久拖延不归还黄谷引起的请发支付命令一案的文书，包括民事声请状、璧山实验地方法院支付命令、送达证书、民事抗诉状、璧山实验地方法院书记室通知书等。

242. 璧山实验地方法院审理租佃纠葛请求调解一案　12—15—237

1945 年 4 月至 1945 年 5 月，璧山实验地方法院关于唐合廷不给付租谷又拒绝领押交业引起请求调解租佃纠葛一案的文书，包括民事声请状、民事传票、送达证书、点名单、民事辩论笔录等。

243. 璧山实验地方法院审理租谷纠葛请求调解一案　12—15—238

1945 年 4 月至 1945 年 5 月，璧山实验地方法院关于黄炳章抗不交租两年王恢中请求调解要求给付租谷并且交业搬迁一案的文书，包括民事声请状、民事传票、送达证书、点名单等。

244. 璧山实验地方法院审理租约纠葛请求调解一案　12—15—239

1945 年 4 月至 1945 年 5 月，璧山实验地方法院关于佃客傅炳臣受人怂恿拒不承认田主合法继承人的租约引起的租约纠葛请求调解一案的文书，包括民事声请状、民事传票、送达证书、点名单、民事辩论笔录等。

245. 璧山实验地方法院审理典当契约纠葛请求调解一案　12－15－240

1945年5月，璧山实验地方法院关于叶廖氏承诺典当后不履行约定引起的典当契约纠葛请求调解一案的文书，包括民事声请状、民事传票、送达证书、点名单、民事辩论笔录等。

246. 璧山实验地方法院审理租约纠葛请求调解一案　12－15－241

1945年3月至1945年4月，璧山实验地方法院关于郑炳轩承诺接受搬迁费解除田土房屋租约后又反悔引起的租约纠葛请求调解一案的文书，包括民事声请状、民事传票、送达证书、点名单、民事辩论笔录、和解笔录、租佃契约等。

247. 璧山实验地方法院审理租佃纠葛请求调解、清偿棉纱请求调解两案　12－15－242

1945年4月至1945年5月，璧山实验地方法院关于赵龚氏租佃田地后又转租与他人引起租佃纠葛请求调解案、吴仲伦无力赔偿棉纱引起的清偿棉纱请求调解案两案的文书，包括民事诉状、民事传票、送达证书、民事委任状、点名单、军政部军需署第一织布厂公函、调查报告等。

248. 璧山实验地方法院审理遗产纠葛请求调解一案　12－15－243

1945年2月至1945年5月，璧山实验地方法院关于罗忠信等重男轻女分割遗产不均引起的遗产纠葛请求调解一案的文书，包括民事声请状、民事委任状、民事传票、送达证书、点名单、民事辩论笔录等。

249. 四川高等法院第一分院审理领押交业纠葛上诉一案　12－15－244

1945年2月至1945年3月，四川高等法院第一分院关于徐海清不服法院领押交业的判决提请上诉一案的文书，包括往来公函、民事上诉状、璧山实验地方法院民事裁定书、送达证书、四川高等法院第一分院民事裁定书、民事声请状等。

250. 璧山实验地方法院审理工资纠葛一案　12－15－245

1945年3月，璧山实验地方法院关于餐食馆老板蒋饶氏等拖欠雇佣工资引起的要求支付工资以及利息的工资纠葛一案的文书，包括民事诉状、民事传票、送达证书、点名单、民事辩论笔录、民事宣判笔录、民事判决书等。

251. 最高法院、四川高等法院第一分院审理返还产业纠葛上诉一案　12－15－246

1944年7月至1944年12月，最高法院、四川高等法院第一分院关于江璨周不服法院限期归还产业的判决提请上诉一案的文书，包括往来公函、民事抗告状、四川高等法院第一分院民事意见书、最高法院民事裁定书等。

252. 璧山实验地方法院审理产业买卖纠葛请求调解一案　12－15－247

1945 年 6 月至 1945 年 7 月，璧山实验地方法院关于王益和与张九华产业买卖协议达成后卖家张九华后悔拒不完成买卖产业手续引起的请求调解一案的文书，包括民事声请状、民事委任状、民事传票、送达证书、点名单、民事辩论笔录等。

253. 璧山实验地方法院审理黄谷纠葛一案　12－15－248

1945 年 5 月至 1945 年 6 月，璧山实验地方法院关于张亦苏请求依法判决保存黄谷案的异议案以保证支付命令的执行一案的文书，包括民事声请状、民事传票、送达证书、点名单、民事辩论笔录等。

254. 璧山实验地方法院审理终止租约纠葛请求调解一案　12－15－249

1945 年 6 月，璧山实验地方法院关于租主谢黄氏承织军服请求终止租约收回房屋引起的请求调解一案的文书，包括民事声请状、民事传票、送达证书、点名单、民事辩论笔录、民事委任状等。

255. 璧山实验地方法院审理债务声请执行案、请发支付命令两案　12－15－250

1945 年 3 月至 1945 年 5 月，璧山实验地方法院关于何桂林等不履行法院限期清偿债务的判决引起的请求执行案、何桂林等不履行法院给付租谷的判决引起的请发支付命令两案的文书，包括民事声请状、原案璧山实验地方法院民事裁定书、和解笔录、送达证书、璧山实验地方法院支付命令、民事诉状、璧山实验地方法院书记室通知书等。

256. 四川高等法院第一分院审理交业纠葛上诉一案　12－15－251

1945 年 5 月，四川高等法院第一分院关于徐海清不服法院交业搬迁的判决提请上诉一案的文书，包括璧山实验地方法院书记室公函、四川高等法院第一分院书记室公函等。

257. 璧山实验地方法院审理请发支付命令一案　12－15－252

1945 年 4 月至 1945 年 5 月，璧山实验地方法院关于债权人张亦苏要求债主邱松廷给付金钱或其他财产引起的请发支付命令一案的文书，包括民事声请状、璧山实验地方法院支付命令、欠条、送达证书、民事异议状、璧山实验地方法院书记室通知书等。

258. 璧山实验地方法院审理请发支付命令一案　12－15－253

1945年3月至1945年5月，璧山实验地方法院关于债权人秦次柏要求债主刘海明给付金钱或其他财产引起的请发支付命令一案的文书，包括民事声请状、璧山实验地方法院支付命令、送达证书、璧山实验地方法院书记室通知书等。

259. 璧山实验地方法院审理调解撤销登记一案　12－15－254

1945年5月至1945年7月，璧山实验地方法院关于荣善培的父亲之遗产被族亲窃夺并登记引起的请求调解撤销登记一案的文书，包括民事声请状、民事委任状、民事传票、送达证书、点名单、民事辩论笔录等。

260. 璧山实验地方法院审理请发支付命令一案　12－15－255

1945年4月，璧山实验地方法院关于王陈氏拖延拒不清偿债务引起的请发支付命令一案的文书，包括民事声请状、民事裁定书、送达证书等。

261. 最高法院、四川高等法院第一分院等审理买卖契约纠葛一案　12－15－256（1）

1942年6月至1945年4月，最高法院、四川高等法院第一分院、四川江北地方法院、重庆实验地方法院、璧山实验地方法院关于周祥伦请求确认与甘庭燎的田产房屋等不动产转移契约有效引起的买卖契约纠葛一案的文书，包括民事委任状、民事诉状、买卖契约合同抄本、民事辩诉状、民事声请状、民事传票、送达证书、点名单、民事审判笔录、璧山实验地方法院民事判决书等。

262. 最高法院、四川高等法院第一分院等审理买卖契约纠葛一案　12－15－256（2）

1942年6月至1945年4月，最高法院、四川高等法院第一分院、四川江北地方法院、重庆实验地方法院、璧山实验地方法院关于周祥伦请求确认与甘庭燎的田产房屋等不动产转移契约有效引起的买卖契约纠葛一案的文书，包括民事辩论笔录、民事上诉状、往来公函、民事委任状、民事答辩状、四川高等法院第一分院民事判决书、民事声请书等。

263. 最高法院、四川高等法院第一分院等审理买卖契约纠葛一案　12－15－256（3）

1942年6月至1945年4月，最高法院、四川高等法院第一分院、四川江北地方法院、重庆实验地方法院、璧山实验地方法院关于周祥伦请求确认与甘庭燎的田产房屋等不动产转移契约有效引起的买卖契约纠葛一案的文书，包括民事上诉状、四川高等法院第一分院民事裁定书、民事答辩状、最高法院民事判决书、收据等。

264. 璧山实验地方法院审理退佃交业纠葛请求调解一案　12－15－257

1945年3月至1945年4月，璧山实验地方法院关于蒲银安等抗不交租蒲金安要求其退佃交业引起的请求调解一案的文书，包括民事声请状、送达证书、点名单、民事辩论笔录等。

265. 璧山实验地方法院审理赔偿损失纠葛一案　12－15－258

1945年2月至1945年3月，璧山实验地方法院关于包永蕙偷走丈夫林维钧法币、契约以及各种证件引起的请求赔偿损失一案的文书，包括民事声请状、民事撤诉状、点名单、民事传票、送达证书、璧山实验地方法院民庭书记科通知书等。

266. 璧山实验地方法院审理租谷纠葛一案　12－15－259

1945年2月至1945年4月，璧山实验地方法院关于周汉清拒不给付所欠租谷并且因此潜逃引起的给付租谷纠葛一案的文书，包括民事诉状、民事裁定书、送达证书等。

267. 璧山实验地方法院审理生活费纠葛一案　12－15－260

1945年2月至1945年3月，璧山实验地方法院关于赵玉贤遭受丈夫李绍勋虐待要求脱离关系并且要求丈夫给付生活费引起的生活费纠葛一案的文书，包括民事诉状、民事委任状、民事传票、送达证书、点名单、民事声请状、璧山实验地方法院民庭书记科通知书等。

268. 璧山实验地方法院审理领押交业纠葛一案　12－15－261

1945年3月至1945年4月，璧山实验地方法院关于黄炳章抗不纳租、王恢中请求终止租约引起的领押交业一案的文书，包括民事诉状、民事答辩状、民事委任状、送达证书、民事传票、点名单、民事辩论笔录、民事宣判笔录、民事判决书、民事补诉状、调解笔录等。

269. 璧山实验地方法院审理赔偿修理费纠葛请求调解一案　12－15－262

1945年4月，璧山实验地方法院关于当铺老板郭刘氏等为修理典当房屋损失不堪请求赔偿修理房屋费用引起的请求调解一案的文书，包括民事声请状、民事委任状、民事传票、送达证书、点名单、民事辩论笔录、调解笔录、璧山实验地方法院公函等。

270. 四川高等法院第一分院审理返还产业上诉一案　12－15－263

1945年5月，四川高等法院第一分院关于管海清不服法院限期返还产业的判决提请上诉一案的文书，包括往来公函、民事上诉状、送达证书、四川高等法院第一分院民事裁定书等。

271. 璧山实验地方法院审理请发支付命令一案　12－15－264

1945年11月，璧山实验地方法院关于夏庆发债务到期不清偿债务引起的请发支付命令一案的文书，包括民事诉状、璧山实验地方法院支付命令、借据、送达证书等。

272. 璧山实验地方法院审理领押交业纠葛一案　12－15－265

1945年5月，璧山实验地方法院关于租约到期熊万才等拒绝领押交业引起的领押交业纠葛一案的文书，包括民事诉状、民事委任状、民事辩诉状、送达证书、民事传票、点名单、民事辩论笔录、璧山县丁家乡乡公所呈件、民事宣判笔录、民事判决书等。

273. 四川高等法院第一分院审理交还产业上诉一案　12－15－266

1945年5月至1945年8月，四川高等法院第一分院关于贺龙松不服法院交还田土房屋等产业的判决提请上诉一案的文书，包括民事上诉状、往来公函、送达证书、民事委任状、民事辩诉状、民事声请状、民事辩论笔录、四川高等法院第一分院民事判决书等。

274. 璧山实验地方法院审理请发支付命令一案　12－15－267

1945年9月，璧山实验地方法院关于黄俊卿债务逾期不清偿债务引起的请发支付命令一案的文书，包括民事声请状等。

该卷另附有杨南轩抢夺案及其上诉案的判决书，包括璧山实验地方法院刑事判决书、四川高等法院第一分院刑事判决书、四川高等法院第一分院刑事附带民事判决书等。

275. 璧山实验地方法院审理请发支付命令一案　12—15—268

1945 年 4 月，璧山实验地方法院关于王钱氏因谷价高涨要求以市价折合王之栋等所欠食谷引起的请发支付命令一案的文书，包括民事声请状、璧山实验地方法院支付命令、送达证书等。

276. 璧山实验地方法院审理契约纠葛一案　12—15—269

1945 年 10 月至 1946 年 1 月，璧山实验地方法院关于朱刘氏擅自将共有的田土缔结大佃契约引起的契约纠葛一案的文书，包括民事诉状、民事委任状、民事传票、送达证书、点名单、民事辩论笔录、证人结文、民事撤诉状、租佃契约等。

277. 璧山实验地方法院审理终止租约纠葛一案　12—15—270

1945 年 11 月至 1946 年 1 月，璧山实验地方法院关于刘海廷既不清偿租谷又不终止契约刘碧玉要求终止租约一案的文书，包括民事诉状、民事委任状、民事答辩状、民事传票、送达证书、点名单、民事辩论笔录、和解笔录等。

278. 璧山实验地方法院审理黄谷纠葛一案　12—15—271

1945 年 3 月至 1945 年 6 月，璧山实验地方法院关于谭文约状告彭国名拖欠黄谷要求其偿还黄谷一案的文书，包括民事诉状、璧山实验地方法院公函、调查报告、民事传票、送达证书、璧山实验地方法院训令、璧山县丁家乡乡公所呈件、民事裁定书等。

279. 璧山实验地方法院审理欠款纠葛一案　12—15—272

1945 年 3 月至 1945 年 4 月，璧山实验地方法院关于吴陈氏夫妇强搭伙食并且借钱不还引起的欠款纠葛一案的文书，包括民事诉状、民事传票、送达证书、点名单、璧山实验地方法院民庭书记科通知书等。

280. 璧山实验地方法院审理食谷纠葛一案　12—15—273

1945 年 3 月，璧山实验地方法院关于安陈氏反诉陈辉先食谷纠葛一案的文书，包括民事反诉状、民事传票、送达证书、点名单、民事辩论笔录、民事委任状、璧山实验地方法院批示、民事声请状、民事宣判笔录、民事裁定书声请状善本等。

281. 璧山实验地方法院审理租谷纠葛一案　12—15—274

1945 年 10 月至 1946 年 2 月，璧山实验地方法院关于冯树宣等状告万罗氏拖欠租谷意图逃租一案的文书，包括民事诉状、副状、民事传票、送达证书、点名单、民事辩论笔录、证人结文、璧山县健龙乡乡公所呈件、民事委任状、民事宣判笔录、和解笔录等。

282. 璧山实验地方法院审理拍卖抵押物纠葛一案　12－15－275

1945年11月至1945年12月，璧山实验地方法院关于徐国栋等过期不来回赎典产当铺老板萧胡氏声请拍卖其典产一案的文书，包括民事声请状、民事裁定书、送达证书等。

283. 璧山实验地方法院审理声请公示催告一案　12－15－276

1945年12月，璧山实验地方法院关于张怀清等催促法院公示他所遗失的欠条无效一案的文书，包括民事催状、送达证书、璧山实验地方法院批示等。

284. 璧山实验地方法院审理领证一案　12－15－277

1945年12月，璧山实验地方法院关于刘高氏等请求发还作为证物的证件一案的文书，包括民事声请状、民事传票、送达证书、点名单、收据等。

285. 璧山实验地方法院审理存查投税存根一案　12－15－278

1945年7月，璧山实验地方法院关于四川高等法院第一分院因审理吴黄氏请求领押交业上诉案而要求璧山实验地方法院查复吴王氏投税存根一案的文书，包括四川高等法院第一分院公函、璧山实验地方法院公函、璧山县粮食管理处公函等。

286. 璧山实验地方法院审理声请产业估价一案　12－15－279

1945年11月至1945年12月，璧山实验地方法院关于黄仲侯兄弟二人为还债而请求法院进行产业估价一案的文书，包括民事声请状、璧山实验地方法院批件、送达证书、欠款表等。

287. 璧山实验地方法院审理声请宣告假执行一案　12－15－280

1945年10月，璧山实验地方法院关于凌四海逾期不清偿债务引起的声请宣告假执行一案的文书，包括民事声请状、民事裁定书、送达证书、璧山实验地方法院支付命令等。

288. 璧山实验地方法院审理声请宣告假执行一案　12－15－281

1945年10月，璧山实验地方法院关于黄俊卿等拖欠债务拒不接受法院支付命令引起的声请宣告假执行一案的文书，包括民事声请状、璧山实验地方法院批示、送达证书等。

289. 璧山实验地方法院审理声请撤销假扣押一案　12－15－282

1945年10月，璧山实验地方法院关于段瑜思等债务纠葛自行和解后声请撤销假扣押一案的文书，包括民事撤销声请状、民事裁定书、调查报告、收据等。

290. 璧山实验地方法院审理声请宣告假执行一案　12－15－283

1945年9月至1945年10月，璧山实验地方法院关于张炳清等不理会法院支付命令引起的债务声请宣告假执行一案的文书，包括民事声请状、民事裁定书、送达证书等。

291. 璧山实验地方法院审理确认选举无效一案　12－15－284

1945年11月至1945年12月，璧山实验地方法院关于闫绍奎等状告欧双合串通乡长等人操纵选举要求确认选举无效一案的文书，包括民事诉状及其附卷、民事传票、送达证书、点名单、民事辩论笔录等。

292. 璧山实验地方法院审理搬迁交业一案　12－15－285

1945年10月至1945年11月，璧山实验地方法院关于黄凌氏状告万海洲交租逾期违背租约而要求终止租约搬迁交业一案的文书，包括民事诉状、民事撤回声请状以及法院批示、送达证书等。

293. 璧山实验地方法院审理担保赔偿一案　12－15－286

1945年10月，璧山实验地方法院关于金海廷所担保的看守所建筑监房工程未能如期完成而被看守所状告要求其承担担保赔偿责任一案的文书，包括璧山实验地方法院检察官公函、民事委任状、点名单、民事辩论笔录、和解笔录、调查报告、璧山实验地方法院看守所呈件、讯问笔录等。

294. 璧山实验地方法院审理搬迁交业纠葛一案　12－15－287

1945年10月，璧山实验地方法院关于赵冉氏状告达刘氏拖欠地租且违法将土地房屋转租他人而要求终止租约搬迁交业一案的文书，包括民事诉状、民事答辩状、民事委任状、副状、民事传票、送达证书、点名单、证人结文、民事辩论笔录、和解笔录等。

295. 璧山实验地方法院审理田产卖契约纠葛一案　12—15—288

1945年11月，璧山实验地方法院关于璧山县粮食管理处移送张治臣与张舒氏田产买卖契约纠葛一案到璧山实验地方法院处查核的文书，包括璧山县粮食管理处公函、民事传票、送达证书、点名单、民事辩论笔录、璧山实验地方法院公函等。

296. 璧山实验地方法院审理返还押金一案　12—15—289

1945年11月，璧山实验地方法院关于彭金材状请法院判决雷柏松等返还租佃产业的押金一案的文书，包括民事声请状、璧山实验地方法院民庭批示、送达证书等。

297. 璧山实验地方法院审理声请提存一案　12—15—290

1945年11月，璧山实验地方法院关于刘树成声请法院给予他所持的债务执照以提存通知裁定指示一案的文书，包括民事声请状、璧山实验地方法院民事批示、送达证书等。

298. 璧山实验地方法院审理请发支付命令一案　12—15—291

1945年9月至1945年10月，璧山实验地方法院关于田映鉴拖欠借款逾期不还引起的请发支付命令一案的文书，包括民事声请状、璧山实验地方法院支付命令、送达证书等。

299. 璧山实验地方法院审理离婚一案　12—15—292

1945年10月至1945年11月，璧山实验地方法院关于张群林因丈夫罗高魁恶意遗弃而提请离婚一案的文书，包括民事诉状、璧山县正兴乡第十五保保甲证明书、民事传票、送达证书、点名单、民事辩论笔录、民事宣判笔录、民事裁定书等。

300. 璧山实验地方法院审理请发支付命令一案　12—15—293

1945年10月，璧山实验地方法院关于罗杨树等拖欠借款不还且殴打债权人杨树贞引起的请发支付命令一案的文书，包括民事诉状、璧山实验地方法院支付命令、送达证书、凭票等。

301. 璧山实验地方法院审理请发支付命令一案　12—15—294

1945年10月至1945年11月，璧山实验地方法院关于朱志扬在织布厂倒闭后拖延不归还他所领的棉纱引起的请发支付命令一案的文书,包括民事声请状、璧山实验地方法院支付命令、送达证书、民事异议声请状、民事异议声请补状等。

302. 璧山实验地方法院审理请发支付命令一案　12－15－295

1945年8月至1945年9月,璧山实验地方法院关于陈昌熙亏欠段瑜思辩诉费用以及黄谷引起的请发支付命令一案的文书,包括民事声请状、璧山实验地方法院支付命令、送达证书、调查报告、璧山实验地方法院公函、重庆实验地方法院公函等。

303. 璧山实验地方法院审理债务纠葛请求调解一案　12－15－296

1945年12月,璧山实验地方法院关于景亮钧请求调解他与任秉五等债务纠葛一案的文书,包括民事声请状、送达证书、点名单等。

304. 璧山实验地方法院审理离婚纠葛请求调解一案　12－15－297

1945年11月,璧山实验地方法院关于向邓光素请求调解她与丈夫向七云离婚纠葛一案的文书,包括送达证书、点名单、民事辩论笔录、民事声请状、民事委任状等。

305. 璧山实验地方法院审理租佃纠葛请求调解一案　12－15－298

1945年11月,璧山实验地方法院关于王文彬请求调解石承宣违背租佃契约拒不缴纳地租一案的文书,包括民事声请状、送达证书、点名单、民事辩论笔录等。

306. 璧山实验地方法院审理租佃纠葛请求调解一案　12－15－299

1945年11月至1945年12月,璧山实验地方法院关于陈永昌请求调解他与蒋洪发等因终止租约收回耕地自耕引起的租佃纠葛一案的文书,包括民事声请状、民事声明状、送达证书、点名单等。

307. 璧山实验地方法院审理租佃纠葛请求调解一案　12－15－300

1945年10月,璧山实验地方法院关于雷瑞卿请求调解他与雷普田因终止租约收回耕地自耕引起的租佃纠葛一案的文书,包括民事声请状、送达证书、点名单、民事辩论笔录等。

308. 璧山实验地方法院审理租佃纠葛声请调解一案　12－15－301

1945年10月至1945年11月,璧山实验地方法院关于孙子钊声请调解他与连吉安因终止租约收回耕地自耕引起的租佃纠葛一案的文书，包括民事声请状、案件审理单、送达证书、点名单、民事辩论笔录等。

309. 璧山实验地方法院审理产业纠葛声请调解一案　12－15－302

1945年11月，璧山实验地方法院关于汪明禄声请调解唐炳轩不遵守合约、霸耕土地一案的文书，包括民事声请状、民事答辩状、案件审理单、送达证书、点名单、民事辩论笔录等。

310. 璧山实验地方法院审理租谷纠葛声请调解一案　12－15－303

1945年9月至1945年10月，璧山实验地方法院关于张德惠声请调解夏朝元拖欠租谷一案的文书，包括民事声请状、民事委任状、送达证书、点名单、民事辩论笔录、民事调解笔录等。

311. 璧山实验地方法院审理租谷纠葛声请调解一案　12－15－304

1945年10月至1945年11月，璧山实验地方法院关于吴俊良声请调解吴锡三违背租约拒付租谷一案的文书，包括民事声请状、民事委任状、送达证书、点名单、民事辩论笔录、民事调解笔录等。

312. 璧山实验地方法院审理搬迁交业一案　12－15－305

1945年5月至1945年8月，璧山实验地方法院关于钟治均等状告程汉清等拒绝搬迁交业一案的文书，包括民事诉状、民事传票、送达证书、民事委任状、璧山县丁家乡第九保办公处呈件、点名单、民事辩论笔录、民事宣判笔录、民事判决书等。

313. 璧山实验地方法院审理借款纠葛一案　12－15－306

1945年5月至1945年7月，璧山实验地方法院关于邓德云状告杨国超拖欠借款一案的文书，包括民事诉状、民事传票、送达证书、点名单、民事辩论笔录、民事宣判笔录、民事判决书等。

314. 璧山实验地方法院审理搬迁交业纠葛一案　12－15－307

1945年7月至1945年8月，璧山实验地方法院关于杨玉山状告汪在塘违约后拒不搬迁交业一案的文书，包括民事诉状、民事传票、送达证书、点名单、民事辩论笔录、民事宣判笔录、民事判决书、璧山县太和乡农会调解笔录等。

315. 璧山实验地方法院审理棉纱纠葛一案　12－15－308

1945年1月至1945年5月，璧山实验地方法院关于李道盅状告夏荣清借去棉纱后拒不偿还一案的文书，包括民事诉状、民事传票、送达证书、调查报告、民事辩诉状、点名单、民事辩论笔录、民事宣判笔录、民事判决书等。

316. 璧山实验地方法院审理再婚存查一案　12－15－309

1945年12月，璧山实验地方法院关于赵王氏再婚请求存查一案的文书，包括民事声请状、民事批件、送达证书等。

317. 璧山实验地方法院审理食米纠葛一案　12－15－310

1945年9月至1945年12月，璧山实验地方法院关于胡利生状告陈德辉蓄意侵吞食米一案的文书，包括民事诉状、民事传票、送达证书、民事辩诉状、点名单、民事辩论笔录、璧山实验地方法院公函、璧山县田赋粮食管理处公函、民事委任状、民事和解笔录等。

318. 璧山实验地方法院审理租金纠葛一案　12－15－311

1945年9月至1945年12月，璧山实验地方法院关于邱松廷状告张宗和等违背租约请求按当时物价偿还租金一案的文书，包括民事诉状、民事委任状、璧山县中兴乡农会证明书、民事传票、送达证书、民事辩诉状、点名单、民事辩论笔录、民事和解笔录等。

319. 璧山实验地方法院审理黄谷纠葛一案　12－15－312

1945年9月至1946年2月，璧山实验地方法院关于乡长胡宗翰要求调委刘文华交出所保管的黄谷引起的黄谷纠葛一案的文书，包括民事诉状、民事委任状、民事传票、送达证书、点名单、民事辩论笔录、璧山实验地方法院公函、民事理由书、璧山实验地方法院民事判决书、民事上诉状、璧山实验地方法院民事裁定书等。

320. 璧山实验地方法院审理骗取商品拒不偿还一案　12－15－313

1945年10月至1946年1月，璧山实验地方法院关于汪谢氏状告杨海清骗取商品拒不偿还一案的文书，包括民事诉状、民事传票、送达证书、点名单、民事辩论笔录、民事声请状、民事请撤诉声请状等。

321. 璧山实验地方法院审理搬迁交业纠葛一案　12－15－314

1945年11月至1945年12月，璧山实验地方法院关于刘何氏状告杨炳清租约到期后拒不搬迁交业一案的文书，包括民事诉状、民事答辩状、民事传票、送达证书、点名单、民事辩论笔录、民事宣判笔录、民事判决书等。

322. 璧山实验地方法院审理债务纠葛声请调解一案　12—15—315

1945 年 10 月，璧山实验地方法院关于周柄青声请调解潘自安逾期不偿还借款一案的文书，包括民事声请状、民事委任状、送达证书、点名单、民事辩论笔录等。

323. 璧山实验地方法院审理买卖纠葛一案　12—15—316

1945 年 4 月至 1945 年 9 月，璧山实验地方法院关于廖炳林状告廖海云私自买卖共同财产请求确认买卖无效一案的文书，包括民事诉状、民事传票、送达证书、民事委任状、点名单、民事辩论笔录、民事声请参加状、证人结文、民事声请状、民事追加状、民事答辩状、民事声明状、民事宣判笔录、民事判决书、买卖契约书等。

324. 璧山实验地方法院审理买卖纠葛一案　12—15—317

1945 年 8 月至 1945 年 9 月，璧山实验地方法院关于蒋怀生等状告邱玉清等串通欺诈买卖请求确认买卖契约无效一案的文书，包括民事诉状、民事答辩状、民事委任状、民事传票、送达证书、点名单、民事辩论笔录、民事宣判笔录、民事判决书、买卖契约书等。

该卷另附有蒋氏族系表一份。

325. 四川高等法院第一分院、璧山实验地方法院审理租谷纠葛上诉等三案　12—15—318

1945 年 7 月至 1945 年 9 月，四川高等法院第一分院、璧山实验地方法院关于陈汉忠不服租谷纠葛案的判决提请上诉、段瑜思等状告陈昌熙等拖欠公费请求对其假扣押、向茂华状告李森林拖欠债务请求假扣押三案的文书，包括往来公函、民事抗告状、四川高等法院第一分院民事裁定书、送达证书、民事假扣押声请状、璧山实验地方法院民事裁定书、凭票、聘约抄件等。

326. 璧山实验地方法院审理交业纠葛声请调解一案　12—15—319

1945 年 12 月，璧山实验地方法院关于张亦苏请求继续调解邱海廷领押交业一案的文书，包括民事声请状、送达证书、点名单等。

327. 璧山实验地方法院审理请发支付命令一案　12—15—320

1945 年 11 月，璧山实验地方法院关于吴元辅因杨泽林借款不还而请发支付命令一案的文书，包括民事声请执行状、璧山实验地方法院支付命令、送达证书等。

328. 璧山实验地方法院审理请发支付命令一案　12－15－321

1945年11月，璧山实验地方法院关于曾永煁因杨泽林借款不还而请发支付命令一案的文书，包括民事声请执行状、璧山实验地方法院支付命令、送达证书等。

329. 璧山实验地方法院审理押金纠葛一案　12－15－322

1945年8月至1945年11月，璧山实验地方法院关于王德轩请求增加给付租地押金一案的文书，包括民事诉状、民事委任状、送达证书、点名单、民事调解书、民事声请状、民事反诉状、民事传票、民事辩论笔录、证人结文、民事宣判笔录、民事判决书、租佃契约书等。

330. 璧山实验地方法院审理声请假扣押一案　12－15－323

1945年11月，璧山实验地方法院关于张江远辉状告张治光私卖共同财产声请对其假扣押一案的文书，包括民事裁定书、民事声请状、送达证书、民事判决书等。

331. 最高法院、四川高等法院第一分院审理赎回典产上诉一案　12－15－324

1944年5月至1945年4月，最高法院、四川高等法院第一分院关于何泰文不服赎回典产一案的判决提请上诉一案的文书，包括往来公函、民事上诉状、四川高等法院第一分院民事裁定书、最高法院民事判决书、送达证书等。

332. 璧山实验地方法院审理抵押物声请执行一案　12－15－325

1945年6月至1946年3月，璧山实验地方法院关于李伯嵩等声请对拍卖抵押物案的判决发放执行命令一案的文书，包括民事调解笔录、民事声请执行状、璧山实验地方法院通知书、璧山实验地方法院命令、璧山实验地方法院布告、璧山实验地方法院训令、民事委任状、送达证书、鉴定人鉴定书、璧山实验地方法院公告、民事撤诉状等。

333. 璧山实验地方法院审理棉纱纠葛声请执行一案　12－15－326

1945年1月至1945年5月，璧山实验地方法院关于曹礼清为棉纱纠葛案请求发布执行命令一案的文书，包括意见书、民事裁定书、民事声请执行状、璧山实验地方法院民事执行文稿、调查报告、璧山实验地方法院民事执行命令、璧山实验地方法院训令等。

334. 最高法院、四川高等法院第一分院审理田业所有权及租赁关系案上诉一案 12—15—327

1944年7月至1945年1月，最高法院、四川高等法院第一分院关于杨之定不服田业所有权及租赁关系案的判决提请上诉一案的文书，包括民事上诉状、往来公函、四川高等法院第一分院民事裁定书、最高法院民事判决书、送达证书、民事诉状、璧山县政府牌告、民事补诉状、民事答辩状、民事委任状、民事辩诉状、民事审判笔录等。

335. 四川高等法院第一分院审理债款纠葛上诉一案 12—15—328

1945年3月至1945年6月，四川高等法院第一分院关于吴炳金不服债款纠葛案判决提请上诉一案的文书，包括往来公函、民事上诉状、送达证书、璧山实验地方法院民事裁定书、民事辩论笔录、民事委任状、四川高等法院第一分院民事判决书等。

336. 最高法院、四川高等法院第一分院、璧山实验地方法院审理田产纠葛一案 12—15—329

1945年10月至1946年4月，最高法院、四川高等法院第一分院、璧山实验地方法院关于杨南轩要求陈永森等分还应得的田产引起的田产纠葛一案的文书，包括民事诉状、民事委任状、民事辩诉状、民事辩论笔录、证人结文、璧山实验地方法院通知、民事抗告状、璧山县田赋粮食管理处公函、民事宣判笔录、璧山实验地方法院民事判决书、最高法院民事判决书等。

337. 璧山实验地方法院审理黄谷收割声请执行一案 12—15—330

1945年9月至1945年10月，璧山实验地方法院关于杨南轩请求代为收割黄谷引起的民事声请执行一案的文书，包括民事声请执行状、民事委任状、璧山实验地方法院训令、璧山实验地方法院通知书、送达证书、调查报告、民事和解笔录等。

338. 璧山实验地方法院审理拍卖声请执行一案 12—15—331

1945年6月至1947年8月，璧山实验地方法院关于陈文澜请求为拍卖抵押物案的判决发布执行命令一案的文书，包括原案的最高法院民事判决书、四川高等法院第一分院民事裁定书、管业证书、四川高等法院第一分院民事判决书、四川省政府官契、往来公函、送达证书、民事辩论笔录等。

339. 璧山实验地方法院审理遗产纠葛一案　12－15－332

1945年12月至1946年5月，璧山实验地方法院关于尹华文与尹蒋氏的遗产分割纠葛一案的文书，包括民事诉状、民事委任状、民事传票、送达证书、点名单、民事辩论笔录、民事声明书、民事宣判笔录、民事判决书等。

340. 璧山实验地方法院审理收养声请公证一案　12－15－333

1945年2月，璧山实验地方法院关于曾声有等收养王氏儿子声请公证一案的文书，包括公证声请书、璧山实验地方法院通知、送达证书、通知人名单、收据等。

341. 璧山实验地方法院审理棉纱纠葛一案　12－15－334

1945年2月，璧山实验地方法院关于杨茂福状告吴光财背信违约要求返还棉纱一案的文书，包括民事诉状、收据、民事传票、送达证书、民事示告、民事撤回状、璧山实验地方法院通知等。

342. 璧山实验地方法院审理声请领证一案　12－15－335

1945年5月，璧山实验地方法院关于王罗四合永声请领回证物证件一案的文书，包括民事声请状、璧山实验地方法院批示、民事传票、送达证书、点名单、民事保状、民事辩论笔录、收据等。

343. 璧山实验地方法院审理所有权认证一案　12－15－336

1945年5月，璧山实验地方法院关于陈汉忠田业所有权请求认证一案的文书，包括公证声请书、璧山实验地方法院通知、公证讯问笔录、送达证书、产业买卖契约等。

344. 璧山实验地方法院审理债务声请执行一案　12－15－337（1）

1945年10月至1946年8月，璧山实验地方法院关于尹香翘请求为债务纠葛案判决发付执行命令一案的文书，包括民事声请执行状、民事诉状、原案民事裁定书、民事传票、送达证书、民事声明书、点名单、民事辩论笔录、训令、公告、通知书、调查报告、收据、民事催呈状、民事委任状、民事声请状、民事执行裁定等。

345. 璧山地方法院审理返还判决书及担保金等案　12－15－337（2）

1946年9月至1947年4月，璧山地方法院关于朱徐氏请求返还判决书及担保金、江键林声请发还房价、张治宽声请给付不动产产业证书、邓碧云请求债务执行等案的文书，包括民事声请状、璧山地方法院训令、切结书、璧山地方法院批示、璧山地方法院通知、调查报告、璧山地方法院命令、民事委任状、民事声请执行状、民事和解笔录、璧山地方法院民事执行文稿、民事辩论笔录、民事执行命令、民事通知书、民事保状、鉴定人鉴定书、查不动产笔录等。

346. 四川高等法院第一分院审理交业执行上诉一案　12－15－338

1945 年 7 月至 1945 年 10 月，四川高等法院第一分院关于张元之不服交业执行案的判决提请上诉一案的文书，包括璧山实验地方法院呈件、民事抗告状、意见书、四川高等法院第一分院民事裁定书、民事传票、送达证书、点名单、讯问笔录、璧山实验地方法院通知等。

347. 四川高等法院第一分院审理租谷执行上诉一案　12－15－339

1944 年 12 月至 1945 年 1 月，四川高等法院第一分院关于李森林不服租谷执行案判决提请上诉一案的文书，包括璧山实验地方法院呈件、民事抗告状、四川高等法院第一分院民事裁定书等。

348. 璧山实验地方法院审理坟地纠葛一案　12－15－340

1945 年 3 月至 1945 年 6 月，璧山实验地方法院关于杨南轩与陈永森坟地面积纠葛引起的坟地纠葛一案的文书，包括民事诉状、民事委任状、民事传票、民事辩诉状、点名单、民事辩论笔录、璧山实验地方法院通知、勘验笔录、证人结文、调查报告、民事宣判笔录、民事判决书、收据等。

349. 璧山实验地方法院审理不动产登记一案　12－15－341

1945 年 4 月，璧山实验地方法院关于荣怀明房屋土地等不动产声请登记一案的文书，包括不动产登记声请书、不动产登记保证书、璧山实验地方法院不动产登记通知书、送达证书、民事辩论笔录、璧山实验地方法院公告、收据、不动产地图等。

350. 璧山实验地方法院审理债务声请执行一案　12－15－342

1945 年 5 月至 1945 年 6 月，璧山实验地方法院关于娄才溢请求为杨永亨等债务纠葛案判决发布执行命令一案的文书，包括民事声请执行状、璧山实验地方法院民事执行文稿、调查报告、璧山实验地方法院民事执行命令、民事判决书等。

351. 璧山实验地方法院审理增加给付纠葛声请调解一案　12－15－343

1944 年 12 月至 1945 年 1 月，璧山实验地方法院关于徐钧安声请调解与林乾初因增加佃租引起的给付纠葛一案的文书，包括民事声请状、民事传票、送达证书、点名单、民事辩论笔录、民事调解笔录、民事和解笔录等。

352. 璧山实验地方法院审理生活费纠葛声请调解一案　12－15－344

1945年1月至1945年2月，璧山实验地方法院关于黄温培善与黄钟明霞因生活费引起的民事声请调解一案的文书，包括民事声请状、民事传票、送达证书、点名单、民事辩论笔录等。

353. 四川高等法院第一分院、璧山实验地方法院审理亲属关系纠葛、协助缉盗两案　12－15－345

1945年6月至1945年11月，四川高等法院第一分院、璧山实验地方法院关于四川高等法院第一分院要求璧山实验地方法院确认王珂氏与王明中等人的亲属关系以便断案、四川高等法院第一分院要求璧山实验地方法院检察官协助缉捕戴德荣归案两案的文书，包括四川高等法院第一分院公函、民事声明书、往来公函、璧山实验地方法院检察官训令、民事传票、送达证书、调查报告、点名单、证人结文、民事辩论笔录等。

354. 璧山实验地方法院审理领证声请一案　12－15－346

1945年1月至1945年2月，璧山实验地方法院关于严荣廷声请领回证件一案的文书，包括民事声请状、璧山实验地方法院批示、民事传票、送达证书、点名单、收据等。

355. 璧山实验地方法院审理契约存查一案　12－15－347

1945年1月，璧山实验地方法院关于江贯之因为契约没有被返还而请求备案存查以免后续责任一案的文书，包括民事备案声请状、璧山实验地方法院批示、送达证书、合同协定书等。

356. 璧山实验地方法院审理疑义请求解释一案　12－15－348

1945年1月至1945年2月，璧山实验地方法院关于刘定元因为租佃契约书写的原因导致租佃产生疑义请求法院解释一案的文书，包括民事声请状、送达证书、璧山实验地方法院批稿等。

357. 璧山实验地方法院审理债务声请执行一案　12－15－349

1944年12月至1945年2月，璧山实验地方法院关于景亮钧请求为钟兴发等拖欠债务案的判决发布执行命令一案的文书，包括民事声请状、民事裁定书、送达证书、璧山实验地方法院支付命令等。

358. 璧山实验地方法院审理债务声请执行一案　12－15－350

1945年8月，璧山实验地方法院关于杨冯氏请求为葛寿颐债务纠葛案的判决发布执行命令一案的文书，包括民事声请执行状、璧山实验地方法院民事执行文稿、民事委任状、调查报告、璧山实验地方法院民事执行命令、民事传票、原案四川高等法院第一分院民事判决书、璧山实验地方法院通知等。

359. 璧山实验地方法院审理增加地租声请调解一案　12－15－351

1945年2月，璧山实验地方法院关于潘俊良与雷芬龙因增加地租引起纠葛声请调解一案的文书，包括民事声请状、民事传票、送达证书、点名单、民事辩论笔录等。

360. 四川高等法院第一分院、璧山实验地方法院审理房屋纠葛及其上诉一案　12－15－352

1945年1月至1946年6月，四川高等法院第一分院、璧山实验地方法院关于罗仲枢与连一民等因解约交业引起的归还房屋纠葛及其上诉一案的文书，包括民事声请状、璧山实验地方法院民事裁定书、民事委任状、送达证书、璧山实验地方法院呈件、民事抗告状、四川高等法院第一分院民事裁定书、往来公函、民事声请执行状、璧山实验地方法院民事执行文稿、调查报告、璧山实验地方法院民事执行命令、收据等。

361. 璧山实验地方法院审理欠租债务声请执行一案　12－15－353

1945年1月至1945年3月，璧山实验地方法院关于刘献廷请求为袁桂林欠租一案的判决发布执行命令一案的文书，包括民事声请状、璧山实验地方法院民事执行文稿、收据、璧山实验地方法院民事执行命令、调查报告、原案民事判决书、四川高等法院第一分院民事判决书等。

362. 璧山实验地方法院审理抵押权登记一案　12－15－354

1945年4月，璧山实验地方法院关于王文宪声请抵押权登记一案的文书，包括不动产登记声请书、璧山实验地方法院公告、收据等。

363. 璧山实验地方法院审理交业声请执行一案　12－15－355

1945年8月至1945年10月，璧山实验地方法院关于张鸿盛声请为赵松林等止约交业案的判决发布执行命令一案的文书，包括民事声请执行状、璧山实验地方法院民事执行文稿、调查报告、璧山实验地方法院民事执行命令、收据、送达证书、民事判决书等。

364. 最高法院、璧山实验地方法院审理违约拒绝搬迁及其上诉一案　12—15—356

1945年3月至1945年4月，最高法院、璧山实验地方法院关于廖陈氏控告谷惠孚等违约拒绝搬迁及其上诉一案的文书，包括民事诉状、民事传票、送达证书、民事答辩状、点名单、民事辩论笔录、民事宣判笔录、璧山实验地方法院民事判决书、最高法院民事判决书等。

365. 璧山实验地方法院审理租金一案　12—15—357

1945年2月至1945年3月，璧山实验地方法院关于龙邓氏状告李朝君等欺骗租佃要求归还租金一案的文书，包括民事诉状、民事传票、送达证书、民事委任状、民事辩论笔录、民事宣判笔录、民事判决书等。

366. 四川高等法院第一分院审理黄谷纠葛上诉一案　12—15—358

1945年2月至1946年5月，四川高等法院第一分院关于刘罗氏不服返还黄谷案的判决提请上诉一案的文书，包括往来公函、民事上诉状、一审民事裁定书、送达证书、民事辩论笔录、四川高等法院第一分院民事判决书等。

367. 璧山实验地方法院审理交业一案　12—15—359

1945年6月至1945年7月，璧山实验地方法院关于钟必昌状告徐子光拒不收受业价完成店铺交业一案的文书，包括民事诉状、民事传票、送达证书、民事声请状、点名单、民事辩论笔录、璧山实验地方法院书记科通知书等。

368. 璧山实验地方法院审理偿还借谷纠葛一案　12—15—360

1945年6月至1945年7月，璧山实验地方法院关于周明先状告陈立三借去谷物不予偿还一案的文书，包括民事诉状、民事传票、送达证书、点名单、民事辩论笔录等。

369. 璧山实验地方法院审理婚姻纠葛声请调解一案　12—15—361

1945年6月，璧山实验地方法院关于赖荣清声请调解与张世贞的婚姻遭其舅张树维阻碍要求调解一案的文书，包括民事声请状、民事传票、送达证书、民事答辩状、点名单、民事辩论笔录等。

370. 璧山实验地方法院审理耕作权纠葛一案　12－15－362

1945年6月至1945年8月，璧山实验地方法院关于钱炳林等与钱显宗关于田地耕作权纠葛一案的文书，包括民事诉状、民事委任状、民事传票、送达证书、点名单、民事辩论笔录、民事声请书、民事宣判笔录、民事判决书、民事销状、刑事判决书等。

371. 璧山实验地方法院审理业价提存一案　12－15－363

1945年7月，璧山实验地方法院关于王益和状告张九华等拒不领取业价声请提存一案的文书，包括民事声请状、送达证书、批示等。

372. 璧山实验地方法院审理交付执照纠葛一案　12－15－364

1945年5月至1945年6月，璧山实验地方法院关于祝树荣要求蒋元福给付人力车行驶执照一案的文书，包括民事诉状、民事委任状、民事辩诉状、民事传票、送达证书、点名单、证人结文、民事辩论笔录、民事声请状、民事宣判笔录、民事判决书等。

373. 璧山实验地方法院审理领押交业纠葛一案　12－15－365

1945年6月至1945年7月，璧山实验地方法院关于吴光明状告胡述轩等违背租约拖欠租金要求领押交业一案的文书，包括民事诉状、民事传票、送达证书、民事答辩状、点名单、民事辩论笔录、民事和解笔录等。

374. 璧山实验地方法院审理请发支付命令一案　12－15－366

1945年10月，璧山实验地方法院关于陈竹修因周福林欠款逾期不还而请发支付命令一案的文书，包括民事声请状、璧山实验地方法院支付命令、送达证书等。

375. 璧山实验地方法院审理解除同居存查一案　12－15－367

1945年1月，璧山实验地方法院关于蔡树清与刘绍伯解除同居关系后声请备查一案的文书，包括民事声请状、璧山实验地方法院批示、送达证书等。

376. 璧山实验地方法院审理偿还物价一案　12－15－368

1945年5月至1945年7月，璧山实验地方法院关于陈炳阳状告陈永辉父子存心骗取货物要求其偿还物价一案的文书，包括民事诉状、民事声请状、璧山实验地方法院民庭书记科通知书、送达证书等。

377. 璧山实验地方法院审理遗产纠葛一案　12－15－369

1945 年 6 月，璧山实验地方法院关于陆军第三十九军第五十一师司令部代为士兵王镇华致电璧山实验地方法院询问遗产分割纠葛一案的文书，包括陆军第三十九军第五十一师司令部电报、璧山实验地方法院公函等。

378. 璧山实验地方法院审理典产纠葛一案　12－15－370

1945 年 12 月至 1946 年 5 月，璧山实验地方法院关于向周朋等与张正乾等因要求提前赎回典产的典产纠葛一案的文书，包括民事声请状、璧山县政府代理司法事务民事判决书、民事辩诉状等。

379. 四川高等法院第一分院审理租佃纠葛上诉一案　12－15－371

1945 年 2 月至 1945 年 6 月，四川高等法院第一分院关于王珂氏、黄炳章等不服与王恢中租佃契约无效的判决提请上诉一案的文书，包括民事诉状、往来公函、民事声请状、民事委任状、民事证明状、民事辩论笔录、四川高等法院第一分院民事判决书等。

380. 璧山实验地方法院审理交业声请执行一案　12－15－372

1945 年 2 月，璧山实验地方法院关于祝春廷声请为钟国钦终约交业案判决发布执行命令一案的文书，包括民事声请状、璧山实验地方法院民事执行文稿、民事声明状、民事异议状、民事呈件、民事传票、送达证书等。

381. 璧山实验地方法院审理契约一案　12－15－373

1945 年 7 月至 1946 年 7 月，璧山实验地方法院关于易培生声请公证与胞弟遗孀刘氏田产划分契约一案的文书，包括收据、璧山实验地方法院公证处通知、送达证书、公证声请书、璧山县转龙乡第二保保办公处证明书等。

382. 璧山实验地方法院审理返还产业声请执行一案　12－15－374

1945 年 7 月至 1946 年 5 月，璧山实验地方法院关于江陈氏状告江甘氏等抗不履行返还产业的和解约定声请执行命令一案的文书，包括民事声请执行状、民事委任状、调查报告、璧山实验地方法院民事执行文稿、民事传票、送达证书、点名单、民事辩论笔录、民事催呈状、璧山实验地方法院民事执行命令、原案民事和解笔录等。

383. 四川高等法院第一分院、璧山实验地方法院审理交业纠葛一案　12－15－375

1945年2月至1945年5月，四川高等法院第一分院、璧山实验地方法院关于祝春廷与钟国钦解约交业纠葛一案的文书，包括四川高等法院第一分院民事判决书、璧山实验地方法院民事判决书、民事和解书、璧山实验地方法院民事执行命令、璧山实验地方法院通知、璧山实验地方法院训令等。

该卷另有江津地方法院与璧山实验地方法院关于柯树珊与曾伯极账务纠葛一案的往来公函。

384. 璧山实验地方法院审理黄谷纠葛一案　12－15－376

1945年9月至1945年12月，璧山实验地方法院关于陈大猷状告陈锡三抗不给付所借黄谷请求赔偿国币一案的文书，包括民事诉状、民事传票、送达证书、民事辩论笔录、民事宣判笔录、民事判决书等。

385. 璧山实验地方法院审理所有权登记一案　12－15－377

1945年5月至1945年7月，璧山实验地方法院关于张有鸿声请土地房屋等不动产所有权登记一案的文书，包括不动产登记声请书、璧山实验地方法院命令、调查报告、不动产登记保证书、佃户切结书、声请人切结书、璧山实验地方法院公告、收据、送达证书等。

386. 璧山实验地方法院审理抵押权登记一案　12－15－378

1945年5月至1945年7月，璧山实验地方法院关于张有鸿声请土地房屋等不动产抵押权登记一案的文书，包括不动产登记声请书、不动产登记保证书、璧山实验地方法院公告等。

387. 璧山实验地方法院审理妨碍耕作纠葛一案　12－15－379

1945年3月至1945年4月，璧山实验地方法院关于赵洪氏状告王梁氏妨碍其行使土地耕作的权利一案的文书，包括刑事自诉状、刑事传票、送达证书、点名单、刑事辩论笔录、璧山实验地方法院检察官公函、璧山实验地方法院书记室通知书等。

388. 璧山实验地方法院审理租谷声请执行一案　12－15－380

1945年1月至1945年4月，璧山实验地方法院关于赵洪氏状告王国良抗不履行给付租谷的判决而声请执行命令一案的文书，包括民事请执行状、璧山实验地方法院民事执行文稿、调查报告、璧山实验地方法院民事执行命令、民事传票、送达证书、民事辩论笔录、存根、原民事判决书等。

389. 四川高等法院第一分院审理房屋纠葛上诉一案　12－15－381

1945年4月至1945年8月,四川高等法院第一分院关于蒲恒益不满江炳臣等迁让房屋案声请执行命令被驳回的判决而提请上诉一案的文书,包括往来公函、民事上诉状、送达证书、民事委任状、民事辩论笔录、民事声请状、民事辩诉状、四川高等法院第一分院民事判决书、调查报告、璧山县城中镇镇公所答复函、璧山县城中镇镇公所通知等。

390. 四川高等法院第一分院审理黄谷纠葛上诉一案　12－15－382

1946年1月至1946年4月,四川高等法院第一分院关于陈锡三不服黄谷纠葛案给付所借黄谷并赔偿国币的判决提请上诉一案的文书,包括往来公函、民事抗告状、原案民事裁定书、送达证书、四川高等法院第一分院民事裁定书等。

391. 璧山实验地方法院审理典产纠葛一案　12－15－383

1945年9月至1945年11月,璧山实验地方法院关于廖祖金状告钟余氏等拒绝回赎典产一案的文书,包括民事诉状、民事委任状、民事传票、送达证书、民事答辩状、民事辩论笔录、证人结文、民事宣判笔录、民事判决书等。

392. 璧山实验地方法院审理赔偿损失纠葛一案　12－15－384

1945年8月至1946年4月,璧山实验地方法院关于邹国义状告邹国智盗伐树木请求赔偿损失一案的文书,包括民事诉状、民事委任状、民事传票、送达证书、民事辩论笔录、证人结文、民事声请书、民事撤诉状、璧山实验地方法院书记室通知书等。

393. 璧山实验地方法院审理赔偿损失纠葛一案　12－15－385

1945年5月,璧山实验地方法院关于龙春山因受龙瑞三等领押交业案拖累数年请求赔偿损失一案的文书,包括民事诉状、民事传票、送达证书、民事辩论笔录等。

394. 四川高等法院第一分院审理租谷纠葛上诉一案　12－15－386

1945年4月至1945年5月,四川高等法院第一分院关于罗钟氏不满谢清山租谷纠葛案给付租谷的判决提请上诉一案的文书,包括往来公函、民事上诉状、送达证书、民事辩论笔录、民事委任状、民事声请书、民事补辩状、四川高等法院第一分院民事判决书等。

395. 四川高等法院第一分院、璧山实验地方法院审理所有权纠葛及其上诉一案 12—15—387

1945年5月至1946年2月，四川高等法院第一分院、璧山实验地方法院关于邹树林状告邹荣泰等争夺土地请求确认所有权及其上诉一案的文书，包括民事诉状、民事委任状、民事传票、送达证书、民事答辩状、民事辩论笔录、证人结文、民事宣判笔录、民事判决书、土地契约书、往来公函、民事上诉状、原民事裁定书、四川高等法院第一分院民事判决书等。

396. 最高法院审理租谷纠葛上诉一案 12—15—388

1945年7月至1945年12月，最高法院关于谢清山不满罗荣耀等租谷纠葛案的判决提请上诉一案的文书，包括民事上诉状、原案四川高等法院第一分院民事裁定书、最高法院民事裁定书、送达证书等。

397. 璧山实验地方法院审理增加给付声请调解一案 12—15—389

1945年10月至1945年11月，璧山实验地方法院关于邱松廷与邱倬之因房屋租金增加声请调解一案的文书，包括调解笔录、民事异议状、璧山实验地方法院民事调解书、送达证书等。

398. 四川高等法院第一分院、璧山实验地方法院审理熟土纠葛及其上诉一案 12—15—390

1945年8月至1946年3月，四川高等法院第一分院、璧山实验地方法院关于罗源泰状告管海清霸占土地请求依法归还熟土及其上诉一案的文书，包括民事诉状、民事辩论笔录、璧山实验地方法院民事判决书、四川高等法院第一分院民事和解笔录、往来公函、民事请执行状、民事上诉状、四川高等法院第一分院民事裁定书等。

399. 最高法院审理田业纠葛上诉一案 12—15—391

1945年12月至1946年5月，最高法院关于蒲陈氏不服蒲张氏田业纠葛案返还田业的判决提请上诉一案的文书，包括往来公函、民事答辩状、民事声请状、原案四川高等法院第一分院民事裁定书、最高法院书记厅公函稿、最高法院书记厅通知书、民事撤诉状、送达证书、民事上诉状、最高法院民事判决书等。

400. 璧山实验地方法院审理租谷纠葛一案　12－15－392

1945 年 12 月至 1946 年 5 月，璧山实验地方法院关于邱远德状告张合清拖欠租谷要求其给付租谷一案的文书，包括民事诉状、民事答辩状、送达证书、民事传票、民事辩论笔录、证人结文、民事宣判笔录、民事判决书等。

401. 璧山实验地方法院审理终止收养一案　12－15－393

1945 年 11 月至 1946 年 4 月，璧山实验地方法院关于舒灿章因养子屡次逃跑请求终止收养关系一案的文书，包括民事声请状、调查报告、民事传票、送达证书、证人结文、璧山实验地方法院公示、民事辩论笔录、民事宣判笔录、民事委任状、民事判决书、璧山县蒲元乡乡公所证明书等。

402. 璧山实验地方法院审理典产纠葛一案　12－15－394

1945 年 11 月至 1946 年 3 月，璧山实验地方法院关于荣伍登贤等要求依法赎回典当给荣发生的田业一案的文书，包括民事诉状、民事委任状、民事传票、送达证书、点名单、民事辩论笔录、民事催状、证人结文、民事辩诉状、民事判决书等。

403. 四川高等法院第一分院审理租谷纠葛上诉一案　12－15－395

1944 年 11 月至 1945 年 1 月，四川高等法院第一分院关于谢清山不满罗钟氏租谷纠葛案的判决提请上诉一案的文书，包括往来公函、点名单、民事传票、送达证书等。

404. 最高法院、四川高等法院第一分院、璧山实验地方法院审理抗不交租及其上诉一案　12－15－396

1945 年 1 月至 1946 年 2 月，最高法院、四川高等法院第一分院、璧山实验地方法院关于陈国清等状告梁锡江等抗不交租及其上诉一案的文书，包括民事诉状、民事传票、民事声请状、民事辩论笔录、民事委任状、证人结文、民事辩诉状、民事宣判笔录、璧山实验地方法院民事判决书、四川高等法院第一分院民事判决书、凭票、往来公函、民事上诉状、最高法院民事裁定书等。

405. 璧山实验地方法院审理租谷纠葛一案　12－15－397

1945 年 12 月至 1946 年 3 月，璧山实验地方法院关于谭树辉状告万罗昌明拖欠租谷抗不清偿一案的文书，包括民事诉状、民事委任状、民事传票、送达证书、民事辩论笔录、民事声请状、民事和解笔录等。

406. 四川高等法院第一分院审理房屋纠葛上诉一案　12－15－398

1945 年 2 月至 1945 年 11 月，四川高等法院第一分院关于蒲恒益不服江炳臣等房屋纠葛案判决提请上诉一案的文书，包括往来公函、民事声请状、送达证书、点名单、民事辩论笔录等。

407. 璧山实验地方法院审理租佃纠葛、房屋纠葛两案　12－15－399

1945 年 1 月至 1945 年 4 月，璧山实验地方法院关于钟岳灵与周治清租佃纠葛、蒲恒益与江炳臣等房屋纠葛两案的文书，包括民事诉状、民事委任状、民事答辩状、民事传票、送达证书、民事辩论笔录、民事撤诉状、璧山县政府批示、璧山县城中镇镇公所呈件、民事续状、民事宣判笔录、民事裁定书等。

408. 最高法院审理租约纠葛上诉一案　12－15－400

1945 年 10 月至 1946 年 2 月，最高法院关于张少岩不满张荣甫租约纠葛一案判决提请上诉一案的文书，包括往来公函、最高法院民事判决书、民事上诉状、民事辩论笔录、民事声请书、民事委任状、民事撤诉状、民庭通知书等。

409. 最高法院审理领押交业纠葛上诉一案　12－15－401

1945 年 5 月至 1945 年 11 月，最高法院关于陈席珍不服杨华安领押交业案判决提请上诉一案的文书，包括往来公函、民事上诉状、四川高等法院第一分院民事裁定书、民事答辩状、最高法院民事判决书、送达证书等。

410. 璧山实验地方法院审理赎回典产一案　12－15－402

1945 年 1 月至 1945 年 5 月，璧山实验地方法院关于吴德宣请求确认绝当契约无效赎回典产一案的文书，包括民事诉状、民事辩诉状、民事传票、送达证书、点名单、民事辩论笔录、民事委任状、璧山实验地方法院公函、璧山县政府公函、证人结文、民事宣判笔录、民事判决书、民事声请状等。

411. 璧山实验地方法院审理租谷纠葛一案　12－15－403

1945 年 9 月至 1945 年 10 月，璧山实验地方法院关于刘何氏要求杨炳清给付当年租谷一案的文书，包括民事诉状、民事传票、送达证书、点名单、民事辩论笔录、民事宣判笔录、原民事判决书等。

412. 四川高等法院第一分院审理租谷纠葛上诉一案　12－15－404

1945 年 10 月至 1946 年 3 月，四川高等法院第一分院关于杨炳清不服刘何氏给付租谷案的判决提请上诉一案的文书，包括往来公函、民事上诉状、原民事裁定书、民事理由书、民事答辩状、民事辩论笔录、民事宣判笔录、四川高等法院第一分院民事判决书等。

413. 四川高等法院第一分院、璧山实验地方法院审理产业纠葛及其上诉一案 12－15－405

1945年8月至1946年2月，四川高等法院第一分院、璧山实验地方法院关于杨炳林状告杨光贵趁业主死亡企图侵占产业要求其返还产业给付租谷及其上诉一案的文书，包括往来公函、民事声请状、民事传票、送达证书、民事答辩状、点名单、民事辩论笔录、原案民事判决书、民事宣判笔录、民事上诉状、民事理由状、民事委任状、四川高等法院第一分院民事判决书等。

414. 璧山实验地方法院审理黄谷纠葛一案　12－15－406

1945年10月至1946年1月，璧山实验地方法院关于熊泽生状告曾志模立出卖黄谷的约定后不履行一案的文书，包括民事诉状、买卖契约书、民事传票、送达证书、民事辩诉状、证人结文、民事辩论笔录、民事宣判笔录、民事判决书、民事反诉状、民事裁定书、收据等。

415. 璧山实验地方法院审理请发支付命令一案　12－15－407

1945年11月至1946年1月，璧山实验地方法院关于杨建因曾孙代美等借去黄谷逾期不还而请发支付命令一案的文书，包括民事声请状、璧山实验地方法院支付命令、民事催呈状、调查报告、送达证书、收据、民事声明书、璧山实验地方法院民事批示、凭票等。

该卷另附有熊泽生等食谷纠葛案签呈一份。

416. 璧山实验地方法院审理所有权以及抵押权登记一案　12－15－408

1945年7月，璧山实验地方法院关于曾子惠土地房屋等不动产的所有权以及抵押权登记声请一案的文书，包括不动产登记声请书、璧山实验地方法院命令、不动产登记保证书、保甲长切结书、璧山实验地方法院公告、送达证书等。

417. 四川高等法院第一分院审理赎回典产纠葛上诉一案　12－15－409

1945年9月至1946年1月，四川高等法院第一分院关于白璧玉不服周席珍赎回典产案判决提请上诉一案的文书，包括往来公函、民事上诉状、民事辩论笔录、民事理由书、民事委任状、民事声请状、民事答辩状、璧山县太和乡乡公所证明书、出征抗敌军人家属证明书、璧山县第二区丹凤乡乡公所呈件、璧山县政府指令、师管区司令部批示、四川高等法院第一分院民事判决书等。

该卷另附有手抄报纸关于1944年10月15日第一版新闻《发动知识青年从军中央连日举行会议》一文。

418. 璧山地方法院审理买卖契约纠葛一案　12－15－410

1941年3月至1941年6月，璧山地方法院关于柯朱氏控告柯大炜等私自出卖共同财产请求取消买卖契约一案的文书，包括民事诉状、民事参加状、民事委任状、民事答辩状、民事辩论笔录、送达证书、点名单、民事审理笔录等。

419. 璧山实验地方法院审理搬迁交业声请执行一案　12－15－411

1945年8月至1945年10月，璧山实验地方法院关于罗涛清控告邹柏林等不履行约定逾期不交业搬迁而请求强制执行一案的文书，包括民事声请状、璧山实验地方法院民事执行文稿、璧山实验地方法院民事执行命令、收据、调查报告、璧山实验地方法院通知书等。

420. 璧山实验地方法院审理风车交还声请执行一案　12－15－412

1945年11月至1945年12月，璧山实验地方法院关于张燮阳因胡万兴不履行和解约定逾期不归还风车而请求下达强制执行命令一案的文书，包括民事诉状、璧山实验地方法院民事执行文稿、调查报告、璧山实验地方法院民事执行命令、收据、送达证书、原案四川高等法院第一分院民事和解笔录等。

421. 璧山实验地方法院审理产业交还声请执行一案　12－15－413

1945年10月至1945年12月，璧山实验地方法院关于雷成德控告陈王氏窃夺房屋等不动产并请发陈王氏归还房屋的执行命令一案的文书，包括民事声请状、璧山实验地方法院民事执行文稿、调查报告、璧山实验地方法院民事执行命令、送达证书、刑事判决书等。

422. 璧山实验地方法院审理给付黄谷声请执行一案　12－15－414

1945年6月至1945年9月，璧山实验地方法院关于王钱氏因王之栋抗不履行法院归还黄谷的判决而请求发付执行命令一案的文书，包括民事声请状、璧山实验地方法院民事执行文稿、调查报告、璧山实验地方法院民事执行命令、收据、送达证书、民事裁定书等。

423. 璧山实验地方法院审理交业声请执行一案　12－15－415

1945年9月至1945年11月，璧山实验地方法院关于罗五福因周钦安拒不履行和解笔录搬迁交业而声请执行命令一案的文书，包括民事声请状、璧山实验地方法院民事执行文稿、民事诉状、调查报告、璧山实验地方法院民事执行命令、送达证书、收据、璧山实验地方法院通知书等。

424. 璧山实验地方法院审理给付欠租声请调解一案　12—15—416

1945年1月至1945年2月，璧山实验地方法院关于韦德辉因佃户张辉廷拖欠地租不还而声请调解一案的文书，包括民事声请状、送达证书、点名单、民事辩论笔录、璧山县中兴乡调解委员会呈件等。

425. 璧山实验地方法院审理给付生活费声请执行一案　12—15—417

1945年11月至1945年12月，璧山实验地方法院关于黄树兰因何汉江抗不履行和解笔录给付生活费而声请发付执行命令一案的文书，包括民事请执行状、原案民事和解笔录、璧山实验地方法院民事执行文稿、调查报告、璧山实验地方法院训令、璧山实验地方法院民事执行命令、收据等。

426. 璧山实验地方法院审理赔偿损失纠葛一案　12—15—418

1945年11月至1946年2月，璧山实验地方法院关于江龙泉控告舒泽林等人欺诈佃客、窃取小麦要求赔偿损失一案的文书，包括民事诉状、民事传票、送达证书、点名单、民事辩论笔录、证人结文、租佃契约书等。

427. 四川高等法院第一分院、璧山实验地方法院审理交业以及给付租谷纠葛及其上诉一案　12—15—419

1945年1月至1945年11月，四川高等法院第一分院、璧山实验地方法院关于张炳煊因张治辉拖欠租谷躲避不予偿还而声请对其财物执行及其上诉一案的文书，包括民事声请状、民事声明状、报告书、点名单、璧山县丁家乡乡公所证明书、民事传票、送达证书、民事裁定书、民事催状、民事保状、民事委任状、民事请执行状、民事抗告状、往来公函、璧山实验地方法院训令等。

428. 璧山实验地方法院审理所有权登记一案　12—15—420

1945年7月，璧山实验地方法院关于王云龙继承父母的土地房屋等不动产而声请所有权登记一案的文书，包括不动产登记声请书、不动产登记保证书、调查报告、璧山实验地方法院命令、证人切结书、璧山实验地方法院公告、收据、送达证书等。

429. 璧山实验地方法院审理租佃声请调解一案　12—15—421

1945 年 8 月，璧山实验地方法院关于江重威因赵华金不履行租佃契约不清偿地租而声请调解一案的文书，包括民事诉状、送达证书、点名单、民事辩论笔录等。

430. 璧山实验地方法院审理契约声请执行一案　12—15—422

1945 年 3 月至 1945 年 5 月，璧山实验地方法院关于杨文辉因胡明兴抗不履行法院将盐井河管业契约交与杨文辉的判决而声请执行命令一案的文书，包括民事声请状、璧山实验地方法院民事执行文稿、调查报告、璧山实验地方法院民事执行命令、收据等。

431. 璧山实验地方法院审理买卖契约纠葛一案　12—15—423

1945 年 8 月至 1945 年 10 月，璧山实验地方法院关于郛登瑞控告郛登煜等私自出卖共同财产请求确定买卖契约无效一案的文书，包括民事判决书、璧山实验地方法院书记室公函等。

432. 四川高等法院第一分院、璧山实验地方法院审理买卖契约纠葛一案　12—15—424

1945 年 7 月至 1945 年 8 月，四川高等法院第一分院、璧山实验地方法院关于陈俊良控告陈万明出卖典产、请求确定买卖契约无效一案的文书，包括璧山实验地方法院书记室公函、璧山实验地方法院民事判决书等。

433. 璧山实验地方法院审理终止收养纠葛一案　12—15—425

1945 年 10 月至 1945 年 11 月，璧山实验地方法院关于万荣廷因年龄方面不符合法律规定请求确认收养关系无效一案的文书，包括民事诉状、民事委任状、民事传票、送达证书、民事辩诉状、民事辩论笔录、民事宣判笔录、民事判决书等。

434. 最高法院、四川高等法院第一分院审理欠租交业纠葛上诉一案　12—15—426

1945 年 7 月至 1946 年 8 月，最高法院、四川高等法院第一分院关于刘泽普不满甘为良欠租交业一案的判决提请上诉一案的文书，包括最高法院民事判决书、民事声请状、民事委任状、民事上诉状、民事辩论笔录、民事声请书、往来公函、四川高等法院第一分院民事判决书等。

435. 四川高等法院第一分院、璧山实验地方法院等审理鸦片、黄金纠葛两案 12－15－427（1）

1940年1月至1948年8月，四川高等法院第一分院、璧山实验地方法院等关于王德轩、罗华章、潘胡氏因涉及鸦片而被收押、何尤熙与宋吉昌黄金纠葛两案的文书，包括璧山县执行委员会公函、璧山实验地方法院检察官不起诉处分书、璧山实验地方法院检察官起诉书、训令、四川高等法院第一分院民事判决书、璧山实验地方法院民事判决书、民事声请状、璧山实验地方法院民事执行文稿、调查报告、璧山实验地方法院民事执行命令、民事保状、民事辩论笔录、璧山县管狱署呈件等。

436. 四川高等法院第一分院、璧山实验地方法院等审理鸦片、聚众斗殴等案 12－15－427（2）

1940年1月至1948年8月，四川高等法院第一分院、璧山实验地方法院等关于王德轩、孙吉祥因涉及鸦片而被收押、张源臣等状告罗银廷等聚众斗殴、叶成武不满坟地纠葛案判决提请上诉、邹张氏不满租佃纠葛案判决提请上诉等案的文书，包括璧山县管狱署呈件、公函、训令、璧山实验地方法院牌告、讯问笔录、证人结文、刑事诉状、民事上诉状、璧山实验地方法院书记厅通知书、民事辩诉状、民事委任状、民事辩论笔录、四川高等法院第一分院民事判决书等。

437. 璧山实验地方法院审理分割共同财产、终约交业纠葛两案 12－15－428

1945年间，璧山实验地方法院关于冯李氏等与李绂祥等共同财产分割、魏史氏与雷邹氏终约交业纠葛两案的文书，包括璧山实验地方法院书记室公函、民事判决书等。

438. 璧山实验地方法院审理回赎典产纠葛一案 12－15－429

1945年7月，璧山实验地方法院关于雷铭洲因想提早赎回典当的产业与雷柏松产生的回赎典产纠葛一案的文书，包括民事判决书、璧山实验地方法院书记室公函等。

439. 璧山实验地方法院审理送达费纠葛一案 12－15－430

1944年11月至1944年12月，璧山实验地方法院关于黄鉴、李炳荣被控告不给予法院送达资料者送达费一案的文书，包括璧山实验地方法院公鉴、调查报告、训令、璧山县马坊乡乡公所呈件、璧山实验地方法院通知、璧山实验地方法院呈件等。

440. 璧山实验地方法院审理房契声请执行一案　12－15－431

1945年1月,璧山实验地方法院关于瞿伦志因戴敬之抗不履行法院交还争议街房房契与瞿伦志的判决而声请执行命令一案的文书,包括民事声请状、璧山实验地方法院批件、送达证书、原案民事判决书等。

441. 璧山实验地方法院审理返还田业声请执行一案　12－15－432

1945年9月至1945年10月,璧山实验地方法院关于蒲张氏因蒲陈氏抗不履行法院返还田业的判决而声请执行命令一案的文书,包括民事请执行状、原案四川高等法院第一分院民事裁定书、调查报告、民事传票、送达证书、点名单、民事声明书、璧山实验地方法院通知书、民事委任状等。

442. 璧山实验地方法院审理返还田业声请执行一案　12－15－433

1945年4月至1945年8月,璧山实验地方法院关于蒲张氏因蒲陈氏抗不履行法院返还田业的判决而声请执行命令一案的文书,包括民事请执行状、璧山实验地方法院批示、民事传票、送达证书、点名单、民事声请状、民事委任状、原案四川高等法院第一分院民事判决书等。

443. 璧山实验地方法院审理返还房屋纠葛一案　12－15－434

1945年2月至1945年3月,璧山实验地方法院关于李刘氏状告刘钦云转租房屋与他人违背租佃合约要求解除租约返还房屋一案的文书,包括民事诉状、民事传票、送达证书、民事辩论笔录、民事委任状、点名单、民事宣判笔录、民事判决书等。

444. 璧山实验地方法院审理返还租谷纠葛一案　12－15－435

1945年10月,璧山实验地方法院关于毛群普状告胡绍镐拖欠租谷要求其偿还一案的文书,包括璧山实验地方法院书记室公函、民事判决书等。

445. 璧山实验地方法院审理给付医药费声请执行一案　12－15－436

1945年5月至1945年6月,璧山实验地方法院关于戴毛氏因胡顺之等抗不履行法院对胡顺之等伤害案判决中给付医药费的条款而声请执行命令一案的文书,包括民事请执行状、原案刑事判决书、璧山实验地方法院民事执行文稿、调查报告、璧山实验地方法院民事执行命令、收据等。

446. 璧山实验地方法院审理返还黄谷及欠租纠葛上诉一案　12－15－437

1945年11月至1945年12月,璧山实验地方法院关于毛群普不服胡绍镐返还黄谷及欠租案的判决提请上诉一案的文书，包括民事上诉状、民事裁定书、送达证书等。

447. 璧山实验地方法院审理所有权以及抵押权登记一案　12－15－438

1945年5月，璧山实验地方法院关于秦树章田产房屋等不动产所有权以及抵押权声请登记一案的文书，包括不动产登记声请书、调查报告、璧山实验地方法院命令、不动产登记保证书、璧山实验地方法院公告、送达证书、收据等。

448. 璧山实验地方法院审理返还黄谷声请执行一案　12－15－439

1945年7月至1945年8月，璧山实验地方法院关于江泽海因江宗益抗不遵从法院返还黄谷的判决而声请执行命令一案的文书，包括民事请执行状、原案四川高等法院第一分院刑事附带民事诉讼判决书、民事委任状、璧山实验地方法院民事执行文稿、调查报告、璧山实验地方法院执行命令等。

449. 四川高等法院第一分院审理交业声请执行上诉一案　12－15－440

1945年1月至1945年3月，四川高等法院第一分院关于杨四合不服王培华交业执行案判决提请抗告一案的文书，包括璧山实验地方法院呈件、民事上诉状、意见书、四川高等法院第一分院民事裁定书、往来公函等。

450. 四川高等院第一分院审理交业声请执行一案　12－15－441

1945年11月至1946年4月，四川高等法院第一分院关于尹伯凯因罗雷氏抗不遵从法院买卖契约无效判决限期交还产业的判决而声请执行命令一案的文书，包括民事请执行状、民事传票、送达证书、点名单、民事委任状等。

451. 璧山实验地方法院审理租谷声请执行一案　12－15－442

1945年11月至1946年1月，璧山实验地方法院关于张德惠为夏朝元给付租谷案和解笔录声请发付执行命令一案的文书，包括民事声请状、璧山实验地方法院民事执行文稿、调查报告、璧山实验地方法院民事执行命令、收据、送达证书、原案和解笔录等。

452. 最高法院、四川高等法院第一分院、璧山实验地方法院审理执行异议一案　12－15－443

1945年6月至1946年5月，最高法院、四川高等法院第一分院、璧山实验地方法院关于杨南轩等因对何修予等租谷纠葛案声请执行有异议而引发的执行异议一案的文书，包括民事诉状、民事委任状、民事传票、送达证书、点名单、民事辩论笔录、璧山实验地方法院民事判决书、璧山实验地方法院民事裁定书、往来公函、民事上诉状、民事答辩状、最高法院民事判决书、璧山县河边乡乡公所呈件、四川高等法院第一分院通知书、凭票等。

453. 璧山实验地方法院审理租谷声请执行一案　12－15－444

1945年5月至1945年8月，璧山实验地方法院关于郭刘氏等因陈云章不履行和解笔录清偿所欠租谷而声请执行命令一案的文书，包括民事请执行状、璧山实验地方法院批示、送达证书、原案四川高等法院第一分院民事和解笔录、民事声请状、璧山实验地方法院民事执行文稿、训令、调查报告、璧山实验地方法院民事执行命令、收据、璧山实验地方法院通知等。

454. 璧山实验地方法院审理回赎典产声请执行一案　12－15－445

1945年1月，璧山实验地方法院关于胡思诚因胡廷燎等抗不履行法院允许回赎典产的判决而声请执行命令一案的文书，包括民事请执行状、民事传票、送达证书、点名单、民事委任状等。

455. 璧山实验地方法院审理粮税等赔偿声请执行一案　12－15－446

1945年5月至1945年10月，璧山实验地方法院关于周德辉因周德署抗不履行法院赔偿粮税杂款损失的判决而声请执行命令一案的文书，包括民事声请状、民事传票、送达证书、民事执行笔录、点名单、璧山实验地方法院民事执行文稿、民事请执行状、调查报告、璧山实验地方法院民事执行命令、收据、璧山实验地方法院通知书等。

456. 璧山实验地方法院审理所有权一案　12－15－447

1945年4月，璧山实验地方法院关于王文宪田产房屋等不动产所有权声请登记一案的文书，包括不动产登记声请书、璧山实验地方法院不动产登记通知书、送达证书、璧山实验地方法院命令、调查报告、切结书、不动产登记保证书、璧山实验地方法院公告、收据等。

457. 璧山实验地方法院审理债务声请执行一案　12－15－448

1945年12月至1946年1月，璧山实验地方法院关于罗纪明因王淑英逾期不履行法院清偿债务及利息的判决而声请执行命令一案的文书，包括民事请执行状、璧山实验地方法院民事执行文稿、调查报告、璧山实验地方法院民事执行命令、收据、送达证书原案民事判决书等。

458. 最高法院、四川高等法院第一分院审理回赎典产上诉一案　12－15－449

1944年12月至1945年7月，最高法院、四川高等法院第一分院关于邹张氏不服邹炳安回赎典产案的判决提请上诉一案的文书，包括往来公函、民事上诉状、原案四川高等法院第一分院民事裁定书、送达证书、璧山实验地方法院民事裁定书、最高法院民事裁定书、最高法院民事判决书等。

459. 璧山实验地方法院审理遗嘱异议一案　12－15－450

1945年10月，璧山实验地方法院关于吴月海对继母吴彭氏声请公证遗嘱内容有异议一案的文书，包括公证声请书、民事声明状、公证笔录、点名单等。

460. 四川高等法院第一分院审理违法营业处分上诉一案　12－15－451

1945年4月至1945年5月，四川高等法院第一分院关于高云汉不服川东税务局对其营业判定为违法的处分限期提请抗诉一案的文书，包括民事抗告状、四川高等法院第一分院刑事裁定书、璧山实验地方法院呈件、四川高等法院第一分院训令等。

461. 璧山实验地方法院审理租佃纠葛声请调解一案　12－15－452

1945年1月至1945年3月，璧山实验地方法院关于江祝三欲终止与周明正的租佃合约交还产业而声请调解一案的文书，包括民事诉状、民事传票、送达证书、点名单、民事辩论笔录等。

462. 璧山实验地方法院审理所有权以及抵押权一案　12－15－453

1945年5月至1945年8月，璧山实验地方法院关于王平山田产房屋等不动产所有权以及抵押权声请登记一案的文书，包括送达证书、不动产登记声请书、保长切结书、璧山实验地方法院命令、调查报告、不动产登记保证书、保甲长切结书、璧山实验地方法院公告、收据等。

463. 璧山实验地方法院审理所有权以及抵押权一案　12－15－454

1945年7月至1945年8月，璧山实验地方法院关于刘俊贤田产房屋等不动产所有权以及抵押权声请登记一案的文书，包括送达证书、不动产登记声请书、璧山实验地方法院不动产登记通知书、登记笔录、璧山实验地方法院命令、调查报告、不动产登记保证书、保甲长切结书、璧山实验地方法院公告、收据等。

464. 四川高等法院第一分院、璧山实验地方法院审理交业纠葛及其上诉一案 12－15－455

1945年12月至1948年5月,四川高等法院第一分院、璧山实验地方法院关于朱海全请求终止与朱绍卿的租约要求其搬迁交业及其上诉一案的文书,包括民事诉状、民事委任状、民事辩论笔录、证人结文、民事答辩状、往来公函、民事声请书、璧山实验地方法院民事裁定书、民事宣判笔录、璧山实验地方法院民事判决书、收据、民事抗告状、民事上诉状、民事补状、四川高等法院第一分院民事判决书等。

465. 璧山实验地方法院审理罚金声请执行一案 12－15－456

1945年9月至1945年12月,璧山实验地方法院关于璧山实验地方法院检察官对杨冯氏等盗窃案的罚金判决要求执行的文书,包括璧山实验地方法院检察官公函、原案四川高等法院第一分院刑事判决书、璧山实验地方法院民事执行文稿、调查报告、璧山实验地方法院民事执行命令、璧山实验地方法院公告、璧山实验地方法院训令等。

466. 璧山实验地方法院审理给付租谷声请调解一案 12－15－457

1945年1月,璧山实验地方法院关于吴刘氏状告吴述尧霸占共同财产不给予租谷而声请调解一案的文书,包括民事声请状、民事委任状、民事辩论笔录、民事辩诉状、民事调解笔录、民事传票、送达证书等。

467. 璧山实验地方法院审理交业声请执行一案 12－15－458

1945年6月至1945年7月,璧山实验地方法院关于朝元寺为赵安氏搬迁交业案的判决声请执行命令一案的文书,包括民事请执行状、璧山实验地方法院民事执行文稿、调查报告、璧山实验地方法院民事执行命令、璧山县第二区梓潼乡乡公所呈件、送达证书、璧山实验地方法院通知书、收据等。

468. 璧山实验地方法院审理领证声请一案 12－15－459

1945年2月,璧山实验地方法院关于靳海荣因产业纠葛案已了解请求领回证件契约一案的文书,包括民事自诉状、民事传票、送达证书、点名单、收据等。

469. 璧山地方法院审理蓄意伤人一案 12－15－460

1941年10月,璧山地方法院关于张王氏状告张忠国等蓄意伤人一案的文书,包括璧山实验地方法院检察处法警报告书、传讯回证、检察官侦查笔录、结文、璧山实验地方法院检察处不起诉处分书、刑事诉状等。

470. 璧山实验地方法院审理所有权以及抵押权一案　12－15－461

1945 年 4 月至 1945 年 6 月，璧山实验地方法院关于谢春林田产房屋等不动产所有权以及抵押权声请登记一案的文书，包括不动产登记声请书、调查报告、璧山实验地方法院命令、不动产登记保证书、证人切结书、璧山实验地方法院公告、送达证书、收据等。

471. 璧山实验地方法院审理合约认证一案　12－15－462

1945 年 5 月，璧山实验地方法院关于谭金山声请公证与廖肇的合约一案的文书，包括民事声请状、璧山实验地方法院公证处通知、点名单、公证讯问笔录、送达证书等。

472. 璧山实验地方法院审理交还房产声请执行一案　12－15－463

1945 年 6 月至 1945 年 7 月，璧山实验地方法院关于刘淮清为晏绍珍交还田产房屋案的判决声请执行命令一案的文书，包括民事请执行状、民事委任状、民事声请状、民事声请书、璧山实验地方法院民事执行文稿、民事传票、送达证书、民事辩论笔录、璧山实验地方法院民事执行命令、民事执行记录、璧山实验地方法院通知、璧山实验地方法院训令等。

473. 璧山实验地方法院审理押金纠葛、回赎典产声请执行两案　12－15－464

1943 年 7 月至 1945 年 10 月，璧山实验地方法院关于黄铭钦、杨泽镛等要求赵海贤依照判决归还租赁押金及赔偿损失、吴立三为吴道荣回赎典产案和解笔录声请执行命令两案的文书，包括民事声请状、璧山实验地方法院批稿、送达证书、民事请执行状、璧山实验地方法院民事执行文稿、璧山实验地方法院民事执行命令、调查报告、民事传票、民事辩论笔录、原案和解笔录、璧山实验地方法院通知书等。

474. 璧山实验地方法院审理抵押权一案　12－15－465

1945 年 11 月，璧山实验地方法院关于王云龙田产房屋等不动产抵押权声请登记一案的文书，包括不动产登记声请书、璧山实验地方法院公告等。

475. 璧山实验地方法院审理搬迁交业一案　12－15－466

1945 年 8 月至 1945 年 10 月，璧山实验地方法院关于易陈氏状告易德安违背租约拖欠租金要求终止契约搬迁交业一案的文书，包括民事诉状、民事传票、送达证书、点名单、民事辩论笔录、证人结文、民事委任状、民事续呈状、租佃合约书、璧山县龙溪乡乡公所证明书等。

476. 璧山实验地方法院审理返还熟土声请执行一案　12－15－467

1945 年 9 月至 1946 年 1 月，璧山实验地方法院关于贺玉林为周木林返还熟土案判决声请执行命令一案的文书，包括民事声请状、民事传票、送达证书、璧山实验地方法院民事执行文稿、民事请执行状、调查报告、璧山实验地方法院民事执行命令、执行笔录、民事辩论笔录等。

477. 璧山实验地方法院审理罚金声请执行一案　12－15－468

1945 年 11 月，璧山实验地方法院关于璧山实验地方法院检察官对龙学初伤害案的罚金判决要求执行的文书，包括璧山实验地方法院检察官公函、原案璧山实验地方法院刑事判决书等。

478. 璧山实验地方法院审理交业声请执行一案　12－15－469

1945 年 5 月至 1946 年 5 月，璧山实验地方法院关于张长生为佘全辉等搬迁交业案判决声请执行命令一案的文书，包括民事请执行状、民事催呈状、璧山实验地方法院批件、送达证书、民事声请状等。

479. 璧山实验地方法院审理返还田业搬迁交业声请执行一案　12－15－470

1945 年 8 月至 1945 年 11 月，璧山实验地方法院关于陈祥明为叶遐龄等返还田业搬迁交业的判决声请执行命令一案的文书，包括民事请执行状、璧山实验地方法院批示、送达证书、民事声明状、璧山实验地方法院民事执行文稿、民事执行异议状、调查报告、收据、璧山实验地方法院民事执行命令、民事委任状、点名单、和解笔录、民事辩论笔录、民事判决书等。

480. 璧山实验地方法院审理交业声请执行一案　12－15－471

1945 年 8 月至 1945 年 10 月，璧山实验地方法院关于伍杨氏等为伍志达等交还产业案的判决声请执行命令一案的文书，包括民事请执行状、民事催诉状、璧山实验地方法院民事执行文稿、调查报告、收据、璧山实验地方法院民事执行命令等。

该卷另有张海荣吸食鸦片案的璧山县政府审理军法案件判决书。

481. 璧山实验地方法院审理租约纠葛一案　12－15－472

1945 年 12 月至 1946 年 4 月，璧山实验地方法院关于李辅根状告李辉廷违背租佃契约拖欠租谷要求终止租约一案的文书，包括民事诉状、民事辩诉状、民事传票、民事辩论笔录、民事委任状、证人结文、民事宣判笔录、民事判决书、四川高等法院第一分院书记室公函等。

482. 璧山实验地方法院审理领押交业纠葛一案　12－15－473

1945 年 1 月至 1945 年 3 月，璧山实验地方法院关于钟衡萱状告曾汉卿租约到期而不搬迁交业要求其领押交业一案的文书，包括民事诉状、民事委任状、民事传票、送达证书、点名单、民事辩论笔录、民事声请书、民事和解笔录等。

483. 璧山实验地方法院审理所有权一案　12－15－474

1945 年 5 月至 1945 年 7 月，璧山实验地方法院关于江远五田产房屋等不动产所有权声请登记一案的文书，包括不动产登记声请书、璧山实验地方法院命令、不动产登记保证书、证人切结书、收据、璧山实验地方法院公告等。

484. 璧山实验地方法院审理所有权一案　12－15－475

1945 年 5 月至 1945 年 7 月，璧山实验地方法院关于江远五田产房屋等不动产所有权声请登记一案的文书，包括不动产登记声请书、不动产登记保证书、璧山实验地方法院公告等。

485. 四川高等法院第一分院审理买卖合同纠葛上诉一案　12－15－476

1945 年 5 月至 1945 年 9 月，四川高等法院第一分院关于杜四顺不服郑德江买卖合同案的判决提请上诉一案的文书，包括民事上诉状、原案民事裁定书、往来公函、送达证书、民事声请书、民事辩论笔录、民事理由书、民事答辩状、民事委任状、四川高等法院第一分院民事判决书、调查报告、民事声请状等。

486. 璧山实验地方法院审理给付租谷声请执行一案　12－15－477

1945 年 2 月，璧山实验地方法院关于张炳轩因薛赓尧抗不履行法院给付租谷的判决而声请执行命令一案的文书，包括民事声请状、璧山实验地方法院批件、送达证书、原案民事判决书等。

487. 璧山实验地方法院审理领押交业纠葛一案　12－15－478

1945 年 3 月至 1945 年 4 月，璧山实验地方法院关于任家彬恐高邓治荣拖欠租谷要求终止租约领押交业一案的文书，包括民事诉状、民事委任状、璧山县丹凤乡调解委员会调解笔录、民事传票、送达证书、点名单、民事辩论笔录、民事声请状、民事和解笔录等。

488. 璧山实验地方法院审理越界伐木一案　12－15－479

1945年4月，璧山实验地方法院关于陈昌义等状告唐文斗等越界砍伐树木要求返还树木一案的文书，包括民事诉状、民事传票、送达证书、民事委任状、点名单、通知书、民事声请状等。

489. 最高法院审理产业纠葛上诉一案　12－15－480

1945年7月至1945年10月，最高法院关于潘万氏不服罗志荣等返还田业案的判决提请上诉一案的文书，包括往来公函、最高法院民事判决书、民事声请书、民事上诉状、民事声请参加状、民事委任状、民事辩论笔录等。

490. 最高法院、四川高等法院第一分院审理产业纠葛上诉一案　12－15－481

1945年4月至1945年6月，最高法院、四川高等法院第一分院关于潘万氏不服罗志荣等返还田业案的判决提请上诉一案的文书，包括往来公函、民事上诉状、四川高等法院第一分院民事裁定书、民事辩诉状、送达证书等。

491. 最高法院、四川高等法院第一分院审理赔偿纠葛上诉一案　12－15－482

1945年2月至1945年8月，最高法院、四川高等法院第一分院关于刘斐然等不服左黄氏等赔偿损害案的判决提请上诉一案的文书，包括往来公函、民事上诉状、四川高等法院第一分院民事裁定书、送达证书、最高法院民事判决书等。

492. 璧山实验地方法院审理请发支付命令一案　12－15－483

1945年8月，璧山实验地方法院关于段瑜思律师因张炳清、何树成等拖欠律师的诉讼费用而请发支付命令一案的文书，包括民事声请状、璧山实验地方法院支付命令、送达证书等。

493. 璧山实验地方法院审理欠税一案　12－15－484

1945年间，璧山实验地方法院关于璧山县政府呈请璧山实验地方法院追收胡程钧等人的屠宰税等欠税一案的文书，包括璧山县政府公函、璧山县1942年度各乡镇屠宰税一览表、璧山实验地方法院支付命令、送达证书、民事异议状、民事声请状等。

494. 璧山实验地方法院审理租约声请调解一案　12－15－485

1945年8月,璧山实验地方法院关于易陈氏等控告易德安违背租约拖欠租谷要求终止租约而声请调解一案的文书,包括送达证书、民事诉状、民事声明状、民事委任状、点名单、民事辩论笔录等。

495. 四川高等法院第一分院、璧山实验地方法院审理监护纠葛及其上诉一案　12－15－486

1945年3月至1945年7月,四川高等法院第一分院、璧山实验地方法院关于谢占武因已经成年而要求判定石陈氏代理监护无效及其上诉一案的文书,包括民事诉状、民事宣判笔录、璧山实验地方法院民事判决书、璧山实验地方法院民事裁定书、谢氏家族为谢昌合选举监护人会议记录、往来公函、民事上诉状、民事答辩状、民事理由书、民事委任状、民事辩论笔录等。

496. 璧山实验地方法院审理业价纠葛一案　12－15－487

1945年7月,璧山实验地方法院关于魏伯熏状告彭孝五拖欠购买铺面费用的业价纠葛一案的文书,包括民事诉状、民事传票、送达证书、点名单、证人结文、民事辩论笔录、民事委任状、民事辩诉状、民事宣判笔录、民事判决书等。

497. 璧山实验地方法院审理假扣押声请一案　12－15－488

1945年6月至1945年7月,璧山实验地方法院关于何德章等因王德轩无视法院搬迁交业的判决且躲避执行命令而声请对其进行假扣押一案的文书,包括民事声请状、民事裁定书、送达证书等。

498. 璧山实验地方法院审理请发支付命令一案　12－15－489

1945年7月,璧山实验地方法院关于赵一仁因徐文渊等拖欠债款而请发支付命令一案的文书,包括民事声请状、璧山实验地方法院支付命令、送达证书等。

499. 璧山实验地方法院审理租约纠葛一案　12－15－490

1945年6月至1945年7月,璧山实验地方法院关于谢黄氏因欲收回出租房屋而引起的租约纠葛一案的文书,包括民事诉状、民事答辩状、民事传票、送达证书、点名单、民事辩论笔录、民事委任状、民事公证状、证人结文、民事和解笔录等。

500. 璧山实验地方法院审理租谷纠葛一案　12－15－491

1945年6月,璧山实验地方法院关于张治辉要求朱凌氏返还租谷一案的文书,包括民事诉状、民事传票、送达证书、点名单、民事辩论笔录、民事宣判笔录、民事委任状、民事判决书、收据、凭票等。

501. 璧山实验地方法院审理执行异议、请发支付命令两案　12－15－492

1945年6月至1945年7月，璧山实验地方法院关于晏绍珍对刘淮清声请的搬迁交房的执行命令有异议、黄俊卿请发支付命令两案的文书，包括民事诉状、民事委任状、民事传票、送达证书、点名单、民事辩诉状、民事证明状、证人结文、民事辩论笔录、民事宣判笔录、民事判决书、凭票、民事声请状、璧山实验地方法院支付命令、合约书等。

502. 璧山实验地方法院审理回赎典产纠葛一案　12－15－493

1945年8月至1945年10月，璧山实验地方法院关于谭俊卿因出典期满而要求赎回典产一案的文书，包括民事诉状、民事传票、送达证书、璧山县龙凤乡乡公所呈件、民事撤诉状、批示等。

503. 璧山实验地方法院审理典产损失一案　12－15－494

1945年8月，璧山实验地方法院关于陈维新要求彭东山支付典产损失一案的文书，包括民事诉状、民事辩论笔录、民事传票、送达证书、点名单、璧山实验地方法院通知单等。

504. 璧山实验地方法院审理声请发还保证金一案　12－15－495

1945年8月，璧山实验地方法院关于李荣卿因李永馨交业执行案完结而声请发还该案保证金一案的文书，包括民事声请状、送达证书、璧山实验地方法院批示、收据、原案民事判决书等。

505. 璧山实验地方法院审理婚姻纠葛一案　12－15－496

1945年11月至1946年4月，璧山实验地方法院关于周士贵因妻子回娘家多月不还要求离婚一案的文书，包括民事诉状、民事委任状、民事传票、送达证书、调查报告、点名单、民事辩论笔录、璧山县中兴乡乡公所证明书、民事宣判笔录、民事判决书等。

506. 璧山实验地方法院审理债务纠葛一案　12－15－497

1945年11月至1946年4月，璧山实验地方法院关于何禹级状告邹缉熙违约骗取财物要求其偿还债务一案的文书，包括民事诉状、民事传票、送达证书、点名单、璧山实验地方法院书记室通知书等。

507. 璧山实验地方法院审理债务纠葛、租约纠葛两案　12—15—498

1945年11月至1946年7月，璧山实验地方法院关于赵一仁状告萧进煜立约欠款过期不还、李辉廷要求终止租佃合约两案的文书，包括民事诉状、民事传票、送达证书、点名单、租佃契约书、民事判决书、凭票、四川高等法院第一分院民事裁定书、收据等。

508. 璧山实验地方法院审理产业纠葛一案　12—15—499

1945年4月至1945年5月，璧山实验地方法院关于张治良控告张树臣霸占遗产拒不交业要求其返还产业一案的文书，包括民事诉状、民事委任状、民事传票、送达证书、点名单、民事辩论笔录、民事理由状、证人结文、民事辩诉状、民事宣判笔录、民事判决书等。

509. 璧山实验地方法院审理黄谷纠葛一案　12—15—500

1945年4月至1945年7月，璧山实验地方法院关于刘苏氏要求雷海云返还所欠黄谷一案的文书，包括民事诉状、民事委任状、民事传票、送达证书、点名单、民事辩论笔录、璧山实验地方法院公函、民事催呈状、民事和解笔录等。

510. 璧山实验地方法院审理买卖契约纠葛一案　12—15—501

1945年1月至1945年6月，璧山实验地方法院关于陈际虞状告陈平安等侵犯所有权请求确认买卖契约无效一案的文书，包括民事诉状、民事委任状、民事辩论笔录、民事辩诉状、民事声请书、证人结文、民事和解笔录等。

511. 璧山实验地方法院审理交业一案　12—15—502

1945年6月，璧山实验地方法院关于娄健辉状告曾荣谷违反契约拖欠租谷请求终约交业一案的文书，包括民事诉状、民事辩论笔录、民事委任状、民事宣判笔录、民事判决书等。

512. 璧山实验地方法院审理租约纠葛及其上诉一案　12—15—503

1945年4月至1946年4月，璧山实验地方法院关于蒋赤熵状告朱青林抗不交租及其上诉一案的文书，包括民事诉状、民事委任状、民事辩论笔录、民事宣判笔录、民事判决书、往来公函、民事上诉状、民事辩诉状、民事声请状、四川高等法院第一分院民事判决书等。

513. 璧山实验地方法院审理典产纠葛一案　12－15－504

1945 年 2 月至 1945 年 5 月，璧山实验地方法院关于薛杠成等状告冯学周典期满后仍不准许回赎一案的文书，包括民事诉状、民事委任状、民事辩论笔录、民事答辩状、陆军新编第三十四师司令部公函、民事裁定书、民事宣判笔录、民事判决书等。

514. 璧山实验地方法院审理债务声请执行一案　12－15－505

1945 年 7 月，璧山实验地方法院关于赵一仁因甘玉枢等拖欠诉讼公费久不偿还而声请执行命令一案的文书，包括民事声请状、民事裁定书、送达证书等。

515. 璧山实验地方法院审理租谷纠葛声请假扣押一案　12－15－506

1945 年 7 月，璧山实验地方法院关于何明德因彭定国抗不清偿租谷声请假扣押命令一案的文书，包括民事声请状、民事裁定书、送达证书等。

516. 四川高等法院第一分院审理租谷纠葛上诉案　12－15－507

1945 年 8 月至 1945 年 11 月，四川高等法院第一分院关于王德宣不服租谷纠葛案裁定而提请抗告一案的文书，包括民事抗告状、往来公函、四川高等法院第一分院民事裁定书等。

517. 四川高等法院第一分院、璧山实验地方法院审理租谷纠葛声请假扣押一案　12－15－508

1945 年 9 月，四川高等法院第一分院、璧山实验地方法院关于何在章与王德宣因租谷纠葛声请假扣押一案的文书，包括璧山实验地方法院书记室公函、四川高等法院第一分院书记室公函等。

518. 璧山实验地方法院审理增加给付纠葛声请调解一案　12－15－509

1945 年 5 月至 1945 年 6 月，璧山实验地方法院关于邱松廷与张宗和因增加租佃押金引起纠葛声请调解一案的文书，包括民事声请状、民事委任状、民事辩论笔录、民事调解笔录、民事异议状等。

519. 璧山实验地方法院审理借贷存查一案　12－15－510

1945 年 9 月，璧山实验地方法院关于吴素卿等因借贷一事声请存查一案的文书，包括民事声请状、璧山实验地方法院批示、送达证书等。

520. 璧山实验地方法院审理债务纠葛声请假扣押一案　12－15－511

1945年8月，璧山实验地方法院关于邓述卿因蔡正荣抗不清偿债务而声请假扣押一案的文书，包括民事声请状、民事裁定书、送达证书等。

521. 璧山实验地方法院审理产业纠葛声请假扣押一案　12－15－512

1945年8月，璧山实验地方法院关于罗代周因罗银山霸占产业抗不归还而声请假扣押一案的文书，包括民事声请状、民事裁定书、送达证书等。

522. 璧山实验地方法院审理抗不领押交业一案　12－15－513

1945年8月，璧山实验地方法院关于谢青山因罗钟氏抗不领押交业一案的文书，包括民事声请状、民事裁定书、送达证书、四川省政府官契等。

523. 璧山实验地方法院审理扣押田谷以免纠葛一案　12－15－514

1945年8月，璧山实验地方法院关于周国光因何文等人转租田地而声请扣押田谷以免纠葛一案的文书，包括民事声请状、民事裁定书、送达证书等。

524. 璧山实验地方法院审理遗产纠葛一案　12－15－515

1945年8月至1945年9月，璧山实验地方法院关于张汉青与张绍轩因遗产分割产生的纠葛一案的文书，包括民事诉状、民事委任状、民事辩论笔录、民事补诉状、民事辩诉状、证人结文、民事宣判笔录、民事判决书等。

525. 璧山实验地方法院审理共同财产纠葛声请调解一案　12－15－516

1945年10月，璧山实验地方法院关于邓文良等因邓达先等霸占共同财产而声请调解一案的文书，包括民事声请调解书、民事委任状、送达证书等。

526. 璧山实验地方法院审理交业纠葛一案　12－15－517

1945年9月至1945年10月，璧山实验地方法院关于张文卿状告杨启寿诈骗财物违背租约要求交业终约一案的文书，包括民事诉状、民事辩论笔录、证人结文、民事声请状等。

527. 璧山实验地方法院审理交业纠葛声请调解一案　12－15－518

1945年10月，璧山实验地方法院关于徐德周状告徐发万抗不交业而声请调解一案的文书，包括民事声请状、送达证书、民事辩论笔录、民事声请书等。

528. 璧山实验地方法院审理借款纠葛一案　12—15—519

1945年9月至1945年11月,璧山实验地方法院关于陈德盛状告朱守达等拖欠债款屡催不还一案的文书,包括民事诉状、民事委任状、民事答辩状、民事辩论笔录、民事辩诉状、民事声请书等。

529. 璧山实验地方法院审理执行异议一案　12—15—520

1945年9月至1945年10月,璧山实验地方法院关于谢张氏对谢泽三等声请执行命令有异议而要求终止执行命令一案的文书,包括民事诉状、民事传票、民事声请状等。

530. 最高法院、四川高等法院第一分院审理回赎典产纠葛上诉一案　12—15—521

1945年7月至1945年10月,最高法院、四川高等法院第一分院关于张鸿盛不满回赎典产案判决提请上诉一案的文书,包括最高法院民事判决书、往来公函、民事和解书、四川高等法院第一分院民事判决书等。

531. 璧山实验地方法院审理黄谷纠葛一案　12—15—522

1945年9月至1945年10月,璧山实验地方法院关于曹海林状告邹茂林等违法加收押金要求返还多收黄谷一案的文书,包括民事诉状、民事委任状、民事声请状等。

532. 璧山实验地方法院审理租约纠葛一案　12—15—523

1945年9月至1945年10月,璧山实验地方法院关于巫恒太状告钱海云拖欠租谷要求终止租约领押交业一案的文书,包括民事诉状、民事辩论笔录、民事和解笔录、送达证书等。

533. 璧山实验地方法院审理猪价纠葛一案　12—15—524

1945年9月至1945年10月,璧山实验地方法院关于罗宏均因鲍玉兴等订购猪仔后因肉价下跌而毁约要求赔偿猪价一案的文书,包括民事诉状、民事委任状、民事辩论笔录、民事和解笔录等。

534. 璧山实验地方法院审理租佃纠葛声请调解一案　12—15—525

1945年11月,璧山实验地方法院关于赵冉氏请求收回出佃给杜水清的田业自耕而声请调解一案的文书,包括民事声请状、民事委任状、民事辩论笔录等。

535. 璧山实验地方法院审理妨碍耕作声请调解一案　12－15－526

1945 年 9 月至 1945 年 10 月，璧山实验地方法院关于刘肇基因张治安妨碍耕作而声请调解一案的文书，包括民事声请调解状、民事辩论笔录等。

536. 璧山实验地方法院审理租谷纠葛一案　12－15－527

1945 年 3 月至 1945 年 4 月，璧山实验地方法院关于龚启睦状告傅炳臣拖欠租谷一案的文书，包括民事诉状、民事委任状、民事辩论笔录、民事声请状、证人结文、民事宣判笔录、民事判决书等。

537. 璧山实验地方法院审理遗产所有权纠葛一案　12－15－528

1945 年 3 月至 1945 年 5 月，璧山实验地方法院关于黄金盛因被立为黄万尧后嗣而要求黄锡林等交出黄万尧的遗产一案的文书，包括民事诉状、民事辩论笔录、民事委任状、民事宣判笔录、民事判决书、民事和解撤诉状、璧山实验地方法院检察官不起诉处分书、民事声请状等。

538. 最高法院、四川高等法院第一分院审理典产纠葛上诉一案　12－15－529

1944 年 9 月至 1945 年 4 月，最高法院、四川高等法院第一分院关于王炳田不服放赎典产案判决提请上诉一案的文书，包括民事上诉状、民事声请状、往来公函、民事答辩状等。

539. 四川高等法院第一分院、璧山实验地方法院审理租谷纠葛声请假扣押及其上诉一案　12－15－530

1945 年 7 月，四川高等法院第一分院、璧山实验地方法院关于王恢中因与黄炳章租谷纠葛而声请对当年的租谷实行假扣押及其上诉一案的文书，包括民事声请扣押状、民事裁定书、送达证书、原案民事判决书、往来公函、民事抗告状、民事发明状等。

540. 璧山实验地方法院审理请发支付命令一案　12－15－531

1945 年 7 月，璧山实验地方法院关于县政府呈请璧山实验地方法院为屠宰税欠款发付支付命令一案的文书，包括璧山县政府公函、璧山县 1944 年度各乡镇屠宰税蒂欠花名清单、璧山实验地方法院支付命令、送达证书、民事声明状、璧山实验地方法院通知书、璧山县中兴乡第九保办公处呈件等。

541. 最高法院、四川高等法院第一分院审理租佃纠葛上诉一案　12－15－532

1945 年 3 月至 1945 年 6 月，最高法院、四川高等法院第一分院关于吴王氏不服彭甫堂租佃纠葛案判决提请上诉一案的文书，包括最高法院民事判决书、往来公函、民事声请状、民事撤诉声请状等。

542. 最高法院、四川高等法院第一分院审理租佃纠葛上诉一案　12－15－533

1944 年 7 月至 1945 年 2 月，最高法院、四川高等法院第一分院关于吴王氏不服彭甫堂租佃纠葛案判决提请上诉一案的文书，包括往来公函、民事上诉状、四川高等法院第一分院民事裁定书、民事撤诉状、璧山实验地方法院民事判决书、最高法院民事判决书等。

543. 最高法院、四川高等法院第一分院审理典产纠葛上诉一案　12－15－534

1944 年 3 月至 1945 年 7 月，最高法院、四川高等法院第一分院关于张鸿盛等不服周荣臣放赎典产案的判决提请上诉一案的文书，包括往来公函、四川高等法院第一分院民事裁定书、民事上诉状、四川高等法院第一分院民事判决书、璧山实验地方法院民事判决书、民事声请状、民事委任状、最高法院民事判决书、典当合约书等。

544. 最高法院、四川高等法院第一分院、璧山实验地方法院审理房产纠葛及其上诉一案　12－15－535

1944 年 3 月至 1945 年 9 月，最高法院、四川高等法院第一分院、璧山实验地方法院关于蒲海全等状告刘普全等侵占田产房屋要求其搬迁交房及其上诉一案的文书，包括民事诉状、民事答辩状、民事辩论笔录、民事委任状、民事宣判笔录、民事判决书、四川高等法院第一分院民事判决书、往来公函、民事辩诉状、最高法院民事裁定书等。

545. 璧山实验地方法院审理抵押权登记一案　12－15－536

1945 年 3 月至 1945 年 7 月，璧山实验地方法院关于邬慎围土地房屋等不动产抵押权登记一案的文书，包括不动产登记声请书、送达证书、璧山实验地方法院不动产登记通知书、璧山实验地方法院公告、不动产登记保证书等。

546. 璧山实验地方法院审理所有权登记一案　12－15－537

1945 年 3 月至 1945 年 7 月，璧山实验地方法院关于邬慎围土地房屋等不动产所有权登记一案的文书，包括不动产登记声请书、民事辩论笔录、证明书、璧山实验地方法院不动产登记通知书、调查报告、璧山实验地方法院命令、不动产登记保证书、璧山实验地方法院公告、收据等。

547. 最高法院、四川高等法院第一分院审理租约纠葛上诉一案　12－15－538

1944年1月至1945年9月,最高法院、四川高等法院第一分院关于黄才林等不服黄炳章租约纠葛案判决提请上诉一案的文书,包括往来公函、民事上诉状、四川高等法院第一分院民事裁定书、最高法院民事裁定书、璧山县大兴乡乡公所呈件、璧山实验地方法院民事判决书、民事辩诉状、最高法院民事判决书、送达证书等。

548. 璧山实验地方法院审理租赁纠葛一案　12－15－539

1945年6月至1945年7月,璧山实验地方法院关于徐汉卿请求与徐应庆租佃关系续约一案的文书,包括民事诉状、民事辩论笔录、证人结文、民事宣判笔录、民事判决书、原案四川高等法院第一分院民事判决书等。

549. 璧山实验地方法院审理借谷纠葛一案　12－15－540

1945年7月,璧山实验地方法院关于安陈氏状告安黄氏借谷逾期不还一案的文书,包括民事诉状、民事辩论笔录、证人结文、民事判决书、民事宣判笔录等。

550. 璧山实验地方法院审理契约纠葛一案　12－15－541

1945年9月至1945年10月,璧山实验地方法院关于孙临轩要求冉中固履行房屋租赁契约一案的文书,包括民事诉状、证人结文、民事辩论笔录、民事宣判笔录、民事判决书等。

551. 璧山实验地方法院审理监护权纠葛一案　12－15－542

1945年9月至1945年10月,璧山实验地方法院关于谢昌合状告石陈氏利用监护权谋夺财产要求撤销其监护权一案的文书,包括民事诉状、民事委任状、民事辩论笔录、民事宣判笔录、民事判决书等。

552. 璧山实验地方法院审理菜油纠葛一案　12－15－543

1945年9月至1945年10月,璧山实验地方法院关于王海荣状告叶金山不守约定、逾期不归还所借菜油一案的文书,包括民事诉状、民事判决书、民事辩论笔录、送达证书、收据等。

553. 璧山实验地方法院审理继承权纠葛一案　12－15－544

1945年8月至1945年11月，璧山实验地方法院关于王恢中等质疑王柯氏是否有王含章财产的继承权一案的文书，包括民事诉状、民事委任状、民事辩论笔录、民事和解笔录、送达证书等。

554. 四川高等法院第一分院审理回赎典产纠葛上诉一案　12－15－545

1945年7月至1946年1月，四川高等法院第一分院关于冯学周不服法院关于薛杠成等回赎典产案的判决提请上诉一案的文书，包括往来公函、民事上诉状、原案璧山实验地方法院民事裁定书、民事答辩状、民事委任状、民事声请书、民事辩论笔录、民事声请状、四川高等法院第一分院民事判决书、承包修房合约书、收据、执据等。

该卷另附有1945年10月30日的《百务日报》以及《商务日报》数页。

555. 最高法院、四川高等法院第一分院审理交账纠葛上诉一案　12－15－546

1943年9月至1945年3月，最高法院、四川高等法院第一分院关于陈竟明不服陈滋如交账纠葛案的判决提请抗告一案的文书，包括民事抗告状、往来公函、四川高等法院第一分院民事裁定书、最高法院民事判决书、民事委任状、民事声请状、民事辩论笔录、四川高等法院第一分院民事判决书等。

556. 璧山实验地方法院审理再醮存查一案　12－15－547（1）

1945年11月，璧山实验地方法院关于杨魏氏再婚声请存查备案一案的文书，包括民事声请状、璧山实验地方法院民事批示、调查报告、送达证书等。

557. 最高法院、四川高等法院第一分院、璧山实验地方法院审理典产纠葛三案　12－15－547（2）

1944年5月至1945年11月，最高法院、四川高等法院第一分院、璧山实验地方法院关于肖永铨因典期将满而要求提早回赎典产引起的典期纠葛声请调解、谢周氏因典期已满而要求回赎亡夫所典产业声请调解、吴素卿等不服向文光回赎典产案判决提请上诉等案的文书，包括民事声请状、民事辩论笔录、民事和解笔录、往来公函、民事上诉状、四川高等法院第一分院民事裁定书、最高法院民事裁定书等。

558. 璧山实验地方法院审理债务存查一案　12－15－548

1945年10月，璧山实验地方法院关于田海清因长子不听劝告负债后出逃而声请债务存查以免受拖累一案的文书,包括民事声请状、璧山实验地方法院批示、送达证书等。

559. 璧山实验地方法院审理违约声请调解一案　12－15－549

1945年12月,璧山实验地方法院关于冯学周因黄治清违约拖欠地租毁损仓房而声请调解一案的文书,包括民事声请状、民事委任状、民事调解笔录等。

560. 璧山实验地方法院审理增加给付纠葛声请调解一案　12－15－550

1945年10月至1945年12月,璧山实验地方法院关于范海廷因业主江殷氏增加押金而声请调解一案的文书,包括民事声请状、民事委任状、民事辩论笔录、民事调解笔录、民事异议状、送达证书等。

561. 璧山实验地方法院审理声请保障士兵一案　12－15－551

1945年11月至1945年12月,璧山实验地方法院关于营长声请璧山实验地方法院依法保障士兵一案的文书,包括营长公函、璧山实验地方法院公函等。

562. 璧山实验地方法院审理领证一案　12－15－552

1945年8月至1945年12月,璧山实验地方法院关于黄利贞因前案已结声请领回契约等证件一案的文书,包括民事声请状、璧山实验地方法院批示、收据、送达证书等。

563. 璧山实验地方法院审理黄谷纠葛声请调解一案　12－15－553

1945年11月至1945年12月,璧山实验地方法院关于向懋华声请调解与周天煜黄谷纠葛一案的文书,包括民事声请状、民事答辩状、民事调解笔录等。

564. 璧山实验地方法院审理买卖契约纠葛一案　12－15－554

1945年4月至1945年6月,璧山实验地方法院关于王罗氏要求确认董荣发等买卖田地的契约无效一案的文书,包括民事诉状、璧山县大兴乡乡公所呈件、民事辩论笔录、民事委任状、民事答辩状、民事宣判笔录、民事判决书等。

565. 璧山实验地方法院审理赔偿损失纠葛一案　12－15－555

1945年5月至1945年6月,璧山实验地方法院关于吴雪樵因与王道维在房屋租赁问题上产生纠葛而要求赔偿损失一案的文书,包括民事诉状、民事委任状、民事答辩状、民事辩论笔录、证人结文、民事声请状、民事宣判笔录、民事判决书等。

566. 璧山实验地方法院审理土地所有权纠葛一案　12－15－556

1945 年 5 月至 1945 年 6 月，璧山实验地方法院关于雷柏松状告雷德元妨碍耕作要求确认土地所有权一案的文书，包括民事诉状、民事答辩状、民事辩论笔录、民事宣判笔录、民事判决书、产业买卖合约书等。

567. 璧山实验地方法院审理黄谷纠葛一案　12－15－557

1945 年 5 月至 1945 年 6 月，璧山实验地方法院关于杨元清状告张兰亭持有黄谷却拒不清偿租谷一案的文书，包括民事诉状、民事委任状、民事辩论笔录、民事宣判笔录、民事判决书、送达证书等。

568. 璧山实验地方法院审理请发支付命令一案　12－15－558

1945 年 10 月，璧山实验地方法院关于孙占云因左世康等拖欠债务逾期不清偿而请发支付命令一案的文书，包括民事声请状、璧山实验地方法院支付命令送达证书、调查报告等。

569. 璧山实验地方法院审理修建费纠葛声请调解一案　12－15－559

1945 年 6 月至 1945 年 8 月，璧山实验地方法院关于钟映南因黄桑荣铺面租约满后不允许续约而要求给付装修建设费用一案的文书，包括民事声请调解状、民事委任状、民事答辩状、民事辩论笔录、门面装修费用支付单、民事调解笔录、民事声明状等。

570. 璧山实验地方法院审理交业纠葛声请调解一案　12－15－560

1945 年 9 月至 1945 年 12 月，璧山实验地方法院关于朱海泉等要求收回租佃给朱治楠等的田产房屋而声请调解一案的文书，包括民事声请状、民事委任状、民事调解笔录、民事反诉状等。

571. 璧山实验地方法院审理租约纠葛一案　12－15－561（1）

1945 年 10 月至 1945 年 11 月，璧山实验地方法院关于钟彭氏要求确认其夫钟玉良私自缔结的租佃契约无效一案的文书，包括民事诉状、民事辩论笔录、民事宣判笔录、民事判决书等。

572. 璧山实验地方法院审理租约纠葛一案　12－15－561（2）

1945 年 10 月至 1945 年 11 月，璧山实验地方法院关于钟彭氏要求确认其夫钟玉良私自缔结的租佃契约无效一案的文书，包括民事诉状、民事辩论笔录、民事宣判笔录、民事判决书等。

573. 璧山实验地方法院审理义让约定纠葛一案　12－15－562

1945 年 9 月至 1945 年 10 月，璧山实验地方法院关于张炳荣状告刘海全等欺诈要求确认刘海全义让坟地的约定有效一案的文书，包括民事诉状、民事委任状、民事辩论笔录、民事和解笔录等。

574. 璧山实验地方法院审理搬迁交业纠葛一案　12－15－563

1945 年 9 月至 1945 年 10 月，璧山实验地方法院关于何明渊状告王含元欺骗租谷而要求其搬迁交业一案的文书，包括民事诉状、证人结文、民事辩论笔录、民事和解笔录、送达证书、璧山实验地方法院民事批示等。

575. 璧山实验地方法院审理终约交业纠葛一案　12－15－564

1945 年 7 月至 1945 年 10 月，璧山实验地方法院关于江流沦要求终约交业收回租佃给贺锡光的土地房屋自耕一案的文书，包括民事诉状、民事辩论笔录、民事委任状、民事声请书、证人结文、民事反诉状、民事声请状、民事和解笔录、租佃契约书等。

576. 璧山实验地方法院审理租谷纠葛一案　12－15－565

1945 年 11 月至 1945 年 12 月，璧山实验地方法院关于李朝炎等要求何万林给付租谷一案的文书，包括民事诉状、民事委任状、民事答辩状、民事辩论笔录、民事和解笔录等。

577. 璧山实验地方法院审理领押交业纠葛一案　12－15－566

1945 年 10 月至 1945 年 11 月，璧山实验地方法院关于郭玉成状告黄树林拖欠租谷损坏房屋要求其给付租谷赔偿损失领押交业一案的文书，包括民事诉状、民事辩论笔录、民事委任状、民事宣判笔录、民事判决书、送达证书等。

578. 璧山实验地方法院审理给付口粮一案　12－15－567

1945 年 10 月至 1945 年 11 月，璧山实验地方法院关于曾长兴状告其子曾洪安故意不给付口粮一案的文书，包括民事诉状、民事辩论笔录、民事宣判笔录、民事判决书、送达证书等。

579. 璧山实验地方法院审理请发支付命令一案　12—15—568

1945年10月，璧山实验地方法院关于吴鸿昇因何蓬仙等逾期不偿还债务而请发支付命令一案的文书，包括民事声请状、凭票、璧山实验地方法院支付命令、送达证书等。

580. 璧山实验地方法院审理请发支付命令一案　12—15—569

1945年9月至1945年11月，璧山实验地方法院关于王光采因江泽海等拖欠诉讼费用久不偿还而请发支付命令一案的文书，包括民事声请状、璧山实验地方法院支付命令、送达证书等。

该卷另附有曾长兴膳谷纠葛案的民事判决书一份。

581. 璧山实验地方法院审理请发支付命令一案　12—15—570

1945年5月，璧山实验地方法院关于杨国芳因梁吉臣等拖欠食米久不偿还而请发支付命令一案的文书，包括民事声请状、璧山实验地方法院支付命令、送达证书、民事异议状、璧山实验地方法院通知书等。

582. 璧山实验地方法院审理请发支付命令一案　12—15—571

1945年9月，璧山实验地方法院关于景亮钧因钱江氏等拖欠诉讼费用久不偿还而请发支付命令一案的文书，包括民事声请状、民事异议状、璧山实验地方法院支付命令、送达证书、璧山实验地方法院通知书等。

583. 璧山实验地方法院审理请发支付命令一案　12—15—572

1945年11月，璧山实验地方法院关于谭岐山因张金盛拖欠租谷久不偿还而请发支付命令一案的文书，包括民事声请状、璧山实验地方法院支付命令、送达证书、民事异议状、璧山实验地方法院通知书等。

584. 璧山实验地方法院审理请发支付命令一案　12—15—573

1945年10月，璧山实验地方法院关于周厚官因周礼成借款拖延不还而请发支付命令一案的文书，包括民事声请状、凭票、璧山实验地方法院支付命令、送达证书等。

585. 璧山实验地方法院审理请发支付命令一案　12—15—574

1945年10月至1945年11月，璧山实验地方法院关于向文光因余万成拖欠借款逾期不还而请发支付命令一案的文书，包括民事声请状、璧山实验地方法院支付命令、送达证书等。

586. 璧山实验地方法院审理请求裁定一案　12—15—575

1945 年 7 月至 1945 年 11 月，璧山实验地方法院关于程发焕请求再次裁定江南辉买卖契约纠葛案一案的文书，包括民事诉状、璧山实验地方法院批示、璧山实验地方法院公函、送达证书等。

587. 璧山实验地方法院审理请发支付命令一案　12—15—576

1945 年 9 月，璧山实验地方法院关于景亮钧因贺汉洲等拖欠诉讼公费久不偿还而请发支付命令一案的文书，包括民事声请状、璧山实验地方法院支付命令、送达证书等。

588. 璧山实验地方法院审理请发支付命令一案　12—15—577

1945 年 10 月，璧山实验地方法院关于罗光明因刘祥云借去洋纱后逾期不还而请发支付命令一案的文书，包括民事声请状、送达证书、璧山实验地方法院支付命令、民事异议状、璧山实验地方法院通知书等。

589. 璧山实验地方法院审理请发支付命令一案　12—15—578

1945 年 9 月至 1945 年 11 月，璧山实验地方法院关于王龄高因冯金全借款逾期不还而请发支付命令一案的文书，包括民事声请状、凭票、璧山实验地方法院支付命令、民事声明状、民事异议状、送达证书、璧山实验地方法院通知书等。

590. 璧山实验地方法院审理请发支付命令一案　12—15—579

1945 年 6 月，璧山实验地方法院关于熊泽生因曾志模赊账购买食谷后再三拖延而不清偿债务而请发支付命令一案的文书，包括民事声请状、凭票、璧山实验地方法院支付命令、送达证书、收据、调查报告等。

591. 璧山实验地方法院审理生活费纠葛声请调解一案　12—15—580

1945 年 12 月，璧山实验地方法院关于朱勤珍因与朱国宝共同继承产业朱国宝却不供给其生活费而声请调解一案的文书，包括民事声请状、民事传票、送达证书、民事调解笔录等。

592. 璧山实验地方法院审理给付价款纠葛声请调解一案　12—15—581

1945 年 12 月，璧山实验地方法院关于陈广合因罗森林骗取菜刀三把拒不归还而声请调解一案的文书，包括民事声请状、民事传票、送达证书、民事和解笔录等。

593. 璧山实验地方法院审理债务纠葛声请假执行一案　12－15－582

1945 年 9 月，璧山实验地方法院关于李鹏因叶国铨等无视法院支付命令逾期不偿还债务而声请假执行一案的文书，包括民事声请状、民事裁定书、送达证书、璧山实验地方法院支付命令等。

594. 璧山实验地方法院审理收养纠葛一案　12－15－583

1945 年 7 月至 1945 年 11 月，璧山实验地方法院关于罗坪洲因童养媳受娘家唆使窃取衣物私逃而要求终止收养关系一案的文书，包括民事诉状、民事撤诉状、批示等。

595. 璧山实验地方法院审理债务纠葛声请假扣押一案　12－15－584

1945 年 12 月，璧山实验地方法院关于景亮钧因任秉五拖欠诉讼费拒不清偿而声请假扣押一案的文书，包括民事声请状、民事裁定书、送达证书、民事撤诉状等。

596. 璧山实验地方法院审理债务纠葛声请假执行一案　12－15－585

1945 年 11 月，璧山实验地方法院关于景亮钧因钱江氏等拖欠诉讼费拒不清偿而声请假执行一案的文书，包括璧山实验地方法院支付命令、送达证书等。

597. 璧山实验地方法院审理债务纠葛声请假扣押一案　12－15－586

1945 年 8 月，璧山实验地方法院关于张正乾等声请对向周朋等的土地上的田谷执行假扣押一案的文书，包括民事声请状、民事裁定书、送达证书等。

598. 璧山实验地方法院审理债务纠葛声请假执行一案　12－15－587

1945 年 11 月，璧山实验地方法院关于赵一仁因陈叔玉等拖欠诉讼公费且无视法院支付命令而声请假执行一案的文书，包括民事声请状、民事裁定书、送达证书、璧山实验地方法院支付命令等。

599. 璧山实验地方法院审理撤销记录一案　12－15－588

1945 年 7 月至 1945 年 12 月，璧山实验地方法院关于罗泰前为陈锡章声请注销受买田业记录一案的文书，包括民事声请状、民事传票、送达证书、璧山实验地方法院批示等。

600. 璧山实验地方法院审理请求拍卖一案 12－15－589

1945年11月，璧山实验地方法院关于张海铨声请拍卖陈维梁房屋田产以备陈维梁案的赔偿事宜一案的文书，包括民事声请状等。

601. 璧山实验地方法院审理树木纠葛一案 12－15－590

1945年11月至1945年12月，璧山实验地方法院关于二〇一师状告木商温建高擅自动用二〇一师已经购买的木材要求返还树木一案的文书，包括青年远征军第二〇一师公函、民事传票、送达证书、璧山实验地方法院公函等。

602. 璧山实验地方法院审理追缴稻谷一案 12－15－591

1945年12月至1946年1月，璧山实验地方法院关于县政府呈请璧山实验地方法院追缴彭显卿稻谷一案的文书，包括璧山县政府公函、璧山实验地方法院公函等。

603. 璧山实验地方法院审理声请继续审判一案 12－15－592

1945年10月至1945年11月，璧山实验地方法院关于唐宪章因萧银顺逾期不履行和解笔录中的赔偿损失而声请继续审判一案的文书，包括民事声请状、璧山实验地方法院批示、送达证书等。

604. 璧山实验地方法院审理霸占产业一案 12－15－593

1945年8月，璧山实验地方法院关于杨天祥状告张日勋霸占典产逼迫性命一案的文书，包括军政部荣誉军人第一管理分处军官队公函、璧山实验地方法院公函等。

605. 璧山实验地方法院审理脱离家庭声请存查一案 12－15－594

1945年12月，璧山实验地方法院关于朱家辉声请脱离与家庭的关系存查备案一案的文书，包括民事声请状、璧山实验地方法院批示等。

606. 璧山实验地方法院审理赎回典产声请存查一案 12－15－595

1945年12月，璧山实验地方法院关于套荣成等自愿抛弃出征家属优待权益允许回赎典产声请备案存查一案的文书，包括民事声请状、璧山实验地方法院批示等。

607. 璧山实验地方法院审理声请婚姻存查一案　12—15—596

1945年8月至1945年9月，璧山实验地方法院关于彭张氏为女儿结婚声请婚姻存查一案的文书，包括民事声请状、璧山实验地方法院批示、送达证书、调查报告等。

608. 璧山实验地方法院审理债务声请存查一案　12—15—597

1945年11月，璧山实验地方法院关于广普乡为战时缓收债务声请备案一案的文书，包括璧山县广谱乡乡公所呈件、璧山实验地方法院批示、送达证书等。

609. 璧山实验地方法院审理改嫁声请存查一案　12—15—598

1945年10月至1945年11月，璧山实验地方法院关于周启缘改嫁声请存查备案一案的文书，包括民事声请状、璧山实验地方法院批示等。

610. 璧山实验地方法院审理搬迁交业纠葛声请执行一案　12—15—599

1945年10月至1945年11月，璧山实验地方法院关于张永元因贺辉廷超期不搬迁交业而声请执行命令一案的文书，包括民事声请状、租佃合约书、民事辩论笔录、民事宣判笔录、民事委任状、民事辩诉状、民事判决书等。

611. 璧山实验地方法院审理租谷纠葛上诉一案　12—15—600

1945年10月至1945年11月，璧山实验地方法院关于曾嘉谷因儿子死后儿媳曾段氏抗不遵从法院给付一半租谷与曾嘉谷的判决而提起诉讼一案的文书，包括民事诉状、民事委任状、民事辩诉状、民事辩论笔录、证人结文、民事宣判笔录、民事判决书、租佃合约书等。

612. 璧山实验地方法院审理遗产纠葛一案　12—15—601

1945年5月至1945年6月，璧山实验地方法院关于蔡刘氏因父亲去世后遗产分割而与嫂子刘蔡氏产生纠葛一案的文书，包括民事诉状、民事委任状、民事辩诉状、民事辩论笔录、民事宣判笔录、民事判决书等。

613. 璧山实验地方法院审理回赎典产纠葛、领证声请两案　12—15—602

1945年6月至1948年3月，璧山实验地方法院关于王允中等状告王为心等典期到后仍拒绝交还典契意图霸占典产、王为心典产纠葛案判决后声请领回典当契约等证件两案的文书，包括民事诉状、民事委任状、典当合约书、民事声请状、批示、收据、民事辩论笔录、民事裁定书等。

614. 璧山实验地方法院审理搬迁交业纠葛上诉一案　12－15－603

1945年6月至1945年8月，璧山实验地方法院关于赖德安因赖玉顺不履行搬迁交业的和解协议而提请诉讼一案的文书，包括民事诉状、民事委任状、民事辩论笔录、证人结文、民事宣判笔录、民事判决书等。

615. 璧山实验地方法院审理止约交业纠葛一案　12－15－604

1945年7月至1945年9月，璧山实验地方法院关于周朝祯状告孙炳荣拖欠租谷要求终止租佃契约交还田业一案的文书，包括民事诉状、民事裁定书、民事委任状、民事辩论笔录、证人结文、民事宣判笔录、民事判决书等。

616. 璧山实验地方法院审理田产租赁纠葛一案　12－15－605

1945年8月至1945年10月，璧山实验地方法院关于王文俊状告邹兴义抗不履行租佃合约到期拒不搬迁一案的文书，包括民事诉状、民事辩论笔录、民事宣判笔录、民事判决书、送达证书、租佃合约书等。

617. 璧山实验地方法院审理解除婚约一案　12－15－606

1945年10月至1945年12月，璧山实验地方法院关于陈祥英因订婚未满15岁且其未婚夫王云飞浪荡而要求解除婚约一案的文书，包括民事诉状、点名单、民事辩论笔录等。

618. 璧山实验地方法院审理债务纠葛一案　12－15－607

1945年11月，璧山实验地方法院关于熊德育状告萧子林不理会借款凭票逾期不清偿债务一案的文书，包括民事诉状、民事撤诉状、璧山实验地方法院书记室通知书、送达证书等。

619. 璧山实验地方法院审理欠租纠葛一案　12－15－608

1945年7月，璧山实验地方法院关于郭仲良等状告陈荣章拖欠租谷不还一案的文书，包括璧山实验地方法院书记室公函、民事判决书等。

620. 璧山实验地方法院审理追缴粮谷一案　12－15－609

1945年11月，璧山实验地方法院关于璧山县田管处呈请璧山实验地方法院协助追缴粮谷一案的文书，包括往来公函、民事传票、点名单、送达证书、民事辩论笔录等。

621. 璧山实验地方法院审理迁让房屋纠葛一案　12－15－610

1945年11月至1946年3月，璧山实验地方法院关于吴邦骐状告谢树光等将所租房屋铺面转租他人违背租佃契约要求其终约搬迁一案的文书，包括民事诉状、民事委任状、民事辩论笔录、证人结文、民事声请状、民事辩诉状、民事和解笔录等。

622. 璧山实验地方法院审理棺木赔偿纠葛一案　12－15－611

1945年10月至1946年2月，璧山实验地方法院关于王竹轩状告杨银成盗卖棺木要求赔偿一案的文书，包括民事诉状、民事辩诉状、民事公证书、证人结文、民事辩论笔录、民事宣判笔录、民事判决书等。

623. 璧山实验地方法院审理遗产分割纠葛一案　12－15－612

1945年12月至1946年3月，璧山实验地方法院关于周韦氏状告养子周厚泽不尽赡养义务要求分割亡夫遗产一案的文书，包括民事诉状、民事催理状、民事辩论笔录、民事撤诉状、璧山实验地方法院书记室通知书等。

624. 璧山实验地方法院审理请发支付命令一案　12－15－613

1945年11月至1945年12月，璧山实验地方法院关于江木青因江德文借去法币黄谷后推脱不予偿还而请发支付命令一案的文书，包括民事声请状、璧山实验地方法院支付命令、送达证书、民事申述书、璧山实验地方法院书记室通知书等。

625. 璧山实验地方法院审理遗产分割纠葛一案　12－15－614

1945年7月至1945年8月，璧山实验地方法院关于巫芳贞等因同父异母的弟弟巫树辉企图私吞亡父财产而要求确定自己的继承权一案的文书，包括民事诉状、民事委任状、民事答辩状、民事辩论笔录、民事声请状、民事宣判笔录、民事判决书等。

626. 四川高等法院第一分院、璧山实验地方法院审理租赁纠葛、领证声请两案　12－15－615

1945年8月至1946年2月，四川高等法院第一分院、璧山实验地方法院关于邓昌信状告刘汉清等违背租赁合约到期不交还所租房屋要求其终约搬迁、邓维翰申请领回账簿等证件两案的文书，包括民事诉状、民事辩诉状、民事委任状、民事辩论笔录、证明书、证人结文、民事补充辩诉状、民事宣判笔录、民事判决书民事领状、收据、往来公函、民事上诉状、四川高等法院第一分院民事判决书等。

627. 璧山实验地方法院审理所有权以及抵押权登记一案　12－15－616

1945 年 5 月至 1945 年 7 月，璧山实验地方法院关于曾银洲购买房屋土地等不动产后声请不动产所有权以及抵押权登记一案的文书，包括不动产登记声请书、璧山实验地方法院命令、不动产登记保证书、璧山实验地方法院公告、送达证书、收据等。

628. 璧山实验地方法院审理所有权登记一案　12－15－617

1945 年 4 月至 1945 年 6 月，璧山实验地方法院关于程大富继承遗产后声请房屋土地等不动产所有权登记一案的文书，包括不动产登记声请书、民事辩论笔录、璧山实验地方法院命令、不动产登记保证书、璧山实验地方法院公告、送达证书、收据等。

629. 璧山实验地方法院审理租谷纠葛声请执行一案　12－15－618

1945 年 8 月至 1945 年 9 月，璧山实验地方法院关于蒲海全因陈南轩无视法院给付租谷的执行命令而继续声请执行命令一案的文书，包括民事声请执行状、民事异议状等。

630. 四川高等法院第一分院审理分家契约纠葛上诉一案　12－15－619

1944 年 12 月至 1945 年 4 月，四川高等法院第一分院关于李张耀达不服张耀祖分家契约纠葛案的判决提请上诉一案的文书，包括往来公函、民事上诉状、璧山实验地方法院民事裁定书、民事声请状、四川高等法院第一分院民事裁定书等。

631. 四川高等法院第一分院审理黄谷纠葛上诉一案　12－15－620

1945 年 1 月至 1945 年 3 月，四川高等法院第一分院关于王文树不服苏南轩给付黄谷案的判决提请上诉一案的文书，包括往来公函、民事上诉状、璧山实验地方法院民事裁定书、民事撤诉状、四川高等法院第一分院书记科通知书等。

632. 最高法院、四川高等法院第一分院审理租谷纠葛上诉一案　12－15－621

1944 年 12 月至 1945 年 3 月，最高法院、四川高等法院第一分院关于黄炳章等不服王恢中给付租谷案的判决提请上诉一案的文书，包括往来公函、民事再抗告状、四川高等法院第一分院民事意见书、最高法院民事裁定书、送达证书等。

633. 璧山实验地方法院审理交还产业纠葛一案　12－15－622

1945 年 4 月，璧山实验地方法院关于罗林氏因赖方镒利用高利贷套骗产业要求其交还产业并将所欠债务延期至抗战结束后清偿一案的文书，包括民事呈请状、璧山实验地方法院批示、送达证书等。

634. 四川高等法院第一分院审理典产纠葛上诉一案　12－15－623

1945 年 6 月，四川高等法院第一分院关于曾奉璋不服曾华封回赎典产案判决提请抗告一案的文书，包括往来公函、民事抗告状、四川高等法院第一分院民事裁定书、送达证书等。

635. 璧山实验地方法院审理买卖契约纠葛一案　12－15－624

1945 年 3 月至 1945 年 4 月，璧山实验地方法院关于曾奉璋状告曾华封将典当契约伪造为买卖契约要求确定该土地房屋买卖契约无效一案的文书，包括民事诉状、民事辩论笔录、民事裁定书、民事宣判笔录等。

636. 四川高等法院第一分院审理交业纠葛上诉一案　12－15－625

1945 年 4 月至 1945 年 6 月，四川高等法院第一分院关于廖肇洲不服谭金山终约交业案判决提请上诉一案的文书，包括往来公函、民事上诉状、四川高等法院第一分院民事裁定书等。

637. 璧山实验地方法院审理所有权登记一案　12－15－626

1945 年 5 月至 1945 年 6 月，璧山实验地方法院关于尹志明继承遗产后声请房屋土地等不动产所有权登记一案的文书，包括不动产登记声请书、璧山实验地方法院命令、不动产登记保证书、证人结文、收据、璧山实验地方法院公告等。

638. 璧山实验地方法院审理抵押权登记一案　12－15－627

1945 年 5 月至 1945 年 6 月，璧山实验地方法院关于尹志明声请房屋土地等不动产抵押给军政部第一织布厂的抵押权登记一案的文书，包括不动产登记声请书、不动产登记保证书、璧山实验地方法院公告等。

639. 璧山实验地方法院审理给付房价纠葛一案　12－15－628

1945 年 9 月至 1945 年 10 月，璧山实验地方法院关于彭汝为因通过贺国成等卖房换取洋纱后洋纱跌价而要求贺国成等赔偿损失的房价一案的文书，包括民事诉状、民事答辩状、民事和解声请撤诉状等。

640. 璧山实验地方法院审理债务纠葛声请执行一案　12－15－629

1945 年 9 月至 1945 年 10 月，璧山实验地方法院关于景亮钧因曹登林等拖欠诉讼费用抗不清偿而声请执行命令一案的文书,包括民事声请状、璧山实验地方法院批件、送达证书等。

641. 璧山实验地方法院审理借款纠葛一案　12－15－630

1945年7月至1945年9月,璧山实验地方法院关于蓝诚之状告冯祖坤借钱后拒不偿还一案的文书,包括民事诉状、民事辩论笔录、民事异议状、民事委任状、民事声请撤诉状等。

642. 璧山实验地方法院审理回赎典产纠葛一案　12－15－631

1945年7月至1945年9月,璧山实验地方法院关于胡钟氏等状告王光春典期到后不允许回赎房屋田产一案的文书,包括民事诉状、民事委任状、民事辩论笔录、民事和解声请撤诉状等。

643. 璧山实验地方法院审理家具纠葛声请执行一案　12－15－632

1945年8月至1945年12月,璧山实验地方法院关于彭李氏因李邓氏返还家具案上诉期已过而声请返还家具的执行命令一案的文书,包括民事请执行状、璧山实验地方法院民事执行文稿、调查报告书、璧山实验地方法院民事执行命令、收据、送达证书、原案民事判决书等。

644. 璧山实验地方法院审理改正粮名声请执行一案　12－15－633

1945年3月至1945年5月,璧山实验地方法院关于刘光寿因刘荣辉抗不遵从和解约定归还粮谷而声请将粮名改为刘回昌并对其进行执行命令一案的文书,包括民事请执行状、民事委任状、璧山实验地方法院民事执行文稿、调查报告书、璧山实验地方法院民事执行命令、收据等。

645. 璧山实验地方法院审理租约纠葛一案　12－15－634

1945年8月至1945年10月,璧山实验地方法院关于张春德状告黄开玉阻碍耕种要求确认租佃契约有效一案的文书,包括民事诉状、民事委任状、民事辩诉状、民事辩论笔录、民事声请状、民事调解笔录、民事异议状、民事宣判笔录、民事判决书、民事撤诉状、批示等。

646. 璧山实验地方法院审理领证声请一案　12－15－635

1945年10月,璧山实验地方法院关于曾有为因李朝政等租佃纠葛案结案而声请发还证据一案的文书,包括民事领证声请状、批示、送达证书、收据等。

647. 璧山实验地方法院审理典物纠葛一案　12－15－636

1945 年 11 月至 1947 年 3 月，璧山实验地方法院关于冯益兴状告杨陈氏拒不放还典当的墓地一案的文书，包括民事诉状、民事辩论笔录、民事委任状、民事声明状、民事声请参加状、民事声请书、民事辩诉状、民事裁定书、原案四川高等法院第一分院民事裁定书等。

648. 璧山实验地方法院审理搬迁交业纠葛一案　12－15－637

1945 年 11 月至 1946 年 2 月，璧山实验地方法院关于陶乾三状告胡品三拖欠租谷要求终止租佃合约搬迁交业一案的文书，包括民事诉状、民事委任状、民事辩诉状、民事辩论笔录、证人结文、璧山实验地方法院训令等。

649. 璧山地方法院审理债务纠葛一案　12－15－638

1939 年 11 月至 1940 年 10 月，璧山地方法院关于蒋光耀声请将江启文的房屋土地等财产查封拍卖以赔偿所欠债务一案的文书，包括民事请执行状、璧山县政府民事判决书、璧山地方法院执行命令、民事催呈状、调查报告书、璧山地方法院训令、收据等。

650. 四川高等法院第一分院、璧山实验地方法院审理租约纠葛一案　12－15－639

1944 年 4 月，四川高等法院第一分院、璧山实验地方法院关于陈大江与殷袁氏间租约纠葛一案的文书，包括璧山实验地方法院书记室公函、四川高等法院第一分院书记室公函、民事传票等。

651. 璧山实验地方法院审理契约纠葛声请调解一案　12－15－640

1945 年 6 月至 1945 年 10 月，璧山实验地方法院关于吴王氏因将吴锡三的债款本息一并归还后吴锡三拿不出借款凭票而声请调解确认借款契约无效一案的文书，包括民事声请状、民事委任状、民事辩论笔录、民事答辩状、民事调解笔录等。

652. 璧山实验地方法院审理请发支付命令一案　12－15－643

1945 年 9 月，璧山实验地方法院关于陶树成因凌四海故意拖欠借款逾期不还而请发支付命令一案的文书，包括民事声请状、璧山实验地方法院支付命令、送达证书、凭票等。

653. 璧山实验地方法院审理请发支付命令一案　12－15－644

1945 年 9 月，璧山实验地方法院关于蒋固华因黄万发立下凭据借去法币逾期拒不偿还而请发支付命令一案的文书，包括民事声请状、璧山实验地方法院支付命令、送达证书、凭票等。

654. 璧山实验地方法院审理婚姻纠葛声请调解一案　12－15－645

1945 年 7 月，璧山实验地方法院关于向邓氏因丈夫向吉荣虐待而声请调解一案的文书，包括民事声请状、送达证书、点名单等。

655. 璧山实验地方法院审理遗产分约纠葛声请调解一案　12－15－646

1945 年 7 月，璧山实验地方法院关于龚启睦因族长龚炳堂不愿意交出其祖母留下的遗产分约而声请调解一案的文书，包括民事声请状、送达证书、点名单等。

656. 璧山实验地方法院审理代为审讯一案　12－15－647

1945 年 6 月至 1945 年 7 月，璧山实验地方法院关于四川高等法院第一分院因受理曾李氏等遗产分割纠葛案而函请璧山实验地方法院代为审讯曾李氏等人一案的文书，包括四川高等法院第一分院公函、民事委任状、民事传票、送达证书、点名单、证人结文、民事辩论笔录、璧山实验地方法院公函等。

657. 璧山实验地方法院审理租约纠葛一案　12－15－648

1945 年 1 月至 1945 年 8 月，璧山实验地方法院关于黄开银状告黄元辅违法转租铺面要求终止租约一案的文书，包括民事诉状、民事委任状、民事辩诉状、民事辩论笔录、璧山实验地方法院公函、民事声请状、璧山直接税公局公函、证人结文、璧山县商会公函、和解笔录、租赁合约书等。

658. 璧山实验地方法院审理家具纠葛一案　12－15－649

1945 年 7 月，璧山实验地方法院关于彭李氏状告李邓氏侵占寄放在其家中的家具要求其返还家具一案的文书，包括民事诉状、民事委任状、民事判决书、民事答辩状、证人结文、民事辩论笔录、民事宣判笔录等。

659. 璧山实验地方法院审理买卖契约纠葛一案　12－15－650

1945 年 7 月至 1945 年 8 月，璧山实验地方法院关于苏其光状告仇森云等趁其在军队服役期间私自将其养父苏朝常的房屋田地等遗产变卖要求确认买卖契约无效一案的文书，包括民事诉状、民事答辩状、民事委任状、民事辩论笔录、民事和解笔录等。

660. 四川高等法院第一分院审理回赎典产纠葛上诉一案　12－15－651

1945 年 2 月至 1945 年 5 月，四川高等法院第一分院关于周忠廷因不服邓树涛回赎典产案的判决而声请上诉一案的文书，包括四川高等法院第一分院公函、民事传票、送达证书、民事辩论笔录、璧山实验地方法院公函等。

661. 四川高等法院第一分院审理交业纠葛上诉一案　12－15－652

1944 年 12 月至 1945 年 2 月，四川高等法院第一分院关于黄刘氏不服赵熙贤终约交业案判决提请上诉一案的文书，包括民事上诉状、原案璧山实验地方法院民事裁定书、四川高等法院第一分院民事裁定书等。

662. 璧山实验地方法院审理声请撤销假扣押一案　12－15－653

1945 年 9 月，璧山实验地方法院关于王恢中因与黄炳章租谷纠葛达成和解而声请撤销假扣押一案的文书，包括民事声请状、民事裁定书、送达证书等。

663. 璧山实验地方法院审理拖欠屠宰税声请执行命令一案　12－15－654

1945 年 8 月，璧山实验地方法院关于璧山县政府因蒋汝舟等拖欠 1943 年度的屠宰税而声请执行命令一案的文书，包括璧山县政府公函、璧山县 1943 年度屠宰税逾期未交清名册、民事裁定书、送达证书、民事声请状等。

664. 璧山实验地方法院审理租谷纠葛声请执行命令一案　12－15－655

1945 年 9 月，璧山实验地方法院关于杨向氏因冉映奎拖欠租谷且逾期不履行法院支付命令而声请执行命令一案的文书，包括民事声请状、原案支付命令、民事裁定书、送达证书等。

665. 璧山实验地方法院审理诉讼费纠葛声请执行命令一案　12－15－656

1945 年 9 月，璧山实验地方法院关于赵一仁因徐文渊不理会法院支付命令抗不清偿所欠诉讼费而声请执行命令一案的文书，包括民事声请状、民事裁定书、送达证书等。

666. 四川高等法院第一分院、璧山实验地方法院审理分家纠葛上诉、领押交业纠葛两案　12－15－657

1944 年 6 月至 1944 年 11 月，四川高等法院第一分院、璧山实验地方法院关于李张耀达因不服张耀祖分家契约纠葛案判决提请上诉、郭仲良等领押交业纠葛两案的文书，包括往来公函、民事诉状、民事委任状、璧山实验地方法院批示、送达证书等。

667. 璧山实验地方法院审理诉借款纠葛一案　12－15－658

1945 年 9 月，璧山实验地方法院关于徐绍钦状告黄泽民借款后逾期不还一案的文书，包括民事诉状、民事撤诉状、批示、送达证书等。

668. 璧山实验地方法院审理确认土地所有权一案　12－15－659

1945 年 8 月至 1945 年 9 月，璧山实验地方法院关于江远经状告长兄江远绪土地耕作越界侵占亡弟土地要求确认土地所有权一案的文书，包括民事诉状、民事辩论笔录、民事反诉状、民事宣判笔录、民事裁定书、原案和解笔录、原案四川高等法院第一分院民事裁定书等。

669. 璧山实验地方法院审理树价赔偿纠葛一案　12－15－660

1945 年 8 月，璧山实验地方法院关于况怀德状告龙长发骗取木料违背协议要求赔偿树价一案的文书，包括民事诉状、民事辩论笔录、民事辩诉状、民事委任状、民事和解笔录、民事声明状、璧山实验地方法院批示、送达证书等。

670. 璧山实验地方法院审理土地纠葛声请假扣押一案　12－15－661

1945 年 8 月，璧山实验地方法院关于刘作霖因刘何氏等侵占其土地而声请对土地上的稻谷实行假扣押一案的文书，包括民事声请扣押状、民事裁定书、送达证书等。

671. 璧山实验地方法院审理婚姻纠葛一案　12－15－662

1945 年 8 月，璧山实验地方法院关于杨玉之因未婚夫死后夫家要求其嫁与其弟杨玉之则要求解除婚约而产生的婚姻纠葛一案的文书，包括民事诉状、民事裁定书、送达证书、民事委任状、证人结文、民事辩论笔录、民事答辩状、民事宣判笔录、民事判决书等。

672. 璧山实验地方法院审理黄谷买卖纠葛一案　12－15－663

1945 年 8 月，璧山实验地方法院关于李河清状告肖树清违背黄谷买卖契约拖骗钱财一案的文书，包括民事诉状、民事辩论笔录、民事判决书、送达证书、凭票等。

673. 四川高等法院第一分院、璧山实验地方法院审理遗产分割纠葛及其上诉一案　12－15－664

1944 年 11 月至 1945 年 2 月，四川高等法院第一分院、璧山实验地方法院关于甘李氏等状告李秦氏等伪造证据要求重新审理遗产分割一案的文书，包括民事诉状、璧山实验地方法院民事裁定书、民事上诉状、四川高等法院第一分院民事裁定书、往来公函等。

674. 四川高等法院第一分院、璧山实验地方法院审理遗产纠葛一案　12－15－665

1944年11月至1945年2月，四川高等法院第一分院、璧山实验地方法院关于甘李氏与李秦氏遗产纠葛一案的文书，包括璧山实验地方法院公函、四川高等法院第一分院公函等。

675. 璧山实验地方法院审理租佃契约纠葛一案　12－15－666

1945年7月至1945年8月，璧山实验地方法院关于白代儒状告白代程将房屋土地租佃给白代儒后反悔又将其租佃与白代辉要求确认与白代辉租佃契约无效一案的文书，包括民事诉状、民事委任状、民事辩论笔录、证人结文、民事宣判笔录、民事判决书、送达证书等。

676. 璧山实验地方法院审理租约纠葛一案　12－15－667

1945年7月至1945年8月，璧山实验地方法院关于江泽海状告江忠镒等拖欠租谷且盗取粮仓存谷要求终止租约领押交业一案的文书，包括民事诉状、民事委任状、民事答辩状、民事辩论笔录、民事宣判笔录、民事判决书、原案四川高等法院第一分院民事判决书等。

677. 璧山实验地方法院审理田产存查一案　12－15－668

1945年4月，璧山实验地方法院关于陈世辉因双目失明族人觊觎其田产而声请田产存查以备后患一案的文书，包括民事声请状、璧山实验地方法院批示、送达证书等。

678. 璧山实验地方法院审理请发支付命令一案　12－15－669

1945年4月，璧山实验地方法院关于朱郑春芳因朱克章拖欠黄谷逾期不还而请发支付命令一案的文书，包括民事声请状、璧山实验地方法院支付命令、送达证书等。

679. 璧山实验地方法院审理请发支付命令一案　12－15－670

1945年3月，璧山实验地方法院关于向荣光因王荣武违背租佃契约拒不给付租谷而请发支付命令一案的文书，包括民事声请状、璧山实验地方法院支付命令、送达证书、民事声明状、璧山实验地方法院通知书等。

680. 璧山实验地方法院审理请发支付命令一案　12－15－671

1945 年 2 月，璧山实验地方法院关于石维章因曾仲杰存有黄谷却拒不给付而请发支付命令一案的文书，包括民事声请状、璧山实验地方法院支付命令、民事辩论笔录、璧山实验地方法院通知书、原案民事判决书等。

681. 四川高等法院第一分院审理租约纠葛上诉一案　12－15－672

1945 年 2 月，四川高等法院第一分院关于黄刘氏不服赵熙贤终止租约案的判决提请上诉一案的文书，包括璧山实验地方法院公函、四川高等法院第一分院公函等。

682. 璧山实验地方法院审理租约纠葛一案　12－15－673

1945 年 4 月至 1945 年 5 月，璧山实验地方法院关于伍朝杰状告彭荣林违背租约转租土地房产要求终止租约一案的文书，包括民事诉状、璧山县政府经收处公函、民事委任状、民事辩诉状、民事辩论笔录、和解笔录等。

683. 璧山实验地方法院审理粮食纠葛一案　12－15－674

1945 年 5 月，璧山实验地方法院关于徐文渊因虞万氏重复收租而要求其返还粮食一案的文书，包括民事诉状、民事传票、民事撤诉状、批件等。

684. 璧山实验地方法院审理存款纠葛一案　12－15－675

1945 年 6 月，璧山实验地方法院关于吴素卿状告永庆商号意图骗夺存款要求其返还存款一案的文书，包括民事诉状、民事辩诉状、民事辩论笔录等。

685. 璧山实验地方法院审理遗产纠葛一案　12－15－676

1945 年 4 月至 1945 年 5 月，璧山实验地方法院关于曹炳青要求确定与兄长遗孀曹欧氏共同享有母亲钱氏土地房屋等遗产的继承权一案的文书，包括民事诉状、民事传票、送达证书、民事判决书、民事辩论笔录、民事宣判笔录等。

该卷另附有有关李文渊等盗窃兄弟七房人共有的树木一案的璧山地方法院检察官不起诉处分书。

686. 璧山实验地方法院审理棉纱纠葛一案　12－15－677

1945 年 4 月至 1945 年 5 月，璧山实验地方法院关于第一织布厂状告织户何汉均等亏损军营棉纱要求赔偿一案的文书，包括军政部军需署第一织布厂公函、璧山实验地方法院公函等。

687. 璧山实验地方法院审理声请领证一案　12—15—678

1945年4月，璧山实验地方法院关于万锡轩等因田产买卖契约纠葛案完结而要求领回红契等证件一案的文书，包括民事声请状、璧山实验地方法院批件、送达证书等。

688. 璧山实验地方法院审理终约交业纠葛一案　12—15—679

1945年4月，璧山实验地方法院关于潘荣清因生计而要求终止租约收回租与汪银宣的土地房屋一案的文书，包括民事诉状、民事委任状、民事辩论笔录、民事宣判笔录、民事判决书、收据等。

689. 璧山实验地方法院审理典价纠葛声请调解一案　12—15—680

1945年3月至1945年4月，璧山实验地方法院关于刘高氏因土地典当价格不合理而要求曾培根等增加典价声请调解一案的文书，包括民事声请调解状、民事委任状、民事辩论笔录、民事声请驳回状、民事裁定书等。

690. 最高法院、四川高等法院第一分院审理租谷纠葛上诉一案　12—15—681

1944年2月至1944年11月，最高法院、四川高等法院第一分院关于王玉林不服与黄正明等租谷纠葛一案的判决而提起反诉一案的文书，包括璧山实验地方法院民事裁定书、往来公函等。

691. 璧山实验地方法院审理黄谷纠葛一案　12—15—682

1945年5月至1945年6月，璧山实验地方法院关于朱勤昌状告肖银廷借去黄谷后逾期不还一案的文书，包括民事诉状、民事辩论笔录、民事辩诉状、民事撤诉状等。

692. 最高法院、四川高等法院第一分院审理租谷纠葛上诉、声请领证两案　12—15—683

1944年8月至1947年5月，最高法院、四川高等法院第一分院关于王玉林不服与黄正明等租谷纠葛案的判决而提起上诉、魏永钦等因确认产业共有权案完结而声请领回租佃契约等证件两案的文书，包括往来公函、民事上诉状、四川高等法院第一分院民事裁定书、民事答辩状、最高法院民事判决书、民事声请状、批件、收据等。

693. 最高法院、四川高等法院第一分院审理偿还细纱上诉一案　12－15－684

1944年12月至1945年5月,最高法院、四川高等法院第一分院关于陶明生不满罗炳清偿还细纱晚的判决提请上诉一案的文书,包括最高法院民事判决书、民事辩论笔录、民事上诉状、民事委任状、原案璧山实验地方法院民事裁定书、四川高等法院第一分院和解笔录等。

694. 璧山实验地方法院审理田产所有权纠葛一案　12－15－685

1945年12月至1946年11月,璧山实验地方法院关于魏永钦状告何泰文等趁魏永钦生父病亡之际企图霸占所租田产要求确认田产所有权一案的文书,包括民事诉状、民事辩诉状、民事委任状、公函、璧山实验地方法院公告、民事辩论笔录、证人结文、民事宣判笔录、民事判决书等。

695. 璧山实验地方法院审理领押交业纠葛一案　12－15－686

1945年11月至1946年6月,璧山实验地方法院关于段李氏因其子私自将土地租与伍慕侠而要求确认租佃契约无效伍慕侠领押交业一案的文书,包括民事诉状、民事委任状、民事辩论笔录、民事声请状、证人结文、民事宣判笔录、民事判决书等。

696. 璧山实验地方法院审理交业声请执行一案　12－15－687

1945年3月至1945年8月,璧山实验地方法院关于谢昌合因谢绍周逾期不履行法院领押交业给付欠租的判决而声请执行命令一案的文书,包括民事请执行状、民事委任状、民事声请状、民事辩论笔录、璧山实验地方法院民事执行文稿、批示、璧山实验地方法院民事执行命令、调查报告、璧山实验地方法院布告、璧山实验地方法院训令、收据等。

697. 四川高等法院第一分院审理欠租纠葛上诉一案　12－15－688

1944年12月至1945年5月,四川高等法院第一分院关于石炳亭因不满陈桂林欠租纠葛案的判决而上诉一案的文书,包括民事上诉状、原案璧山实验地方法院民事裁定书、民事委任状、往来公函、民事辩论笔录、四川高等法院第一分院民事判决书、民事声请状、四川高等法院第一分院民事裁定书等。

698. 最高法院、四川高等法院第一分院审理买卖纠葛上诉一案　12－15－689

1944年10月至1945年2月,最高法院、四川高等法院第一分院关于蒋宏富不服陈文化等不动产买卖契约纠葛案判决提请上诉一案的文书，包括往来公函、民事上诉状、四川高等法院第一分院民事裁定书、民事声请状、送达证书、最高法院民事裁定书、收据等。

699. 璧山实验地方法院审理返还棉纱纠葛一案　12－15－690

1945 年 4 月至 1945 年 5 月，璧山实验地方法院关于徐傅氏状告陈先深等骗夺军用棉纱要求其返还棉纱一案的文书，包括民事诉状、证人结文、民事辩论笔录、民事宣判笔录、民事判决书等。

700. 璧山实验地方法院审理租佃纠葛一案　12－15－691

1945 年 4 月至 1945 年 5 月，璧山实验地方法院关于向文光状告吴素卿在租佃合约尚未到期时把土地房屋转卖他人一案的文书，包括民事诉状、民事辩论笔录、民事追诉状、批件、民事宣判笔录、民事判决书等。

701. 最高法院、四川高等法院第一分院审理典约纠葛上诉一案　12－15－692

1944 年 7 月至 1945 年 3 月，最高法院、四川高等法院第一分院关于张志良不满张翔鳌等典约纠葛案判决提请上诉一案的文书，包括民事抗告状、四川高等法院第一分院民事意见书、最高法院民事裁定书、往来公函、送达证书、典契合约等。

702. 四川高等法院第一分院、璧山实验地方法院审理行使伪造私文书减刑一案　12－15－693（1）

1945 年 1 月，四川高等法院第一分院、璧山实验地方法院关于戴钟氏行使伪造私文书减刑一案的文书，包括四川高等法院第一分院检察官声请书、四川高等法院第一分院刑事裁定书、往来公函、原案璧山实验地方法院检察官起诉书、刑事补诉状、刑事委任状、刑事保状、审判笔录、证人结文、刑事撤回状、原案璧山实验地方法院刑事判决书等。

703. 最高法院、四川高等法院第一分院、璧山实验地方法院审理行使伪造私文书及其上诉一案　12－15－693（2）

1941 年 11 月至 1944 年 9 月，最高法院、四川高等法院第一分院、璧山实验地方法院关于戴钟氏行使伪造私文书及其上诉一案的文书，包括往来公函、刑事补诉状、最高法院刑事判决书、批示、点名单、讯问笔录、原案刑事诉状、璧山实验地方法院检察官侦查笔录、四川高等法院第一分院刑事裁定书等。

704. 最高法院、四川高等法院第一分院审理继承权纠葛上诉一案　12－15－694

1944年11月至1945年7月，最高法院、四川高等法院第一分院关于蒋季氏不服与蒋郭氏继承权纠葛案判决提请上诉一案的文书，包括往来公函、民事上诉状、四川高等法院第一分院民事裁定书、民事委任状、民事辩诉状、送达证书、最高法院民事判决书等。

705. 璧山实验地方法院审理债务声请执行一案　12－15－695

1945年4月至1945年9月，璧山实验地方法院关于江俊杰因尹全安逾期不履行法院偿还债务的判决而声请执行命令一案的文书，包括民事请执行状、璧山实验地方法院民事裁定书、报告书、送达证书等。

706. 四川高等法院第一分院、璧山实验地方法院审理赔偿损失纠葛及其上诉一案　12－15－696

1945年7月至1946年5月，四川高等法院第一分院、璧山实验地方法院关于罗用之因与廖正芬等签订租佃合约而廖正芬等没有处理好与前面佃户的租佃关系致使罗用之无法正常耕作要求赔偿损失及其上诉一案的文书，包括民事诉状、民事委任状、民事辩论笔录、民事宣判笔录、原案民事判决书、往来公函、民事上诉状等。

707. 四川高等法院第一分院审理搬迁交业纠葛上诉一案　12－15－697

1944年12月至1945年3月，四川高等法院第一分院关于徐达荣不满与陈坤山搬迁交业纠葛案的判决提请上诉一案的文书，包括往来公函、民事上诉状、原案璧山实验地方法院民事裁定书、四川高等法院第一分院民事裁定书等。

708. 璧山实验地方法院审理遗产纠葛一案　12－15－698

1945年7月，璧山实验地方法院关于秦为智以养子的身份要求与秦赵氏共同分割遗产一案的文书，包括民事诉状、民事委任状、民事传票、送达证书、点名单等。

709. 璧山实验地方法院审理搬迁交业纠葛一案　12－15－699

1945年9月，璧山实验地方法院关于唐淑祖因与桑树清租佃合约到期而要求其领押交业返还土地房屋一案的文书，包括民事诉状、民事委任状、民事辩论笔录、璧山实验地方法院书记处通知书、民事传票、送达证书等。

710. 璧山实验地方法院审理借款纠葛一案　12－15－700

1945年7月，璧山实验地方法院关于马黄氏状告马章甫等立约借去法币后逾期不还一案要求其返还借款的文书，包括民事诉状、民事辩诉状、民事辩论笔录、证人结文等。

711. 璧山实验地方法院审理搬迁交业纠葛一案　12－15－701

1945 年 10 月至 1946 年 1 月，璧山实验地方法院关于宋德才状告宋华轩租佃契约到期后抗不搬迁交业一案的文书，包括民事诉状、民事辩论笔录、民事声请状、证人结文、和解笔录等。

712. 最高法院、四川高等法院第一分院审理领押交业上诉一案　12－15－702

1944 年 11 月至 1945 年 12 月，最高法院、四川高等法院第一分院关于吴均成等不服与蔡刘氏等领押交业纠葛案的判决提请上诉一案的文书，包括往来公函、民事上诉状、四川高等法院第一分院民事裁定书、最高法院民事判决书等。

713. 璧山实验地方法院审理搬迁交业纠葛一案　12－15－703

1945 年 12 月，璧山实验地方法院关于李铭山状告石裕华等租佃契约到期后拒不搬迁交业一案的文书，包括民事诉状、民事委任状、民事辩论笔录、和解笔录等。

714. 璧山实验地方法院审理租佃契约纠葛一案　12－15－704

1945 年 11 月至 1946 年 1 月，璧山实验地方法院关于刘从华因刘舒氏私自出佃共同所有的田产而要求确认租佃契约无效一案的文书，包括民事诉状、民事委任状、民事撤回状、璧山实验地方法院书记处通知书等。

715. 璧山实验地方法院审理搬迁交业纠葛一案　12－15－705

1945 年 6 月至 1945 年 8 月，璧山实验地方法院关于宋华亭因宋炳全违背租佃合约拖欠租谷而要求其偿还租谷搬迁交业一案的文书，包括民事诉状、民事委任状、证人结文、民事辩论笔录、民事答辩状、民事证明书、璧山实验地方法院公函、民事宣判笔录、民事判决书等。

716. 四川高等法院第一分院、璧山实验地方法院审理债务声请假扣押及其上诉一案　12－15－706

1945 年 11 月至 1946 年 2 月，四川高等法院第一分院、璧山实验地方法院关于陈宪章因黄俊卿等逾期不偿还所借巨款而声请假扣押及其上诉一案的文书，包括民事声请状、璧山实验地方法院民事裁定书、民事委任状、往来公函、民事抗告状、四川高等法院第一分院民事裁定书、收据等。

717. 璧山实验地方法院审理领押交业纠葛一案　12－15－707

1945 年 6 月至 1945 年 9 月，璧山实验地方法院关于幸镜成因租佃合约将到期董吉之拒不领押交业而要求其搬迁交业一案的文书，包括民事诉状、民事辩论笔录、民事传票、送达证书等。

718. 四川高等法院第一分院、璧山实验地方法院审理租谷纠葛及其上诉一案　12－15－708

1945 年 4 月至 1946 年 1 月，四川高等法院第一分院、璧山实验地方法院关于巫奎臣因黄希之拖欠租谷而要求其清偿租谷及其上诉一案的文书，包括民事诉状、民事辩诉状、民事辩论笔录、证人结文、民事宣判笔录、璧山实验地方法院民事判决书、往来公函、民事上诉状、四川高等法院第一分院民事判决书等。

719. 璧山实验地方法院审理地界纠葛一案　12－15－709

1945 年 11 月至 1946 年 3 月，璧山实验地方法院关于张文江状告周德安越界争夺树木要求勘定地界一案的文书，包括民事诉状、民事辩诉状、民事委任状、民事辩论笔录、证人结文、和解笔录等。

720. 最高法院、四川高等法院第一分院审理典物纠葛上诉一案　12－15－710

1945 年 4 月至 1945 年 7 月，最高法院、四川高等法院第一分院关于张松林不服与罗张氏典物纠葛案的判决提请上诉一案的文书，包括往来公函、民事上诉状、四川高等法院第一分院民事裁定书、最高法院民事裁定书、送达证书等。

721. 四川高等法院第一分院审理遗产分割声请调解上诉一案　12－15－711

1945 年 10 月至 1945 年 11 月，四川高等法院第一分院关于巫树辉不服与巫方贞遗产分割调解案的判决提请上诉一案的文书，包括民事上诉状、原案璧山实验地方法院民事裁定书、往来公函等。

722. 璧山实验地方法院审理租谷纠葛声请执行命令一案　12－15－712

1945 年 8 月至 1945 年 9 月，璧山实验地方法院关于王恢中因龚敬之抗不履行法院限期清偿租谷的判决而声请执行命令一案的文书，包括民事请执行状、原案四川高等法院第一分院民事判决书、原案最高法院民事判决书、民事委任状、原案璧山实验地方法院民事判决书、璧山实验地方法院民事执行文稿、报告书、璧山实验地方法院民事执行命令、收据等。

723. 四川高等法院第一分院、璧山实验地方法院审理返还洋纱及其上诉一案 12－15－713

1945 年 6 月至 1945 年 12 月，四川高等法院第一分院、璧山实验地方法院关于蒋赤熇因陈尧松借去洋纱后逾期不还而要求其返还及其上诉一案的文书，包括民事诉状、民事委任状、民事申辩状、民事辩诉状、民事辩论笔录、民事宣判笔录、璧山实验地方法院民事判决书、往来公函、民事上诉状、璧山实验地方法院民事裁定书、四川高等法院第一分院民事裁定书、四川高等法院第一分院民事判决书等。

724. 最高法院、四川高等法院第一分院、璧山实验地方法院审理领押交业及其上诉一案 12－15－714

1945 年 5 月至 1946 年 2 月，最高法院、四川高等法院第一分院、璧山实验地方法院关于张叔达状告巫海铨等佃期将满而抗不领押交业及其上诉一案的文书，包括民事诉状、民事委任状、民事辩论笔录、民事辩诉状、璧山县城南乡第六保保办公处呈件、民事答辩状、民事宣判笔录、璧山实验地方法院民事判决书、往来公函、民事上诉状、民事声请状、四川高等法院第一分院民事裁定书、民事抗告状、四川高等法院第一分院民事意见书、最高法院民事裁定书等。

725. 璧山实验地方法院审理食谷纠葛一案 12－15－715

1945 年 11 月至 1945 年 12 月，璧山实验地方法院关于邱银臣状告邹缉熙立字据出卖食谷后反悔要求其给付食谷一案的文书，包括民事诉状、民事判决书、民事辩论笔录、证人结文、民事宣判笔录、凭票等。

726. 璧山实验地方法院审理宣告死亡声请一案 12－15－716

1945 年 9 月至 1945 年 12 月，璧山实验地方法院关于余王氏因其丈夫外出五年杳无音讯而要求依法宣告其死亡一案的文书，包括民事声请状、民事辩论笔录、民事裁定书等。

727. 璧山实验地方法院审理领押交业纠葛一案 12－15－717

1945 年 11 月至 1946 年 3 月，璧山实验地方法院关于王崇禄状告晏泽林接手其父所租的房屋土地后不按期领押交业一案的文书，包括民事诉状、民事委任状、民事答辩状、民事辩论笔录、民事声请状、和解笔录等。

728. 璧山实验地方法院审理房屋声请存查一案 12－15－718

1945 年 11 月至 1946 年 1 月，璧山实验地方法院关于李登梁因邻居觊觎房产而声请房屋存查一案的文书，包括民事声请状、璧山实验地方法院批示、昆明地方法院公函、璧山实验地方法院公函、送达证书等。

729. 璧山实验地方法院审理赔偿纱价纠葛一案　12－15－719

1945 年 3 月至 1945 年 11 月，璧山实验地方法院关于第一织布厂因织户刘明辉底纱亏尽后死亡其子刘泽均等潜逃有意逃避赔偿而要求用田产偿还纱价一案的文书，包括军政部军需署第一织布厂公函、凭票、璧山实验地方法院公函等。

730. 璧山实验地方法院审理债务声请执行命令一案　12－15－720

1945 年 7 月至 1945 年 11 月，璧山实验地方法院关于朱勤习因朱映农逾期不履行法院清偿债务的支付命令而声请执行命令一案的文书，包括民事请执行状、璧山实验地方法院民事执行命令、璧山实验地方法院民事执行文稿、报告书、乡公所证明书、原案支付命令、训令、布告等。

731. 璧山实验地方法院审理归还房屋声请执行命令一案　12－15－721

1945 年 10 月至 1946 年 1 月，璧山实验地方法院关于蒲恒益因江炳臣等过期不履行法院返还所租赁的房屋的判决而声请执行命令一案的文书，包括民事请执行状、民事委任状、民事宣判笔录、璧山实验地方法院民事执行文稿、璧山实验地方法院民事执行命令、报告书等。

732. 璧山实验地方法院审理黄谷假扣押一案　12－15－722

1945 年 8 月至 1945 年 9 月，璧山实验地方法院关于王恢中因黄炳章无法偿还欠款而声请对其黄谷实行假扣押一案的文书，包括民事请执行状、璧山实验地方法院公告、璧山实验地方法院训令、璧山实验地方法院通知书、原案民事裁定书、报告书、民事声请状、收据等。

733. 璧山实验地方法院审理不动产登记一案　12－15－723

1945 年 4 月，璧山实验地方法院关于张吴氏因继承其父之房屋田产而声请不动产登记一案的文书，包括不动产登记声请书、璧山实验地方法院不动产登记通知书、民事辩论笔录、璧山实验地方法院命令、报告书、不动产登记保证书、璧山实验地方法院公告、收据等。

734. 璧山实验地方法院审理遗产分割声请公证一案　12－15－724

1945 年 1 月至 1945 年 2 月，璧山实验地方法院关于陈徐德明等因与陈刘氏分割遗产而声请法院公证一案的文书，包括民事公证声请状、璧山实验地方法院通知书、民事委任状、公证讯问笔录、民事声明状、璧山实验地方法院批示等。

735. 璧山实验地方法院审理不动产所有权登记一案　12－15－725

1945年5月，璧山实验地方法院关于江成龙因继承其父的房屋田产等不动产而声请所有权登记一案的文书，包括璧山实验地方法院命令、不动产登记声请书、报告书、保甲长切结书、不动产登记保证书、佃户切结书、声请人切结书、璧山实验地方法院公告、收据等。

736. 璧山实验地方法院审理交业声请执行命令一案　12－15－726

1945年1月至1945年4月，璧山实验地方法院关于廖肇洲在法院宣判谭金山交还产业后声请执行命令一案的文书，包括民事请执行状、原案四川高等法院第一分院民事判决书、璧山实验地方法院民事执行文稿、民事异议状、璧山实验地方法院民事执行命令、通知书、民事辩论笔录等。

737. 璧山实验地方法院审理不动产抵押权登记一案　12－15－727

1945年5月，璧山实验地方法院关于周大源因承包军政部第一织布厂军布纺织业务而声请不动产抵押与军政部第一织布厂一案的文书，包括不动产登记声请书、璧山实验地方法院公告等。

738. 璧山实验地方法院审理租谷声请执行命令一案　12－15－728

1945年6月至1946年2月，璧山实验地方法院关于甘遐九因杨炳林抗不履行法院偿还所欠租谷的判决而声请执行命令一案的文书，包括民事声请状、璧山实验地方法院民事执行文稿、璧山实验地方法院训令、璧山实验地方法院通知书、报告书、璧山实验地方法院民事执行命令、民事执行异议状、民事裁定书、证人结文、庭训笔录、民事辩论笔录、执行证书等。

739. 璧山实验地方法院审理不动产抵押权登记一案　12－15－729（1）

1945年10月，璧山实验地方法院关于张硕高因偿还借款而声请房屋田产等不动产抵押权登记一案的文书，包括不动产登记声请书、不动产登记保证书、璧山实验地方法院通知书、报告书、民事声请状、收据等。

740. 四川高等法院第一分院审理典产纠葛上诉一案　12－15－729（2）

1946年1月至1946年6月，四川高等法院第一分院关于陶荣成不服与余杨氏典产纠葛案判决提请上诉一案的文书，包括往来公函、民事上诉状、原案璧山实验地方法院民事裁定书、民事辩诉状、民事答辩状、民事声请书、民事委任状、民事辩论笔录、四川高等法院第一分院民事裁定书、四川高等法院第一分院民事判决书等。

741. 四川高等法院第一分院、璧山实验地方法院审理领押交业偿还租谷及其上诉一案　12－15－730（1）

1945年10月至1946年10月，四川高等法院第一分院、璧山实验地方法院关于甘政国因杨炳林拖欠租谷而要求其领押交业偿还租谷及其上诉一案的文书，包括往来公函、民事上诉状、原案璧山实验地方法院民事裁定书、民事委任状、民事辩论笔录、四川高等法院第一分院民事判决书、证人结文、民事宣判笔录、民事声明状、璧山实验地方法院民事判决书等。

742. 璧山实验地方法院审理终止租约声请执行命令一案　12－15－730（2）

1945年5月至1945年8月，璧山实验地方法院关于王炳金等因王黄氏等抗不履行和解笔录终止租约交业搬迁的条款而声请执行命令一案的文书，包括民事请执行状、原案璧山实验地方法院民事判决书、报告书、原案四川高等法院第一分院民事和解笔录、璧山实验地方法院民事执行文稿、收据、璧山实验地方法院民事执行命令等。

743. 璧山实验地方法院审理交业声请执行命令一案　12－15－731

1945年8月至1945年9月，璧山实验地方法院关于曾相臣因张九全抗不履行法院限期领押交业的判决而声请执行命令一案的文书，包括民事请执行状、民事委任状、原案四川高等法院第一分院民事判决书等。

744. 璧山实验地方法院审理返还产业声请执行命令一案　12－15－732

1945年1月至1945年8月，璧山实验地方法院关于幸蔡氏因幸循忠抗不履行和解笔录返还产业的条款而声请执行命令一案的文书，包括民事委任状、民事请执行状、原案四川高等法院第一分院民事和解笔录、璧山实验地方法院民事执行文稿、民事辩论笔录、报告书、璧山实验地方法院民事执行命令、民事声请状等。

该卷另附有璧山县高古庙信用合作社章程一份。

745. 璧山实验地方法院审理回赎典产声请执行命令一案　12－15－733

1945年3月至1945年8月，璧山实验地方法院关于刘邓氏上诉刘洪顺回赎典产案被驳回而声请执行命令一案的文书，包括民事请执行状、民事委任状、民事辩论笔录、民事声请书、民事声请状、璧山实验地方法院执行处通知、璧山实验地方法院民事执行文稿、报告书、璧山实验地方法院民事执行命令、交业笔录、民事声明状等。

746. 璧山实验地方法院审理离婚纠葛一案　12—15—734

1944 年 8 月，璧山实验地方法院关于张银中因妻子胡宗兴结婚不久后就返回娘家不归而提出离婚一案的文书，包括报告书、讯问笔录、送达证书等。

747. 璧山实验地方法院审理妨害兵役一案　12—15—735

1944 年 9 月，璧山实验地方法院关于璧山县政府呈请璧山实验地方法院代为审理陈选卿等妨害兵役一案的文书，包括璧山实验地方法院检察官公函、璧山实验地方法院刑庭呈件等。

748. 四川高等法院第一分院、璧山实验地方法院审理领押交业纠葛一案　12—15—736

1945 年 10 月至 1946 年 12 月，四川高等法院第一分院、璧山实验地方法院关于谭伯川等因收回耕地自耕而与彭张氏产生的领押交业纠葛一案的文书，包括民事诉状、民事答辩状、民事辩论笔录、证人结文、民事宣判笔录、璧山实验地方法院民事判决书、民事上诉状、民事声请状、四川高等法院第一分院民事裁定书、往来公函等。

749. 四川高等法院第一分院审理领押交业纠葛上诉一案　12—15—737

1946 年 4 月至 1946 年 10 月，四川高等法院第一分院关于彭张氏不服与谭伯川领押交业纠葛案判决提请上诉一案的文书，包括往来公函、民事上诉状、原案璧山实验地方法院民事裁定书、民事辩论笔录、民事委任状、四川高等法院第一分院民事判决书等。

750. 璧山实验地方法院审理终止租约纠葛一案　12—15—738

1945 年 7 月至 1945 年 9 月，璧山实验地方法院关于王金洲因收回耕地自耕而与王克明产生的终止租约纠葛一案的文书，包括民事诉状、民事辩论笔录、证人结文、民事委任状、民事辩诉状、民事宣判笔录、民事判决书、租佃契约等。

751. 璧山实验地方法院审理买卖契约纠葛一案　12—15—739

1945 年 4 月至 1945 年 6 月，璧山实验地方法院关于陈俊良状告陈万明等出卖典产没有通知拥有优先购买权的陈俊良而要求确认该典产买卖契约无效一案的文书，包括民事诉状、民事委任状、证人结文、民事辩论笔录、民事辩诉状、民事追诉状、民事声请状、民事宣判笔录、民事判决书等。

752. 璧山实验地方法院审理不动产所有权及抵押权登记一案　12－15－740

1945年5月，璧山实验地方法院关于雷树勋因购买房屋田产等不动产而声请不动产所有权以及抵押权登记一案的文书，包括不动产登记声请书、璧山实验地方法院命令、报告书、声请人切结书、佃户切结书、不动产登记保证书、保甲长切结书、璧山实验地方法院公告、收据等。

753. 璧山实验地方法院审理赔偿损失纠葛一案　12－15－741

1945年9月至1945年10月，璧山实验地方法院关于周炳山因雇工吴建超偷卷物件潜逃而要求其赔偿损失一案的文书，包括民事诉状、民事和解撤诉声请状、璧山实验地方法院批示、送达证书等。

754. 璧山实验地方法院审理给付租谷纠葛一案　12－15－742

1945年1月至1945年2月，璧山实验地方法院关于伍荣安因与陈海荣等解除租佃关系而要求其偿还租谷一案的文书，包括民事诉状、报告书、民事辩论笔录等。

755. 最高法院、四川高等法院第一分院审理典产纠葛上诉一案　12－15－743

1945年11月至1945年12月，最高法院、四川高等法院第一分院关于曾华封不服与曾玮璋典产纠葛案的判决提请上诉一案的文书，包括往来公函、民事抗告状、原案四川高等法院第一分院民事裁定书、四川高等法院第一分院民事意见书、最高法院民事裁定书等。

756. 璧山县司法处审理典权声请登记一案　12－15－744

1939年3月，璧山县司法处关于彭敬修抄录典契以声请不动产典权登记一案的文书，包括民事登记声请状、璧山县司法处批示等。

757. 四川高等法院第一分院、四川高等法院重庆分院审理终止租约纠葛上诉一案 12－15－745

1945年11月至1948年11月，四川高等法院第一分院、四川高等法院重庆分院关于王克明不服与王金洲终止租约案判决提请上诉一案的文书，包括往来公函、民事上诉状、原案璧山实验地方法院民事裁定书、民事委任状、民事辩论笔录、报告书、四川高等法院重庆分院通知书等。

758. 璧山实验地方法院审理交还房屋声请执行命令一案　12－15－746

1945 年 6 月至 1945 年 7 月，璧山实验地方法院关于徐海荣因法院判决汪海廷应交还房屋而声请执行命令一案的文书，包括民事请执行状、民事委任状、璧山实验地方法院民事执行文稿、报告书、璧山实验地方法院民事执行命令、收据等。

759. 璧山实验地方法院审理交付遗产声请执行命令一案　12－15－747

1945 年 10 月至 1945 年 11 月，璧山实验地方法院关于曾嘉谷为法院曾殷氏交付遗产的判决而声请执行命令一案的文书，包括民事声请状、璧山实验地方法院民事执行文稿、报告书、璧山实验地方法院民事执行命令、收据等。

760. 璧山实验地方法院审理返还熟土声请执行命令一案　12－15－748

1945 年 1 月至 1945 年 2 月，璧山实验地方法院关于贺玉林为法院周木森等归还熟土的判决声请执行命令一案的文书，包括民事声请状、原案璧山实验地方法院民事判决书、民事委任状、璧山实验地方法院批示、送达证书等。

761. 璧山实验地方法院审理债务声请调解一案　12－15－749

1945 年 9 月，璧山实验地方法院关于陈英因李克嵩等拖欠巨额欠款意图逃跑而声请调解一案的文书，包括民事诉状、民事委任状、点名单、民事辩论笔录等。

762. 璧山实验地方法院审理遗产分割声请执行命令一案　12－15－750

1945 年 6 月至 1945 年 8 月，璧山实验地方法院关于饶尚楷等为饶鸣雷遗产分割案判决声请执行命令一案的文书，包括民事声请状、璧山实验地方法院民事执行文稿、璧山实验地方法院民事执行命令、报告书、璧山实验地方法院通知、收据等。

763. 四川高等法院第一分院审理诉讼费纠葛上诉一案　12－15－751

1940 年 3 月，四川高等法院第一分院关于李曹氏不服与曹国卿诉讼费纠葛案判决提请上诉一案的文书，包括璧山地方法院呈件、李曹氏抗告意见书、民事抗告状、原案璧山地方法院民事裁定书、四川高等法院第一分院民事裁定书等。

764. 璧山县政府呈请璧山实验地方法院审理贪污一案　12－15－752（1）

1945 年 4 月，璧山县政府呈请璧山实验地方法院审理关于荣天文等贪污公粮一案的文书，包括全衔代电文、呈件、四川省政府指令、璧山县实验地方法院公函、签呈件、拘提票、璧山县政府军法审讯笔录、收据、璧山县政府训令、报告书、凭条、璧山田赋粮食管理处公函、荣天文果园桃实拍卖会议记录、国民政府军事委员会委员长成都行辕指令、国民政府主席重庆行辕指令等。

765. 璧山县政府呈请璧山实验地方法院审理贪污一案　12—15—752（2）

1945年4月，璧山县政府呈请璧山实验地方法院审理关于荣天文等贪污公粮一案的文书，包括报告书、签呈件、璧山田赋粮食管理处公函、收据、璧山县政府军法审讯笔录等。

766. 璧山实验地方法院审理债务声请执行命令一案　12—15—753

1945年11月，璧山实验地方法院关于景亮钧因贺汉洲等抗不理会法院清偿诉讼费用的支付命令而声请执行命令一案的文书，包括民事声请状、璧山实验地方法院民事裁定书、璧山实验地方法院支付命令、璧山县政府训令等。

767. 璧山实验地方法院审理请发支付命令一案　12—15—754

1945年9月至1945年10月，璧山实验地方法院关于曾王氏因曾凌烟拖欠黄谷久不偿还而请发支付命令一案的文书，包括民事声请状、璧山实验地方法院支付命令、民事异议状、璧山实验地方法院通知书等。

768. 璧山实验地方法院审理继承权和监护权一案　12—15—755

1945年6月，璧山实验地方法院关于朱凌氏因朱孙氏愿意支付巨额赡养费而放弃亡夫的遗产继承权及子女的监护权一案的文书，包括民事诉状、民事委任状、调解笔录、送达证书、民事辩论笔录等。

769. 璧山实验地方法院审理赔偿棉纱损失纠葛一案　12—15—756

1945年9月至1946年1月，璧山实验地方法院关于徐自荣因罗光炳承包第一织布厂纺织业务时以次充好棉纱被没收造成其担保人徐自荣的巨大损失而要求罗光炳赔偿棉纱损失一案的文书，包括民事诉状、民事辩论笔录、璧山实验地方法院公函、军政部军需署第一织布厂公函、证人结文、民事判决书、收据等。

770. 璧山实验地方法院审理债务声请执行命令一案　12—15—757

1945年5月，璧山实验地方法院关于朱勤习因朱映农无视法院支付命令抗不清偿债款而声请执行命令一案的文书，包括民事声请状、璧山实验地方法院支付命令、璧山实验地方法院民事裁定书等。

771. 璧山实验地方法院审理请发支付命令一案　12—15—758

1945 年 4 月，璧山实验地方法院关于周明光因陈立三拖延不偿还借款而请发支付命令一案的文书，包括民事声请状、璧山实验地方法院支付命令、报告书、送达证书等。

772. 璧山实验地方法院审理请发支付命令一案　12—15—759

1945 年 4 月，璧山实验地方法院关于林骥材因织户张玉珍亏损底纱拒不偿还业价而请发支付命令一案的文书，包括民事声请状、璧山实验地方法院支付命令、送达证书、璧山实验地方法院通知书等。

773. 璧山实验地方法院审理终止租约纠葛一案　12—15—760

1945 年 2 月至 1945 年 3 月，璧山实验地方法院关于冯树轩因万罗氏等拖欠租谷而要求终止租约搬迁交业一案的文书，包括民事诉状、民事委任状、民事辩论笔录等。

774. 璧山实验地方法院审理共同财产声请调解一案　12—15—761

1945 年 1 月至 1945 年 2 月，璧山实验地方法院关于刘光寿因刘荣辉私改粮名图谋霸占共有产业而声请调解一案的文书，包括民事声请调解状、民事辩论笔录、点名单、民事委任状、调解笔录等。

775. 璧山实验地方法院审理离婚声请备案一案　12—15—762

1945 年 4 月，璧山实验地方法院关于罗叶氏因丈夫不务正业离婚后声请备案一案的文书，包括民事声请状、璧山实验地方法院公证通知书、报告书、送达证书等。

776. 四川高等法院第一分院审理回赎产业纠葛上诉一案　12—15—763

1945 年 10 月至 1946 年 1 月，四川高等法院第一分院关于邹炳安不服与邹张氏回赎产业纠葛案判决提请上诉一案的文书，包括最高法院民事判决书、民事领状、往来公函、中国幼幼实验学院证明书、收据、民事辩诉状、民事委任状、民事辩论笔录、四川高等法院第一分院民事判决书等。

777. 四川高等法院第一分院审理典产买卖纠葛上诉一案　12—15—764

1941 年 11 月至 1941 年 12 月，四川高等法院第一分院关于正发祥等不服与陈昌贤等典产买卖纠葛案判决提出抗告一案的文书，包括民事抗告状、民事声请状、四川高等法院第一分院民事裁定书等。

778. 四川高等法院第一分院、璧山实验地方法院审理终约交业纠葛及其上诉一案 12－15－765

1945 年 9 月至 1946 年 2 月，四川高等法院第一分院、璧山实验地方法院关于巫永忠因巫永康拖欠租谷且将耕地转租他人而要求终止租佃契约搬迁交业及其上诉一案的文书，包括民事诉状、民事委任状、璧山县大兴乡农会农事调解委员会证明书、民事辩论笔录、民事辩诉状、民事宣判笔录、璧山实验地方法院民事判决书、往来公函、民事上诉状、原案民事裁定书、民事声请书、四川高等法院第一分院民事判决书、收据等。

779. 四川高等法院第一分院审理买卖契约纠葛上诉一案 12－15－766

1943 年 3 月至 1945 年 5 月，四川高等法院第一分院关于蔡光朝不服与正发祥买卖契约纠葛案判决提请上诉一案的文书，包括往来公函、原案璧山实验地方法院民事判决书、民事辩论笔录等。

780. 璧山实验地方法院审理返还棉纱纠葛一案 12－15－767

1945 年 3 月至 1945 年 4 月，璧山实验地方法院关于张俊卿状告巫芳才借贷棉纱后拖延不偿还一案的文书，包括民事诉状、民事辩论笔录、证人结文、民事委任状、璧山实验地方法院公函、财政部花纱布管制局璧山办事处公函、民事补诉状、民事辩诉状、民事宣判笔录、民事判决书等。

781. 璧山实验地方法院审理买卖契约纠葛一案 12－15－768

1945 年 6 月，璧山实验地方法院关于曹炳钱因曹东阳等私自出卖共有土地而要求确认该买卖契约无效一案的文书，包括民事诉状、民事反诉状、民事辩论笔录、民事答辩状、民事声请状、民事宣判笔录、民事判决书、民事裁定书等。

782. 璧山实验地方法院审理买卖契约纠葛一案 12－15－769

1945 年 10 月至 1945 年 12 月，璧山实验地方法院关于张元龙状告郑公昱等私自买卖共有产业要求确认买卖契约无效一案的文书，包括民事诉状、璧山实验地方法院公函、民事辩论笔录、民事委任状、报告书、民事答辩状、民事声请状、民事判决书等。

783. 四川高等法院第一分院审理返还黄谷纠葛上诉一案　12－15－770

1946年2月至1946年5月，四川高等法院第一分院关于张炳良不服与郭本福返还黄谷纠葛案判决提请上诉一案的文书，包括往来公函、民事上诉状、证明书、民事委任状、民事辩论笔录、民事和解声请状、四川高等法院第一分院通知书、原案璧山实验地方法院民事判决书等。

784. 璧山实验地方法院审理强夺黄谷一案　12－15－771

1945年11月至1946年1月，璧山实验地方法院关于张炳良状告郭本福强夺黄谷一案的文书，包括民事诉状、民事委任状、民事答辩状、证人结文、民事辩论笔录、民事宣判笔录、民事判决书等。

785. 四川高等法院第一分院、璧山实验地方法院审理返还租谷纠葛及其上诉一案　12－15－772

1945年10月至1946年10月，四川高等法院第一分院、璧山实验地方法院关于杨炳清状告杨何氏重复征收租谷而要求其返还多征收的租谷及其上诉一案的文书，包括民事诉状、民事辩诉状、民事辩论笔录、民事委任状、证人结文、民事宣判笔录、璧山实验地方法院民事判决书、往来公函、民事上诉状、四川高等法院第一分院民事判决书等。

786. 璧山实验地方法院审理租约纠葛一案　12－15－773

1945年6月，璧山实验地方法院关于陈桂贞因与杨子云租佃契约到期要求其搬迁交业而声请调解一案的文书，包括民事声请调解状、民事委任状、点名单、民事辩论笔录等。

787. 璧山实验地方法院审理增加给付纠葛一案　12－15－774

1945年9月至1946年10月，璧山实验地方法院关于刘铁樵要求刘世杰偿还债务并增加给付利息一案的文书，包括民事诉状、民事催状、民事委任状、民事辩论笔录、民事裁定书、民事宣判笔录、民事判决书、借条等。

788. 璧山实验地方法院审理给付谷款纠葛一案　12－15－775

1945年9月至1946年10月，璧山实验地方法院关于周鸣远因杨雍洲订立黄谷买卖合约后反悔而要求其给付谷款完成合约一案的文书，包括民事诉状、民事声明状、民事辩论笔录、证人结文、民事裁定书、民事宣判笔录、民事判决书等。

789. 璧山实验地方法院审理给付租谷纠葛一案　12－15－776

1945年9月至1946年10月，璧山实验地方法院关于娄贯之因与吴海廷租约终止吴海廷欠租不交而要求其给付租谷一案的文书，包括民事诉状、民事答辩状、民事委任状、民事辩论笔录、民事声明状、民事宣判笔录、报告书、民事判决书等。

790. 璧山实验地方法院审理债务声请执行命令一案　12－15－777

1945年1月至1945年5月，璧山实验地方法院关于张举良因曾树清抗不履行法院清偿借款的判决而声请执行命令一案的文书，包括民事请执行状、送达证书、璧山实验地方法院批示等。

791. 四川高等法院第一分院审理债款纠葛上诉一案　12－15－778

1946年4月至1946年5月，四川高等法院第一分院关于廖文绪不服与张万里债款纠葛案判决提请上诉一案的文书，包括往来公函、民事上诉状、送达证书、四川高等法院第一分院民事裁定书等。

792. 璧山实验地方法院审理罚金声请执行命令一案　12－15－779

1945年12月，璧山实验地方法院关于璧山实验地方法院检察官呈请璧山实验地方法院对谢元康伤害案的罚金处罚声请执行命令一案的文书，包括璧山实验地方法院检察官公函、原案璧山实验地方法院刑事判决书、璧山实验地方法院民事执行文稿、璧山实验地方法院民事执行命令等。

793. 四川高等法院第一分院审理买卖契约纠葛上诉一案　12－15－780

1945年10月，四川高等法院第一分院关于曹东阳不服与曹炳钦买卖契约纠葛案的判决提请上诉一案的文书，包括璧山实验地方法院书记室公函等。

794. 四川高等法院第一分院、璧山实验地方法院审理买卖契约纠葛及其上诉一案　12－15－781

1945年6月至1945年10月，四川高等法院第一分院、璧山实验地方法院关于曹炳钦因曹东阳私自买卖共同产业而请求确认买卖契约无效及其上诉一案的文书，包括往来公函、璧山实验地方法院民事判决书、璧山实验地方法院通知书、送达证书、收据等。

795. 四川高等法院第一分院审理买卖契约纠葛上诉一案　12－15－782

1945年7月至1946年5月，四川高等法院第一分院关于曹东阳不服与曹炳钦买卖契约纠葛案的判决而提请上诉一案的文书，包括民事上诉状、民事辩论笔录、往来公函、民事委任状、民事答辩状、四川高等法院第一分院民事判决书等。

796. 璧山实验地方法院审理返还水粉籽纠葛一案　12—15—783

1945 年 8 月至 1947 年 2 月，璧山实验地方法院关于李成章等因李刘氏偷藏水粉籽数次索取不交而要求其归还一案的文书，包括民事诉状、民事辩诉状、民事辩论笔录、证人结文、报告书、璧山实验地方法院公函、签呈件、民事声请状、民事宣判笔录、民事判决书等。

797. 璧山实验地方法院审理返还房屋、给付黄谷声请执行命令两案　12—15—784

1945 年 5 月至 1945 年 6 月，璧山实验地方法院关于黄燊荣为钟映南终止租赁契约归还房屋案的判决声请执行命令、王天财为法院左任氏清偿黄谷的判决声请执行命令两案的文书，包括民事请执行状、报告书、收据、民事声请状、原案四川高等法院第一分院民事判决书、民事委任状、璧山实验地方法院批示等。

798. 四川高等法院第一分院审理兄弟分家纠葛上诉一案　12—15—785（1）

1945 年 8 月至 1946 年 7 月，四川高等法院第一分院关于郭春发不服与郭春山分家财产分割案判决而提请上诉一案的文书，包括民事声请状、民事上诉状、往来公函、民事辩论笔录、民事委任状、民事答辩状、证人结文等。

799. 四川高等法院第一分院审理兄弟分家纠葛上诉一案　12—15—785（2）

1945 年 8 月至 1946 年 7 月，四川高等法院第一分院关于郭春发不服与郭春山分家财产分割案判决提请上诉一案的文书，包括证明书、民事补诉理由状、民事委任状、民事上诉状、民事反诉状、往来公函、民事声请状、民事声明状、民事辩诉状、四川高等法院第一分院民事判决书等。

800. 最高法院、四川高等法院第一分院审理典产纠葛上诉一案　12—15—786

1945 年 1 月至 1945 年 9 月，最高法院、四川高等法院第一分院关于胡廷燎等不服与胡思诚放赎典产案判决而提请上诉一案的文书，包括往来公函、民事声明状、四川高等法院第一分院民事裁定书、民事声请状、民事上诉状、民事答辩状、最高法院民事判决书等。

801. 璧山实验地方法院审理交业声请执行命令一案　12—15—787

1945 年 10 月至 1945 年 11 月，璧山实验地方法院关于陈竟明因陈玉贞抗不履行法院终止租约搬迁交业的判决而声请执行命令一案的文书，包括民事请执行状、民事委任状、点名单、民事辩论笔录、民事声请状、璧山实验地方法院批示、民事声明状、璧山实验地方法院通知书、收据等。

802. 璧山实验地方法院审理抢劫案、罚金声请执行命令两案　12—15—788

1945年11月至1945年12月，璧山实验地方法院关于璧山实验地方法院检察官呈请璧山实验地方法院对何炳荣等抢劫案、陈昌熙等妨害自由案的罚金处罚判决声请执行命令两案的文书，包括璧山实验地方法院检察官公函、原案璧山实验地方法院刑事判决书、璧山实验地方法院民事执行文稿、报告书、璧山实验地方法院民事执行命令等。

803. 四川高等法院第一分院审理食谷纠葛上诉一案　12—15—789

1946年1月至1946年2月，四川高等法院第一分院关于曾志模不服与熊泽生食谷纠葛案判决提出抗告一案的文书，包括民事抗告状、往来公函、四川高等法院第一分院民事裁定书等。

804. 璧山实验地方法院审理典产纠葛一案　12—15—790（1）

1945年11月至1946年4月，璧山实验地方法院关于谢周氏因曾照庭拒绝放赎典产的典产纠葛一案的文书，包括民事诉状、民事声请状、民事辩论笔录、证人结文、民事委任状、民事宣判笔录、民事答辩状、民事判决书、典契等。

805. 四川高等法院第一分院审理典产纠葛上诉一案　12—15—790（2）

1946年4月至1947年2月，四川高等法院第一分院关于曾方成不服与谢周氏典产纠葛案判决提请上诉一案的文书，包括民事声请状、往来公函、民事上诉状、原案璧山实验地方法院民事裁定书、民事委任状、民事声请书、民事答辩状、民事辩论笔录、民事催状、四川高等法院第一分院民事判决书等。

806. 璧山实验地方法院审理声请领回红契等证件一案　12—15—791

1945年5月，璧山实验地方法院关于叶祖涛等因案子完结而声请领回红契、佃约等证件一案的文书，包括民事领状、民事传票、送达证书、收据等。

807. 四川高等法院第一分院审理返还水粉籽纠葛上诉一案　12—15—792

1945年8月，四川高等法院第一分院关于李成章等不服与李刘氏返还水粉籽案判决提请上诉一案的文书，包括四川高等法院第一分院书记室公函、璧山实验地方法院书记室公函等。

808. 璧山县司法处审理再婚声请存查一案　12－15－793

1938 年 10 月，璧山县司法处关于龙田氏因为丈夫死亡后再嫁而声请法院存查备案一案的文书，包括民事声请状等。

809. 璧山实验地方法院审理声请抄写裁定书一案　12－15－794

1945 年 5 月，璧山实验地方法院关于黄灵九因与王云仙涉及它案而声请抄录以前与王云仙观音寺山场等所有权案的裁定书以做证据一案的文书，包括民事声请状等。

810. 璧山实验地方法院审理不动产所有权登记一案　12－15－795

1945 年 5 月，璧山实验地方法院关于江文德因继承其父的房屋田产等不动产而声请不动产所有权登记一案的文书，包括不动产登记声请书、璧山实验地方法院命令、报告书、不动产登记保证书、保甲长切结书、声请人切结书、璧山实验地方法院公告、收据等。

811. 璧山地方法院审理房屋买卖契约纠葛一案　12－15－796

1941 年 6 月至 1941 年 8 月，璧山地方法院关于正发祥等因陈昌贤等立约出卖房屋等不动产后又反悔而要求其领取业价完成买卖契约一案的文书，包括民事诉状、民事声明状、民事委任状、民事反诉状、民事审理笔录、民事裁定书、民事声请状等。

812. 璧山实验地方法院审理租佃纠葛声请调解一案　12－15－797

1945 年 1 月至 1945 年 2 月，璧山实验地方法院关于罗森林欲与徐海廷解除租佃契约而声请调解一案的文书，包括民事声请状、送达证书、点名单、民事辩论笔录等。

813. 璧山实验地方法院审理故意伤害、核对看守所囚粮册并备查两案　12－15－798

1945 年 8 月，璧山实验地方法院关于刘张氏状告刘洪顺故意伤害、司法行政部要求核对璧山实验地方法院看守所 1945 年 11 月份囚粮册并备查两案的文书，包括刑事声请状、司法行政部指令、璧山实验地方法院指令、璧山实验地方法院看守所呈件、璧山实验地方法院看守所人犯名册等。

814. 璧山实验地方法院审理保证金声请执行命令一案　12－15－799

1945 年 7 月至 1945 年 10 月，璧山实验地方法院关于公平拍卖行因要求龚克昌缴纳保证金一事声请执行命令一案的文书，包括民事声请状、民事委任状、璧山实验地方法院民事执行文稿、报告书、璧山实验地方法院执行命令、璧山实验地方法院命令、民事辩论笔录、原案璧山实验地方法院民事判决书等。

815. 璧山实验地方法院审理声请执行返还棉花命令一案　12－15－800

1945 年 1 月至 1945 年 5 月，璧山实验地方法院关于曹礼清因张之仲逾期不履行返还棉纱的和解条约而声请执行命令一案的文书，包括民事委任状、民事请执行状、璧山实验地方法院民事执行命令、报告书、原案和解笔录、璧山实验地方法院民事执行文稿、民事辩论笔录、璧山实验地方法院民事裁定书等。

816. 璧山实验地方法院审理搬迁交业上诉一案　12－15－801

1945 年 4 月至 1945 年 7 月，璧山实验地方法院关于陈祥安因徐海清等逾期不履行法院搬迁交业的判决提请上诉一案的文书，包括民事请执行状、原案璧山实验地方法院民事判决书、璧山实验地方法院民事执行文稿、报告书、璧山实验地方法院民事执行命令、收据、璧山实验地方法院通知、民事委任状、民事保状、原案四川高等法院第一分院民事裁定书等。

817. 璧山实验地方法院审理田产契约声请公证一案　12－15－802

1945 年 6 月，璧山实验地方法院关于黄锡林等因与黄金盛田产纠葛和解而声请田产契约公证一案的文书，包括公证声请书、保长办公室证明书、璧山实验地方法院公证处通知、公证讯问笔录、收据等。

818. 璧山实验地方法院审理声请暂停交房执行命令一案　12－15－803

1945 年 7 月至 1945 年 9 月，璧山实验地方法院关于安王氏因对社会服务处声请的交房执行命令有异议而请求暂停执行命令一案的文书，包括璧山实验地方法院民事执行文稿、民事声请状、保长办公室证明书、民事委任状、民事裁定书、送达证书、报告书等。

819. 璧山实验地方法院审理交业声请执行命令一案　12－15－804

1945 年 9 月至 1945 年 10 月，璧山实验地方法院关于周光宗因刘治清等抗不履行搬迁交业的和解内容而声请执行命令一案的文书，包括民事请执行状、璧山实验地方法院民事执行文稿、报告书、璧山实验地方法院民事执行命令、收据、原案和解笔录等。

820. 璧山实验地方法院审理妨害兵役一案　12－15－805

1945 年 5 月至 1945 年 8 月，璧山实验地方法院关于朱少清状告李桂荣违法征召独子入伍的妨害兵役一案的文书，包括刑事诉状、璧山实验地方法院检察处呈件、点名单、讯问笔录、刑事保状、璧山实验地方法院检察官公证书、璧山县政府公函、证人结文、璧山实验地方法院检察官不起诉处分书等。

821. 四川高等法院第一分院审理租谷纠葛上诉一案　12－15－806

1945 年 10 月，四川高等法院第一分院关于曾树轩不服与陈洪卿租谷纠葛案判决提请上诉一案的文书，包括往来公函、原案璧山实验地方法院民事判决书等。

822. 璧山实验地方法院审理给付黄谷纠葛一案　12－15－807

1945 年 1 月至 1945 年 3 月，璧山实验地方法院关于陈辉先状告安陈氏借去黄谷后逾期不还一案的文书，包括民事诉状、民事辩论笔录、证人结文、民事宣判笔录、民事判决书等。

823. 重庆地方法院、璧山实验地方法院审理田业买卖契约纠葛一案　12－15－808

1945 年 3 月至 1945 年 10 月，重庆地方法院、璧山实验地方法院关于尹蒋氏状告儿子尹光富私自出卖尹蒋氏所属田业请求确认买买卖契约无效一案的文书，包括民事诉状、民事辩论笔录、证人结文、民事委任状、民事声请状、往来公函等。

824. 四川高等法院第一分院、璧山实验地方法院审理妨害兵役、赔偿请执行两案　12－15－809

1945 年 4 月至 1945 年 8 月，四川高等法院第一分院、璧山实验地方法院关于黄官臣等妨害兵役、卢青云为万代昌盗窃案判决书中赔偿损失部分声请执行命令两案的文书，包括往来公函、璧山实验地方法院刑事判决书、四川高等法院第一分院刑事通知书、璧山实验地方法院批示、报告书民事声请状等。

825. 璧山地方法院审理罚金声请执行命令一案　12－15－810

1940 年 1 月，璧山地方法院关于四川高等法院第一分院检察处训示璧山地方法院为伍江氏田租纠纷伤害案的罚金处罚判决发付执行命令一案的文书，包括四川高等法院第一分院检察处训令、原案璧山地方法院刑事判决书、璧山地方法院拘提执行命令、报告书、点名单等。

826. 璧山实验地方法院审理给付租谷声请执行命令一案　12－15－811

1945 年 5 月至 1945 年 7 月，璧山实验地方法院关于钟治均等因程汉清等抗不履行法院给付所欠租谷的判决而提请上诉一案的文书，包括民事声请状、璧山实验地方法院民事执行文稿、报告书、璧山实验地方法院民事执行命令、璧山实验地方法院通知书、收据、璧山实验地方法院训令、璧山实验地方法院布告、原案民事判决书等。

827. 璧山实验地方法院审理解除婚约纠葛一案　12－15－812

1945 年 6 月至 1945 年 7 月，璧山实验地方法院关于张世贞因订婚时未到法定年龄且又受媒人欺骗而要求解除与赖荣清的婚约一案的文书，包括民事诉状、民事辩论笔录、民事反诉状、民事宣判笔录、民事判决书、民事辩诉状、订婚彩礼单等。

828. 四川高等法院第一分院审理解除婚约纠葛上诉一案　12－15－813

1945 年 9 月至 1945 年 11 月，四川高等法院第一分院关于赖荣清不服与张世贞解除婚约案判决提请上诉一案的文书，包括往来公函、民事声明状、民事上诉状、原案璧山实验地方法院民事裁定书、民事委任状、民事答辩状、民事辩论笔录等。

829. 璧山实验地方法院审理田产买卖契约纠葛一案　12－15－814

1945 年 6 月至 1945 年 7 月，璧山实验地方法院关于苏李氏状告儿子苏海洲等私自出卖苏李氏所属田业而要求确认田业买卖契约无效一案的文书，包括民事诉状、民事撤诉状、批示、送达证书等。

830. 璧山实验地方法院审理给付欠款声请执行命令一案　12－15－815

1945 年 7 月至 1945 年 9 月，璧山实验地方法院关于龚正泽因吴炳全抗不履行法院给付欠款的判决而声请执行命令一案的文书，包括民事请执行状、璧山实验地方法院民事执行文稿、报告书、民事声请状、收据、璧山实验地方法院民事支付命令等。

831. 璧山实验地方法院审理交业声请执行命令抗告一案　12－15－816

1945 年 9 月至 1945 年 10 月，璧山实验地方法院关于谢泽三对于谢金廷交业执行命令有异议而提出抗告一案的文书，包括意见书、璧山实验地方法院呈件、民事抗告状、民事声请撤诉状、民事声请状、民事裁定书、璧山实验地方法院民事执行文稿、报告书、璧山实验地方法院执行命令、原案和解笔录等。

832. 璧山实验地方法院审理领押交业纠葛一案　12－15－817

1945 年 6 月至 1945 年 7 月，璧山实验地方法院关于黄何氏因陈正永掩欠租谷而要求其领押交业一案的文书，包括民事诉状、民事辩论笔录、民事和解笔录等。

833. 璧山实验地方法院审理偿还借款纠葛一案　12－15－818

1945 年 6 月，璧山实验地方法院关于舒桂林因龚克昌借去巨额法币后逾期不还而要求其偿还借款一案的文书，包括民事诉状、民事委任状、民事辩论笔录、民事宣判笔录、民事判决书、借条等。

834. 璧山实验地方法院审理给付黄谷声请执行命令一案　12－15－819

1945 年 9 月至 1945 年 10 月，璧山实验地方法院关于安陈氏因安黄氏逾期不执行法院给付所欠黄谷的判决而声请支付命令一案的文书，包括民事诉状、璧山实验地方法院民事执行文稿、报告书、璧山实验地方法院民事执行命令、收据、原案民事判决书等。

835. 璧山实验地方法院审理不动产所有权登记一案　12－15－820

1945 年 6 月，璧山实验地方法院关于陈连素云因继承其夫的房屋田产等不动产而声请所有权登记一案的文书，包括不动产登记声请书、不动产登记保证书、璧山实验地方法院不动产登记通知书、民事委任状、军政部军需署第一织布厂公函、璧山实验地方法院命令等。

836. 璧山实验地方法院审理返还黄谷声请执行命令一案　12－15－821

1945 年 4 月至 1945 年 6 月，璧山实验地方法院关于罗万发因江朝元不理会法院返还黄谷的判决而声请执行命令一案的文书，包括民事请执行状、璧山实验地方法院批示、璧山实验地方法院民事执行文稿、报告书、璧山实验地方法院民事执行命令、收据、原案民事判决书等。

837. 璧山实验地方法院审理不动产所有权登记一案　12－15－822

1945 年 8 月，璧山实验地方法院关于兰文煊因购买房屋田产等不动产而声请所有权登记一案的文书，包括不动产登记声请书、璧山实验地方法院命令、报告书、不动产登记保证书、保甲长切结书、声请人切结书、璧山实验地方法院公告等。

838. 璧山实验地方法院审理返还黄谷声请执行命令一案　12－15－823

1945 年 6 月至 1946 年 10 月，璧山实验地方法院关于何修予因与他人的产业纠葛案完结而要求河边乡乡公所返还执行命令中扣押的黄谷一案的文书，包括民事声请状、璧山县河边乡乡公所呈件、璧山实验地方法院民事执行命令、民事请执行状、民事判决书、报告书、民事委任状、原案最高法院民事判决书、原案璧山实验地方法院民事和解笔录等。

839. 璧山实验地方法院审理债务纠葛一案　12－15－824

1945年12月至1946年1月，璧山实验地方法院关于张万里因廖文绪的协昌字号倒闭而要求其偿还所贷借款本息一案的文书，包括民事诉状、璧山实验地方法院公函、江津地方法院公函、民事辩论笔录、证人结文、证人切结书、民事宣判笔录、民事判决书等。

840. 四川高等法院第一分院审理终止租约纠葛上诉一案　12－15－825

1944年8月至1945年11月，四川高等法院第一分院关于张宝三不服与张模良终止租约案判决提请上诉一案的文书，包括往来公函、四川高等法院第一分院民事判决书、四川省第三区行政督察专员兼保安司令公署训令、原案璧山实验地方法院民事判决等。

841. 璧山实验地方法院审理给付租谷、给付债款声请执行命令两案　12－15－826

1945年3月至1945年7月，璧山实验地方法院关于古李氏因邓国梁抗不履行法院给付租谷的判决而声请执行命令、江炳臣因李泽三不理会法院给付债款的判决而声请执行命令两案的文书，包括民事请执行状、璧山实验地方法院民事执行文稿、报告书、璧山实验地方法院民事执行命令、原案民事判决书、民事声请状、收据等。

842. 璧山实验地方法院审理给付租谷、返还房屋田产等声请执行命令一案　12－15－827

1945年3月至1946年5月，璧山实验地方法院关于雷雨田为雷用修等给付租谷、归还房屋田产等租赁物的判决而声请执行命令一案的文书，包括民事请执行状、璧山实验地方法院民事执行文稿、报告书、收据、璧山实验地方法院民事执行命令、二审四川高等法院第一分院民事判决书、一审璧山实验地方法院民事判决书等。

843. 璧山实验地方法院审理迁让房屋声请执行命令一案　12－15－828

1945年3月至1946年5月，璧山实验地方法院关于龙曹氏因龙朱氏拒不履行法院迁出所入侵之住宅的判决而声请执行命令一案的文书，包括民事请执行状、璧山实验地方法院民事执行文稿、报告书、璧山实验地方法院民事执行命令、收据、原刑事判决书等。

844. 璧山实验地方法院审理返还黄谷声请执行命令一案　12—15—829

1945年10月至1946年11月,璧山实验地方法院关于张治辉因朱凌氏拒不履行法院返还黄谷的判决而声请执行命令一案的文书,包括民事请执行状、璧山实验地方法院民事执行文稿、民事辩论笔录、民事委任状、报告书、璧山实验地方法院民事执行命令、璧山实验地方法院训令、璧山实验地方法院通知等。

845. 璧山实验地方法院审理交业执行等两案　12—15—830

1945年1月至1945年7月,璧山实验地方法院关于刘雨安因江建全不遵照和解笔录内容搬迁交业而声请执行命令、汪德富因张九华抗不履行法院将田业交予汪德富耕作的判决而声请执行命令两案的文书,包括民事请执行状、原案调解笔录、璧山实验地方法院民事执行文稿、报告书、璧山实验地方法院民事执行命令、民事异议状、璧山实验地方法院批示、原案四川高等法院第一分院民事裁定书等。

846. 璧山实验地方法院审理声请领取买卖契约等证件一案　12—15—831

1945年8月,璧山实验地方法院关于左旭辉因买卖纠葛案完结而声请领回买卖契约等证件一案的文书,包括民事声请状等。

847. 江津地方法院、璧山实验地方法院审理交酒声请执行命令一案　12—15—832

1945年10月至1946年4月,江津地方法院、璧山实验地方法院关于建国酒精厂为熊新成交酒一事声请执行命令一案的文书,包括江津地方法院公函、原案江津地方法院民事判决书节本、璧山实验地方法院民事执行文稿、璧山实验地方法院公函、报告书、璧山实验地方法院执行命令等。

848. 璧山实验地方法院看守所呈请璧山实验地方法院转呈囚人用费临时预算书相关问题的文书　12—15—833

1945年12月,璧山实验地方法院看守所呈请璧山实验地方法院转呈囚人用费临时预算书相关问题的文书,包括璧山实验地方法院指示、璧山实验地方法院看守所呈件、璧山实验地方法院看守所临时预算书、司法行政部指令、璧山实验地方法院呈件、璧山实验地方法院训令、司法行政部代电文稿等。

849. 璧山实验地方法院审理给付黄谷声请执行命令三案　12—15—834

1945年5月至1946年5月,璧山实验地方法院关于陈席珍为潘春宣清偿所欠黄谷的判决声请执行命令、许绍平因刘天培抗不履行法院给付黄谷的判决而声请执行命令、何修予因与他人的产业纠葛案完结而要求河边乡乡公所返还执行命令中扣押的黄谷三案的文书，包括民事请执行状、璧山实验地方法院民事执行文稿、报告书、收据、璧山实验地方法院民事执行命令、原案民事裁定书、原案四川高等法院第一分院民事判决书、民事委任状、璧山实验地方法院批示、民事声明状、民事诉状、民事辩论笔录、民事请参加状、民事宣判笔录、璧山实验地方法院民事判决书等。

850. 四川高等法院第一分院、璧山实验地方法院审理交业声请执行命令三案 12－15－835

1945 年 9 月至 1946 年 10 月，四川高等法院第一分院、璧山实验地方法院关于向文光因刘海清不履行和解笔录中搬家交业的约定而声请执行命令、徐达荣不服与陈坤山交业纠葛案判决提请上诉、龙傅氏为廖兴发搬迁交业判决声请执行命令三案的文书，包括民事声请状、璧山实验地方法院民事执行文稿、报告书、璧山实验地方法院民事执行命令、收据、原案和解笔录、往来公函、民事请执行状、民事委任状等。

851. 璧山实验地方法院审理不得妨害耕作事宜判决声请执行命令一案 12－15－836

1945 年 10 月，璧山实验地方法院关于雷柏松为法院对雷德元不得妨害耕作事宜的判决声请执行命令一案的文书，包括民事请执行状、点名单、民事辩论笔录、民事声明状、收据、璧山实验地方法院批示等。

852. 璧山实验地方法院审理回赎典产纠葛一案 12－15－837

1945 年 4 月至 1945 年 6 月，璧山实验地方法院关于抗日军人周席珍因白璧玉哄抬回赎田产房屋价格而提请诉讼救助一案的文书，包括民事诉状、出征抗敌军人家属证明书、民事答辩状、民事委任状、民事辩论笔录、民事裁定书、民事反诉状、民事宣判笔录、民事判决书等。

853. 璧山实验地方法院审理捐献房屋田产声请公证一案 12－15－838

1945 年 12 月至 1946 年 6 月，璧山实验地方法院关于黄镜涵等捐献房屋田产给私立中学校董会声请法院公证的文书，包括公证声请书、璧山实验地方法院批示、黄六爻堂公函、口述笔录、民事声明状、官契、璧山实验地方法院通知、公证通知书、认证笔录、认证书、收据等。

854. 四川高等法院第一分院、璧山实验地方法院审理租佃纠葛及其上诉一案 12－15－839

1945 年 12 月至 1946 年 2 月，四川高等法院第一分院、璧山实验地方法院关于王海铃因石冉氏违背租佃契约把土地转租他人而要求其撤销契约及其上诉一案的文书，包括民事诉状、民事辩论笔录、民事宣判笔录、璧山实验地方法院民事判决书、往来公函、民事上诉状、原案璧山实验地方法院民事裁定书、四川高等法院第一分院民事裁定书、民事辩诉状、民事委任状等。

855. 四川高等法院第一分院审理给付黄谷纠葛上诉一案 12－15－840

1944 年 3 月至 1946 年 4 月，四川高等法院第一分院关于陈锡三不服与陈大猷给付黄谷案判决提请上诉一案的文书，包括璧山实验地方法院书记室公函、四川高等法院第一分院书记室公函等。

856. 璧山实验地方法院审理请发支付命令、婚姻纠葛两案 12－15－841

1945 年 3 月至 1945 年 4 月，璧山实验地方法院关于刘定元因高绿发抗不交还租佃押金而请发支付命令、卢朝兰因订婚对象王万树尚未达到法定年龄而要求撤销婚约两案的文书，包括民事诉状、璧山实验地方法院支付命令、民事委任状、民事反诉状、民事辩论笔录、民事宣判笔录、民事判决书等。

857. 璧山实验地方法院审理婚姻纠葛一案 12－15－842

1945 年 6 月至 1945 年 7 月，璧山实验地方法院关于曹贤堂因妻子曹刘有璧长期居住在娘家而要求其返回同居一案的文书，包括民事诉状、璧山实验地方法院公函、民事声明状、保办公处证明书、乡公所呈件、民事辩论笔录等。

858. 璧山实验地方法院审理交付约据纠葛一案 12－15－843

1945 年 4 月至 1945 年 6 月，璧山实验地方法院关于陈永锡因立约借用本族清明会费用清偿后族侄陈申之要赖不交付借用契约一案的文书，包括民事诉状、民事辩论笔录、民事宣判笔录、民事判决书等。

859. 璧山实验地方法院审理抵押物声请拍卖一案 12－15－844

1945 年 2 月至 1945 年 3 月，璧山实验地方法院关于吴汉臣因多次向傅斌武追索借款无果而声请拍卖傅斌武所抵押的房产一案的文书，包括民事声请状、民事委任状、民事辩论笔录、民事裁定书等。

860. 璧山实验地方法院审理声请调解一案　12－15－845

1945年4月至1945年5月，璧山实验地方法院关于叶敬身因汪成裕等经营商会亏损而要求其赔偿声请调解一案的文书，包括民事声请状、点名单、民事辩论笔录等。

861. 璧山实验地方法院审理保管权和处分权纠葛一案　12－15－846

1945年1月至1945年5月，璧山实验地方法院关于江陈氏等因江陈氏亡夫的土地房产等遗产的保管权以及处分权纠葛一案的文书，包括民事诉状、民事委任状、民事声请状、民事辩论笔录、民事辩诉状、和解笔录等。

862. 璧山实验地方法院审理住址调查、归还熟土案　12－15－847

1945年5月，璧山实验地方法院关于最高法院训示璧山实验地方法院调查曾子张子女住址及信息、彭国宽要求傅吉香归还熟土两案的文书，包括最高法院公函、璧山实验地方法院公函、璧山实验地方法院命令、民事诉状、民事委任状、民事声请撤诉状、璧山实验地方法院通知书等。

863. 璧山实验地方法院审理交还租佃押金声请执行命令一案　12－15－848

1945年5月至1945年6月，璧山实验地方法院关于刘定元因高绿发不理会交还租佃押金的支付命令而声请执行命令一案的文书，包括民事请执行状、原案璧山实验地方法院支付命令、原案民事裁定书、送达证书等。

864. 四川高等法院第一分院审理租佃契约纠葛案上诉一案　12－15－849

1944年12月至1945年3月，四川高等法院第一分院关于甘颜氏不服与甘泽氏等租佃契约纠葛案判决提请上诉一案的文书，包括往来公函、民事上诉状、原案璧山实验地方法院民事裁定书、民事声请书、民事委任状、民事辩论笔录、四川高等法院第一分院民事判决书、民事答辩状等。

865. 璧山实验地方法院审理声请补充判决一案　12－15－850

1945年5月至1945年6月，璧山实验地方法院关于邬金明声请补充马秦氏侵占田产案的判决一案的文书，包括民事声请状、民事裁定书、民事诉状、送达证书等。

866. 璧山实验地方法院审理婚约纠葛一案　12－15－851

1945年5月，璧山实验地方法院关于赖荣清因张王氏嫌弃家贫欲悔婚而声请法院调解一案的文书，包括民事声请状、点名单、民事辩论笔录等。

867. 璧山实验地方法院审理租佃纠葛一案　12－15－852

1945年7月，璧山实验地方法院关于吴月惠因易春发违背租佃契约拖欠租谷又故意为难不愿终止租佃合约而声请法院调解一案的文书，包括民事声请状、点名单、租佃合约书等。

868. 璧山实验地方法院审理领押交业纠葛一案　12－15－853

1945年5月，璧山实验地方法院关于赖德安欲收回耕地自耕与赖玉顺产生领押交业纠葛声请法院调解一案的文书，包括民事声请状、点名单、民事辩论笔录等。

869. 四川高等法院第一分院审理交业纠葛上诉一案　12－15－854

1944年12月至1945年5月，四川高等法院第一分院关于肖江河不服与程银发止约纠葛案判决提请上诉一案的文书，包括往来公函、民事上诉状、原案璧山实验地方法院民事裁定书、民事委任状、民事声请书、民事辩论笔录、璧山县来凤乡第七保保办公处证明书、民事答辩状、民事声明状、四川高等法院第一分院民事判决书等。

870. 璧山实验地方法院审理租约纠葛三案　12－15－855

1945年3月至1945年5月，璧山实验地方法院关于三起租约纠葛案的文书，包括民事声请状、璧山县中兴乡农会调解委员会呈件、民事辩论笔录、民事调解笔录、民事诉状、民事辩诉状、民事宣判笔录、民事判决书、璧山实验地方法院通知书等。

871. 璧山实验地方法院审理债务声请假扣押、声请抄录判决书两案　12－15－856

1945年4月，璧山实验地方法院关于林骥才因棉纱厂倒闭织户刘相钟等亏欠的棉纱尚未偿还而声请对其抵押产业进行假扣押、李培信等因父亲被盗匪劫杀判决书丢失而声请再次抄录判决书两案的文书，包括民事声请状、民事裁定书、报告书、璧山县狮子乡乡公所证明书等。

872. 四川高等法院第一分院、璧山实验地方法院审理给付黄谷纠葛及其上诉一案　12－15－857

1945年1月至1945年7月，四川高等法院第一分院、璧山实验地方法院关于帅青林因伍蒲氏等继承其夫产业而要求其偿还其夫所欠之黄谷及其上诉一案的文书，包括民事诉状、民事辩论笔录、民事辩诉状、证人结文、原案璧山实验地方法院民事裁定书、民事宣判笔录、一审璧山实验地方法院民事判决书、往来公函、民事上诉状、民事答辩状、四川高等法院第一分院民事判决书等。

873. 璧山实验地方法院审理案件声请转移一案　12－15－858

1945年3月，璧山实验地方法院关于邓志声请将他与刘育之田产纠葛案转移至重庆实验地方法院处理一案的文书，包括民事声请状、民事裁定书、璧山实验地方法院公函、重庆实验地方法院公函、送达证书等。

874. 四川高等法院第一分院审理偿还借款纠葛上诉一案　12－15－859

1945年1月至1945年6月，四川高等法院第一分院关于葛寿颐不服与张杨氏偿还借款纠葛案判决提请上诉一案的文书，包括往来公函、民事上诉状、民事声请书、民事答辩状、民事委任状、民事辩论笔录、四川高等法院第一分院民事判决书等。

875. 璧山实验地方法院审理赔偿损失纠葛一案　12－15－860

1943年9月至1943年10月，璧山实验地方法院关于连王氏要求连德轩赔偿农作物生产收益一案的文书，包括民事声请书、民事辩论笔录、民事诉状、点名单、璧山实验地方法院批示等。

876. 璧山实验地方法院审理不遵遗嘱一案　12－15－861

1945年5月，璧山实验地方法院关于钱显奎因钱陈氏不愿意遵照钱文金遗嘱交出遗产和房产红契而声请法院调解一案的文书，包括民事声请状、民事请参加状、点名单、民事辩论笔录等。

877. 璧山实验地方法院审理货款纠葛一案　12－15－862

1945年11月，璧山实验地方法院关于罗秉卿因王吉勋代理罗秉卿布业生意时私吞款项而要求其赔偿货款一案的文书，包括民事诉状、点名单、民事辩诉状、璧山实验地方法院通知书、送达证书等。

878. 璧山实验地方法院审理执行异议一案　12－15－863

1945年5月至1945年6月，璧山实验地方法院关于刘淮清对晏绍珍声请的领押交业执行命令有异议一案的文书，包括民事异议状、璧山县正兴乡第九保保办公处证明书、民事委任状、原案璧山实验地方法院民事裁定书、民事声明状、民事辩论笔录、民事答辩状、璧山实验地方法院指令、民事宣判笔录、璧山实验地方法院民事判决书、民事上诉状等。

879. 最高法院、四川高等法院第一分院审理搬迁交业上诉一案　12－15－864

1945 年 7 月至 1945 年 12 月，最高法院、四川高等法院第一分院关于程银发不服与萧江河搬迁交业纠葛案判决提起上诉一案的文书，包括往来公函、民事上诉声请状、四川高等法院第一分院民事裁定书、最高法院民事判决书、送达证书等。

880. 最高法院、四川高等法院第一分院审理搬迁交业上诉一案　12－15－865

1944 年 11 月至 1945 年 7 月，最高法院、四川高等法院第一分院关于万国源不服与谢福祯搬迁交业纠葛案判决提起上诉一案的文书，包括往来公函、民事上诉状、四川高等法院第一分院民事裁定书、最高法院民事判决书等。

881. 四川高等法院第一分院、璧山实验地方法院审理声请处分、给付租谷纠葛两案　12－15－866

1945 年 1 月至 1945 年 7 月，四川高等法院第一分院、璧山实验地方法院关于罗仲枢因连一民等在身陷搬迁交业纠葛案时将房屋分租他人而声请对其处分、周黄氏改嫁后佃户何万林拒绝继续给付租谷两案的文书，包括民事声请状、璧山实验地方法院民事裁定书、一审民事判决书、往来公函、民事抗告状、四川高等法院第一分院民事裁定书、民事诉状、民事辩论笔录、民事宣判笔录、璧山实验地方法院民事判决书等。

882. 璧山实验地方法院审理私卖食盐一案　12－15－867

1945 年 11 月，璧山实验地方法院关于璧山县农会状告七塘乡农会农民福利社前任主任吴俊私自出卖七塘乡农会食盐一案的文书，包括璧山县农会公函、璧山实验地方法院民事执行命令、民事诉状等。

883. 璧山实验地方法院审理请发支付命令一案　12－15－868

1945 年 11 月，璧山实验地方法院关于刘四福因夏汉臣借去法币后赖账不还而请发支付命令一案的文书，包括民事声请状、璧山实验地方法院民事执行命令、报告书、送达证书等。

884. 四川高等法院第一分院、璧山实验地方法院审理领押交业纠葛及其上诉一案　12－15－869

1945 年 2 月至 1945 年 7 月，四川高等法院第一分院、璧山实验地方法院关于刘每成状告冉深山拖欠租谷要求终止租约领押交业及其上诉一案的文书，包括民事诉状、民事辩论笔录、民事答辩状、民事辩诉状、民事宣判笔录、璧山实验地方法院民事判决书、往来公函、民事上诉状、民事声请书、民事委任状、璧山县城西乡第二保保办公处证明书、四川高等法院第一分院民事和解书等。

885. 四川高等法院第一分院、璧山实验地方法院审理房产买卖契约纠葛及其上诉一案　12—15—870

1945年4月至1946年4月，四川高等法院第一分院、璧山实验地方法院关于况怀德状告徐炳全不履行房产买卖契约而要求其领取业价搬迁交业及其上诉一案的文书，包括民事诉状、民事委任状、民事答辩状、民事辩论笔录、证人结文、民事宣判笔录、民事判决书、往来公函、民事上诉状、证明书、四川高等法院第一分院民事判决书、民事声请状、四川高等法院第一分院民事补充判决书等。

886. 四川高等法院第一分院、江津地方法院、璧山实验地方法院审理债务纠葛及其上诉一案　12—15—871

1945年12月至1946年6月，四川高等法院第一分院、江津地方法院、璧山实验地方法院关于杨国钧因贷款与廖文绪后廖文绪的协昌字号倒闭而要求其迅速归还本息及其上诉一案的文书，包括民事诉状、往来公函、民事辩论笔录、民事宣判笔录、璧山实验地方法院民事判决书、民事上诉声请状、民事上诉状、四川高等法院第一分院民事裁定书、报告书等。

887. 璧山实验地方法院审理账簿纠葛一案　12—15—872

1945年4月至1945年5月，璧山实验地方法院关于张国勋状告张登云藏匿账簿不交串通损害张国勋钱财一案的文书，包括民事诉状、民事辩论笔录、民事宣判笔录、民事判决书等。

888. 璧山实验地方法院审理交房纠葛一案　12—15—873

1945年2月至1945年4月，璧山实验地方法院关于张建勋状告胡森荣房屋租约到期抗不搬迁一案的文书，包括民事诉状、民事辩论笔录、民事和解笔录、送达证书等。

889. 璧山实验地方法院审理租佃纠葛一案　12—15—874

1945年3月至1945年4月，璧山实验地方法院关于江永德状告龚海林违背租佃合约抗不交租一案的文书，包括民事诉状、民事委任状、民事辩论笔录、民事宣判笔录、民事判决书等。

890. 最高法院、四川高等法院第一分院审理给付黄谷纠葛上诉、妨害耕作等案 12－15－875

1936年10月至1945年1月，最高法院、四川高等法院第一分院关于不服给付黄谷纠葛案判决而上诉、妨害耕作、肆意毁损贵重白玉盘、杀人、丈夫破产后死亡声请备查以脱关系、仗势欺压商户、盗窃肥猪被抓获、声请破产、抗不清偿债务、串通陷害、乘人死之时骗取财产等案的文书，包括民事上诉状、往来公函、四川高等法院第一分院民事裁定书、璧山县正兴乡乡公所呈件、民事声请状、最高法院民事判决书、民事诉状、铜梁县政府咨询书、刑事诉状、呈件、四川公路局指令、大足县政府咨询书等。

891. 璧山实验地方法院审理给付租谷纠葛一案 12－15－876

1945年5月至1945年6月，璧山实验地方法院关于向大国状告郑玉煊等违背租佃契约漏交租谷而要求其给付租谷一案的文书，包括民事诉状、民事辩论笔录、证人结文、民事宣判笔录、民事判决书、租佃合约书等。

892. 四川高等法院第一分院、璧山实验地方法院审理给付租谷纠葛及其上诉一案 12－15－877

1944年12月至1945年8月，四川高等法院第一分院、璧山实验地方法院关于杨华安等状告陈席珍拖延归还耕地要求其给付拖延时日的租谷及其上诉一案的文书，包括民事诉状、民事辩论笔录、民事声请状、报告书、证人结文、民事宣判笔录、璧山实验地方法院民事判决书、往来公函、民事上诉状、民事答辩状、四川高等法院第一分院民事判决书等。

893. 璧山实验地方法院审理给付租谷纠葛一案 12－15－878

1945年10月至1945年11月，璧山实验地方法院关于曾树轩状告陈洪卿等以分家为由加收租谷而要求其归还多收之租谷一案的文书，包括民事诉状、民事答辩状、民事辩论笔录、证人结文、民事宣判笔录、民事判决书等。

894. 四川高等法院第一分院、璧山实验地方法院审理领押交业纠葛及其上诉两案 12－15－879

1945年7月至1946年3月，四川高等法院第一分院、璧山实验地方法院关于叶甫成因罗万发不理会农会领押交业调解而提请法院制裁案、刘苏氏因彭济航抗不交租而要求其领押交业案及其上诉两案的文书，包括民事诉状、蒲元乡乡公所呈件、民事答辩状、民事辩论笔录、民事宣判笔录、璧山实验地方法院民事判决书、民事委任状、往来公函、民事上诉状、四川高等法院第一分院民事裁定书等。

895. 四川高等法院第一分院、璧山实验地方法院审理赔偿禾苗损失及其上诉一案　12－15－880

1945年4月至1946年9月,四川高等法院第一分院、璧山实验地方法院关于彭树高等因廖炳林的碗厂泥渣堵塞造成堤坝崩溃淹没禾苗而要求其赔偿损失及其上诉一案的文书,包括民事诉状、民事辩论笔录、民事判决书、璧山县政府训令、民事委任状、民事声请状、璧山实验地方法院通知书、民事声明状、履勘笔录、民事撤诉状、民事声请书、民事宣判笔录、往来公函、民事上诉状等。

896. 璧山实验地方法院审理盗窃两案　12－15－881

1945年4月至1945年12月,璧山实验地方法院关于黄金轩状告钱开国入室盗取棉被腊肉等物、继母刘舒氏等状告女儿刘从华盗窃产业红契等文契两案的文书,包括刑事诉状、刑事传票、送达证书、点名单、证人结文、刑事审判笔录、刑事宣判笔录、刑事判决书、刑事催状、刑事撤诉状、璧山实验地方法院通知书等。

897. 四川高等法院第一分院审理坟地纠葛上诉一案　12－15－882

1945年12月,四川高等法院第一分院关于杨南轩不服与陈永森坟地纠葛案判决提请上诉一案的文书,包括往来公函、民事上诉状、原案璧山实验地方法院民事裁定书、民事委任状、民事辩论笔录等。

898. 璧山实验地方法院审理窃占不动产、妨害自由两案　12－15－883

1945年5月至1945年6月,璧山实验地方法院关于王恢中等状告王恢中亡父的小妾王柯氏窃占其土地房屋等不动产、黄颜氏状告符金安等霸耕土地入侵房屋妨害自由两案的文书,包括刑事诉状、刑事答辩状、刑事判决书、刑事审判笔录、刑事声请书、刑事宣判笔录等。

899. 璧山实验地方法院审理赔偿损失一案　12－15－884

1945年9月至1945年12月,璧山实验地方法院关于张耀廷因陈玉其收取出卖七棵柏树的定金后反悔而要求其归还定金赔偿损失一案的文书,包括民事诉状、民事辩论笔录、民事声请状、民事补诉状、璧山实验地方法院支付命令、证人结文等。

900. 璧山实验地方法院审理伤害纠葛等案　12－15－885

1945年10月至1945年12月,璧山实验地方法院关于入侵住宅、卖猪纠葛、口角纠葛、恶犬伤人索赔引起的打架伤害等案的文书，包括璧山实验地方法院检察官函片、报告书、讯问笔录、刑事诉状、刑事审判笔录、刑事保状、刑事委任状、证人结文、和解笔录等。

901. 璧山实验地方法院审理侵害佃权、侵占工钱纠葛两案　12－15－886

1945 年 10 月至 1945 年 12 月，璧山实验地方法院关于何晏辉状告张治臣借公事之名侵害佃权强索农具、余海廷状告孙佐卿等侵占工钱两案的文书，包括刑事诉状、刑事审判笔录、刑事辩诉状、刑事宣判笔录、刑事判决书、璧山实验地方法院训令、璧山实验地方法院看守所呈件、刑事声请状、刑事裁定书等。

902. 璧山实验地方法院审理伤害纠葛、脱逃等案　12－15－887

1945 年 6 月至 1945 年 12 月，璧山实验地方法院关于刘汪氏状告刘青云伤人、李国良脱逃、张胡氏状告张树清因口角而导致误伤等案的文书，包括报告书、讯问笔录、璧山实验地方法院检察官不起诉处分书、璧山实验地方法院检察官公函、璧山实验地方法院检察官函片、检验笔录刑事声请状、璧山实验地方法院通知书等。

903. 璧山地方法院审理租谷纠葛声请执行命令一案　12－15－888

1946 年 8 月至 1948 年 1 月，璧山地方法院关于段朝海为李元廷给付租谷判决声请执行命令一案的文书，包括璧山地方法院通知书、璧山地方法院训令、璧山地方法院命令、报告书、鉴定人鉴定书、查封不动产笔录、收据、璧山地方法院布告、民事声请状、民事声明状、证明书等。

904. 璧山实验地方法院审理给付租谷两案　12－15－888（1）

1945 年 1 月至 1946 年 8 月，璧山实验地方法院关于向洪盛状告叶秦林拖欠租谷要求其给付租谷、段朝海为李元廷给付租谷判决声请执行命令两案的文书，包括民事诉状、民事辩论笔录、民事委任状、民事答辩状、民事宣判笔录、民事判决书、民事请执行状、原案四川高等法院第一分院民事判决书、璧山实验地方法院民事执行文稿、报告书、璧山实验地方法院民事执行命令、璧山实验地方法院布告等。

905. 璧山实验地方法院审理伪造两案　12－15－889

1945 年 6 月至 1945 年 7 月，璧山实验地方法院关于何全普状告邓林均伪造私人印章、陈树三状告陈炳兴伪造分家合约两案的文书，包括璧山实验地方法院函件、报告书、刑事审判笔录、璧山实验地方法院检察官公函、璧山实验地方法院通知、讯问笔录、刑事诉状、刑事辩诉状、璧山实验地方法院检察官函片等。

906. 最高法院、璧山实验地方法院审理伤害、声领伪造文书案证物等三案　12—15—890

1944年2月至1945年9月，最高法院、璧山实验地方法院关于伤害案、声领伪造文书案证物、伤害抗战家属致死上诉案三案的文书，包括璧山实验地方法院检察官函片、璧山实验地方法院通知、报告书、讯问笔录、璧山实验地方法院检察官起诉书、璧山实验地方法院检察官不起诉处分书、璧山实验地方法院刑事判决书、刑事声请状、四川高等法院第一分院检查处训令、璧山实验地方法院检察官呈件、最高法院刑事判决书、拘票、收据、刑事上诉状、四川高等法院第一分院检察官答辩书、刑事诉状等。

907. 四川高等法院第一分院、璧山实验地方法院审理伪造纠葛案及其上诉两案　12—15—891

1945年8月至1946年3月，四川高等法院第一分院、璧山实验地方法院关于郭仲良状告陈荣章伪造租谷收条、刘谭氏不服杨卿禄状告其伪造私文案判决提请上诉两案的文书，包括璧山实验地方法院呈件、刑事上诉状、璧山实验地方法院公函、四川高等法院第一分院检察官函片、刑事委任状、刑事审判笔录、四川高等法院第一分院刑事判决书、四川高等法院第一分院刑事裁定书、璧山实验地方法院检察官不起诉处分书、刑事诉状、证人结文、刑事答辩状等。

908. 璧山实验地方法院审理抢夺纠葛两案　12—15—892

1945年8月至1946年12月，璧山实验地方法院关于抢夺佃金收约、抢夺妻妾两案的文书，包括璧山实验地方法院函片、点名单、刑事审判笔录、璧山县三合乡乡公所呈件、刑事诉状、证人结文、报告书、刑事宣判笔录、刑事裁定书、刑事委任状、璧山实验地方法院检察官公函等。

909. 璧山实验地方法院审理诬告两案　12—15—893

1945年12月至1946年1月，璧山实验地方法院关于罗文进诉罗文华在回赎产业案的诬告案、陈光辉诉陈剑揆诬告其偷盗军布案两案的文书，包括刑事审判笔录、刑事诉状、刑事辩诉状、璧山实验地方法院检察官公函等。

910. 璧山实验地方法院审理抢夺纠葛、反诉抢夺纠葛两案　12—15—894

1945年8月至1945年10月，璧山实验地方法院关于陈炳安状告邓国炳等抢夺陈炳安田中的黄谷、甘陈氏反诉杨炳林抢夺佃金收约两案的文书，包括刑事诉状、点名单、刑事审判笔录、证人结文、璧山实验地方法院检察官公函、刑事委任状、刑事反诉状、刑事声请状、报告书、璧山县七塘乡调解委员会公证状等。

911. 璧山实验地方法院审理公证等案　12－15－895

1945 年 4 月至 1945 年 12 月，璧山实验地方法院关于立约将自己的产业分与儿孙声请公证、伪造私章欺诈商铺、受贿私放罪犯、军人打伤他人、诬告、抢夺纱布、唆使人殴打他人、唆使偷窃、通奸、贪污军马粮、偷盗、滋扰等案的文书，包括公证声请书、点名单、公证笔录、证明书、收据、民事委任状、璧山实验地方法院检察官起诉书、璧山实验地方法院检察官不起诉处分书等。

912. 最高法院、四川高等法院第一分院、璧山实验地方法院审理妨害兵役上诉两案　12－15－896

1944 年 8 月至 1945 年 5 月，最高法院、四川高等法院第一分院、璧山实验地方法院关于黎绍华等强抓黄良辉代人服兵役、周克光状告周显厚包庇壮丁逃避兵役吞占征属优待费和优待谷的两起妨害兵役上诉案的文书，包括最高法院检察署公函、四川高等法院第一分院刑事判决书、民事上诉状、往来公函、璧山实验地方法院检察官起诉书、璧山实验地方法院通知书、刑事判决书、拘票、璧山县国民兵团部代电文、讯问笔录、报告书、璧山县第二区梓潼乡乡公所呈件、刑事声明状、璧山实验地方法院检察官不起诉处分书等。

913. 璧山实验地方法院审理伤害纠葛四案　12－15－897

1945 年 11 月至 1945 年 12 月，璧山实验地方法院关于邹文良状告秦英伟勾结军人殴打邹文良、蒋槐卿状告江流源打伤自己、颜德安状告蒋伯泉等行凶伤人、王赵氏状告王玉林伤害等案的文书，包括璧山实验地方法院检察官函片、刑事诉状、讯问笔录、报告书、刑事委任状、刑事声请状、民事审判笔录、证人结文、刑事反诉状、刑事审判笔录、刑事催呈状等。

914. 璧山实验地方法院审理伤害等四案　12－15－898

1945 年 10 月至 1946 年 3 月，璧山实验地方法院关于张黄氏状告张树芳等伤害、王兰亭状告李化臣等图财行凶、龙启华状告萧云高伤害、雷钟氏状告郑成德因租佃纠葛实施伤害等案的文书，包括璧山实验地方法院检察官函片、报告书、讯问笔录、检验实录、刑事审判笔录、刑事诉状、证明书、璧山实验地方法院通知书、刑事撤诉状等。

915. 璧山实验地方法院审理伤害纠葛两案　12－15－899

1945 年 8 月至 1945 年 12 月，璧山实验地方法院关于伍张氏状告儿子伍松生等虐待不给付养老粮食、钱彭氏状告儿子钱邦诚伤害母亲两案的文书，包括璧山实验地方法院检察官函片、刑事诉状、刑事辩诉状、刑事委任状、刑事审判笔录、璧山县七塘乡乡公所呈件、讯问笔录、检验实录、证明书、刑事撤诉状等。

916. 四川高等法院第一分院、璧山实验地方法院审理侮辱、给付棉纱纠葛等案 12－15－900

1945 年 3 月至 1946 年 1 月，四川高等法院第一分院、璧山实验地方法院关于殴打侮辱、拖欠棉纱屡次索取不还、伤害、璧山实验地方法院检察官呈请璧山实验地方法院为罚金发付执行命令、璧山实验地方法院检察官呈请璧山实验地方法院为没收贿赂发付执行命令、请求确认租赁契约无效、第一织布厂声请拍卖抵押物等案的文书，包括民事呈件、璧山实验地方法院批示、送达证书、民事诉状、收据、民事委任状、民事和解声请状、璧山实验地方法院检察官公函、璧山实验地方法院民事执行文稿、璧山实验地方法院民事执行命令、报告书、原案璧山实验地方法院刑事判决书、往来公函、民事声请状、军政部军需署第一织布厂公函等。

917. 四川高等法院第一分院、璧山实验地方法院审理增加给付纠葛两案 12－15－901

1945 年 9 月至 1946 年 5 月，四川高等法院第一分院、璧山实验地方法院关于因经济形势变动而要求增加典押的房屋田产价格、增加给付田产买卖价格两案的文书，包括民事诉状、民事委任状、民事辩论笔录、不动产登记声请书、原案四川高等法院第一分院民事判决书、璧山实验地方法院民事裁定书、民事声请状、民事和解笔录、民事宣判笔录、民事辩诉状、往来公函、民事上诉状、民事和解声请状等。

918. 四川高等法院第一分院审理优先承买权纠葛上诉一案 12－15－902

1944 年 4 月至 1944 年 9 月，四川高等法院第一分院关于李春秾不服与邓时琨等田产优先承买权纠葛案判决提请上诉一案的文书，包括往来公函、民事上诉状、原案璧山实验地方法院民事判决书、报告书、民事委任状等。

919. 四川高等法院第一分院、璧山实验地方法院审理返还借款及其上诉案两案 12－15－903

1944 年 10 月至 1945 年 6 月，四川高等法院第一分院、璧山实验地方法院关于杨冯氏因葛寿颐织布厂破产而要求其给付借款本息及其上诉案、何坤山状告刘云生返还借款及其上诉案两案的文书，包括凭票、民事声请状、民事委任状、民事辩论笔录、证人结文、民事诉状、民事宣判笔录、民事判决书、往来公函等。

920. 最高法院、四川高等法院第一分院审理租谷纠葛上诉一案　12－15－904

1945年2月至1947年7月，最高法院、四川高等法院第一分院关于王文氏等不服与龚敬之给付租谷纠葛案判决提请上诉一案的文书，包括往来公函、最高法院民事判决书、璧山县城中镇第六保证明书、民事声请状、民事委任状、民事辩论笔录、民事请参加状、民事展限状、民事答辩状、民事撤诉声请状等。

921. 璧山实验地方法院审理婚姻纠葛、妨碍公务两案　12－15－905

1945年9月至1945年12月，璧山实验地方法院关于徐何氏状告丈夫徐发银虐待逼迫改嫁、乡长刘争环状告彭时略等监禁乡长妨碍公务两案的文书，包括刑事诉状、刑事委任状、刑事审判笔录、刑事答辩状、璧山实验地方法院函片、刑事声请书、璧山实验地方法院通知书等。

922. 璧山实验地方法院审理典产纠葛一案　12－15－906

1945年4月至1945年6月，璧山实验地方法院关于石全兴对石维章回赎田产纠葛案判决有异议而声请其停止耕种一案的文书，包括民事诉状、民事辩论笔录、璧山实验地方法院批示等。

923. 璧山实验地方法院审理不动产抵押、买卖田业纠葛等案　12－15－907

1945年，璧山实验地方法院关于为承包第一织布厂业务而将土地房产抵押给第一织布厂、不服田业买卖纠葛案、为他人承保而抵押不动产判决提请上诉、伤害、以兵役事勒索钱财等案的文书，包括不动产登记声请书、不动产登记保证书、璧山实验地方法院公告、璧山实验地方法院命令、报告书、收据、民事上诉声请状、四川高等法院第一分院公鉴书、璧山实验地方法院检察官不起诉处分书等。

924. 璧山实验地方法院审理交业纠葛两案　12－15－908

1945年10月至1946年5月，璧山实验地方法院关于梁元清因谢炳清等违背租约将田产转租他人而要求终约交业、白仲尧状告戴治州租约到期抗不领押交业两案的文书，包括民事诉状、民事答辩状、民事委任状、保办处呈件、民事辩论笔录、民事声明状、民事催状、证人结文、民事宣判笔录、民事判决书等。

925. 璧山实验地方法院审理欺诈、伤害纠葛等案　12－15－909

1945年8月至1945年12月，璧山实验地方法院关于陈荣升状告夏德臣骗取交收押谷单后损毁、吴宧林状告谢允达骗取租约、郭炳权状告郭梓权在田产买卖中欺诈其父、赵钟氏状告龚后平出佃欺诈得来的房屋田产、张登荣状告赵永绥等伤害、戴曾氏状告戴汉文欺骗典期、黄泽氏状告徐绍清欺骗饲养员执照等案的文书，包括刑事诉状、刑事审判笔录、刑事撤诉状、璧山实验地方法院函片、刑事委任状、璧山县实验地方法检察官公函、报告书、讯问笔录、检验实录、刑事保状等。

926. 璧山实验地方法院审理给付妆奁费纠葛一案　12－15－910

1945 年 9 月至 1946 年 1 月，璧山实验地方法院关于罗德荣等状告郭俊臣以长兄身份掌握财政权欺压孤儿寡母拒绝为其亡弟之女给付出嫁妆奁费一案的文书，包括民事诉状、点名单、证人结文、民事辩论笔录、民事再诉状、民事辩诉状、民事声请状、民事声明状、民事和解笔录等。

927. 四川高等法院第一分院、璧山实验地方法院审理分割遗产声请执行命令、遗产分割及其上诉案两案　12－15－911

1945 年 5 月至 1946 年 9 月，四川高等法院第一分院、璧山实验地方法院关于刘自高为刘光旭遗产纠葛声请执行案、邱郑氏与郑德安声请分割遗产案及其上诉案两案的文书，包括民事请执行状、民事声请状、民事委任状、民事执行文稿、报告书、璧山实验地方法院民事执行命令、公告、命令、民事辩论笔录、民事宣判笔录、璧山实验地方法院民事判决书、往来公函、民事上诉状、璧山实验地方法院民事裁定书、四川高等法院第一分院民事裁定书等。

928. 璧山实验地方法院审理妨害耕作权利纠葛、妨害自由等案　12－15－912

1945 年 10 月至 1945 年 11 月，璧山实验地方法院关于罗万发状告叶甫成妨害耕作权利、梁锡江状告陈祥明等妨害自由、张炳良状告郭特祖在租佃契约有效期间妨害其行使耕种居住等权利等案的文书，包括刑事诉状、刑事委任状、刑事审判笔录、刑事辩诉状、点名单等。

929. 璧山实验地方法院审理回赎典产纠葛一案　12－15－913

1945 年 5 月至 1945 年 6 月，璧山实验地方法院关于吴元清因典约到期要求赎回房屋田产等典产的文书，包括民事诉状、民事追加状、民事委任状、民事辩论笔录、璧山实验地方法院民事裁定书、民事宣判笔录、璧山实验地方法院民事判决书、保办处呈件、璧山实验地方法院公函等。

930. 璧山实验地方法院审理妨害行使权利等案　12－15－914

1945 年 10 月至 1946 年 2 月，璧山实验地方法院关于张治臣状告朱志笃等妨害耕作权利、巫王氏状告冯庆云假公务之名侵害财产所有权、叶德馨状告谷锡彬妨害耕作权利等案的文书,包括刑事诉状、点名单、刑事审判笔录、刑事撤诉声请状、刑事宣判笔录、刑事判决书、刑事委任状、乡公所呈件等。

931. 璧山实验地方法院审理请发支付命令、增加典价等四案　12－15－915

1945年2月,璧山实验地方法院关于请发支付命令、增加田产房屋的典价等四案的文书,包括璧山实验地方法院支付命令、璧山实验地方法院通知书、民事委任状、民事声请状、民事辩论笔录、报告书等。

932. 四川高等法院第一分院、璧山实验地方法院审理搬迁交业及其上诉四案　12－15－916

1945年3月至1946年3月,四川高等法院第一分院、璧山实验地方法院关于朱勤昌不服搬迁交业案判决提请上诉、张夔阳状告吴俊淮到期抗不搬迁交业、王正明抗不交租、娄宝山租约解除后抗不交房等案的文书,包括往来公函、璧山实验地方法院民事判决书、民事辩论笔录、证人结文、民事答辩状、民事宣判笔录、民事判决书、璧山实验地方法院训令、乡公所呈件等。

933. 四川高等法院第一分院、璧山实验地方法院审理交租纠葛、霸耕纠葛两案　12－15－917(1)

1945年4月至1945年6月,四川高等法院第一分院、璧山实验地方法院关于李森林抗不交租、萧银廷霸耕及其上诉案两案的文书,包括民事诉状、民事辩论笔录、民事委任状、民事答辩状、民事宣判笔录、民事判决书、民事撤诉状、民事声明状、往来公函、民事上诉状等。

934. 四川高等法院第一分院、璧山实验地方法院审理霸耕纠葛、搬迁交业两案　12－15－917(2)

1945年4月至1945年7月,四川高等法院第一分院、璧山实验地方法院关于萧银廷不服霸耕纠葛案判决声请上诉案、傅炳臣租约无效而要求其搬迁交业两案的文书,包括民事声请状、往来公函、民事和解撤诉状、民事诉状、民事反诉状、民事委任状、民事辩论笔录、证人结文、民事宣判笔录、民事判决书、民事领状等。

935. 璧山实验地方法院审理请发支付命令、赌博纠葛等三案　12－15－918

1944年10月至1945年4月,璧山实验地方法院关于请发黄谷纠葛的支付命令、赌博纠葛上诉案、给付租谷纠葛三案的文书,包括民事声请状、璧山实验地方法院支付命令、报告书、四川省政府代电书、四川省政府训令、四川省政府指令、粮政科提案、四川省璧山县临时参议院公函、民事上诉状、和解笔录等。

936. 璧山实验地方法院审理不动产抵押权登记、租佃契约声请公证等案　12－15－919

1945年5月至1948年11月，璧山实验地方法院关于抵押权登记、租佃声请公证、藏匿赃物、领押交业、罚金请执行命令等案的文书，包括不动产登记声请书、不动产登记保证书、璧山实验地方法院公告、声请公证证明书、公证讯问笔录、璧山实验地方法院公证处通知书、收据、刑事呈件、刑事审判笔录、刑事宣判笔录、璧山实验地方法院刑事判决书、璧山实验地方法院检察官公函、四川高等法院第一分院刑事判决书、璧山实验地方法院民事执行文稿、报告书、璧山实验地方法院民事执行命令等。

937. 最高法院、四川高等法院第一分院、璧山实验地方法院审理毁损契约、人犯脱逃等案　12－15－920

1944年11月至1946年2月，最高法院、四川高等法院第一分院、璧山实验地方法院关于毁损租佃契约、人犯脱逃、查明死亡日期、优先承买权、永营师区函请代为扣押谭文炳等案的文书，包括刑事诉状、刑事委任状、刑事审判笔录、刑事宣判笔录、刑事判决书、往来公函、民事上诉状、民事委任状、四川高等法院第一分院民事裁定书、最高法院民事判决书、永营师区第二营营部公函、讯问笔录等。

938. 四川高等法院第一分院、璧山实验地方法院审理生活补助费一案　12－15－921（1）

1944年3月至1944年7月，四川高等法院第一分院、璧山实验地方法院关于声请增加警丁生活补助费一案的文书，包括四川高等法院指令、四川高等法院代电文、四川高等法院训令、璧山实验地方法院公函、璧山实验地方法院呈件、司法行政部指令等。

939. 四川高等法院第一分院、璧山实验地方法院审理生活补助费一案　12－15－921（2）

1944年3月至1944年11月，四川高等法院第一分院、璧山实验地方法院关于声请增加警丁生活补助费一案的文书，包括璧山实验地方法院看守所呈件、璧山实验地方法院呈件、司法行政部训令、四川高等法院指令、四川高等法院训令等。

940. 璧山实验地方法院审理领押交业纠葛两案　12－15－922

1945年8月至1946年11月，璧山实验地方法院关于王钱氏因租佃契约到期要求杨向氏等领押交业、曾陆氏以自耕为由要求曾夔章领押交业两案的文书，包括民事诉状、民事辩论笔录、民事答辩状、民事宣判笔录、民事判决书、民事委任状、民事请参加状、璧山实验地方法院训令、乡公所呈件、民事声请状等。

941. 最高法院、四川高等法院第一分院、璧山实验地方法院审理租谷纠葛等三案 12－15－923

1944 年 6 月至 1945 年 10 月，最高法院、四川高等法院第一分院、璧山实验地方法院关于陈桂贞状告杨子云拖欠租谷、雷永兴状告杨子荣拖延不给付租谷、蔡辉全终止租约纠葛上诉等案的文书，包括民事诉状、民事委任状、民事辩论笔录、民事宣判笔录、民事判决书、四川高等法院第一分院民事裁定书、往来公函、民事答辩状、最高法院民事判决书等。

942. 璧山实验地方法院审理田产买卖纠葛、声请假扣押等案 12－15－924

1945 年 7 月至 1946 年 8 月，璧山实验地方法院关于购买田产未完全付清业价、抗不清偿所欠租谷、租佃纠葛而声请扣押租谷等案的文书，包括民事声请状、民事裁定书、送达证书等。

943. 璧山实验地方法院审理给付黄谷声请执行命令一案 12－15－925

1945 年 3 月，璧山实验地方法院关于陈滋如因谭但氏无视法院给付黄谷的支付命令而声请执行命令一案的文书，包括民事声请状、民事裁定书、送达证书等。

944. 四川高等法院第一分院审理领押交业纠葛上诉一案 12－15－926

1945 年 2 月，四川高等法院第一分院关于曾燮章不服与张世鑫领押交业纠葛案判决提请上诉一案的文书，包括往来公函、民事上诉声明状、四川高等法院第一分院民事裁定书、原案璧山实验地方法院民事判决书等。

945. 璧山实验地方法院审理租约纠葛声请假处分扣押一案 12－15－927

1945 年 7 月，璧山实验地方法院关于杨向氏因与冉映奎房屋田产租约纠葛而声请对田中秧苗假处分扣押一案的文书，包括民事声请状、民事裁定书、送达证书等。

946. 璧山实验地方法院审理继承权纠葛一案 12－15－928

1945 年 4 月至 1945 年 5 月，璧山实验地方法院关于万蒋氏要求判定已经改嫁的刘李氏无继承遗产的权利一案的文书，包括民事诉状、民事委任状、民事传票、送达证书、民事撤诉状、璧山实验地方法院通知书等。

947. 璧山实验地方法院审理交业声请执行命令一案　12－15－929

1945年8月,璧山实验地方法院关于张发登为谢南辉交业搬迁的调解笔录声请执行命令一案的文书,包括民事请执行状、原案民事调解笔录、收据、送达证书等。

948. 璧山实验地方法院审理交业声请执行命令一案　12－15－930

1945年3月至1946年1月,璧山实验地方法院关于刘朝宗为冉封卿搬迁交业的和解笔录声请执行命令一案的文书,包括民事请执行状、民事辩论笔录、民事委任状、报告书、民事声请状、璧山实验地方法院批示、璧山实验地方法院民事执行文稿、民事补诉状、璧山实验地方法院布告、璧山实验地方法院训令、璧山实验地方法院命令、鉴定人鉴定书、收据、璧山实验地方法院民事执行命令、原案民事和解笔录等。

949. 璧山实验地方法院审理交业执行等案　12－15－931

1945年10月至1946年3月,璧山实验地方法院关于搬迁交业执行、给付租谷、赔偿黄谷执行命令等案,包括民事请执行状、民事执行文稿、报告书、民事保状、民事执行命令、民事执行催状、通知、民事补呈状、一审璧山实验地方法院民事判决书、原案四川高等法院第一分院民事判决书、呈件等。

950. 璧山实验地方法院审理交业执行、逃役等案　12－15－932

1945年1月至1945年12月,璧山实验地方法院关于交业执行、逃避兵役、销售赃物、偷米等案的文书,包括璧山实验地方法院民事执行命令、报告书、民事声请状、璧山实验地方法院批示、民事委任状、原案璧山实验地方法院民事裁定书、原案四川高等法院第一分院民事判决书、民事请执行状、璧山实验地方法院民事执行文稿等。

951. 璧山实验地方法院审理交业执行抗告、假扣押等案　12－15－933

1945年1月至1945年8月,璧山实验地方法院关于交业执行抗告案、租谷假扣押、终约交业执行、搬迁交业执行等案的文书,包括璧山实验地方法院呈件、民事抗告状、意见书、四川高等法院第一分院民事裁定书、璧山实验地方法院函片、原案璧山实验地方法院民事裁定书、民事声请状、璧山实验地方法院训令、报告书、民事请执行状、原案璧山实验地方法院民事判决书、璧山实验地方法院批示、璧山实验地方法院民事执行文稿、民事委任状、璧山实验地方法院民事执行命令等。

952. 璧山实验地方法院审理抱养文约声请公证一案　12－15－934

1945年3月，璧山实验地方法院关于邹海源等声请对抱养文约公证一案的文书，包括公证声请书、璧山实验地方法院通知、送达证书、点名单、公证讯问笔录、保办处证明书、公证通知书、收据、抱养文约等。

953. 璧山实验地方法院审理给付业价纠葛一案　12－15－935

1945年12月至1946年10月，璧山实验地方法院关于甘华洋要求甘启先支付出售膳田业价一案的文书，包括民事诉状、民事辩论笔录、民事辩诉状、公证状、民事委任状、民事补诉状、证人结文、民事销案声请状等。

954. 璧山实验地方法院审理妨害名誉纠葛一案　12－15－936

1945年11月至1946年2月，璧山实验地方法院关于闫文元诉潘华钦诬告其扰乱会场夺取会议记录而妨害名誉一案的文书，包括刑事诉状、刑事传票、送达证书、点名单、刑事撤诉状等。

955. 璧山实验地方法院审理妨害农作纠葛一案　12－15－937

1945年7月至1946年4月，璧山实验地方法院关于朱孙氏与张致辉终约交业纠葛将水田里的水放干而妨害农作一案的文书，包括刑事诉状、刑事委任状、刑事审判笔录、报告书、刑事重开辩论状、刑事宣判笔录、刑事判决书等。

956. 最高法院、四川高等法院第一分院审理给付生活费上诉一案　12－15－938

1944年12月至1945年10月，最高法院、四川高等法院第一分院关于何藩不服与江流娥分居及给付生活费案判决提请上诉一案的文书，包括往来公函、民事上诉状、四川高等法院第一分院民事裁定书、民事催呈状、民事声请状、最高法院民事裁定书、民事辩论笔录、民事辩诉状、原案璧山实验地方法院民事判决书等。

957. 璧山实验地方法院审理毁损纠葛一案　12－15－939

1945年7月至1945年10月，璧山实验地方法院关于成昌永状告邹泽高妨害自由毁损工厂一案的文书，包括刑事诉状、璧山实验地方法院检察官公函、刑事声明状、刑事委任状、刑事审判笔录、刑事保状、证人结文、刑事撤诉状、璧山实验地方法院通知、璧山县政府公函等。

958. 璧山实验地方法院审理交业纠葛声请执行、纵火两案　12－15－940（1）

1945年9月至1946年1月，璧山实验地方法院关于刘朝宗等给付租谷交业搬迁的执行案、王银廷状告王黄氏故意纵火烧屋两案的文书，包括民事补诉状、璧山实验地方法院民事执行文稿、报告书、璧山实验地方法院民事执行命令、璧山实验地方法院训令、民事辩论笔录、民事委任状、民事声明状、民事声请状、民事保状、民事请执行状、民事判决书、收据、原案民事和解笔录、原案民事上诉状、刑事诉状、璧山实验地方法院公函等。

959. 璧山实验地方法院等审理交业纠葛声请执行一案　12－15－940（2）

1945年9月至1947年9月，璧山实验地方法院等关于刘朝宗因冉封卿拒不履行给付租谷交业搬迁的和解笔录而声请执行命令一案的文书，包括民事请执行状、民事催辩状、民事委任状、璧山实验地方法院命令、民事声明状、民事辩论笔录、报告书、保办处呈件、民事保状、璧山实验地方法院训令、鉴定人鉴定书、璧山实验地方法院公告、璧山实验地方法院批示等。

960. 璧山实验地方法院审理妨害婚姻纠葛一案　12－15－941

1945年9月至1946年1月，璧山实验地方法院关于龚德章状告王炳荣等趁其入伍骗哄其妻改嫁妨害婚姻一案的文书，包括刑事诉状、刑事审判笔录、刑事委任状、刑事答辩状、证人结文、刑事宣判笔录、刑事判决书等。

961. 璧山实验地方法院审理妨害家庭一案　12－15－942

1945年6月至1946年1月，璧山实验地方法院关于谭周氏等状告谭蓝果抛弃幼子引诱有妇之夫破坏家庭一案的文书，包括刑事诉状、刑事委任状、刑事审判笔录、证人结文、璧山实验地方法院公函、报告书、刑事声请撤诉状等。

962. 璧山实验地方法院审理伪证一案　12－15－943

1945年9月至1946年4月，璧山实验地方法院关于周慧安状告朱显森在周慧安与陈仕佩树木所有权及树价赔偿纠葛案中做伪证一案的文书，包括刑事诉状、民事辩诉状、刑事审判笔录、璧山实验地方法院检察官函片、刑事声请撤诉状、刑事判决书等。

963. 璧山实验地方法院审理贪污公款一案　12－15－944（1）

1945年3月至1945年9月，璧山实验地方法院关于江流栋等状告校长雷在焜贪污教员薪金一案的文书，包括刑事诉状、璧山实验地方法院检察官公函、点名单、讯问笔录、刑事续呈状、璧山县政府公函、刑事保状、璧山实验地方法院检察官不起诉处分书、璧山实验地方法院检察官起诉书、报告书、璧山实验地方法院检察官呈件、璧山实验地方法院函片等。

964. 璧山实验地方法院审理贪污公款一案　12－15－944（2）

1945年9月至1946年11月，璧山实验地方法院关于江流栋等状告校长雷在焜贪污教员薪金一案的文书，包括璧山实验地方法院检察官起诉书、刑事委任状、刑事补诉状、刑事审判笔录、证人结文、刑事辩诉状、刑事裁定书、刑事催呈状、报告书、刑事保状、璧山实验地方法院批示、刑事声请状、璧山县田赋粮食管理处公函、刑事宣判笔录、刑事判决书、刑事声请撤诉状等。

965. 璧山实验地方法院审理背信侵占一案　12－15－945

1945年10月至1946年1月，璧山实验地方法院关于缪慰堂等状告舒镛等违背信义侵占委托售卖的衣料等物一案的文书，包括刑事诉状、报告书、刑事委任状、刑事辩诉状、刑事审判笔录、刑事声请撤诉状等。

966. 璧山实验地方法院审理妨害耕作一案　12－15－946

1945年10月至1945年12月，璧山实验地方法院关于张合清状告邱远德阻扰耕种一案的文书，包括刑事诉状、刑事审判笔录、证人结文、刑事辩诉状、刑事判决书等。

967. 璧山实验地方法院审理产业分割声请调解一案　12－15－947

1945年5月，璧山实验地方法院关于彭曾氏与彭志杰因遗产分割纠葛声请法院调解一案的文书，包括民事声请状、民事辩论笔录、点名单等。

968. 璧山实验地方法院审理妨害投票一案　12－15－948

1945年11月至1945年12月，璧山实验地方法院关于江达源状告尚必达等扰乱选举投票秩序一案的文书，包括刑事诉状、点名单、刑事审判笔录、呈件、刑事委任状、乡公所呈件、刑事宣判笔录、刑事判决书等。

969. 璧山实验地方法院审理公共安全一案　12－15－949

1945年10月至1946年11月，璧山实验地方法院关于王银廷状告王黄氏纵火烧房危害公共安全一案的文书，包括璧山实验地方法院检察官函片、点名单、刑事审判笔录、证人结文、璧山实验地方法院训令、报告书、刑事宣判笔录、刑事判决书等。

970. 璧山实验地方法院审理虐待伤害一案　12—15—950

1945年11月至1946年1月，璧山实验地方法院关于胡才贵状告丈夫朱大成胁迫虐待一案的文书，包括刑事诉状、刑事辩诉状、民事审判笔录、证人结文、刑事宣判笔录、刑事判决书等。

971. 璧山实验地方法院审理抢夺伤害一案　12—15—951

1945年10月，璧山实验地方法院关于陈胡氏、陈银山因搬迁纠葛而引发抢夺财物伤害人身一案的文书，包括刑事诉状、刑事委任状、璧山实验地方法院检察官函片等。

972. 璧山实验地方法院审理排除侵害声请执行一案　12—15—952

1945年4月至1945年12月，璧山实验地方法院关于黄燮然因胡荣廷强占熟土阻挠耕种而申请排除侵害声请执行一案的文书，包括民事声请执行状、璧山实验地方法院训令、璧山实验地方法院通知、报告书、原案民事和解笔录等。

973. 四川高等法院第一分院审理伪造私章上诉一案　12—15—953

1945年7月至1945年9月，四川高等法院第一分院关于王金廷不服与王海滨伪造私章案判决提请上诉一案的文书，包括往来公函、刑事上诉状、军政部军需署第一织布厂公函、四川高等法院第一分院检察官函片、刑事委任状、刑事审判笔录、四川高等法院第一分院刑事判决书、刑事答辩状、刑事宣判笔录、原案璧山实验地方法院刑事判决书等。

974. 四川高等法院第一分院审理赎产纠葛上诉一案　12—15—954

1945年9月至1945年12月，四川高等法院第一分院关于向兴盛不服与吴元清赎产纠葛案提请上诉一案的文书，包括往来公函、民事上诉状、原案璧山实验地方法院民事裁定书、民事委任状、民事答辩状、民事辩论笔录、保办处呈件、乡公所呈件、四川高等法院第一分院民事判决书等。

975. 璧山实验地方法院审理房产纠葛声请执行命令一案　12—15—955

1945年6月至1945年7月，璧山实验地方法院关于李刘氏为刘钦云终止租约归还房产判决声请执行命令一案的文书，包括民事请执行状、原案民事判决书、璧山实验地方法院民事执行文稿、报告书、璧山实验地方法院执行命令、收据等。

976. 璧山实验地方法院审理租谷纠葛声请执行命令一案　12－15－956

1945年6月至1945年7月，璧山实验地方法院关于陈国清因梁锡江抗不履行法院给付租谷的判决而声请执行命令一案的文书，包括民事请执行状、璧山实验地方法院批件、原案民事判决书等。

977. 璧山实验地方法院审理放赎典产纠葛一案　12－15－957

1945年4月至1946年4月，璧山实验地方法院关于罗汉章因典期将满而要求郭仲良等放赎典产一案的文书，包括民事诉状、民事委任状、民事补诉状、民事声请状、民事反诉状、民事辩论笔录、证人结文、璧山实验地方法院公函、青年远征军第二〇一师司令部代电文、民事宣判笔录、民事判决书等。

978. 璧山实验地方法院审理侵占一案　12－15－958

1945年9月至1945年10月，璧山实验地方法院关于严方成状告严长云欺负孤幼侵占产业一案的文书，包括刑事诉状、刑事声请状、璧山实验地方法院检察官函片、璧山实验地方法院通知等。

979. 璧山实验地方法院审理放赎典产纠葛声请执行命令一案　12－15－959

1945年4月至1945年5月，璧山实验地方法院关于罗张氏为张松林放赎典产判决声请执行命令一案的文书，包括民事声请状、璧山实验地方法院批示、送达证书、民事声明状等。

980. 璧山实验地方法院审理婚约声请公证一案　12－15－960

1945年4月，璧山实验地方法院关于伍回林与吴惠卿订立婚约声请公证一案的文书，包括公证声请书、璧山实验地方法院通知、公证讯问笔录、订婚文约等。

981. 四川高等法院第一分院、璧山实验地方法院等审理返还田产及其上诉一案　12－15－961

1945年7月至1946年9月，四川高等法院第一分院、璧山实验地方法院等关于许登贵因吴相臣拖欠租谷而要求终止租约返还田产及其上诉一案的文书，包括民事诉状、民事委任状、民事辩诉状、民事辩论笔录、民事声明状、证明书、训令、民事扩张状、青年远征军陆军第二〇一师特务连公函、民事催状、民事宣判笔录、璧山实验地方法院民事判决书、往来公函、民事上诉声请状、民事上诉状、民事答辩状、民事追加理由状、四川高等法院第一分院民事判决书等。

982. 四川高等法院第一分院、璧山实验地方法院审理租佃纠葛及其上诉一案 12－15－962

1945 年 3 月至 1945 年 8 月，四川高等法院第一分院、璧山实验地方法院关于戴炳兴状告赵曹氏等因租佃纠葛抢夺竹料、妨害佃权、伤害身体及其上诉一案的文书，包括刑事诉状、刑事委任状、刑事审判笔录、证人结文、刑事答辩状、刑事宣判笔录、璧山实验地方法院刑事判决书、报告书、往来公函、刑事上诉状、刑事辩诉状、四川高等法院第一分院刑事附带民事判决书、四川高等法院第一分院刑事判决书等。

983. 璧山实验地方法院审理债务声请执行命令一案 12－15－963

1945 年 8 月至 1945 年 10 月，璧山实验地方法院关于何吴氏因王方谷抗不履行法院偿还借债的判决而声请执行命令一案的文书，包括民事声请状、璧山实验地方法院通知书、璧山实验地方法院命令、璧山实验地方法院布告、报告书、璧山实验地方法院训令、民事和解声请状等。

984. 四川高等法院第一分院、璧山实验地方法院等审理悔婚赔偿损失及其上诉一案 12－15－964（1）

1945 年 10 月至 1946 年 11 月，四川高等法院第一分院、璧山实验地方法院等关于赖荣清因张世英悔婚而要求赔偿损失及其上诉一案的文书，包括民事诉状、民事辩论笔录、民事答辩诉状、民事声请状、证人结文、民事宣判笔录、璧山实验地方法院民事判决书、往来公函、民事上诉状、四川高等法院第一分院民事裁定书等。

985. 璧山实验地方法院等审理边界纠葛两案 12－15－964（2）

1945 年 9 月至 1947 年 11 月，璧山实验地方法院等关于陈万年状告石金盛越界侵占空地修建房屋案、陈海岗状告陈曾氏越界砍伐竹子要求赔偿损失两案的文书，包括民事诉状、民事辩诉状、民事辩论笔录、璧山实验地方法院通知、履勘笔录、民事宣判笔录、璧山实验地方法院民事判决书、房产契约、收据、往来公函、民事和解笔录等。

986. 璧山实验地方法院等审理所有权边界纠葛一案 12－15－965

1945 年 9 月至 1947 年 3 月，璧山实验地方法院等关于李德均因与谢晓白要求确定铁篱笆埂的所有权的边界纠葛一案的文书，包括民事诉状、民事委任状、民事反诉状、民事辩论笔录、报告书、民事补诉状、勘验意见书、鉴定人结文、民事宣判笔录、民事判决书等。

987. 最高法院、四川高等法院第一分院、璧山实验地方法院审理领押交业案、盗窃等案　12－15－966（1）

1945年4月至1945年5月，最高法院、四川高等法院第一分院、璧山实验地方法院关于领押交业执行案、窃盗、布庄担保纠葛上诉、毒打致死等案的文书，包括民事请执行状、民事委任状、璧山实验地方法院民事执行文稿、报告书、璧山实验地方法院民事执行命令、民事声请状、通知书、璧山实验地方法院函片、四川高等法院第一分院民事判决书、最高法院民事裁定书、刑事声请状、乡公所呈件、四川高等法院第一分院检察官批示、四川高等法院第一分院检察官训令、璧山实验地方法院看守所呈件等。

该卷另附有《国民精神总动员实施办法》《国民精神总动员会组织大纲》文件各一份。

988. 四川高等法院第一分院、璧山实验地方法院审理领押交业及其上诉一案　12－15－966（2）

1945年4月至1945年5月，四川高等法院第一分院、璧山实验地方法院关于张世鑫领押交业纠葛及其上诉一案的文书，包括璧山实验地方法院看守所呈件、璧山实验地方法院民事判决书、璧山实验地方法院公函、璧山实验地方法院呈件、四川高等法院第一分院民事裁定书、璧山实验地方法院命令等。

989. 最高法院、四川高等法院第一分院、璧山实验地方法院审理交业纠葛等三案　12－15－967（1）

1945年9月至1945年11月，最高法院、四川高等法院第一分院、璧山实验地方法院关于给付租谷搬迁交业上诉案、领押交业调解等三案的文书，包括往来公函、最高法院民事判决书、民事上诉状、民事委任状、民事答辩状、璧山县来凤乡调解委员会证明书、民事辩论笔录、四川高等法院第一分院民事和解笔录、民事诉状、民事宣判笔录、璧山实验地方法院民事判决书、民事辩诉状、民事声请状等。

990. 四川高等法院第一分院、璧山实验地方法院审理领押交业纠葛两案　12－15－967（2）

1945年4月至1945年6月，四川高等法院第一分院、璧山实验地方法院关于领押交业纠葛两案的文书，包括民事辩论笔录、民事委任状、民事声请状、璧山实验地方法院通知书、民事诉状、民事辩诉状、璧山县定林乡乡公所呈件、民事宣判笔录、民事判决书、往来公函、民事上诉状、四川高等法院第一分院民事和解笔录等。

991. 璧山实验地方法院、璧山县政府等审理欠款、借款纠葛两案　12－15－968

1936年10月至1945年1月，璧山实验地方法院、璧山县政府等关于杨冯氏声请增加葛寿颐给付欠款的法定利息的判决、彭瑞卿状告张陶氏等拖欠债款要求其偿还借款两案的文书，包括民事声请状、民事裁定书、民事诉状、点名单、民事判决书、审理笔录等。

992. 最高法院、四川高等法院第一分院审理撤销拍卖纠葛上诉一案　12－15－969

1944年10月至1945年6月，最高法院、四川高等法院第一分院关于杨南轩不服陈永森撤销拍卖案判决提请上诉一案的文书，包括民事上诉状、往来公函、四川高等法院第一分院民事裁定书、四川高等法院第一分院民事判决书、最高法院民事判决书管业证书、原案璧山实验地方法院民事判决书等。

993. 璧山实验地方法院审理树木纠纷、返还树木纠葛两案　12－15－970

1945年1月至1945年6月，璧山实验地方法院关于熊明甫等因江仲淹因与李全三山林边界树木纠纷案、陈倪氏要求秦华轩返还树木两案的文书，包括民事诉状、民事委任状、民事答辩状、民事辩论笔录、证人结文、民事声请状、璧山实验地方法院训令、璧山县临江乡乡公所呈件、璧山县八塘乡乡公所呈件、原案民事判决书、璧山实验地方法院检察官起诉书、往来公函等。

994. 最高法院、四川高等法院第一分院审理赔偿树价及迁坟纠葛案上诉、树木纠葛上诉两案　12－15－971

1944年9月至1945年11月，最高法院、四川高等法院第一分院关于绍记（即明达慈善团）不服与陈泽林等赔偿树价及迁坟纠葛案判决提请上诉、陈倪氏树木纠纷上诉两案的文书，包括往来公函、民事上诉状、四川高等法院第一分院民事裁定书、四川省政府官契、最高法院民事判决书等。

该卷另附有陈善明等与周绍卿借款纠葛民事和解笔录一张。

995. 最高法院、四川高等法院第一分院审理典物留买权纠葛上诉一案　12－15－972

1943年11月至1945年1月，最高法院、四川高等法院第一分院关于余王氏不服与余炳合典物留买权纠葛案判决提请上诉一案的文书，包括往来公函、民事上诉状、四川高等法院第一分院民事裁定书、民事答辩状、最高法院民事判决书、民事公证状、民事追加状等。

996. 璧山实验地方法院审理执行异议、给付肥猪价款纠葛等案　12－15－973

1945 年 6 月至 1945 年 7 月，璧山实验地方法院关于刘吕氏对胡明高声请的优先留买权执行命令异议案、鲍银华要求王炳国支付购买肥猪的价款、李桂荣状告朱少清诬告其妨害兵役等案的文书，包括民事声请状、民事委任状、民事答辩状、民事辩论笔录、民事撤诉状、民事诉状、民事辩诉状、璧山实验地方法院通知书、璧山实验地方法院检察官函片、刑事声请状、刑事答辩状、刑事委任状、证明书、刑事审判笔录等。

997. 最高法院、四川高等法院第一分院、璧山实验地方法院审理黄谷假扣押抗告、青砖纠葛上诉案等三案　12－15－974

1944 年 9 月至 1945 年 10 月，最高法院、四川高等法院第一分院、璧山实验地方法院关于黄谷假扣押抗告、青砖纠葛上诉、给付生活费纠葛上诉三案的文书，包括民事抗告状、民事辩论笔录、往来公函、四川高等法院第一分院民事意见书、报告书、最高法院民事裁定书等。

998. 四川高等法院第一分院、璧山实验地方法院等审理返还碛米声请执行命令、窃占遗产上诉两案　12－15－975

1945 年 9 月至 1946 年 5 月，四川高等法院第一分院、璧山实验地方法院等关于吕凤子因王松林承碾教员碛米不交还而声请执行命令、刘陈氏不服刘世中窃占遗产案判决而上诉两案的文书，包括民事声请状、民事判决书、民事执行文稿、报告书、璧山实验地方法院民事执行命令、民事辩论笔录、民事保状、通知、命令、查封不动产笔录、呈件、刑事上诉状、璧山县政府公函、点收笔录、讯问笔录、刑事委任状、刑事证明状、四川高等法院第一分院刑事判决书、四川高等法院第一分院刑事附带民事判决书等。

999. 四川高等法院第一分院、璧山实验地方法院等审理搬迁交业交还田土及其上诉一案　12－15－976

1945 年 11 月至 1946 年 5 月，四川高等法院第一分院、璧山实验地方法院等关于龙济光因租约到期而要求龙兴发搬迁交业返还田土及其上诉一案的文书，包括往来公函、民事上诉状、证明书、民事委任状、民事辩论笔录、四川高等法院第一分院民事和解笔录、民事诉状、民事辩诉状、民事宣判笔录、璧山实验地方法院民事判决书等。

1000. 最高法院、四川高等法院第一分院、璧山实验地方法院审理返还洋碱案判决的上诉案、司法人员调任旅费两案　12—15—977

1944 年 2 月至 1945 年 1 月，最高法院、四川高等法院第一分院、璧山实验地方法院关于雷在喜等不服与向素卿返还洋碱案判决的上诉案、荆海清声请调任旅费两案的文书，包括民事上诉状、往来公函、四川高等法院第一分院民事裁定书、民事声请撤诉状、批示、司法行政部指令、璧山实验地方法院训令、璧山实验地方法院检察官公函、璧山实验地方法院看守所呈件等。

1001. 最高法院、四川高等法院第一分院、璧山实验地方法院审理遗产纠葛、返还洋碱纠葛及其上诉等三案　12—15—978

1944 年 4 月至 1945 年 3 月，最高法院、四川高等法院第一分院、璧山实验地方法院关于何宏基不服与何荣基等遗产纠葛案判决而上诉、安荣卿与安王氏遗产纠葛上诉、雷在喜等不服与向素卿返还洋碱纠葛案判决而上诉等三案的文书，包括往来公函、民事上诉状、四川高等法院第一分院民事裁定书、最高法院民事判决书、民事委任状、民事辩论笔录、四川高等法院第一分院民事和解笔录、报告书、民事声请书等。

1002. 最高法院、四川高等法院第一分院、璧山实验地方法院审理给付借款声请调解、终约交业声请调解等案　12—15—979

1945 年 4 月至 1945 年 7 月，最高法院、四川高等法院第一分院、璧山实验地方法院关于江成龙要求江流昌等偿还借款而声请调解、雷海荣终约交业声请调解、严炳忠抗不搬迁交业声请调解、孙谦和清偿欠款、张治辉交还田产纠葛上诉等案的文书，包括民事声请调解状、民事委任状、民事辩论笔录、点名单、民事和解笔录、民事诉状、往来公函、民事上诉状、四川高等法院第一分院民事裁定书、最高法院民事裁定书、民事请参加状、四川高等法院第一分院民事判决书等。

1003. 最高法院、四川高等法院第一分院、璧山实验地方法院审理迁让房屋纠葛、返还熟土两案　12—15—980

1945 年 8 月至 1945 年 12 月，最高法院、四川高等法院第一分院、璧山实验地方法院关于周汉臣不服与刘铁樵迁让房屋纠葛案判决而上诉、彭家萧等状告何泽惠伪造租佃契约而要求返还熟土两案的文书，包括民事上诉状、往来公函、四川高等法院第一分院民事裁定书、璧山实验地方法院民事判决书、最高法院民事判决书、最高法院民事裁定书、民事诉状、民事委任状、民事辩论笔录、民事答辩状、民事催状、证人结文、璧山实验地方法院训令、民事声请书等。

1004. 璧山实验地方法院审理给付木价纠葛一案　12－15－981

1945 年 11 月至 1945 年 12 月，璧山实验地方法院关于周绍卿因张璨石立书据收去木板后抵赖不支付木价一案的文书，包括民事诉状、民事辩论笔录、民事辩诉状、报告书等。

1005. 璧山实验地方法院审理声请拍卖抵押物两案　12－15－982

1945 年 6 月至 1945 年 10 月，璧山实验地方法院关于陈英等因李伯嵩等债务到期无法偿还而声请拍卖其抵押物、尹香翘因朱银康债务到期无法偿还而声请拍卖其抵押物两案的文书，包括民事声请状、民事委任状、民事撤诉状、点名单、借据、凭票、民事裁定书等。

1006. 最高法院、四川高等法院第一分院审理领押交业纠葛及其上诉一案　12－15－983

1945 年 2 月至 1945 年 11 月，最高法院、四川高等法院第一分院关于罗荣耀不服与谢清三领押交业纠葛案判决而上诉一案的文书，包括民事上诉状、往来公函、四川高等法院第一分院民事裁定书、最高法院民事裁定书、最高法院民事判决书等。

1007. 最高法院、四川高等法院第一分院、璧山实验地方法院等审理树价纠纷等三案　12－15－984（1）

1945 年 3 月至 1946 年 4 月，最高法院、四川高等法院第一分院、璧山实验地方法院等关于蒋吉六为彭顺吉赔偿树价判决声请执行命令、陈仕佩为周慧安赔偿树价判决声请执行命令、绍记（即明达慈善团）不服与陈泽林赔偿树价及迁坟纠葛案判决而上诉三案的文书，包括民事请执行状、民事委任状、璧山实验地方法院民事执行文稿、报告书、璧山实验地方法院民事执行命令、收据、民事声明状、最高法院民事判决书、民事上诉状、民事辩诉状、民事辩论笔录、民事答辩状、往来公函等。

1008. 最高法院、四川高等法院第一分院、璧山实验地方法院等审理赔偿树价及迁坟纠葛及其上诉一案　12－15－984（2）

1945 年 3 月至 1946 年 4 月，最高法院、四川高等法院第一分院、璧山实验地方法院等关于绍记（即明达慈善团）与陈泽林赔偿树价及迁坟纠葛及其上诉一案的文书，包括民事声请状、刑事裁定书、民事裁定书、往来公函、民事委任状、民事答辩状、民事辩论笔录、巴县凤凰乡乡公所呈件、报告书、民事证明状、民事声明状、四川高等法院第一分院民事判决书等。

1009. 璧山实验地方法院审理债务纠葛声请执行命令等案　12－15－985

1945年2月至1945年6月，璧山实验地方法院关于周明光因陈立三无视清偿黄谷的支付命令而声请执行命令、王钱氏因王之栋无视法院支付所欠食谷的判决而声请执行命令、徐绍平因刘天培无视清偿债务的支付命令而声请执行命令、李鹏因秦为智等无视支付命令拖欠诉讼费而声请支付命令等案的文书，包括民事声请状、璧山实验地方法院批示、原案璧山实验地方法院民事裁定书等。

1010. 最高法院、四川高等法院第一分院、璧山实验地方法院审理回赎产业纠葛两案　12－15－986

1945年5月至1945年11月，最高法院、四川高等法院第一分院、璧山实验地方法院关于雷铭洲不服与雷柏松回赎产业纠葛案判决而上诉、谭国彬因典约到期而要求唐黄氏放赎典产两案的文书，包括往来公函、民事上诉声请状、民事上诉状、民事答辩状、民事辩论笔录、四川高等法院第一分院民事判决书、民事诉状、民事委任状、民事辩诉状、证人结文、璧山实验地方法院民事判决书、民事宣判笔录等。

1011. 璧山实验地方法院审理给付松板纠葛一案　12－15－987

1945年8月至1945年10月，璧山实验地方法院关于林洪祖因龙锡林订立出卖松板的合约后故意延期不交付松板而要强求其给付松板费用一案的文书，包括民事诉状、民事辩论笔录、璧山实验地方法院公函、重庆实验地方法院公函等。

1012. 璧山实验地方法院审理押金纠葛、呈缴剩余司法印纸两案　12－15－988

1945年10月至1945年12月，璧山实验地方法院关于吴全安因与佃主刘渭南租佃押金纠葛、璧山实验地方法院呈缴剩余司法印纸两案的文书，包括民事诉状、璧山实验地方法院通知书、司法行政部指令、璧山实验地方法院呈件、璧山实验地方法院公告等。

1013. 最高法院、四川高等法院第一分院、璧山实验地方法院审理土地买卖契约上诉、债务纠葛声请调解等三案　12－15－989

1944年10月至1945年10月，最高法院、四川高等法院第一分院、璧山实验地方法院关于夏瑞星不服与曹铭心土地买卖契约纠葛上诉案、陈善明等因周绍卿等拖欠巨款而声请调解、符炳荣不服与陈鸿轩房产买卖契约纠葛案判决而上诉三案的文书，包括往来公函、民事声请上诉状、原案璧山实验地方法院民事裁定书、民事上诉状、民事委任状、民事答辩状、民事辩论笔录、四川高等法院第一分院民事判决书、民事声请状、调解笔录、四川高等法院第一分院民事裁定书、民事诉状、最高法院民事判决书等。

1014. 最高法院、四川高等法院第一分院、璧山实验地方法院审理典产纠葛两案 12－15－990

1944 年 4 月至 1945 年 8 月，最高法院、四川高等法院第一分院、璧山实验地方法院关于谭玉辉不服与谢中芳回赎典产案判决而上诉、荣海廷等要求回赎典当与荣炳之的房屋田产两案的文书，包括民事声明状、民事上诉状、往来公函、民事诉状、民事委任状、民事辩论笔录、民事补诉状、民事声请书、璧山实验地方法院民事判决书、民事宣判笔录等。

1015. 四川高等法院第一分院、璧山实验地方法院审理返还阴地纠葛上诉、止约交业纠葛等三案 12－15－991

1945 年 1 月至 1945 年 11 月，四川高等法院第一分院、璧山实验地方法院关于唐懋怀不服与朱绍征返还阴地纠葛案判决而上诉、吴成章要求收回田土自耕止约交业、冉伍氏要求撤销与刘朝宗等的和解笔录三案的文书，包括往来公函、民事上诉状、民事委任状、民事声请书、民事辩论笔录、民事诉状、璧山实验地方法院民事和解笔录、民事辩诉状等。

1016. 最高法院、四川高等法院第一分院、璧山实验地方法院审理房屋租赁纠纷、租佃纠葛等三案 12－15－992

1944 年 6 月至 1946 年 1 月，最高法院、四川高等法院第一分院、璧山实验地方法院关于王安氏与社会服务处房屋租赁纠纷、租佃纠葛上诉案、遗产税执行案三案的文书，包括民事诉状、民事声明状、民事辩论笔录、民事和解笔录、往来公函、民事上诉状、最高法院民事判决书、财政部川康区直接税局璧山县直接税局分局公函、璧山实验地方法院民事执行文稿、报告书、璧山实验地方法院民事执行命令、璧山实验地方法院训令、鉴定人鉴定书、璧山实验地方法院公告、收据等。

1017. 江津地方法院、璧山实验地方法院审理婚姻纠纷等四案 12－15－993

1945 年 5 月至 1946 年 4 月，江津地方法院、璧山实验地方法院关于离婚存查案、诱哄未婚妻毁约改嫁妨害出征军人婚姻案、租佃押金执行案、止约交业纠葛上诉案四案的文书，包括民事声请状、璧山实验地方法院批示、刑事声请状、江津地方法院公函、刑事审判笔录、刑事判决书、民事请执行状、民事辩论笔录、璧山实验地方法院民事执行文稿、报告书、璧山实验地方法院民事执行命令、往来公函、民事上诉状、璧山实验地方法院民事裁定书、民事答辩状、四川高等法院第一分院民事和解笔录等。

1018. 璧山实验地方法院审理租佃纠葛、给付契约纠葛等案　12—15—994

1945年4月至1945年10月，璧山实验地方法院关于赵文清因僧德勋伪造假证诬告其妻损毁房屋要求终止租约而声请重新审理、万罗昌明因冯树成等违背租佃契约而声请调解、刘洪顺要求增加补偿而声请调解给付契约等案的文书，包括刑事诉状、民事委任状、民事裁定书、民事辩诉状、民事辩论笔录、民事声请状、民事判决书等。

1019. 璧山实验地方法院审理宣告死亡、继承权纠葛上诉等案　12—15—995

1945年12月，璧山实验地方法院关于来凤乡乡公所因陈治光外出失踪多时不归而声请法院对其宣告死亡、王柯氏不服与王恢中继承权纠葛案判决而上诉、郑浩全不服与李占云领押交业案判决而上诉等案的文书，包括璧山县来凤乡第七保保办处呈件、民事裁定书、往来公函、点名单、收据、原案璧山实验地方法院民事判决书等。

1020. 四川高等法院第一分院、璧山实验地方法院审理婚约纠葛一案　12—15—996

1945年9月至1946年9月，四川高等法院第一分院、璧山实验地方法院关于廖肇培因张二定下婚约悔婚而要求确认婚约有效一案的文书，包括民事诉状、民事辩诉状、点名单、民事辩论笔录、民事宣判笔录、璧山实验地方法院民事判决书、璧山实验地方法院民事裁定书、往来公函、民事上诉状、民事委任状、民事声请书、四川高等法院第一分院民事和解笔录等。

1021. 璧山实验地方法院审理租约纠葛、遗嘱声请公证等案　12—15—997

1945年8月至1945年11月，璧山实验地方法院关于余有清因陈祥安租佃土地后转租他人而要求确认租佃契约有效转佃契约无效、陈同福等声请遗嘱公证、王继春收回土地自耕而要求胡兴源止约交业等案的文书，包括民事诉状、民事声请状、遗嘱副本、公证笔录、民事委任状、民事辩论笔录、民事撤诉状等。

1022. 四川高等法院第一分院、璧山实验地方法院审理给付债款声请调解、迁让房屋纠葛上诉等案　12—15—998

1945年5月至1945年8月，四川高等法院第一分院、璧山实验地方法院关于罗纪明因王淑英借款逾期不还而声请法院调解、娄贯之不服与娄宝之迁让房屋纠葛案判决而上诉、第一织布厂因法定代言人更换而上报法院、邓青云要求增加田地典价而声请调解等案的文书，包括民事声请调解状、民事辩论笔录、民事诉状、军政部军需署第一织布厂公函、民事裁定书、民事声请状等。

1023. 璧山实验地方法院审理返还熟土声请执行、会计人员升调移交公务两案 12－15－999

1945 年 1 月至 1945 年 3 月，璧山实验地方法院关于杨再华为刘谭氏返还熟土案判决声请执行、法院会计卓疑升调移交公务两案的文书，包括民事声请状、民事辩论笔录、民事委任状、璧山实验地方法院民事执行文稿、报告书、璧山实验地方法院民事执行命令、收据、原案民事判决书、司法行政部会计处训令、年度待报各件造册移交单、签呈书、交代请结证明书等。

1024. 四川高等法院第一分院、璧山实验地方法院审理增加租佃押金给付声请调解、租谷纠葛上诉等案 12－15－1000

1945 年 8 月至 1945 年 9 月，四川高等法院第一分院、璧山实验地方法院关于谢泽三要求增加租佃押金给付而声请法院调解、李森林不服与向懋华租谷纠葛案判决而上诉、彭雨高因与罗明高租佃契约终止而要求其返还当年所种粮食等案的文书，包括民事诉状、民事辩论笔录、民事委任状、民事调解笔录、往来公函、民事判决书、民事宣判笔录等。

1025. 璧山实验地方法院审理返还押金声请存档、声请发还保证金等案 12－15－1001

1945 年 6 月至 1946 年 12 月，璧山实验地方法院关于任炳兴因交还刘炳清等人的租佃押金而声请法院存查、陈文宇等声请发还买卖契约纠葛案的保证金、曾仲杰等声请为石全兴黄谷纠葛案担保、土布业公会为靳炳钦违规买卖布匹一事声请存查等案的文书，包括民事声请状、璧山实验地方法院批示、凭票、璧山县土布商业同业公会呈件、璧山实验地方法院指令等。

1026. 重庆实验地方法院、四川高等法院第一分院、璧山实验地方法院审理继承权纠葛、撤销田业买卖等案 12－15－1002

1944 年 10 月至 1945 年 7 月，重庆实验地方法院、四川高等法院第一分院、璧山实验地方法院关于王柯氏与王明中继承权纠葛声请法院再审、吴钟氏要求撤销与刘谢氏田业买卖、璧山实验地方法院检察官公诉刘曾氏等买卖赃物等案的文书，包括民事再审状、四川高等法院第一分院民事裁定书、往来公函、璧山县城中镇户口调查表、璧山县接龙乡乡公所呈件、报告书、原案最高法院民事判决书、璧山实验地方法院公示、刑事诉状等。

1027. 最高法院、四川高等法院第一分院、璧山实验地方法院审理遗弃纠葛上诉、放赎典产纠葛等案　12－15－1003

1944 年 10 月至 1945 年 7 月，最高法院、四川高等法院第一分院、璧山实验地方法院关于熊邓氏不服与熊顺清等遗弃兄嫂案判决而上诉、曹陈氏不服与曹登榜等放赎典产纠葛案判决而上诉、蒲恒益声请撤销终止与杨冯氏房屋买卖契约纠葛诉讼程序等案的文书，包括往来公函、刑事声请上诉状、刑事审判笔录、四川高等法院第一分院民事判决书、民事上诉状、原案四川高等法院第一分院民事裁定书、民事委任状、原案璧山实验地方法院民事判决书、民事声请状、最高法院民事裁定书、民事辩论笔录、民事宣判笔录、璧山实验地方法院民事判决书等。

1028. 四川高等法院第一分院、璧山实验地方法院审理欠谷纠葛及其上诉案、租佃纠葛等案　12－15－1004

1945 年 3 月至 1945 年 12 月，四川高等法院第一分院、璧山实验地方法院关于江流璧要求潘全良等给付欠谷、尹绍熙要求解除与夏海源租佃关系、石维章要求石全兴返还耕具声请执行等案的文书，包括民事诉状、民事辩论笔录、民事宣判笔录、民事判决书、往来公函、民事请执行状、原案一审刑事判决书、原案二审刑事附带民事判决书等。

1029. 四川高等法院第一分院、璧山实验地方法院审理房屋租金纠葛上诉、棉纱纠葛等案　12－15－1005

1945 年 2 月至 1946 年 1 月，四川高等法院第一分院、璧山实验地方法院关于薛赓尧不服与张炳轩房屋租金纠葛案判决而上诉、谭开瑜要求赵发宣清偿所欠棉纱、廖国全要求郑炳林返还棉纱等案的文书，包括往来公函、民事上诉状、原案璧山实验地方法院民事裁定书、民事辩论笔录、民事诉状、民事委任状、民事声请撤诉状、民事判决书、证人结文民事宣判笔录等。

1030. 璧山实验地方法院等审理给付租谷交还产业、搬迁交业两案　12－15－1006

1945 年 1 月至 1949 年 1 月，璧山实验地方法院等关于贺龙松要求王辉武给付租谷交还产业、戴义臣因租约到期要求龙炳宗搬迁交业两案的文书，包括民事委任状、民事辩诉状、民事补诉状、民事辩论笔录、民事诉状、民事宣判笔录、民事判决书等。

1031. 璧山实验地方法院审理典当契约纠葛、租佃纠葛两案　12－15－1007

1945 年 1 月至 1945 年 4 月，璧山实验地方法院关于萧谢氏状告萧张氏侵占田产等遗产要求确认田产典当契约无效、王荣章因马贺氏要求增加土地租佃给付而要求其返还押金赔偿损失两案的文书，包括民事判决书、往来公函、民事辩论笔录、民事诉状、民事声请状、民事裁定书、民事宣判笔录、民事答辩状等。

1032. 璧山实验地方法院审理声请领取证件等五案　12－15－1008

1943 年 6 月至 1945 年 8 月，璧山实验地方法院关于李海林、陈祥明、张兴太、王乾贞、张徐氏因所涉案件已经了解而声请领回契约书等证件五案的文书，包括民事领状、璧山实验地方法院批示、民事声请状、民事辩论笔录、收据等。

1033. 璧山实验地方法院审理返还田契一案　12－15－1009

1945 年 2 月至 1945 年 3 月，璧山实验地方法院关于黄汉舒因与曾炳荣田土买卖交易终止而要求返还田契一案的文书，包括民事诉状、民事委任状、民事辩诉状、证人结文、民事辩论笔录、民事宣判笔录、民事判决书等。

1034. 最高法院、四川高等法院第一分院、璧山实验地方法院审理交业纠葛、交业声请执行两案　12－15－1010

1944 年 11 月至 1945 年 7 月，最高法院、四川高等法院第一分院、璧山实验地方法院关于张长生要求佘全辉等搬迁交业、蒋乔金抗告张辉林声请的交业执行命令两案的文书，包括往来公函、民事催状、璧山实验地方法院呈件、民事抗告状、四川高等法院第一分院民事裁定书、四川高等法院第一分院民事意见书、最高法院民事裁定书、民事请执行状、民事委任状、璧山实验地方法院民事裁定书等。

1035. 璧山实验地方法院审理请发支付命令等五案　12－15－1011

1945 年 4 月至 1945 年 12 月，璧山实验地方法院关于亏损底纱拖延不还、拖欠律师诉讼费、拖欠食谷业价而请发支付命令等五案的文书，包括民事声请状、璧山实验地方法院支付命令、报告书等。

1036. 璧山实验地方法院审理请发支付命令等九案　12－15－1012

1945 年 5 月至 1946 年 1 月，璧山实验地方法院关于拖欠黄谷不还、拖欠债务、拖欠租谷而请发支付命令等九案的文书，包括民事声请状、璧山实验地方法院支付命令、送达证书、民事异议状、璧山实验地方法院书记室通知书等。

1037. 璧山实验地方法院审理请发支付命令等六案　12－15－1013

1945 年 4 月至 1945 年 5 月，璧山实验地方法院关于拖欠借款、亏损棉纱不予偿还而请发支付命令等六案的文书，包括民事声请状、凭票、收据、璧山实验地方法院支付命令、民事异议状、送达证书等。

1038. 四川高等法院第一分院、璧山实验地方法院审理返还田产买卖契约及其上诉一案 12－15－1014

1945年4月至1945年8月，四川高等法院第一分院、璧山实验地方法院关于王甘氏因分家纠葛而要求王洪清返还田产买卖契约及其上诉一案的文书，包括民事诉状、民事委任状、璧山实验地方法院民事判决书、民事辩论笔录、民事声请状、民事辩诉状、报告书、民事上诉状、民事声明状、四川高等法院第一分院民事判决书等。

1039. 璧山实验地方法院审理给付食谷声请执行、不给付价款两案 12－15－1015

1945年6月至1945年8月，璧山实验地方法院关于杨志仁为张兰廷给付食谷案判决声请执行、王源才状告左曾氏立字据买去食谷后拖延不给付价款两案的文书，包括民事声请状、民事请执行状、璧山实验地方法院通知、民事诉状、民事委任状、民事辩论笔录、民事声请撤诉状等。

1040. 璧山实验地方法院审理返还产业纠葛一案 12－15－1016

1945年7月至1946年1月，璧山实验地方法院关于张正乾等因向周朋等房屋田产租佃契约到期后伪造续典文书而要求确认伪造续典文书无效返还产业一案的文书，包括民事诉状、民事委任状、民事答辩状、民事判决书、民事辩论笔录、民事宣判笔录等。

1041. 四川高等法院第一分院、璧山实验地方法院审理交付田业纠葛及其上诉一案 12－15－1017

1945年6月至1946年11月，四川高等法院第一分院、璧山实验地方法院关于王焘远因王恩远霸占两人共买之房屋田产而要求其交付本当属于王焘远部分的田产及其上诉一案的文书，包括民事诉状、民事委任状、民事辩诉状、民事辩论笔录、民事补诉状、证人结文、璧山实验地方法院民事判决书、往来公函、民事上诉状、民事调解书等。

1042. 四川高等法院第一分院、璧山实验地方法院审理返还黄谷纠葛及其上诉一案 12－15－1018

1945年11月至1946年4月，四川高等法院第一分院、璧山实验地方法院关于刘铁樵因刘先启借谷出捐家族祭祀后拒不归还而要求其返还黄谷及其上诉一案的文书，包括民事诉状、民事辩论笔录、证人结文、民事宣判笔录、璧山实验地方法院民事判决书、往来公函、民事上诉状、民事声请状等。

1043. 最高法院、四川高等法院第一分院、璧山实验地方法院审理边界纠葛及其上诉一案　12－15－1019

1945年4月至1947年8月，最高法院、四川高等法院第一分院、璧山实验地方法院关于陶俊卿购买阴地而与郭俊臣产生的边界纠葛及其上诉一案的文书，包括民事诉状、民事辩诉状、民事委任状、民事辩论笔录、证人结文、民事宣判笔录、璧山实验地方法院民事判决书、往来公函、民事上诉状、民事答辩状、四川高等法院第一分院民事判决书、最高法院民事判决书等。

1044. 四川高等法院第一分院、璧山实验地方法院等审理田产所有权纠葛、更正记录错误、增加给付等案　12－15－1020－1022

1945年4月至1947年6月，四川高等法院第一分院、璧山实验地方法院等关于龙扬波死后其妻龙陈氏持作废的田契争夺已卖与白世荣的田产引起的田产所有权纠葛、左敬齐与夏国良等因租佃纠葛调解笔录姓氏记录错误而要求更正、吴徐氏要求增加田业出典业价而声请调解等案的文书，包括民事诉状、民事委任状、民事辩论笔录、璧山实验地方法院公函、民事催状、民事声请书、民事声明状、民事补正状、民事宣判笔录、璧山实验地方法院民事判决书、往来公函、民事上诉状、民事撤诉状、民事声请状、璧山实验地方法院民事裁定书、和解笔录等。

1045. 四川高等法院第一分院、璧山实验地方法院审理租佃契约纠葛、回赎典产纠葛两案　12－15－1023－1024

1945年4月至1946年3月，四川高等法院第一分院、璧山实验地方法院关于彭时茂因刘雅风不履行约定出佃田产而要求其履行租佃契约、戴均廷因典约到期而要求王海云放赎典产两案的文书，包括民事诉状、民事答辩状、民事辩论笔录、民事委任状、民事宣判笔录、璧山实验地方法院民事判决书、往来公函、民事上诉状、四川高等法院第一分院民事裁定书、民事声请状、报告书等。

1046. 最高法院、四川高等法院第一分院、璧山实验地方法院审理典产纠葛上诉、交付田业纠葛及其上诉等案　12－15－1025－1028

1945年1月至1946年7月，最高法院、四川高等法院第一分院、璧山实验地方法院关于朱仲梁等不服与黄玉兴典产纠葛案判决而上诉、郑素江要求养母交出养父遗留的田业、黄吴氏为吴朝武分割遗产声请执行、社会服务处与安王氏房屋租约纠葛而上诉等案的文书，包括往来公函、民事上诉状、四川高等法院第一分院民事裁定书、最高法院民事判决书、民事诉状、民事委任状、民事辩诉状、民事辩论笔录、民事宣判笔录、璧山实验地方法院民事判决书、民事答辩状、四川高等法院第一分院民事判决书、民事请执行状、民事执行文稿、报告书、执行命令、通知等。

1047. 四川高等法院第一分院、璧山实验地方法院审理假处分、交业判决声请执行两案　12－15－1029

1945年2月至1945年5月，四川高等法院第一分院、璧山实验地方法院关于王恢中因黄炳章多年拖欠租谷而声请对其实施假处分、谢青山为罗钟氏止约交业判决声请执行两案的文书，包括民事声请处分状、璧山实验地方法院民事裁定书、民事声请状、四川高等法院第一分院民事裁定书、往来公函、璧山实验地方法院民事判决书、四川高等法院第一分院民事判决书等。

1048. 四川高等法院第一分院、璧山实验地方法院审理止约交业异议、终止租约两案　12－15－1030

1945年2月至1946年1月，四川高等法院第一分院、璧山实验地方法院关于罗宗财对谢青山止约交业的要求提出异议、牟合顺收回耕地自耕而要求与牟玉成终止租佃契约领押搬迁两案的文书，包括民事异议状、四川高等法院第一分院民事裁定书、民事诉状、民事证状、民事辩论笔录、民事宣判笔录、璧山实验地方法院民事判决书、民事委任状、往来公函、民事上诉状、证人结文、四川高等法院第一分院民事和解笔录等。

1049. 四川高等法院第一分院、璧山实验地方法院审理交业纠葛上诉、交业判决声请执行等案　12－15－1031（1）

1945年7月至1946年1月，四川高等法院第一分院、璧山实验地方法院关于周家禄不服与周泽之交业纠葛案判决而上诉，刘渭南、王恢中为交业判决声请执行等案的文书，包括往来公函、民事上诉状、璧山实验地方法院民事裁定书、民事声请书、民事委任状、民事答辩状、证人结文、民事辩论笔录、民事证明状、民事宣判笔录、四川高等法院第一分院民事判决书、民事诉状、璧山实验地方法院民事判决书、民事请执行状、批示、执行文稿、报告书、执行命令等。

1050. 最高法院、四川高等法院第一分院、璧山实验地方法院审理终约声请执行、终止租约纠葛等三案　12－15－1031（2）

1945年3月至1946年1月，最高法院、四川高等法院第一分院、璧山实验地方法院关于黄熙之为巫奎臣终约交业判决声请执行、薛赓尧不服张炳轩终止租约案判决而上诉、周赤文因戴全兴转租土地而要求终止租约等案的文书，包括民事声请状、民事辩论笔录、璧山实验地方法院民事执行文稿、报告书、璧山实验地方法院民事执行命令、收据、呈件、民事抗告状、最高法院民事判决书、往来公函、民事诉状、民事委任状、民事答辩状、训令、和解笔录等。

1051. 璧山实验地方法院审理请发支付命令等案　12－15－1032

1945 年 1 月至 1947 年 1 月，璧山实验地方法院关于拖欠赔偿、拖欠黄谷不还、拖欠律师诉讼费用、拖欠租谷、拖欠借款而声请支付命令等案的文书，包括民事声请状、璧山实验地方法院支付命令、璧山实验地方法院民事裁定书、民事声明状、璧山实验地方法院训令、报告书等。

1052. 四川高等法院第一分院、璧山实验地方法院审理返还房屋两案　12－15－1033

1945 年 11 月至 1946 年 8 月，四川高等法院第一分院、璧山实验地方法院关于罗仲枢要求连一民终止租约返还房屋、蒋刘素清因房屋租约到期而要求彭金全返还房屋两案的文书，包括民事诉状、民事声请状、民事委任状、民事续委状、民事答辩状、民事辩论笔录、民事补诉状、民事宣判笔录、民事判决书、民事催状、往来公函、民事上诉状、四川高等法院第一分院民事判决书、璧山实验地方法院和解笔录等。

1053. 四川高等法院第一分院、璧山实验地方法院审理交业纠葛及其抗告两案　12－15－1034

1945 年 1 月至 1945 年 10 月，四川高等法院第一分院、璧山实验地方法院关于杨玉山因何邓氏出卖房屋后迟迟不肯搬迁而要求其交业、王致军不服搬迁交业案判决而抗告两案的文书，包括民事诉状、民事辩论笔录、民事宣判笔录、民事判决书、民事声请状、璧山实验地方法院呈件、民事抗告状等。

1054. 璧山实验地方法院审理交业声请执行三案　12－15－1035

1945 年 1 月至 1946 年 1 月，璧山实验地方法院关于交业纠葛声请执行三案的文书，包括民事声请状、原民事判决书、璧山实验地方法院民事执行文稿、报告书、璧山实验地方法院民事执行命令、民事辩论笔录、民事请执行状、民事委任状、璧山实验地方法院训令、民事诉状、璧山实验地方法院民事执行处裁定书、民事辩诉状、民事声明状民事和解笔录等。

1055. 四川高等法院第一分院、璧山实验地方法院审理租谷纠葛三案　12－15－1036

1945 年 1 月至 1946 年 6 月，四川高等法院第一分院、璧山实验地方法院关于

抗不交租、拖欠租谷而引起的给付租谷纠葛三案的文书，包括民事诉状、民事辩论笔录、证人结文、璧山实验地方法院公函、民事宣判笔录、民事判决书、报告书、往来公函、民事上诉状、四川高等法院第一分院民事裁定书、民事委任状、民事反诉状、民事催状等。

1056. 最高法院、四川高等法院第一分院审理交业纠葛上诉一案　12－15－1038

1944 年 11 月至 1945 年 8 月，最高法院、四川高等法院第一分院关于徐石氏不服与陈友义交业纠葛案的给付租谷以及返还租赁物的判决而上诉一案的文书，包括往来公函、民事上诉状、四川高等法院第一分院民事裁定书、民事答辩状、最高法院民事判决书等。

1057. 四川高等法院第一分院、璧山实验地方法院审理租谷纠葛三案　12－15－1039

1945 年 1 月至 1945 年 7 月，四川高等法院第一分院、璧山实验地方法院关于三起抗不清偿所欠租谷引起的租谷纠葛案的文书，包括民事诉状、民事辩论笔录、证人结文、民事宣判笔录、璧山实验地方法院民事判决书、往来公函、民事上诉状、四川高等法院第一分院民事裁定书、民事反诉状、民事催呈状、民事委任状、四川高等法院第一分院民事判决书等。

1058. 四川高等法院第一分院、璧山实验地方法院审理遗产分割纠葛两案　12－15－1040

1945 年 8 月至 1945 年 12 月，四川高等法院第一分院、璧山实验地方法院关于彭曾氏不服与彭志杰遗产分割案判决而上诉、幸甘氏状告幸蔡氏霸占共同遗产两案的文书，包括往来公函、民事上诉状、璧山实验地方法院民事裁定书、民事委任状、民事答辩状、民事辩论笔录、民事诉状、民事宣判笔录、璧山实验地方法院民事判决书等。

1059. 璧山实验地方法院审理遗产分割纠葛两案　12－15－1041

1945 年 7 月至 1946 年 4 月，璧山实验地方法院关于熊邓氏等要求与熊海云等分割遗产、彭曾氏因彭志杰挥霍无度而要求分割共同继承的遗产两案的文书，包括民事补诉状、璧山实验地方法院通知书、民事辩论笔录、璧山实验地方法院和解笔录、民事诉状、证人结文、民事宣判笔录、民事判决书、民事委任状、七塘乡第五保办公处呈件等。

1060. 璧山实验地方法院审理侵占财物一案　12—15—1042

1945年6月至1945年8月，璧山实验地方法院关于刘赵氏状告刘锡山等趁其夫身亡侵占财物一案的文书，包括刑事诉状、刑事审判笔录、刑事委任状、证人结文、刑事辩诉状、璧山县大兴乡第九保办公处呈件、璧山实验地方法院检察官公函、璧山实验地方法院通知书等。

1061. 四川高等法院第一分院、璧山实验地方法院审理产业纠葛等案　12—15—1043—1045

1945年2月至1945年10月，四川高等法院第一分院、璧山实验地方法院关于张长生因租约终止而要求佘全辉等交还产业、江庆云等因分家引起的产业纠葛、周伦状告刘仲恩等伪造文书欺占产业、陈南辉状告陈泽洲侵犯产业业权等案的文书，包括往来公函、民事上诉状、民事委任状、民事答辩状、民事辩论笔录、证人结文、民事请参加状、民事辩诉状、民事撤诉状、四川高等法院第一分院通知书、民事声请状、民事补诉状、民事宣判笔录、民事判决书、民事续呈状、民事催呈状等。

1062. 四川高等法院第一分院、璧山实验地方法院审理产业纠葛两案　12—15—1046—1047

1945年3月至1945年6月，四川高等法院第一分院、璧山实验地方法院关于两起产业纠葛案的文书，包括民事诉状、民事辩诉状、民事辩论笔录、民事补诉状、民事宣判笔录、璧山实验地方法院民事判决书、往来公函、民事上诉状、民事请参加状、民事委任状、民事反诉状、民事续呈状、民事声请状等。

1063. 四川高等法院第一分院审理房土所有权纠葛上诉一案　12—15—1048

1946年2月至1946年12月，四川高等法院第一分院关于甘启先不服与庐素荣房土所有权纠葛案判决而上诉一案的文书，包括往来公函、民事呈件、四川高等法院第一分院民事判决书、民事声请状、民事宣判笔录、证人结文、民事重诉状、民事补诉状、民事上诉状、民事委任状、民事答辩状、民事申送状等。

1064. 最高法院、四川高等法院第一分院、璧山实验地方法院审理搬迁交房、租佃纠葛等案　12—15—1049—1050

1945年9月至1946年6月，最高法院、四川高等法院第一分院、璧山实验地方法院关于吴吉荣因租约终止而要求符炳荣搬迁交业、廖祖金要求终止与钟绍南的租佃关系而声请法院调解、孙子钊因潘国清租约到期拒不搬迁交业而声请调解等案的文书，包括往来公函、民事诉状、民事委任状、民事辩论笔录、民事声请状、民事宣判笔录、璧山实验地方法院民事判决书、最高法院民事判决书、璧山实验地方法院民事调解笔录等。

1065. 璧山实验地方法院审理租佃给付调解、赎典调解等案　12－15－1051

1945年1月至1945年10月，璧山实验地方法院关于李华轩因增加租佃给付而声请法院调解、薛杠成因冯学周典约到期拒不放赎而声请调解、张叔达因巫海全等佃约到期而拒绝领押交业而声请法院调解等案的文书，包括调解笔录、送达证书、民事调解笔录、民事调解声请书、民事委任状、民事辩论笔录等。

1066. 四川高等法院第一分院审理典物留买权纠葛上诉一案　12－15－1052

1943年5月至1943年9月，四川高等法院第一分院关于余王氏不服余炳合典物留买权纠葛案判决而上诉一案的文书，包括往来公函、民事上诉状、璧山实验地方法院民事裁定书、民事委任状、民事声请书、民事辩论笔录、民事声明状、证人结文、四川高等法院第一分院民事判决书、璧山实验地方法院民事判决书等。

1067. 最高法院、四川高等法院第一分院、璧山实验地方法院审理租谷纠葛两案　12－15－1053

1944年5月至1945年5月，最高法院、四川高等法院第一分院、璧山实验地方法院关于王文氏不服与龚敬之等租谷纠葛案判决而上诉、晏焕奎为王春林给付租谷案判决声请执行两案的文书，包括往来公函、民事上诉状、四川高等法院第一分院民事裁定书、民事抗告状、四川高等法院第一分院民事意见书、最高法院民事判决书、民事请执行状、民事辩论笔录等。

1068. 四川高等法院第一分院、璧山实验地方法院审理搬迁交业纠葛四案　12－15－1054

1945年4月至1946年6月，四川高等法院第一分院、璧山实验地方法院关于四起租约到期要求其搬迁交业引起的交业纠葛案的文书，包括民事诉状、民事辩论笔录、证人结文、民事宣判笔录、璧山实验地方法院民事判决书、往来公函、民事上诉状、璧山实验地方法院民事裁定书、民事声辩状、四川高等法院第一分院民事判决书、民事请执行状、璧山实验地方法院民事执行文稿、报告书、璧山实验地方法院民事执行命令、民事保状、民事辩诉状、璧山实验地方法院民事和解笔录、民事委任状、民事追加状等。

1069. 四川高等法院第一分院、璧山实验地方法院审理债务纠葛两案　12－15－1055

1940年9月至1945年6月，四川高等法院第一分院、璧山实验地方法院关于

彭雨舒不服与王辉武债务纠葛案判决而抗告、景亮钧因张周氏拒绝清偿债务而声请执行两案的文书，包括往来公函、民事抗告状、四川高等法院第一分院民事裁定书、民事声请状、璧山实验地方法院民事执行文稿、报告书、璧山实验地方法院民事执行命令、四川高等法院第一分院民事判决书、意见书、民事请调解状、民事诉状、执行笔录等。

1070. 璧山实验地方法院审理所有权登记、交付黄金声请执行两案　12－15－1056

1945 年 5 月至 1946 年 4 月，璧山实验地方法院关于陈蘋洲因分家而声请土地房屋等不动产所有权登记、何允熙为宋吉昌交付黄金案声请执行两案的文书，包括不动产登记声请书、璧山实验地方法院命令、报告书、不动产登记保证书、璧山实验地方法院公告、收据、民事请执行状、民事声请状等。

1071. 璧山实验地方法院审理脱离同居关系、离婚两案　12－15－1057

1945 年 1 月至 1945 年 9 月，璧山实验地方法院关于熊淑群因袁纯章已有妻室而要求与之断绝同居关系、何光治要求与何周氏离婚两案的文书，包括民事诉状、民事委任状、民事撤诉状、璧山实验地方法院通知书、民事辩论笔录、民事宣判笔录民事判决书等。

1072. 最高法院、四川高等法院第一分院、璧山实验地方法院审理租谷纠葛三案　12－15－1058

1944 年 7 月至 1945 年 6 月，最高法院、四川高等法院第一分院、璧山实验地方法院关于三起拖欠租谷引起的租谷纠葛案的文书，包括往来公函、民事上诉状、四川高等法院第一分院民事裁定书、璧山实验地方法院民事裁定书、最高法院民事裁定书、璧山实验地方法院民事判决书、民事答辩状、最高法院民事判决书、证人结文、民事辩论笔录、民事请执行状、璧山实验地方法院民事执行文稿、报告书、璧山实验地方法院执行命令等。

1073. 四川高等法院第一分院、璧山实验地方法院审理增加经费、拖欠租谷两案　12－15－1059

1945 年 10 月至 1946 年 4 月，四川高等法院第一分院、璧山实验地方法院关于璧山县县立第一小学校因墙壁即将坍塌而声请修补经费、戴松林诉罗明恩拖欠租谷两案的文书，包括璧山县县立第一小学校校长呈件、民事诉状、民事答辩状、民事辩论笔录、证人结文、民事宣判笔录、民事判决书、往来公函、民事上诉状、四川高等法院第一分院民事裁定书等。

1074. 璧山实验地方法院审理买卖纠葛、赎典纠葛两案　12－15－1060

1945 年 5 月至 1945 年 9 月，璧山实验地方法院关于钟福荣声请调解与钟荣吉田业买卖纠葛、王允中等声请调解与王为心等典产回赎纠葛两案的文书，包括民事诉状、民事声请撤诉状、璧山实验地方法院调解通知、民事请调解状、民事委任状、民事辩论笔录、民事声明状等。

1075. 最高法院、四川高等法院第一分院、璧山实验地方法院审理租谷纠葛三案　12－15－1061

1945 年 3 月至 1945 年 9 月，最高法院、四川高等法院第一分院、璧山实验地方法院关于三起因拖欠租谷引起的租谷纠葛案的文书，包括最高法院民事判决书、民事上诉状、民事委任状、民事声请书、民事辩论笔录、证人结文、民事答辩状、民事证明状、往来公函、民事诉状、民事补诉状、四川高等法院第一分院民事裁定书、四川高等法院第一分院民事判决书、民事宣判笔录、璧山实验地方法院民事判决书、民事声明状等。

1076. 璧山实验地方法院审理贪污公款、赔偿损失声请执行两案　12－15－1062

1945 年，璧山实验地方法院关于胡开元状告乡长姜理中等贪污军马粮代价银、林炳超为龚炳衡赔偿损失案判决声请执行两案的文书，包括刑事诉状、讯问笔录、点名单、证人结文、璧山县龙溪乡乡民代表会呈件、璧山实验地方法院民事执行文稿、报告书、璧山实验地方法院民事执行命令、民事保状等。

1077. 四川高等法院第一分院、璧山实验地方法院审理买卖契约纠葛及其上诉一案　12－15－1063

1945 年 8 月至 1945 年 9 月，四川高等法院第一分院、璧山实验地方法院关于卢素荣因甘华洋出卖其父生前赠与卢素荣的房屋田产而要求确认买卖契约无效及其上诉一案的文书，包括民事诉状、证人结文、民事辩论笔录、民事声请状、民事宣判笔录、璧山实验地方法院民事判决书、往来公函等。

1078. 璧山实验地方法院审理执行异议、债款纠葛等案　12－15－1064

1945 年 4 月至 1945 年 5 月，璧山实验地方法院关于终止租约执行命令异议、清偿债款、声请领回契约书等证物、遗产分配声请执行、租佃纠葛声请调解等案的文书，包括民事声明状、璧山实验地方法院民事裁定书、民事诉状、民事辩论笔录、证人结文、民事声请状、民事委任状、民事宣判笔录、民事判决书、民事领状、收据、民事请执行状等。

1079. 璧山实验地方法院审理典当契约纠葛、声请领取证物等案　12－15－1065

1945年4月至1945年5月，璧山实验地方法院关于确认田产典当契约无效、声请领回契约书等证物、遗产分配声请执行、租佃纠葛声请调解等案的文书，包括民事辩论笔录、民事委任状、民事宣判笔录、民事判决书、民事领状、民事声请状、民事请执行状等。

1080. 最高法院、四川高等法院第一分院、璧山实验地方法院审理租谷纠葛七案　12－15－1066

1944年7月至1946年7月，最高法院、四川高等法院第一分院、璧山实验地方法院关于抗不履行和解笔录给付租谷的内容而声请执行、不服租谷纠葛案判决而抗告或上诉等七案的文书，包括民事声请状、璧山实验地方法院民事执行文稿、报告书、璧山实验地方法院民事执行命令、收据、民事抗告状、四川高等法院第一分院民事意见书、最高法院民事裁定书、往来公函、四川高等法院第一分院民事裁定书、民事上诉状、民事撤诉状、民事委任状、璧山实验地方法院训令、民事宣判笔录等。

1081. 璧山实验地方法院审理债务执行六案　12－15－1067

1945年6月至1946年4月，璧山实验地方法院关于六起抗不遵从法院清偿债务判决而声请执行命令案件的文书，包括民事声请状、民事判决书、璧山实验地方法院民事执行文稿、报告书、璧山实验地方法院民事执行命令、璧山实验地方法院呈件、民事抗告状、璧山实验地方法院训令、民事辩论笔录等。

1082. 四川高等法院第一分院审理遗产分割纠葛上诉两案　12－15－1068

1940年4月至1945年12月，四川高等法院第一分院关于刘光旭不服与刘自高遗产分割纠葛案判决而声请再审、张利亨等不服与张元龙遗产分割纠葛案判决而上诉两案的文书，包括民事再审状、四川高等法院第一分院民事裁定书、往来公函、民事辩论笔录、四川高等法院第一分院民事判决书、民事上诉状、民事委任状、民事声明状等。

1083. 璧山实验地方法院审理生活费纠葛声请执行一案　12－15－1069

1945年8月至1946年1月，璧山实验地方法院关于何江流娥为离婚案给付生活费的判决声请执行一案的文书，包括民事声请状、璧山实验地方法院命令、璧山实验地方法院民事裁定书、民事委任状、报告书、璧山实验地方法院公告、民事拍卖笔录、璧山实验地方法院训令、璧山县城中镇镇公所呈件、民事请执行状、民事辩论笔录、璧山实验地方法院通知等。

1084. 四川高等法院第一分院、璧山实验地方法院审理领押交业一案　12－15－1070

1945 年 1 月至 1945 年 5 月，四川高等法院第一分院、璧山实验地方法院关于符金安因租约到期而要求黄正云等领押交业一案的文书，包括民事辩论笔录、民事宣判笔录、璧山实验地方法院民事判决书、璧山实验地方法院公函、往来公函、民事上诉状、四川高等法院第一分院民事裁定书、民事声请状等。

1085. 最高法院、四川高等法院第一分院、璧山实验地方法院审理黄谷纠葛一案　12－15－1071

1944 年 12 月至 1946 年 5 月，最高法院、四川高等法院第一分院、璧山实验地方法院关于曾西元状告廖荣丰等解除租约后非法霸占耕地要求其返还当年所得之黄谷一案的文书，包括民事诉状、民事辩论笔录、民事答辩状、证人结文、民事宣判笔录、璧山实验地方法院民事判决书、往来公函、民事上诉状、璧山县狮子乡农会证明书、民事委任状、民事声请书、四川高等法院第一分院民事判决书、四川高等法院第一分院民事裁定书、最高法院民事裁定书等。

1086. 四川高等法院第一分院、璧山实验地方法院审理盗窃一案　12－15－1072

1944 年 8 月至 1944 年 11 月，四川高等法院第一分院、璧山实验地方法院关于杨准清等盗窃布匹棉纱一案的文书，包括璧山实验地方法院检察官起诉书、璧山实验地方法院刑事判决书、璧山实验地方法院检察官上诉理由书、往来公函、璧山实验地方法院检察处公告、四川高等法院第一分院检察处训令、璧山实验地方法院检察官训令、璧山县警察局公函、讯问笔录、重庆卫戍区第四分区司令部公函、报告书、璧山实验地方法院呈件、判决笔录、四川高等法院第一分院刑事判决书、刑事宣判笔录等。

1087. 四川高等法院第一分院、璧山实验地方法院审理继承权、租谷纠葛两案　12－15－1073－1074

1945 年 11 月至 1946 年 12 月，四川高等法院第一分院、璧山实验地方法院关于吴胡氏要求确认自己拥有继承父亲财产的继承权、雷隆山要求陆银廷返还多收之租谷两案的文书，包括民事诉状、民事委任状、证人结文、民事辩论笔录、民事宣判笔录、璧山实验地方法院民事判决书、往来公函、民事上诉状、四川高等法院第一分院民事裁定书、民事答辩状、璧山实验地方法院训令、民事公证状等。

1088. 四川高等法院第一分院、璧山实验地方法院审理买卖契约纠葛、租佃纠葛两案　12—15—1075—1076

1945年9月至1946年4月，四川高等法院第一分院、璧山实验地方法院关于金庆禄不服与饶显华确认买卖契约无效案判决而上诉、邱松廷要求继续维持与张亦苏的租佃关系两案的文书，包括往来公函、璧山实验地方法院民事判决书、民事领状、民事辩论笔录、民事委任状、民事上诉状、民事诉状、民事答辩状、证人结文、民事声请状、民事宣判笔录、四川高等法院第一分院民事裁定书等。

1089. 四川高等法院第一分院、璧山实验地方法院审理确认转移契约无效及其上诉案　12—15—1077

1945年2月至1945年7月，四川高等法院第一分院、璧山实验地方法院关于钱显宗要求确认转移其养父的不动产遗产与其亲生女儿的转移契约无效一案的文书，包括民事诉状、民事委任状、民事答辩状、民事举证状、民事辩论笔录、证明书、证人结文、民事追加辩诉状、民事宣判笔录、璧山实验地方法院民事判决书、往来公函、民事上诉状、民事和解撤诉状等。

1090. 璧山实验地方法院审理贪污公款一案　12—15—1078

1945年7月至1945年10月，璧山实验地方法院关于保长赵树宣滥用职权私自征敛并贪污公款一案的文书，包括璧山实验地方法院公函、刑事诉状、点名单、讯问笔录、证人结文、璧山实验地方法院检察官起诉书、刑事审判笔录、报告书、刑事宣判笔录、刑事判决书等。

1091. 璧山实验地方法院审理所有权以及抵押权登记一案　12—15—1079

1945年1月至1945年7月，璧山实验地方法院关于谭银辉继承父亲遗产并以此为抵押承包军布供应事宜而声请不动产所有权以及抵押权登记一案的文书，包括不动产登记声请书、璧山实验地方法院不动产登记通知书、不动产登记保证书、民事辩论笔录、璧山实验地方法院公函、申明书、璧山实验地方法院命令、璧山实验地方法院公告、收据等。

1092. 四川高等法院第一分院、璧山实验地方法院审理放赎田产一案　12—15—1080

1945年4月至1945年12月，四川高等法院第一分院、璧山实验地方法院关于邓金成因典期到期而要求唐森云等放赎田产一案的文书，包括民事诉状、民事辩诉状、民事委任状、民事辩论笔录、证人结文、民事宣判笔录、璧山实验地方法院民事判决书、往来公函、民事上诉状、民事声请撤诉状、四川高等法院第一分院书记科通知书等。

1093. 璧山实验地方法院审理租佃纠葛调解四案　12－15－1081

1945 年 7 月至 1945 年 10 月，璧山实验地方法院关于抗不交租、违背租约转租他人、荒废田业、拒不领押交业引起的租佃纠葛声请法院调解四案的文书，包括民事诉状、民事委任状、民事辩论笔录、民事答辩状、民事声请状、民事声明状、民事请参加状等。

1094. 四川高等法院第一分院、璧山实验地方法院审理产业纠葛三案　12－15－1083（1）

1945 年 6 月至 1945 年 9 月，四川高等法院第一分院、璧山实验地方法院关于三起终约后霸耕、非法占据田产案件的文书，包括往来公函、民事上诉状、民事诉状、民事辩论笔录、四川高等法院第一分院民事判决书、民事答辩状、民事委任状、民事宣判笔录、璧山实验地方法院民事判决书、原案最高法院民事判决书、民事请执行状、民事声请状等。

1095. 四川高等法院第一分院、璧山实验地方法院审理转请裁决、赎产纠葛两案　12－15－1083（2）

1945 年 1 月至 1945 年 10 月，四川高等法院第一分院、璧山实验地方法院关于梓潼乡乡公所转请璧山实验地方法院裁决吴兴孝等状告张治举谋夺产业、周忠珽不服邓树涛赎产案判决而上诉两案的文书，包括璧山县第二区梓潼乡乡公所呈件、璧山实验地方法院指令、往来公函、报告书、民事上诉状、民事和解撤诉状、民事辩论笔录、民事声请状等。

1096. 璧山实验地方法院审理债务声请假执行一案　12－15－1084

1945 年 3 月，璧山实验地方法院关于律师赵一仁因吴良城等拖欠诉讼费且无视支付命令而声请假执行一案的文书，包括民事声请状、璧山实验地方法院民事裁定书、送达证书等。

1097. 璧山实验地方法院审理领押交业纠葛及其执行三案　12－15－1085

1945 年 11 月至 1946 年 5 月，璧山实验地方法院关于领押交业纠葛及其执行三案的文书，包括民事诉状、民事答辩状、民事辩论笔录、民事声请状、民事委任状、民事补诉状、民事裁定书、民事判决书、民事请执行状、原案四川高等法院第一分院民事判决书、璧山实验地方法院民事执行文稿、报告书、璧山实验地方法院民事执行命令、民事异议状、民事声明状等。

1098. 最高法院、四川高等法院第一分院、璧山实验地方法院审理黄谷纠葛三案 12－15－1086

1945年3月至1945年10月，最高法院、四川高等法院第一分院、璧山实验地方法院关于三起借去黄谷后拖延时日拒不归还的黄谷纠葛案的文书，包括往来公函、民事上诉状、四川高等法院第一分院民事裁定书、最高法院民事判决书、璧山实验地方法院民事判决书、璧山实验地方法院民事裁定书、璧山实验地方法院通知、民事诉状、民事委任状、民事辩论笔录、民事宣判笔录等。

1099. 最高法院、四川高等法院第一分院、璧山实验地方法院审理黄谷纠葛两案 12－15－1087

1944年8月至1945年8月，最高法院、四川高等法院第一分院、璧山实验地方法院关于租佃寺庙田产企图漏交黄谷、霸耕土地而要求给付黄谷两案的文书，包括往来公函、民事上诉状、四川高等法院第一分院民事裁定书、最高法院民事判决书、民事委任状、民事辩论笔录、四川高等法院第一分院民事判决书、报告书、民事诉状、璧山实验地方法院民事判决书、民事宣判笔录等。

1100. 最高法院、四川高等法院第一分院、璧山实验地方法院审理产业纠葛、伤害两案 12－15－1088

1941年10月至1945年7月，最高法院、四川高等法院第一分院、璧山实验地方法院关于刘泽普不服与甘为良欠租及交还产业纠葛案的判决而上诉、白鸿兴等因口角争端而用木器击伤封孝忠两案的文书，包括往来公函、民事不服状、四川高等法院第一分院民事裁定书、民事上诉状、民事辩诉状、最高法院民事判决书、璧山实验地方法院检察官侦查笔录、刑事辩诉状、结文、璧山实验地方法院检察官起诉书等。

1101. 四川高等法院第一分院、璧山实验地方法院审理交业纠葛等四案 12－15－1089

1945年5月至1946年4月，四川高等法院第一分院、璧山实验地方法院关于交业纠葛执行、交业纠葛上诉等四案的文书，包括民事请执行状、民事委任状、璧山实验地方法院民事执行命令、璧山实验地方法院民事执行文稿、民事催呈状、报告书、往来公函、民事上诉状、璧山实验地方法院民事裁定书、四川高等法院第一分院民事裁定书、民事声请状等。

1102. 最高法院、四川高等法院第一分院、璧山实验地方法院审理交业纠葛两案 12－15－1090

1945年2月至1945年11月，最高法院、四川高等法院第一分院、璧山实验地方法院关于李森林不服与向懋华止约交业纠葛案判决而上诉、邱松廷佃期满后拒不付租交业引起的交业纠葛两案的文书，包括往来公函、民事上诉状、璧山实验地方法院民事裁定书、民事辩论笔录、民事证明状、民事委任状、四川高等法院第一分院民事判决书、民事声请状、民事抗告状、四川高等法院第一分院民事意见书、最高法院民事裁定书、民事诉状、民事答辩状、证人结文、民事宣判笔录、璧山实验地方法院民事判决书等。

1103. 四川高等法院第一分院、璧山实验地方法院审理搬迁交业纠葛两案 12－15－1091

1945年1月至1945年11月，四川高等法院第一分院、璧山实验地方法院关于周汉臣不服与刘铁樵搬迁交业案判决而上诉、李占云佃期满后违约抗不搬迁的交业纠葛两案的文书，包括往来公函、民事上诉状、璧山实验地方法院民事裁定书、民事辩论笔录、民事委任状、四川高等法院第一分院民事判决书、民事诉状、民事补诉状、璧山县三合乡乡公所呈件、证明书、民事宣判笔录、璧山实验地方法院民事判决书等。

1104. 璧山实验地方法院审理债务声请执行等三案 12－15－1092

1945年12月至1946年3月，璧山实验地方法院关于为赔偿案件和解笔录声请执行、因无视支付命令而声请执行等三案的文书，包括公函、通知书、璧山实验地方法院命令、布告、璧山实验地方法院训令、民事请执行状、璧山实验地方法院支付命令、执行文稿、璧山实验地方法院民事执行命令、报告书、民事声请状等。

1105. 璧山实验地方法院审理交业纠葛一案 12－15－1093

1944年10月至1944年11月，璧山实验地方法院关于王炳金状告王海洲等佃约到期后抗不交租交业一案的文书，包括民事诉状、民事委任状、民事辩论笔录、证人结文、民事辩诉状、民事判决书、民事宣判笔录等。

1106. 四川高等法院第一分院、璧山实验地方法院审理假扣押两案 12－15－1094

1945年4月至1945年11月，四川高等法院第一分院、璧山实验地方法院关于罗同庆因刘祖源变卖其亡父生前承诺赠送之田业而声请对田业假扣押、江流壁因江宗华等拖欠租谷而声请对田业及押金假扣押两案的文书，包括民事诉状、民事声请状、璧山实验地方法院民事判决书、往来公函、璧山实验地方法院民事裁定书、民事抗告状、四川高等法院第一分院民事裁定书、报告书等。

1107. 璧山实验地方法院审理执行异议案、领回证物两案　12—15—1095

1945 年 4 月至 1945 年 8 月，璧山实验地方法院关于谭玉祥所涉执行异议案、正发祥所涉田业买卖契约纠葛案告结而声请领回相关证物两案的文书，包括民事领状、民事辩论笔录、收据、民事声请状、璧山实验地方法院批示等。

1108. 璧山实验地方法院审理所有权登记四案　12—15—1096

1945 年 4 月至 1945 年 6 月，璧山实验地方法院关于四起继承房屋田产等不动产而声请不动产所有权登记案件的文书，包括不动产登记声请书、民事声明状、璧山实验地方法院命令、报告书、不动产登记保证书、证人结文、璧山实验地方法院公告、收据等。

1109. 四川高等法院第一分院、璧山实验地方法院审理所有权登记、赎产纠葛等六案　12—15—1097

1944 年 6 月至 1945 年 6 月，四川高等法院第一分院、璧山实验地方法院关于继承父亲遗产、买入房屋田产、占据土地百余年而无人问津声请不动产所有权登记、回赎典产纠葛上诉等六案的文书，包括不动产登记声请书、保证书、璧山实验地方法院命令、报告书、不动产登记保证书、证人结文、璧山实验地方法院公告、收据、往来公函、民事声请上诉状、民事委任状、璧山实验地方法院批示等。

1110. 璧山实验地方法院审理债务声请执行两案　12—15—1098

1945 年 5 月至 1947 年 4 月，璧山实验地方法院关于声请执行清偿债务判决两案的文书，包括民事请执行状、璧山实验地方法院民事执行文稿、原案四川高等法院第一分院民事判决书、璧山实验地方法院民事执行命令、报告书、收据、璧山实验地方法院通知书、璧山实验地方法院命令、璧山实验地方法院布告、璧山实验地方法院训令、查封不动产笔录、民事委任状、璧山实验地方法院公告等。

1111. 璧山实验地方法院审理声请债务执行等五案　12—15—1099

1945 年 2 月至 1945 年 11 月，璧山实验地方法院关于逾期不归还借款、不遵法院清偿债务判决、拖欠诉讼费而声请执行等五案的文书，包括民事诉状、报告书、民事辩论笔录、民事请执行状、璧山实验地方法院民事裁定书、璧山实验地方法院支付命令、璧山实验地方法院民事执行文稿、璧山县实验地方法民事执行命令、璧山实验地方法院训令、璧山实验地方法院看守所呈件、璧山实验地方法院民事判决书等。

1112. 四川高等法院第一分院、璧山实验地方法院审理租赁纠葛上诉、租佃纠葛声请调解两案　12－15－1100

1945年2月至1945年6月，四川高等法院第一分院、璧山实验地方法院关于虞用章不服与徐文渊租赁纠葛案判决而上诉、赵巳东因甘银臣违背租约拖欠租谷而声请法院调解两案的文书，包括往来公函、民事请调解状、民事辩论笔录等。

1113. 璧山实验地方法院审理交业纠葛两案　12－15－1101

1945年3月至1945年4月，璧山实验地方法院关于张之仲状告尹张氏佃期已满抗不交业、张兰亭状告钟汉卿等过期不给付租谷业价而要求其终约交业两案的文书，包括民事诉状、民事委任状、民事辩论笔录、民事宣判笔录、璧山实验地方法院民事判决书、证人结文等。

1114. 四川高等法院第一分院、璧山实验地方法院审理赔偿损害四案　12－15－1102

1944年12月至1947年11月，四川高等法院第一分院、璧山实验地方法院关于堵塞水沟造成水稻损失要求赔偿、为修缮房屋判决声请执行、出卖他人房屋田产造成买主损失要求赔偿、故意违背婚约要求赔偿损失四案的文书，包括往来公函、民事上诉状、民事声请书、民事委任状、民事辩诉状、璧山县政府训令、民事辩论笔录、四川高等法院第一分院民事判决书、民事请执行状、璧山实验地方法院民事执行文稿、报告书、璧山实验地方法院训令、璧山实验地方法院民事执行命令、民事保状、璧山实验地方法院民事判决书、民事领证等。

1115. 璧山实验地方法院审理返还产业声请执行一案　12－15－1103

1945年4月至1945年8月，璧山实验地方法院关于刘祖芬等为罗先吉等返还田产判决声请执行一案的文书，包括民事请执行状、民事委任状、璧山实验地方法院民事执行文稿、报告书、璧山实验地方法院民事执行命令、民事声明状、民事辩论笔录、璧山实验地方法院通知等。

1116. 最高法院、四川高等法院第一分院、璧山实验地方法院审理租佃纠葛上诉一案　12－15－1104

1944年12月至1945年10月，最高法院、四川高等法院第一分院、璧山实验地方法院关于徐文渊不服与虞黄氏继续承租耕地纠葛案的判决而上诉一案的文书，包括往来公函、民事上诉状、四川高等法院第一分院民事裁定书、最高法院民事裁定书、璧山实验地方法院民事裁定书、民事委任状、民事辩论笔录、证人结文、民事声明状、四川高等法院第一分院民事判决书等。

1117. 最高法院、四川高等法院第一分院、璧山实验地方法院审理债务声请执行、租约纠葛等案　12－15－1105

1945年2月至1945年12月，最高法院、四川高等法院第一分院、璧山实验地方法院关于逾期不清偿债务而声请执行、终止租约、给付租谷等案的文书，包括民事声请状、璧山实验地方法院民事执行文稿、报告书、收据、璧山实验地方法院民事执行命令、璧山实验地方法院民事裁定书、往来公函等。

1118. 璧山实验地方法院审理领押交业声请执行一案　12－15－1106

1945年8月至1946年1月，璧山实验地方法院关于徐昆泉为徐顺清等领押交业案判决声请执行一案的文书，包括民事声请状、民事委任状、璧山实验地方法院民事执行文稿、报告书、收据、民事辩论笔录、璧山实验地方法院批示、璧山实验地方法院民事执行命令、证据（包括原案一审璧山实验地方法院民事判决书、二审四川高等法院第一分院民事判决书、三审最高法院民事判决书）等。

1119. 璧山实验地方法院审理租赁、租佃纠葛声请调解两案　12－15－1107

1945年4月至1945年9月，璧山实验地方法院关于张荣盛因吴邹氏操纵房租刻意刁难而声请法院调解、刘树之因彭蒋氏荒废耕地而声请法院调解终止租约两案的文书，包括民事请调解状、民事委任状、民事调解笔录、璧山实验地方法院和解笔录、民事声请状等。

1120. 璧山实验地方法院审理领回证物、所有权登记等八案　12－15－1108

1945年1月至1945年8月，璧山实验地方法院关于所涉典物留买权纠葛、返还田业纠葛、边界纠葛、租谷纠葛、赎典纠葛等案告结而声请领回证物、不动产所有权登记等八案的文书，包括民事领证、民事辩论笔录、收据、民事保状、民事委任状、不动产登记声请书、璧山实验地方法院通知书、璧山实验地方法院命令、不动产登记保证书、璧山实验地方法院公告等。

1121. 四川高等法院第一分院、璧山实验地方法院审理存查、备案作废买卖契约纠葛等四案　12－15－1109

1944年5月至1945年12月，四川高等法院第一分院、璧山实验地方法院关于再嫁声请备案存查、地契遗失声请备案作废、不服撤销买卖契约及返还文约案判决而上诉等四案的文书,包括民事声请状、璧山实验地方法院批示、往来公函、民事上诉状、民事委任状、民事辩论笔录、证人结文、民事证明状、四川高等法院第一分院民事裁定书、四川高等法院第一分院民事判决书等。

1122. 璧山实验地方法院审理佃权纠葛、存查等案　12－15－1110

1944 年 9 月至 1945 年 12 月,璧山实验地方法院关于租约未到期而逼迫终止租约妨碍佃权、离婚声请备案存查、清偿债款声请备案存查等案的文书,包括民事诉状、民事答辩状、民事委任状、璧山县丁家乡乡公所呈件、民事辩论笔录、证人结文、璧山实验地方法院训令、和解笔录、六塘乡乡公所呈件、璧山实验地方法院批示等。

1123. 璧山实验地方法院审理借款纠葛、宣告死亡等案　12－15－1111

1944 年 9 月至 1945 年 10 月,璧山实验地方法院关于尹敬修状告陈懋光逾期不清偿借款、冯高氏因丈夫冯仲德外出经商杳无音讯声请宣告其死亡、刘曾氏窝藏赃物等案的文书,包括民事诉状、民事委任状、民事辩论笔录、民事补诉状、和解笔录、璧山实验地方法院公函、点名单、民事声请状等。

1124. 璧山实验地方法院审理发还担保金、确认买卖无效等案　12－15－1112

1944 年 3 月至 1945 年 8 月,璧山实验地方法院关于黄金盛因所担保的不动产所有权移转契约纠葛案告结而声请发还担保金、夏瑞兴因曹铭心违背买卖契约而要求解除买卖契约、正则学校要求王松林返还所存教职员碛米等案的文书,包括民事领状、原案璧山实验地方法院民事裁定书、璧山实验地方法院批示、民事辩论笔录、民事诉状、民事答辩状、民事委任状、民事宣判笔录、民事判决书等。

1125. 最高法院、四川高等法院第一分院、璧山实验地方法院审理回赎典产纠葛、给付肥猪业价等案　12－15－1113

1944 年 5 月至 1945 年 7 月,最高法院、四川高等法院第一分院、璧山实验地方法院关于不服回赎典产纠葛案判决而上诉、要求给付所欠肥猪业价、撤销赠与契约纠葛而上诉等案的文书,包括民事上诉状、往来公函、民事撤诉状、四川高等法院第一分院民事裁定书、民事诉状、民事委任状、最高法院民事判决书等。

1126. 璧山实验地方法院审理返还田业声请执行、窃占等案　12－15－1114

1945 年 1 月至 1946 年 1 月,璧山实验地方法院关于抗不履行返还田业的约定而声请执行、窃占房屋田产等遗产、抗不履行返还法币的条约而声请执行等案的文书,包括民事请执行状、民事委任状、璧山实验地方法院民事执行文稿、报告书、璧山实验地方法院民事执行命令、原案和解笔录、璧山实验地方法院命令、璧山实验地方法院通知书、民事诉状、民事辩论笔录、民事宣判笔录、民事判决书等。

1127. 璧山实验地方法院审理债务、罚金声请执行两案　12－15－1115

1945 年 1 月至 1945 年 3 月，璧山实验地方法院关于杨绍清因罗德荣不理会法院清偿债务的判决而声请执行、赵正心伤害案罚金判决声请执行两案的文书，包括民事请执行状、璧山实验地方法院民事执行文稿、报告书、璧山实验地方法院民事执行命令、收据、璧山实验地方法院检察官公函、点名单、讯问笔录、璧山实验地方法院检察官起诉书等。

1128. 璧山实验地方法院审理回赎典产、给付欠租声请执行等案　12－15－1116

1945 年 6 月至 1945 年 10 月，璧山实验地方法院关于典约到期要求放还田产、为给付欠租判决声请执行、违约转租恶意霸耕而要求终约交业等案的文书，包括民事诉状、民事委任状、民事辩论笔录、民事撤诉状、璧山实验地方法院通知书、民事请执行状、璧山实验地方法院民事执行文稿、报告书、璧山实验地方法院民事执行命令、收据、民事答辩状、证人结文、民事宣判笔录、民事判决书等。

1129. 四川高等法院第一分院、璧山实验地方法院审理田房纠葛、嫁妆纠葛两案 12－15－1117

1945 年 6 月至 1945 年 10 月，四川高等法院第一分院、璧山实验地方法院关于徐文洲不服与周鑫材返还田房纠葛案判决而上诉、向张氏因向治维逼迫离婚而要求其返还嫁妆声请法院调解两案的文书，包括往来公函、民事上诉状、璧山实验地方法院民事裁定书、民事声请状、四川高等法院第一分院民事裁定书、民事辩论笔录等。

1130. 璧山实验地方法院审理排除侵害管理权、租约纠葛两案　12－15－1118

1945 年 8 月至 1946 年 1 月，璧山实验地方法院关于吴月海状告吴彭氏无权阻碍其行使管理祖父赠送之产业的权利、郑白氏要求解除与雷德之租佃契约而声请法院调解两案的文书，包括民事诉状、民事委任状、民事答辩状、民事辩论笔录、民事声请状、证人结文、民事和解笔录、民事辩诉状等。

1131. 四川高等法院第一分院、璧山实验地方法院审理债款纠葛、返还房屋声请执行等案　12－15－1119

1944 年 12 月至 1945 年 6 月，四川高等法院第一分院、璧山实验地方法院关于借款后推脱不还、为返还房屋案判决声请执行、对交还田房的执行命令提出异议等案的文书，包括民事诉状、民事撤诉状、民事声请状、璧山实验地方法院民事执行文稿、报告书、原案璧山实验地方法院民事判决书、璧山实验地方法院民事执行命令、往来公函、民事声明状等。

1132. 四川高等法院第一分院、璧山实验地方法院审理黄谷纠葛三案　12－15－1120

1945年2月至1946年1月，四川高等法院第一分院、璧山实验地方法院关于三起因抗不交租、拖欠租谷、给付赡养谷物引起的黄谷纠葛案的文书，包括民事诉状、民事委任状、证人结文、民事辩论笔录、璧山实验地方法院民事和解笔录、民事辩诉状、民事宣判笔录、往来公函、民事上诉状、四川高等法院第一分院民事判决书等。

1133. 四川高等法院第一分院、璧山实验地方法院审理假扣押三案　12－15－1121

1945年4月至1945年9月，四川高等法院第一分院、璧山实验地方法院关于亏损棉纱拒不偿还、私自出卖共同继承之田业、回赎典产纠葛而声请假扣押三案的文书，包括民事声请状、璧山实验地方法院民事裁定书、璧山实验地方法院公函、民事抗告状、四川高等法院第一分院民事裁定书等。

1134. 最高法院、四川高等法院第一分院、璧山实验地方法院审理借谷纠葛、返还田土纠葛等案　12－15－1122

1944年12月至1945年12月，最高法院、四川高等法院第一分院、璧山实验地方法院关于违约拖欠借谷、不服返还田土纠葛而上诉、声请移送买卖契约纠葛案卷宗等案的文书，包括民事诉状、往来公函、民事上诉状、四川高等法院第一分院民事裁定书、民事答辩状、最高法院民事判决书、民事声请状、璧山实验地方法院批示、民事委任状、民事辩论笔录、四川高等法院第一分院民事判决书等。

1135. 最高法院、四川高等法院第一分院、璧山实验地方法院审理侵吞抵押物、遗产纠葛声请调解等案　12－15－1123

1945年1月至1945年11月，最高法院、四川高等法院第一分院、璧山实验地方法院关于蓄意侵吞抵押衣物、因独吞遗产而声请法院调解、领押交业纠葛上诉等案的文书，包括民事诉状、民事声请状、民事辩论笔录、往来公函、民事抗告状、璧山实验地方法院民事判决书、四川高等法院第一分院民事判决书、四川高等法院第一分院民事意见书、最高法院民事裁定书、民事委任状、民事宣判笔录等。

1136. 璧山实验地方法院审理赔偿布价纠葛一案　12－15－1124

1945年12月至1946年10月，璧山实验地方法院关于宋炳全状告宋华廷欺占其所承织军布要求其赔偿布价一案的文书，包括民事诉状、民事辩诉状、民事辩论笔录、证人结文、民事声明状、民事委任状、民事宣判笔录、璧山实验地方法院民事判决书等。

1137. 四川高等法院第一分院、璧山实验地方法院审理借款纠葛及其上诉一案 12－15－1125

1945 年 3 月至 1945 年 7 月，四川高等法院第一分院、璧山实验地方法院关于杨永亨等借款后逾期不还引起的借款纠葛及其上诉一案的文书，包括民事诉状、民事委任状、民事辩论笔录、民事宣判笔录、璧山实验地方法院民事判决书、往来公函、民事上诉状、四川高等法院第一分院民事裁定书等。

1138. 璧山实验地方法院审理止约交业声请调解一案 12－15－1126

1945 年 2 月至 1945 年 3 月，璧山实验地方法院关于符金安因业主黄正云要求止约交业而声请法院调解一案的文书，包括民事委任状、民事声请状、点名单、民事辩论笔录等。

1139. 最高法院、四川高等法院第一分院、璧山实验地方法院审理房屋纠葛两案 12－15－1127

1944 年 11 月至 1945 年 9 月，最高法院、四川高等法院第一分院、璧山实验地方法院关于黄桑荣为钟映南等返还房屋案判决声请执行、彭时略与董回澜因房屋纠葛而上诉两案的文书，包括民事声请状、璧山实验地方法院民事执行文稿、报告书、璧山实验地方法院民事执行命令、往来公函、民事上诉状、四川高等法院第一分院民事裁定书、最高法院民事判决书等。

1140. 四川高等法院第一分院、璧山实验地方法院审理房屋纠葛四案 12－15－1128

1945 年 4 月至 1946 年 4 月，四川高等法院第一分院、璧山实验地方法院关于交还房产纠葛上诉案、私自拍卖抵押房屋、分割先祖遗留房屋声请法院调解、为返还房屋判决声请执行四案的文书，包括往来公函、民事上诉状、璧山实验地方法院民事裁定书、民事辩诉状、民事委任状、民事答辩状、民事辩论笔录、民事宣判笔录、四川高等法院第一分院民事判决书、民事诉状、民事撤诉状、民事请调解状、民事请执行状、璧山实验地方法院民事执行文稿、民事保状、报告书、璧山实验地方法院民事执行命令、收据等。

1141. 璧山实验地方法院审理所有权登记四案　12－15－1129

1945年2月至1945年7月，璧山实验地方法院关于继承不动产遗产、购买不动产等而声请所有权登记四案的文书，包括不动产登记声请书、璧山实验地方法院命令、报告书、不动产登记保证书、璧山实验地方法院公告、收据、民事辩论笔录等。

1142. 四川高等法院第一分院、璧山实验地方法院审理赔偿损失纠葛六案　12－15－1130

1945年2月至1946年2月，四川高等法院第一分院、璧山实验地方法院关于六起因砍伐树木压毁墙垣、阻碍耕作、损毁农作物、悔除毁约、耕佃交业过迟而引起的赔偿损失案及其执行案的文书，包括民事诉状、民事辩论笔录、璧山实验地方法院通知书、往来公函、民事抗告状、四川高等法院第一分院民事裁定书、民事委任状、原案最高法院民事裁定书、原案四川高等法院第一分院刑事附带民事判决书、原案璧山实验地方法院刑事判决书、璧山实验地方法院民事裁定书、璧山实验地方法院民事判决书、民事宣判笔录、民事声请状、璧山实验地方法院民事执行文稿、报告书、璧山实验地方法院民事执行命令等。

1143. 四川高等法院第一分院、璧山实验地方法院审理搬迁交业、放赎典产两案　12－15－1131

1945年5月至1945年6月，四川高等法院第一分院、璧山实验地方法院关于吴成章声请继续审理吴之尧佃约到期抗不搬迁案、萧思盛因典约到期要求刘汉光放赎典产两案的文书，包括民事声请状、民事辩论笔录、民事委任状、民事宣判笔录、璧山实验地方法院民事判决书、民事诉状、璧山实验地方法院民事裁定书、民事抗告状等。

1144. 璧山实验地方法院审理终止合约、返还田土声请执行等案　12－15－1132

1945年5月至1945年7月，璧山实验地方法院关于违背租约而要求终止租约、返还田土执行案、请发支付命令等案的文书，包括民事诉状、民事辩论笔录、民事判决书、民事委任状、民事声请状、璧山实验地方法院民事执行文稿、璧山实验地方法院看守所呈件、报告书、璧山实验地方法院民事执行命令、往来公函、民事上诉状、璧山实验地方法院支付命令等。

1145. 四川高等法院第一分院、璧山实验地方法院审理撤销和解及其上诉两案　12－15－1133

1945年2月至1945年6月，四川高等法院第一分院、璧山实验地方法院关于

冉伍氏声请撤销与冉封卿的租佃纠葛的和解书、冉伍氏不承认与刘朝宗租佃纠葛案的和解书及其上诉两案的文书，包括往来公函、民事上诉状、民事委任状、民事辩论笔录、民事答辩状、四川高等法院第一分院民事判决书、民事异议状、民事宣判笔录、璧山实验地方法院民事判决书等。

1146. 璧山实验地方法院审理领押交业声请执行一案　12－15－1134

1945年4月至1945年5月，璧山实验地方法院关于晏绍珍为刘准清领押交业案判决声请执行一案的文书，包括民事声请状、璧山实验地方法院民事执行文稿、民事委任状、民事辩论笔录、民事撤诉状、璧山实验地方法院批示、民事请执行状、民事异议状、民事裁定书、璧山县正兴乡乡公所呈件等。

1147. 璧山实验地方法院审理遗产分割纠葛一案　12－15－1135

1945年1月至1945年3月，璧山实验地方法院关于胡张氏因张森云无视和解笔录而要求分割共同继承的遗产一案的文书，包括民事诉状、原案四川高等法院第一分院民事和解笔录、民事辩论笔录、证人结文、民事宣判笔录、民事判决书等。

1148. 璧山实验地方法院审理生活费纠葛一案　12－15－1136

1945年4月至1945年6月，璧山实验地方法院关于邓汝霖因王克明强拉其子补充壮丁数致使其无所依靠而向王克明讨取生活费一案的文书，包括民事声请状、璧山县太和乡乡公所呈件、民事裁定书、报告书、民事补诉状、民事辩论笔录、民事委任状、民事判决书、璧山实验地方法院公示、原案璧山实验地方法院刑事判决书、司法行政部训令、司法行政部指令等。

1149. 璧山实验地方法院审理黄谷纠葛两案　12－15－1137

1945年7月至1945年9月，璧山实验地方法院关于张亦苏要求邱松廷归还代为保存的黄谷、许绍平状告刘天培拖欠租谷抗不支付两案的文书，包括往来公函、民事诉状、民事委任状、民事辩论笔录、证人结文、民事宣判笔录、璧山实验地方法院民事判决书等。

1150. 四川高等法院第一分院、璧山实验地方法院审理黄谷纠葛三案　12－15－1138

1945年3月至1945年11月，四川高等法院第一分院、璧山实验地方法院关于三起因欠谷不给、拖欠租谷、抗不交租引起的黄谷纠葛案的文书，包括民事诉状、民事辩论笔录、证人结文、民事声请状、民事裁定书、民事宣判笔录、民事判决书、民事答辩状、往来公函、民事上诉状、四川高等法院第一分院民事裁定书、民事撤诉状等。

1151. 璧山实验地方法院审理领押交业纠葛三案　12－15－1139

1945年6月至1945年8月，璧山实验地方法院关于三起因收回耕地自耕、拖欠租谷拒不搬迁、租约到期抗不搬迁引起的领押交业纠葛案的文书，包括民事诉状、民事辩诉状、民事公证书、民事辩论笔录、民事委任状、民事声明状、民事判决书、民事宣判笔录、证人结文、和解笔录等。

1152. 璧山实验地方法院审理返还洋碱执行一案　12－15－1140

1945年5月至1945年9月，璧山实验地方法院关于向素卿为邓绍昌返还洋碱案判决声请执行一案的文书，包括民事声请状、民事委任状、原案四川高等法院第一分院民事判决书、璧山实验地方法院民事执行文稿、璧山实验地方法院民事执行命令、原案璧山实验地方法院民事判决书等。

1153. 四川高等法院第一分院、璧山实验地方法院审理终止租约纠葛等五案　12－15－1141

1945年5月至1945年12月，四川高等法院第一分院、璧山实验地方法院关于违约拖欠租谷、违约转租、佃约到期抗不交业引起的终止租约纠葛等五案的文书，包括民事诉状、民事辩诉状、民事辩论笔录、璧山实验地方法院民事判决书、证人结文、民事宣判笔录、璧山县政府公函、民事上诉状、往来公函、璧山实验地方法院民事和解笔录、璧山实验地方法院民事裁定书等。

1154. 四川高等法院第一分院、璧山实验地方法院审理终止租约及其上诉一案　12－15－1142

1945年3月至1945年7月，四川高等法院第一分院、璧山实验地方法院关于江祝三因周陈氏抗不交租拒不搬迁而要求终止租约及其上诉一案的文书，包括民事诉状、民事辩论笔录、民事宣判笔录、璧山实验地方法院民事判决书、往来公函、民事上诉状、民事委任状、四川高等法院第一分院民事判决书、收据等。

1155. 四川高等法院第一分院审理恢复租赁物原状纠葛上诉一案　12－15－1143

1945年6月至1945年11月，四川高等法院第一分院关于陈管氏不服与江朝成租赁物恢复原状纠葛案判决而上诉一案的文书，包括往来公函、民事上诉状、四川高等法院第一分院通知书、一审民事判决书、民事诉状、民事辩论笔录、民事委任状、证人结文、民事宣判笔录等。

1156. 四川高等法院第一分院、璧山实验地方法院审理终止租约纠葛等三案　12－15－1144

1944年12月至1945年7月，四川高等法院第一分院、璧山实验地方法院关于不服终止租约纠葛案判决而上诉、租约已满抗不搬迁引起的终止租约纠葛等三案的文书，包括往来公函、民事上诉状、璧山实验地方法院民事裁定书、民事委任状、民事辩论笔录、四川高等法院第一分院民事判决书、民事诉状、民事宣判笔录、璧山实验地方法院民事判决书、民事答辩状、民事抗告状等。

1157. 四川高等法院第一分院、璧山实验地方法院审理给付食米纠葛等四案　12－15－1145

1944年12月至1946年12月，四川高等法院第一分院、璧山实验地方法院关于拖欠食米不还、给付食米纠葛上诉案、借去食米后拖延不还等四案的文书，包括民事辩论笔录、民事宣判笔录、璧山实验地方法院民事判决书、民事答辩状、往来公函、民事上诉状、璧山实验地方法院民事裁定书、民事声明状、四川高等法院第一分院通知书等。

1158. 璧山实验地方法院审理抵押不动产、黄谷纠葛执行等三案　12－15－1146

1945年6月至1945年9月，璧山实验地方法院关于为承包军需署第一织布厂领纱织布业务而抵押房屋田产等不动产、黄谷纠葛执行案等三案的文书，包括璧山实验地方法院公告、不动产登记声请书、民事请执行状、民事撤诉状、璧山实验地方法院民事执行文稿、报告书、璧山实验地方法院民事执行命令、不动产登记保证书等。

1159. 璧山实验地方法院审理增加给付声请调解一案　12－15－1147

1945年10月，璧山实验地方法院关于杨维三因要求增加冯杨氏租佃押金而声请调解一案的文书，包括民事委任状、民事传票、送达证书等。

1160. 璧山实验地方法院审理增加押金一案　12－15－1148

1944年1月至1945年2月，璧山实验地方法院关于刘兴安要求增加冯树诚租佃押金一案的文书，包括民事诉状、民事辩论笔录、民事委任状、民事声请状等。

1161. 璧山实验地方法院审理抵押房屋田产等不动产五案　12－15－1149

1945年4月至1945年7月，璧山实验地方法院关于为承包军需署第一织布厂领纱织布业务而抵押房屋田产等不动产五案的文书，包括不动产登记声请书、不动产登记保证书、璧山实验地方法院公告、收据、璧山实验地方法院呈件等。

1162. 四川高等法院第一分院、璧山实验地方法院审理债务纠葛等五案　12－15－1150

1945 年 11 月至 1946 年 8 月，四川高等法院第一分院、璧山实验地方法院关于借款逾期不还、借款后藏匿不出、抗不清偿股金债务、债款纠葛案上诉引起的债务纠葛等五案的文书，包括民事诉状、民事辩论笔录、民事宣判笔录、璧山实验地方法院民事判决书、民事辩诉状、民事撤诉状、璧山实验地方法院民事和解笔录、往来公函、民事上诉状、刑事上诉状、民事呈诉状、四川高等法院第一分院通知书、民事委任状等。

1163. 璧山实验地方法院审理交业纠葛等五案　12－15－1152（1）

1945 年 1 月至 1946 年 2 月，璧山实验地方法院关于违约不交租金、交业纠葛执行等五案的文书，包括民事诉状、民事撤诉状、民事请执行状、璧山实验地方法院民事执行文稿、报告书、璧山实验地方法院民事执行命令、收据、璧山实验地方法院民事和解笔录、民事声明状、原案四川高等法院第一分院民事判决书、民事委任状、民事辩论笔录、原案璧山实验地方法院民事判决书、璧山实验地方法院通知等。

1164. 璧山实验地方法院审理终止收养关系一案　12－15－1152（2）

1945 年，璧山实验地方法院关于杨华安要求终止与杨天洗收养关系一案的文书，包括卷首、代用司法印纸联单等。

1165. 璧山实验地方法院审理征收屠宰税声请执行一案　12－15－1153

1945 年 8 月至 1945 年 12 月，璧山实验地方法院关于璧山县政府为征收 1942 年至 1944 年璧山县各乡拖欠之屠宰税而向璧山实验地方法院声请执行一案的文书，包括璧山县政府公函、账目、璧山实验地方法院民庭函片、璧山实验地方法院民事裁定书、璧山实验地方法院民事执行文稿、报告书、璧山实验地方法院民事执行命令等。

1166. 璧山实验地方法院审理交业纠葛、声请黄谷假扣押等三案　12－15－1154

1945 年 8 月至 1945 年 11 月，璧山实验地方法院关于抗不履行和解笔录交业、拖欠租谷声请黄谷假扣押、抗不搬迁而声请执行等三案的文书，包括民事请执行状、璧山实验地方法院民事执行文稿、报告书、收据、璧山实验地方法院民事执行命令、原案四川高等法院第一分院民事和解笔录、璧山实验地方法院通知、原案璧山实验地方法院民事裁定书、璧山实验地方法院民事判决书、民事委任状、民事辩论笔录等。

1167. 四川高等法院第一分院、璧山实验地方法院审理交业纠葛等五案　12－15－1155

1945年4月至1945年11月，四川高等法院第一分院、璧山实验地方法院关于交业纠葛抗告、收回耕地自耕而要求领押交业、为终止租约纠葛案声请执行、为放赎交业纠葛案继续声请执行、租约到期要求交业等五案的文书，包括往来公函、民事抗告状、四川高等法院第一分院民事裁定书、民事诉状、民事辩论笔录、证人结文、民事宣判笔录、璧山实验地方法院民事判决书、璧山实验地方法院民事执行文稿、报告书、璧山实验地方法院民事执行命令、民事委任状等。

1168. 四川高等法院第一分院、璧山实验地方法院审理交业纠葛四案　12－15－1156

1945年4月至1945年11月，四川高等法院第一分院、璧山实验地方法院关于交业纠葛抗告案、交业执行案、领押交业纠葛上诉案、租约到期要求领押交业四案的文书，包括民事抗告状、四川高等法院第一分院民事裁定书、民事声请状、往来公函、璧山实验地方法院民事执行文稿、报告书、璧山实验地方法院民事执行命令、收据、璧山实验地方法院民事和解笔录、民事上诉状、民事辩论笔录、民事答辩状、民事声明状、四川高等法院第一分院民事判决书、租佃契约书、民事宣判笔录等。

1169. 璧山实验地方法院审理黄谷纠葛两案　12－15－1157

1945年1月至1946年2月，璧山实验地方法院关于陈永昌为蒋洪发赔偿黄谷案判决声请执行、徐文渊拖欠租谷的黄谷纠葛案两案的文书，包括民事请执行状、民事委任状、璧山县实验地方法民事执行文稿、民事抗告状、报告书、璧山实验地方法院民事执行命令、民事和解撤诉状、民事诉状、民事辩论笔录、证人结文、民事声请状、民事宣判笔录、民事判决书等。

1170. 四川高等法院第一分院、璧山实验地方法院审理黄谷纠葛等四案　12－15－1158

1945年5月至1946年3月，四川高等法院第一分院、璧山实验地方法院关于给付黄谷纠葛、给付食谷执行、黄谷纠葛上诉等四案的文书，包括民事请执行状、璧山实验地方法院民事执行文稿、报告书、璧山实验地方法院民事执行命令、璧山实验地方法院通知书、往来公函、民事上诉状、璧山实验地方法院民事裁定书、四川高等法院第一分院民事裁定书、四川高等法院第一分院民事判决书、民事委任状、民事辩论笔录等。

1171. 璧山实验地方法院审理购买房屋等五案　12－15－1159

1945年4月至1946年1月，璧山实验地方法院关于购买房屋、继承亡夫遗产、购买田产、继承父亲遗产而声请不动产所有权登记、为承包军需署第一织布厂领纱织布业务而抵押房屋田产等不动产等五案的文书，包括不动产登记声请书、民事辩论笔录、璧山实验地方法院命令、报告书、不动产登记保证书、璧山实验地方法院公告、收据、民事声明状等。

1172. 璧山实验地方法院审理两起增加给付案　12－15－1160

1945年8月至1947年2月，璧山实验地方法院关于赖明初要求增加罗永安租佃押银、刘洪顺要求增加刘邓氏给付典价以及修缮费两案的文书，包括民事诉状、民事辩论笔录、璧山实验地方法院训令、璧山实验地方法院民事和解笔录、民事委任状、民事声请状、璧山县来凤乡乡公所呈件、璧山实验地方法院通知书等。

1173. 璧山实验地方法院审理吞骗租佃押金、交还养老产业两案　12－15－1161

1945年6月至1946年3月，璧山实验地方法院关于朱凤林状告朱前辉违背租约吞骗租佃押金、龚张氏要求龚正权返还养老产业两案的文书，包括民事诉状、民事辩论笔录、民事答辩状、证人结文、民事委任状、民事证明状、民事宣判笔录、民事判决书、民事辩诉状、民事和解撤诉状等。

1174. 最高法院、四川高等法院第一分院、璧山实验地方法院审理租谷纠葛声请执行、租约纠葛等案　12－15－1162

1944年12月至1946年2月，最高法院、四川高等法院第一分院、璧山实验地方法院关于租谷纠葛执行案、租约纠葛上诉案、伤害案的罚金执行等案的文书，包括民事请执行状、璧山实验地方法院批示、民事催呈状、民事声请状、璧山实验地方法院检察官公函、原案璧山实验地方法院民事判决书、璧山实验地方法院民事执行文稿、报告书、璧山实验地方法院民事执行命令、往来公函、民事上诉状、四川高等法院第一分院民事裁定书、最高法院民事判决书等。

1175. 四川高等法院第一分院、璧山实验地方法院审理确认继承权、拍卖抵押物两案　12－15－1163

1945年8月至1946年5月，四川高等法院第一分院、璧山实验地方法院关于朱显荣因幼年随母改嫁而要求确认其拥有其生父遗产继承权、赵子明因王松林典期到期不赎回而声请拍卖抵押物两案的文书，包括民事诉状、民事辩论笔录、民事辩诉状、璧山实验地方法院刑事判决书、民事声请状、鉴定人结文、民事宣判笔录、璧山实验地方法院民事判决书、璧山实验地方法院民事裁定书、往来公函、民事抗告状、四川高等法院第一分院民事裁定书等。

1176. 最高法院、四川高等法院第一分院、璧山实验地方法院审理债务执行、拍卖抵押物纠葛上诉等案　12－15－1164

1945年3月至1945年11月，最高法院、四川高等法院第一分院、璧山实验地方法院关于为债务纠葛案判决声请执行、拍卖抵押物纠葛上诉、领押交业纠葛上诉、增加给付典价纠葛上诉等案的文书，包括民事声请状、璧山实验地方法院支付命令、璧山实验地方法院民事裁定书、往来公函、民事抗告状、民事撤诉状、四川高等法院第一分院民事裁定书、民事委任状、民事上诉状、民事答辩状、民事辩论笔录、最高法院民事判决书等。

1177. 最高法院、四川高等法院第一分院、璧山实验地方法院审理终止租约纠葛、终约搬迁等案　12－15－1165

1945年6月至1946年8月，最高法院、四川高等法院第一分院、璧山实验地方法院关于收回耕地自耕而声请调解终止租约、终止租约搬迁交业纠葛上诉、债务纠葛执行、增加典价纠葛上诉等案的文书，包括民事声请状、民事辩论笔录、往来公函、民事请执行状、璧山实验地方法院民事裁定书、璧山实验地方法院命令、璧山实验地方法院布告、民事撤诉状、报告书、查封不动产笔录、民事异议状、璧山实验地方法院训令、最高法院民事判决书、四川高等法院第一分院民事判决书等。

1178. 璧山实验地方法院审理终止租约、租佃纠葛等案　12－15－1166

1945年7月至1946年1月，璧山实验地方法院关于收回田房自耕要求终止租约、租约到期抗不搬迁、债务人企图负债逃亡、妨碍佃权、握有谷物拒不清偿欠租而声请法院调解等案的文书，包括民事诉状、民事委任状、民事辩论笔录、璧山实验地方法院民事和解笔录、民事请调解状等。

1179. 四川高等法院第一分院、璧山实验地方法院审理领押交业、终止交业纠葛等案　12－15－1167

1945年1月至1946年3月，四川高等法院第一分院、璧山实验地方法院关于分家后要求佃户领押交业、终约交业纠葛上诉、增加产业典价、负债企图逃跑而声请调解等案的文书，包括民事声请状、民事委任状、民事辩论笔录、往来公函、民事上诉状、民事答辩状、四川高等法院第一分院民事判决书、民事诉状、民事辩诉状、民事宣判笔录、璧山实验地方法院民事判决书、璧山实验地方法院民事和解笔录等。

1180. 璧山实验地方法院审理产业纠葛两案　12－15－1168

1945年1月至1945年4月，璧山实验地方法院关于王乾贞要求王熵煊返还亡父母遗产、周鑫材返还所侵占之田房并赔偿损失两案的文书，包括民事诉状、民事辩诉状、民事辩论笔录、民事宣判笔录、民事判决书、民事委任状、璧山县政府经收处公函、民事裁定书等。

1181. 最高法院、四川高等法院第一分院、璧山实验地方法院审理给付生活费、放赎典产纠葛两案　12－15－1169

1945年5月至1946年1月，最高法院、四川高等法院第一分院、璧山实验地方法院关于张江远辉因其夫张治光私自出卖张江远辉父母之遗产而要求其给付生活费、苏南轩不服放赎典产纠葛案判决而上诉两案的文书，包括民事诉状、民事委任状、民事辩论笔录、民事答辩状、璧山实验地方法院民事和解笔录、往来公函、民事上诉状、四川高等法院第一分院民事裁定书、最高法院民事裁定书等。

1182. 璧山实验地方法院审理发还保证金、债务纠葛两案　12－15－1170

1945年6月至1945年9月，璧山实验地方法院关于张徐氏因所涉案件完结而声请发还保证金、张临江因唐栋模逾期不清偿欠款而声请调解两案的文书，包括民事声请状、璧山实验地方法院批示、民事委任状、民事辩论笔录、民事和解笔录等。

1183. 璧山实验地方法院审理申请领证领回证物两案　12－15－1171

1945年4月至1945年5月，璧山实验地方法院关于陈张氏因产业所有权纠葛案完结申请领证、曾万田因分家纠葛案完结而声请领回证物两案的文书，包括民事声请状、民事委任状、璧山实验地方法院批示、民事辩论笔录、收据等。

1184. 璧山实验地方法院审理黄谷纠葛声请执行、备案存查等案　12－15－1172

1945年2月至1945年11月，璧山实验地方法院关于黄谷纠葛执行案、因孙子不务正业而声请与之断绝连带关系备案存查、收回田房自耕而声请调解、拖欠租谷声请调解等案的文书，包括璧山实验地方法院民庭函片、民事裁定书、璧山实验地方法院通知、民事存查声请状、璧山实验地方法院批稿、民事声请状、民事答辩状等。

1185. 最高法院、四川高等法院第一分院审理黄谷纠葛上诉两案　12－15－1173

1945年1月至1945年8月，最高法院、四川高等法院第一分院关于李刘氏不服与刘顺清黄谷纠葛案判决而上诉、王恢中不服龚敬之黄谷纠葛案判决而上诉两案的文书,包括往来公函、四川高等法院第一分院民事裁定书、民事上诉状、最高法院民事判决书、民事请扣押状等。

1186. 璧山实验地方法院审理给付赡养费一案　12－15－1174

1945 年 1 月至 1945 年 4 月,璧山实验地方法院关于张淑荣因胡国治虐待而要求离婚并支付赡养费一案的文书,包括民事委任状、民事辩论笔录、民事辩诉状、证人结文、民事反诉状等。

1187. 四川高等法院第一分院、璧山实验地方法院审理执行案四案　12－15－1175

1945 年 1 月至 1946 年 3 月,四川高等法院第一分院、璧山实验地方法院关于对阴地边界纠纷执行案、田产买卖契约纠纷执行案、交业执行案、返还租赁物执行异议四案的文书,包括民事异议状、原案四川高等法院第一分院民事裁定书、璧山实验地方法院民事判决书、民事辩论笔录、民事委任状、民事诉状、民事声请状、民事宣判笔录、璧山实验地方法院民事裁定书、民事答辩状、往来公函、民事上诉状、四川高等法院第一分院民事裁定书等。

1188. 四川高等法院第一分院、璧山实验地方法院审理衣物纠葛等两案　12－15－1176

1945 年 2 月至 1945 年 6 月,四川高等法院第一分院、璧山实验地方法院关于江建全不服与江刘承书返还衣物纠葛案判决而上诉、龙长惠因翁曙冠非法开门引人进入致使衣物失窃要求赔偿两案的文书,包括往来公函、民事上诉状、璧山实验地方法院民事裁定书、民事辩论笔录、民事展限状、民事辩诉状、四川高等法院第一分院民事判决书、民事声请状、民事撤诉状、璧山实验地方法院通知书、民事再审状、四川高等法院第一分院民事裁定书等。

1189. 四川高等法院第一分院、璧山实验地方法院审理回赎典产等三案　12－15－1177

1945 年 6 月至 1946 年 9 月,四川高等法院第一分院、璧山实验地方法院关于余杨氏声请再审陶荣成回赎典产、张子良因典约没有约定期限而要求张铭铨放赎典产、张林氏因典约到期要求张柏林放赎典产等三案的文书,包括民事声请状、民事催请状、民事辩论笔录、民事委任状、民事抗告状、璧山实验地方法院民事裁定书、璧山实验地方法院公函、民事宣判笔录、璧山实验地方法院民事判决书、民事诉状、民事答辩状、往来公函、民事上诉状、民事撤诉状、四川高等法院第一分院通知书、民事补诉状等。

1190. 四川高等法院第一分院、璧山实验地方法院等审理赔偿损失、伤害上诉等案　12－15－1178

1945 年 5 月至 1948 年 1 月，四川高等法院第一分院、璧山实验地方法院等关于唆使木工故意破坏家具而要求赔偿、私自将旗袍典押而要求赔偿物价、不服伤害案判决而上诉、盗窃军用棉纱要求赔偿等案的文书，包括民事诉状、民事委任状、民事辩论笔录、证人结文、民事声请状、民事反诉状、璧山实验地方法院民事和解笔录、报告书、民事声明状、璧山实验地方法院民事判决书、四川高等法院第一分院刑事附带民事诉讼裁定书、往来公函、璧山县政府公函、璧山实验地方法院检察官不起诉处分书、军政部军需署第一织布厂批件、重庆卫戍区第四分区司令部训令、原案四川高等法院第一分院刑事判决书、最高法院刑事判决书、民事上诉状、四川高等法院第一分院民事判决书等。

1191. 四川高等法院第一分院、璧山实验地方法院审理执行异议、买卖契约纠葛上诉两案　12－15－1179

1943 年 10 月至 1945 年 2 月，四川高等法院第一分院、璧山实验地方法院关于张冷氏不服连友孚归还小猪执行异议案判决而上诉、邹万盛与朱王朝贞田产买卖契约纠葛上诉案两案的文书，包括往来公函、民事上诉状、璧山实验地方法院民事裁定书、民事委任状、民事辩论笔录、四川高等法院第一分院民事判决书、民事答辩状、刑事上诉状、证人结文、民事声明状等。

1192. 最高法院、四川高等法院第一分院、璧山实验地方法院审理交业纠葛上诉、抢夺楼板声请调解等案　12－15－1180

1944 年 12 月至 1946 年 3 月，最高法院、四川高等法院第一分院、璧山实验地方法院关于交业纠葛上诉案、趁霍乱抢夺楼板声请调解归还、确认祖业所有权、毁损农作物要求赔偿、造伪证诬告、终约搬迁等案的文书，包括往来公函、民事声请状、四川高等法院第一分院民事裁定书、民事诉状、璧山实验地方法院调解通知书、民事撤诉状、民事委任状、民事辩论笔录、证人结文、民事证明状、刑事上诉状、刑事委任状、四川高等法院第一分院训令、上诉撤诉状、四川高等法院第一分院刑事判决书、璧山实验地方法院刑事判决书、民事宣判笔录等。

1193. 最高法院、四川高等法院第一分院、璧山实验地方法院审理遗产分割纠葛、离婚纠葛等案　12－15－1181

1944 年 9 月至 1946 年 7 月，最高法院、四川高等法院第一分院、璧山实验地方法院关于遗产分割纠葛、遗产分割上诉案、虐待妻子、违背民法操办婚姻引起的离婚纠葛等案的文书，包括民事诉状、民事委任状、民事辩论笔录、证人结文、民事和解笔录、往来公函、民事上诉状、民事声明状、四川高等法院第一分院民事裁定书、民事公证书、民事答辩状、最高法院民事判决书、最高法院民事裁定书、民事宣判笔录、报告书、民事保状等。

1194. 四川高等法院第一分院、璧山实验地方法院审理租佃契约纠葛上诉、返还产业及其上诉案两案　12－15－1182

1944 年 6 月至 1946 年 2 月，四川高等法院第一分院、璧山实验地方法院关于曾子张不服与黄树荣解除租佃契约纠葛案判决而上诉、冯辉光要求冯唐氏归还侵占产业案及其上诉案两案的文书，包括往来公函、民事上诉状、原案民事裁定书、民事答辩状、民事辩论笔录、四川高等法院第一分院民事判决书、民事诉状、民事声请状、民事委任状、民事宣判笔录、璧山实验地方法院民事判决书等。

1195. 最高法院、四川高等法院第一分院、璧山实验地方法院审理婚约纠葛、欠款纠葛声请假执行等案　12－15－1183

1945 年 10 月至 1946 年 2 月，最高法院、四川高等法院第一分院、璧山实验地方法院关于父母违背民法包办婚姻而要求解除婚约、欠款逾期不还而声请假执行、不服返还产业纠葛案判决而上诉、回赎典产纠葛上诉等案的文书，包括民事诉状、民事辩诉状、民事辩论笔录、民事判决书、民事宣判笔录、往来公函、民事上诉状、四川高等法院第一分院民事裁定书、最高法院民事裁定书、民事委任状等。

1196. 四川高等法院第一分院、璧山实验地方法院审理返还树木、业价纠葛上诉、债务假执行等案　12－15－1184

1945 年 1 月至 1945 年 11 月，四川高等法院第一分院、璧山实验地方法院关于越界砍伐树木而要求返还树木、增加业价纠葛上诉、亏欠第一织布厂底纱拒不偿还而声请假执行、抗不理会法院支付命令而声请假执行等案的文书，包括民事异议状、民事答辩状、民事委任状、民事辩论笔录、证人结文、民事声请状、民事宣判笔录、民事判决书、往来公函、民事上诉状、民事辩诉状、民事裁定书、报告书、原案璧山实验地方法院支付命令等。

1197. 最高法院、四川高等法院第一分院、璧山实验地方法院审理声请撤销终止诉讼程序、赔偿洋纱纠葛两案　12－15－1185

1944 年 6 月至 1945 年 6 月，最高法院、四川高等法院第一分院、璧山实验地方法院关于余杨氏因陶荣成拒不放赎典产而声请撤销终止诉讼程序、杨维三不服与杨冯氏赔偿洋纱纠葛案判决而上诉两案的文书，包括民事裁定书、民事判决书、民事委任状、民事辩诉状、民事辩论笔录、民事声请状、璧山县国民兵团部公函、民事上诉状、民事抗告状、往来公函、四川高等法院第一分院民事裁定书、最高法院民事判决书等。

1198. 四川高等法院第一分院、璧山实验地方法院审理不动产登记、迁让房屋纠葛等案 12－15－1186

1945年1月至1945年11月，四川高等法院第一分院、璧山实验地方法院关于购买田房产业而声请不动产登记、租约到期后强占房屋而引起的迁让房屋纠葛、偷盗黄谷、以征兵为借口敛财引起的贪污诉讼、借款后逾期不还引起的欠款纠葛等案的文书，包括不动产登记声请书、璧山实验地方法院命令、报告书、切结书、不动产登记保证书、民事诉状、民事委任状、民事辩诉状、证人结文、民事辩论笔录、民事和解笔录、原案四川高等法院第一分院刑事附带民事诉讼裁定书、刑事声请状、民事宣判笔录、民事判决书、四川高等法院第一分院刑事裁定书、四川高等法院第一分院训令等。

1199. 璧山实验地方法院审理备案存查、假执行声请等案 12－15－1187

1945年6月至1945年11月，璧山实验地方法院关于遗失欠条而声请备案存查、抗不履行和解书的交业约定引起的假执行声请案、确认土地房产优先购买权、遗失私章声请备案存查等案的文书，包括民事声请状、璧山实验地方法院批示、民事诉状、民事和解撤诉状、民事请执行状、璧山实验地方法院民事执行文稿、璧山实验地方法院民事执行命令、报告书、璧山县城北乡乡公所呈件等。

1200. 璧山实验地方法院审理声请假扣押等案 12－15－1188

1945年7月至1945年10月，璧山实验地方法院关于租谷纠葛、领押交业纠葛、拖欠租谷纠葛、拖欠棉纱纠葛引起的声请假扣押等案的文书，包括民事诉状、民事裁定书、民事声请状、往来公函、民事辩论笔录等。

1201. 璧山实验地方法院审理给付桐油钱款、给付高粱等案 12－15－1189

1945年6月至1945年9月，璧山实验地方法院关于拖欠购买桐油的钱款拒不偿还、霸占祖业不还、借去高粱后逾期不还、抗不领押交业引起声请提存等案的文书，包括民事诉状、民事委任状、民事声请撤诉状、撤诉通知书、民事裁定书、民事撤诉状、璧山实验地方法院批示、民事提存申请书、璧山实验地方法院通知书等。

1202. 最高法院、四川高等法院第一分院、璧山实验地方法院审理不动产买卖契约纠葛上诉、租赁纠葛上诉等案　12－15－1190

1943年3月至1946年1月，最高法院、四川高等法院第一分院、璧山实验地方法院关于不动产买卖契约纠葛上诉案、返还租赁物纠葛上诉案、阻碍耕种妨害农业、逾期不清偿债务引起的查封产业追偿债务、声请送达笔录、领押交业纠葛上诉等案的文书，包括往来公函、民事领状、民事辩论笔录、民事上诉状、四川高等法院第一分院民事裁定书、最高法院民事裁定书、刑事诉状、刑事委任状、刑事审判笔录、刑事催呈状、军政部兵工署第二十一工厂公函、璧山实验地方法院公函、民事声请状、璧山实验地方法院批示等。

1203. 四川高等法院第一分院、璧山实验地方法院审理田业所有权纠葛及其上诉一案　12－15－1191

1945年1月至1945年7月，四川高等法院第一分院、璧山实验地方法院关于夏炳轩将田业分给孙女夏世群等人后又私自出卖田产引起的田业所有权纠葛及其上诉一案的文书，包括民事诉状、民事委任状、民事辩论笔录、民事声明状、民事辩诉状、证人结文、民事宣判笔录、民事判决书、往来公函、民事声请状、民事上诉状、民事请参加状、四川高等法院第一分院民事判决书等。

1204. 璧山实验地方法院审理声请领回证物等三案　12－15－1192

1945年8月至1945年10月，璧山实验地方法院关于刘世齐因刘金河宣告死亡案终结、向徐氏因赵银安产业纠葛案终结、梁锡江因给付欠租案终结而声请领回证物等三案的文书，包括民事声请状、四川高等法院第一分院通知书、民事辩论笔录、收据、璧山实验地方法院批示等。

1205. 璧山实验地方法院审理声请假扣押等案　12－15－1193

1945年7月至1945年8月，璧山实验地方法院关于申请对拖欠租谷债务人新收稻谷实行假扣押等案的文书，包括民事声请状、民事裁定书等。

1206. 四川高等法院第一分院、璧山实验地方法院审理侵害耕作权及其上诉一案　12－15－1194

1945年10月至1947年3月，四川高等法院第一分院、璧山实验地方法院关于朱廷辉状告朱俊良阻耕妨碍耕作及其上诉一案的文书，包括往来公函、民事上诉状、原案民事裁定书、四川高等法院第一分院民事裁定书、民事辩论笔录、民事诉状、民事委任状、民事辩诉状、证明书、证人结文、璧山实验地方法院民事判决书等。

1207. 璧山实验地方法院审理侵害不动产所有权、夫妻分居纠葛两案　12－15－1195

1945 年 5 月至 1945 年 7 月，璧山实验地方法院关于黄荣卿状告胡海澄强占铺面侵害不动产所有权、弹竹书因丈夫毛楚白虐待而要求分居两案的文书，包括民事诉状、民事答辩状、民事辩论笔录、民事辩诉状、民事委任状、证人结文、民事和解笔录等。

1208. 璧山实验地方法院审理声请判决旅费、声请补充判决等案　12－15－1196

1945 年 3 月至 1945 年 11 月，璧山实验地方法院关于声请法院判决对方支付租谷纠葛案审理过程中所耗的车旅费、声请补充判决书中脱漏欠租、声请发还假扣押担保费、因判决书遗失而声请补发、声请第一织布厂声明亏折底纱、声请追偿碛米等案的文书，包括民事声请状、璧山实验地方法院批示、民事裁定书、民事辩论笔录、民事委任状、收据、报告书、支付命令等。

1209. 璧山实验地方法院审理返还田契一案　12－15－1197

1945 年 8 月至 1946 年 10 月，璧山实验地方法院关于刘大川状告罗鸿开伪造遗嘱要求其返还田契一案的文书，包括民事诉状、民事委任状、民事辩论笔录、证人结文、民事声请状、民事补正状、民事补诉状、民事答辩状、民事判决书等。

1210. 璧山实验地方法院审理要求确认亲属会议无效一案　12－15－1198

1944 年 5 月至 1945 年 11 月，璧山实验地方法院关于王柯氏要求确认王维新等人组织的亲属会议无效一案的文书，包括民事诉状、民事答辩状、民事委任状、民事辩论笔录、民事声请状、民事裁定书、民事抗告状、原案四川高等法院第一分院民事裁定书、原案最高法院民事裁定书等。

1211. 璧山实验地方法院审理唆使诬告一案　12－15－1199－1200

1944 年 7 月至 1945 年 11 月，璧山实验地方法院关于朱俊良状告严大顺教唆他人诬告其铲毁芋头一案的文书，包括刑事诉状、刑事审判笔录、刑事委任状、刑事宣判笔录、刑事判决书、原案刑事诉状等。

1212. 璧山实验地方法院审理假扣押三案　12－15－1201

1945 年 8 月，璧山实验地方法院关于三起拖欠租谷而声请对其即将收割之稻谷实行假扣押案的文书，包括民事声请状、证明书、民事裁定书等。

1213. 璧山实验地方法院审理债务纠葛两案　12－15－1202

1945年11月至1946年2月，璧山实验地方法院关于文远清状告刘树成借款逾期不还、帅泽均因曾子钊借款后病故而要求其父曾希元偿还债务两案的文书，包括民事诉状、民事委任状、民事声明状、民事辩诉状、民事辩论笔录、民事追加状、民事撤诉状、璧山实验地方法院批示、民事和解撤诉申请书、撤诉通知书等。

该卷另附有民国三十四年十月三日（1945年10月3日）《渝北日报》四页。

1214. 四川高等法院第一分院、璧山实验地方法院审理交业纠葛等案　12－15－1203

1945年7月至1945年12月，四川高等法院第一分院、璧山实验地方法院关于不服搬迁交业纠葛案判决而上诉、因租约到期抗不交业、抗不交租、收回田房自耕引起的领押交业纠葛等案的文书，包括往来公函、民事上诉状、民事诉状、民事委任状、民事辩诉状、民事辩论笔录、证人结文、刑事宣判笔录、民事判决书、民事声请状等。

1215. 璧山实验地方法院审理妨害耕作权力、声请提前收回土地自耕两案　12－15－1204

1945年7月至1945年10月，璧山实验地方法院关于邱万发状告廖祖金阻耕妨碍耕作权利、蒋垣霖因孙子从军抗战自身生活困难而声请提前收回土地自耕两案的文书，包括刑事诉状、报告书、刑事审判笔录、证人结文、刑事委任状、呈件、批示等。

1216. 璧山实验地方法院审理请发支付命令等案　12－15－1205

1945年5月至1946年2月，璧山实验地方法院关于拖欠借款、拖欠律师诉讼费用、拖欠租谷、逾期不履行法院给付稻草判决而引起的请发支付命令等案的文书，包括民事声请状、璧山实验地方法院支付命令、凭票等。

1217. 璧山实验地方法院审理请发支付命令等案　12－15－1206

1945年2月至1945年6月，璧山实验地方法院关于拖欠债款逾期不还、拖欠租谷、拖欠律师诉讼费用引起的请发支付命令等案的文书，包括民事声请状、璧山实验地方法院支付命令、民事裁定书、凭票等。

1218. 四川高等法院第一分院、璧山实验地方法院审理增加给付租佃押金声请调解等案　12－15－1207

1945年1月至1945年10月，四川高等法院第一分院、璧山实验地方法院关于

要求增加租佃押金而声请调解、因物价上升而要求增加返还的租佃押金、因租谷纠葛而引起的声请对粮食实行假扣押、增加业价纠葛上诉等案的文书，包括民事声请状、点名单、民事辩论笔录、民事委任状、璧山实验地方法院调解书、民事裁定书、往来公函、民事诉状、民事答辩状、民事宣判笔录、民事判决书、四川高等法院第一分院民事和解笔录等。

1219. 最高法院、四川高等法院第一分院、璧山实验地方法院审理租谷纠葛等案 12－15－1208

1944 年 4 月至 1945 年 6 月，最高法院、四川高等法院第一分院、璧山实验地方法院关于抢夺租谷拒不返还、欺骗业主拖欠租谷引起的租谷纠葛、拖欠租谷纠葛上诉案、拖欠购买谷物费用等案的文书，包括民事诉状、民事委任状、民事辩论笔录、民事宣判笔录、民事判决书、民事撤诉状、往来公函、民事上诉状、四川高等法院第一分院民事裁定书、民事答辩状、最高法院民事判决书、民事和解笔录等。

1220. 最高法院、四川高等法院第一分院、璧山实验地方法院审理领押交业纠葛等三案 12－15－1209

1945 年 2 月至 1945 年 6 月，最高法院、四川高等法院第一分院、璧山实验地方法院关于舒东皋不服与周鸣远领押交业案判决而上诉、赵曹氏因租约将满而要求戴银山领押交业、徐志安租佃契约到期抗不交业等三案的文书，包括往来公函、民事上诉状、四川高等法院第一分院民事裁定书、最高法院民事裁定书、民事诉状、民事辩论笔录、民事委任状、民事辩诉状、民事宣判笔录、民事判决书、四川高等法院第一分院民事判决书、民事补诉状等。

1221. 最高法院、四川高等法院第一分院审理生活费纠葛上诉、返还洋纱纠葛上诉两案 12－15－1210

1945 年 2 月至 1945 年 5 月，最高法院、四川高等法院第一分院关于黄汉澄不服与钟明霞生活费纠葛案判决而上诉、官茂林不服与巫正明返还洋纱纠葛案判决而上诉两案的文书，包括往来公函、民事上诉状、民事声请状、民事补诉状、民事撤诉状、原案璧山实验地方法院民事裁定书、民事声明状、民事委任状、民事答辩状、民事辩论笔录、四川高等法院第一分院民事和解笔录等。

1222. 璧山实验地方法院审理交业纠葛等案 12－15－1211

1945 年 3 月至 1945 年 11 月，璧山实验地方法院关于领取押金后违约霸耕、租约到期而要求搬迁交业等案的文书，包括民事诉状、民事请参加状、民事辩论笔录、证人结文、民事委任状、民事和解笔录、民事宣判笔录、民事判决书等。

1223. 四川高等法院第一分院、璧山实验地方法院审理拖欠租谷纠葛上诉、声请破产裁定等案　12－15－1212

1943年7月至1945年1月，四川高等法院第一分院、璧山实验地方法院关于拖欠租谷纠葛上诉案、恒顺旅馆股东声请破产裁定、声请撤销租谷假扣押等案的文书，包括往来公函、原案璧山实验地方法院民事判决书、民事上诉状、民事委任状、民事辩论笔录、民事声请状、民事裁定书、璧山实验地方法院批示等。

1224. 四川高等法院第一分院、璧山实验地方法院审理债务声请执行、交业纠葛两案　12－15－1213

1945年6月至1945年11月，四川高等法院第一分院、璧山实验地方法院关于赵一仁因徐文渊拖欠债款逾期不还而声请执行、蔡从之等假借谢昌合之名义转租其房屋田产及其上诉两案的文书，包括民事判决书、民事请执行状、民事诉状、民事委任状、往来公函、民事辩论笔录、璧山实验地方法院民事执行命令、民事宣判笔录、民事裁定书、璧山实验地方法院民事执行文稿、报告书、民事抗告状、四川高等法院第一分院民事裁定书等。

1225. 司法行政部审理璧山实验地方法院声请民刑状面一案　12－15－1214

1945年11月，司法行政部关于璧山实验地方法院声请司法行政部发放民刑状面一案的文书，包括璧山实验地方法院呈件、司法行政部指令等。

1226. 最高法院、四川高等法院第一分院、璧山实验地方法院审理交还房屋等案　12－15－1215

1945年1月至1945年5月，最高法院、四川高等法院第一分院、璧山实验地方法院关于租约解除抗不交还房屋、借款不还、声请取保自行赴案、回赎典产纠葛上诉等案的文书，包括民事诉状、民事辩论笔录、民事委任状、民事宣判笔录、民事判决书、证人结文、刑事声请状、批示、往来公函、民事上诉状、四川高等法院第一分院民事裁定书、民事撤诉状等。

1227. 璧山实验地方法院审理交还房屋声请执行一案　12－15－1216

1945年4月至1947年8月，璧山实验地方法院关于谯余清因余杨氏抗不履行法院判决交还房屋而声请执行一案的文书，包括民事声请状、批示、璧山实验地方法院民事执行文稿、报告书、璧山实验地方法院民事执行命令、璧山实验地方法院训令等。

1228. 璧山实验地方法院审理拖欠租谷、黄谷纠葛上诉两案　12－15－1217

1945年6月至1945年10月，璧山实验地方法院关于毛群普状告胡绍镐拖欠租谷、刘铁樵不服与刘先启黄谷纠葛案判决而上诉两案的文书，包括民事诉状、民事委任状、民事反诉状、民事辩论笔录、证人结文、民事辩诉状、民事宣判笔录、民事判决书、往来公函、民事上诉状、四川高等法院第一分院民事判决书等。

1229. 璧山实验地方法院审理存查等案　12－15－1218

1945年1月至1947年12月，璧山实验地方法院关于征收农业税、拘捕窝藏娼妓、包庇烟民相关人员、借提犯人从事缝纫工作、发放缉捕文书存查备案等案的文书，包括往来公函、呈件、重庆卫戍区第四分区司令部训令等。

1230. 四川高等法院第一分院、璧山实验地方法院审理拖欠租谷、棉纱纠葛执行命令抗告等案　12－15－1219

1945年2月至1945年10月，四川高等法院第一分院、璧山实验地方法院关于拖欠租谷、对棉纱纠葛案执行命令异议而抗告、为返还产业纠葛案判决声请执行等案的文书，包括民事诉状、民事判决书、民事辩论笔录、民事辩诉状、原案四川高等法院第一分院刑事判决书、民事补诉状、民事展期状、民事宣判笔录、往来公函、民事抗告状、四川高等法院第一分院民事裁定书、民事请执行状、民事声明状、璧山实验地方法院民事执行文稿、璧山实验地方法院执行命令、民事催状等。

1231. 四川高等法院第一分院审理终止租约纠葛上诉案、卸任卷宗等案　12－15－1220

1945年4月至1946年1月，四川高等法院第一分院关于熊伯陶不服与伍王氏终止租约纠葛案判决而上诉、民国三十四年(1945年)璧山县城东乡乡长卸任卷宗的文书，包括民事上诉状、民事辩论笔录、民事声请状、往来公函、个人声请卸任呈件、璧山县城东乡乡民代表会呈件、签呈件、璧山县城东乡乡公所呈件、璧山县政府稿件等。

1232. 璧山实验地方法院审理债务纠葛、产业纠葛等案　12－15－1221

1944年3月至1945年7月，璧山实验地方法院关于拖欠借款逾期不还、违约拖欠租谷而要求终约交业、借款到期抗不给付本息、因土地买卖而引起的租佃纠葛等案的文书，包括民事诉状、欠条、民事辩论笔录、民事宣判笔录、民事判决书、民事委任状、民事辩诉状、民事催呈状、民事和解撤诉状等。

1233. 四川高等法院第一分院、璧山实验地方法院审理返还房屋纠葛上诉、交业声请执行等案　12－15－1222

1945年2月至1945年8月,四川高等法院第一分院、璧山实验地方法院关于不服返还房屋纠葛案判决而上诉、返还熟土声请执行、声请继续租佃合约、返还押金声请执行等案的文书,包括往来公函、民事声请状、璧山实验地方法院民事判决书、四川高等法院第一分院民事判决书、璧山实验地方法院民事执行文稿、报告书、璧山实验地方法院民事执行命令、收据、民事请执行状等。

1234. 璧山实验地方法院审理交业纠葛声请执行一案　12－15－1223

1945年4月至1945年10月,璧山实验地方法院关于张同仪为张平山等交业纠葛声请执行一案的文书,包括原案民事裁定书、民事请执行状、璧山实验地方法院民事执行文稿、报告书、璧山实验地方法院民事执行命令、收据等。

1235. 璧山实验地方法院审理交业纠葛声请执行等案　12－15－1224

1945年8月至1945年12月,璧山实验地方法院关于违反和解条约逾期抗不搬迁交业、无视法院判决拖延不交房产、为返还田产纠葛案判决声请执行等案的文书,包括民事请执行状、民事声请状、民事委任状、民事诉状、批示、璧山实验地方法院民事执行文稿、报告书、收据、璧山实验地方法院民事执行命令等。

1236. 最高法院、四川高等法院第一分院、璧山实验地方法院审理租谷纠葛、交业纠葛声请执行等案　12－15－1225－1227

1945年5月至1948年9月,最高法院、四川高等法院第一分院、璧山实验地方法院关于拖欠租谷、逾期不履行搬迁交业的和解条约而声请执行、为返还典价而声请执行等案的文书,包括民事诉状、民事辩论笔录、民事委任状、报告书、民事催状、证人结文、民事宣判笔录、民事判决书、往来公函、民事上诉状、四川高等法院第一分院民事判决书、四川高等法院第一分院民事裁定书、最高法院民事裁定书、民事请执行状、璧山实验地方法院民事执行文稿、璧山实验地方法院民事执行命令、收据、民事保状等。

1237. 璧山实验地方法院审理黄谷纠葛、搬迁交业纠葛两案　12－15－1228－1229

1945年2月至1946年6月,璧山实验地方法院关于刘先启状告刘铁樵拖欠黄谷、江谭氏因祠堂租约到期而要求刘树芝等搬迁交业两案的文书,包括民事诉状、民事辩论笔录、证人结文、民事声请状、民事宣判笔录、民事判决书、民事辩诉状、民事委任状、原案四川高等法院第一分院民事判决书等。

1238. 四川高等法院第一分院、璧山实验地方法院审理假扣押及其抗告一案 12－15－1230

1945年8月至1946年1月，四川高等法院第一分院、璧山实验地方法院关于胡开举声请对胡余氏的不动产实行假扣押以便执行胡鸿涛遗产纠葛案判决及其抗告一案的文书，包括民事声请状、民事补诉状、民事裁定书、璧山县河边乡保办处证明书、往来公函、民事抗告状、四川高等法院第一分院民事裁定书等。

1239. 璧山实验地方法院审理担保赔偿、债务纠葛声请执行两案 12－15－1231

1945年4月至1945年12月，璧山实验地方法院关于璧山县看守所为工程担保人金海廷赔偿工程损失执行案、龙腾渊为卢子卿拖欠债务案判决声请执行两案的文书，包括民事委任状、民事辩论笔录、民事请执行状、民事裁定书、璧山实验地方法院民事执行文稿、民事声请状、报告书、璧山实验地方法院民事执行命令等。

1240. 四川高等法院第一分院、璧山实验地方法院审理返还价金一案 12－15－1232

1945年4月至1945年11月，四川高等法院第一分院、璧山实验地方法院关于张炳臣状告张炳清骗卖田产要求其返还田产所卖价金一案的文书，包括民事诉状、民事答辩状、民事委任状、民事辩论笔录、民事宣判笔录、璧山实验地方法院民事判决书、往来公函、民事上诉状、民事撤诉状等。

1241. 四川高等法院第一分院、璧山实验地方法院审理拍卖抵押物纠葛上诉、租谷纠葛上诉两案 12－15－1233

1945年5月至1945年9月，四川高等法院第一分院、璧山实验地方法院关于李宅仁不服与陈祥德拍卖抵押物纠葛案判决而上诉、江流碧不服与潘金良租谷纠葛案判决而上诉两案的文书，包括往来公函、民事抗告状、四川高等法院第一分院民事裁定书、民事和解撤诉状、收据、民事上诉状、民事撤诉状等。

1242. 璧山实验地方法院审理给付租谷请执行、赔偿损失两案 12－15－1234

1945年7月至1946年3月，璧山实验地方法院关于徐金祥因彭家凤等拖欠租谷而声请执行、张树安因刘渭南无故破坏铁锅而要求其赔偿两案的文书，包括民事声请状、璧山实验地方法院批示、收据、民事诉状、民事辩论笔录、民事委任状等。

1243. 璧山实验地方法院审理典物纠葛、黄谷纠葛请执行两案 12－15－1235

1945年3月至1945年9月，璧山实验地方法院关于冷春旭以优待抗战家属条例要求罗五福提前放赎房屋田产等典物、雷永兴因杨子荣等拖欠黄谷而声请返还黄谷的执行命令两案的文书，包括民事诉状、民事判决书、民事委任状、民事裁定书、民事辩论笔录、民事追加状、民事宣判笔录、民事声请状、报告书、接管收据等。

1244. 璧山实验地方法院审理给付租谷请执行、赔偿损失两案　12－15－1236

1945 年 2 月至 1945 年 3 月，璧山实验地方法院关于吴述尧抗不履行给付租谷的和解约定而引起的租谷纠葛请执行案、余栋梁等因被胡雨柏诬陷窝藏赃物被抓而要求其赔偿损失两案的文书，包括民事请执行状、民事委任状、璧山实验地方法院民事执行文稿、报告书、璧山实验地方法院民事执行命令、收据、民事诉状、民事判决书、民事辩论笔录、证人结文、民事宣判笔录等。

1245. 璧山实验地方法院审理给付棉纱声请执行、黄谷假扣押声请等案　12－15－1237

1945 年 1 月至 1945 年 12 月，璧山实验地方法院关于抗不履行和解约定给付棉纱引起的给付棉纱请执行案、拖欠租谷引起的黄谷假扣押声请、因田产买卖纠葛而声请中止不动产所有权登记等案的文书，包括民事声请状、原案民事和解笔录、民事辩论笔录、收据、民事判决书、民事裁定书、批示等。

1246. 璧山实验地方法院审理声请撤销假扣押、离婚纠葛等案　12－15－1238

1945 年 1 月至 1945 年 6 月，璧山实验地方法院关于租佃纠葛案和解后声请撤销假扣押、另有所恋而要求离婚、不服租谷纠葛案判决而上诉、为图财害命案判决的民事赔偿部分声请执行等案的文书，包括民事声请状、民事裁定书、批示、往来公函、民事上诉状、四川高等法院第一分院民事裁定书、民事请执行状等。

1247. 璧山实验地方法院审理撤销租佃合约一案　12－15－1239

1944 年 11 月至 1945 年 5 月，璧山实验地方法院关于王柯氏状告王文氏等私自出佃其田产而要求撤销其与龚敬之的租佃合约一案的文书，包括民事判决书、民事宣判笔录、民事辩论笔录、民事声请状、民事裁定书、民事委任状、民事答辩状、民事展期状等、民事诉状等。

1248. 璧山实验地方法院、璧山县政府审理返还产业请执行、债务纠葛等案　12－15－1240

1945 年 1 月至 1945 年 8 月，璧山实验地方法院、璧山县政府关于为返还产业判决声请执行、拖欠债款逾期不还引起的债款纠葛、因拖欠租谷而声请假扣押等案的文书，包括民事诉状、民事辩诉状、民事委任状、民事声请状、民事保状、民事请执行状、民事裁定书、收据等。

1249. 璧山实验地方法院审理不动产所有权登记、抵押权登记两案　12－15－1241

1944年11月至1945年4月，璧山实验地方法院关于罗海荣继承父亲的遗产而声请不动产所有权登记、蒋焕章为承接第一织布厂业务而抵押房屋田产声请不动产所有权以及抵押权登记两案的文书，包括不动产登记声请书、登记笔录、民事讯问书、璧山实验地方法院命令、不动产登记保证书、璧山实验地方法院公告、收据、璧山实验地方法院公函、军需部军需署第一织布厂公函等。

1250. 璧山实验地方法院审理斗殴、抢劫等案　12－15－1242

1945年7月至1945年12月，璧山实验地方法院关于为口角争端引发斗殴、抢劫财物、偷盗衣物、夫妻纠纷引发暴力、与他人通奸等案的文书，包括璧山实验地方法院检察官起诉书、璧山实验地方法院检察官声请书、报告书、讯问笔录等。

1251. 璧山实验地方法院审理交业执行两案　12－15－1243

1945年1月至1945年10月，璧山实验地方法院关于何世璋为王德轩领押交业案判决声请执行、彭雨高抗不履行法院交业搬迁的判决引起的交业请执行案两案的文书，包括民事请执行状、璧山实验地方法院民事执行文稿、报告书、璧山实验地方法院民事执行命令、收据、原案四川高等法院第一分院民事判决书、民事声请状、民事委任状、民事辩论笔录、批示、民事催请状等。

1252. 四川高等法院第一分院、璧山实验地方法院审理毁损房屋纠葛及其上诉一案　12－15－1244

1945年12月至1948年5月，四川高等法院第一分院、璧山实验地方法院关于张叔达状告巫海铨损坏草房要求其恢复原状及其上诉一案的文书，包括民事诉状、民事辩论笔录、证人结文、民事宣判笔录、璧山实验地方法院民事判决书、往来公函、民事上诉状、四川高等法院第一分院民事通知书等。

1253. 四川高等法院第一分院、璧山实验地方法院审理黄谷纠葛及其上诉一案　12－15－1245

1945年12月至1946年11月，四川高等法院第一分院、璧山实验地方法院关于张文璨状告白楚衡因丧事借去黄谷后不还而要求其偿还及其上诉一案的文书，包括璧山实验地方法院公函、民事诉状、民事辩论笔录、证人结文、民事宣判笔录、璧山实验地方法院民事判决书、往来公函、民事上诉状、北碚管理局公函等。

1254. 璧山实验地方法院审理请发支付命令、交业请执行等案　12—15—1246

1945年1月至1945年10月，璧山实验地方法院关于拖欠书籍印刷费而声请支付命令、借去黄谷逾期不还、抗不履行法院交业搬迁的判决引起的交业请执行等案的文书，包括璧山实验地方法院支付命令、民事声请状、民事请执行状、民事委任状、批示、璧山实验地方法院民事执行文稿、报告书、璧山实验地方法院民事执行命令等。

1255. 璧山实验地方法院审理给付诉讼费、返还纺纱铁机等三案　12—15—1247

1945年3月至1946年4月，璧山实验地方法院关于抗不支付法院判决的诉讼费用、抗不返还纺纱铁机、抗不返还田业引起的声请执行命令三案的文书，包括民事声请状、民事辩论笔录、璧山实验地方法院民事执行文稿、报告书、璧山实验地方法院民事执行命令、收据、原案四川高等法院第一分院民事和解笔录等。

1256. 璧山实验地方法院审理返还熟土、领押交业等执行案　12—15—1248

1945年1月至1945年5月，璧山实验地方法院关于为返还熟土执行案、领押交业案判决声请执行、无视支付命令拒不支付律师诉讼费用引起的债务请执行等案的文书，包括民事声请状、璧山实验地方法院民事执行文稿、报告书、璧山实验地方法院民事执行命令、收据、委任状、批示、原案四川高等法院第一分院民事判决书、民事裁定书等。

1257. 璧山实验地方法院审理返还黄谷、交业请执行等案　12—15—1249

1945年4月至1945年5月，璧山实验地方法院关于璧山实验地方法院看守所为犯人所涉返还黄谷的民事判决部分声请璧山实验地方法院民事执行命令、无视法院交业搬迁的判决而引起的声请交业执行命令、不动产抵押权登记等案的文书，包括璧山实验地方法院看守所公函、民事辩论笔录、民事保状、批示、民事委任状、原案四川高等法院第一分院民事判决书、不动产登记声请书、不动产登记保证书等。

1258. 最高法院、四川高等法院第一分院、璧山实验地方法院审理给付食谷请执行、返还产业纠葛上诉等案　12—15—1250

1943年9月至1945年11月，最高法院、四川高等法院第一分院、璧山实验地方法院关于为给付食谷案判决声请执行、不服返还产业纠葛案判决而上诉、为毁损案附带罚金的民事判决声请执行等案的文书，包括民事声请状、璧山实验地方法院民事执行文稿、报告书、璧山实验地方法院民事执行命令、往来公函、四川高等法院第一分院民事裁定书、民事上诉状、璧山实验地方法院检察官公函等。

1259. 璧山实验地方法院审理田业所有权、租佃纠葛声请调解等案　12－15－1251

1945年1月至1945年8月，璧山实验地方法院关于祖辈遗留田业所有权纠葛声请调解、解除租佃契约收回田业自耕而声请调解、出让房屋抵债声请公证等案的文书，包括民事声请状、民事辩论笔录、公证声请书、公证笔录、收据等。

1260. 璧山实验地方法院审理请发支付命令、宣告死亡两案　12－15－1252

1945年6月至1945年8月，璧山实验地方法院关于杨宗荣因冉映奎长期拖欠租谷而请发支付命令、冯高氏因丈夫出门经商数年无音讯而声请宣告其死亡两案的文书，包括民事声请状、璧山实验地方法院支付命令、民事异议状、报告书等。

1261. 璧山实验地方法院审理交业纠葛、坟地纠葛上诉等案　12－15－1253

1945年6月至1946年10月，璧山实验地方法院关于租约到期抗不搬迁引起的交业纠葛、不服坟地纠葛案判决而上诉、声请璧山实验地方法院代为送达一审材料、为给付会款案判决声请执行、璧山实验地方法院看守所声请司法人犯囚粮款项等案的文书，包括民事反诉状、民事上诉状、往来公函、民事委任状、民事辩论笔录、刑事诉状、璧山实验地方法院民事执行命令、报告书、璧山实验地方法院民事执行文稿、民事判决书、璧山实验地方法院看守所呈件、璧山实验地方法院指令、司法行政部训令等。

1262. 璧山实验地方法院审理公共危害、携款潜逃等案　12－15－1254

1945年7月，璧山实验地方法院关于纵火烧房危害公共安全、携带公款潜逃、因病死亡声请尸检等案的文书，包括璧山实验地方法院检察官不起诉处分书、讯问笔录、刑事保状、刑事声请状等。

1263. 四川高等法院第一分院、璧山实验地方法院、璧山县警察局审理偷盗衣物、声请注销藏匿赃物等案　12－15－1255

1944年12月至1946年7月，四川高等法院第一分院、璧山实验地方法院、璧山县警察局关于偷盗衣物拒不赔偿、因和解而声请注销藏匿赃物纠葛案、呈报被盗声请调查、查获所失布匹声请逮捕罪犯、给付欠租上诉等案的文书，包括璧山县警察局申请书、审讯笔录、签呈书、民事裁定书、报告书、璧山实验地方法院训令、璧山县户口异动死亡报告表、第一织布厂公函、璧山县城北乡乡公所呈件、往来公函等。